CW01497520

Bis heute ist das Urteil über Schillers Ästhetik kontrovers geblieben. Gegner und Bewunderer stimmen indes darin überein, daß diese Schriften kennen sollte, wer an Fragen der Kunst interessiert ist.

Dieser Band umfaßt alle theoretischen Schriften Schillers, ediert sie nach den Erstdrucken oder Handschriften und erläutert sie in ihrem Zusammenhang untereinander wie auch nach ihren geschichtsphilosophischen Grundlagen und gesellschaftskritischen Motiven.

DEUTSCHER KLASSIKER VERLAG
IM TASCHENBUCH
BAND 32

FRIEDRICH SCHILLER THEORETISCHE SCHRIFTEN

Herausgegeben von
Rolf-Peter Janz
unter Mitarbeit von
Hans Richard Brittnacher,
Gerd Kleiner und
Fabian Störmer

DEUTSCHER
KLASSIKER
VERLAG

Diese Ausgabe entspricht Band 8, herausgegeben von Rolf-Peter Janz,
der Edition *Friedrich Schiller, Werke und Briefe in zwölf Bänden*,
Frankfurt am Main 1992

Umschlag-Abb.: Schiller-Büste von Dannecker. 1805.
Schiller-Nationalmuseum/Deutsches Literaturarchiv, Marbach

Deutscher Klassiker Verlag
im Taschenbuch · Band 32

Vertrieb durch den Suhrkamp Taschenbuch Verlag
Satz: Libro, Kriftel
Druck: CPI – Ebner & Spiegel, Ulm
Printed in Germany
ISBN 978-3-618-68032-1

1 2 3 4 5 6 – 13 12 11 10 09 08

THEORETISCHE SCHRIFTEN

INHALT

SCHRIFTEN AUS DER ZEIT DER KARLSSCHULE

BERICHT AN HERZOG KARL EUGEN
ÜBER DIE MITSCHÜLER UND SICH SELBST

Durchlauchtigster Herzog,
Gnädigster Herzog und Herr!

Wann uns der ausdrückliche Befehl zu einer Unterneh- 5
mung, deren Folgen wichtig genug sind, das Glück oder
Unglück meiner Freunde zu veranlassen, nicht verbände, so
würden wir, weit entfernt, den weisesten Endzweck unsers
Durchleuchtigsten zu erreichen, weit entfernt, ein vollkommenes Urteil zu fällen, vielmehr verstummen müssen. 10
Schon der größeste Weise, der größeste Naturkundige
würden sich nicht erkühnen, mit ihrem Urteil vor Euer
Herzoglichen Durchleucht zu erscheinen und Beifall zu
erwarten. Wie viel weniger sollte ich, viel zu unwissend,
viel zu unerfahren, mich selbst zu kennen, auch den letzten 15
meiner Freunde beurteilen.

Allein ich unterstehe mich doch etwas zu sagen. Der Ruf,
der so erhabene Ruf meines Fürsten, der mir ein Heiligtum
sein muß, ist stark genug, mir einen Verspruch, ein Werk
abzufordern, welches ich sonsten für unmöglich hielte. Ich 20
würde wider die Pflichten der Dankbarkeit sündigen, wann
ich nicht tun sollte, was ich tun könnte, und welchen
Leichtsinn würde ich verraten, wann ich nicht diesen
gnädigsten Befehl nach meinem Vermögen auf das pünktlichste erfüllen sollte. Allein, Durchleuchtigster Herzog, 25
ich verwerfe doch einige Punkte Ihres Befehls, ich verwerfe
sie und seufze zugleich über meine Schwachheit. Ich fühle
mich zu klein zu urteilen, ob jener das Christentum
hochschätze und ausübe, ob es dieser verachte, ob er es
fliehe: ich sehe es als ein Werk an, welches nur göttliche 30
Allmacht, nur göttliche Allwissenheit ausführen können.
Wie wird aber derjenige die Pflichten gegen andere

beobachten, wann er sie an Gott vernachlässigt? Sollten aber diejenige, wann es je einige geben sollte, ihre so große Unwürdigkeit zu offenbaren sich unterstehen, sollten sie sich nicht vielmehr in die Einsamkeit verkriechen, um der Schande eines so unedlen Namens zu entfliehen, sollten sie nicht zittern, wann sie an sich zurückdenken, und nicht verzweifeln, wann sie die Größe ihrer Laster fühlen? Solche Unglückliche sind unter der Stufe der Menschheit; sie beleidigen Gott, sich selbst und ihre Freunde, sie vernachlässigen die Seelenkräfte, die ihnen Gott, seine Ehre auszubreiten, geschenkt hat, kurz, sie hören auf, den Namen eines Menschen zu verdienen. Ebenso schändlich ist es, seinen Fürsten mit niedrigen Gedanken zu entheiligen, ein solcher ist ebenso zu fliehen als der, welcher Gott und Christentum hasset.

Sollte ein solcher unter uns wohnen, sollte er endlich gar das Heiligtum beflecken, welches der beste Fürst geheiligt hat, sollte er sich dieses erkühnen, so sei er von uns verflucht, verabscheuet.

Aber eines solchen Lasters ist keiner von uns fähig, die Gegenwart des heiligen Fürsten erhebt ihn zu edlern Gesinnungen, zu einer Ruhmbegierde, von seinem Fürsten edel und groß zu denken; seine Vernunft führt ihm den fürtrefflichen Bau seines Glücks für Augen, den er, sobald er wider seine Pflichten handelt, augenblicklich umgestürzt und zertrümmert in Ruinen sieht!

Hier muß der geringste Stoff zur Unzufriedenheit verschwinden, wo ein Jüngling, von Tugend und Weisheit geleitet, den Tempel der Unsterblichkeit aufgebauet erblickt, da, wo Laster gehaßt, da, wo edlere Taten zum Triumphe geführt werden. Ebenso muß ein Jüngling, wann er die erhabene Stufe nicht erreicht, wann er sich selbst hindert, die Bahn der Tugend durchzulaufen, unzufrieden sein, so wie ein Rechtschaffener, von einem edlen Ehrgeiz beseelet, wann er den Beifall des Stifters verdienet, mit sich zufrieden sein muß. O wie glücklich könnte ich sein, wann ich ihn verdienen könnte, wann ich mich als den Beförderer meines eigenen Glücks ansehen könnte.

Empfangen Sie, Durchlauchtigster Herzog, diese niedrige Gedanken, welche zu klein sind, einem Fürsten zu gefallen, der die wahre Weisheit kennet, welche aber alsobald groß werden, wann Er sie mit seinem Blick erleuchtet hat.

Scheffauer, Keller

Beede werden von einem edlen Herzen, welches Gott, den Fürsten und Lehrer anbetet, liebt, verehrt, beseelet, welches Freunde durch Dienstfertigkeit, durch Aufrichtigkeit und durch Treue zur Gegenliebe aufmuntert, welches sich nicht allein freut, unter denselben zu wohnen, sondern es auch für eine Ehre hält, in ihrer Gesellschaft dem großen Stifter zu huldigen. Reinlichkeit ist bei ihnen eine der Hauptsorgen, sowie die Aufrichtigkeit, im Gegenteil aber auch Eigensinn ihre Haupteigenschaften sind. Sie befleißen sich, ihre gute Gaben hauptsächlich zu Haus zu Erreichung ihrer Hauptabsicht — jenes ist die Bildhauerei, dieses die Mathematik — wohl anzuwenden.

Gläßle

Verdient durch den willigsten Gehorsam, durch die große Ehrerbietung gegen seine Lehrer und Vorgesetzte, durch die Höflichkeit und Auswahl, mit welcher er mit seinen Freunden umgeht, den Ruhm eines der besten Jünglinge. Da ihm seine Jahre sehr viel Überlegung gestatten, so benutzt er seine gute Gaben, welche er meistens zur Physik anwendet, überall auf das fürtrefflichste. Sonsten wendet er große Sorge auf die Reinlichkeit, an deren er fast alle übertrifft. Durch Züge des Eigensinns aber verschwinden seine Vollkommenheiten, und derselbe hat ihn zu sehr vielen Handlungen angereizt, welche dem Fürsten notwendig mißfallen müssen. Wie unedel würde er aber sein, wann er Gott und seinen Herzog verachten sollte?

Schreyer, Plessing, Jeitter, Kerner

Wunderbar ist es, daß diese beinahe gleiche Neigung, gleiche Gemütsart, gleiche Gaben besitzen. Alle werden von einem dankbaren Trieb, Gott und ihren Wohltäter zu erheben, angefeuert, die Werkzeuge desselben, ihre Lehrer und Vorgesetzte, mit Ehrfurcht und mit blindem Gehorsam zu erfreuen und ihren Freunden mit Dienstfertigkeit und mit Aufrichtigkeit zu dienen. Die Sorge für die Reinlichkeit ist ihnen ebenso gemein als der Eifer, ihre gute Gaben wohl anzuwenden, welche sie alle zu der Zeichnungskunst gebrauchen. Mit ihren Umständen habe ich sie noch niemal unzufrieden gesehen, vielmehr habe ich an ihnen eine außerordentliche Zufriedenheit wahrgenommen.

Chatillon, Schmidlin, Batz

Wann ich von Fleiß, von Geschicklichkeit, von fürtrefflichen Gaben reden sollte, so würde ich diese drei mit Recht oben an setzen können. Es ist Ihnen, Durchlauchtigster Herzog, schon vorher bekannt, was für Proben dieselbe von Fleiß abgelegt haben. Sie haben solche durch Belohnungen, durch Lobsprüche, durch Verheißungen angetrieben, sich zu edlen Gliedern des Vaterlands zu bilden. Könnte es nun möglich sein, daß einer derselben seinem Fürsten nicht mit Anbetung, nicht mit dankbarer Entzükkung begegnen sollte, oder wird er gar den Gottesdienst vernachlässigen? Das sei ferne!

Sie ziehen durch den Gehorsam, durch die Hochachtung ihrer Vorgesetzte deren Bewunderung an sich, sie lieben ihre Freunde, welche aber doch über ihren Hochmut, über ihren Eigensinn klagen. Sie wenden auf die Reinlichkeit die größte Sorge, sind mit ihrem Schicksal vergnügt und halten überaus viel auf mathematische und philosophische Wissenschaften.

Karl Kempff

Nun komme ich zu dem, dessen Beschreibung seine Mitbrüder beschimpfen muß. Ich rede von seinem Betra-

gen gegen Freunde deswegen zuerst, weil er am meisten
wider die Pflichten der Freundschaft sündiget. Wann ich
nicht überzeugt wäre, Euer Herzoglichen Durchlaucht
wüßten schon vorher, wie falsch er einem seiner Freunde
begegnet ist, so würde ich dieser Schandtat gedenken. Wie
leicht kann derjenige, der in seiner Jugend falsch ist, im
Alter ein Verräter werden. Jedoch sollte er gar unedle
Gedanken von der Religion im Schilde führen, sollte er
wider die Pflichten gegen seinen Wohltäter handeln? –
Jetzund schon müssen Vorgesetzte über seinen Hochmut,
über seinen Eigensinn klagen, Lehrer, die kurz vorher die
Größe seiner Verleumdung eingesehen haben! und Freunde
müssen seine Verachtung erdulden. Doch welches Glück ist
größer, als von Lasterhaften gehaßt, beneidet und verachtet
werden? Ich habe ihn aber doch niemalen mit seinem
Schicksal unzufrieden gesehen, sondern er scheint ganz
gelassen dem Ziel entgegen zu gehen, welches ihm die
Gnade des Fürsten bestimmet hat. Ich habe ihn jederzeit
fleißig angetroffen, und Lehrer selbst rühmen die fürtreffliche Anwendung seiner guten Gaben zu Leibesübungen.
Am Körper aber fängt er an, diejenige Reinlichkeit nicht
mehr zu beobachten, die er bisher geäußert hat. Niemalen
werde ich den Charakter seines Bruders *Dieterich Kempffs*
besser beschreiben, als wann ich ihn demselben entgegen
setzen kann.

Baßmann und *Brandt*

So wie die Züge *Karl Kempffs* das böse Herz gleichbald
entdecken, so verraten die Sitten dieser beeden eine
schlechte Auferziehung zu Haus. Sie scheinen zwar von
Euer Herzoglichen Durchlaucht eine rühmliche Gesinnung zu haben, von ihren Vorgesetzten eben so löblich zu
denken; allein das Pöbelhafte in ihrer Seele ist ungeachtet
der natürlichen Vorsicht aus ihrem Herzen noch nicht
verdrungen worden, welches sie durch Grobheiten gegen
ihre Mitbrüder an den Tag legen. Der erste könnte mehr
Reinlichkeit beobachten, welches eine von des letzten

Hauptsorgen ist. Sie sind sonsten mit ihrem Schicksal
überaus zufrieden, gegen sich selbst aber besitzen beide eine
große Eigenliebe. Unter den Händen ihrer Lehrer sind sie
fleißiger als für sich; doch wenden alle zwei die gute Gaben
⁵ so an, daß ihre Bestimmung schwerlich nicht erreicht
werden wird. Unter anderm legen sie sich hauptsächlich auf
die schöne Künste.

Parrot, Eisenberg, Groß, Burrlin, Scharffenstein
Um richtig zu urteilen und einen vollkommenen Charakter
¹⁰ zu ziehen, habe ich die zwei erstern denen drei letztern
entgegen gesetzt, dann ich finde ein Widerspiel bei
denselben, welches ich noch bei keinem angetroffen habe. –
Erstere versprechen äußerlich zwar ein rechtschaffenes
Gemüt, ein Herz, welches das Wohl der Freunde zu
¹⁵ befördern sucht, allein gewiß würden sie auf Wege sinnen,
dieselben in Unglück zu stürzen, wann ihnen Gelegenheit
und Umstände solches zuließen. Diese aber sind die
Zuflucht ihrer Freunde, diese freuen sich über deren Glück
und seufzen über ihr Unglück. Da erstere noch dazu eine
²⁰ stolze Eigenliebe besitzen, so suchen sie alle, auch die
schändlichste Mittel hervor, solche zu befriedigen und sich
in die Gnade des Fürsten einzuschmeicheln, da ich gewiß
versichert bin, daß sie nicht die nämliche innerliche gute
Gedanken von demselben haben; diese hingegen warten,
²⁵ bis sie solche verdienen. Weil jene ihre Vorgesetzte als
Werkzeuge ansehen, wodurch sie zu ihrem Ziel gelangen
könnten, so beobachten sie gegen solche eine kriechende
Demut, da aber diese eine Auswahl beobachten, die mit
ihrem guten Charakter übereinkommt.
³⁰   Alle zusammen kommen darin überein, daß sie mit ihrem
Schicksal überaus wohl zufrieden sind und am Körper
große Reinlichkeit beobachten. Jene haben fürtreffliche
Gaben, welche sie gut anwenden, jedoch verspricht ersterer
mehr, als er leisten kann, der andere verderbt sich durch
³⁵ Auswendiglernen. Diese haben nicht so gute Gaben,
suchen aber solche durch Fleiß zu verbessern. Bei jenen

macht der Eigennutz, die Falschheit eines der Hauptlaster, ihre Höflichkeit aber ihre Haupttugend aus; letztere bestreben sich, sich durch Dienstfertigkeit, durch Redlichkeit und Treue gefällig und wert zu machen. Der erste liebt die Mathematik, der zweite die Historie, der dritte die römische Altertümer, der vierte das Forstkameralwesen, der fünfte auch die Mathematik. Von den drei letztern kann ich gewiß Christentum hoffen, erstere aber lassen mich in der Ungewißheit.

Von Netzen

hat ein fürtreffliches Herz, welches Gott, den Durchlauchtigsten Herzog, Vorgesetzte und Lehrer anbetet, liebt, verehrt und hochschätzt, welches sich das Glück seiner Freunde zur Hauptsorge macht und sie durch Aufrichtigkeit zur Gegenliebe aufmuntert. Seine mittelmäßige Gaben wendet von Netzen durch Fleiß und Unverdrossenheit recht gut zur Mathematik, seiner Lieblingswissenschaft an. Er befleißt sich auch der Reinlichkeit, besitzt noch überdas eine große Dienstfertigkeit und Lebhaftigkeit; wann ich nur eben dieses auch von seiner Zufriedenheit rühmen könnte.

Kapff und *Faber*

Hier finde ich den einen in des andern Bilde getroffen. Wann mir derselben Bezeugen gegen Freunde eben so unbekannt wäre als Gottesfurcht und Religion, so würde ich mich glücklich schätzen. Allein mit meiner Mitbrüder und mit eigener Erfahrung muß ich bekennen, daß der letzte solchen mit der frechsten Grobheit begegnet, die sich mit ihm in einen Streit oder in eine andere Gelegenheit einlassen. Von Euer Herzoglichen Durchlaucht aber scheint er die beste Gesinnungen zu haben. Mit seiner stolzen Eigenliebe, mit seiner Schadenfreiheit, mit seiner Unhöflichkeit fällt er allen beschwerlich; auch sogar Lehrer klagen über seine Unverschämtheit. Der erste hingegen macht seinen Mitbrüdern mit kindischem Betragen, mit Unverschämtheit Verdruß und verbirgt ein nicht gar gutes

Gemüt. Beede beobachten am Körper keine gar große
Reinlichkeit, beede klagen murrend über ihr Schicksal, sich
selbst aber, mit Verachtung anderer, am meisten zu lieben,
macht den Hauptzug in ihrem Charakter aus. Die gute
Gaben, die sie haben, wenden sie nicht löblich genug an;
von ihrer Neigung aber zum Soldatenwesen reden sie
großsprecherisch und erzählen mit Ausführung großer
Heldentaten, die sie begehen würden, wann sie das Glück
haben sollten, ihre Neigung bald befriedigen zu können.

Bilfinger

So gewiß ich weiß, Seine Herzogliche Durchlaucht seien
schon vorher überzeugt, wie viel Lob, wie viel Bewunderung Bilfinger verdiene, so gewiß sehe ich ein, es seie mir
erlaubt, mehreres zu seinem Lobe hinzuzufügen. Die
Proben, welche er von Fleiß, von einem außerordentlichen
Fleiß täglich liefert, wären hinlänglich genug, ihn als den
besten meiner Mitbrüder zu betrachten. Allein ein Herz,
welches seine Freunde durch Redlichkeit, durch Aufrichtigkeit staunend macht, welches die edelste Gesinnungen
von dem gnädigsten Fürsten hegt, welches sich willig und
ehrerbietig den Befehlen der Vorgesetzten unterwirft,
welches durch Gehorsam und Aufmerksamkeit den Lehrern ihre Mühe angenehm macht, macht seinen Ruhm weit
größer. Freunde nehmen an ihm einen Freund wahr, dessen
Verlust sie einmal nicht genug beweinen könnten. Sein
uneigennütziges, sein dienstfertiges, sein freundschaftliches Herz deckt die allzugroße Lebhaftigkeit zu, die ihn
öfters zu Übereilungen hinreißt, zu Fehlern, die er, wann er
könnte, alsobald ablegen würde, wo seine Lebhaftigkeit
seine Handlungen nicht so heftig angreifen würde. Weil er
schon so große Schritte in dem Recht der Natur gemacht
hat, so kann ich nichts anders für seine Hauptwissenschaft
ansehen. An Reinlichkeit am Körper und zu Haus übertrifft
er auch sogar die erste seiner Mitbrüder. Er ist ein würdiger
Bewunderer seines Fürsten, ein würdiger Diener Gottes
und verdient das Schicksal, dessen Vorteile er bisher auf das
edelste erhoben hat.

Boigeol und Petersen

Eine große Neugierde hat mich bewogen, den Charakter
derselben genau auszuforschen, und weil ich denselben
ziemlich gleich befunden habe, so habe ich mich unterstan-
den beede zu vereinigen. Der erste ist Mensch, Christ und
Freund, der andere mehr Freund allein. So erhaben, so edel,
so würdig ein jeder von seinem Gott, so denkt er auch von
seinem besten Fürsten, von seinen Vorgesetzten, von seinen
Lehrern, von seinem Schicksal. Freunde sehen sich in der
Gesellschaft dieser zwei Mitbrüder geliebt, geholfen. Weil
der erste schon sehr viel Verstand, der zweite sehr viel
Aufrichtigkeit hat, so sind sie die Ratgeber ihrer Freunde
und genießen derselben Glück wie ihr eigenes, weil sie auch
ihr Unglück bedauren. Fürtreffliche Gaben, die sie vor
andern eigen haben, machen sie tüchtig den Fleiß zu krönen
und dem Vaterland dereinst Dienste zu leisten und der
herzoglichen Militär-Akademie Ehre zu machen. Der
erstere ist ein großer Liebhaber der Mathematik, der letzte
der Philosophie. Sonsten sind sie sehr besorgt, ihren
Körper und ihr Eigentum reinlich zu erhalten.

Masson, Hahn, Schmidgall

Diese sind mir durch Zufälle wenig bekannt worden. Ich
bedaure den Verlust, sie zu kennen, allein vielleicht würde
ich auch mir Unangenehmes entdeckt haben, wann ich
solche genauer hätte kennen lernen wollen. Von ihrer
Neigung bin ich so viel überwiesen worden, daß sie ganz
auf mathematische Wissenschaften gerichtet ist.

Reichenbach und Wächter

behaupten den Rang fleißiger, geschickter und vernünftiger Jünglinge. Weil sie alles gründlich studieren und wenig
auf den bloßen Gebrauch des Gedächtnisses halten, so sind
sie zwar nicht fertig, aber nichtsdestoweniger bereit zu
Antworten, welche Überlegung und Verstand verraten.
Würdige Gesinnungen von Gott und dem Fürsten sind
ihnen angeboren, und Freunde verehren ihre Liebe, Dienst-

fertigkeit, Verschwiegenheit und Treue. Gegen Vorgesetzte und Lehrer haben sie sich bisher so aufgeführt, daß sie derselben Lobsprüche und Bewunderung erhalten haben. Ebenso lieben sie Reinlichkeit und Ordnung, worin aber der erstere den letztern übertrifft. Das Schicksal, das ihnen Gott und die Gnade des Fürsten eigen gemacht hat, verehren sie mit Dankbarkeit, überhaupt machen sie sich fähig, mit der Zeit dem Erzieher Ehre zu machen. Die Weltweisheit bestimmte bisher ihre Triebe, ihren Fleiß, ihr Privatstudieren. Geduld und Aufrichtigkeit entwickeln des letztern, Verstand und Nachdenken aber des ersten Gemütsbeschaffenheit.

Plieninger

würde durch Redlichkeit und Aufrichtigkeit, durch eine edle Gesinnung gegen Euer Herzoglichen Durchlaucht, durch Ehrerbietung gegen Lehrer und Vorgesetzte und durch freundschaftliches Bezeugen gegen seine Mitbrüder sehr viele Lobsprüche verdienen, wann er sich nicht durch eine kriechende Demut verächtlich machte. Unsere Pflichten sind zwar auch gegen die Demut beschworen worden, allein niederträchtige Demut ist ebenso schändlich zu fliehen als Stolz und Hochmut. Plieninger würde sich nicht schämen, um ein gutes Wort den geringsten seiner Vorgesetzte gleichsam anzubeten. Sonsten aber ist er der Gnade Euer Herzoglichen Durchlaucht durch Fleiß und Zufriedenheit nicht ganz unwürdig. Die Reinlichkeit hat er sich zum Gesetz gemacht, und die gute Gaben, die er hat, wendet er fürtrefflich an. Religion und Gottesfurcht sind ihm mit Recht zuzuschreiben, eben deswegen legt er sich auf die Theologie und wünschte, sie als seine Brotwissenschaft betrachten zu können.

Atzel und Hetsch

Zwei Künstler, welche wirklich schon der herzoglichen Militär-Akademie Ehre machen können. Aber nicht allein der Ruhm ihrer Kunst, nicht allein ihr Bestreben, sich

täglich vollkommener zu machen, sondern auch eigene
Tugenden machen sie uns liebenswürdig. Eine edle Gesinnung gegen die Religion, gegen den gnädigsten Fürsten,
ein ehrerbietiger Gehorsam gegen Lehrer und Vorgesetzte
verdienen Lobsprüche. Atzel vernachlässigt die Reinlichkeit am Körper, weil er sich allzuviel Geschäfte macht, da
hingegen Hetsch mehr Reinlichkeit, aber nicht so viel
Beschäftigung liebt. Beede aber verehren ihr glückliches
Schicksal öffentlich und in der Stille. Der erste verrät mehr
Menschenliebe, Aufrichtigkeit und Nachdenken, letzterer
mehr Witz, Dienstfertigkeit, aber ziemlich Eigenliebe.
Beede richten alle Gedanken auf die schöne Künste.

Grub, Preißmeyer

Beede machen sich durch Höflichkeit, Dienstfertigkeit und
Aufrichtigkeit bei ihren Mitbrüdern wert. Die schöne
Gaben, die sie besitzen, wenden sie mit Ruhm auf die
Philosophie an. Eine edle Gesinnung gegen Seine Herzogliche Durchlaucht, ein außerordentlicher Gehorsam gegen
Lehrer und Vorgesetzte, ein redliches, höfliches und
aufrichtiges Bezeugen gegen ihre Freunde und Mitbrüder
machet sie denselben angenehm und wert. Letzterer
verbirgt, aus Sorge wegen der herzoglichen Ungnade, seine
Hauptneigung zum Soldatenstand, dem er gewiß Ehre
machen würde, wann Pflicht und Vaterland ihn davor
streiten hießen. Der erstere scheint nichts als Philosophie zu
denken, zu lieben, zu reden und auszuüben, und wird
gewiß große Schritte darin machen, wann er diese Neigung
hinlänglich wird befriedigen können. An Reinlichkeit am
Körper beobachten sie den Rang der erstern ihrer Freunde,
und im Zimmer unterscheidet sich ihr Eigentum durch
Ordnung von den übrigen. Und wie sollten sie mit sich
unzufrieden sein, da sie einsehen, wie viel sie noch zu lernen
haben, warum sollten sie ihr Schicksal nicht verehren, da sie
es unstrittig nicht vorteilhafter betrachten könnten?

Wolff und *Kaußler*

scheinen äußerlich wenig Vollkommenheiten, wenig Gutes
an sich zu haben, zuweilen gar unvollkommen und
unwissend zu sein. Allein ich gestehe, wann sie eben so gute
Gaben, eben so gute Erziehung besäßen und genossen
hätten, als edel ihre Gesinnung gegen Gott, dem Fürsten,
den Vorgesetzten und Freunden ist, so würden sie andere
weit übertreffen. Sie beobachten eine wahre Zufriedenheit
mit sich und ihrem Schicksal, eine mittelmäßige Reinlichkeit und Ordnung. Sie sind still, höflich, aufrichtig und
verschwiegen. Der erste hat zu der Historie, der zweite zur
Kameralwissenschaft eine Hauptneigung.

Liesching, Duttenhofer, Elwert, Scheidle und *Pfeifflin*

verdienen gemeinschaftliche Bewunderung, Lobsprüche
und Liebe. Durch Freundlichkeit, Aufrichtigkeit und Treue
haben sie sich den größten Teil ihrer Mitbrüder verbindlich
gemacht. Durch eine edle und würdige Gesinnung von
Gott und der Religion sehen sie alle ihre Handlungen
gesegnet, durch eine vorteilhafte Denkungsart von Euer
Herzoglichen Durchlaucht erscheinen sie an der ersten
Stufe derer, welche ich bewundert habe. Vorgesetzte und
Lehrer sehen und hören sich von ihnen geliebt, geehrt und
mit Dank belohnt. Reinlichkeit haben dieselbe meistens
gemein. Elwerts und Duttenhofers fürtreffliche Gaben
werden durch Fleiß immer vergrößert. Liesching und
Elwert lieben und verehren die Arznei-, Duttenhofer die
Kameralwissenschaften, Pfeifflin richtet Sinn und Gedan-
ken auf den Soldatenstand, und Scheidle macht sich die
Mathematik zum Hauptstudio.

Von Hoven senior, *Grammont*

Wann ich die Gemütsbeschaffenheit des ersten genau
beurteile, so finde ich das Gegenteil von dem andern,
welche bloß in einigen Stücken eingeschränkt werden muß.
Ein übergroßer Stolz, eine gehässige Eigenliebe ist jenem
eigen, dahingegen dieser durch Verachtung seiner selbst

und durch Demut gefallen will. Gegen Gott ist der letztere am edelsten, am würdigsten gesinnt. Und wie sollte er es seinem andern Wohltäter nicht auch sein? Vorgesetzten und Lehrern begegnet er mit Ehrerbietung und Gehorsam, und jener hält nicht viel von ihnen. An Reinlichkeit sind beide einander gleich und verdienen Lobsprüche, die ich bisher noch keinem zugesprochen. Aufrichtigkeit, Stille und Verschwiegenheit macht die Hauptzüge des letztern aus. Dienstfertigkeit, Lebhaftigkeit, aber Ehrgeiz und Grobheit sind dem erstern eigen. Mit ihrem Schicksal sind beide sehr vergnügt und äußern große Bewunderung desselben. Der erste hat sich die schöne Künste und Wissenschaften, der andere die Religionswissenschaft zur Hauptneigung gemacht.

Von Hoven junior und *Gegel* senior haben bisher den Namen junger Leute behauptet, da sie in ihren Handlungen wenig Überlegung, wenig Vernunft geäußert haben. Es ist zwar gewiß, sie bewundern die Gnade, die Größe ihres Gottes und Fürsten, sie verehren die Befehle ihrer Vorgesetzten; allein ihre Freunde haben sie öfters durch Fürwitz und Unhöflichkeit beleidigt. Von ihrer Zufriedenheit und von ihrer Hauptneigung bestimme ich noch nichts Gewisses. Von ihren fürtrefflichen Gaben aber und von ihrem Privatfleiß bin ich genau überzeugt. Reinlichkeit am Körper und im Schlafzimmer beobachten sie mit großer Pünktlichkeit. Von Hoven übertrifft den Gegel an Lebhaftigkeit, welche er aber öfters aus Mangel der Einsicht zu Unvollkommenheiten anwendet; Dienstfertigkeit und Treue, aber zugleich auch Veränderlichkeit haben sie mit einander gemein.

Nun habe ich, Durchlauchtigster Herzog, meine Mitbrüder so geschildert, als mir der Umgang mit ihnen und die wenige Beurteilungskraft verstattet haben. Ich habe nach meinem Gewissen gehandelt und würde wünschen, auch etwas zu derselben Glück beitragen zu können. Dürfte ich mich also unterstehen, meine Gedanken in das edle Herz meines gnädigsten Fürsten auszuschütten? Mit diesem Augenblick stelle ich mir den ganzen Umfang meines Glücks für Augen, welches mir schon seit einigen Jahren entgegeneilt. Ich erblicke den Vater meiner Eltern vor mir, dem ich seine Gnade niemals vergelten kann. Ich erblicke ihn und seufze. Dieser Fürst, welcher meine Eltern in den Stand gesetzt hat mir Gutes zu tun, dieser Fürst, durch welchen Gott seine Absicht mit mir erreichen wird, dieser Vater, welcher mich glücklich machen will, ist und muß mir weit schätzbarer als Eltern sein, welche unmittelbar von seiner Gnade abhangen. – Dürfte ich mich Ihm mit einer Entzückung nahen, die mir die Dankbarkeit auspreßt; dürfte ich die Worte erzählen, welche mir mein Vater anvertraute: »Sohn, bemühe dich, Ihm zu gefallen, bemühe dich, daß Er dich und deine Eltern nicht vergesse. Denke, daß von Ihm dein Leben, deine Zufriedenheit, dein Glück abhängt, denke, daß ohne Denselben deine Eltern unglücklich werden. Bete für Sein Leben, daß Er dir nicht mitten in dem Glanze deines Glücks entrissen werde.« So sprach er seufzend zu mir. Von jetzt an soll es mir ein Gesetz werden, das ich mit Verlust meines guten Gewissens niemals umstoßen könne.

Nun beurteilen Sie mich, Durchleuchtigster Herzog, nach den Reglen der Religion. Sie werden mich öfters übereilend, öfters leichtsinnig finden; aber ist es dann notwendig, daß Vergehungen dasjenige umstoßen, was Vertrauen und Liebe zu Gott aufgebaut haben, und was ein von Natur empfindbares Herz sich zum Grundgesetz machte? Beurteilen Sie mich nach meinen eigenen Worten, ob ich Sie nicht liebe, nicht verehre, nicht anbete; oder sollte ich gar schwören, daß ich meinen Fürsten verehre? Ich kenne den Wert der Tugend noch nicht, aber ich empfinde ihn zu meiner Beschämung, ich empfinde ihn in den Handlungen meines Wohltäters.

Sehen Sie mich, Durchleuchtigster Herzog, in der Mitte meiner Brüder, forschen Sie von ihnen selbst, wie ich mich bisher gegen dieselbe aufgeführt habe. Sie werden mich eigensinnig, hitzig, ungeduldig hören müssen, doch werden dieselbe Ihnen auch meine Aufrichtigkeit, meine Treue, mein gutes Herz rühmen. Aber, Durchleuchtigster Herzog, die schöne Gaben, die ich habe, habe ich bisher nicht so angewendet, als es mir meine Pflichten aufgelegt haben. Nun sehe ich mich von der Unzufriedenheit gedrückt, die ich verdiene, allein ich kann doch einigermaßen Entschuldigung finden, dann wann der Körper leidet, so leiden auch mit ihm die Kräfte der Seele, und der Wille wird durch Leibesschwachheiten öfters gehindert, in Erfüllung zu gehen. Ebenso habe ich Reinlichkeit am Körper bisher nicht so beobachtet, als es meine Schuldigkeit gewesen. Aber verzeihen Sie mir, Durchleuchtigster Herzog, diese Fehler, denken Sie an die Gnade zurück, die meine Eltern und ich selbst aus Ihrer Hand empfangen haben.

Es ist Ihnen schon bekannt, gnädigster Herzog, mit wie viel Munterkeit ich die Wissenschaft der Rechte angenommen habe, es ist Ihnen bekannt, wie glücklich ich mich schätzen würde, wann ich durch dieselbe meinem Fürsten, meinem Vaterland dereinsten dienen könnte, aber weit glücklicher würde ich mich halten, wann ich solches als Gottesgelehrter ausführen könnte, jedoch hierin unterwerfe ich mich dem Willen meines weisesten Fürsten, bei dem mein ganzes Glück, alle meine Zufriedenheit steht.

Nun habe ich überlegt, wie unzufrieden man sein muß, wann man seine Pflichten vergißt, wie abscheulich die Folgen sind, wann man sich nicht bemüht, seine Schuldigkeit zu tun. Jetzund sehe ich eine fröhliche Reihe meiner Freunde für mir, welche Belohnungen hoffen, und welche sie auch verdienen, ich sehe einen Fürsten, welcher ihnen lächelt, ich sehe Vorgesetzte, welche ihnen mit Liebe und Hochachtung begegnen, mich selbst aber sehe ich hinter ihnen, verlassen, traurig, zitternd. – Sollte ich nun ungerührt bleiben, sollte ich zusehen, wie man mir dieselbe vorzieht? Wofern ich noch ein Gefühl der Ehre empfinde, wofern ich noch Gnade und – Ungnade unterscheide, so will ich mich bemühen, fleißiger zu sein: Ja ich will noch mehr tun, ich will nicht ruhen, bis ich sie eingeholt, ich will nicht ruhen, bis ich sie übertroffen habe.

Aber, Durchleuchtigster Herzog, Sie sind es, dem ich zuwider gehandelt, Sie sind es, gegen welche ich meine Pflichten gebrochen, und doch schweigen Sie, und doch drücken Sie mich nicht mit der Strafe, die ich billig fühlen sollte. Welche Großmut herrscht in Ihren Zügen, eine Großmut, welche mich Vergebung hoffen läßt. Ja, Durchleuchtigster Herzog, wofern Sie mir diesmal verzeihen, so werde ich von meiner Betrübnis, von meiner Unzufriedenheit, von meiner gerechten Unzufriedenheit frei, so werde ich aufgemuntert, mehr zu tun, als Gott und mein Fürst von mir begehren. Lassen Sie mich, Durchlauchtigster, vor Ihr Leben Weihrauch bringen, lassen Sie meine Eltern vor Ihnen niederknieen und Ihnen vor mein Glück danken — aber wie werden sie es tun können, da sie selbst unfähig sind Ihnen vor ihr eigenes Glück dankbar zu sein! Lassen Sie mich zwischen mein Vaterland treten und mit demselben Ihnen, mein Vater! zurufen: Er lebe. Lassen Sie mich endlich seufzen, daß ich nicht danken kann!

Schiller.

BEOBACHTUNGEN
BEI DER LEICHEN-ÖFFNUNG
DES ELEVE HILLERS

Die Leiche war sehr abgezehrt, aber nicht erstarret. Vom Aufliegen hatte er eine Entzündung.

Als man die Brust öffnete, floß eine große Menge gelblichten Blutwassers heraus.

Das Netz, so sehr gering war, schien wie brandig, doch hatte es den faulen Geruch nicht.

Der Magen, die Gedärme waren natürlich, nur die großen waren etwas aufgeblasen. Würmer fühlte man von außen keine. Von innen wurden sie nicht untersucht, weil es die Zeit nicht erlaubte.

Das Gekrös enthielt eine gelblichte Zähigkeit und schien äußerlich von stockendem Blute bleifärbig. Keine Verhärtungen ließen sich in den Drüsen desselben bemerken. Die große Magendrüse aber war ziemlich verhärtet.

Die Leber war an der untern Fläche schwarzblau. An der obern blau und rot marmoriert. Sie war sehr voll Blutes. Sonst zeigte sich nichts Widernatürliches an derselben. Die Gallenblase war voll Galle.

Die Milz und die Nieren waren mit dem linken Grimmdarm-Gekröse verwachsen. Sonst ganz gesund. Die Harnblase war ganz angefüllt.

Bei Eröffnung der Brusthöhle floß ebenso gelblichtes Blutwasser heraus. Die rechte Lunge war an das Brustfell angewachsen.

Die linke Lunge war kleiner als die rechte und schien vom widernatürlich großen Herzbeutel verdrungen.

Der Herzbeutel selbst wurde kaum geöffnet, so floß eine große Menge des Blutwassers hervor, die Haut des Beutels war besonders dick, aber verhältnisweise nicht so dicht. Die

innere Fläche, die sonst glatt ist, war durch eine Fettsubstanz mit dem Herzen, besonders mit dessen unterer Fläche
verwachsen. Diese Fettsubstanz überzog das ganze Herz
und war an vielen Stellen, hauptsächlich unten, sehr dick.
Sie war durch beträchtliche Fortsätze und Bänder mit dem
Herzbeutel verbunden. Im Herzen selbst war kein organischer Fehler zugegen, und es beweist noch nichts, daß seine
Fleischmasse sogar gering war, indem sich bei der allgemeinen Abzehrung aller Muskeln nichts anders erwarten
läßt. Auch in seinen Höhlen ist nicht das mindeste
Sonderbare bemerkt worden. Und die Ursache des Todes
scheint mehr außer dem Herzen als von dem Herzen
hergeleitet werden zu können.

Die Lungen waren hin und wieder entzündet und mit
kleinen harten Körnern durchsät. An der obern Hälfte der
linken Lunge war etwas Eiterartiges.

Das Haupt ist nicht geöffnet worden.

Stuttgardt, den 10. Oktobr. 1778.   *Schiller.*

REDE ÜBER DIE FRAGE:
GEHÖRT ALLZUVIEL GÜTE, LEUTSEELIGKEIT
UND GROSSE FREIGEBIGKEIT
IM ENGSTEN VERSTANDE ZUR TUGEND?
10. JAN. 1779

Durchleuchtigster Herzog,
Erlauchte Gräfin!

Gehört allzuviel Güte, Leutseeligkeit, und große Frei-
gebigkeit im engsten Verstand zur Tugend? – Dies ist die
Frage die nun zu beantworten mir gnädigst auferlegt ist;
Ich freue mich des erhabenen Gegenstands meiner Rede.
Ich freue mich doppelt der Tugend Lobredner zu sein, im
Tempel der Tugend.

Nicht die schimmernde Tat vor dem Auge der Welt –
nicht das stürmende Klatschen des Beifalls der Menge – die
innere Quelle der Tat ists, die zwischen Tugend und
Untugend entscheidet. Liebe zur Glückseeligkeit muß diese
Quelle sein. Sie, diese Liebe ist es, die zwischen zwei
Gegenneigungen den Ausschlag geben soll. Sie, die alles
alles überwägen muß. Aber ihr ist der scharfsehende
Verstand zum Führer gegeben. Der Verstand muß jede
Neigung prüfen ob sie zur Glückseeligkeit leite. Der
Verstand muß den Ausspruch tun, welche Neigung zu
höherer zu weiterumfassender Glückseeligkeit leite; – der
Verstand muß die Wahl der Seele bestimmen! Je heller also,
je gewaltiger, je dringender die gegenseitige Neigung desto
höherer Verstand – desto höhere Liebe – desto höhere
Tugend!

Ich sehe den Erhabensten Geist, den je das Altertum
gebar, dem nie dämmerte der Offenbarung Gottes ein
blasser Wiederstrahl; – Er hat den Giftbecher in der Hand –
Hier Liebe zum Leben – das mächtigste Drangsgefühl, das

je eines Menschen Seele bestürmte; – dort zum Pfade
höherer Seeligkeit ein zitternder Schein, ein eigner durch
das Forschen seines Geistes einsam erschaffner Gedanke –
Was wird Sokrates wählen? – Das Weiseste. Izt, o Weisheit,
leite du seine entsetzliche Freiheit – Tod – Vergehen –
Unsterblichkeit – Krone des Himmels – Versieglung
blutige – große – mächtige Versieglung seiner *neuen* Lehre! –
Leite seine letzte entscheidende Freiheit scharfsehender
Verstand – Entschieden – getrunken das Gift – Tod –
Unsterblichkeit – Seine Lehre mächtig versiegelt! – Höchster Kampf; – höchster Verstand – erhabenste Liebe –
erhabenste *Tugend*! Erhabner nichts unter hohem bestirn-
tem Himmel vollbracht! –

Was ist also das Wesen der Tugend? Nichts anders als
Liebe zur Glückseligkeit, geleitet durch den Verstand –
Tugend ist das harmonische Band von Liebe und Weis-
heit!

Und was anders wenn ich hinaufstaune an das höchste
Urbild der Tugend? – Was wars, das den Weisesten leitete
eine Welt aus dem Chaos zu erheben? – *Unendliche Liebe* –
Was wars das den Liebenden leitete der neugebornen Welt
Ordnung und Wohlklang zu geben durch ewige unwandelbare Gesetze? – *Unendliche Weisheit!* – So ist also Liebe
und Weisheit das Wesen Gottes in beziehung auf seine
Geschöpfe – Tugend ist Nachahmerin Gottes – Tugend ist
das harmonische Band von Liebe und Weisheit.

Und was sagt von der Tugend der große Lehrer der
Menschen? Sie ist Liebe zu Gott und den Menschen. Wer
kann Gott lieben ohne Weisheit? Wer Menschen Lieben
ohne Verstand? – Wiederum Tugend das harmonische Band
von Liebe und Weisheit. So spricht der Gesetzgeber aus den
Donnern von *Sina*! So der Gottmensch auf dem *Tabor*! – So
Religion – Sittenlehre – Philosophie – und aller Weisen
einstimmiger Mund!

Ich komme nun näher zu meiner Frage: Ist allzuviel Güte,
Leutseeligkeit und große Freigebigkeit Tugend im engsten

Verstand? – Mich soll izt die glänzende Außenseite prangender Taten nicht verblenden, dringen will ich und forschen in ihre innerste Quelle, nach dem festgesetzten Begriff von Tugend will ich sie richten – auf dieser Waage will ich sie wägen! – –

Ich schaue in die Geschichte. Ich sehe den großen *Julius* das *Römische* Volk mit Spielen belustigen – mit Geschenken und Gaben überschwemmen – ich sehe den Niedrigsten hoch herablächeln sein Aug'. Laut erhebt ihn der Mund des Pöbels – preist seinen Namen – stellt sein entweihendes Bild an den Altar der obersten Gottheit. Hat er tugendhaft gehandelt? – Er den so hoch erhub der Toren läppischer Mund – Wie leicht wird der Weltherrscher dahinflattern auf der Waage der Gerechtigkeit Gottes! überwogen unendlich weit von *Einer* – *Einer* mitleidigen Träne in Hütten geweint – Herrschsucht war seine Neigung! Ehrgeiz die Quelle seiner Tat!

Ich dringe weiter in eben der Geschichte – Ich sehe dich – o *Augustus*! der du den ersten Purpur wieder trägst – die großen Geister deines Jahrhunderts lockst du mit kaiser- lichen Belohnungen an deinen Thron! – Rom feiert sein goldenes Alter unter deinem Zepter – Rom schimmert unter dir in blühender Jugend! – Herunter die Larve deiner Absicht⟨en⟩ – Roms Männerseelen willst du entnerven durch sanftes – wollüstiges Gefühl, daß nimmer sie erhüben zur Rettung des Vaterlands den furchtbaren Arm – willst prangen sehen deinen Namen im Liede deiner bestochenen Sänger, willst unsterblich werden mit den Unsterblichen! –

Und dringe ich in die *Heilige* Geschichte! – Was war der Grundtrieb, der den Sohn *Davids* beseelte, daß er in *Jerusalems* Toren in die Umarmung der niedrigsten Bürger sank? – War dieses fürstliche Güte? – Oder war es die Krone, die ihm fernher ums Haupt schimmerte – der Durst nach Herrschaft, der ihn zwang und drang, unter die Stufe seiner Hoheit zu sinken, daß er über dieselbe sich empor- schwingen möchte!

Soll ich ferner forschen, oder mit ewigem Schleier
bedecken diese schändliche Szene? – Hier also war Güte die
Larve des in der Tiefe der Seele laurenden Lasters. Aber
verlarvtes Laster ist greulicher im Auge des großen
Kenners im Himmel; als das, so wie *Ravaillacs* Königsmord,
oder *Catilina's* Mordbrennerei in seiner Schande vor dem
Auge der Menschen steht. Hier war die Güte mit Weisheit
aber nicht mit Liebe im bund. Tugend ist das harmonische
Band von Liebe und Weisheit.

Aber allzuviel Güte und Leutseeligkeit hat dich o
Weisheit nicht zur Wegweiserin gehabt. Der Weise ist gütig,
aber kein Verschwender – Der Weise ist leutselig, aber er
behauptet seine Würde. Verschwendung beglückt nicht.
Allzuviel Leutseeligkeit beglückt nicht. Güte mit Weisheit,
Leutseeligkeit mit Verstand – diese allein beglücken den
Bruder – Und seh ich an das größeste Urbild der Tugend?
der Güte? Mit welcher Weisheit und Mäßigung hat nicht
die *höchste* Güte ihre Wohltaten ausgespendet? Siehe an die
großherrliche Haushaltung der Natur! Ich will schweigen.
Und von der Leutseeligkeit – Siehe an das große Urbild der
Herablassung! (Leutseeligkeit ist beim Unendlichen Herablassung) Hält nicht des ewigen Majestät auch den
Erhabensten Menschengeist den je ein Körper umgab in
heiliger Nacht zurück? Siehe an die *heilige* Bücher! Frage dich
selbst. Ich will schweigen. Dieses Urbild nachahmen ist
Tugend. Allzugroße Güte und Leutseeligkeit ist nicht
Nachahmung Gottes. Nicht Tugend. Sie ist mit Liebe, aber
nicht mit Weisheit im Bund. Tugend ist das harmonische
band von Liebe und Weisheit.

Die Frage noch auf der dritten Seite beantwortet. Ein Wort
noch vom Kampfe der Seele. Die schönste Tat ohne Kampf
begangen hat gar geringen Wert gegen derjenigen die durch
großen Kampf errungen ist. Ich frage also, hat den
allzugütigen seine Tat Kampf gekostet? War es ein Reicher
der des Glückes Güter im Übermaß besitzt, dem sein
kraftloses Leibesgebäude noch Leidenschaften versagte so

war ja keine Sorge des Darbens, war ja keine begierde nach
mehreren vorhanden der Neigung Wohlzutun das Gegengewicht zu halten. So hat sie ja nicht kämpfen dörfen. So
darf sie auch nicht triumphieren – Ferne von ihr der
glorreiche Name *Tugend*!

Und der Allzuleutseelige – hat jener Große dort der
seinen Adel seine Hoheit von sich legt, und zum gemeinen
Manne vertraulich sich gesellt, hat er, frage ich, Seelen-
Adel? oder fleußt seine Denkart mit dieses Gesinnungen
zusammen? So ist ja wiederum das Gefühl *eigener innerer*
Erhabenheit nicht da, der Leutseeligkeit des Großen das
Gegengewicht zu halten. So hat sie nicht gekämpft. So darf
sie nicht triumphieren. Fern auch von dieser der glorreiche
Name Tugend. Würde dieser Große mit der Pöbelhaften
Seele heute noch ein Gefühl eigener *geistiger* Hoheit
erlangen, wer mag bestimmen, ob nicht diese seine
Leutseeligkeit in schwellenden Stolz ausarten würde?

So ist demnach allzuviel Güte und Leutseeligkeit und
große Freigebigkeit das harmonische Band von Liebe und
Weisheit nicht; – so hat sie keinen Kampf gekostet; – so hat
sie die Menschen nicht bestmöglich glücklich gemacht – so
hat sie Gott nicht nachgeahmet – Ich verwerfe sie ganz – Sie
ist nicht *Tugend*! Dies ist ein Satz von großem Gewicht
mancher mißkannter Tat eine Krone zu geben, oder zu
nehmen. So wird mancher dem der tobende Lobspruch der
Menge: dem der Afterglanz seiner Tat von Belohnungen
träumen ließ – Ha! wie so einsam, wie so hingeschauert
dastehen am großem Gericht! Wir Menschen richten bloß
die Außenseite der Tat: wir messen nach den Folgen allein.
Aber wie anders gestaltet sie sich vor jenem Richter, der
den Gedanken eh er geboren war sah, und eh er vollbracht
war belohnte, oder verdammte. –

> »– Wie krümmen vor dem der Tugenden höchste
> Sich in's kleine? Wie fleugt ihr Wesen verstäubt
>   in die Luft aus!
> Einige werden belohnt – die meisten werden
>   vergeben!«

Sie die echte Tugend des Weisen wanket ihm nicht – fliehet
ihn nicht – höhnet ihn nicht – Ihm ist sie ein mächtiger
Harnisch gegentrotzend den Donnern des Himmels ein
gewaltiger Schirm wenn zu Trümmern gehen die Himmel,
wenn die Scheintugend, wie vor dem Winde Spreu
hinwegflattert – – –

»Große Wonne ist es vor Gott gelebt zu haben!
Gute Taten um sich in vollen Scharen
Zu erblicken. Sie folgen
Alle nach in das ernste Gericht!«

Wo *eine* herrlichere Tat, je zur Glückseligkeit der Menschen
von Menschen unternommen – je mit mehr Liebe erdacht –
je mit mehr Weisheit vollendet – Wo je eine mehr
Nachahmung Gottes – Wo also *eine* höhere Tugendhaftere
Tat als die Bildung der Jugend? Diese ist mehr denn Schar.
Auch diese, *Durchleuchtigster Herzog*! folgt nach in das
ernste Gericht!!

Was also ist die Krone der Tugend! was ihr schönster,
herrlichster Schmuck! Du o Liebe, Erstgeborne des Himmels, schönste, herrlichste im Angesicht Gottes! Beuge
dich nieder blühende jauchzende Natur; beuge dich nieder
o Mensch, beuge dich Seraph am Thron! Durch die Liebe
seid ihr hervorgegangen! Durch die Liebe blühet ihr,
jauchzet ihr, pranget ihr! durch die Liebe! beuget euch vor
der Liebe!
    Und du! gleichen Adels mit ihr! gleich ewig im Unend-
lichen mit ihr! Weisheit! schönste Gespielin der Liebe! die
du bist das Hauchen der göttlichen Kraft! Weisheit dich bet
ich an. Dich bet ich an! Dich bet ich ewig an! beuge dich
nieder große Unendliche Natur! durch die Weisheit bist du
so meisterhaft zusammengefüget. Durch sie lebt dein
Ewiges Uhrwerk. Durch sie klingen melodisch zusammen
deine tausend zitternde Saiten! beuge dich nieder, oh
Mensch! erkenn die Würde der Weisheit! durch sie umfas-

sest du das Meisterwerk Gottes! – durch sie durchdringet
dein gottgeadelter Geist des Schöpfers großherrlichen
Plan! – durch sie ahmest du den Fürchterlich-herrlichen
nach! Beuge dich nieder! erkenn die Würde der Weisheit!
Betet an vor der Weisheit. Betet an vor der Liebe und
Weisheit! Tugend ist das harmonische Band von Liebe und
Weisheit. Betet an vor der Tugend!

Du, o Tugend, schön strahlst du in des Menschen Seele!
Großen Lohn gibst du deinen Lieblingen. Groß ist ihr
Schimmer! Groß ihr Ruhm bei Gott und den Menschen. So
Marcus Aurelius der größte unter den Fürsten der Vergangenheit, das Muster der Herrscher. Er war der weiseste und
sparsamste Verwalter seiner Güter. Er hat dir, o Göttin der
Wohltätigkeit einen Tempel errichtet. Dir, weil er am
meisten verstund dir zu dienen. Und (wenn ich aus dem
toden Schutt des barbarischen Heidentums eine Tat empor-
heben darf die von wenigen des lichten Jahrtausends
übertroffen wird) »Cathmors Seele war wie der Strahl des
Himmels. Hoch an Atha's Strande stiegen seine Türme gen
Himmel. An jedem Turm sieben Hallen, an jeder Halle ein
Gebieter, und lude zum Gastmahle Cathmors. Aber
Cathmor verbarg sich tief in den Wald die Stimme des Lobs
nicht zu hören.«

Aber was soll ich noch lange Geschichte voriger Zeiten
durchirren, Muster edler Güte und Leutseeligkeit aus den
verwehten Trümmern des Altertums hervorzuheben?

Durchlauchtigster Herzog!
   Nicht mit der schamrotmachenden Heuchelrede krie-
chender Schmeichelei (*Ihre* Söhne haben nicht schmeicheln
gelernt) – Nein – mit der offnen Stirne der Wahrheit kann
ich auftreten und sagen:
   Sie ists, die liebenswürdige Freundin Carls – *Sie* die
Menschenfreundin! – *Sie*, unser aller besondere Freundin!
Mutter! *Franciska*! Nicht den prangenden Hof – die großen
Carls nicht, nicht meine hier versammelte Freunde, die alle

glühend vor Dankbarkeit den Wink erwarten in ein
strömendes Lob auszubrechen – Nein! die Armen in den
Hütten ruf ich izt auf – Tränen in ihren Augen – *Franziska*!
– Tränen der Dankbarkeit und Freude – Im Herzen dieser
Unschuldigen wird *Franziskens* Andenken herrlicher gefeiert, als durch die Pracht dieser Versammlung. Wenn dann
der größeste Kenner und Freund der Tugend Tugend
belohnet? – *Carl* – wo hat Ihn je der Schein geschminkter
Tugend geblendet? – *Carl* – feiert das Fest von *Franziska*! –
Wer ist größer der so Tugend ausübt – oder der sie
belohnet? – beedes Nachahmung der Gottheit! – Ich
schweige – Aber ich sehe – ich sehe schon die Söhne der
kommenden Jahre – ich sehe sie neidisch über uns sein – ich
sehe sie an diesem und – noch *einem* – Feste versammelt, ich
sehe sie irren in den Grabmalern ihren Voreltern, sie suchen
– suchen – Wo ist *Carl*, *Wirtembergs* trefflicher *Carl*? Wo ist
Franziska, die *Freundin* der Menschen?

PHILOSOPHIE DER PHYSIOLOGIE

I.

DAS GEISTIGE LEBEN

§. 1.   10
Bestimmung des Menschen.

Soviel wird, denke ich, einmal fest genug erwiesen sein, daß
das Universum das Werk eines unendlichen Verstandes sei
und entworfen nach einem trefflichen Plane. So wie es izt
durch den allmächtigen Einfluß der göttlichen Kraft aus   15
dem Entwurfe zur Wirklichkeit hinrann, und alle Kräfte
wirken, und in einander wirken, gleich Saiten eines
Instruments tausendstimmig zusammenlautend in eine
Melodie: so soll der Geist des Menschen, mit Kräften der
Gottheit geadelt, aus den einzelnen Wirkungen Ursach und   20
Absicht, aus dem Zusammenhang der Ursachen und
Absichten all den großen Plan des Ganzen entdecken, aus
dem Plane den Schöpfer erkennen, ihn lieben, ihn verherrlichen, oder kürzer, erhabner klingend in unseren Ohren:
der Mensch ist da, daß er nachringe der Größe seines   25
Schöpfers, mit eben dem Blick umfasse die Welt, wie der
Schöpfer sie umfaßt – Gottgleichheit ist die Bestimmung
des Menschen. Unendlich zwar ist dies sein Ideal: aber der

Geist ist ewig. Ewigkeit ist das Maß der Unendlichkeit, das heißt, er wird ewig wachsen, aber es niemals erreichen.

Eine Seele, sagt ein Weiser dieses Jahrhunderts, die bis zu dem Grad erleuchtet ist, daß sie den Plan der göttlichen Vorsehung im ganzen vor Augen hat, ist die glücklichste Seele. Ein ewiges ein großes, schönes Gesetz hat Vollkommenheit an Vergnügen, Mißvergnügen an Unvollkommenheit gebunden. Was den Menschen jener Bestimmung näher bringt, es sei nun mittelbar oder unmittelbar, das wird ihn ergötzen. Was ihn von ihr entfernt, wird ihn schmerzen. Was ihn schmerzt, wird er meiden, was ihn ergötzt, darnach wird er ringen. Er wird Vollkommenheit suchen, weil ihn Unvollkommenheit schmerzt; er wird sie suchen, weil sie selbst ihn ergötzt. Die Summe der größten Vollkommenheiten mit den wenigsten Unvollkommenheiten ist Summe der höchsten Vergnügungen mit den wenigsten Schmerzen. Dies ist Glückseeligkeit. So ist es dann gleichviel, ob ich sage: der Mensch ist da, um glücklich zu sein: oder – Er ist da, um vollkommen zu sein. Nur dann ist er vollkommen, wann er glücklich ist. Nur dann ist er glücklich, wann er vollkommen ist.

Aber ein eben so schönes weises Gesetz, Nebenzweig des ersten, hat die Vollkommenheit des Ganzen mit der Glückseeligkeit des Einzelnen, Menschen mit Menschen, ja Menschen mit Tieren durch die Bande der allgemeinen Liebe verbunden. Liebe also, der schönste, edelste Trieb in der Menschlichen Seele, die große Kette der empfindenden Natur, ist nichts anders, als die Verwechslung meiner Selbst mit dem Wesen des Nebenmenschen. Und diese Verwechslung ist Wollust. Liebe also macht seine Lust zu meiner Lust, seinen Schmerz zu meinem Schmerz. Aber auch dieser Schmerz ist Vollkommenheit, und muß also nicht ohne Vergnügen sein. Was wär' also Mitleiden sonst, als ein Affekt, gemischt aus Wollust und Schmerz. Schmerz, weil der Nebenmensch leidet. Wollust, weil ich sein Leiden mit ihm teile, weil ich ihn liebe. Schmerz und Lust, daß ich sein Leiden von ihm wende.

Und warum die allgemeine Liebe; warum alle Vergnügungen der allgemeinen Liebe? – Einzig aus dieser letzten Grundabsicht, die Vollkommenheit des Nebenmenschen zu befördern. Und diese Vollkommenheit ist Überschauung, Forschung, Bewundrung des großen Plans der Natur. Ja endlich alle Vergnügungen der Sinne, von denen an seinem Ort die Rede sein soll, neigen sich durch mancherlei Krümmungen und anscheinende Widersprüche dennoch endlich alle zu demselben zurück. Unwandelbar bleibt diese Wahrheit sich immerdar selbst gleich: der Mensch ist bestimmt zur Überschauung, Forschung, Bewundrung des großen Plans der Natur.

§. 2.
Wirkung der Materie auf den Geist.

Dies zum Grund gelegt, schreite ich weiter. Wann der Mensch das ganze aus dem einzelnen hervorfinden soll, so muß er jede einzelne Wirkung empfinden. Die Welt muß auf ihn wirken. Diese ist nun teils außer ihm, teils in ihm. Was in den innern Labyrinthen meines eigenen Wesens vorgeht, ist mehr der Gegenstand einer Psychologie, als einer allgemeinen Physiologie. Wir werden sie bei dem Leser voraussetzen, und nur da, wo die Kette des Ganzen es fordert, einen Eingriff in dieselbige wagen.

Die Wirkungen, so außerhalb meinem Selbst vorgehen, sind Bewegungen der Materie. Alle Bewegung der Materie beruht auf der Undurchdringlichkeit, einer Eigenschaft derselben, die sie vom Geist, soviel wir von ihm wissen, besonders unterscheidet. Allein wenn der Geist nicht undurchdringlich ist, wie soll die Materie auf ihn wirken, die doch nur auf das Undurchdringliche wirket? Tot muß ihm ja die lebenvolle Schöne der Schöpfung sein, tot schlummern seine tätige Kraft im unendlich fruchtbaren Wirkungs-Kreis. Aber tot schlummert er nicht im unendlich fruchtbaren Wirkungs-Kreis. Tot ist ihm ja die

Lebenvolle Schöne der Schöpfung nicht. Er ist glücklich.
Er ist tätig. So muß entweder der Geist undurchdringlich
sein können, ohne Materie zu sein. Aber wer vermag den
Begriff der Materie von der Undurchdringlichkeit der
Materie zu sondern? – Oder muß der Geist selbst Materie
sein. Denken wär also Bewegung. Unsterblichkeit wäre ein
Wahn. Der Geist müßte vergehen. Diese Meinung mit
Gewalt ersonnen, die Erhabenheit des Geistes zu Boden zu
drücken, und die Furcht einer kommenden Ewigkeit
einzuschläfern, kann nur Toren und Böswichter betören;
der Weise verhöhnet sie. – Oder ist all unsere Vorstellung
einer Welt ein einzig aus unserem eigenen Selbst hervor-
gesponnen Gewebe. Wir täuschen uns, wir träumen, so wir
glauben, unsere Ideen und Empfindungen von außen zu
empfangen. Wir sind unabhängig von der Welt. Sie ist
unabhängig von uns. Wir deuten, kraft eines von Ewigkeit
festgesetzten Zusammenklangs, wie zwei gleichaufgezogene Uhren auf eine Sekunde. – So ist also die Welt ohne
Absicht da. Freiheit und moralische Billigung sind Phantome. Meine Glückseligkeit ist Traum. Diese Meinung ist
nichts als ein witziger Einfall eines feinen Kopfs, die er
selbst nimmermehr glaubte.

Oder ist es der unmittelbare Einfluß der Göttlichen
Allmacht, der der Materie die Kraft auf mich zu wirken
gibt. Jede meiner Vorstellungen ist also ein Wunder, und
widerspricht den ersten Naturgesetzen. – Hat man dadurch
den Schöpfer mächtiger vorstellen wollen, so hat man sich
erstaunlich geirrt. Wunder verraten einen Mangel im Plan
der Welt. Schwach wie ein menschlicher Künstler, muß der
Schöpfer an allen Orten helfen. Noch wär er groß; aber ich
kann mir ihn größer noch denken; noch vortrefflicher sein
Werk. Er ist trefflich; aber nicht vollkommen. Er ist groß;
aber nicht der Unendliche.

Oder endlich muß eine Kraft vorhanden sein, die
zwischen den Geist und die Materie tritt und beede
verbindet. Eine Kraft, die von der Materie verändert
werden, und die den Geist verändern kann. Dies wäre also

eine Kraft, die eines teils geistig, andern teils materiell, ein
Wesen, das eines teils durchdringlich, andern teils undurchdringlich wäre, und läßt sich ein solches denken? – Gewiß
nicht!

Dem sei wie ihm wolle, Es ist wirklich eine Kraft
zwischen der Materie (dieser nehmlich, deren Wirkungen
vorgestellt werden sollen) und dem Geiste vorhanden.
Diese Kraft ist ganz verschieden von der Welt und dem
Geist. Ich entferne sie: dahin ist alle Wirkung der Welt auf
ihn. Und dannoch ist der Geist noch da. Und dannoch ist
der Gegenstand noch da. Ihr Verlust hat einen Riß
zwischen Welt und Geist gemacht. Ihr Dasein lichtet,
weckt, belebt alles um ihn – Ich nenne sie *Mittelkraft*.

§. 3.
Mittelkraft.

Es mag nun diese Kraft ein von Materie und Geist
verschiedenes Wesen sein, oder nicht, oder sie mag
vielmehr das einfache von der Materie sein, dies ist mir izo
ganz gleichgültig. Mag sie dann auch selbsten Stufe und
Kette mehrerer, immer sich von der Masse mehr entfer-
nender, immer dem Geiste verwandterer Kräfte sein. Auch
dies ist mir gleichgültig. Auch gestehe ich gern, daß eine
Mittelkraft undenkbar sein mag; ich sehe auch ein, warum
sie es ist. Wenn ich mir bei jeder Vorstellung nicht die
Mittelkraft selbst, sondern nur ihre Veränderungen, als
Zeichen äußerlicher Veränderungen vorstelle, so ist sie ja
von selbst aus dem Kreis meiner Vorstellungen ausgeschlossen. So sind alle meine Ideen eine Stufe unter ihr, und
also materiell. Die Materie kann ich mir vorstellen, weil sie
mittelbar in mich wirkt. Einen Geist sogar kann ich mir
leichter vorstellen, selbst vom Schöpfer Begriffe haben,
weil ich sie aus den Wirkungen meiner Seele abziehen kann.
Sie aber empfind ich weder mittelbar noch unmittelbar.
Und sollte dies der Grund für ihre Unmöglichkeit sein? –

Ich bin nicht im Stand mir eine Veränderung ohne
Bewegung vorzustellen, und dennoch bin ich überzeugt,
daß das Denken keine Bewegung ist. Wer ist so ungerecht,
dies nicht auch von der Mittelkraft gelten zu lassen? Ganz
philosophisch unmöglich ist sie also nicht, und wahrscheinlich braucht sie nicht zu sein, wenn sie nur wirklich ist.

Die Erfahrung beweist sie. Wie kann die Theorie sie
verwerfen?

§. 4.

Mittelkraft. Mechanische Kraft. Organ.

Da aber der Materiellen Kräfte so sehr verschiedene
Gattungen sind, deren jede nach andern Gesetzen wirket,
so mußte jedwede Gattung besonders eine eigene Richtung
gegen die Mittelkraft haben, die ihren eigentümlichen
Gesetzen entspricht. Und da ferner die Mittelkraft sich
gegen jede Gattung anders verhält, so mußte auch sie gegen
jede besonders eine eigene Richtung haben. Es wurden also
mechanische Kräfte zwischen die Welt und die Mittelkraft
gestellt, die ich die mechanische Unterkräfte nenne; und da
diese, ja selbsten meine Mittelkraft, dem ewigen zerstörenden Einfluß äußerlicher Kräfte, und selbsten dem Über-
maße des Objekts ausgesetzt ist, so wurden andere mechanische Kräfte ihnen gleichsam zugeordnet, die sie beschützen. Dies sind die Schutzkräfte. Alle diese mechanische
Unter- und Schutz-Kräfte in Verbindung heißen wir den
Bau. Bau und Mittelkraft in Verbindung heißen wir Organ.
Es wird also von selbst erhellen, daß die Verschiedenheit
der Organe nicht in der Kraft liege, sondern im Bau. Es hat
demnach die Veränderung in der Welt zweierlei Wege zu
durchlaufen, ehe sie dem Geiste mitgeteilt werden kann;
d. h. von der Materiellen Natur geht diese Kette von
Kräften gegen den Geist innerwärts fort, die ihm zur
Vorstellung unumgänglich notwendig ist. Ohne die Mit-
telkraft kommt keine Vorstellung in die Seele. Ohne den
Bau wenigstens keine Bestimmte.

Das ganze Werk der Vorstellung nennen wir Sensation;
die Veränderung im Bau die Richtung; die Veränderung in
der Mittelkraft die Materielle Idee; die Veränderung des
Geistes auf die Veranlassung der Vorigen die Idee im
strengsten Verstand.   5

§. 5.
Einteilung der vorstellenden Organe.

Es sind aber der vorstellenden Organe, oder der Sinne
zweierlei Hauptklassen. In der ersten wird das Objekt
verändert durch den Bau. In der zwoten kommt es   10
unverändert vor die Mittelkraft. Zu der ersten Klasse
rechnen wir die Organe nach der Verschiedenheit der
äußerlichen Kräfte. Dem zitternden Licht entspricht das
Aug. Der zitternden Luft das Ohr. Den feinsten Flächen
der Körper das Organ des Geschmacks. Die zwote Klasse   15
enthält wiederum zwei Organe. Dem feinen Dunstkreis der
Körper entspricht das Riechorgan, oder die Nase. Den
gröbern Flächen der Körper das Fühlorgan, oder die ganze
Maschine. Die Summe aller dieser Organe bildet das
System der Sinnlichen Vorstellung.   20

System der sinnlichen Vorstellung.

§. 6.
Nerve. Nerven-geist.

Die Mittelkraft wohnet im Nerven. Dann wann ich diesen
verletze, so ist das Band zwischen Welt und Seele dahin. Ob 25
aber dieser Nerve eine elastische Saite sei, und durch
Schwingungen wirke; oder ob er Kanal eines äußerst feinen
geistigen Wesens sei, und dies allein in ihm wirke; oder ob
er ein Aggregat von Kügelchen sei, und ich weiß nicht wie?
wirke; – das ist eben die Frage. Ich bin in einem Feld, wo 30

schon mancher medizinische und metaphysische Donqui-
xotte sich gewaltig herumgetummelt hat, und noch izo
herumtummelt. Soll ich nun mit den alten Einwürfen die
Geister der Toden in ihren Gräbern beunruhigen, oder die
5 reizbaren Seelen der Schriftlichtoden wider mich aufreizen,
oder eine neue Theorie auf die Bahn bringen, und den
Deu⟨m⟩ ex machina spielen wollen. Keines von allen dreien
will ich tun, und mich begnügen, nur etwas weniges
festzusetzen, des ich zur Grundlage des Ganzen nicht
10 entbehren kann, und das ich mit Überzeugung glaube. Ich
setze also voraus, jeder meiner Leser kenne alle Theorien,
die man bisher zur Erklärung der Nervenphänomene
ersonnen hat, ich hoffe, er habe sie alle geprüft, alle auf der
Waage der Vernunft und Unparteilichkeit abgewogen,
15 zweifle auch nicht, er werde schon zu einer oder der andern
sich neigen. Ich selbst ⟨bin⟩ durch tausend Zweifel einmal
zu der festen Überzeugung gekommen, daß die Mittelkraft
in einem unendlich feinen, einfachen, beweglichen Wesen
wohne, das im Nerven, seinem Kanal strömt, und welches
20 ich nicht elementarisches Feuer, nicht Licht oder Äther,
nicht elektrische oder magnetische Materie, sondern den
Nervengeist heiße. Und also heiße in Zukunft die Mittelkraft. Ein ewiges Gesetz hat die Veränderungen des
Nervengeists zu Zeichen der veränderten Kräfte ge-
25 macht.
    Der Nervengeist ist eben der in allen Organen, und nur
seine Richtung gegen die Objekte ist in jedem verschieden.
Diese Richtung bekommt er durch den Nerven seinen
Kanal, und selbsten das Auge, wenigstens das gewaffnete
30 kann den Unterschied leichtlich entdecken. Anders nehmlich beobachtet man die äußersten Ende des Nerven im
Aug. Anders im Ohr. Anders auf der Zunge usw. Worinnen
aber diese Verschiedenheit liege, ob in der größern oder
geringern Anzahl der Geister, oder in der mehreren oder
35 mindern Bloßstellung derselben, oder in der schnellern
oder schwächern Bewegung. Dies sind Fragen, zu deren
Auflösung die feinste Anatomie noch weit nicht hinreicht.

Soviel von der Richtung der Mittelkraft gegen die Objekte.
Izt noch etwas weniges von den Richtungen der Objekte
gegen die Mittelkraft.

§. 7.
Die Richtung.

Unter den Organen, welche das Objekt verändern, ist das
Auge das weiteste, schönste, edelste. Ich sehe die Körper,
wenn ich das Zittern des Lichtes auf ihren Flächen gewahr
werde. Und da nun meine Nervengeister nicht auf den
Flächen dieser Körper existieren können, so mußten die
Unterkräfte des Auges das Licht auf jenen eben so zittern
machen, als es auf den Flächen der Körper gezittert hat.
Dies ist es, was man das Objekt malen heißt. Dies geschieht
durch die Feuchtigkeiten des Augs. Die Kräfte, die diese
Feuchtigkeiten bestimmen und erhalten, werden Hülfs-
kräfte genannt. Es sind die Membranen. Die Schutzkräfte
sind die Augenlider, die Augbra⟨u⟩en, die Härchen, die
Tränen, die Augensalbe, der Stern u. s. w. Durch das Auge
erfahre ich ursprünglich die Erleuchtung und Schattierung,
die Farbe, die Gestalt der Körper. Durch die Vergleichung
mit andern Vorstellungen der andern Sinne ihre Größe
und Entfernung.
Ich höre einen Schall, wenn ich das Zittern der Luft
empfinde. Da aber die Schwingungen der Luft immer mehr
ermatten, je weiter sie sich von den zitternden Saiten
entfernen, daß wir also kaum das nächste empfinden
würden, so mußten Unterkräfte des Ohrs die Schwingungen erhöhen, und erhöht an meine Nervengeister bringen.
Dazu die Knochen. Die Knorpel, die gespannten Häute.
Die konischen Kanäle des Ohrs u. s. w. Die Schutzkräfte
des Ohrs sind wieder die Knochen, die Ohrhärchen, die
Ohrensalbe der Dunst. Dieser Dunst in der Erstarrung des
Todes verdickt, und wegen der Lähmung der zurückfüh-
renden Gefäße nicht mehr eingesogen, wird in Form einer

Feuchtigkeit in den Kammern des Ohrs erblickt und hatte den *Cotunni* zu der irrigen Hypothese verführt, daß die Luft nicht unmittelbar auf den Nervengeist wirke, sondern mittelbar durch die Feuchtigkeiten des Ohrs. Wer wird glauben, daß der Schall, das größte Produkt der Elastizität, durch das Wasser, das am wenigsten elastisch ist, der Seele bezeichnet werde? – Durch das Ohr erfahre ich ursprünglich den Schall, mit seinen Höhen und Tiefen, durch die Vergleichung mit andern sinnlichen Vorstellungen die Elastizität, Härte, Entfernung der Körper.

Der Geschmack unterrichtet mich von den feinsten Flächen der Körper; dies läßt sich besonders aus der Ähnlichkeit seines Baus mit dem Bau des Fühlorgans schließen. Die Vorstellungen sind von Schmackhaft und unschmackhaft, scharf, süß, sauer, bitter. u. s. w. Dieser Sinn aber gehört unter ein ganz anders Kapitel, daß ich ihn hier nicht zu zergliedern bedarf. Dort wird man auch einsehen, warum er unter die erste Klasse der Sinne gerechnet worden ist.

Der Geruch gibt mir Vorstellungen von den feinsten Atmosphären gewisser Körper. Diese Atmosphären der Körper kommen zwar unverändert vor die Nervengeister des Riechorgans: aber es waren dannoch mechanische Kräfte von nöten, die sie denselben entgegen führen. Dies sind die Kräfte des Odems. Die Knochen, die Knorpel, die Membranen der Nase und der Schleim sind die Schutzkräfte. Die Vorstellungen, die wir durch den Geruch erhalten haben noch keine Namen und werden durch die Namen der des Geschmacks bezeichnet. Auch dieser Sinn hat eine nähere Beziehung auf mich, von welcher anderwärts.

Das Gefühl stellt mir die gröbern Flächen der Körper vor. Es ist das Organ des Gefühls das einfachste von allen, dessen Bau keine andere Bestimmung hat, als die Geister gehörig gegen die Objekte zu bestimmen, und vor dem zerstörenden Einfluß äußerer Kräfte zu beschützen. Es gibt mehrere Arten des Gefühls. Entweder ist es allgemeines stumpferes Gefühl. Die ganze Fläche der Haut ist sein

Organ. Oder ist es schärferes, besonders Gefühl. Die Fingerspitzen sind sein Organ. Von dem Gefühl der Empfindung und seinen besondern Organen ist hier gar nicht die Rede. Dies ist Gefühl des tierischen, jenes ist Gefühl des geistigen Lebens. Die Vorstellungen, die ich durch dieses erhalte, sind von Kälte und Wärme, Feinheit und Rauigkeit, Härte und Weiche.

Das materielle Denken.

§. 8.
Das Denkorgan. Materielle Phantasie. Theorien.

Vermittelst dieser funf Organe hat die ganze Materielle Natur freien offenen Zugang zu der Geistigen Kraft. Die äußern Veränderungen werden durch sie zu innern. Durch sie wirft die äußere Welt ihr Bild in der Seele zurück. Und dies ist nun der erste Grundpfeiler des geistigen Lebens; Vorstellung. Vorstellung ist nichts anders, als eine Veränderung der Seele, die der Weltveränderung gleich ist; und wobei die Seele ihr eigenes Ich von der Veränderung unterscheidet. Ich bin also in dem Augenblick ganz derselbe, was ich mir vorstelle, und nur die Persönlichkeit trennt mein ich von demselben, und lehrt mich, daß es eine äußere Veränderung ist. Vorstellung aber ist noch nicht Überschauung, Forschung der Kräfte, der Absichten; sie ist nur der Grund, worauf dieses Geschäft ruht, der Stoff, worin der Verstand wirket und schafft. Das zweite, das Hauptgeschäft wäre also die Tätigkeit des Verstandes in diesem dargebotenen Sinnlichen Stoff, nehmlich das Denken.

Da aber Vorstellung nichts als ein einziger Aktus einer einfachen Kraft ist, auf Veranlassung einer Veränderung des Nervengeists bei der Sensation (Siehe *Garves* Abhandlung von den Neigungen in den Akten der Berliner Akademie pag. 110. 111.) – da die letztere nichts anders als

die Folge einer Veränderung in den sinnlichen Organen;
diese das Resultat einer Veränderung in der materiellen
Welt, diese aber vorübergehend und flüchtig ist, so würde
die Vorstellung eines Gegenstands eben so schnell
verschwinden, als ihre Ursache nimmer ist, und wenn ich
mit diesem beschäftigt wäre, würde jener dahinsein. So
wäre mir dennoch der Verstand, der nur durch Gegenein-
anderhaltung wirkt, eben so unnütz, als er es ohne
Mittelkraft, ohne Organ, ohne Welt nur immer würde
gewesen sein.

Darum mußten neue Mittelkräfte vorhanden sein jene
sinnlichen Veränderungen des Nervengeists bei der Sensation zu fesseln, und bleibend zu machen, wenn auch ihre
Ursachen, die Veränderungen in den sinnlichen Organen,
lange schon aufgehört haben zu wirken. Ich komme also
auf ein neues Organ, das weder Sinn noch Seele ist: man
nennt es gemeiniglich das allgemeine Sensorium: ich nenne
es besser das Denkorgan, oder das Instrument des Verstandes. In diesem Organ muß die große Welt, insofern sie
nehmlich schon den Weg der Sinnlichen gegangen ist, im
kleinen bezeichnet ruhen, und dem Verstande gegenwärtig
sein. (Ist es nun nicht zu vermuten, daß selbst die
Veränderung des Nervengeists bei der Sensation an der
Seele vorübergehe, und erst diese gleichartige Veränderung
im Denkorgan auf sie wirke? daß also die Seele, wenn
Rahmen sie einschließen, in diesem Organ wohne?)

Fragt sich nun, was sind die Materielle Ideen des
Denkorgans oder der Phantasie, und wie werden sie von
den Materiellen Ideen der Sensation erzeugt. Es sind
darüber mancherlei Theorien erdacht worden, die ich izo
genauer prüfen werde.

I.) *Sind sie Eindrücke in dem Kanal des Nervengeists, den
Nerven, von des Nervengeists Andrang verursacht.* Dies wäre
also eine Veränderung im gröbern Teil des Nerven im Bau.
Für was also ein so feines unmaterielles Wesen, wie der
Nervengeist, wenn doch die plumpe materielle Masse auf
sie wirken soll. Aber ein Eindruck? Wer wird die erstaun-

liche Mannigfaltigkeit der Ideen, wer ihre unmeßbare
Abstechungen von Lebhaftigkeit zu Mattigkeit, aus der
Form oder der Tiefe des Eindrucks erklären? Wer begreift
es, wie ein Eindruck, ein leidender, toder, ruhender
Eindruck, etwas verneinendes auf die Seele wirket? Ich
muß mir ja schlechterdings alle Einwirkung als Bewegung
vorstellen, und hier nehme ich gerade das Gegenteil an.
Ferner: wie kommt es, daß nicht der Strom der Geister, der
unaufhörlich an den Wänden der Nerven hinauf und
hinabeilt, diese Eindrücke nicht bald ausgelöscht hat.
Entweder müßten sie so fein, und hingegen der Nervengeist so erstaunlich grob sein, daß er sie nicht auslöschen
kann, oder muß umgekehrt der Nervengeist so außerordentlich fein, sie aber so grob gegen ihn sein, daß er sie
darum nicht auslöschen kann. Im ersten Fall ist die Theorie
vom Nervengeist umgestoßen; seine Geschwindigkeit,
seine Wirksamkeit, seine geistige Natur ist nicht mehr.
Selbst Haller wird das nicht zugeben. Im andern Fall – Aber
das Monstrum mag ich nicht aushecken. Noch mehr. Da
auch die Nervenkanäle von ihren Bestandteilen verlieren,
und neue Teile an der verlorenen Stelle treten; so frage ich
also: sind diese Teile des Verlustes größer, als der Umfang
des Eindrucks, oder sind sie unendlich kleiner. Ist das erste,
so würde jeder Pulsschlag mehrere Ideen losreißen, Ideen
wegschwemmen der Harn, Ideen wegdunsten der Schweiß.
Ist das zweite, so muß der Eindruck wieder erstaunlich
grob angenommen werden, weil die Teile des Verlustes und
des Ersatzes nicht mehr Elemente sind. Wird man sagen,
die Narben erhalten sich ja auch, trotz Verlust und Ersatz,
bis ins späteste Alter. Sollten nicht auch die Eindrücke?
Ohne Anstand; wer sich den Eindruck, als Narben
vorstellen kann: aber wehe dir dann, schöner Organismus
des Denkens, wehe deiner Natur, einfacher Geist! Diese
Meinung wird in der Folge noch mehr verlieren, wann von
der Assoziation die Rede sein wird. Sie ist indes ein
Geschenk des Himmels für Leute, die sich lieber am
handgreiflichen halten, als die Sache selbst nach gesunden

Begriffen wägen: dann diesen Vorzug muß ich dieser
Theorie einmal lassen, daß sie sich mit Händen greifen läßt.

Vernünftiger schon denken die, so die materielle Ideen
der Phantasie

II.) *In Bewegungen des Nervengeists setzen, harmonisch mit jenen*
ursprünglichen in den sinnlichen Geistern. So bleibt doch der
gesunde Begriff von Nervengeist und Seele unangetastet,
und wird gerade da gewonnen, wo die erste verloren.
Nehmlich die Erfahrung lehrt, daß die Phantasie rascher
und lebendiger ist, wenn das Blut mit fluger Eile durch
seine Adern eilt, daß unter heftigen Fieberwallungen Ideen
oft bis zur Furie lebhaft werden, da im Gegenteil beim
trägen Puls der Phlegmatischen die Folge der Ideen äußerst
matt und langsam ist. Bestünden nun die Materiellen Ideen
in Eindrücken, so müßten sie um so matter sein, je schneller
die Säfte wallen, weil sie dann ausgelöscht würden. Ist aber
die Materielle Idee Bewegung: so ist alles bewiesen.
Zugleich kann ich mir doch einen tätigen Einfluß dabei
denken: bei dem toden Eindruck konnt ich es nicht. Ich
kann mir bei der Bewegung des Nervengeists eine Einwirkung auf ein materielles Wesen denken: bei dem Eindruck
in den Kanal konnt ich es ohne Schamröte nicht. Aber auch
diese Theorie reicht nicht hin, alle Einwürfe wegzuräumen,
alle Erscheinungen des materiellen Denkens zu erschöpfen.
Auch sie wird uns im Artikel von der Assoziation im Stiche
lassen, wo wir ihrer doch am meisten bedörfen.

Oder sind vielleicht die materiellen Ideen der Phantasie
III.) *Schwingungen saitenartiggespannter Fibern, deren Summe und*
Zusammenhang das Denkorgan ausmacht. Wer wird glauben,
daß die mehrere oder mindere Spannung dieser Fibern mit
jener unbeschreiblichen Mannigfaltigkeit der sinnlichen
und abstrakten Ideen mit ihren mannigfaltigen Graden in
Vergleichung komme. Die Erstaunliche Mannigfaltigkeit
der Elastischen Körper gibt uns doch nur wenige wesentlich verschiedene Töne; die Erstaunliche Mannigfaltigkeit
von Körpern, die das Licht zittern machen, gibt uns doch
nur Sieben verschiedene Farben. Und doch sollen diese

Denkfibern alle Töne, alle Farben, alle andere unendlich
mannigfaltige sinnliche und geistige Vorstellungen bezeichnen können. Auch hat die Zergliederungs-Kunst, und
die Analogie, und nichts im ganzen Bau des Menschen nur
einen Wink zu dieser Theorie gegeben. Der Zergliederer
hat das Denkorgan unter allen Teilen des Körpers am
wenigsten elastisch, am weichsten gefunden. Sie ist ledlich
nichts als nackte Theorie; und wird im Artikel von den
Assoziationen vollends ihr Haupt sinken lassen.

Aus der ungefähren Kombination der drei Theorien, so
ohngefähr wie sich die Elemente des Epicurus ergriffen
haben mochten, ist des Herrn *Bonnets* Hypothese entstanden. Mit unverzeihlichem Leichtsinn hüpft der Französische Gaukler über die schwersten Punkte dahin, legt Dinge
zum Grund, die er niemals beweisen kann, zieht Folgen
daraus, die kein Mensch, ausgenommen ein Franzose
wagen kann. Seine Theorie mag seinem Vaterland gefallen,
der schwerfällige Teutsche entrüstet sich, wenn er den
Goldstaub weggeblasen, und unten nichts als Luft sieht.

§. 9.
Assoziation. Anwendung der Theorien.

Sind aber die Materiellen Ideen der Phantasie immer in
demjenigen Zustand der Lebhaftigkeit, daß sie der Seele
Vorstellungen machen können, oder sind sie es nicht. Das
erste kann nicht sein; sonst müßten wir ja schlafend und
wachend ununterbrochen denken, so könnten wir nicht mit
Ordnung denken. Ist das zweite, so müssen zukommende
Ursachen sein, die die gleichsam schlummernde erwecken,
und vor die Seele bringen.

Und das sind nun neue sinnliche, oder durch diese andere
belebte Phantasie Ideen, welche Kraft einer Verwandtschaft
von Zeit, oder Ort, oder Wirkung einen Bezug auf die
schlummernde haben, und durch die innere Mechanik des
Denkorgans an dieselbe geordnet werden. Es soll z. E. die

Materielle Idee einer Quelle im Denkorgan schlummern. Izt lassen wir durch den Weg der Sinne den Namen Quelle in das Denkorgan gelangen, so wird diese Veränderung in demselben auf Veranlassung des Namens Quelle durch die Mechanik desselben an die schlummernde Materielle Idee der Quelle geordnet werden. Diese wird izo erweckt, wirkt auf die Seele und gibt ihr die Vorstellung einer Quelle: aber freilich schwächer, als die ursprünglich sinnliche gewesen. Aber die neuauflebende Materielle Idee der Quelle wird izo die nächst an sie grenzende, meinetwegen eines Menschen, der damals am Baume stund, oder einem Schalle, der damals gehört ward, eben so erwecken, als sie selbst von der sinnlichen erweckt ward, und die Seele wird eine Vorstellung von jenem Menschen oder jenem Schalle bekommen. Diese auflebende Idee wird ihre Nachbarin erwecken, diese wieder, die Seele wird wiederum Vorstellungen bekommen, und s. f. so unaufhörlich nach allen Seiten fort, bis wiederum eine neue sinnliche Idee anderer Art dieses Kettensystem unterbricht und ein neues beginnet. Und das ist nun die Reihe der Vorstellungen, gegründet auf die Assoziation; diese aber ist auf die Verwandtschaft nach Zeit und Ort oder Wirkung gebaut. Izt wollen wir obige Theorien darauf anwenden, und untersuchen, welche von allen uns am meisten befriedigt.

Zuerst also von den Saitenschwingungen. Ich will einen analogischen Beweis von den Tönen und Farben entlehnen, der ihnen außerordentlich günstig scheint. Wenn ich in ein dunkles Zimmer allerlei Farben bringe, und durch einen schwachen Ritz auf eine derselben, als z. E. die Rote ist, Licht einlasse, so werden alle rote Farben im Zimmer sichtbar werden, die andere alle unsichtbar bleiben. Wenn ich zwei Klaviere neben einander stelle, und auf einem derselben eine Saite rühre, und einen Ton angebe, so wird auf dem andern Klavier die nehmliche Saite und keine andere, ohne mein Zutun zittern, und eben den Ton, freilich matter, angeben.

Wir könnten also sagen: die Stelle des ersten Klaviers

vertritt die Welt, so wie sie sich in den sinnlichen Organen befindet, die Stelle der Luft den Nervengeist. Die Stelle des zweiten Klaviers das Denkorgan. So viel Saiten sind in der sinnlichen Welt, als Objekte. Soviel Fibern im Denkorgan, als Saiten in der sinnlichen Welt. Und beede, die Welt und das Denkorgan, und die Saiten in jener und die Fibern in dieser sich eben so genau entsprechend, als die beeden Klaviere, als ihre Saiten sich entsprochen haben.

Es sollen also gewisse Saiten in den sinnlichen Organen zittern. Dieses Zittern pflanzt der Nervengeist bis in das Denkorgan fort. Die Seele empfindet es; das ist die sinnliche Idee. Izt welche Fibern werden zittern? Keine andere als die, welche den Weltfibern gleich sind in allem. Welche Idee wird die Seele bekommen? Keine andere, als die nehmliche, so wie die Saite des zweiten Klaviers nur den Ton des ersten angegeben hat. Die Rote Farbe wird mich nur an die Rote erinnern. So wie die Rote Farbe im dunkeln Zimmer nur die Rote wieder sichtbar macht. Ist das nun Assoziation? Das ist nichts als ein Echo der nämlichen Idee, das zu *nichts* nütze ist.

Gesetzt aber, es fände wirklich eine Assoziation bei dieser Mechanik statt; was folgt weiter? Man muß annehmen, daß alle Gegenstände entsprechende Fibern schon vorher im Denkorgan haben, ehe sie sinnlich empfunden werden. Gesetzt also ich sehe das Meer. Das Meer erinnert mich an ein Schiff. Das Schiff an den amerikanischen Krieg. Die Fibern dieser verschiedenen Ideen müßten also sich irgendwo gleich sein, daß die eine die andere in Bewegung setzt. Gesetzt aber ich hätte noch kein Schiff gesehen, ich hätte noch von keinem amerikanischen Kriege gehört. So müßte ich mich also, wenn die Meerfiber in Bewegung kommt, an ein Schiff, an den amerikanischen Krieg erinnern, ehe ich sie sinnlich empfunden habe. Was *Bonnet* zur Beantwortung dieses Einwurfs vorbringt, findet hier gar nicht statt.

Von monströsern Folgen dieser Theorie will ich nichts mehr sagen, dann jeder wird nun wohl von ihrem Ungrund überzeugt worden sein. Ich habe nicht nötig gefunden, sie anders, als mit ihren eigenen Waffen anzugreifen, und meine Absicht ist erreicht.

Ich nehme also meine Zuflucht zu der zweiten. Diese
5　führt mich in eben den Labyrinth. Ich muß notwendig annehmen, daß jede Idee, auch die einfachste, ihren eigenen Geistern, ihren eigenen Kanälen entspreche. Diese Kanäle haben einen bestimmten Platz, den sie so wenig verändern, als die Blutadern den ihrigen. Zudem so muß ich nach der
10　schärfsten Beobachtung des Herrn von Hallers zugleich annehmen, daß kein Kanal mit dem andern anastomosiere, sondern jeder einzeln von der äußersten Spitze im sinnlichen Organ, bis an das Ende der sondernden Ader fortlaufe. Nun aber sind die Assoziationen äußerst willkür-
15　lich, unendlich zufällig und mancherlei, und doch haben die Kanäle nur einen bestimmten Platz, und doch anastom⟨o⟩-⟨s⟩ieren die Geister nicht.

Eben diese Schwürigkeit und noch mehr finden sich bei der Theorie von den Eindrücken. Hier ist noch das
20　unbegreifliche, wie ein Eindruck in Bewegung kommt, daß er der Seele eine Vorstellung macht. Ein Eindruck in Bewegung? Ich kann dies nicht weiter aus einander setzen, wenn ich meinem Leser nicht das Denken absprechen will. Freilich ist es wahr, daß mancher vermeiden wird darüber
25　zu denken, um die Blöße seiner Meinung nicht sehen zu dörfen, und den Anker seines Verstands in diesem Sternlosen Meer nicht vollends zu verlieren. – Aber wie Haller so auf der Oberfläche schweben konnte. Das begreif ich nicht. Haller ist zu groß, als daß er durch diesen Irrtum verlöre.
30　*Quandoque bonus dormitat Hallerus.*

Da ich nun die Materielle Assoziation nicht aus der Mechanik des Denkorgans erklären kann, weil diese bestimmt und ewig, jene aber unendlich mannigfaltig und veränderlich ist, soll ich die Seele zum ordnenden Prinzipio
35　machen, soll ich annehmen, daß sie bei jeder sinnlichen Idee das ganze Heer der schlummernden im Denkorgan durchlaufe, um die ähnliche zu finden. So müßte sie sich also alle

vorstellen, so müßte sie alle mit der sinnlichen vergleichen,
sie müßte das ganze Werk des Denkens vollenden, um eine
einzige Vorstellung zu bekommen. Nein die Assoziation
muß schlechterdings in den Materiellen Ideen ihren Grund
haben, wenn wir sie schon nicht nach unseren Mechani-   5
schen Gesetzen erklären können. Aber es verrät einen
kranken Verstand, nur ein Bestreben zu äußern, diesen
Mechanismus zu finden. Ihm aber wirklich weiter nachzu-
hängen, wäre der nächste Weg, ihn vollends zu verlieren. In
der Tat, ich habe den Kitzel nicht, und find es meiner   10
Absicht gemäßer, Theorien umzustoßen, als neuere und
bessere zu schaffen, oder schaffen zu wollen. Tät ich das, so
wär nicht erst ein *Abdera* nötig, um mir mit Nießwurz
aufzuwarten.

§. *10.*   15
Wirkung der Seele auf das Denkorgan.

Die Materielle Assoziation ist der Grund, auf welchem das
Denken ruht. Der Leitfaden des Schaffenden Verstands.
Durch sie allein kann er Ideen zusammensetzen, und
sondern, vergleichen, schließen, und den Willen entweder   20
zum Wollen, oder zum Verwerfen leiten. Diese Behauptung
dörfte vielleicht der Freiheit gefährlich scheinen; dann
wann die Folge der Materiellen Ideen durch den Mechanismus des Denkorgans, der Verstand aber durch die
Materiellen Ideen, der Wille durch den Verstand bestimmt   25
wird, so folgte, daß zuletzt der Wille mechanisch bestimmt
würde. Aber man höre weiter.

Die Seele hat einen tätigen Einfluß auf das Denkorgan.
Sie kann die Materielle Ideen stärker machen, und nach
Willkür darauf haften, und so mit macht sie auch die   30
geistigen Ideen stärker. Dies ist das Werk der Aufmerksamkeit. Sie hat also Macht auf die Stärke der Beweggründe; ja sie selbst ist es, die sich Beweggründe macht. Und izt
wäre es ziemlich entschieden, was Freiheit ist. Nur die

Verwechslung des ersten und zweiten Willens hat den Streit
darüber verursacht. Der erste Wille der meine Aufmerksamkeit bestimmt, ist der freie, der letzte, der die Handlung
bestimmt, ist ein Sklav des Verstands; die Freiheit liegt also
nicht darin, daß ich das wähle, was mein Verstand für das
beste erkannt hat, (dann dies ist ein ewiges Gesetz:) sondern
daß ich das wähle, was meinen Verstand zum Besten
bestimmen kann. Alle Moralität des Menschen hat ihren
Grund in der Aufmerksamkeit, d. h. im tätigen Einfluß der
Seele auf die Materiellen Ideen im Denkorgan.

Wiederum eine Materielle Idee kraft dieses tätigen
Einflusses öfters in starke Lebhaftigkeit gesetzt, so wird sie
endlich eine gewisse Stärke auch nachher noch beibehalten,
und gleichsam *deuteropathisch* vor allen hervorstechen. Sie
wird die Seele treffender rühren. Sie wird in allen Assoziationen dem Verstand mächtiger sich aufdringen, ihn
mächtiger bestimmen, sie wird die Tyrannin des zweiten
Willens werden, da der erste Wille gar nicht ausgeübt war.
So kann es Leute geben, die zuletzt mechanisch gutes oder
böses tun. Anfangs hatten sie es frei, moralisch getan, da
nehmlich ihre Aufmerksamkeit noch unbestimmt war. Izo
aber ist die Idee auch ohne Aufmerksamkeit die lebhafteste,
sie fesselt die Seele an sich, sie herrscht über den Verstand
und Willen. Hierin liegt der Grund aller Leidenschaften
und herrschenden Ideen, und zugleich der Fingerzeig beede
zu entnerven.

Wenn die Seele ihre Aufmerksamkeit auf mehrere Ideen
heftet, und solche in andere Assoziationen bringt, so sagt
man, sie erdichtet. Wenn sie ihre Aufmerksamkeit auf
einzelnen Bestimmungen mehrere Ideen ruhen läßt, und
solche aus ihren Assoziationen herausdenkt, so sagt man,
sie sondert ab. Jene durch Erdichtung in neue Assoziationen hineingedachte, diese durch Absondrung aus ihren
Assoziationen herausgedachte Ideen fesselt sie besonders
im Denkorgan wieder, ja selbst das Bewußtsein ihrer selbst
bei diesen Wirkungen scheint sie in materiellen Formen zu
fesseln, weil sie dies Bewußtsein zugleich wieder mit den

alten Ideen zurückbringt. In diesem Fall sagen wir: Sie
erinnert sich wieder. Wenn die Seele kraft ihrer Aufmerksamkeit eine Materielle Idee stärker erschüttert, so wird
diese die nächstangrenzende auch stärker erschüttern. Die
Assoziation wird also rascher, lebhafter werden. Dies tun 5
wir, wenn wir uns auf etwas besinnen, oder unsere Phantasie spielen lassen. Die Aufmerksamkeit also ist es, durch
die wir phantasieren, durch die wir uns besinnen, durch die
wir sondern und dichten, durch die wir wollen. Es ist der
tätige Einfluß der Seele auf das Denkorgan, der dies alles 10
vollbringt.

Und also ist das Denkorgan das wahre Tribunal des
Verstands, eben so diesem unterworfen, als dieser ihm
unterworfen ist. Ganz ist er dann abhängig bis auf die
Aufmerksamkeit. Darum kann die Verwirrung der Geister 15
in der Krankheit, wenn sie bis in dieses Organ hineinfort-
gepflanzt wird, (und wie leicht wird sie das) den Weisesten
zum lächerlichsten Toren, den Denker zum Einfalts-Pinsel,
den Sanftmütigsten zu einer Furie umkehren. Ganz ist es
abhängig von dem Verstand, bis auf den Einfluß der 20
Sensation. Darum kann ein richtiger Verstand das richtigste
Gedächtnis hervorbringen. Darum kann ein immer tätiger
Verstand es durch Überspannung zerstören. Beedes beweisen die Beispiele großer Denker, der *Garves*, der *Mendel-
sohns*, der *Swiffts*, die das Instrument ihres Verstandes 25
verstimmt haben, daß es keinen rechten Laut mehr von sich
gibt. Und weil es dann so genau mit der Denkkraft
zusammenhangt, so hab ich es das Denkorgan genannt, und
nicht, als ob ich das Denken als eine Folge des *Mechanismus*
betrachtete. 30

§. *11.*
Empfindungen des geistigen Lebens.

Meine Seele ist nicht allein ein denkendes; Sie ist auch ein
empfindendes Wesen. Dies allein macht sie glücklich. Jenes
allein macht sie des letztern fähig. Wir werden sehen, wie
genau der Menschenschöpfer Denken an Empfinden
gebunden hat. Empfindung ist derjenige Zustand meiner
Seele, wo sie sich einer Verbesserung oder Verschlimmerung bewußt ist. Darin also von der Vorstellung unterschieden, daß sie hier nur den Zustand eines äußern Wesens,
dort aber ihren eigenen empfindet.

Ich sehe den Sonnen-Himmel, den Sternen-Himmel, ich
sehe einen verwirrten Haufen Steine. Ich höre eine Quelle
murmeln, ein Saitenspiel erschallen. Ich höre das Gekrächz
eines Raben. In allen diesen Verwandlungen meines
Zustands ist etwas allgemeines, die Vorstellung eines
äußern Gegenstands. Aber wie sehr verschieden ist nicht
auf der andern Seite mein Zustand bei jeder dieser
Vorstellungen. Den Sonnenhimmel sehe ich gern. Den
Sternenhimmel sehe ich noch gerner. Von dem Steinhaufen
kehre ich mein Auge weg. So höre ich auch der Quelle
Gemurmel gern, noch gerner das tönende Saitenspiel. So
wünsche ich mein Ohr vor dem Gekrächz des Raben zu
verstopfen. Was mich ergötzt, nenn ich melodisch und
schön, häßlich und unmelodisch, was mich verdrießt.

Aber kraft des ersten Gesetzes, das an der Spitze dieser
Darstellung des Menschen steht, darf mich nichts ergötzen,
als was mich vollkommner macht; nichts verdrießen, als
was mich unvollkommner macht. Macht mich nun das
Melodische, das Schöne vollkommner, als das unmelodi-
sche, das Häßliche? Oder mit andern Worten, ist es mein
eigener Zustand, der verbessert, oder verschlimmert wird,

ÜBER DIE KRANKHEIT DES ELEVEN
GRAMMONT

⟨1.⟩ ÜBER DIE KRANKHEITS-UMSTÄNDE
DES ELEVEN GRAMMONTS SO, WIE SOLCHE
DEN 26.ten JUNII BEOBACHTET WURDEN

Auf den gnädigsten Befehl, ein wachsames Aug auf die
Leiden und Äußerungen meines Freundes zu haben, wage
ich es, ein kurzes Bild seiner Krankheit zu entwerfen, so
weit mir die mir gnädigst gemachte Gelegenheit und der
bisherige genaue Umgang den ich mit ihm genossen,
Aufschluß darin gegeben hat.

Die ganze Krankheit ist meinen Begriffen nach nichts
anders, als eine wahre *Hypochondrie*, derjenige unglückliche
Zustand eines Menschen, in welchem er das bedaurenswür-
dige Opfer der genauen Sympathie zwischen dem Unterleib
und der Seele ist, die Krankheit tiefdenkender, tiefempfin-
dender Geister und der meisten großen Gelehrten. Das
genaue Band zwischen Körper und Seele macht es unendlich schwer, die erste Quelle des Übels ausfindig zu machen,
ob es zuerst im Körper oder in der Seele zu suchen sei.

Pietistische Schwärmerei schien den Grund zum ganzen
nachfolgenden Übel gelegt zu haben. Sie schärfte sein
Gewissen, und machte ihn gegen alle Gegenstände von
Tugend und Religion äußerst empfindlich, und verwirrte
seine Begriffe. Das Studium der Metaphysik machte ihm
zuletzt alle Wahrheit verdächtig und riß ihn zum andern
Extremo über, so daß er, der die Religion vorhero
übertrieben hatte, durch skeptische Grübeleien nicht selten
dahin gebracht wurde an ihren Grundpfeilern zu zwei-
len.

Diese schwankende Ungewißheit der wichtigsten Wahrheiten ertrug sein vortreffliches Herz nicht. Er strebte nach Überzeugung, aber verirrte auf einen falschen Weg, da er sie suchen wollte, versank in die finstersten Zweifel, verzweifelte an der Glückseligkeit, an der Gottheit, und glaubte sich den unglücklichsten Menschen auf Erden. Alles dies hab ich in häufigen Wortwechseln aus ihm herausgebracht, da er mir von seinem Zustand niemal nichts verschwiegen hat.

Mit dieser Unordnung seiner Begriffe verband sich nach und nach eine körperliche Zerrüttung (ich getraue mir nicht zu bestimmen, ob ein organischer Fehler im Unterleib zum Grunde liegt). Es folgten Fehler im Verdauungsgeschäfte, Mattigkeit und Kopfschmerzen, welche, so wie sie Wirkungen eines zerrütteten Seelenzustands waren, hinwiederum diesen Zustand rückwärts verschlimmerten.

Auf diese Art war der Weg zu der fürchterlichen Melancholie gebahnt, in die er einige Wochen versank. Es ist Verzweiflung an seiner eignen Kraft – Er sagte oftmals zu mir, er sei kein Mensch, denn er könne nicht denken – Er sähe nicht ein warum er leben sollte, da er ohne alle Absicht lebe – und dergl. mehr. Diese Äußerungen schienen wirklich gefährlich, da sie tiefere Wurzeln hatten, und Geburten eines denkenden spekulativen gar nicht aber leichtsinnigen Kopfes waren, welchen Fehler er gewiß nicht hat. Er sahe die Zerstörung ein, in die er geraten war, und schrieb sie äußern Verhältnissen und Einschränkungen zu, weswegen er auch ein großes Verlangen hatte außerhalb der Akademie, in der Ruhe des Landlebens, seinen Geist zu besänftigen, und neue Kräfte zu Erforschung der Wahrheit zu sammeln. Mit einer tiefen Heftigkeit, die seinem Charakter eigen ist, warf er sich auf diesen Gedanken, und er füllte seine ganze Seele. Er zweifelte nicht an der Erfüllung und sprach, wie mit Zuverlässigkeit von dem neuen Plan seines Lebens. Darum würkten die Hindernisse auf welche er traf, doppelt heftig auf ihn, daß er in die tiefste Melancholie stürzte, und den Entschluß faßte sein Leben abzukürzen und vernichtet zu werden. Alle Versuche ihn zu zerstreuen, mißlangen.

So dauerte es bis heute gegen Abend fort. Den ganzen Morgen war er in sich selbst versunken, gleichgültig gegen alles, mißtrauisch, und überaus zerstört, er wollte nicht wie gewöhnlich frühstücken, weigerte sich auch Mittags etwas zu genießen, und wie ich stärker in ihn drang, sagte er kurz heraus, er hätte gar nicht Ursache sein Leben zu verlängern, da es ihm doch nur zur Last wäre; und alles was er tat verriet einen schröcklichen Entschluß.

Wegen heftigem Kopfweh warf er sich öfters auf das Bett, schlief aber nicht und hatte auch die vorige Nacht nichts geschlafen. Er floh die Gesellschaft und hing der Einsamkeit überhaupt außerordentlich nach. Endlich gegen Abend gewann ich so viel über ihn, daß er sich bei mir über seinen Zustand heraus ließ. Indem er so seine Klagen entwickelte und sich durch Reden erleichterte fing er an, etwas nachgiebiger zu werden, und ermunterte sich. Nach und nach wurde er lebhaft, gesprächig, und verlangte endlich etwas zu essen. Er war schon über 24 Stunden nüchtern geblieben. Was ihn vollends zur Ruhe brachte war das *Collegium archiatrale*, deren Vorstellungen und Gründe ihm ein Zutrauen einflößten. Besonders sprach er mit vieler Achtung und Vertrauen vom Leibmedikus Hopfengärtner, der ihm ausnehmend gefallen hatte. Er entschloß sich, seiner Führung sich ganz zu überlassen, sich selbst Gewalt anzutun, und schöpfte Hoffnung zur Wiedergenesung, an der er bisher verzweifelt hatte. Er gelobte, alles aufs pünktlichste zu erfüllen, was ihm auferlegt würde, und gestand mir auch wie er izt selbst einsähe, daß er sein eigener Peiniger gewesen, und sein Übel vergrößert habe.

Mit einem Wort, es ist die beste Hoffnung zu Wiederherstellung des Patienten da, er schien wie aus einem Traum erwacht zu sein, und arbeitet izt emsig für seine Gesundheit, und zwingt sich, sich der traurigen Ideen zu entschlagen und dafür in historischen Schriften, Bewegung, Zeitvertreiben und dgl. Zerstreuung zu suchen.

Er hat mich gebeten in seinem Namen Seiner Herzog-

lichen Durchlaucht auf das feurigste zu danken, daß
Höchstdieselben seinen irrigen Wunsch, aus der Akademie
zu kommen vereitelt haben, von dem er izt einsieht, daß er
ihn unglücklich gemacht haben würde.

Schiller

⟨2.⟩ BERICHT VON DEN KRANKHEITS-UMSTÄNDEN
DES ELEVEN GRAMMONTS AM 1. DES JULII 1780

Mit der größten Genauigkeit beobachtet der Patient die
Vorschriften seiner Ärzte. Er brachte die meiste Zeit des
Tags mit Leibes-Bewegungen zu, welche vorzüglich in
Reuten, Spazierengehen und dreimaligem Baden bestan-
den, welches letztere ihm auch ohnstreitig am zuträglich-
sten ist, da es alle Vorteile der Bewegung hat, ohne durch
Erhitzung zu entkräften. Auch fand er sich selbst jedesmal
auf das Bad muntrer und stärker.

Vormittags besuchte er die Lektion des Chirurgien-
Majors Klein. Sonsten zerstreut er sich durch Discourse,
oder Lesung solcher Schriften die ihn ohne Anstrengung
unterhalten, und unvermerkt von seinen Lieblings-Ideen
entfernen.

Die verordneten Arzneimittel nahm er mit der äußersten
Sorgfalt und dem vollsten Vertrauen. Er hat auch mehr
Appetit zum Essen, und schlief nach dem Mittagspeisen
einige Zeit, worauf er sich aber nicht zum besten
befand.

Abends war er ziemlich aufgeräumt, und gewiß ist diese
Aufheiterung seines Geistes das größte Mittel zur Beför-
derung seiner Gesundheit, so wie sich die zunehmende
Besserung seines Körpers rückwärts der Seele mitteilt. Die
Nacht war nicht so gut. Er beklagte sich sehr über unruhige
Träume, und diesen Morgen über Kopfweh.

Eleve Schiller

⟨3.⟩ BERICHT VON DEN KRANKHEITS-UMSTÄNDEN
DES ELEVEN GRAMMONTS AM 11. JUL. 1780

Diesen Vormittag war unser Hypochondrist von der
gestrigen Reise noch sehr abgemattet, und meistens sehr
niedergeschlagen. Dieses letztere läßt sich freilich auch dem
Verlust einer heitern und reizenden Gegend, worein Seine
Herzogliche Durchlaucht ihn zu versetzen die Gnade
gehabt, zuschreiben. Er war mißmutig zu allem, und außer
dem Reuten hatte er zu keiner Lektion Lust. Er ließ sich
von mir einige Zeit aus den Biographien des Plutarchs
vorlesen. Sonst ging er spazieren oder schlief, worauf er
immer mit schwermütigen Gedanken und Kopfschmerzen
erwachte.

Den Mittag aß er wenig. Selbst seinen Wein der ihm sonst
immer wohl bekam wollte er mir aufdringen. Ich sparte
ihm solchen aber bis auf den Abend auf und beredete ihn,
ihn im Garten mit mir zu trinken, wodurch ich ihn etwas
munterer zu machen hoffte.

Er geht immer mit dem Gedanken um wie er keines
reinen Vergnügens fähig sei, da ihn selbst diese letztere
Lustreise so wenig verändert, ja vielmehr verschlimmert
hätte. Er glaubt, ohngeachtet aller Gegen-Vorstellungen,
daß kein anderer Weg zu seiner Genesung übrig sei, als die
Aufhebung aller seiner Verhältnisse mit der Akademie.

Eleve Schiller.

⟨4.⟩ UNTERTÄNIGSTER BERICHT VON DEM
BEFINDEN DES ELEVEN GRAMMONTS
AM 16. JULII 80

Dieser Tag war an traurigen Auftritten bei unserm Patienten besonders merkwürdig. Vormittags als ich bei ihm war,
schien er noch ziemlich erträglich, sprach gern, und wurde
wirklich etwas munter bis er gegen Mittag Kopfweh und

Übligkeiten klagte, welches aber wahrscheinlicher weise nur die Wirkung des genommenen Brechweinsteins war. Von da an war er auch unruhiger, und hängte seinen schwermütigen Schwärmereien heftiger nach. Er hatte kein Frühstück zu sich genommen, aß auch diesen Mittag nichts, und verfiel endlich aus Mattigkeit in einen Schlaf, worin Seine Herzogliche Durchlaucht ihn selbsten überraschten.

Auf die Unterredung, welche Höchstdieselbe mit ihm zu halten die Gnade hatten beharrte er immer noch auf dem Gedanken, »daß er schlechterdings nicht in der Akademie genesen könnte. Alles sei ihm hier zuwider. Alles zu einförmig, um ihn zu zerstreuen. Alles wecke seine Melancholie nur desto heftiger«. Unsere eifrigsten Einredungen waren vergeblich. Ich gab ihm zu bedenken, wie er nirgends keine Aussicht in der Welt hätte, da er nicht ausstudiert, da er ohnehin noch einen siechen Körper hätte, da ihm alle Mittel fehlten – wie es ihn vielleicht auf das schwerste gereuen würde, und dergleichen mehr. Er antwortete: »als Taglöhner und Bettler würde er immer vergnügter sein als hier, weil er da frei sei. Gott erhalte ja den Sperling auf dem Dach. Er werde auch ihn nicht verhungern lassen, und wenn ihm auch diese Erwartung fehlschlagen sollte, worauf er das größte Vertrauen setzte, so sei ihm noch immer der Tod übrig.«

An den Schönheiten der Natur schien er sich gestrigen Abend etwas aufzuheitern, aber sie wirkten bald die alte Melancholie in ihm wieder, indem er sich beklagte, daß er diese Schönheiten nicht außerhalb der Akademie genießen dörfte. Das ist noch das schlimmste, daß er sogar das Vergnügen nicht lang genießen kann, ohne körperliche Schmerzen zu empfinden, und in desto tiefere Schwermut zu versinken.

Auf vieles fruchtloses Zureden versprach er endlich sich noch so lang zu gedulden, bis er auch das Teinacher Bad noch versucht hätte. Aber wenn ihn auch dieses Mittel betriegen sollte, so wüßte er in der Akademie kein einziges mehr. Er bittet aber untertänigst, daß er es doch ja bald besuchen dürfte, eh es vielleicht zu spät würde, da seine Melancholie mit jedem Tage seines Aufenthalts allhier zunähme.

Hiebei kann ich nicht verschweigen, wie sehr die außerordentlich große Gnade und Gelindigkeit Seiner Herzoglichen Durchlaucht ihn gerührt hat. Er erkannte es mit dem innigsten Dank, wie väterlich Höchstdieselbe um die Hebung seiner Beschwerden bekümmert sind, und auch dieses ist ein großer Zuwachs zu seiner Melancholie, daß er diese unaussprechlich gütige Fürsorge und Geduld nicht, wie er gern wünscht mit Gehorsam belohnen kann, daß sie (wie er glaubt) an ihm fruchtlos sei, und daß er notwendig für den Undankbarsten unter der Sonne gehalten werden müßte, wenn ihm nicht seine Schwermut und körperliche Schmerzen zur Entschuldigung dienen.

Eleve Schiller

⟨5.⟩ UNTERTÄNIGSTER BERICHT VON DEN
KRANKHEITS-UMSTÄNDEN DES ELEVEN GRAMMONT
AM 21sten JULII 80

Die moralischen und physikalischen Umstände des Patienten scheinen sich nun zu einer vollkommenen Besserung zu neigen, wenigstens kann ich von dem heutigen Tag nichts anders, als Gutes melden. Er war voll Munterkeit und Leben, zu klagen fand er gar nichts, wenn ich einige geringe Beschwerden über Übligkeiten aus dem Magen, welche aber nichts als vorübergehende Folgen seiner Arzneien waren, ausnehmen will. Wie ich ihn in dieser günstigen Stimmung fand, auf die ich lange mit Sehnsucht gewartet hatte, so ergriff ich den Zeitpunkt, und leitete den Diskurs auf seine vormaligen Foderungen, und fragte ihn: was er izo gesonnen sei, ob er noch aus der Akademie begehre? – Ich tat zugleich einen Seitenblick auf die vielen und großen Vorteile seines Hierbleibens, und auf die vielen abschrök-

kenden Folgen seines unzeitigen Hinauskommens, auf die
Vorstellungen und gütigsten Ermahnungen Seiner Herzoglichen Durchlaucht vom vorigen Sonntag – – Da ich
ihn dagegen gar nicht unempfindlich fand, so führte ich ihn
weiter, stellte ihm das Vergnügen lebhaft vor Augen, das
ihn im großen und schönen Feld der medizinischen
Wissenschaften erwartete. Auf diese Art erweckte ich in
ihm die lang schon erstorbene Neigung zum Studieren
wieder, welches ohnstreitig das einzige und auch dauerhaf-
teste Mittel ist, sein Gemüt von sich selbst auf andre
Gegenstände zu lenken; welches ihm zugleich äußerst
notwendig ist, da er bisher wegen seiner Krankheit nicht
wenig zurückblieb. Er eröffnete mir nun sein ganzes Herz,
räumte mir vieles ein, und schloß mit der Versicherung, daß
er sehr gern in der Akademie bleiben wolle, wenn ihm nur
diejenigen Freiheiten gelassen würden, die sein körperlicher Zustand und die Richtung seiner Seele notwendig
machten; nach und nach sprach er von seinem Hierbleiben,
als von einer bekannten Sache, darwider er doch vorhin
immer mit der größten Heftigkeit gekämpft hatte, und
versprach mir, gleich nach seiner Zurückkunft aus Teinach
mit vollem Eifer wieder an sein Studieren zu gehen.

Mit größter Freude hört' ich dieses an, mit größter
Freude schreib ich es hier nieder, denn ich sehe izo das
erreicht, was die einzige gnädigste Absicht Seiner Herzoglichen Durchlaucht war – und finde zugleich auch meine
bisherige Handlungs-Art gerechtfertigt, die, ob sie schon
ganz allein auf jenen letzten Wunsch meines gnädigsten
Vaters gerichtet war, dennoch, wie ich mit Schmerzen
bemerken mußte, nicht ganz frei von einigem Verdacht
einer heimlichen Begünstigung seiner Meinungen geblieben ist.

Daß vielleicht Augenblicke kommen, in welchen die
alten Klagen unsers Hypochondristen wiederum aufwachen, dafür steh ich nicht, dafür kann auch kein Mensch
stehen, denn es ist fast eine physische Notwendigkeit seines
leidenden Körpers. Daß dieselben aber nur schwach, nur

vorübergehend, daß sie durch eine schonende Behandlung
bald unterdrückt sein werden, das getraute ich mir mit
vieler Gewißheit zu behaupten. Indessen kommt das meiste
nur darauf an, daß demselben immer noch gewisse Freiheiten bleiben, die er gewiß niemals mißbrauchen wird;
sonst dürfte der Sprung von seinem jetzigen Zustand auf
einen entgegengesetzten, die Vergleichung seiner jetzigen
Lage mit einem Zwang, der für die Gesunden vortrefflich
sein kann, ihm allzu auffallend sein, und einen Rückfall
seiner alten Melancholie nach sich ziehen, der das letzte
Übel ärger machte als das erste.
Stutgardt, d. 21. Julii 1780.   *Eleve Schiller*

⟨6.⟩ SCHREIBEN AN DEN INTENDANTEN
DER AKADEMIE, OBERST VON SEEGER

Hochwohlgeborener Herr
Hochgebietender Herr Obriß,
    Gewisse Vorfälle bei der Krankengeschichte des Eleven
Grammont, welche mich etwas näher, als ich wünschte,
anzugehen scheinten, haben mich so dreust gemacht, Euer
Hochwohlgeboren mit einer schriftlichen Erklärung zu
beschweren, welche Kühnheit nichts als meine vollkommenste Überzeugung von Euer Hochwohlgeboren billiger
Gesinnung entschuldigen kann.
    Ich bemerkte seit einigen Wochen, daß mein Umgang mit
dem Patienten, mehr als vorhin eingeschränkt, und sorgfältig dahin gesehen wurde, daß ich ihn nicht leicht allein
sprechen konnte. Es ist mir dies um so befremdender
aufgefallen, da ich den von Euer Hochwohlgeboren mir
selbst erteilten gnädigen Befehl, beständig um ihn zu sein,
noch nicht vergessen hatte, und es führte mich auf die
Besorgnis irgend eines zu Grunde liegenden Verdachts auf
meine Handlungs-Arten, der mir nichts weniger als gleichgültig sein konnte. Es würde mir unendlich gefehlt sein,
wenn ich dazu schweigen müßte, da es für mich von Folgen

sein könnte und meinem Charakter gänzlich zuwiderläuft;
ich nehme mir daher die Freiheit, zur Rechtfertigung
meines bisherigen Betragens einige noch geheim gehaltene
Fakta Denenselben zu entdecken, welche über die Reinheit
meiner Absicht einigen Aufschluß geben können.

Am 11ten Junii, zwei Tage vorher, ehe die Krankheit
unsers Hypochondristen zuerst bekannt wurde, kam er zu
mir, und wollte, daß ich ihm einen Schlaftrunk verschaffen
sollte. Mich schröckten seine fürchterlich-ruhige Miene,
seine veränderte Stimme, seine ungewohnten Gebärden,
daß ich Unrat merkte. Ich fragte ihn lächelnd: Wozu?
Danach hätte ich nicht zu fragen, war die Antwort; ich soll
es ihm nur anschaffen, falls ich jemals sein Freund gewesen.
Endlich forschte ich das unglückliche Geheimnis aus ihm
heraus, und er gestand mir, daß er nach reifer Überlegung
nunmehr entschlossen sei, diese Welt zu verlassen wo er
nicht glücklich sein könnte. Mit Gründen einer vernünftigen Philosophie war nun nichts mehr auszurichten, denn
ich hatte schon in seinen gesunden Tagen über diesen Punkt
oftmals vergebens mit ihm gestritten; ich bat ihn also, doch
wenigstens nur so lang ruhig zu sein, bis er mit H. Prof.
Abel gesprochen hätte. Zugleich drang ich in ihn, daß er
auf das Krankenzimmer gehen möchte, weil ich diese
schröckliche Melancholie einem verschlimmerten Zustand
seines Unterleibs zuschrieb, und mir dort seine Gründe
schriftlich entwickelte, weil ich hoffte, daß er dardurch Zeit
gewinnen würde, seinen paradoxen Entschluß mit desto
mehr Kälte zu prüfen. Er ließ sich bereden, nur bat er mich
auf das inständigste, bei unserer Freundschaft, von dem
allen niemand kein Wort zu sagen, welches ich um so gerner
halten konnte, da ich ihn privatim zurecht zu bringen hoffte
und kein Aufsehen in der Akademie machen wollte,
welches vielleicht hätte von Folgen sein können. Das aber
tat ich, wie Euer Hochwohlgeboren sich zu erinnern
gnädig belieben werden, daß ich Denenselben durch den
Leutnant Walter einen Wink davon geben ließ, worauf ich
auch die gnädige Antwort erhielt, ein wachsames Aug

fortan auf ihn zu haben und besonders auf seinen Unterleib Rücksicht zu nehmen, weil ich ohnehin viel daraus herzuleiten gewohnt wäre. Euer Hochwohlgeboren hatten auch die Gnade mich öfters über sein Befinden zu befragen, und empfahlen mir ihn auf das nachdrücklichste zu verschiedenen malen und verordneten, daß die medizinischen Veteranen Tag vor Tag seine Ordonnanzen sein sollten. Meine Bemühungen waren anfangs nicht ohne guten Erfolg – ich berufe mich auf meinen ersten Rapport – allein das Übel nahm im Ganzen zu, und spottete unserer Kräfte.

Bis dahin war ich der vollkommenen Meinung, daß ich mich vielleicht einiges Verdiensts um das Wohl des Patienten rühmen könnte, wenn es Verdienst ist, einen Menschen vom Abgrund zurückzuziehen, und einen Selbstmord zu verhindern, der nach seinem eignen Geständnis noch denselbigen Abend auch ohne Schlaftrunk geschehen wäre; bis dahin war ich der Meinung die Vorteile der Akademie nach allen meinen Kräften betrieben zu haben, aber ich war es bald nicht mehr, und die nachfolgenden Äußerungen Euer Hochwohlgeboren brachten mich beinahe dahin, daß es mich hätte reuen können, jemals meinen redlichen Eifer in dieser Sache bewiesen zu haben, wenn mich nicht das belohnende Bewußtsein, die Pflichten eines Akademisten und die Pflichten eines Freunds ohne Anstoß erfüllt zu haben, wegen aller unverdienten Begegnung schadlos halten könnte.

Euer Hochwohlgeboren hatten vorigen Sonntag die Gnade mir den Unterfeldscher Mauchardt als Zeugen nachzuschicken, welcher auch nachher durch den Eleven Plieninger abgelöst wurde. Dies machte mich freilich nicht wenig stutzen, da ich immer, wie auch der Eleve von Hoven, zum besondern Gesellschafter des Kranken ausersehen worden war. Dazu kam noch daß Euer Hochwohlgeboren Montag abends in den Verweis, den Dieselbe dem Kranken zu geben gnädig beliebten, die Worte einflochten, »er traue vielen, denen er gar nicht trauen sollte.« Er klagte dieses nachher dem Eleven Plieninger und supplierte die verschwiegenen Namen mit dem des Prof. Abels, des Chirurgien-Majors Klein, des Eleven von Hovens und dem meinigen, denn nur diesen, sagte er, könne er trauen, diese also müßten notwendig verstanden sein. Was für eine Wirkung dieser Seitenblick auf den Patienten gemacht hat, indem ihm dardurch seine Freunde, das einzige was ihn noch manchmal erheiterte, verdächtig gemacht wurden, das zu sagen ist Verwegenheit, aber von da an traute er niemanden und sagte selbst, er sei mit lauter Kreaturen eines höhern Winks umgeben. Wir hatten viel Not damit, unsere Niedergeschlagenheit unter die Maske der Heiterkeit zu verstecken.

Sollten Euer Hochwohlgeboren vielleicht vermuten, daß ich neulich den Eleven Plieninger bei dem Patienten verraten und verdächtig gemacht hätte? Dieser Vorwurf ist mir so empfindlich, daß ich wider Willen gezwungen bin dem wahren Urheber dieser Verleumdung nachzuforschen. Aber nein, ich will es nicht tun, ich will Euer Hochwohlgeboren nur die Gnade haben zu versichern, daß ich bald acht Jahre in der Akademie zu leben das Glück habe, und in dieser Zeit noch keinem Menschen unter dem schändlichen Charakter eines Ohrenbläsers bekannt worden bin.

Oder sollte wohl die besondere Anhänglichkeit des Eleven Grammonts an den Eleven von Hoven und mich Euer Hochwohlgeboren den Argwohn eingeflößt haben, daß wir den Absichten Seiner Herzoglichen Durchlaucht entgegengearbeitet, und den Grillen des Patienten geschmeichelt hätten? Ganz befremdet mich dieser Argwohn nicht, denn ich muß selbst gestehen, daß er fast notwendig aufsteigen muß, wenn man bedenkt wie sehr der Patient sonst jeden Umgang floh; ich habe es ihm auch vorhergesagt und ihn um alles gebeten, mich nicht zu seiner Gesellschaft nach Hohenheim auszubitten; allein ich habe doch vielmehr gehofft, daß dieses Vertrauen des Patienten zu uns beiden vielmehr ein vortreffliches Mittel sein werde, jene gnädigste und weiseste Absichten unsers Durchlauchtig-

sten Vaters um so leichter erreichen ⟨zu⟩ können, da wir
beide nur allzuwohl einsahen wie sehr die Wünsche des
Kranken von seinem wahren besten abwichen.

Endlich rechtfertigt uns die jetzige Zufriedenheit, und
wahrhaftige Besserung des Patienten ganz. Freilich ging
der Weg den wir einschlugen in etwas von dem gewöhnlichen ab; wir durften es ihn am wenigsten merken lassen,
daß wir auf Befehl reden; nur die Künste der Freundschaft
waren uns erlaubt, die mehr nachgibt als forciert, und jener
Tolle, der sich einbildete er habe zwei Köpfe, war nicht
durch ein diktatorisches Nein überwiesen, sondern man
setzte ihm einen künstlichen auf, und diesen schlug man
ihm ab. Das Vertrauen eines Kranken kann nur dardurch
erschlichen werden, wenn man seine eigene Sprache
gebraucht, und diese Generalregel war auch die Richt-
schnur unserer Behandlung. Widerspruch und Gewalt
kann vielleicht dergleichen Kranke darniederschlagen, aber
sie wird sie gewiß niemals kurieren. Aus diesem Grunde
hatte die Gelindigkeit und nachgebende Methode Seiner
Herzoglichen Durchlaucht einen so heilsamen Einfluß auf
den Kranken, sobald ihm seine Krankheit Ruhe ließ
darüber zu denken; er hatte es uns nachher öfters gestanden.

So hoff ich, und kann es von Euer Hochwohlgeboren
edler Gesinnung mit Recht hoffen, daß Dieselbe in diesem
Stück günstiger von mir urteilen werden, und habe die
Ehre in untertänigem Respekt zu verharren

Hochwohlgeborener Herr

Hochgebietender Herr Obriß

Dero untertäniger Diener

Stutgardt,
d. 23. Julii 1780.   *Schiller Eleve*

⟨7.⟩ UNTERTÄNIGSTER BERICHT VON DEM
GEGENWÄRTIGEN BEFINDEN DES ELEVEN
GRAMMONTS AM 26. JULIUS 1780

Auch aus dem heutigen Tag zu schließen ist die größte
Hoffnung zur völligen physischen und moralischen Genesung unsers Hypochondristen da; er war überaus heiter,
lustig, zuweilen scherzhaft, und besonders vergnügt. Sein
Appetit ist natürlich, und gut. Die Vorschriften zur
Bewegung befolgt er auf das genaueste, indem er auch
dreimal gebadet, und noch sonst allerlei Leibes-Übungen
sich gemacht hat. Zum Studieren zeigt er wenig Lust, und
klagt meistens Kopfweh, wenn er nur wenig und ohne viel
Anstrengung denkt. Für die Musik ist er besonders
eingenommen, und versäumt auch keine Gelegenheit sie zu
hören. Auf das Teinacher Bad freut er sich ungemein, und
verspricht sich alles davon.

Eleve Schiller.

⟨8.⟩ UNTERTÄNIGER BERICHT VON DEM BEFINDEN
DES ELEVEN GRAMMONTS AM 30sten JUL. 1780

Dieser Tag war zwischen den Anstalten zu seiner Abreise,
und den Besuchen seiner Schwester ganz geteilt. Er ließ
nichts als Hoffnung, Dank und Freude blicken, so daß
selbst der Abschied von seiner von ihm so geliebten
Schwester ihn nicht schwermütig machen konnte. Er sieht
auch jetzt weit gesünder aus als jemals, und es läßt sich alles
von dieser moralisch- und physischen Heilanstalt erwarten,
da ihn schon allein die entfernte Vorstellung davon halb
genesen macht. Er nahm mit viel Rührung von allen
abschied, und erkannte die mehr als väterliche Fürsorge
Seiner Herzoglichen Durchlaucht mit dem dankbarsten
Herzen.
Stutgardt, d. 30. Jul. 1780.   *Eleve Schiller*

DIE TUGEND IN IHREN FOLGEN
BETRACHTET

Durchlauchtigster Herzog!
Erlauchte Gräfin!
    Wenn je etwas ist, das ein jugendliches Herz mit Liebe
zur Tugend erwärmen kann, so ist es gewiß die Aussicht in
ihre erhabene Folgen. Jedes fühlende Gemüt wird mit
brennendem Eifer der göttlichen sich weihen, wenn es
einmal mit voller Überzeugung weiß, daß nur Vollkommenheit, nur Glückseeligkeit ihre Folgen sind. – Denn
wornach ringt die Seele des Jünglings, als nach diesem
einigen Ziele? – wenn er den großen Gedanken denkt, daß
nur Tugend den Menschen zum Abglanz der unendlichen
Gottheit macht – dann wornach schmachtet die Seele des
Jünglings, als nach diesem nie zu umfassenden Urbild? – Es
ist also die Frage: *Wie ist die Tugend in ihren Folgen betrachtet?*
desjenigen vollkommen würdig, der, ein Vater in Mitte
einer jauchzenden Jugend, den göttlichen Wunsch äußerte:
o daß ich alle glücklich machen könnte! – vollkommen würdig,
an diesem Freundschafts-Feste feierlich beantwortet zu
werden.

Erlauchte Gräfin!
    Wenn wir uns den Menschen als einen Bürger des großen
Weltsystems denken, so können wir den Wert seiner
Handlungen nach nichts besser bestimmen, als nach dem
Einfluß, den sie auf die Vollkommenheit dieses Systems
haben. Wenn wir noch weiter gehen, wenn wir finden, daß
alle Räder, alle treibende Kräfte des großen Systems nur
darum so innig in einander greifen, nur darum so harmonisch zusammenstimmen, damit der geistige Teil der
Schöpfung dadurch vollkommener werde, der empfinden-

de angenehmer, stärker empfinde, der denkende höher, umfassender denke; so können wir jede moralische Handlung nur nach dem Maße schätzen, oder verdammen, nach welchem sie mehr oder weniger zur Vollkommenheit der geistigen Wesen mitgewürkt hat. Ja, wenn wir dann noch höher hinaufsteigen, wenn wir finden, daß alle Vollkommenheit der geistigen Wesen die Nachahmung, das Wohlgefallen, die Verherrlichung der Gottheit zum äußersten Ziel hat, so muß diese Gleichheit, diese Übereinstimmung mit den Eigenschaften der Gottheit, dieses ihr Wohlgefallen, diese ihre Verherrlichung der Maßstab aller moralischen Handlungen sein. Jedwede Handlung eines Geistes also, jedweder Gedanke, ja, ich darf sagen, jedwede Empfindung macht sich des herrlichen ehrenvollen Namens von Tugend würdig, wenn sie die Vollkommenheit der Geister zum Zweck hat, wenn sie mit dem Wesen des Unendlichen übereinstimmt, mit seinen Absichten harmonisch geht, wenn sie seine Größe verherrlicht. Jedwede im Gegenteil macht sich des schändenden Namens von Laster schuldig, wenn sie die Geister unvollkommener macht, wenn sie mit den Eigenschaften des Höchsten Wesens mißlautet, wenn sie seine Absichten verfehlet. – Vollkommenheit der Geisterwelt wäre also die erste Folge der Tugend.

Noch herrscht ferner ein ewiges Gesetz in der empfindenden und denkenden Natur, daß nämlich Vollkommenheit des Ganzen mit der Glückseligkeit des einzelnen Wesens im innigsten Bunde stehe. Kraft dieses Gesetzes wird uns das allezeit ergötzen, was das Ganze vollkommener, das allezeit schmerzen müssen, was das Ganze unvollkommener macht. So zieht also jene allgemeine Folge der Tugend, Glückseligkeit des Ganzen, eine zweite und innere nach sich, Glückseligkeit des einzelnen Wesens, das tugendhaft handelt.

Dies alles kurz zusammengefaßt, können wir sagen: *Derjenige Zustand eines denkenden Geists, durch welchen er am fähigsten wird, Geister vollkommener zu machen, und durch*

*Vervollkommnung derselben selbst glückseelig zu sein, dieser
Zustand wäre die Tugend.* – Und worin wird nun dieser
Zustand bestehen? – Diese Frage unwidersprechlich
bestimmt zu beantworten, müßte mein Aug in die verwor-
renensten Tiefen der menschlichen Seele gedrungen sein,
müßte mein Verstand alle Gedanken der Menschen umfaßt
und vereiniget haben. Beinah ein jeglicher Philosoph – ja
was sag ich? jeder denkende Geist schafft sich aus seinem
eigenen Gedankensystem ein eigenes Gebäude von Tugend
und Laster, und obschon alle nur Einem Zweck entgegen
arbeiten, so sind sie doch in Bestimmung desjenigen
Zustands, durch welchen sie ihn erreichen sollen, unendlich
geteilt. Werd ich wohl jedes noch wankende System von
Tugend vollends zu Boden stürzen, werd ich ihr wohl ihren
festen ewigen Charakter anerschaffen, wenn ich sie mit den
größten Weisen dieses Jahrhunderts weises Wohlwollen
heiße? – Ein weiser wohlwollender Geist also macht die
Geisterwelt vollkommener, glücklicher. – Dies sind die
äußern Folgen der Tugend! Er macht sich selbst vollkommener, glücklicher – Dies sind die innern Folgen der
Tugend.

Und diese zwei Standpunkte sind es, aus denen ich nun
die mir gnädigst aufgegebene Frage zu entwickeln suchen
werde.

I. Folgen der Tugend auf das Ganze.

Nicht geringer, als die allwirkende Kraft der Anziehung in
der Körperwelt, die Welten um Welten wendet, und Sonnen
in ewigen Ketten hält, nicht geringer, sag ich, ist in der
Geisterwelt das Band der allgemeinen Liebe. Liebe ist es,
die Seelen an Seelen fesselt; Liebe ist es, die den Unendlichen Schöpfer zum endlichen Geschöpfe herunterneigt,
das endliche Geschöpf hinaufhebt zum unendlichen Schöpfer; Liebe ist es, die aus der grenzenlosen Geisterwelt eine
Einzige Familie, und soviel Myriaden Geister zu soviel

Söhnen Eines alliebenden Vaters macht. Liebe ist der zweite
Lebensodem in der Schöpfung; Liebe das große Band des
Zusammenhangs aller denkenden Naturen. Würde die
Liebe im Umkreis der Schöpfung ersterben, – wie bald –
wie bald würde das Band der Wesen zerrissen sein, wie bald
das unermeßliche Geisterreich in anarchischem Aufruhr
dahintoben, eben so als die ganze Grundlage der Körperwelt zusammenstürzen, als alle Räder der Natur einen
ewigen Stillstand halten würden, wenn das mächtige
Gesetz der Anziehung aufgehoben worden wäre.

Dieses allgemeinen Geisterzusammenhangs erste Folgen
sind gegenseitige Ausbildung der Seelenfähigkeiten, Er-
gänzung, Erweiterung, Verfeinerung der Begriffe, Richtung des Willens nach dem Vollkommenen. So kann die
Wissenschaft des Einen in die Seele des Andern fließen; So
kann der rohe Gedanke des Einen durch die schärfere
Denkkraft des Andern verfeinert werden. So kann ein
doppelter Verstand das zur Reife bringen, was einem
einfachen undurchdringlich war. So kann das Jugendliche
Feuer eines brausenden Geists durch den bedachtsamern
Ernst des reifern Manns milder und mäßiger werden. So
kann der ersterbende Trieb zur Tugend in diesem durch die
wärmere Tugendliebe in jenem in neue Flammen auflodern.
So kann sich Seele in Seele spiegeln. So der Schöpfer selbst
sein großes Bild in Menschlichen Seelen zurückwerfen. So
kann Wonne des Freunds in die Seele des Freunds
hinüberjauchzen – Vollkommenheit der höhern Geisteskraft wäre also die erste Folge dieses Zusammenhangs.
Dieser Zusammenhang ist die Folge der Liebe.

Groß also sind die Folgen der Liebe. Die ganze Sphäre
der Geister ist ihr unendlicher Kreis. Aber wenn es auch
nicht die ganze Sphäre der Geister ist, so kann sie doch tätig
sein in einer kleinen, und durch diese kleine rückwarts tätig
in die große, in die Unendliche. Die Liebe, die den Vater an
den Sohn, den Sohn an den Vater fesselt, die einen Weisen
zum Lehrer eines, vielleicht verlassenen Jünglings macht,
kann mächtig würken auf die Harmonie des Ganzen. Wenn

sie in dem Jüngling einen Antonin, einen Trajan auf den
Thron setzt, oder an den Ufern des Eurotas einen Lykurg
erschafft, wenn sie aus dem Sohn einen Montesquieu, einen
Gellert, einen Haller, einen Addison bildet, so kann sie das
ganze Menschengeschlecht – ja was sag ich? – eine ganze
Kette von Menschengeschlechtern, mit dem Lichte der
Wahrheit erleuchten und näher rücken ihrem erhabenen
Ziel (denn vielleicht führt Gellerts Moral und Addisons
Beispiel noch in künftigen Jahrhunderten irrige Seelen zur
Wahrheit zurück) – Aber eben so leicht kann das Laster
eines Einzigen in tausend unverwahrte Seelen sein süßes
Gift einhauchen. So kann es eine Kette von Menschenaltern
ferne von ihrer hohen Bestimmung in das alte barbarische
Dunkel tierischer Wildheit zurückstoßen. So hat sich der
unvollkommene Geist eines *La Mettrie*, eines *Voltaire* auf
den Ruinen tausend verunglückter Geister eine Schandsäu-
le aufgerichtet, ihres Frevels unsterbliches Denkmal! –

Aber noch einmal wollen wir jene fruchtbare Wahrheit
zurückrufen, noch einmal vor unsere Seelen stellen: – –
»daß nämlich Ein vollkommener Geist eine ganze Geisterwelt vollkommener machen könne: – – Meine Freunde!
welche Szene rückt vor meine staunende Seele! Seh ich
nicht ein Gewimmel von Menschengeschlechtern sich zu
dem Grabmal Eines Fürsten – (Ach eines Fürsten, den ich
Vater nennen darf,) hinzudringen, seh ich sie nicht weinen,
jauchzen, beten über dem Grabmal des Herrlichen? Was
eine Welt auf dem Grabmal eines Einzigen? Tausend –
Millionen segnend einen Einzigen? – Er allein wars, meine
Freunde, der einer bildungslosen Jugend aus allen Gegenden der Welt in seine väterlichen Arme rief, der Strahlen der
Weisheit in tausend jugendliche Seelen goß, der jeder
Sphäre von Erkenntnis tüchtige Männer erschuf, der, wenn
von diesen tausenden nur zehen das große Siegel ihres
Erziehers nicht verleugnen, der Menschheit dereinst neue
Solon, neue Platone aufstellen wird. Und wenn ein Einziger
vollkommener Geist einen so großen Schauplatz der
Wirkung hat, wie weit hat nicht der große Menschenbilder

durch seine gebildete Jugend in die Harmonie des Ganzen
hineingewirkt. Er allein, weil er immer tugendhafter zu
werden sucht, Er allein, weil er ein Nachahmer der Gottheit
auf Erden ist. – Allmächtige Tugend, die du dich in den
⁵ Busen des Fürsten niederließest, und von hieraus die
Herzen der Menschen angelst, durch dieses Einzige Für-
stenherz hast du dir eine Welt unterworfen!!! –

Und wenn nun dieser große Freund der Tugend zu
seinem erhabenen Werk sich eine Gehülfin erwählte – wenn
¹⁰ die sanfte Teilnehmung dieser vortrefflichen Freundin seine
Freuden würzt und erhöht, seine Leiden – (denn auch die
Große, auch die vortrefflichsten unter den Großen haben
ihre Leiden, weil sie Menschen sind.) – seine Leiden, sag
ich, sympathievoll mit ihm duldet, seinen Schmerzen den
¹⁵ Stachel nimmt; wenn sie, die aufmerksame Hörerin seiner
Lehren, ihre Tugend mit der Tugend ihres erhabenen
Freunds zur Glückseligkeit der Menschen vereinigt; wenn
sie – – Steigt hier nicht jede Brust? Glüht nicht das Feuer
der Freude in jedem Antlitz empor? Schweben nicht zwei
²⁰ heilige Namen auf allen bebenden Lippen? –

Tränen des Danks auf Ihre Asche, mein Vater; Tränen des
Danks auf Ihre Asche, beste Freundin des Vaters!

II. Folgen der Tugend auf den Tugendhaften selbst.

Dies sind die Folgen der Tugend auf die Vollkommenheit
²⁵ des Ganzen. Aber sie allein sind es noch nicht, die den
Begriff von Tugend erschöpfen. Zwar rauschen die dem
Ohr mächtig entgegen. Zwar strahlt ihr blendender Schimmer in jegliches Aug: aber eben darum werden sie nicht
selten vom stumpfern Auge des Pöbels mit dem Flittergol-
³⁰ de unwürdiger Taten verwechselt. Auch aus ungeweihtem
Boden, aus unheiligen Herzen kann Glückseligkeit des
Ganzen emporkeimen; denn die weiseste Vorsehung ist
eben so mächtig das Laster eines Einzigen in die Glückseligkeit der Welt enden zu lassen, als sie diese durch

Tugend glücklich machen kann. Es folgt also aus dem
Wesen der Tugend selbst, daß sie im Herzen des Tugendhaften innere Folgen zurücklasse, innere Folgen, die, wenn
sie auch dem Auge der Menschen entfliehen, dennoch vor
jenem durchdringenderen Aug einer höhern Weisheit in   5
heller Erhabenheit feiern; Innere Folgen, die jenen Eroberer fliehen würden, wenn er eben so leicht mit fliegendem
Siege von Welten zu Welten gegangen wäre, als er über den
Indus gegangen ist; die den Weisen glückseelig machen,
wenn er auch in bodenlosen Kerkern schmachtete. Wäre die   10
Tugend nicht von diesen innern Folgen – Vorgefühlen des
Himmels – begleitet, wie wenige würden ihr heiliges Bild
anbeten? – Wäre das Laster nicht von jenen stummen
Schauern der Hölle begleitet, wie leicht würde der zaube-
rische Taumeltrank seiner Vergnügen alle Herzen dahinrei-   15
ßen?

Und was sind nun diese innere Folgen der Tugend? Jede
tugendsame Seele wird hierin meiner Antwort zuvorkom-
men, jede im stillen bei sich empfinden, daß sie nichts
anders als Ruhe der Seele in allen Stürmen des Schicksals,   20
Stärke des Geists in allen Auftritten des Jammers, Selbst-
gewißheit in allen Zweifeln der Finsternis, daß sie, wenn
ich es kurz sagen soll, ein gleicher und unerschütterter
Charakter gegen alle Vorfälle des Menschlichen Lebens sei,
der jeden Schmerz stumpf, jedes Vergnügen doppelt   25
empfindlich macht, der einen Regulus den Schröcknissen
eines barbarischen Todes heiter entgegen führt, wenn die
Cäsare unter blutig errungenen Diademen zittern, der einen
Seneka jeden Tropfen seines dahinrinnenden Lebens ruhig
zählen läßt, wenn Gewissensmarter den Tyrannen bis unter   30
die Hülle des Purpurs verfolgen, der selbst auf dem
einstürzenden Holzstoß den Weisen Indiens nicht verläßt,
wenn Europäischer Mut bei schwachen Fieberschauern
dahinsinkt, der blühende Paradiese ihm zeigt, wenn seine
Augen im Tod nun dahinstarren, und Erd und Himmel vor   35
ihm schwinden in Nacht, und Seele und Leib im feierlichen
Bruche sich losreißen, – Ja, der ihn dereinst in den

Schrecken jenes furchtbaren Tages nicht verlassen wird, wenn unter Domitianen irdische Throne schwanken, wenn jede Empfindung – denn keine wird sich dem Aug des Rächers entstehlen – als eine drohende Zeugin wider den Gottlosen sich erheben – wenn ach vielleicht ein Einziger, nicht erstickter Gedanke zwischen Tod und Himmel entscheiden wird. In diesem Augenblick des Entsetzens wird dem tugendsamen der Donnerton des Gerichts Jubellied sein, die Stimme des Weltrichters Stimme des rufenden Vaters; jetzt wird sein Auge glänzen in ewigem Strahle, wenn auf des Frevlers Auge ewiges Dunkel sinkt –

So groß, so seelig, so unaussprechlich seelig, meine Freunde, sind die innern Folgen der Tugend. Dieses Gefühl, eine Welt um sich beglückt, – – Dieses Gefühl, einige Strahlenzüge der Gottheit getroffen zu haben – – Dieses Gefühl, über alle Lobsprüche erhaben zu sein – – Dieses Gefühl – –

Erlauchte Gräfin!

Irdische Belohnungen vergehen – Sterbliche Kronen flattern dahin – die erhabenste Jubellieder verhallen über dem Sarge. – Aber diese Ruhe der Seele, Franziska, diese himmlische Heiterkeit, iezt ausgegossen über Ihr Angesicht, laut laut verkündet sie mir unendliche innere Belohnung der Tugend – Eine Einzige fallende Träne der Wonne, Franziska, eine Einzige gleich einer Welt – Franziska verdient sie zu weinen!

DE DISCRIMINE FEBRIUM
INFLAMMATORIARUM ET PUTRIDARUM

TRACTATIO
AUTORE JOH. CHRIST. FRID. SCHILLER. M. C.
1780   5

Experientissimis scientiarum medicarum
Professoribus in Academia militari
Praeceptoribus aestimatissimis

Indulgeant artis medicae Antistites temeritati juvenili, quae
thema arduum e praxeos medicae centro pertractandum   10
aggressa est. Equidem non ignoro, vix ac ne vix quidem de
Morborum Oeconomia rite statui posse, nisi viva eorundem cognitio ad lectos aegrorum antecesserit; nec scien-
tiam, hominum saluti innixam inani Theoria exhauriri
posse, facile credo. Ex quo vero veterum annalibus   15
eruendis operam navavi, nil magis e re esse ratus sum, quam
eo tendam, ut bina Morbi genera, *Inflammatoriarum* puto et
Putridarum, familiaria mihi redderentur, utpote quorum
latissimum est in Praxi medica dominium. Succurrebat
amplissima Praxis Praeceptoris Peritissimi, Domini Archi-   20
atri D. *Consbruch*, quae, dum magnam mihi Vim Casuum
Clinicorum suppeditaverat, experientiae propriae defectum
quodammodo compensabat. Accedit, quod ex summa
Serenissimi Ducis benevolentia hoc anno concessum mihi
fuerit, in Nosocomio academico versari; morbosque, utut   25
per singularem Dei providentiam huic Instituto invigilan-
tem, rarissimos atque mitissimos, a primo inde Insultu, ad
extremam usque defervescentiam studiose persequi, et
methodo medendi qua exquisitissima pollet doctissimus
archiater Dominus D. *Reuss*, testem adesse mihi licuerit.   30

Vestris itaque humeris, Viri medici perfectissimi, insi-
stens, generalem quandam utriusque morbi Ichnographiam
sistere ausus fui, quam plenam lacunis Examini Vestro
timidulus jam offerre annitor. Tironi vero medico dedecori
non esse a Magistris corrigi; nec nisi perfectiorem me
Juvenem a Virorum consilio discessurum, persuasissimum
habeo.

Dat. Stutgardtiae
1mo Novembr. 1780   autor.

§ 1.

Medicis, qui in luculenta praxi versantur, duo potissimum
Febrium acutarum genera solent occurrere, quorum unum
ab altero prorsus abhorret. Simplicius primum, at rigidius
atrociusque aperto Marte in firmos decumbit, sed sub
insidiis alterum, et sub specie benignitatis malignum in
labefactatos sese insinuat. Subito irruens illud, hoc subdolo
lentoque gradu obrepit. Nimio primum robore periculo-
sum, fracto secundum. Id condensatos refert humores, hoc
dissolutos. Prius in circulo sanguinis concipitur, posterius
ex imo Ventre propullulat. Qua quidem idea perducti
Medici, pro diversitate caussarum et indolis, huic Putridae
biliosae, illi Febris Inflammatoriae simpliciter sic dictae
nomen addere consueverunt. Cum vero contrariam una-
quaeque agnoscat medendi rationem, fieri non potuit, quin
earundem confusio majorem longe hominum Vim pessum-
dederit, quam ipse pyrius pulvis, quare in praxi medica
summi momenti est, oeconomiam utriusque specificam ac
caracteres distinctivos ad normam Naturae tradidisse, ut eo
facilior ad ipsam denique Therapiam Via sternatur.

§ 2.

Priusquam in interiora tractationis demergamur, commu-
nia quaedam quae fundamento reliquorum inserviant,
praemittenda censeo. Et quidem jam Sydenhamus[1], »nil

---

1 Sydenham. Oper. omn. Tom. 1. Sect. 1. cap. 1. de morbis acutis
  in genere

aliud esse morbum, asseruit, quam naturae conamen
materiae morbificae exterminationem in aegri salutem
molientis. Verum tamen, pergit Vir magnus, cum sibi relicta
est, vel nimio opere satagendo vel etiam sibi deficiendo«
(obstando, mallem) »hominem letho dat.« Praeclare sane 5
istud pronunciatum esse, ac summum ingenium practicum
spirat, neque tamen absque limitibus assumendum vellem.
Missis omnibus quae Stahliana sunt somnia, de Nisu
effectivo animae intelligentis ad morbos subigendos, accu-
ratius stabiliendum esse reor, quid sub Naturae conamine 10
medicativo intelligendum sit. Non certe, quod fortassis ex
asserto Sydenhami deduci posset, Motus isti Naturae
expulsionem materiae intendunt, qui nil aliud sunt, quam
Commotiones Virium animalium, stimulum quendam prae-
ternaturalem sequentes. Fert enim prima lex in Corpore 15
animato, ut Spiritus animales, simulac peregrinum quid
eosdem contingit, densi nimiique ad locum stimulatum
ruant ac fibras irritabiles, ipsis subordinatas, ad vehementiores urgeant contractiones. Haec vero lex, tantum abest,
ut in salutem hominis cedat, ut potius sola sit eademque, 20
quae Morbos procreat, procreatos graves reddit ac inter-
necinos. Non enim stases istae exiguae in pulmonicis vasis
machinam nostram destruerent, quam centies millies de-
struxit naturae molimen ad istas perfringendas. Non
myasma in Sanguinem resorptum vitae periculum induce- 25
ret, at quoties induxit importunus Naturae impetus ad istud
eliminandum? Non bilis in Intestinis fermentans putredinem tam cito subiret, quam vero spastici motus nervorum
summopere accelerant. Negari quidem nequit, hostilem
materiam per id ipsum Naturae conamen felici Crisi 30
quodammodo expurgari, quod in Febribus Intermittenti-
bus quam plurimis, nec non in quibusquam ardentibus
contingit, at quaeso perpendant, an despumatione opus
fuerit, si ebullitio non antecesserit? Crisis enim non ideo
expectata est, quod materia morbosa terminis vasorum 35
proscribitur, sed quia proscripta materia motus inordinati
sedantur. Materia morbosa per se hostilis non est, hostilis

redditur per Virium animalium turbas quas movet. In activo itaque Naturae adversus morbosam materiem conatu et Morbus et Morbi gravitas collocata sunt. Melius ergo morbum describimus per inordinatas Virium commotiones occasione stimuli praeternaturalis; qui, si Circulo sanguinis inhaereat Febrem, si aliis regionibus aut Convulsiones, aut Vomitus, aut Diarrhoeas aut alia producit. Omne quidem, quod Spiritus animales praeter naturam lacessit stimuli munere defungi potest, hinc quae a foris intrant, quae intus a suis finibus aberrant, aut generatim a naturali Rhythmo declinant. Coqui Materia dicitur, dum per citatiores motus vasorum aut circumacta, aut contrita, disjecta, decomposita ea redditur, ut per naturales vias despumari, aut exhauriri par sit per factitias, quod quidem Crisin appellant. Quae ergo symptomata, durante morbo, in conspectum veniunt, non ad eliminandam materiam tanquam finem sibi praefixam emoliuntur, sed Materia occasione horum symptomatum eliminari interdum potest, quod probe distinguendum est. Caveamus itaque ne luxuriose nimis de significationibus Verborum Coctionis, Criseosque statuamus ac dogmata nostra a natura Morborum aberrent. Ego quidem per varios errorum labyrinthos ad persuasionem tandem perductus sum, talem ordinem non esse in rerum natura, qualem in nostris compendiis concinnamus!

> There are more things in Heaven and Earth
> Than are dreamt of in our philosophy.

§ 3.

A Febre inflammatoria exordium mihi sumo. Eo quidem nomine insignitur Febris ardens continua, irruens cum Rigore, corporis profunda conquassante, quem dein excipit vehementior aestus, et pulsus velox et cum plenitudine durus, et dolor partis alicuius pulsatorius cum quibusdam functionibus laesis, quae omnia, adaucto furore, intra spatium quatuor dierum ad statum moventur.

Progressa fuit Lassitudo spontanea phlegmonoso-gravativa, cum ponderis quodam sensu in membris movendis, fugitivis per Corpus ardoribus, capitis dolore, pectoris oppressione, insomniis turbulentis, voracitate interdum nimia, a quibus omnibus proxime distat Febris ipsius dira invasio.

§ 4.

De caussis primo spectandum, quae sunt aut antecedentes quae disponunt, aut occasionales accessoriae quae cum prioribus junctim sumtae gravem morbum progignunt. Caussa antecedens omni Febrium phlogisticarum cohorti communis Plethora habetur. Plethora quidem ex vulgari medicorum sententia justo major est Sanguinis in systemate vasorum accumulatio, quam ad sustinendum actionum vigorem requiritur. Certatum est, an plus sanguinis parari possit, quam sanitas hominis reposcit, dum humoris nobilissimi nullo tempore nimium haberi possit, dum abundante Virium fonte et Vires abundare necessum sit, dum abundantes Vires exaltatum potius, quam fractum trahant vigorem et quae reliqua sunt, caussis quae ad plethoram disponunt, morbisque ad quos ipsa disponit propius pensitatis, disparitura.

§ 5.

Plethora adultis potissimum innasci observatur, qui Ventri admodum indulgent, expedite digerunt, macilenti ceteroquin et rigidi Corpus validum vehementer exercent. *Obesitas* contra in eos potius decumbit adultos, qui vitam lautis conviviis transigunt, nec minus facile concoquunt, largo praeterea otio corpus laxum reponunt.

Eo quidem tempore quo ultiori incremento Solidorum Rigor obluctatur, humores, qui alioquin in partium nutritionem consumti fuerunt, nec jam inveniunt quo secedant, nec ideo parcius ac ante parantur in magnum Sanguinis circulum regurgitant. Qui si Musculorum vegeta actione, animique vivaciori exercitio animatius exagitantur, ostia quae oleo sanguinis recipiendo ad vasorum parietes admota

sunt rapidi nimis praeterfluunt, nec tempus secedendi in
Cellulas datur, scimus enim ex physiologicis, secretionem
adipis nonnisi sub placidiori sanguinis rivo procedere
posse. Accedit quod strictior vasorum compages massam
5 humorum valde compingat, calor denique major, motus-
que vehementior difflato aqueo eandem condenset, quo fit,
ut eo difficilius adeps a reliquo sanguine segregatur. Hinc
remanebit in Vasis, et accumulabitur; hinc plethorae nata-
les.

10   Sin autem otiosis anima et corpore tardius atque
tranquillius per laxiora vasa repant humores, nec calor
inspisset, nec velocior circuitus partes aqueas fuget, adeps
facillime in cessabiles cellulas exsudabit, quo facto Obesitas
ingruit. Exinde patet, ab Obesitate Plethoram non differre
15 nisi ratione inquilinae Receptivitatis, iisdemque praeterea
causis respondere utramque, nemo vero Mortalium Obesi-
tatem pro exaltata Sanitate agnovit. Neque tamen plethora
morbis accensenda, ad quos saltem disponit.

     Hinc in plethoricis turgida vasa, atque stricta, compac-
20 tior sanguis, oleosoque abundans principio, pulsus cum
fortitudine magnus, Vis summa vitalis, animus ad Exaestuationes facillimus: haec subsunt in Corpore inflammatoria Febre capiendo.

§ 6.

25 Caussae occasionales duplicis generis occurrunt. Aut sunt
exagitationes sanguinis nimiae, quo referas animi pathema-
ta ferociora, motus Corporis justo vehementiores, usum
Calidorum vini praesertim ejusdemque spiritus, Venerem
immodice celebratam, vigilias nimis protractas et alia; aut
30 versantur circa obstaculum Circulo sanguinis obnitens, huc
pertinent subitaneae refrigerationes, hybers nae praecique,
aut aqua frigida post aestivas exaestuationes subito ingur-
gitata, retentus Mensium Haemorrhoidumve fluxus, lactis
recessus, spasmi varii tum idiopathici, tum consensuales,
35 quin ipsa Mechanicae pressiones quales ex. gr. flatulentia
facit, quae omnia plethoram partialem formando operan-

tur. Frequentissime plures ex causis hisce enumeratis simul
ad producendam inflammationem concurrunt. Nec genium
epidemicum praetereas, nec stimulos locales quales sunt
vulnera, abscessus materiales, dum circumcingens ora
phlogosin concipit, uti in Vomicis pulmonum hepatisve 5
contingit, succi dein nimis acres, quod inflammationibus
spasticis putridis ansam praebet, aestus foris admotus,
quo Insolationem referas, corpora denique peregrina. Inflammationes symptomaticae, etiamsi huc non pertineant,
semper tamen ex uno alterove horum fomitum subnascun- 10
tur.

§ 7.

Nec tamen quam diu Circulus sanguinis, utut citatissimus,
musculorum ope, per venas expedite adhuc absolvitur, nec
ullibi resistentiam invincibilem offendit, locus dabitur 15
Inflammationi. Simulac autem sanguis, musculis ad quietem repositis, cum labore per Venas trahitur, et aequili-
brium Circuitus arteriosi venosique aufertur, simulac aer
frigidus nudos pulmones infestans, aut aliud quid eorum
quae supra recensuimus vasorum minimorum systema 20
constringit, nec ideo minus rapide per arterias sanguis
adsiliat, eadem Vi qua appetit, repercutiatur necesse est,
majoresque arterias a tergo distendat. Sed arteriae rigidio-
res, jamque superfluo sanguine turgentes fortius obnitun-
tur, qui Nisus per universum tractum Systematis arteriosi 25
retrorsum ad Cor usque propagatur. Jam vero Boerhaavius
monuit, resistentiam stimuli loco esse, stimulum autem
Spiritus animales densiore agmine ad loca stimulata rapere
supra monitum est. Cor itaque majori sibi Virium parte
vindicata validius celeriusque micat, plures atque majores 30
eodem tempore emittit sanguinis undas, plus sanguinis ad
locum cui obstaculum inhaeret projicitur, dum semper
minus expediri potest; succurrit pervulgatum Phaenome-
non in physicis, Vas quoddam angustiori ostio instructum,
jam liquido quodam impletum ac subito inversum prorsus 35
nihil initio emittere, dum liquor nimius versus ostium

minus ruens sibi ipsi viam occludit; idem in Vasis vivis sanguiferis contingit. Accedit quod spissior sanguis jam per se difficilius vasorum angustias traducatur. Hinc sanguis stagnabit in ultimis arteriolis, sed stagnatio in ultimis arteriolis *Inflammationis* nomen exhaurit[2].

§ 8.

Ineluctabile Impedimentum humorum circulo sese opponit; vires animales in impetum aguntur, quasi peregrinum quid intus lacessat ad quod abigendum omnis machina sese accingit, hinc Algores praecurrunt[3]. Sub frigore tantum abest, ut impedimentum dimoveatur, ut potius summa capiat incrementa. Algor enim cutaneis vasis constrictis ad interiora urget humores, in imo pulmone accumulat, plethoram internam partialem adauget[4], adauget inflammationem. Frigoris tempore pectoris gravatio, anxietas, pulsus minor, contractus, inaequalis, nauseosus aliquis sensus per Corpus universum. Rigorem intercipit Aestus ipse, cuius vehementia inflammationis gradum, temperiem, sanguinis indolem, et vasorum rigiditatem sequitur. Jam pulsus impetuose rapitur, durus ad instar serrae tangentis digitum secat, jam minimus est jam ad plenitudinem quandam attollitur[5], ardet omne corpus; lingua, fauces, cutis arida; facies rutila splendida; oculi flammescunt, caput punitorie dolet, at si in partes mox dissiliret; sedes inflammata dolorose pulsat; spiritus gravius ducitur; sitit aeger; prostratae vires motus voluntarii, dum vis vitalis enormiter exaltata sit.

Simplicissima haec symptomata e speciali Inflammato-

---

2   quae scilicet subito contingit, nam quae lento gradu innascuntur vix inflammationis nomen accipient, dum febrem non moveant.

3   Sydenham de Horrore: »Et quidem ad exhorrescentiam quod attinet ego illam etc.«

4   Aretaeus de curat. Pleurit. »Si refri –

5   Dum scilicet arteriae etc.

riae Febris oeconomia fluunt. Dum vero sanguis crescente impetu atque copia, ad locum Inflammatum urgetur, nec ipsi rigidae angustae, infarctaeque cedunt arteriae, magis atque magis ad modum Cunei in illas impingetur, majus semper incrementum capiet Inflammatio; crescente itaque febre crescit inflammatio; Febris crescit crescente inflammatione. Hinc Febris phlogistica se ipsam exacerbat, quae egregia ista Stahliana Autocratia est.

Quo vehementius Febris ebullit, eo plures simul partes in consensum trahuntur. Mitto omnia, quae Specialioribus Inflammationis locis adstringuntur; non enim sermo est de Pleuritide, aut Peripneumonia, aut Erysipelate, ubi generales Febris phlogisticae caracteres traduntur. Urina rara, flammea, urens sub mictione. Dum enim sanguis durante aestu, turbido modo rotatus, impetuose nimis versus Cribrum renale accurrat, fieri non potest, quin globuli sanguinei de reliqua massa abrepti una cum urinis in ductus uriniferos transiliant, urinam rubicundo tincturi colore. Urina alcali volatile acerrimum secum fert, quod ex combinatione elementi salini cum Inflammabili principio sub Ardore Febris evoluto procreari videtur.

Nec non transpiratio Sanetoriana per omne Incrementi stadium interrupta venit. Dum enim sanguis phlogistice condensatus per angustissima Colatoria huius ostiola trajici recuset, sibique ipsi, ob impetum quo jactatur, viam obruat obstruatque, in systemate vasculorum Cutis microscopicorum irretitus haerebit, ac Inflammationis praetereuntis simulacrum quoddam exhibebit. His efficitur ut minores arteriolae luculentius pulsent, et ardor praeternaturalis quasi pannis calidis perfricuisset in omni Cutis superficie sentiendum se praebeat. Quos ergo transpiratione insensili, aut profusis intempestivis sudoribus difflasset humores, obstructis Viis in sanguinis circulo recludit, hoc unum est quod boni natura molitur. Id ipsum enim aquosum principium in sanguine remanens, diluendo ipsi spisso summopere inservit.

Eadem quae Cuti, pari modo et Intestinis contingit, et faucibus, et quod probabile est universo systemati exhalantium vasorum. Hinc Alvus tarda non nisi sicciora dejicit et compacta. Hinc summa aquosorum cupido, acidorum praecipue, quippe quae Alcalinum principium per Calorem liberatum quam optime corrigunt. Hinc aversatio omnium, quae solidiorem sanguinis partem adaugent.

Quoniam vero negotia Coctionis et Secretionis non possunt succedere nisi sub naturali motus calorisque gradu, simulac hunc natura excedat, non potest non malum insigne malum in Oeconomiam Coctionum redundare. Hinc et Digestio labem contrahit, alimenta cruda Ventriculum obsident, Bilis secretio turbatur. Sic comprehendo, quo fiat ut simplicissimae Febres phlogisticae gastricarum specie fallant, ut oris amaritiem, faciem icterodem, mucosas fauces, quin flatulentiam aut Diarrhoeas adsciscant. Haec vero symptomata modo accessoria sunt, non primitiva, nec in methodo medendi propriam principitem Indicationem sibi vindicant.

§ 9.

Actionibus naturalibus ac vitalibus laesis superveniunt laesae animales. Jam enim initio Febris intentae vigiliae, nox turbulentis tracta insomniis, quae plerumque, quod memorabile, et cuius ipse exemplum vidi, circa ignes et incendia versantur. Febre vehementer perstante ipsa deliria, furiosa praecipue, accedunt, cum tendinum subsultu, quin universalibus interdum convulsionibus quod vero rarum est atque pessimum[6]. Dantur, qui delirium non admittunt, nisi ex imo ventre sympathicum multisque sententiam speciosis adornant ratiunculis, sed Clarissimorum ac fide dignissimorum Artis principum experientia me quidem edocuit jam solam sanguinis exaestuationem per Carotides Cerebrumque sufficere deliriis producendis.

---

6 Ex ardoribus vehementibus Convulsio aut distentio, malum. Hipp. Aphor. S. VII. a. XIII.

Quid enim Ebrietas aliud, quam delirii species? quo vero
alio modo Vinum agit, quam sanguinis exagitatione?
Certe quidem exorbitatio sanguinis Convulsiones[7] excita-
vit, idem vero principium, quod convulsiones, etiam
Deliria progignere valet, quum utrumque e cerebro
prodeat.

§ 10.

Ingravescentibus symptomatibus quae jam recensuimus,
novisque semper stipatis ad suum usque fastigium Febris
phlogistica excurrit. Nulla intermissionis spes, dum caussae
quae febrem fovent continenter perdurent, quin Exacerbationes antevertentes ac diutius persistentes plus semper de
Remissionibus detrahunt, donec tandem penitus quasi
coalescant. Quae dum aguntur Organa vitalia gravius
luctantur, Vitaeque summa pernicies instat. Quum enim
immanis ista sanguinis copia, quae Vi Febris pulmones imos
subierat, per venas pulmonales in Cor posterius trajici
recuset, aorta justo minus accipiet, nec poterit non omne
Systema circuli majoris inopia sanguinis laborare, dum
minorem summa premat partialis plethora. Hinc pulsus sub
hoc tempore tangendus parvus erit quin minimus, qui vero
pulsus cum summo luctamine Respirationis ac idearum
perversione conjunctus Febrem inflammatoriam ad statum
pertigisse testatur.

§ 11.

Et hic quidem filum descriptionis abscindo, ad ipsam
medendi rationem quae jam prono alveo fluit, procedens. E
symptomatibus, quae urgent ad opem ferendam, sequentia
potissimum exstare vidimus:

---

7 Experimentissimus praeceptor D. Consbruch observavit Venae
  jugulari sectae in Lethargico Convulsiones successisse, pacato
  sanguinis impetu per Caput disparentes. Certe subitanea revul-
  sio his convulsionibus ansam praebuit.

      I. Plethoram universalem et partialem.
     II. Sanguinem spissiorem.
    III. Aestum vehementiorem.
    IV. Colatoria occlusa.
quibus quatuor momentis quatuor indicationes respon-
dent
      I. Sanguis detrahendus.
     II.   "   resolvendus.
    III. Corpus refrigerandum.
    IV.   "   aperiendum.

§ 12.

Rerum faciendarum summa in sanguinis missione collocata
est. *Primo* quidem quae morbo atroci ansam dederat
plethora universalis, vix alia methodo cohiberi potest; sed
in acutioribus morbis, quae generalis regula est in praxi
medica, non tam ad caussas morbi remotas praedisponen-
tes, quam ad symptomata, quae gravius instant, respicien-
dum est. Sunt autem pectoris angustiae, quae e consortio
reliquorum dirissimae sese efferunt, oriundae ab impedito
circulo minori per pulmones. Est vero plethora venosa,
quae arterioso circulo obnixa actiones Cordis et vasorum ad
excessum perduxit. Est denique excessivum Robur partium
vitalium, quod vasa sanguine obfarciendo, inflammationem continuis subsidiis succendet. Misso sanguine Vires
nimiae infringuntur, plethora diminuitur, Pectus liberatur;
dimoto obstaculo arteriosus sanguis expeditur, liberius per
sua vasa fluunt humores.

§ 13.

Sanguis extractus, loco frigidiori repostus, crustam in
superficie contrahit albugineoflavam, instar sebi liquati
spissam, reliquo Cruori supernatantem, Inflammatoriam
dicunt, sive pleuriticam. Litigatum est, quaenam sanguinis
partes ad Crustam pleuriticam constituendam concurrant,
et adhuc sub judice lis est. Sunt qui existimant serum esse
coagulatum, sunt qui lympham concretam, sunt alii qui

pinguedinem esse contendunt. Operae pretium est experimenta quaedam, quae circa sanguinis miscelam nuperrime instituta sunt, et ad materiem hanc illustrandam facient, paucis hic recensere.

Hewsonus et Moscati[8] Sanguinem tribus partibus constitutivis conflari, sero scilicet, lympha, et globulis, ad amussim demonstraverunt. Serum calore aquae fervidae, acidis vitriolicis et spiritu vini coagulum subire jam Hewsonus docuit. Adjecit Moscati jam solum Ignem fixum (fuoco-solido) ad Serum coagulandum sufficere. Docuerunt ipsum experimenta, Serum hominis Calce viva injecta, sub campana vitrea sine omni Effervescentia intra octodecim aut viginti horas inspissari, ut nec Campana percalescat, nec impositus Thermometer nisi ad unum duosve Caloris gradus assurgat. Lympha contra, quam Illustriss. Gaubius sub fibra sanguinis jam comprehendit, in aëre athmosphaerico coit, sed addito igne, sive id fixum sit, sive fluidum, attenuata fluit, nec non citius Sero computrescit.

Globuli denique neque coagulum concipiunt, neque dissolvuntur, quos saltem lympha coercet atque suspendit. Globuli isti in consortio Ignis fixi sanguini colorem conciliant, ita ut sanguis, quo majorem inflammabilis principii copiam continet, eo magis ad fuscedinem quin nigritiem, quo minorem, eo magis ad pallorem viriditatemque accedat.

Ex his experimentis colligit Moscati: I. Serum in febribus Inflammatoriis coagulum subire posse etiamsi calor febrilis utut vehementissimus calorem aquae ferventis nunquam attingat. II. Lympham in morbis phlogisticis attenuari, coire autem in frigidis: hinc errare, qui sanguinem inflammatorium condensatum perhibeant, dum Cruor potius dissolutus sit. An vero valet conclusio a Lympha dissoluta

---

8 Peter Moscati, Neue Beobachtungen über das Blut, und über den Ursprung der thierischen Wärme. Übersetzt von Koestlin. 1780.

ad sanguinem dissolutum? Annon ipse Vir sagacissimus nos
docuit, Serum sub eo gradu caloris coagulari, quo Lympha
fluat? Annon ipse aquosa et temperantia dissolvendo Sero
in morbis phlogisticis commendat? – Ipse quidem per sua
experimenta confirmavit, Sanguinem pleuriticorum ob
Serum coagulatum spissiorem reddi, etiamsi Cruor tenuior
sit. Pergit observator. III. Crustam inflammatoriam, poly-
pos Cordis et majorum arteriarum, pus, trombos venarum,
pituitum nil aliud esse, quam Lympham attactu aëris frigidi
concretam, quae omnia in vasis vivis fluida sunt.
IV. Aequilibrio inter Ignis fixi generationem ejusdemque
Excretionem justam sanguinis mixtionem inniti, ita ut
excessiva illius generatio et accumulatio ad Morbos phlo-
gisticos, justo vehementior ejus extricatio ad morbos
putridos, justo major ejusdem penuria ad morbos frigidos
disponat. Equidem ex his omnibus concludo, Serum
spissescere in Phlogosi, Lympham in Leucophlegmatia;
in his Serum, Lympham in illis dissolvi. Oleosum sanguinem ideo Phlogosi favere quod pricipium inflammabile
Sero coagulando suppeditat. – Jam vero e diverticulo in
viam.

§ 14.

Institutam Venaesectionem, si Euphoria exoptata fefellerit,
reiterandam suadeo, donec aut Remissio Febris finem
imponat, aut fracta Vis vitalis interdicat. Quamdiu enim
Crusta pleuritica apparet, quamdiu Pectoris urgent angustiae, tamdiu Salus in Sanguinis detractione quaerenda
est.

§ 15.

Jam vero apparente minimo isto pulsu de quo § 10. sermo
fuerat, cum Respiratione profunda, angore summo, viribusque dejectis, quaestio movebitur, an sanguis adhucdum
mittendus sit, nec ne? Si mittas, metuendum est, ne impetu a
tergo penitus fracto, circuloque majori exantlato lypothy-
miam inferas internecinam, sub qua minor plenario sistatur.

Sin autem mittere dubites, periculum est ne aeger Catarrho
suffocativo occumbat. — Hic sane Rhodus est, hic salta.
Anceps ista rerum facies animum sibi praesentem, sum-
mumque reposcit judicii acumen ne retardando negligas, ne
praecipitando occidas. Sed praejudiciis aeque ac haemo- 5
phobia vacuus Vir Hippocraticus, Peritissimus Archiater
D. D. Consbruch in partes plerumque abiit primas, nec ipsi
unquam defuit eventus dexterrimus[9]. Felices medicos, quos
nec fallax huius pulsus imago seducere, nec deterrere potest
superstitiosa Vulgi querela! 10

Venaesectionis vices omnino gerere possunt Sanguisugi,
sedi inflammatae quam proxime admoti, qui dum localem
quandam praestant phlebotomiam cum minori Sanguinis
dispendio majora operantur. Dein et Cucurbitulis sua laus
est, Vesicantia vero locis afflictis apposita omnem post 15
Venaesectionem paginam absolvunt, ex triplici virtute
praestantissima. *Primo* quidem humores a locis inflammatis
revehunt: *Secundo* dissolvunt, *tertio* suppurationem exhau-
riunt, quicquid enim suppuraverit non reverti jam Hippocrates effatus est. Clarissimus Schmuckerus, Pleuresiam 20
initiantem Vesicatorio pectori imposito plenario intercepit;
supra insignitus Archiater D. Consbruch Vim Vesicantium
mirificam innumeris casibus expertus est. Balnea tepida
siquidem aegri admittant ex usu forent, dum partibus
externis emollitis humores ab interioribus derivant, placi- 25
dosque sudores procreando, Crisin succedaneam aemulan-
tur.

§ 16.

Diluendo ac resolvendo Sanguini spisso Salia media,
nitrosa praecipue, conveniunt ac dein sapores vegetabiles. 30
Huc spectant fructus horaei, quos quidem Magnus Boerhaavius primus in usum vocavit, decocta herbarum resol-

---

9 Idem subjungere solet Mixturam Camphoratam, quae Vim vitae
   per Venaesectionem frangendam exanimet, ac stases discutiat
   per sudores.

ventium frigidarum, acetum, oxymele simplex veterum,
Citrus et alia, quae omnia juxta vim resolventem et virtute
refrigerante ac refocillante instructa aegrum mirum in
modum reticiunt atque oblectant[10]. Alvus stricta lenioribus
laxativis, quin et Clysmatibus repetita vice ducenda, caveas
a calidis resinosis. Diaeta per totum stadium incrementi
tenuissima sit, carne vinoque prorsus vacua quod eo facilius
servari potest, quo breviori curriculo Febris ardens absolvitur.

§ 17.

His ita omnibus ex consilio administratis Crisis expectata
non potest non succedere. Ea quidem adesse dicitur, si
pulsus antea durus mollescat, aut parvus ad plenitudinem
quandam assurgat-Spiratio facilior reddatur, aeque ac
ingens moles de pectore devoluta fuisset, quae aegrorum
vulgo verba sunt, ac universali halituoso tepeat madeatque
Cutis sudore. Jam fluidior sanguis placidiori rivo per sua
vasa fluit, et humores per laxiora colatoria transudant.
Urina redditur clara, citrea, quae sibi relicta subalbum
sedimentum praecipitat, alvus solvitur, dolor inflammatorius diminuitur, blandus aegrum somnus obrepit, quo
expergiscens hilari animo est, clarescunt oculi, de tota facie
redeuntis sanitatis imago resplendet. Crisin excipit magna
Febris remissio, antevertens typus cum retardanti commu-
tatur, exacerbationes minores ac citius disparentes largius
abiguntur remissionibus, quae sensim atque sensim in veras
Intermissiones devervescunt donec tandem omni Febris
fomite exhausto, omnia ad naturalem Sanitatis Rhythmum
recurrant. Hoc itaque respectu omnes Febres ardentes in
Intermittentes abeunt, dum quae sub Stadio declinationis
ingruunt Exacerbatiunculae Sudoribus et Urinis coctis
solvantur, subsequente universali apyrexia. Jam nil agi

---

10 Hunc in finem *decoctum Malorum* pauperibus propinare solet
Archiater D. Consbruch. Remedium exquisitissimum et sim-
plicissimum.

medico praestat, ne motus naturae despumatorios pertur-
bet, quae ut Crisi instituendae par fuerat, et par erit
absolvendae. In iis saltem quae exhalationem leni stimulo
promovent, alvum laxam servant, ac Vires paullatim
restaurant, acquiescendum est. Exstant exempla, rariora ₅
quidem, ubi et post Crisin Venae secandae necessitas
invaserat, praesertim si sub Incremento Morbi negligenter
nimis secta fuerit. Diaeta jam paullo largior concedi potest,
neque tamen lauta atque plena. Vini modicum usum vix
dissuaderem. ₁₀

Non possum non casus quosdam regularis Febris phlogisticae huc allegare, qui hactenus exposita comprobent
atque illustrent. Primus sit e dio graeco v. Hippocrat. de
Morbis popularibus edit. Hallerian. Aegrot. VIIIvum.
Tom. I. p. 159: »In Abderis Anaxionem, qui decumbebat ad ₁₅
Thracias portas febris acuta corripuit, lateris dextri dolor
assiduus. Siccam tussim habebat, neque exspuebat primis
diebus. Siticulosus. Insomnis. Urinae boni coloris, multae, tenues. Sexta delirus. Ad calefactoria nihil remisit.
Septima dolorose agebat, nam et febris augescebat, et ₂₀
dolores non remittebant, et tusses vexabant, difficulterque
spirabat. Octava cubitum secui, effluebat sanguis multus
velut debebat. Remiserunt vero dolores, tusses tamen siccae
comitabantur. Undecima remiserunt Febres; parum circa
caput sudavit. Tusses adhuc, et quae a pulmone prodibant ₂₅
liquidiora erant; Decima septima incepit pauca matura
spuere, allevatus est. Vigesima sudavit, a febre liber, post
judicationem allevatus est. Erat autem siticulosus et a
pulmone prodeuntium purgationes non bonae. Vigesima
septima febris rediit. Tussiit, eduxit natura multa. Urinis ₃₀
subsidentia multa, alba. Sine siti erat, bene spirans.
Trigesima quarta sudavit per totum, a Febre liber, judicatus
est.«

Subjungo alium e Praxi Praeceptoris depromptum:
»Aeger habitu corporis robustioris et plethorici, aetatis ₃₅
26 annorum, Febre ardente decumbere coepit. Aderant
Cephalalgia intolerabilis, facies tumida, rubra, exaestuans,

oculi humidi, rubentes, pulsus celerrimus, *debilis* tamen et
suppressus; secundo morbi die per Venae sectionem sanguis
unciae circiter XII eductae sunt. Die morbi tertio pulsus
celer et *plenus* deprehensus, calore interim sicco, urente,
⁵ cephalalgia, reliquis symptomatibus adhucdum urgentibus,
quapropter Venaesectio reiterata fuit. Sanguis emissus nulla
phlogistica crusta notatus fuit, sed compactus densus
gelatinae instar illico concrescens. Sub initio diei IVti
guttulae aliquot cruoris atri e naribus stillabant, interea
¹⁰ pulsus deprehendebatur mollior, et aestus aliquantum se
remisit. Morbus mitiorem retinuit indolem, nisi quidem
Capitis dolor et arteriarum temporalium pulsatio gradu
vehementiori continuassent. Die denique nono narium
haemorrhagia largissima cum aegri levamine insequebatur,
¹⁵ lotium antea ruberrimum paullo post nubeculam et sedimentum flavum, albicans furfuraceum demisit. Convaluit
postea aeger, difficili auditu adhuc per tres menses grava-
tus.«
    En febrem inflammatoriam sine inflammatione! e sola
²⁰ sanguinis spissitudine et exaestuatione oriundam.

§ 18.

Haec de Solutione critica. Perdurantibus vero Symptomatibus actionum vitalium, ac in pejora conversis, accedenti-
bus motibus convulsivis, persistente Delirio, Vi vitae
²⁵ suppressa, pulsu minimo intermittente, exaudito Stertore
profundo, frigidis pedibus atque manubus, auribus acutis
frigidis, labiis lividis exsanguinibus, naso acuto, uno verbo,
apparente facie ista Hippocratica moribunda in propinquo
Mortem esse divines. Jam enim in peripneumoniam letha-
³⁰ lem inflammatio abscessit, obstipatus sanguine mocuque
pulmo quibus impar excutiendis, aut suffocativa aut morte
gangraenosa hominem enecabit. Miratu dignum Aegros
quam plurimos rebus desperatis praeter modum hilares
deprehendi, ut sinistra prognosi improvidens medicus
³⁵ plenariam fidei jacturam facere possit, demortuis scilicet
nervis, qui durante Inflammatione acerrima fuerunt adflic-

ti, dolorificus sensus ab anima recessit, et spe salutis redeuntis fallit lethalis Indolentia. Hinc conspicua hujusmodi exhilarescentia, cujus caussas eruere nequis, ac apparentibus simul fatalibus signis de quibus jam sermo fuit, certissimum tibi erit ingruentis horae fatalis praesagium.

Sin autem Medela sinistre administrata sanguis sponte e naribus fluxerit et gravativus sensus in locis inflammatis percipiatur, evanido dolore pulsatorio, et horrores ingruant vagi, et cruda fluat urina, et lenta gliscat febricula cum sudoribus profusis, et post coenam exacerbata, Inflammationem in Apostema versam esse conjicias. Si glandulos Inflammatio obsesserit haud incongrua erit suspicio scirrhi formandi, qui dein successu temporis ac delictis circa sedes non naturales commissis in Cancrum degenerabit. Rarius morbus phlogisticus ad viscera abdominalia decumbit, raro Febres Intermittentes succedaneas trahit.

§ 19.

Haec de Febribus inflammatoriis dicta sufficiant, longe alia ratio est *Putridarum*. Eo quidem titulo incurrunt Febres continuae remittentes, quae invadunt sub catarrhalium larva, cum summa Virium prostratione, horripilationibus vagis, vertigine, nausea, vomituritionibus, diarrhoeis, praecordiorum variis affectionibus, pectoris, capitis, dorsi, lumborum artuumve fugitivo dolore, pulsu interdum naturali simillimo, interdum spastice contracto, accelerato, minimo, inaequali, mentis varia perturbatione, motibus spasticis aliisque, ac per longum Febrium succedentium tractum ad tres quatuorve septimanas protenduntur. Febres putridae plerumque epidemice devastant, aut serpunt contagiose, rarius ex inquilinis caussis sporadice pronascuntur. Me quidem aëris, victus et contagii anomaliam quae faciunt ad istas procreandas prorsus ignorare ingenue fateor, nec an ex terrae visceribus effletur, aut in aëre concipiatur, aut in Corporibus humanis per fermentationis quoddam genus prodeat decidere parem me judico, id

unum scio, quidquid sit in vitiata Bile et qualicumque modo laesa officina chylifica sese concentrare. Sufficiat jam pauca quaedam, quae de sporadicis Febris putridae naturalibus certa habentur, aut probabilia placent, fugaci pede perer-
5 rasse.

§ 20.

Et quidem ex omnium Veterum consensu Febres putridae Jecinerosos malunt corripere, quos spasticae per Corpus turbae divexant, ac labes Chylopoëseos affligit. Dum enim
10 nervi secretionibus et coctionibus invigilent, id quod ex Physiologicis innotescit, fieri non potest, quin Nervorum αταξια horum negotiorum systema diremat, liquidorum miscelam corrumpat, excretiones et secretiones vario modo confundat. Docuerunt quidem sexcentae observationes
15 Bilem sub Pathematum exaestuationibus, nervorumque distentionibus singulari modo exasperari ac destrui, ut Capite vulneratis aeruginosa vomatur, in epilepticis viru-lenta inficiat, vappescat in melancholicis, ebulliat in iracun-dis. Pari modo Puris miscela a nervorum stricturis mira
20 patitur ut quod antea fuerat Pus benignissimum, sub Insultu maniae aut Phrenitidis, quin sub Indigestionibus in ichorosum diffluat colliquamen, aut plane intercipiatur, quod in Febribus malignis frequentissime observatur. Nec non venena complura vegetabilia, ut e. g. Belladonna at-
25 que Cicuta, simulac Corpus humanum intrant Nervosque commovent, putredinem accersunt velocissimam, cum alias si extus adhibeas mira Virtute antiseptica polleant.

Diuturni itaque animi adfectus, quales sunt Indignatio sive *Ira depascens*, moeror, taedium, nostalgia et Melancho-
30 lia; miasmata introducta, quin ipsa Vulnera morbo putrido ansam praebere consueverunt. Accedunt inquilinae et spontaneae humorum degenerationes quorsum refero lochia putrida regurgitantia, ulcera degenera, gangrae-nam.

§ 21.

Non vero cum impetu, quo solent phlogistici morbi, Febres
putridae hominem adoriuntur, quae jam dudum in interioribus viscerum latebris funesta semina sparsere priusquam luculentius sese prodant. Eo quidem tempore, quo
hostis insidiosus per corporis penetralia serpit, mira mentis
metamorphosis in conspectum venit. Morosi sunt qui antea
vividissimi, rixosi qui antea placidissimi. Aversantur ad
quae alias cum cupidine rapti, lucem effugiunt, ac meticu-
losi in solitudines discedunt, quos antea strepitus Urbium
oblectaverat. Accedunt insomnia turbulenta delira, subita-
nei pavores levissimis de causis incussi, pervigiliae, vagi per
corporis ambitum dolores, spastici ardores, horroresve,
inappetentia quin interdum excessiva convivii cupido;
urinae aquosae quales Epilepsiae, Maniae, Hydrophobiae,
Hypochondriae insultus annunciant, splenicae Veteribus
nuncupatae, coryza, lassitudo insolita genuum praecipue,
artuum tremores, sudores nocturni inaequales et alia
hujusmodi, quae omnia subinde remittentia, subinde ex-
asperata ipsius tandem perfecti Morbi Insultus disrum-
pit.

§ 22.

Turgens putrida bilis Symptomatum agmen ducit atrocis-
simum. De praecordiorum angustiis, ardore, pulsatione
continuae querelae, Vomitus spontanei cum summa Capitis
concussione, jam inanes jam bilem decolorem, pituitam
corruptam, quin interdum *atrum Cruorem* rejicientes pessimo quidem indicio, si Coo fidem praebueris[11], dum
inveterati Infarctus vi putredinosae Colliquationis moventur; Diarrhoea tenesmodes, cum Cordis palpitatione, lypo-
thymia, pulsu intermittente, dicroto nonnunquam, sudoribus spasticis, frigidis, partialibus, lingua jam humida,
rubicunda, jam flavomucosa impurissima. Dentes insuper

---

11 Quibusunque morbis incipientibus atra bilis aut sursum aut
   deorsum prodierit lethale. Hipp. Aphor. IV. a. 22.

viscosi, oculi icterodes lemis subsiccis eorum canthis
adhaerentibus foeti, facies jam pallida, jam spastico perfusa
robure, sitis enormis, tussis sicca, Respiratio anxia. Horum
consortio sese addunt tendinum subsultus, festucarum
5 lectio, oculorum splendores, temporum carotidumve inso-
litae micationes, aurium tinnitus, laryngis et pharyngis
spasticae stricturae, quin verae convulsiones universales
quae vero testante Hippocrate efflorescentibus pustulis aut
maculis remittunt, funesto praesagio si perdurent. Sanguis
10 sub Febre putrida aut missus aut spontane effluens floridus
apparet et dissolutus (qui vero quod mireris haud citius
computrescit phlogistico aut sanissimo) interdum naturali
simillimus. Venter nonnunquam in modum Tympanitidis
intumescit, quem tumorem Meteorismum vulgo appellant,
15 haud dubie ex aëre sicco per fermentationem putridam
liberato oriundum. Spiratio jam sublimis, jam lentuosa et
suspira, quae posterior prorupturae purpurae certum indi-
cium praebet, siquidem fides fide dignissimis[12]. Interdum
aliquot sanguinis atri guttulae ex uno alterove narium
20 stillant, lethale signum tutante Hippocrate, interdum Menses fluunt, aut Haemorrhoides, sine tamen allevamento.
Supersunt innumera plura quae pessimum morbum insi-
gniunt, nulla certe exhaurienda tractatione. Non mihi si
centum linguae sint, oraque centum ferrea vox omnes
25 morbi comprehendere formas, omnia spasmorum percur-
rere nomina possem.

§ 23.

Quae dum per Corporis ambitum praeter naturam gerun-
tur, Mens ipsa vario modo tentatur. Fert enim intimus
30 facultatis cogitatricis cum digestrice consensus ut spasmis
ex Imo Ventre oblatis spasticae respondeant Idearum
commotiones, non tam ordinem associationis et rationis

---

12 Id quidem toties memoratus Wirtembergiae practicus in
Epidemia, Vayhingiam et Vicina depascente, creberrime observavit.

dictata, quam mechanicas morbi leges sequentes. Id vero est
quod *Delirium* vocamus. Inter Delirium et Convulsiones
partium exteriorum alternatio quaedem observatur, ut his
saevientibus deliria cessent, deliriis insistentibus remittant
convulsiones[13], fatali quidem indicio, si perstet utrumque.
Raro furiose delirant, qui Febre putrida obtinentur, taci-
turne plerumque, aut melancholice, aut risorie sive nuga-
torie, aut stupide, aut vano modo soporose. Huc spectant
omnes Phrenitidis ac paraphrenitidis species, Hydropho-
bia, Melancholia, Risus Sardonius ferocissimus, Choraea
St. Viti (quae bina posteriora a verminosis caussis plerumque sublatentibus originem trahunt), Catochus Aetis, Coma
tum vigil, tum somnolentum, ad ipsum usque Lethargum
et Carum profundissimum. Catochi Aetiani in Coma Vigil
et Lethargum usque protracti memorabile exemplum in
Nosocomio academico luctuosum se mihi obtulit. Aeger
apertis oculis somnum simulabat, in quem, si excussus
fuerit, mox iterum recidebat. Interrogatus aegerrime primo, dein plane non respondebat, jussis tamen exactissime
obsequebatur. Cibos non appetebat, propinatos autem
deglutiebat. Intentis oculis adstantes nonnunquam adspi-
ciebat, quasi summam ipsis infigeret attentionem, nec
tamen dubium est ipsum ne minimam eorundem habuisse
perceptionem. In sinu tendines ipsi saliebant, digiti circa
faciem ludebant, floccos legebat, manus contrastantium in
modum amicorum fortiter comprimebat; jam parieti admotus, jam inquiete circumjectus, nec quibus sanus assueverat
motibus moribundum deseruere. Delirium soporosum
pedetentim in profundiorem abiit somnum, ex quo vix
aliquot horulis ante factum excussus est. Spiritus jam
gravius ducebatur, jam prorsus intermittebat, pulsus rep-
tans, cessans, extrema frigida, facies instar moribundi,
strepitus in imo pulmone, expirabat. Mireris vero, nec

---

13 Hippocrates de Morbis popularibus Lib. III. Aegr. XI. »mane
convulsiones multae. Quum autem intermisissent convulsiones« etc.

faeces nec urinas unquam ipsi clanculum elapsas, nec unquam naturalem Juveni defuisse pudorem. Adeo strictum
animum inter et Corpus servatur commercium, adeo
tyrannicus homini arroganter nimis de se ipso statuenti
5 monitor inest, qui continuo ipsum hortetur ab humo
progenitum, in humum relapsurum.

§ 24.

Spasticas istas functionum perversiones intercipiunt imma-
turae Crises, quae varii generis sunt. Aut enim succedunt
10 Haemorrhagiae profusae; diarrhoeae; sudores; urinae tur-
bidae, biliosae, viscidae, fuscae Jumentorum ad instar,
alcalinae, vario modo decolores; abscessus ad aures, in-
guina, articulos; aphtae; fluor albus benignus, genorrhaea
et alia, aut, quae potior classis est, colluvies putrida per
15 Exanthemata despumatur, de quibus fuse Brendelius[14]. Jam
vero ad medelam.

§ 25.

Quum Bilis putrida in imo Ventre nidulans, et Spasmos
istos per consensum excitaverit, et Febrem ipsam perpetim
20 suggestis fomitibus sufflaminaverit, omne Morbi systema
in Bilem concurrit, omnis curationis Nervus in ea corri-
genda aut radicitus exstirpanda sese concentrat. Hinc
audacis ac circumspecti est medici, pessimum Morbum tum
Emesi tum Catharsi adoriri. Quum vero biliosae saburrae
25 per totum tractum Intestinorum traductae et locus et
tempus datur, quo vasculis resorbentibus admota quam
plurimis inhalari vehique ad sanguinem potest ex magni
Sarcorae, Stollii et aliorum sententia; Emesis Catharsi
praestare mihi videtur, ut Emesis purgando Ventriculo ac
30 superiori Intestino, inferiori Catharsis adoptata sit; probabile quidem est Vim Vomitoriorum non solius Ventriculi
terminis circumscribi, sed omne tenue Intestinum ad usque
Valvulam coli ipsius dominio esse subjectum.

---

14 Dissert. de Abscessibus ad Nervos.

Amplissima Praeceptoris experientia, methodus medendi,
quam praestantissimam in Nosocomio academico usurpat
Doctiss. Dom. Archiater D. Reuss, observationes Virorum
Hippocratico instructorum ingenio me jam affatim edocue-
re, Evacuationes primarum viarum in Febribus putridis 5
omne punctum ferre. Repetita scilicet Emesi atque Catharsi
Archiater D. Consbruch gravissimi morbi jam prima
seminia suppressit, jam saeva declarati symptomata eadem
audacia conhibuit, qua Venaesectionibus Inflammationes
vehementissimas disjicere solet.   10

§ 26.

Neque tamen ulteriori morbi Decursu, si forsan Virium
languor dissuaderet, aut Exanthematis recessuri metus
ingrueret, suus est terminus Evacuantibus. Positis enim
Ulceribus artificialibus, datis simul, quae vim vitae succen- 15
dunt, et superficiem Corporis lubenter petunt quorum ex
tribu potior est Camphora, vix de eventu sinistro timeas[15].
Hoc quidem tempore celebrata Emesis Vires vitales tantum
abest ut frangat, ut potius ad instar Cardiaci mirum in
modum refocillet, quod sexcentae Praeceptoris observatio- 20
nes depraedicant.

§ 27.

Jam vero apparentibus signis quae prorupturum Exanthema praesagiunt ex quorum censu sunt Respiratio suspirio-

---

15 Cum his confer Diss. Brendel. De Seriori usu Evacuantium in
    quibusdam acutis. Nec non ipse Febrium domitor Sydenhamus
    in seriori adhibitione purgantium et Emeticorum Salutem
    quaesivit. Quodsi nobis, ait, ut saepe fit sero accersitis non
    licuerit Emeticum propinando aegrorum saluti sub febris initio
    consulere, certe tamen convenire existimaverim, ut quovis
    morbi tempore illud fiat, modo Vires eo usque Morbus non
    attriverit, ut Emetici Vim ferre jam amplius nequeant.
    Equidem ego die Febris duodecimo vomitum imperare non
    dubitavi, etiam cum aeger vomiturire desiisset, neque sine
    fructu. Eo namque diarrhoeam sustuli, etc. Th. Sydenh. opera
    med. T. I gener. S. 1. capit. 4to p. 33.

sa, symptomata conmesiva, sudores acidi et alia, Diapho-
resis in usum vocanda est, ac ponenda simul Ulcera arti-
ficialia, quae haesitans Exanthema ad cutem invitent,
lenique illic stimulo figant. Subjungantur antiputredinosa,
5 quae inter primas tenent Cortex peruvianus, Salammonia-
cus acidumque Vitrioli, quae putredinem incipientem
coercent, ac Vires lapsas restaurant. Placent simul Decocta
demulgentia, quae acredinem involvendo sopiunt atque
refrigerant. Opium vero ab hoc morbi genere egregie
10 abesse potest, nec sane hic gladius Delphicus est, qualem
Sydenhamus depraedicavit. Alvus Clysmatibus aperienda,
quem in finem Infusa de Chamomillis, et Serum lactis
salinum, quin si Putredo vehementius urgeret, Decocta
Chinata commendassem. Fuit ubi Febre nimis exorbitante
15 ac ingruente Suffocationis metu Sanguinis misso exposce-
batur, quae vero, quod generatim dictum sit, in Febri
putrida negligi mavult quam institui. Diaeta sit e vegetabili
regno. Atmosphaera libera, aperta, frigidiuscula ac conti-
nuenter correcta ope Ventilatorum.

20   § 28.
Quae omnia si ad leges ratione dictatas institueris, nec
malum Viscerum compagem jam exsolverit, nec Vires Vi
morbi oppressae impares cedant gravissimum morbum
mitescentem gaudebis. Prima quidem spes affulgebit, si
25 spastica symptomata aut Emeti Catharsique celebrata, aut
Exanthemate propullante remittant, quin plenario cessent,
si sopore excussus homo resipiscat, jamque cibos appetere
incipiat.
    Ne vero ad sudores urinasque cortas respicias, ne Crisi
30 perfectae inhies in morbo in quo regulari Virium typo
subverso jam beant imperfectissimae. A Sudoribus partialibus utut profusissimis prorsus nihil expectandum est, teste
Hippocrate[16], utpote qui nec justo Criseos tempore fluunt,

─────────

16 Febricanti sudor oboriens, febre non remittente malum. aph.
   S. IV. a. 56.

nec nisi spastice emulgentur. Summa Salus in Intestinorum
expurgationibus, Exanthematum justo moderamine et
Abscessibus externis, quos diutius post morbum alendos
suadet Brendelius. Exhaustis morbi fontibus ad restituen-
dum Solidorum tonum et corrigendam erosin humorum te
convertas, quod Martialibus Chinatis, Aquis mineralibus
medicatis, Herbis amaris sanguinem depurantibus obtine-
bitur.

§ 29.

Sin vero in pejus semper malum ruat, ac Spasmi ferociores
continenter insistunt, nec fractae Vires vitales sufficiant
perpetim generatae biliosae suburrae ad cutem promoven-
dae, aut praevalens Stimulus, quem sistit putridum colliquamen primis Viis inhabitans, Exanthema ad interiora
quasi revehat, aut gangraenam istud concipiat, nigrumque
colorem intrahat, aut Vires atque Succos immanis abluat
Diarrhoea colliquativa, aut miasmatica pituita pulmonum
latebris irretita dejectis Viribus Respirationis nesciat extri-
cari, et Mucus coacervatur in otiosis bronchiorum ramis, et
Stertor iste moribundus percipiatur, et Spiritus difficillime
trahatur, aut homo mersus sopore profundissimo nulla arte
excutiendus sit, aut Syncopen Syncope excipiat, aut fatalis
iste singultus exaudiatur quem jam Cous lethalem pronun-
tiaverit, et sudor extincti Lampadis odorem referat, et
lingua, et facies, et urina nigrescant, et pulsus intermittat, et
Chordae ad instar intremat, et extrema perfrigescant, et
labium aut Nasus aut oculus aut supercilium distorqueatur,
nec homo audiat, nec videat jam debilis existens, quicquid
horum fiat, lethale est[17].

§ 30.

Si vero neque mortis neque salutis signa luculentius se
exhibeant, et aeger paullo levius habere incipiat citra omne

---

17 Hipp. Aphorism. Sect. VII aph. LXXIII. ejusdem prognostic. et
Praedictiones.

Criseos judicium, et urina cruda reddatur, aut aquosa, aut ingravescente febre rubicunda, et tussicula accedat, et febris ad statas periodos recurrat cum horroribus, et Sudores matutini caput et superiora perstringant, et lingua praeter modum gracilis sit et munda, et ad apicem rubicunda et urinae pinguis innatet articula, et Corpus sensim sensimque contabefiat Febrem putridam in lentam abiisse, per factam ad Viscus quoddam, Hepar et Pulmones praecipue, meta- stasin, haud injusta suspicio est. Generatim notandum, Febres maligni ordinis vix alio modo, quam Metastasi tum nervosa, tum materiali, diutius superstite, exhauriri, aut per longum Febrium acutorum Syrma hominem tandem oppri- mere. Innumerae certe Arthritides, Ulcera et exanthemata chronica, fluores, paralyses, mentis hebetudines, Maniae, Melancholiae, Hypochondriae quin Epilepticae invasiones quarum remotiores caussas eruere non possunt, a Febre maligna olim saeviente, ac Crisi imperfecte soluta prima seminia trahunt.

Liceat mihi memorabilem Casum Febris putridae exan- thematicae junctae cum singulari Pituitae degeneratione, pituitam vitream vocant, e penu Praeceptoris practico depromptum adnectere.

»Femina quaedam 40 circiter annorum ex aliquo tempore multis afflicta fuit injuriis, atque ut est taciturna et meticulosa, captam ex iis indignationem imo sub pectore condebat, ac memores fovebat iras. Aestate anni 1773 multa biliosa forte evomuit die 16to novembris laxans quoddam infusum assumsit frequenter ipsi alvum movens. Postero die vehemens horror invasit aegram ab hora IV^{ta} vespertina ad nonam usque perdurans, tum calor toto corpore accendi coepit maximam vim ab hora ista nona usque ad 12^{mam} nocturnam crescens. Jam vires aliquantulum labebantur, caput artuumque articuli dolebant, hypochondriis etiam et ossis sacri regioni dolor aliquis inhaesit, et praecordia ex spasticis laborabant angustiis. Ea symptomata die 18vo Novembr. per vices rediere: die 19no ego Venaesectione consultus sum. Scire autem convenit, sanguine admodum

abundanti foeminae novissime justo parcius fluxisse men-
strua, quapropter permisi sanguinis missionem, licet alias
minime facilis essem ad sanguinis profusiones in hujusmodi
febribus; prolatum sanguinem parum seri exhibuisse, et
cruori lividam crustam esse innatam, mihi denunciatum est. 5
Die 20mo post inquietam noctem consueta febrilis invasio
vespertinis horis rediit. Quum emetica abhorreret jam
pridie propinatum est laxans sensim capiendum, idquod
bene alvum duxit et aliquot vomitus movit. Die vigesimo
primo aegrotam conveni, ea imprimis vehementem in 10
occipite dolorem accusavit, brachiorum articulos adhucdum dolor tenuit, pulsus parvus fuit et celeriusculus. In
pectore, collo et brachiis rubrae hinc inde petechiae
apparebant maculis istis a pulicum morsibus exortis,
consimiles. Circa praecordia angustiae haerebant et abdo- 15
men multis turgebat flatibus. Cum autem hodie aegrota
nullo permota medicamine biliosa evomuit, eam etiam
atque etiam rogavi, velit demum periclitatae vitae suae
melius consulere, et implacabile adhuc in vomitoria depo-
nere odium. Illa aegre obtemperans devoravit tandem 20
emeticum, quod multum bilosae saburrae excussit. Nox
parum attulit somni. Die 22do versus meridiem et serius
horrores subinde incidebant quos calor insequebatur capitis
dolorem revocans. Nunc corpus petechiis scatebat, et crura
stupor quidam tenebat. Die 23tio mihi relatum est, noctem 25
fere omni somno orbam fuisse, dein hoc mane parum
cruoris e naribus stillasse. Post meridiem foeminam contra
morem suum loquacem inveni, facies intense rubebat,
pulsus parvus erat et celer, caput denuo subitus invadebat
dolor, et totum corpus aliquoties repentinis quatiebatur 30
convulsionibus. Vesperi utrique pedi vesicans emplastrum
admotum est. Nox bona neque prorsus insomnis transacta.
Die 24to calorem inveni modicum, pulsum parvum et
succelerem, oculi turbidi erant ac paullum inflammati,
sermo pacatus, capitis dolor exiguus, et auditus aurium 35
susurru ex parte impeditus. Fauces tenax mucus obsidebat,
crebri screatus necessitatem faciens. Igitur syringae ope in

fauces injectiones fiebant, quibus multum muci emissum
fuit. Stricta alvus clysmate ducebatur. Post solutam alvum
meliuscula aegrota, somno tamen per noctem orba. Die
XXV^{to} remittebant et calor et flatulentia, ac ulcera cantha-
ridibus excitata parum suppurabant. Die XXVI^{to} lingua
purior, tussis rara sanguinisque e naribus profluvium. Orta
quoque est lenior dysuria, quam cepae in lini oleo tostae et
superdatae pubis regioni multum mitigarunt. Mucus fauces
lacessens nocturnam turbavit quietem et crebras oris
collutiones exegit. Die 27mo Calor satis mitis faucium
molestiae nondum discussae, mictio difficilis, nox insomnis, alvus magis soluta, faeces liquidae, et aliquoties cum
tenesmo elisae. Mane diei 28^{vi} novum apparebat symptoma
siquidem aegrota de ingenti frigore in ventriculo et
intestinis querebatur. Post meridiem ipse adfui, supererat
teste aegra, solo in ventriculo sensus istius frigoris.
Cataplasmata emollientia superdata abdomini imminuebant
frigus illud, sed excitabant sanguinis ad caput impetum,
fluxumque cruoris e naribus, quocirca omitti debuerunt.
Tum vero et abdominales spasmi praesto erant, et anxietates
praecordiorum suspiria inducentes. Deglutita cum sono in
ventriculum descendebant, perinde ac in vacuum quoddam
Vas delaberentur. Loquela balbutiens, pulsus promeridianis
horis parvus et minus celer quam vesperi, mictio primo
difficilis, postea minus impedita, nox una ex optimis. Die
29no et nocte insequente morbus mitiorem indolem retine-
bat. At die 30mo omnia in pejus ruebant, namque aegrota
balbutire et ingesta moleste deglutire coepit, brachia saepe
tremebant, faucesque importuna titillatione lacessitae a
devorato quasi pipere urebantur. Subinde foemina in
breves incidebat somnos, ac interdum a frigida aura sese
afflari existimabat. Post meridiem sudor erupit primo
exiguus dein vesperascente jam die largior. Querimoniae de
magni frigoris sensu in ventriculo iterum movebantur.
Simul flatus in ventriculo obmurmurarunt. Alvus tarda
fuit. Mane diei 1^{mi} Decembr. de frigore in ventriculo sic
etiam de frigoris sensu in sinistro brachio sinistroque pede

quaerulae erant, neque tamen pes aut brachium ad tactum frigebant, corpus tepido sudore onerabatur, artusque crebra fomicatio levesque convulsivi infestabant. Ipse ego hodie in collo et aure Claviculas aegrotae albas miliares papulas conspexi; nunc sonus in deglutiendo imminutus, somnolenta aegra continue in dorso jacuit, palpebris per somnum haud penitus coeuntibus. Die 2do Dec. bonam noctem aeque bonus dies insequebatur; cutis assiduo sudore, pedumque ulcera bono jure medebant, nox satis commoda. Die 3^{tio} ipse vidi aegrotam; sudor tepidus et foetens, alvus facilis, sermo minus impeditus. Cum hoc vesperi tum etiam hac nocte sensus istius frigoris molestias fecit. Die IV^{to} foetidi sudores ubertim profluebant. Vespere ad aegrotam veni, auditus facilior videbatur, pulsus sub initio parvus et tardus erat, postea cum parvo celer fiebat. Nocturna quies ob incedentem tussim aliquoties turbata. Die 5to demum vera sensus frigoris caussa in conspectum prodiit, siquidem hoc mane magna copia glutinosae pituitae per iteratos vomitus ejiciebatur. Erat ea foetens, ex virore flava, gelatinae instar tremulae, et frigida ad tactum. Nunc praecordiis multum levaminis accidit, neque unquam internum rediit abdominis frigus. Die 6to sudor modicus, tussis mitior, somnus parcus, appetitus exiguus, petechiae fere nullae. Die 7mo tussis tantum non desiit, viribus ita auctis ut aegrota per dimidiam horam extra lectum esse posset: nox placida. Die 8vo ipse vidi aegrotam, pulsus fuit moderatus, sudor tepidus, tussis rara, miliares pustulae evanidae. Febris magnas remissiones praestans et in ipsa sua exacerbatione mitis, fauces doluere, et ingesta difficulter per gulam descenderunt. Decoctum salviae per Syringam in fauces injici jubebam; ob Febris quoque mitiorem indolem aliquid Vini multa aqua diluti permiseram. Cum alvus impedita esset, Clysma ex floribus Chamomillae vulgaris in aqua coctis, additis sale communi et melle, adhibundum erat, Die IX^{no} ob frequentes ructus et foetentem oris habitum laxans remedium porrigebatur; quoniam vero medicamenti effectus justo tardior erat, alvus clysmate ducebatur. Die X^{mo} soluta satis alvo Calor deferbuit. Discusso per dei gratiam tam ancipitis aleae morbo, viribusque inter multum somnum, et magnam ad varias epulas cupiditatem succrescentibus, laetus demum ad valetudinem factus fuit recursus. Decoctum Chinatum cum Rheo et salibus basin curationis constituit.«

§ 31.

Quum itaque bina morbi genera, quorum nonnisi extremos caracteres delineandos mihi sumsi, fugaci oculo pervagamur, quoad essentiam discrepare invenimus. Summa subest caussarum efficientium, summa primordiorum, decursus, Symptomatum, exitusque diversitas, summum obtinet in Methodo medendi discrimen. Quae enim adversus primum efficacissimum praestat antidoton Venaesectio, virus nocentissimi arces gerit in secundo; qui Phlogosin summo gradu exacuerent Vitrioli spiritus et cortex peruvianus, adversus Putredinem prodigia edunt.

Sed tantum abest ut Morbus alter alteri adversetur, ut potius in perniciem generis humani amicissime componantur, ex quo damnoso connubio tertium prosilit Morbi Monstrum, quod Febrem biliosam inflammatoriam appellant.

§ 32.

Febris inflammatoria biliosa cum sedes pectus potissimum habeat, Pleuritidis biliosae nomen vulgo gerere consuevit; medium quoddam tenet inter binos antecedentes ita ut inflammatorium principium putridum cohibeat, putridum contra inflammatorium infringat. Praeterea anni tempora tempestatesque sequitur. Quo propius ab Hyeme distat, eo luculentius Phlogosis praevalet; quo propius aestati accedit, eo latius Putredo dominium protendit, ut sub medio Cane in veram putridam degeneret, ut sub frigore hyberno putridum genium plane exuat, et cum Rigore Ardentis simplicis invadat. Id quidem jam Divinus annuit Senex quum pronunciasset, aestivos morbos hyemem succeden-

tem solvere, hyemales aestatem succedaneam transmuta-
re[18]. Idem mihi fusissima experientia D. Consbruch, quae
tanta est, ut universum genium morbi complectatur, et pro
mensura Epidemiae regnantis accipi potest, abunde testa-
tur.   5

§ 33.

Tantum quidem febrium Inflammatoriobiliosarum est
dominium, ut vix nec nisi sub horridis Zonis ac inter
rusticam gentem, cui prae omni mortalium genere firmioris
Organismi, ac illaesae sanitatis praerogativa concessa esse   10
videtur, Simplicis ardentis vestigium se tibi offerat, vel
Veteres ipsi[19], Hippocrates, Aretaeus, Alexander et Aurelianus nonnisi Pleuritides biliosas nobis tradiderint, ac
symptomata gastrica ad Essentiam Inflammationis censue-
rint, ut ne ullum ipsius exemplum in urbe Stutgardtia se   15
ostendisse, Medicus toties depraedicatus in Praelectionibus
suis publicis saepenumero fateri coactus fuerit. Mollities
quidem atque Luxuria quae urbes populosas jam dudum
suo subjecêre imperio, et jamjam in ipsa Rura, pestilentialis
instar contagii, proserpere incipiunt, fracto robore prima-   20
rum viarum, Biliosos morbos in corpora labefactata invi-
tant, quo efficitur, ut qualescunque Morbi biliosum quid
induant, et ipsa Inflammatio simplicissima in putridarum
systema luxuriet.

§ 34.   25

Est quidem Pleuritis bilioso-Inflammatoria Febris ardens
continua, quae praevio Algore, succedente aestu consimili
invadit cum praecordiorum angustiis, nausea, Vomituratio-
nibus, lingua flavopituitosa, siti, tussi, respiratione difficili,

---

18 Vid. Hipp. de Morbis populor. Lib. III Aegr. XVI.
19 Hippocr. d. Morbis. L. I. cap. XI. XII. et locis innumeris.
    Aretaeus de Caus. et Sign. T. acut. L. I. De Pleuritide.
    Alexandr. Tract. L. VI. C. 1. De Pleuritide. Coelius Aurelianus
    L. II. C. XIII. de passione pleuritica.

dolore lateris pungitivo, inflato Ventre, alvi fluxu, pulsu
duro citatoque, capitis et membrorum dolore et aliis; ac
intra quatuordecim dies ad statum pertingit. Praecurrerat
Lassitudo spontanea phlegmonosa gravativa, dolores vagi
per caput, pectus, abdomen et membra, appetitus dejectus,
oris amarities, urinae biliosae, faeces liquidae, flatulentia.
Caussae praecedentes in combinatione singulari Bilis acrio-
ris et superfluae cum Plethora vasorum consistunt, quae
Cholerica est temperies. Occasionales a Delictis circa Sex
res non naturales epidemice commissis repetendae. Quaeri
posset, an morbus biliosus Inflammationem demum tanquam symptoma adsciscat, aut potius Inflammatorius
Bilem ex consensu tandem conjiciat. Priori sententiae
complura favere videntur. Docet scilicet observatio, Bilis
turgidae symptomata agmen ducere, in quae inflammatoriae demum incurrant. Eadem docet gastrica symptomata,
jam dudum suppressa Phlogosi, superesse, ut Inflammatio
nonnisi intercalare symptoma videatur. Quidquid sit, at
Pleuritidem inflammatoriobiliosam haec tria potissimum
concurrunt. I^{mo} Bilis commotio. II^{do} Plethora. III^{tio} Sanguis
phlogisticus. Quum enim acre bilis irritamentum ad san-
guinem delatum vasa sanguine turgida ultra modum
exagitet, sanguis vero spissus jam per se ad stases proclivis
visciditatem adhuc ob immistam bilem mucosam contraxe-
rit, non potest non ipsi exaestuatio in ultimis arteriolis
impedimentum obnasci, quod eadem lege, qua inflammationes simplices progenuit et biliosis ansam praebet[20].

---

20 Egregie id Cous sua loquendi ratione: »Pleuritis oritur, quum
cumulatae et validae potiones admodum occupaverint, a vino
enim percalescit totum corpus ac humectatur: potissimum vero
bilis et pituita percalescit et humectatur, quum igitur his
commotis ac humectatis temulentum sive sobrium Rigore
corripi contingit, quippe quod latus corporis praecipue natura
carne nudum sit, neque sit quidquam intus quod ipsi renitatur
sed cavum sit, maxime rigorem sentit. Quumque riguerit tum
caro quae est in latere, tum venulae contrahuntur et convel-

§ 35.

Pleuritidis biliosoinflammatoriae decursus ad bina quibus
constat principia compositus observatur. Falluntur, qui
regularem inflammatorium Rhythmum in morbo expectant
quem gastricae turbae confundunt, siquidem hic non stati
Criseos termini ferrantur quales admirabamur in simplici
phlogosi. Alvus plerumque fluxa, urina bile mucoque
impregnata, immaturi sudores. Tussis noctu praesertim
excrucians sputa exscreat cruenta principio, biliosomucosa,
quae successu temporis purulenta evadunt, pessimo praesagio dum sistantur. Insimul vagi spasmi per corpus vagantur
ut membra distendantur et mens commoveatur. Pulsus
exacerbationibus adstrictus contractus tangitur et durus,
plenus nonnunquam, interdum gracilis; interim angustiae
praecordiorum ac pectoris magis urgere, homo jactari,
pervigiliae, somnus deliris turbulentus insomniis; Caput
tussis ac Vomituum insultibus dolorose concussum, noctes
gravissimae. Generatim vero notandum, omnes Febres
quae biliosum quid in consortio habent luculentiores
exhibere remissiones, ac Ardentes simplicioris quae conti-
nuenter fere infestantur.

§ 36.

Morbo ad statum provoluto aut mors incidit aut Crises
succedunt. Mors quidem insequitur qua evanido dolore
discruciante, spiratio gravior fiat, et quietior, et imus pulmo
strepat, et membra rigeant, et pulsus minimus repat, et
facies Hippocratica conspiciendam se praebeat. Sin vero
remittentibus spasmis atque dolore, mente sibi constante,
alvus cocta dejiciat, Urina sedimentum quoddam praecipi-
tet, sudores critici emanent, si sputa cocta succedant,
spiritus facilius ducatur, Venter mollescat, Praecordia

luntur, et quantum in ipsa carne aut in ejus venulis bilis inest ac
pituitae id magna ex parte, aut totum intro ad caliditatem
propulsam carne extra condensata secernitur.« Libr. I.
C. IV.

laxentur, pulsus liberius fluctuet, somnus reficiat, facies
clarescat, uno verbo si jam supra memoratorum signorum
salubrium unum alterumve appareat, in vado rem esse
praesagiemus. Nonnunquam Critica ad cutem efflorescunt,
nonnunquam spontaneis natura abscessibus sese exonerat.
Sed nonnunquam in Organa nobiliora labes decumbit,
hecticam febrem accersens. Interdum Metastases ad Nervos
contingunt, longo syrmate materialium suppuratione
demum exhauriente.

§ 37.

Jam fugitivus Morbi adspectus sufficienter nos edocet,
duplicem morbum duplicibus armis esse debellandum,
methodo scilicet antiphlogistica cum Purgante et antiseptica combinata. Hinc sanguinis missiones[21], Emetica,
Catharrtica; refrigerantia, resolventia et revulsoria. Caven-
dum vero ne violentiores Vomitus Haemoptoen trahant
cum pulmo adeo magna vi sanguinis obsessus sit, nec nisi
tyrannus hominem sine urgente caussa per Vomitus hujusmodi discruciabit. Prudentis certe est medici cavere ne
occidisse videatur quem servare non poterat. Vesicantia
dum in binis praecedentibus morbis indicatissima fuerint,
quidni in hoc, qui ex istis confluit? Sane ex praeceptoris mei
testimonio, mira et in hoc morbo praestiterunt. Diaeta
abhorreat a Carne et Vino, vegetabilibus acquiescat.

§ 38.

Nolo praeterire Inflammationes putridas gangraenosas aut
epidemice grassantes, aut contagiose insidiantes, raro
sporadice invadentes, jam sub Pleuritidis, jam Anginae,
Hepatitidis[22], Gastritidisve specie saevientes, pessimi
moris, acutissimique decursus, quarum larga messis est in

---

21 Sanguis sub hoc morbo missus Crustam refert flavam biliosam,
quin interdum viriduisculam, quam ipse observavi. Cruor
dissolutus.

22 Brendel. De Hemitritaeo.

Annalibus Observatorum. Ipsa ut plurimum, dira Pestis, siquidem Priscis fides et Sydenhamo[23], harum censui annumeranda, qua etiam de caussa in tot devia duxit Diemabraekium aliosque, qui funesto errore Venaesectione aggressi sunt. Quin Variolae, Morbilli, Febris Scarlatina, urticata, purpura rubra, Petechiae etc., nil certe aliud sunt, quam Febres inflammatorio-miasmaticae, aut inflammatorio-putridae. Docuerunt enim Cadaverum inspectiones, non solam Cutem, sed totum tractum Intestinorum, Hepar, Lien, Omentum, Mesenterium, quin Pulmones, pericordium et Musculorum Interstitia maculas gangraenosas concepisse, ut ex innumeris inflammatiunculis Inflammatoria febris accensa fuerit, quae vero ob citam inflammati sanguinis computrescentiam cito in gangraenam abscesserat. Id ipsum fatale inflammationis cum putredine connubium malignitatem harum febrium praecipue constituit, dum Indicationes quasi collidant, et quae uni malo infringendo conducerent, in pejus alterum vertant. Quid quaeso artium Saluberrimae in Morbis relinquitur in quibus non agendo negligit, agendo depravat?

---

23 Sydenh. de Peste Londinensi.

THEMATA ZU EINER STREITSCHRIFT

Ich kenne kein Thema aus der Medizin, das sich nicht ganz
auf Erfahrung gründete. Folgende Materien sind aus dem
philosophischen und physiologischen Fach, und dieses
ganze Jahr der hauptsächlichste Gegenstand meines Stu-
dierens gewesen, daß ich etwas erträgliches davon versprechen kann.

    I. über den großen Zusammenhang der *tierischen* Natur
    des Menschen mit seiner *geistigen.*

    II. Über die Freiheit und Moralität des Menschen.

Die erste läßt sich sehr physiologisch abhandeln.

Eleve Schiller

VERSUCH ÜBER DEN ZUSAMMENHANG DER TIERISCHEN NATUR DES MENSCHEN MIT SEINER GEISTIGEN

> *Natus homo est – sive hunc divino semine fecit*
> *Ille opifex rerum, mundi melioris origo;*   5
> *Sive recens tellus, retinebat semina coeli;*
> *Pronaque cum spectent animalia caetera terram.*
> *Os homini sublime dedit, coelumque videre*
> *Jussit, et erectos ad sidera tollere vultus.*
>   OVID. II. Metamorph.   10

Durchlauchtigster Herzog,
Gnädigster Herzog und Herr!

Ich sehe heute mit ausnehmendem Vergnügen den
Wunsch erfüllet, *Euer Herzoglichen Durchlaucht* für die
höchste Gnade und mehr als väterliche Führung, die ich   15
schon acht Jahre in dieser ruhmvollen Stiftung zu genießen
das Glück habe, öffentlich auf das kindlichste danken zu
dörfen. Die weisesten und vortrefflichsten Anstalten,
welche *Höchstdieselbe* zur Aufklärung unseres Verstandes,
und zu Verfeinerung unserer Empfindungen getroffen   20
haben; die würdigen und Einsichtsvollen Lehrer, welche
Höchstdieselbe mit dem durchdringenden Auge eines
Menschenkenners aus der gemeinen Klasse der Gelehrten
herausgeforscht, und zu den glücklichen Werkzeugen des
großen unsterblichen Bildungsplans angeordnet haben; der   25
unvergeßliche mündliche Unterricht eines Fürsten, der
Seine Größe darein setzt, ein Lehrer unter Seinen Schülern
– ein Vater unter Seinen Söhnen zu wandeln; – Der
Zusammenfluß aller dieser glücklichen Fügungen, in denen
ich die Wege einer höhern Vorsicht bewundre, haben den   30
Grund zu dem Glück meines ganzen Lebens gelegt, und
nur dann wird es mir fehlen, wenn meine eigene

Bestrebungen sich mit den Absichten des besten Fürsten durchkreuzen.

Höchstdieselbe haben mit eben dem tiefen Blick, mit dem *Sie* die Seele aller Ihrer Zöglinge durchschauen, auch mich geprüft, und einiges in mir zu bemerken geglaubt, das mich vielleicht fähig machte, meinem Vaterland dereinst als Arzt zu dienen. Ich freue mich dieser Bestimmung, und werde um so mehr alle Nerven meines Geists anstrengen, sie zu erreichen, da *Euer Herzogliche Durchlaucht* mir die günstigsten Aussichten dazu eröffnet haben.

Ein Arzt, dessen Horizont sich einzig und allein um die historische Kenntnis der Maschine dreht, der die gröbern Räder des seelenvollsten Uhrwerks nur terminologisch und örtlich weißt, kann vielleicht vor dem Krankenbette Wunder tun, und vom Pöbel vergöttert werden; – aber *Euer Herzogliche Durchlaucht* haben die Hippokratische Kunst aus der engen Sphäre einer mechanischen Brotwissenschaft in den höhern Rang einer philosophischen Lehre erhoben. Philosophie und Arzneiwissenschaft stehen unter sich in der vollkommensten Harmonie: Diese leihet jener von ihrem Reichtum und Licht; jene teilt dieser ihr Interesse, ihre Würde, ihre Reize mit. Ich habe mich dieses Jahr mit beiden bekannter zu machen gesucht; diese wenigen Blätter seien die Rechtfertigung meines Unternehmens; sie seien *dem Stifter* meines Glücks geheiligt. Aber die Nachsicht des Vaters beschütze diesen schwachen Versuch vor den gerechten Forderungen des *Fürsten*.

Tiefdurchdrungen von dem innigsten Dankgefühl für die gnädigste Sorgfalt, womit *Höchstdieselbe* mich stets vollkommener zu machen streben – hocherhoben von Eifer diese Gnade verdienen zu lernen erstterbe ich
Euer Herzoglichen Durchlaucht
Stuttgart den 30. Nov. 1780.

untertänigst-gehorsamster
Joh. Christoph Frid. Schiller, Eleve.

INHALT

ÜBER DEN ZUSAMMENHANG
DER TIERISCHEN NATUR DES MENSCHEN
MIT SEINER GEISTIGEN

§. *1.*
Einleitung

Schon mehrere Philosophen haben behauptet, daß der
Körper gleichsam der Kerker des Geistes sei, daß er
solchen allzusehr an das Irdische hefte, und seinen sogenannten Flug zur Vollkommenheit hemme. Wiederum ist
von manchem Philosophen mehr oder weniger bestimmt
die Meinung gehegt worden, daß Wissenschaft und Tugend
nicht sowohl Zweck, als Mittel zur Glückseligkeit seien,
daß sich alle Vollkommenheit des Menschen in der Verbesserung seines Körpers versammle.

Mich deucht, es ist dies von beiden Teilen gleich einseitig
gesagt. Letzteres System wird beinahe völlig aus unseren
Moralen und Philosophien verwiesen sein, und ist, scheint
es mir, nicht selten mit allzu fanatischem Eifer verworfen
worden, – es ist gewiß der Wahrheit nichts so gefährlich, als
wenn einseitige Meinungen einseitige Widerleger finden;
– – Das erstere ist wohl im Ganzen am mehrsten geduldet
worden, indem es am fähigsten ist, das Herz zur Tugend zu

erwärmen, und seinen Wert an wahrhaftig großen Seelen schon gerechtfertiget hat. Wer bewundert nicht den Starksinn eines Kato, die hohe Tugend eines Brutus und Aurels, den Gleichmut eines Epiktets und Seneka? Aber dessen ungeachtet ist es doch nichts mehr als eine schöne Verirrung des Verstandes, ein wirkliches Extremum, das den einen Teil des Menschen allzuenthusiastisch herabwürdigt, und uns in den Rang idealischer Wesen erheben will, ohne uns zugleich unserer Menschlichkeit zu entladen; ein System, das allem, was wir von der Evolution des einzelnen Menschen und des gesamten Geschlechts historisch wissen und philosophisch erklären können, schnurgerade zuwiderläuft, und sich durchaus nicht mit der Eingeschränktheit der menschlichen Seele verträgt. Es ist demnach hier, wie überall, am ratsamsten, das Gleichgewicht zwischen beiden Lehrmeinungen zu halten, um die Mittellinie der Wahrheit desto gewisser zu treffen. Da aber gewöhnlicher Weise mehr darin gefehlt worden ist, daß man zu viel auf die eigene Rechnung der Geisteskraft, in so fern sie außer Abhängigkeit von dem Körper gedacht wird, mit Hintansetzung dieses letztern geschrieben hat, so wird sich gegenwärtiger Versuch mehr damit beschäftigen, den merkwürdigen Beitrag des Körpers zu den Aktionen der Seele, den großen und reellen Einfluß des tierischen Empfindungssystemes auf das Geistige in ein helleres Licht zu setzen. Aber darum ist das noch gar nicht die Philosophie des Epikurus, so wenig es Stoizismus ist, die Tugend für das höchste Gut zu halten.

Ehe wir die höheren moralischen Zwecke, die mit Beihülfe der tierischen Natur erreicht werden, zu erforschen suchen, müssen wir zuerst ihre physische Notwendigkeit festsetzen, und in einigen Grundbegriffen einig werden. Darum der erste Gesichtspunkt, aus welchem wir den Zusammenhang der beiden Naturen betrachten.

PHYSISCHER ZUSAMMENHANG

Tierische Natur befestiget die Tätigkeit des Geists.

§. 2.
Organismus der Seelenwirkungen – der Ernährung – der Zeugung.

Alle Anstalten, die wir in der sittlichen und körperlichen
Welt zur Vollkommenheit des Menschen gewahrnehmen,
scheinen sich zuletzt in den Elementarsatz zu vereinigen:
Vollkommenheit des Menschen liegt in der Übung seiner
Kräfte durch Betrachtung des Weltplans; und da zwischen
dem Maße der Kraft, und dem Zweck, auf den sie wirket,
die genaueste Harmonie sein muß, so wird Vollkommenheit in der höchstmöglichsten Tätigkeit seiner Kräfte, und
ihrer wechselseitigen Unterordnung bestehen. Aber die
Tätigkeit der menschlichen Seele ist – aus einer Notwendigkeit, die ich noch nicht erkenne, und auf eine Art, die ich
noch nicht begreife – an die Tätigkeit der Materie
gebunden. Die Veränderungen in der Körperwelt müssen
durch eine eigene Klasse mittlerer organischer Kräfte, die
Sinne modifiziert, und so zu sagen verfeinert werden, ehe sie
vermögend sind in mir eine Vorstellung zu erwecken; so
müssen wiederum andere organische Kräfte, die Maschinen
der willkürlichen Bewegung, zwischen Seele und Welt
treten, um die Veränderung der ersteren auf die letztere
fortzupflanzen; so müssen endlich selbsten die Operationen
des Denkens und Empfindens gewissen Bewegungen des
innern Sensoriums korrespondieren. Alles dieses macht
den Organismus der Seelenwirkungen aus.

Aber die Materie ist ein Raub des ewigen Wechsels, und
reibt sich selbst auf so wie sie wirket, unter der Bewegung
wird das Element aus seinen Fugen getrieben, verjagt und
verloren. Weil nun im Gegenteil das einfache Wesen die

Seele Dauer und Bestandheit in sich selber hat, und in ihrem Wesen weder gewinnet noch verlieret, so kann die Materie nicht gleichen Schritt mit der Geistestätigkeit halten, und bald würde also der Organismus des geistigen Lebens, mit ihm alle Wirksamkeit der Seele dahinsein. Dies nun zu verhüten, mußte ein neues System organischer Kräfte zu dem ersten gleichsam angereihet werden, das seine Konsumtionen ersetzt, und seinen sinkenden Flor durch eine stetig aneinander hangende Kette neuer Schöpfungen erhält. Dies ist der Organismus der Ernährung.

Noch mehr. Nach einem kurzen Zeitraum von Wirkung, nach dem aufgehobenen Gleichgewicht zwischen Verlust und Erneurung tritt der Mensch von der Bühne des Lebens, und das Gesetz der Sterblichkeit entvölkert die Erde. Auch hat die Anzahl empfindender Wesen, die die ewige Liebe und Weisheit in ein glückliches Dasein wollte gerufen haben, nicht Raum genug in den engen Grenzen dieser Welt zumal zu existieren, und das Leben dieser Generation schließt das Leben einer andern aus. Darum ward es notwendig, daß neue Menschen an die Stelle der weggeschiedenen alten treten, und das Leben durch ununterbrochene Sukzessionen erhalten würde. Aber *geschaffen* wird nichts mehr, und was nun neues wird, wird es nur durch Entwicklung. Die Entwicklung des Menschen mußte durch Menschen geschehen, wenn sie mit der Konsumtion in Verhältnis stehen, wenn der Mensch zum Menschen gebildet werden sollte. Aus diesem Grund wurde ein neues System organischer Kräfte den zwei vorhergehenden zugeordnet, das die Belebung und Entwicklung des Menschenkeims zur Absicht hatte. Dies ist der Organismus der Zeugung. Diese drei Organismi in den genauesten Lokal- und Realzusammenhang gebracht, bilden den menschlichen Körper.

§. 3.
Der Körper.

Die organischen Kräfte des menschlichen Körpers teilen
sich von selbst in zwei Hauptklassen, die erste enthält
diejenige, die wir nach keinen bekannten Gesetzen und
Phänomenen der physischen Welt begreifen können, und
dahin gehören die Empfindlichkeit der Nerven und die
Reizbarkeit des Muskels. Da es bisher unmöglich war, in
die Ökonomie des unsichtbaren einzudringen, so hat man
die unbekannte Mechanik durch die bekannte zu erklären
gesucht, und den Nerven als einen Kanal betrachtet, der ein
äußerst feines flüchtiges und wirksames Fluidum führet,
das an Geschwindigkeit und Feinheit Äther und elektrische
Materie übertreffen soll, und hat dieses als das Principium
der Empfindlichkeit und Beweglichkeit angesehen, und
ihm daher den Namen der Lebensgeister gegeben. So hat
man ferner die Reizbarkeit der Muskelfaser in einen
gewissen Nisum gesetzt, sich auf Veranlassung eines
fremden Reizes zu verkürzen, und beide Endpunkte näher
zu bringen. Diese zweierlei Prinzipien machen den spezifiken Charakter des tierischen Organismus.

Die zwote Klasse begreift diejenige, die wir den allgemeinen bekannten Gesetzen der Physik unterordnen können. Hieher rechne ich die Mechanik der Bewegung, und
die Chemie des menschlichen Körpers, woraus das vegetabilische Leben erwächst. Vegetation also und tierische
Mechanik auf das genaueste vermischt bilden eigentlich das
physische Leben des menschlichen Körpers.

§. 4.
Tierisches Leben.

Noch ist das nicht alles. Da der Verlust mehr oder weniger
in der Willkür des Geistes liegt, so mußte es auch

notwendig der Ersatz sein. Ferner, da der Körper allen
Folgen der Zusammensetzung unterworfen, und im Kreis
der um ihn wirkenden Dinge unzähligen feindlichen
Wirkungen bloß gestellt ist, so mußte es in der Gewalt der
Seele stehen, ihn wider den schädlichen Einfluß dieser
letztern zu beschützen, und ihn mit der physischen Welt in
diejenige Verhältnisse zu bringen, die seiner Fortdauer am
zuträglichsten sind; sie mußte daher von dem gegenwärtigen schlimmen oder guten Zustand ihrer Organe unterrichtet werden, sie mußte aus seinem schlimmen Zustand
Mißvergnügen, aus seinem Wohlstand Vergnügen schöpfen, um ihn entweder zu verlängern oder zu entfernen: zu
suchen oder zu fliehen. Hier also wird schon der Organismus an das Empfindungsvermögen gleichsam angeknüpft,
und die Seele in das Interesse ihres Körpers gezogen. Izt ist
es etwas mehr als Vegetation, etwas mehr als toter Model
und Nerven und Muskelmechanik, izt ist es tierisches
Leben.[1]

Der Flor des tierischen Lebens ist, wie wir wissen, für
den Flor der Seelenwirkungen äußerst wichtig, und darf
ohne die Totalaufhebung dieser letztern niemals aufgehoben werden. Er muß also einen festen Grund haben, der

---

[1] Aber auch etwas mehr als tierisches Leben des Tiers. Das Tier
lebt das tierische Leben um angenehm zu empfinden. Es
empfindet angenehm um das tierische Leben zu erhalten. Also
es lebt izt, um morgen wieder zu leben. Es ist izt glücklich, um
morgen glücklich zu sein. Aber ein einfaches, ein unsichers
Glück, das die Perioden des Organismus nachmacht, das dem
Zufall, dem blinden Ohngefähr Preis gegeben ist, weil es nur
allein in der Empfindung beruht. Der Mensch lebt auch das
tierische Leben, und empfindet seine Vergnügungen und leidet
seine Schmerzen. Aber warum? Er empfindet und leidet, daß er
sein tierisches Leben erhalte. Er erhält sein tierisches Leben, um
ein geistiges länger leben zu können. Hier ist also Mittel
verschieden vom Zweck, dort schienen Zweck und Mittel zu
koinzidieren. Dies ist eine von den Grenzscheiden zwischen
Mensch und Tier.

ihm nicht so leicht schwanke, das heißt, die Seele muß
durch eine unwiderstehliche Macht zu den Handlungen des
physischen Lebens bestimmt werden. Konnten also wohl
die Empfindungen des tierischen Wohl oder Übelstands
geistige Empfindungen sein, und durch das Denken
erzeugt werden? Wie oft würde sie das überwaltende Licht
der Leidenschaften verdunkeln, wie oft Trägheit oder
Tummheit begraben, wie oft Geschäftigkeit und Zerstreuung übersehen? Ferner, würde nicht von dem Tiermenschen die vollkommenste Kenntnis seiner Ökonomie
gefodert, müßte das Kind nicht in demjenigen Meister sein,
in dem unsere Harvey, Boerhave und Haller nach einer
fünfzigjährigen Untersuchung noch Anfänger geblieben
sind? – Die Seele konnte also schlechterdings keine *Idee* von
dem Zustand haben, den sie verändern soll. Wie wird sie
ihn erfahren, wie wird sie in Tätigkeit kommen?

§. 5.
Tierische Empfindungen.

Noch kennen wir keine andere Empfindungen als solche,
die aus einer vorgängigen Operation des Verstandes
entspringen, aber izt sollen Empfindungen entstehen, bei
denen der Verstand ganz exulieren muß. Diese Empfindungen sollen die gegenwärtige Beschaffenheit meiner Werkzeuge, wo nicht ausdrücken, doch gleichsam spezifisch
bezeichnen, oder besser, begleiten. Diese Empfindungen
sollen den Willen rasch und lebhaft zu Abscheu oder
Begierde bestimmen, diese Empfindungen sollen aber doch
nur auf der Oberfläche der Seele schweben, und niemals in
das Gebiet der Vernunft reichen. Was also bei der geistigen
Empfindung das Denken getan hat, das tut hier diejenige
Modifikation in den tierischen Teilen, die entweder ihre
Auflösung droht, oder ihre Fortdauer sichert; das heißt, mit
demjenigen Zustand der Maschine, der ihren Flor befestiget, ist eine angenehme, und im Gegenteil mit demjenigen,

der ihren Wohlstand untergräbt und ihren Ruin beschleunigt, eine schmerzhafte Rührung der Seele durch ein ewiges Gesetz der Weisheit verbunden, und so, daß die Empfindung selbst nicht die geringste Ähnlichkeit mit der Beschaffenheit der Organe hat, die sie bezeichnet. So entstehen tierische Empfindungen. Tierische Empfindungen haben demnach einen zweifachen Grund, 1.) in dem gegenwärtigen Zustand der Maschine, 2.) im Empfindungsvermögen.

Nun läßt sich begreifen, warum die tierische Empfindungen mit unwiderstehlicher und gleichsam tyrannischer Macht die Seele zu Leidenschaften und Handlungen fortreißen, und über die geistigsten selbst nicht selten die Oberhand bekommen. Diese nemlich hat sie vermittelst des Denkens hervorgebracht, diese also kann sie wiederum durch das Denken auflösen und gar vernichten. Dies ist die Gewalt der Abstraktion und überhaupt der Philosophie über die Leidenschaften, über die Meinungen, kurz über alle Situationen des Lebens, jene aber sind ihr durch eine blinde Notwendigkeit, durch das Gesetz des Mechanismus aufgedrungen worden, der Verstand, der sie nicht schuf, kann sie auch nicht auflösen, ob er dieselben schon durch eine entgegengesetzte Richtung der Aufmerksamkeit um vieles schwächen und verdunkeln kann. Der hartnäckigste Stoiker, der am Steinschmerzen darniederliegt, wird sich niemalen rühmen können, keinen Schmerz empfunden zu haben, aber er wird, in Betrachtungen über seine Endursachen verloren, die Empfindungskraft teilen, und das überwiegende Vergnügen der großen Vollkommenheit, die auch den Schmerz der allgemeinen Glückseligkeit unterordnet, wird über die Unlust siegen. Nicht Mangel der Empfindung war es, nicht Vernichtung derselben, daß Mucius die Hand in lohen Flammen bratend, den Feind mit dem römischen Blick der stolzen Ruhe anstarren konnte, sondern der Gedanke des großen ihn bewundernden Roms, der in seiner Seele herrschte, hielt sie gleichsam innerhalb ihrer selbst gefangen, daß der heftige Reiz des tierischen

Übels zu wenig war sie aus dem Gleichgewicht zu heben. Aber darum war der Schmerz des Römers nicht geringer als der des weichsten Wollüstlings. Freilich wohl wird derjenige, der gewohnt ist in einem Zustand dunkler Ideen zu existieren, weniger fähig sein sich in dem kritischen Augenblick des sinnlichen Schmerzens zu ermannen, als der, der beständig in hellen deutlichen Ideen lebt; aber dennoch schützt weder die höchste Tugend, noch die tiefste Philosophie, noch selbst die göttliche Religion vor dem Gesetz der Notwendigkeit, ob sie schon ihre Anbeter auf dem einstürzenden Holzstoß beseeligen kann.

Eben diese Macht der tierischen Fühlungen auf die Empfindungskraft der Seele hat die weiseste Absicht zum Grunde. Der Geist, wenn er einmal in den Geheimnissen einer höhern Wollust eingeweiht worden ist, würde mit Verachtung auf die Bewegungen seines Gefährten herabsehen, und den niedrigen Bedürfnissen des physischen Lebens nicht leicht mehr opfern wollen, wenn ihn nicht das tierische Gefühl darzu zwänge. Den Mathematiker, der in den Regionen des Unendlichen schweifte, und in der Abstraktionswelt die wirkliche verträumte, jagt der Hunger aus seinem intellektuellen Schlummer empor, den Physiker, der die Mechanik des Sonnensystems zergliedert und den irrenden Planeten durchs Unermeßliche begleitet, reißt ein Nadelstich zu seiner mütterlichen Erde zurück, den Philosophen, der die Natur der Gottheit entfaltet und wähnet, die Schranken der Sterblichkeit durchbrochen zu haben, kehrt ein kalter Nordwind, der durch seine baufällige Hütte streicht, zu sich selbst zurück, und lehrt ihn, daß er das unseelige Mittelding von Vieh und Engel ist.

Wider die überhandnehmenden tierischen Fühlungen vermag endlich die höchste Anstrengung des Geistes nichts mehr, die Vernunft wird, so wie sie wachsen, mehr und mehr übertäubt, und die Seele gewaltsam an den Organismus gefesselt. Hunger und Durst zu löschen wird der Mensch Taten tun, worüber die Menschlichkeit schauert, er

wird wider Willen Verräter und Mörder, er wird Kannibal –

»Tyger! In deiner Mutter Busen wolltest du deine
Zähne setzen?«

So heftig wirket die tierische Fühlung auf den Geist. So
wachsam hat der Schöpfer für die Erhaltung der Maschine
gesorgt, die Pfeiler, auf denen sie ruht, sind die festeste, und
die Erfahrung hat gelehrt, daß mehr das Übermaß, als der
Mangel der tierischen Empfindung verdorben hat.

Tierische Empfindungen befestigen also den Wohlstand
der tierischen Natur, so wie die moralischen und intellektuellen den Wohlstand der geistigen, oder die Vollkommenheit. Das System tierischer Empfindungen und Bewegungen erschöpft den Begriff der tierischen Natur. Diese ist der
Grund, auf dem die Beschaffenheit der Seelenwerkzeuge
beruht, und die Beschaffenheit dieser letztern bestimmt die
Leichtigkeit und Fortdauer der Seelentätigkeit selbst. Hier
also ist schon das erste Glied des Zusammenhangs der
beiden Naturen.

§. 6.
Einwürfe wider den Zusammenhang der beiden Naturen
aus der Moral.

Aber man wird dieses einräumen und weiter sagen: hier
endet sich auch die Bestimmung des Körpers. Über diese
hinaus ist er ein träger Gefährte der Seele, mit dem sie ewig
zu kämpfen hat, dessen Bedürfnisse ihr alle Muße zum
Denken rauben, dessen Anfechtungen den Faden der
vertieftesten Spekulation zerreißen, und den Geist von
seinen deutlichsten und hellesten Begriffen in sinnliche
Verworrenheit stürzen; dessen Lüste den größten Teil
unserer Mitgeschöpfe von ihrem hohen Urbild entfernen
und in die Klasse der Tiere erniedern, kurz, der sie in eine
Sklaverei verstrickt, woraus der Tod sie endlich befreien

muß. Ist es nicht widersinnig und ungerecht, dörfte man fortfahren zu klagen, das einfache, notwendige, für sich Bestand habende Wesen mit einem andern Wesen zu verwickeln, das in ewigem Wirbel umhergerollt jedem Ungefähr Preis gegeben, jeder Notwendigkeit zum Opfer wird? – Vielleicht sehen wir bei kälterem Nachdenken aus dieser anscheinenden Verwirrung und Planlosigkeit eine große Schönheit hervorgehen.

PHILOSOPHISCHER ZUSAMMENHANG

Tierische Triebe wecken
und entwickeln die geistige.

§. 7.
Methode.

Die sicherste Methode, einiges Licht auf diese Materie zu werfen, mag vielleicht folgende sein: Man denkt sich vom Menschen alles weg, was Organisation heißt, das ist, man trennt den Körper vom Geist, ohne ihm jedoch die Möglichkeit, zu Vorstellungen zu gelangen und Handlungen in der Körperwelt hervorzubringen, abzuschneiden, und untersucht dann, wie er in Wirkung gekommen, wie er seine Kräfte entwickelt, was für Schritte er wohl zu seiner Vollkommenheit würde getan haben; das Resultat dieser Untersuchung muß durch Fakta bestätigt werden. Man übersieht also die wirkliche Bildung des einzelnen Menschen, und wirft einen Blick über die Entwicklung des gesamten Geschlechts. Zuerst also den abstrakten Fall: Es ist Vorstellungskraft und Wille da, es ist Kreis der Wirkung da, und freier Übergang von Seele zu Welt, von Welt zu Seele. Fragt sich nun, wie wird er wirken?

§. 8.
Die Seele außer Verbindung mit dem Körper.

Wir können keinen Begriff setzen, ohne einen vorhergehenden Willen ihn zu machen; keinen Willen, ohne die
Erfahrung unsers durch diese Handlung verbesserten
Zustands, ohne Empfindung. Keine Empfindung ohne
vorhergehende Idee, (denn wir schlossen ja zugleich mit
dem Körper auch die körperlichen Empfindungen aus) also
keine Idee ohne Idee.

Nun betrachte man das Kind, das hieße nach der
Voraussetzung einen Geist, der die Fähigkeit Ideen zu
formieren in sich begreift, aber diese Fähigkeit izt zum
erstenmal in Übung bringen soll. Was wird ihn zum
Denken bestimmen, wenn es nicht die daraus entspringen-
de angenehme Empfindung ist, was kann ihm die Erfahrung dieser angenehmen Empfindung verschafft haben?
Wir sahen ja eben, daß dies wieder nichts als Denken sein
konnte, und er soll nun zum erstenmal denken. Ferner, was
kann ihn zur Betrachtung der Welt einladen? nichts anders
als die Erfahrung ihrer Vollkommenheit, in so fern sie
seinen Trieb zur Aktivität befriedigt, und diese Befriedigung ihm Vergnügen gewähret; was kann ihn zu Übung
seiner Kräfte determinieren? nichts als die Erfahrung ihres
Daseins, aber alle diese Erfahrungen soll er ja zum
erstenmal machen. – Er müßte also von Ewigkeit her tätig
gewesen sein, und dieses ist wider den angenommenen Fall,
oder er wird ewig niemals in Tätigkeit kommen, gleichwie
die Maschine ohne den Stoß von außen träg und ruhig
bleibt.

§. 9.
In Verbindung.

Izt setze man zu dem Geiste das Tier. Man verflechte diese
beide Naturen so innig, als sie wirklich verflochten sind,

sse ein unbekanntes Etwas aus der Ökonomie des
schen Leibes geboren, die Empfindungskraft anfallen,
man versetze die Seele in den Zustand des physischen
Schmerzens. Das war der erste Stoß, der erste Lichtstrahl in
die Schlummernacht der Kräfte, tönender Goldklang auf
die Laute der Natur. Izt ist *Empfindung* da, und *Empfindung*
war es ja auch nur allein, was wir vorhin vermißten. Diese
Art von Empfindung scheint mit Absicht recht dazu
gemacht zu sein, alle jene Schwierigkeiten zu heben. Dort
konnten wir keine herausbringen, weil wir keine Idee
voraussetzen durften; hier vertritt die Modifikation in dem
körperlichen Werkzeug die Stelle der Ideen, und so hilft
tierische Empfindung das innere Uhrwerk des Geists, wenn
ich so sagen darf, in den Gang bringen. Der Übergang von
Schmerz zu Abscheu ist Grundgesetz der Seele. Der Wille
ist tätig, und die Tätigkeit einer einzigen Kraft ist hinlänglich, alle übrigen in Wirkung zu setzen. Die nachfolgende
Operationen entwickeln sich von selbst, und gehören auch
nicht in dieses Kapitel.

§. *10.*
Aus der Geschichte des Individuums.

Nun verfolge man das Seelenwachstum des einzelnen
Menschen in Beziehung auf den zu erweisenden Satz, und
gebe Acht, wie sich alle seine Geistesfähigkeiten aus
sinnlichen Trieben entwickeln.

a.) Das *Kind.* Noch ganz Tier, oder besser: mehr oder
auch weniger als Tier, menschliches Tier. (Denn
dasjenige Wesen, das einmal Mensch heißen sollte,
darf niemalen nur Tier gewesen sein.) Elender als ein
Tier, weil es auch nicht einmal Instinkt hat. Die
Tiermutter darf ihr Junges eh verlassen, als die *Mutter*
ihr Kind. Der Schmerz mag ihm wohl Geschrei
auspressen, aber er wird es niemals auf die Quelle
desselben aufmerksam machen. Die Milch mag ihm

wohl Vergnügen gewähren, aber sie wird niemals
von ihm gesucht werden. Es ist ganz leidend –
»Sein Denken steigt nur noch bis zum Empfin-
den,
Sein ganzes Kenntnis ist Schmerz, Hunger und die
Binden.«

b.) Der *Knabe*. Hier ist schon Reflexion, aber immer nur
in Bezug auf Stillung tierischer Triebe. »Er lernt, wie
Garve sagt[2], die Dinge anderer Menschen und seine
Handlungen gegen sie erstlich dadurch schätzen,
weil sie ihm (sinnliches) Vergnügen gewähren.«
Liebe zur Arbeit, Liebe zu den Eltern, zu Freunden,
ja selbst Liebe zur Gottheit geht durch den Weg der
Sinnlichkeit in seine Seele. »Die allein ist die Sonne,
wie Garve an einem andern Ort anmerkt[3], die durch
sich selbst leuchtet und wärmt, alle übrigen Gegenstände sind dunkel und kalt, aber sie können auch
erleuchtet und erwärmt werden, wenn sie mit ihr in
eine solche Verbindung treten, daß sie die Strahlen
derselben bekommen können.« Die Güter des Geists
erhalten beim Knaben nur durch Übertragung einigen Wert, sie sind geistiges Mittel zu tierischem
Zweck.

c.) *Jüngling* und *Mann*. Oftmalige Wiederholung dieser
Schlüsse macht sie nach und nach zur Fertigkeit, und
*Übertragung will in dem Mittel selbst Schönheit gefunden
haben*. Er wird gerner darauf verweilen, ohne zu
wissen warum? Er wird unvermerkt hingezogen
werden darüber zu denken. Izt können schon die
Strahlen der geistigen Schönheit selbst seine offene
Seele rühren; das Gefühl seiner Kraftäußerung
ergötzt ihn, und flößt ihm Neigung zu dem Gegenstand ein, der bisher nur Mittel war, der erste Zweck
ist vergessen. Aufklärung und Ideenbereicherung

2 Anmerkungen zu Fergusons Moralphilosophie. S. 319.
3 Eben daselbst. S. 393.

ecken ihm zuletzt die ganze Würde geistiger Vergnügungen auf – Das Mittel ist höchster Zweck
worden.

Dies lehrt mehr oder weniger die Individualgeschichte
jedes Menschen, der nur einige Bildung hat, und einen
bessern Weg konnte wohl die Weisheit nicht wählen, den
Menschen zu führen, wird nicht auch izt noch der Pöbel
gegängelt wie unser Knabe? Und hat uns nicht der Prophet
aus Medina ein auffallend deutliches Beispiel zurückgelassen, wie man den rohen Sinn der Sarazenen im Zügel halten
sollte?⟨*⟩

§. 11.
Aus der Geschichte des Menschengeschlechts.

Nun noch ein gewagterer Blick über die Universalgeschich-
te des ganzen menschlichen Geschlechts – von seiner Wiege
an bis zu seinem männlichen Alter – und die Wahrheit des
bisher gesagten wird in ihrem vollesten Lichte stehen.

⟨*⟩ Hierüber kann nichts vortrefflichers gesagt werden, als was
Garve in seinen Anmerkungen zu dem Kapitel über die
natürlichen Triebe in Fergusons Moralphilosophie auf folgende
Art entwickelt hat: »Der Trieb der Erhaltung, und der Reiz der
sinnlichen Lust, setzt zuerst den Menschen wie das Tier, in
Tätigkeit; er lernt die Dinge andrer Menschen und seine
Handlungen gegen sie erstlich dardurch schätzen, weil sie ihm
Vergnügen verschaffen. So wie sich die Anzahl der Dinge
erweitert, deren Wirkungen er erfährt, so breiten sich seine
Begierden aus; so wie sich der Weg verlängert, auf welchem
er zu diesen Wirkungen gelangt, so werden seine Begierden
künstlicher. Hier ist die erste Grenzscheidung zwischen
Mensch und Tier, und hier findet sich selbst ein Unterschied
zwischen einer Tierart und der andern. Bei wenig Tieren folgt
die Handlung des Fressens unmittelbar auf die Begierde des
Hungers; die Hitze der Jagd, oder der Fleiß des Sammelns geht
vorher. Aber bei keinem Tiere erfolgt die Befriedigung der
Begierde so spät auf die Anstalten, die es zu diesem Ende macht,

Hunger und Blöße haben den Menschen zuerst zum Jäger, Fischer, Viehhirten, Ackermann und Baumeister gemacht. Wollust stiftete Familien, und Wehrlosigkeit der Einzelnen zog Horden zusammen. Hier schon die ersten Wurzeln der geselligen Pflichten. Bald mußte der

als bei dem Menschen; bei keinem wird die Bestrebung des Tiers durch eine so lange Kette von Mitteln und Absichten fortgeführt, ehe sie bis an dieses letzte Glied gelangt. Wie weit sind die Arbeiten des Handwerksmannes oder des Ackerbauers, wenn sie gleich alle auf nichts weiter abzielen, als ihm Brot oder ein Kleid zu verschaffen, doch von diesem Ziele entfernt? Aber das ist noch nicht alles. Wenn die Mittel der Erhaltung für den Menschen, durch Errichtung der Gesellschaft, reichlicher werden; wenn er Überfluß für sich findet, zu dessen Herbeischaffung er nicht seine ganze Zeit und Kräfte braucht; wenn er zugleich durch die Mitteilung der Ideen aufgeklärt wird: dann fängt er an, einen Endzweck seiner Handlung in sich selbst zu finden; denn bemerkt er, daß, wenn er auch völlig satt, bekleidet, unter einem guten Dach, mit allem Hausgeräte versehen ist: doch noch für ihn etwas zu tun übrig bleibe. – Er geht noch einen Schritt weiter; er wird gewahr, daß in diesen Handlungen selbst, wordurch der Mensch sich Nahrung und Bequemlichkeit verschafft hat, in so fern sie aus gewissen Kräften eines Geistes entstehen, in so fern sie diese Kräfte üben, ein höheres Gut liege, als in den äußern Endzwecken selbst, die durch sie erreicht werden. Von diesem Augenblick an, arbeitet er zwar in Gesellschaft mit dem übrigen menschlichen Geschlecht, und mit dem Reich aller lebendigen Wesen, dazu, sich zu erhalten, und sich und seinen Freunden die Hülfsmittel des physischen Lebens zu verschaffen; – denn was wollte er anders tun? welche andere Sphäre von Tätigkeit könnte er sich schaffen, wenn er aus dieser herausginge? Aber er weiß nun, daß die Natur nicht so wohl diese vielen Triebe im Menschen erweckt hat, um ihm jene Bequemlichkeiten zu gewähren: als ihm vielmehr den Reiz jener Vergnügen und Vorteile aufstelle, um diese Triebe in Bewegung zu setzen; um einem denkenden Wesen Materie zu Vorstellungen, einem empfindlichen Geiste Stoff zu Empfindungen, einem wohlwollenden Geiste Mittel der Guttätigkeit, einem tätigen Gelegenheit zu Beschäftigungen

anwachsenden Menschenmenge der Acker zu arm werden,
der Hunger zerstreute sie in ferne Klimate und Lande, die
dem forschenden Bedürfnis ihre Produkte enthüllten, und
sie neue Raffinements sie zu bearbeiten, und ihrem
schädlichen Einfluß zu begegnen lehrten. Diese einzelne
Erfahrungen gingen durch Tradition vom Großvater zum
Urenkel über, und wurden erweitert. Man lernte die Kräfte
der Natur wider sie selbst benutzen, man brachte sie in neue
Verhältnisse, und erfand – hier schon die erste Wurzeln der
einfachen und heilsamen Künste. Zwar immer nur Kunst
und Erfindung für das Wohl des *Tieres*, aber doch Übung
der Kraft, doch Gewinn an Kenntnis, und – an eben dem
Feuer, woran der rohe Naturmensch seine Fische bratete,
spähte nachher Börhaave in die Mischungen der Körper;
Aus eben dem Messer, mit dem der Wilde sein Wildpret
zerlegte, erfand Lionet dasjenige, womit er die Nerven der
Insekten aufdeckte; mit eben dem Zirkel, mit dem man
anfangs nur Hufen maß, mißt Newton Himmel und Erde.
So zwang der Körper den Geist auf die Erscheinungen um
ihn her zu achten, so machte er ihm die Welt interessant und
wichtig, weil er sie ihm unentbehrlich machte. Der Drang
einer innern tätigen Natur, verbunden mit der Dürftigkeit
der mütterlichen Gegend lehrte unsere Stammväter kühner
denken, und erfand ihnen ein Haus, worin sie im Geleit der
Gestirne auf Flüssen und Ozeanen sicher dahinglitten, und
neuen Zonen entgegenschifften. –

---

zu geben. – Dann nimmt jede Sache, leblose und lebendige, eine
andere Gestalt für ihn an. Die Gegenstände und Veränderungen
wurden zuerst von ihm nur angesehen, in so fern sie ihm nur
Vergnügen oder Verdruß machen; jezo, in so fern sie Handlungen und Äußerungen seiner Vollkommenheit veranlassen. In
jener Betrachtung sind die Vorfälle bald gut, bald böse; in dieser
sind sie alle auf gleiche Weise gut. Dann es ist keiner, wo nicht
die Ausübung einer Tugend oder die Beschäftigung einer
besondern Fähigkeit möglich wäre. – Zuerst liebte er die
Menschen, weil er glaubte, daß sie ihm nutzen können; izo liebt
sie noch mehr, weil er das Wohlwollen für den Zustand eines
vollkommnen Geistes hält.«

Fluctibus ignotis insultavere carinæ.

Hier wiederum neue Produkten, neue Gefahren, neue Bedürfnisse, neue Anstrengungen des Geistes. Die Kollision der tierischen Triebe stößt Horden wider Horden, schmiedet das rohe Erzt zum Schwert, zeugt Abenteurer, Helden und Despoten. Städte werden befestiget, Staaten errichtet, mit den Staaten entstehen bürgerliche Pflichten und Rechte, Künste, Ziffern, Gesetzbücher, schlaue Priester – und Götter.

Und nun die Bedürfnisse ausgeartet in Luxus – welch unermeßliches Feld eröffnet sich unserm Auge! Izt werden die Adern der Erde durchwühlt, izt wird der Grund des Meeres betreten, Handel und Wandel blühen –

Latet sub classibus æquor.

Der Ost wird in West, der West in Ost bewundert, die Geburten des Auslands gewöhnen sich unter künstlichen Himmeln, und die Gartenkunst bringt die Produkte von drei Weltteilen in einem Garten zusammen. Künstler lernen der Natur ihre Werke ab, Töne schmelzen die Wilde, Schönheit und Harmonie veredlen Sitten und Geschmack, und die Kunst geleitet zu Wissenschaft und Tugend hinüber. »Der Mensch, sagt Schlözer[4], dieser mächtige Untergott räumt Felsen aus der Bahn, gräbt Seen ab, und pflüget, wo man sonsten schiffte. Durch Kanäle trennt er Weltteile und Provinzen voneinander, leitet Ströme zusammen, und führet sie in Sandwüsten hin, die er dardurch in lachende Fluren verwandelt; Er plündert dreien Weltteilen ihre Produkte ab, und versetzt sie in den vierten. Selbst Klima, Luft und Witterung gehorchen seiner Macht. Indem er Wälder ausreutet und Sümpfe austrocknet, so wird ein heiterer Himmel über ihm, Nässe und Nebel verlieren sich, die Winter werden sanfter und kürzer, die Flüsse frieren nicht mehr zu.« – Und der Geist verfeinert sich mit dem feinern Klima.

Der Staat beschäftiget den Bürger für die Bedürfnisse

---

4 Siehe Schlözers Vorstellung seiner Universalhistorie §. 6.

und Bequemlichkeiten des Lebens. Arbeitsamkeit gibt dem
Staat Sicherheit und Ruhe von außen und innen, die dem
Denker und Künstler jene fruchtbare Muße gewährt,
wordurch das Zeitalter des Augusts zum goldenen Alter
geworden. Izt nehmen die Künste einen kühneren unge-
hinderten Schwung, izt gewinnen die Wissenschaften ein
reines geläutertes Licht, Naturgeschichte und Physik stürzen den Aberglauben, die Geschichte reicht den Spiegel der
Vorwelt, und die Philosophie lacht über die Torheit der
Menschen. Wie aber nun der Luxus in Weichlichkeit und
Schwelgerei ausgeartet, in den Gebeinen der Menschen zu
toben anfängt, und Seuchen ausbrütet, und die Atmosphäre
verpestet, da eilt der bedrängte Mensch von einem Reich
der Natur zum andern, die lindernden Mittel auszuspähen,
da findet er die göttliche Rinde der China, da gräbt er aus
den Eingeweiden der Berge den mächtigwirkenden Merkur, und preßt den kostbaren Saft aus dem orientalischen
Mohn. Die verhohlensten Winkel der Natur werden
durchsucht, die Scheidekunst zertrümmert die Produkte in
ihre letzte Elemente, und schafft sich eigene Welten,
Goldmacher bereichern die Naturgeschichte, der mikro-
skopische Blick eines Schwammerdamms ertappt die Natur
bei ihren geheimsten Prozessen. Der Mensch geht noch
weiter. Not und Neugierde überspringen die Schranken des
Aberglaubens, er ergreift mutig das Messer – und hat das
größte Meisterstück der Natur, den Menschen entdeckt. So
mußte das schlimmste das größte erreichen helfen, so
mußte uns Krankheit und Tod drängen zum γνωθι δεαυτον.
Die Pest bildete unsere Hippokrate und Sydenhame, wie
der Krieg Generale gebar, und der einreißenden Lustseu-
che haben wir eine totale Reformation des medizinischen
Geschmacks zu verdanken.

   Wir wollten den rechtmäßigen Genuß der Sinnlichkeit
auf die Vollkommenheit der Seele zurückführen, und wie
wunderbar drehte sich der Stoff unter unsern Händen! Wir
fanden, daß auch ihr Übermaß, ihr Mißbrauch im Ganzen
die Realitäten der Menschheit befördert hat. Die Verirrun-

gen vom ersten Zwecke der Natur, Kaufleute, Eroberer
und Luxus haben unstreitig die Schritte dahin unendlich
beschleunigt, die eine einfachere Lebensart regelmäßiger
wohl, aber auch langsam genug würde gemacht haben.
Man halte die alte Welt gegen die neue! dort waren die
Begierden einfach, und ihre Befriedigung leicht. Aber wie
abscheulich wurde auch über die Natur und ihre Gesetze
geurteilt? Izt ist sie durch tausend Krümmungen erschwert,
aber welch volles Licht hat sich über alle Begriffe verbreitet!

Noch einmal also: der Mensch mußte Tier sein, eh er
wußte daß er ein Geist war, er mußte am Staube kriechen,
eh er den Newtonischen Flug durchs Universum wagte.
Der Körper also der erste Sporn zur Tätigkeit; Sinnlichkeit die
erste Leiter zur Vollkommenheit.

Tierische Empfindungen begleiten die geistigen.

§. 12.
Gesetz.

Der Verstand des Menschen ist äußerst beschränkt, und
darum müssen es auch notwendig alle Empfindungen sein,
die aus seiner Tätigkeit resultieren. Diesen also einen
größeren Schwung zu geben, und den Willen mit gedoppelter Kraft zum Vollkommenen hinzuziehen, und vom
Übel zurück zu reißen, wurden beide Naturen, geistige und
tierische also eng in einander verschlungen, daß ihre
Modifikationen sich wechselsweise mitteilen und verstärken. Daraus erwächst nun ein Fundamentalgesetz der
gemischten Naturen, das in seine letzte Grundteile aufgelöst, ohngefähr also lautet: *Die Tätigkeiten des Körpers*
entsprechen den Tätigkeiten des Geistes; d. h. *Jede Überspannung*
von Geistestätigkeit hat jederzeit eine Überspannung gewisser
körperlicher Aktionen zur Folge, so wie das Gleichgewicht der

erstern, oder die harmonische Tätigkeit der Geisteskräfte mit der
vollkommensten Übereinstimmung der letztern vergesellschaftet ist.
Ferner: *Trägheit der Seele macht die körperlichen Bewegungen*
träg, Nichttätigkeit der Seele hebt sie gar auf. Da nun
Vollkommenheit jederzeit mit Lust, Unvollkommenheit
mit Unlust verbunden ist, so kann man dieses Gesetz auch
also ausdrucken: *Geistige Lust hat jederzeit eine tierische Lust,*
geistige Unlust jederzeit eine tierische Unlust zur Begleiterin.

§. 13.
Geistiges Vergnügen befördert das Wohl der Maschine.

Also eine Empfindung, die das ganze Seelenwesen einnimmt, erschüttert in eben dem Grade den ganzen Bau des
organischen Körpers. Herz, Adern und Blut, Muskelfasern
und Nerven, von jenen mächtigen wichtigen, die dem
Herzen den lebendigen Schwung der Bewegung geben bis
hinaus zu jenen unbedeutenden geringen, die die Härchen
der Haut spannen, nehmen daran Teil. Alles gerät in
heftigere Bewegung. War die Empfindung angenehm, so
werden alle jene Teile einen höhern Grad harmonischer
Tätigkeit haben, das Herz wird frei, lebhaft und gleichförmig schlagen, das Blut wird ungehemmt, mild, oder feurig
rasch, je nachdem der Affekt von der sanften oder heftigen
Art ist, durch die weichen Kanäle fließen, Koktion,
Sekretion und Exkretion wird frei und ungehindert von
statten gehen, die reizbaren Fasern werden im milden
Dampfbad geschmeidig spielen, so Reizbarkeit als Emp-
findlichkeit wird durchaus erhöht sein. Darum ist der
Zustand der größten augenblicklichen Seelenlust augen-
blicklich auch der Zustand des größten körperlichen
Wohls.
So viel dieser Partialtätigkeiten sind, (und ist nicht jeder
Puls das Resultat von vielleicht tausenden) so viel dunkle
Sensationen werden sich zumal vor die Seele drängen,
wovon jede Vollkommenheit anzeigt. Aus der Verworren-

heit dieser aller bildet sich nun die Totalempfindung der tierischen Harmonien, d. h. die höchstzusammengesetzte Empfindung von tierischer Lust, die sich an die ursprüngliche intellektuelle oder moralische gleichsam anreiht, und solche durch diesen Zutritt unendlich vergrößert. So ist demnach jeder angenehme Affekt die Quelle unzähliger körperlicher Lüste.

Dieses bestätigen am augenscheinlichsten die Beispiele der Kranken, die die Freude kuriert hat. Man bringe einen, den das fürchterliche Heimweh bis zum Skelett verdorren gemacht hat, in sein Vaterland zurück, er wird sich in blühender Gesundheit verjüngen. Man trete in die Gefangenhäuser, wo Unglückliche seit zehen und zwanzig Jahren im faulen Dampf ihres Unrats wie begraben liegen, und kaum noch Kraft finden von der Stelle zu gehen, und verkündige ihnen auf einmal Erlösung. Das einige Wort wird jugendliche Kraft durch ihre Glieder gießen, die erstorbenen Augen werden Leben und Feuer funkeln. Die Seefahrer, die der Brot- und Wassermangel auf der ungewissen See siech und elend niedergeworfen hat, werden durch das einige Wort: *Land!* das der Steuermann vom Verdeck erspäht, halbgesund, und gewiß würde der sehr irren, der hier den frischen Lebensmitteln alle Wirkung zuschreiben wollte. Der Anblick einer geliebten Person, nach der er lange geschmachtet hat, hält die fliehende Seele des Agonizanten noch auf, er wird kräftiger und augenblicklich besser. Wahr ist es, daß die Freude das Nervensystem in lebhaftere Wirksamkeit setzen kann, als alle Herzstärkungen, die man aus Apotheken holen muß, und selbst inveterierte Stockungen in den labyrinthischen Gängen der Eingeweide, die weder die Rubia durchdringt, noch selbst der Merkur durchreißt, durch sie zerteilt worden sind. Wer begreift nun nicht, daß diejenige Verfassung der Seele, die aus jeder Begebenheit Vergnügen zu schöpfen, und jeden Schmerz in die Vollkommenheit des Universums aufzulösen weist, auch den Verrichtungen der Maschine am zuträglichsten sein muß? Und diese Verfassung ist die Tugend.

§. *14.*
Geistiger Schmerz untergräbt das Wohl der Maschine.

Auf eben diese Weise erfolget das Gegenteil beim unangenehmen Affekt, die Ideen, die sich beim Zornigen oder
Erschrockenen so intensiv stark herausheben, könnte man
mit eben dem Recht, als Plato die Leidenschaften Fieber der
Seele nannte, als Konvulsionen des Denkorgans betrachten. Diese Konvulsionen pflanzen sich schnell durch den
ganzen Umriß des Nervengebäudes fort, bringen die Kräfte
des Lebens in jene Mißstimmung, die seinen Flor zernichtet, und alle Aktionen der Maschine aus dem Gleichgewicht
bringt. Das Herz schlägt ungleich und ungestüm; das Blut
wird in die Lungen gepreßt, wenn in den Extremitäten
kaum so viel übrig bleibt, den verlornen Puls zu erhalten.
Alle Prozesse der tierischen Chemie durchkreuzen einander. Die Scheidungen überstürzen sich, die gutartigen Säfte
verirren, und wirken feindlich in fremden Gebieten, wenn
zu gleicher Zeit die bösartigen, die im Unrat dahinge-
schwemmt werden sollten, in den Kern der Maschine
zurückfallen. Mit einem Wort: der Zustand des größten
Seelenschmerzens ist zugleich der Zustand der größten
körperlichen Krankheit.

Die Seele wird durch tausend dunkle Sensationen vom
drohenden Ruin ihrer Werkzeuge unterrichtet, und von
einer ganzen Schmerzempfindung übergossen, die sich an
die ursprüngliche geistige anheftet, und solcher einen desto
schärfern Stachel gibt.

§. *15.*
Beispiele.

Tiefe chronische Seelenschmerzen, besonders wenn sie von
einer starken Anstrengung des Denkens begleitet sind,
worunter ich vorzüglich denjenigen schleichenden Zorn,

den man *Indignation* heißt, rechne, nagen gleichsam an den Grundfesten des Körpers, und trocknen die Säfte des Lebens aus. Diese Leute sehen abgezehrt und bleich, und der innere Gram verrät sich aus den hohlen tiefliegenden Augen. »Ich muß Leute um mich haben, die fett sind, sagt Cäsar, Leute mit runden Backen, und die des Nachts schlafen. Der Kaßius dort hat ein hageres hungriges Gesicht; er denkt zu viel, dergleichen Leute sind gefährlich.« Furcht, Unruh, Gewissensangst, Verzweiflung wirken nicht viel weniger als die hitzigsten Fieber. Dem in Angst gejagten Richard fehlt die Munterkeit, die der sonst hat, und er wähnt sie mit einem Glas Wein wieder zu gewinnen. Es ist nicht Seelenleiden allein, das ihm seine Munterkeit verscheucht, es ist eine ihm aus dem Kern der Maschine aufgedrungene Empfindung von Unbehaglichkeit, es ist eben diejenige Empfindung, welche die bösartigen Fieber verkündigt. Der von Freveln schwer gedrückte Moor, der sonst spitzfindig genug war, die Empfindungen der Menschlichkeit durch Skelettisierung der Begriffe in nichts aufzulösen, springt eben izt bleich, atemlos, den kalten Schweiß auf seiner Stirne, aus einem schrecklichen Traum auf. Alle die Bilder zukünftiger Strafgerichte, die er vielleicht in den Jahren der Kindheit eingesaugt, und als Mann obsopiert hatte, haben den umnebelten Verstand unter dem Traum überrumpelt. Die *Sensationen* sind allzuverworren, als daß der langsamere Gang der Vernunft sie einholen und noch einmal zerfasern könnte. Noch kämpfet sie mit der Phantasie, der Geist mit den Schrecken des Mechanismus. —[5]

MOOR Nein, ich zittere nicht. Wars doch ledig ein Traum – Die Toten stehen noch nicht auf – Wer sagt, daß ich zittere und bleich bin? Es ist mir ja so leicht, so wohl.

BED. Ihr seid todesbleich, eure Stimme ist bang und lallend.

[5] Life of Moor. Tragedy by Krake. A, V. Sc. 1.

MOOR Ich habe das Fieber. Ich will morgen zur Ader lassen. Sage du nur, wenn der Priester kommt, ich habe das Fieber.

BED. O, ihr seid ernstlich krank.

5 MOOR Ja freilich, freilich, das ists alles; und Krankheit verstöret das Gehirn, und brütet tolle wunderliche Träume – Träume bedeuten nichts – Pfui, pfui der weiblichen Feigheit! – Träume kommen aus dem Bauch, und Träume bedeuten nichts – Ich hatte so eben einen lustigen Traum –
10 *Er sinkt ohnmächtig nieder.*

Hier bringt das plötzlich auffahrende Integralbild des Traums das ganze System der dunkeln Ideen in Bewegung, und rüttelt gleichsam den ganzen Grund des Denkorgans auf. Aus der Summe aller entspringt eine ganze äußerst
15 zusammengesetzte Schmerzempfindung, die die Seele in ihren Tiefen erschüttert, und den ganzen Bau der Nerven per Konsensum lähmt.

Die Schauer, die denjenigen ergreifen, der auf eine lasterhafte Tat ausgeht, oder eben eine ausgeführt hat, sind
20 nichts anders als eben der Horror, der den Febrizitanten schüttelt, und welcher auch auf eingenommene widerwärtige Arzneien empfunden wird. Die nächtliche Jaktationen derer, die von Gewissensbissen gequält werden, und die immer mit einem febrilischen Aderschlag begleitet sind,
25 sind wahrhaftige Fieber, die der Konsens der Maschine mit der Seele veranlaßt, und wenn Lady Makbeth im Schlaf geht, so ist sie eine phrenitische Delirantin. Ja schon der nachgemachte Affekt macht den Schauspieler augenblicklich krank, und wenn Garrik seinen Lear oder Othello
30 gespielt hatte, so brachte er einige Stunden in gichterischen Zuckungen auf dem Bette zu. Auch die Illusion des Zuschauers, die Sympathie mit künstlichen Leidenschaften, hat Schauer, Gichter und Ohnmachten gewirkt.

Ist also nicht derjenige, der mit der bösen Laune geplagt
35 ist, und aus allen Situationen des Lebens Gift und Galle zieht; ist nicht der Lasterhafte, der in einem steten

chronischen Zorn dem Haß lebt, der Neidische, den jede
Vollkommenheit seines Mitmenschen martert, sind nicht
alle diese die größten Feinde ihrer Gesundheit? Sollte das
Laster noch nicht genug abschreckendes haben, wenn es
mit der Glückseeligkeit auch die Gesundheit zernichtet?

§. 16.
Ausnahmen.

Aber auch der angenehme Affekt hat getödet, auch der
unangenehme hat Wunderkuren getan? – Beides lehrt die
Erfahrung, sollte das die Grenzen des aufgestellten Gesetzes verrücken?

Die Freude tödet, wenn sie zur Ekstasi hinaufsteigt, die
Natur erträgt den Schwung nicht, in den in einem Moment
das ganze Nervengebäude gerät; die Bewegung des
Gehirns ist nicht Harmonie mehr, sie ist Konvulsion; ein
höchster augenblicklicher Vigor, der aber auch gleich in
den Ruin der Maschine übergeht, weil er über die
Grenzlinie der Gesundheit gewichen ist, (denn schon in die
Idee der Gesundheit ist die Idee einer gewissen Temperatur
der natürlichen Bewegungen wesentlich eingeflochten)
auch die Freude der endlichen Wesen hat ihre Schranken, so
wie der Schmerz, diese darf sie nicht überschreiten, oder sie
muß untergehn.

Was den zweiten Fall betrifft, so hat man viele Beispiele,
daß ein mäßiger Grad des Zorns, der Gewalt hat, frei
auszubrausen, die langwürigsten Verstopfungen durchris-
sen, daß der Schrecken, z. E. über eine Feuersbrunst alte
Gliederschmerzen und unheilbare Lähmungen plötzlich
gehoben hat. – Aber auch die Dysenterie hat Verstopfungen der Pfortader geschmolzen, auch die Krätze hat
Melancholien und Tobsuchten geheilt – ist die Krätze
darum weniger Krankheit, oder die Ruhr darum Gesundheit?

§. *17.*

Trägheit der Seele macht die Bewegungen der Maschine träger.

Da die Wirksamkeit des Geists während den Geschäften des Tags nach dem Zeugnis des Herrn von Haller den abendlichen Puls zu beschleunigen vermag, wird ihre Trägheit ihn nicht schwächen, wird ihre Nichttätigkeit ihn vielleicht nicht gar aufheben müssen? denn obschon die Bewegung des Bluts nicht so sehr von der Seele abhängig zu sein scheint, so läßt sich doch nicht ohne allen Grund schließen, daß das Herz, welches doch immerhin den größten Teil seiner Kraft vom Gehirn entlehnt, notwendig, *wenn die Seele die Bewegung des Gehirns nicht mehr unterhält*, einen großen Kraftverlust erleiden müssen? – Das Phlegma führt einen trägen langsamen Puls, das Blut ist wässericht und schleimicht, der Kreislauf durch den Unterleib leidet Not. Die stupiden, die uns Muzell[6] beschrieben hat, atmeten langsam und schwer, hatten weder Trieb zum Essen und Trinken, noch zu den natürlichen Exkretionen, der Aderschlag war selten, alle Verrichtungen des Körpers waren schläfrig und matt. Die Erstarrung der Seele unter dem Schrecken, dem Erstaunen u. s. w. wird zuweilen von einer allgemeinen Aufhebung aller physischen Tätigkeit begleitet. War die Seele die Ursache dieses Zustands, oder war es der Körper, der die Seele in diese Erstarrung versetzte? Aber diese Materie führt uns auf Spitzfindigkeiten, und muß ja auch gerade hier nicht entwickelt werden.

§. *18.*

Zweites Gesetz.

Nun ist das, was von Übertragung der geistigen Empfindungen auf tierische gesagt worden, auch vom umgekehr-

---

6 Muzells medizinische und chirurgische Wahrnehmungen.

ten Fall, von Übertragung der tierischen auf die geistige gültig. Krankheiten des Körpers, mehrenteils die natürlichen Folgen der Unmäßigkeit strafen an sich schon durch sinnlichen Schmerz, aber auch hier mußte die Seele in ihrem Grundwesen angegriffen werden, daß der gedoppelte Schmerz ihr die Einschränkung der Begierden desto dringender einschärfe. Eben so mußte zu dem sinnlichen Wohlgefühl der körperlichen Gesundheit auch die feinere Empfindung einer geistigen Realverbesserung treten, daß der Mensch um so mehr gespornet werde seinen Körper im guten Zustande zu erhalten. So ist es also ein zweites Gesetz der gemischten Naturen, daß *mit der freien Tätigkeit der Organe auch ein freier Fluß der Empfindungen und Ideen, daß mit der Zerrüttung derselbigen auch eine Zerrüttung des Denkens und Empfindens sollte verbunden sein.* Also kürzer: *daß die allgemeine Empfindung tierischer Harmonie die Quelle geistiger Lust, und die tierische Unlust die Quelle geistiger Unlust sein sollte.*

Man kann in diesen verschiedenen Rücksichten Seele und Körper nicht gar unrecht zweien gleichgestimmten Saiteninstrumenten vergleichen, die neben einander gestellt sind. Wenn man eine Saite auf dem einen rühret, und einen gewissen Ton angibt, so wird auf dem andern eben diese Saite freiwillig anschlagen, und eben diesen Ton nur etwas schwächer angeben. So weckt, Vergleichungsweise zu reden, die fröhliche Saite des Körpers die fröhliche in der Seele, so der traurige Ton des ersten den traurigen in der zweiten. Dies ist die wunderbare und merkwürdige Sympathie, die die heterogenen Prinzipien des Menschen gleichsam zu *Einem* Wesen macht, der Mensch ist nicht Seele und Körper, der Mensch ist die innigste Vermischung dieser beiden Substanzen.

§. *19.*
Die Stimmungen des Geists folgen den Stimmungen des Körpers.

Daher die *Schwere*, die *Gedankenlosigkeit*, das *mürrische Wesen*, auf Überladungen des Magens, auf Exzesse in allen sinnlichen Lüsten; daher die wundertätigen Wirkungen des Weins bei denen, die ihn mit Mäßigkeit trinken. »Wenn ihr Wein getrunken habt, sagt Bruder Martin, so seid ihr alles doppelt, noch einmal so leicht denkend, noch einmal so leicht unternehmend, noch einmal so schnell ausführend.« Daher die gute Laune, die Behaglichkeit bei heiterem und gesundem Wetter, die zwar einesteils auch in der Assoziation der Begriffe, mehrenteils aber in dem dadurch erleichterten Gang der natürlichen Aktionen ihren Grund hat. Diese Leute pflegen sich gemeiniglich des Ausdrucks zu bedienen: ich spüre, daß mir wohl ist, und zu dieser Zeit sind sie auch zu allen Arbeiten des Geists mehr aufgelegt, und haben ein offener Herz für die Empfindungen der menschlichkeit, und die Ausübung moralischer Pflichten. Eben dieses gilt von dem Nationalcharakter der Völker. Die Bewohner düsterer Gegenden trauren mit der sie umgebenden Natur; der Mensch verwildert in wilden stürmischen Zonen, lacht in freundlichen Lüften, und fühlt Sympathie in gereinigten Atmosphären. Nur unter dem feinen griechischen Himmel gab es einen Homer, einen Plato und Phidias; dort nur standen Musen und Grazien auf, wenn das neblichte Lappland kaum *Menschen*, ewig niemals ein Genie gebiert. Als unser Teutschland noch waldigt, rauh und sumpficht war, war der Teutsche ein Jäger, roh wie das Wild, dessen Fell er um seine Schultern schlug. So bald die Arbeitsamkeit die Gestalt seines Vaterlands umänderte, fing die Epoche seiner Sittlichkeit an. Ich will nicht behaupten, daß das Klima die einzige Quelle des Charakters sei, aber gewiß muß, um ein Volk aufzuklären, eine Hauptrücksicht dahin genommen werden, seinen Himmel zu verfeinern.

Zerrüttungen im Körper können auch das ganze System der moralischen Empfindungen in Unordnung bringen, und den schlimmsten Leidenschaften den Weg bahnen. Ein durch Wollüste ruinierter Mensch wird leichter zu Extremis gebracht werden können als der, der seinen Körper gesund erhält. Dies eben ist ein abscheulicher Kunstgriff derer, die die Jugend verderben, und jener Banditenwerber muß den Menschen genau gekannt haben, wenn er sagt: »Man muß Leib und Seele verderben.« Katilina war ein Wollüstling, eh er ein Mordbrenner wurde; und Doria hatte sich gewaltig geirret, wenn er den wollüstigen Fiesko nicht fürchten zu dörfen glaubte. Überhaupt beobachtet man, daß die Bösartigkeit der Seele gar oft in kranken Körpern wohnt.

In den Krankheiten ist diese Sympathie noch auffallender. Alle Krankheiten von Bedeutung, diejenigen vorzüglich, die man die bösartige nennt, und die aus der Ökonomie des Unterleibs hervorgehn, kündigen sich mehr oder weniger mit einer sonderbaren Revolution im Charakter an. Damals, wenn sie im Stillen noch in den verborgenen Winkeln der Maschine schleichen, und die Lebenskraft der Nerven untergraben, fängt die Seele an, den Fall ihres Gefährten in dunkeln Ahndungen voraus zu empfinden. Das ist mit ein großes Ingrediens zu demjenigen Zustand, den uns ein großer Arzt unter dem Namen der *Vorschauer* (*Horrores*) mit Meisterzügen geschildert hat. Daher die Morosität dieser Leute, davon niemand die Ursache weißt anzugeben, die Änderung ihrer Neigungen, der Ekel an allem, was ihnen sonst das liebste war. Der Sanftmütige wird zänkisch, der Lacher mürrisch, und der sich vorher im Geräusch der geschäftigen Welt verlor, flieht den Anblick der Menschen, und entweicht in düstere melancholische Stille. Unter dieser heimtückischen Ruhe rüstet sich die Krankheit zum tödlichen Ausbruch. Der allgemeine Tumult der Maschine, wenn die Krankheit mit offener Wut hervorbricht, gibt uns den redendsten Bew⟨e⟩is von der erstaunlichen Abhängigkeit der Seele vom Körper an die Hand. Die aus tausend Schmerzgefühlen zusammengeronnene Emp-

findung des allgemeinen Umsturzes der Organe richtet im System ihrer geistigen Empfindungen eine fürchterliche Zerrüttung an. Die schröcklichste Ideen leben wieder auf. Der Bösewicht, den nichts gerührt hat, unterliegt der
5 Übermacht tierischer Schrecken. Der sterbende Winchester heult in wütender Verzweiflung. Die Seele scheint mit Fleiß nach allem zu haschen, was sie in noch tiefere Verfinsterung stürzt, und vor allen Trostgründen mit rasendem Widerwillen zurückzuschaudern. Der Ton der unangenehmen Emp-
10 findung ist herrschend, und wie dieser tiefe Schmerz der Seele aus den Zerrüttungen der Maschine entsprungen ist, so hilft er rückwärts diese Zerrüttungen heftiger und allgemeiner machen.

§. 20.
15 *Einschränkung des Vorigen.*

Aber man hat tägliche Beispiele von Kranken, die sich voll Mut über die Leiden des Körpers erheben, von Sterbenden, die mitten in den Bedrängnissen der kämpfenden Maschine fragen: *wo ist dein Stachel, Tod?* Sollte die Weisheit, dörfte man
20 einwenden, nicht vermögend sein, wider die blinden Schrecken des Organismus zu waffnen? Sollte, was noch mehr ist als Weisheit, sollte die *Religion* ihre Freunde so wenig gegen die Anfechtungen des Staubes beschützen können? Oder, welches eben so viel heißt, kommt es nicht
25 auch auf den vorhergehenden Zustand der Seele an, wie sie die Alterationen der Lebensbewegungen aufnimmt?
   Dieses nun ist eine unleugbare Wahrheit. Philosophie und noch weit mehr ein mutiger und durch die Religion erhobener Sinn sind fähig den Einfluß der tierischen
30 Sensationen, die das Gemüt des Kranken bestürmen, durchaus zu schwächen, und die Seele gleichsam aus aller Kohärenz mit der Materie zu reißen. Der Gedanke an die Gottheit, die, wie durchs Universum, so auch im Tode webet, die Harmonie des vergangenen Lebens, und die

Vorgefühle einer ewig glücklichen Zukunft breiten ein
volles Licht über alle ihre Begriffe, wenn die Seele des
Toren und Unglaubigen von allen jenen dunkeln Fühlungen des Mechanismus umnachtet wird. Wenn auch unwillkürliche Schmerzen dem Christen und Weisen sich aufdrän-
gen, (dann ist er weniger Mensch?) so wird er selbst das
Gefühl seiner zerfallenden Maschine in Wollust auflösen. –

> The Soul, secourd in her existence, smiles
> At the drawn dagger, and defies its point,
> The stars shall fade away, the sun himself
> Grow dim with age, and nature sink in years,
> But thou shalt flourish in immortal youth,
> Unhurt amidst the war of Elements,
> The wrek of Matter, and the Crush of worlds.

Eben diese ungewöhnliche Heiterkeit der tödlich Kranken
hat mehrmalen auch eine physische Ursach zum Grunde,
und ist äußerst wichtig für den praktischen Arzt. Man findet
sie oft in Gesellschaft der tödlichsten Zeichen des Hippokrates, und ohne sie aus irgend einer vorgängigen Krisis
begreifen zu können; diese Heiterkeit ist bösartig. Die
Nerven, welche während der Höhe des Fiebers auf das
schärfste waren angefochten worden, haben izt ihre Empfindlichkeit verloren, die entzündeten Teile, weiß man wohl,
hören auf zu schmerzen, sobald sie brandig werden, aber es
wäre ein unglücklicher Gedanke, sich Glück zu wünschen,
daß die Entzündungsperiode nunmehr überstanden sei.
Der Reiz weicht von den toten Nerven zurück, und eine
tödliche Indolenz lügt baldige Genesung. Die Seele befindet
sich in der Illusion einer angenehmen Empfindung, weil sie
einer lang anhaltenden schmerzhaften los ist. Sie ist schmer-
zenfrei, nicht weil der Ton ihrer Werkzeuge wiederherge-
stellt ist, sondern weil sie den Mißton nicht mehr empfindet.
Die Sympathie hört auf, so bald der Zusammenhang
wegfällt.

§. 21.
Weitere Aussichten in den Zusammenhang.

Wenn ich nun erst tiefer hineingehn – wenn ich vom
Wahnsinn selbst, vom Schlummer, vom Stupor, von der
fallenden Sucht und der Katalepsis u. s. f. sprechen dürfte,
wo der freie und vernünftige Geist dem Despotismus des
Unterleibs unterworfen wird, wenn ich mich überhaupt in
das große Feld der Hysterie und Hypochondrie ausbreiten
dürfte, wenn es mir erlaubt wäre von Temperamenten,
Idiosynkrasien und Konsensus zu reden, welches für Ärzte
und Philosophen ein Abgrund ist, – mit einem Wort: wenn
ich die Wahrheit des bisherigen von dem Krankenbett aus
beweisen wollte, welches immerhin eine Hauptschule des
Psychologen ist, so würde mein Stoff sich ins Unendliche
dehnen. Genug, deucht es mich, ist es nunmehr bewiesen,
daß die tierische Natur mit der geistigen sich durchaus
vermischet, und daß diese Vermischung Vollkommenheit
ist.

Körperliche Phänomene verraten
die Bewegungen des Geists.

§. 22.
Physiognomik der Empfindungen.

Eben diese innige Korrespondenz der beiden Naturen
stützt auch die ganze Lehre der Physiognomik. Durch eben
diesen Nervenzusammenhang, welcher, wie wir hören, bei
der Mitteilung der Empfindungen zum Grunde liegt,
werden die geheimsten Rührungen der Seele auf der
Außenseite des Körpers geoffenbart, und die Leidenschaft
dringt selbst durch den Schleier des Heuchlers. Jeder
Affekt hat seine spezifiken Äußerungen, und so zu sagen,
seinen eigentümlichen Dialekt, an dem man ihn kennt. Und

zwar ist dies ein bewundernswürdiges Gesetz der Weisheit, daß jeder edle und wohlwollende den Körper *verschönert*, den der niederträchtige und gehässige in *viehische* Formen zerreißt. Je mehr sich der Geist vom Ebenbild der Gottheit entfernet, desto näher scheint auch die äußere Bildung dem Viehe zu kommen, und immer demjenigen am nächsten, das diesen Haupthang mit ihm gemein hat. So ladet das sanfte Außenbild des Menschenfreunds den Hülfsbedürftigen ein, wenn der trotzige Blick des Zornigen jeden zurückscheucht. Dies ist der unentbehrlichste Leitfaden im gesellschaftlichen Leben. Es ist merkwürdig, wie viel Ähnlichkeit die körperlichen Erscheinungen mit den Affekten haben, Heldenmut und Unerschrockenheit strömen Leben und Kraft durch Adern und Muskeln, Funken sprühen aus den Augen, die Brust steigt, alle Glieder rüsten sich gleichsam zum Streit, der Mensch hat das Ansehen des Rosses. Schrecken und Furcht erlöschen das Feuer der Augen, die Glieder sinken kraftlos und schwer, das Mark scheint in den Knochen erfroren zu sein, das Blut fällt dem Herzen zur Last, allgemeine Ohnmacht lähmt die Instrumente des Lebens. Ein großer kühner erhabener Gedanke zwingt uns auf die Zähen zu stehen, das Haupt empor zu richten, Nase und Mund weit aufzusperren. Das Gefühl der Unendlichkeit, die Aussicht in einen weiten offenen Horizont, das Meer und dergleichen dehnt unsere Arme aus, wir wollen ins Unendliche ausfließen. Mit Bergen wollen wir gen Himmel wachsen, auf Stürmen und Wellen dahinbrausen; gähe Abgründe stürzen uns schwindelnd hinunter; der Haß äußert sich im Körper gleichsam durch eine zurückstoßende Kraft, wenn im Gegenteil selbst unser Körper durch jeden Händedruck, jede Umarmung in den Körper des Freundes übergehen will, gleichwie die Seelen harmonisch sich mischen; der Stolz richtet den Körper auf, so wie die Seele steigt; Kleinmut senket das Haupt, die Glieder hangen; knechtische Furcht spricht aus dem kriechenden Gang; die Idee des Schmerzens verzerret unser Gesicht, wenn wollüstige Vorstellungen eine Grazie über den

ganzen Körper verbreiten; so hat ferner der Zorn die
stärksten Bande zerrissen, und die Not beinahe die Unmöglichkeit überwunden. – Durch was für eine Mechanik,
möcht ich nun fragen, geschicht es, daß gerade diese
Bewegungen auf diese Empfindungen erfolgen, gerade
diese Organe bei diesen Affekten interessiert werden? Ist
dies nicht eben so viel, als wollt ich wissen, warum gerade
eine solche Verletzung der Bandhaut die untere Kinnlade
erstarren mache?

Wird der Affekt, der diese Bewegungen der Maschine
sympathetisch erweckte, öfters erneuert, wird diese Empfindungsart der Seele habituell, so werden es auch diese
Bewegungen dem Körper. Wird der zur Fertigkeit gewordene Affekt *daurender Charakter*, so werden auch diese
konsensuellen Züge der Maschine tiefer eingegraben, sie
bleiben, wenn ich das Wort von dem Pathologen entlehnen
darf, *devteropathisch* zurück, und werden endlich organisch.
So formiert sich endlich die feste perennierende Physiognomie des Menschen, daß es beinahe leichter ist, die Seele
nachher noch umzuändern als die Bildung. In diesem
Verstande also kann man sagen, die Seele bildet den
Körper, ohne ein Stahlianer zu sein, und die ersten
Jugendjahre bestimmen vielleicht die Gesichtszüge des
Menschen durch sein ganzes Leben, so wie sie überhaupt
die Grundlage seines moralischen Charakters sind. Eine
untätige und schwache Seele, die niemal in Leidenschaften
überwallt, hat gar keine Physiognomie, wenn nicht eben
der Mangel derselben die Physiognomie der Simpel ist.
Die Grundzüge, die die Natur ihnen anerschuf, und die
Nutrition vollendete, dauren unangetastet fort. Das Gesicht ist glatt, denn keine Seele hat darauf gespielt. Die
Augbraunen behalten einen vollkommenen Bogen, denn
kein wilder Affekt hat sie zerrissen. Die ganze Bildung
behält eine Ründe, denn das Fett hat Ruhe in seinen Zellen;
das Gesicht ist regelmäßig, vielleicht auch so gar schön,
aber ich bedaure die Seele.

Eine Physiognomik organischer Teile, z. E. der Figur

und Größe der Nase, der Augen, des Mundes, der Ohren
u. s. w. der Farbe der Haare, der Höhe des Halses u. s. f. ist
vielleicht nicht unmöglich, dörfte aber wohl so bald nicht
erscheinen, wenn auch Lavater noch durch zehen Quartbände schwärmen sollte. Wer die launichten Spiele der
Natur, die Bildungen, mit denen sie stiefmütterlich bestraft,
und mütterlich beschenkt hat, unter Klassen bringen
wollte, würde mehr wagen, als Linné, und dürfte sich sehr
in Acht nehmen, daß er über der ungeheuren kurzweiligen
Mannigfaltigkeit der ihm vorkommenden Originale nicht
selbst eines werde.⟨*⟩

Auch der Nachlaß der tierischen Natur
ist eine Quelle von Vollkommenheit.

§. 23.
Scheint sie zu hindern.

Noch kann man sagen, wenn auch der tierische Teil des
Menschen ihm alle die großen Vorteile gewährt, von denen
bisher gesprochen worden, so bleibt er doch immer noch in
einer andern Rucksicht verwerflich. Nemlich die Seele ist
also sklavisch an die Tätigkeit ihrer Werkzeuge gefesselt,
daß die periodische Abspannung dieser letztern ihr eine
tatenlose Pause vorschreibt, und sie gleichsam periodisch
vernichtet. Ich meine den Schlaf, der wie man nicht leugnen
kann, uns wenigstens den dritten Teil unsers Daseins raubt.
Ferner ist unsere Denkkraft von den Gesetzen der Maschi-

⟨*⟩ Noch eine Art von Sympathie verdient bemerkt zu werden,
indem sie in der Physiologie von großer Erheblichkeit ist; ich
meine die Sympathie gewisser Empfindungen mit den Organen, aus denen sie kamen. Ein gewisser Krampf des Magens
erregte in uns die Empfindung von Ekel; die Reproduktion
dieser Empfindung bringt ruckwärts diesen Krampf hervor.
Wie geschieht das?

ne äußerst abhängig, daß der Nachlaß dieser letztern dem
Gang der Gedanken plötzliches Halt auferlegt, wenn wir
eben auf dem geraden offenen Pfade zur Wahrheit begriffen
sind. Der Verstand darf kaum ein wenig auf einer Idee
gehaftet haben, so versagt ihm die träge Materie; die Saiten
des Denkorgans erschlaffen, wenn sie kaum ein wenig
angestrengt worden; der Körper verläßt uns, wo wir sein
am meisten bedürfen. Welch erstaunliche Schritte, dörfte
man einwenden, würde der Mensch in Bearbeitung seiner
Fähigkeiten machen, wenn er in einem Zustand ununter-
brochener Intensität fortdenken könnte? Wie würde er jede
Idee in ihre letzte Elemente zerfasern, wie würde er jede
Erscheinung bis zu ihren verhohlensten Quellen verfolgen,
wenn er sie unaufhörlich vor seiner Seele fest halten
könnte? – Aber es ist nun einmal nicht so, warum ist es
nicht so?

§. 24.
Notwendigkeit des Nachlasses.

Folgendes wird uns auf die Spur der Wahrheit leiten.

1.) Die angenehme Empfindung war notwendig den
Menschen zur Vollkommenheit zu führen, und er ist
ja nur darum vollkommen, daß er angenehm empfinde.

2.) Die Natur eines endlichen Wesens macht die unangenehme Empfindung unvermeidlich. Das Übel
exuliert nicht aus der besten Welt, und die Weltweisen wollen ja darin Vollkommenheit finden.

3.) Die Natur eines *gemischten* Wesens bringt sie notwendig mit sich, weil sie größtenteils darauf ruht.

Also: Schmerz und Lust sind notwendig.

Schwerer scheint es, aber es ist dennoch nicht wahr,

4.) Jeder Schmerz wächst seiner Natur nach, so wie jede
Lust, ins Unendliche.

5.) Jeder Schmerz und jede Lust eines gemischten
Wesens zielt auf seine Auflösung.

§. 25.
Erklärung.

Nemlich, das will so viel sagen: Es ist ein bekanntes Gesetz
der Ideenverbindung, daß eine jede Empfindung, welcher
Art sie auch immer seie, also gleich eine andere ihrer Art
ergreife, und sich durch diesen Zuwachs vergrößere. Je
größer und vielfältiger sie wird, desto mehr gleichartige
weckt sie nach allen Direktionen des Denkorgans auf, bis
sie nach und nach allgemein herrschend wird, und die ganze
Fläche der Seele einnimmt. So wächst demnach jede
Empfindung durch sich selbst; jeder gegenwärtige Zustand
des Empfindungsvermögens enthält den Grund eines
nachfolgenden ähnlichen heftigern. Dies ist an sich klar.
Nun ist, wie wir wissen, jede geistige Empfindung mit
einer ähnlichen tierischen vergesellschaftet, d. i. mit andern
Worten: jede ist mit mehr oder wenigern Nervenbewegun-
gen verknüpft, die sich nach dem Grad ihrer Stärke und
Ausbreitung richten. Also: so wie die geistigen Empfindungen wachsen, müssen auch die Bewegungen im Nervensystem zunehmen. Dies ist nicht minder deutlich. Aber
nun lehrt uns die Pathologie, daß kein Nerve jemals allein
leide, und sagen: Hie ist Übermaß von Kraft, eben so viel
heiße als, dort ist Mangel der Kraft. Also wächst zugleich
noch jede Nervenbewegung durch sich selbst. Ferner ist
oben gesagt worden, daß die Bewegungen des Nervensystems auf die Seele zurückwirken, und die geistigen
Empfindungen verstärken; die verstärkte Empfindungen
des Geists vermehren und verstärken wiederum die Bewegungen der Nerven. Also ist hier ein Zirkel und die
Empfindung muß stets wachsen, und die Nervenbewegun-
gen müssen in jedem Moment allgemeiner und heftiger
werden. Nun wissen wir, daß die Bewegungen der Maschine, welche die Empfindung des Schmerzens verursachen,
dem harmonischen Ton zuwiderlaufen, durch den sie erhalten wird, das heißt, daß sie Krankheit sind. Aber Krank-

heit kann nicht ins Unendliche wachsen, also endigen sie
sich mit der totalen Destruktion der Maschine. In Absicht
auf den Schmerz ist es also erwiesen, daß er auf den Tod des
Subjekts abzielt.

Aber die Bewegungen der Nerven unter dem Zustand
des angenehmen Affekts sind ja so harmonisch, der
Fortdauer der Maschine so günstig; der Zustand der
größten Seelenlust ist ja der Zustand des größten körperlichen Wohls; – sollte nicht vielmehr umgekehrt der
angenehme Affekt den Flor des Körpers ins Unendliche
verlängern? – dieser Schluß ist sehr übereilt. In einem
gewissen Grade der Moderation sind diese Nervenbewe-
gungen heilsam und wirklich Gesundheit. Wachsen sie über
diesen Grad hinaus, so können sie wohl höchste Aktivität,
höchste augenblickliche Vollkommenheit sein, aber dann
sind sie Exzeß der Gesundheit, dann sind sie nicht mehr
Gesundheit. Nur diejenige gute Beschaffenheit der natürlichen Aktionen heißen wir Gesundheit, in denen der
Grund zukünftiger ähnlicher liegt, d. h. die die Vollkommenheit der darauf folgenden Aktionen befestigen; also
gehört die Bestimmung des *Fortdaurenden* wesentlich mit in
den Begriff der Gesundheit. So hat z. E. der Körper des
entkräftetsten Wollüstlings im Momente der Ausschweifung seine höchste Harmonie erreicht, aber sie ist nur
augenblicklich, und ein desto tieferer Nachlaß lehrt zur
Genüge, daß Überspannung nicht Gesundheit war. So
kann man denn mit Recht behaupten, daß der übertriebene
Vigor der physischen Aktionen den Tod so sehr beschleunigt als die höchste Disharmonie oder die heftigste
Krankheit. Und also reißen uns beide, Schmerz und
Vergnügen, einem unvermeidlichen Tod entgegen, wenn
nicht etwas vorhanden ist, das ihr Wachstum beschrän-
ket.

§. 26.
Vortrefflichkeit dieses Nachlasses.

Und eben dieses leistet nun der Nachlaß der tierischen
Natur. Eben diese Einschränkung unserer zerbrechlichen
Maschine, die unsern Gegnern einen so starken Einwurf
wider ihre Vollkommenheit schien geliehen zu haben,
mußte es auch sein, die alle die üblen Folgen verbesserte,
die der Mechanismus anderwärts unvermeidlich macht.
Eben dieses Hinsinken, dieses Erschlaffen der Organe,
worüber die Denker so klagen, verhindert, daß uns unsere
eigene Kraft nicht in kurzer Zeit aufreibt, und läßt es nicht
zu, daß unsere Affekten in immer steigenden Graden zu
unserm Verderben fortwachsen. Sie zeichnet jedem Affekt
die Perioden seines Wachstums, seiner Höhe, und seiner
Deferveszenz, wenn er nicht gar in einer totalen Relaxation
des Körpers erstirbt, die den empörten Geistern Zeit läßt,
wiederum ihren harmonischen Ton zu nehmen, und den
Organen, sich wiederum zu erholen. Daher die höchsten
Grade des Entzückens, des Schreckens und des Zorns eben
dieselben sind, nemlich Ermattung, Schwäche oder Ohnmacht. –

»Izo mußt' er entweder ohnmächtig niedersinken« – –
Noch mehr gewährt der Schlaf, der, wie unser Shakespear
sagt, »den verworrenen Knäul der Sorgen auseinander löst,
das Bad der wunden Arbeit, die Geburt von jedes Tages
Leben, der zweite Gang der großen Natur ist.« Unter dem
Schlaf ordnen sich die Lebensgeister wiederum in jenes
heilsame Gleichgewicht, das die Fortdauer unsers Daseins
so sehr verlangt; alle jene krampfichte Ideen und Empfindungen, alle jene überspannte Tätigkeiten, die uns den Tag
durch gepeinigt haben, werden izo in der allgemeinen
Erschlaffung des Sensoriums aufgelöst, die Harmonie der
Seelenwirkungen wird wiederum hergestellt, und ruhiger
grüßt der neuerwachte Mensch den kommenden Morgen.

Auch in Hinsicht auf die Einrichtung des Ganzen können wir den Wert und die Wichtigkeit dieses Nachlasses nicht genug bewundern. Eben diese Einrichtung brachte es notwendig mit sich, daß manche, die nicht minder glücklich sein sollten, der allgemeinen Ordnung aufgeopfert wurden, und das Los der Unterdrückung davon trugen. Eben so mußten wiederum viele, die wir vielleicht mit Unrecht zu beneiden pflegen, ihre Geistes- und Leibeskraft in rastloser Anstrengung foltern, damit die Ruhe des Ganzen erhalten werde. So ferner die Kranke, so das unvernünftige Vieh. Der Schlaf versiegelt gleichsam das Auge des Kummers, nimmt dem Fürsten und Staatsmann die schwere Bürde der Regierung ab, gießt Lebenskraft in die Adern des Kranken, und Ruhe in seine zerrissene Seele; auch der Taglöhner hört die Stimme des Drängers nicht mehr, und das mißhandelte Vieh entflieht den Tyranneien der Menschen. Alle Sorgen und Lasten der Geschöpfe begräbt der Schlaf, setzt alles ins Gleichgewicht, rüstet jeden mit neugebornen Kräften aus, die Freuden und Leiden des folgenden Tages zu ertragen.

§. 27.
Trennung des Zusammenhangs.

Endlich dann, auf den Zeitpunkt, wo der Geist den Zweck seines Daseins in diesem Kreise erfüllt hat, hat zugleich eine inwendige unbegreifliche Mechanik auch seinen Körper unfähig gemacht weiter sein Werkzeug zu sein. Alle Anordnungen zur Aufrechthaltung des körperlichen Flors scheinen nur bis auf diese Epoche zu reichen; die Weisheit, kommt es mir vor, hat bei Gründung unserer physischen Natur eine solche Sparsamkeit beobachtet, daß, ungeachtet der steten Kompensationen, doch die Konsumtion immer das Übergewicht behalte, daß *die Freiheit den Mechanismus mißbrauche, und der Tod aus dem Leben, wie aus seinem Keime sich entwickle.* Die Materie zerfäht in ihre letzte Elemente

wieder, die nun in andern Formen und Verhältnissen durch
die Reiche der Natur wandern, andern Absichten zu dienen.
Die Seele fähret fort, in andern Kreisen ihre Denkkraft zu
üben, und das Universum von andern Seiten zu beschauen.
Man kann freilich sagen, daß sie diese Sphäre im geringsten
noch nicht erschöpft hat, daß sie solche vollkommener
hätte verlassen können, aber weiß man dann, daß diese
Sphäre für sie verloren ist? Wir legen izo manches Buch
weg, das wir nicht verstehn, aber vielleicht verstehn wir es
in einigen Jahren besser.

PHILOSOPHISCH-ÄSTHETISCHE SCHRIFTEN

ÜBER DAS GEGENWÄRTIGE
TEUTSCHE THEATER
1782

Der Geist des gegenwärtigen Jahrzehents in Teutschland zeichnet sich auch vorzüglich dadurch von den vorigen aus, daß er dem Drama beinah in allen Provinzen des Vaterlands einen lebhaftern Schwung gab; und es ist merkwürdig, daß man noch nie so oft Seelengröße zu beklatschen, und Schwachheiten auszupfeifen gefunden hat, als eben in dieser Epoche – Schade, daß dies nur auf der Bühne ist. Die Egyptier bestellten für jedes Glied einen eigenen Arzt, und der Kranke ging unter dem Gewicht seiner Ärzte zu Grunde – Wir halten jeder Leidenschaft ihren eigenen Henker, und haben täglich irgend ein unglückliches Opfer derselben zu beweinen. Jede Tugend findet bei uns ihren Lobredner, und wir scheinen sie über ihrer Bewunderung zu vergessen. Mich deucht, es verhalte sich damit, wie mit den unterirdischen Schätzen in den Gespenstermährgen: *Beschreit den Geist nicht!* ist die ewige Bedingung des Beschwörers – Mit Stillschweigen erhebt man das Gold – ein Laut über die Zunge, und hinunter sinkt zehntausend Klafter die Kiste.

Allerdings sollte man denken, ein *offener Spiegel* des menschlichen Lebens, auf welchem sich die geheimsten Winkelzüge des Herzens illuminiert und fresko zurückwerfen, wo alle Evolutionen von Tugend und Laster, alle verworrensten Intrigen des Glücks, die merkwürdige Ökonomie der obersten Fürsicht, die sich im wirklichen Leben oft in langen Ketten unabsehbar verliert, wo, sage ich, dieses alles in kleinern Flächen und Formen aufgefaßt, auch dem stumpfesten Auge übersehbar zu Gesichte liegt; – ein Tempel, wo der wahre natürliche Apoll, wie einst zu

Dodona und Delphos, goldne Orakel mündlich zum
Herzen redet; – eine solche Anstalt, möchte man erwarten,
sollte die reinern Begriffe von Glückseligkeit und Elend
um so nachdrücklicher in die Seele prägen, als die sinnliche
Anschauung lebendiger ist, denn nur Tradition und Sentenzen. *Sollte*, sage ich; – und was *sollten* die Waren nicht,
wenn man den Verkäufer höret? Was *sollten* jene Tropfen
und Pulver nicht, wenn nur der Magen des Patienten sie
verdaute, wenn nur seinem Gaum nicht davor eckelte? – So
viele Don Quixotes sehen ihren eigenen Narrenkopf aus
dem Savoyardenkasten der Komödie gucken, so viele
Tartüffes ihre Masken, so viele Falstaffe ihre Hörner; und
doch deutet einer dem andern ein Eselsohr, und beklatscht
den witzigen Dichter, der seinem *Nachbar* eine solche
Schlappe anzuhängen gewußt hat. Gemälde voll Rührung,
die einen ganzen Schauplatz in Tränen auflösen. – Gruppen
des Entsetzens, unter deren Anblick die zarten Spinnewe-
ben eines hysterischen Nervensystems reißen. – Situationen
voll schwankender Erwartung, die den leisern Odem
fesselt, und das beklommene Herz in ungewissen Schlägen
wiegt. – Alles dieses, was wirkt es denn mehr, als ein buntes
Farbenspiel auf der Fläche, gleich dem lieblichen Zittern
des Sonnenlichts auf der Welle. – Der ganze Himmel
scheint in der Flut zu liegen. – Ihr stürzt euch wonnetrun-
ken hinein, und – und tappt in kalt Wasser. Wenn der
teufelische Makbeth, die kalten Schweißtropfen auf der
Stirne, bebenden Fußes, mit hinschauerndem Auge aus der
Schlafkammer wanket, wo er die *Tat getan* hat. – Welchem
Zuschauer laufen nicht eiskalte Schauer durch die Gebeine?
– Und doch welcher Makbeth unter dem Volke läßt seinen
Dolch aus dem Kleide fallen, eh er die Tat tut? oder seine
Larve, wenn sie getan ist? – Es ist ja eben König Dunkan
nicht, den er zu verderben eilet. Werden darum weniger
Mädchen verführt, weil Sara Samson ihren Fehltritt mit
Gifte büßet? Eifert ein einziger Ehmann weniger, weil der
Mohr von Venedig sich so tragisch übereilte? Tyrannisiert
etwa die Konvenienz die Natur darum weniger, weil jene

unnatürliche Mutter, *nach der Tat reuig*, vor euren Ohren das rasende Gelächter trillert? – Ich könnte die Beispiele häufen. Wenn Odoardo den Stahl, noch dampfend vom Blute des geopferten Kindes, zu den Füßen des fürstlichen *armen Sünders* wirft, dem er seine Mätresse so zugeführt hat – welcher Fürst gibt dem Vater seine geschändete Tochter wieder? – – Glücklich genug, wenn euer Spiel sein getroffenes Herz unter dem Ordensbande zwei- oder dreimal stärker schüttelt. – Bald schwemmt ein lärmendes Allegro die leichte Rührung hinweg. – Ja glücklich genug, wenn eure Emilia, wenn sie so verführerisch jammert, so nachlässig schön dahin sinkt, so voll Delikatesse und Grazie ausröchelt, nicht noch mit sterbenden Reizen die wollüstige Lunde entzündet, und eurer tragischen Kunst aus dem Stegreif hinter den Kulissen ein demütigendes Opfer gebracht wird. Beinahe möchte man den Marionetten wieder das Wort reden, und die Machinisten ermuntern, die Garrikischen Künste in ihre hölzerne Helden zu verpflanzen, so würde doch die Aufmerksamkeit des Publikums, die sich gewöhnlicher maßen in den Inhalt, den Dichter und Spieler dritteilt, von dem letztern zurücktreten, und sich mehr auf dem ersten versammeln. Eine abgefeimte Italienische Iphigenia, die uns vielleicht durch ein glückliches Spiel nach Aulis gezaubert hatte, weißt mit einem schelmischen Blick durch die Maske ihr eigenes Zauberwerk *wohlbedacht* wieder zu zerstören, Iphigenia und Aulis sind weggehaucht, die Sympathie stirbt in der Bewunderung ihrer Erweckerin. Wir sollten ja die Neigungen des schönen Geschlechtes aus seiner Meisterin kennen; die hohe Elisabeth hätte eher eine Verletzung ihrer Majestät, als einen Zweifel gegen ihre Schönheit vergeben. – Sollte eine *Aktrice* philosophischer denken? Sollte diese – wenn der Fall der Aufopferung käme – mehr auf ihren Ruhm *außerhalb den Kulissen*, als *hinter* denselben bedacht sein? Ich zweifle gewaltig. So lang die Schlachtopfer der Wollust durch die Töchter der Wollust gespielt werden, so lang die Szenen des Jammers, der Furcht und des Schrek-

kens, mehr dazu dienen den schlanken Wuchs, die netten
Füße, die Grazienwendungen der Spielerin zu Markte zu
tragen, mit einem Wort, so lang die Tragödie mehr die
Gelegenheitsmacherin verwöhnter Wollüste spielen muß –
5 ich will weniger sagen – So lang das Schauspiel weniger
Schule als Zeitvertreib ist – mehr dazu gebraucht wird die
eingähnende Langeweile zu beleben, unfreundliche Win-
ternächte zu betrügen, und das große Heer unserer süßen
Müßiggänger mit dem Schaume der Weisheit, dem Papier-
10 geld der Empfindung, und galanten Zoten zu bereichern,
so lang es mehr für die Toilette und die Schenke arbeitet: so
lange mögen immer unsere Theaterschriftsteller der patriotischen Eitelkeit entsagen, Lehrer des Volks zu sein. Bevor
das Publikum für seine Bühne gebildet ist, dörfte wohl
15 schwerlich die Bühne ihr Publikum bilden.

Aber daß wir auch hier nicht zu weit gehen – daß wir
dem Publikum nicht die Fehler des Dichters zur Last legen.
Ich bemerke zwei vorzüglichen Moden im Drama, die zwei
äußersten Enden, zwischen welchen Wahrheit und Natur
20 inne liegen. Die Menschen des Peter Korneille sind frostige
Behorcher ihrer Leidenschaft – altkluge Pedanten ihrer
Empfindung. Den bedrängten Roderich hör ich auf offener
Bühne über seine Verlegenheit Vorlesung halten, und seine
Gemütsbewegungen sorgfältig, wie eine Pariserin ihre
25 Grimassen vor dem Spiegel, durchmustern. Der leidige
Anstand in Frankreich hat den Naturmenschen verschnitten. – Ihr Kothurn ist in einen niedlichen Tanzschuh
verwandelt. In England und Teutschland (doch auch hier
nicht bälder, als bis Göthe die Schleichhändler des Ge-
30 schmacks über den Rhein zurückgejagt hatte) deckt man
der Natur, wenn ich so reden darf, ihre Scham auf, vergrößert ihre Finnen und Leberflecken unter dem Hohlspiegel eines unbändigen Witzes, die mutwillige Fantasie
glühender Poeten lügt sie zum Ungeheuer und drommelt
35 von ihr die schändlichsten Anekdoten aus. Zu Paris liebt
man die glatten zierlichen Puppen, von denen die Kunst alle
kühne Natur hinwegschliff. Man wägt die Empfindung

nach Granen, und schneidet die Speisen des Geists diä-
tetisch vor, den zärtlichen Magen einer schmächtigen
Marquisin zu schonen; wir Teutsche muten uns wie die
starkherzigen Britten, kühnere Dosen zu, unsere Helden
gleich⟨en⟩ einem Goliath auf alten Tapeten, grob und
gigantisch, für die Entfernung gemalt. Zu einer guten
Kopie der Natur gehört beides, eine *edelmütige Kühnheit*, ihr
Mark auszusaugen, und ihre Schwungkraft zu erreichen,
aber zugleich auch eine *schüchterne Blödigkeit*, um die grassen
Züge, die sie sich in großen Wandstücken erlaubt, bei
Miniatürgemälden zu mildern. Wir Menschen stehen vor
dem Universum, wie die Ameise vor einem großen majestätischen Palaste. Es ist ein ungeheures Gebäude, unser
Insektenblick verweilet auf *diesem* Flügel, und findet
vielleicht *diese* Säulen, *diese* Statuen übel angebracht; das
Auge eines bessern Wesens umfaßt auch den gegenüber-
stehenden Flügel, und nimmt dort Statuen, und Säulen
gewahr, die ihren Kamerädinnen hier symmetrisch entsprechen. Aber der Dichter male für Ameisenaugen, und bringe
auch die andere Hälfte in unsern Gesichtskreis verkleinert
herüber; er bereite uns von der Harmonie des Kleinen auf
die Harmonie des Großen; von der Symmetrie des Teils auf
die Symmetrie des Ganzen, und lasse uns letztere in der
erstern bewundern. Ein Versehen in diesem Punkt ist eine
Ungerechtigkeit gegen das ewige Wesen, das nach dem
unendlichen Umriß der *Welt*, nicht nach einzelnen herausgehobenen Fragmenten beurteilt sein will.

Bei der *getreuesten* Kopie der Natur, so weit unsere Augen
sie verfolgen, wird die Vorsehung verlieren, die auf das
angefangene Werk in diesem Jahrhundert vielleicht erst im
folgenden das Siegel drückt.

Aber auch der Dichter kann schuldlos sein, wenn der
Zweck des Dramas mißlinget. Man trete auf die Bühne
selbst, und gebe acht, wie sich die Geschöpfe der Fantasie
im *Spieler* verkörpern. Es sind diesem zwei Dinge schwer
aber notwendig. Einmal muß er sich selbst, und die
horchende Menge vergessen, um in der Rolle zu leben;

dann muß er wiederum sich selbst und den Zuschauer
gegenwärtig denken, auf den Geschmack des letztern
reflektieren, und die Natur mäßigen. Zehnmal finde ich das
erste dem zweiten aufgeopfert, und doch – wenn das Genie
des Akteurs nicht beides ausreichen kann – möchte er
immerhin gegen dieses, zum Vorteil jenes, verstoßen. Von
Empfindung zum Ausdruck der Empfindung herrscht
eben die schnelle, und ewigbestimmte Sukzession, als von
Wetterleuchten zu Donnerschlag, und bin ich des Affektes
voll, so darf ich so wenig den Körper nach seinem Tone
stimmen, daß es mir vielmehr schwer ja unmöglich werden
dörfte, den freiwilligen Schwung des letztern zurückzuhalten. Der Schauspieler befindet sich einigermaßen im Fall
eines Nachtwandlers, und ich beobachte zwischen beiden
eine merkwürdige Ähnlichkeit. Kann der letztere bei einer
anscheinenden völligen Abwesenheit des Bewußtseins, in der
Grabesruhe der äußern Sinne, auf seinem mitternächtlichen
Pfade mit der unbegreiflichsten Bestimmtheit jeden Fußtritt gegen die Gefahr abwägen, die die größeste Geistes-
gegenwart des wachenden auffodern würde – Kann die
Gewohnheit seine Tritte so wunderbar sichern, kann – wenn
wir doch, um das Phänomen zu erklären, zu etwas mehr
unsre Zuflucht nehmen müssen – kann eine *Sinnesdämme-
rung*, eine superfizielle und flüchtige Bewegung der Sinne so
viel zu Stande bringen: warum sollte der Körper, der doch
sonst die Seele in allen ihren Veränderungen so getreulich
begleitet, in diesem Falle so zügellos über seine Linien
schweifen, daß er ihren Ton mißstimmte? Erlaubt sich die
Leidenschaft keine Extravagation, (und das kann sie nicht,
wenn sie echt ist, und das soll sie nicht in einer gebildeten
Seele) so weiß ich gewiß, daß auch die Organe in kein
Monstrum verirren. Sollte dann, bei der größesten Abwesenheit der Perzeption, deren die Illusion der Spieler nur
fähig macht, nicht eben so gut wie dort eine unmerkliche
Wahrnehmung des Gegenwärtigen fortdauern, die den
Spieler eben so leicht an dem Überspannten und Unanstän-
digen vorbei über die schmale Brücke der Wahrheit und

Schönheit führt? Ich sehe die Unmöglichkeit nicht. Hingegen welcher Übelstand auf der andern Seite, wenn der
Spieler das Bewußtsein seiner gegenwärtigen Lage sorgsam
und ängstlich unterhält, und das künstliche Traumbild
durch die Idee der *wirklich* ihn umgebenden Welt zernichtet. ₅
Schlimm für ihn, wenn er weiß, daß vielleicht tausend und
mehr Augen an jeder seiner Gebärden hangen, daß eben so
viel Ohren jeden Laut seines Mundes verschlingen. – Ich
war einst zugegen, als dieser unglückliche Gedanke: *Man
beobachtet mich!* den zärtlichen Romeo mitten aus dem Arm ₁₀
der Entzückung schleuderte; – Es war gerade der Sturz des
Nachtwandlers, den ein warnender Zuruf auf gäher
Dachspitze schwindelnd packt. – Die verborgene Gefahr
war ihm keine – aber der steilen Höhe plötzlicher Anblick
warf ihn tödlich herunter. Der erschrockene Spieler stand ₁₅
steif und albern – die natürliche Grazie der Stellung
entartete in eine Beugung – als ob er sich eben ein Kleid
wollte anmessen lassen. – Die Sympathie der Zuschauer
verpuffte in ein Gelächter.

Gewöhnlich haben unsere Spieler für jedes Genus von ₂₀
Leidenschaft eine aparte Leibesbewegung einstudiert, die
sie mit einer Fertigkeit, die zuweilen gar – dem Affekte
vorspringt, an den Mann zu bringen wissen. Dem Stolz
fehlt das Kopfdrehen auf eine Achsel, und das Anstemmen
des Ellenbogens selten. – Der Zorn sitzt in einer geballten ₂₅
Faust, und im Knirschen der Zähne. – Die Verachtung habe
ich auf einem gewissen Theater ordentlicher Weise durch
einen Stoß mit dem Fuße charakterisieren gesehen; – die
Traurigkeit der Theaterheldinnen retiriert sich hinter ein
weißgewaschenes Schnupftuch, und der Schrecken, der ₃₀
noch am kürzesten wegkommt, wirft sich auf dem nächsten
dem besten Block seine Bürde, und dem Publikum einen –
Stümper vom Halse. Die Spieler starker tragischer Rollen –
und dies sind gewöhnlich die Bassisten, die Matadore der
Bühne – pflegen ihre Empfindung murrköpfisch herzuzan- ₃₅
ken, und ihre schlechte Bekanntschaft mit dem Affekt, den
sie wie einen Missetäter von unten auf rädern, mit einem

Gepolter der Stimme und der Glieder zu überlärmen, wenn im Gegenteil die sanften rührenden Spieler ihre Zärtlichkeit und Wehmut in einem monotonischen Gewimmer schleifen, das die Ohren zum Eckel ermüdet. Deklamation ist immer die erste Klippe, woran unsere mehreste Schauspieler scheitern gehen, und Deklamation wirkt immer zwei Dritteile der ganzen Illusion. Der Weg des Ohrs ist der gangbarste und nächste zu unsern Herzen. – Musik hat den rauhen Eroberer Bagdads bezwungen, wo Mengs und Korreggio alle Malerkraft vergebens erschöpft hätten. Auch kommt es uns leichter an, die beleidigten *Augen* zu schließen, als die mißhandelten *Ohren* – mit Baumwolle zu verstopfen*.

Wenn denn nun freilich Dichter, Spieler und Publikum fallieren, so dörfte leicht von der vollwichtigen Summe, die ein patriotischer Verfechter der Bühne auf dem Papiere erhebt, ein garstiger Bruch zurückbleiben. Sollte das dieser verdienstvollen Anstalt einen Augenblick unsere Aufmerksamkeit entziehen? Das Theater tröste sich mit seinen würdigern Schwestern der Moral und – furchtsam wage ich

---

* Es ist noch die Frage, ob eine Rolle durch einen bloßen Liebhaber nicht mehr als durch einen Schauspieler von Handwerk gewinne? Bei dem letztern wenigstens geht die Empfindung so bald, als bei einem okkupierten Praktikus in der Heilkunst das Indizium über die Krankheit, verloren. Es bleibt nichts zurück als eine mechanische Fertigkeit, eine Affektation, eine Koketterie mit den Grimassen der Leidenschaft. Man wird sich erinnern, wie glücklich die Rolle der Zayre in Frankreich und England durch angehende und ungeübte Spielerinnen geraten ist.* Möchte man aller Orten von dem Vorurteile zurückkommen, daß theatralische Übungen Personen von Stand und Ehre schänden, gewiß würde dies den guten Geschmack allgemeiner verbreiten, und die Empfindung des Schönen, Guten und Wahren durchgängig mehr beleben und verfeinern, so wie zugleich auch Spieler von Profession mit einem schärfern Wetteifer den Ruhm ihres Standes zu erhalten sich befleißen würden.
* Leßings Hamburgische Dramaturgie, XVItes Stück.

die Vergleichung – der Religion, die ob sie schon in heiligem Kleide kommen, über die Befleckung des blöden und schmutzigen Haufens nicht erhaben sind. Verdienst genug wenn hie und da ein Freund der Wahrheit und gesunden Natur hier seine Welt wieder findet, sein eigen Schicksal in fremdem Schicksal verträumt, seinen Mut an Szenen des Leidens erhärtet, und seine Empfindung an Situationen des Unglücks übet; – Ein edles unverfälschtes Gemüt fängt neue belebende Wärme vor dem Schauplatz – beim rohern Haufen summt doch zum mindesten eine verlassene Saite der Menschheit verloren noch nach.

U.

DER SPAZIERGANG UNTER DEN LINDEN
1782

Wollmar und Edwin waren Freunde, und wohnten in einer
friedlichen Einsiedelei beisammen, in welche sie sich aus
dem Geräusch der geschäftigen Welt zurückgezogen hatten, hier in aller philosophischen Muße die merkwürdige
Schicksale ihres Lebens zu entwickeln. Edwin, der glückliche umfaßte die Welt mit frohherziger Wärme, die der
trübere Wollmar in die Trauerfarbe seines Mißgeschicks
kleidete. Eine Allee von Linden war der Lieblingsplatz
ihrer Betrachtungen. Einst an einem lieblichen Maientag
spazierten sie wieder; ich erinnere mich folgenden Gesprä-
ches:

EDWIN Der Tag ist so schön – die ganze Natur hat sich
aufgeheitert, und Sie so nachdenkend Wollmar?

WOLLMAR Lassen Sie mich. Sie wissen, es ist meine Art,
daß ich ihr ihre Launen verderbe.

EDWIN Aber ist es denn möglich, den Becher der Freude
so anzueckeln?

WOLLMAR Wenn man eine Spinne darin findet – warum
nicht? Sehen Sie, Ihnen malt sich izt die Natur wie ein
rotwangigtes Mädchen an seinem Brauttag. Mir erscheint
sie als eine abgelegte Matrone, rote Schminke auf ihren
grüngelben Wangen, geerbte Demanten in ihrem Haar. Wie
sie sich in diesem Sonntagsaufputz belächelt! Aber es sind
abgetragene Kleider und schon hunderttausendmal gewandt. Eben diesen grünen wallenden Schlepp trug sie
schon vor Deukalion, eben so parfümiert, und eben so bunt
verbrämt. Jahrtausende lang verzehrt sie nur mit dem
Abtrag von der Tafel des Todes, kocht sich Schminke aus
den Gebeinen ihrer eigenen Kinder, und stutzt die Verwe-

sung zu blendenden Flittern. Es ist ein unflätiges Ungeheuer, das von seinem eigenen Kot, viele tausendmal
aufgewärmt, sich mästet, seine Lumpen in neue Stoffe
zusammenflickt, und groß tut, und sie zu Markte trägt,
und wieder zusammenreißt in garstige Lumpen. Junger
Mensch, weißt du wohl auch, in welcher Gesellschaft du
vielleicht izo spazierest? Dachtest du je, daß dieses unendliche Rund das Grabmal deiner Ahnen ist, daß dir die
Winde, die dir die Wohlgerüche der Linden herunterbrin-
gen, vielleicht die zerstobene Kraft des Arminius in die
Nase blasen, daß du in der erfrischenden Quelle vielleicht
die zermalmten Gebeine unsrer großen Heinriche kostest?
Pfui! Pfui! die Erderschütterer Roms, die die majestätische
Welt in drei Teile rissen, wie Knaben einen Blumenstrauß
unter sich teilen, und an die Hüte stecken, müssen vielleicht
in den Gurgeln ihrer verschnittenen Enkel einer wimmern-
den Opern-Arie fronen. – Der Atome, der in Platos
Gehirne dem Gedanken der Gottheit bebte, der im Herzen
des Titus der Erbarmung zitterte, zuckt vielleicht izo der
viehischen Brunst in den Adern der Sardanapale, oder wird
in dem Aas eines gehenkten Gaudiebs von den Raben
zerstreut. Schändlich! Schändlich! Wir haben aus der
geheiligten Asche unserer Väter unsre Harlekinsmasken
zusammengestoppelt, wir haben unsere Schellenkappen
mit der Weisheit der Vorwelt gefüttert. Sie scheinen das
lustig zu finden, Edwin?

EDWIN Vergeben Sie. Ihre Betrachtungen eröffnen mir
komische Szenen. Wie? wenn unsre Körper nach eben den
Gesetzen wanderten, wie man von unsern Geistern behauptet? Wenn sie nach dem Tod der Maschine eben das Amt
fortsetzen müßten, das sie unter den Befehlen der Seele
verwalteten; gleichwie die Geister der Abgeschiedenen die
Beschäftigungen ihres vorigen Lebens wiederholen, quæ
cura fuit vivis, eadem sequitur tellure repostos.

WOLLMAR So mag die Asche des Lykurgus noch bis izt
und ewig im Ozean liegen!

EDWIN Hören Sie dort die zärtliche Philomele schlagen?

Wie? wenn sie die Urne von Tibulls Asche wäre, der zärtlich
wie sie sang? Steigt vielleicht der erhabene Pindar in jenem
Adler zum blauen Schirmdach des Horizonts, flattert
vielleicht in jenem buhlenden Zephyr ein Atome Anakreons? Wer kann es wissen, ob nicht die Körper der Süßlinge
in zarten Puderflöckchen in die Locken ihrer Gebieterinnen
fliegen; ob nicht die Überbleibsel der Wucherer im hun-
dertjährigen Rost an die verscharrte Münzen gefesselt
liegen? Ob nicht die Leiber der Polygraphen verdammt
sind, zu Lettern geschmolzen oder zu Papier gewalkt zu
werden, ewig nun unter dem Druck der Presse zu ächzen,
und den Unsinn ihrer Kollegen verewigen zu helfen? Wer
kann mir beweisen, daß der schmerzliche Blasenstein
unsers Nachbars nicht der Rest eines ungeschickten Arztes
ist, der nunmehr zur Strafe die ehmals mißhandelten Gänge
des Harns ein ungebetener Pförtner hütet, so lang in diesen
schimpflichen Kerker gesprochen, bis die geweihte Hand
eines Wundarztes den verwünschten Prinzen erlöst? Sehen
Sie Wollmar! Aus eben dem Kelche, woraus Sie die bittere
Galle schöpfen, schöpft meine Laune lustige Scherze.

WOLLMAR Edwin! Edwin! Wie Sie den Ernst wieder mit
lächelndem Witz übertünchen! – Man sage es doch unsern
Fürsten, die mit einer zuckenden Wimper zu vernichten
meinen. – Man sage es unsern Schönen, die mit einer
farbigten Landschaft im Gesicht unsre Weisheit zur Närrin
machen wollen. – Man sage es den süßen Herrchen, die eine
Handvoll blonde Haare zu ihrem Gott machen. – Mögen
sie zusehen, wie die Schaufel des Totengräbers den Schädel
Yoriks so unsanft streichelt. Was dünkt sich ein Weib mit
ihrer Schönheit, wenn der große Cäsar eine anbrüchige
Mauer flickt den Wind abzuhalten?

EDWIN Aber wo hinaus denn mit dem allem?

WOLLMAR Armselige Katastrophe einer armseligern
Farce! – Sehen Sie Edwin! Das Schicksal der Seele ist in die
Materie geschrieben. Machen Sie nunmehr den glücklichen
Schluß.

EDWIN Gemach Wollmar. Sie kommen ins Schwärmen.
Sie wissen, wie gern sie da die Vorsicht mißhandeln.

WOLLMAR Lassen Sie mich fortfahren. Die gute Sache scheut die Besichtigung nicht.

EDWIN Wollmar besichtige wenn er glücklicher ist.

WOLLMAR O pfui! da bohren sie gerade in die gefähr- lichste Wunde. Die Weisheit wäre also eine waschhafte Mäklerin, die in jedem Hause schmarotzen geht, und geschmeidig in jede Laune plaudert, bei dem Unglückli- chen die Gnade selbst verleumdet, bei dem Glücklichen auch das Übel verzuckert. Ein verdorbener Magen ver- schwätzt diesen Planeten zur Hölle, ein Glas Wein kann seine Teufel vergöttern. Wenn unsre Launen die Modelle unsrer Philosophien sind – sagen Sie mir doch Edwin, in welcher wird die *Wahrheit* gegossen? Ich fürchte Edwin, Sie werden weise sein, wenn Sie erst finster werden.

EDWIN Das möcht ich nicht um weise zu werden!

WOLLMAR Sie haben das Wort: *glücklich*, genannt. Wie wird man das Edwin? Arbeit ist die Bedingung des Lebens, das Ziel Weisheit, und Glückseligkeit, sagen sie, ist der Preis. Tausend und abermal tausend Segel fliegen aus- gespannt, die glückliche Insel zu suchen im gestadlosen Meere, und dieses goldene Vlies zu erobern. Sage mir doch du Weiser, wie viel sind ihrer die es finden? Ich sehe hier eine Flotte im ewigen Ring des Bedürfnisses herumgewir- belt, ewig von diesem Ufer stoßend, um ewig wieder daran zu landen, ewig landend um wieder davon zu stoßen. Sie tummelt sich in den Vorhöfen ihrer Bestimmung, kreuzt furchtsam längs dem Ufer, Proviant zu holen, und das Takelwerk zu flicken, und steuert ewig nie auf die Höhe des Meeres. Es sind diejenige, die heute sich abmüden, auf daß sie sich morgen wieder abmüden können. Ich ziehe sie ab, und die Summe ist um die Hälfte geschmolzen. Wieder andere reißt der Strudel der Sinnlichkeit in ein ruhmloses Grab. – Es sind diejenige, die die ganze Kraft ihres Daseins verschwenden, den Schweiß der vorigen zu genießen. Man rechne sie weg, und ein armes Vierteil bleibt noch zurück. Bang und schüchtern segelt es ohne Kompaß im Geleit der betrüglichen Sterne auf dem furchtbaren Ozean fort, schon

flimmt wie weißes Gewölk am Rande des Horizonts die
glückliche Küste, Land ruft der Steuermann, und siehe! ein
elendes Brettchen zerbirstet, das lecke Schiff versinkt hart
am Gestade. Apparent rari nantes in gurgite vasto.
Ohnmächtig kämpft sich der geschickteste Schwimmer
zum Lande, ein Fremdling in der ätherischen Zone irrt er
einsam umher, und sucht tränenden Augs seine nordische
Heimat. So ziehe ich von der großen Summe eurer
freigebigen Systeme eine Million nach der andern ab. – Die
Kinder freuen sich auf den Harnisch der Männer, und diese
weinen, daß sie nimmermehr Kinder sind. Der Strom
unsers Wissens schlängelt sich rückwärts zu seiner Mündung, der Abend ist dämmerig wie der Morgen, in der
nämlichen Nacht umarmen sich Aurora und Hesperus, und
der Weise der die Mauern der Sterblichkeit durchbrechen
wollte, sinkt abwärts, und wird wieder zum tändelnden
Knaben. Nun Edwin! rechtfertigen Sie den Töpfer gegen
den Topf, antworten Sie Edwin!

EDWIN Der Töpfer ist schon gerechtfertigt, wenn der
Topf mit ihm rechten kann.

WOLLMAR Antworten Sie.

EDWIN Ich sage, wenn sie auch die Insel verfehlt, so ist
doch die Fahrt nicht verloren.

WOLLMAR Etwa das Aug an den malerischen Landschaften zu weiden, die zur Rechten und Linken vorbei fliegen?
Edwin? und darum in Stürmen herumgeworfen zu werden,
darum an spitzigen Klippen vorbei zu zittern, darum in der
wogenden Wüste einem dreifachen Tode um den Rachen zu
schwanken! – Reden Sie nichts mehr, mein Gram ist
beredter als ihre Zufriedenheit.

EDWIN Und soll ich darum das Veilchen unter die Füße
treten, weil ich die Rose nicht erlangen kann? Oder soll ich
diesen Maitag verlieren, weil ein Gewitter ihn verfinstern
kann. Ich schöpfe Heiterkeit unter der wolkenlosen Bläue,
die mir hernach seine stürmische Langeweile verkürzt. Soll
ich die Blume nicht brechen, weil sie morgen nicht mehr
riechen wird. Ich werfe sie weg wenn sie welk ist, und

pflücke ihre junge Schwester, die schon reizend aus der Knospe bricht. – –

WOLLMAR Umsonst! Vergebens. Wohin nur ein Samenkorn des Vergnügens fiel, sprossen schon tausend Keime des Jammers. Wo nur eine Träne der Freude liegt, liegen tausend Tränen der Verzweiflung begraben. Hier an der Stelle, wo der Mensch jauchzte, krümmten sich tausend sterbende Insekte. In eben dem Augenblick, wo unser Entzücken zum Himmel wirbelt, heulen tausend Flüche der Verdammnis empor. Es ist ein betrügliches Lotto, die wenigen armseligen Treffer verschwinden unter den zahllosen Nieten. Jeder Tropfe Zeit ist eine Sterbeminute der Freuden, jeder wehende Staub der Leichenstein einer begrabenen Wonne. Auf jeden Punkt im ewigen Universum hat der Tod sein monarchisches Siegel gedrückt. Auf jeden Atomen les ich die trostlose Aufschrift: *Vergangen!*

EDWIN Und warum nicht: *Gewesen?* Mag jeder Laut der Sterbegesang einer Seligkeit sein – Er ist auch die Hymne der allgegenwärtigen Liebe. – Wollmar, an dieser Linde küßte mich meine Juliette zum erstenmal.

WOLLMAR *heftig davon gehend:* Junger Mensch! Unter dieser Linde hab ich meine Laura verloren.

(Vielleicht Fortsetzungen.)

K.

DER JÜNGLING UND DER GREIS

Versuch eines Nichtstudierten

SELIM Wie der Strom in der Ferne braust, während der
Sturm sich sammelt! Ein begeisterndes Getöse, eine Taten-
ahndung, Almar, die Seele schwillt mir.

ALMAR Jüngling, warum weilt dein Auge nicht lieber an
jener noch heiteren Strecke des Himmels, dein Ohr nicht
am sanften Gemurmel dieser Quelle?

SELIM Oft war Ruhe meine Sehnsucht, ich nannte mich
töricht, nach Fantomen zu jagen, die gleich den Hydra-
Köpfen bei ihrem Untergang wiederum gefährlicher her-
vorschießen. Aber o Almar! was sind wir für zweideutige
Geschöpfe! Ruhe ist nicht die Bestimmung unserer Natur,
unaufhaltsam lispelt und ruft eine geheime Stimme nach
unbekannten dunklen Szenen. Unter grauen Haaren würd
ich mich feige schelten, hätt' ich, gleitend ins unbekannte
Land, nur die Hälfte meines Wegs zurück gelegt, indessen
vorwärts, und um und um Regionen blüheten, die ich öde
gelassen.

ALMAR Ich bedaure dich mein Lieber! dein Kopf ist noch
von Romanen erhitzt, deine Ideen von Bestimmung und
Tätigkeit sind Irrwische. Sieh! die Natur läßt überall
Rosengebüsche wachsen, und lehrt die Unschuld ihren
frohen Gesang; werden glänzende Trophäen oder das
Triumphgetön der Trompete unser Leben besser verherrlichen als jenes? Deine eitle Wünsche, glaub es einem
Greisen, sind nicht in dir entsprossen, und ein Traum wird
dich verzehren.

SELIM Eine Moral die ich oft gehört habe, die aber allein
für dich passet, in deiner sich neigenden Natur entspringt,
verzeihe mir dieses Wort mein Vater! Bist du glücklich
Almar, wünschest du nichts mehr?

ALMAR Ich bin glücklicher, weil ich genügsamer worden bin.

SELIM Armer! dies ist dein Glück, daß du nicht siehst was du am Tausche verlorst. Du bückst dich nicht mehr nach der Blume, weil deine Nerven starr worden sind. Du wähnst dich glücklich, weil du es nicht mehr in einem hohen Grade sein kannst. Laß mich warm davon reden, ich zittre vor dem Augenblick, wo ich ohne Wunsch und Hoffnung entschlummern und erwachen müßte. Unaufhaltsames Streben ist das Element der Seele. Beim Worte Genügsamkeit zersplittern die Stufen in der unendlichen Leiter der Wesen. Dieser Durst, diese Unruhe, mein Schmerz über meine Schwachheit entschleiert meine Hoheit. Ich weine nur ein Mensch zu sein, ich jauchze ein Gott sein zu können.

ALMAR Und du bist nur ein Sklav. Sieh die Fläche des Flusses, er ist jedem Säuseln preis gegeben, und der Wind jagt ihn über die Ufer.

SELIM Aber ohne Säuseln und ohne Sturm würden seine Wasser verderben. Es gibt Minuten, wo mein Geist stillen Gewässern gleichet; kein wohltätiger Wind vermag das drückende Gleichgewicht aus einander zu schaukeln; der Puls der Natur macht eine Pause, gekrümmt über mich selbst winde ich mich rastlos wie einer der im Grab erwacht; ein Insekt erbittert mich; ich suche dann mit Gewalt mein Leben wieder; ich vegetiere in einem hohen Grade, ich schwelge.

ALMAR Du sprichst so viel von Wünschen und Streben, wo bleibt dann dein Genuß? Nach deinen Paradoxen wird dessen Fülle wohl ein Unglück sein.

SELIM Allerdings, wenn sie anhaltend wäre. Wenn du's überlegst, ist nur die Ahndung, die Hoffnung des Genusses die Würze des Vergnügens; der Genuß selbst ist sein Tod. Im Arme des schönsten Mädchens bin ich am meisten zu bedauren, wenn ich am nächsten der höchsten Wonne bin. Dieses scheint mir das schönste Vorrecht des Menschen zu sein, und ein wesentlicher Unterschied vom Tiere. Ich wünsche und ahnde den Genuß, und bin glücklich. Dem Tiere behagt es bloß, wann es genießt.

ALMAR Izt ertappe ich dich auf einem Widerspruch. Du jagst einem Ziele nach, das du zu erreichen fürchtest.

SELIM Ich fürchte es nicht, aber die Seele hört auf zu glühen, die Schwingen der Imagination sinken am Ziele; der Zauber verschwindet; der Tumult von Assoziationen macht der dringenden lauten Wirklichkeit Platz; die Seele ist dann am meisten leidend, und am wenigsten glücklich. Ich fürcht' es nicht, Almar, weil neue erhabnere Ziele mir wieder entgegen winken, meine Laufbahn ist die Ewigkeit. Durch die Hoheit und Zahl meiner Wünsche werd ich mich in der Geister Gewühl stehlen, die nach der Gottheit hinzücken.

ALMAR Halt ein, Schwärmer, nun hab ich dich wo ich wünschte; du sagtest, der Zauber verschwinde am Ziele deines Wunsches, du hast also ein leeres Fantom verfolgt.

SELIM Aber der Weg war nicht verloren, und laß es auch Fantomen sein, wenn nur mein Schöpfer mir eine glühende Seele nach ihnen gab. Wehe dem Frechen, der mit frevelnder Hand den Schleier wegzieht von diesem magischen Tumult. Er kommt dem Alter in diesem traurigen Vorrecht zuvor. Elysium sinkt ihm zu einem Küchengarten herab.

ALMAR Lebe wohl, Träumer! das nächstemal werd ich reden, und du wirst mir antworten, wann du unterdessen auf deinem Fluge in keinen Sumpf stürzest. Ich gehe in meinen Garten, um mich am wiederkehrenden milden Sonnenschein zu weiden.

SELIM Ich weine Elysium zu ahnden, und nicht zu finden. Du lächelst noch aus Lust, aber für Lust weinest du nicht mehr.

Schstn.

WAS KANN EINE GUTE STEHENDE SCHAUBÜHNE EIGENTLICH WIRKEN?

EINE VORLESUNG,

gehalten zu Mannheim in der öffentlichen Sitzung der kurpfälzischen deutschen Gesellschaft am 26sten des Junius 1784.
von F. *Schiller*, Mitglied dieser Gesellschaft, und herzogl.
Weimarischen Rat.

Wenn uns der natürliche Stolz – so nenne ich die erlaubte
Schätzung unsers eigentümlichen Werts – in keinem
Verhältnis des bürgerlichen Lebens verlassen soll, so ist
wohl das erste *dieses*, daß wir uns selbst zuvor die Frage
beantworten, ob das Geschäft, dem wir jetzt den besten Teil
unsrer Geisteskraft hingeben, mit der Würde unsers Geists
sich vertrage, und die gerechten Ansprüche des Ganzen auf
unsern Beitrag erfülle. Nicht immer bloß die höchste
Spannung der Kräfte – nur ihre edelste Anwendung kann
Größe gewähren. Je erhabner das Ziel ist, nach welchem
wir streben, je weiter je mehr umfassend der Kreis, worin
wir uns üben, desto höher steigt unser Mut, desto reiner
wird unser Selbstvertrauen, desto unabhängiger von der
Meinung der Welt. Dann nur, wenn wir bei uns selbst erst
entschieden haben, was wir sind, und was wir nicht sind,
nur dann sind wir der Gefahr entgangen, von fremdem
Urteil zu leiden – durch Bewunderung aufgeblasen, oder
durch Geringschätzung feig zu werden.

Woher kommt es denn aber – diese Bemerkung hat sich
mir aufgedrungen, seitdem ich Menschen beobachte –
woher kommt es, daß der Amtsstolz so gern im entgegengesetzten Verhältnis mit dem wahren Verdienste steht? Daß
die Meisten ihre Anfoderungen an die Achtung der
Gesellschaft in eben dem Grade verdoppeln, in welchem

sich ihr Einfluß auf dieselbe vermindert? – Wie bescheiden
erscheint nicht oft der Minister, der das Steuerruder des
Landes führt, und das große System der Regierung mit
Riesenkraft wälzt, neben dem kleinen Histrionen, der seine
Verordnungen zu Papier bringt – wie bescheiden der große
Gelehrte, der die Grenzen des menschlichen Denkens
erweiterte, und die Fackel der Aufklärung über Weltteilen
schimmern ließ, neben dem dumpfen Pedanten, der seine
Quartbände hütet? – Man verurteilt den jungen Mann, der
gedrungen von innrer Kraft, aus dem engen Kerker einer
Brotwissenschaft heraustritt, und dem Rufe des Gottes
folgt, der in ihm ist? – Ist das die Rache der kleinen Geister
an dem Genie, dem sie nachzuklimmen verzagen? Rechnen sie vielleicht ihre Arbeit darum so hoch an, weil sie
ihnen so sauer wurde? – Trockenheit, Ameisenfleiß und
gelehrte Taglöhnerei werden unter den ehrwürdigen
Namen Gründlichkeit, Ernst und Tiefsinn geschätzt,
bezahlt und bewundert. Nichts ist bekannter, und nichts
gereicht zugleich der gesunden Vernunft mehr zur Schande,
als der unversöhnliche Haß, die stolze Verachtung, womit
Fakultäten auf freie Künste heruntersehen – und diese
Verhältnisse werden forterben, bis sich Gelehrsamkeit und
Geschmack, Wahrheit und Schönheit, als zwo versöhnte
Geschwister umarmen.

Es ist leicht einzusehen, in wie fern diese Bemerkung mit
der Frage zusammenhängt: *»Was wirkt die Bühne?«* – Die
höchste und letzte Foderung, welche der Philosoph und
Gesetzgeber einer öffentlichen Anstalt nur machen können, ist Beförderung allgemeiner Glückseligkeit. Was die
Dauer des physischen Lebens erhält, wird immer sein erstes
Augenmerk sein; was die Menschheit innerhalb ihres
Wesens veredelt, sein höchstes. *Bedürfnis* des *Tiermenschen* ist
älter und drängender – *Bedürfnis* des *Geistes* vorzüglicher,
unerschöpflicher. Wer also unwidersprechlich beweisen
kann, daß die Schaubühne Menschen- und Volksbildung
wirkte, hat ihren Rang neben den ersten Anstalten des
Staats entschieden.

Die dramatische Kunst setzt mehr voraus, als jede andre von ihren Schwestern. Das höchste Produkt dieser Gattung ist *vielleicht* auch das höchste des menschlichen Geistes. Das System der körperlichen Anziehung und Shakespears Julius Cesar – es steht dahin, ob die Zunge der Waage, worin höhere Geister die menschlichen wägen, um einen mathematischen Punkt überschlagen wird. Wenn dies entschieden ist – und entschied nicht der unbestechlichste Richter, die Nachwelt? – warum sollte man nicht vor allen Dingen dahin beflissen sein, die Würde einer Kunst außer Zweifel zu setzen, deren Ausübung alle Kräfte der Seele, des Geistes und des Herzens beschäftigt? – Es ist Verbrechen gegen sich selbst, Mord der Talente, wenn das nämliche Maß von Fähigkeit, welches dem höchsten Interesse der Menschheit würde gewuchert haben, an einem minder wichtigen Gegenstand undankbar verschwendet wird. Ist es wirklich noch zweifelhaft, ob du vom Himmel herabstammst, sind alle deine geprahlten Einflüsse wirklich nur schöne Schimären deiner Bewunderer, ist die Menschheit nicht deine Schuldnerin – o so zerreiße deinen unsterblichen Lorbeer, Thalia, laß deine Posaune von ihr schweigen, ewige Fama! – Jene bewunderte Iphigenia war nichts als ein schwacher Augenblick ihres Schöpfers, der seiner Würde vergaß – der gepriesene Hamlet nichts als eine Majestätsverletzung des Dichters gegen den himmlischen Genius.

Über keine Kunst ist – so viel ich weiß – mehr gesagt und geschrieben worden, als über diese; über keine weniger entschieden. Die Welt hat sich hier, mehr als irgendwo, in Vergötterung und Verdammung geteilt, und die Wahrheit ging verloren durch Übertreibung. Der härteste Angriff, den sie erleiden mußte, geschah von einer Seite, wo er nicht zu erwarten war. – Der Leichtsinn, die Frechheit, auch selbst die Abscheulichkeit derer die sie ausüben, kann der Kunst selbst nicht zur Last fallen. Die meisten eurer dramatischen Schilderungen, und selbst die am meisten gepriesenen, was sind sie anders, spricht man, als feine versteckte Giftmischerei, künstlich aufgeputzte Laster,

weichliche oder großsprechende Tugenden? – Eure Repräsentanten der Menschheit, eure Künstler und Künstlerinnen, wie oft Brandmark des Namens den sie tragen,
Parodien ihres geweihten Amtes, wie oft Auswurf der
Menschheit? Eure gerühmte Schule der Sitten, wie oft nur
die letzte Zuflucht des gesättigten Luxus? ein Hinterhalt
des Mutwillens und der Satyre? Wie oft diese hohe göttliche
Thalia eine Spaßmacherin des Pöbels, oder Staubleckerin
an sehr kleinen Thronen? – Alle diese Ausrufungen sind
unwiderleglich wahr, doch trifft keine einzge die Bühne.
Christus Religion war das Feldgeschrei, als man Amerika
entvölkerte – Christus Religion zu verherrlichen mordeten
Damiens und Ravaillac, und schoß Karl der Neunte auf die
fliehenden Hugenotten zu Paris. – Wem aber wird es
einfallen, die sanftmütigste der Religionen einer Schandtat
zu bezüchtigen, von der auch die rohe Tierheit sich feierlich
lossagen würde?

Eben so wenig darf die Kunst es entgelten, daß sie in
Europa nicht ist, was sie in Asien war, im achtzehnten
Jahrhundert nicht ist, was unter Aspasia und Perikles.
Genug für sie, daß sie es *damals* gewesen, und daß die
Nation, bei welcher sie blühte, noch jetzt unser Muster ist –
Aber ich schreite zur Untersuchung selbst.

Ein allgemeiner unwiderstehlicher Hang nach dem neuen
und außerordentlichen, ein Verlangen, sich in einem
leidenschaftlichen Zustande zu fühlen, hat, nach Sulzers
Ausdruck, die Bühne hervorgebracht. Erschöpft von den
höhern Anstrengungen des Geistes, ermattet von den
einförmigen, oft niederdrückenden Geschäften des Berufs,
und von Sinnlichkeit gesättigt, mußte der Mensch eine
Leerheit in seinem Wesen fühlen, die dem ewigen Trieb
nach Tätigkeit zuwider war. Unsre Natur, gleich unfähig,
länger im Zustand des Tiers fortzudauern, als die feinern
Arbeiten des Verstands fortzusetzen, verlangte einen mittleren Zustand, der beide widersprechenden Enden vereinigte, die harte Spannung zu sanfter Harmonie herab-

stimmte, und den wechselsweisen Übergang eines Zustands
in den andern erleichterte. Diesen Nutzen leistet überhaupt
nun der ästhetische Sinn, oder das Gefühl für das Schöne.
Da aber eines weisen Gesetzgebers erstes Augenmerk sein
muß, unter zwo Wirkungen die höchste heraus zu lesen, so   5
wird er sich nicht begnügen, die Neigungen seines Volks
nur entwaffnet zu haben; er wird sie auch, wenn es irgend
nur möglich ist, als Werkzeuge höherer Plane gebrauchen,
und in Quellen von Glückseligkeit zu verwandeln bemüht
sein, und darum wählte er vor allen andern die Bühne,   10
die dem nach Tätigkeit dürstenden Geist einen unendlichen Kreis eröffnet, jeder Seelenkraft Nahrung gibt, ohne
eine einzige zu überspannen, und die Bildung des Verstands
und des Herzens mit der edelsten Unterhaltung vereinigt.   15

Derjenige, welcher zuerst die Bemerkung machte, daß
eines Staats festeste Säule *Religion* sei – daß ohne sie die
Gesetze selbst ihre Kraft verlieren, hat vielleicht, ohne es
zu wollen oder zu wissen, die Schaubühne von ihrer edelsten Seite verteidigt. Eben diese Unzulänglichkeit, diese   20
schwankende Eigenschaft der politischen Gesetze, welche
dem Staat die Religion unentbehrlich macht, bestimmt
auch den ganzen Einfluß der Bühne. Gesetze, wollte er
sagen, drehen sich nur um verneinende Pflichten – Religion
dehnt ihre Foderungen auf wirkliches Handeln aus. Geset-   25
ze hemmen nur Wirkungen die den Zusammenhang der
Gesellschaft auflösen – Religion befiehlt solche, die ihn
inniger machen. Jene herrschen nur über die offenbaren
Äußerungen des Willens, nur Taten sind ihnen untertan –
diese setzt ihre Gerichtsbarkeit bis in die verborgensten   30
Winkel des Herzens fort, und verfolgt den Gedanken bis an
die innerste Quelle. Gesetze sind glatt und geschmeidig,
wandelbar wie Laune und Leidenschaft – Religion bindet
streng und ewig. Wenn wir nun aber auch voraussetzen
wollten, was nimmermehr ist – wenn wir der Religion diese   35
große Gewalt über jedes Menschenherz einräumen, wird
sie oder kann sie die ganze Bildung vollenden? – Religion

(ich trenne hier ihre politische Seite von ihrer göttlichen)
Religion wirkt im Ganzen mehr auf den sinnlichen Teil des
Volks – sie wirkt vielleicht durch das Sinnliche allein so
unfehlbar. Ihre Kraft ist dahin, wenn wir ihr dieses nehmen
– und wodurch wirkt die Bühne? Religion ist dem größern
Teile der Menschen nichts mehr, wenn wir ihre Bilder,
ihre Probleme vertilgen, wenn wir ihre Gemälde von Himmel und Hölle zernichten – und doch sind es nur Gemälde
der Phantasie, Rätsel ohne Auflösung, Schreckbilder und
Lockungen aus der Ferne. Welche Verstärkung für Religion
und Gesetze, wenn sie mit der Schaubühne in Bund treten,
wo Anschauung und lebendige Gegenwart ist, wo Laster
und Tugend, Glückseligkeit und Elend, Torheit und
Weisheit in tausend Gemälden faßlich und wahr an dem
Menschen vorübergehen, wo die Vorsehung ihre Rätsel
auflöst, ihren Knoten vor seinen Augen entwickelt, wo
das menschliche Herz auf den Foltern der Leidenschaft
seine leisesten Regungen beichtet, alle Larven fallen, alle
Schminke verfliegt, und die Wahrheit unbestechlich wie
Rhadamanthus Gericht hält.

Die Gerichtsbarkeit der Bühne fängt an, wo das Gebiet
der weltlichen Gesetze sich endigt. Wenn die Gerechtigkeit
für Gold verblindet, und im Solde der Laster schwelgt,
wenn die Frevel der Mächtigen ihrer Ohnmacht spotten,
und Menschenfurcht den Arm der Obrigkeit bindet,
übernimmt die Schaubühne Schwert und Waage, und reißt
die Laster vor einen schrecklichen Richterstuhl. Das ganze
Reich der Phantasie und Geschichte, Vergangenheit und
Zukunft stehen ihrem Wink zu Gebot. Kühne Verbrecher,
die längst schon im Staub vermodern, werden durch den
allmächtigen Ruf der Dichtkunst jetzt vorgeladen, und
wiederholen zum schauervollen Unterricht der Nachwelt
ein schändliches Leben. Ohnmächtig, gleich den Schatten
in einem Hohlspiegel wandeln die Schrecken ihres Jahrhunderts vor unsern Augen vorbei, und mit wollüstigem
Entsetzen verfluchen wir ihr Gedächtnis. Wenn keine
Moral mehr gelehrt wird, keine Religion mehr Glauben

findet, wenn kein Gesetz mehr vorhanden ist, wird uns
Medea noch anschauern, wenn sie die Treppen des Palastes
herunter wankt, und der Kindermord jetzt geschehen ist.
Heilsame Schauer werden die Menschheit ergreifen, und in
der Stille wird jeder sein gutes Gewissen preisen, wenn
Lady Makbeth, eine schreckliche Nachtwandlerin, ihre
Hände wäscht, und alle Wohlgerüche Arabiens herbeiruft,
den häßlichen Mordgeruch zu vertilgen. Wer von uns sah
ohne Beben zu, wen durchdrang nicht lebendige Glut zur
Tugend, brennender Haß des Lasters, als, aufgeschröckt
aus Träumen der Ewigkeit, von den Schrecknissen des *nahen*
Gerichts umgeben, *Franz von Moor* aus dem Schlummer
sprang, als er, die Donner des erwachten Gewissens zu
übertäuben, Gott aus der Schöpfung leugnete, und seine
gepreßte Brust, zum letzten Gebete vertrocknet, in frechen
Flüchen sich Luft machte? – – Es ist nicht Übertreibung,
wenn man behauptet, daß diese auf der Schaubühne
aufgestellten Gemälde mit der Moral des gemeinen Manns
endlich in eins zusammen fließen, und in einzelnen Fällen
seine Empfindung bestimmen. Ich selbst bin mehr als
einmal ein Zeuge gewesen, als man seinen ganzen Abscheu
vor schlechten Taten in dem Scheltwort zusammenhäufte:
Der Mensch ist ein Franz Moor. Diese Eindrücke sind
unauslöschlich, und bei der leisesten Berührung steht das
ganze abschröckende Kunstgemälde im Herzen des Menschen wie aus dem Grabe auf. So gewiß sichtbare Darstellung mächtiger wirkt, als toder Buchstabe und kalte
Erzählung, so gewiß wirkt die Schaubühne tiefer und
daurender als Moral und Gesetze.

Aber hier *unterstützt* sie die weltliche Gerechtigkeit nur –
ihr ist noch ein weiteres Feld geöffnet. Tausend Laster, die
jene ungestraft duldet, straft sie; tausend Tugenden, wovon
jene schweigt, werden von der Bühne empfohlen. Hier
begleitet sie die Weisheit und die Religion. Aus dieser
reinen Quelle schöpft sie ihre Lehren und Muster, und
kleidet die strenge Pflicht in ein reizendes lockendes
Gewand. Mit welch herrlichen Empfindungen, Entschlüs-

sen, Leidenschaften schwellt sie unsere Seele, welche
göttliche Ideale stellt sie uns zur Nacheiferung aus! – Wenn
der gütige August dem Verräter Cinna, der schon den
tödlichen Spruch auf seinen Lippen zu lesen meint, groß
wie seine Götter, die Hand reicht: »Laß uns Freunde sein
Cinna!« – Wer unter der Menge wird in *dem* Augenblick
nicht gern seinem Todfeind die Hand drücken wollen, dem
göttlichen Römer zu gleichen? – Wenn *Franz* von Sickingen, auf dem Wege einen Fürsten zu züchtigen und für
fremde Rechte zu kämpfen, unversehens hinter sich schaut,
und den Rauch aufsteigen sieht von seiner Veste, wo Weib
und Kind hilflos zurückblieben, und *er* – weiter zieht, Wort
zu halten – wie groß wird mir da der Mensch, wie klein und
verächtlich das gefürchtete unüberwindliche Schicksal!

Eben so häßlich, als liebenswürdig die Tugend, malen
sich die Laster in ihrem furchtbaren Spiegel ab. Wenn der
hilflose kindische *Lear* in Nacht und Ungewitter vergebens
an das Haus seiner Töchter pocht, wenn er sein weißes Haar
in die Lüfte streut, und den tobenden Elementen erzählt,
wie unnatürlich seine Regan gewesen, wenn sein wütender
Schmerz zuletzt in den schrecklichen Worten von ihm
strömt: »Ich gab euch Alles!« – Wie abscheulich zeigt sich
uns da der Undank? Wie feierlich geloben wir Ehrfurcht
und kindliche Liebe! – Unsre Schaubühne hat noch eine
große Eroberung ausstehen, von deren Wichtigkeit erst der
Erfolg sprechen wird. Shakespears Timon von Athen ist, so
weit ich mich besinnen kann, noch auf keiner deutschen
Bühne erschienen, und, so gewiß ich den Menschen vor
allem andern zuerst im Shakespear aufsuche, so gewiß weiß
ich im ganzen Shakespear kein Stück, wo er wahrhaftiger
vor mir stünde, wo er lauter und beredter zu meinem
Herzen spräche, wo ich mehr Lebensweisheit lernte, als im
Timon von Athen. Es ist wahres Verdienst um die Kunst,
dieser Goldader nachzugraben.

Aber der Wirkungskreis der Bühne dehnt sich noch
weiter aus. Auch da, wo Religion und Gesetze es unter ihrer
Würde achten, Menschenempfindungen zu begleiten, ist *sie*

für unsere Bildung noch geschäftig. Das Glück der Gesellschaft wird eben so sehr durch Torheit als durch Verbrechen und Laster gestört. Eine Erfahrung lehrt es, die so alt ist als die Welt, daß im Gewebe menschlicher Dinge oft die größten Gewichte an den kleinsten und zärtesten Fäden hangen, und, wenn wir Handlungen zu ihrer Quelle zurückbegleiten, wir zehenmal lächeln müssen, ehe wir uns einmal entsetzen. Mein Verzeichnis von Bösewichtern wird mit jedem Tage, den ich älter werde, kürzer, und mein Register von Toren vollzähliger und länger. Wenn die ganze moralische Verschuldung des einen Geschlechtes aus einer und eben der Quelle hervorspringt, wenn alle die ungeheuren Extreme von Laster, die es jemals gebrandmarkt haben, nur veränderte Formen, nur höhere Grade einer Eigenschaft sind, die wir zuletzt alle einstimmig belächeln und lieben, warum sollte die Natur bei dem andern Geschlechte nicht die nämliche Wege gegangen sein? Ich kenne nur *ein* Geheimnis, den Menschen vor Verschlimmerung zu bewahren, und dieses ist – sein Herz gegen Schwächen zu schützen.

Einen großen Teil dieser Wirkung können wir von der Schaubühne erwarten. Sie ist es, die der großen Klasse von Toren den Spiegel vorhält, und die tausendfachen Formen derselben mit heilsamem Spott beschämt. Was sie oben durch Rührung und Schrecken wirkte, leistet sie hier, (schneller vielleicht, und unfehlbarer) durch Scherz und Satire. Wenn wir es unternehmen wollten, Lustspiel und Trauerspiel nach dem Maß der erreichten Wirkung zu schätzen, so würde vielleicht die Erfahrung dem ersten den Vorrang geben. Spott und Verachtung verwunden den Stolz des Menschen empfindlicher, als Verabscheuung sein Gewissen foltert. Vor dem Schrecklichen verkriecht sich unsre Feigheit, aber eben diese Feigheit überliefert uns dem Stachel der Satire. Gesetz und Gewissen schützen uns *oft* für Verbrechen und Lastern – Lächerlichkeiten verlangen einen eigenen feinern Sinn, den wir nirgends mehr als vor dem Schauplatze üben. Vielleicht, daß wir einen Freund

bevollmächtigen unsre Sitten und unser Herz anzugreifen,
aber es kostet uns Mühe, ihm ein einziges Lachen zu
vergeben. Unsre Vergehungen ertragen einen Aufseher und
Richter, unsre Unarten kaum einen Zeugen – Die Schaubühne allein kann unsre Schwächen belachen, weil sie
unsrer Empfindlichkeit schont, und den schuldigen Toren
nicht wissen will – Ohne rot zu werden sehen wir unsre
Larve aus ihrem Spiegel fallen, und danken ingeheim für
die sanfte Ermahnung.

   Aber ihr großer Wirkungskreis ist noch lange nicht
geendigt. Die Schaubühne ist mehr als jede andere öffentliche Anstalt des Staats eine Schule der praktischen Weisheit, ein Wegweiser durch das bürgerliche Leben, ein unfehlbarer Schlüssel zu den geheimsten Zugängen der
menschlichen Seele. Ich gebe zu, daß Eigenliebe und
Abhärtung des Gewissens nicht selten ihre beste Wirkung
vernichten, daß sich noch tausend Laster mit frecher Stirne
vor ihrem Spiegel behaupten, tausend gute Gefühle vom
kalten Herzen des Zuschauers fruchtlos zurückfallen – ich
selbst bin der Meinung, daß vielleicht Molieres Harpagon
noch keinen Wucherer besserte, daß der Selbstmörder
Beverlei noch wenige seiner Brüder von der abscheulichen
Spielsucht zurückzog, daß Karl Moors unglückliche Räu-
bergeschichte die Landstraßen nicht viel sicherer machen
wird – aber wenn wir auch diese große Wirkung der
Schaubühne einschränken, wenn wir so ungerecht sein
wollen, sie gar aufzuheben – wie unendlich viel bleibt noch
von ihrem Einfluß zurück? Wenn sie die Summe der Laster
weder tilgt noch vermindert, hat sie uns nicht mit
denselben bekannt gemacht? – Mit diesen Lasterhaften,
diesen Toren müssen wir leben. Wir müssen ihnen ausweichen oder begegnen; wir müssen sie untergraben, oder
ihnen unterliegen. Jetzt aber überraschen sie uns nicht
mehr. Wir sind auf ihre Anschläge vorbereitet. Die
Schaubühne hat uns das Geheimnis verraten, sie ausfündig
und unschädlich zu machen. *Sie* zog dem Heuchler die
künstliche Maske ab, und entdeckte das Netz, womit uns

List und Kabale umstrickten. Betrug und Falschheit riß sie aus krummen Labirinthen hervor, und zeigte ihr schreckliches Angesicht dem Tag. Vielleicht, daß die sterbende Sara nicht *einen* Wollüstling schröckt, daß alle Gemälde gestrafter Verführung seine Glut nicht erkälten, und daß selbst die verschlagene Spielerin diese Wirkung ernstlich zu verhüten bedacht ist – glücklich genug, daß die arglose Unschuld jetzt seine Schlingen kennt, daß die Bühne sie lehrte, seinen Schwüren mißtrauen, und vor seiner Anbetung zittern.

Nicht bloß auf Menschen und Menschencharakter, auch auf Schicksale macht uns die Schaubühne aufmerksam, und lehrt uns die große Kunst, sie zu ertragen. Im Gewebe unsers Lebens spielen *Zufall* und *Plan* eine gleich große Rolle; den letztern lenken *wir*, dem erstern müssen wir uns blind unterwerfen. Gewinn genug, wenn unausbleibliche Verhängnisse uns nicht ganz ohne Fassung finden, wenn unser Mut, unsre Klugheit sich einst schon in ähnlichen übten, und unser Herz zu dem Schlag sich gehärtet hat. Die Schaubühne führt uns eine mannichfaltige Szene menschlicher Leiden vor. Sie zieht uns künstlich in fremde Bedrängnisse, und belohnt uns das augenblickliche Leiden mit wollüstigen Tränen, und einem herrlichen Zuwachs an Mut und Erfahrung. Mit ihr folgen wir der verlassenen *Ariadne* durch das wiederhallende Naxos, steigen mit ihr in den Hungerturm Ugolinos hinunter, betreten mit ihr das entsetzliche Blutgerüste, und behorchen mit ihr die feierliche Stunde des Todes. Hier hören wir, was unsre Seele in leisen Ahndungen fühlte, die überraschte Natur laut und unwidersprechlich bekräftigen. Im Gewölbe des *Towrs* verläßt den betrogenen Liebling die Gunst seiner Königin – Jetzt da er sterben soll, entfliegt dem geängstigten *Moor* seine treulose sophistische Weisheit. Die Ewigkeit entläßt einen Toten, Geheimnisse zu offenbaren, die kein Lebendiger wissen kann, und der sichere Bösewicht verliert seinen letzten gräßlichen Hinterhalt, weil auch Gräber noch ausplaudern.

Aber nicht genug, daß uns die Bühne mit Schicksalen der

Menschheit bekannt macht, sie lehrt uns auch gerechter gegen den Unglücklichen sein, und nachsichtsvoller über ihn richten. Dann nur, wenn wir die Tiefe seiner Bedrängnisse ausmessen, dörfen wir das Urteil über ihn aussprechen. Kein Verbrechen ist schändender, als das Verbrechen des Diebs – aber mischen wir nicht alle eine Träne des Mitleids in unsern Verdammungsspruch, wenn wir uns in den schrecklichen Drang verlieren, worin *Eduard Ruhberg* die Tat vollbringt? – Selbstmord wird allgemein als Frevel verabscheut; wenn aber, bestürmt von den Drohungen eines wütenden Vaters, bestürmt von Liebe, von der Vorstellung schrecklicher Klostermauren, *Mariane* den Gift trinkt, wer von uns will der erste sein, der über dem beweinenswürdigen Schlachtopfer einer verruchten Maxime den Stab bricht? – Menschlichkeit und Duldung fangen an der herrschende Geist unsrer Zeit zu werden; ihre Strahlen sind bis in die Gerichtssäle, und noch weiter – in das Herz unsrer Fürsten gedrungen. Wie viel Anteil an diesem göttlichen Werk gehört unsern Bühnen? Sind *sie* es nicht, die den Menschen mit dem Menschen bekannt machten, und das geheime Räderwerk aufdeckten, nach welchem er handelt?

Eine merkwürdige Klasse von Menschen hat Ursache, dankbarer als alle übrigen gegen die Bühne zu sein. Hier nur hören die Großen der Welt, was sie nie oder selten hören – Wahrheit; was sie nie oder selten sehen, sehen sie hier – den Menschen.

So groß und vielfach ist das Verdienst der bessern Bühne um die sittliche Bildung; kein geringeres gebührt ihr um die ganze Aufklärung des Verstandes. Eben hier in dieser höhern Sphäre weiß der große Kopf, der feurige Patriot sie erst ganz zu gebrauchen.

Er wirft einen Blick durch das Menschengeschlecht, vergleicht Völker mit Völkern, Jahrhunderte mit Jahrhunderten, und findet, wie sklavisch die größere Masse des Volks an Ketten des Vorurteils und der Meinung gefangen liegt, die seiner Glückseligkeit ewig entgegen arbeiten –

daß die reinern Strahlen der Wahrheit nur wenige *einzelne* Köpfe beleuchten, welche den kleinen Gewinn vielleicht mit dem Aufwand eines ganzen Lebens erkauften. Wodurch kann der weise Gesetzgeber die Nation derselben teilhaftig machen?

Die Schaubühne ist der gemeinschaftliche Kanal, in welchen von dem denkenden bessern Teile des Volks das Licht der Weisheit herunterströmt, und von da aus in milderen Strahlen durch den ganzen Staat sich verbreitet. Richtigere Begriffe, geläuterte Grundsätze, reinere Gefühle fließen von hier durch alle Adern des Volks; der Nebel der Barbarei, des finstern Aberglaubens verschwindet, die Nacht weicht dem siegenden Licht. Unter so vielen herrlichen Früchten der bessern Bühne will ich nur zwo auszeichnen. Wie allgemein ist nur seit wenigen Jahren die Duldung der Religionen und Sekten geworden? – Noch ehe uns Nathan der Jude, und Saladin der Sarazene beschämten, und die göttliche Lehre uns predigten, daß Ergebenheit in Gott von unserm Wähnen über Gott so gar nicht abhängig sei – ehe noch Joseph der Zweite die fürchterliche Hyder des frommen Hasses bekämpfte, pflanzte die Schaubühne Menschlichkeit und Sanftmut in unser Herz, die abscheulichen Gemälde heidnischer Pfaffenwut lehrten uns Religionshaß vermeiden – in diesem schrecklichen Spiegel wusch das Christentum seine Flecken ab. Mit eben so glücklichem Erfolge würden sich von der Schaubühne Irrtümer der *Erziehung* bekämpfen lassen; das Stück ist noch zu hoffen, wo dieses merkwürdige Thema behandelt wird. Keine Angelegenheit ist dem Staat durch ihre Folgen so wichtig als diese, und doch ist keine so Preis gegeben, keine dem Wahne, dem Leichtsinn des Bürgers so uneingeschränkt anvertraut, wie es diese ist. Nur die Schaubühne könnte die unglücklichen Schlachtopfer vernachlässigter Erziehung in rührenden erschütternden Gemälden an ihm vorüber führen; hier könnten unsre Väter eigensinnigen Maximen entsagen, unsre Mütter vernünftiger lieben lernen. Falsche Begriffe führen das beste Herz

des Erziehers irre; desto schlimmer, wenn sie sich noch mit
Methode brüsten, und den zarten Schößling in Philanthropinen und Gewächshäusern systematisch zu Grund richten.
Der gegenwärtig herrschende Kitzel, mit Gottes Geschöp-
fen Christmarkt zu spielen, diese berühmte Raserei, Menschen zu drechseln, und es Deukalion gleich zu tun, (mit
dem Unterschied freilich, daß man aus Menschen nunmehr
Steine macht, wie jener aus Steinen Menschen) verdiente es
mehr als jede andere Ausschweifung der Vernunft den
Geißel der Satire zu fühlen.

Nicht weniger ließen sich – verstünden es die Oberhäupter und Vormünder des Staats – von der Schaubühne aus,
die Meinungen der Nation über Regierung und Regenten
zurechtweisen. Die gesetzgebende Macht spräche hier
durch fremde Symbolen zu dem Untertan, verantwortete
sich gegen seine Klagen, noch ehe sie laut werden, und
bestäche seine Zweifelsucht, ohne es zu scheinen. Sogar
Industrie und Erfindungsgeist könnten und würden vor
dem Schauplatze Feuer fangen, wenn die Dichter es der
Mühe wert hielten Patrioten zu sein, und der Staat sich
herablassen wollte, sie zu hören.

Unmöglich kann ich hier den großen Einfluß übergehen,
den eine gute stehende Bühne auf den Geist der Nation
haben würde. Nationalgeist eines Volks nenne ich die
Ähnlichkeit und Übereinstimmung seiner Meinungen und
Neigungen bei Gegenständen, worüber eine andere Nation
anders meint und empfindet. Nur der Schaubühne ist es
möglich, diese Übereinstimmung in einem hohen Grad zu
bewirken, weil sie das ganze Gebiet des menschlichen
Wissens durchwandert, alle Situationen des Lebens erschöpft, und in alle Winkel des Herzens hinunter leuchtet;
weil sie alle Stände und Klassen in sich vereinigt, und den
gebahntesten Weg zum Verstand und zum Herzen hat.
Wenn in allen unsern Stücken *ein* Hauptzug herrschte, wenn
unsre Dichter unter sich einig werden, und einen festen
Bund zu diesem Endzweck errichten wollten – wenn
strenge Auswahl ihre Arbeiten leitete, ihr Pinsel nur

Volksgegenständen sich weihte – mit einem Wort, wenn wir
es erlebten eine Nationalbühne zu haben, so würden wir
auch eine Nation. Was kettete Griechenland so fest
aneinander? Was zog das Volk so unwiderstehlich nach
seiner Bühne? – Nichts anders als der vaterländische Inhalt
der Stücke, der griechische Geist, das große überwältigende Interesse des Staats, der besseren Menschheit, das in
denselbigen atmete.

Noch ein Verdienst hat die Bühne – ein Verdienst, das ich
jetzt um so lieber in Anschlag bringe, weil ich vermute, daß
ihr Rechtshandel mit ihren Verfolgern ohnehin schon
gewonnen sein wird. Was bis hieher zu beweisen unternommen worden, daß sie auf Sitten und Aufklärung
wesentlich wirke, war zweifelhaft – daß sie unter allen
Erfindungen des Luxus, und allen Anstalten zur gesellschaftlichen Ergötzlichkeit den Vorzug verdiene, haben
selbst ihre Feinde gestanden. Aber was sie hier leistet ist
wichtiger, als man gewohnt ist zu glauben.

Die menschliche Natur erträgt es nicht, ununterbrochen
und ewig auf der Folter der Geschäfte zu liegen, die Reize
der Sinne sterben mit ihrer Befriedigung. Der Mensch,
überladen von tierischem Genuß, der langen Anstrengung
müde, vom ewigen Triebe nach Tätigkeit gequält, dürstet
nach bessern auserlesnern Vergnügungen, oder stürzt
zügellos in wilde Zerstreuungen, die seinen Hinfall beschleunigen, und die Ruhe der Gesellschaft zerstören.
Bacchantische Freuden, verderbliches Spiel, tausend Rase-
reien, die der Müßiggang aussheckt sind unvermeidlich,
wenn der Gesetzgeber diesen Hang des Volks nicht zu
lenken weiß. Der Mann von Geschäften ist in Gefahr, ein
Leben, das er dem Staat so großmütig hinopferte, mit dem
unseligen Spleen abzubüßen – der Gelehrte zum dumpfen
Pedanten herabzusinken – der Pöbel zum Tier. Die
Schaubühne ist die Stiftung, wo sich Vergnügen mit
Unterricht, Ruhe mit Anstrengung, Kurzweil mit Bildung
gattet, wo keine Kraft der Seele zum Nachteil der andern
gespannt, kein Vergnügen auf Unkosten des Ganzen

genossen wird. Wenn Gram an dem Herzen nagt, wenn
trübe Laune unsre einsame Stunden vergiftet, wenn uns
Welt und Geschäfte anekeln, wenn tausend Lasten unsre
Seele drücken, und unsre Reizbarkeit unter Arbeiten des
5 Berufs zu ersticken droht, so empfängt uns die Bühne –
in dieser künstlichen Welt träumen wir die wirkliche hinweg, wir werden uns selbst wieder gegeben, unsre Empfindung erwacht, heilsame Leidenschaften erschüttern unsre
schlummernde Natur, und treiben das Blut in frischeren
10 Wallungen. Der Unglückliche weint hier mit fremdem
Kummer seinen eigenen aus, – der Glückliche wird
nüchtern, und der Sichere besorgt. Der empfindsame
Weichling härtet sich zum Manne, der rohe Unmensch
fängt hier zum erstenmal zu empfinden an. Und dann
15 endlich – welch ein Triumph für dich, Natur – so oft zu
Boden getretene, so oft wieder auferstehende Natur – wenn
Menschen aus allen Kreisen und Zonen und Ständen,
abgeworfen jede Fessel der Künstelei und der Mode,
herausgerissen aus jedem Drange des Schicksals, durch
20 *eine* allwebende Sympathie verbrüdert, in *Ein* Geschlecht
wieder aufgelöst, ihrer selbst und der Welt vergessen, und
ihrem himmlischen Ursprung sich nähern. Jeder Einzelne
genießt die Entzückungen aller, die verstärkt und verschönert aus hundert Augen auf ihn zurück fallen, und
25 seine Brust gibt jetzt nur *Einer* Empfindung Raum – es ist
diese: ein *Mensch* zu sein.

BRIEF EINES REISENDEN DÄNEN

(Der Antikensaal zu Mannheim.)

Mannheim.

Der heutige Tag war mein seligster, so lang ich Deutschland durchreise. – Du weißt es, mein Lieber, ich habe die herrliche Schöpfung im glücklichen Süden genossen, den lachenden Himmel und die lachende Erde, wo der mildere Sonnenstrahl zu fröhlicher Weisheit einladet, die freudegebende Traube kocht, und die göttlichen Früchte des Genies und der Begeisterung zeitigt. Ich habe vielleicht das höchste der Pracht und des Reichtums gesehen. Der Triumph einer Menschenhand über die hartnäckige Gegenwehr der Natur überraschte mich öfters – aber das nahe wohnende Elend steckte bald meine wollüstige Verwunderung an. Eine hohläugige Hungerfigur, die mich in den blumigten Promenaden eines fürstlichen Lustgartens anbettelt – eine sturzdrohende Schindelhütte, die einem prahlerischen Palast gegenüber steht – wie schnell schlägt sie meinen aufffliegenden Stolz zu Boden! Meine Einbildung vollendet das Gemälde. Ich sehe jetzt die Flüche von Tausenden gleich einer gefräßigen Würmerwelt in dieser großsprechenden Verwesung wimmeln – Das große und reizende wird mir abscheulich. – Ich entdecke nichts mehr als einen siechen hinschwindenden Menschenkörper, dessen Augen und Wangen von fiebrischer Röte brennen, und blühendes Leben heucheln, während daß Brand und Fäulung in den röchelnden Lungen wüten.

Dies, mein Bester, sind so oft meine Empfindungen bei den Merkwürdigkeiten, die man in jedem Land einem Reisenden zu bewundern gibt. Ich habe nun einmal das Unglück, mir jede in die Augen fallende Anstalt in

Beziehung auf die Glückseligkeit des Ganzen zu denken, und wie viele *Größen* werden in diesem Spiegel so *klein* – wie viele Schimmer erlöschen!

Heute endlich, habe ich eine unaussprechlich angenehme Überraschung gehabt. Mein ganzes Herz ist davon erweitert. Ich fühle mich edler und besser.

Ich komme aus dem Saal der Antiken zu Mannheim. Hier hat die warme Kunstliebe eines deutschen Souverains die edelsten Denkmäler griechischer und römischer Bildhauerkunst in einem kurzen geschmackvollen Auszug versammelt. Jeder Einheimische und Fremde hat die uneingeschränkteste Freiheit diesen Schatz des Altertums zu genießen, denn der kluge und patriotische Kurfürst ließ diese Abgüsse nicht deswegen mit so großem Aufwand aus Italien kommen, um allenfalls des kleinen Ruhmes teilhaftig zu werden, eine Seltenheit mehr zu besitzen, oder, wie so viele andere Fürsten, den durchziehenden Reisenden um ein Almosen von Bewunderung anzusprechen. – Der *Kunst* selbst brachte *Er* dieses Opfer, und die dankbare Kunst wird seinen Namen verewigen.

Schon die Aufstellung der Figuren erleichtert ihren Genuß um ein großes. Leßing selbst, der hier gegenwärtig war, wollte behaupten, daß ein Aufenthalt in diesem Antikensaal dem studierenden Künstler mehrere Vorteile gewährte, als eine Wallfahrt zu ihren Originalien nach Rom, welche großenteils zu finster, oder zu hoch, oder auch unter den schlechteren zu versteckt stünden, als daß sie der Kenner, der sie umgehen, befühlen und aus mehreren Augenpunkten beobachten will, gehörig benutzen könnte.

Empfangen von dem allmächtigen Wehen des griechischen Genius trittst du in diesen Tempel der Kunst. Schon deine erste Überraschung hat etwas ehrwürdiges, heiliges. Eine unsichtbare Hand scheint die Hülle der Vergangenheit vor deinem Aug wegzustreifen, zwei Jahrtausende versinken vor deinem Fußtritt, du stehst auf einmal mitten im schönen lachenden Griechenland, wandelst unter Helden

und Grazien, und betest an, wie sie, vor romantischen
Göttern.

Dein erster Blick fällt auf die kolossalische Figur des
farnesischen Herkules – die ungeheuer-schöne Darstellung
männlicher Kraft. Welche Kühnheit, Größe, Vollkommenheit, Wahrheit, die auch die strengste Prüfung des Anatomikers nicht fürchtet. Wer hat den starren widerstrebenden
Stein in so weiche, so geschmeidige Fleischmassen hinge-
gossen? – Die Figur *ruht* – der Bildhauer ergriff seinen
Herkules im Momente schlafender (vielleicht erschöpfter)
Kraft, und dennoch berechnet in dieser Erschlappung das
ungeübteste Auge die ganze furchtbare Summe von
Wirkungen. Meine Phantasie leiht dem Kolossen Bewegung. Ich sehe eine Figur, wie diese, auf den nemäischen
Löwen fallen, und Schrecken und Erstaunen reißen mich
schwindelnd fort.

Zunächst an dieser fesselt dich die unnachahmliche
Gruppe des Laokoon. Ich werde dir über dies Meisterstück
der antiken Kunst wenig neues mehr sagen; du kennst sie
bereits, und der Anblick selbst überwältigt alle Beschrei-
bungskraft. Dieser hohe Schmerz im Aug, in den Lippen,
die emporgetriebene arbeitende Brust – ein Augenblick, ein
Zustand, wo die Natur selbst sich so gern vergißt, so gern
ins gräßliche ausartet, bei aller Wahrheit so angenehm, bei
aller Treue so delikat behandelt, daß sich das verwöhnteste
Auge mit Trunkenheit darauf heften kann. Und wie
schmelzend wird dann die ganze Idee durch die untergeordnete Figuren der hilflosen Kinder, welche durch die
schreckliche Schlange an den Vater gepreßt werden. Der
Ausdruck der Leidenschaft, und die ganze Gruppierung
lassen dem forschenden Aug nichts mehr zu beobachten
übrig – und nun vertilge in Gedanken diesen ganzen
Ausdruck des Leidens, denke dir eben diese Figuren außer
dem gewaltsamen Zustande des Affekts, und noch immer
werden sie Muster der höchsten Wahrheit und Schönheit
sein. Der griechische Künstler hat nichts aufgeopfert – die
unbeschreibliche Harmonie der Gruppe kostet uns auch

nicht das leiseste Mißfallen über vernachlässigte Teile in den
beiden Knaben. So schuf das Altertum.

Unter allen Figuren, die dieser Saal enthält, ist der
vatikanische Apoll die vollkommenste – Zwei Blicke auf
denselben sind genug, dir mit entscheidender Gewißheit zu
sagen, du stehest vor einem Unsterblichen. Die reizendste
Jünglingsfigur, die sich eben jetzt in den *Mann* verliert,
Leichtigkeit, Freiheit, Rundung, und die reinste Harmonie
aller Teile zu einem unnachahmlichen Ganzen, erklären ihn
zu dem ersten der Sterblichen, Kopf und Hals verraten den
Gott. Diese himmlische Mischung von Freundlichkeit und
Strenge, von Liebenswürdigkeit und Ernst, Majestät und
Milde, kann keinen Sohn der Erde bezeichnen. Die
hochgewölbte Brust ist nach dem übereinstimmenden
Gefühl aller Künstler die vollkommenste, die je ein Meißel
geschaffen hat; Schenkel und Füße ein Muster der edelsten
Schönheit. Den geübtesten Zeichner wird es ermüden, die
herrlichen Formen, die durch kontrastierende Schlangenlinien ineinander schmelzen, *nur* für das Aug nachzuahmen;
denn der griechische Meister hat eben so delikat für das
Gefühl gearbeitet; das Auge erkennt die *Schönheit*, das
Gefühl die *Wahrheit*. Die letztere ist der ersteren untergeordnet, und obgleich kein Muskel vergessen ist, so hat doch
der Künstler die feinere Nüancen dem Gesicht entzogen,
und der Berührung vorbehalten. Die Statue schwebt – alle
Muskeln wirken aufwärts, und scheinen sie sichtbar empor
zu tragen. Der Künstler ergriff den Augenblick, wo der
zürnende Gott auf den Drachen Python einen Pfeil
abgeschossen hatte. Der rechte Arm fliegt eben vom Bogen
zurück, der linke behält noch einige Härte und Spannung. –
Im Auge ist hoher Unwille und feste Zielung, in der
hervortretenden Unterlippe Verachtung des Ungeheuers, in
dem schlank gestreckten Halse Triumph und göttliche
Ehre.

Das ist Foebos, welchen die Götter im Hause Cronions
fürchten, dem sie sich alle von ihren Sitzen erheben,
wenn er sich naht, und wenn er spannt den strahlenden
Bogen.
Homers Hymnen. 5

In Absicht des Stils kann dieser Apollo dem Torso und
Laokoon nachgesetzt werden, aber der gefühlvolle Kenner
vergißt diese Vernachlässigung im Genusse höherer Schönheit.

Eine der vorzüglichsten Statuen, ist ein sterbender Sohn 10
der Niobe, den Apollo erschossen hat. Der Kopf gleicht
ganz in die Niobische Familie – edel und rührend ist der
Ausdruck des Sterbens in seinem Gesichte; die Brust
besonders ist in großen und schönen Maßen emporgetrieben, der untere Leib sinkt mit sehr vieler Wahrheit unter 15
den letzten Krämpfen des Todes. Der Stil ist markigt, und
hat mit dem äußerst delikaten Stil des Kastor und Pollux
sehr viel ähnliches.

Unter die besten Stücke in diesem Saal zähle ich noch den
Antinous; Schade, daß durch einen fehlerhaften Abguß die 20
Figur nach den Hüften und Schenkeln zu ein wenig krumm
geworden; den *borghesischen Fechter*, eine Figur, woran ich
vorzüglich die Wahrheit des Muskelspiels bewundre, die
Zwillinge *Kastor* und *Pollux*, *Kaunus* und *Biblis*, den *Faun*,
den *Schleifer*, besonders wegen dem forschenden Ausdruck 25
des Gesichts, und der Formen seiner beiden Arme, den
Hermaphrodit, die *medizäische Venus*, den *sterbenden Fechter*,
den Römer *Germanikus*, und noch einige andre, von denen
ich dir in meinem nächsten Brief mehr sagen werde.

Merkwürdig waren mir auch die Büsten der großen 30
Griechen und Römer, der Kopf eines sterbenden *Alexan-
ders*, der *Niobe*, einer *Tochter* der *Niobe*, der *Kleopatra*, des
Nero und *Kaligula*, der *Faustina* und einige mehr. Der Zufall
hatte den blinden *Homeruskopf* und den Kopf des Herrn
von *Voltaire* nebeneinander gestellt. – Ich weiß keine 35
beißendere Satire auf unser Zeitalter. Voltaire – ich glaube,

daß man das jetzt in Deutschland laut sagen darf – Voltaire war ein wahrhaftig großer Geist, aber warum war mir sein Kopf in *dieser* Gesellschaft so lächerlich?

Ich werfe noch einen Blick auf diese Statuen.

Warum zielen alle redende und zeichnende Künste des Altertums so sehr nach *Veredlung?*

Der Mensch brachte hier etwas zu Stande, das mehr ist, als er selbst war, das an etwas größeres erinnert, als seine Gattung – beweist das vielleicht, daß er weniger ist, als er sein wird? – So könnte uns ja dieser allgemeine Hang nach Verschönerung jede Spekulation über die Fortdauer der Seele ersparen. – Wenn der Mensch *nur* Mensch bleiben *sollte* – bleiben *könnte*, wie hätte es jemals Götter, und Schöpfer dieser Götter gegeben?

Die Griechen philosophierten trostlos, glaubten noch trostloser, und handelten – gewiß nicht minder edel als wir. Man denke ihren Kunstwerken nach, und das Problem wird sich lösen. Die Griechen malten ihre Götter nur als edlere Menschen, und näherten ihre Menschen den Göttern. Es waren Kinder *einer* Familie.

Ich kann diesen Saal nicht verlassen, ohne mich noch einmal an dem Triumph zu ergötzen, den die schöne Kunst Griechenlands über das Schicksal einer ganzen Erdkugel feiert. Hier stehe ich vor dem berühmten Rumpfe, den man aus den Trümmern des alten Roms einst hervorgrub. In dieser zerschmetterten Steinmasse liegt unergründliche Betrachtung – Freund! Dieser Torso erzählt mir, daß vor zwei Jahrtausenden ein großer Mensch da gewesen, der so etwas schaffen konnte – daß ein Volk da gewesen, das einem Künstler, der so etwas schuf, Ideale gab – daß dieses Volk an Wahrheit und Schönheit glaubte, weil einer aus seiner Mitte Wahrheit und Schönheit fühlte – daß dieses Volk edel gewesen, weil Tugend und Schönheit nur Schwestern der nemlichen Mutter sind. – Siehe Freund, so habe ich Griechenland in dem Torso geahndet.

Unterdessen wanderte die Welt durch tausend Verwandlungen und Formen. Throne stiegen – stürzten ein. Festes

Land trat aus den Wassern – Länder wurden Meer. Barbaren schmolzen zu Menschen. Menschen verwilderten zu Barbaren. Der milde Himmelstrich des Peloponnes entartete mit seinen Bewohnern – wo einst die Grazien hüpften, die Anakreon scherzten, und Sokrates für seine Weisheit starb, weiden jetzt Ottomannen – und doch, Freund, lebt jene goldene Zeit noch in diesem Apoll, dieser Niobe, diesem Antinous, und dieser *Rumpf* liegt da – unerreicht – unvertilgbar – eine unwidersprechliche ewige Urkunde des göttlichen Griechenlands, eine Ausfoderung dieses Volks an alle Völker der Erde.

Etwas geschaffen zu haben, das nicht untergeht, fortzudauren, wenn alles sich aufreibt, rings herum – O Freund, ich kann mich der Nachwelt durch keine Obelisken, keine eroberte Länder, keine entdeckte Welten aufdringen – ich kann sie durch kein Meisterstück an mich mahnen – ich kann keinen Kopf zu diesem Torso erschaffen, aber vielleicht eine schöne Tat ohne Zeugen tun!

T - - - - ee.

PHILOSOPHISCHE BRIEFE

VORERINNERUNG

Die Vernunft hat ihre Epochen, ihre Schicksale wie das
Herz, aber ihre Geschichte wird weit seltner behandelt.
Man scheint sich damit zu begnügen die Leidenschaften in
ihren Extremen, Verirrungen und Folgen zu entwickeln,
ohne Rücksicht zu nehmen, wie genau sie mit dem
Gedankensysteme des Individuums zusammenhängen. Die
allgemeine Wurzel der moralischen Verschlimmerung ist
eine einseitige und schwankende Philosophie, um so
gefährlicher, weil sie die umnebelte Vernunft durch einen
Schein von Rechtmäßigkeit, Wahrheit und Überzeugung
blendet, und eben deswegen von dem eingebornen sittlichen Gefühle weniger in Schranken gehalten wird. Ein
erleuchteter Verstand hingegen veredelt auch die Gesinnungen – der Kopf muß das Herz bilden.

In einer Epoche, wie die jetzige, wo Erleichterung und
Ausbreitung der Lektüre den denkenden Teil des Publikums so erstaunlich vergrößert, wo die glückliche Resignation der Unwissenheit einer *halben* Aufklärung Platz zu
machen anfängt, und nur wenige mehr *da stehen bleiben*
wollen, wo der *Zufall der Geburt sie hingeworfen*, scheint es
nicht so ganz unwichtig zu sein, auf gewisse Perioden der
erwachenden und fortschreitenden Vernunft aufmerksam
zu machen, gewisse Wahrheiten und Irrtümer zu berichtigen, welche sich an die Moralität anschließen und eine
Quelle von Glückseligkeit und Elend sein können, und
wenigstens die verborgenen Klippen zu zeigen, an denen
die stolze Vernunft schon gescheitert hat. Wir gelangen nur
selten anders als durch Extreme zur Wahrheit – wir müssen
den Irrtum – und oft den Unsinn – zuvor erschöpfen, ehe

wir uns zu dem schönen Ziele der ruhigen Weisheit hinauf
arbeiten.

Einige Freunde, von gleicher Wärme für die Wahrheit
und die sittliche Schönheit beseelt, welche sich auf ganz
verschiedenen Wegen in *derselben* Überzeugung vereinigt
haben, und nun mit ruhigerem Blick die zurückgelegte
Bahn überschauen, haben sich zu dem Entwurfe verbunden, einige Revolutionen und Epochen des Denkens,
einige Ausschweifungen der grübelnden Vernunft in dem
Gemälde zweier Jünglinge von ungleichen Charakteren zu
entwickeln, und in Form eines Briefwechsels der Welt
vorzulegen. Folgende Briefe sind der Anfang dieses Ver-
suchs.

Meinungen, welche in diesen Briefen vorgetragen werden, können also auch nur beziehungsweise wahr oder
falsch sein, gerade so, wie sich die Welt in dieser Seele und
keiner andern spiegelt. Die Fortsetzung des Briefwechsels
wird es ausweisen, wie diese einseitige, oft überspannte, oft
widersprechende Behauptungen, endlich in eine allgemeine, geläuterte und festgegründete Wahrheit sich auflösen.

Skeptizismus und Freidenkerei sind die Fieberparoxys-
men des menschlichen Geistes, und müssen durch eben die
unnatürliche Erschütterung die sie in gut organisierten
Seelen verursachen, zuletzt die Gesundheit befestigen
helfen. Je blendender, je verführender der Irrtum, desto
mehr Triumph für die Wahrheit, je quälender der Zweifel,
desto größer die Aufforderung zu Überzeugung und fester
Gewißheit. Aber diese Zweifel, diese Irrtümer vorzutragen, war notwendig; die Kenntnis der Krankheit mußte der
Heilung vorangehen. Die Wahrheit verliert nichts, wenn
ein heftiger Jüngling sie verfehlt, eben so wenig als die
Tugend, und die Religion, wenn ein Lasterhafter sie
verleugnet.

Dies mußte voraus gesagt werden um den Gesichtspunkt
anzugeben, aus welchem wir den folgenden Briefwechsel
gelesen und beurteilt wünschen.

JULIUS AN RAPHAEL

Im Oktober.

Du bist fort Raphael – und die schöne Natur geht unter, die
Blätter fallen gelb von den Bäumen, ein trüber Herbstnebel
liegt wie ein Bahrtuch über dem ausgestorbnen Gefilde.
Einsam durchirre ich die melancholische Gegend, rufe laut
deinen Namen aus, und zürne, daß mein Raphael mir nicht
antwortet.

Ich hatte deine letzten Umarmungen überstanden. Das
traurige Rauschen des Wagens, der dich von hinnen führte,
war endlich in meinem Ohre verstummt. Ich Glücklicher
hatte schon einen wohltätigen Hügel von Erde über den
Freuden der Vergangenheit aufgehäuft, und jetzt stehest du
gleich deinem abgeschiedenen Geiste von neuem in diesen
Gegenden auf, und meldest dich mir auf jedem Lieblings-
platz unsrer Spaziergänge wieder. Diesen Felsen habe ich
an *deiner* Seite erstiegen, an deiner Seite diese unermeßliche
Perspektive durchwandert. Im schwarzen Heiligtum dieser
Buchen, ersannen wir zuerst das kühne Ideal unsrer
Freundschaft. Hier wars, wo wir den Stammbaum der
Geister zum erstenmal aus einander rollten und Julius einen
so nahen Verwandten in Raphael fand. Hier ist keine
Quelle, kein Gebüsche, kein Hügel, wo nicht irgend eine
Erinnerung entflohener Seligkeit auf meine Ruhe zielte.
Alles, alles hat sich gegen meine Genesung verschworen.
Wohin ich nur trete, wiederhole ich den bangen Auftritt
unsrer Trennung. –

Was hast du aus mir gemacht, Raphael? Was ist seit
kurzem aus mir geworden! Gefährlicher großer Mensch!
daß ich dich niemals gekannt hätte oder niemals verloren!
Eile zurück, auf den Flügeln der Liebe komm wieder oder
deine zarte Pflanzung ist dahin. Konntest du mit deiner
sanften Seele es wagen, dein angefangenes Werk zu verlassen, noch so ferne von seiner Vollendung? Die Grundpfeiler deiner stolzen Weisheit wanken in meinem Gehirne

und Herzen, alle die prächtigen Palläste die du bautest, stürzen ein, und der erdrückte Wurm wälzt sich wimmernd unter den Ruinen.

Selige paradiesische Zeit, da ich noch mit verbundenen Augen durch das Leben taumelte, wie ein Trunkner – Da all mein Fürwitz und alle meine Wünsche an den Grenzen meines väterlichen Horizonts wieder umkehrten – da mich ein heitrer Sonnenuntergang nichts höhres ahnden ließ, als einen schönen morgenden Tag – da mich nur eine politische Zeitung an die Welt, nur die Leichenglocke an die Ewigkeit, nur Gespenstermährgen an eine Rechenschaft nach dem Tode erinnerten, da ich noch vor einem Teufel bebte, und desto herzlicher an der Gottheit hing. Ich *empfand* und war glücklich. Raphael hat mich *denken* gelehrt, und ich bin auf dem Wege meine Erschaffung zu beweinen.

Erschaffung? – Nein, das ist ja nur ein Klang ohne Sinn den meine Vernunft nicht gestatten darf. Es gab eine Zeit, wo ich von nichts wußte, wo von mir niemand wußte, also sagt man, ich war nicht. Jene Zeit ist nicht mehr, also sagt man, daß ich erschaffen sei. Aber auch von den Millionen die vor Jahrhunderten da waren, weiß man nun nichts mehr, und doch sagt man, sie sind. Worauf gründen wir das Recht den Anfang zu bejahen und das Ende zu verneinen? Das Aufhören denkender Wesen, behauptet man, widerspricht der unendlichen Güte. Entstand denn diese unendliche Güte erst mit Schöpfung der Welt? – Wenn es eine Periode gegeben hat wo noch keine Geister waren, so war die unendliche Güte ja eine ganze vorhergehende Ewigkeit unwirksam? Wenn das Gebäude der Welt eine Vollkommenheit des Schöpfers ist, so fehlte ihm ja eine Vollkommenheit vor Erschaffung der Welt? Aber eine solche Voraussetzung widerspricht der Idee des vollendeten Gottes, also war keine Schöpfung – Wo bin ich hingeraten, mein Raphael? – Schrecklicher Irrgang meiner Schlüsse! Ich gebe den Schöpfer auf, sobald ich an einen Gott glaube. Wozu brauche ich einen Gott, wenn ich ohne den Schöpfer ausreiche?

Du hast mir den Glauben gestohlen, der mir Frieden gab.
Du hast mich verachten gelehrt, wo ich anbetete. Tausend
Dinge waren mir so ehrwürdig, ehe deine traurige Weisheit
sie mir entkleidete. Ich sah eine Volksmenge nach der
Kirche strömen, ich hörte ihre begeisterte Andacht zu
einem brüderlichen Gebet sich vereinigen – zweimal stand
ich vor dem Bette des Todes, sahe zweimal – mächtiges
Wunderwerk der Religion! – die Hoffnung des Himmels
über die Schröcknisse der Vernichtung siegen und den
frischen Lichtstrahl der Freude im gebrochnen Auge des
Sterbenden sich entzünden. Göttlich, ja göttlich muß die
Lehre sein, rief ich aus, die die Besten unter den Menschen
bekennen, die so mächtig siegt, und so wunderbar tröstet.
Deine kalte Weisheit löschte meine Begeisterung. Eben so
viele sagtest du mir drängten sich einst um die Irmensäule
und zu Jupiters Tempel, eben so viele haben eben so freudig
ihrem Brama zu Ehren den Holzstoß bestiegen. Was du am
Heidentum so abscheulich findest, soll das die Göttlichkeit
deiner Lehre beweisen?

Glaube niemand als deiner eignen Vernunft, sagtest du
weiter. Es gibt nichts heiliges als die Wahrheit. Was die
Vernunft erkennt, ist die Wahrheit. Ich habe dir gehorcht,
habe alle Meinungen aufgeopfert, habe gleich jenem verzweifelten Eroberer alle meine Schiffe in Brand gesteckt, da
ich an dieser Insel landete, und alle Hoffnung zur Rückkehr
vernichtet. Ich kann mich nie mehr mit einer Meinung
versöhnen, die ich einmal belachte. Meine Vernunft ist mir
jetzt alles, meine einzige Gewährleistung für Gottheit,
Tugend, Unsterblichkeit. Wehe mir von nun an, wenn ich
diesem einzigen Bürgen auf einem Widerspruche begegne!
wenn meine Achtung vor ihren Schlüssen sinkt! wenn ein
zerrissener Faden in meinem Gehirn ihren Gang verrückt! –
Meine Glückseligkeit ist von jetzt an dem harmonischen
Takt meines Sensoriums anvertraut. Wehe mir, wenn die
Saiten dieses Instrumentes in den bedenklichen Perioden
meines Lebens falsch angeben – wenn meine Überzeugungen mit meinem Aderschlag wanken!

JULIUS AN RAPHAEL

Deine Lehre hat meinem Stolze geschmeichelt. Ich war ein
Gefangener. Du hast mich herausgeführt an den Tag, das
goldne Licht und die unermeßliche Freie haben meine
Augen entzückt. Vorhin genügte mir an dem bescheidenen
Ruhme, ein guter Sohn meines Hauses, ein Freund meiner
Freunde, ein nützliches Glied der Gesellschaft zu heißen,
du hast mich in einen Bürger des Universums verwandelt.
Meine Wünsche hatten noch keinen Eingriff in die Rechte
der Großen getan. Ich duldete diese Glücklichen, weil
Bettler *mich* duldeten. Ich errötete nicht, einen Teil des
Menschengeschlechts zu beneiden, weil noch ein größerer
übrig war, den ich beklagen mußte. Jetzt erfuhr ich zum
erstenmal, daß meine Ansprüche auf Genuß so vollwichtig
wären, als die meiner übrigen Brüder. Jetzt sah ich ein, daß
eine Schichte über dieser Atmosphäre ich gerade so viel
und so wenig gelte, als die Beherrscher der Erde. Raphael
schnitt alle Bande der Übereinkunft und der Meinung
entzwei. Ich fühlte mich ganz frei – denn die Vernunft, sagte
mir Raphael, ist die einzige Monarchie in der Geisterwelt,
ich trug meinen Kaiserthron in meinem Gehirne. Alle
Dinge im Himmel und auf Erden haben keinen Wert, keine
Schätzung, als soviel meine Vernunft ihnen zugesteht. Die
ganze Schöpfung ist mein, denn ich besitze eine unwidersprechliche Vollmacht sie ganz zu genießen. Alle Geister –
eine Stufe tiefer unter dem vollkommensten Geist – sind
meine Mitbrüder, weil wir alle *einer* Regel gehorchen, *einem*
Oberherrn huldigen.

   Wie erhaben und prächtig klingt diese Verkündigung!
Welcher Vorrat für meinen Durst nach Erkenntnis! aber –
unglückseliger Widerspruch der Natur – dieser freie
emporstrebende Geist ist in das starre unwandelbare
Uhrwerk eines sterblichen Körpers geflochten, mit seinen
kleinen Bedürfnissen vermengt, an seine kleinen Schicksale
angejocht – dieser Gott ist in eine Welt von Würmern

verwiesen. Der ungeheure Raum der Natur ist seiner
Tätigkeit aufgetan, aber er darf nur nicht zwo Ideen
zugleich denken. Seine Augen tragen ihn bis zu dem
Sonnenziele der Gottheit, aber er selbst muß erst träge und
5 mühsam durch die Elemente der Zeit ihm entgegen
kriechen. Einen Genuß zu erschöpfen muß er jeden andern
verloren geben, *zwo* unumschränkte Begierden sind seinem
kleinen Herzen zu groß. Jede neuerworbene Freude kostet
ihn die Summe aller vorigen. Der jetzige Augenblick ist das
10 Grabmal aller vergangenen. Eine Schäferstunde der Liebe
ist ein aussetzender Aderschlag in der Freundschaft.

Wohin ich nur sehe Raphael, wie beschränkt ist der
Mensch! Wie groß der Abstand zwischen seinen Ansprüchen und ihrer Erfüllung! – O beneide ihm doch den
15 wohltätigen Schlaf. Wecke ihn nicht. Er war so glücklich,
bis er anfing zu fragen, wohin er gehen müsse, und woher
er gekommen sei. Die Vernunft ist eine Fackel in einem
Kerker. Der Gefangene wußte nichts von dem Lichte, aber
ein Traum der Freiheit schien über ihm wie ein Blitz in der
20 Nacht, der sie finstrer zurückläßt. Unsre Philosophie ist die
unglückselige Neugier des Oedipus, der nicht nachließ zu
forschen, bis das entsetzliche Orakel sich auflöste.

Möchtest du nimmer erfahren, wer du bist!

Ersetzt mir deine Weisheit, was sie mir genommen hat?
25 Wenn du keinen Schlüssel zum Himmel hattest, warum
mußtest du mich der Erde entführen? Wenn du voraus
wußtest, daß der Weg zu der Weisheit durch den schrecklichen Abgrund der Zweifel führt, warum wagtest du die
ruhige Unschuld deines Julius auf diesen bedenklichen
30 Wurf?

               – Wenn an das Gute
das ich zu tun vermeine, allzu nah
was gar zu schlimmes grenzt, so tu ich lieber
das Gute nicht –
35 Du hast eine Hütte niedergerissen, die bewohnt war, und
einen prächtigen toten Pallast auf die Stelle gegründet.

Raphael ich fodre meine Seele von dir. Ich bin nicht

glücklich. Mein Mut ist dahin. Ich verzweifle an meinen
eigenen Kräften. Schreibe mir bald. Nur deine heilende
Hand kann Balsam in meine brennende Wunde gießen.

RAPHAEL AN JULIUS

Ein Glück wie das unsrige, Julius, ohne Unterbrechung
wäre zuviel für ein menschliches Los. Mich verfolgte schon
oft dieser Gedanke im vollen Genuß unsrer Freundschaft.
Was damals meine Seligkeit verbitterte, war heilsame
Vorbereitung mir meinen jetzigen Zustand zu erleichtern.
Abgehärtet in der strengen Schule der Resignation, bin ich
noch empfänglicher für den Trost in unsrer Trennung ein
leichtes Opfer zu sehen, um die Freuden der künftigen
Vereinigung dem Schicksal abzuverdienen. Du wußtest bis
jetzt noch nicht, was *Entbehrung* sei. Du leidest zum
Erstenmale –
    Und doch ists vielleicht Wohltat für dich, daß ich gerade
jetzt von deiner Seite gerissen wurde. Du hast eine
Krankheit zu überstehen, von der du nur allein durch dich
selbst vollkommen genesen kannst, um vor jedem Rückfall
sicher zu sein. Je verlaßner du dich fühlst, desto mehr wirst
du alle Heilkräfte in dir selbst aufbieten, je weniger
augenblickliche Linderung du von täuschenden Palliativen
empfängst, desto sicherer wird es dir gelingen, das Übel aus
dem Grunde zu heben.
    Daß ich aus deinem süßen Traume dich erweckt habe,
reut mich noch nicht, wenn gleich dein jetziger Zustand
peinlich ist. Ich habe nichts getan, als eine Krisis beschleunigt, die solchen Seelen wie die deinige früher oder später
unausbleiblich bevorsteht, und bei der alles darauf ankömmt, in welcher Periode des Lebens sie ausgehalten
wird. Es gibt Lagen in denen es schrecklich ist, an Wahrheit
und Tugend zu verzweifeln. Wehe dem, der im Sturme der
Leidenschaft noch mit den Spitzfindigkeiten einer klügeln-
den Vernunft zu kämpfen hat. Was dies heiße, habe ich in

seinem ganzen Umfang empfunden, und dich vor einem solchen Schicksale zu bewahren, blieb mir nichts übrig, als diese unvermeidliche Seuche durch *Einimpfung* unschädlich zu machen.

Und welchen günstigeren Zeitpunkt konnte ich dazu wählen mein Julius? In voller Jugendkraft standst du vor mir, Körper und Geist in der herrlichsten Blüte, durch keine Sorge gedrückt, durch keine Leidenschaft gefesselt, *frei* und *stark* den großen Kampf zu bestehen, wovon die erhabene Ruhe der *Überzeugung* der Preis ist. Wahrheit und Irrtum waren noch nicht in dein Interesse verwebt. Deine Genüsse und deine Tugenden waren unabhängig von beiden. Du bedurftest keine Schreckbilder dich von niedrigen Ausschweifungen zurück zu reißen. Gefühl für edlere Freuden hatte sie dir verekelt. Du warst *gut* aus *Instinkt*, aus unentweihter sittlicher Grazie. Ich hatte nichts zu fürchten für deine Moralität, wenn ein Gebäude einstürzte auf welchem sie nicht gegründet war. Und noch schröcken mich deine Besorgnisse nicht. Was dir auch immer eine melancholische Laune eingeben mag, ich kenne dich besser Julius.

Undankbarer! du schmähst die Vernunft, du vergissest was sie dir schon für Freuden geschenkt hat. Hättest du auch für dein ganzes Leben den Gefahren der Zweifelsucht entgehen können, so war es Pflicht für mich, dir Genüsse nicht vorzuenthalten, deren du fähig und würdig warest. Die Stufe, worauf du standst, war deiner nicht wert. Der Weg, auf dem du emporklimmtest, bot dir Ersatz für alles, was ich dir raubte. Ich weiß noch mit welcher Entzückung du den Augenblick segnetest, da die Binde von deinen Augen fiel. Jene Wärme, mit der du die Wahrheit auffaßtest, hat deine alles verschlingende Phantasie vielleicht an Abgründe geführt, wovor du erschrocken zurück schauderst.

Ich muß dem Gang deiner Forschungen nachspüren, um die Quellen deiner Klagen zu entdecken. Du hast sonst die Resultate deines Nachdenkens aufgeschrieben. Schicke mir diese Papiere, und dann will ich dir antworten. – – –

JULIUS AN RAPHAEL

Diesen Morgen durchstöre ich meine Papiere. Ich finde einen verlorenen Aufsatz wieder, entworfen in jenen glücklichen Stunden meiner stolzen Begeisterung. Raphael, wie ganz anders finde ich jezo das alles! Es ist das hölzerne Gerüste der Schaubühne wenn die Beleuchtung dahin ist. Mein Herz suchte sich eine Philosophie, und die Phantasie unterschob ihre Träume. Die wärmste war mir die Wahre.

Ich forsche nach den Gesetzen der Geister – schwinge mich bis zu dem Unendlichen, aber ich vergesse zu erweisen, daß sie wirklich vorhanden sind. Ein kühner Angriff des Materialismus stürzt meine Schöpfung ein.

Du wirst dies Fragment durchlesen, mein Raphael. Möchte es dir gelingen, den erstorbenen Funken meines Enthusiasmus wieder aufzuflammen, mich wieder auszusöhnen mit meinem Genius – aber mein Stolz ist so tief gesunken, daß auch Raphaels Beifall ihn kaum mehr emporraffen wird.

THEOSOPHIE DES JULIUS

Die Welt und das denkende Wesen.

Das Universum ist ein Gedanke Gottes. Nachdem dieses idealische Geistesbild in die Wirklichkeit hinübertrat, und die geborene Welt den Riß ihres Schöpfers erfüllte – erlaube mir diese menschliche Vorstellung – so ist der Beruf aller denkenden Wesen in diesem vorhandenen Ganzen die erste Zeichnung wieder zu finden, die Regel in der Maschine, die Einheit in der Zusammensetzung, das Gesetz in dem Phänomen aufzusuchen und das Gebäude rückwärts auf seinen Grundriß zu übertragen. Also gibt es für mich nur eine einzige Erscheinung in der Natur, das denkende

Wesen. Die große Zusammensetzung, die wir Welt nennen, bleibt mir jezo nur merkwürdig, weil sie vorhanden ist, mir die mannigfaltigen Äußerungen jenes Wesens symbolisch zu bezeichnen. Alles in mir und außer mir ist nur Hieroglyphe einer Kraft die mir ähnlich ist. Die Gesetze der Natur sind die Chiffern, welche das denkende Wesen zusammen fügt, sich dem denkenden Wesen verständlich zu machen – das Alphabet, vermittelst dessen alle Geister mit dem vollkommensten Geist und mit sich selbst unterhandeln. Harmonie, Wahrheit, Ordnung, Schönheit, Vortrefflichkeit geben mir Freude, weil sie mich in den tätigen Zustand ihres Erfinders, ihres Besitzers versetzen, weil sie mir die Gegenwart eines vernünftig empfindenden Wesens verraten, und meine Verwandtschaft mit diesem Wesen mich ahnden lassen. Eine neue Erfahrung in diesem Reiche der Wahrheit, die Gravitation, der entdeckte Umlauf des Blutes, das Natursystem des Linnäus heißen mir ursprünglich eben das, was eine Antike im Herkulanum hervorgegraben – beides nur Widerschein eines Geistes, neue Bekanntschaft mit einem mir ähnlichen Wesen. Ich bespreche mich mit dem Unendlichen durch das Instrument der Natur, durch die Weltgeschiche – ich lese die Seele des Künstlers in seinem Apollo.

Willst du dich überzeugen, mein Raphael, so forsche rückwärts. Jeder Zustand der menschlichen Seele hat irgend eine Parabel in der physischen Schöpfung, wodurch er bezeichnet wird, und nicht allein Künstler und Dichter, auch selbst die abstraktesten Denker haben aus diesem reichen Magazine geschöpft. Lebhafte Tätigkeit nennen wir Feuer, die Zeit ist ein Strom der reißend von hinnen rollt, die Ewigkeit ist ein Zirkel, ein Geheimnis hüllt sich in Mitternacht, und die Wahrheit wohnt in der Sonne. Ja ich fange an zu glauben, daß sogar das künftige Schicksal des menschlichen Geistes im dunkeln Orakel der körperlichen Schöpfung vorher verkündigt liegt. Jeder kommende Frühling der die Spößlinge der Pflanzen aus dem Schoße der Erde treibt, gibt mir Erläuterung über das bange Rätsel

des Todes, und widerlegt meine ängstliche Besorgnis eines
ewigen Schlafs. Die Schwalbe die wir im Winter erstarret
finden und im Lenze wieder aufleben sehen, die tote Raupe,
die sich als Schmetterling neu verjüngt in die Luft erhebt,
reichen uns ein treffendes Sinnbild unsrer Unsterblich-   5
keit.

Wie merkwürdig wird mir nun alles! – Jetzt Raphael, ist
alles bevölkert um mich herum. Es gibt für mich keine
Einöde in der ganzen Natur mehr. Wo ich einen Körper
entdecke, da ahnde ich einen Geist – Wo ich Bewegung   10
merke, da rate ich auf einen Gedanken.

»Wo kein Toder begraben liegt, wo kein Auferstehn sein
wird,« redet ja noch die Allmacht durch ihre Werke zu mir,
und so verstehe ich die Lehre von einer Allgegenwart
Gottes.   15

Idee.

Alle Geister werden angezogen von Vollkommenheit. Alle
– es gibt hier Verirrungen, aber keine einzige Ausnahme –
alle streben nach dem Zustand der höchsten freien Äußerung ihrer Kräfte, alle besitzen den gemeinschaftlichen   20
Trieb, ihre Tätigkeit auszudehnen, alles an sich zu ziehen, in
sich zu versammeln, sich eigen zu machen, was sie als gut,
als vortrefflich, als reizend erkennen. Anschauung des
Schönen, des Wahren, des Vortrefflichen ist augenblickliche
Besitznehmung dieser Eigenschaften. Welchen Zustand wir   25
wahrnehmen, in diesen treten wir selbst. In dem Augenblicke, wo wir sie uns denken, sind wir Eigentümer einer
Tugend, Urheber einer Handlung, Erfinder einer Wahrheit,
Inhaber einer Glückseligkeit. Wir selber werden das
empfundene Objekt. Verwirre mich hier durch kein zwei-   30
deutiges Lächeln, mein Raphael – diese Voraussetzung ist
der Grund, worauf ich alles folgende gründe, und einig
müssen wir sein, ehe ich Mut habe, meinen Bau zu
vollenden.

Etwas ähnliches sagt einem jeden schon das innre Gefühl. Wenn wir z. B. eine Handlung der Großmut, der Tapferkeit, der Klugheit bewundern, regt sich da nicht ein geheimes Bewußtsein in unserm Herzen, daß wir fähig wären ein gleiches zu tun? Verrät nicht schon die hohe Röte, die bei Anhörung einer solchen Geschichte unsre Wangen färbt, daß *unsre* Bescheidenheit vor der Bewunderung zittert? daß *wir* über dem Lobe verlegen sind, welches uns diese Veredlung unsers Wesens erwerben muß? Ja unser Körper selbst stimmt sich in diesem Augenblick in die Gebärden des handelnden Menschen, und zeigt offenbar, daß unsre Seele in diesen Zustand übergegangen. Wenn du zugegen warst, Raphael, wo eine große Begebenheit vor einer zahlreichen Versammlung erzählt wurde, sahest du es da dem Erzähler nicht an, wie er selbst auf den Weihrauch wartete, er selbst den Beifall aufzehrte, der seinem Helden geopfert wurde – und, wenn du der Erzähler warst, überraschtest du dein Herz niemals auf dieser glücklichen Täuschung? Du hast Beispiele, Raphael, wie lebhaft ich sogar mit meinem Herzensfreund um die Vorlesung einer schönen Anekdote, eines vortrefflichen Gedichtes mich zanken kann, und mein Herz hat mirs leise gestanden, daß es dir dann nur den Lorbeer mißgönnte, der von dem Schöpfer auf den Vorleser übergeht. Schnelles und inniges Kunstgefühl für die Tugend, gilt darum allgemein für ein großes Talent zu der Tugend, wie man im Gegenteil kein Bedenken trägt, das Herz eines Mannes zu bezweifeln, dessen Kopf die moralische Schönheit schwer und langsam faßt.

Wende mir nicht ein, daß bei lebendiger Erkenntnis einer Vollkommenheit nicht selten das entgegenstehende Gebrechen sich finde, daß selbst den Bösewicht oft eine hohe Begeisterung für das Vortreffliche anwandele, selbst den Schwachen zuweilen ein Enthusiasmus hoher herkulischer Größe durchflamme. Ich weiß z. B. daß unser bewunderter *Haller*, der das geschätzte Nichts der eitlen Ehre so männlich entlarvte, dessen philosophischer Größe ich so

viel Bewunderung zollte, daß eben dieser das noch eitlere
Nichts eines Rittersternes, der seine Größe beleidigte, nicht
zu verachten im Stande war. Ich bin überzeugt, daß in dem
glücklichen Momente des Ideales, der Künstler, der Philosoph und der Dichter die großen und guten Menschen
wirklich sind, deren Bild sie entwerfen – aber diese
Veredlung des Geistes ist bei vielen nur ein unnatürlicher
Zustand, durch eine lebhaftere Wallung des Bluts, einen
rascheren Schwung der Phantasie gewaltsam hervorgebracht, der aber auch eben deswegen so flüchtig wie jede
andre Bezauberung dahin schwindet, und das Herz der
despotischen Willkür niedriger Leidenschaften desto
ermatteter überliefert. Desto ermatteter sage ich – denn
eine allgemeine Erfahrung lehrt, daß der rückfällige
Verbrecher immer der wütendere ist, daß die Renegaten der
Tugend sich von dem lästigen Zwange der Reue in den
Armen des Lasters nur desto süßer erholen.

Ich wollte erweisen, mein Raphael, daß es unser eigener
Zustand ist, wenn wir einen fremden empfinden, daß die
Vollkommenheit auf den Augenblick unser wird, worin wir
uns eine Vorstellung von ihr erwecken, daß unser Wohlgefallen an Wahrheit, Schönheit und Tugend sich endlich in
das Bewußtsein eigner Veredlung, eigner Bereicherung
auflöset, und ich glaube, ich habe es erwiesen.

Wir haben Begriffe von der Weisheit des höchsten
Wesens, von seiner Güte, von seiner Gerechtigkeit – aber
keinen von seiner Allmacht. Seine Allmacht zu bezeichnen,
helfen wir uns mit der stückweisen Vorstellung dreier
Sukzessionen: Nichts, sein Wille und Etwas. Es ist wüste
und finster – Gott ruft: Licht – und es wird Licht. Hätten
wir eine Real-Idee seiner wirkenden Allmacht, so wären wir
Schöpfer, wie Er.

Jede Vollkommenheit also, die ich wahrnehme, wird
mein eigen, sie gibt mir Freude, weil sie mein eigen ist, ich
begehre sie, weil ich mich selbst liebe. Vollkommenheit in
der Natur ist keine Eigenschaft der Materie, sondern der
Geister. Alle Geister sind glücklich durch ihre Vollkom-

menheit. Ich begehre das Glück aller Geister, weil ich mich
selbst liebe. Die Glückseligkeit die ich mir vorstelle, wird
meine Glückseligkeit, also liegt mir daran, diese Vorstellungen zu erwecken, zu vervielfältigen, zu erhöhen – also
liegt mir daran, Glückseligkeit um mich her zu verbreiten.
Welche Schönheit, welche Vortrefflichkeit, welchen Genuß
ich außer mir hervorbringe, bringe ich mir hervor, welchen
ich vernachlässige, zerstöre, zerstöre ich mir, vernachlässige ich mir – Ich begehre fremde Glückseligkeit, weil ich
meine eigne begehre. Begierde nach fremder Glückseligkeit nennen wir Wohlwollen, *Liebe*.

Liebe

Jetzt bester Raphael, laß mich herumschauen. Die Höhe ist
erstiegen, der Nebel ist gefallen, wie in einer blühenden
Landschaft stehe ich mitten im Unermeßlichen. Ein reine-
res Sonnenlicht hat alle meine Begriffe geläutert.

Liebe also – das schönste Phänomen in der beseelten
Schöpfung, der allmächtige Magnet in der Geisterwelt, die
Quelle der Andacht und der erhabensten Tugend – Liebe ist
nur der Widerschein dieser einzigen Urkraft, eine Anziehung des Vortrefflichen, gegründet auf einen augenblicklichen Tausch der Persönlichkeit, eine Verwechslung der
Wesen.

Wenn ich hasse, so nehme ich mir etwas, wenn ich liebe,
so werde ich um das reicher, was ich liebe. Verzeihung ist
das Wiederfinden eines veräußerten Eigentums – Men-
schenhaß ein verlängerter Selbstmord; Egoismus die höchste Armut eines erschaffenen Wesens.

Als Raphael sich meiner letzten Umarmung entwand, da
zerriß meine Seele, und ich weine um den Verlust meiner
schöneren Hälfte. An jenem seligen Abend – du kennst ihn
– da unsre Seelen sich zum erstenmal feurig berührten,
wurden alle deine großen Empfindungen mein, machte ich
nur mein ewiges Eigentumsrecht auf deine Vortrefflichkeit

gelten – stolzer darauf, dich zu lieben als von dir geliebt zu
sein, denn das erste hatte mich zu Raphael gemacht.

»War's nicht dies allmächtige Getriebe
das zum ew'gen Jubelbund der Liebe
    unsre Herzen an einander zwang?   5
Raphael an deinem Arm – o Wonne!
Wag auch ich zur großen Geistersonne
    freudig den Vollendungsgang.

Glücklich! Glücklich! Dich hab' ich gefunden,
hab aus Millionen dich umwunden   10
    und aus Millionen *mein* bist du.
Laß das wilde Chaos wiederkehren,
durch einander die Atomen stören,
    ewig fliehn sich unsre Herzen zu.

Muß ich nicht aus deinen Flammenaugen   15
meiner Wollust Widerstrahlen saugen?
    Nur in dir bestaun ich mich.
Schöner malt sich mir die schöne Erde,
heller spiegelt in des Freunds Gebärde
    reizender der Himmel sich.   20

Schwermut wirft die bange Tränenlasten
süßer von des Leidens Sturm zu rasten
    in der Liebe Busen ab.
Sucht nicht selbst das folternde Entzücken
Raphael in deinen Seelenblicken   25
    ungeduldig ein wollüst'ges Grab?

Stünd' im All der Schöpfung ich alleine,
Seelen träumt' ich in die Felsensteine
    und umarmend küßt' ich sie.
Meine Klagen stöhnt' ich in die Lüfte,   30
freute mich, antworteten die Klüfte,
    Tor genug, der süßen Sympathie.« –

Liebe findet nicht statt unter gleichtönenden Seelen, aber unter harmonischen. Mit Wohlgefallen erkenne ich meine Empfindungen wieder in dem Spiegel der deinigen, aber mit feuriger Sehnsucht verschlinge ich die höheren, die mir mangeln. *Eine* Regel leitet Freundschaft und Liebe. Die sanfte *Desdemona* liebt ihren Othello wegen der Gefahren die er bestanden; der männliche Othello liebt sie um der Träne willen, die sie ihm weinte.

Es gibt Augenblicke im Leben, wo wir aufgelegt sind, jede Blume und jedes entlegene Gestirne, jeden Wurm und jeden geahndeten höheren Geist an den Busen zu drücken – ein Umarmen der ganzen Natur gleich unsrer Geliebten. Du verstehst mich, mein Raphael, Der Mensch, der es so weit gebracht hat, alle Schönheit, Größe, Vortrefflichkeit im Kleinen und Großen der Natur aufzulesen, und zu dieser Mannichfaltigkeit die große Einheit zu finden, ist der Gottheit schon sehr viel näher gerückt. Die ganze Schöpfung zerfließt in seine Persönlichkeit. Wenn jeder Mensch alle Menschen liebte, so besäße jeder Einzelne die Welt.

Die Philosophie unsrer Zeiten – ich fürchte es – widerspricht dieser Lehre. Viele unsrer denkenden Köpfe haben es sich angelegen sein lassen, diesen himmlischen Trieb aus der menschlichen Seele hinweg zu spotten, das Gepräge der Gottheit zu verwischen, und diese Energie, diesen edeln Enthusiasmus im kalten tödenden Hauch einer kleinmütigen Indifferenz aufzulösen. Im Knechtsgefühle ihrer eignen Entwürdigung haben sie sich mit dem gefährlichen Feinde des Wohlwollens, dem Eigennutz abgefunden, ein Phänomen zu erklären, das ihrem begrenzten Herzen zu göttlich war. Aus einem dürftigen Egoismus haben sie ihre trostlose Lehre gesponnen, und ihre eigene Beschränkung zum Maßstab des Schöpfers gemacht – Entartete Sklaven, die unter dem Klang ihrer Ketten die Freiheit verschreien. Swift, der den Tadel der Torheit bis zur Infamie der Menschheit getrieben, und an den Schandpfahl, den er dem ganzen Geschlechte baute, zuerst seinen eigenen Namen schrieb, Swift selbst konnte der menschlichen

Natur keine so tödliche Wunde schlagen als diese gefährlichen Denker, die mit allem Aufwande des Scharfsinns und
des Genies den Eigennutz ausschmücken, und zu einem
Systeme veredeln.

Warum soll es die ganze Gattung entgelten, wenn einige
Glieder an ihrem Werte verzagen?

Ich bekenne es freimütig, ich glaube an die Wirklichkeit
einer uneigennützigen Liebe. Ich bin verloren, wenn sie
nicht ist, ich gebe die Gottheit auf, die Unsterblichkeit und
die Tugend. Ich habe keinen Beweis für diese Hoffnungen
mehr übrig, wenn ich aufhöre an die Liebe zu glauben. Ein
Geist, der sich allein liebt, ist ein schwimmender Atom im
unermeßlichen *leeren* Raume.

Aufopferung.

Aber die Liebe hat Wirkungen hervorgebracht, die ihrer
Natur zu widersprechen scheinen.

Es ist denkbar, daß ich meine eigne Glückseligkeit durch
ein Opfer vermehre, das ich fremder Glückseligkeit bringe
– aber auch noch dann, wenn dieses Opfer mein Leben ist?
Und die Geschichte hat Beispiele solcher Opfer – und ich
fühle es lebhaft, daß es mich nichts kosten sollte, für
Raphaels Rettung zu sterben. Wie ist es möglich, daß wir
den Tod für ein Mittel halten, die Summe unsrer Genüsse zu
vermehren? Wie kann das Aufhören meines Daseins sich
mit Bereicherung meines Wesens vertragen?

Die Voraussetzung von einer Unsterblichkeit hebt diesen
Widerspruch – aber sie entstellt auch auf immer die hohe
Grazie dieser Erscheinung. Rücksicht auf eine belohnende
Zukunft schließt die Liebe aus. Es muß eine Tugend geben,
die auch ohne den Glauben an Unsterblichkeit auslangt, die
auch auf Gefahr der Vernichtung das nämliche Opfer
wirkt.

Zwar ist es schon Veredlung einer menschlichen Seele
den gegenwärtigen Vorteil dem ewigen aufzuopfern – es ist

die edelste Stufe des Egoismus – aber Egoismus und Liebe
scheiden die Menschheit in zwei höchstunähnliche Geschlechter, deren Grenzen *nie* in einander fließen. Egoismus
errichtet seinen Mittelpunkt in sich selber; Liebe pflanzt ihn
außerhalb ihrer in die Achse des ewigen Ganzen. Liebe zielt
nach Einheit, Egoismus ist Einsamkeit. Liebe ist die
mitherrschende Bürgerin eines blühenden Freistaats, Egoismus ein Despot in einer verwüsteten Schöpfung. Egoismus sä't für die Dankbarkeit, Liebe für den Undank. Liebe
verschenkt, Egoismus leiht – Einerlei vor dem Thron der
richtenden Wahrheit, ob auf den Genuß des nächstfolgenden Augenblicks, oder die Aussicht einer Märtyrerkrone –
einerlei, ob die Zinsen in diesem Leben oder im andern
fallen!

Denke dir eine Wahrheit, mein Raphael, die dem ganzen
Menschengeschlecht auf entfernte Jahrhunderte wohl tut –
setze hinzu, diese Wahrheit verdammt ihren Bekenner zum
Tode, diese Wahrheit kann nur erwiesen werden, nur
geglaubt werden, wenn er stirbt. Denke dir dann den Mann
mit dem hellen umfassenden Sonnenblicke des Genies, mit
dem Flammenrad der Begeisterung, mit der ganzen erhabenen Anlage zu der Liebe. Laß in seiner Seele das
vollständige Ideal jener großen Wirkung empor steigen –
laß in dunkler Ahndung vorübergehen an ihm alle Glückliche, die er schaffen soll – laß die Gegenwart und die
Zukunft zugleich in seinem Geist sich zusammendrängen –
und nun beantworte dir, bedarf dieser Mensch der Anweisung auf ein anderes Leben?

Die Summe aller dieser Empfindungen wird sich verwirren mit seiner Persönlichkeit, wird mit seinem *Ich* in eins
zusammen fließen. Das Menschengeschlecht, das er jetzt
sich denkt, ist *Er* selbst. Es ist *ein* Körper, in welchem *sein*
Leben, vergessen und entbehrlich, wie ein Blutstropfe
schwimmt – wie schnell wird er ihn für seine Gesundheit
versprützen!

Gott.

Alle Vollkommenheiten im Universum sind vereinigt in Gott. Gott und Natur sind zwo Größen die sich vollkommen gleich sind.

Die ganze Summe von harmonischer Tätigkeit, die in der göttlichen Substanz *beisammen* existiert, ist in der Natur, dem Abbilde dieser Substanz, zu unzähligen Graden und Maßen und Stufen *vereinzelt*. Die Natur (erlaube mir diesen bildlichen Ausdruck) die Natur ist ein unendlich geteilter Gott. Wie sich im prismatischen Glase ein weißer Lichtstreif in sieben dunklere Strahlen spaltet, hat sich das göttliche *Ich* in zahllose empfindende Substanzen gebrochen. Wie sieben dunklere Strahlen in *einen* hellen Lichtstreif wieder zusammen schmelzen, würde aus der Vereinigung aller dieser Substanzen ein göttliches Wesen hervorgehen. Die vorhandene Form des Naturgebäudes ist das optische Glas, und alle Tätigkeiten der Geister nur ein unendliches Farbenspiel jenes einfachen göttlichen Strahles. Gefiel es der Allmacht dereinst, dieses Prisma zu zerschlagen, so stürzte der Damm zwischen ihr und der Welt ein, alle Geister würden in *einem* unendlichen untergehen, alle Akkorde in *einer* Harmonie in einander fließen, alle Bäche in *einem* Ozean aufhören.

Die Anziehung der Elemente brachte die körperliche Form der Natur zu Stande. Die Anziehung der Geister in's Unendliche vervielfältigt und fortgesetzt, müßte endlich zu Aufhebung jener Trennung führen, oder (darf ich es aussprechen, Raphael?) Gott hervorbringen. Eine solche Anziehung ist die Liebe.

Also Liebe, mein Raphael, ist die Leiter, worauf wir emporklimmen zu Gottähnlichkeit. Ohne Anspruch, uns selbst unbewußt, zielen wir dahin.

»Tode Gruppen sind wir wenn wir hassen,
   Götter, wenn wir liebend uns umfassen,
      lechzen nach dem süßen Fesselzwang.

Aufwärts durch die tausendfache Stufen
zahlenloser Geister, die nicht schufen,
    waltet göttlich dieser Drang.

Arm in Arme, höher stets und höher
5   vom Barbaren bis zum griech'schen Seher,
    der sich an den letzten Seraph reiht,
Wallen wir einmütgen Ringeltanzes,
bis sich dort im Meer des ewgen Glanzes
    Sterbend untertauchen Maß und Zeit.

10   Freundlos war der große Weltenmeister,
fühlte Mangel, darum schuf er Geister,
    sel'ge Spiegel *seiner* Seligkeit.
Fand das höchste Wesen schon kein Gleiches,
aus dem Kelch des ganzen Wesenreiches
15   schäumt ihm die Unendlichkeit.«

Liebe, mein Raphael, ist das wuchernde Arkan den
entadelten *König* des Goldes aus dem unscheinbaren Kalke
wieder herzustellen, das Ewige aus dem vergänglichen und
aus dem zerstörenden Brande der Zeit das große Orakel der
20 Dauer zu retten.
    Was ist die Summe von allem bisherigen?
    Laßt uns Vortrefflichkeit *einsehen*, so wird sie unser. Laßt
uns vertraut werden mit der hohen idealischen Einheit, so
werden wir uns mit Bruderliebe anschließen an einander.
25 Laßt uns Schönheit und Freude pflanzen, so ernten wir
Schönheit und Freude. Laßt uns helle denken, so werden
wir feurig lieben. Seid vollkommen, wie euer Vater im
Himmel vollkommen ist, sagt der Stifter unsers Glaubens.
Die schwache Menschheit erblaßte bei diesem Gebote,
30 darum erklärte er sich deutlicher: liebet euch unter einander.

»Weisheit mit dem Sonnenblick,
Große Göttin tritt zurück

weiche vor der Liebe.
Wer die steile Sternenbahn
ging dir heldenkühn voran
   zu der Gottheit Sitze?
Wer zerriß das Heiligtum   5
zeigte dir Elisium
   durch des Grabes Ritze?
Lockte *sie* uns nicht hinein,
möchten wir unsterblich sein?
   Suchten auch die Geister   10
   ohne sie den Meister?
Liebe, Liebe leitet nur
zu dem Vater der Natur
   Liebe nur die Geister.«

Hier, mein Raphael, hast du das Glaubensbekenntnis 15
meiner Vernunft, einen flüchtigen Umriß meiner unter-
nommenen Schöpfung. So wie du hier findest, ging der
Samen auf, den du selber in meine Seele streutest. Spotte
nun oder freue dich, oder erröte über deinen Schüler. Wie
du willst – aber diese Philosophie hat mein Herz geadelt, 20
und die Perspektive meines Lebens verschönert. Möglich,
mein Bester, daß das ganze Gerüste meiner Schlüsse ein
bestandloses Traumbild gewesen – Die Welt, wie ich sie hier
malte, ist vielleicht nirgends, als im Gehirne deines Julius
wirklich – vielleicht, daß nach Ablauf der tausend tausend 25
Jahre jenes Richters, wo der versprochne weisere Mann auf
dem Stuhle sitzt, ich bei Erblickung des wahren Originales
meine schülerhafte Zeichnung schamrot in Stücken reiße –
Alles dies mag eintreffen, ich erwarte es; dann aber, wenn
die Wirklichkeit meinem Traume auch nicht einmal ähnelt, 30
wird mich die Wirklichkeit um so entzückender, um so
majestätischer überraschen. Sollten *meine* Ideen wohl schöner sein, als die Ideen des ewigen Schöpfers? Wie? Sollte der
es wohl dulden, daß sein erhabenes Kunstwerk hinter den
Erwartungen eines sterblichen Kenners zurück bliebe? – 35
Das eben ist die Feuerprobe seiner großen Vollendung, und

der süßeste Triumph für den höchsten Geist, daß auch
Fehlschlüsse und Täuschung seiner Anerkennung nicht
schaden, daß alle Schlangenkrümmungen der ausschwei-
fenden Vernunft in die gerade Richtung der ewigen
Wahrheit zuletzt einschlagen, zuletzt alle abtrünnige Arme
ihres Stromes nach der nämlichen Mündung laufen. Raphael – welche Idee erweckt mir der Künstler, der in
tausend Kopien anders entstellt, in allen tausenden dennoch sich ähnlich bleibt, dem selbst die verwüstende Hand
eines Stümpers die Anbetung nicht entziehen kann!

Übrigens könnte meine Darstellung durchaus verfehlt,
durchaus unecht sein – noch mehr, ich bin überzeugt, daß
sie es notwendig sein muß, und dennoch ist es möglich, daß
alle Resultate daraus eintreffen. Unser ganzes Wissen läuft
endlich, wie alle Weltweisen übereinkommen, auf eine
konventionelle Täuschung hinaus, mit welcher jedoch die
strengste Wahrheit bestehen kann. Unsre reinsten Begriffe
sind keineswegs *Bilder* der Dinge, sondern bloß ihre
notwendig bestimmte und koexistierende *Zeichen*. Weder
Gott noch die menschliche Seele noch die Welt, sind das
wirklich, was wir davon halten. Unsre Gedanken von
diesen Dingen sind nur die endemische Formen, worin sie
uns der Planet überliefert, den wir bewohnen – unser
Gehirne *gehört* diesem Planeten, folglich auch die Idiome
unsrer Begriffe, die darinne aufbewahrt liegen. Aber die
Kraft der Seele ist eigentümlich, notwendig, und immer
sich selbst gleich; das willkürliche der Materialien, woran
sie sich äußert, ändert nichts an den ewigen Gesetzen,
wornach sie sich äußert, so lang dieses willkürliche mit sich
selbst nicht im Widerspruch steht, so lang das Zeichen dem
Bezeichneten durchaus getreu bleibt. So, wie die Denkkraft
die Verhältnisse der Idiome entwickelt, müssen diese
Verhältnisse in den Sachen auch wirklich vorhanden sein.
Wahrheit also ist keine Eigenschaft der Idiome, sondern der
Schlüsse; nicht die Ähnlichkeit des Zeichens mit dem
Bezeichneten, des Begriffs mit dem Gegenstand sondern
die Übereinstimmung dieses Begriffs mit den Gesetzen der

Denkkraft. Eben so bedient sich die Größenlehre der
Chiffern, die nirgends als auf dem Papiere vorhanden sind,
und findet damit, was vorhanden ist in der wirklichen Welt.
Was für eine Ähnlichkeit haben z. B. die Buchstaben A und
B, die Zeichen : und =, + und — mit dem Faktum das
gewonnen werden soll? – Und doch steigt der vor
Jahrhunderten verkündigte Komet am entlegenen Himmel
auf, doch tritt der erwartete Planet vor die Scheibe der
Sonne. Auf die Unfehlbarkeit seines Kalkuls geht der
Weltentdecker Kolumbus die bedenkliche Wette mit einem
unbefahrenen Meere ein, die fehlende zwote Hälfte zu der
bekannten Hemisphäre, die große Insel Atlantis zu suchen,
welche die Lücke auf seiner geographischen Charte ausfüllen sollte. Er fand sie, diese Insel seines Papiers, und seine
Rechnung war richtig. Wäre sie es etwa minder gewesen,
wenn ein feindseliger Sturm seine Schiffe zerschmettert
oder rückwärts nach ihrer Heimat getrieben hätte? – Einen
ähnlichen Kalkul macht die menschliche Vernunft, wenn sie
das Unsinnliche mit Hilfe des Sinnlichen ausmißt, und die
Mathematik ihrer Schlüsse auf die verborgene Phisik des
Übermenschlichen anwendet. Aber noch fehlt die letzte Probe
zu ihren Rechnungen, denn kein Reisender kam aus jenem
Lande zurück, seine Entdeckung zu erzählen.

Ihre eigne Schranken hat die menschliche Natur, seine
eigne jedes Individuum. Über jene wollen wir uns wechselsweise trösten; diese wird Raphael dem Knabenalter
seines Julius vergeben. Ich bin arm an Begriffen, ein
Fremdling in manchen Kenntnissen, die man bei Untersuchungen dieser Art als unentbehrlich voraussetzt. Ich habe
keine philosophische Schule gehört, und wenig gedruckte
Schriften gelesen. Es mag sein, daß ich dort und da meine
Phantasien strengern Vernunftschlüssen unterschiebe, daß
ich Wallungen meines Blutes, Ahndungen und Bedürfnisse
meines Herzens für nüchterne Weisheit verkaufe, auch das,
mein Guter, soll mich dennoch den verlorenen Augenblick
nicht bereuen lassen. Es ist wirklicher Gewinn für die
allgemeine Vollkommenheit, es war die Vorhersehung des

weisesten Geistes, daß die verirrende Vernunft auch selbst
das chaotische Land der Träume bevölkern, und den kahlen
Boden des Widerspruchs urbar machen sollte. Nicht *der*
mechanische Künstler nur, der den rohen Demant zum
5 Brillanten schleift – auch der andre ist schätzbar, der
gemeinere Steine bis zur scheinbaren Würde des Demants
veredelt. Der Fleiß in den Formen kann zuweilen die
massive Wahrheit des Stoffes vergessen lassen. Ist nicht jede
Übung der Denkkraft, jede feine Schärfe des Geistes eine
10 kleine Stufe zu seiner Vollkommenheit, und jede Vollkommenheit mußte Dasein erlangen in der vollständigen Welt.
Die Wirklichkeit schränkt sich nicht auf das absolut
notwendige ein: sie umfaßt auch das bedingungsweise
notwendige; jede Geburt des Gehirnes, jedes Gewebe des
15 Witzes hat ein unwidersprechliches Bürgerrecht in diesem
größeren Sinne der Schöpfung. Im unendlichen Risse der
Natur durfte keine Tätigkeit ausbleiben, zur allgemeinen
Glückseligkeit kein Grad des Genusses fehlen. Derjenige
große Haushalter seiner Welt, der ungenützt keinen Splitter
20 fallen, keine Lücke unbevölkert läßt wo noch irgend ein
Lebensgenuß Raum hat, der mit dem Gifte, das den
Menschen anfeindet, Nattern und Spinnen sättigt, der in
das tode Gebiet der Verwesung noch Pflanzungen sendet,
die kleine Blüte von Wollust, die im Wahnwitze sprossen
25 kann, noch wirtschaftlich ausspendet, der Laster und
Torheit zur Vortrefflichkeit noch endlich verarbeitet, und
die große Idee des Weltbeherrschenden Roms aus der
Lüsternheit des Tarquinius Sextus zu spinnen wußte –
Dieser erfinderische Geist sollte nicht auch den *Irrtum* zu
30 seinen großen Zwecken verbrauchen; und diese weitläuf-
tige Weltstrecke in der Seele des Menschen verwildert und
freudeleer liegen lassen? Jede Fertigkeit der Vernunft, auch
im Irrtum, vermehrt ihre Fertigkeit zu Empfängnis der
Wahrheit.

35   Laß teurer Freund meiner Seele, laß mich immerhin zu
dem weitläuftigen Spinngewebe der menschlichen Weisheit
auch das meinige tragen. Anders malt sich das Sonnenbild

in den Tautropfen des Morgens, anders im majestätischen
Spiegel des erdumgürtenden Ozeans! Schande aber dem
trüben wolkigten Sumpfe, der es niemals empfängt und
niemals zurückgibt. Millionen Gewächse trinken von den
vier Elementen der Natur. *Eine* Vorratskammer steht offen
für alle; aber sie mischen ihren Saft millionenfach anders,
geben ihn millionenfach anders wieder; die schöne Mannichfaltigkeit verkündigt einen reichen Herrn dieses Hauses. Vier Elemente sind es, woraus alle Geister schöpfen,
Ihr *ich*, die *Natur*, *Gott* und die *Zukunft*. Alle mischen sie
millionenfach anders, geben sie millionenfach anders wieder, aber *eine* Wahrheit ist es, die gleich einer festen Achse
gemeinschaftlich durch alle Religionen und alle Sisteme
geht – »Nähert euch dem Gott, den ihr meinet.«

ÜBER DEN GRUND DES VERGNÜGENS
AN TRAGISCHEN GEGENSTÄNDEN

Wie sehr auch einige neuere Ästhetiker sichs zum Geschäft machen, die Künste der Phantasie und Empfindung gegen den allgemeinen Glauben, *daß sie auf Vergnügen abzwecken*, wie gegen einen herabsetzenden Vorwurf zu verteidigen, so wird dieser Glaube dennoch, nach wie vor, auf seinem festen Grunde bestehen, und die schönen Künste werden ihren althergebrachten unabstreitbaren und wohltätigen Beruf nicht gern mit einem neuen vertauschen, zu welchen man sie großmütig erhöhen will. Unbesorgt, daß ihre auf unser Vergnügen abzielende Bestimmung sie erniedrige, werden sie vielmehr auf den Vorzug stolz sein, dasjenige *unmittelbar* zu leisten, was alle übrigen Richtungen und Tätigkeiten des menschlichen Geistes nur *mittelbar* erfüllen. Daß der Zweck der Natur mit dem Menschen seine Glückseligkeit sei, wenn auch der Mensch selbst in seinem moralischen Handeln von diesem Zwecke nichts wissen soll, wird wohl niemand bezweifeln, der überhaupt nur einen Zweck in der Natur annimmt. Mit dieser also, oder vielmehr mit ihrem Urheber haben die schönen Künste ihren Zweck gemein, Vergnügen auszuspenden und Glückliche zu machen. Spielend verleihen sie, was ihre ernstern Schwestern uns erst mühsam erringen lassen; sie verschenken, was dort erst der sauer erworbene Preis vieler Anstrengungen zu sein pflegt. Mit anspannendem Fleiße müssen wir die Vergnügungen des Verstandes, mit schmerzhaften Opfern die Billigung der Vernunft, die Freuden der Sinne durch harte Entbehrungen erkaufen, oder das Übermaß der letztern durch eine Kette von Leiden büßen; die Kunst allein gewährt uns Genüsse, die nicht erst abverdient werden dürfen, die keine Opfer kosten, die

durch keine Reue erkauft werden. Wer wird aber das
Verdienst, auf diese Art zu ergötzen, mit dem armseligen
Verdienst, zu *belustigen*, in eine Klasse setzen? Wer sich
einfallen lassen, der schönen Kunst bloß deswegen *jenen*
Zweck abzusprechen, weil sie über *diesen* erhaben ist?

Die wohlgemeinte Absicht, das Moralischgute überall
als höchsten Zweck zu verfolgen, die in der Kunst schon so
manches Mittelmäßige erzeugte und in Schutz nahm, hat
auch in der Theorie einen ähnlichen Schaden angerichtet.
Um den Künsten einen recht hohen Rang anzuweisen, um
ihnen die Gunst des Staats, die Ehrfurcht aller Menschen zu
erwerben, vertreibt man sie aus ihrem eigentümlichen
Gebiet, um ihnen einen Beruf aufzudringen, der ihnen
fremd und ganz unnatürlich ist. Man glaubt ihnen einen
großen Dienst zu erweisen, in dem man ihnen, anstatt des
frivolen Zwecks *zu ergötzen*, einen moralischen unterschiebt, und ihr so sehr in die Augen fallender Einfluß auf
die Sittlichkeit muß diese Behauptung unterstützen. Man
findet es widersprechend, daß dieselbe Kunst, die den
höchsten Zweck der Menschheit in so großem Maße
befördert, nur beiläufig diese Wirkung leisten und einen so
gemeinen Zweck, wie man sich das Vergnügen denkt, zu
ihrem letzten Augenmerk haben sollte. Aber diesen
anscheinenden Widerspruch würde, wenn wir sie hätten,
eine bündige Theorie des Vergnügens und eine vollständige
Philosophie der Kunst sehr leicht zu heben im Stande sein.
Aus dieser würde sich ergeben, daß ein freies Vergnügen, so
wie die Kunst es hervorbringt, durchaus auf moralischen
Bedingungen beruhe, daß die ganze sittliche Natur des
Menschen dabei tätig sei. Aus ihr würde sich ferner
ergeben, daß die Hervorbringung dieses Vergnügens ein
Zweck sei, der schlechterdings nur durch moralische Mittel
erreicht werden könne, daß also die Kunst, um das
Vergnügen als ihren wahren Zweck vollkommen zu
erreichen, durch die Moralität ihren Weg nehmen müsse.
Für die Würdigung der Kunst ist es aber vollkommen
einerlei, ob ihr Zweck ein moralischer sei, oder ob sie ihren

Zweck nur durch moralische Mittel erreichen könne, denn in beiden Fällen hat sie es mit der Sittlichkeit zu tun und muß mit dem Sittengesetz im engsten Einverständnis handeln; aber für die Vollkommenheit der Kunst ist es nichts weniger als einerlei, welches von beiden ihr Zweck und welches das Mittel ist. Ist der Zweck selbst moralisch, so verliert sie das wodurch sie allein mächtig ist, ihre Freiheit, und das, wodurch sie so allgemein wirksam ist, den Reiz des Vergnügens. Das Spiel verwandelt sich in ein ernsthaftes Geschäft, und doch ist es gerade das Spiel, wodurch sie das Geschäft am besten vollführen kann. Nur indem sie ihre höchste ästhetische Wirkung erfüllt, wird sie einen wohltätigen Einfluß auf die Sittlichkeit haben; aber nur indem sie ihre völlige Freiheit ausübt, kann sie ihre höchste ästhetische Wirkung erfüllen.

Es ist ferner gewiß, daß jedes Vergnügen, insofern es aus sittlichen Quellen fließt, den Menschen sittlich verbessert, und daß hier die Wirkung wieder zur Ursache werden muß. Die Lust am Schönen am Rührenden, am Erhabenen stärkt unsre moralische Gefühle, wie das Vergnügen am Wohltun, an der Liebe u. s. f. alle diese Neigungen stärkt. Eben so, wie ein vergnügter Geist das gewisse Los eines sittlich vortrefflichen Menschen ist, so ist sittliche Vortrefflichkeit gern die Begleiterin eines vergnügten Gemüts. Die Kunst wirkt also nicht deswegen allein sittlich, weil sie durch sittliche Mittel ergötzt, sondern auch deswegen, weil das Vergnügen selbst, das die Kunst gewährt, ein Mittel zur Sittlichkeit wird.

Die Mittel, wodurch die Kunst ihren Zweck erreicht, sind so vielfach, als es überhaupt Quellen eines freien Vergnügens gibt. *Frei* aber nenne ich dasjenige Vergnügen, wobei die Gemütskräfte nach ihren eigenen Gesetzen affiziert werden, und wo die Empfindung durch eine Vorstellung erzeugt wird; im Gegensatz von dem physischen oder sinnlichen Vergnügen, wobei die Seele dem Mechanismus unterwürfig, nach fremden Gesetzen bewegt wird, und die Empfindung unmittelbar auf ihre physische

Ursache erfolget. Die sinnliche Lust ist die einzige, die vom
Gebiet der schönen Kunst ausgeschlossen wird, und eine
Geschicklichkeit, die sinnliche Lust zu erwecken, kann sich
nie oder alsdann nur zur Kunst erheben, wenn die sinnliche
Eindrücke nach einem Kunstplan geordnet, verstärkt oder
gemäßigt werden, und diese Planmäßigkeit durch die
Vorstellung erkannt wird. Aber auch in diesem Fall wäre
nur dasjenige an ihr *Kunst*, was der Gegenstand eines freien
Vergnügens ist, nehmlich der Geschmack in der Anord-
nung, der unsern Verstand ergötzt, nicht die physischen
Reize selbst, die nur unsre Sinnlichkeit vergnügen.

Die allgemeine Quelle jedes, auch des sinnlichen, Vergnügens ist Zweckmäßigkeit. Das Vergnügen ist sinnlich,
wenn die Zweckmäßigkeit nicht durch die Vorstellungs-
kräfte erkannt wird, sondern bloß durch das Gesetz der
Notwendigkeit die Empfindung des Vergnügens zur physischen Folge hat. So erzeugt eine zweckmäßige Bewegung
des Bluts und der Lebensgeister in einzelnen Organen oder
in der ganzen Maschine die körperliche Lust mit allen ihren
Arten und Modifikationen; wir *fühlen* diese Zweckmäßigkeit durch das Medium der angenehmen Empfindung, aber
wir gelangen zu keiner, weder klaren noch verworrenen
Vorstellung von ihr.

Das Vergnügen ist frei, wenn wir uns die Zweckmäßigkeit *vorstellen*, und die angenehme Empfindung die Vorstellung begleitet; alle Vorstellungen also, wodurch wir Übereinstimmung und Zweckmäßigkeit erfahren, sind Quellen
eines freien Vergnügens, und in so fern fähig von der Kunst
zu dieser Absicht gebraucht zu werden. Sie erschöpfen sich
in folgenden Klassen: *Gut, Wahr, Vollkommen, Schön,
Rührend, Erhaben*. Das Gute beschäftigt unsre Vernunft, das
Wahre und Vollkommene den Verstand; das Schöne den
Verstand mit der Einbildungskraft, das Rührende und
Erhabene die Vernunft mit der Einbildungskraft. Zwar
ergötzt auch schon der *Reiz* oder die zur Tätigkeit
aufgefoderte Kraft, aber die Kunst bedient sich des Reizes
nur, um die höhern Gefühle der Zweckmäßigkeit zu

begleiten; allein betrachtet verliert er sich unter die
Lebensgefühle, und die Kunst verschmäht ihn wie alle
sinnlichen Lüste.

Die Verschiedenheit der Quellen, aus welchen die Kunst
das Vergnügen schöpft, das sie uns gewähret, kann für sich
allein zu keiner Einteilung der Künste berechtigen, da in
derselben Kunstklasse mehrere, ja oft alle Arten des
Vergnügens zusammen fließen können. Aber in so fern eine
gewisse Art derselben als Hauptzweck verfolgt wird, kann
sie, wenn gleich nicht eine eigene Klasse, doch eine eigne
Ansicht der Kunstwerke gründen. So, z. B. könnte man
diejenigen Künste, welche den *Verstand* und die Einbildungskraft vorzugsweise befriedigen, diejenigen also, die
das Wahre, das Vollkommene, das Schöne zu ihrem
Hauptzweck machen, unter dem Namen der *schönen* Künste
(Künste des Geschmacks, Künste des Verstandes) begreifen; diejenigen hingegen, die die Einbildungskraft mit der
Vernunft vorzugsweise beschäftigen, also das Gute, das
Rührende und Erhabene zu ihrem Hauptgegenstand
haben, unter dem Namen der *Rührenden* Künste (Künste des
Gefühls, des Herzens) in eine besondere Klasse vereinigen.
Zwar ist es unmöglich, das Rührende von dem Schönen
durchaus zu trennen, aber sehr gut kann das Schöne ohne
das Rührende bestehen. Wenn also gleich diese verschiedene Ansicht zu keiner vollkommenen Einteilung der freien
Künste berechtigt, so dient sie wenigstens dazu, die
Prinzipien zu Beurteilung derselben näher anzugeben und
der Verwirrung vorzubeugen, welche unvermeidlich einreißen muß, wenn man bei einer Gesetzgebung in ästhetischen Dingen die ganz verschiedenen Felder des Rührenden und des Schönen verwechselt.

Unter der rührenden Gattung behaupten in der Dichtkunst die Epopee und das Trauerspiel den vorzüglichsten
Rang. In der Erstern ist das Rührende dem Erhabnen, in
dem letzten das Erhabene dem Rührenden beigesellt.
Wollte man von diesem Leitfaden weiter Gebrauch
machen, so könnte man Dichtungsarten aufstellen, die das

Erhabene allein, andre die das Rührende allein behandeln. In noch andern würde sich das Rührende mit dem Schönen vorzüglich gatten, und zu der zweiten Ordnung der Künste einen Übergang bahnen. So könnte man vielleicht diesen Faden auch durch diese, die schönen Künste, fortführen, und an dem höchst *Vollkommenen* einen Rückweg zum Erhabenen finden, wodurch der Kreis der Künste geschlossen würde.

Das Rührende und Erhabene kommen darin überein, daß sie Lust durch Unlust hervorbringen, daß sie uns also (da die Lust aus Zweckmäßigkeit, der Schmerz aber aus dem Gegenteil entspringt) eine Zweckmäßigkeit zu empfinden geben, die eine *Zweckwidrigkeit* voraussetzt.

Das Gefühl des Erhabenen besteht einerseits aus dem Gefühl unsrer *Ohnmacht* und Begrenzung, einen Gegenstand zu umfassen, anderseits aber aus dem Gefühl unsrer *Übermacht*, welche vor keinen Grenzen erschrickt, und dasjenige sich *geistig* unterwirft, dem unsre sinnlichen Kräfte unterliegen. Der Gegenstand des Erhabenen widerstreitet also unserm sinnlichen Vermögen, und diese Unzweckmäßigkeit muß uns notwendig Unlust erwecken. Aber sie wird zugleich eine Veranlassung, ein anderes Vermögen in uns zu unserm Bewußtsein zu bringen, welches demjenigen, woran die Einbildungskraft erliegt, überlegen ist. Ein erhabener Gegenstand ist also eben dadurch, daß er der Sinnlichkeit widerstreitet, zweckmäßig für die Vernunft, und ergötzt durch das höhere Vermögen, indem er durch das niedrige schmerzet.

Rührung, in seiner strengen Bedeutung, bezeichnet die gemischte Empfindung des Leidens und der Lust an dem Leiden. Rührung kann man also nur dann über eigenes Unglück empfinden, wenn der Schmerz über dasselbe gemäßigt genug ist, um der Lust Raum zu lassen, die etwa ein mitleidender Zuschauer dabei empfindet. Der Verlust eines großen Guts schlägt uns heute zu Boden, und unser Schmerz *rührt* den Zuschauer; in einem Jahre erinnern wir uns dieses Leidens selbst mit *Rührung*. Der Schwache

ist jederzeit ein Raub seines Schmerzens, der Held und
der Weise werden vom höchsten eigenen Unglück nur
gerührt.

Rührung enthält eben so, wie das Gefühl des Erhabenen,
zwei Bestandteile, Schmerz und Vergnügen; also hier wie
dort liegt der Zweckmäßigkeit eine Zweckwidrigkeit zum
Grunde. So scheint es eine Zweckwidrigkeit in der Natur
zu sein, daß der Mensch leidet, der doch nicht zum Leiden
bestimmt ist, und diese Zweckwidrigkeit tut uns wehe.
Aber dieses *Wehetun* der Zweckwidrigkeit ist zweckmäßig
für unsere vernünftige Natur überhaupt und in so fern es
uns zur Tätigkeit auffordert, zweckmäßig für die menschliche Gesellschaft. Wir müssen also über die Unlust selbst,
welche das Zweckwidrige in uns erregt, notwendig Lust
empfinden, weil jene Unlust zweckmäßig ist. Um zu
bestimmen, ob bei einer Rührung die Lust oder die Unlust
hervorstechen werde, kommt es darauf an, ob die Vorstellung der Zweckwidrigkeit oder die der Zweckmäßigkeit
die Oberhand behält. Dies kann nun entweder von der
Menge der Zwecke, die erreicht oder verletzt werden, oder
von ihrem Verhältnis zu dem letzten Zweck aller Zwecke
abhängen.

Das Leiden des Tugendhaften rührt uns schmerzhafter,
als das Leiden des Lasterhaften, weil dort nicht nur dem
allgemeinen Zweck der Menschen, glücklich zu sein,
sondern auch dem besondern, daß die Tugend glücklich
mache, hier aber nur dem erstern widersprochen wird.
Hingegen schmerzt uns das Glück des Bösewichts auch
weit mehr, als das Unglück des Tugendhaften, weil *erstlich*
das Laster selbst und *zweitens* die Belohnung des Lasters
eine Zweckwidrigkeit enthalten.

Außerdem ist die Tugend weit mehr geschickt, sich selbst
zu belohnen, als das glückliche Laster, sich zu bestrafen;
eben deswegen wird der Rechtschaffene im Unglück weit
eher der Tugend getreu bleiben, als der Lasterhafte im
Glück zur Tugend umkehren.

Vorzüglich aber kommt es bei Bestimmung des Verhält-

nisses der Lust zu der Unlust in Rührungen darauf an, ob
der verletzte Zweck den erreichten oder der erreichte den,
der verletzt wird, an Wichtigkeit übertreffen. Keine
Zweckmäßigkeit geht uns so nah an, als die *moralische* und
nichts geht über die Lust, die wir über diese moralische
Zweckmäßigkeit empfinden. Die Naturzweckmäßigkeit
könnte noch immer problematisch sein, die moralische ist
uns erwiesen. Sie allein gründet sich auf unsre vernünftige
Natur und auf innre Notwendigkeit. Sie ist uns die nächste,
die wichtigste, und zugleich die erkennbarste, weil sie
durch nichts von außen sondern durch ein innres Prinzip
unsrer autonomischen Vernunft bestimmt wird. Sie ist das
Palladium unsrer Freiheit.

Diese moralische Zweckmäßigkeit wird am lebendigsten
erkannt, wenn sie im Widerspruch mit andern die Oberhand behält; nur dann erweist sich die ganze Macht des
Sittengesetzes, wenn es mit allen übrigen Naturkräften im
Streit gezeigt wird und alle neben ihm ihre Gewalt über ein
menschliches Herz verlieren. Unter diesen Naturkräften ist
alles begriffen, was nicht moralisch ist, alles was nicht unter
der höchsten Gesetzgebung der Vernunft stehet; also
Empfindungen, Triebe, Affekte, Leidenschaften so gut, als
die physische Notwendigkeit und das Schicksal. Je furchtbarer die Gegner, desto glorreicher der Sieg; der Widerstand allein kann die Kraft sichtbar machen. Aus diesem
folgt, »daß das höchste Bewußtsein unsrer moralischen
Natur nur in einem gewaltsamen Zustand, im Kampfe,
erhalten werden kann, und daß das höchste moralische
Vergnügen jederzeit von Schmerz wird begleitet sein.«

Diejenige Dichtungsart also, welche uns die moralische
Lust in vorzüglichem Grade gewährt, muß sich eben
deswegen der gemischten Empfindungen bedienen, und
uns durch den Schmerz ergötzen. Dies tut vorzugsweise die
Tragödie, und ihr Gebiet umfaßt alle mögliche Fälle, in
denen irgend eine Naturzweckmäßigkeit einer moralischen, oder auch eine moralische Zweckmäßigkeit der
andern, die höher ist, aufgeopfert wird. Es wäre vielleicht

nicht unmöglich, nach dem Verhältnis, in welchem die
moralische Zweckmäßigkeit im Widerspruch mit der
andern erkannt und empfunden wird, eine Stufenleiter des
Vergnügens von der untersten bis zur höchsten hinaufzu-
führen, und den Grad der angenehmen oder schmerzhaften
Rührung a priori aus dem Prinzip der Zweckmäßigkeit
bestimmt anzugeben. Ja vielleicht ließen sich aus eben
diesem Prinzip bestimmte Ordnungen der Tragödie ableiten, und alle mögliche Klassen derselben a priori in einer
vollständigen Tafel erschöpfen; so, daß man im Stande
wäre, jeder gegebenen Tragödie ihren Platz anzuweisen und
den Grad sowohl als die Art der Rührung im voraus zu
berechnen, über den sie sich, vermöge ihrer Species nicht
erheben kann. Aber dieser Gegenstand bleibt einer eigenen
Erörterung vorbehalten.

Wie sehr die Vorstellung der moralischen Zweckmäßigkeit der Naturzweckmäßigkeit in unserm Gemüt vorgezogen werde, wird aus einzelnen Beispielen einleuchtend zu
erkennen sein.

Wenn wir Hüon und Amanda an den Marterpfahl
gebunden sehen, beide aus freier Wahl bereit, lieber den
fürchterlichen Feuertod zu sterben als durch Untreue gegen
das Geliebte sich einen Thron zu erwerben – was macht uns
wohl diesen Auftritt zum Gegenstand eines so himmlischen
Vergnügens? Der Widerspruch ihres gegenwärtigen Zustands mit dem lachenden Schicksal das sie verschmähten,
die anscheinende Zweckwidrigkeit der Natur, welche
Tugend mit Elend lohnt, die naturwidrige Verleugnung der
Selbstliebe u. s. f. sollten uns, da sie so viele Vorstellungen
von Zweckwidrigkeit in unsre Seele rufen, mit dem
empfindlichsten Schmerz erfüllen – aber was kümmert uns
die Natur mit allen ihren Zwecken und Gesetzen, wenn sie
durch ihre Zweckwidrigkeit eine Veranlassung wird, uns
die moralische Zweckmäßigkeit *in* uns in ihrem vollesten
Lichte zu zeigen? Die Erfahrung von der siegenden Macht
des sittlichen Gesetzes, die wir bei diesem Anblick machen,
ist ein so hohes so wesentliches Gut, daß wir sogar versucht

werden, uns mit dem Übel auszusöhnen, dem wir es zu
verdanken haben. Übereinstimmung im *Reich der Freiheit*
ergötzt uns unendlich mehr, als alle Widersprüche in der
natürlichen Welt uns zu betrüben vermögen.

Wenn Koriolan, von der Gatten- und Kindes- und
Bürgerpflicht besiegt, das schon so gut als eroberte Rom
verläßt, seine Rache unterdrückt, sein Heer zurückführt,
und sich dem Haß eines eifersüchtigen Nebenbuhlers zum
Opfer dahingibt, so begeht er offenbar eine sehr zweckwidrige Handlung; er verliert durch diesen Schritt nicht
nur die Frucht aller bisherigen Siege, sondern rennt auch
vorsätzlich seinem Verderben entgegen – aber wie trefflich
wie unaussprechlich groß ist es auf der andern Seite, den
gröbsten Widerspruch mit der Neigung einem Widerspruch mit dem sittlichen Gefühl kühn vorzuziehen, und
auf solche Art, dem höchsten Interesse der Sinnlichkeit
entgegen, gegen die Regeln der Klugheit zu verstoßen, um
nur mit der höhern moralischen Pflicht übereinstimmend
zu handeln? Jede Aufopferung des Lebens ist zweckwidrig,
denn das Leben ist die Bedingung aller Güter; aber
Aufopferung des Lebens in moralischer Absicht ist in
hohem Grad zweckmäßig, denn das Leben ist nie für sich
selbst, nie als Zweck, nur als Mittel zur Sittlichkeit wichtig.
Tritt also ein Fall ein, wo die Hingebung des Lebens ein
Mittel zur Sittlichkeit wird, so muß das Leben der
Sittlichkeit nachstehen. »Es ist nicht nötig, daß ich lebe,
aber es ist nötig daß ich Rom vor dem Hunger schütze,«
sagt der große Pompejus, da er nach Afrika schiffen soll,
und seine Freunde ihm anliegen, seine Abfahrt zu verschie-
ben, bis der Seesturm vorüber sei.

Aber das Leiden eines Verbrechers ist nicht weniger
tragisch ergötzend, als das Leiden des Tugendhaften und
doch erhalten wir hier die Vorstellung einer moralischen
Zweckwidrigkeit. Der Widerspruch seiner Handlung mit
dem Sittengesetz sollte uns mit Unwillen, die moralische
Unvollkommenheit, die eine solche Art zu handeln voraussetzt, mit Schmerz erfüllen; wenn wir auch das Unglück

der Schuldlosen nicht einmal in Anschlag brächten, die das
Opfer davon werden. Hier ist keine Zufriedenheit mit der
Moralität der Personen, die uns für den Schmerz zu
entschädigen vermöchte, den wir über ihr Handeln und
Leiden empfinden – und doch ist beides ein sehr dankbarer
Gegenstand für die Kunst, bei dem wir mit hohem
Wohlgefallen verweilen. Es wird nicht schwer sein, diese
Erscheinung mit dem bisher gesagten in Übereinstimmung
zu zeigen.

Nicht allein der Gehorsam gegen das Sittengesetz gibt
uns die Vorstellung moralischer Zweckmäßigkeit, auch der
Schmerz über Verletzung desselben tut es. Die Traurigkeit,
welche das Bewußtsein moralischer Unvollkommenheit
erzeugt, ist zweckmäßig, weil sie der Zufriedenheit gegenüber steht, die das moralische Rechttun begleitet. Reue,
Selbstverdammung, selbst in ihrem höchsten Grad, in der
Verzweiflung, sind moralisch erhaben, weil sie nimmermehr empfunden werden könnten, wenn nicht tief in der
Brust des Verbrechers ein unbestechliches Gefühl für Recht
und Unrecht wachte, und seine Aussprüche selbst gegen
das feurigste Interesse der Selbstliebe geltend machte. Reue
über eine Tat entspringt aus der Vergleichung derselben mit
dem Sittengesetz, und ist Mißbilligung dieser Tat, weil sie
dem Sittengesetz widerstreitet. Also muß im Augenblick
der Reue das Sittengesetz die höchste Instanz im Gemüt
eines solchen Menschen sein; es muß ihm wichtiger sein, als
selbst der Preis des Verbrechens, weil das Bewußtsein des
beleidigten Sittengesetzes ihm den Genuß dieses Preises
vergällt. Der Zustand eines Gemüts aber, in welchem das
Sittengesetz für die höchste Instanz erkannt wird, ist
moralisch zweckmäßig, also eine Quelle moralischer Lust.
Und was kann auch erhabener sein, als jene heroische
Verzweiflung, die alle Güter des Lebens, die das Leben
selbst in den Staub tritt, weil sie die mißbilligende Stimme
ihres innern Richters nicht ertragen und nicht übertäuben
kann? Ob der Tugendhafte sein Leben freiwillig dahingibt,
um dem Sittengesetz gemäß zu handeln – oder ob der

Verbrecher unter dem Zwange des Gewissens sein Leben
mit eigner Hand zerstört, um die Übertretung jenes
Gesetzes an sich zu bestrafen, so steigt unsre Achtung für
das Sittengesetz zu einem gleich hohen Grad empor; und,
wenn ja noch ein Unterschied statt fände, so würde er   5
vielmehr zum Vorteil des Letztern ausfallen, da das
beglückende Bewußtsein des Rechthandelns dem Tugendhaften seine Entschließung doch einigermaßen konnte
erleichtert haben, und das sittliche Verdienst an einer
Handlung gerade um eben so viel abnimmt, als Neigung   10
und Lust daran Anteil haben. Reue und Verzweiflung über
ein begangenes Verbrechen zeigen uns die Macht des
Sittengesetzes nur später, nicht schwächer; es sind Gemälde
der erhabensten Sittlichkeit, nur in einem gewaltsamen
Zustand entworfen. Ein Mensch, der wegen einer verletz-   15
ten moralischen Pflicht verzweifelt, tritt eben dadurch zum
Gehorsam gegen dieselbe zurück, und je furchtbarer seine
Selbstverdammung sich äußert, desto mächtiger sehen wir
das Sittengesetz ihm gebieten.

    Aber es gibt Fälle, wo das moralische Vergnügen nur   20
durch einen moralischen Schmerz erkauft wird, und dies
geschieht, wenn eine moralische Pflicht übertreten werden
muß, um einer höhern und allgemeinern desto gemäßer zu
handeln. Wäre Koriolan, anstatt seine eigene Vaterstadt zu
belagern, vor Antium oder Korioli mit einem römischen   25
Heere gestanden, wäre seine Mutter eine Volscierin gewesen, und ihre Bitten hätten die nehmliche Wirkung auf ihn
gehabt, so würde dieser Sieg der Kindespflicht den
entgegengesetzten Eindruck auf uns machen. Der Ehrerbietung gegen die Mutter stünde dann die weit höhere   30
bürgerliche Verbindlichkeit entgegen, welche im Kollisions-
fall vor jener den Vorzug verdient. Jener Commendant,
dem die Wahl gelassen wird, entweder die Stadt zu
übergeben, oder seinen gefangenen Sohn vor seinen Augen
durchbohrt zu sehen, wählt ohne Bedenken das Letztere,   35
weil die Pflicht gegen sein Kind der Pflicht gegen sein
Vaterland billig untergeordnet ist. Es empört zwar im

ersten Augenblick unser Herz, daß ein Vater dem Naturtriebe und der Vaterpflicht so widersprechend handelt, aber
es reißt uns bald zu einer süßen Bewunderung hin, daß
sogar ein moralischer Antrieb, und wenn er sich selbst mit
der Neigung gattet, die Vernunft in ihrer Gesetzgebung
nicht irre machen kann. Wenn der Korinthier Timoleon
einen geliebten aber ehrsüchtigen Bruder Timophanes
ermorden läßt, weil seine Meinung von patriotischer
Pflicht ihn zu Vertilgung alles dessen, was die Republik in
Gefahr setzt, verbindet, so sehen wir ihn zwar nicht ohne
Entsetzen und Abscheu diese naturwidrige, dem moralischen Gefühl so sehr widerstreitende Handlung begehen,
aber unser Abscheu löst sich bald in die höchste Achtung
der heroischen Tugend auf, die ihre Aussprüche gegen
jeden fremden Einfluß der Neigung behauptet, und im
stürmischen Widerstreit der Gefühle eben so frei und eben
so richtig, als im Zustand der höchsten Ruhe entscheidet.
Wir können über republikanische Pflicht mit Timoleon
ganz verschieden denken; das ändert an unserm Wohlgefallen nichts. Vielmehr sind es gerade solche Fälle, wo unser
Verstand nicht auf der Seite der handelnden Person ist, aus
welchen man erkennt, wie sehr wir Pflichtmäßigkeit über
Zweckmäßigkeit, Einstimmung mit der Vernunft über die
Einstimmung mit dem Verstande erheben.

Über keine moralische Erscheinung aber wird das Urteil
der Menschen so verschieden ausfallen, als gerade über
diese, und der Grund dieser Verschiedenheit darf nicht weit
gesucht werden. Der moralische Sinn liegt zwar in allen
Menschen, aber nicht bei allen in derjenigen Stärke und
Freiheit, wie er bei Beurteilung dieser Fälle vorausgesetzt
werden muß. Für die Meisten ist es genug eine Handlung
zu billigen, weil ihre Einstimmung mit dem Sittengesetz
leicht gefaßt wird, und eine andere zu verwerfen, weil ihr
Widerstreit mit diesem Gesetz in die Augen leuchtet. Aber
ein heller Verstand und eine von jeder Naturkraft also auch
von moralischen Trieben (insofern sie instinktartig wirken) unabhängige Vernunft wird erfodert, die Verhältnisse

moralischer Pflichten zu dem höchsten Prinzip der Sittlichkeit richtig zu bestimmen. Daher wird die nehmliche
Handlung, in welcher einige wenige die höchste Zweckmäßigkeit erkennen dem großen Haufen als ein empörender Widerspruch erscheinen, ob gleich beide ein moralisches Urteil fällen; daher rührt es, daß die Rührung an
solchen Handlungen nicht in der Allgemeinheit mitgeteilt
werden kann, wie die Einheit der menschlichen Natur und
die Notwendigkeit des moralischen Gesetzes erwarten läßt.
Aber auch das wahrste und höchste Erhabene ist, wie man
weiß, Vielen Überspannung und Unsinn, weil das Maß der
Vernunft, die das Erhabene erkennt, nicht in allen dasselbe
ist. Eine kleine Seele sinkt unter der Last so großer
Vorstellungen dahin, oder fühlt sich peinlich über ihren
moralischen Durchmesser auseinander gespannt. Sieht
nicht oft genug der gemeine Haufe da die häßlichste
Verwirrung, wo der denkende Geist gerade die höchste
Ordnung bewundert?

So viel über das Gefühl der moralischen Zweckmäßigkeit, in so fern es der tragischen Rührung und unsrer Lust
an dem Leiden zum Grund liegt. Aber es sind demohngeachtet Fälle genug vorhanden, wo uns die Naturzweckmäßigkeit selbst auf Unkosten der moralischen zu ergötzen
scheint. Die höchste Konsequenz eines Bösewichts in Anordnung seiner Maschinen ergötzt uns offenbar, obgleich
Anstalten und Zweck unserm moralischen Gefühl widerstreiten. Ein solcher Mensch ist fähig, unsre lebhafteste
Teilnahme zu erwecken, und wir zittern vor dem Fehlschlag derselben Plane, deren Vereitlung wir, wenn es
wirklich an dem wäre, daß wir alles auf die moralische
Zweckmäßigkeit beziehen, aufs feurigste wünschen sollten. Aber auch diese Erscheinung hebt dasjenige nicht auf,
was bisher über das Gefühl der moralischen Zweckmäßigkeit, und seinen Einfluß auf unser Vergnügen an tragischen
Rührungen behauptet wurde.

Zweckmäßigkeit gewährt uns unter allen Umständen
Vergnügen, sie beziehe sich entweder gar nicht auf das

Sittliche, oder sie widerstreite demselben. Wir genießen dieses Vergnügen *rein*, so lange wir uns keines sittlichen Zwecks erinnern, dem dadurch widersprochen wird. Eben so wie wir uns an dem verstandähnlichen Instinkt der Tiere, an dem Kunstfleiß der Bienen u. d. gl. ergötzen, ohne diese Naturzweckmäßigkeit auf einen verständigen Willen noch weniger auf einen moralischen Zweck zu beziehen, so gewährt uns die Zweckmäßigkeit eines jeden menschlichen Geschäfts an sich selbst Vergnügen, sobald wir uns weiter nichts dabei denken als das Verhältnis der Mittel zu ihrem Zweck. Fällt es uns aber ein, diesen Zweck nebst seinen Mitteln auf ein sittliches Prinzip zu beziehen, und entdecken wir alsdann einen Widerspruch mit dem letztern, kurz, erinnern wir uns, daß es die Handlung eines moralischen Wesens ist, so tritt eine tiefe Indignation an die Stelle jenes ersten Vergnügens, und keine noch so große Verstandeszweckmäßigkeit ist fähig, uns mit der Vorstellung einer sittlichen Zweckwidrigkeit zu versöhnen. Nie darf es uns lebhaft werden, daß dieser Richard III, dieser Jago, dieser Lovelace *Menschen* sind, sonst wird sich unsre Teilnahme unausbleiblich in ihr Gegenteil verwandeln. Daß wir aber ein Vermögen besitzen und auch häufig genug ausüben, unsre Aufmerksamkeit von einer gewissen Seite der Dinge freiwillig abzulenken und auf eine andre zu richten, daß das Vergnügen selbst, welches durch diese Absonderung allein für uns möglich ist, uns dazu einladet und dabei festhält, wird durch die tägliche Erfahrung bestätigt.

Nicht selten aber gewinnt eine geistreiche Bosheit vorzüglich deswegen unsre Gunst, weil sie ein Mittel ist, uns den Genuß der moralischen Zweckmäßigkeit zu verschaffen. Je gefährlicher die Schlingen sind, welche Lovelace Klarissens Tugend legt, je härter die Proben sind, auf welche die erfinderische Grausamkeit eines Despoten die Standhaftigkeit seines unschuldigen Opfers stellt, in desto höherem Glanz sehen wir die moralische Zweckmäßigkeit triumphieren. Wir freuen uns über die Macht des morali-

schen Pflichtgefühls, welches die Erfindungskraft eines
Verführers so sehr in Arbeit setzen kann. Hingegen rechnen
wir dem konsequenten Bösewicht die Besiegung des
moralischen Gefühls, von dem wir wissen, daß es sich
notwendig in ihm regen mußte, zu einer Art von Verdienst
an, weil es von einer großen Zweckmäßigkeit des Verstandes
zeugt, sich durch keine moralische Regung in seinem
Handeln irre machen zu lassen.

Übrigens ist es unwidersprechlich, daß eine zweckmäßige Bosheit nur alsdann der Gegenstand eines vollkommenen Wohlgefallens werden kann, wenn sie vor der moralischen Zweckmäßigkeit zu Schanden wird. Dann ist sie
sogar eine wesentliche Bedingung des höchsten Wohlgefallens, weil sie allein vermag, die Übermacht des moralischen
Gefühls recht einleuchtend zu machen. Es gibt davon
keinen überzeugendern Beweis, als den letzten Eindruck,
mit dem uns der Verfasser der Klarissa entläßt. Die höchste
Verstandeszweckmäßigkeit, die wir in dem Verführungs-
plane des Lovelace unfreiwillig bewundern mußten, wird
durch die Vernunftzweckmäßigkeit, welche Klarissa diesem furchtbaren Feind ihrer Unschuld entgegen setzt,
glorreich übertroffen, und wir sehen uns dadurch in den
Stand gesetzt, den Genuß beider in einem hohen Grad zu
vereinigen.

In so ferne sich der tragische Dichter zum Ziel setzt, das
Gefühl der moralischen Zweckmäßigkeit zu einem lebendigen Bewußtsein zu bringen, in so fern er also die Mittel zu
diesem Zwecke verständig wählt und anwendet, muß er
den Kenner jederzeit auf eine gedoppelte Art durch die
moralische und durch die Naturzweckmäßigkeit ergötzen.
Durch jene wird er das Herz, durch diese den Verstand
befriedigen. Der große Haufe erleidet gleichsam blind die
von dem Künstler auf das Herz beabsichtete Wirkung,
ohne die Magie zu durchblicken, vermittelst welcher die
Kunst diese Macht über ihn ausübte. Aber es gibt eine
gewisse Klasse von Kennern, bei denen der Künstler
gerade umgekehrt, die auf das Herz abgezielte Wirkung

verliert, deren Geschmack er aber durch die Zweckmäßigkeit der dazu angewandten Mittel für sich gewinnen kann.
Gleichgültig gegen den Inhalt werden diese bloß durch die
Form befriedigt. Sie vergeben eine Verletzung dieser selbst
der gelungensten Wirkung nicht, und wollen lieber bei
einer zweckmäßigen Anordnung den Zweck, als bei dem
vollkommen erreichten Zweck die Zweckmäßigkeit der
Mittel verlieren. In diesen sonderbaren Widerspruch artet
öfters die feinste Kultur des Geschmackes aus, besonders
wo die moralische Veredlung hinter der Bildung des Kopfs
zurückbleibt. Diese Art Kenner suchen im Rührenden und
Erhabenen nur das Schöne; dieses empfinden und prüfen
sie mit dem richtigsten Gefühl, aber man hüte sich, an ihr
Herz zu appellieren. Alter und Kultur führen uns dieser
Klippe entgegen, und diesen nachteiligen Einfluß von
beiden glücklich besiegen, ist der höchste Charakterruhm
des gebildeten Mannes. Unter Europens Nationen sind
unsre Nachbarn die Franzosen diesem Extrem am nächsten
geführt worden, und wir ringen, wie in allem so auch hier,
diesem Muster nach.

ÜBER DIE TRAGISCHE KUNST

Der Zustand des Affekts für sich selbst, unabhängig von aller Beziehung seines Gegenstandes auf unsre Verbesserung oder Verschlimmerung, hat etwas ergötzendes für uns; wir streben, uns in denselben zu versetzen, wenn es auch einige Opfer kosten sollte. Unsern gewöhnlichsten Vergnügungen liegt dieser Trieb zum Grunde; ob der Affekt auf Begierde oder Verabscheuung gerichtet, ob er, seiner Natur nach, angenehm oder peinlich sei, kommt dabei wenig in Betrachtung. Vielmehr lehrt die Erfahrung, daß der unangenehme Affekt den größern Reiz für uns habe, und also die Lust am Affekt mit seinem Inhalt gerade in umgekehrtem Verhältnisse stehe. Es ist eine allgemeine Erscheinung in unsrer Natur, daß uns das Traurige, das Schreckliche, das Schauderhafte selbst, mit unwiderstehlichem Zauber an sich lockt, daß wir uns von Auftritten des Jammers, des Entsetzens mit gleichen Kräften weggestoßen und wieder angezogen fühlen. Alles drängt sich voll Erwartung um den Erzähler einer Mordgeschichte; das abenteuerlichste Gespenstermährchen verschlingen wir mit Begierde und mit desto größrer, jemehr uns dabei die Haare zu Berge steigen.

Lebhafter äußert sich diese Regung bei Gegenständen der wirklichen Anschauung. Ein Meersturm, der eine ganze Flotte versenkt, vom Ufer aus gesehen, würde unsre Phantasie eben so stark ergötzen, als er unser fühlendes Herz empört; es dürfte schwer sein, mit dem Lucrez zu glauben, daß diese unnatürliche Lust aus einer Vergleichung unsrer eignen Sicherheit mit der wahrgenommenen Gefahr entspringe. Wie zahlreich ist nicht das Gefolge, das einen Verbrecher nach dem Schauplatz seiner Qualen begleitet! Weder das Vergnügen befriedigter Gerechtigkeitsliebe noch die unedle Lust der gestillten Rachbegierde kann diese Erscheinung erklären. Dieser Unglückliche kann in dem Herzen der Zuschauer sogar entschuldigt, das aufrichtigste Mitleid für seine Erhaltung geschäftig sein; dennoch regt sich, stärker oder schwächer, ein neugieriges Verlangen bei dem Zuschauer, Aug und Ohr auf den Ausdruck seines Leidens zu richten. Wenn der Mensch von Erziehung und verfeinertem Gefühl hierin eine Ausnahme macht, so rührt dies nicht daher, daß dieser Trieb gar nicht in ihm vorhanden war, sondern daher, daß er von der schmerzhaften Stärke des Mitleids überwogen, oder von den Gesetzen des Anstands in Schranken gehalten wird. Der rohe Sohn der Natur, den kein Gefühl zarter Menschlichkeit zügelt, überläßt sich ohne Scheu diesem mächtigen Zuge. Er muß also in der ursprünglichen Anlage des menschlichen Gemüts gegründet, und durch ein allgemeines psychologisches Gesetz zu erklären sein.

Wenn wir aber auch diese rohen Naturgefühle mit der Würde der menschlichen Natur unverträglich finden, und deswegen Anstand nehmen, ein Gesetz für die ganze Gattung darauf zu gründen, so gibt es noch Erfahrungen genug, die die Wirklichkeit und Allgemeinheit des Vergnügens an schmerzhaften Rührungen außer Zweifel setzen. Der peinliche Kampf entgegengesetzter Neigungen oder Pflichten, der für denjenigen, der ihn erleidet, eine Quelle des Elends ist, ergötzt uns in der Betrachtung; wir folgen mit immer steigender Lust den Fortschritten einer Leidenschaft bis zu dem Abgrund, in welchen sie ihr unglückliches Opfer hinabzieht. Das nehmliche zarte Gefühl, das uns von dem Anblick eines physischen Leidens oder auch von dem physischen Ausdruck eines moralischen zurückschreckt, läßt uns in der Sympathie mit dem reinen moralischen Schmerz eine nur desto süßere Lust empfinden. Das Interesse ist allgemein, mit dem wir bei Schilderungen solcher Gegenstände verweilen.

Natürlicher weise gilt dies nur von dem *mitgeteilten* oder *nachempfundnen* Affekt, denn die nahe Beziehung, in welcher der *ursprüngliche* zu unsrem Glückseligkeitstriebe steht, beschäftigt und besitzt uns gewöhnlich zu sehr, um der Lust Raum zu lassen, die er, frei von jeder eigennützigen Beziehung, für sich selbst gewährt. So ist bei demjenigen, der wirklich von einer schmerzhaften Leidenschaft beherrscht wird, das Gefühl des Schmerzens überwiegend, so sehr die Schilderung seiner Gemütslage den Hörer oder Zuschauer entzücken kann. Dem ungeachtet ist selbst der ursprüngliche schmerzhafte Affekt für denjenigen, der ihn erleidet, nicht ganz an Vergnügen leer; nur sind die Grade dieses Vergnügens nach der Gemütsbeschaffenheit der Menschen verschieden. Läge nicht auch in der Unruhe, im Zweifel, in der Furcht, ein Genuß, so würden Hazardspiele ungleich weniger Reiz für uns haben, so würde man sich nie aus tollkühnem Mut in Gefahren stürzen, so könnte selbst die Sympathie mit fremden Leiden gerade im Moment der höchsten Illusion und im stärksten Grad der Verwechslung nicht am lebhaftesten ergötzen. Dadurch aber wird nicht gesagt, daß die unangenehmen Affekte an und für sich selbst Lust gewähren, welches zu behaupten wohl niemand sich einfallen lassen wird; es ist genug, wenn diese Zustände des Gemüts bloß die Bedingungen abgeben, unter welchen allein gewisse Arten des Vergnügens für uns möglich sind. Gemüter also, welche für *diese* Arten des Vergnügens vorzüglich empfänglich und vorzüglich darnach lüstern sind, werden sich leichter mit diesen unangenehmen Bedingungen versöhnen, und auch in den heftigsten Stürmen der Leidenschaft ihre Freiheit nicht ganz verlieren.

Von der Beziehung seines Gegenstandes auf unser sinnliches oder sittliches Vermögen, rührt die Unlust her, welche wir bei widrigen Affekten empfinden, so wie die Lust bei den angenehmen aus eben diesen Quellen entspringt. Nach dem Verhältnis nun, in welchem die sittliche Natur eines Menschen zu seiner sinnlichen steht, richtet sich auch der Grad der Freiheit, der in Affekten behauptet werden kann; und da nun bekanntlich im Moralischen

keine Wahl für uns statt findet, der sinnliche Trieb hingegen
der Gesetzgebung der Vernunft unterworfen und also in
unsrer Gewalt ist, wenigstens sein soll, so leuchtet ein, daß
es möglich ist, in allen denjenigen Affekten, welche mit
dem eigennützigen Trieb zu tun haben, eine vollkommene
Freiheit zu behalten, und über den Grad Herr zu sein, den
sie erreichen sollen. Dieser wird in eben dem Maße
schwächer sein, als der moralische Sinn über den Glückseligkeitstrieb bei einem Menschen die Obergewalt behauptet, und die eigennützige Anhänglichkeit an sein
individuelles Ich durch den Gehorsam gegen allgemeine
Vernunftgesetze vermindert wird. Ein solcher Mensch
wird also im Zustand des Affekts die Beziehung eines
Gegenstandes auf seinen Glückseligkeitstrieb weit weniger
empfinden, und folglich auch weit weniger von der Unlust
erfahren, die nur aus dieser Beziehung entspringt; hingegen
wird er destomehr auf das Verhältnis merken, in welchem
eben dieser Gegenstand zu seiner Sittlichkeit steht, und
eben darum auch desto empfänglicher für die Lust sein,
welche die Beziehung aufs Sittliche nicht selten in die
peinlichsten Leiden der Sinnlichkeit mischt. Eine solche
Verfassung des Gemüts ist am fähigsten, das Vergnügen des
Mitleids zu genießen, und selbst den ursprünglichen Affekt
in den Schranken des mitleidenden zu erhalten. Daher der
hohe Wert einer Lebensphilosophie, welche durch stete
Hinweisung auf allgemeine Gesetze das Gefühl für unsre
Individualität entkräftet, im Zusammenhange des großen
Ganzen unser kleines Selbst uns verlieren lehrt, und uns dadurch in den Stand setzt, mit uns selbst wie mit Fremdlingen umzugehen. Diese erhabene Geistesstimmung ist
das Los starker und philosophischer Gemüter, die durch
fortgesetzte Arbeit an sich selbst den eigennützigen Trieb
unterjochen gelernt haben. Auch der schmerzhafteste
Verlust führt sie nicht über eine ruhige Wehmut hinaus, mit
der sich noch immer ein merklicher Grad des Vergnügens
gatten kann. Sie, die allein fähig sind sich von sich selbst zu
trennen, genießen allein das Vorrecht, an sich selbst Teil zu

nehmen, und eigenes Leiden in dem milden Wiederschein der Sympathie zu empfinden.

Schon das bisherige enthält Winke genug, die uns auf die Quellen des Vergnügens, das der Affekt an sich selbst, und vorzüglich der traurige, gewährt, aufmerksam machen. Es ist größer, wie man gesehen hat, in moralischen Gemütern, und wirkt desto freier, jemehr das Gemüt von dem eigennützigen Triebe unabhängig ist. Es ist ferner lebhafter und stärker in traurigen Affekten, wo die Selbstliebe gekränkt wird, als in fröhlichen, welche eine Befriedigung derselben voraussetzen; also wächst es, wo der eigennützige Trieb beleidigt und nimmt ab, wo diesem Triebe geschmeichelt wird. Wir kennen aber nicht mehr als zweierlei Quellen des Vergnügens, die Befriedigung des Glückseligkeitstriebes und die Erfüllung moralischer Gesetze; eine Lust also, von der man bewiesen hat, daß sie nicht aus der erstern Quelle entsprang, muß notwendig aus der zweiten ihren Ursprung nehmen. Aus unserer moralischen Natur also quillt die Lust hervor, wodurch uns schmerzhafte Affekte in der Mitteilung entzücken, und, auch sogar ursprünglich empfunden, in gewissen Fällen noch angenehm rühren.

Man hat es auf mehrere Art versucht, das Vergnügen des Mitleids zu erklären; aber die wenigsten Auflösungen konnten befriedigend ausfallen, weil man den Grund der Erscheinung lieber in begleitenden Umständen, als in der Natur des Affekts selbst aufsuchte. Vielen ist das Vergnügen des Mitleids nichts anders, als das Vergnügen der Seele an ihrer Empfindsamkeit; andern die Lust an starkbeschäftigten Kräften, lebhafter Wirksamkeit des Begehrungsvermögens, kurz an einer Befriedigung des Tätigkeitstriebes; andre lassen sie aus der Entdeckung sittlich schöner Charakterzüge, die der Kampf mit dem Unglück und mit der Leidenschaft sichtbar mache, entspringen. Noch immer aber bleibt unaufgelöst, warum gerade die Pein selbst, das eigentliche *Leiden*, bei Gegenständen des Mitleids uns am mächtigsten anzieht, da nach jenen Erklärungen ein schwä-

cherer Grad des Leidens den angeführten Ursachen unsrer
Lust an der Rührung offenbar günstiger sein müßte. Die
Lebhaftigkeit und Stärke der in unsrer Phantasie erweckten
Vorstellungen, die sittliche Vortrefflichkeit der leidenden
Personen, der Rückblick des mitleidenden Subjekts auf sich
selbst können die Lust an Rührungen wohl erhöhen, aber
sie sind die Ursache nicht, die sie hervorbringt. Das Leiden
einer schwachen Seele, der Schmerz eines Bösewichts
gewähren uns diesen Genuß freilich nicht, aber deswegen
nicht, weil sie unser Mitleid nicht in dem Grade wie der
leidende Held oder der kämpfende Tugendhafte erregen.
Stets also kehrt die erste Frage zurück, warum eben just der
Grad des Leidens den Grad der sympathetischen Lust an
einer Rührung bestimme, und sie kann auf keine andre Art
beantwortet werden, als daß gerade der Angriff auf unsre
Sinnlichkeit die Bedingung sei, diejenige Kraft des Gemüts
aufzuregen, deren Tätigkeit jenes Vergnügen an sympathe-
tischem Leiden erzeugt.

Diese Kraft nun ist keine andre, als die Vernunft, und in
so fern die freie Wirksamkeit derselben als absolute
Selbsttätigkeit, vorzugsweise den Namen der *Tätigkeit*
verdient, in so fern sich das Gemüt nur in seinem sittlichen
Handeln vollkommen unabhängig und frei fühlt, in so fern
ist es freilich der befriedigte Trieb der Tätigkeit, von
welchem unser Vergnügen an traurigen Rührungen seinen
Ursprung zieht. Aber so ist es auch nicht die Menge, nicht
die Lebhaftigkeit der Vorstellungen, nicht die Wirksamkeit
des Begehrungsvermögens überhaupt, sondern eine
bestimmte Gattung der erstern, und eine bestimmte, durch
Vernunft erzeugte Wirksamkeit des letztern, was diesem
Vergnügen zum Grund liegt.

Der mitgeteilte Affekt überhaupt hat also etwas ergötzendes für uns, weil er den Tätigkeitstrieb befriedigt; der
traurige Affekt leistet jene Wirkung in einem höhern
Grade, weil er diesen Trieb in einem höhern Grade
befriedigt. Nur im Zustand seiner vollkommenen Freiheit,
nur im Bewußtsein seiner vernünftigen Natur äußert das

Gemüt seine höchste Tätigkeit, weil es da allein eine Kraft anwendet, die jedem Widerstand überlegen ist.

Derjenige Zustand des Gemüts also, der vorzugsweise diese Kraft zu ihrer Verkündigung bringt, diese höhere Tätigkeit weckt, ist der *zweckmäßigste* für ein vernünftiges Wesen, und für den Tätigkeitstrieb der befriedigendste; er muß also mit einem vorzüglichen Grade von Lust verknüpft sein*. In einen solchen Zustand versetzt uns der traurige Affekt, und die Lust an demselben muß die Lust an fröhlichen Affekten in eben dem Grad übertreffen, als das sittliche Vermögen in uns über das sinnliche erhaben ist.

Was in dem ganzen System der Zwecke nur ein untergeordnetes Glied ist, darf die Kunst aus diesem Zusammenhang absondern, und als Hauptzweck verfolgen. Für die Natur mag das Vergnügen nur ein mittelbarer Zweck sein, für die Kunst ist es der höchste. Es gehört also vorzüglich zum Zweck der letztern, das hohe Vergnügen nicht zu vernachlässigen, das in der traurigen Rührung enthalten ist. Diejenige Kunst aber, welche sich das Vergnügen des Mitleids ins besondre zum Zweck setzt, heißt die *tragische Kunst* im allgemeinsten Verstande.

Die Kunst erfüllt ihren Zweck durch *Nachahmung der Natur*, indem sie die Bedingungen erfüllt, unter welchen das Vergnügen in der Wirklichkeit möglich wird, und die zerstreuten Anstalten der Natur zu diesem Zwecke nach einem verständigen Plan vereinigt, um das, was diese bloß zu ihrem Nebenzweck machte, als letzten Zweck zu erreichen. Die tragische Kunst wird also die Natur in denjenigen Handlungen nachahmen, welche den mitleidenden Affekt vorzüglich zu erwecken vermögen.

Um also der tragischen Kunst ihr Verfahren im allgemeinen vorzuschreiben, ist es vor allem nötig, die Bedingungen zu wissen, unter welchen nach der gewöhnlichen Erfahrung das Vergnügen der Rührung am gewissesten

---

* Siehe die Abhandlung über den Grund des Vergnügens an tragischen Gegenständen im vorigen Stück.

und am stärksten erzeugt zu werden pflegt; zugleich aber auch auf diejenigen Umstände aufmerksam zu machen, welche es einschränken oder gar zerstören.

Zwei entgegengesetzte Ursachen gibt die Erfahrung an, welche das Vergnügen an Rührungen hindern: wenn das Mitleid entweder zu schwach, oder, wenn es so stark erregt wird, daß der mitgeteilte Affekt zu der Lebhaftigkeit eines ursprünglichen übergeht. Jenes kann wieder entweder an der Schwäche des Eindrucks liegen, den wir von dem ursprünglichen Leiden erhalten, in welchem Falle wir sagen, daß unser Herz kalt bleibt, und weder Schmerz noch Vergnügen empfinden; oder es liegt an stärkern Empfindungen, welche den empfangenen Eindruck bekämpfen und durch ihr Übergewicht im Gemüt das Vergnügen des Mitleids schwächen oder gänzlich ersticken.

Nach dem, was im vorhergehenden Aufsatz über den Grund des Vergnügens an tragischen Gegenständen behauptet wurde, ist bei jeder tragischen Rührung die Vorstellung einer Zweckwidrigkeit, welche, wenn die Rührung ergötzend sein soll, jederzeit auf eine Vorstellung von höherer Zweckmäßigkeit leitet. Auf das Verhältnis dieser beiden entgegengesetzten Vorstellungen unter einander kommt es nun an, ob bei einer Rührung die Lust oder die Unlust hervorstechen soll. Ist die Vorstellung der Zweckwidrigkeit lebhafter als die des Gegenteils, oder ist der verletzte Zweck von größrer Wichtigkeit, als der erfüllte, so wird jederzeit die Unlust die Oberhand behalten; es mag dieses nun *objektiv* von der menschlichen Gattung überhaupt, oder bloß *subjektiv* von besondern Individuen gelten.

Wenn die Unlust über die Ursache eines Unglücks zu stark wird, so schwächt sie unser Mitleid mit demjenigen, der es erleidet. Zwei ganz verschiedne Empfindungen können nicht zu gleicher Zeit in einem hohen Grade in dem Gemüte vorhanden sein. Der Unwille über den Urheber des Leidens wird zum herrschenden Affekt, und jedes andere Gefühl muß ihm weichen. So schwächt es jederzeit unseren

Anteil, wenn sich der Unglückliche, den wir bemitleiden sollen, aus eigner unverzeihlicher Schuld in sein Verderben gestürzt hat, oder sich auch aus Schwäche des Verstandes und aus Kleinmut nicht, da er es doch könnte, aus demselben zu ziehen weiß. Unserm Anteil an dem unglück- 5 lichen, von seinen undankbaren Töchtern mißhandelten, *Lear* schadet es nicht wenig, daß dieser kindische Alte seine Krone so leichtsinnig hingab, und seine Liebe so unverständig unter seinen Töchtern verteilte. In dem Kronegkischen Trauerspiel, Olint und Sophronia, kann selbst das 10 fürchterlichste Leiden, dem wir diese beiden Märtyrer ihres Glaubens ausgesetzt sehen, unser Mitleid, und ihr erhabener Heroismus unsre Bewunderung nur schwach erregen, weil der Wahnsinn allein eine Handlung begehen kann, wie diejenige ist, wodurch Olynt sich selbst und sein ganzes 15 Volk an den Rand des Verderbens führte.

Unser Mitleid wird nicht weniger geschwächt, wenn der Urheber eines Unglücks, dessen schuldlose Opfer wir bemitleiden sollen, unsre Seele mit Abscheu erfüllt. Es wird jederzeit der höchsten Vollkommenheit seines Werks Ab- 20 bruch tun, wenn der tragische Dichter nicht ohne einen Bösewicht auskommen kann, und wenn er gezwungen ist, die Größe des Leidens von der Größe der Bosheit herzuleiten. Shakespears Jago und Lady Makbeth, Kleopatra in der Rodogune, Franz Moor in den Räubern, 25 zeugen für diese Behauptung. Ein Dichter, der sich auf seinen wahren Vorteil versteht, wird das Unglück nicht durch einen bösen Willen, der Unglück beabsichtet, noch viel weniger durch einen Mangel des Verstandes, sondern durch den Zwang der Umstände herbeiführen. Entspringt 30 dasselbe nicht aus unmoralischen Quellen, sondern von äußerlichen Dingen, die weder Willen haben, noch einem Willen unterworfen sind, so ist das Mitleid reiner, und wird zum wenigsten durch keine Vorstellung moralischer Zweckwidrigkeit geschwächt. Aber dann kann dem teil- 35 nehmenden Zuschauer das unangenehme Gefühl einer Zweckwidrigkeit in der Natur nicht erlassen werden,

welche in diesem Fall allein die moralische Zweckmäßigkeit retten kann. Zu einem weit höhern Grad steigt das
Mitleid, wenn sowohl derjenige, welcher leidet, als derjenige, welcher Leiden verursacht, Gegenstände desselben
werden. Dies kann nur dann geschehen, wenn der letztere
weder unsern Haß noch unsre Verachtung erregte, sondern
wider seine Neigung dahin gebracht wird, Urheber des
Unglücks zu werden. So ist es eine vorzügliche Schönheit
in der deutschen *Iphigenia*, daß der Taurische König, der
einzige, der den Wünschen Orests und seiner Schwester im
Wege steht, nie unsre Achtung verliert, und uns zuletzt
noch Liebe abnötigt.

Diese Gattung des Rührenden wird noch von derjenigen
übertroffen, wo die Ursache des Unglücks nicht allein nicht
der Moralität widersprechend, sondern sogar durch Moralität allein möglich ist, und wo das wechselseitige Leiden
bloß von der Vorstellung herrührt, daß man Leiden
erweckte. Von dieser Art ist die Situation Chimenens und
Roderichs im Cid des Peter Corneille; ohnstreitig, was die
Verwicklung betrifft, dem Meisterstück der tragischen
Bühne. Ehrliebe und Kindespflicht bewaffnen Roderichs
Hand gegen den Vater seiner Geliebten, und Tapferkeit
macht ihn zum Überwinder desselben; Ehrliebe und
Kindespflicht erwecken ihm in Chimenen, der Tochter
des Erschlagenen, eine furchtbare Anklägerin und Verfol-
gerin. Beide handeln ihrer Neigung entgegen, welche vor
dem Unglück des verfolgten Gegenstandes eben so ängstlich zittert, als eifrig sie die moralische Pflicht macht, dieses Unglück herbei zu rufen. Beide also gewinnen unsre
höchste Achtung, weil sie auf Kosten der Neigung eine
moralische Pflicht erfüllen; beide entflammen unser Mitleid
aufs höchste, weil sie freiwillig und aus einem Beweggrun-
de leiden, der sie in hohem Grade achtungswürdig macht.
Hier also wird unser Mitleid so wenig durch widrige
Gefühle gestört, daß es vielmehr in doppelter Flamme
auflodert; bloß die Unmöglichkeit mit der höchsten Würdigkeit zum Glücke die Idee des Unglücks zu vereinbaren,

könnte unsre sympathetische Lust noch durch eine Wolke
des Schmerzens trüben. Wie viel auch schon dadurch
gewonnen wird, daß unser Unwille über diese Zweckwidrigkeit kein moralisches Wesen trifft, sondern an den
unschädlichsten Ort, auf die Notwendigkeit *abgeleitet* wird,
so ist eine blinde Unterwürfigkeit unter das Schicksal immer
demütigend und kränkend für freie sich selbst bestimmende
Wesen. Dies ist es, was uns auch in den vortrefflichsten
Stücken der Griechischen Bühne etwas zu wünschen übrig
läßt, weil in allen diesen Stücken zuletzt an die Notwendigkeit appelliert wird, und für unsre Vernunftfodernde Vernunft immer ein unaufgelöster Knoten zurück bleibt.

Aber auf der höchsten und letzten Stufe welche der
moralischgebildete Mensch erklimmt; und zu welcher die
rührende Kunst sich erheben kann, löst sich auch dieser,
und jeder Schatten von Unlust verschwindet mit ihm. Dies
geschieht, wenn selbst diese Unzufriedenheit mit dem
Schicksal hinwegfällt, und sich in die Ahndung oder lieber
in ein deutliches Bewußtsein einer teleologischen Verknüpfung der Dinge, einer erhabenen Ordnung, eines gütigen
Willens verliert. Dann gesellt sich zu unserm Vergnügen an
moralischer Übereinstimmung die erquickende Vorstellung
der vollkommensten Zweckmäßigkeit im großen Ganzen
der Natur, und die scheinbare Verletzung derselben, welche
uns in dem einzelnen Falle Schmerzen erweckte, wird bloß
ein Stachel für unsre Vernunft, in allgemeinen Gesetzen
eine Rechtfertigung dieses besondern Falls aufzusuchen
und den einzelnen Mißlaut in der großen Harmonie
aufzulösen. Zu dieser reinen Höhe tragischer Rührung hat
sich die griechische Kunst nie erhoben, weil weder die
Volksreligion noch selbst die Philosophie der Griechen
ihnen so weit voranleuchtete. Der neuern Kunst, welche
den Vorteil genießt, von einer geläuterten Philosophie
einen reinern Stoff zu empfangen, ist es aufbehalten, auch
diese höchste Foderung zu erfüllen, und *so* die ganze
moralische Würde der Kunst zu entfalten. Müßten wir
Neuern wirklich darauf Verzicht tun, griechische Kunst je

wieder herzustellen, wo nicht gar zu übertreffen, so dürfte
die Tragödie allein eine Ausnahme machen. Ihr allein ersetzt
vielleicht unsre wissenschaftliche Kultur den Raub, den sie
an der Kunst überhaupt verübte.

So, wie die tragische Rührung durch Einmischung
widriger Vorstellungen und Gefühle geschwächt, und
dadurch die Lust an derselben vermindert wird, so kann sie
im Gegenteil durch zu große Annäherung an den ursprünglichen Affekt zu einem Grade ausschweifen, der den
Schmerz überwiegend macht. Es ist bemerkt worden, daß
die Unlust in Affekten von der Beziehung ihres Gegenstandes auf unsere Sinnlichkeit, so wie die Lust an
denselben von Beziehung des Affekts selbst auf unsre
Sittlichkeit seinen Ursprung nehme. Es wird also zwischen
Sinnlichkeit und Sittlichkeit ein bestimmtes Verhältnis
vorausgesetzt, welches das Verhältnis der Unlust zu der
Lust in traurigen Rührungen entscheidet, und welches
nicht verändert oder umgekehrt werden kann, ohne
zugleich die Gefühle von Lust und Unlust bei Rührungen
umzukehren, oder in ihr Gegenteil zu verwandeln. Je
lebhafter die Sinnlichkeit erwacht, desto schwächer wird
die Sittlichkeit wirken, und umgekehrt, jemehr jene von
ihrer Macht verliert, desto mehr wird diese an Stärke
gewinnen. Was also der Sinnlichkeit in unserm Gemüte ein
Übergewicht gibt, muß notwendiger Weise, weil es die
Sittlichkeit einschränkt, unser Vergnügen an Rührungen
vermindern, das allein aus dieser Sittlichkeit fließt; so wie
alles, was dieser letztern in unserm Gemüt einen Schwung
gibt, sogar in ursprünglichen Affekten dem Schmerz seinen
Stachel nimmt. Unsre Sinnlichkeit erlangt aber dieses
Übergewicht wirklich, wenn sich die Vorstellungen des
Leidens zu einem solchen Grade der Lebhaftigkeit erheben,
der uns keine Möglichkeit übrig läßt, den mitgeteilten
Affekt von einem ursprünglichen, unser eigenes Ich von
dem leidenden Subjekt oder Wahrheit von Dichtung zu
unterscheiden. Sie erlangt gleichfalls das Übergewicht,
wenn ihr durch Anhäufung ihrer Gegenstände, und durch

das blendende Licht, das eine aufgeregte Einbildungskraft darüber verbreitet, Nahrung gegeben wird. Nichts hingegen ist geschickter, sie in ihre Schranken zurück zu weisen, als der Beistand übersinnlicher, *sittlicher Ideen*, an denen sich die unterdrückte Vernunft, wie an geistigen Stützen, aufrichtet, um sich über den trüben Dunstkreis der Gefühle in einen heitrern Horizont zu erheben. Daher der große Reiz, welchen allgemeine Wahrheiten oder Sittensprüche, an der rechten Stelle in den dramatischen Dialog eingestreut, für alle gebildete Völker gehabt haben, und der fast übertriebene Gebrauch, den schon die Griechen davon machten. Nichts ist einem sittlichen Gemüte willkommener, als nach einem lang anhaltenden Zustand des bloßen Leidens aus der Dienstbarkeit der Sinne zur Selbsttätigkeit geweckt, und in seine Freiheit wieder eingesetzt zu werden.

Soviel von den Ursachen, welche unser Mitleiden einschränken und dem Vergnügen an der traurigen Rührung im Wege stehen. Jetzt sind die Bedingungen aufzuzählen, unter welchen das Mitleid befördert, und die Lust der Rührung am unfehlbarsten und am stärksten erweckt wird.

Alles Mitleid setzt *Vorstellungen* des Leidens voraus, und nach der Lebhaftigkeit, Wahrheit, Vollständigkeit und Dauer der letztern richtet sich auch der Grad der erstern.

I. Je *lebhafter* die Vorstellungen, desto mehr wird das Gemüt zur Tätigkeit eingeladen, desto mehr wird seine Sinnlichkeit gereizt, desto mehr also auch sein sittliches Vermögen zum Widerstand aufgefodert. Vorstellungen des Leidens lassen sich aber auf zwei verschiedenen Wegen erhalten, welche der Lebhaftigkeit des Eindrucks nicht auf gleiche Art günstig sind. Ungleich stärker affizieren uns Leiden, von denen wir Zeugen sind, als solche, die wir erst durch Erzählung oder Beschreibung erfahren. Jene heben das freie Spiel unsrer Einbildungskraft auf, und dringen, da sie unsre Sinnlichkeit unmittelbar treffen, auf dem kürze-

sten Weg zu unserm Herzen. Bei der Erzählung hingegen
wird das Besondre erst zum Allgemeinen erhoben, und aus
diesem dann das Besondre erkannt, also schon durch diese
notwendige Operation des Verstandes dem Eindruck sehr
viel von seiner Stärke entzogen. Ein schwacher Eindruck
aber wird sich des Gemüts nicht ungeteilt bemächtigen,
und fremdartigen Vorstellungen Raum geben, seine Wirkung zu stören und die Aufmerksamkeit zu zerstreuen.
Sehr oft versetzt uns auch die erzählende Darstellung aus
dem Gemütszustand der handelnden Personen in den des
Erzählers, welches die, zum Mitleid so notwendige, Täuschung unterbricht. So oft der Erzähler in eigner Person
sich vordringt, entsteht ein Stillstand in der Handlung,
und darum unvermeidlich auch in unserm teilnehmenden
Affekt; dies ereignet sich selbst dann, wenn sich der dramatische Dichter im Dialog vergißt, und der sprechenden
Person Betrachtungen in den Mund legt, die nur ein kalter
Zuschauer anstellen konnte. Von diesem Fehler dürfte
schwerlich eine unsrer neuern Tragödien frei sein, doch
haben ihn die französischen allein zur Regel erhoben.
Unmittelbare lebendige Gegenwart und Versinnlichung
sind also nötig, unsern Vorstellungen vom Leiden diejenige
Stärke zu geben, die zu einem hohen Grade von Rührung
erfodert wird.

II. Aber wir können die lebhaftesten Eindrücke von
einem Leiden erhalten, ohne doch zu einem merklichen
Grad des Mitleids gebracht zu werden, wenn es diesen
Eindrücken an *Wahrheit* fehlt. Wir müssen uns einen *Begriff*
von dem Leiden machen, an dem wir Teil nehmen sollen;
dazu gehört eine Übereinstimmung desselben mit Etwas,
was schon vorher in uns vorhanden ist. Die Möglichkeit
des Mitleids beruht nehmlich auf der Wahrnehmung oder
Voraussetzung einer *Ähnlichkeit* zwischen uns und dem
leidenden Subjekt. Überall, wo diese Ähnlichkeit sich
erkennen läßt, ist das Mitleid notwendig, wo sie fehlt,
unmöglich. Je sichtbarer und größer die Ähnlichkeit, desto
lebhafter unser Mitleid, je geringer jene, desto schwächer

auch dieses. Es müssen, wenn wir den Affekt eines andern
ihm nachempfinden sollen, alle *innern* Bedingungen zu
diesem Affekt in uns selbst vorhanden sein, damit die *äußre*
Ursache, die durch ihre Vereinigung mit jenen dem Affekt
die Entstehung gab, auch auf uns eine gleiche Wirkung
äußern könne. Wir müssen, ohne uns Zwang anzutun, die
Person mit ihm zu wechseln, unser eigenes Ich seinem
Zustande augenblicklich unterzuschieben fähig sein. Wie
ist es aber möglich, den Zustand eines Andern in *uns* zu
empfinden, wenn wir nicht Uns zuvor in diesem Andern
gefunden haben?

Diese Ähnlichkeit geht auf die ganze Grundlage des
Gemüts, in so fern diese allgemein und notwendig ist.
Allgemeinheit und Notwendigkeit aber enthält vorzugsweise unsre *sittliche Natur.* Das sinnliche Vermögen kann
durch zufällige Ursachen anders bestimmt werden; selbst
unsre Erkenntnisvermögen sind von veränderlichen Bedingungen abhängig; unsre Sittlichkeit allein ruht auf sich
selbst, und ist eben darum am tauglichsten, einen allgemeinen und sichern Maßstab dieser Ähnlichkeit abzugeben.
Eine Vorstellung also, welche wir mit unsrer Form zu
denken und zu empfinden übereinstimmend finden, welche
mit unsrer eignen Gedankenreihe schon in gewisser Verwandtschaft steht, welche von unserm Gemüt mit Leichtigkeit aufgefaßt wird, nennen wir *wahr.* Betrifft die
Ähnlichkeit das Eigentümliche unsers Gemüts, die *beson-*
dern Bestimmungen des allgemeinen Menschencharakters
in uns, welche sich unbeschadet dieses allgemeinen Charakters hinwegdenken lassen, so hat diese Vorstellung bloß
Wahrheit für *uns*; betrifft sie die allgemeine und notwendige
Form, welche wir bei der ganzen Gattung voraussetzen, so
ist die Wahrheit der objektiven gleich zu achten. Für den
Römer hat der Richterspruch des ersten Brutus, der
Selbstmord des Cato subjektive Wahrheit. Die Vorstellungen und Gefühle, aus denen die Handlungen dieser beiden
Männer fließen, folgen nicht unmittelbar aus der allgemei-
nen, sondern mittelbar aus einer besonders bestimmten

menschlichen Natur. Um diese Gefühle mit ihnen zu teilen, muß man eine römische Gesinnung besitzen, oder doch zu augenblicklicher Annahme der letztern fähig sein. Hingegen braucht man bloß *Mensch überhaupt* zu sein, um durch die heldenmütige Aufopferung eines Leonidas, durch die ruhige Ergebung eines Aristid, durch den freiwilligen Tod eines Sokrates in eine hohe Rührung versetzt, um durch den schrecklichen Glückswechsel eines Darius zu Tränen hingerissen zu werden. Solchen Vorstellungen räumen wir, im Gegensatz mit jenen, objektive Wahrheit ein, weil sie mit der Natur *aller* Subjekte übereinstimmen, und dadurch eine eben so strenge Allgemeinheit und Notwendigkeit erhalten, als wenn sie von jeder subjektiven Bedingung unabhängig wären.

Übrigens ist die subjektiv wahre Schilderung, weil sie auf zufällige Bestimmungen geht, darum nicht mit willkürlichen zu verwechseln. Zuletzt fließt auch das subjektiv Wahre aus der allgemeinen Einrichtung des menschlichen Gemüts, welche bloß durch besondre Umstände besonders bestimmt ward, und beide sind gleich notwendige Bedingungen desselben. Die Entschließung des Cato könnte, wenn sie den allgemeinen Gesetzen der menschlichen Natur widerspräche, auch nicht mehr subjektiv wahr sein. Nur haben Darstellungen der letztern Art einen engeren Wirkungskreis, weil sie noch andre Bestimmungen als jene allgemeinen voraussetzen. Die tragische Kunst kann sich ihrer mit großer intensiver Wirkung bedienen, wenn sie der extensiven entsagen will; doch wird das unbedingt Wahre, das bloß *Menschliche* in menschlichen Verhältnissen stets ihr ergiebigster Stoff sein, weil sie bei diesem allein, ohne darum auf die *Stärke* des Eindrucks Verzicht tun zu müssen, der *Allgemeinheit* desselben versichert ist.

III. Zu der Lebhaftigkeit und Wahrheit tragischer Schilderungen wird drittens noch *Vollständigkeit* verlangt. Alles, was von außen gegeben werden muß, um das Gemüt in die abgezweckte Bewegung zu setzen, muß in der Vorstellung erschöpft sein. Wenn sich der noch so römischgesinnte

Zuschauer den Seelenzustand des Cato zu eigen machen, wenn er die letzte Entschließung dieses Republikaners zu der seinigen machen soll, so muß er diese Entschließung nicht bloß in der Seele des Römers, auch in den Umständen gegründet finden, so muß ihm die äußere sowohl als innre Lage desselben in ihrem ganzen Zusammenhang und Umfang vor Augen liegen, so darf auch kein einziges Glied aus der Kette von Bestimmungen fehlen, an welche sich der letzte Entschluß des Römers als notwendig anschließt. Überhaupt ist selbst die Wahrheit einer Schilderung ohne diese Vollständigkeit nicht erkennbar, denn nur die Ähnlichkeit der *Umstände*, welche wir vollkommen einsehen müssen, kann unser Urteil über die Ähnlichkeit der *Empfindungen* rechtfertigen, weil nur aus der Vereinigung der äußern und innern Bedingungen der Affekt entspringt. Wenn entschieden werden soll, ob wir wie Cato würden gehandelt haben, so müssen wir uns vor allen Dingen in Catos ganze äußre Lage hinein denken, und dann erst sind wir befugt, unsre Empfindungen gegen die seinigen zu halten, einen Schluß auf die Ähnlichkeit zu machen, und über die Wahrheit derselben ein Urteil zu fällen.

Diese Vollständigkeit der Schilderung ist nur durch Verknüpfung mehrerer einzelnen Vorstellungen und Empfindungen möglich, die sich gegen einander als Ursache und Wirkung verhalten, und in ihrem Zusammenhang ein Ganzes für unsre Erkenntnis ausmachen. Alle diese Vorstellungen müssen, wenn sie uns lebhaft rühren sollen, einen unmittelbaren Eindruck auf unsre Sinnlichkeit machen, und weil die erzählende Form jederzeit diesen Eindruck schwächt, durch eine gegenwärtige Handlung veranlaßt werden. Zur Vollständigkeit einer tragischen Schilderung gehört also eine Reihe einzelner versinnlichter Handlungen, welche sich zu der tragischen Handlung als zu einem Ganzen verbinden.

IV. *Fortdauernd* endlich müssen die Vorstellungen des Leidens ʼauf uns wirken, wenn ein hoher Grad von Rührung durch sie erweckt werden soll. Der Affekt, in

welchen uns fremde Leiden versetzen, ist für uns ein
Zustand des Zwanges, aus welchem wir eilen, uns zu
befreien, und allzuleicht verschwindet die zum Mitleid so
unentbehrliche Täuschung. Das Gemüt muß also an diese
Vorstellungen gewaltsam gefesselt, und der Freiheit
beraubt werden, sich der Täuschung zu frühzeitig zu
entreißen. Die Lebhaftigkeit der Vorstellungen, und die
Stärke der Eindrücke, welche unsre Sinnlichkeit überfallen,
ist dazu allein nicht hinreichend, denn je heftiger das
empfangende Vermögen gereizt wird, desto stärker äußert
sich die rückwirkende Kraft der Seele, um diesen Eindruck
zu besiegen. Diese selbsttätige Kraft aber darf der Dichter
nicht schwächen, der uns rühren will; denn eben im
Kampfe derselben mit dem Leiden der Sinnlichkeit liegt der
hohe Genuß, den uns die traurigen Rührungen gewähren.
Wenn also das Gemüt, seiner widerstrebenden Selbsttätigkeit ungeachtet, an die Empfindungen des Leidens geheftet
bleiben soll, so müssen diese periodenweise geschickt
unterbrochen, ja von entgegengesetzten Empfindungen
abgelöst werden – um alsdann mit zunehmender Stärke
zurück zu kehren, und die Lebhaftigkeit des ersten
Eindrucks desto öfter zu erneuern. Gegen Ermattung,
gegen die Wirkungen der Gewohnheit ist der *Wechsel* der
Empfindungen das kräftigste Mittel. Dieser Wechsel frischt
die erschöpfte Sinnlichkeit wieder an, und die Gradation
der Eindrücke weckt das selbsttätige Vermögen zum
verhältnismäßigen Widerstand. Unaufhörlich muß dieses
geschäftig sein, gegen den Zwang der Sinnlichkeit seine
Freiheit zu behaupten, aber nicht früher als am Ende den
Sieg erlangen, und noch weit weniger im Kampf unterliegen; sonst ist es im ersten Falle um das Leiden, im zweiten
um die Tätigkeit getan, und nur die Vereinigung von
beidem erweckt ja die Rührung. In der geschickten
Führung dieses Kampfes beruht eben das große Geheimnis
der tragischen Kunst; da zeigt sie sich in ihrem glänzendsten Lichte.

Auch dazu ist nun eine Reihe abwechselnder Vorstellun-

gen, also eine zweckmäßige Verknüpfung mehrerer, diesen
Vorstellungen entsprechender Handlungen notwendig, an
denen sich die Haupthandlung, und durch sie der abgezielte tragische Eindruck vollständig, wie ein Knäuel von
der Spindel, abwindet, und das Gemüt zuletzt wie mit 5
einem unzerreißbaren Netze umstrickt. Der Künstler,
wenn mir dieses Bild hier verstattet ist, sammelt erst
wirtschaftlich alle *einzelnen* Strahlen des Gegenstandes, den
er zum Werkzeug seines tragischen Zweckes macht, und sie
werden unter seinen Händen zum Blitz, der alle Herzen 10
entzündet. Wenn der Anfänger den ganzen Donnerstrahl
des Schreckens und der Furcht auf einmal und fruchtlos in
die Gemüter schleudert, so gelangt jener Schritt vor Schritt
durch lauter kleine Schläge zum Ziel, und durchdringt eben
dadurch die Seele *ganz*, daß er sie nur allmählig und 15
gradweise rührte.

   Wenn wir nunmehr die Resultate aus den bisherigen
Untersuchungen ziehen, so sind es folgende Bedingungen,
welche der tragischen Rührung zum Grund liegen. *Erstlich*
muß der Gegenstand unsers Mitleids zu unsrer Gattung, im 20
ganzen Sinn dieses Worts, gehören, und die Handlung, an
der wir Teil nehmen sollen, eine moralische, d. i. unter dem
Gebiet der Freiheit begriffen sein. *Zweitens* muß uns das
Leiden, seine Quellen und seine Grade, in einer Folge
verknüpfter Begebenheiten vollständig mitgeteilt und zwar 25
drittens sinnlich vergegenwärtigt, nicht mittelbar durch
Beschreibung, sondern unmittelbar durch Handlung dargestellt werden. Alle diese Bedingungen vereinigt und
erfüllt die Kunst in der Tragödie.

   Die Tragödie wäre demnach dichterische Nachahmung 30
einer zusammenhängenden Reihe von Begebenheiten (einer vollständigen Handlung) welche uns Menschen in
einem Zustand des Leidens zeigt, und zur Absicht hat,
unser Mitleid zu erregen.

   Sie ist erstlich *Nachahmung* – einer Handlung. Der Begriff 35
der Nachahmung unterscheidet sie von den übrigen
Gattungen der Dichtkunst, welche bloß erzählen oder

beschreiben. In Tragödien werden die einzelnen Begebenheiten im Augenblick ihres Geschehens, als gegenwärtig, vor die Einbildungskraft oder vor die Sinne gestellt; unmittelbar, ohne Einmischung eines dritten. Die Epopee, der Roman, die einfache Erzählung rücken die Handlung, schon ihrer Form nach, in die Ferne, weil sie zwischen den Leser und die handelnden Personen den Erzähler einschieben. Das Entfernte, das Vergangene schwächt aber, wie bekannt ist, den Eindruck und den teilnehmenden Affekt; das Gegenwärtige verstärkt ihn. Alle erzählende Formen machen das Gegenwärtige zum Vergangenen; alle *dramatische* machen das Vergangene gegenwärtig.

Die Tragödie ist zweitens Nachahmung einer Reihe von *Begebenheiten*, einer *Handlung*. Nicht bloß die Empfindungen und Affekte der tragischen Personen, sondern die Begebenheiten, aus denen sie entsprangen und auf deren Veranlassung sie sich äußern, stellt sie nachahmend dar; dies unterscheidet sie von den lyrischen Dichtungsarten, welche zwar ebenfalls gewisse Zustände des Gemüts poetisch nachahmen, aber nicht Handlungen. Eine Elegie, ein Lied, eine Ode können uns die gegenwärtige, durch besondre Umstände bedingte, Gemütsbeschaffenheit des Dichters (sei es in seiner eignen Person oder in idealischer) nachahmend vor Augen stellen, und in so ferne sind sie zwar unter dem Begriff der Tragödie mit enthalten, aber sie machen ihn noch nicht aus, weil sie sich bloß auf Darstellungen von Gefühlen einschränken. Noch wesentlichere Unterschiede liegen in dem verschiedenen Zweck dieser Dichtungsarten.

Die Tragödie ist drittens Nachahmung einer *vollständigen Handlung*. Ein einzelnes Ereignis, wie tragisch es auch sein mag, gibt noch keine Tragödie. Mehrere als Ursache und Wirkung in einander gegründete Begebenheiten müssen sich mit einander zweckmäßig zu einem Ganzen verbinden, wenn die Wahrheit, d. i. die Übereinstimmung eines vorgestellten Affekts, Charakters und dergleichen mit der Natur unsrer Seele, auf welche allein sich unsre Teilnahme

gründet, erkannt werden soll. Wenn wir es nicht fühlen, daß
wir selbst bei gleichen Umständen eben so würden gelitten
und eben so gehandelt haben, so wird unser Mitleid nie
erwachen. Es kommt also darauf an, daß wir die vorgestellte Handlung in ihrem ganzen Zusammenhang verfolgen, daß wir sie aus der Seele ihres Urhebers durch eine
natürliche Gradation unter Mitwirkung äußrer Umstände
hervorfließen sehen. So entsteht und wächst und vollendet
sich vor unsern Augen die Neugier des Oedipus, die
Eifersucht des Othello. So kann auch allein der große
Abstand ausgefüllt werden, der sich zwischen dem Frieden
einer schuldlosen Seele und den Gewissensqualen eines
Verbrechers, zwischen der stolzen Sicherheit eines Glücklichen und seinem schrecklichen Untergang, kurz, der sich
zwischen der ruhigen Gemütsstimmung des Lesers am
Anfang und der heftigen Aufregung seiner Empfindungen
am Ende der Handlung findet.

Eine Reihe mehrerer zusammenhängender Vorfälle wird
erfodert, einen Wechsel der Gemütsbewegungen in uns zu
erregen, der die Aufmerksamkeit spannt, der jedes Vermögen unsers Geists aufbietet, den ermattenden Tätigkeitstrieb ermuntert, und durch die verzögerte Befriedigung ihn
nur desto heftiger entflammt. Gegen die Leiden der
Sinnlichkeit findet das Gemüt nirgends als in der Sittlichkeit Hülfe. Diese also desto dringender aufzufodern, muß
der tragische Künstler die Martern der Sinnlichkeit verlängern; aber auch dieser muß er Befriedigungen zeigen, um
jener den Sieg desto schwerer und rühmlicher zu machen.
Beides ist nur durch eine Reihe von Handlungen möglich,
die mit weiser Wahl zu dieser Absicht verbunden sind.

Die Tragödie ist viertens *poetische* Nachahmung einer
mitleidswürdigen Handlung, und dadurch wird sie der
historischen entgegengesetzt. Das letztere würde sie sein,
wenn sie einen historischen Zweck verfolgte, wenn sie
darauf ausginge, von geschehenen Dingen und von der Art
ihres Geschehens zu *unterrichten*. In diesem Falle müßte sie
sich streng an historische Richtigkeit halten, weil sie einzig

nur durch treue Darstellung des wirklich Geschehenen ihre
Absicht erreichte. Aber die Tragödie hat einen *poetischen*
Zweck, d. i. sie stellt eine Handlung dar, um zu *rühren*, und
durch Rührung zu *ergötzen*. Behandelt sie also einen
gegebenen Stoff nach diesem ihrem Zwecke, so wird sie
eben dadurch in der Nachahmung *frei*; sie erhält Macht, ja
Verbindlichkeit, die historische Wahrheit den Gesetzen der
Dichtkunst unter zu ordnen, und den gegebenen Stoff nach
ihrem Bedürfnisse zu bearbeiten. Da sie aber *ihren* Zweck,
die Rührung, nur unter der Bedingung der höchsten
Übereinstimmung mit den Gesetzen der Natur zu erreichen
im Stand ist, so steht sie, ihrer historischen Freiheit
unbeschadet, unter dem strengen Gesetz der Naturwahrheit, welche man im Gegensatz von der historischen die
poetische Wahrheit nennt. So läßt sich begreifen, wie bei
strenger Beobachtung der historischen Wahrheit nicht
selten die poetische leiden, und umgekehrt bei grober
Verletzung der historischen die poetische nur um so mehr
gewinnen kann. Da der tragische Dichter, so wie überhaupt
jeder Dichter, nur unter dem Gesetz der poetischen
Wahrheit steht, so kann die gewissenhafteste Beobachtung
der historischen ihn nie von seiner Dichterpflicht lossprechen, nie einer Übertretung der poetischen Wahrheit, nie
einem Mangel des Interesse zur Entschuldigung gereichen.
Es verrät daher sehr beschränkte Begriffe von der tragischen Kunst, ja von der Dichtkunst überhaupt, den
Tragödiendichter vor das Tribunal der Geschichte zu
ziehen, und *Unterricht* von demjenigen zu fodern, der sich
schon vermöge seines Namens bloß zu Rührung und
Ergötzung verbindlich macht. Sogar dann, wenn sich der
Dichter selbst durch eine ängstliche Unterwürfigkeit gegen
historische Wahrheit seines Künstlervorrechts begeben,
und der Geschichte eine Gerichtsbarkeit über sein Produkt
stillschweigend eingeräumt haben sollte, fodert die Kunst
ihn mit allem Rechte vor *ihren* Richterstuhl, und ein Tod
Hermanns, eine *Minona*, ein *Fust von Stromberg* würden, wenn
sie hier die Prüfung nicht aushielten, bei noch so pünkt-

licher Befolgung des Kostüme, des Volks- und des Zeitcharakters mittelmäßige Tragödien heißen.

Die Tragödie ist fünftens Nachahmung einer Handlung,
welche uns *Menschen im Zustand des Leidens zeigt*. Der
Ausdruck, *Menschen*, ist hier nichts weniger als müßig, und
dient dazu, die Grenzen genau zu bezeichnen, in welche die
Tragödie in der Wahl ihrer Gegenstände eingeschränkt ist.
Nur das Leiden sinnlichmoralischer Wesen, dergleichen wir
selbst sind, kann unser Mitleid erwecken. Wesen also, die
sich von aller *Sittlichkeit* lossprechen, wie sich der Aberglaube des Volks oder die Einbildungskraft der Dichter die
bösen Dämonen malt, und Menschen, welche ihnen gleichen – Wesen ferner, die von dem Zwange der *Sinnlichkeit*
befreit sind, wie wir uns die reinen Intelligenzen denken,
und Menschen, die sich in höherm Grade, als die menschliche Schwachheit erlaubt, diesem Zwange entzogen haben,
sind gleich untauglich für die Tragödie. Überhaupt bestimmt schon der Begriff des Leidens, und eines Leidens an
dem wir Teil nehmen sollen, daß nur *Menschen* im vollen
Sinne dieses Worts der Gegenstand desselben sein können.
Eine reine Intelligenz kann nicht leiden, und ein menschliches Subjekt, das sich dieser reinen Intelligenz in unge-
wöhnlichem Grade nähert, kann, weil es in seiner sittlichen
Natur einen zu schnellen Schutz gegen die Leiden einer
schwachen Sinnlichkeit findet, nie einen großen Grad von
Pathos erwecken. Ein durchaus sinnliches Subjekt ohne
Sittlichkeit, und solche, die ihm nähern, sind zwar des
fürchterlichsten Grades von Leiden fähig, weil ihre Sinnlichkeit in überwiegendem Grade wirkt, aber von keinem
sittlichen Gefühl aufgerichtet, werden sie diesem Schmerz
zum Raube – und von einem Leiden, von einem durchaus
hülflosen Leiden, von einer absoluten Untätigkeit der
Vernunft wenden wir uns mit Unwillen und Abscheu
hinweg. Der tragische Dichter gibt also mit Recht den
gemischten Charakteren den Vorzug, und das Ideal seines
Helden liegt in gleicher Entfernung zwischen dem ganz
verwerflichen und dem vollkommenen.

Die Tragödie endlich vereinigt alle diese Eigenschaften, *um den mitleidigen Affekt zu erregen.* Mehrere von den Anstalten, welche der tragische Dichter macht, ließen sich ganz füglich zu einem andern Zweck, z. B. einem morali-schen, einem historischen u. a. benutzen; daß er aber gerade diesen und keinen andern sich vorsetzt, befreit ihn von allen Foderungen, die mit diesem Zweck nicht zusammen hängen, verpflichtet ihn aber auch zugleich, bei jeder besondern Anwendung der bisher aufgestellten Regeln sich nach diesem letzten Zwecke zu richten.

Der letzte Grund, auf den sich alle Regeln für eine bestimmte Dichtungsart beziehen, heißt der Zweck dieser Dichtungsart; die Verbindung der Mittel, wodurch eine Dichtungsart ihren Zweck erreicht, heißt ihre *Form.* Zweck und Form stehen also mit einander in dem genauesten Verhältnis. Diese wird durch jenen bestimmt, und als notwendig vorgeschrieben, und der erfüllte Zweck wird das Resultat der glücklich beobachteten Form sein.

Da jede Dichtungsart einen ihr eigentümlichen Zweck verfolgt, so wird sie sich eben deswegen durch eine eigentümliche Form von den übrigen unterscheiden, denn die Form ist das Mittel, durch welches sie ihren Zweck erreicht. Eben das, was sie ausschließend vor den übrigen leistet, muß sie vermöge derjenigen Beschaffenheit leisten, die sie vor den übrigen ausschließend besitzt. Der Zweck der Tragödie ist: *Rührung,* ihre Form: *Nachahmung* einer zum Leiden führenden Handlung. Mehrere Dichtungsarten können mit der Tragödie einerlei Handlung zu ihrem Gegenstand haben. Mehrere Dichtungsarten können den Zweck der Tragödie, die Rührung, wenn gleich nicht als Hauptzweck, verfolgen. Das Unterscheidende der Letztern besteht also im Verhältnis der Form zu dem Zwecke, d. i. in der Art und Weise wie sie ihren Gegenstand in Rücksicht auf ihren Zweck behandelt, wie sie ihren Zweck durch ihren Gegenstand erreicht.

Wenn der Zweck der Tragödie ist, den mitleidigen Affekt zu erregen, ihre Form aber das Mittel ist, durch welches sie diesen Zweck erreicht, so muß Nachahmung einer rührenden Handlung der Inbegriff aller Bedingungen sein, unter welchen der mitleidige Affekt am stärksten erregt wird. Die Form der Tragödie ist also die günstigste, um den mitleidigen Affekt zu erregen.

Das Produkt einer Dichtungsart ist vollkommen, in welchem die eigentümliche Form dieser Dichtungsart zu Erreichung ihres Zweckes am besten benutzt worden ist. Eine Tragödie also ist vollkommen, in welcher die tragische Form, nehmlich die Nachahmung einer rührenden Handlung am besten benutzt worden ist, den mitleidigen Affekt zu erregen. Diejenige Tragödie würde also die vollkommenste sein, in welcher das erregte Mitleid weniger Wirkung des Stoffs als der am besten benutzten tragischen Form ist. Diese mag für das *Ideal* der Tragödie gelten.

Viele Trauerspiele, sonst voll hoher poetischer Schönheit, sind dramatisch tadelhaft, weil sie den Zweck der Tragödie nicht durch die beste Benutzung der tragischen Form zu erreichen suchen; andre sind es, weil sie durch die tragische Form einen andern Zweck als den der Tragödie erreichen. Nicht wenige unsrer beliebtesten Stücke rühren uns einzig des Stoffes wegen, und wir sind großmütig oder unaufmerksam genug, diese Eigenschaft der Materie dem ungeschickten Künstler als Verdienst anzurechnen. Bei andern scheinen wir uns der Absicht gar nicht zu erinnern, in welcher uns der Dichter im Schauspielhause versammelt hat, und, zufrieden durch glänzende Spiele der Einbildungskraft und des Witzes angenehm unterhalten zu sein, bemerken wir nicht einmal, daß wir ihn mit kaltem Herzen verlassen. Soll die ehrwürdige Kunst, (denn das ist sie, die zu dem göttlichen Teil unsers Wesens spricht) ihre Sache durch solche Kämpfer vor *solchen* Kampfrichtern führen? – Die Genügsamkeit des Publikums ist nur ermunternd für die Mittelmäßigkeit, aber beschimpfend und abschreckend für das Genie.

Die Fortsetzung im nächsten Stücke.

KALLIAS, ODER ÜBER DIE SCHÖNHEIT

Briefe an Gottfried Körner

Jena d. 25. Jan. 93.
Bis jetzt ist, ob ich mich gleich nicht zum besten befunden
habe, doch kein Sturm gekommen und es sind nun 6 Tage
über die Zeit, in der mich der vormjährige Paroxysmus
anfiel. Meine Besorgnis war keine Mutlosigkeit, keine bloß
hypochondrische Grille. Ich bin sehr zu Katarrhalischen
Übeln geneigt, welche der Winter vorzüglich herbeiführt
und meine 2 Entzündungsfieber sind katarrhalisch gewesen. Gleiche Ursachen bringen gleiche Wirkungen hervor.
Ich muß also den Winter ebenso sehr in Rücksicht meiner
Brust, als den Sommer und Frühling in Rücksicht auf meine
Krämpfe fürchten. Ich bin da in eine saubre Alternative
gesetzt und jedes Zeichen im Tierkreis bringt mir ein
anderes Leiden mit. Und doch ist das beste, was ich
vernünftig wünschen kann, noch lange so zu bleiben, denn
die ganze Veränderung, die ich zu erwarten habe, ist daß es
zum schlimmern geht.
Meine Beschäftigungen halten mich gottlob noch ziemlich aufrecht. Die Untersuchung über das Schöne, wovon
beinahe kein Teil der ästhetik zu trennen ist, führen mich in
ein sehr weites Feld, wo für mich noch ganz fremde Länder
liegen. Und doch muß ich mich schlechterdings des Ganzen
bemächtigt haben, wenn ich etwas befriedigendes leisten
soll. Die Schwierigkeit einen Begriff der Schönheit objektiv aufzustellen und ihn aus der Natur der Vernunft völlig a
priori zu legitimieren, so daß die Erfahrung ihn zwar
durchaus bestätigt, aber daß er diesen Ausspruch der
Erfahrung zu seiner Gültigkeit gar nicht nötig hat, diese
Schwierigkeit ist fast unübersehbar. Ich habe wirklich eine

Deduktion meines Begriffs vom Schönen versucht, aber es
ist ohne das Zeugnis der Erfahrung nicht auszukommen.
Diese Schwürigkeit bleibt immer, daß man mir meine
Erklärung bloß darum zugeben wird, weil man findet, daß
sie mit den einzelnen Urteilen des Geschmacks zutrifft, und
nicht (wie bei einer Erkenntnis aus objektiven Prinzipien
doch sein sollte) sein Urteil über das Einzelne Schöne in der
Erfahrung deswegen richtig findet, weil es mit meiner
Erklärung übereinstimmt. Du wirst sagen, daß dies etwas
viel gefodert sei, aber solang man es nicht dahin bringt, so
wird der Geschmack immer empirisch bleiben, so wie Kant
es für unvermeidlich hält. Aber eben von dieser Unver-
meidlichkeit des Empirischen, von dieser Unmöglichkeit
eines objektiven Prinzips für d. Geschmack kann ich mich
noch nicht überzeugen.
    Es ist interessant zu bemerken, daß meine Theorie eine
vierte mögliche Form ist, das Schöne zu erklären. Entweder man erklärt es objektiv oder subjektiv, und zwar
entweder sinnlich subjektiv (wie Burke u. a.), oder subjektiv rational (wie Kant), oder rational objektiv (wie Baumgarten, Mendelssohn und die ganze Schar der Vollkommenheitsmänner), oder endlich sinnlich objektiv; ein Terminus, wobei Du Dir freilich jetzt noch nicht viel wirst
denken können, außer wenn Du die 3 andern Formen mit
einander vergleichst. Jede dieser vorhergehenden Theorien
hat einen Teil der Erfahrung für sich und enthält offenbar
einen Teil der Wahrheit, und der Fehler scheint bloß der
zu sein, daß man diesen Teil der Schönheit, der damit
übereinstimmt, für die Schönheit selbst genommen hat.
Der Burkianer hat gegen den Wolfianer vollkommen recht,
daß er die Unmittelbarkeit des Schönen, seine Unabhängigkeit von Begriffen behauptet; aber er hat unrecht gegen
den Kantianer, daß er es in die bloße Affektibilität der
Sinnlichkeit setzt. Der Umstand, daß bei weitem die
meisten Schönheiten der Erfahrung, die ihnen in Gedanken
schweben, keine völlig freie Schönheiten sondern logische
Wesen sind, die unter dem Begriff eines Zweckes stehen,

wie alle Kunstwerke und die meisten Schönheiten der
Natur, dieser Umstand scheint alle, welche die Schönheit in
eine anschauliche Vollkommenheit setzen, irre geführt zu
haben; denn nun wurde das logisch gute mit dem Schönen
verwechselt. Kant will diesen Knoten dadurch zerhauen,
daß er eine *pulchritudo vaga* und *fixa*, eine freie und
intellektuierte Schönheit annimmt, und er behauptet, etwas
sonderbar, daß jede Schönheit, die unter dem Begriffe eines
Zweckes stehe, keine reine Schönheit sei: daß also eine
arabeske und was ihr ähnlich ist, als Schönheit betrachtet,
reiner sei, als die höchste Schönheit des Menschen. Ich
finde, daß seine Bemerkung den großen Nutzen haben
kann, das logische von dem ästhetischen zu scheiden, aber
eigentlich scheint sie mir doch den Begriff der Schönheit
völlig zu verfehlen. Denn eben darin zeigt sich die
Schönheit in ihrem höchsten Glanz, wenn sie die *logische*
Natur ihres Objektes überwindet, und wie kann sie
überwinden, wo kein Widerstand ist? Wie kann sie dem
völlig formlosen Stoff ihre Form erteilen? Ich bin wenigstens überzeugt, daß die Schönheit nur die Form einer
Form ist, und daß das was man ihren Stoff nennt
schlechterdings ein geformter Stoff sein muß. Die Vollkommenheit ist die Form eines Stoffes, die Schönheit
hingegen ist die Form dieser Vollkommenheit; die sich also
gegen die Schönheit wie der Stoff zu d. Form verhält.

Ich habe Dir hier allerlei durcheinander geschrieben und
vielleicht ziehe ich den Vorhang mehr auf, wenn ich wieder
eine schwatzhafte Laune kriege.

Lebewohl. Tausend Grüße von uns allen an euch.

Dein   S.

Jena den 8. Febr. 93.
Aus Erscheinung dieses Briefes siehst Du, daß der Würg-
engel bisher an mir vorübergegangen ist. Es sind jetzt
gerade 3 Wochen über die Zeit, wo ich voriges Jahr, und 4
Wochen über die, wo ich vor 2 Jahren krank wurde. Ich

habe also eine sehr wahrscheinliche Hoffnung, daß meine
Natur wenigstens über den Winter Meister werden wird.
Meine Geschäfte gehen ungehindert fort, und die Tätigkeit
hält mich über Wasser. Aber fertig wird auf die Ostermesse
noch nichts. Die Sache will durchdacht sein.   5

   Über Deinen Brief, den ich vor wenig Stunden erhielt,
habe ich mich gar sehr gefreut, und er hat mich in eine
Stimmung gesetzt, wo mir vielleicht die kurze Darstellung
meiner Idee von Schönheit gelingen wird. Wie nahe wir
einander in unsern Ideen gekommen sind, wirst Du bald   10
sehen, und vielleicht findest Du gewisse, mehr von Dir bloß
geahndete, Ideen in *meiner* Vorstellung des Schönen verdeut-
licht. Deine Ausdrücke *Leben* in den äußern Objekten,
herrschende Kraft u: *Sieg* der herrschenden Kraft, *heterogene*
Kräfte, *widerstrebende* Kräfte u. d. gl. sind zu unbestimmt, als   15
daß Du sicher sein könntest gar nichts willkürliches, nichts
zufälliges darein zu legen, sie sind mehr *ästhetisch* als
logischdeutlich und deswegen gefährlich.

   Alsdann kann Dich ein Kantianer immer noch mit der
Frage in die Enge treiben, nach welchem Prinzip der   20
Erkenntnis der Geschmack verfahre? Du gründest Deine
Idee einer herrschenden Kraft auf die eines Ganzen, auf den
Begriff der Einheit des verbundenen, Mannigfaltigen, aber
woran erkennt man diese Einheit? Offenbar nur durch einen
Begriff; man muß einen Begriff von dem Ganzen haben, zu   25
welchem das Mannigfaltige zusammenstimmen soll. Deine
herrschende Kraft und die *sinnliche Vollkommenheit* der wolfi-
schen Schule liegen nicht so gar weit voneinander, denn der
Prozeß der Beurteilung ist bei beiden logisch. Beide setzen
voraus, daß man der Beurteilung einen Begriff unterlege.   30
Nun hat Kant darin offenbar recht, daß er sagt, das Schöne
gefalle *ohne* Begriff; ich kann ein schönes Objekt lange
vorher schön gefunden haben, ehe ich nur entfernt im
Stande bin, die Einheit s. Mannigfaltigen anzugeben, und zu
bestimmen, was die herrschende Kraft an demselben ist.   35

   Übrigens rede ich hier mehr als Kantianer, denn es ist
am Ende möglich, daß auch meine Theorie von diesem

Vorwurfe nicht ganz frei bleibt. Ich habe einen doppelten Weg vor mir, Dich in meine Theorie hineinzuführen; einen sehr unterhaltenden und leichten, *durch die Erfahrung*, und einen sehr reizlosen, durch Vernunftschlüsse. Laß mich den letzten vorziehen, denn ist *der* einmal zurückgelegt, so ist das *übrige* desto angenehmer.

Wir verhalten uns gegen die *Natur* (als Erscheinung) entweder *leidend* oder *tätig* oder leidend und tätig *zugleich*.

leidend: wenn wir ihre Wirkungen bloß *empfinden*: *tätig*: wenn *wir* ihre Wirkungen bestimmen: beides *zugleich*, wenn wir sie uns *vorstellen*.

Es gibt 2erlei Arten sich die Erscheinungen vorzustellen. Entweder wir sind mit Absicht auf ihre Erkenntnis gerichtet: wir *beobachten* sie; oder wir lassen uns von den Dingen selbst zu ihrer Vorstellung einladen. Wir *betrachten* sie bloß.

Bei *Betrachtung* der Erscheinungen verhalten wir uns *leidend*, indem wir ihre Eindrücke empfangen, *tätig*, indem wir diese Eindrücke unsern *Vernunftformen* unterwerfen (dieser Satz wird aus der Logik postuliert).

Die Erscheinungen nehmlich müssen sich in unsrer Vorstellung nach den FormalBedingungen der Vorstellungskraft richten (denn eben das macht sie zu *Erscheinungen*) sie müssen die Form von unserm Subjekt erhalten.

Alle Vorstellungen sind ein Mannigfaltiges oder Stoff; die Verbindungsweise dieses Mannigfaltigen ist s. Form. Das Mannigfaltige gibt der *Sinn*; die Verbindung gibt die Vernunft (in allerweitester Bedeutung) denn Vernunft heißt das Vermögen der Verbindung.

Wird also dem Sinn ein Mannigfaltiges gegeben, so versucht die Vernunft demselben ihre Form zu erteilen, d. i. es nach ihren Gesetzen zu verbinden.

Form der Vernunft ist die Art u: Weise, wie sie ihre Verbindungskraft äußert. Es gibt aber zwei verschiedene Hauptäußerungen der Verbindenden Kraft, also auch ebensoviele Hauptformen der Vernunft. Die V. verbindet entweder Vorstellung mit Vorstellung zur Erkenntnis (theoretische Vernunft) oder sie verbindet Vorstellungen mit dem Willen zur Handlung (praktische Vernunft).

So wie es 2 verschiedene Formen der Vernunft gibt, so gibt es auch 2erlei Materien für jede dieser Formen. Die theoretische Vernunft wendet ihre Form auf Vorstellungen an, und diese lassen sich in unmittelbare (Anschauungen) und in mittelbare (Begriffe) einteilen. Jene sind durch den Sinn, diese durch die Vernunft selbst (obschon nicht ohne Zutun des Sinnes) gegeben. In den ersten, den Anschauungen, ist es zufällig, ob sie mit der Form der Vernunft übereinstimmen; in den Begriffen ist es notwendig, wenn sie sich nicht selbst aufheben sollen. Hier fodert also die Vernunft Übereinstimmung mit ihrer Form; dort wird sie überrascht, wenn sie sie findet.

Eben so ist es mit der Praktischen (handelnden) Vernunft. Diese wendet ihre Form auf Handlungen an und diese lassen sich entweder als freie oder als nicht freie Handlungen, Handlungen durch oder nicht durch Vernunft, betrachten. Die pr. Vernunft fodert von den ersten eben das, was die theoretische von den Begriffen. Übereinstimmung freier Handlungen mit der Form der praktischen Vernunft ist also notwendig, Übereinstimmung *nichtfreier* mit dieser Form ist zufällig.

Man drückt sich daher richtiger aus, wenn man diejenigen Vorstellungen, welche nicht durch theoretische Vernunft sind und doch mit ihrer Form übereinstimmen, Nachahmungen von Begriffen, diejenigen Handlungen welche nicht durch prakt. Vernunft sind und doch mit ihrer Form übereinstimmen, Nachahmungen freier Handlungen: kurz: wenn man beide Arten Nachahmungen/Analoga der Vernunft nennt.

Ein Begriff kann keine Nachahmung der Vernunft sein, denn er ist durch Vernunft, und Vernunft kann sich nicht selbst Nachahmen; er kann der Vernunft nicht bloß *analog*, er muß wirklich vernunftmäßig sein. Eine Willenshandlung kann der Freiheit nicht bloß analog, sie muß – oder

soll wenigstens – wirklich frei sein. Hingegen kann eine
mechanische Wirkung (jede Wirkung durchs Naturgesetz)
nie als wirklich *frei*, sondern bloß der Freiheit analog
beurteilt werden.

5   Hier will ich Dich einen Augenblick ausschnaufen lassen,
besonders um Dich auf den letzten Absatz aufmerksam zu
machen, weil ich ihn in der Folge wahrscheinlich nötig haben
werde, um einen Einwurf den ich von Dir gegen meine
Theorie erwarte zu beantworten. Ich fahre fort.

10   Die theoret. Vernunft geht auf Erkenntnis. Indem sie
also ein gegebenes Objekt ihrer Form unterwirft, so prüft
sie, ob Erkenntnis daraus zu machen sei d. i. ob es mit einer
schon vorhandenen Vorstellung verbunden werden könne.
Nun ist die gegebene Vorstellung entweder ein Begriff oder
15   eine Anschauung. Ist sie ein Begriff, so ist sie schon durch
ihre Entstehung, durch sich selbst, notwendig auf Vernunft
bezogen, und eine Verbindung die schon ist, wird bloß
ausgesagt. Eine Uhr z. b. ist eine solche Vorstellung. Man
beurteilt sie bloß nach dem Begriff, durch den sie entstan-
20   den ist. Die Vernunft braucht also bloß zu entdecken, daß
die gegebene Vorstellung ein Begriff ist, so entscheidet sie
eben dadurch, daß sie mit ihrer Form übereinstimme.

Ist aber die gegebene Vorstellung eine Anschauung, und
soll die Vernunft dennoch eine Übereinstimmung derselben
25   mit ihrer Form entdecken, so muß sie (regulativ, nicht, wie
im ersten Falle, konstitutiv) und zu ihrem eignen Behuf der
gegebenen Vorstellung einen Ursprung durch theoretische
Vernunft *leihen*, um sie nach Vernunft beurteilen zu können.
Sie legt daher aus eignem Mittel in den gegebenen
30   Gegenstand einen Zweck hinein, und entscheidet, ob er
sich diesem Zwecke gemäß verhält. Dies geschieht bei jeder
teleologischen, jenes bei jeder *logischen* Naturbeurteilung. Das
Objekt der logischen ist *Vernunftmäßigkeit*, das Objekt der
teleologischen *Vernunftähnlichkeit*.

35   Ich vermute, Du *wirst aufgucken*, daß Du die Schönheit
unter der Rubrik der theoretischen Vernunft nicht findest,

und daß Dir ordentlich dafür bange wird. Aber ich kann
Dir einmal nicht helfen, sie ist gewiß nicht bei der
theoretischen Vernunft anzutreffen, weil sie von Begriffen
schlechterdings unabhängig ist; und da sie doch zuverlässig
in der *Familie der Vernunft* muß gesucht werden, und es
außer der theoret. V. keine andere als die praktische gibt, so
werden wir sie wohl hier suchen müssen, und auch finden.
Auch, denke ich, sollst Du, wenigstens in der Folge, Dich
überzeugen, daß ihr diese Verwandtschaft keine Schande
macht.

Die praktische Vernunft abstrahiert von aller Erkenntnis
und hat bloß mit Willensbestimmungen, innern Handlungen, zu tun. Praktische Vernunft und Willensbestimmung
aus bloßer Vernunft sind eins. *Form* der praktischen
Vernunft ist unmittelbare Verbindung des Willens mit
Vorstellungen der Vernunft, also *Ausschließung jedes äußern*
Bestimmungsgrundes; denn ein Wille, der nicht durch die
bloße Form der pr. Vernunft bestimmt ist, ist von außen,
materiell, heteronomisch, bestimmt. Die Form der praktischen Vernunft annehmen oder nachahmen, heißt also bloß:
nicht von außen, sondern durch sich selbst bestimmt sein,
autonomisch bestimmt sein, oder so erscheinen.

Nun kann die pr. Vernunft, ebenso wie die theoretische,
ihre Form sowohl auf das, was durch sie selbst ist, (freie
Handlungen) als auf das, was nicht durch sie ist (Naturwirkungen) anwenden.

Ist es eine Willenshandlung, worauf sie ihre Form
bezieht, so bestimmt sie bloß was ist; sie sagt aus, ob die
Handlung das ist, was sie sein will und *soll.* Jede moralische
Handlung ist von dieser Art. Sie ist ein Produkt des reinen
d. i. des durch bloße Form und also autonomisch bestimmten Willens, und sobald die Vernunft sie dafür erkennt,
sobald sie weiß daß es eine Handlung des reinen Willens ist,
so versteht es sich auch schon von selbst, daß sie der Form
d. prakt. Vernunft gemäß ist, denn das ist völlig identisch.

Ist der Gegenstand auf den die pr. V. ihre Form anwendet, nicht durch einen Willen, nicht durch prakt. Vern. da, so macht sie es ebenso mit ihm, wie die theoretische es mit Anschauungen machte, die Vernunft-ähnlichkeit zeigten. Sie leiht dem Gegenstand (regulativ und nicht, wie bei der moralischen Beurteilung, konstitutiv) ein Vermögen sich selbst zu bestimmen, einen Willen, und betrachtet ihn alsdann unter der Form dieses *seines* Willens (ja nicht *ihres* Willens, denn sonst würde das Urteil ein moralisches werden). Sie sagt nehmlich von ihm aus, ob er *das*, was er ist, durch *seinen reinen Willen* d. i. durch seine sich selbstbestimmende Kraft, ist; denn ein reiner Wille und Form der praktischen Vernunft ist eins.

Von einer *Willenshandlung* oder moralischen Handlung fordert sie *imperativ* daß sie durch reine Form der Vernunft sei; von einer *Naturwirkung* kann sie (nicht fodern) aber wünschen, daß sie *durch sich selbst sei*, daß sie autonomie zeige. (Aber hier muß noch einmal bemerkt werden, daß die pr. Vernunft von einem solchen Gegenstand durchaus nicht verlangen kann, daß er durch *sie*, nämlich durch praktische Vernunft, sei; denn da wäre er nicht durch *sich* selbst, nicht autonomisch, sondern durch etwas äußres [weil sich jede Bestimmung durch Vernunft gegen ihn als etwas äußres, als heteronomie verhält] also durch einen fremden Willen bestimmt.) *Reine Selbstbestimmung* überhaupt ist Form der pr. Vernunft. Handelt also ein Vernunftwesen, so muß es aus *reiner Vernunft* handeln, wenn es reine Selbstbestimmung zeigen soll. Handelt ein bloßes Naturwesen, so muß es aus *reiner Natur* handeln, wenn es reine Selbstbestimmung zeigen soll; denn das Selbst des Vernunftwesens ist Vernunft, das Selbst des Naturwesens ist Natur. Entdeckt nun die praktische Vernunft bei Betrachtung eines Naturwesens, daß es durch sich selbst bestimmt ist, so schreibt sie demselben (wie die theoret. Vernunft in gleichem Fall einer Anschauung *Vernunftähnlichkeit* zugestand), *Freiheitähnlichkeit* oder kurzweg *Freiheit* zu. Weil aber diese Freiheit dem Objekt von der Vernunft bloß geliehen wird, *da nichts frei sein kann, als das Übersinnliche, und Freiheit selbst nie als* solche in die Sinne fallen kann – kurz – da es hier bloß darauf ankommt, daß ein Gegenstand frei *erscheine* nicht wirklich *ist*, so ist diese Analogie eines Gegenstandes mit der Form der pr. Vernunft nicht Freiheit in der Tat, sondern bloß *Freiheit in der Erscheinung, Autonomie in der Erscheinung.*

Hieraus ergibt sich also eine 4fache Beurteilungsart und eine, ihr entsprechende vierfache Klassifikation der vorgestellten Erscheinung.

Beurteilung von *Begriffen*, nach der Form der Erkenntnis ist logisch: Beurteilung von Anschauungen nach eben dieser Form ist teleologisch. Eine Beurteilung freier Wirkungen (moralischer Handlungen) nach der Form des reinen Willens ist moralisch; eine Beurteilung nichtfreier Wirkungen nach der Form des reinen Willens ist ästhetisch. *Übereinstimmung* eines Begriffs mit der Form d. Erkenntnis ist *Vernunftmäßigkeit* (Wahrheit, Zweckmäßigkeit, Vollkommenheit sind bloß Beziehungen dieser letztern) Analogie einer Anschauung mit der Form der Erkenntnis ist *Vernunftähnlichkeit* (Teleophanie, Logophanie möchte ich sie nennen) Übereinstimmung einer Handlung mit der Form des reinen Willens ist *Sittlichkeit*. Analogie einer Erscheinung mit der Form des r. Willens oder der Freiheit ist *Schönheit* (in weitester Bedeutung).

Schönheit also ist nichts anders, als Freiheit in der Erscheinung.

Hier muß ich abbrechen, weil ich diesen Brief bald in Deinen Händen wünsche, und auf Deine Antwort äußerst begierig bin. Viel kannst Du aus dem Wenigen, was hier gesagt ist, schon prognostizieren und erraten. Auch freue ich mich, wenn Du einige Resultate selbst findest. Schreibe mir ja bald, und ausführlich. Ich gebe gleich zwanzig Taler, um auf einige Stunden Dich zu sprechen, gewiß würden sich unsere Ideen durch Friktion noch besser entwickeln. Lebe wohl. Von meiner Frau und Schwägerin herzliche Grüße an euch alle. Was sprichst Du zu den französischen

Sachen? Ich habe wirklich eine Schrift für den König schon angefangen gehabt, aber es wurde mir nicht wohl darüber, und da liegt sie mir nun noch da. Ich kann seit 14 Tagen keine franz. Zeitung mehr lesen, so ekeln diese elenden
5 Schindersknechte mich an. Lebewohl

Dein S.

Jena, den 18. Febr. 93.

Ich sehe aus Deinem Briefe den ich eben erhalte, daß ich eigentlich nur Mißverständnisse, keine eigentlichen Zwei-
10 fel gegen meine Erklärung der Schönheit bei Dir zu heben habe, und die bloße Fortsetzung meiner Theorie wird uns darüber wahrscheinlich in Einverständnis bringen. Vorläu- fig bemerke ich nur

1) daß mein Prinzip der Schönheit bis jetzt freilich nur
15 subjektiv ist, weil ich bisher ja nur aus der Vernunft selbst heraus argumentierte, und mich auf die Objekte noch gar nicht einließ. Aber es ist nicht *mehr* subjektiv, als alles was aus der Vernunft a priori abgeleitet wird. Daß in den Objekten selbst etwas angetroffen werden muß, was die
20 Anwendung dieses Prinzips darauf möglich macht, versteht sich von selbst, sowie auch dies, daß *mir* obliegt, es anzugeben. Aber daß dieses Etwas (nehmlich das durch sich selbst Bestimmtsein in den Dingen) von der Vernunft bemerkt und zwar beifällig bemerkt wird, dieses kann der
25 Natur der Sache nach nur aus dem Wesen der Vernunft, und insofern also nur subjektiv dargetan werden. Ich hoffe aber, hinreichend zu beweisen, daß die Schönheit eine objektive Eigenschaft ist.

2) muß ich anmerken, daß ich *einen Begriff von der*
30 *Schönheit zu geben*, und durch den *Begriff der Schönheit gerührt zu werden* für zwei ganz verschiedene Dinge halte. Daß sich ein Begriff von der Schönheit geben lasse kann mir gar nicht einfallen zu leugnen, weil ich selbst einen davon gebe, aber das leugne ich mit Kant, daß die Schönheit durch
35 diesen Begriff *gefalle*. Durch einen Begriff gefallen setzt die

Präexistenz des Begriffs vor dem Gefühl der Lust im Gemüt voraus, wie bei der Vollkommenheit Wahrheit, Moralität immer der Fall ist; obgleich bei diesen 3 Objekten nicht mit gleich deutlichem Bewußtsein. Aber daß unserer Lust an der Schönheit kein solcher Begriff präexistiere erhellt unter andern schon daraus, weil wir ihn jetzt noch immer suchen.

3) sagst du, daß die Schönheit nicht aus der Sittlichkeit sondern beide aus einem gemeinschaftlichen höhern Prinzip zu deduzieren sein. Diesen Einwurf habe ich nach meinen neulichen Prämissen gar nicht mehr erwartet, denn ich bin so weit entfernt die Schönheit von der Sittlichkeit abzuleiten, daß ich sie vielmehr damit beinah unverträglich halte. Sittlichkeit ist Bestimmung durch reine Vernunft, Schönheit, als eine Eigenschaft der *Erscheinungen* ist Bestimmung durch reine Natur. Bestimmung durch Vernunft, an einer Erscheinung wahrgenommen ist vielmehr Aufhebung der Schönheit, denn die Vernunftbestimmung ist an einem Produkt das erscheint, wahre Heteronomie.

Das höhere Prinzip das du verlangst ist gefunden und unwidersprechlich dargetan. Auch begreift es wie Du von demselben foderst, Schönheit und Sittlichkeit unter sich. Dieses Prinzip ist kein anderes als Existenz aus bloßer Form. Ich kann mich jetzt bei der Erörterung desselben nicht aufhalten, die ohnehin aus dem Verfolg meiner Theorie reichlich erhellen wird. Nur das merke ich noch an, daß du dich durchaus von allen Nebenideen, womit die bisherigen Religionairs in der Moralphilosophie, oder die armen Stümper die in die Kantsche Philosophie hineinpfuschten, den Begriff der Sittlichkeit entstellten, losreißen mußt – denn alsdann wirst du völlig überzeugt werden, daß alle Deine Ideen, so wie ich sie aus deinen bisherigen Äußerungen ahnden kann, mit dem Kantischen Grund der Moral in einer größern Übereinstimmung stehen, als du jetzt selbst vielleicht nicht ahndest. Es ist gewiß von keinem Sterblichen Menschen kein größeres Wort noch gesprochen worden, als dieses Kantische, was zugleich der

Inhalt seiner ganzen Philosophie ist: Bestimme dich aus dir selbst: So wie das in der theoretischen Philosophie: Die Natur steht unter dem Verstandesgesetze. Diese große Idee der Selbstbestimmung strahlt uns aus gewissen Erscheinungen der Natur zurück, und diese nennen wir *Schönheit*.

Indessen verlasse ich mich auf meine gute Sache und fahre deswegen in der angefangenen Entwicklung fort, von der ich wünsche, daß du sie nur mit halb soviel Interesse anhören mögest, als es mir macht, mich darüber gegen Dich zu expektorieren.

Es gibt also eine solche Ansicht der Natur oder der Erscheinungen, wo wir von ihnen nichts weiter als Freiheit verlangen, wo wir bloß darauf sehen, ob sie das, was sie sind, durch sich selbst sind. Eine solche Art der Beurteilung ist bloß wichtig und möglich durch die Prakt. Vernunft, weil der Freiheitsbegriff sich in der theoretischen gar nicht findet, und nur bei der Prakt. Vernunft autonomie über alles geht. Die Prakt. Vernunft auf freie Handlungen angewendet, verlangt, daß die Handlung bloß um der Handlungsweise (Form) willen geschehe und daß weder Stoff noch Zweck (der immer auch Stoff ist) darauf Einfluß gehabt habe. Zeigt sich nun ein Objekt in der Sinnenwelt bloß durch sich selbst bestimmt, stellt es sich den Sinnen so dar, daß man an ihm keinen Einfluß des Stoffes oder eines Zweckes bemerkt, so wird es als ein *Analogon* der reinen Willensbestimmung (ja nicht als Produkt einer Willensbestimmung) beurteilt. Weil nun ein Wille, der sich nach bloßer Form bestimmen kann, *frei* heißt, so ist diejenige Form in der Sinnenwelt, die bloß durch sich selbst bestimmt erscheint, eine *Darstellung der Freiheit*, denn dargestellt heißt eine Idee, die mit einer Anschauung so verbunden wird, daß beide *Eine* Erkenntnisregel mit einander teilen.

Die Freiheit in der Erscheinung ist also nichts anders, als die Selbstbestimmung an einem Dinge, insofern sie sich in der Anschauung offenbart. Man setzt ihr jede Bestimmung von außen entgegen, eben so wie man einer moralischen Handlungsart jede Bestimmung durch materielle Gründe entgegensetzt. Ein Objekt erscheint aber gleich wenig frei, es mag nun seine Form entweder von einer physischen Gewalt oder von einem verständigen Zwecke erhalten haben, sobald man den Bestimmungsgrund s. Form in einem von diesen beiden *entdeckt*. Denn alsdann liegt ja derselbe nicht *in ihm*, sondern außer ihm, und es ist eben so wenig *schön*, als eine *Handlung aus Zwecken* eine moralische ist.

Wenn das Geschmacksurteil völlig rein ist, so muß ganz und gar davon abstrahiert werden, was für einen (theoretischen oder praktischen) Wert das schöne Objekt für sich selbst habe, aus welchem Stoff es gebildet und zu welchem Zweck es vorhanden sei. Mag es sein, was es will! Sobald wir es ästhetisch beurteilen, so wollen wir bloß wissen, ob es das was es ist durch sich selbst sei. Wir fragen so wenig nach einer logischen Beschaffenheit desselben, daß wir ihm vielmehr »die Unabhängigkeit von Zwecken und Regeln zum höchsten Vorzug anrechnen.« – Nicht zwar als ob Zweckmäßigkeit und Regelmäßigkeit an sich mit der Schönheit unverträglich wären; jedes schöne Produkt muß sich vielmehr Regeln unterwerfen: sondern darum, weil der *bemerkte* Einfluß eines Zwecks und einer Regel sich als Zwang ankündigt und Heteronomie für das Objekt bei sich führt. Das schöne Produkt darf und muß sogar regelmäßig sein, aber es muß *regelfrei erscheinen*.

Nun ist aber kein Gegenstand in der Natur und noch viel weniger in der Kunst zweck- und regelfrei, keiner *durch sich selbst bestimmt* sobald wir über ihn nachdenken. Jeder ist durch einen andern da, jeder um eines andern willen da, keiner hat Autonomie. Das einzige existierende Ding, das sich selbst bestimmt und um seiner selbst willen ist, muß man außerhalb der Erscheinungen in der intelligibeln Welt aufsuchen. Schönheit aber wohnt nur im Feld der Erscheinungen, und es ist also gar keine Hoffnung da, vermittelst

der bloßen theoretischen Vernunft u: auf dem Wege des
Nachdenkens auf eine Freiheit in der Sinnenwelt zu
stoßen.

Aber alles wird anders, wenn man die theoretische
Untersuchung hinwegläßt, und die Objekte bloß nimmt,
wie sie erscheinen. Eine Regel, ein Zweck kann nie *erscheinen,*
denn es sind Begriffe und keine Anschauungen. Der
Realgrund der Möglichkeit eines Objekts fällt also nie in
die Sinne, und er ist so gut, als gar nicht vorhanden, »sobald
der Verstand nicht zu Aufsuchung desselben veranlaßt
wird.« Es kommt also hier lediglich auf das völlige
Abstrahieren von einem Bestimmungsgrunde an, um ein
Objekt in der Erscheinung als frei zu beurteilen (denn das
nicht von außen Bestimmtsein ist eine negative Vorstellung
des durch sich selbst Bestimmtseins, und zwar die einzig
mögliche Vorstellung desselben, weil man die Freiheit nur
denken und nie erkennen kann, und selbst der Moralphilosoph muß sich mit dieser negativen Vorstellung der
Freiheit behelfen). Eine Form erscheint also frei, sobald wir
den Grund derselben weder außer ihr finden, *noch außer ihr
zu suchen veranlaßt werden.* Denn würde der Verstand
veranlaßt, nach dem Grund derselben zu fragen, so würde
er diesen Grund *notwendig* außer dem Dinge finden müssen,
weil es entweder durch einen *Begriff* oder durch einen
Zufall bestimmt sein muß, beides aber sich gegen das
Objekt als Heteronomie verhält. Man wird also folgendes
als einen Grundsatz aufstellen können »daß ein Objekt sich
in der Anschauung als frei darstellt, wenn die Form
desselben den reflektierenden Verstand nicht zu Aufsuchung eines Grundes nötigt.« Schön also heißt eine Form,
die sich selbst erklärt; Sich selbst erklären heißt aber hier,
sich ohne Hilfe eines Begriffs erklären. Ein Triangel erklärt
sich selbst, aber nur vermittelst eines Begriffes. Eine
SchlangenLinie erklärt sich selbst ohne das Medium eines
Begriffs.

Schön, kann man also sagen, ist eine Form, die *keine
Erklärung fodert,* oder auch eine solche, die sich *ohne Begriff
erklärt.*

Ich denke, einige Deiner Zweifel sollen sich jetzt schon anfangen zu verlieren, wenigstens siehst Du, daß das subjektive prinzip doch ins objektive hinübergeführt werden kann. Kommen wir aber erst in das Feld der Erfahrungen, so wird Dir ein ganz anderes Licht darüber aufgehen, und Du wirst die Autonomie des Sinnlichen erst alsdann recht begreifen. Aber weiter:

Jede Form also, die wir nur unter Voraussetzung eines Begriffs möglich finden, zeigt Heteronomie in der Erscheinung. Denn jeder Begriff ist etwas äußres gegen das Objekt. Eine solche Form ist jede strenge Regelmäßigkeit (worunter die mathematische obenan steht) weil sie uns den Begriff *aufdringt*, aus dem sie entstanden ist: eine solche Form ist jede strenge Zweckmäßigkeit (besonders die des *Nützlichen*, weil dies immer auf etwas anders bezogen wird) weil sie uns die Bestimmung und den Gebrauch des Objekts in Erinnerung bringt, wodurch notwendigerweise die Autonomie in der Erscheinung zerstört wird.

Gesetzt nun, wir führen mit einem Objekte eine moralische Absicht aus, so wird die Form dieses Objekts durch eine Idee der praktischen Vernunft also nicht durch sich selbst bestimmt sein, also Heteronomie erleiden. Daher kommt es, daß die moralische Zweckmäßigkeit eines Kunstwerks, oder auch einer Handlungsart, zur Schönheit derselben so wenig beiträgt, daß jene vielmehr sehr verborgen werden und aus der Natur des Dinges völlig frei und zwanglos hervorzugehen den Anschein haben muß, wenn diese, die Schönheit, nicht darüber verloren gehen soll. Ein Dichter würde sich also vergebens mit der moralischen Absicht seines Werks entschuldigen, wenn sein Gedicht ohne Schönheit wäre. Das Schöne wird zwar jederzeit auf die praktische Vernunft bezogen, weil Freiheit kein Begriff der theoretischen sein kann – aber bloß der *Form*, nicht der *Materie* nach. Ein moralischer *Zweck* gehört aber zur Materie oder zum Inhalt und nicht zur bloßen Form. Um diesen Unterschied – an dem Du gestrauchelt zu haben scheinst – noch mehr ins Licht zu setzen, füge ich

noch folgendes hinzu. Praktische Vernunft verlangt Selbst-
bestimmung. Selbstbestimmung des Vernünftigen ist reine
Vernunftbestimmung, Moralität; Selbstbestimmung des
Sinnlichen ist reine Naturbestimmung, Schönheit. Wird die
Form des Nichtvernünftigen durch Vernunft bestimmt
(theoretische oder praktische, das gilt hier gleichviel) so
erleidet seine reine Naturbestimmung Zwang, also kann
Schönheit nicht Statt haben. Es ist alsdann ein *Produkt* kein
Analogon, eine Wirkung keine Nachahmung der Vernunft,
denn zur Nachahmung eines Dinges gehört, daß das
Nachahmende mit dem Nachgeahmten bloß die Form und
nicht den Inhalt nicht den Stoff gemein habe.

Deswegen wird sich ein moralisches Betragen, wenn es
nicht zugleich mit Geschmack verbunden ist, in der
Erscheinung immer als Heteronomie darstellen, gerade
weil es ein Produkt der Autonomie des Willens ist. Denn
eben darum, weil *Vernunft* und *Sinnlichkeit* einen verschiedenen Willen haben, so wird der Wille der Sinnlichkeit
gebrochen, wenn die Vernunft den ihrigen durchsetzt. Nun
ist unglücklicher weise der Wille der Sinnlichkeit gerade
derjenige, der in die Sinne fällt; gerade also wenn die
Vernunft ihre Autonomie ausübt (die nie in der Erscheinung vorkommen kann) so wird unser Auge durch eine
Heteronomie in der Erscheinung beleidigt. Indessen wird
der Begriff der Schönheit doch auch in uneigentlichem Sinn
auf das moralische angewendet, und diese Anwendung ist
nichts weniger als leer. Obgleich Schönheit nur an der
Erscheinung haftet, so ist *moralische Schönheit* doch ein
Begriff, dem etwas in der Erfahrung korrespondiert. Ich
kann dir keinen bessern empirischen Beweis für die
Wahrheit meiner Schönheitstheorie aufstellen, als wenn ich
dir zeige, daß selbst der uneigentliche Gebrauch dieses
Worts nur in solchen Fällen stattfindet, wo sich Freiheit in
der Erscheinung zeigt. Ich will deswegen, meinem ersten
Plane zuwider, in den Empirischen Teil meiner Theorie
vorausspringen und dir zur Erholung eine Geschichte
erzählen.

»Ein Mensch ist unter Räuber gefallen, die ihn nackend ausgezogen, und bei einer strengen Kälte auf die Straße geworfen haben.

Ein Reisender kommt an ihm vorbei, dem klagt er seinen Zustand und fleht ihn um Hülfe. »Ich leide mit Dir, ruft dieser gerührt aus, und gerne will ich Dir geben was ich habe. Nur fodre keine andern Dienste, denn Dein Anblick greift mich an. Dort kommen Menschen, gib ihnen diese Geldbörse und sie werden Dir Hülfe schaffen.« – Gut gemeint sagt der Verwundete, aber man muß auch das Leiden *sehen* können, wenn die Menschenpflicht es fodert. Der Griff in Deinen Beutel ist nicht halb soviel wert, als eine kleine Gewalt über Deine weichlichen Sinne.«

Was war diese Handlung? Weder nützlich, noch moralisch, noch großmütig, noch schön. Sie war bloß passioniert, gutherzig aus Affekt.

»Ein zweiter Reisende erscheint, der Verwundete erneuert seine Bitte. Diesem Zweiten ist sein Geld lieb und doch möchte er gern seine Menschenpflicht erfüllen. Ich versäume den Gewinn eines Guldens, sagt er, wenn ich die Zeit mit dir verliere. Willst du mir soviel als ich versäume, von deinem Gelde geben, so lade ich dich auf meine Schultern, und bringe dich in einem Kloster unter, das nur eine Stunde von hier entfernt liegt. – Eine kluge Auskunft, versetzt der andre. Aber man muß bekennen, daß deine Dienstfertigkeit dir nicht hoch zu stehen kommt. Ich sehe dort einen Reuter kommen, der mir die Hülfe umsonst leisten wird, die dir nur um einen Gulden feil ist.«

Was war nun diese Handlung? Weder gutherzig, noch pflichtmäßig, noch großmütig, noch schön. Sie war bloß nützlich.

»Der Dritte Reisende steht bei dem Verwundeten still und läßt sich die Erzählung s. Unglücks wiederholen. Nachdenkend und mit sich selbst kämpfend steht er da, nachdem der andre ausgeredet hat. Es wird mir schwer werden, sagt er endlich, mich von dem Mantel zu trennen, der meinem kranken Körper der einzige Schutz ist, und Dir

mein Pferd zu überlassen, da meine Kräfte erschöpft sind.
Aber die Pflicht gebietet mir, Dir zu dienen. Besteige also
mein Pferd und hülle Dich in meinem Mantel, so will ich
dich hinführen wo dir geholfen werden kann. – Dank dir,
braver Mann, für deine redliche Meinung, erwiedert jener:
aber du sollst, da du selbst bedürftig bist, um meinetwillen
kein Ungemach leiden. Dort seh ich zwei starke Männer
kommen, die mir den Dienst werden leisten können, der dir
sauer wird.«

Diese Handlung war *rein* (aber auch nicht mehr als)
moralisch, weil sie gegen das Interesse der Sinne, aus
Achtung fürs Gesetz unternommen wurde.

»Jetzt nähern sich die zwei Männer dem Verwundeten,
und fangen an, ihn um sein Unglück zu befragen. Kaum
eröffnet er den Mund, so rufen beide mit Erstaunen: Er ists!
Es ist der nehmliche, den wir suchen. Jener erkennt sie und
erschrickt. Es entdeckt sich, daß beide ihren abgesagten
Feind und den Urheber ihres Unglücks in ihm erkennen,
und dem sie nachgereist sind, um eine blutige Rache an ihm
zu nehmen. Befriedigt jetzt euren Haß und eure Rache,
fängt jener an, der Tod, und nicht Hülfe ist es, was ich von
euch erwarten kann. – Nein, erwiedert einer von ihnen,
damit du siehst, wer *wir* sind und wer *du* bist, so nimm diese
Kleider und bedecke dich. Wir wollen dich zwischen uns in
die Mitte nehmen, und dich hinbringen, wo dir geholfen
werden kann. – Großmütiger Feind, ruft der Verwundete
voll Rührung, Du beschämst mich, Du entwaffnest meinen
Haß. Komm jetzt, umarme mich, und mache Deine Wohltat
vollkommen durch eine herzliche Vergebung. – Mäßige
Dich Freund, erwiedert der andere frostig. Nicht weil ich
dir verzeihe will ich dir helfen, sondern weil du elend bist. –
So nimm auch deine Kleidung zurück, ruft der Unglückliche indem er sie von sich wirft. Werde aus mir, was da will.
Eher will ich elendiglich umkommen, als einem stolzen
Feind meine Rettung verdanken.

Indem er aufsteht und den Versuch macht, sich wegzu-
begeben, nähert sich ein fünfter Wanderer, der eine schwere

Last auf dem Rücken trägt. Ich bin so oft getäuscht
worden, denkt der Verwundete, und der sieht mir nicht aus
wie einer der mir helfen wollte. Ich will ihn vorübergehen
lassen. – Sobald der Wandrer ihn ansichtig wird, legt er
seine Bürde nieder. Ich sehe, fängt er aus eignem Antrieb
an, daß Du verwundet bist und Deine Kräfte dich
verlassen. Das Nächste Dorf ist noch ferne u: Du wirst
Dich verbluten, ehe du davor anlangst. Steige auf meinen
Rücken, so will ich mich frisch aufmachen u: Dich
hinbringen. – Aber was wird aus Deinem Bündel werden,
das du hier auf freier Landstraße zurücklassen mußt? – Das
weiß ich nicht und das bekümmert mich nicht, sagt der
Lastträger. Ich weiß aber daß Du Hülfe brauchst und daß
ich schuldig bin, sie Dir zu geben.«

Herzliche Grüße von uns allen. Besinne Dich unterdessen warum die Handlung des Lastträgers *schön* ist.

Dein   S.

d. 19. Febr. 93.
Ich kann noch einige Zeilen zu dem gestrigen Brief
beilegen, und will dir die *Fabula docet* der erzählten
Geschichte nicht länger schuldig bleiben.

Die Schönheit der fünften Handlung muß in demjenigen
Zuge liegen, den sie mit keiner der vorhergehenden gemein
hat.

Nun haben. 1) Alle 5 helfen wollen. 2) Die meisten haben
ein zweckmäßiges Mittel dazu erwählt 3) Mehrere wollten
es sich etwas kosten lassen 4) Einige haben eine *große*
Selbstüberwindung dabei bewiesen 5) Einer darunter hat
aus dem reinsten moralischen Antrieb gehandelt. Aber nur
der fünfte hat *unaufgefodert* und ohne mit sich zu Rat zu
gehen geholfen, obgleich es auf s. Kosten ging. Nur der
fünfte hat sich selbst ganz dabei vergessen, und »seine
Pflicht mit einer Leichtigkeit erfüllt, als wenn bloß der
Instinkt aus ihm gehandelt hätte.« – Also wäre eine
moralische Handlung alsdann erst eine schöne Handlung,

wenn sie aussieht wie eine, sich von selbst ergebende, Wirkung der Natur. Mit einem Worte: eine freie Handlung ist eine schöne Handlung wenn die Autonomie des Gemüts und Autonomie in der Erscheinung koinzidieren.

Aus diesem Grunde ist das Maximum der Charaktervollkommenheit eines Menschen moralische Schönheit, denn sie tritt nur alsdann ein, *wenn ihm die Pflicht zur Natur geworden ist.*

Offenbar hat die Gewalt, welche die praktische Vernunft bei moralischen Willensbestimmungen gegen unsere Triebe ausübt, etwas beleidigendes, etwas peinliches in der Erscheinung. Wir wollen nun einmal nirgends Zwang sehen, auch nicht, wenn die Vernunft selbst ihn ausübt, auch die Freiheit der Natur wollen wir respektiert wissen, weil wir »jedes Wesen in der ästhetischen Beurteilung als einen Selbstzweck« betrachten, und es uns, denen Freiheit das Höchste ist, eckelt/empört, daß etwas dem andern aufgeopfert werden, und zum Mittel dienen soll. Daher kann eine moralische Handlung niemals schön sein, wenn wir der Operation zusehen, wodurch sie der Sinnlichkeit abgeängstigt wird. Unsre sinnliche Natur muß also im moralischen frei erscheinen, obgleich sie es nicht wirklich ist, und es muß das Ansehen haben, als wenn die Natur bloß den Auftrag unsrer Triebe vollführte, indem sie sich, den Trieben gerade entgegen, unter die Herrschaft des reinen Willens beugt.

Du siehst aus dieser kleinen vorangeschickten Probe, daß meine Schönheitstheorie von der Erfahrung schwerlich zu fürchten haben wird. Ich fodre Dich auf mir unter allen Schönheitserklärungen, die Kantische mit eingerechnet, eine einzige zu nennen, die das uneigentliche Schöne so befriedigend auflöste, als, wie ich hoffe, hier geschehen ist.

Schreibe mir sobald Du kannst wieder. Binnen 8 Tagen werde ich wieder einen solchen Lastwagen an Dich abgehen lassen.

Dein   S.

Jena, den 23. Febr. 93.

Das Resultat meiner bisher geführten Beweise ist dieses: Es gibt eine solche Vorstellungsart der Dinge, wobei von allem übrigen abstrahiert und bloß darauf gesehen wird, ob sie frei, d. i. durch sich selbst bestimmt erscheinen. Diese Vorstellungsart ist notwendig, denn sie fließt aus dem Wesen der Vernunft, die in ihrem praktischen Gebrauche Autonomie der Bestimmungen unnachlaßlich fodert.

Daß Diejenige Eigenschaft der Dinge, die wir mit dem Namen Schönheit bezeichnen, mit dieser Freiheit in der Erscheinung eins und dasselbe sei, ist noch gar nicht bewiesen, und das soll von jetzt an mein Geschäft sein. Ich habe also zweierlei darzutun: *Erstlich*: daß dasjenige objektive an den Dingen, wodurch sie in den Stand gesetzt werden frei zu erscheinen, gerade auch dasjenige sei, welches ihnen, wenn es da ist, Schönheit verleiht, und wenn es fehlt, ihre Schönheit vernichtet; selbst wenn sie im ersten Fall gar keinen, und im letzten alle andern Vorzüge besäßen. *Zweitens* habe ich zu beweisen, daß Freiheit in der Erscheinung eine solche Wirkung auf das Gefühlsvermögen notwendig mit sich führe, die derjenigen völlig gleich ist, die wir mit der Vorstellung des Schönen verbunden finden. (Zwar dürfte es ein vergebliches Unterfangen sein, dieses letzte a priori zu beweisen, da nur Erfahrung lehren kann, ob wir bei einer Vorstellung etwas fühlen sollen und was wir dabei fühlen sollen. Denn freilich läßt sich weder aus dem Begriff der Freiheit noch aus dem der Erscheinung ein solches Gefühl analytisch herausziehen, und eine Synthesis a priori ist eben so wenig; man ist also hierin durchaus auf empirische Beweise eingeschränkt, und was nur immer durch diese geleistet werden kann, hoffe ich zu leisten: nehmlich durch Induktion und auf psychologischem Weg zu erweisen, daß aus dem zusammengesetzten Begriff der Freiheit und der Erscheinung, der mit der Vernunft harmonierenden Sinnlichkeit ein Gefühl der Lust fließen müsse, welches dem Wohlgefallen gleich ist, das die Vorstellung der Schönheit zu begleiten pflegt.) Übrigens

werde ich zu diesem Teil der Untersuchung sobald noch
nicht kommen, da die Ausführung des erstern mehrere
Briefe ausfüllen dürfte.

1.

Freiheit in der Erscheinung ist eins mit der Schönheit.

Ich habe neulich schon berührt, daß keinem Ding in der
Sinnenwelt *Freiheit* wirklich zukomme, sondern bloß
scheinbar sei. Aber positiv frei kann es auch nicht einmal
scheinen, weil dies bloß eine Idee der Vernunft ist, der keine
Anschauung adäquat sein kann. Wenn aber die Dinge,
insofern sie in der Erscheinung vorkommen, Freiheit weder
besitzen, noch zeigen, wie kann man einen objektiven Grund
dieser Vorstellung in den Erscheinungen suchen? Dieser
objektive Grund müßte eine solche Beschaffenheit derselben sein, deren Vorstellung uns schlechterdings *nötigt*, die
Idee der Freiheit in uns hervorzubringen, und auf das Objekt
zu beziehen. Dies ist, was jetzt bewiesen werden muß.
    Frei sein und durch sich selbst bestimmt sein, von innen
heraus bestimmt sein ist eins. Jede Bestimmung geschieht
entweder von außen oder nicht von außen (von innen) was
also nicht von außen bestimmt erscheint, und doch als
bestimmt erscheint, muß als von innen bestimmt vorgestellt werden. »*Sobald also das Bestimmtsein gedacht wird,* so ist
das Nichtvonaußenbestimmtsein indirecte zugleich die
Vorstellung des Voninnenbestimmtseins oder der Freiheit.«
    Wie wird nun dieses Nichtvonaußenbestimmtsein selbst
wieder vorgestellt? Hierauf beruht alles, denn wird dieses an
einem Gegenstand nicht notwendig vorgestellt, so ist auch
gar kein Grund da, das Von innen bestimmtsein oder die
Freiheit vorzustellen. *Notwendig* aber muß die Vorstellung
des letztern sein, weil unser Urteil vom Schönen Notwendigkeit enthält, und Jedermanns Beistimmung *fodert*. Es
darf also nicht dem Zufall überlassen sein, ob wir bei der
Vorstellung eines Objekts auf seine Freiheit Rücksicht

nehmen wollen, sondern die Vorstellung desselben muß
auch die Vorstellung des Nichtvonaußenbestimmtseins
schlechterdings und notwendig mit sich führen.

Dazu wird nun erfodert, daß uns der Gegenstand selbst
durch seine objektive Beschaffenheit einladet, oder vielmehr nötigt, auf die Eigenschaft des Nichtvonaußenbestimmtseins an ihm zu merken, weil eine bloße Negation
nur dann bemerkt werden kann, *wenn ein Bedürfnis nach ihrem
positiven Gegenteile vorausgesetzt wird.*

Ein Bedürfnis nach der Vorstellung des Voninnenbe-
stimmtseins/Bestimmungsgrundes kann nur durch Vorstellung des *Bestimmtseins* entstehen. Zwar ist alles, was uns
vorgestellt werden kann, etwas bestimmtes, aber nicht alles
wird als ein solches vorgestellt, und was nicht vorgestellt
wird, ist für uns so gut als gar nicht vorhanden. Etwas muß
an dem Gegenstande sein, was ihn aus der unendlichen
Reihe des Nichtssagenden und leeren heraushebt, und
unsern Erkenntnistrieb reizt, denn das Nichtssagende ist
dem Nichts beinahe gleich. Er muß sich als ein *bestimmtes*
darstellen, denn er soll uns auf das *bestimmende* führen.

Nun ist aber der Verstand das Vermögen, welches den
Grund zu der Folge sucht, folglich muß der Verstand ins
Spiel gesetzt werden. Der Verstand muß veranlaßt werden,
über die Form des Objekts zu reflektieren: über die *Form*,
denn der Verstand hat es nur mit der Form zu tun.

Das Objekt muß also eine solche Form besitzen und
zeigen, die eine Regel zuläßt: denn der Verstand kann sein
Geschäft nur nach Regeln verwalten. Es ist aber nicht
nötig, daß der Verstand diese Regel *erkennt*, (denn Erkenntnis der Regel würde allen Schein der Freiheit zerstören, wie
bei jeder strengen Regelmäßigkeit wirklich der Fall ist) es
ist genug, daß der Verstand auf eine Regel – unbestimmt
welche – geleitet wird.*

---

* Man darf nur ein einzelnes Baumblatt betrachten, so dringt sich
  einem sogleich die Unmöglichkeit auf, daß sich das Mannigfaltige an demselben von ohngefähr und ohne alle Regel so habe

Eine Form, welche auf eine Regel deutet/sich nach einer Regel behandeln läßt, heißt kunstmäßig oder *technisch*. Nur die technische Form eines Objektes veranlaßt den Verstand den Grund zu der Folge zu suchen, und das bestimmende zu dem bestimmten; und insofern also eine solche Form ein Bedürfnis erweckt, nach einem Grund der Bestimmung zu fragen, so führt hier die Negation des *Von außen bestimmt-seins* ganz notwendig auf die Vorstellung des *Voninnenbe-stimmtseins* oder der Freiheit.

Freiheit kann also nur mit Hülfe der Technik sinnlich *dar-gestellt* werden, so wie Freiheit des Willens nur mit Hülfe der Kausalität, und materiellen Willensbestimmungen gegenüber, gedacht werden kann. Mit andern Worten: der negative Begriff der Freiheit ist nur durch den positi-ven Begriff seines Gegenteils denkbar, und so wie die Vor-stellung der NaturKausalität nötig ist, um uns auf die Vorstellung der Willensfreiheit zu leiten, so ist eine Vor-stellung von *Technik* nötig, um uns im Reich der Erschei-nungen auf Freiheit zu leiten.

Hieraus ergibt sich nun eine zweite Grundbedingung des Schönen, ohne welche die erste bloß ein leerer Begriff sein würde. Freiheit in der Erscheinung ist zwar der Grund der Schönheit, aber *Technik* ist die notwendige Bedingung unsrer *Vorstellung* von der Freiheit.

Man könnte dieses auch so ausdrücken:

Der Grund der Schönheit ist überall Freiheit in der Erscheinung. Der Grund unsrer Vorstellung von Schön-heit ist Technik in der Freiheit.

Vereinigt man beide Grundbedingungen der Schönheit und der Vorstellung der Schönheit so ergibt sich daraus folgende Erklärung.

---

ordnen können, wenn man auch gleich von der teleologischen Beurteilung abstrahiert. Die unmittelbare Reflexion über den Anblick desselben lehrt es, ohne daß man nötig hat, diese Regel einzusehen und sich einen Begriff von der Struktur desselben zu bilden.

Schönheit ist Natur in der Kunstmäßigkeit.

Ehe ich aber von dieser Erklärung einen sichern und philosophischen Gebrauch machen kann, muß ich erst den Begriff *Natur* bestimmen, und vor jeder Mißdeutung sicher stellen. Der Ausdruck *Natur* ist mir darum lieber als *Freiheit*, weil er zugleich das Feld des Sinnlichen bezeichnet, worauf das Schöne sich einschränkt, und neben dem Begriffe der *Freiheit* auch sogleich ihre Sphäre in der Sinnenwelt andeutet. Der Technik gegenübergestellt, ist *Natur*, was durch sich selbst ist, *Kunst* ist, was durch eine Regel ist. *Natur in der Kunstmäßigkeit*, was sich selber die Regel gibt – was durch seine eigene Regel ist. (Freiheit in der Regel, Regel in der Freiheit.)

Wenn ich sage: *die Natur des Dinges: das Ding folgt seiner Natur: es bestimmt sich durch seine Natur*: so setze ich darin die Natur allem demjenigen entgegen, was von dem Objekt verschieden ist, was bloß als zufällig an demselben betrachtet wird, und hinweggedacht werden kann, ohne zugleich sein Wesen aufzuheben. Es ist gleichsam die Person des Dings, wodurch es von allen andern Dingen, die nicht seiner Art sind, unterschieden wird. Daher werden diejenigen Eigenschaften, welche ein Objekt mit allen andern gemein hat, nicht eigentlich zu seiner Natur gerechnet, ob es gleich diese Eigenschaften nicht ablegen kann, ohne daß es aufhörte, zu existieren. Bloß dasjenige wird durch den Ausdruck *Natur* bezeichnet, wodurch es das bestimmte Ding wird, was es ist. Alle Körper z. b. sind schwer, aber zur *Natur* eines körperlichen Dings gehören nur diejenigen Wirkungen der Schwere, welche aus seiner speziellen Beschaffenheit resultieren. Sobald die Schwerkraft an einem Dinge für sich selbst und unabhängig von seiner speziellen Beschaffenheit bloß als *allgemeine Naturkraft* wirkt, so wird sie als eine fremde Gewalt angesehen und ihre Wirkungen verhalten sich als Heteronomie gegen die Natur des Dinges. Ein Beispiel mag dies ins Licht setzen. Eine Vase ist, als Körper betrachtet, der Schwerkraft unterworfen, aber die Wirkungen der Schwerkraft müssen,

wenn sie *die Natur einer Vase* nicht verleugnen soll, durch
die Form der Vase modifiziert d. i. besonders bestimmt und
durch diese spezielle Form notwendig gemacht worden
sein. Jede Wirkung der Schwerkraft an einer Vase aber ist
zufällig, welche unbeschadet ihrer Form als Vase kann
hinweggenommen werden. Alsdann wirkt die Schwerkraft
gleichsam außerhalb der Ökonomie, außerhalb der Natur
des Dinges, und erscheint sogleich als eine fremde Gewalt.
Dies geschieht, wenn die Vase in einen weiten und breiten
Bauch sich *endigt*, weil es da aussieht, als ob die Schwere der
Länge genommen hätte, was sie der Breite gegeben, kurz
als ob die Schwerkraft über die Form, nicht die Form über
die Schwerkraft geherrscht hätte.

Eben so ist es mit Bewegungen. Eine Bewegung gehört
zur *Natur* des Dinges, wenn sie aus der speziellen Beschaffenheit oder aus der Form des Dinges notwendig fließt.
Eine Bewegung aber, welche dem Dinge unabhängig von
seiner speziellen Form durch das allgemeine Gesetz der
Schwere vorgeschrieben wird, liegt außerhalb der Natur
desselben und zeigt Heteronomie. Man stelle ein schweres
Wagenpferd neben einen leichten spanischen Zelter. Die
Last, welche jenes zu ziehen gewöhnt worden ist hat seinen
Bewegungen die Natürlichkeit genommen, daß es, auch
ohne einen Wagen hinter sich her zu schleppen eben so
mühsam und schwerfällig einhertrabt, als wenn es einen zu
ziehen hätte. Seine Bewegungen entspringen nicht mehr
aus seiner speziellen Natur, sondern verraten die geschlepp-
te Last des Wagens. Der leichte Zelter hingegen ist nie
gewöhnt worden, eine größere Kraft anzuwenden, als er
auch in seiner größten Freiheit zu äußern sich angetrieben
fühlt. Jede seiner Bewegungen ist also eine Wirkung seiner
sich selbst überlassenen Natur. Daher bewegt er sich so
leicht als wenn er gar keine Last wäre, über dieselbe Fläche
hinweg, die das Kutschpferd mit bleischweren Füßen tritt.
»Man wird bei ihm gar nicht daran erinnert, daß er ein
Körper ist, so sehr hat die spezielle Pferdeform die
allgemeine Körpernatur, die der Schwere gehorchen muß,

überwunden.« Hingegen macht die Schwerfälligkeit der Bewegung das Kutschpferd augenblicklich in unsrer Vorstellung zur Masse, und die *eigentümliche* Natur des Rosses wird in demselben von der *allgemeinen KörperNatur* unterdrückt.

Wenn man einen flüchtigen Blick durch das Tierreich wirft, so findet man daß die Schönheit der Tiere in demselben Verhältnis abnimmt als sie sich der Masse nähern, und bloß der Schwerkraft zu dienen scheinen. Die Natur eines Tiers (in der ästhetischen Bedeutung dieses Worts) äußert sich entweder in seinen Bewegungen oder in seinen Formen, und beide werden eingeschränkt durch die *Masse*. Hat die Masse Einfluß gehabt auf die Form, so nennen wir diese *plump*; hat die Masse Einfluß gehabt auf die Bewegung, so heißt diese unbehülflich. Im Bau des Elephanten, des Bären, des Stiers, u. s. f. ist es die Masse, welche an der Form sowohl als an der Bewegung dieser Tiere einen sichtbaren Anteil hat. Die Masse aber muß jederzeit der Schwerkraft gehorchen, die sich gegen die Eigene Natur des organischen Körpers als eine fremde Potenz verhält.

Dagegen nehmen wir überall Schönheit wahr, *wo die Masse von der Form*, und (im Tier- u: Pflanzenreich) von den lebendigen Kräften (in die ich die Autonomie des organischen setze) *völlig beherrscht* wird.

Die Masse eines Pferdes ist bekanntlich von ungleich größerem Gewicht, als die Masse einer Ente oder eines Krebses; nichtsdestoweniger ist die Ente schwer und das Pferd leicht; bloß weil sich die lebendigen Kräfte zur Masse bei beiden ganz verschieden verhalten. Dort ist es der Stoff der die Kraft beherrscht; hier ist die Kraft Herr über den Stoff.

Unter den Tiergattungen ist das Vögelgeschlecht der beste Beleg meines Satzes. Ein Vogel im Flug ist die glücklichste Darstellung des durch die Form bezwungenen Stoffs, der durch die Kraft überwundenen Schwere. Es ist nicht unwichtig zu bemerken, daß die Fähigkeit über die

Schwere zu siegen oft zum Symbol der Freiheit gebraucht
wird. Wir drücken die Freiheit der Phantasie aus, indem wir
ihm Flügel geben; wir lassen Psyche mit Schmetterlings-
flügeln sich über das irdische erheben, wenn wir ihre
Freiheit von den Fesseln des Stoffes bezeichnen wollen.
Offenbar ist die Schwerkraft eine Fessel für jedes Organische, und ein Sieg über dieselbe gibt daher kein unschick-
liches Sinnbild der Freiheit ab. Nun gibt es aber keine
treffendere Darstellung der besiegten Schwere, als ein
geflügeltes Tier, das sich aus innerem Leben (Autonomie
des Organischen) der Schwerkraft directe entgegen
bestimmt. Die Schwerkraft verhält sich ohngefähr eben so
gegen die lebendige Kraft des Vogels, wie sich – bei reinen
Willensbestimmungen – die *Neigung* zu der gesetzgebenden
Vernunft verhält.

Ich widerstehe der Versuchung, Dir an der Menschlichen
Schönheit die Wahrheit meiner Behauptungen noch
anschaulicher zu machen; dieser Materie gebührt ein
eigener Brief. Du ersiehst nun aus dem bisher gesagten, was
ich zum Begriff der *Natur* (in ästhetischer Bedeutung)
rechne, und davon ausgeschlossen wissen will.

Natur an einem technischen Dinge, in wie fern wir sie
dem nichttechnischen entgegen setzen, ist seine technische
Form selbst, gegen welche alles andre, was nicht zu dieser
technischen Ökonomie gehört als etwas auswärtiges, und
wenn es darauf Einfluß gehabt hat als Heteronomie und als
Gewalt betrachtet wird. Aber es ist damit noch nicht
genug, daß ein Ding nur durch seine Technik bestimmt
erscheine – rein technisch sei; denn das ist auch jede streng
mathematische Figur, ohne deswegen schön zu sein. Die
Technik selbst muß wieder durch die Natur des Dinges
bestimmt erscheinen, welches man den freiwilligen Konsens des Dinges zu seiner Technik nennen könnte. Hier
wird also die Natur des Dings von seiner Technik wieder
unterschieden, da sie doch kurz vorher für identisch mit
derselben erklärt wurde. Aber der Widerspruch ist nur
scheinbar. Gegen äußre Bestimmungen verhält sich die

technische Form des Dinges als Natur; aber gegen das innre
Wesen des Dings kann sich die technische Form wieder als
etwas äußres und fremdes verhalten, z. b. Es ist die Natur
eines Zirkels daß er eine Linie sei, die in jedem Punkt ihrer
Richtung von einem gegebenen Punkte gleichweit absteht.
Schneidet nun ein Gärtner einen Baum zu einer Zirkelfigur
aus, so fodert die Natur des Zirkels, daß er vollkommen
rund geschnitten sei. Sobald also eine Zirkelfigur an dem
Baume *angekündiget* wird, so muß sie erfüllt werden, und es
beleidigt unser Auge, wenn dagegen gesündigt wird. Aber
was die Natur des Zirkels fodert, das widerstreitet der
Natur des Baums, und weil wir nicht umhin können, dem
Baume seine eigene Natur, seine Persönlichkeit zuzugeste-
hen, so verdrüßt uns diese Gewaltigtätigkeit und es gefällt
uns, wenn er die ihm aufgedrungene Technik aus innerer
Freiheit vernichtet. Die Technik ist also überall etwas
Fremdes, wo sie nicht aus dem Dinge selbst entsteht, nicht
mit der ganzen Existenz desselben eins ist, nicht von innen
heraus, sondern von außen hineinkommt, nicht dem Dinge
notwendig und angeboren, sondern ihm gegeben und also
zufällig ist.

Noch ein Beispiel wird uns vollkommen verständigen.
Wenn der Mechanikus ein musikalisches Instrument verfertigt, so kann es noch so rein technisch sein, ohne auf
Schönheit Anspruch zu machen. Es ist rein technisch, wenn
alles an demselben Form ist, wenn überall nur der Begriff
und nirgends der Stoff oder der Mangel von Seiten des
Künstlers, seine Form bestimmt. Auch kann man von
diesem Instrumente sagen, es habe Autonomie; sobald man
nehmlich das αυτον in den Gedanken setzt, der hier völlig
und rein gesetzgebend war, und den Stoff übermeisterte.
Setzt man aber das αυτον des Instruments in dasjenige, was
an ihm Natur ist, und wodurch es existiert, so verändert
sich das Urteil. Seine technische Form wird als etwas von
ihm verschiedenes, von seiner *Existenz* unabhängiges und
zufälliges erkannt und als eine äußre Gewalt betrachtet. Es
entdeckt sich, daß diese technische Form etwas Auswärti-

ges ist, daß sie ihm durch den Verstand des Künstlers gewalttätig aufgedrungen worden. Ob also gleich die technische Form des Instruments, wie wir angenommen haben, reine Autonomie *enthält* und *äußert*, so *ist* sie selbst doch Heteronomie gegen das Ding, an dem sie sich findet. Ob sie gleich keinen Zwang weder von Seiten des Stoffs noch des Künstlers *erleidet*, so *übt* sie ihn doch gegen die eigne Natur des Dinges aus – sobald wir dieses als ein Naturding betrachten, welches einem *logischen Ding* (einem Begriffe) zu dienen genötigt wird.

Was wäre also Natur in dieser Bedeutung? Das innre Prinzip der Existenz an einem Dinge, zugleich als der Grund seiner Form betrachtet; *die innre Notwendigkeit der Form.* Die Form muß im eigentlichsten Sinn zugleich selbstbestimmend und selbstbestimmt sein, nicht bloße Autonomie sondern Heautonomie muß da sein. Aber, wirst Du hier einwenden, wenn die Form mit der Existenz des Dinges zusammen eins ausmachen muß, um Schönheit hervorzubringen, wo bleiben die Schönheiten der Kunst, welche diese Heautonomie niemals haben können? Ich will Dir darauf antworten, wenn wir erst zu dem Schönen der Kunst gekommen sind, denn dieses erfodert ein ganz eigenes Kapitel. Nur so viel kann ich Dir im voraus sagen, daß diese Foderung von der Kunst nicht darf abgewiesen werden, und daß auch die Formen der Kunst mit der Existenz des geformten Eins ausmachen müssen, wenn sie auf die höchste Schönheit Anspruch machen sollen: und da sie dieses in der Wirklichkeit nicht können, weil die menschliche Form an einem Marmor immer zufällig bleibt, so müssen sie wenigstens so erscheinen.

Was ist also Natur in der Kunstmäßigkeit? Autonomie in der Technik? Sie ist die reine Zusammenstimmung des innern Wesens mit der Form, *eine Regel, die von dem Dinge selbst zugleich befolgt und gegeben ist.* (Aus diesem Grunde ist in der Sinnenwelt nur das Schöne ein Symbol des in sich vollendeten oder des Vollkommenen, weil es nicht wie das Zweckmäßige auf etwas außer sich braucht bezogen zu werden, sondern sich selbst zugleich gebietet und gehorcht, und sein eigenes Gesetz vollbringt.)

Ich hoffe Dich nunmehr in den Stand gesetzt zu haben, mir ungehindert zu folgen, wenn ich von Natur, von Selbstbestimmung, von Autonomie und Heautonomie, von Freiheit und von Kunstmäßigkeit spreche. Du wirst auch mit mir darüber einig sein, daß diese Natur und diese Heautonomie objektive Beschaffenheiten der Gegenstände sind, denen ich sie zuschreibe, denn sie bleiben ihnen, auch wenn das vorstellende Subjekt ganz hinweggedacht wird. Der Unterschied zwischen zwei Naturwesen, worunter das eine ganz Form ist, und eine vollkommene Herrschaft der Lebendigen Kraft über die Masse zeigt, das andre aber von seiner Masse unterjocht worden ist, bleibt übrig, auch nach völliger Hinwegdenkung des beurteilenden Subjekts. Eben so ist der Unterschied zwischen einer Technik durch Verstand und einer Technik durch Natur (wie bei allem Organischen) gänzlich unabhängig von der Existenz des vernünftigen Subjekts. Er ist also objektiv, und also ist es auch der Begriff von einer Natur in der Technik, der sich darauf gründet.

Freilich ist die Vernunft nötig, um von dieser objektiven Eigenschaft der Dinge gerade einen solchen Gebrauch zu machen, wie bei dem Schönen der Fall ist. Aber dieser subjektive Gebrauch hebt die Objektivität des Grundes nicht auf, denn auch mit dem Vollkommenen, mit dem Guten, mit dem Nützlichen hat es dieselbe Bewandtnis, ohne daß darum die Objektivität dieser Prädikate weniger gegründet wäre. »Freilich wird der Begriff der Freiheit selbst, oder das *Positive*, von der Vernunft erst in das Objekt hinein gelegt, indem sie dasselbe unter der Form des Willens betrachtet, aber das *Negative* dieses Begriffs gibt die Vernunft dem Objekte nicht, sondern sie findet es in demselben schon vor. Der Grund der dem Objekte zugesprochenen Freiheit liegt also doch in *ihm* selbst, obgleich die *Freiheit* nur in der Vernunft liegt.⟨«⟩

Kant stellt in s. Critik d. Urtheilskraft pag. 177 einen Satz auf, der von ungemeiner Fruchtbarkeit ist, und der, wie ich denke, erst aus meiner Theorie seine Erklärung erhalten kann. Natur, sagt er, ist schön, wenn sie aussieht wie Kunst. Kunst ist schön, wenn sie aussieht wie Natur. Dieser Satz macht also die Technik zu einem wesentlichen Requisit des Naturschönen, und die Freiheit zur wesentlichen Bedingung des Kunstschönen. Da aber das Kunstschöne schon an sich selbst die Idee der Technik, das Naturschöne die Idee der Freiheit mit einschließt, so gesteht also Kant selbst ein, daß Schönheit nichts anders als Natur in der Technik, Freiheit in der Kunstmäßigkeit sei.

Wir müssen *erstlich* wissen, daß das schöne Ding ein Naturding ist, d. i. daß es durch sich selbst ist; *zweitens* muß es uns vorkommen, als ob es durch eine Regel wäre, denn er sagt ja, es muß aussehen wie Kunst. Beide Vorstellungen: *es ist durch sich selbst*, und *es ist durch eine Regel* lassen sich aber nur auf eine einzige Art vereinigen, nehmlich wenn man sagt, *es ist durch eine Regel, die es sich selbst gegeben hat.* Autonomie in der Technik, Freiheit in der Kunstmäßigkeit.

Es könnte aus dem Bisherigen scheinen, als ob *Freiheit* und *Kunstmäßigkeit* einen völlig gleichen Anspruch auf das Wohlgefallen hätten, das uns die Schönheit einflößt, als ob die *Technik* mit der Freiheit in gleicher Reihe stünde, und da hätte ich freilich sehr unrecht, daß ich in meiner Erklärung vom Schönen: (Autonomie in der Erscheinung) bloß auf die Freiheit Rücksicht nahm und der Technik gar nicht erwähnte. Aber meine Definition ist sehr genau abgewogen worden. Technik und Freiheit haben nicht dasselbe Verhältnis zum Schönen. *Freiheit* allein ist der Grund des Schönen, Technik ist nur der Grund unserer Vorstellung von der Freiheit. Jene also der unmittelbare Grund, diese nur mittelbar die Bedingung der Schönheit. Technik nehmlich trägt nur insofern zur Schönheit bei, als sie dazu dient, die Vorstellung der Freiheit zu erregen.

Vielleicht kann ich diesen Satz – der übrigens aus dem vorhergehenden schon ziemlich klar ist – noch auf folgendem Weg erläutern.

Bei dem Naturschönen sehen wir mit unsern Augen, daß es durch sich selbst ist; daß es durch eine Regel sei, sagt uns nicht der Sinn, sondern der Verstand. Nun verhält sich aber die Regel zur Natur, wie Zwang zur Freiheit. Da wir uns nun die Regel bloß *denken*, die Natur aber *sehen*, so denken wir uns Zwang und sehen Freiheit. Der Verstand erwartet und fodert eine Regel, der Sinn lehrt, daß das Ding durch sich selbst und durch keine Regel ist. Läge uns nun an der Technik, so müßte uns die fehlgeschlagene Erwartung verdrießen, die uns doch vielmehr Vergnügen macht. Also muß uns an der Freiheit und nicht an der Technik liegen. Wir hätten Ursache aus der Form des Dinges auf einen logischen Ursprung, also auf Heteronomie zu schließen und wider Erwartung finden wir Autonomie. Da wir über diesen Fund froh sind u: uns dadurch gleichsam von einer Sorge (die in unserm praktischen Vermögen ihren Sitz hat) erleichtert fühlen, so beweist dieses, daß wir bei der Regelmäßigkeit nicht so viel als bei der Freiheit gewinnen. Es ist bloß ein Bedürfnis unserer theoretischen Vernunft, uns die Form des Dings als abhängig von einer Regel zu denken; aber daß es durch keine Regel sondern durch sich selbst ist, ist ein Faktum für unsern Sinn. Wie könnten wir aber einen ästhetischen Wert auf die Technik legen, und doch mit Wohlgefallen wahrnehmen, daß ihr Gegenteil wirklich ist? Also dient die Vorstellung der Technik bloß dazu, uns die Nichtabhängigkeit des Produkts von derselben ins Gemüt zu rufen und seine Freiheit desto anschaulicher zu machen.

Dieses leitet mich nun von selbst auf den Unterschied zwischen dem *Schönen* und dem *Vollkommenen*. Alles Vollkommene, das absolutvollkommene ausgenommen, welches das moralische ist, ist unter dem Begriff der Technik enthalten, weil es in der Übereinstimmung des Mannigfaltigen zu Einem besteht. Da nun die Technik bloß mittelbar zu der Schönheit beiträgt, insofern sie die Freiheit bemerkbar macht, das Vollkommene aber unter dem Begriff der Technik enthalten ist, so sieht man gleich, daß es nur die

Freiheit in der Technik ist, was das Schöne von dem Vollkommenen unterscheidet. Das Vollkommene kann Autonomie haben, insofern seine Form durch seinen Begriff rein bestimmt worden ist; aber Heautonomie hat nur das Schöne, weil nur an diesem die Form durch das innere Wesen bestimmt ist.

Das Vollkommene, dargestellt mit Freiheit, wird sogleich in das Schöne verwandelt. Es wird aber mit Freiheit dargestellt, wenn die Natur des Dinges mit seiner Technik zusammenstimmend erscheint, wenn es aussieht, als wenn diese aus dem Dinge selbst freiwillig hervorgeflossen wäre. Man kann das bisherige auch kurz so ausdrücken. Vollkommen ist ein Gegenstand, wenn alles Mannigfaltige an ihm zur Einheit seines Begriffs übereinstimmt; schön ist er, wenn seine Vollkommenheit als Natur erscheint. Die Schönheit wächst, wenn die Vollkommenheit zusammengesetzter wird, und die Natur dabei nichts leidet; denn die Aufgabe der Freiheit wird mit der zunehmenden Menge des Verbundenen schwüriger und ihre glückliche Auflösung eben darum überraschender.

Zweckmäßigkeit, Ordnung, Proportion, Vollkommenheit – Eigenschaften in denen man die Schönheit so lange gefunden zu haben glaubte – haben mit derselben ganz und gar nichts zu tun. Wo aber Ordnung, Proportion etc. zur *Natur* eines Dinges gehören, wie bei allem organischen, da sind sie auch eo ipso unverletzbar, aber nicht um ihrer selbst willen, sondern weil sie von der Natur des Dinges unzertrennlich sind. Eine grobe Verletzung der Proportion ist häßlich, aber nicht weil Beobachtung der Proportion Schönheit ist. Ganz und gar nicht, sondern weil sie eine Verletzung der Natur ist, also Heteronomie andeutet. Ich bemerke überhaupt, daß der ganze Irrtum derer, welche die Schönheit in der Proportion, oder in der Vollkommenheit suchten, davon herrührt: sie fanden, daß die Verletzung derselben den Gegenstand häßlich machte, daraus zogen sie gegen alle Logik den Schluß, daß die Schönheit in der genauen Beobachtung dieser Eigenschaften enthalten sei.

Aber alle diese Eigenschaften machen bloß die *Materie* des Schönen, welche sich bei jedem Gegenstand abändern kann; sie können zur Wahrheit gehören, welche auch nur die Materie der Schönheit ist. Die Form des Schönen ist nur ein freier Vortrag der Wahrheit, der Zweckmäßigkeit, der Vollkommenheit.

Wir nennen ein Gebäude vollkommen, wenn sich alle Teile desselben nach dem Begriff und dem Zwecke des Ganzen richten, und seine *Form* durch seine *Idee* rein bestimmt worden ist. Schön aber nennen wir es, wenn wir diese Idee nicht zu Hülfe nehmen müssen, um die Form einzusehen, wenn sie freiwillig und absichtlos aus sich selbst hervorzuspringen, und alle Teile sich durch sich selbst zu beschränken scheinen. Ein Gebäude kann deswegen (beiläufig zu sagen) nie ein ganz freies Kunstwerk sein und nie ein Ideal der Schönheit erreichen, weil es schlechterdings unmöglich ist, an einem Gebäude, das Treppen, Türen, Kamine, Fenster und Öfen braucht, ohne Hilfe eines Begriffs auszureichen, und also Heteronomie zu verbergen. Völlig rein kann also nur diejenige Kunstschönheit sein, deren Original in der Natur selbst sich findet.

Schön ist ein Gefäß, wenn es, ohne seinem Begriff zu widersprechen, einem freien Spiel der Natur gleich sieht. Die Handhabe an einem Gefäß ist bloß des Gebrauchs wegen also durch einen Begriff da; soll aber das Gefäß schön sein, so muß diese Handhabe so ungezwungen und freiwillig daraus hervorspringen, daß man ihre Bestimmung vergißt. Ginge sie aber in einem rechten Winkel ab, verengte sich der weite Bauch plötzlich zu einem engen Hals u. dgl. so würde diese abrupte Veränderung der Richtung allen Schein von Freiwilligkeit zerstören, und die Autonomie der Erscheinung würde verschwinden.

Wann sagt man wohl, daß eine Person schön gekleidet sei? Wenn weder das Kleid durch den Körper, noch der Körper durch das Kleid an seiner Freiheit etwas leidet; wenn dieses aussieht, als wenn es mit dem Körper nichts zu verkehren hätte, und doch aufs vollkommenste seinen

Zweck erfüllt. Die Schönheit oder vielmehr der Geschmack betrachtet alle Dinge als *Selbstzwecke*, und duldet schlechterdings nicht, daß eins dem andern als Mittel dient oder das Joch trägt. In der ästhetischen Welt ist jedes Naturwesen ein freier Bürger, der mit dem Edelsten gleiche Rechte hat, und *nicht einmal um des Ganzen willen darf gezwungen* werden sondern zu allem schlechterdings *konsentieren* muß. In dieser ästhetischen Welt, die eine ganz andere ist als die vollkommenste Platonische Republik, fodert auch der Rock, den ich auf dem Leibe trage, Respekt von mir für seine Freiheit, und er verlangt von mir, gleich einem verschämten Bedienten, daß ich niemanden merken lasse, daß er mir *dient*. Dafür aber verspricht er mir auch reciproce, seine Freiheit so bescheiden zu gebrauchen, daß die meinige nichts dabei leidet und wenn beide Wort halten, so wird die ganze Welt sagen, daß ich schön angezogen bin. *Spannt* hingegen der Rock, so verlieren wir beide, der Rock und ich, von unsrer Freiheit. Deswegen sind alle *ganz enge* und *ganz weite* Kleidungsarten gleich wenig schön, denn nicht zu rechnen, daß beide die Freiheit der Bewegungen einschränken, so zeigt bei der engen Kleidung der Körper seine Figur nur auf Kosten des Kleides, und bei der weiten Kleidung verbirgt der Rock die Figur des Körpers, indem er sich selbst mit der seinigen aufbläht, und seinen Herrn zu seinem bloßen Träger herabsetzt.

Eine Birke, eine Fichte, eine Pappel ist schön, wenn sie schlank emporsteigt, eine Eiche wenn sie sich krümmt; die Ursache ist, weil diese sich selbst überlassen die krumme, jene hingegen die gerade Richtung lieben. Zeigt sich also die Eiche schlank und die Birke verbogen, so sind sie beide nicht schön, weil ihre Richtungen fremden Einfluß, Heteronomie verraten. Wird hingegen die Pappel vom Winde gebogen, so finden wir dies wieder schön, weil sie durch ihre schwankende Bewegung ihre Freiheit äußert.

Welchen Baum wird sich der Maler am liebsten aussuchen, um ihn in Landschaften zu benutzen? Denjenigen gewiß, der von der Freiheit Gebrauch macht, die ihm bei

aller Technik seines Baues gelassen ist – der sich nicht nach
seinem Nachbar sklavisch richtet, sondern sich, selbst mit
einiger Kühnheit, etwas herausnimmt, aus seiner Ordnung
tritt, sich eigensinnig dahin oder dorthin wendet wenn er
auch gleich hier eine Lücke lassen, dort etwas durch seine
ungestüme Dazwischenkunft verwirren müßte. An demjenigen hingegen, der immer in einerlei Richtung verharrt,
auch wenn ihm seine Gattung weit mehr Freiheit vergönnt,
dessen Äste ängstlich in Reih und Glied bleiben, als wenn
sie nach der Schnur gezogen wären, wird er mit Gleichgültigkeit vorübergehen.

An jeder großen Komposition ist es nötig, daß sich das
einzelne einschränke, um das Ganze zum Effekt kommen
zu lassen. Ist diese Einschränkung des Einzelnen zugleich
eine Wirkung seiner Freiheit, d. i. setzt es sich diese Grenze
selbst, so ist die Komposition schön. Schönheit ist durch
sich selbst gebändigte Kraft; Beschränkung aus Kraft.

Eine Landschaft ist schön komponiert, wenn alle einzelne Partien aus denen sie besteht, so in einander spielen, daß
jede sich selbst ihre Grenze setzt, und das Ganze also das
Resultat von der Freiheit des einzelnen ist. Alles in einer
Landschaft soll auf das Ganze bezogen sein, und alles
einzelne soll doch nur unter seiner eigenen Regel zu stehen,
seinem eigenen Willen zu folgen scheinen. Es ist aber
unmöglich, daß die Zusammenstimmung zu einem Ganzen
kein Opfer von Seiten des einzelnen koste, da die Kollision
der Freiheit unvermeidlich ist. Der Berg wird also auf
manches einen Schatten werfen wollen, was man beleuchtet
haben will, Gebäude werden die Naturfreiheit einschränken, die Aussicht hemmen, die Zweige werden lästige
Nachbarn sein, Menschen, Tiere, Wolken wollen sich
bewegen, denn die Freiheit des Lebendigen äußert sich nur
in Handlung. Der Fluß will in seiner Richtung kein Gesetz
von dem Ufer annehmen, sondern seinem eigenen folgen,
kurz: jedes einzelne will seinen Willen haben. Wo bliebe
aber nun die Harmonie des Ganzen, wenn jedes nur für sich
selbst sorgt? Daraus eben geht sie hervor, daß jedes aus

innerer Freiheit sich gerade die Einschränkung vorschreibt,
die das andere braucht, um *seine* Freiheit zu äußern. Ein
Baum im Vordergrund könnte eine schöne Partie im
Hintergrund bedecken; ihn zu *nötigen*, daß er das nicht tut,
würde seiner Freiheit zu nahe getreten sein und Stümperei
verraten. Was tut also der verständige Künstler? Er läßt
denjenigen Ast des Baumes, der den Hintergrund zu
verhüllen droht, *aus eigener Schwere* sich heruntersenken, und
dadurch dem hintern Prospekte freiwillig Platz machen;
und so vollbringt der Baum den Willen des Künstlers,
indem er bloß seinem eigenen folgt.

Eine Versifikation ist schön, wenn jeder einzelne Vers
sich selbst seine Länge und Kürze, seine Bewegung und
seinen Ruhepunkt gibt, jeder Reim sich aus innrer Notwendigkeit darbietet und doch wie gerufen kommt – kurz,
wenn kein Wort von dem andern, kein Vers von dem andern
Notiz zu nehmen, bloß seiner selbst wegen da zu stehen
scheint, u: doch alles so ausfällt, als wenn es verabredet
wäre.

Warum ist das Naive schön? Weil die Natur darin über
Künstelei und Verstellung ihre Rechte behauptet. Wenn uns
Virgil einen Blick in das Herz der Dido will werfen lassen,
und uns zeigen will, wie weit es mit ihrer Liebe gekommen
ist, so hätte er dies als Erzähler recht gut in seinem eigenen
Namen sagen können, aber dann würde diese Darstellung
auch nicht schön gewesen sein. Wenn er uns aber die
nehmliche Entdeckung durch die Dido selbst machen läßt,
ohne daß sie die Absicht hat, so aufrichtig gegen uns zu
sein, (siehe das Gespräch zwischen Anna u: Dido im
Anfang des IVten Buchs) so nennen wir dies wahrhaft
schön, denn es ist die Natur selbst, welche das Geheimnis
ausplaudert.

Gut ist eine Lehrart, wo man vom Bekannten zum
Unbekannten fortschreitet; schön ist sie, wenn sie sokra-
tisch ist, d. i. wenn sie dieselbe Wahrheiten aus dem Kopf
und Herzen des Zuhörers herausfragt. Bei der ersten
werden dem Verstand seine Überzeugungen in forma
abgefodert, bei der zweiten werden sie ihm *abgelockt*.

Warum wird die Schlangenlinie für die schönste gehalten? Ich habe an dieser einfachsten aller ästhetischen Aufgaben meine Theorie besonders geprüft, und ich halte diese Probe darum für entscheidend, weil bei dieser einfachen Aufgabe keine Täuschung durch Nebenursachen statt finden kann.

Eine Schlangenlinie, kann der Baumgartenianer sagen, ist darum die schönste, weil sie sinnlich vollkommen ist. Es ist eine Linie, die ihre Richtung immer abändert (Mannigfaltigkeit) und immer wieder zu derselben Richtung zurückkehrt (Einheit). Wäre sie aber aus keinem bessern Grunde schön, so müßte es folgende Linie auch sein:

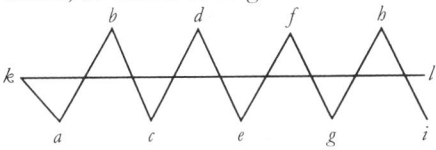

welche gewiß nicht schön ist. Auch hier ist Veränderung der Richtung: ein Mannigfaltiges, nehmlich a b c d e f g h i und Einheit der Richtung ist auch da, welche der Verstand hinein denkt, und die durch die Linie k l vorgestellt ist. Diese Linie ist nicht schön, ob sie gleich sinnlich vollkommen ist.

Folgende Linie aber ist eine schöne Linie, oder könnte es doch sein, wenn meine Feder besser wäre.

Nun ist der ganze Unterschied zwischen dieser zweiten und jener bloß der daß jene ihre Richtung ex abrupto, diese aber unmerklich verändert; der Unterschied ihrer Wirkungen auf das ästhetische Gefühl muß also in diesem einzig bemerkbaren Unterschied ihrer Eigenschaften gegründet sein. Was ist aber eine plötzlich veränderte Richtung anders, als eine gewaltsam veränderte? Die Natur liebt keinen Sprung. Sehen wir sie einen tun, so zeigt es, daß ihr Gewalt geschehen ist. Freiwillig hingegen erscheint nur diejenige

Bewegung, an der man keinen bestimmten Punkt angeben kann, bei dem sie ihre Richtung abänderte. Und dies ist der Fall mit der Schlangenlinie, welche sich von der oben abgebildeten bloß durch ihre *Freiheit* unterscheidet.

Ich könnte noch Beispiele genug anhäufen, um zu zeigen, daß alles was wir schön nennen, sich dieses Prädikat bloß durch die Freiheit in seiner Technik erwerbe. Aber an den angeführten Proben mag es vorjetzt genug sein. Weil also *Schönheit* an keiner Materie haftet, sondern bloß in der Behandlung besteht alles aber was sich den Sinnen vorstellt, technisch oder nicht technisch, frei oder nicht frei erscheinen kann, so folgt daraus, daß sich das Gebiet des Schönen sehr weit erstrecke, weil die Vernunft bei allem, was Sinnlichkeit und Verstand ihr unmittelbar vorstellen, nach der Freiheit fragen kann und muß. Darum ist das Reich des Geschmacks ein Reich der Freiheit – die schöne Sinnenwelt das glücklichste Symbol, wie die moralische sein soll, und jedes schöne Naturwesen außer mir ein glücklicher Bürge, der mir zuruft: Sei frei, wie ich.

Darum stört uns jede sich aufdringende Spur der despotischen Menschenhand in einer freien Naturgegend, darum jeder Tanzmeisterzwang im Gange und in den Stellungen, darum jede Künstelei in den Sitten und Manieren, darum alles Eckigte im Umgang, darum jede Beleidigung der Naturfreiheit in Verfassungen, Gewohnheiten und Gesetzen.

Es ist auffallend, wie sich der gute Ton (Schönheit des Umgangs) aus meinem Begriff der Schönheit entwickeln läßt. Das erste Gesetz des guten Tones ists: *Schone fremde Freiheit*. Das zweite: *zeige selbst Freiheit*. Die pünktliche Erfüllung beider ist ein unendlich schweres Problem, aber der gute Ton fodert sie unerläßlich, und sie macht allein den vollendeten Weltmann. Ich weiß für das Ideal des schönen Umgangs kein passenderes Bild als einen gut getanzten und aus vielen verwickelten Touren komponierten englischen Tanz. Ein Zuschauer aus der Galerie sieht unzählige Bewegungen, die sich aufs bunteste durchkreuzen, und ihre

Richtung lebhaft und mutwillig verändern, und doch *niemals zusammenstoßen*. Alles ist so geordnet, daß der eine schon Platz gemacht hat, wenn der andere kommt, alles fügt sich so geschickt und doch wieder so kunstlos ineinander, daß jeder nur seinem eigenen Kopf zu folgen scheint, und doch nie dem andern in den Weg tritt. Es ist das treffendste Sinnbild der behaupteten eigenen Freiheit und der geschonten Freiheit des andern.

Alles was man gewöhnlich *Härte* nennt ist nichts anders als das Gegenteil des *Freien*. Diese Härte ist es, was oft der Verstandesgröße, oft selbst der moralischen ihren *ästhetischen* Wert benimmt. Der gute Ton verzeiht auch dem glänzendsten Verdienst diese *Brutalität* nicht, und liebenswürdig wird die Tugend selbst nur durch Schönheit. Schön aber ist ein Charakter eine Handlung nicht, wenn sie die Sinnlichkeit des Menschen, dem sie zukommen, unter dem Zwang des Gesetzes zeigen, oder der Sinnlichkeit des Zuschauers Zwang antun. In diesem Fall werden sie bloß *Achtung*, aber nicht *Gunst*, nicht Neigung einflößen; bloße Achtung demütigt den, der sie empfindet. Daher gefällt uns Cesar weit mehr als Cato, Cimon mehr als Phocion, Thomas Jones weit mehr als Grandison. Daher rührt es, daß uns oft bloß *affektionierte* Handlungen mehr gefallen als rein moralische, weil sie Freiwilligkeit zeigen, weil sie durch die Natur (den Affekt) nicht durch die gebieterische Vernunft wider das Interesse der Natur vollbracht werden – daher mag es kommen, daß uns die milden Tugenden mehr als die heroischen, das weibliche so oft mehr als das männliche gefällt; denn der weibliche Charakter auch der vollkommenste, kann nie anders als aus Neigung handeln.

Ich werde Dir über den Geschmack und seinen Einfluß auf die Welt einen eigenen Brief schreiben, wo alles dies mehr entwickelt werden wird. Für heute glaube ich kannst Du mit dieser Lieferung zufrieden sein. Jetzt hast Du Data genug, meine Ideen gründlich zu prüfen, und ich erwarte Deine Bemerkungen mit Ungeduld. Lebe wohl.

Dein   S.

Jena den 28. Febr. 93.

Ich werde Dich in einigen Wochen mit einem neuen Werk von Kant überraschen, das Dich sehr in Verwunderung setzen wird. Es wird hier gedruckt, und ich habe die Hälfte, denn so weit ist es fertig, durchlesen. Der Titel ist: *philosophische Religionslehre*: und der Inhalt – solltest Du es glauben? Die scharfsinnigste Exegesis des christlichen Religionsbegriffs aus philosophischen Gründen. Kant, wie Du schon mehrmal an ihm hast bemerken können, liebt sehr, Schriftstellen einen philosophischen Sinn zu geben. Es ist ihm, wie man bald sieht, nicht sowohl darum zu tun, die Autorität der Schrift dadurch zu unterstützen, als vielmehr die Resultate des philosophischen Denkens dadurch an die Kindervernunft anzuknüpfen und gleichsam zu popularisieren. Er scheint mir von einem Grundsatz dabei geleitet zu werden, den *Du* sehr liebst; nehmlich von diesem: das vorhandene nicht wegzuwerfen, solange noch eine Realität davon zu erwarten ist, sondern es vielmehr zu veredeln. Ich achte diesen Grundsatz sehr, und Du wirst sehen, daß Kant ihm Ehre machte. Aber ob er überhaupt wohl daran getan hat, die christliche Religion durch philosophische Gründe zu unterstützen, zweifle ich sehr. Alles was man von der bekannten Beschaffenheit der Religionsverteidiger erwarten kann ist, daß sie die Unterstützung annehmen, die philosophische Gründe aber wegwerfen werden und so hat Kant dann nichts weiter getan, als das morsche Gebäude der Dummheit geflickt.

Übrigens hat die Schrift mich hingerissen, und ich kann die übrigen Bogen kaum erwarten. Zwar ist einer seiner ersten Grundsätze darin empörend für mein, und wahrscheinlich auch Dein, Gefühl. Er behauptet nehmlich eine propension des menschlichen Herzens zum Bösen, das er das radikale Böse nennt, und das mit den Reizungen der Sinnlichkeit ganz und gar nicht verwechselt werden darf. Er setzt es über die Sinnlichkeit hinaus in die *Person* des Menschen, als den Sitz der Freiheit. Doch Du wirst selbst lesen. Gegen seine Beweise läßt sich nichts einwenden, so gern man auch wollte.

Übrigens wird er bei den Theologen wenig Dank verdient haben, denn er hebt alle eigene Autorität des Kirchenglaubens auf, und macht den reinen Vernunftglauben zu seinem höchsten Ausleger; gibt auch sehr deutlich zu verstehen, daß der Kirchenglaube bloß von subjektiver Gültigkeit sei und es besser wäre, wenn er entbehrt werden könnte. Aber weil er überzeugt ist, daß er nicht entbehrlich sei, noch sobald es werden würde, so macht er es zu einer Gewissenspflicht, ihn zu respektieren. Der Logos, die Erlösung (als philosophische Mythe) die Vorstellung des Himmels und der Hölle, das Reich Gottes und alle diese Vorstellungen sind aufs glücklichste erklärt.

Ich weiß nicht, ob ich Dir schon davon geschrieben habe, daß ich damit umgehe eine *Theodicee* zu machen. Wo möglich so geschieht es noch dieses Frühjahr, um sie meinen Gedichten einzuverleiben, wovon ich diesen Sommer eine sehr schöne Edition bei Crusius veranstalte. Auf diese Theodizee freue ich mich sehr, denn die neue Philosophie ist gegen die Leibnitzische viel poetischer und hat einen weit größern Charakter. Außer dieser Theodicee trage ich mich noch mit einem andern Gedicht, gleichfalls philosophischen Inhalts, wovon noch mehr zu erwarten ist. Aber davon kann ich Dir jetzt noch nichts schreiben. Erlauben es meine Umstände so bring ich es auch noch in meine Sammlung.

Wenn du *Jakob und sein Herr* von Diderot, den Mylius übersetzt hat (denn französisch ist es noch nicht heraus) zu lesen bekommen kannst, so lies ihn doch. Auch der Minna wird er viel Freude machen. Ich habe mich sehr daran ergötzt.

Diesen Sommer logieren wir außerhalb der Stadt, in einem angenehmen Gartenhause. Meine zweite Schwester wird bei mir sein, und vielleicht behalte ich sie ganz. Ich werde dann mehr en famille leben, und weniger Lärm um mich haben, weil ich dann keine Tischgenossen mehr nehme. Da meine Frau auch oft nicht wohl ist, so ist es mir ein Trost, jemand der mir attachiert und doch gesund ist, um mich zu wissen. Ob ich auf den Sommer oder Herbst nach meinem Vaterland reise wird auf meine Gesundheit ankommen, die schon seit drei Wochen den Einfluß des Frühjahrs nicht aufs beste empfindet.

Der Tod des jungen Ludwigs, der nach Curland gegangen ist, wird hier widerrufen, und ich wünschte recht sehr, daß dem armen Teufel nichts geschehen wäre. NB. Eben erfahre ich aus Dorchens Brief den komischen Mißverstand.

Mit Mainz sieht es noch immer sehr trüb aus. Der Churfürst ist gegenwärtig in Erfurt, wo auch der Coadjutor wieder angekommen ist. Der letzte zieht nur die Hälfte seines Gehalts und konnte vorher mit dem ganzen nie ausreichen. Weiß der Himmel wie es damit noch werden mag.

Finde ich noch Zeit, so lege ich die Fortsetzung meiner Theorie bei. Aber nun ist es auch an Dir, darüber zu raisonnieren. Tausend herzliche Grüße an alle

Dein   S.

Die Nachricht von Hubern hat mich erschreckt. Er ist auf dem Weg, einen höchst unglücklichen Schritt zu tun, von welcher Seite man es auch betrachtet. Es ist mit Gewißheit vorher zu sehen, daß beide Leute sich im ersten halben Jahre unerträglich sein werden. Und dann noch seinen Abschied zu fodern! Wo will er hingehen, wo wird er, nachdem er durch seine Mainzer Verbindungen und vollends durch eine Heirat mit der F. sich in einen zweideutigen Ruf gebracht hat, Dienste finden. Will er von seiner Schriftstellerei leben? Da wird er schmale Bissen essen müssen. Die Forstern hat nichts, und will mit ihren Kindern sich von ihm ernähren lassen, da er sich selbst nicht helfen kann. Ich weiß in aller Welt nicht, wo er hinaus will. Vielleicht hofft er bei einer Universität unterzukommen? Aber als ein Extraordinarius wird er sich dadurch sehr schlecht verbessern, und zum Ordinarius ist nirgends Hoffnung, denn er hat ja nichs gelernt.

Ich werde alles anwenden, ihm dieses begreiflich zu machen, ich fürchte aber, es ist schon nicht mehr Zeit. Weißt Du nicht, ob er vielleicht den Abschied nehmen *mußte*, um ihn nicht ungefodert zu erhalten? Da man *Dir* sogar aus der Verbindung mit ihm ein Verbrechen machen will, so muß man von ihm schon sehr viel Böses denken. Auf seine Eltern soll er sich ja nicht verlassen. Das ist ein elendes Pack Menschen, die ihn lieber desperat werden lassen, ehe sie einen Heller für ihn bezahlen. Ich finde es in jedem Betracht, auch selbst für ihn, nicht ratsam, daß er nach Dresden geht. Er geht ja dort den empfindlichsten Kränkungen entgegen. Zu euch darf er ganz und gar nicht, und das wird sich ihm, denke ich, begreiflich machen lassen.

Zugleich mit Deinem Brief ist auch einer an ihn, unter meiner Adresse, bei mir angelangt, der der Aufschrift nach von seinen Eltern ist. Vermutlich hat er selbst ihn an mich adressieren lassen. Ich erwarte ihn also gewiß.

Die Inlage war schon fertig, ehe Dein Brief ankam. Ich lege sie also bei. Auf den ersten Teil Deines Briefs soll Dir, wie ich hoffe, mein letztes paquet antworten. Lebewohl

Dein   S.

Das Schöne der Kunst.

Es ist von zweierlei Art. a. Schönes der Wahl oder des Stoffes – Nachahmung des Naturschönen. b. Schönes der Darstellung oder der Form – Nachahmung der Natur. Ohne das letzte gibt es keinen Künstler. Beides vereinigt macht den großen Künstler.

Das Schöne der Form, oder der Darstellung, ist der Kunst allein *eigen*. »Das Schöne der Natur, sagt Kant sehr richtig, ist ein schönes Ding; das Schöne der Kunst ist eine schöne Vorstellung von einem Dinge.« Das Idealschöne, könnte man hinzusetzen, ist eine schöne Vorstellung von einem schönen Ding.

Bei dem Schönen der Wahl wird darauf gesehen, *was* der Künstler darstellt. Bei dem Schönen der Form (der Kunstschönheit stricte sic dicta) wird bloß darauf gesehen, *wie* er darstellt. Das erste, kann man sagen, ist eine freie Darstellung der Schönheit, das zweite eine freie Darstellung der Wahrheit.

Da sich das erste mehr auf die Bedingungen des Naturschönen einschränkt, das letzte aber der Kunst eigentümlich zukommt, so handle ich von diesem zuerst; denn erst muß gezeigt werden, was den Künstler überhaupt macht, ehe man von dem großen Künstler spricht.

Schön ist ein Naturprodukt, wenn es in seiner Kunstmäßigkeit frei erscheint.

Schön ist ein Kunstprodukt, wenn es ein Naturprodukt frei darstellt.

Freiheit der Darstellung ist also der Begriff, mit dem wir es hier zu tun haben.

Man *beschreibt* einen Gegenstand, wenn man die Merkmale, die ihn kenntlich machen, in Begriffe verwandelt, und zur Einheit der Erkenntnis verbindet.

Man *stellt ihn dar*, wenn man diese verbundenen Merkmale unmittelbar in der Anschauung vorlegt.

Das Vermögen der Anschauungen ist die Einbildungskraft. Ein Gegenstand heißt also dargestellt, wenn die Vorstellung desselben unmittelbar vor die Einbildungskraft gebracht wird.

Frei ist ein Ding, das durch sich selbst bestimmt ist oder so erscheint.

Frei dargestellt heißt also ein Gegenstand, wenn er der Einbildungskraft als durch sich selbst bestimmt vorgehalten wird.

Aber wie kann er ihr als durch sich selbst bestimmt vorgehalten werden, da er selbst nicht einmal da ist, sondern in einem andern bloß nachgeahmt wird, da er nicht in Person sondern durch einen Repräsentanten sich vorstellt?

Das Kunstschöne nehmlich ist nicht die Natur selbst, sondern nur eine Nachahmung derselben in einem *Medium*, das von dem *Nachgeahmten* materialiter ganz verschieden ist. *Nachahmung* ist die formale Ähnlichkeit des material-verschiedenen.

N. B. Architektur, Schöne Mechanik, Gartenkunst, Tanzkunst u. dgl. dürfen für keine Einwendung gelten, denn daß auch diese Künste sich demselben Prinzip unterordnen, ob sie gleich entweder kein Naturprodukt nachahmen, oder kein Medium dazu brauchen, wird in der Folge sehr evident werden.

Die Natur des Gegenstandes wird also in der Kunst nicht selbst in ihrer Persönlichkeit und Individualität, sondern durch ein *Medium* vorgestellt, welches wieder

a) seine eigene Individualität und Natur hat,

b) von dem Künstler abhängt, der gleichfalls als eine eigne Natur zu betrachten ist.

Der Gegenstand wird also durch die *dritte* Hand vor die Einbildungskraft gestellt, und da sowohl der Stoff, worin er nachgeahmt wird, als der Künstler, der diesen Stoff bearbeitet, ihre eigne Natur besitzen und nach ihrer eignen Natur wirken – wie ist es möglich, daß die Natur des Gegenstandes dennoch rein und durch sich selbst bestimmt kann vorgestellt werden?

Der darzustellende Gegenstand legt seine Lebendigkeit ab, er ist nicht selbst gegenwärtig, sondern seine Sache wird durch einen ihm ganz unähnlichen fremden Stoff geführt, auf den es ankommt, wieviel jener von seiner Individualität retten oder einbüßen soll.

Nun kommt also die fremde Natur des Stoffes *dazwischen*, und nicht diese allein, sondern auch die eben so fremde Natur des Künstlers, der diesem Stoff seine Form zu geben hat. Alle Dinge aber wirken notwendig nach ihrer Natur.

Es sind also hier dreierlei Naturen, die miteinander ringen. Die Natur des Darzustellenden, die Natur des darstellenden Stoffes und die Natur des Künstlers, welcher jene beiden in Übereinstimmung bringen soll.

Es ist aber bloß die Natur des Nachgeahmten, was wir an einem Kunstprodukt zu finden erwarten, und das will eigentlich der Ausdruck sagen, daß es durch sich selbst bestimmt der Einbildungskraft vorgestellt werde. Sobald aber entweder *der Stoff* oder *der Künstler* ihre Naturen mit einmischen, so erscheint der dargestellte Gegenstand nicht mehr als durch sich selbst bestimmt, sondern Heteronomie ist da. Die Natur des Repräsentierten erleidet von dem Repräsentierenden Gewalt, sobald dieses seine Natur dabei geltend macht. Ein Gegenstand kann also nur dann *frei dargestellt* heißen, wenn die Natur des Dargestellten von der Natur des Darstellenden nichts gelitten hat.

Die Natur des Mediums oder des Stoffs muß also von der Natur des Nachgeahmten völlig besiegt erscheinen. Nun ist es aber bloß die *Form* des Nachgeahmten, was auf das Nachahmende übertragen werden kann; also ist es die Form welche in der Kunstdarstellung den Stoff besiegt haben muß.

Bei einem Kunstwerk also muß sich der *Stoff* (die Natur des Nachahmenden) in der *Form* (des Nachgeahmten), der *Körper* in der *Idee*, die *Wirklichkeit* in der *Erscheinung* verlieren.

Der Körper in der Idee: denn die Natur des Nachgeahmten ist an dem nachahmenden Stoffe nichts körperliches; sie existiert bloß als Idee an demselben, und alles körperliche an diesem gehört bloß ihm selbst und nicht dem Nachgeahmten an.

Die Wirklichkeit in der Erscheinung: Wirklichkeit heißt hier das *Reale*, welches an einem Kunstwerk immer nur die *Materie* ist, und dem *Formalen* oder der *Idee* die der Künstler in dieser Materie ausführt, muß entgegengesetzt werden. Die Form ist an einem Kunstwerk bloße Erscheinung d. i. der Marmor *scheint* ein Mensch, aber er bleibt, in der Wirklichkeit, Marmor.

Frei also wäre die Darstellung, wenn die Natur des Mediums durch die Natur des Nachgeahmten völlig vertilgt erscheint, wenn das *nachgeahmte* seine reine Persönlichkeit auch in seinem Repräsentanten behauptet, wenn das Repräsentierende durch völlige Ablegung oder vielmehr *Verleugnung* seiner Natur, sich mit dem Repräsentierten vollkommen ausgetauscht zu haben scheint – kurz – wenn nichts durch den Stoff, sondern alles durch die Form ist.

Ist an einer Bildsäule ein einziger Zug, der den Stein verrät, der also nicht in der Idee, sondern in der Natur des Stoffes gegründet ist, so leidet die Schönheit, denn Heteronomie ist da. Die Marmornatur, welche hart und spröd ist, muß in der Natur des Fleisches, welches biegsam und weich ist, völlig untergegangen sein, und weder das Gefühl noch das Auge darf daran erinnert werden.

Ist an einer Zeichnung ein einziger Zug, der die Feder oder den Griffel, das Papier oder die Kupferplatte, den Pinsel oder die Hand, die ihn führte, kenntlich macht, so ist sie *hart* oder *schwer*; ist an ihr der *eigentümliche Geschmack* des Künstlers, die KünstlerNatur sichtbar, so ist sie *maniriert*. Leidet nehmlich die Beweglichkeit eines Muskels (in einem Kupferstich) durch die Härte des Metalls oder durch die schwere Hand des Künstlers, so ist die Darstellung häßlich, weil sie nicht durch die Idee sondern durch das Medium bestimmt worden ist. Leidet die Eigentümlichkeit des darzustellenden Objekts durch die GeistesEigentümlichkeit des Künstlers, so sagen wir, die Darstellung sei maniriert.

Das Gegenteil der *Manier* ist der *Stil*, der nichts anders ist, als die höchste Unabhängigkeit der Darstellung von allen subjektiven und allen objektivzufälligen Bestimmungen.

Reine Objektivität der Darstellung ist das Wesen des guten Stils: der höchste Grundsatz der Künste.

»Der Stil verhält sich zur Manier, wie sich die Handlungsart aus formalen Grundsätzen zu einer Handlungsart aus empirischen Maximen (subjektiven Grundsätzen) verhält. Der Stil ist eine völlige Erhebung über das Zufällige zum Allgemeinen und Notwendigen.« (Aber unter dieser

Erklärung des Stils ist auch schon das *Schöne der Wahl* mit begriffen, wovon jetzt noch nicht die Rede sein soll.)

Der große Künstler, könnte man also sagen, zeigt uns den Gegenstand (seine Darstellung hat reine Objektivität) der mittelmäßige zeigt sich selbst (seine Darstellung hat Subjektivität) der schlechte seinen Stoff (die Darstellung wird durch die Natur des Mediums u. durch die Schranken des Künstlers bestimmt.)

Alle diese drei Fälle werden an einem Schauspieler sehr anschaulich.

1.

Wenn Eckhof oder Schröder den Hamlet spielten, so verhielten sich ihre *Personen* zu ihrer *Rolle* wie der Stoff zur Form, wie der Körper zur Idee, wie die Wirklichkeit zur Erscheinung. Eckhof war gleichsam der Marmor, aus dem sein Genie einen Hamlet formte, und weil seine (des Schauspielers) Person in der künstlichen Person Hamlets völlig unterging, weil bloß die *Form* (der Charakter Hamlets) und nirgends der *Stoff* (nirgends die wirkliche Person des Schauspielers) zu bemerken war – weil alles an ihm bloß Form (bloß Hamlet) war, so sagt man, er spielte schön. Seine Darstellung war im großen Stil, weil sie *erstlich* völlig objektiv war und nichts subjektives sich mit einmischte, *zweitens*, weil sie objektiv notwendig nicht zufällig war (wovon die Erläuterung bei einer andern Gelegenheit.)

2.

Wenn Madame Albrecht eine Ophelia spielt, so erblickte man zwar die Natur des Stoffes (die Person der Schauspielerin) nicht, aber auch nicht die reine Natur des Darzustellenden (die Person der Ophelia) sondern – eine willkürliche Idee der Schauspielerin. Sie hatte sich nehmlich einen subjektiven Grundsatz – eine Maxime – gemacht, den Schmerz, den Wahnsinn, den edlen Anstand gerade so vorzustellen, ohne sich darum zu kümmern, ob dieser

Vorstellung Objektivität zukommt, oder nicht. Sie hatte
also nur *Manier*, keinen *Stil* gezeigt.

3.

Wenn Herr Brückl einen König spielt, so sieht man die
Natur des Mediums über die Form (die Rolle des Königs)
herrschen, denn aus jeder Bewegung blickt der Schauspieler (der Stoff) eckelhaft und stümperhaft hervor. Man sieht
zugleich die widrige Wirkung des *Mangels*, weil es dem
Künstler (hier dem Verstand des Schauspielers) an Einsicht
fehlt, den Stoff (den Körper des Schauspielers) einer Idee
gemäß zu formen. Die Darstellung ist also elend, weil sie
zugleich die Natur des Stoffs und die subjektiven Schranken des Künstlers offenbart.

Bei Zeichnenden und bildenden Künsten fällt es leicht
genug in die Augen, wieviel die Natur des Darzustellenden
leidet, wenn die Natur des Mediums nicht völlig bezwungen ist. Aber schwerer dürfte es sein, diesen Grundsatz nun
auch auf die *poetische* Darstellung anzuwenden, welche doch
schlechterdings daraus abgeleitet werden muß. Ich will
versuchen, Dir einen Begriff davon zu geben.

Auch hier, versteht sich, ist noch gar nicht von dem
Schönen der Wahl die Rede, sondern bloß von dem *Schönen der
Darstellung*. Es wird also vorausgesetzt, der Dichter habe
die ganze Objektivität seines Gegenstandes *wahr*, *rein* und
vollständig in seiner Einbildungskraft aufgefaßt – das Objekt
stehe schon *idealisiert* (d. i. in reine Form verwandelt) vor
seiner Seele, und es komme bloß darauf an, es *außer sich
darzustellen*. Dazu wird nun erfodert, daß dieses Objekt
seines Gemüts von der Natur des Mediums, in welchem es
dargestellt wird, keine Heteronomie erleide.

Das Medium des Dichters sind *Worte*; also abstrakte
Zeichen für Arten und Gattungen, niemals für Individuen;
und deren Verhältnisse durch *Regeln* bestimmt werden,
davon die *Grammatik* das System enthält. Daß zwischen
den Sachen und den Worten keine *materiale* Ähnlichkeit
(Identität) statt findet, macht gar keine Schwierigkeit, denn

diese findet sich auch nicht zwischen der *Bildsäule* und dem *Menschen*, dessen Darstellung sie ist. Aber auch die bloß *formale* Ähnlichkeit (Nachahmung) ist zwischen Worten und Sachen so leicht nicht. Die Sache und ihr Wortausdruck sind bloß zufällig u: willkürlich (wenige Fälle abgerechnet) bloß durch Übereinkunft miteinander verbunden. Indessen würde auch dies nicht viel zu bedeuten haben, weil es nicht darauf ankommt, was das Wort an sich selbst ist, sondern welche Vorstellung es erweckt. Gäbe es also überhaupt nur Worte oder Wortsätze, welche uns den individuellsten Charakter der Dinge, ihre individuellsten Verhältnisse, und kurz die ganze objektive Eigentümlichkeit des Einzelnen vorstellten, so käme es gar nicht darauf an, ob dies durch *Konvenienz* oder aus innrer Notwendigkeit geschähe.

Aber eben daran fehlt es. Sowohl die Worte als ihre Biegungs- und Verbindungsgesetze sind ganz allgemeine Dinge, die nicht Einem Individuum, sondern einer unendlichen Anzahl von Individuen zum Zeichen dienen. Noch weit mißlicher steht es um die Bezeichnung der *Verhältnisse*, welche nach Regeln bewerkstelligt wird, die auf unzählige und ganz heterogene Fälle zugleich anwendbar sind, und nur durch eine besondere Operation des Verstandes einer individuellen Vorstellung angepaßt werden. Das darzustellende Objekt muß also, ehe es vor die Einbildungskraft gebracht und in Anschauung verwandelt wird, durch das abstrakte Gebiet der Begriffe *einen sehr weiten Umweg nehmen*, auf welchem es viel von seiner Lebendigkeit (sinnlichen Kraft) verliert. Der Dichter hat überall kein anderes Mittel, um das besondere darzustellen, als die künstliche *Zusammensetzung des Allgemeinen* »der eben jetzt vor mir stehende Leuchter fällt um« ist ein solcher individueller Fall, durch Verbindung lauter allgemeiner Zeichen ausgedrückt.

Die *Natur* des Mediums, dessen der Dichter sich bedient, besteht also »in einer Tendenz zum *Allgemeinen*« und liegt daher mit der Bezeichnung des Individuellen (welches die Aufgabe ist) im Streit. Die Sprache stellt alles vor den

Verstand, und der Dichter soll alles vor die *Einbildungskraft* bringen (darstellen) die Dichtkunst will *Anschauungen*, die Sprache gibt nur *Begriffe*.

Die Sprache beraubt also den Gegenstand, dessen Darstellung ihr anvertraut wird, seiner Sinnlichkeit und Individualität, und drückt ihm eine Eigenschaft von ihr selbst (Allgemeinheit) auf, die ihm fremd ist. Sie mischt – um mich meiner Terminologie zu bedienen – in die Natur des Darzustellenden, welche sinnlich ist, die Natur des Darstellenden, welche abstrakt ist, ein, und bringt also Heteronomie in die Darstellung desselben. Der Gegenstand wird also der Einbildungskraft nicht als durch sich selbst bestimmt, also nicht frei, vorgestellt, sondern gemodelt durch den Genius der Sprache, oder er wird gar nur vor den Verstand gebracht, und so wird er entweder nicht frei dargestellt, oder gar nicht dargestellt, sondern bloß beschrieben.

Soll also eine poetische Darstellung frei sein, so muß der Dichter »*die Tendenz der Sprache zum Allgemeinen durch die Größe seiner Kunst überwinden, und den Stoff* (Worte und ihre Flexions und constructionsGesetze) *durch die Form* (nehmlich die Anwendung derselben) besiegen.« Die Natur der Sprache (eben diese ihre Tendenz zum Allgemeinen) muß in der ihr gegebenen Form völlig untergehen, der Körper muß sich in der Idee, das Zeichen in dem Bezeichneten, die Wirklichkeit in der Erscheinung verlieren. Frei und siegend muß das Darzustellende aus dem Darstellenden hervorscheinen, und trotz allen Fesseln der Sprache in seiner ganzen Wahrheit, Lebendigkeit und Persönlichkeit vor der Einbildungskraft dastehen. Mit einem Wort. Die Schönheit der poetischen Darstellung ist »*freie Selbsthandlung der Natur in den Fesseln* der Sprache.«

(Die Fortsetzung künftigen Posttag.)

ÜBER ANMUT UND WÜRDE

Die griechische Fabel legt der Göttin der Schönheit einen Gürtel bei, der die Kraft besitzt, dem, der ihn trägt, *Anmut* zu verleihen, und Liebe zu erwerben. Eben diese Gottheit wird von den Huldgöttinnen oder den *Grazien* begleitet.

Die Griechen *unterschieden* also die Anmut und die Grazien noch von der Schönheit, da sie solche durch Attribute ausdrückten, die von der Schönheitsgöttin zu trennen waren. Alle Anmut ist schön, denn der Gürtel des Liebreizes ist ein *Eigentum* der Göttin von Gnidus; aber nicht alles Schöne ist Anmut, denn auch ohne diesen Gürtel bleibt Venus, was sie ist.

Nach eben dieser Allegorie ist es die Schönheitsgöttin *allein*, die den Gürtel des Reizes trägt und verleiht. *Juno*, die herrliche Königin des Himmels, muß jenen Gürtel erst von der Venus *entlehnen*, wenn sie den Jupiter auf dem Ida bezaubern will. Hoheit also, selbst wenn ein gewisser Grad von Schönheit sie schmückt, (den man der Gattin Jupiters keineswegs abspricht) ist ohne Anmut nicht sicher, zu gefallen; denn nicht von ihren eignen Reizen, sondern von dem Gürtel der Venus erwartet die hohe Götterkönigin den Sieg über Jupiters Herz.

Die Schönheitsgöttin kann aber doch ihren Gürtel entäußern und seine Kraft auf das Minderschöne *übertragen*. Anmut ist also kein *ausschließendes* Prärogativ des Schönen, sondern kann auch, obgleich immer nur aus der Hand des Schönen, auf das Minderschöne, ja selbst auf das Nicht-schöne, übergehen.

Die nehmlichen Griechen empfahlen demjenigen, dem bei allen übrigen Geistesvorzügen die Anmut, das Gefäl-lige, fehlte, den Grazien zu opfern. Diese Göttinnen wurden also von ihnen zwar als Begleiterinnen des schönen

Geschlechts vorgestellt, aber doch als solche, die auch dem Mann gewogen werden können, und die ihm, wenn er gefallen will, unentbehrlich sind.

Was ist aber nun die Anmut, wenn sie sich mit dem Schönen zwar am liebsten, aber doch nicht ausschließend, verbindet? wenn sie zwar von dem Schönen herstammt, aber die Wirkungen desselben auch an dem Nichtschönen offenbart? wenn die Schönheit zwar *ohne sie* bestehen, aber *durch sie* allein Neigung einflößen kann?

Das zarte Gefühl der Griechen unterschied frühe schon, was die Vernunft noch nicht zu *verdeutlichen* fähig war, und, nach einem Ausdruck strebend, erborgte es von der Einbildungskraft Bilder, da ihm der Verstand noch keine Begriffe darbieten konnte. Jener Mythus ist daher der Achtung des Philosophen wert, der sich ohnehin damit begnügen muß, zu den Anschauungen, in welchen der reine Natursinn seine Entdeckungen niederlegt, die Begriffe aufzusuchen, oder mit andern Worten, die Bilderschrift der Empfindungen zu erklären.

Entkleidet man die Vorstellung der Griechen von ihrer allegorischen Hülle, so scheint sie keinen andern, als folgenden Sinn einzuschließen.

Anmut ist eine *bewegliche* Schönheit; eine Schönheit nehmlich, die an ihrem Subjekte zufällig entstehen und eben so aufhören kann. Dadurch unterscheidet sie sich von der *fixen* Schönheit, die mit dem Subjekte selbst notwendig gegeben ist. Ihren Gürtel kann Venus abnehmen und der Juno augenblicklich überlassen; ihre Schönheit würde sie nur mit ihrer Person weggeben können. Ohne ihren Gürtel ist sie nicht mehr die reizende Venus, ohne Schönheit ist sie nicht Venus mehr.

Dieser Gürtel, als das Symbol der beweglichen Schönheit, hat aber das ganz besondere, daß er der Person, die damit geschmückt wird, die objektive Eigenschaft der Anmut verleiht; und unterscheidet sich dadurch von jedem andern Schmuck, der nicht die Person selbst, sondern bloß den Eindruck derselben, subjektiv, in der Vorstellung eines

Andern, verändert. Es ist der ausdrückliche Sinn des griechischen Mythus, daß sich die Anmut in eine Eigenschaft der Person verwandle, und daß die Trägerin des Gürtels wirklich liebenswürdig *sei*, nicht bloß so *scheine*.

Ein Gürtel, der nicht mehr ist als ein zufälliger äußerlicher Schmuck, scheint allerdings kein ganz passendes Bild zu sein, die *persönliche* Eigenschaft der Anmut zu bezeichnen; aber eine persönliche Eigenschaft, die zugleich als zertrennbar von dem Subjekte gedacht wird, konnte nicht wohl anders, als durch eine zufällige Zierde versinnlicht werden, die sich unbeschadet der Person von ihr trennen läßt.

Der Gürtel des Reizes wirkt also nicht *natürlich*, weil er in diesem Fall an der Person selbst nichts verändern könnte, sondern er wirkt *magisch*, das ist, seine Kraft wird über alle Naturbedingungen erweitert. Durch diese Auskunft (die freilich nicht mehr ist als ein Behelf) sollte der Widerspruch gehoben werden, in den das Darstellungsvermögen sich jederzeit unvermeidlich verwickelt, wenn es für das, was außerhalb der Natur im Reiche der Freiheit liegt, in der Natur einen Ausdruck sucht.

Wenn nun der Gürtel des Reizes eine objektive Eigenschaft ausdrückt, die sich von ihrem Subjekte absondern läßt, ohne deswegen etwas an der Natur desselben zu verändern, so kann er nichts anders als Schönheit der Bewegung bezeichnen; denn Bewegung ist die einzige Veränderung, die mit einem Gegenstand vorgehen kann, ohne seine Identität aufzuheben.

Schönheit der Bewegung ist ein Begriff, der beiden Foderungen Genüge leistet, die in dem angeführten Mythus enthalten sind. Sie ist *erstlich* objektiv und kommt dem Gegenstande selbst zu, nicht bloß der Art, wie wir ihn aufnehmen. Sie ist *zweitens* etwas zufälliges an demselben, und der Gegenstand bleibt übrig, auch wenn wir diese Eigenschaft von ihm wegdenken.

Der Gürtel des Reizes verliert auch bei dem Minderschönen, und selbst bei dem Nichtschönen seine magische

Kraft nicht; das heißt, auch das Minderschöne, auch das Nichtschöne kann sich *schön bewegen.*

Die Anmut, sagt der Mythus, ist etwas *zufälliges* an ihrem Subjekt; daher können nur zufällige Bewegungen diese Eigenschaft haben. An einem Ideal der Schönheit *müssen* alle *notwendigen* Bewegungen schön sein, weil sie, als notwendig, zu seiner Natur gehören; die Schönheit *dieser* Bewegungen ist also schon mit dem Begriff der Venus *gegeben*, die Schönheit der zufälligen ist hingegen eine *Erweiterung* dieses Begriffs. Es gibt eine Anmut der Stimme, aber keine Anmut des Atemholens.

Ist aber jede Schönheit der zufälligen Bewegungen Anmut?

Daß der griechische Mythus Anmut und Grazien nur auf die Menschheit einschränke, wird kaum einer Erinnerung bedürfen; er geht sogar noch weiter, und schließt selbst die Schönheit der Gestalt in die Grenzen der Menschengattung ein, unter welcher der Grieche bekanntlich auch seine Götter begreift. Ist aber die Anmut nur ein Vorrecht der Menschenbildung, so kann keine derjenigen Bewegungen darauf Anspruch machen, die der Mensch auch mit dem, was bloß Natur ist, gemein hat. Könnten also die Locken an einem schönen Haupte sich mit Anmut bewegen, so wäre kein Grund mehr vorhanden, warum nicht auch die Äste eines Baumes, die Wellen eines Stroms, die Saaten eines Kornfeldes, die Gliedmaßen der Tiere, sich mit Anmut bewegen sollten. Aber die Göttin von Gnidus repräsentiert nur die menschliche Gattung, und da, wo der Mensch weiter nichts als ein Naturding und Sinnenwesen ist, da hört sie auf, für ihn Bedeutung zu haben.

Willkürlichen Bewegungen allein kann also Anmut zukommen, aber auch unter diesen nur denjenigen, die ein Ausdruck *moralischer* Empfindungen sind. Bewegungen, welche keine andere Quelle als die Sinnlichkeit haben, gehören bei aller Willkürlichkeit doch nur der Natur an, die für sich allein sich nie bis zur Anmut erhebet. Könnte sich die Begierde mit Anmut, der Instinkt mit Grazie äußern, so würden Anmut und Grazie nicht mehr fähig und würdig sein, der Menschheit zu einem Ausdruck zu dienen.

Und doch ist es die *Menschheit* allein, in die der Grieche alle Schönheit und Vollkommenheit einschließt. Nie darf sich ihm die Sinnlichkeit ohne Seele zeigen, und seinem *humanen* Gefühle ist es gleich unmöglich, die rohe Tierheit und die Intelligenz zu *vereinzeln*. Wie er jeder Idee sogleich einen Leib anbildet und auch das Geistigste zu verkörpern strebt, so fodert er von jeder Handlung des Instinkts an dem Menschen zugleich einen Ausdruck seiner sittlichen Bestimmung. Dem Griechen ist die Natur nie *bloß* Natur, darum darf er auch nicht erröten, sie zu ehren; ihm ist die Vernunft niemals *bloß* Vernunft, darum darf er auch nicht zittern, unter ihren Maßstab zu treten. Natur und Sittlichkeit, Materie und Geist, Erde und Himmel fließen wunderbar schön in seinen Dichtungen zusammen. Er führte die Freiheit, die nur im Olympus zu Hause ist, auch in die Geschäfte der Sinnlichkeit ein, und dafür wird man es ihm hingehen lassen, daß er die Sinnlichkeit in den Olympus versetzte.

Dieser zärtliche Sinn der Griechen nun, der das Materielle immer nur unter der Begleitung des Geistigen duldet, weiß von keiner willkürlichen Bewegung am Menschen, die nur der Sinnlichkeit allein angehörte, ohne zugleich ein Ausdruck des moralisch empfindenden Geistes zu sein. Daher ist ihm auch die Anmut nichts anders als ein solcher schöner Ausdruck der Seele in den willkürlichen Bewegungen. Wo also Anmut statt findet, da ist die Seele das bewegende Prinzip, und in *ihr* ist der Grund von der Schönheit der Bewegung enthalten. Und so löst sich denn jene mythische Vorstellung in folgenden Gedanken auf: »Anmut ist eine Schönheit, die nicht von der Natur gegeben, sondern von dem Subjekte selbst hervorgebracht wird.«

Ich habe mich bis jetzt darauf eingeschränkt, den Begriff der Anmut aus der griechischen Fabel zu entwickeln, und, wie ich hoffe, ohne ihr Gewalt anzutun. Jetzt sei mir erlaubt zu versuchen, was sich auf dem Weg der philosophischen Untersuchung darüber ausmachen läßt, und ob es auch hier, wie in soviel andern Fällen wahr ist, daß sich die philosophierende Vernunft weniger Entdeckungen rühmen kann, die der Sinn nicht schon dunkel *geahndet*, und die Poesie nicht *geoffenbart* hätte.

Venus, ohne ihren Gürtel und ohne die Grazien, repräsentiert uns das Ideal der Schönheit, so wie letztere aus den Händen *der bloßen Natur* kommen kann, und, *ohne die Einwirkung eines empfindenden Geistes*, durch die plastischen Kräfte erzeugt wird. Mit Recht stellt die Fabel für diese Schönheit eine eigene Göttergestalt zur Repräsentantin auf, denn schon das natürliche Gefühl unterscheidet sie auf das strengste von derjenigen, die dem Einfluß eines empfindenden Geistes ihren Ursprung verdankt.

Es sei mir erlaubt diese von der bloßen Natur, nach dem Gesetz der Notwendigkeit gebildete Schönheit, zum Unterschied von der, welche sich nach Freiheitsbedingungen richtet, die Schönheit des Baues (*architektonische Schönheit*) zu benennen. Mit diesem Namen will ich also denjenigen Teil der menschlichen Schönheit bezeichnet haben, der nicht bloß durch Naturkräfte *ausgeführt* worden (was von jeder Erscheinung gilt), sondern der auch *nur allein durch Naturkräfte bestimmt ist*.

Ein glückliches Verhältnis der Glieder, fließende Umrisse, ein lieblicher Teint, eine zarte Haut, ein feiner und freier Wuchs, eine wohlklingende Stimme u.s.f. sind Vorzüge, die man bloß der Natur und dem Glück zu verdanken hat; der *Natur*, welche die Anlage dazu hergab, und selbst entwikkelte; dem *Glück* – welches das Bildungsgeschäft der Natur von jeder Einwirkung feindlicher Kräfte beschützte.

Diese Venus steigt schon *ganz vollendet* aus dem Schaume des Meers empor: vollendet, denn sie ist ein beschlossenes, streng abgewogenes Werk der Notwendigkeit, und als solches, keiner Varietät, keiner Erweiterung fähig. Da sie nehmlich nichts anders ist, als ein schöner Vortrag der Zwecke, welche die Natur mit dem Menschen beabsichtet, und daher jede ihrer Eigenschaften durch den Begriff, der ihr zum Grund liegt, vollkommen entschieden ist, so kann sie – der Anlage nach – als ganz gegeben beurteilt werden, obgleich diese erst unter Zeitbedingungen zur Entwicklung kommt.

Die architektonische Schönheit der menschlichen Bildung muß von der technischen Vollkommenheit derselben wohl unterschieden werden. Unter der letztern hat man *das System der Zwecke selbst* zu verstehen, so wie sie sich unter einander zu einem obersten Endzweck vereinigen; unter der erstern hingegen bloß *eine Eigenschaft der Darstellung* dieser Zwecke, so wie sie sich dem anschauenden Vermögen in der Erscheinung offenbaren. Wenn man also von der Schönheit spricht, so wird weder der materielle Wert dieser Zwecke noch die formale Kunstmäßigkeit ihrer Verbindung dabei in Betrachtung gezogen. Das anschauende Vermögen hält sich einzig nur an die Art des Erscheinens, ohne auf die logische Beschaffenheit seines Objekts die geringste Rücksicht zu nehmen. Ob also gleich die architektonische Schönheit des menschlichen Baues durch den Begriff, der demselben zum Grund liegt, und durch die Zwecke bedingt ist, welche die Natur mit ihm beabsichtet, so *isoliert* doch das ästhetische Urteil sie völlig von diesen Zwecken, und nichts, als was der Erscheinung unmittelbar und eigentümlich angehört, wird in die Vorstellung der Schönheit aufgenommen.

Man kann daher auch nicht sagen, daß die Würde der Menschheit die Schönheit des menschlichen Baues *erhöhe*. In unser Urteil über die letztere kann die Vorstellung der erstern zwar einfließen, aber alsdann hört es zugleich auf, ein reinästhetisches Urteil zu sein. Die Technik der menschlichen Gestalt ist allerdings ein Ausdruck seiner Bestimmung, und als ein solcher darf und soll sie uns mit Achtung erfüllen. Aber diese Technik wird nicht dem *Sinn* sondern dem *Verstande* vorgestellt; sie kann nur *gedacht werden*, nicht *erscheinen*. Die architektonische Schönheit hingegen kann nie ein Ausdruck seiner Bestimmung sein, da sie sich an ein ganz andres Vermögen wendet, als dasjenige ist, welches über jene Bestimmung zu entscheiden hat.

Wenn daher dem Menschen, vorzugsweise vor allen übrigen technischen Bildungen der Natur, Schönheit beigelegt wird, so ist dies nur in sofern wahr, als er schon in der *bloßen Erscheinung* diesen Vorzug behauptet, ohne daß man sich dabei seiner Menschheit zu erinnern braucht. Denn da dieses letzte nicht anders als vermittelst eines Begriffs geschehen könnte, so würde nicht der Sinn, sondern der Verstand über die Schönheit Richter sein, welches einen Widerspruch einschließt. Die Würde seiner sittlichen Bestimmung kann also der Mensch nicht in Anschlag bringen, seinen Vorzug als Intelligenz kann er nicht geltend machen, wenn er den Preis der Schönheit behaupten will; hier ist er nichts als ein Ding im Raume, nichts als Erscheinung unter Erscheinungen. Auf seinen Rang in der Ideenwelt wird in der Sinnenwelt nicht geachtet, und wenn er in dieser die erste Stelle behaupten soll, so kann er sie nur *dem*, was in ihm *Natur* ist, zu verdanken haben.

Aber eben diese seine Natur ist, wie wir wissen, durch die Idee seiner Menschheit bestimmt worden, und so ist es denn mittelbar auch seine architektonische Schönheit. Wenn er sich also vor allen Sinnenwesen um ihn her durch höhere Schönheit unterscheidet, so ist er dafür unstreitig seiner menschlichen Bestimmung verpflichtet, welche den Grund enthält, warum er sich von den übrigen Sinnenwesen überhaupt nur unterscheidet. Aber nicht darum ist die menschliche Bildung schön, weil sie ein Ausdruck dieser höheren Bestimmung ist, denn wäre dieses, so würde die nehmliche Bildung aufhören schön zu sein, sobald sie eine niedrigere Bestimmung ausdrückte, so würde auch das Gegenteil dieser Bildung schön sein, sobald man nur annehmen könnte, daß es jene höhere Bestimmung ausdrückte. Gesetzt aber, man könnte bei einer schönen Menschengestalt ganz und gar vergessen, was sie ausdrückt, man könnte ihr, ohne sie in der Erscheinung zu

verändern, den rohen Instinkt eines Tigers unterschieben,
so würde das Urteil der Augen vollkommen dasselbe
bleiben, und der Sinn würde den Tiger für das schönste
Werk des Schöpfers erklären.

Die Bestimmung des Menschen, als einer Intelligenz, hat
also an der Schönheit seines Baues nur in sofern einen
Anteil, als ihre Darstellung, d. i. ihr Ausdruck in der
Erscheinung zugleich mit den Bedingungen *zusammentrifft*,
unter welchen das Schöne sich in der Sinnenwelt erzeugt.
Die Schönheit selbst nehmlich muß jederzeit ein freier
Natureffekt bleiben, und die Vernunftidee, welche die
Technik des menschlichen Baues bestimmte, kann ihm nie
Schönheit *erteilen*, sondern bloß *gestatten*.

Man könnte mir zwar einwenden, daß überhaupt alles,
was in der Erscheinung sich darstellt, durch Naturkräfte
ausgeführt werde, und daß dieses also kein ausschließendes
Merkmal des Schönen sein könne. Es ist wahr, alle
technische Bildungen sind hervorgebracht durch Natur,
aber durch Natur sind sie nicht technisch; wenigstens
werden sie nicht so beurteilt. Technisch sind sie nur durch
den Verstand, und ihre technische Vollkommenheit hat also
schon Existenz im Verstande, ehe sie in die Sinnenwelt
hinübertritt, und zur Erscheinung wird. Schönheit hingegen hat das ganz eigentümliche, daß sie in der Sinnenwelt
nicht bloß dargestellt wird, sondern auch in derselben
zuerst entspringt; daß die Natur sie nicht bloß ausdrückt,
sondern auch erschafft. Sie ist durchaus nur eine Eigenschaft des Sinnlichen, und auch der Künstler, der sie
beabsichtet, kann sie nur in so weit erreichen, als er den
Schein unterhält, daß die Natur gebildet habe.

Die Technik des menschlichen Baues zu beurteilen, muß
man die Vorstellung der Zwecke, denen sie gemäß ist, zu
Hülfe nehmen; dies hat man gar nicht nötig, um die
Schönheit dieses Baues zu beurteilen. Der Sinn allein ist
hier ein völlig kompetenter Richter, und dies könnte er
nicht sein, wenn nicht die Sinnenwelt (die sein einziges
Objekt ist) alle Bedingungen der Schönheit enthielte, und

also zu Erzeugung derselben vollkommen hinreichend wäre. *Mittelbar* freilich ist die Schönheit des Menschen in dem Begriff seiner Menschheit gegründet, weil seine ganze sinnliche Natur in diesem Begriffe gegründet ist, aber der Sinn, weiß man, hält sich nur an das *Unmittelbare*, und für ihn ist es also gerade soviel, als wenn sie ein ganz unabhängiger Natureffekt wäre.

Nach dem bisherigen sollte es nun scheinen, als wenn die Schönheit für die Vernunft durchaus kein Interesse haben könnte, da sie bloß in der Sinnenwelt entspringt, und sich auch nur an das sinnliche Erkenntnisvermögen wendet. Denn nachdem wir von dem Begriff derselben als fremdartig, abgesondert haben, was die *Vorstellung der Vollkommenheit* in unser Urteil über die Schönheit zu mischen kaum unterlassen kann, so scheint dieser nichts mehr übrig zu bleiben, wodurch sie der Gegenstand eines vernünftigen Wohlgefallens sein könnte. Nichts desto weniger ist es eben so ausgemacht, daß das Schöne *der Vernunft gefällt*, als es entschieden ist, daß es auf keiner solchen Eigenschaft des Objektes beruht, die nur durch Vernunft zu entdecken wäre.

Um diesen anscheinenden Widerspruch aufzulösen, muß man sich erinnern, daß es zweierlei Arten gibt, wodurch Erscheinungen Objekte der Vernunft werden, und Ideen ausdrücken können. Es ist nicht immer nötig, daß die Vernunft diese Ideen aus den Erscheinungen *herauszieht*, sie kann sie auch in dieselben *hineinlegen*. In beiden Fällen wird die Erscheinung einem Vernunftbegriff adäquat sein, nur mit dem Unterschied: daß in dem ersten Fall die Vernunft ihn schon objektiv darin findet, und ihn gleichsam von dem Gegenstand nur empfängt, weil der Begriff gesetzt werden muß, um die Beschaffenheit und oft selbst um die Möglichkeit des Objekts zu erklären; daß sie hingegen in dem zweiten Fall das, was unabhängig von ihrem Begriff in der Erscheinung gegeben ist, selbsttätig zu einem Ausdruck desselben *macht*, und also etwas bloß sinnliches übersinnlich behandelt. Dort ist also die Idee mit dem

Gegenstande objektiv notwendig, hier hingegen höchstens
subjektiv notwendig verknüpft. Ich brauche nicht zu
sagen, daß ich jenes von der Vollkommenheit, dieses von
der Schönheit verstehe.

⁵   Da es also in dem zweiten Fall, in Ansehung des
sinnlichen Objektes ganz und gar zufällig ist, ob es eine
Vernunft gibt, die mit der Vorstellung desselben eine ihrer
Ideen verbindet, folglich die objektive Beschaffenheit des
Gegenstandes von dieser Idee als völlig unabhängig muß
¹⁰ betrachtet werden, so tut man ganz Recht, das Schöne,
objektiv, auf lauter Naturbedingungen einzuschränken, und
es für einen bloßen Effekt der Sinnenwelt zu erklären. Weil
aber doch – auf der andern Seite – die Vernunft von diesem
Effekt der bloßen Sinnenwelt einen transzendenten
¹⁵ Gebrauch macht, und ihm dadurch, daß sie ihm eine höhere
Bedeutung leiht, gleichsam ihren Stempel aufdrückt, so hat
man ebenfalls Recht, das Schöne *subjektiv* in die intelligible
Welt zu versetzen. Die Schönheit ist daher als die Bürgerin
zwoer Welten anzusehen, deren einer sie durch *Geburt*, der
²⁰ andern durch *Adoption* angehört; sie empfängt ihre Existenz in der sinnlichen Natur, und *erlangt* in der Vernunftwelt das Bürgerrecht. Hieraus erklärt sich auch, wie es
zugeht, daß der Geschmack, als ein Beurteilungsvermögen
des Schönen, zwischen Geist und Sinnlichkeit in die Mitte
²⁵ tritt, und diese beiden, einander verschmähenden Naturen,
zu einer glücklichen Eintracht verbindet – wie er dem
Materiellen die Achtung der Vernunft, wie er dem *Rationalen*
die Zuneigung der Sinne erwirbt – wie er Anschauungen zu
Ideen adelt, und selbst die Sinnenwelt gewissermaßen in ein
³⁰ Reich der Freiheit verwandelt.

     Wiewohl es aber – in Ansehung des Gegenstandes selbst
– zufällig ist, ob die Vernunft mit der Vorstellung desselben
eine ihrer Ideen verbindet, so ist es doch – für das
vorstellende Subjekt – notwendig, mit einer solchen
³⁵ Vorstellung eine solche Idee zu verknüpfen. Diese Idee und
das ihr korrespondierende sinnliche Merkmal an dem
Objekte müssen mit einander in einem solchen Verhältnis

stehen, daß die Vernunft durch ihre eignen unveränderlichen Gesetze zu dieser Handlung genötigt wird. In der Vernunft selbst muß also der Grund liegen, warum sie ausschließend nur mit einer *gewissen* Erscheinungsart der Dinge eine bestimmte Idee verknüpft, und in dem Objekte muß wieder der Grund liegen, warum es ausschließend nur *diese* Idee und keine andre hervorruft. Was für eine Idee das nun sei, die die Vernunft in das Schöne hineinträgt, und durch welche objektive Eigenschaft der schöne Gegenstand fähig sei, dieser Idee zum Symbol zu dienen – dies ist eine viel zu wichtige Frage, um hier bloß im Vorübergehen beantwortet zu werden, und deren Erörterung ich also auf eine Analytik des Schönen verspare.

Die architektonische Schönheit des Menschen ist also, auf die Art, wie ich eben erwähnte, *der sinnliche Ausdruck eines Vernunftbegriffs*; aber sie ist es in keinem andern Sinne und mit keinem größern Rechte, als überhaupt jede schöne Bildung der Natur. *Dem Grade nach* übertrifft sie zwar alle andere Schönheiten, aber *der Art nach* steht sie in der nehmlichen Reihe mit denselben, da auch sie von ihrem Subjekte nichts, als was sinnlich ist, offenbart, und erst in der Vorstellung eine übersinnliche Bedeutung empfängt[1].

---

[1] Denn – um es noch einmal zu wiederholen – in der *bloßen Anschauung* wird alles, was an der Schönheit *objektiv* ist, gegeben. Da aber das, was dem Menschen den Vorzug vor allen übrigen Sinnenwesen gibt, in der bloßen Anschauung nicht *vorkommt*, so kann eine Eigenschaft, die sich schon in der bloßen Anschauung offenbart, diesen Vorzug nicht sichtbar machen. Seine höhere Bestimmung, die allein diesen Vorzug begründet, wird also durch seine Schönheit nicht ausgedrückt, und die Vorstellung von jener kann daher nie ein Ingredienz von dieser abgeben, nie in das ästhetische Urteil mit aufgenommen werden. Nicht der Gedanke selbst, dessen Ausdruck die menschliche Bildung ist, bloß die Wirkungen desselben in der Erscheinung offenbaren sich dem Sinn. Zu dem übersinnlichen Grund dieser Wirkungen erhebt der bloße Sinn sich eben so wenig, als (wenn man mir dies Beispiel verstatten will) als der bloß sinnliche Mensch zu

Daß die Darstellung der Zwecke am Menschen schöner ausgefallen ist, als bei andern organischen Bildungen, ist als eine *Gunst* anzusehen, welche die Vernunft, als Gesetzgeberin des menschlichen Baues, der Natur als Ausrichterin ihrer Gesetze erzeigte. Die Vernunft verfolgt zwar bei der Technik des Menschen ihre Zwecke mit strenger Notwendigkeit, aber glücklicherweise treffen ihre Foderungen mit der Notwendigkeit der Natur *zusammen*, so daß die letztere den Auftrag der erstern vollzieht, indem sie bloß nach ihrer eigenen Neigung handelt.

Dieses kann aber nur von der *architektonischen* Schönheit des Menschen gelten, wo die Naturnotwendigkeit durch die Notwendigkeit des sie bestimmenden teleologischen Grundes unterstützt wird. Hier allein konnte die Schönheit gegen die Technik des Baues *berechnet* werden, welches aber nicht mehr statt findet, sobald die Notwendigkeit nur einseitig ist und die übersinnliche Ursache, welche die Erscheinung bestimmt, sich zufällig verändert. Für die architektonische Schönheit des Menschen sorgt also die Natur *allein*, weil ihr hier, gleich in der ersten Anlage, die Vollziehung alles dessen, was der Mensch zu Erfüllung seiner Zwecke *bedarf*, einmal für immer von dem schaffenden Verstand *übergeben* wurde, und sie also in diesem ihrem *organischen* Geschäfte keine Neuerung zu befürchten hat.

Der Mensch aber ist zugleich eine *Person*, ein Wesen also, welches *selbst* Ursache, und zwar absolut letzte Ursache seiner Zustände sein, welches sich nach Gründen, die es aus sich selbst nimmt, verändern kann. Die Art seines Erscheinens ist abhängig von der Art seines Empfindens und Wollens, also von Zuständen, die er selbst in seiner Freiheit, und nicht die Natur nach ihrer Notwendigkeit bestimmt.

Wäre der Mensch bloß ein Sinnenwesen, so würde die Natur zugleich die *Gesetze* geben und die *Fälle* der

---

der Idee der obersten Welturwache hinaufsteigt, wenn er seine Triebe befriedigt.

Anwendung bestimmen; jetzt teilt sie das Regiment mit der Freiheit, und obgleich ihre Gesetze Bestand haben, so ist es nunmehr doch der Geist, der über die Fälle entscheidet.

Das Gebiet des Geistes erstreckt sich *so weit, als die Natur lebendig* ist, und endigt nicht eher, als wo das organische Leben sich in die formlose Masse verliert, und die animalischen Kräfte aufhören. Es ist bekannt, daß alle bewegenden Kräfte im Menschen unter einander zusammenhängen, und so läßt sich einsehen, wie der Geist – auch nur als Prinzip der willkürlichen Bewegung betrachtet – seine Wirkungen durch das ganze System derselben fortpflanzen kann. Nicht bloß die Werkzeuge des Willens, auch diejenigen, über welche der Wille nicht unmittelbar zu gebieten hat, erfahren wenigstens mittelbar seinen Einfluß. Der Geist bestimmt sie nicht bloß absichtlich, wenn er handelt, sondern auch unabsichtlich, wenn er empfindet.

Die Natur für sich allein kann, wie aus dem obigen klar ist, nur für die Schönheit derjenigen Erscheinungen sorgen, die sie selbst, uneingeschränkt, nach dem Gesetz der Notwendigkeit zu bestimmen hat. Aber mit der *Willkür* tritt der *Zufall* in ihre Schöpfung ein, und obgleich die Veränderungen, welche sie unter dem Regiment der Freiheit erleidet, *nach* keinen andern als ihren eignen Gesetzen erfolgen, so erfolgen sie doch nicht mehr *aus* diesen Gesetzen. Da es jetzt auf den Geist ankommt, welchen Gebrauch er von seinen Werkzeugen machen will, so kann die Natur über denjenigen Teil der Schönheit, welcher von diesem Gebrauche abhängt, nichts mehr zu gebieten, und also auch nichts mehr zu verantworten haben.

Und so würde denn der Mensch in Gefahr schweben, gerade da, wo er sich durch den Gebrauch seiner Freiheit zu den reinen Intelligenzen erhebt, als Erscheinung zu *sinken,* und in dem Urteile des Geschmacks zu verlieren, was er vor dem Richterstuhl der Vernunft gewinnt. Die durch sein Handeln *erfüllte* Bestimmung würde ihm einen Vorzug kosten, den die in seinem Bau bloß *angekündigte* Bestimmung begünstigte; und wenn gleich dieser Vorzug nur sinnlich ist, so haben wir doch gefunden, daß ihm die Vernunft eine höhere Bedeutung erteilt. Eines so groben Widerspruchs macht sich die Übereinstimmung liebende Natur nicht schuldig, und was in dem Reiche der Vernunft harmonisch ist, wird sich durch keinen Mißklang in der Sinnenwelt offenbaren.

Indem also die Person oder das freie Principium im Menschen es auf sich nimmt, das Spiel der Erscheinungen zu bestimmen, und durch seine Dazwischenkunft der Natur die Macht entzieht, die Schönheit ihres Werks zu beschützen, so tritt es selbst an die Stelle der Natur, und übernimmt, (wenn mir dieser Ausdruck erlaubt ist) mit den Rechten derselben einen Teil ihrer Verpflichtungen. Indem der Geist die ihm untergeordnete Sinnlichkeit in sein Schicksal verwickelt, und von seinen Zuständen abhängen läßt, macht er sich gewissermaßen selbst zur Erscheinung, und bekennt sich als einen Untertan des Gesetzes, welches an alle Erscheinungen ergehet. Um seiner selbst willen macht er sich verbindlich, die von ihm abhängende Natur auch noch in *seinem* Dienste Natur bleiben zu lassen, und sie ihrer früheren Pflicht nie *entgegen* zu behandeln. Ich nenne die Schönheit eine *Pflicht* der Erscheinungen, weil das ihr entsprechende Bedürfnis im Subjekte in der Vernunft selbst gegründet, und daher allgemein und notwendig ist. Ich nenne sie eine *frühere* Pflicht, weil der Sinn schon geurteilt hat, ehe der Verstand sein Geschäft beginnt.

Die Freiheit regiert also jetzt die Schönheit. Die Natur gab die Schönheit des Baues, die Seele gibt die Schönheit des Spiels. Und nun wissen wir auch, was wir unter Anmut und Grazie zu verstehen haben. Anmut ist die Schönheit der Gestalt unter dem Einfluß der Freiheit; die Schönheit derjenigen Erscheinungen, die die Person bestimmt. Die architektonische Schönheit macht dem Urheber der Natur, Anmut und Grazie machen ihrem Besitzer Ehre. Jene ist ein *Talent*, diese ein *persönliches* Verdienst.

Anmut kann nur der *Bewegung* zukommen, denn eine

Veränderung im Gemüt kann sich nur als Bewegung in der Sinnenwelt offenbaren. Dies hindert aber nicht, daß nicht auch feste und ruhende Züge Anmut zeigen könnten. Diese festen Züge waren ursprünglich nichts als Bewegungen, die endlich bei oftmaliger Erneuerung habituell wurden, und bleibende Spuren eindrückten[2].

Aber nicht alle Bewegungen am Menschen sind der Grazie fähig. Grazie ist immer nur die Schönheit der *durch Freiheit bewegten Gestalt*, und Bewegungen, *die bloß der Natur angehören*, können nie diesen Namen verdienen. Es ist zwar an dem, daß ein lebhafter Geist sich zuletzt beinahe aller Bewegungen seines Körpers bemächtigt, aber wenn die Kette sehr lang wird, wodurch sich ein schöner Zug an

---

2 Daher nimmt Home den Begriff der Anmut viel zu *eng* an, wenn er (Grundsätze d. Kritik II. 39. Neueste Ausgabe) sagt: »daß, wenn die anmutigste Person in *Ruhe* sei, und sich weder bewege noch spreche, wir die Eigenschaft der Anmut, wie die Farbe im Finstern, aus den Augen verlieren.« Nein, wir verlieren sie nicht aus den Augen, so lange wir an der schlafenden Person die Züge wahrnehmen, die ein wohlwollender sanfter Geist gebildet hat; und gerade der schätzbarste Teil der Grazie bleibt übrig, derjenige nehmlich, der sich aus *Gebärden* zu *Zügen* verfestete, und also die *Fertigkeit* des Gemüts in schönen Empfindungen an den Tag legt. Wenn aber der Herr *Berichtiger* des *Homischen* Werks seinen Autor durch die Bemerkung zurecht zu weisen glaubte, (siehe in demselben Band S. 459.) »daß sich die Anmut nicht bloß auf willkürliche Bewegungen einschränke, daß eine schlafende Person nicht aufhöre reizend zu sein« – und warum? »weil während dieses Zustandes die unwillkürlichen, sanften und eben deswegen desto anmutigern Bewegungen erst recht sichtbar werden«, so hebt er den Begriff der Grazie ganz auf, den Home bloß zu sehr einschränkte. Unwillkürliche Bewegungen im Schlafe, wenn es nicht mechanische Wiederholungen von willkürlichen sind, können nie anmutig sein, weit entfernt, daß sie es vorzugsweise sein könnten, und wenn eine schlafende Person reizend ist, so ist sie es keineswegs durch die Bewegungen, die sie macht, sondern durch ihre Züge, die von vorhergegangenen Bewegungen zeugen.

moralische Empfindungen anschließt, so wird er eine
Eigenschaft des Baues, und läßt sich kaum mehr zur Grazie
zählen. Endlich *bildet* sich der Geist sogar seinen Körper,
und der *Bau* selbst muß dem *Spiele* folgen, so daß sich die
Anmut zuletzt nicht selten in architektonische Schönheit
verwandelt.

So, wie ein feindseliger, mit sich uneiniger Geist selbst
die erhabenste Schönheit des Baues zu Grund richtet, daß
man unter den unwürdigen Händen der Freiheit das
herrliche Meisterstück der Natur zuletzt nicht mehr erkennen kann, so sieht man auch zuweilen das heitre und in sich
harmonische Gemüt der durch Hindernisse gefesselten
Technik zu Hülfe kommen, die Natur in Freiheit setzen,
und die noch eingewickelte, gedrückte Gestalt mit göttli-
cher Glorie *auseinander breiten*. Die plastische Natur des
Menschen hat unendlich viele Hülfsmittel in sich selbst, ihr
Versäumnis herein zu bringen, und ihre Fehler zu verbessern, so bald nur der sittliche Geist sie in ihrem Bildungswerk unterstützen, oder auch manchmal nur nicht beunruhigen will.

Da auch die *verfesteten Bewegungen* (in Züge übergegan-
gene Gebärden) von der Anmut nicht ausgeschlossen sind,
so könnte es das Ansehen haben, als ob überhaupt auch die
Schönheit der *anscheinenden* oder *nachgeahmten Bewegungen* (die
flammigten oder geschlängelten Linien) gleichfalls mit
dazu gerechnet werden müßte, wie Mendelsohn auch
wirklich behauptet[3]. Aber dadurch würde der Begriff der
Anmut zu dem Begriff der Schönheit überhaupt erweitert;
denn *alle* Schönheit ist zuletzt bloß eine Eigenschaft der
wahren oder anscheinenden (objektiven oder subjektiven)
Bewegung, wie ich in einer Zergliederung des Schönen zu
beweisen hoffe. Anmut aber können nur solche Bewegungen zeigen, die zugleich einer Empfindung entsprechen.

Die Person – man weiß, was ich damit andeuten will –
schreibt dem Körper die Bewegungen entweder durch

---

3 Philos. Schriften. I. 90.

ihren Willen vor, wenn sie eine vorgestellte Wirkung in der Sinnenwelt realisieren will, und in diesem Fall heißen die Bewegungen *willkürlich* oder abgezweckt; oder solche erfolgen, ohne den Willen der Person, nach einem Gesetz der Notwendigkeit – aber auf Veranlassung einer Empfindung; diese nenne ich *sympathetische* Bewegungen. Ob die letztern gleich unwillkürlich und in einer Empfindung gegründet sind, so darf man sie doch mit denjenigen nicht verwechseln, welche das sinnliche Gefühlvermögen, und der Naturtrieb, bestimmt; denn der Naturtrieb ist kein freies Prinzip, und was er verrichtet, das ist keine Handlung der Person. Unter den sympathetischen Bewegungen, von denen hier die Rede ist, will ich also nur diejenigen verstanden haben, welche der moralischen Empfindung, oder der moralischen Gesinnung zur Begleitung dienen.

Die Frage entsteht nun, welche von diesen beiden Arten der in der Person gegründeten Bewegungen ist der Anmut fähig?

Was man beim Philosophieren notwendig von einander trennen muß, ist darum nicht immer auch in der Wirklichkeit getrennt. So findet man abgezweckte Bewegungen selten ohne sympathetische, weil der Wille als die Ursache von *jenen* sich nach moralischen Empfindungen bestimmt, aus welchen *diese* entspringen. Indem eine Person spricht, sehen wir zugleich ihre Blicke, ihre Gesichtszüge, ihre Hände, ja oft den ganzen Körper *mitsprechen*, und der *mimische* Teil der Unterhaltung wird nicht selten für den beredtsten geachtet. Aber auch selbst eine abgezweckte Bewegung kann zugleich als eine sympathetische anzusehen sein, und dies geschieht alsdann, wenn sich etwas unwillkürliches in das willkürliche derselben mit einmischt.

Die Art und Weise nehmlich, wie eine willkürliche Bewegung vollzogen wird, ist durch ihren Zweck nicht so genau bestimmt, daß es nicht mehrere Arten geben sollte, nach denen sie kann verrichtet werden. Dasjenige nun, was durch den Willen oder den Zweck dabei unbestimmt

gelassen ist, kann durch den Empfindungszustand der
Person, sympathetisch bestimmt werden, und also zu einem
Ausdruck desselben dienen. Indem ich meinen Arm
ausstrecke, um einen Gegenstand in Empfang zu nehmen,
so führe ich einen Zweck aus, und die Bewegung, die ich
mache, wird durch die Absicht, die ich damit erreichen will,
vorgeschrieben. Aber welchen Weg ich meinen Arm zu
dem Gegenstand nehmen und wie weit ich meinen übrigen
Körper will nachfolgen lassen – wie geschwind oder
langsam; und mit wie viel oder wenig Kraftaufwand ich die
Bewegung verrichten will, in diese genaue Berechnung
lasse ich mich in *dem* Augenblick nicht ein, und der Natur in
mir wird also hier etwas anheim gestellt. Auf irgend eine
Art und Weise muß aber doch dieses durch den bloßen
Zweck nicht bestimmte, entschieden werden, und hier also
kann meine Art zu empfinden den Ausschlag geben, und
durch den *Ton*, den sie angibt, die Art und Weise der
Bewegung bestimmen. Der Anteil nun, den der Empfindungszustand der Person an einer willkürlichen Bewegung
hat, ist das Unwillkürliche an derselben, und er ist auch das,
worin man die Grazie zu suchen hat.

Eine *willkürliche* Bewegung, wenn sie sich nicht zugleich
mit einer sympathetischen verbindet, oder was eben so viel
sagt, nicht mit etwas *unwillkürlichem*, das in dem moralischen Empfindungszustand der Person seinen Grund hat,
vermischet, kann *niemals Grazie* zeigen, wozu immer ein
Zustand im Gemüt, als Ursache erfordert wird. Die
willkürliche Bewegung *erfolgt* auf eine Handlung des
Gemüts, welche also vergangen ist, wenn die Bewegung
geschieht.

Die sympathetische Bewegung hingegen *begleitet* die
Handlung des Gemüts, und den Empfindungszustand
desselben, durch den es zu dieser Handlung vermocht wird,
und muß daher mit beiden als *gleichlaufend* betrachtet
werden.

Es erhellt schon daraus, daß die erste, die nicht von der
Gesinnung der Person unmittelbar ausfließt, auch keine

Darstellung derselben sein kann. Denn zwischen die Gesinnung und die Bewegung selbst tritt der *Entschluß*, der für sich betrachtet etwas ganz gleichgültiges ist; die Bewegung ist Wirkung des *Entschlusses* und des Zweckes, nicht aber der Person und der Gesinnung.

Die willkürliche Bewegung ist mit der ihr vorangehenden Gesinnung zufällig, die begleitende hingegen notwendig damit verbunden. Jene verhält sich zum Gemüt wie das konventionelle Sprachzeichen zu dem Gedanken, den es ausdrückt; die sympathetische oder begleitende hingegen wie der leidenschaftliche Laut zu der Leidenschaft. Jene ist daher nicht ihrer *Natur*, sondern bloß ihrem *Gebrauch* nach, Darstellung des Geistes. Also kann man auch nicht wohl sagen, daß der *Geist* in einer willkürlichen Bewegung sich offenbare, da sie nur die *Materie des Willens* (den Zweck) nicht aber die *Form des Willens* (die Gesinnung) ausdrückt. Von der Letztern kann uns nur die begleitende Bewegung belehren[4].

Daher wird man aus den Reden eines Menschen zwar abnehmen können, für *was er will gehalten sein*, aber das, *was er wirklich* ist, muß man aus dem mimischen Vortrag seiner Worte und aus seinen Gebärden, also aus Bewegungen, *die er nicht will*, zu erraten suchen. Erfährt man aber, daß ein Mensch auch seine Gesichtszüge *wollen* kann, so traut man

---

4 Wenn sich eine Begebenheit vor einer zahlreichen Gesellschaft ereignet, so kann es sich treffen, daß jeder Anwesende von der Gesinnung der handelnden Personen seine eigene Meinung hat; so zufällig sind willkürliche Bewegungen mit ihrer moralischen Ursache verbunden. Wenn hingegen einem aus dieser Gesellschaft ein sehr geliebter Freund oder ein sehr verhaßter Feind unerwartet in die Augen fiele, so würde der unzweideutige Ausdruck seines Gesichts die Empfindungen seines Herzens schnell und bestimmt an den Tag legen, und das Urteil der ganzen Gesellschaft über den gegenwärtigen Empfindungszustand dieses Menschen würde wahrscheinlich völlig einstimmig sein: denn der Ausdruck ist hier mit seiner Ursache im Gemüt durch Naturnotwendigkeit verbunden.

seinem Gesicht, von dem Augenblick dieser Entdeckung an, nicht mehr, und läßt jene auch nicht mehr für einen Ausdruck seiner Gesinnungen gelten.

Nun mag zwar ein Mensch durch Kunst und Studium es zuletzt wirklich dahin bringen, daß er auch die begleitenden Bewegungen seinem Willen unterwirft, und gleich einem geschickten Taschenspieler, welche Gestalt er will, auf den mimischen Spiegel seiner Seele fallen lassen kann. Aber an einem solchen Menschen ist dann auch alles Lüge, und alle Natur wird von der Kunst verschlungen. Grazie hingegen muß jederzeit Natur, d. i. unwillkürlich sein (wenigstens so scheinen), und das Subjekt selbst darf nie so aussehen, als wenn es *um seine Anmut wüßte*.

Daraus ersieht man auch beiläufig, was man von der *nachgeahmten* oder *gelernten* Anmut (die ich die theatralische und die Tanzmeistergrazie nennen möchte) zu halten habe. Sie ist ein würdiges Gegenstück zu derjenigen *Schönheit*, die am Putztisch aus Karmin und Bleiweiß, falschen Locken, *Fausses Gorges*, und Walfischrippen hervorgeht, und verhält sich ohngefähr eben so zu der wahren Anmut, wie die *Toiletten-Schönheit* sich zu der *architektonischen* verhält[5].

---

5 Ich bin eben so weit entfernt, bei dieser Zusammenstellung dem Tanzmeister sein Verdienst um die wahre Grazie, als dem Schauspieler seinen Anspruch darauf abzustreiten. Der Tanzmeister kommt der wahren Anmut unstreitig zu Hülfe, indem er dem Willen die Herrschaft über seine Werkzeuge verschafft, und die Hindernisse hinwegräumt, welche die *Masse* und *Schwerkraft* dem Spiel der lebendigen Kräfte entgegensetzen. Er kann dies nicht anders als nach *Regeln* verrichten, welche den Körper in einer heilsamen Zucht erhalten, und, so lange die Trägheit widerstrebt, *steif, d. i. zwingend* sein und auch so aussehen dürfen. Entläßt er aber den Lehrling aus seiner Schule, so muß die Regel bei diesem ihren Dienst schon geleistet haben, daß sie ihn nicht in die Welt *zu begleiten braucht*: kurz das Werk der Regel muß in Natur übergehen.
Die Geringschätzung, mit der ich von der theatralischen Grazie rede, gilt nur der *nachgeahmten*, und diese, nehme ich keinen

Auf einen ungeübten Sinn können beide völlig denselben Effekt machen, wie das Original, das sie nachahmen, und ist die Kunst groß, so kann sie auch zuweilen den Kenner betrügen. Aber aus irgend einem Zuge blickt endlich doch der Zwang und die Absicht hervor, und dann ist Gleichgültigkeit, wo nicht gar Verachtung und Ekel, die unvermeidliche Folge. Sobald wir merken, daß die architektonische Schönheit *gemacht* ist, so sehen wir gerade so viel von der Menschheit (als Erscheinung) verschwunden, als aus einem fremden Naturgebiet zu derselben geschlagen wor-

---

Anstand, auf der Schaubühne wie im Leben zu verwerfen. Ich bekenne, daß mir der Schauspieler nicht gefällt, der seine *Grazie*, gesetzt daß ihm die Nachahmung auch noch so sehr gelungen sei, an der Toilette studiert hat. Die Foderungen, die wir an den Schauspieler machen, sind: 1) *Wahrheit* der Darstellung und 2) *Schönheit* der Darstellung. Nun behaupte ich, daß der Schauspieler, *was die Wahrheit der Darstellung betrifft*, alles durch Kunst und nichts durch Natur hervorbringen müsse, weil er sonst gar nicht Künstler ist; und ich werde ihn bewundern, wenn ich höre oder sehe, daß er, der einen wütenden Guelfo meisterhaft spielte, ein Mensch von sanftem Charakter ist; auf der andern Seite hingegen behaupte ich, daß er, *was die Anmut der Darstellung betrifft*, der Kunst gar nichts zu danken haben dürfe, und daß hier alles an ihm freiwilliges Werk der Natur sein müsse. Wenn es mir bei der Wahrheit seines Spiels beifällt, daß ihm dieser Charakter nicht natürlich ist, so werde ich ihn nur um so höher schätzen; wenn es mir bei der Schönheit seines Spiels beifällt, daß ihm diese anmutigen Bewegungen nicht natürlich sind, so werde ich mich nicht enthalten können, über den *Menschen* zu zürnen, der hier den *Künstler* zu Hülfe nehmen mußte. Die Ursache ist, weil das Wesen der Grazie mit ihrer Natürlichkeit verschwindet, und weil die Grazie doch eine Foderung ist, die wir uns an den bloßen Menschen zu machen berechtigt glauben. Was werde ich aber nun dem mimischen Künstler antworten, der gern wissen möchte, wie er, da er sie nicht *erlernen* darf, zu der Grazie kommen soll? Er soll, ist meine Meinung, zuerst dafür sorgen, daß die Menschheit in ihm selbst zur Zeitigung komme, und dann soll er hingehen und (wenn es sonst sein Beruf ist) sie auf der Schaubühne repräsentieren.

den ist – und wie sollten wir, die wir nicht einmal
Wegwerfung eines zufälligen Vorzugs verzeihen, mit Vergnügen, ja auch nur mit Gleichgültigkeit einen Tausch
betrachten, wobei ein Teil der Menschheit für gemeine
Natur ist hingegeben worden? Wie sollten wir, wenn wir
auch die Wirkung verzeihen könnten, den Betrug nicht
verachten? – Sobald wir merken, daß die *Anmut* erkünstelt
ist, so schließt sich plötzlich unser Herz, und zurücke flieht
die ihr entgegenwallende Seele. Aus Geist sehen wir
plötzlich Materie geworden, und ein Wolkenbild aus einer
himmlischen Juno.

Ob aber gleich die Anmut etwas unwillkürliches sein
oder scheinen muß, so suchen wir sie doch nur bei
Bewegungen, die, mehr oder weniger, von dem Willen
abhängen. Man legt zwar auch einer gewissen Gebärdensprache Grazie bei, und spricht von einem anmutigen
Lächeln und einem reizenden Erröten, welches doch beides
sympathetische Bewegungen sind, worüber nicht der
Wille, sondern die Empfindung entscheidet. Allein nicht zu
rechnen, daß jenes doch in unserer Gewalt ist, und daß
noch gezweifelt werden kann, ob dieses auch eigentlich zur
Anmut gehöre, so sind doch bei weitem die mehrern Fälle,
in welchen sich die Grazie offenbart, aus dem Gebiet der
willkürlichen Bewegungen. Man fodert Anmut von der
Rede und vom Gesang, von dem willkürlichen Spiele der
Augen und des Mundes, von den Bewegungen der Hände
und der Arme bei jedem freien Gebrauch derselben, von
dem Gange, von der Haltung des Körpers und der
Stellung, von dem ganzen Bezeugen eines Menschen, in
sofern es in seiner Gewalt ist. Von denjenigen Bewegungen am Menschen, die der Naturtrieb oder ein herrgewor-
dener Affekt *auf seine eigene Hand* ausführet, und die also
auch ihrem Ursprung nach sinnlich sind, verlangen wir
etwas ganz anders als Anmut, wie sich nachher entdecken
wird. Dergleichen Bewegungen gehören der *Natur* und
nicht der *Person* an, aus der doch allein alle Grazie quellen
muß.

Wenn also die Anmut eine Eigenschaft ist, die wir von willkürlichen Bewegungen fodern, und wenn auf der andern Seite von der Anmut selbst doch alles willkürliche verbannt sein muß, so werden wir sie in demjenigen, was bei absichtlichen Bewegungen unabsichtlich, zugleich aber einer moralischen Ursache im Gemüt entsprechend ist, aufzusuchen haben.

Dadurch wird übrigens bloß die Gattung von Bewegungen bezeichnet, unter welcher man die Grazie zu suchen hat; aber eine Bewegung kann alle diese Eigenschaften haben, ohne deswegen anmutig zu sein. Sie ist dadurch bloß *sprechend*, (mimisch).

Sprechend (im weitesten Sinne) nenne ich jede Erscheinung am Körper, die einen Gemützustand begleitet, und ausdrückt. In dieser Bedeutung sind also alle sympathetische Bewegungen sprechend, selbst diejenigen, welche bloßen Affektionen der Sinnlichkeit zur Begleitung dienen.

Auch tierische Bildungen sprechen, indem ihr äußres das innre offenbart. Hier aber spricht bloß die *Natur*, nie die *Freiheit*. In der permanenten Gestalt und in den festen architektonischen Zügen des Tieres kündigt die Natur ihren *Zweck*, in den mimischen Zügen das erwachte oder gestillte *Bedürfnis* an. Der Ring der Notwendigkeit geht durch das Tier wie durch die Pflanze, ohne durch eine *Person* unterbrochen zu werden. Die Individualität seines Daseins ist nur die besondre Vorstellung eines allgemeinen Naturbegriffs; die Eigentümlichkeit seines gegenwärtigen Zustandes bloß Beispiel einer Ausführung des Naturzwecks unter bestimmten Naturbedingungen.

Sprechend im *engern* Sinn ist nur die menschliche Bildung und diese auch nur in denjenigen ihrer Erscheinungen, die seinen moralischen Empfindungszustand begleiten, und demselben zum Ausdruck dienen.

Nur in *diesen* Erscheinungen: denn in allen andern steht der Mensch in gleicher Reihe mit den übrigen Sinnenwesen. In seiner permanenten Gestalt und in seinen architektonischen Zügen legt bloß die *Natur*, wie beim Tier und allen organischen Wesen, ihre Absicht vor. Die Absicht der Natur mit ihm kann zwar viel weiter gehen, als bei diesen, und die Verbindung der Mittel zu Erreichung derselben kunstreicher und verwickelter sein; dies alles kommt bloß auf Rechnung der *Natur*, und kann ihm selbst zu keinem Vorzug gereichen.

Bei dem Tiere und der Pflanze gibt die Natur nicht bloß die Bestimmung an, sondern *führt sie auch allein aus*. Dem Menschen aber gibt sie bloß die Bestimmung, und überläßt *ihm selbst* die Erfüllung derselben. Dies allein macht ihn zum Menschen.

Der Mensch allein hat als Person unter allen bekannten Wesen das Vorrecht, in den Ring der Notwendigkeit, der für bloße Naturwesen unzerreißbar ist, durch seinen Willen zu greifen, und eine ganz frische Reihe von Erscheinungen in sich selbst anzufangen. Der Akt, durch den er dieses wirkt, heißt vorzugsweise eine *Handlung*, und diejenigen seiner Verrichtungen, die aus einer solchen Handlung herfließen, ausschließungsweise, seine *Taten*. Er kann also, daß er eine Person ist, bloß durch seine Taten beweisen.

Die Bildung des Tiers drückt nicht nur den Begriff seiner Bestimmung, sondern auch das Verhältnis seines gegenwärtigen Zustandes zu dieser Bestimmung aus. Da nun bei dem Tiere die Natur die Bestimmung zugleich gibt, und erfüllt, so kann die Bildung des Tiers nie etwas anders als das Werk der Natur ausdrücken.

Da die Natur dem Menschen zwar die Bestimmung *gibt*, aber die Erfüllung derselben *in seinen Willen stellt*, so kann das gegenwärtige Verhältnis seines Zustandes zu seiner Bestimmung nicht Werk der Natur, sondern muß sein eigenes Werk sein. Der Ausdruck dieses Verhältnisses in seiner Bildung gehört also nicht der Natur, sondern ihm selbst an, das ist, es ist ein persönlicher Ausdruck. Wenn wir also aus dem architektonischen Teil seiner Bildung erfahren, was die *Natur* mit ihm beabsichtigt hat, so erfahren wir aus dem mimischen Teil derselben, was *er selbst* zu Erfüllung dieser Absicht *getan* hat.

Bei der Gestalt des Menschen begnügen wir uns also nicht damit, daß sie uns bloß den allgemeinen Begriff der Menschheit, oder was etwa die *Natur* zu Erfüllung desselben an diesem Individuum wirkte, vor Augen stelle, denn das würde er mit jeder technischen Bildung gemein haben. Wir erwarten noch von seiner Gestalt, daß sie uns zugleich offenbare, in wie weit er in seiner Freiheit dem Naturzweck entgegen kam, d. i. daß sie Charakter zeige. In dem erstern Fall sieht man wohl, daß die Natur es mit ihm auf einen Menschen *anlegte*, aber nur aus dem zweiten ergibt sich, ob er es *wirklich* geworden ist.

Die Bildung eines Menschen ist also nur in so weit *seine* Bildung, als sie mimisch ist; aber auch *so weit sie mimisch ist*, ist sie sein. Denn, wenn gleich der größere Teil dieser mimischen Züge, ja wenn gleich alle bloßer Ausdruck der Sinnlichkeit wären, und ihm also schon als bloßem Tiere zukommen könnten, so war er bestimmt und fähig, die Sinnlichkeit durch seine Freiheit einzuschränken. Die Gegenwart solcher Züge beweist also den Nichtgebrauch jener Fähigkeit, und die Nichterfüllung jener Bestimmung; ist also eben so gewiß moralisch sprechend, als die Unterlassung einer Handlung, welche die Pflicht gebietet, eine Handlung ist.

Von den sprechenden Zügen, die immer ein Ausdruck der Seele sind, muß man die stummen Züge unterscheiden, die bloß die plastische Natur, in sofern sie von jedem Einfluß der Seele unabhängig wirkt, in die menschliche Bildung zeichnet. Ich nenne diese Züge *stumm*, weil sie als unverständliche Chiffern der Natur von dem Charakter schweigen. Sie zeigen bloß die Eigentümlichkeit der Natur im Vortrag der Gattung, und reichen oft für sich allein schon hin, das *Individuum* zu unterscheiden, aber von der *Person* können sie nie etwas offenbaren. Für den Physiognomen sind diese stummen Züge keineswegs bedeutungsleer, weil der Physiognome nicht bloß wissen will, was der Mensch selbst aus sich gemacht, sondern auch, was die Natur für und gegen ihn getan hat.

Es ist nicht so leicht, die Grenzen anzugeben, wo die
stummen Züge aufhören, und die sprechenden beginnen.
Die gleichförmig wirkende Bildungskraft und der gesetzlose Affekt streiten unaufhörlich um ihr Gebiet; und was
die *Natur* mit unermüdeter stiller Tätigkeit erbaute, wird
oft wieder umgerissen von der *Freiheit*, die gleich einem
anschwellenden Strome über ihre Ufer tritt. Ein reger Geist
verschafft sich auf *alle* körperlichen Bewegungen Einfluß,
und kommt zuletzt mittelbar dahin, auch selbst die festen
Formen der Natur, die dem Willen unerreichbar sind, durch
die Macht des sympathetischen Spiels zu verändern. An
einem solchen Menschen wird endlich alles Charakterzug,
wie wir an manchen Köpfen finden, die ein langes Leben,
außerordentliche Schicksale und ein tätiger Geist völlig
durchgearbeitet haben. Der plastischen Natur gehört an
solchen Formen nur das *Generische*, die ganze *Individualität*
der Ausführung aber der Person an; daher sagt man sehr
richtig, daß an einer solchen Gestalt alles Seele sei.

Dagegen zeigen uns jene zugestutzten Zöglinge der
Regel, (die zwar die Sinnlichkeit zur Ruhe bringen, aber die
Menschheit nicht wecken kann) in ihrer flachen und
ausdruckslosen Bildung überall nichts, als den Finger der
Natur. Die geschäftlose Seele ist ein bescheidener Gast in
ihrem Körper und ein friedlicher stiller Nachbar der sich
selbst überlassenen Bildungskraft. Kein anstrengender
Gedanke, keine Leidenschaft greift in den ruhigen Takt des
physischen Lebens; nie wird der *Bau* durch das *Spiel* in
Gefahr gesetzt, nie die Vegetation durch die Freiheit
beunruhigt. Da die tiefe Ruhe des Geistes keine beträchtliche Konsumtion der Kräfte verursacht, so wird die
Ausgabe nie die Einnahme übersteigen, vielmehr die
tierische Ökonomie immer Überschuß haben. Für den
schmalen Gehalt von Glückseligkeit, den *sie* ihm auswirft,
macht der Geist den pünktlichen Hausverwalter der Natur,
und sein ganzer Ruhm ist, ihr *Buch* in Ordnung zu halten.
Geleistet wird also werden, was die Organisation immer
leisten kann, und florieren wird das Geschäft der Ernäh-

rung und Zeugung. Ein so glückliches Einverständnis zwischen der Naturnotwendigkeit und der Freiheit kann der architektonischen Schönheit nicht anders als günstig sein, und hier ist es auch, wo sie in ihrer ganzen Reinheit kann beobachtet werden. Aber die allgemeinen Naturkräfte führen, wie man weiß, einen ewigen Krieg mit den besondern, oder den organischen, und die kunstreichste Technik wird endlich von der *Kohäsion* und *Schwerkraft* bezwungen. Daher hat auch die Schönheit des Baues, *als bloßes Naturprodukt*, ihre bestimmten Perioden der Blüte, der Reife und des Verfalles, die das Spiel zwar beschleunigen, aber niemals verzögern kann; und ihr gewöhnliches Ende ist, daß die *Masse* allmählich über die *Form* Meister wird, und der lebendige Bildungstrieb in dem *aufgespeicherten* Stoff sich sein eigenes Grab bereitet[6].

---

6 Daher man auch mehrenteils finden wird, daß solche Schönheiten des Baues sich schon im mittlern Alter durch Obesität sehr merklich vergröbern, daß, anstatt jener kaum angedeuteten zarten Lineamente der Haut, sich Gruben einsenken und wurstförmige Falten aufwerfen, daß das *Gewicht*, unvermerkt auf die Form Einfluß bekömmt, und das reizende mannigfache Spiel schöner Linien auf der Oberfläche sich in einem gleichförmig schwellenden Polster von Fette verliert. Die Natur nimmt wieder, was sie gegeben hat.
Ich bemerke beiläufig, daß etwas ähnliches zuweilen mit dem *Genie* vorgeht, welches überhaupt in seinem Ursprunge, wie in seinen Wirkungen mit der architektonischen Schönheit vieles gemein hat. Wie diese, so ist auch jenes ein bloßes *Naturerzeugnis*, und nach der verkehrten Denkart der Menschen, die, was nach keiner Vorschrift nachzuahmen, und durch kein Verdienst zu erringen ist, gerade am höchsten schätzen, wird die Schönheit mehr als der Reiz, das Genie mehr als erworbene Kraft des Geistes bewundert. Beide *Günstlinge der Natur* werden bei allen ihren Unarten (wodurch sie nicht selten ein Gegenstand verdienter Verachtung sind) als ein gewisser Geburtsadel, als eine höhere Kaste betrachtet, weil ihre Vorzüge von Naturbedingungen abhängig sind, und daher über alle Wahl hinaus liegen.

Ob indessen gleich kein *einzelner* stummer Zug Ausdruck des Geistes ist, so ist eine solche stumme Bildung doch *im Ganzen* charakteristisch; und zwar aus eben dem Grunde, warum eine sinnlich sprechende es ist. Der Geist nehmlich soll tätig sein und soll moralisch empfinden; und also zeugt

Aber wie es der architektonischen Schönheit ergeht, wenn sie nicht zeitig dafür Sorge trägt, sich an der *Grazie* eine Stütze und eine Stellvertreterin heranzuziehen, eben so ergeht es auch dem Genie, wenn es sich durch Grundsätze, Geschmack und Wissenschaft zu stärken verabsäumt. War seine ganze Ausstattung eine lebhafte und blühende Einbildungskraft (und die Natur kann nicht wohl andre als sinnliche Vorzüge erteilen) so mag es bei Zeiten darauf denken, sich dieses zweideutigen Geschenks durch den einzigen Gebrauch zu versichern, wodurch Naturgaben Besitzungen des Geistes werden können; dadurch, meine ich, daß es der Materie Form erteilt; denn der Geist kann nichts, als was Form ist, sein eigen nennen. Durch keine verhältnismäßige Kraft der Vernunft beherrscht, wird die wildaufgeschossene üppige *Naturkraft* über die Freiheit des Verstandes hinauswachsen, und sie eben so ersticken, wie bei der architektonischen Schönheit die Masse endlich die Form unterdrückt.

Die Erfahrung, denke ich, liefert hievon reichlich Belege, besonders an denjenigen Dichtergenien, die früher berühmt werden, als sie mündig sind, und wo, wie bei mancher Schönheit, das ganze Talent oft die *Jugend* ist. Ist aber der kurze Frühling vorbei, und fragt man nach den Früchten, die er hoffen ließ, so sind es schwammigte und oft verkrüppelte Geburten, die ein mißgeleiteter blinder Bildungstrieb erzeugte. Gerade da, wo man erwarten kann, daß der Stoff sich zur Form veredelt und der bildende Geist in der Anschauung Ideen niedergelegt habe, sind sie, wie jedes andre Naturprodukt, der Materie anheim gefallen, und die vielversprechenden Meteore, erscheinen als ganz gewöhnliche Lichter – wo nicht gar als noch etwas weniger. Denn die poetisierende Einbildungskraft sinkt zuweilen auch ganz zu dem Stoff zurück, aus dem sie sich losgewickelt hatte, und verschmäht es nicht, der Natur bei einem andern *solidern* Bildungswerk zu dienen, wenn es ihr mit der poetischen Zeugung nicht recht mehr gelingen will.

es von seiner Schuld, wenn seine Bildung davon keine
Spuren aufweist. Wenn uns also gleich der reine und schöne
Ausdruck seiner Bestimmung in der Architektur seiner
Gestalt mit Wohlgefallen und mit Ehrfurcht gegen die
höchste Vernunft, als ihre Ursache, erfüllt, so werden beide
Empfindungen nur so lange ungemischt bleiben, als er uns
bloße Naturerzeugung ist. Denken wir ihn uns aber als
moralische Person, so sind wir berechtigt, einen Ausdruck
derselben in seiner Gestalt zu erwarten, und schlägt diese
Erwartung fehl, so wird Verachtung unausbleiblich erfolgen. Bloß organische Wesen sind uns ehrwürdig als
Geschöpfe, der Mensch aber kann es uns nur als *Schöpfer*,
(d. i. als Selbsturheber seines Zustandes) sein. Er soll nicht
bloß, wie die übrigen Sinnenwesen, die Strahlen fremder
Vernunft zurückwerfen, wenn es gleich die Göttliche wäre,
sondern er soll, gleich einem Sonnenkörper, von seinem
eigenen Lichte glänzen.

Eine sprechende Bildung wird also von dem Menschen
gefodert, sobald man sich seiner sittlichen Bestimmung
bewußt wird; aber es muß zugleich eine Bildung sein, die zu
seinem Vorteile spricht, d. i. die eine, seiner Bestimmung
gemäße Empfindungsart, eine moralische Fertigkeit, ausdrückt. Diese Anfoderung macht die Vernunft an die
Menschenbildung.

Der Mensch ist aber als Erscheinung zugleich Gegenstand des Sinnes. Wo das *moralische* Gefühl Befriedigung
findet, da will das *ästhetische* nicht verkürzt sein, und die
Übereinstimmung mit einer Idee darf in der Erscheinung
kein Opfer kosten. So streng also auch immer die Vernunft
einen Ausdruck der Sittlichkeit fodert, so unnachläßlich
fodert das Auge Schönheit. Da diese beiden Foderungen an
dasselbe Objekt, obgleich von verschiedenen Instanzen der
Beurteilung, ergehen, so muß auch durch eine und dieselbe
Ursache für beider Befriedigung gesorgt sein. Diejenige
Gemütsverfassung des Menschen, wodurch er am fähigsten
wird, seine Bestimmung als moralische Person zu erfüllen,
muß einen solchen Ausdruck gestatten, der ihm auch, als

bloßer Erscheinung, am vorteilhaftesten ist. Mit andern
Worten: seine sittliche Fertigkeit muß sich durch Grazie
offenbaren.

Hier ist es nun, wo die große Schwierigkeit eintritt.
Schon aus dem Begriff moralischsprechender Bewegungen
ergibt sich, daß sie eine moralische Ursache haben müssen,
die über die Sinnenwelt hinaus liegt; eben so ergibt sich aus
dem Begriffe der Schönheit, daß sie keine andre als
sinnliche Ursache habe, und ein völlig freier Natureffekt
sein oder doch so erscheinen müsse. Wenn aber der letzte
Grund moralischsprechender Bewegungen notwendig
außerhalb, der letzte Grund der Schönheit eben so notwendig *innerhalb* der Sinnenwelt liegt, so scheint die *Grazie*,
welche beides verbinden soll, einen offenbaren Widerspruch zu enthalten.

Um ihn zu heben, wird man also annehmen müssen, »daß
die moralische Ursache im Gemüte, die der Grazie zum
Grunde liegt, in der von ihr abhängenden Sinnlichkeit
gerade denjenigen Zustand notwendig hervorbringe, der
die *Naturbedingungen* des Schönen in sich enthält.« Das
Schöne setzt nehmlich, wie sich von allem Sinnlichen
versteht, gewisse Bedingungen, und, in sofern es das
Schöne ist, auch bloß sinnliche Bedingungen voraus. Daß
nun der Geist, (nach einem Gesetz, das wir nicht ergründen
können) durch den Zustand, worin er sich selbst befindet,
der ihn begleitenden Natur den ihrigen vorschreibt, und
daß der Zustand moralischer Fertigkeit in ihm gerade
derjenige ist, durch den die sinnlichen Bedingungen des
Schönen in Erfüllung gebracht werden, dadurch macht er
das Schöne *möglich*, und das allein ist *seine* Handlung. Daß
aber *wirklich* Schönheit daraus wird, das ist Folge jener
sinnlichen Bedingungen, also *freie Naturwirkung*. Weil aber
die Natur bei *willkürlichen* Bewegungen, wo sie als Mittel
behandelt wird, um einen Zweck auszuführen, nicht
wirklich frei heißen kann, und weil sie bei den *unwillkürli-*
chen Bewegungen, die das Moralische ausdrücken, wiederum nicht frei heißen kann, so ist die Freiheit, mit der sie sich

in ihrer Abhängigkeit von dem Willen demungeachtet äußert, eine *Zulassung* von Seiten des Geistes. Man kann also sagen, daß die Grazie eine *Gunst* sei, die das Sittliche dem Sinnlichen erzeigt, so wie die architektonische Schönheit als die *Einwilligung* der Natur zu ihrer technischen Form kann betrachtet werden.

Man erlaube mir dies durch eine bildliche Vorstellung zu erläutern. Wenn ein monarchischer Staat auf eine solche Art verwaltet wird, daß, obgleich alles nach eines Einzigen Willen geht, der einzelne Bürger sich doch überreden kann, daß er nach seinem eigenen Sinne lebe, und bloß seiner Neigung gehorche, so nennt man dies eine liberale Regierung. Man würde aber großes Bedenken tragen, ihr diesen Namen zu geben, wenn *entweder* der Regent seinen Willen gegen die Neigung des Bürgers, oder der Bürger seine Neigung gegen den Willen des Regenten behauptete; denn in dem ersten Fall wäre die Regierung nicht *liberal*, in dem zweiten wäre sie gar nicht *Regierung*.

Es ist nicht schwer, die Anwendung davon auf die menschliche Bildung unter dem Regiment des Geistes zu machen. Wenn sich der Geist in der von ihm abhängenden sinnlichen Natur auf eine solche Art äußert, daß sie seinen Willen aufs treueste ausrichtet und seine Empfindungen auf das sprechendste ausdrückt, ohne doch gegen die Anfoderungen zu verstoßen, welche der Sinn an sie, als an Erscheinungen, macht, so wird dasjenige entstehen, was man Anmut nennt. Man würde aber gleich weit entfernt sein, es Anmut zu nennen, wenn entweder der Geist sich in der Sinnlichkeit durch Zwang offenbarte, oder wenn dem freien Effekt der Sinnlichkeit der Ausdruck des Geistes fehlte. Denn in dem ersten Fall wäre keine Schönheit vorhanden, in dem zweiten wäre es keine Schönheit des Spiels.

Es ist also immer nur der übersinnliche Grund im Gemüte, der die Grazie sprechend, und immer nur ein bloß sinnlicher Grund in der Natur, der sie schön macht. Es läßt sich eben so wenig sagen, daß der Geist die Schönheit *erzeuge*, als man, im angeführten Fall, von dem Herrscher sagen kann, daß er Freiheit *hervorbringe*; denn Freiheit kann man einem zwar *lassen*, aber nicht *geben*.

So wie aber doch der Grund, warum ein Volk unter dem Zwang eines fremden Willens sich frei fühlt, größtenteils in der Gesinnung des Herrschers liegt, und eine entgegengesetzte Denkart des Letztern jener Freiheit nicht sehr günstig sein würde, eben so müssen wir auch die Schönheit der freien Bewegungen in der sittlichen Beschaffenheit des sie diktierenden Geistes aufsuchen. Und nun entsteht die Frage, was dies wohl für eine *persönliche Beschaffenheit* sein mag, die den sinnlichen Werkzeugen des Willens die größere Freiheit verstattet, und was für moralische Empfindungen sich am besten mit der Schönheit im Ausdruck vertragen?

Soviel leuchtet ein, daß sich weder der Wille, bei der absichtlichen, noch der Affekt bei der sympathetischen Bewegung, gegen die von ihm abhängende Natur als eine *Gewalt* verhalten dürfe, wenn sie ihm mit Schönheit gehorchen soll. Schon das allgemeine Gefühl der Menschen macht die *Leichtigkeit* zum Hauptcharakter der Grazie, und was angestrengt wird, kann niemals Leichtigkeit zeigen. Eben so leuchtet ein, daß auf der andern Seite, die Natur sich gegen den Geist nicht als Gewalt verhalten dürfe, wenn ein schön moralischer Ausdruck statt haben soll; denn wo die bloße Natur *herrscht*, da muß die Menschheit verschwinden.

Es lassen sich in allem dreierlei Verhältnisse denken, in welchen der Mensch zu sich selbst d. i. sein sinnlicher Teil zu seinem vernünftigen, stehen kann. Unter diesen haben wir dasjenige aufzusuchen, welches ihn in der Erscheinung am besten kleidet, und dessen Darstellung Schönheit ist.

Der Mensch unterdrückt entweder die Foderungen seiner sinnlichen Natur, um sich den höhern Foderungen seiner vernünftigen gemäß zu verhalten; oder er kehrt es um, und ordnet den vernünftigen Teil seines Wesens dem sinnlichen unter, und folgt also bloß dem Stoße, womit ihn die Naturnotwendigkeit, gleich den andern Erscheinungen forttreibt; oder die Triebe des letztern setzen sich mit den Gesetzen des erstern in Harmonie, und der Mensch ist einig mit sich selbst.

Wenn sich der Mensch seiner reinen Selbstständigkeit bewußt wird, so stößt er alles von sich, was sinnlich ist, und nur durch diese Absonderung von dem Stoffe gelangt er zum Gefühl seiner rationalen Freiheit. Dazu aber wird, weil die Sinnlichkeit hartnäckig und kraftvoll widersteht, von seiner Seite eine merkliche Gewalt und große Anstrengung erfodert, ohne welche es ihm unmöglich wäre, die Begierde von sich zu halten, und den nachdrücklich sprechenden Instinkt zum Schweigen zu bringen. Der so gestimmte Geist läßt die von ihm abhängende Natur, sowohl da, wo sie im Dienst seines Willens handelt, als da, wo sie seinem Willen vorgreifen will, erfahren, daß er ihr Herr ist. Unter seiner strengen Zucht wird also die Sinnlichkeit unterdrückt erscheinen, und der innere Widerstand wird sich von außen durch Zwang verraten. Eine solche Verfassung des Gemüts kann also der Schönheit nicht günstig sein, welche die Natur nicht anders als in ihrer Freiheit hervorbringt, und es wird daher auch nicht Grazie sein können, wodurch die mit dem Stoffe kämpfende moralische Freiheit sich kenntlich macht.

Wenn hingegen der Mensch, unterjocht vom Bedürfnis, den Naturtrieb ungebunden über sich herrschen läßt, so verschwindet mit seiner innern Selbstständigkeit auch jede Spur derselben in seiner Gestalt. Nur die Tierheit redet aus dem schwimmenden ersterbenden Auge, aus dem lüstern geöffneten Munde, aus der erstickten bebenden Stimme, aus dem kurzen geschwinden Atem, aus dem Zittern der Glieder, aus dem ganzen erschlaffenden Bau. Nachgelassen hat aller Widerstand der moralischen Kraft, und die Natur in ihm ist in volle Freiheit gesetzt. Aber eben dieser gänzliche Nachlaß der Selbsttätigkeit, der im Moment des sinnlichen Verlangens und noch mehr im Genuß zu erfolgen pflegt, setzt augenblicklich auch die rohe Materie

in Freiheit, die durch das Gleichgewicht der tätigen und leidenden Kräfte bisher gebunden war. Die toten Naturkräfte fangen an, über die lebendigen der Organisation die Oberhand zu bekommen, die Form von der Masse, die
5 Menschheit von gemeiner Natur unterdrückt zu werden. Das seelestrahlende Auge wird matt, oder quillt auch *gläsern* und *stier* aus seiner Höhlung hervor, der feine Inkarnat der Wangen verdickt sich zu einer groben und gleichförmigen Tüncherfarbe, der Mund wird zur bloßen Öffnung, denn
10 seine Form ist nicht mehr Folge der wirkenden sondern der nachlassenden Kräfte, die Stimme und der seufzende Atem sind nichts als Hauche, wodurch die beschwerte Brust sich erleichtern will, und die nun bloß ein mechanisches Bedürfnis, keine Seele verraten. Mit einem Worte: bei *der*
15 Freiheit, welche die Sinnlichkeit *sich selbst nimmt*, ist an keine Schönheit zu denken. Die Freiheit der Formen, die der sittliche Wille bloß *eingeschränkt* hatte, *überwältigt* der grobe Stoff, welcher stets soviel Feld gewinnt, als dem Willen entrissen wird.
20   Ein Mensch in diesem Zustand empört nicht bloß den *moralischen* Sinn, der den Ausdruck der Menschheit unnachläßlich fodert; auch der *ästhetische* Sinn, der sich nicht mit dem bloßen Stoffe befriedigt, sondern in der Form ein freies Vergnügen sucht, wird sich mit Ekel von einem
25 solchen Anblick abwenden, bei welchem nur die *Begierde* ihre Rechnung finden kann.
    Das erste dieser Verhältnisse zwischen beiden Naturen im Menschen erinnert an eine *Monarchie*, wo die strenge Aufsicht des Herrschers jede freie Regung im Zaum hält;
30 das zweite an eine wilde *Ochlokratie*, wo der Bürger durch Aufkündigung des Gehorsams gegen den rechtmäßigen Oberherrn, so wenig frei, als die menschliche Bildung, durch Unterdrückung der moralischen Selbsttätigkeit, schön wird; vielmehr nur dem brutaleren Despotismus der
35 untersten Klassen, wie hier die Form der Masse, anheimfällt. So wie die *Freiheit* zwischen dem gesetzlichen Druck und der Anarchie mitten inne liegt, so werden wir jetzt auch

die *Schönheit* zwischen der *Würde*, als dem Ausdruck des herrschenden Geistes, und der *Wollust*, als dem Ausdruck des herrschenden Triebes, in der Mitte finden.

Wenn nehmlich weder *die über die Sinnlichkeit herrschende Vernunft*, noch *die über die Vernunft herrschende Sinnlichkeit* sich mit Schönheit des Ausdrucks vertragen, so wird (denn es gibt keinen vierten Fall) so wird derjenige Zustand des Gemüts, *wo Vernunft und Sinnlichkeit* – Pflicht und Neigung – *zusammenstimmen*, die Bedingung sein, unter der die Schönheit des Spiels erfolgt.

Um ein Objekt der Neigung werden zu können, muß der Gehorsam gegen die Vernunft einen Grund des Vergnügens abgeben, denn nur durch Lust und Schmerz wird der Trieb in Bewegung gesetzt. In der gewöhnlichen Erfahrung ist es zwar umgekehrt, und das Vergnügen ist der Grund, warum man vernünftig handelt. Daß die Moral selbst endlich aufgehört hat, diese Sprache zu reden, hat man dem unsterblichen Verfasser der Kritik zu verdanken, dem der Ruhm gebührt, die gesunde Vernunft aus der philosophierenden wieder hergestellt zu haben.

Aber so wie die Grundsätze dieses Weltweisen von ihm selbst, und auch von andern, pflegen vorgestellt zu werden, so ist die Neigung eine sehr zweideutige Gefährtin des Sittengefühls, und das Vergnügen eine bedenkliche Zugabe zu moralischen Bestimmungen. Wenn der Glückseligkeitstrieb auch keine blinde Herrschaft über den Menschen behauptet, so wird er doch bei dem sittlichen Wahlgeschäfte gerne *mitsprechen* wollen, und so der Reinheit des Willens schaden, der immer nur dem *Gesetze* und nie dem *Triebe* folgen soll. Um also völlig sicher zu sein, daß die Neigung nicht *mit* bestimmte, sieht man sie lieber im Krieg, als im Einverständnis mit dem Vernunftgesetze, weil es gar zu leicht sein kann, daß ihre Fürsprache allein ihm seine Macht über den Willen verschaffte. Denn da es beim Sittlichhandeln nicht auf die *Gesetzmäßigkeit* der Taten, sondern einzig nur auf die *Pflichtmäßigkeit* der Gesinnungen ankommt, so legt man mit Recht keinen Wert auf die Betrachtung, daß es für die erste gewöhnlich vorteilhafter sei, wenn sich die Neigung auf Seiten der Pflicht befindet. Soviel scheint also wohl gewiß zu sein, daß der Beifall der Sinnlichkeit, wenn er die Pflichtmäßigkeit des Willens auch nicht verdächtig macht, doch wenigstens nicht im Stand ist, sie zu *verbürgen*. Der sinnliche Ausdruck dieses Beifalls in der Grazie, wird also für die Sittlichkeit der Handlung, bei der er angetroffen wird, nie ein hinreichendes und gültiges Zeugnis ablegen, und aus dem schönen Vortrag einer Gesinnung oder Handlung wird man nie ihren moralischen Wert erfahren.

Bis hieher glaube ich, mit den *Rigoristen* der Moral vollkommen einstimmig zu sein, aber ich hoffe dadurch noch nicht zum *Latitudinarier* zu werden, daß ich die Ansprüche der Sinnlichkeit, die im Felde der reinen Vernunft, und bei der moralischen Gesetzgebung, *völlig* zurückgewiesen sind, im Feld der Erscheinung, und bei der wirklichen Ausübung der Sittenpflicht, noch zu behaupten versuche.

So gewiß ich nehmlich überzeugt bin – und eben darum, weil ich es bin – daß der Anteil der Neigung an einer freien Handlung für die reine Pflichtmäßigkeit dieser Handlung nichts beweist, so glaube ich *eben daraus* folgern zu können, daß die sittliche Vollkommenheit des Menschen gerade nur aus diesem Anteil seiner Neigung an seinem moralischen Handeln erhellen kann. Der Mensch nehmlich ist nicht dazu bestimmt, einzelne sittliche Handlungen zu verrichten, sondern ein sittliches Wesen zu sein. Nicht *Tugenden* sondern *die Tugend* ist seine Vorschrift, und Tugend ist nichts anders »als eine Neigung zu der Pflicht.« Wie sehr also auch Handlungen aus Neigung und Handlungen aus Pflicht in objektivem Sinne einander entgegenstehen; so ist dies doch in subjektivem Sinn nicht also, und der Mensch *darf* nicht nur, sondern *soll* Lust und Pflicht in Verbindung bringen; er soll seiner Vernunft mit Freuden gehorchen. Nicht um sie wie eine Last wegzuwerfen, oder wie eine grobe Hülle von sich abzustreifen, nein, um sie aufs innigste mit seinem höhern Selbst zu vereinbaren, ist seiner reinen Geisternatur eine sinnliche beigesellt. Dadurch schon, daß sie ihn zum vernünftig sinnlichen Wesen, d. i. zum Menschen machte, kündigte ihm die Natur die Verpflichtung an, nicht zu trennen, was sie verbunden hat, auch in den reinsten Äußerungen seines göttlichen Teiles den sinnlichen nicht hinter sich zu lassen, und den Triumph des einen nicht auf Unterdrückung des andern zu gründen. Erst alsdann, wenn sie *aus seiner gesamten Menschheit* als die vereinigte Wirkung beider Prinzipien, hervorquillt, *wenn sie ihm zur Natur geworden ist*, ist seine sittliche Denkart geborgen, denn so lange der sittliche Geist noch *Gewalt* anwendet, so muß der Naturtrieb ihm noch *Macht* entgegenzusetzen haben. Der bloß *niedergeworfene* Feind kann wieder aufstehen, aber der *versöhnte* ist wahrhaft überwunden.

In der Kantischen Moralphilosophie ist die Idee der *Pflicht* mit einer Härte vorgetragen, die alle Grazien davon zurückschreckt, und einen schwachen Verstand leicht versuchen könnte, auf dem Wege einer finstern und mönchischen Asketik die moralische Vollkommenheit zu suchen. Wie sehr sich auch der große Weltweise gegen diese Mißdeutung zu verwahren suchte, die seinem heitern und freien Geist unter allen gerade die empörendste sein muß, so hat er, deucht mir, doch selbst durch die strenge und grelle Entgegensetzung beider auf den Willen des Menschen wirkenden Prinzipien, einen starken (obgleich bei seiner Absicht vielleicht kaum zu vermeidenden) Anlaß dazu gegeben. Über die Sache selbst kann, nach den von ihm geführten Beweisen, unter denkenden Köpfen, *die überzeugt sein wollen*, kein Streit mehr sein, und ich wüßte kaum, wie man nicht lieber sein ganzes Menschsein aufgeben, als über diese Angelegenheit ein anderes Resultat von der Vernunft erhalten wollte. Aber so rein er bei *Untersuchung* der Wahrheit zu Werke ging, und so sehr sich *hier* alles aus bloß objektiven Gründen erklärt, so scheint ihn doch in *Darstellung* der gefundenen Wahrheit eine mehr subjektive Maxime geleitet zu haben, die, wie ich glaube, aus den Zeitumständen nicht schwer zu erklären ist.

So wie er nehmlich die Moral seiner Zeit, im Systeme und in der Ausübung, vor sich fand, so mußte ihn auf der einen Seite ein grober Materialismus in den moralischen Prinzipien empören, den die unwürdige Gefälligkeit der Philosophen dem schlaffen Zeitcharakter zum Kopfkissen untergelegt hatte. Auf der andern Seite mußte ein nicht weniger bedenklicher *Perfektionsgrundsatz*, der, um eine abstrakte Idee von allgemeiner Weltvollkommenheit zu realisieren, über die Wahl der Mittel nicht sehr verlegen war, seine Aufmerksamkeit erregen. Er richtete also dahin, wo die Gefahr am meisten erklärt, und die Reform am dringendsten war, die stärkste Kraft seiner Gründe, und machte es sich zum Gesetze, die Sinnlichkeit sowohl da, wo sie mit frecher Stirne dem Sittengefühl Hohn spricht, als in der imposanten Hülle moralischlöblicher Zwecke, worein besonders ein gewisser enthusiastischer Ordensgeist sie zu verstecken weiß, ohne Nachsicht zu verfolgen. Er hatte nicht die *Unwissenheit* zu belehren, sondern die *Verkehrtheit* zurecht zu weisen. Erschütterung foderte die Kur, nicht Einschmeichelung und Überredung; und je härter der Abstich war, den der Grundsatz der Wahrheit mit den herrschenden Maximen machte, desto mehr konnte er hoffen, Nachdenken darüber zu erregen. Er ward der *Drako* seiner Zeit, weil sie ihm eines *Solons* noch nicht wert und empfänglich schien. Aus dem Sanktuarium der reinen Vernunft brachte er das fremde und doch wieder so bekannte Moralgesetz, stellte es in seiner ganzen Heiligkeit aus vor dem entwürdigten Jahrhundert, und fragte wenig darnach, ob es Augen gibt, die seinen Glanz nicht vertragen.

Womit aber hatten es die *Kinder des Hauses* verschuldet, daß er nur für die *Knechte* sorgte? Weil oft sehr unreine Neigungen den Namen der Tugend usurpieren, mußte darum auch der uneigennützige Affekt in der edelsten Brust verdächtig gemacht werden? Weil der moralische Weichling dem Gesetz der Vernunft gern eine *Laxität* geben möchte, die es zum Spielwerk seiner Konvenienz macht, mußte ihm darum eine *Rigidität* beigelegt werden, die die kraftvolleste Äußerung moralischer Freiheit nur in eine rühmlichere Art von Knechtschaft verwandelt? Denn hat wohl der wahrhaft sittliche Mensch eine freiere Wahl zwischen Selbstachtung und Selbstverwerfung, als der Sinnensklave zwischen Vergnügen und Schmerz? Ist dort etwa weniger Zwang für den reinen Willen, als hier für den verdorbenen? Mußte schon durch die *imperative* Form des Moralgesetzes die Menschheit angeklagt und erniedriget werden, und das erhabenste Dokument ihrer Größe zugleich die Urkunde ihrer Gebrechlichkeit sein? War es wohl bei dieser imperativen Form zu vermeiden, daß eine Vorschrift, die sich der Mensch als Vernunftwesen selbst gibt, die deswegen allein für ihn bindend, und dadurch allein mit seinem Freiheitsgefühle verträglich ist, nicht den Schein eines fremden und positiven Gesetzes annahm – einen Schein, der durch seinen *radikalen* Hang, demselben entgegen zu handeln (wie man ihm Schuld gibt) schwerlich vermindert werden dürfte![7]

Es ist für moralische Wahrheiten gewiß nicht vorteilhaft, Empfindungen *gegen* sich zu haben, die der Mensch ohne Erröten sich gestehen darf. Wie sollen sich aber die Empfindungen der Schönheit und Freiheit mit dem austeren Geist eines Gesetzes vertragen, das ihn mehr durch *Furcht* als durch *Zuversicht* leitet, das ihn, den die Natur doch *vereinigte*, stets zu *vereinzeln* strebt, und nur dadurch, daß es ihm Mißtrauen gegen den einen Teil seines Wesens erweckt, sich der Herrschaft über den andern versichert. Die menschliche Natur ist ein verbundeneres Ganze in der Wirklichkeit, als es dem Philosophen, der nur durch Trennen was vermag, erlaubt ist, sie erscheinen zu lassen. Nimmermehr kann die Vernunft Affekte als ihrer unwert verwerfen, die das Herz mit Freudigkeit bekennt, und der

---

7 Siehe das Glaubensbekenntnis des V. d. K. von der menschlichen Natur in seiner neuesten Schrift: *Die Offenbarung in den Grenzen der Vernunft.* Erster Abschnitt.

Mensch da, wo er moralisch gesunken wäre, nicht wohl in seiner eigenen Achtung steigen. Wäre die sinnliche Natur im Sittlichen immer nur die unterdrückte und nie die *mitwirkende* Partei, wie könnte sie das ganze Feuer ihrer Gefühle zu einem Triumph hergeben, der über sie selbst gefeiert wird? Wie könnte sie eine so lebhafte Teilnehmerin an dem Selbstbewußtsein des reinen Geistes sein, wenn sie sich nicht endlich so innig an ihn anschließen könnte, daß selbst der analytische Verstand sie nicht ohne Gewalttätigkeit mehr von ihm trennen kann.

Der Wille hat ohnehin einen unmittelbaren Zusammenhang mit dem Vermögen der Empfindungen als dem der Erkenntnis, und es wäre in manchen Fällen schlimm, wenn er sich bei der reinen Vernunft erst orientieren müßte. Es erweckt mir kein gutes Vorurteil für einen Menschen, wenn er der Stimme des Triebes so wenig trauen darf, daß er gezwungen ist, ihn jedesmal erst vor dem Grundsatze der Moral abzuhören; vielmehr achtet man ihn hoch, wenn er sich demselben, ohne Gefahr, durch ihn mißgeleitet zu werden, mit einer gewissen Sicherheit vertraut. Denn das beweist, daß beide Prinzipien in ihm sich schon in derjenigen Übereinstimmung befinden, welche das Siegel der vollendeten Menschheit, und dasjenige ist, was man unter einer *schönen Seele* verstehet.

Eine schöne Seele nennt man es, wenn sich das sittliche Gefühl aller Empfindungen des Menschen endlich bis zu dem Grad versichert hat, daß es dem Affekt die Leitung des Willens ohne Scheu überlassen darf, und nie Gefahr läuft, mit den Entscheidungen desselben im Widerspruch zu stehen. Daher sind bei einer schönen Seele die einzelnen Handlungen eigentlich nicht sittlich, sondern der ganze Charakter ist es. Man kann ihr auch keine einzige darunter zum Verdienst anrechnen, weil eine Befriedigung des Triebes nie verdienstlich heißen kann. Die schöne Seele hat kein andres Verdienst, als daß sie ist. Mit einer Leichtigkeit, als wenn bloß der Instinkt aus ihr handelte, übt sie der Menschheit peinlichste Pflichten aus, und das heldenmü-

tigste Opfer, das sie dem Naturtriebe abgewinnt, fällt, wie
eine freiwillige Wirkung eben dieses Triebes, in die Augen.
Daher weiß sie selbst auch niemals um die Schönheit ihres
Handelns, und es fällt ihr nicht mehr ein, daß man anders
handeln und empfinden könnte; dagegen ein schulgerechter Zögling der Sittenregel, so wie das Wort des Meisters
ihn fodert, jeden Augenblick bereit sein wird, vom
Verhältnis seiner Handlungen zum Gesetz die strengste
Rechnung abzulegen. Das Leben des Letztern wird einer
Zeichnung gleichen, worin man die Regel durch harte
Striche angedeutet sieht, und an der allenfalls ein Lehrling
die Prinzipien der Kunst lernen könnte. Aber in einem
schönen Leben sind, wie in einem *Titianischen* Gemälde, alle
jene schneidenden Grenzlinien verschwunden, und doch
tritt die ganze Gestalt nur desto wahrer, lebendiger,
harmonischer hervor.

In einer schönen Seele ist es also, wo Sinnlichkeit und
Vernunft, Pflicht und Neigung harmonieren, und Grazie ist
ihr Ausdruck in der Erscheinung. Nur im Dienst einer
schönen Seele kann die Natur zugleich Freiheit besitzen,
und ihre Form bewahren, da sie erstere unter der Herrschaft
eines strengen Gemüts, letztere unter der Anarchie der
Sinnlichkeit einbüßt. Eine schöne Seele gießt auch über
eine Bildung, der es an architektonischer Schönheit mangelt, eine unwiderstehliche Grazie aus, und oft sieht man sie
selbst über Gebrechen der Natur triumphieren. Alle
Bewegungen, die von ihr ausgehen, werden leicht, sanft
und dennoch belebt sein. Heiter und frei wird das Auge
strahlen, und Empfindung wird in demselben glänzen. Von
der Sanftmut des Herzens wird der Mund eine Grazie
erhalten, die keine Verstellung erkünsteln kann. Keine
Spannung wird in den Mienen, kein Zwang in den
willkürlichen Bewegungen zu bemerken sein, denn die
Seele weiß von keinem. Musik wird die Stimme sein, und
mit dem reinen Strom ihrer Modulationen das Herz
bewegen. Die architektonische Schönheit kann Wohlgefallen, kann Bewunderung, kann Erstaunen erregen, aber nur

die Anmut wird hinreißen. Die Schönheit hat *Anbeter*, *Liebhaber* hat nur die Grazie; denn wir huldigen dem Schöpfer, und lieben den Menschen.

Man wird, im Ganzen genommen, die Anmut mehr bei dem *weiblichen* Geschlecht (die Schönheit vielleicht mehr bei dem männlichen) finden, wovon die Ursache nicht weit zu suchen ist. Zur Anmut muß sowohl der körperliche Bau, als der Charakter beitragen; jener durch seine Biegsamkeit, Eindrücke anzunehmen und ins Spiel gesetzt zu werden, dieser durch die sittliche Harmonie der Gefühle. In beidem war die Natur dem Weibe günstiger als dem Manne.

Der zärtere weibliche Bau empfängt jeden Eindruck schneller und läßt ihn schneller wieder verschwinden. Feste Konstitutionen kommen nur durch einen Sturm in Bewegung, und wenn starke Muskeln angezogen werden, so können sie die Leichtigkeit nicht zeigen, die zur Grazie erfodert wird. Was in einem weiblichen Gesicht noch schöne Empfindsamkeit ist, würde in einem männlichen schon Leiden ausdrücken. Die zarte Fiber des Weibes neigt sich wie dünnes Schilfrohr unter dem leisesten Hauch des Affekts. In leichten und lieblichen Wellen gleitet die Seele über das sprechende Angesicht, das sich bald wieder zu einem ruhigen Spiegel ebnet.

Auch der Beitrag, den die Seele zu der Grazie geben muß, kann bei dem Weibe leichter als bei dem Manne erfüllt werden. Selten wird sich der weibliche Charakter zu der höchsten Idee sittlicher Reinheit erheben, und es selten weiter als zu *affektionierten* Handlungen bringen. Er wird der Sinnlichkeit oft mit heroischer Stärke, aber nur *durch* die Sinnlichkeit widerstehen. Weil nun die Sittlichkeit des Weibes gewöhnlich auf Seiten der Neigung ist, so wird es sich in der Erscheinung eben so ausnehmen, als wenn die Neigung auf Seiten der Sittlichkeit wäre. Anmut wird also der Ausdruck der weiblichen Tugend sein, der sehr oft der männlichen fehlen dürfte.

WÜRDE

So wie die Anmut der Ausdruck einer schönen Seele ist, so ist *Würde* der Ausdruck einer erhabenen Gesinnung.

Es ist dem Menschen zwar aufgegeben, eine innige Übereinstimmung zwischen seinen beiden Naturen zu stiften, immer ein harmonierendes Ganze zu sein, und mit seiner vollstimmigen ganzen Menschheit zu handeln. Aber diese Charakterschönheit, die reifste Frucht seiner Humanität, ist bloß eine Idee, welcher gemäß zu werden, er mit anhaltender Wachsamkeit streben, aber die er bei aller Anstrengung nie ganz erreichen kann.

Der Grund, warum er es nicht kann, ist die unveränderliche Einrichtung seiner Natur; es sind die physischen Bedingungen seines Daseins selbst, die ihn daran verhindern.

Um nehmlich seine Existenz in der Sinnenwelt, die von Naturbedingungen abhängt, sicher zu stellen, mußte der Mensch, da er, als ein Wesen, das sich nach Willkür verändern kann, für seine Erhaltung selbst zu sorgen hat, zu Handlungen vermocht werden, wodurch jene physischen Bedingungen seines Daseins erfüllt, und wenn sie aufgehoben sind, wieder hergestellt werden können. Obgleich aber die Natur diese Sorge, die sie in ihren vegetabilischen Erzeugungen ganz allein über sich nimmt, ihm selbst übergeben mußte, so durfte doch die Befriedigung eines so dringenden Bedürfnisses, wo es sein und seines Geschlechts ganzes Dasein gilt, seiner ungewissen Einsicht nicht anvertraut werden. Sie zog also diese Angelegenheit, die dem *Inhalte nach* in ihr Gebiet gehört, auch *der Form nach* in dasselbe, indem sie in die Bestimmungen der Willkür Notwendigkeit legte. So entstand der Naturtrieb, der nichts anders ist, als eine Naturnotwendigkeit durch das Medium der Empfindung.

Der Naturtrieb bestürmt das Empfindungsvermögen durch die gedoppelte Macht von Schmerz und Vergnügen;

durch Schmerz, wo er Befriedigung fodert, durch Vergnügen, wo er sie findet.

Da einer Naturnotwendigkeit nichts abzudingen ist, so
muß auch der Mensch, seiner Freiheit ungeachtet, empfinden, was die Natur ihn empfinden lassen will, und je
nachdem die Empfindung Schmerz oder Lust ist, so muß
bei ihm eben so unabänderlich Verabscheuung oder Begierde erfolgen. In diesem Punkte steht er dem Tiere vollkommen gleich, und der starkmütigste Stoiker fühlt den
Hunger eben so empfindlich und verabscheut ihn eben so
lebhaft, als der Wurm zu seinen Füßen.

Jetzt aber fängt der große Unterschied an. Auf die
Begierde und Verabscheuung erfolgt bei dem Tiere eben so
notwendig Handlung, als Begierde auf Empfindung, und
Empfindung auf den äußern Eindruck erfolgte. Es ist hier
eine stetig fortlaufende Kette, wo jeder Ring notwendig in
den andern greift. Bei dem Menschen ist noch eine Instanz
mehr, nehmlich der *Wille*, der als ein übersinnliches
Vermögen weder dem Gesetz der Natur, noch dem der
Vernunft, so unterworfen ist, daß ihm nicht vollkommen
freie Wahl bliebe, sich entweder nach diesem oder nach
jenem zu richten. Das Tier *muß* streben den Schmerz los zu
sein, der Mensch kann sich entschließen, ihn zu behalten.

Der Wille des Menschen ist ein erhabener Begriff, auch
dann, wenn man auf seinen moralischen Gebrauch nicht
achtet. Schon der *bloße* Wille erhebt den Menschen über die
Tierheit; der *moralische* erhebt ihn zur Gottheit. Er muß
aber jene zuvor verlassen haben, eh' er sich dieser nähern
kann; daher ist es kein geringer Schritt zur moralischen
Freiheit des Willens, durch Brechung der Naturnotwendigkeit in sich, auch in gleichgültigen Dingen, den *bloßen*
Willen zu üben.

Die Gesetzgebung der Natur hat Bestand bis zum
Willen, wo sie sich endigt, und die vernünftige anfängt.
Der Wille steht hier zwischen beiden Gerichtsbarkeiten,
und es kommt ganz auf ihn selbst an, von welcher er das

Gesetz empfangen will; aber er steht nicht in gleichem Verhältnis gegen beide. Als Naturkraft ist er gegen die eine, wie gegen die andere, frei; das heißt, er *muß* sich weder zu dieser noch zu jener schlagen. Er ist aber nicht frei, als moralische Kraft, das heißt, er *soll* sich zu der vernünftigen schlagen. *Gebunden* ist er an keine, aber *verbunden* ist er dem Gesetz der Vernunft. Er gebraucht also seine Freiheit wirklich, wenn er gleich der Vernunft widersprechend handelt, aber er gebraucht sie *unwürdig*, weil er ungeachtet seiner Freiheit doch nur *innerhalb der Natur* stehen bleibt, und zu der Operation des bloßen Triebes gar keine Realität hinzutut; denn aus *Begierde wollen* heißt nur umständlicher begehren[8].

Die Gesetzgebung der Natur durch den Trieb kann mit der Gesetzgebung der Vernunft aus Prinzipien in Streit geraten, wenn der Trieb zu seiner Befriedigung eine Handlung fodert, die dem moralischen Grundsatz zuwider läuft. In diesem Fall ist es unwandelbare Pflicht für den Willen, die Foderung der Natur dem Ausspruch der Vernunft nachzusetzen, da Naturgesetze nur bedingungsweise, Vernunftgesetze aber schlechterdings und unbedingt verbinden.

Aber die Natur behauptet mit Nachdruck ihre Rechte, und da sie niemals willkürlich fodert, so nimmt sie, unbefriedigt, auch keine Foderung zurück. Weil von der ersten Ursache an, wodurch sie in Bewegung gebracht wird, bis zu dem Willen, wo ihre Gesetzgebung aufhört, alles in ihr streng notwendig ist, so kann sie *rückwärts* nicht nachgeben, sondern muß *vorwärts* gegen den Willen drängen, bei dem die Befriedigung ihres Bedürfnisses steht. Zuweilen scheint es zwar, als ob sie sich ihren Weg verkürzte, und, ohne zuvor ihr Gesuch vor den Willen zu bringen, unmittelbare Kausalität für die Handlung hätte, durch die ihrem Bedürfnisse abgeholfen wird. In einem

8 Man lese über diese Materie die aller Aufmerksamkeit würdige Theorie des Willens im zweiten Teil der *Reinholdischen Briefe*.

solchen Falle, wo der Mensch dem Triebe nicht bloß freien
Lauf *ließe*, sondern wo der Trieb diesen Lauf selbst *nähme*,
würde der Mensch auch *nur* Tier sein; aber es ist sehr zu
zweifeln, ob dieses jemals sein Fall sein kann, und wenn er
es wirklich wäre, ob diese blinde Macht seines Triebes nicht
ein Verbrechen seines Willens ist.

Das Begehrungsvermögen dringt also auf Befriedigung,
und der Wille wird aufgefodert, ihm diese zu verschaffen.
Aber der Wille soll seine Bestimmungsgründe von der
Vernunft empfangen, und nur nach demjenigen, was diese
erlaubt oder vorschreibt, seine Entschließung fassen.
Wendet sich nun der Wille wirklich an die Vernunft, ehe er
das Verlangen des Triebes genehmigt, so handelt er sittlich;
entscheidet er aber unmittelbar, so handelt er sinnlich[9].

So oft also die Natur eine Foderung macht, und den
Willen durch die blinde Gewalt des Affekts überraschen
will, kommt es diesem zu, ihr so lange Stillstand zu gebieten,
bis die Vernunft gesprochen hat. Ob der Ausspruch der
Vernunft *für* oder *gegen* das Interesse der Sinnlichkeit
ausfallen werde, das ist, was er jetzt noch nicht wissen kann;
eben deswegen aber muß er dieses Verfahren in jedem Affekt
ohne Unterschied beobachten, und der Natur, in jedem
Falle, wo sie der *anfangende* Teil ist, die unmittelbare
Kausalität versagen. Dadurch allein, daß er die Gewalt der
Begierde bricht, die mit Vorschnelligkeit ihrer Befriedigung
zueilt, und die Instanz des Willens lieber ganz vorbeigehen
möchte, zeigt der Mensch seine Selbstständigkeit, und
beweist sich als ein moralisches Wesen, welches nie bloß
begehren oder bloß verabscheuen, sondern seine Verabscheuung und Begierde jederzeit *wollen* muß.

---

9 Man darf aber *diese* Anfrage des Willens bei der Vernunft nicht
mit derjenigen verwechseln, wo sie über die *Mittel* zu Befriedigung einer Begierde erkennen soll. Hier ist nicht davon die
Rede, wie die Befriedigung zu *erlangen*, sondern ob sie zu
gestatten ist. Nur das letzte gehört ins Gebiet der Moralität; das
erste gehört zur Klugheit.

Aber schon die bloße Anfrage bei der Vernunft ist eine Beeinträchtigung der Natur, die in ihrer eigenen Sache kompetente Richterin ist, und ihre Aussprüche keiner neuen und auswärtigen Instanz unterworfen sehen will. Jener Willensakt, der die Angelegenheit des Begehrungs-vermögens vor das sittliche Forum bringt, ist also im eigentlichen Sinn *naturwidrig*, weil er das Notwendige wieder zufällig macht, und Gesetzen der Vernunft die Entscheidung in einer Sache anheimstellt, wo nur Gesetze der Natur sprechen können, und auch wirklich gesprochen haben. Denn so wenig die reine Vernunft in ihrer morali-schen Gesetzgebung darauf Rücksicht nimmt, wie der Sinn wohl ihre Entscheidungen aufnehmen möchte, eben so wenig richtet sich die Natur in ihrer Gesetzgebung darnach, wie sie es einer reinen Vernunft recht machen möchte. In jeder von beiden gilt eine andre Notwendigkeit, die aber keine sein würde, wenn es der einen erlaubt wäre, willkürliche Veränderungen in der andern zu treffen. Daher kann auch der tapferste Geist bei allem Widerstande, den er gegen die Sinnlichkeit ausübt, nicht die Empfindung selbst, nicht die Begierde selbst unterdrücken, sondern ihr bloß den Einfluß auf seine Willensbestimmungen verweigern; *entwaffnen* kann er den Trieb durch moralische Mittel, aber nur durch natürliche ihn *besänftigen*. Er kann durch seine selbstständige Kraft zwar verhindern, daß Naturgesetze für seinen Willen nicht zwingend werden, aber an diesen Gesetzen selbst kann er schlechterdings nichts verän-dern.

In Affekten also »wo die Natur (der Trieb) *zuerst* handelt und den Willen entweder ganz zu *umgehen* oder ihn *gewaltsam* auf ihre Seite zu ziehen strebt, kann sich die Sittlichkeit des Charakters nicht anders, als durch *Widerstand* offenbaren, und daß der Trieb die Freiheit des Willens nicht einschränke, nur durch Einschränkung des Triebes verhindern.« Über-einstimmung mit dem Vernunftgesetz ist also im Affekte nicht anders möglich, als durch einen Widerspruch mit den Foderungen der Natur. Und da die Natur ihre Foderungen,

aus sittlichen Gründen, nie zurücknimmt, folglich auf ihrer
Seite alles sich gleich bleibt, wie auch der Wille sich in
Ansehung ihrer verhalten mag, so ist hier keine Zusammenstimmung zwischen Neigung und Pflicht, zwischen
Vernunft und Sinnlichkeit möglich, so kann der Mensch hier
nicht mit seiner ganzen harmonierenden Natur, sondern
ausschließungsweise nur mit seiner vernünftigen handeln.
Er handelt also in diesen Fällen auch nicht *moralisch schön*,
weil an der Schönheit der Handlung auch die Neigung
notwendig Teil nehmen muß, die hier vielmehr widerstreitet. Er handelt aber *moralisch groß*, weil alles das, und das
allein groß ist, was von einer Überlegenheit des höhern
Vermögens über das sinnliche Zeugnis gibt.

Die *schöne* Seele muß sich also im Affekt in eine *erhabene*
verwandeln, und das ist der untrügliche Probierstein,
wodurch man sie von dem *guten Herzen* oder der *Temperamentstugend* unterscheiden kann. Ist bei einem Menschen die
Neigung nur darum auf Seiten der Gerechtigkeit, weil die
Gerechtigkeit sich glücklicherweise auf Seiten der Neigung
befindet, so wird der Naturtrieb im Affekt eine vollkommene Zwangsgewalt über den Willen ausüben, und, wo ein
Opfer nötig ist, so wird es die Sittlichkeit und nicht die
Sinnlichkeit bringen. War es hingegen die Vernunft selbst,
die, wie bei einem schönen Charakter der Fall ist, die
Neigungen *in Pflicht nahm*, und der Sinnlichkeit das Steuer
nur anvertraute, so wird sie es in demselben Moment
zurücknehmen, als der Trieb seine Vollmacht mißbrauchen
will. Die Temperamentstugend sinkt also im Affekt zum
bloßen Naturprodukt herab; die schöne Seele geht ins
heroische über, und erhebt sich zur reinen Intelligenz. -

Beherrschung der Triebe durch die moralische Kraft ist
Geistesfreiheit, und *Würde* heißt ihr Ausdruck in der
Erscheinung.

Streng genommen ist die moralische Kraft im Menschen
keiner Darstellung fähig, da das Übersinnliche nie versinnlicht werden kann. Aber mittelbar kann sie durch sinnliche
Zeichen dem Verstande vorgestellt werden, wie bei der
Würde der menschlichen Bildung wirklich der Fall ist.

Der aufgeregte Naturtrieb wird eben so, wie das Herz in seinen moralischen Rührungen, von Bewegungen im Körper begleitet, die teils dem Willen zuvoreilen, teils, als bloß sympathetische, seiner Herrschaft gar nicht unterworfen sind. Denn da weder Empfindung, noch Begierde und Verabscheuung, in der Willkür des Menschen liegen, so kann er denjenigen Bewegungen, welche damit unmittelbar zusammenhängen, nicht zu gebieten haben. Aber der Trieb bleibt nicht bei der bloßen Begierde stehen; vorschnell und dringend strebt er sein Objekt zu verwirklichen, und wird, wenn ihm von dem selbstständigen Geiste nicht nachdrücklich widerstanden wird, selbst solche Handlungen *antizipieren*, worüber der Wille allein zu sagen haben soll. Denn der Erhaltungtrieb ringt ohne Unterlaß nach der gesetzgebenden Gewalt im Gebiete des Willens, und sein Bestreben ist, eben so ungebunden über den Menschen, wie über das Tier, zu schalten.

Man findet also Bewegungen von zweierlei Art und Ursprung in jedem Affekte, den der Erhaltungtrieb in dem Menschen entzündet; erstlich solche, welche unmittelbar von der Empfindung ausgehen, und daher ganz unwillkürlich sind; zweitens solche, welche der Art nach willkürlich sein sollten und könnten, die aber der blinde Naturtrieb der Freiheit abgewinnt. Die ersten beziehen sich auf den Affekt selbst, und sind daher notwendig mit demselben verbunden; die zweiten entsprechen mehr der Ursache und dem Gegenstande des Affekts, daher sie auch zufällig und veränderlich sind, und nicht für untrügliche Zeichen desselben gelten können. Weil aber beide, sobald das Objekt bestimmt ist, dem Naturtriebe gleich notwendig sind, so gehören auch beide dazu, um den Ausdruck des Affekts zu einem vollständigen und übereinstimmenden Ganzen zu machen[10].

---

10 Findet man nur die Bewegungen der zweiten Art, ohne die der erstern, so zeigt sich dieses an, daß die Person den Affekt will, und die Natur ihn verweigert. Findet man die Bewegungen der

Wenn nun der Wille Selbstständigkeit genug besitzt, dem vorgreifenden Naturtriebe Schranken zu setzen, und gegen die ungestüme Macht desselben seine Gerechtsame zu behaupten, so bleiben zwar alle jene Erscheinungen in Kraft, die der aufgeregte Naturtrieb in seinem eigenen Gebiet bewirkte, aber alle diejenigen werden fehlen, die er in einer fremden Gerichtsbarkeit eigenmächtig hatte an sich reißen wollen. Die Erscheinungen stimmen also nicht mehr überein, aber eben in ihrem Widerspruch liegt der Ausdruck der moralischen Kraft.

Gesetzt, wir erblicken an einem Menschen Zeichen des qualvollesten Affekts aus der Klasse jener ersten ganz unwillkürlichen Bewegungen. Aber indem seine Adern auflaufen, seine Muskel krampfhaft angespannt werden, seine Stimme erstickt, seine Brust emporgetrieben, sein Unterleib einwärts gepreßt ist, sind seine willkürlichen Bewegungen sanft, seine Gesichtszüge frei, und es ist heiter um Aug und Stirne. Wäre der Mensch bloß ein Sinnenwesen, so würden alle seine Züge, da sie dieselbe gemeinschaftliche Quelle hätten, mit einander übereinstimmend sein, und also in dem gegenwärtigen Fall alle ohne Unterschied Leiden ausdrücken müssen. Da aber Züge der Ruhe unter die Züge des Schmerzens gemischt sind, einerlei Ursache aber nicht entgegengesetzte Wirkungen haben kann, so beweist dieser Widerspruch der Züge das Dasein und den Einfluß einer Kraft, die von dem Leiden unabhängig, und den Eindrücken überlegen ist, unter denen wir das Sinnliche erliegen sehen. Und auf diese Art nun wird die *Ruhe im Leiden*, als worin die Würde eigentlich besteht, obgleich nur mittelbar durch einen Vernunftschluß, Darstellung der Intelligenz

---

erstern Art, ohne die der zweiten, beweist dies, daß die Natur in den Affekt wirklich versetzt ist, aber die Person ihn verbietet. Den ersten Fall sieht man alle Tage bei affektierten Personen und schlechten Komödianten; den zweiten Fall desto seltener und nur bei starken Gemütern.

im Menschen und Ausdruck seiner moralischen Freiheit[11].

Aber nicht bloß beim Leiden im engern Sinn, wo dieses Wort nur schmerzhafte Rührungen bedeutet, sondern überhaupt bei jedem starken Interesse des Begehrungsvermögens muß der Geist seine Freiheit beweisen, also Würde der Ausdruck sein. Der angenehme Affekt erfodert sie nicht weniger als der peinliche, weil die Natur in beiden Fällen gern den Meister spielen möchte, und von dem Willen gezügelt werden soll. Die Würde bezieht sich auf die *Form* und nicht auf den *Inhalt* des Affekts, daher es geschehen kann, daß oft, dem Inhalt nach, lobenswürdige Affekte, wenn der Mensch sich ihnen blindlings überläßt, aus Mangel der Würde, ins Gemeine und Niedrige fallen; daß hingegen nicht selten verwerfliche Affekte sich sogar dem Erhabenen nähern, sobald sie nur in ihrer Form Herrschaft des Geistes über seine Empfindungen zeigen.

Bei der Würde also führt sich der Geist in dem Körper als *Herrscher* auf, denn hier hat er seine Selbstständigkeit gegen den gebieterischen Trieb zu behaupten, der ohne ihn zu Handlungen schreitet, und sich seinem Joch gern entziehen möchte. Bei der Anmut hingegen regiert er mit *Liberalität*, weil er es hier ist, der die Natur in Handlung setzt, und keinen Widerstand zu besiegen findet. Nachsicht verdient aber nur der Gehorsam, und Strenge kann nur die *Widersetzung* rechtfertigen.

Anmut liegt also in der *Freiheit der willkürlichen Bewegungen*; Würde in der *Beherrschung der unwillkürlichen*. Die Anmut läßt der Natur da, wo sie die Befehle des Geistes ausrichtet, einen Schein von Freiwilligkeit; die Würde hingegen unterwirft sie da, wo sie herrschen will, dem Geist. Überall, wo der Trieb anfängt zu handeln, und sich herausnimmt, in das Amt des Willens zu greifen, da darf der Wille keine *Indulgenz*, sondern muß durch den nachdrücklichsten

---

11 In einer Untersuchung über Pathetische Darstellungen ist im 3ten Stück der Thalia umständlicher davon gehandelt worden.

Widerstand seine Selbstständigkeit (Autonomie) beweisen.
Wo hingegen der Wille *anfängt*, und die Sinnlichkeit ihm
folgt, da darf er keine Strenge, sondern muß Indulgenz
beweisen. Dies ist mit wenigen Worten das Gesetz für das
Verhältnis beider Naturen im Menschen, so wie es in der
Erscheinung sich darstellet.

Würde wird daher mehr im *Leiden* (παθός); Anmut mehr
im *Betragen* (ηθος) gefodert und gezeigt; denn nur im
Leiden kann sich die Freiheit des Gemüts, und nur im
Handeln die Freiheit des Körpers offenbaren.

Da die Würde ein Ausdruck des Widerstandes ist, den
der selbstständige Geist dem Naturtriebe leistet, dieser also
als eine Gewalt muß angesehen werden, welche Widerstand
nötig macht, so ist sie da, wo keine solche Gewalt zu
bekämpfen ist, lächerlich, und wo keine mehr zu bekämpfen sein *sollte*, verächtlich. Man lacht über den Komödianten, (wes Standes und Würden er auch sei,) der auch bei
gleichgültigen Verrichtungen eine gewisse Dignität affektiert. Man verachtet die kleine Seele, die sich für die
Ausübung einer gemeinen Pflicht, die oft nur Unterlassung
einer Niederträchtigkeit ist, mit Würde bezahlt macht.

Überhaupt ist es nicht eigentlich Würde, sondern
Anmut, was man von der Tugend fodert. Die Würde gibt
sich bei der Tugend von selbst, die schon ihrem Inhalt nach
Herrschaft des Menschen über seine Triebe voraussetzt.
Weit eher wird sich bei Ausübung sittlicher Pflichten die
Sinnlichkeit in einem Zustand des Zwangs und der
Unterdrückung befinden, da besonders, wo sie ein
schmerzhaftes Opfer bringt. Da aber das Ideal vollkommener Menschheit keinen Widerstreit, sondern Zusammenstimmung zwischen dem Sittlichen und Sinnlichen
fodert, so verträgt es sich nicht wohl mit der Würde, die, als
ein Ausdruck jenes Widerstreits zwischen beiden, entweder
die besondern Schranken des Subjekts oder die allgemeinen
der Menschheit sichtbar macht.

Ist das erste, und liegt es bloß an dem Unvermögen des
Subjekts, daß bei einer Handlung Neigung und Pflicht

nicht zusammenstimmen, so wird diese Handlung jederzeit soviel an sittlicher Schätzung verlieren, als sich Kampf in ihre Ausübung, also Würde in ihren Vortrag mischt. Denn unser moralisches Urteil bringt jedes Individuum unter den Maßstab der Gattung, und dem Menschen werden keine andre als die Schranken der Menschheit vergeben.

Ist aber das zweite, und kann eine Handlung der Pflicht mit den Foderungen der Natur nicht in Harmonie gebracht werden, ohne den Begriff der menschlichen Natur aufzuheben, so ist der Widerstand der Neigung notwendig, und es ist bloß der Anblick des Kampfes, der uns von der Möglichkeit des Sieges überführen kann. Wir erwarten hier also einen Ausdruck des Widerstreits in der Erscheinung, und werden uns nie überreden lassen, da an eine Tugend zu glauben, wo wir nicht einmal Menschheit sehen. Wo also die sittliche Pflicht eine Handlung gebietet, die das sinnliche notwendig leiden macht, da ist Ernst und kein Spiel, da würde uns die Leichtigkeit in der Ausübung vielmehr empören als befriedigen; da kann also nicht Anmut, sondern Würde der Ausdruck sein. Überhaupt gilt hier das Gesetz, daß der Mensch alles mit Anmut tun müsse, was er innerhalb seiner Menschheit verrichten kann, und alles mit Würde, welches zu verrichten er über seine Menschheit hinaus gehen muß.

So wie wir Anmut von der Tugend fodern, so fodern wir Würde von der Neigung. Der Neigung ist die Anmut so natürlich, als der Tugend die Würde, da sie schon ihrem Inhalt nach sinnlich, der Naturfreiheit günstig, und aller Anspannung feind ist. Auch dem rohen Menschen fehlt es nicht an einem gewissen Grade von Anmut, wenn ihn die Liebe oder ein ähnlicher Affekt beseelt, und wo findet man mehr Anmut als bei Kindern, die doch ganz unter sinnlicher Leitung stehen? Weit mehr Gefahr ist da, daß die Neigung den Zustand des Leidens endlich zum herrschenden mache, die Selbsttätigkeit des Geistes ersticke, und eine allgemeine Erschlaffung herbeiführe. Um sich also bei einem edeln Gefühl in Achtung zu setzen, die ihr nur allein

ein *sittlicher* Ursprung verschaffen kann, muß die Neigung sich jederzeit mit Würde verbinden. Daher fodert der Liebende Würde von dem Gegenstand seiner Leidenschaft. Würde allein ist ihm Bürge, daß nicht *das Bedürfnis zu ihm*
5 *nötigte*, sondern daß *die Freiheit ihn wählte* – daß man ihn nicht *als Sache begehrt*, sondern *als Person hochschätzt*.

Man fodert Anmut von dem, der verpflichtet, und Würde von dem, der verpflichtet wird. Der erste soll, um sich eines kränkenden Vorteils über den andern zu begeben,
10 die Handlung seines uninteressierten Entschlusses durch den Anteil, den er die Neigung daran nehmen läßt, zu einer *affektionierten* Handlung heruntersetzen, und sich dadurch den Schein des gewinnenden Teiles geben. Der andre soll, um durch die Abhängigkeit, in die er tritt, die Menschheit
15 (deren heiliges Palladium Freiheit ist) nicht in seiner Person zu entehren, das bloße *Zufahren* des Triebes zu einer Handlung seines Willens erheben, und auf diese Art, indem er eine Gunst empfängt, eine erzeigen.

Man muß einen Fehler mit Anmut rügen, und mit Würde
20 bekennen. Kehrt man es um, so wird es das Ansehen haben, als ob der eine Teil seinen Vorteil zu sehr, der andre seinen Nachteil zu wenig empfände.

Will der Starke geliebt sein, so mag er seine Überlegenheit durch Grazie mildern. Will der Schwache geachtet sein,
25 so mag er seiner Ohnmacht durch Würde aufhelfen. Man ist sonst der Meinung, daß auf den Thron Würde gehöre, und bekanntlich lieben die, welche darauf sitzen, in ihren Räten, Beichtvätern und Parlamenten – die Anmut. Aber was in einem politischen Reiche gut und löblich sein mag, ist es
30 nicht immer in einem Reiche des Geschmacks. In dieses Reich tritt auch der König – sobald er von seinem Throne herabsteigt, (denn Throne haben ihre Privilegien,) und auch der kriechende Höfling begibt sich unter seine heilige Freiheit, sobald er sich zum Menschen aufrichtet. Alsdann
35 aber möchte Ersterm zu raten sein, mit dem Überfluß des andern seinen Mangel zu ersetzen, und ihm soviel an Würde abzugeben, als er selbst an Grazie nötig hat.

Da Würde und Anmut ihre verschiedenen Gebiete
haben, worin sie sich äußern, so schließen sie einander in
derselben Person, ja in demselben Zustand einer Person
nicht aus; vielmehr ist es nur die Anmut, von der die Würde
ihre Beglaubigung, und nur die Würde, von der die Anmut
ihren Wert empfängt.

Würde allein beweist zwar überall, wo wir sie antreffen,
eine gewisse Einschränkung der Begierden und Neigungen. Ob es aber nicht vielmehr Stumpfheit des Empfindungsvermögens (Härte) sei, was wir für Beherrschung
halten, und ob es wirklich moralische Selbsttätigkeit und
nicht vielmehr Übergewicht eines andern Affektes, also
absichtliche Anspannung sei, was den Ausbruch des
gegenwärtigen im Zaume hält, das kann nur die damit
verbundene Anmut außer Zweifel setzen. Die Anmut
nehmlich zeugt von einem ruhigen, in sich harmonischen
Gemüt, und von einem empfindenden Herzen.

Eben so beweist auch die Anmut schon für sich allein
eine Empfänglichkeit des Gefühlvermögens, und eine
Übereinstimmung der Empfindungen. Daß es aber nicht
Schlaffheit des Geistes sei, was dem Sinn so viel Freiheit
läßt, und das Herz jedem Eindruck öffnet, und daß es das
Sittliche sei, was die Empfindungen in diese Übereinstimmung brachte, das kann uns wiederum nur die damit
verbundne Würde verbürgen. In der Würde nehmlich
legitimiert sich das Subjekt als eine selbstständige Kraft;
und indem der Wille die *Lizenz* der unwillkürlichen
Bewegungen *bändigt*, gibt er zu erkennen, daß er die *Freiheit*
der willkürlichen bloß *zuläßt*.

Sind Anmut und Würde, jene noch durch architektonische Schönheit, diese durch Kraft unterstützt, in derselben
Person *vereinigt*, so ist der Ausdruck der Menschheit in ihr
vollendet, und sie steht da, gerechtfertigt in der Geisterwelt, und freigesprochen in der Erscheinung. Beide Gesetz-
gebungen berühren einander hier so nahe, daß ihre
Grenzen zusammenfließen. Mit gemildertem Glanze steigt
in dem Lächeln des Mundes, in dem sanftbelebten Blick, in

der heitern Stirne die *Vernunftfreiheit* auf, und mit erhabenem Abschied geht die *Naturnotwendigkeit* in der edeln Majestät des Angesichts unter. Nach diesem Ideal menschlicher Schönheit sind die Antiken gebildet, und man erkennt es in der göttlichen Gestalt einer Niobe, im belvederischen Apoll, in dem borghesischen geflügelten Genius, und in der Muse des Barberinischen Palastes[12].

---

12 Mit dem feinen und großen Sinn, der ihm eigen ist, hat Winkelmann (Geschichte der Kunst. Erster Teil. S. 480 folg. Wiener Ausgabe) diese hohe Schönheit, welche aus der Verbindung der Grazie mit der Würde hervorgeht, aufgefaßt und beschrieben. Aber was er vereinigt fand, nahm und gab er auch nur für Eines, und er blieb bei dem stehen, was der bloße Sinn ihn lehrte, ohne zu untersuchen, ob es nicht vielleicht noch zu scheiden sei. Er verwirrt den Begriff der Grazie, da er Züge, die offenbar nur der Würde zukommen, in diesen Begriff mit aufnimmt. Grazie und Würde sind aber wesentlich verschieden, und man tut unrecht, das zu einer *Eigenschaft* der Grazie zu machen, was vielmehr eine *Einschränkung* derselben ist. Was Winkelmann die hohe, himmlische Grazie nennt, ist nichts anders, als Schönheit und Grazie mit überwiegender Würde. »Die himmlische Grazie, sagt er, scheint sich allgenügsam, und bietet sich nicht an, sondern will gesucht werden; sie ist zu erhaben, um sich sehr sinnlich zu machen. Sie verschließt in sich die Bewegungen der Seele, und nähert sich der seligen Stille der göttlichen Natur. – Durch sie, sagt er an einem andern Ort, wagte sich der Künstler der Niobe in das Reich unkörperlicher Ideen, und erreichte das Geheimnis, *die Todesangst mit der höchsten Schönheit zu verbinden,*« (es würde schwer sein, hierin einen Sinn zu finden, wenn es nicht augenscheinlich wäre, daß hier nur die Würde gemeint ist) »er wurde ein Schöpfer reiner Geister, die keine Begierden der Sinne erwecken, denn sie scheinen nicht zur Leidenschaft gebildet zu sein, sondern dieselbe nur angenommen zu haben.« – Anderswo heißt es »die Seele äußerte sich nur unter einer stillen Fläche des Wassers, und trat niemals mit Ungestüm hervor. In Vorstellung des Leidens bleibt die größte Pein verschlossen, und die Freude schwebet wie eine sanfte Luft, die kaum die Blätter rührt, auf dem Gesicht einer Leukothea.«

Wo sich Grazie und Würde vereinigen, da werden wir abwechselnd angezogen und zurückgestoßen; angezogen als Geister, zurückgestoßen als sinnliche Naturen.

In der Würde nehmlich wird uns ein Beispiel der Unterordnung des Sinnlichen unter das Sittliche vorgehalten, welchem nachzuahmen für uns Gesetz, zugleich aber für unser physisches Vermögen übersteigend ist. Der Widerstreit zwischen dem Bedürfnis der Natur und der Foderung des Gesetzes, deren Gültigkeit wir doch eingestehen, spannt die Sinnlichkeit an, und erweckt das Gefühl, welches *Achtung* genannt wird, und von der Würde unzertrennlich ist.

In der Anmut hingegen, wie in der Schönheit überhaupt, sieht die Vernunft ihre Foderung in der Sinnlichkeit erfüllt, und überraschend tritt ihr eine ihrer Ideen in der Erscheinung entgegen. Diese unerwartete Zusammenstimmung des Zufälligen der Natur mit dem Notwendigen der Vernunft, erweckt ein Gefühl frohen Beifalls, (*Wohlgefallen*) welches auflösend für den Sinn, für den Geist aber belebend und beschäftigend ist, und eine Anziehung des sinnlichen Objekts muß erfolgen. Diese Anziehung nennen wir Wohlwollen – *Liebe*; ein Gefühl, das von Anmut und Schönheit unzertrennlich ist.

Alle diese Züge kommen der Würde und nicht der Grazie zu, denn die Grazie verschließt sich nicht, sondern kommt entgegen, die Grazie macht sich sinnlich, und ist auch nicht erhaben sondern schön. Aber die Würde ist es, was die Natur in ihren Äußerungen zurückhält, und den Zügen, auch in der Todesangst und in dem bittersten Leiden eines Laokoon, Ruhe gebietet.

Home verfällt in denselben Fehler, was aber bei diesem Schriftsteller weniger zu verwundern ist. Auch er nimmt Züge der Würde in die Grazie mit auf, ob er gleich Anmut und Würde ausdrücklich von einander unterscheidet. Seine Beobachtungen sind gewöhnlich richtig, und die *nächsten* Regeln, die er sich daraus bildet, wahr; aber weiter darf man ihm auch nicht folgen. Grundsätze d. Krit. II. Teil. Anmut und Würde.

Bei dem *Reiz* (nicht dem Liebreiz, sondern dem Wol-
lustreiz, stimulus,) wird dem Sinn ein sinnlicher Stoff
vorgehalten, der ihm Entledigung von einem Bedürfnis,
d. i. Lust verspricht. Der Sinn ist also bestrebt, sich mit
dem Sinnlichen zu vereinbaren, und *Begierde* entsteht; ein
Gefühl, das anspannend für den Sinn, für den Geist
hingegen erschlaffend ist.

Von der Achtung, kann man sagen, sie *beugt sich vor* ihrem
Gegenstande; von der Liebe, sie *neigt sich* zu dem ihrigen;
von der Begierde, sie *stürzt auf* den ihrigen. Bei der
Achtung ist das Objekt die Vernunft und das Subjekt die
sinnliche Natur[13]. Bei der Liebe ist das Objekt sinnlich, und
das Subjekt die moralische Natur. Bei der Begierde sind
Objekt und Subjekt sinnlich.

Die Liebe allein ist also eine freie Empfindung, denn ihre

---

13 Man darf die *Achtung* nicht mit der *Hochachtung* verwechseln.
Achtung (nach ihrem reinen Begriff) geht nur auf das
Verhältnis der sinnlichen Natur zu den Foderungen reiner
praktischer Vernunft überhaupt, ohne Rücksicht auf eine
wirkliche Erfüllung. »Das Gefühl der Unangemessenheit zu
Erreichung einer Idee, die für uns Gesetz ist, heißt Achtung«
(Kants Kr. d. Urteilskraft). Daher ist Achtung keine angeneh-
me, eher drückende Empfindung. Sie ist ein Gefühl des
Abstandes des empirischen Willens von dem reinen. – Es kann
daher auch nicht befremdlich sein, daß ich die sinnliche Natur
zum Subjekt der Achtung mache, obgleich diese nur auf *reine
Vernunft* geht; denn die Unangemessenheit zu Erreichung des
Gesetzes kann nur in der Sinnlichkeit liegen.
Hochachtung hingegen geht schon auf die wirkliche Erfüllung
des Gesetzes und wird nicht für das Gesetz, sondern für die
Person, die demselben gemäß handelt, empfunden. Daher hat
sie etwas ergötzendes, weil die Erfüllung des Gesetzes
Vernunftwesen erfreuen muß. Achtung ist Zwang, Hochachtung schon ein freieres Gefühl. Aber das rührt von der Liebe
her, die ein Ingredienz der Hochachtung ausmacht. Achten
muß auch der Nichtswürdige das Gute, aber um denjenigen
hochzuachten, der es getan hat, müßte er aufhören, ein
Nichtswürdiger zu sein.

reine Quelle strömt hervor aus dem Sitz der Freiheit, aus unsrer göttlichen Natur. Es ist hier nicht das Kleine und Niedrige, was sich mit dem Großen und Hohen mißt, nicht der Sinn, der an dem Vernunftgesetz schwindelnd hinaufsieht; es ist das *absolut Große* selbst, was in der Anmut und Schönheit sich nachgeahmt und in der Sittlichkeit sich befriedigt findet, es ist der Gesetzgeber selbst, der *Gott* in uns, der mit seinem eigenen Bilde in der Sinnenwelt spielt. Daher ist das Gemüt aufgelöst in der Liebe, da es angespannt ist in der Achtung; denn hier ist nichts, das ihm Schranken setzte, da das absolut große nichts über sich hat, und die Sinnlichkeit, von der hier allein die Einschränkung kommen könnte, in der Anmut und Schönheit mit den Ideen des Geistes zusammenstimmt. Liebe ist ein Herabsteigen, da die Achtung ein Hinaufklimmen ist. Daher kann der Schlimme nichts lieben, ob er gleich vieles achten muß; daher kann der Gute wenig achten, was er nicht zugleich mit Liebe umfinge. Der reine Geist kann nur lieben, nicht achten; der Sinn kann nur achten, aber nicht lieben.

Wenn der schuldbewußte Mensch in ewiger Furcht schwebt, dem Gesetzgeber in ihm selbst, in der Sinnenwelt zu begegnen, und in allem, was groß und schön und trefflich ist, seinen Feind erblickt, so kennt die schöne Seele kein süßeres Glück, als das Heilige in sich außer sich nachgeahmt oder verwirklicht zu sehen, und in der Sinnenwelt ihren unsterblichen Freund zu umarmen. Liebe ist zugleich das Großmütigste und das Selbstsüchtigste in der Natur; das erste: denn sie empfängt von ihrem Gegenstande nichts, sondern gibt ihm alles, da der reine Geist nur geben, nicht empfangen kann; das zweite: denn es ist immer nur ihr eigenes Selbst, was sie in ihrem Gegenstande sucht und schätzet.

Aber eben darum, weil der Liebende von dem Geliebten nur empfängt, was er ihm selber gab, so begegnet es ihm öfters, daß er ihm gibt, was er nicht von ihm empfing. Der äußre Sinn glaubt zu sehen, was nur der innere anschaut, der feurige Wunsch wird zum Glauben und der eigne Überfluß

des Liebenden verbirgt die Anmut des Geliebten. Daher ist
die Liebe so leicht der Täuschung ausgesetzt, was der
Achtung und Begierde selten begegnet. So lange der innre
Sinn den äußern exaltiert, so lange dauert auch die selige
Bezauberung der platonischen Liebe, der zur Wonne der
Unsterblichen, nur die Dauer fehlt. Sobald aber der innere
Sinn dem äußern *seine* Anschauungen nicht mehr unter-
schiebt, so tritt der äußere wieder in seine Rechte und fodert,
was ihm zukommt, *Stoff*. Das Feuer, welches die himmlische
Venus entzündete, wird von der irdischen benutzt, und der
Naturtrieb rächt seine lange Vernachlässigung nicht selten
durch eine desto unumschränktere Herrschaft. Da der Sinn
nie getäuscht wird, so macht er diesen Vorteil mit grobem
Übermut gegen seinen edleren Nebenbuhler geltend, und ist
kühn genug zu behaupten, daß er gehalten habe, was die
Begeisterung schuldig blieb.

Die Würde hindert, daß die Liebe nicht zur Begierde
wird. Die Anmut verhütet, daß die Achtung nicht Furcht
wird.

Wahre Schönheit, wahre Anmut soll niemals Begierde
erregen. Wo diese sich einmischt, da muß es entweder dem
Gegenstand an Würde, oder dem Betrachter an Sittlichkeit
der Empfindungen mangeln.

Wahre Größe soll niemals Furcht erregen. Wo diese eintritt, da kann man gewiß sein, daß es entweder dem Gegenstand an Geschmack und an Grazie, oder dem Betrachter an
einem günstigen Zeugnis seines Gewissens fehlt.

Reiz, Anmut und Grazie werden zwar gewöhnlich als
gleichbedeutend gebraucht; sie sind es aber nicht, oder
sollten es doch nicht sein, da der Begriff, den sie ausdrük-
ken, mehrerer Bestimmungen fähig ist, die eine verschiedene Bezeichnung verdienen.

Es gibt eine *belebende* und eine *beruhigende* Grazie. Die
erste grenzt an den Sinnenreiz, und das Wohlgefallen an
derselben kann, wenn es nicht durch Würde zurückgehalten wird, leicht in Verlangen ausarten. Diese kann *Reiz*
genannt werden. Ein abgespannter Mensch kann sich nicht

durch innre Kraft in Bewegung setzen, sondern muß Stoff von außen empfangen, und durch leichte Übungen der Phantasie, und schnelle Übergänge vom Empfinden zum Handeln seine verlorene Schnellkraft wieder herzustellen suchen. Dieses erlangt er im Umgang mit einer *reizenden* Person, die das stagnierende Meer seiner Einbildungskraft durch Gespräch und Anblick in Schwung bringt.

Die beruhigende Grazie grenzt näher an die Würde, da sie sich durch Mäßigung unruhiger Bewegungen äußert. Zu ihr wendet sich der angespannte Mensch, und der wilde Sturm des Gemüts löst sich auf an ihrem friedeatmenden Busen. Diese kann *Anmut* genannt werden. Mit dem Reize verbindet sich gern der lachende Scherz und der Stachel des Spotts; mit der Anmut das Mitleid und die Liebe. Der entnervte Soliman schmachtet zuletzt in den Ketten einer Roxelane, wenn sich der brausende Geist eines Othello an der sanften Brust einer Desdemona zur Ruhe wiegt.

Auch die Würde hat ihre verschiedenen Abstufungen, und wird da, wo sie sich der Anmut und Schönheit nähert, zum *Edeln*, und wo sie an das Furchtbare grenzt, zur *Hoheit*.

Der höchste Grad der Anmut ist das *Bezaubernde*; der höchste Grad der Würde die *Majestät*. Bei dem Bezaubernden verlieren wir uns gleichsam selbst, und fließen hinüber in den Gegenstand. Der höchste Genuß der Freiheit grenzt an den völligen Verlust derselben, und die Trunkenheit des Geistes an den Taumel der Sinnenlust. Die Majestät hingegen hält uns ein Gesetz vor, das uns nötigt, in uns selbst zu schauen. Wir schlagen die Augen vor dem gegenwärtigen Gott zu Boden, vergessen alles außer uns, und empfinden nichts als die schwere Bürde unsers eigenen Daseins.

Majestät hat nur das Heilige. Kann ein Mensch uns dieses repräsentieren, so hat er Majestät; und wenn auch unsre Knie nicht nachfolgen, so wird doch unser Geist vor ihm niederfallen. Aber er richtet sich schnell wieder auf, sobald nur die kleinste Spur *menschlicher Schuld* an dem Gegenstand seiner

Anbetung sichtbar wird; denn nichts, was nur *vergleichungs-weise* groß ist, darf unsern Mut darniederschlagen.

Die bloße Macht, sei sie auch noch so furchtbar und grenzenlos, kann nie Majestät verleihen. Macht imponiert nur dem Sinnenwesen, die Majestät muß dem Geist seine Freiheit nehmen. Ein Mensch, der mir das Todesurteil schreiben kann, hat darum noch keine Majestät für mich, sobald ich selbst nur bin, was ich sein soll. Sein Vorteil über mich ist aus, sobald ich will. Wer mir aber in seiner Person den reinen Willen darstellt, vor dem werde ich mich, wenns möglich ist, auch noch in künftigen Welten beugen.

Anmut und Würde stehen in einem zu hohen Wert, um die Eitelkeit und Torheit nicht zur Nachahmung zu reizen. Aber es gibt dazu nur *Einen* Weg, nehmlich Nachahmung der Gesinnungen, deren Ausdruck sie sind. Alles andre ist *Nachäffung*, und wird sich als solche durch Übertreibung bald kenntlich machen.

So wie aus der Affektation des Erhabenen *Schwulst*, aus der Affektation des Edeln das *Kostbare* entsteht, so wird aus der affektierten Anmut *Ziererei* und aus der affektierten Würde steife *Feierlichkeit* und *Gravität*.

Die echte Anmut *gibt bloß nach* und kommt entgegen, die falsche hingegen *zerfließt*. Die wahre Anmut *schont* bloß die Werkzeuge der willkürlichen Bewegung, und will der Freiheit der Natur nicht unnötigerweise zu nahe treten; die falsche Anmut hat gar nicht das Herz, die Werkzeuge des Willens gehörig zu gebrauchen, und um ja nicht ins Harte und Schwerfällige zu fallen, *opfert* sie lieber etwas von dem Zweck der Bewegung auf, oder sucht ihn *durch Umschweife* zu erreichen. Wenn der *unbehülfliche* Tänzer bei einer Menuet soviel Kraft aufwendet, als ob er ein Mühlrad zu ziehen hätte, und mit Händen und Füßen so scharfe Ecken schneidet, als wenn es hier um eine geometrische Genauigkeit zu tun wäre, so wird der *affektierte* Tänzer so schwach auftreten, als ob er den Fußboden fürchtete, und mit Händen und Füßen nichts als Schlangenlinien beschreiben, wenn er auch darüber nicht von der Stelle kommen sollte.

Das andre Geschlecht, welches vorzugsweise im Besitze der wahren Anmut ist, macht sich auch der falschen am meisten schuldig; aber nirgends beleidigt diese mehr, als wo sie der Begierde zum Angel dienet. Aus dem Lächeln der wahren Grazie wird dann die widrigste Grimasse, das schöne Spiel der Augen, so bezaubernd, wenn wahre Empfindung daraus spricht, wird zur Verdrehung, die schmelzend modulierende Stimme, so unwiderstehlich in einem wahren Munde, wird zu einem studierten tremulierenden Klang, und die ganze Musik weiblicher Reizungen zu einer betrüglichen Toilettenkunst.

Wenn man auf Theatern und Ballsälen Gelegenheit hat, die affektierte Anmut zu beobachten, so kann man oft in den Kabinetten der Minister, und in den Studierzimmern der Gelehrten (auf hohen Schulen besonders) die falsche Würde studieren. Wenn die wahre Würde zufrieden ist, den Affekt an seiner Herrschaft zu hindern, und dem Naturtriebe bloß da, wo er den Meister spielen will, in den unwillkürlichen Bewegungen, Schranken setzt, so regiert die falsche Würde auch die willkürlichen mit einem eisernen Zepter, unterdrückt die moralischen Bewegungen, die der wahren Würde heilig sind, so gut als die sinnlichen, und löscht das ganze mimische Spiel der Seele in den Gesichtszügen aus. Sie ist nicht bloß streng gegen die widerstrebende, sondern hart gegen die unterwürfige Natur, und sucht ihre lächerliche Größe in Unterjochung, und wo dies nicht angehen will, in Verbergung derselben. Nicht anders, als wenn sie allem, was Natur heißt, einen unversöhnlichen Haß gelobt hätte, steckt sie den Leib in lange faltigte Gewänder, die den ganzen Gliederbau des Menschen verbergen, beschränkt den Gebrauch der Glieder durch einen lästigen Apparat unnützer Zierrat und schneidet sogar die Haare ab, um das Geschenk der Natur durch ein Machwerk der Kunst zu ersetzen. Wenn die wahre Würde, die sich nie der Natur, nur der rohen Natur schämt, auch da, wo sie an sich hält, noch stets frei und offen bleibt, wenn in den Augen Empfindung strahlt, und der heitre stille Geist auf der beredten Stirne ruht, so legt die *Gravität* die ihrige in Falten, wird verschlossen und mysteriös, und bewacht sorgfältig wie ein Komödiant ihre Züge. Alle ihre Gesichtsmuskeln sind angespannt, aller wahre natürliche Ausdruck verschwindet, und der ganze Mensch ist wie ein versiegelter Brief. Aber die falsche Würde hat nicht immer Unrecht, das mimische Spiel ihrer Züge in scharfer Zucht zu halten, weil es vielleicht mehr aussagen könnte, als man laut machen will; eine Vorsicht, welche die wahre Würde freilich nicht nötig hat. Diese wird die Natur nur beherrschen, nie verbergen; bei der falschen hingegen herrscht die Natur nur desto gewalttätiger *innen*, indem sie *außen* bezwungen ist[14].

---

14 Indessen gibt es auch eine *Feierlichkeit* im guten Sinne, wovon die Kunst Gebrauch machen kann. Diese entsteht nicht aus der Anmaßung, sich wichtig zu machen, sondern sie hat die Absicht, das Gemüt auf etwas wichtiges *vorzubereiten*. Da wo ein großer und tiefer Eindruck geschehen soll, und es dem Dichter darum zu tun ist, daß nichts davon verloren gehe, so stimmt er das Gemüt vorher zum Empfang desselben, entfernt alle Zerstreuungen und setzt die Einbildungskraft in eine Erwartungsvolle Spannung. Dazu ist nun das *Feierliche* sehr geschickt, welches in Häufung vieler Anstalten besteht, wovon man den Zweck nicht absieht, und in einer absichtlichen Verzögerung des Fortschritts, da, wo die Ungeduld Eile fodert. In der Musik wird das Feierliche durch eine *langsame* gleichförmige Folge starker Töne hervorgebracht; die Stärke erweckt und spannt das Gemüt, die Langsamkeit verzögert die Befriedigung, und die Gleichförmigkeit des Takts läßt die Ungeduld gar kein Ende absehen.
Das *Feierliche* unterstützt den Eindruck des großen und erhabenen nicht wenig, und wird daher bei Religionsgebräuchen und Mysterien mit großem Erfolg gebraucht. Die Wirkungen der Glocken, der Choralmusik, der Orgel sind bekannt; aber auch für das Auge gibt es ein *Feierliches*, nehmlich die *Pracht*, verbunden mit dem *Furchtbaren*, wie bei Leichenzeremonien, und bei allen öffentlichen Aufzügen, die eine große Stille, und einen langsamen Takt beobachten.

VOM ERHABENEN

(Zur weitern Ausführung einiger Kantischen Ideen.)

Erhaben nennen wir ein Objekt, bei dessen Vorstellung unsre sinnliche Natur ihre Schranken, unsre vernünftige Natur aber ihre Überlegenheit, ihre Freiheit von Schranken fühlt; gegen das wir also *physisch* den Kürzern ziehen, über welches wir uns aber *moralisch* d. i. durch Ideen erheben.

Nur als Sinnenwesen sind wir abhängig, als Vernunftwesen sind wir frei.

Der erhabene Gegenstand gibt uns *erstlich*: als Naturwesen unsre Abhängigkeit zu empfinden, indem er uns *zweitens*: mit der Unabhängigkeit bekannt macht, die wir als Vernunftwesen über die Natur, sowohl *in* uns als *außer* uns behaupten.

Wir sind abhängig, insofern etwas *außer* uns den Grund enthält, warum etwas *in* uns möglich wird.

Solange die Natur außer uns den Bedingungen konform ist, unter welchen in uns etwas möglich wird, solange können wir unsre Abhängigkeit nicht fühlen. Sollen wir uns derselben bewußt werden, so muß die Natur mit dem was uns *Bedürfnis*, und doch nur durch ihre Mitwirkung *möglich* ist, als streitend vorgestellt werden, oder, was eben soviel sagt, sie muß sich mit unsern Trieben im Widerspruch befinden.

Nun lassen sich alle Triebe, die in uns, als Sinnenwesen, wirksam sind, auf zwei Grundtriebe zurück führen. Erstlich besitzen wir einen Trieb unsern Zustand zu verändern, unsre Existenz zu äußern, wirksam zu sein, welches alles darauf hinausläuft, uns Vorstellungen zu erwerben, also Vorstellungstrieb, Erkenntnistrieb heißen kann. Zweitens besitzen wir einen Trieb unsern Zustand zu erhalten, unsre

Existenz fortzusetzen, welches Trieb der Selbsterhaltung genannt wird.

Der Vorstellungstrieb geht auf Erkenntnis, der Selbsterhaltungstrieb auf Gefühle, also auf innre Wahrnehmungen der Existenz.

Wir stehen also durch diese zweierlei Triebe in zweifacher *Abhängigkeit* von der Natur. Die erste wird uns fühlbar, wenn es die Natur an den Bedingungen fehlen läßt, unter welchen wir zu Erkenntnissen gelangen; die zweite wird uns fühlbar, wenn sie den Bedingungen widerspricht, unter welchen es uns möglich ist, unsre Existenz fortzusetzen. Eben so behaupten wir durch unsere Vernunft eine zweifache *Unabhängigkeit* von der Natur: *erstlich*: indem wir (im theoretischen) über Naturbedingungen hinausgehen, und uns mehr *denken* können, als wir erkennen; *zweitens*: indem wir (im praktischen) uns über Naturbedingungen hinwegsetzen, und durch unsern *Willen* unsrer *Begierde* widersprechen können. Ein Gegenstand, bei dessen Wahrnehmung wir das erste erfahren, ist *theoretisch groß*, ein Erhabenes der Erkenntnis. Ein Gegenstand, der uns die Unabhängigkeit unsers Willen zu empfinden gibt, ist praktisch groß, ein Erhabenes der Gesinnung.

Bei dem Theoretischerhabenen steht die Natur *als Objekt der Erkenntnis*, im Widerspruch mit dem Vorstellungstriebe. Bei dem Praktischerhabenen steht sie als *Objekt der Empfindung*, im Widerspruch mit dem Erhaltungstrieb. Dort wurde sie bloß als ein Gegenstand betrachtet, der unsre Erkenntnis erweitern sollte; hier wird sie als eine Macht vorgestellt, die *unsern* eigenen Zustand bestimmen kann. Kant nennt daher das Praktischerhabene das Erhabene der Macht oder das Dynamischerhabene, im Gegensatz von dem Mathematischerhabenen. Weil aber aus den Begriffen *dynamisch* und *mathematisch* gar nicht erhellen kann, ob die Sphäre des Erhabenen durch diese Einteilung erschöpft sei oder nicht, so habe ich die Einteilung in das *Theoretisch-* und *Praktisch-Erhabene* vorgezogen.

Auf was Art wir in Erkenntnissen von Naturbedingun-

gen abhängig sind, und dieser Abhängigkeit uns bewußt
werden, wird bei Entwicklung des Theoretischerhabenen
hinreichend ausgeführt werden. Daß unsre Existenz als
Sinnenwesen, von Naturbedingungen außer uns abhängig
gemacht ist, wird wohl kaum eines eigenen Beweises
bedürfen. Sobald die Natur außer uns das bestimmte
Verhältnis zu uns ändert, auf welches unser physischer
Wohlstand gegründet ist, so wird auch sogleich unsre
Existenz in der Sinnenwelt, die an diesem physischen
Wohlstande haftet, angefochten und in Gefahr gesetzt. Die
Natur hat also die Bedingungen in ihrer Gewalt, unter
denen wir existieren, und damit wir dieses, zu unserm
Dasein so unentbehrliche Naturverhältnis in Acht nehmen
sollten, so ist unserm physischen Leben an dem *Selbsterhal-*
tungstriebe ein wachsamer Hüter, diesem Triebe aber an dem
Schmerz ein Warner gegeben worden. Sobald daher unser
physischer Zustand eine Veränderung erleidet, die ihn zu
seinem Gegenteil zu bestimmen droht, so erinnert der
Schmerz an die Gefahr, und der Trieb der Selbsterhaltung
wird durch ihn zum Widerstand aufgefordert.

Ist die Gefahr von *der* Art, daß unser Widerstand
vergeblich sein würde, so muß *Furcht* entstehen. Ein
Objekt also, dessen Existenz den Bedingungen der unsrigen widerstreitet, ist, wenn wir uns ihm an Macht nicht
gewachsen fühlen, ein Gegenstand der Furcht, *furchtbar.*

Aber es ist nur furchtbar für uns, als Sinnenwesen, denn
nur als solche hängen wir ab von der Natur. Dasjenige in
uns, was nicht Natur, was dem Naturgesetz nicht unterworfen ist, hat von der Natur außer uns, als Macht
betrachtet, nichts zu befahren. Die Natur, vorgestellt als
eine Macht, die zwar unsern physischen Zustand bestimmen kann, aber auf unsern Willen keine Gewalt hat, ist
dynamisch oder *praktisch* erhaben.

Das Praktischerhabene unterscheidet sich also darin von
dem Theoretischerhabenen, daß es den Bedingungen unsrer Existenz, dieses nur den Bedingungen der Erkenntnis
widerstreitet. Theoretischerhaben ist ein Gegenstand, inso-

fern er die Vorstellung der Unendlichkeit mit sich führet,
deren Darstellung sich die Einbildungskraft nicht gewachsen fühlt. Praktischerhaben ist ein Gegenstand, insofern er
die Vorstellung einer Gefahr mit sich führt, welche zu
⁵ besiegen sich unsre physische Kraft nicht vermögend fühlt.
Wir erliegen an dem Versuch, uns von dem ersten eine
Vorstellung zu machen. Wir erliegen an dem Versuch, uns
der Gewalt des zweiten zu widersetzen. Ein Beispiel des
ersten ist der Ozean in Ruhe, der Ozean im Sturm ein
¹⁰ Beispiel des zweiten. Ein ungeheuer hoher Turm oder Berg
kann ein Erhabenes der Erkenntnis abgeben. Bückt er sich
zu uns herab, so wird er sich in ein Erhabenes der
Gesinnung verwandeln. Beide haben aber wieder das mit
einander gemein, daß sie gerade durch ihren Widerspruch
¹⁵ mit den Bedingungen unsers Daseins und Wirkens, diejenige Kraft in uns aufdecken, die an keine dieser Bedingungen sich gebunden fühlt; eine Kraft also, die einerseits sich
mehr denken kann als der Sinn faßt, und die andrer Seits für
ihre Unabhängigkeit nichts fürchtet und in ihren Äußerun-
²⁰ gen keine Gewalt erleidet, wenn auch ihr sinnlicher Gefährte unter der furchtbaren Naturmacht erliegen sollte.

Ob aber gleich beide Arten des Erhabenen ein gleiches
Verhältnis zu unserer Vernunftkraft haben, so stehen sie
doch in einem ganz verschiednen Verhältnis zu unsrer
²⁵ Sinnlichkeit, welches einen wichtigen Unterschied, sowohl
der Stärke als des Interesse, zwischen ihnen begründet.

Das Theoretischerhabene widerspricht dem Vorstellungstrieb, das Praktischerhabene dem Erhaltungstrieb.
Bei dem ersten wird nur eine einzelne Äußerung der
³⁰ sinnlichen Vorstellungskraft, bei dem zweiten aber wird der
letzte Grund aller möglichen Äußerungen desselben,
nehmlich die Existenz, angefochten.

Nun ist zwar jedes mißlingende Bestreben nach Erkenntnis mit Unlust verbunden, weil einem tätigen Trieb dadurch
³⁵ widersprochen wird. Aber bis zum Schmerz kann diese
Unlust nie steigen, solange wir unsere Existenz von dem
Gelingen oder Mißlingen einer solchen Erkenntnis unab-

hängig wissen, und unsere Selbstachtung nicht dabei
leidet.

Ein Gegenstand aber, der den Bedingungen unsers
Daseins widerstreitet, der in der unmittelbaren Empfindung *Schmerz* erregen würde, erregt in der Vorstellung
Schrecken; denn die Natur mußte zu Erhaltung der Kraft
selbst ganz andere Anstalten treffen, als sie zu Unterhaltung
der Tätigkeit nötig fand. Unsre Sinnlichkeit ist also bei dem
furchtbaren Gegenstand ganz anders interessiert, als bei dem
Unendlichen; denn der Trieb der Selbsterhaltung erhebt
eine viel lautere Stimme als der Vorstellungtrieb. Es ist
ganz etwas anders, ob wir um den Besitz einer einzelnen
Vorstellung, oder ob wir um den Grund aller möglichen
Vorstellungen, unsre Existenz in der Sinnenwelt, ob wir für
das Dasein selbst oder für eine einzelne Äußerung desselben zu fürchten haben.

Eben deswegen aber, weil der *furchtbare* Gegenstand
unsere sinnliche Natur gewaltsamer angreift, als der
unendliche, so wird auch der Abstand zwischen dem sinnlichen und übersinnlichen Vermögen dabei um so lebhafter
gefühlt, so wird die Überlegenheit der Vernunft und die
innere Freiheit des Gemüts desto hervorstechender. Da
nun das ganze Wesen des Erhabenen auf dem Bewußtsein
dieser unsrer Vernunftfreiheit beruht, und alle Lust am
Erhabenen gerade nur auf dieses Bewußtsein sich gründet,
so folgt von selbst (was auch die Erfahrung lehrt) daß das
Furchtbare in der ästhetischen Vorstellung lebhafter und
angenehmer rühren müsse, als das *Unendliche*, und daß also
das Praktischerhabene, der Stärke der Empfindung nach,
einen sehr großen Vorzug vor dem theoretischen voraus
habe.

Das Theoretischgroße erweitert eigentlich nur unsre
Sphäre, das Praktischgroße, das Dynamischerhabene unsre
Kraft. – Unsre wahre und vollkommene Unabhängigkeit
von der Natur erfahren wir eigentlich nur durch das
letztere; denn es ist ganz etwas anders in der bloßen
Handlung des Vorstellens und in seinem ganzen innern

Dasein sich von Naturbedingungen unabhängig fühlen, als sich über das Schicksal, über alle Zufälle, über die ganze Naturnotwendigkeit hinweggesetzt und erhaben fühlen. Nichts liegt dem Menschen als Sinnenwesen näher an, als die Sorge für seine Existenz und keine Abhängigkeit ist ihm drückender als diese, die Natur als diejenige Macht zu betrachten, die über sein Dasein zu gebieten hat. Und von dieser Abhängigkeit fühlt er sich frei bei Betrachtung des Praktischerhabenen. »Die unwiderstehliche Macht der Natur, sagt Kant, gibt uns, als Sinnenwesen betrachtet, zwar unsre Ohnmacht zu erkennen, aber entdeckt zugleich in uns ein Vermögen, uns als von ihr unabhängig zu beurteilen, und eine Überlegenheit über die Natur, worauf sich eine Selbsterhaltung von ganz andrer Art gründet, als diejenige ist, die von der Natur außer uns angefochten und in Gefahr gebracht werden kann – dabei die *Menschheit* in unserer Person unerniedrigt bleibt obgleich *der Mensch* jener Gewalt unterliegen müßte. Auf solche Weise – fährt er fort – wird die furchtbare Macht der Natur, ästhetisch von uns als Erhaben beurteilt, weil sie unsre Kraft, die nicht Natur ist, in uns aufruft, um alles dasjenige, wofür wir als Sinnenwesen besorgt sind, Güter, Gesundheit und Leben, als *klein* anzusehen, und deswegen auch jene Macht der Natur – der wir in Ansehung dieser Güter allerdings unterworfen sind – für uns und unsre Persönlichkeit dennoch als keine Gewalt zu betrachten, unter die wir uns zu beugen hätten, wenn es auf unsre höchsten Grundsätze und deren Behauptung oder Verlassung ankäme. Also, endigt er, heißt die Natur hier erhaben, weil sie die Einbildungskraft zu Darstellung derjenigen Fälle erhebt, in denen das Gemüt sich die eigene Erhabenheit seiner Bestimmung fühlbar machen kann.«

Diese Erhabenheit unserer Vernunftbestimmung – diese unsre praktische Unabhängigkeit von der Natur, muß von derjenigen Überlegenheit wohl unterschieden werden, die wir entweder durch unsere körperlichen Kräfte oder durch unsern Verstand über sie, als Macht, in einzelnen Fällen zu

behaupten wissen, und welche zwar auch etwas großes aber
gar nichts erhabenes an sich hat. Ein Mensch z. B. der mit
einem wilden Tiere streitet und es durch die Stärke seines
Arms oder auch durch List überwindet; ein reißender
Strom, wie der Nil, dessen Macht durch Dämme gebrochen
wird, und den der menschliche Verstand aus einem
schädlichen Gegenstand sogar in einen nützlichen verwandelt, indem er seinen Überfluß in Kanälen auffängt, und
dürre Felder damit wässert; ein Schiff auf dem Meere, das
durch seine künstliche Einrichtung im Stand ist, allem
Ungestüm des wilden Elements zu trotzen: kurz alle
diejenigen Fälle, wo der Mensch durch seinen erfinderi-
schen Verstand die Natur auch da, wo sie ihm als Macht
überlegen und zu seinem Untergange bewaffnet ist,
gezwungen hat, ihm zu gehorchen und seinen Zwecken zu
dienen – alle diese Fälle, sage ich, erwecken kein Gefühl des
Erhabenen, ob sie gleich etwas analoges damit haben und
deswegen auch in der ästhetischen Beurteilung gefallen.
Warum sind sie aber nicht erhaben, da sie doch die
Überlegenheit des Menschen über die Natur vorstellig
machen?

Wir müssen hier zum Begriff des Erhabenen zurückgehen, worin sich der Grund leicht entdecken lassen wird.
Zufolge dieses Begriffs ist nur derjenige Gegenstand
erhaben, gegen den wir als *Naturwesen* erliegen, von dem
wir uns aber als Vernunftwesen, als nicht zur Natur
gehörige Wesen, absolut unabhängig fühlen. Alle *natürliche*
Mittel also, die der Mensch anwendet, um der Naturmacht
zu widerstehen, sind durch diesen Begriff des Erhabenen
ausgeschlossen; denn dieser Begriff verlangt schlechterdings,
daß wir dem Gegenstande als Naturwesen nicht gewachsen
sein sollen, daß wir uns aber durch das, was in uns nicht
Natur ist, (und dies ist nichts anders als reine Vernunft) als
von ihm unabhängig fühlen sollen. Nun sind aber alle jene
angeführten Mittel, durch welche der Mensch der Natur
überlegen wird, (Geschicklichkeit, List und physische
Stärke), aus der Natur genommen, kommen ihm also als

Naturwesen zu; er widersteht also diesen Gegenständen nicht als Intelligenz, sondern als Sinnenwesen, nicht moralisch durch seine innre Freiheit, sondern physisch durch Anwendung natürlicher Kräfte. Er unterliegt auch deswegen diesen Gegenständen nicht, sondern er ist ihnen schon als Sinnenwesen überlegen. Wo er aber mit seinen physischen Kräften ausreicht, da ist nichts da, was ihn nötigen könnte, zu seinem intelligenten Selbst, zu der innern Selbstständigkeit seiner Vernunftkraft seine Zuflucht zu nehmen.

Zum Gefühl des Erhabenen wird also schlechterdings erfordert, daß wir uns von jedem *physischen Widerstehungsmittel* völlig verlassen sehen, und in unserm nichtphysischen Selbst dagegen Hülfe suchen. *Furchtbar* muß also ein solcher Gegenstand für unsre Sinnlichkeit sein, und das ist er nicht mehr, sobald wir uns ihm durch natürliche Kräfte gewachsen fühlen.

Auch wird dieses von der Erfahrung bestätigt. Die mächtigste Naturkraft ist in eben dem Grad weniger erhaben, als sie von dem Menschen gebändigt erscheint, und sie wird wieder schnell erhaben, sobald sie die Kunst des Menschen zu Schanden macht. Ein Pferd, das noch frei und ungebändigt in den Wäldern herumläuft, ist uns als eine uns überlegene Naturkraft *furchtbar*, und kann einen Gegenstand für eine erhabene Schilderung abgeben. Eben dieses Pferd, gezähmt, an das Joch oder vor den Wagen gespannt, verliert seine Furchtbarkeit, und mit ihr auch alles Erhabene. Zerreißt aber dieses gebändigte Pferd seine Zügel, bäumt es sich entrüstet unter seinem Reiter, gibt es sich seine Freiheit gewaltsam wieder, so ist seine Furchtbarkeit wieder da, und es wird aufs neue erhaben.

Die physische Überlegenheit des Menschen über die Naturkräfte ist also so wenig ein Grund des Erhabenen, daß sie fast überall, wo sie angetroffen wird, die Erhabenheit des Gegenstandes schwächt oder ganz vernichtet. Zwar können wir uns mit merklichem Vergnügen bei der Betrachtung der menschlichen Geschicklichkeit verweilen,

die sich die wildesten Naturkräfte zu unterwerfen gewußt
hat, aber die Quelle dieses Vergnügens ist *logisch* und nicht
ästhetisch; es ist eine Wirkung des Nachdenkens und wird
nicht durch die unmittelbare Vorstellung eingeflößt.

Praktisch erhaben ist also die Natur nirgends, als wo sie
furchtbar ist. Aber nun entsteht die Frage: ist dies auch
umgekehrt so? Ist sie überall, wo sie furchtbar ist, auch
praktisch erhaben?

Hier müssen wir abermals zum Begriff des Erhabenen
zurückgehen. So eine wesentliche Erfodernis es dazu ist,
daß wir uns als Sinnenwesen von dem Gegenstand
abhängig fühlen, so wesentlich gehört auf der andern Seite
dazu, daß wir uns als Vernunftwesen von demselben
unabhängig fühlen. Wo das erste nicht ist, wo der Gegenstand gar nichts furchtbares für unsre Sinnlichkeit hat, da
ist keine Erhabenheit möglich. Wo das zweite fehlt, wo er
bloß furchtbar ist, wo wir uns ihm als Vernunftwesen nicht
überlegen fühlen, da ist sie eben so wenig möglich.

Innre Gemütsfreiheit gehört schlechterdings dazu, um
das Furchtbare erhaben zu finden, und Wohlgefallen daran
zu haben; denn es kann ja bloß dadurch erhaben sein, daß es
unsre Unabhängigkeit, unsre Gemütsfreiheit zu empfinden
gibt. Nun hebt aber die wirkliche und ernstliche Furcht alle
Gemütsfreiheit auf.

Das erhabene Objekt muß also zwar furchtbar sein, aber
wirkliche Furcht darf es nicht erregen. Furcht ist ein
Zustand des *Leidens* und der *Gewalt*; das Erhabene kann
allein in der freien Betrachtung und durch das Gefühl
innrer Tätigkeit gefallen. Entweder darf also das furchtbare
Objekt seine Macht gar nicht gegen uns richten, oder wenn
dies geschieht, so muß unser Geist frei bleiben, indem
unsere Sinnlichkeit überwältigt wird. Dieser letztere Fall ist
aber höchst selten und erfodert eine *Erhebung* der menschlichen Natur, die kaum in einem Subjekt als möglich
gedacht werden kann. Denn da, wo wir uns wirklich in
Gefahr befinden, wo wir selbst der Gegenstand einer
feindseligen Naturmacht sind, da ist es um die ästhetische

Beurteilung geschehen. So erhaben ein Meersturm, vom Ufer aus betrachtet, sein mag, so wenig mögen die, welche sich auf dem Schiff befinden, das von demselben zertrümmert wird, aufgelegt sein, dieses ästhetische Urteil darüber zu fällen.

Wir haben es also bloß mit dem ersten Fall zu tun, wo das furchtbare Objekt uns zwar seine Macht sehen läßt, aber sie nicht gegen uns richtet, wo wir uns vor demselben *sicher wissen*. Wir versetzen uns alsdann bloß in der Einbildung in den Fall, wo diese Macht uns selbst treffen könnte und aller Widerstand vergeblich sein würde. Das Schreckliche ist also bloß in der Vorstellung, aber auch schon die bloße Vorstellung der Gefahr, bringt, wenn sie einigermaßen lebhaft ist, den Erhaltungstrieb in Bewegung, und es erfolgt etwas dem analoges, was die wirkliche Empfindung hervorbringen würde. Ein Schauer ergreift uns, ein Gefühl von Bangigkeit regt sich, unsre Sinnlichkeit wird empört. Und ohne diesen Anfang des wirklichen Leidens, ohne diesen ernstlichen Angriff auf unsre Existenz würden wir bloß mit dem Gegenstande spielen; und es muß *Ernst* sein, wenigstens in der Empfindung, wenn die Vernunft zur Idee ihrer Freiheit ihre Zuflucht nehmen soll. Auch kann das Bewußtsein unsrer innern Freiheit nur insofern einen Wert haben und etwas gelten, als es damit Ernst ist, es kann aber nicht damit Ernst sein, wenn wir mit der Vorstellung der Gefahr bloß spielen.

Ich habe gesagt, daß wir uns in Sicherheit befinden müssen, wenn das *Furchtbare* uns gefallen soll. Nun gibt es aber Unglücksfälle und Gefahren, vor denen sich der Mensch niemals sicher wissen kann, und die in der Vorstellung doch erhaben sein können und es auch wirklich sind. Der Begriff der Sicherheit kann also nicht darauf eingeschränkt werden, daß man sich der Gefahr physisch entzogen weiß, wie z. B. wenn man von einem hohen und wohlbefestigten Geländer in eine große Tiefe, oder von einer Anhöhe auf die stürmende See hinab sieht. Hier freilich gründet sich die Furchtlosigkeit auf die Überzeugung von der Unmöglichkeit, daß man getroffen werden kann. Aber worauf wollte man seine Sicherheit vor dem Schicksal, vor der allgegenwärtigen Macht der Gottheit, vor schmerzhaften Krankheiten, vor empfindlichen Verlusten, vor dem Tode gründen. Hier ist gar kein physischer Grund der Beruhigung vorhanden; und wenn wir uns das Schicksal in seiner Furchtbarkeit denken, so müssen wir uns zugleich sagen, daß wir derselben nichtsweniger als entzogen sind.

Es gibt also einen zweifachen Grund der Sicherheit. Vor solchen Übeln, denen zu entfliehen in unserm physischen Vermögen steht, können wir äußere physische Sicherheit haben; vor solchen Übeln aber, denen wir auf natürlichem Weg nicht zu widerstehen noch auszuweichen im Stande sind, können wir bloß innre oder moralische Sicherheit haben. Dieser Unterschied ist, besonders in Beziehung auf das Erhabene, wichtig.

Die *physische Sicherheit* ist ein unmittelbarer Beruhigungsgrund für unsre Sinnlichkeit ohne alle Beziehung auf unsern innern oder moralischen Zustand. Es wird daher auch gar nichts dazu erfodert, ein Objekt ohne Furcht zu betrachten, vor welchem man sich in dieser physischen Sicherheit befindet. Daher bemerkt man auch unter den Menschen eine bei weitem größere Einstimmigkeit der Urteile über das Erhabene *solcher* Objekte, deren Anblick mit dieser physischen Sicherheit verbunden ist, als derjenigen, vor denen man nur moralische Sicherheit hat. Die Ursache ist in die Augen fallend. Physische Sicherheit kommt jedem auf gleiche Art zu gut; moralische hingegen setzt einen Gemütszustand voraus, der nicht in allen Subjekten sich findet. Aber weil diese physische Sicherheit bloß für die Sinnlichkeit gilt, so hat sie für sich selbst nichts, was der Vernunft gefallen könnte, und ihr Einfluß ist bloß negativ, indem sie bloß verhindert, daß der Selbsterhaltungstrieb nicht aufgeschreckt und die Gemütsfreiheit aufgehoben wird.

Ganz anders ist es mit der innern oder *moralischen*

Sicherheit. Diese ist zwar auch ein Beruhigungsgrund für die *Sinnlichkeit* (sonst wäre sie selbst erhaben) aber sie ist es nur mittelbar durch Ideen der Vernunft. Wir sehen das Furchtbare ohne Furcht an, weil wir uns der Macht desselben über uns, als Naturwesen, entweder durch das Bewußtsein unserer *Unschuld* oder durch den Gedanken an die *Unzerstörbarkeit unsers Wesens* entzogen fühlen. Diese moralische Sicherheit postuliert also, wie wir sehen, *Religionsideen*, denn nur die *Religion* nicht aber die *Moral* stellt Beruhigungsgründe für unsere Sinnlichkeit auf. Die Moral verfolgt die Vorschrift der Vernunft unerbittlich und ohne alle Rücksicht auf das Interesse unserer Sinnlichkeit; die Religion aber ist es, die zwischen den Foderungen der Vernunft und dem Anliegen der Sinnlichkeit eine Aussöhnung eine Übereinkunft zu stiften sucht. Zur moralischen Sicherheit reicht es also gar nicht hin, daß wir eine moralische Gesinnung besitzen, sondern es wird noch dazu erfodert, daß wir die *Natur* in Einstimmung mit dem *Moralgesetz,* oder was hier einerlei ist, daß wir sie uns unter dem Einfluß eines reinen Vernunftwesens denken. Der Tod z. B. ist ein solcher Gegenstand, vor dem wir *nur* moralische Sicherheit haben. Die lebhafte Vorstellung aller Schrecknisse des Todes, verbunden mit der Gewißheit, ihm nicht entfliehen zu können, würde es den meisten Menschen, weil die meisten doch weit mehr Sinnenwesen als Vernunftwesen sind, durchaus unmöglich machen, mit dieser Vorstellung soviel Ruhe zu verbinden, als zu einem ästhetischen Urteil erfodert wird – wenn nicht der Vernunftglaube an eine Unsterblichkeit, auch noch selbst für die Sinnlichkeit, eine leidliche Auskunft wüßte.

Aber man muß dies nicht so verstehen, als ob die Vorstellung des Todes, wenn sie mit Erhabenheit verbunden ist, diese Erhabenheit durch die Idee der Unsterblichkeit erhielte. – Nichtsweniger! – Die Idee der Unsterblichkeit, so wie ich sie hier annehme, ist ein Beruhigungsgrund für unsern Trieb nach Fortdauer, also für unsere Sinnlichkeit, und ich muß einmal für allemal bemerken, daß bei allem, was einen erhabenen Eindruck machen soll, die Sinnlichkeit mit ihren Foderungen schlechterdings abgewiesen worden sein, und aller Beruhigungsgrund nur in der Vernunft zu suchen sein müsse. Diejenige Idee der Unsterblichkeit also, wobei die Sinnlichkeit gewissermaßen noch ihre Rechnung findet (wie sie in allen positiven Religionen aufgestellt ist) kann gar nichts dazu beitragen, die Vorstellung des Todes zu einem erhabenen Gegenstand zu machen. Vielmehr muß diese Idee nur gleichsam im Hintergrunde stehen, um bloß der Sinnlichkeit zu Hülfe zu kommen, wenn diese sich allen Schrecknissen der Zernichtung trost- und wehrlos bloß gestellt fühlte und unter diesem heftigen Angriff zu erliegen drohte. Wird diese Idee der Unsterblichkeit aber die herrschende im Gemüt, so verliert der Tod das *Furchtbare*, und das *Erhabene* verschwindet.

Die Gottheit, vorgestellt in ihrer Allwissenheit, die alle Krümmungen des menschlichen Herzens durchleuchtet, in ihrer Heiligkeit, die keine unreine Regung duldet, und in ihrer Macht, die unser physisches Schicksal in ihrer Gewalt hat, ist eine *furchtbare* Vorstellung, und kann deswegen zu einer *erhabenen* Vorstellung werden. Vor den Wirkungen dieser Macht können wir keine physische Sicherheit haben, weil es uns gleich unmöglich ist, derselben *auszuweichen* und *Widerstand* zu tun. Also bleibt uns nur moralische Sicherheit übrig, die wir auf die Gerechtigkeit dieses Wesens und auf unsre Unschuld gründen. Wir sehen die schreckhaften Erscheinungen, durch welche sie ihre Macht zu erkennen gibt, ohne Schrecken an, weil das Bewußtsein unserer Schuldlosigkeit uns davor sicher stellt. Diese moralische Sicherheit macht es uns möglich, bei der Vorstellung dieser grenzenlosen, unwiderstehlichen und allgegenwärtigen Macht unsre Gemütsfreiheit nicht völlig zu verlieren, denn wo diese dahin ist, da ist das Gemüt zu keiner ästhetischen Beurteilung aufgelegt. Sie kann aber die Ursache des Erhabenen nicht sein, weil dieses Gefühl der Sicherheit, ob es gleich auf moralischen Gründen beruht, doch zuletzt nur einen Beruhigungsgrund für die Sinnlichkeit abgibt, und

den Trieb der Selbsterhaltung befriedigt; das Erhabene aber
niemals auf Befriedigung unsrer Triebe sich gründet. Soll
die Vorstellung der Gottheit praktisch (dynamisch) erhaben
werden, so dürfen wir das Gefühl unserer Sicherheit *nicht*
auf unser Dasein sondern *auf unsre Grundsätze* beziehen. Es
muß uns gleichgültig sein, wie wir als Naturwesen dabei
fahren, wenn wir uns nur als Intelligenzen von den
Wirkungen ihrer Macht unabhängig fühlen. Wir fühlen uns
aber als Vernunftwesen selbst von der Allmacht unabhängig, insofern selbst die Allmacht unsre Autonomie nicht
aufheben, unsern Willen nicht gegen unsre Grundsätze
bestimmen kann. Nur insofern also, als wir der Gottheit
allen *Natureinfluß* auf unsre *Willensbestimmungen* absprE-
chen, ist die Vorstellung ihrer Macht dynamischerhaben.

In seinen Willensbestimmungen sich von der Gottheit
unabhängig fühlen, heißt aber nichts anders als sich bewußt
sein, daß die Gottheit nie *als eine Macht* auf unsern Willen
wirken könne. Weil aber der reine Wille jederzeit mit dem
Willen der Gottheit koinzidieren muß, so kann der Fall nie
eintreten, daß wir uns aus reiner Vernunft gegen den Willen
der Gottheit bestimmen. Wir sprechen ihr also bloß in
sofern den Einfluß auf unsern Willen ab, als wir uns bewußt
sind, daß *sie durch nichts anders als durch ihre Einstimmigkeit*
mit dem reinen Vernunftgesetz in uns, also nicht durch
Autorität, nicht durch Belohnung oder Strafe, nicht durch
Hinsicht auf ihre Macht, *in unsre Willensbestimmungen ein-*
fließen könne. Unsre Vernunft verehrt in der Gottheit nichts
als ihre Heiligkeit, und fürchtet auch nichts von ihr, als ihre
Mißbilligung – und auch diese nur in so fern, als sie in der
göttlichen Vernunft ihre eigenen Gesetze erkennt. Es steht
aber nicht in der göttlichen *Willkür*, unsre Gesinnungen zu
mißbilligen oder zu billigen, sondern das wird durch unser
Betragen bestimmt. In dem einzigen Falle also, wo die
Gottheit für uns furchtbar werden könnte, nehmlich in
ihrer Mißbilligung, hängen wir nicht von ihr ab. Die
Gottheit also, vorgestellt als eine Macht, die unsre *Existenz*
zwar aufheben, aber solange wir diese Existenz noch haben,

auf die Handlungen unsrer Vernunft keinen Einfluß haben kann, ist dynamischerhaben – und auch nur diejenige Religion, welche uns diese Vorstellung von der Gottheit gibt, trägt das Siegel der Erhabenheit in sich.*

Der Gegenstand des Praktischerhabenen muß für die Sinnlichkeit furchtbar sein; unserm physischen Zustand muß ein Übel drohen, und die Vorstellung der Gefahr muß den Selbsterhaltungtrieb in Bewegung setzen.

Unser *intelligibles Selbst*, dasjenige in uns, was nicht Natur ist, muß sich bei jener Affektion des Erhaltungtriebs von

---

* Wider diese Auflösung des Begriffs vom Dynamischerhabenen, sagt Kant, scheint zu streiten, daß wir Gott im Ungewitter, Erdbeben u. s. f. als eine zürnende Macht und dennoch als erhaben vorzustellen pflegen, wobei es von unsrer Seite Torheit sowohl als Frevel sein würde, uns eine Überlegenheit des Gemüts über die Wirkungen einer solchen Macht einzubilden. Hier scheint kein Gefühl der Erhabenheit unsrer eignen Natur, sondern vielmehr Niedergeschlagenheit und Unterwerfung die Gemütsstimmung zu sein, die sich für die Erscheinung eines solchen Gegenstandes schickt. In der Religion überhaupt scheint Niederwerfen, Anbetung mit zerknirschten angstvollen Geberden das einzig schickliche Benehmen in Gegenwart der Gottheit zu sein, welches daher auch die meisten Völker angenommen haben. Aber, fährt er fort, diese Gemütsstimmung ist mit der Idee der *Erhabenheit* einer Religion bei weitem nicht so notwendig verbunden. Der Mensch, der sich seiner Schuld bewußt ist und also Ursache hat, sich zu fürchten, ist in gar keiner Gemütsstimmung, um die göttliche Größe zu bewundern – nur alsdann, wenn sein Gewissen rein ist, dienen jene Wirkungen der göttlichen Macht dazu, ihm eine erhabene Idee von der Gottheit zu geben, sofern er durch das Gefühl seiner eigenen erhabnen Gesinnung über die *Furcht* vor den Wirkungen dieser Macht erhoben wird. Er hat Ehrfurcht, nicht Furcht, vor der Gottheit, da hingegen die Superstition bloße Furcht und Angst vor der Gottheit fühlt, ohne sie hochzuschätzen, woraus nie eine Religion des guten Wandels, bloß Gunstbewerbung und Einschmeichlung entstehen kann. *Kants Kritik der ästhetischen Urteilskraft. Analytik des Erhabenen.*

dem sinnlichen Teil unsers Wesens unterscheiden, und
seiner Selbstständigkeit, seiner Unabhängigkeit von allem,
was die physische Natur treffen kann, kurz, seiner Freiheit
sich bewußt werden.

5   Diese Freiheit ist aber schlechterdings nur moralisch,
nicht physisch. Nicht durch unsre natürliche Kräfte, nicht
durch unsern Verstand, nicht als Sinnenwesen, dürfen wir
uns dem furchtbaren Gegenstand überlegen fühlen; denn
da würde unsre Sicherheit immer nur durch physische
10   Ursachen, also empirisch, bedingt sein, und also immer
noch eine Abhängigkeit von der Natur übrig bleiben.
Sondern es muß uns völlig gleichgültig sein, wie wir als
Sinnenwesen dabei fahren, und bloß darin muß unsre
Freiheit bestehen, daß wir unsern physischen Zustand, der
15   durch die Natur bestimmt werden kann, gar nicht zu
unserm Selbst rechnen, sondern als etwas auswärtiges und
fremdes betrachten, was auf unsre moralische Person
keinen Einfluß hat.

Groß ist, wer das Furchtbare überwindet. *Erhaben* ist,
20   wer es, auch selbst unterliegend, nicht fürchtet.

Hannibal war theoretischgroß, da er sich über die un-
wegsamen Alpen den Durchgang nach Italien bahnte;
praktischgroß oder erhaben war er nur im Unglück.

Groß war Herkules da er seine zwölf Arbeiten unter-
25   nahm und beendigte.

Erhaben war Prometheus, da er am Kaukasus ange-
schmiedet, seine Tat nicht bereute und sein Unrecht nicht
eingestand.

Groß kann man sich im *Glück*, erhaben nur im Unglück
30   zeigen.

Praktischerhaben ist also jedweder Gegenstand, der uns
zwar unsre Ohnmacht, als Naturwesen, zu bemerken gibt –
zugleich aber ein Widerstehungsvermögen von ganz andrer
Art in uns aufdeckt, welches zwar von unsrer physischen
35   Existenz die Gefahr *nicht* entfernt, aber (welches unendlich
mehr ist) unsre physische Existenz selbst von unsrer
Persönlichkeit absondert. Es ist also keine *materiale* und

bloß einen einzelnen Fall betreffende, sondern eine *idealische* und über alle möglichen Fälle sich erstreckende Sicherheit, deren wir uns bei Vorstellung des Erhabenen bewußt werden. Dieses gründet sich also ganz und gar nicht auf Überwindung oder Aufhebung einer uns drohenden Gefahr, sondern auf Wegräumung der letzten Bedingung, unter der es allein Gefahr für uns geben kann, indem es uns den sinnlichen Teil unsers Wesens, der allein der Gefahr unterworfen ist, als ein auswärtiges Naturding betrachten lehrt, das unsre wahre Person, unser moralisches Selbst, gar nichts angeht.

Nach Festsetzung des Begriffs vom Praktischerhabenen sind wir im Stande, es nach Verschiedenheit der Gegenstände, durch die es erregt wird, und nach Verschiedenheit der Verhältnisse, in welchen wir zu diesen Gegenständen stehen, unter Klassen zu bringen.

In der Vorstellung des Erhabenen unterscheiden wir dreierlei. *Erstlich*: einen Gegenstand der Natur, als Macht: *Zweitens*: eine Beziehung dieser Macht auf unser physisches Widerstehungsvermögen: *Drittens*: eine Beziehung derselben auf unsre moralische Person. Das Erhabene ist also die Wirkung dreier auf einander folgender Vorstellungen: 1) einer objektiven physischen Macht, 2) unsrer subjektiven physischen Ohnmacht 3) unsrer subjektiven moralischen Übermacht. Ob aber gleich bei jeder Vorstellung des Erhabenen diese drei Bestandstücke wesentlich und notwendig sich vereinigen müssen, so ist es dennoch zufällig, wie wir zu der Vorstellung derselben gelangen, und darauf gründet sich nun ein zweifacher Hauptunterschied des Erhabenen der Macht.

I.

Entweder wird bloß ein Gegenstand als Macht, die objektive Ursache des Leidens, aber nicht das Leiden selbst in der Anschauung gegeben, und es ist das urteilende Subjekt, welches die Vorstellung des Leidens in sich

erzeugt, und den gegebenen Gegenstand, durch Beziehung
auf den Erhaltungstrieb, in ein Objekt der Furcht, und,
durch Beziehung auf seine moralische Person, in ein
Erhabnes verwandelt.

2.

Oder außer dem Gegenstand als Macht wird zugleich seine
Furchtbarkeit für den Menschen das Leiden selbst objektiv
vorgestellt, und dem beurteilenden Subjekt bleibt nichts
übrig, als die Anwendung davon auf seinen moralischen
Zustand zu machen, und aus dem Furchtbaren das Erhabene zu erzeugen.

Ein Objekt der ersten Klasse ist *kontemplativ*- ein Objekt
der zweiten *pathetischerhaben*.

I.

DAS KONTEMPLATIVERHABENE DER MACHT

Gegenstände welche uns weiter nichts als eine Macht der
Natur zeigen, die der unsrigen weit überlegen ist, im
übrigen aber es uns selbst anheim stellen, ob wir eine
Anwendung davon auf unsern physischen Zustand oder
auf unsre moralische Person machen wollen, sind bloß
kontemplativerhaben. Ich nenne sie deswegen so, weil sie
das Gemüt nicht so gewaltsam ergreifen, daß es nicht in
einem Zustand ruhiger Betrachtung dabei verharren könnte. Bei dem Kontemplativerhabenen kommt auf die Selbsttätigkeit des Gemüts das meiste an, weil von außen nur
Eine Bedingung gegeben wird, die zwei andern aber von
dem Subjekt selbst erfüllt werden müssen. Aus diesem
Grund ist das Kontemplativerhabene weder von so intensivstarker noch von so ausgebreiteter Wirkung als das
Pathetischerhabene. *Nicht von so ausgebreiteter*: weil nicht alle
Menschen Einbildungskraft genug haben, um eine lebhafte
Vorstellung der Gefahr in sich hervorzubringen, nicht alle
selbstständige moralische Kraft genug haben, um einer

solchen Vorstellung nicht lieber auszuweichen. *Nicht von so
starker Wirkung*: weil die Vorstellung der Gefahr, auch
wenn sie noch so lebhaft erweckt wird, in diesem Falle doch
immer *freiwillig* ist, und das Gemüt leichter über eine
Vorstellung Meister bleibt, die es selbsttätig erzeugte. Das
Kontemplativerhabene verschafft daher einen geringern,
aber auch weniger gemischten Genuß.

Die Natur gibt zum Kontemplativerhabenen nichts her,
als einen Gegenstand als Macht, aus dem etwas furchtbares
für die Menschheit zu machen, der Einbildungskraft
überlassen bleibt. Je nachdem nun der Anteil groß oder
klein ist, den die Phantasie an Hervorbringung dieses
Furchtbaren hat, je nachdem sie ihr Geschäft aufrichtiger
oder verdeckter verwaltet, muß auch das Erhabene verschieden ausfallen.

Ein Abgrund, der sich zu unsern Füßen auftut, ein
Gewitter, ein brennender Vulkan, eine Felsenmasse, die
über uns herabhängt, als wenn sie eben niederstürzen
wollte, ein Sturm auf dem Meere, ein rauher Winter der
Polargegend, ein Sommer der heißen Zone, reißende oder
giftige Tiere, eine Überschwemmung u. d. gl. sind solche
Mächte der Natur, gegen welche unser Widerstehendes
Vermögen für nichts zu rechnen ist, und die mit unsrer
physischen Existenz doch im Widerspruche stehen. Selbst
gewisse idealische Gegenstände wie z. B. die *Zeit*, als eine
Macht betrachtet, die still aber unerbittlich wirkt, die
Notwendigkeit, deren strengem Gesetze kein Naturwesen
sich entziehen kann, selbst die moralische Idee der *Pflicht*,
die sich nicht selten gegen unsre physische Existenz als eine
feindliche Macht verhält, sind furchtbare Gegenstände,
sobald die *Einbildungskraft* sie auf den Erhaltungtrieb
bezieht; und sie werden erhaben, sobald die *Vernunft* sie auf
ihre höchsten Gesetze anwendet. Weil aber in allen diesen
Fällen die Phantasie erst das Furchtbare hinzutut, und es
ganz bei uns steht eine Idee zu unterdrücken, die unser
eigenes Werk ist, so gehören diese Gegenstände in die
Klasse des Kontemplativerhabenen.

Aber die Vorstellung der Gefahr hat hier doch einen *realen* Grund, und es bedarf bloß der einfachen Operation: die Existenz dieser Dinge mit unserer physischen Existenz in *eine* Vorstellung zu verknüpfen, so ist das Furchtbare da. Die Phantasie braucht aus ihrem eigenen Mittel nichts hinein zu legen, sondern sie hält sich nur an das, was ihr gegeben ist.

Aber nicht selten werden an sich gleichgültige Gegenstände der Natur, durch Dazwischenkunft der Phantasie, subjektiv in furchtbare Mächte verwandelt, und es ist die Phantasie selbst, die das Furchtbare nicht bloß durch Vergleichung *entdeckt, sondern* es ohne einen hinreichenden objektiven Grund dazu zu haben, eigenmächtig *erschafft*. Dies ist der Fall beim *Außerordentlichen* und beim *Unbestimmten*.

Dem Menschen, im Zustand der Kindheit, wo die Einbildungskraft am ungebundensten wirkt, ist alles schreckhaft was ungewöhnlich ist. In jeder unerwarteten Erscheinung der Natur glaubt er einen Feind zu erblicken, der gegen sein Dasein gerüstet ist, und der Erhaltungstrieb ist sogleich geschäftig, dem Angriff zu begegnen. Der Erhaltungstrieb ist in dieser Periode sein unumschränkter Gebieter, und weil dieser Trieb ängstlich und feig ist, so ist die Herrschaft desselben ein Reich des Schreckens und der Furcht. Der Aberglaube, der in dieser Epoche sich bildet, ist daher schwarz und fürchterlich, und auch die Sitten tragen diesen feindseligen finstern Charakter. Man findet den Menschen früher bewaffnet als bekleidet, und sein erster Griff ist an das Schwert, wenn er einem Fremdling begegnet. Die Gewohnheit der alten Taurier, jeden Ankömmling, den das Unglück an ihre Küste führte, der Diana zu opfern, hat schwerlich einen andern Ursprung als die *Furcht*; denn so verwildert ist nur der *schiefgebildete* nicht der *ungebildete* Mensch, daß er gegen dasjenige wütete, was ihm nicht schaden kann.

Diese Furcht vor allem, was außerordentlich ist, verliert sich nun zwar im Zustand der Kultur, aber nicht so ganz,

daß in der *ästhetischen* Betrachtung der Natur, wo sich der
Mensch dem Spiel der Phantasie freiwillig hingibt, nicht
eine Spur davon übrig bleiben sollte. Das wissen die
Dichter sehr gut, und unterlassen daher nicht, das *außeror-*
dentliche wenigstens als ein Ingrediens des Furchtbaren zu
gebrauchen. Eine tiefe Stille, eine große Leere, eine
plötzliche Erhellung der Dunkelheit sind an sich sehr
gleichgültige Dinge, die sich durch nichts als das Außerordentliche und Ungewöhnliche auszeichnen. Dennoch
erregen sie ein Gefühl des Schreckens, oder verstärken
wenigstens den Eindruck desselben, und sind daher tauglich zum Erhabenen.

Wenn uns Virgil mit Grausen über das Höllenreich
erfüllen will, so macht er uns vorzüglich auf die Leerheit
und Stille desselben aufmerksam. Er nennt es *loca nocte late*
tacentia weitschweigende Gefilde der Nacht, *domos vacuas*
Ditis et inania regna leere Behausungen und hohle Reiche des
Pluto.

Bei den Einweihungen in die Mysterien der Alten wurde
vorzüglich auf einen furchtbaren feierlichen Eindruck gesehen, und dazu bediente man sich besonders auch des Still-
schweigens. Eine tiefe Stille gibt der Einbildungskraft einen
freien Spielraum, und spannt die Erwartung auf etwas
Furchtbares, welches kommen soll. Bei Übungen der Andacht ist das Stillschweigen einer ganzen versammelten Gemeine ein sehr wirksames Mittel, der Phantasie einen
Schwung zu geben und das Gemüt in eine feierliche
Stimmung zu setzen. Selbst der Volksaberglaube macht bei
seinen Träumereien davon Gebrauch, denn bekanntlich muß
eine tiefe Stille beobachtet werden, wenn man einen Schatz
zu erheben hat. In den bezauberten Pallästen, die in
Feenmährchen vorkommen, herrscht ein totes Schweigen,
welches Grauen erweckt, und es gehört zur Naturgeschichte
der bezauberten Wälder, daß nichts lebendiges sich darin
regt. Auch die *Einsamkeit* ist etwas furchtbares, sobald sie
anhaltend und unfreiwillig ist, wie z. B. die Verbannung in
eine unbewohnte Insel. Eine weitausgebreitete Wüste, ein

einsamer, viele Meilen langer Wald, das Herumirren auf der grenzenlosen See, sind lauter Vorstellungen, welche Grauen erregen, und in der Dichtkunst zum Erhabenen zu gebrauchen sind. Hier aber (bei der Einsamkeit) ist doch schon ein objektiver Grund der Furcht, weil die Idee einer großen Einsamkeit auch die Idee der *Hülflosigkeit* mit sich führt.

Noch weit geschäftiger beweist sich die Phantasie, aus dem *geheimen* unbestimmten und *undurchdringlichen* einen Gegenstand des Schreckens zu machen. Hier ist sie eigentlich in ihrem Element, denn da ihr die Wirklichkeit keine Grenzen setzt, und ihre Operationen auf keinen besondern Fall eingeschränkt werden, so steht ihr das weite Reich der Möglichkeiten offen. Daß sie sich aber gerade zum *Schrecklichen* hinneigt und von dem unbekannten mehr *fürchtet* als *hofft*, liegt in der Natur des Erhaltungstriebs, der sie leitet. Die Verabscheuung wirkt ungleich schneller und mächtiger als die Begierde, und daher kommt es, daß wir hinter dem Unbekannten mehr Schlimmes vermuten, als Gutes erwarten.

Die *Finsternis* ist schrecklich und eben darum zum Erhabenen tauglich. Sie ist aber nicht an sich selbst schrecklich, sondern weil sie uns die Gegenstände verbirgt, und uns also der ganzen Gewalt der Einbildungskraft überliefert. Sobald die Gefahr deutlich ist, verschwindet ein großer Teil der Furcht. Der Sinn des Gesichts, der erste Wächter unsers Daseins, versagt uns in der Dunkelheit seine Dienste, und wir fühlen uns der verborgenen Gefahr wehrlos bloß gestellt. Darum setzt der Aberglaube alle Geistererscheinungen in die Mitternachtstunde, und das Reich des Todes wird vorgestellt als ein Reich der ewigen Nacht. In den Dichtungen Homers, wo die Menschheit noch ihre natürlichste Sprache redet, wird die Dunkelheit als eins der größten Übel dargestellt.

Allda liegt das Land und die Stadt der cimmerischen
Männer.
Diese tappen beständig in Nacht und Nebel, und
niemals

Schauet strahlend auf sie der Gott der leuchtenden
                                          Sonne,
Sondern schreckliche Nacht umhüllt die elenden
                              Menschen.
                                        Odyßee eilfter Gesang. 5

»Jupiter, ruft der tapfre Ajax im Dunkel der Schlacht aus,
befreie die Griechen von dieser Finsternis. Laß es Tag
werden, laß diese Augen sehen, und dann, wenn du willst,
laß mich im Lichte fallen.«   *Ilias.*

Auch das *unbestimmte* ist ein Ingrediens des Schrecklichen, 10
und aus keinem andern Grunde, als weil es der Einbildungskraft Freiheit gibt, das Bild nach ihrem eigenen Gutdünken auszumalen. Das bestimmte hingegen führt zu
deutlicher Erkenntnis, und entzieht den Gegenstand dem
willkürlichen Spiel der Phantasie, indem es ihn dem Ver- 15
stand unterwirft.

Homers Darstellung der Unterwelt wird eben dadurch,
daß sie gleichsam in einem Nebel schwimmt desto furchtbarer, und die Geistergestalten im Oßian sind nichts als
luftige Wolkengebilde, denen die Phantasie nach Willkür 20
den Umriß gibt.

Alles was *verhüllt* ist, alles *Geheimnisvolle*, trägt zum
Schrecklichen bei, und ist deswegen der Erhabenheit fähig.
Von dieser Art ist die Aufschrift, welche man zu Sais in
Egypten über dem Tempel der Isis las. »Ich bin alles was ist, 25
was gewesen ist, und was sein wird. Kein sterblicher
Mensch hat meinen Schleier aufgehoben.« – Eben dieses
Ungewisse und Geheimnisvolle gibt den Vorstellungen der
Menschen von der Zukunft nach dem Tode etwas grauen-
volles; diese Empfindungen sind in dem bekannten Selbst- 30
gespräch Hamlets sehr glücklich ausgedrückt.

Die Beschreibung, die uns Tacitus von dem feierlichen
Aufzug der Göttin Hertha macht, wird durch das Dunkel,
das er darüber verbreitet, furchtbar erhaben. Der Wagen
der Göttin verschwindet im Innersten des Waldes, und 35

keiner von denen, die zu diesem geheimnisvollen Dienst
gebraucht werden, kommt lebend zurück. Mit Schauder
fragt man sich, was das wohl sein möge, welches dem der es
sieht, das Leben kostet, *quod tantum morituri vident.*

Alle Religionen haben ihre Mysterien, welche ein
heiliges Grauen unterhalten, und so wie die Majestät der
Gottheit hinter dem Vorhang im Allerheiligsten wohnt, so
pflegt sich auch die Majestät der Könige mit Geheimnis zu
umgeben, um die Ehrfurcht ihrer Untertanen durch diese
künstliche Unsichtbarkeit in fortdauernder Spannung zu
erhalten.

Dies sind die vorzüglichsten Unterarten des Kontemplativerhabenen der Macht, und da sie in der moralischen
Bestimmung des Menschen gegründet sind, welche allen
Menschen gemein ist, so ist man berechtigt, eine Empfänglichkeit dafür bei allen menschlichen Subjekten vorauszusetzen, und der Mangel derselben kann nicht wie bei bloß
sinnlichen Rührungen durch ein Spiel der Natur entschuldigt, sondern darf als eine Unvollkommenheit dem Subjekt
zugerechnet werden. Zuweilen findet man das Erhabene
der Erkenntnis mit dem Erhabenen der Macht verbunden,
und die Wirkung ist um so größer, wenn nicht bloß das
sinnliche Widerstehungsvermögen, sondern auch selbst das
Darstellungsvermögen, an einem Objekt seine Schranken
findet, und die Sinnlichkeit mit ihrer doppelten Foderung
abgewiesen wird.

II.

DAS PATHETISCHERHABENE

Wenn uns ein Gegenstand nicht bloß als Macht überhaupt,
sondern zugleich als eine dem Menschen verderbliche
Macht objektiv gegeben wird – wenn er also seine Gewalt
nicht bloß *zeigt*, sondern sie wirklich feindlich *äußert*, so
steht es der Einbildungskraft nicht mehr frei, ihn auf den
Erhaltungstrieb zu beziehen, sondern sie *muß*, sie wird

objektiv dazu genötigt. Wirkliches Leiden aber gestattet
kein ästhetisches Urteil, weil es die Freiheit des Geistes
aufhebt. Also darf es nicht das urteilende Subjekt sein, an
welchem der furchtbare Gegenstand seine zerstörende
Macht beweist d. i. wir dürfen nicht *selbst* sondern bloß
sympathetisch leiden. Aber auch das sympathetische Leiden
ist für die Sinnlichkeit schon zu angreifend, wenn das
Leiden *außer* uns Existenz hat. Der teilnehmende Schmerz
überwiegt allen ästhetischen Genuß. Nur alsdann, wenn
das Leiden entweder bloße Illusion und Erdichtung ist,
oder (im Fall, daß es in der Wirklichkeit statt gefunden
hätte) wenn es nicht unmittelbar den Sinnen, sondern der
Einbildungskraft vorgestellt wird, kann es ästhetisch
werden, und ein Gefühl des Erhabenen erregen. Die
Vorstellung eines fremden Leidens, verbunden mit Affekt
und mit dem Bewußtsein unsrer innern moralischen
Freiheit, ist *Pathetischerhaben.*

Die Sympathie oder der teilnehmende (mitgeteilte)
Affekt ist keine freie Äußerung unsers Gemüts, die wir erst
selbsttätig in uns hervorbringen müßten, sondern eine
unwillkürliche, durch das Naturgesetz bestimmte, Affektion des Gefühlvermögens. Es kommt gar nicht auf unsern
Willen an, ob wir das Leiden eines Geschöpfs mit
empfinden wollen. Sobald wir eine Vorstellung davon
haben, *müssen* wir es. Die *Natur*, nicht unsre *Freiheit*
handelt, und die Gemütsbewegung eilt dem Entschluß
zuvor.

Sobald wir also objektiv die Vorstellung eines Leidens
erhalten, so muß, vermöge des unveränderlichen Naturgesetzes der Sympathie, in uns selbst ein Nachgefühl dieses
Leidens erfolgen. Dadurch machen wir es gleichsam zu
dem unsrigen. Wir *leiden mit*. Nicht bloß die teilnehmende
Betrübnis, das Gerührtsein über fremdes Unglück, heißt
Mitleiden, sondern jeder traurige Affekt ohne Unterschied,
den wir einem andern nachempfinden; also gibt es so viele
Arten des Mitleidens, als es verschiedene Arten des
ursprünglichen Leidens gibt: mitleidende Furcht, mitl.

Schrecken, mitl. Angst, mitl. Entrüstung, mitl. Verzweiflung.

Wenn aber das Affekt erregende (oder Pathetische) einen
Grund des Erhabenen abgeben soll, so darf es nicht bis zum
wirklichen *Selbstleiden* getrieben werden. Auch mitten im
heftigsten Affekt müssen wir uns von dem selbstleidenden
Subjekt *unterscheiden*, denn es ist um die Freiheit des Geistes
geschehen, sobald die Täuschung sich in völlige Wahrheit
verwandelt.

Wird das Mitleiden zu einer solchen Lebhaftigkeit
erhöht, daß wir uns mit dem Leidenden ernstlich verwechseln, so beherrschen wir den Affekt nicht mehr, sondern er
beherrscht uns. Bleibt hingegen die Sympathie in ihren
ästhetischen Grenzen, so vereinigt sie zwei Hauptbedin-
gungen des Erhabenen: sinnlichlebhafte Vorstellung des
Leidens mit dem Gefühl eigner Sicherheit verbunden.

Aber dieses Gefühl der Sicherheit bei der Vorstellung
fremder Leiden ist ganz und gar nicht der *Grund* des
Erhabenen, und überhaupt nicht die *Quelle* des Vergnügens,
das wir aus dieser Vorstellung schöpfen. Erhaben wird das
Pathetische bloß allein durch das Bewußtsein unsrer
moralischen, nicht unsrer physischen Freiheit. Nicht weil
wir uns durch unser gutes Geschick diesem Leiden
entzogen sehen (denn da würden wir noch immer einen
sehr schlechten Gewährsmann für unsre Sicherheit haben)
sondern weil wir unser moralisches Selbst der Kausalität
dieses Leidens, nehmlich seinem Einfluß auf unsre Willensbestimmung entzogen fühlen, *erhebt* es unser Gemüt und
wird *pathetisch* erhaben.

Es ist nicht schlechterdings nötig, daß man die Seelenstärke wirklich in sich fühle, bei ernstlich eintretender
Gefahr seine moralische Freiheit zu behaupten. Nicht von
dem was *geschieht*, sondern von dem was geschehen *soll* und
kann, ist hier die Rede; von unsrer *Bestimmung* nicht von
unserm wirklichen *Tun*, von der Kraft, nicht von Anwendung derselben. Indem wir ein schwerbeladnes Frachtschiff
im Sturm untergehen sehen, so können wir uns an der Stelle

des Kaufmanns, dessen ganzer Reichtum hier von dem Wasser verschlungen wird, recht sehr unglücklich fühlen. Aber zugleich fühlen wir doch auch, daß dieser Verlust nur zufällige Dinge betrifft und daß es Pflicht ist, sich darüber zu erheben. Es kann aber nichts Pflicht sein, was unerfüll- bar ist, und was geschehen *soll*, muß notwendig geschehen *können*. Daß wir uns aber über einen Verlust hinwegsetzen *können*, der uns als Sinnenwesen mit Recht so empfindlich ist, beweist ein Vermögen in uns, welches nach ganz andern Gesetzen handelt, als das sinnliche, und mit dem Naturtrieb nichts gemein hat. *Erhaben* aber ist alles, was dieses Vermögen in uns zum Bewußtsein bringt.

Man kann sich also recht gut sagen, daß man den Verlust dieser Güter nichts weniger als gelassen ertragen werde, dieses hindert das Gefühl des Erhabenen gar nicht – wenn man nur fühlt, daß man sich darüber hinwegsetzen *sollte* und daß es Pflicht ist, ihnen keinen Einfluß auf die Selbstbestimmung der Vernunft zu gestatten. Wer freilich auch nicht einmal *dafür* Sinn hat; an dem ist alle ästhetische Kraft des Großen und Erhabenen verloren.

Es erfodert also doch wenigstens eine Fähigkeit des Gemüts, sich seiner Vernunftbestimmung bewußt zu wer- den, und eine Empfänglichkeit für die Idee der Pflicht, wenn man auch gleich die Schranken erkennt, welche die schwache Menschheit ihrer Ausübung setzen dürfte. Es würde überhaupt um das Wohlgefallen am Guten sowohl als am Erhabenen mißlich stehen, wenn man nur Sinn für das haben könnte, was man selber erreicht hat oder zu erreichen sich zutraut. Aber es ist ein achtungswerter Charakterzug der Menschheit, daß sie sich wenigstens in *ästhetischen* Urteilen zu der guten Sache bekennt, auch wenn sie *gegen* sich selbst sprechen müßte, und daß sie den reinen Ideen der Vernunft in der Empfindung wenigstens huldigt, wenn sie gleich nicht immer Stärke genug hat, wirklich darnach zu *handeln*.

Zum *Pathetischerhabenen* werden also zwei Hauptbedin- gungen erfodert. *Erstlich* eine lebhafte Vorstellung des

Leidens, um den mitleidenden Affekt in der gehörigen
Stärke zu erregen. *Zweitens* eine Vorstellung des *Widerstan-
des* gegen das Leiden, um die innre Gemütsfreiheit ins
Bewußtsein zu rufen. Nur durch das erste wird der
Gegenstand *pathetisch*, nur durch das zweite wird das
pathetische zugleich *erhaben.*

Aus diesem Grundsatz fließen die beiden Fundamentalgesetze aller tragischen Kunst. Diese sind *erstlich*: Darstellung der leidenden Natur; *zweitens*: Darstellung der moralischen Selbstständigkeit im Leiden.

ÜBER DAS PATHETISCHE

Darstellung des Leidens – als bloßen Leidens – ist niemals Zweck der Kunst, aber als Mittel zu ihrem Zweck ist sie derselben äußerst wichtig. Der letzte Zweck der Kunst ist die Darstellung des Übersinnlichen und die tragische Kunst insbesondere bewerkstelligt dieses dadurch, daß sie uns die moralische Independenz von Naturgesetzen im Zustand des Affekts versinnlicht. Nur der Widerstand, den es gegen die Gewalt der Gefühle äußert, macht das freie Prinzip in uns kenntlich; der Widerstand aber kann nur nach der Stärke des Angriffs geschätzt werden. Soll sich also die *Intelligenz* im Menschen als eine, von der Natur unabhängige, Kraft offenbaren, so muß die Natur ihre ganze Macht erst vor unsern Augen bewiesen haben. Das *Sinnenwesen* muß tief und heftig *leiden*; Pathos muß da sein, damit das Vernunftwesen seine Unabhängigkeit kund tun und sich *handelnd* darstellen könne.

Man kann niemals wissen, ob die *Fassung des Gemüts* eine Wirkung seiner moralischen Kraft ist, wenn man nicht überzeugt worden ist, daß sie keine Wirkung der Unempfindlichkeit ist. Es ist keine Kunst, über Gefühle Meister zu werden, die nur die Oberfläche der Seele leicht und flüchtig bestreichen, aber in einem Sturm, der die ganze sinnliche Natur aufregt, seine Gemütsfreiheit zu behalten, dazu gehört ein Vermögen des Widerstandes, das über alle Naturmacht unendlich erhaben ist. Man gelangt also zur Darstellung der moralischen Freiheit nur durch die lebendigste Darstellung der leidenden Natur, und der tragische Held muß sich erst als empfindendes Wesen bei uns legitimiert haben, ehe wir ihm als Vernunftwesen huldigen, und an seine Seelenstärke glauben.

Pathos ist also die erste und unnachlaßliche Foderung an

den tragischen Künstler, und es ist ihm erlaubt, die
Darstellung des Leidens so weit zu treiben, als es, *ohne
Nachteil für seinen letzten Zweck*, ohne Unterdrückung der
moralischen Freiheit, geschehen kann. Er muß gleichsam
seinem Helden oder seinem Leser die ganze volle Ladung
des Leidens geben, weil es sonst immer problematisch
bleibt, ob sein Widerstand gegen dasselbe eine Gemüts-
handlung, etwas *positives*, und nicht vielmehr bloß etwas
negatives und ein Mangel ist.

Dies letztere ist der Fall bei dem Trauerspiel der
ehemaligen Franzosen, wo wir höchst selten oder nie die
leidende Natur zu Gesicht bekommen, sondern meistens nur
den kalten, deklamatorischen Poeten oder auch den auf
Stelzen gehenden Komödianten sehen. Der frostige Ton
der Deklamation erstickt alle wahre Natur, und den
französischen Tragikern macht es ihre angebetete *Dezenz*
vollends ganz unmöglich, die Menschheit in ihrer Wahrheit
zu zeichnen. Die *Dezenz* verfälscht überall, auch wenn sie
an ihrer rechten Stelle ist, den Ausdruck der Natur, und
doch fodert diesen die Kunst unnachlaßlich. Kaum können
wir es einem französischen Trauerspielhelden glauben, daß
er *leidet*, denn er läßt sich über seinen Gemütszustand
heraus wie der ruhigste Mensch, und die unaufhörliche
Rücksicht auf den Eindruck, den er auf andere macht,
erlaubt ihm nie, der Natur in sich ihre Freiheit zu lassen. Die
Könige, Prinzessinnen und Helden eines Corneille und
Voltaire vergessen ihren *Rang* auch im heftigsten Leiden
nie, und ziehen weit eher ihre *Menschheit* als ihre *Würde* aus.
Sie gleichen den Königen und Kaisern in den alten
Bilderbüchern, die sich mit samt der Krone zu Bette
legen.

Wie ganz anders sind die *Griechen* und diejenigen unter
den Neuern, die in ihrem Geiste gedichtet haben. Nie
schämt sich der Grieche der Natur, er läßt der Sinnlichkeit
ihre vollen Rechte, und ist dennoch sicher, daß er nie von
ihr unterjocht werden wird. Sein tiefer und richtiger
Verstand läßt ihn das Zufällige, das der schlechte

Geschmack zum Hauptwerke macht, von dem Notwendigen unterscheiden; alles aber, was nicht Menschheit ist, ist zufällig an dem Menschen. Der griechische Künstler, der einen Laokoon, eine Niobe, einen Philoktet darzustellen hat, weiß von keiner Prinzessin, keinem König und keinem Königsohn; er hält sich nur an den Menschen. Deswegen wirft der weise Bildhauer die Bekleidung weg, und zeigt uns bloß nackende Figuren; ob er gleich sehr gut weiß, daß dies im wirklichen Leben nicht der Fall war. Kleider sind ihm etwas zufälliges, dem das notwendige niemals nachgesetzt werden darf, und die Gesetze des Anstands oder des Bedürfnisses sind nicht die Gesetze der Kunst. Der Bildhauer soll und will uns den *Menschen* zeigen, und Gewänder verbergen denselben; also verwirft er sie mit Recht.

Eben so wie der griechische Bildhauer die unnütze und hinderliche Last der Gewänder hinwegwirft, um der *menschlichen Natur* mehr Platz zu machen, so entbindet der griechische Dichter seine Menschen von dem eben so unnützen und eben so hinderlichen Zwang der Konvenienz und von allen frostigen Anstandsgesetzen, die an dem Menschen nur künsteln und die Natur an ihm verbergen. Die leidende Natur spricht wahr, aufrichtig und tiefeindringend zu userm Herzen in der homerischen Dichtung und in den Tragikern: alle Leidenschaften haben ein freies Spiel, und die Regel des Schicklichen hält kein Gefühl zurück. Die Helden sind für alle Leiden der Menschheit so gut empfindlich als andere, und eben das macht sie zu Helden, daß sie das Leiden stark und innig fühlen, und doch nicht davon überwältigt werden. Sie lieben das Leben so feurig wie wir andern, aber diese Empfindung beherrscht sie nicht so sehr, daß sie es nicht hingeben können, wenn die Pflichten der Ehre oder der Menschlichkeit es fodern. Philoktet erfüllt die griechische Bühne mit seinen Klagen, selbst der wütende Herkules unterdrückt seinen Schmerz nicht. Die zum Opfer bestimmte Iphigenia gesteht mit rührender Offenheit, daß sie von dem Licht der Sonne

mit Schmerzen scheide. Nirgends sucht der Grieche in der
Abstumpfung und Gleichgültigkeit gegen das Leiden
seinen Ruhm, sondern in *Ertragung* desselben bei allem
Gefühl für dasselbe. Selbst die Götter der Griechen müssen
der Natur einen Tribut entrichten, sobald sie der Dichter
der Menschheit näher bringen will. Der verwundete *Mars*
schreit für Schmerz so laut auf, wie zehntausend Mann, und
die von einer Lanze geritzte Venus steigt *weinend* zum
Olymp, und verschwört alle Gefechte.

Diese zarte Empfindlichkeit für das Leiden, diese warme,
aufrichtige, wahr und offen da liegende Natur, welche uns
in den griechischen Kunstwerken so tief und lebendig
rührt, ist ein Muster der Nachahmung für alle Künstler,
und ein Gesetz, das der Griechische Genius der Kunst
vorgeschrieben hat. Die erste Foderung an den Menschen
macht immer und ewig die *Natur*, welche niemals darf
abgewiesen werden; denn der Mensch ist – ehe er etwas
anders ist – ein empfindendes Wesen. Die zweite Foderung
an ihn macht die *Vernunft*, denn er ist ein vernünftig
empfindendes Wesen, eine moralische Person, und für diese
ist es Pflicht, die Natur nicht über sich herrschen zu lassen,
sondern sie zu beherrschen. Erst alsdann, wenn *erstlich* der
NATUR ihr Recht ist angetan worden, und wenn *zweitens*
die VERNUNFT das ihrige behauptet hat, ist es dem
ANSTAND erlaubt, die *dritte* Foderung an den Menschen zu
machen, und ihm, im Ausdruck, sowohl seiner Empfindungen als seiner Gesinnungen, Rücksicht gegen die
Gesellschaft aufzulegen, und sich – als ein *zivilisiertes* Wesen
zu zeigen.

Das erste Gesetz der tragischen Kunst war Darstellung
der leidenden Natur. Das zweite ist Darstellung des
moralischen Widerstandes gegen das Leiden.

Der Affekt, als Affekt, ist etwas gleichgültiges, und die
Darstellung desselben würde, für sich allein betrachtet,
ohne allen ästhetischen Wert sein; denn, um es noch einmal
zu wiederholen, nichts was bloß die sinnliche Natur angeht,
ist der Darstellung würdig. Daher sind nicht nur alle bloß

erschlaffende (schmelzende) Affekte, sondern überhaupt auch alle *höchsten Grade*, von was für Affekten es auch sei, unter der Würde tragischer Kunst.

Die schmelzenden Affekte, die bloß zärtlichen Rührungen, gehören zum Gebiet des *Angenehmen*, mit dem die schöne Kunst nichts zu tun hat. Sie ergötzen bloß den Sinn durch Auflösung oder Erschlaffung, und beziehen sich bloß auf den äußern, nicht auf den innern Zustand des Menschen. Viele unsrer Romane und Trauerspiele, besonders der sogenannten *Dramen* (Mitteldinge zwischen Lustspiel und Trauerspiel) und der beliebten Familiengemälde gehören in diese Klasse. Sie bewirken bloß Ausleerungen des Tränensacks und eine wollüstige Erleichterung der Gefäße; aber der Geist geht leer aus, und die edlere Kraft im Menschen wird ganz und gar nicht dadurch gestärkt. Eben so, sagt Kant, fühlt sich mancher durch eine Predigt *erbaut*, wobei doch gar nichts in ihm *aufgebaut* worden ist. Auch die Musik der Neuern scheint es vorzüglich nur auf die Sinnlichkeit anzulegen, und schmeichelt dadurch dem herrschenden Geschmack, der nur angenehm gekitzelt nicht ergriffen, nicht kräftig gerührt, nicht erhoben sein will. Alles *schmelzende* wird daher vorgezogen, und wenn noch so großer Lärm in einem Konzertsaal ist, so wird plötzlich alles Ohr, wenn eine schmelzende Passage vorgetragen wird. Ein bis ins tierische gehender Ausdruck der Sinnlichkeit erscheint dann gewöhnlich auf allen Gesichtern, die trunkenen Augen schwimmen, der offene Mund ist ganz Begierde, ein wollüstiges Zittern ergreift den ganzen Körper, der Atem ist schnell und schwach, kurz alle Symptome der Berauschung stellen sich ein: zum deutlichen Beweise, daß die Sinne schwelgen, der Geist aber oder das Prinzip der Freiheit im Menschen der Gewalt des sinnlichen Eindrucks zum Raube wird. Alle diese Rührungen sage ich, sind durch einen edeln und männlichen Geschmack von der Kunst ausgeschlossen, weil sie bloß allein dem *Sinne* gefallen, mit dem die Kunst nichts zu verkehren hat.

Auf der andern Seite sind aber auch alle diejenigen Grade

des Affekts ausgeschlossen, die den Sinn bloß *quälen*, ohne
zugleich den Geist dafür zu entschädigen. Sie unterdrücken
die Gemütsfreiheit durch *Schmerz* nicht weniger als jene
durch *Wollust* und können deswegen bloß Verabscheuung
und keine Rührung bewirken, die der Kunst würdig wäre.
Die Kunst muß den Geist ergötzen und der Freiheit gefallen. Der, welcher einem Schmerz zum Raube wird, ist
bloß ein gequältes Tier, kein leidender Mensch mehr; denn
von dem Menschen wird schlechterdings ein moralischer
Widerstand gegen das Leiden gefodert, durch den allein
sich das Prinzip der Freiheit in ihm, die Intelligenz,
kenntlich machen kann.

Aus diesem Grunde verstehen sich diejenigen Künstler
und Dichter sehr schlecht auf ihre Kunst, welche das
Pathos, durch die bloße *sinnliche* Kraft des Affekts und die
höchstlebendigste Schilderung des Leidens, zu erreichen
glauben. Sie vergessen, daß das Leiden selbst nie der *letzte
Zweck* der Darstellung und nie die *unmittelbare* Quelle des
Vergnügens sein kann, das wir am Tragischen empfinden.
Das Pathetische ist nur ästhetisch, in so fern es erhaben ist.
Wirkungen aber, welche bloß auf eine sinnliche Quelle
schließen lassen, und bloß in der Affektion des Gefühlver-
mögens gegründet sind, sind niemals erhaben, wieviel
Kraft sie auch verraten mögen: denn alles Erhabene stammt
nur aus der Vernunft.

Eine Darstellung der bloßen Passion (sowohl der wollüstigen als der peinlichen) ohne Darstellung der übersinnlichen Widerstehungskraft heißt *gemein*, das Gegenteil heißt
edel. *Gemein* und *edel* sind Begriffe, die überall, wo sie
gebraucht werden, eine Beziehung auf den Anteil oder
Nichtanteil der übersinnlichen Natur des Menschen an
einer Handlung oder an einem Werke bezeichnen. Nichts ist
edel als was *aus* der Vernunft quillt; alles was die Sinnlichkeit
für sich hervorbringt, ist *gemein*. Wir sagen von einem
Menschen, er handle *gemein*, wenn er bloß den Eingebungen
seines sinnlichen Triebes folgt, er handle *anständig*, wenn er
seinem Trieb nur mit Rücksicht an Gesetze folgt, er handle

edel, wenn er bloß der Vernunft, ohne Rücksicht auf seine Triebe folgt. Wir nennen eine Gesichtsbildung *gemein*, wenn sie die Intelligenz im Menschen durch gar nichts kenntlich macht, wir nennen sie *sprechend*, wenn der Geist die Züge bestimmte, und *edel*, wenn ein reiner Geist die Züge bestimmte. Wir nennen ein Werk der Architektur *gemein*, wenn es uns keine andre als physische Zwecke zeigt, wir nennen es *edel*, wenn es, unabhängig von allen physischen Zwecken, zugleich Darstellung von Ideen ist.

Ein guter Geschmack also, sage ich, gestattet keine, wenn gleich noch so kraftvolle Darstellung des Affekts, die bloß physisches Leiden und physischen Widerstand ausdrückt, ohne zugleich die höhere Menschheit, die Gegenwart eines übersinnlichen Vermögens, sichtbar zu machen – und zwar aus dem schon entwickelten Grunde, weil nie das Leiden an sich, nur der Widerstand gegen das Leiden pathetisch und der Darstellung würdig ist. Daher sind alle absolut höchsten Grade des Affekts dem Künstler sowohl als dem Dichter untersagt; denn alle unterdrücken die innerlich widerstehende Kraft, oder setzen vielmehr die Unterdrückung derselben schon voraus, weil kein Affekt seinen absolut höchsten Grad erreichen kann, solange die Intelligenz im Menschen noch einigen Widerstand leistet.

Jetzt entsteht die Frage: wodurch macht sich diese übersinnliche Widerstehungskraft in einem Affekte kenntlich? Durch nichts anders, als durch Beherrschung oder, allgemeiner, durch Bekämpfung des Affekts. Ich sage des *Affekts*, denn auch die Sinnlichkeit kann kämpfen, aber das ist kein Kampf mit dem Affekt, sondern mit der Ursache, die ihn hervorbringt – kein moralischer sondern ein physischer Widerstand, den auch der Wurm äußert, wenn man ihn tritt, und der Stier, wenn man ihn verwundet, ohne deswegen Pathos zu erregen. Daß der leidende Mensch seinen Gefühlen einen Ausdruck zu geben, daß er seinen Feind zu entfernen, daß er das leidende Glied in Sicherheit zu bringen sucht, hat er mit jedem Tiere gemein, und schon

der Instinkt übernimmt dieses, ohne erst bei seinem Willen
anzufragen. Das ist also noch kein Aktus seiner Humanität,
das macht ihn als Intelligenz noch nicht kenntlich. Die
Sinnlichkeit wird zwar jederzeit ihren Feind, aber niemals
sich selbst bekämpfen.

Der Kampf mit dem Affekt hingegen ist ein Kampf mit
der Sinnlichkeit, und setzt also etwas voraus, was von der
Sinnlichkeit unterschieden ist. Gegen das Objekt, das ihn
leiden macht, kann sich der Mensch mit Hülfe seines
Verstandes und seiner Muskelkräfte wehren; gegen das
Leiden selbst hat er keine andre Waffen als Ideen der
Vernunft.

Diese müssen also in der Darstellung vorkommen, oder
durch sie erweckt werden, wo Pathos statt finden soll. Nun
sind aber Ideen im eigentlichen Sinn und positiv nicht
darzustellen, weil ihnen nichts in der Anschauung entsprechen kann. Aber negativ und indirekt sind sie allerdings
darzustellen, wenn in der Anschauung etwas gegeben wird,
wozu wir die Bedingungen in der *Natur* vergebens aufsuchen. Jede Erscheinung, deren letzter Grund aus der
Sinnenwelt nicht kann abgeleitet werden, ist eine indirekte
Darstellung des Übersinnlichen.

Wie gelangt nun die Kunst dazu, etwas vorzustellen, was
über der Natur ist, ohne sich übernatürlicher Mittel zu
bedienen? Was für eine Erscheinung muß das sein, die
durch natürliche Kräfte vollbracht wird (denn sonst wäre
sie keine Erscheinung) und dennoch ohne Widerspruch aus
physischen Ursachen nicht kann hergeleitet werden? Dies
ist die Aufgabe; und wie löst sie nun der Künstler?

Wir müssen uns erinnern, daß die Erscheinungen,
welche im Zustand des Affekts an einem Menschen können
wahrgenommen werden von zweierlei Gattung sind. Entweder es sind solche, die ihm bloß als Tier angehören und
als solche bloß dem Naturgesetz folgen, ohne daß sein Wille
sie beherrschen oder überhaupt die selbstständige Kraft in
ihm unmittelbaren Einfluß darauf haben könnte. Der
Instinkt erzeugt sie unmittelbar und blind gehorchen sie

seinen Gesetzen. Dahin gehören z. B. die Werkzeuge des Blutumlaufs, des Atemholens, und die ganze Oberfläche der Haut. Aber auch diejenigen Werkzeuge, die dem Willen unterworfen sind, warten nicht immer die Entscheidung des Willens ab; sondern der Instinkt setzt sie oft unmittelbar in Bewegung, da besonders, wo dem physischen Zustand Schmerz oder Gefahr droht. So steht zwar unser Arm unter der Herrschaft des Willens, aber wenn wir unwissend etwas heißes angreifen, so ist das Zurückziehen der Hand gewiß keine Willenshandlung, sondern der Instinkt allein vollbringt sie. Ja noch mehr. Die Sprache ist gewiß etwas, was unter der Herrschaft des Willens steht, und doch kann auch der Instinkt sogar über dieses Werkzeug und Werk des Verstandes nach seinem Gutdünken disponieren, ohne erst bei dem Willen anzufragen, sobald ein großer Schmerz oder nur ein starker Affekt uns überrascht. Man lasse den gefaßtesten Stoiker auf einmal etwas höchst wunderbares oder unerwartet schreckliches erblicken; man lasse ihn dabei stehen, wenn jemand ausglitscht und in einen Abgrund fallen will, so wird ein lauter Ausruf und zwar kein bloß unartikulierter Ton, sondern ein ganz bestimmtes Wort, ihm unwillkürlich entwischen, und die *Natur* in ihm wird früher als der *Wille* gehandelt haben. Dies dient also zum Beweis, daß es Erscheinungen an dem Menschen gibt, die nicht seiner Person als Intelligenz sondern bloß seinem Instinkt als einer Naturkraft können zugeschrieben werden.

Nun gibt es aber auch *zweitens* Erscheinungen an ihm, die unter dem Einfluß und unter der Herrschaft des Willens stehen, oder die man wenigstens als solche betrachten kann, die der Wille hätte *verhindern können*; welche also die *Person* und nicht der *Instinkt* zu verantworten hat. Dem Instinkt kommt es zu, das Interesse der Sinnlichkeit mit blindem Eifer zu besorgen, aber der Person kommt es zu, den Instinkt durch Rücksicht auf Gesetze zu beschränken. Der Instinkt achtet an sich selbst auf kein Gesetz, aber die Person hat dafür zu sorgen, daß den Vorschriften der

Vernunft durch keine Handlung des Instinkts Eintrag geschehe. Soviel ist also gewiß, daß der Instinkt allein nicht alle Erscheinungen am Menschen im Affekt unbedingter weise zu bestimmen hat, sondern daß ihm durch den Willen des Menschen eine Grenze gesetzt werden kann. Bestimmt der Instinkt allein alle Erscheinungen am Menschen, so ist nichts mehr vorhanden, was an die *Person* erinnern könnte, und es ist bloß ein Naturwesen, also ein Tier, was wir vor uns haben; denn Tier heißt jedes Naturwesen unter der Herrschaft des Instinkts. Soll also die Person dargestellt werden, so müssen einige Erscheinungen am Menschen vorkommen, die entweder gegen den Instinkt oder doch nicht durch den Instinkt bestimmt worden sind. Schon daß sie nicht durch den Instinkt bestimmt wurden, ist hinreichend, uns auf eine höhere Quelle zu leiten, sobald wir nur einsehen, daß der Instinkt sie schlechterdings hätte anders bestimmen müssen, wenn seine Gewalt nicht wäre gebrochen worden.

Jetzt sind wir im Stande, die Art und Weise anzugeben, wie die übersinnliche selbstständige Kraft im Menschen, sein moralisches Selbst, im Affekt zur Darstellung gebracht werden kann. – Dadurch nehmlich, daß alle bloß der Natur gehorchende Teile, über welche der Wille entweder gar niemals oder wenigstens unter gewissen Umständen nicht disponieren kann, die Gegenwart des Leidens verraten – diejenigen Teile aber, welche der *blinden* Gewalt des Instinkts entzogen sind, und dem Naturgesetz nicht notwendig gehorchen, keine oder nur eine geringe Spur dieses Leidens zeigen, also in einem gewissen Grad frei erscheinen. An dieser Disharmonie nun zwischen denjenigen Zügen, die der animalischen Natur nach dem Gesetz der Notwendigkeit eingeprägt werden, und zwischen denen die der selbsttätige Geist bestimmt, erkennt man die Gegenwart eines *übersinnlichen Prinzips* im Menschen, welches den Wirkungen der Natur eine Grenze setzen kann, und sich also eben dadurch als von derselben unterschieden kenntlich macht. Der bloß tierische Teil des Menschen folgt dem Naturgesetz, und darf daher von der Gewalt des Affekts unterdrückt erscheinen. An diesem Teil also offenbart sich die ganze Stärke des Leidens, und dient gleichsam zum Maß, nach welchem der Widerstand geschätzt werden kann; denn man kann die Stärke des Widerstandes, oder die moralische Macht in dem Menschen, nur nach der Stärke des Angriffs beurteilen. Je entscheidender und gewaltsamer nun der Affekt in dem *Gebiet der Tierheit* sich äußert, ohne doch im *Gebiet der Menschheit* dieselbe Macht behaupten zu können; desto mehr wird diese letztere kenntlich, desto glorreicher offenbart sich die moralische Selbstständigkeit des Menschen, desto pathetischer ist die Darstellung und desto erhabener das Pathos[1].

In den Bildsäulen der Alten findet man diesen ästhetischen Grundsatz anschaulich gemacht, aber es ist schwer, den Eindruck, den der sinnlich lebendige Anblick macht, unter Begriffe zu bringen, und durch Worte anzugeben. Die Gruppe des Laokoon und seiner Kinder ist ohngefähr ein Maß für das, was die bildende Kunst der Alten im

---

1 Unter dem Gebiet der Tierheit begreife ich das ganze System derjenigen Erscheinungen am Menschen, die unter der blinden Gewalt des Naturtriebes stehen und ohne Voraussetzung einer Freiheit des Willens vollkommen erklärbar sind; unter dem *Gebiet der Menschheit* aber diejenigen, welche ihre Gesetze von der Freiheit empfangen. *Mangelt* nun bei einer Darstellung der Affekt im Gebiet der Tierheit, so läßt uns dieselbe kalt; *herrscht* er hingegen im Gebiet der Menschheit, so ekelt uns an und empört. Im Gebiet der Tierheit muß der Affekt jederzeit *unaufgelöst* bleiben, sonst fehlt das Pathetische; erst im Gebiet der Menschheit darf sich die Auflösung finden. Eine leidende Person, klagend und weinend vorgestellt, wird daher nur schwach rühren, denn Klagen und Tränen lösen den Schmerz schon im Gebiet der Tierheit auf. Weit stärker ergreift uns der verbissene stumme Schmerz, wo wir bei der *Natur* keine Hülfe finden, sondern zu etwas, das über alle Natur hinausliegt, unsre Zuflucht nehmen müssen; und eben in dieser *Hinweisung* auf *das Übersinnliche* liegt das Pathos und die tragische Kraft.

Pathetischen zu leisten vermochte. »Laokoon, sagt uns
Winkelmann in seiner Geschichte der Kunst (Seite 699 der
Wiener Quartausgabe), ist eine Natur im höchsten Schmer-
ze, nach dem Bilde eines Mannes gemacht, der die bewußte
Stärke des Geistes gegen denselben zu sammeln sucht; und
indem sein Leiden die Muskeln aufschwellet, und die
Nerven anziehet, tritt der mit Stärke bewaffnete Geist in
der aufgetriebenen Stirne hervor, und die Brust erhebt sich
durch den beklemmten Odem, und durch Zurückhaltung
des Ausdrucks der Empfindung, um den Schmerz in sich zu
fassen und zu verschließen. Das bange Seufzen, welches er
in sich und den Odem an sich ziehet, erschöpft den
Unterleib, und macht die Seiten hohl, welches uns gleichsam von der Bewegung seiner Eingeweide urteilen läßt.
Sein eigenes Leiden aber scheint ihn weniger zu beängsti-
gen, als die Pein seiner Kinder, die ihr Angesicht zum Vater
wenden und um Hülfe schreien; denn das väterliche Herz
offenbart sich in den wehmütigen Augen, und das Mitleiden scheint in einem trüben Duft auf denselben zu
schwimmen. Sein Gesicht ist klagend aber nicht schreiend,
seine Augen sind nach der höhern Hülfe gewandt. Der
Mund ist voll von Wehmut und die gesenkte Unterlippe
schwer von derselben: in der überwärts gezogenen Ober-
lippe aber ist dieselbe mit Schmerz vermischet, welcher mit
einer Regung von Unmut, wie über ein unverdientes
unwürdiges Leiden, in die Nase hinauftritt, dieselbe
schwellen macht, und sich in den erweiterten und aufwärts
gezogenen Nüssen offenbaret. Unter der Stirn ist der Streit
zwischen Schmerz und Widerstand, wie in einem Punkte
vereinigt, mit großer Wahrheit gebildet; denn indem der
Schmerz die Augenbrauen in die Höhe treibt, so drücket
das Sträuben gegen denselben das obere Augenfleisch
niederwärts und gegen das obere Augenlid zu, so daß
dasselbe durch das übergetretene Fleisch beinahe ganz
bedeckt wird. Die Natur, welche der Künstler nicht
verschönern konnte, hat er ausgewickelter, angestrengter
und mächtiger zu zeigen gesucht; da, wohin der größte

Schmerz gelegt ist, zeigt sich auch die größte Schönheit. Die linke Seite, in welche die Schlange mit dem wütenden Bisse ihr Gift ausgießet, ist diejenige, welche durch die nächste Empfindung zum Herzen am heftigsten zu leiden scheint. Seine Beine wollen sich erheben um seinem Übel zu entrinnen; kein Teil ist in Ruhe, ja die Meißelstriche selbst helfen zur Bedeutung einer erstarrten Haut«.

Wie wahr und fein ist in dieser Beschreibung der Kampf der Intelligenz mit dem Leiden der sinnlichen Natur entwickelt, und wie treffend die Erscheinungen angegeben, in denen sich Tierheit und Menschheit, Naturzwang und Vernunftfreiheit offenbaren! Virgil schilderte bekanntlich denselben Auftritt in seiner Aeneis, aber es lag nicht in dem Plan des epischen Dichters, sich bei dem Gemütszustand des Laokoon, wie der Bildhauer tun mußte, zu verweilen. Bei dem Virgil ist die ganze Erzählung bloß Nebenwerk, und die Absicht, wozu sie ihm dienen soll, wird hinlänglich durch die bloße Darstellung des Physischen erreicht, ohne daß er nötig gehabt hätte, uns in die Seele des Leidenden tiefe Blicke tun zu lassen; da er uns nicht sowohl zum Mitleid bewegen als mit Schrecken durchdringen will. Die Pflicht des Dichters war also in dieser Hinsicht bloß negativ, nehmlich die Darstellung der leidenden Natur nicht soweit zu treiben, daß aller Ausdruck der Menschheit oder des moralischen Widerstandes dabei verloren ging, weil sonst Unwille und Abscheu unausbleiblich erfolgen müßten. Er hielt sich daher lieber an Darstellung der *Ursache* des Leidens, und fand für gut, sich umständlicher über die Furchtbarkeit der beiden Schlangen und über die Wut, mit der sie ihr Schlachtopfer anfallen, als über die Empfindungen desselben zu verbreiten. An diesen eilt er nur schnell vorüber, weil ihm daran liegen mußte, die Vorstellung eines göttlichen Strafgerichts und den Eindruck des Schreckens ungeschwächt zu erhalten. Hätte er uns hingegen von Laokoons Person soviel wissen lassen, als der Bildhauer, so würde nicht mehr die strafende Gottheit, sondern der leidende Mensch der Held in der Handlung gewesen sein, und die Episode ihre Zweckmäßigkeit für das Ganze verloren haben.

Man kennt die Virgilische Erzählung schon aus Lessings vortrefflichem Kommentar. Aber die Absicht, wozu Les-
sing sie gebrauchte, war bloß, die Grenzen der poetischen und malerischen Darstellung an diesem Beispiel anschaulich zu machen, nicht den Begriff des Pathetischen daraus zu entwickeln. Zu dem letztern Zweck scheint sie mir aber nicht weniger brauchbar, und man erlaube mir, sie in dieser
Hinsicht noch einmal zu durchlaufen.

> Ecce autem gemini Tenedo tranquilla per alta
> (horresco referens) immensis orbibus angues
> incumbunt pelago, pariterque ad littora tendunt.
> Pectora quorum inter fluctus arrecta, jubaeque
> sanguineae exsuperant undas, pars caetera pontum
> pone legit, sinuatque immensa volumine terga.
> Fit sonitus spumante salo, jamque arva tenebant,
> ardenteis oculos suffecti sanguine et igni,
> sibila lambebant linguis vibrantibus ora.

Die erste von den drei oben angeführten Bedingungen des Erhabenen der Macht ist hier gegeben; eine mächtige Naturkraft nehmlich, die zur Zerstörung bewaffnet ist, und jedes Widerstandes spottet. Daß aber dieses Mächtige zugleich *furchtbar*, und das Furchtbare *erhaben* werde,
beruht auf zwei verschiedenen Operationen des Gemüts, d. i. auf zwei Vorstellungen die wir selbsttätig in uns erzeugen. Indem wir *erstlich* diese unwiderstehliche Naturmacht mit dem schwachen Widerstehungsvermögen des physischen Menschen zusammenhalten, erkennen wir sie
als furchtbar, und indem wir sie *zweitens* auf unsern Willen beziehen und uns die absolute Unabhängigkeit desselben von jedem Natureinfluß ins Bewußtsein rufen, wird sie uns zu einem erhabenen Objekt. Diese beiden Beziehungen aber stellen *wir* an; der Dichter gab uns weiter nichts als
einen mit starker Macht bewaffneten und nach Äußerung

derselben strebenden Gegenstand. Wenn wir davor *zittern*, so geschieht es bloß, weil wir uns selbst oder ein uns ähnliches Geschöpf im Kampf mit demselben *denken*. Wenn wir uns bei diesem Zittern erhaben fühlen, so ist es, weil wir uns bewußt werden, daß wir, auch selbst als ein Opfer dieser Macht, für unser freies Selbst, für die Autonomie unserer Willensbestimmungen nichts zu fürchten haben würden. Kurz, die Darstellung ist bis hieher bloß kontemplativerhaben.

> Diffugimus visu exsangues, illi agmine certo
> Laocoonta petunt.

Jetzt wird das Mächtige zugleich als furchtbar *gegeben*, und das Kontemplativerhabene geht ins Pathetische über. Wir sehen es wirklich mit der Ohnmacht des Menschen in Kampf treten. Laokoon oder wir, das wirkt bloß dem Grad nach verschieden. Der sympathetische Trieb schreckt den Erhaltungstrieb auf, die Ungeheuer schießen los auf – uns, und alles Entrinnen ist vergebens.

Jetzt hängt es nicht mehr von uns ab, ob wir diese Macht mit der unsrigen messen und auf unsre Existenz beziehen wollen. Dies geschieht ohne unser Zutun in dem Objekte selbst. Unsre Furcht hat also nicht, wie im vorhergehenden Moment, einen bloß subjektiven Grund in unserm Gemüte, sondern einen objektiven Grund in dem Gegenstand. Denn erkennen wir gleich das Ganze für eine bloße Fiktion der Einbildungskraft, so unterscheiden wir doch auch in dieser Fiktion eine Vorstellung, die uns von außen mitgeteilt wird, von einer andern, die wir selbsttätig in uns hervorbringen.

Das Gemüt verliert also einen Teil seiner Freiheit, weil es von außen empfängt, was es vorher durch seine Selbsttätigkeit erzeugte. Die Vorstellung der Gefahr erhält einen Anschein objektiver Realität und es wird Ernst mit dem Affekte.

Wären wir nun nichts als Sinnenwesen, die keinem andern

als dem Erhaltungstriebe folgen, so würden wir hier stille
stehen, und im Zustand des bloßen Leidens verharren. Aber
etwas ist in uns, was an den Affektionen der sinnlichen
Natur keinen Teil nimmt, und dessen Tätigkeit sich nach
keinen physischen Bedingungen richtet. Je nachdem nun
dieses selbsttätige Prinzip (die moralische Anlage) in einem
Gemüt sich entwickelt hat, wird der leidenden Natur mehr
oder weniger Raum gelassen sein, und mehr oder weniger
Selbsttätigkeit im Affekt übrig bleiben.

In moralischen Gemütern geht das Furchtbare (der
Einbildungskraft) schnell und leicht ins Erhabene über. So
wie die Imagination ihre Freiheit verliert, so macht die
Vernunft die ihrige geltend; und das Gemüt *erweitert sich nur
desto mehr nach innen, indem es nach außen Grenzen findet.*
Herausgeschlagen aus allen Verschanzungen, die dem
Sinnenwesen einen physischen Schutz verschaffen können,
werfen wir uns in die unbezwingliche Burg unsrer moralischen Freiheit, und gewinnen eben dadurch eine absolute
und unendliche Sicherheit, indem wir eine bloß komparative und prekäre Schutzwehre im Feld der Erscheinung
verloren geben. Aber eben darum, weil es zu diesem
physischen Bedrängnis gekommen sein muß, ehe wir bei
unsrer moralischen Natur Hülfe suchen, so können wir
dieses hohe Freiheitsgefühl nicht anders als mit Leiden
erkaufen. Die gemeine Seele bleibt bloß bei diesem Leiden
stehen, und fühlt im Erhabenen des Pathos nie mehr als das
Furchtbare; ein selbstständiges Gemüt hingegen nimmt gerade von diesem Leiden den Übergang zum Gefühl seiner
herrlichsten Kraftwirkung und weiß aus jedem Furchtbaren ein Erhabenes zu erzeugen.

> Laocoonta petunt, ac primum parva duorum
> corpora gnatorum serpens amplexus uterque
> implicat, ac miseros morsu depascitur artus.

Es tut eine große Wirkung, daß der moralische Mensch (der
Vater) eher als der physische angefallen wird. Alle Affekte

sind ästhetischer aus der zweiten Hand und keine Sympathie ist stärker als die wir mit der Sympathie empfinden.

> Post ipsum, auxilio subeuntem ac tela ferentem
> corripiunt.

Jetzt war der Augenblick da, den Helden als moralische Person bei uns in Achtung zu setzen, und der Dichter ergriff diesen Augenblick. Wir kennen aus seiner Beschreibung die ganze Macht und Wut der feindlichen Ungeheuer, und wissen, wie vergeblich aller Widerstand ist. Wäre nun Laokoon bloß ein gemeiner Mensch, so würde er seines Vorteils wahrnehmen, und wie die übrigen Trojaner in einer schnellen Flucht seine Rettung suchen. Aber er hat ein Herz in seinem Busen, und die Gefahr seiner Kinder hält ihn zu seinem eigenen Verderben zurück. Schon dieser einzige Zug macht ihn unsers ganzen Mitleidens würdig. In was für einem Moment auch die Schlangen ihn ergriffen haben möchten, es würde uns immer bewegt und erschüttert haben. Daß es aber gerade in *dem* Momente geschieht, wo er als Vater uns achtungswürdig wird, daß sein Untergang gleichsam als unmittelbare Folge der erfüllten Vaterpflicht, der zärtlichen Bekümmernis für seine Kinder vorgestellt wird – dies entflammt unsre Teilnahme aufs höchste. Er ist es jetzt gleichsam selbst, der sich aus freier Wahl dem Verderben hingibt, und sein Tod wird eine Willenshandlung.

Bei allem Pathos muß also der Sinn durch Leiden, der Geist durch Freiheit interessiert sein. Fehlt es einer pathetischen Darstellung an einem Ausdruck der leidenden Natur, so ist sie ohne *ästhetische* Kraft, und unser Herz bleibt kalt. Fehlt es ihr an einem Ausdruck der ethischen Anlage, so kann sie bei aller sinnlichen Kraft nie *pathetisch* sein, und wird unausbleiblich unsre Empfindung empören. Aus aller Freiheit des Gemüts muß immer der leidende Mensch, aus allem Leiden der Menschheit muß immer der selbst-

ständige oder der Selbstständigkeit fähige Geist durchscheinen.

Auf zweierlei Weise aber kann sich die Selbstständigkeit
des Geistes im Zustand des Leidens offenbaren. Entweder
negativ: wenn der ethische Mensch von dem physischen das
Gesetz nicht empfängt, und dem *Zustand* keine Kausalität
für die *Gesinnung* gestattet wird; oder *positiv*: wenn der
ethische Mensch dem physischen das Gesetz *gibt*, und die
Gesinnung für den Zustand Kausalität erhält. Aus dem
ersten entspringt das Erhabene der *Fassung*, aus dem zweiten das Erhabene der *Handlung*.

Ein Erhabenes der Fassung ist jeder vom Schicksal
unabhängige Charakter. »Ein tapfrer Geist, im Kampf mit
der Widerwärtigkeit, sagt Seneka, ist ein anziehendes
Schauspiel selbst für die Götter«. Einen solchen Anblick
gibt uns der römische Senat nach dem Unglück bei Kannä.
Selbst Miltons Lucifer, wenn er sich in der Hölle, seinem
künftigen Wohnort, zum erstenmal umsieht, durchdringt
uns, dieser Seelenstärke wegen, mit einem Gefühl von
Bewunderung. »Schrecken, ich grüße euch, ruft er aus, und
dich unterirdische Welt und dich tiefste Hölle. Nimm auf
deinen neuen Gast. Er kommt zu dir mit einem Gemüte,
das weder Zeit noch Ort umgestalten soll. In seinem
Gemüte wohnt er. Das wird ihm in der Hölle selbst einen
Himmel erschaffen. Hier endlich sind wir frei u. s. f.« Die
Antwort der Medea im Trauerspiel gehört in die nämliche
Klasse.

Das Erhabene der Fassung läßt sich *anschauen*, denn es
beruht auf der Koexistenz; das Erhabene der Handlung
hingegen läßt sich bloß *denken*, denn es beruht auf der
Sukzession, und der Verstand ist nötig, um das Leiden von
einem freien Entschluß abzuleiten. Daher ist nur das erste
für den bildenden Künstler, weil dieser nur das Koexistente
glücklich darstellen kann, der Dichter aber kann sich über
beides verbreiten. Selbst, wenn der bildende Künstler eine
erhabene *Handlung* darzustellen hat, muß er sie in eine
erhabene Fassung verwandeln.

Zum Erhabenen der Handlung wird erfodert, daß das Leiden eines Menschen auf seine moralische Beschaffenheit nicht nur keinen Einfluß habe, sondern vielmehr umgekehrt das Werk seines moralischen Charakters sei. Dies kann auf zweierlei Weise sein. Entweder mittelbar und nach dem Gesetz der Freiheit, wenn er aus Achtung für irgend eine Pflicht das Leiden *erwählt*. Die Vorstellung der Pflicht bestimmt ihn in diesem Falle als *Motiv*, und sein Leiden ist eine *Willenshandlung*. Oder unmittelbar und nach dem Gesetz der Notwendigkeit, wenn er eine übertretene Pflicht moralisch *büßt*. Die Vorstellung der Pflicht bestimmt ihn in diesem Falle als *Macht*, und sein Leiden ist bloß eine *Wirkung*. Ein Beispiel des ersten gibt uns Regulus, wenn er um Wort zu halten, sich der Rachbegier der Karthaginienser ausliefert; zu einem Beispiel des zweiten würde er uns dienen, wenn er sein Wort gebrochen und das Bewußtsein dieser Schuld ihn elend gemacht hätte. In beiden Fällen hat das Leiden einen moralischen Grund, nur mit dem Unterschied, daß er uns in dem ersten Fall seinen moralischen Charakter, in dem andern bloß seine Bestimmung dazu zeigt. In dem ersten Fall erscheint er als eine moralisch große Person in dem zweiten bloß als ein ästhetisch großer Gegenstand.

Dieser letzte Unterschied ist wichtig für die tragische Kunst und verdient daher eine genauere Erörterung.

Ein erhabenes Objekt, bloß in der ästhetischen Schätzung, ist schon derjenige Mensch, der uns die Würde der menschlichen Bestimmung durch seinen *Zustand* vorstellig macht, gesetzt auch, daß wir diese Bestimmung in seiner *Person* nicht realisiert finden sollten. Erhaben in der moralischen Schätzung wird er nur alsdann, wenn er sich zugleich als Person jener Bestimmung gemäß verhält, wenn unsre Achtung nicht bloß seinem Vermögen, sondern dem Gebrauch dieses Vermögens gilt, wenn nicht bloß seiner Anlage sondern seinem wirklichen Betragen Würde zukommt. Es ist ganz etwas anders, ob wir bei unserm Urteil auf das moralische Vermögen überhaupt, und auf die

Möglichkeit einer absoluten Freiheit des Willens, oder ob
wir auf den Gebrauch dieses Vermögens und auf die
Wirklichkeit dieser absoluten Freiheit des Willens unser
Augenmerk richten.

Es ist etwas ganz anders, sage ich, und diese Verschiedenheit liegt nicht etwa nur in den beurteilten Gegenständen, sondern sie liegt in der verschiedenen Beurteilungs-
weise. Der nämliche Gegenstand kann uns in der moralischen Schätzung mißfallen, und in der ästhetischen sehr
anziehend für uns sein. Aber wenn er uns auch in beiden
Instanzen der Beurteilung Genüge leistete, so tut er diese
Wirkung bei beiden auf eine ganz verschiedene Weise. Er
wird dadurch, daß er ästhetisch brauchbar ist, nicht
moralisch befriedigend, und dadurch, daß er moralisch
befriedigt, nicht ästhetisch brauchbar.

Ich denke mir z. B. die Selbstaufopferung des Leonidas
bei Termopylä. Moralisch beurteilt ist mir diese Handlung
Darstellung des, bei allem Widerspruch der Instinkte
erfüllten, Sittengesetzes; ästhetisch beurteilt ist sie mir
Darstellung des, von allem Zwang der Instinkte unabhän-
gigen, sittlichen Vermögens. Meinen moralischen Sinn (die
Vernunft) *befriedigt* diese Handlung, meinen ästhetischen
Sinn (die Einbildungskraft) *entzückt* sie.

Von dieser Verschiedenheit meiner Empfindungen bei
dem nämlichen Gegenstande gebe ich mir folgenden
Grund an.

Wie sich unser Wesen in zwei Prinzipien oder Naturen
teilt, so teilen sich, diesen gemäß, auch unsre Gefühle in
zweierlei ganz verschiedene Geschlechter. Als Vernunftwesen empfinden wir Beifall oder Mißbilligung; als Sinnenwesen empfinden wir Lust oder Unlust. Beide Gefühle, des
Beifalls und der Lust, gründen sich auf eine Befriedigung:
jenes auf Befriedigung eines *Anspruchs*: denn die Vernunft
fodert bloß, aber bedarf nicht; dieses auf Befriedigung eines
Anliegens: denn der Sinn *bedarf* bloß, und kann nicht fodern.
Beide, die Foderungen der Vernunft und die Bedürfnisse
des Sinnes, verhalten sich zu einander wie Notwendigkeit

zu Notdurft, sie sind also beide unter dem Begriff von
Necessität enthalten; bloß mit dem Unterschied, daß die
Necessität der Vernunft ohne Bedingung, die Necessität der
Sinne bloß unter Bedingungen statt hat. Bei beiden aber ist
die Befriedigung zufällig. Alles Gefühl, der Lust sowohl als
des Beifalls, gründet sich also zuletzt auf Übereinstimmung
des Zufälligen mit dem Notwendigen. Ist das Notwendige
ein Imperativ, so wird Beifall, ist es eine Notdurft, so wird
Lust die Empfindung sein; beide in desto stärkerem Grade,
je zufälliger die Befriedigung ist.

Nun liegt bei aller moralischen Beurteilung eine Foderung der Vernunft zum Grunde, daß moralisch gehandelt
werde, und es ist eine unbedingte Necessität vorhanden,
daß wir wollen, was recht ist. Weil aber der Wille frei ist, so
ist es (physisch) zufällig, ob wir es wirklich tun. Tun wir es
nun wirklich, so erhält diese Übereinstimmung des Zufalls
im Gebrauche der Freiheit mit dem Imperativ der Vernunft
Billigung oder Beifall, und zwar in desto höherem Grade,
als der Widerstreit der Neigungen *diesen* Gebrauch der
Freiheit zufälliger und zweifelhafter machte.

Bei der ästhetischen Schätzung hingegen wird der
Gegenstand auf *das Bedürfnis der Einbildungskraft* bezogen,
welche nicht *gebieten*, bloß *verlangen* kann, daß das Zufällige
mit ihrem Interesse übereinstimmen möge. Das Interesse
der Einbildungskraft aber ist: sich *frei von Gesetzen* im Spiele
zu erhalten. Diesem Hange zur Ungebundenheit ist die
sittliche Verbindlichkeit des Willens, durch welche ihm sein
Objekt auf das strengste bestimmt wird, nichts weniger als
günstig; und da die sittliche Verbindlichkeit des Willens der
Gegenstand des moralischen Urteils ist, so sieht man leicht,
daß bei dieser Art zu urteilen die Einbildungskraft ihre
Rechnung nicht finden könne. Aber eine sittliche Verbindlichkeit des Willens läßt sich nur unter Voraussetzung einer
absoluten Independenz desselben vom Zwang der Naturtriebe denken; die *Möglichkeit* des Sittlichen postuliert also
Freiheit, und stimmt folglich mit dem Interesse der
Phantasie hierin auf das vollkommenste zusammen. Weil

aber die Phantasie durch ihr Bedürfnis nicht so vorschreiben kann, wie die Vernunft durch ihren Imperativ dem
Willen der Individuen vorschreibt, so ist das Vermögen der
Freiheit, auf die Phantasie bezogen, etwas zufälliges, und
muß daher, als Übereinstimmung des Zufalls mit dem
(bedingungsweise) Notwendigen Lust erwecken. Beurteilen wir also jene Tat des Leonidas *moralisch*, so betrachten
wir sie aus einem Gesichtspunkt, wo uns weniger ihre
Zufälligkeit als ihre Notwendigkeit in die Augen fällt.
Beurteilen wir sie hingegen *ästhetisch*, so betrachten wir sie
aus einem Standpunkt, wo sich uns weniger ihre Notwendigkeit als ihre Zufälligkeit darstellt. Es ist *Pflicht* für jeden
Willen, so zu handeln, sobald er ein freier Wille ist; daß es
aber überhaupt eine Freiheit des Willens gibt, welche es
möglich macht, so zu handeln, dies ist eine *Gunst* der Natur
in Rücksicht auf dasjenige Vermögen, welchem Freiheit
Bedürfnis ist. Beurteilt also der moralische Sinn – die
Vernunft – eine tugendhafte Handlung, so ist Billigung das
höchste, was erfolgen kann; weil die Vernunft nie *mehr* und
selten nur *soviel* finden kann, als sie fodert. Beurteilt hingegen der ästhetische Sinn, die Einbildungskraft, die
nämliche Handlung, so erfolgt eine positive Lust, weil die
Einbildungskraft niemals Einstimmigkeit mit ihrem Bedürfnisse fodern kann, und sich also von der wirklichen Befriedigung desselben, als von einem glücklichen Zufall,
überrascht finden muß. Daß Leonidas die heldenmütige
Entschließung *wirklich faßte*, billigen wir; daß er sie fassen
konnte, darüber frohlocken wir, und sind entzückt.

Der Unterschied zwischen beiden Arten der Beurteilung
fällt noch deutlicher in die Augen, wenn man eine
Handlung zum Grunde legt, über welche das moralische
und das ästhetische Urteil verschieden ausfallen. Man
nehme die Selbstverbrennung des Peregrinus Protheus zu
Olympia. Moralisch beurteilt kann ich dieser Handlung
nicht Beifall geben, insofern ich unreine Triebfedern dabei
wirksam finde, um derentwillen die *Pflicht* der Selbsterhaltung hintan gesetzt wird. Ästhetisch beurteilt gefällt mir

aber diese Handlung, und zwar deswegen gefällt sie mir,
weil sie von einem Vermögen des Willens zeugt, selbst dem
mächtigsten aller Instinkte, dem *Triebe* der Selbsterhaltung
zu widerstehen. Ob es eine rein moralische Gesinnung oder
ob es bloß eine mächtigere sinnliche Reizung war, was den
Selbsterhaltungstrieb bei dem Schwärmer Peregrin unterdrückte, darauf achte ich bei der ästhetischen Schätzung
nicht, wo ich das Individuum verlasse, von dem Verhältnis
seines Willens zu dem Willensgesetz abstrahiere, und mir
den menschlichen Willen überhaupt, als Vermögen der
Gattung, im Verhältnis zu der ganzen Naturgewalt denke.
Bei der moralischen Schätzung, hat man gesehen, wurde die
Selbsterhaltung als eine *Pflicht* vorgestellt, daher beleidigte
ihre Verletzung; bei der ästhetischen Schätzung hingegen
wurde sie als ein *Interesse* angesehen, daher gefiel ihre
Hintansetzung. Bei der letztern Art des Beurteilens wird
also die Operation gerade umgekehrt, die wir bei der
erstern verrichten. Dort stellen wir das sinnlich beschränkte Individuum und den pathologisch-affizierbaren Willen
dem absoluten Willensgesetz und der unendlichen Geister-
pflicht, hier hingegen stellen wir das absolute Willens*vermögen* und die unendliche Geister*gewalt* dem Zwange der
Natur und den Schranken der Sinnlichkeit gegenüber.
Daher läßt uns das ästhetische Urteil frei, und erhebt und
begeistert uns, weil wir uns schon durch das bloße Vermögen, absolut zu wollen, schon durch die bloße Anlage
zur Moralität, gegen die Sinnlichkeit in augenscheinlichem
Vorteil befinden, weil schon durch die bloße Möglichkeit,
uns vom Zwange der Natur loszusagen, unserm Freiheits-
bedürfnis geschmeichelt wird. Daher beschränkt uns das
moralische Urteil, und demütigt uns, weil wir uns bei jedem
besondern Willensakt gegen das absolute Willensgesetz
mehr oder weniger im Nachteil befinden, und durch die
Einschränkung des Willens auf eine einzige Bestimmungs-
weise, welche die Pflicht schlechterdings fodert, dem
Freiheitstriebe der Phantasie widersprochen wird. Dort
schwingen wir uns von dem Wirklichen zu dem Möglichen,

und von dem Individuum zur Gattung empor; hier
hingegen steigen wir vom Möglichen zum Wirklichen
herunter, und schließen die Gattung in die Schranken des
Individuums ein; kein Wunder also, wenn wir uns bei
ästhetischen Urteilen erweitert, bei moralischen hingegen
eingeengt und gebunden fühlen[2].

Aus diesem allen ergibt sich denn, daß die moralische
und die ästhetische Beurteilung, weit entfernt einander zu
unterstützen, einander vielmehr im Wege stehen, weil sie

---

[2] Diese Auflösung, erinnre ich beiläufig, erklärt uns auch die
Verschiedenheit des ästhetischen Eindrucks, den die Kantische
Vorstellung der Pflicht auf seine verschiedenen Beurteiler zu
machen pflegt. Ein nicht zu verachtender Teil des Publikums
findet diese Vorstellung der Pflicht sehr demütigend; ein andrer
findet sie unendlich erhebend für das Herz. Beide haben Recht,
und der Grund dieses Widerspruchs liegt bloß in der Verschiedenheit des Standpunkts, aus welchem beide diesen Gegenstand
betrachten. Seine bloße Schuldigkeit tun, hat allerdings nichts
großes, und insofern das beste, was wir zu leisten vermögen,
nichts als Erfüllung, und noch mangelhafte Erfüllung, unserer
Pflicht ist, liegt in der höchsten Tugend nichts begeisterndes.
Aber bei allen Schranken der sinnlichen Natur dennoch treu
und beharrlich seine Schuldigkeit tun, und in den Fesseln der
Materie dem heiligen Geistergesetz unwandelbar folgen, dies ist
allerdings erhebend und der Bewunderung wert. Gegen die
Geisterwelt gehalten ist an unsrer Tugend freilich nichts
verdienstliches, und wieviel wir es uns auch kosten lassen
mögen, wir werden immer *unnütze Knechte sein*; gegen die
Sinnenwelt gehalten ist sie hingegen ein desto erhabeneres
Objekt. Insofern wir also Handlungen moralisch beurteilen,
und sie auf das Sittengesetz beziehen, werden wir wenig Ursache
haben, auf unsere Sittlichkeit stolz zu sein; insofern wir aber auf
die Möglichkeit dieser Handlungen sehen, und das Vermögen
unsers Gemüts, das denselben zum Grund liegt, auf die Welt der
Erscheinungen beziehen, d. h. insofern wir sie ästhetisch
beurteilen, ist uns ein gewisses Selbstgefühl erlaubt, ja es ist
sogar notwendig, weil wir ein Principium in uns aufdecken, das
über alle Vergleichung groß und unendlich ist.

dem Gemüt zwei ganz entgegengesetzte Richtungen geben; denn die Gesetzmäßigkeit, welche die Vernunft als moralische Richterin fodert, besteht nicht mit der Ungebundenheit, welche die Einbildungskraft, als ästhetische Richterin verlangt. Daher wird ein Objekt zu einem ästhetischen Gebrauch gerade um soviel weniger taugen, als es sich zu einem moralischen qualifiziert; und wenn der Dichter es dennoch erwählen müßte, so wird er wohl tun, es so zu behandeln, daß nicht sowohl unsre Vernunft auf die *Regel* des Willens, als vielmehr unsre Phantasie auf das *Vermögen* des Willens hingewiesen werde. Um seiner selbst willen muß der Dichter diesen Weg einschlagen, denn mit unserer Freiheit ist sein Reich zu Ende. Nur solange wir außer uns anschauen, sind wir *sein*; er hat uns verloren, sobald wir in unsern eigenen Busen greifen. Dies erfolgt aber unausbleiblich, sobald ein Gegenstand nicht mehr *als Erscheinung von uns betrachtet wird*, sondern als *Gesetz über uns richtet*.

Selbst von den Äußerungen der erhabensten Tugend kann der Dichter nichts für *seine* Absichten brauchen, als was an denselben der *Kraft* gehört. Um die Richtung der Kraft bekümmert er sich nichts. Der Dichter, auch wenn er die vollkommensten sittlichen Muster vor unsre Augen stellt, hat keinen andern Zweck, *und darf keinen andern haben*, als uns durch Betrachtung derselben zu ergötzen. Nun kann uns aber nichts ergötzen, als was unser Subjekt verbessert, und nichts kann uns geistig ergötzen, als was unser geistiges Vermögen erhöht. Wie kann aber die Pflichtmäßigkeit eines Andern *unser* Subjekt verbessern und unsere geistige Kraft vermehren? Daß er seine Pflicht *wirklich* erfüllt, beruht auf einem zufälligen Gebrauche, den *er* von seiner Freiheit macht, und der eben darum für *uns* nichts beweisen kann. Es ist bloß das *Vermögen* zu einer ähnlichen Pflichtmäßigkeit, was wir mit ihm teilen, und indem wir in seinem Vermögen auch das unsrige wahrnehmen, fühlen wir unsere geistige Kraft erhöht. Es ist also bloß die vorgestellte Möglichkeit eines absolut freien Wollens, wodurch

die wirkliche Ausübung desselben unserm ästhetischen
Sinn gefällt.

Noch mehr wird man sich davon überzeugen, wenn man
nachdenkt, wie wenig die poetische Kraft des Eindrucks,
den sittliche Charaktere oder Handlungen auf uns machen,
von ihrer *historischen Realität* abhängt. Unser Wohlgefallen
an idealischen Charakteren verliert nichts durch die Erinnerung, daß sie poetische Fiktionen sind, denn es ist die
poetische, nicht die historische Wahrheit, auf welche alle
ästhetische Wirkung sich gründet. Die poetische Wahrheit
besteht aber nicht darin, daß etwas wirklich geschehen ist,
sondern darin, daß es geschehen konnte, also in der innern
Möglichkeit der Sache. Die ästhetische Kraft muß also
schon in der vorgestellten Möglichkeit liegen.

Selbst an wirklichen Begebenheiten historischer Personen ist nicht die Existenz, sondern das durch die Existenz
kund gewordene Vermögen das poetische. Der Umstand,
daß diese Personen wirklich lebten, und daß diese Begebenheiten wirklich erfolgten, kann zwar sehr oft unser Vergnügen vermehren, aber mit einem fremdartigen Zusatz,
der dem poetischen Eindruck vielmehr nachteilig als
beförderlich ist. Man hat lange geglaubt, der Dichtkunst
unsers Vaterlands einen Dienst zu erweisen, wenn man den
Dichtern Nationalgegenstände zur Bearbeitung empfahl.
Dadurch, hieß es, wurde die griechische Poesie so bemäch-
tigend für das Herz, weil sie einheimische Szenen malte,
und einheimische Taten verewigte. Es ist nicht zu leugnen,
daß die Poesie der Alten, dieses Umstandes halber, Wirkungen leistete, deren die neuere Poesie sich nicht rühmen
kann – aber gehörten diese Wirkungen der Kunst und dem
Dichter? Wehe dem griechischen Kunstgenie, wenn es vor
dem Genius der neuern nichts weiter als diesen zufälligen
Vorteil voraus hätte, und wehe dem griechischen Kunst-
geschmack, wenn er durch diese historischen Beziehungen
in den Werken seiner Dichter erst hätte gewonnen werden
müssen! Nur ein barbarischer Geschmack braucht den
Stachel des Privatinteresse, um zu der Schönheit hingelockt

zu werden, und nur der Stümper borgt von dem Stoffe eine Kraft, die er in die Form zu legen verzweifelt. Die Poesie soll ihren Weg nicht durch die kalte Region des Gedächtnisses nehmen, soll nie die Gelehrsamkeit zu ihrer Auslegerin, nie den Eigennutz zu ihrem Fürsprecher machen. Sie soll das Herz treffen, weil sie aus dem Herzen floß, und nicht auf den Staatsbürger in den Menschen, sondern auf den Menschen in dem Staatsbürger zielen.

Es ist ein Glück, daß das wahre Genie auf die Fingerzeige nicht viel achtet, die man ihm, aus besserer Meinung als Befugnis, zu erteilen sich sauer werden läßt; sonst würden Sulzer und seine Nachfolger der deutschen Poesie eine sehr zweideutige Gestalt gegeben haben. Den Menschen moralisch auszubilden, und Nationalgefühle in dem Bürger zu entzünden ist zwar ein sehr ehrenvoller Auftrag für den Dichter, und die Musen wissen es am besten, wie nahe die Künste des Erhabenen und Schönen damit zusammenhängen mögen. Aber was die Dichtkunst mittelbar ganz vortrefflich macht, würde ihr, unmittelbar, nur sehr schlecht gelingen. Die Dichtkunst führt bei dem Menschen nie ein besondres Geschäft aus, und man könnte kein ungeschickteres Werkzeug erwählen, um einen einzelnen Auftrag, ein Detail, gut besorgt zu sehen. Ihr Wirkungskreis ist das Total der menschlichen Natur, und bloß, insofern sie auf den Charakter einfließt, kann sie auf seine einzelnen Wirkungen Einfluß haben. Die Poesie kann dem Menschen werden, was dem Helden die Liebe ist. Sie kann ihm weder raten, noch mit ihm schlagen, noch sonst eine Arbeit für ihn tun; aber zum Helden kann sie ihn erziehn, zu Taten kann sie ihn rufen, und zu allem, was er sein soll, ihn mit Stärke ausrüsten.

Die ästhetische Kraft, womit uns das Erhabene der Gesinnung und Handlung ergreift, beruht also keineswegs auf dem Interesse der Vernunft, daß recht gehandelt *werde*, sondern auf dem Interesse der Einbildungskraft, daß recht Handeln *möglich sei*, d. h. daß keine Empfindung, wie mächtig sie auch sei, die Freiheit des Gemüts zu unterdrükken vermöge. Diese Möglichkeit liegt aber in jeder starken Äußerung von Freiheit und Willenskraft, und wo nur irgend der Dichter diese antrifft, da hat er einen zweckmäßigen Gegenstand für seine Darstellung gefunden. Für *sein* Interesse ist es eins, aus welcher Klasse von Charakteren, der schlimmen oder guten, er seine Helden nehmen will, da das nämliche Maß von Kraft, welches zum Guten nötig ist, sehr oft zur Konsequenz im Bösen erfodert werden kann. Wie viel mehr wir in ästhetischen Urteilen auf die Kraft als auf die Richtung der Kraft, wie viel mehr auf Freiheit als auf Gesetzmäßigkeit sehen, wird schon daraus hinlänglich offenbar, daß wir Kraft und Freiheit lieber auf Kosten der Gesetzmäßigkeit geäußert, als die Gesetzmäßigkeit auf Kosten der Kraft und Freiheit beobachtet sehen. Sobald nämlich Fälle eintreten, wo das moralische Gesetz sich mit Antrieben gattet, die den Willen durch ihre Macht fortzureißen drohen, so gewinnt der Charakter ästhetisch, wenn er diesen Antrieben widerstehen kann. Ein Lasterhafter fängt an, uns zu interessieren, sobald er Glück und Leben wagen muß, um seinen schlimmen Willen durchzusetzen; ein Tugendhafter hingegen verliert in demselben Verhältnis unsre Aufmerksamkeit, als seine Glückseligkeit selbst ihn zum Wohlverhalten nötigt. Rache, zum Beispiel, ist unstreitig ein unedler und selbst niedriger Affekt. Nichts desto weniger wird sie ästhetisch, sobald sie dem, der sie ausübt, ein schmerzhaftes Opfer kostet. Medea, indem sie ihre Kinder ermordet, zielt bei dieser Handlung auf Jasons Herz, aber zugleich führt sie einen schmerzhaften Stich auf ihr eigenes, und ihre Rache wird ästhetisch erhaben, sobald wir die zärtliche Mutter sehen.

Das ästhetische Urteil enthält hierin mehr wahres, als man gewöhnlich glaubt. Offenbar kündigen Laster, welche von Willensstärke zeugen, eine größere Anlage zur wahrhaften moralischen Freiheit an, als Tugenden, die eine Stütze von der Neigung entlehnen, weil es dem konsequenten Bösewicht nur einen einzigen Sieg über sich selbst, eine einzige Umkehrung der Maximen kostet, um die ganze

Konsequenz und Willensfertigkeit, die er an das Böse verschwendete, dem Guten zuzuwenden. Woher sonst kann es kommen, daß wir den halbguten Charakter mit Widerwillen von uns stoßen, und dem ganz schlimmen oft mit schauernder Bewunderung folgen? Daher unstreitig, weil wir bei jenem auch die Möglichkeit des absolut freien Wollens aufgeben, diesem hingegen es in jeder Äußerung anmerken, daß er durch einen einzigen Willensakt sich zur ganzen Würde der Menschheit aufrichten kann.

In ästhetischen Urteilen sind wir also nicht für die Sittlichkeit an sich selbst, sondern bloß für die Freiheit interessiert, und jene kann nur insofern unsrer Einbildungskraft gefallen, als sie die letztere sichtbar macht. Es ist daher offenbare Verwirrung der Grenzen, wenn man moralische Zweckmäßigkeit in ästhetischen Dingen fodert, und um das Reich der Vernunft zu erweitern die Einbildungskraft aus ihrem rechtmäßigen Gebiete verdrängen will. Entweder wird man sie ganz unterjochen müssen, und dann ist es um alle ästhetische Wirkung geschehen, oder sie wird mit der Vernunft ihre Herrschaft teilen, und dann wird für Moralität wohl nicht viel gewonnen sein. Indem man zwei verschiedene Zwecke verfolgt, wird man Gefahr laufen, beide zu verfehlen. Man wird die Freiheit der Phantasie durch moralische Gesetzmäßigkeit fesseln, und die Notwendigkeit der Vernunft durch die Willkür der Einbildungskraft zerstören.

GEDANKEN ÜBER DEN GEBRAUCH DES
GEMEINEN UND NIEDRIGEN IN DER KUNST

Gemein ist alles, was nicht zu dem *Geiste* spricht, und kein
anderes als ein sinnliches Interesse erregt. Es gibt zwar
tausend Dinge, die schon durch ihren Stoff oder Inhalt
gemein sind, aber weil das Gemeine des Stoffes durch die
Behandlung veredelt werden kann, so ist in der Kunst nur
vom *Gemeinen* in der Form die Rede. Ein gemeiner Kopf
wird den edelsten Stoff durch eine gemeine Behandlung
verunehren, ein großer Kopf und ein edler Geist hingegen
wird selbst das Gemeine zu adeln wissen und zwar dadurch,
daß er es an etwas Geistiges anknüpft und eine große Seite
daran entdeckt. So wird uns ein Geschichtschreiber von
gemeinem Schlage die unbedeutendsten Verrichtungen
eines Helden eben so sorgfältig als seine erhabensten Taten
berichten und sich eben so lang bei seinem Stammbaum,
seiner Kleidertracht, seinem Hauswesen als bei seinen
Entwürfen und Unternehmungen verweilen. Seine größten
Taten wird er so erzählen, daß kein Mensch es ihnen
ansieht, was sie sind. Umgekehrt wird ein Geschichtschreiber von Geist und eignem Seelenadel auch in das Privat-
leben und in die unwichtigsten Handlungen seines Helden
ein Interesse und einen Gehalt legen, der sie wichtig macht.
Einen gemeinen Geschmack haben in der bildenden Kunst
die Niederländischen Maler, einen edlen und großen
Geschmack die Italiener, noch mehr aber die Griechen bewiesen. Diese gingen immer auf das Ideal, verwarfen jeden
gemeinen Zug, und wählten auch keinen gemeinen
Stoff.

Ein Portraitmaler kann seinen Gegenstand *gemein* und
kann ihn *groß* behandeln. *Gemein*, wenn er das *Zufällige* eben
so sorgfältig darstellt als das notwendige, wenn er das

Große vernachlässigt, und das Kleine sorgfältig ausführt: *Groß*, wenn er das *Interessanteste* heraus zu finden weiß, das Zufällige von dem Notwendigen scheidet, das Kleine nur andeutet und das Große ausführt. *Groß* aber ist nichts als der Ausdruck der Seele in Handlungen, Gebärden und Stellungen.

Ein Dichter behandelt seinen Stoff gemein, wenn er unwichtige Handlungen ausführt, und über wichtige flüchtig hinweggeht. Er behandelt ihn groß, wenn er ihn mit dem Großen verbindet. Homer wußte den Schild des Achilles sehr geistreich zu behandeln, obgleich die Verfertigung eines Schildes dem Stoff nach etwas sehr gemeines ist.

Noch eine Stufe unter dem Gemeinen steht das *Niedrige*, welches von jenem darin unterschieden ist, daß es nicht bloß etwas *negatives*, nicht bloß Mangel des Geistreichen und Edeln, sondern etwas *positives*, nämlich Roheit des Gefühls, schlechte Sitten und verächtliche Gesinnungen anzeigt. Das Gemeine zeugt bloß von einem fehlenden Vorzug, der sich wünschen läßt, das Niedrige von dem Mangel einer Eigenschaft, die von jedem gefordert werden kann. So ist z. B. die Rache an sich, wo sie sich auch finden und wie sie sich auch äußern mag, etwas gemeines, weil sie einen Mangel von Edelmut beweist. Aber man unterscheidet noch besonders eine *niedrige* Rache, wenn der Mensch, der sie ausübt, sich verächtlicher Mittel bedient, sie zu befriedigen. Das Niedrige bezeichnet immer etwas Grobes und Pöbelhaftes; gemein aber kann auch ein Mensch von Geburt und beßren Sitten denken und handeln, wenn er mittelmäßige Gaben besitzt. Ein Mensch handelt *gemein*, der nur auf seinen Nutzen bedacht ist, und in sofern steht er dem *edeln* Menschen entgegen, der sich selbst vergessen kann, um einem andern einen Genuß zu verschaffen. Derselbe Mensch aber würde niedrig handeln, wenn er seinem Nutzen auf Kosten seiner Ehre nachginge und auch nicht einmal die Gesetze des Anstandes dabei respektieren wollte. Das Gemeine ist also dem Edeln, das Niedrige dem

Edeln und Anständigen zugleich entgegen gesetzt. Jeder Leidenschaft ohne allen Widerstand nachgeben, jeden Trieb befriedigen, ohne sich auch nur von den Regeln des Wohlstands, vielweniger von denen der Sittlichkeit zügeln zu lassen, ist niedrig, und verrät eine niedrige Seele.

Auch in Kunstwerken kann man in das Niedrige verfallen, nicht bloß indem man niedrige Gegenstände wählt, die der Sinn für Anstand und Schicklichkeit ausschließt, sondern auch indem man sie *niedrig behandelt*. *Niedrig behandelt* man einen Gegenstand, wenn man entweder diejenige Seite an ihm, welche der gute Anstand verbergen heißt, bemerklich macht, oder wenn man ihm einen Ausdruck gibt, der auf niedrige Nebenvorstellungen leitet. In dem Leben des größten Mannes kommen niedrige Verrichtungen vor, aber nur ein niedriger Geschmack wird sie herausheben und ausmalen.

Man findet Gemälde aus der heiligen Geschichte, wo die Apostel, die Jungfrau und Christus selbst einen Ausdruck haben, als wenn sie aus dem gemeinsten Pöbel wären aufgegriffen worden. Alle solche Ausführungen beweisen einen niedrigen Geschmack, der uns ein Recht gibt, auf eine rohe und pöbelhafte Denkart des Künstlers selbst zu schließen.

Es gibt zwar Fälle, wo das *Niedrige* auch in der Kunst gestattet werden kann; da nämlich wo es Lachen erregen soll. Auch ein Mensch von feinen Sitten kann zuweilen, ohne einen verderbten Geschmack zu verraten, an dem rohen aber wahren Ausdruck der Natur und an dem Kontrast zwischen den Sitten der feinen Welt und des Pöbels sich belustigen. Die Betrunkenheit eines Menschen von Stande würde, wo sie auch vorkäme, Mißfallen erregen; aber ein betrunkener Postillion, Matrose und Karrenschieber macht uns lachen. Scherze, die uns an einem Menschen von Erziehung unerträglich sein würden, belustigen uns im Mund des Pöbels. Von dieser Art sind viele Szenen des Aristophanes, die aber zuweilen auch diese Grenze überschreiten und schlechterdings verwerflich sind. Deswegen ergötzen wir uns an Parodien, wo Gesinnungen, Redensarten und Verrichtungen des gemeinen Pöbels denselben vornehmen Personen untergeschoben werden, die der Dichter mit aller Würde und Anstand behandelt hat. Sobald es der Dichter bloß auf ein Lachstück anlegt, und weiter nichts will, als uns belustigen, so können wir ihm auch das Niedrige hingehen lassen, nur muß er nie Unwillen oder *Eckel* erregen.

Unwillen erregt er, wenn er das Niedrige da anbringt, wo wir es schlechterdings nicht verzeihen können, bei Menschen nämlich, von denen wir berechtigt sind, feinere Sitten zu fodern. Handelt er dagegen, so beleidigt er entweder *die Wahrheit*, weil wir ihn lieber für einen Lügner halten, als glauben wollen, daß Menschen von Erziehung wirklich so niedrig handeln können; oder seine Menschen beleidigen unser Sittengefühl, und erregen, welches noch schlimmer ist, unsre Indignation. Ganz anders ist es in der *Farce*, wo zwischen dem Dichter und dem Zuschauer ein stillschweigender Kontrakt ist, daß man keine Wahrheit zu erwarten habe. In der Farce dispensieren wir den Dichter von aller *Treue der Schilderung*, und er erhält gleichsam ein Privilegium, uns zu belügen. Denn hier gründet sich das Komische gerade auf seinen Kontrast mit der Wahrheit; es kann aber unmöglich zugleich wahr sein und mit der Wahrheit kontrastieren.

Es gibt aber auch im Ernsthaften und Tragischen einige seltene Fälle, wo das Niedrige angewandt werden kann. Alsdann muß es aber ins *Furchtbare* übergehn, und die augenblickliche Beleidigung des Geschmacks muß durch eine starke Beschäftigung des Affekts ausgelöscht und also von einer höhern tragischen Wirkung gleichsam verschlungen werden. *Stehlen* z. B. ist etwas *absolut niedriges*, und was auch unser Herz zur Entschuldigung eines Diebs vorbringen kann, wie sehr er auch durch den Drang der Umstände mag verleitet worden sein, so ist ihm ein unauslöschliches Brandmal aufgedrückt, und *ästhetisch* bleibt er immer ein niedriger Gegenstand. Der Geschmack verzeiht hier noch

weniger als die Moral, und sein Richterstuhl ist strenger;
weil ein ästhetischer Gegenstand auch für alle Nebenideen
verantwortlich ist, die auf seine Veranlassung in uns rege
gemacht werden, da hingegen die moralische Beurteilung
von allem Zufälligen abstrahiert. Ein Mensch, der stiehlt,
würde demnach für jede poetische Darstellung von ernst-
haftem Inhalt ein höchst verwerfliches Objekt sein. Wird
aber dieser Mensch zugleich *Mörder, so* ist er zwar *moralisch*
noch viel verwerflicher; aber *ästhetisch* wird er dadurch
wieder um einen Grad brauchbarer. Derjenige, der sich (ich
rede hier immer nur von der ästhetischen Beurteilungswei-
se) durch eine *Infamie* erniedrigt, kann durch ein *Verbrechen*
wieder in etwas erhöht und in unsre *ästhetische* Achtung
restituiert werden. Diese Abweichung des moralischen
Urteils von dem ästhetischen ist merkwürdig und verdient
Aufmerksamkeit. Man kann mehrere Ursachen davon
anführen. Erstlich habe ich schon gesagt, daß, weil das
ästhetische Urteil von der Phantasie abhängt, auch alle
Nebenvorstellungen, welche durch einen Gegenstand in
uns erregt werden, und mit demselben in einer natürlichen
Verbindung stehen, auf dieses Urteil einfließen. Sind nun
diese Nebenvorstellungen von einer niedrigen Art, so erniedrigen sie den Hauptgegenstand unvermeidlich.

Zweitens sehen wir in der ästhetischen Beurteilung auf die
Kraft, bei einem moralischen auf die *Gesetzmäßigkeit.*
Kraftmangel ist etwas verächtliches, und jede Handlung,
die uns darauf schließen läßt, ist es gleichfalls. Jede feige
und kriechende Tat ist uns widrig durch den Kraftmangel,
den sie verrät; umgekehrt kann uns eine teuflische Tat,
sobald sie nur Kraft verrät, *ästhetisch* gefallen. Ein Diebstahl
aber zeigt eine kriechende feige Gesinnung an; eine
Mordtat hat wenigstens den Schein von Kraft, wenigstens
richtet sich der Grad unsers Interesse, das wir ästhetisch
daran nehmen, nach dem Grad der Kraft, der dabei
geäußert worden ist.

Drittens werden wir bei einem schweren und schrecklichen Verbrechen von der Qualität desselben abgezogen,

und auf seine furchtbaren *Folgen* aufmerksam gemacht. Die stärkere Gemütsbewegung unterdrückt alsdann die schwächere. Wir sehen nicht rückwärts in die Seele des Täters, sondern vorwärts in sein Schicksal, auf die Wirkungen seiner Tat. Sobald wir aber anfangen zu *zittern*, so schweigt jede Zärtlichkeit des Geschmacks. Der Haupteindruck erfüllt unsre Seele ganz, und die zufälligen Nebenideen, an denen eigentlich das Niedrige hängt, erlöschen. Daher ist der Diebstahl des jungen Ruhberg *in Verbrechen aus Ehrsucht* auf der Schaubühne nicht widrig, sondern wahrhaft tragisch. – Der Dichter hat mit vieler Geschicklichkeit die Umstände so geleitet, daß wir fortgerissen werden und nicht zu Atem kommen. Das schreckliche Elend seiner Familie, und besonders der Jammer seines Vaters sind Gegenstände, die unsre ganze Aufmerksamkeit von dem Täter hinweg und auf die Folgen seiner Tat leiten. Wir sind viel zu sehr im Affekt, um uns auf die Vorstellungen der Schande einzulassen, womit der Diebstahl gebrandmarkt wird. Kurz: das Niedrige wird durch das *Schreckliche* versteckt. Es ist sonderbar, daß dieser wirklich begangene Diebstahl des jungen Ruhberg nicht so viel widriges hat, als der bloße ungegründete Verdacht eines Diebstahls in einem andern Schauspiel. Hier wird ein junger Offizier unverdienterweise beschuldigt, einen silbernen Löffel eingesteckt zu haben, der sich nachher findet. Das Niedrige ist also hier bloß eingebildet, bloßer Verdacht, und doch tut es dem unschuldigen Helden des Stücks, in unsrer ästhetischen Vorstellung unwiederbringlichen Schaden. Die Ursache ist, weil die Voraussetzung, daß ein Mensch niedrig handeln könne, keine feste Meinung von seinen Sitten beweist, da die Gesetze der Konvenienz es mit sich bringen, daß man einen so lange für einen Mann von Ehre hält, als er nicht das Gegenteil *zeigt*. Traut man ihm also etwas verächtliches zu, so sieht es aus, als ob er doch irgend einmal zur Möglichkeit eines solchen Argwohns Anlaß gegeben hätte; obgleich das Niedrige eines unverdienten Verdachts eigentlich auf Seiten des Beschuldigers ist. Dem

Helden des angeführten Stücks tut es noch mehr Schaden,
daß er *Offizier* und *Liebhaber* einer Dame von Erziehung
und Stande ist. Mit diesen beiden Prädikaten macht das
Prädikat des Stehlens einen ganz erschrecklichen Kontrast,
und es ist uns unmöglich, uns nicht augenblicklich daran zu
erinnern, wenn er bei seiner Dame ist, daß er den silbernen
Löffel in der Tasche haben könnte. Das größte Unglück
dabei ist, daß derselbe den auf ihm ruhenden Verdacht gar
nicht ahndet; denn wäre dieses, so würde er als Offizier eine
blutige Genugtuung fodern; die Folgen würden dann ins
Fürchterliche gehen, und das Niedrige verschwinden.

Noch muß man das Niedrige der Gesinnung von dem
Niedrigen der Handlung und des Zustandes wohl unterscheiden. Das erste ist *unter* aller ästhetischen Würde, das
letzte kann öfters sehr gut damit bestehen. *Sklaverei* ist
niedrig; aber eine sklavische Gesinnung in der Freiheit ist
verächtlich, eine sklavische Beschäftigung hingegen ohne
eine solche Gesinnung ist es nicht; vielmehr kann das
Niedrige des Zustandes, mit Hoheit der Gesinnung verbunden, ins Erhabene übergehen. Der Herr des Epiktet,
der ihn schlug, handelte niedrig, und der geschlagene
Sklave zeigte eine erhabene Seele. Wahre Größe schimmert
aus einem niedrigen Schicksal nur desto herrlicher hervor
und der Künstler darf sich nicht fürchten, seinen Helden
auch in einer verächtlichen Hülle aufzuführen, sobald er
nur versichert ist, daß ihm der Ausdruck des innern Werts
zu Gebote steht.

Aber was dem Dichter erlaubt sein kann, ist dem Maler
nicht immer gestattet. Jener bringt seine Objekte bloß vor
die Phantasie, dieser hingegen unmittelbar vor die Sinne.
Also ist nicht nur der Eindruck des Gemäldes lebhafter als
der des Gedichts, sondern der Maler kann auch durch seine
natürlichen Zeichen das Innere nicht so sichtbar machen,
als der Dichter durch seine willkürlichen Zeichen, und
doch kann uns nur das Innere mit dem Äußern versöhnen.
Wenn uns Homer seinen Ulyß in Bettlerlumpen aufführt, so
kömmt es auf uns an, wie weit wir uns dieses Bild ausmalen

und wie lang wir dabei verweilen wollen. In keinem Fall
aber hat es Lebhaftigkeit genug, daß es uns unangenehm
oder ekelhaft sein könnte. Wenn aber der Maler oder gar
noch der Schauspieler den Ulyß dem Homer getreu nach-
bilden wollte, so würden wir uns mit Widerwillen davon   5
hinwegwenden. Hier haben wir die Stärke des Eindrucks
nicht in unserer Gewalt, wir *müssen* sehen, was uns der
Maler zeigt, und können die widrigen Nebenideen, die uns
dabei in Erinnerung gebracht werden, nicht so leicht
abweisen.   10

ZERSTREUTE BETRACHTUNGEN
ÜBER VERSCHIEDENE ÄSTHETISCHE
GEGENSTÄNDE

Alle Eigenschaften der Dinge, wodurch sie ästhetisch werden können, lassen sich unter viererlei Klassen bringen, die sowohl nach ihrer *objektiven* Verschiedenheit, als nach ihrer verschiednen *subjektiven* Beziehung auf unser leidendes oder tätiges Vermögen ein nicht bloß der *Stärke* sondern auch dem *Wert* nach verschiedenes Wohlgefallen wirken, und für den Zweck der schönen Künste auch von ungleicher Brauchbarkeit sind; nämlich das *Angenehme*, das *Gute*, das *Erhabene* und das *Schöne*. Unter diesen ist das Erhabene und Schöne allein der Kunst *eigen*. Das Angenehme ist ihrer nicht *würdig*, und das Gute ist wenigstens nicht ihr *Zweck*; denn der Zweck der Kunst ist zu vergnügen, und das Gute, sei es theoretisch oder praktisch, kann und darf der Sinnlichkeit nicht als Mittel dienen.

Das *Angenehme* vergnügt bloß die *Sinne*, und unterscheidet sich darin von dem Guten, welches der bloßen Vernunft gefällt. Es gefällt durch seine Materie, denn nur der Stoff kann den Sinn affizieren, und alles, was Form ist, nur der Vernunft gefallen.

Das Schöne gefällt zwar durch das Medium der Sinne, wodurch es sich vom Guten unterscheidet, aber es gefällt durch seine Form der Vernunft, wodurch es sich vom Angenehmen unterscheidet. Das *Gute*, kann man sagen, gefällt durch die bloße *vernunftgemäße* Form, das Schöne durch *vernunftähnliche* Form, das Angenehme durch gar keine Form. Das Gute wird *gedacht*, das Schöne *betrachtet*, das Angenehme bloß *gefühlt*. Jenes gefällt im Begriff, das zweite in der Anschauung, das dritte in der materiellen Empfindung.

Der Abstand zwischen dem *Guten* und dem *Angenehmen* fällt am meisten in die Augen. Das Gute erweitert unsre Erkenntnis, weil es einen Begriff von seinem Objekt verschafft, und voraussetzt: der Grund unsers Wohlgefallens liegt in dem Gegenstand, wenn gleich das Wohlgefallen selbst ein Zustand ist, in dem *wir* uns befinden. Das Angenehme hingegen bringt gar kein Erkenntnis seines Objektes hervor und gründet sich auch auf keines. Es ist bloß dadurch angenehm, daß es empfunden wird, und sein Begriff verschwindet gänzlich, sobald wir uns die Affektibilität der Sinne hinwegdenken, oder sie auch nur verändern. Einem Menschen, der Frost empfindet, ist eine warme Luft angenehm: eben dieser Mensch aber wird in der Sommerhitze einen kühlenden Schatten suchen. In beiden Fällen aber wird man gestehen, hat er richtig geurteilt. Das Objektive ist von *uns* völlig unabhängig, und was uns heute wahr, zweckmäßig, vernünftig vorkommt, wird uns (vorausgesetzt, daß wir heute richtig geurteilt haben) auch in zwanzig Jahren eben so erscheinen. Unser Urteil über das Angenehme ändert sich ab, so wie sich unsere Lage gegen sein Objekt verändert. Es ist also keine Eigenschaft des Objekts, sondern entsteht erst aus dem Verhältnis eines Objekts zu unsern Sinnen – denn die Beschaffenheit des Sinns ist eine notwendige Bedingung desselben.

Das Gute hingegen ist schon gut, ehe es vorgestellt und empfunden wird. Die Eigenschaft, durch die es gefällt, besteht vollkommen für sich selbst, ohne unser Subjekt nötig zu haben, wenn gleich unser Wohlgefallen an demselben auf einer Empfänglichkeit unsers Wesens ruht. Das Angenehme, kann man daher sagen, *ist* nur, weil es *empfunden* wird; das Gute hingegen *wird empfunden*, weil es *ist*.

Der Abstand des Schönen von dem Angenehmen fällt, so groß er auch übrigens ist, weniger in die Augen. Es ist darin dem Angenehmen gleich, daß es immer den Sinnen muß vorgehalten werden, daß es nur in der Erscheinung gefällt. Es ist ihm ferner darinnen gleich, daß es keine

Erkenntnis von seinem Objekt verschafft, noch voraus setzt. Es unterscheidet sich aber wieder sehr von dem Angenehmen, weil es durch die *Form* seiner Erscheinung, nicht durch die materielle Empfindung gefällt. Es gefällt zwar dem vernünftigen Subjekt bloß insofern dasselbe zugleich sinnlich ist, aber es gefällt auch dem sinnlichen nur, insofern dasselbe zugleich vernünftig ist. Es gefällt nicht bloß dem Individuum, sondern der Gattung, und ob es gleich nur durch seine Beziehung auf sinnlich-vernünftige Wesen Existenz erhält, so ist es doch von allen empirischen Bestimmungen der Sinnlichkeit unabhängig und es bleibt dasselbe, auch wenn sich die Privatbeschaffenheit der Subjekte verändert. Das Schöne hat also eben das mit dem Guten gemein, worin es von dem Angenehmen abweicht, und geht eben da von dem *Guten* ab, wo es sich dem Angenehmen nähert.

Unter dem Guten ist dasjenige zu verstehen, worin die Vernunft eine Angemessenheit zu ihren, theoretischen oder praktischen Gesetzen erkennt. Es kann aber der nämliche Gegenstand mit der theoretischen Vernunft vollkommen zusammenstimmen, und doch der praktischen im höchsten Grad widersprechend sein. Wir können den Zweck einer Unternehmung mißbilligen und doch die Zweckmäßigkeit in derselben bewundern. Wir können die Genüsse verachten, die der Wollüstling zum Ziel seines Lebens macht, und doch seine Klugheit in der Wahl der Mittel und die Konsequenz seiner Grundsätze loben. Was uns bloß durch seine Form gefällt ist gut, und es ist absolut und ohne Bedingung gut, wenn seine Form zugleich auch sein Inhalt ist. Auch das Gute ist ein Objekt der Empfindung, aber keiner unmittelbaren, wie das Angenehme, und auch keiner gemischten wie das Schöne. Es erregt nicht Begierde, wie das erste, und nicht Neigung wie das zweite. Die reine Vorstellung des Guten kann nur Achtung einflößen.

Nach Festsetzung des Unterschiedes zwischen dem Angenehmen, dem Guten und dem Schönen leuchtet ein, daß ein Gegenstand häßlich, unvollkommen, ja sogar

moralisch verwerflich und doch angenehm sein, doch den
Sinnen gefallen könne; daß ein Gegenstand die Sinne
empören und doch gut sein, doch der Vernunft gefallen
könne, daß ein Gegenstand seinem innern Wesen nach das
moralische Gefühl empören, und doch in der Betrachtung 5
gefallen, doch schön sein könne. Die Ursache ist, weil bei
allen diesen verschiedenen Vorstellungen ein anderes Vermögen des Gemüts und auf eine andere Art interessiert
ist.

Aber hiermit ist die Klassifikation der ästhetischen 10
Prädikate noch nicht erschöpft; denn es gibt Gegenstände,
die zugleich häßlich, den Sinnen widrig und schrecklich,
unbefriedigend für den Verstand und in der moralischen
Schätzung gleichgültig sind, und die doch gefallen, ja die in
so hohem Grad gefallen, daß wir gerne das Vergnügen der 15
Sinne, und des Verstandes aufopfern, um uns den Genuß
derselben zu verschaffen.

Nichts ist reizender in der Natur als eine schöne
Landschaft in der Abendröte. Die reiche Mannigfaltigkeit
und der milde Umriß der Gestalten, das unendlich wech- 20
selnde Spiel des Lichts, der leichte Flor der die fernen
Objekte umkleidet, alles wirkt zusammen, unsere Sinne
zu ergötzen. Das sanfte Geräusch eines Wasserfalls, das
Schlagen der Nachtigallen, eine angenehme Musik soll
dazu kommen, unser Vergnügen zu vermehren. Wir sind 25
aufgelöst in süße Empfindungen von Ruhe, und indem
unsere Sinne von der Harmonie der Farben, der Gestalten
und Töne auf das angenehmste gerührt werden, ergötzt
sich das Gemüt an einem leichten und geistreichen Ideen-
gang, und das Herz an einem Strom von Gefühlen. 30

Auf einmal erhebt sich ein Sturm, der den Himmel und
die ganze Landschaft verfinstert, der alle andere Töne
überstimmt oder schweigen macht, und uns alle jene
Vergnügungen plötzlich raubt. Pechschwarze Wolken um-
ziehen den Horizont, betäubende Donnerschläge fallen 35
nieder, Blitz folgt auf Blitz, und unser Gesicht wie unser
Gehör wird auf das widrigste gerührt. Der Blitz leuchtet

nur, um uns das schreckliche der Nacht desto sichtbarer zu machen; wir sehen wie er einschlägt, ja wir fangen an zu fürchten, daß er auch uns treffen möchte. Nichts destoweniger werden wir glauben, bei dem Tausch eher gewonnen

5 als verloren zu haben, diejenigen Personen ausgenommen, denen die Furcht alle Freiheit des Urteils raubt. Wir werden von diesem furchtbaren Schauspiel, das unsere Sinne zurückstößt, von einer Seite mit Macht angezogen, und verweilen uns bei demselben mit einem Gefühl, das man

10 zwar nicht eigentliche *Lust* nennen kann, aber der Lust oft weit vorzieht. Nun ist aber dieses Schauspiel der Natur eher *verderblich* als *gut* (wenigstens hat man gar nicht nötig an die Nutzbarkeit eines Gewitters zu denken, um an dieser Naturerscheinung Gefallen zu finden) es ist eher häßlich als

15 schön, denn Finsternis kann als Beraubung aller Vorstellungen die das Licht verschafft, nie gefallen, und die plötzliche Lufterschütterung durch den Donner, so wie die plötzliche Lufterleuchtung durch den Blitz widersprechen einer notwendigen Bedingung aller Schönheit, die nichts

20 abruptes, nichts gewaltsames verträgt. Ferner ist diese Naturerscheinung den bloßen Sinnen eher schmerzhaft als annehmlich, weil die Nerven des Gesichts und des Gehörs durch die plötzliche Abwechselung von Dunkelheit und Licht, von dem Knallen des Donners zur Stille peinlich

25 angespannt und dann eben so gewaltsam wieder erschlafft werden. Und trotz allen diesen Ursachen des Mißfallens ist ein Gewitter, für den, der es nicht fürchtet, eine anziehende Erscheinung.

Ferner. Mitten in einer grünen und lachenden Ebene soll

30 ein unbewachsener wilder Hügel hervorragen, der dem Auge einen Teil der Aussicht entzieht. Jeder wird diesen Erdhaufen hinweg wünschen, als etwas, das die Schönheit der ganzen Landschaft verunstaltet. Nun lasse man in Gedanken diesen Hügel immer höher und höher werden,

35 ohne das geringste an seiner übrigen Form zu verändern, so daß dasselbe Verhältnis zwischen seiner Breite und Höhe auch noch im Großen beibehalten wird. Anfangs wird das

Mißvergnügen über ihn zunehmen, weil ihn seine zunehmende Größe nur bemerkbarer, nur störender macht. Man fahre aber fort ihn bis über die doppelte Höhe eines Turmes zu vergrößern, so wird das Mißvergnügen über ihn sich unmerklich verlieren, und einem ganz andern Gefühle Platz machen. Ist er endlich so hoch hinaufgestiegen, daß es dem Auge beinahe unmöglich wird, ihn in ein einziges Bild zusammen zu fassen, so ist er uns mehr wert, als die ganze schöne Ebene um ihn her, und wir würden den Eindruck, den er auf uns macht, ungern mit einem andern noch so schönen vertauschen. Nun gebe man in Gedanken diesem Berg eine solche Neigung, daß es aussieht, als wenn er alle Augenblicke herabstürzen wollte, so wird das vorige Gefühl sich mit einem andern vermischen; Schrecken wird sich damit verbinden aber der Gegenstand selbst wird nur desto anziehender sein. Gesetzt aber man könnte diesen sich neigenden Berg durch einen andern unterstützen, so würde sich der Schrecken und mit ihm ein großer Teil unsers Wohlgefallens verlieren. Gesetzt ferner, man stellte dicht an diesen Berg vier bis fünf andere, davon jeder um den vierten oder fünften Teil niedriger wäre als der zunächst auf ihn folgende, so würde das erste Gefühl, das uns seine Größe einflößte merklich geschwächt werden – etwas ähnliches würde geschehen, wenn man den Berg selbst in zehn oder zwölf gleichförmige Absätze teilte; auch wenn man ihn durch künstliche Anlagen verzierte. Mit diesem Berge haben wir nun anfangs keine andere Operation vorgenommen, als daß wir ihn, ganz wie er war, ohne seine Form zu verändern, *größer* machten, und durch diesen einzigen Umstand wurde er aus einem gleichgültigen, ja sogar widerwärtigen Gegenstand in einen Gegenstand des Wohlgefallens verwandelt. Bei der zweiten Operation haben wir diesen großen Gegenstand zugleich in ein Objekt des Schreckens verwandelt, und dadurch das Wohlgefallen an seinem Anblick vermehrt. Bei den übrigen damit vorgenommenen Operationen haben wir das Schreckenerregende seines Anblicks vermindert und dadurch das

Vergnügen geschwächt. Wir haben die Vorstellung seiner Größe *subjektiv* verringert, teils dadurch, daß wir die Aufmerksamkeit des Auges zerteilten, teils dadurch, daß wir demselben in den daneben gestellten kleineren Bergen ein Maß verschafften, womit es die Größe des Berges desto leichter beherrschen konnte. *Größe* und *Schreckbarkeit* können also in gewissen Fällen für sich allein eine Quelle von Vergnügen abgeben.

Es gibt in der griechischen Fabellehre kein fürchterlicheres und zugleich häßlicheres Bild als die Furien oder Erinnyen, wenn sie aus dem Orkus hervorsteigen, einen Verbrecher zu verfolgen. Ein scheußlich verzerrtes Gesicht, hagre Figuren, ein Kopf der statt der Haare mit Schlangen bedeckt ist, empören unsre Sinne eben so sehr, als sie unsern Geschmack beleidigen. Wenn aber diese Ungeheuer vorgestellt werden, wie sie den Muttermörder Orestes verfolgen, wie sie die Fackel in ihren Händen schwingen, und ihn rastlos von einem Orte zum andern jagen, bis sie endlich, wenn die zürnende Gerechtigkeit versöhnt ist, in den Abgrund der Hölle verschwinden, so verweilen wir mit einem angenehmen Grausen bei dieser Vorstellung. Aber nicht bloß die Gewissensangst eines Verbrechers, welche durch die Furien versinnlicht wird, selbst seine pflichtwidrige Handlungen, der wirkliche Aktus eines Verbrechens, kann uns in der Darstellung gefallen. Die Medea des griechischen Trauerspiels, Clytemnestra die ihren Gemahl ermordet, Orest der seine Mutter tödet, erfüllen unser Gemüt mit einer schauerlichen Lust. Selbst im gemeinen Leben entdecken wir, daß uns gleichgültige, ja selbst widrige und abschreckende Gegenstände zu interessieren anfangen, sobald sie sich entweder dem *ungeheuren* oder dem *schrecklichen* nähern. Ein ganz gemeiner und unbedeutender Mensch fängt an, uns zu gefallen, sobald eine heftige Leidenschaft, die seinen Wert nicht im geringsten erhöht, ihn zu einem Gegenstand der Furcht und des Schreckens macht; so wie ein gemeiner nichts sagender Gegenstand für uns eine Quelle der Lust wird,

sobald wir ihn so vergrößern, daß er unser Fassungsver-
mögen zu überschreiten droht. Ein häßlicher Mensch wird
noch häßlicher durch den Zorn, und doch kann er im
Ausbruch dieser Leidenschaft, sobald sie nicht ins Lächerliche, sondern ins Furchtbare verfällt, gerade noch den 5
meisten Reiz für uns haben. Selbst bis zu den Tieren herab
gilt diese Bemerkung. Ein Stier am Pfluge, ein Pferd am
Karren, ein Hund, sind gemeine Gegenstände; reizen wir
aber den Stier zum Kampfe, setzen wir das ruhige Pferd in
Wut, oder sehen wir einen *wütenden* Hund, so erheben sich 10
diese Tiere zu ästhetischen Gegenständen, und wir fangen
an, sie mit einem Gefühle zu betrachten, das an Vergnügen
und Achtung grenzt. Der allen Menschen gemeinschaftliche Hang zum Leidenschaftlichen, die Macht der sympathetischen Gefühle, die uns *in der Natur* zum Anblick des 15
Leidens, des Schreckens, des Entsetzens hintreibt, die in
der *Kunst* soviel Reiz für uns hat, die uns in das Schau-
spielhaus lockt, die uns an den Schilderungen großer
Unglücksfälle soviel Geschmack finden läßt, alles dies
beweist für eine *vierte Quelle von Lust*, die weder das 20
Angenehme, noch das Gute, noch das Schöne zu erzeugen
im Stand sind.

Alle bisher angeführten Beispiele haben etwas objektives
in der Empfindung, die sie bei uns erregen, mit einander
gemein. In allen empfangen wir eine Vorstellung von Etwas 25
»das entweder unsere sinnliche Fassungskraft oder unsere
sinnliche Widerstehungskraft *überschreitet*, oder zu überschreiten droht«, jedoch ohne diese Überlegenheit, bis zur
Unterdrückung jener beiden Kräfte zu treiben, und ohne
die Bestrebung zum Erkenntnis oder zum Widerstand in 30
uns niederzuschlagen. Ein Mannigfaltiges wird uns dort
gegeben, welches in Einheit zusammen zu fassen unser
anschauendes Vermögen bis an seine Grenzen treibt. Eine
Kraft wird uns hier vorgestellt, gegen welche die unsrige
verschwindet, die wir aber doch damit zu vergleichen 35
genötigt werden. Entweder ist es ein Gegenstand, der sich
unserm Anschauungsvermögen zugleich *darbietet* und *ent-*

zieht, und das Bestreben zur Vorstellung weckt, ohne es
Befriedigung hoffen zu lassen, oder es ist ein Gegenstand,
der gegen unser *Dasein* selbst feindlich aufzustehen scheint,
uns gleichsam zum Kampf herausfodert und für den Ausgang besorgt macht. Eben so ist in allen angeführten Fällen
die nämliche Wirkung auf das Empfindungsvermögen
sichtbar. Alle setzen das Gemüt in eine unruhige Bewegung
und spannen es an. Ein gewisser Ernst, der bis zur
Feierlichkeit steigen kann, bemächtigt sich unserer Seele,
und indem sich in den sinnlichen Organen deutliche Spuren
von Beängstigung zeigen, sinkt der nachdenkende Geist in
sich selbst zurück, und scheint sich auf ein erhöhtes
Bewußtsein seiner selbstständigen Kraft und Würde zu
stützen. Dieses Bewußtsein muß schlechterdings überwiegend sein, wenn das Große oder das Schreckliche einen
ästhetischen Wert für uns haben soll. Weil sich nun das
Gemüt bei solchen Vorstellungen begeistert und über sich
selbst gehoben fühlt, so bezeichnet man sie mit dem Namen
des *Erhabenen*, ob gleich den Gegenständen selbst objektiv
nichts Erhabenes zukommt, und es also wohl schicklicher
wäre, sie *erhebend* zu nennen.

Wenn ein Objekt erhaben heißen soll, so muß es sich
unseren sinnlichen Vermögen *entgegensetzen*. Es lassen sich
aber überhaupt zwei verschiedene Verhältnisse denken, in
welchen die Dinge zu unsrer Sinnlichkeit stehen können,
und diesen gemäß muß es auch zwei verschiedene Arten des
Widerstandes geben. Entweder werden sie als Objekte
betrachtet, von denen wir uns ein Erkenntnis verschaffen
wollen, oder sie werden als eine *Macht* angesehen, mit der
wir die unsrige vergleichen. Nach dieser Einteilung gibt es
auch zwei Gattungen des Erhabenen, das Erhabene der
Erkenntnis und das Erhabene der Kraft[1].

Nun tragen aber die sinnlichen Vermögen nichts weiter
zur Erkenntnis bei, als daß sie den gegebenen Stoff

---

1 Man sehe die Abhandlung im dritten Band, dritten Stück der
neuen Thalia.

auffassen und das Mannigfaltige desselben im Raum und in der Zeit aneinander setzen. Dieses Mannigfaltige zu unterscheiden, und zu sortieren ist das Geschäft des Verstandes, nicht der Einbildungskraft. Für den Verstand allein gibt es ein *Verschiedenes*, für die Einbildungskraft (als Sinn) bloß ein *Gleichartiges*, und es ist also bloß die Menge des Gleichartigen (die Quantität nicht die Qualität) was bei der sinnlichen Auffassung der Erscheinungen einen Unterschied machen kann. Soll also das sinnliche Vorstellungsvermögen an einem Gegenstand erliegen, so muß dieser Gegenstand durch seine Quantität für die Einbildungskraft übersteigend sein. Das Erhabene der Erkenntnis beruht demnach auf der Zahl oder der Größe, und kann darum auch das mathematische heißen[2].

Von der ästhetischen Größenschätzung

Ich kann mir von der Quantität eines Gegenstandes vier, von einander ganz verschiedene, Vorstellungen machen.

Der Turm, den ich vor mir sehe, ist eine Größe.

Er ist zweihundert Ellen hoch.

Er ist hoch.

Er ist ein hoher (erhabener) Gegenstand.

Es leuchtet in die Augen, daß durch jedes dieser viererlei Urteile, welche sich doch sämtlich auf die Quantität des Turms beziehen, etwas ganz verschiedenes ausgesagt wird. In den beiden ersten Urteilen wird der Turm bloß als ein Quantum (als eine Größe) in den zwei übrigen wird er als ein *magnum* (als etwas Großes) betrachtet.

Alles, was Teile hat, ist ein Quantum. Jede Anschauung, jeder Verstandesbegriff hat eine Größe, so gewiß dieser eine Sphäre und jene einen Inhalt hat. Die Quantität überhaupt kann also nicht gemeint sein, wenn man von einem Größenunterschied unter den Objekten redet. Die Rede ist

---

2 Siehe Kants Kritik der ästhetischen Urteilskraft.

hier von einer solchen Quantität, die einem Gegenstande
vorzugsweise zukommt d. h. die nicht bloß ein *quantum*
sondern zugleich ein *magnum* ist.

Bei jeder Größe denkt man sich eine Einheit, zu welcher
mehrere gleichartige Teile verbunden sind. Soll also ein
Unterschied zwischen Größe und Größe statt finden, so
kann er nur darin liegen, daß in der Einen mehr, in der
andern weniger Teile zur Einheit verbunden sind, oder, daß
die Eine nur einen Teil in der andern ausmacht. Dasjenige
Quantum, welches ein anderes Quantum als Teil in sich
enthält, ist gegen dieses Quantum ein *magnum*.

Untersuchen, wie oft ein bestimmtes Quantum in einem
andern enthalten ist, heißt dieses Quantum *messen* (wenn es
stetig) oder es zählen (wenn es nicht stetig ist). Auf die zum
Maß genommene Einheit kommt es also jederzeit an, ob
wir einen Gegenstand als ein Magnum betrachten sollen,
d. h. alle Größe ist ein Verhältnisbegriff.

Gegen ihr Maß gehalten ist jede Größe ein Magnum, und
noch mehr ist sie es gegen das Maß ihres Maßes, mit
welchem verglichen dieses selbst wieder ein Magnum ist.
Aber so wie es herabwärts geht, geht es auch aufwärts.
Jedes Magnum ist wieder klein, sobald wir es uns in einem
andern enthalten denken, und wo gibt es hier eine Grenze,
da wir jede noch so große Zahlreihe mit sich selbst wieder
multiplizieren können?

Auf dem Wege der Messung können wir also zwar auf die
komparative aber nie auf die *absolute* Größe stoßen, auf
diejenige nämlich, welche in keinem andern Quantum mehr
enthalten sein kann, sondern alle andre Größen unter sich
befasset. Nichts würde uns ja hindern, daß dieselbe Ver-
standeshandlung, die uns eine solche Größe lieferte, uns
auch das *Duplum* desselben lieferte, weil der Verstand
sukzessiv verfährt, und von Zahlbegriffen geleitet seine
Synthese ins Unendliche fortsetzen kann. So lange sich
noch bestimmen läßt, *wie groß* ein Gegenstand sei, ist er
noch nicht (schlechthin) groß, und kann durch dieselbe
Operation der Vergleichung zu einem sehr kleinen herab-

gewürdiget werden. Diesem nach könnte es in der Natur nur eine einzige Größe *per excellentiam* geben, nämlich das unendliche Ganze der Natur selbst, dem aber nie eine Anschauung entsprechen, und dessen Synthesis in keiner Zeit vollendet werden kann. Da sich das Reich der Zahl nie erschöpfen läßt, so müßte es der Verstand sein, der seine Synthesis endigt. Er selbst müßte irgend eine Einheit als höchstes und äußerstes Maß aufstellen, und was darüber hinausragt, schlechthin für groß erklären.

Dies geschieht auch wirklich, wenn ich von dem Turm der vor mir steht, sage *er sei hoch*, ohne seine Höhe zu *bestimmen*. Ich gebe hier kein Maß der Vergleichung, und doch kann ich dem Turm die absolute Größe nicht zuschreiben, da mich gar nichts hindert, ihn noch größer anzunehmen. Mir muß also schon durch den bloßen Anblick des Turmes ein äußerstes Maß gegeben sein, und ich muß mir einbilden können, durch meinen Ausdruck: *dieser Turm ist hoch*, auch jedem andern dieses äußerste Maß vorgeschrieben zu haben. Dieses Maß liegt also schon in dem Begriffe eines Turmes, und es ist kein andres, als der Begriff seiner *Gattungsgröße*.

Jedem Dinge ist ein gewisses Maximum der Größe entweder durch seine *Gattung* (wenn es ein Werk der Natur ist) oder (wenn es ein Werk der Freiheit ist) durch die *Schranken* der ihm zu Grunde liegenden Ursache und durch seinen Zweck vorgeschrieben. Bei jeder Wahrnehmung von Gegenständen wenden wir, mit mehr oder weniger Bewußtsein, dieses Größenmaß an, aber unsre Empfindungen sind sehr verschieden, je nachdem das Maß, welches wir zum Grund legen, zufälliger oder notwendiger ist. Überschreitet ein Objekt den Begriff seiner Gattungsgröße, so wird es uns gewissermaßen in *Verwunderung* setzen. Wir werden überrascht, und unsre Erfahrung erweitert sich, aber in sofern wir an dem Gegenstand selbst kein Interesse nehmen, bleibt es bloß bei diesem Gefühle einer übertroffenen Erwartung. Wir haben jenes Maß nur aus einer Reihe von Erfahrungen abgezogen, und es ist gar keine Notwen-

digkeit vorhanden, daß es immer zutreffen muß. Überschreitet hingegen ein Erzeugnis der Freiheit den Begriff,
den wir uns von den Schranken seiner Ursache machten, so
werden wir schon eine gewisse *Bewunderung* empfinden. Es
ist hier nicht bloß die übertroffene Erwartung, es ist
zugleich eine Entledigung von Schranken, was uns bei
einer solchen Erfahrung überrascht. Dort blieb unsre
Aufmerksamkeit bloß bei dem *Produkte* stehen, das an sich
selbst gleichgültig war; hier wird sie auf die *hervorbringende*
Kraft hingezogen, welche moralisch oder doch einem
moralischen Wesen angehörig ist, und uns also notwendig
interessieren muß. Dieses Interesse wird in eben dem Grade
steigen, als die Kraft, welche das wirkende Principium
ausmachte, edler und wichtiger, und die Schranke, welche
wir überschritten finden, schwerer zu überwinden ist. Ein
Pferd von ungewöhnlicher Größe wird uns angenehm
befremden, aber noch mehr der geschickte und starke
Reiter, der es bändigt. Sehen wir ihn nun gar mit diesem
Pferd über einen breiten und tiefen Graben setzen, so
erstaunen wir, und ist es eine feindliche Fronte, gegen
welche wir ihn lossprengen sehen, so gesellt sich zu diesem
Erstaunen Achtung, und es geht in Bewunderung über. In
dem letztern Fall behandeln wir seine Handlung als eine
dynamische Größe, und wenden unsern Begriff von
menschlicher Tapferkeit als Maßstab darauf an, wo es nun
darauf ankommt, wie wir uns selbst fühlen, und was wir als
äußerste Grenze der Herzhaftigkeit betrachten.

Ganz anders hingegen verhält es sich, wenn der Grö-
ßenbegriff des Zwecks überschritten wird. Hier legen wir
keinen empirischen und zufälligen, sondern einen rationalen und also notwendigen Maßstab zum Grunde, der nicht
überschritten werden kann, ohne den Zweck des Gegenstandes zu vernichten. Die Größe eines Wohnhauses ist
einzig durch seinen Zweck bestimmt, die Größe eines
Turms kann bloß durch die Schranken der Architektur
bestimmt sein. Finde ich daher das Wohnhaus für seinen
Zweck zu groß, so muß es mir notwendig mißfallen. Finde

ich hingegen den Turm meine Idee von Turmeshöhen
übersteigend, so wird er mich nur desto mehr ergötzen.
Warum? Jenes ist ein Widerspruch, dieses nur eine unerwartete Übereinstimmung mit dem was ich suche. Ich kann
es mir sehr wohl gefallen lassen, daß eine Schranke erweitert, aber nicht, daß eine Absicht verfehlt wird.

Wenn ich nun von einem Gegenstand schlechtweg sage,
er *sei groß*, ohne hinzuzusetzen, *wie groß* er sei, so erkläre ich
ihn dadurch gar nicht für etwas absolut großes, dem kein
Maßstab gewachsen ist; ich verschweige bloß das Maß, dem
ich ihn unterwerfe, in der Voraussetzung, daß es in seinem
bloßen Begriff schon enthalten sei. Ich bestimme seine
Größe zwar nicht ganz, nicht gegen alle denkbaren Dinge,
aber doch zum Teil, und gegen eine gewisse Klasse von
Dingen, also doch immer *objektiv* und *logisch*, weil ich ein
Verhältnis aussage, und nach einem Begriffe verfahre.

Dieser Begriff kann aber empirisch, also zufällig sein,
und mein Urteil wird in diesem Fall nur subjektive
Gültigkeit haben. Ich mache vielleicht zur Gattungsgröße,
was nur die Größe gewisser Arten ist, ich erkenne vielleicht
für eine objektive Grenze, was nur die Grenze meines
Subjektes ist, ich lege vielleicht der Beurteilung meinen
Privatbegriff von dem Gebrauch und dem Zweck eines
Dinges unter. Der Materie nach kann also meine Größenschätzung ganz *subjektiv* sein, ob sie gleich der Form nach
objektiv d. i. wirkliche Verhältnisbestimmung ist. Der Euro-
päer hält den Patagonen für einen Riesen, und sein Urteil
hat auch volle Gültigkeit bei demjenigen Völkerstamm,
von dem er seinen Begriff menschlicher Größe entlehnte; in
Patagonien hingegen wird es Widerspruch finden. Nirgends wird man den Einfluß subjektiver Gründe auf die
Urteile der Menschen mehr gewahr, als bei ihrer Größenschätzung, sowohl bei körperlichen als bei unkörperlichen
Dingen. Jeder Mensch kann man annehmen, hat ein
gewisses Kraft- und Tugendmaß in sich, wornach er sich
bei der Größenschätzung moralischer Handlungen richtet.
Der Geizhals wird das Geschenk eines Guldens für eine

sehr große Anstrengung seiner Freigebigkeit halten, wenn der Großmütige mit der dreifachen Summe noch zu wenig zu geben glaubt. Der Mensch von gemeinem Schlag hält schon das *Nichtbetrügen* für einen großen Beweis seiner Ehrlichkeit; ein anderer von zartem Gefühl trägt manchmal Bedenken, einen erlaubten Gewinn zu nehmen.

Obgleich in allen diesen Fällen das Maß subjektiv ist: so ist die Messung selbst immer objektiv; denn man darf nur das Maß allgemein machen, so wird die Größenbestimmung allgemein eintreffen. So verhält es sich wirklich mit den objektiven Maßen, die im allgemeinen Gebrauche sind, ob sie gleich alle einen subjektiven Ursprung haben, und von dem menschlichen Körper hergenommen sind.

Alle vergleichende Größenschätzung aber, sie mag nun idealisch oder körperlich, sie mag ganz oder nur zum Teil bestimmend sein, führt nur zur relativen und niemals zur absoluten Größe; denn wenn ein Gegenstand auch wirklich das Maß übersteigt, welches wir als ein höchstes und äußerstes annehmen, so kann ja immer noch gefragt werden, *um wieviel mal* er es übersteige. Er ist zwar ein Großes gegen seine Gattung, aber noch nicht das Größtmögliche, und wenn die Schranke einmal überschritten ist, so kann sie ins Unendliche fort überschritten werden. Nun suchen wir aber die absolute Größe, weil diese allein den Grund eines *Vorzugs* in sich enthalten kann; da alle komparativen Größen, als solche betrachtet, einander gleich sind. Weil nichts den Verstand nötigen kann, in seinem Geschäft still zu stehen, so muß es die Einbildungskraft sein, welche demselben eine Grenze setzt. Mit andern Worten: Die Größenschätzung muß aufhören logisch zu sein, sie muß ästhetisch verrichtet werden. Die ganze Form dieses Geschäfts muß sich also verändern.

Wenn ich eine Größe logisch schätze, so beziehe ich sie immer auf mein Erkenntnisvermögen; wenn ich sie ästhetisch schätze, so beziehe ich sie auf mein Empfindungsvermögen. Dort erfahre ich etwas von dem Gegenstand, hier hingegen erfahre ich bloß an mir selbst etwas, auf

Veranlassung der vorgestellten Größe des Gegenstandes. Dort erblicke ich etwas außer mir, hier etwas in mir. Ich messe also auch eigentlich nicht mehr, ich schätze keine Größe mehr, sondern ich selbst werde mir augenblicklich zu einer Größe, und zwar zu einer unendlichen. Derjenige Gegenstand, der mich mir selbst zu einer unendlichen Größe macht, heißt *erhaben*.

Die Einbildungskraft, als Spontaneität des Gemüts, verrichtet bei Vorstellung der Größen ein doppeltes Geschäft. Sie faßt erstlich jedweden Teil des gegebenen Quantums in einem empirischen Bewußtsein auf, welches die *Apprehension* ist; zweitens faßt sie die *nach einander aufgefaßten* Teile in einem reinen Selbstbewußtsein *zusammen*, in welchem letzten Geschäft, der *Komprehension*, sie ganz als reiner Verstand wirkt. Mit jedem Teile des Quantums nämlich verbindet sich die Vorstellung meines Ich (empirisches Bewußtsein); und durch Reflexion über diese sukzessiv angestellten Synthesen erkenne ich die Identität meines Ich in der ganzen Reihe derselben (reines Selbstbewußtsein): dadurch erst wird das Quantum ein Gegenstand für mich. Ich reihe A an B und B an C u. s. f. und indem ich diesem meinem Geschäft gleichsam zusehe, sage ich mir: sowohl in A als in B und in C bin *Ich* das handelnde Subjekt.

Die Auffassung geschieht *sukzessiv*, und ich ergreife eine Teilvorstellung nach der andern. Da nun nach jedem Zeitmoment stets wieder ein anderes folgt, und so fort bis ins Unendliche, so ist auf diesem Weg keine Gefahr, daß ich nicht auch das zahlreichste Quantum zu Ende bringen könnte. Man gebe mir bloß Zeit, so soll keine Zahl für mich, in der Apprehension, überschwenglich sein. Die Zusammenfassung hingegen geschieht *simultan*, und durch die Vorstellung der Identität meines Ichs in allen vorhergegangenen Synthesen hebe ich die Zeitbedingung wieder auf, unter welcher sie vor sich gegangen waren. Alle jene verschiedenen empirischen Vorstellungen meines Ich verlieren sich in das einzige reine Selbstbewußtsein: das

Subjekt, welches in A und B und C u. s. f. gehandelt hat,
bin *Ich*, das ewig identische Selbst.

Für diese zweite Handlung, nämlich für die Reduktion
der verschiedenen empirischen Apperzeptionen auf das
5 reine Selbstbewußtsein ist es nun ganz und gar nicht
gleichgültig, *wie viele* solcher empirischer Apperzeptionen
es sind, die in das reine Selbstbewußtsein sich auflösen
sollen. Die Erfahrung wenigstens lehrt: daß die Einbildungskraft hier eine Grenze hat, wie schwer auch der
10 notwendige Grund derselben sich möchte auffinden lassen.
Diese Grenze kann in verschiedenen Subjekten verschieden, und vielleicht durch Übung und Anstrengung zu
erweitern sein, aber nie wird sie aufgehoben werden. Wenn
das Reflexionsvermögen diese Grenze überschreitet, und
15 Vorstellungen, welche schon darüber hinausliegen, in Ein
Selbstbewußtsein versammeln will, so verliert es eben
soviel an Klarheit als es an Ausbreitung gewinnt. Zwischen
dem Umfang des Ganzen einer Vorstellung und der
Deutlichkeit ihrer Teile ist ein ewig unüberschreitbares
20 bestimmtes Verhältnis, daher wir bei jeder Aufnehmung
eines großen Quantums in die Einbildungskraft eben soviel
rückwärts verlieren, als wir vorwärts gewinnen, und, wenn
wir nun das Ende erreicht haben, den Anfang verschwunden sehen.

25 Diejenige Anzahl von Vorstellungen, mit welcher die
Deutlichkeit der einzelnen Teile noch vollkommen bestehen kann, wäre also das Maximum des menschlichen
Komprehensionsvermögens. Es kann, und zwar sehr
beträchtlich, von der Einbildungskraft überschritten wer-
30 den, aber jederzeit auf Kosten der Deutlichkeit; und zum
Nachteile des Verstandes, der sich streng darin halten muß.
Weniger als *drei* kann diese Zahl nicht wohl sein, weil der
ursprüngliche Akt des Entgegensetzens, auf dem doch alles
bestimmte Denken ruht, diese Dreiheit notwendig macht.
35 Ob es über diese Dreiheit hinausgehe, läßt sich bezweifeln,
und die Erfahrung liefert wenigstens nichts, woraus es
bewiesen werden könnte. Und so könnte denn allerdings

die Zahl *drei* die heilige Zahl genannt werden, weil uns
durch sie unser ganzer Denkkreis bestimmt sein würde.

Nach diesem logischen Grundmaße richtet sich nun auch
das ästhetische, in Schätzung der Größen, welches zwar
nicht ganz so eng kann angenommen werden. Es ist
ausgemacht, daß wir wenigstens mehr als drei Einheiten
zugleich übersehen und unterscheiden können, wenn
gleich, je weiter wir die Zusammenfassung treiben, je mehr
und mehr die Deutlichkeit abnimmt. Weil aber bei der
Größenschätzung alle Teile als gleichartig angenommen
werden, so ist hier die Foderung der Deutlichkeit auch
schon etwas weniger strenge. Wir werden vielleicht mit
einem Blick zwanzig Personen übersehen können, aber
mehr als drei darunter in Einem Zeitmoment zu erkennen
wird schwer sein. Überhaupt müssen wir uns hier in Acht
nehmen, daß wir das nicht für simultan halten, was bloß
eine schnelle Sukzession ist. Die Rapidität, womit der
Verstand aus dreimal drei Neune macht, läßt uns nicht mehr
unterscheiden, ob diese Neun Einheiten auf einmal oder in
einer Folge von drei Momenten vor unserer Seele schweben. Wir bilden uns oft ein, mit dem Sinn zu fassen, wo wir
bloß mit dem Verstande begreifen. Aber wir dürfen nur das
Experiment machen, ob das, was wir bei einer geschickten
Anordnung auf einmal übersehen, auch noch dann, wenn es
in Unordnung ist, diese Wirkung tut. Einteilung und
Ordnung können nur den Verstand, aber nie die Einbildungskraft, unterstützen; was wir also nur unter dieser
Bedingung leicht übersehen, das haben wir nicht auf einmal
angeschaut, sondern gezählt oder gemessen.

Dieses durch die Schranken unsers Subjekts bestimmte
Maximum der Komprehension ist es, was uns bei aller
Größenschätzung, auch der mathematischen, als letztes
Grundmaß leitet. Weil jede Größe nur komparativ zu
bestimmen ist, so würde es dem Verstand ohne ein solches
äußerstes Grundmaß an einem festen Punkte fehlen, auf
welchem er zuletzt notwendig ruhen muß, um nur irgend
eine Größe bestimmen zu können. Nach diesem subjekti-

ven Grundmaße nun wird jedes Quantum in der Natur geschätzt, und die Einerleiheit desselben in allen Menschen ist auch allein Ursache, daß in den Urteilen der Menschen über Größe eine Übereinstimmung statt finden kann.

Würde dieses Grundmaß erweitert, so würden alle Gegenstände, wenigstens ästhetisch, in ein anderes Größenverhältnis zu uns treten, Berechnungen, die jetzt nur diskursiv nach Begriffen von Statten gehen, würden das Werk eines Blickes sein, und Objekte die uns jetzt durch Erhabenheit rühren, würden ihren ganzen Zauber ablegen, und in der gemeinen Klasse verschwinden.

Man nehme einstweilen an, daß dieses Maximum der sinnlichen Zusammenfassung *zehen* sei. Zehen Einheiten kann also die Einbildungskraft in Eine begreifen, ohne daß eine einzige darunter fehle. Nun sind aber in einer gegebenen Größe tausend solcher Einheiten enthalten, und das ganze tausend soll in das Bewußtsein aufgenommen werden. Das Quantum zu apprehendieren, d. h. jede dieser tausend Einheiten ins Bewußtsein einzeln aufzunehmen, hat ganz und gar keine Schwierigkeit, weil dazu nichts als Zeit erfodert wird; aber es zu komprehendieren, d. h. das in allen diesen tausend vorgestellten Einheiten zerstreute Bewußtsein als identisch zu erkennen, tausend verschiedene Apperzeptionen in einer einzigen zu begreifen, das ist die schwere Aufgabe, die gelöst werden soll. Nun gibt es dazu keinen andern Ausweg, als diesen, diese tausend Einheiten auf zehen zu reduzieren, weil zehen das höchste ist, was die Einbildungskraft zusammen fassen kann.

Wie können aber tausend Einheiten durch zehen repräsentiert werden? Nicht anders als durch Begriffe, welche die einzigen und beständigen Repräsentanten der Anschauungen sind. Die Einbildungskraft legt also ihr intuitives Geschäft nieder, und der Verstand fängt sein diskursives (hier eigentlich symbolisches) an. Die Zahl muß aushelfen, wo die Anschauung nicht mehr zureicht, und der Gedanke sich unterwerfen, worüber der Blick nicht mehr Meister werden kann.

Aus jenen zehen Einheiten, welche das Maximum sinnlicher Zusammenfassung sind, bildet der Verstand eine neue logische Einheit, den Zahlbegriff 10. Nun kann aber, wie wir annehmen, die Einbildungskraft zehen Einheiten zugleich zusammenfassen; jener Zahlbegriff 10, als Einheit gedacht, kann also, zehenmal genommen, in Eine Intuition der Einbildungskraft zusammenfließen. Freilich werden jene logischen Einheiten, die der Verstand bildet, in dieser zweiten Komprehension nicht als Vielheiten sondern als Einheiten aufgenommen, und die zehen Einheiten, welche jede derselben in sich begreift, kommen einzeln nicht mehr in Betrachtung. Bloß der Begriff als Repräsentant gilt, und das repräsentierte verliert sich in Dunkelheit oder verschwindet. Diese zehen logische Einheiten faßt nun der Verstand in eine neue Einheit, die Zahl 100 zusammen, welche, zehenmal wiederholt, von der Einbildungskraft abermals zugleich vorgestellt werden kann, und die Zahl 1000 gibt, die das gegebene Quantum vollständig ausmißt. Bei diesem dritten Akt der Komprehension müssen nun jene ursprünglichen Einheiten noch weit mehr erlöschen, weil selbst ihre unmittelbaren Repräsentanten, die Zahlbegriffe zehen durch andere repräsentiert worden sind, und selbst in Dunkelheit verschwinden.

Bei dieser ganzen Operation hat die Einbildungskraft das Maß ihrer Zusammenfassung keineswegs erweitert, und es war immer nur dasselbe Quantum von zehen Einheiten, welches ihr in Einem Zeitmoment vorschwebte. Dadurch aber, daß der Verstand, in drei sukzessiven Operationen, jene sinnlichen Einheiten mit logischen austauschte, und diese immer wieder unter andere und höhere logische brachte, unterwarf er der Einbildungskraft das ganze Quantum jener 1000, und verbarg ihr auf diese Art ihre ästhetische Armut in einem logischen Reichtum.

Um jedoch zu wissen, daß man nicht zehen sondern tausend zählt, und daß jede der letzten zehen Einheiten hundert andere in sich faßt, muß das Gemüt sich mit Schnelligkeit der vorhergegangenen Synthesen erinnern,

durch welche es diese Einheiten erzeugt. Wenigstens eine
dunkle Intuition des Gehaltes, der in diesen Zahlbegriffen
liegt, muß die fortschreitende Synthesis begleiten, wie auch
jeder, der sich beim Rechnen beobachtet, in sich wahr
nehmen kann. Nur kann es nicht fehlen, daß je mehr die
Zahlbegriffe wachsen, das Verfahren des Gemüts immer
mehr logisch werden, und die Anschaulichkeit abnehmen
muß; daher es auch kommt, daß uns die höchsten Zahlbegriffe zuletzt weit weniger sagen, als die niedrigern, weil
wir mit diesen doch noch einen Gehalt verbinden. Um von
dem Begriff einer Million Goldstücke gerührt zu werden,
muß man sich wenigstens dunkel erinnern, was für ein
großer Gehalt schon in der Zahl tausend liegt, und wieviele
Scheidemünzen schon ein einzelnes Goldstück enthalte.

Ein Regiment von 2000 Mann, stehe in langer Fronte,
drei Mann hoch da, und von der Größe desselben wollen
wir uns schnell eine Vorstellung machen. Ich will zu
Erleichterung der Übersicht annehmen, daß alles nach der
Dekadik gestellt sei. Ein kleiner Abschnitt a soll also nach
jedem 10. und ein größerer aa nach jedem 100 angebracht
sein, und unser Auge soll durch die ganze Länge der Fronte
tragen. Den ersten Abschnitt bis a werden wir also, der
Annahme gemäß, in Einem simultanen Blick übersehen,
worin noch jeder einzelne Mann unterschieden werden
kann. Dieser Abschnitt nun ist zugleich eine Einheit für
den reflektierenden Verstand; und wenn also der Blick an
zehen solchen Abschnitten hinunter gegleitet ist, und die
Einbildungskraft ihre Komprehension zehenmal nach einander verrichtet hat, so versucht der Verstand abermals,
sich die Identität des Bewußtseins in diesen zehen Kom-
prehensionen zu denken, d. h. aus diesen zehen logischen
Einheiten eine neue zu machen. Es gelingt ihm auch, aber
auf Kosten der ersten Intuition, welche in demselben
Verhältnis *ihre* Teile verbirgt, als sie sich selbst, in den Teil
eines andern Ganzen verwandelt. So wie die sukzessiven
Zusammenfassungen durch den reflektierenden Verstand
simultan gemacht werden, so verlieren die simultanen

Intuitionen der Einbildungskraft ihre Deutlichkeit, und
schweben nun bloß noch als Massen vor der Seele. Wird
nun diese Synthesis noch höher gesteigert, und aus den
erzeugten Einheiten wieder neue erzeugt, so verschwindet
das einzelne ganz, und die ganze Fronte verliert sich bloß in
eine stetige Länge, worin sich nicht einmal mehr ein
Abschnitt, vielweniger ein einzelner Kopf unterscheiden
läßt. Es ergibt sich also daraus, daß die Deutlichkeit der
Intuition immer nur in eine bestimmte Zahl eingeschlossen
bleibt, daß bei allem diskursiven Fortschritt des Verstandes
die Einbildungskraft ihren realen Reichtum (was die
Simultaneität der Anschauung betrifft) niemals erweitert,
und daß, wenn auch die Berechnung in Millionen geht,
immer nur eine bestimmte Zahl darin die herrschende sein
wird, in welcher die übrigen gleichsam untergehn. Will
man nun von einem großen Quantum einen ästhetischen
Eindruck erhalten, so muß man die ursprünglichen Einheiten aus dem sie repräsentierenden Begriff schnell wieder
herzustellen suchen, welches in dem angeführten Fall z. B.
dadurch geschehen wird, daß man immer den ersten
Abschnitt in dem Auge zu behalten sucht, während daß
man an der ganzen Fronte hinter siehet.

Eben hier aber, bei diesem Versuche der Einbildungskraft, die Sinnlichkeit der Vorstellung aus der logischen
Repräsentation durch Zahlbegriffe wieder herzustellen,
und so die Länge mit der Breite, die Simultaneität mit der
Sukzession in Eine Intuition zu begreifen, kommt die
Grenze dieses Vermögens, zugleich aber auch die Stärke
eines andern an das Licht, durch welche letztere Entdek-
kung uns jener Mangel überwiegend ersetzt wird.

Die Vernunft dringt, ihren notwendigen Gesetzen nach,
auf absolute Totalität der Anschauung, und ohne sich durch
die notwendige Begrenzung der Einbildungskraft abweisen zu lassen, fordert sie von ihr eine vollständige
Komprehension aller Teile des gegebenen Quantums in
eine simultane Vorstellung. Die Einbildungskraft wird also
genötigt, das ganze Maß ihres komprehensiven Vermögens

auszubieten, aber weil sie mit dieser Aufgabe dennoch nicht zu Ende kommen, dennoch aller Anstrengung ungeachtet ihren Kreis nicht erweitern kann, sinkt sie erschöpft in sich selbst zurück, und der sinnliche Mensch empfindet mit peinlicher Unruhe seine Schranken.

Aber ist es eine äußere Gewalt, die ihm diese Erfahrung seiner Schranken gibt? Ist der unmeßbare Ozean, oder der sternenbesäete unendliche Himmel Schuld, daß ich mir meiner Ohnmacht bei Darstellung ihrer Größe bewußt werde? Woher weiß ich denn, daß sie für meine Darstellung überschwengliche Größen sind, und daß ich mir keine Totalität ihres Bildes verschaffen kann? Weiß ich es etwa von diesen Objekten, daß sie ein Ganzes der Vorstellung ausmachen sollten; ich könnte dies ja nicht anders als durch meine Vorstellung von ihnen wissen, und doch wird vorausgesetzt, daß ich mir dieselbe nicht als ein Ganzes vorstellen kann? Sie sind mir also nicht gegeben als ein Ganzes, und ich selbst bin es, der den Begriff der Totalität zuerst in sie hineinlegt. Ich habe also diesen Begriff schon in mir, und ich selbst, das denkende Wesen, bin es, an dem ich, das darstellende Wesen, erliege. Ich erfahre zwar bei Betrachtung dieser großen Gegenstände meine *Ohnmacht*, aber ich erfahre sie durch meine *Kraft*. Ich bin nicht durch die Natur, *ich bin durch mich selbst überwunden.*

Indem ich alle einzelnen Teile eines aufgefaßten Quantums zumal zusammenfassen will, was will ich eigentlich tun? Ich will die Identität meines Selbstbewußtseins in allen diesen Teilvorstellungen erkennen, ich will in allen mich Selbst finden. Ich will zu mir sagen: »Alle diese Teile sind vorgestellt worden durch mich, das immer einerlei bleibende Subjekt.« Man muß sich wohl erinnern, daß die Vernunft immer nur Zusammenfassung derjenigen Teile fodert, die schon aufgefaßt, also schon im empirischen Bewußtsein vorgestellt sind; denn nur alsdann fängt eine Größe an mich zu rühren, wenn ich sie mit meiner Einbildungskraft durchlaufen, also ihre Teile aufgefaßt habe, aber sie nicht zusammen fassen kann.

Ich will also Vorstellungen, die ich schon gehabt, in eine einzige auflösen, und dieses kann ich nicht, und peinlich empfinde ich, daß ich es nicht kann. Um aber zu empfinden, daß ich eine Forderung nicht erfüllen kann, muß ich zugleich die Vorstellung dieser Forderung und die meines Unvermögens haben. Diese Forderung aber ist hier: Allheit der Teile in der Komprehension, oder Einheit meines Ichs in einer gewissen Reihe von Veränderungen meines Ichs. Ich muß mir also vorstellen, daß ich die Einheit meines Ichs in allen diesen Veränderungen nicht zur Vorstellung bringen kann; aber eben dadurch stelle ich mir ja dieselbe vor. Eben dadurch denke ich mir ja schon die Totalität der ganzen Reihe, daß ich sie denken *will*, da ich nichts wollen kann, als wovon ich schon eine Vorstellung habe. Ich trage also schon diese Allheit in mir die ich darzustellen suche, eben weil ich sie darzustellen suche. Das Große also ist in mir, nicht außer mir. Es ist mein ewig identisches, in jedem Wechsel bestehendes, in jeder Verwandlung sich selbst wiederfindendes Subjekt. Ich kann die Auffassung ins Unendliche fortsetzen: heißt also nichts anders, als in unendlichen Veränderungen meines Bewußtseins ist mein Bewußtsein identisch, die ganze Unendlichkeit liegt in der Einheit meines Ichs.

Diese Auflösung läßt sich noch in eine andere Formel fassen. Bei allen Vorstellungen von Objekten, mithin auch der Größe, ist das Gemüt nie bloß das, was *bestimmt wird*, sondern es ist immer zugleich das, was *bestimmt*. Es ist zwar das Objekt welches mich verändert, aber Ich, das vorstellende Subjekt, bin es, der das Objekt zum Objekte macht, und durch sein Produkt also sich selbst verändert. In allen diesen Veränderungen aber muß etwas sein, was sich nicht verändert, und dieses ewig unwandelbare Principium ist eben das reine und identische Ich, der Grund der Möglichkeit aller Objekte, in sofern sie vorgestellt werden. Was also nur immer in den Vorstellungen Großes liegt, liegt in uns, die wir diese Vorstellungen erzeugen. Welches Gesetz uns auch für unser Denken oder Handeln gegeben werden mag,

es wird uns gegeben *durch uns*; und auch wenn wir als
sinnlich beschränkte Wesen es unerfüllt lassen *müssen* wie
hier im theoretischen das Gesetz der Totalität in der
Größendarstellung, oder wenn wir als freie Wesen mit
Willen es brechen, wie das Gesetz der Sitten im praktischen, so sind *wir* es doch immer, die es aufgestellt haben.
Ich mag also in der schwindelnden Vorstellung des
allgegenwärtigen Raums, oder der nimmerendenden Zeit
mich verlieren, oder ich mag in der Vorstellung der
absoluten Vollkommenheit meine eigene Nichtigkeit fühlen – *ich* selbst bin es doch nur, der dem Raum seine
unendliche Weite und der Zeit ihre ewige Länge gibt, ich
selbst bin es, der die Idee des Allheiligen in sich trägt, weil
ich sie aufstelle, und die Gottheit, die ich mir vorstelle, ist
meine Schöpfung, so gewiß *mein* Gedanke der meinige
ist.

Das erhabene der Größe ist also keine objektive Eigenschaft des Gegenstandes, dem es beigelegt wird; es ist bloß
die Wirkung unsers eigenen Subjekts auf Veranlassung
jenes Gegenstandes. Es entspringt *eines Teils* aus dem
vorgestellten Unvermögen der Einbildungskraft, die, von
der Vernunft als Foderung aufgestellte Totalität in Darstellung der Größe zu erreichen, *andern Teils* aus dem vorgestellten Vermögen der Vernunft, eine solche Foderung
aufstellen zu können. Auf das erste gründet sich die
zurückstoßende, auf das zweite die *anziehende* Kraft des
Großen und des Sinnlich-unendlichen.

Obgleich aber das Erhabene eine Erscheinung ist, welche erst in unserm Subjekt erzeugt wird, so muß doch in
den Objekten selbst der Grund enthalten sein, warum
gerade nur diese und keine andern Objekte uns zu diesem
Gebrauch Anlaß geben. Und weil wir ferner bei unserm
Urteil das Prädikat des Erhabenen *in den Gegenstand* legen,
(wodurch wir andeuten, daß wir diese Verbindung nicht
bloß willkürlich vornehmen, sondern dadurch ein Gesetz
für Jedermann aufzustellen meinen) so muß in unserm
Subjekt ein notwendiger Grund enthalten sein, warum wir

von einer gewissen Klasse von Gegenständen gerade diesen und keinen andern Gebrauch machen.

Es gibt demnach *innere* und gibt *äußere* notwendige Bedingungen des Mathematisch-Erhabenen. Zu jenen gehört ein gewisses bestimmtes Verhältnis zwischen Vernunft und Einbildungskraft, zu diesen ein bestimmtes Verhältnis des angeschauten Gegenstandes zu unserm ästhetischen Größenmaß.

Sowohl die Einbildungskraft als die Vernunft müssen sich mit einem gewissen Grad von Stärke äußern, wenn das Große uns rühren soll. Von der Einbildungskraft wird verlangt, daß sie ihr ganzes Komprehensionsvermögen zu Darstellung der Idee des Absoluten aufbiete, worauf die Vernunft unnachlaßlich dringt. Ist die Phantasie untätig und träge, oder geht die Tendenz des Gemüts mehr auf Begriffe als auf Anschauungen, so bleibt auch der erhabenste Gegenstand bloß ein logisches Objekt, und wird gar nicht vor das ästhetische Forum gezogen. Dies ist der Grund, warum Menschen von überwiegender Stärke des analytischen Verstandes für das ästhetisch große selten viel Empfänglichkeit zeigen. Ihre Einbildungskraft ist entweder nicht lebhaft genug, sich auf Darstellung des Absoluten der Vernunft auch nur einzulassen, oder ihr Verstand zu geschäftig, den Gegenstand *sich* zuzueignen, und ihn aus dem Felde der Intuition in sein diskursives Gebiet hinüber zu spielen.

Ohne eine gewisse Stärke der Phantasie wird der große Gegenstand gar nicht ästhetisch, ohne eine gewisse Stärke der Vernunft hingegen wird der ästhetische nicht erhaben. Die Idee des Absoluten erfodert schon eine mehr als gewöhnliche Entwicklung des höhern Vernunftvermögens, einen gewissen Reichtum an Ideen, und eine genauere Bekanntschaft des Menschen mit seinem edelsten Selbst. Wessen Vernunft noch gar keine Ausbildung empfangen hat, der wird von dem Großen der Sinne nie einen übersinnlichen Gebrauch zu machen wissen. Die Vernunft wird sich in das Geschäft gar nicht mischen, und es wird der

Einbildungskraft allein oder dem Verstand allein überlassen bleiben. Die Einbildungskraft für sich selbst ist aber weit entfernt, sich auf eine Zusammenfassung einzulassen, die ihr peinlich wird. Sie begnügt sich also mit der bloßen Auffassung und es fällt ihr gar nicht ein ihren Darstellungen Allheit geben zu wollen. Daher die stupide Unempfindlichkeit, mit der der Wilde im Schoß der erhabensten Natur und mitten unter den Symbolen des Unendlichen wohnen kann, ohne dadurch aus seinem tierischen Schlummer geweckt zu werden, ohne auch nur von weitem den großen Naturgeist zu ahnden, der aus dem Sinnlich Unermeßlichen zu einer fühlenden Seele spricht.

Was der rohe Wilde mit dummer Gefühllosigkeit anstarrt, das flieht der entnervte Weichling als einen Gegenstand des Grauens, der ihm nicht seine Kraft nur seine Ohnmacht zeigt. Sein enges Herz fühlt sich von großen Vorstellungen peinlich auseinander gespannt. Seine Phantasie ist zwar reizbar genug, sich an der Darstellung des Sinnlich Unendlichen zu versuchen, aber seine Vernunft nicht selbstständig genug, dieses Unternehmen mit Erfolge zu endigen. Er will es erklimmen, aber auf halbem Wege sinkt er ermattet hin. Er kämpft mit dem furchtbaren Genius, aber nur mit irdischen, nicht mit unsterblichen Waffen. Dieser Schwäche sich bewußt entzieht er sich lieber einem Anblick, der ihn niederschlägt, und sucht Hülfe bei der Trösterin aller Schwachen, der *Regel*. Kann er sich selbst nicht aufrichten zu dem Großen der Natur, so muß die Natur zu seiner kleinen Fassungskraft herunter steigen. Ihre kühnen Formen muß sie mit künstlichen vertauschen, die ihr fremd aber seinem verzärtelten Sinne Bedürfnis sind. Ihren Willen muß sie seinem eisernen Joch unterwerfen, und in die Fesseln mathematischer Regelmäßigkeit sich schmiegen. So entsteht der ehemalige französische Geschmack in Gärten, der endlich fast allgemein dem englischen gewichen ist, aber ohne dadurch dem wahren Geschmack, merklich näher zu kommen. Denn der Charakter der Natur ist eben so wenig bloße Mannigfaltigkeit als

Einförmigkeit. Ihr gesetzter ruhiger Ernst verträgt sich eben so wenig mit diesen schnellen und leichtsinnigen Übergängen, mit welchen man sie in dem neuen Garten-geschmack von einer Dekoration zur andern hinüber hüpfen läßt. Sie legt, indem sie sich verwandelt, ihre harmonische Einheit nicht ab, in bescheidener Einfalt verbirgt sie ihre Fülle, und auch in der üppigsten Freiheit sehen wir sie das Gesetz der Stetigkeit ehren[3].

Zu den objektiven Bedingungen des Mathematisch-Er-habenen gehört fürs erste, daß der Gegenstand, den wir dafür erkennen sollen, ein Ganzes ausmache und also Einheit zeige; fürs zweite, daß er uns das höchste sinnliche Maß, womit wir alle Größen zu messen pflegen, völlig unbrauchbar mache. Ohne das erste würde die Einbil-dungskraft gar nicht aufgefodert werden, eine Darstellung seiner Totalität zu versuchen, ohne das zweite würde ihr dieser Versuch nicht verunglücken können.

Der Horizont übertrifft jede Größe die uns irgend vor Augen kommen kann, denn alle Raumgrößen müssen ja in demselben liegen. Nichts destoweniger bemerken wir, daß oft ein einziger Berg, der sich darin erhebt, uns einen weit stärkern Eindruck des Erhabenen zu geben im Stand ist, als der ganze Gesichtskreis, der nicht nur diesen Berg, sondern noch tausend andere Größen in sich befaßt. Das kommt daher, weil uns der Horizont nicht als ein einziges Objekt erscheint, und wir also nicht eingeladen werden, ihn in ein Ganzes der Darstellung zusammen zu fassen. Entfernt man aber aus dem Horizont alle Gegenstände, welche den Blick

---

3 Die Gartenkunst und die dramatische Dichtkunst haben in neuern Zeiten ziemlich dasselbe Schicksal und zwar bei denselben Nationen, gehabt. Dieselbe Tyrannei der Regel in den französischen Gärten und in den französischen Tragödien; dieselbe bunte und wilde Regellosigkeit in den Parks der Engländer und in ihrem Shakespear; und so wie der deutsche Geschmack von jeher das Gesetz von den Ausländern empfan-gen, so mußte er auch in diesem Stück zwischen jenen beiden Extremen hin und her schwanken.

insbesondere auf sich ziehen, denkt man sich auf eine weite
und ununterbrochene Ebene oder auf die offenbare See, so
wird der Horizont selbst zu einem Objekt, und zwar zu dem
erhabensten, was dem Aug je erscheinen kann. Die
Kreisfigur des Horizonts trägt zu diesem Eindruck besonders viel bei weil sie an sich selbst so leicht zu fassen ist, und
die Einbildungskraft sich um so weniger erwehren kann,
die Vollendung derselben zu versuchen.

Der ästhetische Eindruck der Größe beruht aber darauf,
daß die Einbildungskraft die Totalität der Darstellung an
dem gegebenen Gegenstande *fruchtlos* versucht, und dies
kann nur dadurch geschehen, daß das höchste Größenmaß,
welches sie auf einmal deutlich fassen kann, sovielmal zu
sich selbst addiert, als der Verstand deutlich zusammen
denken kann, für den Gegenstand zu klein ist. Daraus aber
scheint zu folgen, daß Gegenstände von gleicher Größe
auch einen gleich erhabenen Eindruck machen müßten,
und daß der mindergroße diesen Eindruck weniger werde
hervor bringen können, wogegen doch die Erfahrung
spricht. Denn nach dieser erscheint der Teil nicht selten
erhabener als das Ganze, der Berg oder der Turm erhabener
als der Himmel in den er hinaufragt, der Fels erhabener als
das Meer, dessen Wellen ihn umspülen. Man muß sich aber
hier der vorhin erwähnten Bedingung erinnern, vermöge
welcher der ästhetische Eindruck nur dann erfolgt, wenn
sich die Imagination auf Allheit des Gegenstandes einläßt.
Unterläßt sie dieses bei dem weit größeren Gegenstand,
und beobachtet es hingegen bei dem Mindergroßen, so
kann sie von dem letztern ästhetisch gerührt, und doch
gegen den ersten unempfindlich sein. Denkt sie sich aber
diesen als eine Größe, so denkt sie ihn zugleich als Einheit,
und dann muß er notwendig einen verhältnismäßig stärkeren Eindruck machen, als er jenen an Größe übertrifft.

Alle sinnliche Größen sind entweder im Raum (ausgedehnte Größen) oder in der Zeit (Zahlgrößen.) Ob nun
gleich jede ausgedehnte Größe zugleich eine Zahlgröße ist,

(weil wir auch das im Raum gegebene in der Zeit auffassen
müssen) so ist dennoch die Zahlgröße selbst nur in sofern
als ich sie in eine Raumgröße verwandle, erhaben. Die
Entfernung der Erde vom Sirius ist zwar ein ungeheures
Quantum in der Zeit, und wenn ich sie in Allheit begreifen
will, für meine Phantasie überschwenglich; aber ich lasse
mich auch nimmermehr darauf ein, diese Zeitgröße anzuschauen, sondern helfe mir durch Zahlen, und nur alsdann,
wenn ich mich erinnere, daß die höchste Raumgröße, die
ich in Einheit zusammen fassen kann, z. B. ein Gebirge
dennoch ein viel zu kleines und ganz unbrauchbares Maß
für diese Entfernung ist, erhalte ich den erhabenen Eindruck. Das Maß für dieselbe nehme ich also doch von
ausgedehnten Größen, und auf das Maß kommt es ja eben
an, ob ein Objekt uns groß erscheinen soll.

Das Große im Raum zeigt sich entweder in *Längen* oder
in *Höhen*, wozu auch die *Tiefen* gehören: denn die Tiefe ist
nur eine Höhe unter uns, so wie die Höhe eine Tiefe über
uns genannt werden kann. Daher die Lateinischen Dichter
auch keinen Anstand nehmen, den Ausdruck *profundus*
auch von Höhen zu gebrauchen:

> ni faceret, maria ac terras coelumque profundum
> quippe ferant rapidi secum. –

Höhen erscheinen durchaus erhabener, als gleich große
Längen, wovon der Grund zum Teil darin liegt, daß sich das
dynamischerhabene mit dem Anblick der erstern verbindet.
Eine bloße Länge, wie unabsehlich sie auch sei, hat gar
nichts furchtbares an sich, wohl aber eine Höhe, weil wir
von dieser herab stürzen können. Aus demselben Grund ist
eine Tiefe noch erhabener als eine Höhe, weil die Idee des
Furchtbaren sie unmittelbarer begleitet. Soll eine große
Höhe schreckhaft für uns sein, so müssen wir uns erst
hinaufdenken, und sie also in eine Tiefe verwandeln. Man
kann diese Erfahrung leicht machen, wenn man einen mit
blau untermischten bewölkten Himmel in einem Brunnen

oder sonst in einem dunkeln Wasser betrachtet, wo seine unendliche Tiefe einen ungleich schauerlicheren Anblick als seine Höhe gibt. Dasselbe geschieht in noch höherem Grade, wenn man ihn rücklings betrachtet, als wodurch er gleichfalls zu einer Tiefe wird, und, weil er das einzige Objekt ist, das in das Auge fällt, unsre Einbildungskraft zu Darstellung seiner Totalität unwiderstehlich nötigt. Höhen und Tiefen wirken nämlich auch schon deswegen stärker auf uns, weil die Schätzung ihrer Größe durch keine Vergleichung geschwächt wird. Eine Länge hat an dem Horizont immer einen Maßstab, unter welchem sie verliert, denn soweit sich eine Länge erstreckt, soweit erstreckt sich auch der Himmel. Zwar ist auch das höchste Gebirge gegen die Höhe des Himmels klein, aber das lehrt bloß der Verstand nicht das Auge, und es ist nicht der Himmel, der durch seine Höhe die Berge niedrig macht, sondern die Berge sind es, die durch ihre Größe die Höhe des Himmels zeigen.

Es ist daher nicht bloß eine *optisch* richtige, sondern auch eine *symbolisch* wahre Vorstellung, wenn es heißt, daß der Atlas den Himmel stütze. So wie nämlich der Himmel selbst auf dem Atlas zu ruhen scheint, so ruht unsere Vorstellung von der Höhe des Himmels auf der Höhe des Atlas. Der Berg trägt also in figürlichem Sinne, wirklich den Himmel, denn er hält denselben für unsre sinnliche Vorstellung in der Höhe. Ohne den Berg würde der Himmel *fallen*, d. h. er würde optisch von seiner Höhe sinken und erniedriget werden.   S.

Die Fortsetzung folgt.

BRIEFE AN DEN HERZOG FRIEDRICH CHRISTIAN VON AUGUSTENBURG

Jena, den 9. Februar 1793. Sonnabend.
Durchlauchtigster Prinz!

Daß ich ein so langes Stillschweigen gegen Sie beobachtet habe, ist eine Beleidigung die ich mir selbst und nicht Ihnen zufügte, und wegen welcher ich eher Ihr Bedauren als Ihren Unwillen verdiene.

Diese ganze Zeit über ein Opfer der Hypochondrie, höchst ungewiß über meine Gesundheit und in meinen Körper- und Geisteskräften wie gelähmt, fühlte ich mich gänzlich ungeschickt, mich zu der heitern Geistesstimmung zu erheben, die ich Ihnen gerne zeigen möchte. Aber in den wenigen hellen Sonnenblicken meines bisherigen Lebens habe ich wenigstens daran gearbeitet, Ihrer, mein ewig verehrter Prinz, nicht ganz unwert zu sein; und Ihnen sowohl, als Ihrem edeln Freunde, eine Probe davon zu geben, dieses war es, was mich diese ganze Zeit über lebhaft interessierte und beschäftigte. Diesen Winter hoffte ich ganz gewiß, diese Arbeit zu vollenden, und sie dann in die Hände derjenigen zu liefern, denen sie mit vollem Rechte zugehört; denn wem sonst als Ihnen beiden, meine Vortrefflichsten, danke ich das lang gewünschte und unschätzbare Glück, dem freien Hange meines Geistes folgen zu können? Aber meine immer wiederkehrenden Zufälle verursachten mir so viele Unterbrechungen, daß ich nun schwerlich vor Ausgang des Sommers die Endigung dieser Arbeit hoffen kann. Da sich indessen meine Gesundheit nach und nach wieder herzustellen scheint, so sehe ich mit froherem Mut der Zukunft entgegen.

Das Unternehmen, Gnädigster Prinz, an das ich mich wagte (denn da ich einmal am Bekennen bin, so will ich auch nichts mehr verschweigen) ist etwas kühn, ich gestehe es, aber ein unwiderstehlicher Hang zog mich dazu hin. Mein jetziges Unvermögen die Kunst selbst auszuüben, wozu ein frischer und freier Geist gehört, hat mir eine günstige Muße verschafft, über ihre Prinzipien nachzudenken. Die Revolution in der philosophischen Welt hat den Grund, auf dem die Ästhetik aufgeführt war, erschüttert, und das bisherige System derselben, wenn man ihn anders diesen Namen geben kann, über den Haufen geworfen. Kant hat schon, wie ich Ihnen mein Prinz, gar nicht zu sagen brauche in seiner Kritik der ästhetischen Urteilskraft angefangen, die Grundsätze der kritischen Philosophie auch auf den Geschmack anzuwenden, und zu einer neuen Kunsttheorie die Fundamente, wo nicht gegeben, doch vorbereitet. Aber so wie es jetzt in der philosophischen Welt aussieht, dürfte die Reihe wohl zuletzt an die Ästhetik kommen, eine Regeneration zu erfahren. Unsere vorzüglichsten Denker haben mit der Metaphysik noch alle Hände voll zu tun, und jetzt scheint noch das Naturrecht und die Politik eine nähere Aufmerksamkeit zu erfordern. Der Kunstphilosophie scheint also von dieser Seite wenig Licht aufzugehen, und zu einer Zeit, wo der menschliche Geist alle Felder des Wissens beleuchtet und mustert, scheint sie allein in ihrer gewohnten Dunkelheit verharren zu müssen.

Ich glaube, daß sie ein beßres Schicksal verdient, und habe den verwegenen Gedanken gefaßt, ihr Ritter zu werden. Für jetzt zwar kann ich bloß einige flüchtige Ideen dazu liefern, weil mein Beruf zum Philosophieren noch sehr unentschieden ist, aber ich werde suchen, ihn mir zu geben. Zu Gründung einer Kunsttheorie ist es, deucht mir, nicht hinreichend, Philosoph zu sein; man muß die Kunst selbst ausgeübt haben, und dies, glaube ich, gibt mir einige Vorteile über diejenigen, die mir an philosophischer Einsicht ohne Zweifel überlegen sein werden. Eine ziemlich lange Ausübung der Kunst hat mir Gelegenheit verschafft der Natur in mir selbst bei denjenigen Operationen, die nicht aus Büchern zu erlernen sind, zuzusehen. Ich habe mehr, als irgend ein anderer meiner Kunstbrüder in Deutschland durch *Fehler* gelernt, und dies, deucht mir, führt mehr als der sichere Gang eines nie irrenden Genies zur deutlichen Einsicht in das Heiligtum der Kunst. Dies ist es ohngefähr, was ich zu Rechtfertigung meines Unternehmens im voraus anzuführen weiß; der Erfolg selbst muß das übrige entscheiden.

Und bei Ihnen, mein Verehrungswürdigster Prinz, werde ich wohl keine Apologie dafür nötig haben, daß ich die wirksamste aller Triebfedern des menschlichen Geistes, die Seelenbildende Kunst, zum Rang einer philosophischen Wissenschaft erhoben wünsche. Wenn ich der Verbindung nachdenke, in der das Gefühl des Schönen und Großen mit dem edelsten Teil unsers Wesens steht, so kann ich sie unmöglich für ein bloßes subjektives Spiel der Empfindungskraft halten, welches keiner andern als empirischer Regeln fähig ist. Auch die Schönheit, dünkt mir, muß wie die Wahrheit und das Recht auf ewigen Fundamenten ruhn, und die ursprünglichen Gesetze der Vernunft müssen auch die Gesetze des Geschmacks sein. Der Umstand freilich daß wir die Schönheit *fühlen* und nicht erkennen, scheint alle Hoffnung, einen allgemein geltenden Grundsatz für sie zu finden, niederzuschlagen, weil alles Urteil aus dieser Quelle bloß ein Erfahrungsurteil ist. Gewöhnlich hält man eine Erklärung der Schönheit nur darum für gegründet, weil sie mit dem Ausspruch des Gefühls in einzelnen Fällen übereinstimmend ist, anstatt daß man, wenn es wirklich eine Erkenntnis des Schönen aus Prinzipien gäbe, dem Ausspruch des Gefühls nur deswegen trauen sollte, weil er mit der Erklärung des Schönen übereinstimmend ist. Anstatt seine Gefühle nach Grundsätzen zu prüfen und zu berichtigen prüft man die ästhetischen Grundsätze nach seinen Gefühlen.

Dies ist der Knoten, dessen Auflösung leider selbst Kant für unmöglich hält. Was werden Sie also, Gnädigster Prinz, zu dem Einfall eines Anfängers sagen, der erst seit gestern

in das Heiligtum der Philosophie hinein blickte, nach der
Erklärung eines solchen Mannes noch eine Auflösung
dieses Problems zu versuchen? In der Tat würde ich nie den
Mut dazu gehabt haben, wenn nicht Kants Philosophie
selbst mir die Mittel dazu verschaffte. Diese fruchtbare
Philosophie, die sich so oft nachsagen lassen muß, daß sie
nur immer einreiße und nichts aufbaue gibt, nach meiner
gegenwärtigen Überzeugung, die festen Grundsteine her,
auch ein System der Ästhetik zu errichten, und ich kann es
mir bloß aus einer vorgefaßten Idee ihres Schöpfers
erklären, daß er ihr nicht auch noch dieses Verdienst
erwarb. Weit entfernt, mich für denjenigen zu halten, dem
dieses vorbehalten ist, will ich wenigstens versuchen, wie
weit der entdeckte Pfad mich führt. Führt er mich gleich
nicht zum Ziel, so ist doch keine Reise ganz verloren, auf
der die Wahrheit gesucht wird.

Dies leitet mich auf eine Bitte, von der ich wünschte,
mein vortrefflichster Prinz, daß sie Eingang bei Ihnen
finden möchte. Ich wünschte meine Ideen über die
Philosophie des Schönen, ehe ich sie dem Publikum selbst
vorlege, in einer Reihe von Briefen an Sie richten und Ihnen
Stückweise zusenden zu dürfen. Diese freiere Form wird
dem Vortrage derselben mehr Individualität und Leben,
und der Gedanke, daß ich mit Ihnen rede und von Ihnen
beurteilet werde, mir selbst ein höheres Interesse an meiner
Materie geben. Reiner und lichter Sinn für Wahrheit, mit
warmer Empfänglichkeit für alles was Schön und Gut und
Groß ist verbunden, ist das Eigentum weniger Sterblichen,
und unsere mehresten Gelehrten besonders sind so ängstlich in ihre Systeme eingeschnallt, daß eine etwas ungewohnte Vorstellungsart ihre mit dreifach Erzt umpanzerte
Brust nicht durchdringen kann. Wenige sind es, in denen
das zarte Schönheitsgefühl durch Abstraktion nicht erstickt
wird, und noch weit wenigere halten es der Mühe wert,
über ihre Empfindungen zu philosophieren. Ich muß es
durchaus vergessen, daß ich von solchen Menschen beurteilt werde, und nur für freie und heitere Geister, die über

den Staub der Schulen erhaben sind, und den Funken reiner und edler Menschheit in sich bewahren, kann ich meine Ideen und Gefühle entfalten.

Um so eher werden Sie es mir zu gute halten, mein ewig Hochgeschätzter Prinz, daß ich mir ein so seltenes Geschenk, als mir die Grazien in Ihnen zugeführt haben, zu versichern, und mich des edeln Bandes zu bemächtigen suche, welches Philosophie und Geschmack, alles Abstandes der Verhältnisse ungeachtet, zwischen den Freunden der Weisheit und Schönheit weben. Diese beiden Gottheiten werden mir auch die Grenzen vorzeichnen, innerhalb deren ich mich dieser Freiheit bedienen darf, und mir nie erlauben, meine Wünsche weiter zu erstrecken, als einige Augenblicke Ihres dem Glück der Welt gewidmeten Lebens mit meinen philosophischpoetischen Visionen zuweilen beschäftigen zu dürfen. Mit der respektvollesten Verehrung und Liebe nenne ich mich

	Eurer Durchlaucht
Jena den 9. Februar 1793.	verbundenster Diener
	F. Schiller.

Jena, den 13. Juli 1793. Sonnabend.
Durchlauchtigster Prinz!

Wie sehr haben Sie mich durch die gnädige Aufnahme meiner Bitte geehrt, Ihnen die Resultate meiner Untersuchungen über das Schöne in einer Reihe von Briefen vorlegen zu dürfen. Könnte das Vergnügen, das dieser unschätzbare Beweis Ihrer Wohlgewogenheit mir gewährt, noch durch etwas erhöhet werden, so würde es durch die Erklärung geschehen sein, womit Sie die mir gegebene Erlaubnis begleiteten. Sie erlassen mir, gnädigster Prinz, die Fesseln eines dogmatischen Vortrags, und machen mir eben das zur Pflicht, was ich mir als eine Gunst von Ihnen ⟨hatte⟩ erbitten wollen. Die Freiheit des Vortrags, welche Ew. Durchlaucht verlangen, ist nicht Zwang, sondern Bedürfnis für mich, und großmütig lassen Sie mir den

Schein eines Verdienstes, wo ich nicht einmal eine Wahl
habe. Viel zu wenig bekannt mit dem Gebrauche schulgerechter Formen um durch Mißbrauch derselben mich zu
versündigen, werde ich vor *der* Gefahr wenigstens sicher
sein, Ihre Geduld *methodisch* zu ermüden. Meine Philosophie wird ihren Ursprung nicht verleugnen, und, wenn sie
ja verunglücken sollte, eher in den Untiefen und in den
Strudeln der poetisierenden Einbildungskraft untersinken,
als an den kahlen Sandbänken trockner Abstraktionen
scheitern. Eine Frucht meines eigenen Nachdenkens, und
aus meinem beschränkten Erfahrungskreis geschöpft, wird
sie sich vielmehr jedes andern Fehlers, als der Sektiererei
schuldig machen, und eher aus eigner Gebrechlichkeit
fallen, als durch Autorität und fremde Hülfe sich aufrecht
erhalten. Auch da, wo ich mich an die Kritische Philosophie anschließen werde (und ich leugne nicht, daß dies sehr
oft geschehen dürfte) hoffe ich, die Freiheit Ihres Geistes zu
respektieren und Ihrer selbstrichtenden Vernunft eine
freiwillige Beistimmung abzugewinnen.

Manchen Kantischen Sätzen gibt die strenge Reinheit
und die scholastische Form, in der sie aufgestellt werden,
eine Härte und eine Sonderbarkeit, die ihrem Inhalte fremd
ist, und von dieser Hülle entkleidet, erscheinen sie dann als
die verjährten Ansprüche der allgemeinen Vernunft. Philosophische Wahrheiten, habe ich oft bemerkt, müssen in
einer andern Form gefunden, und in einer andern angewandt und verbreitet werden. Die Schönheit eines Gebäudes wird nicht eher sichtbar, als bis man das Geräte des
Maurers und Zimmermanns hinwegnimmt, und das Gerüste abbricht, hinter welchem es emporstieg. Aber die
mehresten Schüler Kants ließen sich eher den Geist, als die
Maschinerie seines Systems entreißen, und legen eben
dadurch an den Tag, daß sie mehr dem Arbeiter als dem
Baumeister gleichen.

Ich kann Ihnen nicht genug sagen, vortrefflichster Prinz,
wie angenehm mich Ihr Geständnis überraschte, daß Sie
von der Unduldsamkeit unserer philosophischen Weltver-

besserer schlecht erbaut seien, und daß Sie diese Besorgnis auch auf mich zu erstrecken scheinen, vermehrt wenn es möglich ist, meine Ehrfurcht vor Ihrem Geiste, und erhöht mein Vertrauen, da gerade dies der einzige Fehler ist, von dem ich frei zu bleiben hoffe. Ihre liberale Art zu denken verschafft mir die glückliche Freiheit, unabhängig von jedem System bloß meiner eigenen Überzeugung zu folgen. Das Reich der Vernunft ist ein Reich der Freiheit und keine Knechtschaft ist schimpflicher, als die man auf diesem heiligen Boden erduldet. Aber viele, die sich ohne innere Befugnis darauf niederlassen, beweisen, daß sie nicht frei geboren, bloß freigelassen sind.

Sollte ich indessen, bei noch so lebhafter Abneigung gegen Systemsucht, doch zuweilen Ihre Befürchtungen wahr machen, Gnädigster Prinz, und in den unfruchtbaren Steppen der Spekulation mich verlieren, so werden Sie die Grazien mir zu Hülfe schicken, und den Verirrten auf den rechten Weg zurückrufen. Ich erbitte es mir von Ihrer Gnade, schenken Sie mir nichts, verzeihen Sie mir nichts. Dulden Sie nicht, daß ich die Sache der Schönheit mit Waffen verfechte, die der Schönheit nicht würdig sind, daß ich die Vorschriften des Geschmacks in demselben Moment verletze, wo ich den Beweis für ihre Gültigkeit führe.

Aber sollte ich von der Freiheit, die mir von Ew. Durchlaucht verstattet wird, nicht vielleicht einen bessern Gebrauch machen können, als Ihnen meine Ideen von Schönheit und schöner Kunst vorzulegen? Ist es nicht *außer der Zeit*, sich um die Bedürfnisse der *ästhetischen* Welt zu bekümmern, wo die Angelegenheiten der *politischen* ein so viel näheres Interesse darbieten?

Ich liebe die Kunst und was mit ihr zusammenhängt über alles und meine Neigung, ich bekenne es, gibt ihr vor jeder andern Beschäftigung des Geistes den Vorzug. Aber es kömmt hier nicht darauf an, was die Kunst *mir* ist, sondern wie sie sich gegen den menschlichen Geist überhaupt, und insbesondere gegen die *Zeit* verhält, in der ich mich zu ihrem Sachwalter aufwerfe.

Ich möchte nicht gerne in einem andern Jahrhundert
leben, und für ein anderes wirken. Man ist eben so gut
Zeitbürger, als man Weltbürger, Staatsbürger, Hausvater
ist. Wenn es unschicklich und unerlaubt gefunden wird,
sich von den Sitten und Gebräuchen des Volks, bei dem
man sich aufhält, und des Zirkels, worin man lebt, loszusprechen; warum sollte es weniger Pflicht sein, sich in der
Wahl seiner Tätigkeit nach dem Geschmack und dem
Bedürfnis des Zeitalters zu richten?

Was an sich gut ist, möchte man vielleicht sagen, ist zu
jeder Zeit gut, und das ist jede Untersuchung der Wahrheit.
Aber es gibt viele Wahrheiten, die zu untersuchen sind, und
bei der Wahl, die man darunter anstellt, gebührt, meiner
Meinung nach, dem Zeitbedürfnis und dem Zeitgeschmack
eine entscheidende Stimme.

Nun scheint aber diese Stimme keineswegs zum Vorteil
der schönen Kunst auszufallen. Der Lauf der Begebenheiten im Politischen, und der Gang des menschlichen Geistes
im Literarischen hat dem Genius der Zeit eine solche
Richtung gegeben, die ihn je mehr und mehr von der
idealisierenden Kunst entfernt. Diese muß die Wirklichkeit
verlassen, und sich mit einer gewissen Kühnheit über das
Bedürfnis der Gegenwart erheben, denn die Kunst ist eine
Tochter der Freiheit. Jetzt aber herrscht das Bedürfnis, und
der Drang der physischen Lage, die Abhängigkeit des
Menschen von tausend Verhältnissen, die ihm Fesseln
anlegen, und ihn je mehr und mehr mit der unidealischen
Wirklichkeit verstricken, hemmt freien Aufflug in die
Regionen des Idealischen. Selbst die spekulierende Vernunft entreißt der Einbildungskraft eine Provinz nach der
andern, und die Grenzen der Kunst verengen sich, jemehr
die *Wissenschaft* die ihrigen erweitert.

Besonders aber ist es jetzt das politische Schöpfungs-
werk, was beinahe alle Geister beschäftigt. Die Ereignisse
in diesem letzten Decennium des achtzehnten Jahrhunderts
sind für die Philosophen nicht weniger auffordernd und
wichtig, als sie es sonst nur für den mithandelnden

Weltmann sind, und Ew. Durchlaucht könnten also mit doppeltem Rechte erwarten, daß ich diesen merkwürdigen Stoff zum Gegenstand der schriftlichen Unterhaltung machte, die Sie mir mit soviel Großmut und Güte zugestanden haben.

Ein Gesetz des weisen Solon verdammt den Bürger, der bei einem Aufstande keine Partei nimmt. Wenn es je einen Fall gegeben hat, auf den dieses Gesetz könnte angewandt werden, so scheint es der gegenwärtige zu sein, wo das große Schicksal der Menschheit zur Frage gebracht ist, und wo man also, wie es scheint, nicht neutral bleiben kann, ohne sich der strafbarsten Gleichgültigkeit gegen das, was dem Menschen das Heiligste sein muß, schuldig zu machen. Eine geistreiche, mutvolle, lange Zeit als Muster betrachtete Nation hat angefangen, ihren positiven Gesellschaftszustand gewaltsam zu verlassen, und sich in den Naturstand zurückzuversetzen, für den die Vernunft die alleinige und absolute Gesetzgeberin ist. So sehr dieser große Rechtshandel, seines *Inhalts* und seiner *Folgen* wegen, jeden der sich Mensch nennt, interessieren muß, so sehr muß er, seiner *Verhandlungsart* wegen, jeden Selbstdenker insbesondere interessieren. Eine Angelegenheit, über welche sonst nur das Recht des Stärkern und die Konvenienz zu entscheiden hätte, ist vor dem Richterstuhl *reiner Vernunft* anhängig gemacht, und maßt sich wenigstens an, als ob sie nach *Prinzipien* abgeurteilt sein wollte. Jeder selbstdenkende Mensch aber darf sich (soweit er fähig ist, seine eigentümliche Vorstellungsart zu generalisieren, sein Individuum zur Gattung zu erweitern) als einen Beisitzer jenes Vernunftgerichts ansehen, so wie er, als Mensch und Weltbürger zugleich Partei ist, und in den Erfolg sich verflochten sieht. Es ist nicht nur seine eigene *Sache*, welche bei diesem großen Rechtshandel zur Entscheidung kommt, sondern es wird auch nach *Gesetzen* gesprochen, die er als mitbestellter Repräsentant der Vernunft zu diktieren berechtigt und aufrecht zu erhalten verpflichtet ist.

Was konnte also wohl, vortrefflicher Prinz, anziehender

und interessanter für mich sein, als mich in das Innere dieses
großen Gegenstandes mit einem eben so geistreichen
Denker als humanen Weltbürger einzulassen, der mit
schönen Enthusiasmus das große Ganze der Menschheit
umreicht, dessen heller und vorurteil freier Sinn die
Vernunft rein und unverstellt wiederstrahlt? Eine Unterhaltung dieses Inhalts würde einen um so größern Reiz für
mich haben, je mehr der Standort, aus welchem *ich*, der
Privatmann, die politische Welt betrachte, von demjenigen
verschieden ist, aus welchem *Sie*, der Fürst und mit
handelnde Staatsmann, in die Flut der Ereignisse nieder-
schauen. Was kann aber Entzückender sein, als einander in
der *Denkart* zu begegnen, wo die äußere *Verhältnisse* die
weiteste Entfernung bewirken, und aus einem noch so
unermeßlichen Abstand in der wirklichen Welt doch in
demselben Mittelpunkt der Ideenwelt zu konvergieren.

Daß ich dieser reizenden Versuchung widerstehe, und zu
der schriftlichen Unterhaltung, die Ew. Durchlaucht mir
verstatten wollen, eine Materie in Vorschlag bringe, die von
dem Lieblingsgespräch des Zeitalters so sehr entlegen ist,
geschieht nicht aus überwiegender Neigung für diesen
Gegenstand, obgleich ich mich einer solchen Neigung nie
schämen werde; nicht meine Vorliebe für die Kunst,
sondern ein Grundsatz bestimmte meine Wahl, und ich
glaube, sie rechtfertigen zu können. Wenn ich also gleich in
der *Behandlung* meines Gegenstandes höchstens auf Ihre
Nachsicht Anspruch machen kann, so möchte ich über die
Wahl desselben gern Ihren Beifall haben.

Wäre das Faktum wahr, – wäre der außerordentliche Fall
wirklich eingetreten, daß die politische Gesetzgebung der
Vernunft übertragen, der Mensch als Selbstzweck respektiert und behandelt, das Gesetz auf den Thron erhoben, und
wahre Freiheit zur Grundlage des Staatsgebäudes gemacht
worden, so wollte ich auf ewig von den Musen Abschied
nehmen, und dem herrlichsten aller Kunstwerke, der
Monarchie der Vernunft, alle meine Tätigkeit widmen.
Aber dieses Faktum ist es eben, was ich zu bezweifeln wage.

Ja ich bin soweit entfernt an den Anfang einer Regeneration im Politischen zu glauben, daß mir die Ereignisse der
Zeit vielmehr alle Hoffnungen dazu auf Jahrhunderte
benehmen.

Ehe diese Ereignisse eintraten, gnädigster Prinz, konnte
man sich allenfalls mit dem lieblichen Wahne schmeicheln,
daß der unmerkliche aber ununterbrochene Einfluß denkender Köpfe, die seit Jahrhunderten ausgestreuten Keime
der Wahrheit, der aufgehäufte Schatz von Erfahrung die
Gemüter allmählich zum Empfang des Bessern gestimmt,
und so eine Epoche vorbereitet haben müßten, wo die
Philosophie den moralischen Weltbau übernehmen, und
das Licht über die Finsternis siegen könnte. So weit war
man in ⟨der⟩ theoretischen Kultur vorgedrungen, daß auch
die ehrwürdigsten Säulen des Aberglaubens zu wanken
anfingen, und der Thron tausendjähriger Vorurteile schon
erschüttert ward. Nichts schien mehr zu fehlen, als das
Signal zur großen Veränderung, und eine Vereinigung der
Gemüter. Beides ist nun gegeben – aber wie ist es
ausgeschlagen?

Der Versuch des Französischen Volks, sich in seine
heiligen Menschenrechte einzusetzen, und eine politische
Freiheit zu erringen, hat bloß das Unvermögen und die
Unwürdigkeit desselben an den Tag gebracht, und nicht nur
dieses unglückliche Volk, sondern mit ihm auch einen
beträchtlichen Teil Europens, und ein ganzes Jahrhundert,
in Barbarei und Knechtschaft zurückgeschleudert. Der
Moment war der günstigste, aber er fand eine verderbte
Generation, die ihn nicht wert war, und weder zu würdigen
noch zu benutzen wußte. Der Gebrauch den sie von diesem
großen Geschenk des Zufalls macht und gemacht hat,
beweist unwidersprechlich, daß das Menschengeschlecht
der vormundschaftlichen Gewalt noch nicht entwachsen
ist, daß das liberale Regiment der Vernunft da noch zu frühe
kommt, wo man kaum damit fertig wird, sich der brutalen
Gewalt der Tierheit zu erwehren, und daß derjenige noch
nicht reif ist zur *bürgerlichen* Freiheit, dem noch so vieles zur
menschlichen fehlt.

In seinen Taten malt sich der Mensch – und was für ein Bild ist das, das sich im Spiegel der jetzigen Zeit uns darstellt? Hier die empörendste Verwilderung, dort das entgegengesetzte Extrem der Erschlaffung: die zwei traurigsten Verirrungen, in die der Menschencharakter versinken kann, in einer Epoche vereint.

In den niedern Klassen sehen wir nichts als rohe gesetzlose Triebe, die sich nach aufgehobenem Band der bürgerlichen Ordnung entfesseln, und mit unlenksamer Wut ihrer tierischen Befriedigung zueilen. Es war also nicht der moralische Widerstand von innen, bloß die Zwangsgewalt von außen, was bisher ihren Ausbruch zurück hielt. Es waren also nicht freie Menschen, die der Staat unterdrückt hatte, nein, es waren bloß wilde Tiere, die er an heilsame Ketten legte. Hätte der Staat die Menschheit wirklich unterdrückt, wie man ihm Schuld gibt, so müßte man Menschheit sehen, nachdem er zertrümmert worden ist. Aber der Nachlaß der *äußern* Unterdrückung macht nur die *innere* sichtbar, und der wilde Despotismus der Triebe heckt alle jene Untaten aus, die uns in gleichem Grad anekeln und schaudern machen.

Auf der andern Seite geben uns die zivilisierten Klassen den noch widrig⟨er⟩en Anblick der Erschlaffung, der Geistesschwäche, und einer Versunkenheit des Charakters, die um so empörender ist, jemehr die Kultur selbst daran Teil hat. Ich erinnere mich nicht mehr, welcher alte oder neue Philosoph die Bemerkung machte, daß das Edlere in seiner Verderbnis das Abscheulichere sei, aber die Erfahrung bestätigt sie auch hier. Wenn die Kultur ausartet, so geht sie in eine weit bösartigere Verderbnis über, als die Barbarei je erfahren kann. Der sinnliche Mensch kann nicht tiefer als zum Tier herabstürzen; fällt aber der aufgeklärte, so fällt er bis zum Teuflischen herab, und treibt ein ruchloses Spiel mit dem heiligsten der Menschheit.

Die Aufklärung, deren sich die höhern Stände unsers Zeitalters nicht mit unrecht rühmen, ist bloß theoretische Kultur, und zeigt, im ganzen genommen, so wenig einen veredelnden Einfluß auf die Gesinnung, daß sie vielmehr bloß dazu hilft, die Verderbnis in ein System zu bringen, und unheilbarer zu machen. Ein raffinierter und konsequenter Epikureism hat angefangen, alle Energie des Charakters zu ersticken, und die immer fester sich zu schnürende Fessel der Bedürfnisse, die vermehrte Abhängigkeit der Menschheit vom physischen hat es allmählich dahin geleitet, daß die Maxime der Passivität und des leidenden Gehorsams als höchste Lebensregel gilt, daher die Beschränktheit im Denken, die Kraftlosigkeit im Handeln, die klägliche Mittelmäßigkeit im Hervorbringen, die unser Zeitalter zu seiner Schande charakterisiert. Und so sehen wir den Geist der Zeit zwischen Barbarei und Schlaffheit, Freigeisterei und Aberglauben, Roheit und Verzärtelung schwanken, und es ist bloß das *Gleichgewicht der Laster*, was das ganze noch zusammen hält.

Und ist dieses nun die Menschheit, möchte ich fragen, für deren Rechte der Philosoph sich verwendet, die der edle Weltbürger in Gedanken hat, und an welcher ein neuerer Solon seine Ideen von einer Staatsverfassung realisieren möchte? Ich zweifle sehr. Nur seine Fähigkeit als ein sittliches Wesen zu handeln, gibt dem Menschen Anspruch auf Freiheit; ein Gemüt aber, das nur sinnlicher Bestimmungen fähig ist, ist der Freiheit so wenig wert, als empfänglich. Alle Reforme, die Bestand haben soll, muß von der Denkungsart ausgehen, und wo eine Verderbnis in den Prinzipien herrscht, da kann nichts gesundes, nichts gutartiges aufkeimen. Nur der Charakter der Bürger erschafft und erhält den Staat, und macht politische und bürgerliche Freiheit möglich. Denn wenn die Weisheit selbst in Person vom Olymp herabstiege, und die vollkommenste Verfassung einführte, so müßte sie ja doch Menschen die Ausführung übergeben.

Wenn ich also, gnädigster Prinz, über die gegenwärtigen politischen Bedürfnisse und Erwartungen meine Meinung sagen darf, so gestehe ich, daß ich jeden Versuch einer Staatsverfassung aus Prinzipien (denn jede andre ist bloßes

Not- und Flickwerk) so lange für unzeitig, und jede darauf gegründete Hoffnung so lange für schwärmerisch halte, bis der Charakter der Menschheit von seinem tiefen Verfalle wieder emporgehoben worden ist – eine Arbeit für mehr als ein Jahrhundert. Man wird zwar unterdessen von manchem abgestellten Mißbrauch, von mancher glücklich versuchten Reform im Einzelnen, von manchem Sieg der Vernunft über das Vorurteil hören, aber was hier zehn große Menschen aufbauten, werden dort funfzig Schwachköpfe wieder niederreißen. Man wird in andern Weltteilen den Negern die Ketten abnehmen, und in Europa den – Geistern anlegen. So lange aber der oberste Grundsatz der Staaten von einem empörenden Egoismus zeugt, und so lange die Tendenz der Staatsbürger nur auf das physische Wohlsein beschränkt ist, so lange, fürchte ich, wird die politische Regeneration, die man so nahe glaubte, nichts als ein schöner philosophischer Traum bleiben.

Soll man also aufhören, darnach zu streben? Soll man gerade die wichtigste aller menschlichen Angelegenheiten einer gesetzlichen Willkür, einem blinden Zufall anheimstellen, während daß das Reich der Vernunft nach jeder andern Seite zusehends erweitert wird? Nichts weniger, Gnädigster Prinz. Politische und bürgerliche Freiheit bleibt immer und ewig das Heiligste aller Güter, das würdigste Ziel aller Anstrengungen, und das große Zentrum aller Kultur – aber man wird diesen herrlichen Bau nur auf dem festen Grund eines veredelten Charakters aufführen, man wird damit anfangen müssen für die Verfassung Bürger zu erschaffen, ehe man den Bürgern eine Verfassung geben kann.

Vielleicht dürften Sie mir einwenden, Durchlauchtigster Prinz, daß hier ein Zirkel sei, und daß der Charakter des Bürgers eben so gut von der Verfassung abhänge, als diese auf dem Charakter des Bürgers ruht. Ich gebe dieses zu, und behaupte also, daß man, um diesen Zirkel zu vermeiden, *entweder* auf Mittel denken muß, dem Staat aufzuhelfen, ohne den Charakter dabei zu Hülfe zu nehmen, *oder* dem

Charakter beizukommen, ohne den Staat dabei nötig zu haben. Das erste enthält einen Widerspruch, weil sich keine Verfassung erdenken läßt, die von der Gesinnung der Bürger unabhängig wäre. Vielleicht aber findet sich Rat zu dem zweiten, und es lassen sich zu Veredlung der Denkungsart Quellen eröffnen, die von dem Staat nicht abgeleitet sind und sich also bei allen Mängeln desselben rein und lauter erhalten.

Auf den Charakter wird bekanntlich durch *Berichtigung der Begriffe* und durch *Reinigung der Gefühle* gewirkt. Jenes ist das Geschäft der *philosophis⟨ch⟩en*, dieses vorzugsweise der *ästhetischen* Kultur. Aufklärung der Begriffe kann es allein nicht ausrichten, denn von dem Kopf ist noch ein gar weiter Weg zu dem Herzen, und bei weitem der größere Teil der Menschen wird durch Empfindungen zum Handeln bestimmt. Aber das Herz allein ist ein eben so unsicrer Führer und die zarteste Empfindsamkeit wird nur ein desto leichterer Raub der Schwärmerei, wenn ein heller Verstand sie nicht leitet. Gesundheit des Kopfes wird also mit der Reinheit des Willens zusammen treffen müssen, wenn der Charakter vollendet heißen soll.

Dies dringendere Bedürfnis unsers Zeitalters scheint mir die Veredlung der Gefühle und die sittliche Reinigung des Willens zu sein, denn für die Aufklärung des Verstandes ist schon sehr viel getan worden. Es fehlt uns nicht sowohl an der Kenntnis der Wahrheit und des Rechts, als an der Wirksamkeit dieser Erkenntnis zu Bestimmung des Willens, nicht sowohl an *Licht* als an *Wärme*, nicht sowohl an philosophischer als an ästhetischer Kultur. Diese letztere halte ich für das wirksamste Instrument der Charakterbildung, und zugleich für dasjenige, welches von dem politischen Zustand vollkommen unabhängig, und also auch ohne Hülfe des Staats zu erhalten ist.

Und hier ist es nun, Gnädigster Prinz, wo die Kunst und der Geschmack ihre bildende Hand an den Menschen legen, und ihren veredelnden Einfluß beweisen. Die Künste des Schönen und Erhabenen beleben, üben und verfeinern das

Empfindungsvermögen, sie erheben den Geist von den groben Vergnügungen des Stoffes zum reinen Wohlgefallen an bloßen Formen, und gewöhnen ihn, auch in seine Genüsse Selbsttätigkeit zu mischen. Die wahre Verfeinerung der Gefühle besteht aber jederzeit darin, daß der höhern Natur des Menschen und dem göttlichen Teil seines Wesens, seiner Vernunft und seiner Freiheit, ein Anteil daran verschafft wird.

Wenn Sinnes Lust und Sinnes Schmerz,
vereinigt um des Menschen Herz
den tausendfachen Knoten schlingen,
und zu dem Staub ihn niederziehn
Wer ist sein Schutz? Wer rettet ihn?
Die Künste, die an goldnen Ringen
ihn aufwärts zu der Freiheit ziehn,
und durch den Reiz veredelter Gestalten,
ihn zwischen Erd und Himmel schwebend halten.

Zwar ist nicht zu leugnen, daß auch die Kunst (die redende sowohl als die bildende) gerne an den Geist des Jahrhunderts sich anschmiegt. Wenn sich der *beurteilende* Geschmack zum Gemeinen und Schlechten wendet, so nimmt auch der *hervorbringende* nicht selten ähnliche Richtung, denn der Künstler wird zum Teil doch durch seine Zeit gebildet, und will seiner Zeit gefallen. Aber wenn es ihm gleich erlaubt ist, sich an den Geist des Jahrhunderts anzuschließen, so soll er doch seine Gesetze nicht von demselben empfangen. Die Gesetze der Kunst sind nicht in den wandelbaren Formen eines gefälligen und oft ganz entarteten Zeitgeschmacks, sondern in dem Notwendigen und Ewigen der menschlichen Natur, in den Urgesetzen des Geistes, gegründet. Aus dem göttlichen Teil unsers Wesens, aus dem ewig reinen Ether idealischer Menschheit strömt der lautere Quell der Schönheit herab, unangesteckt von dem Geist des Zeitalters, der tief unter ihm in trüben Strudeln dahin wallt. Daher kann auch die Kunst, mitten unter einem barbarischen und unwürdigen Jahrhundert, rein wie eine Himmlische wandeln, sobald sie nur ihres hohen Ursprungs eingedenk bleibt, und sich nicht selbst zur Sklavin niedrigerer Absichten und Bedürfnisse erniedrigt. So wandelt noch jetzt der *Griechische* Geist in seinen wenigen Überresten durch die Nacht unsers nordischen Zeitalters, und sein elektrischer Schlag weckt manche verwandte Seele zum Gefühl ihrer Größe auf.

Damit aber der Kunst nicht das Unglück begegne, zur Nachahmung des Zeitgeistes herunter zu sinken, den sie zu sich erheben soll, so muß sie *Ideale* haben, die ihr unaufhörlich das Bild des höchsten Schönen vorhalten, wie tief auch das Zeitalter sich entwürdigen mag, so muß sie durch ein eigenes *Gesetzbuch* sowohl vor dem Despotism eines lokalen und einseitigen Geschmacks, als vor der Anarchie eines verwilderten (vor Barbarei) sicher gestellt werden. Ideale besitzt sie, zum Teil, schon in den unsterblichen Mustern, die der griechische und der ihm verwandte Genius einiger Neuerer gebar, und die, ewig unerreicht, jeden Wechsel des Modegeschmacks überdauern werden. Aber ein Gesetzbuch ist es, woran es ihr bisher gemangelt hat, und dieses ihr zu verschaffen, eins der schwersten Probleme, welche die philosophierende Vernunft sich aufgeben kann – denn was kann schwerer sein, als die Wirkungen des Genies unter Prinzipien zu bringen und die Freiheit mit Notwendigkeit zu vereinigen.

Werde ich mir nun nicht zu viel schmeicheln, Durchlauchtigster Prinz, wenn ich hoffe, Sie überzeugt zu haben, daß eine Philosophie des Schönen von dem Bedürfnis des Zeitalters nicht so entlegen sei, als es scheinen möchte, und daß dieser Gegenstand selbst die Aufmerksamkeit des politischen Philosophen verdiene, weil jede gründliche Staatsverbesserung mit Veredlung des Charakters beginnen, dieser aber an dem Schönen und Erhabenen sich aufrichten muß? Aber vielleicht hat meine Vorliebe für schöne Wissenschaft und Kunst mich hingerissen, ihnen Wirkungen zuzutrauen, deren sie nicht fähig sind. Vielleicht hätte ich vor allem andern den Einfluß ästhetischer Kultur auf die sittliche außer Zweifel setzen sollen. Erlauben Sie mir also, gnädigster Prinz, daß ich die Ausführung dieses Beweises dem folgenden Brief auf behalte, da der gegenwärtige seine Grenzen schon soweit überschritten hat.

Möchte dieser erste Versuch, Materien von dieser ungeschmeidigen Natur in das leichte Gewand eines Briefs einzukleiden, Ew. Durchlaucht nicht abgeschreckt haben, sich diese Unterhaltung noch fernerhin von mir gefallen zu lassen! Mit rascheren Schritten kann ich den angefangenen Weg jetzt verfolgen, nachdem ich damit fertig geworden bin, die Karte des Landes aufzunehmen, durch welches Ihre ermunternde Aufmerksamkeit mich begleiten will; und so lange mußte ich diesen ersten Brief zurückhalten. Jetzt bin ich vollkommen frei, und werde mich in vollem Maße der gnädigen Erlaubnis bedienen, womit Ew. Durchlaucht mich erfreuet haben.

Zugleich unterstehe ich mich, einen gedruckten Aufsatz von verwandtem Inhalte beizulegen, in dem ich einige der Ideen angekündigt und niedergelegt habe, deren nähere Entwicklung mich nunmehr beschäftigen wird.

Baggesen, der gegenwärtig noch hier ist, verschafft mir sehr angenehme Stunden, und die schönsten darunter sind immer diejenigen, wo er uns das Bild eines Prinzen zeichnet, der seinem Herzen der unerschöpflichste Gegenstand ist, und der stets einer der teuersten sein und bleiben wird von dem Herzen desjenigen, der sich mit tiefster Devotion und Ehrfurcht nennt

	Eurer Hochfürstlichen Durchlaucht
Jena den	untertänigsten und verbundensten
13. Jul: 1793.	Friederich Schiller.

Ludwigsburg, den 11. November 1793. Montag.
Durchlauchtigster Prinz,

In dem Zeitraum, der zwischen Absendung dieses und
des vorhergehenden Briefes verflossen ist, habe ich mein
Vaterland nach einer vieljährigen Verbannung aus demselben wieder gesehen, ich bin Vater eines Sohnes geworden
und habe neue langwierige Anfälle meiner alten Krankheit
ausgestanden. Dieser Zusammenfluß fröhlicher Zerstreuungen und trauriger Zufälle verzögerte die Vollendung und
Absendung des Einschlusses, und ich verliere jetzt keinen
Augenblick, den abgerissenen Faden wieder anzuknüpfen.
Wie aufmunternd war mir die Versicherung Ew. Durchlaucht, daß dieser Briefwechsel Ihnen einige Unterhaltung
verschafft, und daß Sie einen raschen Gang desselben nicht
ungern sehen. Auch hoffe ich Ihnen durch die Folge zu
beweisen, daß es nicht meine, sondern meines Schicksals
Schuld ist, wenn ich bisher hinter Ihren Erwartungen, und
meinen eigenen Wünschen zurückgeblieben bin.

Aber eine Verbindlichkeit auf meiner Seite darf auf der
Ihrigen, vortrefflichster Prinz, durchaus keine nach sich
ziehen. Jeder Federzug von Ihrer Hand, womit Sie meine
Briefe zu beantworten würdigen, wird mir ein Kostbares
Geschenk sein; aber es zu erwarten werde ich mir nie
erlauben. Es ist nichts, was ich gegen Menschen, die ich
hochschätze und liebe, weniger verletzen möchte, als ihre
Freiheit. Eine sehr schmeichelhafte Stelle Ihres Briefes,
worin Ew. Durchlaucht sich herablassen, mir einen Grund
Ihrer verzögerten Antwort anzugeben, veranlaßt mich zu
dieser Erklärung.

Baggesen hat mir Ew. Durchlaucht gerade so geschildert, wie Graff in Dresden und jeder gute Bildnismaler
portraitiert. Er hat Ihnen keine fremde Züge geliehen, und
dies allein nenne ich ein Gemälde schmeicheln; er hat bloß
die Ihrigen idealisiert, und der Zeichnung, die er mir von
Ihnen machte, durch den Ausdruck seiner Empfindungen
ein erhöheteres Kolorit gegeben. Einen Charakter verschönern und einen Charakter idealisieren sind mir aber zwei

ganz verschiedene Dinge. Dieses letzte kann nur der vortreffliche Künstler; jenes ist der gewöhnliche Behelf des mittelmäßigen. Jeder individuelle Menschencharakter ist wieder seine eigene Gattung, und die augenblicklichen Erscheinungsweisen sind nur verschiedene Arten dieser Gattung. Diese augenblicklichen Erscheinungsweisen sind zum Teil zufällig, weil äußere vorübergehende Umstände darauf Einfluß haben, und weil sie nicht vom Charakter allein ausgehen, so können sie auch kein treues Bild desselben sein. Um dieses treue Bild zu erhalten, muß man das Innere und Bleibende, was ihnen zum Grund liegt, von dem Zufälligen abzusondern wissen, man muß die Gattung oder das Generische dieser Individualität aufsuchen, und das nenne ich ein Portrait idealisieren. Die Eigentümlichkeit eines Charakters verliert bei dieser Operation nicht nur gar nichts, sondern sie kann nur auf diesem einzigen Wege gefunden werden; denn weil man nur das Zufällige und was von außen kommt davon abgezogen hat, so muß das Innere und Bleibende desto reiner zurückbleiben. Freilich wird ein, auf diese Art entworfenes, Bild dem Original in keinem einzigen Momente vollkommen gleichen, aber es wird ihm im Ganzen desto treuer sein.

Ein solches Bild hat mir Baggesen, vielleicht ohne es zu wissen oder zu wollen, von Ew. Durchlaucht entworfen, und die treffende Übereinstimmung dieses Bilds mit allem dem, worin Ihr Geist und Herz sich mir offenbaren konnte, verbürgt mir die Echtheit seiner Schilderung. Erlauben Sie mir also, mein Hochachtungswürdigster Prinz, daß ich Ihnen die Gerechtigkeit erzeige, die Sie Selbst sich zu versagen scheinen.

Ich habe mich in einigen Stellen meines vorigen Briefes etwas unbestimmt ausgedrückt, und Eure Durchlaucht geben mir durch Ihre geistreiche Bemerkung Gelegenheit, meinen Fehler zu verbessern. Ich habe das Bedürfnis unserer Zeit auf die praktische Ausbildung eingeschränkt, und der theoretischen Kultur des Jahrhunderts ein günstigeres Zeugnis gegeben, als sie Ihnen, gnädigster Prinz, bis jetzt zu verdienen scheint. Vielleicht kann ich, durch eine bestimmtere Erklärung, Ihren Zweifel auflösen.

Es ist vollkommen wahr, wie Ew. Durchlaucht behaupten, daß der größere Teil des Übels, welches wir dem laufenden Jahrhundert zum Vorwurf machen, in nicht genug berichtigten Begriffen und Vorurteilen seinen Grund hat, und von einer Verfinsterung der Köpfe zeugt, die dem Zeitalter der Aufklärung sehr wenig Ehre bringt. Mangel an theoretischer Kultur ist daher allerdings eine der nächsten Ursachen der Verwilderung, an der unsre Zeitgenossen Krank liegen – eine der nächsten Ursachen, aber die letzte nicht. Denn ich frage wieder: woher dieser Mangel theoretischer Kultur bei allen Riesenschritten der Philosophie, bei allem Licht, das eine gründlichere Kenntnis der Natur, ein tieferes Studium des Menschen und seiner Verhältnisse aufsteckte, bei allen Bemühungen denkender Köpfe, diese Kenntnisse zu verbreiten und allgemein zu machen? Das Magazin ist gefüllt und aller Welt geöffnet, aus dem der gemeinste Menschenverstand Licht und Wahrheit schöpfen kann – warum sind derer so wenige, welche daraus schöpfen? Das Zeitalter ist aufgeklärt, damit will ich sagen, die Kenntnisse sind wirklich gefunden und ausgestellt, welche unsere Begriffe berichtigen könnten. Eine gesündere Philosophie hat die Wahnbegriffe unterwühlt, worauf der Aberglaube seinen Schattenthron erbaute – warum steht dieser Thron noch jetzt? Eine bessere Moral hat unsre Politik, unsre Legislation, unser Staatsrecht gemustert, und das Barbarische in unsern Gewohnheiten, das Mangelhafte in unsern Gesetzen, das Ungereimte in unsern Konvenienzen und Sitten aufgedeckt – woran liegt es, daß wir nichts desto weniger noch Barbaren sind.

Es muß also in den Gemütern der Menschen etwas vorhanden sein, was der Aufnahme der Wahrheit, auch wenn sie noch so hell strahlte, im Wege steht, und was sie hindert, sich in den Besitz des Bessern zu setzen, das ihnen zur Schau getragen wird. Die Alten haben es geahndet, und es liegt in dem vielbedeutenden Ausdruck versteckt: Sapere aude.

Ermanne Dich, weise zu sein. Kraft und Energie des Entschlusses gehört also dazu, die Hindernisse zu besiegen, welche teils die natürliche Trägheit des Geistes teils die Feigheit des Herzens der Aufnahme der Wahrheit entgegen setzen. Nicht umsonst wird uns die Weisheitsgöttin in der Fabel als eine Kriegerin vorgestellt, die in voller Rüstung aus Jupiters Haupte stieg. Denn schon die erste Verrichtung der Weisheit in den Köpfen ist Kriegerisch. Schon in ihrer Geburt muß sie den schweren Kampf mit der Sinnlichkeit bestehen, die sich unter fremder Vormundschaft viel zu wohl befindet, als daß sie die Epoche der Mündigkeit nicht so weit als möglich zurücksetzen sollte.

Der zahlreichere Teil der Menschen wird durch den harten Kampf mit dem physischen Bedürfnis viel zu sehr ermüdet und abgespannt, als daß er sich zu einem neuen und innern Kampf mit Wahnbegriffen und Vorurteilen aufraffen sollte. Das ganze Maß seiner Kraft erschöpft die Sorge für das Notwendige, und hat er dieses mühsam errungen, so ist Ruhe und nicht neue Geistesarbeit sein Bedürfnis. Zufrieden, daß Er selbst nur nicht denken darf, läßt er andre gern über seine Begriffe die Vormundschaft führen, und erspart sich durch eine blinde Resignation in fremde Weisheit die saure Notwendigkeit der eigenen Prüfung. Geschieht es, daß in seinem Kopf und Herzen sich höhere Bedürfnisse regen, so ergreift er mit hungrigem Glauben die Formeln, welche der Staat und das Priestertum für diesen Fall in Bereitschaft halten, und womit es ihnen von jeher gelungen ist, das erwachte Freiheitsgefühl ihrer Mündel abzufinden.

Man wird daher immer finden, daß die gedrücktesten Völker auch die borniertesten sind; daher muß man das Aufklärungswerk bei einer Nation mit Verbesserung ihres physischen Zustandes beginnen. Erst muß der Geist vom Joch der Notwendigkeit losgespannt werden, ehe man ihn zur Vernunftfreiheit führen kann. Und auch nur in diesem

Sinn hat man Recht, die Sorge für das physische Wohl der
Bürger als die erste Pflicht des Staats zu betrachten. Wäre das
physische Wohl nicht die Bedingung, unter welcher allein
der Mensch zur Mündigkeit seines Geistes erwachen kann;
um seiner selbst willen würde es bei weitem nicht soviel
Aufmerksamkeit und Achtung verdienen. Der Mensch ist
noch sehr wenig, wenn er warm wohnt und sich satt
gegessen hat, aber er muß warm wohnen, und satt zu essen
haben, wenn sich die beßre Natur in ihm regen soll.

Diese unglückliche Menschenklasse, welche ihre besten
Kräfte im Ringen mit der physischen Not verzehrt,
verdient, indessen mehr unser Mitleid als unsre Verachtung, wenn sie nicht zum Licht der Vernunft erwacht. Aber
diese Entschuldigung kommt denjenigen nicht zu statten,
welche ein besseres Los vom Joch der Notwendigkeit
entbindet, aber ihre eigene Wahl und Neigung zu Sklaven
der Sinne macht. Was jenen der Zwang ihrer Lage verbietet,
davon schreckt diese eine strafbare Weichlichkeit ab. Man
muß sich *ermannen* zur Weisheit, und das mögen sie nicht.
Der Entschluß zur Aufklärung ist ein Wagestück, welches
Losreißung aus dem Schoße der Trägheit, Anspannung
aller Geisteskräfte, Verleugnung vieler Vorteile und eine
Beharrlichkeit des Muts erfodert, die dem verzärtelten
Sohn der Lust viel zu schwer wird. Sie ziehen den
Dämmerschein dunkler Begriffe, wobei man lebhafter
empfindet, und die freiere Phantasie sich nach eigenem
Belieben bequeme Gestalten bildet, dem Tageslicht deutlicher Erkenntnisse vor, die das beliebte Blendwerk ihrer
Träume verjagen. Das Unbestimmte ist ihnen gerade recht,
weil sie dadurch überhoben werden, sich nach den Dingen
zu richten, und sich einbilden können, der Natur das Gesetz
vorzuschreiben. Sie fliehen die Aufklärung nicht bloß um
der Mühe willen, womit sie erworben werden muß; sie
fürchten sie eben so sehr um der Resultate willen, zu denen
sie führt. Sie sind bange die Lieblingsideen aufgeben zu
müssen, denen nur die Dunkelheit günstig ist, und mit
ihren Wahnbegriffen zugleich die Grundsäulen einstürzen

zu sehen, die das morsche Gebäude ihrer Glückseeligkeit
tragen. Wie viele Menschen gibt es, deren ganzes Lebens-
glück auf einem Vorurteil ruht, das bei dem ersten
ernsthaften Angriff des Verstandes zusammen fallen muß!
Wie viele gibt es, die ihren ganzen Wert in der Gesellschaft
auf ihren Reichtum, auf ihre Ahnen, auf körperliche
Vorzüge gründen! Wie viele andere die mit zusammenge-
rafften Gedächtnisschätzen, mit einem unschmackhaften
Witze, mit einer Scheingröße des Talentes prunken, und im
Wahn einer Wichtigkeit glücklich sind, die keine Probe
aushalten würde. Alle diese Menschen müßten die Aufklärung mit dem harten Opfer ihres besten Reichtums
erkaufen, sie müßten damit anfangen alles zu verlieren,
worauf sie stolz gewesen sind, ehe sie die Vorteile der
bessern Erkenntnis schmeckten. Um aber einen, dem ersten
Anschein nach, so mißlichen Tausch zu treffen, müssen sie
eine Verleugnungsgabe, eine Stärke des Geistes, eine
Energie des Entschlusses besitzen, die man aus den Armen
der Üppigkeit selten mitzubringen pflegt. Sie müßten sich
Herz fassen zur Weisheit, weil es in der Tat Herzhaftigkeit
erfodert, seine gegenwärtigen Besitzungen für Güter der
Erwartung aufzugeben.

Diese Männlichkeit des Geistes ist der Gegenstand
praktischer Kultur, und in so fern also Energie des
Entschlusses nötig ist, um aus dem Zustand verworrener
Begriffe zu deutlichsten Erkenntnissen überzugehen, muß
der Weg zu der theoretischen Kultur durch die praktische
geöffnet werden. Aus diesem Grunde, gnädigster Prinz,
hielt ich mich für berechtigt, die letztere für das *dringendere*
Bedürfnis unsrer Zeit zu erklären, weil alle Erfahrungen
mich überzeugen, daß nicht sowohl *objektive* Hindernisse
(Unzulänglichkeit der Wissenschaft) als vielmehr subjektive Hindernisse (Fehler des Willens) sich der Aufklärung
entgegen setzen, und daß es bloß an der Schlaffheit des
Geistes liegt, wenn wir jetzt noch das Joch der Vorurteile
tragen.

Indem ich behaupte, daß die Kultur des Geschmacks

diesem Übel abhelfe, und das wirksamste Mittel sei, die Gebrechen des Zeitalters zu verbessern, so bin ich weit entfernt, sie für das Einzige zu halten, und den großen Anteil zu übersehen, den eine gründliche Forschung der Natur, und eine pragmatische Philosophie an der Bildung des Menschengeschlechts haben. Nur, ist meine Meinung, werden sich Philosophie und Erfahrung *so lange* umsonst vereinigen, den Menschen über das Wesen der Dinge und über seine Pflichten aufzuklären, als die subjektiven Hindernisse nicht hinweggeräumt worden, welche seinen Sinn vor der Kenntnis der Wahrheit verschließen, und, wenn diese auch wirklich den Zugang zu ihm gefunden, ihm das Vermögen rauben, sich seiner bessern Einsicht gemäß zu betragen. Diese schlimme Disposition zu verbessern, ist meiner Meinung nach das Werk der ästhetischen Kultur, welche also der wissenschaftlichen beständig zur Seite gehen muß. Der Geschmack allein vermehrt unser Wissen nicht, berichtigt unsre Begriffe nicht, lehrt uns nichts über die Objekte. Die Wissenschaft allein reicht eben sowenig hin, unsre Grundsätze nach unserm bessern Willen umzuformen, und unsre Kenntnis zu praktischen Maximen zu erheben. *Sie* gibt uns nur die Materialien zur Weisheit; *jener* hingegen gewinnt unser Herz dafür, und verwandelt sie in unser Eigentum.

Nach dieser vorläufigen Erklärung, gnädigster Prinz, glaube ich Sie auf die Fortsetzung der angefangenen Betrachtungen verweisen zu dürfen, welche in dem Einschluß enthalten ist. Nichts kann zugleich schmeichelhafter und belehrender für mich sein, als Ihre Zweifel; sie überzeugen mich, daß Sie meine Ideen eines prüfenden Auges würdigen, und verschaffen mir Gelegenheit, das Mangelhafte derselben zu ergänzen.

Mit den lebhaftesten Empfindungen der Ehrfurcht, Dankbarkeit und Liebe ersterbe ich

Eurer Hochfürstlichen Durchlaucht

Ludwigsburg in Schwaben   verpflichtetster
den 11. Nov: 1793.   F. Schiller.

Einschluß

Durchlauchtigster Prinz,

In meinem vorigen Briefe habe ich die beiden Extreme,
Verwilderung und Erschlaffung als die herrschenden Gebrechen des gegenwärtigen Zeitalters angegeben, und die
Kultur des Geschmacks als das wirksamste Mittel vorgestellt, diesem doppelten Übel zu begegnen. *Wie* ein
Kultivierter Geschmack diese Wirkung leisten kann, das ist
es, gnädigster Prinz, wovon der gegenwärtige Brief Sie
unterhalten wird; und ich beantworte diese Frage um so
lieber, weil sie mir Gelegenheit gibt, ein Mißverständnis zu
berichtigen, das nicht selten auch das Urteil philosophischer Köpfe über diesen Gegenstand irre leitet.

Es ist schon so oft wiederholt worden, daß ein verfei-
nertes Gefühl des Schönen Charakter und Sitten veredle,
daß es vielleicht überflüssig scheint, diese Materie einer
neuen Untersuchung zu unterwerfen. Man beruft sich auf
das Beispiel der gesittetsten aller Nationen des Altertums,
die der Schönheit bekanntlich auch am meisten gehuldigt
hat, und auf das entgegengesetzte Beispiel jener barbarischen Völker, alter und neuer Zeit, die ihre Vernachlässigung des Geschmacks durch eine traurige Verwilderung
büßen. Aber so sehr auch diese Erfahrungen zum Vorteil
der schönen Künste zu sprechen scheinen, so fällt es
dennoch zuweilen denkenden Köpfen ein, entweder das
Faktum zu leugnen, oder die Rechtmäßigkeit der Schlußfolge anzugreifen. Sie denken nicht ganz so schlimm von
jener Verwilderung, die man den ungebildeten Völkern
zum Vorwurf macht, und nicht ganz so günstig von jener
Verfeinerung, die man an den gebildeten preiset. Ja, sie
gehen so weit, zu behaupten, daß der Gewinn das Opfer
nicht wert sei. Schon im Altertum gab es Männer, die die
schöne Kultur für nichts weniger als eine Wohltat hielten,
und deswegen sehr geneigt waren, den Künsten des Geschmacks den Eintritt in ihre Republik zu verweigern.

Und in der Tat wird man kaum einen einzigen Fall in der Geschichte aufweisen können, wo ästhetische Kultur mit bürgerlicher Tugend und politischer Freiheit Hand in Hand gegangen wäre. So lange Griechenland seine Unabhängigkeit behauptete und unter seinen Bürgern Miltiade, Aristiden, und Epaminondasse zählte, waren Geschmack und Kunst noch in ihrer Kindheit; als unter Perikles und Alexandern das goldne Alter der Künste erschien, war es vorbei mit Griechenlands Tugend und Freiheit. Die Römer, wissen wir, mußten sich erst unter das Joch der Julischen Familie beugen, ehe sie die griechische Kunst adoptierten und den sanften Einfluß der Grazien und Musen empfanden. Auch den Arabern ging die Morgenröte der Kultur nicht eher auf, als bis die Energie ihres Kriegerischen Geistes unter der unumschränkten Herrschaft der Abbaßiden erschlafft war. In dem neuern Italien erschien bekanntlich die schöne Kunst nicht eher, als nachdem der republikanische Geist unterdrückt war, und der herrliche Lombardische Bund sich aufgelöst hatte. Ich darf Ew. Durchlaucht nicht erst an das Beispiel Frankreichs erinnern, das die Epoche seiner Verfeinerung von der Epoche seiner völligen unterjochung datiert, und in der Person seines vierzehnten Ludwigs zugleich den Wiederhersteller des Geschmacks verehrt und den furchtbarsten Unterdrükker seiner Freiheit verabscheut. Wo wir nur hinsehen in der Geschichte, finden wir, daß Geschmack und Freiheit einander fliehen, und die Kunst nur auf dem Grabe des Heroismus sich ihren Thron aufrichtet.

Und doch ist gerade diese Energie des Charakters, womit gewöhnlich die ästhetische Verfeinerung erkauft wird, die wirksamste Feder alles Großen und Trefflichen im Menschen, die kein anderer noch so großer Vorzug ersetzen kann. Wenn es also wirklich an dem wäre, daß die Kultur des Geschmacks notwendig damit erkauft werden müßte, so hätte man in der Tat großes Unrecht, die ästhetische Kultur als das Werkzeug zu betrachten, wodurch die sittliche befördert wird. Auf diesen erschlaffenden Einfluß des Schönen berufen sich gewöhnlich auch die Verächter desselben, um die Künste des Geschmacks als die schlimmste Feinde der Menschheit zu verschreien, und diese Beschuldigung wird nur allzuoft durch den Geist der Frivolität, Oberflächlichkeit, Willkürlichkeit und Spielerei gerechtfertigt, der die Liebhaber des Schönen sowohl im Denken als Handeln zu charakterisieren pflegt. Die schöne Welt im Gegenteil setzt den wohltätigen Einfluß der Schönheitsgefühle vorzugsweise in diese ihre schmelzende Kraft.

> Scilicet ingenium placida mollitur ab arte
>
> und an einem andern Ort:
>
> – Didicisse fideliter artes
> Emollit mores nec sinit esse feros.

und zum Beweis davon läßt sie uns den barbarischen Geschmack und die Rohigkeit bemerken, wodurch sich die Grazien an ihren Feinden zu rächen pflegen. Vielleicht haben beide Teile nicht so ganz Unrecht, und es ist der Mühe nicht unwert, den Grund eines Streits aufzudecken, der zwei gleich achtungswürdige Parteien, die Gelehrte und die Schöne Welt, schon so lange verhindert hat, einander Gerechtigkeit widerfahren zu lassen.

Der Grund dieses Widerspruchs liegt augenscheinlich in der gemischten Natur des Menschen, und in dem doppelten Bedürfnis, das daraus herfließt. Beide Parteien streiten bloß deswegen weil jede ein *andres* Bedürfnis der Menschheit vor Augen hat, und sie haben bloß darin Unrecht, daß jede ausschließend nur auf ein einziges Bedürfnis achtet. Der ganze Widerspruch löst sich auf, sobald wir seine Quelle entdeckt haben werden.

Der Mensch, als sinnliches Wesen, wird durch Triebe geleitet, die ohne Aufhören geschäftig sind, seine rationale Freiheit zu unterdrücken d. i. ihn des Vermögens zu berauben, sich nach Grundsätzen zu bestimmen. Diese blinde Macht der Natur in ihm, diese bloß *sinnliche Energie*

darf nicht nur sondern muß gebrochen werden, und eine
Erschlaffung in diesem Sinn ist ein notwendiger großer
Schritt zur Kultur. Der erschlaffende Einfluß des Schönen
ist also unstreitig eine Wohltat, *in so fern, er sich nur an der
Sinnlichkeit äußert*; und die Verfechter des Schönen haben
vollkommen recht, so lange sie nur den rohen Naturmenschen oder die rohe Natur in dem Kultivierten vor Augen
haben.

Aber diese Erschlaffung der Sinnlichkeit, welche das
Schöne bewirken soll, und die Würde des Menschen
erheischt, darf nicht von sinnlichem Kraftmangel und
Erschöpfung herrühren, sondern die Selbsttätigkeit des
Geistes muß ihre Quelle sein, und die Freiheit der Vernunft
muß der Macht der Naturtriebe Grenzen setzen. Diese
Schmelzung und Erschlaffung, welche der Dichter meint,
ist keine Wirkung der Schwäche, welche nur Verachtung
verdiente; sie ist die Wirkung einer höhern und geistigen
Tätigkeit, sie ist eine Handlung des Geistes. Nur an den
Geist darf der Sinn verlieren.

Die erschlaffende Wirkung des Schönen hört also auf,
wohltätig zu sein und wird verderblich, *sobald sie sich an der
Geistigkeit äußert*, und die Verächter desselben haben also
vollkommen recht, ihm aus dieser Eigenschaft einen
Vorwurf zu machen, sobald sie dieselbe auf den rationalen
Menschen anwenden.

Der sinnliche Mensch kann nicht genug aufgelöst, der
rationale nicht genug angespannt werden, und alles, was
zur Kultur der Menschlichkeit getan werden kann, läuft auf
diese Regel hinaus »die sinnliche Energie durch die geistige
zu beschranken«⟨.⟩

Wenn also die ästhetische Bildung diesem doppelten
Bedürfnis begegnet, wenn sie *auf der einen Seite* die rohe
Gewalt der Natur entwaffnet und die Tierheit erschlafft,
wenn sie *auf der andern* die selbsttätige Vernunftkraft weckt
und ⟨den⟩ Geist wahrhaft macht, *so* (und auch nur *so*) ist sie
geschickt, ein Werkzeug zur sittlichen Bildung abzugeben.
Diese doppelte Wirkung ist es, die ich von der schönen

Kultur unnachläßlich fodre, und wozu sie auch im Schönen und Erhabnen die nötigen Werkzeuge findet.

Vermittelst des Schönen arbeitet sie der Verwilderung vermittelst des Erhabnen der Erschlaffung entgegen, und nur das genaueste Gleichgewicht beider Empfindungsarten vollendet den Geschmack. Die bloße Empfänglichkeit für das Erhabene reicht bei weitem nicht hin, den Menschen aus dem Stand der Wildheit zu reißen, und eben so wenig kann eine einseitige Richtung des Geschmacks zu dem Schönen ihn vor Weichlichkeit schützen. Vielmehr lehrt die Erfahrung, daß die erhabne Anspannung des Gemüts, wo keine Schönheitsgefühle sie mildern, eine gewisse Härte, ja oft sogar Rohheit begünstigt, und daß im Gegenteil die Hinschmelzung des Gemüts bei dem Schönen, wo das Erhabene nicht entgegen arbeitet, zuletzt in Entnervung ausartet. Denn eben, weil die Wirkung des Erhabenen ist, das Gemüt zu spannen und seine Schnellkraft zu vermehren, so geschieht es nur allzuleicht, daß mit dem Charakter auch die Affekte erstarken, und die sinnliche Natur an einem Kraftgewinn Teil nimmt, der nur der Geistigen gelten sollte; daher findet man in den heroischen Weltaltern die erhabensten Tugenden oft mit den rohesten Lastern gepaart. Und weil die Wirkung des Schönen ist, das Gemüt *aufzulösen*, so geschieht es eben soleicht, daß mit der rohen Energie der Affekte auch zuletzt der Charakter schmilzt, und die Geistige Natur an einer Abspannung Teil nimmt, die nur der Sinnlichen gelten sollte; daher findet man in den verfeinerten Weltaltern das zärteste Gefühl für Harmonie, Schönheit und Ordnung nicht selten mit der schändlichsten Entwürdigung des Charakters gepaart.

Für den Menschen aus der Hand der Natur ist also nicht sowohl das Erhabene als das Schöne Bedürfnis; denn von Größe und Kraft ist er längst gerührt, ehe er für die Reize der Schönheit anfängt, empfindlich zu werden. Für den Menschen aus der Hand der Kunst ist hingegen das Erhabene Bedürfnis, denn nur allzugerne verscherzt er im Stand der Verfeinerung eine Kraft, die er aus dem Stand der Wildheit herüber brachte.

Durch diese Unterscheidung, gnädigster Prinz, die mir auf Vernunft und Erfahrung gegründet scheint, wird, wie ich glaube, die Mißhelligkeit gehoben, die man in den Urteilen der Menschen über den Wert der ästhetischen Kultur und ihren zusammenhang mit der sittlichen antrifft, und zugleich, wird dadurch der Gesichtspunkt eröffnet, aus welchem das Verhältnis des Geschmacks und der Künste zu der Menschheit im Ganzen gewürdigt werden muß. Ich habe also die doppelte Behauptung zu rechtfertigen: *erstlich*: daß es das Schöne sei, was den rohen Sohn der Natur verfeinert, und den bloß sensualen Menschen zu einem rationalen erziehen hilft: *zweitens*: daß es das Erhabene sei, was die Nachteile der schönen Erziehung verbessert, dem verfeinerten Kunstmenschen Federkraft erteilt und mit den Vorzügen der Verfeinerung die Tugenden der Wildheit vereinbart.

Wenn Eure Durchlaucht mich jetzt eine Zeitlang vielleicht zu dogmatisch finden, so vergeben Sie es für diesmal dem Inhalt, der nicht wohl eine freiere Behandlung zuläßt, ohne an Bündigkeit, worauf es hier vorzüglich ankommt, zu verlieren. Vielleicht gelingt es mir, die schwerfälligere Form durch das Interesse des Stoffs wieder gut zu machen, und Ihren reinen Wahrheitssinn desto eher zu befriedigen, je weniger ich Ihre Einbildungskraft zu bestechen suche.

Die Schönheit, habe ich gesagt, hilft die Anlage zur Rationalität in dem sensualen Menschen entwickeln. Der Mensch nämlich ist, seiner doppelten Bestimmung gemäß mit einer doppelten Anlage ausgestattet. Die Natur bestimmt ihn, zu empfinden und unmittelbar aus Empfindung zu handeln. Die Vernunft bestimmt ihn, zu denken, und unmittelbar aus reinem Denken zu handeln.

In der *Natur* (darunter verstehe ich den Kausal- und Final-Zusammenhang der Dinge) soll der Mensch sich als eine Kraft beweisen, und der Grund gewisser Wirkungen sein. Das ist, überhaupt gesprochen, seine Naturbestimmung. Der Zweck der Natur mit ihm ist also nicht *er* selbst, sondern seine Wirkungen: Seinen Naturzweck erfüllt er vollkommen schon durch den Inhalt oder das Materiale seines Handelns, wie es auch um den Bestimmungsgrund oder das Formale dieses Handelns stehen möge. Weil es für den Zusammenhang der Dinge notwendig ist, *daß* etwas bestimmtes durch ihn geschehe, *wie* dieses geschehe aber für den Naturzweck vollkommen gleichgültig ist, so hat die Natur ihre Zwecke mit ihm dadurch gesichert, daß sie ihm *durch Empfindungen vorschrieb*, was er wirken soll, und ihn also seine physische Bestimmung auch bloß physisch und als bloße Naturkraft erfüllen läßt.

Alle Naturkräfte nämlich sind *leidende* Kräfte; sie wirken bloß, je nachdem auf sie gewirkt wird: und der Mensch ist also da, wo er unmittelbar aus Empfindung handelt, und was dieses Handeln betrifft, bloß ein leidendes Glied in der Verkettung der Dinge. Die Natur treibt die Masse durch die Gravitation, das Organ durch die Vegetation, das vernunftlose und vernünftige Tier durch Begehrungskraft und Empfindung.

Dies gilt ohne Unterschied von jeder Tätigkeit des Menschen, die sich auf ein vorhergegangenes Bedürfnis bezieht. Er erfüllt in allen solchen Fällen bloß einen physischen Zweck und erfüllt ihn bloß als eine physische Kraft, wie hyperphysisch auch dasjenige sein möge, was dieses Bedürfnis in ihm entstehen ließ.

Selbst die sogenannten moralischen Empfindungen, welche aus Gedanken entspringen und in dem vernünftigen Teil unsers Wesens gegründet sind, sind davon nicht ausgeschlossen. Als Empfindungen sind sie bloß Affektionen der leidenden Kraft, und bloße Mittel der *Natur*, wodurch dieselbe gewisse physische Zwecke, w⟨ie⟩ z: B: Aufmunterung zur Tätigkeit, gesellschaftliche Verbindungen, gegenseitige Hilfleistung u: dgl: befördert: Wo wir unmittelbar aus diesen Empfindungen agieren da handelt eigentlich die Natur, und nicht wir als Personen. Und weil die Natur selbst von der Tugend nichts als ihre physische Folgen braucht, so wird sie gleich gut bedient, wenn diese

physische Folgen auch durch etwas anders als Tugend
herbei geführt werden. Auch kann die Natur, da ihre
Zwecke pressieren, nicht auf unsere moralische Ausbildung warten (weil sie da lange warten müßte) daher sie den
sicherern und kürzern Weg erwählt, und dasjenige *selbst*
d: i: durch unsre leidende Kraft verrichtet, was sie von *uns*,
nämlich unsrer tätigen Kraft nicht mit Sicherheit erwarten
kann. Mit andern Worten: Die Natur regiert uns eben so
durch moralische Empfindungen als durch sinnliche
Gefühle, und hat das Menschengeschlecht schon Jahrtausende dadurch regiert. Sie *kann* es weil *ihr* nur an dem Effekt,
nicht an dem moralischen Wert unsers Handelns liegt; sie
muß es, weil sie ihre Zwecke nicht so lange suspendieren
kann, bis wir sie aus Grundsatz erfüllen helfen.

Indessen, gnädigster Prinz, möchte ich nicht gerne so
verstanden werden, als ob ich von allem demjenigen
geringschätzig dächte, was der Mensch nicht aus Grundsatz
vollbringt, oder gar die moralische Empfindsamkeit aus
dem menschlichen Herzen verbannet wünschte. Von dieser
Paradoxie bin ich vielmehr so weit entfernt, daß ich diese
schöne Fähigkeit des Gemüts, durch Ideen von Ordnung,
Harmonie und Vollkommenheit affiziert zu werden, als
eine herrliche Anstalt der Natur bewundre, und den
Menschen, dem sie mangelt, niemals lieb gewinnen kann.
Die moralische Empfindsamkeit ist mir die wirksamste
Feder in dem großen Uhrwerk der Menschheit; aber – muß
ich ausdrücklich hinzusetzen – aber auch nur außen in dem
Uhrwerk, wo die Naturnotwendigkeit waltet, nicht in
unserm Innern Selbst, wo die Freiheit regiert. Ich kann
nicht umhin, den Menschen, der sie besitzt, als ein edleres
*Natur*wesen zu betrachten, aber seiner Person kann ich kein
Verdienst daraus machen. Um ihn als *Vernunft*wesen
hochzuachten, muß ich mich vorher überzeugt haben, daß
er eben so uneigennützig, standhaft und gerecht handeln
würde, wenn diese Tugenden auch nicht den Reiz für ihn
hätten, den sie wirklich haben, und ihre Ausübung ihm
eben soviel Überwindung kostete, als sie ihm jetzt Vergnügen macht.

Man hat also Unrecht, auf die verschiedene Art der Empfindungen, welche bei menschlichen Handlungen im Spiele sind, einen moralischen Unterschied dieser Handlungen zu gründen. Es ist niemals die, ihr zum Grund liegende Empfindungsweise, was eine Handlung als sittlich oder als nicht sittlich Charakterisiert; denn was unmittelbar aus Empfindung geschieht, ist schlechterdings und überall physisch, und wird durch die Natur vorgeschrieben. Der innere Sinn oder das Vermögen, sich selbst durch Gedanken zu affizieren, *spezifiziert* den Menschen bloß als eine verständige Tierart und als ein edleres Sinnenwesen; aber nur seine Rationalität, oder das Vermögen, nach reinem Denken zu handeln, kann ihn *generisch* von dem Tier unterscheiden. Es mag also etwas noch so geistiges sein, was ihn in Empfindung versetzt, sobald er unmittelbar durch diese Empfindung bestimmt wird, so bestimmt er sich bloß als ein verständiges Tier: denn Tier heißt alles, was so handelt, weil es so empfindet.

Ich fahre in meiner Untersuchung fort, und bitte nochmals um Ihre Nachsicht gnädigster Prinz, wegen der dogmatischen Wendung, die sie genommen hat.

So wie die *physische* Weltordnung bloß das Materiale meines Wirkens beabsichtet, ohne nach der Form oder dem Bestimmungsgrund desselben zu fragen, so nimmt die *moralische* Weltordnung bloß auf das letztere Rücksicht und abstrahiert ganz und gar von dem Inhalt meines Handelns um sich bloß an die Form zu halten. Meine Naturbestimmung war, mich im Zusammenhang der Kräfte als eine Kraft zu beweisen, und der Grund gewisser Wirkungen zu sein. Meine Vernunftbestimmung ist, mich als eine unabhängige und absolute Kraft zu beweisen, deren Wirkung auf kein Leiden gegründet, sondern durchaus frei aus ihr selbst hervorgegangen und reine Selbstbestimmung ist.

Hier also, in der moralischen Weltordnung, kommt nicht mein Effekt und mein Produkt, sondern der produzierende Grund in mir, meine Gesinnung, in Betrachtung. Meine Vernunftbestimmung personifiziert mich, da die Natur mich bloß als eine *Sache*, und als ihr *Mittel* behandelt. Der Naturzweck mit mir geht durch mich hindurch und über mich hinaus; der Zweck der Vernunft mit mir steht bei meiner Persönlichkeit stille, und macht *mich* zu seinem Mittelpunkt.

Da es nun meine Vernunftbestimmung als notwendig mit sich bringt, daß ich mich unabhängig von allen äußern Bedingungen, aus mir selbst bestimme, dabei aber für diese meine Bestimmung völlig gleichgültig ist, wie meine Handlung in der Sinnenwelt ausschlage, so kann mir die Natur meine Tätigkeit nicht mehr durch Empfindungen vorschreiben, sondern diese muß unabhängig und frei aus reinen Erkenntnissen fließen.

Nur wo ich aus reiner Erkenntnis handle, beweise ich eine absolut freie Tätigkeit. Um empfinden zu können, muß ich etwas außer mir setzen, wodurch mein Zustand bestimmt wird, ich *bedarf*. Nicht so, wenn ich denke oder erkenne; denn ob ich gleich meine höchste Denkfähigkeit nie anders, als an einem Stoff, der zuletzt immer von außen kommen muß, äußern kann, so entspringt sie doch nicht aus dem Stoffe, sondern wird nur an demselben sichtbar. Der Gedanke ist eine Operation, die ich mit einem Gedankenstoff vornehme, die Empfindung ist eine Passion, die ich von einem Stoffe erleide. Bestimmt mich also eine Empfindung zum Handeln, so liegt der Grund meiner Tätigkeit *außer* mir, und ich *empfange* das Gesetz. Bestimmt mich hingegen eine Erkenntnis zum Handeln, so liegt der Grund meiner Tätigkeit *in* mir, und ich *gebe* mir das Gesetz. Die Sensualität ist also ein Zustand der Abhängigkeit, die Rationalität ist ein Zustand der Freiheit.

Und von dieser Dienstbarkeit der Natur soll ich mich aufrichten zur Würde der Geister, zur Menschheit, zur Gottheit. Meine sittliche Bestimmung verlangt schlechterdings daß ich von aller Empfindung zu abstrahieren vermögend sei, sobald die Vernunft, als höchste Gesetzgeberin, es gebietet. Aber ich bin weit früher ein Sinnenwesen, als ich mich als eine Intelligenz kennen lerne, und obgleich die Vernunft in mir moralisch das *Vorrecht* hat, so hat die Natur in mir doch physisch den *Vorsprung*. Ehe der selbsttätige Geist seine Kräfte prüft, hat der Trieb seine Herrschaft befestigt. Und doch soll ich, so bald die moralische Erkenntnis erwacht, meine lange Gewohnheit verlassen, und eine Kraft, die ich nie geübt, derjenigen entgegensetzen, die bisher allein in mir tätig war. Wie werde ich nun von dieser sinnlichen Abhängigkeit zu der moralischen Freiheit einen Übergang finden.

Könnte mir in diesem geistigen Akt auch nur im geringsten die Fertigkeit etwas helfen, die ich bei meinem sinnlichen Wirken erlangte, könnte ich von der *Natur* einen Beistand dabei erwarten, so wäre der Übergang nicht schwer. Aber eben darum besteht ja die rationale Freiheit des Handelns, daß aller Natureinfluß aufhöre, und von allem, was sinnlich ist, ganz und gar abstrahiert werde. Der Materie darf schlechterdings nicht gestattet werden, sich in die reine Gesetzgebung der Vernunft einzumischen wenn der Begriff einer reinen Gesetzgebung nicht aufgehoben werden soll; also bleibt nichts anders übrig, um einen Übergang möglich zu machen, als daß die Selbsttätigkeit der Vernunft an den Geschäften der Sinnlichkeit Teil nehme. Wenn sich das sittliche Verfahren des Gemüts nicht sensualisieren läßt, so muß sich das sinnliche Verfahren rationalisieren lassen. Mit einem Wort. Wenn die Materie zu dem Geist nicht hinaufsteigen kann und darf, so bleibt nichts übrig, als daß der Geist zur Materie herunter steige.

Es ist nämlich schlechterdings notwendig, daß der Mensch da, wo er sich als Intelligenz zu legitimieren hat, reine Selbsttätigkeit beweise; aber es ist nicht schlechterdings notwendig, daß er da, wo er als Sinnenwesen handelt, *nur* als ein solches handle und sich bloß leidend verhalte. Im Gegenteil, so sehr es den Menschen schändet, dasjenige durch die leidende Kraft zu verrichten, was er durch die tätige vollbracht haben sollte, so sehr ehrt und erhebt es ihn, dasjenige mit Zuziehung der tätigen Kraft zu tun, was gemeine Seelen nur durch die leidende verrichten. Meine Achtung gegen einen Menschen sinkt, sobald ich ihn da, wo die Pflicht ganz ausdrücklich spricht, materielle Antriebe (und wann es selbst Religionsgründe wären) zu Hülfe nehmen sehe. Meine Achtung gegen denjenigen steigt, der da Geschmack beweist, wo ein andrer bloß ein Bedürfnis befriedigt.

Also schon im Gebiet der Empfindungen muß der selbst tätige Geist in uns seine Wirksamkeit eröffnen, und eine Kraft, welche sich nachher im moralischen Gebiete in vollkommener Reinigkeit äußern soll, schon bei sinnlichen Verrichtungen *anspielen* und in Übung setzen. Wir können also drei verschiedene Epochen oder Grade, wenn man will, bemerken, die der Mensch zu durchwandern hat, ehe er das ist, wozu Natur und Vernunft ihn bestimmten.

Auf der ersten Stufe ist er nichts als eine leidende Kraft. Er empfindet hier bloß, was die Natur außer ihm ihn empfinden lassen will, und bestimmt sich bloß, je nachdem er empfindet. Er empfindet Lust, weil ihm von außen Stoff gegeben wird, und Unlust bloß weil ihm nicht gegeben, oder weil ihm genommen wird. Entweder stürzt *er* auf die Gegenstände und will sie in sich reißen, in der Begierde; oder die Gegenstände stürzen feindlich auf ihn, und er stößt sie von sich, in der Verabscheuung. In dieser drückenden Dependenz von Naturbedingungen, vegetiert der Mensch, bis, auf der zweiten Stufe, die Betrachtung ihn frei macht.

Das Wohlgefallen der Betrachtung ist das erste *liberale* Verhältnis des Menschen gegen die ihn umgebende Natur. Wenn das Bedürfnis seinen Gegenstand unmittelbar ergreift, so rückt die Betrachtung den ihrigen in die Ferne. Die Begierde zerstört ihren Gegenstand, die Betrachtung berührt ihn nicht. Die Naturkräfte, welche vorher drükkend und beängstigend auf den Sklaven der Sinnlichkeit eindrangen, weichen bei der freien Kontemplation zurück, und es wird Raum zwischen dem Menschen und den Erscheinungen. Wenn sich der grobe Schwelger am

Anblick einer weiblichen Schönheit weidet, so zielt er dabei immer (wenn auch nicht wirklich, doch gewiß in der Einbildung) nach Besitz, nach unmittelbarem Genuß. Wenn sich der Mann vom Geschmack an diesem Anblick ergötzt, so genügt ihm an der bloßen Betrachtung. Von dem Objekte selbst will er nichts, und mit der bloßen Vorstellung zufrieden, bleibt er gleichgültig gegen die Existenz desselben; wenigstens hat sein Vergnügen mit der letztern nichts zu tun.

Ich verhalte mich zwar auch bei Empfindungen der Schönheit leidend, wie bei ganz materiellen Vergnügungen, in sofern ich den Eindruck der einen wie der andern von außen empfange, und dieser Eindruck mich in den Zustand der Lust versetzt. Aber die Lust an diesem Eindruck empfange ich, bei dem schönen Gegenstande, nicht von außen, es ist nicht der materielle Eindruck auf mein Empfindungsvermögen, sondern eine dazwischen tretende tätige Operation meiner Seele, nemlich die Reflexion darüber, was mich in den Zustand der Lust versetzt. Das materielle Vergnügen entspringt unmittelbar aus dem Stoff, den ich empfange, das ästhetische Wohlgefallen entspringt aus der Form, die ich einem empfangenen Stoff erteile. Ich ergötze mich an dem Angenehmen, weil es mir Gelegenheit gibt, etwas zu *erleiden*, ich ergötze mich an dem Schönen, weil es mir Gelegenheit gibt, etwas zu *tun*.

Das Wohlgefallen der freien Betrachtung übt mich also, Gegenstände nicht mehr bloß auf meinen physischen Zustand und auf meine leidende Kraft, sondern unmittelbar auf meine Vernunft zu beziehen, und mein leidendes Vermögen mittelbar durch das tätige zu affizieren. Ich verhalte mich zwar leidend, in sofern ich empfinde, aber ich empfinde nur, weil ich tätig war. Ich empfange zwar, aber ich empfange nicht von dem Naturmechanismus, sondern von der denkenden Kraft.

Ich habe also bei dem Wohlgefallen der freien Betrachtung meine Rationalität eröffnet, ohne meine Sensualität abgelegt zu haben. Ich habe die wichtige Erfahrung gemacht, daß ich mehr bin, und mehr in mir habe, als eine bloß leidende Kraft, und diese höhere Kraft habe ich zu üben angefangen. Anfangs war ich nichts, als ein Instrument, auf dem die physische Notwendigkeit spielte. Weil auf mich gewirkt wurde, empfand ich; weil ich empfand, so begehrte ich. Hier also waren Ursach und Wirkung physisch. Jetzt auf der zweiten Stufe mische ich mich selbst, als ein freies Principium und als Person, in meinen Zustand. Ich erleide zwar noch, denn ich empfinde, aber ich erleide, weil ich handelte. Hier ist also zwar die Wirkung (die Empfindung) aber nicht die Ursache dieser Empfindung physisch. Es ist kein Stoff von außen, sondern ein Stoff von innen, eine Vernunftidee, was mein Gefühlvermögen affiziert. Noch eine Stufe weiter, und ich handle, weil ich handelte, d. i. ich will, weil ich erkannte. Ich erhebe Begriffe zu Ideen und Ideen zu praktischen Maximen. Hier auf der dritten Stufe lasse ich die Sinnlichkeit ganz hinter mir zurück, und habe mich zu der Freiheit reiner Geister erhoben.

(Der Gemeinspruch, daß die Extreme sich berühren, hat auch hier seine volle Gültigkeit, denn sobald wir von ihrem Inhalt abstrahieren, folgen beide entgegengesetzte Gemütsverfassungen, der Zustand der höchsten Abhängigkeit und der Zustand der höchsten Freiheit völlig derselben Regel. Der ganz sensuelle und der ganz rationelle Mensch haben mit einander gemein, daß beide sich *unmittelbar* jener aus Empfindung dieser aus reiner Erkenntnis bestimmen. Dieselbe Rigidität, womit die Natur dem Sklaven der Sinne gebietet, übt das Sittengesetz gegen den moralischen Willen aus; dieselbe Laxität, welche sich der sinnliche Mensch gegen die Gesetze der Geister erlaubt, gebietet die Vernunft dem sittlichen Menschen gegen die Gesetze der Natur. Recht oder Unrecht – ich muß genießen sagt die Leidenschaft. »Fiat justitia et pereat mundus« sagt die Pflicht)⟨.⟩

Durch das Empfindungsvermögen des Schönen wird also ein Band der Vereinigung zwischen der sinnlichen und

geistigen Natur des Menschen geflochten, und das Gemüt
von dem Zustand des bloßen Leidens zu der unbedingten
Selbsttätigkeit der Vernunft vorbereitet. Die Freiheit der
Geister wird bei dem Schönen in die Sinnenwelt *eingeführt*,
und die reine Dämonische Flamme läßt hier (wenn Sie mir
die Metapher erlauben wollen) auf dem Spiegel der Materie,
wie der Tag auf den Morgenwolken, ihre ätherischen
Farben spielen.

Ich erinnere mich hier einer Stelle aus meinem Gedicht,
die Künstler, die (ich weiß nicht mehr, warum) einer
andern aufgeopfert worden ist. Sie mag hier als eine Ruine
stehen bleiben:

> Wie mit Glanz sich die Gewölke mahlen,
> und des Bergs besonnter Gipfel brennt,
> eh sie selbst, die Königin der Strahlen,
> leuchtend aufzieht an dem Firmament;
> tanzt der Schönheit leichtgeschürzte Hore
> der Erkenntnis goldnem Tag voran,
> und die jüngste aus dem Sternenchore
> öffnet sie des Lichtes Bahn.

F. Schiller.

Ludwigsburg, den 21. November 1793. Donnerstag.
Durchlauchtigster Prinz,

Ehe ich die angefangene Materie verlasse, so verstatten
Sie mir, was ich bisher bloß theoretisch ausführte, auch
historisch zu erweisen. Ich versetze mich in Gedanken in
die Urwelt zurück, und folge der jugendlichen Menschheit
auf ihren ersten Schritten zur Humanisierung.

Was war der Mensch, ehe die seelenbildende Kunst ihre
Hand an ihn legte? Der trotzigste Egoist unter allen
Tiergattungen, und bei aller Anlage zur Freiheit der
abhängigste Sinnensklave. Er besorgte bloß für sich selbst
und schätzte nichts, als was seine rohen Begierden stillte.
Die schöne Natur breitete umsonst ihre Herrlichkeit vor

ihm aus. Er sah nichts in ihr als eine Beute, über welche seine Begehrlichkeit herstürzen konnte. Er betrachtete sie bloß mit dem gierigen Blick eines Räubers, wenn sie ihm ihren Reichtum zur Schau ausstellte, und bloß mit dem knechtischen Blick eines Missetäters wenn sie in Gewittern, Erdbeben, Überschwemmungen ihre Größe und Macht blicken ließ. Ohne eine Wahl anzustellen, trachtete er bloß nach unmittelbarer Befriedigung. Der Geschlechtstrieb war das einzige Band, das ihn an seine Gattin fesselte, und die Befriedigung dieses Triebes die einzige Forderung die er an sie machte. Bei seiner Bekleidung, seinen Gerätschaften, seiner Wohnung sah er bloß auf das Notwendige. Eine Höhle genügte ihm, um ihn vor dem Grimm wilder Tiere und der Witterung zu schützen. Gebrach ⟨es⟩ an dieser, so machte er sich eine künstliche von Baumzweigen oder Steinen; so kümmerlich sie auch ausfallen mochte, der Not war sie schön genug. So trotzig er sich gegen die Ohnmacht bewies, so verzagt war er gegen die Übermacht. Alles, was er überwältigen konnte, nahm er als Eigentum in Anspruch; alles, womit seine Stärke sich nicht zu messen wagte, war ihm ein feindliches Wesen, das gegen ihn bewaffnet war; so legte er in alles was ihm vorkam, die mörderische Selbstsucht, die seine eigene Brust beseelte.

So elend erscheint uns die Menschheit auf ihrer untersten Stufe. So finden wir die alten Pelasger im Thucydides, und neuere Weltentdecker haben die Schilderung des Griechen bei vielen Völkern der Südsee und des nördlichen Asiens bestätigt gefunden.

Ich verlasse dieses niederschlagende Bild, um Ihnen, gnädigster Prinz, ein fröhlicheres vorzuführen. Was war es für ein Phänomen, welches die anfangende Humanisierung bei diesen wilden Stämmen verkündigte? So viele historische Annalen wir auch zu Rat ziehen mögen, es ist bei allen Völkern dasselbe Phänomen: die Liebe zum Putz.

Der Wilde hört auf, sich mit dem Notwendigen zu begnügen; er verlangt, daß es noch eine Eigenschaft mehr besitze, und zwar eine Eigenschaft, die nicht mehr seinen tierischen Trieb, sondern ein Bedürfnis von besserer Abkunft befriedigt. Diese Eigenschaft ist das Schöne. Freilich nur schön für seinen barbarischen Geschmack, aber hier kommt es ja nicht auf den *Inhalt*, sondern bloß auf die *Form des Urteilens* an, und mit dieser ist eine Veränderung vorgegangen. Es gründet sich nicht mehr auf die unmittelbare und materielle Empfindung, sondern auf die Reflexion, auf die freie Betrachtung. Auch das Häßliche, als schön beurteilt, beweist schon die Tätigkeit eines freieren Vermögens, ein Wohlgefallen ohne Sinneninteresse, einen anfangenden, wenn gleich noch so grotesken Geschmack.

Das Schöne des Wilden ist immer das Seltsame, das Schreiende das Bunte. Er bildet groteske Figuren, liebt grelle Farben, und eine gellende Musik. Aber da diese Eigenschaften sein materielles Wohlsein schlechterdings nicht verbessern können, so muß man annehmen, daß er sie auf seine Denkkraft bezieht, und sie nicht darum schätzt, weil er unmittelbar etwas angenehmes dabei erleidet, sondern weil sie ihn mittelbar, als Anlässe zur Tätigkeit, rühren. Sie gehören also in subjektivem Sinn allerdings zur Familie des Schönen, wie sehr sie auch, in objektiver Rücksicht, davon ausgeschlossen sind. Sie gefallen seinem innern Sinn, weil sie ihm eine Tätigkeit des Verstandes zu empfinden geben.

Jetzt fängt auch der Wilde an, auf den Eindruck acht zu haben, den er auf andere macht. *Er will gefallen*. Schon diese einzige Regung macht ihn zum Menschen. Dieses Bedürfnis könnte er nicht haben, wenn er nicht angefangen hätte aus dem engen Kreis der Notwendigkeit heraus zu treten, und für den Wert der Dinge einen andern Maßstab zu gebrauchen, als die Beziehung auf sinnlichen Genuß. Alles was er besitzt, muß jetzt neben dem Dienst, wozu es da ist, noch eine Foderung erfüllen. Es muß ausgezeichnet sein und in die Augen fallen; denn so pflegt sich der erste Geschmack anzukündigen. Er, der auf der ersten Stufe vorlieb nam, fängt an zu wählen, und was ihn bei dieser

Wahl leitet, ist mehr wert als seine ganze vorige Existenz. Jetzt sucht sich der alte Germanier schönere Tierfelle, prächtigere Geweihe, zierlichere Trinkgeschirre aus, und der Nordkaledonier läßt bei seinen Festen die buntesten Muscheln kreisen. Selbst die Waffen sollen jetzt nicht mehr bloße Gegenstände des Schreckens, sondern auch des Wohlgefallens sein. Das rauhe Feldgeschrei fängt an, dem Takt zu gehorchen und sich zum Gesange zu biegen.

Nicht zufrieden, das Notwendigere zu verschönern macht sich der menschgewordene Wilde das Schöne, auch schon der bloßen Schönheit wegen, zum Zweck, und will gewisse Dinge, bloß um dieses Zwecks willen haben. Er schmückt sich. Die Gegenstände seiner Begierde wachsen, die Zahl seiner Güter mehrt sich, bis die künstlichen Bedürfnisse die Natürlichen übersteigen. Der bloße Nutzen ist schon eine zu enge Grenze für seine erweiterten Neigungen. Wie er seine Haare mit Federn, seinen Hals mit Korallen ziert, wie er sogar an seinem eigenen Körper künstelt, und seine natürliche Gestalt, in der Absicht sie zu verschönern bis zum Abscheulichen entstellt, eben so führt er ⟨in⟩ sein gesellschaftliches Betragen und in seine Sitten Schnörkel und Verzierungen ein, und gefällt sich, über die bloße Zweckmäßigkeit hinaus zu gehen, um den erwachten Trieb nach freiem Vergnügen zu befriedigen. Wie sehr auch alle diese ersten Versuche, als Entfernungen von der Einfalt der Natur, ins Abenteuerliche, Abgeschmackte und Widersinnige fallen, so sind sie doch eben deswegen, weil es Entfernungen von der Natur sind, Wirkungen eines freiern Bildungsvermögens, und daher, als die erste Anmeldung der Vernunftfreiheit, eines Grades von Achtung wert. Sie beweisen uns, daß der einzelne Mensch und das Volk, bei denen wir sie antreffen, die Epoche der gänzlichen Unmündigkeit und des bloßen Naturregiments überstanden haben; daß sie nicht mehr Wilde sondern *Barbaren* sind; denn Wildheit ist ganz unentwickelte, Barbarei falsch entwickelte Menschheit.

An dem Verhältnis zwischen beiden Geschlechtern wird

jetzt eine sehr vorteilhafte Veränderung sichtbar. Es ist
nicht mehr der blinde Drang der Natur allein, was die
Geschlechter einander näher bringt. Reize werden von dem
Weibe, Verdienst von dem Manne gefodert, und die
Schönheit ist der Tapferkeit Preis. Freiheit äußert sich bei
dem Geschäft des Instinkts und da der Instinkt sonst ganz
ohne Wahl handelt, so dient diese Freiheitsäußerung zum
untrüglichen Beweis, daß etwas höheres als die Natur dabei
tätig war.

Auch der gesellschaftliche Umgang gewinnt ein ganz
anderes Ansehen. Abhängiger von den guten Meinungen
anderer, weil er zu gefallen wünscht, muß der rohe Egoist
den Ungestüm seiner Affekte bezähmen, und die Freiheit
außer sich respektieren, weil er der Freiheit gefallen will. So
lange er gegen andre nur in physischen Verhältnissen stehet,
kann er nur ein Objekt des selbstsüchtigen Erhaltungstrie-
bes, nie eines freien ästhetischen Urteils sein. Er muß also
heraus treten aus dem feindseeligen kriegerischen Stand der
Natur, und sich in einen Gegenstand der uneigennützigen
und ruhigen Betrachtung verwandeln. Dies ist aber nur
dadurch möglich, daß er selbst zur milden Erscheinung
wird, daß er anderen nicht als Feind gegen über steht, daß er
durch keine ungestüme Kraftäußerung ihre Selbstliebe
aufschreckt, kurz, daß er andre nicht, gleich einem feindseeligen Gestirn, in den Wirbel seines *Daseins* zieht, sondern
sie, wie ein ferneleuchtender Stern, als bloße liebliche
Vorstellung beschäftigt.

Nirgends aber offenbart sich die wohltätige Veränderung
der Empfindungsart deutlicher, als in der heitern und
lachenden Gestalt, welche, nach Erwachung des Schön-
heitstriebes, Religionen und Sitten annehmen. Furcht ist
der Geist aller Gottesverehrung, ehe der Geschmack die
Gemüter in Freiheit setzt. Es ist bloß ihre Macht, wodurch
sich Götter und Dämonen dem kindischen Alter der
Menschheit verkündigen, und dem Sklaven der Bedürfnisse ist alles Mächtige zugleich schrecklich. Ein knechtisches
Zagen ist seine Andacht, sein Gottesdienst ist finster und

nicht selten fürchterlich. So wie aber der Sinn für Schönheit erwacht, und der verzagte Erhaltungstrieb nicht mehr ausschließend und allein den Maßstab der Beurteilung hergibt, so verbessern sich auch die Vorstellungen von den Göttern, und der Mensch fängt an, in ein edleres Verhältnis zu denselben zu treten. Weil sie nicht mehr als bloße Naturkräfte auf ihn stürmen, so gewinnt er Raum, sie mit dem ruhigen Blick der Betrachtung zu fixieren. Sie werfen die Gespensterlarven ab, womit sie seine Kindheit erschreckt hatten, und überraschen ihn mit einem veredelten Bilde seiner selbst. Das göttliche Ungeheuer des Morgenländers, das bloß mit der blinden Stärke des Raubtiers die Welt verwaltete zieht sich in der griechischen Phantasie in die freundliche Form der Menschheit zusammen, und selbst der Vater der Götter muß seine plumpe Titanenkraft mit Schönheit vertauschen um den Geschmack eines feinern Volks zu gewinnen, den nur die Form, nicht mehr die bloße Materie, befriedigen kann.

So unterwirft sich der Schönheit stille Macht nach und nach die rohe Natur, initiiert den Wilden zum Menschen, und lehrt ihn, auch schon in seinem physischen Sklavenstande seine dämonische Freiheit versuchen. Aber ihre wohltätigen Wirkungen schränken sich nicht darauf ein, die Empfindungen zu vergeistigen, und dadurch die reine Geistigkeit von Ferne vorzubereiten. Ihr Einfluß auf die letztere ist noch näher und unmittelbarer, denn selbst in seiner absolut freien Tätigkeit, im Geschäft der Erkenntnis und der Wahl, leistet sie dem Geist gegen die widerstrebende Sinnlichkeit Beistand, ob ihr gleich an diesen Geschäften, selbst kein positiver Anteil gestattet werden kann.

Die Erforschung der Wahrheit erfodert Abstraktion und strenge Gesetzmäßigkeit, wovor die Trägheit und Willkürlichkeit der Sinne zurückbebt. Anspannung der Denkkraft gehört dazu, um die Form, worin allein die Wahrheit enthalten ist, von der Materie zu scheiden. Um also die sinnlichen Vermögen, die sich immer nur an die Materie halten, für die reine Tätigkeit der Vernunft zu gewinnen und ihren Widerstand zu besiegen, ist es nötig, Formen wieder in Materie um zusetzen, Ideen in Anschauungen zu kleiden, und durch die Operationen der tätigen Kraft die leidende zu affizieren. Nur auf diese Art kann auch bei dem reinen Erkenntnisgeschäfte der Sinnlichkeit ein Gewinn abfallen, und die Arbeit mit Genuß, die Anspannung mit Abspannung, die Tätigkeit mit Leiden abwechseln.

Dieses leistet der Geschmack im Vortrag der Wahrheit. Bei dem Schönen fängt die Vernunft an, in das willkürliche Spiel der Phantasie ihre Gesetzmäßigkeit zu mischen. Bei dem Schönen fangen Phantasie und Empfindungskräfte an, einen edlern Stoff von der Vernunft zu empfangen, und bei der höhern Tätigkeit des Gemüts interessiert zu werden. Das Schöne dient also nicht bloß dazu, die Sinne zur Denkkraft zu erheben, und Spiel in Ernst zu verwandeln, es hilft auch umgekehrt, die Denkkraft zu den Sinnen herabzuziehen und Ernst in Spiel zu verwandeln. Das erste dieser beiden Verdienste erwirbt sich der Geschmack um den *empfindenden*, das zweite um den *denkenden* Teil der Welt.

Zum Denken wird der Mensch, wenn nicht starke Triebfedern seine natürliche Trägheit überwinden, bekanntlich nur durch den Reiz des Genusses eingeladen, und dieser Genuß muß unmittelbar aus seiner Tätigkeit selbst nicht aus den Folgen derselben fließen. Diese erwarteten Folgen seiner Tätigkeit – sei es nun daß sie wesentlich daraus fließen, wie die Einsicht aus dem Nachdenken, oder daß sie sich zufällig damit verbinden, wie etwa der Lohn mit der Arbeit oder der Ruhm mit der Geschicklichkeit – können niemals zu allgemein wirksamen Antrieben dienen, weil es ja noch stets problematisch bleibt, ob wir eine Vorstellung davon haben, ob wir uns Hoffnung dazu machen und ob wir einen Wert darauf legen. Und dann kann uns ein noch so großes Gut in der Erwartung, wenn es auch anlockend genug ist, uns zur Arbeit anzuspornen, doch die gegenwärtige Mühe der Anstrengung nicht verbergen, noch das

Gefühl eines Zwanges ersparen. Um dieses Gefühl völlig aus dem Gemüt zu verbannen, muß der Genuß so schnell mit der Anspannung wechseln, daß das Bewußtsein beide Zustände kaum unterscheiden kann. Ein Meister in der guten Darstellung muß also die Geschicklichkeit besitzen, das Werk der Abstraktion augenblicklich in einen Stoff für die Phantasie zu verwandlen, Begriffe in Bilder umzusetzen, Schlüsse in Gefühle aufzulösen, und die strenge Gesetzmäßigkeit des Verstandes unter einem Schein von Willkür zu verbergen.

In den wenigsten Fällen wirkt der Verstand *logisch*, nämlich mit deutlichem Bewußtsein der Regeln und Prinzipien, die ihn leiten; bei weitem in den mehresten Fällen wirkt er ästhetisch, und als eine Art von Takt, wie Ew. Durchlaucht schon aus dem Sprachgebrauch ersehen, der in allen Sprachen für diese Verstandesgattung den Ausdruck *Gemeinsinn* einführte. Nicht als ob der Sinn jemals denken könnte; der Verstand wirkt hier eben so gut, als bei dem schulgerechten Denker, nur daß die Regeln, nach denen er verfährt, nicht im Bewußtsein festgehalten werden, und daß wir in einem solchen Fall nicht die Verstandesoperation selbst, nur ihre Wirkung auf unsern Zustand durch ein Gefühl der Lust oder Unlust erfahren. Ehe das Gemüt sich Zeit nimmt, sein eigener Zuschauer zu sein, und von seinem Verfahren sich Rechenschaft zu geben, wird der innere Sinn affiziert, die Handlung geht in Leiden, der Gedanke in eine Empfindung über.

Für diesen Takt nun muß der Redner und Schriftsteller von Geschmack sein Werk *ausführen*, wiewohl er sehr unrecht tun würde, es bloß *vermittelst* eines solchen Takts zu *erzeugen*. Führt er es hingegen auch für den logischen Verstand aus, wie er es durch denselben erdachte, so legt er jedem seiner Leser oder Zuhörer die Arbeit des Hervorbringens auf, die er doch allein hatte übernehmen sollen, er verweilt sie länger, als es dem Sinn gefallen kann, bei dem Zwangvollen Zustand der Abstraktion in dem er den weit beliebteren Zustand der Anschauung und Empfindung verzögert. Er übt also eine Art von Gewalt gegen sie aus, und mißfällt weil er die Freiheit beleidigt.

Ich brauche wohl nicht hinzuzusetzen, gnädigster Prinz, daß diesem Gesetz des Geschmacks nur Vorstellungen unterworfen sind, die auf Unterhaltung und Überredung abzwecken, nicht aber solche Werke, welche der strengen Prüfung ausdrücklich hingegeben werden, und Überzeugung bewirken sollen. Diese letztere sind von allen Anfoderungen des Geschmacks nicht nur freigesprochen, sondern es streitet sogar mit ihrem Zwecke, daß sie in ästhetischer Rücksicht vortrefflich sind; weil der Zustand des Genusses der Prüfung nicht Günstig ist, und eine geschmackvolle Behandlung das logische Maschinenwerk versteckt, auf welches doch alle philosophische Überzeugung sich gründet. So würde Kants Kritik der Vernunft offenbar ein weniger vollkommenes Werk sein, wenn sie mit mehr Geschmack geschrieben wäre. Ein solcher Schriftsteller wird aber auch vernünftigerweise nicht erwarten, daß er Leser interessiere, die seinen Zweck nicht mit ihm teilen.

Wer hingegen allgemein gefallen *will*, den entschuldigt kein Stoff, er muß die Freiheit der Phantasie respektieren, er muß das logische Geräte verbergen, wodurch er den Verstand seines Lesers lenkt. Wenn der dogmatische Vortrag in geraden Linien und harten Ecken mit mathematischer Steifigkeit fortschreitet, so windet sich der schöne Vortrag in einer freien Wellenbewegung fort, ändert in jedem Punkt unmerklich seine Richtung, und kehrt eben so unmerklich zu derselben zurück. Der *dogmatische* Lehrer, könnte man sagen, zwingt uns seine Begriffe auf, der *sokratische* lockt sie aus uns heraus, der Redner und Dichter gibt uns Gelegenheit, sie mit scheinbarer Freiheit aus uns selbst zu erzeugen.

So wie ein geschmackvoller Vortrag zum Denken einladet, und die Erkenntnis der Wahrheit befördern hilft, weil er selbst aus abstrakten Begriffen einen Stoff für die Sinnlichkeit bildet, so hilft der Geschmack auch selbst die

Sittlichkeit des Handelns befördern, indem er die moralischen
Vorschriften der Vernunft mit dem Interesse der Sinne in
Übereinstimmung bringt, und das Ideal der Tugend in ein
Objekt der Neigung verwandelt.

Aber hier, gnädigster Prinz, betrete ich einen Boden, wo
es eben so gefährlich als leicht ist, einen Mißtritt zu tun, und
wo ich mich also genötigt sehe, einen langsamern Schritt zu
nehmen. Es gibt der denkenden Köpfe sehr viele, welche
von keinem Einfluß des Geschmacks auf die Sittlichkeit
wissen wollen, und in diesem Gebiete weit mehr von ihm
befürchten als hoffen. In den folgenden Briefen werde ich
Gelegenheit haben, ihre Gründe zu prüfen.

Ich erlaube mir noch nur den Wunsch hinzuzusetzen, daß
das Interesse Ew. Durchlaucht an diesen Unterhaltungen
nicht in eben dem Grad sich vermindern möchte, als das
meinige wächst, solche fortzusetzen⟨.⟩

Mit tiefster Devotion ersterbe ich

Eurer Hochfürstlichen Durchlaucht

Ludwigsburg in Schwaben   untertänigster Diener
am 21. November 1793.   F: Schiller.

Ludwigsburg, den 3. Dezember 1793. Dienstag.
Durchlauchtigster Prinz,

Mit einem gemischten Gefühl von Verlegenheit und Mut
ergreife ich heute die Feder. Ich habe die Frage zu
beantworten, *wieviel die Tugend durch den Geschmack gewinnt*,
und fürchte daher in einen noch ernsthafteren, und für eine
schriftliche Unterhaltung noch weniger schicklichen Ton,
als bisher, zu verfallen. Doch ich erinnere mich zugleich, an
wen ich schreibe, und wenn auch vielleicht die Wahl meines
heutigen Gegenstandes den delikaten Geschmack des
Weltmanns beleidigen sollte, so werde ich an dem Herzen
des Tugendfreundes und an der Wahrheitsliebe des philosophischen Denkers, dem kein Gegenstand der Untersuchung, am wenigsten ein solcher, gleichgültig ist, desto
nachdrücklichere Verteidiger finden.

Ich bekenne gleich vorläufig, daß ich im Hauptpunkt der Sittenlehre vollkommen *Kantisch* denke. Ich glaube nemlich und bin überzeugt, daß nur diejenigen unsrer Handlungen *sittlich* heißen, zu denen uns bloß die Achtung für das Gesetz der Vernunft und nicht Antriebe bestimmten, wie verfeinert diese auch seien, und welch imposante Namen sie auch führen. Ich nehme mit den rigidesten Moralisten an, daß die Tugend schlechterdings auf sich selbst ruhen müsse, und auf keinen von ihr verschiedenen Zweck zu beziehen sei. Gut ist (nach den Kantischen Grundsätzen, die ich in diesem Stück vollkommen unterschreibe) gut ist, was nur darum geschieht, weil es gut ist.

Wenn ich also dem Geschmack das Verdienst zuschreibe, zu Beförderung der Sittlichkeit beizutragen, so kann meine Meinung gar nicht sein, daß der Anteil, den der gute Geschmack an einer Handlung nimmt, diese Handlung zu einer sittlichen machen könne. Das Sittliche darf nie einen andern Grund haben, als sich selbst. Der Geschmack kann die Moralität des Betragens *begünstigen*, wie ich in dem gegenwärtigen Brief zu erweisen hoffe, aber er selbst kann durch seinen Einfluß nie etwas moralisches *erzeugen*.

Es ist hier mit der innern und moralischen Freiheit ganz derselbe Fall wie mit der äußern und physischen. Frei in dem letztern Sinne handle ich nur als dann, wenn ich, unabhängig von jedem fremden Einfluß, bloß meinem Willen folge. Aber die Möglichkeit, meinem eigenen Willen uneingeschränkt zu folgen, kann ich doch zuletzt einem von mir verschiedenen Grunde zu danken haben, sobald angenommen wird, daß der letztere meinen Willen hätte einschränken können. Eben so kann ich die Möglichkeit, Gut zu handeln, zuletzt doch einem von meiner Vernunft verschiedenen Grunde zu danken haben, sobald dieser letztere als eine Kraft gedacht wird, die meine Gemütsfreiheit hätte einschränken können. Wie man also gar wohl sagen kann, daß ein Mensch von einem andern Freiheit *erhalte*, obgleich die Freiheit selbst darin besteht, daß man überhoben ist, sich nach andern zu richten; eben so gut kann man sagen, daß der Geschmack zur Tugend *verhelfe*, obgleich die Tugend selbst es ausdrücklich mit sich bringt, daß man sich dabei keiner fremden Hülfe bediene.

Eine Handlung hört deswegen gar nicht auf, frei zu heißen, weil glücklicherweise derjenige sich ruhig verhält, der sie hätte einschränken können; sobald wir nur wissen, daß der Handelnde dabei bloß seinem eigenen Willen folgte, ohne Rücksicht auf einen fremden. Eben so verliert eine innre Handlung deswegen das Prädikat einer sittlichen noch nicht, weil glücklicherweise die Versuchungen fehlen, die sie hätten rückgängig machen können; sobald wir nur annehmen, daß der handelnde dabei bloß dem Ausspruch seiner Vernunft, mit Ausschließung fremder Triebfedern, folgte. Die Freiheit einer äußern Handlung beruht bloß auf ihrem *unmittelbaren Ursprung aus dem Willen der Person*; die Sittlichkeit einer innern Handlung bloß auf der *unmittelbaren Bestimmung des Willens durch das Gesetz der Vernunft*.

Vergönnen mir Ew. Durchlaucht, daß ich diese Analogie noch weiter ausführe. Es kann uns schwerer oder leichter werden, als freie Menschen zu handeln, je nachdem wir auf Kräfte stoßen, die unsrer Freiheit entgegen wirken, und bezwungen werden müssen. In so ferne gibt es Grade der Freiheit. Unsre Freiheit ist größer, sichtbarer wenigstens, wenn wir sie bei noch so heftigem Widerstand feindseliger Kräfte behaupten, aber sie hört darum nicht auf, wenn unser Wille keinen Widerstand findet, oder wenn eine fremde Gewalt sich ins Mittel schlägt, und diesen Widerstand, ohne unser Zutun vernichtet.

Eben so mit der Moralität. Es kann uns mehr oder weniger Kampf kosten, unmittelbar der Vernunft zu gehorchen, je nachdem sich Antriebe in uns regen, die ihren Vorschriften widerstreiten und die wir abweisen müssen. In sofern gibt es Grade der Moralität. Unsre Moralität ist größer, hervorstechender wenigstens, wenn wir bei noch so großen Antrieben zum Gegenteil, unmittelbar der

Vernunft gehorchen; aber sie hört deswegen nicht auf,
wenn sich keine Anreizung zum Gegenteil findet, oder
wenn etwas anders als unsere Willenskraft, diese Anreizun-
gen entkräftet. Genug, wir handeln sittlich gut sobald wir
bloß darum so handeln, weil es sittlich ist, und ohne uns erst
zu fragen, ob es auch angenehm ist – gesetzt auch, es wäre
die größte Wahrscheinlichkeit vorhanden, daß wir anders
handeln würden, wenn es uns Schmerz machte oder ein
Vergnügen entzöge.

Zur Ehre der menschlichen Natur läßt sich annehmen,
daß kein Mensch so tief sinken kann, um das Böse bloß
deswegen, weil es böse ist, vorzuziehn, sondern daß jeder
ohne Unterschied das Gute vorziehen würde, weil es das
Gute ist, wenn es nicht zufälligerweise das Angenehme
ausschlösse, oder das Unangenehme nach sich zöge. Alle
Unmoralität in der Wirklichkeit scheint also aus der
Kollision des Guten mit dem Angenehmen, oder was auf
eines hinausläuft, der Begierden mit der Vernunft zu
entspringen, und einer Seits die *Stärke* der sinnlichen
Antriebe, andrer Seits die *Schwäche* der moralischen Willenskraft zur Quelle zu haben. Moralität kann also auf
zweierlei Weise befördert werden, wie sie auf zweierlei
Weise gehindert wird. Entweder man muß die Partei der
Vernunft und die Kraft des guten Willens verstärken, daß
keine Versuchung ihn überwältigen könne, oder man muß
die Macht der Versuchungen brechen, damit auch die
schwächere Vernunft und der schwächere gute Wille ihnen
noch überlegen sei.

Zwar könnte es scheinen, als ob durch die letztere
Operation die Moralität selbst nichts gewönne, weil mit
dem Willen, dessen Beschaffenheit doch allein eine Handlung moralisch macht, keine Veränderung dabei vorgeht.
Das ist aber auch in dem angenommenen Fall gar nicht
nötig, wo man keinen schlimmen Willen, der verändert
werden müßte, nur einen guten, der schwach ist, voraussetzt. Und dieser schwache gute Wille kommt auf diesem
Weg doch zur Wirkung, was vielleicht nicht geschehen

wäre, wenn starke Antriebe ihm entgegengearbeitet hätten. Wo aber ein guter Wille der Grund einer Handlung wird, da ist wirklich Moralität vorhanden.

Ich trage also kein Bedenken, gnädigster Prinz, den Satz aufzustellen, daß dasjenige die Moralität wahrhaft befördere, was den Widerstand der Neigung gegen das Gute vernichtet.

Der gefährlichste innere Feind der Moralität ist der sinnliche Trieb, der sobald ihm ein Gegenstand vorgehalten wird, nach Befriedigung strebt, und so bald die Vernunft etwas ihm anstößiges gebietet, ihren Vorschriften sich entgegensetzt. Dieser sinnliche Trieb ist ohne Aufhören geschäftig, den Willen in sein Interesse zu ziehen, der doch unter sittlichen Gesetzen steht, und die Verbindlichkeit auf sich hat, sich mit den Ansprüchen der Vernunft nie im Widerspruche zu befinden. Der sinnliche Trieb aber erkennt kein sittliches Gesetz, und will sein Objekt durch den Willen realisiert haben, was auch die Vernunft dazu sprechen mag. Diese Tendenz unserer Begehrungskraft, dem Willen unmittelbar und ohne alle Rücksicht auf höhere Gesetze zu gebieten, steht mit unserer sittlichen Bestimmung im Streite, und ist der stärkste Gegner, den der Mensch in seinem moralischen Handeln zu bekämpfen hat.

Rohen Gemütern, denen es zugleich an moralischer und an ästhetischer Bildung fehlt, gibt die Begierde unmittelbar das Gesetz, und sie handeln bloß, wie Ihren Sinn gelüstet. Moralischen Gemütern, denen aber die ästhetische Bildung fehlt, gibt die Vernunft unmittelbar das Gesetz, und es ist bloß der Hinblick auf die Pflicht, wodurch sie über Versuchungen siegen. In ästhetischverfeinerten Gemütern ist noch eine Instanz mehr, welche nicht selten die Tugend ersetzt, wo sie mangelt, und da erleichtert, wo sie ist.

Diese Instanz ist der Geschmack. Der Geschmack fodert Mäßigung und Anstand, er verabscheut alles, was eckigt, was hart, was gewaltsam ist, und neigt sich zu allem was sich leicht und harmonisch zusammen fügt. Daß wir auch

im Sturm der Empfindung die Stimme der Vernunft anhören, und den Ausbrüchen der Natur eine Grenze setzen, dies fodert schon bekanntlich der gute Ton, der nichts anders ist als ein ästhetisches Gesetz, von jedem
5 zivilisierten Menschen. Dieser Zwang, den sich der zivilisierte Mensch bei *Äußerung* seiner Affekte auflegt, verschafft ihm über diese Affekte selbst einen Grad von Herrschaft, erwirbt ihm wenigstens eine Fertigkeit, den bloß leidenden Zustand seiner Seele durch einen Akt von
10 Selbsttätigkeit zu unterbrechen, und den raschen Übergang der Gefühle in Handlungen durch Reflexion aufzuhalten. Alles aber, was die blinde Gewalt der Affekte bricht, bringt zwar noch keine Tugend hervor (denn diese muß immer ihr eigenes Werk sein) aber es macht den Willen Raum, sich zur
15 Tugend zu wenden.

Der Geschmack ist also als der erste Kämpfer anzusehen, der in einem ästhetischverfeinerten Gemüt gegen die rohe Natur heraustritt, und, ehe die Vernunft noch nötig hat, sich als Gesetzgeberin ins Mittel zu schlagen, und in Forma
20 zu sprechen, diesen Angriff zurück treibt. Dieser Sieg des Geschmacks über den rohen Affekt ist aber ganz und gar keine sittliche Handlung, und die Freiheit, welche der Wille hier durch den Geschmack gewinnt, noch ganz und gar keine moralische Freiheit. Der Geschmack befreit das
25 Gemüt bloß darum von dem Joch des Instinkts, um es in *seinen* Fesseln zu führen, und indem er den ersten und offenbaren Feind der sittlichen Freiheit entwaffnet, bleibt er selbst nicht selten als der zweite noch übrig, der unter der Hülle des Freundes nur desto gefährlicher sein kann. Der
30 Geschmack nemlich regiert das Gemüt auch bloß durch den Reiz des Vergnügens – eines edleren Vergnügens freilich, weil die Vernunft seine Quelle ist – aber wo das Vergnügen den Willen bestimmt, da ist noch keine Moralität, da ist bloß ein Tausch der Ketten vorgegangen.
35 Etwas Großes ist aber doch bei dieser Einmischung des Geschmacks in die Operationen des Willens gewonnen worden. Alle jene materielle Neigungen und rohe Begier-

den, die sich der Ausübung des Guten oft so hartnäckig und stürmisch entgegensetzen, sind durch den Geschmack aus dem Gemüte verwiesen, und an ihrer Statt edlere und sanftere Neigungen darin angepflanzt worden, die sich auf Ordnung, Harmonie und Vollkommenheit beziehen, und wenn sie gleich selbst keine Tugenden sind, doch *ein* Objekt mit der Tugend teilen. Wenn also jetzt die Begierde spricht, so muß sie eine strenge Musterung vor dem Schönheitssinn aushalten; und wenn jetzt die Vernunft spricht, und Handlungen der Ordnung, Harmonie und Vollkommenheit gebietet, so findet sie nicht nur keinen Widerstand, sondern vielmehr den lebhaften und feurigen Beifall der Natur.

Wenn wir nemlich die verschiedenen Formen durchlaufen, unter welchen sich die Sittlichkeit äußern kann, so werden wir sie alle ohne Mühe auf diese zwei zurückführen können. Entweder macht die Sinnlichkeit (die Natur) die Motion im Gemüt, daß etwas geschehe oder nicht geschehe, und der Wille verfügt darüber nach dem Vernunftgesetz; oder die Vernunft macht die Motion, und der Wille gehorcht ihr, ohne Anfrage bei den Sinnen.

Die griechische Prinzessin Anna Komnena erzählt uns von einem gefangenen Rebellen, den ihr Vater Alexius, da er noch General seines Vorgängers war, den Auftrag gehabt habe, nach Konstantinopel zu eskortieren. Unterwegs, als beide zusammenritten, bekömmt Alexius Lust, unter dem Schatten eines Baums Halt zu machen, und sich da von der Sonnenhitze zu erholen. Bald übermannte ihn der Schlaf, nur der Andre, dem die Furcht des ihn erwartenden Todes keine Ruhe ließ, blieb munter. Indem jener nun in tiefem Schlafe lag erblickte der letztere des Alexius Schwert, das in einem Baumzweige aufgehangen war, und gerät in Versuchung, sich durch Ermordung seines Hüters in Freiheit zu setzen. Anna Komnena gibt zu verstehen, daß sie nicht wüßte, was geschehen sein würde, wenn Alexius nicht glücklicher weise sich noch ermuntert hätte. Hier gnädigster Prinz, war nun ein moralischer Rechtshandel der ersten

und heraufsteigenden Gattung, wo der sinnliche Trieb den
ersten Antrag machte, und die Vernunft erst darüber als
Richterin erkannte. Hätte jener nun die Versuchung aus
bloßer Achtung für die Gerechtigkeit besiegt, so wäre kein
Zweifel, daß er moralisch gehandelt hätte.

Als der verewigte Herzog Leopold von Braunschweig an
den Ufern der reißenden Oder mit sich zu Rate ging, ob er
sich mit Gefahr seines Lebens dem stürmischen Strom
überlassen sollte, damit einige Unglückliche gerettet würden, die ohne ihn hülflos waren – und als er (ich setze diesen
Fall) einzig aus Bewußtsein dieser Pflicht, in den Nachen
sprang, den kein anderer besteigen wollte, so ist wohl
niemand, der ihm absprechen wird, moralisch gehandelt zu
haben. Der Herzog befand sich hier in dem entgegengesetzten Fall von dem vorigen. Die Vorstellung der Pflicht
ging hier vorher, und dann erst regte sich der Erhaltungstrieb, die Motion der Vernunft zu bekämpfen. In beiden
Fällen aber verhielt sich der Wille auf dieselbe Art: er folgte
unmittelbar der Vernunft, daher sind beide moralisch.

Ob aber beide Fälle es auch noch dann bleiben wenn wir
den Geschmack darauf Einfluß geben?

Gesetzt also, der erste, welcher versucht wurde, eine
schlimme Handlung zu begehen und sie aus Achtung für
die Gerechtigkeit unterließ, habe einen so gebildeten
Geschmack, daß alles Schändliche und Gewalttätige ihm
einen Abscheu erweckte, den nichts überwinden kann, so
wird in dem Augenblick als der Naturtrieb sein Anliegen
vorbringt, schon der bloße Geschmack es verwerfen – es
wird also gar nicht einmal vor das moralische Forum, vor
das Gewissen, kommen, sondern schon in einer frühern
Instanz fallen. Nun regiert aber der Geschmack den Willen
bloß durch Gefühle, nicht durch Gesetze. Jener Mensch
versagt sich also das angenehme Gefühl des geretteten
Lebens, weil er das widrige Gefühl, eine Niederträchtigkeit
begangen zu haben, nicht ertragen kann. Das ganze
Geschäft wird also schon im Forum der Empfindung, und
im Gebiet der leidenden Kraft verhandelt, und das Betra-

gen dieses Menschen, so legal es ist, ist moralisch indifferent; eine bloße schöne Wirkung der Natur.

Gesetzt nun der Andere, dem seine Vernunft vorschrieb etwas zu tun, wogegen sich der Naturtrieb empörte, habe gleichfalls einen so reizbaren Schönheitssinn, den alles was groß und vollkommen ist, entzückt, so wird in demselben Augenblick, als die Vernunft ihren Ausspruch tut, auch die Sinnlichkeit zu ihr übertreten, und er wird das *mit* Neigung tun, was er ohne diese zarte Empfänglichkeit für das Schöne *gegen* die Neigung hätte durchsetzen müssen. Werden Sie ihn aber, gnädigster Prinz, deswegen im zweiten Fall für minder vollkommen als im ersten halten? Gewiß nicht, denn er handelte ja im zweiten so gut als im ersten nach einer Vorschrift der Vernunft, und daß er diese Vorschrift mit Freuden befolgte, das kann der sittlichen Reinheit seiner Tat keinen Abbruch tun. Er ist also *moralisch* eben so vollkommen; *physisch* hingegen ist er *bei weitem* vollkommener, denn er ist ein weit zweckmäßigeres Subjekt für die Tugend.

Der Geschmack gibt also dem Gemüt eine für die Tugend zweckmäßige Stimmung, weil er die Naturbewegungen entfernt, die sie hindern, und diejenigen erweckt, die ihr günstig sind. Der Geschmack kann der wahren Tugend keinen Eintrag tun, wenn er gleich in allen denen Fällen, wo der Naturtrieb die erste Anregung macht, dasjenige schon vor seinem Richterstuhl abtut, was sonst das Gewissen hätte ausmachen müssen, und also Ursache ist, daß sich unter den Handlungen derer, die durch ihn regiert werden, weit mehr indifferente als wahrhaft moralische befinden. Denn die Vortrefflichkeit der Menschen beruht ganz und gar nicht auf der größern Summe moralischer Handlungen, sondern auf der größern Fertigkeit des Gemüts, solche Handlungen ausüben zu können; ja vielleicht wird man in der Epoche des erfüllten sittlichen Ideals eben so wenig von Moralität und moralischen Taten als in den goldenen Alter der Natur und der Kindheit hören, und höchstens nur bei außerordentlichen Fällen daran erinnert werden, daß die Vernunft und nicht die Neigung das Ruder führt. Der Geschmack kann hingegen der wahren Tugend in allen denen Fällen positiv nützen, wo die Vernunft die erste Anregung macht, und in Gefahr ist, von der stärkern Beredsamkeit der Natur überstimmt zu werden. In diesen Fällen nemlich stimmt er unsre Sinnlichkeit zum Vorteil der Pflicht, und macht also auch ein geringeres Maß moralischer Willenskraft der Ausübung der Tugend gewachsen.

Wenn nun der Geschmack der wahren Moralität in keinem Falle schadet, in mehreren aber offenbar nützt, so muß *der* Umstand ein großes Gewicht erhalten, daß er der *Legalität* unsers Betragens im höchsten Grade beförderlich ist.

Gesetzt, daß die schöne Kultur ganz und gar nichts dazu beitragen könnte, uns besser gesinnt zu machen, so macht sie uns wenigstens geschickt, auch ohne eine wahrhaft sittliche Gesinnung also zu handeln, wie eine sittliche Gesinnung es würde mit sich gebracht haben. Nun kömmt es zwar vor einem moralischen Forum ganz und gar nicht auf unsre Handlungen an, als in sofern sie ein Ausdruck unserer Gesinnungen sind; aber vor dem physischen Forum und im Plane der Natur kommt es, gerade umgekehrt, ganz und gar nicht auf unsre Gesinnungen an, als in sofern sie Handlungen veranlassen, durch die der Naturzweck befördert wird.

Nun sind aber beide Weltordnungen, die physische worin Kräfte, und die moralische, worin Gesetze regieren, so genau aufeinander berechnet, und so innig ineinander verwebt, daß Handlungen, die ihrer Form nach moralisch zweckmäßig sind, durch ihren Inhalt zugleich eine physische Zweckmäßigkeit in sich schließen; und so wie das ganze Naturgebäude nur darum vorhanden zu sein scheint, um den höchsten aller Zwecke, der das Gute ist, möglich zu machen, so läßt sich das Gute wieder als ein Mittel gebrauchen, um das Naturgebäude aufrecht zu erhalten. Die Ordnung der Natur ist also von der Sittlichkeit unserer

Gesinnungen abhängig gemacht, und wir können gegen
die moralische Welt nicht verstoßen, ohne zugleich in der
physischen eine Verwirrung anzurichten.

Wenn nun von der menschlichen Natur – so lange sie
menschliche Natur bleibt – nie und nimmer zu erwarten ist,
daß sie ohne Unterbrechung und Rückfall gleichförmig
und beharrlich als reine Geisternatur handle, daß sie nie
gegen die sittliche Ordnung verstoße, wie mit den Vorschriften der Vernunft sich im Widerspruch befinde – wenn
wir, bei aller Überzeugung sowohl von der Notwendigkeit
als von der Möglichkeit reiner Tugend, uns gestehen
müssen, wie sehr zufällig ihre wirkliche Ausübung ist, und
wie wenig wir auf die Unüberwindlichkeit unsrer besten
Grundsätze bauen dürfen – wenn wir uns bei diesem
Bewußtsein unsrer Unzuverlässigkeit erinnern, daß das
Gebäude der Natur durch jeden unsrer moralischen Fehltritte leidet – wenn wir uns alles dieses ins Gedächtnis
rufen, so würde es die frevelhafteste Verwegenheit sein, das
Beste der Welt auf dieses Ohngefehr unsrer Tugend
ankommen zu lassen. Vielmehr erwächst hieraus eine
Verbindlichkeit für uns, wenigstens der physischen Weltordnung durch den Inhalt unsrer Handlungen Genüge zu
leisten, wenn wir es auch der moralischen durch die Form
derselben nicht recht machen sollten – wenigstens, als
vollkommenere Instrumente, dem Naturzwecke zu entrichten, was wir, als unvollkommene Personen der Vernunft schuldig bleiben, um nicht in beiden Weltordnungen
zugleich mit Schande zu bestehen. Wenn wir deswegen,
weil sie keinen moralischen Wert hat, für die Legalität
unsers Betragens keine Anstalten treffen wollten, so
könnten alle Bande der Gesellschaft zerrissen sein, ehe wir
mit unsern Grundsätzen fertig würden. Je zufälliger aber
unsre Moralität, um desto notwendiger ist es, Vorkehrungen für die Legalität zu treffen, und eine leichtsinnige oder
stolze Versäumnis der letztern würde uns moralisch zu
gerechnet werden können. Eben so, wie der Wahnsinnige,
der seinen nahen Paroxysmus ahndet, alle Messer entfernt,

und sich freiwillig den Banden darbietet, um für die
Verbrechen seines Kranken Gehirnes nicht im gesunden
Zustand verantwortlich zu sein – eben so sind auch wir
verpflichtet, uns in den freien Intervallen durch Religion
und durch ästhetische Tugend zu binden, damit unsre
Leidenschaft nicht in den Perioden ihrer Herrschaft gegen
die Weltordnung rase.

Ich habe hier nicht ohne Absicht Religion und Geschmack in Eine Klasse gesetzt, weil beide das Verdienst
gemein haben, zu einem Surrogat der wahren Tugend zu
dienen, und die Gesetzmäßigkeit der Handlungen da zu
sichern, wo die Pflichtmäßigkeit der Gesinnungen nicht zu
hoffen ist. Obgleich derjenige im Range der Geister
unstreitig eine höhere Stelle verdiente, der weder die Reize
der Schönheit noch den Glauben an eine Vorsehung und
Unsterblichkeit *nötig hätte*, um sich in allen Vorfällen des
Lebens der Pflicht gemäß zu betragen, so nötigen doch die
bekannten Schranken der Menschheit selbst den rigidesten
Ethiker, von der Strenge seines Systems *in der Anwendung*
etwas nachzulassen, wenn er demselben gleich *in der Theorie*
nichts vergeben darf, und das Wohl der Welt, das durch
unsre zufällige Tugend gar übel besorgt sein würde, noch
zur Sicherheit an den beiden starken Ankern, der Religion
und dem Geschmack zu befestigen.

Und zwar scheinen sich beide, wenn ich anders meinen
Erfahrungen trauen darf, in den Menschen und in das
Menschengeschlecht *so* zu teilen, daß die Religion demje-
nigen ihre Arme öffnet, an dem die Schönheit verloren ist.
Da nemlich wo keine ästhetische Kultur den innern Sinn
aufgeschlossen, und den äußern beruhigt hat und die edlere
Empfindungen des Verstandes und Herzens die gemeinen
Bedürfnisse der Sinne noch nicht eingeschränkt haben,
oder in Lagen, wo auch die größte Verfeinerung des
Geschmacks den sinnlichen Trieb nicht verhindern kann,
auf eine materielle Befriedigung zu dringen – da ist es die
Religion, die auch dem sinnlichen Trieb noch ein Objekt
anweist, und ihm für die Opfer, die er der Tugend zu

bringen hat, hier oder dort, eine Entschädigung zusichert. In diesen Fall aber kommen wir alle, nur mit dem Unterschied, daß der rohe Mensch sich unaufhörlich, der verfeinerte nur Momentweise darin befindet.

Eine Seele nemlich, welche angefangen hat, das edlere Vergnügen an Formen zu kosten, und aus dem reinen Quell der Vernunft ihre Genüsse zu schöpfen, scheidet ohne Kampf von den gemeinen Freuden des Stoffs, und hält sich für die Entbehrungen des äußern Sinns durch die Vergnügungen des innern unendlich entschädigt. Aber Einen Fall gibt es doch, wo wir alle, verfeinert oder roh, unter die Gewalt des Instinkts zurückkehren, und wo die Natur, aller Kunst zum Trotze, ihre Rechte geltend macht. Keine ästhetische Kultur geht so weit, daß sie den Naturtrieb auch da zurückweisen könnte, wo er sich für *Leben und Dasein* wehrt. Alles was der Geschmack vermag, ist, das Objekt unserer Begierden zu *verändern*, und gröbere Empfindungen gegen feinere *auszutauschen*. So lange also die Vernunft, bei ihrer moralischen Gesetzgebung, bloß das Opfer einzelner Empfindungen fodert, so kann der Geschmack dem innern Sinn erstatten, was dem äußern entzogen wird, sobald aber die Vernunft das Opfer *der Kraft selbst* verlangt, und den letzten Grund aller, auch der geistigsten Empfindungen, antastet, so hat der Geschmack nichts mehr zu ersetzen, weil er – als ein zur Hälfte sinnliches Vermögen – in das Schicksal der Sinne sich selbst mit verwickelt sieht, und mit der Existenz auch *seine* Herrschaft sich endigt. Wo das Vermögen der Empfindungen aufhört, da ist kein Tausch der Empfindungen möglich, und den Trieb zu unterdrücken, den wir nicht mehr befriedigen können, ist alles was übrig bleibt. Dies ist aber nur durch die gewaltsamste aller Abstraktionen und durch eine Kraftäußerung möglich, deren die gemischte Natur des Menschen kaum fähig ist. Dazu würde ein Sprung vom Bedingten ins Unbedingte hinüber, und eine völlige Verzichtleistung auf alles, was an uns der Materie gehört und unter Naturbedingungen stehet, also auf Dasein und Bewußtsein und

Wirken erfodert werden. Bloß die reine Form der Vernunft, in ihre unwandelbare Identität eingehüllt, würde, von allem Stoff abgesondert, zurückbleiben, und selbst diese Idee des Absoluten und Notwendigen würde, weil sie nicht ohne Zeitbedingungen und Stoff gedacht werden kann, in den allgemeinen Verlust mit eingeschlossen werden. Da nun zu dieser Gemütsoperation eine Kraft erfodert wird, deren nur die wenigsten Menschen, und diese Wenigen auch nur in ihren glücklichsten Momenten fähig sind, so werden wir wohl tun, für diesen äußersten Fall Religionsideen in Bereitschaft zu halten, um dem unabweisbaren Lebenstrieb in einer andern Ordnung der Dinge eine Befriedigung versichern zu können. Soll ich es frei heraussagen gnädigster Prinz? Die Religion ist dem sinnlichen Menschen, was der Geschmack dem verfeinerten, der Geschmack ist für das gewöhnliche Leben, was die Religion für die Extremität. An einer dieser beiden Stützen aber, wo nicht lieber an beide, *müssen* wir uns halten, so lange wir keine Götter sind.

Schon ein flüchtiger Blick in die gegenwärtige moralische Verfassung der Welt bestätigt mir meine Bemerkung. Betrachten wir die Masse des Volks; seine Religion ist das Gegengewicht seiner Leidenschaften, wo kein äußrer Widerstand ihre Stärke bricht. Der gemeine Mann wird sich vieles nur als *Christ* verbieten, was er *als Mensch* sich erlaubt hätte. Betrachten wir die feineren Klassen, so sind sie *gesittet*, aber nicht *sittlich*. Die Gesetze des Anstandes, des guten Tons und der Ehre können sie allein vermögen, Rechte ungekränkt zu lassen, die sie weit entfernt sind, zu respektieren. Wo das Interesse ein zu schwacher Zügel für sie sein würde, da ist es bloß der Geschmack, der uns die Gesetzmäßigkeit ihres Betragens verbürgt. Ich zweifle nicht, daß es unter beiden Klassen Beispiele wahrer Tugend gibt, aber ich fürchte sehr, daß sie zu den Ausnahmen und nicht zu der Regel gehören. In Frankreich hat jetzt eine Erschütterung zugleich die Religion umgestürzt und den Geschmack der Verwilderung preis gegeben, und es fehlt viel, daß der Charakter der Nation so weit aufgebaut wäre, um dieser Stützen zu entbehren. Die Zeit wird lehren, was geschehen wird.

Darf ich, vortrefflichster Prinz, wegen der freimütigen Wendung mit der ich diesen Brief beschloß, Ihre Verzeihung hoffen? Ich gestehe daß mir daran gelegen war, mich auch in diesem Stück Ihnen ganz zu zeigen, wie ich bin, denn vor Personen, die ich in diesem Grad respektiere und liebe, möchte ich gern so vollständig und unverhüllt erscheinen, wie vor meinem eigenen Herzen.

In tiefster Devotion ersterbe ich

Eurer Hochfürstlichen Durchlaucht
untertänigster Diener und
dankbarster Verehrer
Friderich Schiller.

Ludwigsburg
am 3. Dez: 93.

Ludwigsburg, Dezember 1793.

Durchlauchtigster Prinz,

Der Sinn für das Schöne, habe ich in dem vorhergehenden Briefe auszuführen gesucht diene der wahren Tugend zur Stütze, und ersetze sie, wo sie mangelt durch die ästhetische. Diese ästhetische Tugend, obgleich sie dem Menschen keinen Wert in der moralischen Welt erwirbt, macht ihn doch für die physische brauchbar, weil sie ihn einer Gesetzmäßigkeit des Betragens fähig macht, ohne welche die Natur ihren großen Zweck, der auf Vereinigung der Menschen zu einem Ganzen gerichtet ist, nie erreichen könnte. Aber die Menschen sind darum noch lange nicht vereinigt, wenn sie nicht unter einander entzweiet sind, und die Legalität allein kann bloß verhindern, daß Ungerechtigkeit nicht das Band der Gesellschaft zerreiße. Die Menschen wahrhaft und innig zu vereinigen, dazu gehört noch ein eigenes positives Band, der gesellige Charakter, oder die Mitteilung der Empfindungen, und der Umtausch der Ideen.

Zur Gesellschaft konnte schon das bloße Bedürfnis den

Menschen führen, aber nur der Geschmack zur Gesellig-
keit; denn schon die Not konnte seine doppelte Natur
entwickeln, aber nur die Schönheit sie vereinigen. Der
Geschmack allein bringt eine harmonische Einheit in die
Gesellschaft, weil er eine harmonische Einheit in dem
Individuum stiftet.

Rücksicht auf die Mitteilbarkeit der Empfindungen und
Ideen ist bekanntlich das erste Gesetz, welches der gute Ton
allen Gliedern einer zivilisierten Gesellschaft diktiert. Der
gute Ton verbannt alles was ausschließt. Er verlangt daß an
dem, was Einer faßt, und was einer Empfindet, alle ohne
Unterschied sollen Teil nehmen können.

Aber die Vergnügungen der Sinne, die sich auf unmittelbare Sensation und eine materielle Ursache gründen, und
die entgegengesetzten des reinen Verstandes, die sich auf
Abstraktion und logische Formen beziehen, haben beide
miteinander gemein, daß sie nie einer allgemeinen Mitteilung fähig sind. Jene deswegen, weil sie sich nach einer
individuellen Empfänglichkeit und nach Privatbedürfnis-
sen richten, welche zufällig sind; diese deswegen nicht, weil
sie zwar aus der unveränderlichen und gemeinschaftlichen
Anlage des Verstandes, aber aus einer besondern Anwendung und Entwickelung dieser Anlage fließen, welche
gleichfalls zufällig ist, und nicht bei jedermann darf vorausgesetzt werden.

Man würde eine gemischte Gesellschaft aus der gesitte-
ten Welt sehr schlecht unterhalten, wenn man bloß den
Sinnen mit angenehmen Reizungen schmeigelte. Denn,
auch die Geistesleerheit einer solchen Bewirtung abgerechnet, könnte man ja niemals sicher sein, daß der Privatge-
schmack eines Einzelnen aus der Gesellschaft dasjenige
nicht abhorrierte, was den andern Vergnügen macht, und,
gesetzt daß es auch durch Varietät gelänge, es jedem
Einzelnen recht zu machen, so würde doch eigentlich nicht
gesagt werden können, daß der Eine das Vergnügen des
Andern *teile*, sondern jeder würde immer nur für sich
besonders genießen, und seine Empfindungen in sich begraben.

Man würde aber die nämliche Sozietät nicht viel besser befriedigen, wenn man sie mit den profondesten Wahrheit⟨en⟩ der Mathematik, Metaphysik oder Diplomatik bewirtete, weil das Interesse an diesen Gegenständen auf Kenntnissen und einem besondern Verstandesgebrauche beruhet, der nicht von allen Menschen erwartet werden darf. Der bloß sensuelle Mensch und der bloße Fächergelehrte sind daher gleich unbrauchbare Subjekte der Konversation, weil beide gleich wenig Fähigkeit besitzen, ihr Privatgefühl zum allgemeinen zu erweitern, und das allgemeine Interesse zu dem ihrigen zu machen.

ÜBER DIE ÄSTHETISCHE ERZIEHUNG
DES MENSCHEN
IN EINER REIHE VON BRIEFEN[1]

> Si c'est la raison, qui fait l'homme,
> c'est le sentiment, qui le conduit.
> *Rousseau.*

ERSTER BRIEF

Sie wollen mir also vergönnen, Ihnen die Resultate meiner Untersuchungen *über das Schöne und die Kunst* in einer Reihe von Briefen vorzulegen. Lebhaft empfinde ich das Gewicht, aber auch den Reiz und die Würde dieser Unternehmung. Ich werde von einem Gegenstande sprechen, der mit dem besten Teil unsrer Glückseligkeit in einer unmittelbaren, und mit dem moralischen Adel der menschlichen Natur in keiner sehr entfernten Verbindung steht. Ich werde die Sache der Schönheit vor einem Herzen führen, das ihre ganze Macht empfindet und ausübt, und bei einer Untersuchung, wo man eben so oft genötigt ist, sich auf Gefühle als auf Grundsätze zu berufen, den schwersten Teil meines Geschäfts auf sich nehmen wird.

Was ich mir als eine Gunst von Ihnen erbitten wollte,

---

1 Diese Briefe sind wirklich geschrieben; an *Wen?* tut hier nichts zur Sache, und wird dem Leser vielleicht zu seiner Zeit bekannt gemacht werden. Da man alles, was darin eine lokale Beziehung hatte, für nötig fand zu unterdrücken, und doch nicht gern etwas anders an die Stelle setzen mochte, so haben sie von der epistolarischen Form fast nichts als die äußere Abteilung beibehalten; eine Unschicklichkeit, welche leicht zu vermeiden war, wenn man es mit ihrer Echtheit weniger streng nehmen wollte.

machen Sie großmütiger Weise mir zur Pflicht, und lassen
mir da den Schein eines Verdienstes, wo ich bloß meiner
Neigung nachgebe. Die Freiheit des Ganges, welche Sie
mir vorschreiben, ist kein Zwang, vielmehr ein Bedürfnis
für mich. Wenig geübt im Gebrauche schulgerechter
Formen werde ich kaum in Gefahr sein, mich durch Mißbrauch derselben an dem guten Geschmack zu versündigen. Meine Ideen, mehr aus dem einförmigen Umgange mit
mir selbst als aus einer reichen Welterfahrung geschöpft
oder durch Lektüre erworben, werden ihren Ursprung
nicht verleugnen, werden sich eher jedes andern Fehlers als
der Sektiererei schuldig machen, und eher aus eigner
Schwäche fallen, als durch Autorität und fremde Stärke sich
aufrecht erhalten.

Zwar will ich Ihnen nicht verbergen, daß es größtenteils
Kantische Grundsätze sind, auf denen die nachfolgenden
Behauptungen ruhen werden; aber meinem Unvermögen,
nicht jenen Grundsätzen schreiben Sie es zu, wenn Sie im
Lauf dieser Untersuchungen an irgend eine besondre
philosophische Schule erinnert werden sollten. Nein, die
Freiheit ihres Geistes soll mir unverletzlich sein. Ihre eigne
Empfindung wird mir die Tatsachen hergeben, auf die ich
baue, Ihre eigene freie Denkkraft wird die Gesetze diktie-
ren, nach welchen verfahren werden soll.

Über diejenigen Ideen, welche in dem praktischen Teil
des Kantischen Systems die herrschenden sind, sind nur die
Philosophen entzweit, aber die Menschen, ich getraue mir
es zu beweisen, von jeher einig gewesen. Man befreie sie
von ihrer technischen Form, und sie werden als die verjährten Aussprüche der gemeinen Vernunft, und als Tatsachen des moralischen Instinktes erscheinen, den die weise
Natur dem Menschen zum Vormund setzte, bis die helle
Einsicht ihn mündig macht. Aber eben diese technische
Form, welche die Wahrheit dem Verstande versichtbart,
verbirgt sie wieder dem Gefühl; denn leider muß der
Verstand das Objekt des innern Sinns erst zerstören, wenn
er es *sich* zu eigen machen will. Wie der Scheidekünstler so

findet auch der Philosoph nur durch Auflösung die
Verbindung, und nur durch die Marter der Kunst das Werk
der freiwilligen Natur. Um die flüchtige Erscheinung zu
haschen, muß er sie in die Fesseln der Regel schlagen, ihren
schönen Körper in Begriffe zerfleischen, und in einem
dürftigen Wortgerippe ihren lebendigen Geist aufbewahren. Ist es ein Wunder, wenn sich das natürliche Gefühl in
einem solchen Abbild nicht wieder findet, und die Wahrheit
in dem Berichte des Analysten als ein Paradoxon erscheint?

Lassen Sie daher auch mir einige Nachsicht zu Statten
kommen, wenn die nachfolgenden Untersuchungen ihren
Gegenstand, indem sie ihn dem Verstande zu nähern
suchen, den Sinnen entrücken sollten. Was dort von
moralischen Erfahrungen gilt, muß in einem noch höhern
Grade von der Erscheinung der Schönheit gelten. Die
ganze Magie derselben beruht auf ihrem Geheimnis, und
mit dem notwendigen Bund ihrer Elemente ist auch ihr
Wesen aufgehoben.

ZWEITER BRIEF

Aber sollte ich von der Freiheit, die mir von Ihnen
verstattet wird, nicht vielleicht einen bessern Gebrauch
machen können, als Ihre Aufmerksamkeit auf dem Schauplatz der schönen Kunst zu beschäftigen? Ist es nicht
wenigstens außer der Zeit, sich nach einem Gesetzbuch für
die ästhetische Welt umzusehen, da die Angelegenheiten
der moralischen ein soviel näheres Interesse darbieten, und
der philosophische Untersuchungsgeist durch die Zeitumstände so nachdrücklich aufgefodert wird, sich mit dem
vollkommensten aller Kunstwerke, mit dem Bau einer
wahren politischen Freiheit zu beschäftigen?

Ich möchte nicht gern in einem andern Jahrhundert
leben, und für ein andres gearbeitet haben. Man ist eben so
gut Zeitbürger, als man Staatsbürger ist; und wenn es

unschicklich, ja unerlaubt gefunden wird, sich von den
Sitten und Gewohnheiten des Zirkels, in dem man lebt,
auszuschließen, warum sollte es weniger Pflicht sein, in der
Wahl seines Wirkens dem Bedürfnis und dem Geschmack
des Jahrhunderts eine Stimme einzuräumen?

Diese Stimme scheint aber keineswegs zum Vorteil der
Kunst auszufallen; derjenigen wenigstens nicht, auf welche
allein meine Untersuchungen gerichtet sein werden. Der
Lauf der Begebenheiten hat dem Genius der Zeit eine
Richtung gegeben, die ihn je mehr und mehr von der Kunst
des Ideals zu entfernen droht. Diese muß die Wirklichkeit
verlassen, und sich mit anständiger Kühnheit über das
Bedürfnis erheben; denn die Kunst ist eine Tochter der
Freiheit, und von der Notwendigkeit der Geister, nicht von
der Notdurft der Materie will sie ihre Vorschrift empfangen. Jetzt aber herrscht das Bedürfnis, und beugt die
gesunkene Menschheit unter sein tyrannisches Joch. Der
Nutzen ist das große Idol der Zeit, dem alle Kräfte fronen
und alle Talente huldigen sollen. Auf dieser groben Waage
hat das geistige Verdienst der Kunst kein Gewicht, und,
aller Aufmunterung beraubt, verschwindet sie von dem
lärmenden Markt des Jahrhunderts. Selbst der philosophische Untersuchungsgeist entreißt der Einbildungskraft
eine Provinz nach der andern, und die Grenzen der Kunst
verengen sich, jemehr die Wissenschaft ihre Schranken
erweitert.

Erwartungsvoll sind die Blicke des Philosophen wie des
Weltmanns auf den politischen Schauplatz geheftet, wo
jetzt, wie man glaubt, das große Schicksal der Menschheit
verhandelt wird. Verrät es nicht eine tadelnswerte Gleichgültigkeit gegen das Wohl der Gesellschaft, dieses allgemeine Gespräch nicht zu teilen? So nahe dieser große
Rechtshandel, seines Inhalts und seiner Folgen wegen,
jeden der sich Mensch nennt, angeht, so sehr muß er, seiner
Verhandlungsart wegen, jeden Selbstdenker ins besondere
interessieren. Eine Frage, welche sonst nur durch das
blinde Recht des Stärkern beantwortet wurde, ist nun, wie

es scheint, vor dem Richterstuhle reiner Vernunft anhängig
gemacht, und wer nur immer fähig ist, sich in das Zentrum
des Ganzen zu versetzen, und sein Individuum zur Gattung
zu steigern, darf sich als einen Beisitzer jenes Vernunftgerichts betrachten, so wie er als Mensch und Weltbürger
zugleich Partei ist, und näher oder entfernter in den Erfolg
sich verwickelt sieht. Es ist also nicht bloß seine eigene
Sache, die in diesem großen Rechtshandel zur Entscheidung kommt, es soll auch nach Gesetzen gesprochen werden, die er als vernünftiger Geist selbst zu diktieren fähig
und berechtiget ist.

Wie anziehend müßte es für mich sein, einen solchen
Gegenstand mit einem eben so geistreichen Denker als
liberalen Weltbürger in Untersuchung zu nehmen, und
einem Herzen, das mit schönem Enthusiasmus dem Wohl
der Menschheit sich weiht, die Entscheidung heimzustel-
len! Wie angenehm überraschend, bei einer noch so großen
Verschiedenheit des Standorts und bei dem weiten
Abstand, den die Verhältnisse in der wirklichen Welt nötig
machen, Ihrem vorurteilfreien Geist auf dem Felde der
Ideen in dem nemlichen Resultat zu begegnen! Daß ich
dieser reizenden Versuchung widerstehe, und die Schönheit
der Freiheit voran gehen lasse, glaube ich nicht bloß mit
meiner Neigung entschuldigen, sondern durch Grundsätze
rechtfertigen zu können. Ich hoffe, Sie zu überzeugen, daß
diese Materie weit weniger dem Bedürfnis als dem
Geschmack des Zeitalters fremd ist, ja daß man, um jenes
politische Problem in der Erfahrung zu lösen, durch das
ästhetische den Weg nehmen muß, weil es die Schönheit ist,
durch welche man zu der Freiheit wandert. Aber dieser
Beweis kann nicht geführt werden, ohne daß ich Ihnen die
Grundsätze in Erinnerung bringe, durch welche sich die
Vernunft überhaupt bei einer politischen Gesetzgebung
leitet.

DRITTER BRIEF

Die Natur fängt mit dem Menschen nicht besser an, als mit ihren übrigen Werken: sie handelt für ihn, wo er als freie Spontaneität noch nicht selbst handeln kann. Aber eben das macht ihn zum Menschen, daß er bei dem nicht stille steht, was die bloße Natur aus ihm machte, sondern die Fähigkeit besitzt, die Schritte, welche jene mit ihm antizipierte, durch Vernunft wieder rückwärts zu tun, das Werk der Not in ein Werk seiner freien Wahl umzuschaffen, und die physische Notwendigkeit zu einer moralischen zu erheben.

Er kommt zu sich aus seinem sinnlichen Schlummer, erkennt sich als Mensch, blickt um sich her, und findet sich – in dem Staate. Der Zwang der Bedürfnisse warf ihn hinein, ehe er in seiner Freiheit diesen Stand wählen konnte; die Not richtete denselben nach bloßen Naturgesetzen ein, ehe *er* es nach Vernunftgesetzen konnte. Aber mit diesem Notstaat, der nur aus seiner Naturbestimmung hervorgegangen, und auch nur auf diese berechnet war, konnte und kann er als moralische Person nicht zufrieden sein – und schlimm für ihn, wenn er es könnte! Er verläßt also, mit demselben Rechte, womit er Mensch ist, die Herrschaft einer blinden Notwendigkeit, wie er in so vielen andern Stücken durch seine Freiheit von ihr scheidet, wie er, um nur Ein Beispiel zu geben, den gemeinen Charakter, den das Bedürfnis der Geschlechtsliebe ausdrückte, durch Sittlichkeit auslöscht und durch Schönheit veredelt. So holt er, auf eine künstliche Weise, in seiner Volljährigkeit seine Kindheit nach, bildet sich einen *Naturstand* in der Idee, der ihm zwar durch keine Erfahrung gegeben, aber durch seine Vernunftbestimmung notwendig gesetzt ist, leiht sich in diesem idealischen Stand einen Endzweck, den er in seinem wirklichen Naturstand nicht kannte, und eine Wahl, deren er damals nicht fähig war, und verfährt nun nicht anders, als ob er von vorn anfinge, und den Stand der Unabhängigkeit aus heller Einsicht und freiem Entschluß mit dem Stand der

Verträge vertauschte. Wie kunstreich und fest auch die blinde Willkür ihr Werk gegründet haben, wie anmaßend sie es auch behaupten, und mit welchem Scheine von Ehrwürdigkeit es umgeben mag – er darf es, bei dieser Operation, als völlig ungeschehen betrachten, denn das Werk blinder Kräfte besitzt keine Autorität, vor welcher die Freiheit sich zu beugen brauchte, und alles muß sich dem höchsten Endzwecke fügen, den die Vernunft in seiner Persönlichkeit aufstellt. Auf diese Art entsteht und rechtfertigt sich der Versuch eines mündig gewordenen Volks, seinen Naturstaat in einen sittlichen umzuformen.

Dieser Naturstaat (wie jeder politische Körper heißen kann, der seine Einrichtung ursprünglich von Kräften, nicht von Gesetzen ableitet) widerspricht nun zwar dem moralischen Menschen, dem die bloße Gesetzmäßigkeit zum Gesetz dienen soll, aber er ist doch gerade hinreichend für den physischen Menschen, der sich nur darum Gesetze gibt, um sich mit Kräften abzufinden. Nun ist aber der physische Mensch *wirklich,* und der sittliche nur *problematisch.* Hebt also die Vernunft den Naturstaat auf, wie sie notwendig muß, wenn sie den ihrigen an die Stelle setzen will, so wagt sie den physischen und wirklichen Menschen an den problematischen sittlichen, so wagt sie die Existenz der Gesellschaft an ein bloß mögliches (wenn gleich moralisch notwendiges) Ideal von Gesellschaft. Sie nimmt dem Menschen etwas, das er wirklich besitzt, und ohne welches er nichts besitzt, und weist ihn dafür an etwas an, das er besitzen könnte und sollte; und hätte sie zuviel auf ihn gerechnet, so würde sie ihm für eine Menschheit, die ihm noch mangelt, und unbeschadet seiner Existenz mangeln kann, auch selbst die Mittel zur Tierheit entrissen haben, die doch die Bedingung seiner Menschheit ist. Ehe er Zeit gehabt hätte, sich mit seinem Willen an dem Gesetz fest zu halten, hätte sie unter seinen Füßen die Leiter der Natur weggezogen.

Das große Bedenken also ist, daß die physische Gesellschaft *in der Zeit* keinen Augenblick aufhören darf, indem

die moralische *in der Idee* sich bildet, daß, um der Würde des
Menschen willen seine Existenz nicht in Gefahr geraten
darf. Wenn der Künstler an einem Uhrwerk zu bessern hat,
so läßt er die Räder ablaufen; aber das lebendige Uhrwerk
des Staats muß gebessert werden, indem es schlägt, und
hier gilt es, das rollende Rad während seines Umschwunges
auszutauschen. Man muß also für die Fortdauer der
Gesellschaft eine Stütze aufsuchen, die sie von dem
Naturstaate, den man auflösen will, unabhängig macht.

Diese Stütze findet sich nicht in dem natürlichen
Charakter des Menschen, der, selbstsüchtig und gewalttätig, vielmehr auf Zerstörung als auf Erhaltung der Gesellschaft zielt; sie findet sich eben so wenig in seinem sittlichen
Charakter, der, nach der Voraussetzung, erst gebildet
werden soll, und auf den, weil er frei ist und *weil er nie*
erscheint, von dem Gesetzgeber nie gewirkt, und nie mit
Sicherheit gerechnet werden könnte. Es käme also darauf
an, von dem physischen Charakter die Willkür und von
dem moralischen die Freiheit abzusondern – es käme darauf
an, den erstern mit Gesetzen übereinstimmend, den letztern
von Eindrücken abhängig zu machen – es käme darauf an,
jenen von der Materie etwas weiter zu entfernen, diesen ihr
um etwas näher zu bringen – um einen dritten Charakter zu
erzeugen, der, mit jenen beiden verwandt, von der Herrschaft bloßer Kräfte zu der Herrschaft der Gesetze einen
Übergang bahnte, und ohne den moralischen Charakter
an seiner Entwicklung zu verhindern, vielmehr zu einem
sinnlichen Pfand der unsichtbaren Sittlichkeit diente.

VIERTER BRIEF

Soviel ist gewiß: nur das Übergewicht eines solchen
Charakters bei einem Volk kann eine Staatsverwandlung
nach moralischen Prinzipien unschädlich machen, und auch
nur ein solcher Charakter kann ihre Dauer verbürgen. Bei
Aufstellung eines moralischen Staats wird auf das Sitten-

gesetz als auf eine wirkende Kraft gerechnet, und der freie
Wille wird in das Reich der Ursachen gezogen, wo alles mit
strenger Notwendigkeit und Stetigkeit aneinander hängt.
Wir wissen aber, daß die Bestimmungen des menschlichen
Willens immer zufällig bleiben, und daß nur bei dem
absoluten Wesen die physische Notwendigkeit mit der
moralischen zusammenfällt. Wenn also auf das sittliche
Betragen des Menschen wie auf *natürliche* Erfolge gerechnet
werden soll, so muß es Natur *sein*, und er muß schon durch
seine Triebe zu einem solchen Verfahren geführt werden, als
nur immer ein sittlicher Charakter zur Folge haben kann.
Der Wille des Menschen steht aber vollkommen frei
zwischen Pflicht und Neigung, und in dieses Majestätsrecht
seiner Person kann und darf keine physische Nötigung
greifen. Soll er also dieses Vermögen der Wahl beibehalten,
und nichts destoweniger ein zuverlässiges Glied in der
Kausalverknüpfung der Kräfte sein, so kann dies nur
dadurch bewerkstelligt werden, daß die Wirkungen jener
beiden Triebfedern im Reich der Erscheinungen vollkommen gleich ausfallen, und, bei aller Verschiedenheit in der
Form, die Materie seines Wollens dieselbe bleibt; daß also
seine Triebe mit seiner Vernunft übereinstimmend genug
sind, um zu einer universellen Gesetzgebung zu taugen.

Jeder individuelle Mensch, kann man sagen, trägt, der
Anlage und Bestimmung nach, einen reinen idealischen
Menschen in sich, mit dessen unveränderlicher Einheit in
allen seinen Abwechselungen übereinzustimmen, die große
Aufgabe seines Daseins ist.[2] Dieser reine Mensch, der sich
mehr oder weniger deutlich in jedem Subjekt zu erkennen
gibt, wird repräsentiert durch den *Staat*; die objektive und
gleichsam kanonische Form, in der sich die Mannigfaltigkeit der Subjekte zu vereinigen trachtet. Nun lassen sich

---

2 Ich beziehe mich hier auf eine kürzlich erschienene Schrift:
Vorlesungen über die Bestimmung des Gelehrten von meinem Freund
Fichte, wo sich eine sehr lichtvolle und noch nie auf diesem
Wege versuchte Ableitung dieses Satzes findet.

aber zwei verschiedene Arten denken, wie der Mensch in der Zeit mit dem Menschen in der Idee zusammentreffen, mithin eben so viele, wie der Staat in den Individuen sich behaupten kann: entweder dadurch, daß der reine Mensch den empirischen unterdrückt, daß der Staat die Individuen aufhebt; oder dadurch, daß das Individuum Staat *wird*, daß der Mensch in der Zeit zum Menschen in der Idee sich *veredelt*.

Zwar in der einseitigen moralischen Schätzung fällt dieser Unterschied hinweg; denn die Vernunft ist befriedigt, wenn ihr Gesetz nur ohne Bedingung gilt: aber in der vollständigen anthropologischen Schätzung, wo mit der Form auch der Inhalt zählt, und die lebendige Empfindung zugleich eine Stimme hat, wird derselbe desto mehr in Betrachtung kommen. Einheit fodert zwar die Vernunft, die Natur aber Mannigfaltigkeit, und von beiden Legislationen wird der Mensch in Anspruch genommen. Das Gesetz der erstern ist ihm durch ein unbestechliches Bewußtsein, das Gesetz der andern durch ein unvertilgbares Gefühl eingeprägt. Daher wird es jederzeit von einer noch mangelhaften Bildung zeugen, wenn der sittliche Charakter nur mit Aufopferung des natürlichen sich behaupten kann; und eine Staatsverfassung wird noch sehr unvollendet sein, die nur durch Aufhebung der Mannigfaltigkeit Einheit zu bewirken im Stand ist. Der Staat soll nicht bloß den objektiven und generischen, er soll auch den subjektiven und spezifischen Charakter in den Individuen ehren, und indem er das unsichtbare Reich der Sitten ausbreitet, das Reich der Erscheinung nicht entvölkern.

Wenn der mechanische Künstler seine Hand an die gestaltlose Masse legt, um ihr die Form seiner Zwecke zu geben, so trägt er kein Bedenken, ihr Gewalt anzutun; denn die Natur, die er bearbeitet, verdient für sich selbst keine Achtung, und es liegt ihm nicht an dem Ganzen um der Teile willen, sondern an den Teilen um des Ganzen willen. Wenn der schöne Künstler seine Hand an die nehmliche Masse legt, so trägt er eben so wenig Bedenken, ihr Gewalt

anzutun, nur vermeidet er, sie zu zeigen. Den Stoff, den er
bearbeitet, respektiert er nicht im geringsten mehr, als der
mechanische Künstler, aber das Auge, welches die Freiheit
dieses Stoffes in Schutz nimmt, wird er durch eine
scheinbare Nachgiebigkeit gegen denselben zu täuschen
suchen. Ganz anders verhält es sich mit dem pädagogischen
und politischen Künstler, der den Menschen zugleich zu
seinem Material und zu seiner Aufgabe macht. Hier kehrt
der Zweck in den Stoff zurück, und nur weil das Ganze den
Teilen dient, dürfen sich die Teile dem Ganzen fügen. Mit
einer ganz andern Achtung, als diejenige ist, die der schöne
Künstler gegen seine Materie vorgibt, muß der Staats-
künstler sich der seinigen nahen und nicht bloß subjektiv,
und für einen täuschenden Effekt in den Sinnen, sondern
objektiv und für das innre Wesen muß er ihrer Eigentümlichkeit und Persönlichkeit schonen.

Aber eben deswegen, weil der Staat eine Organisation
sein soll, die sich durch sich selbst und für sich selbst bildet,
so kann er auch nur insoferne wirklich werden, als sich die
Teile zur Idee des Ganzen hinauf gestimmt haben. Weil der
Staat der reinen und objektiven Menschheit in der Brust
seiner Bürger zum Repräsentanten dient, so wird er gegen
seine Bürger dasselbe Verhältnis zu beobachten haben, in
welchem sie zu sich selber stehen, und ihre subjektive
Menschheit auch nur in *dem* Grade ehren können, als sie zur
objektiven veredelt ist. Ist der innere Mensch mit sich einig,
so wird er auch bei der höchsten Universalisierung seines
Betragens seine Eigentümlichkeit retten, und der Staat
wird bloß der Ausleger seines schönen Instinkts, die
deutlichere Formel seiner innern Gesetzgebung sein. Setzt
sich hingegen in dem Charakter eines Volks der subjektive
Mensch dem objektiven noch so kontradiktorisch entgegen, daß nur die Unterdrückung des erstern dem letztern
den Sieg verschaffen kann, so wird auch der Staat gegen
den Bürger den strengen Ernst des Gesetzes annehmen,
und, um nicht ihr Opfer zu sein, eine so feindselige
Individualität ohne Achtung darnieder treten müssen.

Der Mensch kann sich aber auf eine doppelte Weise entgegen gesetzt sein: entweder als Wilder, wenn seine Gefühle über seine Grundsätze herrschen; oder als Barbar, wenn seine Grundsätze seine Gefühle zerstören. Der Wilde verachtet die Kunst, und erkennt die Natur als seinen un- umschränkten Gebieter; der Barbar verspottet und entehrt die Natur, aber verächtlicher als der Wilde fährt er häufig genug fort, der Sklave seines Sklaven zu sein. Der gebildete Mensch macht die Natur zu seinem Freund, und ehrt ihre Freiheit, indem er bloß ihre Willkür zügelt.

Wenn also die Vernunft in die physische Gesellschaft ihre moralische Einheit bringt, so darf sie die Mannigfaltigkeit der Natur nicht verletzen. Wenn die Natur in dem moralischen Bau der Gesellschaft ihre Mannigfaltigkeit zu behaupten strebt, so darf der moralischen Einheit dadurch kein Abbruch geschehen; gleich weit von Einförmigkeit und Verwirrung ruht die siegende Form. *Totalität* des Charakters muß also bei dem Volke gefunden werden, welches fähig und würdig sein soll, den Staat der Not mit dem Staat der Freiheit zu vertauschen.

FÜNFTER BRIEF

Ist es dieser Charakter, den uns das jetzige Zeitalter, den die gegenwärtige Ereignisse zeigen? Ich richte meine Auf- merksamkeit sogleich auf den hervorstechendsten Gegen- stand in diesem weitläuftigen Gemälde.

Wahr ist es, das Ansehen der Meinung ist gefallen, die Willkür ist entlarvt, und, obgleich noch mit Macht bewaffnet, erschleicht sie doch keine Würde mehr; der Mensch ist aus seiner langen Indolenz und Selbsttäuschung aufgewacht, und mit nachdrücklicher Stimmen-Mehrheit fodert er die Wiederherstellung in seine unverlierbaren Rechte. Aber er fodert sie nicht bloß, jenseits und diesseits steht er auf, sich gewaltsam zu nehmen, was ihm nach seiner Meinung mit Unrecht verweigert wird. Das Gebäude des

Naturstaates wankt, seine mürben Fundamente weichen, und eine *physische* Möglichkeit scheint gegeben, das Gesetz auf den Thron zu stellen, den Menschen endlich als Selbstzweck zu ehren, und wahre Freiheit zur Grundlage der politischen Verbindung zu machen. Vergebliche Hoffnung! Die *moralische* Möglichkeit fehlt, und der freigebige Augenblick findet ein unempfängliches Geschlecht.

In seinen Taten malt sich der Mensch, und welche Gestalt ist es, die sich in dem Drama der jetzigen Zeit abbildet! Hier Verwilderung, dort Erschlaffung: die zwei Äußersten des menschlichen Verfalls, und beide in Einem Zeitraum vereinigt!

In den niedern und zahlreichern Klassen stellen sich uns rohe gesetzlose Triebe dar, die sich nach aufgelöstem Band der bürgerlichen Ordnung entfesseln, und mit unlenksamer Wut zu ihrer tierischen Befriedigung eilen. Es mag also sein, daß die objektive Menschheit Ursache gehabt hätte, sich über den Staat zu beklagen; die subjektive muß seine Anstalten ehren. Darf man ihn tadeln, daß er die Würde der menschlichen Natur aus den Augen setzte, solange es noch galt, ihre Existenz zu verteidigen? Daß er eilte, durch die Schwerkraft zu scheiden, und durch die Kohäsionskraft zu binden, wo an die bildende noch nicht zu denken war? Seine Auflösung enthält seine Rechtfertigung. Die losgebundene Gesellschaft, anstatt aufwärts in das organische Leben zu eilen, fällt in das Elementarreich zurück.

Auf der andern Seite geben uns die zivilisierten Klassen den noch widrigern Anblick der Schlaffheit und einer Depravation des Charakters, die desto mehr empört, weil die Kultur selbst ihre Quelle ist. Ich erinnere mich nicht mehr, welcher alte oder neue Philosoph die Bemerkung machte, daß das edlere in seiner Zerstörung das abscheulichere sei, aber man wird sie auch im moralischen wahr finden. Aus dem NaturSohne wird, wenn er ausschweift, ein Rasender; aus dem Zögling der Kunst ein Nichtswürdiger. Die Aufklärung des Verstandes, deren sich die verfeinerten Stände nicht ganz mit Unrecht rühmen, zeigt

im Ganzen so wenig einen veredelnden Einfluß auf die
Gesinnungen, daß sie vielmehr die Verderbnis durch
Maximen befestigt. Wir verleugnen die Natur auf ihrem
rechtmäßigen Felde, um auf dem moralischen ihre Tyrannei
zu erfahren, und indem wir ihren Eindrücken widerstreben, nehmen wir unsre Grundsätze von ihr an. Die
affektierte Dezenz unsrer Sitten verweigert ihr die verzeih-
liche *erste* Stimme, um ihr, in unsrer materialistischen
Sittenlehre, die entscheidende *letzte* einzuräumen. Mitten
im Schoße der raffiniertesten Geselligkeit hat der Egoism
sein System gegründet, und ohne ein geselliges Herz mit
heraus zu bringen, erfahren wir alle Ansteckungen und alle
Drangsale der Gesellschaft. Unser freies Urteil unterwerfen
wir ihrer despotischen Meinung, unser Gefühl ihren
bizarren Gebräuchen, unsern Willen ihren Verführungen,
nur unsre Willkür behaupten wir gegen ihre heiligen
Rechte. Stolze Selbstgenügsamkeit zieht das Herz des
Weltmanns zusammen, das in dem rohen Naturmenschen
noch oft sympathetisch schlägt, und wie aus einer brennenden Stadt sucht jeder nur sein elendes Eigentum aus der
Verwüstung zu flüchten. Nur in einer völligen Abschwö-
rung der Empfindsamkeit glaubt man gegen ihre Verirrungen Schutz zu finden, und der Spott, der den Schwärmer oft
heilsam züchtigt, lästert mit gleich wenig Schonung das
edelste Gefühl. Die Kultur, weit entfernt, uns in Freiheit zu
setzen, entwickelt mit jeder Kraft, die sie in uns ausbildet,
nur ein neues Bedürfnis, die Bande des physischen schnüren
sich immer beängstigender zu, so daß die Furcht, zu
verlieren, selbst den feurigen Trieb nach Verbesserung
erstickt, und die Maxime des leidenden Gehorsams für die
höchste Weisheit des Lebens gilt. So sieht man den Geist
der Zeit zwischen Verkehrtheit und Rohigkeit, zwischen
Unnatur und bloßer Natur, zwischen Superstition und
moralischem Unglauben schwanken, und es ist bloß das
Gleichgewicht des Schlimmen, was ihm zuweilen noch
Grenzen setzt.

SECHSTER BRIEF

Sollte ich mit dieser Schilderung dem Zeitalter wohl zuviel getan haben? Ich erwarte diesen Einwurf nicht, eher
einen andern: daß ich zuviel dadurch bewiesen habe. Dieses
Gemälde, werden Sie mir sagen, gleicht zwar der gegenwärtigen Menschheit, aber es gleicht überhaupt allen
Völkern, die in der Kultur begriffen sind, weil alle ohne
Unterschied durch Vernünftelei von der Natur abfallen
müssen, ehe sie durch Vernunft zu ihr zurückkehren
können.

Aber bei einiger Aufmerksamkeit auf den Zeitcharakter
muß uns der Kontrast in Verwunderung setzen, der
zwischen der heutigen Form der Menschheit, und zwischen
der ehemaligen, besonders der griechischen, angetroffen
wird. Der Ruhm der Ausbildung und Verfeinerung, den
wir mit Recht gegen jede andere *bloße* Natur geltend
machen, kann uns gegen die griechische Natur nicht zu
statten kommen, die sich mit allen Reizen der Kunst und
mit aller Würde der Weisheit vermählte, ohne doch, wie die
unsrige, das Opfer derselben zu sein. Die Griechen
beschämen uns nicht bloß durch eine Simplizität, die
unserm Zeitalter fremd ist; sie sind zugleich unsre Nebenbuhler, ja oft unsre Muster in den nehmlichen Vorzügen,
mit denen wir uns über die Naturwidrigkeit unsrer Sitten
zu trösten pflegen. Zugleich voll Form und voll Fülle,
zugleich philosophierend und bildend, zugleich zart und
energisch sehen wir sie die Jugend der Phantasie mit der
Männlichkeit der Vernunft in einer herrlichen Menschheit
vereinigen.

Damals bei jenem schönen Erwachen der Geisteskräfte
hatten die Sinne und der Geist noch kein strenge geschie-
denes Eigentum; denn noch hatte kein Zwiespalt sie
gereizt, mit einander feindselig abzuteilen, und ihre Markung zu bestimmen. Die Poesie hatte noch nicht mit dem
Witze gebuhlt, und die Spekulation sich noch nicht durch

Spitzfindigkeit geschändet. Beide konnten im Notfall ihre
Verrichtungen tauschen, weil jedes, nur auf seine eigene
Weise, die Wahrheit ehrte. So hoch die Vernunft auch stieg,
so zog sie doch immer die Materie liebend nach, und so fein
und scharf sie auch trennte, so verstümmelte sie doch nie. 5
Sie zerlegte zwar die menschliche Natur und warf sie in
ihrem herrlichen Götterkreis vergrößert auseinander, aber
nicht dadurch, daß sie sie in Stücken riß, sondern dadurch,
daß sie sie verschiedentlich mischte, denn die ganze
Menschheit fehlte in keinem einzelnen Gott. Wie ganz 10
anders bei uns Neuern! Auch bei uns ist das Bild der
Gattung in den Individuen vergrößert auseinander geworfen – aber in Bruchstücken, nicht in veränderten Mischungen, daß man von Individuum zu Individuum herumfragen
muß, um die Totalität der Gattung zusammen zu lesen. Bei 15
uns, möchte man fast versucht werden zu behaupten,
äußern sich die Gemütskräfte auch in der Erfahrung so
getrennt, wie der Psychologe sie in der Vorstellung
scheidet, und wir sehen nicht bloß einzelne Subjekte
sondern ganze Klassen von Menschen nur einen Teil ihrer 20
Anlagen entfalten, während daß die übrigen, wie bei
verkrüppelten Gewächsen, kaum mit matter Spur angedeutet sind.

Ich verkenne nicht die Vorzüge, welche das gegenwärtige Geschlecht, als Einheit betrachtet, und auf der Waage 25
des Verstandes, vor dem besten in der Vorwelt behaupten
mag; aber in geschlossenen Gliedern muß es den Wett-
kampf beginnen, und das Ganze mit dem Ganzen sich
messen. Welcher einzelne Neuere tritt heraus, Mann gegen
Mann mit dem einzelnen Athenienser um den Preis der 30
Menschheit zu streiten?

Woher wohl dieses nachteilige Verhältnis der Individuen
bei allem Vorteil der Gattung? Warum qualifizierte sich der
einzelne Grieche zum Repräsentanten seiner Zeit, und
warum darf dies der einzelne Neuere nicht wagen? Weil 35
jenem die alles vereinende Natur, diesem der alles trennen-
de Verstand seine Formen erteilten.

Die Kultur selbst war es, welche der neuern Menschheit diese Wunde schlug. Sobald auf der einen Seite die erweiterte Erfahrung und das bestimmtere Denken eine schärfere Scheidung der Wissenschaften, auf der andern das verwickeltere Uhrwerk der Staaten eine strengere Absonderung der Stände und Geschäfte notwendig machte, so zerriß auch der innere Bund der menschlichen Natur, und ein verderblicher Streit entzweite ihre harmonischen Kräfte. Der intuitive und der spekulative Verstand verteilten sich jetzt feindlich gesinnt auf ihren verschiedenen Feldern, deren Grenzen sie jetzt anfingen, mit Mißtrauen und Eifersucht zu bewachen, und mit der Sphäre, auf die man seine Wirksamkeit einschränkt, hat man sich auch in sich selbst einen Herrn gegeben, der nicht selten mit Unterdrükkung der übrigen Anlagen zu endigen pflegt. Indem hier die luxurierende Einbildungskraft die mühsamen Pflanzungen des Verstandes verwüstet, verzehrt dort der Abstraktionsgeist das Feuer, an dem das Herz sich hätte wärmen, und die Phantasie sich entzünden sollen.

Diese Zerrüttung, welche Kunst und Gelehrsamkeit in dem innern Menschen anfingen, machte der neue Geist der Regierung vollkommen und allgemein. Es war freilich nicht zu erwarten, daß die einfache Organisation der ersten Republiken die Einfalt der ersten Sitten und Verhältnisse überlebte, aber anstatt zu einem höhern animalischen Leben zu steigen, sank sie zu einer gemeinen und groben Mechanik herab. Jene Polypennatur der griechischen Staaten, wo jedes Individuum eines unabhängigen Lebens genoß, und wenn es Not tat, zum Ganzen werden konnte, machte jetzt einem kunstreichen Uhrwerke Platz, wo aus der Zusammenstückelung unendlich vieler, aber lebloser, Teile ein mechanisches Leben im Ganzen sich bildet. Auseinandergerissen wurden jetzt der Staat und die Kirche, die Gesetze und die Sitten; der Genuß wurde von der Arbeit, das Mittel vom Zweck, die Anstrengung von der Belohnung geschieden. Ewig nur an ein einzelnes kleines Bruchstück des Ganzen gefesselt, bildet sich der Mensch

selbst nur als Bruchstück aus, ewig nur das eintönige
Geräusch des Rades, das er umtreibt, im Ohre, entwickelt
er nie die Harmonie seines Wesens, und anstatt die
Menschheit in seiner Natur auszuprägen, wird er bloß zu
einem Abdruck seines Geschäfts, seiner Wissenschaft. Aber
selbst der karge fragmentarische Anteil, der die einzelnen
Glieder noch an das Ganze knüpft, hängt nicht von Formen
ab, die sie sich selbsttätig geben, (denn wie dürfte man ihrer
Freiheit ein so künstliches und lichtscheues Uhrwerk vertrauen?) sondern wird ihnen mit skrupulöser Strenge durch
ein Formular vorgeschrieben, in welchem man ihre freie
Einsicht gebunden hält. Der tote Buchstabe vertritt den
lebendigen Verstand, und ein geübtes Gedächtnis leitet
sicherer, als Genie und Empfindung.

Wenn das gemeine Wesen das Amt zum Maßstab des
Mannes macht, wenn es an dem Einen seiner Bürger nur die
Memorie, an einem Andern den tabellarischen Verstand, an
einem Dritten nur die mechanische Fertigkeit ehrt, wenn es
hier, gleichgültig gegen den Charakter, nur auf Kenntnisse
dringt, dort hingegen einem Geiste der Ordnung und
einem gesetzlichen Verhalten die größte Verfinsterung des
Verstandes zu gut hält – wenn es zugleich diese einzelnen
Fertigkeiten zu einer eben so großen Intensität will
getrieben wissen, als es dem Subjekt an Extensität erläßt –
darf es uns da wundern, daß die übrigen Anlagen des
Gemüts vernachlässigt werden, um der einzigen, welche
ehrt und lohnt, alle Pflege zuzuwenden? Zwar wissen wir,
daß das kraftvolle Genie die Grenzen seines Geschäfts nicht
zu Grenzen seiner Tätigkeit macht, aber das mittelmäßige
Talent verzehrt in dem Geschäfte, das ihm zum Anteil fiel,
die ganze karge Summe seiner Kraft, und es muß schon
kein gemeiner Kopf sein, um, unbeschadet seines Berufs,
für Liebhabereien übrig zu behalten. Noch dazu ist es selten
eine gute Empfehlung bei dem Staat, wenn die Kräfte die
Aufträge übersteigen, oder wenn das höhere Geistesbe-
dürfnis des Mannes von Genie seinem Amt einen Nebenbuhler gibt. So eifersüchtig ist der Staat auf den Alleinbe-

sitz seiner Diener, daß er sich leichter dazu entschließen wird, (und wer kann ihm unrecht geben?) seinen Mann mit einer Venus Cytherea als mit einer Venus Urania zu teilen?

Und so wird denn allmählich das einzelne konkrete Leben vertilgt, damit das Abstrakt des Ganzen sein dürftiges Dasein friste, und ewig bleibt der Staat seinen Bürgern fremd, weil ihn das Gefühl nirgends findet. Genötigt, sich die Mannigfaltigkeit seiner Bürger durch Klassifizierung zu erleichtern, und die Menschheit nie anders als durch Repräsentation aus der zweiten Hand zu empfangen, verliert der regierende Teil sie zuletzt ganz und gar aus den Augen, indem er sie mit einem bloßen Machwerk des Verstandes vermengt; und der regierte kann nicht anders als mit Kaltsinn die Gesetze empfangen, die an ihn selbst so wenig gerichtet sind. Endlich überdrüssig, ein Band zu unterhalten, das ihr von dem Staate so wenig erleichtert wird, fällt die positive Gesellschaft (wie schon längst das Schicksal der meisten europäischen Staaten ist) in einen moralischen Naturstand auseinander, wo die öffentliche Macht nur eine Partei *mehr* ist, gehaßt und hintergangen von dem, der sie nötig macht, und nur von dem, der sie entbehren kann, geachtet.

Konnte die Menschheit bei dieser doppelten Gewalt, die von innen und außen auf sie drückte, wohl eine andere Richtung nehmen, als sie wirklich nahm? Indem der spekulative Geist im Ideenreich nach unverlierbaren Besitzungen strebte, mußte er ein Fremdling in der Sinnenwelt werden, und über der Form die Materie verlieren. Der Geschäftsgeist, in einen einförmigen Kreis von Objekten eingeschlossen und in diesem noch mehr durch Formeln eingeengt, mußte das freie Ganze sich aus den Augen gerückt sehen, und zugleich mit seiner Sphäre verarmen. So wie ersterer versucht wird, das Wirkliche nach dem Denkbaren zu modeln, und die subjektiven Bedingungen seiner Vorstellungskraft zu konstitutiven Gesetzen für das Dasein der Dinge zu erheben, so stürzte letzterer in das

entgegen stehende Extrem, alle Erfahrung überhaupt nach
einem besondern Fragment von Erfahrung zu schätzen,
und die Regeln *seines* Geschäfts jedem Geschäft ohne
Unterschied anpassen zu wollen. Der eine mußte einer
leeren Subtilität, der andre einer pedantischen Beschränkt- 5
heit zum Raube werden, weil jener für das Einzelne zu
hoch, dieser zu tief für das Ganze stand. Aber das
Nachteilige dieser Geistesrichtung schränkte sich nicht
bloß auf das Wissen und Hervorbringen ein; es erstreckte
sich nicht weniger auf das Empfinden und Handeln. Wir 10
wissen, daß die Sensibilität des Gemüts ihrem Grade nach
von der Lebhaftigkeit, ihrem Umfange nach, von dem
Reichtum der Einbildungskraft abhängt. Nun muß aber
das Übergewicht des analytischen Vermögens die Phantasie
notwendig ihrer Kraft und ihres Feuers berauben, und eine 15
eingeschränktere Sphäre von Objekten ihren Reichtum
vermindern. Der abstrakte Denker hat daher gar oft ein
kaltes Herz, weil er die Eindrücke zergliedert, die doch nur
als ein Ganzes die Seele rühren; der Geschäftsmann hat gar
oft ein *enges* Herz, weil seine Einbildungskraft, in den 20
einförmigen Kreis seines Berufs eingeschlossen, sich zu
fremder Vorstellungsart nicht erweitern kann.

Es lag auf meinem Wege, die nachteilige Richtung des
ZeitCharakters und ihre Quellen aufzudecken, nicht die
Vorteile zu zeigen, wodurch die Natur sie vergütet. Gerne 25
will ich Ihnen eingestehen, daß so wenig es auch den
Individuen bei dieser Zerstückelung ihres Wesens wohl
werden kann, doch die Gattung auf keine andere Art hätte
Fortschritte machen können. Die Erscheinung der griechischen Menschheit war unstreitig ein Maximum, das auf 30
dieser Stufe weder verharren noch höher steigen konnte.
Nicht verharren; weil der Verstand durch den Vorrat, den er
schon hatte, unausbleiblich genötigt werden mußte, sich
von der Empfindung und Anschauung abzusondern, und
nach Deutlichkeit der Erkenntnis zu streben: auch nicht 35
höher steigen; weil nur ein bestimmter Grad von Klarheit
mit einer bestimmten Fülle und Wärme zusammen beste-

hen kann. Die Griechen hatten diesen Grad erreicht, und
wenn sie zu einer höhern Ausbildung fortschreiten wollten,
so mußten sie, wie wir, die Totalität ihres Wesens aufgeben,
und die Wahrheit auf getrennten Bahnen verfolgen.

Die mannigfaltigen Anlagen im Menschen zu entwikkeln, war kein anderes Mittel, als sie einander entgegen zu
setzen. Dieser Antagonism der Kräfte ist das große
Instrument der Kultur, aber auch nur das Instrument; denn
solange derselbe dauert, ist man erst auf dem Wege zu
dieser. Dadurch allein, daß in dem Menschen einzelne
Kräfte sich isolieren, und einer ausschließenden Gesetzgebung anmaßen, geraten sie in Widerstreit mit der Wahrheit
der Dinge, und nötigen den Gemeinsinn, der sonst mit
träger Genügsamkeit auf der äußern Erscheinung ruht, in
die Tiefen der Objekte zu dringen. Indem der reine Verstand eine Autorität in der Sinnenwelt usurpiert, und der
empirische beschäftigt ist, ihn den Bedingungen der Erfahrung zu unterwerfen, bilden beide Anlagen sich zu möglichster Reife aus, und erschöpfen den ganzen Umfang ihrer
Sphäre. Indem hier die Einbildungskraft durch ihre Willkür die Weltordnung aufzulösen wagt, nötiget sie dort die
Vernunft zu den obersten Quellen der Erkenntnis zu
steigen, und das Gesetz der Notwendigkeit gegen sie zu
Hülfe zu rufen.

Einseitigkeit in Übung der Kräfte führt zwar das
Individuum unausbleiblich zum Irrtum, aber die Gattung
zur Wahrheit. Dadurch allein, daß wir die ganze Energie
unsers Geistes in Einem Brennpunkt versammeln, und
unser ganzes Wesen in eine einzige Kraft zusammenziehen,
setzen wir dieser einzelnen Kraft gleichsam Flügel an, und
führen sie künstlicherweise weit über die Schranken hinaus,
welche die Natur ihr gesetzt zu haben scheint. So gewiß es
ist, daß alle menschliche Individuen zusammen genommen,
mit der Sehkraft, welche die Natur ihnen erteilt, nie dahin
gekommen sein würden, einen Trabanten des Jupiter
auszuspähn, den der Teleskop dem Astronomen entdeckt;
eben so ausgemacht ist es, daß die menschliche Denkkraft

niemals eine Analyse des Unendlichen oder eine Kritik der
reinen Vernunft würde aufgestellt haben, wenn nicht in
einzelnen dazu berufnen Subjekten die Vernunft sich
vereinzelt, von allem Stoff gleichsam losgewunden, und
durch die angestrengteste Abstraktion ihren Blick ins
Unbedingte bewaffnet hätte. Aber wird wohl ein solcher, in
reinen Verstand und reine Anschauung gleichsam aufgelö-
ster Geist dazu tüchtig sein, die strengen Fesseln der Logik
mit dem freien Gange der Dichtungskraft zu vertauschen,
und die Individualität der Dinge mit treuem und keuschem
Sinn zu ergreifen? Hier setzt die Natur auch dem Univer-
salgenie eine Grenze, die es nicht überschreiten kann, und
die Wahrheit wird solange Märtyrer machen, als die
Philosophie noch ihr vornehmstes Geschäft daraus machen
muß, Anstalten gegen den Irrtum zu treffen.

Wieviel also auch für das Ganze der Welt durch diese
getrennte Ausbildung der menschlichen Kräfte gewonnen
werden mag, so ist nicht zu leugnen, daß die Individuen,
welche sie trifft, unter dem Fluch dieses Weltzweckes
leiden. Durch gymnastische Übungen bilden sich zwar
athletische Körper aus, aber nur durch das freie und
gleichförmige Spiel der Glieder die Schönheit. Eben so
kann die Anspannung einzelner Geisteskräfte zwar außerordentliche, aber nur die gleichförmige Temperatur derselben glückliche und vollkommene Menschen erzeugen. Und
in welchem Verhältnis stünden wir also zu dem vergangenen und kommenden Weltalter, wenn die Ausbildung der
menschlichen Natur ein solches Opfer notwendig machte?
Wir wären die Knechte der Menschheit gewesen, wir hätten
einige Jahrtausende lang die Sklavenarbeit für sie getrieben, und unsrer verstümmelten Natur die beschämenden
Spuren dieser Dienstbarkeit eingedrückt – damit das
spätere Geschlecht in einem seligen Müßiggange seiner
moralischen Gesundheit warten, und den freien Wuchs
seiner Menschheit entwickeln könnte!

Kann aber wohl der Mensch dazu bestimmt sein, über
irgend einem Zwecke sich selbst zu versäumen? Sollte uns

die Natur durch ihre Zwecke eine Vollkommenheit rauben
können, welche uns die Vernunft durch die ihrigen
vorschreibt? Es muß also falsch sein, daß die Ausbildung
der einzelnen Kräfte das Opfer ihrer Totalität notwendig
5 macht; oder wenn auch das Gesetz der Natur noch so sehr
dahin strebte, so muß es bei uns stehen, diese Totalität in
unsrer Natur, welche die Kunst zerstört hat, durch eine
höhere Kunst wieder herzustellen.

SIEBENTER BRIEF

10 Sollte diese Wirkung vielleicht von dem Staat zu erwarten
sein? Das ist nicht möglich, denn der Staat, wie er jetzt
beschaffen ist, hat das Übel veranlaßt, und der Staat, wie ihn
die Vernunft in der Idee sich aufgibt, anstatt diese bessere
Menschheit begründen zu können, müßte selbst erst darauf
15 gegründet werden. Und so hätten mich denn die bisherigen
Untersuchungen wieder auf den Punkt zurückgeführt, von
dem sie mich eine Zeitlang entfernten. Das jetzige Zeitalter,
weit entfernt uns diejenige Form der Menschheit aufzuweisen, welche als notwendige Bedingung einer moralischen
20 Staatsverbesserung erkannt worden ist, zeigt uns vielmehr
das direkte Gegenteil davon. Sind also die von mir
aufgestellten Grundsätze richtig, und bestätigt die Erfahrung mein Gemälde der Gegenwart, so muß man jeden
Versuch einer solchen Staatsveränderung solange für unzei-
25 tig und jede darauf gegründete Hoffnung solange für
schimärisch erklären, bis die Trennung in dem innern
Menschen wieder aufgehoben, und seine Natur vollständig
genug entwickelt ist, um selbst die Künstlerin zu sein, und
der politischen Schöpfung der Vernunft ihre Realität zu
30 verbürgen.
Die Natur zeichnet uns in ihrer physischen Schöpfung
den Weg vor, den man in der moralischen zu wandeln hat.
Nicht eher, als bis der Kampf elementarischer Kräfte in den
niedrigern Organisationen besänftiget ist, erhebt sie sich zu

der edeln Bildung des physischen Menschen. Eben so muß
der Elementenstreit in dem ethischen Menschen, der
Konflikt blinder Triebe, fürs erste beruhigt sein, und die
grobe Entgegensetzung muß in ihm aufgehört haben, ehe
man es wagen darf, die Mannigfaltigkeit zu begünstigen.
Auf der andern Seite muß die Selbstständigkeit seines
Charakters gesichert sein, und die Unterwürfigkeit unter
fremde despotische Formen einer anständigen Freiheit
Platz gemacht haben, ehe man die Mannigfaltigkeit in ihm
der Einheit des Ideals unterwerfen darf. Wo der Naturmensch seine Willkür noch so gesetzlos mißbraucht, da darf
man ihm seine Freiheit kaum zeigen; wo der künstliche
Mensch seine Freiheit noch so wenig gebraucht, da darf
man ihm seine Willkür nicht nehmen. Das Geschenk
liberaler Grundsätze wird Verräterei an dem Ganzen, wenn
es sich zu einer noch gärenden Kraft gesellt, und einer
schon übermächtigen Natur Verstärkung zusendet; das
Gesetz der Übereinstimmung wird Tyrannei gegen das
Individuum, wenn es sich mit einer schon herrschenden
Schwäche und physischen Beschränkung verknüpft, und so
den letzten glimmenden Funken von Selbsttätigkeit und
Eigentümlichkeit auslöscht.

Der Charakter der Zeit muß sich also von seiner tiefen
Entwürdigung erst aufrichten, dort der blinden Gewalt der
Natur sich entziehen, und hier zu ihrer Einfalt, Wahrheit
und Fülle zurückkehren; eine Aufgabe für mehr als Ein
Jahrhundert. Unterdessen gebe ich gerne zu, kann mancher
Versuch im Einzelnen gelingen, aber am Ganzen wird
dadurch nichts gebessert sein, und der Widerspruch des
Betragens wird stets gegen die Einheit der Maximen
beweisen. Man wird in andern Weltteilen in dem Neger die
Menschheit ehren, und in Europa sie in dem Denker
schänden. Die alten Grundsätze werden bleiben, aber sie
werden das Kleid des Jahrhunderts tragen, und zu einer
Unterdrückung, welche sonst die Kirche autorisierte, wird
die Philosophie ihren Namen leihen. Von der Freiheit
erschreckt, die in ihren ersten Versuchen sich immer als

Feindin ankündigt, wird man dort einer bequemen Knechtschaft sich in die Arme werfen, und hier von einer
pedantischen *Curatel* zur Verzweiflung gebracht, in die
wilde Ungebundenheit des Naturstands entspringen. Die
Usurpation wird sich auf die Schwachheit der menschlichen
Natur, die Insurrektion auf die Würde derselben berufen,
bis endlich die große Beherrscherin aller menschlichen
Dinge, die blinde Stärke, dazwischen tritt, und den vor-
geblichen Streit der Prinzipien wie einen gemeinen Faust-
kampf entscheidet.

ACHTER BRIEF

Soll sich also die Philosophie, mutlos und ohne Hoffnung,
aus diesem Gebiete zurückziehen? Während daß sich die
Herrschaft der Formen nach jener andern Richtung erwei-
tert, soll dieses wichtigste aller Güter dem gestaltlosen
Zufall Preis gegeben sein? Der Konflikt blinder Kräfte soll
in der politischen Welt ewig dauern, und das gesellige
Gesetz nie über die feindselige Selbstsucht siegen?
  Nichtsweniger! Die Vernunft selbst wird zwar mit dieser
rauhen Macht, die ihren Waffen widersteht, unmittelbar
den Kampf nicht versuchen, und so wenig als der Sohn des
Saturns in der Ilias, selbsthandelnd auf den finstern
Schauplatz herunter steigen. Aber aus der Mitte der Streiter
wählt sie sich den würdigsten aus, bekleidet ihn wie Zeus
seinen Enkel mit göttlichen Waffen, und bewirkt durch
seine siegende Kraft die große Entscheidung.
  Die Vernunft hat geleistet, was sie leisten kann, wenn sie
das Gesetz findet und aufstellt; vollstrecken muß es der
mutige Wille, und das lebendige Gefühl. Wenn die Wahrheit
im Streit mit Kräften den Sieg erhalten soll, so muß sie
selbst erst zur *Kraft* werden, und zu ihrem Sachführer im
Reich der Erscheinungen einen *Trieb* aufstellen; denn Triebe
sind die einzigen bewegenden Kräfte in der empfindenden
Welt. Hat sie bis jetzt ihre siegende Kraft noch so wenig

bewiesen, so liegt dies nicht an dem Verstande, der sie nicht
zu entschleiern wußte, sondern an dem Herzen, das sich
ihr verschloß, und an dem Triebe, der nicht für sie handelte.

Denn woher diese noch so allgemeine Herrschaft der
Vorurteile und diese Verfinsterung der Köpfe bei allem
Licht, das Philosophie und Erfahrung aufsteckten? Das
Zeitalter ist aufgeklärt, das heißt die Kenntnisse sind
gefunden und öffentlich preisgegeben, welche hinreichen
würden, wenigstens unsre praktischen Grundsätze zu
berichtigen. Der Geist der freien Untersuchung hat die
Wahnbegriffe zerstreut, welche lange Zeit den Zugang zu
der Wahrheit verwehrten, und den Grund unterwühlt, auf
welchem Fanatismus und Betrug ihren Thron erbauten. Die
Vernunft hat sich von den Täuschungen der Sinne und von
einer betrüglichen Sophistik gereinigt, und die Philosophie
selbst, welche uns zuerst von ihr abtrünnig machte, ruft uns
laut und dringend in den Schoß der Natur zurück – woran
liegt es, daß wir noch immer Barbaren sind?

Es muß also, weil es nicht in den Dingen liegt, in den
Gemütern der Menschen etwas vorhanden sein, was der
Aufnahme der Wahrheit, auch wenn sie noch so hell
leuchtete, und der Annahme derselben, auch wenn sie noch
so lebendig überzeugte, im Wege steht. Ein alter Weiser hat
es empfunden, und es liegt in dem vielbedeutenden
Ausdruck versteckt: s a p e r e   a u d e.

Erkühne dich, weise zu sein. Energie des Muts gehört
dazu, die Hindernisse zu bekämpfen, welche sowohl die
Trägheit der Natur als die Feigheit des Herzens der
Belehrung entgegen setzen. Nicht ohne Bedeutung läßt der
alte Mythus die Göttin der Weisheit in voller Rüstung aus
Jupiters Haupte steigen; denn schon ihre erste Verrichtung
ist kriegerisch. Schon in der Geburt hat sie einen harten
Kampf mit den Sinnen zu bestehen, die aus ihrer süßen
Ruhe nicht gerissen sein wollen. Der zahlreichere Teil der
Menschen wird durch den Kampf mit der Not viel zu sehr
ermüdet und abgespannt, als daß er sich zu einem neuen

und härtern Kampf mit dem Irrtum aufraffen sollte.
Zufrieden, wenn er selbst der sauren Mühe des Denkens
entgeht, läßt er Andere gern über seine Begriffe die
Vormundschaft führen, und geschieht es, daß sich höhere
Bedürfnisse in ihm regen, so ergreift er mit durstigem
Glauben die Formeln, welche der Staat und das Priestertum
für diesen Fall in Bereitschaft halten. Wenn diese unglückliche Menschen unser Mitleiden verdienen, so trifft unsre
gerechte Verachtung die andern, die ein besseres Los von
dem Joch der Bedürfnisse frei macht, aber eigene Wahl
darunter beugt. Diese ziehen den Dämmerschein dunkler
Begriffe, wo man lebhafter fühlt und die Phantasie sich
nach eignem Belieben bequeme Gestalten bildet, den
Strahlen der Wahrheit vor, die das angenehme Blendwerk
ihrer Träume verjagen. Auf eben diese Täuschungen, die
das feindselige Licht der Erkenntnis zerstreuen soll, haben
sie den ganzen Bau ihres Glücks gegründet, und sie sollten
eine Wahrheit so teuer kaufen, die damit anfängt, ihnen alles
zu nehmen, was Wert für sie besitzt. Sie müßten schon weise
sein, um die Weisheit zu lieben: eine Wahrheit, die derjenige
schon fühlte, der der Philosophie ihren Namen gab.

Nicht genug also, daß alle Aufklärung des Verstandes
nur insoferne Achtung verdient, als sie auf den Charakter
zurückfließt; sie geht auch gewissermaßen von dem Charakter aus, weil der Weg zu dem Kopf durch das Herz muß
geöffnet werden. Ausbildung des Empfindungsvermögens
ist also das dringendere Bedürfnis der Zeit, nicht bloß weil
sie ein Mittel wird, die verbesserte Einsicht für das Leben
wirksam zu machen, sondern selbst darum, weil sie zu
Verbesserung der Einsicht erweckt.

NEUNTER BRIEF

Aber ist hier nicht vielleicht ein Zirkel? Die theoretische
Kultur soll die praktische herbeiführen und die praktische
doch die Bedingung der theoretischen sein? Alle Verbesse-

rung im politischen soll von Veredlung des Charakters ausgehen – aber wie kann sich unter den Einflüssen einer barbarischen Staatsverfassung der Charakter veredeln? Man müßte also zu diesem Zwecke ein Werkzeug aufsuchen, welches der Staat nicht hergibt, und Quellen dazu eröffnen, die sich bei aller politischen Verderbnis rein und lauter erhalten.

Jetzt bin ich an dem Punkt angelangt, zu welchem alle meine bisherigen Betrachtungen hingestrebt haben. Dieses Werkzeug ist die schöne Kunst, diese Quellen öffnen sich in ihren unsterblichen Mustern.

Von allem, was positiv ist und was menschliche Konventionen einführten, ist die Kunst, wie die Wissenschaft losgesprochen, und beide erfreuen sich einer absoluten *Immunität* von der Willkür der Menschen. Der politische Gesetzgeber kann ihr Gebiet sperren, aber darin herrschen kann er nicht. Er kann den Wahrheitsfreund ächten, aber die Wahrheit besteht; er kann den Künstler erniedrigen, aber die Kunst kann er nicht verfälschen. Zwar ist nichts gewöhnlicher, als daß beide, Wissenschaft und Kunst, dem Geist des Zeitalters huldigen, und der hervorbringende Geschmack von dem beurteilenden das Gesetz empfängt. Wo der Charakter straff wird und sich verhärtet, da sehen wir die Wissenschaft streng ihre Grenzen bewachen, und die Kunst in den schweren Fesseln der Regel gehn; wo der Charakter erschlafft und sich auflöst, da wird die Wissenschaft zu gefallen und die Kunst zu vergnügen streben. Ganze Jahrhunderte lang zeigen sich die Philosophen wie die Künstler geschäftig, Wahrheit und Schönheit in die Tiefen gemeiner Menschheit hinabzutauchen; jene gehen darin unter, aber mit eigner unzerstörbarer Lebenskraft ringen sich diese siegend empor.

Der Künstler ist zwar der Sohn seiner Zeit, aber schlimm für ihn, wenn er zugleich ihr Zögling oder gar noch ihr Günstling ist. Eine wohltätige Gottheit reiße den Säugling bei Zeiten von seiner Mutter Brust, nähre ihn mit der Milch eines bessern Alters, und lasse ihn unter fernem griechi-

schen Himmel zur Mündigkeit reifen. Wenn er dann Mann
geworden ist, so kehre er, eine fremde Gestalt, in sein
Jahrhundert zurück; aber nicht, um es mit seiner Erschei-
nung zu erfreuen, sondern furchtbar wie Agamemnons
Sohn, um es zu reinigen. Den Stoff zwar wird er von der
Gegenwart nehmen, aber die Form von einer edleren Zeit,
ja jenseits aller Zeit, von der absoluten unwandelbaren
Einheit seines Wesens entlehnen. Hier aus dem reinen
Äther seiner dämonischen Natur rinnt die Quelle der
Schönheit herab, unangesteckt von der Verderbnis der
Geschlechter und Zeiten, welche tief unter ihr in trüben
Strudeln sich wälzen. Seinen Stoff kann die Laune entehren, wie sie ihn geadelt hat, aber die keusche Form ist ihrem
Wechsel entzogen. Der Römer des ersten Jahrhunderts
hatte längst schon die Knie vor seinen Kaisern gebeugt, als
die Bildsäulen noch aufrecht standen, die Tempel blieben
dem Auge heilig, als die Götter längst zum Gelächter
dienten, und die Schandtaten eines *Nero* und *Kommodus*
beschämte der edle Stil des Gebäudes, das seine Hülle dazu
gab. Die Menschheit hat ihre Würde verloren, aber die
Kunst hat sie gerettet und aufbewahrt in bedeutenden
Steinen; die Wahrheit lebt in der Täuschung fort, und aus
dem Nachbilde wird das Urbild wieder hergestellt werden.
So wie die edle Kunst die edle Natur *überlebte*, so schreitet
sie derselben auch in der Begeisterung, bildend und
erweckend, voran. Ehe noch die Wahrheit ihr siegendes
Licht in die Tiefen der Herzen sendet, fängt die Dichtungskraft ihre Strahlen auf, und die Gipfel der Menschheit
werden glänzen, wenn noch feuchte Nacht in den Tälern
liegt.

Wie verwahrt sich aber der Künstler vor den Verderbnissen seiner Zeit, die ihn von allen Seiten umfangen? Wenn
er ihr Urteil verachtet. Er blicke aufwärts nach seiner
Würde und dem Gesetz, nicht niederwärts nach dem Glück
und nach dem Bedürfnis. Gleich frei von der eiteln
Geschäftigkeit, die in den flüchtigen Augenblick gern ihre
Spur drücken möchte, und von dem ungeduldigen Schwär-

mergeist, der auf die dürftige Geburt der Zeit den Maßstab
des Unbedingten anwendet, überlasse er dem Verstande,
der hier einheimisch ist, die Sphäre des Wirklichen; er aber
strebe, aus dem Bunde des Möglichen mit dem Notwendigen das Ideal zu erzeugen. Dieses präge er aus in
Täuschung und Wahrheit, präge es in die Spiele seiner
Einbildungskraft, und in den Ernst seiner Taten, präge es
aus in allen sinnlichen und geistigen Formen und werfe es
schweigend in die unendliche Zeit.

Aber nicht jedem, dem dieses Ideal in der Seele glüht,
wurde die schöpferische Ruhe und der große geduldige
Sinn verliehen, es in den verschwiegnen Stein einzudrük-
ken, oder in das nüchterne Wort auszugießen, und den
treuen Händen der Zeit zu vertrauen. Viel zu ungestüm, um
durch dieses ruhige Mittel zu wandern, stürzt sich der
göttliche Bildungstrieb oft unmittelbar auf die Gegenwart
und auf das handelnde Leben, und unternimmt, den
formlosen Stoff der moralischen Welt umzubilden. Dringend spricht das Unglück seiner Gattung zu dem fühlenden
Menschen, dringender ihre Entwürdigung, der Enthusiasmus entflammt sich, und das glühende Verlangen strebt in
kraftvollen Seelen ungeduldig zur Tat. Aber befragte er
sich auch, ob diese Unordnungen in der moralischen Welt
seine Vernunft beleidigen, oder nicht vielmehr seine
Selbstliebe schmerzen? Weiß er es noch nicht, so wird er es
an dem Eifer erkennen, womit er auf bestimmte und
beschleunigte Wirkungen dringt. Der reine moralische
Trieb ist aufs Unbedingte gerichtet, für ihn gibt es keine
Zeit, und die Zukunft wird ihm zur Gegenwart, sobald sie
sich aus der Gegenwart notwendig entwickeln muß. Vor
einer Vernunft ohne Schranken ist die Richtung zugleich
die Vollendung, und der Weg ist zurückgelegt, sobald er
eingeschlagen ist.

Gib also, werde ich dem jungen Freund der Wahrheit
und Schönheit zur Antwort geben, der von mir wissen will,
wie er dem edeln Trieb in seiner Brust, bei allem Widerstande des Jahrhunderts, Genüge zu tun habe, gib der Welt,

auf die du wirkst, die *Richtung* zum Guten, so wird der
ruhige Rhythmus der Zeit die Entwicklung bringen. Diese
Richtung hast du ihr gegeben, wenn du, lehrend, ihre
Gedanken zum Notwendigen und Ewigen erhebst, wenn
du, handelnd oder bildend, das Notwendige und Ewige in
einen Gegenstand ihrer Triebe verwandelst. Fallen wird das
Gebäude des Wahns und der Willkürlichkeit, fallen muß es,
es ist schon gefallen, sobald du gewiß bist, daß es sich neigt;
aber in dem innern, nicht bloß in dem äußern Menschen
muß es sich neigen. In der schamhaften Stille deines
Gemüts erziehe die siegende Wahrheit, stelle sie aus dir
heraus in der Schönheit, daß nicht bloß der Gedanke ihr
huldige, sondern auch der Sinn ihre Erscheinung liebend
ergreife. Und damit es dir nicht begegne, von der Wirklichkeit das Muster zu empfangen, das du ihr geben sollst,
so wage dich nicht eher in ihre bedenkliche Gesellschaft, bis
du eines idealischen Gefolges in deinem Herzen versichert
bist. Lebe mit deinem Jahrhundert, aber sei nicht sein
Geschöpf; leiste deinen Zeitgenossen, aber was sie bedürfen, nicht was sie loben. Ohne ihre Schuld geteilt zu haben,
teile mit edler Resignation ihre Strafen, und beuge dich mit
Freiheit unter das Joch, das sie gleich schlecht entbehren
und tragen. Durch den standhaften Mut, mit dem du ihr
Glück verschmähest, wirst du ihnen beweisen, daß nicht
deine Feigheit sich ihren Leiden unterwirft. Denke sie dir,
wie sie sein sollten, wenn du auf sie zu wirken hast, aber
denke sie dir, wie sie sind, wenn du für sie zu handeln
versucht wirst. Ihren Beifall suche durch ihre Würde, aber
auf ihren Unwert berechne ihr Glück, so wird dein eigener
Adel dort den ihrigen aufwecken, und ihre Unwürdigkeit
hier deinen Zweck nicht vernichten. Der Ernst deiner
Grundsätze wird sie von dir scheuchen, aber im Spiele
ertragen sie sie noch; ihr Geschmack ist keuscher als ihr
Herz, und hier mußt du den scheuen Flüchtling ergreifen.
Ihre Maximen wirst du umsonst bestürmen, ihre Taten
umsonst verdammen, aber an ihrem Müßiggange kannst du
deine bildende Hand versuchen. Verjage die Willkür, die

Frivolität, die Rohigkeit aus ihren Vergnügungen, so wirst du sie unvermerkt auch aus ihren Handlungen, endlich aus ihren Gesinnungen verbannen. Wo du sie findest, umgib sie mit edeln, mit großen, mit geistreichen Formen, schließe sie ringsum mit den Symbolen des Vortrefflichen ein, bis der Schein die Wirklichkeit und die Kunst die Natur überwindet.

Die Fortsetzung folgt.

ÜBER DIE ÄSTHETISCHE ERZIEHUNG
DES MENSCHEN

(Fortsetzung der im vorigen Stück angefangenen Briefe.)

ZEHENTER BRIEF

Sie sind also mit mir darin einig, und durch den Inhalt meiner vorigen Briefe überzeugt, daß sich der Mensch auf zwei entgegen gesetzten Wegen von seiner Bestimmung entfernen könne, daß unser Zeitalter wirklich auf beiden Abwegen wandle, und hier der Rohigkeit, dort der Erschlaffung und Verkehrtheit zum Raub geworden sei. Von dieser doppelten Verirrung soll es durch die Schönheit zurückgeführt werden. Wie kann aber die schöne Kultur beiden entgegen gesetzten Gebrechen zugleich begegnen, und zwei widersprechende Eigenschaften in sich vereinigen? Kann sie in dem Wilden die Natur in Fesseln legen und in dem Barbaren dieselbe in Freiheit setzen? Kann sie zugleich anspannen und erschlaffen – und wenn sie nicht wirklich beides leistet, wie kann ein so großer Effekt, als die Ausbildung der Menschheit ist, vernünftiger weise von ihr erwartet werden?

Zwar hat man schon zum Überdruß die Behauptung hören müssen, daß das entwickelte Gefühl für Schönheit die Sitten verfeinere, so daß es hiezu keines neuen Beweises mehr zu bedürfen scheint. Man stützt sich auf die alltägliche Erfahrung, welche fast durchgängig mit einem gebildeten Geschmacke Klarheit des Verstandes, Regsamkeit des Gefühls, Liberalität und selbst Würde des Betragens, mit einem ungebildeten gewöhnlich das Gegenteil verbunden zeigt. Man beruft sich, zuversichtlich genug, auf das Beispiel der gesittetsten aller Nationen des Altertums, bei welcher das Schönheitsgefühl zugleich seine höchste Entwicklung erreichte, und auf das entgegen gesetzte Beispiel jener teils wilden, teils barbarischen Völker, die ihre Unempfindlichkeit für das Schöne mit einem rohen oder doch austeren Charakter büßen. Nichts destoweniger fällt es zuweilen denkenden Köpfen ein, entweder das Faktum zu leugnen, oder doch die Rechtmäßigkeit der daraus gezogenen Schlüsse zu bezweifeln. Sie denken nicht ganz so schlimm von jener Wildheit, die man den ungebildeten Völkern zum Vorwurf macht, und nicht ganz so vorteilhaft von dieser Verfeinerung, die man an den gebildeten preist. Schon im Altertum gab es Männer, welche die schöne Kultur für nichts weniger als eine Wohltat hielten, und deswegen sehr geneigt waren, den Künsten der Einbildungskraft den Eintritt in ihre Republik zu verwehren.

Nicht von denjenigen rede ich, die bloß darum die Grazien schmähn, weil sie nie ihre Gunst erfuhren. Sie, die keinen andern Maßstab des Wertes kennen, als die Mühe der Erwerbung und den handgreiflichen Ertrag – wie sollten sie fähig sein, die stille Arbeit des Geschmacks an dem äußern und innern Menschen zu würdigen, und über den zufälligen Nachteilen der schönen Kultur nicht ihre wesentlichen Vorteile aus den Augen setzen? Der Mensch ohne Form verachtet alle Anmut im Vortrage als Bestechung, alle Feinheit im Umgang als Verstellung, alle Delikatesse und Großheit im Betragen als Überspannung und Affektation. Er kann es dem Günstling der Grazien nicht vergeben, daß er als Gesellschafter alle Zirkel aufheitert, als Geschäftsmann alle Köpfe nach seinen Absichten lenkt, als Schriftsteller seinem ganzen Jahrhundert

vielleicht seinen Geist aufdrückt, während daß Er, das
Schlachtopfer des Fleißes, mit all seinem Wissen keine
Aufmerksamkeit erzwingen, keinen Stein von der Stelle
rücken kann. Da er jenem das genialische Geheimnis, angenehm zu sein, niemals abzulernen vermag, so bleibt ihm
nichts anders übrig, als die Verkehrtheit der menschlichen
Natur zu bejammern, die mehr dem Schein als dem Wesen
huldigt.

Aber es gibt achtungswürdige Stimmen, die sich gegen
die Wirkungen der Schönheit erklären, und aus der
Erfahrung mit furchtbaren Gründen dagegen gerüstet
sind. »Es ist nicht zu leugnen,« sagen sie, »die Reize des
Schönen können in guten Händen zu löblichen Zwecken
wirken, aber es widerspricht ihrem Wesen nicht, in
schlimmen Händen gerade das Gegenteil zu tun, und ihre
seelenfesselnde Kraft für Irrtum und Unrecht zu verwenden. Eben deswegen, weil der Geschmack nur auf die Form
und nie auf den Inhalt achtet, so gibt er dem Gemüt zuletzt
die gefährliche Richtung, alle Realität überhaupt zu vernachlässigen, und einer reizenden Einkleidung Wahrheit
und Sittlichkeit aufzuopfern. Aller Sachunterschied der
Dinge verliert sich, und es ist bloß die Erscheinung, die
ihren Wert bestimmt. Wie viele Menschen von Fähigkeit,
fahren sie fort, werden nicht durch die verführerische
Macht des Schönen von einer ernsten und anstrengenden
Wirksamkeit abgezogen, oder wenigstens verleitet, sie
oberflächlich zu behandeln! Wie mancher schwache Verstand wird bloß deswegen mit der bürgerlichen Einrichtung uneins, weil es der Phantasie der Poeten beliebte, eine
Welt aufzustellen, worin alles ganz anders erfolgt, wo keine
Konvenienz die Meinungen bindet, keine Kunst die Natur
unterdrückt. Welche gefährliche Dialektik haben die Leidenschaften nicht erlernt, seitdem sie in den Gemälden der
Dichter mit den glänzendsten Farben prangen und im
Kampf mit Gesetzen und Pflichten gewöhnlich das Feld
behalten? Was hat wohl die Gesellschaft dabei gewonnen,
daß jetzt die Schönheit dem Umgang Gesetze gibt, den

sonst die Wahrheit regierte, und daß der äußere Eindruck die Achtung entscheidet, die nur an das Verdienst gefesselt sein sollte. Es ist wahr, man sieht jetzt alle Tugenden blühen, die einen gefälligen Effekt in der Erscheinung machen, und einen Wert in der Gesellschaft verleihen, dafür aber auch alle Ausschweifungen herrschen, und alle Laster im Schwange gehn, die sich mit einer schönen Hülle vertragen.« In der Tat muß es Nachdenken erregen, daß man beinahe in jeder Epoche der Geschichte, wo die Künste blühen und der Geschmack regiert, die Menschheit gesunken findet, und auch nicht ein einziges Beispiel aufweisen kann, daß ein hoher Grad und eine große Allgemeinheit ästhetischer Kultur bei einem Volke mit politischer Freiheit, und bürgerlicher Tugend, daß schöne Sitten mit guten Sitten, und Politur des Betragens mit Wahrheit desselben Hand in Hand gegangen wäre.

Solange *Athen* und *Sparta* ihre Unabhängigkeit behaupteten, und Achtung für die Gesetze ihrer Verfassung zur Grundlage diente, war der Geschmack noch unreif, die Kunst noch in ihrer Kindheit, und es fehlte noch viel, daß die Schönheit die Gemüter beherrschte. Zwar hatte die Dichtkunst schon einen erhabenen Flug getan, aber nur mit den Schwingen des Genies, von dem wir wissen, daß es am nächsten an die Wildheit grenzt, und ein Licht ist, das gern aus der Finsternis schimmert; welches also vielmehr gegen den Geschmack seines Zeitalters als für denselben zeugt. Als unter dem Perikles und Alexander das goldne Alter der Künste herbeikam, und die Herrschaft des Geschmacks sich allgemeiner verbreitete, findet man Griechenlands Kraft und Freiheit nicht mehr, die Beredsamkeit verfälschte die Wahrheit, die Weisheit beleidigte in dem Mund eines Sokrates, und die Tugend in dem Leben eines Phocion. Die *Römer*, wissen wir, mußten erst in den bürgerlichen Kriegen ihre Kraft erschöpfen, und durch morgenländische Üppigkeit entmannt, unter das Joch eines glücklichen Dynasten sich beugen, ehe wir die griechische Kunst über die Rigidität ihres Charakters triumphieren sehen. Auch den *Arabern* ging die Morgenröte der Kultur nicht eher auf, als bis die Energie ihres kriegerischen Geistes unter dem Szepter der Abbaßiden erschlafft war. In dem neuern *Italien* zeigte sich die schöne Kunst nicht eher, als nachdem der herrliche Bund der Lombarden zerrissen war, Florenz sich den Medicäern unterworfen, und der Geist der Unabhängigkeit in allen jenen mutvollen Städten einer unrühmlichen Ergebung Platz gemacht hatte. Es ist beinahe überflüssig, noch an das Beispiel der neuern Nationen zu erinnern, deren Verfeinerung in demselben Verhältnisse zunahm, als ihre Selbstständigkeit endigte. Wohin wir immer in der vergangenen Welt unsre Augen richten, da finden wir, daß Geschmack und Freiheit einander fliehen, und daß die Schönheit nur auf den Untergang heroischer Tugenden ihre Herrschaft gründet.

Und doch ist gerade diese Energie des Charakters, mit welcher die ästhetische Kultur gewöhnlich erkauft wird, die wirksamste Feder alles Großen und Trefflichen im Menschen, deren Mangel kein anderer wenn auch noch so großer Vorzug ersetzen kann. Hält man sich also einzig nur an das, was die bisherigen Erfahrungen über den Einfluß der Schönheit lehren, so kann man in der Tat nicht sehr aufgemuntert sein, Gefühle auszubilden, die der wahren Kultur des Menschen so gefährlich sind; und lieber wird man, auf die Gefahr der Rohigkeit und Härte, die schmelzende Kraft der Schönheit entbehren, als sich bei allen Vorteilen der Verfeinerung ihren erschlaffenden Wirkungen überliefert sehen. Aber vielleicht ist die *Erfahrung* der Richterstuhl nicht, vor welchem sich eine Frage wie diese ausmachen läßt, und ehe man ihrem Zeugnis Gewicht einräumte, müßte erst außer Zweifel gesetzt sein, daß es dieselbe Schönheit ist, von der wir reden, und gegen welche jene Beispiele zeugen. Dies scheint aber einen Begriff der Schönheit voraus zu setzen, der eine andere Quelle hat, als die Erfahrung, weil durch denselben erkannt werden soll, ob das, was in der Erfahrung schön heißt, mit Recht diesen Namen führe.

Dieser reine *Vernunftbegriff* der Schönheit, wenn ein solcher sich aufzeigen ließe, müßte also – weil er aus keinem wirklichen Falle geschöpft werden kann, vielmehr unser Urteil über jeden wirklichen Fall erst berichtigt und leitet –
auf dem Wege der Abstraktion gesucht, und schon aus der Möglichkeit der sinnlichvernünftigen Natur gefolgert werden können: mit einem Wort: die Schönheit müßte sich als eine notwendige Bedingung der Menschheit aufzeigen lassen. Zu dem reinen Begriff der Menschheit müssen wir
uns also nunmehr erheben, und da uns die Erfahrung nur einzelne Zustände einzelner Menschen, aber niemals die Menschheit zeigt, so müssen wir aus diesen ihren individuellen und wandelbaren Erscheinungsarten das Absolute und Bleibende zu entdecken, und durch Wegwerfung aller
zufälligen Schranken uns der notwendigen Bedingungen ihres Daseins zu bemächtigen suchen. Zwar wird uns dieser transzendentale Weg eine Zeitlang aus dem traulichen Kreis der Erscheinungen und aus der lebendigen Gegenwart der Dinge entfernen und auf dem nackten Gefild abgezogener
Begriffe verweilen, aber wir streben ja nach einem festen Grund der Erkenntnis, den nichts mehr erschüttern soll, und wer sich über die Wirklichkeit nicht hinauswagt, der wird nie die Wahrheit erobern.

EILFTER BRIEF

Wenn die Abstraktion so hoch als sie immer kann hinaufsteigt, so gelangt sie zu zwei letzten Begriffen, bei denen sie stille stehen und ihre Grenzen bekennen muß. Sie unterscheidet in dem Menschen etwas, das bleibt, und etwas, das sich unaufhörlich verändert. Das bleibende
nennt sie seine *Person*, das wechselnde seinen *Zustand*.

Person und Zustand – das Selbst und seine Bestimmungen – die wir uns in dem notwendigen Wesen als Eins und dasselbe denken, sind ewig Zwei in dem endlichen. Bei aller Beharrung der Person wechselt der Zustand, bei allem

Wechsel des Zustands beharret die Person. Wir gehen von
der Ruhe zur Tätigkeit, vom Affekt zur Gleichgültigkeit,
von der Übereinstimmung zum Widerspruch, aber *wir* sind
doch immer, und was unmittelbar aus *uns* folgt, bleibt. In
dem absoluten Subjekt allein beharren *mit* der Persönlichkeit auch alle ihre Bestimmungen, weil sie *aus* der Persönlichkeit fließen. Alles *was* die Gottheit ist, ist sie deswegen,
weil sie ist; sie ist folglich alles auf ewig, weil sie ewig
ist.

Da in dem Menschen, als endlichem Wesen, Person und
Zustand verschieden sind, so kann sich weder der Zustand
auf die Person, noch die Person auf den Zustand gründen.
Wäre das letztere, so müßte die Person sich verändern; wäre
das erstere, so müßte der Zustand beharren; also in jedem
Fall entweder die Persönlichkeit oder die Endlichkeit aufhören. Nicht, weil wir denken, wollen, empfinden, sind
wir; nicht weil wir sind, denken, wollen, empfinden wir.
Wir sind, weil wir sind; wir empfinden, denken und wollen,
weil außer uns noch etwas anderes ist.

Die Person also muß ihr eigener Grund sein, denn das
Bleibende kann nicht aus der Veränderung fließen; und so
hätten wir denn fürs erste die Idee des absoluten, in sich
selbst gegründeten Seins d. i. die *Freiheit*. Der Zustand muß
einen Grund haben; er muß, da er nicht durch die Person
also nicht absolut ist, *erfolgen*; und so hätten wir fürs zweite
die Bedingung alles abhängigen Seins oder Werdens, die
Zeit. Die Zeit ist die Bedingung alles Werdens: ist ein
identischer Satz, denn er sagt nichts anders, als: die Folge ist
die Bedingung, daß etwas erfolgt.

Die Person, die sich in dem ewig beharrenden *Ich* und
nur in diesem offenbart, kann nicht werden, nicht anfangen
in der Zeit, weil vielmehr umgekehrt die Zeit in ihr
anfangen, weil dem Wechsel ein Beharrliches zum Grund
liegen muß. Etwas muß sich verändern, wenn Veränderung
sein soll; dieses Etwas kann also nicht selbst schon
Veränderung sein. Indem wir sagen, die Blume blühet und
verwelkt, machen wir die Blume zum Bleibenden in dieser

Verwandlung, und leihen ihr gleichsam eine Person, an der sich jene beiden Zustände offenbaren. Daß der Mensch erst wird, ist kein Einwurf, denn der Mensch ist nicht bloß Person überhaupt, sondern Person, die sich in einem bestimmten Zustand befindet. Aller Zustand aber, alles bestimmte Dasein entsteht in der Zeit, und so muß also der Mensch, als Phänomen, einen Anfang nehmen, obgleich die reine Intelligenz in ihm ewig ist. Ohne die Zeit, das heißt, ohne es zu werden, würde er nie ein bestimmtes Wesen sein; seine Persönlichkeit würde zwar in der Anlage, aber nicht in der Tat existieren. Nur durch die Folge seiner Vorstellungen wird das beharrliche Ich sich selbst zur Erscheinung.

Die Materie der Tätigkeit also, oder die Realität, welche die höchste Intelligenz aus sich selber schöpft, muß der Mensch erst *empfangen*, und zwar empfängt er dieselbe als etwas außer ihm befindliches im Raume, und als etwas in ihm wechselndes in der Zeit, auf dem Wege der Wahrnehmung. Diesen in ihm wechselnden Stoff begleitet sein niemals wechselndes Ich – und in allem Wechsel beständig Er selbst zu bleiben, alle Wahrnehmungen zur Erfahrung d. h. zur Einheit der Erkenntnis, und jede seiner Erscheinungsarten in der Zeit zum Gesetz für alle Zeiten zu machen, ist die Vorschrift, die durch seine vernünftige Natur ihm gegeben ist. Nur indem er sich verändert, *existiert* er; nur indem er unveränderlich bleibt, existiert *er*. Der Mensch, vorgestellt in seiner Vollendung, wäre demnach die beharrliche Einheit, die in den Fluten der Veränderung ewig dieselbe bleibt.

Ob nun gleich ein unendliches Wesen, eine Gottheit, nicht *werden* kann, so muß man doch eine Tendenz göttlich nennen, die das eigentlichste Merkmal der Gottheit absolute Verkündigung des Vermögens (Wirklichkeit alles Möglichen) und absolute Einheit des Erscheinens (Notwendigkeit alles Wirklichen) zu ihrer unendlichen Aufgabe hat. Die Anlage zu der Gottheit trägt der Mensch unwidersprechlich in seiner Persönlichkeit in sich; der Weg zu der Gottheit, wenn man einen Weg nennen kann, was niemals zum Ziele führt, ist ihm aufgetan in den *Sinnen*.

Seine Persönlichkeit, für sich allein und unabhängig von allem sinnlichen Stoffe betrachtet, ist bloß die Anlage zu einer möglichen unendlichen Äußerung; und solange er nicht anschaut und nicht empfindet, ist er noch weiter nichts als Form und leeres Vermögen. Seine Sinnlichkeit, für sich allein und abgesondert von aller Selbsttätigkeit des Geistes betrachtet, vermag weiter nichts, als daß sie ihn, der ohne sie bloß Form ist, zur Materie macht, aber keineswegs, daß sie die Materie mit ihm vereinigt. Solange er bloß empfindet, bloß begehrt und aus bloßer Begierde wirkt, ist er noch weiter nichts als *Welt*, wenn wir unter diesem Namen bloß den formlosen Inhalt der Zeit verstehen. Seine Sinnlichkeit ist es zwar allein, die sein Vermögen zur wirkenden Kraft macht, aber nur seine Persönlichkeit ist es, die sein Wirken zu dem seinigen macht. Um also nicht bloß Welt zu sein, muß er der Materie Form erteilen; um nicht bloß Form zu sein, muß er der Anlage, die er in sich trägt, Wirklichkeit geben. Er verwirklichet die Form, wenn er die Zeit erschafft und dem Beharrlichen die Veränderung, der ewigen Einheit seines Ichs die Mannigfaltigkeit der Welt gegenüber stellt; er formt die Materie, wenn er die Zeit wieder aufhebt, Beharrlichkeit im Wechsel behauptet, und die Mannigfaltigkeit der Welt der Einheit seines Ichs unterwürfig macht.

Hieraus fließen nun zwei entgegengesetzte Anforderungen an den Menschen, die zwei Fundamentalgesetze der sinnlich-vernünftigen Natur. Das erste dringt auf absolute *Realität*: er soll alles zur Welt machen, was bloß Form ist, und alle seine Anlagen zur Erscheinung bringen: das zweite dringt auf absolute *Formalität*: er soll alles in sich vertilgen, was bloß Welt ist, und Übereinstimmung in alle seine Veränderungen bringen; mit andern Worten: er soll alles innre veräußern und alles äußere formen. Beide Aufgaben, in ihrer höchsten Erfüllung gedacht, führen zu dem Begriff der Gottheit zurücke, von dem ich ausgegangen bin.

ZWÖLFTER BRIEF

Zur Erfüllung dieser doppelten Aufgabe, das Notwendige *in uns* zur Wirklichkeit zu bringen und das Wirkliche *außer uns* dem Gesetz der Notwendigkeit zu unterwerfen, werden
5 wir durch zwei entgegengesetzte Kräfte gedrungen, die man, weil sie uns antreiben ihr Objekt zu verwirklichen, ganz schicklich Triebe nennt.[3] Der erste dieser Triebe, den ich den *Sachtrieb* nennen will, geht aus von dem physischen Dasein des Menschen oder von seiner sinnlichen Natur,
10 und ist beschäftigt, ihn in die Schranken der Zeit zu setzen und zur Materie zu machen: nicht ihm Materie zu geben, weil dazu schon eine freie Tätigkeit der Person gehört,

---

3 Ich trage kein Bedenken, diesen Ausdruck sowohl von demjenigen, was nach Befolgung eines Gesetzes als von dem, was nach Befriedigung eines Bedürfnisses strebt, gemeinschaftlich zu gebrauchen, wiewohl man ihn sonst nur auf das letztere einzuschränken pflegt. So wie nehmlich Vernunftideen zu Imperativen oder Pflichten werden, sobald man sie überhaupt in die Schranken der Zeit setzt, so werden aus diesen Pflichten Triebe, sobald sie auf etwas bestimmtes und wirkliches bezogen werden. Die Wahrhaftigkeit z. B. als ein absolutes und notwendiges, welches die Vernunft allen Intelligenzen vorschreibt, ist in dem höchsten Wesen wirklich, weil sie möglich ist; denn dies folgt aus dem Begriff eines notwendigen Wesens. Eben diese Idee, in die Schranken der Menschheit gesetzt, ist zwar noch immer, aber nur moralischer weise, notwendig, und *soll* erst wirklich gemacht werden, weil bei einem zufälligen Wesen durch die Möglichkeit allein die Wirklichkeit noch nicht gesetzt ist. Liefert nun die Erfahrung einen Fall, auf den dieser Imperativ der Wahrhaftigkeit sich beziehen läßt, so erweckt er einen Trieb, ein Streben nehmlich, jenes Gesetz in Ausübung zu bringen, und die durch Vernunft vorgeschriebene Übereinstimmung mit sich selbst zu bewirken. Dieser Trieb entsteht notwendig, und fehlt auch bei demjenigen nicht, der ihm gerade entgegen handelt. Ohne ihn würde es keinen moralisch bösen, folglich auch keinen moralisch guten Willen geben.

welche die Materie aufnimmt, und von Sich, dem Beharrlichen, unterscheidet. Materie aber heißt hier nichts als
Veränderung oder Realität, die die Zeit erfüllt; mithin
fodert der Sachtrieb, daß Veränderung sei, daß die Zeit
einen Inhalt habe. Dieser Zustand der bloß erfüllten Zeit
heißt Empfindung, und er ist es allein, durch den sich das
physische Dasein verkündigt.

Da alles was in der Zeit ist, *nach einander* ist, so wird
dadurch, daß etwas ist, alles andere ausgeschlossen. Indem
man auf einem Instrument einen Ton greift, ist unter allen
Tönen, die es möglicher weise angeben kann, nur dieser
einzige wirklich; indem der Mensch das Gegenwärtige
empfindet, ist die ganze unendliche Möglichkeit seiner
Bestimmungen auf diese einzige Art des Daseins beschränkt. Wo also der Sachtrieb ausschließend wirkt, da
ist notwendig die höchste Begrenzung vorhanden; der
Mensch ist in diesem Zustande nichts als eine Größen-
Einheit, ein erfüllter Moment der Zeit – oder vielmehr *Er*
ist nicht, denn seine Persönlichkeit ist solange aufgehoben,
als ihn die Empfindung beherrscht, und die Zeit mit sich
fortreißt.[4]

Soweit der Mensch endlich ist, erstreckt sich das Gebiet
dieses Triebs; und da alle Form nur an einer Materie, alles

---

4 Die Sprache hat für diesen Zustand der Selbstlosigkeit unter der
Herrschaft der Empfindung den sehr treffenden Ausdruck:
außer sich sein, das heißt, außer seinem Ich sein. Obgleich diese
Redensart nur da statt findet, wo die Empfindung zum Affekt,
und dieser Zustand durch seine längere Dauer mehr bemerkbar
wird, so ist doch jeder außer sich, solange er nur empfindet. Von
diesem Zustande zur Besonnenheit zurückkehren, nennt man
eben so richtig: *in sich gehen*, das heißt, in sein Ich zurückkehren,
seine Person wieder herstellen. Von einem, der in Ohnmacht
liegt, sagt man nicht: er ist außer sich, sondern: er ist *von sich*,
d. h. er ist seinem Ich geraubt, da jener nur nicht in demselben
ist. Daher ist derjenige, der aus einer Ohnmacht zurückkehrte,
bloß *bei* sich, welches sehr gut mit dem Außer sich sein bestehen
kann.

absolute nur durch das Medium der Schranken erscheint, so
ist es freilich der Sachtrieb, an dem zuletzt die ganze
Erscheinung der Menschheit befestiget ist. Aber obgleich
er allein die Anlagen der Menschheit weckt und entfaltet, so
ist er es doch allein, der ihre Vollendung unmöglich macht.
Mit unzerreißbaren Banden fesselt er den höher strebenden
Geist an die Sinnenwelt, und von ihrer freiesten Wanderung ins Unendliche ruft er die Abstraktion in die Grenzen
der Gegenwart zurücke. Der Gedanke zwar darf ihm
augenblicklich entfliehen, und ein fester Wille setzt sich
seinen Foderungen sieghaft entgegen; aber bald tritt die
unterdrückte Natur wieder in ihre Rechte zurück, um auf
Realität des Daseins, auf einen Inhalt unsrer Erkenntnisse,
und auf einen Zweck unsers Handelns zu dringen.

Der zweite jener Triebe, den man den *Formtrieb* nennen
kann, geht aus von dem absoluten Dasein des Menschen
oder von seiner vernünftigen Natur, und ist bestrebt, ihn in
Freiheit zu setzen, Harmonie in die Verschiedenheit seines
Erscheinens zu bringen, und bei allem Wechsel des
Zustands seine Person zu behaupten. Da nun die letztere,
als absolute und unteilbare Einheit, mit sich selbst nie im
Widerspruch sein kann, *da wir in alle Ewigkeit wir sind*, so
kann derjenige Trieb, der auf Behauptung der Persönlichkeit dringt, nie etwas anders fodern, als was er in alle
Ewigkeit fodern muß; er entscheidet also für immer wie er
für jetzt entscheidet, und gebietet für jetzt was er für immer
gebietet. Er umfaßt mithin die ganze Folge der Zeit, das ist
soviel als: er hebt die Zeit, er hebt die Veränderung auf, er
will daß das wirkliche notwendig und ewig, und daß das
ewige und notwendige wirklich sei: mit andern Worten: er
dringt auf Wahrheit und auf Recht.

Wenn der Sachtrieb nur *Fälle* macht, so gibt der Formtrieb *Gesetze*; Gesetze für jedes Urteil, wenn es Erkenntnisse, Gesetze für jeden Willen, wenn es Taten betrifft. Es
sei nun, daß wir einen Gegenstand erkennen, daß wir einem
Zustande unsers Subjekts objektive Gültigkeit beilegen,
oder daß wir aus Erkenntnissen handeln, daß wir das

objektive zum Bestimmungsgrund unsers Zustandes machen – in beiden Fällen reißen wir diesen Zustand aus der Gerichtsbarkeit der Zeit, und gestehen ihm Realität für alle Menschen und alle Zeiten, d. i. Allgemeinheit und Notwendigkeit zu. Das Gefühl kann bloß sagen: das ist wahr *für dieses Subjekt* und *in diesem Moment*, und ein anderer Moment, ein anderes Subjekt kann kommen, das die Aussage der gegenwärtigen Empfindung zurück nimmt. Aber wenn der Gedanke einmal ausspricht: *das ist*, so entscheidet er für immer und ewig, und die Gültigkeit seines Ausspruchs ist durch die Persönlichkeit selbst verbürgt, die allem Wechsel Trotz bietet. Die Neigung kann bloß sagen: das ist für *dein Individuum* und *für dein jetziges Bedürfnis* gut, aber dein Individuum und dein jetziges Bedürfnis wird die Veränderung mit sich fortreißen, und was du jetzt feurig begehrst, dereinst zum Gegenstand deines Abscheues machen. Wenn aber das moralische Gefühl sagt: *das soll sein*, so entscheidet es für immer und ewig – wenn du Wahrheit bekennst, weil sie Wahrheit ist, und Gerechtigkeit ausübst, weil sie Gerechtigkeit ist, so hast du einen einzelnen Fall zum Gesetz für alle Fälle gemacht, einen Moment in deinem Leben als Ewigkeit behandelt.

Wo also der Formtrieb die Herrschaft führt, und das reine Objekt in uns handelt, da ist die höchste Erweiterung des Seins, da verschwinden alle Schranken, da hat sich der Mensch aus einer Größen-Einheit, auf welche der dürftige Sinn ihn beschränkte, zu einer *Ideen-Einheit* erhoben, die das ganze Reich der Erscheinungen unter sich faßt. Wir sind bei dieser Operation nicht mehr in der Zeit, sondern die Zeit ist in uns mit ihrer ganzen nie endenden Reihe. Wir sind nicht mehr Individuen, sondern Gattung; das Urteil aller Geister ist durch das unsrige ausgesprochen, die Wahl aller Herzen ist repräsentiert durch unsre Tat.

DREIZEHENTER BRIEF

Beim ersten Anblick scheint nichts einander mehr entgegen
gesetzt zu sein, als die Tendenzen dieser beiden Triebe,
indem der eine auf Veränderung, der andre auf Unverän-
derlichkeit dringt. Und doch sind es diese beiden Triebe, die
den Begriff der Menschheit erschöpfen, und ein dritter
Grundtrieb, der beide vermitteln könnte, ist schlechterdings
ein undenkbarer Begriff. Wie werden wir also die Einheit
der menschlichen Natur wieder herstellen, die durch diese
ursprüngliche und radikale Entgegensetzung völlig aufgehoben scheint?

Wahr ist es, ihre *Tendenzen* widersprechen sich, aber was
wohl zu bemerken ist, nicht in *denselben Objekten,* und was
nicht aufeinander trifft, kann nicht gegeneinander stoßen.
Der Sachtrieb fodert zwar Veränderung, aber er fodert
nicht, daß sie auch auf die Person und ihr Gebiet sich
erstrecke: daß ein Wechsel der Grundsätze sei. Der
Formtrieb dringt auf Einheit und Beharrlichkeit – aber er
will nicht, daß mit der Person sich auch der Zustand
fixiere, daß Identität der Empfindung sei. Sie sind einander also von Natur nicht entgegengesetzt, und wenn sie
demohngeachtet so erscheinen, so sind sie es erst geworden durch eine freie Übertretung der Natur, indem sie sich
selbst mißverstehen, und ihre Sphären verwirren.[5] Über

5 Sobald man einen ursprünglichen, mithin notwendigen Antagonism beider Triebe behauptet, so ist freilich kein anderes
   Mittel die Einheit im Menschen zu erhalten, als daß man den
   sinnlichen Trieb dem vernünftigen unbedingt *unterordnet.* Daraus aber kann bloß Einförmigkeit aber keine Harmonie
   entstehen, und der Mensch bleibt noch ewig fort geteilt. Die
   Unterordnung muß allerdings sein, aber wechselseitig: denn
   wenn gleich die Schranken nie das absolute begründen können,
   also die Freiheit nie von der Zeit abhängen kann, so ist es eben
   so gewiß, daß das absolute durch sich selbst nie die Schranken
   begründen, daß der Zustand in der Zeit nicht von der Freiheit

diese zu wachen, und einem jeden dieser beiden Triebe seine Grenzen zu sichern, ist die Aufgabe der *Kultur*, die also beiden eine gleiche Gerechtigkeit schuldig ist, und nicht bloß den Formtrieb gegen den Sachtrieb, sondern auch diesen gegen jenen zu behaupten hat. Ihr Geschäft ist also doppelt: *erstlich*: die Sinnlichkeit gegen die Eingriffe der Freiheit zu verwahren: *zweitens*: die Persönlichkeit gegen die Macht der Empfindungen sicher zu stellen. Jenes erreicht sie durch Ausbildung des Gefühlvermögens, dieses durch Ausbildung des Vernunftvermögens.

abhängen kann. Beide Prinzipien sind einander also zugleich subordiniert und koordiniert, d. h. sie stehen in Wechselwirkung; ohne Form keine Materie, ohne Materie keine Form. (Diesen Begriff der Wechselwirkung und die ganze Wichtigkeit desselben findet man vortrefflich auseinander gesetzt in *Fichte*'s Grundlage der gesammten Wissenschaftslehre, Leipzig 1794.) Wie es mit der Person im Reich der Ideen stehe, wissen wir freilich nicht; aber daß sie, ohne Materie zu empfangen, in dem Reiche der Zeit sich nicht offenbaren könne, wissen wir gewiß; in diesem Reiche also wird die Materie nicht bloß *unter* der Form, sondern auch *neben* der Form, und unabhängig von derselben, etwas zu bestimmen haben. So notwendig es also ist, daß das Gefühl im Gebiet der Vernunft nichts entscheide, eben so notwendig ist es, daß die Vernunft im Gebiet des Gefühls sich nichts zu bestimmen anmaße. Schon indem man jedem von beiden ein Gebiet zuspricht, schließt man das andere davon aus, und setzt jedem eine Grenze, die nicht anders *als zum Nachteile beider* überschritten werden kann.
In einer Transzendental-Philosophie, wo alles darauf ankommt, die Form von dem Inhalt zu befreien, und das Notwendige von allem Zufälligen rein zu erhalten, gewöhnt man sich gar leicht, das Materielle sich bloß als Hindernis zu denken, und die Sinnlichkeit, weil sie gerade bei *diesem* Geschäfte im Wege steht, in einem notwendigen Widerspruch mit der Vernunft vorzustellen. Eine solche Vorstellungsart liegt zwar auf keine Weise im *Geiste* des Kantischen Systems, aber im *Buchstaben* desselben könnte sie gar wohl liegen.

Da die Welt ein Ausgedehntes in der Zeit, Veränderung, ist, so wird die Vollkommenheit desjenigen Vermögens, welches den Menschen mit der Welt in Verbindung setzt, größtmöglichste Veränderlichkeit und Extensität sein müssen. Da die Person das Bestehende in der Veränderung ist, so wird die Vollkommenheit desjenigen Vermögens, welches sich dem Wechsel entgegensetzen soll, größtmöglichste Selbstständigkeit und Intensität sein müssen. Je vielseitiger sich die Empfänglichkeit ausbildet, je beweglicher dieselbe ist und je mehr Fläche sie den Erscheinungen darbietet, desto mehr Welt *ergreift* der Mensch, desto mehr Anlagen entwickelt er in sich; je mehr Kraft und Tiefe die Persönlichkeit, je mehr Freiheit die Vernunft gewinnt, desto mehr Welt *begreift* der Mensch, desto mehr Form schafft er außer sich. Seine Kultur wird also darin bestehen: *erstlich*: dem empfangenden Vermögen die vielfältigsten Berührungen mit der Welt zu verschaffen, und auf Seiten des Gefühls die Passivität aufs höchste zu treiben: *zweitens* dem bestimmenden Vermögen die höchste Unabhängigkeit von dem empfangenden zu erwerben, und auf Seiten der Vernunft die Aktivität aufs höchste zu treiben. Wo beide Eigenschaften sich vereinigen, da wird der Mensch mit der höchsten Fülle von Dasein die höchste Selbstständigkeit und Freiheit verbinden, und, anstatt sich an die Welt zu verlieren, diese vielmehr mit der ganzen Unendlichkeit ihrer Erscheinungen in sich ziehen und der Einheit seiner Vernunft unterwerfen.

Dieses Verhältnis nun kann der Mensch *umkehren*, und dadurch auf eine zweifache Weise seine Bestimmung verfehlen. Er kann die Intensität, welche die tätige Kraft erheischt, auf die leidende legen, durch den Sachtrieb dem Formtriebe vorgreifen, und das empfangende Vermögen zum bestimmenden machen. Er kann die Extensität, welche der leidenden Kraft gebührt, der tätigen zuteilen, durch den Formtrieb dem Sachtriebe vorgreifen, und dem empfangenden Vermögen das bestimmende unterschieben. In dem ersten Fall wird er nie *Er selbst*, in dem zweiten wird er nie *etwas Anders* sein; mithin eben darum in beiden Fällen *keines von beiden* folglich – Null sein.[6]

Wird nehmlich der Sachtrieb bestimmend, macht der Sinn den Gesetzgeber, und unterdrückt die Welt die Person, so hört sie in demselben Verhältnisse auf, Objekt zu sein, als sie Macht wird. Sobald der Mensch nur Inhalt der Zeit ist,

---

6 Der schlimme Einfluß einer überwiegenden Sensualität auf unser Denken und Handeln fällt jedermann leicht in die Augen; nicht so leicht, ob er gleich eben so häufig vorkommt und eben so wichtig ist, der nachteilige Einfluß einer überwiegenden Rationalität auf unsre Erkenntnis und auf unser Betragen. Man erlaube mir daher aus der großen Menge der hieher gehörenden Fälle nur zwei in Erinnerung zu bringen, welche den Schaden einer, der Anschauung und Empfindung vorgreifenden Denk- und Willenskraft ins Licht setzen können.

Eine der vornehmsten Ursachen, warum unsre Natur-Wissenschaften so langsame Schritte machen, ist offenbar der allgemeine und kaum bezwingbare Hang zu teleologischen Urteilen, bei denen sich, sobald sie konstitutiv gebraucht werden, das bestimmende Vermögen dem empfangenden unterschiebt. Die Natur mag unsre Organe noch so nachdrücklich und noch so vielfach berühren – alle ihre Mannigfaltigkeit ist verloren für uns, weil wir nichts in ihr suchen, als was wir in sie hineingelegt haben, weil wir ihr nicht erlauben, sich *gegen uns herein* zu bewegen, sondern vielmehr mit ungeduldig vorgreifender Vernunft *gegen sie hinaus* streben. Kommt alsdann in Jahrhunderten einer, der sich ihr mit ruhigen, keuschen und offenen Sinnen naht, und deswegen auf eine Menge von Erscheinungen stößt, die wir bei unsrer Prävention übersehen haben, so erstaunen wir höchlich darüber, daß so viele Augen bei so hellem Tag nichts bemerkt haben sollen. Dieses voreilige Streben nach Harmonie, ehe man die einzelnen Laute beisammen hat, die sie ausmachen sollen, diese gewalttätige Usurpation der Denkkraft in einem Gebiete, wo sie durchaus nichts zu sagen hat, ist der Grund der Unfruchtbarkeit so vieler denkenden Köpfe für das Beste der Wissenschaft, und es ist schwer zu sagen, ob die Sinnlichkeit, welche keine Form annimmt, oder die Vernunft, welche keinen Inhalt abwartet, der Erweiterung unserer Kenntnisse mehr geschadet haben.

so ist Er nicht, und er *hat* folglich auch keinen Inhalt. Mit seiner Persönlichkeit ist auch sein Zustand aufgehoben, weil beides Wechselbegriffe sind – weil die Veränderung ein Beharrliches, und die begrenzte Realität eine unendliche fodert. Wird der Formtrieb empfangend, das heißt, kommt

5

Eben so schwer dürfte es zu bestimmen sein, ob unsre praktische Philanthropie mehr durch die Heftigkeit unsrer Begierden, oder durch die Rigidität unsrer Grundsätze, mehr durch den Egoism unsrer Sinne, oder durch den Egoism unsrer Vernunft gestört und erkältet wird. Um uns zu teilnehmenden, hülfreichen, tätigen Menschen zu machen, müssen sich Gefühl und Charakter miteinander vereinigen, so wie, um uns Erfahrung zu verschaffen, Offenheit des Sinnes mit Energie des Verstandes zusammentreffen muß. Wie können wir bei noch so lobenswürdigen Maximen, billig, gütig und menschlich gegen andere sein, wenn uns das Vermögen fehlt, fremde Natur treu und wahr in uns aufzunehmen, fremde Situationen uns anzueignen, fremde Gefühle zu den unsrigen zu machen? Dieses Vermögen aber wird, sowohl in der Erziehung die wir empfangen, als in der, die wir selbst uns geben, in demselben Maße unterdrückt, als man die Macht der Begierden zu brechen, und den Charakter durch Grundsätze zu befestigen sucht. Weil es Schwierigkeit kostet, bei aller Regsamkeit des Gefühls seinen Grundsätzen treu zu bleiben, so ergreift man das bequemere Mittel, durch Abstumpfung der Gefühle den Charakter sicher zu stellen; denn freilich ist es unendlich leichter, vor einem entwaffneten Gegner Ruhe zu haben, als einen mutigen und rüstigen Feind zu beherrschen. In dieser Operation besteht dann auch größtenteils das, was man *einen Menschen formieren* nennt; und zwar im besten Sinne des Worts, wo es Bearbeitung des innern, nicht bloß des äußern Menschen bedeutet. Ein so formierter Mensch wird freilich davor gesichert sein, rohe Natur zu sein und als solche zu erscheinen; er wird aber zugleich gegen alle Empfindungen der Natur durch Grundsätze geharnischt sein, und die Menschheit *von außen* wird ihm eben so wenig als die Menschheit *von innen* beikommen können.

Es ist ein sehr verderblicher Mißbrauch, der von dem Ideal der Vollkommenheit gemacht wird, wenn man es bei der Beurteilung anderer Menschen, und in den Fällen, wo man für sie

die Denkkraft der Empfindung zuvor und unterschiebt die
Person sich der Welt, so hört sie in demselben Verhältnis
auf, selbstständige Kraft und Subjekt zu sein, als sie sich in
den Platz des Objektes drängt, weil das Beharrliche die
Veränderung, und die absolute Realität zu ihrer Verkündigung Schranken fodert. Sobald der Mensch nur Form *ist*, so
hat er keine Form; und mit dem Zustand ist folglich auch
die Person aufgehoben. Mit einem Wort: nur insofern er
selbstständig ist, ist Realität außer ihm, ist er empfänglich;
nur insofern er empfänglich ist, ist Realität in ihm, ist er
eine denkende Kraft.

Beide, der Sachtrieb und der Formtrieb haben also
Einschränkung, und insofern sie als Energien gedacht
werden, Abspannung nötig; jener, daß er sich nicht ins
Gebiet der Gesetzgebung, dieser, daß er sich nicht ins
Gebiet der Empfindung eindringe. Jene Abspannung des
Sachtriebes darf aber keineswegs die Wirkung eines physischen Unvermögens und einer Stumpfheit der Empfindungen sein, welche überall nur Verachtung verdient; sie
muß eine Handlung der Freiheit, eine Tätigkeit der Person
sein, die durch ihre moralische Intensität jene sinnliche
mäßigt, und durch Beherrschung der Eindrücke ihnen an
Tiefe nimmt, um ihnen an Fläche zu geben. Der Charakter
muß dem Temperament seine Grenzen bestimmen, denn *nur
an den Geist* darf der Sinn verlieren. Jene Abspannung des

---

wirken soll, in seiner ganzen Strenge zum Grund legt. Jenes
wird zur Schwärmerei, dieses zur Härte und zur Kaltsinnigkeit
führen. Man macht sich freilich seine gesellschaftlichen Pflichten ungemein leicht, wenn man dem *wirklichen* Menschen, der
unsre Hülfe auffodert, in Gedanken den *Ideal-Menschen* unterschiebt, der sich wahrscheinlich selbst helfen könnte. Strenge
gegen sich selbst mit Weichheit gegen andre verbunden, macht
den wahrhaft vortrefflichen Charakter aus. Aber meistens wird
der gegen andere weiche Mensch es auch gegen sich selbst, und
der gegen sich selbst strenge es auch gegen andere sein; weich
gegen sich und streng gegen andre ist der verächtlichste
Charakter.

Formtriebs darf eben so wenig die Wirkung eines geistigen
Unvermögens und einer Schlaffheit der Denk- oder Willenskräfte sein, welche die Menschheit erniedrigen würde.
Fülle der Empfindungen muß ihre rühmliche Quelle sein;
die Sinnlichkeit selbst muß mit siegender Kraft ihr Gebiet
behaupten, und der Gewalt widerstreben, die ihr der Geist
durch seine vorgreifende Tätigkeit gerne zufügen möchte.
Mit einem Wort: den Sachtrieb muß die Persönlichkeit, und
den Formtrieb die Empfänglichkeit oder die Natur in
seinen gehörigen Schranken halten.

VIERZEHENTER BRIEF

Wir sind nunmehr zu dem Begriff einer solchen Wechsel-
Wirkung zwischen beiden Trieben geführt worden, wo die
Wirksamkeit des einen die Wirksamkeit des andern zugleich begründet und begrenzt, und wo jeder einzelne für
sich gerade dadurch zu seiner höchsten Verkündigung
gelangt, daß der andere tätig ist.

Dieses Wechselverhältnis beider Triebe ist zwar bloß eine
Aufgabe der Vernunft, die der Mensch nur in der Vollendung seines Daseins ganz zu lösen im Stand ist. Es ist im
eigentlichsten Sinne des Worts *die Idee seiner Menschheit*,
mithin ein unendliches, dem er sich im Laufe der Zeit
immer mehr nähern kann, aber ohne es jemals zu erreichen.
»Er soll nicht auf Kosten seiner Realität nach Form, und
nicht auf Kosten der Form nach Realität streben; vielmehr
soll er das absolute Sein durch ein bestimmtes, und das
bestimmte Sein durch ein unendliches suchen. Er soll sich
eine Welt gegenüber stellen, weil er Person ist, und soll
Person sein, weil ihm eine Welt gegenüber steht. Er soll
empfinden, weil er sich bewußt ist, und soll sich bewußt
sein, weil er empfindet.« – Daß er dieser Idee wirklich
gemäß, folglich, in voller Bedeutung des Worts, Mensch ist,
kann er nie in Erfahrung bringen, solange er nur Einen
dieser beiden Triebe ausschließend, oder nur Einen nach

dem Andern befriedigt; denn solange er nur empfindet, bleibt ihm seine Person oder seine absolute Existenz, und solange er nur denkt, bleibt ihm seine Existenz in der Zeit oder sein Zustand Geheimnis. Gäbe es aber Fälle, wo er diese doppelte Erfahrung *zugleich* machte, wo er sich zugleich seiner Freiheit bewußt würde, und sein Dasein empfände, wo er sich zugleich als Materie fühlte, und als Geist kennen lernte, so hätte er in diesen Fällen, und schlechterdings nur in diesen, eine vollständige Anschauung seiner Menschheit, und der Gegenstand, der diese Anschauung ihm verschaffte, würde ihm zu einem Symbol seiner *ausgeführten Bestimmung*, folglich (weil diese nur in der Allheit der Zeit zu erreichen ist) zu einer Darstellung des Unendlichen dienen.

Vorausgesetzt, daß Fälle dieser Art in der Erfahrung vorkommen können, so würden sie einen neuen Trieb in ihm aufwecken, der eben darum, weil die beiden andern in ihm zusammenwirken, einem jeden derselben, einzeln betrachtet, entgegengesetzt sein, und mit Recht für einen neuen Trieb gelten würde. Der Sachtrieb will, daß Veränderung sei, daß die Zeit einen Inhalt habe; der Formtrieb will, daß die Zeit aufgehoben, daß keine Veränderung sei. Derjenige Trieb also, in welchem beide verbunden wirken, (es sei mir einstweilen, bis ich diese Benennung gerechtfertigt haben werde, vergönnt, ihn *Spieltrieb* zu nennen) der Spieltrieb also würde dahin gerichtet sein, die Zeit *in der Zeit* aufzuheben, Werden mit absolutem Sein, Veränderung mit Identität zu vereinbaren.

Der Sachtrieb will bestimmt *werden*, er will sein Objekt empfangen; der Formtrieb will *selbst* bestimmen, er will sein Objekt hervorbringen: der Spieltrieb wird also bestrebt sein, so zu empfangen, wie er selbst hervorgebracht hätte, und so hervorzubringen, wie der Sinn zu empfangen trachtet. Der Sachtrieb, kann man sagen, ist dahin gerichtet die Einheit in der Zeit zu vervielfältigen, weil die Empfindung Sukzession von Realitäten ist; Der Formtrieb ist dahin gerichtet, die Vielheit in der Idee zu vereinigen, weil

der Gedanke Übereinstimmung des Verschiedenen ist: der
Spieltrieb wird also damit umgehen, die Einheit der Idee in
der Zeit zu vervielfältigen; das Gesetz zum Gefühl zu
machen; oder was eben soviel ist, die Vielheit in der Zeit
in der Idee zu vereinigen; das Gefühl zum Gesetz zu
machen.

Der Sachtrieb schließt aus seinem Subjekt alle Selbsttätigkeit und Freiheit, der Formtrieb schließt aus dem
seinigen alle Abhängigkeit, alles Leiden aus. Ausschließung der Freiheit ist aber physische, Ausschließung des
Leidens ist moralische Notwendigkeit. Beide Triebe nötigen also das Gemüt, jener durch Naturgesetze, dieser durch
Gesetze der Vernunft. Der Spieltrieb also, als in welchem
beide verbunden wirken, wird das Gemüt zugleich moralisch und physisch nötigen; er wird also, weil er alle
Zufälligkeit aufhebt, auch alle Nötigung aufheben, und den
Menschen, sowohl physisch als moralisch, in Freiheit
setzen. Wenn wir jemand mit Leidenschaft umfassen, der
unsrer Verachtung würdig ist, so empfinden wir peinlich
die *Nötigung der Natur.* Wenn wir gegen einen andern
feindlich gesinnt sind, der uns Achtung abnötigt, so
empfinden wir peinlich die *Nötigung der Vernunft.* Sobald er
aber zugleich unsre Neigung interessiert und unsre Achtung sich erworben, so verschwindet sowohl der Zwang
der Empfindung als der Zwang des Gewissens, und wir
fangen an, ihn zu lieben, d. h. zugleich mit unsrer Neigung
und mit unsrer Achtung zu spielen.

Indem uns ferner der Sachtrieb physisch, und der
Formtrieb moralisch nötigt, so läßt jener unsre formale,
dieser unsre materiale Beschaffenheit zufällig; das heißt, es
ist zufällig, ob unsere Glückseligkeit mit unsrer Vollkommenheit, oder ob diese mit jener übereinstimmen werde.
Der Spieltrieb also, in welchem beide vereinigt wirken,
wird zugleich unsre formale und unsre materiale Beschaffenheit, zugleich unsre Vollkommenheit und unsre Glückseligkeit zufällig machen; er wird also, eben weil er *beide*
zufällig macht, und weil mit der Notwendigkeit auch die

Zufälligkeit verschwindet, die Zufälligkeit in beiden wieder aufheben, mithin Form in die Materie und Realität in die Form bringen. In demselben Maße als er den Empfindungen und Affekten ihren dynamischen Einfluß nimmt, wird er sie mit Ideen der Vernunft in Übereinstimmung bringen, und in demselben Maße, als er den Gesetzen der Vernunft ihre moralische Nötigung benimmt, wird er sie mit dem Interesse der Sinne versöhnen. Unter seiner Herrschaft wird das Angenehme zu einem Objekt, und das Gute zu einer Macht werden. Er wird in seinem *Objekte* die Materie mit der Form und die Form mit der Materie auswechseln, er wird in seinem *Subjekte* Notwendigkeit in Freiheit, und Freiheit in Notwendigkeit verwandeln, und auf diese Art beide Naturen in dem Menschen in die innigste Gemeinschaft setzen.

FÜNFZEHENTER BRIEF

Immer näher komm ich dem Ziel, dem ich Sie auf einem wenig ermunternden Pfade entgegen führe. Lassen Sie es Sich gefallen, mir noch einige Schritte weiter zu folgen, so wird ein desto freierer Gesichtskreis sich auftun, und eine muntre Aussicht die Mühe des Wegs vielleicht belohnen.

Der Gegenstand des Sachtriebes, in einem allgemeinen Begriff ausgedrückt, heißt *Leben*, in weitester Bedeutung; ein Begriff, der alles materiale Sein, und alle unmittelbare Gegenwart in den Sinnen bedeutet. Der Gegenstand des Formtriebes, in einem allgemeinen Begriff ausgedrückt, heißt Gestalt, sowohl in uneigentlicher als in eigentlicher Bedeutung; ein Begriff, der alle formalen Beschaffenheiten der Dinge und alle Beziehungen derselben auf die Denkkräfte unter sich faßt. Der Gegenstand des Spieltriebes, in einem allgemeinen Schema vorgestellt, wird also *lebende Gestalt* heißen können; ein Begriff, der allen ästhetischen Beschaffenheiten der Erscheinungen, und mit einem Worte dem, was man in weitester Bedeutung *Schönheit* nennt, zur Bezeichnung dient.

Durch diese Erklärung, wenn es eine wäre, wird die Schönheit weder auf das ganze Gebiet des Lebendigen ausgedehnt, noch bloß in dieses Gebiet eingeschlossen. Ein Marmorblock, obgleich er leblos ist und bleibt, kann darum nichts desto weniger lebende Gestalt durch den Architekt und Bildhauer werden; ein Mensch, wiewohl er lebt und Gestalt hat, ist darum noch lange keine lebende Gestalt. Dazu gehört, daß seine Gestalt Leben und sein Leben Gestalt sei. Solange wir über seine Gestalt bloß denken, ist sie leblos, bloße Abstraktion; solange wir sein Leben bloß fühlen, ist es gestaltlos, bloße Impression. Nur indem seine Form in unsrer Empfindung lebt, und sein Leben in unserm Verstande sich formt, ist er lebende Gestalt, und dies wird überall der Fall sein, wo wir ihn als schön beurteilen.

Dadurch aber, daß wir die Bestandteile anzugeben wissen, die in ihrer Vereinigung die Schönheit hervorbringen, ist die Genesis derselben auf keine Weise noch erklärt; denn dazu würde erfodert, daß man *jene Vereinigung selbst* begriffe, die uns, wie überhaupt alle Wechselwirkung zwischen dem endlichen und unendlichen unerforschlich bleibt. Die Vernunft stellt aus transzendentalen Gründen die Foderung auf: es soll eine Gemeinschaft zwischen Formtrieb und Sachtrieb, das heißt, ein Spieltrieb sein, weil nur die Einheit der Realität mit der Form, der Zufälligkeit mit der Notwendigkeit, des Leidens mit der Freiheit den Begriff der Menschheit vollendet. Sie muß diese Foderung aufstellen, weil sie Vernunft ist – weil sie ihrem Wesen nach auf Vollendung und auf Wegräumung aller Schranken dringt, jede ausschließende Tätigkeit des einen oder des andern Triebes aber die menschliche Natur unvollendet läßt, und eine Schranke in derselben begründet. Sobald sie demnach den Ausspruch tut: es soll eine Menschheit existieren, so hat sie eben dadurch das Gesetz aufgestellt: es soll eine Schönheit sein. Die Erfahrung kann uns beantworten, *ob* eine Schönheit ist, und wir werden es wissen, sobald sie uns belehrt hat, ob eine

Menschheit ist. *Wie* aber eine Schönheit sein kann, und
wie eine Menschheit möglich ist, kann uns weder Vernunft noch Erfahrung lehren.

Der Mensch, wissen wir, ist weder ausschließend Materie, noch ist er ausschließend Geist. Die Schönheit, als
Konsummation seiner Menschheit, kann also weder ausschließend ein Objekt des Sachtriebes, bloßes Leben sein,
wie von scharfsinnigen Beobachtern, die sich zu genau an
die Zeugnisse der Erfahrung hielten, behauptet worden ist,
und wozu der Geschmack der Zeit sie gern herabziehen
möchte; noch kann sie ausschließend ein Objekt des
Formtriebs, bloße Gestalt sein, wie von spekulativen
Weltweisen, die sich zu weit von der Erfahrung entfernten,
und von philosophierenden Künstlern, die sich in Erklärung derselben allzusehr durch das Bedürfnis der Kunst
leiten ließen, geurteilt worden ist[7]: sie ist das gemeinschaftliche Objekt beider Triebe, das heißt, des Spieltriebs.
Diesen Namen rechtfertigt der Sprachgebrauch vollkommen, der alles das, was weder subjektiv noch objektiv
zufällig ist, und doch weder äußerlich noch innerlich
nötigt, mit dem Wort Spiel zu bezeichnen pflegt. Da sich
das Gemüt bei Anschauung des Schönen in einer glücklichen Mitte zwischen dem Gesetz und Bedürfnis befindet, so
ist es eben darum, weil es sich zwischen beiden teilt, dem
Zwange sowohl des einen als des andern entzogen. Dem
Sachtrieb wie dem Formtrieb ist es mit ihren Foderungen

---

7 Zum bloßen Leben macht die Schönheit *Burke* in seinen Phil.
Untersuchungen über den Ursprung unsrer Begriffe vom
Erhabenen und Schönen. Zur bloßen Gestalt macht sie, soweit
mir bekannt ist, jeder Anhänger des *dogmatischen* Systems, der
über diesen Gegenstand je sein Bekenntnis ablegte: unter den
Künstlern *Raphael Mengs* in seinen Gedanken über den
Geschmack in der Malerei; andrer nicht zu gedenken. So wie in
allem, hat auch in diesem Stück die *kritische* Philosophie den
Weg eröffnet, die Empirie auf Prinzipien, und die Spekulation
zur Erfahrung zurück zu führen.

ernst, weil der eine sich, beim Erkennen, auf die Wirklichkeit, der andre auf die Notwendigkeit der Dinge bezieht;
weil, beim Handeln, der erste auf Erhaltung des Lebens,
der zweite auf Bewahrung der Würde, beide also auf
Wahrheit und Vollkommenheit gerichtet sind. Aber das
Leben wird gleichgültiger, so wie die Würde sich einmischt, und die Pflicht nötigt nicht mehr, sobald die
Neigung zieht: eben so nimmt das Gemüt die Wirklichkeit
der Dinge, die materiale Wahrheit, freier und ruhiger auf,
sobald solche der formalen Wahrheit, dem Gesetz der
Notwendigkeit, begegnet, und fühlt sich durch Abstraktion nicht mehr angespannt, sobald die unmittelbare
Anschauung sie begleiten kann. Mit einem Wort: indem es
mit Ideen in Gemeinschaft kommt, verliert alles Wirkliche
seinen Ernst, weil es *klein* wird, und indem es mit der
Empfindung zusammen trifft, legt das Notwendige den
seinigen ab, weil es *leicht* wird.

Wird aber, möchten Sie längst schon versucht gewesen
sein mir entgegen zu setzen, wird nicht das Schöne
dadurch, daß man es zum bloßen Spiel macht, erniedrigt,
und den frivolen Gegenständen gleich gestellt, die von
jeher im Besitz dieses Namens waren? Widerspricht es nicht
dem Vernunftbegriff und der Würde der Schönheit die
doch als ein Instrument der Kultur betrachtet wird, sie auf
ein *bloßes Spiel* einzuschränken, und widerspricht es nicht
dem Erfahrungsbegriffe des Spiels, das mit Ausschließung
alles Geschmackes zusammen bestehen kann, es bloß auf
Schönheit einzuschränken?

Aber was heißt denn ein *bloßes* Spiel, nachdem wir
wissen, daß unter allen Zuständen des Menschen gerade das
Spiel und *nur* das Spiel es ist, was ihn vollständig macht,
und seine doppelte Natur auf einmal entfaltet? Was Sie,
nach Ihrer Vorstellung der Sache, *Einschränkung* nennen,
das nenne ich, nach der meinen, die ich durch Beweise
gerechtfertigt habe, *Erweiterung*. Ich würde also vielmehr
gerade umgekehrt sagen: mit dem Angenehmen, mit dem
Guten, mit dem Vollkommenen ist es dem Menschen *nur*

ernst, aber mit der Schönheit spielt er.[8] Freilich dürfen wir
uns hier nicht an die Spiele erinnern, die in dem wirklichen
Leben im Gange sind, und die sich gewöhnlich nur auf sehr
materielle Gegenstände richten; aber in dem wirklichen
Leben würden wir auch die Schönheit vergebens suchen,
von der hier die Rede ist. Die wirklich vorhandene
Schönheit ist des wirklich vorhandenen Spieltriebes wert;
aber durch das Ideal der Schönheit, welches die Vernunft
aufstellt, ist auch ein Ideal des Spieltriebs aufgegeben, das
der Mensch in allen seinen Spielen vor Augen haben soll. Je
nachdem sich der Spieltrieb entweder dem Sachtriebe oder
dem Formtriebe nähert, wird auch das Schöne entweder
mehr an das bloße Leben oder an die bloße Gestalt grenzen,
und man wird niemals irren, wenn man das Schönheitsideal
eines Menschen auf dem nehmlichen Wege sucht, auf dem
er seinen Spieltrieb befriedigt. Wenn sich die griechischen
Völkerschaften in den Kampfspielen zu Olympia an den
unblutigen Wettkämpfen der Kraft, der Schnelligkeit, der
Gelenkigkeit und an dem edleren Wechselstreit der Talente
ergötzen, und wenn das römische Volk an dem Todeskampf
eines erlegten Gladiators oder seines libyschen Gegners
sich labt, so wird es uns aus diesem einzigen Zuge
begreiflich, warum wir die Idealgestalten einer Venus, einer
Juno, eines Apolls, nicht in Rom, sondern in Griechenland
aufsuchen müssen.[9] Nun spricht aber die Vernunft: das

---

8 Es gibt ein Charten*spiel* und gibt ein Trauer*spiel*; aber offenbar
ist das Chartenspiel viel zu *ernsthaft* für diesen Namen.

9 Wenn man (um bei der neuern Welt stehen zu bleiben) die
Wettrennen in London, die Stiergefechte in Madrid, die
Spectacles in dem ehemaligen Paris, die Gondelrennen in
Venedig, die Tierhatzen in Wien, und das frohe schöne Leben
des Korso in Rom gegeneinander hält, so kann es nicht schwer
sein, den Geschmack dieser verschiedenen Völker gegeneinander zu nuancieren. Indessen zeigt sich unter den Volksspielen in
diesen verschiedenen Ländern weit weniger Einförmigkeit als
unter den Spielen der feineren Welt in eben diesen Ländern,
welches leicht zu erklären ist.

Schöne soll nicht bloßes Leben und nicht bloße Gestalt,
sondern lebende Gestalt, das ist, Schönheit sein; indem sie
ja dem Menschen das doppelte Gesetz der absoluten
Formalität und der absoluten Realität diktiert. Mithin tut
sie auch den Ausspruch: der Spieltrieb soll nicht bloß
Sachtrieb, und soll nicht bloß Formtrieb, sondern beides
zugleich, das ist, Spieltrieb sein. Mit andern Worten: der
Mensch soll mit der Schönheit *nur spielen*, und er soll *nur mit
der Schönheit* spielen.

Denn, um es endlich auf einmal herauszusagen, der
Mensch spielt nur, wo er in voller Bedeutung des Worts
Mensch ist, und *er ist nur da ganz Mensch, wo er spielt.* Dieser
Satz, der in diesem Augenblicke vielleicht paradox
erscheint, wird eine große und tiefe Bedeutung erhalten,
wenn wir erst dahin gekommen sein werden, ihn auf den
doppelten Ernst der Pflicht und des Schicksals anzuwenden; er wird, ich verspreche es Ihnen, das ganze Gebäude
der ästhetischen Kunst und der noch schwürigern Lebens-
kunst tragen. Aber dieser Satz ist auch nur in der
Wissenschaft unerwartet; längst schon lebte und wirkte er
in der Kunst, und in dem Gefühle der Griechen, ihrer
vornehmsten Meister; nur daß sie in den Olympus versetz-
ten, was auf der Erde sollte ausgeführt werden. Von der
Wahrheit desselben geleitet ließen sie sowohl den Ernst und
die Arbeit, welche die Wangen der Sterblichen furchen, als
die nichtige Lust, die das leere Angesicht glättet, aus der
Stirne der seligen Götter verschwinden, gaben die ewig
zufriedenen von den Fesseln jedes Zweckes, jeder Pflicht,
jeder Sorge frei, und machten den *Müßiggang* und die
Gleichgültigkeit zum beneideten Lose des Götterstandes: ein
bloß menschlicherer Name für das freieste und erhabenste
Sein. Sowohl der materielle Zwang der Naturgesetze, als
der geistige Zwang der Sittengesetze verlor sich in ihrem
höhern Begriff von Notwendigkeit, der beide Welten
zugleich umfaßte, und aus der Einheit jener beiden
Notwendigkeiten ging ihnen erst die wahre Freiheit
hervor. Beseelt von diesem Geiste löschten sie aus den

Gesichtszügen ihres Ideals zugleich mit der *Neigung* auch
alle Spuren des *Willens* aus, oder besser, sie machten beide
unkenntlich, weil sie beide in dem innigsten Bund zu
verknüpfen wußten. Es ist weder Anmut noch ist es
Würde, was aus dem herrlichen Antlitz einer *Juno Ludovisi*
zu uns spricht; es ist keines von beiden, weil es beides
zugleich ist. Indem der weibliche Gott unsre Anbetung
heischt, entzündet das gottgleiche Weib unsre Liebe; aber
indem wir uns der himmlischen Holdseligkeit aufgelöst
hingeben, schreckt die himmlische Selbstgenügsamkeit uns
zurück. In sich selbst ruhet und wohnt die ganze Gestalt,
eine völlig geschlossene Schöpfung, und als wenn sie
jenseits des Raumes wäre, ohne Nachgeben, ohne Widerstand; da ist keine Kraft, die mit Kräften kämpfte, keine
Blöße, wo die Zeitlichkeit einbrechen könnte. Durch jenes
unwiderstehlich ergriffen und angezogen, durch dieses in
der Ferne gehalten, befinden wir uns zugleich in dem Zustand der höchsten Ruhe und der höchsten Bewegung, und
es entsteht jene wunderbare Rührung, für welche der Verstand keinen Begriff und die Sprache keinen Namen hat.

SECHZEHNTER BRIEF

Aus der Wechselwirkung zwei entgegengesetzter Triebe,
und aus der Verbindung zwei entgegengesetzter Prinzipien
haben wir das Schöne hervorgehen sehen, dessen höchstes
Ideal also in dem möglichstvollkommensten Bunde und
Gleichgewicht der Realität und der Form wird zu suchen sein.
Dieses Gleichgewicht bleibt aber immer nur Idee, die von
der Wirklichkeit nie ganz erreicht werden kann. In der
Wirklichkeit wird immer ein Übergewicht des Einen Elements über das andere übrig bleiben, und das höchste was
die Erfahrung leistet, wird in einer *Schwankung* zwischen
beiden Prinzipien bestehen, wo bald die Realität bald die
Form überwiegend ist. Die Schönheit in der Idee ist also ewig
nur eine unteilbare einzige, weil es nur ein einziges

Gleichgewicht geben kann; die Schönheit in der Erfahrung
hingegen wird ewig eine doppelte sein, weil bei einer
Schwankung das Gleichgewicht auf eine doppelte Art,
nehmlich diesseits und jenseits, kann übertreten werden.

Ich habe in einem der vorhergehenden Briefe bemerkt,
auch läßt es sich aus dem Zusammenhange des bisherigen
mit strenger Notwendigkeit folgern, daß von dem Schönen
zugleich eine auflösende und eine anspannende Wirkung zu
erwarten sei: eine *auflösende*, um sowohl den Sachtrieb als
den Formtrieb in ihren Grenzen zu halten: eine *anspannende*,
um beide in ihrer Kraft zu erhalten. Diese beiden Wir-
kungsarten der Schönheit sollen aber, der Idee nach,
schlechterdings nur eine einzige sein. Sie soll auflösen,
dadurch daß sie beide Naturen gleichförmig anspannt, und
soll anspannen, dadurch daß sie beide Naturen gleichförmig auflöst. Indem sie zugleich mit dem Sachtriebe auch
den Formtrieb in Tätigkeit setzt, hat sie beiden ihre
Grenzen gezogen; indem sie beide durcheinander in
Schranken hält, hat sie beiden die gehörige Freiheit
gegeben. Dieses folgt schon aus dem Begriff einer Wechselwirkung, vermöge dessen beide Teile einander zugleich
notwendig bedingen, und durch einander bedingt werden,
und deren reinstes Produkt die Schönheit ist. Aber die
Erfahrung bietet uns kein Beispiel einer so vollkommenen
Wechselwirkung dar, sondern hier wird jederzeit, mehr
oder weniger das Übergewicht einen Mangel und der
Mangel ein Übergewicht begründen. Was also in dem
Ideal-Schönen nur in der Vorstellung unterschieden *wird*,
das *ist* in dem Schönen der Erfahrung der Existenz nach
verschieden. Das Idealschöne, obgleich unteilbar und
einfach zeigt in verschiedener Beziehung sowohl eine
schmelzende als energische Eigenschaft; in der Erfahrung
gibt es eine schmelzende und energische Schönheit. So ist es
und so wird es in allen den Fällen sein, wo das Absolute in
die Schranken der Zeit gesetzt ist, und Ideen der Vernunft
in der Menschheit realisiert werden sollen. So denkt der
reflektierende Mensch sich die Tugend, die Wahrheit, die

Glückseligkeit; aber der handelnde Mensch wird bloß *Tugenden* üben, bloß *Wahrheiten* fassen, bloß *glückselige Tage* genießen. Diese auf jene zurück zu führen – an die Stelle der Sitten die Sittlichkeit, an die Stelle der Kenntnisse die Erkenntnis, an die Stelle des Glückes die Glückseligkeit zu setzen, ist das Geschäft der physischen und moralischen Bildung; aus Schönheiten Schönheit zu machen, ist die Aufgabe der ästhetischen.

Die energische Schönheit kann den Menschen eben so wenig vor einem gewissen Überrest von Wildheit und Härte bewahren, als ihn die schmelzende vor einem gewissen Grade der Weichlichkeit und Entnervung schützt. Denn da die Wirkung der erstern ist, das Gemüt sowohl im physischen als moralischen anzuspannen und seine Schnellkraft zu vermehren, so geschieht es nur gar zu leicht, daß der Widerstand des Temperaments und Charakters die Empfänglichkeit für Eindrücke mindert, daß auch die zärtere Humanität eine Unterdrückung erfährt, die nur die rohe Natur treffen sollte, und daß die rohe Natur an einem Kraftgewinn Teil nimmt, der nur der freien Person gelten sollte; daher findet man in den Zeitaltern der Kraft und der Fülle das wahrhaft Große der Vorstellung mit dem Gigantesken und Abenteuerlichen und das Erhabene der Gesinnung mit den schauderhaftesten Ausbrüchen der Leidenschaft gepaart; daher wird man in den Zeitaltern der Regel und der Form die Natur eben so oft unterdrückt als beherrscht, eben so oft beleidigt als übertroffen finden. Und weil die Wirkung der schmelzenden Schönheit ist, das Gemüt im moralischen wie im physischen aufzulösen, so begegnet es eben so leicht, daß mit der Gewalt der Begierden auch die Energie der Gefühle erstickt wird, und daß auch der Charakter einen Kraftverlust teilt, der nur der Leidenschaft treffen sollte: daher wird man in den sogenannten verfeinerten Weltaltern Weichheit nicht selten in Weichlichkeit, Fläche in Flachheit, Korrektheit in Leerheit, Liberalität in Willkürlichkeit, Leichtigkeit in Frivolität, Ruhe in Apathie ausarten, und die verächtlichste Karikatur zunächst an die herrlichste Menschlichkeit grenzen sehen. Für den Menschen unter dem Zwange entweder der Materie oder der Formen ist also die schmelzende Schönheit Bedürfnis, denn von Größe und Kraft ist er längst gerührt, ehe er für Harmonie und Grazie anfängt empfindlich zu werden. Für den Menschen unter der Indulgenz des Geschmacks ist die energische Schönheit Bedürfnis, denn nur allzugern verscherzt er im Stand der Verfeinerung eine Kraft, die er aus dem Stand der Wildheit herüberbrachte.

Und nunmehr, glaube ich, wird jener Widerspruch erklärt und beantwortet sein, den man in den Urteilen der Menschen über den Einfluß des Schönen, und in Würdigung der ästhetischen Kultur anzutreffen pflegt. Er ist erklärt dieser Widerspruch, sobald man sich erinnert, daß es in der Erfahrung eine zweifache Schönheit gibt, und daß beide Teile von der ganzen Gattung behaupten, was jeder nur von einer besondern Art derselben zu beweisen im Stande ist. Er ist gehoben dieser Widerspruch, sobald man das doppelte Bedürfnis der Menschheit unterscheidet, dem jene doppelte Schönheit entspricht. Beide Teile werden also wahrscheinlich Recht behalten, wenn sie nur erst miteinander verständigt sind, welche Art der Schönheit und welche Form der Menschheit sie in Gedanken haben.

Ich werde daher im Fortgange meiner Untersuchungen den Weg, den die Natur in ästhetischer Hinsicht mit dem Menschen einschlägt, auch zu dem meinigen machen, und mich von den Arten der Schönheit zu dem Gattungsbegriff derselben erheben. Ich werde die Wirkungen der schmelzenden Schönheit an dem angespannten Menschen, und die Wirkungen der energischen an dem abgespannten prüfen, um zuletzt beide entgegen gesetzte Arten der Schönheit in der Einheit des Ideal-Schönen auszulöschen, so wie jene zwei entgegengesetzten Formen der Menschheit in der Einheit des Ideal-Menschen untergehn.

Die Fortsetzung folgt.

DIE SCHMELZENDE SCHÖNHEIT

Fortsetzung der Briefe über die ästhetische Erziehung
des Menschen.
(Im ersten und zweiten Stück der Horen.)

SIEBENZEHENTER BRIEF

So lange es bloß darauf ankam, die allgemeine Idee der
Schönheit aus dem Begriffe der menschlichen Natur überhaupt abzuleiten, durften wir uns an keine andere Schranken der letztern erinnern, als die unmittelbar in dem Wesen
derselben gegründet und von dem Begriffe der Endlichkeit
unzertrennlich sind. Unbekümmert um die zufälligen
Einschränkungen, die sie in der wirklichen Erscheinung
erleiden möchte, schöpften wir den Begriff derselben
unmittelbar aus der Vernunft, als der Quelle aller Notwendigkeit, und mit dem Ideale der Menschheit war zugleich
auch das Ideal der Schönheit gegeben.

Jetzt aber steigen wir aus der Region der Ideen auf den
Schauplatz der Wirklichkeit herab, um den Menschen *in
einem bestimmten* Zustand, mithin unter Einschränkungen
anzutreffen, die nicht ursprünglich aus seinem bloßen
Begriff, sondern aus äußern Umständen und aus einem
zufälligen Gebrauch seiner Freiheit fließen. Auf wie
vielfache Weise aber auch die Idee der Menschheit in ihm
eingeschränkt sein mag, so lehret uns schon der bloße
Inhalt derselben, daß im Ganzen nur *zwei* entgegengesetzte
Abweichungen von derselben statt haben können. Liegt
nehmlich seine Vollkommenheit in der übereinstimmenden
Energie seiner sinnlichen und geistigen Kräfte, so kann er
diese Vollkommenheit nur entweder durch einen Mangel an
Übereinstimmung oder durch einen Mangel an Energie
verfehlen. Ehe wir also noch die Zeugnisse der Erfahrung

darüber abgehört haben, sind wir schon im voraus durch
bloße Vernunft gewiß, daß wir den wirklichen folglich
beschränkten Menschen entweder in einem Zustande der
Anspannung oder in einem Zustande der Abspannung
finden werden, je nachdem entweder die einseitige Tätigkeit einzelner Kräfte die Harmonie seines Wesens stört,
oder die Einheit seiner Natur sich auf die gleichförmige
Erschlaffung seiner sinnlichen und geistigen Kräfte gründet. Beide entgegengesetzte Schranken werden, wie nun
bewiesen werden soll, durch die Schönheit gehoben, die in
dem angespannten Menschen die Harmonie, in dem abgespannten die Energie wieder herstellt, und auf diese Art,
ihrer Natur gemäß, den eingeschränkten Zustand auf einen
absoluten zurückführt, und den Menschen zu einem in sich
selbst vollendeten Ganzen macht.[10]

Sie verleugnet also in der Wirklichkeit auf keine Weise
den Begriff, den wir in der Spekulation von ihr faßten; nur
daß sie hier ungleich weniger freie Hand hat als dort, wo wir
sie auf den reinen Begriff der Menschheit anwenden durften.
An dem Menschen, wie die Erfahrung ihn aufstellt, findet sie
einen schon verdorbenen und widerstrebenden Stoff, der
ihr gerade so viel von ihrer *idealen* Vollkommenheit raubt, als
er von seiner *individualen* Beschaffenheit einmischt. Sie wird
daher in der Wirklichkeit überall nur als eine besondere und
eingeschränkte Species, nie als reine Gattung sich zeigen, sie
wird in angespannten Gemütern von ihrer Freiheit und
Mannigfaltigkeit, sie wird in abgespannten von ihrer
belebenden Kraft ablegen; uns aber, die wir nunmehr mit

---

10 Der vortreffliche Verfasser der Schrift: Grundsätze der Aesthetik u. s. f. Erfurt 1791. unterscheidet in der Schönheit die
zwei Grundprinzipien *Anmut* und *Kraft* und setzt die Schönheit in die vollkommenste Vereinigung beider; welches mit der
hier gegebenen Erklärung aufs genaueste zusammentrifft.
Auch in seiner Definition liegt also schon der Grund der
Einteilung der Schönheit in eine schmelzende, worin die
Anmut, und in eine energische, worin die Kraft überwiegt.

ihrem wahren Charakter vertrauter geworden sind, wird
diese widersprechende Erscheinung nicht irre machen. Weit
entfernt, mit dem großen Haufen der Beurteiler aus einzelnen Erfahrungen ihren Begriff zu bestimmen und *sie* für die
Mängel verantwortlich zu machen, die der Mensch unter
ihrem Einflusse zeigt, wissen wir vielmehr, daß es der
Mensch ist, der die Unvollkommenheiten seines Individuums auf sie überträgt, der durch seine subjektive Begrenzung ihrer Vollendung unaufhörlich im Wege steht, und ihr
absolutes Ideal auf zwei eingeschränkte Formen der Erscheinung herabsetzt.

Die schmelzende Schönheit, wurde behauptet, sei für ein
angespanntes Gemüt und für ein abgespanntes die energische. Angespannt aber nenne ich den Menschen sowohl,
wenn er sich unter dem Zwange von Empfindungen, (unter
der einseitigen Gewalt des Sachtriebs) als wenn er sich
unter dem Zwange von Begriffen (unter der ausschließenden Gewalt des Formtriebs) befindet. Jede *ausschließende*
Herrschaft eines seiner beiden Grundtriebe ist für ihn ein
Zustand des Zwanges und der Gewalt; und Freiheit liegt
nur in der Zusammenwirkung seiner beiden Naturen, in
der Übereinstimmung beider Notwendigkeiten. Der von
Gefühlen einseitig beherrschte oder sinnlich angespannte
Mensch wird also aufgelöst und in Freiheit gesetzt durch
Form; der von Gesetzen einseitig beherrschte oder geistig
angespannte Mensch wird aufgelöst und in Freiheit gesetzt
durch Materie. Die schmelzende Schönheit, um dieser
doppelten Aufgabe ein Genüge zu tun, wird sich also unter
zwei verschiednen Gestalten zeigen. Sie wird *erstlich* als
ruhige Form das wilde Leben besänftigen, und von
Empfindungen zu Gedanken den Übergang bahnen; sie
wird *zweitens* als lebendes Bild die abgezogene Form mit
sinnlicher Kraft ausrüsten, den Begriff zur Anschauung
und das Gesetz zum Gefühl zurückführen. Den ersten
Dienst leistet sie dem Naturmenschen, den zweiten dem
künstlichen Menschen. Aber weil sie in beiden Fällen über
ihren Stoff nicht ganz frei gebietet, sondern von demjeni-

gen abhängt, den ihr entweder die formlose Natur oder die
naturwidrige Kunst darbietet, so wird sie in beiden Fällen
noch Spuren ihres Ursprunges tragen, und dort mehr in das
materielle Leben, hier mehr in die reine Form sich verlieren.

Um uns einen Begriff davon machen zu können, wie die
Schönheit ein Mittel werden kann, jene doppelte Anspannung zu heben, müssen wir den Ursprung derselben in dem
menschlichen Gemüt zu erforschen suchen. Entschließen
Sie Sich also noch zu einem kurzen Aufenthalt im Gebiete
der Spekulation, um es alsdann auf immer zu verlassen, und
mit desto sichererem Schritt auf dem Feld der Erfahrung
fortzuschreiten.

ACHTZEHENTER BRIEF

Durch die schmelzende Schönheit wird der sinnliche Mensch
zur Form und zum Denken geleitet; durch die schmelzende
Schönheit wird der geistige Mensch zur Materie zurückgeführt, und der Sinnenwelt wiedergegeben.

Aus diesem scheint zu folgen, daß es zwischen Materie
und Form, zwischen Leiden und Tätigkeit einen *mittleren
Zustand* geben müsse, und daß uns die Schönheit in diesen
mittleren Zustand versetze. Diesen Begriff bildet sich auch
wirklich der größte Teil der Menschen von der Schönheit,
so bald er angefangen hat, über ihre Wirkungen zu
reflektieren, und alle Erfahrungen weisen darauf hin. Auf
der andern Seite aber ist nichts ungereimter und widersprechender, als ein solcher Begriff, da der Abstand
zwischen Materie und Form, zwischen Leiden und Tätigkeit, zwischen Empfinden und Denken *unendlich* ist, und
schlechterdings durch nichts kann vermittelt werden. Wie
heben wir nun diesen Widerspruch? Die Schönheit verknüpft die zwei entgegengesetzte Zustände des Empfindens und des Denkens, und doch gibt es schlechterdings
kein Mittleres zwischen beiden. Jenes ist durch Erfahrung;
dieses ist unmittelbar durch Vernunft gewiß.

Dies ist der eigentliche Punkt, auf den zuletzt die ganze
Frage über die Schönheit hinausläuft, und gelingt es uns,
dieses Problem befriedigend aufzulösen, so haben wir
zugleich den Faden gefunden, der uns durch das ganze
Labyrinth der Ästhetik führt.

Es kommt aber hiebei auf zwei höchst verschiedene
Operationen an, welche bei dieser Untersuchung einander
notwendig unterstützen müssen. Die Schönheit, heißt es,
verknüpft zwei Zustände miteinander, *die einander entgegengesetzt sind*, und niemals Eins werden können. Von dieser
Entgegensetzung müssen wir ausgehen; wir müssen sie in
ihrer ganzen Reinheit und Strengigkeit auffassen und
anerkennen, so daß beide Zustände sich auf das bestimm-
teste scheiden; sonst vermischen wir, aber vereinigen nicht.
Zweitens heißt es: jene zwei entgegengesetzte Zustände
verbindet die Schönheit, und hebt also die Entgegensetzung
auf. Weil aber beide Zustände einander ewig entgegengesetzt bleiben, so sind sie nicht anders zu verbinden, als
indem sie aufgehoben werden. Unser zweites Geschäft ist
also, diese Verbindung vollkommen zu machen, sie so rein
und vollständig durchzuführen, daß beide Zustände in
einem Dritten gänzlich verschwinden, und keine Spur der
Teilung in dem Ganzen zurückbleibt; sonst vereinzeln wir,
aber vereinigen nicht. Alle Streitigkeiten, welche jemals in
der philosophischen Welt über den Begriff der Schönheit
geherrscht haben, und zum Teil noch heut zu Tag herrschen, haben keinen andern Ursprung, als daß man die
Untersuchung entweder nicht von einer gehörig strengen
Unterscheidung anfing, oder sie nicht bis zu einer völlig
reinen Vereinigung durchführte. Diejenigen unter den
Philosophen, welche sich bei der Reflexion über diesen
Gegenstand der Leitung ihres *Gefühls* blindlings anvertrau-
en, können von der Schönheit keinen *Begriff* erlangen, weil
sie in dem Total des sinnlichen Eindrucks nichts einzelnes
unterscheiden. Die andern, welche den Verstand ausschließend zum Führer nehmen, können nie einen Begriff von
der *Schönheit* erlangen, weil sie in dem Total derselben nie

etwas anders als die Teile sehen, und Geist und Materie auch in ihrer vollkommensten Einheit ihnen ewig geschieden bleiben. Die ersten fürchten, die Schönheit *dynamisch*, d. h. als wirkende Kraft aufzuheben, wenn sie trennen sollen, was im Gefühl doch verbunden ist; die andern fürchten, die Schönheit *logisch*, d. h. als Begriff aufzuheben, wenn sie zusammenfassen sollen, was im Verstand doch geschieden ist. Jene wollen die Schönheit auch eben so denken, wie sie wirkt; diese wollen sie eben so wirken lassen, wie sie gedacht wird. Beide müssen also die Wahrheit verfehlen, jene, weil sie es mit ihrem eingeschränkten Denkvermögen der unendlichen Natur nachtun; diese, weil sie die unendliche Natur nach ihren Denkgesetzen einschränken wollen. Die ersten fürchten, durch eine zu strenge Zergliederung der Schönheit von ihrer Freiheit zu rauben; die andern fürchten, durch eine zu kühne Vereinigung die Bestimmtheit ihres Begriffs zu zerstören. Jene bedenken aber nicht, daß die Freiheit, in welche sie mit allem Recht das Wesen der Schönheit setzen, nicht Gesetzlosigkeit, sondern Harmonie von Gesetzen, nicht Willkürlichkeit, sondern höchste innere Notwendigkeit ist; diese bedenken nicht, daß die Bestimmtheit, welche sie mit gleichem Recht von der Schönheit fodern, nicht in der *Ausschließung gewisser Realitäten*, sondern in der *absoluten Einschließung aller* besteht, daß sie also nicht Begrenzung, sondern Unendlichkeit ist. Wir werden die Klippen vermeiden, an welchen beide gescheitert sind, wenn wir von den zwei Elementen beginnen, in welche die Schönheit sich vor dem Verstande teilt, aber uns alsdann auch zu der reinen ästhetischen Einheit erheben, durch die sie auf die Empfindung wirkt, und in welcher jene beiden Zustände gänzlich verschwinden.[11]

---

11 Einem aufmerksamen Leser wird sich bei der hier angestellten Vergleichung die Bemerkung dargeboten haben, daß die *sensualen* Ästhetiker, welche das Zeugnis der Empfindung mehr als das Raisonnement gelten lassen, sich *der Tat nach* weit weniger von der Wahrheit entfernen als ihre Gegner, obgleich

NEUNZEHENTER BRIEF

Es lassen sich in dem Menschen überhaupt zwei verschiedene Zustände der passiven und aktiven Bestimmbarkeit, und eben so viele Zustände der passiven und aktiven Bestimmung unterscheiden. Die Erklärung dieses Satzes führt uns am kürzesten zum Ziel.

Der Zustand des menschlichen Geistes *vor* aller Bestimmung, die ihm durch Eindrücke der Sinne gegeben wird, ist eine Bestimmbarkeit ohne Grenzen. Das Endlose des Raumes und der Zeit ist seiner Einbildungskraft zu freiem Gebrauch hingegeben, und weil, der Voraussetzung nach, in diesem weiten Reiche des Möglichen nichts gesetzt, folglich auch noch nichts ausgeschlossen ist, so kann man diesen Zustand der Bestimmungslosigkeit eine *leere Unendlichkeit* nennen, welches mit einer unendlichen Leere keineswegs zu verwechseln ist.

Jetzt soll sein Sinn gerührt werden, und aus der

---

sie *der Einsicht nach* es nicht mit diesen aufnehmen können; und dieses Verhältnis findet man überall zwischen der Natur und der Wissenschaft. Die Natur (der Sinn) vereinigt überall, der Verstand scheidet überall, aber die Vernunft vereinigt wieder; daher ist der Mensch, ehe er anfängt zu philosophieren, der Wahrheit näher als der Philosoph, der seine Untersuchung noch nicht durch alle Kategorien durchgeführt und geendigt hat. Man kann deswegen ohne alle weitere Prüfung ein Philosophem für irrig erklären, sobald dasselbe, *dem Resultat nach*, die gemeine Empfindung gegen sich hat; mit demselben Rechte aber kann man es für verdächtig halten, wenn es, der Form und Methode nach, die gemeine Empfindung auf seiner Seite hat. Mit dem letztern mag sich ein jeder Schriftsteller trösten der eine philosophische Deduktion nicht, wie manche Leser zu erwarten scheinen, wie eine Unterhaltung am Kaminfeuer vortragen kann. Mit dem erstern mag man jeden zum Stillschweigen bringen, der auf Kosten des Menschenverstandes neue Systeme gründen will.

unendlichen Menge möglicher Bestimmungen soll eine
Einzelne Wirklichkeit erhalten. Eine Vorstellung soll in
ihm entstehen. Was in dem vorhergegangenen Zustand der
bloßen Bestimmbarkeit nichts, als ein leeres Vermögen war,
das wird jetzt zu einer wirkenden Kraft, das bekommt einen
Inhalt; zugleich aber erhält es, als wirkende Kraft, eine
Grenze, da es, als bloßes Vermögen, unbegrenzt war.
Realität ist also da, aber die Unendlichkeit ist verloren. Um
eine Gestalt im Raum zu beschreiben, müssen wir den
endlosen Raum *begrenzen*; um uns eine Veränderung in der
Zeit vorzustellen, müssen wir das Zeitganze *teilen*. Wir
gelangen also nur durch Schranken zur Realität, nur durch
Negation oder Ausschließung zur *Position* oder wirklichen
Setzung, nur durch Aufhebung unsrer freien Bestimmbar-
keit zur Bestimmung.

Aber aus einer bloßen Ausschließung würde in Ewigkeit
keine Realität und aus einer bloßen Sinnenempfindung in
Ewigkeit keine Vorstellung werden, wenn nicht etwas vorhanden wäre, *von welchem* ausgeschlossen wird, wenn nicht
durch eine absolute Tathandlung des Geistes die Negation
auf etwas positives bezogen, und aus Nichtsetzung Entgegensetzung würde; diese Handlung des Gemüts heißt
urteilen oder denken, und das Resultat derselben der
Gedanke.

Ehe wir im Raum einen Ort bestimmen, gibt es überhaupt keinen Raum für uns; aber ohne den absoluten Raum
würden wir nimmermehr einen Ort bestimmen. Eben so
mit der Zeit. Ehe wir den Augenblick haben, gibt es
überhaupt keine Zeit für uns; aber ohne die ewige Zeit
würden wir nie eine Vorstellung des Augenblicks haben.
Wir gelangen also freilich nur durch den Teil zum Ganzen,
nur durch die Grenze zum Unbegrenzten, nur durch Leiden
zur Tätigkeit; aber wir gelangen auch nur durch das Ganze
zum Teil, nur durch das Unbegrenzte zur Grenze, nur durch
die Tätigkeit zum Leiden.

Wenn nun also von dem Schönen behauptet wird, daß
es dem Menschen einen Übergang vom Empfinden zum

Denken bahne, so ist dies keineswegs so zu verstehen, als
ob durch das Schöne die Kluft könnte ausgefüllt werden,
die das Empfinden vom Denken, die das Leiden von der
Tätigkeit trennt; diese Kluft ist unendlich, und ohne
Dazwischenkunft eines neuen und selbstständigen Vermögens kann aus dem Einzelnen in Ewigkeit nichts Allgemeines, kann aus dem Zufälligen nichts Notwendiges, aus
dem Augenblicklichen nichts Beständiges werden. Der
Gedanke ist die unmittelbare Handlung dieses absoluten
Vermögens, welches zwar durch die Sinne veranlaßt
werden muß, sich zu äußern, in seiner Äußerung selbst aber
so wenig von der Sinnlichkeit abhängt, daß es sich vielmehr
nur durch Entgegensetzung gegen dieselbe verkündiget.
Die Selbstständigkeit, mit der es handelt, schließt jede
fremde Einwirkung aus, und nicht in so fern sie beim
Denken *hilft*, (welches einen offenbaren Widerspruch enthält) bloß in so fern sie den Denkkräften Freiheit verschafft,
ihren eigenen Gesetzen gemäß sich zu äußern, kann die
Schönheit ein Mittel werden, den Menschen von der
Materie zur Form, von Empfindungen zu Gesetzen, von
einem beschränkten zu einem absoluten Dasein zu führen.

Dies aber setzt voraus, daß die Freiheit der Denkkräfte
gehemmt werden könne, welches mit dem Begriff eines
selbstständigen Vermögens zu streiten scheint. Ein Vermögen nehmlich, welches von außen nichts als den Stoff seines
Wirkens empfängt, kann nur durch Entziehung des Stoffes,
also nur negativ an seinem Wirken gehindert werden, und
es heißt die Natur eines Geistes verkennen, wenn man den
sinnlichen Passionen eine Macht beilegt, die Freiheit des
Gemüts positiv unterdrücken zu können. Zwar stellt die
Erfahrung Beispiele in Menge auf, wo die Vernunftkräfte in
demselben Maß unterdrückt erscheinen, als die sinnlichen
Kräfte feuriger wirken, aber anstatt jene Geistesschwäche
von der Stärke des Affekts abzuleiten, muß man vielmehr
diese überwiegende Stärke des Affekts durch jene Schwäche des Geistes erklären; denn die Sinne können nicht

anders eine Macht gegen den Menschen vorstellen, als
insofern der Geist frei unterlassen hat, sich als eine solche
zu beweisen.

Indem ich aber durch diese Erklärung einem Einwurfe
zu begegnen suche, habe ich mich, wie es scheint, in einen
andern verwickelt, und die Selbstständigkeit des Gemüts
nur auf Kosten seiner Einheit gerettet. Denn wie kann das
Gemüt *aus sich selbst* zugleich Gründe der Nichttätigkeit
und der Tätigkeit nehmen, wenn es nicht selbst geteilt,
wenn es nicht sich selbst entgegengesetzt ist?

Hier müssen wir uns nun erinnern, daß wir den endlichen, nicht den unendlichen Geist vor uns haben. Der
endliche Geist ist derjenige, der nicht anders, als durch
Leiden tätig wird, nur durch Schranken zum Absoluten
gelangt, nur insofern er Stoff empfängt, handelt und bildet.
Ein solcher Geist wird also mit dem Triebe nach Form oder
nach dem Absoluten einen Trieb nach Stoff oder nach
Schranken verbinden, als welche die Bedingungen sind,
ohne welche er den ersten Trieb weder haben noch
befriedigen könnte. In wiefern in demselben Wesen zwei so
entgegengesetzte Tendenzen zusammen bestehen können,
ist eine Aufgabe, die zwar den Metaphysiker, aber nicht den
Transzendentalphilosophen in Verlegenheit setzen kann.
Dieser gibt sich keineswegs dafür aus, die Möglichkeit der
Dinge zu erklären, sondern begnügt sich, die Kenntnisse
festzusetzen, aus welchen die Möglichkeit der Erfahrung
begriffen wird. Und da nun Erfahrung eben so wenig ohne
jene Entgegensetzung im Gemüte als ohne die absolute
Einheit desselben möglich wäre, so stellt er beide Begriffe
mit vollkommner Befugnis als gleich notwendige Bedin-
gungen der Erfahrung auf, ohne sich weiter um ihre
Vereinbarkeit zu bekümmern. Diese Inwohnung zweier
Grundtriebe widerspricht übrigens auf keine Weise der
absoluten Einheit des Geistes, sobald man nur von beiden
Trieben *ihn selbst* unterscheidet. Beide Triebe existieren und
wirken zwar *in ihm,* aber Er selbst ist weder Materie noch
Form, weder Sinnlichkeit noch Vernunft, welches diejeni-

gen, die den menschlichen Geist nur da selbst handeln lassen, wo sein Verfahren mit der Vernunft übereinstimmt, und wo dieses der Vernunft widerspricht, ihn bloß für passiv erklären, nicht immer bedacht zu haben scheinen.

Jeder dieser beiden Grundtriebe strebt, sobald er zur Entwicklung gekommen, seiner Natur nach und notwendig nach Befriedigung, aber eben darum, weil beide notwendig und beide doch nach entgegengesetzten Objekten streben, so hebt diese doppelte Nötigung sich gegenseitig auf, und der Wille behauptet eine vollkommene Freiheit zwischen beiden. Der Wille ist es also, der sich gegen beide Triebe als eine *Macht* (als Grund der Wirklichkeit) verhält, aber keiner von beiden kann sich für sich selbst, als eine Macht gegen den andern verhalten. Durch den positivsten Antrieb zur Gerechtigkeit, woran es ihm keineswegs mangelt, wird der Gewalttätige nicht von Unrecht abgehalten, und durch die lebhafteste Versuchung zum Genuß der Starkmütige nicht zum Bruch seiner Grundsätze gebracht. Es gibt in dem Menschen keine andere Macht, als seinen Willen, und nur was den Menschen aufhebt, der Tod und jeder Raub des Bewußtseins, kann die innere Freiheit aufheben.

Auf dem Willen beruht es also, ob der Sachtrieb, ob der Formtrieb befriedigt werden soll. Aber, was wohl zu bemerken ist, nicht, daß wir empfinden, sondern daß die Empfindung bestimmend werde, – nicht, daß wir zum Selbstbewußtsein gelangen, sondern, daß die reine Selbstheit bestimmend werde, hängt von dem Willen ab. Der Wille äußert sich nicht eher, als nachdem die Triebe gewirkt haben, und diese erwachen erst, wenn ihre beiden Objekte, Empfindung und Selbstbewußtsein, gegeben sind. Diese müssen also notwendig erst da sein, bevor der Wille sich äußert, und können folglich nicht durch den Willen da sein.

Eine Notwendigkeit *außer uns* bestimmt unsern Zustand, unser Dasein in der Zeit vermittelst der Sinnenempfindung. Diese ist ganz unwillkürlich und so wie auf uns

gewirkt wird, müssen wir leiden. Eben so eröffnet eine
Notwendigkeit *in uns* unsre Persönlichkeit, auf Veranlassung jener Sinnenempfindung, und durch Entgegensetzung gegen dieselbe; denn das Selbstbewußtsein kann von
dem Willen, der es voraussetzt, nicht abhangen. Diese
ursprüngliche Verkündigung der Persönlichkeit ist nicht
unser Verdienst, und der Mangel derselben nicht unser
Fehler. Nur von demjenigen, der sich bewußt ist, wird
Vernunft, das heißt, absolute Konsequenz und Universalität des Bewußtseins gefodert; vorher ist er nicht Mensch,
und kein Akt der Menschheit kann von ihm erwartet
werden. So wenig nun der *Metaphysiker* sich die Schranken
erklären kann, die der freie und selbstständige Geist durch
die Empfindung erleidet, so wenig begreift der *Physiker* die
Unendlichkeit, die sich auf Veranlassung dieser Schranken
in der Persönlichkeit offenbart. Weder Abstraktion noch
Erfahrung leiten uns bis zu der Quelle zurück, aus der unsre
Begriffe von Allgemeinheit und Notwendigkeit fließen;
ihre frühe Erscheinung in der Zeit entzieht sie dem
Beobachter, und ihr übersinnlicher Ursprung dem metaphysischen Forscher. Aber genug, das Selbstbewußtsein ist
da, und zugleich mit der unveränderlichen Einheit desselben ist das Gesetz der Einheit für alles, was *für den*
Menschen ist, und für alles, was *durch ihn* werden soll, für
sein Erkennen und Handeln aufgestellt. Unentfliehbar,
unverfälschbar, unbegreiflich, eine *Theophanie*, wenn es
jemals eine gab, stellen die Begriffe von Wahrheit und
Recht schon im Alter der Sinnlichkeit sich dar, und ohne
daß man zu sagen wüßte, woher und wie es entstand,
bemerkt man das Ewige in der Zeit, und das Notwendige
im Gefolge des Zufalls. So entspringen Empfindung und
Selbstbewußtsein, völlig ohne Zutun des Subjekts, und
beider Ursprung liegt eben sowohl jenseits unseres Willens,
als er jenseits unseres Erkenntniskreises liegt.

Sind aber beide wirklich, und hat der Mensch, vermittelst der Empfindung, die Erfahrung einer bestimmten
Existenz, hat er durch das Selbstbewußtsein die Erfahrung

seiner absoluten Existenz gemacht, so werden mit ihren Gegenständen auch seine beiden Grundtriebe rege. Der sinnliche Trieb erwacht mit der Erfahrung des Lebens (mit dem Anfang des Individuums), der vernünftige mit der Erfahrung des Gesetzes (mit dem Anfang der Persönlichkeit) und jetzt erst, nachdem beide zum Dasein gekommen, ist seine Menschheit aufgebaut. Bis dies geschehen ist, erfolgt alles in ihm nach dem Gesetz der Notwendigkeit; jetzt aber verläßt ihn die Hand der *Natur* und es ist *seine* Sache, die Menschheit zu behaupten, welche jene in ihm anlegte und eröffnete. Sobald nehmlich zwei entgegengesetzte Grundtriebe in ihm tätig sind, so verlieren beide ihre Nötigung, und die Entgegensetzung zweier Notwendigkeiten gibt der *Freiheit* den Ursprung.[12]

ZWANZIGSTER BRIEF

Daß auf die Freiheit nicht gewirkt werden könne, ergibt sich schon aus ihrem bloßen Begriff; daß aber *die Freiheit selbst* eine Wirkung der *Natur* (dieses Wort in seinem weitesten Sinne genommen) kein Werk des Menschen sei, daß sie also auch durch natürliche Mittel befördert und gehemmt werden könne, folgt gleich notwendig aus dem vorigen. Sie nimmt ihren Anfang erst, wenn der Mensch *vollständig* ist, und seine *beiden* Grundtriebe sich entwickelt

---

12 Um aller Mißdeutung vorzubeugen, bemerke ich, daß, so oft hier von Freiheit die Rede ist, nicht diejenige gemeint ist, die dem Menschen, als Intelligenz betrachtet, notwendig zukommt, und ihm weder gegeben noch genommen werden kann, sondern diejenige, welche sich auf seine gemischte Natur gründet. Dadurch daß der Mensch überhaupt nur vernünftig handelt, beweist er eine Freiheit der ersten Art, dadurch, daß er in den Schranken des Stoffes vernünftig, und unter Gesetzen der Vernunft materiell handelt, beweist er eine Freiheit der zweiten Art. Man könnte die letztere schlechtweg durch eine natürliche Möglichkeit der erstern erklären.

haben; sie muß also fehlen, so lang er unvollständig und einer von beiden Trieben ausgeschlossen ist, und muß durch alles das, was ihm seine Vollständigkeit zurückgibt, wieder hergestellt werden können.

Nun läßt sich wirklich, sowohl in der ganzen Gattung als in dem einzelnen Menschen, ein Moment aufzeigen, in welchem der Mensch noch nicht vollständig und einer von beiden Trieben ausschließend in ihm tätig ist. Wir wissen, daß er anfängt mit bloßem Leben, um zu endigen mit Form; daß er früher Individuum als Person ist, daß er von den Schranken aus zur Unendlichkeit geht. Der sinnliche Trieb kommt also früher als der vernünftige zur Wirkung, weil die Empfindung dem Bewußtsein vorhergeht, und in dieser *Priorität* des Sachtriebes finden wir den Aufschluß zu der ganzen Geschichte der menschlichen Freiheit.

Denn es gibt nun einen Moment, wo der Lebenstrieb, weil ihm der Formtrieb noch nicht entgegenwirkt, als Natur und als Notwendigkeit handelt; wo die Sinnlichkeit eine Macht ist, weil der Mensch noch nicht angefangen; denn in dem Menschen selbst kann es keine andere Macht als den Willen geben. Aber im Zustand des Denkens, zu welchem der Mensch jetzt übergehen soll, soll gerade umgekehrt die Vernunft eine Macht sein, und eine logische oder moralische Notwendigkeit soll an die Stelle jener physischen treten. Jene Macht der Empfindung muß also vernichtet werden, ehe das Gesetz dazu erhoben werden kann. Es ist also nicht damit getan, daß etwas anfange, was noch nicht war; es muß zuvor etwas aufhören, welches war. Der Mensch kann nicht unmittelbar vom Empfinden zum Denken übergehen; er muß *einen Schritt zurücktun*, weil nur, indem eine Determination wieder aufgehoben wird, die entgegengesetzte eintreten kann. Er muß also, um Leiden mit Selbsttätigkeit, um eine passive Bestimmung mit einer aktiven zu vertauschen, augenblicklich *von aller Bestimmung frei sein*, und einen Zustand der bloßen Bestimmbarkeit durchlaufen, weil man, um von Minus zu Plus fortzuschreiten, durch Null den Weg nehmen muß. Mithin muß er, auf

gewisse Weise zu jenem negativen Zustand der bloßen
Bestimmungslosigkeit zurückkehren, in welchem er sich
befand, ehe noch irgend etwas auf seinen Sinn einen
Eindruck machte. Jener Zustand aber war an Inhalt völlig
leer, und jetzt kommt es darauf an, eine gleiche Bestimmungslosigkeit, und eine gleich unbegrenzte Bestimmbarkeit mit dem größtmöglichen Gehalt zu vereinbaren, weil
unmittelbar aus diesem Zustand etwas positives erfolgen
soll. Die Bestimmung, die er durch Sensation empfangen,
muß also festgehalten werden, weil er die Realität nicht
verlieren darf, zugleich aber muß sie, insofern sie Begrenzung ist, aufgehoben werden, weil eine unbegrenzte
Bestimmbarkeit statt finden soll. Die Aufgabe ist also, die
Determination des Zustandes zugleich zu vernichten und
beizubehalten, welches nur auf die einzige Art möglich ist,
daß man ihr *eine andere entgegensetzt*. Die Schalen einer Waage
stehen gleich, wenn sie leer sind; sie stehen aber auch gleich,
wenn sie gleiche Gewichte enthalten.

   Das Gemüt geht also von der Empfindung zum Gedanken durch eine mittlere Stimmung über, in welcher Sinnlichkeit und Vernunft *zugleich* tätig sind, eben deswegen aber
ihre bestimmende Gewalt gegenseitig aufheben, und durch
eine Entgegensetzung eine Negation bewirken. Diese mittlere Stimmung, in welcher das Gemüt weder physisch noch
moralisch genötigt, und doch auf beide Art tätig ist, verdient
vorzugsweise eine freie Stimmung zu heißen, und wenn man
den Zustand sinnlicher Bestimmung den physischen, den
Zustand vernünftiger Bestimmung aber den logischen und
moralischen nennt, so muß man diesen Zustand der realen
und aktiven Bestimmbarkeit den *ästhetischen* heißen.[13]

---

13 Für Leser, denen die reine Bedeutung dieses durch Unwissenheit so sehr gemißbrauchten Wortes nicht ganz geläufig ist,
   mag folgendes zur Erklärung dienen. Alle Dinge, die irgend in
   der Erscheinung vorkommen können, lassen sich unter vier
   verschiedenen Beziehungen denken. Eine Sache kann sich
   unmittelbar auf unsern sinnlichen Zustand (unser Dasein und

EIN UND ZWANZIGSTER BRIEF

Es gibt, wie ich am Anfange des vorigen Briefs bemerkte, einen doppelten Zustand der Bestimmbarkeit und einen doppelten Zustand der Bestimmung. Jetzt kann ich diesen Satz deutlich machen.

Wohlsein) beziehen; das ist ihre physische Beschaffenheit. Oder sie kann sich auf den Verstand beziehen, und uns eine Erkenntnis verschaffen; das ist ihre *logische* Beschaffenheit. Oder sie kann sich auf unsern Willen beziehen, und als ein Gegenstand der Wahl für ein vernünftiges Wesen betrachtet werden; das ist ihre *moralische* Beschaffenheit. Oder endlich sie kann sich auf das Ganze unsrer verschiedenen Kräfte beziehen, ohne für eine einzelne derselben ein bestimmtes Objekt zu sein, das ist ihre *ästhetische* Beschaffenheit. Ein Mensch kann uns durch seine Dienstfertigkeit angenehm sein; er kann uns durch seine Unterhaltung zu denken geben; er kann uns durch seinen Charakter Achtung einflößen; endlich kann er uns aber auch, unabhängig von diesem allen und ohne daß wir bei seiner Beurteilung weder auf irgend ein Gesetz, noch auf irgend einen Zweck Rücksicht nehmen, in der bloßen Betrachtung und durch seine bloße Erscheinungsart gefallen. In dieser letztern Qualität beurteilen wir ihn ästhetisch. So gibt es eine Erziehung zur Gesundheit, eine Erziehung zur Einsicht, eine Erziehung zur Sittlichkeit, eine Erziehung zum Geschmack und zur Schönheit. Diese letztere hat zur Absicht das Ganze unsrer sinnlichen und geistigen Kräfte in möglichster Harmonie auszubilden. Weil man indessen von einem falschen Geschmack verführt, und durch ein falsches Raisonnement noch mehr in diesem Irrtum befestigt, den Begriff des Willkürlichen in den Begriff des Ästhetischen gerne mit aufnimmt, so merke ich hier zum Überfluß noch an (obgleich diese Briefe über ästhetische Erziehung fast mit nichts anderm umgehen, als jenen Irrtum zu widerlegen) daß das Gemüt im ästhetischen Zustande zwar frei und im höchsten Grade frei von allem Zwang, aber keineswegs frei von Gesetzen handelt, und daß diese ästhetische Freiheit sich von der logischen Notwendigkeit beim Denken und von der moralischen Not-

Das Gemüt ist bestimmbar, bloß insofern es überhaupt nicht bestimmt ist; es ist aber auch bestimmbar, insofern es nicht ausschließend bestimmt d. h. bei seiner Bestimmung nicht beschränkt ist. Jenes ist bloße Bestimmungslosigkeit (es ist ohne Schranken, weil es ohne Realität ist); dieses ist die ästhetische Bestimmbarkeit (es hat keine Schranken, weil es alle Realität vereinigt).

Das Gemüt ist bestimmt, insofern es überhaupt nur beschränkt ist; es ist aber auch bestimmt, insofern es sich selbst aus eigenem absoluten Vermögen beschränkt. In dem ersten Falle befindet es sich, wenn es empfindet, in dem zweiten, wenn es denkt. Was also das Denken in Rücksicht auf Bestimmung ist, das ist die ästhetische Verfassung in Rücksicht auf Bestimmbarkeit; jenes ist Beschränkung aus innrer unendlicher Kraft, diese ist eine Negation aus innrer unendlicher Fülle. So wie Empfinden und Denken einander in dem einzigen Punkt berühren, daß in beiden Zuständen das Gemüt determiniert, daß der Mensch ausschließungsweise Etwas – entweder Individuum oder Person – ist, sonst aber sich ins Unendliche von einander entfernen; gerade so trifft die ästhetische Bestimmbarkeit mit der bloßen Bestimmungslosigkeit in dem einzigen Punkt überein, daß beide jedes bestimmte Dasein ausschließen, indem sie in allen übrigen Punkten wie Nichts und Alles, mithin unendlich verschieden sind. Wenn also die letztere, die Bestimmungslosigkeit aus Mangel, als eine *leere Unendlichkeit* vorgestellt wurde, so muß die ästhetische Bestimmungsfreiheit, welche das reale Gegenstück derselben ist, als eine *erfüllte Unendlichkeit* betrachtet werden; eine Vorstellung, welche mit demjenigen, was die vorhergehen-

wendigkeit beim Wollen nur dadurch unterscheidet, daß die Gesetze, nach denen das Gemüt dabei verfährt, *nicht vorgestellt werden* und weil sie keinen Widerstand finden, nicht als Nötigung erscheinen.

den Untersuchungen lehren, aufs genaueste zusammentrifft.[14]

In dem ästhetischen Zustande ist der Mensch also *Null*,
insofern man auf ein einzelnes Resultat, nicht auf das ganze
Vermögen achtet, und den Mangel jeder besondern Determination in ihm in Betrachtung zieht. Daher muß man
denjenigen vollkommen Recht geben, welche das Schöne
und die Stimmung, in die es unser Gemüt versetzt, in
Rücksicht auf *Erkenntnis* und *Gesinnung* für völlig indifferent und unfruchtbar erklären. Sie haben vollkommen
Recht, denn die Schönheit gibt schlechterdings kein
einzelnes Resultat weder für den Verstand noch für den
Willen, sie führt keinen einzelnen weder intellektuellen,
noch moralischen Zweck aus, sie findet keine einzige
Wahrheit, hilft uns keine einzige Pflicht erfüllen, und ist,
mit einem Worte, gleich ungeschickt, den Charakter zu
gründen und den Kopf aufzuklären. Die Schönheit ist
Natur, und sowohl seine Begriffe als seine Entschließungen
kann der Mensch nur *sich selbst* zu verdanken haben. Durch
die ästhetische Kultur bleibt also der persönliche Wert eines
Menschen, oder seine Würde, insofern diese nur von ihm
selbst abhängen kann, noch völlig unbestimmt, und es ist
weiter nichts erreicht, als daß es ihm nunmehr, *von Natur
wegen* möglich gemacht ist, aus sich selbst zu machen, was er
will – daß ihm die Freiheit, zu sein, was er sein soll,
vollkommen zurückgegeben ist.

Eben dadurch aber ist etwas unendliches erreicht. Denn
sobald wir uns erinnern, daß ihm durch die einseitige
Nötigung der Natur beim Empfinden, und durch die
ausschließende Gesetzgebung der Vernunft beim Denken
gerade diese Freiheit entzogen wurde, so müssen wir das
Vermögen, welches ihm in der ästhetischen Stimmung
zurückgegeben wird, als die höchste aller Schenkungen, als
die Schenkung der Menschheit betrachten. Freilich besitzt

---

14 Man sehe den vierzehnten und fünfzehnten Brief im zweiten
Stück der Horen.

er diese Menschheit der Anlage nach schon vor jedem bestimmten Zustand, in den er kommen kann, aber der Tat nach verliert er sie mit jedem bestimmten Zustand, in den er kommt, und sie muß ihm, wenn er zu einem entgegengesetzten soll übergehen können, jedesmal aufs neue durch das ästhetische Leben zurückgegeben werden.[15]

Es ist also nicht bloß poetisch erlaubt, sondern auch philosophisch richtig, wenn man die Schönheit unsre zweite Schöpferin nennt. Denn ob sie uns gleich die Menschheit bloß möglich macht, und es im übrigen unserm freien Willen anheim stellt, in wie weit wir sie wirklich machen wollen, so hat sie dieses ja mit unsrer ursprünglichen Schöpferin, der Natur, gemein, die uns gleichfalls nichts weiter, als das Vermögen zur Menschheit erteilte, den Gebrauch desselben aber auf unsere eigene Willensbestimmung ankommen läßt.

---

15 Zwar läßt die Schnelligkeit, mit welcher gewisse Charaktere von Empfindungen zu Gedanken, und zu Entschließungen übergehen, die ästhetische Stimmung, welche sie in dieser Zeit notwendig durchlaufen müssen, kaum oder gar nicht bemerkbar werden. Solche Gemüter können den Zustand der Bestimmungslosigkeit nicht lang ertragen, und dringen ungeduldig auf ein Resultat, welches sie in dem Zustand ästhetischer Unbegrenztheit nicht finden. Dahingegen breitet sich bei andern, welche ihren Genuß mehr in das Gefühl *des ganzen Vermögens*, als einer *einzelnen* Handlung desselben setzen, der ästhetische Zustand in eine weit größere Fläche aus. So sehr die ersten sich vor der Leerheit fürchten, so wenig können die letzten Beschränkung ertragen. Ich brauche kaum zu erinnern, daß die ersten fürs Detail und für subalterne Geschäfte, die letzten, vorausgesetzt daß sie mit diesem Vermögen zugleich Realität vereinigen, fürs Ganze und zu großen Rollen geboren sind.

ZWEI UND ZWANZIGSTER BRIEF

Wenn also die ästhetische Stimmung des Gemüts in Einer Rücksicht als *Null* betrachtet werden muß, sobald man nehmlich sein Augenmerk auf einzelne und bestimmte Wirkungen richtet, so ist sie in anderer Rücksicht wieder als ein Zustand *der höchsten Realität* anzusehen, insofern man dabei auf die Abwesenheit aller Schranken, und auf die Summe der Kräfte achtet, die in derselben gemeinschaftlich tätig sind. Man kann also denjenigen eben so wenig Unrecht geben, die den ästhetischen Zustand für den fruchtbarsten in Rücksicht auf Erkenntnis und Moralität erklären. Sie haben vollkommen recht, denn eine Gemütsstimmung, welche das Ganze der Menschheit in sich begreift, muß notwendig auch jede einzelne Äußerung derselben, dem Vermögen nach in sich schließen; eine Gemütsstimmung, welche von dem Ganzen der menschlichen Natur alle Schranken entfernt, muß diese notwendig auch von jeder einzelnen Äußerung derselben entfernen. Eben deswegen, weil sie keine einzelne Funktion der Menschheit ausschließend in Schutz nimmt, so ist sie einer jeden ohne Unterschied günstig, und sie begünstigt ja nur deswegen keine einzelne vorzugsweise, weil sie der Grund der Möglichkeit von allen ist. Alle andere Übungen geben dem Gemüt irgend ein besondres Geschick, aber setzen ihm dafür auch eine besondere Grenze; die ästhetische allein führt zum Unbegrenzten. Jeder andere Zustand, in den wir kommen können, weist uns auf einen vorhergehenden zurück und bedarf zu seiner Auflösung eines folgenden; nur der ästhetische ist ein Ganzes in sich selbst, da er alle Bedingungen seines Ursprungs und seiner Fortdauer in sich vereinigt. Hier allein fühlen wir uns wie aus der Zeit gerissen; und unsre Menschheit äußert sich mit einer Reinheit und *Integrität*, als hätte sie von der Einwirkung äußrer Kräfte noch keinen Abbruch erfahren.

Was unsern Sinnen in der unmittelbaren Empfindung

schmeichelt, das öffnet unser weiches und bewegliches
Gemüt jedem Eindruck, aber macht uns auch in demselben
Grad zur Anstrengung weniger tüchtig. Was unsre Denkkräfte anspannt und zu abgezogenen Begriffen einladet, das
stärkt unsern Geist zu jeder Art des Widerstandes, aber
verhärtet ihn auch in demselben Verhältnis, und raubt uns
eben so viel an Empfänglichkeit, als es uns zu einer größern
Selbsttätigkeit verhilft. Eben deswegen führt auch das eine
wie das andre zuletzt notwendig zur Erschöpfung, weil der
Stoff nicht lange der bildenden Kraft, weil die Kraft nicht
lange des bildsamen Stoffes entraten kann. Haben wir uns
hingegen dem Genuß echter Schönheit dahin gegeben, so
sind wir in einem solchen Augenblick unsrer leidenden und
tätigen Kräfte in gleichem Grad Meister und mit gleicher
Leichtigkeit werden wir uns zum Ernst und zum Spiele, zur
Ruhe und zur Bewegung, zur Nachgiebigkeit und zum
Widerstand, zum abstrakten Denken und zur Anschauung
wenden.

Diese hohe Gleichmütigkeit und Freiheit des Geistes,
mit Kraft und Rüstigkeit verbunden, ist die Stimmung, in
der uns ein echtes Kunstwerk entlassen soll, und es gibt
keinen sicherern Probierstein der wahren ästhetischen
Güte. Finden wir uns nach einem Genuß dieser Art zu
irgend einer besondern Empfindungsweise oder Handlungsweise vorzugsweise aufgelegt, zu einer andern hingegen ungeschickt und verdrossen, so dient dies zu einem
untrüglichen Beweise, daß wir keine *rein ästhetische* Wirkung erfahren haben; es sei nun, daß es an dem Gegenstand,
oder an unserer Empfindungsweise oder (wie fast immer
der Fall ist) an beiden zugleich gelegen habe.

Da in der Wirklichkeit keine rein ästhetische Wirkung
anzutreffen ist, (denn der Mensch kann nie aus der
Abhängigkeit der Kräfte treten) so kann die Vortrefflichkeit eines Kunstwerks bloß in seiner größern Annäherung
zu jenem Ideale ästhetischer Reinigkeit bestehen, und bei
aller Freiheit, zu der man es steigern mag, werden wir es
doch immer in einer besondern Stimmung und mit einer

eigentümlichen Richtung verlassen. Je allgemeiner nun die Stimmung, und je weniger eingeschränkt die Richtung ist, welche unserm Gemüt durch eine bestimmte Gattung der Künste und durch ein bestimmtes Produkt aus derselben
5 gegeben wird, desto edler ist jene Gattung und desto vortrefflicher ein solches Produkt. Man kann dies mit Werken aus verschiedenen Künsten und mit verschiedenen Werken der nehmlichen Kunst versuchen. Wir verlassen eine schöne Musik mit reger Empfindung, ein schönes
10 Gedicht mit belebter Einbildungskraft, ein schönes Bildwerk und Gebäude mit aufgewecktem Verstand; wer uns aber unmittelbar nach einem hohen musikalischen Genuß zu abgezogenem Denken einladen, unmittelbar nach einem hohen poetischen Genuß in einem abgemessenen Geschäft
15 des gemeinen Lebens gebrauchen, unmittelbar nach Betrachtung schöner Malereien und Bildhauerwerke unsre Einbildungskraft erhitzen, und unser Gefühl überraschen wollte, der würde seine Zeit nicht gut wählen. Die Ursache ist, weil auch die geistreichste Musik *durch ihre Materie* noch
20 immer in einer größern Affinität zu den Sinnen steht, als die wahre ästhetische Freiheit dultet, weil auch das glücklichste Gedicht von dem willkürlichen und zufälligen Spiele der Imagination, *als seines Mediums*, noch immer mehr partizipiert, als die innere Notwendigkeit des wahrhaft Schönen
25 verstattet, weil auch das trefflichste Bildwerk und dieses vielleicht am meisten, *durch die Bestimmtheit seines Begriffs* an die ernste Wissenschaft grenzt. Indessen verlieren sich diese besondren Affinitäten mit jedem höhern Grade, den ein Werk aus diesen drei Kunstgattungen erreicht, und es ist
30 eine notwendige und natürliche Folge ihrer Vollendung, daß, ohne Verrückung ihrer objektiven Grenzen, die verschiedenen Künste *in ihrer Wirkung auf das Gemüt* einander immer ähnlicher werden. Die Musik in ihrer höchsten Veredlung muß Gestalt werden, und mit der ruhigen Macht
35 der Antike auf uns wirken; die bildende Kunst in ihrer höchsten Vollendung muß Musik werden und uns durch unmittelbare sinnliche Gegenwart rühren; die Poesie, in

ihrer vollkommensten Ausbildung muß uns, wie die
Tonkunst mächtig fassen, zugleich aber, wie die Plastik, mit
ruhiger Klarheit umgeben. Darin eben zeigt sich der
vollkommene Stil in jeglicher Kunst, daß er die spezifischen Schranken derselben zu entfernen weiß, ohne doch
ihre spezifischen Vorzüge mit aufzuheben, und durch eine
weise Benutzung ihrer Eigentümlichkeit ihr einen mehr
allgemeinen Charakter erteilt.

Und nicht bloß die Schranken, welche der spezifische
Charakter seiner Kunstgattung mit sich bringt, auch diejenigen, welche dem besondern Stoffe, den er bearbeitet,
anhängig sind, muß der Künstler durch die Behandlung
überwinden. In einem wahrhaft schönen Kunstwerk soll
der Inhalt nichts, die Form aber alles tun; denn durch die
Form allein wird auf das Ganze des Menschen, durch den
Inhalt hingegen nur auf einzelne Kräfte gewirkt. Der
Inhalt, wie erhaben und weitumfassend er auch sei, wirkt
also jederzeit einschränkend auf den Geist, und nur von der
Form ist wahre ästhetische Freiheit zu erwarten. Darin also
besteht das eigentliche Kunstgeheimnis des Meisters, *daß er
den Stoff durch die Form vertilgt*; und je imposanter, anmaßen-
der, verführerischer der Stoff an sich selbst ist, je eigen-
mächtiger derselbe mit *seiner* Wirkung sich vordrängt, oder
je mehr der Betrachter geneigt ist, sich unmittelbar mit dem
Stoff einzulassen, desto triumphierender ist die Kunst,
welche jenen zurückzwingt und über diesen die Herrschaft
behauptet. Das Gemüt des Zuschauers und Zuhörers muß
völlig frei und unverletzt bleiben, es muß aus dem
Zauberkreise des Künstlers rein und vollkommen, wie aus
den Händen des Schöpfers gehn. Der frivolste Gegenstand
muß so behandelt werden, daß wir aufgelegt bleiben,
unmittelbar von demselben zu dem strengsten Ernste
überzugehen. Der ernsteste Stoff muß so behandelt werden, daß wir die Fähigkeit behalten, ihn unmittelbar mit
dem leichtesten Spiele zu vertauschen. Künste des Affekts,
dergleichen die Tragödie ist, sind kein Einwurf: denn
erstlich sind es keine ganz freien Künste, da sie unter der

Dienstbarkeit eines besondern Zweckes (des Pathetischen)
stehen, und *dann* wird wohl kein wahrer Kunstkenner
leugnen, daß Werke, auch selbst aus dieser Klasse, um so
vollkommener sind, je mehr sie auch im höchsten Sturme
des Affekts die Gemütsfreiheit schonen. Eine schöne Kunst
der Leidenschaft gibt es, aber eine schöne leidenschaftliche
Kunst ist ein Widerspruch, denn der unausbleibliche Effekt
des Schönen ist Freiheit von Leidenschaften. Nicht weniger
widersprechend ist der Begriff einer schönen lehrenden
(didaktischen) oder bessernden (moralischen) Kunst, denn
nichts streitet mehr mit dem Begriff der Schönheit, als dem
Gemüt eine bestimmte Tendenz zu geben.

Nicht immer beweist es indessen eine Formlosigkeit in
dem Werke, wenn es bloß durch seinen Inhalt Effekt macht;
es kann eben so oft von einem Mangel an Form in dem
Beurteiler zeugen. Ist dieser entweder zu gespannt oder zu
schlaff; ist er gewohnt, entweder bloß mit dem Verstand
oder bloß mit den Sinnen aufzunehmen, so wird er sich
auch bei dem glücklichsten Ganzen nur an die Teile, und bei
der schönsten Form nur an die Materie halten. Nur für das
rohe *Element* empfänglich muß er die ästhetische Organisation eines Werks erst zerstören, ehe er einen Genuß daran
findet, und das Einzelne sorgfältig aufscharren, das der
Meister mit unendlicher Kunst in der Harmonie des
Ganzen verschwinden machte. Sein Interesse daran ist
schlechterdings entweder moralisch oder physisch, nur
gerade, was es sein soll, ästhetisch ist es nicht. Solche Leser
genießen ein ernsthaftes und pathetisches Gedicht, wie eine
Predigt, und ein naives oder scherzhaftes, wie ein berau-
schendes Getränk; und waren sie geschmacklos genug, von
einer Tragödie und Epopee, wenn es auch eine Messiade
wäre, *Erbauung* zu verlangen, so werden sie an einem anacreontischen oder catullischen Lied unfehlbar ein Ärgernis
nehmen.

DREI UND ZWANZIGSTER BRIEF

Ich nehme den Faden meiner Untersuchung wieder auf, den ich nur darum abgerissen habe, um von den aufgestellten Sätzen die Anwendung auf die ausübende Kunst und auf die Beurteilung ihrer Werke zu machen.

Der Übergang von dem leidenden Zustande des Empfindens zu dem tätigen des Denkens und Wollens geschieht also nicht anders, als durch einen mittleren Zustand ästhetischer Freiheit, und obgleich dieser Zustand an sich selbst weder für unsere Einsichten, noch Gesinnungen etwas entscheidet, mithin unsern intellektuellen und moralischen Wert ganz und gar problematisch läßt, so ist er doch die notwendige Bedingung, unter welcher allein wir zu einer Einsicht und zu einer Gesinnung gelangen können. Mit einem Wort: es gibt keinen andern Weg, den sinnlichen Menschen vernünftig zu machen, als daß man denselben zuvor ästhetisch macht.

Aber, möchten Sie mir einwenden, sollte diese Vermittlung durchaus unentbehrlich sein? Sollten Wahrheit und Pflicht nicht auch schon für sich allein und durch sich selbst bei dem sinnlichen Menschen Eingang finden können? Hierauf muß ich antworten: sie können nicht nur, sie sollen schlechterdings ihre bestimmende Kraft bloß sich selbst zu verdanken haben, und nichts würde meinen bisherigen Behauptungen widersprechender sein, als wenn sie das Ansehen hätten, die entgegengesetzte Meinung in Schutz zu nehmen. Es ist ausdrücklich bewiesen worden, daß die Schönheit kein Resultat weder für den Verstand noch den Willen gebe, daß sie sich in kein Geschäft weder des Denkens noch des Entschließens mische, daß sie zu beiden bloß das Vermögen erteile, aber über den wirklichen Gebrauch dieses Vermögens durchaus nichts bestimme. Bei diesem fällt alle fremde Hülfe hinweg, und die reine logische Form, der Begriff, muß unmittelbar zu dem Verstand, die reine moralische Form, das Gesetz, unmittelbar zu dem Willen reden.

Aber daß sie dieses überhaupt nur könne – daß es überhaupt nur eine reine Form für den sinnlichen Menschen gebe, dies, behaupte ich, muß durch die ästhetische Stimmung des Gemüts erst möglich gemacht werden. Die Wahrheit ist nichts, was so wie die Wirklichkeit oder das sinnliche Dasein der Dinge von außen empfangen werden kann; sie ist etwas, das die Denkkraft selbsttätig und in ihrer Freiheit hervorbringt, und diese Selbsttätigkeit, diese Freiheit ist es ja eben, was wir bei dem sinnlichen Menschen vermissen. Der sinnliche Mensch ist schon (physisch) bestimmt, und hat folglich keine freie Bestimmbarkeit mehr: diese verlorne Bestimmbarkeit muß er notwendig erst zurück erhalten, eh' er die leidende Bestimmung mit einer tätigen vertauschen kann. Er kann sie aber nicht anders zurückerhalten, als entweder indem er die passive Bestimmung verliert, die er hatte, oder *indem er die aktive schon in sich enthält*, zu welcher er übergehen soll. Verlöre er bloß die passive Bestimmung, so würde er zugleich mit derselben auch die Möglichkeit einer aktiven verlieren, weil der Gedanke einen Körper braucht, und die Form nur an einem Stoffe realisiert werden kann. Er wird also die letztere schon in sich enthalten, er wird zugleich leidend und tätig bestimmt sein, das heißt, er wird ästhetisch werden müssen.

Durch die ästhetische Gemütsstimmung wird also die Selbsttätigkeit der Vernunft schon auf dem Felde der Sinnlichkeit eröffnet, die Macht der Empfindung schon innerhalb ihrer eigenen Grenzen gebrochen, und der physische Mensch so weit veredelt, daß nunmehr der geistige sich nach Gesetzen der Freiheit aus demselben bloß zu entwickeln braucht. Der Schritt von dem ästhetischen Zustand zu dem logischen und moralischen (von der Schönheit zur Wahrheit und zur Pflicht) ist daher unendlich leichter, als der Schritt von dem physischen Zustande zu dem ästhetischen (von dem bloßen blinden Leben zur Form) war. Jenen Schritt kann der Mensch durch seine bloße Freiheit vollbringen, da er sich bloß zu nehmen, und

nicht zu geben, bloß seine Natur zu vereinzeln, nicht zu
erweitern braucht; der ästhetisch gestimmte Mensch wird
allgemein gültig urteilen, und allgemein gültig handeln,
sobald er es wollen wird. Den Schritt von der rohen
Materie zur Schönheit, wo eine ganz neue Tätigkeit in ihm
eröffnet werden soll, muß die Natur ihm erleichtern, und
sein Wille kann über eine Stimmung nichts gebieten, die ja
dem Willen selbst erst das Dasein gibt. Um den ästhetischen
Menschen zur Einsicht und großen Gesinnungen zu
führen, darf man ihm weiter nichts, als wichtige Anlässe
geben; um von dem sinnlichen Menschen eben das zu
erhalten, muß man erst seine Natur verändern. Bei jenem
braucht es oft nichts, als die Auffoderung einer erhabenen
Situation, (die am unmittelbarsten auf das Willensvermö-
gen wirkt) um ihn zum Held und zum Weisen zu machen;
diesen muß man erst unter einen andern Himmel versetzen.

Es gehört also zu den wichtigsten Aufgaben der Kultur,
den Menschen auch schon in seinem bloß physischen Leben
der Form zu unterwerfen, und ihn so weit das Reich der
Schönheit nur immer reichen kann, ästhetisch zu machen,
weil nur aus dem ästhetischen nicht aber aus dem physischen Zustand der moralische sich entwickeln kann. Soll
der Mensch in jedem einzelnen Fall das Vermögen besitzen,
sein Urteil und seinen Willen zum Urteil der Gattung zu
machen, soll er aus jedem beschränkten Dasein den
Durchgang zu einem unendlichen finden, aus jedem
abhängigen Zustand zur Selbstständigkeit und Freiheit den
Aufschwung nehmen können, so muß dafür gesorgt
werden, daß er in keinem Momente bloß Individuum sei,
und bloß dem Naturgesetz diene. Soll er fähig und fertig
sein, aus dem engen Kreis der Naturzwecke sich zu Ver-
nunftzwecken zu erheben, so muß er sich schon *innerhalb der
erstern* für die letztern geübt, und schon seine physische
Bestimmung mit einer gewissen Freiheit der Geister, d. i.
nach Gesetzen der Schönheit ausgeführt haben.

Und zwar kann er dieses, ohne dadurch im geringsten
seinem physischen Zweck zu widersprechen. Die Anfode-

rungen der Natur an ihn gehen bloß auf das, *was er wirkt, auf den Inhalt* seines Handelns, über die Art, *wie* er wirkt, über die Form desselben, ist durch die Naturzwecke nichts bestimmt. Die Anfoderungen der Vernunft hingegen sind streng auf die Form seiner Tätigkeit gerichtet. So notwendig es also für seine moralische Bestimmung ist, daß er rein moralisch sei, daß er eine absolute Selbsttätigkeit beweise, so gleichgültig ist es für seine physische Bestimmung, ob er rein physisch ist, ob er sich absolut leidend verhält. In Rücksicht auf diese letztere ist es also ganz in seine Willkür gestellt, ob er sie bloß als Sinnenwesen, und als Naturkraft (als eine Kraft nehmlich, welche nur wirkt, je nachdem sie erleidet) oder ob er sie zugleich als absolute Kraft, als Vernunftwesen ausführen will, und es dürfte wohl keine Frage sein, welches von beiden seiner Würde mehr entspricht. Vielmehr so sehr es ihn erniedrigt und schändet, dasjenige aus sinnlichem Antriebe zu tun, wozu er sich aus reinen Motiven der Pflicht bestimmt haben sollte, so sehr ehrt und adelt es ihn, auch da nach Gesetzmäßigkeit, nach Harmonie, nach Unbeschränktheit zu streben, wo der gemeine Mensch nur sein erlaubtes Verlangen stillt.[16] Mit

---

16 Diese geistreiche und ästhetisch freie Behandlung gemeiner Wirklichkeit ist, wo man sie auch antrifft, das Kennzeichen einer *edeln* Seele. Edel ist überhaupt ein Gemüt zu nennen, welches die Gabe besitzt, auch das beschränkteste Geschäft und den kleinlichsten Gegenstand durch die Behandlungsweise in ein Unendliches zu verwandeln. Edel heißt jede Form, welche dem, was seiner Natur nach bloß *dient* (bloßes Mittel ist), das Gepräge der Selbstständigkeit aufdrückt. Ein edler Geist begnügt sich nicht damit, selbst frei zu sein, er muß alles andere um sich her, auch das Leblose, in Freiheit setzen. Schönheit aber ist der einzig mögliche Ausdruck der Freiheit in der Erscheinung. Der vorherrschende Ausdruck des *Verstandes* in einem Gesicht, einem Kunstwerk u. dgl. kann daher niemals edel ausfallen, wie er denn auch niemals schön ist, weil er die Abhängigkeit (welche von der Zweckmäßigkeit nicht zu trennen ist) heraushebt, anstatt sie zu verbergen.

einem Wort: da, wo der Formtrieb herrschen soll, im
Gebiete der Wahrheit und Moralität, darf keine Materie
mehr sein, darf die Empfindung nichts zu bestimmen
haben; aber da, wo der Sachtrieb regiert, im Bezirke der

Der Moralphilosoph lehrt uns zwar, daß man nie *mehr* tun
könne als seine Pflicht, und er hat vollkommen recht, wenn er
bloß die Beziehung meint, welche Handlungen auf das
Moralgesetz haben. Aber bei Handlungen, welche sich bloß
auf einen Zweck beziehen, *über diesen Zweck noch hinaus* ins
Übersinnliche gehen (welches hier nichts anders heißen kann
als das physische ästhetisch ausführen) heißt zugleich *über die
Pflicht hinaus* gehen, indem diese nur vorschreiben kann, daß
der *Wille* heilig sei, nicht daß auch schon die *Natur* sich
geheiligt habe. Es gibt also zwar kein moralisches, aber es gibt
ein ästhetisches Übertreffen der Pflicht, und ein solches Betragen heißt edel. Eben deswegen aber, weil bei dem Edeln immer
ein Überfluß wahrgenommen wird, indem dasjenige auch
einen freien formalen Wert besitzt, was bloß einen materialen
zu haben brauchte, oder mit dem innern Wert, den es haben
soll, noch einen äußern, der ihm fehlen dürfte, vereinigt, so
haben manche ästhetischen Überfluß mit einem moralischen
verwechselt, und von der Erscheinung des Edeln verführt,
eine Willkür und Zufälligkeit in die Moralität selbst hinein
getragen, wodurch sie ganz würde aufgehoben werden.
Von einem edeln Betragen ist ein erhabenes zu unterscheiden.
Das erste geht über die sittliche Verbindlichkeit noch hinaus,
aber nicht so das letztere, obgleich wir es ungleich höher als
jenes achten. Wir achten es aber nicht deswegen, weil es den
Vernunftbegriff seines Objekts (des Moralgesetzes) sondern
weil es den Erfahrungsbegriff seines Subjekts (unsre Kenntnisse menschlicher Willensgüte und Willensstärke) übertrifft,
so schätzen wir umgekehrt ein edles Betragen nicht darum,
weil es die Natur des Subjekts überschreitet, aus der es
vielmehr völlig zwanglos hervorfließen muß, sondern weil es
über die Natur seines Objekts (den physischen Zweck) hinaus
in das Geisterreich schreitet. Dort, möchte man sagen,
erstaunen wir über den Sieg, den der Gegenstand über den
Menschen davon trägt; hier bewundern wir den Schwung, den
der Mensch dem Gegenstande gibt.

Glückseligkeit, darf Form sein, und darf der Spieltrieb
gebieten.

Also hier schon, auf dem gleichgültigen Felde des
physischen Lebens, muß der Mensch sein moralisches
anfangen; noch in seinem Leiden muß er seine Selbsttätigkeit, noch innerhalb seiner sinnlichen Schranken seine
Vernunftfreiheit beginnen. Schon seinen Neigungen muß
er das Gesetz seines Willens auflegen; er muß, wenn Sie mir
den Ausdruck verstatten wollen, den Krieg gegen die
Materie in ihre eigene Grenze spielen, damit er es überhoben sei, auf dem heiligen Boden der Freiheit gegen diesen
furchtbaren Feind zu fechten; er muß lernen *edler* begehren,
damit er nicht nötig habe, *erhaben zu wollen.* Dieses wird
geleistet durch ästhetische Kultur, welche alles das, worüber weder Naturgesetze die menschliche Willkür binden,
noch Vernunftgesetze, Gesetzen der Schönheit unterwirft,
und in der Form, die sie dem äußern Leben gibt, schon das
innere eröffnet.

VIER UND ZWANZIGSTER BRIEF

Es lassen sich also drei verschiedene Momente oder Stufen
der Entwicklung unterscheiden, die sowohl der einzelne
Mensch als die ganze Gattung notwendig und in einer
bestimmten Ordnung durchlaufen müssen, wenn sie den
ganzen Kreis ihrer Bestimmung erfüllen sollen. Durch
zufällige Ursachen, die entweder in dem Einfluß der äußern
Dinge oder in der freien Willkür des Menschen liegen,
können zwar die einzelnen Perioden bald verlängert, bald
abgekürzt, aber keine kann ganz übersprungen, und auch
die Ordnung, in welcher sie auf einander folgen, kann
weder durch die Natur, noch durch den Willen umgekehrt
werden. Der Mensch in seinem *physischen* Zustand erleidet
bloß die Macht der Natur; er entledigt sich dieser Macht in
dem *ästhetischen* Zustand, und er beherrscht sie in dem
moralischen.

Was ist der Mensch, ehe die Schönheit die freie Lust ihm entlockt, und die ruhige Form das wilde Leben besänftigt? Ewig einförmig in seinen Zwecken, ewig wechselnd in seinen Urteilen, selbstsüchtig ohne Er Selbst zu sein, ungebunden ohne frei zu sein, Sklave ohne einer Regel zu dienen. In dieser Epoche ist ihm die Welt bloß Schicksal, noch nicht Gegenstand, alles hat nur Existenz für ihn, insofern es ihm Existenz verschafft, was ihm weder gibt noch nimmt, ist ihm gar nicht vorhanden. Einzeln und abgeschnitten, wie er sich selbst in der Reihe der Wesen findet, steht jede Erscheinung vor ihm da. Alles, was ist, ist ihm durch das Machtwort des Augenblicks, jede Veränderung ist ihm eine ganz frische Schöpfung, weil mit dem Notwendigen *in ihm* die Notwendigkeit *außer ihm* fehlt, welche die wechselnden Gestalten in ein Weltall zusammenbindet, und, indem das Individuum flieht, das Gesetz auf dem Schauplatze fest hält. Umsonst läßt die Natur ihre reiche Mannigfaltigkeit an seinen Sinnen vorüber gehen; er sieht in ihrer herrlichen Fülle nichts, als seine Beute, in ihrer Macht und Größe nichts als seinen Feind. Entweder er stürzt auf die Gegenstände, und will sie in sich reißen in der Begierde; oder die Gegenstände dringen zerstörend auf ihn ein, und er stößt sie von sich, in der Verabscheuung. In beiden Fällen ist sein Verhältnis zur Sinnenwelt unmittelbare *Berührung*, und ewig von ihrem Andrang geängstigt, rastlos von dem gebieterischen Bedürfnis gequält, findet er nirgends Ruhe als in der Ermattung, und nirgends Grenzen als in der erschöpften Begier.

> Zwar die gewalt'ge Brust und der Titanen
> Kraftvolles Mark ist sein . . . . .
> Gewisses Erbteil; doch es schmiedete
> Der Gott um seine Stirn ein ehern Band,
> Rat, Mäßigung und Weisheit und Geduld
> Verbarg er seinem scheuen düstern Blick.
> Es wird zur Wut ihm jegliche Begier,
> Und grenzenlos dringt seine Wut umher.
> *Iphigenie auf Tauris.*

Mit *seiner* Menschenwürde unbekannt, ist er weit entfernt sie in andern zu ehren, und der eignen wilden Gier sich bewußt, fürchtet er sie in jedem Geschöpf, das ihm ähnlich sieht. Nie erblickt er andre in sich, nur sich in andern, und die Gesellschaft, anstatt ihn zur Gattung auszudehnen, schließt ihn nur enger und enger in sein Individuum ein. In dieser dumpfen Beschränkung irrt er durch das nachtvolle Leben, bis eine günstige Natur die Last des Stoffes von seinen verfinsterten Sinnen wälzt, die Reflexion *ihn selbst* von den Dingen scheidet, und im Wiederscheine des Bewußtseins sich endlich die Gegenstände zeigen.

Dieser Zustand roher Natur läßt sich freilich, so wie er hier geschildert wird, bei keinem bestimmten Volk und Zeitalter nachweisen; er ist bloß Idee, aber eine Idee, mit der die Erfahrung in einzelnen Zügen aufs genaueste zusammen stimmt. Der Mensch, kann man sagen, war nie ganz in diesem tierischen Zustand, aber er ist ihm auch nie ganz entflohen. Auch in den rohesten Subjekten findet man unverkennbare Spuren von Vernunftfreiheit, so wie es in den gebildetsten nicht an Momenten fehlt, die an jenen düstern Naturstand erinnern. Es ist dem Menschen einmal eigen, das Höchste und das Niedrigste in seiner Natur zu vereinigen, und wenn seine *Würde* auf einer strengen Unterscheidung des einen von dem andern beruht, so beruht auf einer geschickten Aufhebung dieses Unterschieds seine *Glückseligkeit*. Die Kultur, welche seine Würde mit seiner Glückseligkeit in Übereinstimmung bringen soll, wird also für die höchste Reinheit jener beiden Prinzipien in ihrer innigsten Vermischung zu sorgen haben.

Die erste Erscheinung der Vernunft in dem Menschen ist darum noch nicht auch der Anfang seiner Menschheit. Diese wird erst durch seine Freiheit entschieden, und die Vernunft fängt erstlich damit an, seine sinnliche Abhängigkeit grenzenlos zu machen; ein Phänomen, das mir für seine Wichtigkeit und Allgemeinheit noch nicht gehörig entwickelt scheint. Die Vernunft, wissen wir, gibt sich in dem Menschen durch die Foderung des Absoluten (auf sich selbst gegründeten und notwendigen) zu erkennen, welche, da ihr in keinem einzelnen Zustand seines physischen Lebens Genüge geleistet werden kann, ihn das physische ganz und gar zu verlassen, und von einer beschränkten Wirklichkeit zu Ideen aufzusteigen nötigt. Aber obgleich der wahre Sinn jener Foderung ist, ihn den Schranken der Zeit zu entreißen und von der sinnlichen Welt zu einer Idealwelt empor zu führen, so kann sie doch, durch eine (in dieser Epoche der herrschenden Sinnlichkeit kaum zu vermeidende) Mißdeutung auf das physische Leben sich richten, und den Menschen, anstatt ihn unabhängig zu machen, in die furchtbarste Knechtschaft stürzen.

Und so verhält es sich auch in der Tat. Auf den Flügeln der Einbildungskraft verläßt der Mensch die engen Schranken der Gegenwart, in welche die bloße Tierheit sich einschließt, um vorwärts nach einer unbeschränkten Zukunft zu streben; aber indem vor seiner schwindelnden *Imagination* das Unendliche aufgeht, hat sein Herz noch nicht aufgehört im Einzelnen zu leben, und dem Augenblick zu dienen. Mitten in seiner Tierheit überrascht ihn der Trieb zum Absoluten – und da in diesem dumpfen Zustande alle seine Bestrebungen bloß auf das Materielle und Zeitliche gehen, und bloß auf sein Individuum sich begrenzen, so wird er durch jene Foderung bloß veranlaßt, sein Individuum, anstatt von demselben zu abstrahieren, ins Endlose auszudehnen, anstatt nach Form nach einem unversiegenden Stoff, anstatt nach dem Unveränderlichen nach einer ewig dauernden Veränderung und nach einer absoluten Versicherung seines zeitlichen Daseins zu streben. Der nehmliche Trieb, der ihn auf sein Denken und Tun angewendet zur Wahrheit und Moralität führen sollte, bringt jetzt, auf sein Leiden und Empfinden bezogen, nichts als ein unbegrenztes Verlangen, als ein absolutes Bedürfnis hervor. Die ersten Früchte, die er in dem Geisterreich erntet, sind also *Sorge* und *Furcht*; beides Wirkungen der Vernunft, nicht der Sinnlichkeit, aber einer

Vernunft, die sich in ihrem Gegenstand vergreift, und ihren Imperativ unmittelbar auf den Stoff anwendet. Früchte dieses Baumes sind alle unbedingte Glückseligkeitssysteme, sie mögen den heutigen Tag oder das ganze Leben, oder, was sie um nichts ehrwürdiger macht, die ganze Ewigkeit zu ihrem Gegenstand haben. Eine grenzenlose Dauer des Daseins und Wohlseins, bloß um des Daseins und Wohlseins willen, ist bloß ein Ideal der Begierde, mithin eine Foderung, die nur von einer ins Absolute strebenden Tierheit kann aufgeworfen werden. Ohne also durch eine Vernunftäußerung dieser Art etwas für seine Menschheit zu gewinnen, verliert er dadurch bloß die glückliche Beschränktheit des Tiers, vor welchem er nun bloß den unbeneidenswerten Vorzug besitzt, über dem Streben in die Ferne den Besitz der Gegenwart zu verlieren, ohne doch in der ganzen grenzenlosen Ferne je etwas anders als die Gegenwart zu suchen.

Aber wenn sich die Vernunft auch in ihrem Objekt nicht vergreift, und in der Frage nicht irrt, so wird die Sinnlichkeit noch lange Zeit die Antwort verfälschen. Sobald der Mensch angefangen hat, seinen Verstand zu brauchen und die Erscheinungen umher nach Ursachen und Zwecken zu verknüpfen, so dringt die Vernunft, ihrem Begriffe gemäß, auf eine absolute Verknüpfung und auf einen unbedingten Grund. Um sich eine solche Foderung auch nur aufwerfen zu können, muß der Mensch über die Sinnlichkeit schon hinausgeschritten sein; aber eben dieser Foderung bedient sie sich, um den Flüchtling zurückzuholen. Hier wäre nehmlich der Punkt, wo er die Sinnenwelt ganz und gar verlassen, und zum reinen Ideenreich sich aufschwingen müßte; denn der Verstand bleibt ewig innerhalb des Bedingten stehen und frägt ewig fort, ohne je auf ein Letztes zu geraten. Da aber der Mensch, von dem hier geredet wird, einer solchen Abstraktion noch nicht fähig ist, so wird er, was er in seinem sinnlichen *Erkenntniskreise* nicht findet, und über denselben hinaus in der reinen Vernunft noch nicht sucht, unter demselben in seinem *Gefühlkreise* suchen und dem Scheine nach finden. Die Sinnlichkeit zeigt ihm zwar nichts, was sein eigener Grund wäre, und sich selbst das Gesetz gäbe; aber sie zeigt ihm etwas, was von keinem Grunde weiß, und kein Gesetz achtet. Da er also den fragenden Verstand durch keinen letzten und innern Grund zur Ruhe bringen kann, so bringt er ihn durch den Begriff des *Grundlosen* wenigstens zum Schweigen, und bleibt innerhalb der blinden Nötigung der Materie stehen, da er die erhabene Notwendigkeit der Vernunft noch nicht zu erfassen vermag. Weil die Sinnlichkeit keinen andern *Zweck* kennt, als ihren Vorteil, und sich durch keine andre *Ursache* als den blinden Zufall getrieben fühlt, so macht er jenen zum Bestimmer seiner Handlungen, und diesen zum Beherrscher der Welt.

Selbst das Heilige im Menschen, das Moralgesetz, kann bei seiner ersten Erscheinung in der Sinnlichkeit dieser Verfälschung nicht entgehen. Da es bloß verbietend und gegen das Interesse seiner sinnlichen Selbstliebe spricht, so muß es ihm solange als etwas auswärtiges erscheinen, als er noch nicht dahin gelangt ist, jene Selbstliebe als das Auswärtige und die Stimme der Vernunft als sein wahres Selbst anzusehen. Er empfindet also bloß die Fesseln, welche die letztere ihm anlegt, nicht die unendliche Befreiung, die sie ihm verschafft. Ohne die Würde des Gesetzgebers in sich zu ahnen, empfindet er bloß den Zwang und das ohnmächtige Widerstreben des Untertans. Weil der sinnliche Trieb dem moralischen in seiner Erfahrung *vorhergeht*, so gibt er dem Gesetz der Notwendigkeit einen Anfang in der Zeit, einen *positiven Ursprung*, und durch den unglückseligsten aller Irrtümer macht er das Unveränderliche und Ewige in Sich zu einem Akzidens des Vergänglichen. Er überredet sich die Begriffe von Recht und Unrecht als Statuten anzusehen, die durch einen Willen eingeführt wurden, nicht die an sich selbst und in alle Ewigkeit gültig sind. Wie er in Erklärung einzelner Naturphänomene über die *Natur* hinaus schreitet, und außerhalb derselben sucht, was nur in ihrer innern Gesetz-

mäßigkeit kann gefunden werden, eben so schreitet er in
Erklärung des Sittlichen über die *Vernunft* hinaus, und
verscherzt seine Menschheit, indem er auf diesem Weg eine
Gottheit sucht. Kein Wunder, wenn eine Religion, die mit
Wegwerfung seiner Menschheit erkauft wurde, sich einer
solchen Abstammung würdig zeigt, wenn er Gesetze, die
nicht *von* Ewigkeit her banden, auch nicht für unbedingt
und *in* alle Ewigkeit bindend hält. Er hat es nicht mit einem
heiligen, bloß mit einem mächtigen Wesen zu tun. Der
Geist seiner Gottesverehrung ist also Furcht, die ihn
erniedrigt, nicht Ehrfurcht, die ihn in seiner eigenen
Schätzung erhebt.

Obgleich diese mannigfaltigen Abweichungen des Menschen von dem Ideale seiner Bestimmung nicht alle in der
nehmlichen Epoche statt haben können, indem derselbe
von der Gedankenlosigkeit zum Irrtum, von der Willen-
losigkeit zur Willensverderbnis mehrere Stufen zu durchwandern hat, so gehören doch alle zum Gefolge des
physischen Zustandes, weil in allen der Trieb des Lebens
über den Formtrieb den Meister spielt. Es sei nun, daß die
Vernunft in dem Menschen noch gar nicht gesprochen
habe, und das Physische noch mit blinder Notwendigkeit
über ihn herrsche; oder daß sich die Vernunft noch nicht
genug von den Sinnen gereinigt habe, und das Moralische
dem Physischen noch diene, so ist in beiden Fällen das
einzige in ihm gewalthabende Prinzip ein materielles und
der Mensch wenigstens seiner letzten Tendenz nach ein
sinnliches Wesen; mit dem einzigen Unterschied, daß er in
dem ersten Fall ein vernunftloses, in dem zweiten ein
vernünftiges Tier ist. Er soll aber keines von beiden, er soll
Mensch sein; die Natur soll ihn nicht ausschließend und die
Vernunft soll ihn nicht bedingt beherrschen. Beide Gesetz-
gebungen sollen vollkommen unabhängig von einander
bestehen, und dennoch vollkommen einig sein.

FÜNF UND ZWANZIGSTER BRIEF

Solange der Mensch, in seinem ersten physischen Zustande, die Sinnenwelt bloß leidend in sich aufnimmt, bloß empfindet, ist er auch noch völlig Eins mit derselben, und eben weil er selbst bloß Welt ist, so ist für ihn noch keine Welt. Erst, wenn er in seinem ästhetischen Stande, sie außer sich stellt oder *betrachtet*, sondert sich seine Persönlichkeit von ihr ab, und es erscheint ihm eine Welt, weil er aufgehört hat, mit derselben Eins auszumachen.[17]

Die Betrachtung (Reflexion) ist das erste liberale Verhältnis des Menschen zu dem Weltall, das ihn umgibt. Wenn die Begierde ihren Gegenstand unmittelbar ergreift, so rückt die Betrachtung den ihrigen in die Ferne, und macht ihn eben dadurch zu ihrem wahren und unverlierbaren Eigentum, daß sie ihn vor der Leidenschaft flüchtet. Die Notwendigkeit der Natur, die ihn im Zustand der bloßen Empfindung mit ungeteilter Gewalt beherrschte, läßt bei

---

17 Ich erinnere noch einmal, daß diese beiden Perioden zwar in der Idee notwendig von einander zu trennen sind, in der Erfahrung aber sich mehr oder weniger vermischen. Auch muß man nicht denken, als ob es eine Zeit gegeben habe, wo der Mensch nur in diesem physischen Stande sich befunden, und eine Zeit, wo er sich ganz von demselben losgemacht hätte. Sobald der Mensch einen *Gegenstand sieht*, so ist er schon nicht mehr in einem bloß physischen Zustand, und solang er fortfahren wird, einen Gegenstand zu sehen, wird er auch jenem physischen Stand nicht entlaufen, weil er ja nur sehen kann, insofern er empfindet. Jene drei Momente, welche ich am Anfang des 24sten Briefs namhaft machte, sind also zwar im Ganzen betrachtet, drei verschiedene Epochen für die Entwicklung der ganzen Menschheit, und für die ganze Entwicklung eines einzelnen Menschen, aber sie lassen sich auch bei jeder einzelnen Wahrnehmung eines Objekts unterscheiden, und sind mit einem Wort die notwendigen Bedingungen jeder Erkenntnis, die wir durch die Sinne erhalten.

der Reflexion von ihm ab, in den Sinnen erfolgt ein augenblicklicher Friede, die Zeit selbst, das ewig wandelnde, steht still, indem des Bewußtseins zerstreute Strahlen sich sammeln, und ein Nachbild des Unendlichen, die *Form*, reflektiert sich auf dem vergänglichen Grunde. Sobald es Licht wird in dem Menschen, ist auch außer ihm keine Nacht mehr; sobald es stille wird in ihm, legt sich auch der Sturm in dem Weltall, und die streitenden Kräfte der Natur finden Ruhe zwischen bleibenden Grenzen. Daher kein Wunder, wenn die uralten Dichtungen von dieser großen Begebenheit im Innern des Menschen als von einer Revolution in der Außenwelt reden, und den Gedanken, der über die Zeitgesetze siegt, unter dem Bilde des *Zeus* versinnlichen, der das Reich des Saturnus endigt.

Aus einem Sklaven der Natur, solang er sie bloß empfindet, wird der Mensch ihr Gesetzgeber, sobald er sie denkt. Die ihn vordem nur als *Macht* beherrschte, steht jetzt als *Objekt* vor seinem richtenden Blick. Was ihm Objekt ist, hat keine Gewalt über ihn; denn um Objekt zu sein, muß es die seinige erfahren. So weit er der Materie Form gibt und solang er sie gibt, ist er ihren Wirkungen unverletzlich; denn einen Geist kann nichts verletzen, als was ihm die Freiheit raubt, und er beweist ja die seinige, indem er das Formlose bildet. Nur wo die Masse schwer und gestaltlos herrscht, und zwischen unsichern Grenzen die trüben Umrisse wanken, hat die Furcht ihren Sitz; jedem Schrecknis der Natur ist der Mensch überlegen, sobald er ihm Form zu geben und es in sein Objekt zu verwandeln weiß. So wie er anfängt, seine Selbstständigkeit gegen die Natur als Erscheinung zu behaupten, so behauptet er auch gegen die Natur als Macht seine Würde, und mit edler Freiheit richtet er sich auf gegen seine Götter. Sie werfen die Gespensterlarven ab, womit sie seine Kindheit geängstigt hatten, und überraschen ihn mit seinem eigenen Bild, indem sie seine Vorstellung werden. Das göttliche Monstrum des Morgenländers, das mit der blinden Stärke des Raubtiers die Welt verwaltet, zieht sich in der griechischen Phantasie in den freundlichen Contour der Menschheit zusammen, das Reich der Titanen fällt, und die unendliche Kraft ist durch die unendliche Form gebändigt.

Aber indem ich bloß einen Ausgang aus der materiellen Welt und einen Übergang in die Geisterwelt suchte, hat mich der freie Lauf meiner Einbildungskraft schon mitten in die letztere hineingeführt. Die Schönheit, die wir suchen, liegt bereits hinter uns, und wir haben sie übersprungen, indem wir von dem bloßen Leben unmittelbar zu der reinen Gestalt, und zu dem reinen Objekt übergingen. Ein solcher Sprung ist nicht in der menschlichen Natur, und um gleichen Schritt mit dieser zu halten, werden wir zu der Sinnenwelt wieder umkehren müssen.

Die Schönheit ist allerdings das Werk der freien Betrachtung, und wir treten mit ihr in die Welt der Ideen – aber was wohl zu bemerken ist, ohne darum die sinnliche Welt zu verlassen, wie bei Erkenntnis der Wahrheit geschieht. Diese ist das reine Produkt der Absonderung von allem, was materiell und zufällig ist, reines Objekt, in welchem keine Schranke des Subjekts zurückbleiben darf, reine Selbsttätigkeit ohne Beimischung eines Leidens. Zwar gibt es auch von der höchsten Abstraktion einen Rückweg zur Sinnlichkeit, denn der Gedanke rührt die innre Empfindung, und die Vorstellung logischer und moralischer Einheit geht in ein Gefühl sinnlicher Übereinstimmung über. Aber wenn wir uns an Erkenntnissen ergötzen, so unterscheiden wir sehr genau unsere Vorstellung von unserer Empfindung, und sehen diese letztere als etwas zufälliges an, was gar wohl wegbleiben könnte, ohne daß deswegen die Erkenntnis aufhörte, und Wahrheit nicht Wahrheit wäre. Diese bleibt, was sie ist, auch wenn sie keine Passion in den Sinnen machte, auch wenn es gar keine Sinne gäbe, und in dem Begriffe der Gottheit lassen wir ja die Wahrheit bleiben, und alle Sinnlichkeit aufhören. Aber ein ganz vergebliches Unternehmen würde es sein, diese Beziehung auf das Empfindungsvermögen von der Vorstellung der *Schönheit* absondern zu wollen; daher wir nicht damit

ausreichen, uns die eine als den Effekt der andern zu
denken, sondern beide zugleich und wechselseitig als
Effekt und als Ursache ansehen müssen. In unserm
Vergnügen an Erkenntnissen unterscheiden wir ohne
Mühe den *Übergang* von der Tätigkeit zum Leiden, und
bemerken deutlich, daß das erste vorüber ist, wenn das
letztere eintritt. In unserm Wohlgefallen an der Schönheit
hingegen läßt sich keine solche Sukzession zwischen der
Tätigkeit und dem Leiden unterscheiden, und die Reflexion
zerfließt hier so vollkommen mit dem Gefühle, daß wir die
Form unmittelbar zu empfinden glauben. Die Schönheit ist
also zwar *Gegenstand* für uns, weil die Reflexion die
Bedingung ist, unter der wir eine Empfindung von ihr
haben; zugleich aber ist sie ein *Zustand unsers Subjekts*, weil
das Gefühl die Bedingung ist, unter der wir eine Vorstellung von ihr haben. Sie ist also zwar Form, weil wir sie
betrachten, zugleich aber ist sie Leben, weil wir sie fühlen.
Mit einem Wort: sie ist zugleich unser Zustand und unsre
Tat.

Und eben weil sie dieses beides zugleich ist, so dient sie
uns also zu einem siegenden Beweis, daß das Leiden die
Tätigkeit, daß die Materie die Form, daß die Beschränkung
die Unendlichkeit keineswegs ausschließe – daß mithin
durch die notwendige physische Abhängigkeit des Menschen seine moralische Freiheit keineswegs aufgehoben
werde. Sie beweist dieses, und, ich muß hinzusetzen, sie
allein kann es uns beweisen. Denn da beim Genuß der
Wahrheit oder der logischen Einheit, die Empfindung mit
dem Gedanken nicht notwendig eins ist, sondern auf
denselben zufällig folgt, so kann uns dieselbe bloß beweisen, daß auf eine vernünftige Natur eine sinnliche folgen
könne, und umgekehrt, nicht daß beide zusammen bestehen, nicht daß sie wechselseitig auf einander wirken, nicht
daß sie absolut und notwendig zu vereinigen sind. Vielmehr müßte sich gerade umgekehrt aus dieser Ausschließung des Gefühls, solange gedacht wird, und des Gedankens, solange empfunden wird, auf eine *Unvereinbarkeit*

beider Naturen schließen lassen, wie denn auch wirklich die Analysten keinen bessern Beweis für die Ausführbarkeit reiner Vernunft in der Menschheit anzuführen wissen, als den, daß sie geboten ist. Da nun aber bei dem Genuß der Schönheit oder *der ästhetischen Einheit* eine wirkliche *Vereinigung* und Auswechslung der Materie mit der Form, und des Leidens mit der Tätigkeit vor sich geht, so ist eben dadurch die *Vereinbarkeit* beider Naturen, die Ausführbarkeit des Unendlichen in der Endlichkeit, mithin die Möglichkeit der erhabensten Menschheit bewiesen.

Wir dürfen also nicht mehr verlegen sein, einen Übergang von der sinnlichen Abhängigkeit zu der moralischen Freiheit zu finden, nachdem durch die Schönheit der Fall gegeben ist, daß die letztere mit der erstern vollkommen zusammen bestehen könne, und daß der Mensch, um sich als Geist zu erweisen, der Materie nicht zu entfliehen brauche. Ist er aber schon in Gemeinschaft mit der Sinnlichkeit frei, wie das Faktum der Schönheit lehrt, und ist Freiheit etwas absolutes und übersinnliches, wie ihr Begriff notwendig mit sich bringt, so kann nicht mehr die Frage sein, wie er dazu gelange, sich von den Schranken zum Absoluten zu erheben, sich in seinem Denken und Wollen der Sinnlichkeit entgegenzusetzen, da dieses schon in der Schönheit geschehen ist. Es kann, mit einem Wort, nicht mehr die Frage sein, wie er von der Schönheit zur Wahrheit übergehe, die dem Vermögen nach schon in der ersten liegt, sondern wie er von einer gemeinen Wirklichkeit zu einer ästhetischen, wie er von bloßen Lebensgefühlen zu Schönheitsgefühlen den Weg sich bahne.

SECHS UND ZWANZIGSTER BRIEF

Da die ästhetische Stimmung des Gemüts, wie ich in den vorhergehenden Briefen entwickelt habe, der Freiheit erst die Entstehung gibt, so ist leicht einzusehen, daß sie nicht aus derselben entspringen und folglich keinen moralischen

Ursprung haben könne. Ein Geschenk der Natur muß sie sein; die Gunst der Zufälle allein kann die Fesseln des physischen Standes lösen, und den Wilden zur Schönheit führen.

Der Keim der letztern wird sich gleich wenig entwikkeln, wo eine karge Natur den Menschen jeder Erquickung beraubt, und wo eine verschwenderische ihn von jeder eigenen Anstrengung losspricht – wo die stumpfe Sinnlichkeit kein Bedürfnis fühlt, und wo die heftige Begier keine Sättigung findet. Nicht da, wo der Mensch sich *troglodytisch* in Höhlen birgt, ewig einzeln ist, und die Menschheit nie *außer sich* findet, auch nicht da, wo er *nomadisch* in großen Heermassen zieht, ewig nur Zahl ist, und die Menschheit nie *in sich* findet – da allein, wo er in eigener Hütte still mit sich selbst, und sobald er heraustritt, mit dem ganzen Geschlechte spricht, wird sich ihre liebliche Knospe entfalten. Da wo ein leichter Äther die Sinne jeder leisen Berührung eröffnet, und den üppigen Stoff eine energische Wärme beseelt – wo das Reich der blinden Masse schon in der leblosen Schöpfung gestürzt ist, und die siegende Form auch die niedrigsten Naturen veredelt – dort in den fröhlichen Verhältnissen, und in der gesegneten Zone, wo nur die Tätigkeit zum Genusse und nur der Genuß zur Tätigkeit führt, wo aus dem Leben selbst die heilige Ordnung quillt und aus dem Gesetz der Ordnung sich nur Leben entwickelt, – wo die Einbildungskraft der Wirklichkeit ewig entflieht, und dennoch von der Einfalt der Natur nie verirret – hier allein werden sich Sinne und Geist, empfangende und bildende Kraft in dem glücklichen Gleichmaß entwickeln, welches die Seele der Schönheit, und die Bedingung der Menschheit ist.[18]

Und was ist es für ein Phänomen, durch welches sich bei

---

18 Man lese über diesen Gegenstand, was *Herder* im dreizehnten Buche der Ideen z. Philos. d. Geschichte der Menschheit über die veranlassenden Ursachen der griechischen Geistesbildung sagt.

dem Wilden der Eintritt in die Menschheit verkündigt? Soweit wir auch die Geschichte befragen, es ist dasselbe bei allen Völkerstämmen, welche der Sklaverei des tierischen Standes entsprungen sind: die Freude am *Schein*, die Neigung zum *Putz* und zum *Spiele*.

Die höchste Stupidität und der höchste Verstand haben darin eine gewisse Affinität miteinander, daß beide nur das *Reelle* suchen, und für den bloßen Schein gänzlich unempfindlich sind. Nur durch die unmittelbare Gegenwart eines Objekts in den Sinnen wird jene aus ihrer Ruhe gerissen, und nur durch Zurückführung seiner Begriffe auf Tatsachen der Erfahrung wird der letztere zur Ruhe gebracht; mit einem Wort, die Dummheit kann sich nicht über die Wirklichkeit erheben, und der Verstand nicht unter der Wahrheit stehen bleiben. Was dort der Mangel der Einbildungskraft bewirkt, das bewirkt hier die absolute Beherrschung derselben. Insofern also das Bedürfnis der Realität und die Anhänglichkeit an das Wirkliche bloße Folgen des Mangels sind, ist die Gleichgültigkeit gegen Realität und das Interesse am Schein eine wahre Erweiterung der Menschheit und ein entschiedener Schritt zur Kultur. Fürs erste zeugt es von einer äußern Freiheit, denn solange die Not gebietet, und das Bedürfnis drängt, ist die Einbildungskraft mit strengen Fesseln an das Wirkliche gebunden; erst wenn das Bedürfnis gestillt ist, entwickelt sie ihr ungebundenes Vermögen. Es zeugt aber auch von einer innern Freiheit, weil es uns eine Kraft sehen läßt die unabhängig von einem äußern Stoffe sich durch sich selbst in Bewegung setzt, und die Energie genug besitzt die andringende Materie von sich zu halten. Die Realität der Dinge ist ihr (der Dinge) Werk; der Schein der Dinge ist des Menschen Werk, und ein Gemüt, das sich am Scheine weidet, ergötzt sich schon nicht mehr an dem, was es empfängt, sondern an dem, was es tut.[19]

---

19 Es versteht sich wohl von selbst, daß hier nur von dem ästhetischen Schein die Rede ist, den man von der Wirklichkeit

Die Natur selbst ist es, die den Menschen von der Realität zum Scheine emporhebt, indem sie ihn mit zwei Sinnen ausrüstete, die ihn bloß durch den Schein zur Erkenntnis des Wirklichen führen. In dem Auge und dem Ohr ist die andringende Materie schon hinweggewälzt von den Sinnen, und das Objekt entfernt sich von uns, das wir in den tierischen Sinnen unmittelbar berühren. Was wir durch das Auge *sehen*, ist von dem verschieden, was wir *empfinden*; denn der Verstand springt über das Licht hinaus zu den Gegenständen. Der Gegenstand des Takts ist eine Gewalt, die wir erleiden; der Gegenstand des Auges und Ohrs ist eine Form, die wir erzeugen. Solange der Mensch noch ein Wilder ist, genießt er bloß mit den Sinnen des Gefühls, denen die Sinne des Scheins in dieser Periode bloß dienen. Er erhebt sich entweder gar nicht zum Sehen oder er befriedigt sich doch nicht mit demselben. Sobald er anfängt, mit dem Auge zu genießen und das Sehen für ihn einen selbstständigen Wert erlangt, so ist er auch schon ästhetisch frei und der Spieltrieb hat sich entfaltet.

Gleich so wie der Spieltrieb sich regt, der am Scheine

---

und Wahrheit unterscheidet, nicht von dem logischen, den man mit derselben verwechselt – den man folglich liebt, weil er Schein ist, und nicht, weil man ihn für etwas besseres hält. Nur der erste ist Spiel, da der letzte bloß Betrug ist. Den Schein der ersten Art für etwas gelten lassen, kann der Wahrheit niemals Eintrag tun, weil man nie Gefahr läuft, ihn derselben unterzuschieben, was doch die einzige Art ist, wie der Wahrheit geschadet werden kann; ihn verachten, heißt alle schöne Kunst überhaupt verachten, deren Wesen der Schein ist. Indessen begegnet es dem Verstande zuweilen, seinen Eifer für Realität bis zu einer solchen Unduldsamkeit zu treiben, und über die ganze Kunst des schönen Scheins, weil sie bloß Schein ist, ein wegwerfendes Urteil zu sprechen; dies begegnet aber dem Verstande nur alsdann, wenn er sich der obengedachten Affinität erinnert. Von den notwendigen Grenzen des schönen Scheins werde ich noch einmal insbesondere zu reden Veranlassung nehmen.

Gefallen findet, wird ihm auch der nachahmende Bildungstrieb folgen, der den Schein als etwas Selbstständiges
behandelt. Sobald der Mensch einmal so weit gekommen
ist, den Schein von der Wirklichkeit, die Form von dem
Körper zu unterscheiden, so ist er auch im Stande, sie von
ihm abzusondern; denn das hat er schon getan, indem er sie
unterscheidet. Das Vermögen zur nachahmenden Kunst, ist
also mit dem Vermögen zur Form überhaupt gegeben; der
Drang zu derselben beruht auf einer andern Anlage, von
der ich hier nicht zu handeln brauche. Wie frühe oder wie
spät sich der ästhetische Kunsttrieb entwickeln soll, das
wird bloß von dem Grade der Liebe abhängen, mit der der
Mensch fähig ist, sich bei dem bloßen Schein zu verweilen.

Da alles wirkliche Dasein von der Natur als einer
fremden Macht, aller Schein aber ursprünglich von dem
Menschen als vorstellendem Subjekte, sich herschreibt, so
bedient er sich bloß seines absoluten Eigentumsrechts,
wenn er den Schein von dem Wesen zurück nimmt, und mit
demselben nach eignen Gesetzen schaltet. Mit ungebundener Freiheit kann er, was die Natur trennte, zusammenfügen, sobald er es nur irgend zusammen denken kann, und
trennen, was die Natur verknüpfte, sobald er es nur in
seinem Verstande absondern kann. Nichts darf ihm hier
heilig sein, als sein eigenes Gesetz, sobald er nur die
Markung in Acht nimmt, welche *sein* Gebiet von dem
Dasein der Dinge oder dem Naturgebiete scheidet.

Dieses menschliche Herrscherrecht übt er aus in der
Kunst des Scheins und je strenger er hier das Mein und Dein
von einander sondert, je sorgfältiger er die Gestalt von dem
Wesen trennt, und je mehr Selbstständigkeit er derselben zu
geben weiß, desto mehr wird er nicht bloß das Reich der
Schönheit erweitern, sondern selbst die Grenzen der
Wahrheit bewahren; denn er kann den Schein nicht von der
Wirklichkeit reinigen, ohne zugleich die Wirklichkeit von
dem Schein frei zu machen.

Aber er besitzt dieses souveräne Recht schlechterdings

auch nur in der *Welt des Scheins*, in dem wesenlosen Reich der
Einbildungskraft, und nur, solang er sich im theoretischen
gewissenhaft enthält, Existenz davon auszusagen, und
solang er im praktischen darauf Verzicht tut, Existenz
dadurch zu erteilen. Sie sehen hieraus, daß der Dichter auf
gleiche Weise aus seinen Grenzen tritt, wenn er seinem Ideal
Existenz beilegt, und wenn er eine bestimmte Existenz
damit bezweckt. Denn beides kann er nicht anders zu
Stande bringen, als indem er entweder sein Dichterrecht
überschreitet, durch das Ideal in das Gebiet der Erfahrung
greift, und durch die bloße Möglichkeit wirkliches Dasein
zu bestimmen sich anmaßt, oder indem er sein Dichterrecht
aufgibt, die Erfahrung in das Gebiet des Ideals greifen läßt,
und die Möglichkeit auf die Bedingungen der Wirklichkeit
einschränkt.

Nur soweit er *aufrichtig* ist, (sich von allem Anspruch auf
Realität ausdrücklich lossagt) und nur soweit er *selbstständig*
ist, (allen Beistand der Realität entbehrt) ist der Schein
ästhetisch. Sobald er falsch ist und Realität heuchelt, und
sobald er unrein und der Realität zu seiner Wirkung bedürftig ist, ist er nichts als ein niedriges Werkzeug zu
materiellen Zwecken, und kann nichts für die Freiheit des
Geistes beweisen. Übrigens ist es gar nicht nötig, daß der
Gegenstand, an dem wir den schönen Schein finden, ohne
Realität sei, wenn nur unser Urteil darüber auf diese
Realität keine Rücksicht nimmt; denn soweit es diese
Rücksicht nimmt, ist es kein ästhetisches. Eine lebende
weibliche Schönheit wird uns freilich eben so gut und noch
ein wenig besser als eine eben so schöne, bloß gemalte,
gefallen; aber insoweit sie uns besser gefällt als die letztere
(ich setze hier der Kunst keine Grenzen) gefällt sie nicht
mehr als selbstständiger Schein, gefällt sie nicht mehr dem
reinen ästhetischen Gefühl, diesem darf auch das Lebendige
nur als Erscheinung, auch das Wirkliche nur als Idee gefallen, aber freilich erfodert es noch einen ungleich höheren
Grad der schönen Kultur, in dem Lebendigen selbst nur
den reinen Schein zu empfinden, als das Leben an dem
Schein zu entbehren.

Bei welchem einzelnen Menschen oder ganzen Volk man
den aufrichtigen und selbstständigen Schein findet, da darf
man auf Geist und Geschmack und jede damit verwandte
Trefflichkeit schließen – da wird man das Ideal das
wirkliche Leben regieren, die Ehre über den Besitz, den
Gedanken über den Genuß, den Traum der Unsterblichkeit
über die Existenz triumphieren sehen. Da wird die öffentliche Stimme das einzig furchtbare sein, und ein Oliven-
kranz höher als ein Purpurkleid ehren. Zum falschen und
bedürftigen Schein nimmt nur die Ohnmacht und die
Verkehrtheit ihre Zuflucht, und einzelne Menschen sowohl
als ganze Völker, welche entweder »der Realität durch den
Schein oder dem (ästhetischen) Schein durch Realität
nachhelfen« – beides ist gerne verbunden – beweisen
zugleich ihren moralischen Unwert und ihr ästhetisches
Unvermögen.[20]

Nichts ist gewöhnlicher als von gewissen trivialen
Kritikern des Zeitalters die Klage zu vernehmen, daß alle
Solidität aus der Welt verschwunden sei, und das Wesen
über dem Schein vernachlässigt werde. Obgleich ich mich

---

20 Auf die Frage *»In wie weit darf Schein in der moralischen Welt sein?«*
ist also die Antwort so kurz als bündig diese: *in so weit es*
ästhetischer Schein ist d. h. Schein, der weder Realität vertreten
will, noch von derselben vertreten zu werden braucht. Der
ästhetische Schein kann der Wahrheit der Sitten niemals
gefährlich werden, und wo man es anders findet, da wird sich
ohne Schwierigkeit zeigen lassen, daß der Schein nicht
ästhetisch war. Nur ein Fremdling im schönen Umgang z. B.
wird Versicherungen der Höflichkeit, die eine allgemeine
Form ist, als Merkmale persönlicher Zuneigung aufnehmen,
und wenn er getäuscht wird, über Verstellung klagen. Aber
auch nur ein Stümper im schönen Umgang wird, um höflich zu
sein, die Falschheit zu Hülfe rufen, und schmeicheln, um
gefällig zu sein. Dem ersten fehlt noch der Sinn für den
selbstständigen Schein, daher kann er demselben nur durch die
Wahrheit Bedeutung geben; dem zweiten fehlt es an Realität,
und er möchte sie gern durch den Schein ersetzen.

gar nicht berufen fühle, das Zeitalter gegen diesen Vorwurf
zu rechtfertigen, so geht doch schon aus der weiten
Ausdehnung, welche diese strengen Herren Sittenrichter
ihrer Anklage geben, sattsam hervor, daß sie dem Zeitalter
nicht bloß den falschen sondern auch den aufrichtigen
Schein verargen; und sogar die Ausnahmen, welche sie
noch etwa zu Gunsten der Schönheit machen, gehen mehr
auf den bedürftigen als auf den selbstständigen Schein. Sie
greifen nicht bloß die betrügerische Schminke an, welche
die Wahrheit verbirgt, welche die Wirklichkeit zu vertreten
sich anmaßt; sie ereifern sich auch gegen den wohltätigen
Schein, der die Leerheit erfüllt, und die Armseligkeit
zudeckt, auch gegen den idealischen, der eine gemeine
Wirklichkeit veredelt. Die Falschheit der Sitten beleidigt
mit Recht ihr strenges Wahrheitsgefühl; nur schade, daß sie
zu dieser Falschheit auch schon die Höflichkeit rechnen. Es
mißfällt ihnen, daß äußerer Flitterglanz so oft das wahre
Verdienst verdunkelt, aber es verdrüßt sie nicht weniger,
daß man auch Schein vom Verdienste fodert, und dem
innern Gehalte die gefällige Form nicht erläßt. Sie vermissen das Herzliche, Kernhafte und Gediegene der vorigen
Zeiten, aber sie möchten auch das Eckigte und Derbe der
ersten Sitten, das Schwerfällige der alten Formen, und den
ehemaligen gothischen Überfluß wieder eingeführt sehen.
Sie beweisen durch Urteile dieser Art *dem Stoff an sich selbst*
eine Achtung, die der Menschheit nicht würdig ist, welche
vielmehr das Materielle nur insoferne schätzen soll, als es
Gestalt zu empfangen und das Reich der Ideen zu
verbreiten im Stand ist. Auf solche Stimmen braucht also
der Geschmack des Jahrhunderts nicht sehr zu hören, wenn
er nur sonst vor einer bessern Instanz besteht. Nicht daß
wir einen Wert auf den ästhetischen Schein legen (wir tun
dies noch lange nicht genug) sondern daß wir es noch nicht
bis zu dem reinen Schein gebracht haben, daß wir das
Dasein noch nicht genug von der Erscheinung geschieden,
und dadurch beider Grenzen auf ewig gesichert haben, dies
ist es, was uns ein rigoristischer Richter der Schönheit zum

Vorwurf machen kann. Diesen Vorwurf werden wir solang verdienen, als wir das Schöne der lebendigen Natur nicht genießen können, ohne es zu begehren, das Schöne der nachahmenden Kunst nicht bewundern können, ohne nach einem Zwecke zu fragen – als wir der Einbildungskraft noch keine eigene absolute Gesetzgebung zugestehn, und durch die Achtung, die wir ihren Werken erzeigen, sie auf ihre Würde hinweisen.

SIEBEN UND ZWANZIGSTER BRIEF

Fürchten Sie nichts für Realität und Wahrheit, wenn der hohe Begriff, den ich in dem vorhergehenden Briefe von dem ästhetischen Schein aufstellte, allgemein werden sollte. Er wird nicht allgemein werden, so lange der Mensch noch ungebildet genug ist, um einen Mißbrauch davon machen zu können; und würde er allgemein, so könnte dies nur durch eine Kultur bewirkt werden, die zugleich jeden Mißbrauch unmöglich machte. Dem selbstständigen Schein nachzustreben erfodert mehr Abstraktionsvermögen, mehr Freiheit des Herzens, mehr Energie des Willens, als der Mensch nötig hat, um sich auf die Realität einzuschränken, und er muß diese schon hinter sich haben, wenn er bei jenem anlangen will. Wie übel würde er sich also raten, wenn er den Weg zum Ideale einschlagen wollte, um sich den Weg zur Wirklichkeit und Wahrheit zu ersparen! Von dem Schein, so wie er hier genommen wird, möchten wir also für die Wirklichkeit nicht viel zu besorgen haben; desto mehr dürfte aber von der Wirklichkeit für den Schein zu befürchten sein. An das Materielle gefesselt, läßt der Mensch diesen lange Zeit bloß seinen Zwecken dienen, ehe er ihm in der Kunst des Ideals eine eigene Persönlichkeit zugesteht. Zu dem letztern bedarf es einer totalen Revolution in seiner ganzen Empfindungs- weise, ohne welche er auch nicht einmal *auf dem Wege* zum Ideal sich befinden würde. Wo wir also Spuren einer

uninteressierten freien Schätzung des reinen Scheins entdecken, da können wir auf eine solche Umwälzung seiner
Natur und den eigentlichen Anfang der Menschheit in ihm
schließen. Spuren dieser Art finden sich aber wirklich
schon in den ersten rohen Versuchen, die er zur *Verschöne-*
rung seines Daseins macht, selbst auf die Gefahr macht, daß
er es dem sinnlichen Gehalt nach dadurch verschlechtern
sollte. Sobald er überhaupt nur anfängt, dem Stoff die
Gestalt vorzuziehen, und an den Schein, (den er aber dafür
erkennen muß) Realität zu wagen, so ist sein tierischer
Kreis aufgetan, und er befindet sich auf einer Bahn, die
nicht endet.

Mit dem allein nicht zufrieden, was der Natur genügt
und was das Bedürfnis fodert, verlangt er Überfluß; anfangs
zwar bloß einen Überfluß *des Stoffes*, um der Begier ihre
Schranken zu verbergen, um den Genuß über das gegenwärtige Bedürfnis hinaus zu versichern; bald aber einen
Überfluß *an dem Stoffe*, eine ästhetische Zugabe, um auch
dem Formtrieb genug zu tun, um den Genuß über jedes
Bedürfnis hinaus zu erweitern. Indem er bloß für einen
künftigen Gebrauch Vorräte sammelt und in der Einbildung dieselbe vorausgenießt, so überschreitet er zwar den
jetzigen Augenblick, aber ohne die Zeit überhaupt zu
überschreiten; er genießt *mehr* aber er genießt nicht *anders*.
Indem er aber zugleich die Gestalt in seinen Genuß zieht
und auf die Formen der Gegenstände merkt, die seine
Begierden befriedigen, ist er über die Zeit selbst hinausgeschritten, und hat seinen Genuß nicht bloß dem Umfang
und dem Grad nach erhöht, sondern auch der Art nach
veredelt.

Zwar hat die Natur auch schon dem Vernunftlosen über
die Notdurft gegeben, und in das dunkle tierische Leben
einen Schimmer von Freiheit gestreut. Wenn den Löwen
kein Hunger nagt, und kein Raubtier zum Kampf herausfodert, so erschafft sich die müßige Stärke selbst einen
Gegenstand; mit mutvollem Gebrüll erfüllt er die hallende
Wüste, und in zwecklosem Aufwand genießt sich die

üppige Kraft. Mit frohem Leben schwärmt das Insekt in
dem Sonnenstrahl; auch ist es sicherlich nicht der Schrei der
Begierde, den wir in dem melodischen Schlag des Singvo-
gels hören. Unleugbar ist in diesen Bewegungen Freiheit,
aber nicht Freiheit von dem Bedürfnis überhaupt, bloß von
einem bestimmten, von einem äußern Bedürfnis. Das Tier
arbeitet, wenn ein Mangel die Triebfeder seiner Tätigkeit ist,
und es *spielt*, wenn der Reichtum der Kraft diese Triebfeder
ist, wenn das überflüssige Leben sich selbst zur Tätigkeit
stachelt. Selbst in der unbeseelten Natur zeigt sich ein
solcher Luxus der Kräfte und eine Laxität der Bestimmung,
die man in jenem materiellen Sinn gar wohl Spiel nennen
könnte. Der Baum treibt unzählige Keime, die unentwik-
kelt verderben, und streckt weit mehr Wurzeln, Zweige
und Blätter nach Nahrung aus, als zu Erhaltung seines
Individuums und seiner Gattung verwendet werden. Was
er von seiner verschwenderischen Fülle ungebraucht und
ungenossen dem Elementarreich zurückgibt, das darf das
Lebendige in fröhlicher Bewegung verschwelgen. So gibt
uns die Natur schon in ihrem materiellen Reich ein Vorspiel
des Unbegrenzten, und hebt hier schon *zum Teil* die Fesseln
auf, deren sie sich im Reich der Form ganz und gar entledigt. Von dem Zwang des Bedürfnisses oder dem *physischen Ernste* nimmt sie durch den Zwang des Überflusses
oder das *physische Spiel* den Übergang zum ästhetischen
Spiele und ehe sie sich in der hohen Freiheit des Schönen
über die Fessel jedes Zweckes erhebt, nähert sie sich dieser
Unabhängigkeit wenigstens von ferne schon in der *freien
Bewegung*, die sich selbst Zweck und Mittel ist.

Wie die körperlichen Werkzeuge, so hat in dem Menschen auch die Einbildungskraft ihre freie Bewegung und
ihr materielles Spiel, in welchem sie, ohne alle Beziehung
auf Gestalt, bloß ihrer Eigenmacht und Fessellosigkeit sich
freut. Insofern sich noch gar nichts von Form in diese
Phantasiespiele mischt, und eine ungezwungene Folge von
Bildern den ganzen Reiz derselben ausmacht, gehören sie,
obgleich sie dem Menschen allein zukommen können, bloß

zu seinem animalischen Leben und beweisen bloß seine
Befreiung von jedem äußern sinnlichen Zwang, ohne noch
auf eine selbstständige bildende Kraft in ihm schließen zu
lassen.[21] Von diesem Spiel *der freien Ideenfolge*, welches noch
ganz materieller Art ist, und aus bloßen Naturgesetzen sich
erklärt, macht endlich die Einbildungskraft in dem Versuch
einer freien Form den Sprung zum ästhetischen Spiele. Einen
Sprung muß man es nennen, weil sich eine ganz neue Kraft
hier in Handlung setzt; denn hier zum erstenmal mischt sich
der gesetzgebende Geist in die Handlungen eines blinden
Instinktes, unterwirft das willkürliche Verfahren der Einbildungskraft seiner unveränderlichen ewigen Einheit, legt
seine Selbstständigkeit in das Wandelbare und seine Unendlichkeit in das Sinnliche. Aber solange die rohe Natur noch
zu mächtig ist, die kein anderes Gesetz kennt, als rastlos
von Veränderung zu Veränderung fortzueilen, wird sie
durch ihre unstete Willkür jener Notwendigkeit, durch ihre

---

21 Die mehresten Spiele, welche im gemeinen Leben im Gange
sind, beruhen entweder ganz und gar auf diesem Gefühle der
freien Ideenfolge, oder entlehnen doch ihren größten Reiz von
demselben. So wenig es aber auch an sich selbst für eine höhere
Natur beweist, und so gerne sich gerade die schlaffesten Seelen
diesem freien Bilderstrome zu überlassen pflegen, so ist doch
eben diese Unabhängigkeit der Phantasie von äußern Eindrük-
ken wenigstens die negative Bedingung ihres schöpferischen
Vermögens. Nur indem sie sich von der Wirklichkeit losreißt,
erhebt sich die bildende Kraft zum Ideale, und ehe die
Imagination in ihrer produktiven Qualität nach eignen Gesetzen handeln kann, muß sie sich schon bei ihrem reproduktiven
Verfahren von fremden Gesetzen frei gemacht haben. Freilich
ist von der bloßen Gesetzlosigkeit zu einer selbstständigen
innern Gesetzgebung noch ein sehr großer Schritt zu tun, und
eine ganz neue Kraft, das Vermögen der Ideen, muß hier ins
Spiel gemischt werden – aber diese Kraft kann sich nunmehr
auch mit mehrerer Leichtigkeit entwickeln, da die Sinne ihr
nicht entgegen wirken, und das Unbestimmte wenigstens
negativ an das Unendliche grenzt.

Unruhe jener Stätigkeit, durch ihre Bedürftigkeit jener Selbstständigkeit, durch ihre Ungenügsamkeit jener erhabenen Einfalt entgegen streben. Der ästhetische Spieltrieb wird also in seinen ersten Versuchen noch kaum zu erkennen sein, da der sinnliche mit seiner eigensinnigen Laune und seiner wilden Begierde unaufhörlich dazwischen tritt, die hohe Notwendigkeit des Ideals mit der Notdurft des Individuums verwechselt, und die edle Darstellung eines ewigen Willens, in der schönen Form, durch die unreine Spur eines vorübergehenden Verlangens befleckt. Daher sehen wir den rohen Geschmack das Neue und Überraschende, das Bunte, Abenteuerliche und Bizarre, das Heftige und Wilde zuerst ergreifen, und vor nichts so sehr als vor der Einfalt und Ruhe fliehen. Er bildet groteske Gestalten, liebt rasche und abrupte Übergänge, üppige Formen, grelle Kontraste, schreiende Lichter, einen pathetischen Gesang. Schön heißt ihm in dieser Epoche bloß, was ihn aufregt, was ihm Stoff gibt – aber aufregt zu einem selbsttätigen Widerstand, aber Stoff gibt, *für ein mögliches Bilden*, denn sonst würde es selbst ihm nicht das Schöne sein. Mit der Form seiner Urteile ist also eine merkwürdige Veränderung vorgegangen; er sucht diese Gegenstände nicht, weil sie ihm etwas zu erleiden, sondern weil sie ihm zu handeln geben; sie gefallen ihm nicht, weil sie einem Bedürfnis begegnen, sondern weil sie einem Gesetze Genüge leisten, welches, obgleich noch leise, in seinem Busen spricht.

Bald ist er nicht mehr damit zufrieden, daß ihm die Dinge gefallen: er will selbst gefallen, anfangs zwar nur durch das, was *sein* ist, endlich durch das, was *er* ist. Was er besitzt, was er hervorbringt, darf nicht mehr bloß die Spuren der Dienstbarkeit, die ängstliche Form seines Zwecks an sich tragen; neben dem Dienst, in dem es da ist, muß es zugleich den geistreichen Verstand, der es dachte, die liebende Hand, die es ausführte, den heitern und freien Geist, der es wählte und aufstellte, wiederscheinen. Jetzt sucht sich der alte Germanier glänzendere Tierfelle, prächtigere Geweihe,

zierlichere Trinkhörner aus, und der Kaledonier wählt die
nettesten Muscheln für seine Feste. Selbst die Waffen dürfen
jetzt nicht mehr bloß Gegenstände des Schreckens, sondern
auch des Wohlgefallens sein, und das kunstreiche Wehrge-
hänge will nicht weniger bemerkt sein, als des Schwertes
tötende Schneide. Nicht zufrieden, einen ästhetischen
Überfluß in das Notwendige zu bringen, reißt sich der
freiere Spieltrieb endlich ganz von den Fesseln der Notdurft los, und das Schöne wird für sich allein ein Objekt
seines Strebens. Er *schmückt* sich. Die freie Lust wird in die
Zahl seiner Bedürfnisse aufgenommen, und das Unnötige
ist bald der beste Teil seiner Freuden.

So wie sich ihm von außen her, in seiner Wohnung,
seinem Hausgeräte, seiner Bekleidung allmählich die Form
nähert, so fängt sie endlich an, von ihm selbst Besitz zu
nehmen, und anfangs bloß den äußern, zuletzt auch den
innern Menschen zu verwandeln. Der gesetzlose Sprung
der Freude wird zum Tanz, die ungestalte Geste zu einer
anmutigen harmonischen Gebärdensprache, die verworrenen Laute der Empfindung entfalten sich, fangen an dem
Takt zu gehorchen und sich zum Gesange zu biegen. Wenn
das trojanische Heer mit gellendem Geschrei gleich einem
Zug von Kranichen ins Schlachtfeld heranstürmt, so nähert
sich das griechische demselben still und mit edlem Schritt.
Dort sehen wir bloß den Übermut blinder Kräfte, hier den
Sieg der Form, und die simple Majestät des Gesetzes.

Eine schönere Notwendigkeit kettet jetzt die Geschlechter zusammen, und der Herzen Anteil hilft das Bündnis
bewahren, das die Begierde nur launisch und wandelbar
knüpft. Aus ihren düstern Fesseln entlassen, ergreift das
ruhigere Auge die Gestalt, die Seele schaut in die Seele, und
aus einem eigennützigen Tausche der Lust wird ein
großmütiger Wechsel der Neigung. Die Begierde erweitert
und erhebt sich zur Liebe, so wie die Menschheit in ihrem
Gegenstand aufgeht, und der niedrige Vorteil über den Sinn
wird verschmäht, um über den Willen einen edleren Sieg zu
erkämpfen. Das Bedürfnis zu gefallen unterwirft den

Mächtigen des Geschmackes zartem Gericht; die Lust kann
er rauben, aber die Liebe muß eine Gabe sein. Um diesen
höhern Preis kann er nur durch Form, nicht durch Materie
ringen. Er muß aufhören, das Gefühl als Kraft zu berühren,
und als Erscheinung dem Verstand gegenüber stehn; er
muß Freiheit lassen, weil er der Freiheit gefallen will. So
wie die Schönheit den Streit der Naturen in seinem
einfachsten und reinsten Exempel, in dem ewigen Gegensatz der Geschlechter löst, so löst sie ihn – oder zielt
wenigstens dahin, ihn auch in dem verwickelten Ganzen
der Gesellschaft zu lösen, und nach dem Muster des freien
Bundes, den sie dort zwischen der männlichen Kraft und
der weiblichen Milde knüpft, alles Sanfte und Heftige in der
moralischen Welt zu versöhnen. Jetzt wird die Schwäche
heilig, und die nicht gebändigte Stärke entehrt; das Unrecht
der Natur wird durch die Großmut ritterlicher Sitten verbessert. Den keine Gewalt erschrecken darf, entwaffnet die
holde Röte der Scham, und Tränen ersticken eine Rache,
die kein Blut löschen konnte. Selbst der Haß merkt auf der
Ehre zarte Stimme, das Schwert des Überwinders ver-
schont den entwaffneten Feind, und ein gastlicher Herd
raucht dem Fremdling an der gefürchteten Küste, wo ihn
sonst nur der Mord empfing.

Mitten in dem furchtbaren Reich der Kräfte und mitten
in dem heiligen Reich der Gesetze baut der ästhetische
Bildungstrieb unvermerkt an einem dritten fröhlichen
Reiche des Spiels und des Scheins, worin er dem Menschen
die Fesseln aller Verhältnisse abnimmt, und ihn von allem,
was Zwang heißt, sowohl im physischen als im moralischen
entbindet.

Wenn in dem *dynamischen* Staat der Rechte der Mensch
dem Menschen als Kraft begegnet und sein Wirken beschränkt – wenn er sich ihm in dem *ethischen* Staat der
Pflichten mit der Majestät des Gesetzes entgegenstellt, und
sein Wollen fesselt, so darf er ihm im Kreise des schönen
Umgangs, in dem *ästhetischen* Staat, nur als Gestalt erscheinen, nur als Objekt des freien Spiels gegenüber stehen.

Freiheit zu geben durch Freiheit ist das Grundgesetz dieses
Reichs. Hier darf weder das Einzelne mit dem Ganzen,
noch das Ganze mit dem Einzelnen streiten. Nicht, weil das
eine nachgibt, darf das andre mächtig sein; hier darf es nur
5 Sieger, aber keinen Besiegten geben.

Der dynamische Staat kann die Gesellschaft bloß möglich machen, indem er die Natur durch Natur bezähmt; der
ethische Staat kann sie bloß (moralisch) notwendig
machen, indem er den einzelnen Willen dem allgemeinen
10 unterwirft; der ästhetische Staat allein kann sie wirklich
machen, weil er den Willen des Ganzen durch die Natur des
Individuums vollzieht. Wenn schon das Bedürfnis den
Menschen in die Gesellschaft nötigt, und die Vernunft
gesellige Grundsätze in ihm pflanzt, so kann die Schönheit
15 allein ihm einen *geselligen Charakter* erteilen. Der Geschmack allein bringt Harmonie in die Gesellschaft, weil
er Harmonie in dem Individuum stiftet. Alle andre Formen
der Vorstellung trennen den Menschen, weil sie sich
ausschließend entweder auf den sinnlichen oder auf den
20 geistigen Teil seines Wesens gründen; nur die schöne
Vorstellung macht ein Ganzes aus ihm, weil seine beiden
Naturen dazu zusammen stimmen müssen. Alle andere
Formen der Mitteilung trennen die Gesellschaft, weil sie
sich ausschließend entweder auf die Privatempfänglichkeit,
25 oder auf die Privatfertigkeit der einzelnen Glieder, also auf
das Unterscheidende zwischen Menschen und Menschen
beziehen; nur die schöne Mitteilung vereinigt die Gesellschaft, weil sie sich auf das Gemeinsame aller bezieht. Die
Freuden der Sinne genießen wir bloß als Individuen, ohne
30 daß die Gattung, die in uns wohnt, daran Anteil nähme; wir
können also unsre sinnlichen Freuden nicht zu allgemeinen
erweitern, weil wir unser Individuum nicht allgemein
machen können. Die Freuden der Erkenntnis genießen wir
bloß als Gattung, und indem wir jede Spur des Individu-
35 ums sorgfältig aus unserm Urteil entfernen; wir können
also unsre Vernunftfreuden nicht allgemein machen, weil
wir die Spuren des Individuums aus dem Urteile anderer

nicht so wie aus dem unsrigen ausschließen können. Das Schöne allein genießen wir als Individuum und als Gattung zugleich, d. h. als *Repräsentanten* der Gattung. Das sinnliche Gute kann nur Einen Glücklichen machen, da es sich auf Zueignung gründet, welche immer eine Ausschließung mit sich führt; es kann diesen Einen auch nur einseitig glücklich machen, weil die Persönlichkeit nicht daran Teil nimmt. Das absolut Gute kann nur unter Bedingungen glücklich machen, die allgemein nicht vorauszusetzen sind; denn die Wahrheit ist nur der Preis der Verleugnung, und an den reinen Willen glaubt nur ein reines Herz. Die Schönheit allein beglückt alle Welt, und jedes Wesen vergißt seiner Schranken, so lang es ihren Zauber erfährt.

Kein Vorzug, keine Alleinherrschaft wird geduldet, so weit der Geschmack regiert, und das Reich des schönen Scheins sich verbreitet. Dieses Reich erstreckt sich aufwärts, bis wo die Vernunft mit unbedingter Notwendigkeit herrscht, und alle Materie aufhört; es erstreckt sich niederwärts, bis wo der Naturtrieb mit blinder Nötigung waltet, und die Form noch nicht anfängt; ja selbst auf diesen äußersten Grenzen, wo die gesetzgebende Macht ihm genommen ist, läßt sich der Geschmack doch die vollziehende nicht entreißen. Die ungesellige Begierde muß ihrer Selbstsucht entsagen, und das Angenehme, welches sonst nur die Sinne lockt, das Netz der Anmut auch über die Geister auswerfen. Der Notwendigkeit strenge Stimme, die Pflicht, muß ihre vorwerfende Formel verändern, die nur der Widerstand rechtfertigt, und die willige Natur durch ein edleres Zutrauen ehren. Aus den Mysterien der Wissenschaft führt der Geschmack die Erkenntnis unter den offenen Himmel des Gemeinsinns heraus, und verwandelt das Eigentum der Schulen in ein Gemeingut der ganzen menschlichen Gesellschaft. In seinem Gebiete muß auch der mächtigste Genius sich seiner Hoheit begeben, und zu dem Kindersinn vertraulich herniedersteigen. Die Kraft muß sich binden lassen durch die Huldgöttinnen, und der trotzige Löwe dem Zaum eines Amors gehorchen.

Dafür breitet er über das physische Bedürfnis, das in seiner nackten Gestalt die Würde freier Geister beleidigt, seinen mildernden Schleier aus, und verbirgt uns die entehrende Verwandtschaft mit dem Stoff in einem lieblichen Blendwerk von Freiheit. Beflügelt durch ihn entschwingt sich auch die kriechende Lohnkunst dem Staube, und die Fesseln der Leibeigenschaft fallen, von seinem Stabe berührt, von dem Leblosen wie von dem Lebendigen ab. In dem ästhetischen Staate ist alles – auch das dienende
Werkzeug ein freier Bürger, der mit dem edelsten gleiche Rechte hat, und der Verstand, der die duldende Masse unter seine Zwecke gewalttätig beugt, muß sie hier um ihre Beistimmung fragen. Hier also in dem Reiche des ästheti-schen Scheins wird das Ideal der Gleichheit erfüllt, welches
der Schwärmer so gern auch dem Wesen nach realisiert sehen möchte; und wenn es wahr ist, daß der schöne Ton in der Nähe des Thrones am frühesten und am vollkommen-sten reift, so müßte man auch hier die gütige Schickung er-kennen, die den Menschen oft nur deswegen in der Wirklichkeit einzuschränken scheint, um ihn in eine idealische Welt zu treiben.[22]

---

22 Existiert aber auch ein solcher Staat des schönen Scheins, und wo ist er zu finden? Dem Bedürfnis nach existiert er in jeder feingestimmten Seele, der Tat nach möchte man ihn wohl nur, wie die reine Kirche und die reine Republik in einigen wenigen auserlesenen Zirkeln finden, wo nicht die geistlose Nachah-mung fremder Sitten, sondern eigne schöne Natur das Betragen lenkt, wo der Mensch durch die verwickeltste Verhältnisse mit kühner Einfalt und ruhiger Unschuld geht, und weder nötig hat, fremde Freiheit zu kränken, um die seinige zu behaupten, noch seine Würde wegzuwerfen, um Anmut zu zeigen. – Da es einem guten Staat an einer *Konstitution* nicht fehlen darf, so kann man sie auch von dem ästhetischen fodern. Noch kenne ich keine dergleichen, und ich darf also hoffen, daß ein erster Versuch derselben, den ich dieser Zeitschrift bestimmt habe, mit Nachsicht werde aufge-nommen werden.

ÜBER DIE NOTWENDIGEN GRENZEN BEIM GEBRAUCH SCHÖNER FORMEN

VON DEN NOTWENDIGEN GRENZEN DES SCHÖNEN BESONDERS IM VORTRAG PHILOSOPHISCHER WAHRHEITEN

Der Mißbrauch des Schönen und die Anmaßungen der Einbildungskraft, da, wo sie nur die ausübende Gewalt besitzt, auch die gesetzgebende an sich zu reißen, haben sowohl im Leben als in der Wissenschaft so vielen Schaden angerichtet, daß es von nicht geringer Wichtigkeit ist, die Grenzen genau zu bestimmen, die dem Gebrauch schöner Formen gesetzt sind. Diese Grenzen liegen schon in der Natur des Schönen, und wir dürfen uns bloß erinnern, *wie* der Geschmack seinen Einfluß äußert, um bestimmen zu können, *wie weit* er denselben erstrecken darf.

Die Wirkungen des Geschmacks überhaupt genommen sind, die sinnlichen und geistigen Kräfte des Menschen in Harmonie zu bringen, und in einem innigen Bündnis zu vereinigen. Wo also ein solches inniges Bündnis zwischen der Vernunft und den Sinnen zweckmäßig und rechtmäßig ist, da ist dem Geschmack ein Einfluß zu gestatten. Gibt es aber Fälle, wo wir, sei es nun, um einen Zweck zu erreichen, oder sei es, um einer Pflicht Genüge zu tun, von jedem sinnlichen Einfluß frei und als reine Vernunftwesen handeln müssen, wo also das Band zwischen dem Geist und der Materie augenblicklich aufgehoben werden muß, da hat der Geschmack seine Grenzen, die er nicht überschreiten darf, ohne entweder einen Zweck zu vereiteln, oder uns von unserer Pflicht zu entfernen. Dergleichen Fälle gibt es aber wirklich, und sie werden uns schon durch unsere Bestimmung vorgeschrieben.

Unsere Bestimmung ist, uns Erkenntnisse zu erwerben und aus Erkenntnissen zu handeln. Zu beiden gehört eine Fertigkeit, von dem, was der Geist tut, die Sinne auszuschließen, weil bei allem Erkennen vom Empfinden, und bei allem moralischen Wollen von der Begierde abstrahiert werden muß.

Wenn wir *erkennen*, so verhalten wir uns *tätig* und unsre Aufmerksamkeit ist auf einen *Gegenstand*, auf ein Verhältnis zwischen Vorstellungen und Vorstellungen gerichtet. Wenn wir *empfinden*, so verhalten wir uns *leidend* und unsre Aufmerksamkeit (wenn man es anders so nennen kann, was ganz und gar keine Handlung des Geistes ist) ist bloß auf unsern *Zustand* gerichtet, insoferne derselbe durch einen empfangenen Eindruck verändert wird. Da wir nun das Schöne bloß empfinden und nicht erkennen, so merken wir dabei auf kein Verhältnis derselben zu andern Objekten, so beziehen wir die Vorstellung desselben nicht auf andere Vorstellungen, sondern auf unser empfindendes Selbst. *An* dem schönen Gegenstand erfahren wir nichts, aber *von* demselben erfahren wir eine Veränderung unsers Zustands, davon die Empfindung der Ausdruck ist. Unser Wissen wird also durch Urteile des Geschmacks nicht erweitert, und keine Erkenntnis, selbst nicht einmal von der Schönheit wird durch die Empfindung der Schönheit erworben. Wo also Erkenntnis der Zweck ist, da kann uns der Geschmack, wenigstens direkt und unmittelbar keine Dienste leisten; vielmehr wird die Erkenntnis gerade so lange ausgesetzt, als uns die Schönheit beschäftigt.

Wozu dient denn aber nun, wird man einwenden, eine geschmackvolle Einkleidung der Begriffe, wenn der Zweck des Vortrags, der doch kein anderer sein kann, als Erkenntnis hervorzubringen, vielmehr dadurch gehindert als befördert wird?

Zur Überzeugung des Verstandes kann allerdings die Schönheit der Einkleidung eben so wenig beitragen als das geschmackvolle Arrangement einer Mahlzeit zur Sättigung der Gäste, oder die äußere Eleganz eines Menschen zu

Beurteilung seines innern Werts. Aber eben so, wie dort
durch die schöne Anordnung der Tafel die Eßlust gereizt
und hier durch das Empfehlende im Äußern die Aufmerksamkeit auf den Menschen überhaupt geweckt und ge-
schärft wird, so werden wir durch eine reizende Darstellung der Wahrheit in eine günstige Stimmung gesetzt, ihr
unsre Seele zu öffnen, und die Hindernisse in unserm
Gemüt werden hinweggeräumt, die sich der schwierigen
Verfolgung einer langen und strengen Gedankenkette
sonst würden entgegengesetzt haben. Es ist niemals der
Inhalt, der durch die Schönheit der Form gewinnt, und
niemals der Verstand, dem der Geschmack beim Erkennen
hilft. Der Inhalt muß sich dem Verstand unmittelbar durch
sich selbst empfehlen, indem die schöne Form zu der
Einbildungskraft spricht, und ihr mit einem Scheine von
Freiheit schmeichelt.

Aber selbst diese unschuldige Nachgiebigkeit gegen die
Sinne, die man sich bloß in der *Form* erlaubt, ohne dadurch
etwas an dem *Inhalt* zu verändern, ist großen Einschränkungen unterworfen, und kann völlig zweckwidrig sein, je
nachdem die Art der Erkenntnis, und der Grad der
Überzeugung ist, die man bei Mitteilung seiner Gedanken
beabsichtet.

Es gibt eine *wissenschaftliche* Erkenntnis, welche auf
deutlichen Begriffen und erkannten Prinzipien ruht, und
eine *populäre* Erkenntnis, welche bloß auf mehr oder
weniger entwickelte Gefühle sich gründet. Was der letztern
oft sehr beförderlich ist, kann der erstern gerade zu
widerstreiten.

Da, wo man eine strenge Überzeugung aus Prinzipien zu
bewirken sucht, da ist es nicht damit getan, die Wahrheit
bloß *dem Inhalt nach* vorzutragen, sondern auch die *Probe*
der Wahrheit muß in der Form des Vortrags zugleich mit
enthalten sein. Dies kann aber nichts anders heißen, als,
nicht bloß der Inhalt, sondern auch die Darlegung desselben muß den Denkgesetzen gemäß sein. Mit derselben
strengen Notwendigkeit, mit welcher sich die Begriffe im

Verstand aneinander schließen, müssen sie sich auch im
Vortrag zusammenfügen, und die Stätigkeit in der Darstellung muß der Stätigkeit in der Idee entsprechen. Nun
streitet aber jede Freiheit, die der Imagination bei Erkenntnissen eingeräumt wird, mit der strengen Notwendigkeit,
nach welcher der Verstand Urteile mit Urteilen und
Schlüsse mit Schlüssen zusammenkettet. Die Einbildungskraft strebt, ihrer Natur gemäß, immer nach Anschauungen, d. h. nach ganzen und durchgängig bestimmten
Vorstellungen, und ist ohne Unterlaß bemüht, das Allgemeine in einem einzelnen Fall darzustellen, es in Raum und
Zeit zu begrenzen, den Begriff zum Individuum zu machen,
dem Abstrakten einen Körper zu geben. Sie liebt ferner in
ihren Zusammensetzungen *Freiheit* und erkennt dabei kein
andres Gesetz als den Zufall der Raum- und der Zeitverknüpfung; denn diese ist der einzige Zusammenhang, der
zwischen unsern Vorstellungen übrig bleibt, wenn wir alles,
was Begriff ist, was sie innerlich verbindet, hinwegdenken.
Gerade umgekehrt beschäftigt sich der Verstand nur mit
Teilvorstellungen oder Begriffen, und sein Bestreben geht
dahin, im lebendigen Ganzen einer Anschauung Merkmale
zu unterscheiden. Weil er die Dinge *nach ihren innern
Verhältnissen* verknüpft, die sich nur durch Absonderung
entdecken lassen, so kann der Verstand nur in so fern, als er
vorher *trennte* d. h. nur durch Teilvorstellungen, *verbinden.*
Der Verstand beobachtet in seinen Kombinationen strenge
Notwendigkeit und Gesetzmäßigkeit und es ist bloß der
stätige Zusammenhang der Begriffe, wodurch er befriedigt
werden kann. Dieser Zusammenhang wird aber jedesmal
gestört, so oft die Einbildungskraft *ganze* Vorstellungen
(einzelne Fälle) in diese Kette von Abstraktionen einschal-
tet, und in die strenge Notwendigkeit der Sachverknüpfung den Zufall der Zeitverknüpfung mischt.[1] Es ist daher

---

1 Ein Schriftsteller, dem es um wissenschaftliche Strenge zu tun
ist, wird sich deswegen der *Beispiele* sehr ungern und sehr
sparsam bedienen. Was vom Allgemeinen mit vollkommner

unumgänglich nötig, daß da, wo es um strenge Konsequenz im Denken zu tun ist, die Imagination ihren willkürlichen Charakter verleugne, und ihr Bestreben nach möglichster Sinnlichkeit in den Vorstellungen und möglichster Freiheit in Verknüpfung derselben dem Bedürfnis des Verstandes unterordnen und aufopfern lerne. Deswegen muß schon der Vortrag darnach eingerichtet sein, durch Ausschließung alles Individuellen und Sinnlichen jenes Bestreben der Einbildungskraft niederzuschlagen, und sowohl durch Bestimmtheit im Ausdruck ihrem unruhigem Dichtungstrieb, als durch Gesetzmäßigkeit im Fortschritt ihrer Willkür in Kombinationen Schranken zu setzen. Freilich wird sie sich nicht ohne Widerstand diesem Joch unterwerfen, aber man rechnet hier auch billig auf einige Selbstverleugnung, und auf einen ernstlichen Entschluß des Zuhörers oder Lesers, um der Sache willen, die Schwierigkeiten nicht zu achten, welche von der Form unzertrennlich sind.

Wo sich aber ein solcher Entschluß *nicht* voraussetzen läßt, und wo man sich keine Hoffnung machen kann, daß das Interesse an dem Inhalt stark genug sein werde, um zu dieser Anstrengung Mut zu machen, da wird man freilich auf Mitteilung einer wissenschaftlichen Erkenntnis Verzicht tun müssen, dafür aber in Ansehung des Vortrags, etwas mehr Freiheit gewinnen. Man verläßt in diesem Falle die Form der Wissenschaft, die zuviel Gewalt gegen die Einbildungskraft ausübt, und nur durch die Wichtigkeit des Zwecks kann annehmlich gemacht werden, und erwählt dafür die Form der Schönheit, die unabhängig von

---

Wahrheit gilt, erleidet in jedem besondern Fall Einschränkungen; und da in jedem besondern Fall sich Umstände finden, die in Rücksicht auf den allgemeinen Begriff, der dadurch dargestellt werden soll, zufällig sind, so ist immer zu fürchten, daß diese zufälligen Beziehungen in jenen allgemeinen Begriff mit hineingetragen werden, und ihm von seiner Allgemeinheit und Notwendigkeit etwas rauben.

allem Inhalt sich schon durch sich selbst empfiehlt. Weil die
Sache die Form nicht in Schutz nehmen will, so muß die
Form die Sache vertreten.

Der populäre Unterricht verträgt sich mit dieser Freiheit.
Da der Volksredner oder Volksschriftsteller (eine Benennung, unter der ich jeden befasse, der nicht ausschließend
an den Gelehrten sich wendet) zu keinem vorbereiteten
Publikum spricht, und seine Leser nicht wie der andere
auswählt, sondern sie nehmen muß, wie er sie findet, so
kann er auch bloß die allgemeinen Bedingungen des
Denkens, und bloß die allgemeinen Antriebe zur Aufmerksamkeit, aber noch keine besondere *Denkfertigkeit*, noch
keine Bekanntschaft mit bestimmten Begriffen, noch kein
Interesse an bestimmten Gegenständen bei denselben
voraussetzen. Er kann es also auch nicht darauf ankommen
lassen, ob die Einbildungskraft derer, die er unterrichten
will, mit seinen Abstraktionen den gehörigen Sinn verknüpfen, und zu den allgemeinen Begriffen, auf die der
wissenschaftliche Vortrag sich einschränkt, einen Inhalt
darbieten werde. Um sicher zu gehen, gibt er daher lieber
die Anschauungen und einzelnen Fälle gleich *mit*, auf
welche sich jene Begriffe beziehen, und überläßt es dem
Verstand seiner Leser, den Begriff aus dem Stegreif daraus
zu bilden. Die Einbildungskraft wird also bei dem populären Vortrag schon weit mehr ins Spiel gemischt, aber
doch immer nur *reproduktiv*, (empfangene Vorstellungen
erneuernd) nicht aber *produktiv* (ihre selbstbildende Kraft
beweisend). Jene einzelnen Fälle oder Anschauungen sind
für den gegenwärtigen Zweck viel zu genau berechnet, und
für den Gebrauch, der davon gemacht werden soll, viel zu
bestimmt eingerichtet, als daß die Einbildungskraft es
vergessen könnte, daß sie bloß *im Dienst des Verstandes*
handelt. Der Vortrag hält sich zwar etwas näher an das
Leben und an die Sinnenwelt, aber er verliert sich noch
nicht in derselben. Die Darstellung ist also noch immer
bloß *didaktisch*, denn, um schön zu sein, fehlen ihr noch die
zwei vornehmsten Eigenschaften, *Sinnlichkeit im Ausdruck
und Freiheit in der Bewegung.*

Frei wird die Darstellung, wenn der Verstand den Zusammenhang der Ideen zwar bestimmt, aber mit so ver-
steckter Gesetzmäßigkeit, daß die Einbildungskraft dabei
völlig willkürlich zu verfahren, und bloß dem Zufall der
Zeitverknüpfung zu folgen scheint. *Sinnlich* wird die
Darstellung, wenn sie das Allgemeine in das Besondere
versteckt, und der Phantasie das lebendige Bild (die *ganze*
Vorstellung) hingibt, wo es bloß um den Begriff (die
Teilvorstellung) zu tun ist. Die sinnliche Darstellung ist
also, von der Einen Seite betrachtet, *reich*, weil sie da, wo
nur *eine* Bestimmung verlangt wird, ein vollständiges Bild,
ein Ganzes von Bestimmungen, ein Individuum gibt; sie ist
aber von einer andern Seite betrachtet wieder *eingeschränkt*
und *arm*, weil sie nur von einem Individuum und von einem
einzelnen Fall behauptet, was doch von einer ganzen
Sphäre zu verstehen ist. Sie verkürzt also den Verstand
gerade um so viel, als sie der Imagination im Überfluß
darbietet, denn je vollständiger an Inhalt eine Vorstellung
ist, desto kleiner ist ihr Umfang.

Das Interesse der Einbildungskraft ist, ihre Gegenstände
nach Willkür zu wechseln; das Interesse des Verstandes ist,
die seinigen mit strenger Notwendigkeit zu verknüpfen. So
sehr diese beiden Interessen mit einander zu streiten
scheinen, so gibt es doch zwischen beiden einen Punkt der
Vereinigung, und diesen auszufinden, ist das eigentliche
Verdienst der schönen Schreibart.

Um der Imagination Genüge zu tun, muß die Rede einen
materiellen Teil oder *Körper* haben, und diesen machen die
Anschauungen aus, von denen der Verstand die einzelnen
Merkmale oder Begriffe absondert; denn so abstrakt wir
auch denken mögen, so ist es doch immer zuletzt etwas
sinnliches, was unserm Denken zum Grund liegt. Nur will
die Imagination ungebunden und regellos von Anschauung zu Anschauung überspringen, und sich an keinen
andern Zusammenhang, als den der Zeitfolge binden.
Stehen also die Anschauungen, welche den körperlichen
Teil zu der Rede hergeben, in keiner Sachverknüpfung

untereinander, scheinen sie vielmehr als unabhängige Glieder und als eigene Ganze für sich selbst zu bestehen, verraten sie die ganze Unordnung einer spielenden und bloß sich selbst gehorchenden Einbildungskraft, so hat die Einkleidung ästhetische Freiheit, und das Bedürfnis der Phantasie ist befriedigt. Eine solche Darstellung, könnte man sagen, ist ein *organisches* Produkt, wo nicht bloß das Ganze lebt, sondern auch die einzelnen Teile ihr eigentümliches Leben haben; die bloß wissenschaftliche Darstellung ist ein *mechanisches* Werk, wo die Teile, leblos für sich selbst, dem Ganzen durch ihre Zusammenstimmung ein künstliches Leben erteilen.

Um auf der andern Seite dem Verstande Genüge zu tun und Erkenntnis hervorzubringen, muß die Rede einen geistigen Teil, *Bedeutung*, haben, und diese erhält sie durch die Begriffe, vermittelst welcher jene Anschauungen auf einander bezogen und in ein Ganzes verbunden werden. Findet nun zwischen diesen Begriffen, als dem geistigen Teil der Rede der genaueste Zusammenhang statt, während daß sich die ihnen korrespondierenden Anschauungen, als der sinnliche Teil der Rede, bloß durch ein willkürliches Spiel der Phantasie zusammen zu finden scheinen, so ist das Problem gelöst, und der Verstand wird durch Gesetzmäßigkeit befriedigt, indem der Phantasie durch Gesetzlosigkeit geschmeichelt wird.

Untersucht man die Zauberkraft der schönen Diktion, so wird man allemal finden, daß sie in einem solchen glücklichen Verhältnis zwischen äußerer Freiheit und innerer Notwendigkeit enthalten ist. Zu dieser Freiheit der Einbildungskraft trägt die *Individualisierung* der Gegenstände, und der figürliche oder *uneigentliche Ausdruck* das meiste bei, jene, um die Sinnlichkeit zu erhöhen, dieser, um sie da, wo sie nicht ist, zu erzeugen. Indem wir die Gattung durch ein Individuum repräsentieren und einen allgemeinen Begriff in einem einzelnen Falle darstellen, nehmen wir der Phantasie die Fesseln ab, die der Verstand ihr angelegt hatte, und geben ihr Vollmacht, sich schöpferisch zu beweisen. Immer nach Vollständigkeit der Bestimmungen strebend, erhält und gebraucht sie jetzt das Recht, das ihr hingegebene Bild nach Gefallen zu ergänzen, zu beleben, umzustalten, ihm in allen seinen Verbindungen und Verwandlungen zu folgen. Sie darf augenblicklich ihrer untergeordneten Rolle vergessen, und sich als eine willkürliche Selbstherrscherin betragen, weil durch den strengen innern Zusammenhang hinlänglich dafür gesorgt ist, daß sie dem Zügel des Verstandes nie ganz entfliehen kann. Der uneigentliche Ausdruck treibt diese Freiheit noch weiter, indem er Bilder zusammengattet, die ihrem Inhalt nach ganz verschieden sind, aber sich gemeinschaftlich unter einem höhern Begriff verbinden. Weil sich nun die Phantasie an den Inhalt, der Verstand hingegen an jenen höhern Begriff hält, so macht die erstere eben da einen Sprung, wo der letztere die vollkommenste Stätigkeit wahrnimmt. Die Begriffe entwickeln sich nach dem *Gesetz der Notwendigkeit*, aber nach dem *Gesetz der Freiheit* gehen sie an der Einbildungskraft vorüber; der Gedanke bleibt derselbe, nur wechselt das Medium, das ihn darstellt. So erschafft sich der beredte Schriftsteller aus der Anarchie selbst die herrlichste Ordnung, und errichtet auf einem immer wechselnden Grunde, auf dem Strome der Imagination, der immer fortfließt, ein festes Gebäude.

Stellt man zwischen der wissenschaftlichen, der populären und der schönen Diktion eine Vergleichung an, so zeigt sich, daß alle drei zwar den Gedanken, um den es zu tun ist, der Materie nach, gleich getreu überliefern, und uns also alle drei zu einer Erkenntnis verhelfen, daß aber die Art und der Grad dieser Erkenntnis bei einer jeden merklich verschieden sind. Der schöne Schriftsteller stellt uns die Sache, von der er handelt, vielmehr als *möglich* und als *wünchenswürdig* vor, als daß er uns von der Wirklichkeit oder gar von der Notwendigkeit derselben überzeugen könnte; denn sein Gedanke kündigt sich bloß als eine willkürliche Schöpfung der Einbildungskraft an, die für sich allein nie im Stand ist, die Realität ihrer Vorstellungen zu verbürgen.

Der populäre Schriftsteller erweckt uns den Glauben, daß
es sich *wirklich* so verhalte, aber weiter bringt er es auch
nicht; denn er macht uns die Wahrheit jenes Satzes zwar
fühlbar, aber nicht absolut gewiß. Das Gefühl aber kann
wohl lehren was *ist*, aber niemals was *sein muß*. Der
philosophische Schriftsteller erhebt jenen Glauben zur
Überzeugung, denn er erweist aus unbezweifelten Gründen, daß es sich *notwendig* so verhalte.

Wenn man von den bisherigen Grundsätzen ausgehet, so
wird es nicht schwer sein, einer jeden von diesen drei
verschiedenen Formen der Diktion ihre schickliche Stelle
anzuweisen. Im Ganzen genommen wird sich als Regel
annehmen lassen, daß da, wo nicht bloß an dem Resultat,
sondern zugleich an den Beweisen liegt, die wissenschaftliche Schreibart, und da, wo es überhaupt nur um das
Resultat zu tun ist, die populäre und schöne Schreibart den
Vorzug verdienen. *Wann* aber der populäre Ausdruck in den
schönen übergehen darf, das entscheidet der größere oder
geringere Grad des Interesse, den man vorauszusetzen und
zu bewirken hat.

Der reine wissenschaftliche Ausdruck setzt uns (mehr
oder weniger, je nachdem er philosophischer oder popu-
lärer ist) in den *Besitz* einer Erkenntnis; der schöne
Ausdruck *leiht* uns dieselbe bloß zu augenblicklichem
Genuß und Gebrauche. Der erste gibt uns – wenn ich mir
die Vergleichung erlauben darf – den Baum mit samt der
Wurzel, aber freilich müssen wir uns gedulden, bis er blühet
und Früchte trägt; der schöne Ausdruck bricht uns bloß die
Blüten und Früchte davon ab, aber der Baum, der sie trug,
wird nicht unser, und wenn jene verwelkt und genossen
sind, ist unser Reichtum verschwunden. So widersinnig es
nun wäre, demjenigen die bloße Blume oder Frucht
abzubrechen, der den Baum selbst in seinen Garten
verpflanzt haben will, eben so ungereimt würde es sein,
dem, welchem gerade jetzt nur nach einer Frucht gelüstet,
den Baum selbst mit seinen künftigen Früchten anzubieten.
Die Anwendung ergibt sich von selbst, und ich bemerke

bloß, daß der schöne Ausdruck eben so wenig für den Lehrstuhl, als der schulgerechte für den schönen Umgang und für die Rednerbühne taugt.

Der Lernende sammelt für spätere Zwecke, und für einen künftigen Gebrauch; daher der Lehrer dafür zu sorgen hat, ihn zum *völligen Eigentümer der Kenntnisse zu machen*, die er ihm beibringt. Nichts aber ist unser, als was dem Verstand übergeben wird. Der Redner hingegen bezweckt einen schnellen Gebrauch, und hat ein gegenwärtiges Bedürfnis seines Publikums zu befriedigen. Sein Interesse ist es also, die Kenntnisse, welche er ausstreut, so schnell, als er immer kann, *praktisch* zu machen, und dies erreicht er am sichersten, wenn er sie dem *Sinn* übergibt, und für die *Empfindung* zubereitet. Der Lehrer, der sein Publikum bloß auf Bedingungen übernimmt, und berechtigt ist, die Stimmung des Gemüts, die zur Aufnahme der Wahrheit erfodert wird, schon bei demselben vorauszusetzen, richtet sich bloß nach dem *Objekt* seines Vortrags, da im Gegenteil der Redner, der mit seinem Publikum keine Bedingung eingehen darf, und die Neigung erst zu seinem Vorteil gewinnen muß, sich zugleich nach den *Subjekten* zu richten hat, an die er sich wendet. Jener, dessen Publikum schon da war, und wieder kommt, braucht bloß Bruchstücke zu liefern, die mit vorhergegangenen Vorträgen erst ein Ganzes ausmachen; dieser, dessen Publikum ohne Aufhören wechselt, unvorbereitet kommt und vielleicht nie zurückkehrt, muß sein Geschäft bei jedem Vortrag *vollenden*, jede seiner Aufführungen muß ein Ganzes für sich sein, und ihren vollständigen Aufschluß enthalten.

Daher ist es kein Wunder, wenn ein noch so gründlicher dogmatischer Vortrag in der Konversation und auf der Kanzel kein Glück macht, und ein noch so geistvoller schöner Vortrag auf dem Lehrstuhl keine Früchte trägt — wenn die schöne Welt Schriften ungelesen läßt, die in der gelehrten Epoche machen, und der Gelehrte Werke ignoriert, die eine Schule der Weltleute sind, und von allen Liebhabern des Schönen mit Begierde verschlungen wer-

den. Jedes kann in dem Kreis, für den es bestimmt ist,
Bewunderung verdienen, ja an innerm Gehalt können
beide vollkommen gleich sein, aber es hieße etwas unmög-
liches verlangen, wenn ein Werk, das den Denker anstrengt,
zugleich dem bloßen Schöngeist zum leichten Spiele dienen
sollte.

Aus diesem Grunde halte ich es für schädlich, wenn für
den Unterricht der Jugend Schriften gewählt werden,
worin wissenschaftliche Materien in schöne Form eingekleidet sind. Ich rede hier ganz und gar nicht von solchen
Schriften, wo der Inhalt der Form *aufgeopfert* worden ist,
sondern von wirklich vortrefflichen Schriften, die die
schärfste Sachprobe aushalten, aber diese Probe in ihrer
Form nicht enthalten. Es ist wahr, man erreicht mit solchen
Schriften den Zweck, gelesen zu werden, aber immer auf
Unkosten des wichtigeren Zweckes, warum man gelesen
werden will. Der Verstand wird bei dieser Lektüre, immer
nur in seiner Zusammenstimmung mit der Einbildungskraft geübt, und lernt also nie die Form von dem Stoffe
scheiden, und als ein reines Vermögen handeln. Und doch
ist schon die bloße Übung des Verstandes ein Hauptmo-
ment bei dem Jugendunterricht, und an dem Denken selbst
liegt in den meisten Fällen mehr, als an dem Gedanken.
Wenn man haben will, daß ein Geschäft gut besorgt werde,
so mag man sich ja hüten, es als ein Spiel anzukündigen.
Vielmehr muß der Geist schon durch die Form der
Behandlung in Spannung gesetzt und mit einer gewissen
Gewalt von der Passivität zur Tätigkeit fortgestoßen
werden. Der Lehrer soll seinem Schüler die strenge
Gesetzmäßigkeit der Methode keineswegs verbergen, sondern ihn vielmehr darauf aufmerksam, und wo möglich
darnach begierig machen. Der Studierende soll lernen,
einen Zweck verfolgen, und um des Zwecks willen auch ein
beschwerliches Mittel sich gefallen lassen. Frühe schon soll
er nach der edlern Lust streben, welche der Preis der Anstrengung ist. Bei dem wissenschaftlichen Vortrag werden
die Sinne ganz und gar abgewiesen, bei dem schönen

werden sie ins Interesse gezogen. Was wird die Folge davon sein? Man verschlingt eine solche Schrift, eine solche Unterhaltung mit Anteil, aber, wird man um die Resultate befragt, so ist man kaum im Stande, davon Rechenschaft zu geben. Und sehr natürlich! denn die Begriffe dringen zu ganzen Massen in die Seele, und der Verstand erkennt nur, wo er unterscheidet; das Gemüt verhielt sich, während der Lektüre vielmehr leidend als tätig, und der Geist besitzt nichts, als was er tut.

Dies gilt übrigens bloß von dem Schönen gemeiner Art und von der gemeinen Art das Schöne zu empfinden. Das wahrhaft Schöne gründet sich auf die strengste Bestimmtheit, auf die genaueste Absonderung, auf die höchste innere Notwendigkeit; nur muß diese Bestimmtheit sich eher finden lassen, als gewaltsam hervordrängen. Die höchste Gesetzmäßigkeit muß da sein, aber sie muß als Natur erscheinen. Ein solches Produkt wird dem Verstand vollkommen Genüge tun, sobald es studiert wird, aber eben weil es wahrhaft schön ist, so dringt es seine Gesetzmäßigkeit nicht auf, so wendet es sich nicht an den Verstand *ins besondere*, sondern spricht als reine Einheit zu dem harmonierenden Ganzen des Menschen, als Natur zur Natur. Ein gemeiner Beurteiler findet es vielleicht leer, dürftig, viel zu wenig bestimmt; gerade dasjenige, worin der Triumph der Darstellung besteht, die vollkommene Auflösung der Teile in einem reinen Ganzen beleidigt ihn, weil er nur zu unterscheiden versteht, und nur für das Einzelne Sinn hat. Zwar soll bei philosophischen Darstellungen der Verstand, als Unterscheidungsvermögen, befriediget werden, es sollen einzelne Resultate für ihn daraus hervorgehen; dies ist der Zweck, der auf keine Weise hintangesetzt werden darf. Wenn aber der Schriftsteller durch die strengste innere Bestimmtheit dafür gesorgt hat, daß der Verstand diese Resultate notwendig finden muß, sobald er sich nur darauf einläßt, aber damit allein nicht zufrieden und genötigt durch seine Natur (die immer als harmonische Einheit wirkt, und wo sie durch das Geschäft der Abstraktion diese

Einheit verloren, solche schnell wieder herstellt) wenn er
das Getrennte wieder verbindet, und durch die vereinigte
Auffoderung der sinnlichen und geistigen Kräfte immer
den ganzen Menschen in Anspruch nimmt, so hat er
wahrhaftig nicht um so viel schlechter geschrieben, als er
dem Höchsten näher gekommen ist. Der gemeine Beurteiler freilich, der ohne Sinn für jene Harmonie immer nur auf
das Einzelne dringt, der in der Peterskirche selbst nur die
Pfeiler suchen würde, welche dieses künstliche Firmament
unterstützen, dieser wird es ihm wenig Dank wissen, daß er
ihm eine doppelte Mühe machte; denn ein solcher muß ihn
freilich erst *übersetzen*, wenn er ihn verstehen will, so wie der
bloße nackte Verstand, entblößt von allem Darstellungsvermögen, das Schöne und Harmonische in der Natur wie
in der Kunst erst in seine Sprache umsetzen und auseinander legen, kurz, so wie der Schüler, um zu lesen, erst
buchstabieren muß. Aber von der Beschränktheit und
Bedürftigkeit seiner Leser empfängt der darstellende
Schriftsteller niemals das Gesetz. Dem Ideal, das er in sich
selbst trägt, geht er entgegen, unbekümmert, wer ihm etwa
folgt und wer zurück bleibt. Es werden viele zurück
bleiben; denn so selten es schon ist, auch nur denkende
Leser zu finden, so ist es doch noch unendlich seltener,
solche anzutreffen, welche darstellend denken können. Ein
solcher Schriftsteller wird es also der Natur der Sache nach
sowohl mit denjenigen verderben, welche nur anschauen
und nur empfinden; denn er legt ihnen die saure Arbeit des
Denkens auf: als mit denjenigen, welche nur denken, denn
er fodert von ihnen, was für sie schlechthin unmöglich ist,
lebendig zu bilden. Weil aber beide nur sehr unvollkommene Repräsentanten gemeiner und echter Menschheit
sind, welche durchaus Harmonie jener beiden Geschäfte
fodert, so bedeutet ihr Widerspruch nichts; vielmehr
bestätigen ihm ihre Urteile, daß er erreichte, was er suchte.
Der abstrakte Denker findet seinen Inhalt gedacht, und der
anschauende Leser seine Schreibart lebendig; beide billigen
also, was sie fassen und vermissen nur, was ihr Vermögen
übersteigt.

Ein solcher Schriftsteller ist aber aus eben diesem Grunde ganz und gar nicht dazu gemacht, einen Unwissenden mit dem Gegenstande, den er behandelt, bekannt zu machen, oder im eigentlichsten Sinne des Worts, zu *lehren.* Dazu ist er glücklicher weise auch nicht nötig, weil es für den Unterricht der Schüler nie an Subjekten fehlen wird. Der Lehrer in strengster Bedeutung, muß sich nach der Bedürftigkeit richten; er geht von der Voraussetzung des Unvermögens aus, da hingegen jener von seinem Leser oder Zuhörer schon eine gewisse Integrität und Ausbildung fodert. Dafür schränkt sich aber seine Wirkung auch nicht darauf ein, bloß tote Begriffe mitzuteilen, er ergreift mit lebendiger Energie das Lebendige und bemächtiget sich des ganzen Menschen, seines Verstandes, seines Gefühls, seines Willens zugleich.

Wenn es für die Gründlichkeit der Erkenntnis nachteilig befunden wurde, bei dem eigentlichen Lernen, den Foderungen des Geschmacks Raum zu geben, so wird dadurch keineswegs behauptet, daß die Bildung dieses Vermögens bei dem Studierenden zu frühzeitig sei. Ganz im Gegenteil soll man ihn aufmuntern und veranlassen, Kenntnisse, die er sich auf dem Wege der Schule zu eigen machte, auf dem Wege der lebendigen Darstellung mitzuteilen. Sobald das erstere nur beobachtet worden ist, kann das zweite keine andere als nützliche Folgen haben. Gewiß muß man einer Wahrheit schon in hohem Grad mächtig sein, um ohne Gefahr die Form verlassen zu können, in der sie gefunden wurde; man muß einen großen Verstand besitzen, um selbst in dem freien Spiele der Imagination sein Objekt nicht zu verlieren. Wer mir seine Kenntnisse in Schulgerechter Form überliefert, der überzeugt mich zwar, daß er sie richtig faßte, und zu behaupten weiß; wer aber zugleich im Stande ist, sie in einer schönen Form mitzuteilen, der beweist nicht nur, daß er dazu gemacht ist, sie zu erweitern, er beweist auch, daß er sie in seine Natur aufgenommen und in seinen Handlungen darzustellen fähig ist. Es gibt für die Resultate des Denkens keinen andern Weg zu dem Willen und in das Leben, als durch die selbsttätige Bildungskraft. Nichts als was *in uns selbst* schon lebendige Tat ist, kann es *außer uns* werden, und es ist mit Schöpfungen des Geistes wie mit organischen Bildungen; nur aus der Blüte geht die Frucht vor.

Wenn man überlegt, wie viele Wahrheiten als innere Anschauungen längst schon lebendig wirkten, ehe die Philosophie sie demonstrierte, und wie kraftlos öfters die demonstriertesten Wahrheiten für das Gefühl und den Willen bleiben, so erkennt man, wie wichtig es für das praktische Leben ist, diesen Wink der Natur zu befolgen, und die Erkenntnisse der Wissenschaft wieder in lebendige Anschauung umzuwandeln. Nur auf diese Art ist man im Stande, an den Schätzen der Weisheit auch diejenigen Anteil nehmen zu lassen, denen schon ihre Natur untersagte, den unnatürlichen Weg der Wissenschaft zu wandeln. Die Schönheit leistet hier in Rücksicht auf die Einsicht eben das, was sie im moralischen, in Rücksicht auf die Handlungsweise leistet; sie vereinigt die Menschen in den Resultaten und in der Materie, die sich in der Form und in den Gründen niemals vereinigt haben würden.

Das andre Geschlecht kann und darf, seiner Natur und seiner schönen Bestimmung nach, mit dem Männlichen nie die *Wissenschaft*, aber durch das Medium der Darstellung kann es mit demselben die *Wahrheit* teilen. Der Mann läßt es sich noch wohl gefallen, daß sein Geschmack beleidigt wird, wenn nur der innere Gehalt den Verstand entschädigt. Gewöhnlich ist es ihm nur desto lieber, je härter die Bestimmtheit hervortritt, und je reiner sich das innere Wesen von der Erscheinung absondert. Aber das Weib vergibt dem reichsten Inhalt die vernachlässigte Form nicht, und der ganze innre Bau seines Wesens gibt ihm ein Recht zu dieser strengen Foderung. Dieses Geschlecht, das, wenn es auch nicht durch Schönheit herrschte, schon allein deswegen, das schöne Geschlecht heißen müßte, weil es durch Schönheit beherrscht wird, zieht alles, was ihm vorkommt, vor den Richterstuhl der Empfindung, und was diese entweder beleidigt, oder leer läßt, ist für dasselbe verloren. Freilich kann ihm in diesem Kanal nur die Materie der Wahrheit, aber nicht die Wahrheit selbst überliefert werden, die von ihrem Beweis unzertrennlich ist. Aber glücklicher Weise braucht es auch nur die Materie der Wahrheit, um seine höchste Vollkommenheit zu erreichen, und die bisher erschienenen Ausnahmen können den Wunsch nicht erregen, daß sie zur Regel werden möchten.

Das Geschäft also, welches die Natur dem andern Geschlecht nicht bloß nachließ, sondern verbot, muß der Mann doppelt auf sich nehmen, wenn er anders dem Weibe in diesem wichtigen Punkt des Daseins auf gleicher Stufe begegnen will. Er wird also so viel, als er nur immer kann, aus dem Reich der Abstraktion, wo Er regiert, in das Reich der Einbildungskraft und Empfindung hinüber zu ziehen suchen, wo das Weib zugleich Muster und Richterin ist. Er wird, da er in dem weiblichen Geiste keine dauerhaften Pflanzungen anlegen kann, so viele Blüten und Früchte, als immer möglich ist, auf seinem eigenen Feld zu erzielen suchen, um den schnell verwelkenden Vorrat auf dem andern desto öfter erneuern, und da, wo keine natürliche Ernte reift, eine künstliche unterhalten zu können. Der Geschmack verbessert – oder verbirgt – den natürlichen Geistesunterschied beider Geschlechter, er nährt und schmückt den weiblichen Geist mit den Produkten des männlichen, und läßt das reizende Geschlecht empfinden, wo es nicht gedacht, und genießen, wo es nicht gearbeitet hat.

Dem Geschmack ist also, unter den Einschränkungen, deren ich bisher erwähnte, bei Mitteilung der Erkenntnis zwar die Form anvertraut, aber unter der ausdrücklichen Bedingung, daß er sich nicht an dem Inhalt vergreife. Er soll nie vergessen, daß er einen fremden Auftrag ausrichtet und nicht seine eignen Geschäfte führt. Sein ganzer Anteil soll darauf eingeschränkt sein, das Gemüt in eine der Erkenntnis günstige Stimmung zu versetzen; aber in allem dem, was die Sache betrifft, soll er sich durchaus keiner Autorität anmaßen.

Wenn er das letztere tut – wenn er *sein* Gesetz, welches kein anders ist, als der Einbildungskraft gefällig zu sein, und in der Betrachtung zu vergnügen, zum obersten erhebt – wenn er dieses Gesetz nicht bloß auf die *Behandlung*, sondern auch auf die *Sache* anwendet, und nach Maßgabe desselben die Materialien nicht bloß ordnet, sondern wählt, so überschreitet er nicht nur, sondern veruntreut seinen Auftrag, und verfälscht das Objekt, das er uns treu überliefern sollte. Nach dem, was die Dinge *sind*, wird jetzt nicht mehr gefragt, sondern wie sie sich am besten den Sinnen empfehlen. Die strenge Konsequenz der Gedanken, welche bloß hätte verborgen werden sollen, wird als eine lästige Fessel weggeworfen, die Vollkommenheit wird der Annehmlichkeit, die Wahrheit der Teile der Schönheit des Ganzen, das innere Wesen dem äußern Eindruck aufgeopfert. Wo aber der Inhalt sich nach der Form richten muß, da ist gar kein Inhalt; die Darstellung ist leer, und anstatt sein Wissen vermehrt zu haben, hat man bloß ein unterhaltendes Spiel getrieben.

Schriftsteller, welche mehr Witz als Verstand und mehr Geschmack als Wissenschaft besitzen, machen sich dieser Betrügerei nur allzuoft schuldig, und Leser, die mehr zu empfinden als zu denken gewohnt sind, zeigen sich nur zu bereitwillig, sie zu verzeihen. Überhaupt ist es bedenklich, dem Geschmack seine völlige Ausbildung zu geben, ehe man den Verstand als reine Denkkraft geübt, und den Kopf mit Begriffen bereichert hat. Denn da der Geschmack nur immer auf die Behandlung und nicht auf die Sache sieht, so verliert sich da, wo er der alleinige Richter ist, aller Sachunterschied der Dinge. Man wird gleichgültig gegen die Realität, und setzt endlich allen Wert in die Form und in die Erscheinung.

Daher der Geist der Oberflächlichkeit und Frivolität, den man sehr oft bei solchen Ständen und in solchen Zirkeln herrschen sieht, die sich sonst nicht mit Unrecht der höchsten Verfeinerung rühmen. Einen jungen Menschen in diese Zirkel der *Grazien* einzuführen, ehe die *Musen*

ihn als mündig entlassen haben, muß ihm notwendig verderblich werden, und es kann gar nicht fehlen, daß eben
das, was dem reifen Jüngling die äußere Vollendung gibt,
den unreifen zum Gecken macht.[2] Stoff ohne Form ist
freilich nur ein halber Besitz, denn die herrlichsten Kenntnisse liegen in einem Kopf, der ihnen keine Gestalt zu
geben weiß, wie tote Schätze vergraben. Form ohne Stoff
hingegen ist gar nur der Schatte eines Besitzes, und alle
Kunstfertigkeit im Ausdruck kann demjenigen nichts
helfen, der nichts auszudrücken hat.

Wenn also die schöne Kultur nicht auf diesen Abweg
führen soll, so muß der Geschmack nur die äußere Gestalt,
Vernunft und Erfahrung aber das innere Wesen bestimmen.
Wird der Eindruck auf den Sinn zum höchsten Richter
gemacht, und die Dinge bloß auf die Empfindung bezogen,

---

2 Herr Garve hat in seiner einsichtsvollen Vergleichung *Bürger-*
licher und *Adelicher Sitten* im I. Teil seiner Versuche etc. (einer
Schrift, von der ich voraussetzen darf, daß sie in Jedermanns
Händen sein werde) unter den Prärogativen des adelichen
Jünglings auch die frühzeitige Kompetenz desselben zu dem
Umgange mit der großen Welt angeführt, von welchem der
Bürgerliche schon durch seine Geburt ausgeschlossen ist. Ob
aber dieses Vorrecht, welches in Absicht auf die äußere und
ästhetische Bildung unstreitig als ein Vorteil zu betrachten ist,
auch in Absicht auf die innere Bildung des adelichen Jünglings,
und also auf das Ganze seiner Erziehung, noch ein Gewinn
heißen könne, darüber hat uns Herr Garve seine Meinung nicht
gesagt, und ich zweifle, ob er eine solche Behauptung würde
rechtfertigen können. Soviel auch auf diesem Wege an Form zu
gewinnen ist, soviel muß dadurch an Materie versäumt werden,
und wenn man überlegt, wie viel leichter sich Form zu einem
Inhalt, als Inhalt zu einer Form findet, so dürfte der Bürger den
Edelmann um dieses Prärogativ nicht sehr beneiden. Wenn es
freilich auch fernerhin bei der Einrichtung bleiben soll, daß der
Bürgerliche *arbeitet*, und der Adeliche *repräsentiert*, so kann man
kein passenderes Mittel dazu wählen, als gerade diesen Unterschied in der Erziehung, aber ich zweifle, ob der Adeliche sich
eine solche Teilung immer gefallen lassen wird.

so tritt der Mensch niemals aus der Dienstbarkeit der
Materie, so wird es niemals Licht in seinem Geist, kurz so
verliert er eben so viel an Freiheit der Vernunft, als er der
Einbildungskraft *zuviel* verstattet.

Das Schöne tut seine Wirkung schon bei der bloßen
Betrachtung, das Wahre will Studium. Wer also bloß seinen
Schönheitssinn übte, der begnügt sich auch da, wo
schlechterdings Studium nötig ist, mit der superfiziellen
Betrachtung, und will auch da bloß verständig spielen, wo
Anstrengung und Ernst erfordert wird. Durch die bloße
Betrachtung wird aber nie etwas gewonnen. Wer etwas
Großes leisten will, muß tief eindringen, scharf unterschei-
den, vielseitig verbinden, und standhaft beharren. Selbst
der Künstler und Dichter, obgleich beide nur für das
Wohlgefallen bei der Betrachtung arbeiten, können nur
durch ein anstrengendes und nichts weniger als reizendes
Studium dahin gelangen, daß ihre Werke uns spielend
ergötzen.

Dieses scheint mir auch der untrügliche Probierstein zu
sein, woran man den bloßen Dilettanten von dem wahrhaften Kunstgenie unterscheiden kann. Der verführerische
Reiz des Großen und Schönen; das Feuer womit es die
jugendliche Imagination entzündet und der Anschein von
Leichtigkeit, womit es die Sinne täuscht, haben schon
manchen Unerfahrnen beredet, Palette oder Leier zu
ergreifen, und auszugießen in Gestalten oder Tönen, was in
ihm lebendig wurde. In seinem Kopf arbeiten dunkle
Ideen, wie eine werdende Welt, die ihn glauben machen,
daß er begeistert sei. Er nimmt das Dunkle für das Tiefe, das
Wilde für das Kräftige, das Unbestimmte für das Unendliche, das Sinnlose für das Übersinnliche – und wie gefällt er
sich nicht in seiner Geburt! Aber des Kenners Urteil will
dieses Zeugnis der warmen Selbstliebe nicht bestätigen.
Mit ungefälliger Kritik zerstört er das Gaukelwerk der
schwärmenden Bildungskraft, und leuchtet ihm in den
tiefen Schacht der Wissenschaft und Erfahrung hinunter,
wo, jedem Ungeweihten verborgen, der Quell aller wahren

Schönheit entspringt. Schlummert nun echte Geniuskraft in dem fragenden Jüngling, so wird zwar anfangs seine Bescheidenheit stutzen, aber der Mut des wahren Talents wird ihn bald zu Versuchen ermuntern. Er studiert, wenn die Natur ihn zum plastischen Künstler ausstattete, den menschlichen Bau unter dem Messer des Anatomikers, *steigt in die unterste Tiefe, um auf der Oberfläche wahr zu sein,* und frägt bei der ganzen Gattung herum, um dem Individuum sein Recht zu erweisen. Er behorcht, wenn er zum Dichter geboren ist, die Menschheit in seiner eigenen Brust, um ihr unendlich wechselndes Spiel auf der weiten Bühne der Welt zu verstehen, unterwirft die üppige Phantasie der Disziplin des Geschmackes, und läßt den nüchternen Verstand die Ufer ausmessen, zwischen welchen der Strom der Begeisterung brausen soll. Ihm ist es wohlbekannt, daß nur aus dem unscheinbar Kleinen das Große erwächst, und Sandkorn für Sandkorn trägt er das Wundergebäude zusammen, das uns in einem einzigen Eindruck jetzt schwindelnd faßt. Hat ihn hingegen die Natur bloß zum Dilettanten gestempelt, so erkältet die Schwierigkeit seinen kraftlosen Eifer, und er verläßt entweder, wenn er bescheiden ist, eine Bahn, die ihm Selbstbetrug anwies, oder, wenn er es nicht ist, verkleinert er das große Ideal nach dem kleinen Durchmesser seiner Fähigkeit, weil er nicht im Stand ist, seine Fähigkeit nach dem großen Maßstab des Ideals zu erweitern. Das echte Kunstgenie ist also immer daran zu erkennen, daß es bei dem glühendsten Gefühl für das Ganze Kälte und ausdauernde Geduld für das Einzelne behält, und, um der Vollkommenheit keinen Abbruch zu tun, lieber den Genuß der Vollendung aufopfert. Dem bloßen Liebhaber verleidet die Mühseligkeit des Mittels den Zweck, und er möchte es gern beim Hervorbringen so bequem haben, als bei der Betrachtung.

ÜBER DIE GEFAHR ÄSTHETISCHER SITTEN

In einem der vorigen Aufsätze[3] ist von den Nachteilen
geredet worden, welche aus einer übertriebenen Empfindlichkeit für das Schöne der Form und aus zu weit
ausgedehnten ästhetischen Foderungen für das Denken
und für die Einsicht erwachsen. Von weit größerer Bedeutung aber sind eben diese Anmaßungen des Geschmackes,
wenn sie den *Willen* zu ihrem Gegenstand haben; denn es ist
doch etwas ganz anders, ob uns der übertriebene Hang für
das Schöne an Erweiterung unsers Wissens verhindert,
oder ob er den Charakter verderbt, und uns Pflichten
verletzen macht. Belletristische Willkürlichkeit im Denken
ist freilich etwas sehr Übles, und muß den Verstand
verfinstern; aber eben diese Willkürlichkeit auf Maximen
des Willens angewandt, ist etwas *Böses*, und muß unausbleiblich das Herz verderben. Und zu diesem gefahrvollem
Extrem neigt die ästhetische Verfeinerung den Menschen,
sobald er sich dem Schönheitsgefühle *ausschließend* anvertraut, und den Geschmack zum unumschränkten Gesetzgeber seines Willens macht.

Die moralische Bestimmung des Menschen fodert völlige Unabhängigkeit des Willens von allem Einfluß sinnlicher Antriebe, und der Geschmack, wie wir wissen, arbeitet
ohne Unterlaß daran, das Band zwischen der Vernunft und
den Sinnen immer inniger zu machen. Nun bewirkt er
dadurch zwar, daß die Begierden sich veredeln, und mit den
Foderungen der Vernunft übereinstimmender werden, aber
selbst daraus kann für die Moralität zuletzt große Gefahr
entstehen.

Dafür nehmlich, daß bei dem ästhetisch verfeinerten
Menschen die Einbildungskraft *auch in ihrem freien Spiele sich*

---

3 Über die notwendigen Grenzen des Schönen, besonders im
  Vortrag philosophischer Wahrheiten. Neuntes Stück der
  Horen.

nach Gesetzen richtet, und daß der Sinn sich gefallen läßt, nicht ohne Beistimmung der Vernunft zu genießen, wird von der Vernunft gar leicht der Gegendienst verlangt, *in dem Ernst ihrer Gesetzgebung sich nach dem Interesse der Einbildungskraft zu richten*, und nicht ohne Beistimmung der sinnlichen Triebe dem Willen zu gebieten. Die sittliche Verbindlichkeit des Willens, die doch ganz ohne alle Bedingung gilt, wird unvermerkt als ein Kontrakt angesehen, der den Einen Teil nur so lange bindet; als der andere ihn erfüllt. Die *zufällige* Zusammenstimmung der Pflicht mit der Neigung wird endlich als *notwendige* Bedingung festgesetzt, und so die Sittlichkeit in ihren Quellen vergiftet.

Wie der Charakter nach und nach in diese Verderbnis gerate, läßt sich auf folgende Art begreiflich machen.

So lange der Mensch noch ein Wilder ist, seine Triebe bloß auf materielle Gegenstände gehen, und ein Egoism von der gröbern Art seine Handlungen leitet, kann die Sinnlichkeit nur durch ihre *blinde Stärke* der Moralität gefährlich sein, und sich den Vorschriften der Vernunft bloß als eine Macht widersetzen. Die Stimme der Gerechtigkeit, der Mäßigung, der Menschlichkeit wird von der lauter sprechenden Begierde überschrien. Er ist fürchterlich in seiner Rache, weil er die Beleidigung fürchterlich empfindet. Er raubt und mordet, weil seine Gelüste dem schwachen Zügel der Vernunft noch zu mächtig sind. Er ist ein wütendes Tier gegen andre, weil ihn selbst der Naturtrieb noch tierisch beherrscht.

Vertauscht er aber diesen wilden Naturstand mit dem Zustande der Verfeinerung, veredelt der Geschmack seine Triebe, weist so er denselben würdigere Objekte in der moralischen Welt an, mäßigt er ihre rohen Ausbrüche durch die Regel der Schönheit, so kann es geschehen, daß eben diese Triebe, die vorher nur *durch ihre blinde Gewalt* furchtbar waren, durch einen Anschein von *Würde* und durch eine *angemaßte Autorität* der Sittlichkeit des Charakters noch weit gefährlicher werden, und unter der Maske von Unschuld, Adel und Reinigkeit eine weit schlimmere Tyrannei gegen den Willen ausüben.

Der Mensch von Geschmack entzieht sich freiwillig dem groben Joch des Instinkts. Er unterwirft seinen Trieb nach Vergnügen der Vernunft, und versteht sich dazu, die Objekte seiner Begierden sich von dem denkenden Geist bestimmen zu lassen. Je öfter nun der Fall sich erneuert, daß das moralische und das ästhetische Urteil, das Sittengefühl und das Schönheitsgefühl, in demselben Objekte zusammentreffen und in demselben Ausspruche sich begegnen, desto mehr wird die Vernunft geneigt, einen so sehr *vergeistigten* Trieb für einen der *Ihrigen* zu halten, und ihm zuletzt das Steuer des Willens mit uneingeschränkter Vollmacht zu übergeben.

So lange noch Möglichkeit vorhanden ist, daß Neigung und Pflicht in demselben Objekt des Begehrens zusammentreffen, so kann diese *Repräsentation* des Sittengefühls durch das Schönheitsgefühl keinen positiven Schaden anrichten, obgleich, streng genommen, für die Moralität der einzelnen Handlungen, dadurch nichts gewonnen wird. Aber der Fall verändert sich gar sehr, wenn Empfindung und Vernunft ein verschiedenes Interesse haben – wenn die Pflicht ein Betragen gebietet, das den Geschmack empört, oder wenn sich dieser zu einem Objekt hingezogen sieht, daß die Vernunft, als moralische Richterin, zu verwerfen gezwungen ist.

Jetzt nemlich tritt auf einmal die Notwendigkeit ein, die Ansprüche des moralischen und ästhetischen Sinnes, die ein so langes Einverständnis beinahe unentwirrbar vermengte, auseinander zu setzen, ihre gegenseitige Befugnisse zu bestimmen, und den wahren Gewalthaber im Gemüt zu erfahren. Aber eine so ununterbrochene Repräsentation hat ihn in Vergessenheit gebracht, und die lange Observanz, den Eingebungen des Geschmacks unmittelbar zu gehorchen, und sich dabei wohl zu befinden, mußte diesem unvermerkt den Schein eines Rechts erwerben. Bei der *Untadelhaftigkeit*, womit der Geschmack seine Aufsicht über den Willen verwaltete, konnte es nicht fehlen, daß man seinen Aussprüchen nicht eine gewisse *Achtung* zugestand, und diese Achtung ist es eben, was die Neigung jetzt mit verfänglicher Dialektik gegen die Gewissenspflicht geltend macht.

Achtung ist ein Gefühl, welches nur für das Gesetz und was demselben entspricht kann empfunden werden. Was Achtung fodern kann, macht auf unbedingte Huldigung Anspruch. Die veredelte Neigung, welche sich Achtung zu erschleichen gewußt hat, will also der Vernunft nicht mehr *untergeordnet*, sie will ihr *beigeordnet* sein. Sie will für keinen treubrüchigen Untertan gelten, der sich gegen seinen Oberherrn auflehnt; sie will als eine Majestät angesehen sein, und mit der Vernunft, als sittliche Gesetzgeberin, wie Gleich mit Gleichem handeln. Die Waagschalen stehen also, wie sie vorgibt, dem Rechte nach gleich, und wie sehr ist da nicht zu fürchten, daß das Interesse den Ausschlag geben werde!

Unter allen Neigungen, die von dem Schönheitsgefühl abstammen, und das Eigentum feiner Seelen sind, empfiehlt keine sich dem moralischen Gefühl so sehr, als der veredelte Affekt der *Liebe*, und keine ist fruchtbarer an Gesinnungen, die der wahren Würde des Menschen entsprechen. Zu welchen Höhen trägt sie nicht die menschliche Natur, und was für göttliche Funken weiß sie nicht oft auch aus gemeinen Seelen zu schlagen! Von ihrem heiligen Feuer wird jede eigennützige Neigung verzehrt, und reiner können Grundsatze selbst die Keuschheit des Gemüts kaum bewahren, als die Liebe des Herzens Adel bewacht. Oft, wo jene noch kämpften, hat die Liebe schon für sie gesiegt, und durch ihre allmächtige Tatkraft Entschlüsse beschleunigt, welche die bloße Pflicht der schwachen Menschheit umsonst würde abgefodert haben. Wer sollte wohl einem Affekte mißtrauen, der das Vortreffliche in der menschlichen Natur so kräftig in Schutz nimmt, und den Erbfeind aller Moralität, den Egoism, so siegreich bestreitet?

Aber man wage es ja nicht mit diesem Führer, wenn man nicht schon durch einen bessern gesichert ist. Der Fall soll eintreten, daß der geliebte Gegenstand unglücklich ist, daß er um unsertwillen unglücklich ist, daß es von uns abhängt, ihn durch Aufopferung einiger moralischen Bedenklichkeiten glücklich zu machen. »Sollen wir ihn leiden lassen, um ein reines Gewissen zu behalten? Erlaubt dieses der uneigennützige, großmütige, seinem Gegenstand ganz dahin gegebene, über seinen Gegenstand ganz sich selbst vergessende Affekt? Es ist wahr, es läuft wider unser Gewissen, von dem unmoralischen Mittel Gebrauch zu machen, wodurch ihm geholfen werden kann – aber heißt das *lieben*, wenn man bei dem Schmerz des Geliebten noch an sich selbst denkt? Wir sind doch also mehr für uns besorgt, als für den Gegenstand unserer Liebe, weil wir lieber diesen unglücklich sehen als es durch die Vorwürfe unsers Gewissens selbst sein wollen?« So sophistisch weiß dieser Affekt die moralische Stimme in uns, wenn sie seinem Interesse entgegensteht, *als eine Anregung der Selbstliebe* verächtlich zu machen, und unsre sittliche Würde *als ein Bestandstück unsrer Glückseligkeit* vorzustellen, welche zu veräußern in unsrer Willkür steht. Ist unser Charakter nicht durch gute Grundsätze fest verwahrt, so werden wir schändlich handeln bei allem Schwung einer exaltierten Einbildungskraft, und über unsre Selbstliebe einen glorreichen Sieg zu erfechten glauben, indem wir, gerade umgekehrt, ihr verächtliches Opfer sind. In dem bekannten französischen Roman *Liaisons dangereuses* findet man ein sehr treffendes Beispiel dieses Betruges, den die Liebe einer sonst reinen und schönen Seele spielt. Die Präsidentin von Tourvel ist aus Überraschung gefallen, und nun sucht sie ihr gequältes Herz durch den Gedanken zu beruhigen, daß sie ihre Tugend der Großmut geopfert habe.

Die sogenannten unvollkommenen Pflichten sind es vorzüglich, die das Schönheitsgefühl in Schutz nimmt, und nicht selten gegen die vollkommenen behauptet. Da sie der Willkür des Subjekts weit mehr anheim stellen, und

zugleich einen Glanz von Verdienstlichkeit von sich
werfen, so empfehlen sie sich dem Geschmack ungleich
mehr, als die vollkommenen, die unbedingt mit strenger
Nötigung gebieten. Wie viele Menschen erlauben sich
nicht, ungerecht zu sein, um großmütig sein zu können! 5
Wie viele gibt es nicht die um einem Einzelnen wohl zu tun,
die Pflicht gegen das Ganze verletzen, und umgekehrt; die
sich eher eine Unwahrheit als eine Indelikatesse, eher eine
Verletzung der Menschlichkeit als der Ehre verzeihen, die,
um die Vollkommenheit ihres Geistes zu beschleunigen, 10
ihren Körper zu Grund richten, und, um ihren Verstand
auszuschmücken, ihren Charakter erniedrigen. Wie viele
gibt es nicht, die selbst vor einem Verbrechen nicht
erschrecken, wenn ein löblicher Zweck dadurch zu erreichen steht, die ein *Ideal politischer Glückseligkeit durch alle* 15
Greuel der Anarchie verfolgen, Gesetze in den Staub treten, um für
bessere Platz zu machen, und kein Bedenken tragen, die gegenwär-
tige Generation dem Elende Preis zu geben, um das Glück der
nächstfolgenden dadurch zu befestigen. Die scheinbare Uneigen-
nützigkeit gewisser Tugenden gibt ihnen einen Anstrich 20
von Reinigkeit, der sie dreist genug macht, der Pflicht ins
Angesicht zu trotzen, und manchem spielt seine Phantasie
den seltsamen Betrug, daß er über die Moralität noch
hinaus, und vernünftiger als die Vernunft sein will.

Der Mensch von verfeinertem Geschmack ist in diesem 25
Stück einer sittlichen Verderbnis fähig, vor welcher der
rohe Natursohn, eben durch seine Rohheit gesichert ist. Bei
dem letztern ist der Abstand zwischen dem, was der Sinn
verlangt, und dem, was die Pflicht gebietet, so abstechend
und so grell, und seine Begierden haben so wenig geistiges, 30
daß sie sich, auch wenn sie ihn noch so despotisch
beherrschen, doch nie bei ihm in *Ansehen* setzen können. Reizt
ihn also die überwiegende Sinnlichkeit zu einer unrechten
Handlung, so kann er der Versuchung zwar unterliegen,
aber er wird sich nicht verbergen, daß er *fehlt,* und der 35
Vernunft sogar in demselben Augenblick huldigen, wo er
ihrer Vorschrift entgegenhandelt. Der verfeinerte Zögling

der Kunst hingegen will es nicht Wort haben, daß er fällt, und um sein Gewissen zu beruhigen, *belügt* er es lieber. Er möchte zwar gern der Begierde nachgeben, aber ohne dadurch in seiner eigenen Achtung zu sinken. Wie bewerkstelligt er nun dieses? Er stürzt die höhere Autorität vorher um, die seiner Neigung entgegensteht, und ehe er das Gesetz übertritt, zieht er die Befugnis des Gesetzgebers in Zweifel. Sollte man es glauben, daß ein verkehrter Wille den Verstand so verkehren könne? Alle Würde, auf welche eine Neigung Anspruch machen kann, hat sie bloß ihrer Übereinstimmung mit der Vernunft zu verdanken, und nun ist sie so verblendet als dreist, auch bei ihrem Widerstreit mit der Vernunft sich dieser Würde anzumaßen, ja sich derselben sogar gegen das Ansehen der Vernunft zu bedienen.

So gefährlich kann es für die Moralität des Charakters ausschlagen, wenn zwischen den sinnlichen und den sittlichen Trieben, die doch nur im Ideale und nie in der Wirklichkeit vollkommen einig sein können, eine zu innige Gemeinschaft herrscht. Zwar die Sinnlichkeit wagt bei dieser Gemeinschaft nichts, da sie nichts besitzt, was sie nicht hingeben müßte, sobald die Pflicht spricht, und die Vernunft das Opfer fodert. Für die Vernunft aber, als sittliche Gesetzgeberin, wird desto mehr gewagt, wenn sie sich von der Neigung *schenken* läßt, was sie ihr *abfodern* könnte; denn unter dem Schein von *Freiwilligkeit* kann sich leicht das Gefühl der *Verbindlichkeit* verlieren, und ein Geschenk läßt sich verweigern, wenn der Sinnlichkeit einmal die Leistung beschwerlich fallen sollte. Ungleich sicherer ist es also für die Moralität des Charakters, wenn die Repräsentation des Sittengefühls durch das Schönheitsgefühl wenigstens momentweise aufgehoben wird, wenn die Vernunft öfters *unmittelbar* gebietet, und dem Willen seinen wahren Beherrscher zeigt.

Man sagt daher ganz richtig, daß die echte Moralität sich nur in der Schule der Widerwärtigkeit bewähre, und eine anhaltende Glückseligkeit leicht eine Klippe der Tugend werde. Glückselig nenne ich den, der um zu genießen nicht nötig hat, unrecht zu tun, und um recht zu handeln, nicht nötig hat, zu entbehren. Der ununterbrochen glückliche Mensch sieht also die Pflicht nie von Angesicht, weil seine gesetzmäßigen und geordneten Neigungen das Gebot der Vernunft immer *antizipieren*, und keine Versuchung zum Bruch des Gesetzes das Gesetz bei ihm in Erinnerung bringt. Einzig durch den Schönheitssinn, den Statthalter der Vernunft in der Sinnenwelt, regiert, wird er zu Grabe gehen, ohne die Würde seiner Bestimmung zu erfahren. Der Unglückliche hingegen, wenn er zugleich ein Tugendhafter ist, genießt den erhabenen Vorzug, mit der göttlichen Majestät des Gesetzes *unmittelbar* zu verkehren, und da *seiner* Tugend keine Neigung hilft, die Freiheit des Dämons noch als Mensch zu beweisen.

ÜBER NAIVE UND SENTIMENTALISCHE DICHTUNG

ÜBER DAS NAIVE

Es gibt Augenblicke in unserm Leben, wo wir der Natur in Pflanzen, Mineralen, Tieren, Landschaften, so wie der menschlichen Natur in Kindern, in den Sitten des Landvolks und der Urwelt, nicht weil sie unsern Sinnen wohltut, auch nicht weil sie unsern Verstand oder Geschmack befriedigt (von beiden kann oft das gerade Gegenteil statt finden) sondern bloß *weil sie Natur ist*, eine Art von Liebe und von rührender Achtung widmen. Jeder feinere Mensch, dem es nicht ganz und gar an Empfindung fehlt, erfährt dieses, wenn er im Freien wandelt, wenn er auf dem Lande lebt, oder sich bei den Denkmälern der alten Zeiten verweilet, kurz, wenn er in künstlichen Verhältnissen und Situationen mit dem Anblick der einfältigen Natur überrascht wird. Dieses, nicht selten zum Bedürfnis erhöhte Interesse ist es, was vielen unsrer Liebhabereien für Blumen und Tiere, für einfache Gärten, für Spaziergänge, für das Land und seine Bewohner, für manche Produkte des fernen Altertums, u. dgl. zum Grund liegt; vorausgesetzt, daß weder Affektation, noch sonst ein zufälliges Interesse dabei im Spiele sei. Diese Art des Interesse an der Natur findet aber nur unter zwei Bedingungen statt. Fürs erste ist es durchaus nötig, daß der Gegenstand, der uns dasselbe einflößt, Natur sei oder doch von uns dafür gehalten werde; zweitens daß er (in weitester Bedeutung des Worts) *naiv* sei, d. h. daß die Natur mit der Kunst im Kontraste stehe und sie beschäme. Sobald das letzte zu dem ersten hinzukommt, und nicht eher, wird die Natur zum Naiven.

Natur in dieser Betrachtungsart ist uns nichts anders, als

das freiwillige Dasein, das Bestehen der Dinge durch sich selbst, die Existenz nach eignen und unabänderlichen Gesetzen.

Diese Vorstellung ist schlechterdings nötig, wenn wir an dergleichen Erscheinungen Interesse nehmen sollen. Könnte man einer gemachten Blume den Schein der Natur, mit der vollkommensten Täuschung geben, könnte man die Nachahmung des Naiven in den Sitten bis zur höchsten Illusion treiben, so würde die Entdeckung daß es Nachahmung sei, das Gefühl, von dem die Rede ist, gänzlich vernichten.[1] Daraus erhellet, daß diese Art des Wohlgefallens an der Natur kein ästhetisches, sondern ein moralisches ist; denn es wird durch eine Idee vermittelt, nicht unmittelbar durch Betrachtung erzeugt; auch richtet es sich ganz und gar nicht nach der Schönheit der Formen. Was hätte auch eine unscheinbare Blume, eine Quelle, ein bemooster Stein, das Gezwitscher der Vögel, das Summen der Bienen etc. für sich selbst so gefälliges für uns? Was könnte ihm gar einen Anspruch auf unsere Liebe geben? Es sind nicht diese Gegenstände, es ist eine durch sie dargestellte *Idee*, was wir in ihnen lieben. Wir lieben in ihnen das stille schaffende Leben, das ruhige Wirken aus sich selbst, das Dasein nach eignen Gesetzen, die innere Notwendigkeit, die ewige Einheit mit sich selbst.

---

1 Kant, meines Wissens der erste, der über dieses Phänomen eigends zu reflektieren angefangen, erinnert, daß wenn wir von einem Menschen den Schlag der Nachtigall bis zur höchsten Täuschung nachgeahmt fänden, und uns dem Eindruck desselben mit ganzer Rührung überließen, mit der Zerstörung dieser Illusion alle unsere Lust verschwinden würde. Man sehe das Kapitel *vom intellektuellen Interesse am Schönen* in der Kritik der ästhetischen Urteilskraft. Wer den Verfasser nur als einen großen Denker bewundern gelernt hat, wird sich freuen, hier auf eine Spur seines Herzens zu treffen, und sich durch diese Entdeckung von dem hohen philosophischen Beruf dieses Mannes (welcher schlechterdings beide Eigenschaften verbunden fodert) zu überzeugen.

Sie *sind*, was wir *waren*; sie sind, was wir wieder *werden sollen*. Wir waren Natur, wie sie, und unsere Kultur soll uns, auf dem Wege der Vernunft und der Freiheit, zur Natur zurückführen. Sie sind also zugleich Darstellung unserer verlorenen Kindheit, die uns ewig das teuerste bleibt; daher sie uns mit einer gewissen Wehmut erfüllen. Zugleich sind sie Darstellungen unserer höchsten Vollendung im Ideale, daher sie uns in eine erhabene Rührung versetzen.

Aber ihre Vollkommenheit ist nicht ihr Verdienst, weil sie nicht das Werk ihrer Wahl ist. Sie gewähren uns also die ganz eigene Lust, daß sie, ohne uns zu beschämen, unsre Muster sind. Eine beständige Göttererscheinung umgeben sie uns, aber mehr erquickend als blendend. Was ihren Charakter ausmacht, ist gerade das, was dem unsrigen zu seiner Vollendung mangelt; was uns von ihnen unterscheidet, ist gerade das, was ihnen selbst zur Göttlichkeit fehlt. Wir sind frei und sie sind notwendig; wir wechseln, sie bleiben eins. Aber nur, wenn beides sich mit einander verbindet – wenn der Wille das Gesetz der Notwendigkeit frei befolgt und bei allem Wechsel der Phantasie die Vernunft ihre Regel behauptet, geht das Göttliche oder das Ideal hervor. Wir erblicken *in ihnen* also ewig das, was uns abgeht, aber wornach wir aufgefodert sind zu ringen, und dem wir uns, wenn wir es gleich niemals erreichen, doch in einem unendlichen Fortschritte zu nähern hoffen dürfen. Wir erblicken *in uns* einen Vorzug, der ihnen fehlt, aber dessen sie entweder überhaupt niemals, wie das vernunftlose, oder nicht anders als indem sie *unsern* Weg gehen, wie die Kindheit, teilhaftig werden können. Sie verschaffen uns daher den süßesten Genuß unserer Menschheit als Idee, ob sie uns gleich in Rücksicht auf jeden *bestimmten Zustand* unserer Menschheit notwendig demütigen müssen.

Da sich dieses Interesse für Natur auf eine Idee gründet, so kann es sich nur in Gemütern zeigen, welche für Ideen empfänglich sind, d. h. in moralischen. Bei

weitem die mehresten Menschen affektieren es bloß, und
die Allgemeinheit dieses sentimentalischen Geschmacks
zu unsern Zeiten, welcher sich besonders seit der Erscheinung gewisser Schriften, in empfindsamen Reisen, dergleichen Gärten, Spaziergängen, und andere Liebhabereien dieser Art äußert, ist noch ganz und gar kein Beweis
für die Allgemeinheit dieser Empfindungsweise. Doch
wird die Natur auch auf den gefühllosesten immer etwas
von dieser Wirkung äußern, weil schon die, allen Menschen gemeine, *Anlage* zum Sittlichen dazu hinreichend
ist, und wir alle ohne Unterschied, bei noch so großer
Entfernung unserer *Taten* von der Einfalt und Wahrheit
der Natur, *in der Idee* dazu hingetrieben werden. Besonders stark und am allgemeinsten äußert sich diese Empfindsamkeit für Natur bei Veranlassung solcher Gegenstände, welche in einer engern Verbindung mit uns stehen,
und uns den Rückblick auf uns selbst und die *Unnatur* in
uns näher legen, wie z. B. bei Kindern. Man irrt, wenn
man glaubt, daß es bloß die Vorstellung der Hülflosigkeit
sei, welche macht, daß wir in gewissen Augenblicken mit
soviel Rührung bei Kindern verweilen. Das mag bei
denjenigen vielleicht der Fall sein, welche der Schwäche
gegenüber nie etwas anders als ihre eigene Überlegenheit
zu empfinden pflegen. Aber das Gefühl, von dem ich
rede, (es findet nur in ganz eigenen moralischen Stimmungen statt, und ist nicht mit demjenigen zu verwechseln,
welches die fröhliche Tätigkeit der Kinder in uns erreget)
ist eher demütigend als begünstigend für die Eigenliebe;
und wenn ja ein Vorzug dabei in Betrachtung kommt, so
ist dieser wenigstens nicht auf unserer Seite. Nicht weil
wir von der Höhe unserer Kraft und Vollkommenheit auf
das Kind herabsehen, sondern weil wir aus der
Beschränktheit unsers Zustands, welche von der *Bestimmung*, die wir einmal erlangt haben, unzertrennlich ist, zu
der grenzenlosen Bestimmbarkeit in dem Kinde und zu
seiner reinen Unschuld *hinauf sehen*, geraten wir in Rührung, und unser Gefühl in einem solchen Augenblick ist

zu sichtbar mit einer gewissen Wehmut gemischt, als daß sich diese Quelle desselben verkennen ließe. In dem Kinde ist die *Anlage* und *Bestimmung,* in uns ist die *Erfüllung* dargestellt, welche immer unendlich weit hinter jener zurückbleibt. Das Kind ist uns daher eine Vergegenwärtigung des Ideals, nicht zwar des erfüllten, aber des aufgegebenen, und es ist also keinesweges die Vorstellung seiner Bedürftigkeit und Schranken, es ist ganz im Gegenteil die Vorstellung seiner reinen und freien Kraft, seiner Integrität, seiner Unendlichkeit, was uns rührt. Dem Menschen von Sittlichkeit und Empfindung wird ein Kind deswegen ein *heiliger* Gegenstand sein, ein Gegenstand nehmlich, der durch die Größe einer Idee jede Größe der Erfahrung vernichtet; und der, was er auch in der Beurteilung des Verstandes verlieren mag; in der Beurteilung der Vernunft wieder in reichem Maße gewinnt.

Eben aus diesem Widerspruch zwischen dem Urteile der Vernunft und des Verstandes geht die ganze eigene Erscheinung des gemischten Gefühls hervor, welches das *Naive* der Denkart in uns erreget. Es verbindet die *kindliche* Einfalt mit der *kindischen*; durch die letztere gibt es dem Verstand eine Blöße und bewirkt jenes Lächeln, wodurch wir unsre *(theoretische)* Überlegenheit zu erkennen geben. Sobald wir aber Ursache haben zu glauben, daß die kindische Einfalt zugleich eine kindliche sei, daß folglich nicht Unverstand, nicht theoretisches Unvermögen, sondern eine höhere *praktische* Stärke, ein Herz voll Unschuld und Wahrheit, die Quelle davon sei, welches die Hülfe der Kunst aus innrer Größe verschmähte, so ist jener Triumph des Verstandes vorbei, und der Spott über die Einfältigkeit geht in Bewunderung der hohen Einfachheit über. Wir fühlen uns genötigt, den Gegenstand zu achen, über den wir vorher *gelächelt* haben, und, indem wir zugleich einen Blick in uns selbst werfen, uns zu *beklagen,* daß wir demselben nicht ähnlich sind. So entsteht die ganz eigene Erscheinung eines Gefühls, in welchem

fröhlicher Spott, Ehrfurcht und Wehmut zusammen flie-
ßen.²

---

2 *Kant* in einer Anmerkung zu der Analytik des Erhabenen
(Kritik der ästhetischen Urteilskraft. S. 225. der ersten Auflage)
unterscheidet gleichfalls diese dreierlei Ingredienzien in dem
Gefühl des Naiven, aber er gibt davon eine andre Erklärung.
»Etwas aus beidem (dem animalischen Gefühl des Vergnügens
und dem geistigen Gefühl der Achtung) zusammengesetztes
findet sich in der Naivität, die der Ausbruch der der Menschheit
ursprünglich natürlichen Aufrichtigkeit wider die zur andern
Natur gewordene Verstellungskunst ist. Man lacht über die
Einfalt, die es noch nicht versteht sich zu verstellen und erfreut
sich doch auch über die Einfalt der Natur, die jener Kunst hier
einen Querstrich spielt. Man erwartete die alltägliche Sitte der
gekünstelten und den schönen Schein vorsichtig angelegten
Äußerung und siehe es ist die unverdorbene schuldlose Natur,
die man anzutreffen gar nicht gewärtig und der, so sie blicken
ließ, zu entblößen auch nicht gemeinet war. Daß der schöne,
aber falsche Schein, der gewöhnlich in unserm Urteile sehr viel
bedeutet, hier plötzlich in Nichts verwandelt, daß gleichsam der
Schalk in uns selbst bloß gestellt wird, bringt die Bewegung des
Gemüts nach zwei entgegengesetzten Richtungen nach einander hervor, die zugleich den Körper heilsam schüttelt. Daß aber
etwas, was unendlich besser als alle angenommene Sitte ist, die
Lauterkeit der Denkungsart, (wenigstens die Anlage dazu) doch
nicht ganz in der menschlichen Natur erloschen ist, mischt
Ernst und Hochschätzung in dieses Spiel der Urteilskraft. Weil
es aber nur eine kurze Zeit Erscheinung ist und die Decke der
Verstellungskunst bald wieder vorgezogen wird, so mengt sich
zugleich ein Bedauren darunter, welches eine Rührung der
Zärtlichkeit ist, die sich als Spiel mit einem solchen gutherzigen
Lachen sehr wohl verbinden läßt, und auch wirklich damit
gewöhnlich verbindet, zugleich auch die Verlegenheit dessen,
der den Stoff dazu hergibt, darüber daß er noch nicht nach
Menschenweise gewitzigt ist, zu vergüten pflegt. –« Ich
gestehe, daß diese Erklärungsart mich nicht ganz befriedigt,
und zwar vorzüglich deswegen nicht, weil sie von dem Naiven
überhaupt etwas behauptet, was höchstens von einer Species
desselben, dem Naiven der Überraschung, von welchem ich

Zum Naiven wird erfodert daß die Natur über die Kunst den Sieg davon trage[3] es geschehe dies nun wider Wissen und Willen der Person, oder mit völligem Bewußtsein derselben. In dem ersten Fall ist es das Naive der *Überraschung* und belustigt; in dem andern ist es das Naive der *Gesinnung* und rührt.

Bei dem Naiven der Überraschung muß die Person *moralisch* fähig sein, die Natur zu verleugnen; bei dem Naiven der Gesinnung darf sie es nicht sein, doch dürfen wir sie uns nicht als *physisch* unfähig dazu denken, wenn es als naiv auf uns wirken soll. Die Handlungen und Reden der Kinder geben uns daher auch nur solange den reinen Eindruck des Naiven, als wir uns ihres Unvermögens zur

---

nachher reden werde, wahr ist. Allerdings erregt es *Lachen*, wenn sich jemand durch Naivetät bloß gibt, und in manchen Fällen mag dieses Lachen aus einer vorhergegangenen Erwartung, die in Nichts aufgelöst wird, fließen. Aber auch die Naivetät der edelsten Art, das Naive der Gesinnung erregt immer ein *Lächeln*, welches doch schwerlich eine in Nichts aufgelöste Erwartung zum Grunde hat, sondern überhaupt nur aus dem Kontrast eines gewissen Betragens mit den einmal angenommenen und erwarteten Formen zu erklären ist. Auch zweifle ich, ob die Bedauernis, welche sich bei dem Naiven der letztern Art in unsre Empfindung mischt, der naiven Person und nicht vielmehr uns selbst oder vielmehr der Menschheit überhaupt gilt, an deren Verfall wir bei einem solchen Anlaß erinnert werden. Es ist zu offenbar eine moralische Trauer, die einen edlern Gegenstand haben muß, als die physischen Übel, von denen die Aufrichtigkeit in dem gewöhnlichen Weltlauf bedrohet wird, und dieser Gegenstand kann nicht wohl ein anderer sein, als der Verlust der Wahrheit und Simplizität in der Menschheit.

3 Ich sollte vielleicht ganz kurz sagen: *die Wahrheit über die Verstellung,* aber der Begriff des Naiven scheint mir noch etwas mehr einzuschließen, indem die Einfachheit überhaupt, welche über die Künstelei, und die natürliche Freiheit, welche über Steifheit und Zwang siegt, ein ähnliches Gefühl in uns erregen.

Kunst nicht erinnern, und überhaupt nur auf den Kontrast ihrer Natürlichkeit mit der Künstlichkeit in uns Rücksicht nehmen. Das Naive ist eine *Kindlichkeit, wo sie nicht mehr erwartet wird*, und kann eben deswegen der wirklichen Kindheit in strengster Bedeutung nicht zugeschrieben werden.

In beiden Fällen aber, beim Naiven der Überraschung wie bei dem der Gesinnung muß die Natur Recht, die Kunst aber Unrecht haben.

Erst durch diese letztere Bestimmung wird der Begriff des Naiven vollendet. Der Affekt ist auch Natur und die Regel der Anständigkeit ist etwas Künstliches, dennoch ist der Sieg des Affekts über die Anständigkeit nichts weniger als naiv. Siegt hingegen derselbe Affekt über die Künstelei, über die falsche Anständigkeit, über die Verstellung, so tragen wir kein Bedenken, es naiv zu nennen.[4] Es wird also erfodert, daß die Natur nicht durch ihre blinde Gewalt als *dynamische*, sondern daß sie durch ihre Form als *moralische* Größe, kurz daß sie nicht als *Notdurft*, sondern als *innre Notwendigkeit* über die Kunst triumphiere. Nicht die Unzulänglichkeit sondern die *Unstatthaftigkeit* der letztern

---

4 Ein Kind ist ungezogen, wenn es aus Begierde, Leichtsinn, Ungestüm den Vorschriften einer guten Erziehung entgegenhandelt, aber es ist naiv, wenn es sich von dem Manierierten einer unvernünftigen Erziehung, von den steifen Stellungen des Tanzmeisters u. dgl. aus freier und gesunder Natur dispensiert. Dasselbe findet auch bei dem Naiven in ganz uneigentlicher Bedeutung statt, welches durch Übertragung von dem Menschen auf das Vernunftlose entstehet. Niemand wird den Anblick naiv finden, wenn in einem Garten, der schlecht gewartet wird, das Unkraut überhand nimmt, aber es hat allerdings etwas naives, wenn der freie Wuchs hervorstrebender Äste das mühselige Werk der Schere in einem französischen Garten vernichtet. So ist es ganz und gar nicht naiv, wenn ein geschultes Pferd aus natürlicher Plumpheit seine Lektion schlecht macht, aber es hat etwas vom Naiven, wenn es dieselbe aus natürlicher Freiheit vergißt.

muß der erstern den Sieg verschafft haben; denn jene ist
Mangel, und nichts, was aus Mangel entspringt, kann
Achtung erzeugen. Zwar ist es bei dem Naiven der
Überraschung immer die Übermacht des Affekts und ein
Mangel an Besinnung, was die Natur bekennen macht; aber
dieser Mangel und jene Übermacht machen das Naive noch
gar nicht aus, sondern geben bloß Gelegenheit, daß die
Natur *ihrer moralischen Beschaffenheit*, d. h. dem Gesetze *der*
Übereinstimmung ungehindert folgt.

Das Naive der Überraschung kann nur dem Menschen
und zwar dem Menschen nur, insofern er in diesem
Augenblicke nicht mehr reine und unschuldige Natur ist,
zukommen. Es setzt einen Willen voraus, der mit dem was
die Natur auf ihre eigene Hand tut, nicht übereinstimmt.
Eine solche Person wird, wenn man sie zur Besinnung
bringt, über sich selbst erschrecken; die naiv *gesinnte* hingegen wird sich über die Menschen und über ihr Erstaunen verwundern. Da also hier nicht der persönliche
und moralische Charakter, sondern bloß der, durch den
Affekt freigelassene natürliche Charakter die Wahrheit
bekennt, so machen wir dem Menschen aus dieser Aufrichtigkeit kein Verdienst und unser Lachen ist verdienter
Spott, der durch keine persönliche Hochschätzung desselben zurückgehalten wird. Weil es aber doch auch hier die
Aufrichtigkeit der Natur ist, die durch den Schleier der
Falschheit hindurch bricht, so verbindet sich eine Zufriedenheit höherer Art, mit der Schadenfreude, einen Menschen ertappt zu haben; denn die Natur im Gegensatz
gegen die Künstelei und die Wahrheit im Gegensatz gegen
den Betrug muß jederzeit Achtung erregen. Wir empfinden
also auch über das Naive der Überraschung ein wirklich
moralisches Vergnügen, obgleich nicht über einen moralischen Gegenstand.[5]

---

5 Da das Naive bloß auf der Form beruht, wie etwas getan oder
   gesagt wird, so verschwindet uns diese Eigenschaft aus den
   Augen, sobald die Sache selbst entweder durch ihre Ursachen

Bei dem Naiven der Überraschung achten wir zwar immer die *Natur*, weil wir die Wahrheit achten müssen; bei dem Naiven der Gesinnung achten wir hingegen die *Person*, und genießen also nicht bloß ein moralisches Vergnügen sondern auch über einen moralischen Gegenstand. In dem einen wie in dem andern Falle hat die Natur *Recht*, daß sie die Wahrheit sagt; aber in dem letztern Fall hat die Natur nicht bloß Recht, sondern die Person hat auch *Ehre*. In dem ersten Falle gereicht die Aufrichtigkeit der Natur der Person immer zur Schande, weil sie unfreiwillig ist; in dem zweiten gereicht sie ihr immer zum Verdienst, gesetzt auch, daß dasjenige, was sie aussagt, ihr Schande brächte.

Wir schreiben einem Menschen eine naive Gesinnung zu, wenn er in seinen Urteilen von den Dingen ihre gekünstelten und gesuchten Verhältnisse übersieht und sich bloß an die einfache Natur hält. Alles was innerhalb der gesunden Natur davon geurteilt werden kann, fodern wir von ihm, und erlassen ihm schlechterdings nur das, was eine Entfernung von der Natur, es sei nun im Denken oder im Empfinden, wenigstens Bekanntschaft derselben voraussetzt.

Wenn ein Vater seinem Kinde erzählt, daß dieser oder jener Mann für Armut verschmachte, und das Kind hingeht, und dem armen Mann seines Vaters Geldbörse zuträgt, so ist diese Handlung naiv; denn die gesunde Natur handelte aus dem Kinde, und in einer Welt, wo die gesunde

---

oder durch ihre Folgen einen überwiegenden oder gar widersprechenden Eindruck macht. Durch eine Naivetät dieser Art kann auch ein Verbrechen entdeckt werden, aber denn haben wir weder die Ruhe noch die Zeit, unsre Aufmerksamkeit auf die Form der Entdeckung zu richten, und der Abscheu über den persönlichen Charakter verschlingt das Wohlgefallen an dem natürlichen. So wie uns das empörte Gefühl die moralische Freude an der Aufrichtigkeit der Natur raubt, sobald wir durch eine Naivetät ein Verbrechen erfahren; eben so erstickt das erregte Mitleiden unsere Schadenfreude sobald wir jemand durch seine Naivetät in Gefahr gesetzt sehen.

Natur herrschte, würde es vollkommen recht gehabt haben, so zu verfahren. Es sieht bloß auf das Bedürfnis, und auf das nächste Mittel es zu befriedigen; eine solche Ausdehnung des Eigentumsrechtes, wobei ein Teil der Menschen zu Grunde gehen kann, ist in der bloßen Natur nicht gegründet. Die Handlung des Kindes ist also eine Beschämung der wirklichen Welt, und das gesteht auch unser Herz durch das Wohlgefallen, welches es über jene Handlung empfindet.

Wenn ein Mensch ohne Weltkenntnis, sonst aber von gutem Verstande, einem andern, der ihn betrügt, sich aber geschickt zu verstellen weiß, seine Geheimnisse beichtet, und ihm durch seine Aufrichtigkeit selbst die Mittel leiht ihm zu schaden, so finden wir das naiv. Wir lachen ihn aus, aber können uns doch nicht erwehren, ihn deswegen hochzuschätzen. Denn sein Vertrauen auf den andern quillt aus der Redlichkeit seiner eigenen Gesinnungen; wenigstens ist er nur in so fern naiv, als dieses der Fall ist.

Das Naive der Denkart kann daher niemals eine Eigenschaft verdorbener Menschen sein, sondern nur Kindern und kindlich gesinnten Menschen zukommen. Diese letztern handeln und denken oft mitten unter den gekünstelten Verhältnissen der großen Welt naiv; sie vergessen aus eigener schöner Menschlichkeit, daß sie es mit einer verderbten Welt zu tun haben, und betragen sich selbst an den Höfen der Könige mit einer Ingenuität und Unschuld, wie man sie nur in einer Schäferwelt findet.

Es ist übrigens gar nicht so leicht, die kindische Unschuld von der kindlichen immer richtig zu unterscheiden, indem es Handlungen gibt, welche auf der äußersten Grenze zwischen beiden schweben, und bei denen wir schlechterdings im Zweifel gelassen werden, ob wir die Einfältigkeit belachen oder die edle Einfalt hochschätzen sollen. Ein sehr merkwürdiges Beispiel dieser Art findet man in der Regierungsgeschichte des *Pabstes Adrian des Sechsten*, die uns Herr Schröckh mit der ihm eigenen Gründlichkeit und pragmatischen Wahrheit beschrieben hat. Dieser Pabst, ein Niederländer von Geburt, verwaltete das Pontifikat in einem der kritischten Augenblicke für die Hierarchie, wo eine erbitterte Partei die Blößen der römischen Kirche ohne alle Schonung aufdeckte, und die Gegenpartei im höchsten Grad interessiert war, sie zuzudecken. Was der wahrhaft naive Charakter, wenn ja ein solcher sich auf den Stuhl des heiligen Peters verirrte, in diesem Falle zu tun hatte ist keine Frage; wohl aber wie weit eine solche Naivetät der Gesinnung mit der Rolle eines Pabstes verträglich sein möchte. Dies war es übrigens, was die Vorgänger und die Nachfolger Adrians in die geringste Verlegenheit setzte. Mit Gleichförmigkeit befolgten sie das einmal angenommene römische System, überall nichts einzuräumen. Aber Adrian hatte wirklich den geraden Charakter seiner Nation, und die Unschuld seines ehemaligen Standes. Aus der engen Sphäre des Gelehrten war er zu seinem erhabenen Posten emporgestiegen, und selbst auf der Höhe seiner neuen Würde jenem einfachen Charakter nicht untreu geworden. Die Mißbräuche in der Kirche rührten ihn, und er war viel zu redlich, öffentlich zu dissimulieren, was er im stillen sich eingestand. Dieser Denkart gemäß ließ er sich in der *Instruktion*, die er seinem Legaten nach Deutschland mitgab, zu Geständnissen verleiten, die noch bei keinem Pabste erhört gewesen waren, und den Grundsätzen dieses Hofes schnurgerade zuwiderliefen. »Wir wissen es wohl, hieß es unter andern, daß an diesem heiligen Stuhl schon seit mehrern Jahren viel Abscheuliches vorgegangen; kein Wunder, wenn sich der kranke Zustand von dem Haupt auf die Glieder, von dem Pabst auf die Prälaten fortgeerbt hat. Wir alle sind abgewichen, und schon seit lange ist keiner unter uns gewesen, der etwas Gutes getan hätte auch nicht Einer.« Wieder anderswo befiehlt er dem Legaten in Seinem Namen zu erklären, »daß er, Adrian, wegen dessen, was vor ihm von den Päbsten geschehen, nicht dürfe getadelt werden, und daß dergleichen Ausschweifungen, auch da er noch in einem geringen Stande gelebt, ihm immer mißfallen

hätten u. s. f.« Man kann leicht denken, wie eine solche
Naivetät des Pabstes von der römischen Klerisei mag
aufgenommen worden sein; das wenigste, was man ihm
Schuld gab war, daß er die Kirche an die Ketzer verraten
habe. Dieser höchst unkluge Schritt des Pabstes würde
indessen unserer ganzen Achtung und Bewunderung wert
sein, wenn wir uns nur überzeugen könnten, daß er
wirklich naiv gewesen d. h. daß er ihm bloß durch die
natürliche Wahrheit seines Charakters ohne alle Rücksicht
auf die möglichen Folgen abgenötiget worden sei, und daß
er ihn nicht weniger getan haben würde, wenn er die
begangene Sottise in ihrem ganzen Umfang eingesehen
hätte. Aber wir haben vielmehr Ursache zu glauben, daß er
diesen Schritt für gar nicht so unpolitisch hielt, und in
seiner Unschuld so weit ging zu hoffen, durch seine
Nachgiebigkeit gegen die Gegner etwas sehr wichtiges für
den Vorteil seiner Kirche gewonnen zu haben. Er bildete
sich nicht bloß ein, diesen Schritt als redlicher Mann tun zu
müssen, sondern ihn auch als Pabst verantworten zu
können, und indem er vergaß, daß das künstlichste aller
Gebäude schlechterdings nur durch eine fortgesetzte Verleugnung der Wahrheit erhalten werden könnte, beging er
den unverzeihlichen Fehler, Verhaltungsregeln, die in
natürlichen Verhältnissen sich bewährt haben mochten, in
einer ganz entgegengesetzten Lage zu befolgen. Dies
verändert allerdings unser Urteil sehr; und ob wir gleich der
Redlichkeit des Herzens, aus dem jene Handlung floß,
unsere Achtung nicht versagen können, so wird diese
letztere nicht wenig durch die Betrachtung geschwächt,
daß die Natur an der Kunst und das Herz an dem Kopf
einen zu schwachen Gegner gehabt habe.

Naiv muß jedes wahre Genie sein, oder es ist keines.
Seine Naivetät allein macht es zum Genie, und was es im
Intellektuellen und Ästhetischen ist, kann es im Morali-
schen nicht verleugnen. Unbekannt mit den Regeln, den
Krücken der Schwachheit und den Zuchtmeistern der
Verkehrtheit, bloß von der Natur oder dem Instinkt,

seinem schützenden Engel, geleitet, geht es ruhig und
sicher durch alle Schlingen des falschen Geschmackes, in
welchen, wenn es nicht so klug ist, sie schon von weitem zu
vermeiden, das Nichtgenie unausbleiblich verstrickt wird.
Nur dem Genie ist es gegeben, außerhalb des Bekannten
noch immer zu Hause zu sein, und die Natur zu *erweitern*,
ohne über sie *hinauszugehen*. Zwar begegnet letzteres zuweilen auch den größten Genies, aber nur, weil auch diese ihre
phantastischen Augenblicke haben, wo die schützende
Natur sie verläßt, weil die Macht des Beispiels sie hinreißt,
oder der verderbte Geschmack ihrer Zeit sie verleitet.

Die verwickeltsten Aufgaben muß das Genie mit an-
spruchloser Simplizität und Leichtigkeit lösen; das Ei des
Columbus gilt von jeder genialischen Entscheidung. Dadurch allein legitimiert es sich als Genie, daß es durch
Einfalt über die verwickelte Kunst triumphiert. Es verfährt
nicht nach erkannten Prinzipien sondern nach Einfällen
und Gefühlen; aber seine Einfälle sind Eingebungen eines
Gottes (alles was die gesunde Natur tut ist göttlich) seine
Gefühle sind Gesetze für alle Zeiten und für alle Geschlechter der Menschen.

Den kindlichen Charakter, den das Genie in seinen
Werken abdrückt, zeigt es auch in seinem Privat-Leben und
in seinen Sitten. Es ist *schamhaft*, weil die Natur dieses
immer ist; aber es ist nicht *dezent*, weil nur die Verderbnis
dezent ist. Es ist *verständig*, denn die Natur kann nie das
Gegenteil sein; aber es ist nicht *listig*, denn das kann nur die
Kunst sein. Es ist seinem Charakter und seinen Neigungen
treu, aber nicht sowohl weil es Grundsätze hat, als weil die
Natur bei allem Schwanken immer wieder in die vorige
Stelle rückt, immer das alte Bedürfnis zurückbringt. Es ist
bescheiden, ja blöde, weil das Genie immer sich selbst ein
Geheimnis bleibt, aber es ist nicht ängstlich, weil es die
Gefahren des Weges nicht kennt, den es wandelt. Wir
wissen wenig von dem Privatleben der größten Genies,
aber auch das wenige, was uns z. B. von *Sophokles*, von
Archimed, von *Hippokrates*, und aus neueren Zeiten von

Ariost, *Dante* und *Tasso*, von *Raphael*, von *Albrecht Dürer*, *Zervantes*, *Shakespear*, von *Fielding*, *Sterne* u. a. aufbewahrt worden ist, bestätigt diese Behauptung.

Ja, was noch weit mehr Schwürigkeit zu haben scheint, selbst der große Staatsmann und Feldherr, werden sobald sie durch ihr Genie groß sind einen naiven Charakter zeigen. Ich will hier unter den Alten nur an *Epaminondas* und *Julius Cäsar*, unter den Neuern nur an *Heinrich IV* von Frankreich, *Gustav Adolph* von Schweden und den Czar *Peter den Großen* erinnern. Der Herzog von *Marlborough*, *Türenne*, *Vendome* zeigen uns alle diesen Charakter. Dem andern Geschlecht hat die Natur in dem naiven Charakter seine höchste Vollkommenheit angewiesen. Nach nichts ringt die weibliche Gefallsucht so sehr als nach dem Schein *des Naiven*; Beweis genug, wenn man auch sonst keinen hätte, daß die größte Macht des Geschlechts auf dieser Eigenschaft beruhet. Weil aber die herrschenden Grundsätze bei der weiblichen Erziehung mit diesem Charakter in ewigem Streit liegen, so ist es dem Weibe im moralischen eben so schwer als dem Mann im intellektuellen mit den Vorteilen der guten Erziehung jenes herrliche Geschenk der Natur unverloren zu behalten; und die *Frau*, die mit einem geschickten Betragen für die große Welt diese Naivetät der Sitten verknüpft, ist eben so hochachtungswürdig als der Gelehrte, der mit der ganzen Strenge der Schule Genialische Freiheit des Denkens verbindet.

Aus der naiven Denkart fließt notwendiger weise auch ein naiver Ausdruck sowohl in Worten als Bewegungen, und er ist das wichtigste Bestandstück der Grazie. Mit dieser naiven Anmut drückt das Genie seine erhabensten und tiefsten Gedanken aus; es sind Göttersprüche aus dem Mund eines Kindes. Wenn der Schulverstand, immer vor Irrtum bange, seine Worte wie seine Begriffe an das Kreuz der Grammatik und Logik schlägt, hart und steif ist, um ja nicht unbestimmt zu sein, viele Worte macht, um ja nicht zu viel zu sagen, und dem Gedanken, damit er ja den Unvorsichtigen nicht schneide, lieber die Kraft und die

Schärfe nimmt, so gibt das Genie dem seinigen mit einem einzigen glücklichen Pinselstrich einen ewig bestimmten, festen und dennoch ganz freien Umriß. Wenn dort das Zeichen dem Bezeichneten ewig heterogen und fremd bleibt, so springt hier wie durch innere Notwendigkeit die Sprache aus dem Gedanken hervor, und ist so sehr eins mit demselben, daß selbst unter der körperlichen Hülle der Geist wie entblößet erscheint. Eine solche Art des Ausdrucks, wo das Zeichen ganz in dem Bezeichneten verschwindet, und wo die Sprache den Gedanken, den sie ausdrückt, noch gleichsam nackend läßt, da ihn die andre nie darstellen kann, ohne ihn zugleich zu verhüllen, ist es, was man in der Schreibart vorzugsweise genialisch und geistreich nennt.

Frei und natürlich, wie das Genie in seinen Geisteswerken, drückt sich die Unschuld des Herzens im lebendigen Umgang aus. Bekanntlich ist man im gesellschaftlichen Leben von der Simplizität und strengen Wahrheit des Ausdrucks in demselben Verhältnis, wie von der Einfalt der Gesinnungen abgekommen, und die leicht zu verwundende Schuld so wie die leicht zu verführende Einbildungskraft haben einen ängstlichen Anstand notwendig gemacht. Ohne falsch zu sein redet man öfters anders, als man denkt; man muß Umschweife nehmen, um Dinge zu sagen, die nur einer kranken Eigenliebe Schmerz bereiten, nur einer verderbten Phantasie Gefahr bringen können. Eine Unkunde dieser konventionellen Gesetze, verbunden mit natürlicher Aufrichtigkeit, welche jede Krümme und jeden Schein von Falschheit verachtet, (nicht Roheit, welche sich darüber, weil sie ihr lästig sind, hinwegsetzt) erzeugen eine Naivetät des Ausdrucks im Umgang, welche darin besteht, Dinge, die man entweder gar nicht oder nur künstlich bezeichnen darf, mit ihrem rechten Namen und auf dem kürzesten Wege zu benennen. Von der Art sind die gewöhnlichen Ausdrücke der Kinder. Sie erregen Lachen durch ihren Kontrast mit den Sitten, doch wird man sich immer im Herzen gestehen, daß das Kind recht habe.

Das Naive der Gesinnung kann zwar, eigentlich genommen, auch nur dem Menschen als einem der Natur nicht schlechterdings unterworfenen Wesen beigelegt werden, obgleich nur insofern als wirklich noch die reine Natur aus ihm handelt; aber durch einen Effekt der poetisierenden Einbildungskraft wird es öfters von dem Vernünftigen auf das Vernunftlose übergetragen. So legen wir öfters einem Tiere, einer Landschaft, einem Gebäude, ja der Natur überhaupt, im Gegensatz gegen die Willkür und die phantastischen Begriffe des Menschen einen naiven Charakter bei. Dies erfodert aber immer, daß wir dem Willenlosen in unsern Gedanken einen Willen leihen, und auf die strenge Richtung desselben nach dem Gesetz der Notwendigkeit merken. Die Unzufriedenheit über unsere eigene schlecht gebrauchte moralische Freiheit und über die in unserm Handeln vermißte sittliche Harmonie führt leicht eine solche Stimmung herbei, in der wir das Vernunftlose wie eine Person anreden, und demselben, als wenn es wirklich mit einer Versuchung zum Gegenteil zu kämpfen gehabt hätte, seine ewige Gleichförmigkeit zum Verdienst machen, seine ruhige Haltung beneiden. Es steht uns in einem solchen Augenblicke wohl an, daß wir das Prärogativ unserer Vernunft für einen Fluch und für ein Übel halten, und über dem lebhaften Gefühl der Unvollkommenheit unseres wirklichen Leistens die Gerechtigkeit gegen unsre Anlage und Bestimmung aus den Augen setzen.

Wir sehen alsdann in der unvernünftigen Natur nur eine glücklichere Schwester, die in dem mütterlichen Hause zurückblieb, aus welchem wir im Übermut unserer Freiheit heraus in die Fremde stürmten. Mit schmerzlichem Verlangen sehnen wir uns dahin zurück, sobald wir angefangen, die Drangsale der Kultur zu erfahren und hören im fernen Auslande der Kunst der Mutter rührende Stimme. Solange wir bloße Naturkinder waren, waren wir glücklich und vollkommen; wir sind frei geworden, und haben beides verloren. Daraus entspringt eine doppelte und sehr unglei-

che Sehnsucht nach der Natur; eine Sehnsucht nach ihrer
Glückseligkeit, eine Sehnsucht nach ihrer *Vollkommenheit*.
Den Verlust der ersten beklagt nur der sinnliche Mensch;
um den Verlust der andern kann nur der moralische
trauern.

Frage dich also wohl, empfindsamer Freund der Natur,
ob deine Trägheit nach ihrer Ruhe, ob deine beleidigte
Sittlichkeit nach ihrer Übereinstimmung schmachtet? Frage
dich wohl, wenn die Kunst dich aneckelt und die Mißbräuche in der Gesellschaft dich zu der leblosen Natur in die
Einsamkeit treiben, ob es ihre Beraubungen, ihre Lasten,
ihre Mühseligkeiten, oder ob es ihre moralische Anarchie,
ihre Willkür, ihre Unordnungen sind, die du an ihr
verabscheust? In jene muß dein Mut sich mit Freuden
stürzen und dein Ersatz muß die Freiheit selbst sein, aus der
sie fließen. Wohl darfst du dir das ruhige Naturglück zum
Ziel in der Ferne aufstecken, aber nur jenes, welches der
Preis deiner Würdigkeit ist. Also nichts von Klagen über
die Erschwerung des Lebens, über die Ungleichheit der
Konditionen, über den Druck der Verhältnisse, über die
Unsicherheit des Besitzes, über Undank, Unterdrückung,
Verfolgung; allen *Übeln* der Kultur mußt du mit freier
Resignation dich unterwerfen, mußt sie als die Naturbedingungen des Einzig guten respektieren; nur das *Böse*
derselben mußt du, aber nicht bloß mit schlaffen Tränen,
beklagen. Sorge vielmehr dafür; daß du selbst unter jenen
Befleckungen rein, unter jener Knechtschaft frei, unter
jenem launischen Wechsel beständig, unter jener Anarchie
gesetzmäßig handelst. Fürchte dich nicht vor der Verwirrung außer dir, aber vor der Verwirrung in dir; strebe nach
Einheit, aber suche sie nicht in der Einförmigkeit; strebe
nach Ruhe, aber durch das Gleichgewicht, nicht durch den
Stillstand deiner Tätigkeit. Jene Natur, die du dem
Vernunftlosen beneidest, ist keiner Achtung, keiner Sehnsucht wert. Sie liegt hinter dir, sie muß ewig hinter dir
liegen. Verlassen von der Leiter, die dich trug, bleibt dir
jetzt keine andere Wahl mehr, als mit freiem Bewußtsein

und Willen das Gesetz zu ergreifen, oder rettungslos in eine
bodenlose Tiefe zu fallen.

Aber wenn du über das verlorene *Glück* der Natur
getröstet bist, so laß ihre *Vollkommenheit* deinem Herzen
zum Muster dienen. Trittst du heraus zu ihr aus deinem
künstlichen Kreis, steht sie vor dir in ihrer großen Ruhe, in
ihrer naiven Schönheit, in ihrer kindlichen Unschuld und
Einfalt; dann verweile bei diesem Bilde, pflege dieses
Gefühl, es ist deiner herrlichsten Menschheit würdig. Laß
dir nicht mehr einfallen, mit ihr *tauschen* zu wollen, aber
nimm sie in dich auf und strebe, ihren unendlichen Vorzug
mit deinem eigenen unendlichen Prägorativ zu vermählen,
und aus beidem das Göttliche zu erzeugen. Sie umgebe dich
wie eine liebliche *Idylle*, in der du dich selbst immer
wiederfindest, aus den Verirrungen der Kunst, bei der du
Mut und neues Vertrauen sammelst zum Laufe und die
Flamme des *Ideals*, die in den Stürmen des Lebens so leicht
erlischt, in deinem Herzen von neuem entzündest.

Wenn man sich der schönen Natur erinnert, welche die
alten *Griechen* umgab, wenn man nachdenkt, wie vertraut
dieses Volk unter seinem glücklichen Himmel mit der freien
Natur leben konnte, wie sehr viel näher seine Vorstellungsart, seine Empfindungsweise, seine Sitten der einfältigen
Natur lagen, und welch ein treuer Abdruck derselben seine
Dichterwerke sind, so muß die Bemerkung befremden, daß
man so wenige Spuren von dem *sentimentalischen* Interesse,
mit welchem wir Neuere an Naturszenen und an Natur-
charaktere hangen können, bei demselben antrifft. Der
Grieche ist zwar im höchsten Grade genau, treu, umständlich in Beschreibung derselben, aber doch gerade nicht
mehr und mit keinem vorzüglicheren Herzensanteil, als er
es auch in Beschreibung eines Anzuges, eines Schildes,
einer Rüstung, eines Hausgerätes oder irgend eines mechanischen Produktes ist. Er scheint, in seiner Liebe für das
Objekt, keinen Unterschied zwischen demjenigen zu
machen, was durch sich selbst und dem was durch die
Kunst und durch den menschlichen Willen ist. Die Natur

scheint mehr seinen Verstand und seine Wißbegierde, als
sein moralisches Gefühl zu interessieren; er hängt nicht mit
Innigkeit, mit Empfindsamkeit, mit süßer Wehmut an
derselben, wie wir Neuern. Ja, indem er sie in ihren
einzelnen Erscheinungen personifiziert und vergöttert,
und ihre Wirkungen als Handlungen freier Wesen darstellt,
hebt er die ruhige Notwendigkeit in ihr auf, durch welche
sie für uns gerade so anziehend ist. Seine ungedultige
Phantasie führt ihn über sie hinweg zum Drama des
menschlichen Lebens. Nur das Lebendige und Freie, nur
Charaktere, Handlungen, Schicksale, und Sitten befriedigen ihn, »und wenn *wir* in gewissen moralischen Stimmungen des Gemüts wünschen können, den Vorzug unserer
Willensfreiheit, der uns so vielem Streit mit uns selbst, so
vielen Unruhen und Verirrungen aussetzt, gegen die
wahllose aber ruhige Notwendigkeit des Vernunftlosen
hinzugeben, so ist, gerade umgekehrt, die Phantasie des
Griechen geschäftig, die menschliche Natur schon in der
unbeseelten Welt anzufangen, und da, wo eine blinde
Notwendigkeit herrscht, dem Willen Einfluß zu geben.«

Woher wohl dieser verschiedene Geist? Wie kommt es,
daß wir, die in allem was Natur ist, von den Alten so
unendlich weit übertroffen werden, gerade hier der Natur
in einem höheren Grade huldigen, mit Innigkeit an ihr
hangen, und selbst die leblose Welt mit der wärmsten
Empfindung umfassen können? *Daher* kommt es, weil die
Natur bei uns aus der Menschheit verschwunden ist, und
wir sie nur außerhalb dieser, in der unbeseelten Welt, in
ihrer Wahrheit wieder antreffen. Nicht unsere größere
Naturmäßigkeit, ganz im Gegenteil die *Naturwidrigkeit*
unsrer Verhältnisse, Zustände und Sitten treibt uns an, dem
erwachenden Triebe nach Wahrheit und Simplizität, der,
wie die moralische Anlage, aus welcher er fließet, unbestechlich und unaustilgbar in allen menschlichen Herzen
liegt, in der physischen Welt eine Befriedigung zu verschaffen, die in der moralischen nicht zu hoffen ist. Deswegen ist
das Gefühl, womit wir an der Natur hangen, dem Gefühle

so nahe verwandt, womit wir das entflohene Alter der
Kindheit und der kindischen Unschuld beklagen. Unsre
Kindheit ist die einzige unverstümmelte Natur, die wir in
der kultivierten Menschheit noch antreffen, daher es kein
Wunder ist, wenn uns jede Fußstapfe der Natur außer uns
auf unsre Kindheit zurückführt.

Sehr viel anders war es mit den alten Griechen.[6] Bei
diesen artete die Kultur nicht so weit aus, daß die Natur
darüber verlassen wurde. Der ganze Bau ihres gesellschaftlichen Lebens war auf Empfindungen, nicht auf einem
Machwerk der Kunst errichtet; ihre Götterlehre selbst war
die Eingebung eines naiven Gefühls, die Geburt einer
fröhlichen Einbildungskraft, nicht der grübelnden Vernunft, wie der Kirchenglaube der neuern Nationen; da also
der Grieche die Natur in der Menschheit nicht verloren
hatte, so konnte er, außerhalb dieser, auch nicht von ihr
überrascht werden, und kein so dringendes Bedürfnis nach
Gegenständen haben, in denen er sie wieder fand. Einig mit
sich selbst, und glücklich im Gefühl seiner Menschheit
mußte er bei dieser als seinem Maximum stille stehen, und

---

6 Aber auch nur bei den Griechen; denn es gehörte gerade eine
solche rege Bewegung und eine solche reiche Fülle des
menschlichen Lebens dazu, als den Griechen umgab, um Leben
auch in das Leblose zu legen, und das Bild der Menschheit mit
diesem Eifer zu verfolgen. *Ossians* Menschenwelt z. B. war
dürftig und einförmig; das Leblose um ihn her hingegen war
groß, kolossalisch, mächtig, drang sich also auf, und behauptete
selbst über den Menschen seine Rechte. In den Gesängen dieses
Dichters tritt daher die leblose Natur (im Gegensatz gegen den
Menschen) noch weit mehr, als Gegenstand der Empfindung
hervor. Indessen klagt auch schon Ossian über einen Verfall der
Menschheit, und so klein auch bei seinem Volke der Kreis der
Kultur und ihrer Verderbnisse war, so war die Erfahrung davon
doch gerade lebhaft und eindringlich genug, um den gefühlvollen moralischen Sänger zu dem Leblosen zurückzuscheu-
chen, und über seine Gesänge jenen elegischen Ton auszugießen, der sie für uns so rührend und anziehend macht.

alles andre derselben zu nähern bemüht sein; wenn *wir*, uneinig mit uns selbst, und unglücklich in unsern Erfahrungen von Menschheit, kein dringenderes Interesse haben, als aus derselben herauszufliehen, und eine so mißlungene Form aus unsern Augen zu rücken.

Das Gefühl, von dem hier die Rede ist, ist also nicht das, was die Alten hatten; es ist vielmehr einerlei mit demjenigen, welches wir *für die Alten haben*. Sie empfanden natürlich; wir empfinden das natürliche. Es war ohne Zweifel ein ganz anderes Gefühl, was Homers Seele füllte, als er seinen göttlichen Sauhirt den Ulysses bewirten ließ, als was die Seele des jungen Werthers bewegte, da er nach einer lästigen Gesellschaft diesen Gesang las. Unser Gefühl für Natur gleicht der Empfindung des Kranken für die Gesundheit.

So wie nach und nach die Natur anfing, aus dem menschlichen Leben als *Erfahrung* und als das (handelnde und empfindende) *Subjekt* zu verschwinden, so sehen wir sie in der Dichterwelt als *Idee* und als *Gegenstand* aufgehen. Diejenige Nation, welche es zugleich in der Unnatur und in der Reflexion darüber am weitesten gebracht hatte, mußte zuerst von dem Phänomen des *Naiven* am stärksten gerührt werden, und demselben einen Namen geben. Diese Nation waren, so viel ich weiß die *Franzosen*. Aber die Empfindung des Naiven und das Interesse an demselben ist natürlicherweise viel älter, und datiert sich schon von dem Anfang der moralischen und ästhetischen Verderbnis. Diese Veränderung in der Empfindungsweise ist zum Beispiel schon äußerst auffallend im *Euripides*, wenn man diesen mit seinen Vorgängern besonders dem Aeschylus vergleicht, und doch war jener Dichter der Günstling seiner Zeit. Die nehmliche Revolution läßt sich auch unter den alten *Historikern* nachweisen. *Horatz*, der Dichter eines kultivierten und verdorbenen Weltalters preist die ruhige Glückseligkeit in seinem Tibur, und ihn könnte man als den wahren Stifter dieser sentimentalischen Dichtungsart nennen, so wie er auch in derselben ein noch nicht übertrof-

fenes Muster ist. Auch im *Properz*, *Virgil* u. a. findet man
Spuren dieser Empfindungsweise, weniger beim *Ovid*, dem
es dazu an Fülle des Herzens fehlte, und der in seinem Exil
zu Tomi die Glückseligkeit schmerzlich vermißt, die Horaz
in seinem Tibur so gern entbehrte.

Die Dichter sind überall, schon ihrem Begriffe nach, die
Bewahrer der Natur. Wo sie dieses nicht ganz mehr sein
können, und schon in sich selbst den zerstörenden Einfluß
willkürlicher und künstlicher Formen erfahren oder doch
mit denselben zu kämpfen gehabt haben, da werden sie als
die *Zeugen* und als die *Rächer* der Natur auftreten. Sie
werden also entweder Natur *sein*, oder sie werden die
verlorene *suchen*. Daraus entspringen zwei ganz verschiedene Dichtungsweisen, durch welche das ganze Gebiet der
Poesie erschöpft und ausgemessen wird. Alle Dichter, die es
wirklich sind, werden, je nachdem die Zeit beschaffen ist, in
der sie blühen, oder zufällige Umstände auf ihre allgemeine
Bildung und auf ihre vorübergehende Gemütsstimmung
Einfluß haben, entweder zu den *naiven* oder zu den
sentimentalischen gehören.

Der Dichter einer naiven und geistreichen Jugendwelt, so
wie derjenige, der in den Zeitaltern künstlicher Kultur ihm
am nächsten kommt, ist kalt, gleichgültig, verschlossen,
ohne alle Vertraulichkeit. Streng und spröde, wie die jung-
fräuliche *Diana* in ihren Wäldern, entflieht er dem Herzen,
das ihn sucht, dem Verlangen, das ihn umfassen will. Nichts
erwiedert er, nichts kann ihn schmelzen, oder den strengen
Gürtel seiner Nüchternheit lösen. Die trockene Wahrheit,
womit er den Gegenstand behandelt, erscheint nicht selten
als Unempfindlichkeit. Das Objekt besitzt ihn gänzlich, sein
Herz liegt nicht wie ein schlechtes Metall gleich unter der
Oberfläche, sondern will wie das Gold in der Tiefe gesucht
sein. Wie die Gottheit hinter dem Weltgebäude, so steht er
hinter seinem Werk; Er ist das Werk und das Werk ist Er; man
muß des erstern schon nicht wert oder nicht mächtig oder
schon satt sein, um nach Ihm nur zu fragen.

So zeigt sich z. B. *Homer* unter den Alten und *Shakespeare* unter den Neuern; zwei höchst verschiedene, durch den unermeßlichen Abstand der Zeitalter getrennte Naturen, aber gerade in diesem Charakterzuge völlig eins. Als ich in einem sehr frühen Alter den letztern Dichter zuerst kennen lernte, empörte mich seine Kälte, seine Unempfindlichkeit, die ihm erlaubte, im höchsten Pathos zu scherzen, die Herzzerschneidenden Auftritte im *Hamlet*, im König *Lear*, im *Makbeth* u. s. f. durch einen Narren zu stören, die ihn bald da fest hielt, wo meine Empfindung forteilte, bald da kaltherzig fortriß, wo das Herz so gern still gestanden wäre. Durch die Bekanntschaft mit neuern Poeten verleitet, in dem Werke den Dichter zuerst aufzusuchen, *seinem* Herzen zu begegnen, *mit ihm* gemeinschaftlich über seinen Gegenstand zu reflektieren; kurz das Objekt in dem Subjekt anzuschauen, war es mir unerträglich, daß der Poet sich hier gar nirgends fassen ließ und mir nirgends Rede stehen wollte. Mehrere Jahre hatte er schon meine ganze Verehrung und war mein Studium, ehe ich sein Individuum lieb gewinnen lernte. Ich war noch nicht fähig, die Natur aus der ersten Hand zu verstehen. Nur ihr durch den Verstand reflektiertes und durch die Regel zurecht gelegtes Bild konnte ich ertragen, und dazu waren die sentimentalischen Dichter der Franzosen und auch der Deutschen, von den Jahren 1750 bis etwa 1780, gerade die rechten Subjekte. Übrigens schäme ich mich dieses Kinderurteils nicht, da die bejahrte Kritik ein ähnliches fällte, und naiv genug war, es in die Welt hineinzuschreiben.

Dasselbe ist mir auch mit dem Homer begegnet, den ich in einer noch spätern Periode kennen lernte. Ich erinnere mich jetzt der merkwürdigen Stelle im VI. Buch der Ilias, wo Glaukus und Diomed im Gefecht auf einander stoßen, und nachdem sie sich als Gastfreunde erkannt, einander Geschenke geben. Diesem rührenden Gemälde der Pietät, mit der die Gesetze des *Gastrechts* selbst im Kriege beobachtet wurden, kann eine Schilderung des *ritterlichen Edelmuts* im Ariost an die Seite gestellt werden, wo zwei Ritter und Nebenbuhler, *Ferrau* und *Rinald*, dieser ein

Christ, jener ein Sarazene, nach einem heftigen Kampf und
mit Wunden bedeckt, Friede machen, und um die flüchtige
Angelika einzuholen, das nehmliche Pferd besteigen. Beide
Beispiele, so verschieden sie übrigens sein mögen, kommen
einander in der Wirkung auf unser Herz beinahe gleich,
weil beide den schönen Sieg der Sitten über die Leidenschaft malen, und uns durch Naivetät der Gesinnungen
rühren. Aber wie ganz verschieden nehmen sich die Dichter
bei Beschreibung dieser ähnlichen Handlung. Ariost, der
Bürger einer späteren und von der Einfalt der Sitten
abgekommenen Welt kann bei der Erzählung dieses Vor-
falls, seine eigene Verwunderung, seine Rührung nicht
verbergen. Das Gefühl des Abstandes jener Sitten von
denjenigen, die Sein Zeitalter charakterisieren, überwältigt
ihn. Er verläßt auf einmal das Gemälde des Gegenstandes
und erscheint in eigener Person: Man kennt die schöne
Stanze und hat sie immer vorzüglich bewundert:

> O Edelmut der alten Rittersitten!
> Die Nebenbuhler waren, die entzweit
> Im Glauben waren, bittern Schmerz noch litten
> Am ganzen Leib von feindlich wilden Streit,
> Frei von Verdacht und in Gemeinschaft ritten
> Sie durch des krummen Pfades Dunkelheit.
> Das Roß, getrieben von vier Sporen, eilte
> Bis wo der Weg sich in zwei Straßen teilte.[7]

Und nun der alte Homer! Kaum erfährt Diomed aus
Glaukus seines Gegners Erzählung, daß dieser von Väterzeiten her ein Gastfreund seines Geschlechts ist, so steckt er
die Lanze in die Erde, redet freundlich mit ihm, und macht
mit ihm aus, daß sie einander im Gefechte künftig
ausweichen wollen. Doch man höre den Homer selbst:

---

7 Der rasende Roland. Erster Gesang. Stanze 32.

»Also bin ich nunmehr dein Gastfreund mitten in Argos,
Du in Lykia mir, wenn jenes Land ich besuche.
Drum mit unseren Lanzen vermeiden wir uns im
                                    Getümmel.
Viel ja sind der Troer mir selbst und der rühmlichen   5
                                    Helfer,
Daß ich töte, wen Gott mir gewährt, und die
                                    Schenkel erreichen;
Viel auch dir der Achaier, daß, welchen du kannst,
                                    du erlegest.   10
Aber die Rüstungen beide vertauschen wir, daß auch
                                    die andern
Schaun, wie wir Gäste zu sein aus Väterzeiten uns
                                    rühmen.
Also redeten jene, herab von den Wagen sich schwingend   15
Faßten sie beide einander die Händ und gelobten sich
                                    Freundschaft.«

Schwerlich dürfte ein *moderner* Dichter (wenigstens schwerlich einer, der es in der moralischen Bedeutung dieses Worts
ist) auch nur bis hieher gewartet haben um seine Freude an   20
dieser Handlung zu bezeugen. Wir würden es ihm um so
leichter verzeihen, da auch unser Herz beim Lesen einen
Stillstand macht, und sich von dem Objekte gern entfernt,
um in sich selbst zu schauen. Aber von allem diesem keine
Spur im Homer; als ob er etwas alltägliches berichtet hätte,   25
ja als ob er selbst kein Herz in dem Busen trüge, fährt er in
seiner trockenen Wahrhaftigkeit fort:

»Doch den Glaukus erregete Zeus, daß er ohne
                                    Besinnung
Gegen den Held Diomedes die Rüstungen, goldne   30
                                    mit ehrnen
Wechselte, hundert Farren wert, neun Farren die
                                    andern«[8]

---

8 Ilias. Voßische Übersetzung. I Band. Seite 153.

Dichter von dieser naiven Gattung sind in einem künstlichen Weltalter nicht so recht mehr an ihrer Stelle. Auch sind sie in demselben kaum mehr möglich, wenigstens auf keine andere Weise möglich als daß sie in ihrem Zeitalter *wild laufen*, und durch ein günstiges Geschick vor dem verstümmelnden Einfluß desselben geborgen werden. Aus der Sozietät selbst können sie nie und nimmer hervorgehen; aber außerhalb derselben erscheinen sie noch zuweilen, doch mehr als Fremdlinge die man anstaunt, und als ungezogene Söhne der Natur, an denen man sich ärgert. So wohltätige Erscheinungen sie für den Künstler sind, der sie studiert, und für den echten Kenner, der sie zu würdigen versteht, so wenig Glück machen sie im Ganzen und bei ihrem Jahrhundert. Das Siegel des Herrschers ruht auf ihrer Stirne; wir hingegen wollen von den Musen gewiegt und getragen werden. Von den Kritikern, den eigentlichen Zaunhütern des Geschmacks, werden sie als *Grenzstörer* gehaßt, die man lieber unterdrücken möchte; denn selbst Homer dürfte es bloß der Kraft eines mehr als tausendjährigen Zeugnisses zu verdanken haben, daß ihn diese Geschmacksrichter gelten lassen; auch wird es ihnen sauer genug, ihre Regeln gegen sein Beispiel, und sein Ansehen gegen ihre Regeln zu behaupten.

Im nächsten Stück einige Worte über die sentimentalischen Dichter.

DIE SENTIMENTALISCHEN DICHTER

Der Dichter, hieß es in dem vorhergehenden Versuch über das Naive[9] *ist* entweder Natur, oder er wird sie *suchen*. Jenes macht den naiven, dieses den sentimentalischen Dichter. Mit der Erklärung dieses Satzes wird der gegenwärtige Versuch sich beschäftigen.

Der dichterische Geist ist unsterblich und unverlierbar in

---

9 Man sehe das eilfte Stück der Horen.

der Menschheit; er kann nicht anders als zugleich mit derselben und mit der Anlage zu ihr sich verlieren. Denn entfernt sich gleich der Mensch durch die Freiheit seiner Phantasie und seines Verstandes von der Einfalt, Wahrheit und Notwendigkeit der Natur, so steht ihm doch nicht nur der Pfad zu derselben immer offen, sondern ein mächtiger und unvertilgbarer Trieb, der moralische, treibt ihn auch unaufhörlich zu ihr zurück, und eben mit diesem Triebe steht das Dichtungsvermögen in der engsten Verwandtschaft. Dieses verliert sich also nicht auch zugleich mit der natürlichen Einfalt, sondern wirkt nur nach einer andern Richtung.

Auch jetzt ist die Natur noch die einzige Flamme, an der sich der Dichtergeist nähret, aus ihr allein schöpft er seine ganze Macht, zu ihr allein spricht er auch in dem künstlichen, in der Kultur begriffenen Menschen. Jede andere Art zu wirken, ist dem poetischen Geiste fremd; daher, beiläufig zu sagen, alle sogenannten Werke des Witzes ganz mit Unrecht poetisch heißen, ob wir sie gleich lange Zeit, durch das Ansehen der französischen Literatur verleitet, damit vermenget haben. Die Natur, sage ich, ist es auch noch jetzt, in dem künstlichen Zustande der Kultur, wodurch der Dichtergeist mächtig ist, nur steht er jetzt in einem ganz andern Verhältnis zu derselben.

So lange der Mensch noch reine, es versteht sich, nicht rohe Natur ist, wirkt er als ungeteilte sinnliche Einheit, und als ein harmonierendes Ganze. Sinne und Vernunft, empfangendes und selbsttätiges Vermögen, haben sich in ihrem Geschäfte noch nicht getrennt, vielweniger stehen sie im Widerspruch miteinander. Seine Empfindungen sind nicht das formlose Spiel des Zufalls, seine Gedanken nicht das gehaltlose Spiel der Vorstellungskraft; aus dem Gesetz der *Notwendigkeit* gehen jene, aus der *Wirklichkeit* gehen diese hervor. Ist der Mensch in den Stand der Kultur getreten, und hat die Kunst ihre Hand an ihn gelegt, so ist jene *sinnliche* Harmonie in ihm aufgehoben, und er kann nur noch als *moralische* Einheit, d. h. als nach Einheit strebend,

sich äußern. Die Übereinstimmung zwischen seinem Empfinden und Denken, die in dem ersten Zustande *wirklich*
statt fand, existiert jetzt bloß *idealisch*; sie ist nicht mehr in
ihm, sondern außer ihm; als ein Gedanke, der erst realisiert
werden soll, nicht mehr als Tatsache seines Lebens. Wendet
man nun den Begriff der Poesie, der kein andrer ist, als *der
Menschheit ihren möglichst vollständigen Ausdruck zu geben*, auf
jene beiden Zustände an, so ergibt sich, daß dort in dem
Zustande natürlicher Einfalt, wo der Mensch noch, mit
allen seinen Kräften zugleich, als harmonische Einheit
wirkt, wo mithin das Ganze seiner Natur sich in der
Wirklichkeit vollständig ausdrückt, die möglichst vollständige *Nachahmung des Wirklichen* – daß hingegen hier in dem
Zustande der Kultur, wo jenes harmonische Zusammenwirken seiner ganzen Natur bloß eine Idee ist, die
Erhebung der Wirklichkeit zum Ideal oder was auf eins
hinausläuft, die *Darstellung des Ideals den Dichter machen muß*.
Und dies sind auch die zwei einzig möglichen Arten, wie
sich überhaupt der poetische Genius äußern kann. Sie sind,
wie man sieht, äußerst von einander verschieden, aber es
gibt einen höhern Begriff, der sie beide unter sich faßt, und
es darf gar nicht befremden, wenn dieser Begriff mit der
Idee der Menschheit in eins zusammentrifft.

Es ist hier der Ort nicht, diesen Gedanken, den nur eine
eigene Ausführung in sein volles Licht setzen kann, weiter
zu verfolgen. Wer aber nur irgend, dem Geiste nach, und
nicht bloß nach zufälligen Formen eine Vergleichung
zwischen alten und modernen Dichtern[10] anzustellen ver-

---

10 Es ist vielleicht nicht überflüssig zu erinnern, daß, wenn hier
die neuen Dichter den alten entgegengesetzt werden, nicht
sowohl der Unterschied der Zeit, als der Unterschied der
Manier zu verstehen ist. Wir haben auch in neuern ja sogar in
neuesten Zeiten naive Dichtungen in allen Klassen wenn
gleich nicht mehr ganz reiner Art und unter den alten
lateinischen ja selbst griechischen Dichtern fehlt es nicht an
sentimentalischen. Nicht nur in demselben Dichter, auch in
demselben Werke trifft man häufig beide Gattungen vereinigt

steht, wird sich leicht von der Wahrheit desselben überzeugen können. Jene rühren uns durch Natur, durch
sinnliche Wahrheit, durch lebendige Gegenwart; diese
rühren uns durch Ideen.

Dieser Weg, den die neueren Dichter gehen, ist übrigens
derselbe, den der Mensch überhaupt sowohl im Einzelnen
als im Ganzen einschlagen muß. Die Natur macht ihn mit
sich Eins, die Kunst trennt und entzweiet ihn, durch das
Ideal kehrt er zur Einheit zurück. Weil aber das Ideal ein
unendliches ist, das er niemals erreicht, so kann der
kultivierte Mensch in *seiner* Art niemals vollkommen
werden, wie doch der natürliche Mensch es in der seinigen
zu werden vermag. Er müßte also dem letztern an
Vollkommenheit unendlich nachstehen, wenn bloß auf das
Verhältnis, in welchem beide zu ihrer Art und zu ihrem
Maximum stehen, geachtet wird. Vergleicht man hingegen
die Arten selbst mit einander, so zeigt sich, daß das Ziel, zu
welchem der Mensch durch Kultur *strebt*, demjenigen,
welches er durch Natur *erreicht*, unendlich vorzuziehen ist.
Der eine erhält also seinen Wert durch absolute Erreichung
einer endlichen, der andre erlangt ihn durch Annäherung
zu einer unendlichen Größe. Weil aber nur die letztere
Grade und einen *Fortschritt* hat, so ist der relative Wert des
Menschen, der in der Kultur begriffen ist, im Ganzen
genommen, niemals bestimmbar, obgleich derselbe im
einzelnen betrachtet sich in einem notwendigen Nachteil
gegen denjenigen befindet, in welchem die Natur in ihrer
ganzen Vollkommenheit wirkt. Insofern aber das letzte Ziel
der Menschheit nicht anders als durch jene Fortschreitung
zu erreichen ist, und der letztere nicht anders fortschreiten
kann, als indem er sich kultiviert und folglich in den erstern
übergeht, so ist keine Frage, welchem von beiden in
Rücksicht auf jenes letzte Ziel der Vorzug gebühre.

Dasselbe, was hier von den zwei verschiedenen Formen

---

an; wie zum Beispiel in *Werthers Leiden*, und dergleichen
Produkte werden immer den größern Effekt machen.

der Menschheit gesagt wird, läßt sich auch auf jene beiden,
ihnen entsprechenden, Dichterformen anwenden.

Man hätte deswegen alte und moderne – naive und
sentimentalische – Dichter entweder gar nicht, oder nur
unter einem gemeinschaftlichen höhern Begriff (einen
solchen gibt es wirklich) miteinander vergleichen sollen.
Denn freilich, wenn man den Gattungsbegriff der Poesie
zuvor einseitig aus den alten Poeten abstrahiert hat, so ist
nichts leichter, aber auch nichts trivialer, als die modernen
gegen sie herabzusetzen. Wenn man nur das Poesie nennt,
was zu allen Zeiten auf die einfältige Natur gleichförmig
wirkte, so kann es nicht anders sein, als daß man den neuern
Poeten gerade in ihrer eigensten und erhabensten Schönheit
den Namen der Dichter wird streitig machen müssen, weil
sie gerade hier nur zu dem Zögling der Kunst sprechen,
und der einfältigen Natur nichts zu sagen haben.[11] Wessen
Gemüt nicht schon zubereitet ist, über die Wirklichkeit
hinaus ins Ideenreich zu gehen, für den wird der reichste
Gehalt leerer Schein und der höchste Dichterschwung
Überspannung sein. Keinem Vernünftigen kann es einfallen, in demjenigen, worin Homer groß ist, irgend einen

---

11 *Moliere* als naiver Dichter durfte es allenfalls auf den Ausspruch
seiner Magd ankommen lassen, was in seinen Komödien
stehen bleiben und wegfallen sollte; auch wäre zu wünschen
gewesen, daß die Meister des französischen Kothurns mit
ihren Trauerspielen zuweilen diese Probe gemacht hätten. Aber
ich wollte nicht raten, daß mit den Klopstockischen Oden, mit
den schönsten Stellen im Messias, im verlorenen Paradies, in
Nathan dem Weisen, und vielen andern Stücken eine ähnliche
Probe angestellt würde. Doch was sage ich? diese Probe ist
wirklich angestellt, und die *Molierische Magd* raisonniert ja
langes und breites in unsern kritischen Bibliotheken, philosophischen und literarischen Annalen und Reisebeschreibungen
über Poesie, Kunst und dergleichen, nur, wie billig, auf
deutschem Boden ein wenig abgeschmackter als auf französischem, und wie es sich für die Gesindestube der deutschen
Literatur geziemt.

Neuern ihm an die Seite stellen zu wollen, und es klingt
lächerlich genug, wenn man einen Milton oder Klopstock
mit dem Namen eines neuern Homer beehrt sieht. Eben so
wenig aber wird irgend ein alter Dichter und am wenigsten
Homer in demjenigen, was den modernen Dichter charakteristisch auszeichnet, die Vergleichung mit demselben
aushalten können. Jener, möchte ich es ausdrücken, ist
mächtig durch die Kunst der Begrenzung, dieser ist es
durch die Kunst des Unendlichen.

Und eben daraus, daß die Stärke des alten Künstlers
(denn was hier von dem Dichter gesagt worden, kann unter
den Einschränkungen, die sich von selbst ergeben, auch auf
den schönen Künstler überhaupt ausgedehnt werden) in
der Begrenzung bestehet, erklärt sich der hohe Vorzug, den
die bildende Kunst des Altertums über die der neueren
Zeiten behauptet, und überhaupt das ungleiche Verhältnis
des Werts, in welchem moderne Dichtkunst und moderne
bildende Kunst zu beiden Kunstgattungen im Altertum
stehen. Ein Werk für das Auge findet nur in der Begrenzung seine Vollkommenheit; ein Werk für die Einbildungskraft kann sie auch durch das Unbegrenzte erreichen. In
plastischen Werken hilft daher dem Neuern seine Überlegenheit in Ideen wenig; hier ist er genötigt, das Bild seiner
Einbildungskraft auf das genaueste *im Raum zu bestimmen*,
und sich folglich mit dem alten Künstler gerade in
derjenigen Eigenschaft zu messen, worin dieser seinen
unabstreitbaren Vorzug hat. In poetischen Werken ist es
anders, und siegen gleich die alten Dichter auch hier in der
Einfalt der Formen und in dem was sinnlich darstellbar und
körperlich ist, so kann der neuere sie wieder im Reichtum des
Stoffes, in dem was undarstellbar und unaussprechlich ist,
kurz, in dem was man in Kunstwerken *Geist* nennt, hinter
sich lassen.[12]

---

12 Individualität mit einem Wort ist der Charakter des Alten, und
Idealität die Stärke des Modernen. Es ist also natürlich, daß in
allem, was zur unmittelbaren sinnlichen Anschauung gelangen

Da der naive Dichter bloß der einfachen Natur und Empfindung folgt, und sich bloß auf Nachahmung der Wirklichkeit beschränkt, so kann er zu seinem Gegenstand auch nur ein einziges Verhältnis haben, und es gibt, in *dieser* Rücksicht, für ihn keine Wahl der Behandlung. Der verschiedene Eindruck naiver Dichtungen beruht, (voraus-

---

und als Individuum wirken muß, der erste über den zweiten den Sieg davon tragen wird. Eben so natürlich ist es auf der andern Seite, daß da wo es auf geistige Anschauungen ankommt und die Sinnenwelt überschritten werden soll und darf, der erste notwendig durch die Schranken der Materie leiden, und eben weil er sich streng an diese bindet, hinter dem andern, der sich davon freispricht, wird zurückbleiben müssen.

Nun entsteht natürlicherweise die Frage (die wichtigste, die überhaupt in einer Philosophie der Kunst kann aufgeworfen werden) ob und in wie fern in demselben Kunstwerke Individualität mit Idealität zu vereinigen sei – ob sich also (welches auf eins hinausläuft) eine Koalition des alten Dichtercharakters mit dem modernen gedenken lasse, welche, wenn sie wirklich statt fände, als der höchste Gipfel aller Kunst zu betrachten sein würde. Sachverständige behaupten, daß dieses, in Rücksicht auf bildende Kunst, von den Antiken gewissermaßen geleistet sei, indem hier wirklich das Individuum ideal sei und das Ideal in einem Individuum *erscheine*. Soviel ist indessen gewiß, daß in der Poesie dieser Gipfel noch keineswegs erreicht ist; denn hier fehlt noch sehr viel daran, daß das vollkommenste Werk, der Form nach, es auch dem Inhalte nach sei, daß es nicht bloß ein wahres und schönes *Ganze* sondern auch das möglichst *reichste* Ganze sei. Es sei dies aber nun erreichbar und erreicht oder nicht, so ist es wenigstens die Aufgabe auch in der Dichtkunst, das ideale zu individualisieren und das individuelle zu idealisieren. Der moderne Dichter *muß* sich diese Aufgabe machen, wenn er sich überall nur ein höchstes und letztes Ziel seines Strebens gedenken soll. Denn, da er einerseits durch das Ideenvermögen über die Wirklichkeit hinausgetrieben, andrerseits aber durch den Darstellungstrieb beständig wieder zu derselben zurückgenötiget wird, so gerät er in einen Zwiespalt mit sich selbst, der nicht anders als dadurch, daß er eine Darstellbarkeit des Ideals regulativ annimmt, beizulegen ist.

gesetzt, daß man alles hinweg denkt, was daran dem Inhalt
gehört und jenen Eindruck nur als das reine Werk der
poetischen Behandlung betrachtet) beruht sage ich bloß auf
dem verschiedenen *Grad* einer und derselben Empfindungsweise; selbst die Verschiedenheit in den äußern
Formen kann in der Qualität jenes ästhetischen Eindrucks
keine Veränderung machen. Die Form sei lyrisch oder
episch, dramatisch oder beschreibend; wir können wohl
schwächer und stärker, aber (sobald von dem Stoff
abstrahiert wird) nie verschiedenartig gerührt werden.
Unser Gefühl ist durchgängig dasselbe, ganz aus Einem
Element, so daß wir nichts darin zu unterscheiden vermögen. Selbst der Unterschied der Sprachen und Zeitalter
ändert hier nichts, denn eben diese reine Einheit ihres
Ursprungs und ihres Effekts ist ein Charakter der naiven
Dichtung.

Ganz anders verhält es sich mit dem sentimentalischen
Dichter. Dieser *reflektiert* über den Eindruck, den die
Gegenstände auf ihn machen und nur auf jene Reflexion ist
die Rührung gegründet, in die er selbst versetzt wird, und
uns versetzt. Der Gegenstand wird hier auf eine Idee
bezogen und nur auf dieser Beziehung beruht seine
dichterische Kraft. Der sentimentalische Dichter hat es
daher immer mit zwei streitenden Vorstellungen und
Empfindungen, mit der Wirklichkeit als Grenze und mit
seiner Idee als dem Unendlichen zu tun, und das gemischte
Gefühl, das er erregt, wird immer von dieser doppelten
Quelle zeugen.[13] Da also hier eine Mehrheit der Prinzipien

---

13 Wer bei sich auf den Eindruck merkt, den naive Dichtungen
auf ihn machen, und den Anteil, der dem Inhalt daran gebührt,
davon abzusondern im Stand ist, der wird diesen Eindruck,
auch selbst bei sehr pathetischen Gegenständen, immer
fröhlich, immer rein, immer ruhig finden; bei sentimentalischen wird er immer etwas ernst und anspannend sein. Das
macht, weil wir uns bei naiven Darstellungen, sie handeln auch
wovon sie wollen, immer über die Wahrheit, über die
lebendige Gegenwart des Objekts in unserer Einbildungskraft

statt findet, so kommt es darauf an, welches von beiden in
der Empfindung des Dichters und in seiner Darstellung
überwiegen wird, und es ist folglich eine Verschiedenheit in
der Behandlung möglich. Denn nun entsteht die Frage, ob
er mehr bei der Wirklichkeit, ob er mehr bei dem Ideale
verweilen – ob er jene als einen Gegenstand der Abneigung, ob er dieses als einen Gegenstand der Zuneigung
ausführen will. Seine Darstellung wird also entweder
satyrisch oder sie wird (in einer weitern Bedeutung dieses
Worts, die sich nachher erklären wird) *elegisch* sein; an eine
von diesen beiden Empfindungsarten wird jeder sentimentalische Dichter sich halten.

Satyrische Dichtung

Satyrisch ist der Dichter, wenn er die Entfernung von der
Natur und den Widerspruch der Wirklichkeit mit dem
Ideale (in der Wirkung auf das Gemüt kommt beides auf
eins hinaus) zu seinem Gegenstande macht. Dies kann er
aber sowohl ernsthaft und mit Affekt, als scherzhaft und
mit Heiterkeit ausführen; je nachdem er entweder im
Gebiete des Willens oder im Gebiete des Verstandes
verweilt. Jenes geschieht durch die *strafende*, oder pathetische, dieses durch die *scherzhafte* Satyre.
Streng genommen verträgt zwar der Zweck des Dichters
weder den Ton der Strafe noch den der Belustigung. Jener
ist zu ernst für das Spiel, was die Poesie immer sein soll;
dieser ist zu frivol für den Ernst, der allem poetischen
Spiele zum Grund liegen soll. Moralische Widersprüche
interessieren notwendig unser Herz, und rauben also dem

---

erfreuen, und auch weiter nichts als diese suchen, bei
sentimentalischen hingegen die Vorstellung der Einbildungskraft mit einer Vernunftidee zu vereinigen haben, und also
immer zwischen zwei verschiedenen Zuständen in Schwanken
geraten.

Gemüt seine Freiheit; und doch soll aus poetischen Rührungen alles eigentliche Interesse, d. h. alle Beziehung auf ein Bedürfnis verbannt sein. Verstandes-Widersprüche hingegen lassen das Herz gleichgültig, und doch hat es der Dichter mit dem höchsten Anliegen des Herzens, mit der Natur und dem Ideal, zu tun. Es ist daher keine geringe Aufgabe für ihn, in der pathetischen Satyre nicht die poetische Form zu verletzen, welche in der Freiheit des Spiels besteht, in der scherzhaften Satyre nicht den poetischen Gehalt zu verfehlen, welcher immer das Unendliche sein muß. Diese Aufgabe kann nur auf eine einzige Art gelöset werden. Die strafende Satyre erlangt poetische Freiheit, indem sie ins Erhabene übergeht, die lachende Satyre erhält poetischen Gehalt, indem sie ihren Gegenstand mit Schönheit behandelt.

In der Satyre wird die Wirklichkeit als Mangel, dem Ideal als der höchsten Realität gegenüber gestellt. Es ist übrigens gar nicht nötig, daß das letztere ausgesprochen werde, wenn der Dichter es nur im Gemüt zu erwecken weiß; dies muß er aber schlechterdings, oder er wird gar nicht poetisch wirken. Die Wirklichkeit ist also hier ein notwendiges Objekt der Abneigung, aber worauf hier alles ankömmt, diese Abneigung selbst muß wieder notwendig aus dem entgegenstehenden Ideale entspringen. Sie könnte nehmlich auch eine bloß sinnliche Quelle haben und lediglich in Bedürfnis gegründet sein, mit welchem die Wirklichkeit streitet; und häufig genug glauben wir einen moralischen Unwillen über die Welt zu empfinden, wenn uns bloß der Widerstreit derselben mit unserer Neigung erbittert. Dieses materielle Interesse ist es, was der gemeine Satyriker ins Spiel bringt, und weil es ihm auf diesem Wege gar nicht fehl schlägt, uns in Affekt zu versetzen, so glaubt er unser Herz in seiner Gewalt zu haben und im pathetischen Meister zu sein. Aber jedes Pathos aus dieser Quelle ist der Dichtkunst unwürdig, die uns nur durch Ideen rühren und nur durch die Vernunft zu unserm Herzen den Weg nehmen darf. Auch wird sich dieses unreine und

materielle Pathos jederzeit durch ein Übergewicht des
Leidens und durch eine peinliche Befangenheit des Gemüts
offenbaren, da im Gegenteil das wahrhaft poetische Pathos
an einem Übergewicht der Selbsttätigkeit und an einer,
auch im Affekte noch bestehenden Gemütsfreiheit zu
erkennen ist. Entspringt nehmlich die Rührung aus dem,
der Wirklichkeit gegenüber stehenden Ideale, so verliert
sich in der Erhabenheit des letztern jedes einengende
Gefühl und die Größe der Idee, von der wir erfüllt sind,
erhebt uns über alle Schranken der Erfahrung. Bei der
Darstellung empörender Wirklichkeit kommt daher alles
darauf an, daß das Notwendige der Grund sei, auf welchem
der Dichter oder der Erzähler das Wirkliche aufträgt, daß er
unser Gemüt für Ideen zu stimmen wisse. Stehen *wir* nur
hoch in der Beurteilung, so hat es nichts zu sagen, wenn
auch der Gegenstand tief und niedrig, unter uns zurückbleibt. Wenn uns der Geschichtschreiber *Tacitus* den tiefen
Verfall der Römer des ersten Jahrhunderts schildert, so ist
es ein hoher Geist, der auf das Niedrige herabblickt, und
unsere Stimmung ist wahrhaft poetisch, weil nur die Höhe,
worauf er selbst steht und zu der er uns zu erheben wußte,
seinen Gegenstand niedrig machte.

Die pathetische Satyre muß also jederzeit aus einem
Gemüte fließen, welches von dem Ideale lebhaft durchdrungen ist. Nur ein herrschender Trieb nach Übereinstimmung kann und darf jenes tiefe Gefühl moralischer
Widersprüche und jenen glühenden Unwillen gegen moralische Verkehrtheit erzeugen, welcher in einem Juvenal,
Lucian, Dante, Swift, Young, Rousseau, Haller und andern
zur Begeisterung wird. Die nehmlichen Dichter würden
und müßten mit demselben Glück auch in den rührenden
und zärtlichen Gattungen gedichtet haben, wenn nicht
zufällige Ursachen ihrem Gemüt frühe diese bestimmte
Richtung gegeben hätten; auch haben sie es zum Teil
wirklich getan. Alle die hier genannten lebten entweder in
einem ausgearteten Zeitalter und hatten eine schauderhafte
Erfahrung moralischer Verderbnis vor Augen, oder eigene

Schicksale hatten Bitterkeit in ihre Seele gestreut. Auch der philosophische Geist, da er mit unerbittlicher Strenge den Schein von dem Wesen trennt, und in die Tiefen der Dinge dringet, neigt das Gemüt zu dieser Härte und Austerität, mit welcher Rousseau, Haller und andre die Wirklichkeit malen. Aber diese äußern und zufälligen Einflüsse, welche immer einschränkend wirken, dürfen höchstens nur die Richtung bestimmen, niemals den Inhalt der Begeisterung hergeben. Dieser muß in allen derselbe sein, und, rein von jedem äußern Bedürfnis, aus einem glühenden Triebe für das Ideal hervorfließen, welcher durchaus der einzig wahre Beruf zu dem satyrischen wie überhaupt zu dem sentimentalischen Dichter ist.

Wenn die pathetische Satyre nur *erhabene* Seelen kleidet, so kann die spottende Satyre nur einem *schönen* Herzen gelingen. Denn jene ist schon durch ihren ernsten Gegenstand vor der Frivolität gesichert; aber diese, die nur einen moralisch gleichgültigen Stoff behandeln darf, würde unvermeidlich darein verfallen, und jede poetische Würde verlieren, wenn hier nicht die Behandlung den Inhalt veredelte und das *Subjekt* des Dichters nicht sein Objekt verträte. Aber nur dem schönen Herzen ist es verliehen, unabhängig von dem Gegenstand seines Wirkens, in jeder seiner Äußerungen ein vollendetes Bild von sich selbst abzuprägen. Der erhabene Charakter kann sich nur in einzelnen Siegen über den Widerstand der Sinne, nur in gewissen Momenten des Schwunges und einer augenblicklichen Anstrengung kund tun; in der schönen Seele hingegen wirkt das Ideal als Natur, also gleichförmig, und kann mithin auch in einem Zustand der Ruhe sich zeigen.

Es ist mehrmals darüber gestritten worden, welche von beiden, die Tragödie oder die Komödie vor der andern den Rang verdiene. Wird damit bloß gefragt, welche von beiden das wichtigere Objekt behandle, so ist kein Zweifel, daß die erstere den Vorzug behauptet; will man aber wissen, welche von beiden das wichtigere Subjekt erfodre, so muß der Ausspruch eben so entscheidend für die letztere ausfallen. In der Tragödie geschieht schon durch den Gegenstand sehr viel, in der Komödie geschieht durch den Gegenstand nichts und alles durch den Dichter. Da nun bei Urteilen des Geschmacks der Stoff nie in Betrachtung kommt, so muß natürlicher weise der ästhetische Wert dieser beiden Kunstgattungen in umgekehrtem Verhältnis zu ihrer materiellen Wichtigkeit stehen. Den tragischen Dichter trägt sein Objekt, der komische hingegen muß durch sein Subjekt das seinige in der ästhetischen Höhe erhalten. Jener darf einen Schwung nehmen, wozu soviel eben nicht gehöret; der andre muß sich gleich bleiben, er muß also schon dort *sein* und dort zu Hause sein, wohin der andre nicht ohne einen Anlauf gelangt. Und gerade das ist es, worin sich der schöne Charakter von dem erhabenen unterscheidet. In dem ersten ist jede Größe schon enthalten, sie fließt ungezwungen und mühelos aus seiner Natur, er ist, dem Vermögen nach, ein Unendliches in jedem Punkte seiner Bahn; der andere kann sich zu jeder Größe anspannen und erheben, er kann durch die Kraft seines Willens aus jedem Zustande der Beschränkung sich reißen. Dieser ist also nur ruckweise und nur mit Anstrengung frei, jener ist es mit Leichtigkeit und immer.

Diese Freiheit des Gemüts in uns hervorzubringen und zu nähren, ist die schöne Aufgabe der Komödie, so wie die Tragödie bestimmt ist, die Gemütsfreiheit, wenn sie durch einen Affekt gewaltsam aufgehoben worden, auf ästhetischem Weg wieder herstellen zu helfen. In der Tragödie muß daher die Gemütsfreiheit künstlicherweise und als Experiment *künstlich* aufgehoben werden, weil sie in Herstellung derselben ihre poetische Kraft beweist; in der Komödie hingegen muß verhütet werden, daß es niemals zu jener Aufhebung der Gemütsfreiheit komme. Daher behandelt der Tragödiendichter seinen Gegenstand immer praktisch, der Komödiendichter den seinigen immer theoretisch; auch wenn jener (wie Lessing in seinem Nathan) die Grille hätte einen theoretischen, dieser, einen praktischen

Stoff zu bearbeiten. Nicht das Gebiet aus welchem der Gegenstand genommen, sondern das Forum vor welches der Dichter ihn bringt, macht denselben tragisch oder komisch. Der Tragiker muß sich vor dem ruhigen Raisonnement in Acht nehmen und immer das Herz interessieren, der Komiker muß sich vor dem Pathos hüten und immer den Verstand unterhalten. Jener zeigt also durch beständige Erregung, dieser durch beständige Abwehrung der Leidenschaft seine Kunst; und diese Kunst ist natürlich auf beiden Seiten um so größer, je mehr der Gegenstand des Einen abstrakter Natur ist, und der des Andern sich zum pathetischen neigt.[14] Wenn also die Tragödie von einem wichtigern Punkt ausgeht, so muß man auf der andern Seite gestehen, daß die Komödie einem wichtigern Ziel entgegen geht, und sie würde, wenn sie es erreichte, alle Tragödie überflüssig und unmöglich machen. Ihr Ziel ist einerlei mit dem höchsten, wornach der Mensch zu ringen hat, frei von Leidenschaft zu sein, immer klar immer ruhig um sich und in sich zu schauen, überall mehr Zufall als Schicksal zu finden, und mehr über Ungereimtheit zu lachen als über Bosheit zu zürnen oder zu weinen.

Wie in dem handelnden Leben so begegnet es auch oft bei dichterischen Darstellungen, den bloß leichten Sinn,

---

14 Im Nathan dem Weisen ist dieses nicht geschehen, hier hat die frostige Natur des Stoffs das ganze Kunstwerk erkältet. Aber Lessing wußte selbst, daß er kein Trauerspiel schrieb, und vergaß nur, menschlicher weise, in seiner eigenen Angelegenheit die in der Dramaturgie aufgestellte Lehre, daß der Dichter nicht befugt sei, die tragische Form zu einem andern als tragischen Zweck anzuwenden. Ohne sehr wesentliche Veränderungen würde es kaum möglich gewesen sein, dieses dramatische Gedicht in eine gute Tragödie umzuschaffen; aber mit bloß zufälligen Veränderungen möchte es eine gute Komödie abgegeben haben. Dem letztern Zweck nehmlich hätte das Pathetische dem erstern das Raisonnierende aufgeopfert werden müssen, und es ist wohl keine Frage, auf welchem von beiden die Schönheit dieses Gedichts am meisten beruht.

das angenehme Talent, die fröhliche Gutmütigkeit mit
Schönheit der Seele zu verwechseln, und da sich der
gemeine Geschmack überhaupt nie über das Angenehme
erhebt, so ist es solchen *niedlichen* Geistern ein leichtes, jenen
Ruhm zu usurpieren, der so schwer zu verdienen ist. Aber
es gibt eine untrügliche Probe, vermittelst deren man die
Leichtigkeit des Naturells von der Leichtigkeit des Ideals,
so wie die Tugend des Temperaments von der wahrhaften
Sittlichkeit des Charakters unterscheiden kann, und diese
ist, wenn beide sich an einem schwürigen und großen
Objekte versuchen. In einem solchen Fall geht das niedliche
Genie unfehlbar in das Platte, so wie die Temperamentstugend in das Materielle, die wahrhaft schöne Seele hingegen
geht eben so gewiß in die erhabene über.

So lange *Lucian* bloß die Ungereimtheit züchtigt, wie in
den Wünschen, in den Lapithen, in dem Jupiter, Tragödus
u. a. bleibt er Spötter, und ergötzt uns mit seinem fröhlichen Humor; aber es wird ein ganz anderer Mann aus ihm
in vielen Stellen seines Nigrinus, seines Timons, seines
Alexander, wo seine Satyre auch die moralische Verderbnis
trifft. »Unglückseliger«, so beginnt er in seinem Nigrinus
das empörende Gemälde des damaligen Roms, »warum
verließest du das Licht der Sonne, Griechenland, und jenes
glückliche Leben der Freiheit, und kammst hieher in dies
Getümmel von prachtvoller Dienstbarkeit, von Aufwar-
tungen und Gastmählern, von Sykophanten, Schmeich-
lern, Giftmischern, Erbschleichern und falschen Freunden?
u. s. w.« Bei solchen und ähnlichen Anlässen muß sich der
hohe Ernst des Gefühls offenbaren, der allem Spiele, wenn
es poetisch sein soll, zum Grunde liegen muß. Selbst durch
den boshaften Scherz, womit sowohl Lucian als Aristophanes den Sokrates mißhandeln, blickt eine ernste Vernunft
hervor, welche die Wahrheit an dem Sophisten rächt, und
für ein Ideal streitet, das sie nur nicht immer ausspricht.
Auch hat der erste von beiden in seinem Diogenes und
Dämonar diesen Charakter gegen alle Zweifel gerechtfertigt; unter den Neuern welchen großen und schönen

Charakter drückt nicht *Cervantes* bei jedem würdigen Anlaß
in seinem *Don Quixote* aus, welch ein herrliches Ideal mußte
nicht in der Seele des Dichters leben, der einen *Tom Jones*
und eine *Sophia* erschuf, wie kann der Lacher *Yorik* sobald
er will unser Gemüt so groß und so mächtig bewegen.   5
Auch in unserm *Wieland* erkenne ich diesen Ernst der
Empfindung; selbst die mutwilligen Spiele seiner Laune
beseelt und adelt die Grazie des Herzens; selbst in den
Rhythmus seines Gesanges drückt sie ihr Gepräg, und
nimmer fehlt ihm die Schwungkraft, uns, sobald es gilt, zu   10
dem Höchsten empor zu tragen.

Von der Voltairischen Satyre läßt sich kein solches Urteil
fällen. Zwar ist es auch bei diesem Schriftsteller einzig nur
die Wahrheit und Simplizität der Natur, wodurch er uns
zuweilen poetisch rührt; es sei nun, daß er sie in einem   15
naiven Charakter wirklich erreiche, wie mehrmal in seinem
Ingenu, oder daß er sie, wie in seinem *Candide* u. a. suche und
räche. Wo keines von beiden der Fall ist, da kann er uns
zwar als witziger Kopf belustigen, aber gewiß nicht als
Dichter bewegen. Aber seinem Spott liegt überall zu wenig   20
Ernst zum Grunde, und dieses macht seinen Dichterberuf
mit Recht verdächtig. Wir begegnen immer nur seinem
Verstande, nicht seinem Gefühl. Es zeigt sich kein Ideal
unter jener luftigen Hülle, und kaum etwas absolut Festes
in jener ewigen Bewegung. Seine wunderbare Mannigfal-   25
tigkeit in äußern Formen, weit entfernt für die innere Fülle
seines Geistes etwas zu beweisen, legt vielmehr ein
bedenkliches Zeugnis dagegen ab, denn ungeachtet aller
jener Formen hat er auch nicht Eine gefunden, worin er ein
Herz hätte abdrücken können. Beinahe muß man also   30
fürchten, es war in diesem reichen Genius nur die Armut
des Herzens, die seinen Beruf zur Satyre bestimmte. Wäre
es anders, so hätte er doch irgend auf seinem weiten Weg
aus diesem engen Geleise treten müssen. Aber bei allem
noch so großen Wechsel des Stoffes und der äußern Form   35
sehen wir diese innere Form in ewigem, dürftigem Einerlei
wiederkehren, und trotz seiner voluminösen Laufbahn hat

er doch den Kreis der Menschheit in sich selbst nicht erfüllt, den man in den obenerwähnten Satyrikern mit Freuden durchlaufen findet.

Elegische Dichtung

Setzt der Dichter die Natur der Kunst und das Ideal der Wirklichkeit so entgegen, daß die Darstellung des ersten überwiegt, und das Wohlgefallen an demselben herrschende Empfindung wird, so nenne ich ihn *elegisch*. Auch diese Gattung hat wie die Satyre zwei Klassen unter sich. Entweder ist die Natur und das Ideal ein Gegenstand der Trauer, wenn jene als verloren, dieses als unerreicht dargestellt wird. Oder beide sind ein Gegenstand der Freude, indem sie als wirklich vorgestellt werden. Das erste gibt die *Elegie* in engerer, das andre die *Idylle* in weitester Bedeutung.[15]

---

15 Daß ich die Benennungen Satyre, Elegie und Idylle in einem weitern Sinne gebrauche, als gewöhnlich geschieht, werde ich bei Lesern, die tiefer in die Sache dringen, kaum zu verantworten brauchen. Meine Absicht dabei ist keineswegs die Grenzen zu verrücken, welche die bisherige Observanz sowohl der Satyre und Elegie als der Idylle mit gutem Grunde gesteckt hat; ich sehe bloß auf die in diesen Dichtungsarten herrschende *Empfindungsweise*, und es ist ja bekannt genug, daß diese sich keineswegs in jene engen Grenzen einschließen läßt. Elegisch rührt uns nicht bloß die Elegie, welche ausschließlich so genannt wird; auch der dramatische und epische Dichter können uns auf elegische Weise bewegen. In der Meßiade, in Thomsons Jahrszeiten, im verlorenen Paradies, im befreiten Jerusalem finden wir mehrere Gemälde, die sonst nur der Idylle, der Elegie, der Satyre eigen sind. Eben so, mehr oder weniger, fast in jedem pathetischen Gedichte. Daß ich aber die Idylle selbst zur elegischen Gattung rechne, scheint eher einer Rechtfertigung zu bedürfen. Man erinnere sich aber, daß hier nur von derjenigen Idylle die Rede ist, welche eine Spezies der sentimentalischen Dichtung ist, zu deren Wesen es gehört, daß

Wie der Unwille bei der pathetischen und wie der Spott bei der scherzhaften Satyre, so darf bei der Elegie die Trauer nur aus einer, durch das Ideal erweckten Begeisterung fließen. Dadurch allein erhält die Elegie poetischen Gehalt, und jede andere Quelle derselben ist völlig unter der Würde der Dichtkunst. Der elegische Dichter sucht die Natur, aber in ihrer Schönheit, nicht bloß in ihrer Annehmlichkeit, in ihrer Übereinstimmung mit Ideen, nicht bloß in ihrer Nachgiebigkeit gegen das Bedürfnis. Die Trauer über verlorne Freuden, über das der Welt verschwundene goldene Alter, über das entflohene Glück der Jugend, der

---

die Natur der Kunst und das Ideal der Wirklichkeit *entgegengesetzt werde*. Geschieht dieses auch nicht ausdrücklich von dem Dichter, und stellt er das Gemälde der unverdorbenen Natur oder des erfüllten Ideales rein und selbstständig vor unsere Augen, so ist jener Gegensatz doch in seinem Herzen, und wird sich, auch ohne seinen Willen, in jedem Pinselstrich verraten. Ja wäre dieses nicht, so würde schon die Sprache, deren er sich bedienen muß, weil sie den Geist der Zeit an sich trägt und den Einfluß der Kunst erfahren, uns die Wirklichkeit mit ihren Schranken, die Kultur mit ihrer Künstelei in Erinnerung bringen; ja unser eigenes Herz würde jenem Bilde der reinen Natur die Erfahrung der Verderbnis gegenüber stellen, und so die Empfindungsart, wenn auch der Dichter es nicht darauf angelegt hätte, in uns elegisch machen. Dies letztere ist so unvermeidlich, daß selbst der höchste Genuß, den die schönsten Werke der naiven Gattung aus alten und neuen Zeiten dem kultivierten Menschen gewähren, nicht lange rein bleibt, sondern früher oder später von einer elegischen Empfindung begleitet sein wird. Schließlich bemerke ich noch, daß die hier versuchte Einteilung, eben deswegen weil sie sich bloß auf den Unterschied in der Empfindungsweise gründet, in der Einteilung der Gedichte selbst und der Ableitung der poetischen Arten ganz und gar nichts bestimmen soll; denn da der Dichter, auch in demselben Werke, keineswegs an dieselbe Empfindungsweise gebunden ist, so kann jene Einteilung nicht davon, sondern muß von der Form der Darstellung hergenommen werden.

Liebe u. s. w. kann nur alsdann der Stoff zu einer elegischen Dichtung werden, wenn jene Zustände sinnlichen Friedens zugleich als Gegenstände moralischer Harmonie sich vorstellen lassen. Ich kann deswegen die Klaggesänge des *Ovid*, die er aus seinem Verbannungsort am *Euxin* anstimmt, wie rührend sie auch sind, und wie viel Dichterisches auch einzelne Stellen haben, im Ganzen nicht wohl als ein poetisches Werk betrachten. Es ist viel zu wenig Energie, viel zu wenig Geist und Adel in seinem Schmerz. Das Bedürfnis, nicht die Begeisterung stieß jene Klagen aus; es atmet darin, wenn gleich keine gemeine Seele, doch die gemeine Stimmung eines edleren Geistes, den sein Schicksal zu Boden drückte. Zwar wenn wir uns erinnern, daß es Rom, und das Rom des Augustus ist, um das er trauert, so verzeihen wir dem Sohn der Freude seinen Schmerz; aber selbst das herrliche Rom mit allen seinen Glückseligkeiten ist, wenn nicht die Einbildungskraft es erst veredelt, bloß eine endliche Größe, mithin ein unwürdiges Objekt für die Dichtkunst, die erhaben über alles, was die Wirklichkeit aufstellt, nur das Recht hat, um das Unendliche zu trauern.

Der Inhalt der dichterischen Klage kann also niemals ein äußrer, jederzeit nur ein innerer idealischer Gegenstand sein; selbst wenn sie einen Verlust in der Wirklichkeit betrauert, muß sie ihn erst zu einem idealischen umschaffen. In dieser Reduktion des Beschränkten auf ein Unendliches besteht eigentlich die poetische Behandlung. Der äußere Stoff ist daher an sich selbst immer gleichgültig, weil ihn die Dichtkunst niemals so brauchen kann, wie sie ihn findet, sondern nur durch das, was sie selbst daraus macht, ihm die poetische Würde gibt. Der elegische Dichter sucht die Natur aber als eine Idee und in einer Vollkommenheit, in der sie nie existiert hat, wenn er sie gleich als etwas da gewesenes und nun verlorenes beweint. Wenn uns Ossian von den Tagen erzählt, die nicht mehr sind, und von den Helden, die verschwunden sind, so hat seine Dichtungskraft jene Bilder der Erinnerung längst in

Ideale, jene Helden in Götter umgestaltet. Die Erfahrungen eines bestimmten Verlustes haben sich zur Idee der allgemeinen Vergänglichkeit erweitert, und der gerührte Barde, den das Bild des allgegenwärtigen Ruins verfolgt, schwingt sich zum Himmel auf, um dort in dem Sonnenlauf ein Sinnbild des Unvergänglichen zu finden.[16]

Ich wende mich sogleich zu den neuern Poeten in der elegischen Gattung. *Rousseau*, als Dichter, wie als Philosoph, hat keine andere Tendenz als die Natur entweder zu suchen, oder an der Kunst zu rächen. Je nachdem sich sein Gefühl entweder bei der einen oder der andern verweilt, finden wir ihn bald elegisch gerührt, bald zu Juvenalischer Satyre begeistert, bald, wie in seiner Julie, in das Feld der Idylle entzückt. Seine Dichtungen haben unwidersprechlich poetischen Gehalt, da sie ein Ideal behandeln, nur weiß er denselben nicht auf poetische Weise zu gebrauchen. Sein ernster Charakter läßt ihn zwar nie zur Frivolität herabsinken, aber erlaubt ihm auch nicht, sich bis zum poetischen Spiel zu erheben. Bald durch Leidenschaft, bald durch Abstraktion angespannt, bringt er es selten oder nie zu der ästhetischen Freiheit, welche der Dichter seinem Stoff gegenüber behaupten, seinem Leser mitteilen muß. Entweder es ist seine kranke Empfindlichkeit, die über ihn herrschet, und seine Gefühle bis zum Peinlichen treibt; oder es ist seine Denkkraft, die seiner Imagination Fesseln anlegt und durch die Strenge des Begriffs die Anmut des Gemäldes vernichtet. Beide Eigenschaften, deren innige Wechselwirkung und Vereinigung den Poeten eigentlich ausmacht, finden sich bei diesem Schriftsteller in ungewöhnlich hohem Grad, und nichts fehlt, als daß sie sich auch wirklich miteinander vereinigt äußerten, daß seine Selbsttätigkeit sich mehr in sein Empfinden, daß seine Empfänglichkeit sich mehr in sein Denken mischte. Daher ist auch in dem Ideale, das er von der Menschheit aufstellt, auf die Schranken derselben zu viel, auf ihr Vermögen zu

---

16 Man lese z. B. das treffliche Gedicht Charton betitelt.

wenig Rücksicht genommen, und überall mehr ein Bedürfnis nach physischer *Ruhe* als nach moralischer *Übereinstim-*
mung darin sichtbar. Seine leidenschaftliche Empfindlichkeit ist Schuld, daß er die Menschheit, um nur des Streits in
derselben recht bald los zu werden, lieber zu der geistlosen
Einförmigkeit des ersten Standes zurückgeführt, als jenen
Streit in der geistreichen Harmonie einer völlig durchge-
führten Bildung geendigt sehen, daß er die Kunst lieber gar
nicht anfangen lassen, als ihre Vollendung erwarten will,
kurz, daß er das Ziel lieber niedriger steckt, und das Ideal
lieber herabsetzt, um es nur desto schneller, um es nur desto
sicherer zu erreichen.

Unter Deutschlands Dichtern in dieser Gattung will ich
hier nur *Hallers, Kleists* und *Klopstocks* erwähnen. Der
Charakter ihrer Dichtung ist sentimentalisch; durch Ideen
rühren sie uns, nicht durch sinnliche Wahrheit, nicht
sowohl weil sie selbst Natur sind, als weil sie uns für Natur
zu begeistern wissen. Was indessen von dem Charakter
sowohl dieser als aller sentimentalischen Dichter *im Ganzen*
wahr ist, schließt natürlicherweise darum keineswegs das
Vermögen aus, *im Einzelnen* uns durch naive Schönheit zu
rühren: ohne das würden sie überall keine Dichter sein. Nur
ihr eigentlicher und herrschender Charakter ist es nicht, mit
ruhigem, einfältigem und leichtem Sinn zu empfangen und
das Empfangene eben so wieder darzustellen. Unwillkürlich drängt sich die Phantasie der Anschauung, die Denkkraft der Empfindung zuvor und man verschließt Auge
und Ohr, um betrachtend in sich selbst zu versinken. Das
Gemüt kann keinen Eindruck erleiden, ohne sogleich
seinem eigenen Spiel zuzusehen, und was es in sich hat,
durch Reflexion sich gegenüber und aus sich herauszustel-
len. Wir erhalten auf diese Art nie den Gegenstand, nur was
der reflektierende Verstand des Dichters aus dem Gegenstand machte, und selbst dann, wenn der Dichter selbst
dieser Gegenstand ist, wenn er uns seine Empfindungen
darstellen will, erfahren wir nicht seinen Zustand unmittelbar und aus der ersten Hand, sondern wie sich derselbe in

seinem Gemüt reflektiert, was er als Zuschauer seiner selbst
darüber gedacht hat. Wenn Haller den Tod seiner Gattin
betrauert (man kennt das schöne Lied) und folgenderma-
ßen anfängt:

> Soll ich von deinem Tode singen
> O Mariane welch ein Lied!
> Wenn Seufzer mit den Worten ringen
> Und ein Begriff den andern flieht etc.

so finden wir diese Beschreibung genau wahr, aber wir
fühlen auch, daß uns der Dichter nicht eigentlich seine
Empfindungen, sondern seine Gedanken darüber mitteilt.
Er rührt uns deswegen auch weit schwächer, weil er selbst
schon sehr viel erkältet sein mußte, um ein Zuschauer
seiner Rührung zu sein.

Schon der größtenteils übersinnliche Stoff der Hallerischen und zum Teil auch der Klopstockischen Dichtungen
schließt sie von der naiven Gattung aus; sobald daher jener
Stoff überhaupt nur poetisch bearbeitet werden sollte, so
mußte er, da er keine körperliche Natur annehmen und
folglich kein Gegenstand der sinnlichen Anschauung
werden konnte, ins Unendliche hinübergeführt und zu
einem Gegenstand der geistigen Anschauung erhoben
werden. Überhaupt läßt sich nur in diesem Sinne eine
didaktische Poesie ohne innern Widerspruch denken; denn,
um es noch einmal zu wiederholen, nur diese zwei Felder
besitzt die Dichtkunst; entweder sie muß sich in der
Sinnenwelt oder sie muß sich in der Ideenwelt aufhalten, da
sie im Reich der Begriffe oder in der Verstandeswelt
schlechterdings nicht gedeihen kann. Noch, ich gestehe es,
kenne ich kein Gedicht in dieser Gattung, weder aus älterer
noch neuerer Literatur, welches den Begriff, den es bearbeitet, rein und vollständig entweder bis zur Individualität herab oder bis zur Idee hinaufgeführt hätte. Der
gewöhnliche Fall ist, wenn es noch glücklich geht, daß
zwischen beiden abgewechselt wird, während daß der

abstrakte Begriff herrschet, und daß der Einbildungskraft, welche auf dem poetischen Felde zu gebieten haben soll, bloß verstattet wird, den Verstand zu bedienen. Dasjenige didaktische Gedicht, worin der Gedanke selbst poetisch wäre, und es auch bliebe, ist noch zu erwarten.

Was hier im allgemeinen von allen Lehrgedichten gesagt wird, gilt auch von den Hallerischen insbesondere. Der Gedanke selbst ist kein dichterischer Gedanke, aber die Ausführung wird es zuweilen, bald durch den Gebrauch der Bilder bald durch den Aufschwung zu Ideen. Nur in der letztern Qualität gehören sie hieher. Kraft und Tiefe und ein pathetischer Ernst charakterisieren diesen Dichter. Von einem Ideal ist seine Seele entzündet, und sein glühendes Gefühl für Wahrheit sucht in den stillen Alpentälern die aus der Welt verschwundene Unschuld. Tiefrührend ist seine Klage, mit energischer, fast bittrer Satyre zeichnet er die Verirrungen des Verstandes und Herzens und mit Liebe die schöne Einfalt der Natur. Nur überwiegt überall zu sehr der Begriff in seinen Gemälden, so wie in ihm selbst der Verstand über die Empfindung den Meister spielt. Daher *lehrt* er durchgängig mehr als er *darstellt,* und stellt durchgängig mit mehr kräftigen als lieblichen Zügen dar. Er ist groß, kühn, feurig, erhaben; zur Schönheit aber hat er sich selten oder niemals erhoben.

An Ideengehalt und an Tiefe des Geistes steht *Kleist* diesem Dichter um vieles nach; an Anmut möchte er ihn übertreffen, wenn wir ihm anders nicht, wie zuweilen geschieht, einen Mangel auf der einen Seite für eine Stärke auf der andern anrechnen. Kleists gefühlvolle Seele schwelgt am liebsten im Anblick ländlicher Szenen und Sitten. Er flieht gerne das leere Geräusch der Gesellschaft und findet im Schoß der leblosen Natur die Harmonie und den Frieden, den er in der moralischen Welt vermißt. Wie rührend ist seine Sehnsucht nach Ruhe![17] Wie wahr und gefühlt, wenn er singt:

---

17 Man sehe das Gedicht dieses Namens in seinen Werken.

»O Welt du bist des wahren Lebens Grab.
Oft reizet mich ein heißer Trieb zur Tugend,
Für Wehmut rollt ein Bach die Wang' herab,
Das Beispiel siegt und du o Feur der Jugend.
Ihr trocknet bald die edeln Tränen ein. 5
Ein wahrer Mensch muß fern von Menschen sein.«

Aber hat ihn sein Dichtungstrieb aus dem einengenden
Kreis der Verhältnisse heraus in die geistreiche Einsamkeit
der Natur geführt, so verfolgt ihn auch noch bis hieher das
ängstliche Bild des Zeitalters und leider auch seine Fesseln. 10
Was er fliehet, ist in ihm, was er suchet, ist ewig außer ihm;
nie kann er den üblen Einfluß seines Jahrhunderts verwin-
den. Ist sein Herz gleich feurig, seine Phantasie gleich
energisch genug, die toten Gebilde des Verstandes durch
die Darstellung zu beseelen, so entseelt der kalte Gedanke 15
eben so oft wieder die lebendige Schöpfung der Dichtungskraft, und die Reflexion stört das geheime Werk der
Empfindung. Bunt zwar und prangend wie der Frühling,
den er besang, ist seine Dichtung, seine Phantasie ist rege
und tätig, doch möchte man sie eher veränderlich als reich, 20
eher spielend als schaffend, eher unruhig fortschreitend als
sammelnd und bildend nennen. Schnell und üppig wechseln Züge auf Züge, aber ohne sich zum Individuum zu
konzentrieren, ohne sich zum Leben zu füllen und zur
Gestalt zu runden. Solange er bloß lyrisch dichtet und bloß 25
bei landschaftlichen Gemälden verweilt, läßt uns teils die
größere Freiheit der lyrischen Form, teils die willkürlichere
Beschaffenheit seines Stoffs diesen Mangel übersehen,
indem wir hier überhaupt mehr die Gefühle des Dichters als
den Gegenstand selbst dargestellt verlangen. Aber der 30
Fehler wird nur allzu merklich, wenn er sich, wie in seinem
Cissides und *Paches*, und in seinem *Seneka*, heraus nimmt,
Menschen und menschliche Handlung darzustellen; weil
hier die Einbildungskraft sich zwischen festen und notwendigen Grenzen eingeschlossen sieht, und der poetische 35
Effekt nur aus dem *Gegenstand* hervorgehen kann. Hier

wird er dürftig, langweilig, mager und bis zum Unerträg-
lichen frostig: ein warnendes Beispiel für alle, die ohne
innern Beruf aus dem Felde musikalischer Poesie in das
Gebiet der bildenden sich versteigen. Einem verwandten
Genie, dem *Thomson*, ist die nehmliche Menschlichkeit
begegnet.

In der sentimentalischen Gattung und besonders in dem
elegischen Teil derselben möchten wenige aus den neuern
und noch wenigere aus den ältern Dichtern mit unserm
Klopstock zu vergleichen sein. Was nur immer, außerhalb
den Grenzen lebendiger Form und außer dem Gebiete der
Individualität, im Felde der Idealität zu erreichen ist, ist von
diesem musikalischen Dichter geleistet.[18] Zwar würde man
ihm großes Unrecht tun, wenn man ihm jene individuelle
Wahrheit und Lebendigkeit, womit der naive Dichter
seinen Gegenstand schildert, überhaupt absprechen wollte.
Viele seiner Oden, mehrere einzelne Züge in seinen
Dramen und in seinem Messias stellen den Gegenstand mit
treffender Wahrheit und in schöner Umgrenzung dar; da
besonders, wo der Gegenstand sein eigenes Herz ist, hat er
nicht selten eine große Natur, eine reizende Naivetät
bewiesen. Nur liegt hierin *seine* Stärke nicht, nur möchte
sich diese Eigenschaft nicht durch das Ganze seines

---

18 Ich sage *musikalischen*, um hier an die doppelte Verwandtschaft
   der Poesie mit der Tonkunst und mit der bildenden Kunst zu
   erinnern. Je nachdem nehmlich die Poesie entweder einen
   bestimmten *Gegenstand* nachahmt, wie die bildenden Künste
   tun, oder je nachdem sie, wie die Tonkunst, bloß einen
   bestimmten *Zustand des Gemüts* hervorbringt, ohne dazu eines
   bestimmten Gegenstandes nötig zu haben, kann sie bildend
   (plastisch) oder musikalisch genannt werden. Der letztere
   Ausdruck bezieht sich also nicht bloß auf dasjenige, was in der
   Poesie, wirklich und der Materie nach, Musik ist, sondern
   überhaupt auf alle diejenigen Effekte derselben, die sie
   hervorzubringen vermag, ohne die Einbildungskraft durch ein
   bestimmtes Objekt zu beschränken; und in diesem Sinne nenne
   ich Klopstock vorzugsweise einen musikalischen Dichter.

dichterischen Kreises durchführen lassen. So eine herrliche
Schöpfung die Messiade in *musikalisch* poetischer Rücksicht, nach der oben gegebenen Bestimmung, ist, so vieles
läßt sie in *plastisch* poetischer noch zu wünschen übrig, wo
man bestimmte und *für die Anschauung bestimmte* Formen
erwartet. Bestimmt genug möchten vielleicht noch die
Figuren in diesem Gedichte sein, aber nicht für die
Anschauung; nur die Abstraktion hat sie erschaffen, nur die
Abstraktion kann sie unterscheiden. Sie sind gute Exempel
zu Begriffen, aber keine Individuen, keine lebende Gestalten. Der Einbildungskraft, an die doch der Dichter sich
wenden, und die er durch die durchgängige Bestimmtheit
seiner Formen beherrschen soll, ist es viel zu sehr frei
gestellt, auf was Art sie sich diese Menschen und Engel,
diese Götter und Satane, diesen Himmel und diese Hölle
versinnlichen will. Es ist ein Umriß gegeben, innerhalb
dessen der Verstand sie notwendig denken muß, aber keine
feste Grenze ist gesetzt, innerhalb deren die Phantasie sie
notwendig darstellen müßte. Was ich hier von den Charakteren sage, gilt von allem, was in diesem Gedichte Leben
und Handlung ist oder sein soll; und nicht bloß in dieser
Epopee, auch in den dramatischen Poesien unsers Dichters.
Für den Verstand ist alles trefflich bestimmt und begrenzet
(ich will hier nur an seinen Judas, seinen Pilatus, seinen
Philo, seinen Salomo, im Trauerspiel dieses Namens erinnern) aber es ist viel zu formlos für die Einbildungskraft
und hier, ich gestehe es frei heraus, finde ich diesen Dichter
ganz und gar nicht in seiner Sphäre.

Seine Sphäre ist immer das Ideenreich, und ins Unendliche weiß er alles, was er bearbeitet, hinüber zu führen.
Man möchte sagen, er ziehe allem, was er behandelt, den
Körper aus, um es zu Geist zu machen, so wie andre
Dichter alles geistige mit einem Körper bekleiden. Beinahe
jeder Genuß, den seine Dichtungen gewähren, muß durch
eine Übung der Denkkraft errungen werden; alle Gefühle,
die er, und zwar so innig und so mächtig in uns zu erregen
weiß, strömen aus übersinnlichen Quellen hervor. Daher

dieser Ernst, diese Kraft, dieser Schwung, diese Tiefe, die alles charakterisieren, was von ihm kommt; daher auch diese immerwährende Spannung des Gemüts, in der wir bei Lesung desselben erhalten werden. Kein Dichter (*Young* etwa ausgenommen, der darin mehr fodert als Er, aber ohne es, wie er tut, zu vergüten) dürfte sich weniger zum Liebling und zum Begleiter durchs Leben schicken, als gerade Klopstock, der uns immer nur aus dem Leben herausführt, immer nur den Geist unter die Waffen ruft, ohne den Sinn mit der ruhigen Gegenwart eines Objekts zu erquicken. Keusch, überirdisch, unkörperlich, heilig wie seine Religion ist seine dichterische Muse, und man muß mit Bewunderung gestehen, daß er, wiewohl zuweilen in diesen Höhen verirret, doch niemals davon herabgesunken ist. Ich bekenne daher unverhohlen, daß mir für den Kopf desjenigen etwas bange ist, der wirklich und ohne Affektation diesen Dichter zu seinem Lieblingsbuche machen kann; zu einem Buche nehmlich, bei dem man zu jeder Lage sich stimmen, zu dem man aus jeder Lage zurückkehren kann; auch, dächte ich, hätte man in Deutschland Früchte genug von seiner gefährlichen Herrschaft gesehen. Nur in gewissen exaltierten Stimmungen des Gemüts kann er gesucht und empfunden werden; deswegen ist er auch der Abgott der Jugend, obgleich bei weitem nicht ihre glücklichste Wahl. Die Jugend, die immer über das Leben hinausstrebt, die alle Form fliehet, und jede Grenze zu enge findet, ergeht sich mit Liebe und Lust in den endlosen Räumen, die ihr von diesem Dichter aufgetan werden. Wenn dann der Jüngling Mann wird, und aus dem Reiche der Ideen in die Grenzen der Erfahrung zurückkehrt, so verliert sich vieles, sehr vieles von jener enthusiastischen Liebe, aber nichts von der Achtung, die man einer so einzigen Erscheinung, einem so außerordentlichen Genius, einem so sehr veredelten Gefühl, die der Deutsche besonders einem so hohen Verdienste schuldig ist.

Ich nannte diesen Dichter vorzugsweise in der elegischen Gattung groß, und kaum wird es nötig sein, dieses Urteil noch besonders zu rechtfertigen. Fähig zu jeder Energie und Meister auf dem ganzen Felde sentimentalischer Dichtung kann er uns bald durch das höchste Pathos erschüttern, bald in himmlisch süße Empfindungen wiegen; aber zu einer hohen geistreichen Wehmut neigt sich doch überwiegend sein Herz, und wie erhaben auch seine Harfe, seine Lyra tönt, so werden die schmelzenden Töne seiner Laute doch immer wahrer und tiefer und beweglicher klingen. Ich berufe mich auf jedes rein gestimmte Gefühl, ob es nicht alles Kühne und Starke, alle Fiktionen, alle prachtvollen Beschreibungen, alle Muster oratorischer Beredsamkeit im Messias, alle schimmernden Gleichnisse, worin unser Dichter so vorzüglich glücklich ist, für die zarten Empfindungen hingeben würde, welche in der Elegie an Ebert, in dem herrlichen Gedicht Bardale, den frühen Gräbern, der Sommernacht, dem Zürcher See und mehrere andere aus dieser Gattung atmen. So ist mir die Messiade als ein Schatz elegischer Gefühle und idealischer Schilderungen teuer, wie wenig sie mich auch als Darstellung einer Handlung und als ein episches Werk befriedigt.

Vielleicht sollte ich, ehe ich dieses Gebiet verlasse, auch noch an die Verdienste eines *Uz*, *Denis*, *Geßner* (in seinem Tod Abels) *Jacobi*, von *Gerstenberg*, eines *Hölty*, von *Göckingk*, und mehrerer andern in dieser Gattung erinnern, welche alle uns durch Ideen rühren, und, in der oben festgesetzten Bedeutung des Worts, sentimentalisch gedichtet haben. Aber mein Zweck ist nicht, eine Geschichte der deutschen Dichtkunst zu schreiben, sondern das oben gesagte durch einige Beispiele aus unsrer Literatur klar zu machen. Die Verschiedenheit des Weges wollte ich zeigen, auf welchem alte und moderne, naive und sentimentalische Dichter zu dem nehmlichen Ziele gehen – daß, wenn uns jene durch Natur, Individualität und lebendige *Sinnlichkeit* rühren, diese durch Ideen und hohe *Geistigkeit* eine eben so große, wenn gleich keine so ausgebreitete, Macht über unser Gemüt beweisen.

An den bisherigen Beispielen hat man gesehen, wie der sentimentalische Dichtergeist einen natürlichen Stoff behandelt; man könnte aber auch interessiert sein zu wissen, wie der naive Dichtergeist mit einem sentimentalischen Stoff verfährt. Völlig neu und von einer ganz eigenen Schwierigkeit scheint diese Aufgabe zu sein, da in der alten und naiven Welt ein solcher *Stoff* sich nicht vorfand, in der neuen aber der *Dichter* dazu fehlen möchte. Dennoch hat sich das Genie auch diese Aufgabe gemacht, und auf eine bewundernswürdig glückliche Weise aufgelöst. Ein Charakter, der mit glühender Empfindung ein Ideal umfaßt, und die Wirklichkeit fliehet, um nach einem wesenlosen Unendlichen zu ringen, der was er in sich selbst unaufhörlich zerstört, unaufhörlich außer sich suchet, dem nur seine Träume das Reelle, seine Erfahrungen ewig nur Schranken sind, der endlich in seinem eigenen Dasein nur eine Schranke sieht, und auch diese, wie billig ist, noch einreißt, um zu der wahren Realität durchzudringen – dieses gefährliche Extrem des sentimentalischen Charakters ist der Stoff eines Dichters geworden, in welchem die Natur getreuer und reiner als in irgend einem andern wirkt, und der sich unter modernen Dichtern vielleicht am wenigsten von der sinnlichen Wahrheit der Dinge entfernt.

Es ist interessant zu sehen, mit welchem glücklichen Instinkt alles was dem sentimentalischen Charakter Nahrung gibt, im *Werther* zusammengedrängt ist; schwärmerische unglückliche Liebe, Empfindsamkeit für Natur, Religionsgefühle, philosophischer Kontemplationsgeist, endlich, um nichts zu vergessen, die düstre, gestaltlose, schwermütige Ossianische Welt. Rechnet man dazu, wie wenig empfehlend, ja wie feindlich die Wirklichkeit dagegen gestellt ist, und wie von außen her alles sich vereinigt, den Gequälten in seine Idealwelt zurückzudrängen, so sieht man keine Möglichkeit, wie ein solcher Charakter aus einem solchen Kreise sich hätte retten können. In dem *Tasso* des nehmlichen Dichters kehrt der nehmliche Gegensatz, wiewohl in ganz verschiedenen Charakteren, zurück; selbst in seinem neuesten *Roman* stellt sich, so wie in jenem ersten, der poetisierende Geist dem nüchternen Gemeinsinn, das Ideale dem Wirklichen, die subjektive Vorstellungsweise der objektiven – – aber mit welcher Verschiedenheit! ₅ entgegen: sogar im *Faust* treffen wir den nehmlichen Gegensatz, freilich wie auch der Stoff dies erfoderte, auf beiden Seiten sehr vergröbert und materialisiert wieder an; es verlohnte wohl der Mühe, eine psychologische Entwick- lung dieses auf vier so verschiedene Arten spezifizierten ₁₀ Charakters zu versuchen.

Es ist oben bemerkt worden, daß die bloß leichte und joviale Gemütsart, wenn ihr nicht eine innere Ideenfülle zum Grund liegt, noch gar keinen Beruf zur scherzhaften Satyre abgebe, so freigebig sie auch im gewöhnlichen Urteil ₁₅ dafür genommen wird; eben so wenig Beruf gibt die bloß zärtliche Weichmütigkeit und Schwermut zur elegischen Dichtung. Beiden fehlt zu dem wahren Dichtertalente das energische Prinzip, welches den Stoff beleben muß, um das wahrhaft schöne zu erzeugen. Produkte dieser zärtlichen ₂₀ Gattung können uns daher bloß schmelzen und ohne das Herz zu erquicken und den Geist zu beschäftigen, bloß der Sinnlichkeit schmeicheln. Ein fortgesetzter Hang zu dieser Empfindungsweise muß zuletzt notwendig den Charakter entnerven und in einen Zustand der Passivität versenken, ₂₅ aus welchem gar keine Realität, weder für das äußre noch innre Leben, hervorgehen kann. Man hat daher sehr Recht getan, jenes Übel der *Empfindelei*[19] und *weinerliche Wesen*, welches durch Mißdeutung und Nachäffung einiger vor- trefflichen Werke, vor etwa achtzehn Jahren, in Deutsch- ₃₀ land überhand zu nehmen anfing, mit unerbittlichem Spott zu verfolgen; obgleich die Nachgiebigkeit, die man gegen

---

19 »Der Hang, wie Herr *Adelung* sie definiert, zu rührenden sanften Empfindungen, *ohne vernünftige Absicht* und über das gehörige Maß« – Herr Adelung ist sehr glücklich, daß er nur aus Absicht und gar nur aus vernünftiger Absicht empfindet.

das nicht viel bessere Gegenstück jener elegischen Karikatur, gegen das spaßhafte Wesen, gegen die herzlose Satyre, und die geistlose Laune[20] zu beweisen geneigt ist, deutlich genug an den Tag legt, daß nicht aus ganz reinen Gründen dagegen geeifert worden ist. Auf der Waage des echten Geschmacks kann das eine so wenig als das andere etwas gelten, weil beiden der ästhetische Gehalt fehlt, der nur in der innigen Verbindung des Geistes mit dem Stoff und in der vereinigten Beziehung eines Produktes auf das Gefühlvermögen und auf das Ideenvermögen enthalten ist.

Über *Siegwart* und seine Klostergeschichte hat man gespottet, und die *Reisen nach dem mittäglichen Frankreich* werden bewundert; dennoch haben beide Produkte gleich großen Anspruch auf einen gewissen Grad von Schätzung, und gleich geringen auf ein unbedingtes Lob. Wahre, obgleich überspannte Empfindung macht den erstern Roman, ein leichter Humor und ein aufgeweckter feiner Verstand macht den zweiten schätzbar; aber so wie es dem einen durchaus an der gehörigen Nüchternheit des Verstandes fehlt, so fehlt es dem andern an ästhetischer Würde. Der erste wird der Erfahrung gegenüber ein wenig lächerlich, der andere wird dem Ideale gegenüber beinahe verächtlich. Da nun das wahrhafte Schöne einerseits mit der Natur und andrerseits mit dem Ideale übereinstimmend sein muß, so kann der eine so wenig als der andre auf den Namen eines schönen Werks Anspruch machen. Indessen ist es natürlich

---

20 Man soll zwar gewissen Lesern ihr dürftiges Vergnügen nicht verkümmern, und was geht es zuletzt die Kritik an, wenn es Leute gibt, die sich an dem schmutzigen Witz des Herrn *Blumauer* erbauen und erlustigen können. Aber die Kunstrichter wenigstens sollten sich enthalten, mit einer gewissen Achtung von Produkten zu sprechen, deren Existenz dem guten Geschmack billig ein Geheimnis bleiben sollte. Zwar ist weder wahres Talent noch Laune darin zu verkennen, aber desto mehr ist zu beklagen, daß beides nicht mehr gereiniget ist. Ich sage nichts von unsern deutschen Komödien; die Dichter malen die Zeit, in der sie leben.

und billig, und ich weiß es aus eigner Erfahrung, daß der Thümmelische Roman mit großem Vergnügen gelesen wird. Da er nur solche Foderungen beleidigt, die aus dem Ideal entspringen, die folglich von dem größten Teil der Leser gar nicht, und von den bessern gerade nicht in solchen Momenten, wo man Romanen liest, aufgeworfen werden, die übrigen Foderungen des Geistes und – des Körpers hingegen in nicht gemeinem Grade erfüllt, so muß er und wird mit Recht ein Lieblingsbuch unserer und aller der Zeiten bleiben, wo man ästhetische Werke bloß schreibt, um zu gefallen, und bloß liest, um sich ein Vergnügen zu machen.

Aber hat die poetische Literatur nicht sogar klassische Werke aufzuweisen, welche die hohe Reinheit des Ideals auf ähnliche Weise zu beleidigen, und sich durch die Materialität ihres Inhalts von jener Geistigkeit, die hier von jedem ästhetischen Kunstwerk verlangt wird, sehr weit zu entfernen scheinen? Was selbst der Dichter, der keusche Jünger der Muse, sich erlauben darf, sollte das dem Romanschreiber, der nur sein Halbbruder ist und die Erde noch so sehr berührt, nicht gestattet sein? Ich darf dieser Frage hier um so weniger ausweichen, da sowohl im elegischen als im satyrischen Fache Meisterstücke vorhanden sind, welche eine ganz andre Natur, als diejenige ist, von der dieser Aufsatz spricht, zu suchen, zu empfehlen, und dieselbe nicht sowohl gegen die schlechten als gegen die guten Sitten zu verteidigen das Ansehen haben. Entweder müßten also jene Dichterwerke zu verwerfen oder der hier aufgestellte Begriff elegischer Dichtung viel zu willkürlich angenommen sein.

Was der Dichter sich erlauben darf, hieß es, sollte dem prosaischen Erzähler nicht nachgesehen werden dürfen? Die Antwort ist in der Frage schon enthalten: was dem Dichter verstattet ist, kann für den, der es nicht ist, nichts beweisen. In dem Begriffe des Dichters selbst und nur in diesem liegt der Grund jener Freiheit, die eine bloß verächtliche Lizenz ist, sobald sie nicht aus dem Höchsten

und Edelsten, was ihn ausmacht, kann abgeleitet werden.

Die Gesetze des Anstandes sind der unschuldigen Natur
fremd; nur die Erfahrung der Verderbnis hat ihnen den
Ursprung gegeben. Sobald aber jene Erfahrung einmal
gemacht worden, und aus den Sitten die natürliche
Unschuld verschwunden ist, so sind es heilige Gesetze, die
ein sittliches Gefühl nicht verletzen darf. Sie gelten in einer
künstlichen Welt mit demselben Rechte, als die Gesetze der
Natur in der Unschuldwelt regieren. Aber eben das macht
ja den Dichter aus, daß er alles in sich aufhebt, was an eine
künstliche Welt erinnert, daß er die Natur in ihrer
ursprünglichen Einfalt wieder in sich herzustellen weiß.
Hat er aber dieses getan, so ist er auch eben dadurch von
allen Gesetzen losgesprochen, durch die ein verführtes
Herz sich gegen sich selbst sicher stellt. Er ist rein, er ist
unschuldig und was der unschuldigen Natur erlaubt ist, ist
es auch ihm; bist du, der du ihn liesest oder hörst, nicht
mehr schuldlos, und kannst du es nicht einmal momentweise durch seine reinigende Gegenwart werden, so ist es
dein Unglück und nicht das seine; du verlässest ihn, er hat
für dich nicht gesungen.

Es läßt sich also, in Absicht auf Freiheiten dieser Art
folgendes festsetzen.

Fürs erste: nur die Natur kann sie rechtfertigen. Sie
dürfen mithin nicht das Werk der Wahl und einer absichtlichen Nachahmung sein, denn dem Willen, der immer nach
moralischen Gesetzen gerichtet wird, können wir eine
Begünstigung der Sinnlichkeit niemals vergeben. Sie müssen also *Naivetät* sein. Um uns aber überzeugen zu können,
daß sie dieses wirklich sind, müssen wir sie von allem
übrigen, was gleichfalls in der Natur gegründet ist,
unterstützt und begleitet sehen, weil die Natur nur an der
strengen Konsequenz, Einheit und Gleichförmigkeit ihrer
Wirkungen zu erkennen ist. Nur einem Herzen, welches
alle Künstelei überhaupt, und mithin auch da, wo sie nützt,
verabscheut, erlauben wir, sich da, wo sie drückt und

einschränkt, davon loszusprechen; nur einem Herzen, welches sich allen Fesseln der Natur unterwirft, erlauben wir, von den Freiheiten derselben Gebrauch zu machen. Alle übrigen Empfindungen eines solchen Menschen müssen folglich das Gepräge der Natürlichkeit an sich tragen; er muß wahr, einfach, frei, offen, gefühlvoll, gerade sein; alle Verstellung, alle List, alle Willkür, alle kleinliche Selbstsucht muß aus seinem Charakter, alle Spuren davon aus seinem Werke verbannt sein.

Fürs zweite: nur die *schöne* Natur kann dergleichen Freiheiten rechtfertigen. Sie dürfen mithin kein einseitiger Ausbruch der Begierde sein, denn alles, was aus bloßer Bedürftigkeit entspringt, ist verächtlich. Aus dem Ganzen und aus der Fülle menschlicher Natur müssen auch diese sinnlichen Energien hervorgehen. Sie müssen *Humanität* sein. Um aber beurteilen zu können, daß das Ganze menschlicher Natur, und nicht bloß ein einseitiges und gemeines Bedürfnis der Sinnlichkeit sie fodert, müssen wir das Ganze, von dem sie einen einzelnen Zug ausmachen, dargestellt sehen. An sich selbst ist die sinnliche Empfindungsweise etwas unschuldiges und gleichgültiges. Sie mißfällt uns nur darum an einem Menschen, weil sie tierisch ist, und von einem Mangel wahrer vollkommener Menschheit in ihm zeuget: sie beleidigt uns nur darum an einem Dichterwerk, weil ein solches Werk Anspruch macht, uns zu gefallen, mithin auch *uns* eines solchen Mangels fähig hält. Sehen wir aber in dem Menschen, der sich dabei überraschen läßt, die Menschheit in ihrem ganzen übrigen Umfange wirken; finden wir in dem Werke, worin man sich Freiheiten dieser Art genommen, alle Realitäten der Menschheit ausgedrückt, so ist jener Grund unsers Mißfallens weggeräumt, und wir können uns mit unvergällter Freude an dem naiven Ausdruck wahrer und schöner Natur ergötzen. Derselbe Dichter also, der sich erlauben darf, uns zu Teilnehmern so niedrig menschlicher Gefühle zu machen, muß uns auf der andern Seite wieder zu allem, was groß und schön und erhaben menschlich ist, empor zu tragen wissen.

Und so hätten wir denn den Maßstab gefunden, dem wir jeden Dichter, der sich etwas gegen den Anstand herausnimmt, und seine Freiheit in Darstellung der Natur bis zu dieser Grenze treibt mit Sicherheit unterwerfen können. Sein Produkt ist gemein, niedrig, ohne alle Ausnahme verwerflich, sobald es *kalt* und sobald es *leer* ist, weil dieses einen Ursprung aus Absicht und aus einem gemeinen Bedürfnis und einen heillosen Anschlag auf unsre Begierden beweist. Es ist hingegen schön, edel, und ohne Rücksicht auf alle Einwendungen einer frostigen Dezenz Beifallswürdig, sobald es naiv ist, und Geist mit Herz verbindet.[21]

Wenn man mir sagt, daß unter dem hier gegebenen Maßstab die meisten französischen Erzählungen in dieser Gattung, und die glücklichsten Nachahmungen derselben in Deutschland nicht zum besten bestehen möchten – daß dieses zum Teil auch der Fall mit manchen Produkten unsers anmutigsten und geistreichsten Dichters sein dürfte, seine Meisterstücke sogar nicht ausgenommen, so habe ich nichts darauf zu antworten. Der Ausspruch selbst ist nichts weniger als neu, und ich gebe hier nur die Gründe von einem Urteil an, welches längst schon von jedem feineren Gefühle über diese Gegenstände gefällt worden ist. Eben diese Prinzipien aber, welche in Rücksicht auf jene Schriften vielleicht allzu rigoristisch scheinen, möchten in Rücksicht auf einige andere Werke vielleicht zu liberal befunden werden; denn ich leugne nicht, daß die nehmlichen Gründe, aus welchen ich die verführerischen Gemälde

---

21 Mit *Herz*; denn die bloß sinnliche Glut des Gemäldes und die üppige Fülle der Einbildungskraft machen es noch lange nicht aus. Daher bleibt *Ardinghello* bei aller sinnlichen Energie und allem Feuer des Kolorits immer nur eine sinnliche Karikatur, ohne Wahrheit und ohne ästhetische Würde. Doch wird diese seltsame Produktion immer als ein Beispiel des beinahe poetischen Schwungs, den die *bloße Begier* zu nehmen fähig war, merkwürdig bleiben.

des *römischen* und *deutschen Ovid*, so wie eines *Crebillon*, *Voltaire*, *Marmontels* (der sich einen moralischen Erzähler nennt) *Laclos* und vieler andern, einer Entschuldigung durchaus für unfähig halte, mich mit den Elegien des *römischen* und *deutschen Properz*, ja selbst mit manchem verschrienen Produkt des *Diderot* versöhnen; denn jene sind nur witzig, nur prosaisch, nur lüstern, diese sind poetisch, menschlich und naiv.[22]

---

22 Wenn ich den unsterblichen Verfasser des Agathon, Oberon etc. in dieser Gesellschaft nenne, so muß ich ausdrücklich erklären, daß ich ihn keineswegs mit derselben verwechselt haben will. Seine Schilderungen, auch die bedenklichsten von dieser Seite, haben keine materielle Tendenz (wie sich ein neuerer etwas unbesonnener Kritiker vor kurzem zu sagen erlaubte) der Verfasser von Liebe um Liebe und von so vielen andern naiven und genialischen Werken, in welchen allen sich eine schöne und edle Seele mit unverkennbaren Zügen abbildet, kann eine solche Tendenz gar nicht haben. Aber er scheint mir von dem ganz eigenen Unglück verfolgt zu sein, daß dergleichen Schilderungen durch den Plan seiner Dichtungen notwendig gemacht werden. Der kalte Verstand, der den Plan entwarf, foderte sie ihm ab, und sein Gefühl scheint mir so weit entfernt, sie mit Vorliebe zu begünstigen, daß ich – in der Ausführung selbst immer noch den kalten Verstand zu erkennen glaube. Und gerade diese Kälte in der Darstellung ist ihnen in der Beurteilung schädlich, weil nur die naive Empfindung dergleichen Schilderungen ästhetisch sowohl als moralisch rechtfertigen kann. Ob es aber dem Dichter erlaubt ist, sich bei Entwerfung des Plans einer solchen Gefahr in der Ausführung auszusetzen, und ob überhaupt ein Plan poetisch heißen kann, der, ich will dieses einmal zugeben, nicht kann ausgeführt werden, ohne die keusche Empfindung des Dichters sowohl als seines Lesers zu empören, und ohne beide bei Gegenständen verweilen zu machen, von denen ein veredeltes Gefühl sich so gern entfernt – dies ist es, was ich bezweifle und worüber ich gern ein verständiges Urteil hören möchte.

Idylle

Es bleiben mir noch einige Worte über diese dritte Species
sentimentalischer Dichtung zu sagen übrig, wenige Worte
nur, denn eine ausführlichere Entwicklung derselben,
deren sie vorzüglich bedarf, bleibt einer andern Zeit vorbehalten.[23]

---

23 Nochmals muß ich erinnern, daß die Satyre, Elegie und Idylle,
so wie sie hier als die drei einzig möglichen Arten sentimentalischer Poesie aufgestellt werden, mit den drei besondern
Gedichtarten, welche man unter diesem Namen kennt, nichts
gemein haben, als die *Empfindungsweise*, welche sowohl jenen
als diesen eigen ist. Daß es aber, außerhalb den Grenzen naiver
Dichtung, nur diese dreifache Empfindungsweise und Dichtungsweise geben könne, folglich das Feld sentimentalischer
Poesie durch diese Einteilung vollständig ausgemessen sei, läßt
sich aus dem Begriff der letztern leichtlich deduzieren.
Die sentimentalische Dichtung nehmlich unterscheidet sich
dadurch von der naiven, daß sie den wirklichen Zustand, bei
dem die letztere stehen bleibt auf Ideen bezieht, und Ideen auf
die Wirklichkeit anwendet. Sie hat es daher immer, wie auch
schon oben bemerkt worden ist, mit zwei streitenden Objekten, mit dem Ideale nehmlich und mit der Erfahrung, zugleich
zu tun, zwischen welchen sich weder mehr noch weniger als
gerade die drei folgenden Verhältnisse denken lassen. Entweder ist es der *Widerspruch* des wirklichen Zustandes oder es
ist die *Übereinstimmung* desselben mit dem Ideal, welche vorzugsweise das Gemüt beschäftigt; oder dieses ist zwischen
beiden geteilt. In dem ersten Falle wird es durch die Kraft des
innern Streits, *durch die energische Bewegung*, in dem andern wird
es durch die Harmonie des innern Lebens, *durch die energische
Ruhe* befriedigt; in dem dritten *wechselt* Streit mit Harmonie,
wechselt Ruhe mit Bewegung. Dieser dreifache Empfindungszustand gibt drei verschiedenen Dichtungsarten die Entstehung, denen die gebrauchten Benennungen *Satyre*, *Idylle*,
Elegie vollkommen entsprechend sind, sobald man sich nur an
die Stimmung erinnert, in welche die, unter diesem Namen

Die poetische Darstellung unschuldiger und glücklicher Menschheit ist der allgemeine Begriff dieser Dichtungsart. Weil diese Unschuld und dieses Glück mit den künstlichen Verhältnissen der größern Sozietät und mit einem gewissen Grad von Ausbildung und Verfeinerung unverträglich schienen, so haben die Dichter den Schauplatz der Idylle aus dem Gedränge des bürgerlichen Lebens heraus in den einfachen Hirtenstand verlegt, und derselben ihre Stelle *vor dem Anfange der Kultur* in dem kindlichen Alter der

----

vorkommenden Gedichtarten das Gemüt versetzen, und von den Mitteln abstrahiert, wodurch sie dieselbe bewirken.

Wer daher hier noch fragen könnte, zu welcher von den drei Gattungen ich die Epopee, den Roman, das Trauerspiel u. a. m. zähle, der würde mich ganz und gar nicht verstanden haben. Denn der Begriff dieser letztern, als einzelner *Gedichtarten*, wird entweder gar nicht oder doch nicht allein durch die Empfindungsweise bestimmt; vielmehr weiß man, daß solche in mehr als einer Empfindungsweise, folglich auch in mehrern der von mir aufgestellten Dichtungsarten können ausgeführt werden.

Schließlich bemerke ich hier noch, daß, wenn man die sentimentalische Poesie, wie billig, für eine echte Art (nicht bloß für eine Abart) und für eine Erweiterung der wahren Dichtkunst zu halten geneigt ist, in der Bestimmung der poetischen Arten so wie überhaupt in der ganzen poetischen Gesetzgebung, welche noch immer einseitig auf die Observanz der alten und naiven Dichter gegründet wird, auch auf sie einige Rücksicht muß genommen werden. Der sentimentalische Dichter geht in zu wesentlichen Stücken von dem naiven ab, als daß ihm die Formen, welche dieser eingeführt, überall ungezwungen anpassen könnten. Freilich ist es hier schwer, die Ausnahmen, welche die Verschiedenheit der Art erfodert, von den Ausflüchten, welche das Unvermögen sich erlaubt, immer richtig zu unterscheiden, aber soviel lehrt doch die Erfahrung, daß unter den Händen sentimentalischer Dichter (auch der vorzüglichsten) keine einzige Gedichtart ganz das geblieben ist, was sie bei den Alten gewesen, und daß unter den alten Namen öfters sehr neue Gattungen sind ausgeführt worden.

Menschheit angewiesen. Man begreift aber wohl, daß diese
Bestimmungen bloß zufällig sind, daß sie nicht als der
Zweck der Idylle, bloß als das natürlichste Mittel zu
demselben in Betrachtung kommen. Der Zweck selbst ist
überall nur der, den Menschen im Stand der Unschuld, d. h.
in einem Zustand der Harmonie und des Friedens mit sich
selbst und von außen darzustellen.

Aber ein solcher Zustand findet nicht bloß vor dem
Anfange der Kultur statt, sondern er ist es auch, den die
Kultur, wenn sie überall nur eine bestimmte Tendenz haben
soll, als ihr letztes Ziel beabsichtet. Die Idee dieses
Zustandes allein und der Glaube an die mögliche Realität
derselben kann den Menschen mit allen den Übeln versöhnen, denen er auf dem Wege der Kultur unterworfen ist,
und wäre sie bloß Schimäre, so würden die Klagen derer,
welche die größere Sozietät und die Anbauung des
Verstandes bloß als ein Übel verschreien und jenen
verlassenen Stand der Natur für den wahren Zweck des
Menschen ausgeben, vollkommen gegründet sein. Dem
Menschen der in der Kultur begriffen ist, liegt also
unendlich viel daran, von der Ausführbarkeit jener Idee in
der Sinnenwelt, von der möglichen Realität jenes Zustandes eine sinnliche Bekräftigung zu erhalten, und da die
wirkliche Erfahrung, weit entfernt diesen Glauben zu
nähren, ihn vielmehr beständig widerlegt, so kömmt auch
hier, wie in so vielen andern Fällen das Dichtungsvermögen der Vernunft zu Hülfe, um jene Idee zur Anschauung
zu bringen und in einem einzelnen Fall zu verwirklichen.

Zwar ist auch jene Unschuld des Hirtenstandes eine
poetische Vorstellung, und die Einbildungskraft mußte
sich mithin auch dort schon schöpferisch beweisen; aber
außerdem daß die Aufgabe dort ungleich einfacher und
leichter zu lösen war, so fanden sich in der Erfahrung selbst
schon die einzelnen Züge vor, die sie nur auszuwählen und
in ein Ganzes zu verbinden brauchte. Unter einem glücklichen Himmel, in den einfachen Verhältnissen des ersten

Standes, bei einem beschränkten Wissen wird die Natur
leicht befriedigt, und der Mensch verwildert nicht eher, als
bis das Bedürfnis ihn ängstiget. Alle Völker, die eine
Geschichte haben, haben ein Paradies, einen Stand der
Unschuld, ein goldnes Alter; ja jeder einzelne Mensch hat
sein Paradies, sein goldnes Alter, dessen er sich, je nachdem
er mehr oder weniger poetisches in seiner Natur hat, mit
mehr oder weniger Begeisterung erinnert. Die Erfahrung
selbst bietet also Züge genug zu dem Gemälde dar, welches
die Hirtenidylle behandelt. Deswegen bleibt aber diese
immer eine schöne, eine erhebende Fiktion, und die
Dichtungskraft hat in Darstellung derselben wirklich für
das Ideal gearbeitet. Denn für den Menschen, der von der
Einfalt der Natur einmal abgewichen und der gefährlichen
Führung seiner Vernunft überliefert worden ist, ist es von
unendlicher Wichtigkeit, die Gesetzgebung der Natur in
einem reinen Exemplar wieder anzuschauen, und sich von
den Verderbnissen der Kunst in diesem treuen Spiegel
wieder reinigen zu können. Aber ein Umstand findet sich
dabei, der den ästhetischen Wert solcher Dichtungen um
sehr viel vermindert. *Vor den Anfang der Kultur* gepflanzt
schließen sie mit den Nachteilen zugleich alle Vorteile
derselben aus, und befinden sich ihrem Wesen nach, in
einem notwendigen Streit mit derselben. Sie führen uns
also *theoretisch* rückwärts, indem sie uns *praktisch* vorwärts
führen und veredeln. Sie stellen unglücklicherweise das
Ziel *hinter* uns, dem sie uns doch *entgegen führen* sollten, und
können uns daher bloß das traurige Gefühl eines Verlustes,
nicht das fröhliche der Hoffnung einflößen. Weil sie nur
durch Aufhebung aller Kunst und nur durch Vereinfa-
chung der menschlichen Natur ihren Zweck ausführen, so
haben sie, bei dem höchsten Gehalt für das *Herz*, allzuwe-
nig für den *Geist*, und ihr einförmiger Kreis ist zu schnell
geendigt. Wir können sie daher nur lieben und aufsuchen,
wenn wir der Ruhe bedürftig sind, nicht wenn unsre Kräfte
nach Bewegung und Tätigkeit streben. Sie können nur dem
kranken Gemüte *Heilung*, dem gesunden keine *Nahrung*

geben; sie können nicht beleben, nur besänftigen. Diesen in
dem Wesen der Hirtenidylle gegründeten Mangel hat alle
Kunst der Poeten nicht gut machen können. Zwar fehlt es
auch dieser Dichtart nicht an enthusiastischen Liebhabern,
und es gibt Leser genug, die einen *Amintas* und einen
Daphnis den größten Meisterstücken der epischen und
dramatischen Muse vorziehen können; aber bei solchen
Lesern ist es nicht sowohl der Geschmack als das individuelle Bedürfnis, was über Kunstwerke richtet, und ihr
Urteil kann folglich hier in keine Betrachtung kommen.
Der Leser von Geist und Empfindung verkennt zwar den
Wert solcher Dichtungen nicht, aber er fühlt sich seltner zu
denselben gezogen und früher davon gesättigt. In dem
rechten Moment des Bedürfnisses wirken sie dafür desto
mächtiger; aber auf einen solchen Moment soll das wahre
Schöne niemals zu warten brauchen, sondern ihn vielmehr
erzeugen.

Was ich hier an der Schäferidylle tadle, gilt übrigens nur
von der sentimentalischen; denn der naiven kann es nie an
Gehalt fehlen, da er hier *in der Form selbst* schon enthalten
ist. Jede Poesie nehmlich muß einen unendlichen Gehalt
haben, dadurch allein ist sie Poesie; aber sie kann diese
Foderung auf zwei verschiedene Arten erfüllen. Sie kann
ein Unendliches sein, der Form nach, wenn sie ihren
Gegenstand *mit allen seinen Grenzen* darstellt, wenn sie ihn
individualisiert; sie kann ein Unendliches sein der Materie
nach, wenn sie von ihrem Gegenstand *alle Grenzen entfernt*,
wenn sie ihn idealisiert; also entweder durch eine absolute
Darstellung oder durch Darstellung eines Absoluten. Den
ersten Weg geht der naive, den zweiten der sentimentalische
Dichter. Jener kann also seinen Gehalt nicht verfehlen, so
bald er sich nur treu an die Natur hält, welche immer
durchgängig begrenzt, d. h. der Form nach unendlich ist.
Diesem hingegen steht die Natur mit ihrer durchgängigen
Begrenzung im Wege, da er einen absoluten Gehalt in den
Gegenstand legen soll. Der sentimentalische Dichter ver-
steht sich also nicht gut auf seinen Vorteil, wenn er dem

naiven Dichter seine *Gegenstände abborgt*, welche an sich
selbst völlig gleichgültig sind, und nur durch die Behandlung poetisch werden. Er setzt sich dadurch ganz unnötiger
Weise einerlei Grenzen mit jenem, ohne doch die Begrenzung vollkommen durchführen und in der absoluten
Bestimmtheit der Darstellung mit demselben wetteifern zu
können; er sollte sich also vielmehr gerade in dem
Gegenstand von dem naiven Dichter entfernen, weil er
diesem, was derselbe in der Form vor ihm voraus hat, nur
durch den Gegenstand wieder abgewinnen kann.

Um hievon die Anwendung auf die Schäferidylle der
sentimentalischen Dichter zu machen, so erklärt es sich
nun, warum diese Dichtungen bei allem Aufwand von
Genie und Kunst weder für das Herz noch für den Geist
völlig befriedigend sind. Sie haben ein Ideal ausgeführt und
doch die enge dürftige Hirtenwelt beibehalten, da sie doch
schlechterdings entweder für das Ideal eine andere Welt,
oder für die Hirtenwelt eine andre Darstellung hätten
wählen sollen. Sie sind gerade so weit ideal, daß die
Darstellung dadurch an individueller Wahrheit verliert,
und sind wieder gerade um so viel individuell, daß der
idealische Gehalt darunter leidet. Ein *Geßnerischer* Hirte
z. B. kann uns nicht als Natur, nicht durch Wahrheit der
Nachahmung entzücken, denn dazu ist er ein zu ideales
Wesen; eben so wenig kann er uns als ein Ideal durch das
unendliche des Gedankens befriedigen, denn dazu ist er ein
viel zu dürftiges Geschöpf. Er wird also zwar *bis auf einen
gewissen Punkt* allen Klassen von Lesern ohne Ausnahme
gefallen, weil er das Naive mit dem Sentimentalen zu
vereinigen strebt, und folglich den zwei entgegengesetzten
Foderungen, die an ein Gedicht gemacht werden können,
in einem gewissen Grade Genüge leistet; weil aber der
Dichter, über der Bemühung, beides zu vereinigen, keinem
von beiden sein *volles Recht erweist*, weder ganz Natur noch
ganz Ideal ist, so kann er eben deswegen vor einem
strengen Geschmack nicht ganz bestehen, der in ästhetischen Dingen nichts halbes verzeihen kann. Es ist sonder-

bar, daß diese Halbheit sich auch bis auf die Sprache des genannten Dichters erstreckt, die zwischen Poesie und Prosa unentschieden schwankt, als fürchtete der Dichter in gebundener Rede sich von der wirklichen Natur zu weit zu entfernen, und in ungebundener den poetischen Schwung zu verlieren. Eine höhere Befriedigung gewährt Miltons herrliche Darstellung des ersten Menschenpaares und des Standes der Unschuld im Paradiese; die schönste, mir bekannte Idylle in der sentimentalischen Gattung. Hier ist die Natur edel, geistreich, zugleich voll Fläche und voll Tiefe, der höchste Gehalt der Menschheit ist in die anmutigste Form eingekleidet.

Also auch hier in der Idylle wie in allen andern poetischen Gattungen, muß man einmal für allemal zwischen der Individualität und der Idealität eine Wahl treffen, denn beiden Foderungen zugleich Genüge leisten wollen, ist, solange man nicht am Ziel der Vollkommenheit stehet, der sicherste Weg, beide zugleich zu verfehlen. Fühlt sich der Moderne griechischen Geistes genug, um bei aller Widerspenstigkeit seines Stoffs mit den Griechen auf ihrem eigenen Felde, nehmlich im Felde naiver Dichtung, zu ringen, so tue er es ganz, und tue es ausschließend, und setze sich über jede Foderung des sentimentalischen Zeitgeschmacks hinweg. Erreichen zwar dürfte er seine Muster schwerlich; zwischen dem Original und dem glücklichsten Nachahmer wird immer eine merkliche Distanz offen bleiben, aber er ist auf diesem Wege doch gewiß, ein echt poetisches Werk zu erzeugen.[24] Treibt ihn

---

24 Mit einem solchen Werke hat Herr *Voß* noch kürzlich in seiner Luise unsre deutsche Literatur nicht bloß bereichert, sondern auch wahrhaft erweitert. Diese Idylle, obgleich nicht durchaus von sentimentalischen Einflüssen frei, gehört ganz zum naiven Geschlecht und ringt durch individuelle Wahrheit und gediegene Natur den besten griechischen Mustern mit seltnem Erfolge nach. Sie kann daher, was ihr zu hohem Ruhm gereicht, mit keinem modernen Gedicht aus ihrem Fache, son-

hingegen der sentimentalische Dichtungstrieb zum Ideale, so verfolge er auch dieses ganz, in völliger Reinheit, und stehe nicht eher als bei dem Höchsten stille, ohne hinter sich zu schauen, ob auch die Wirklichkeit ihm nachkommen möchte. Er verschmähe den unwürdigen Ausweg, den Gehalt des Ideals zu verschlechtern, um es der menschlichen Bedürftigkeit anzupassen, und den Geist auszuschließen, um mit dem Herzen ein leichteres Spiel zu haben. Er führe uns nicht rückwärts in unsre Kindheit, um uns mit den kostbarsten Erwerbungen des Verstandes eine Ruhe erkaufen zu lassen, die nicht länger dauern kann als der Schlaf unsrer Geisteskräfte; sondern führe uns vorwärts zu unsrer Mündigkeit, um uns die höhere Harmonie zu empfinden zu geben, die den Kämpfer belohnet, die den Überwinder beglückt. Er mache sich die Aufgabe einer Idylle, welche jene Hirtenunschuld auch in Subjekten der Kultur und unter allen Bedingungen des rüstigsten feurigsten Lebens, des ausgebreitetsten Denkens, der raffiniertesten Kunst, der höchsten gesellschaftlichen Verfeinerung ausführt, welche mit einem Wort, den Menschen, der nun einmal nicht mehr nach *Arkadien* zurückkann, bis nach *Elisium* führt.

Der Begriff dieser Idylle ist der Begriff eines völlig aufgelösten Kampfes sowohl in dem einzelnen Menschen, als in der Gesellschaft, einer freien Vereinigung der Neigungen mit dem Gesetze, einer zur höchsten sittlichen Würde hinaufgeläuterten Natur, kurz, er ist kein andrer als das Ideal der Schönheit auf das wirkliche Leben angewendet. Ihr Charakter besteht also darin, daß *aller Gegensatz der Wirklichkeit mit dem Ideale*, der den Stoff zu der satyrischen und elegischen Dichtung hergegeben hatte, vollkommen aufgehoben sei, und mit demselben auch aller Streit der Empfindungen aufhöre. *Ruhe* wäre also der herrschende

---

dern muß mit griechischen Mustern verglichen werden, mit welchen sie auch den so seltenen Vorzug teilt, uns einen reinen, bestimmten und immer gleichen Genuß zu gewähren.

Eindruck dieser Dichtungsart, aber Ruhe der Vollendung, nicht der Trägheit; eine Ruhe, die aus dem Gleichgewicht nicht aus dem Stillstand der Kräfte, die aus der Fülle nicht aus der Leerheit fließt, und von dem Gefühl eines unendlichen Vermögens begleitet wird. Aber eben darum, weil aller Widerstand hinwegfällt, so wird es hier ungleich schwüriger, als in den zwei vorigen Dichtungsarten, die *Bewegung* hervorzubringen, ohne welche doch überall keine poetische Wirkung sich denken läßt. Die höchste Einheit muß sein, aber sie darf der Mannigfaltigkeit nichts nehmen; das Gemüt muß befriedigt werden, aber ohne daß das Streben darum aufhöre. Die Auflösung dieser Frage ist es eigentlich, was die Theorie der Idylle zu leisten hat.

(Der Beschluß im nächsten Stück.)

BESCHLUSS DER ABHANDLUNG ÜBER
NAIVE UND SENTIMENTALISCHE DICHTER
nebst einigen Bemerkungen
einen charakteristischen Unterschied
unter den Menschen betreffend.

Über das Verhältnis beider Dichtungsarten zu einander und zu dem poetischen Ideale ist in den vorhergehenden Untersuchungen folgendes festgesetzt worden.

Dem naiven Dichter hat die Natur die Gunst erzeigt, immer als eine ungeteilte Einheit zu wirken, in jedem Moment ein selbstständiges und vollendetes Ganze zu sein und die Menschheit, ihrem vollen Gehalt nach, in der Wirklichkeit darzustellen. Dem sentimentalischen hat sie die Macht verliehen oder vielmehr einen lebendigen Trieb eingeprägt, jene Einheit, die durch Abstraktion in ihm aufgehoben worden, aus sich selbst wieder herzustellen, die Menschheit in sich vollständig zu machen, und aus einem beschränkten Zustand zu einem unendlichen überzugehen.[25] Der menschlichen Natur ihren völligen Ausdruck zu geben ist aber die gemeinschaftliche Aufgabe beider, und ohne das würden sie gar nicht Dichter heißen können; aber der naive Dichter hat vor dem sentimentalischen immer die sinnliche Realität voraus, indem er dasjenige als eine wirkliche Tatsache ausführt, was der andere nur zu erreichen strebt. Und das ist es auch, was jeder bei sich erfährt, wenn er sich beim Genusse naiver Dichtungen beobachtet. Er fühlt alle Kräfte seiner Menschheit in einem solchen Augenblick tätig, er bedarf nichts, er ist ein Ganzes in sich selbst; ohne etwas in seinem Gefühl zu unterscheiden, freut er sich zugleich seiner geistigen Tätigkeit und seines sinnlichen Lebens. Eine ganz andre Stimmung ist es, in die ihn der sentimentalische Dichter versetzt. Hier fühlt er bloß einen lebendigen *Trieb*, die Harmonie in sich zu erzeugen, welche er dort wirklich empfand, ein Ganzes aus sich zu machen, die Menschheit in sich zu einem vollendeten Ausdruck zu bringen. Daher ist hier das Gemüt in Bewegung, es ist angespannt, es schwankt zwischen streitenden Gefühlen; da es dort ruhig, aufgelöst, einig mit sich selbst und vollkommen befriedigt ist.

---

25 Für den wissenschaftlich prüfenden Leser bemerke ich, daß beide Empfindungsweisen, in ihrem höchsten Begriff gedacht, sich wie die erste und dritte Kategorie zu einander verhalten, indem die letztere immer dadurch entsteht, daß man die erstere mit ihrem geraden Gegenteil verbindet. Das Gegenteil der naiven Empfindung ist nehmlich der reflektierende Verstand, und die sentimentalische Stimmung ist das Resultat des Bestrebens, *auch unter den Bedingungen der Reflexion* die naive Empfindung, dem Inhalt nach, wieder herzustellen. Dies würde durch das erfüllte Ideal geschehen, in welchem die Kunst der Natur wieder begegnet. Geht man jene drei Begriffe nach den Kategorien durch, so wird man die *Natur* und die ihr entsprechende naive Stimmung immer in der ersten, die *Kunst* als Aufhebung der Natur durch den frei wirkenden Verstand immer in der zweiten, endlich das *Ideal* in welchem die vollendete Kunst zur Natur zurückkehrt, in der dritten Kategorie antreffen.

Aber wenn es der naive Dichter dem sentimentalischen auf der einen Seite an Realität abgewinnt, und dasjenige zur wirklichen Existenz bringt, wornach dieser nur einen lebendigen Trieb erwecken kann, so hat letzterer wieder den großen Vorteil über den erstern, daß er dem Trieb einen *größeren Gegenstand* zu geben im Stand ist, als jener geleistet hat und leisten konnte. Alle Wirklichkeit, wissen wir, bleibt hinter dem Ideale zurück; alles existierende hat seine Schranken, aber der Gedanke ist grenzenlos. Durch diese Einschränkung, der alles sinnliche unterworfen ist, leidet also auch der naive Dichter, da hingegen die unbedingte Freiheit des Ideenvermögens dem sentimentalischen zu statten kommt. Jener erfüllt zwar also seine Aufgabe, aber die Aufgabe selbst ist etwas begrenztes; dieser erfüllt zwar die seinige nicht ganz, aber die Aufgabe ist ein unendliches. Auch hierüber kann einen jeden seine eigne Erfahrung belehren. Von dem naiven Dichter wendet man sich mit Leichtigkeit und Lust zu der lebendigen Gegenwart; der sentimentalische wird immer, auf einige Augenblicke, für das wirkliche Leben verstimmen. Das macht, unser Gemüt ist hier durch das Unendliche der Idee gleichsam über seinen natürlichen Durchmesser ausgedehnt worden, daß nichts vorhandenes es mehr ausfüllen kann. Wir versinken lieber betrachtend in uns selbst, wo wir für den aufgeregten Trieb in der Ideenwelt Nahrung finden; anstatt daß wir dort aus uns heraus nach sinnlichen Gegenständen streben. Die sentimentalische Dichtung ist die Geburt der Abgezogenheit und Stille, und dazu ladet sie auch ein: Die naive ist das Kind des Lebens, und in das Leben führt sie auch zurück.

Ich habe die naive Dichtung eine *Gunst der Natur* genannt, um zu erinnern, daß die Reflexion keinen Anteil daran habe. Ein glücklicher Wurf ist sie; keiner Verbesserung bedürftig, wenn er gelingt, aber auch keiner fähig, wenn er verfehlt wird. In der Empfindung ist das ganze Werk des naiven Genies absolviert; hier liegt seine Stärke und seine Grenze. Hat es also nicht gleich dichterisch d. h. nicht gleich vollkommen menschlich *empfunden*, so kann dieser Mangel durch keine Kunst mehr nachgeholt werden. Die Kritik kann ihm nur zu einer Einsicht des Fehlers verhelfen, aber sie kann keine Schönheit an dessen Stelle setzen. Durch seine Natur muß das naive Genie alles tun, durch seine Freiheit vermag es wenig; und es wird seinen Begriff erfüllen, sobald nur die Natur in ihm nach einer innern Notwendigkeit wirkt. Nun ist zwar alles notwendig, was durch Natur geschieht, und das ist auch jedes noch so verunglückte Produkt des naiven Genies, von welchem nichts mehr entfernt ist als Willkürlichkeit; aber ein andres ist die Nötigung des Augenblicks, ein andres die innre Notwendigkeit des Ganzen. Als ein Ganzes betrachtet ist die Natur selbstständig und unendlich; in jeder einzelnen Wirkung hingegen ist sie bedürftig und beschränkt. Dieses gilt daher auch von der Natur des Dichters. Auch der glücklichste Moment, in welchem sich derselbe befinden mag, ist von einem vorhergehenden abhängig; es kann ihm daher auch nur eine bedingte Notwendigkeit beigelegt werden. Nun ergeht aber die Aufgabe an den Dichter, einen einzelnen Zustand dem menschlichen Ganzen gleich zu machen, folglich ihn absolut und notwendig auf sich selbst zu gründen. Aus dem Moment der Begeisterung muß also jede Spur eines zeitlichen Bedürfnisses entfernt bleiben, und der Gegenstand selbst, so beschränkt er auch sei, darf den Dichter nicht beschränken. Man begreift wohl, daß dieses nur insoferne möglich ist, als der Dichter schon eine absolute Freiheit und Fülle des Vermögens zu dem Gegenstande mitbringt, und als er geübt ist, alles mit seiner ganzen Menschheit zu umfassen. Diese Übung kann er aber nur durch die Welt erhalten, in der er lebt, und von der er unmittelbar berührt wird. Das naive Genie steht also in einer Abhängigkeit von der Erfahrung, welche das sentimentalische nicht kennet. Dieses wissen wir, fängt seine Operation erst da an, wo jenes die seinige beschließt; seine Stärke besteht darin, einen mangelhaften Gegenstand *aus sich selbst heraus* zu ergänzen, und sich durch eigene Macht aus einem begrenzten Zustand in einen Zustand der Freiheit zu

versetzen. Das naive Dichtergenie bedarf also eines Bei-
standes von außen, da das sentimentalische sich aus sich
selbst nährt und reinigt; es muß eine formreiche Natur, eine
dichterische Welt, eine naive Menschheit um sich her
erblicken, da es schon in der Sinnenempfindung sein Werk zu
vollenden hat. Fehlt ihm nun dieser Beistand von außen,
sieht es sich von einem geistlosen Stoff umgeben, so kann
nur zweierlei geschehen. Es tritt entweder, wenn die
Gattung bei ihm überwiegend ist, aus seiner *Art*, und wird
sentimentalisch, um nur dichterisch zu sein, oder, wenn der
Artcharakter die Obermacht behält, es tritt aus seiner
Gattung, und wird gemeine Natur, um nur Natur zu bleiben.
Das *erste* dürfte der Fall mit den vornehmsten sentimentalischen Dichtern in der alten römischen Welt und in neueren
Zeiten sein. In einem andern Weltalter geboren, unter einem
andern Himmel verpflanzt, würden sie, die uns jetzt durch
Ideen rühren, durch individuelle Wahrheit und naive
Schönheit bezaubert haben. Vor dem *zweiten* möchte sich
schwerlich ein Dichter vollkommen schützen können, der in
einer gemeinen Welt die Natur nicht verlassen kann.

Die *wirkliche* Natur nehmlich; aber von dieser kann die
wahre Natur, die das *Subjekt* naiver Dichtungen ist, nicht
sorgfältig genug unterschieden werden. Wirkliche Natur
existiert überall, aber wahre Natur ist desto seltener, denn
dazu gehört eine innere Notwendigkeit des Daseins.
Wirkliche Natur ist jeder, noch so gemeine Ausbruch der
Leidenschaft, er mag auch wahre Natur sein, aber eine
wahre *menschliche* ist er nicht; denn diese erfodert einen
Anteil des selbstständigen Vermögens an jeder Äußerung,
dessen Ausdruck jedesmal Würde ist. Wirkliche menschliche Natur ist jede moralische Niederträchtigkeit, aber
wahre menschliche Natur ist sie hoffentlich nicht; denn
diese kann nie anders als edel sein. Es ist nicht zu übersehen,
zu welchen Abgeschmacktheiten diese Verwechslung wirklicher Natur mit wahrer menschlicher Natur in der Kritik
wie in der Ausübung verleitet hat: welche Trivialitäten man
in der Poesie gestattet, ja lobpreist, weil sie leider! wirkliche

Natur sind: wie man sich freuet, Karikaturen, die einen
schon aus der wirklichen Welt herausängstigen, in der
dichterischen sorgfältig aufbewahrt, und nach dem Leben
konterfeit zu sehen. Freilich darf der Dichter auch die
schlechte Natur nachahmen und bei dem satyrischen bringt
dieses ja der Begriff schon mit sich: aber in diesem Fall muß
seine eigne schöne Natur den Gegenstand *übertragen*, und
der gemeine Stoff den Nachahmer nicht mit sich zu Boden
ziehen. Ist nur Er selbst, in dem Moment wenigstens wo er
schildert, wahre menschliche Natur, so hat es nichts zu
sagen, was er uns schildert: aber auch schlechterdings nur
von einem solchen können wir ein treues Gemälde der
Wirklichkeit vertragen. Wehe uns Lesern; wenn die Fratze
sich in der Fratze spiegelt; wenn die Geißel der Satyre in die
Hände desjenigen fällt, dem die Natur eine viel ernstlichere
Peitsche zu führen bestimmte; wenn Menschen, die, entblößt von allem, was man poetischen Geist nennt, nur das
Affentalent gemeiner Nachahmung besitzen, es auf Kosten
unsers Geschmacks greulich und schrecklich üben!

Aber selbst dem wahrhaft naiven Dichter, sagte ich,
kann die gemeine Natur gefährlich werden; denn endlich ist
jene schöne Zusammenstimmung zwischen Empfinden
und Denken, welche den Charakter desselben ausmacht,
doch nur eine *Idee*, die in der Wirklichkeit nie ganz erreicht
wird, und auch bei den glücklichen Genies aus dieser
Klasse wird die Empfänglichkeit die Selbsttätigkeit immer
um etwas überwiegen. Die Empfänglichkeit aber ist immer
mehr oder weniger von dem äußern Eindruck abhängig,
und nur eine anhaltende Regsamkeit des produktiven
Vermögens, welche von der menschlichen Natur nicht zu
erwarten ist, würde verhindern können, daß der Stoff nicht
zuweilen eine blinde Gewalt über die Empfänglichkeit
ausübte. So oft aber dies der Fall ist wird aus einem
dichterischen Gefühl ein gemeines.[26]

---

26 Wie sehr der naive Dichter von seinem Objekt abhänge, und
wie viel, ja wie alles auf sein Empfinden ankomme, darüber

Kein Genie aus der naiven Klasse, von *Homer* bis auf
Bodmer herab, hat diese Klippe ganz vermieden; aber freilich
ist sie denen am gefährlichsten, die sich einer gemeinen
Natur von außen zu erwehren haben, oder die durch Mangel
an Disziplin von innen verwildert sind. Jenes ist Schuld, daß

kann uns die alte Dichtkunst die besten Belege geben. So weit
die Natur in ihnen und außer ihnen schön ist, sind es auch die
Dichtungen der Alten; wird hingegen die Natur gemein, so ist
auch der Geist aus ihren Dichtungen gewichen. Jeder Leser
von feinem Gefühl muß z. B. bei ihren Schilderungen der
weiblichen Natur, des Verhältnisses zwischen beiden
Geschlechtern und der Liebe insbesondere eine gewisse
Leerheit und einen Überdruß empfinden, den alle Wahrheit
und Naivetät in der Darstellung nicht verbannen kann. Ohne
der Schwärmerei das Wort zu reden, welche freilich die Natur
nicht veredelt sondern verläßt, wird man hoffentlich annehmen dürfen, daß die Natur in Rücksicht auf jenes Verhältnis der
Geschlechter und den Affekt der Liebe eines edleren Charakters fähig ist, als ihr die Alten gegeben haben; auch kennt man
die *zufälligen* Umstände, welche der Veredlung jener Empfindungen bei ihnen im Wege standen. Daß es Beschränktheit,
nicht innere Notwendigkeit war, was die Alten hierin auf einer
niedrigern Stufe fest hielt, lehrt das Beispiel neuerer Poeten,
welche soviel weiter gegangen sind, als ihre Vorgänger, ohne
doch die Natur zu übertreten. Die Rede ist hier nicht von dem,
was sentimentalische Dichter aus diesem Gegenstande zu
machen gewußt haben, denn diese gehen über die Natur hinaus
in das idealische und ihr Beispiel kann also gegen die Alten
nichts beweisen; bloß davon ist die Rede, wie der nehmliche
Gegenstand von wahrhaft naiven Dichtern, wie er z. B. in der
Sakontala, in den *Minnesängern*, in manchen *Ritterromanen* und
Ritterepopeen, wie er von *Shakespeare*, von *Fielding* und mehrern
andern, selbst deutschen Poeten behandelt ist. Hier wäre nun
für die Alten der Fall gewesen, einen von außen zu rohen Stoff
von innen heraus, durch das Subjekt, zu vergeistigen, den
poetischen Gehalt, der der äußern Empfindung gemangelt
hatte, durch Reflexion nachzuholen, die Natur durch die Idee
zu ergänzen, mit einem Wort, durch eine sentimentalische
Operation aus einem beschränkten Objekt ein unendliches zu

selbst gebildete Schriftsteller nicht immer von Plattheiten frei bleiben, und dieses verhinderte schon manches herrliche Talent, sich des Platzes zu bemächtigen, zu dem die Natur es berufen hatte. Der Komödiendichter, dessen Genie sich am meisten von dem wirklichen Leben nährt, ist eben daher auch am meisten der Plattheit ausgesetzt, wie auch das Beispiel des *Aristophanes* und *Plautus*, und fast aller der spätern Dichter lehret, die in die Fußstapfen derselben getreten sind. Wie tief läßt uns nicht der erhabene *Shakespeare* zuweilen sinken, mit welchen Trivialitäten quälen uns nicht *Lope de Vega, Moliere, Regnard, Goldoni*, in welchen Schlamm zieht uns nicht *Holberg* hinab. *Schlegel*, einer der geistreichsten Dichter unsers Vaterlands, an dessen Genie es nicht lag, daß er nicht unter den ersten in dieser Gattung glänzt, *Gellert*, ein wahrhaft naiver Dichter, so wie auch *Rabener*, *Lessing* selbst, wenn ich ihn anders hier nennen darf, Lessing der gebildete Zögling der Kritik, und ein so wachsamer Richter seiner selbst – wie büßen sie nicht alle, mehr oder weniger, den geistlosen Charakter der Natur, die sie zum Stoff ihrer Satyre erwählten. Von den *neuesten* Schriftstellern in dieser Gattung nenne ich keinen, da ich keinen ausnehmen kann.

Und nicht genug, daß der naive Dichtergeist in Gefahr ist, sich einer gemeinen Wirklichkeit allzusehr zu nähern – durch die Leichtigkeit, mit der er sich äußert, und durch eben diese größere Annäherung an das wirkliche Leben macht er noch dem gemeinen Nachahmer Mut, sich im poetischen Felde zu versuchen. Die sentimentalische Poesie, wiewohl von einer andern Seite gefährlich genug, wie ich hernach zeigen werde, hält wenigstens *dieses* Volk in Entfernung, weil es nicht jedermanns Sache ist, sich zu Ideen zu erheben; die naive Poesie aber bringt es auf den Glauben, als wenn schon die bloße Empfindung, der bloße

---

machen. Aber es waren naive, nicht sentimentalische Dichtergenies; ihr Werk war also mit der äußern Empfindung geendigt.

Humor, die bloße Nachahmung wirklicher Natur den Dichter ausmache. Nichts aber ist widerwärtiger, als wenn der platte Charakter sich einfallen läßt, liebenswürdig und naiv sein zu wollen; er, der sich in alle Hüllen der Kunst stecken sollte, um seine eckelhafte Natur zu verbergen. Daher denn auch die unsäglichen Platituden, welche sich die Deutschen unter dem Titel von naiven und scherzhaften Liedern vorsingen lassen, und an denen sie sich bei einer wohlbesetzten Tafel ganz unendlich zu belustigen pflegen. Unter dem Freibrief der Laune, der Empfindung duldet man diese Armseligkeiten – aber einer Laune, einer Empfindung, die man nicht sorgfältig genug verbannen kann. Die Musen an der *Pleisse* bilden hier besonders einen eigenen kläglichen Chor, und ihnen wird von den Camönen an der *Leine* und *Elbe* in nicht bessern Akkorden geantwortet.[27] So insipid diese Scherze sind, so kläglich läßt sich der Affekt auf unsern tragischen Bühnen hören, welcher, anstatt die wahre Natur nachzuahmen, nur den geistlosen und unedeln Ausdruck der wirklichen erreicht; so daß es uns nach einem solchen Tränenmahle gerade zu Mut ist, als wenn wir einen Besuch in Spitälern abgelegt oder *Salzmanns*

---

27 Diese guten Freunde haben es sehr übel aufgenommen, was ein Rezensent in der A. L. Z. vor etlichen Jahren an den *Bürger*'schen Gedichten getadelt hat; und der Ingrimm, womit sie wider diesen Stachel lecken, scheint zu erkennen zu geben, daß sie mit der Sache jenes Dichters ihre eigene zu verfechten glauben. Aber darin irren sie sich sehr. Jene Rüge konnte bloß einem wahren Dichtergenie gelten, das von der Natur reichlich ausgestattet war, aber versäumt hatte, durch eigne Kultur jenes seltene Geschenk auszubilden. Ein solches Individuum durfte und mußte man unter den höchsten Maßstab der Kunst stellen, weil es Kraft in sich hatte, demselben sobald es ernstlich wollte genug zu tun; aber es wäre lächerlich und grausam zugleich, auf ähnliche Art mit Leuten zu verfahren, an welche die Natur nicht gedacht hat, und die mit jedem Produkt, das sie zu Markte bringen, ein vollgültiges Testimonium paupertatis aufweisen.

menschliches Elend gelesen hätten. Noch viel schlimmer steht es um die satyrische Dichtkunst, und um den komischen Roman insbesondre, die schon ihrer Natur nach dem gemeinen Leben so nahe liegen, und daher billig, wie jeder Grenzposten, gerade in den besten Händen sein sollten. Derjenige hat wahrlich den wenigsten Beruf der *Maler* seiner Zeit zu werden, der das *Geschöpf* und die *Karikatur* derselben ist; aber da es etwas so leichtes ist, irgend einen lustigen Charakter, wär es auch nur *einen dicken Mann* unter seiner Bekanntschaft aufzujagen, und die Fratze mit einer groben Feder auf dem Papier abzureißen, so fühlen zuweilen auch die geschworenen Feinde alles poetischen Geistes den Kitzel, in diesem Fache zu stümpern, und einen Zirkel von würdigen Freunden mit der schönen Geburt zu ergötzen. Ein rein gestimmtes Gefühl freilich wird nie in Gefahr sein, diese Erzeugnisse einer gemeinen Natur mit den geistreichen Früchten des naiven Genies zu verwechseln; aber an dieser reinen Stimmung des Gefühls fehlt es eben, und in den meisten Fällen will man bloß ein Bedürfnis befriedigt haben, ohne daß der Geist eine Foderung machte. Der so falsch verstandene, wiewohl an sich wahre Begriff, daß man sich bei Werken des schönen Geistes *erhole*, trägt das seinige redlich zu dieser Nachsicht bei; wenn man es anders Nachsicht nennen kann, wo nichts höheres geahnet wird, und der Leser wie der Schriftsteller auf gleiche Art ihre Rechnung finden. Die gemeine Natur nehmlich, wenn sie angespannt worden, kann sich nur in der *Leerheit* erholen, und selbst ein hoher Grad von Verstand, wenn er nicht von einer gleichmäßigen Kultur der Empfindungen unterstützt ist, ruht von seinem Geschäfte nur in einem geistlosen Sinnengenuß aus.

Wenn sich das dichtende Genie über alle *zufälligen* Schranken, welche von jedem *bestimmten* Zustande unzertrennlich sind, mit freier Selbsttätigkeit muß erheben können, um die menschliche Natur in ihrem absoluten Vermögen zu erreichen, so darf es sich doch auf der andern Seite nicht über die *notwendigen* Schranken hinwegsetzen,

welche der Begriff einer menschlichen Natur mit sich
bringt; denn das Absolute aber nur innerhalb der Menschheit ist seine Aufgabe und seine Sphäre. Wir haben gesehen,
daß das naive Genie zwar nicht in Gefahr ist, diese Sphäre
zu überschreiten, wohl aber *sie nicht ganz zu erfüllen*, wenn es
einer äußern Notwendigkeit oder dem zufälligen Bedürfnis
des Augenblicks zu sehr auf Unkosten der innern Notwendigkeit Raum gibt. Das sentimentalische Genie hingegen
ist der Gefahr ausgesetzt, über dem Bestreben, alle Schranken von ihr zu entfernen, die menschliche Natur ganz und
gar aufzuheben, und sich nicht bloß, was es darf und soll,
über jede bestimmte und begrenzte Wirklichkeit hinweg zu
der absoluten Möglichkeit zu erheben oder zu *idealisieren*,
sondern über die Möglichkeit selbst noch hinauszugehen
oder zu *schwärmen*. Dieser Fehler der *Überspannung* ist eben
so in der spezifischen Eigentümlichkeit seines Verfahrens
wie der entgegengesetzte der *Schlaffheit*, in der eigentümlichen Handlungsweise des naiven gegründet. Das naive
Genie nehmlich läßt die *Natur* in sich unumschränkt
walten, und da die Natur, in ihren einzelnen zeitlichen
Äußerungen immer abhängig und bedürftig ist, so wird das
naive Gefühl nicht immer *exaltiert* genug bleiben, um den
zufälligen Bestimmungen des Augenblicks widerstehen zu
können. Das sentimentalische Genie hingegen verläßt die
Wirklichkeit, um zu Ideen aufzusteigen und mit freier
Selbsttätigkeit seinen Stoff zu beherrschen; da aber die
Vernunft ihrem Gesetze nach immer zum Unbedingten
strebt, so wird das sentimentalische Genie nicht immer
nüchtern genug bleiben, um sich ununterbrochen und
gleichförmig innerhalb der Bedingungen zu halten, welche
der Begriff einer menschlichen Natur mit sich führt, und an
welche die Vernunft auch in ihrem freiesten Wirken hier
immer gebunden bleiben muß. Dieses könnte nur durch
einen verhältnismäßigen Grad von Empfänglichkeit geschehen, welche aber in dem sentimentalischen Dichter-
geiste von der Selbsttätigkeit eben so sehr überwogen wird,
als sie in dem Naiven die Selbsttätigkeit überwiegt. Wenn

man daher an den Schöpfungen des naiven Genies zuweilen den *Geist* vermißt, so wird man bei den Geburten des sentimentalischen oft vergebens nach dem *Gegenstande* fragen. Beide werden also, wiewohl auf ganz entgegenge- setzte Weise in den Fehler der *Leerheit* verfallen; denn ein Gegenstand ohne Geist und ein Geistesspiel ohne Gegen- stand sind beide ein Nichts in dem ästhetischen Urteil.

Alle Dichter, welche ihren Stoff zu einseitig aus der Gedankenwelt schöpfen, und mehr durch eine innre Ideenfülle als durch den Drang der Empfindung zum poetischen Bilden getrieben werden, sind mehr oder weniger in Gefahr, auf diesen Abweg zu geraten. Die Vernunft zieht bei ihren Schöpfungen die Grenzen der Sinnenwelt viel zu wenig zu Rat und der Gedanke wird immer weiter getrieben, als die Erfahrung ihm folgen kann. Wird er aber so weit getrieben, daß ihm nicht nur keine bestimmte Erfahrung mehr entsprechen kann, (denn bis dahin darf und muß das Idealschöne gehen) sondern daß er den Bedingungen aller möglichen Erfahrung überhaupt widerstreitet, und daß folglich um ihn wirklich zu machen, die menschliche Natur ganz und gar verlassen werden müßte, dann ist es nicht mehr ein poetischer, sondern ein überspannter Gedanke: vorausgesetzt nehmlich, daß er sich als darstellbar und dichterisch angekündiget habe; denn hat er dieses nicht, so ist es schon genug, wenn er sich nur nicht selbst widerspricht. Widerspricht er sich selbst, so ist er nicht mehr Überspannung, sondern *Unsinn*; denn was überhaupt nicht ist, das kann auch sein Maß nicht überschreiten. Kündigt er sich aber gar nicht als ein Objekt für die Einbildungskraft an, so ist er eben so wenig Überspannung; denn das bloße Denken ist grenzenlos und was keine Grenze hat, kann auch keine überschreiten. Überspannt kann also nur dasjenige genannt werden, was zwar nicht die logische aber die sinnliche Wahrheit verletzt, und auf diese doch Anspruch macht. Wenn daher ein Dichter den unglücklichen Einfall hat, Naturen, die schlechthin *übermenschlich* sind, und auch nicht anders vorgestellt werden *dürfen*, zum Stoff seiner Schilderung zu erwählen, so kann er sich vor dem Überspannten nur dadurch sicher stellen, daß er das Poetische aufgibt und es gar nicht einmal unternimmt, seinen Gegenstand durch die Einbildungskraft ausführen zu lassen. Denn täte er dieses, so würde entweder diese ihre Grenzen auf den Gegenstand übertragen, und aus einem absoluten Objekt ein beschränktes *menschliches* machen (was z. B. alle griechischen Gottheiten sind und auch sein sollen); oder der Gegenstand würde der Einbildungskraft ihre Grenzen nehmen, d. h. er würde sie aufheben, worin eben das Überspannte besteht.

Man muß die überspannte Empfindung von dem Überspannten in der Darstellung unterscheiden; nur von der ersten ist hier die Rede. Das Objekt der Empfindung kann unnatürlich sein, aber sie selbst ist Natur, und muß daher auch die Sprache derselben führen. Wenn also das Überspannte in der Empfindung aus Wärme des Herzens und einer wahrhaft dichterischen Anlage fließen kann, so zeugt das Überspannte in der Darstellung jederzeit von einem kalten Herzen und sehr oft von einem poetischen Unvermögen. Es ist also kein Fehler, vor welchem das sentimentalische Dichtergenie gewarnt werden müßte, sondern der bloß dem unberufenen Nachahmer desselben drohet, daher er auch die Begleitung des Platten, Geistlosen, ja des Niedrigen keineswegs verschmäht. Die überspannte Empfindung ist gar nicht ohne Wahrheit, und als wirkliche Empfindung muß sie auch notwendig einen realen Gegenstand haben. Sie läßt daher auch, weil sie Natur ist, einen einfachen Ausdruck zu, und wird vom Herzen kommend auch das Herz nicht verfehlen. Aber da ihr Gegenstand nicht aus der Natur geschöpft, sondern durch den Verstand einseitig und künstlich hervorgebracht ist, so hat er auch bloß logische Realität, und die Empfindung ist also nicht rein menschlich. Es ist keine Täuschung, was *Heloise* für Abelard, was *Petrarch* für seine Laura, was *S. Preux* für seine Julie, was *Werther* für seine Lotte fühlt, und was *Agathon*,

Phanias, Peregrinus Proteus (den Wielandischen meine ich)
für ihre Ideale empfinden; die Empfindung ist wahr, nur
der Gegenstand ist ein gemachter und liegt außerhalb der
menschlichen Natur. Hätte sich ihr Gefühl bloß an die
sinnliche Wahrheit der Gegenstände gehalten, so würde es
jenen Schwung nicht haben nehmen können; hingegen
würde ein bloß willkürliches Spiel der Phantasie ohne allen
innern Gehalt auch nicht im Stande gewesen sein, das Herz
zu bewegen, denn das Herz wird nur durch Vernunft
bewegt. Diese Überspannung verdient also Zurechtwei-
sung, nicht Verachtung, und wer darüber spottet, mag sich
wohl prüfen, ob er nicht vielleicht aus Herzlosigkeit so
klug, aus Vernunftmangel so verständig ist. So ist auch die
überspannte Zärtlichkeit im Punkt der Galanterie und der
Ehre, welche die Ritterromane, besonders die spanischen
charakterisiert, so ist die skrupulose, bis zur Kostbarkeit
getriebene Delikatesse in den französischen und englischen
sentimentalischen Romanen (von der besten Gattung)
nicht nur subjektiv wahr, sondern auch in objektiver
Rücksicht nicht gehaltlos; es sind echte Empfindungen, die
wirklich eine moralische Quelle haben, und die nur darum
verwerflich sind, weil sie die Grenzen menschlicher Wahrheit überschreiten. Ohne jene moralische Realität – wie
wäre es möglich, daß sie mit solcher Stärke und Innigkeit
könnten mitgeteilt werden, wie doch die Erfahrung lehrt.
Dasselbe gilt auch von der moralischen und religiösen
Schwärmerei, und von der exaltierten Freiheits- und
Vaterlandsliebe. Da die Gegenstände dieser Empfindungen
immer Ideen sind und in der äußern Erfahrung nicht
erscheinen, (denn was z. B. den politischen Enthusiasten
bewegt, ist nicht was er siehet, sondern was er denkt) so hat
die selbsttätige Einbildungskraft eine gefährliche Freiheit
und kann nicht, wie in andern Fällen, durch die sinnliche
Gegenwart ihres Objekts in ihre Grenzen zurückgewiesen
werden. Aber weder der Mensch überhaupt noch der
Dichter insbesondre darf sich der Gesetzgebung der Natur
anders entziehen, als um sich unter die entgegengesetzte der

Vernunft zu begeben; nur für das Ideal darf er die
Wirklichkeit verlassen, denn an einem von diesen beiden
Ankern *muß* die Freiheit befestiget sein. Aber der Weg von
der Erfahrung zum Ideale ist so weit, und dazwischen liegt
die Phantasie mit ihrer zügellosen Willkür. Es ist daher
unvermeidlich, daß der Mensch überhaupt wie der Dichter
insbesondere, wenn er sich durch die Freiheit seines
Verstandes aus der Herrschaft der Gefühle begibt, ohne
durch Gesetze der Vernunft dazu getrieben zu werden, d. h.
wenn er die Natur aus bloßer Freiheit verläßt, solang *ohne
Gesetz ist*, mithin der Phantasterei zum Raube dahingege-
ben wird.

Daß sowohl ganze Völker als einzelne Menschen, welche
der sichern Führung der Natur sich entzogen haben, sich
wirklich in diesem Falle befinden, lehrt die Erfahrung,
und eben diese stellt auch Beispiele genug von einer ähnlichen Verirrung in der Dichtkunst auf. Weil der echte
sentimentalische Dichtungstrieb, um sich zum idealen zu
erheben, über die Grenzen wirklicher Natur hinausgehen
muß, so geht der unechte über jede Grenze überhaupt
hinaus, und überredet sich, als wenn schon das wilde Spiel
der Imagination die poetische Begeisterung ausmache.
Dem wahrhaften Dichtergenie, welches die Wirklichkeit
nur um der Idee willen verlässet, kann dieses nie oder doch
nur in Momenten begegnen, wo es sich selbst verloren hat;
da es hingegen durch seine Natur selbst zu einer überspannten Empfindungsweise verführt werden kann. Es
kann aber durch sein Beispiel andre zur Phantasterei
verführen, weil Leser von reger Phantasie und schwachem
Verstand ihm nur die Freiheiten absehen, die es sich gegen
die wirkliche Natur herausnimmt, ohne ihm bis zu seiner
hohen innern Notwendigkeit folgen zu können. Es geht
dem sentimentalischen Genie hier, wie wir bei dem naiven
gesehen haben. Weil dieses durch seine Natur alles ausführte, was es tut, so will der gemeine Nachahmer an seiner
eigenen Natur keine schlechtere Führerin haben. Meisterstücke aus der naiven Gattung werden daher gewöhnlich

die plattesten und schmutzigsten Abdrücke gemeiner Natur, und Hauptwerke aus der sentimentalischen ein zahlreiches Heer phantastischer Produktionen zu ihrem Gefolge haben, wie dieses in der Literatur eines jeden Volks leichtlich nachzuweisen ist.

Es sind in Rücksicht auf Poesie zwei Grundsätze im Gebrauch, die an sich völlig richtig sind, aber in der Bedeutung, worin man sie gewöhnlich nimmt, einander gerade aufheben. Von dem ersten, »daß die Dichtkunst zum Vergnügen und zur Erholung diene« ist schon oben gesagt worden, daß er der Leerheit und Platitüde in poetischen Darstellungen nicht wenig günstig sei; durch den andern Grundsatz »daß sie zur moralischen Veredlung des Menschen diene« wird das Überspannte in Schutz genommen. Es ist nicht überflüssig beide Prinzipien, welche man so häufig im Munde führt, oft so ganz unrichtig auslegt und so ungeschickt anwendet, etwas näher zu beleuchten.

Wir nennen Erholung den Übergang von einem gewaltsamen Zustand zu demjenigen, der uns natürlich ist. Es kommt mithin hier alles darauf an, worin wir unsern natürlichen Zustand setzen, und was wir unter einem gewaltsamen verstehen. Setzen wir jenen lediglich in ein ungebundenes Spiel unsrer physischen Kräfte und in eine Befreiung von jedem Zwang, so ist jede Vernunfttätigkeit, weil jede einen Widerstand gegen die Sinnlichkeit ausübt, eine Gewalt, die uns geschieht, und Geistesruhe mit sinnlicher Bewegung verbunden, ist das eigentliche Ideal der Erholung. Setzen wir hingegen unsern natürlichen Zustand in ein unbegrenztes Vermögen zu jeder menschlichen Äußerung und in die Fähigkeit über alle unsre Kräfte mit gleicher Freiheit disponieren zu können, so ist jede Trennung und *Vereinzelung* dieser Kräfte ein gewaltsamer Zustand, und das Ideal der Erholung ist die Wiederherstellung unseres Naturganzen nach einseitigen Spannungen. Das erste Ideal wird also lediglich durch das Bedürfnis der *sinnlichen* Natur, das zweite wird durch die Selbständigkeit der *menschlichen* aufgegeben. Welche von diesen

beiden Arten der Erholung die Dichtkunst gewähren dürfe
und müsse, möchte in der Theorie wohl keine Frage sein;
denn niemand wird gerne das Ansehen haben wollen, als
ob er das Ideal der Menschheit dem Ideale der Tierheit
nachzusetzen versucht sein könne. Nichts destoweniger
sind die Foderungen, welche man im wirklichen Leben an
poetische Werke zu machen pflegt, vorzugsweise von dem
sinnlichen Ideal hergenommen, und in den meisten Fällen
wird nach diesem – zwar nicht die *Achtung* bestimmt, die
man diesen Werken erweist, aber doch die *Neigung* entschieden und der *Liebling* gewählt. Der Geisteszustand der
mehresten Menschen ist auf Einer Seite anspannende und
erschöpfende *Arbeit*, auf der andern erschlaffender *Genuß*.
Jene aber, wissen wir, macht das sinnliche Bedürfnis nach
GeistesRuhe und nach einem Stillstand des Wirkens
ungleich dringender als das moralische Bedürfnis nach
Harmonie und nach einer absoluten Freiheit des Wirkens,
weil vor allen Dingen erst die *Natur* befriedigt sein muß,
ehe der *Geist* eine *Foderung* machen kann; dieser bindet und
lähmt die moralischen Triebe selbst, welche jene Foderung
aufwerfen mußten. Nichts ist daher der Empfänglichkeit
für das wahre Schöne nachteiliger als diese beiden nur
allzugewöhnlichen Gemütsstimmungen unter den Menschen, und es erklärt sich daraus, warum so gar wenige,
selbst von den Bessern ja den Besten, in ästhetischen
Dingen ein Urteil haben. Die Schönheit ist das Produkt der
Zusammenstimmung zwischen dem Geist und den Sinnen,
es spricht zu allen Vermögen des Menschen zugleich, und
kann daher nur unter der Voraussetzung eines vollständigen und freien Gebrauchs aller seiner Kräfte empfunden
und gewürdiget werden. Einen offenen Sinn, ein erweiter-
tes Herz, einen frischen und ungeschwächten Geist muß
man dazu mitbringen, seine ganze Natur muß man beisammen haben; welches keineswegs der Fall derjenigen ist,
die durch abstraktes Denken in sich selbst geteilt, durch
kleinliche Geschäftsformeln eingeenget, durch anstrengendes Aufmerken ermattet sind. Diese verlangen zwar nach

einem sinnlichen Stoff, aber nicht um das Spiel der
Denkkräfte daran fortzusetzen, sondern um es einzustellen.
Sie wollen frei sein, aber nur von einer Last, die ihre
Trägheit ermüdete, nicht von einer Schranke, die ihre
Tätigkeit hemmte.   5

Darf man sich also noch über das Glück der Mittelmäßigkeit und Leerheit in ästhetischen Dingen, und über die
Rache der schwachen Geister an dem wahren und energischen Schönen verwundern? Auf Erholung rechneten sie
bei diesem, aber auf eine Erholung nach ihrem Bedürfnis   10
und nach ihrem armen Begriff, und mit Verdruß entdecken
sie, daß ihnen jetzt erst eine Kraftäußerung zugemutet
wird, zu der ihnen auch in ihrem besten Moment das
Vermögen fehlen möchte. Dort hingegen sind sie willkommen, wie sie sind, denn so wenig Kraft sie auch mitbringen, 15
so brauchen sie doch noch viel weniger, um den Geist ihres
Schriftstellers auszuschöpfen. Der Last des Denkens sind
sie hier auf einmal entledigt, und die losgespannte Natur
darf sich im seligen Genuß des Nichts, auf dem weichen
Polster der *Platitüde* pflegen. In dem Tempel Thaliens und 20
Melpomenens, so wie er bei uns bestellt ist, thront die
geliebte Göttin, empfängt in ihrem weiten Schoß den
stumpfsinnigen Gelehrten und den erschöpften Geschäftsmann, und wiegt den Geist in einen magnetischen Schlaf,
indem sie die erstarrten Sinne erwärmt, und die Einbil- 25
dungskraft in einer süßen Bewegung schaukelt.

Und warum wollte man den gemeinen Köpfen nicht
nachsehen, was selbst den Besten oft genug zu begegnen
pflegt. Der Nachlaß, welchen die Natur nach jeder anhaltenden Spannung fodert und sich auch ungefodert nimmt, 30
(und nur für solche Momente pflegt man den Genuß
schöner Werke aufzusparen) ist der ästhetischen Urteilskraft so wenig günstig, daß unter den eigentlich beschäf-
tigten Klassen nur äußerst wenige sein werden, die in
Sachen des Geschmacks mit Sicherheit und, worauf hier so 35
viel ankommt, mit Gleichförmigkeit urteilen können.
Nichts ist gewöhnlicher als daß sich die Gelehrten, den

gebildeten Weltleuten gegenüber, in Urteilen über die
Schönheit die lächerlichsten Blößen geben, und daß besonders die Kunstrichter von Handwerk der Spott aller
Kenner sind. Ihr verwahrlostes, bald überspanntes bald
rohes Gefühl leitet sie in den mehresten Fällen falsch, und
wenn sie auch zu Verteidigung desselben in der Theorie
etwas aufgegriffen haben, so können sie daraus nur
technische (die Zweckmäßigkeit eines Werks betreffende)
nicht aber *ästhetische* Urteile bilden, welche immer das
Ganze umfassen müssen, und bei denen also die Empfindung entscheiden muß. Wenn sie endlich nur gutwillig auf
die letztern Verzicht leisten und es bei den erstern bewen-
den lassen wollten, so möchten sie immer noch Nutzen
genug stiften, da der Dichter in seiner Begeisterung und der
empfindende Leser im Moment des Genusses das Einzelne
gar leicht vernachlässigen. Ein desto lächerlicheres Schauspiel ist es aber, wenn diese rohen Naturen, die es mit aller
peinlichen Arbeit an sich selbst höchstens zu Ausbildung
einer einzelnen Fertigkeit bringen, ihr dürftiges Individuum zum Repräsentanten des allgemeinen Gefühls aufstellen, und im Schweiß ihres Angesichts – über das Schöne
richten.

Dem Begriff der *Erholung*, welche die Poesie zu gewäh-
ren habe, werden, wie wir gesehen, gewöhnlich viel zu enge
Grenzen gesetzt, weil man ihn zu einseitig auf das bloße
Bedürfnis der Sinnlichkeit zu beziehen pflegt. Gerade
umgekehrt wird dem Begriff der *Veredlung*, welche der
Dichter beabsichten soll, gewöhnlich ein viel zu weiter
Umfang gegeben, weil man ihn zu einseitig nach der bloßen
Idee bestimmt.

Der Idee nach geht nehmlich die Veredlung immer ins
Unendliche, weil die Vernunft in ihren Foderungen sich an
die notwendigen Schranken der Sinnenwelt nicht bindet,
und nicht eher als bei dem absolut Vollkommenen stille
steht. Nichts, worüber sich noch etwas höheres denken
läßt, kann ihr Genüge leisten; vor ihrem strengen Gerichte
entschuldigt kein Bedürfnis der endlichen Natur: sie

erkennt keine andern Grenzen an, als des Gedankens, und an diesem wissen wir, daß er sich über alle Grenzen der Zeit und des Raumes schwingt. Ein solches Ideal der Veredlung, welches die Vernunft in ihrer reinen Gesetzgebung vorzeichnet darf sich also der Dichter eben so wenig als jenes niedrige Ideal der Erholung, welches die Sinnlichkeit aufstellt, zum Zwecke setzen, da er die Menschheit zwar von allen zufälligen Schranken befreien soll, aber ohne ihren Begriff aufzuheben und ihre notwendigen Grenzen zu verrücken. Was er über diese Linien hinaus sich erlaubt, ist Überspannung, und zu dieser eben wird er nur allzuleicht durch einen falsch verstandenen Begriff von Veredlung verleitet. Aber das schlimme ist, daß er sich selbst zu dem wahren Ideal menschlicher Veredlung nicht wohl erheben kann, ohne noch einige Schritte über dasselbe hinaus zu geraten. Um nehmlich dahin zu gelangen, muß er die Wirklichkeit verlassen, denn er kann es, wie jedes Ideal, nur aus innern und moralischen Quellen schöpfen. Nicht in der Welt die ihn umgibt und im Geräusch des handelnden Lebens, in seinem Herzen nur trifft er es an, und nur in der Stille einsamer Betrachtung findet er sein Herz. Aber diese Abgezogenheit vom Leben wird nicht immer bloß die zufälligen – sie wird öfters auch die notwendigen und unüberwindlichen Schranken der Menschheit aus seinen Augen rücken, und indem er die reine Form sucht, wird er in Gefahr sein, allen Gehalt zu verlieren. Die Vernunft wird ihr Geschäft viel zu abgesondert von der Erfahrung treiben, und was der kontemplative Geist auf dem ruhigen Wege des Denkens aufgefunden, wird der handelnde Mensch auf dem drangvollen Wege des Lebens nicht in Erfüllung bringen können. So bringt gewöhnlich eben das den Schwärmer hervor, was allein im Stande war, den Weisen zu bilden, und der Vorzug des letztern möchte wohl weniger darin bestehen, daß er das erste nicht geworden, als darin, daß er es nicht geblieben ist.

Da es also weder dem arbeitenden Teile der Menschen überlassen werden darf, den Begriff der Erholung nach seinem Bedürfnis, noch dem kontemplativen Teile, den Begriff der Veredlung nach seinen Spekulationen zu bestimmen, wenn jener Begriff nicht zu physisch und der Poesie zu unwürdig, dieser nicht zu hyperphysisch und der Poesie zu überschwenglich ausfallen soll – diese beiden Begriffe aber, wie die Erfahrung lehrt, das allgemeine Urteil über Poesie und poetische Werke regieren, so müssen wir uns, um sie auslegen zu lassen, nach einer Klasse von Menschen umsehen, welche ohne zu arbeiten tätig ist, und idealisieren kann, ohne zu schwärmen; welche alle Realitäten des Lebens mit den wenigstmöglichen Schranken desselben in sich vereiniget, und vom Strome der Begebenheiten getragen wird, ohne der Raub desselben zu werden. Nur eine solche Klasse kann das schöne Ganze menschlicher Natur, welches durch jede Arbeit augenblicklich, und durch ein arbeitendes Leben anhaltend zerstört wird, aufbewahren, und in allem was rein menschlich ist durch ihre *Gefühle* dem allgemeinen Urteil Gesetze geben. Ob eine solche Klasse wirklich existiere, oder vielmehr ob diejenige, welche unter ähnlichen äußern Verhältnissen wirklich existiert, diesem Begriffe auch im innern entspreche, ist eine andre Frage, mit der ich hier nichts zu schaffen habe. Entspricht sie demselben nicht, so hat sie bloß sich selbst anzuklagen, da die entgegengesetzte arbeitende Klasse wenigstens die Genugtuung hat, sich als ein Opfer ihres Berufs zu betrachten. In einer solchen Volksklasse (die ich aber hier bloß als Idee aufstelle, und keineswegs als ein Faktum bezeichnet haben will) würde sich der naive Charakter mit dem sentimentalischen also vereinigen, daß jeder den andern vor seinem Extreme bewahrte, und indem der erste das Gemüt vor Überspannung schützte, der andere es vor Erschlaffung sicher stellte. Denn endlich müssen wir es doch gestehen, daß weder der naive noch der sentimentalische Charakter für sich allein betrachtet, das Ideal schöner Menschlichkeit ganz erschöpfen, das nur aus der innigen Verbindung beider hervorgehen kann.

Zwar solange man beide Charaktere bis zum *dichterischen*

exaltiert, wie wir sie auch bisher betrachtet haben, verliert
sich vieles von den ihnen adhärierenden Schranken und
auch ihr Gegensatz wird immer weniger merklich, in einem
je höhern Grad sie poetisch werden; denn die poetische
Stimmung ist ein selbstständiges Ganze, in welchem alle
Unterschiede und alle Mängel verschwinden. Aber eben
darum, weil es nur der Begriff des poetischen ist, in
welchem beide Empfindungsarten zusammentreffen können, so wird ihre gegenseitige Verschiedenheit und Bedürftigkeit in demselben Grade merklicher, als sie den poetischen Charakter ablegen; und dies ist der Fall im gemeinen
Leben. Je tiefer sie zu diesem herabsteigen, desto mehr
verlieren sie von ihrem generischen Charakter der sie
einander näher bringt, bis zuletzt in ihren Karikaturen nur
der Artcharakter übrig bleibt, der sie einander entgegen
setzt.

Dieses führt mich auf einen sehr merkwürdigen psycho-
logischen Antagonism unter den Menschen in einem sich
kultivierenden Jahrhundert: einen Antagonism, der, weil er
radikal und in der innern Gemütsform gegründet ist, eine
schlimmere Trennung unter den Menschen anrichtet, als
der zufällige Streit der Interessen je hervorbringen könnte;
der dem Künstler und Dichter alle Hoffnung benimmt,
allgemein zu gefallen und zu rühren, was doch seine
Aufgabe ist, der es dem Philosophen auch wenn er alles
getan hat, unmöglich macht, allgemein zu überzeugen, was
doch der Begriff einer Philosophie mit sich bringt, der es
endlich dem Menschen im praktischen Leben niemals
vergönnen wird, seine Handlungsweise allgemein gebilli-
get zu sehen: kurz einen Gegensatz, welcher Schuld ist, daß
kein Werk des Geistes und keine Handlung des Herzens bei
Einer Klasse ein entscheidendes Glück machen kann, ohne
eben dadurch bei der andern sich einen Verdammungsspruch zuzuziehen. Dieser Gegensatz ist ohne Zweifel so
alt, als der Anfang der Kultur und dürfte vor dem Ende
derselben schwerlich anders als in einzelnen seltenen
Subjekten, deren es hoffentlich immer gab und immer

geben wird, beigelegt werden; aber obgleich zu seinen Wirkungen auch diese gehört, daß er jeden Versuch zu seiner Beilegung vereitelt, weil kein Teil dahin zu bringen ist, einen Mangel auf seiner Seite und eine Realität auf der andern einzugestehen, so ist es doch immer Gewinn genug, eine so wichtige Trennung bis zu ihrer letzten Quelle zu verfolgen, und dadurch den eigentlichen Punkt des Streits wenigstens auf eine einfachere Formel zu bringen.

Man gelangt am besten zu dem wahren Begriff dieses Gegensatzes, wenn man, wie ich eben bemerkte, sowohl von dem naiven als von dem sentimentalischen Charakter absondert, was beide poetisches haben. Es bleibt alsdann von dem erstern nichts übrig, als, in Rücksicht auf das theoretische, ein nüchterner Beobachtungsgeist und eine feste Anhänglichkeit an das gleichförmige Zeugnis der Sinne; in Rücksicht auf das praktische eine resignierte Unterwerfung unter die Notwendigkeit (nicht aber unter die blinde Nötigung) der Natur: eine Ergebung also in das, was ist und was sein muß. Es bleibt von dem sentimentalischen Charakter nichts übrig, als (im theoretischen) ein unruhiger Spekulationsgeist, der auf das Unbedingte in allen Erkenntnissen dringt, im praktischen ein moralischer Rigorism, der auf dem Unbedingten in Willenshandlungen bestehet. Wer sich zu der ersten Klasse zählt, kann ein *Realist*, und wer zur andern, ein *Idealist* genannt werden; bei welchen Namen man sich aber weder an den guten noch schlimmen Sinn, den man in der Metaphysik damit verbindet, erinnern darf.[28]

---

28 Ich bemerke, um jeder Mißdeutung vorzubeugen, daß es bei dieser Einteilung ganz und gar nicht darauf abgesehen ist, eine Wahl zwischen beiden, folglich eine Begünstigung des Einen mit Ausschließung des andern zu veranlassen. Gerade diese *Ausschließung*, welche sich in der Erfahrung findet, bekämpfe ich; und das Resultat der gegenwärtigen Betrachtungen wird der Beweis sein, daß nur durch die vollkommen gleiche *Einschließung* beider dem Vernunftbegriffe der Menschheit kann Genüge geleistet werden. Übrigens nehme ich beide in

Da der Realist durch die Notwendigkeit der Natur sich bestimmen läßt, der Idealist durch die Notwendigkeit der Vernunft sich bestimmt, so muß zwischen beiden dasselbe Verhältnis Statt finden, welches zwischen den Wirkungen der Natur und den Handlungen der Vernunft angetroffen wird. Die Natur, wissen wir, obgleich eine unendliche Größe im Ganzen, zeigt sich in jeder einzelnen Wirkung abhängig und bedürftig; nur in dem All ihrer Erscheinungen drückt sie einen selbstständigen großen Charakter aus. Alles individuelle in ihr ist nur deswegen, weil etwas anderes ist; nichts springt aus sich selbst, alles nur aus dem vorhergehenden Moment hervor, um zu einem folgenden zu führen. Aber eben diese gegenseitige Beziehung der Erscheinungen auf einander sichert einer jeden das Dasein durch das Dasein der andern, und von der Abhängigkeit ihrer Wirkungen ist die Stätigkeit und Notwendigkeit derselben unzertrennlich. Nichts ist frei in der Natur aber auch nichts ist willkürlich in derselben.

Und gerade so zeigt sich der Realist, sowohl in seinem *Wissen* als in seinem *Tun*. Auf alles, was bedingungsweise existiert, erstreckt sich der Kreis seines Wissens und Wirkens, aber nie bringt er es auch weiter als zu bedingten Erkenntnissen, und die Regeln, die er sich aus einzelnen Erfahrungen bildet, gelten in ihrer ganzen Strenge genommen, auch nur Einmal; erhebt er die Regel des Augenblicks zu einem allgemeinen Gesetz, so wird er sich unausbleiblich in Irrtum stürzen. Will daher der Realist in seinem Wissen zu etwas unbedingten gelangen, so muß er es auf dem nehmlichen Wege versuchen, auf dem die Natur ein un-

---

ihrem würdigsten Sinn und in der ganzen *Fülle* ihres Begriffs, der nur immer mit der Reinheit desselben, und mit Beibehaltung ihrer spezifischen Unterschiede bestehen kann. Auch wird es sich zeigen, daß ein hoher Grad menschlicher Wahrheit sich mit beiden verträgt, und daß ihre Abweichungen von einander zwar im einzelnen, aber nicht im Ganzen, zwar der Form aber nicht dem Gehalt nach eine Veränderung machen.

endliches wird, nehmlich auf dem Wege des Ganzen und
in dem All der Erfahrung. Da aber die Summe der
Erfahrung nie völlig abgeschlossen wird, so ist eine
komparative Allgemeinheit das höchste, was der Realist in
seinem Wissen erreicht. Auf die Wiederkehr ähnlicher Fälle
baut er seine Einsicht, und wird daher richtig urteilen in
allem, was in der Ordnung ist; in allem hingegen, was zum
erstenmal sich darstellt, kehrt seine Weisheit zu ihrem
Anfang zurück.

Was von dem Wissen des Realisten gilt, das gilt auch von
seinem (moralischen) Handeln. Sein Charakter hat Moralität, aber diese liegt, ihrem reinen Begriffe nach, in keiner
einzelnen Tat, nur in der ganzen Summe seines Lebens. In
jedem besondern Fall wird er durch äußre Ursachen und
durch äußre Zwecke bestimmt werden; nur daß jene
Ursachen nicht zufällig, jene Zwecke nicht augenblicklich
sind, sondern aus dem Naturganzen subjektiv fließen, und
auf dasselbe sich objektiv beziehen. Die Antriebe seines
Willens sind also zwar in rigoristischem Sinne weder frei
genug, noch moralisch lauter genug, weil sie etwas anders
als den bloßen Willen zu ihrer Ursache und etwas anders als
das bloße Gesetz zu ihrem Gegenstand haben; aber es sind
eben so wenig blinde und materialistische Antriebe, weil
dieses andre das absolute Ganze der Natur, folglich etwas
selbstständiges und notwendiges ist. So zeigt sich der
gemeine Menschenverstand, der vorzügliche Anteil des
Realisten, durchgängig im Denken und im Betragen. Aus
dem einzelnen Falle schöpft er die Regel seines Urteils, aus
einer innern Empfindung die Regel seines Tuns; aber mit
glücklichem Instinkt weiß er von beiden alles Momentane
und Zufällige zu scheiden. Bei dieser Methode fährt er im
Ganzen vortrefflich und wird schwerlich einen bedeutenden Fehler sich vorzuwerfen haben; nur auf Größe und
Würde möchte er in keinem besondern Fall Anspruch
machen können. Diese ist nur der Preis der Selbstständigkeit und Freiheit, und davon sehen wir in seinen einzelnen
Handlungen zu wenige Spuren.

Ganz anders verhält es sich mit dem Idealisten, der aus sich selbst und aus der bloßen Vernunft seine Erkenntnisse und Motive nimmt. Wenn die Natur in ihren einzelnen Wirkungen immer abhängig und beschränkt erscheint, so legt die Vernunft den Charakter der Selbstständigkeit und Vollendung gleich in jede einzelne Handlung. Aus sich selbst schöpft sie alles, und auf sich selbst bezieht sie alles. Was durch sie geschieht, geschieht nur um ihrentwillen; eine absolute Größe ist jeder Begriff den sie aufstellt, und jeder Entschluß den sie bestimmt. Und eben so zeigt sich auch der Idealist, soweit er diesen Namen mit Recht führt, in seinem Wissen, wie in seinem Tun. Nicht mit Erkenntnissen zufrieden, die bloß unter bestimmten Voraussetzungen gültig sind, sucht er bis zu Wahrheiten zu dringen, die nichts mehr voraussetzen und die Voraussetzung von allem andern sind. Ihn befriedigt nur die philosophische Einsicht, welche alles bedingte Wissen auf ein unbedingtes zurückführt, und an dem Notwendigen in dem menschlichen Geist alle Erfahrung befestiget; die Dinge, denen der Realist sein Denken unterwirft, muß Er Sich, seinem Denkvermögen unterwerfen. Und er verfährt hierin mit völliger Befugnis, denn wenn die Gesetze des menschlichen Geistes nicht auch zugleich die Weltgesetze wären, wenn die Vernunft endlich selbst unter der Erfahrung stünde, so würde auch keine Erfahrung möglich sein.

Aber er kann es bis zu absoluten Wahrheiten gebracht haben, und dennoch in seinen Kenntnissen dadurch nicht viel gefördert sein. Denn alles freilich steht zuletzt unter notwendigen und allgemeinen Gesetzen, aber nach zufälligen und besondern Regeln wird jedes einzelne regiert; und in der Natur ist alles einzeln. Er kann also mit seinem philosophischen Wissen das Ganze beherrschen, und für das Besondre, für die Ausübung, dadurch nichts gewonnen haben: ja, indem er überall auf die *obersten* Gründe dringt, durch die alles möglich wird, kann er die *nächsten* Gründe, durch die alles wirklich wird, leicht versäumen; indem er überall auf das Allgemeine sein Augenmerk richtet, wel-

ches die verschiedensten Fälle einander gleich macht, kann
er leicht das besondre vernachlässigen, wodurch sie sich
von einander unterscheiden. Er wird also sehr viel mit
seinem Wissen *umfassen* können, und vielleicht eben deswegen wenig *fassen*, und oft an Einsicht verlieren, was er
an Übersicht gewinnt. Daher kommt es daß, wenn der
spekulative Verstand den gemeinen um seiner *Beschränktheit*
willen verachtet, der gemeine Verstand den spekulativen
seiner *Leerheit* wegen verlacht; denn die Erkenntnisse verlieren immer an bestimmten Gehalt, was sie an Umfang
gewinnen.

In der moralischen Beurteilung wird man bei dem
Idealisten eine reinere Moralität in einzelnen, aber weit
weniger moralische Gleichförmigkeit im Ganzen, finden.
Da er nur in so fern Idealist heißt, als er aus reiner Vernunft
seine Bestimmungsgründe nimmt, die Vernunft aber in
jeder ihrer Äußerungen sich absolut beweist, so tragen
schon seine einzelnen Handlungen, sobald sie überhaupt
nur moralisch sind, den *ganzen* Charakter moralischer
Selbstständigkeit und Freiheit, und gibt es überhaupt nur
im wirklichen Leben eine wahrhaft sittliche Tat, die es auch
vor einem rigoristischen Urteil bliebe, so kann sie nur von
dem Idealisten ausgeübt werden. Aber je reiner die
Sittlichkeit seiner einzelnen Handlungen ist, desto zufälliger ist sie auch; denn Stätigkeit und Notwendigkeit ist zwar
der Charakter der Natur aber nicht der Freiheit. Nicht zwar,
als ob der Idealism mit der Sittlichkeit je in Streit geraten
könnte, welches sich widerspricht; sondern weil die
menschliche Natur eines konsequenten Idealism gar nicht
fähig ist. Wenn sich der Realist, auch in seinem moralischen
Handeln, einer physischen Notwendigkeit ruhig und
gleichförmig unterordnet, so muß der Idealist einen
Schwung nehmen, er muß augenblicklich seine Natur
exaltieren, und er vermag nichts, als insofern er begeistert
ist. Alsdann freilich vermag er auch desto mehr, und sein
Betragen wird einen Charakter von Hoheit und Größe
zeigen, den man in den Handlungen des Realisten vergeb-

lich sucht. Aber das wirkliche Leben ist keineswegs geschickt, jene Begeisterung in ihm zu wecken und noch viel
weniger sie gleichförmig zu nähren. Gegen das Absolut-
große, von dem er jedesmal ausgeht, macht das Absolut-
kleine des einzelnen Falles, auf den er es anzuwenden hat, 5
einen gar zu starken Absatz. Weil sein Wille der Form nach
immer auf das Ganze gerichtet ist, so will er ihn, der
Materie nach, nicht auf Bruchstücke richten, und doch sind
es mehrenteils nur geringfügige Leistungen, wodurch er
seine moralische Gesinnung beweisen kann. So geschieht es 10
denn nicht selten, daß er über dem unbegrenzten Ideale den
begrenzten Fall der Anwendung übersiehet, und von einem
Maximum erfüllt, das Minimum verabsäumt, aus dem allein
doch alles Große in der Wirklichkeit erwächst.

Will man also dem Realisten Gerechtigkeit wiederfahren 15
lassen, so muß man ihn nach dem ganzen Zusammenhang
seines Lebens richten; will man sie dem Idealisten erweisen,
so muß man sich an einzelne Äußerungen desselben halten,
aber man muß diese erst herauswählen. Das gemeine Urteil,
welches so gern nach dem einzelnen entscheidet, wird daher 20
über dem Realisten gleichgültig schweigen, weil seine
einzelnen Lebensakte gleich wenig Stoff zum Lob und zum
Tadel geben; über den Idealisten hingegen wird es immer
Partei ergreifen, und zwischen Verwerfung und Bewunderung sich teilen, weil in dem einzelnen sein Mangel und 25
seine Stärke liegt.

Es ist nicht zu vermeiden, daß bei einer so großen
Abweichung in den Prinzipien beide Parteien in ihren
Urteilen einander nicht oft gerade entgegengesetzt sein,
und, wenn sie selbst in den Objekten und Resultaten 30
übereinträfen, nicht in den Gründen auseinander sein
sollten. Der Realist wird fragen, *wozu eine Sache gut sei?* und
die Dinge nach dem, was sie wert sind, zu taxieren wissen:
der Idealist wird fragen, *ob sie gut sei?* und die Dinge nach
dem taxieren, was sie würdig sind. Von dem was seinen 35
Wert und Zweck in sich selbst hat (das Ganze jedoch immer
ausgenommen) weiß und hält der Realist nicht viel; in

Sachen des Geschmacks wird er dem Vergnügen, in Sachen der Moral wird er der Glückseligkeit das Wort reden, wenn er diese gleich nicht zur Bedingung des sittlichen Handelns macht; auch in seiner Religion vergißt er seinen *Vorteil* nicht gern, nur daß er denselben in dem Ideale des *höchsten Guts* veredelt und heiligt. Was er liebt wird er zu *beglücken*, der Idealist wird es zu *veredeln* suchen. Wenn daher der Realist in seinen poetischen Tendenzen den *Wohlstand* bezweckt, gesetzt daß es auch von der moralischen Selbstständigkeit des Volks etwas kosten sollte, so wird der Idealist, selbst auf Gefahr des Wohlstandes, die *Freiheit* zu seinem Augenmerk machen. Unabhängigkeit *des Zustandes* ist jenem, Unabhängigkeit *von dem Zustand* ist diesem das höchste Ziel, und dieser charakteristische Unterschied läßt sich durch ihr beiderseitiges Denken und Handeln verfolgen. Daher wird der Realist seine Zuneigung immer dadurch beweisen, daß er *gibt*, der Idealist dadurch, daß er *empfängt*; durch das, was er in seiner Großmut aufopfert, verrät jeder, was er am höchsten schätzt. Der Idealist wird die Mängel seines Systems mit seinem Individuum und seinem zeitlichen Zustand bezahlen, aber er achtet dieses Opfer nicht; der Realist büßt die Mängel des seinigen mit seiner persönlichen Würde, aber er erfährt nichts von diesem Opfer. Sein System bewährt sich an allem, wovon er Kundschaft hat, und wornach er ein Bedürfnis empfindet – was bekümmern ihn Güter, von denen er keine Ahnung und an die er keinen Glauben hat? Genug für ihn, er ist im Besitze, die Erde ist sein, und es ist Licht in seinem Verstande, und Zufriedenheit wohnt in seiner Brust. Der Idealist hat lange kein so gutes Schicksal. Nicht genug, daß er oft mit dem Glücke zerfällt, weil er versäumte, den Moment zu seinem Freunde zu machen, er zerfällt auch mit sich selbst, weder sein Wissen, noch sein Handeln kann ihm Genüge tun. Was er von sich fodert, ist ein Unendliches, aber beschränkt ist alles, was er leistet. Diese Strenge, die er gegen sich selbst beweist, verleugnet er auch nicht in seinem Betragen gegen andre. Er ist zwar großmütig, weil

er sich Andern gegenüber, seines Individuums weniger
erinnert, aber er ist öfters unbillig, weil er das Individuum
eben so leicht in andern übersieht. Der Realist hingegen ist
weniger großmütig, aber er ist billiger, da er alle Dinge
mehr *in ihrer Begrenzung* beurteilt. Das Gemeine, ja selbst das
Niedrige im Denken und Handeln kann er verzeihen, nur
das Willkürliche, das Exzentrische nicht; der Idealist
hingegen ist ein geschworner Feind alles Kleinlichen und
Platten, und wird sich selbst mit dem Extravaganten und
Ungeheuren versöhnen, wenn es nur von einem großen
Vermögen zeugt. Jener beweist sich als Menschenfreund,
ohne eben einen sehr hohen Begriff von den Menschen und
der Menschheit zu haben; dieser denkt von der Menschheit
so groß, daß er darüber in Gefahr kommt, die Menschen zu
verachten.

Der Realist für sich allein würde den Kreis der Menschheit nie über die Grenzen der Sinnenwelt hinaus erweitert,
nie den menschlichen Geist mit seiner selbstständigen
Größe und Freiheit bekannt gemacht haben; alles Absolute
in der Menschheit ist ihm nur eine schöne Schimäre und der
Glaube daran nicht viel besser als Schwärmerei, weil er den
Menschen niemals in seinem reinen Vermögen, immer nur
in einem bestimmten und, eben darum begrenzten Wirken
erblickt. Aber der Idealist für sich allein würde eben so
wenig die sinnlichen Kräfte kultiviert und den Menschen
als Naturwesen ausgebildet haben, welches doch ein gleich
wesentlicher Teil seiner Bestimmung, und die Bedingung
aller moralischen Veredlung ist. Das Streben des Idealisten
geht viel zu sehr über das sinnliche Leben und über die
Gegenwart hinaus; für das Ganze nur, für die Ewigkeit will
er säen und pflanzen; und vergißt darüber, daß das Ganze
nur der vollendete Kreis des Individuellen, daß die
Ewigkeit nur eine Summe von Augenblicken ist. Die Welt
wie der Realist sie um sich herum bilden möchte, und
wirklich bildet, ist ein wohlangelegter Garten, worin alles
nützt, alles seine Stelle verdient, und was nicht Früchte
trägt verbannt ist; die Welt unter den Händen des Idealisten

ist eine weniger benutzte aber in einem größeren Charakter ausgeführte Natur. Jenem fällt es nicht ein, daß der Mensch noch zu etwas andern da sein könne, als wohl und zufrieden zu leben; und daß er nur deswegen Wurzeln schlagen soll, um seinen Stamm in die Höhe zu treiben. Dieser denkt nicht daran, daß er vor allen Dingen wohl leben muß, um gleichförmig gut und edel zu denken, und daß es auch um den Stamm getan ist, wenn die Wurzeln fehlen.

Wenn in einem System etwas ausgelassen ist, wornach doch ein dringendes und nicht zu umgehendes Bedürfnis in der Natur sich vorfindet, so ist die Natur nur durch eine Inkonsequenz gegen das System zu befriedigen. Einer solchen Inkonsequenz machen auch hier beide Teile sich schuldig, und sie beweist, wenn es bis jetzt noch zweifelhaft geblieben sein könnte, zugleich die Einseitigkeit beider Systeme und den reichen Gehalt der menschlichen Natur. Von dem Idealisten brauch ich es nicht erst insbesondere darzutun, daß er notwendig aus seinem System treten muß, sobald er eine bestimmte Wirkung bezweckt; denn alles bestimmte Dasein steht unter zeitlichen Bedingungen und erfolgt nach empirischen Gesetzen. In Rücksicht auf den Realisten hingegen könnte es zweifelhafter scheinen, ob er nicht auch schon innerhalb seines Systems allen notwendigen Foderungen der Menschheit Genüge leisten kann. Wenn man den Realisten fragt: warum tust du was recht ist und leidest was notwendig ist? so wird er im Geist seines Systems darauf antworten: weil es die Natur so mit sich bringt, weil es so sein muß. Aber damit ist die Frage noch keineswegs beantwortet, denn es ist nicht davon die Rede, was die Natur mit sich bringt, sondern was der Mensch will, denn er kann ja auch *nicht* wollen, was sein muß. Man wird ihn also wieder fragen können: warum willst du denn, was sein muß? Warum unterwirft sich dein freier Wille dieser Naturnotwendigkeit, da er sich ihr eben so gut, (wenn gleich ohne Erfolg, von dem hier auch gar nicht die Rede ist) entgegensetzen könnte, und sich in Millionen deiner Brüder derselben wirklich entgegensetzt? Du kannst nicht sagen, weil alle andern Naturwesen sich derselben unterwerfen, denn du allein hast einen Willen, ja du fühlst, daß deine Unterwerfung eine freiwillige sein soll. Du unterwirfst dich also, wenn es freiwillig geschieht, nicht der Naturnotwendigkeit selbst, sondern der *Idee* derselben; denn jene zwingt dich bloß blind, wie sie den Wurm zwingt, deinem Willen aber kann sie nichts anhaben, da du, selbst von ihr zermalmt, einen andern Willen haben kannst. Woher bringst du aber jene Idee der Naturnotwendigkeit; aus der Erfahrung doch wohl nicht, die dir nur einzelne Naturwirkungen aber keine Natur (als Ganzes) und nur einzelne Wirklichkeiten aber keine Notwendigkeit liefert. Du gehst also über die Natur hinaus, und bestimmst dich idealisch, so oft du entweder *moralisch handeln* oder nur nicht *blind leiden* willst. Es ist also offenbar, daß der Realist würdiger handelt, als er seiner Theorie nach zugibt, so wie der Idealist erhabener denkt, als er handelt. Ohne es sich selbst zu gestehen, beweist jener durch die ganze Haltung seines Lebens die Selbstständigkeit, dieser durch einzelne Handlungen die Bedürftigkeit der menschlichen Natur.

Einem aufmerksamen und parteilosen Leser werde ich nach der hier gegebenen Schilderung (deren Wahrheit auch derjenige eingestehen kann, der das Resultat nicht annimmt) nicht erst zu beweisen brauchen, daß das Ideal menschlicher Natur unter beide verteilt; von keinem aber völlig erreicht ist. Erfahrung und Vernunft haben beide ihre eigene Gerechtsame, und keine kann in das Gebiet der andern einen Eingriff tun, ohne entweder für den innern oder äußern Zustand des Menschen schlimme Folgen anzurichten. Die Erfahrung allein kann uns lehren, was unter gewissen Bedingungen ist, was unter bestimmten Voraussetzungen erfolgt, was zu bestimmten Zwecken geschehen muß. Die Vernunft allein kann uns hingegen lehren, was ohne alle Bedingung gilt, und was notwendig sein muß. Maßen wir uns nun an, mit unserer bloßen Vernunft über das äußre Dasein der Dinge etwas ausmachen zu wollen, so treiben wir bloß ein leeres Spiel und

das Resultat wird auf Nichts hinauslaufen; denn alles Dasein steht unter Bedingungen und die Vernunft bestimmt
unbedingt. Lassen wir aber ein zufälliges Ereignis über
dasjenige entscheiden, was schon der bloße Begriff unsers
5 eigenen Seins mit sich bringt, so machen wir uns selber zu
einem leeren Spiele des Zufalls und unsre Persönlichkeit
wird auf nichts hinauslaufen. In dem ersten Fall ist es also
um den *Wert* (den zeitlichen Gehalt) unsers Lebens, in dem
zweiten um die *Würde* (den moralischen Gehalt) unsers
10 Lebens getan.

Zwar haben wir in der bisherigen Schilderung dem
Realisten einen moralischen Wert und dem Idealisten einen
Erfahrungsgehalt zugestanden, aber bloß insofern beide
nicht ganz konsequent verfahren und die Natur in ihnen
15 mächtiger wirkt als das System. Obgleich aber beide gegen
das Ideal vollkommener Menschheit verlieren, so ist
zwischen beiden doch der wichtige Unterschied, daß der
Realist zwar dem Vernunftbegriff der Menschheit in keinem
einzelnen Falle Genüge leistet, dafür aber dem Verstandes-
20 begriff derselben auch niemals widerspricht, der Idealist
hingegen zwar in einzelnen Fällen dem höchsten Begriff der
Menschheit näher kommt, dagegen aber nicht selten sogar
unter dem niedrigsten Begriffe derselben bleibet. Nun
kommt es aber in der Praxis des Lebens weit mehr darauf an,
25 daß das Ganze *gleichförmig* menschlich gut als daß das
Einzelne *zufällig* göttlich sei – und wenn also der Idealist ein
geschickteres Subjekt ist, uns von dem was der Menschheit
möglich ist, einen großen Begriff zu erwecken und Achtung
für ihre Bestimmung einzuflößen, so kann nur der Realist sie
30 mit Stätigkeit in der Erfahrung ausführen, und die Gattung
in ihren ewigen Grenzen erhalten. Jener ist zwar ein edleres
aber ein ungleich weniger vollkommenes Wesen; dieser
erscheint zwar durchgängig weniger edel, aber er ist dagegen
desto vollkommener; denn das Edle liegt schon in dem
35 Beweis eines großen Vermögens, aber das Vollkommene
liegt in der Haltung des Ganzen und in der wirklichen
Tat.

Was von beiden Charakteren in ihrer besten Bedeutung gilt, das wird noch merklicher in ihren beiderseitigen *Karikaturen*. Der wahre Realism ist wohltätiger in seinen Wirkungen und nur weniger edel in seiner Quelle; der falsche ist in seiner Quelle verächtlich und in seinen Wirkungen nur etwas weniger verderblich. Der wahre Realist nehmlich unterwirft sich zwar der Natur und ihrer Notwendigkeit; aber der Natur als einem Ganzen, aber ihrer ewigen und absoluten Notwendigkeit nicht ihren blinden und augenblicklichen *Nötigungen*. Mit Freiheit umfaßt und befolgt er ihr Gesetz, und immer wird er das individuelle dem allgemeinen unterordnen; daher kann es auch nicht fehlen, daß er mit dem echten Idealisten in dem endlichen Resultat übereinkommen wird, wie verschieden auch der Weg ist, welchen beide dazu einschlagen. Der gemeine Empiriker hingegen unterwirft sich der Natur als einer Macht, und mit wahlloser blinder Ergebung. Auf das Einzelne sind seine Urteile, seine Bestrebungen beschränkt; er glaubt und begreift nur was er betastet, er schätzt nur, was ihn sinnlich verbessert. Er ist daher auch weiter nichts, als was die äußern Eindrücke zufällig aus ihm machen wollen, seine Selbstheit ist unterdrückt, und als Mensch hat er absolut keinen Wert und keine Würde. Aber als Sache ist er noch immer etwas, er kann noch immer zu etwas gut sein. Eben die Natur, der er sich blindlings überliefert, läßt ihn nicht ganz sinken; ihre ewigen Grenzen schützen ihn, ihre unerschöpflichen Hülfsmittel retten ihn, sobald er seine Freiheit nur ohne allen Vorbehalt aufgibt. Obgleich er in diesem Zustand von keinen Gesetzen weiß, so walten diese doch unerkannt über ihm, und wie sehr auch seine einzelnen Bestrebungen mit dem Ganzen im Streit liegen mögen, so wird sich dieses doch unfehlbar dagegen zu behaupten wissen. Es gibt Menschen genug, ja wohl ganze Völker, die in diesem verächtlichen Zustande leben, die bloß durch die Gnade des Naturgesetzes, ohne alle Selbstheit bestehen, und daher auch nur *zu etwas* gut sind, aber daß sie auch nur leben und bestehen beweist, daß dieser Zustand nicht ganz gehaltlos ist.

Wenn dagegen schon der wahre Idealism in seinen Wirkungen unsicher und öfters gefährlich ist, so ist der falsche in den seinigen schrecklich. Der wahre Idealist verläßt nur deswegen die Natur und Erfahrung, weil er hier das unwandelbare und unbedingt notwendige nicht findet, wornach die Vernunft ihn doch streben heißt; der Phantast verläßt die Natur aus bloßer Willkür, um dem Eigensinne der Begierden und den Launen der Einbildungskraft desto ungebundener nachgeben zu können. Nicht in die Unabhängigkeit von physischen Nötigungen, in die Losssprechung von moralischen setzt er seine Freiheit. Der Phantast verleugnet also nicht bloß den menschlichen – er verleugnet allen Charakter, er ist völlig ohne Gesetz, er ist also gar nichts und dient auch zu gar nichts. Aber eben darum, weil die Phantasterei keine Ausschweifung der Natur sondern der Freiheit ist, also aus einer an sich achtungswürdigen Anlage entspringt, die ins unendliche perfektibel ist, so führt sie auch zu einem unendlichen Fall in eine bodenlose Tiefe, und kann nur in einer völligen Zerstörung sich endigen.

ÜBER DEN MORALISCHEN NUTZEN
ÄSTHETISCHER SITTEN

Der Verfasser des Aufsatzes *über die Gefahr ästhetischer Sitten*, im eilften Stücke der Horen des vergangenen Jahrs, hat eine Moralität mit Recht in Zweifel gezogen, welche bloß allein auf Schönheitsgefühle gegründet wird und den Geschmack allein zu ihrem Gewährsmann hat. Aber auf das moralische Leben hat ein reges und reines Gefühl für Schönheit offenbar den glücklichsten Einfluß, und von diesem werde ich hier handeln.

Wenn ich dem Geschmack das Verdienst zuschreibe, zur Beförderung der Sittlichkeit beizutragen, so kann meine Meinung gar nicht sein, daß der Anteil, den der gute Geschmack an einer Handlung nimmt, diese Handlung zu einer sittlichen machen könne. Das Sittliche darf nie einen andern Grund haben, als sich selbst. Der Geschmack kann die Moralität des Betragens *begünstigen*, wie ich in dem gegenwärtigen Versuche zu erweisen hoffe, aber er selbst kann durch seinen Einfluß nie etwas moralisches *erzeugen*.

Es ist hier mit der innern und *moralischen* Freiheit ganz derselbe Fall, wie mit der äußern *physischen*; frei in dem letztern Sinn handle ich nur alsdann, wenn ich, unabhängig von jedem fremden Einfluß, bloß meinem Willen folge. Aber die Möglichkeit meinem eignen Willen uneingeschränkt zu folgen, kann ich doch zuletzt einem von mir verschiedenen Grund zu danken haben, sobald angenommen wird, daß der letztere meinen Willen hätte einschränken können. Eben so kann ich die Möglichkeit, gut zu handeln, zuletzt doch einem von meiner Vernunft verschiedenen Grunde zu danken haben, sobald dieser letztere als eine Kraft gedacht wird, die meine Gemütsfreiheit hätte einschränken können. Wie man also gar wohl sagen kann, daß ein Mensch von einem andern Freiheit *erhalte*, obgleich die Freiheit selbst darin besteht, daß man überhoben ist, sich nach Andern zu richten; eben so gut kann man sagen, daß der Geschmack zur Tugend verhelfe, obgleich die Tugend selbst es ausdrücklich mit sich bringt, daß man sich dabei keiner fremden Hülfe bediene.

Eine Handlung hört deswegen gar nicht auf, frei zu heißen, weil glücklicherweise derjenige sich ruhig verhält, der sie hätte einschränken können; sobald wir nur wissen, daß der Handlende dabei bloß seinem eigenen Willen folgte, ohne Rücksicht auf einen fremden. Eben so verliert eine innere Handlung deswegen das Prädikat einer sittlichen noch nicht, weil glücklicherweise die Versuchungen fehlen, die sie hätten rückgängig machen können; sobald wir nur annehmen, daß der Handlende dabei bloß dem Ausspruch seiner Vernunft, mit Ausschließung fremder Triebfedern folgte. Die Freiheit einer äußern Handlung beruht bloß auf ihrem *unmittelbaren Ursprung aus dem Willen der Person*; die Sittlichkeit einer innern Handlung bloß auf der *unmittelbaren Bestimmung des Willens durch das Gesetz der Vernunft*.

Es kann uns schwerer oder leichter werden, als freie Menschen zu handeln, je nachdem wir auf Kräfte stoßen, die unsrer Freiheit entgegenwirken und bezwungen werden müssen. In so fern gibt es Grade der Freiheit. Unsere Freiheit ist größer, sichtbarer wenigstens, wenn wir sie bei noch so heftigem Widerstand feindseliger Kräfte behaupten, aber sie hört darum nicht auf, wenn unser Wille keinen Widerstand findet, oder wenn eine fremde Gewalt sich ins Mittel schlägt, und diesen Widerstand ohne unser Zutun vernichtet.

Eben so mit der Moralität. Es kann uns mehr oder weniger Kampf kosten, unmittelbar der Vernunft zu gehorchen, je nachdem sich Antriebe in uns regen, die ihren Vorschriften widerstreiten und die wir abweisen müssen. In so fern gibt es Grade der Moralität. Unsere Moralität ist größer, hervorstehender wenigstens, wenn wir bei noch so großen Antrieben zum Gegenteil unmittelbar der Vernunft gehorchen; aber sie hört deswegen nicht auf, wenn sich keine Anreizung zum Gegenteil findet, oder wenn etwas anders, als unsre Willenskraft, diese Anreizung entkräftet. Genug, wir handeln sittlichgut, so bald wir nur darum so handeln, weil es sittlich ist und ohne uns erst zu fragen, als ob es auch angenehm ist; gesetzt auch, es wäre eine Wahrscheinlichkeit vorhanden, daß wir anders handeln würden, wenn es uns Schmerz machte, oder ein Vergnügen entzöge.

Zur Ehre der menschlichen Natur läßt sich annehmen, daß kein Mensch so tief sinken kann, um das Böse bloß deswegen, weil es böse ist, vorzuziehen; sondern daß jeder, ohne Unterschied das Gute vorziehen würde, weil es das Gute ist, wenn es nicht zufälligerweise das Angenehme ausschlösse, oder das Unangenehme nach sich zöge. Alle Unmoralität in der Wirklichkeit scheint also aus der Kollision des Guten mit dem Angenehmen, oder was auf eins hinaus läuft, der Begierde mit der Vernunft zu entspringen und einer Seits die *Stärke* der sinnlichen Antriebe, anderer Seits die *Schwäche* der moralischen Willenskraft zur Quelle zu haben.

Moralität kann also auf zweierlei Weise befördert werden, wie sie auf zweierlei Weise gehindert wird. Entweder man muß die Partei der Vernunft und die Kraft des guten Willens verstärken, daß keine Versuchung ihn überwältigen könne, oder man muß die Macht der Versuchung brechen, damit auch die schwächere Vernunft und der schwächere gute Wille ihr noch überlegen seien.

Zwar könnte es scheinen, als ob durch die letztere Operation die Moralität selbst nichts gewönne, weil mit dem Willen, dessen Beschaffenheit doch allein eine Handlung moralisch macht, keine Veränderung dabei vorgeht. Das ist aber auch in dem angenommenen Fall gar nicht nötig, wo man keinen schlimmen Willen, der verändert werden müßte, nur einen guten, der schwach ist, voraussetzt. Und dieser schwache gute Wille kommt auf diesem

Weg doch zur Wirkung, was vielleicht nicht geschehen
wäre, wenn stärkere Antriebe ihm entgegengearbeitet
hätten. Wo aber ein guter Wille der Grund einer Handlung
wird, da ist wirklich Moralität vorhanden. Ich trage also
5 kein Bedenken, den Satz aufzustellen, daß dasjenige die
Moralität wahrhaft befördert, was den Widerstand der
Neigung gegen das Gute vernichtet.

Der natürliche innere Feind der Moralität ist der
sinnliche Trieb, der, sobald ihm ein Gegenstand vorgehal-
10 ten wird, nach Befriedigung strebt, und sobald die Vernunft
etwas ihm anstößiges gebietet, ihren Vorschriften sich
entgegensetzt. Dieser sinnliche Trieb ist ohne Aufhören
geschäftig, den Willen in sein Interesse zu ziehen, der doch
unter sittlichen Gesetzen steht, und die Verbindlichkeit auf
15 sich hat, sich mit den Ansprüchen der Vernunft nie im
Widerspruch zu befinden.

Der sinnliche Trieb aber erkennt kein sittliches Gesetz
und will sein Objekt durch den Willen realisiert haben, was
auch die Vernunft dazu sprechen mag. Diese Tendenz
20 unserer Begehrungskraft, dem Willen unmittelbar und
ohne alle Rücksicht auf höhere Gesetze zu gebieten, steht
mit unserer sittlichen Bestimmung im Streite, und ist der
stärkste Gegner, den der Mensch in seinem moralischen
Handeln zu bekämpfen hat. Rohen Gemütern, denen es
25 zugleich an moralischer und an ästhetischer Bildung fehlt,
gibt die Begierde unmittelbar das Gesetz, und sie handeln
bloß, wie ihren Sinnen gelüstet. Moralischen Gemütern,
denen aber die ästhetische Bildung fehlt, gibt die Vernunft
unmittelbar das Gesetz, und es ist bloß der Hinblick auf die
30 Pflicht, wodurch sie über Versuchung siegen. In ästhetisch
verfeinerten Seelen ist noch eine Instanz mehr, welche nicht
selten die Tugend ersetzt, wo sie mangelt, und da erleichtert, wo sie ist. Diese Instanz ist der Geschmack.

Der Geschmack fodert Mäßigung und Anstand, er
35 verabscheut alles, was eckigt, was hart, was gewaltsam ist
und neigt sich zu allem, was sich leicht und harmonisch
zusammenfügt. Daß wir auch im Sturm der Empfindung

die Stimme der Vernunft anhören, und den rohen Ausbrüchen der Natur eine Grenze setzen, dies fodert schon
bekanntlich der gute Ton, der nichts anders ist als ein
ästhetisches Gesetz, von jedem zivilisierten Menschen.
Dieser Zwang, den sich der zivilisierte Mensch bei Äußerung seiner Gefühle auflegt, verschafft ihm über diese
Gefühle selbst einen Grad von Herrschaft, erwirbt ihm
wenigstens eine Fertigkeit den bloß leidenden Zustand
seiner Seele durch einen Akt von Selbsttätigkeit zu
unterbrechen und den raschen Übergang der Gefühle in
Handlungen durch Reflexion aufzuhalten. Alles aber, was
die blinde Gewalt der Affekte bricht, bringt zwar noch
keine Tugend hervor (denn diese muß immer ihr eigenes
Werk sein) aber es macht dem Willen Raum, sich zur
Tugend zu wenden. Dieser Sieg des Geschmacks über den
rohen Affekt ist aber ganz und gar keine sittliche Handlung, und die Freiheit, welche der Wille hier durch den
Geschmack gewinnt, noch ganz und gar keine moralische
Freiheit. Der Geschmack befreit das Gemüt bloß insofern
von dem Joch des Instinkts, als er es in seinen Fesseln
führet, und indem er den ersten und offenbaren Feind der
sittlichen Freiheit entwaffnet, bleibt er selbst nicht selten als
der zweite noch übrig, der unter der Hülle des Freundes nur
desto gefährlicher sein kann. Der Geschmack nehmlich
regiert das Gemüt auch bloß durch den Reiz des Vergnügens – eines edlern Vergnügens freilich, weil die Vernunft
seine Quelle ist – aber wo das Vergnügen den Willen
bestimmt, da ist noch keine Moralität vorhanden.

Etwas Großes ist aber doch bei dieser Einmischung des
Geschmacks in die Operationen des Willens gewonnen
worden. Alle jenen materiellen Neigungen und rohe Begierden, die sich der Ausübung des Guten oft so hartnäckig
und stürmisch entgegen setzen, sind durch den Geschmack
aus dem Gemüte verwiesen, und an ihrer Statt edlere und
sanftere Neigungen darin angepflanzt worden, die sich auf
Ordnung, Harmonie und Vollkommenheit beziehen, und,
wenn sie gleich selbst keine Tugenden sind, doch *ein* Objekt

mit der Tugend teilen. Wenn also jetzt die Begierde spricht, so muß sie eine strenge Musterung vor dem Schönheitssinn aushalten; und wenn jetzt die Vernunft spricht, und Handlungen der Ordnung, Harmonie und Vollkommenheit gebietet, so findet sie nicht nur keinen Widerstand, sondern vielmehr die lebhafteste Be⟨i⟩stimmung von Seiten der Neigung. Wenn wir nehmlich die verschiedenen Formen durchlaufen, unter welchen sich die Sittlichkeit äußern kann, so werden wir sie alle auf diese zwei zurückführen können. Entweder macht die Sinnlichkeit die Motion im Gemüt, daß etwas geschehe oder nicht geschehe, und der Wille verfügt darüber nach dem Vernunftgesetz; oder die Vernunft macht die Motion, und der Wille gehorcht ihr, ohne Anfrage bei den Sinnen.

Die griechische Prinzessin *Anna Komnena* erzählt uns von einem gefangenen Rebellen, den ihr Vater Alexius, da er noch General seines Vorgängers war, den Auftrag gehabt habe, nach Konstantinopel zu eskortieren. Unterwegs als beide allein zusammen ritten, bekömmt Alexius Lust, unter dem Schatten eines Baums halt zu machen, und sich da vor der Sonnenhitze zu erholen. Bald übermannte ihn der Schlaf, nur der Andere, dem die Furcht des ihn erwartenden Todes keine Ruhe ließ, blieb munter. Indem jener nun in tiefem Schlafe liegt, erblickt der letztere des Alexius Schwert, das an einem Baumzweige aufgehangen ist, und gerät in Versuchung, sich durch Ermordung seines Hüters in Freiheit zu setzen. Anna Komnena gibt zu verstehen, daß sie nicht wisse, was geschehen sein würde, wenn Alexius nicht glücklicherweise sich noch ermuntert hätte. Hier war nun ein moralischer Rechtshandel der ersten Gattung, wo der sinnliche Trieb die erste Stimme führte, und die Vernunft erst darüber als Richterin erkannte. Hätte jener nun die Versuchung aus bloßer Achtung für die Gerechtigkeit besiegt, so wäre kein Zweifel, daß er moralisch gehandelt hätte.

Als der verewigte Herzog Leopold von Braunschweig an den Ufern der reißenden Oder mit sich zu Rate ging, ob er

sich mit Gefahr seines Lebens dem stürmischen Strom
überlassen sollte, damit einige Unglückliche gerettet würden, die ohne ihn hülflos waren – und als er, ich setze diesen
Fall, einzig aus Bewußtsein dieser Pflicht, in den Nachen
sprang, den kein andrer besteigen wollte, so ist wohl
Niemand, der ihm absprechen wird, moralisch gehandelt zu
haben. Der Herzog befand sich hier in dem entgegengesetzten Fall von dem vorigen. Die Vorstellung der Pflicht
ging hier vorher, und dann erst regte sich der Erhaltungstrieb, die Vorschrift der Vernunft zu bekämpfen. In beiden
Fällen aber verhielt sich der Wille auf dieselbe Art; er folgte
unmittelbar der Vernunft, daher sind beide moralisch.

Ob aber beide Fälle es auch noch dann bleiben, wenn wir
dem Geschmack darauf Einfluß geben?

Gesetzt also, der Erste, welcher versucht wurde, eine
schlimme Handlung zu begehen und sie aus Achtung für
die Gerechtigkeit unterließ, habe einen so gebildeten
Geschmack, daß alles Schändliche und Gewalttätige ihm
einen Abscheu erweckt, den nichts überwinden kann, so
wird in dem Augenblick, als der Erhaltungstrieb auf etwas
schändliches dringt, schon der bloße ästhetische Sinn es
verwerfen – es wird also gar nicht einmal vor das
moralische Forum, vor das Gewissen, kommen, sondern
schon in einer frühern Instanz fallen. Nun regiert aber der
ästhetische Sinn den Willen bloß durch Gefühle, nicht
durch Gesetze. Jener Mensch versagt sich also das angenehme Gefühl des geretteten Lebens, weil er das Widrige,
eine Niederträchtigkeit begangen zu haben, nicht ertragen
kann. Das ganze Geschäft wird also schon im Forum der
Empfindung verhandelt, und das Betragen dieses Menschen, so legal es ist, ist moralisch indifferent; eine bloße
schöne Wirkung der Natur.

Gesetzt nun der Andere, dem seine Vernunft vorschrieb
etwas zu tun, wogegen sich der Naturtrieb empörte, habe
gleichfalls einen so reizbaren Schönheitssinn, den alles, was
groß und vollkommen ist, entzückt, so wird in demselben
Augenblick, als die Vernunft ihren Ausspruch tut, auch die

Sinnlichkeit zu ihr übertreten, und er wird das *mit* Neigung tun, was er ohne diese zarte Empfindlichkeit für das Schöne *gegen* die Neigung hätte tun müssen. Werden wir ihn aber deswegen für minder vollkommen halten? Gewiß nicht, denn er handelt ursprünglich aus reiner Achtung für die Vorschrift der Vernunft, und daß er diese Vorschrift mit Freuden befolgt, das kann der sittlichen Reinheit seiner Tat keinen Abbruch tun. Er ist also *moralisch* eben so vollkommen, *physisch* hingegen ist er *bei weitem* vollkommener; denn er ist ein weit zweckmäßigeres Subjekt für die Tugend.

Der Geschmack gibt also dem Gemüt eine für die Tugend zweckmäßige Stimmung, weil er die Neigungen entfernt, die sie hindern, und diejenigen erweckt, die ihr günstig sind. Der Geschmack kann der wahren Tugend keinen Eintrag tun, wenn er gleich in allen den Fällen, wo der Naturtrieb die erste Anregung macht, dasjenige schon vor seinem Richterstuhl abtut, worüber sonst das Gewissen hätte erkennen müssen, und also Ursache ist, daß sich unter den Handlungen derer, die durch ihn regiert werden, weit mehr indifferente als wahrhaft moralische befinden. Denn die Vortrefflichkeit der Menschen beruht ganz und gar nicht auf der größern *Summe einzelner rigoristisch-moralischer* Handlungen, sondern auf der größern Kongruenz der ganzen Natur-Anlage mit dem moralischen Gesetz, und es gereicht einem Volk oder Zeitalter eben nicht so sehr zur Empfehlung, wenn man in demselben so oft von Moralität und einzelnen moralischen Taten hört; vielmehr darf man hoffen, daß am Ende der Kultur, wenn ein solches sich überhaupt nur gedenken läßt, wenig mehr davon die *Rede* sein werde. Der Geschmack kann hingegen der wahren Tugend in allen den Fällen *positiv* nützen, wo die Vernunft die erste Anregung macht und in Gefahr ist von der stärkern Gewalt der Naturtriebe überstimmt zu werden. In diesen Fällen nämlich stimmt er unsere Sinnlichkeit zum Vorteil der Pflicht und macht also auch ein geringes Maß moralischer Willenskraft der Ausübung der Tugend gewachsen.

Wenn nun der Geschmack als solcher, der wahren Moralität in keinem Fall schadet, in mehreren aber offenbar nützt, so muß *der* Umstand ein großes Gewicht erhalten, daß er der *Legalität* unsers Betragens im höchsten Grade beförderlich ist. Gesetzt nun, daß die schöne Kultur ganz und gar nichts dazu beitragen könnte, uns besser gesinnt zu machen, so macht sie uns wenigstens geschickt, auch ohne eine wahrhaft sittliche Gesinnung also zu handeln, wie eine sittliche Gesinnung es würde mit sich gebracht haben. Nun kommt es zwar vor einem moralischen Forum ganz und gar nicht auf unsere Handlungen an, als in so fern sie ein Ausdruck unserer Gesinnungen sind; aber vor dem physischen Forum und im Plane der Natur kommt es gerade umgekehrt ganz und gar nicht auf unsere Gesinnungen an, als in so fern sie Handlungen veranlassen, durch die der Naturzweck befördert wird. Nun sind aber beide Weltordnungen die physische, worin Kräfte, und die moralische, worin Gesetze regieren, so genau auf einander berechnet, und so innig mit einander verwebt, daß Handlungen, die ihrer Form nach moralisch zweckmäßig sind, durch ihren Inhalt zugleich eine physische Zweckmäßigkeit in sich schließen; und so wie das ganze Naturgebäude nur darum vorhanden zu sein scheint, um den höchsten aller Zwecke, der das Gute ist, möglich zu machen, so läßt sich das Gute wieder als ein Mittel gebrauchen, um das Naturgebäude aufrecht zu halten. Die Ordnung der Natur ist also von der Sittlichkeit unserer Gesinnungen abhängig gemacht, und wir können gegen die moralische Welt nicht verstoßen, ohne zugleich in der physischen eine Verwirrung anzurichten.

Wenn nun von der menschlichen Natur – so lange sie menschliche Natur bleibt, nie und nimmer zu erwarten ist, daß sie ohne Unterbrechung und Rückfall gleichförmig und beharrlich als reine Vernunft handle, und nie gegen die sittliche Ordnung anstoße – wenn wir bei aller Überzeugung sowohl von der Notwendigkeit als von der Möglichkeit reiner Tugend uns gestehen müssen, wie sehr zufällig

ihre wirkliche Ausübung ist, und wie wenig wir auf die
Unüberwindlichkeit unserer bessern Grundsätze bauen
dürfen – wenn wir uns bei diesem Bewußtsein unserer
Unzuverlässigkeit erinnern, daß das Gebäude der Natur
durch jeden unserer moralischen Fehltritte leidet – wenn
wir uns alles dieses ins Gedächtnis rufen, so würde es die
frevelhafteste Verwegenheit sein, das Beste der Welt auf
dieses Ohngefähr unserer Tugend ankommen zu lassen.
Vielmehr erwächst hieraus eine Verbindlichkeit für uns,
wenigstens der physischen Weltordnung durch den *Inhalt*
unserer Handlungen Genüge zu leisten, wenn wir es auch
der moralischen durch die *Form* derselben nicht recht
machen sollten – wenigstens als vollkommene Instrumente
dem Naturzwecke zu entrichten, was wir, als unvollkommene Personen der Vernunft schuldig bleiben, um nicht vor
beiden Tribunalen zugleich mit Schande zu bestehen. Wenn
wir deswegen, weil sie ohne moralischen Wert ist, für die
Legalität unsers Betragens keine Anstalten treffen wollten,
so könnte sich die Weltordnung darüber auflösen, und ehe
wir mit unsern Grundsätzen fertig würden, alle Bande der
Gesellschaft zerrissen sein. Je zufälliger aber unsre Moralität ist, desto notwendiger ist es, Vorkehrungen für die
Legalität zu treffen, und eine leichtsinnige oder stolze
Versäumnis dieser letztern kann uns moralisch zugerechnet
werden. Eben so, wie der Wahnsinnige, der seinen nahen-
den Paroxysmus ahnet, alle Messer entfernt und sich
freiwillig den Banden darbietet, um für die Verbrechen
seines zerstörten Gehirnes nicht im gesunden Zustand
verantwortlich zu sein – eben so sind auch wir verpflichtet,
uns durch *Religion* und durch *ästhetische Gesetze* zu binden,
damit unsre Leidenschaft in den Perioden ihrer Herrschaft
nicht die physische Ordnung verletze.

Ich habe hier nicht ohne Absicht Religion und Geschmack
in Eine Klasse gesetzt, weil beide das Verdienst gemein
haben dem Effekt, wenn gleich nicht dem innern Wert nach,
zu einem Surrogat der wahren Tugend zu dienen, und die
Legalität da zu sichern, wo die Moralität nicht zu hoffen ist.

Obgleich derjenige im Range der Geister unstreitig eine höhere Stelle bekleiden würde, der weder die Reize der Schönheit noch die Aussichten auf eine Unsterblichkeit nötig hätte, um sich bei allen Vorfällen der Vernunft gemäß zu betragen, so nötigen doch die bekannten Schranken der Menschheit selbst den rigidesten Ethiker, von der Strenge seines Systems in der Anwendung etwas nachzulassen, ob er demselben gleich in der Theorie nichts vergeben darf, und das Wohl des Menschengeschlechts, das durch unsre zufällige Tugend gar übel besorgt sein würde, noch zur Sicherheit an den beiden starken Ankern, der Religion und des Geschmacks, zu befestigen.

ÜBER DAS ERHABENE

»Kein Mensch muß müssen« sagt der Jude Nathan zum Derwisch, und dieses Wort ist in einem weiteren Umfange wahr, als man demselben vielleicht einräumen möchte. Der Wille ist der Geschlechtscharakter des Menschen, und die Vernunft selbst ist nur die ewige Regel desselben. Vernünftig handelt die ganze Natur; sein Prärogativ ist bloß, daß er mit Bewußtsein und Willen vernünftig handelt. Alle andere Dinge müssen; der Mensch ist das Wesen, welches will.

Eben deswegen ist des Menschen nichts so unwürdig, als Gewalt zu erleiden, denn Gewalt hebt ihn auf. Wer sie uns antut, macht uns nichts geringeres als die Menschheit streitig; wer sie feigerweise erleidet, wirft seine Menschheit hinweg. Aber dieser Anspruch auf absolute Befreiung von allem, was Gewalt ist, scheint ein Wesen vorauszusetzen, welches Macht genug besitzt, jede andere Macht von sich abzutreiben. Findet er sich in einem Wesen, welches im Reich der Kräfte nicht den obersten Rang behauptet, so entsteht daraus ein unglücklicher Widerspruch zwischen dem Trieb und dem Vermögen.

In diesem Falle befindet sich der Mensch. Umgeben von zahllosen Kräften, die alle ihm überlegen sind, und den Meister über ihn spielen, macht er durch seine Natur Anspruch, von keiner Gewalt zu erleiden. Durch seinen Verstand zwar steigert er künstlicherweise seine natürlichen Kräfte, und bis auf einen gewissen Punkt gelingt es ihm wirklich, physisch über alles Physische Herr zu werden. Gegen alles, sagt das Sprüchwort, gibt es Mittel, nur nicht gegen den Tod. Aber diese einzige Ausnahme, wenn sie das wirklich im strengsten Sinne ist, würde den ganzen Begriff des Menschen aufheben. Nimmermehr kann er das Wesen sein, welches will, wenn es auch nur Einen Fall gibt, wo er schlechterdings muß, was er nicht will. Dieses einzige schreckliche, *was er nur muß und nicht will*, wird wie ein Gespenst ihn begleiten, und ihn, wie auch wirklich bei den mehresten Menschen der Fall ist, den blinden Schrecknissen der Phantasie zur Beute überliefern; seine gerühmte Freiheit ist absolut Nichts, wenn er auch nur in einem einzigen Punkte gebunden ist. Die Kultur soll den Menschen in Freiheit setzen und ihm dazu behülflich sein, seinen ganzen Begriff zu erfüllen. Sie soll ihn also fähig machen, seinen Willen zu behaupten, denn der Mensch ist das Wesen, welches will.

Dies ist auf zweierlei Weise möglich. Entweder *realistisch*, wenn der Mensch der Gewalt Gewalt entgegensetzt, wenn er als Natur die Natur beherrschet: oder *idealistisch*, wenn er aus der Natur heraustritt und so, in Rücksicht auf sich, den Begriff der Gewalt vernichtet. Was ihm zu dem ersten verhilft, heißt physische Kultur. Der Mensch bildet seinen Verstand und seine sinnlichen Kräfte aus, um die Naturkräfte nach ihren eigenen Gesetzen, entweder zu Werkzeugen seines Willens zu machen, oder sich vor ihren Wirkungen, die er nicht lenken kann, in Sicherheit zu setzen. Aber die Kräfte der Natur lassen sich nur bis auf einen gewissen Punkt beherrschen oder abwehren; über diesen Punkt hinaus entziehen sie sich der Macht des Menschen und unterwerfen ihn der ihrigen.

Jetzt also wäre es um seine Freiheit getan, wenn er keiner andern als physischen Kultur fähig wäre. Er soll aber ohne Ausnahme Mensch sein, also in keinem Fall etwas *gegen* seinen Willen erleiden. Kann er also den physischen Kräften keine verhältnismäßige physische Kraft mehr entgegen setzen, so bleibt ihm, um keine Gewalt zu erleiden, nichts anders übrig, als: *ein Verhältnis*, welches ihm so nachteilig ist, *ganz und gar aufzuheben*, und eine Gewalt, die er der Tat nach erleiden muß, *dem Begriff nach zu vernichten*. Eine Gewalt dem Begriffe nach vernichten, heißt aber nichts anders, als sich derselben freiwillig unterwerfen. Die Kultur, die ihn dazu geschickt macht, heißt die moralische.

Der moralisch gebildete Mensch, und nur dieser, ist ganz frei. Entweder er ist der Natur als Macht überlegen, oder er ist einstimmig mit derselben. Nichts was sie an ihm ausübt, ist Gewalt, denn eh es bis zu *ihm* kommt, ist es schon *seine eigene Handlung* geworden, und die dynamische Natur erreicht ihn selbst nie, weil er sich von allem, was sie erreichen kann, freitätig scheidet. Diese Sinnesart aber, welche die Moral unter dem Begriff der Resignation in die Notwendigkeit und die Religion unter dem Begriff der Ergebung in den göttlichen Ratschluß lehret, erfodert, wenn sie ein Werk der freien Wahl und Überlegung sein soll, schon eine größere Klarheit des Denkens und eine höhere Energie des Willens, als dem Menschen im handelnden Leben eigen zu sein pflegt. Glücklicherweise aber ist nicht bloß in seiner rationalen Natur eine moralische Anlage, welche durch den Verstand entwickelt werden kann, sondern selbst in seiner sinnlich vernünftigen, d. h. menschlichen Natur eine *ästhetische* Tendenz dazu vorhanden, welche durch gewisse sinnliche Gegenstände geweckt, und durch Läuterung seiner Gefühle zu diesem idealistischen Schwung des Gemüts kultiviert werden kann. Von dieser, ihrem Begriff und Wesen nach, zwar idealistischen Anlage, die aber auch selbst der Realist in seinem Leben deutlich genug an den Tag legt, obgleich er sie in seinem System nicht zugibt* werde ich gegenwärtig handeln.

Zwar reichen schon die entwickelten Gefühle für Schönheit dazu hin, uns bis auf einen gewissen Grad von der Natur als einer Macht unabhängig zu machen. Ein Gemüt, welches sich soweit veredelt hat, um mehr von den Formen als dem Stoff der Dinge gerührt zu werden, und ohne alle Rücksicht auf Besitz, aus der bloßen Reflexion über die Erscheinungsweise ein freies Wohlgefallen zu schöpfen, ein solches Gemüt trägt in sich selbst eine innre unverlierbare

---

* Wie überhaupt nichts wahrhaft idealistisch heißen kann, als was der vollkommene Realist wirklich unbewußt ausübt, und nur durch eine Inkonsequenz leugnet.

Fülle des Lebens, und weil es nicht nötig hat, sich die Gegenstände zuzueignen, in denen es lebt, so ist es auch nicht in Gefahr, derselben beraubt zu werden. Aber endlich will doch auch der Schein einen Körper haben, an welchem er sich zeigt, und solange also ein Bedürfnis auch nur nach schönem Schein vorhanden ist, bleibt ein Bedürfnis nach dem *Dasein* von Gegenständen übrig, und unsre Zufriedenheit ist folglich noch von der Natur als Macht abhängig, welche über alles Dasein gebietet. Es ist nehmlich etwas ganz anders, ob wir ein Verlangen nach schönen und guten Gegenständen fühlen, oder ob wir bloß verlangen, daß die vorhandenen Gegenstände schön und gut seien. Das letzte kann mit der höchsten Freiheit des Gemüts bestehen, aber das erste nicht; daß das vorhandene schön und gut sei, können wir fodern; daß das Schöne und Gute Vorhanden sei, bloß wünschen. Diejenige Stimmung des Gemüts, welche gleichgültig ist, ob das Schöne und Gute und Vollkommene existiere, aber mit rigoristischer Strenge verlangt, daß das Existierende gut und schön und vollkommen sei, heißt vorzugsweise groß und erhaben, weil sie alle Realitäten des schönen Charakters enthält, ohne seine Schranken zu teilen.

Es ist ein Kennzeichen guter und schöner aber jederzeit schwacher Seelen, immer ungeduldig auf Existenz ihrer moralischen Ideale zu dringen, und von den Hindernissen derselben schmerzlich gerührt zu werden. Solche Menschen setzen sich in eine traurige Abhängigkeit von dem Zufall, und es ist immer mit Sicherheit vorher zu sagen, daß sie der Materie in moralischen und ästhetischen Dingen zuviel einräumen und die höchste Charakter- und Geschmacks-Probe nicht bestehen werden. Das moralisch Fehlerhafte soll uns nicht *Leiden* und Schmerz einflößen, welches immer mehr von einem unbefriedigten Bedürfnis als von einer unerfüllten Foderung zeugt. Diese muß einen rüstigern Affekt zum Begleiter haben, und das Gemüt eher stärken und in seiner Kraft befestigen, als kleinmütig und unglücklich machen.

Zwei Genien sind es, die uns die Natur zu Begleitern durchs Leben gab. Der Eine, gesellig und hold, verkürzt uns durch sein munteres Spiel die mühvolle Reise, macht uns die Fesseln der Notwendigkeit leicht, und führt uns unter Freude und Scherz bis an die gefährlichen Stellen, wo wir als reine Geister handeln und alles körperliche ablegen müssen, bis zur Erkenntnis der Wahrheit und zur Ausübung der Pflicht. Hier verläßt er uns, denn nur die Sinnenwelt ist sein Gebiet, über diese hinaus kann ihn sein irdischer Flügel nicht tragen. Aber jetzt tritt der andere hinzu, ernst und schweigend, und mit starkem Arm trägt er uns über die schwindlichte Tiefe.

In dem ersten dieser Genien erkennet man das Gefühl des Schönen, in dem zweiten das Gefühl des Erhabenen. Zwar ist schon das Schöne ein Ausdruck der Freiheit; aber nicht derjenigen, welche uns über die Macht der Natur erhebt und von allem körperlichen Einfluß entbindet, sondern derjenigen, welche wir innerhalb der Natur als Menschen genießen. Wir fühlen uns frei bei der Schönheit, weil die sinnlichen Triebe mit dem Gesetz der Vernunft harmonieren; wir fühlen uns frei beim Erhabenen, weil die sinnlichen Triebe auf die Gesetzgebung der Vernunft keinen Einfluß haben, weil der Geist hier handelt, als ob er unter keinen andern als seinen eigenen Gesetzen stünde.

Das Gefühl des Erhabenen ist ein gemischtes Gefühl. Es ist eine Zusammensetzung von *Wehsein*, das sich in seinem höchsten Grad als ein Schauer äußert, und von *Frohsein*, das bis zum Entzücken steigen kann und ob es gleich nicht eigentlich Lust ist, von feinen Seelen aller Lust doch weit vorgezogen wird. Diese Verbindung zweier widersprechender Empfindungen in einem einzigen Gefühl beweist unsere moralische Selbstständigkeit auf eine unwiderlegliche Weise. Denn da es absolut unmöglich ist, daß der nehmliche Gegenstand in zwei entgegengesetzten Verhältnissen zu uns stehe, so folgt daraus, daß *wir selbst* in zwei verschiedenen Verhältnissen zu dem Gegenstand stehen, daß folglich zwei entgegengesetzte Naturen in uns verei-

niget sein müssen, welche bei Vorstellung desselben, auf
ganz entgegengesetzte Art interessiert sind. Wir erfahren
also durch das Gefühl des Erhabenen, daß sich der Zustand
unsers Geistes nicht notwendig nach dem Zustand des
Sinnes richtet, daß die Gesetze der Natur nicht notwendig
auch die unsrigen sind, und daß wir ein selbstständiges
Prinzipium in uns haben, welches von allen sinnlichen
Rührungen unabhängig ist.

Der erhabene Gegenstand ist von doppelter Art. Wir
beziehen ihn entweder auf unsere *Fassungskraft* und erliegen bei dem Versuch, uns ein Bild oder einen Begriff von
ihm zu bilden: oder wir beziehen ihn auf unsere *Lebenskraft*,
und betrachten ihn als eine Macht, gegen welche die
unsrige in Nichts verschwindet. Aber ob wir gleich in dem
einen, wie in dem andern Fall durch seine Veranlassung das
peinliche Gefühl unserer Grenzen erhalten, so fliehen wir
ihn doch nicht, sondern werden vielmehr mit unwiderstehlicher Gewalt von ihm angezogen. Würde dieses wohl
möglich sein, wenn die Grenzen unsrer Phantasie zugleich
die Grenzen unsrer Fassungskraft wären? Würden wir
wohl an die Allgewalt der Naturkräfte gern erinnert sein
wollen, wenn wir nicht noch etwas anders im Rückhalt
hätten, als was ihnen zum Raube werden kann? Wir
ergötzen uns an dem Sinnlich-unendlichen, weil wir
denken können, was die Sinne nicht mehr fassen, und der
Verstand nicht mehr begreift. Wir werden begeistert von
dem Furchtbaren, weil wir wollen können, was die Triebe
verabscheuen, und verwerfen, was sie begehren. Gern
lassen wir die Imagination im Reich der Erscheinungen
ihren Meister finden, denn endlich ist es doch nur eine
sinnliche Kraft, die über eine andere sinnliche triumphiert,
aber an das absolut Große in uns selbst kann die Natur in
ihrer ganzen Grenzenlosigkeit nicht reichen. Gern unterwerfen wir der physischen Notwendigkeit unser Wohlsein
und unser Dasein, denn das erinnert uns eben, daß sie über
unsre Grundsätze nicht zu gebieten hat. Der Mensch ist in
ihrer Hand, aber des Menschen Willen ist in der seinigen.

Und so hat die Natur sogar ein sinnliches Mittel angewendet, uns zu lehren, daß wir mehr als bloß sinnlich sind;
so wußte sie selbst Empfindungen dazu zu benutzen, uns
der Entdeckung auf die Spur zu führen, daß wir der Gewalt
der Empfindungen nichts weniger als sklavisch unterworfen sind. Und dies ist eine ganz andere Wirkung, als durch
das Schöne geleistet werden kann; durch das Schöne der
Wirklichkeit nehmlich, denn im Idealschönen muß sich
auch das Erhabene verlieren. Bei dem Schönen stimmen
Vernunft und Sinnlichkeit zusammen, und nur um dieser
Zusammenstimmung willen hat es Reiz für uns. Durch die
Schönheit allein würden wir also ewig nie erfahren, daß wir
bestimmt und fähig sind, uns als reine Intelligenzen zu
beweisen. Beim Erhabenen hingegen stimmen Vernunft
und Sinnlichkeit *nicht* zusammen, und eben in diesem
Widerspruch zwischen beiden liegt der Zauber, womit es
unser Gemüt ergreift. Der physische und der moralische
Mensch werden hier aufs schärfste von einander geschieden, denn gerade bei solchen Gegenständen, wo der erste
nur seine Schranken empfindet, macht der andere die
Erfahrung seiner *Kraft* und wird durch eben das unendlich
erhoben, was den andern zu Boden drückt.

Ein Mensch, will ich annehmen, soll alle die Tugenden
besitzen, deren Vereinigung den *schönen Charakter* ausmacht. Er soll in der Ausübung der Gerechtigkeit,
Wohltätigkeit, Mäßigkeit, Standhaftigkeit und Treue seine
Wollust finden, alle Pflichten, deren Befolgung ihm die
Umstände nahe legen, sollen ihm zum leichten Spiele
werden, und das Glück soll ihm keine Handlung schwer
machen, wozu nur immer sein menschenfreundliches Herz
ihn auffodern mag. Wem wird dieser schöne Einklang der
natürlichen Triebe mit den Vorschriften der Vernunft nicht
entzückend sein, und wer sich enthalten können, einen
solchen Menschen zu lieben? Aber können wir uns wohl,
bei aller Zuneigung zu demselben versichert halten, daß er
wirklich ein Tugendhafter ist, und daß es überhaupt eine
Tugend gibt? Wenn es dieser Mensch auch bloß auf

angenehme Empfindungen angelegt hätte, so könnte er, ohne ein Tor zu sein, schlechterdings nicht anders handeln, und er müßte seinen eignen Vorteil hassen, wenn er lasterhaft sein wollte. Es kann sein, daß die Quelle seiner Handlungen rein ist, aber das muß er mit seinem eignen Herzen ausmachen, *wir* sehen nichts davon. Wir sehen ihn nicht mehr tun als auch der bloß kluge Mann tun müßte, der das Vergnügen zu seinem Gott macht. Die Sinnenwelt also erklärt das ganze Phänomen seiner Tugend, und wir haben gar nicht nötig, uns jenseits derselben nach einem Grund davon umzusehen.

Dieser nehmliche Mensch soll aber plötzlich in ein großes Unglück geraten. Man soll ihn seiner Güter berauben, man soll seinen guten Namen zu Grund richten. Krankheiten sollen ihn auf ein schmerzhaftes Lager werfen, alle, die er liebt, soll der Tod ihm entreißen, alle, denen er vertraut, ihn in der Not verlassen. In diesem Zustande suche man ihn wieder auf, und fodre von dem Unglücklichen die Ausübung der nehmlichen Tugenden, zu denen der Glückliche einst so bereit gewesen war. Findet man ihn in diesem Stück noch ganz als den nehmlichen, hat die Armut seine Wohltätigkeit, der Undank seine Dienstfertigkeit, der Schmerz seine Gleichmütigkeit, eignes Unglück seine Teilnehmung an fremdem Glücke nicht vermindert, bemerkt man die Verwandlung seiner Umstände in seiner Gestalt, aber nicht in seinem Betragen, in der Materie, aber nicht in der Form seines Handelns – dann freilich reicht man mit keiner Erklärung aus dem *Naturbegriff* mehr aus, (nach welchem es schlechterdings notwendig ist, daß das Gegenwärtige als Wirkung sich auf etwas Vergangenes als seine Ursache gründet), weil nichts widersprechender sein kann, als daß die Wirkung dieselbe bleibe, wenn die Ursache sich in ihr Gegenteil verwandelt hat. Man muß also jeder natürlichen Erklärung entsagen, muß es ganz und gar aufgeben, das Betragen aus dem Zustande abzuleiten, und den Grund des erstern aus der physischen Weltordnung heraus in eine ganz andere verlegen, welche die Vernunft zwar mit ihren Ideen erfliegen, der Verstand aber mit seinen Begriffen nicht erfassen kann. Diese Entdeckung des absoluten moralischen Vermögens, welches an keine Natur-Bedingung gebunden ist, gibt dem wehmütigen Gefühl, wovon wir beim Anblick eines solchen Menschen ergriffen werden, den ganz eignen unaussprechlichen Reiz, den keine Lust der Sinne, so veredelt sie auch seien, dem Erhabenen streitig machen kann.

Das Erhabene verschafft uns also einen Ausgang aus der sinnlichen Welt, worin uns das Schöne gern immer gefangen halten möchte. Nicht allmählich (denn es gibt von der Abhängigkeit keinen Übergang zur Freiheit), sondern plötzlich und durch eine Erschütterung, reißt es den selbstständigen Geist aus dem Netze los, womit die verfeinerte Sinnlichkeit ihn umstrickte, und das um so fester bindet, je durchsichtiger es gesponnen ist. Wenn sie durch den unmerklichen Einfluß eines weichlichen Geschmacks auch noch so viel über die Menschen gewonnen hat – wenn es ihr gelungen ist, sich in der verführerischen Hülle des geistigen Schönen in den innersten Sitz der moralischen Gesetzgebung einzudrängen, und dort die Heiligkeit der Maximen an ihrer Quelle zu vergiften, so ist oft eine einzige erhabene Rührung genug, dieses Gewebe des Betrugs zu zerreißen, dem gefesselten Geist seine ganze Schnellkraft auf einmal zurückzugeben, ihm eine Revelation über seine wahre Bestimmung zu erteilen, und ein Gefühl seiner Würde, wenigstens für den Moment aufzunötigen. Die Schönheit unter der Gestalt der Göttin Calypso hat den tapfern Sohn des Ulysses bezaubert, und durch die Macht ihrer Reizungen hält sie ihn lange Zeit auf ihrer Insel gefangen. Lange glaubt er einer unsterblichen Gottheit zu huldigen, da er doch nur in den Armen der Wollust liegt, – aber ein erhabener Eindruck ergreift ihn plötzlich unter Mentors Gestalt, er erinnert sich seiner bessern Bestimmung, wirft sich in die Wellen und ist frei.

Das Erhabene, wie das Schöne, ist durch die ganze Natur

verschwenderisch ausgegossen, und die Empfindungsfähigkeit für beides in alle Menschen gelegt; aber der Keim
dazu entwickelt sich ungleich, und durch die Kunst muß
ihm nachgeholfen werden. Schon der Zweck der Natur
bringt es mit sich, daß wir der Schönheit zuerst entgegen-
eilen, wenn wir noch vor dem Erhabenen fliehn; denn die
Schönheit ist unsre Wärterin im kindischen Alter, und soll
uns ja aus dem rohen Naturstand zur Verfeinerung führen.
Aber ob sie gleich unsre erste Liebe ist, und unsre
Empfindungsfähigkeit für dieselbe zuerst sich entfaltet, so
hat die Natur doch dafür gesorgt, daß sie langsamer reif
wird, und zu ihrer völligen Entwicklung erst die Ausbildung des Verstandes und Herzens abwartet. Erreichte der
Geschmack seine völlige Reife, ehe Wahrheit und Sittlichkeit auf einen bessern Weg, als durch ihn geschehen kann, in
unser Herz gepflanzt wären, so würde die Sinnenwelt ewig
die Grenze unsrer Bestrebungen bleiben. Wir würden
weder in unsern Begriffen, noch in unsern Gesinnungen
über sie hinaus gehn, und was die Einbildungskraft nicht
darstellen kann, würde auch keine Realität für uns haben.
Aber glücklicherweise liegt es schon in der Einrichtung der
Natur, daß der Geschmack, obgleich er zuerst blühet, doch
zuletzt unter allen Fähigkeiten des Gemüts seine Zeitigung
erhält. In dieser Zwischenzeit wird Frist genug gewonnen,
einen Reichtum von Begriffen in dem Kopf und einen
Schatz von Grundsätzen in der Brust anzupflanzen, und
dann besonders auch die Empfindungsfähigkeit für das
Große und Erhabene aus der Vernunft zu entwickeln.

So lange der Mensch bloß Sklave der physischen
Notwendigkeit war, aus dem engen Kreis der Bedürfnisse
noch keinen Ausgang gefunden hatte, und die hohe
dämonische Freiheit in seiner Brust noch nicht ahndete, so
konnte ihn die *unfaßbare* Natur nur an die Schranken seiner
Vorstellungskraft und die *verderbende* Natur nur an seine
physische Ohnmacht erinnern. Er mußte also die erste mit
Kleinmut vorübergehen, und sich von der andern mit
Entsetzen abwenden. Kaum aber macht ihm die freie

Betrachtung gegen den blinden Andrang der Naturkräfte
Raum, und kaum entdeckt er in dieser Flut von Erscheinungen etwas Bleibendes in seinem eigenen Wesen, so
fangen die wilden Naturmassen um ihn herum an, eine ganz
andere Sprache zu seinem Herzen zu reden: und das relativ
Große außer ihm ist der Spiegel, worin er das absolut
Große in ihm selbst erblickt. Furchtlos und mit schauerli-
cher Lust nähert er sich jetzt diesen Schreckbildern seiner
Einbildungskraft, und bietet absichtlich die ganze Kraft
dieses Vermögens auf, das Sinnlichunendliche darzustellen,
um, wenn es bei diesem Versuche dennoch erliegt, die
Überlegenheit seiner Ideen über das Höchste, was die
Sinnlichkeit leisten kann, desto lebhafter zu empfinden.
Der Anblick unbegrenzter Fernen und unabsehbarer
Höhen, der weite Ozean zu seinen Füßen, und der größere
Ozean über ihm, entreißen seinen Geist der engen Sphäre
des Wirklichen und der drückenden Gefangenschaft des
physischen Lebens. Ein größerer Maßstab der Schätzung
wird ihm von der simpeln Majestät der Natur vorgehalten,
und, von ihren großen Gestalten umgeben, erträgt er das
Kleine in seiner Denkart nicht mehr. Wer weiß, wie
manchen Lichtgedanken oder Heldenentschluß, den kein
Studierkerker, und kein Gesellschaftsaal zur Welt gebracht
haben möchte, nicht schon dieser mutige Streit des Gemüts
mit dem großen Naturgeist auf einem Spaziergang gebar –
wer weiß, ob es nicht dem seltenern Verkehr mit diesem
großen Genius zum Teil zuzuschreiben ist, daß der Charakter der Städter sich so gerne zum Kleinlichen wendet,
verkrüppelt und welkt, wenn der Sinn des Nomaden offen
und frei bleibt, wie das Firmament, unter dem er sich
lagert.

Aber nicht bloß das Unerreichbare für die Einbildungskraft, das Erhabene der Quantität, auch das Unfaßbare für
den Verstand, die *Verwirrung*, kann, sobald sie ins Große
geht, und sich als Werk der Natur ankündigt (denn sonst ist
sie verächtlich), zu einer Darstellung des Übersinnlichen
dienen, und dem Gemüt einen Schwung geben. Wer

verweilet nicht lieber bei der geistreichen Unordnung einer
natürlichen Landschaft als bei der geistlosen Regelmäßigkeit eines französischen Gartens? Wer bestaunt nicht lieber
den wunderbaren Kampf zwischen Fruchtbarkeit und
Zerstörung in Siciliens Fluren, weidet sein Auge nicht
lieber an Schottlands wilden Katarakten und Nebelgebir-
gen, Ossians großer Natur, als daß er in dem schnurge-
rechten Holland den sauren Sieg der Geduld über das
trotzigste der Elemente bewundert? Niemand wird leugnen, daß in Bataviens Triften für den physischen Menschen
besser gesorgt ist, als unter dem tückischen Krater des
Vesuv, und daß der Verstand, der begreifen und ordnen
will, bei einem regulären Wirtschaftsgarten weit mehr als
bei einer wilden Naturlandschaft seine Rechnung findet.
Aber der Mensch hat noch ein Bedürfnis mehr, als zu leben
und sich wohl sein zu lassen und auch noch eine andere
Bestimmung, als die Erscheinungen um ihn herum zu
begreifen.

Was dem Reisenden von Empfindung die wilde Bizar-
rerie in der physischen Schöpfung so anziehend macht,
eben das eröffnet einem begeisterungsfähigen Gemüt,
selbst in der bedenklichen Anarchie der moralischen Welt,
die Quelle eines ganz eignen Vergnügens. Wer freilich die
große Haushaltung der Natur mit der dürftigen Fackel des
Verstandes beleuchtet, und immer nur darauf ausgeht, ihre
kühne Unordnung in Harmonie aufzulösen, der kann sich
in einer Welt nicht gefallen, wo mehr der tolle Zufall als ein
weiser Plan zu regieren scheint, und bei weitem in den
mehresten Fällen Verdienst und Glück mit einander im
Widerspruche stehn. Er will haben, daß in dem großen
Weltlaufe alles wie in einer guten Wirtschaft geordnet sei,
und vermißt er, wie es nicht wohl anders sein kann, diese
Gesetzmäßigkeit, so bleibt ihm nichts anders übrig, als von
einer künftigen Existenz und von einer andern Natur die
Befriedigung zu erwarten, die ihm die gegenwärtige und
vergangene schuldig bleibt. Wenn er es hingegen gutwillig
aufgibt, dieses gesetzlose Chaos von Erscheinungen unter

eine Einheit der Erkenntnis bringen zu wollen, so gewinnt er von einer andern Seite reichlich, was er von dieser verloren gibt. Gerade dieser gänzliche Mangel einer Zweckverbindung unter diesem Gedränge von Erscheinungen, wodurch sie für den Verstand, der sich an diese Verbindungsform halten muß, übersteigend und unbrauchbar werden, macht sie zu einem desto treffendern Sinnbild für die reine Vernunft, die in eben dieser wilden Ungebundenheit der Natur ihre eigne Unabhängigkeit von Naturbedingungen dargestellt findet. Denn wenn man einer Reihe von Dingen alle Verbindung unter sich nimmt, so hat man den Begriff der Independenz, der mit dem reinen Vernunftbegriff der Freiheit überraschend zusammenstimmt. Unter dieser Idee der Freiheit, welche sie aus ihrem eigenen Mittel nimmt, faßt also die Vernunft in eine Einheit des Gedankens zusammen, was der Verstand in keine Einheit der Erkenntnis verbinden kann, unterwirft sich durch diese Idee das unendliche Spiel der Erscheinungen, und behauptet also ihre Macht zugleich über den Verstand als sinnlich bedingtes Vermögen. Erinnert man sich nun, welchen Wert es für ein Vernunftwesen haben muß, sich seiner Independenz von Naturgesetzen bewußt zu werden, so begreift man, wie es zugeht, daß Menschen von erhabener Gemütsstimmung durch diese ihnen dargebotene Idee der Freiheit sich für allen Fehlschlag der Erkenntnis für entschädigt halten können. Die Freiheit in allen ihren moralischen Widersprüchen und physischen Übeln ist für edle Gemüter ein unendlich interessanteres Schauspiel als Wohlstand und Ordnung ohne Freiheit, wo die Schafe geduldig dem Hirten folgen, und der selbstherrschende Wille sich zum dienstbaren Glied eines Uhrwerks herabsetzt. Das letzte macht den Menschen bloß zu einem geistreichen Produkt und glücklichern Bürger der Natur, die Freiheit macht ihn zum Bürger und Mitherrscher eines höhern Systems, wo es unendlich ehrenvoller ist, den untersten Platz einzunehmen, als in der physischen Ordnung den Reihen anzuführen.

Aus diesem Gesichtspunkt betrachtet, und *nur* aus diesem, ist mir die Weltgeschichte ein erhabenes Objekt. Die Welt, als historischer Gegenstand, ist im Grunde nichts anders als der Konflikt der Naturkräfte unter einander selbst und mit der Freiheit des Menschen und den Erfolg dieses Kampfs berichtet uns die Geschichte. So weit die Geschichte bis jetzt gekommen ist, hat sie von der Natur (zu der alle Affekte im Menschen gezählt werden müssen) weit größere Taten zu erzählen, als von der selbstständigen Vernunft, und diese hat bloß durch einzelne Ausnahmen vom Naturgesetz in einem Kato, Aristides, Phocion und ähnlichen Männern ihre Macht behaupten können. Nähert man sich nur der Geschichte mit großen Erwartungen von Licht und Erkenntnis – wie sehr findet man sich da getäuscht! Alle wohlgemeinte Versuche der Philosophie, das, was die moralische Welt *fodert*, mit dem, was die wirkliche *leistet*, in Übereinstimmung zu bringen, werden durch die Aussagen der Erfahrungen widerlegt, und so gefällig die Natur in ihrem *Organischen Reich* sich nach den regulativen Grundsätzen der Beurteilung richtet oder zu richten scheint, so unbändig reißt sie im Reich der Freiheit den Zügel ab, woran der Spekulations-Geist sie gern gefangen führen möchte.

Wie ganz anders, wenn man darauf resigniert, sie zu *erklären*, und diese ihre Unbegreiflichkeit selbst zum Standpunkt der Beurteilung macht. Eben der Umstand, daß die Natur im Großen angesehen, aller Regeln, die wir durch unsern Verstand ihr vorschreiben, spottet, daß sie auf ihren eigenwilligen freien Gang die Schöpfungen der Weisheit und des Zufalls mit gleicher Achtlosigkeit in den Staub tritt, daß sie das Wichtige wie das Geringe, das Edle wie das Gemeine in Einem Untergang mit sich fortreißt, daß sie hier eine Ameisenwelt erhält, dort ihr herrlichstes Geschöpf den Menschen in ihre Riesenarme faßt und zerschmettert, daß sie ihre mühsamsten Erwerbungen oft in einer leichtsinnigen Stunde verschwendet, und an einem Werk der Torheit oft Jahrhunderte lang baut – mit einem

Wort – dieser Abfall der Natur im Großen von den Erkenntnisregeln, denen sie in ihren einzelnen Erscheinungen sich unterwirft, macht die absolute Unmöglichkeit sichtbar, durch *Naturgesetze* die *Natur selbst* zu erklären, und *von* ihrem Reiche gelten zu lassen, was *in* ihrem Reiche gilt, und das Gemüt wird also unwiderstehlich aus der Welt der Erscheinungen heraus in die Ideenwelt, aus dem Bedingten ins Unbedingte getrieben.

Noch viel weiter als die sinnlich unendliche führt uns die furchtbare und zerstörende Natur, so lange wir nehmlich bloß freie Betrachter derselben bleiben. Der sinnliche Mensch freilich, und die Sinnlichkeit in dem vernünftigen fürchten nichts so sehr als mit dieser Macht zu zerfallen, die über Wohlsein und Existenz zu gebieten hat.

Das höchste Ideal, wornach wir ringen, ist, mit der physischen Welt, als der Bewahrerin unserer Glückseligkeit, in gutem Vernehmen zu bleiben, ohne darum genötigt zu sein, mit der Moralischen zu brechen, die unsre Würde bestimmt. Nun geht es aber bekanntermaßen nicht immer an, beiden Herren zu dienen, und wenn auch (ein fast unmöglicher Fall) die Pflicht mit dem Bedürfnisse nie in Streit geraten sollte; so geht doch die Naturnotwendigkeit keinen Vertrag mit dem Menschen ein, und weder seine Kraft noch seine Geschicklichkeit kann ihn gegen die Tücke der Verhängnisse sicher stellen. Wohl ihm also, wenn er gelernt hat zu ertragen, was er nicht ändern kann und Preis zu geben mit Würde, was er nicht retten kann! Fälle können eintreten, wo das Schicksal alle Außenwerke ersteigt, auf die er seine Sicherheit gründete, und ihm nichts weiter übrig bleibt, als sich in die heilige Freiheit der Geister zu flüchten – wo es kein andres Mittel gibt, den Lebenstrieb zu beruhigen, als es zu wollen – und kein andres Mittel, der Macht der Natur zu widerstehen, als ihr zuvorzukommen und durch eine freie Aufhebung alles sinnlichen Interesse ehe noch eine physische Macht es tut, sich moralisch zu entleiben.

Dazu nun stärken ihn erhabene Rührungen und ein

öfterer Umgang mit der zerstörenden Natur, sowohl da wo sie ihm ihre verderbliche Macht bloß von Ferne zeigt, als wo sie sie wirklich gegen seine Mitmenschen äußert. Das Pathetische ist ein künstliches Unglück, und wie das wahre Unglück, setzt es uns in *unmittelbaren Verkehr* mit dem Geistergesetz, das in unserm Busen gebietet. Aber das wahre Unglück wählt seinen Mann und seine Zeit nicht immer gut; es überrascht uns oft wehrlos, und was noch schlimmer ist, es *macht* uns oft *wehrlos*. Das künstliche Unglück des Pathetischen hingegen findet uns in voller Rüstung, und weil es bloß eingebildet ist, so gewinnt das selbstständige Prinzipium in unserm Gemüte Raum, seine absolute Independenz zu behaupten. Je öfter nun der Geist diesen Akt von Selbsttätigkeit erneuert, desto mehr wird ihn derselbe zur Fertigkeit, einen desto größern Vorsprung gewinnt er vor dem sinnlichen Trieb, daß er endlich auch dann, wenn aus dem eingebildeten und künstlichen Unglück ein ernsthaftes wird, im Stande ist, es als ein künstliches zu behandeln, und, der höchste Schwung der Menschennatur! das wirkliche Leiden in eine erhabene Rührung aufzulösen. Das Pathetische, kann man daher sagen, ist eine Inokulation des unvermeidlichen Schicksals, wodurch es seiner Bösartigkeit beraubt, und der Angriff desselben auf die starke Seite des Menschen hingeleitet wird.

Also hinweg mit der falsch verstandenen Schonung und dem schlaffen verzärtelten Geschmack, der über das ernste Angesicht der Notwendigkeit einen Schleier wirft, und um sich bei den Sinnen in Gunst zu setzen, eine Harmonie zwischen dem Wohlsein und Wohlverhalten *lügt*, wovon sich in der wirklichen Welt keine Spuren zeigen. Stirne gegen Stirn zeige sich uns das böse Verhängnis. Nicht in der Unwissenheit der uns umlagernden Gefahren – denn diese muß doch endlich aufhören – nur in der *Bekanntschaft* mit derselben ist Heil für uns. Zu dieser Bekanntschaft nun verhilft uns das furchtbar herrliche Schauspiel der alles zerstörenden und wieder erschaffenden, und wieder zerstö-

renden Veränderung – des bald langsam untergrabenden,
bald schnell überfallenden Verderbens, verhelfen uns die
pathetischen Gemälde der mit dem Schicksal ⟨ringenden⟩
Menschheit, der unaufhaltsamen Flucht des Glücks, der
betrogenen Sicherheit, der triumphierenden Ungerechtigkeit und der unterliegenden Unschuld, welche die
Geschichte in reichem Maß aufstellt, und die tragische
Kunst nachahmend vor unsre Augen bringt. Denn wo wäre
derjenige, der, bei einer nicht ganz verwahrlosten moralischen Anlage, von dem hartnäckigen und doch vergebli-
chen Kampf des Mithridat, von dem Untergang der Städte
Syrakus und Karthago ⟨lesen, und⟩ bei solchen Szenen
verweilen kann, ohne dem ernsten Gesetz der Notwendigkeit mit einem Schauer zu huldigen, seinen Begierden
augenblicklich den Zügel anzuhalten, und ergriffen von
dieser ewigen Untreue alles Sinnlichen nach dem Beharrlichen in seinem Busen zu greifen? Die Fähigkeit, das
Erhabene zu empfinden, ist also eine der herrlichsten
Anlagen in der Menschennatur, die sowohl wegen ihres
Ursprungs aus dem selbstständigen Denk- und Willens-
Vermögen unsre *Achtung*, als wegen ihres Einflusses auf
den moralischen Menschen die vollkommenste Entwickelung verdient. Das Schöne macht sich bloß verdient um den
Menschen, das Erhabene um den *reinen Dämon* in ihm; und
weil es einmal unsre Bestimmung ist, auch bei allen
sinnlichen Schranken uns nach dem Gesetzbuch reiner
Geister zu richten, so muß das Erhabene zu dem Schönen
hinzukommen, um die *ästhetische Erziehung* zu einem
vollständigen Ganzen zu machen, und die Empfindungsfähigkeit des menschlichen Herzens nach dem ganzen
Umfang unsrer Bestimmung, und also auch über die
Sinnenwelt hinaus, zu erweitern.

Ohne das Schöne würde zwischen unsrer Naturbestimmung und unsrer Vernunftbestimmung ein immerwähren-
der Streit sein. Über dem Bestreben, unserm *Geisterberuf*
Genüge zu leisten, würden wir unsre *Menschheit* versäumen,
und alle Augenblicke zum Aufbruch aus der Sinnenwelt

gefaßt, in dieser uns einmal angewiesenen Sphäre des Handelns beständig Fremdlinge bleiben. Ohne das Erhabene würde uns die Schönheit unsrer Würde vergessen machen. In der Erschlaffung eines ununterbrochenen Genusses würden wir die Rüstigkeit des *Charakters* einbüßen, und an diese *zufällige Form des Daseins* unauflösbar gefesselt, unsre unveränderliche Bestimmung und unser wahres Vaterland aus den Augen verlieren. Nur wenn das Erhabene mit dem Schönen sich gattet, und unsre Empfänglichkeit für beides in gleichem Maß ausgebildet worden ist, sind wir vollendete Bürger der Natur, ohne deswegen ihre Sklaven zu sein, und ohne unser Bürgerrecht in der intelligibeln Welt zu verscherzen.

Nun stellt zwar schon die Natur für sich allein Objekte in Menge auf, an denen sich die Empfindungsfähigkeit für das Schöne und Erhabene üben könnte; aber der Mensch ist, wie in andern Fällen, so auch hier, von der zweiten Hand besser bedient, als von der Ersten, und will lieber einen zubereiteten und auserlesenen Stoff von der Kunst empfangen, als an der unreinen Quelle der Natur mühsam und dürftig schöpfen. Der nachahmende Bildungstrieb, der keinen *Eindruck* erleiden kann, ohne sogleich nach einem lebendigen *Ausdruck* zu streben, und in jeder schönen oder großen Form der Natur eine Ausfoderung erblickt, mit ihr zu ringen, hat vor derselben den großen Vorteil voraus, dasjenige als Hauptzweck und als ein eigenes Ganzes behandeln zu dürfen, was die Natur – wenn sie es nicht gar absichtlos hinwirft – bei Verfolgung eines ihr näher liegenden Zwecks bloß im Vorbeigehen mitnimmt. Wenn die Natur in ihren schönen organischen Bildungen entweder durch die mangelhafte Individualität des Stoffes oder durch Einwirkung heterogener Kräfte *Gewalt erleidet*, oder wenn sie, in ihren großen und pathetischen Szenen, *Gewalt ausübt* und als eine Macht auf den Menschen wirkt, da sie doch bloß als Objekt der freien Betrachtung ästhetisch werden kann, so ist ihre Nachahmerin, die bildende Kunst völlig frei, weil sie von ihrem Gegenstand alle zufällige

Schranken absondert, und läßt auch das Gemüt des
Betrachters frei, weil sie nur den *Schein* und nicht die
Wirklichkeit nachahmt. Da aber der ganze Zauber des
Erhabenen und Schönen nur in dem Schein und nicht in
dem Inhalt liegt, so hat die Kunst alle Vorteile der Natur,
ohne ihre Fesseln mit ihr zu teilen.

AN DEN HERAUSGEBER DER PROPYLÄEN

Ich komme von Betrachtung der Bilder zurück, die durch Ihre zwei letzten Preisaufgaben veranlaßt wurden und noch lebhaft mit diesen Eindrücken beschäftigt, versuche ich es, die Gedanken zu ordnen und auszusprechen, welche diese interessanten Kunsterscheinungen in mir aufgeregt haben. Werke der Einbildungskraft haben das Eigentümliche, daß sie keinen müßigen Genuß zulassen, sondern den Geist des Beschauers zur Tätigkeit aufreizen. Das Kunstwerk führt auf die Kunst zurück, ja es bringt erst die Kunst in uns hervor.

Sie hatten es zwar bei diesen Preisaufgaben nur auf den Künstler abgesehen; aber auch dem bloßen Beschauer haben Sie durch dieses Institut eine reiche Quelle von Vergnügen und Belehrung eröffnet. Diese neunzehn und wieder diese neun Ausführungen des nehmlichen Gegenstandes gewähren ein ganz eignes Interesse des *Verstandes*, wovon freilich derjenige keinen Begriff hat, der sich den Eindrücken künstlerischer Werke nur gedankenlos hingibt. Eine gleich große Anzahl wirklicher Meisterstücke, aber von verschiedenem Inhalt, würde uns unstreitig einen höhern *Kunstgenuß*, aber vielleicht keinen so reichen *Begriff* von der Kunst verschafft haben, als diese vielseitige Behandlung desselben Thema mir wenigstens gegeben hat.

Zuerst ein Wort von den Preisaufgaben selbst. In Sachen der schönen Kunst wird die Möglichkeit nur durch die Tat bewiesen; aus Begriffen kann man höchstens voraus wissen, daß ein gegebenes Thema der künstlerischen Darstellung nicht widerstreitet. Der Erfolg hat die Wahl der beiden Süjets gerechtfertigt, denn aus beiden sind wirklich, unter geschickten Händen, sprechende, selbstständige und anmutige Bilder geworden.

Obgleich die Kunst unzertrennlich und eins ist, und beide, Phantasie und Empfindung, zu ihrer Hervorbringung tätig sein müssen, so gibt es doch Kunstwerke der Phantasie und Kunstwerke der Empfindung, je nachdem sie sich einem dieser beiden ästhetischen Pole vorzugsweise nähern; zu einer von beiden Klassen aber muß jedes künstliche und poetische Werk sich bekennen, oder es hat gar keinen Kunstgehalt. Sie haben bei diesen zwei Preisaufgaben dafür gesorgt, daß jeder Künstler in seiner Sphäre beschäftigt würde, und derjenige, den die Natur reich genug ausstattete, auf beiden Feldern der Kunst glänzen konnte.

Hectors Abschied qualifizierte sich zu einem naiven und seelenvollen Empfindungsgemälde; der Raub der Pferde des Rhesus, ein Nachtstück, war zu einem kühnen, kraftvollen Phantasiebilde geeignet. Beide Aufgaben konnten, in Absicht auf den innern Kunstgehalt, für gleichbedeutend gelten, und mochten für die Ausführung, im Ganzen genommen, gleich viel oder wenig Schwierigkeiten darbieten. Das Naturell und die Neigung des Künstlers mußte also die Wahl entscheiden und es ließ sich voraussehen, wohin sich das Übergewicht neigen würde. Der erste Gegenstand spricht an das Herz und der Deutsche hat seinen schätzbaren Charakter auch bei dieser Gelegenheit nicht verleugnet.

Indem die Gegenstände gegeben wurden, waren die Momente der Handlung und die Motive unentschieden gelassen; hier also war das Feld der Erfindung. Zwei Helden, dem Begriffe gemäß den wir uns von Diomed und Ulysses bilden, zeigen sich in der Finsternis der Nacht in dem trojanischen Lager, wo thrazische Krieger mit ihrem Könige schlafend liegen. Indem Diomed die Schlafenden erwürgt, bemächtiget sich Ulyß der schönen weißen Pferde des Königs. Sie müssen eilen, um nicht überfallen zu werden und Diomed verläßt ungern den Schauplatz.

Hier war nun die Wahl des Moments von der höchsten Bedeutung. Der Künstler konnte den Augenblick des

wirklichen Ermordens, er konnte den Augenblick nach der
Tat und unmittelbar vor dem Abzuge darstellen. Blieb er
bei dem ersten Momente stehen, so war das Bild nicht nur
an Gehalt ärmer, es konnte auch einen widrigen Eindruck
auf das Gefühl machen; die nächtliche Ermordung schlafender Menschen hat etwas Schändendes für einen Helden.
Der König welcher ermordet wird, wurde dadurch die
Hauptperson, unser Mitleid wurde interessiert und das Bild
bekam einen pathetischen Charakter, den es durchaus nicht
haben sollte. Wählte hingegen der Künstler den Augenblick nach der Tat, wo beide Helden auf ihre Entfernung
denken, so kam ein ganz anderer Geist in das Gemälde. Das
Gefühlempörende wurde mit Schatten bedeckt, die Ermordeten waren nur als Masse noch übrig, ohne daß ein
Einzelner aus denselben einen Anspruch an unsre Teilnahme machte; wir schauen nicht unmittelbar an sondern
erfahren nur durch einen Schluß, daß sie im Schlaf
ermordet worden und was die Hauptsache ist, Ulyß und
Diomed sind dann die eigentlichen Helden des Bildes, es ist
ihre Kühnheit die uns interessiert, ihr glückliches Entkommen, was uns beschäftiget.

Aber auch so wird dem Bilde noch immer ein wesentlicher Teil der sinnlichen Bedeutsamkeit und der Würde
abgehen. Ulyß und Diomed werden immer nur als zwei
nächtliche Mörder und Räuber erscheinen, die Handlung
wird also, auch wenn sie ihr Empörendes verliert, wenigstens gemein und gleichgültig für uns sein. Etwas muß
geschehen, um die Helden, um ihre Tat empor zu heben;
dies geschieht durch die Gegenwart und den Anteil einer
Göttin. Der Künstler durfte diese nicht weit suchen; auch
im Homer erscheint die Pallas und treibt beide Helden, zu
eilen. Durch Einführung der Göttin wird, für den Gedanken, noch dieses gewonnen, daß die nächtliche Tat einen
Zeugen hat, daß durch ihre Geste die Notwendigkeit der
Flucht sinnlich klar wird, und für die Ausführung des
Bildes entsteht der große Gewinn, daß die nächtliche Szene
mit einem göttlichen Licht kann erleuchtet werden.

Einen Künstler, der keinen tiefen Gedankengehalt in sein Bild zu legen wußte, konnte, bei der zweiten Aufgabe, schon der Effekt der Massen und Kontraste anlocken und bei der Ausführung befriedigen. Der geschickte Verfertiger des Bildes No. 5., wo in der Mitte des Ganzen zwei milchweiße Pferde sich erheben, Diomed im Hintergrund noch in dem Morden begriffen ist, und beide Helden als Nebenfiguren gegen die Tiere verschwinden, scheint sich bloß mit einer angenehmen Wirkung der Schatten und Lichter begnügt zu haben. Das Bild ist sanft und gefällig für's Auge, aber der Gedanke ist gemein und der Künstler hat von seinen Gegenstand nur das nächste prosaische ergriffen. Denn warum zwei Heldenfiguren hervorrufen und durch Ankündigung einer bedeutenden Tat Erwartung erregen, wenn es um nichts weiter zu tun ist, als was auch durch eine gefällige Anordnung von Stilleleben geleistet werden kann? Es war übrigens kein Wunder, daß eben dieses Bild bei vielen Zuschauern die Palme davon trug. Die Wirkung des Gefälligen ist unfehlbar, es setzt nichts voraus, und läßt sich völlig gedankenlos genießen.

Zwei andere größere Bilder (No. 3 und 4.) desselben Inhalts stellen gleichfalls nur den Augenblick der Ermordung dar. Der König liegt noch schlafend, das Schwert ist über ihm gezückt, Ulysses hat sich der Pferde bemächtigt. Die Ausführung ist kräftiger, die Handlung reicher, als bei dem vorerwähnten Bilde, die Helden sind den Pferden nicht aufgeopfert. Aber der Gedanke erhebt sich nicht über das Gemeine, das Bild spricht bloß zu dem Auge, ohne die Imagination anzuregen, und die geschickte fleißige Ausführung kann den fehlenden Geist nicht ersetzen.

Zwei andere Bilder (No. 6 und 7.) zeigen uns zwar schon die Göttin, aber ihre Gegenwart erhebt das Bild nicht, ob sie gleich eine höhere Intention des Künstlers verrät. Der Moment ist bedeutender, die Ermordung ist geschehen; auf dem einen, wo die Figuren bloß im Umriß gezeichnet sind, hat sich Ulyß auf eins der Pferde geschwungen, der Augenblick des Forteilens ist ausgedrückt; auf dem andern

wird noch Rat gehalten, aber die Szene ist zu ruhig, es fehlt
an Leben und Bedeutung.

In einem höheren Geist sind zwei andere Bilder desselben Inhalts gedacht und ausgeführt.

Die Göttin erscheint (No. 2.) über den erschlagenen
Leichen und das Licht das sie umfließt, beleuchtet die
nächtliche Szene. Diomedes ruht in einer nachdenkenden
Stellung mit aufgehobenem Fuß auf einem Leichnam und
bedenkt sich das Schwert in die Scheide zu stecken.
Bedeutend erhebt die Göttin den Zeigefinger der rechten
Hand um ihn zu warnen und mit der ausgestreckten Linken
zeigt sie ihm den Weg. Ulysses den Bogen in der Hand hält
die sich bäumenden Pferde am Zügel und strebt schon in
einer raschen Bewegung fort, nach dem säumenden
Gefährten zurückschauend. Beide Helden sind nackt, nur
ein Mantel flattert um den eilenden Ulyß und ein Löwenfell
hängt über den Rücken des Diomedes. Jener, dessen kräftig
gezeichnete Figur am meisten hervordringt, bringt in das
Ganze eine lebhafte Bewegung, welche gegen die sinnende
Ruhe des Diomedes einen vielleicht nur zu starken Abstich
macht.

Mit diesem Bilde sind wir in die geistige Welt der Kunst
eingetreten. Das gemeine Wirkliche ist uns aus den Augen
gerückt, nur das Bedeutende ist aufgenommen. Noch um
einen Schritt weiter in das Reich der Einbildungskraft führt
uns der andere (No. 1.), mit dem sich diese Galerie der
Rhesusbilder würdig abschließt.

Der vorige Künstler hatte uns das trojanische Lager
gezeigt und uns mit einem engen Raum umschränkt, indem
er die Szene durch die Mauern von Troia begrenzte. Ein
glücklicher Gedanke des gegenwärtigen hingegen war es,
die griechischen Zelte und Schiffe in die Tiefe des Bildes zu
setzen, aus dem wir dadurch gleichsam herausgetrieben
werden. Er öffnet mit einem kühnen Griff seinen Schauplatz und wir übersehen zugleich die Szene der Handlung
und das Ziel der Flucht.

Drei Punkte des Bildes ziehen uns sogleich durch ganz

verschiedene Mittel an. Das Auge, welches zuerst dem lebhaftesten Lichte folgt, fällt auf eine malerische, schön pyramidenförmig geordnete Masse von vier milchweißen Pferden, welche Ulysses eben fort treiben will. Er wendet dem Zuschauer den Rücken, nur der Kopf ist ein wenig nach der Szene gedreht. Sein Mantel, so wie die Mähnen und Decken der Pferde sind in einer fliegenden Bewegung; dieser hellglänzenden und rasch bewegten Gruppe setzt sich die ruhige dunkle Masse leblos liegender Körper im Vordergrund und die stilliegende Ferne des Hintergrundes schön entgegen.

Sobald der erste gewaltsame Sinnenreiz nachläßt, so wendet sich der Verstand zu dem Bedeutungsvollen; dies findet er hier sehr geistreich in der Mitte des Bildes. Diomedes, in eine Löwenhaut gehüllt, den Schild in der linken Hand, steht an dem Wagen des Rhesus, den er mit der Rechten anfaßt, als ob er sich denselben zueignen wollte. An dem Rade des Wagens liegt der Erschlagene, durch die neben ihm liegende Helmkrone kenntlich, in schön verkürzter Lage hingestreckt. So rasch sich Ulyß und die Pferde bewegen, so ruhig steht Diomedes, nur das Gesicht ist unzufrieden nach der Erscheinung zur Linken hingerichtet.

Hier schwebt in einer Wolkenumgebung, schlank und schön gebildet, Minerva herab und bedeutet mit ausge-streckter Rechten den Säumenden, fortzueilen. Die Wolke in der sie erscheint, wälzt sich malerisch wie ein daherströ-mender Nebel um den Wagen des Rhesus herum und faßt auf diese Art die ganze Mordszene mit einem geheimnis-vollen Vorhange ein, der sich nur auf der rechten Seite öffnet, um den Blick nach dem griechischen Schifflager zu erweitern. Alle Partien des Bildes schmelzen in einer angenehmen Harmonie von Licht und Schatten und Reflexen ineinander.

Man erfährt bei diesem Bilde den heitern Einfluß einer phantasiereichen Kunst, nach Kunstideen ist Alles gewählt und geordnet, nichts einzelnes ist der gemeinen Wirklichkeit abgeborgt, alles repräsentiert nur und hat nur Dasein für den Gedanken und durch denselben.

Es ließ sich für diese beiden Aufgaben von einer doppelten Seite her Gefahr befürchten.

Der Raub der Pferde des Rhesus ist, als bloßes Faktum betrachtet, gleichgültig und ohne allen Gehalt für das Herz; hier mußte also die Phantasie ihre Macht beweisen und der Gedanke statt des wirklichen Gegenstandes eintreten. Wurde dieses Bild bloß mit einer treuen Sinnlichkeit und natürlichen Wahrheit behandelt, so mußte es leer und charakterlos ausfallen. Aber eben diese *natürliche Wahrheit* ist das Gespenst der Zeit und dem Deutschen insbesondere wird es schwer, sich mit freier Dichtungskraft über das gemein Wirkliche zu erheben. Diesem Stoffe also, der sein Gefühl nicht ansprach, konnte ein Künstler von gewöhnlichem Schlag nicht viel abgewinnen und eben dies scheint die meisten von diesem Süjet zurückgeschreckt zu haben.

Der Abschied des Hectors ist schon als Stoff und ohne allen Zusatz der Kunst ein rührender Gegenstand, und konnte mit einem mäßigen Aufwand von Phantasie, selbst durch naive Wahrheit ein sprechendes Bild abgeben. Aber hier war der *sentimentalische* Hang der Nation und des Zeitalters zu fürchten, welcher zum wahren Verderben aller bildenden Kunst auch auf diesem Felde wie auf dem poetischen überhand genommen hat. Ein weinerlicher Hector und eine zerfließende Andromache waren zu fürchten und sie sind auch nicht ausgeblieben. Ich bezeichne die Werke nicht, da sie sich leicht von selbst heraus finden.

Es war in diesem einfach scheinenden Stoff ein doppeltes Verhältnis auszudrücken; Hector sollte als liebender Gatte und als zärtlicher Vater erscheinen. Nicht leicht war die Aufgabe, jedem dieser Verhältnisse sein volles Recht anzutun, ohne gegen die Einheit des Bildes zu verstoßen. Eines mußte notwendig zur Hauptsache gemacht werden, weil keine doppelte Handlung von gleicher Bedeutung erlaubt war und die Kunst bestand darin, die prägnanteste zu wählen.

Einige der konkurrierenden Künstler haben sich begnügt, bloß den Abschied des Gatten von der Gattin vorzustellen, und sind folglich unter der Aufgabe geblieben. Das Kind auf den Armen der Wärterin oder der Mutter ist nur ein Zeuge der Handlung. Hector selbst ist so jugendlich und weichlich gehalten, daß man bloß den Abschied zweier Liebenden vor sich zu sehen glaubt. Dies ist unstreitig der unglücklichste Einfall, der sich am weitesten von der Aufgabe entfernt; denn an den Krieger und den Held, der der Schirm seiner Vaterstadt sein soll, ist hier nun gar nicht zu denken. Es ist auf eine Rührung angelegt, die *diesem* Stoffe ganz und gar fremd ist.

Andre schlugen den entgegengesetzten Weg ein; indem sie den Vater ausschließend mit dem Kinde beschäftigen, lassen sie die Mutter und Gattin eine untergeordnete Rolle spielen. Diese entfernten sich weniger von dem Geist der Forderung, weil der Ausdruck des väterlichen Charakters sich mit dem männlichen Ernst des Helden sehr wohl verträgt. Und da die Mutter sich durch sich selbst schon in die Handlung einmischen kann, so konnte sie nicht bedeutungslos erscheinen.

Auf einem der vorzüglichsten Stücke in der Sammlung (No. 24.), einem Ölgemälde, scheint der Künstler beabsichtigt zu haben, Mutter und Kind in Einer Umarmung zusammen zu fassen. Hector breitet seine Arme nach dem Kinde aus, das auf den Armen der Wärterin vor ihm zurückflieht, während daß sich Andromache zwischen diesen, nach dem Kinde ausgestreckten Armen, an seinen Leib schmiegt; aber er selbst zeigt sich keineswegs mit ihr beschäftigt, seine ganze Bewegung bezieht sich auf das Kind, sie scheint überflüssig und eher ein Hindernis zu sein.

Nun war die zweite Frage, für das Pathetische der Situation den wahrsten und zugleich würdigsten Ausdruck zu finden – denn es sollte der Abschied eines Helden sein,

der Gattin und Kind zurückläßt um in eine Todesgefahr zu
gehen; man sollte einen letzten ewigen Abschied ahnden.
Auf der andern Seite sollte sich der Held über den Schmerz
erhaben zeigen, Andromache sollte sich auch in dieser
schmerzlichen Situation seiner wert beweisen, unser Herz
sollte nicht zerrissen, sondern durch die Rührung selbst
gestärkt und erhoben werden.

Einer der konkurrierenden Künstler (No. 13.), dem die
Natur einen heitern Sinn und ein schönes naives Gefühl
verliehen, aber die Stärke und Tiefe der Empfindungen
scheint versagt zu haben, hat sich auf die einfachste Weise
aus der Verlegenheit gezogen, indem er die ganze Aufgabe
in eine zärtliche Familienszene verwandelt, worin von dem
tragischen Inhalt der Situation wenig oder gar nichts zu
spüren ist. Hector unterhält sich mit dem Kinde, das auf
dem linken Arm der Wärterin ist und sich vor dem Vater zu
scheuen scheint. Die Amme deutet mit einer sprechenden
Bewegung auf den Vater, als ob sie das Kind mit demselben
bekannt machen wollte. An Hectors rechte Seite schmiegt
sich Andromache; er hat ihr den einen Arm liebevoll
hingegeben, indem er den andern dem Kinde schmeichelnd
entgegenstreckt. Jede der drei Figuren belebt ein naiver,
äußerst glücklich gewählter Ausdruck, ein freundliches
Lächeln spielt um den Mund des Vaters, und Andromache's
seelenvoller Blick schwimmt zwischen Heiterkeit und
Tränen. Alles akkordiert zu einer schönen lieblichen
Gruppe und spricht das Gemüt schnell und entscheidend
an. Man läßt augenblicklich von der Strenge der Kunst-
foderungen nach, weil man einer schönen Natur begegnet
und wird unwillig über den gerechten Tadler, der die
Zeichnung, die Farbengebung und die ganze malerische
Anlage fehlerhaft und außerdem das Bild mit Unschick-
lichkeiten überladen findet. Denn der Künstler schien das
Heroische, das er in die Handlung selbst nicht zu legen
wußte, in der Umgebung nachholen zu wollen und erfüllt deswegen den Rand der Mauern und Türme, unter
welchen die Szene vorgeht, mit einer Million Spießtra-

gender Trojaner, welche auf diese Familiengruppe herab-
schauen.

So wie man auf diesem Bilde das Pathetische ganz
vermißt, so ist demselben auf zwei andern, sonst sehr
tüchtig gearbeiteten Bildern zu viel Raum gegeben und von
dem heroischen Charakter des Helden zu viel aufgeopfert
worden. Sie erregen daher ein gewisses peinliches Gefühl
und man mag nicht gern dabei verweilen. Auf dem einen
mißfällt noch besonders die abgewandte Stellung des
Hectors und der Ausdruck hilflosen Schmerzens in seiner
Gebärde. Dem andern (No. 19.) scheint eine gewisse
kranke Blässe zu schaden, welche dadurch entsteht, daß die
Zeichnung zum Teil koloriert ist und auf einen Farbeneffekt
Anspruch macht, aber gerade da, wo die energische Farbe
verlangt wird, die tote Kreide gebraucht worden ist.

Mehrere und zwar die geschicktesten Meister lassen
ihren Helden sich an die Götter wenden und das Kind
ihrem Schutz übergeben. Diese Handlung ist schicklich,
ausdrucksvoll und edel. Das Vertrauen auf die Götter
erlaubt einen mutigen, heitern und selbst im Affekt
beruhigten Ausdruck und die Handlung erhält dadurch
einen feierlichen Charakter. Das Kind auf den Armen des
Vaters, besonders wenn es hoch empor gehalten wird, wie
auf den zwei vorzüglichsten (No. 25 und 26.) Bildern in
dieser Reihe der Fall ist; bildet einen bedeutenden Gipfel
der Gruppe. Das Kind wird uns zugleich zu einem Symbol
der hülflosen Stadt, beide scheint Hector in die Hand der
Götter zu geben.

Es finden sich zwei, nach Art der Basreliefs gearbeitete
Bilder (No. 20 und 21.), wo der Künstler im Geist der alten
Bildhauerwerke des Pathetischen nicht bedurfte, um bedeutend zu sein. Ernst und ruhig steigt der gewaffnete Hector
die Stufen seines Hauses herab, sein Körper ist schon den
Kriegern zugewendet, die mit dem Schlachtroß auf ihn
warten. Nur das Gesicht kehrt sich nach der Andromache,
die sich mit leidender Miene an ihn anschmiegt und ihn
nicht lassen will. Ihr zur Seite steht die Wärterin, das Kind

auf den Armen, mit noch andern Jungfrauen. Ganz mit der
weisen Bedeutsamkeit der Alten hat uns hier der Künstler
die Situation mehr durch symbolische Zeichen als durch
Nachahmung des Wirklichen vorgebildet. Alles stellt mehr
vor als es ist; es gilt zwar für sich selbst und weist doch auf
etwas andres hin, es ist nur der sinnvolle Buchstabe, in
welchem der Geist verhüllt liegt. Die weibliche Reihe mit
dem Kinde bedeutet uns das Innere eines Hauses, welches
von dem Hausvater jetzt verlassen wird. Die Krieger
gegenüber mit ihren Waffen und dem wartenden Streitroß
rufen uns die unerbittliche Notwendigkeit in die Seele. Das
ernste doch nicht traurige Herabsteigen des Helden steht
ihm wohl an; er braucht nicht die Götter, er ruht auf sich
selbst; die zärtliche Bekümmernis der Gattin ist dem
Ganzen gemäß. Nur sie selbst ist zu klein und zu dürftig
gegen die kolossalische Figur des Helden und stört den
antiken Sinn des Ganzen durch ihre moderne schwächliche
Erscheinung.

Auch in Behandlung der *Amme*, als der dritten Figur, hat
sich das Genie der verschiedenen Künstler charakterisiert.
Einige, die zu der Höhe des Gegenstandes nicht hinauf
langen konnten, haben mit ihrem Genie gerade die Amme
noch erreicht und diese ist dann die gelungenste Figur des
Bildes geworden. Hier in corpore vili konnte der Künstler
der beliebten Natürlichkeit mit dem mindesten Nachteile
folgen, obgleich der gute Geschmack auch hier eine edlere
Behandlung zur Pflicht machte. Von der stupiden Gleichgültigkeit an bis zur koketten Leichtfertigkeit ist sie auf
diesen Bildern durchgeführt worden. Diesen letztern Charakter trägt sie auf einer bunt getuschten Zeichnung, die ich
Ihnen hier nur durch die zwei unschicklich angebrachten
Säulen, die das Tor versperren, bezeichnet haben will. Das
Bild ist auf das gefälligste, nach Art eines bunten englischen
Kupferstichs, behandelt, die Figur der Andromache voll
Anmut, die Amme aber besonders geistreich gedacht. Nur
einen Hector wußte der Künstler sich nicht zu denken und
sich überhaupt nicht zu der Höhe seines Gegenstandes zu
erheben.

Dagegen ist auf den zwei vorhin erwähnten Bildern, in welchen Hektor seinen Sohn zum Himmel emporhält, die Amme ein wirklich bedeutender und integranter Teil der Handlung und zu der Würde des Ganzen veredelt. Auf dem einen (No. 23.) steht sie in einer sehr geistreich gedachten Stellung abgewendet und es ist dem Künstler gelungen, uns gerade durch das, was er verhüllte, desto tiefer zu rühren. Auf dem andern Bilde (No. 26.), dessen ich nachher noch umständlicher gedenken werde, hat ihr der Künstler eine noch größere, wenn nicht zu große Bedeutung gegeben.

Bei dieser Abschiedsszene Hektors war das Lokale keineswegs unwichtig und die Handlung konnte nur vermittelst desselben ihre volle Erklärung erhalten. Wenn sich der Künstler nicht der Freiheit der Symbole bediente, so mußte er die Szene unter oder an das trojanische Tor verlegen und je sprechender er die Umgebung machte, desto mehr Ausdruck kam in die Handlung. Es ist daher nicht zu billigen, daß auf einigen Bildern die Szene an eine ganz öde und gleichgültige Stelle an der Stadtmauer verlegt ist. Die Handlung entbehrt dadurch ihren bedeutenden Hintergrund und ihren öffentlichen Charakter, der jenen alten Zeiten so gemäß ist; obgleich das andre Extrem, wo der Künstler einen opernmäßigen Hofstaat um seine Personen herum verbreitet, noch weit mehr Tadel verdient.

Man hat alle Ursache, sich über den Fleiß, über die Kunstfertigkeit, über das Sentiment, über den Geist und Geschmack zu erfreuen, die bei diesen Bildern, bald mehr bald weniger verbunden, zur Erscheinung gekommen sind. Von der Gefühlsinnigkeit an, bei welcher die Kunst anfängt, bis zu der heitern Imagination, wodurch sie sich frei und selbstständig erklärt und zu der geistreichen vollendenden Anmut, wodurch sie sich, auf ihrem weiten Weg, wieder zur Natur zurück findet, sind Proben gegeben worden. Mehrere dieser Bilder sind wahrhaft schön gedachte Ganze, andre empfehlen sich durch irgend eine glückliche Anlage, oder durch eine erworbene Fertigkeit,

einige durch ein vollendetes Talent in Absicht auf gewisse
Teile der malerischen Ausführung. Wenn man aber alle der
Reihe nach durchlaufen hat, so wird man zuletzt mit
erhöhter Zufriedenheit zu (No. 26.) der *braunen Zeichnung*,
wie sie das Publikum nannte, ehe man den Namen des
Künstlers, Hrn. *Nahls*, erfuhr, zurückkehren, welche auch
den Blick zuerst angezogen hat.

Hector hebt den Astyanax mit einem heitern Blick des
Vertrauens zu den Göttern empor. Andromache, eine
schöne Gestalt im Geist der Antiken gezeichnet, lehnt sich
an die rechte Seite des Helden, auf ihm als ihrem Gotte
scheint sie zu ruhen, kein Ausdruck des Schmerzens
entstellt ihre reinen Züge. Zur Linken Hectors in weiterem
Abstand von ihm und durch den Helm, der auf dem Boden
liegt von ihm geschieden, kniet die Wärterin, das heitre
Gebet des Helden mit einem schmerzvollen Flehen aus
tiefer geängsteter Brust begleitend. Auf sie, als die niedrigere Natur, hat der weise Künstler die ganze Schale der
Leidenschaft ausgegossen, die er für diese Szene bereit
hielt; aber in ihrem Affekt ist nichts unwürdiges, es ist nur
das Heftige der Inbrunst, was ihn bezeichnet. Die Handlung geschieht unter dem Tor, dessen edle Architektur
würdig zum Ganzen stimmt. Hinter der Amme öffnet sich
dasselbe in einem schönen freien Bogen; man sieht den
Wagen Hectors, der Führer hält die Pferde an, ein Krieger
ist näher getreten und setzt die Hauptszene mit der
Handlung des Hintergrundes in Verbindung.

Dies ist der poetische Gedanke des Bildes; aber der edle
Styl, die Einheit, die leichte Hand, die Reinlichkeit und
Anmut in der Behandlung kann nur empfunden, nicht
durch Worte ausgedrückt werden. Man fühlt sich tätig, klar
und entschieden; die schönste Wirkung die die plastische
Kunst bezweckt. Das Auge wird gereizt und erquickt, die
Phantasie belebt, der Geist aufgeregt, das Herz erwärmt
und entzündet, der Verstand beschäftigt und befriedigt.

PUBLIZISTISCHE ARBEITEN
VERMISCHTE SCHRIFTEN

AUS DEN ›NACHRICHTEN ZUM NUTZEN UND VERGNÜGEN‹

CALLIOSTRO — VIEL LÄRMENS UM NICHTS

Straßburg, vom 3. Jul. Weil wir mit Grund vermuten, daß einige unserer geneigten Leser bald diesen, bald jenen Artikel für mehr oder weniger interessant halten, so wagen wir es diesmal einen Teil unsers Blatts mit Beiträgen zu der Geschichte eines Manns zu füllen, der durch die Sonderbarkeit seines Charakters und also seiner ganzen Aufführung vielleicht manchem unserer Leser wichtig ist. Es ist der längst bekannte Graf Calliostro, den man, eben weil seine Geburt und Herkommen ohnbekannt, das eine Mal zu einem Araber – das andere Mal zu einem Gaskonier – dann zu einem ausgetretenen Franziskaner – und Gott weißt zu was noch macht. Er seie nun was er wolle, so ist, wann man alles bisher Gesagte zusammen nimmt, das zuverlässig, daß er bei weitem der apostolische Mann nicht ist, der Blinde sehend, Lahme gehend, *Butonnierte* rein, und halb Verfaulte wieder lebendig machen kann, sondern vielmehr ein Geschöpf, das wenig besonders vor allen unsern Ärzten hienieden, der Ruhm von seinen gelungenen Kuren aber wie Weihrauch in die Höhe steigt. Und man müßte ganz aus Straßburger Augen sehen, wenn man dieses nicht längst schon bemerkt hätte. Falls man seinen Namen nicht ehender kennen soll, bis er seine Herkunft erst selbst entdeckt haben würde: ist er würklich ein Araber, nun warum gesteht ers dann nicht selbsten, dann der Araber würde ihm unter den übrigen Christen Menschen keine Schande machen. Ist er ein Franziskaner, oder Gaskonier, nun da mag er seine Ursachen haben, warum er nicht erkannt sein will, – freilich trägt er eigene Haare und sogar einen Zopf, aber wachsen dann den Herren Franziskanern nicht auch Haare? wir sollen nicht über ihn urteilen, weil er von den Großen gelitten ist, wie wann die Große allein das Talent hätten, in das Innere zu sehen. Der General Campis wurde von der ganzen medizinischen Fakultät zu Paris vor ohnheilbar gehalten, Calliostro lachte über dieses Urteil und brachte ihn durch seine Wunder-Kur so weit, daß er nun freilich weder Latwerge noch *Purgiertissanee* mehr bedarf, weil, so viel wir wissen, ein Geist weder Fleisch noch Knochen hat, freilich machte er Meisterstücke an einer stummgewordenen Äbtissin und 2 schweren Gebärerinnen, allein d'Ailhaud füllte mit ähnlichen Kuren 2 ganze Bände, ohne daß man deswegen schuldig gewesen wäre, ihme Kredit zu geben.

Nun auch *individuelle* Züge von ihm. Jedermann weißt, daß die französische Nation als gute Psychologen in ihren Beobachtungen besonders kleine, andern Beobachtern unwürdige Umstände sehr oft als die wichtigste aufbewahrt, so ist es zum Exempel den Herrn Straßburgern sehr merkwürdig, daß Calliostro in keinem Bett, sondern in einem Lehnstuhl schlafe, wie wanns nicht andere weniger Geschrei in dieser Welt machende Menschenkinder auch so machten! Er nähre sich mit Maccaroni und Käsen, haben dann diese nicht genug Substantiales in sich, einen solchen Philosophen zu nähren; er esse des Tags nur einmal. Nun das könnte freilich den Hrn. Straßburger sonderbar vorkommen, die den Tag unter *dèjeunès*, *dinnés*, *goutées* und *souppées* so trefflich zu teilen wissen, und wann er gar seine *Dosis* auch darnach einrichtet? Er soll die wahre Chymie und Medizin der alten Egyptier mit herüber gebracht haben, wir wollen sehen ob Börhave, Krieger, Vogel, Marggraff, Macquer durch diesen neuen Paracelsus ohnnötig werden; er soll bereits 200 Jahr alt sein, nun das wäre freilich ein Umstand, der ihn zu einer etwas größern *Dosis* von Weisheit berechtigte, aber in dem zur Universal-Stupidität herabgesunkenen Arabien hat er solche wahrhaftig nicht gelernt. Sein Portrait solle im Serail des

Großsultans glänzen, und dies wäre eine neue Entdeckung, da selbst das Portrait von keinem türkischen Monarchen daselbst aufgehängt ist. Und jetzt genug von Calliostro, und so lange genug von ihm, bis sich seine Wunderkraft auf anderen Seiten tätiger zeigen wird. – –

GESCHICHTE VON LA MOTTE

Londen, vom 20. Julii. In Ermanglung politischer, das Publikum vielleicht mehr intressierender Nachrichten nehmen wir uns die Freiheit, in unser Blatt nachfolgende Begebenheit von einem, wo nicht auf der besten – doch auf einer sehr sonderbaren Seite sich bekannt gemachten Mann einzurücken. Es ist der wegen verdächtiger Korrespondenz eingezogne Herr la Motte, ein geborner Mann von ausgezeichneter Geburt und Erziehung, von einem gesetzten Geist, einer sehr vorteilhaften Leibes-Bildung, und gewiß also ein intressanter Mann. Hätte er nur bessern Gebrauch von seinen Gaben gemacht; er stunde einst als Obrister bei dem Regiment Soubise, diente mit vielem Ruhm, besaß die Baronie Acumeut, verschwendete aber so viel, daß er sein Vaterland verlassen und nach England gehen mußte, woselbst er Bekanntschaft mit einem Deutschen namens Lutterloh und Walter machte und sich in einen Handel mit Kupferstichen einließ. Er machte sich aber wegen Korrespondenz verdächtig, suchte bei seiner Verhaftnehmung die bei sich habende Papiere zu vernichten, welches ihm mißlang, vergrub einen Teil der übrigen in seinen Garten, welche entdeckt wurden, und alle diejenige Personen, die mit ihm eingezogen wurden, zeugeten wider ihn. Sein Verhör geschahe in der Old Bailey, er wurde des Hochvsrats angeklagt, daß er dem König nach dem Leben getrachtet, mit dem Feind einen verräterischen Briefwechsel geführt, und dergleichen mehr. Sein Urteil war erschrecklich und lautete, wie folgt: »Er Franz Heinrich la Motte soll in sein Gefängnus zurückgeführt werden, woher

er gekommen; von dannen auf einer Hürde auf den
Richtplatz gebracht und an den Hals aufgehenkt werden,
nicht aber bis er tot seie, sondern von da wieder lebendig
abgeschnitten, worauf man das Eingeweid ihm ausreißen,
ihme solches vor seinen Augen verbrennen, Kopf und
Körper trennen, den Körper in 4 Teile zergliedern soll; der
König wolle alsdann bestimmen, was mit dem Kopf und
Körper weiter vorgenommen werden soll. Am Ende heißt
es, Gott wolle sich seiner armen Seele erbarmen.«

Das Verhör selbst dauerte 13 Stunden lang, während
welcher Zeit der Gefangene eine Unerschrockenheit des
Geists und eine Gemütsruhe zeigte, die des größten
Stoikers würdig gewesen wäre und immer die Gabe einer
Seele sein sollte, die einen edlern Gebrauch von ihren
Talenten zu machen fähig wäre. Sein ganzes Betragen
verriete mehr einen Offizier, der standhaft am Tage der
Schlacht vor Eifer brennt, seines Königs und seines
Vaterlands sich würdig zu zeigen, auch seine Handlungsart
gegen Bediente und andere muß sehr edel gewesen sein,
dann während seinem Verhör und Publikation des Urteils,
da er so gelassen seinen Richtern und Verklägern unter die
Augen blickte, vergossen seine Bediente stromweis Tränen,
und suchten ihn zu trösten; er aber zeigte ihnen, daß er
keines Trostes bedürfte, tröstete im Gegenteil sie, klagte
seine Verkläger selbsten an, und warnete sie mit Nachdruck, auf ihrer Hut zu sein, indem jeder Tropfe seines
unschuldig vergossenen Bluts fest an ihrer Seele kleben und
Rache über die beleidigte Unschuld rufen würde. Entziehe
jemand diesem Mann sein Mitleiden, wann seine Seele nur
noch einer menschlichen Empfindung fähig ist, und wer
wollte nicht mit mir die Anmerkung machen, daß kleine
Umstände im Bildungs-Alter die Seele eines Brutus zum
Catilina erniedrigen, aber auch aus einem Verdorbenen
einen Sokrates bilden können. Es läßt sich mit Grund
vermuten, daß das große und menschenliebende Herz des
britischen Königs dies harte Urteil mildern und der Welt
einen neuen Beweis geben wird, wie billig zu gleicher Zeit

Georg der Dritte ist, auch dann, wann Er genötigt ist, gerecht zu sein: wo nicht, so müssen andere Umstände vorhanden sein, die wir nicht kennen, und also, wie billig, unser Urteil zurückhalten müssen.

ELEKTRIZITÄT ALS HEILMITTEL

Ein englischer Wundarzt namens Ware hat ein Frauenzimmer, das durch Zahnwehe und Geschwulsten den grauen Star an beeden Augen bekommen, durch Hülfe elektrischer Funken und Streiche, welche zu zerschiedenen Malen ihr am Kopfe und den Augen beigebracht wurden, wieder sehend gemacht. Überhaupt verdient dies in der Medizin eine genaue Untersuchung, welche Art von Schäden dann durch Elektrizität gehoben, und welche nicht gehoben werden können. Die Regeln davon können freilich erst durch eine Menge Beobachtungen, so wie alle Prinzipien in der Medizin, abstrahiert werden, und zuverlässig würde alsdann die elektrische Materie eine von den größten Wohltaten vor die Menschheit auch in gewissen Krankheiten sein.

VÄTERLICHE LEHRE

Welches gemeiniglich die Instruktionen sind, welche Väter ihren Kindern geben, wann sie hohe Schulen oder fremde Länder besuchen, weißt jedermann. Nachfolgende also, welche ein englischer Lord seinem Sohn mit auf den Weg nach Oxford gab, mag manchem sehr paradox und vielleicht mit Recht scheinen: »Zieh hin, junger Wildling, und lerne was die Welt ist. Ein Gelehrter sollst Du absolute nicht werden, und wirst Dus doch, basta! so falle mein Fluch auf Deinen Nacken, denn wisse: solch Zeug ist Zeug! Lern was Gescheutes, das heißt lerne kriechen und recht klein tun und unwissend scheinen, wies die andern meisten

sind, so wirst Du Gönner und Freunde finden, und die
werden dich unter den Schatten ihrer Flügel aufnehmen.
Sieh Bursche! durch solche Künste bin ich schon dreimal
Repräsentant meiner Provinz im Parlament geworden, und
5 Adieu!« – So wird die Sache geschrieben, ob sie wahr ist?
wissen wir nicht. Der Mann war wahrscheinlich bei Hof
und so frei die Englische Nation auch immerhin sein mag,
so hinderte dies doch nicht, daß die gewöhnliche Welt-
künste auch in Engelland hie und da einem Brot ver-
10 schaffen.

GEISTLICHE NACHRICHTEN

Rom, vom 8. Sept. Seit 150 Jahren befand sich der Heil.
Vater in keiner solch bedenklichen Krisis als würklich. Die
unaufhörliche Strittigkeiten des Römischen Stuhls mit
15 Neapel und Venedig, die Aufhebung der Jesuiten auf
Zudringen der bourbonischen Höfe, die Einziehung so
vieler Bistümer und Klöster in beinahe allen Katholischen
Staaten muß einmal Se. Heiligkeit sehr aufmerksam
machen. Teils wegen der Verminderung des Einflusses von
20 Rom auf dergleichen Staaten durch Verminderung der
Geistlichkeit, teils aber auch wegen der daraus folgenden
Verminderung seiner Einkünften. Erst kürzlich hatte der
Kardinal Herzan eine Audienz bei Sr. Heiligkeit, in welcher
er um die Päpstliche Gutheißung der im Monat April in
25 Ansehung der Ordens-Geistlichen ergangenen Kaiserl.
Edikten nachsuchte, und zugleich verlangte, daß die
Ordens-Geistliche von dem Gelübde des Gehorsams gegen
ihre Generale möchten losgezählt werden. Da die Sache
von der größten Wichtigkeit vor den Wiener Hof ist, so gab
30 sich Se. Eminenz alle mögliche Mühe, den Heil. Vater zu
einer willfährigen Entschließung zu bewegen; aber für den
Römischen Hof ist sie nicht weniger wichtig, dann weil die
Ordens-Generale mehr oder weniger dem Päpstlichen
Stuhl selbst unterworfen sind, so sind es auch die Ordens-

Geistliche in andern Ländern, und durch dieses Mittel
behauptete auch der Römische Stuhl von je her seinen
Einfluß auf die Geistlichkeit anderer Länder, und bei einer
Gehorsams Loszählung würde er also immerdar verlieren.
Billig ist man dahero sehr begierig auf die Entschließung
Sr. Heiligkeit in einer solch kützlichen Sache, dann es
kommt hier auf Menagierung des Kaiserl. Hofs und
Römischen Interesse an, welche beede Punkte in diesem
Fall äußerst schwer zu vereinigen sein werden. So eben
verbreitet sich noch ferner die Nachricht, Se. Majestät der
Kaiser hätten Se. Heiligkeit darum ersucht, Sie möchten
den General-Erzbischof zu Wien Migazzi vermögen, eins
von den beeden Bistümern abzugeben. Da man weißt, wie
sehr sich dieser Kardinal dem H. Vater bei dem letzten
Konklave dadurch verbindlich gemacht, daß er sich der
Ausschließung zum Papsttum, welche der Kardinal Corsini
zu Stand zu bringen suchte, so herzhaft widersetzt, so kann
man leicht denken, wie viel Überwindung es Se. Heiligkeit
kosten werde, die Wünsche des Kaisers zu erfüllen.

Mit dem Toskanischen Hof hat sich Se. Heiligkeit verglichen, und auf das letzte an denselbigen ergangene Breve
ein sehr verbindliches Antwort-Schreiben zurückerhalten;
dem Neapolitanischen Hof aber scheint es gar nicht Ernst
zu sein, man spricht sogar von der bevorstehenden Abreise
des Neapolitanischen Ministers von Rom. In Neapel
selbsten sind kürzlich zerschiedene in die geistliche
Gerichtsbarkeit einschlagende und die Klosterzucht betreffende Königl. Edikte bekannt gemacht worden, welche
vorzüglich die Franziskaner und Bettelmönche zum
Gegenstand haben; es wird darin den Bischöfen und
Ordinarien eines jeden Orts, wo sich Klöster befinden,
aufgegeben, auf den Lebenswandel dieser Mönche und
besonders ihrer Superioren genau acht zu geben, ob sie sich
nämlich ihrem Institut gemäß aufführen, und diejenige,
welche demselben zuwider handeln, zu gehöriger Strafe zu
ziehen. (S. Frankf. Reichs-Postamts-Zeit.)

KÖNIGLICHE GROSSMUT

Ein Kaufmann zu Frankfurt an der Oder hatte sich durch
viele Mühe und Kummer und das auf die ehrlichste Art ein
ansehnliches Vermögen erworben, um eine ansehnliche
Familie von einer Frau und 16 Kinder fortzubringen, allein
der Schiffbruch von 3 seiner Schiffe, und die Wegnahme
von 5 andern brachten ihn an den Rand des Verderbens;
sein grauer Kopf aber und seine durch Alter gelähmten
Glieder hinderten ihn nicht das möglichste zu tun, um seine
Familie mit Ehren durchzubringen zu helfen, aber es wollte
alles nicht zulangen. Verzweiflung nun, die Seinige in einem
hohen Alter und nach einem so sorgvoll geführten Leben
noch darben zu sehen, brachten den guten Vater zum
Entschluß, auf einen Handel zu denken, der wahrscheinlich, eben weil er durch die Gesetze scharf verboten war,
dem Entrepreneur einen desto sichern Profit versprach.
Bald aber wurde er von der aufmerksamen Polizei entdeckt
und in Fesseln geschlagen, aus denen ihn bloß ein
schimpflicher Tod durch Henkers Hand befreien konnte.
Der Tod an und vor sich hatte vor den Vater wenig bitteres,
weil er gar oft einem wahrhaftig Unglücklichen die größte
Wohltat ist. Aber erschröcklich mußte der Gedanke dem
guten Vaterherzen sein, 16 arme und verwaiste Kinder zu
hinterlassen, denen zu Lieb er umsonst seine Ehre und sein
Leben sakrifiziert hatte. Sein erster Gedanke im Gefängnis
wiese ihn an, seine Zuflucht zu dem großen und menschenliebenden Herzen seines Königs zu nehmen; in der
Dunkelheit seines Gefängnis schrieb er also einen sehr
rührenden Brief an Sr. Majestät; gab ihn einem seiner
Söhne, einem 13jährigen muntern und recht artigen Knaben; dieser brachte ihn an einem Galatage unmittelbar vor
den König und führte auf eine solche annehmliche und
rührende Art das Wort vor seinen Vater, daß der gute
Monarch ihm das Leben schenkte, dem jungen Menschen
einen Jahrgehalt von 1000 Reichstaler und jedem seiner

Brüder einen von 500 aussetzte. Ich weiß nicht, ob die Großmut des Monarchen oder die Standhaftigkeit des unglücklichen Vaters in diesem Fall die meiste Bewunderung verdient, so viel aber weiß ich, daß das eine Handlung ist, um die ein König den andern beneiden dürfte.

SCHLAGFERTIGE ANTWORT

In einigen öffentlichen Blättern wurde vor einiger Zeit die Grille von der bevorstehenden Verheuratung der katholischen Weltgeistlichen verbreitet; zwei artige Frauenzimmer zankten sich deswegen miteinander, welche von beiden wohl den ehrwürdigen Kaplan bekommen sollte. Schont eure Nägel und Haare, sagte der ehrwürdige Pater, dann wann es ja einmal so weit kommen sollte, so dörfen wir, so wie die Priester der griechischen Kirche, nur Jungfern heuraten.

DER KOPFPUTZ DER FLORENTINERINNEN

So schön und gut gemeint die Verordnung gegen den überhandnehmenden Luxus in Florenz war, die wir in eines unserer letzten Blätter einrückten, so wenig muß sie doch Eindruck auf das italienische Frauenzimmer gemacht haben; dann die Polizei wurde seitdem genötigt, den Kopfputz einiger dieser Schönen abzureißen. – Daß ihre Galle darüber ein wenig überlief, läßt sich vermuten, es wird aber hoffentlich nicht viel zu bedeuten haben. – Heinrich der Vierte in Frankreich kannte die Frauenzimmer seiner Zeit noch besser – sie trugen gar viel Brabanter Spitzen in ihren Coiffüren, er verbot dies also – allein es half nichts – dann befahl er, daß eine gewisse Art Frauenzimmer solche tragen sollten, – und dann wollte keine die für ehrlicher gehalten sein wollte, mehr Brabanter Spitzen auf dem Kopf tragen. –

PROBEN EINER TEUTSCHEN AENEIS NEBST LYRISCHEN GEDICHTEN

Von Gotthold Friderich Stäudlin 1781

So muß doch Virgil immer hinter sein griechisches Original
5 anschließen, und solches auch in seinen Verwandlungen
begleiten, so wie er ihm im Werke selbst nie von der Seite
weicht! Kaum legen wir den teutschen Homer aus den
Händen, so hat auch schon Maro unser Bürgerrecht und
empfiehlt sich uns in vaterländischer Heldensprache.
10   Hr. Stäudlin, ein junger Odendichter voll Hoffnung, hat
es gewagt, den Flug des Römers zu fliegen, und versucht
itzt vor teutschem Publikum seine epische Kraft. Es deucht
mich der Mühe zu verlohnen, diesem alles versprechenden
Dichter auf seine der Welt gleichsam vorgelegte Frage: »Bin
15 ich der Mann, euch den Maro zu verteutschen?« mit
teutscher Wahrheit und teutscher Freundschaft zu antworten —
    Zuvörderst erlaube er mir zu sagen, daß es kein geringes
Wagstück ist, das Abenteuer mit dem delikaten Lateiner zu
20 bestehen, der, wie Hr. Übersetzer selbst in der Vorrede
gesteht, sich besonders durch Harmonie und Eleganz
ausnimmt. (Ich möchte sagen, der wohl seine ganze Größe
in dem *Ausdruck* Homerischer Schildereien hat.) In einer
Übersetzung fällt dies alles weg — Hier finden wir den erst
25 angebeteten Meister als einen gewöhnlichen Kopf, der die
kühnen freien Naturgemälde des Griechen mit nicht
seltener ängstlicher Kunst kopiert oder gar durch unrechte
Stellungen herabgewürdigt und aus dem unerschöpflichen
Magazin seines Vorgängers romantische Helden und Wun-
30 dermärchen zusammengestoppelt hat, ohne genug philosophischen Zusammenhang, ohne jene große erhabene Ein-

falt des Iliumsängers, die auf Geist und Herz so gewaltig
würkt – Nacket und unbeschützt liegen jetzt seine Mängel
vor unsern kritischen Augen, die sich vorhin in das
reizende Kleid des Ausdrucks versteckt hatten – Da steht
der große Virgil wie ein federloser Pfau – gegen den Mann
Homer ein unbärtiger Knabe.

Dies aber mußte Hr. St. vorausgesehen haben, wenn er,
wie ich nicht zweifle, sein Original kannte – und doch hat er
Hand an die Übersetzung gelegt? – Hat er darum nicht ein
bißchen unüberlegt gehandelt, da er im voraus wissen
konnte: Virgil wird auch im teutschen Gewand den
Teutschen ewig unerkannt bleiben – Virgil wird und muß
in jeder Übersetzung unendlich verlieren. Hat Hr. Übers.
nicht ein bißchen ungerecht gegen sein eigen vortrefflich
Dichtertalent gehandelt, daß er es an einer undankbaren
Arbeit ermüdete, statt es in eigenen Welten zu üben?

Aber vielleicht soll gerade diese Übersetzung zu einem
Beweise des Gegenteils dienen – Vielleicht wollte uns Hr.
St. durch diese Probeblätter zu erkennen geben, daß Virgil
so wenig in der Übersetzung leide, daß er vielmehr in der
männlichen Tracht der Teutonen erstarke? Hievon möchte
nun wohl das Publikum genauere Kundschaft einziehen:
wir sprechen uns also über das Werk selbst.

Von einer Übersetzung fordere ich, daß sie Treue mit
Wohlklang verbinde; daneben den Genius der Sprache, in
der sie geschrieben ist – nicht aber den der Originalsprache
atme. Also gehört zu einem guten Übersetzer genaue
Philologie einer doppelten Sprache. Ich nehme die teutsche
zuerst vor. Hr. St. hat den Hexameter zu seinem Verse
gewählt, und wie mich deucht, wählte er recht. Ein starker,
ernster und feierlicher Gang macht diesen vorzüglich zur
Epopee geschickt. Aber bei dem Hexameter ist eben das
Bedenkliche, daß er so gern ermüdet, wenn man nicht
genug Wortfülle und Sprachgewalt – nicht genug metrisches Ohr – und poetische Musik hat, ihm eine unterhal-
tende Mannigfaltigkeit zu geben. Darin nun hat unser
Klopstock seines Gleichen nicht – sein Hexameter ist ein

Proteus, der sich in soviel Formen, als Schilderungen sind, hineinzuschmiegen weißt; bald, wie die Hölle um ihre Pole, fliegt, bald schwer und langsam, wie sie, auf und nieder schreitet. Es geschieht uns nicht anders, als hörten wir die
5 bezauberndste Symphonie, den herrlichsten Wechsel vom Andante zum Presto, vom Schwung zum Adagio. Auch ist sein Hexameter so gar nicht der Nachhall des Homerischen; er scheint wie aus dem Schoß unserer Muttersprache selbst geboren hervorzuspringen und dieser ausschließend allein
10 eigen zu sein. Pater Denis, Zachariä und neulich Graf von Stolberg wolltens Klopstocken nachmachen; haben uns aber durch ihr Beispiel sattsam überzeugt, daß es der *Geist des Dichters* gewesen, der unsere Sprache in diesen musikalischen Fluß zu zwingen gewußt hat. Einzelne ihrer
15 Hexameter sind unverbesserlich, aber das Ganze spielt nicht gut ineinander; – oft werden wir wie über Steinhaufen geschottelt – oft wird in der Mitte des Stroms ein unerträglich *Halt* gemacht, und meistens leiert uns die Monotonie (worin, beiläufig zu sagen, der Daktylus
20 mißbraucht wird) einem sanften Schlaf entgegen. Der Hexameter kann kurze Perioden am wenigsten ertragen, daher war es ein böser Genius, der es dem Pater Denis einblies, seinen Ossian in diese Form zu plagen.

Hr. St. ist, wenn ich es teutsch heraussagen soll, nicht
25 viel glücklicher gewesēn als alle Hexametristen nach Klopstock und in viele ihre Fehler gefallen. Seine Verse sind um viel zu lateinisch und beleidigen nicht selten das teutsche Ohr.

Dido, der schröcklichen Tat entgegen zitternd – und
30   wütend
Fürchterlich wälzt sie die blutigen Augen u. s. w.
Siehe, sie stürzt in den Hof u. s. f.

Dies alles soll Eine Periode sein, und es sind doch drei –
Wiederum wird sein Vers durch die vielen Partizipien
35 allzu prosaisch, und die erhabensten Stellen ermatten. Man höre:

– – Auf der Höhe thront mit dem Zepter
Aeolus, dämpft den Ungestüm, söhnt die trotzigen
                                        Herzen.
Tät ers nicht, sie rissen das Meer, die Erde, den
                                        Himmel
Unaufhaltsam mit sich und schleppten sie hin durch
                                        den Äther.
Solches befürchtend verschloß u. s. w.

Weiter:

Plötzlich umdunkeln Wolken den Himmel, und
                    rauben der Teukrer
Blicken den Tag: die Finsternis ruht dicht über den
                                        Wassern,
Donnernd krachten die Pol, und Blitze durchflammten
                                        den Äther.
Ringsum und überall sichtbarer Tod den Schiffenden
                                        dräuend.

Einiger rauhklingenden Apostrophen, einiger widerlichen
Hinweglassung der Artikel, der unanständigen und unpoe-
tischen Wortversetzungen gedenk ich nicht, weil sie als
Kleiderflecken in der Masse des Guten verloren gehen.

Nun aber fragen wir: hat der Übersetzer sein Original
verstanden und getroffen? Ich durchlaufe das Gedicht
nochmals, und finde: 1. Daß er es hie und da falsch
verstanden, und 2. mit einer gewissen Leichtigkeit behandelt hat, die ich ihm um so weniger verzeihen kann, da der
Römer oft Monate der Präzision eines Verses aufgeopfert
haben soll. Z. E.

Gleich zu Anfang ist dem Text unrecht mitgespielt
worden:
Trojae qui *primus* ab oris Italiam venit fato
                                profugus
Der Mann, den *jagend* des Schicksals
        (das vermaledeite Partizipieren!)

Hand aus Ilium *erst* nach Italien u. s. w.

Geführt –

Übers. meint, der Dichter wolle damit sagen: der Mann, der
zuerst von Troja abreiste, dann nach Italien zog. Aber
Virgil will ganz etwas anders. Er mußte seinen Helden
gleich anfangs den Römern wichtig machen und sagt
deswegen von ihm: Ich singe euch den Mann, der der erste
war, so von Troja aus Fuß in Italien faßte.

> Krieg ist mein Lied, und der Mann, der von Iliums
>   Lande der erste
> Vom Verhängnis gejagt am Ufer Latiums ausstieg
>   u. s. w.

Ebenso im 4ten Buch, p. 87:

> Dido se ex oculis avertit et aufert
> Linquens multa metu conctantem, et multa
>   parantem
> Dicera – (Aeneam)
> – – sie verschwindet urplötzlich dem Auge,
> Manches gedachte sie noch, sie zitterte manches zu
>   sagen.

Ist hier nicht offenbar die Rede von Aenas?

Ferner auf dem nächsten Blatt, p. 89:

> Sola viri molles aditus et tempora noras.
> Dir entdeckt er die Stund und Weise der schlauen
>   Entdeckung.

Soll das nicht vielmehr so heißen: Du allein kennst seine
Launen, und weißt den Weg zu seinem Herzen?

Weiter auf der andern Seite, p. 90:

> Quam mihi (veniam) cum dederit (Aeneas)
> Hörst du die Bitte –

Es soll heißen: Hört er die Bitte.

Wiederum p. 94:

> Haec se carminibus promittit solvere
>   mentes
> Quas velit, ast aliis duras immittere curas.
> Diese verspricht mit Zaubergesängen vom Kummer
>   der Liebe

Zu *entfesseln* die Herzen, jetzt ihre *Flammen* zu
wecken.

Im Original ist c u r a d u r a dem Ausdruck m e n t e m
s o l v e r e sehr schön entgegengesetzt. In der Übersetzung
reutet eine Metapher die andere aus. *Herzen entfesseln*, und
Herzen entflammen stehen nicht in Einer Allegorie beisammen. Gleich der nächste Vers:

S i s t e r e a q u a m f l u v i i s e t v e r t e r e s i d e r a
r e t r o .

Ströme hemmt sie im Lauf und dreht und wirbelt die
Sterne.

Warum nicht wörtlich?

– – und dreht die Sterne zurücke.

Auf eben der Seite:

– – l e c t u m q u e j u g a l e m ,

Q u o p e r i i –

– und das Bett, wo meine Keuschheit ihr Grab fand.

Der Lateiner sagt weit mehr:

– – Und das Brautbett, das mich zu Grund richtet.

p. 101: l a t e t s u b c l a s s i b u s a e q u o r .

Die See rollt unter den Schiffen.

Besser: Die See verschwindet unter der Flotte.

Ich merke schließlich nur noch hie und da einige Stellen,
wo der Text in der Übersetzung gelitten hat:

p. 4. v o l v e r e c a s u s . Warum nicht wörtlich? Lasten
wälzen.

p. 9. p o n t o n o x i n c u b a t a t r a . Warum nicht das
nachdrückliche Wort? Die Nacht liegt brütend über dem
Meere.

p. 11. i n g u r g i t e v a s t o . *Weite Fläche* drückt dies nicht
aus.

p. 13. d i c t o c i t i u s . Ist gar nicht übersetzt.

Und so im 4ten Buche:

p. 59. g r a v i s a u c i a c u r a . Warum blutigen Kummer?
Noch ist es nichts als Liebe, noch nicht unglückliche Liebe.
Sie soll den blutigen Kummer aufsparen, bis sie Ursache
hat. Wann man die starken Ausdrücke bei geringern
Anlässen verpraßt, wo will man die wichtigen bedienen?

p. ead. recursat gentis honos. Das Wörtchen *Schweben*
sagt das gar nicht.

p. 72. Fama parva metu primo. Erst nur klein und
verzagt. Soll heißen: Erst für Furcht noch klein.

5 p. ead. Tam ficti pravique tenax. Gleich geschäftig
verkündet sie schnöde Lügen.

Die Kraft des Worts geht hier verloren. u. s. w.

Und dergleichen Beispiele findet man mehrere, die man
ohnmöglich alle rügen kann. Ich muß gestehen, daß ich das
10 Los des Römers bedauren würde, wenn er in der Grund-
sprache unterging. Man liest nichts Harmonischeres als
einen Virgilischen Vers; und nun sage man, muß es uns
nicht verdrießen, wenn wir dieser ganzen herrlichen Musik
in einer Übersetzung, sie sei auch so gut sie wolle, zu Grabe
15 gehen müssen? Wo ist je etwas vollkommener gesungen
worden?

Et jam prima novo spargebat lumine terras
Tithoni croceum linquens Aurora cubile.
Regina e speculis ut primum albescere lucem
20 Vidit et aequatis classem procedere velis,
Littoraque et vacuos sensit sine remige
portus
Terque quaterque manu pectus percussa
decorum
25 Flaventesque abscissa comas! Proh Jupiter!
ibit etc.

Nun die Übersetzung, die immer noch die beste ist:
Itzo sandte Aurora, dem Safranbette des Tithon
Eben entschlüpft, die Erstlingsstrahlen herab zu der
30 Erde.
Als die Königin rötend den Tag von der Warte des
Schlosses
Sah und die Segel der Flotte gleichschwellend im
günstigen Winde,
35 Öd das Ufer erblickt und schiffeledig den Hafen,
Da zerschlug sie die reizende Brust mit wütenden
Schlägen,

Raufte die goldenen Haare sich aus: Ach Jupiter!
              fliehen! u. s. w.
Man pflegt gemeiniglich den Schriftsteller, den man in der
Kritik ein bißchen scharf mitgenommen hat, durch eine
Anpreisung seiner Schönheiten wiederum versöhnt nach
Haus zu schicken. Ich habe dieses hier nicht nötig, und
brauche dem Hrn. Verf. nur dieses wenige zu sagen: Hätte
ich sein Produkt für das Produkt eines gemeinen Kopfes
gehalten: so hätte ich mich gewiß der Last nicht unterzo-
gen, es durchzuwaten; und hätte ich des Schattens mehr
darin gefunden als des Lichts: so hätte ich nicht den
Schatten, sondern das Licht gemerkt.

    Ich sehe auch das ganze Produkt für nichts anders an als
den Ausguß eines fruchtbaren Genies, das, weil es seine
eigene Welt noch nicht fand, sich mit aller Kraft auf den
Römer warf, nicht um ihn in Teutschland bekannter zu
machen (ich zweifle, ob der Hr. Verfasser an das gedacht
hat), sondern sich selbst in Tätigkeit zu setzen, seine Kraft
zu messen, zu üben und vor der Welt zu entwickeln. Gewiß
ist es auch das treffendste Mittel, Wunder in einem Fache
der Dichtkunst zu tun, sich vorhero mit einem alten
Schriftsteller in diesem Fache bekannt zu machen, sich in
ihn hinein zu studieren; und wer kann das mehr als der
Übersetzer? Dann ist der Weg zur Selbstschöpfung gebahnt, und der Ton gewonnen. Diese Absicht hat Hr. St.
zuverlässig erreicht, und ich wünsche ihm im Namen eines
großen Teils unsers Publikums nichts als einen würdigen
Held, den sein Epos unsterblich machen möge.

    Nun noch zwei Worte von dem lyrischen Appendix.
Niemand wird das Genie des Verfassers hier mißkennen; sie
verraten größtenteils viel Dichterglut, gute Lektüre und, so
wie die Übersetzung, eine ungemeine Sprachstärke. Vorzüglich gefiel mir die erste Ode an die Begeisterung. Nur
weiß ich nicht, wie ich das verstehen soll?

        O Glücklicher! Auf seines Grabes Hügel
        Steht *weinend* die *Unsterblichkeit*.
Die Dichtkunst, deucht mich, wollte er sagen. Denn die

Unsterblichkeit hat ja da am wenigsten Ursache, zu weinen, wenn der Dichter *stirbt*.

Das Lied An die *Wollust* ist nach meinem Gefühl eines der besten in der Sammlung und eines Meisters nicht unwür-
5 dig. Zu dem *Wunsch* unseres Dichters sage ich: Amen, von ganzem Herzen, obwohl er ganz und gar nicht der meinige ist; und wenn ich Hoffnung hätte, nicht ohne Erhörung zu wünschen, so wünschte ich dem Hrn. Verf., daß er besser wünschen lernen möge. Bardenruhmsucht ist in meinen
10 Augen so kindisch als die Eitelkeit unserer Schönen, viele Anbeter zu haben. Es ist beides Toiletten-Schwachheit. Auch ist dieser gute Wunsch, wo Hr. Biblioth. *Petersen* als Juratus und Pate assistieren muß, nicht ökonomisch genug eingerichtet; denn man hat der Exempel genug, daß man
15 mit Iliaden und Hudibras verhungern kann. Hr. Petersen hat also, meinem Bedünken nach, so unrecht nicht, wenn er an dieser Träne etwas auszusetzen gefunden hat.

Das Lied An die *Religion* ist seines Gegenstands würdig. Nur finde ich zu tadeln, daß es mehr die Ergießung des
20 Poeten als des Christen ist. Religions-Empfindungen sind einfältig und schmucklos – Hier malt die Phantasie.

Das Fragment An *Gott* ist das vortrefflichste und macht dem Geist des Herrn Verfassers soviel Ehre als seinem Herzen.

25 Nun noch ein Wort an das Herz des jungen Dichters. Ich wünsche ihm nicht Genie – Man findet aus diesen Fragmenten, daß Hr. St. zum Dichter geboren ist – ich wünsche seinem brennenden Genie nur Materialien, mehr Stoff zur dichterischen Schöpfung. Ich will es auf mehrere
30 Leser ankommen lassen, ob man nicht von dem ewigen Einklang seiner Empfindungen ein bißchen überladen wird. Immer sehen wir seine Muse um eine und eben dieselbe Ideen sich herumwinden: immer an der nämlichen Empfindung käuen, welches dem Leser, der gern geschei-
35 ter weggeht, zur Last fallen muß. In seinen Gedichten glüht – pocht – wirbelt alles. Überall strotzts von jugendlichem Tatendurst, von Unsterblichkeit, von empfindsamen Trä-

nen (welche, inzidenter anzumerken, endlich einmal aus der
Mode kommen dörften), von Herzklopfen und dergleichen
andern Symptomen, die am Ende gar noch in die Medizin
einschlagen. Der Dichter bratet uns an seinem Genie-
Feuer, welches doch ein bißchen zu kannibalisch schmeckt.
Seine Empfindungsart ist übrigens edel und würdig genug,
daß wir dem Hrn. Verf. Glück wünschen, wenn sie der
ungeheuchelte Spiegel seines Herzens ist, und es ihm nicht
geht wie den meisten Dichtern, die es ebenso gern in ihren
moralischen Empfindungen, als – in ihren Maschinen
sind.

Endlich überströmt der Hr. Verf. gar zu sehr von Gefühl
seines eigenen Dichterwerts, welches dem Leser, der in
diesem Punkt gern selbst entscheidet, in sein Recht greifen
heißt.

WIRTEMBERGISCHES REPERTORIUM

VORBERICHT

Unsre Hauptabsicht mit dieser neuen periodischen Schrift ist Ausbildung des Geschmacks, angenehme Unterhaltung und Veredlung der moralischen Gesinnungen. Die Gegenstände der Abhandlungen sind daher allein aus der Philosophie, Ästhetik und Geschichte. Ihre Auswahl und ihre Behandlung soll, wie wir uns wenigstens bemühen, die Aufmerksamkeit des größten Teils der Lesenden verdienen. Was von Historie erscheinet, ist entweder aus der Geschichte der Menschheit, des Vaterlandes, oder eines ehrwürdigen Charakters, und wird nicht sehr bekannt sein. Aus der Philosophie sollen vorzüglich solche Betrachtungen geliefert werden, welche einen nahen Einfluß auf das System unsrer Denkart und also auf die Gründung des Charakters haben. Dinge, nicht allgemein interessant, abgedroschene Meinungen, fakultätische Aufsätze und dergl. werden wir zum Vorteil des Publikums nie, ungeachtet der Weise unserer ungezählten Brüder und Vorgänger, in dieser Sammlung aufnehmen.

Den Aufsätzen wird aus obigen angeführten und einigen andern Gründen, eine Bibliothek angehängt, welche aber auf Wirtemberg allein eingeschränket wird, für welches Land überhaupt unser Werk angelegt ist. In den Beurteilungen werden wir immer mehr die Fehler rügen als die Schönheiten preisen, und das aus dem besten Vorsatz. Ein Schriftsteller, der weniger auf die Nutzbarkeit und innre Fürtrefflichkeit seines Werkes, als auf die Lobeserhebungen der gewöhnlichen Zeitungsklitterer achtet, ist in unsern Augen ein verächtliches Geschöpf, den Apoll samt allen Musen aus ihrem Reiche stoßen sollten. Wenn übrigens

einige der beurteilten Herren mit unserm Urteil unzufrieden sein sollten, so stehet ihnen zu ihrer Rechtfertigung
unsre Schrift offen. Außer diesem erscheint noch allemal
eine kurze Lebensgeschichte eines merkwürdigen Wirtembergers, wobei man immer mehr Rücksicht auf bürgerliche
als gelehrte Verdienste nehmen wird. Aus Mangel des
Raums ist diesmal die bestimmte Biographie ausgelassen
worden.

Jedes Vierteljahr erscheint ein Stück von ungefähr 12
Bogen. Wer interessante, besonders vaterländische Aufsätze, Anekdoten und Lebensgeschichten im Stillen verdienter Männer einsenden will, der beliebe sie der Eckebrech-
tischen Handlung in Heilbronn, oder wenn es ihm näher
ist, der Stettinischen in Ulm zuzustellen.

SCHWÄBISCHER MUSENALMANACH

auf das Jahr 1782.
Herausgegeben von G. F. Stäudlin.
Zu haben bei Cotta.

Bei der gegenwärtigen Mode, Kalender zu machen, (*Seuche*
darf ich sie doch nicht nennen, denn man streitet, ob
Krankheiten aufkommen, die die Alten nicht schon gehabt
haben, und Musenalmanache hatten sie doch wohl nicht)
bei der so empfindsamen Witterung im ganzen Teutschland
ist eine Wirtembergische Blumenlese kein Phänomen mehr.
Man beschuldigt sonsten die Schwaben, daß sie erst
anfangen, wenn ihre Nachbarn Feierabend machen, und in
dieser Hinsicht – Gesegnet sei die endliche prophetische
Ankunft des schwäbischen Musenalmanachs!
    Bücher dieser Art lassen sich nur von drei Seiten an-
sehen. Entweder sie sind die Freistatt angehender schüchterner Schriftsteller, die hinter dieser Tapete Ruf oder
Abschröckung vom Publikum erwarten. Man billigt sie in
dieser Rücksicht, nur muß letzterer Gehorsam geleistet,
und jener – nicht vorausgesetzt werden. (Doch auch hiebei
die unmaßgebliche Frage! Sind denn unser Klopstock und
seines gleichen wiederum neuerdings begierig worden, das
Maß ihres Genies zu wissen, daß ich auch sie in der
Gesellschaft finde, und lassen sie sich gleich alten Grena-
dierern im hohen Alter noch messen, um zu erfahren, um
wie viel sie zurückschlugen?) – Oder ein Almanach ist der
unflätige Kanal, der die Indigestionen der Musen durch die
Nasen des Publikums flößet? Pfui ihm! wenn er das wäre –
vielleicht die Bude verlegener Waren, und da lobte ich mir
unsere pfiffige Schöngeister, die ihren abgestumpften Witz
gelegenheitlich bei dieser letzten Instanz noch umtreiben,

gleichwie man veraltete Meubles und abgetragene Kleider nach Auktionen schickt, um ihrer mit Vorteil noch los zu werden? – Oder endlich will man dem schönen Geschlecht ein Präsent damit machen? Unnötiger Aufwand, eben das tut ein bißchen Seife, in Wasser aufgelöst; hübsch durch ein Strohhälmchen drein geblasen, treibt Bläsgen auf, blau, grün, rot, violett, und – ei! da freuen sich die Kinder!

Doch daran mag izo wahr sein, was wolle! gegenwärtiger Almanach ist immerhin nicht der schlechteste in Teutschland. Mir sind schon Kameraden von ihm zu Gesicht gekommen, die nur die Namen großer Dichter bei sich führten, unfruchtbar und arm, wie sie etwa auf ihren Grabmälern stehen dörften. Wenn also ein Musenalmanach der Maßstab der Provinzialkultur ist, so mag Schwaben sich immerhin getrost an die Sachsen und Rheinländer anreihen – aber der Heerführer der schwäbischen Musen, Hr. Stäudlin, gürtet sein Schwert um, dem ganzen unschwäbischen Teutschland ein Generaltreffen zu liefern, und dieses soll kein Haar weniger als das Genie der Provinz entscheiden. Audaces fortuna juvat! Mag sich der Ausländer verschanzen so gut er kann – heißköpfige Nordländer sind gefährliche Leute. – Es beliebt dem Herausgeber seine eigene heroische Person einem Gärtner zu vergleichen, der einen Versuch in seinem Nordischen Klima wagt, ob die *herrliche Pflanze des Genies nicht auch hier gedeihe?* Wahr ists, viel tut hiebei die *Milde der Zone* – viel, sehr viel *Begießen* und *Sonnen*; – viel ein wohlangebrachter *Schnitt* – Aber der Gärtner muß die Ananas von keinem – Holzapfelkern erwarten!

Davon genug. Unter dem Schwall von Mittelmäßigkeit, dem Froschgequäke der Reimer hört man noch hie und da einen wahren Saitenklang der Melpomene. Die mehresten Gedichte von Hrn. Thill, die Schwermut vom Herausgeber selbst, Laura vom V. der Räuber, einige Arbeiten von Rheinhardt und Konz, einige Epigrammen von - - - g, O, und Armbruster verdienen den besten ihrer Art an der Seite zu stehen. - - - - g ist für das Sinngedicht gemacht,

und sollte diese Anlage nicht versäumen. Armbruster ist
ganz ohne Bildung, aber er verdiente gebildet zu werden.
Rheinhardts Poesien verraten die zärtlichste Empfindung,
und den liebenswürdigsten Charakter ihres Verfassers (er
hat sich auch an eine Übersetzung des Tibull gemacht, und
wird zuverlässig darin glücklich sein) Conz hat den
Klopstock studiert, und hat einen kühnern männlichern
Ton. Die übrige machen die Masse.

Dem Almanach ist ein Titelkupfer vorgesetzt, und stellt
den *Aufgang der Sonne über'm Schwabenland vor*. Potz! was wir
Zeitgenossen des 178gsten Jahrzehents nicht erleben! der
Stäudlinische Almanach die Epoche des Vaterlands! – Wenn
diese Erscheinung nicht zum Unstern ein Nordlicht ist, das,
wie die Wetterverständige behaupten, Kälte prophezeit – so
sehe doch der Epochmacher zu, daß ihr roter feuriger
Morgenstrahl ihm die Augen nicht verblende, und er – in
der Finsternis taumelnd – an den Schwertspitzen der *Kritik*
sich spieße.   Gz.

NANINE,
ODER DAS BESIEGTE VORURTEIL

Aus dem Französischen
des Hrn. von Voltaire von Pffr.
Stutgart bei Mäntler. 1781.

Der Übersetzer beweist aus dem *Göz von Berlichingen*, dem *Hofmeister*, und den *Räubern*, daß *Nanine* das *einzige Lustspiel* in seiner Art sei. Übrigens ist die Übersetzung so gar schlecht nicht, als es die Vorrede schließen läßt. Der Übersetzer ist ein – Kameralist, und findet sich also verpflichtet, – den vaterländischen Handelsmann mit Makulatur zu versehen. Gz.

KASUALGEDICHTE EINES WIRTEMBERGERS

Stutgart bei J. B. Mezler. 1782. 28. Bogen. 8v.

Müssen nach dem Zirkel, für den sie ursprünglich bestimmt waren, geschätzt werden: jeder andere, als der die Beziehungen und lokale Anspielungen versteht, wird einseitig und ungerecht davon urteilen. Der Verfasser, ein vortrefflicher Kopf, hat seine eigene komische Laune, die ihn unstrittig zu etwas besserm als Kasualgedichten berechtigte, wenn er billig genug gegen sich selbst wäre. Schade daß er sein herrliches Dichtertalent an dem unfruchtbaren Stoff der Hochzeiten und Alltagsleichen verschwendet; wir hätten aus seiner Feder einen guten komischen Roman zu erwarten. Sein Witz ist munter und treffend; seine Verse fließen frei und harmonisch; seine lebhafte Fantasie arbeitet auch aus dem kärglichsten Gegenstand Interesse hervor. Mehr Kasualgedichte von diesem Wert könnten uns mit diesen Bastardtöchtern der Musen versöhnen. Weniger glücklich ist der V. in Elegien; wo er tragisch sein will, wird er oft gotisch und burlesk, prosaisch wo er erhaben sein soll. Gleich das erste Gedicht auf den Tod seines Vaters ist ein Beweis davon, das, so kühne und herrliche Gedanken es auch hat, durch biblische Ausdrücke und gemeine Redensarten hie und da von seinem poetischen Werte verliert.

Eben dieses Gedicht hebt jedoch feierlich und traurig erhaben an: Er fodert ein Lied von dem Schmerzen –

»Ein Waisenlied, nicht, wo die Trauer prahlt,
Der Gram sich zeigt, und Boy, wie Flitter, strahlt,
Und an der Gruft, so lang die Lampen scheinen,
Die Muse weint, wie Klageweiber weinen.

Mein Vater stirbt! Mein Vater! welcher Raub!
Blut werde du, wie Sein's, zu Totenstaub!
Du Puls zum Erz; du fleischern Aug zum Steine!
Wo nicht o Gott! so dulde – daß ich weine!

Und Du – ach Du! wenn droben Pausen sind, 5
So höre jetzt – Nein! höre nicht dein Kind,
Und fahre fort am hohen Lied zu trinken,
Du flogst zu hoch, zum Gram herabzusinken.«

Noch eine Stelle erlaube ich mir aus den *elegischen* Gedichten
auszuzeichnen, (die *komischen* muß man *ganz* lesen, die Wahl 10
würde mir auch zu schwer sein, unter so vielen guten das
beste zu finden) die versprochene Stelle kommt aus einem
langen historischen Gedicht, worin der V. eine unglückliche Reise beschreibt. Der Wagen hatte umgeschlagen, der
Fuhrmann das Bein gebrochen: – 15

Aus des Fuhrmanns Strumpf hervor
Ragte sein gebrochnes Rohr. –

Zweifach war des Rohres Bruch,
Schauervoll des Mannes Spruch:
»Herr! da sieht er meinen Fuß! 20
Sag er, ob ich sterben muß?«

Winselnd streckt er dann den Arm,
Mich zu fassen »Gott erbarm!
Sieben Kinder! Dieser Fuß!
Glaubt er, daß ich sterben muß?« 25

An dergleichen fürtrefflichen Schilderungen ist dieses
Gedicht, so wie viele andere, fruchtbar. Doch hätte mir
im ganzen eine strengere Auswahl nicht mißfallen. Der
Verfasser scheint sich in die Alten studiert zu haben, und
wenig auf das Lesen der Neuen zu verwenden. Ob er daran 30
recht oder unrecht tue, entscheid ich nicht. – Doch ist das

gewiß, er wird auf diesem Wege gewisser zum Ziele
kommen, als sein Hr. Vorgänger in dieser Bibliothek — — auf
dem andern.

Schließlich lege ich den Lesern eine schon oft gemachte
Frage vor: warum unterdrücken unsere bessern Köpfe so
oft ihr glücklichstes Talent, mit dessen Hälfte vielleicht ein
Ausländer Wundergeschrei macht — Ist es schwäbische
Blödigkeit? Ist es Zwang ihrer Lage?   Gz.

VERMISCHTE
TEUTSCHE UND FRANZÖSISCHE POESIEN

von *.
Vermehrte und verbesserte Auflage.
Frankfurt und Leipzig.
(Oder eigentlich: Stutgart und Tübingen.) 1782.
8v. 7. Bogen.

Von der ersten Auflage habe ich weder gesehen noch
gehört, ich nehme also so lange das Buch für neu. Der
anonymische Verfasser gab nur in Nebenstunden den
Musen Gehör, er fand an soliden Wissenschaften mehr
Geschmack, hat Philosophen und Mathematiker studiert,
und hätte, wie es scheint, gern, daß dies auch seine Leser
wüßten. So lang er also nicht für die Dichtkunst allein
vorhanden zu sein ausgibt, so lange bleiben seine Verse
lobenswert und gut; falls er aber seinen *alten Beruf* zum
Helikon weiter urgieren wollte, hätten *wir* einige Bestel-
lungen an ihn, wie folget:
 Allerdings sind seine Poesien *rein*, *angenehm*, und fließend
versifiziert. Es fehlt ihnen nicht an Empfindung, und eben
so wenig an Gedanken – aber *neu* sind sie eben nicht, selbst
nicht in der Form. *Originalität* mutet man freilich nicht
jedem zu, aber *überrascht* will man doch sein. Ich meine das
ganze Buch schon gelesen zu haben, wenn ich den ersten
Blick darauf werfe, und doch kann ich beteuern, daß mir
mein Lebtag nichts davon zu Gesicht gekommen. Dieses
weggerechnet, bin ich mit dem Dichter zufrieden. Er hat
wahre, mehr zärtliche als starke Empfindung, einen mildern gemäßigtern Schwung der Fantasie, (nicht den
feurigen heftigen unserer Kraftmänner, der mehr *umreißt*
als rühret) gute Lektüre, und ein metrisches Ohr. Die

Gedichte an seine Daphne sind voll herzlicher süßer Empfindungen, und verdienen von jedermann gelesen und empfunden zu werden. Freilich mag das Publikum das große
und warme Interesse dafür nicht haben, als die Hausfrau
des Dichters gehegt haben muß, wie er selbst nicht
vorbeiläßt anzumerken. Die Ode, *Stimme der Philosophie*, hat
etliche sehr glückliche Strophen, die ich beinah hier
beisetzen möchte. Das Brautgedicht des Verfassers, *sein
Dasein*, und einige Sinngedichte haben *uns* sehr wohl
gefallen, ob sie schon nur *mir* allein hätten gefallen
sollen.

Was der Verfasser mit *Misogallen* will, verstehen *wir* nur
halb. Gute französische Poesien wird kein Teutscher
verachten, es müßte denn einer von den eingebildeten
handfesten Patrioten sein, der den Geschmack seines
Vaterlands mit dem Dreschprügel rettet.

Was aber die französische Poesien des Hrn. Verfassers
betrifft, so kommt es mir hiebei ein klein wenig verdächtig
vor. Es ist wahr, er kann sein französisch so ziemlich (und
wie? wenn wir eben das bei dieser Gelegenheit hätten
erfahren sollen?) aber zuweilen scheint es auch nur ein
schlauer Behulf zu sein, Werkeltagsgedanken mit gallischen
Flittern zu bedecken.

> »L'inconstance d'une Belle
> N'est pas un petit malheur.«

Das fließt ja charmant im Original! der Teutsche hat die
üble Gewohnheit seine Meinung von der Brust wegzusa-
gen, er drückt also diesen zierlichen Vers ganz plump
aus:

> »Die Unbeständigkeit einer Schönen
> Ist kein kleines Unglück.«

Der Fuchs finde die Poesie! – Nun, einen Schritt vorwärts;
plump teutsch:

> Aber das Ding bei nahem besehen
> Bist du vielleicht, wenn man alles rechnet,
> Selbst die Ursache
> Ihrer Untreu.

Da hats der Herr! hätte sich das nicht besser französisch
sagen lassen?

> Mais voyons de près la chose
> Peut être, tout bien compté,
> Tu seras toi-meme cause
> De son infidelité.

Sonst hab ich an dem Verfasser noch wahrgenommen,
daß er sein Publikum gar zu einfältig voraussetzt. Was er
uns in der Vorrede und in den Noten nicht alles begreiflich
macht! In seinem Gedicht an die Genfer ist er gar zu besorgt
gewesen, man würde darum noch keine Revolte gegen den
Souverain gemacht haben, wenn er sich auch die Note
erspart hätte. Endlich, wenn der Gedanke, den Jakob
Rousseau zu mißhandeln, in der Peterskirche zu Geneve ist
ausgebrütet worden, so müssen dort wohl nicht alle Gedanken so römisch sein.   Gz.

ZUSTAND DER WISSENSCHAFTEN UND KÜNSTE IN SCHWABEN

Drittes Stück.
Augsburg bei Stage. 1782. 17. Bogen in 8v.

Pardon dem Herausgeber!
Er will ja aufhören.

H.

VERMISCHTE POETISCHE STÜCKE

von G. F. Stäudlin.
Tübingen bei Johann Georg Cotta. 1782.
100. Seiten in 8v.

Pegasus hat bei Hrn. Stäudlin einen harten Dienst. Kaum
kömmt das arme Tier mit etlichen Blümchen vom Helikon
nach Wirtemberg zurück, so fühlt es schon wieder die
klatschende Peitsche unsers Dichters. Kein Wunder also,
daß es nur bis an die Pfützen des Musenbergs kommen
kann, wo die Hundsviolen und andre gemeine Blumen
stehen, und einem nicht gar lieblich in die Nase riechen.
Andernseits wird auch Chronos übel zu sprechen sein. Der
gute Greis hätte vielleicht, in einer sehr heitern Laune,
etliche Kindlein des Verfassers aufgepackt, und mit in das
nächste Jahrhundert genommen; aber wenn er eine so
schröckliche täglich wachsende Menge sieht, so muß er
unwillig werden, und den ganzen poetischen Plunder
stehen lassen.

So dachten wir ganz leise, als uns das Büchlein zu Gesichte kam. Wir lasen es aufmerksam, lasen es wieder und
fanden daß unsre Ahndung uns nicht getäuschet hatte.
Wenn in unserm philosophisch kalten Zeitalter, und nach
so vielen trefflichen Dichtern ein neuer Sänger Aufsehen
erregen, und, was unendlich mehr heißt, auf Gesinnungen
und das ganze System unsrer Empfindungen tief und
daurend wirken will, so muß er etliche seltne Eigenschaften
vereiniget haben. Aber eben die Haupterfordernis, eignes
Gefühl, scheint Hrn. Stäudlin ganz zu mangeln. Seine
Lieder sind nicht Ausflüsse eines vollen, von einer Empfindung vollen Herzens, sondern Bildwerke einer mittleren
Fantasie, welche die Materialien des Gedächtnisses in

allerlei wohllautende, aber nicht originelle, Formen zu
bringen weiß. In wahrer Begeisterung sind keine geschrieben, wie es schon allein aus dem Eingange der meisten
erhellt. In dem überwallenden Gefühl wird der wahre
Dichter unwillkürlich in den Gegenstand hingerissen;
unsrer aber, wenn er z. B. von Rousseau singt, ladet die
Begeisterung in einem langen geblümelten Komplimente
ein; und da müßte denn die Göttin gar besonders sein,
wenn sie nicht manchmal einen kurzen, wiewohl frostigen,
Besuch ablegen wollte.

So denken wir von den Stäudlinischen Gedichten überhaupt. Jedes dieser Sammlung insbesondere durchzugehen,
verbietet uns die bestimmte Kürze. Doch müssen wir bei
einigen noch etwas anmerken. Die Zuschrift an Stollberg
ist, einige Elisionen ungerechnet, voll Wohlklang, (wie
überhaupt alle Gedichte) aber ein schwülstiges widriges
Ding. Wenn unser Sänger bei diesem mittelmäßigen Gegenstande die poetische Backen so voll nimmt, so müssen
sie zerspringen, wenn er verhältnismäßig von Wieland,
Klopstock, Young, Ossian u. a. singen wollte. Aber eben
dies ist der Probierstein der Nichtbegeisterung. Hr. Stäudlin sagt: er würde vielleicht die strahlenden Höhen seines
Freundes erreichen,

Wenn alle Lieder, die in der Seele mir
    Noch schlummern, kühn und stark, wie junge
        Schlafende Helden zur Schlacht, erwachen.

Dies ist Nichtsinn, leerer Schellenklang, wenn der
Verfasser nicht auf die Schlacht mit der Kritik zielte, oder
gar offenherzig gestand, er müsse seine Lieder herauskom-
mandieren, wie unsre heutige Helden zu den Treffen es
werden müssen. In der letzten Strophe zerschmilzt er gar in
den süßen tollen Wahn:

– – Wenn in Elysium
    Mich *heißen Dankes* meines Maro
        Schatten, wie Dich dein Homer, umarmet.

Die Aufgeblasenheit dieser Herren steigt in der Tat bis
zum Unverschämten, denn sie sagen also: sie erst hätten

Homers und Virgils Verdienste in das Licht gesetzt, und die Süßigkeiten derselben der Welt zu kosten gegeben. O glücklich, wenn es nicht einmal schallet: procul profanum vulgus!

Das Hochgericht hat einige sehr schöne Stellen, wie auch *Stellas Geburt*. Aber warum rührt letzteres so wenig? Weil es mehr Malerei, als Ausguß eines wahrhaftig empfindenden Herzens ist. Kleists Amint wird, ungeachtet des geringern poetischen Aufwandes, weit länger im Munde und Herzen des Volks bleiben. *Das sterbende Mädchen* ist eins der artigsten. Mit dem achten Stücke, das *Kraftgenie* betitelt, ist Hrn. Stäudlin ein garstiger Possen widerfahren, wie man uns geschrieben hat. Der Drucker vergriff sich, und druckte dieses fremde Stück, das eigentlich eine Satire auf Hrn. Stäudlin selber ist, wiewohl es durch die Aussagen von *Trauerspiel*, *Shakespear*, *Laura* versteckt werden sollte. Wir halten noch zu viel auf unsern Dichter, als daß wir ihn nicht einer bessern Satire würdig achten sollten. Alle Gedanken des Gedichts sind ohne allen Zweifel Aussprüche einiger Studenten im Bierrausche, die ein guter Reimer in diese Gestalt gegossen hat. *Der Hymnus an die Schönheit* ist ein überladnes gotisches Gemälde voll Nichtsinn und Verwirrung. Die Elegie auf Rousseau ist wenigstens nicht allenthalben schwülstig und überspannt, aber die Vergleichung zwischen diesem Philosophen und Bodmer ist äußerst schief und hinkend.   C–z.

KRONAU UND ALBERTINE

Ein Drama in fünf Akten aus dem Französischen. Sehr
interessante Situationen, einfache, natürliche Verwicklung.
Die Ausführung nachlässig und matt – und die Leidenschaften nach französischem Geschmack mit vielem Anstand und wenig Wärme gezeichnet. Einige rührende Auftritte, wie die Verführung eines alten, ehrlichen Bedienten
zu einem Diebstahl und die Erkennung zwischen Vater und
Sohn in einem Zustand, worin der letzte Ehre und Leben
auf dem Spiel hat, machen die vielen langweiligen und
weinerlichen Szenen einigermaßen wieder gut. Übrigens
würde das Stück auf der Bühne nicht ohne Wirkung sein;
denn solche Situationen, wie diese, rühren, auch wenn sie
höchst mittelmäßig ausgeführt sind, schon durch sich
selbst, ohne die Hilfe eines lebhaften Pinsels.   *Schiller.*

ENTWURF EINER MANNHEIMER
DRAMATURGIE

Friedrich Schiller erbietet sich gegen eine jährliche Gratifikation von 50 Dukaten eine Dramaturgie des Mannheimer
Nationaltheaters im Druck zu liefern, und der Kurfürstl. 5
Theatral-Intendance eine bestimmte Anzahl Exemplarien
davon verabfolgen zu lassen.

P. N.

Lebhaft überzeugt von dem ausgebreiteten Nutzen, den
die Nationalbühne zu Mannheim von einer *Dramaturgischen* 10
Monatschrift haben wird, die ihren ganzen Gang, und ihre
innere Beschaffenheit dem ganzen teutschen Publikum
vorlegt, entschloß ich mich, dieses Werk anzugreifen, und
mich ihm ganz zu widmen.

Meine Idee von diesem Journal wäre ohngefähr folgen- 15
de:

1) Voran ginge eine Geschichte des hiesigen Theaters
   von seinem ersten Anfang bis auf die jetzige Zeit, mit
   seinen Hauptrevolutionen, und dem Verdienst seiner
   Unternehmer. 20

2) Dann folgte eine General-Übersicht von *Direktion*,
   Ökonomie, Polizei, und dem gegenwärtigen herrschenden Geschmack auf derselbigen.

3) Das Personale der Schauspieler und Schauspielerinnen, ihre Geschichte, Rollenfach, Debits, und die 25
   individuelle Kritik über einen jeden besonders.

4) Ein Verzeichnis der vorzüglichsten, auf dieser Bühne
   bisher gegebenen Stücke, mit kurzen Bemerkungen
   über das jedesmalige Spiel und die Aufnahme vom
   Publikum. 30

5) Das fortlaufende Repertorium jedes Monats und die

Beschließungen des Ausschusses, oder Theaterse-
nats.

6) Aufsätze über die dramatische Kunst, teils von
Schauspielern, teils von dem Herausgeber des Journals, welche, meinem Plane nach, in wenigen Jahren
das ganze System dieser Kunst enthalten würden.

7) Preisaufgaben von der Intendanz und deren Entscheidung.

8) Für Anekdoten, Gedichte, Auszüge und andere
unbestimmte Punkte bliebe ein eigener Artikel, unter
dem Namen *Beilage* oder Miszellaneen ausgesetzt.

Den Herausgeber dieses Werks in die Verfassung zu setzen,
daß er es mit dem ganzen Maß seiner Kräfte und freiem
unbefangenem Kunstgefühl vollenden könne, wird erfordert, daß er durch eine anständige Vergütung von Seiten des
Theaters unterstützt, nicht nötig habe, von dem Eigennutz
eines Verlegers und den Zufällen des Buchhändlers abzu-
hängen. Wenn also die Intendanz des Theaters die vielen
Vorteile, so Ihr aus Vollendung dieses Werks zufließen, mit
einem Aufwand von *fünfzig Dukaten* nicht zu teuer erkauft
fürchtet, so ist der Plan seiner Ausführung nahe, und ich
unterziehe mich feierlich der möglichst-vollkommenen
Ausarbeitung dieser Schrift; verspreche, solche mit Anfang
des Augusts 1784 zu eröffnen, alle Sorgen des Verlags und
des übrigen der Intendanz abzunehmen, und ihr jeden
Monat eine bestimmte Anzahl Exemplare frei auszuliefern.
Kurfürstl. hohe Theatralintendanz hat also bei dem ganzen
Unternehmen nichts zu tun, nichts zu tragen, als durch
Unterzeichnung dieses Entwurfes den Herausgeber zur
Ausführung desselbigen zu bestimmen.

Gegeben Mannheim am 2ten Julius 1784.

Fridrich Schiller.

ÜBER DIE MANNHEIMER PREISMEDAILLE

Die Preismedaille von 12 Dukaten, die der Intendant der Mannheimer Nationalschaubühne, Herr Baron von Dalberg, auf die beste Beantwortung dramaturgischer Fragen ausgesetzt hat, und deren Entscheidung der dasigen teutschen gelehrten Gesellschaft überlassen wurde, ist dem Schauspieler *Heinrich Beck* zuerkannt worden. Dieser verdienstvolle junge Mann, der in den ersten Liebhabern und jungen leidenschaftlichen Rollen auf deutschen Bühnen wenig seinesgleichen findet und durch das philosophische Studium seiner Kunst sich ebenso glänzend als durch Wahrheit und Stärke des Spiels unter dem großen Haufen seiner anmaßlichen Kollegen auszeichnet, muß mit dem Schauspieler *Boeck* nicht verwechselt werden, der schon unter Ekhof bei der ersten Entreprise zu Hamburg gespielt hat.

ÜBER IFFLAND ALS LEAR

Mannheim. Am 19. des Augusts ist auf der Nationalschaubühne dargestellt worden König Lear von Shakespeare,
nach der Schröderschen Veränderung. Dieses Stück blieb
mehrere Jahre liegen, weil es keiner der hiesigen Schauspieler wagte, den Lear zu spielen, nachdem Hr. Schröder
das Äußerste in dieser Rolle erreicht und durch sein großes
meisterhaftes Spiel das ganze Publikum gegen mindere
Kunst verwöhnt hatte. Hr. Iffland mußte zuletzt dem
Verlangen des Publikums nachgeben und erschien in dieser
Rolle mit soviel Glanz und Vollkommenheit, daß eben die
Zuschauer, denen noch das lebhafte Bild der Schröderschen
Darstellung vorschwebte, die ersten und feuerigsten
Bewunderer waren. Unstreitig weicht dieser große Künstler keinem einzigen Deutschlands. Sein Spiel ist geistvoll
und wahr, nicht bloße Arbeit der Lunge und Gurgel,
womit unsere Theaterhelden gewöhnlich dem Publikum
Furcht und Erstaunen, wie Straßenräuber dem Reisenden
das Geld mit gespannter Pistole, abtrotzen. Sein Fach ist
das ganze Gebiet aller zärtlichen und feinen Empfindungen, des feierlichen Ernstes wie des satirischen Spottes.
Seine Darstellung ist ganz, keine Grimasse, keine Bewegung des unbedeutendsten Muskels straft die andern
Lügen. Sprache und Mienenspiel vereinigen sich bei ihm
die gewagteste Täuschung hervorzubringen; nichts erinnert uns, daß dieser Lear der Franz Moor sei, den wir zwei
Monate vorher mit schaudernder Bewunderung anstarrten.
Zuverlässig hängt es nur von ihm selbst ab, worin er groß
sein will, und vielleicht fehlt es ihm nur an einem britischen
Publikum, um den Geist des unerreichten Garrick zurück-
zurufen.

›RHEINISCHE THALIA‹ UND ›THALIA‹

ANKÜNDIGUNG ›RHEINISCHE THALIA‹

Nach so vielen Journalen, gelehrten und empfindsamen Zeitungen, welche Deutschland von Jahr zu Jahr überschwemmen, bin ich ungewiß, wie das Publikum diese neue Einladung aufnehmen wird. Zu oft schon geschah es, daß hinter die heiligen Worte Patriotismus und allgemeines Beste die Spekulation eines Kaufmanns sich flüchtete. – Der Rezeß meiner Vorgänger (nur wenige will ich ausnehmen) hat den Liebhaber abgeschröckt. Sie haben, wie Makbeth seine Hexen beschuldigt, unserm Ohr Wort gehalten, aber unsrer *Hoffnung* gebrochen. Blindes Vertrauen des Publikums ist das einzige, woran ich noch appellieren kann – Dieses vielleicht zu gewinnen, erlaube man mir eine Ausschweifung.

Ich schreibe als Weltbürger, der keinem Fürsten dient. Frühe verlor ich mein Vaterland, um es gegen die große Welt auszutauschen, die ich nur eben durch die Fernröhre kannte. Ein seltsamer Mißverstand der Natur hat mich in meinem Geburtsort zum Dichter verurteilt. Neigung für Poesie beleidigte die Gesetze des Instituts, worin ich erzogen ward, und widersprach dem Plan seines Stifters. Acht Jahre rang mein Enthusiasmus mit der militärischen Regel, aber Leiden⟨schaft⟩ für die Dichtkunst ist feurig und stark, wie die *erste* Liebe. Was sie ersticken sollte, fachte sie an. Verhältnissen zu entfliehen, die mir zur Folter waren, schweifte mein Herz in eine *Idealenwelt* aus – aber unbekannt mit der *wirklichen*, von welcher mich eiserne Stäbe schieden – unbekannt mit den *Menschen*, denn die vierhunderte die mich umgaben, waren ein einziges Geschöpf, der getreue Abguß eines und eben dieses Modells, von

welchem die plastische Natur sich feierlich lossagte –
unbekannt mit den Neigungen freier, sich selbst überlas-
sener Wesen, denn *hier* kam nur *Eine* zur Reife, eine, die ich
jezo nicht nennen will; jede übrige Kraft des Willens
erschlaffte, indem eine einzige sich konvulsivisch spannte;
jede Eigenheit, jede Ausgelassenheit der tausendfach spielenden Natur ging in dem regelmäßigen Tempo der
herrschenden Ordnung verloren – unbekannt mit dem
schönen Geschlecht, die Tore dieses Instituts öffnen sich,
wie man wissen wird, Frauenzimmern nur, ehe sie anfangen
interessant zu werden, und wenn sie aufgehört haben es zu
sein – unbekannt mit Menschen und Menschenschicksal
mußte mein Pinsel notwendig die mittlere Linie zwischen
Engel und Teufel verfehlen, mußte er ein Ungeheuer
hervorbringen, das zum Glück in der Welt nicht vorhanden
war, dem ich nur darum Unsterblichkeit wünschen möchte,
um das Beispiel einer Geburt zu verewigen, die der
naturwidrige Beischlaf der *Subordination* und des *Genius* in
die Welt setzte. – Ich meine die Räuber.

Dies Stück ist erschienen. Die ganze sittliche Welt hat
den Verfasser als einen Beleidiger der Majestät vorgefodert
– Seine ganze Verantwortung sei das *Klima*, unter dem es
geboren ward. Wenn von allen den unzähligen Klagschrif-
ten gegen die Räuber eine einzige *mich* trifft, so ist es diese,
daß ich zwei Jahre vorher mich anmaßte, Menschen zu
schildern, ehe mir noch einer begegnete.

Die Räuber kosteten mir Familie und Vaterland – – In
einer Epoche, wo noch der Ausspruch der Menge unser
schwankendes Selbstgefühl lenken muß, wo das warme
Blut eines Jünglings durch den freundlichen Sonnenblick
des Beifalls munterer fließt, tausend einschmeichelnde
Ahndungen künftiger Größe seine schwindelnde Seele
umgeben, und der göttliche Nachruhm in schöner Däm-
merung vor ihm liegt – mitten im Genuß des ersten
verführerischen Lobes, das ungehofft und unverdient aus
entlegenen Provinzen mir entgegen kam, untersagte man
mir in meinem Geburtsort bei Strafe der Festung – zu

schreiben. Mein Entschluß ist bekannt – ich verschweige das übrige, weil ich es in keinem Falle für anständig halte, gegen denjenigen mich zu stellen, der bis dahin mein Vater war. Mein Beispiel wird kein Blatt aus dem Lorbeerkranz dieses Fürsten reißen, den die Ewigkeit nennen wird. Seine Bildungschule hat das Glück mancher Hunderte gemacht, wenn sie auch gerade das meinige verfehlt haben sollte.

Nunmehr sind alle meine Verbindungen aufgelöst. Das Publikum ist mir jetzt alles, mein Studium, mein Souverain, mein Vertrauter. Ihm allein gehör ich jetzt an. Vor diesem und keinem andern Tribunal werd ich mich stellen. Dieses nur fürchte ich und verehr' ich. Etwas Großes wandelt mich an bei der Vorstellung, keine andere Fessel zu tragen, als den Ausspruch der Welt – an keinen andern Thron mehr zu appellieren, als an die menschliche Seele.

Es befremdet vielleicht, auf dem Anzeigeblatt eines Journals die Jugendgeschichte seines Verfassers zu finden, und doch war kein Weg natürlicher, den Leser in das Innre meiner Unternehmung zu führen, als wenn ich ihm die Bekanntschaft des Menschen machte, die sie ausführen soll.

Die *rheinische Thalia* wird jedem Gegenstand offen stehen, der den Menschen im allgemeinen interessiert, und unmittelbar mit seiner Glückseligkeit zusammenhängt. Also alles, was fähig ist, den sittlichen Sinn zu verfeinern, was im Gebiete des Schönen liegt, alles was Herz und Geschmack veredeln, Leidenschaften reinigen, und allgemeine Volksbildung wirken kann, ist in ihrem Plane begriffen.

I. *Gemälde merkwürdiger Menschen und Handlungen* – – Losgesprochen von allen Geschäften, über jede Rücksicht hinweggesetzt – ein Bürger des Universums, der jedes Menschengesicht in seine Familie aufnimmt, und das Interesse des Ganzen mit Bruderliebe umfaßt, fühl ich mich aufgefodert, dem Menschen durch jede Dekoration des bürgerlichen Lebens zu folgen, in jedem Zirkel ihn

aufzusuchen, und, wenn ich mich des Bildes bedienen darf
die Magnetnadel an sein Herz hinzuhalten. Neugefundene
Räder in dem unbegreiflichen Uhrwerk der Seele – einzelne
Phänomene, die sich in irgend eine merkwürdige Verbesserung oder Verschlimmerung auflösen, sind mir, ich
gestehe es, wichtiger, als die toden Schätze im Kabinett des
Antikensammlers, oder ein neuentdeckter Nachbar des
Saturnus, dem doch der glückliche Finder seinen Namen
sogleich in die Ewigkeit aufladet.

II. *Philosophie für das handelnde Leben.*

III. *Schöne Natur und schöne Kunst in der Pfalz.* – Reisende,
besonders aus dem nordischen Deutschland, haben uns
beides beneidet, und die merkwürdigen Gegenden am
Rhein, wie die herrlichen Monumente der Kunst mit
Bewunderung verlassen. Die glückliche Lage von Heidelberg, der ehrwürdige Ruin seines Schlosses, der Garten zu
Schwezingen, die Bildergalerie, der Saal der Antiken, die
Jesuiterkirche zu Mannheim und mehreres, bleiben auch
noch in der Schilderung interessant, wenn nur Geschmack
und Empfindung den Pinsel führen.

IV. *Deutsches Theater.* – Was die Stadt Mannheim, in
Rücksicht auf schöne Kunst, vorzüglich auszeichnet, ist
ihre Schaubühne – eine Bühne, die durch *reinern* Geschmack, *bessern* Ton und das wahre, geistvolle Spiel *einiger*
ihrer Glieder die Aufmerksamkeit des ganzen Publikums
auffodert. Dennoch ist diese Bühne gar nicht oder wenig im
übrigen Deutschland *gekannt*. Ihre Geschichte und Dramaturgie wird einen ansehnlichen Platz in dieser Thalia
behaupten, und dies um so mehr, da der Herausgeber in
keiner Verbindung mit solcher steht, also keine Rücksicht
sein Urteil binden, oder verfälschen kann. Unter dem
zahllosen Heer deutscher Truppen, die entweder der
verzweifelte Einfall eines ruinierten Hazardspielers, oder
das blinde Fatum, wie die Atomen des Epikurus zusam-
menblies – die gleich der Seuche am Mittag herumschlei-
chen, und die erwürgte Tragödie auf dem Paradebett
ausstellen – ist die Mannheimer Bühne eine der wenigen,

die durch Wahl entstanden, und durch ein gewisses Kunstsystem dauern. Es versteht sich also, daß keiner der Krämerkniffe, womit sonst nur die Rädelsführer von Komödiantenbanden ihrer schlechten Sache zu Hilfe kommen (modische Flitter, Häufung *neuer*, wenn auch *gebrandmarkter*, Stücke, Spekulationen auf den herrschenden Geschmack, wenn dieser auch aus Lappland und Siberien stammte) daß keine der Taschenspielerkünste, womit nur eine ausgehungerte Rotte von Theaterprofessionisten sich durch das Publikum bettelt, bei der *hiesigen* Bühne statt finden kann. Der Geist der Kunst muß hier natürlicher Weise das Ganze beseelen, höhere Schönheit kann hier unmöglich niedrigem Eigennutz unterliegen — Und nach eben diesem großen Maßstab, unter welchen sich diese Bühne von selbst schon gestellt hat, wird auch die Kritik sie behandeln. Sie wird die Wahl der Stücke, dem sittlichen und ästhetischen Wert nach beurteilen, die Verteilung der Rollen, und deren (geheime oder offenbare) Gründe zusammensuchen, und dann den Beifall oder Tadel des Publikums sorgfältig prüfen. In einer schwankenden Kunst, wie die dramatische und mimische ist, wo des Schauspielers Eitelkeit den beschimpfenden Beifall des rohen Haufens oft so hungrig verschlingt, so gerne mit der Stimme der Wahrheit verwechselt, kann die Kritik nicht streng genug sein. Mehr als einmal hab ich die Bemerkung gemacht, wie pünktlich der nach Lobe geizende Künstler sein Spiel — und wenn er Schriftsteller war, seine Dichtung — auf die Geistesschwäche seines Publikums ausrechnete, und seinen bessern Genius dieser *allgemeinen Dirne* zum Opfer brachte, eine Liebkosung zu erschleichen. Es kann sein, daß er in geheim vielleicht einer Gunst sich schämte, die so gar leicht zu haben war, aber der entwürdigte Genius rächte bald nachher diese Abtrünnigkeit, und stieß ihn auch von sich in einer kritischen Stunde.

Überzeugt, daß *Bewunderung* selten — gerechter Tadel immer verbessert — daß der größere Künstler zugleich der Bescheidnere ist, und mit Schamröte zuhört, wenn die

bestochenen Zuschauer sich in seiner Glorie *übereilen* – fest
versichert, daß der stolzere Kopf ein Rauchwerk verachten
werde, worin nur schlechtere Bühnen ihre todkranke
Götzen baden, werde ich in dieser Dramaturgie keines der
gewöhnlichen Theaterjournale zum Muster nehmen, mehr
aber durch offenherzige Zweifel dem Schauspieler und
Schauspieldichter einen Beweis meiner Achtung geben.
Nur *entschiednes* Verdienst soll genannt werden – *usurpierten*
Ruhm werd ich freimütig widerlegen – den *Stümper* aber
nur in dem einzigen Fall berühren, wenn sein schreckliches
Exempel belehren kann.

Übrigens gebe ich zum voraus die Erklärung, daß ich die
Grenzen erkenne und verehre, die den Dilettanten vom
Kenner scheiden, und eine unergründliche Kunst, wie
zuverlässig die theatralische, für viel zu ehrwürdig achte,
als ihr mein einzelnes – vielleicht angestecktes – Gefühl
zum Richter aufzudringen. Über den Dichter kann oftmals
eine gesunde Empfindung – über den Schauspieler nur die
Mehrheit der Kenner sprechen – und eben darum werden
die Urteile in dieser Thalia (wenn sie entscheiden) jederzeit
Resultate mehrerer Stimmen sein, die sich in *einem* Ausspruch vereinigten.

Den Anfang macht ein vollständiges *Detail* dieser
Bühne, ihrer Geschichte und Einrichtung, die Charakteristik ihrer Künstler und Künstlerinnen (doch *derer* nur,
welche mir wichtig dünken) und die Zergliederung einiger
Stücke, die auf derselben merkwürdig gestiegen oder
gesunken sind. Ich sende diejenigen voraus, deren Verfasser
hier leben, die Verschwörung des Fiesko, Verbrechen aus
Ehrsucht und Franz von Sickingen. – Jedem der mir zu
antworten Lust hat, oder von meiner Kritik an das
Publikum appellieren will, steht die Thalia offen. Mündlich
aber auch nicht eine Erklärung.

V. *Gedichte und Rapsodien, Fragmente von dramatischen
Stücken.*

VI. *Beurteilungen wichtiger Männer und Schriften.*

VII. *Geständnisse von mir selbst.*

VIII. *Korrespondenzen – Anzeigen – Miszellanien.*

Jeden zweiten Monat wird ein Heft von zwölf Bogen in groß 8. broschiert und mit einem Umschlag geliefert. Der Preis der Unterzeichnung für jedes einzelne Stück ist auswärts ein rheinischer Gulden, beim Verfasser zu Mannheim ein halber Reichstaler. Auf allen löbl. Ober- und Postämtern kann Unterzeichnung geschehen, und diese gilt bis in die Mitte des Jenners. Die Exemplare empfängt man, so weit die Kaiserliche Reichspost geht frei. – Im Fall sich aber fremde Posten damit vermengen, für ein leidliches Frachtgeld, das die Billigkeit dieser Posten bestimmen wird. Jeder Kollekteur wird gebeten die Namen und Charaktere der Subskribenten, (denn sie sollen dem Journal vorgedruckt werden) auf dasjenige Postamt zu geben, so ihm am nächsten zur Hand ist, und dieses wird so gefällig sein, jede Nachricht sogleich an das Bureau zu Mannheim gelangen zu lassen. – Privatversendungen übernimmt der Verfasser nicht. Die kaiserliche Post besorgt das Ganze. Nach Empfang eines jeden Hefts geschieht die Bezahlung.

Eh ich schließe noch dieses einzige – Unterzeichnung auf diese Schrift wird nur dann erst einen Wert für mich haben, wenn ich sie persönlichem Mitgefühl danken darf. Den Schriftsteller überhüpfe die Nachwelt, der nicht mehr wert war als seine Werke – und gerne gestehe ich, daß bei Herausgabe dieser Thalia meine vorzügliche Absicht war – zwischen dem Publikum und mir ein Band der *Freundschaft* zu knüpfen.

Mannheim den 11. November 1784.   *F. Schiller.*

ENTSCHULDIGUNG

Weil einige Aufsätze in diesem ersten Heft der Thalia weitläuftiger ausgefallen sind, als der Herausgeber anfangs vermutete, und es ihm doch nicht schicklich schien, sie zu trennen, so mußten natürlicherweise mehrere Artikel, wozu er sich in den Anzeigeblättern verbindlich machte, für diesmal ausgeschlossen werden. Vorzüglich gilt das von der *dramaturgischen Geschichte des Mannheimer Nationaltheaters*, welche ich ungerner als jeden andern Aufsatz abreißen mochte, und deswegen für das zweite Heft meiner Thalia bestimme. Eben das rechtfertigt auch mein Stillschweigen von den übrigen Punkten. Das Publikum verliert bei dieser Einrichtung nichts, weil es ihm einerlei sein kann, ob der Verfasser sein Versprechen am Ende eines jeden einzelnen Hefts, oder am Ende des ganzen Jahrgangs erfüllt hat.

Da nur der kleinste Teil meiner Herren Subskribenten sich mir genannt hat, so mußte mein Vorsatz, sie dem ersten Heft dieser Thalia vorandrucken zu lassen, unterbleiben. Diejenige Liebhaber, welche nicht unterzeichnet haben, empfangen das Journal in der Schwanischen Hofbuchhandlung zu Mannheim, das Heft um den erhöhten Preis von einem halben Konventionstaler oder einem Gulden zwölf Kreuzer.

ANZEIGE

Die Fortsetzung der Rheinischen Thalia wurde voriges Jahr durch eine Reise des Herausgebers unterbrochen und fängt nunmehr im Jahr 1786 unter einigen wesentlichen Veränderungen von neuem an.

Artikel, welche auf die Pfalz und die übrigen Rheingegenden eine lokale Beziehung haben, gehören nicht mehr in den Plan der Thalia. Aufsätze von vorzüglichem Gehalte, die dahin einschlagen, werden zwar nicht ausgeschlossen, aber man *verbindet* sich zu keinem. Was die Dramaturgie des Mannheimer Theaters insbesondre betrifft, so verweise ich den Leser auf eine detaillierte Geschichte dieser Bühne, welche, wie man mir sagt, unter der Aufsicht des Freiherrn von Dalberg noch in diesem Jahr erscheinen soll und von den besten Mitgliedern jener Bühne verfaßt wird.

Die Bogenzahl der nun folgenden Hefte ist unbestimmt,

wie auch die Zeit ihrer Erscheinung. Überhaupt aber werden dieselben kleiner sein und desto öfter herauskommen.

Die Liebhaber dieses Journals wenden sich an den Verleger G. J. Göschen zu Leipzig.

Dresden, im Jenner 1786.   *Schiller.*

ERKLÄRUNG DES HERAUSGEBERS

Den genannten und ungenannten Hrn. Verfassern dramatischer und lyrischer Produkte, welche seit etlichen Jahren bei mir eingesandt worden sind, um einen Platz in der Thalia einzunehmen, bezeige ich meinen Dank für das Vertrauen, das sie in mich haben setzen wollen unter meinem Geleite sich bei dem Publikum einzuführen.

Unter diesen eingesandten Stücken befinden sich mehrere, welche mir die Erstlinge ihrer Autoren zu sein scheinen, und über deren Wert oder Unwert ich aufgefodert werde, ein entscheidendes Urteil zu fällen. Diesen also erkläre ich hier mit der Aufrichtigkeit, die ihr Vertrauen mir zur Pflicht macht und zum Teil die völlige Unwissenheit ihrer Namen und Personen mir erleichtert, daß die *Nichterscheinung* ihrer Aufsätze in meiner Thalia dieses entscheidende Urteil *nicht* ist, und daß selbst die Achtung die das Talent ihrer Verfasser mir einflößte, mit der Unterdrückung ihrer ersten Versuche sehr gut bestehen kann. So gern ich denselben durch Aufnahme ihrer Produkte in meine Thalia Gelegenheit zu geben gewünscht hätte, ein öffentliches Urteil über sich zu hören, so wenig konnte dieses mit den Rücksichten bestehen, die ich den Lesern der Thalia schuldig zu sein glaube. Mein Urteil, in *kurzen* Worten und ohne Beweis hingeworfen, würde die Absicht, wegen welcher es verlangt und gesagt wird, sehr schlecht erfüllen, und zu *vielen* Worten fehlte mir die Zeit. Von mehrern dieser HH. Verfasser werde ich, wie ich vermute, jetzt schon losgesprochen sein. Zwischen Einsendung Ihrer Beiträge

und dieser meiner Erklärung ist bereits mehr als ein Jahr
verflossen, und während eines Jahres pflegt sich bekanntlich in *einem guten Kopfe* gar vieles zu verändern. Sollte mir
übrigens begegnet sein, durch meine stillschweigende
Verwerfung ein wirkliches Talent beleidigt zu haben, so
wird sich dieses Talent sicherlich einmal durch vortreffliche
Werke an der Ungerechtigkeit meines Urteils rächen; mir
aber vergebe man, wenn ich glaube, daß bei der kritischen
Wahl, entweder das wahre Genie abzuschrecken, oder das
falsche zu ermuntern, in erstem Falle am wenigsten gewagt
werde. Das wahre Genie richtet sich zwar zuweilen an
fremdem Urteile auf, aber das entwickelte Gefühl seiner
Kräfte macht ihm bald diese Krücke entbehrlich.

Schiller.

›NEUE THALIA‹, REDAKTIONELLE BEMERKUNGEN

Ich ersuche den Verfasser dieses Aufsatzes, meinem Verleger oder mir, von seinem Wohnort Nachricht zu geben, da
der Brief, der diesen Aufsatz begleitete, während meiner
Krankheit an mich eingelaufen, von einer fremden Hand
erbrochen worden und verloren gegangen ist.

S.

Die in den vorhergehenden Stücken abgedruckte Übersetzung einiger Bücher der Aeneide haben folgende von einer
andern Feder veranlaßt, und man glaubt, dem Publikum
durch den Abdruck derselben einen um so angenehmeren
Dienst zu erzeigen, da sie dazu dienen kann, das zweite und
vierte Buch der Aeneide zu verbinden.

der Herausgeb.

REPERTORIUM DES MANNHEIMER
NATIONALTHEATERS

Anmerkung. Eh ich mich im zweiten Heft der Thalia *ausführlicher* über diese Bühne erkläre, sende ich hier ein kurzes Tagebuch über die Vorstellungen voraus, welche vom Neujahr 1785 bis zum dritten des Lenzmonats hier gegeben wurden.

Neujahr. Die *Kriegsgefangenen.*

2ten Jenner. *Oda,* oder die Frau von zwei Männern, zum erstenmal. Ein widriges unnatürliches Ding – zusammengeraffte Theaterflitter ohne Geschmack, ohne Vorbereitung, ohne Wirkung. Mad. *Rennschüb* als Oda spielte vortrefflich. Die abgeschmackten Eremiten wurden durch Herrn *Beks* und Herrn *Iflands* Spiel um nichts erträglicher.

4ten Jenner. Der *Deserteur* von Mercier.

6ten Jenner. *Günther* von *Schwarzburg*, eine Nationaloper von Holzbauer und Klein, zum erstenmal. Der Zulauf war ungewöhnlich. Die Wirkung? – wenn über Pomp und musikalischer Schönheit schülerhafte Vorstellung sich vergessen läßt, außerordentlich. Herr *Leonhard* zeichnete sich zu seinem Vorteile aus. Demoiselle *Schäfer* ist eine anerkannte vortreffliche Sängerin.

9ten Jenner. Die *Eifersüchtigen*, oder alle irren sich. Eine drollige Farce, die hier sehr lebhaft gespielt wird.

11ten Jenner. *Juliane* von *Lindorak.* Madame *Gensike* zeigte sich als die Künstlerin von Kopf, warum *rührte* sie aber so wenig? – Zum Beschluß, die *beiden Portraits.* Verdient der Geschmack von Mannheim keine beßre Bewirtung?

13ten Jenner. *Jeannette.* Gewöhnlicherweise lassen uns unsre Sängerinnen die Schönheit ihres Gesangs durch desto schlechteres Spiel entgelten. Dem. *Schäfer* mißfällt auch als Schauspielerin nicht. Madame *Brandel* gefiel in der schwatzhaften Gräfin. Zum Beschluß war *Pygmalion,* von Rousseau und Benda. Hr. *Bek* als Pygmalion spielte dem strengen Auge des Kenners, aber der unfruchtbare Stoff belohnte *den* Aufwand von Kunst nicht. Kunstbegeisterung verstehen nur wenige. Das süße Erstaunen Pygmalions, beim Aufleben seiner Galathee, ließ mich kalt. Es schien, als hätte die Göttin seinen Wunsch erhört, und das Feuer des Künstlers seiner Statue gegeben. Madame *Gensike* führte die kleine aber delikate Rolle der Galathee mit sehr vielem Anstand, aber sehr fehlerhaftem Kostüme aus.

16ten Jenner. *Günther* von *Schwarzburg,* und ein volles Haus.

18ten Jenner. *Kabale* und *Liebe.* Hr. *Bek,* als Major, überraschte einigemal durch Größe seines tragischen Spiels selbst den Verfasser. Demoiselle *Baumann* spielte die Louise Millerin ganz vortrefflich, und in den letzten Akten vorzüglich mit sehr viel Empfindung. Mad. *Rennschüb* spielte in der Rolle der Engländerin manches vortrefflich, aber sie ist ihr nicht ganz *gewachsen.* Dennoch würde Mad. Rennschüb eine der besten Schauspielerinnen sein, wenn sie den Unterschied zwischen Affekt und Geschrei, Weinen und Heulen, Schluchzen und Rührung immer in acht nehmen wollte. Herr *Beil* erfüllte die launigte Rolle des Musikus, soviel er wenigstens davon auswendig wußte. Den Hofmarschall spielt Herr *Rennschüb* ganz vortrefflich. Auch Herr *Pöschel* gefiel in dem fürstlichen Kammerdiener.

20sten Jenner. Die *Väterliche Rache.* Wird hier sehr gut gegeben.

23sten Jenner. Die *Spieler,* ein Lustspiel von Herrn Beil, zum erstenmal. Wären die Charaktere dieses Stücks nicht aus der verworfensten Menschenklasse – professionierten Spielern – genommen, wechselte die Farce nicht zu oft mit dem Drama und der Tragödie, das Lächerliche nicht zu gotisch mit dem Rührenden und Schrecklichen ab, das Publikum würde gegen gewisse unverkennbare Schönhei-

ten dieses Lustspiels gerechter gewesen sein. Warum hat
Mannheim Stücke bewundert, die diesem unendlich weit
nachstehen? Fürchten sich vielleicht unsre französierenden
Herren und Damen ein Stück schön zu finden, wo man sie
mit einem Scharfrichter in Konversation bringt, wo eine 5
abgehauene Hand, in Spiritus aufbewahrt, den Knoten
schürzt, und eine englische Dogge ihn entwickelt? Dies und
noch mehr würde man dem Verfasser vergeben, wenn man
für einige feinere Schönheiten seines Stücks guten Willen
genug hätte. Die Episoden des jungen Wernek und des 10
wackern Bedienten Korns haben sehr viel wahres und
rührendes, und sind mit Delikatesse behandelt. Es kostet
mir Überwindung, Stellen die mich vorzüglich rührten,
nicht hier anführen zu dörfen. Herr Gern und Pöschel
spielten brav. Der Engländer Fernes gewann durch das 15
mildernde edle Spiel des Herrn Ifland.

25sten Jenner. Der *Adjutant* und der *Dorfjahrmarkt*. In
beiden Stücken glänzte Hr. *Beil*, und im letztern besonders
als der wirklich große komische Spieler.

27sten Jenner. *Die Nebenbuhler*. 20

30sten Jenner. *Günther* von *Schwarzburg*, zum Triumph
der Kasse.

1sten Februar. Die *Spieler*, zum Vorteil des Verfassers
gegeben. Das Stück gewann durch einige Auslassungen.
Die Leere des Hauses war ein Beweis, wie wenig dankbar 25
das Publikum zu Mannheim gegen das Talent seiner
Schauspieler ist.

2ten Februar. *Graf Essex*, zum Debüt einer neuen
Aktrice, der Demoiselle *Witthöft* vom Berlinertheater.

Diese in jedem Betracht schätzbare Künstlerin kündigte 30
sich in der Gräfin Rutland als eine große Eroberung für die
Mannheimer Bühne an. Herr *Boek*, als Graf Essex, spielte
meisterhaft. Ich habe ihn nur im Fiesko größer gesehen.
Seine wahrhaftig hohe Darstellung der Rolle ließ dem
Publikum nichts mehr zu wünschen übrig. Madame Renn- 35
schüb mißfiel mir als Königin. – Lieber hätte ich Dem.
Witthöft in dieser Rolle gesehen. Herrn Boeks Verdienst

war um so hervorstechender, je mehr einige andre Ritter vom Hosenbande vernachlässigten. Schiefes Spiel vergibt man dem schwachen Kopf, aber dem Schauspieler, der sich dem Publikum durch nichts als fleißiges Memorieren empfehlen kann, und der jetzt da steht, und seinen Dialog um Gotteswillen aus der Souffleurgrube hervor holt, sollten die Gesetze bestrafen. – Mad. Brandel hatte diesen Abend eigentlich die Nottingham zu spielen, sie vergriff sich aber in der Rolle, und machte die Fulmer.

4ten Februar. Der *argwöhnische Ehmann.* Zum Debüt der Demoiselle Witthöft. Diese vortreffliche Schauspielerin hat ihre größte Stärke in der Komödie. Naive Wahrheit, Leichtigkeit, und Grazie beseelen ihr ganzes Spiel.

6ten Februar. *Günther* von *Schwarzburg.*

13ten Februar. Der *argwöhnische Ehmann,* wiederholt auf Begehren.

13ten Februar. *Lanassa.* In dieser Rolle ließ mir Demoiselle Witthöft noch etwas zu wünschen übrig.

15ten Februar. Das *Präferenzrecht.* z. Beschluß. *Wer wird sie kriegen?*

17ten Februar. *Oda,* zum zweitenmal.

20sten Februar. Der *Westindier.* Herr Witthöft, zu dessen Debüt dieses Schauspiel gegeben ward, schenkte dem Publikum *unschuldiger* Weise einen sehr herrlichen Abend. Herr *Bek,* als Westindier, spielte *groß.* Diese Rolle schien ganz nur für *ihn* geschaffen zu sein, und schwerlich wird ihn ein deutscher Schauspieler darin erreichen. Demoiselle *Witthöft* erhielt auch hier den lautesten und verdientesten Beifall.

22sten Februar. Die *Lästerschule.* Ein bekanntes gutes Theaterstück aus dem englischen.

24sten Februar. Die *olympischen Spiele.* Ein Singspiel.

27sten Februar. *König Lear.* In dieser großen Rolle erscheint Herr *Ifland* im ganzen Umfang seiner Kunst. Ich behalte mir die Freiheit vor, über das, was ich an seinem Spiel bewundre, und was ich nicht bewundre, ein andermal weitläuftiger zu reden. Demoiselle Witthöft rührte sehr als

Kordelia. Regan und Gonerill? – Madame Rennschüb
behagt mir zehnmal besser in ihren guten Weibern, als in
ihren schlechten Prinzessinnen. Herr Boek mißfiel mir in
der Rolle des Edgar. Er ist zu kalt, und wo er den
wahnsinnigen *Tom* spielt, schadet er der tragischen Rüh- 5
rung.

Den 1sten Lenzmonat. Die *Eifersucht auf der Probe*. Ein
sehr gutes Singspiel.

Den 3ten Lenzmonat. *Emilia Galotti*. Herr Beil spielte
den Odoardo *meisterhaft*. Demoiselle Witthöft die Emilia 10
vortrefflich. Madame Rennschüb wurde – warum? weiß
das Publikum vielleicht selbst nicht – als Klaudia beklatscht. Mad. *Gensike* spielte die Gräfin Orsina besser als
sonst, und wurde einstimmig darin anerkannt.

Gegenwärtig ist die Nationalbühne zu Mannheim 15
beschäftigt, Shakespears Julius Cesar, nach einer Umände-
rung des Freiherrn von Dalberg, dem Publikum aufzuti-
schen. Das römische Kostüme erfodert erstaunlichen
Aufwand, und alle Anstalten zu diesem Stück versprechen
eine außerordentliche Vorstellung. 20

(Die Fortsetzung ein andermal.)

WALLENSTEINISCHER THEATERKRIEG

1) An das unparteiische Publikum von Henriette Wallenstein, 1784.
2) Berichtigung des Wallensteinischen Impressums vom
Theaterregisseur Rennschüb. Mannheim 1784.
3) Antwort auf diese Berichtigung des Wallensteinischen
Impressums von Henr. Wallenstein. München 1785.

Die Beschwerden der Schauspielerin Wallenstein gegen die
Intendance der kurfürstlichen Nationalbühne zu Mannheim, welche schon die dritte Broschüre veranlaßten, sind
seltsam, und offenbar übertrieben. Wenn auch schon der
vernünftige Teil des Publikums dergleichen theatralische
Hahnengefechte lächerlich findet, so ist doch zugleich eine
Person beleidigt, deren Verdienst um diese Bühne zu groß
und entschieden ist, als daß man sie in die armselige Farce
eines Garderobe-Zanks hätte einmengen sollen. Der Freiherr von Dalberg ist die *Seele* der Mannheimer Bühne, aber
nichts weniger als Despot ihrer Glieder. In der innern
Maschine dieses Theaters, welche größtenteils das Werk
seines philosophischen Geistes und seiner patriotischen
Bemühungen ist, herrscht keine diktatorische Tirannei. Gar
wohl kann es möglich sein, daß Madame Wallenstein von
einer Mitschauspielerin oder ihrem Protektor persönlich
verfolgt wurde (denn was vermag nicht oft Rollen- und
sogar Kleiderneid bei manchen Theaterdamen?) aber dieser
Privatgroll konnte nie in eine solenne und gesetzmäßige
Unterdrückung ausarten. Herr Rennschüb verdient die
Beschuldigung nicht, Madame Wallenstein von dieser
Bühne vertrieben zu haben, denn Herr Rennschüb vermag
das durchaus nicht. Der Einfluß des Regisseurs erstreckt
sich ganz und gar nicht auf Beurteilung des Verdienstes.

Darüber kann nur der Intendant des Theaters entscheiden –
und was hätte den Freiherrn von Dalberg veranlassen können, Madame Wallenstein unterdrücken zu *wollen*? Was den
Ausschuß dieser Bühne? Madame Wallenstein ist im Kreis
ihrer Rollen allerdings zu schätzen, aber ist sie *die* Künstlerin,
welche einen Ostrazismus Gefahr laufen könnte?

Der Trotz eines (sogar des unentbehrlichsten) Mitglieds
kann in einem Institut nicht geduldet werden, das, schneller
als jedes andre, durch aufgehobene Gleichheit zusammenfällt. Madame Wallenstein hätte noch dreimal wichtiger sein
können, als sie es in der Tat ist, und dieses Theater dennoch
verlassen müssen. Gesetzt, daß man wirklich durch ihre
Entfernung verlor, was man durch die neue Besetzung
ihres Platzes noch nicht gewonnen hat – so hat dennoch der
Freiherr von Dalberg ohne Tadel gehandelt. Wenn Madame
Wallenstein, was sie durchaus sein will, ein Opfer war, so
war sie nur ein Opfer ihrer Eitelkeit und nicht der
Parteisucht des Intendanten. Doch nun auch kein Wort
mehr von dieser kleinsten der Kleinigkeiten.

Hoffentlich wird sich die Theaterdirektion nicht zum
zweitenmal gegen eine so schlagfertige Gegnerin stellen.

DRAMATURGISCHE PREISFRAGEN

Der Freiherr von Dalberg zu Mannheim, der, wie dem Publikum längst schon bekannt sein wird, durch anhaltenden Enthusiasmus für die dramatische Kunst, und eine tiefe Theaterkenntnis dem verworrenen Chaos seiner deutschen Bühne die schöne Gestalt einer akademischen Stiftung gegeben, und den mechanischen Künstler zum Denker gebildet hat – ist vor einigen Jahren auf den vortrefflichen Gedanken geraten, die besten Köpfe der Mannheimer Nationalbühne durch aufgeworfene Preisfragen über die Philosophie ihrer Kunst zu beschäftigen, und ihnen auf diese Weise Rechenschaft über ihr Studium und Spiel abzufodern. Sieben solche Fragen sind im Jahr 1784 von den Herren Schauspielern Beil, Bek, Ifland, Meier und Rennschüb schon beantwortet worden, und der Preis wurde vom Freihrn. v. Dalberg, mit Zuziehung einiger auswärtigen berühmten dramatischen Schriftsteller, und der kurpfälzischen deutschen Gesellschaft für Herrn *Bek* entschieden. Er bestand in einer goldenen Denkmünze von zwölf Dukaten.

Die Fragen selbst waren folgende:

Was ist Natur, und wie weit sind ihre Grenzen auf der Bühne?

Was ist der Unterschied zwischen Kunst und Laune?

Welches ist der wahre Anstand auf der Bühne, und wodurch erlangt ihn der Schauspieler?

Können französische Trauerspiele auf den deutschen Bühnen gefallen? und wie müssen sie vorgestellt werden, wenn sie allgemeinen Beifall erhalten sollen?

Ist Händeklatschen oder allgemeine Stille der schmeichelhafteste Beifall für den Schauspieler?

Gibts allgemein sichre Regeln, nach welchen der Schauspieler Pausen machen soll?

Was ist Nationalschaubühne im eigentlichsten Verstande? Wodurch kann ein Theater Nationalschaubühne werden? und gibt es wirklich schon ein deutsches Theater, welches Nationalbühne genannt zu werden verdient?

Im Jahr 1785 wurde das angefangene Werk auf folgende Art fortgesetzt.

Freiherr von Dalberg
an den Ausschuß der Mannheimer Bühne

1) Die bisher zum Teil so fürtrefflich ausgefallenen Beantwortungen der aufgestellten dramatischen Fragen, wodurch sich die hiesige Ausschußeinrichtung vor allen ähnlichen Stiftungen auszeichnet, erfordern nun, daß sie meine Herren mit neu angestrengten Kräften meine Absicht unterstützen, eine Absicht, welche auf Bildung des guten Geschmacks für die Schauspielkunst überhaupt, und insbesondere auf die bessere Einrichtungen aller deutschen Bühnen gerichtet ist.

2) Ich stelle zu diesem Ende sechs neue Fragen auf, alle wichtig, alle ihres Nachdenkens würdig. Sie seien der Gegenstand ihres Forschens und ihres Fleißes dies Jahr hindurch.

3) Sie können diese Fragen nach Muße bearbeiten ohne vorgeschriebene Ordnung, welche zuerst, und welche zuletzt beantwortet werden soll.

4) So wie von ihnen eine oder die andere Frage gründlich wird beantwortet sein, so bringen sie dieselbe in die nächste Ausschußversammlung zum Vortrag.

5) Längstens bis Ostern 1786 muß die ganze Arbeit vollendet, und in denen Ausschußversammlungen bereits vorgelesen worden sein.

6) Den 1sten des Monats Mai 1786 wird denen besten Schriften eine erhöhte Preismedaille von 20 Dukaten zuerkannt, und ihrem Verfasser an diesem Tag zum Geschenk eingehändigt.

Der erste Ausschuß besorgt sogleich die Bekanntmachung dieses erteilten Preises in allen Journalen.

Die Fragen sind folgende:

1ste Frage.

»Wodurch verdient ein deutsches Publikum im Allgemeinen, und besonders in Rücksicht auf den Schauspieler, das
beste Publikum zu heißen?«

2te Frage.

»Kann der Schauspieler, sowohl als eine Theaterdirektion
dem falschen Geschmack eines Publikums wahre Richtung
geben, und durch welche Gattung Schauspiele wird der
gute Geschmack am meisten verfeinert?«

3te Frage.

»Gewinnt oder verliert der gute Schauspieler, den man im
Tragischen und in Charakterrollen mit Beifall zu sehen
gewöhnt ist, dadurch, wenn er sich öfters abwechselnd in
komischen Rollen zeigt?«

4te Frage.

»Wodurch unterscheidet sich das wahre komische Spiel von
Karikatur? und was muß der Schauspieler tun, um im
komischen Fach nie die Grenze zu überschreiten?«

5te Frage.

»Allgemeine und besondere Betrachtungen, Anmerkungen, Erfahrungen, Zusätze, und Prüfungen über das neue
Werk der Mimik von Engel?«

6te Frage.

»Läßt sich für alle Bühnen Deutschlands ein allgemeines
festes Gesetzbuch machen; wie müßte solches eingerichtet
werden, und welche sind die Mittel, demselben Kraft und
Gewicht zu geben?«

Veranlassung dieser Frage.

Verschiedene gute Köpfe, die sich um das Wohl unsers Theaters annehmen, und die mancherlei Unordnungen, welche noch auf denen meisten Bühnen herrschen, einsehen, haben schon öfters den Wunsch zu einem solchen Gesetzbuch gegen mich geäußert, noch neulich tat Hr. Großmann gelegenheitlich der Wallensteinischen Geschichte diesen nemlichen Wunsch in einem Brief, und foderte mich zu dieser Arbeit gemeinschaftlich auf. Es ist auch mein Plan, daran zu arbeiten; zugleich erwarte ich als eine Beantwortung der 6ten Frage, Skizzen, Gedanken und Meinungen von ihnen darüber.

Die bemerkten Hauptfehler und Gebrechen aller Bühnen können der Leitfaden dazu sein. Vielleicht lassen sich wichtige Vorschläge durchsetzen.

Sollte diese Vorstellung des Frhrrn. von Dalberg an die Mannheimer Bühne nicht eine Aufforderung für alle übrigen Deutschlands werden? Die Preisfragen und ihre Beantwortungen schränken sich nicht bloß auf *jene* eine. Um diesen Preis kann jeder denkende Schauspieler kämpfen.

DYA-NA-SORE

Wien u. Leipzig, bey Stahel: Dya-Na-Sore oder: Die Wanderer.
Eine Geschichte aus dem Sam-skritt übersetzt. 1787. 414 S. 8°.
(1 Rthlr. 4 gr.)

Oder vielmehr nicht aus dem Sam-skritt übersetzt; denn,
einige Namen abgeändert, läßt sich die Geschichte eben so
gut nach Ägypten oder nach China als nach Indien
verlegen. Wofür also diese Einkleidung, die nicht nur durch
nichts unterstützt, sondern der beinahe auf jedem Blatt
durch die gröbsten Versündigungen gegen die Sitten und
das Kostüme von Indien widersprochen wird? Vier Söhne
verlassen ihren Vater und ihre Heimat um eine Wanderung
zum *Heiligtum der Urzeit* anzutreten, das Land der Wahrheit
und Glückseligkeit zu suchen. Der Weg dahin ist eine
beschwerliche und gefahrvolle Reise durch menschenleere
Wüsten, Abgründe, über steile Gebirge und reißende
Ströme; dieses gibt dem V. Gelegenheit, ein schreckliches
Naturgemälde auf das andere zu häufen, deren Monotonie
unendlich ermüdend ist, obgleich die Beschreibungen
selbst Dichtergeist verraten. Die Reise wird, wie man leicht
denken kann, den armen Wanderern höchst sauer gemacht.
Bald hilft ihnen eine kaum leserliche Inschrift, die sie von
ungefähr finden, bald ein Eremit, der sich ihnen in den Weg
stellt; ein Greis schickt sie zum andern (weil das Herum-
schicken einmal Gebrauch ist) und so treten in dem Buch
vier oder fünf solche Greise auf, die alle einander wie aus
den Augen geschnitten sind, und auch so ziemlich das
nehmliche sagen. Die ganze, äußerst einförmige und
schlecht *gehaltene* Fabel dient einer reinen und schönen
Sittenlehre zur Hülle, die ihr aber oft so gezwungen und oft
wieder so lose angepaßt wird, daß sie weniger aufklärt als
verdunkelt. Nichts beleidiget indessen mehr als die barba-

rische Durcheinandermengung des *Abstrakten* mit dem
Symbolischen, oder der Allegorie mit den philosophischen
Begriffen, die sie bezeichnen soll; in eben dem Augenblick,
da uns der Weg zur Wahrheit als eine Wanderung vorgestellt wird, hören wir darüber von dem *Wanderer*, als über   5
eine abstrakte Materie, sprechen. Es fällt in die Augen, daß
es dem Vf. überhaupt nur um ein Vehikel für seine
Philosophie zu tun war; ob es paßte oder nicht, galt ihm
gleich; und so entstand denn dieser Zwitter von Abhandlung und Erzählung, der durch eine fast durchaus metrische   10
Prose wo möglich noch ermüdender wird.

ECKARTSHAUSENS SITTENLEHRE

München, b. Lentner: Beiträge und Sammlungen zur Sittenlehre für alle Menschen vom Hofr. v. Eckartshausen. 1787. 376 S. 8°. (20 gr.)

Unter diesem Titel verkauft uns Hr. *v. E.* wieder einige herbe Früchte eines guten Willens und eines dürftigen Geistes. Zwei Proben mögen genug sein. S. 123 sagt er uns von dem Stadtleben: »Da muß ich Hüte, unbrauchbar zum Bedecken, in meinen Händen tragen und wie ein Papagei sprechen: *Guten Morgen, gute Nacht, wie befinden Sie Sich?* Ohne Empfindung antwortet mir der Gefragte: *Recht wohl, und Ihre Gesundheit?*« Wohl verstanden, das soll Poesie sein! S. 128 heißt es von einer Dame: »Endlich entzieht sie den *dünstenden* Fuß der seidnen Decke.«

GOLDONIS MEMOIREN

Leipzig, Im Verlage der Dykischen Buchhandlung: Goldoni über sich selbst und die Geschichte seines Theaters. Aus dem Französischen übersetzt und mit einigen Anmerkungen versehen von Schaz. 504 S. 8°.

Goldoni, ein Schriftsteller, dem Italien einen reinen und regelmäßigen Geschmack im Dramatischen Fache verdankt, der, abgerechnet was man seinem Zeitalter und den Eigentümlichkeiten seiner Nation zu gute halten muß, einer der fruchtbarsten und arbeitsamsten Köpfe war, die es gegeben hat, der während seiner theatralischen Laufbahn hundert und funfzig Schauspiele in Prosa und Versen geliefert und bis zu Gozzis unverdientem und kurzwährendem Triumph von den Italienern beinahe angebetet wurde, tritt hier auf und erzählt die Geschichte seines Lebens, und die Art und Weise, wie er sich bildete und das wurde, was er teils war teils noch ist. Schon dadurch erhalten diese Memoires ein großes Interesse, daß sie ein zwei und siebzigjähriger Schriftsteller aufgesetzt hat, der so unendlich viel während seinem Leben gesehen und erfahren haben muß. Außerdem aber haben sie noch diesen Vorzug, daß sie uns mit der Verfassung des Italienischen Theaterwesens bekannt machen, und andere kleine Nachrichten mitteilen, die die Erziehung und häusliche Lebensart der Italiener charakterisieren, und also, da sie zur Bestimmung ihres National-Charakters beitragen, nicht minder interessant und lehrreich sind. Seine Geburt schon kündigte ihn als einen künftigen dramatischen Schriftsteller an. Er wurde unter Festen, Komödien und Opern geboren, die sein Großvater, der in Venetianischen Diensten bei der Handelskammer stand, seinen Nachbarn auf seinen Landgütern gab; und sein Vater trug das seinige dazu

bei, diese Vorbedeutung in Erfüllung zu bringen, da er ihm
in seinen Erholungsstunden durch Marionetten Unterhaltung zu verschaffen suchte, und dadurch dem jungen
Geiste gleich in den ersten Jahren einen theatralischen
Schwung gab. In seiner frühesten Jugend las er nichts als
Komödien und Opern, und schrieb sogar schon in seinem
achten Jahre eine Komödie, die so gut war daß sie niemand
für das Produkt eines achtjährigen Knaben halten wollte.
Und so beherrschte ihn immer die Leidenschaft für das
Theater, leitete ihn sein ganzes Leben hindurch, und führte
ihn endlich nach Frankreich, wo er sich in einem sehr hohen
Alter durch ein in französischer Sprache geschriebenes
Lustspiel Ruhe, Achtung und Bequemlichkeit erwarb. Da
in diesem Buche allenthalben Goldonis Dramatische Talente durchscheinen, da er alle seine Begebenheiten mit
lebendiger Darstellung und einer ihm eigenen Laune
erzählt und ausmalt, und der Schauplatz der Handlung sich
oft an den Höfen kleiner Theaterkönige, dem gewöhnlichen Sitz der Intrigue und Kabale befindet: so können wir
dem Leser von diesen Memoires eine sehr angenehme
Unterhaltung versprechen. Auf diesen ersten Band sollen
noch zwei andre folgen, die Goldonis Leben bis zu seinem
achtzigsten Jahre, in dem er jetzt steht, beschreiben und
eine Geschichte aller seiner Theaterstücke enthalten werden, und welchen Herr Schatz einen vierten von seiner
eignen Arbeit: *über Goldoni und seine Werke* nachfolgen lassen
wird. Die Übersetzung ist (wenige Kleinigkeiten abgerechnet) überhaupt leicht und fließend. Rez. findet nichts daran
auszusetzen, als daß zu weilen die Sprache zu sehr ins
Gesuchte fällt, wenn sie natürlicher Dialog werden soll;
welchem Tadel aber Herr Schatz dadurch auszuweichen
sucht, daß er in der Vorrede sagt: um nicht platt zu werden,
habe er diesen Fehler begehen müssen, weil unsre Sprache
keine eigentlichen vertrauten Redensarten (façons de parler
familieres) enthalte. Rez. gesteht, daß er nicht recht
begreifen könne, was Hr. S. damit meine; und daß eine
ziemliche Anzahl anerkannter guter Schriftsteller, von

Gellert und Rabener anzufangen, ihm einen sehr augenscheinlicher Beweis zu führen scheinen, daß es unsrer Sprache an façons de parler familieres, die nicht platt sind, nicht fehle. Übrigens sehen wir den folgenden Bänden mit Vergnügen entgegen. S. 5

Leipzig, bey Dyk: Goldoni über sich selbst und die Geschichte seines Theaters, aus dem Französischen übersetzt und mit einigen Anmerkungen versehen von B. Schatz. Erster Theil. 504 S. Zweyter Theil 429 S. Dritter Theil. 368 S. 1788. 8°. (3 Rthlr. 16 gr.)

Nachrichten von dem Leben und der Bildung eines 10 Schriftstellers, der beinahe 200 dramatische Stücke in Prosa und in Versen geliefert hat, und in der theatralischen Kunst seines Volks als Reformator aufgetreten ist, müßten an sich schon jeden Freund der schönen Literatur interessieren. Aber eine abwechselnde Mannigfaltigkeit von Begebenhei- 15 ten, Anekdoten, Sittengemälden u. d. m., mit denen diese Lebensbeschreibung durchflochten ist, die beleuchtenden Blicke, die auf das Theaterwesen und den dramatischen Geschmack der Italiener darin geworfen werden, eine Menge geistreicher und unterrichtender Bemerkungen 20 über die Sitten und das häusliche Leben der Italiener, und noch ausführlichere Nachrichten von Paris, eine leichte lebhafte und fast dramatische Darstellung, ein charakteristischer Vortrag, der uns in die Gesellschaft des Autors bringt und ihn besser schildert als alle seine Werke, die 25 unverkennbare Sprache der Wahrheit und der Geist herzlicher Gutmütigkeit, der durch das ganze Werk ausgegossen ist, machen es für alle Leser ohne Unterschied interessant und empfehlungswürdig. Ein zwei und siebenzigjähriger Greis erzählt uns hier im Ton der angenehmsten 30 Munterkeit die großen und kleinen Merkwürdigkeiten seines schriftstellerischen, häuslichen und gesellschaftlichen Lebens, und wenn er in der Wahl der letztern auch nicht immer streng genug gewesen ist, so sollte schon allein die naive Treuherzigkeit, die ihn einen so hohen Grad von 35 Teilnehmung bei dem Leser voraussetzen läßt, ihm die

Nachsicht desselben erwerben. Große Gesinnungen, und eine philosophische Verleugnungsgabe darf man hier freilich nicht suchen. So muß man sich auch an einem reichem Maße von Autoreitelkeit, die oft ins Lächerliche, an einer gewissen Eigennützigkeit, die oft ins Armselige und Niedrige fällt, nicht stoßen, um diesen Charakter lieb zu gewinnen; aber ein weiches zartfühlendes Herz, die unbegrenzteste Bonhomie, eine unerschöpfliche Quelle von fröhlicher Laune, und eine seltene Billigkeit gegen fremde Verdienste geben ihm an unserm Wohlwollen wieder, was er an unserer Bewunderung etwa verloren haben mag. Seine Schwächen selbst, die er uns entweder mit Offenheit bekennt, oder auch, ohne es selbst zu wissen, schildert, und die man übrigens einem 72jährigen Greis sehr geneigt sein wird, zu verzeihen, tragen vielmehr zum Interesse der Erzählung bei, als daß sie es schwächen sollten. Auch hat seine gefällige Meinung von ihm selbst gar nichts von dem anstößigen widrigen Egoismus, womit so viele, weit größere, Schriftsteller ihren Leser drücken; – eine Bemerkung, die sich dem Rezensenten vorzüglich in dem XVI und XVII Kapitel des III Teils aufgedrungen hat, wo unser Autor seine Zusammenkunft mit J. J. Rousseau beschreibt. Wie gern würde man einem Goldoni ein parteiisches Urteil über diesen ihm so höchst fremdartigen Charakter verziehen haben, und doch dürften wenige Leser sein, denen nach Lesung dieser Stellen der große *philosophische Dichter* neben dem italienischen Komödienschreiber nicht – sehr klein erschiene.

Der *Erste* Teil dieses Werks liefert uns die Schicksale des Autors, bis sich seine theatralische Laufbahn ganz entschieden hat. Er war Arzt, Rechtsgelehrter und erhielt sogar die Tonsur in Pavia; aber sein innrer Ruf zur Bühne siegte über alle Versuche, die ihn derselben abtrünnig machen sollten. Dieser Teil enthält sehr schätzbare Bemerkungen über Venedig, Rom und andre Städte Italiens. Der *Zweite* besteht beinahe ganz aus kurzen Zergliederungen seiner wichtigsten Stücke, der Geschichte ihrer Entstehung, ihres Glücks

oder ihres Falles. Im *Dritten* ist er in Paris, und verbreitet
sich mit vieler Ausführlichkeit und einer beinahe jugendlichen Wärme über alles Merkwürdige dieser seiner neuen
Vaterstadt. In einem *vierten* Teil will Hr. Schatz kritische
Bemerkungen über Goldoni und seine Werke liefern.   5

Die Übersetzung ist fast durchgängig leicht und fließend;
hier und da freilich vermißt man sehr die angenehme
Nachlässigkeit des Originals. Die Sprache könnte reiner
sein. Sollten wir wirklich für die Wörter *soupieren*, *genieren*,
Doktrin, *apathisch* u. a. keine gleichbedeutenden deutsche   10
haben? Manchmal ist die Wortfolge undeutsch: Geboren in
dem sanften Klima von Venedig, hatte sie sich so daran
gewöhnt u. s. f. S. 22. I Teil. Daß in der Konversations-
sprache sein Ton oft in das Gesuchte fällt, scheint der
Übersetzer selbst gefühlt zu haben, und er sucht diesen   15
Vorwurf der deutschen Sprache überhaupt zuzuwälzen, die
sich nicht wohl anders, wie er sagt, von dem *Extrem* des
Platten soll entfernen können, als durch das entgegengesetzte Extrem des *Künstlichen*. Da Hr. Schatz es wohl
schwerlich mit so vielen unsrer klassischen Schriftsteller   20
wird aufnehmen wollen, die von der deutschen edlern
Gesellschaftssprache Muster geliefert haben, so kann sich
dieser Vorwurf nicht wohl weiter als auf *den* Kreis des
Umgangs erstrecken, den er selbst beobachtet hat; und
wenn ihm dieser zwischen *Platt* und *Gesucht* keinen   25
Mittelweg zeigte, so war es immer ein wenig rasch, dieses
Urteil auf seine ganze Nation auszudehnen. Wenn sich die
deutsche Sprache auch von einer gewissen Klasse Menschen, die schwerlich eine Prüfung darin aushalten dürfte,
diesen eben so ungereimten als unverdienten Vorwurf   30
machen lassen muß, so sollte man ihn wenigstens jetzt nicht
mehr in die Welt hineinschreiben. Die hin und wieder
eingestreuten Anmerkungen des Übersetzers sind nicht
ohne Gehalt, und würden an Wert nichts verloren haben,
wenn sie auch mit etwas weniger Anmaßung geschrieben   35
wären.

ÜBER EGMONT, TRAUERSPIEL VON GOETHE

Leipzig, bey Göschen: Göthe's Schriften. Fünfter Band. 1788. 388 S. 8°.

Dieser fünfte Band der G. Schriften, der durch eine
Vignette und Titelkupfer, von der Ang. Kaufmann gezeichnet und von Lips in Rom gestochen, verschönert wird,
enthält außer einem ganz neuen Stück *Egmont,* die zwei
schon längst bekannten Singspiele *Klaudine von Villa Bella*
und *Erwin* und *Elmire,* beide nunmehr in Jamben und
durchaus sehr verändert. Ihre Beurteilung versparen wir, bis
die ganze Ausgabe vollendet sein wird, und verweilen uns
jetzt bloß bei dem Trauerspiele Egmont, das auch besonders
zu haben ist, als einer ganz neuen Erscheinung.

Entweder es sind außerordentliche *Handlungen* und
Situationen, oder es sind *Leidenschaften,* oder es sind *Charaktere,* die dem tragischen Dichter zum Stoff dienen, und
wenn gleich oft alle diese drei, als Ursach und Wirkung, in
Einem Stücke sich beisammen finden; so ist doch immer
das eine oder das andere vorzugsweise der letzte Zweck der
Schilderung gewesen. Ist die Begebenheit oder Situation
das Hauptaugenmerk des Dichters, so braucht er sich nur in
so fern in die Leidenschaft- und Charakterschilderung
einzulassen, als er jene durch diese herbei führt. Ist
hingegen die Leidenschaft sein Hauptzweck, so ist ihm oft
die unscheinbarste Handlung schon genug, wenn sie jene
nur ins Spiel setzt. Ein am unrechten Orte gefundenes
Schnupftuch veranlaßt eine Meisterszene im Mohren von
Venedig. Ist endlich der Charakter sein vorzüglicheres
Augenmerk, so ist er in der Wahl und Verknüpfung der
Begebenheiten noch viel weniger gebunden, und die
ausführliche Darstellung des *ganzen* Menschen verbietet
ihm sogar, Einer Leidenschaft zu viel Raum zu geben. Die

alten Tragiker haben sich beinahe einzig auf Situationen und Leidenschaften eingeschränkt. Darum findet man bei ihnen auch nur wenig Individualität, Ausführlichkeit und Schärfe der Charakteristik. Erst in neuern Zeiten, und in diesen erst seit Shakespear, wurde die Tragödie mit der dritten Gattung bereichert; er war der erste, der in seinem Macbeth, Richard III. u. s. w. ganze Menschen und Menschenleben auf die Bühne brachte, und in Deutschland gab uns der Verfasser des Götz von Berlichingen das erste Muster in dieser Gattung. Es ist hier nicht der Ort zu untersuchen, wie viel oder wie wenig sich diese neue Gattung mit dem letzten Zwecke der Tragödie, Furcht und Mitleid zu erregen, verträgt; genug sie ist einmal vorhanden, und ihre Regeln sind bestimmt.

Zu dieser letzten Gattung nun gehört das vorliegende Stück, und es ist leicht einzusehen, in wie fern die vorangeschickte Erinnerung mit demselben zusammenhängt. Hier ist keine hervorstechende Begebenheit, keine vorwaltende Leidenschaft, keine Verwickelung, kein dramatischer Plan, nichts von dem allem; – eine bloße Aneinanderstellung mehrerer einzelnen Handlungen und Gemälde, die beinahe durch nichts, als durch den Charakter, zusammengehalten werden, der an allen Anteil nimmt, und auf den sich alle beziehen. Die Einheit dieses Stücks liegt also weder in den Situationen, noch in irgend einer Leidenschaft, sondern sie liegt in dem *Menschen*. Egmonts wahre Geschichte konnte dem Verf. auch nicht viel mehreres liefern. Seine Gefangennehmung und Verurteilung hat nichts außerordentliches, und sie selbst ist auch nicht die Folge irgend einer einzelnen interessanten Handlung, sondern vieler kleinern, die der Dichter alle nicht brauchen konnte, wie er sie fand, die er mit der Katastrophe auch nicht so genau zusammenknüpfen konnte, daß sie *eine* dramatische Handlung mit ihr ausmachten. Wollte er also diesen Gegenstand in einem Trauerspiel behandeln, so hatte er die Wahl, entweder eine ganz neue Handlung zu dieser Katastrophe zu erfinden, diesem Charakter, den er in der

Geschichte vorfand, irgend eine herrschende Leidenschaft unterzulegen oder ganz und gar auf diese zwo Gattungen der Tragödie Verzicht zu tun, und den Charakter selbst, von dem er hingerissen war, zu seinem eigentlichen Vorwurf zu machen. Und dieses letztere, das schwerere unstreitig, hat er vorgezogen, weniger vermutlich aus zu großer Achtung für die historische Wahrheit, als weil er die Armut seines Stoffs durch den Reichtum seines Genies ersetzen zu können fühlte.

In diesem Trauerspiel also – oder Rez. müßte sich ganz in dem Gesichtspunkte geirret haben – wird ein Charakter aufgeführt, der in einem bedenklichen Zeitlauf, umgeben von den Schlingen einer arglistigen Politik, in nichts als sein Verdienst eingehüllt, voll übertriebenen Vertrauens zu seiner gerechten Sache, die es aber nur für ihn allein ist, gefährlich wie ein Nachtwanderer auf jäher Dachspitze, wandelt. Diese übergroße Zuversicht, von deren Ungrund wir unterrichtet werden, und der unglückliche Ausschlag derselben sollen uns Furcht und Mitleiden einflößen, oder uns tragisch rühren – und diese Wirkung wird erreicht.

In der Geschichte ist Egmont kein *großer* Charakter, er ist es auch in dem Trauerspiele nicht. Hier ist er ein wohlwollender, heiterer und offener Mensch, Freund mit der ganzen Welt, voll leichtsinnigen Vertrauens zu sich selbst und zu andern, frei und kühn, als ob die Welt ihm gehörte, brav und unerschrocken wo es gilt, dabei großmütig, liebenswürdig und sanft, im Charakter der schöneren Ritterzeit, prächtig und etwas Prahler, sinnlich und verliebt, ein fröhliches Weltkind – alle diese Eigenschaften in eine lebendige, menschliche, durchaus wahre und individuelle Schilderung verschmolzen, die der verschönernden Kunst nichts, auch gar nichts, zu danken hat. Egmont ist ein Held, aber auch ganz nur ein flämischer Held, ein Held des sechzehnten Jahrhunderts; Patriot, jedoch ohne sich durch das allgemeine Elend in seinen Freuden stören zu lassen; Liebhaber, ohne darum weniger Essen und Trinken zu lieben. Er hat Ehrgeiz, er strebt nach einem großen Ziele,

aber das hält ihn nicht ab, jede Blume aufzulesen, die er auf
seinem Wege findet, hindert ihn nicht des Nachts zu seinem
Liebchen zu schleichen, das kostet ihm keine schlaflosen
Nächte. Tolldreist wagt er bei St. Quentin und Gravelingen
sein Leben, aber er möchte weinen, wenn er von dieser
freundlichen süßen Gewohnheit des Daseins und Wirkens
scheiden soll. »Leb ich nur,« so schildert er sich selbst, »um
aufs Leben zu denken? Soll ich den gegenwärtigen Augenblick nicht genießen, damit ich des folgenden gewiß sei?
Und diesen wieder mit Sorgen und Grillen verzehren? –
Wir haben die und jene Torheit in einem lustigen Augenblick empfangen und geboren, sind schuld, daß eine ganze
edle Schar mit Bettelsäcken und mit einem selbst gewählten
Unnamen dem König seine Pflicht mit spottender Demut
ins Gedächtnis rief; sind schuld – was ists nun weiter? Ist
ein Fastnachtsspiel gleich Hochverrat? Sind uns die kurzen
bunten Lumpen zu mißgönnen, die ein jugendlicher Mut
um unsers Lebens arme Blöße hängen mag? Wenn ihr das
Leben gar zu ernsthaft nehmt, was ist denn dran? Scheint
mir die Sonne heut, um das zu überlegen, was gestern war?«
– Durch seine schöne Humanität, nicht durch Außeror-
dentlichkeit, soll dieser Charakter uns rühren; wir sollen
ihn lieb gewinnen, nicht über ihn erstaunen. Diesem
letztern scheint der Dichter so sorgfältig aus dem Wege
gegangen zu sein, daß er ihm eine Menschlichkeit über die
andere beilegt, um ja seinen Helden zu uns herab zu ziehen;
– daß er ihm endlich nicht einmal so viel Größe und Ernst
mehr übrig läßt, als unsrer Meinung nach unumgänglich
erfodert wird, diesen Menschlichkeiten selbst das höchste
Interesse zu verschaffen. Wahr ist es, solche Züge menschlicher Schwachheit ziehen oft unwiderstehlich an – in einem
Heldengemälde, wo sie mit großen Handlungen in schöner
Mischung zerfließen. Heinrich IV. von Frankreich kann uns
nach dem glänzendsten Siege nicht interessanter sein, als
auf einer nächtlichen Wanderung zu seiner Gabriele; – aber
durch welche strahlende Tat, durch was für *gründliche*
Verdienste hat sich Egmont bei uns das Recht auf eine

ähnliche Teilnahme und Nachsicht erworben? Zwar heißt
es, diese Verdienste werden als schon geschehen vorausgesetzt, sie leben im Gedächtnis der ganzen Nation, und alles,
was er spricht, atmet den Willen und die Fähigkeit, sie zu
erwerben. Richtig! Aber das ist eben das Unglück, daß wir
seine *Verdienste* von *Hörensagen* wissen und auf Treu und
Glauben anzunehmen gezwungen werden, – seine *Schwachheiten* hingegen mit unsern *Augen* sehen. Alles weiset auf
diesen Egmont hin, als auf die letzte Stütze der Nation, und
was tut er eigentlich großes, um dieses ehrenvolle Vertrau-
en zu verdienen? (Denn folgende Stelle darf man doch wohl
nicht dagegen anführen? »*Die* Leute, sagt Egmont, erhalten
sie (die Liebe) auch meist allein, die nicht darnach jagen.
Klärchen. Hast du diese stolze Anmerkung über dich selbst
gemacht, du, den alles Volk liebt? *Egmont.* Hätte ich nur
etwas für sie getan! Es ist ihr guter Wille, mich zu lieben.«)
Ein großer Mann soll er nicht sein, aber auch erschlaffen
soll er nicht; eine relative Größe, einen gewissen Ernst
verlangen wir mit Recht von jedem Helden eines Stückes;
wir verlangen, daß er über dem Kleinen nicht das Große
hintansetze, daß er die Zeiten nicht verwechsele. Wer wird
z. B. folgendes billigen? Oranien ist eben von ihm gegangen; Oranien, der ihn mit allen Gründen der Vernunft auf
sein nahes Verderben hingewiesen, der ihn, wie uns
Egmont selbst gesteht, durch diese Gründe erschüttert hat.
»Dieser Mann, sagt er, trägt seine Sorglichkeit in mich
herüber. – Weg – das ist ein fremder Tropfen in meinem
Blute. Gute Natur, wirf ihn wieder heraus. *Und von meiner
Stirne die sinnenden Runzeln wegzubaden, gibt es ja wohl noch ein
freundlich Mittel.*« Dieses freundliche Mittel nun, – wer es
noch nicht weiß – ist kein andres, als ein Besuch beim
Liebchen! Wie? Nach einer so ernsten Aufforderung keinen
andern Gedanken als noch Zerstreuung? Nein guter Graf
Egmont! Runzeln, wo sie hingehören, und freundliche
Mittel, wo sie hingehören! Wenn es euch zu beschwerlich
ist, euch eurer eignen Rettung anzunehmen; so mögt ihrs
haben, wenn sich die Schlinge über euch zusammenzieht.
Wir sind nicht gewohnt, unser Mitleid zu verschenken.

Hätte also die Einmischung dieser Liebesangelegenheit dem Interesse wirklich Schaden getan, so wäre dieses doppelt zu beklagen, da der Dichter noch obendrein der historischen Wahrheit Gewalt antun mußte, um sie hervorzubringen. In der Geschichte nemlich war Egmont verheiratet, und hinterließ neun (andre sagen eilf) Kinder, als er starb. Diesen Umstand konnte der Dichter wissen und nicht wissen, wie es sein Interesse mit sich brachte; aber er hätte ihn nicht vernachlässigen sollen, sobald er Handlungen, welche natürliche Folgen waren, in sein Trauerspiel aufnahm. Der wahre Egmont hatte durch eine prächtige Lebensart sein Vermögen äußerst in Unordnung gebracht, und *brauchte also* den König, wodurch seine Schritte in der Republik sehr gebunden wurden. Besonders aber war es seine Familie, was ihn auf eine so unglückliche Art in Brüssel zurückhielt, da fast alle seine übrigen Freunde sich durch die Flucht retteten. Seine Entfernung aus dem Lande hätte ihm nicht bloß die reichen Einkünfte von zwo Statthalterschaften gekostet; sie hätte ihn auch zugleich um den Besitz aller seiner Güter gebracht, die in den Staaten des Königs lagen, und sogleich dem Fiskus anheim gefallen sein würden. Aber weder Er selbst, noch seine Gemahlin, eine Herzogin von Bayern, waren gewohnt, Mangel zu ertragen; auch seine Kinder waren nicht dazu erzogen. Diese Gründe setzte er selbst bei mehreren Gelegenheiten dem Pr. v. O., der ihn zur Flucht bereden wollte, auf eine rührende Art entgegen; diese Gründe waren es, die ihn so geneigt machten, sich an dem schwächsten Aste von Hoffnung zu halten, und sein Verhältnis zum König von der besten Seite zu nehmen. Wie zusammenhängend, wie menschlich wird nunmehr sein ganzes Verhalten! Er wird nicht mehr das Opfer einer blinden törichten Zuversicht, sondern der übertrieben ängstlichen Zärtlichkeit für die Seinigen. Weil er zu fein und zu edel denkt, um einer Familie, die er über alles liebt, ein hartes Opfer zuzumuten, stürzt er sich selbst ins Verderben. Und nun der Egmont im Trauerspiel! – Indem der Dichter ihm Gemahlin und

Kinder *nimmt*, zerstört er den ganzen Zusammenhang
seines Verhaltens. Er ist ganz gezwungen, dieses unglückliche *Bleiben* aus einem leichtsinnigen Selbstvertrauen
entspringen zu lassen, und verringert dadurch gar sehr
unsre Achtung für den Verstand seines Helden, ohne ihm
diesen Verlust von Seiten des Herzens zu ersetzen. Im
Gegenteil – er bringt uns um das rührende Bild eines Vaters,
eines liebenden Gemahls, – um uns einen Liebhaber von
ganz gewöhnlichem Schlag dafür zu geben, der die Ruhe
eines liebenswürdigen Mädchens, das ihn nie besitzen, und
noch weniger seinen Verlust überleben wird, zu Grund
richtet, dessen Herz er nicht einmal besitzen kann, ohne
eine Liebe, die glücklich hätte werden können, vorher zu
zerstören, der also, mit dem besten Herzen zwar, zwei
Geschöpfe unglücklich macht, *um die sinnenden Runzeln von
seiner Stirne wegzubaden.* Und alles dieses kann er noch
außerdem erst, nur auf Unkosten der historischen Wahrheit, möglich machen, die der dramatische Dichter allerdings hintansetzen darf, um das Interesse seines Gegenstandes zu *erheben*, aber nicht um es zu *schwächen.* Wie teuer
läßt er uns also diese Episode bezahlen, die, an sich
betrachtet, gewiß eines der schönsten Gemälde ist, die in
einer größern Komposition, wo sie von verhältnismäßig
großen Handlungen aufgewogen würde, von der höchsten
Wirkung würde gewesen sein.

Egmonts tragische Katastrophe fließt aus seinem politischen Leben, aus seinem Verhältnis zu der Nation und zu
der Regierung. Eine Darstellung des damaligen politisch-
bürgerlichen Zustandes der Niederlande mußte daher
seiner Schilderung zum Grund liegen, oder vielmehr selbst
einen Teil der dramatischen Handlung mit ausmachen.
Betrachtet man nun, wie wenig sich Staatsaktionen überhaupt dramatisch behandeln lassen, und was für Kunst dazu
gehöre, so viele zerstreute Züge in Ein faßliches, lebendiges
Bild zusammenzutragen, und das Allgemeine wieder im
Individuellen anschaulich zu machen, wie z. B. Shakespear
in seinem J. Cäsar getan hat; betrachtet man ferner das

Eigentümliche der Niederlande, die nicht Eine Nation,
sondern ein Aggregat mehrerer kleinen sind, die unter sich
aufs schärfste kontrastieren, so daß es unendlich leichter
war, uns nach *Rom* als nach *Brüssel* zu versetzen; betrachtet
man endlich, wie unzählig viele kleine Dinge zusammen-
wirkten, um den Geist jener Zeit und jenen politischen
Zustand der Niederlande hervorzubringen; so wird man
nicht aufhören können, das schöpferische Genie zu bewundern, das alle diese Schwierigkeiten besiegt, und uns mit
einer Kunst, die nur von derjenigen erreicht wird, womit es
uns selbst in zwei andern Stücken in die Ritterzeiten
Deutschlands und nach Griechenland versetzte, nun auch
in diese Welt gezaubert hat. Nicht genug, daß wir diese
Menschen vor uns leben und wirken sehen, wir wohnen
unter ihnen, wir sind alte Bekannte von ihnen. Auf der
einen Seite die fröhliche Geselligkeit, die Gastfreundlich-
keit, die Redseligkeit, die Großtuerei dieses Volks, der
republikanische Geist, der bei der geringsten Neuerung
aufwallt, und sich oft eben so schnell auf die seichtesten
Gründe wieder gibt; auf der andern die Lasten, unter denen
es jetzt seufzt, von den neuen Bischofsmützen an, bis auf die
französischen Psalmen, die es nicht singen soll; – nichts ist
vergessen, nichts ohne die höchste Natur und Wahrheit
herbeigeführt. Wir sehen hier nicht bloß den gemeinen
Haufen, der sich überall gleich ist; wir erkennen darin den
Niederländer, und zwar den Niederländer dieses und keines
andern Jahrhunderts; in diesem unterscheiden wir noch den
Brüssler, den Holländer, den Friesen, und selbst unter
diesen noch den Wohlhabenden und den Bettler, den
Zimmermeister und den Schneider. So etwas läßt sich nicht
wollen, nicht erzwingen durch Kunst. – Das kann nur der
Dichter, der von seinem Gegenstand ganz durchdrungen
ist. Diese Züge entwischen ihm, wie sie demjenigen, den er
dadurch schildert, entwischen, ohne daß er es will oder
gewahr wird; ein Beiwort, ein Komma zeichnet einen
Charakter. Buyk, ein Holländer und Soldat unter Egmont,
hat beim Armbrustschießen das beste gewonnen, und will,

als König, die Herren gastieren. Das ist aber wider den Gebrauch.

Buyk. Ich bin fremd und König, und achte eure Gesetze und Herkommen nicht.

Jetter (ein Schneider aus Brüssel.) Du bist ja ärger als der Spanier, der hat sie uns doch bisher lassen müssen.

Ruysum (ein Frießländer.) Laßt ihn! Doch ohne Präjudiz! Das ist auch seines Herren Art, splendid zu sein, und es laufen zu lassen, wo es gedeiht!

Wer glaubt nicht in diesem *doch ohne Präjudiz* den zähen, auf seine Vorrechte wachsamen Friesen zu erkennen, der sich auch bei der kleinsten Bewilligung noch durch eine Klausel verwahrt. Wie wahr, wenn sich die Bürger von ihren Regenten unterreden.

Das war ein Herr! *(von Carl V spricht er:)* Er hatte die Hand über dem ganzen Erdboden, und war auch alles in allem – – – und wenn er euch begegnete, so grüßte er euch, wie ein Nachbar den andern u. s. f. Haben wir doch alle geweint, wie er seinem Sohn das Regiment hier abtrat – sagt ich, versteht mich – der ist schon anders, der ist majestätischer.

Jetter. Er spricht wenig, sagen die Leute.

Soest. Er ist kein Herr für uns Niederländer. Unsere Fürsten müssen froh und frei sein wie wir, leben und leben lassen u. s. w.

Wie treffend schildert er uns durch einen einzigen Zug das Elend jener Zeiten: Egmont geht über die Straße und die Bürger sehen ihn mit Bewunderung nach.

Zimmermeister. Ein schöner Herr!

Jetter. Sein Hals wäre ein rechtes Fressen für einen Scharfrichter.

Die wenigen Szenen, wo sich die Bürger von Brüssel unterreden, scheinen uns das Resultat eines tiefen Studiums jener Zeiten und jenes Volks zu sein, und schwerlich findet man in so wenigen Worten ein schöneres historisches Denkmal für jene Geschichte.

Mit nicht geringerer Wahrheit ist derjenige Teil des

Gemäldes behandelt, der uns von dem Geiste der Regierung und den Anstalten des Königs zu Unterdrückung des Niederländischen Volks unterrichtet. Milder und menschlicher ist doch hier alles und sehr veredelt ist besonders der Charakter der *Herzogin* von *Parma.* »Ich weiß, daß einer ein ehrlicher und verständiger Mann sein kann, wenn er gleich den nächsten und besten Weg zum Heil seiner Seele verfehlt hat« konnte eine Zöglingin des Ignatius Loyola wohl nicht sagen. Besonders gut verstand es der Dichter, durch eine gewisse *Weiblichkeit*, die er aus ihrem sonst *männischen* Charakter sehr glücklich hervorscheinen läßt, das kalte Staatsinteresse, dessen Exposition er ihr anvertrauen mußte, mit Licht und Wärme zu beseelen, und ihm eine gewisse Individualität und Lebendigkeit zu geben. Vor seinem *Herzog* von *Alba* zittern wir, ohne uns mit Abscheu von ihm wegzukehren; es ist ein fester, starrer, unzugänglicher Charakter, »*ein eherner Turm ohne Pforte, wozu die Besatzung Flügel haben muß.*« Die kluge Vorsicht, womit er die Anstalten zu Egmonts Verhaftung trifft, ersetzt ihm an unsrer Bewunderung, was ihm an unserm Wohlwollen abgeht. Die Art, wie er uns in seine innerste Seele hineinführt, und uns auf den Ausgang seines Unternehmens spannt, macht uns auf einen Augenblick zu Teilhabern desselben, wir interessieren uns dafür, als gält es etwas, das uns lieb ist.

Meisterhaft erfunden und ausgeführt ist die Szene Egmonts mit dem jungen Alba im Gefängnis, und sie gehört dem Verf. ganz allein. Was kann rührender sein, als wenn ihm dieser Sohn seines Mörders die Achtung bekennt, die er längst im Stillen gegen ihn getragen. »Dein Name wars, der mir in meiner ersten Jugend gleich einem Stern des Himmels entgegen leuchtete. Wie oft hab' ich nach dir gehorcht, gefragt! Des Kindes Hoffnung ist der Jüngling, des Jünglings der Mann. So bist du vor mir hergeschritten, immer vor und ohne Neid sah ich dich vor und schritt dir nach und fort und fort. Nun hofft' ich endlich dich zu sehen und sah dich, und mein Herz flog dir

entgegen. Nun hofft' ich erst mit dir zu sein, mit dir zu
leben, dich zu fassen, dich – das ist nun alles weggeschnit-
ten, und ich sehe dich hier!« – Und wenn ihm Egmont
darauf antwortet: »War dir mein Leben ein Spiegel, in
welchem du dich gern betrachtetest, so sei es auch mein
Tod. Die Menschen sind nicht bloß zusammen, wenn sie
beisammen sind, auch der Entfernte, der Abgeschiedene
lebt uns. Ich lebe dir und habe mir genug gelebt. Eines
jeden Tages hab' ich mich gefreuet« u. s. f. – Die übrigen
Charaktere im Stück sind mit wenigem treffend gezeichnet;
eine einzige Szene schildert uns den schlauen, wortkargen,
alles verknüpfenden und alles fürchtenden Oranien. Alba
sowohl als Egmont malen sich in den Menschen, die ihnen
nahe sind; diese Schilderungsart ist vortrefflich. Um alles
Licht auf den einzigen Egmont zu versammeln, hat der
Dichter ihn ganz isoliert, darum auch der Graf von
Hoorne, der Ein Schicksal mit ihm hatte, weggeblieben ist.
Ein ganz neuer Charakter ist Brackenburg, Klärchens
Liebhaber, den Egmont verdrängt hat. Dieses Gemälde des
melancholischen Temperaments mit leidenschaftlicher Liebe wäre einer eigenen Auseinandersetzung wert. Klärchen,
die ihn für Egmont aufgegeben, hat Gift genommen und
geht ab, nachdem sie ihm den Rest zurückgelassen. Er sieht
sich allein. Wie schrecklich schön ist diese Schilderung: »Sie
läßt mich stehn, mir selber überlassen. Sie teilt mit mir den
Todestropfen und schickt mich weg! von ihrer Seite weg!
Sie zieht mich an, und stößt ins Leben mich zurück. O
Egmont, welch preiswürdig Los fällt dir! Sie geht voran.
Sie bringt den ganzen Himmel dir entgegen! – Und soll ich
folgen? *wieder* seitwärts stehn? den unauslöschlichen Neid
in jene Wohnungen hinübertragen? Auf Erden ist kein
Bleiben mehr für mich und Höll und Himmel bieten gleiche
Qual.« – Klärchen selbst ist unnachahmlich schön und
wahr gezeichnet. Auch im höchsten Adel ihrer Unschuld
noch das gemeine Bürgermädchen, und ein Niederländi-
sches Mädchen – durch nichts veredelt als durch ihre Liebe,
reizend im Zustand der Ruhe, hinreißend und herrlich im

Zustand des Affekts. Aber wer zweifelt, daß der Verf. in einer Manier unübertrefflich sei, worin er sein eigenes Muster ist.

Je höher die Illusion in dem Stück getrieben ist, desto unbegreiflicher wird man es finden, daß der Verf. selbst sie mutwillig zerstört. Egmont hat alle seine Angelegenheiten berichtigt, und schlummert endlich, von Müdigkeit überwältigt, ein. Eine Musik läßt sich hören und hinter seinem Lager scheint sich die Mauer aufzutun, eine glänzende Erscheinung, die Freiheit in Klärchens Gestalt, zeigt sich in einer Wolke. – Kurz, mitten aus der wahrsten und rührendsten Situation werden wir durch einen Salto mortale in eine Opernwelt versetzt, um einen Traum – zu *sehen*. Lächerlich würde es sein, dem Vf. dartun zu wollen, wie sehr er sich dadurch an Natur und Wahrheit versündigt habe; das hat er so gut und besser gewußt, als wir, aber ihm schien die Idee, Klärchen und die Freiheit, Egmonts beide herrschende Gefühle, in Egmonts Kopf allegorisch zu verbinden, sinnreich genug, um diese Freiheit allenfalls zu entschuldigen. Gefalle dieser Gedanke, wem er will – Rez. gesteht, daß er gern einen *witzigen Einfall* entbehrt hätte, um eine *Empfindung* ungestört zu genießen.

ÜBER DIE IPHIGENIE AUF TAURIS

Göthes Schriften. Dritter Band, Leipzig, bey G. J. Göschen, 1787. 8°.*

Dieser dritte Band der Göthischen Werke enthält außer dem schon bekannten Trauerspiel *Clavigo* zwei neue Dramen: *Iphigenie* auf *Tauris* ein Schauspiel in fünf Akten und ein kleineres Stück: die *Geschwister*. Wir schränken uns hier allein auf das Zweite ein, einer ganz neuen und merkwürdigen Erscheinung in der dramatischen Literatur der Deutschen, die in allem Betracht die genaueste Erörterung verdienet.

Als der berühmte Verfasser mit seinem Götz von Berlichingen zum erstenmal in der literarischen Welt auftrat, widerfuhr ihm von dem großen Haufen seiner Kritiker was jedem Schriftsteller, der sich auf eine außerordentliche Art ankündigt, von dem Haufen gewöhnlich widerfährt. Aus seinem ersten Produkte wies man ihm sein Fach an; man zog daraus den Schluß auf alle folgende, man setzte seinem Genie Regel und Grenze. Seine damals noch mutwilligere Phantasie hatte die Schranken der Regel zu eng gefunden und übertreten; daraus wurde gefolgert, daß dieser Schriftsteller sich Shakespear zum Muster gewählt, und aller Kritik den tödlichsten Haß geschworen habe; und alle die engen Köpfe, die sich nicht anders, als nach der Regel interessieren und vergnügen lassen, triumphierten im Stillen, daß sie dadurch überhoben würden, gerecht gegen sein Genie zu sein. An dieser Klasse von Lesern hätte der Verfasser schwerlich eine ehrenvollere und schönere

---

* Es wird unsern Lesern nicht unangenehm sein, die Göthischen Werke von mehrern Mitarbeitern beurteilt zu lesen.

Der Herausg.

Rache nehmen können, als durch gegenwärtiges Stück, das zum lebendigsten Beweise dienet, wie groß sein schöpferischer Geist auch im größten Zwange der Regel bleibt, ja wie er diesen Zwang selbst zu einer neuen Quelle des Schönen zu verarbeiten verstehet. Hier sieht man ihn eben so, und noch weit glücklicher mit den griechischen Tragikern ringen, als er in seinem Götz von Berlichingen mit dem brittischen Dichter gerungen hat. In griechischer Form, deren er sich ganz zu bemächtigen gewußt hat, die er bis zur höchsten Verwechslung erreicht hat, entwickelt er hier die ganze schöpferische Kraft seines Geistes, und läßt seine Muster in ihrer eignen Manier hinter sich zurücke.

Man kann dieses Stück nicht lesen, ohne sich von einem gewissen Geiste des Altertums angeweht zu fühlen, der für eine bloße, auch die gelungenste Nachahmung viel zu wahr, viel zu lebendig ist. Man findet hier die imponierende große *Ruhe*, die jede Antike so unerreichbar macht, die Würde, den schönen Ernst, auch in den höchsten Ausbrüchen der Leidenschaft – dies allein rückt dieses Produkt aus der gegenwärtigen Epoche hinaus, daß der Dichter gar nicht nötig gehabt hätte, die Illusion noch auf eine andere Art – die fast an Kunstgriffe grenzt – zu suchen, nehmlich durch den Geist der Sentenzen, durch eine Überladung des Dialogs mit Epitheten, durch eine oft mit Fleiß schwerfällig gestellte Wortfolge und dergleichen mehr – die freilich auch an Altertum, und oft allzustark an seine Muster erinnern, deren Er aber um so eher hätte entübrigt sein können, da sie wirklich nichts zur Vortrefflichkeit des Stücks beitragen, und ihm ohne Notwendigkeit den Verdacht zuziehen, als wenn er sich mit den Griechen in ihrer ganzen Manier hätte messen wollen.

Vielleicht dürfte es dem größern Teile des Publikums der mit den Griechischen Tragikern wenig Bekanntschaft hat, nicht unangenehm sein, wenn wir die deutsche Iphigenie neben die griechische des Euripides stellen, und diesen Weg einschlagen, ihm eine richtige Idee von der erstern zu geben.

Iphigenie eröffnet das griechische Trauerspiel mit einem Selbstgespräch vor dem Tempel Dianens, worin sie uns mit ihrer Geschichte bis auf den gegenwärtigen Augenblick, ihren Aufenthalt im Tempel der taurischen Göttin, kürzlich bekannt macht. Man erfährt von ihr die Gewohnheit dieses barbarischen Volks, alle Fremdlinge, die an dieser Küste landen, der Diana zu opfern, und daß sie selbst als Priesterin dieses Amt zu übernehmen habe. Sie schließt mit Erzählung eines schreckhaften Traumes, der ihr den Tod ihres Bruders Orest zu verkündigen scheint, im Grunde aber die nachfolgende Entwicklung ihres Schicksals von ferne andeutet. Voll Glauben an diesen Traum geht sie, dem Verstorbenen mit ihren Jungfrauen die letzte Ehre zu erweisen.

Jetzt erscheint Orest mit seinem Freund Pylades auf der Szene. Ein Orakel des delphischen Apolls hat dem flüchtigen, von Furien verfolgten Orest im Tempel der taurischen Diana Rettung und Genesung versprochen, wenn er der Göttin Bild dort entwenden und nach Griechenland bringen würde. Unerkannt langen beide Freunde im Vorhof dieses Tempels an, den sie mit Schauern betrachten, und noch die Spuren von Menschenblut darin zu erblicken glauben. Orest entsetzt sich und will fliehen. (Man erfährt nicht, woher er diesen Gebrauch der Menschenopfer erfahren, da er diesen Augenblick erst landet, noch mit niemand gesprochen, auch vorher nichts darum gewußt haben kann, wie sein jetziges Schrecken und seine vorhabende Flucht beweisen.) Pylades stellt ihm das Schändliche dieser Flucht vor Augen und dringt in ihn, das Orakel zu erfüllen. Sie kommen überein die Nacht zu erwarten, um mit deren Begünstigung das Bild zu entwenden. Jetzt gehen sie, eine Grotte am Meer aufzusuchen, worin sie sich verbergen können.

Nun erscheint Iphigenie wieder in Gesellschaft des Chors, der aus gefangenen Griechinnen besteht. Sie bringt mit ihnen ihrem Bruder das Totenopfer. Sie weint über die Unfälle ihres Hauses, die sie noch einmal wiederholt, und betrauert ihr eigenes Schicksal an diesem unwirtbaren Ufer fremd und freudelos zu wohnen ἄγαμος, ἄτεχνος, ἄπολις, ἄφιλος, ohne Gemahl, ohne Kinder, ohne Vaterland, ohne Freunde.

Ein Schäfer kommt und bringt Nachricht von Gefangennehmung zweier Fremden, die man am Ufer entdeckt, und, als sie sich zur Wehr gesetzt, durch die Menge überwältigt habe. Er beschreibt einen fürchterlichen Furienanfall, den der eine von ihnen gehabt habe. Iphigenie will wissen, wer diese Fremden seien? Er weiß nichts zu sagen, als daß sie Griechen sein müssen, daß einer den andern *Pylades* gerufen, den Namen des andern aber habe er nicht gehört. (Wozu dieser kleinliche Kunstgriff? Soll er das Interesse vermehren? Soll er Iphigenien in der Folge eine Frage ersparen? so ist er gewiß nicht zum glücklichsten gewählt, weil er den Zufall in den Plan mischt, den der tragische Dichter sorgfältig vermeiden muß. Hätte der Schäfer den Namen *Orest* noch aussprechen hören, so wars um den ganzen folgenden Gang der Tragödie geschehen. Leser und Zuschauer fühlen dies, und empfinden es widrig, daß es nur an einem dünnen Haare gehangen hat, ob der Rest des Stücks so oder anders würde.) Der Schäfer erzählt, daß der König die Fremden bereits zum Opfer bestimmt habe, und wünscht der Priesterin Glück und noch recht viel solche Opfer, damit sie an Griechenland für die in Aulis erlittne Grausamkeit gerochen werde! Sie schickt ihn hinweg mit dem Befehl, ihr die Gefangenen herzuführen.

Iphigenie wirft sich ihre Unempfindlichkeit vor, und gibt ihrem finstern Traume davon die Schuld. Unglückliche, sagt sie, wollen den Glücklichen nicht wohl, weil es ihnen selbst übel gehet. Sie wünscht Helena und Menelaus an diese taurische Küste: »Wie wollte ich sie ein Aulis hier finden lassen!« Sie erinnert sich der Grausamkeit ihres Vaters, der sie Dianen geschlachtet, und nun vielleicht auch den Orest durch ein ähnliches Schicksal hingerafft habe. Sie kann nicht glauben, daß Menschenopfer einem göttlichen

Wesen gefallen. »Die barbarischen Bewohner dieser Küste
sind es, die die Schuld ihres eigenen Blutdurstes auf die
Götter wälzen.«

Der Chor unterredet sich von der Ankunft der Fremden,
von dem Weg den sie wohl genommen haben möchten, und
von den Gefahren dieser Reise. Er moralisiert über die
Habsucht, welche die Menschen dahinbringe, Meere und
barbarische Städte zu durchirren, und beschließt mit dem
Wunsche, daß doch einmal ein griechisches Schiff sich hier
zeigen möchte, seine Gefangenschaft zu endigen, und ihn
nach dem lieben Griechenland heimzubringen.

Dritter Aufzug. Die gefangenen Griechen werden vor die
Priesterin geführt. Sie läßt ihnen die Hände losbinden. »Sie
sind heilig, sagt sie, sie müssen frei sein.« Jetzt, nachdem sie
die Wächter entfernt hat, beginnt eine Unterredung mit den
Griechen, die wir darum ganz hieher setzen wollen, um
dem Leser das Vergnügen zu verschaffen, sie mit einer
ähnlichen des deutschen Dichters, die alsdann folgen wird,
zu vergleichen.

»Arme Fremdlinge, redet Iphigenie sie an, welche
Mutter, welcher Vater gab euch das Leben? Welche
Schwester, habt ihr eine Schwester, wird sich dieses
brüderlichen Paares beraubet sehen? – Ach! Wer kennt den
Ausgang der Dinge? Dunkel sind die Wege der Götter, und
niemand ahndet das nahe Verderben! Unsern Augen
verhüllt es das Schicksal – Aber sagt an – Von wannen
kommt ihr, bedauernswürdige Fremdlinge? Was für eine
weite Reise habt ihr in diese Gegend gemacht, und wie
lange werdet ihr von euerm Vaterlande ausbleiben? – Ihr
werdet auf immerdar ausbleiben.

OREST Wer du auch sein magst, unbekannte Frau – was
weinest du und trauerst über Leiden, die uns bedrohen? Die
Furcht des Todes mit eiteln Tränen bekämpfen wollen, ist
nicht weise. Wer ein Verhängnis, das er nicht abwenden
kann, beweinet, macht aus einem Übel zwei, und wird

darum nicht weniger sterben. Laß immer dem Schicksale seinen Lauf, und höre auf, uns zu betrauern. Was für Opfer man in diesem Lande bringt, wissen wir und haben wir erfahren.

IPHIGENIE Wer von euch beiden nennt sich Pylades? Dies laßt mich zuerst wissen.

OREST Dieser hier – Was kann es dir aber für Freude machen, dieses zu wissen?

IPHIGENIE Aus welcher Gegend Griechenlands gebürtig?

OREST Wenn du dies auch erfährest – Was frommt dir das Jungfrau?

IPHIGENIE Brüder von Einer Mutter?

OREST Freundschaft, nicht Geburt, macht uns zu Brüdern.

IPHIGENIE *zu Orest:* Aber du – welchen Namen gab dir dein Vater?

OREST Ich bin unglücklich. Das ist mein Name.

IPHIGENIE Das ists nicht, was ich frage. Halte dich an dein Schicksal.

OREST Laß mich unerkannt sterben, so wird niemand meines Unglücks spotten.

IPHIGENIE Hast du solche Gesinnungen? Denkst du so edel?

OREST Du opferst meinen Leib, nicht meinen Namen.

IPHIGENIE Darf ich nicht wenigstens die Stadt wissen, die dir das Leben gab?

OREST Jetzt empfang' ich den Tod – was kann mir jenes mehr nützen?

IPHIGENIE Willst du mir diesen Dienst nicht erzeigen?

OREST Das glorreiche Argos ist mein Geburtsland.

IPHIGENIE Fremdling! Um der Götterwillen! Ist das wahr? Daher wärst du gebürtig?

OREST Ja aus Mycene, die einst so beglückt war.

IPHIGENIE Verließest du dein Vaterland als ein Flüchtling, oder was für ein Schicksal entriß dich demselben?

OREST Wider Willen mußt' ich es fliehen, und doch war es mein eigener Vorsatz.

IPHIGENIE Wirst du mir gerne beantworten, was ich dich fragen möchte?

OREST Wenn du dich hüten willst, nach meinem Unglück zu fragen.

5 IPHIGENIE Fremdling du weißt nicht, wie willkommen du mir bist aus Mycene!

OREST Desto besser für dich! Von mir kann ich dasselbe nicht sagen.

IPHIGENIE Du hast doch von Troja gehört, die in
10 Jedermanns Munde ist.

OREST Daß ich nie davon gehört hätte! daß ich sie auch im Traum nie gesehen hätte!

IPHIGENIE Sie stehe nicht mehr, sagt man. Sie sei mit Sturm erobert.

15 OREST Man hat dir die Wahrheit gesagt.

IPHIGENIE Helena ist also mit Menelaus zurück gekehrt?

OREST Sie ist zurückgekehrt – und einem der Meinigen zum Verderben.

20 IPHIGENIE Wo ist sie jetzt? Auch mir war sie einst zum Verderben!

OREST Zu Sparta wohnt sie bei ihrem ersten Gemahle.

IPHIGENIE Allen Griechen ein Abscheu wie mir!

25 OREST Auch ich weiß davon zu erzählen.

IPHIGENIE Und sind die Griechen zurückgekehrt, wie die Sage verbreitet?

OREST Wie viel fragst du mit dieser einzigen Frage!

IPHIGENIE Ehe du stirbst, gönne mir diese Erzäh-
30 lung.

OREST Frage, was dir gefällt. Ich will dir antworten.

IPHIGENIE Kehrte Kalchas der Priester von Troja zurücke?

OREST Das Gerüchte sagte ihn tot in Mycene.

35 IPHIGENIE Heilige Vergelterin! – Und der Sohn des Laertes?

OREST Sah seine Heimat noch nicht wieder – Doch am Leben soll er noch sein.

IPHIGENIE Verderben über ihn! Mög er sie nie wieder sehen!

OREST Wünsch ihm nichts Böses! Er hat der Leiden genug.

IPHIGENIE Aber jener Sohn der Thetis – lebt Achilles noch?

OREST Er ist nicht mehr – und seine Hochzeit in Aulis war nichts!

IPHIGENIE Betrug war sie! Laß d i e davon sprechen, die es zu ihrem Verderben erfuhren.

OREST Aber sage mir, wer bist du, die nach den Schicksalen Griechenlands so genau und so wohl unterrichtet sich erkundigt?

IPHIGENIE Ich bin selbst eine Griechin – aus Griechenland gerissen in der Blüte meiner Jugend.

OREST Nun freilich ist deine Neugierde löblich.

IPHIGENIE Was ward aber aus dem Feldherrn der Griechen, dem Glücklichgepriesenen?

OREST Von welchem Feldherrn redest du? Denn wahrlich d e r, den ich kenne, kann nimmermehr damit gemeint sein?

IPHIGENIE Agamemnon nannten sie ihn, den Sohn des Atreus.

OREST Von diesem weiß ich nichts. Enthalte dich solcher Fragen.

IPHIGENIE Um der Götter willen, Fremdling! Antworte mir! Richte meine Seele auf.

OREST Der Unglückliche ist tot, und noch ein andrer folgt ihm ins Verderben.

IPHIGENIE Tot! O ich Ärmste! – Tot! – Und w i e fiel er?

OREST Was seufzest du über ihn? Er gehörte D i r ja nicht an.

IPHIGENIE – – – Sein voriges Glück erpreßte mir diese Träne.

OREST Ja. Schrecklich war sein Schicksal. Sein Weib brachte ihn ums Leben.

IPHIGENIE O! dann ist sie beweinenswürdig wie er!

OREST Jetzt aber höre auf und forsche nicht weiter.

IPHIGENIE Noch diese einzige Frage – Lebt sie noch die Gattin des Unglückseligen?

OREST Sie ist nicht mehr. Ihr Sohn, sein Sohn hat sie getödet.

IPHIGENIE O des jammervollen Hauses! Getödet? Wissentlich getödet?

OREST Als der Rächer seines Vaters.

IPHIGENIE Entsetzlich! – Gerecht und entsetzlich!

OREST So gerecht es war – Die Götter verfolgen ihn.

IPHIGENIE Hinterließ Agamemnon sonst noch Kinder?

OREST Eine einzige Tochter, Elektra.

IPHIGENIE Wie? Und von jener, die in Aulis geopfert ward, hört man nichts mehr?

OREST Nichts, als daß sie tot sei, und das Licht der Sonne nicht mehr genieße.

IPHIGENIE Sie ist zu beweinen, wie ihr Vater, der sie tötete.

OREST Und um einer Nichtswürdigen willen tötete!

IPHIGENIE Aber der Sohn des Ermordeten – lebt der noch in Argos?

OREST Der Unglückliche lebt. Nirgends und überall.

IPHIGENIE Er lebt! Hinweg mit euch betrügerische nichtige Träume u. s. f.

Nun verfällt Iphigenie auf den Gedanken, einen dieser Griechen dem Opfertode zu entziehen, und durch ihn einen Brief nach Argos zu schicken. Ihre Wahl fällt auf Oresten, sein Freund soll sterben für beide, weil der Staat es einmal so gebiete. Dagegen aber setzt sich Orest, er allein will sterben, sein Freund soll den Brief bestellen, und sein Leben davon bringen. Diese Großmut rührt die Priesterin. »Möchte der einzige übriggebliebene Zweig meines Hauses dir gleichen! – Denn wisse, auch *mir* lebt ein Bruder, nur sein Anblick ist mir versagt. Weil du es denn so willst, so mag *der* gehen und den Brief bestellen; du aber bleibst und stirbst, denn dich verlangt ja zu sterben. (Man begreift nicht warum sie nicht beide rettet. Ist es ihr bei einem möglich, warum nicht auch bei dem andern? Ist es Gewissenhaftigkeit gegen das Gesetz? Sie verabscheut es und überdies will sie es ja zum Vorteil des Pylades – oder vielmehr zu ihrem eigenen – übertreten.) Orest erkundigt sich nun, wer das abscheuliche Opfer an ihm vollziehen werde?

IPHIGENIE Ich selbst, als Priesterin der Diana.

OREST Ein unwürdiges, ein trauriges Amt für eine Jungfrau wie du bist.

IPHIGENIE Die Notwendigkeit legt es mir auf. Der Notwendigkeit muß man gehorchen.

OREST Du, ein junges Weib, willst Männer mit dem Eisen erwürgen?

IPHIGENIE Nicht erwürgen. Mein Amt ist, das heilige Wasser über dein Haupthaar zu gießen.

OREST Wer aber wird der Opferer sein, wenn mir erlaubt ist, es zu wissen?

IPHIGENIE Drinnen im Tempel sind welche, die dieses Amt übernehmen werden.

OREST Und welche Grabstätte wird meinen Leichnam empfangen?

IPHIGENIE Das heilige Feuer im Tempel und die dunkle Steinkluft.

OREST Ach! daß keine schwesterliche Hand es hier schmücken wird!

IPHIGENIE Ein eitler Wunsch, armer Fremdling, wer du auch sein magst – denn deine Schwester wohnt ferne von dieser barbarischen Küste. Doch, weil du aus Argos stammest, so will ich selbst, was an mir ist, diesen letzten Dienst dir erzeigen. Ich werde deine Grabstätte schmücken und süßen Honig auf den Holzstoß gießen. An mir sollst du keine Feindin finden, u. s. f. Und nunmehr geht sie in den Tempel, den Brief zu holen; die Gefangenen übergibt sie

den Wächtern, mit dem Befehl, sie wohl zu hüten, aber
nicht zu binden.

Der Chor, der ein wichtiges Interesse hat, Iphigenien
nicht zu verraten, weil sein eigenes Schicksal an ihres fest
gebunden ist, beklagt Oresten, und wünscht dem Pylades
Glück zu seiner Errettung. Er geht und läßt beide Freunde
allein. (Dies Weggehen des Chors ist gegen das Herkommen auf der griechischen Bühne, aber Euripides mußte ihn
wegschaffen, um ihn bei der folgenden Szene nicht zum
Zeugen zu haben, wodurch die Erkennungsszene zu
Grunde gegangen sein würde.)

»Wer ist diese Jungfrau, fragt Orest seinen Freund ganz
verwundert. Wie ganz Griechin sie war! wie wohl berichtet
und wie genau sie sich nach dem Trojanerkriege erkundigte,
nach der Heimkehr der Griechen, nach Kalchas dem
Priester und nach dem Achilles? Wie sie den unglückseligen
Agamemnon beklagte, ja seine Gemahlin, seine Kinder
selbst nicht vergaß! Gewiß! diese Fremde ist aus Argos
gebürtig, wie hätte sie sonst Briefe dahin zu schicken, und
mit so nahem Anteil nach den Begebenheiten in Mycene zu
fragen!

PYLADES Du nimmst diesen Gedanken aus meiner Seele
– Doch wem, der nur einige Neugierde nach diesen Dingen
hat, sollte das Schicksal so großer Könige unbekannt
bleiben? – Aber Orestes – die Priesterin sagte noch etwas
anders –

OREST Was ist das? Teile mirs mit, so können wirs
vielleicht zusammen herausbringen.

PYLADES Wenn du stirbst Orest, kann i c h das Licht nicht
mehr schauen. Zusammen schifften wir und zusammen
müssen wir auch sterben. Wie schändlich, wenn ich ohne
dich nach Argos, nach Phozis zurückkäme! Du kennst die
bösen Zungen der Menschen. Würde es nicht heißen, ich
hätte dich als ein Verräter verlassen? oder dich gar
ermordet, um mich als deiner Schwester Gemahl in den
Besitz deines Erbes und deiner Herrschaft zu setzen? Nein!
davor graut mir. Dieser Argwohn brächte mir Schande!

Miteinander müssen wir erblassen, miteinander erwürgt werden! Meine Asche muß sich mit der deinigen vermischen, denn ich bin dein Freund, und ich fürchte mich vor dem Tadel.« (Diese Stelle ist ein merkwürdiges Beispiel von den Gesinnungen auf der griechischen Bühne. Wie sehr vermeidet der Dichter, seinen Pylades eine reine idealische Großmut zeigen zu lassen, wie wenig erlaubt er ihm, sich über die Menschheit zu erheben! Auch gibt Pylades (wie sehr es auch der P. Brumoy zu verstecken sucht) den Gründen seines Freundes nach, und verspricht ihm, am Leben zu bleiben, ihm in Argos ein Grabmal zu errichten, und der Freund des Toten zu sein, wie des Lebenden.)

Vierter Aufzug. Iphigenie kommt mit dem Briefe aus dem Heiligtum zurück, und läßt sich von Pylades erst einen Eid schwören, daß er ihn ja übergeben wolle. »Denn, sagt sie, der Unglückliche ist sich nicht mehr ähnlich, wenn er von der Furcht zur Sicherheit übergeht; darum besorg ich, wenn er nur erst wieder den Fuß aus diesem Lande hat, wird er sich wenig um meine Briefe bekümmern.« Aber auch von ihr fodert Orest einen Eid, daß sie seinen Freund ja lebendig von dannen bringen wolle. »Sehr billig, sagt sie. Denn wie könnte er sonst meinen Botschafter machen?« Nun fällt aber dem Pylades ein, daß ihn ein Sturm überfallen, und der Brief zu Grunde gehen könnte. In diesem Falle bedingt er sich aus, seines Eides quitt und ledig zu sein. »Weißt du, was ich tun will? sagt Iphigenie. Niemand kann für Zufälle stehen. Ich will dir mündlich sagen, was in dem Briefe enthalten ist, so kannst du alles selbst an die Freunde bestellen, und wir sind denn sicher. Rettest du den Brief, so wird er schweigend seinen Inhalt melden. Geht er im Meer verloren und du kommst mit dem bloßen Leben davon, so wirst *du* meine Worte bewahren.« Nun weiß man nicht ob sie den Brief abliest, oder seinen Inhalt bloß auswendig meldet. Dem Texte nach scheint das erste zu sein, das zweite aber ist wahrscheinlicher, weil nicht zu vermuten ist, daß sie den Brief wieder erbrochen

haben werde. »Die lebendige Iphigenie, lautet der Brief, die
man in Argos nicht mehr lebendig glaubt, sendet dem
Orest diesen Brief – Wo ist diese Iphigenie? Ist die Tote
wieder erstanden? unterbricht sie der erstaunte Orest –
»Die du vor Augen siehst, ists, gibt sie zur Antwort, aber
störe mich jetzt nicht in meiner Rede. – Führe mich hinein
nach Argos, fährt sie fort, eh ich sterbe – Führe mich aus
diesem barbarischen Lande, aus dem Tempel der Göttin,
der ich Menschenopfer bringen muß. Sonst werd ich dich
und dein ganzes Haus mit meinen Verwünschungen verfolgen. – Orestes – Ich wiederhole dir den Namen, sagt sie
zu Pylades, damit du ihn besser behaltest.« Der Schluß des
Briefs ist die Geschichte ihrer wundervollen Errettung in
Aulis.

Pylades überreicht den Brief sogleich dem Orest. »Ich
brauche wenig Zeit, sagt er, um mich meines Eides zu
entledigen. Hier Orest übergeb ich dir den Brief deiner
Schwester.« Dieser fällt Iphigenien um den Hals. »O meine
Schwester, meine teuerste Schwester, die jetzt so bestürzt
da steht! Meine Arme umschlingen dich und doch kann ich
es noch nicht glauben.« Der Chor mischt sich nun ein, und
bedeutet Oresten, daß er die Hand nicht legen soll an den
Schleier der Priesterin. Noch steht Iphigenie sprachlos und
entzieht sich seiner Umarmung. »*Du* mein Bruder? ruft sie
endlich aus. Wirst du nicht aufhören, solche Reden zu
führen? Mein Bruder ist zu Nauplia in Argos!

OREST Unglückliche! Nein! Da ist er nicht.

IPHIGENIE Du der Sohn Clytemnestrens?

OREST Ja und Pelops Enkel.

IPHIGENIE Was sagst du? Kannst du mir das beweisen?

OREST Das kann ich. Höre mich an. Ich will dir vom
väterlichen Hause erzählen.

IPHIGENIE Das mußt du, und ich muß hören.

OREST Zuerst also höre. Die Zwietracht ist dir bekannt
zwischen Thyest und Atreus?

IPHIGENIE Wegen des goldenen Vlieses? Ja. Davon hört' ich erzählen.

OREST Und diese Geschichte sticktest du in ein kostbares Gewebe? Erinnerst du dich dessen?

IPHIGENIE Liebster! – Ja – ich fange an, dir zu glauben.

OREST In diesem Gewebe zeigtest du noch die untergehende Sonne.

IPHIGENIE Ja. Die webt' ich darein mit zarten Fäden.

OREST Und die Mutter besprengte dich in Aulis mit heiligem Wasser.

IPHIGENIE Ach! Ich weiß es. Das war jene traurige Hochzeit.

OREST Wozu schicktest du der Mutter die abgeschnittene Locke?

IPHIGENIE Daß man sie mit mir begrübe!

OREST Nun will ich dir auch Zeichen nennen, die ich selbst gesehen habe. Du kennst die alte Lanze des Pelops, womit er den Oenomaus tötete und sich Hippodamien von Pisa erwarb. Ich sah sie in deinem Gemache.

IPHIGENIE Genug. O mein Geliebtester – Mein Teuerster – Mein Orest! Du bists. Ich habe dich, den Fernen! den mein Vaterland, mein Argos gebar, den Geliebtesten!

OREST Und ich die Totgeglaubte! Und Tränen, Tränen süßer Wehmut fließen aus deinen Augen, wie aus den meinigen.

IPHIGENIE Sieh doch! Das lag noch als Kind in den Armen der Wärterin, als ich mein Haus verließ! – O Wonne die keine Worte aussprechen! Was sag ich? Es geht über alle Wunder, über alles was sich denken läßt.

OREST Wir sind wieder vereinigt. Vereinigt wollen wir glücklich sein.

IPHIGENIE *zum Chor:* Eine unverhoffte Wonne ist mir geworden, meine Gespielinnen! Aber mir ist bange, daß sie mir nicht unter den Händen in die Lüfte entschlüpfe« u. s. f.

Nun fährt sie fort sich nach der Geschichte ihres Hauses zu erkundigen, nach der Ermordung und nach dem Verbrechen ihrer Mutter.

»Laß uns davon schweigen, antwortet ihr Orest. Dir steht es nicht an, solches zu hören.« Er erzählt seinen verlassenen fürchterlichen Zustand nach vollbrachtem Mord, und das Gericht das unter dem Vorsitz Apolls und Minervens zu Athen von den Furien über ihn gehalten worden. Apoll ist sein Verteidiger und Minerva sammelt die Stimmen, die durch ihre Vermittlung zu seinem Vorteile ausfallen. Er wird losgesprochen, aber die andern Furien, mit diesem Spruch nicht zufrieden, werfen sich auf ihn und jagen ihn flüchtig von einem Orte zum andern. In dieser Angst eilt er nach Delphi und fodert Hülfe von Apollo, der ihm auflegt, nach Tauris zu gehen und das vom Himmel gefallene goldne Bild dort zu entwenden, wozu ihm Iphigenie jetzt verhelfen soll. Aber hier liegt die Schwürigkeit! Wie kann diese Flucht und dieser Diebstahl dem Beherrscher von Tauris verborgen bleiben? Wird Iphigenie es nicht mit ihrem Leben bezahlen müssen? Sie ist großmütig genug, das letzte in Gefahr zu setzen, wenn Orest nur gerettet wird, dieser aber will lieber in Tauris sterben als seine Schwester verlassen. Er bringt in Vorschlag, den Thoas zu ermorden, was sie aber aus Furcht und Achtung für die gastfreundlichen Gesetze verwirft. Er will sich irgendwo verbergen und die Nacht abwarten, »denn die Nacht, sagt er, ist für Räuber, das Licht für die Wahrheit.« Auch dies findet Schwürigkeiten. – Nun fällt ihr ein, daß sich die Raserei des Orest selbst zu ihrer gemeinschaftlichen Rettung vielleicht benutzen ließe.

»Das Weib, ruft Orest aus, ist doch gar sinnreich und erfahren in allerlei Listen.

IPHIGENIE Ich will deine Mordtat bekannt machen.

OREST Benutze meine Verbrechen wozu du sie gut findest.

IPHIGENIE Solche Opfer, werde ich sagen, verschmähe die Göttin.

OREST Und wozu soll dir dieser Vorwand dienen? Ich ahnde etwas.

IPHIGENIE Du seist unrein, du bedürfest der Reinigung, werde ich sagen.

OREST Wie kann uns dies dazu helfen, das Bild der Göttin zu entwenden?

IPHIGENIE Ich werde dich im Meerwasser baden.

OREST Aber das Bild, warum es uns zu tun ist, bleibt drinnen im Tempel!

IPHIGENIE Du habest es berührt, werde ich vorgeben. Auch das Bild müsse gereinigt werden.

OREST Und wo soll dies geschehen? In welcher Meeres Gegend?

IPHIGENIE Eben dort, wo dein Schiff vor Anker liegt.

OREST Wird man dieses Amt aber keinem dritten übergeben?

IPHIGENIE Ich allein übernehm es. Ich allein habe das Recht, das Bild der Göttin zu berühren.

OREST Was geben wir aber diesem *auf Pylades zeigend* dabei zu tun?

IPHIGENIE Er sei mit demselben Verbrechen befleckt, werde ich vorgeben.

OREST Kannst du alles dieses heimlich vollbringen, oder muß der König davon wissen?

IPHIGENIE Ich muß ihn durch Überredung dazu zu bringen suchen. Ihn kann ich nicht täuschen.

OREST Und dann retten wir uns durch geschwindes Rudern?

IPHIGENIE Das ist alsdann deine Sache« u. s. f.

Nun beschwört sie noch den Chor, sie nicht zu verraten. Wenn sie erst in Griechenland sei, wolle sie auch für ihre hier zurückgelassenen Gespielinnen sorgen. Der Chor sagt es ihr zu und beschließt diesen Akt mit einer wehmütig-schönen Erinnerung an sein Vaterland und seine verlorene Freiheit. Er preist Iphigenien selig, die nun mit schwellenden Segeln davon eilen, und ihre Gespielinnen an diesem barbarischen Ufer weinend zurücklassen werde!

Fünfter Aufzug. Thoas kommt in den Tempel, gerade in dem Augenblick da Iphigenie, der Göttin Bild in den Armen tragend, herauskommt. Hier kommt es nun zu einer Unterredung, worin Iphigenie allen Doppelsinn und alle Künste aufbietet, um den Thoas zu betrügen, der sich denn auch wirklich in frommer Einfalt und vollem Glauben an ihre Redlichkeit dadurch hintergehen läßt. Sie befiehlt ihm, unterdessen die Gefangenen im Meere gebadet würden, sich im Tempel aufzuhalten, um ihn zu reinigen; auch nicht unruhig zu werden, wenn sie etwas lange ausbleiben sollte. Wenn man die Griechen herausführe, solle er sein Gesicht mit dem Mantel verhüllen, um sich durch den Anblick dieser Verbrecher nicht zu besudeln. Seinem Volke muß er gleichfalls Befehl geben, sich weit von dieser unreinen Gegend zu entfernen, und um ihn recht sicher zu machen, bittet sie ihn selbst darum, die Gefangenen binden zu lassen, damit ihnen die Lust nicht ankäme, sich in Freiheit zu setzen, »denn sagt sie, bei den Griechen ist weder Treu noch Glaube zu finden.« Während daß die Griechen ihren Anschlag am Ufer ausführen, bleibt der Chor auf der Bühne und richtet eine Hymne an Apoll und Minerven. Bald darauf erscheint ein eilender Bote, der den Thoas heraus-ruft, und ihm die Flucht der Griechen verkündigt. Der erzürnte König will schon sein ganzes Volk aufbieten, den Fliehenden nachzusetzen, die er vom Fels herabstürzen oder *pfählen* lassen will, sobald sie wieder in seiner Gewalt sind, als – Minerva dazwischen tritt und ihm Einhalt tut; Orest, sagt sie, ist nicht ohne Zutun der Götter an dies Ufer gekommen. Sie wendet sich darauf an Orest selbst, »denn, sagt sie, so weit er auch entfernt ist, die Stimme einer Göttin hört er doch.« – (Man muß gestehen, daß dies Mittel, die Einheit des Orts zu retten, und etwas sagen zu lassen, was mit keiner physischen Möglichkeit gesagt werden kann, possierlich genug ist. Es ist etwas bequemes um die Götter,

und die alten Tragiker hatten hierin große Vorteile vor den
Neuern voraus. – Wie kann man darum von den letztern
verlangen, sich eben dem strengen Gesetz der *Ort*einheit zu
unterwerfen, da sie dieses Gesetz nicht so *geschickt* wie ihre
Vorgänger umgehen können.) Sie gibt ihm und Iphigenien 5
Befehle, wie sie sich den Göttern bei ihrer Nachhausekunft
dankbar erzeigen sollen und legt ihnen noch einige
Einrichtungen auf, die den Stolz der Athenienser schmei-
cheln konnten, denen hier überhaupt etwas angenehmes
gesagt werden sollte. Thoas fügt sich dem Willen der 10
Göttin – denn welcher Sterbliche, sagt er, wird gegen die
Götter ankämpfen?

Das deutsche Schauspiel wird, wie das griechische, mit
einem Selbstgespräch Iphigeniens eröffnet, das im Ganzen
denselben Inhalt hat – stillen Widerwillen gegen ihr 15
priesterliches Amt und Sehnsucht nach ihrem Vaterlande.

> So manches Jahr bewahrt mich hier verborgen
> ein hoher Wille dem ich mich ergebe,
> doch immer bin ich, wie im ersten, fremd.
> Denn ach mich trennt das Meer von den Geliebten 20
> und an dem Ufer steh ich lange Tage
> das Land der Griechen mit der Seele suchend u. s. f.

Arkas ein redlicher Diener des Thoas tritt auf, ihr die
siegreiche Heimkehr des Königs von einem Feldzuge zu 25
verkündigen; zugleich kommt er auf einen alten Wunsch
seines Herrn zu reden, sie als Gattin zu besitzen, dem sie
immer ausgewichen ist und abermals ausweicht. Der König
erscheint gleich darauf selbst und erneuert seinen Antrag.
Er hat einen einzigen Sohn verloren; die Öde seiner 30
Wohnung und ein kinderloses Alter wecken den alten
Wunsch lebhafter in ihm auf. Die Priesterin hüllt sich, wie
bisher, in ein geheimnisvolles Wesen, worüber ihr Thoas
sanfte Vorwürfe macht. Sie entschuldigt diese Zurückhaltung mit der Furcht, durch Bekanntmachung ihres Ge- 35

schlechts den bisher genossenen Schutz zu verlieren, und
ein Gegenstand seines Abscheus zu werden. Er kann sich
nicht überreden, daß er an ihr ein schuldvolles Haupt
beschütze; seitdem sie in Tauris wohne und des Gastrechts
5 da genieße, sei er sichtbar gesegnet worden. Er verspricht
ihr, wenn sie Rückkehr hoffen könne, ihr kein Hindernis in
den Weg zu legen, sie in Frieden ziehen zu lassen.

Nun entdeckt sie ihm ihren Ursprung und gibt ihm die
Geschichte ihrer Ahnherrn bis auf Thyest und Atreus, wo
10 sie abbricht. Er ermahnt sie, fortzufahren.

Wohl dem, der seiner Väter gern gedenkt,
der froh von ihren Taten, ihrer Größe,
den Hörer unterhält, und still sich freuend
an's Ende dieser schönen Reihe sich
15 geschlossen sieht! Denn es erzeugt nicht gleich
ein Haus den Halbgott, noch das Ungeheuer;
Erst eine Reihe Böser oder Guter
bringt endlich das Entsetzen, bringt die Freude
Der Welt hervor – Nach ihres Vaters Tode
20 gebieten Atreus und Thyest der Stadt
gemeinsam herrschend. Lange konnte nicht
die Eintracht dauern. Bald entehrt Thyest
des Bruders Bette. Rächend treibet Atreus
ihn aus dem Reiche.

25 (Diese vier Jamben klingen ganz unerträglich monoto-
nisch, weil alle vier ihre Kadenz nach der fünften Silbe
haben, und aus drei Perioden bestehen, die gleichviel Silben
haben. Dazu kommt daß die vier Anfänge *Lange, Bald,
Rächend, Tückisch* auch zu eintönig lauten. Schon das Auge
30 stößt sich daran und noch weit mehr das Ohr.)

Tückisch hatte schon
Thyest, auf schwere Taten sinnend, lange
dem Bruder einen Sohn entwandt und heimlich
ihn als den seinen schmeichelnd auferzogen.

Dem füllet er die Brust mit Wut und Rache
und sendet ihn zur Königsstadt, daß er
im Oheim seinen eignen Vater morde.
Des Jünglings Vorsatz wird entdeckt; der König
straft grausam den gesandten Mörder, wähnend,   5
er töte seines Bruders Sohn. Zu spät
erfährt er wer vor seinen trunknen Augen
gemartert stirbt; und die Begier der Rache
aus seiner Brust zu tilgen, sinnt er still
auf unerhörte Tat. Er scheint gelassen,   10
gleichgültig und versöhnt, und lockt den Bruder
mit seinen beiden Söhnen in das Reich
zurück, ergreift die Knaben, schlachtet sie
und setzt die ekle schaudervolle Speise
dem Vater bei dem ersten Mahle vor.   15
Und da Thyest an seinem Fleische sich
gesättigt, eine Wehmut ihn ergreift,
er nach den Kindern fragt, den Tritt, die Stimme
der Knaben an des Saales Türe schon
zu hören glaubt, wirft Atreus grinsend   20
ihm Haupt und Füße der Erschlagnen hin.

Du wendest schaudernd dein Gesicht, o König:
so wendete die Sonn' ihr Antlitz weg,
und ihren Wagen aus dem ewgen Gleise.
Dies sind die Ahnherrn deiner Priesterin;   25
und viel unseliges Geschick der Männer,
viel Taten des verworrnen Sinnes deckt
die Nacht mit schweren Fittigen und läßt
uns nur in grauenvolle Dämmrung sehn.

THOAS   30
Verbirg sie schweigend auch.

Wie sie geendigt hat, wiederholt der König seinen Antrag,
aber eben so fruchtlos. Ihr hartnäckiges Weigern bringt ihn
auf; um sich nicht gegen sie zu vergessen, bricht er lieber
ab, erklärt aber, daß er von jetzt an die Menschenopfer   35

wieder ihren Gang wolle gehen lassen, die er, durch ihre
Reden bezaubert, bis jetzt unterlassen habe. Eben seien
zwei Fremde eingebracht, mit denen die Göttin ihr erstes
lang entbehrtes Opfer wieder empfangen solle. Ein schöner
Monolog Iphigeniens schließt diesen Akt.

Orest und Pylades – sie sind die eingebrachten Fremden – eröffnen den zweiten Aufzug. Orest hofft nichts
mehr und sieht dem Tod als seinem einzigen Retter mit
Verlangen entgegen, nur das gleiche Los seines Freundes
macht ihm Kummer. Pylades kann noch nicht von bessern
Aussichten scheiden, und glaubt auch jetzt noch fest an die
Aufrichtigkeit des delphischen Gottes. Er bemüht sich
auch in der Seele seines Freundes Hoffnung und Mut
lebendig zu erhalten, und seinen Blick auf heitre Szenen zu
ziehen. Sie verlieren sich in den Szenen ihrer Kindheit.

Pylades gründet seine Hoffnung auf die Nachricht, daß
ein fremdes göttergleiches Weib das blutige Gesetz gefesselt halte. »Ein Mann, sagt er, auch der beste, gewöhnt
seinen Geist an Grausamkeit, und wird hart aus Gewohnheit; allein ein Weib bleibt stät auf einem Sinne, den sie
gefaßt – Du rechnest sicherer auf sie im guten als im bösen.«
Sie sehen sie eben kommen und Pylades entfernt Oresten,
um sich vorläufig allein mit ihr zu unterreden.

Iphigenie nimmt ihm die Ketten ab, und befragt ihn um
seine Person und Heimat. Pylades erkennt sie mit froher
Bestürzung als eine Griechin:

> O süße Stimme! Vielwillkommner Ton
> der Muttersprach in einem fremden Lande!
> Des väterlichen Hafens blaue Berge
> seh ich Gefangner neu willkommen wieder
> vor meinen Augen. Laß dir diese Freude
> versichern, daß auch ich ein Grieche bin!

Er erzählt ihr eine erdichtete Geschichte, in die er das
Wahre von den Schicksalen seines Freundes hüllt. Es
geschieht darin der Stadt Troja Erwähnung, und mit

Ungeduld dringt Iphigenie in ihn, ihr die Geschichte vom
Erfolg dieses Kriegs zu geben.

> So groß dein Unglück ist, beschwör ich dich,
> vergiß es, bis du mir genug getan.

PYLADES   5
> Die hohe Stadt; die zehen lange Jahre
> dem ganzen Heer der Griechen widerstand,
> liegt nun im Schutte, steigt nicht wieder auf.
> Doch manche Gräber unsrer Besten heißen
> uns an das Ufer der Barbaren denken.   10
> Achill liegt dort mit seinem schönen Freunde.

IPHIGENIE
> So seid ihr Götterbilder auch zu Staub!

PYLADES
> Auch Palamedes, Ajax Telamons,   15
> sie sahn des Vaterlandes Tag nicht wieder.

IPHIGENIE
> Er schweigt von meinem Vater, nennt ihn nicht
> mit den Erschlagnen. Ja! er lebt mir noch!
> Ich werd ihn sehn. O hoffe, liebes Herz!   20

Sie erfährt hier zum Erstenmal Agamemnons Ermordung
durch seine Gemahlin und ihren Buhler, und, was ihr wie
ein Pfeil durch die Seele fliegt, auch die entfernte Ursach
davon.

IPHIGENIE   25
> So trieb zur Schandtat eine böse Lust?

PYLADES
> Und einer alten Rache tief Gefühl.

IPHIGENIE
> Und wie beleidigte der König sie?   30

PYLADES
> Mit schwerer Tat, die, wenn Entschuldigung
> des Mordes wäre, sie entschuldigte.
> Nach Aulis lockt er sie, und brachte dort,

als eine Gottheit sich der Griechen Fahrt
mit ungestümen Winden widersetzte,
die älteste Tochter Iphigenien
vor den Altar Dianens und sie fiel
5   ein blutig Opfer für der Griechen Heil.
Dies, sagt man, hat ihr einen Widerwillen
so tief ins Herz geprägt, daß sie dem Werben
Ägisthens sich ergab und den Gemahl
mit Netzen des Verderbens selbst umschlang.
10   IPHIGENIE *schnell abgehend und sich verhüllend:*
Es ist genug. Du wirst mich wiedersehn.

Dritter Aufzug. Iphigenie und Orest, beide einander noch
unbekannt. Sie läßt sich die Erzählung seines Freundes von
ihm bestätigen, und bittet ihn fortzufahren. Aber man muß
15   dieses mit den eigenen Worten des Dichters hören; ihres
Vaters Ermordung hat sie erfahren.

           Enthülle,
      was von der Rede deines Bruders schnell
      die Finsternis des Schreckens mir verdeckte.
20   Wie ist des großen Stammes letzter Sohn, wie ist
                     Orest dem Tage
      des Bluts entgangen? Hat ein gleich Geschick
      mit des Avernus Netzen ihn umschlungen?
      Ist er gerettet? Lebt er? Lebt Elektra?
25   OREST
      Sie leben.
      IPHIGENIE
      Goldne Sonne, leihe mir
      die schönsten Strahlen, lege sie zum Dank
30   vor Jovis Thron! denn ich bin arm und stumm.

Orest will ihre aufwallende Freude niederschlagen, weil
noch schreckliche Nachrichten zurück seien. Sie scheint für
alles andre gleichgültig. Er erzählt ihr nunmehr Clytemnestrens Ermordung – wieder ein meisterhaftes Gemälde!

Iphigenie fährt fort zu fragen, und will nun auch Orests
Schicksal wissen. Er macht ihr eine fürchterliche Beschreibung von dem Zustand dieses Unglücklichen nach vollbrachtem Morde und von den Verfolgungen der Furien.
Dies erinnert sie an die erdichtete Erzählung, die ihr
Pylades im vorigen Akte von dem Zustand seines Gefährten gemacht hat. »Unseliger, sagt sie zu ihm, du bist in
gleichem Falle. Dich drückt ein Brudermord wie jenen.«

OREST

Ich kann nicht leiden, daß du, große Seele,
mit einem falschen Wort betrogen werdest.
Ein lügenhaft Gewebe knüpft ein Fremder
dem Fremden, sinnreich und der List gewohnt,
zur Falle vor die Füße; zwischen uns
sei Wahrheit!
Ich bin Orest.

Er bittet sie, sich seines Freundes anzunehmen, mit diesem
zu entfliehen, weil auch sie ungern hier zu verweilen
scheine. Er wolle den Tod hier erwarten, sie beide sollen
gehen und im schönen Griechenlande ein neues Leben
anfangen. Er geht ab in dieser Aufwallung von Verzweiflung.

Iphigenie gießt ihre Freude in einem Dank an die Götter
aus: Eine äußerst glückliche Stelle:

Wie man den König an dem Übermaß
der Gaben kennt: denn ihm muß wenig scheinen,
was Tausenden ein Reichtum ist: so kennt
man euch, ihr Götter, an gesparten, lang'
und weise zubereiteten Geschenken.
Denn ihr allein wißt was uns frommen kann,
und schaut der Zukunft ausgedehntes Reich,
wenn jedes Abends Stern und Nebelhülle
die Aussicht uns verdeckt. Gelassen hört
ihr unser Flehn, das um Beschleunigung

euch kindisch bittet; aber eure Hand
bricht unreif nie die goldnen Himmelsfrüchte;
und wehe dem, der ungeduldig sie
ertrotzend, saure Speise sich zum Tod
genießt u. s. f.

(Es geschieht nicht allein ihrer vorzüglichen Schönheit
wegen, daß ich diese Stelle hier anführe; der Platz und die
Situation wo sie angebracht ist, scheinen eine so wort- und
allegorien-reiche Freude nicht wohl zu gestatten. Iphigenie
hat eben auf die überraschendste Weise ihren Bruder
kennen lernen, – kann ihr Blut unmittelbar auf diese – ihr
die allerwichtigste – Entdeckung ruhig genug sein, um ihre
Empfindung in so zusammenhängenden Bildern und so
schön periodierten Reden auszumalen? Fast während der
ganzen Rede, woraus wir nur den größern Teil hier
angeführt haben, wird ihres eigenen Zustands so gut als gar
nicht erwähnt, sie ist eine philosophische Betrachterin der
göttlichen Weisheit in Rücksicht auf die Erfüllung menschlicher Wünsche – sollte sie auch nicht einmal durch das, ihr
sich aufdringende, vorwaltende Gefühl ihres eigenen
Zustands in dieser ruhigen Betrachtung gestört werden?)
    Orest kommt zurück. Die ihm abgedrungene Erzählung
seines Schicksals hat alle Furien wieder bei ihm aufgeweckt,
und macht ihn jetzt ganz und gar unfähig, sich einer
freudigen Empfindung hinzugeben – und doch sieht man
Iphigenien auf der andern Seite von ihrem seligen Geheimnis gleichsam belastet, von ihrer zurückgepreßten Freude
gequält, dem Augenblicke mit Ungeduld entgegenharren,
wo sie sich ihm als Schwester entdecken kann. Wie schön ist
diese Situation herbei geführt, und wie tragischrührend
behandelt! Aber man muß den Dichter selbst hören. Die
Entdeckung ist geschehen, aber Orest will nicht hören.

IPHIGENIE   O daß ich nur
    ein ruhig Wort von dir vernehmen könnte! –

Es wälzet sich ein Rad von Freud und Schmerz
durch meine Seele. Von dem fremden Manne
entfernet mich ein Schauer; doch es reißt
mein Innerstes gewaltig mich zum Bruder.

OREST   5

Ist hier Lyäens Tempel? und ergreift
unbändig-heilge Wut die Priesterin?

IPHIGENIE

O höre mich! O sieh mich an, wie mir
nach einer langen Zeit das Herz sich öffnet,   10
der Seligkeit, dem Liebsten, was die Welt
noch für mich tragen kann, das Haupt zu küssen,
mit meinen Armen, die den leeren Wänden,
nur ausgebreitet waren, dich zu fassen.
O laß mich! Laß mich! denn es quillet heller   15
nicht vom Parnaß die ewge Quelle sprudelnd
von Fels zu Fels ins goldne Tal hinab,
wie Freude mir vom Herzen wallend fließt,
und wie ein selig Meer mich rings umfängt.
Orest! Orest! Mein Bruder! u. s. f.   20

Aber die Verfinsterung des Letztern geht so weit, daß er die
reinste Freude der Schwester verkennet und sie einer
strafbaren Flamme zuschreibt, bis ihn endlich Iphigeniens
Reden ganz überweisen. Anstatt aber sich nun der Freude
zu öffnen, ergreift er diese glückliche Begebenheit selbst   25
von ihrer schrecklichen Seite.

        So mag die Sonne denn
die letzten Greuel unsers Hauses sehn!
Ist nicht Elektra hier? damit auch sie
mit uns zu Grunde gehe. u.s.f.   30
        Tritt auf, unwilger Geist!
Im Kreis geschlossen tretet an, ihr Furien,
und wohnet dem willkommnen Schauspiel bei,
dem letzten, gräßlichsten, das ihr bereitet!
Nicht Haß und Rache schärfen ihren Dolch;   35

die liebevolle Schwester wird zur Tat
gezwungen!

Von diesem heftigen Ausbruch der Wut erschöpft sinkt er
in einen Zustand der Ermattung. Iphigenie, gepreßt zwischen Schmerz und Freude, eilt hinweg, um in dieser
drangvollen Lage bei Pylades Trost zu suchen.

Ein Selbstgespräch folgt, das einzige in seiner Art auf der
tragischen Bühne. Es ist der letzte Wahnsinn Orests, mit
welchem auch seine Furien von ihm Abschied nehmen.
Hätte die neuere Bühne auch nur dieses einzige Bruchstück
aufzuweisen, so könnte sie damit über die alte triumphieren. Hier hat das Genie eines Dichters, der die Vergleichung
mit keinem alten Tragiker fürchten darf, durch den
Fortschritt der sittlichen Kultur und den mildern Geist
unsrer Zeiten unterstützt, die feinste edelste Blüte moralischer Verfeinerung mit der schönsten Blüte der Dichtkunst
zu vereinigen gewußt, und ein Gemälde entworfen, das mit
dem entschiedensten Kunstsiege auch den weit schönern
Sieg der Gesinnungen verbindet, und den Leser mit *der*
höheren Art von Wollust durchströmt, an der der ganze
Mensch Teil nimmt, deren sanfter wohltätiger Nachklang
ihn lange noch im Leben begleitet. Die wilden Dissonanzen
der Leidenschaft, die uns bis jetzt im Charakter und in der
Situation des Orest zuweilen widrig ergriffen haben, lösen
sich hier mit einer unaussprechlichen Anmut und Delikatesse in die süßeste Harmonie auf, und der Leser glaubt mit
Oresten aus der kühlenden Lethe zu trinken. Es ist ein
Elysiumsstück im eigentlichen wie im uneigentlichen Verstande:

Noch einen! Reiche mir aus Lethe's Fluten
den letzten kühlen Becher der Erquickung!
Bald ist der Krampf des Lebens aus dem Busen
hinweggespült; bald fließet still mein Geist,
der Quelle des Vergessens hingegeben,
zu euch, ihr Schatten, in die ewgen Nebel.

Welch ein Gelispel hör ich in den Zweigen,
Welch ein Geräusch aus jener Dämmrung säuseln?
Sie kommen schon den neuen Gast zu sehn!
Wer ist die Schar, die herrlich miteinander
wie ein versammelt Fürstenhaus sich freut?   5
Sie gehen friedlich, Alt und Junge, Männer
mit Weibern; göttergleich und ähnlich scheinen
die wandelnden Gestalten. Ja, sie sind's,
die Ahnherrn meines Hauses! – Mit Thyesten
geht Atreus in vertraulichen Gesprächen,   10
die Knaben schlüpfen scherzend um sie her.
Ist keine Feindschaft hier mehr unter euch?
Verlosch die Rache wie das Licht der Sonne?
So bin auch ich willkommen, und ich darf
in euern feierlichen Zug mich mischen.   15
Willkommen, Väter! euch grüßt Orest,
von euerm Stamm der letzte Mann;
Was ihr gesä't, hat er geerntet:
Mit Fluch beladen stieg er herab.
Doch leichter träget sich hier jede Bürde: 20
Nehmt ihn, o nehmt ihn in euern Kreis! –
Dich Atreus ehr' ich, auch dich Thyesten;
wir sind hier alle der Feindschaft los. –
Zeigt mir den Vater, den ich nur Einmal
im Leben sah! – Bist dus, mein Vater?   25
Und führst die Mutter vertraut mit dir?
Darf Klytemnestra die Hand dir reichen;
so darf Orest auch zu ihr treten,
und darf ihr sagen: sieh deinen Sohn! –
Seht euern Sohn! Heißt ihn willkommen.   30
Auf Erden war in unserm Hause
der Gruß des Mordes gewisse Losung,
und das Geschlecht des alten Tantalus
hat seine Freuden jenseits der Nacht. u. s. f.

(Iphigenie und Pylades treten auf. Er gesellt dieses Bild   35
noch zu seinem Traume.)

Seid ihr auch schon herabgekommen?
Wohl Schwester dir! Noch fehlt Elektra.
Ein gütger Gott send' uns diese Eine
mit sanften Pfeilen auch schnell herab u. s. f.

5   Was für ein glücklicher Gedanke den *einzig möglichen* Platz,
den Wahnsinn, zu benutzen, um die schönere Humanität
unsrer neueren Sitten in eine griechische Welt einzuschie-
ben, und so das Maximum der Kunst zu erreichen, ohne
seinem Gegenstand die geringste Gewalt anzutun! – Vor
10 und nach dieser Szene sehen wir den edlen Griechen, nur in
dieser einzigen Szene erlaubt sich der Dichter, und mit
allem Rechte, eine höhere Menschheit uns gleichsam zu
avancieren!

   Sobald Orest zu sich selbst gebracht ist, umarmt er
15 Iphigenien, und genießt jetzt die erste reine natürliche
Freude. Seine Raserei hat ihn verlassen. Die Schilderung
die er uns davon macht ist des Vorhergehenden ganz
würdig:

   Ihr Götter, die mit flammender Gewalt
20 ihr schwere Wolken aufzuzehren wandelt,
und gnädig-ernst den lang erflehten Regen
mit Donnerstimmen und mit Windes-Brausen
in wilden Strömen auf die Erde schüttet;
doch bald der Menschen grausendes Erwarten
25 in Segen auflöst und das bange Staunen
in Freudeblick und lauten Dank verwandelt,
wenn in den Tropfen frischerquickter Blätter
die neue Sonne tausendfach sich spiegelt u. s. f.

   Es löset sich der Fluch, mir sagts das Herz.
30 Die Eumeniden ziehn, ich höre sie,
zum Tartarus und schlagen hinter sich
die ehrnen Tore fernabdonnernd zu.

Nun gehen sie ab, um die Anstalten zu ihrer Flucht zu
machen.

Der *vierte* Aufzug wird durch Iphigenien eröffnet, die uns von dem Anschlag unterrichtet, welchen Pylades zu ihrer Flucht und Rettung ersonnen hat. Ihr hat man auch eine Rolle dabei aufgetragen, die ihr aber sehr schwer wird:

> Sie haben kluges Wort mir in den Mund   5
> gegeben, mich gelehrt, was ich dem König
> antworte, wenn er sendet und das Opfer
> mir dringender gebietet. Ach! ich sehe wohl,
> ich muß mich leiten lassen, wie ein Kind.
> Ich habe nicht gelernt zu hinterhalten,   10
> noch jemand etwas abzulisten. Weh!
> O weh der Lüge! Sie befreit nicht,
> wie jedes andre wahr gesprochne Wort,
> die Brust; sie macht uns nicht getrost, sie ängstet
> den, der sie heimlich schmiedet, und sie kehrt,   15
> ein losgedruckter Pfeil von einem Gotte
> gewendet und versagend, sich zurück
> und trifft den Schützen.

Indes kommt *Arkas* als des Königes Bote, sie sieht mit schlagendem Herzen den Mann, dem sie eine Unwahrheit   20
sagen soll. Die Ausflucht selbst ist die nämliche, wie beim Euripides; das Bild der Göttin nehmlich sei durch Orests Raserei verunreinigt und müsse im Meere gewaschen werden. Arkas aber erhält von ihr, daß er den König erst von diesem Hindernis unterrichten dürfe. Er legt ihr das   25
Anliegen seines Herrn noch einmal ans Herz; bei ihr stehe es die Fremden vom Tode zu erretten. Aber sie bleibt standhaft, so sehr ihr Herz auch durch die Vorstellungen des redlichen Mannes erschüttert wird.

Wie er fort ist, regen sich neue Zweifel in ihrem Herzen,   30
welche Pylades durch die Stärke seiner Beredsamkeit und seiner Gründe mit Mühe noch zerstreut. Sie ist in die schreckliche Alternative gesetzt, entweder ihren Bruder und Freund aufzuopfern, oder ihren Wohltäter zu betrügen.   35

O! (ruft sie endlich aus) trüg ich doch ein männlich Herz
in mir,

das, wenn es einen kühnen Vorsatz hegt,
vor jeder andern Stimme sich verschließt!

Nachdem Pylades fort ist, fällt ihr diese schmerzhafte
Situation noch mehr auf die Seele, so daß sie der Bitterkeit
nahe ist.

O daß in meinem Busen nicht zuletzt
ein Widerwillen keime! der Titanen,
der alten Götter tiefer Haß auf euch,
Olympier, nicht auch die zarte Brust
mit Geierklauen fasse! Rettet mich,
und rettet euer Bild in meiner Seele!

Fünfter Aufzug. Thoas kommt mit Arkas zum Tempel, und
weil ihm diese Ausflucht der Priesterin mit einigen
Gerüchten verbunden, verdächtig vorkommt, so schickt er
diesen ab, das ganze Ufer scharf zu durchsuchen, ob man
nicht das Schiff der beiden Fremden irgendwo versteckt
fände.

Iphigenie tritt nun heraus und versucht noch alle Gründe
der Menschlichkeit den König zu einem Widerruf seines
grausamen Befehls zu bewegen, aber vergeblich. Von ferne
läßt sie den Wink fallen, daß ein Mißbrauch der Gewalt zur
List einlade. Das lebhafte Weigern Iphigeniens macht
Thoas, der überhaupt schon argwohnt, noch mehr aufmerksam, und da er sie merken läßt, daß er Mißtrauen in sie
habe, so wird ihre Standhaftigkeit überwältigt, die sie dem
Pylades versprochen hat. Nach einem sehr schönen Eingang – den man aber doch etwas zu weit ausgeholt und
auch etwas zu weit gedehnt finden dürfte – entdeckt sie ihm
treuherzig selbst, daß ein Betrug gegen ihn geschmiedet
werde und was für einer, daß Einer dieser beiden Fremden
Orest sei, daß beide gekommen seien, das Bild der Göttin
zu entwenden, und kurz das ganze des Anschlags und seine

Gründe. Und nun, schließt sie, verdirb uns, wenn du
darfst.

THOAS   Du glaubst, es höre
  der rohe Scythe, der Barbar, die Stimme
  der Wahrheit und der Menschlichkeit, die Atreus,   5
  der Grieche, nicht vernahm?

Doch hat diese edelmütige Handlung Iphigeniens das Herz
des edeln Scythen gerührt, und seinen Zorn schon beinahe
entwaffnet, als Orest mit entblößtem Schwert hereintritt,
Iphigenien zur Flucht wegzureißen, weil Arkas ihnen indes   10
auf die Spur gekommen ist. Der König, der nicht gleich
von ihm bemerkt wird, zieht gleichfalls das Schwert.
Iphigenie vermittelt eine friedliche Unterredung, zu der
sich auch noch Pylades gesellt, und deren Ausgang ist, daß
Thoas durch die Wahrheit ihrer Gründe und seine eigene   15
Gerechtigkeit bezwungen endlich nachgibt, und beide mit
Iphigenien friedlich ziehen läßt. Das *Bild* der Göttin, das
Orest zu entwenden gekommen ist, hätte noch alles
verderben können, wenn der Dichter nicht durch eine eben
so einfache als scharfsinnige Wendung sich aus der Sache   20
gezogen hätte. Der Beschluß krönt das ganze Stück, und
läßt einen tiefen Nachhall in der Seele zurück.

IPHIGENIE   Ohne Segen,
  in Widerwillen scheid' ich nicht von dir.
  Verbann' uns nicht! Ein freundlich Gastrecht walte   25
  von dir zu uns: so sind wir nicht auf ewig
  getrennt und abgeschieden. Wert und teuer
  wie mir mein Vater war, so bist du's mir,
  und dieser Eindruck bleibt in meiner Seele.
  Bringt der Geringste deines Volkes je   30
  den Ton der Stimme mir ins Ohr zurück,
  den ich an euch gewohnt zu hören bin,
  und seh ich an dem Ärmsten eure Tracht;
  Empfangen will ich ihn wie einen Gott,

ich will ihm selbst ein Lager zubereiten,
auf einen Stuhl ihn an das Feuer laden,
und nur nach dir und deinem Schicksal fragen.
O geben dir die Götter deiner Taten
5   und deiner Milde wohl verdienten Lohn!
Leb wohl! O wende dich zu uns und gib
ein holdes Wort des Abschieds mir zurück.
Dann schwellt der Wind die Segel sanfter an,
und Tränen fließen lindernder vom Auge
10   des Scheidenden. Leb wohl! und reiche mir
zum Pfand der alten Freundschaft deine Rechte.

THOAS
   Lebt wohl!

(Die Fortsetzung künftig.)

ZU HUBERS »DAS HEIMLICHE GERICHT«

Zu einer Zeit, wo *für* und *gegen* geheime Verbindungen so viel gesagt, geschrieben und getan wird, habe ich gegenwärtiges Fragment, das mir von unbekannter Hand eingesendet worden, für interessant genug gehalten, um es dem Publikum vorzulegen. Man setzt bei jedem Leser desselben voraus, daß ihm das heimliche Gericht aus dem Götz von Berlichingen wenigstens bekannt ist. Eine kleine Nachricht von dieser geheimen Gesellschaft, die im vierzehnten und funfzehnten Jahrhundert fast ganz Deutschland überschwemmte, hat der Herr von Möser in der Berliner Monatschrift gegeben.

ÜBER BÜRGERS GEDICHTE

Göttingen, b. Dieterich: Gedichte von G. A. Bürger. Mit
Kupfern. 1789. Erster Theil. 272 S. Zweyter Theil. 296 S. 8°.
(1 Rthlr. 16 gr.)

Die Gleichgültigkeit, mit der unser philosophierendes
Zeitalter auf die Spiele der Musen herabzusehen anfängt,
scheint keine Gattung der Poesie empfindlicher zu treffen,
als die *lyrische.* Der *dramatischen* Dichtkunst dient doch
wenigstens die Einrichtung des gesellschaftlichen Lebens
zu einigem Schutze, und der *erzählenden* erlaubt ihre freiere
Form, sich dem Weltton mehr anzuschmiegen und den
Geist der Zeit in sich aufzunehmen. Aber die jährlichen
Almanache, die Gesellschaftsgesänge, die Musikliebhabe-
rei unsrer Damen sind nur ein schwacher Damm gegen den
Verfall der lyrischen Dichtkunst. Und doch wäre es für den
Freund des Schönen ein sehr niederschlagender Gedanke,
wenn diese jugendlichen Blüten des Geists in der Fruchtzeit
absterben, wenn die reifere Kultur auch nur mit einem
einzigen Schönheitsgenuß erkauft werden sollte. Vielmehr
ließe sich auch in unsern so unpoetischen Tagen, wie für die
Dichtkunst überhaupt, also auch für die lyrische, eine sehr
würdige Bestimmung entdecken; es ließe sich vielleicht
dartun, daß, wenn sie von einer Seite höhern Geistesbe-
schäftigungen nachstehen muß, sie von einer andern nur
desto notwendiger geworden ist. Bei der Vereinzelung und
getrennten Wirksamkeit unsrer Geisteskräfte, die der
erweiterte Kreis des Wissens und die Absonderung der
Berufsgeschäfte notwendig macht, ist es die Dichtkunst
beinahe allein, welche die getrennten Kräfte der Seele
wieder in Vereinigung bringt, welche Kopf und Herz,
Scharfsinn und Witz, Vernunft und Einbildungskraft in
harmonischem Bunde beschäftigt, welche gleichsam den

ganzen Menschen in uns wieder herstellt. Sie allein kann das
Schicksal abwenden, das traurigste, das dem philosophierenden Verstande widerfahren kann, über dem Fleiß des
Forschens den Preis seiner Anstrengungen zu verlieren,
und in einer abgezognen Vernunftwelt für die Freuden der
wirklichen zu ersterben. Aus noch so divergierenden
Bahnen würde sich der Geist bei der Dichtkunst wieder
zurecht finden, und in ihrem verjüngenden Licht der
Erstarrung eines frühzeitigen Alters entgehen. Sie wäre die
jugendlichblühende Hebe, welche in Jovis Saal die unsterblichen Götter bedient.

Dazu aber würde erfodert, daß sie selbst mit dem
Zeitalter fortschritte, dem sie diesen wichtigen Dienst
leisten soll, daß sie sich alle Vorzüge und Erwerbungen
desselben zu eigen machte. Was Erfahrung und Vernunft an
Schätzen für die Menschheit aufhäuften, müßte Leben und
Fruchtbarkeit gewinnen und in Anmut sich kleiden in ihrer
schöpferischen Hand. Die Sitten, den Charakter, die ganze
Weisheit ihrer Zeit müßte sie, geläutert und veredelt, in
ihrem Spiegel sammeln, und mit idealisierender Kunst aus
dem Jahrhundert selbst ein Muster für das Jahrhundert
erschaffen. Dies aber setzte voraus, daß sie selbst in keine
andre als *reife* und *gebildete* Hände fiele. Solange dies *nicht* ist,
solange zwischen dem sittlich ausgebildeten, vorurteilfreien Kopf und dem Dichter ein andrer Unterschied statt
findet, als daß letzterer zu den Vorzügen des Erstern das
Talent der Dichtung noch als Zugabe besitzt; so lange
dürfte die Dichtkunst ihren veredelnden Einfluß auf das
Jahrhundert verfehlen und jeder Fortschritt wissenschaftlicher Kultur wird nur die Zahl ihrer Bewunderer vermindern. Unmöglich kann der gebildete Mann Erquickung für
Geist und Herz bei einem unreifen Jüngling suchen,
unmöglich in Gedichten die Vorurteile, die gemeinen
Sitten, die Geistesleerheit wieder finden wollen, die ihn im
wirklichen Leben verscheuchen. Mit Recht verlangt er von
dem Dichter, der ihm, wie dem Römer sein Horaz, ein
teurer Begleiter durch das Leben sein soll, daß er im

intellektuellen und sittlichen auf *einer* Stufe mit ihm stehe, weil er auch in Stunden des Genusses nicht unter sich sinken will. Es ist also nicht genug, Empfindung mit erhöhten Farben zu schildern; man muß auch erhöht empfinden. Begeisterung *allein* ist nicht genug; man fodert die Begeisterung eines gebildeten Geistes. Alles, was der Dichter uns geben kann, ist seine *Individualität*. Diese muß es also wert sein, vor Welt und Nachwelt ausgestellt zu werden. Diese seine Individualität so sehr als möglich zu veredeln, zur reinsten herrlichsten Menschheit hinaufzuläutern, ist sein erstes und wichtigstes Geschäft, ehe er es unternehmen darf, die Vortrefflichen zu rühren. Der höchste Wert seines Gedichtes kann kein andrer sein, als daß es der reine vollendete Abdruck einer interessanten Gemütslage eines interessanten vollendeten Geistes ist. Nur ein solcher Geist soll sich uns in Kunstwerken ausprägen; er wird uns in seiner kleinsten Äußerung kenntlich sein, und umsonst wird, der es *nicht* ist, diesen wesentlichen Mangel durch Kunst zu verstecken suchen. Vom ästhetischen gilt eben das, was vom sittlichen; wie es hier der moralisch vortreffliche Charakter eines Menschen allein ist, der einer seiner einzelnen Handlungen den Stempel moralischer Güte aufdrücken kann; so ist es dort nur der reife, der vollkommene Geist, von dem das reife, das vollkommene ausfließt. Kein noch so großes Talent kann dem einzelnen Kunstwerk verleihen, was dem Schöpfer desselben gebricht, und Mängel, die aus dieser Quelle entspringen, kann selbst die Feile nicht wegnehmen.

Wir würden nicht wenig verlegen sein, wenn uns aufgelegt würde, diesen Maßstab in der Hand, den gegenwärtigen deutschen Musenberg zu durchwandern. Aber die Erfahrung, däucht uns, müßte es ja lehren, wieviel der größere Teil unsrer, nicht ungepriesenen, lyrischen Dichter auf den bessern des Publikums wirkt; auch trifft es sich zuweilen, daß uns Einer oder der Andre, wenn wir es auch seinen Gedichten nicht angemerkt hätten, mit seinen Bekenntnissen überrascht oder uns Proben von seinen

Sitten liefert. Jetzt schränken wir uns darauf ein, von dem bisher gesagten die Anwendung auf Hn. *Bürger* zu machen.

Aber darf wohl diesem Maßstab auch ein Dichter unterworfen werden, der sich ausdrücklich als »Volkssänger« ankündigt und *Popularität* (S. Vorrede z. I. Teil S. 15. u. f.) zu seinem höchsten Gesetz macht? Wir sind weit entfernt, Hn. B. mit dem schwankenden Wort »Volk« schikanieren zu wollen; vielleicht bedarf es nur weniger Worte, um uns mit ihm darüber zu verständigen. Ein Volksdichter in jenem Sinn, wie es Homer *seinem* Weltalter oder die Troubadours dem ihrigen waren, dürfte in unsern Tagen vergeblich gesucht werden. Unsre Welt ist die homerische nicht mehr, wo alle Glieder der Gesellschaft im Empfinden und Meinen ungefähr *dieselbe* Stufe einnahmen, sich also leicht in derselben Schilderung erkennen, in denselben Gefühlen begegnen konnten. Jetzt ist zwischen der *Auswahl* einer Nation und der *Masse* derselben ein sehr großer Abstand sichtbar, wovon die Ursache zum Teil schon darin liegt, daß Aufklärung der Begriffe und sittliche Veredlung ein zusammenhängendes Ganze ausmachen, mit dessen Bruchstücken nichts gewonnen wird. Außer diesem Kulturunterschied ist es noch die Konvenienz, welche die Glieder der Nation in der Empfindungsart und im Ausdruck der Empfindung einander so äußerst unähnlich macht. Es würde daher umsonst sein, willkürlich in *Einen* Begriff zusammen zu werfen, was längst schon keine Einheit mehr ist. Ein Volksdichter für unsre Zeiten hätte also bloß zwischen dem *allerleichtesten* und dem *allerschweresten* die Wahl; entweder sich ausschließend der Fassungskraft des großen Haufens zu bequemen und auf den Beifall der gebildeten Klasse Verzicht zu tun, – oder den ungeheuern Abstand, der zwischen beiden sich befindet, durch die Größe seiner Kunst aufzuheben, und beide Zwecke vereinigt zu verfolgen. Es fehlt uns nicht an Dichtern, die in der ersten Gattung glücklich gewesen sind, und sich bei *ihrem* Publikum Dank verdient haben; aber nimmermehr

kann ein Dichter von Hn. Bürgers Genie die Kunst und
sein Talent so tief herabgesetzt haben, um nach einem so
gemeinen Ziele zu streben. Popularität ist ihm, weit
entfernt, dem Dichter die Arbeit zu erleichtern oder
5 mittelmäßige Talente zu bedecken, eine Schwierigkeit *mehr*,
und fürwahr eine so schwere Aufgabe, daß ihre glückliche
Auflösung der höchste Triumph des Genies genannt
werden kann. Welch Unternehmen, dem ekeln Geschmack
des Kenners Genüge zu leisten, ohne dadurch dem großen
10 Haufen ungenießbar zu sein – ohne der Kunst etwas von
ihrer Würde zu vergeben, sich an den Kinderverstand des
Volks anzuschmiegen. Groß, doch nicht unüberwindlich,
ist diese Schwierigkeit, das ganze Geheimnis sie aufzulösen
– glückliche Wahl des Stoffs und höchste Simplizität in
15 Behandlung desselben. Jenen müßte der Dichter ausschließend nur unter Situationen und Empfindungen wählen, die
dem Menschen als Menschen eigen sind. Alles, wozu
Erfahrungen, Aufschlüsse, Fertigkeiten gehören, die man
nur in positiven und künstlichen Verhältnissen erlangt,
20 müßte er sich sorgfältig untersagen, und durch diese reine
Scheidung dessen, was im Menschen bloß *menschlich* ist,
gleichsam den verlornen Zustand der Natur zurückrufen.
In stillschweigendem Einverständnis mit den Vortrefflichsten seiner Zeit würde er die Herzen des Volks an ihrer
25 weichsten und bildsamsten Seite fassen, durch das geübte
Schönheitsgefühl den sittlichen Trieben eine Nachhülfe
geben, und das Leidenschaftsbedürfnis, das der Alltagspoet
so geistlos und oft so schädlich befriedigt, für die Reinigung der Leidenschaft nutzen. Als der aufgeklärte verfei-
30 nerte *Wortführer der Volksgefühle* würde er dem hervorströ-
menden, Sprache suchenden, Affekt der Liebe, der Freude,
der Andacht, der Traurigkeit, der Hoffnung u. a. m. einen
reinern und geistreichern Text unterlegen; er würde, indem
Er ihnen den Ausdruck lieh, sich zum Herrn dieser Affekte
35 machen und ihren rohen, gestaltlosen, oft tierischen,
Ausbruch noch auf den Lippen des Volks veredeln. Selbst
die erhabenste Philosophie des Lebens würde ein solcher

Dichter in die einfachen Gefühle der Natur auflösen, die Resultate des mühsamsten Forschens der Einbildungskraft überliefern, und die Geheimnisse des Denkers in leicht zu entziffernder Bildersprache dem Kindersinn zu erraten geben. Ein Vorläufer der hellen Erkenntnis brächte er die gewagtesten Vernunftwahrheiten, in reizender und verdachtloser Hülle, lange vorher unter das Volk, ehe der Philosoph u. Gesetzgeber sich erkühnen dürfen, sie in ihrem vollen Glanze heraufzuführen. Ehe sie ein Eigentum der Überzeugung geworden, hatten sie durch *ihn* schon ihre stille Macht an den Herzen bewiesen, und ein ungeduldiges einstimmiges Verlangen würde sie endlich von selbst der Vernunft abfodern.

In diesem Sinne genommen scheint uns der Volksdichter, man messe ihn nach den Fähigkeiten, die bei ihm vorausgesetzt werden, oder nach seinem Wirkungskreis, einen sehr hohen Rang zu verdienen. Nur dem großen Talent ist es gegeben, mit den Resultaten des Tiefsinns zu spielen, den Gedanken von der Form los zu machen, an die er ursprünglich geheftet, aus der er vielleicht entstanden war, ihn in eine fremde Ideenreihe zu verpflanzen, so viel Kunst in so wenigem Aufwand, in so einfacher Hülle so viel Reichtum zu verbergen. Hr. B. sagt also keineswegs zuviel, wenn er »Popularität eines Gedichts für das Siegel der Vollkommenheit« erklärt. Aber, indem er dies behauptet, setzt er stillschweigend schon voraus, was mancher, der ihn liest, bei dieser Behauptung ganz und gar übersehen dürfte, daß zur Vollkommenheit eines Gedichts die erste unerläßliche Bedingung ist, einen von der verschiednen Fassungskraft seiner Leser durchaus unabhängigen absoluten, innern Wert zu besitzen. »Wenn ein Gedicht, scheint er sagen zu wollen, die Prüfung des echten Geschmacks aushält, und mit diesem Vorzug noch eine Klarheit und Faßlichkeit verbindet, die es fähig macht, im Munde des Volks zu leben; dann ist ihm das Siegel der Vollkommenheit aufgedrückt. Dieser Satz ist durchaus Eins mit diesem: Was den Vortrefflichen gefällt, ist gut; was allen ohne Unterschied gefällt, ist es noch mehr.

Also weit entfernt, daß bei Gedichten, welche für das
Volk bestimmt sind, von den höchsten Foderungen der
Kunst etwas nachgelassen werden könnte; so ist vielmehr
zu Bestimmung ihres Werts, (der nur in der glücklichen
Vereinigung so verschiedner Eigenschaften besteht,)
wesentlich und nötig, mit der Frage anzufangen: Ist der
Popularität nichts von der höhern Schönheit aufgeopfert
worden? Haben sie, was sie für die Volksmasse an Interesse
gewannen, nicht für den Kenner verloren?

Und hier müssen wir gestehen, daß uns die Bürgerischen
Gedichte noch sehr viel zu wünschen übrig gelassen haben,
daß wir in dem größten Teil derselben den milden, sich
immer gleichen, immer hellen, männlichen Geist vermissen, der, eingeweiht in die Mysterien des Schönen, Edeln
und Wahren, zu dem Volke bildend herniedersteigt, aber
auch in der vertrautsten Gemeinschaft mit demselben nie
seine himmlische Abkunft verleugnet. Hr. B. *vermischt* sich
nicht selten mit dem Volk, zu dem er sich nur herablassen
sollte, und anstatt es scherzend und spielend zu sich
hinaufzuziehen, gefällt es ihm oft, sich ihm gleich zu
machen. Das Volk, für das er dichtet, ist leider nicht immer
dasjenige, welches er unter diesem Namen gedacht wissen
will. Nimmermehr sind es dieselben Leser, für welche er
seine Nachtfeier der Venus, seine Lenore, sein Lied an die
Hoffnung, die Elemente, die göttingische Jubelfeier, Män-
nerkeuschheit, Vorgefühl der Gesundheit u. a. m. und eine
Frau Schnips, *Fortunens Pranger*, *Menagerie der Götter*, an die
Menschengesichter und ähnliche niederschrieb. Wenn wir
anders aber einen Volksdichter richtig schätzen, so besteht
sein Verdienst nicht darin, jede Volksklasse mit irgend
einem, ihr besonders genießbaren, Liede zu versorgen,
sondern in jedem einzelnen Liede jeder Volksklasse genug
zu tun.

Wir wollen uns aber nicht bei Fehlern verweilen, die eine
unglückliche Stunde entschuldigen, und denen durch eine
strengere Auswahl unter seinen Gedichten abgeholfen
werden kann. Aber daß sich diese Ungleichheit des

Geschmacks sehr oft in demselben Gedichte findet, dürfte eben so schwer zu verbessern, als zu entschuldigen sein. Rez. muß gestehen, daß er unter allen bürgerischen Gedichten (die Rede ist von denen, welche er am reichlichsten aussteuerte) beinahe keines zu nennen weiß, das ihm einen durchaus reinen, durch gar kein Mißfallen erkauften, Genuß gewährt hätte. War es entweder die vermißte Übereinstimmung des Bildes mit dem Gedanken, oder die beleidigte Würde des Inhalts, oder eine zu geistlose Einkleidung, war es auch nur ein unedles die Schönheit der Gedanken entstellendes, Bild, ein ins platte fallender Ausdruck, ein unnützer Wörterprunk, ein (was doch am seltensten ihm begegnet) unechter Reim oder harter Vers, was die harmonische Wirkung des Ganzen störte; so war uns diese Störung bei so vollem Genuß um so widriger, weil sie uns das Urteil abnötigte, daß der Geist, der sich in diesen Gedichten darstellte, kein gereifter, kein vollendeter Geist sei; daß seinen Produkten nur deswegen die letzte Hand fehlen möchte, weil sie – ihm selbst fehlte.

Man begreift, daß hier nicht der Ort sein kann, den Beweis für eine so allgemeine Behauptung im einzelnen zu führen; um jedoch im kleinen anschaulich zu machen, was die bürgerische Muse sich zu erlauben fähig ist, wollen wir ein einzelnes Lied, und zwar bloß in dieser einzigen Hinsicht, durchlaufen. I. T. S. 163. u. f. *Elegie, als Molly sich losreißen wollte*:

> Auszuschreien seinen Schmerz –
> Schreien! Ich muß aus ihn schreien,
>
> – – – –
>
> Und sie sollte lügen können?
> Lügen nur ein einzig Wort?
> Nein! In Flammen will ich brennen,
> Zeitlich hier und ewig dort,
> Der Verzweiflung ganz zum Raube
> Will ich sein, wofern ich nicht
> An das kleinste Wörtchen glaube u. s. f.

— — — —

O ich weiß wohl, was ich sage,
Deutlich, wie mir See und Land
Hoch am Mittag liegt zu Tage,
So wird das von mir erkannt.

— — — —

Rümpften tausend auch die Nasen –
– – o ihr tausend seid nicht ich.
Ich, ich weiß es, was ich sage,
Denn ich weiß es, was sie ist,
Was sie wiegt auf rechter Waage,
Was nach rechtem Maß sie mißt.

— — — —

Doch lebendig darzustellen
Das, was sie und ich gefühlt,
Fühl ich jetzt mich wie zum schnellen
Reigen sich der Lahme fühlt.

Es ist Geist, so rasch beflügelt,
Wie der Spezereien Geist,
Der, hermetisch auch versiegelt,
Sich aus seinem Kerker reißt. –

— — — —

Ach ich weiß dem keinen Tadel,
Ob es gleich mich niederwürgt –

— — — —

Wie wird mir so herzlich bange,
Wie so heiß und wieder kalt! –

— — — —

Herr mein Gott! Wie soll es werden?
Herr mein Gott! Erleuchte mich!

— — — —

Freilich freilich fühlt, was billig
Und gerecht ist, noch mein Sinn –

— — — —

Dient denn Gott ein Mensch zum Spiele,
Wie des Buben Hand der Wurm?

— — — —

O es keimt, wie lang es währe,
Doch vielleicht uns noch Gewinst –
– – – –

Sinnig sitz ich oft, und frage,
Und erwäg es herzlich treu   5
Auf des besten Wissens Waage,
Ob »uns lieben« Sünde sei?
– – – –

Freier Strom sei meine Liebe,
Wo ich freier Schiffer bin.   10

Zur Entschuldigung Hn. B. sei es übrigens gesagt, daß das
gewählte Lied, dessen vier letzte Strophen jedoch von
ungemeiner Schönheit sind, zu seinen mattesten Produkten
gehört; doch müssen wir zugleich hinzusetzen, daß wir nur
die Hälfte dessen bezeichnet haben, was uns darin mißfallen 15
hat. Sollen wir nun noch aus Fortunens Pranger S. 186 die
faulen Äpfel und Eier – Mir nichts, dir nichts, – Lumpen-
kupfer – Schinderknochen – Schurken – Fuselbrenner –
Galgenschwengel – Mit Treue umspringen, wie die Katze
mit der Maus – Hui und Pfui – u. d. m. als Beweise unsrer 20
Behauptung anführen, oder weiß der Leser es schon genug,
um darin uns beizustimmen, daß ein Geschmack, der solche
Kruditäten sich erlaubte, und bei wiederholter Durchsicht
begnadigte, Hn. B. auch bei seinen gelungensten Produkten
unmöglich ein treuer und sichrer Führer gewesen sein   25
konnte?
  Eine der ersten Erfodernisse des Dichters ist Idealisierung, Veredlung, ohne welche er aufhört, seinen Namen zu
verdienen. Ihm kommt es zu, das Vortreffliche seines
Gegenstandes, (mag dieser nun Gestalt, Empfindung oder   30
Handlung sein, *in* ihm oder *außer* ihm wohnen,) von
gröbern, wenigstens fremdartigen Beimischungen, zu
befreien, die in mehrern Gegenständen zerstreuten Strahlen
von Vollkommenheit in einem einzigen zu sammeln,
einzelne, das Ebenmaß störende Züge der Harmonie des   35
Ganzen zu unterwerfen, das Individuelle und Lokale zum

Allgemeinen zu erheben. Alle Ideale, die er auf diese Art im Einzelnen bildet, sind gleichsam nur Ausflüsse eines innern Ideals von Vollkommenheit, das in der Seele des Dichters wohnt. Zu je größerer Reinheit und Fülle er dieses innere allgemeine Ideal ausgebildet hat; desto mehr werden auch jene einzelnen sich der höchsten Vollkommenheit nähern. Diese Idealisierkunst vermissen wir bei Hn. Bürger. Außerdem, daß uns seine Muse überhaupt einen zu sinnlichen, oft gemeinsinnlichen Charakter zu tragen scheint, daß ihm Liebe selten etwas anders, als Genuß oder sinnliche Augenweide, Schönheit oft nur Jugend, Gesundheit, Glückseligkeit nur Wohlleben ist, möchten wir die Gemälde, die er uns aufstellt, mehr einen Zusammenwurf von Bildern, eine Kompilation von Zügen, eine Art *Mosaik*, als Ideale nennen. Will er uns z. B. weibliche Schönheit malen, so sucht er zu jedem einzelnen Reiz seiner Geliebten ein demselben korrespondierendes Bild in der Natur umher auf, und daraus erschafft er sich seine Göttin. Man sehe I. T. S. 124. *das Mädel, (?) das ich meine*, das hohe Lied und mehrere andre. Will er sie überhaupt als Muster von Vollkommenheit uns darstellen, so werden ihre Qualitäten von einer ganzen Schar Göttinnen zusammengeborgt. S. 86. *die beiden Liebenden*:

Im Denken ist sie Pallas ganz,
Und Juno ganz an edelm Gange,
Terpsichore beim Freudentanz,
Euterpe neidet sie im Sange,
Ihr weicht Aglaja, wenn sie lacht,
Melpomene bei sanfter Klage,
Die Wollust ist sie in der Nacht,
Die holde Sittsamkeit bei *Tage*. (?)

Wir führen diese Strophe nicht an, als glaubten wir, daß sie das Gedicht, worin sie vorkömmt, eben verunstalte, sondern weil sie uns das passendste Beispiel zu sein scheint, wie ungefähr Hr. B. *idealisiert*. Es kann nicht fehlen, daß

dieser üppige Farbenwechsel auf den ersten Anblick
hinreißt und blendet; Leser besonders, die nur für das
Sinnliche empfänglich sind, und, den Kindern gleich, nur
das *Bunte* bewundern. Aber wie wenig sagen Gemälde
dieser Art dem verfeinerten Kunstsinn, den nie der
Reichtum, sondern die weise Ökonomie; nie die Materie,
nur die Schönheit der Form; nie die Ingredienzien, nur die
Feinheit der Mischung befriedigt! Wir wollen nicht untersuchen, wie viel oder wenig Kunst erfodert wird, in dieser
Manier zu erfinden; aber wir entdecken bei dieser Gelegenheit an uns selbst, wie wenig dergleichen Matadorstücke
der Jugend die Prüfung eines männlichen Geschmacks
aushalten. Es konnte uns eben darum auch nicht sehr
angenehm überraschen, als wir in dieser Gedichtsammlung, einem Unternehmen reiferer Jahre, sowohl ganze
Gedichte, als einzelne Stellen und Ausdrücke wieder
fanden, (das Klinglingling, Hopp hopp hopp, Huhu, Sasa,
Trallyrum larum, u. dgl. m. nicht zu vergessen,) welche nur
die poetische Kindheit ihres Verfassers entschuldigen, und
der zweideutige Beifall des großen Haufens so lange
durchbringen konnte. Wenn ein Dichter, wie Hr. B.,
dergleichen Spielereien durch die Zauberkraft seines Pinsels, durch das Gewicht seines Beispiels in Schutz nimmt;
wie soll sich der unmännliche, kindische Ton verlieren, den
ein Heer von Stümpern in unsere lyrische Dichtkunst
einführte? Aus eben diesem Grunde kann Rez. das sonst so
lieblich gesungene Gedicht: *Blümchen Wunderhold*: nur mit
Einschränkung loben. Wie sehr sich auch Hr. B. in dieser
Erfindung gefallen haben mag, so ist ein *Zauberblümchen an
der Brust* kein ganz würdiges, und eben auch nicht sehr
geistreiches Symbol der Bescheidenheit; es ist, frei heraus-
gesagt, Tändelei. Wenn es von diesem Blümchen heißt:

> Du teilst der Flöte weichen Klang
> des Schreiers Kehle mit,
> und *wandelst in Zephyrengang*
> *des Stürmers Poltertritt*.

so geschieht der Bescheidenheit *zuviel* Ehre. Der unschick-
liche Ausdruck: die Nase schnaubt nach Äther, und ein
unechter Reim: *blähn* und *schön*, verunstalten den leichten
und schönen Gang dieses Liedes.

Am meisten vermißt man die Idealisierkunst bei Hn. B.,
wenn er Empfindung schildert; dieser Vorwurf trifft
besonders die neuern Gedichte, großenteils an Molly
gerichtet, womit er diese Ausgabe bereichert hat. So
unnachahmlich schön in den meisten Diktion und Versbau
ist, so poetisch sie *gesungen* sind, so *unpoetisch* scheinen sie uns
empfunden. Was Lessing irgendwo dem Tragödiendichter
zum Gesetz macht, keine Seltenheiten, keine streng individuellen Charaktere und Situationen darzustellen, gilt
noch weit mehr von dem Lyrischen. Dieser darf eine
gewisse Allgemeinheit in den Gemütsbewegungen, die er
schildert, um so weniger verlassen, je weniger Raum ihm
gegeben ist, sich über das Eigentümliche der Umstände,
wodurch sie veranlaßt sind, zu verbreiten. Die neuen
Bürgerschen Gedichte sind großenteils Produkte einer
solchen ganz eigentümlichen Lage, die zwar weder so
streng individuell, noch so sehr Ausnahme ist, als ein
Heautontimorumenos des Terenz, aber gerade individuell
genug, um von dem Leser weder vollständig, noch rein
genug, aufgefaßt zu werden, daß das Unideale, welches
davon unzertrennlich ist, den Genuß nicht störte. Indessen
würde dieser Umstand den Gedichten, bei denen er
angetroffen wird, bloß eine Vollkommenheit nehmen; aber
ein anderer kommt hinzu, der ihnen wesentlich schadet. Sie
sind nämlich nicht bloß *Gemälde* dieser eigentümlichen
(und sehr undichterischen) Seelenlage, sondern sie sind
offenbar auch *Geburten* derselben. Die Empfindlichkeit, der
Unwille, die Schwermut des Dichters, sind nicht bloß der
Gegenstand, den er besingt; sie sind leider oft auch der *Apoll*,
der ihn begeistert. Aber die Göttinnen des Reizes und der
Schönheit sind sehr eigensinnige Gottheiten. Sie belohnen
nur *die* Leidenschaft, die sie selbst einflößten; sie dulden
auf ihrem Altar nicht gern ein ander Feuer, als das Feuer

einer reinen, uneigennützigen Begeisterung. Ein erzürnter Schauspieler wird uns schwerlich ein edler Repräsentant des Unwillens werden; ein Dichter nehme sich ja in Acht, mitten im Schmerz den Schmerz zu besingen. So, wie der Dichter selbst bloß leidender Teil ist, muß seine Empfindung unausbleiblich von ihrer idealischen Allgemeinheit zu einer unvollkommenen Individualität herabsinken. Aus der sanftern und fernenden Erinnerung mag er dichten, und dann desto besser für ihn, jemehr er an sich erfahren hat, was er besingt; aber ja niemals unter der gegenwärtigen Herrschaft des Affekts, den er uns *schön* versinnlichen soll. Selbst in Gedichten, von denen man zu sagen pflegt, daß die Liebe, die Freundschaft u. s. w., selbst dem Dichter den Pinsel dabei geführt habe, hatte er damit anfangen müssen, sich selbst fremd zu werden, den Gegenstand seiner Begeisterung von seiner Individualität los zu wickeln, seine Leidenschaft aus einer mildernden Ferne anzuschauen. Das Idealschöne wird schlechterdings nur durch eine Freiheit des Geistes, durch eine Selbsttätigkeit möglich, welche die Übermacht der Leidenschaft aufhebt.

Die neuern Gedichte Hn. B. charakterisiert eine gewisse Bitterkeit, eine fast kränkelnde Schwermut. Das hervorragendste Stück in dieser Sammlung: *Das hohe Lied von der Einzigen*, verliert dadurch besonders viel von seinem übrigen unerreichbaren Werte. Andre Kunstrichter haben sich bereits ausführlicher über dieses schöne Produkt der Bürgerischen Muse herausgelassen, und mit Vergnügen stimmen wir in einen *großen Teil* des Lobes mit ein, das sie ihm beigelegt haben. Nur wundern wir uns, wie es möglich war, dem Schwunge des Dichters, dem Feuer seiner Empfindung, seinem Reichtum an Bildern, der Kraft seiner Sprache, der Harmonie seines Verses, so viele Versündigungen gegen den guten Geschmack zu vergeben; wie es möglich war, zu übersehen, daß sich die Begeisterung des Dichters nicht selten in die Grenzen des *Wahnsinns* verliert, daß sein Feuer oft *Furie* wird, daß eben deswegen die Gemütsstimmung, mit der man dies Lied aus der Hand

legt, durchaus nicht die wohltätige harmonische Stimmung
ist, in welche wir uns von dem Dichter versetzt sehen
wollen. Wir begreifen, wie Hr. B., hingerissen von dem
Affekt, der dieses Lied ihm diktierte, bestochen von der
⁵ nahen Beziehung dieses Lieds auf seine eigne Lage, die er in
demselben, wie in einem Heiligtum, niederlegte, am
Schlusse dieses Lieds sich zurufen konnte, daß es das Siegel
der Vollendung an sich trage; – aber eben deswegen
möchten wir es, seiner glänzenden Vorzüge ungeachtet, nur
¹⁰ ein sehr vortreffliches *Gelegenheitsgedicht* nennen, – ein
Gedicht nehmlich, dessen Entstehung und *Bestimmung* man
es allenfalls verzeiht, wenn ihm die idealische Reinheit und
Vollendung mangelt, die allein den guten Geschmack
befriedigt.

¹⁵   Eben dieser große und nahe Anteil, den das eigene *Selbst*
des Dichters an diesem und noch einigen andern Liedern
dieser Sammlung hatte, erklärt uns beiläufig, warum wir in
diesen Liedern so übertrieben oft an *ihn* selbst, den
Verfasser, erinnert werden. Rez. kennt unter den neuern
²⁰ Dichtern keinen, der das *Sublimi feriam sidera vertice* des
Horaz mit solchem Mißbrauch im Munde führte, als Hr. B.
Wir wollen ihn deswegen nicht in Verdacht haben, daß ihm
bei solchen Gelegenheiten das Blümchen Wunderhold aus
dem Busen gefallen sei; es leuchtet ein, daß man nur im
²⁵ Scherz so viel Selbstlob an sich verschwenden kann. Aber
angenommen, daß an solchen scherzhaften Äußerungen
nur der zehente Teil sein Ernst sei, so macht ja ein zehenter
Teil, der zehenmal wieder kömmt, einen ganzen und bittern
Ernst. Eigenruhm kann selbst einem Horaz nur *verziehen*
³⁰ werden, und ungern *verzeiht* der hingerißne Leser dem
Dichter, den er so gern – *nur* bewundern möchte.

    Diese allgemeinen Winke, den Geist des Dichters
betreffend, scheinen uns alles zu sein, was über eine
Sammlung von mehr als 100 Gedichten, worunter viele
³⁵ einer ausführlichen Zergliederung wert sind, in einer
Zeitung gesagt werden konnte. Das längst entschiedne
einstimmige Urteil des Publikums überhebt uns, von seinen

Balladen zu reden, in welcher Dichtungsart es nicht leicht ein deutscher Dichter Hn. B. zuvortun wird. Bei seinen Sonetten, Mustern ihrer Art, die sich auf den Lippen des Deklamateurs in Gesang verwandeln, wünschen wir mit ihm, daß sie keinen Nachahmer finden möchten, der nicht gleich ihm und seinem vortrefflichen Freund, *Schlegel*, die Leier des pythischen Gottes spielen kann. Gerne hätten wir alle bloß *witzigen* Stücke, die Sinngedichte vor allen, in dieser Sammlung entbehrt, so wie wir überhaupt Hn. B. die leichte scherzende Gattung möchten verlassen sehn, die seiner starken nervigten Manier nicht zusagt. Man vergleiche z. B., um sich davon zu überzeugen, das Zechlied I. T. S. 142. mit einem anakreontischen oder horazischen von ähnlichem Inhalt. Wenn man uns endlich auf Gewissen fragte, welchen von Hn. B. Gedichten, den ernsthaften oder den satyrischen, den ganz lyrischen oder lyrischerzählenden, den frühern oder spätern, wir den Vorzug geben, so würde unser Ausspruch für die ernsthaften, für die erzählenden und für die frühern ausfallen. Es ist nicht zu verkennen, daß Hr. B. an poetischer *Kraft* und *Fülle*, an Sprachgewalt und an Schönheit des Verses, gewonnen hat; aber seine Manier hat sich weder veredelt, noch sein Geschmack gereinigt.

Wenn wir bei Gedichten, von denen sich unendlich viel Schönes sagen läßt, nur auf die fehlerhafte Seite hingewiesen haben; so ist dies, wenn man will, eine Ungerechtigkeit, der wir uns nur gegen einen Dichter von Hn. B. Talent und Ruhm schuldig machen konnten. Nur gegen einen Dichter, auf den so viele nachahmende Federn lauern, verlohnt es sich der Mühe, die *Partei der Kunst* zu ergreifen; und auch nur das große Dichtergenie ist im Stande, den Freund des Schönen an die *höchsten* Foderungen der Kunst zu erinnern, die er bei dem mittelmäßigen Talent entweder freiwillig unterdrückt, oder ganz zu vergessen in Gefahr ist. Gerne gestehen wir, daß wir das ganze Heer von unsern jetzt lebenden Dichtern, die mit Hn. B. um den lyrischen Lorbeerkranz ringen, gerade so tief unter *ihm* erblicken, als

er unsrer Meinung nach, selbst unter dem höchsten
Schönen geblieben ist. Auch empfinden wir sehr gut, daß
vieles von dem, was wir an seinen Produkten tadelnswert
fanden, auf Rechnung *äußrer* Umstände kommt, die seine
genialische Kraft in ihrer schönsten Wirkung beschränkten, und von denen seine Gedichte selbst so rührende
Winke geben. Nur die heitre, die ruhige, Seele gebiert das
Vollkommene. Kampf mit äußern Lagen und Hypochondrie, welche überhaupt jede Geisteskraft lähmen, dürfen am
allerwenigsten das Gemüt des Dichters belasten, der sich
von der Gegenwart loswickeln, und frei und kühn in die
Welt der Ideale emporschweben soll. Wenn es auch noch so
sehr in seinem Busen stürmt, so müsse Sonnenklarheit seine
Stirne umfließen.

Wenn indessen irgend einer von unsern Dichtern es wert
ist, sich selbst zu vollenden, um etwas vollendetes zu
leisten, so ist es Hr. Bürger. Diese Fülle poetischer Malerei,
diese glühende energische Herzenssprache, dieser bald
prächtig wogende, bald lieblich flötende, Poesiestrom, der
seine Produkte so hervorragend unterscheidet, endlich
dieses biedre Herz, das, man möchte sagen, aus jeder Zeile
spricht, ist es wert, sich mit immer gleicher ästhetischer und
sittlicher Grazie, mit männlicher Würde, mit Gedankengehalt, mit hoher und stiller Größe zu gatten, und so die
höchste Krone der Klassizität zu erringen.

Das Publikum hat eine schöne Gelegenheit, um die
vaterländische Kunst sich dieses Verdienst zu erwerben.
Hr. B. besorgt, wie wir hören, eine neue *verschönerte*
Ausgabe seiner Gedichte, und von dem Maße der Unterstützung, die ihm von den Freunden seiner Muse widerfahren wird, hängt es ab, ob sie zugleich eine *verbesserte*, ob
sie eine *vollendete* sein soll.

VERTEIDIGUNG DES REZENSENTEN
GEGEN OBIGE ANTIKRITIK

Nach der ausführlichen Darlegung der Gründe, wornach Rezensent sein Urteil über die Bürgerschen Gedichte bestimmte, erwartete er, durch etwas gedachteres als durch Autorität, durch Exklamationen, Wortklaubereien, vorsätzliche Mißdeutung, pathetische Apostrophen und lustige Tiraden widerlegt zu werden; auch schien ihm Herrn Bürgers Sache in der Tat nicht so schlimm, um nicht eine beßre Verteidigung zu verdienen. Sehr gerne läßt er sich gefallen, seine Kunsttheorie, wo es auch geschehe, an der Bürgerschen zu versuchen, wie er denn auch sein über H. B. gefälltes Urteil nicht gerne für etwas anders möchte ausgegeben haben, als für die Überzeugung eines einzelnen Lesers, welche er ohne Bedenken nach einer gründlichern Belehrung verlassen wird. Dann aber müßten billig, wie bei jedem Ehrenkampfe sich gebührt, die *Waffen* gleich sein, und wenn der Eine Teil Beweisgründe gebraucht, so müßte der andre nicht mit Fechterkünsten streiten. Es gilt hier kein historisches Faktum, das nur durch Würdigung der Autoritäten berichtigt und durch Entkräftung der Glaubwürdigkeit (eine Methode, von welcher H. B. gegen seinen Rezensenten Gebrauch macht) verdächtig gemacht wird. Die Rede ist von Grundsätzen des Geschmacks und deren *Anwendung auf Hn. Bürgers Produkte.* – Jene wie diese *sind dem Publikum vor Augen gelegt,* welches (nicht etwa nach dem berühmten oder unberühmten Namen des Kunstrichters, wie H. B. will, sondern nach eignem Gefühl und nach eigner Vernunft) jene Behauptungen prüfen, und den Bericht, den H. B. davon abzustatten für gut gefunden hat, mit den eignen Worten und dem ganzen Ideengange des Rezensenten zusammenhalten kann. Dieses Publikum,

welches sich seines Wielands, Göthe, Gessners, Lessings
erinnert, dürfte schwerlich zu überreden sein, daß die Reife
und Ausbildung, welche Rezensent von einem vortrefflichen Dichter fodert, die Schranken der Menschheit übersteige. Leser, welche sich der gefühlvollen Lieder eines
Denis, Goeckingk, Hölty, Kleist, Klopstock, von Salis,
erinnern, welche einsehen, daß Empfindungen dadurch
allein, daß sie sich zum allgemeinen Charakter der Menschheit erheben, einer allgemeinen Mitteilung fähig – und
dadurch allein, daß sie jeden fremdartigen Zusatz ablegen,
mit den Gesetzen der Sittlichkeit sich in Übereinstimmung
setzen und gleichsam aus dem Schoße veredelter Menschheit hervorströmen, zu *schönen Naturtönen* werden (denn
rührende Naturtöne entrinnen auch dem gequälten Verbrecher ohne hoffentlich auf Schönheit Anspruch zu machen)
solche Leser dürften nun schwerlich dahin zu bringen sein,
idealisierte Empfindungen, wie Rezensent sie der Kürze
halber nennt, für nichtige Phantome oder gar mit erkün-
stelten naturwidrigen Abstrakten für einerlei zu halten.
Diese Leser wissen es sehr gut, daß die *Wahrheit, Natürlichkeit, Menschlichkeit* der Gefühle durch die Operation des
idealisierenden Künstlers so wenig leidet, daß vielmehr
durch jene drei Prädikate nichts anders als ihr Anspruch auf
Jedermanns Mitgefühl, d. i. ihre Allgemeinheit bezeichnet
wird. *Menschlich* heißt uns die Schilderung eines Affekts,
nicht weil sie darstellt, was ein einzelner Mensch wirklich
so empfunden, sondern was *alle Menschen* ohne Unterschied
mit empfinden müssen. Und kann dies wohl anders geschehen,
als daß gerade soviel Lokales und Individuales davon
weggenommen wird, als jener allgemeinen Mitteilbarkeit
Abbruch tun würde? Wenn sich Klopstock in die Seele
seiner Cidli, Wieland in die Seele seiner Psyche oder
Amanda, Göthe in den Charakter seines Werthers, Rousseau in den Charakter seiner Julie, Richardson in den seiner
Klarisse versetzt, und jeder dann die Liebe *so* empfindet, *so*
uns schildert, wie sie in solchen Seelen erscheinen müßte,
haben sie nicht unter der Bedingung einer idealischen

Seelenstimmung empfunden, oder kürzer: ihre eigne Empfindung idealisiert? H. B. könnte vielleicht einwenden, daß der Fall sich verändre, wenn der Dichter in *seiner eignen Person* empfindet und dichtet – dann aber müßte er ganz und gar nicht wissen, daß an der selbsteignen Person des Dichters nur in so fern etwas liegen kann, als sie die Gattung vorstellig macht, und daß es schlecht um seine Dichtungen stehen würde, wenn er das Geschäft der Idealisierung nicht zuvor an sich selbst vorgenommen hätte. Stellt er uns Affekte, wie er unter gewissen Umständen sie empfunden bloß treu und natürlich dar, so kann er zwar einen *historischen* Zweck erreichen, und das Publikum von etwas unterrichten, (woran freilich dem Publikum so besonders viel nicht gelegen ist) das in ihm selbst vorgegangen. Will er aber einen Kunstzweck erreichen, d. i. will er allgemein rühren, will er gar die Seelen, die er rührt, durch diese Rührung *veredeln*, so entschließe er sich, von seiner noch so sehr geliebten Individualität in einigen Stücken Abschied zu nehmen, das Schöne, das Edle, das Vortreffliche, was wirklich in ihm wohnt, weislich zu rat zu halten und wo möglich in Einem Strahl zu konzentrieren, so bemühe er sich, alles, was ausschließend nur an seinem einzelnen, umschränkten, befangenen Selbst haftet, und alles was der Empfindung, die er darstellt, ungleichartig ist, davon zu scheiden und ja vor allem andern jeden groben Zusatz von Sinnlichkeit, Unsittlichkeit, u. d. gl. abzustoßen, womit man es im handelnden Leben nicht immer so genau zu nehmen pflegt. Ehe ein gebildeter Leser an Liedern Gefallen fände, worin noch der ganze trübe Strudel einer ungebändigten Leidenschaft braust und wallt, und mit dem Affekt des begeisterten Dichters auch alle seine eigentümlichen Geistesflecken sich abspiegeln, würde er lieber die Autorität eines Horaz verwerfen, wenn es dem unsterblichen Dichter wirklich hätte einfallen können, durch seinen wahren und goldnen Spruch: Weine erst selbst, wenn du weinen machen willst: jede wilde Geburt eines erhitzten Gehirnes in Schutz zu nehmen. So unent-

behrlich ist eine gewisse Ruhe und Freiheit des Geistes zur
schönen Darstellung selbst der feurigsten Leidenschaft,
daß – sogar Antikritiken, wie man sieht, ihrer nicht
entraten können, ohne den besten Teil ihres Zwecks zu
verfehlen! – Und von allem dem will H. B. nichts wissen?
Alle diese Elemente der darstellenden Kunst klingen ihm
wie neue Offenbarungen aus den Wolken? Nun wahrhaftig,
ein Glück für ihn und seine Leser, daß sein poetischer
Genius bisher für seine Führerin dachte, und sich ohne
Ästhetik noch ganz leidlich zu helfen wußte!

Der nachdenkende Leser entscheide, ob der Verfasser der
Rezension sich deswegen eines groben Widerspruchs
schuldig machte, weil er Individualität an einem Werke der
Kunst nicht vermissen will und dennoch eine ungeschlach-
te, ungebildete, mit allen ihren Schlacken gegebene,
Individualität nicht schön finden kann. Oder sollte vielleicht, nach H. B's Meinung, gerade in dieser letztern die
Originalität und Eigentümlichkeit enthalten sein, die man
mit Recht jedem Kunstwerk zu einem hohen Vorzug
anrechnet? Der Leser entscheide wieder, ob Herrn Bürger
deswegen die Kunst zu idealisieren überhaupt abgesprochen wird, wenn Rezensent ausdrücklich nur *diese* Idealisierkunst bei ihm vermißt, wovon er redet, die nämlich,
welche jede idealische Schöpfung des Dichters im einzelnen
auf ein innres Ideal von höchster Vollkommenheit be-
ziehet?

Herrn Bürgers Sache wäre es gewesen, die Anwendung
der vom Rez. aufgestellten Grundsätze auf seine Gedichte,
nicht aber diese Grundsätze selbst zu bestreiten, die er im
Ernst nicht wohl leugnen, nicht mißverstehen kann, ohne
seine Begriffe von der Kunst verdächtig zu machen. Wenn
er sich gegen diese Foderungen so lebhaft wehrt, bestärkt
oder erweckt er den Verdacht, daß er seine Gedichte
wirklich nicht dagegen zu retten hoffe. Dasjenige seiner
Geistesprodukte hätte er nennen sollen, welchem Rez.
durch seinen allgemeinen Ausspruch Unrecht getan hat.
Wenn H. B. es für eine so unmögliche Sache hält, daß einer

seiner poetischen Mitbrüder sich so sehr habe vergessen
können, ein Ideal der Kunst aufzustellen, welches den
selbsteignen Produkten desselben das Urteil spricht, so
beweist H. B. dadurch bloß, wie sehr *sein* Kunstideal unter
dem Einfluß seiner Eigenliebe stehe, wenn er es nicht gar
selbst aus seinen eigenen Geistesgeburten abgezogen hat.
Was der Moralphilosoph ohne Bedenken von jedem
menschlichen Subjekt, und zum Teil schon der Erzieher
von seinem Zöglinge fodert, darf doch wohl die Kunst von
ihren vorzüglichsten Söhnen verlangen – und wenn in der
Foderung des Moralisten keine Ungereimtheit liegt, wenn
dort die Erhabenheit des Ideals die Bestrebungen, es zu
erreichen, nicht niederschlagen darf, warum sollte mit der
Kunst eine Ausnahme gemacht werden, die ihre Foderungen von jenen nur ableitet, deren Ideal unter jenem des
Moralisten großenteils schon enthalten ist? – Immer könnte
also auch ein Dichter jenes Urteil über Hn. B. niedergeschrieben haben, der aber freilich die *Klugheit* nicht besaß,
seine eigenen Geisteskinder vor der Strenge dieser seiner
Theorie zuvörderst in Sicherheit zu bringen. Einen solchen
könnte nun wohl schwerlich die Furcht vor Repressalien
abgehalten haben, offen und frei seine Meinung vom H. B.
zu sagen, und, eifersüchtiger auf die Hoheit seiner Kunst
als auf den Ruhm der Produkte, wodurch er sich in seinem
Leben schon an ihr mag versündigt haben, erteilt er ihm
hiemit uneingeschränkte Vollmacht, bei künftiger Entdek-
kung seines Namens, gegen seine Geistesgeburten soviel
vernünftiges vorzubringen, als er fähig ist. Um so mehr
aber glaubt er sich auch befugt, das, was ihm Sache der
Kunst schien, gegen das Bürgersche Beispiel zu verfechten
– gegen alle Elegien an Molly und alle Blümchen Wunderhold und alle hohen Lieder, in denen man *vom Rabenstein und*
von der Folterkammer in das Flaumenbette der Wollust entrückt
wird, zu verfechten – mit Bescheidenheit, wie er getan zu
haben hofft, aber freilich nicht mit *Schüchternheit.* Schüchtern trete der Künstler vor die Kritik und das Publikum,
aber nicht die Kritik vor den Künstler, wenn es nicht einer
ist, der ihr Gesetzbuch erweitert.

Geschah es etwa, um den Streit auf fremden Boden zu
spielen, daß H. B. die ganze Schar deutscher Liederdichter
aufbietet, auf dem ganzen Musenberge Feuer! ruft, und den
Geist eines Wielands und seines gleichen zu erscheinen und
zu löschen beschwört? Er nehme sich ja in Acht, den
Schatten Samuels zu wecken, sonst möchte ihm wie
weiland Sauln geantwortet werden. Rezensent erinnert
sich, Hn. B. über alle erhoben zu haben, die mit ihm um den
lyrischen Lorbeer ringen. Aber es *ringen* darum nicht alle,
welche irgend einmal die Fülle ihrer Begeisterung in einem
Lied oder in einer Ode aushauchten, mit Hn. B. um den
lyrischen Kranz, und die ihn längst schon ersiegt haben,
ringen auch nicht mehr. Wie sehr auch endlich Herrn B's
poetischer Genius über seine Mitkämpfer hervorragt, so
könnte ihm doch mancher unter ihnen, der ihm an
Dichtergaben weicht, in nicht unwesentlichen Stücken der
poetischen Darstellung zum Muster dienen.

Wenn das *großgünstige* Publikum Herrn B.'s seinen *Genius
für ein noch höheres Wesen halten konnte, als er selbst*, welches viel
ist; wenn es weit mehrere seiner Produkte, als ihm lieb war,
mit *überaus großen Wohlgefallen* aufnahm, und mit einem
Glauben, der ihn selbst schamrot machte, den *Feiertanz um
seine Pagoden* anstellte; so wäre das Unglück in der Tat so
groß nicht, als H. B. es macht, mit dem Urteile *dieses*
Publikums über ihn sich einigermaßen im Widerspruch zu
befinden. Auch ist es nicht nötig, daß gerade die ganze
schreibende und lesende Welt sich geirrt haben muß, wenn
H. B. nicht als reifer und vollendeter Dichter befunden
wird. Gerne verwechselt die Selbstzufriedenheit des Künstlers den lauten brausenden Zuruf, der ihn gleich bei seiner
ersten Erscheinung umtönt, mit dem Urteil der *Welt*, und so
entscheidet sich oft der Ruhm eines Schriftstellers, ehe noch
die gewichtigsten Stimmen mitgesprochen haben. Herrn
B's poetischer Genius hat diese Stimmen keineswegs zu
fürchten, und es wird bloß auf etwas mehr Studium schöner
Muster und etwas mehr Strenge gegen sich selbst ankommen, daß auch sie mit vollem Herzen das Prädikat

unterschreiben, das ihm, ohne sie, erteilt worden ist. So
wenig Rez. sich bei Abfassung seiner Kritik einer andern
Leitung als seines eignen Gefühls bewußt war, so angenehm überraschte ihn, was er nachher in Erfahrung
brachte, daß er in seinem Urteile über Hn. B. die Meinung 5
einiger der kompetentesten Geschmacksrichter von diesem
Schriftsteller ausgesprochen habe.

Um übrigens einem beträchtlichen Teile des Publikums
nicht etwas überflüssiges zu sagen, und bei einem andern
durch seinen unschuldigen Namen nicht den Beifall zu 10
verwirken, den vielleicht seine Gründe fanden, sei es dem
Rezensenten erlaubt, einem Incognito getreu zu bleiben,
welches, seiner Überzeugung nach, bei literarischen Kämpfen solange gut und löblich bleibt, als es überhaupt noch
Schriftsteller gibt, die dem Publikum auf ihre eigne und 15
ihres ganzen Standes Unkosten, nicht sehr erbauliche
Komödien zum besten geben. Wo mit Vernunftgründen
und aus lauterm Interesse an der Wahrheit gestritten wird,
streitet man niemals im Dunkeln; das Dunkel tritt nur ein,
wenn die *Personen* die *Sache* verdrängen. 20

Der Rezensent.

KLEINERE PROSAISCHE SCHRIFTEN

VORBERICHT

Um dem Nachdruck zuvor zu kommen, und zugleich meinen Freunden in der lesenden Welt eine Auswahl desjenigen in die Hände zu geben, was ich unter meinen kleinern prosaischen Versuchen der Vergessenheit zu entziehen wünsche, habe ich diese Sammlung veranstaltet, auf welche, wenn sie anders Leser und Käufer findet, in der Folge ein zweiter und dritter Teil nachgeliefert werden könnten, die verschiedne noch ungedruckte Aufsätze enthalten würden. Bei den mehresten der hier abgedruckten Aufsätze, möchte, wie ich gar wohl einsehe, eine strengere Feile nicht überflüssig gewesen sein; und es war auch Anfangs meine Absicht, Ton und Inhalt meiner gegenwärtigen Vorstellungsart gemäßer zu machen; aber ein veränderter Geschmack ist nicht immer ein besserer, und vielleicht hätte die zweite Hand ihnen gerade dasjenige genommen, wodurch sie bei ihrer ersten Erscheinung Beifall gefunden haben. Sie tragen also auch noch jetzt das jugendliche Gepräge ihrer ersten zufälligen Entstehung und bitten dieser Ursache wegen um die Nachsicht des Lesers. Nicht immer ist es der innere Gehalt einer Schrift, der den Leser fesselt; zuweilen gewinnt sie ihn bloß durch charakteristische Züge, in denen sich die Individualität ihres Urhebers offenbart; eine Eigenschaft, die oft gerade die vollendetsten Werke eines Autors verleugnen. Für Leser also, welche diese interessieren kann, die, wenn sie in dem Buche auch nicht mehr finden sollten als den Verfasser selbst, mit diesem kleinen Gewinn sich begnügen, sind diese Rhapsodien bestimmt, und eine flüchtige, für ernsthafte Zwecke nicht ganz verlorene Unterhaltung ist alles, was ich ihnen davon versprechen kann.

Jena, in der Ostermesse 1792.

›DIE HOREN‹

EINLADUNG ZUR MITARBEIT

Unter diesem Titel wird mit dem Anfang des Jahrs 1795. eine Monatsschrift erscheinen, zu deren Verfertigung eine Gesellschaft bekannter Gelehrten sich vereinigt hat. Sie wird sich über alles verbreiten, was mit Geschmack und philosophischem Geiste behandelt werden kann, und also sowohl philosophischen Untersuchungen, als historischen und poetischen Darstellungen offen stehen. Alles, was entweder bloß den gelehrten Leser interessieren, oder was bloß den nichtgelehrten befriedigen kann, wird davon ausgeschlossen sein; vorzüglich aber unbedingt wird sie sich alles verbieten, was sich auf Staatsreligion und politische Verfassung bezieht. Man widmet sie der *schönen* Welt zum Unterricht und zur Bildung, und der *gelehrten* zu einer freien Forschung der Wahrheit, und zu einem fruchtbaren Umtausch der Ideen; und indem man bemüht sein wird, die Wissenschaft selbst, durch den innern Gehalt, zu bereichern, hofft man zugleich den Kreis der Leser durch die Form zu erweitern.

Unter der großen Menge von Zeitschriften, ähnlichen Inhalts, dürfte es vielleicht schwer sein, Gehör zu finden, und, nach so vielen verunglückten Versuchen in dieser Art, noch schwerer, sich Glauben zu verschaffen. Ob die Herausgeber der gegenwärtigen Monatsschrift gegründetere Hoffnungen haben, wird sich am besten aus den Mitteln abnehmen lassen, die man zu Erreichung jenes Zwecks eingeschlagen hat.

Nur der innere Wert einer literarischen Unternehmung ist es, der ihr ein daurendes Glück bei dem Publikum versichern kann; auf der andern Seite aber ist es nur dieses Glück,

welches ihrem Urheber den Mut und die Kräfte gibt, etwas
beträchtliches auf ihrem Wert zu verwenden. Die große
Schwierigkeit also ist, daß der Erfolg gewissermaßen schon
realisiert sein müßte, um den Aufwand, durch den allein er
zu realisieren ist, möglich zu machen. Aus diesem Zirkel ist
kein anderer Ausweg, als daß ein unternehmender Mann an
jenen problematischen Erfolg so viel wage, als etwa nötig
sein dürfte, ihn gewiß zu machen.

Für Zeitschriften dieses Inhalts fehlt es gar nicht an
einem zahlreichen Publikum, aber in dieses Publikum teilen
sich zu viele einzelne Journale. Würde man die Käufer aller
hieher gehörigen Journale zusammen zählen, so würde sich
eine Anzahl entdecken lassen, welche hinreichend wäre,
auch die kostbarste Unternehmung im Gange zu erhalten.
Diese ganze Anzahl nun steht derjenigen Zeitschrift zu
Gebot, die alle die Vorteile in sich vereinigt, wodurch jene
Schriften im einzelnen bestehn, ohne den Kaufpreis einer
einzelnen unter denselben beträchtlich zu übersteigen.

Jeder Schriftsteller von Verdienst hat in der lesenden
Welt seinen eigenen Kreis, und selbst der am meisten
gelesene hat nur einen größern Kreis in derselben. So weit
ist es noch nicht mit der Kultur der Deutschen gekommen,
daß sich das, was den Besten gefällt, in Jedermanns Händen
finden sollte. Treten nun die vorzüglichsten Schriftsteller
der Nation in eine literarische Assoziation zusammen, so
vereinigen sie eben dadurch das vorher geteilt gewesene
Publikum, und das Werk, an welchem alle Anteil nehmen,
wird die ganze lesende Welt zu seinem Publikum haben.
Dadurch aber ist man im Stande, jedem Einzelnen alle die
Vorteile anzubieten, die der allerweiteste Kreis der Leser
und Käufer einem Autor nur immer verschaffen kann.

Ein Verleger, der diesem Unternehmen in jeder Rücksicht gewachsen ist, hat sich bereits in dem Buchhändler
Cotta a. Tübingen gefunden, und ist bereit, sie ins Werk zu
richten, so bald die erforderliche Anzahl von Mitarbeitern
sich zusammen gefunden haben wird. Jeder Schriftsteller,
an den man diese Anzeige sendet, wird also zum Beitritt an

dieser Sozietät eingeladen, und man hofft dafür gesorgt zu
haben, daß er in keiner Gesellschaft, die seiner unwürdig
wäre, vor dem Publikum auftreten soll. Da aber die ganze
Unternehmung nur unter der Bedingung einer gehörigen
Anzahl von Teilnehmern möglich ist, so kann man keinem
der eingeladenen Schriftsteller zugestehn, seinen Beitritt
bis nach Erscheinung des Journals aufzuschieben, weil man
schon vorläufig wissen muß, auf wen man zu rechnen hat,
um an die Ausführung auch nur denken zu können. So bald
aber die erforderliche Anzahl sich zusammen gefunden hat,
wird solches jedem Teilnehmer an der Zeitschrift unver-
züglich bekannt gemacht werden.

Jeden Monat ist man überein gekommen, ein Stück von
9 Bogen in median zu liefern; der gedruckte Bogen wird mit
vier Ldor's in Golde bezahlt. Dafür verspricht der Verfasser, von diesen einmal abgedruckten Aufsätzen, drei Jahre
nach ihrer Erscheinung, keinen andern öffentlichen
Gebrauch zu machen, es sei denn, daß beträchtliche Veränderungen damit vorgenommen worden wären.

Obgleich von denjenigen Gelehrten, deren Beiträge man
sich ausbittet, nichts, was ihrer selbst und einer solchen
Zeitschrift nicht ganz würdig wäre, zu befürchten ist, so hat
man doch, aus leicht begreiflichen Gründen, die Verfügung
getroffen, daß kein Mscrpt eher dem Druck übergeben werde, als bis es einer dazu bestimmten Anzahl von Mitgliedern
zur Beurteilung vorgelegt worden ist. Dieser Konvention
werden sich die H. H. Teilnehmer um so eher unterwerfen,
als sie versichert sein können, daß höchstens nur die relative
Zweckmäßigkeit ihrer Beiträge in Rücksicht auf den Plan
und das Interesse des Journals zur Frage kommen kann.
Eigenmächtige Abänderungen wird weder der Redakteur
noch der Ausschuß sich in den Mscrpten erlauben. Sollten
welche nötig sein, so versteht es sich von selbst, daß man den
Verfasser ersuchen wird, sie selbst vorzunehmen. Der
Abdruck der Mscrpte wird sich nach der Ordnung richten,
in der sie eingesandt werden, so weit dieses mit der nötigen
Mannigfaltigkeit des Inhalts in den einzelnen Monatsstük-

ken bestehen kann. Eben diese Mannigfaltigkeit macht die Verfügung notwendig, daß kein Beitrag durch mehr als drei Stücke fortgesetzt werde, und in keinem einzelnen Stück mehr als sechzig Seiten einnehme.

Briefe und Mscrpte sendet man an den Redakteur dieser Monatsschrift, der den Hn. Hn. Verfassern für ihre eingesandten Beiträge steht, und bereit ist, jedem, so bald es verlangt wird, Rechnung davon abzulegen.

Daß von dieser Anzeige kein öffentlicher Gebrauch zu machen sei, wird kaum nötig sein zu erinnern.

Friedrich Schiller.
Jena am 13 Jun. 1794. *Hofrat und Professor zu Jena.*

ANKÜNDIGUNG
Die Horen, eine Monatsschrift, von einer Gesellschaft verfaßt und
herausgegeben von Schiller

Zu einer Zeit, wo das nahe Geräusch des Kriegs das Vaterland ängstiget, wo der Kampf politischer Meinungen und Interessen diesen Krieg beinahe in jedem Zirkel erneuert, und nur allzuoft Musen und Grazien daraus verscheucht, wo weder in den Gesprächen noch in den Schriften des Tages vor diesem allverfolgenden Dämon der Staatskritik Rettung ist, möchte es eben so gewagt als verdienstlich sein, den so sehr zerstreuten Leser zu einer Unterhaltung von ganz entgegengesetzter Art einzuladen. In der Tat scheinen die Zeitumstände einer Schrift wenig Glück zu versprechen, die sich über das Lieblingsthema des Tages ein strenges Stillschweigen auferlegen, und ihren Ruhm darin suchen wird, durch etwas anders zu gefallen, als wodurch jetzt alles gefällt. Aber jemehr das beschränkte Interesse der Gegenwart die Gemüter in Spannung setzt, einengt und unterjocht, desto dringender wird das Bedürfnis, durch ein allgemeines und höheres Interesse an dem, was *rein menschlich* und über allen Einfluß der Zeiten erhaben ist, sie wieder in Freiheit zu setzen, und die

politisch geteilte Welt unter der Fahne der Wahrheit und
Schönheit wieder zu vereinigen.

Dies ist der Gesichtspunkt, aus welchem die Verfasser
dieser Zeitschrift dieselbe betrachtet wissen möchten.
Einer heitern und leidenschaftfreien Unterhaltung soll sie
gewidmet sein, und dem Geist und Herzen des Lesers, den
der Anblick der Zeitbegebenheiten bald entrüstet, bald
niederschlägt, eine fröhliche Zerstreuung gewähren. Mitten in diesem politischen Tumult soll sie für Musen und
Charitinnen einen engen vertraulichen Zirkel schließen, aus
welchem alles verbannt sein wird, was mit einem unreinen
Parteigeist gestempelt ist. Aber indem sie sich alle Beziehungen auf den *jetzigen* Weltlauf und auf die *nächsten*
Erwartungen der Menschheit verbietet, wird sie über die
vergangene Welt die Geschichte, und über die kommende
die Philosophie befragen, wird sie zu dem Ideale veredelter
Menschheit, welches durch die Vernunft aufgegeben, in der
Erfahrung aber so leicht aus den Augen gerückt wird,
einzelne Züge sammeln, und an dem stillen Bau besserer
Begriffe, reinerer Grundsätze und edlerer Sitten, von dem
zuletzt alle wahre Verbesserung des gesellschaftlichen
Zustandes abhängt, nach Vermögen geschäftig sein.
Sowohl spielend als ernsthaft wird man im Fortgange
dieser Schrift dieses einzige Ziel verfolgen, und so verschieden auch die Wege sein mögen, die man dazu
einschlagen wird, so werden doch alle, näher oder entfernter, dahin gerichtet sein, wahre Humanität zu befördern.
Man wird streben, die Schönheit zur Vermittlerin der
Wahrheit zu machen, und durch die Wahrheit der Schönheit
ein daurendes Fundament und eine höhere Würde zu
geben. So weit es tunlich ist, wird man die Resultate der
Wissenschaft von ihrer scholastischen Form zu befreien
und in einer reizenden, wenigstens einfachen, Hülle dem
Gemeinsinn verständlich zu machen suchen. Zugleich aber
wird man auf dem Schauplatze der Erfahrung nach neuen
Erwerbungen für die Wissenschaft ausgehen, und da nach
Gesetzen forschen, wo bloß der Zufall zu spielen und die

Willkür zu herrschen scheint. Auf diese Art glaubt man zu Aufhebung der Scheidewand beizutragen, welche die *schöne* Welt von der *gelehrten* zum Nachteile beider trennt, gründliche Kenntnisse in das gesellschaftliche Leben, und Geschmack in die Wissenschaft einzuführen.

Man wird sich, soweit kein edlerer Zweck darunter leidet, Mannigfaltigkeit und Neuheit zum Ziele setzen, aber dem frivolen Geschmacke, der das Neue bloß um der Neuheit willen sucht, keineswegs nachgeben. Übrigens wird man sich jede Freiheit erlauben, die mit guten und schönen Sitten verträglich ist.

Wohlanständigkeit und Ordnung, Gerechtigkeit und Friede werden also der Geist und die Regel dieser Zeitschrift sein; die drei schwesterlichen Horen *Eunomia*, *Dice* und *Irene* werden sie regieren. In diesen Göttergestalten verehrte der Grieche die welterhaltende Ordnung, aus der alles Gute fließt, und die in dem gleichförmigen Rhythmus des Sonnenlaufs ihr treffendstes Sinnbild findet. Die Fabel macht sie zu Töchtern der *Themis* und des *Zeus*, des Gesetzes und der Macht; des nehmlichen Gesetzes, das in der Körperwelt über den Wechsel der Jahreszeiten waltet, und die Harmonie in der Geisterwelt erhält.

Die Horen waren es, welche die neugeborene Venus bei ihrer ersten Erscheinung in Cypern empfingen, sie mit göttlichen Gewanden bekleideten, und so von ihren Händen geschmückt in den Kreis der Unsterblichen führten: eine reizende Dichtung, durch welche angedeutet wird, daß das Schöne schon in seiner Geburt sich unter Regeln fügen muß, und nur durch Gesetzmäßigkeit würdig werden kann, einen Platz im Olymp, Unsterblichkeit und einen moralischen Wert, zu erhalten. In leichten Tänzen umkreisen diese Göttinnen die Welt, öffnen und schließen den Olymp, und schirren die Sonnenpferde an, das belebende Licht durch die Schöpfung zu versenden. Man sieht sie im Gefolge der Huldgöttinnen und in dem Dienst der Königin des Himmels, weil Anmut und Ordnung, Wohlanständigkeit und Würde unzertrennlich sind.

Daß die gegenwärtige Zeitschrift des ehrenvollen Namens, den sie an ihrer Stirne führt, sich würdig zeigen
werde, dafür glaubt der Herausgeber sich mit Zuversicht
verbürgen zu können. Was ihm in seiner eignen Person
nicht geziemen würde, zu versichern, das erlaubt er sich als
Sprecher der achtungswürdigen Gesellschaft, die zu Herausgabe dieser Schrift sich vereinigt hat. Mit patriotischem
Vergnügen sieht er einen Entwurf in Erfüllung gehen, der
ihn und seine Freunde schon seit Jahren beschäftigte, aber
nicht eher als jetzt gegen die vielen Hindernisse, die seiner
Ausführung im Wege standen, hat behauptet werden
können. Endlich ist es ihm gelungen, mehrere der ver-
dienstvollesten Schriftsteller Deutschlands zu einem fort-
laufenden Werke zu verbinden, an welchem es der Nation
trotz aller Versuche, die von Einzelnen bisher angestellt
wurden, noch immer gemangelt hat, und notwendig
mangeln mußte, weil gerade eine solche Anzahl und eine
solche Auswahl von Teilnehmern nötig sein möchte, um bei
einem Werk, das in festgesetzten Zeiten zu erscheinen
bestimmt ist, Vortrefflichkeit im Einzelnen mit Abwechslung im Ganzen zu verbinden.

Folgende Schriftsteller werden an dieser Monatschrift
Anteil nehmen:

Herr Hauptmann von *Archenholz* in Hamburg.

Seine Erzbischöfl. Gnaden Herr Coadjutor von Mainz
Freiherr von *Dalberg* in Erfurt.

Hr. Professor *Engel* aus Berlin.

»   D. *Erhardt* in Nürnberg.

»   Professor *Fichte* in Jena.

»   von *Funk* in Dresden.

»   Professor *Garve* in Breslau.

»   Kriegsrat *Genz* in Berlin.

»   Kanonikus *Gleim* in Halberstadt.

»   Geheimer Rat von *Göthe* in Weimar.

»   D. *Gros* in Göttingen.

»   Vize-Konsistorial-Präsident *Herder* in Weimar.

»   *Hirt* in Rom.

"   Professor *Hufeland* in Jena.
"   Legations-Rat von *Humbold* aus Berlin.
"   Oberbergmeister von *Humbold* in Bayreuth.
"   Geheimer Rat *Jacobi* in Düsseldorf.
"   Hofrat *Matthison* in der Schweiz.
"   Professor *Meyer* in Weimar.
"   Hofrat *Pfeffel* in Colmar.
"   Hofrat *Schiller* in Jena.
"   *Schlegel* in Amsterdam.
"   Hofrat *Schütz* in Jena.
"   Hofrat *Schulz* in Mietau.
"   Professor *Woltmann* in Jena.

Da sich übrigens die hier erwähnte Sozietät keineswegs als *geschlossen* betrachtet, so wird jedem deutschen Schriftsteller, der sich den notwendig gefundenen Bedingungen des Instituts zu unterwerfen geneigt ist, zu jeder Zeit die Teilnahme daran offen stehen. Auch soll jedem, der es verlangt, verstattet sein, anonym zu bleiben, weil man bei Aufnahme der Beiträge nur auf den Gehalt und nicht auf den Stempel sehen wird. Aus diesem Grunde, und um die Freiheit der Kritik zu befördern, wird man sich erlauben, von einer allgemeinen Gewohnheit abzugehen, und bei den einzelnen Aufsätzen die Namen ihrer Verfasser, bis zum Ablauf eines jeden Jahrgangs verschweigen, welches der Leser sich um so eher gefallen lassen kann, da ihn diese Anzeige schon im Ganzen mit denselben bekannt macht.

Jena, den 10. Dez. 1794.   *Schiller.*

GEKÜRZTE ANKÜNDIGUNG

Die Horen, eine Monatsschrift, von einer Gesellschaft verfaßt und herausgegeben von Schiller

Je mehr die allgemeine Aufmerksamkeit durch die lebhafteste Teilnahme an den politischen Begebenheiten des Tages und den Kampf entgegengesetzter Meinungen und Partei-

en jetzt auf die Gegenwart gerichtet ist, desto dringender
wird das Bedürfnis, die dadurch eingeengten Gemüter
durch ein allgemeineres und höheres Interesse an allem, was
rein menschlich und über den Einfluß der Zeiten erhaben
ist, wiederum in Freiheit zu setzen und dem durch den
Anblick der Zeitbegebenheiten ermüdeten Leser eine
fröhliche Zerstreuung zu verschaffen. Diesem Endzweck
widmet man die gegenwärtige Zeitschrift. Sich alle Beziehung auf den *jetzigen* Weltlauf und die *nächsten* Erwartungen
der Menschheit verbietend, wird dieselbe mit Hilfe der
Geschichte und Philosophie zu dem Ideale veredelter
Menschheit die einzelnen Züge sammeln und an dem stillen
Bau besserer Begriffe, reinerer Grundsätze und edlerer
Sitten nach Vermögen geschäftig sein. Daß sie diesem
erhabenen Ziele nicht ohne Erfolg entgegenstreben werde,
dafür glaubt der Herausgeber sich mit Zuversicht verbürgen zu können, wenn er sich als den Sprecher der
achtungswürdigen Gesellschaft ansieht, die sich zur Herausgabe derselben vereinigt hat. Denn nach vielen Schwierigkeiten ist es ihm endlich gelungen, mehrere der ver-
dienstvollsten Schriftsteller Deutschlands zu einem fortlau-
fenden Werk zu verbinden, an welchem es der Nation trotz
aller von einzelnen bisher angestellten Versuche noch
immer gemangelt hat und notwendig mangeln mußte, weil
gerade eine solche Anzahl und eine solche Auswahl von
Teilnehmern nötig sein möchte, um bei einem periodischen
Werke Vortrefflichkeit im einzelnen mit Abwechslung im
ganzen zu verbinden. Die jetzigen Mitarbeiter sind Hr. v.
Archenholz, v. Dalberg, Engel, Erhardt, Fichte, v. Funk,
Garve, Gentz, Gleim, v. Goethe, Gros, Herder, Hirt,
Hufeland, W. v. Humboldt, A. v. Humboldt, Jacobi,
Matthisson, Meyer, Pfeffel, Schiller, Schlegel, Schütz,
Friedr. Schulz, Woltmann, Vogel in Nürnberg.

Jena, den 10. Dezember 1794.   *Schiller.*

ÜBER DEN GARTENKALENDER
AUF DAS JAHR 1795

*Tübingen, b. Cotta: Taschenkalender auf das Jahr 1795 für Natur-
und Gartenfreunde. Mit Abbildungen von Hohenheim und andern
Kupfern. 290 S. gr. 12°.*

Seit den Hirschfeldischen Schriften über die Gartenkunst ist die Liebhaberei für schöne Kunstgärten in
Deutschland immer allgemeiner geworden, aber nicht sehr
zum Vorteil des guten Geschmacks, weil es an festen
Prinzipien fehlte und alles der Willkür überlassen blieb.
Den irregeleiteten Geschmack in dieser Kunst zu berichtigen, werden in diesem Kalender vortreffliche Winke
gegeben, die von dem Kunstfreunde näher geprüft, und
von dem Gartenliebhaber befolgt zu werden verdienen.

Es ist gar nichts ungewöhnliches, daß man mit der
Ausführung einer Sache anfängt, und mit der Frage: ob sie
denn auch wohl möglich sei? endigt. Dies scheint besonders
auch mit den so allgemein beliebten *ästhetischen Gärten* der
Fall zu sein. Diese Geburten des nördlichen Geschmacks
sind von einer so zweideutigen Abkunft, und haben bis
jetzt einen so unsichern Charakter gezeigt, daß es dem
echten Kunstfreunde zu verzeihen ist, wenn er sie kaum
einer flüchtigen Aufmerksamkeit würdigte, und dem
Dilettantism zum Spiele dahin gab. Ungewiß, zu welcher
Klasse der schönen Künste sie sich eigentlich schlagen
solle, schloß sich die Gartenkunst lange Zeit an die
Baukunst an, und beugte die lebendige Vegetation unter das
steife Joch mathematischer Formen, wodurch der Architekt die leblose schwere Masse beherrscht. Der Baum
mußte seine höhere organische Natur verbergen, damit die
Kunst an seiner gemeinen Körpernatur ihre Macht beweisen konnte. Er mußte sein schönes selbstständiges Leben

für ein geistloses Ebenmaß, und seinen leichten schwebenden Wuchs für einen Anschein von Festigkeit hingeben, wie
das Auge sie von steinernen Mauern verlangt. Von diesem
seltsamen Irrweg kam die Gartenkunst in neuern Zeiten
zwar zurück, aber nur, um sich auf dem entgegengesetzten
zu verlieren. Aus der strengen Zucht des Architekts
flüchtete sie sich in die Freiheit des *Poeten*, vertauschte
plötzlich die härteste Knechtschaft mit der regellosesten
Lizenz, und wollte nun von der Einbildungskraft allein das
Gesetz empfangen. So willkürlich, abenteuerlich und bunt,
als nur immer die sich selbst überlassene Phantasie ihre
Bilder wechselt, mußte nun das Auge von einer unerwarteten Dekoration zur andern hinüberspringen, und die
Natur, in einem größern oder kleinern Bezirk, die ganze
Mannigfaltigkeit ihrer Erscheinungen, wie auf einer
Musterkarte, vorlegen. So wie sie in den französischen
Gärten ihrer Freiheit beraubt, dafür aber durch eine
gewisse architektonische Übereinstimmung und Größe
entschädiget wurde; so sinkt sie nun, in unsern sogenannten englischen Gärten, zu einer kindischen Kleinheit herab,
und hat sich durch ein übertriebenes Bestreben nach
Ungezwungenheit und Mannigfaltigkeit von aller schönen
Einfalt entfernt, und aller Regel entzogen. In diesem
Zustande ist sie größtenteils noch, nicht wenig begünstigt
von dem weichlichen Charakter der Zeit, der vor aller
Bestimmtheit der Formen flieht, und es unendlich bequemer findet, die Gegenstände nach seinen Einfällen zu
modeln, als sich nach ihnen zu richten.

   Da es so schwer hält, der ästhetischen Gartenkunst ihren
Platz unter den schönen Künsten anzuweisen, so könnte
man leicht auf die Vermutung geraten, daß sie hier gar nicht
unterzubringen sei. Man würde aber Unrecht haben, die
verunglückten Versuche in derselben gegen ihre Möglichkeit überhaupt zeugen zu lassen. Jene beiden entgegengesetzten Formen, unter denen sie bis jetzt bei uns aufgetreten
ist, enthalten etwas wahres, und entsprangen beide aus
einem gegründeten Bedürfnis. Was erstlich den architekto-

nischen Geschmack betrifft, so ist nicht zu leugnen, daß die
Gartenkunst unter Einer Kategorie mit der Baukunst
stehet, obgleich man sehr übel getan hat, die Verhältnisse
der letztern auf sie anwenden zu wollen. Beide Künste
entsprechen in ihrem ersten Ursprunge einem physischen
Bedürfnis, welches zunächst ihre Formen bestimmt, bis das
entwickelte Schönheitsgefühl auf Freiheit dieser Formen
drang, und zugleich mit dem Verstande der Geschmack
seine Foderungen machte. Aus diesem Gesichtspunkte
betrachtet, sind beide Künste nicht vollkommen frei, und
die Schönheit ihrer Formen wird durch den unnachlaß-
lichen physischen Zweck jederzeit bedingt und eingeschränkt bleiben. Beide haben gleichfalls mit einander
gemein, daß sie die Natur durch Natur, nicht durch ein
künstliches Medium nachahmen, oder auch gar nicht
nachahmen, sondern neue Objekte erzeugen. Daher mochte es kommen, daß man sich nicht sehr streng an die Formen
hielt, welche die Wirklichkeit darbietet, ja sich wenig
daraus machte, wenn nur der Verstand durch Ordnung und
Übereinstimmung und das Auge durch Majestät oder
Anmut befriediget wurde, die Natur als Mittel zu behandeln und ihrer Eigentümlichkeit Gewalt anzutun. Man
konnte sich um so eher dazu berechtigt glauben, da
offenbar in der Gartenkunst wie in der Baukunst durch
eben diese Aufopferung der Naturfreiheit sehr oft der
physische Zweck befördert wird. Es ist also den Urhebern
des architektonischen Geschmacks in der Gartenkunst
einigermaßen zu verzeihen, wenn sie sich von der Verwandtschaft, die in mehrern Stücken zwischen diesen
beiden Künsten herrscht, verführen ließen, ihre ganz
verschiedenen Charaktere zu verwechseln, und in der Wahl
zwischen Ordnung und Freiheit die erstere auf Kosten der
andern zu begünstigen.

Auf der andern Seite beruht auch der poetische Gartengeschmack auf einem ganz richtigen Faktum des Gefühls.
Einem aufmerksamen Beobachter seiner selbst konnte es
nicht entgehen, daß das Vergnügen, womit uns der Anblick

landschaftlicher Szenen erfüllt, von der Vorstellung unzertrennlich ist, daß es Werke der freien Natur, nicht des
Künstlers, sind. Sobald also der Gartengeschmack *diese* Art
des Genusses bezweckte, so mußte er darauf bedacht sein,
aus seinen Anlagen alle Spuren eines künstlichen Ursprungs zu entfernen. Er machte sich also die *Freiheit*, so
wie sein architektonischer Vorgänger die *Regelmäßigkeit*
zum obersten Gesetz; bei ihm mußte die *Natur*, bei diesem
die *Menschenhand* siegen. Aber der Zweck, nach dem er
strebte, war für die Mittel viel zu groß, auf welche seine
Kunst ihn beschränkte; und er scheiterte, weil er aus seinen
Grenzen trat, und die Gartenkunst in die Malerei hinüber-
führte. Er vergaß, daß der verjüngte Maßstab, der der
letztern zu statten kommt, auf eine Kunst nicht wohl
angewendet werden konnte, welche die Natur durch sich
selbst repräsentiert, und nur in sofern rühren kann, als man
sie absolut mit Natur verwechselt. Kein Wunder also, wenn
er über dem Ringen nach Mannigfaltigkeit ins Tändelhafte,
und – weil ihm zu den Übergängen, durch welche die Natur
ihre Veränderungen vorbereitet und rechtfertigt, der Raum
und die Kräfte fehlten, – ins Willkürliche verfiel. Das Ideal,
nach dem er strebte, enthält an sich selbst keinen Widerspruch; aber es war zweckwidrig und grillenhaft, weil auch
der glücklichste Erfolg die ungeheuren Opfer nicht belohnte.

Soll also die Gartenkunst endlich von ihren Ausschweifungen zurückkommen, und wie ihre andern Schwestern
zwischen bestimmten und bleibenden Grenzen ruhn, so
muß man sich vor allen Dingen deutlich gemacht haben,
was man denn eigentlich will; eine Frage, woran man, in
Deutschland wenigstens, noch nicht genug gedacht zu
haben scheint. Es wird sich alsdann wahrscheinlicherweise
ein ganz guter Mittelweg zwischen der Steifigkeit des
französischen Gartengeschmacks und der gesetzlosen Freiheit des sogenannten englischen finden; es wird sich zeigen,
daß sich diese Kunst zwar nicht zu so hohen Sphären
versteigen dürfe, als uns diejenigen überreden wollen, die

bei ihren Entwürfen nichts als die Mittel zur Ausführung
vergessen, und daß es zwar abgeschmackt und widersinnig
ist, in eine Gartenmauer die Welt einschließen zu wollen,
aber sehr ausführbar und vernünftig, einen Garten, der
allen Foderungen des guten Landwirts entspricht, sowohl   5
für das Auge, als für das Herz und den Verstand zu einem
charakteristischen Ganzen zu machen.

Dies ist es, worauf der geistreiche Vf. der *fragmentarischen
Beyträge zur Ausbildung des deutschen Gartengeschmacks*, in
diesem Kalender, vorzüglich hinweist, und unter allem,   10
was über diesen Gegenstand je mag geschrieben worden
sein, ist uns nichts bekannt, was für einen gesunden
Geschmack so befriedigend wäre. Zwar sind seine Ideen
nur als Bruchstücke hingeworfen, aber diese Nachlässigkeit
in der Form erstreckt sich nicht auf den Inhalt, der   15
durchgängig von einem feinen Verstande und einem zarten
Kunstgefühle zeugt. Nachdem er die beiden Hauptwege,
welche die Gartenkunst bisher eingeschlagen, und die
verschiedenen Zwecke, welche bei Gartenanlagen verfolgt
werden können, namhaft gemacht und gehörig gewürdiget   20
hat, bemüht er sich, diese Kunst in ihre wahren Grenzen
und auf einen vernünftigen Zweck zurückzuführen, den er
mit Recht »in eine Erhöhung desjenigen Lebensgenusses
setzt, den der Umgang mit der schönen landschaftlichen
Natur uns verschaffen kann.« Er unterscheidet sehr richtig   25
die *Gartenlandschaft* (den eigentlichen englischen Park),
worin die Natur in ihrer ganzen Größe und Freiheit
erscheinen, und alle Kunst scheinbar verschlungen haben
muß, von dem *Garten*, wo die Kunst, als solche, sichtbar
werden darf. Ohne der erstern ihren ästhetischen Vorzug   30
streitig zu machen, begnügt er sich, die Schwierigkeiten zu
zeigen, die mit ihrer Ausführung verknüpft und nur durch
außerordentliche Kräfte zu besiegen sind. Den eigentlichen
Garten teilt er in den großen, den kleinen und mittlern, und
zeichnet kürzlich die Grenzen, innerhalb deren sich bei   35
einer jeden dieser drei Arten die Erfindung halten muß.
Er eifert nachdrücklich gegen die Anglomanie so vieler

deutschen Gartenbesitzer, gegen die Brücken ohne Wasser,
gegen die Einsiedeleien an der Landstraße u.s.f. und zeigt,
zu welchen Armseligkeiten Nachahmungssucht und miß-
verstandene Grundsätze von Varietät und Zwangsfreiheit
führen. Aber indem er die Grenzen der Gartenkunst
verengt, lehrt er sie innerhalb derselben desto wirksamer
sein, und durch Aufopferung des Unnötigen und Zweck-
widrigen nach einem bestimmten und interessanten Charakter streben. So hält er es keineswegs für unmöglich,
symbolische und gleichsam pathetische Gärten anzulegen,
die eben so gut, als musikalische oder poetische Kompositionen, fähig sein müßten, einen bestimmten Empfindungszustand auszudrücken und zu erzeugen.

Außer diesen ästhetischen Bemerkungen ist von demselben V. in diesem Kalender eine Beschreibung der großen
Gartenanlage zu Hohenheim angefangen, davon uns derselbe im nächsten Jahre die Fortsetzung verspricht. Jedem,
der diese mit Recht berühmte Anlage entweder selbst
gesehen, oder auch nur von Hörensagen kennt, muß es
angenehm sein, dieselbe in Gesellschaft eines so feinen
Kunstkenners zu durchwandern. Es wird ihn wahrscheinlich nicht weniger, als den Rezensenten, überraschen, in
einer Komposition, die man so sehr geneigt war, für das
Werk der Willkür zu halten, eine *Idee* herrschen zu sehen,
die, es sei nun dem Urheber oder dem Beschreiber des
Gartens, nicht wenig Ehre macht. Die mehresten Reisenden, denen die Gunst widerfahren ist, die Anlage zu
Hohenheim zu besichtigen, haben darin, nicht ohne große
Befremdung, römische Grabmäler, Tempel, verfallene
Mauren u. d. gl. mit Schweizerhütten, und lachende Blu-
menbeete mit schwarzen Gefängnismauren abwechseln
gesehen. Sie haben die Einbildungskraft nicht begreifen
können, die sich erlauben durfte, so disparate Dinge in ein
Ganzes zu verknüpfen. Die Vorstellung, daß wir eine
ländliche Kolonie vor uns haben, die sich unter den Ruinen
einer römischen Stadt niederließ, hebt auf einmal diesen
Widerspruch, und bringt eine geistvolle Einheit in diese

barocke Komposition. Ländliche Simplizität und versunkene städtische Herrlichkeit, die zwei äußersten Zustände der Gesellschaft, grenzen auf eine rührende Art aneinander, und das ernste Gefühl der Vergänglichkeit verliert sich wunderbar schön in dem Gefühl des siegenden Lebens. Diese glückliche Mischung gießt durch die ganze Landschaft einen tiefen elegischen Ton aus, der den empfindenden Betrachter zwischen Ruhe und Bewegung, Nachdenken und Genuß schwankend erhält, und noch lange nachhallet, wenn schon alles verschwunden ist.

Der Vf. nimmt an, daß nur derjenige über den ganzen Wert dieser Anlage richten könne, der sie im vollen Sommer gesehen; wir möchten noch hinzusetzen, daß nur derjenige ihre Schönheit vollständig fühlen könne, der sich auf einem bestimmten Wege ihr nähert. Um den ganzen Genuß davon zu haben, muß man durch das neu erbaute fürstliche Schloß zu ihr geführt worden sein. Der Weg von Stuttgardt nach Hohenheim ist gewissermaßen eine versinnlichte Geschichte der Gartenkunst, die dem aufmerksamen Betrachter interessante Bemerkungen darbietet. In den Fruchtfeldern, Weinbergen und wirtschaftlichen Gärten, an denen sich die Landstraße hinzieht, zeigt sich demselben der erste physische Anfang der Gartenkunst, entblößt von aller ästhetischen Verzierung. Nun aber empfängt ihn die französische Gartenkunst mit stolzer Gravität, unter den langen und schroffen Pappelwänden, welche die freie Landschaft mit Hohenheim in Verbindung setzen, und durch ihre kunstmäßige Gestalt schon Erwartung erregen. Dieser feierliche Eindruck steigt bis zu einer fast peinlichen Spannung, wenn man die Gemächer des herzoglichen Schlosses durchwandert, das an Pracht und Eleganz wenig seines Gleichen hat, und auf eine gewiß seltne Art Geschmack mit Verschwendung vereinigt. Durch den Glanz, der hier von allen Seiten das Auge drückt, und durch die kunstreiche Architektur der Zimmer und des Ameublement wird das Bedürfnis nach – Simplizität bis zu dem höchsten Grade getrieben, und der

ländlichen Natur, die den Reisenden auf einmal in dem
sogenannten *englischen Dorfe* empfängt, der feierlichste
Triumph bereitet. Indes machen die Denkmäler versunkener Pracht, an deren traurende Wände der Pflanzer seine
friedliche Hütte lehnt, eine ganz eigene Wirkung auf das
Herz, und mit geheimer Freude sehen wir uns in diesen
zerfallenden Ruinen an der Kunst gerächt, die in dem
Prachtgebäude neben an ihre Gewalt über uns bis zum
Mißbrauch getrieben hatte. Aber die Natur, die wir in
dieser englischen Anlage finden, ist diejenige nicht mehr,
von der wir ausgegangen waren. Es ist eine mit Geist
beseelte und durch Kunst exaltierte Natur, die nun nicht
bloß den einfachen, sondern selbst den durch Kultur
verwöhnten Menschen befriedigt, und indem sie den
erstern zum Denken reizt, den letztern zur Empfindung
zurückführt.

Was man auch gegen eine solche Interpretation der
Hohenheimer Anlagen vielleicht einwenden mag, so gebührt dem Stifter dieser Anlagen immer Dank genug, daß
er nichts getan hat, um sie Lügen zu strafen; und man
müßte sehr ungenügsam sein, wenn man in ästhetischen
Dingen nicht eben so geneigt wäre, die Tat für den Willen,
als in moralischen, den Willen für die Tat anzunehmen.
Wenn das Gemälde dieser Hohenheimer Anlage einmal
vollendet sein wird, so dürfte es den unterrichteten Leser
nicht wenig interessieren, in demselben zugleich ein symbolisches Charaktergemälde ihres so merkwürdigen Urhebers zu erblicken, der nicht in seinen Gärten allein Wasser-
werke von der Natur zu erzwingen wußte, wo sich kaum
eine Quelle fand.

Das Urteil des Vf. über den Garten zu Schwetzingen, und
über das Seifersdorfer Tal bei Dresden wird jeder Leser von
Geschmack, der diese Anlagen in Augenschein genommen,
unterschreiben, und sich mit demselben nicht enthalten
können, eine Empfindsamkeit, welche Sittensprüche, auf
eigne Täfelchen geschrieben, an die Bäume hängt, für
affektiert, und einen Geschmack, der Moscheen und

griechische Tempel in buntem Gemische durch einander
wirft, für barbarisch zu erklären.

Den sieben, sehr gut gewählten, und eben so ausgeführten Kupfern, welche Partien aus dem Hohenheimer Garten
vorstellen, sind noch vier andre Zeichnungen von schönen
Vasen, Altären und Monumenten, zum Gebrauch bei
Gartenverzierungen, beigefügt, welche Hn. *Isopi*, einen
sehr geschickten römischen Ornamentisten, jetzt Hofbildhauer in Stuttgardt, zum Erfinder haben. Sie sind durchgängig in einem vortrefflichen Geschmack, und zeugen
sehr günstig von dem vorzüglichen Talent dieses Künstlers.
Mehrere andere Aufsätze, ökonomischen Inhalts, machen
diesen Kalender für den Gartenbau nicht weniger nützlich
als für die Gartenkunst, und mit Vergnügen wird jeder
Leser der Fortsetzung derselben entgegen sehen.

ÜBER MATTHISSONS GEDICHTE

Zürich, b. Orell u. Comp.: Gedichte von Friedrich Matthisson.
Dritte vermehrte Auflage. 1794. mit einem Titelkupfer von Lips
gezeichnet und von Guttenberg gestochen. 166 S. 8°.

Daß die Griechen, in den guten Zeiten der Kunst, der
Landschaftmalerei nicht viel nachgefragt haben, ist etwas
bekanntes, und die Rigoristen in der Kunst stehen ja noch
heutiges Tages an, ob sie den Landschaftmaler überhaupt
nur als echten Künstler gelten lassen sollen. Aber, was man
noch nicht genug bemerkt hat, auch von einer Landschaft-
Dichtung, als einer eigenen Art von Poesie, die der epischen,
dramatischen und lyrischen ohngefähr eben so, wie die
Landschaftmalerei der Tier- und Menschenmalerei gegenüber steht, hat man in den Werken der Alten wenig Beispiele aufzuweisen.

Es ist nemlich etwas ganz anders, ob man die unbeseelte
Natur bloß als *Lokal einer Handlung* in eine Schilderung mit
aufnimmt, und, wo es etwa nötig ist, von ihr die Farben zur
Darstellung der beseelten entlehnt, wie der Historienmaler
und der epische Dichter häufig tun, oder ob man es gerade
umkehrt, wie der Landschaftmaler, die unbeseelte Natur *für
sich selbst* zur Heldin der Schilderung, und den Menschen
bloß zum Figuranten in derselben macht. Von dem erstern
findet man unzählige Proben im Homer und wer möchte
den großen Maler der Natur in der Wahrheit, Individualität
und Lebendigkeit erreichen, womit er uns das Lokal seiner
dramatischen Gemälde versinnlicht? Aber den Neuern,
(worunter zum Teil schon die Zeitgenossen des Plinius
gehören,) war es aufbehalten, in Landschaftsgemälden und
Landschaftspoesien diesen Teil der Natur für sich selbst
zum Gegenstand einer eigenen Darstellung zu machen, und
so das Gebiet der Kunst, welches die Alten bloß auf

Menschheit und Menschenähnlichkeit scheinen eingeschränkt zu haben, mit dieser neuen Provinz zu bereichern.

Woher wohl diese Gleichgültigkeit der griechischen
Künstler für eine Gattung, die wir Neuern so allgemein
schätzen? Läßt sich wohl annehmen, daß es dem Griechen,
diesem Kenner und leidenschaftlichen Freund alles Schönen, an Empfänglichkeit für die Reize der leblosen Natur
gefehlt habe, oder muß man nicht vielmehr auf die
Vermutung geraten, daß er diesen Stoff *wohlbedächtlich*
verschmähet habe, weil er denselben mit seinen Begriffen
von schöner Kunst unvereinbar fand?

Es darf nicht befremden, diese Frage bei Gelegenheit
eines Dichters aufwerfen zu hören, der in Darstellung der
landschaftlichen Natur eine vorzügliche Stärke besitzt, und
vielleicht mehr als irgend einer zum Repräsentanten dieser
Gattung, und zu einem Beispiele dienen kann, was überhaupt die Poesie in diesem Fache zu leisten im Stand ist. Ehe
wir es also mit ihm selbst zu tun haben, müssen wir einen
kritischen Blick auf die Gattung werfen, worin er seine
Kräfte versuchte.

Wer freilich noch ganz frisch und lebendig den Eindruck
von *Claude Lorrain's* Zauberpinsel in sich fühlt, wird sich
schwer überreden lassen, daß es kein Werk der *schönen*, bloß
der *angenehmen* Kunst sei, was ihn in diese Entzückung
versetzte; und wer so eben eine Matthisonische Schilderung
aus den Händen legt, wird den Zweifel, ob er auch wirklich
einen Dichter gelesen habe, sehr befremdend finden.

Wir überlassen es andern, dem *Landschaftmaler* seinen
Rang unter den Künstlern zu verfechten, und werden von
dieser Materie hier nur soviel berühren, als zunächst den
Landschaftdichter anbetrifft. Zugleich wird uns diese Unter-
suchung die Grundsätze darbieten, nach denen man den
Wert dieser Gedichte zu bestimmen hat.

Es ist, wie man weiß, niemals der *Stoff*, sondern bloß die
Behandlungsweise, was den Künstler und Dichter macht; ein
Hausgeräte und eine moralische Abhandlung können beide

durch eine geschmackvolle Ausführung zu einem freien
Kunstwerk gesteigert werden, und das Porträt eines
Menschen wird in ungeschickten Händen zu einer gemeinen Manufaktur herabsinken. Steht man also an, Gemälde
oder Dichtungen, welche bloß unbeseelte Naturmassen zu
ihrem Gegenstand haben, für echte Werke der schönen
Kunst (derjenigen nemlich, in welcher ein Ideal möglich
ist) zu erkennen; so zweifelt man an der Möglichkeit, diese
Gegenstände so zu behandeln, wie es der Charakter der
schönen Kunst erheischt. Was ist dies nun für ein Charakter, mit dem sich die bloß landschaftliche Natur nicht ganz
soll vertragen können? Es muß derselbe sein, der die
schöne Kunst von der bloß angenehmen unterscheidet.
Nun teilen aber beide den Charakter der *Freiheit*; folglich
muß das angenehme Kunstwerk, wenn es zugleich ein
schönes sein soll, den Charakter der *Notwendigkeit* an sich
tragen.

Wenn man unter Poesie überhaupt die Kunst versteht,
»uns durch einen freien Effekt unsrer produktiven Einbildungskraft in bestimmte Empfindungen zu versetzen«
(eine Erklärung, die sich neben den vielen, die über diesen
Gegenstand im Kurs sind, auch noch wohl wird erhalten
können) so ergeben sich daraus zweierlei Foderungen,
denen kein Dichter, der diesen Namen verdienen will, sich
entziehen kann. Er muß fürs erste unsre Einbildungskraft
frei spielen und *selbst handeln* lassen, und zweitens muß er
nichts desto weniger seiner Wirkung *gewiß* sein, und eine
bestimmte Empfindung erzeugen. Diese Foderungen scheinen einander anfänglich ganz widersprechend zu sein, denn
nach der ersten müßte unsre Einbildungskraft herrschen,
und keinem andern als ihrem eigenen Gesetz gehorchen;
nach der andern müßte sie dienen, und dem Gesetz des
Dichters gehorchen. Wie hebt der Dichter nun diesen
Widerspruch? Dadurch, daß er unserer Einbildungskraft
keinen andern Gang vorschreibt, als den sie in ihrer vollen
Freiheit und nach ihren eigenen Gesetzen nehmen müßte,
daß er seinen Zweck durch Natur erreicht, und die äußere

Notwendigkeit in eine innere verwandelt. Es findet sich alsdann, daß beide Foderungen einander nicht nur nicht aufheben, sondern vielmehr in sich enthalten, und daß die höchste Freiheit gerade nur durch die höchste Bestimmtheit möglich ist. 5

Hier stellen sich aber dem Dichter zwei große Schwierigkeiten in den Weg. Die Imagination in ihrer Freiheit folgt, wie bekannt ist, bloß dem Gesetz der Ideenverbindung, die sich ursprünglich nur auf einen zufälligen Zusammenhang der Wahrnehmungen in der Zeit, mithin 10 auf etwas ganz empirisches, gründet. Nichts destoweniger muß der Dichter diesen empirischen Effekt der Assoziation zu *berechnen* wissen, weil er nur in soferne Dichter ist, als er durch eine freie Selbsthandlung unsrer Einbildungskraft seinen Zweck erreicht. Um ihn zu berechnen, muß er aber 15 eine Gesetzmäßigkeit darin entdecken, und den empirischen Zusammenhang der Vorstellung auf Notwendigkeit zurückführen können. Unsre Vorstellungen stehen aber nur in sofern in einem notwendigen Zusammenhang als sie sich auf eine objektive Verknüpfung in den Erscheinungen, 20 nicht bloß auf ein subjektives und willkürliches Gedankenspiel gründen. An diese objektive Verknüpfung in den Erscheinungen hält sich also der Dichter, und nur wenn er von seinem Stoffe alles sorgfältig abgesondert hat, was bloß aus subjektiven und zufälligen Quellen hinzugekommen 25 ist, nur wenn er gewiß ist, daß er sich an das *reine Objekt* gehalten, und sich selbst zuvor dem Gesetz unterworfen habe, nach welchem die Einbildungskraft in allen Subjekten sich richtet, nur dann kann er versichert sein, daß die Imagination aller andern in ihrer Freiheit mit dem Gang, 30 den er ihr vorschreibt, zusammenstimmen werde.

Aber er will die Einbildungskraft nur deswegen in ein bestimmtes Spiel versetzen, um *bestimmt* auf das Herz zu wirken. So schwer schon die erste Aufgabe sein mochte, das Spiel der Imagination unbeschadet ihrer Freiheit zu 35 bestimmen, so schwer ist die zweite, durch dieses Spiel der Imagination den Empfindungszustand des Subjekts zu bestimmen. Es ist bekannt, daß verschiedene Menschen bei der nemlichen Veranlassung, ja daß derselbe Mensch in verschiedenen Zeiten von derselben Sache ganz verschieden gerührt werden kann. Ungeachtet dieser Abhängigkeit unserer Empfindungen von zufälligen Einflüssen, die außer seiner Gewalt sind, muß der Dichter unsern Empfindungszustand *bestimmen*; er muß also auf die Bedingungen wirken, unter welchen eine bestimmte Rührung des Gemüts *notwendig* erfolgen muß. Nun ist aber in den Beschaffenheiten eines Subjekts nichts notwendig als der Charakter der Gattung; der Dichter kann also nur in sofern unsere Empfindungen bestimmen, als er sie der Gattung in uns, nicht unserm spezifisch verschiedenen Selbst, abfodert. Um aber versichert zu sein, daß er sich auch wirklich an die reine Gattung in den Individuen wende, muß er selbst zuvor das Individuum in sich ausgelöscht und zur Gattung gesteigert haben. Nur alsdann, wenn er nicht als der oder der bestimmte Mensch (in welchem der Begriff der Gattung immer beschränkt sein würde) sondern wenn er *als Mensch überhaupt* empfindet, ist er gewiß, daß die ganze Gattung ihm nachempfinden werde – wenigstens kann er auf diesen Effekt mit dem nemlichen Rechte dringen, als er von jedem menschlichen Individuum Menschheit verlangen kann.

Von jedem Dichterwerke werden also folgende zwei Eigenschaften unnachlaßlich gefodert: *erstlich*: notwendige Beziehung auf seinen Gegenstand (objektive Wahrheit); *zweitens*: notwendige Beziehung dieses Gegenstandes, oder doch der Schilderung desselben, auf das Empfindungsvermögen (subjektive Allgemeinheit). In einem Gedicht muß alles *wahre Natur* sein, denn die Einbildungskraft gehorcht keinem andern Gesetze, und erträgt keinen andern Zwang, als den die Natur der Dinge ihr vorschreibt; in einem Gedicht darf aber nichts *wirkliche* (historische) *Natur* sein, denn alle Wirklichkeit ist mehr oder weniger Beschränkung jener allgemeinen Naturwahrheit. Jeder individuelle Mensch ist gerade um soviel weniger Mensch, als er individuell ist; jede Empfindungsweise ist gerade um soviel weniger notwendig und rein menschlich, als sie einem bestimmten Subjekt eigentümlich ist. Nur in Wegwerfung des Zufälligen und in dem reinen Ausdruck des Notwendigen liegt der *große Styl*.

Aus dem gesagten erhellet, daß das Gebiet der eigentlich schönen Kunst sich nur soweit erstrecken kann, als sich in der Verknüpfung der Erscheinungen Notwendigkeit entdecken läßt. Außerhalb dieses Gebietes, wo die Willkür und der Zufall regieren, ist entweder keine Bestimmtheit oder keine Freiheit; denn sobald der Dichter das Spiel unserer Einbildungskraft durch keine *innere* Notwendigkeit lenken kann, so muß er es entweder durch eine *äußere* lenken, und dann ist es nicht mehr *unsre* Wirkung; oder er wird es gar nicht lenken, und dann ist es nicht mehr *seine* Wirkung; und doch muß schlechterdings beides beisammen sein, wenn ein Werk poetisch heißen soll.

Daher mag es kommen, daß sich bei den weisen Alten die Poesie sowohl als die bildende Kunst nur im Kreise der Menschheit aufhielten, weil ihnen nur die Erscheinungen an dem (äußern und innern) Menschen diese Gesetzmäßigkeit zu enthalten schienen. Einem unterrichteteren Verstand, als der unsrige ist, mögen die übrigen Naturwesen vielleicht eine ähnliche zeigen; für unsre Erfahrung aber zeigen sie sie nicht, und der Willkür ist hier schon ein sehr weites Feld geöffnet. Das Reich *bestimmter* Formen geht über den *tierischen Körper* und das *menschliche Herz* nicht hinaus, daher nur in diesen beiden ein Ideal kann aufgestellt werden. *Über* dem Menschen (als Erscheinung) gibt es kein Objekt für die Kunst mehr, obgleich für die Wissenschaft; denn das Gebiet der Einbildungskraft ist hier zu Ende. *Unter* dem Menschen gibt es kein Objekt für die *schöne* Kunst mehr, obgleich für die *angenehme*, denn das Reich der Notwendigkeit ist hier geschlossen.

Wenn die bisher aufgestellten Grundsätze die richtigen sind (welches wir dem Urteil der Kunstverständigen anheim stellen), so läßt sich, wie es bei dem ersten Anblicke scheint, für landschaftliche Darstellungen wenig Gutes daraus folgern, und es wird ziemlich zweifelhaft, ob die Erwerbung dieser weitläuftigen Provinz als eine wahre Grenzerweiterung der schönen Kunst betrachtet werden kann. In demjenigen Naturbezirke, worin der Landschaftmaler und Landschaftdichter sich aufhalten, verliert sich schon auf eine sehr merkliche Weise die Bestimmtheit der Mischungen und Formen; nicht nur die Gestalten sind hier willkürlicher, und erscheinen es noch mehr; auch in der Zusammensetzung derselben spielt der Zufall eine, dem Künstler sehr lästige, Rolle. Stellt er uns also bestimmte Gestalten, und in einer bestimmten Ordnung vor, so bestimmt *er*, und nicht *wir*, indem keine objektive Regel vorhanden ist, in welcher die freie Phantasie des Zuschauers mit der Idee des Künstlers übereinstimmen könnte. Wir empfangen also das Gesetz von ihm, das wir uns doch selbst geben sollten, und die Wirkung ist wenigstens nicht rein poetisch, weil sie keine vollkommen freie Selbsthandlung der Einbildungskraft ist. Will aber der Künstler die Freiheit retten, so kann er es nur dadurch bewerkstelligen, daß er auf Bestimmtheit, mithin auf wahre Schönheit, Verzicht tut.

Nichts destoweniger ist dieses Naturgebiet für die schöne Kunst ganz und gar nicht verloren, und selbst die von uns so eben aufgestellten Prinzipien berechtigen den Künstler und Dichter, der seine Gegenstände daraus wählt, zu einem sehr ehrenvollen Range. Fürs erste ist nicht zu leugnen, daß bei aller anscheinenden Willkür der Formen auch in dieser Region von Erscheinungen noch immer eine große Einheit und Gesetzmäßigkeit herrschet, die den weisen Künstler in der Nachahmung leiten kann. Und dann muß bemerkt werden, daß, wenn gleich in diesem Kunstgebiet von der Bestimmtheit der Formen sehr viel nachgelassen werden muß (weil die Teile in dem Ganzen verschwinden, und der Effekt nur durch *Massen* bewirkt wird) doch in der Komposition noch eine große Notwendigkeit herrschen könne, wie unter andern die

Schattierung und Farbengebung in der malerischen Darstellung zeigt.

Aber die landschaftliche Natur zeigt uns diese strenge Notwendigkeit nicht in allen ihren Teilen, und bei dem tiefsten Studium derselben wird noch immer sehr viel willkürliches übrig bleiben, was den Künstler und Dichter in einem niedrigern Grade von Vollkommenheit gefangen hält. Die Notwendigkeit die der echte Künstler an ihr vermißt, und die ihn doch allein befriedigt, liegt nur innerhalb der menschlichen Natur, und daher wird er nicht ruhen, bis er seinen Gegenstand in dieses Reich der höchsten Schönheit hinübergespielt hat. Zwar wird er die landschaftliche Natur für sich selbst so hoch steigern als es möglich ist, und soweit es angeht, den Charakter der Notwendigkeit in ihr aufzufinden und darzustellen suchen; aber weil er, aller seiner Bestrebungen ungeachtet, auf diesem Wege nie dahin kommen kann, sie der menschlichen gleich zu stellen, so versucht er es endlich, sie durch eine symbolische Operation in die menschliche zu verwandeln, und dadurch aller der Kunstvorzüge, welche ein Eigentum der letztern sind, teilhaftig zu machen.

Auf was Art bewerkstelligt er nun dieses, ohne der Wahrheit und Eigentümlichkeit derselben Abbruch zu tun? Jeder wahre Künstler und Dichter, der in dieser Gattung arbeitet, verrichtet diese Operation, und gewiß in den mehresten Fällen, ohne sich eine deutliche Rechenschaft davon zu geben. Es gibt zweierlei Wege, auf denen die unbeseelte Natur ein Symbol der menschlichen werden kann: entweder als Darstellung von Empfindungen, oder als Darstellung von Ideen.

Zwar sind Empfindungen, *ihrem Inhalte nach*, keiner Darstellung fähig; aber *ihrer Form nach* sind sie es allerdings, und es existiert wirklich eine allgemein beliebte und wirksame Kunst, die kein anderes Objekt hat, als eben diese Form der Empfindungen. Diese Kunst ist die *Musik*, und in sofern also die Landschaftmalerei oder Landschaftpoesie musikalisch wirkt, ist sie Darstellung des Empfindungsvermögens, mithin Nachahmung menschlicher Natur. In der Tat betrachten wir auch jede malerische und poetische Komposition als eine Art von musikalischem Werk, und unterwerfen sie zum Teil denselben Gesetzen. Wir fodern auch von Farben eine Harmonie und einen Ton und gewissermaßen auch eine Modulation. Wir unterscheiden in jeder Dichtung die Gedankeneinheit von der Empfindungseinheit,[*] die musikalische Haltung von der logischen, kurz wir verlangen, daß jede poetische Komposition neben dem, was ihr Inhalt ausdrückt, zugleich durch ihre Form Nachahmung und Ausdruck von Empfindungen sei, und als Musik auf uns wirke. Von dem Landschaftsmaler und Landschaftsdichter verlangen wir dies in noch höherem Grade und mit deutlicherem Bewußtsein, weil wir von unsern übrigen Anfoderungen an Produkte der schönen Kunst bei beiden etwas herunter lassen müssen.

Nun besteht aber der ganze Effekt der Musik (als schöner und nicht bloß angenehmer Kunst) darin, die inneren Bewegungen des Gemüts durch analogische äußere zu begleiten und zu versinnlichen. Da nun jene innern Bewegungen (als menschliche Natur) nach strengen Gesetzen der Notwendigkeit vor sich gehen, so geht diese Notwendigkeit und Bestimmtheit auch auf die äußern Bewegungen, wodurch sie ausgedrückt werden, über; und auf diese Art wird es begreiflich; wie, vermittelst jenes symbolischen Akts, die gemeinen Naturphänomene des Schalles und des Lichts von der ästhetischen Würde der Menschennatur partizipieren können. Dringt nun der Tonsetzer und der Landschaftmaler in das Geheimnis jener Gesetze ein, welche über die innern Bewegungen des menschlichen Herzens walten, und studiert er die Analogie, welche zwischen diesen Gemütsbewegungen und gewissen äußern Erscheinungen statt findet, so wird er aus einem Bildner gemeiner Natur zum wahrhaften Seelenmaler. Er tritt aus dem Reich der Willkür in das Reich der Notwendigkeit ein, und darf sich, wo nicht dem plastischen Künstler, der den *äußern* Menschen, doch dem Dichter, der den *innern* zu seinem Objekte macht, getrost an die Seite stellen.

Aber die landschaftliche Natur kann auch *zweitens* noch dadurch in den Kreis der Menschheit gezogen werden, daß man sie zu einem Ausdruck von Ideen macht. Wir meinen hier aber keinesweges diejenige Erweckung von Ideen, die von dem Zufall der Assoziation abhängig ist; denn diese ist willkürlich und der Kunst gar nicht würdig; sondern diejenige, die nach Gesetzen der symbolisierenden Einbildungskraft notwendig erfolgt. In tätigen und zum Gefühl ihrer moralischen Würde erwachten Gemütern sieht die Vernunft dem Spiele der Einbildungskraft niemals müßig zu; unaufhörlich ist sie bestrebt dieses zufällige Spiel mit ihrem eigenen Verfahren übereinstimmend zu machen. Bietet sich ihr nun unter diesen Erscheinungen eine dar, welche nach ihren eigenen (praktischen) Regeln behandelt werden kann; so ist ihr diese Erscheinung ein Sinnbild ihrer eigenen Handlungen, der tote Buchstabe der Natur wird zu einer lebendigen Geistersprache, und das äußere und innre Auge lesen dieselbe Schrift der Erscheinungen auf ganz verschiedene Weise. Jene liebliche Harmonie der Gestalten, der Töne und des Lichts, die den ästhetischen Sinn entzücket, befriedigt jetzt zugleich den moralischen; jene Stetigkeit, mit der sich die Linien im Raum oder die Töne in der Zeit aneinander fügen, ist ein natürliches Symbol der innern Übereinstimmung des Gemüts mit sich selbst und des sittlichen Zusammenhangs der Handlungen und Gefühle, und in der schönen Haltung eines pittoresken oder musikalischen Stücks malt sich die noch schönere einer sittlich gestimmten Seele.

Der Tonsetzer und der Landschaftmaler bewirken dieses bloß durch die Form ihrer Darstellung, und stimmen bloß das Gemüt zu einer gewissen Empfindungsart und zur Aufnahme gewisser Ideen; aber einen Inhalt dazu zu finden, überlassen sie der Einbildungskraft des Zuhörers und Betrachters. Der Dichter hingegen hat noch einen Vorteil mehr; er kann jenen Empfindungen einen Text unterlegen, er kann jene Symbolik der Einbildungskraft zugleich durch den Inhalt unterstützen und ihr eine bestimmtere Richtung geben. Aber er vergesse nicht, daß seine Einmischung in dieses Geschäft ihre Grenzen hat. Andeuten mag er jene Ideen, anspielen jene Empfindungen; doch ausführen soll er sie nicht selbst, nicht der Einbildungskraft seines Lesers vorgreifen. Jede nähere Bestimmung wird hier als eine lästige Schranke empfunden, denn eben darin liegt das Anziehende solcher *ästhetischen Ideen*, daß wir in den Inhalt derselben wie in eine grundlose Tiefe blicken. Der wirkliche und ausdrückliche Gehalt, den der Dichter hineinlegt, bleibt stets eine endliche; der mögliche Gehalt, den er uns hinein zu legen überläßt, ist eine unendliche Größe.

Wir haben diesen weiten Weg nicht genommen, um uns von unserm Dichter zu entfernen, sondern um demselben näher zu kommen. Jene dreierlei Erfodernisse landschaftlicher Darstellungen, welche wir so eben namhaft gemacht haben, vereinigt Hr. M. in den mehresten seiner Schilderungen. Sie gefallen uns durch ihre Wahrheit und Anschaulichkeit, sie ziehen uns an durch ihre musikalische Schönheit, sie beschäftigen uns durch den Geist, der darin atmet.

Sehen wir bloß auf treue Nachahmung der Natur in seinen Landschaftsgemälden, so müssen wir die Kunst bewundern, womit er unsre Einbildungskraft zu Darstellung dieser Szenen aufzufodern, und ohne ihr die Freiheit zu rauben über sie zu herrschen weiß. Alle einzelnen Partien in denselben finden sich nach einem Gesetz der Notwendigkeit zusammen, nichts ist willkürlich herbeigeführt, und der generische Charakter dieser Naturgestalten ist mit dem glücklichsten Blick ergriffen. Daher wird es unserer Imagination so ungemein leicht, ihm zu folgen, wir glauben die Natur selbst zu sehen, und es ist uns, als ob wir uns bloß der Reminiszenz gehabter Vorstellungen überließen. Auch auf die Mittel versteht er sich vollkommen, seinen Darstellungen Leben und Sinnlichkeit zu geben, und kennt vortrefflich sowohl die Vorteile als die natürlichen Schran-

ken seiner Kunst. Der Dichter nemlich befindet sich bei
Kompositionen dieser Art immer in einem gewissen
Nachteil gegen den Maler, weil ein großer Teil des Effekts
auf dem *simultanen* Eindruck des Ganzen beruhet, das er
doch nicht anders als *sukzessiv* in der Einbildungskraft des
Lesers zusammensetzen kann. Seine Sache ist nicht sowohl,
uns zu repräsentieren, was *ist*, als was *geschieht*; und versteht
er seinen Vorteil, so wird er sich immer nur an denjenigen
Teil seines Gegenstandes halten, der einer *genetischen* Darstellung fähig ist. Die landschaftliche Natur ist ein auf
einmal gegebenes Ganze von Erscheinungen, und in dieser
Hinsicht dem Maler günstiger, sie ist aber dabei auch ein
sukzessiv gegebenes Ganze, weil sie in einem beständigen
Wechsel ist, und begünstigt in sofern den Dichter. Hr. M.
hat sich mit vieler Beurteilung nach diesem Unterschied
gerichtet. Sein Objekt ist immer mehr das Mannigfaltige in
der Zeit als das im Raume, immer mehr die *bewegte*, als die
feste und ruhende Natur. Vor unsern Augen entwickelt sich
ihr immer wechselndes Drama, und mit der reizendsten
Stetigkeit laufen ihre Erscheinungen in einander. Welches
Leben, welche Bewegung, findet sich z. B. in dem lieblichen *Mondscheingemählde* S. 85.

> Der Vollmond schwebt im *Osten*;
>   Am alten Geisterturm
> Flimmt bläulich im *bemoosten*
>   Gestein der Feuerwurm.
> Der Linde schöner Sylphe
>   Streift scheu in Lunens Glanz,
> Im dunkeln Uferschilfe
>   Webt leichter Irrwischtanz.
>
> Die Kirchenfenster schimmern;
>   In Silber wallt das Korn;
> Bewegte Sternchen flimmern
>   Auf Teich und Wiesenborn;
> Im Lichte wehn die Ranken

> Der öden Felsenkluft;
> Den Berg, wo Tannen wanken,
> Umschleiert weißer Duft.

> Wie schön der Mond die Wellen
>   Des Erlenbachs besäumt,
> Der hier durch Binsenstellen,
>   Dort unter Blumen schäumt,
> Als lodernde Kaskade
>   Des Dorfes Mühle treibt,
> Und wild vom lauten Rade
>   In Silberfunken stäubt u.s.w.

Aber auch da, wo es ihm darum zu tun ist, eine ganze Dekoration auf einmal vor unsre Augen zu stellen, weiß er uns durch die Stetigkeit des Zusammenhanges die Komprehension leicht und natürlich zu machen, wie in dem folgenden Gemälde S. 54.

> Die Sonne sinkt; ein purpurfarbner Duft
>   Schwimmt um Savoyens dunkle Tannenhügel;
> Der Alpen Schnee entglüht in hoher Luft;
>   Geneva malt sich in der Fluten Spiegel

Ob wir gleich diese Bilder nur nach einander in die Einbildungskraft aufnehmen, so verknüpfen sie sich doch ohne Schwierigkeit in eine Totalvorstellung, weil eines das andere unterstützt und gleichsam notwendig macht. Etwas schwerer schon wird uns die Zusammenfassung in der nächstfolgenden Strophe, wo jene Stetigkeit weniger beobachtet ist.

> In Gold verfließt der Berggehölze Saum;
>   Die Wiesenflur, beschneit von Blütenflocken,
> Haucht Wohlgerüche; Zephyr atmet kaum;
>   Vom Jura schallt der Klang der Herdenklocken.

Von dem vergoldeten Saum der Berge können wir uns
nicht ohne einen Sprung auf die blühende und duftende
Wiese versetzen; und dieser Sprung wird dadurch noch
fühlbarer, daß wir auch einen andern Sinn ins Spiel setzen
müssen. Wie glücklich aber nun gleich wieder die folgende
Strophe!

> Der Fischer singt im Kahne, der gemach
> Im roten Wiederschein zum Ufer gleitet,
> Wo der bemoosten Eiche Schattendach
> Die netzumhangne Wohnung überbreitet.

Zeigt ihm die Natur selbst keine Bewegung, so entlehnt der
Dichter diese auch wohl von der Einbildungskraft, und
bevölkert die stille Welt mit geistigen Wesen, die im
Nebelduft streifen, und im Schimmer des Mondlichts ihre
Tänze halten. Oder es sind auch die Gestalten der Vorzeit,
die in seiner Erinnerung aufwachen, und in die verödete
Landschaft ein künstliches Leben bringen. Dergleichen
Assoziationen bieten sich ihm aber keineswegs willkürlich
an; sie entstehen gleichsam notwendig entweder aus dem
Lokale der Landschaft, oder aus der Empfindungsart,
welche durch jene Landschaft in ihm erweckt wird. Sie sind
zwar nur eine *subjektive* Begleitung derselben, aber eine so
allgemeine, daß der Dichter es ohne Scheu wagen darf,
ihnen eine objektive Würdigung zu erteilen.

Nicht weniger versteht sich Hr. M. auf jene musikalischen Effekte, die durch eine glückliche Wahl harmonie-
render Bilder, und durch eine kunstreiche Eurythmie in
Anordnung derselben zu bewirken sind. Wer erfährt z. B.
bei folgendem kurzen Lied nicht etwas dem Eindruck
analoges, den etwa eine schöne Sonate auf ihn machen
würde. S. 91.

Abendlandschaft.

Goldner Schein
Deckt den Hain
Mild beleuchtet Zauberschimmer
Der *umbüschten* (?) Waldburg Trümmer.

Still und hehr
Strahlt das Meer;
Heimwärts gleiten, sanft wie Schwäne,
Fern am Eiland Fischerkähne.

Silbersand
Blinkt am Strand;
Röter schweben hier, dort blässer,
Wolkenbilder im Gewässer.

Rauschend kränzt
Goldbeglänzt
Wankend Ried des Vorlands Hügel,
Wildumschwärmt vom Seegeflügel.

Malerisch
Im Gebüsch
Winkt mit Gärtchen Laub und Quelle
Die bemooste Klausnerzelle.

Auf der Flut
Stirbt die Glut,
Schon erblaßt der Abendschimmer
An der hohen Waldburg Trümmer.

Vollmondschein
Deckt den Hain,
Geisterlispel wehn im Tale
Um versunkne Heldenmale.

Man verstehe uns nicht so, als ob es bloß der glückliche
Versbau wäre, was diesem Lied eine so musikalische
Wirkung gibt. Der metrische Wohllaut unterstützt und
erhöht zwar allerdings diese Wirkung, aber er macht sie
nicht allein aus. Es ist die glückliche Zusammenstellung der
Bilder, die liebliche Stetigkeit in ihrer Sukzession; es ist die
Modulation und die schöne Haltung des Ganzen, wodurch
es Ausdruck einer bestimmten Empfindungsweise, also
Seelengemälde wird.

Einen ähnlichen Eindruck, wiewohl von ganz verschiedenem Inhalt, erweckt auch der *Alpenwanderer* S. 61. und
die *Alpenreise* S. 66.; zwei Kompositionen, welche mit der
gelungensten Darstellung der Natur noch den mannigfaltigsten Ausdruck von Empfindungen verknüpfen. Man
glaubt einen Tonkünstler zu hören, der versuchen will, wie
weit seine Macht über unsere Gefühle reicht; und dazu ist
eine Wanderung durch die Alpen, wo das Große mit dem
Schönen, das Grauenvolle mit dem Lachenden so überraschend abwechselt, ungemein glücklich gewählt. Man
kennt schon Hn. M. zauberischen Pinsel in Darstellung des
Sanften und Lieblichen; hier ist eine kleine Probe von dem,
was er im Starken und Erhabenen zu leisten im Stand ist.
S. 63:

> Im hohen Raum der Blitze
> Wälzt die Lawine sich,
> Es kreischt im Wolkensitze
> Der Adler fürchterlich.
> Dumpfdonnernd wie die Hölle
> In Aetnas Tiefen ras't,
> Kracht an des Bergstroms Quelle
> Des Gletschers Eispallast.

Oder auch folgende Darstellung. S. 67. 69.

> Nun sterben die Laute beseelter Natur;
> Dumpftosend umschäumen Gewässer mich nur,

Die hoch an schwarzen Gehölzen
Dem Gletscher entschmelzen. u.s.f.

Hier wandelte nimmer der Odem des Mais;
Hier wiegt sich kein Vogel auf düftendem Reis;
Nur Moos und Flechten entgrünen
Den wilden Ruinen.

Jetzt neigt sich allmählich von eisigem Plan
An steiler Granitwand hinunter die Lahn.
Wie dräun, halb dunstig umflossen,
Die Felsenkolossen!

Oft reißen *hoch* aus der *Umwölkungen* Schoß
Mit Donnergetöse die Blöcke sich los,
Daß rings in langen Gewittern
Die Gipfel erzittern.

Endlich finden sich unter diesen Landschafts-Gemälden
mehrere, die uns durch einen gewissen Geist oder Ideenaus-
druck rühren, wie gleich das erste der ganzen Sammlung,
der *Genfersee*, in dessen prachtvollem Eingange uns der Sieg
des Lebens über das Leblose, der Form über die gestaltlose
Masse sehr glücklich versinnlicht werden. Der Dichter
eröffnet dieses schöne Gemälde mit einem Rückblick in die
Vergangenheit, wo die vor ihm ausgebreitete paradiesische
Gegend noch eine Wüste war:

Da wälzte, wo im Abendlichte dort
Geneva, deine Zinnen sich erheben,
Der Rhodan seine Wogen traurend fort
Von schauervoller Haine Nacht umgeben.

Da hörte deine Paradieses Flur
Du stilles Tal voll blühender Gehege,
Die großen Harmonien der Wildnis nur
Orkan und Tiergeheul und Donnerschläge.

> Als senkte sich sein zweifelhafter Schein
> Auf eines Weltballs ausgebrannte Trümmer,
> So goß der Mond auf diese Wüstenein
> Voll trüber Nebeldämmrung seine Schimmer.

Und nun enthüllt sich ihm die herrliche Landschaft, und er
erkennt in ihr das Lokal jener Dichterszenen, die ihm den
Schöpfer der Heloise ins Gedächtnis rufen.

> O Clarens! friedlich am Gestad erhöht,
> Dein Name wird im Buch der Zeiten leben.
> O Meillerie! voll rauher Majestät
> Dein Ruhm wird zu den Sternen sich erheben.

> Zu deinen Gipfeln, wo der Adler schwebt,
> Und aus Gewölk erzürnte Ströme fallen,
> Wird oft, von süßen Schauern tief durchbebt,
> An der Geliebten Arm der Fremdling wallen.

Bis hieher wie geistreich, wie gefühlvoll und malerisch.
Aber nun will der Dichter es noch besser machen, und
dadurch verderbt er. Die nun folgenden, an sich sehr
schönen Strophen, kommen von dem kalten Dichter, nicht
von dem überströmenden, der Gegenwart ganz hingege-
benen Gefühl. Ist das Herz des Dichters ganz bei seinem
Gegenstande, so kann er sich unmöglich davon losreißen,
um sich bald auf den Aetna, bald nach Tibur, bald nach dem
Golf bei Neapel, u.s.w. zu versetzen, und diese Gegenstände nicht etwa bloß flüchtig anzudeuten, sondern sich dabei
zu verweilen. Zwar bewundern wir darin die Pracht seines
Pinsels, aber wir werden davon geblendet, nicht erquickt;
eine einfache Darstellung würde von ungleich größerer
Wirkung gewesen sein. Soviele veränderte Dekorationen
zerstreuen endlich das Gemüt so sehr, daß, wenn nun auch
der Dichter zu dem Hauptgegenstand zurückkehrt, unser
Interesse an demselben verschwunden ist. Anstatt solches
aufs neue zu beleben, schwächt er es noch mehr durch den

ziemlich tiefen Fall beim Schluß des Gedichts, der gegen
den Schwung, mit dem er anfangs aufflog, und worin er
sich so lang zu erhalten wußte, gar auffallend absticht. Hr.
M. hat mit diesem Gedicht schon die *dritte* Veränderung
vorgenommen, und dadurch, wie wir fürchten, eine *vierte*
nur desto nötiger gemacht. Gerade die vielerlei Gemütsstimmungen, denen er darauf Einfluß gab, haben dem
Geist, der es anfangs diktierte, Gewalt angetan, und durch
eine zu reiche Ausstattung hat es viel von dem wahren
Gehalt, der nur in der Simplizität liegt, verloren.

Wenn wir Hn. M. als einen vortrefflichen Dichter
landschaftlicher Szenen charakterisierten, so sind wir
darum weit entfernt, ihm mit dieser Sphäre zugleich seine
Grenzen anzuweisen. Auch schon in dieser kleinen Sammlung erscheint sein Dichtergenie mit völlig gleichem Glück
auf sehr verschiedenen Feldern. In derjenigen Gattung,
welche freie Fiktionen der Einbildungskraft behandelt, hat
er sich mit großem Erfolg versucht, und den Geist, der in
diesen Dichtungen eigentlich herrschen muß, vollkommen
getroffen. Die Einbildungskraft erscheint hier in ihrer
ganzen Fessellosigkeit und dabei doch in der schönsten
Einstimmung mit der Idee welche ausgedrückt werden soll.
In dem Liede, welches das *Feenland* überschrieben ist,
verspottet der Dichter die abenteuerliche Phantasie mit
sehr vieler Laune; alles ist hier so bunt, so prangend, so
überladen, so grotesk, wie der Charakter dieser wilden
Dichtung es mit sich bringt; in dem Liede der *Elfen* alles so
leicht, so duftig, so ätherisch, wie es in dieser kleinen
Mondscheinwelt schlechterdings sein muß. Sorgenfreie,
selige Sinnlichkeit atmet durch das ganze artige Liedchen
der *Faunen*, und mit vieler Treuherzigkeit schwatzen die
Gnomen ihr (und ihrer Konsorten) Zunftgeheimnis aus.
S. 141.

Des Tagscheins Blendung drückt,
Nur Finsternis beglückt!
Drum hausen wir so gern

Tief in des Erdballs Kern.
Dort oben wo der Äther flammt,
Ward alles, was von Adam stammt,
Zu Licht und Glut mit Recht verdammt.

Hr. M. ist nicht bloß mittelbar, durch die Art, wie er
landschaftliche Szenen behandelt, er ist auch unmittelbar
ein sehr glücklicher Maler von Empfindungen. Auch läßt
sich schon im voraus erwarten, daß es einem Dichter, der
uns für die leblose Welt so innig zu interessieren weiß, mit
der beseelten, die einen soviel reicheren Stoff darbietet,
nicht fehlschlagen werde. Eben so kann man schon im
voraus den Kreis von Empfindungen bestimmen, in
welchem eine Muse, die dem Schönen der Natur so
hingegeben ist, sich ohngefähr aufhalten muß. Nicht im
Gewühle der großen Welt, nicht in künstlichen Verhältnissen – in der Einsamkeit, in seiner eigenen Brust, in den
einfachen Situationen des ursprünglichen Standes sucht
unser Dichter den Menschen auf. Freundschaft, Liebe,
Religionsempfindungen, Rückerinnerungen an die Zeiten
der Kindheit, das Glück des Landlebens u. d. gl. sind der
Inhalt seiner Gesänge; lauter Gegenstände, die der landschaftlichen Natur am nächsten liegen, und mit derselben in
einer genauen Verwandtschaft stehen. Der Charakter seiner
Muse ist sanfte Schwermut und eine gewisse kontemplative
Schwärmerei, wozu die Einsamkeit und eine schöne Natur
den gefühlvollen Menschen so gerne neigen. Im Tumult der
geschäftigen Welt verdrängt eine Gestalt unseres Geistes
unaufhaltsam die andere, und die Mannigfaltigkeit unsers
Wesens ist hier nicht immer unser Verdienst; desto treuer
bewahrt die einfache, stets sich selbst gleiche, Natur um uns
her die Empfindungen, zu deren Vertrauten wir sie machen,
und in ihrer ewigen Einheit finden wir auch die unsrige
immer wieder. Daher der enge Kreis, in welchem unser
Dichter sich um sich selbst bewegt, der lange Nachhall
empfangener Eindrücke, die oftmalige Wiederkehr derselben Gefühle. Die Empfindungen, welche von der Natur als

ihrer Quelle abfließen, sind einförmig und beinahe dürftig;
es sind die Elemente, aus denen sich erst im verwickelten
Spiele der Welt feinere Nuancen und künstliche Mischungen bilden, die ein unerschöpflicher Stoff für den Seelenmaler sind. Jene wird man daher leicht müde, weil sie zu
wenig beschäftigen; aber man kehrt immer gerne wieder zu
ihnen zurück, und freut sich, aus jenen künstlichen Arten,
die so oft nur Ausartungen sind, die ursprüngliche
Menschheit wieder hergestellt zu sehen. Wenn aber diese
Zurückführung zu dem Saturnischen Alter und zu der
Simplizität der Natur für den kultivierten Menschen recht
wohltätig werden soll, so muß diese Simplizität als ein Werk
der Freiheit, nicht der Notwendigkeit, erscheinen, es muß
diejenige Natur sein, mit der der moralische Mensch *endigt*,
nicht diejenige, mit der der physische *beginnt*. Will uns also
der Dichter aus dem Gedränge der Welt in seine Einsamkeit
nachziehen, so muß es nicht Bedürfnis der Abspannung,
sondern der Anspannung, nicht Verlangen nach Ruhe,
sondern nach Harmonie sein, was ihm die Kunst verleidet,
und die Natur liebenswürdig macht; nicht weil die moralische Welt seinem theoretischen, sondern weil sie seinem
praktischen Vermögen widerstreitet, muß er sich nach
einem *Tibur* umsehen, und zu der leblosen Schöpfung
flüchten.

Dazu wird nun freilich etwas mehr erfodert, als bloß die
dürftige Geschicklichkeit, die Natur mit der Kunst in
Kontrast zu setzen, die oft das ganze Talent der Idyllendichter ist. Ein mit der höchsten Schönheit vertrautes Herz
gehört dazu, jene Einfalt der Empfindungen mitten unter
allen Einflüssen der raffiniertesten Kultur zu bewahren,
ohne welche sie durchaus keine Würde hat. Dieses Herz
aber verrät sich durch eine *Fülle*, die es auch in der
anspruchlosesten Form verbirgt, durch einen *Adel*, den es
auch in die Spiele der Imagination und der Laune legt,
durch eine *Disziplin*, wodurch es sich auch in seinem
rühmlichsten Siege zügelt, durch eine nie entweihte *Keuschheit* der Gefühle; es verrät sich durch die unwiderstehliche

und wahrhaft magische Gewalt, womit es uns an sich zieht; uns festhält, und gleichsam nötigt, uns unsrer eignen Würde zu erinnern, indem wir der seinigen huldigen.

Hr. M. hat seinen Anspruch auf diesen Titel auf eine Art beurkundet, die auch dem strengsten Richter Genüge tun muß. Wer eine Phantasie, wie sein *Elisium* (S. 34.) komponieren kann, der ist als ein Eingeweihter in den innersten Geheimnissen der poetischen Kunst und als ein Jünger der wahren Schönheit gerechtfertigt. Ein vertrauter Umgang mit der Natur und mit klassischen Mustern hat seinen Geist genährt, seinen Geschmack gereinigt, seine sittliche Grazie bewahrt; eine geläuterte heitre Menschlichkeit beseelt seine Dichtungen, und rein wie sie auf der spiegelnden Fläche des Wassers liegen, malen sich die schönen Naturbilder in der ruhigen Klarheit seines Geistes. Durchgängig bemerkt man in seinen Produkten eine Wahl, eine Züchtigkeit, eine Strenge des Dichters gegen sich selbst, ein nie ermüdendes Bestreben nach einem Maximum von Schönheit. Schon vieles hat er geleistet, und wir dürfen hoffen, daß er seine Grenzen noch nicht erreicht hat. Nur von ihm wird es abhängen, jetzt endlich, nachdem er in bescheideneren Kreisen seine Schwingen versucht hat, einen höheren Flug zu nehmen, in die anmutigen Formen seiner Einbildungskraft und in die Musik seiner Sprache einen tiefen Sinn einzukleiden, zu seinen Landschaften nun auch Figuren zu erfinden, und auf diesen reizenden Grund *handelnde Menschheit* aufzutragen. Bescheidenes Mißtrauen zu sich selbst ist zwar immer das Kennzeichen des wahren Talents, aber auch der Mut steht ihm gut an; und so schön es ist, wenn der Besieger des Python den furchtbaren Bogen mit der Leier vertauscht, so einen großen Anblick gibt es, wenn ein Achill im Kreise thessalischer Jungfrauen sich zum Helden aufrichtet.

DRAMATISCHE PREISAUFGABE

Durch den glücklichen Erfolg der bisherigen Preisaufgaben, in Absicht auf bildende Kunst, hat man sich bewogen gefunden, etwas ähnliches auch auf dem Felde der
5 *Poesie*, und zwar der *dramatischen*, zu versuchen, welche
gegenwärtig im Besitz ist am meisten unter allen poetischen
Gattungen auf den Volksgeschmack zu wirken.

Man gibt hierbei dem Lustspiel den Vorzug vor dem
Trauerspiel, weil an Jenem überhaupt noch ein größerer
10 Mangel ist und das Neue darin am meisten gefodert wird.
Denn ob wir gleich an guten Tragödien vielleicht noch
ärmer sind, so kann unsre Bühne sich hier weit mehr als
dort durch das Ausland, ja selbst durch das Altertum
bereichern und das Vortreffliche in dieser Gattung veraltet
15 nie, da die *Leidenschaften* auf der unbeweglichen Base der
menschlichen Natur gegründet und folglich weit beständiger sind als die *Sitten*, die jedes Land und jeder Zeitmoment
verändert.

Man klagt mit Recht, daß die reine Komödie, das lustige
20 Lustspiel, bei uns Deutschen durch das sentimentalische zu
sehr verdrängt worden und es ist allerdings ein herrschender Fehler auf unserer komischen Bühne, daß das Interesse
noch viel zu sehr aus der Empfindung und aus sittlichen
Rührungen geschöpft wird. Das Sittliche aber so wie das
25 Pathetische macht immer ernsthaft und jene geistreiche
Heiterkeit und Freiheit des Gemüts, welche in uns hervorzubringen das schöne Ziel der Komödie ist, läßt sich nur
durch eine absolute moralische Gleichgültigkeit erreichen;
es sei nun, daß der Gegenstand selbst schon diese Eigen-
30 schaft habe, oder daß der Dichter die Kunst besitze, die
moralische Tendenz seines Stoffs durch die Behandlung zu
überwinden.

Man unterscheidet aber auch in der reinkomischen Gattung noch *Charakterstücke* und *Intriguenstücke*; und es ist eine alte, nicht ungegründete Bemerkung, daß der deutsche Genius in jener ersten Klasse nie sehr glänzend erscheinen wird. *Charakterstücke* stellen uns entweder *Gattungen* (die Molierische Komödie) oder *Individuen* (die englische Komödie) dar. Für die letztern ist der deutsche Charakter an *Originalen* zu arm, und für die erste, kältere Gattung ist der Zeitmoment vorüber. Die Charakterkomödie erfodert im Ganzen eine größere Fülle des Genies von Seiten des Dichters und von Seiten des Schauspielers ein tieferes Studium, als man in unsern Tagen glaubt voraussetzen zu dürfen.

Es bleibet also nur das Feld der Intriguenstücke offen, das Feld ist reich und nicht so leicht als das der Charakterstücke zu erschöpfen.

In dem Intriguenstücke sind die Charaktere bloß für die Begebenheiten, in dem Charakterstücke sind die Begebenheiten für die Charaktere erfunden. Das Genie wird das Vorzügliche beider Gattungen auf eine glückliche Art zu vereinigen wissen.

Ein Preis von Dreißig Dukaten wird hiermit auf das beste Intriguenstück gesetzt.

Die Manuskripte werden vor der Mitte September erwartet.

Diejenigen Stücke, welche sich zu einer Vorstellung qualifizieren, werden aufgeführt.

Sämtliche Arbeiten werden in den Propyläen rezensiert, dabei wird von den Eigenschaften des Intriguenstücks überhaupt die Rede sein.

Das Eigentum so wie die freie Disposition bleibt den Verfassern.

SCHRIFTEN
VON SCHILLER UND GOETHE

KOMMENTARE
NACHSCHRIFTEN
NACHLASS

NOTIZEN ZUR PHILOSOPHIE UND ÄSTHETIK

WOHLGEFALLEN AM SCHÖNEN

Das Wohlgefallen an der reinen Form, am Schönen, ist ein unbegreiflicher Schritt den der Mensch tut; in keiner Geschichte der Menschheit habe ich diesen Übergang nachgewiesen gefunden.

Man findet bei dem Kind und bei wilden Völkern zwar eine Neigung zum Schmuck und Putz, etwas das über das Bedürfnis hinausgeht, aber diese Neigung ist ganz nur sinnlich, es ist der Glanz der Farben welcher anzieht, es ist die Eitelkeit welche sich auszeichnen, es ist der Reichtum welcher groß tun will. Deswegen hängt sich der Wilde Ringe in Nasen, Ohren u⟨nd⟩ Lippen, tattowiert sich, färbt sich Lippen und Nägel, besteckt sich mit bunten Steinen, Federn, ja mit Knochen und Zähnen. Aber von allem diesen ist kein Übergang zu einem freien Wohlgefallen an der schönen Gestalt.

Schwerlich würde der Mensch je das Schöne gesucht haben, wenn er es nicht schon als fertig vorgefunden hätte, ohne es zu suchen. Die Natur fängt immer mit der Tat an. In Ländern, wo die Natur schöne Gestalten erzeugt, entstand auch die Foderung des Schönen; das Ideal, welches man in sich trägt, bildet sich nach den Eindrücken, die man empfangen. Und in solchen Ländern, wo es die Natur zu schönen Gestalten bringt, schafft sie auch edlere Organisationen. Hier wo der Mensch schöner gebaut ist, ist er auch zärter fühlend, empfänglicher, geistreicher. Hier also findet sich das Subjekt zum Objekte und umgekehrt. Es ist eine Form da, den Sinn zu wecken und zu stimmen. Es ist ein Sinn da, die schöne Form zu ergreifen.

Von den Korbartigen Hütten und den schmutzigen

Zelten von Tierhäuten, unter welchen sich der Wilde so erbärmlich behilft – zu der griechischen Säulenordnung, zu den Tempeln und Portikus, was für ein Schritt!

Die Reinlichkeit

METHODE

Naturrecht, Politik, Moral, Ästhetik, wie gut sie sich auch im System ausnehmen gestatten so wenig Anwendung auf Welt, Leben und Kunstschöpfung. Kommt es nicht daher, weil der Philosoph immer von Gesetzen und rationalen Prinzipien, die Natur aber immer von blinden Gewalten und von der Tat ausgeht?

Der Philosoph kommt freilich am besten zu seinem Zweck wenn er den Menschen gleich als vernünftig voraussetzt; aber der Mensch ist nicht vernünftig, er wird es erst spät und wenn die Welt schon eingerichtet ist. Der Mensch ist mächtig, gewaltsam, er ist listig und kann geistreich sein lang eh er vernünftig wird. Aus dieser seiner Natur und nicht aus seiner vernünftigen müßte das Naturrecht und die Politik deduziert werden, wenn durch sie das Leben erklärt werden, und wenn sie einen wirksamen Einfluß aufs Leben haben sollten.

BILDUNGSSTUFEN

Ich habe oft bemerkt, daß die Halbkenner und unreifen Köpfe viel schwerer zu befriedigen sind als die Meister und die Kenner, bei welchen sich immer eine gewisse Großmut und Liberalität des Urteils findet. Im Schauspielhause z. b. geben sich die letztern dem Künstler und seinem Werk bereitwillig hin, da die erstern sich zur Wehre setzen und auf alle Art widerstreben. Bei Kunstausstellungen freut sich der rechte Meister über die kleinste Spur des Guten, er sucht sie auf, da der Klügling nur das fehlerhafte sucht und

findet. So ists in der ganzen Welt. Wer reich ist und innere
Fülle besitzt kann auch andern geben, ohne daß er sich
dadurch arm macht. Wer aber selbst arm ist, der fühlt sich
einen Augenblick reich, wenn er andern nimmt.

So findet man den Menschen im Durchschnitt auf diesen
drei Stufen der Bildung. Auf der ersten wo seine Kultur
noch nicht angefangen, ist er bloß sinnlich rührbar, ohne
Reflexion, die Neuheit erweckt ihn, die Abwechslung
ergötzt ihn, ihn reizt das Glänzende, aber auch an dem
barocken, grotesken, seltsamen, abenteuerlichen findet er
Vergnügen. Er ist ganz ohne Wahl und alles erfreut ihn, was
ihn beschäftigt. Gutes und Schlechtes wird in diesem
Zustand mit gleicher Zufriedenheit von ihm aufgenommen, er ist dankbar für jede Gabe, das feierliche und das
läppische findet bei ihm gleichen Eingang. Gott Vater und
Hanswurst kann man ihm beide gegeneinander stellen.
Glücklich ist der Schauspieldirektor der ein solches Publikum antrifft. Er ist willkommen mit allem was er bringt!
Der Prediger auf der Kanzel kann sich kein besseres
wünschen. In diesem Zustande befinden sich im Ganzen
noch viele Städte Deutschlands, selbst von den größten,
gegenüber der Kunst und den Schriftstellern. Deswegen
haben wir in Deutschland so viele große Genies, so viele
vortreffliche Männer und Werke. Es geht den Deutschen
mit berühmten Namen, wie dem alten heidnischen Römer
mit den Gottheiten. Er nimmt alle bereitwillig auf, den
Jupiter der Griechen und den Anubis der Egypter, in dem
weiten Pantheon der Vielgötterei ist Raum für alle.

NATHAN D⟨ER⟩ WEISE

Leßing hat im Saladin gar keinen Sultan geschildert, und doch ist die Intention Saladins mit Nathan, wie er ihm die Frage wegen der drei Religionen vorlegt, ganz sultanisch. Deswegen erscheint uns dieses Motiv plump ja ganz unpassend; es gehört einem andern Saladin zu als wie wir ihn im Stück sehen. Der Dichter hat nicht verstanden, jene derbe Farbe zu vertreiben, und die Handlungsweise des historischen Saladins mit dem Saladin seines Stücks zu vereinbaren. Daß Saladin bloß aus Eingebung der Sittah handelt ist bloß ein Behelf, der die Sache um nichts besser macht.

TRAGÖDIE UND KOMÖDIE

Das Gemüt in Freiheit zu setzen erzielen beide, die Komödie leistet es aber durch die *moralische Indifferenz*, die Tragödie durch die *Autonomie*.

In der Komödie muß alles von dem moralischen Forum auf das physische gespielt werden, denn das moralische erlaubt keine Indifferenz. Behandelt die Komödie etwas, was unser moralisches Gefühl interessiert, so liegt ihr ob, es zu *neutralisieren*, d. i. es in die Klasse natürlicher Dinge zu versetzen, welche nach der Kausalität notwendig erfolgen.

Undank z. b. ist an sich etwas, was unser moralisches Gefühl affiziert. Undank kann tragisch behandelt werden, so im Lear der Undank der Töchter gegen den Vater, und da ist es eine moralische Rührung. Wir werden dadurch moralisch verletzt, das kann und soll uns nicht erspart werden, denn die Tragödie fodert daß wir *leiden*, durch den Schmerz führt sie uns zur Freiheit.

Undank kann aber auch in der *Komödie* behandelt werden, aber dann muß er als eine natürliche Sache erscheinen; und wenn wir in der Tragödie mit demjenigen Mitleiden haben, der Undank erleidet, so muß uns die Komödie den lächerlich machen, welcher Dank erwartet.

Man hat den Moliere getadelt, daß er in dem Tartuffe den Heuchler zum Gegenstand einer Komödie gemacht; ein Charakter der immer Abscheu errege und folglich für die Heiterkeit des Lustspiels nicht geeignet sei. Wenn Moliere wirklich durch Da⟨r⟩stellung seines Heuchlers unsre Indignation unsern Abscheu erregt, so hat er freilich unrecht und in diesem Fall hätte ihn der Genius der Komödie verlassen. Auch den Heuchler kann die Komödie behandeln, aber dann muß es so geschehen, daß nicht *er* abscheulich, sondern *die* welche er betrügt lächerlich werden.

Welche von beiden, die Komödie oder die Tragödie, höher stehe ist öfters gefragt worden. Man müßte untersuchen, welche von beiden die höhere Kraft voraussetzt und das Höhere erzielt, aber dann wird man finden, daß beide aus so verschiedenen Punkten ausgehen und nach so verschiedenen Punkten wirken, daß sie sich nicht vergleichen lassen. Im Ganzen kann man sagen: die Komödie setzt uns in einen *höheren Zustand*, die Tragödie in eine *höhere Tätigkeit*. Unser Zustand in der Komödie ist ruhig, klar, frei, heiter, wir fühlen uns weder tätig noch leidend, wir schauen an und alles bleibt außer uns; dies ist der Zustand der Götter, die sich um nichts menschliches bekümmern, die über allem frei schweben, die kein Schicksal berührt, die kein Gesetz zwingt.

Aber wir sind Menschen, wir stehen unter dem Schicksal, wir sind unter dem Zwang von Gesetzen. Es muß also eine höhere rüstigere Kraft in uns aufgeweckt und geübt werden, damit wir uns wieder herstellen können, wenn jenes glückliche Gleichgewicht, worin die Komödie uns fand, aufgehoben ist. Dort brauchten wir diese Kraft nicht, weil wir mit nichts zu kämpfen hatten; aber hier müssen wir siegen und bedürfen also der Kraft. Die Tragödie macht uns nicht zu Göttern, weil Götter nicht leiden können, sie macht uns zu *Heroen* d. i. zu göttlichen Menschen oder wenn man will zu leidenden Göttern zu Titanen. Prometheus, der Held einer der schönsten Tragödien, ist gewissermaßen ein Sinnbild der Tragödie selbst.

AUS SCHILLERS VORLESUNGEN
ZUR ÄSTHETIK

ZWEI MANUSKRIPTBLÄTTER

kraft bei Großen Vorstellungen ist schon das vorigemal
ausgeführt worden.

In der *Auffassung* und Aneinanderreihung der einzelnen
Glieder eines Quantums schreitet die Einbildungskraft von
selbst, u⟨nd⟩ ohne dazu eine besondre Vernunftvorschrift
nötig zu haben, und ohne durch eine subjektive Grenze
gehindert zu werden ins Unendliche fort. Der Verstand
leitet sie durch Zahlbegriffe, mit deren Hilfe sie jedes auch
noch so kleine Maß jeder noch so ungeheuren Größe
adäquat machen kann. Das *Maß* wird von ihr selbst
hergegeben, und die Zahlbegriffe die der Verstand gibt,
bestimmen, wievielmal dieses Maß in dem Quantum,
welches gemessen werden soll, enthalten ist.

II

sinnlichen letzten Grund der ganzen Sinnenwelt an und
denken uns diese in ihrer Totalität als bloße Darstellung
eines intelligibeln Substrats welches selbst nicht *erkannt* und
in keiner Anschauung kann *gegeben* werden. Ist aber die
unendliche Sinnenwelt nur Darstellung dieser Ide⟨e⟩ des
Übersinnlichen, so ist diese Ide⟨e⟩ für sich selbst eine
Größe, die dem unendlichen gleich ist, un⟨d⟩ ein Gegenstand, der diese Ide⟨e⟩ in uns rege macht, wird die
Vorstellung der Unendlichkeit mit sich führen. Das Unendliche ist aber *absolut*, nicht komparativ, *groß*. Mit ihm
verglichen ist jede andere Größe klein. Ein solcher
Gegenstan⟨d⟩ wird also das *Absolut Gro⟨ße⟩* in unser
Gemüt rufen, er wird erhaben sein.

FRAGMENTE AUS DEN VORLESUNGEN

(Nachschrift von Chr. F. Michaelis)

Die Ästhetik vermag nicht, Künstler *hervorzubringen*, sondern bloß, die Kunst zu *beurteilen*.

5   Nichts ist schwerer, als über *Empfindungen* und über die Kunst, die es mit Empfindungen zu tun hat, zu philosophieren.

Man suchte bisher die Kunstwerke in ästhetische Fächer zu bringen, ohne zu erwägen, ob sich das Genie nicht seine

10 eigne Bahn gebrochen habe. Psychologische empirische Regeln ohne Vollständigkeit, und eine nach vorhandenen Mustern ängstlich gebildete Theorie, machten ungefähr das Hauptsächlichste aus, was man vor *Kant* für die Geschmackslehre leistete.

15   Inhalt der Ästhetik, ihr Wert und Nutzen

Vom Geschmack.

Die Ästhetik untersucht die Natur des Vermögens, das in Beurteilung des Schönen wirksam ist; sie sucht die Grenzen des Geschmacks genau und richtig zu zeichnen.

20   Jede Kunstschönheit erfordert, als Nachahmung der Natur, *Wahrheit*, und steht in so fern unter *objektiver* Beurteilung. Im Gebiet der *Begriffe* gibt der *Verstand* Gesetze, welcher also in dem *logischen* Teile der Kunst entscheidet.

25   Unerläßliche Bedingungen der schönen Darstellung sind Wahrheit und Fehlerlosigkeit (das Korrekte). Diese schließt aber die Schönheit selbst noch nicht ein.

Die Geschmackslehre kann den Künstler vor Verirrungen seines Genies zurückhalten, und durch das von ihr veranlaßte Räsonnement des selbsttätigen Verstandes zur Veredlung des Genusses beitragen.

Der Geschmack befördert nicht nur unsre Glückseligkeit, sondern *zivilisiert* und *kultiviert* uns auch. Der Mensch darf nicht ganz *allein* genießen, sondern muß auch bedacht sein, sein Vergnügen mitzuteilen. Nicht jedes aber ist der Mitteilung fähig und dazu schicklich. Auch eine Tugend, die der Schwachheiten der Gesellschaft nicht schont, fehlt gegen ihre eigenen Gesetze; sie sollte auch mit einer gewissen *Grazie* sich äußern. *Allgemeine Mitteilbarkeit* seiner Empfindungen muß sich der Mensch zum Gesetz machen. In dem Vermögen, diese Eigenschaft zu äußern (z. B. in Beobachtung des schicklichen Mittels zwischen dem Zuviel und Zuwenig sagen im Gespräch, um dem Andern das Vergnügen des Selbstdenkens nicht zu rauben), zeigt sich der *Geschmack.*

Glückseligkeit zu suchen, ist nicht der höchste Zweck des Menschen. Leicht kann eine Frivolität des Geschmacks einreißen, wo man die Pflicht dem Vergnügen aufopfert. Alles kommt hierbei an auf den Begriff von der *Würde des Menschen*, welche auf der Selbsttätigkeit seiner Vernunft, auf seiner Freiheit von sinnlichen Antrieben beruht.

Soll eine Empfindung der Lust *allgemein mitteilbar* sein, so muß alles Empirische, Materielle, aller Einfluß der Neigung davon geschieden sein. Das Geschmacksurteil muß ohne Neigung gefällt werden, wie das *moralische*; denn beide schränken sich nur auf die *Form* ein, und entscheiden *unmittelbar*. Der *Geschmack* hat, wie die *praktische Vernunft*, ein *inneres Prinzip der Beurteilung*, verbindet beide Naturen des Menschen, und erleichtert ihm dadurch den Übergang zur Sittlichkeit, daß er bei sinnlichen Dingen eine gewisse *Freiheit* behauptet, und ihrer Behandlung den Charakter der *Allgemeinheit* und *Notwendigkeit* aufdrückt. Als *tierisches* Wesen, liebt der Mensch bloß sich selbst, abhängig von den Gesetzen der Materie, von denen ihn nur die *Rationalität*, als von dem Zwange der Natur losreißt, um ihn der Herrschaft der Vernunft zu unterwerfen.

Der Geschmack ist das Vermögen, das Allgemein-*Mitteilbare* an Empfindungen zu beurteilen. Nichts Materielles, Empirisches, ist allgemein mitteilbar; denn es ist zufällig. Der Geschmack aber bezieht etwas Empirisches auf das Rationale; demnach wäre Geschmack das Vermögen, eine sinnliche Vorstellung auf etwas Übersinnliches zu beziehen. Er leitet von der *Sinnenwelt* zum *Intelligibeln*, und erwirbt dem Sinnlichen durch die Beziehung auf das Übersinnliche die Achtung der Vernunft. Der Geschmack beruht auf einem sinnliche Eindrücke empfangenden, und auf einem übersinnlichen selbsttätigen Vermögen, auf Phantasie und Verstande.

Einfluß und Wert des Geschmacks.

Der Geschmack sichert den Menschen vor der rohen Sinnlichkeit und vor der Verwilderung. Sobald sich die Liebe zum Putz in dem Wilden äußert, so fängt auch schon seine Kultur an. Auch der noch so schlechte Geschmack verrät schon eine höhere Tätigkeit, das Verlangen, einen günstigen Eindruck auf andre zu machen, welches schon die Meinung von dem *Werte* der Andern voraussetzt. Jetzt heißt der Mensch nicht mehr *Wilder*, sondern *Barbar*, weil er nicht ohne allen Geschmack ist, ob er gleich einen falschen besitzt. Die Ausschmückung des Notdürftigen verrät schon die anfangende Zivilisierung. Der Wert, den man auf die Meinung Andrer legt, macht abhängiger von ihnen, und nötigt, die rohen Triebe zurückzuhalten, führt also zur Verfeinerung der Lebensart.

Mit der Veredlung des Geschmacks veredlete sich auch die Religion. Der Geschmack legte den Grund zur Menschlichkeit.

Sein Einfluß zeigt sich auch in Beförderung der Tätigkeit der höheren Geistesvermögen, wodurch er der Vernunft die Herrschaft über die Sinnlichkeit erleichtert. Denn seine Darstellungen mildern oder vergüten die Gewalt,

welche der Sinnlichkeit angetan wird. Durch den Geschmack genießt die Phantasie ihrer ganzen Freiheit, und
wird doch am Ende mittelst verborgener Bande zur Einheit
des Verstandes zurückgeleitet. Der Geschmack schwächt
auch die Sinnlichkeit selbst, indem er *Anstand* und *Mäßigung*
fordert, wodurch nicht nur für die *Zivilisierung*, sondern
auch für die *Sittlichkeit* viel gewonnen wird, indem der
Mensch so nicht bloß nach Gefühlen, sondern nach
Vorschriften der reinen Vernunft zu handeln gewöhnt
wird.

Einzelne Menschen und ganze Nationen haben im
Grunde nur eine *ästhetische Tugend*.

Da die Moralität *Autonomie* erfordert, wie kann man dem
Einwurfe begegnen, daß der Geschmack durch den Einfluß
des Materiellen die Moralität verfälsche? Arbeitet nicht
auch die Religion dem Widerstande des sinnlichen Vermögens entgegen, indem sie es zum Vorteile der Sittlichkeit
gewinnt?

Der Geschmack bringt die obern und niedern Gemütsvermögen in Vereinigung; er ruft die philosophierende
Vernunft von Grübeleien zur Anschauung zurück; er gibt
Humanität, d. h. er vereinigt in dem Menschen das Naturwesen mit der Intelligenz, und befördert ihren wechselseitigen Einfluß, so daß Sinnlichkeit durch Sittlichkeit veredelt wird.

Der Geschmack verhält sich als Beurteilung des Schönen
so wie das Schmecken einer Speise, indem man diese erst
gekostet, jenes betrachtet und empfunden haben muß, um
von beiden sein Gefühl und Urteil aussagen zu können.

Der Geschmack ist ein Vermögen der Urteilskraft, auf
allgemein mitteilbare Empfindungen angewendet. Die als
allgemein mitteilbar anzunehmenden Empfindungen stehen unter innern subjektiven Bedingungen, welche notwendig allen Menschen gemein sein müssen. Eine allgemein mitteilbare Empfindung ist *bedingt*, wenn sie aus
Begriffen entspringt; die allgemeine Mitteilbarkeit einer
solchen Empfindung ist nie ganz gewiß. Der Geschmack

wird dem sinnlichen *Erkenntnisvermögen* entgegen gesetzt, wird auf *Empfindungen*, auf etwas Subjektiv-Allgemeines und Notwendiges angewandt, und ist das Vermögen, die allgemeine Mitteilbarkeit eines Gefühls zu beurteilen.

5   *Einteilung der Geschmackslehre.*

Die Geschmackslehre ist *rein* oder *angewandt*. Jene handelt von den allgemeinen subjektiven Bedingungen, unter welchen Geschmacksurteile möglich sind, und sucht die Art der Wirksamkeit zu erforschen, in welche schöne
10 Werke der Natur und Kunst das menschliche Gemüt setzen. Der zweite, praktische Teil betrifft die besondern Bestimmungen, unter welchen gewisse ästhetische Zwecke erreicht werden, die Zweige der Kunst selbst.

          Unterschied zwischen Empfindung und Gefühl,
15   *Lust und Unlust u. s. f.*

Empfindung, welche *objektiv* ist, kann man schlechthin *Empfindung*, die *subjektive* aber *Gefühl* nennen. Empfindung ist eine Vorstellung, die auf das Subjekt bezogen wird, und unterscheidet sich dadurch von der *Erkenntnis*. *Lust* ist eine
20 Empfindung, in der ich zu verharren; *Unlust* eine solche, der ich zu entgehen wünsche. Ein Realgrund läßt sich davon nicht angeben, aber diese Empfindungen lassen sich doch von der Vorstellung und vom Begehren unterscheiden. Der Formalgrund, die allgemeine Bedingung der Lust
25 und Unlust ist freie oder gehinderte Wirksamkeit der Seelenkräfte, welche die Seele empfinden muß, um sich selbst zu bestimmen, und hierzu bedarf sie des Triebes oder der Vorstellung. Die Lust soll nicht Zweck, sondern *Mittel* der Wirksamkeit sein, ob es gleich manche Menschen
30 umkehren. *Lust* ist das Selbstbewußtsein der wirkenden – *Unlust* das Selbstbewußtsein der gehinderten Kraft. Unlust darf nicht mit *negativer* Lust verwechselt werden.

Die Lust muß nach Verschiedenheit der Vermögen, die zur Wirksamkeit kommen können, verschieden sein. Die *sinnliche* Lust entspricht immer dem vollkommenen Zustande eines Teils des Körpers oder des ganzen Körpers. Der Wohlstand des Körpers konnte der Freiheit nicht allein anvertraut werden, sondern bedurfte der Triebe und der sinnlichen Lust, als Mittel zur Tätigkeit des Menschen.

Intellektuelle Lust oder Lust der Erkenntnisvermögen ist a) Lust des *Vermögens der Anschauung* oder der Sinnlichkeit, als der Empfänglichkeit für Stoffe, b) Lust des *Verstandes*, welcher den Stoff bildet, als Vermögen der Begriffe, welches trennt oder verbindet, Übereinstimmung oder Widerspruch bemerkt, und c) Lust der *Vernunft*, des Vermögens der Ideen, des Strebens nach dem Ganzen und nach Harmonie.

Das *untere Begehrungsvermögen* strebt nach *Lust* und bestimmt sich danach; das *obere* bestimmt sich nach *Begriffen*. Das *moralische* Vergnügen ist immer durch die der Sinnlichkeit angetane Gewalt mit Schmerz begleitet, und also gemischt.

Die *geistige* Lust gründet sich auf Vorstellungen mit Bewußtsein; die *sinnliche* entweder auf gar keine, oder auf Vorstellungen ohne Bewußtsein. Beide begleiten einander, wie beide Arten der Unlust, fast in allen Menschen, vermöge der Wechselwirkung zwischen Seele und Körper, indem auch der Körper an dem reinsten Vergnügen Teil nimmt. Die geistige Lust pflegt schwächer, aber dauerhafter zu sein, als die sinnliche.

Die bloßen *Sinnenempfindungen*, so wie die ganz reinen *Rational-Empfindungen*, sind keiner allgemeinen Mitteilbarkeit fähig, und also vom Gebiet des Geschmacks ausgeschlossen. In dasselbe gehören bloß die *gemischten*, welche sich auf eine Wirksamkeit der *Erkenntnis-* oder der *Willenskräfte* gründen; von jener Art ist das *Vollkommene* und *Schöne*, von dieser das *Rührende* und *Erhabene*.

Das *Zweckmäßige*, *Vollkommene* und *Gute* gehört zu den unerläßlichen Bedingungen des Kunstwerks, und macht keine eigentümliche Eigenschaft desselben, als schönen Kunstwerks, aus.

Die Lust am *Erhabenen* ist der Sinnlichkeit gerade entgegen gesetzt, und gründet sich auf diese Entgegensetzung, welche die Kraft der Vernunft rege macht.

Die Lust am *Schönen* entspringt aus dem *vereinigten* Interesse der Vernunft und der Sinnlichkeit. Das Schöne allein gewährt ein völlig zwangloses reines Vergnügen. Weder das Rührende, noch das Erhabene, kann, als Objekt des *Geschmacks*, des Schönen entbehren, und beides muß sich demselben unterordnen. Das Schöne allein macht das bloße Kunstwerk zum Geschmacksprodukt. Das Schöne besteht in der *Form*, welche aber nur in einer Materie sichtbar werden kann. Die Materie der Schönheit ist eine zur Darstellung gebrachte Idee. Schönheit ist nur eine Eigenschaft der *Form*, und kann nicht unmittelbar an der Masse dargestellt werden.

Die Kunst *überhaupt* hat den Zweck der Wahrheit oder Vollkommenheit, der Verbindung des Mannigfaltigen zur Einheit, und führt ihn mit dem Verstande aus. Die *schöne* Kunst führt diesen Zweck noch überdies mit Schönheit und Geschmack aus: jenen Zweck kann man den *angekündigten*, diesen den *verschwiegenen* nennen.

Der *ernstlich gemeinte, für sich selbst vollkommene, logische* Zweck eines Kunstwerks kann den *ästhetischen*, den Zweck der *Schönheit* sich unterordnen, wie in den Produkten der *Beredsamkeit*. Hier dient die Schönheit der Vollkommenheit. Ist der logische Zweck bloß *eingebildet*, so *herrscht* die Schönheit; dann liegt an Erreichung des angekündigten Zwecks gar nichts; der Künstler *spielt* gleichsam mit seinem Gegenstande. Hierher kann die ganze *Dichtkunst* gezählt werden. Erreicht der Dichter den Zweck der Schönheit völlig, so hat er obendrein den *moralischen* schon erlangt. – Die Schönheit duldet keine Abhängigkeit von logischen Zwecken, sondern folgt ihren eigenen Gesetzen. Durch ihr *Spiel* mit dem ernsthaften logischen Zweck erreicht sie ihn selbst am besten. Da sie aber einzig in der *Form* besteht, so verliert sie selbst auch nichts bei Behandlung leichtsinniger Gegenstände.

Die Kunstwerke der ersten Klasse (der ernstlich gemeinten Zwecke) haben es entweder mit *physischen* oder mit *moralischen* Zwecken zu tun. Im ersten Fall adelt zwar die Schönheit die Werke (z. B. die der gemeinen Architektur, schöne Gerätschaften und Bekleidung); aber sie sind durch den Schimmer, welchen die Schönheit nur im Vorübergehen auf sie wirft, bloß mit den Werken schöner Kunst verwandt. Haben die Kunstwerke *moralische* Zwecke, stehen sie mit den ästhetischen Werken in Verwandtschaft, kultivieren aber schon durch ihren logischen Zweck, so wirkt ihre Schönheit nur noch inniger. Hat die Schönheit durch Befolgung des Zwecks der Rührung gar nichts gelitten, so haben solche Kunstwerke die größte Vollkommenheit (wie z. B. die Gruppe des Laokoon). Die Schönheit an sich ergötzt nur durch *Betrachtung*, nicht durch *Bewegung*. Verbindet sie sich mit der Anstrengung des Pathos, so muß dieses eine gewisse Mäßigung erleiden.

Unterschied zwischen dem Schönen, Angenehmen und Guten.

Man unterscheidet das Schöne vom Angenehmen und Guten. Die Schönheit wird, wie die Annehmlichkeit, vor dem Begriff von den Folgen des Genusses wahrgenommen; die Güte erst durch den Begriff von der Tauglichkeit zu einem Gebrauch. Bei sichtbaren Gegenständen scheint das Schöne die Freiheit des Gemüts in der Anschauung zu bezeichnen, und ihnen scheint es vorzugsweise eigentümlich zu sein. Es gibt aber auch eine *intellektuelle* Schönheit und eine *moralische*. Wo ein allgemeiner Begriff in einer unmittelbaren Anschauung, eine Idee durch eine Handlung vorgestellt wird, unser Gemüt bei der Betrachtung in Freiheit ist und die Resultate nicht gegeben erhält, sondern selbst entwickelt, da finden wir Schönheit. Das unmittelbare Gefallen durch den bloßen Eindruck charakterisiert

das Schönheitsurteil, inwiefern es von materiellen Bestim-
mungsgründen, vom bestimmenden Einfluß der Empfindungen und Begriffe frei ist, sich also auf eine *Freiheit* des
Gemüts gründet.

Ein Charakter ist dann schön, wenn er uns mehr *Liebe* als
Achtung einflößt, wie der Charakter Cäsars gegen den des
Cato, welcher mehr abschreckende demütigende Strenge
zeigt, oder wie der des Tom Jones gegen den des
Grandison. Daher verwechselt man oft Handlungen der
Neigung, weil sie der Natur weniger zu kosten scheinen, mit
den *schönen*. Die Sinnlichkeit muß auch bei moralischen
Handlungen frei erscheinen, ob sie es gleich nicht ist;
Freiheit erwirbt auch hier das Prädikat der Schönheit.

Der Begriff *schön* ist nicht leer, sondern hat seine
bestimmte und immer dieselbe Bedeutung, auch bei heterogenen Gegenständen.

Die den *objektiven* Begriff der Schönheit verworfen
haben, hielten die Schönheit für ganz *subjektiv*. Die ihn
angenommen haben, versuchen den Begriff entweder
objektiv oder subjektiv zu erklären. Beide nehmen an, das
Schöne errege ein *Wohlgefallen*. Jenen ist das Schöne eine
bloße Eigenschaft des Gegenstandes; die Andern halten
sich nur an die Empfindung, ob sie gleich gewisse Gründe
der Empfindung des Schönen in dem Gegenstande nicht
leugnen. Die letztere Partei verspricht durch die Entfernung alles Willkürlichen sehr viel: an ihrer Spitze steht
Kant.

Das Schöne steht gerade in einem umgekehrten Verhältnis mit dem *Nützlichen*. Daß beides auf Eins hinauskomme,
widerspricht schon der gemeinen Erfahrung. Überdies
gefällt das Schöne unmittelbar durch den Eindruck, da das
Nützliche den Begriff vom Gebrauch voraussetzt.

Andre setzten die Schönheit in die *Proportion*. Aber ein
Urteil über diese, sofern sie sich auf den Gebrauch bezieht,
würde ein *Erkenntnis*-, kein Geschmacksurteil sein. Oder
wenn wir bloß ein gewisses allgemeines Größenverhältnis
im Sinne haben für alle Arten und Gattungen der Gegen-

stände, so würde die Foderung einer solchen Proportion der Mannigfaltigkeit und Ungleichheit, welche die Natur bei aller Schönheit beobachtet, widersprechen. Allein für jede Gattung natürlicher Gegenstände haben wir ein gewisses Maß, eine Mittelgröße im Sinne, nach welcher wir die Schönheit eines Individuums beurteilen, und welches wir unbewußt diesem Urteile zum Grunde legen. Wenn dieses Größenmaß verletzt ist, so nennen wir den Gegenstand *ungestalt*. Allein das *Häßliche* soll dem Schönen entgegengesetzt sein. Das Maß unsers Mißvergnügens über verletzte Proportion hängt von der Gewohnheit ab, und wird durch sie sehr verstärkt. Bei der besten Proportion jedoch kann uns ein Gegenstand widrig sein. *Richtigkeit* ist zwar die erste Bedingung der Schönheit, macht sie selbst aber nicht aus. Die allerregelmäßigsten Gestalten sind gerade noch nicht die schönsten (z. B. Polyklets Kanon, die regelmäßigste, aber nicht schöne Figur). Eine geringe Übertretung der Regelmäßigkeit kann mit der vollkommensten Schönheit sehr wohl bestehen. Bloße Regelmäßigkeit in der Hervorbringung und Beurteilung bedarf oft nur eines mittelmäßigen Kopfes. Wo die Regel, die bei der Schönheit beobachtet werden muß, *herrscht*, da erstickt sie die Schönheit.

Sinnliche Vollkommenheit gab man als den Grund der Schönheit an. Vollkommenheit nannte man Mannigfaltigkeit, zu einem Ganzen verbunden. Die Beurteilung derselben aber ist *logisch*, nicht *ästhetisch*, da sie einen Begriff voraussetzt. Vollkommenheit ist Zweckmäßigkeit. *Innere* Zweckmäßigkeit heißt eigentlich Vollkommenheit, wie wir dem Weltgebäude oder einer sittlich guten Handlung zuschreiben, die ihren Zweck in sich selbst haben. *Äußere* Zweckmäßigkeit ist Nützlichkeit, bei deren Beurteilung wir nicht bloß des Gegenstandes, sondern auch des Begriffs von seinem Gebrauche bedürfen. Ein solcher (bloß nützlicher) Gegenstand ist für sich selbst nie ein Ganzes in der Beurteilung. Veredelt wird Etwas dadurch, wenn es aus einem bloßen Mittel zu einem Selbstzweck erhoben wird.

Alles Nützliche wird dadurch zur Vollkommenheit erhoben, wenn der äußere Gebrauch unnötig gemacht wird, seine Existenz zu erklären. Um zu wissen, wie das Mannigfaltige zu einem Ganzen übereinstimme, muß man wissen, wozu es übereinstimme. Da aber die Nützlichkeit vom Schönen ausgeschlossen ist, so haben wir es hier bloß mit der *innern* Zweckmäßigkeit zu tun.

Freie Schönheiten sind die, bei denen wir keinen eigenen Zweck voraussetzen. Z. B. bei einer Rose sind wir uns keines bestimmten Zwecks ihrer Gestalt und Bildung bewußt. Die *adhärierende* Schönheit aber steht unter dem Zwange eines Begriffs, der nur gewisse Arten der Schönheit ausschließend gestattet, und einen Zweck im Gegenstande voraussetzt. Ein unvermischtes, reines Schönheitsurteil wird nur über *freie* Schönheit gefällt.

Einheit findet nur in einem Begriffe Statt. Nun fragt sich, ob wir dem Schönheitsurteil einen Begriff zum Grunde legen? Allein selbst bei langen Nachdenken läßt sich dies hier nicht finden. Keine Spur eines Begriffs oder der Beziehung auf einen Zweck entdeckt sich in dem Beifall, den wir der Schönheit einer Blume, einer Landschaft, eines menschlichen Gesichts erteilen. Ja bei genauerer Zergliederung würde oft die Schönheit nur verlieren.

Dunkle Vorstellungen sind solche, deren Bewußtsein schnell vergessen wurde. Nur im Zustande dunkler Vorstellungen ist Lust oder Unlust möglich. Denn die Aufmerksamkeit auf das Objekt schwächt die Aufmerksamkeit auf das Subjekt. Auch bei der *verworrenen* Vorstellung, müssen die Teilvorstellungen wenigstens ehemals vorhanden gewesen sein: allein man kann ein Schönheitsurteil fällen, ohne alle Rücksicht auf die Übereinstimmung der Teile. Auch würde bei jener Theorie, welche die Schönheit in die sinnlich vorgestellte Vollkommenheit setzt, der Unterschied zwischen dem Wohlgefallen an Zweckmäßigkeit und zwischen dem Wohlgefallen am Schönen wegfallen. Diese Theorie würde nur auf manche Schönheiten, aber nicht auf freie, am wenigsten auf dichterische passen.

Entweder wäre das Geschmacksurteil intellektuiert und
nicht rein, oder es wäre gar kein eigentliches Geschmacksurteil.

Alle peinliche mathematische Regelmäßigkeit ist für uns
nicht schön. Weil Unvollkommenheit die Schönheit unterdrückt, so hielt man Vollkommenheit und Regelmäßigkeit
für das Wesen der Schönheit. Eine schöne Landschaft muß
zwar richtig sein; die Richtigkeit gibt ihr aber noch keine
Schönheit. – Einheit des Mannigfaltigen, als Einfachheit in
der Fülle, und Ruhe in der Beschäftigung, ist nur relative
Schönheit. – Es gibt verworrene Vorstellungen von Vollkommenheit, die doch gerade kein Schönheitsgefühl
erwecken; auch ist nicht jedes Schönheitsurteil mit dem
Vollkommenheitsurteil verbunden.

Erklärung des Schönen nach Burke.

Burke sagt, Schönheit errege Zuneigung, ohne Begierde
nach dem Besitz; eine wahre, aber nur subjektive Erklärung. Das Prädikat der Schönheit werde mehr von kleinen,
als von großen Dingen gebraucht. So erweckt auch das
Große mehr Ehrfurcht, als Liebe, vielleicht, weil das Große
etwas Verkleinerndes für uns hat, oft Furcht erregt und uns
anstrengt, während das Gegenteil bei dem Kleinen Statt
findet. *Burke* sagt, nicht mit Unrecht, daß das Glatte dem
Schönen wesentlich sei; dies Glatte beziehe sich auf alle fünf
Sinne. Aber *Burke* nimmt auch hier das *Angenehme* in das
Schöne mit auf. Die sanften, allmählichen Übergänge der
Wellenlinie, die Vermeidung alles Eckigen, die Grazie
mache die Schönheit aus. *Burke* erklärt dies bloß aus dem
Einflusse auf das Auge, was sich aus dem Verstande
erklären läßt. Ferner rechnet *Burke Delikatesse* zur Schönheit, das Zarte und fast Schwächliche. Das Schöne muß
verhältnismäßig klein sein, glatte Oberfläche, milde Farben, allmähliche Änderung in der Richtung der Linien
haben, mehr zärtlich, als stark sein: dies ist ungefähr *Burke's*

Beschreibung des Schönen. Erschlaffende Wirkung ist das charakteristische, was B. der Schönheit beilegt. Allein fehlerhaft ist das *Angenehme* hier mit aufgenommen, wodurch die *allgemeine Mitteilbarkeit* des Schönen eingeschränkt wird; ferner leitet er die wahre Schönheit auch bloß von *physischen* Ursachen ab, da sie sich doch auf ein Vernunftprinzip stützen muß.

Erklärung des Schönen nach Moritz

Moritz stellt das *Nützliche*, *Gute* und *Schöne* neben einander. Im erstern Fall wird der Gegenstand auf einen Gebrauch bezogen; er hat bloß äußern Wert. Der *gute* Gegenstand hat innern und äußern Wert. Der *schöne* ist ohne alle äußere Beziehungen, und besitzt seinen Wert in sich selbst. *Edel* heißt das *Moralisch-Schöne*. Ganz wohl kann das Unnütze und das Schöne neben einander bestehen. Das Schöne wird an dem Nützlichen als überflüssig erkannt. Das Nützliche erhält durch seinen Beitrag zur Vollkommenheit eines Ganzen seinen Wert. Ein Ganzes ist, was in sich selbst vollendet ist. Nur das Ganze, was in die Sinne fällt oder mit der Einbildungskraft umfaßt werden kann, ist *schön*. – Bis hieher kann man M. Recht geben. Allein nachher verwechselt er die Wirkungen unserer Vernunft mit den Wirkungen der Gegenstände, das Ganze der Natur, welches wir nie fassen können, mit dem Ganzen der Vernunft, welches allerdings immer auf Einheit ausgeht.

Darstellung des Ganzen der Natur in der Erscheinung macht, nach Moritz, ein Kunstwerk aus.

Erklärung des Schönen nach Kant.

Nennen wir einen Gegenstand *schön*, sagt *Kant*, so ist der Bestimmungsgrund unsers Urteils bloß *subjektiv*. Dieses Wohlgefallen ist ohne alles Interesse und hat mit dem

Begehrungsvermögen nichts zu tun; es besteht sogar bei sinnlichem Schmerz oder moralischem Mißfallen. Bei dem Schönen gefällt uns die bloße *Vorstellung*, bei dem Angenehmen seine *Existenz*. Das Angenehme und das Gute schließen ein *Interesse* ein, sind auf ein Bedürfnis gegründet; das Wohlgefallen daran ist also nicht frei. Eben weil das Wohlgefallen am Schönen auf keinem Interesse, auf keinem Privatgrunde beruht, legen wir diesem Wohlgefallen *Allgemeingültigkeit* bei. Das Angenehme hat diese Allgemeingültigkeit nicht. Die Einheit des Unveränderlichen in der menschlichen Natur ist der Grund dieser Allgemeinheit, und sie beruht auf den Denkgesetzen der Seele. – Dem Begriffe *Schön* fehlt der *objektive* Grund der Übereinstimmung; ihr Grund muß also im urteilenden Subjekt aufgesucht werden. Ein Urteil über das Schöne ist kein unmittelbares Sinnenurteil, sondern ein *Reflexionsurteil*, ein Urteil *a priori*, weil es eine allgemeine Foderung an alle Denkende einschließt und Allgemeinheit *a priori* hat. Diese Foderung gründet sich auf die allgemeine Mitteilungsfähigkeit des Zustandes, über den ich reflektiere. Jede Erkenntnis beruht auf einer unumgänglichen Bedingung und kann mitgeteilt werden; so muß auch diese Bedingung, die dem Geschmacksurteil zum Grunde liegt, mitgeteilt werden können. Die *Einbildungskraft* für die Vorstellung des Mannigfaltigen, und der *Verstand* für die Vereinigung desselben – jene hat *Freiheit*, dieser hat *Gesetzmäßigkeit* – diese bei der höchst möglichen Freiheit jener, durch die Reflexion wahrgenommen, bringt die Lust an dem Gegenstand und das Urteil des *Wohlgefallens* hervor. Diese Übereinstimmung beider vorstellenden Vermögen kann nur durch den *innern Sinn* bemerkt werden. Der Geschmack beurteilt das Schöne *subjektiv*, durch ein *Gefühl*. Das Schöne gefällt ohne alles Interesse. Das *Interesse* gründet sich auf eine Beziehung des Gegenstandes auf uns. Das Schöne gefällt aber *unbedingt*. Ein Wohlgefallen, von keiner Privatbeziehung abhängig, muß *allgemein* sein; das Schöne muß *Jedem* gefallen. Das *Gute* gefällt zwar auch Jedermann, aber durch einen *Begriff*. Während das Gute nur durch seine *objektive* Beschaffenheit allgemein gefällt, stützt sich die Lust am Schönen auf einen *subjektiven* Grund, auf die Allgemeinheit der Denkgesetze.

5 Da Schönheit bloß in der *Form* der Zweckmäßigkeit besteht, so besteht Schönheit überhaupt nur in der *Form*. *Rein* ist ein Schönheitsurteil dann, wenn weder *Reiz*, noch *Rührung* dabei im Spiele ist. Daher besteht alle Veredlung der Kunst in der *Simplizität*. – *Reiz* überhaupt ist Auffor-
10 derung zur Tätigkeit. Ein Gemälde kann durch seine Farbe *reizen*, aber nur durch *Komposition* und *Zeichnung* schön sein. – *Rührung* entspringt aus dem *Leiden*, und besteht bei Menschen von moralischem Gefühl und tätigem Geiste nicht aus bloß *physischen* Wirkungen. Auch das sympathe-
15 tische Leiden eines moralischen Menschen kann nicht lange *körperlich* bleiben; die Vernunft erwacht bald in ihrer Erhabenheit über alles sinnliche Interesse. – Auch die moralische Rührung, welche sich auf ein sehr lebhaftes Interesse der Vernunft gründet, kann das Schönheitsurteil
20 verfälschen.

Alle sinnliche Schönheit ist entweder *Form der Ruhe* oder *Form der Bewegung*. Jene ist die Zeichnung überhaupt; die Farben heben bloß die Umrisse mehr hervor, wecken die Aufmerksamkeit, und bewirken Übereinstimmung mit der
25 Natur. Die Form der *Bewegung* ist a) *das Spiel der Gestalten* im Raume, b) *das Spiel der Empfindungen in der Zeit*. Zu jenem gehört *Mimik*, zu diesem vornehmlich *Tonkunst*. Der einzelne Klang gefällt bloß in der *Sinnenempfindung*. Das Schöne beruht aber auf der *Komposition*.

30 Schönheit der *Handlung* besteht in der Handlungsweise, in der Gesinnung, nicht in dem Resultat.

Der Wert der *Zieraten* kann entweder bloß auf ihrer *Form* beruhen, oder sie gefallen nur durch die *Materie*, als *Schmuck*, und können im letztern Fall der Schönheit oft
35 Abbruch tun.

Vom Kriterium des Schönen und vom ästhetischen Ideal.

Es kann keine *objektive Geschmacksregel* geben, sondern nur ein *empirisches* Kriterium des Schönen, indem man das, worin alle Zeitalter übereingekommen sind, zu Rate zieht.

Es kann ein *moralisches* Ideal geben, weil es sich auf einen Begriff gründet. Ein *ästhetisches* Ideal ist nur für die *adhärente*, nicht für die *freie* Schönheit möglich. Die Schönheit, für die man ein Ideal aufstellen will, muß in die Grenzen eines *Zwecks* eingeschlossen werden. Nur das, was durch sich selbst bestimmt ist, ist eines Ideals der Schönheit fähig; also nur der *Mensch*, als *sittliches Wesen*. Zum Ideal der Schönheit gehört erstens die *Normalidee*, welche bloß auf die physischen Zwecke des Menschen, die Zwecke seines Baues, Rücksicht nimmt, die Idee der *Richtigkeit*; zweitens die *Vernunftidee*, welche durch den Ausdruck des Sittlichen bestimmt wird. Die *Freiheit* in der Darstellung der physischen und moralischen Zwecke des Menschen könnte ein wahres Ideal der Schönheit abgeben, wenn nämlich alle Regelmäßigkeit in der Darstellung verschwindet.

Allgemeingültigkeit des Geschmacksurteils.

Wie kann ein Urteil zugleich *a posteriori* gefällt werden, und doch nur *a priori* möglich sein? Oder wie kann das Geschmacksurteil empirisch und zugleich *a priori* sein? Es ist nämlich aus zwei Urteilen zusammengesetzt. Erstens ist es *empirisch*, inwiefern es von einem durch die Erfahrung gegebenen Gegenstande Etwas aussagt; *a priori* aber, inwiefern eine Allgemeingültigkeit, eine allgemeine Mitteilbarkeit der Lust von dem Gegenstande ausgesagt wird. Zwar beurteilen wir den schönen Gegenstand durch ein Gefühl der Lust; allein diese verbindet sich zuerst nicht mit der Sinnenempfindung, sondern mit der Reflexion. Das

Gefühl der Lust setzt einen *a priori* gültigen Gemütszustand voraus. Sobald wir uns keiner *materiellen* Quelle unsrer Lust bewußt sind, muß es eine *formale* Quelle und also die Lust allgemein mitteilbar sein: wir verhalten uns dann zu dem
5 Gegenstande als *Menschen überhaupt.* Der Grund, warum wir behaupten, der Gegenstand müsse *allgemein* gefallen, ist vor aller Erfahrung da; wir berufen uns auf einen *ästhetischen Gemeinsinn.* Ein solcher Gemeinsinn kann vorausgesetzt werden, und wird vorausgesetzt, indem wir andern ein
10 ähnliches Gefühlvermögen zuschreiben. – Alle Gründe zur Beurteilung des Schönen nehmen wir aus den Beschaffenheiten der Gegenstände, die wir empfinden, her; dies geschieht durch ein Gefühl der Lust. Schön ist nämlich das, was in der bloßen Anschauung *a priori* gefällt.
15 *Kant* macht das Schöne auch zu einem *Symbole des Sittlichguten.* Das Sittlichgute gefällt *unmittelbar* durch den bloßen *Begriff,* wie das Schöne in der bloßen *Anschauung;* das Wohlgefallen an beidem ruht auf keinem Interesse, und nicht der Inhalt, sondern die Form der Vorstellung
20 bestimmt das Urteil. – Das Schöne ist das Mittelglied zwischen der Sittlichkeit und Sinnlichkeit. Der Geschmack gewöhnt uns, auch das Sinnliche zu veredeln.

Über die objektiven Bedingungen der Schönheit.

Die Kantische Kritik leugnet die Objektivität des Schönen
25 aus keinem genügenden Grunde, weil sich nämlich das Schönheitsurteil auf ein *Gefühl* der *Lust* gründe. – Die objektive Beschaffenheit der für schön gehaltenen Gegenstände muß untersucht und verglichen werden. Die Beobachtung der Proportionen macht nicht die Schönheit selbst,
30 aber doch eine unumgängliche Bedingung derselben aus. Sie kann der Richtigkeit nicht entbehren. – Freie Wirksamkeit des Gemüts ist der Wirkung des Schönen wesentlich. Nach *Kant* ist das Schöne Wirkung der innern Freiheit, nach *Burke* Ursache derselben. Beobachtung der Regelmä-

ßigkeit ist nicht allen Objekten natürlich, und hemmt bei denen, welchen sie nicht zukommt, die Naturfreiheit. Regelmäßigkeit kann also nicht als allgemeiner Grundbegriff der Schönheit gelten, wohl aber *Freiheit* d. h. die durch die Natur eines Dinges selbst bestimmte Beschaffenheit. *Kant* sagt: Kunst ist schön, wenn sie aussieht wie Natur, und umgekehrt. Die *Natur* des Nachgeahmten ist es, welche wir bei einem Kunstwerk erwarten; der Stoff muß sich in der Form, die Wirklichkeit in der Erscheinung verlieren. Die Form der Bildsäule darf nichts durch die Natur des Marmor einbüßen. Die Kunstmäßigkeit dient bloß, die *Freiheit* auch in Naturgegenständen, die als schön beurteilt werden sollen, sichtbar zu machen: die Erinnerung an eine Regel soll uns bloß die Unabhängigkeit eines Gegenstandes von derselben bemerklich machen. – Schön ist ein Entwurf, wenn seine Zweckmäßigkeit *freiwillig* aussieht. – Die Baukunst kann nie eine ganz reine schöne Kunst sein, weil sie die Zwecke der Regelmäßigkeit nicht verbergen kann.

Technik ist die Verbindung des Mannigfaltigen nach Zwecken, und zur Schönheit notwendig, wiewohl sich diese nicht auf die Beurteilung der Technik gründet, wie *Sulzer* annimmt.

Jede *Bildung* oder *Form* besteht in der *Begrenzung*, und ist also gewissermaßen eine *Einschränkung*, die entweder durch eine Regel oder durch den Zufall entstand. In allen Produkten der Natur, die auf eine Technik hinweisen, finden wir die gegenseitige Abhängigkeit der Teile in ihrer Beschaffenheit von einander. Schönheit aber ist Freiheit in der Gebundenheit, Natur in der Kunstmäßigkeit; sie haftet nur an der unmittelbaren Anschauung; die Naturschönheit gründet sich auf keinen Begriff; die Technik eines Naturproduktes fällt unmittelbar ins Auge.

Auch Ungezwungenheit, Leichtigkeit und Freiheit in der Technik der *Tierkörper* ist schön: ihre Schönheit nimmt ab, je mehr sie sich der unbehülflichen Masse, der schweren Bewegung nähern. Da aber nehmen wir Schönheit wahr,

wo die körperliche Masse von den lebendigen Kräften
bezwungen wird, wo die Kraft nicht unter den Druck der
Masse erliegt: – daher die geflügelten Tiere, die gleichsam
Symbole der Freiheit sind, am meisten Empfindungen der
Schönheit erregen; an Vögeln ist der Hals einer der
schönsten Teile, ihre glatte biegsame Gestalt ist schön.

In der *menschlichen Gestalt* zeigt sich die verwickeltste
Technik, es erscheinen in ihr die mannigfaltigsten Zwecke.
Beobachtung der Proportion wird von der Schönheit
vorausgesetzt. – Die menschliche Gestalt ist einer doppelten Schönheit fähig. Die eine ist ein bloßes *Geschenk der
Natur* und erweckt *Liebe*, die andre beruht auf *sittlichen
Eigenschaften* und erwirbt zugleich *Achtung.* – Alle Umrisse
müssen Kühnheit und Leichtigkeit zeigen; frei und offen
muß die Stirne sich wölben; die Nase muß fast gar keinen
Winkel von der Stirne herab bilden, und nicht stark
hervorspringen. Das ganze Untergesicht muß leicht sein,
und nicht von dem Gewicht der Masse hinabgedrückt und
vergrößert scheinen. Alle übertriebenen Anspannungen
müssen entfernt sein. Herrschaft der organischen Kraft
über die tierische Masse unterscheidet den Menschen von
dem Tier. Der Mann ist schön durch *Freiheit in der Stärke*;
das Weib durch *Freiheit in der Schwäche.* Freiheit der Form,
das Resultat der sich selbst beschränkenden Kraft, macht
die Schönheit aus. So *schwebt* gleichsam der Vatikanische
Apoll; denn keine Masse hindert ihn, seine ganze Kraft zu
brauchen. – Grober Vortrag der Masse ist *Plumpheit.* Kraft,
die sich in der *Ruhe* versichtbart, ist *gehaltene* Kraft. –
Schwäche d. h. Biegsamkeit für Eindrücke, kommt vornehmlich der *weiblichen* Schönheit zu. Dann ist sie schön,
wenn sie *frei* ist, wenn sie nicht bis zum *Leiden* geht, nicht in
Grimassen ausartet und Zwang beweiset. Das Schöne
bedarf des Ausdrucks des Leidens nicht, und das Nicht-
schöne wird durch ihn nur häßlich.

Es gibt eine gleichsam *organische* und eine *moralische*
Schönheit. Jene und diese sind in Ansehung der Achtung,
die wir für beide haben, dem Genie und dem Fleiße, der

Naturgabe und dem Verdienste zu vergleichen. Die organische Schönheit kann sich zwar nicht mit moralischer
Verdorbenheit, aber doch leicht mit einer Leere des Geistes vertragen. Die *selbsterworbene* Schönheit überlebt die
Jugend weit; und verrät ihre Spuren noch im Alter; in ihr
spiegelt sich innrer Friede und Wohlwollen ab; sie ist die
Wirkung und der Ausdruck sittlicher Ideen.

Schönheit ist Freiheit in der Erscheinung. Eine Handlung nach dem Gesetze der Vernunft ist dann schön, wenn
sie aussieht, als geschähe sie aus Neigung und ohne allen
Zwang. Die Basis aller Schönheit ist *Simplizität*; aber nicht
alle Simplizität ist Schönheit.

In der Natur beleidigt uns die verletzte Freiheit. Was aber
in der Natur häßlich ist, kann in der Kunst schön werden.
Allein eigentlich kann nicht der Gegenstand, sondern nur
dessen *Darstellung* schön werden. – Schön ist ein in seiner
Kunstmäßigkeit frei erscheinendes Naturprodukt. Es gibt
nun Darstellungen für die *Sinne* und für die *Einbildungskraft*.
Frei wäre die Darstellung, wo das Dargestellte *selbst zu
handeln* und der Stoff sich mit dem Darzustellenden völlig
ausgetauscht zu haben schien. Freilich kann hier nur
Scheinen Statt finden. Die Natur des Mediums, des Stoffes,
muß völlig bezwungen sein; so muß z. B. in einer Bildsäule
nicht der Marmor, in dem Schauspieler nicht sein eigener
natürlicher Charakter sichtbar sein. Der Dichter muß das
Streben nach Allgemeinheit, welches in der Natur seiner,
der Individualität widerstreitenden Sprache liegt, zu überwinden suchen, damit das Dargestellte in seiner wahren
Eigentümlichkeit erscheine. *Dargestellte freie Selbsthandlung* in
der Natur durch die Sprache ist Schönheit in der Dichtkunst. Schön ist die Darstellung dann, wenn sie von der
Eigentümlichkeit des Darstellenden die wenigsten Einschränkungen erlitten hat. Der Zweck der Darstellung *für
Andre* bringt *Heteronomie* in das Kunstwerk und tut seiner
Schönheit leicht Eintrag. – Die *Freiheit* der poetischen
Darstellung beruht auf der Unabhängigkeit des Dargestell-
ten von der Eigentümlichkeit der Sprache, des Darstellen-

den und des äußeren Zweckes des Kunstwerkes. Der ersten
Abhängigkeit, von der abstrakten Beschaffenheit der
Sprache, weicht der Dichter dadurch aus, daß er den
Gegenstand zu *individualisieren* sucht, z. B. oft den Teil für
das Ganze, die Wirkung für die Ursache setzt, inwiefern
dadurch an Anschaulichkeit gewonnen wird. So dient auch
Vergegenwärtigung des Entfernten zur anschaulichen Darstellung der selbsthandelnden Natur. Von dieser Art ist
ferner die Analogie der Vorstellungen und Empfindungen,
zumal bei nicht sinnlichen Gegenständen. Hier herrscht die
Freiheit der Gleichnisse. Der Dichter kettet Bild an Bild,
worin Homer am verschwenderischesten war; Virgil wählte die Gleichnisse, bei sparsamerem Gebrauch, glücklicher.
So entsteht der lebhafteste Ausdruck. – Der Dichter hält
sich an das Sinnliche, um das Nichtsinnliche anschaulich zu
machen, und sucht durch ähnliche Bilder ähnliche Gemüts-
zustände zu erregen, wie z. B. in *Hallers* Ewigkeit. –
Personalität ist ferner der Ersatz, welcher dem Naturgegen-
stande für das geben wird, was er durch die abstrakte Natur
der Sprache einbüßt. Die Sprache, die an solchen Personi-
fizierungen reich ist, ist eine *dichterische* Sprache. So stellte
die griechische Mythologie fast alle Handlungen der Natur
als Handlungen freier Wesen dar, und ist der Dichtkunst
beinah' unentbehrlich geworden. Auch der Ausdruck in
der Sprache selbst trägt zur Versinnlichung der Gegenstände bei. Die Regeln der Grammatik beschränken den
Dichter weniger; er opfert sie der Natur auf; sein Peri-
odenbau wird regelloser; so ist z. B. manchmal der öftere
Gebrauch, manchmal das Weglassen der Bindewörter
natürlich und zweckmäßig. Bisweilen malt die Sprache
schon den Gegenstand selbst. Oft wird das Objektive eines
Gegenstandes durch das Subjektive des Ausdrucks in der
Sprache belebt, z. B. durch den Klimax. –
  Werke der Kunst werden in der nachahmenden Darstellung als *Werke der freien Natur* betrachtet, z. B. ein Gebäude
in einem Gemälde, eine Komödie in der Komödie, wie im
Hamlet. Es kommt im Gebiete der Kunst nicht auf die

Beschaffenheit des dargestellten Gegenstandes, sondern auf das Verhältnis der Darstellung zu seiner Beschaffenheit an. Der Künstler hat die Häßlichkeit der Formen der *Natur* nicht zu verantworten. Die Geschichte Laokoons, von einem Dichter und einem Bildhauer dargestellt, beleidigt in dem *Gegenstande* unser Schönheitsgefühl; in der *Natur* würde uns die Gruppe empören; in der *Darstellung* wird aber die verletzte leidende Natur nicht gegen die ruhige, sondern gegen die Darstellung gehalten. In der Natur selbst wollen wir *freie* Natur, in der Kunst aber *überhaupt* Natur sehen. Die Freiheit, welche die Natur auch in den Fesseln des Sylbenmaßes und der Sprache behauptet, die Wahrheit und Lebendigkeit des Bildes, dringt uns über eine solche Darstellung (wie die des Laokoon) den Ausspruch ab: das sei schrecklich schön. So hat *Göthe* in seiner Iphigenie das Schöne in dem Schrecklichen dargestellt, das bis zum Entsetzlichen geht. – Nicht weil unser moralisches Gefühl, sondern weil unser Geschmack beleidigt wird, mißfällt uns eine Darstellung, in der nicht die *Freiheit* der Darstellung vorhanden ist. *Shakespeare* und *Göthe* sind große Meister in Darstellung der Natur, mit der sie so vertraut sind, daß sie sich ganz in sie verlieren.

Unter den Talenten des Dichters muß die Einbildungskraft den obersten Rang einnehmen. – Die *Leiden des jungen Werther* sind ein schönes Muster der Darstellung der Leidenschaft. Die Natur, die Leidenschaft selbst ist es, die wir handeln sehen, und doch ist Alles absichtsvolle Darstellung des Dichters, der ganz in seinen Gegenstand eindrang. Wie wahr und lebendig schildert *Shakspeare* die Leidenschaften in ihren wildesten Verirrungen z. B. im Lear, Othello, Macbeth, Hamlet!

Aber nichts, was den Sinnen widrig ist, was physisch widerwärtigen Eindruck macht, darf weder der Dichter noch der bildende Künstler darstellen. Von dieser Art sind der Polyphem, die Harpyien des Virgil, die Gemälde des Heilands mit der Dornenkrone oder des mit Eitergeschwüre bedeckten Lazarus. Die Sinne verhalten sich zu leident-

lich gegen solche Eindrücke und der Körper kann auch durch Vorstellungen der Phantasie ins Spiel gezogen und widrig bewegt werden. Der Eindruck des Gemäldes ist unmittelbar lebhafter, als der des Gedichtes; was dem Maler
5 der gute Geschmack untersagt, ist noch mehr dem Schauspieler verboten, welcher das Niedrige (wie die Bettlerszene im Kind der Liebe von Kotzebue) nicht vor das Auge bringen darf. Das Ekelhafte ist den Sinnen unmittelbar zuwider: es dringt sich, wie *Kant* sehr treffend sagt, uns
10 zum Genusse auf, mischt sich in den Genuß ein. Daß uns das Ekelhafte physisch widerstrebt, schließt dessen Gebrauch aus der Kunst gänzlich aus. Die Unlust entspringt nicht aus der Voraussetzung der Wirklichkeit, sondern aus der bloßen Vorstellung, selbst der bloßen Phantasie. Nur
15 wenn der Dichter es zum *Schauderhaften* und *Schrecklichen* nötig hat, darf er es gebrauchen. Das *Ekelhaft-Schreckliche* ist das *Gräßliche* (so ist Homers Polyphem gräßlich geschildert). Das Gräßliche und das Niedrige, die äußersten Grenzposten des Geschmacks sind sehr behutsam anzu-
20 wenden. Das Gräßliche, wo es dem Dichter erlaubt sein soll, muß durch einen erheblichen Zweck gerechtfertigt werden.

Verhältnis des Schönen zur Vernunft.

Der Umstand, daß das Schöne bloß *gefühlt*, nicht eigentlich
25 erkannt wird, macht die Ableitung der Schönheit aus Prinzipien *a priori* zweifelhaft. Es scheint, daß wir uns mit der pluralistischen Gültigkeit der Urteile über Schönheit begnügen müssen.
   Wir *beobachten* entweder, oder *betrachten* die Naturerschei-
30 nungen; *Betrachtung* allein kommt der Schönheit zu. Das Mannigfaltige gibt der *Sinn*; die Form gibt die *Vernunft*. Die Vernunft verbindet Vorstellungen zur *Erkenntnis* oder zur *Handlung*. Es gibt *theoretische* und *praktische* Vernunft. Freiheit der Erscheinungen ist das Objekt der *ästhetischen*

Beurteilung. Freiheit eines Dinges in der Erscheinung ist dessen Selbstbestimmung, wiefern sie in die Sinne fällt.

Die ästhetische Beurteilung schließt alle Rücksicht auf objektive Zweckmäßigkeit und Regelmäßigkeit aus, und geht bloß auf die Erscheinung; ein Zweck und eine Regel können nie erscheinen. Eine Form erscheint dann *frei*, wenn sie sich selbst erklärt, und den reflektierenden Verstand nicht zu Aufsuchung eines Grundes außer ihr nötigt. Das Moralische ist vernunft*mäßig*, das Schöne ist vernunft*ähnlich*. Jenes erregt *Achtung*, ein Gefühl, das durch Vergleichung der Sinnlichkeit mit der Vernunft entsteht. Die Freiheit in der Erscheinung erweckt nicht bloß Lust über den Gegenstand, sondern auch *Neigung* zu demselben; diese Neigung der Vernunft, sich mit dem Sinnlichen zu vereinigen, heißt *Liebe*. Das Schöne betrachten wir eigentlich nicht mit *Achtung*, sondern mit *Liebe*; ausgenommen die *menschliche* Schönheit, welche aber Ausdruck der *Sittlichkeit* als Objekt der Achtung, in sich schließt. – Sollen wir das Achtungswürdige zugleich lieben, so muß es von uns erreicht oder für uns erreichbar sein. Liebe ist ein Genuß, Achtung aber keiner; hier ist Anspannung, dort Nachlassung. – Das Gefallen der Schönheit entspringt also aus der bemerkten Analogie mit der Vernunft, und ist mit Liebe verbunden.

Wert des Schönen und der Kunst.

Die der Kunst gemachten Beschuldigungen treffen nicht sie selbst, sondern ihren Mißbrauch. Das Schöne beschäftigt und kultiviert Vernunft und Sinnlichkeit, befördert durch Verengung ihres Bundes die Humanität, stiftet Vereinigung zwischen der physischen und moralischen Natur des Menschen. Indessen ist der größte Vorteil doch auf Seiten der *Sinnlichkeit*; durch das Schöne erweitern wir das Feld unserer *Empfindungen*, werden aber an *Begriffen* nicht reicher. Es bewahrt uns vor der Rohheit der

Sinnlichkeit. Für den Menschen von gröberer Sinnlichkeit ist daher die Schönheit die größte Wohltat. Aber dem männlichen Sinn kann die zu große Anhänglichkeit an das Schöne schädlich werden; leicht wird er sich dabei bloß mit der oberflächlichen Betrachtung der Dinge begnügen; aber aller Weg zur Vortrefflichkeit geht durch die Mühe. Das Genie wählt den steilsten Weg zur Vollkommenheit. Die *ausschließende* Kultur des Schönheitsgefühls verführt uns leicht zur Oberflächlichkeit, bringt uns Erschlaffung, Weichlichkeit und Abneigung gegen Gründlichkeit: denn wir gewöhnen uns dadurch immer bloß auf die *Behandlung*, nicht auf den *Gehalt* zu sehen.

Das Schöne veredlet die Sinnlichkeit, und versinnlicht die Vernunft. Es lehrt, einen Wert auf die Form legen. Mit dem Schönen lernt man Dinge ohne Eigennutz, bloß ihrer Form wegen lieben. Der Vernunft geschieht ferner ein Dienst, wenn Sinne und Phantasie in ihr Interesse gezogen werden; aber Wahrheit und Güte gewinnen kein Verdienst durch die ästhetische Form. Aber auch die Tugend darf eine geschmackvolle Form nicht verschmähen, wenn schon der Geschmack den Wert der Tugend nicht bestimmt. Nur muß für Stoff und Form in gleichem Grade gesorgt werden. Vereinigung der Wahrheit mit der Schönheit, des innern Gehalts mit dem Reiz der Form, ist das Erfordernis wahrer Vollkommenheit.

ANMERKUNGEN
ZU WILHELM VON HUMBOLDT,
»UEBER DAS STUDIUM DES ALTERTHUMS,
UND DES GRIECHISCHEN INSBESONDRE«

Zu § 12: (*Humboldt:* Ich habe bis jetzt den Menschen mit
Fleiß abgesondert in einzelnen Energien betrachtet. Zeigte sich aber auch in keiner die Unentbehrlichkeit der Kenntnis, von der ich hier rede,
so würde sie sich doch gerade dadurch bewähren,
daß sie vorzüglich notwendig ist, um das einzelne
Bestreben zu Einem Ganzen und gerade zu der Einheit
des edelsten Zwecks, der höchsten, proportionierlichsten
Ausbildung des Menschen zu vereinen.*)
* Sollte nicht von dem Fortschritt der menschlichen Kultur ohngefehr eben das gelten, was wir
bei jeder Erfahrung zu bemerken Gelegenheit
haben. Hier aber bemerkt man 3 Momente.
  1. Der Gegenstand steht ganz vor uns, aber ver-
     worren und ineinander fließend.
  2. Wir trennen einzelne Merkmale und unter-
     scheiden. Unsere Erkenntnis ist *deutlich* aber
     vereinzelt und borniert.
  3. Wir verbinden das Getrennte und das Ganze
     steht abermals vor uns, aber jetzt nicht mehr
     verworren sondern von allen Seiten beleuch-
     tet.
In der ersten Periode waren die Griechen.
In der zweiten stehen wir.
Die dritte ist also noch zu hoffen, und dann wird
man die Griechen auch nicht mehr zurück wünschen.
Zu § 14-15: (*Humboldt:* Das bis jetzt betrachtete Studium

des Menschen überhaupt an dem Charakter einer einzelnen Nation ⟨. . .⟩ ist zwar bei einer jeden Nation in gewissem Grade möglich, in einem vorzüglicheren aber bei einer oder der andren nach folgenden vier Momenten: ⟨. . .⟩ § 15: 2., *je nachdem der Charakter einer Nation Vielseitigkeit und Einheit* – welche im Grunde Eins sind* – *besitzt.* Einzelne große und schöne Charakterzüge und ihre Betrachtung hat ihren unbestrittenen, aber hieher nicht gehörigen Nutzen. Das Studium des Menschen überhaupt an einem einzelnen Beispiel erfordert Mannigfaltigkeit der verschiednen Seiten des Charakters, und Einheit ihrer Verbindung zu Einem Ganzen.)

* bedürfte noch einer nähern Erklärung. Vielseitigkeit kann einem großen Teil unsrer Zeitgenossen nicht abgesprochen werden – aber Einheit?

Zu § 22: (*Humboldt: Der Grieche in der Periode, wo wir die erste vollständigere Kenntnis von ihm haben, steht noch auf einer sehr niedrigen Stufe der Kultur ⟨. . .⟩. Es ist daher bei Nationen auf einer niedrigeren Stufe der Kultur verhältnismäßig mehr Entwicklung der Persönlichkeit in ihrem Ganzen, als bei Nationen auf einer höheren.**)

* Ganz gewiß, weil kultivierte Nationen durch Regeln, die immer etwas allgemeines sind, Naturvölker durch Gefühle sich bestimmen. Die Vernunft erzeugt Einheit und darum oft Einförmigkeit; der Sinn bringt Mannigfaltigkeit.

Zu § 23*: (*Humboldt:* Bei den Griechen zeigt sich aber ein doppeltes, äußerst merkwürdiges, und vielleicht in der Geschichte einziges Phänomen. *Als sie noch sehr viele Spuren der Roheit anfangender Nationen verrieten, besaßen sie schon eine überaus große Empfänglichkeit für jede Schönheit der Natur und der Kunst, einen feingebildeten Takt, und einen richtigen*

Geschmack, nicht der Kritik, aber der Empfindung ⟨. . .⟩; *und wiederum als die Kultur schon auf einen sehr hohen Grad gestiegen war, erhielt sich dennoch eine Einfachheit des Sinns und Geschmacks, den man sonst nur in der Jugend der Nationen antrifft.***)

* Dieser § braucht und verdient Erläuterung. Es wird auch nötig sein zu bestimmen, wann eigentlich die erste Periode gesetzt wird.

** Die Kultur der Griechen war bloß *ästhetisch* und davon glaube ich müßte man ausgehen, um dieses Phänomen zu erklären. Auch muß man nicht vergessen, daß die Griechen es auch im Politischen nicht über das Jugendliche Alter brachten, und es ist sehr die Frage ob sie in einem männlichen Alter dieses Lob noch verdient haben würden.

Zu § 26: (*Humboldt:* Diese Sorgfalt für die Ausbildung und diese Art der Ausbildung des Menschen zu befördern, trugen noch andre, in der äußren Lage der Griechen gegründete Umstände bei. Zu diesen rechne ich vorzüglich folgende: 1., *die Sklaverei.* Diese überhob den Freien eines großen Teils der Arbeiten, deren Gelingen einseitige Übung des Körpers und des Geistes – mechanische Fertigkeiten – erfordert.* Er hatte nun Muße, seine Zeit zur Ausbildung seines Körpers durch Gymnastik, seines Geistes durch Künste und Wissenschaften, seines Charakters überhaupt durch tätigen Anteil an der Staatsverfassung, Umgang, und eignes Nachdenken zu bilden.)

* Es ist aber doch sonderbar, daß die Sklaverei im *Mittelalter* keine einzige Spur eines ähnlichen Einflusses zeigt. Die Verschiedenheit der übrigen Umstände erklärt zwar viel aber nicht alles.

Zu § 27: (*Humboldt:* 2., *die Regierungsverfassung und politische Einrichtung überhaupt.* Die einzige eigentlich gesetzmäßige Verfassung in Griechenland war die republikanische, an welcher jeder Bürger mehr oder minder Anteil nehmen konnte. Wer also etwas durchzusetzen wünschte, mußte, da ihm Gewalt fehlte, Überredung gebrauchen. Er konnte also Studium der Menschen, und Fähigkeit sich ihnen anzupassen, Gewandtheit des Charakters, nicht entbehren. ⟨. . .⟩ Die einzelnen Teile derselben waren noch nicht so getrennt, daß man sich ausschließend für sein Leben nur Einem gewidmet hätte. Dieselben Eigenschaften, die den Griechen zum großen Menschen machten, machten ihn auch zum großen Staatsmann.*)

* Es gab bei den Griechen kein *herrschendes* Verdienst. Die geringste Virtuosität erhielt Huldigung, und der Komödiant war unsterblich wie der Feldherr. Bei den Römern verschlang der Staatsmann alle Aufmerksamkeit der Nation.

Zu § 28: (*Humboldt:* 3., *die Religion.* Sie war ganz sinnlich,* beförderte alle Künste, und erhob sie durch ihre genaue Verbindung mit der Staatsverfassung zu einer bei weitem höheren Würde und größeren Unentbehrlichkeit.)

* nicht bloß *sinnlich*, sondern die *freieste* Tochter der Phantasie. Es war kein Kanon vorhanden, der der Dichtungskraft Fesseln anlegte.

ZWEI PHILOSOPHISCHE ENTWÜRFE

Furcht und Freude

1. Menschliche Tätigkeit. Ihre Triebfedern und ihre daraus
folgenden Grenzen.

    a. Furcht.

    b. Freude.

Furcht zielt auf Stillstand. (Kreis der sinnlichen Existenz)

Freude auf Fortschreitung. (Wachstum der Tätigkeit)

Das Ideal der Furcht ist die verlängerte Gegenwart.

Das Ideal der Freude die vermehrte Gegenwart.

Furcht existiert in den Grenzen dessen was da ist.

Freude schafft was nicht da ist.

Beherrschung durch Furcht macht Knechtische Resignation

Fähigkeit zur Freude Begeisterung im weiten Verstande,
oder Verwegenen Anspruch

Enthusiasmus (I)

Bürgerlicher Enthusiasmus.

    Geistiger Enthusiasmus.

    Ein Ideal zu realisieren ist die Grundlage jedes Menschen
der der Freude fähig ist.

    Ist dieses Ideal in der Wirklichkeit hervorzubringen,
d. h. in den Dingen die da sind vorhanden, so ist der
Mensch in politisch⟨er⟩ oder moralischer Begeisterung

    Ist es nur durch Voraussetzung zu realisieren so ist er
Künstler.

    Je allgemeiner das Ideal des Begeisterten ist desto reiner;
desto mehr grenzt er an den großen Mann –

Je individueller desto mehr an den Schwärmer.

Begeisterung für *einzelne* Tugenden kann mit Fanatismus, mit Armseligkeit u: s. f. bestehen.

z. e. Ordnungsliebe macht oft Pedanten.

⁵ Begeisterung für *die* Tugend macht den großen Mann.

Allgemeinheit aber setzt eine vielfassende Seele voraus

Individualität eine beschränkte.

Also folgt: Tugend kann nie das Erbteil eines beschränk-

¹⁰ ten Menschen sein

Z. e. Religionsschwärmerei ist ganz individuell. Man hat Menschen für einzelne Sätze der Dogmatik verbrannt, aber gewiß noch keinen einzigen für das Interesse der christlichen Lehre im ganzen. Begriffe von *dieser* machen Dul-

¹⁵ dung

Enthusiasmus z. e. für Münzen ist kleinlicher als Enthusiasmus für die Geschichte, weil er einzelner ist.

Enthusiasmus (II)

Je allgemeiner das Ideal des Enthusiasmierten desto

²⁰ weniger Kollisionen, desto mehr Bezug auf auswärtige Glückseligkeit

ZU GOTTFRIED KÖRNERS AUFSATZ »ÜBER
CHARAKTERDARSTELLUNG IN DER MUSIK«

p. 3. Wahl des Stoffs) Die Frage, was in der Musik
darstellungswürdig sei geht eigentlich nicht den Stoff,
sondern die *Behandlung* an. Über den Stoff kann dem
Musiker so wenig als irgend einem andern Künstler etwas
vorgeschrieben werden. Wenn gefragt würde, ob der
Künstler den Zorn, die Eifersucht etc. darstellen könne, so
würde es den Stoff betreffen. Ob er aber *in der* Schilderung
des Zorns oder der Eifersucht das *Pathos* oder das *Ethos*
darzustellen habe, das ist eine Frage, die sich auf die
Behandlung bezieht. Ich riete daher, von pag. 3 unten bis
exklusive p. 6 oben alles wegzulassen, weil dadurch leicht
nur eine Irrung entstehen könnte, da die Sache übrigens an
sich klar ist.

p. 8 und folgende) Hier ist *idealisieren* mit *veredeln*
gleichbedeutend gebraucht, welches zu falschen Begriffen
führen kann. Nicht deswegen, weil sich die Leidenschaft an
sich nicht veredeln läßt, sondern deswegen, weil sie keinen
notwendigen Charakter annehmen kann, weil sie bloß
unter empirischen Gesetzen steht, ist sie des Künstlers
unwert. Etwas Idealisieren heißt mir nur, es aller seiner
zufälligen Bestimmungen entkleiden und ihm den Charakter innerer Notwendigkeit beilegen. Das Wort veredeln
erinnert immer an verbessern, an eine moralische Erhebung. – Der Teufel, idealisiert, müßte moralisch schlimmer
werden, als er es ohne das wäre.

Ich vermisse daher bei der hier angestellten Deduktion
des Idealischen in der Musik den Hauptsatz: daß die bloße
Leidenschaft darum nicht idealisiert werden könne, weil sie
keinen notwendigen Charakter hat, sondern wie alles
Materielle in jedem Individuum einen andern Charakter
annimmt.

S. 13. muß durch seine eigene Phantasie beschränkt)
Dieser Satz müßte entweder nicht aufgestellt oder gerechtfertigt werden. *So* wie er dasteht, hat er kein Fundament,
und der gewöhnliche Leser begreift seine Wahrheit
nicht.

Wodurch wird das Ideal unendlich? Nicht dadurch, daß
es unsrer Willkür freies Spiel läßt, sondern dadurch daß es
aus der Zeit tritt. Aus der Zeit tritt es, weil es in keiner
einzelnen Determination erscheint, sondern bloß das Vermögen zu unendlich vielen Bestimmungen sichtbar macht.
So das Ideal der Menschheit in der bildenden Kunst. Es ist
deswegen unendlich, weil es in keinem einzelnen transito-
rischen Zustande erscheint, sondern bloß die reine Menschheit d. h. die Möglichkeit aller Äußerungen derselben darstellt u. s. f.

S. 17. *Gehalt* und *Bestimmtheit*) Ich würde lieber sagen
Unbegrenztheit und Begrenzung, oder Allgemeinheit und
Individualität; denn Gehalt und Bestimmtheit sind einander gar nicht entgegengesetzt; vielleicht könnte man auch
sagen, unendliche Bestimmbarkeit und vollständige Bestimmtheit, denn das ist der Charakter des Ideals.

Überhaupt würdest Du Dich, deucht mir, dieser beiden
Begriffe: Bestimmbarkeit und Bestimmtheit bei Deinem
Gegenstand mit Nutzen bedient haben.

S. 18. Mit den Umrissen des Bildes verschwindet die
Gestalt und nichts bleibt übrig als der Gedanke) Das
verstehe ich nicht. Der Gedanke selbst ist bloß die Einheit
des Umrisses, und muß notwendig mit dem Umriß verschwinden. Nimm den Umriß von einem Triangel weg, so
wird nicht bloß das Bild sondern auch der Begriff aufgehoben.

S. 30. Eine Reihe von Veränderungen –) Von da an bis
Seite 40 finde ich viele Dunkelheiten, die durch strengere
Bestimmung der Begriffe Leben, Lebendes Wesen, Welt des
lebenden Wesens, Selbsttätigkeit und Empfänglichkeit
u. s. f. gehoben werden könnten. Beispiele würden dieser
zu abstrakt ausgefallenen Deduktion gute Dienste tun.

Wie die Selbsttätigkeit und die Empfänglichkeit durch die musikalische Darstellung versinnlicht werde, davon hören wir gar nichts hier. Ist es bloß durch Einheit und Mannigfaltigkeit? so sollte dies wenigstens spezieller auf die Musik angewendet werden. 5

S. 33. Sinnliches in der Zeit) Ist unbestimmt gesagt. Alles Sinnliche ist in der Zeit, und alles was in der Zeit ist ist sinnlich.

S. 37. Männl. oder weibl. Ideal) Wie kommt dieses hieher? Entweder es sollte mehr ausgeführt oder gar nicht 10 berührt sein.

Was nach S. 40 folgt bis hinaus ist zu geeilt und mehr von ferne angedeutet als entwickelt. Und doch erwartet man gerade hier mehr Befriedigung, weil nun die Anwendung jener allgemeinen Begriffe auf die Tonkunst und ihre 15 Wirkungen folgen sollte. Es würde also sehr wohl getan sein, hier mehr ins Detail zu gehen.

Was ich indes vorzüglich vermißte, und daher zu beherzigen bitte, ist der materielle Teil der Musik, auf welchem allein ihre ganze *spezifische* Macht beruht. Es ist 20 doch sonderbar, daß eigentlich im ganzen Aufsatz nur von den ästhetischen Wirkungen der Musik, die sie mehr oder weniger mit jeder ästhetischen Kunst gemein hat, aber gar kein Wort von ihrer eigentümlichen Wirkung, die in der spezifischen Eigentümlichkeit ihres körperlichen Teils, des 25 Tons beruht, die Rede ist. Alles was Du sagtest müßte eben so gut auf Farben, Klaviere, auf Tanzkunst etc. angewendet werden können.

Offenbar beruht die *Macht* der Musik auf ihrem körperlichen materiellen Teil. Aber weil in dem Reich der 30 Schönheit alle *Macht,* insofern sie blind ist, aufgehoben werden soll, so wird die Musik nur ästhetisch durch *Form.* Die Form aber macht keineswegs, daß sie als Musik wirkt, sondern bloß, daß sie bei ihrer musikalischen Macht ästhetisch wirkt. Ohne Form würde sie über uns blind 35 gebieten; ihre Form rettet unsre Freiheit. Aber die Freiheit macht das ästhetische allein nicht aus, sondern die Freiheit, insofern sie sich im Leiden behauptet. Dieses Leiden wird hier hervorgebracht durch den *Ton*, dessen Einfluß auf uns und Affinität mit unsern Leidenschaften lediglich auf Naturgesetzen beruht. Im ästhetischen aber sollen *zugleich* mit Naturgesetzen auch Freiheitsgesetze herrschen. Daher die Notwendigkeit des Charakters in der Musik, wenn sie als schöne Kunst wirken soll.

Nimmst Du der Musik alle *Form*, so verliert sie zwar alle ihre *ästhetische* aber nicht alle ihre musikalische Macht.

Nimmst Du ihr allen *Stoff*, und behältst bloß ihren reinen Teil, so verliert sie zugleich ihre ästhetische und ihre Musikalische Macht, und wird bloß ein Objekt des Verstandes. Dies beweist also, daß auf ihren körperlichen Teil mehr Rücksicht genommen werden muß, als Du genommen hast.

Ebenso urteilte auch Humboldt, und Göthe. Ich wünschte also, daß Du, wär es auch nur im Vorbeigehen, die eigentümliche Macht der Musik, die bloß auf ihrer Materie beruht, noch berühren möchtest.

ÜBER EPISCHE UND DRAMATISCHE DICHTUNG

von *Goethe* und *Schiller*

Der Epiker und Dramatiker sind beide den allgemeinen poetischen Gesetzen unterworfen, besonders dem Gesetze der Einheit und dem Gesetze der Entfaltung; ferner behandeln sie beide ähnliche Gegenstände, und können beide alle Arten von Motiven brauchen; ihr großer wesentlicher Unterschied beruht aber darin, daß der Epiker die Begebenheit als *vollkommen vergangen* vorträgt, und der Dramatiker sie als *vollkommen gegenwärtig* darstellt. Wollte man das Detail der Gesetze, wonach beide zu handeln haben, aus der Natur des Menschen herleiten; so müßte man sich einen Rhapsoden und einen Mimen, beide als Dichter, jenen mit seinem ruhig horchenden, diesen mit seinem ungeduldig schauenden und hörenden Kreise umgeben, immer vergegenwärtigen, und es würde nicht schwer fallen zu entwickeln, was einer jeden von diesen beiden Dichtarten am meisten frommt, welche Gegenstände jede vorzüglich wählen, welcher Motive sie sich vorzüglich bedienen wird; ich sage vorzüglich: denn, wie ich schon zu Anfang bemerkte, ganz ausschließlich kann sich keine etwas anmaßen.

Die Gegenstände des Epos und der Tragödie sollten rein menschlich, bedeutend und pathetisch sein: die Personen stehen am besten auf einem gewissen Grade der Kultur, wo die Selbsttätigkeit noch auf sich allein angewiesen ist, wo man nicht moralisch, politisch, mechanisch, sondern persönlich wirkt. Die Sagen aus der heroischen Zeit der Griechen waren in diesem Sinne den Dichtern besonders günstig.

Das epische Gedicht stellt vorzüglich persönlich beschränkte Tätigkeit, die Tragödie persönlich beschränktes
Leiden vor; das epische Gedicht den *außer sich wirkenden*
Menschen: Schlachten, Reisen, jede Art von Unternehmung die eine gewisse sinnliche Breite fordert; die Tragödie
den *nach innen geführten* Menschen, und die Handlungen der
echten Tragödie bedürfen daher nur weniges Raums.

Der Motive kenne ich fünferlei Arten:

1) *Vorwärtsschreitende*, welche die Handlung fördern;
deren bedient sich vorzüglich das Drama.

2) *Rückwärtsschreitende*, welche die Handlung von ihrem
Ziele entfernen; deren bedient sich das epische Gedicht fast
ausschließlich.

3) *Retardierende*, welche den Gang aufhalten, oder den
Weg verlängern; dieser bedienen sich beide Dichtarten mit
dem größten Vorteile.

4) *Zurückgreifende*, durch die dasjenige was vor der
Epoche des Gedichts geschehen ist, hereingehoben wird.

5) *Vorgreifende*, die dasjenige was nach der Epoche des
Gedichts geschehen wird, antizipieren; beide Arten braucht
der epische so wie der dramatische Dichter, um sein
Gedicht vollständig zu machen.

Die *Welten*, welche zum Anschauen gebracht werden
sollen, sind beiden gemein:

1) die *physische*, und zwar *erstlich* die *nächste*, wozu die
dargestellten Personen gehören und die sie umgibt. In
dieser steht der Dramatiker meist auf Einem Punkte fest,
der Epiker bewegt sich freier in einem größern Lokal;
zweitens die *entferntere* Welt, wozu ich die ganze Natur
rechne. Diese bringt der epische Dichter, der sich überhaupt an die Imagination wendet, durch Gleichnisse näher,
deren sich der Dramatiker sparsamer bedient.

2) die *sittliche* ist beiden ganz gemein, und wird am
glücklichsten in ihrer physiologischen und pathologischen
Einfalt dargestellt.

3) die Welt der *Phantasien, Ahnungen, Erscheinungen,
Zufälle* und *Schicksale*. Diese steht beiden offen, nur versteht

sich, daß sie an die sinnliche herangebracht werde; wobei denn für die Modernen eine besondere Schwierigkeit entsteht, weil wir für die Wundergeschöpfe, Götter, Wahrsager und Orakel der Alten, so sehr es zu wünschen wäre, nicht leicht Ersatz finden.

Die Behandlung im Ganzen betreffend, wird der Rhapsode, der das vollkommen Vergangene vorträgt, als ein weiser Mann erscheinen, der in ruhiger Besonnenheit das Geschehene übersieht; sein Vortrag wird dahin zwecken, die Zuhörer zu beruhigen, damit sie ihm gern und lange zuhören, er wird das Interesse egal verteilen, weil er nicht im Stande ist, einen allzulebhaften Eindruck geschwind zu balancieren, er wird nach Belieben rückwärts und vorwärts greifen und wandeln, man wird ihm überall folgen, denn er hat es nur mit der Einbildungskraft zu tun, die sich ihre Bilder selbst hervorbringt, und der es auf einen gewissen Grad gleichgültig ist, was für welche sie aufruft. Der Rhapsode sollte als ein höheres Wesen in seinem Gedicht nicht selbst erscheinen, er läse hinter einem Vorhange am allerbesten, so daß man von aller Persönlichkeit abstrahierte und nur die Stimme der Musen im Allgemeinen zu hören glaubte.

Der Mime dagegen ist gerade in dem entgegengesetzten Fall, er stellt sich als ein bestimmtes Individuum dar, er will daß man an ihm und seiner nächsten Umgebung ausschließlich Teil nehme, daß man die Leiden seiner Seele und seines Körpers mitfühle, seine Verlegenheiten teile und sich selbst über ihn vergesse. Zwar wird auch er stufenweise zu Werke gehen, aber er kann viel lebhaftere Wirkungen wagen, weil bei sinnlicher Gegenwart auch sogar der stärkere Eindruck durch einen schwächern vertilgt werden kann. Der zuschauende Hörer muß von Rechtswegen in einer steten sinnlichen Anstrengung bleiben, er darf sich nicht zum Nachdenken erheben, er muß leidenschaftlich folgen, seine Phantasie ist ganz zum Schweigen gebracht, man darf keine Ansprüche an sie machen, und selbst was erzählt wird muß gleichsam darstellend vor die Augen gebracht werden.

SCHEMA ZU

ERNST

Wirklichkeits Foderer.

Charakteristiker.
Kleinigkeitler.

Nachahmer, Kopist, Schattenrißler
Wirklichkeitsfoderer, *Leister* _____
    Einmaliges also höchst beschränktes Dasein.   ⎞
                                                                             ⎟
                                                                             ⎟
Poetisierer, Scheinmänner Nebulisten.   ⎟
Fantomisten, *Fantasmisten, Schwebler und Nebler*   ⎬
    Niemaliges Dasein. Ohne Realität.   ⎟
Imaginanten   ⎠

Charakteristiker, *Charaktermänner, Skelettisten.*   ⎞
Rigoristen   ⎟
    Ein Abstraktum. Begriff. Bloß logisches Dasein.   ⎟
    Winckler. Steifen.   ⎟
                                                                             ⎬
Undulisten. Schlängler. Liberalen.   ⎟
~~Manieristen~~   ⎟
    Ein individuelles Gefühl. Bloß subjektives Dasein.   ⎠

Kleinkünstler   ⎞
Kleinigkeitler, *Mignaturisten*   ⎟
    Körper ohne Geist.   ⎬
Pünktler und Punktierer.   ⎟
                                                                             ⎟
Skizzisten oder *Umrißler, Entwerfer*   ⎟
    Geist ohne Körper.   ⎠

Improvisatoren   *Halbheit*
Karikanten   *Nullität*
                                    Anmaßung

»DER SAMMLER UND DIE SEINIGEN«

STIL		SPIEL	
Kunstwahrheit.		Phantomisten.	
		Undulisten	
Schönheit.		~~Manieristen.~~	5
Vollendung.		Skizzisten.	
ihnen fehlt		Kunstwahrheit als schöner Schein.	
Falsche Na-türlichkeit haben beide gemein	—— " ——	Kunstwahrheit als schöne Wirklichkeit	10
	—— " ——	Schöne Leichtigkeit.	
Unnatürlich-keit. haben beide gemein	—— " ——	Schöner Ernst. *Bedeutung Kraft*.	15
Tendenz ins Endlose. haben beide gemein.	—— " ——	Gefühl fürs Ganze. Einheit.	18
	—— " ——	Ausführlichkeit.	

SCHEMATA ÜBER
DEN DILETTANTISMUS

ALLGEMEINES SCHEMA
ZUM DILETTANTISMUS

1. *Äußerungstrieb.*	*Poesie.*	
Poesie	*Zeichnung*	
	Malerei	5
2. *Lusttrieb*	*Skulptur*	
Musik.	*Architektur*	
Tanz	*Gartenkunst*	
3. *Nachahmungstr⟨ieb⟩*	*Musik.*	
Zeichnung	*Tanz*	10
Malerei	*Theater.*	
Skulptur		
4. *Bildungstrieb.*		
Architektur		
Gartenkunst		15

Theater.

Jena den 3ten Mai 1799.

Hauptgesetz: Dilett⟨ant⟩ism ist unschuldiger, ja er wirkt bildend in solchen Künsten, wo

FACH	NUTZEN	SCHADEN	NUTZEN
	FÜRS SUBJEKT		FÜRS
Poesie Lyrisch. Pragmatisch.	Ästhetische Ausbildung	Flachheit	Geselligkeit *Idealität.*
Zeichnen Malen und Skulptur. NB. Skulptur.	Ausbildung des Sehorgans die komplizierten Formen zu bemerken.		Strengere Foderung an Richtigkeit der Formen
Musik *Ausübung Hervorbringung*	Zeitvertreib mit einem gewissen Ernst aus mechanischer Applikation. Ausbildung des Sinns.	Gedankenleerheit Sinnlichkeit.	Gesellschaftlichkeit, und augenblickliche Verbindung, ohne Interesse.
Tanz	Ausbildung des Körpers	Falsche Bildung des Körpers.	Allgemeine Gesellschaftlichkeit mit Lebhaftigkeit

SCHADEN GANZE	ALTE ZEIT IN DEUTSCHLAND	NEUE	AUSLAND	
Mittelmäßigkeit	Pedantismus	Schöngeisterei	Französische Ausbildung *in eigner Sprache. Latein der Engländer.*	5
Falsche Kennerschaft.		Zeichnen nach der Natur	Frankreich Migniatur England Landschaften, Vues und Skizzen.	10
Schlechte Nachbarschaft. Leerheit.	Größerer Einfluß aufs leidenschaftliche Leben durch tragbare Saiteninstrumente. Medium der Galanterie	Klimpern	Besonderer Fall in Italien, wo die größre Vokalität der Nation der Pfuscherei mehr widerstrebt. Gilt auch von bildenden Künsten.	15 / 20
Unmäßigkeit und wildes Vergnügen.	Charakter und symbolische Bedeutung	Bauerntanz	Französische Tänze gesellig und anständig. Refrains. Englische freier, ohne Refrain. Sans Façon. In Italien herrscht noch das charakteristische und ist mehr Beziehung auf Kunst. Polnischer Tanz eine anständige Promenade einer vornehmen Gesellschaft. Fandango und sarmatischer Tanz mechanisch künstlich und sinnlich.	25 / 30 / 35 / 40

FACH	NUTZEN FÜRS SUBJEKT	SCHADEN	NUTZEN FÜRS
Architektur	Richtung nach mathematischen Formen die ins ästhetische über- gehen.	Nicht übergang zum Schönen, und vollständig gesetz- lichen, welches doch bei dieser Kunst unerläßlich ist. Nicht so beim Tanz.	Findet nur in ro- hen Verhältnissen statt
Gartenkunst	Ideales im Realen. Spazierengehen.	Phantastische und Sentimentalische Nullität. Reales wird als ein Phan- tasiewerk behan- delt.	Geselliges Lokal
Theater	Dem Tanz ähnlich. Anstand. Sprache. Gegenwart.	Karikatur der eigenen Fehler wegen der Rollen- wahl nach der In- dividualität.	Findet nur in ro- hen Verhältnissen statt.

SCHADEN	ALTE ZEIT	NEUE	AUSLAND
GANZE	IN DEUTSCHLAND		

Nicht nützlich und nicht schön. Perennierende Unform und Verderbnis des Geschmacks.	Keine Liebhaberei. Handwerk.	Reisen nach Italien und Frankreich und besonders Gartenliebhaberei haben diesen Dilettantism sehr befördert.		5
Vorliebnehmen mit dem Schein – Verwischung von Kunst und Natur –	Bloße Rücksicht auf die Pflanzung selbst. Nützlichkeit.	Englischer Geschmack. Chinesischer.		10
Summa.	–o–	Ursachen warum diese Liebhaberei jezt so überhand nimmt. Gelegenheit dazu.	In Frankreich weniger Pfuscherei beim Dilettantism wegen ausgebildeter Sprache, Tanz und einer obligateren Theaterkunst.	15 20

EINZELSCHEMATA

ZEICHNUNG

NUTZEN	SCHADEN	NUTZEN	SCHADEN
FÜRS SUBJEKT		FÜRS GANZE	

NUTZEN FÜRS SUBJEKT	SCHADEN FÜRS SUBJEKT	NUTZEN FÜRS GANZE	SCHADEN FÜRS GANZE
Sehen lernen. Die Gesetze kennen lernen, wonach wir sehen. Den Gegenstand in ein Bild verwandeln. D. h. die sichtbare Raumerfüllung in sofern sie gleichgültig ist. Die Formen erkennen, d. h. die Raumerfüllung insofern sie bedeutend ist. Die Erscheinungen in Begriffe verwandeln. Die Totaleindrücke teilen. Unterscheiden lernen. Den Besitz und die Reproduktion der Gestalten befördern. Mit dem Totaleindruck (ohne Unterscheidung) fangen alle an. Dann kommt die Unterscheidung, und der dritte Grad ist die Rückkehr von der Unterscheidung zum Gefühl des Ganzen, welches das ästhetische ist.	Mit dem ernsten und wichtigen spielen verderbt den Menschen. Er überspringt die Stufen, beharrt auf gewissen Stufen, die er als Ziel ansieht, und hält sich berechtigt, von da aus das Ganze zu beurteilen, hindert also seine Perfektibilität. Er setzt sich in die Notwendigkeit nach falschen Regeln zu handeln, weil er ohne Regeln auch nicht dilettantisch bilden kann und die echten objektiven Regeln nicht kennt. Er kommt immer mehr von der Wahrheit der Gegenstände ab und verliert sich auf subjektiven Irrwegen.	Er steuert der völligen Roheit. Dilettantism ist eine notwendige Folge schon verbreiteter Kunst und kann auch eine Ursache derselben werden. Er kann unter gewissen Umständen das echte Kunsttalent anregen und entwickeln helfen. Indem er die Kunst erniedrigt, erhebt er das Handwerk zu einer gewissen Kunstähnlichkeit.	Er nimmt der Kunst ihr Element und verschlechtert ihr Publikum dem er den Ernst und den Rigorismus nimmt. Alles Vorliebnehmen zerstört die Kunst und der Dilettantism führt Nachsicht und Gunst ein. Er bringt diejenigen Künstler, welche dem Dilettantism näher stehen, auf Unkosten der echten Künstler in Ansehen.

Der Dilettant scheut allemal das Gründliche überspringt die erlernung Notwendiger Kenntnisse um zur Ausübung zu gelangen verwechselt die Kunst mit dem Stoff.
so wird man z. b nie einen Dilettanten finden der gut zeichnete.
den(n) alsdann wäre er auf dem Weg zur Kunst hingegen gibt es
Manche die schlecht Zeichnen und sauber Malen.

ZUM DILETTANTISMUS

ALTE ZEIT	NEUE ZEIT	AUSLAND
IN DEUTSCHLAND		

Franzosen

ALTE ZEIT / NEUE ZEIT IN DEUTSCHLAND:

Hadrian.
Einige Kaiser in Deutschland
Sonst ging der Dilettantism mehr auf mechanische Künste, Drechseln, Uhrmachen etc

Liebhaberei im *Landschaftmalen*. Sie setzt eine schon kultivierte Kunst voraus. *Portraitmalerei*. Sentimentalisch-poetische Tendenz regt auch den Dilettantism in der Zeichnenden Kunst an. Mondscheine. Shakespears Kupferstiche zu Gedichten. Silhouetten. Urnen. Kunstwerke als Meubles.

AUSLAND / Franzosen:

Alle Franzosen sind Dilettanten in der Zeichenkunst und Musik, als integrierenden Teilen der Erziehung.
Liebhaber in der *Migniature*. werden bloß auf den *Handgriff* angewiesen.
Liebe zur Allegorie und zur Anspielung.

Engländer

Dilettantism in *Gegenden*, gehen auf die Wirkliche Wahrheit.
Humboldt.

Italiener

Findet sich selten im praktischen.

Russen

Nachahmungsfertigkeit, ohne Produktivität.

Zwei Unarten pflegen bei den Dilettanten oft vorzukommen und schreiben sich ebenfalls aus dem Mangel am wahren Kunstbegriff her. Sie wollen 1ᵗᵉⁿˢ Constituieren d. h. ihr Beifall soll gelten soll zum Künstler stempeln. 2ᵗᵉⁿˢ der Kü(n)stler der echte Kenner hat ein unbedingtes ganzes Interesse und Ernst ⟨an⟩ der Kunst und am Kunstwerk. der Dilettant immer nur ein halbes er treibt alles als ein Spiel als Zeitvertreib hat meist noch einen Nebenzweck eine Neigung zu stillen der Laune nachzugeben p ⟨sie⟩ suchen der Rechenschaft gegen die Welt um die Forderungen des Geschmacks dadurch zu entgehen daß sie bei erstehung von Kunstwerken auch noch gute Werke zu tun suchen. einen Hoffnungsvollen Künstler zu unterstützen einer armen Fami-

NUTZEN	SCHADEN	NUTZEN	SCHADEN
FÜRS SUBJEKT		FÜRS GANZE	

Diese Vorteile hat der Dilettant mit dem Künstler im Gegensatz des bloßen untätigen Betrachters gemein.

Dilettanten erklären sich oft für Mosaik und Wachsmalerei weil sie die Dauer des Werks an die Stelle der Kunst setzen Sie beschäftigen sich öfters mit Radieren weil die Vervielfaltigung sie reizt. Sie suchen Kunststücke Manieren behandlungs arten Arkane weil sie sich meistens nicht über den Begriff Mechanischer Fertigkeiten erheben können und denken wenn Sie nur den Handgriff besäßen so wären keine weitere Schwierigkeiten für Sie vorhanden.

Weil der Dilett⟨antism⟩ die produktive Kraft beschäftigt, so kultiviert er etwas wichtiges an dem Menschen.

Weil er die Empfänglichkeit mindert, so vernachlässigt er ein wichtiges Vermögen.

Eben um desswillen weil der wahre Kunstbegriff den Dilettanten meistenteils fehlt ziehen sie immer das Viele und Mittelmäßige das rare und köstliche dem gewählten und guten vor man trifft viele Dilettanten mit großen Sammlungen an ja man könnte behaupten alle großen Sammlungen sind vom Dilettantism entstanden. den⟨n⟩ er artet meistens und besonders wenn er mit Vermögen unterstützt ist

TANZ

NUTZEN	SCHADEN	NUTZEN	SCHADEN
FÜRS SUBJEKT		FÜRS GANZE	

Dilettantism kann nur als Eintritt in die Kunst und nie für sich selbst nutzen.

Möglichkeit eines schönen Umgangs. Mögliche Geselligkeit in einem exaltierten Zustand.

Entweder steif und ängstlich Oder unmäßig und roh.

Gelenkigkeit, und Möglichkeit schöner Bewegungen.

Zerbrochenheit der Glieder, und Affektation.

Beides wird durch das Gefällige und Bedeutende verhindert.

Gefühl und Ausübung des Rhythmus durch alle Bewegungen.

Steifigkeit und Pedanterei.

Neigt die Gesellschaft zu einer sinnlichen Leerheit.

Bedeutsamkeit, ästhetische, der Bewegungen.

Karikatur.

Eitelkeit und einseitige Richtung auf die körperliche Erscheinung.

ALTE ZEIT   NEUE ZEIT   AUSLAND
IN DEUTSCHLAND

lie aus der Not zu helfen das war immer die
Ursache warum sie dies und das erstanden
  so suchen sie bald ihren Geschmack zu zei-   5
gen bald ihn vom Verdacht zu reinigen.

in die Sucht aus zusammenzuraffen er will
nur besitzen nicht mit Verstand wählen und
sich mit wenigem und Gutem zu begnügen.
  Dilettanten haben ferner meistens eine Pa-   10
triotische Tendenz   ein Deutscher Dilettant
interessiert sich darum nicht selten so lebhaft
für Deutsche Kunst ausschließlich daher die
Sammlungen v⟨on⟩ Kupferstichen und Ge-
mälden bloß deutscher Meister   15

ALTE ZEIT   NEUE ZEIT   AUSLAND
IN DEUTSCHLAND

Pedanterei und   Wildheit, Heftig-   20
Gleichgültigkeit   keit, Gewaltsam-
Einförmigkeit.   keit. Formlosigkeit

NUTZEN	SCHADEN	NUTZEN	SCHADEN
FÜRS SUBJEKT		FÜRS GANZE	
Geregeltes Ge-	Eitelkeit.		Man muß es in
fühl der Frohheit.			der Tanzkunst des-
Ausbildung des	Falsche Aus-		wegen zur Meister-
Körpers.	bildung des		schaft bringen weil
	Körpers.		der Dilettantism
Stimmung des	Charakterlosig-		entweder unsicher
Körpers zu allen	keit und Leerheit.		und ängstlich
möglichen körper-			macht, also die
lichen Fertigkeiten.			Freiheit hemmt
Musikalische	Zerflossenes,		und den Geist be-
Körperstimmung.	schlaffes Wesen.		schränkt, oder weil
Maß der Bewe-	Manieriertes		er eitel macht und
gungen zwischen	Wesen in Über-		dadurch zur Leer-
Überfluß und	treibung schöner		heit führt.
Sparsamkeit.	Bewegungen.		

Unterschied der repräsentativen,
naiven und charakteristischen Tänze

NUTZEN	SCHADEN
Repräsentative	Fallen gern ins
machen die Schön-	steife.
heit der Gestalt	
und Bewegung	
geltend und haben	
Würde. (Menuet)	
Naive begleiten	Fallen gern ins
den belebten Zu-	Ausgelassene etc.
stand, und haben	
mehr Anmut und	
Freiheit. (Engli-	
sche T⟨änʒe⟩ etc)	
Charakteristische	Gehen leicht in die
grenzen an eine	Karikatur
objektive Kunst.	

BAUKUNST.

NUTZEN	SCHADEN	NUTZEN	SCHADEN
F⟨ÜR⟩S SUBJEKT		FÜRS GANZE	
Architektur bringt	Wegen ihrer	Macht gesitteter.	Die Publizität
aus einfachen Ele-	scheinbaren Unbe-	Regt, im Fall der	und Dauerhaftig-
menten (senk-	dingtheit scheint	Roheit, einen ge-	keit architektoni-
rechten, waagrech-	sie leichter als sie	wissen Kunstsinn	scher Werke macht
ten Linien etc) und	ist, und man läßt	an, und verbreitet	das Nachteilige

ALTE ZEIT   NEUE ZEIT   AUSLAND
  IN DEUTSCHLAND

ALTE ZEIT.   NEUE.   AUSLAND.   5
  IN DEUTSCHL⟨AND⟩

Mehr Handwerk.   Reisen nach Ita-   Was von Deutschland gesagt, gilt im
                  lien und Frank-   Ganzen vom Ausland.
                  reich, und beson-
                  ders Gartenliebha-   10
                  berei haben diesen

NUTZEN   SCHADEN
F⟨ÜR⟩S SUBJEKT

NUTZEN   SCHADEN
FÜRS GANZE

NUTZEN F⟨ÜR⟩S SUBJEKT

ohne organische
Bedingungen ein
schönes Gebild
hervor.

Statt des organi-
schen hat sie die
Konstruktions-
unterlage.

Sie weckt die
freie Produktions-
kraft.

Sie führt am
schnellsten und
unmittelbarsten
von der Materie
zur Form, vom
Stoff zur Erschei-
nung, und ent-
spricht dadurch
der höchsten Anla-
ge im Menschen.

Sie erweckt und
entwickelt den
Sinn fürs Erhabe-
ne, zu dem sie sich
überhaupt mehr
neigt als zum
Schönen.

Sie führt Ord-
nung und Maß
ein, und lehrt auch
im Nützlichen und
Notdürftigen nach
einem schönen
Schein und einer
gewissen Freiheit
streben.

SCHADEN F⟨ÜR⟩S SUBJEKT

sich leichter dazu
verführen.

Wegen der gro-
ßen Schwierigkeit
in d⟨er⟩ Architek-
tur den Charakter
zu treffen, darin
mannigfaltig und
schön zu sein, so
wird der Dilettant,
der dies nicht er-
reichen kann, im-
mer nach Verhält-
nis s⟨eines⟩ Zeital-
ters entweder ins
Magere und Unbe-
laden [Übe⟨r⟩la-
dene?] oder ins
Plumpe und leere
verfallen. Ein Ar-
chitekturwerk
aber, das nur
durch die Schön-
heit Existenz hat,
ist völlig null,
wenn es diese ver-
fehlt.

Wegen ihrer idea-
len Natur führt sie
leichter als eine an-
dre Kunst zum
phantastischen, wel-
ches hier gerade
am schädlichsten ist.

Weil sich nur die
wenigsten zu einer
freien Bildung
nach bloßen
Schönheitsgesetzen
erheben können,
so verfällt der
Baudilettant leicht
auf sentimentali-
sche und allegori-
sche Baukunst,
und sucht den

NUTZEN FÜRS GANZE

ihn da, wo der
Künstler nicht hin-
kommen würde.

SCHADEN FÜRS GANZE

derselben, welches
oben angegeben
worden, allgemei-
ner und fortdau-
render, und perpe-
tuiert den falschen
Geschmack, weil
hier, wie über-
haupt in Künsten,
das Vorhandene
und überall ver-
breitete wieder
zum Muster dient.

Die ernste Be-
stimmung der
schönen Bauwerke
setzt sie mit den
bedeutendsten und
erhöhtesten Mo-
menten des Men-
schen in Verbin-
dung, und die Pfu-
scherei in diesen
Fällen verschlech-
tert ihn also gera-
de da wo er am
perfektibelsten sein
könnte.

Dilettantism sehr
befördert.

  Dilett⟨antism⟩   5
sucht mehr zum
Ursprung der Bau-
kunst zurückzu-
kehren: a) Rohes
Holz, Rinden etc   10
b) Schwere Archi-
tektur dorische
Säulen
c) Nachahmung
gotischer Bau-   15
kunst.
d) Architektur der
Phantasmen u⟨nd⟩
Empfindungen.
e) Christmarkts   20
Baukunst, klein-
liche Nachäffung
großer Formen.

  Mangel an echten
Baumeister in Ver-   25
hältnis gegen das
Bedürfnis schöner
Baukunst treibt
zum Dilettantism,
besonders da die   30
wohlhabende Bau-
lustige zu zerstreut
leben.

NUTZEN	SCHADEN	NUTZEN	SCHADEN
F⟨ÜR⟩S SUBJEKT		FÜRS GANZE	
Charakter, den er in der Schönheit nicht zu finden weiß, auf diesem Wege hinein zu legen.			
Baudilettantism, ohne den schönen Zweck erfüllen zu können, schadet gewöhnlich dem physischen Zweck der Baukunst, der Brauchbarkeit und Bequemlichkeit.			

MUSIK.

NUTZEN	SCHADEN	NUTZEN	SCHADEN
FÜRS SUBJEKT		FÜRS GANZE	
Ausübung Ausbildung d⟨e⟩s Sinns. Mechanische Applikation. Zeitvertreib mit einem gewissen Ernst.	Schaden bedeutet nichts.	Gesellige Verbindung der Menschen, ohne bestimmtes Interesse, mit Unterhaltung. Stimmt zu einer idealen Existenz, selbst wenn es nur den Tanz aufregt. Fäsische Singschulen. Vierstimmige Choräle.	–o–
Hervorbringung. Tiefere Ausbildung des Sinns. Mathematische Bestimmungen des Organs werden kennen gelernt und zu Empfindungs- und Schönheitszwecken gebraucht.	Wenn es autodidaktisch geschieht und nicht unter der strengen Anleitung eines Meisters, wie die Applikatur selbst, erlernt wird, so entsteht ein ängstliches immer ungewisses unbefriedig-		Das Gleichgültige, Halbe und charakterlose wird dadurch befördert.

ALTE ZEIT.   NEUE.   AUSLAND.

IN DEUTSCHL⟨AND⟩

ALTE ZEIT	NEUE	AUSLAND.	
	DEUTSCHL⟨AND⟩		5

ALTE ZEIT	NEUE DEUTSCHL⟨AND⟩	AUSLAND.

Größerer Einfluß aufs leidenschaftliche Leben durch tragbare SaitenInstrumente, welche Empfindungen einfacher auszudrücken mehr Raum gaben.
  Medium der Galanterie.
	Flügel u⟨nd⟩ Violin. Mehr Wert gelegt auf mechanische Fertigkeit, Schwierigkeit und Künstlichkeit, weniger Zusammenhang mit Leben und Leidenschaft.
	  Geht in Konzerte über.
	Mehr Nahrung der Eitelkeit.
		In Italien ist der besondere Fall, daß die größere Vokalität der Nation der Pfuscherei mehr widerstrebt.

Lieder- und
Opernwesen.
  Falsche Hoffnung
durch komponierte
Volkslieder Natio-
nalsinn und ästhe-
tischen Geist zu
pflanzen.
  Gesellschafts-
Tisch-Trink-Frei-
mäurer-Lieder.

NUTZEN	SCHADEN	NUTZEN	SCHADEN
FÜRS SUBJEKT		FÜRS GANZE	
	tes Streben, da der Musik-dilettant nicht wie der in andern Künsten, ohne Kunstregeln Effekte hervorbringen kann.		
	Auch macht der Musik-dilettantism noch mehr als ein anderer unteilnehmend und unfähig für den Genuß fremder Kunstwerke, und beraubt und beschränkt also das Subjekt, das er in seiner einseitigen charakteristischen Form gefangen hält.		

GARTENKUNST

NUTZEN	SCHADEN	NUTZEN	SCHADEN
FÜRS SUBJEKT		FÜRS GANZE	
Ideales im Realen. Streben nach Form in formlosen Massen. Wahl. Schöne Zusammenstellung. Ein Bild aus der Wirklichkeit zu machen, kurz, erster Eintritt in die Kunst.	Reales wird als ein Phantasiewerk behandelt. Die Gartenliebhaberei geht auf etwas endloses hinaus 1) weil sie in der Idee nicht bestimmt u⟨nd⟩ begrenzt ist 2) weil das Materiale als ewig zufällig sich immer verändert und der Idee ewig entgegen strebt.	Eine reinliche und vollends schöne Umgebung wirkt immer wohltätig auf die Gesellschaft.	Vermischung von Kunst und Natur
			Vorliebnehmen mit dem Schein.
	Die Gartenliebhaberei läßt sich die edlern Künste auf eine unwürdige Art dienen und		

ALTE ZEIT   NEUE   AUSLAND.
DEUTSCHL⟨AND⟩

ALTE ZEIT.   NEUE.   AUSLAND.   5
IN DEUTSCHL⟨AND⟩

Französ⟨ische⟩
Gartenkunst von
ihrer guten Seite,
und besonders vis   10
a vis des neuesten
Geschmacks be-
trachtet.
  Englischer Ge-
schmack hat die   15
Basis des Nützli-
chen, welches der
franz⟨ösische⟩ auf-
opfern muß.
  Nachgeäffter eng-   20
lischer Geschmack
hat den Schein des
Nützlichen.
  Chinesischer Ge-
schmack.   25

NUTZEN SCHADEN FÜRS SUBJEKT		NUTZEN SCHADEN FÜRS GANZE	
	macht ein Spiel- werk aus ihrer so- liden Bestimmung. Befördert die sen- timentale u⟨nd⟩ phantastische Nul- lität. Sie verkleinert das erhabene in der Natur, und hebt es auf, indem sie es nachahmt. Sie verewigt die herrschende Unart der Zeit, im ästhe- tischen unbedingt und gesetzlos sein zu wollen und willkürlich zu phantasieren, in- dem sie sich nicht, wie wohl andere Künste korrigieren und in der Zucht halten läßt.		*Die dabei vorkom- mende Gebäude wer- den leicht, spindelar- tig, hölzern, Brettern pp aufgeführt und zerstören den Begriff solider Baukunst. Ja sie heben das Gefühl für sie auf. Die Strohdächer Bretterne Blendun- gen, al⟨les⟩ macht eine Neigung zu Kartenhaus Archi- tektur.*

POESIE.

1) LYRISCHE

NUTZEN SCHADEN SUBJEKT		NUTZEN SCHADEN GANZES	
Ausbildung der Gefühle und des Sprachausdrucks derselben; Kultur der Einbildungs- kraft besonders als integrierender Teil bei der Verstandes- bildung. Ausbildung des Sinns für das Rhythmische.	Belletristische Flachheit u⟨nd⟩ Leerheit, Abzie- hung von soliden Studien oder ober- flächliche Behand- lung derselben. Es ist hier eine größere Gefahr als bei andern Kün- sten eine bloße di- lettantische Fähig-	Ausbildung der Sprache im Ganzen. Vervielfältigteres Interesse an Hu- manioribus, im Gegensatz der Ro- heit des Unwissen- den oder der pe- dantischen Bor- niertheit des blo- ßen Geschäfts-	Alle Dilettanten sind Plagiarii. Sie entnerven und ver- nichten jedes origi- nal schöne in der Sprache und im Gedanken, indem sie es nachspre- chen, nachäffen und ihre Leerheit damit ausflicken. So wird die Spra-

ALTE ZEIT.   NEUE.   AUSLAND.

IN DEUTSCHL⟨AND⟩

ALTE	NEUE ZEIT	AUSLAND
DEUTSCHL⟨AND⟩		

Lateinische Verse.	Schöngeisterei.	Die Ausbildung der französischen
Pedantism.	Musenalmanache,	Literatur und Sprache hat auch den
Mehr Handwerk,	Journale. Aufkom-	Dilettanten kunstmäßiger gemacht.
Fertigkeit ohne	men und Verbrei-	Franzosen waren durchaus rigoristi-
poetischen Geist.	tung der Überset-	scher, drangen auf strengere Richtigkeit
	zungen. Unmittel-	und forderten auch vom Dilettanten
	barer Übergang	Geschmack und Geist im Innern und
	aus der Klasse und	ein fehlerloses Äußere der Diktion.
	Universität zur	In England hielt sich der Dilettantis-
	Schriftstellerei.	mus mehr an das Latein- und griechische.
	Balladen und	Sonette der Italiener.
	Volksliederepoche.	

10

15

NUTZEN	SCHADEN	NUTZEN	SCHADEN
SUBJEKT		GANZES	

Idealisierung der Vorstellungen bei Gegenständen des gemeinen Lebens. Erweckung und Stimmung der produktiven Einbildungskraft zu den höchsten Funktionen des Geistes auch in Wissenschaften und im praktischen Leben.

Jeder gebildete Mensch muß seine Empfindungen poetisch schön ausdrücken und folglich ein gutes Gedicht (lyrisches) machen können.

Da es nun keine objektive Gesetze weder für das innere noch für das äußere eines Gedichts noch gibt, so müssen sich die Liebhaber strenger noch als die Meister an anerkannte gute Muster halten und eher das Gute was schon da ist nachahmen als nach Originalität streben, im äußern u⟨nd⟩ metrischen aber die vorhandenen allgemeinsten Gesetze rigoristisch befolgen.

Und da er sich nur nach Mustern bilden kann, so muß er, um der

keit mit einem echten Kunstberufe zu verwechseln, und wenn dies der Fall ist, so ist das Subjekt übler dran, als bei jeder andern Liebhaberei, weil seine Existenz völlige Nullität hat; denn ein Poët ist nichts, wenn er es nicht mit Ernst und Kunstmäßigkeit ist.

Dilettantism überhaupt schwächt die Teilnehmung und Empfänglichkeit für das Gute außer ihm, und indem er einem unruhigen Produktionstriebe nachgibt, der ihn zu nichts vollkommenem führt, beraubt er sich aller Bildung, die ihm durch Aufnahme des fremden Guten zuwachsen könnte.

Dilettantism kann doppelter Art sein. Entweder vernachlässigt er das (unerläßliche) mechanische und glaubt genug getan zu haben, wenn er Geist und Gefühl zeigt. Oder er sucht die Poesie bloß im mechanischen, worin er sich eine handwerksmäßige Fer-

manns und Schulgelehrten.

che nach und nach mit zusammen geplünderten Phrasen und Formeln angefüllt, die nichts mehr sagen, und man kann ganze Bücher lesen, die schön stilisiert sind und gar nichts enthalten. Kurz alles wahrhaft schöne und gute der echten Poesie wird durch den überhandnehmenden Dilettantism profaniert, herumgeschleppt und entwürdigt.

ALTE   NEUE ZEIT   AUSLAND
DEUTSCHL⟨AND⟩

Geßner, poetische
Prosa. Karlsruher
pp Nachdrücke   5
schöner Geister.
Bardenwesen.
Bürgers Einfluß
auf das Geleier.
Reimloser Vers,   10
Klopstockisches
Odenwesen.
Klaudius.
Wielands Laxität.

Daß die deutsche   15
Sprache durch
kein großes Dich-
tergenie sondern
durch bloße mit-
telmäßige Köpfe   20
anfing zur Dich-
tersprache ge-
braucht zu wer-
den, mußte dem
Dilettantism Mut   25
machen, sich
gleichfalls darin zu
versuchen.

   Impudenz des
neuesten Dilettan-   30
tism, durch Remi-
niszenzen aus einer
reichen kultivier-
ten Dichterspra-
che, und durch die   35
Leichtigkeit eines
guten mechani-
schen Äußern ge-
weckt und unter-
halten. Belletriste-   40
rei auf Universität
durch eine moder-
nere Studierart
veranlaßt.
   Frauenzimmer-   45
gedichte.

NUTZEN	SCHADEN	NUTZEN	SCHADEN
SUBJEKT		GANZES	

	NUTZEN	SCHADEN
	Einseitigkeit zu entgehen, sich die	tigkeit erwerben kann, und ist ohne
5	allgemeinst mögliche Bekanntschaft	Geist und Gehalt. Beide sind schäd-
	mit allen Mustern erwerben, und	lich, doch schadet jener mehr der
	das Feld der	Kunst, dieser mehr
10	poet⟨ischen⟩ Litera-	dem Subjekt selbst.
	tur noch voll-	
	kommener ausmes-	
	sen, als es der	
	Künstler selbst nö-	
15	tig hat.	

POESIE.
B. PRAGMATISCHE

	NUTZEN	SCHADEN	NUTZEN	SCHADEN
20	FÜRS SUBJEKT		FÜRS GANZE	
	–○–	Alle Nachteile des	–○–	Vermischung der
		Dilett⟨antism⟩ im		Gattungen.
		Lyrischen sind hier		Ursache warum
		noch in weit hö-		der Dilettant das
25		herm Grad; nicht		mächtige, leiden-
		nur die Kunst		schaftliche, starke
		erleidet mehr		charakteristische
		Schaden, auch das		haßt und nur das
		Subjekt.		mittlere, morali-
30		Dramatische Pfu-		sche darstellt.
		scher werden bis		Dilettant wird nie
		zum Unsinn ge-		den Gegenstand,
		bracht, um ihr		immer nur sein
		Werk auszustellen.		Gefühl über den
35				Gegenstand schil-
				dern.
				Er flieht den
				Charakter des Ob-
				jekts.
40				Alle dilettanti-
				schen Geburten in
				dieser Dichtungs-
				art werden einen
				pathologischen
45				Charakter haben,

ALTE NEUE ZEIT AUSLAND
DEUTSCHL⟨AND⟩

ALTE ZEIT NEUE ZEIT AUSLAND 5
IN DEUTSCHLAND

| NUTZEN | SCHADEN | NUTZEN | SCHADEN |
| FÜRS SUBJEKT | | FÜRS GANZE | |

und nur die Nei-
gung und Abnei-
gung ihres Urhe-
bers ausdrücken.
Der Dilettant
glaubt mit dem
Witz an die Poesie
zu reichen.

SCHAUSPIELKUNST

| NUTZEN | SCHADEN | NUTZEN | SCHADEN |
| F⟨ÜRS⟩ SUBJEKT | | F⟨ÜRS⟩ GANZE | |

Gelegenheit zu
mehrer Ausbil-
dung der Dekla-
mation.
Aufmerksamkeit
auf die Repräsen-
tation s⟨einer⟩
selbst, partizipiert
von den angeführ-
ten Vorteilen der
Tanzkunst.
Einige Übung
der Memorie, sinn-
liches Aufpassen
und Akkuratesse.

Karikatur der eig-
nen fehlerhaften
Individualität.
Ableitung des
Geistes von allem
Geschäft durch
Vorspiegelung ei-
ner phantastischen
Aussicht. Aufwand
alles Interesses und
aller Passion, ohne
Frucht, ewiger
Zirkel in einer ein-
förmigen, immer
wiederholten und
zu nichts führen-
den Tätigkeit. (Di-
lettanten wissen
sich nichts anzie-
henders als die
KomödienProben,
Schauspieler von
Metier hassen sie)
Vorzugsweise
Schonung und
Verzärtlung des
Theaterdilettanten
durch Beifall.
Ewige Reizung
zu einem leiden-

─o─

Bedingung unter
welcher allenfalls
eine mäßige
Übung im Theater-
wesen unschuldig
und zulässig, ja ei-
nigermaßen zu bil-
ligen sein möchte.
Permanenz der-
selben Gesellschaft.
Vermeidung pas-
sionierter und
Wahl verstandes-
reicher u⟨nd⟩ ge-
selliger Stücke.
Abhaltung aller
Kinder und sehr
jungen Personen.
Möglichster Ri-
gorism in äußern
Formen.

Höchst verderbli-
che Nachsicht ge-
gen das Mittelmä-
ßige und fehlerhaf-
te in einem öffent-
lichen und ganz
persönlichen Fall.
(Nährung der
Falschheit, Scha-
denfreude und
Bosheit)
Die allgemeine
Toleranz für das
einheimische wird
in diesem Fall emi-
nenter.
Höchst verderbli-
cher Gebrauch der
Liebhaber-Schau-
spiele zur Bildung
der Kinder, wo es
ganz zur Fratze
wird, zugleich die
gefährlichste aller
Diversionen für
Universitäten etc.
Zerstörte Ideali-
tät der Kunst, weil
der Liebhaber, der
sich nicht durch

ALTE ZEIT   NEUE ZEIT   AUSLAND
IN DEUTSCHLAND

ALTE ZEIT   NEUE ZEIT   AUSLAND.   5
IN DEUTSCHLAND

Jesuiter Schulen   Französische Komödie ist auch bei
Liebhabern obligater, und ein Institut
der Geselligkeit.

Englische (quæritur)   10

           Französische Lieb-   Italienische LiebhaberKomödie bezieht
           haberkomödien zu   sich auf eine Puppen- und Puppenartige
           Bildung der Spra-   Repräsentation
           che in vornehmen   Præsepe u⟨nd⟩ Tableau.
           Häusern.   15
            Philanthropine.
            Vermischung der
           Stände bei deut-
           schen Liebhaber-
           Komödien.   20

NUTZEN F⟨ÜRS⟩	SCHADEN SUBJEKT	NUTZEN F⟨ÜRS⟩	SCHADEN GANZE

schaftlichen Zu-stand und Betra-gen ohne ein Ge-gengewicht, Nah-rung aller gehässi-gen Passionen, von den schlimmsten Folgen für die bürgerliche und häusliche Existenz. Abstumpfung des Gefühls gegen die Poesie. Exaltierte Sprache bei gemei-nen Empfindungen Ein Trödelmarkt von Gedanken Stellen und Schil-derungen in der Reminiszenz Durchgängige Unnatur und Ma-nier, auch im übri-gen Leben.	Aneignung der Kunstbegriffe und Traditionen erhe-ben kann, alles durch eine patho-logische Wirklich-keit erreichen muß.

ALTE ZEIT   NEUE ZEIT   AUSLAND.
     IN DEUTSCHLAND

ÜBER DEN DILETTANTISMUS

Begriff des Künstlers im Gegensatz des Dilettanten.
   Ausübung der Kunst nach Wissenschaft.
   Annahme einer objektiven Kunst.
   Schulgerechte Folge und Steigerung.
   Profession und Beruf.
   Anschließung an eine Kunst und Künstlerwelt.
   Schule.

Es gibt in allen Künsten ein Objektives und ein Subjektives, und je nachdem das eine oder das andere darin die hervorstechende Seite ist, hat der Dilettantism Wert oder Unwert.
   Wo das Subjektive für sich allein schon viel bedeutet, muß der Dilettant sich dem Künstler nähern   z. b. Tanz, Musik, schöne Sprache, lyrische Poesie.
Wo es umgekehrt ist scheiden sich der Künstler und Dilettant strenger und der Dilettantism kann schädlich wirken, wie bei der Architektur, Zeichenkunst, Schauspielkunst, epischen oder dramatischen Dichtkunst.
   Voraussetzung bei dem Kapitel der Architektur.
Die Kunst gibt sich selbst Gesetze und gebietet der Zeit: der Dilettantism folgt der Neigung der Zeit.
   Wenn die Meister in der Kunst dem falschen Geschmack folgen, so glaubt der Dilettant desto geschwinder auf dem Niveau der Kunst zu sein.
   Weil der Dilettant seinen Beruf zum Selbstproduzieren erst aus den Wirkungen der Kunstwerke auf sich empfängt, so verwechselt er diese Wirkungen mit den objektiven Ursachen und Motiven, und meint nun den Empfindungszustand in den er versetzt ist auch produktiv und praktisch zu machen, wie wenn man mit dem Geruch einer Blume die

Blume selbst hervorzubringen gedächte. Das an das Gefühl
sprechende, die letzte Wirkung aller poetischen Organisationen, welche aber den Aufwand der ganzen Kunst selbst
voraussetzt, sieht der Dilettant als das Wesen derselben an,
und will damit selbst hervorbringen.

Überhaupt will der Dilettant in seiner Selbstverkennung
das Passive an die Stelle des Aktiven setzen, und weil er auf
eine lebhafte Weise Wirkungen erleidet, so glaubt er mit
diesen erlittnen Wirkungen wirken zu können.

Überall, wo die Kunst selbst noch kein rechtes Regulativ
hat, wie in d⟨er⟩ Poesie, Gartenkunst, Schauspielkunst,
richtet der Dilettantism mehr Schaden an und wird an-
maßender. Der schlimmste Fall ist bei der Schauspielkunst.

Allgemeiner Grundsatz, unter welchem der Dilettantism
zu gestatten, ist, wenn der Dilettant sich den strengsten
Regeln der ersten Schritte unterwerfen und alle Stufen mit
größter Genauigkeit ausführen will, welches er um so mehr
kann, da 1) von ihm das Ziel nicht verlangt wird und da er
2) wenn er abtreten will sich den sichersten Weg zur
Kennerschaft bereitet. Gerade der allgemeinen Maxime
entgegen wird also der Dilettant einem rigoristische⟨r⟩n
Urteil zu unterwerfen sein als selbst der Künstler, der, weil
er auf einer sichern Kunstbasis ruht, mit minder Gefahr
sich von den Regeln entfernen und dadurch das Reich der
Kunst selbst erweitern kann.

Der wahre Künstler steht fest und sicher auf sich selbst sein
Streben sein Ziel ist der höchste Zweck der Kunst   er wird sich
immer noch weit von diesem Ziele finden und daher gegen die
Kunst oder den Kunstbegriff notwendig allemal sehr bescheiden
sein. und gestehen daß er noch wenig geleistet habe wie
vortrefflich auch sein Werk sein mag und wie hoch auch sein
Selbstgefühl im Verhältnis gegen die Welt steigen möchte   Dilettanten oder eigentl⟨ich⟩ Pfuscher scheinen im Gegenteil nicht
nach einem Ziele zu streben nicht vor sich hin zu sehen sondern
nur das was neben ihnen geschieht   darum *vergleichen* sie auch
immer sind meistens im Lob übertrieben, tadeln ungeschickt

haben eine unendliche Ehrerbietung vor ihres gleichen. geben sich
dadurch ein Ansehen von freundlichkeit von Billigkeit indem sie
doch bloß sich selbst erheben

Schaden den Dilettanten der Kunst tun indem sie den Künstler zu
sich herabziehen.
Keinen guten Künstler neben sich leiden können.
Dilettantism der Kinder siehe oben
     der Weiber
     der Reichen
     der Vornehmen.
Ist Zeichen eines gewissen Vorschrittes.
Alle Dilettanten greifen die Kunst von der schwachen Seite an.
 (vom schwachen Ende)
Dilettantischer Zustand der Künstler.
 Worin er sich unterscheidet
Ein höherer oder niedrer Grad der Empirie
Falsches Lob des Dilettantism
Ungerechter Tadel
Rat wie der Dil⟨ettantism⟩ seinen Platz einnehmen könnte.

Phantasie Bilder unmittelbar vorstellen zu wollen.
Leidenschaft statt Ernst.
Verhältnis des Dil⟨ettantism⟩ gegen
       Pedantismus
       Handwerk.

KOMMENTAR

SCHILLERS THEORETISCHE SCHRIFTEN

Jean Paul hatte seine Zweifel, ob wohl drei- oder viertausend Jahre Dichtkunst sich in der »matten« Einteilung von sentimentalisch und naiv unterbringen lassen. Nietzsche sah in Schillers philosophischer Prosa »in jeder Beziehung ein Muster, wie man wissenschaftliche Fragen der Aesthetik und Moral *nicht* angreifen dürfe«. Augenscheinlich haben Schillers theoretische Schriften derlei Bedenken überdauert. Nietzsches mokante Warnung, »dass es in seinem Denkzimmerchen eng und unordentlich aussieht – warum auch nicht? er wohnt ja nicht darin!«, haben Philosophen und Kritiker bislang überhört.

Läßt sich an einer Statue, an einem Gedicht selbst zeigen, warum sie schön sind? Wie lassen sich die einzigartigen Empfindungen beschreiben, die nur das Schöne erregen kann? Wie kommt es, daß uns große Verbrecher wie Shakespeares Richard III. in all ihrer Widerwärtigkeit doch faszinieren? Warum kann die Kunstphilosophie nicht ohne eine Ästhetik des Schreckens auskommen? Solche Fragen hat Schiller vor allem in den Abhandlungen der neunziger Jahre zu beantworten gesucht. Sie bilden das Herzstück seiner in diesem Band versammelten Schriften. Bis heute ist das Urteil über seine Ästhetik kontrovers geblieben. Die einen schelten ihren Idealismus, die anderen rühmen, ohne die historischen Bedingtheiten zu übersehen, ihre analytische Kraft und ihren Weitblick für Phänomene auch der nachklassischen Kunst. Gegner und Bewunderer stimmen indessen darin überein, daß diese Schriften kennen sollte, wer an Fragen der Kunst interessiert ist.

Seit den Karlsschultagen war Schiller, seiner Ausbildung nach Arzt, mit den meisten Wissensgebieten seiner Zeit vertraut. So umfaßt dieser Band ein staunenswertes Spektrum seiner Interessen; er enthält alle Schriften Schillers zu Fragen der Medizin, Anthropologie, Philosophie und Ästhetik von der Karlsschulzeit bis zum gemeinsam mit Goethe verfaßten Schema über den Dilettantismus und schließt auch die Arbeiten des Herausgebers und Rezensenten ein.

Schillers Jugendphilosophie vereint eine hochgestimmte Liebesmetaphysik mit anthropologischer Neugierde für die »Verirrungen« der Vernunft, Schwärmerei, Melancholie und Skeptizismus, sie entwickelt, neben dem Interesse an psychosomatischen Zusammenhängen, experimentierend eine Vorliebe für extreme Charaktere, wie sie auch die *Räuber* auf die Bühne bringen, und sie sucht bereits den Menschen als sinnlich-vernünftige Doppelnatur zu fassen.

Seinen Ruhm als der vielleicht bedeutendste Theoretiker der Kunst unter den deutschsprachigen Schriftstellern verdankt Schiller gewiß den großen Abhandlungen der neunziger Jahre, *Über Anmut und Würde*, *Über die ästhetische Erziehung des Menschen* und *Über naive und sentimentalische Dichtung* sowie den Aufsätzen über das Erhabene. Sie unternehmen, unter Berufung vor allem auf Kant, eine Neuvermessung des Terrains, auf dem sich die Kunst aus eigenem Recht neben den Gebieten des Wissens und des gesellschaftlichen Handelns behaupten kann. Die schöne Kunst ist frei, sie trägt ihren Zweck in sich selbst und ist allen Verwertungsansprüchen von welcher Seite auch immer entzogen oder soll es zumindest sein. Die auch von K. Ph. Moritz und Kant gestellte Frage nach der Kunstautonomie, ihrer Sicherung und Legitimierung, hat Schiller beschäftigt wie kaum eine andere, und er findet eigene Antworten. Schönheit ist Freiheit in der Erscheinung, so lautet ein Grundsatz seiner Kunsttheorie; in der zwanglosen Übereinstimmung der Elemente des Kunstwerks wird auch der spielerische Ausgleich von Vernunft und Sinnlichkeit anschaulich, deren Widerstreit nicht nur Schiller beklagt. Und allein von der Kunst, von der ästhetischen Erfahrung (und nicht von der Wissenschaft) läßt sich die zwanglose

Versöhnung der sinnlichen und geistigen Kräfte erhoffen, für Schiller der Inbegriff der vollendeten Humanität. Ästhetische Bildung, so glaubt er, ist nicht etwa bloßes Beiwerk, sondern die unerläßliche Bedingung einer humanen Gesellschaft. Die Überzeugung, daß es »die Schönheit ist, durch welche man zu der Freiheit wandert«, gibt auch die illusionären politischen Erwartungen zu erkennen, die Schiller angesichts der Französischen Revolution mit seiner Kunsttheorie gelegentlich verknüpft hat. Seine Abhandlungen, die immer wieder im Horizont einer umfassenden Zivilisationskritik das utopische Bild einer befreiten, mit sich selbst übereinstimmenden Subjektivität entwerfen, gelten neben einigen Aufsätzen Goethes (*Über Wahrheit und Wahrscheinlichkeit der Kunstwerke*, *Der Sammler und die Seinigen*) als Programmschriften der Weimarer Klassik, und sie haben ungeachtet ihrer zeitlichen Bedingtheiten bis in die aktuellen kunstphilosophischen Debatten hinein eine außerordentliche Wirkung gehabt. Zur Signatur der Weimarer Klassik gehört unstreitig auch der feudal-bürgerliche Kompromiß, von dessen Notwendigkeit Schiller und Goethe überzeugt waren und dessen Kosten sie kannten.

Wie vor ihm Burke und Kant hat auch Schiller seiner Theorie des Schönen eine Theorie des Erhabenen an die Seite gestellt. Sie setzt ein beim Gefühl des Erhabenen, bei der widerspruchsvollen Erfahrung von Unlust und Lust angesichts großer und furchtbarer Natur und kolossaler Gestalten – ein Gefühl, dessen ästhetischer Reiz außer Frage steht. Auf der Suche nach ergiebigen Quellen für die ästhetische Lust am Schauder sind Schiller Gewitter und Vulkanausbrüche ebenso willkommen wie erhabene Verbrecher und bekannte Heroen der Mythologie, Geschichte und Literatur. Erhaben sind für Schiller schließlich aber nicht länger die großartige Natur selbst und die großen Leidenschaften (wie noch für Burke), sondern, in Übereinstimmung mit Kant, der Widerstand gegen sie und die Überlegenheit über sie im Namen der Vernunft. Insofern ist Schillers ästhetische Lust am Schrecken vor allem die Lust

an der Überwindung des Schreckens. Erhaben ist die ästhetische Bezwingung der Natur in uns wie außer uns. Aus
diesem Konzept des Erhabenen zieht Schillers Tragödientheorie die poetologischen Konsequenzen. Das auf der
Bühne dargestellte Leiden und seine heroische Überwindung sollen auch die Zuschauer in eine erhabene Gemütsverfassung versetzen, ihnen das exquisite Gefühl der
Erhebung, der Selbststeigerung verschaffen, das Schiller
nur als vernünftige Befreiung von Affekten denken kann.

Seine Tragödientheorie schreibt große Themen und große Helden vor. In ihnen verschränken sich die Züge
bürgerlicher Selbstvergewisserung und der Habitus des
Aristokraten, der noch an die tragédie classique erinnert.
Für Helden kleineren Formats ist in Schillers Theorie und
Dramatik im Grunde kein Platz; allerdings auch nicht für
elementare Leidenschaften, den tiefsten Schmerz und die
höchste Lust. Schiller befürchtete – mit einigem Recht –,
daß sie ästhetisch nicht beherrschbar sind. Auch das Gemeine und Häßliche, das Banale, Alltägliche, Kreatürliche,
die sich zum Erhabenen subversiv verhalten, bleiben aus
seinem theoretischen und dramatischen Werk weitgehend
ausgeschlossen.

Gelegentlich gibt seine Tragödientheorie auch den Blick
auf die bedenklichen Seiten des Erhabenen frei. Es erfordert im Zweifelsfall die Preisgabe des vermeintlich Kontingenten, des Lebens, das gering geachtet werden muß angesichts einer absoluten Größe (Pflicht, Staatsraison, politische Ideale), ohne daß deren Legitimität jeweils erwiesen
wäre. Diese Kritik an der Gewalt des Erhabenen wird u. a.
in der *Braut von Messina* sichtbar.

Monumentale Gestalten, wie sie die Theorie fordert, sollen dem von Schiller herbeigesehnten zeitgenössischen
Bedarf an Theatralik genügen, und der routinierte und ef-
fektsichere Dramatiker – Goethe wußte, warum er Schiller
die Inszenierung seiner *Iphigenie* anvertraute – bemüht sich,
ihn zu befriedigen. Sie entsprechen zugleich den Einsichten
des Historikers und Geschichtsphilosophen, der Geschich-

te als Katastrophengeschichte deutet. Zu fragen bleibt allerdings, inwieweit die Erfordernisse der Tragödie sein Urteil über die Geschichte präformieren.

Während die Schriften zum Schönen ein kritischer Geschichtsoptimismus trägt, der dem Prozeß der Zivilisation auf dem Wege der Vernunft schließlich doch die Rückkehr zur besseren Natur vorauszusagen wagt, zeichnen die Abhandlungen zum Erhabenen ein ungemein düsteres Bild von den Fortschritten der Geschichte. Die Geschichte ist selbst ein erhabenes Objekt, sie bietet ein Katastrophenszenario, das »furchtbar herrliche Schauspiel« des Leidens und der Zerstörung. Das »künstliche Unglück des Pathetischen« soll dazu beitragen, »das wirkliche Leiden in eine erhabene Rührung aufzulösen«. Damit wird dem Erhabenen die Aufgabe zugedacht, das reale Leiden in der Geschichte ästhetisierend zu verkleinern. Auch die Gegenwart, so scheint es, erfordert eher erhabene Einstellungen als Empfindungen des Schönen. Doch bleibt das Nebeneinander seiner Theorie des Schönen und des Erhabenen am Ende ungeklärt.

Im übrigen greifen Schillers Abhandlungen alle Themen auf, die die anspruchsvolle Kunsttheorie im 18. Jahrhundert auf die Tagesordnung gesetzt hatte, so die (ältere) *Querelle des Anciens et des Modernes*, die Gattungspoetik und die Hierarchie der einzelnen Künste, das Naive und die Anmut, Genialität ebenso wie die Grenzen der Darstellbarkeit, Professionalität und Dilettantismus. Kein Wunder, daß er seiner kunsttheoretischen Arbeiten gelegentlich überdrüssig wurde. Goethe teilt er im Dezember 1795 mit, es sei Zeit, »für eine Weile die philosophische Bude« zu schließen. »Das Herz schmachtet nach einem betastlichen Objekt.« Kurze Zeit später entschließt er sich, den *Wallenstein* fortzusetzen.

Schiller hat – naheliegend für einen freien Schriftsteller, der seine schlechtbezahlte Professur in Jena nur für kurze Zeit versah – eine Reihe von Zeitschriften herausgegeben, darunter die ›Horen‹, eine der anspruchsvollsten deutschen

Literaturzeitschriften. Mit ihnen unternahm er den Versuch, dem Geschmack des breiten Publikums an Unterhaltungsliteratur die Grundsätze seiner Kunsttheorie entgegenzusetzen. Als nach drei Jahren die ›Horen‹ eingestellt werden mußten, war erwiesen, daß dies ein aussichtsloses Unterfangen war. Auch als Literaturkritiker sah sich Schiller gegenüber der populären Literatur in der Defensive. Das erklärt zu einem guten Teil die unangemessene Härte seiner Bürger-Rezension, mit der eine der berühmtesten Kontroversen der deutschen Literaturkritik begann. Keineswegs haben ihn seine eigenen theoretischen Einsichten und seine Dichtungen vor Fehlurteilen bewahrt (sowenig wie andere Kritiker). Zweifellos ging es ihm weniger um die gründliche Lektüre einiger Gedichte Bürgers als um die Formulierung und Durchsetzung eigener poetologischer Grundsätze. Die Einheit der Kultur war für Schiller mit der aufkommenden Unterhaltungsliteratur unwiederbringlich dahin, die Desintegration der literarischen Öffentlichkeit war weit fortgeschritten. Seine Hoffnung, die Kluft zwischen der ›hohen‹ und der ›niedrigen‹ Kunst durch eine strenge Kultivierung des populären Geschmacks zu verringern, war, wie wir wissen, vergeblich. Bis heute hat die Kontroverse um die ›hohe‹ und die Unterhaltungsliteratur nichts an Aktualität eingebüßt.

ZUR TEXTGESTALT UND ZUR ANLAGE
DES KOMMENTARS

Der vorliegende Band umfaßt alle Schriften Schillers zur
Medizin, Anthropologie, Philosophie und Ästhetik. Aus-
genommen sind lediglich die *Briefe über Don Karlos* und die
Vorrede zur *Braut von Messina*: *Über den Gebrauch des Chors in
der Tragödie*. Die *Briefe über Don Karlos* sind bereits im Band
III dieser Schiller-Ausgabe erschienen, die *Vorrede* wird im
Band V abgedruckt.

Die theoretischen Schriften werden in vier Abteilungen
vorgestellt. Maßgeblich für die Gliederung ist in erster Linie die chronologische Folge der Erstdrucke. In dieser
Gestalt sind sie zuerst von den Zeitgenossen rezipiert worden. Für die Erstdrucke spricht überdies, daß in ihnen der
Prozeß des eigenen Denkens in produktiver Auseinandersetzung mit der Philosophie und Ästhetik der Zeit oft
deutlicher zutage tritt als in den späteren Überarbeitungen,
wie sie Schiller z. B. für die Ausgabe der *Kleineren prosaischen
Schriften* vorgenommen hat. Die wichtigsten Abweichungen der Überarbeitungen gegenüber den Erstdrucken werden im Stellenkommentar zu den einzelnen Schriften
vermerkt. Bei ungedruckten Schriften oder solchen, die
sehr viel später veröffentlicht wurden, folgt die Textanord-
nung den Daten der Fertigstellung des Manuskripts, soweit
sie zu ermitteln sind.

Streng chronologisch werden die Texte aus der Karlsschulzeit und die philosophisch-ästhetischen Schriften in
den Abteilungen I und II abgedruckt. Die publizistischen
Arbeiten sind in einer eigenen Abteilung (III) zusammengefaßt, ebenso die mit Goethe gemeinsam verfaßten Schriften, Kommentare, Nachschriften aus Schillers Vorlesungen
sowie Texte aus dem Nachlaß (Abteilung IV). Innerhalb der

Abteilungen III und IV ist für die Gliederung wiederum die Chronologie maßgeblich. Abweichend von der Chronologie werden z. B. die Texte, die sich auf die ›Horen‹ beziehen, zusammengefaßt.

Stammen die Titel der Schriften nicht von Schiller, so werden die eingeführten und vertrauten Titel verwendet. Da diese Ausgabe in der Regel den Erstdrucken folgt, wird auch deren Titel aufgeführt. Zugleich wird der Titel der überarbeiteten Fassung (z. B. *Die Schaubühne als eine moralische Anstalt betrachtet*) angegeben. Folgt die Ausgabe einem späteren Druck mit geändertem Titel, wird der Originaltitel unter »Textgrundlage« genannt.

Der vorliegende Band enthält auch Schillers Dissertation *De discrimine febrium* ⟨...⟩ und, im Kommentarteil, eine deutsche Übersetzung. Aufgenommen wurden überdies, im Unterschied zur Nationalausgabe (Bd. 20, 21, hg. v. Benno von Wiese und Helmut Koopmann, Weimar 1962-63; Bd. 22, hg. v. Herbert Meyer, Weimar 1958), die noch nicht abgeschlossen ist, sowohl die *Kallias*-Briefe an Gottfried Körner wie auch die Briefe an den Herzog Friedrich Christian von Augustenburg. Die Hanser-Ausgabe (Friedrich Schiller, *Sämtliche Werke*, hg. v. Gerhard Fricke und Herbert G. Göpfert, München 1959ff., Bd. 5, 8. Aufl. 1989) enthält die *Kallias*-Briefe, nicht aber die *Augustenburger Briefe*.

Textgrundlage der *Kallias*-Briefe sind Schillers Handschriften. Gegenüber der von Fritz Jonas besorgten Ausgabe der Briefe (*Schillers Briefe*. Kritische Gesamtausgabe, 7 Bde., Stuttgart, Leipzig, Berlin, Wien 1892-96, Bd. 3) konnten einige Ungenauigkeiten im Lautstand, fehlende Hervorhebungen, Auslassungen und Verlesungen korrigiert werden. Die hier vorgelegte Fassung konnte mit der Textkonstitution der *Kallias*-Briefe verglichen werden, die Edith Nahler (Weimar) für den Bd. 26 der Nationalausgabe erarbeitet hat, der voraussichtlich 1992 erscheinen wird. Die Wiedergabe der *Augustenburger Briefe* basiert auf der Textkonstitution einer Abschrift, die Horst Nahler (Weimar) ebenfalls für den Bd. 26 der Nationalausgabe besorgt hat. – Anders als in der Nationalausgabe werden die *Kallias*-Briefe und die *Augustenburger Briefe* nach den editorischen Leitlinien eingerichtet, die für die Bibliothek deutscher Klassiker verbindlich sind.

Nach ihnen werden auch alle übrigen in diesem Band versammelten Schriften Schillers modernisiert. Die Modernisierung betrifft in der Regel orthographische Konventionen der Zeit um 1800, die heute nicht mehr gebräuchlich sind (z. B. Prinzeßinn, Stuffe), nicht aber orthographische Eigentümlichkeiten Schillers. Generell werden der Lautstand und die Interpunktion bewahrt. Erhalten bleiben auch die Groß- und Klein-, die Getrennt- und Zusammenschreibung wie die Schreibung von geographischen und Personennamen. Nicht modernisiert werden fremdsprachige Wörter, soweit die Schreibung erkennen läßt, daß sie überwiegend noch als fremdsprachig empfunden werden. Scheint das nicht mehr der Fall zu sein, darauf verweist zumal die deutsche Endung, wird das ganze Wort modernisiert.

Der Kommentar bietet u. a. Quellenhinweise und Wort- und Sacherklärungen. Er sucht die theoretischen Schriften in dem Zusammenhang zu erläutern, in dem sie untereinander stehen, wie auch im Blick auf Schillers Dichtungen, freilich nicht in der Annahme, es ließe sich aus der Theorie ohne weiteres ein Deutungsmuster für die Interpretation poetischer Werke gewinnen. Er verweist auf die anthropologischen, geschichtsphilosophischen, theologischen und gesellschaftskritischen Motive in diesen Schriften und beschreibt die Konstellation, in der Schiller gegenüber Autoren wie Lessing, Burke, Shaftesbury, Mendelssohn, Kant, Goethe, F. Schlegel, W. v. Humboldt u. a. als Theoretiker der Kunst seinen besonderen Rang behauptet.

Die Kommentierung will nicht nur bündige Ergebnisse in Schillers Aufsätzen hervorheben, sondern auch den Blick auf offene Fragen und Widersprüche in ihnen lenken, die aus der Kunstanschauung der Weimarer Klassik, wie sie Schiller formuliert hat, nicht wegzudenken sind. Dankbar

benutzt wurden die Kommentare der Nationalausgabe
(Bd. 20-22), der Hanser-Ausgabe (Bd. 5) wie auch der Säkular-Ausgabe (Bd. 11-12, hg. v. Oskar Walzel, Stuttgart,
Berlin 1905), ohne daß dies im einzelnen hätte kenntlich
gemacht werden können. Seit ihrem Erscheinen sind mehr
als zwanzig, im Fall der Säkular-Ausgabe mehr als achtzig
Jahre vergangen, die Forschung hat seitdem eine Vielzahl
anderer Aspekte in Schillers theoretischen Schriften thematisiert und ist zu neuen Einsichten und anderen Deutungen
gelangt. Der vorliegende Kommentar versucht, die wichtigsten neueren Forschungsergebnisse aufzunehmen, muß
dabei aber – das unvermeidliche Dilemma einer solchen
Ausgabe – auf detaillierte Erörterungen verzichten.

Zugunsten einer ausführlicheren Darstellung schwieri-
ger Sachverhalte und vielfältiger Aspekte der Deutung
erschien es gerechtfertigt, nur die Rezeption der wirkungs-
mächtigsten Schriften durch Schillers Zeitgenossen zu do-
kumentieren; um so mehr, als Oscar Fambach und Norbert
Oellers die Wirkungsgeschichte bereits in leicht zugängli-
chen Ausgaben umfassend dargestellt haben.

Den Mitarbeitern dieses Bandes, Hans Richard Brittna-
cher, Gerd Kleiner und Fabian Störmer sowie Johannes
Hampel, Wilhelm Amann und Christof Kalb bin ich zu
großem Dank verpflichtet, ebenso Christian Büttrich, dem
Leiter der Bibliothek des Fachbereichs Germanistik an der
Freien Universität Berlin, Werner Volke, Schiller-National-
museum Marbach und Karl Heinz Hahn (†), Goethe- und
Schiller-Archiv Weimar. Danken möchte ich auch meiner
Sekretärin Ruth Wiggert.

BERICHT AN HERZOG KARL EUGEN
ÜBER DIE MITSCHÜLER UND SICH SELBST

Unser Text folgt der Nationalausgabe (Bd. 22), die ihrerseits den Erstdruck (*Nachlese zu Schillers Werken*, hg. v. K. Hoffmeister, Bd. 4, Stuttgart, Tübingen 1841) zugrunde legt. Hoffmeister gibt an, das inzwischen verlorene Original der Handschrift noch eingesehen zu haben (NA 22, S. 349).

Im Herbst 1774 hatte Herzog Karl Eugen den älteren Zöglingen empfohlen, über sich selbst und die Mitschüler Berichte zu schreiben. Schillers Charakteristiken lassen erkennen, daß vorgegebene Fragen zu beantworten waren. So mußten die religiöse Überzeugung, die Einstellung gegenüber dem Herzog, den Vorgesetzten und den Mitschülern beurteilt werden; ebenso waren Angaben zum Charakter, zur Begabung, zu besonderen Interessen und Neigungen sowie zur Zufriedenheit mit sich selbst etc. verlangt. (Die Charakteristiken, die die Mitschüler verfaßt haben, finden sich bei M. Hecker, *Schillers Persönlichkeit*, Bd. 1, Weimar 1904.)

Der pädagogische Sinn der anbefohlenen Unternehmung dürfte fragwürdig gewesen sein. Einerseits mag die Besinnung auf die eigene Rolle und die eigenen Leistungen in der Akademie für den jeweiligen Zögling nützlich gewesen sein. Andererseits konnten die Berichte über das Innenleben der Schüler dem Herzog und der Leitung der

Akademie dazu dienen, die ohnehin beträchtliche Kontrolle über sie noch auszudehnen.

STELLENKOMMENTAR

13,6 *Scheffauer, Keller*] Philipp Jacob Scheffauer (1756-1808) war später neben Johann Heinrich Dannecker ein bekannter Bildhauer in Stuttgart, wo ihn Schiller 1793 wiedersah. Der Mitschüler Keller ist vermutlich der Hofmusikus Johann Georg Keller, geb. 1757.

13,19 *Gläßle*] Eberhard Thomas Gläßle (geb. 1753) wurde Offizier.

14,1 *Schreyer, Plessing, Jeitter, Kerner*] Georg Peter Schreyer (geb. 1755) war später Gärtnergehilfe in der Akademie. Johann Plessing (1755-1815) wurde Hofjäger und Förster, Johann Melchior Jeitter (1757-1842) Oberförster und Professor in Hohenheim. Johann Simon Kerner (1755-1830) wurde Botaniker und Lehrer an der Karlsschule.

14,14 *Chatillon, Schmidlin, Batz*] Peter Nikolaus Chatillon (geb. 1755) wurde Offizier, Johann Friedrich Schmidlin (1758-1819) Staatsrat und Konsistorialdirektor. August Friedrich Batz (1757-1821) lehrte Rechtswissenschaft an der Karlsschule, deren Geschichte er 1783 als erster schrieb; er war später Diplomat und hoher Justizbeamter.

14,33 *Karl Kempff*] Karl Georg Christoph Kempff (geb. 1753) wurde herzoglicher Stallmeister. Auf die früher gestellte Frage des Herzogs »Welcher ist unter euch der geringste?« hatten alle Mitschüler, auch Schiller, seinen Namen genannt.

15,23 *Dieterich Kempffs*] Dietrich Philipp Christoph Kempff (1751-1798) wurde Rentkammersekretär in Stuttgart.

15,26 *Baßmann und Brandt*] Johann Friedrich Baßmann (geb. 1755) wurde Theatermaler und -inspektor, Johann Jakob Brandt (geb. 1754) wurde herzoglicher Kammerdiener.

16,8 *Parrot, Eisenberg, Groß, Burrlin, Scharffenstein*] Johann Leonhard Parrot (1755-1831) wurde Hof- und Domänendirektor. Friedrich Philipp Eisenberg aus Treptow (Pommern) wurde 1775 wieder nach Hause geschickt. Eberhard Heinrich Groß (geb. 1757) wurde Offizier, Johann Philipp Friedrich Burrlin (1756-1831) Architekt, Georg Friedrich Scharffenstein (1760-1817), auf der Karlsschule ein enger Freund Schillers, wurde Offizier.

17,6 *Forstkameralwesen*] Vgl. Anm. 22,27.

17,10 *Von Netzen*] Ignaz Anton Franz Robert Bechers von Netzen (geb. 1755) wurde Offizier.

17,21 *Kapff und Faber*] Joseph Kapf (1759-1791) wurde Offizier. Nach Verlassen der Karlsschule wohnte er mit Schiller zusammen bei der Witwe des Hauptmanns Vischer in Stuttgart. Er gehörte zum württembergischen Kap-Regiment und starb in Ostindien. Über Ferdinand Friedrich Faber (geb. 1758) ist nichts bekannt.

18,10 *Bilfinger*] Wendelin Bilfinger (1759-1835) wurde preußischer Staatsbeamter.

19,1 *Boigeol und Petersen*] Georg Friedrich Boigeol (1756-1843) wurde Diplomat. Johann Wilhelm Petersen (1758-1815) wurde Bibliothekar in Stuttgart. Er war Mitherausgeber des ›Wirtembergischen Repertoriums‹.

19,21 *Masson, Hahn, Schmidgall*] Peter Konrad Masson (geb. 1758) und Johann Daniel Gottfried Schmidgall (geb. 1756) wurden Offiziere. Georg Gottlieb Hahn (geb. 1756) wurde Lehrer für Mathematik und Physik an der Karlsschule.

19,28 *Reichenbach und Wächter*] Karl Ludwig Reichenbach (1757-1837) war bereits in Ludwigsburg mit Schiller befreundet. Nach der Akademiezeit gehörte er zum Freundeskreis um Schiller, der sich im ›Ochsen‹ traf; er wurde Bibliothekar und Archivar. Karl Eberhard Wächter (1758-1829) wurde Geheimer Rat.

20,13 *Plieninger*] Theodor Plieninger (1756-1840) wurde Arzt in Stuttgart.

20,32 *Atzel und Hetsch*] Johann Jakob Atzel (1754-

1816), Mitherausgeber des ›Wirtembergischen Repertoriums‹, wurde Architekt in Ansbach. Philipp Friedrich Hetsch (1758-1838) wurde Maler und Galeriedirektor in Stuttgart. Schiller traf ihn 1793 wieder und bat ihn 1804 um ein Titelbild zum *Tell*.

21,13 *Grub, Preißmeyer]* Ludwig Friedrich Grub (1760-1818) wurde höherer Postbeamter und bot Schiller 1784 an, ihn bei der Verbreitung der ›Rheinischen Thalia‹ zu unterstützen. Friedrich Preißmeyer (geb. 1757) studierte Militärwissenschaft.

22,1 *Wolff und Kaußler]* Karl Friedrich Wolff (1760-1823) wurde Beamter beim Kirchenrat; Christoph Friedrich Kaußler (1760-1823) wurde Gymnasialprofessor in Stuttgart. Einen Beitrag von ihm für die ›Horen‹ lehnte Schiller ab.

22,13 *Liesching, Duttenhofer, Elwert, Scheidle und Pfeifflin]* Friedrich Ludwig Liesching (geb. 1757) und Immanuel Gottlieb Elwert (1759-1811) wurden Ärzte; Karl August Friedrich Duttenhofer (1758-1837) Ingenieur, Friedrich Wilhelm Scheidle (geb. 1761) Offizier, Christian Friedrich Pfeifflin (geb. 1761) Jurist.

22,27 *Kameralwissenschaften]* Zu lat. camera »Kammer«. Im Sinne von fürstlicher Kammer, für den fürstlichen Haushalt zuständige Behörde. In erster Linie Lehre von der praktischen Haushalts- und Staatsverwaltung.

22,30 *Von Hoven senior, Grammont]* Friedrich von Hoven (1759-1838), ein Schulfreund Schillers schon in Ludwigsburg, wurde Arzt. Seine Autobiographie gibt interessante Aufschlüsse über Schillers Akademiezeit und seinen Besuch in Schwaben 1793/94. Joseph Friedrich Grammont (1759-1819) studierte zunächst Rechtswissenschaft, dann Medizin und wurde später Lehrer in Stuttgart. (Vgl. die Berichte Schillers über seine Erkrankung S. 59-72 in diesem Band.)

23,15 *Von Hoven junior und Gegel senior]* Auf den 1780 verstorbenen Christoph August von Hoven bezieht sich Schillers *Leichenphantasie* (Bd. I dieser Ausgabe). Vgl. auch den Brief an Hovens Vater vom 15. 6. 1780. Friedrich August Leopold Gegel (geb. 1760) ging als Hofmeister ins Ausland, später Bauverwalter in Ludwigsburg.

25,23 *Gottesgelehrter*] Die Militärakademie besaß keine theologische Fakultät. Als sie 1775 von der Solitüde nach Stuttgart verlegt wurde, erhielt sie eine medizinische Fakultät. Zugunsten der Medizin gab Schiller das Jura-Studium auf.

BEOBACHTUNGEN BEI DER LEICHEN-ÖFFNUNG DES ELEVE HILLERS

TEXTGRUNDLAGE UND ENTSTEHUNG

Unser Text folgt dem Druck der Nationalausgabe (NA 22, S. 17-18), dem die Handschrift zugrunde liegt.

Vermutlich handelt es sich um eine anatomische Übungsaufgabe. Johann Christoph Hiller (geb. 1761) starb am 10. 10. 1778.

STELLENKOMMENTAR

27,8 *Netz*] Die Netzhaut um die Eingeweide.

REDE ÜBER DIE FRAGE:
GEHÖRT ALLZUVIEL GÜTE 〈. . .〉

TEXTGRUNDLAGE

Unser Text folgt der Handschrift Schillers. Seine Rede findet sich, mit 28 anderen handschriftlichen Reden, in einem Prachtband, der Franziska von Hohenheim, der Favoritin des Herzogs, an ihrem Geburtstag am 10. 1. 1779 überreicht wurde. Der Prachtband ist seit 1987 im Besitz des Schiller-Nationalmuseums Marbach.

Zur Überlieferung vgl. NA 21, S. 106-108.

ENTSTEHUNG UND ASPEKTE DER DEUTUNG

Der Eleve Schiller hat diese Rede aus Anlaß eines Hoffestes geschrieben und, nach dem Zeugnis seines Jugendfreundes Johann Wilhelm Petersen, auch gehalten, das der Herzog zum Geburtstag der Reichsgräfin Franziska von Hohenheim veranstalten ließ. Feste dieser Art, zu denen auch Opern und Feuerwerke gehörten, waren noch im 18. Jahrhundert ein unverzichtbarer Bestandteil und Ausdruck höfischer Repräsentation.

Es war üblich, daß zu den Geburtstagen des Herzogs und seiner Geliebten Lehrer und Schüler der Militärakademie Festreden verfaßten. Sie handelten meist über Probleme der Moralphilosophie. Die Themen der Reden, die im Prachtband versammelt sind, wurden vom Herzog selbst gestellt. Sie lauteten u. a.: »Von der zu erwartenden Standhaftigkeit tugendsamer Frauen«, »Was ist die Anlage des Schöpfers in Betreff der Tugend?«, »Kann Tugend Tugend sein ohne geoffenbarte Religion?« und »In wie weit hat

Denken Einfluß auf die praktische Tugend?«. Alle Reden kommen in der überschwenglichen Huldigung an die gefeierten Personen, in der barocken Rhetorik, im Rückgriff auf geschichtliche Exempel (Sokrates, Marc Aurel) und im aufgeklärt optimistischen Tenor überein.

An den Anfang seiner ersten Karlsschulrede stellt Schiller den Grundsatz, daß über die Güte einer Handlung nicht deren Folgen, sondern das Motiv entscheide. Maßgebend ist nicht der Beifall der Menge, des »Pöbels«, der sich leicht verführen läßt, sondern die »innere Quelle der Tat«. Soll sie gut sein, muß sie aus »Liebe zur Glückseligkeit« begangen sein. Als leuchtendes Beispiel für diese Gesinnungsethik gilt Schiller Sokrates. Nach einer Güterabwägung zwischen der Liebe zum Leben und der »höheren Seligkeit« habe er sich für den Giftbecher entschieden. Erkennbar ist die Passage über den Tod des Sokrates von Moses Mendelssohns *Phädon oder über die Unsterblichkeit der Seele*, zuerst 1767, inspiriert. Ganz anders als Sokrates beurteilt Schiller Cäsar oder Augustus. Deren vermeintlich gute Taten verraten niedere Beweggründe, sie wurden aus Ehrgeiz begangen.

Ein bemerkenswertes Gewicht erhält in dieser Rede der stoische Grundgedanke, daß die gute Tat um so höher zu bewerten sei, je mehr sie gegen widerständige eigene Neigungen erkämpft werden mußte. Am Ende bricht die Rede die historische Betrachtung ab, um dem Herzog und der Reichsgräfin als strahlenden Gestalten wahrer Tugend zu huldigen.

STELLENKOMMENTAR

29,12f. im Tempel der Tugend] Der Saal, in dem der Festakt stattfand, war mit Inschriften und Emblemen geschmückt, die der Tugend gewidmet waren. Schiller hat einmal *Inschriften für ein Hoffest* niedergeschrieben. Den Anlaß dazu bot vermutlich der Namenstag der Franziska von Hohenheim im Oktober 1780. Das Manuskript hat folgenden Wortlaut (Druckvorlage: NA 21, S. 113):

1) Über die Pforte:
So tun sich Ihr alle Herzen auf.

———

2) Im Tempel

1. Wo Franziska hineintritt wird ein Tempel.
2. Die Traurigkeit blühet vor Ihr auf, und die Freude jauchzet Ihr nach.
3. So muß man Franzisken belohnen (ein brennendes Herz).
4. Tugend und Grazien wetteiferten sich selbst zu übertreffen, und Franziska *ward*!
5. Die Tugend wollte geliebt sein und nahm Ihr Bild an.
6. Sie ist unsterblich wie ich (indem die Tugend der Fama Ihr Bildnis übergibt)

Schiller
Eleve

29,29 *den Erhabensten Geist*] Moses Mendelssohns *Phädon*, dessen »Drittes Gespräch« den Tod des Sokrates schildert, bemüht sich zu erweisen, daß das Leben nach dem Tod schlechterdings nicht zu Ende sein kann.

30,32 *Tabor*] Der Berg der Verklärung Christi, hier: der Ort der Bergpredigt.

31,31 *den Sohn Davids*] Absalom; vgl. 2. Sam. 15,2ff.

32,5 *Ravaillacs Königsmord*] François Ravaillac ermordete am 14. 5. 1610 Heinrich IV. Er galt als religiöser Fanatiker und Parteigänger des Papstes (vgl. S. 188,13).

32,6 *Catilina's Mordbrennerei*] Gemeint sind die Verschwörungen des Lucius Sergius Catilina (108–62) gegen die römische Republik.

33,33 »– *Wie Krümmen*] Aus Klopstocks *Messias*, 7. Gesang, v. 419ff.

34,7 *Große Wonne*] Frei zitiert aus Klopstocks Ode *Für den König*.

35,11 *Marcus Aurelius*] Römischer Kaiser 161–180.

35,18 *Cathmors Seele*] Aus Ossians *Temora*, 1. Gesang,

nach J. N. C. M. Denis, *Die Gedichte Ossians eines alten cel-tischen Dichters, aus dem Englischen übersetzt* ⟨. . .⟩, Bd. 2, Wien 1768, S. 14 (NA 21, S. 113).

36,2f. *die Armen in den Hütten]* Schiller schätzt als Kron-zeugen für die Tugend der Gefeierten die »Armen in den Hütten«, ihre »Tränen der Dankbarkeit und Freude« weit höher als das prächtige Zeremoniell. Was Tugend ist, weiß am besten das mitleidige Herz. So wird, bei aller Huldi-gungsrhetorik, auch ein kritischer Vorbehalt gegen die Veranstaltung sichtbar, deren Konventionen der Eleve Schiller gerade selbst folgt.

PHILOSOPHIE DER PHYSIOLOGIE

TEXTGRUNDLAGE UND -ÜBERLIEFERUNG

Die *Philosophie der Physiologie*, seine erste medizinische Dissertation, hat Schiller zunächst in deutscher, dann in lateinischer Sprache verfaßt und in dieser letzteren Fassung im Herbst 1779 an der Hohen Karlsschule eingereicht. Diese beiden Fassungen sind verloren. Wie der »Plan« zeigt, umfaßte die vollständige Arbeit fünf Kapitel. Erhalten ist lediglich eine Abschrift des 1. Kapitels mit 11 Paragraphen von unbekannter Hand (SNM). Sie fand sich im Nachlaß des Jugendfreundes Franz Conz.

Es ist ungeklärt, ob diese Abschrift auf die erste deutsche Fassung zurückgeht oder eine Rückübersetzung der lateinischen Fassung ins Deutsche darstellt.

Erstdruck bei Karl Hoffmeister, *Nachlese zu Schillers Werken*, Bd. 4, Stuttgart, Tübingen 1841, S. 43-67. Unserem Druck ist die angegebene Abschrift des 1. Kapitels zugrunde gelegt; sie wurde mit der Textdarbietung in NA 20, S. 10-29, verglichen.

QUELLEN UND ASPEKTE DER DEUTUNG

Am Ende seiner Ausbildung an der Hohen Karlsschule hat Schiller drei medizinische Dissertationen verfaßt. Zunächst die *Philosophie der Physiologie* (1779); dann *De discrimine febrium inflammatoriarum et putridarum* (1780) und schließlich den *Versuch über den Zusammenhang der tierischen Natur des Menschen mit seiner geistigen* (1780). Die ersten beiden Dissertationen wurden von seinen Lehrern und Gutachtern abgelehnt, die dritte schließlich angenommen. Diese drei

Arbeiten müssen, wie die neuere Forschung gezeigt hat, vor dem Hintergrund vielfältiger medizinischer Traditionen und Denkansätze gesehen werden (vgl. Kenneth Dewhurst und Nigel Reeves, *Friedrich Schiller. Medicine, Psychology and Literature*, Berkeley, Los Angeles 1978; Wolfgang Riedel, *Die Anthropologie des jungen Schiller*, Würzburg 1985). Die Medizin wird im 18. Jahrhundert nicht nur von zwei konkurrierenden Krankheitslehren beherrscht, der Humoralpathologie (Hermann Boerhaave, 1668-1738) und dem Animismus (Georg Ernst Stahl, 1659-1734); daneben machen die medizinischen und philosophischen Lehrer der Karlsschule Schiller auch mit anderen medizinischen Auffassungen vertraut. So kommt der Schüler unter dem Einfluß Jakob Friedrich Abels (1751-1829) unter anderem mit dem Materialismus des französischen Arztes Julien Offray de La Mettrie (1709-1751) in Berührung. Sein wichtigster medizinischer Lehrer Johann Friedrich Consbruch (1736-1810) macht ihn mit der neuropathologischen Schule bekannt, die von Friedrich Hoffmann (1660-1742) und Albrecht von Haller (1708-1777) und William Cullen (1712-1790) begründet wurde. Diese Schule vertrat die Lehre, daß nicht etwa die Seele, wie Stahl annahm, sondern das Nervensystem alle organischen Prozesse und deren Störungen steuere.

Wenn Schiller in seiner ersten Dissertation die Auffassung vertritt, daß der Mensch als Einheit zu betrachten sei, daß Philosophie und Medizin verbunden werden müßten, so greift er eine verbreitete Idee der damaligen Medizin und der Popularphilosophie auf. Philosophisch interessierte Ärzte und an Medizin interessierte Philosophen haben sich in der Spätaufklärung um die Erkenntnis des ganzen Menschen in seinen psycho-physiologischen Zusammenhängen bemüht und eine Wissenschaft begründet, die im späten 18. Jahrhundert Anthropologie genannt wird. Zu diesen »philosophischen Ärzten« gehören u. a. der Physiologe und Dichter Albrecht von Haller, Johann Georg Zimmermann (1728-1795), Melchior Adam Weikard (1742-1799), Johann

Friedrich Zückert (1737-1778) und Ernst Platner (1744-1818), Professor der Medizin und Philosophie in Leipzig und Lehrer Jean Pauls. (Zur medizin- und geistesgeschichtlichen Bedeutung der »philosophischen Ärzte« vgl. Hans-Jürgen Schings, *Melancholie und Aufklärung. Melancholiker und ihre Kritiker in Erfahrungsseelenkunde und Literatur des 18. Jahrhunderts*, Stuttgart 1977, insbes. S. 20ff.)

Schillers Dissertationen zeigen, daß auch er in der Reihe der »philosophischen Ärzte« zu sehen ist; auch er vertritt die These, daß die Lehre vom menschlichen Körper nicht von den Kenntnissen des menschlichen Geistes oder der Seele getrennt werden sollte.

Die *Philosophie der Physiologie* behandelt vor allem zwei Themen, die Beziehungen zwischen Körper und Seele bzw. Geist (implizit eine moralische Frage) und die physiologischen Bedingungen der Wahrnehmung. Mit der Forderung, Philosophie und Physiologie zusammenzudenken, gibt die Schrift sogleich eine Schwierigkeit zu erkennen, vor die sich das anthropologische Denken im späteren 18. Jahrhundert gestellt sieht. Es nimmt einerseits mit Rücksicht auf theologische Grundüberzeugungen, so die von der Unsterblichkeit der Seele, seinen Ausgang von der dualistischen Substanzenlehre, die auf Descartes zurückgeht und eine strikte Unterscheidung zwischen der Materie als »res extensa« und dem Geist als »res cogitans« festhält, es möchte andererseits eben diesen Dualismus mit der Forderung, den Menschen als Einheit zu begreifen, überwinden. Die *Philosophie der Physiologie* nimmt auf die geistesgeschichtliche Konstellation implizit und explizit Bezug, und sie gipfelt in einer für Schiller charakteristischen Antwort auf die Frage, wie denn die Interaktion zwischen Materie und Geist im einzelnen im Menschen gedacht werden könne.

Grundlage für Schillers Überlegungen ist die göttliche »Bestimmung des Menschen«. Das menschliche Leben findet seinen Sinn darin, den Schöpfungsplan erkennend nachzuvollziehen. Um diese Bestimmung erfüllen zu kön-

nen, muß der Geist imstande sein, Wirkungen der materiellen Welt zu empfinden und wahrzunehmen. Wie ist, so
fragt Schiller, die »Wirkung der Materie auf den Geist« (§ 2)
im einzelnen beschaffen? Er referiert zunächst vier Antworten auf diese Frage, die ihm alle ungenügend erscheinen
(vgl. Riedel, S. 71f.). Zuerst weist er eine Überlegung Abels
zurück, es könne eine »undurchdringliche« Seele geben.
Der Seele eine einzige körperliche Eigenschaft zuzuschreiben, nämlich Undurchdringlichkeit, heißt für Schiller, sie
virtuell als materielles Wesen aufzufassen. Zweitens verwirft er die Lösung der französischen Materialisten. »Oder
muß der Geist selbst Materie sein. Denken wär also Bewegung. Unsterblichkeit wäre ein Wahn.« Da es in der Konsequenz dieses Denkens liegt, die Unsterblichkeit der Seele
in Abrede zu stellen und die »Furcht einer kommenden
Ewigkeit einzuschläfern«, wird diese Lösung von Schiller
abgelehnt. Drittens bestreitet Schiller die Leibnizsche Lehre von der »prästabilierten Harmonie«, so wie er sie versteht: »Wir täuschen uns, wir träumen, so wir glauben,
unsere Ideen und Empfindungen von außen zu empfangen.
Wir sind unabhängig von der Welt. Sie ist unabhängig von
uns. Wir deuten, kraft eines von Ewigkeit festgesetzten
Zusammenklangs, wie zwei gleichaufgezogene Uhren auf
eine Sekunde.« Schillers Kritik an Leibniz gipfelt in dem
Vorwurf, er behaupte eine »Welt ohne Absicht«, sein durch-
gängiger Determinismus schließe Freiheit aus (§ 2). Viertens kritisiert er die Lehre der Occasionalisten Nicolas
Malebranche (1638-1715) und Arnold Geulincx (1624-
1669), derzufolge die Wechselwirkungen zwischen Körper
und Seele nur durch ein wunderbares Eingreifen Gottes bei
bestimmten Gelegenheiten zustande kommen. Die Annahme von Wundern diskreditiert den »Plan der Welt« als
mangelhaft, sie zwingt dazu, sich Gott als unvollkommen,
»schwach wie ein menschlicher Künstler«, vorzustellen
(§ 2).
     Einige Grundannahmen muß Schiller zufolge jede Er-
klärung des Zusammenhangs zwischen Leib und Seele

berücksichtigen: die strikte Unterscheidung von Körper und Geist, die Unsterblichkeit der Seele, die moralische Freiheit des Menschen und die unendliche Vollkommenheit Gottes. Weder kommt eine Materialisierung des Geistes noch ein metaphysischer Eingriff in Betracht, um den Zusammenhang von Leib und Seele zu deuten. Schiller besteht darauf, daß jeder Versuch, diesen Zusammenhang theoretisch zu fassen, zum einen von der Immaterialität der Seele, also vom Dualismus der Substanzen, und zum zweiten von der Wirkung zwischen den beiden Naturen des Menschen als einer natürlichen Wirkung ausgehen muß. So verwirft die Schrift die Hypothesen, die Abel, die französischen Materialisten, Leibniz und die Occasionalisten ins Spiel gebracht haben.

Schillers eigener Vorschlag besteht nun darin, eine ›dritte Kraft‹ anzunehmen, die selbst weder Geist noch Materie ist, aber an beiden teilhat. »Oder endlich muß eine Kraft vorhanden sein, die zwischen den Geist und die Materie tritt und beede verbindet. Eine Kraft, die von der Materie verändert werden, und die den Geist verändern kann. Dies wäre also eine Kraft, die eines teils geistig, andern teils materiell, ein Wesen, das eines teils durchdringlich, andern teils undurchdringlich wäre ⟨...⟩« (§ 2). Schiller hat das logische Dilemma in seinem Vorschlag selbst gesehen: diese dritte Kraft soll eine Synthese von Geist und Materie, zugleich aber auch etwas anderes, nämlich »ganz verschieden von der Welt und dem Geist« sein (§ 2). Überraschend läßt er diese Denkunmöglichkeit auf sich beruhen und versichert, daß diese dritte Kraft in Wirklichkeit aber existiere. Die Erfahrung könne sie beweisen. »Wie kann die Theorie sie verwerfen?« (§ 3)

Die Idee, ein Drittes anzunehmen, das geeignet sein könnte, den Zusammenhang zwischen Körper und Geist zu erklären, ist im Umkreis der Karlsschule mehrfach artikuliert worden, u. a. bei seinem Lehrer J. F. Abel. Anders aber als Abel faßt Schiller nicht die Seele selbst als Mittelding, sondern als ein Wesen, das auch ›topographisch‹

zwischen Körper und Seele angesiedelt ist, den »Nervengeist«. Daß die Nerven »Werkzeuge« sind, d. h. die Funktion haben, zwischen Körper und Seele zu vermitteln, ist zu dieser Zeit allgemeine Lehrmeinung der Medizin, auch der berühmte Physiologe und Dichter Albrecht von Haller vertritt sie. Man weiß, daß ohne Vermittlung der Nerven der Geist weder zu erkennen vermag, noch Muskeln und Glieder die Befehle seines Willens ausführen können. Schiller übernimmt den Begriff des »Nervengeistes« von Haller. Mit Haller, Ernst Platner und seinem medizinischen Lehrer an der Karlsschule, Johann Friedrich Consbruch, stimmt er darin überein, daß die Kommunikation zwischen Körper und Geist über das Nervensystem vonstatten geht.

Während sich aber Haller als Empiriker auf die physiologische Beschreibung der Nerven beschränkt, verknüpft sie Schiller, angeregt durch seinen Lehrer Abel, mit philosophischen Spekulationen. Indem er den Nervengeist »Mittelkraft« nennt (§ 2), unterstellt er ihm jenen halb materiellen, halb immateriellen Charakter, über den Auskunft zu geben sich Haller geweigert hatte. So macht sich Schiller in dieser Schrift vor allem zwei Denktraditionen und Begriffe zu eigen: die Idee von der Vermittlungsfunktion der Nerven zwischen Geist und Körper, wie sie in der zeitgenössischen Physiologie und Medizin aufgrund empirischer Untersuchungen vertreten wird, und die Vorstellung eines mittleren Wesens (»Mittelkraft«), die geeignet ist, zwischen den Substanzen, die in der dualistischen Lehre unterschieden werden, eine Verbindung herzustellen. Auf diese Weise rückt die Schrift Befunde der zeitgenössischen empirischen Physiologie mit Fragestellungen der metaphysischen Tradition zusammen.

Die hier zum ersten Mal von Schiller erprobte Denkfigur, einen vermeintlich unaufhebbaren Gegensatz durch ein drittes Element zu überwinden, spielt in seinen späteren Schriften, z. B. in den *Ästhetischen Briefen* (in der Konstellation Formtrieb – Stofftrieb – Spieltrieb), eine entscheidende Rolle.

Die erste Dissertation Schillers wurde wegen Unklarheiten, einiger gewagter Thesen und wegen der respektlosen Kritik anerkannter Gelehrter (Albrecht von Haller, Domenico Cotugno, Charles Bonnet) von den Professoren Ch. G. Reuß, J. F. Consbruch und dem Chirurgien-Major Ch. K. Klein abgelehnt. Deren Gutachten geben nur wenig Aufschlüsse über die nicht erhaltene lateinische Fassung.

Zu den Gutachten vgl. NA 21, S. 114f. und Dewhurst/ Reeves, S. 165-168.

STELLENKOMMENTAR

37,13 *das Universum das Werk eines unendlichen Verstandes*] Einleitend übernimmt Schiller Grundgedanken der Leibnizschen Metaphysik, derzufolge die Welt als die beste aller möglichen Welten zu begreifen sei. Hinzu treten Ideale der Aufklärungsphilosophie wie die Glückseligkeit und Vollkommenheit der Menschen.

38,3 *ein Weiser dieses Jahrhunderts*] Schiller folgt hier den *Institutes of moral philosophy* (1769) des schottischen Moralphilosophen Adam Ferguson, die Christian Garve in Deutschland herausgebracht hatte: *Adam Fergusons Grundsätze der Moralphilosophie. Uebersetzt und mit einigen Anmerkungen versehen von Christian Garve*, Leipzig 1772. In der Übersetzung Garves lautet Fergusons Satz, den Schiller referiert: »⟨. . .⟩ der Zustand einer Seele, die bis zu dem Grade erleuchtet ist, daß sie begreift, was der Gegenstand und was die Absichten der göttlichen Vorsehung im Ganzen sind, ⟨ist⟩ unter allen übrigen der ergötzendste« (Garve, S. 135). Das höchste Glück, der Zustand der Vollkommenheit, der mit Vergnügen verbunden ist, wird dem zuteil, der die Welt als eine göttlich geordnete erkennen kann.

38,26 *Liebe also*] Der von Ferguson inspirierte Gedanke, daß Liebe der wichtigste Antrieb menschlichen Handelns sei, kehrt in der *Anthologie auf das Jahr 1782* wieder und wird vor allem in den *Philosophischen Briefen* näher ausgeführt.

Zur Macht universeller Liebe vgl. Garve, *Adam Fergusons Grundsätze*, S. 69, 83).

38,27 *große Kette*] Vgl. Anm. 75,26ff.

38,33f. *Mitleiden 〈. . .〉 ein Affekt, gemischt aus Wollust und Schmerz.*] Die Lehre vom Mitleiden als einer gemischten Empfindung geht auf Dubos zurück. Auch Mendelssohn (*Über die Empfindungen*, 1755) und Lessing (*Hamburgische Dramaturgie*, 47. Stück) haben sie vertreten. Schiller hat sie später herangezogen, um das eigentümliche Gefühl des Erhabenen, die Wirkung der Tragödie auf den Zuschauer, näher zu beschreiben, so in *Über den Grund des Vergnügens an tragischen Gegenständen* und *Über das Erhabene*.

40,2f. *entweder der Geist undurchdringlich sein*] Bezieht sich implizit auf einen Gedanken Abels (vgl. »Aspekte der Deutung«).

40,5f. *Oder muß der Geist selbst Materie sein*] Die Hypothese des französischen Materialisten La Mettrie (vgl. »Aspekte der Deutung«).

40,11f. *Oder ist all unsere Vorstellung einer Welt*] Der Passus kritisiert Leibniz' »prästabilierte Harmonie« (vgl. »Aspekte der Deutung«).

40,23f. *Oder 〈. . .〉 der unmittelbare Einfluß der Göttlichen Allmacht*] Bezieht sich auf die Occasionalisten Malebranche und Geulincx (vgl. »Aspekte der Deutung«). Daß Wunder einen Mangel im Plan der Welt anzeigen, schreibt auch Mendelssohn in den Briefen *Über die Empfindungen* (7. Brief).

43,18f. *die ganze Maschine*] Die Vorstellung des Körpers als einer Maschine war in der Philosophie des Materialismus seit Julien Offray de La Mettries (1709-1751) *L'homme machine* (Leiden 1748, recte 1747) geläufig.

46,2 *Cotunni*] Daß Schiller Domenico Cotugnos (1736-1822) Entdeckung der Feuchtigkeit im Labyrinth des Ohres in Abrede stellt, war von seinem Gutachter Klein übel vermerkt worden. Klein hatte Cotugnos Entdeckung im Unterricht bestätigt (Dewhurst/Reeves, S. 173).

47,31f. *Siehe Garves Abhandlung*] Christian Garve, *Ver-

such über die von der Akademie aufgegebene Frage: Ob man die natürlichen Neigungen vernichten oder welche erwecken könne, die die Natur nicht erzeugt hat. und welches die Mittel seyn, den Neigungen, wenn sie gut sind, Kräfte zu geben, oder, wenn sie böse sind, zu schwächen. Berlin 1769.

48,32 *I.) Sind sie Eindrücke*] Schiller behandelt hier und im folgenden drei zu seiner Zeit bekannte Theorien des Eindrucks. Die erste stammt von Haller; sie besagt, daß Eindrücke in die Nervensubstanz eingeprägt seien. Die zweite, von Abel vertretene, nimmt an, daß Eindrücke als Bewegungen in den Nerven aufzufassen seien. In der dritten Theorie werden Nerven ähnlich den Saiten eines Instruments vorgestellt (Dewhurst/Reeves, S. 173).

51,11 *Elemente des Epicurus*] Epikur, griechischer Philosoph (341-270), vgl. Anm. 123,26f.

51,12 *Bonnets Hypothese*] Schillers Hinweis auf Epikur, der lehrte, daß das Universum aus Atomen bestehe, die sich beständig vereinen und trennen, soll den Eklektizismus in Bonnets Versuch bloßstellen, die genannten drei Theorien miteinander zu vereinbaren. Schiller bezieht sich auf Charles Bonnet, *Essai analytique sur les facultés de l'âme*, 1760. Deutsche Übersetzung mit Zusätzen von Ch. G. Schütz, 2 Bde., Bremen 1770. Die Untersuchung von Dewhurst/Reeves zeigt, daß Schillers Einwand gegen Bonnet berechtigt war (Dewhurst/Reeves, S. 169, 173).

54,11 *anastomosiere*] Anastomosieren: zusammenmünden.

54,30 *Quandoque bonus dormitat Hallerus.*] Respektlose Umformulierung des Horaz-Zitats »Quandoque bonus dormitat Homerus« (»Zuweilen schläft selbst der gute Homer«), Horaz, *Ad Pisones*, v. 359.

55,13 *Abdera*] In Wielands satirischem Roman *Geschichte der Abderiten* fordern die Bewohner von Abdera den Arzt Hippokrates auf, ein Gutachten über die geistige Verfassung Demokrits zu verfassen, der ihnen an Klugheit weit überlegen ist. Hippokrates rät, jedem Abderiten sieben, den Ratsmitgliedern 14 Pfund Nieswurz zur Erhellung des Geistes zu geben.

55,31f. *Aufmerksamkeit*] Aufmerksamkeit gilt im zeitgenössischen Denken als ein Vermögen, durch das Freiheit
realisiert wird. Die Aufmerksamkeit, die »sich Beweggründe macht«, garantiert, daß der Mensch sich über den Status
einer Maschine erhebt, die durch äußere Kräfte gesteuert
wird. Auch Bonnet, den Schiller ansonsten kritisiert, hatte
die Aufmerksamkeit als Quelle der Freiheit aufgefaßt. (Vgl.
Dewhurst/Reeves, S. 172.)

56,11 *Wiederum*] NA und Fricke/Göpfert, Bd. 5, lesen:
Wird nun

56,14 *deuteropathisch*] Wörtl. pathologische Folgeer-
scheinung einer Krankheit.

57,25 *Swiffts*] Der engl. Satiriker Jonathan Swift (1667-
1745) starb in geistiger Umnachtung.

58,32 *verschlimmert wird*] Hier bricht die Handschrift ab.

ÜBER DIE KRANKHEIT DES ELEVEN GRAMMONT

TEXTGRUNDLAGE

Unser Text folgt den Handschriften, die sich im Schiller-Nationalmuseum in Marbach am Neckar befinden.

ENTSTEHUNG UND ASPEKTE DER DEUTUNG

Im Sommer 1780 wurden Schiller und die Kommilitonen Plieninger, von Hoven, Jacobi und Liesching von der Akademie beauftragt, den an schweren Depressionen erkrankten Mitschüler Joseph Frédéric Grammont (1759-1819) zu beobachten und über seinen Zustand fortlaufend zu berichten. Grammont war der Sohn eines Pastors aus der französischsprachigen Enklave Mömpelgard im Elsaß, die protestantisch war und politisch zu Württemberg gehörte. Die Texte Schillers bezeugen, daß er sich die u. a. von J. F. Abel vertretene Lehre, der Mensch sei als Einheit von Körper und Seele zu begreifen, zu eigen gemacht hat und in seinen Bemühungen um den erkrankten Mitschüler anzuwenden sucht. Seine Behandlung läßt sich vielleicht schon psychotherapeutisch nennen. Immer wieder betonen die Berichte, daß Hypochondrie und deren schwerere Form, Melancholie, psychosomatische Leiden sind, Leiden, die die Seele und den Körper zugleich erfassen. Auf die schwierige Frage, ob die Melancholie Grammonts psychischen oder organischen Ursprungs ist, geben sie keine direkte Antwort. Als unmittelbare Ursache für die akute Selbstmordgefährdung des Patienten nimmt Schiller körperliche Beschwerden an. Daneben zeigt er sich davon überzeugt, daß die

Melancholie in einer intellektuellen Krise begründet ist. »Pietistische Schwärmerei« habe zu einer Verwirrung der Begriffe und schließlich zu tiefen Zweifeln an Glaubensgewißheiten geführt. Die physische und die psychische Zerrüttung verstärken sich wechselseitig, so Schillers Befund, bis zum Todeswunsch. Gleichermaßen halten die Berichte die »moralischen« wie auch die körperlichen Umstände des Patienten im Blick. Daß Grammont selbst in den Zwängen der Militärakademie die Ursachen für seine Krankheit sieht und den dringenden Wunsch äußert, die Karlsschule zu verlassen, weil er nur außerhalb geheilt werden könne, macht den Fall zum Politikum und Schillers Mission besonders schwierig. Denn diese Selbstdiagnose stellt einen unübersehbaren Angriff auf die Institution dar. Die Ärzte haben in ihren Gutachten über Grammont darauf auch reagiert und die somatischen Ursachen der Krankheit stark betont, ohne indessen einen Einfluß der Seele auf die körperliche Verfassung des Patienten in Abrede zu stellen. (Wolfgang Riedel, *Die Anthropologie des jungen Schiller*, Würzburg 1985, hat die Gutachten mitgeteilt und kommentiert, S. 44ff.)

Schiller verhält sich so, daß er bei der Leitung der Akademie in den Verdacht »einer heimlichen Begünstigung« der Ansichten Grammonts gerät (5. Bericht), gegen den er sich in einem Rechtfertigungsschreiben an den Intendanten (6. Bericht) zur Wehr setzt. Es ist zumindest wahrscheinlich, daß er in der Tat mit Grammonts Selbstdiagnose und der Kritik an der Karlsschule sympathisiert hat.

In seinem Umgang mit Grammont hat er die von den Akademieärzten verordneten Therapien zur körperlichen und psychischen Genesung nachhaltig unterstützt. So mahnt er bei seinem Mitschüler die »Leibes-Bewegungen« (Spazierengehen, Reiten) an und versucht, durch einfühlendes Verständnis für den Kranken, »Vertrauen«, Verzicht auf »Gewalt« und »Gelindigkeit und nachgebende Methode« (letztere sieht Schiller auch durch den Herzog gebilligt) die Isolation des Patienten zu vermindern. Dabei geht er davon aus, daß psychische und körperliche Genesung sich wechselseitig verstärken können. Die gleiche wechselseitige Verstärkung, die zur schweren Erkrankung Grammonts geführt hat, läßt sich auch für seine Heilung nutzen.

Auch der Aufenthalt Grammonts in Bad Teinach im Schwarzwald brachte keine nachhaltige Besserung. Schließlich wurde er am 14. 2. 1781 aus der Akademie entlassen und kehrte zu seinen Verwandten nach Mömpelgard zurück. Erst Anfang 1783 hatte er die schwere Depression überwunden.

STELLENKOMMENTAR

60,16f. *fürchterlichen Melancholie*] Vgl. zur Melancholie, ihrer Symptomatik, Deutung und Therapie im 18. Jahrhundert, Hans-Jürgen Schings, *Melancholie und Aufklärung*, Stuttgart 1977; Gert Mattenklott, *Melancholie in der Dramatik des Sturm und Drang*, Stuttgart 1968.

61,20 *Collegium archiatrale*] Das Kollegium der Ärzte.

61,22f. *Hopffengärtner*] Johann Georg Hopfengärtner (1724-1796) war herzoglicher Rat und Leibarzt.

62,17 *Klein*] Christian Konrad Klein (1741-1815) war Lehrer für Anatomie und Chirurgie an der Militärakademie.

63,10 *Biographien des Plutarchs*] Plutarch, griech. Philosoph und Biograph (um 46-120). Seine *Parallelbiographien* entstanden vermutlich zwischen 105 und 115. Im 17. und 18. Jahrhundert gehörten sie zu den meistgelesenen Büchern. Seit 1782 besaß Schiller die Übersetzung von Gottlob Benedict von Schirach, Berlin und Leipzig 1777.

64,2 *Brechweinsteins*] Ein seit dem 17. Jahrhundert bekanntes Brech- und Abführmittel.

64,20 *als Taglöhner und Bettler*] Ein »Taglöhner« und »Bettler« zu sein wünscht sich auch Moor in den *Räubern* (III 2).

68,21f. *Prof. Abel*] Auch J. F. Abel hat sich um die Genesung Grammonts sehr bemüht. Auf Geheiß des Herzogs wurden in der Akademie zwei Gutachten über den Patienten geschrieben; das medizinische von Reuß, Consbruch und Klein, das psychologische von Abel. Vgl. W. Riedel, *Die Anthropologie*, S. 44.

  70,15 *Eleven Plieninger]* Vgl. Anm. 20,13.

  70,25 *Eleven von Hovens]* Vgl. Anm. 22,30.

DIE TUGEND IN IHREN FOLGEN BETRACHTET

TEXTGRUNDLAGE

Unser Text folgt NA 20, S. 30-36. Sie gibt eine Abschrift
der Rede wieder, die wahrscheinlich Schillers Jugend-
freund Friedrich von Hoven besorgt hat. Sie befindet sich
im Schiller-Nationalmuseum Marbach. Der Titel der Rede
in der Abschrift lautet: *Die Tugend in ihren Folgen betrachtet. in
einer Rede zur Feyer des Geburts-Festes der Frau Reichsgräfin von
Hohenheim auf gnädigsten Befehl Sr. Herzoglichen Durchlaucht
verfertigt vom Eleve Schiller.*

ENTSTEHUNG UND ASPEKTE DER DEUTUNG

Seine zweite Karlsschulrede hat der Eleve Schiller am
10. 1. 1780 im Rahmen der Feierlichkeiten zum Geburtstag
der Franziska von Hohenheim selbst vorgetragen. Der
Herzog hatte zwölf Schülern dasselbe Thema gestellt und
Schillers Rede den Vorzug gegeben. Das Zeremoniell umfaßte Glückwunschdeputationen, Ansprachen, Festcar-
men, Gottesdienst, Frühstück, Festspiel, Schillers Festrede,
Festtafel, Oper, Tafel und Redoute.

Schillers Rede erörtert ihr Thema in der aufklärerischen
Gewißheit, daß die Welt im Begriffe sei, immer vollkommener zu werden, und die »Glückseligkeit des Ganzen« in
Aussicht stehe. Wer moralisch handelt, trägt zur Vollkommenheit, zur Glückseligkeit der Menschen bei. Insofern die
Vollkommenheit Gottes das Vorbild menschlicher Vollkommenheit darstellt, verherrlicht, wer Gutes tut, immer
auch den Schöpfer. Auf die in der zeitgenössischen Moralphilosophie häufig behandelte Frage, wie die Glückselig-

keit des Einzelnen zu der der anderen Menschen stehe, antwortet Schiller hier wie auch in den *Philosophischen Briefen* mit einem altruistischen Konzept: Die tugendhaften Handlungen sollen in erster Linie auf die Vervollkommnung, die Glückseligkeit der anderen zielen; nur wer so handelt, macht auch sich selber glücklicher.

Begründet ist die Zuversicht, daß es in der Welt immer moralischer zugehe, in einer u. a. von A. Ferguson inspirierten Auffassung der Liebe, die sich bereits in der *Philosophie der Physiologie* formuliert findet und in den *Philosophischen Briefen* weiter ausgeführt wird. Die Liebe stellt den mächtigsten Antrieb dar, das Gute zu tun, so lautet eine Grundüberzeugung des jungen Schiller. »Liebe ⟨ist⟩ das große Band des Zusammenhangs aller denkenden Naturen«, ein allgemeines notwendiges Prinzip, durch das allein die Ordnung der Schöpfung garantiert wird. Fehlte sie, so würde »bald das unermeßliche Geisterreich in anarchischem Aufruhr dahintoben« (S. 76). Um die gewaltigen Energien zu unterstreichen, die von der Liebe ausgehen und die moralische Vervollkommnung gewährleisten, wählt Schiller mit dem Blick auf Newton eine bemerkenswerte Analogie. »Nicht geringer, als die allwirkende Kraft der Anziehung in der Körperwelt, die Welten um Welten wendet, und Sonnen in ewigen Ketten hält, nicht geringer, sag ich, ist in der Geisterwelt das Band der allgemeinen Liebe.« (S. 75.) So verschafft Schillers Argumentation der Liebe, die ein Grundprinzip des menschlichen Verhaltens ist, den Status eines unbezweifelbaren Naturgesetzes.

Als Wegbereiter der Wahrheit und der Tugend lobt der jugendliche Festredner u. a. Montesquieu, Gellert und Haller, rühmt er mit dem rhetorischen Überschwang, den der Anlaß vorschrieb, seinen Landesherrn und die Gräfin von Hohenheim.

STELLENKOMMENTAR

75,15 f. *mit den größten Weisen dieses Jahrhunderts*] Gemeint ist zunächst Adam Ferguson, den Schiller schon in der *Philosophie der Physiologie* genannt hatte; darüber hinaus hatte er vermutlich Moralphilosophen wie Hutcheson und Shaftesbury im Blick, die die Tugend im Prinzip der »Sympathie«, des »Wohlwollens« zu begründen suchten.

75,26 ff. *Nicht geringer ⟨. . .⟩ das Band der allgemeinen Liebe*] Schiller bezieht sich hier auf das neuplatonische und durch Leibniz und Newton weiterentwickelte Weltmodell, das besagt, daß alle Wesen untereinander verbunden sind und eine Stufenfolge bilden (vgl. Arthur O. Lovejoy, *The Great Chain of Being. A Study of the History of an Idea*, Cambridge/ Mass. 1936; Emil Wolff, *Die goldene Kette. Die Aurea Catena Homeri in der englischen Literatur von Chaucer bis Wordsworth*, Hamburg 1947). Newtons Gesetz der Attraktion läßt sich, so die Pointe des jungen Schiller, auf das Geisterreich ausdehnen und als Liebe auslegen. Die gleiche Anziehungskraft, die die physische Welt ordnet, regelt als Liebe der Geister auch die menschlichen Beziehungen. Die Vorstellung vom »Band der allgemeinen Liebe« beherrscht auch die *Philosophischen Briefe*; erwähnt ist sie bereits in der *Philosophie der Physiologie* (S. 38,25 f. und Anm. 38,26).

75,30 *Liebe ist es*] Vgl. die Gedichte *Phantasie an Laura* und *Die Freundschaft* (Bd. I dieser Ausgabe).

77,1 *einen Antonin, einen Trajan*] Die römischen Kaiser Antoninus Pius (138-61) und Trajan (98-117).

77,2 *Eurotas*] Der Fluß, an dem Sparta liegt.

77,2 *Lykurg*] Gesetzgeber und Begründer der Republik Sparta (9. Jh. v. Chr.).

77,3 *Montesquieu*] Der französische Philosoph Charles de Secondat, Baron de Montesquieu (1689-1755), Autor von *De l'esprit des lois*, Genf 1748.

77,4 *Gellert*] Christian Fürchtegott Gellert (1715-1769).

77,4 *Haller*] Albrecht von Haller, vgl. S. 1148, 1152.

77,4 *Addison*] Joseph Addison (1672-1719), Herausgeber der moralischen Wochenschriften ›Tatler‹ und ›Spectator‹.

77,15 *La Mettrie*] Julien Offray de La Mettrie (1709-1751), vgl. Anm. 43,18f.

77,15 *Voltaire*] In seiner Ablehnung des Philosophen und Dichters Voltaire (1694-1778) ist sich Schiller treu geblieben. Vgl. *Über den Grund des Vergnügens an tragischen Gegenständen*, *Über naive und sentimentalische Dichtung* und die Gedichte *An Goethe, als er den Mahomet von Voltaire auf die Bühne brachte* und *Das Mädchen von Orleans*, eine Verteidigung seiner *Jungfrau von Orleans* gegen Voltaires ironisches Epos *Pucelle* (1757). Vgl. auch die Briefe an G. Körner, 1. 5. 1797, und an Goethe, 25. 4. 1805.

77,34f. *neue Solone*] Solon, athenischer Gesetzgeber und Dichter (um 640- nach 561).

79,6f. *jenen Eroberer*] Alexander der Große; vgl. Schillers Gedicht *Der Eroberer*, Bd. I dieser Ausgabe.

79,20 *Ruhe der Seele in allen Stürmen des Schicksals*] Der Passus malt eindringlich stoische Tugenden aus. Sie erhalten später in Schillers Theorie des Erhabenen und in seinen Tragödien ein besonderes Gewicht.

79,26 *Regulus*] Der römische Feldherr Marcus Atilius Regulus (ca. 250 v. Chr.) war als Gefangener Karthagos gegen das Versprechen, zurückzukehren, zu Friedensverhandlungen nach Rom geschickt worden. Dort riet er von einem Friedensschluß ab, kehrte nach Karthago zurück und soll dort gefoltert und getötet worden sein.

79,29 *Seneka*] Der stoische Philosoph und Tragödiendichter Lucius Annaeus Seneca (ca. 4 v. Chr.-65 n. Chr.) wurde von Nero, den er erzogen hatte, zum Selbstmord gezwungen.

80,2 *unter Domitianen*] Der römische Kaiser Titus Flavius Domitianus (81-96).

DE DISCRIMINE FEBRIUM
INFLAMMATORIARUM ET PUTRIDARUM

TEXTGRUNDLAGE UND ÜBERLIEFERUNG

Der in Goedekes historisch-kritischer Ausgabe (Bd. 15/1, S. 382-415) und in der Nationalausgabe (Bd. 22, S. 31-66) abgedruckte lateinische Text von Schillers zweiter Streitschrift basiert auf einer Kopie von Schillers Original-Manuskript, die H. Dingeldey 1865 für Emilie von Gleichen-Russwurm angefertigt hat. Das Original Schillers ist verloren; seit dem Zweiten Weltkrieg auch diese Kopie. Herbert Meyer hat sie für den Band 22 der Nationalausgabe noch einsehen können (NA 22, S. 353-355).

Die offensichtlich flüchtige und gelegentlich verständnislose Kopie wurde sowohl von Goedeke als auch von H. Meyer verbessert. Kenneth Dewhurst und Nigel Reeves (*Friedrich Schiller. Medicine, Psychology, Literature*, S. 240-242) haben diese Verbesserungen geprüft und gelegentlich andere vorgeschlagen.

Unser Text folgt der Nationalausgabe (s. o.) und verzeichnet in Zweifelsfällen im Stellenkommentar die Verbesserungen von Goedeke und Dewhurst/Reeves.

ASPEKTE DER DEUTUNG

Nach der Ablehnung seiner ersten medizinischen Abschlußarbeit *Philosophie der Physiologie* im Jahre 1779 reichte Schiller im November 1780 zwei weitere Dissertationen ein, die lateinisch geschriebene Abhandlung *De discrimine febrium inflammatoriarum et putridarum* und den *Versuch über den Zusammenhang der tierischen Natur des Menschen mit seiner*

geistigen. Die Fieber-Schrift behandelt ein in der Medizin des
18. Jahrhunderts geläufiges Thema. Schiller hat es vermutlich mit Bedacht gewählt, um nach der Zurückweisung der
ersten Dissertation den Erwartungen seiner medizinischen
Lehrer an der Akademie zu entsprechen. Demgegenüber
wagt sich der *Versuch* auf ein schwieriges Terrain zwischen
Philosophie, Psychologie, Theologie und Medizin. Die Fieber-Schrift wurde von den Gutachtern abgelehnt, der *Versuch* schließlich angenommen.

Die Fieber-Schrift gibt interessante Aufschlüsse über
den Stand der medizinischen Lehre und Praxis am Ende des
18. Jahrhunderts. Aus medizinhistorischer Perspektive haben zuletzt Dewhurst und Reeves diese Dissertation gründlich analysiert. Ihrer Darstellung ist, neben den Erläuterungen H. Meyers in der Nationalausgabe, der folgende
Kommentar dankbar verpflichtet. Dewhurst/Reeves bieten
die Fieber-Schrift in einer vorzüglichen englischen Übersetzung.

Zunächst referiert Schiller den Unterschied zwischen
entzündlichen Fiebern, die plötzlich und heftig bei Gesunden auftreten, und fauligen Fiebern, die Kranke anhaltend
für längere Zeit befallen. § 3 bis 18 ist den entzündlichen
Fiebern, § 19 bis 30 den fauligen gewidmet. Für beide Fieberarten benennt Schiller zunächst Ursachen und Symptome (§ 3 bis 10, § 19 bis 24); anschließend berichtet er über
Heilmittel und Behandlungsarten. Es folgen jeweils einige
Beispiele. Am Ende der Abhandlung (§ 31 bis 38) erörtert
Schiller das entzündlich-gallige Fieber, ein »drittes Ungeheuer von Krankheit«, das aus der »verdammten Ehe« der
beiden anderen Fieberarten entsteht. Seine Kenntnisse über
die im 18. Jahrhundert gängige Unterscheidung zwischen
entzündlichen und fauligen Fiebern verdankt Schiller weitgehend den Vorlesungen seiner Professoren, vor allem
denen Consbruchs, seiner Lektüre medizinischer Autoritäten und seiner begrenzten klinischen Erfahrung. Wie er
einleitend bemerkt, hat er etwa ein Jahr Gelegenheit gehabt, Patienten im Krankenhaus der Akademie zu beobach-

ten. Fiebererkrankungen waren zu dieser Zeit sehr verbreitet. Etwa zwei Drittel der Kranken, die Schiller zu Gesicht bekam, litten an ihnen.

Um den Mangel an eigener praktischer Erfahrung auszugleichen, nutzt Schiller bei der Erörterung von Krankheitsfällen ihm bekannte Darstellungen. Ein Beispiel referiert er nach Hippokrates, einen anderen langen Krankenbericht über eine vierzigjährige Frau entlehnt er wörtlich den Schriften seines Lehrers Consbruch.

Hippokrates ist die in dieser Abhandlung ständig bemühte medizinische Autorität. Schiller folgt Hippokrates vor allem in dessen Beobachtungen und Behandlungen, gelegentlich zitiert er aber auch die Humoralpathologie und macht den Zustand der »Körper-Säfte« für einzelne Krankheiten verantwortlich. Daß er sich angesichts fehlender Erfahrungen auf Hippokrates und seine akademischen Lehrer beruft, haben diese in ihrem Gutachten denn auch positiv bewertet. Neben Hippokrates zieht Schiller auch eine stattliche Zahl von Ärzten der Antike und seines Jahrhunderts hinzu, so Boerhaave, Sydenham und Haller.

Schillers Lehrer Reuß, Consbruch und Klein haben die Fieber-Schrift in ihrem Gutachten vom 13. 11. 1780 wegen einzelner Mängel auch getadelt. Anstoß genommen haben sie u. a. daran, daß der Kandidat die epidemiologischen Ursachen für das faulige Fieber übergangen hatte. Der Herzog überließ die Entscheidung den Gutachtern. In ihrer zweiten Stellungnahme vom 17. 11. 1780 kamen sie zu dem Ergebnis, die Arbeit sei abzulehnen, sie könne nicht gedruckt werden, denn sie sei überhastet fertiggestellt worden, und eine Überarbeitung liefe auf eine Neufassung hinaus.

Dewhurst/Reeves (*Friedrich Schiller, Medicine*, S. 249) haben zu zeigen gesucht, daß Schillers zweite Dissertation zu Unrecht und aus den falschen Gründen zurückgewiesen wurde.

SCHILLERS ANMERKUNGEN
⟨Übersetzung des Herausgebers⟩

82,A1] Sydenham, Sämtliche Werke ⟨recte: *Medizinische Werke*⟩, Bd. 1, Teil 1, Kap. 1, Über akute Krankheiten im allgemeinen. ⟨Thomae Sydenham, *Opera medica*, Genf 1757; dt. Ausgabe: Wien 1786.⟩

88,A2] Das nämlich tritt plötzlich auf, während das, was langsam entsteht, kaum Entzündung genannt werden kann, solange es nicht Fieber hervorruft.

88,A3] Sydenham über den Schüttelfrost: »Um eine kurze Äußerung über den Frost zu geben, so glaube ich, daß er aus folgender Ursache entsteht etc.«

88,A4] Aretaeus über die Behandlung der Brustfellentzündung ⟨Die Druckvorlage bricht hier ab.⟩

88,A5] Weil nämlich die Arterien etc.

90,A6] »Eine Konvulsion oder ein Krampf, folgend auf starke Hitze, ist ein schlechtes Zeichen.« Hippokrates, *Die Aphorismen*, 7. Abschnitt, Aphorismus 13. ⟨Verglichen mit: *Die Werke des Hippokrates*, hg. v. Dr. med. Richard Kapferer und Prof. Dr. med. Georg Sticker, Stuttgart 1933-40.⟩

91,A7] Mein überaus erfahrener Lehrer Dr. Consbruch hat beobachtet, daß, wenn die Drosselvene im Zustand der Lethargie geöffnet wird, Krämpfe folgen und daß sie verschwinden, wenn der Blutdruck auf den Kopf beschränkt wird. Gewiß gibt ein plötzlicher Umschwung Anlaß zu diesen Verkrampfungen.

95,A9] Derselbe Arzt pflegt eine Kampfermischung anzuwenden, welche die Lebenskräfte wiederbelebt, die durch Aderlaß geschwächt sind, und er löst Blutstauungen durch Schwitzen auf.

96,A10] Zu diesem Zweck gibt der Arzt Dr. Consbruch gewöhnlich armen Leuten Apfelkompott. Ein ausgezeichnetes und sehr einfaches Heilmittel.

101,A11] »Sollte am Beginn einer Krankheit schwarze Galle nach oben oder nach unten ⟨durch den Mund oder den After⟩ austreten, so besteht Todesgefahr.« Hippokrates, *Die Aphorismen*, 4. Abschn., Aphor. 22.

102,A12] Der Arzt in Württemberg, den ich so häufig erwähnt habe, hat das öfter während der Epidemie beobachtet, die in Vaihingen und Umgebung auftrat. (Vgl. »Stellenkommentar«, Anm. 102,A12.)

103,A13] Hippokrates, *Über Epidemien*, Buch 3 ⟨16 Krankengeschichten⟩, Krankheit 11: »Am Morgen hatte sie viele Krämpfe. Als die Krämpfe aussetzten« etc.

104,A14] Dissertation über Abszesse an den Nerven. ⟨Der genaue Titel der Schrift von J. G. Brendel lautet: *Dissertatio de abscessibus per materiam et ad nervos*, Göttingen 1755.⟩

105,A15] Vgl. die Dissertation von Brendel, *Über den strengeren Gebrauch von Entleerungsmitteln in akuten Fällen*. Sogar der Bezwinger des Fiebers, Sydenham, versuchte mithilfe einer strengen Verabreichung von Abführ- und Brechmitteln zu heilen: »Wenn wir auch, wie es häufig der Fall ist, zu spät gerufen werden, so daß wir nicht das erste Stadium des Fiebers für die Verabreichung eines Brechmittels nutzen können, so glaube ich doch, daß ein Brechmittel gegeben werden sollte, vorausgesetzt allerdings, daß die Krankheit des Patienten nicht zu sehr geschwächt und ihn unfähig gemacht hat, es zu ertragen. Ich selbst habe einmal eines am zwölften Tag der Krankheit verordnet, ohne zu zögern und mit gutem Erfolg, sogar nachdem der Patient aufgehört hatte, sich zu übergeben. Mit solch einem Brechmittel habe ich den Durchfall beseitigt etc.« Thomas Sydenham, *Medizinische Werke*, Bd. 1, Teil 1, Kap. 4, S. 33.

106,A16] »Wenn bei einem Fiebernden, ohne daß das Fieber nachläßt, Schweiß auftritt, so ist das ein schlechtes Zeichen.« Hippokrates, *Die Aphorismen*, 4. Abschnitt, Aphorismus 56.

107,A17] Hippokrates, *Die Aphorismen*, 7. Abschnitt, Aphorismus 73 über die Prognose und Voraussage dieser Phänomene.

113,A18] Siehe Hippokrates, *Über Epidemien*, Buch 3 ⟨16 Krankengeschichten⟩, Krankheit 16.

113,A19] Hippokrates, *Über Krankheiten*, Buch 1, Kapitel 11, 12 und an zahlreichen anderen Stellen. Aretaeus, *Über die Ursachen und Zeichen akuter Krankheiten*, Buch 1, Über die Brustfellentzündung. ⟨Der lateinische Titel lautet vollständig: *Aretaei Cappadocis de causis et signis acutorum et diuturnorum libri quatuor*, hg. v. Hermann Boerhaave, Leyden 1735.⟩ Alexander von Tralles, *Tractatus* ⟨de febribus⟩, Buch 6, Kapitel 1, Über Brustfellentzündung ⟨Neuausgabe: *Alexander von Tralles*. Originaltext und Übersetzung, Amsterdam 1963, 2 Bde., Bd. 2, 6. Buch: Über die Pleuritis.⟩ Caelius Aurelianus, Buch 2, Kapitel 13, Über Brustfellentzündung. ⟨Der Originaltitel dieses Werks lautet: *Caelii Aureliani de morbis acutis et chronicis libri VIII*, Amsterdam 1709.⟩

114,A20] Der Mann von Kos ⟨Hippokrates⟩ stellt kurz und bündig fest: »Brustfellentzündung tritt auf, wenn der Patient große Mengen eines starken Getränks zu sich genommen hat, denn dann ist der ganze Körper durch den Wein erwärmt und durchfeuchtet, vor allem die Galle und der Schleim. – So sind die Säfte des Patienten bewegt und durchfeuchtet, und wenn er von Kälte heimgesucht wird, ob nüchtern oder betrunken, dann ist das Brustfell am meisten in Mitleidenschaft gezogen, denn es ist am wenigsten durch das Fleisch geschützt, und es ist nichts im Innern, das Widerstand leisten könnte, außer der Brusthöhle. Nachdem die Kälte eingesetzt hat, ziehen sich das Fleisch im Brustfell und die Äderchen zusammen und verengen sich. Galle oder Schleim in diesem Fleisch oder in diesen Äderchen werden weitgehend oder vollständig vom dichten Fleisch außerhalb getrennt und nach innen zur Wärme hin getrieben.« Hippokrates, ⟨*Über Krankheiten*⟩, Buch 1, Kapitel 4.

116,A21] Ein Aderlaß während dieser Krankheit läßt eine gelbe gallenfarbige Kruste entstehen, die gelegentlich sogar grün sein kann, wie ich selbst beobachtet habe. Der rote Teil des Bluts ist flüssig.

116,A22] Brendel, *Über das halbe Tertianfieber* ⟨Wechselfieber⟩. ⟨Ein Werk, das auch in der vollständigsten Brendel-Bibliographie (Paris 1820) nicht nachgewiesen ist. Dewhurst/Reeves, S. 238.⟩

117,A23] Sydenham, *Über die Pest in London*. ⟨Vermutlich bezieht sich Schiller auf: *Von dem Pestilenzfieber und der Pest in den Jahren 1665 und 1666 in London*, in: *Medizinische Werke*, Bd. 1, Teil 2, Kap. 2.⟩

STELLENKOMMENTAR

81,21 *D. Consbruch*] Johann Friedrich Consbruch (1736-1810) war seit 1776 Professor an der Militärakademie und seit 1780 herzoglicher Leibarzt. Consbruch, den Schiller einen »Nachfolger des Hippocrates« nennt, ist der meistgenannte Lehrer in dieser Schrift.

81,30 *D. Reuss*] Christian Gottlieb Reuß (1742-1815) war seit 1774 Hofmedikus und seit 1780 Leibarzt.

82,26 *pyrius pulvis*] (Lat.) Schießpulver. A. Engelhardt übersetzt: Kanthariden-Pulver.

82,33 *Sydenhamus*] Thomas Sydenham (1624-1689). Schiller äußert im folgenden Zweifel an der Lehre Sydenhams, Krankheit sei als heilendes Bestreben der Natur zur Beseitigung krankmachender Stoffe zu verstehen. Demgegenüber begreift Schiller Krankheit als eine ungeordnete Bewegung der tierischen Kräfte, ausgelöst durch einen unnatürlichen Reiz; eine nach dem Urteil der Medizinhistoriker bemerkenswerte Leistung des jungen Studenten. Nicht der ins Blut gelangte Krankheitsstoff gefährde den Menschen, sondern der Versuch des Körpers, ihn zu beseitigen.

83,8 *quae Stahliana sunt somnia*] Bereits in der *Philosophie der Physiologie* hat Schiller den Animismus Stahls kritisiert. Stahl lehrte u. a., daß Krankheiten durch »Irrtümer der Seele« verursacht seien. Schiller bestreitet hier Stahls Überzeugung, daß sich Krankheiten mit Hilfe psychischer Kräfte kurieren ließen.

84,26 *There are*] Shakespeare, *Hamlet* I 1.

84,36 *Progressa*] Dewhurst/Reeves vermuten, daß im Original »Praegressa« stand.

87,26 *Boerhaavius]* Hermann Boerhaave (1668-1738), niederländischer Arzt und Naturforscher, Lehrer Albrecht von Hallers. (Vgl. S. 1148, 1152.)

88,A4 *Aretaeus]* Griechischer Arzt aus Kappadokien (um 200 n. Chr.). Sein Werk über die Heilkunde hatte Boerhaave 1735 neu herausgegeben.

89,23 *transpiratio Sanetoriana]* Dewhurst/Reeves (S. 240) schlagen vor, »Sanctoriana« zu lesen. Santorio Santorio (Sanctorius) (1561-1636) hatte die »unmerkliche Perspiration« entdeckt.

93,5 *Hewsonus et Moscati]* William Hewson (1739-1774), englischer Anatom, der wegweisende Untersuchungen über die Zusammensetzung des Blutes vorgelegt hat, u. a. *Experimental Inquiries into the Properties of the Blood ⟨. . .⟩* (1771ff., in deutscher Übersetzung 1780). Der italienische Mediziner Pietro Conte Moscati (1739-1824) veröffentlichte 1776 *Osservazioni e esperienze sul sangue e sull'origine del calor animale.* Die von Schiller erwähnte deutsche Übersetzung stammt von Karl Heinrich Koestlin (1755-1783).

93,16 *Gaubius]* Hieronymus David Gaub (1705-1780), ein Schüler Boerhaaves, war vor allem als Autor der *Institutiones pathologiae medicinalis* (Leiden 1758) bekannt.

95,2 *Hic ⟨. . .⟩ Rhodus]* Schiller erörtert hier ausführlich die schwierige ärztliche Entscheidung, ob ein bereits durch Krankheit geschwächter Patient zur Ader gelassen werden sollte. Der Aderlaß könne zum Kollaps führen, seine Unterlassung könne andererseits einen Blutstau zur Folge haben. Schiller löst das Dilemma, indem er diplomatisch die Praxis seines Lehrers Consbruch empfiehlt, auch in Zweifelsfällen dem Aderlaß den Vorzug zu geben. Aderlaß, Blutegel und Schröpfköpfe sind in der ärztlichen Praxis der Zeit selbstverständlich.

95,20 *Schmuckerus]* Johann Leberecht Schmucker, Verfasser der *Chirurgischen Wahrnehmungen* (1774), war Militärarzt in preußischen Diensten während des Siebenjährigen Krieges.

100,12 αταξια] (Griech.) »Unordnung, Verwirrung«.

101,28 *Coo*] Hinweis auf den angeblich aus Kos stammenden Hippokrates. In seinen Anmerkungen zitiert Schiller dessen *Opera* nach der Ausgabe Albrecht von Hallers.

102,A12 *Id quidem*] Gemeint ist Consbruch, der eine *Beschreibung des in der Wirtembergischen Amtsstadt Vayhingen und dasiger Gegend grassirenden faulen Fleckfiebers* (Stuttgart 1770) veröffentlicht hat.

103,15 *memorabile exemplum*] Schiller beschreibt hier wahrscheinlich den Tod des Mitschülers August von Hoven.

104,15 *Brendelius*] Johann Gottfried Brendel (1712-1758) war Consbruchs Lehrer in Göttingen.

104,28 *Sarcorae*] Gemeint ist M. Sarcone (1732-1797), dessen *Geschichte der Krankheiten* 1770 in Zürich erschienen war.

104,28 *Stollii*] Maximilian Stoll (1742-1788) erforschte u. a. die entzündlichen und fauligen Fieber.

106,1 *symptomata conmesiva*] Im Original stand wahrscheinlich »conmissiva«. Es handelt sich also nicht um »abnehmende«, sondern »begleitende« Symptome. Dewhurst/Reeves, S. 241.

111,4 *aure Claviculas*] Vermutlich stand im Original »ora clavicularum«; »claviculas« gibt keinen Sinn. Dewhurst/Reeves, S. 241.

111,9 *medebant*] Goedekes Lesung »madebant« ist vorzuziehen; »medebant« gibt keinen Sinn. Die Übersetzung A. Engelhardts legt »madebant« (»sie näßten«) zugrunde.

112,14 *virus*] »vices« stand in der Dingeldey-Kopie. Das Wort ist der Besserung in der Nationalausgabe vorzuziehen, so Dewhurst/Reeves, S. 241.

112,34 *Divinus ⟨...⟩ Senex*] Anspielung auf Hippokrates.

113,12f. *Aretaeus, Alexander et Aurelianus*] Aretaeus, vgl. Anm. 88,A4. Alexander von Tralles, griechischer Arzt (6. Jahrhundert n. Chr.); seine Werke waren von Albrecht von Haller neu herausgegeben worden. Caelius Aurelianus (wahrscheinlich 5. Jahrhundert n. Chr.), seine *Octo libri passionum* waren 1709 in Amsterdam erschienen.

114,25 *ipsi]* Zu lesen ist »ipsius«, Dewhurst/Reeves, S. 241.

116,15 *Catharrtica]* Lat. catharticum »Abführmittel«. Das Wort ist der Korrektur in der Nationalausgabe »catar-rhalica« (NA 22, S. 356) vorzuziehen, so Dewhurst/Reeves, S. 241.

117,4 *Diemabraekium]* Ysbrand van Diemerbroeck (1609-1674) hatte 1644 ein vielbeachtetes Werk über die Pest veröffentlicht.

DEUTSCHE ÜBERSETZUNG DER FIEBER-SCHRIFT
(von Albrecht Engelhardt, Büchenbach)

F. Schiller
Über den Unterschied zwischen den entzündlichen und fauligen Fiebern.

> *Den erfahrensten Professoren*
> *der medizinischen Wissenschaften*
> *an der Militärakademie*
> *Meinen hochverehrten Lehrern*

Mögen die Meister der ärztlichen Kunst mit einer jugend-lichen Vermessenheit nachsichtig sein, die es unternommen hat, ein schwieriges Thema mitten aus der ärztlichen Praxis zu behandeln. In der Tat weiß ich recht wohl, daß kaum etwas – ja nicht einmal das – über das Wesen der Krank-heiten gebührend festgestellt werden kann, wenn nicht ihr lebendiges Kennenlernen am Krankenbett vorangegangen ist; und ich glaube kaum, daß das Wissen, auf dem das menschliche Wohlergehen beruht, aus einer eitlen Theorie geschöpft werden kann. Aus diesem Grunde habe ich mich bemüht, die Schriften der Alten zu erforschen, und ich bin sicher, daß mir daraus vor allem das Bestreben erwachsen ist, zwei Arten von Krankheiten genau kennenzulernen, ich meine die entzündlichen und die fauligen, deren Bedeutung ja auch in der ärztlichen Praxis sehr weitläufig ist. Zur Hilfe kann die sehr umfangreiche Praxis meines erfahrensten Lehrers, des Herrn Leibarztes Dr. Consbruch, die mich mit einer großen Zahl klinischer Erkrankungen versah und dadurch den Mangel an eigener Erfahrung einigermaßen ausglich. Es kam mir zustatten, daß mir durch das höchste Wohlwollen des gnädigsten Herzogs in diesem Jahre erlaubt war, mich im akademischen Krankenhause aufzuhalten, und die Krankheiten, gleichsam durch Gottes einzigartige über dem Institut waltende Vorsehung, die seltensten und die gewöhnlichsten, vom ersten Aufleuchten bis zum letzten Verglühen forschend zu verfolgen und mir freistand, als Augenzeuge bei der Durchführung des Heilverfahrens anwesend zu sein, das als besonders erlesen der hochgelehrte Leibarzt, Herr Dr. Reuss, durchführt.

Auf eure Schultern mich stützend, vollendetste Herren Ärzte, habe ich es gewagt, einen Grundriß beider Krankheiten auszuarbeiten, den – obgleich noch reich an Lücken – ich ehrfürchtig eurer Prüfung vorzulegen wage. Daß es für einen Anfänger in der Medizin keine Schande ist, von den Meistern berichtigt zu werden, und daß ich Jüngling nur weiter gefördert aus dem Rate von Männern weggehen werde, bin ich mir ganz und gar bewußt.

Gegeben zu Stuttgart am 1. November 1780.

Der Verfasser.

§ 1

Den Ärzten, die eine weitläufige Praxis ausüben, pflegen vor allem zwei Arten von heftigen Fiebern zu begegnen, deren eine sich ganz wesentlich von der anderen unterscheidet. Das erste einfachere Übel stürzt sich härter und schrecklicher, wie mit gezücktem Schwert, auf kräftige Menschen, während sich das andere heimtückisch und unter dem Scheine der Gutartigkeit bei schon geschwächten Menschen einnistet. Während jenes plötzlich hereinbricht, schleicht dieses hinterlistig und langsamen Schrittes heran. Überschäumender Kraft ist das erste gefährlich, gebrochener Kraft das zweite. Das eine macht die Säfte dick, das andere löst sie auf. Ersteres wird im Blutkreislauf erzeugt, letzteres steigt aus den Tiefen des Unterleibes herauf. Von diesem Gedankengange überzeugt, pflegen die Ärzte mit Rücksicht auf die Verschiedenheit in Ursache und Wesen dieses einfach als das faulige, gallige Fieber, jenes als das entzündliche Fieber zu bezeichnen. Wenn man vollends die völlig gegensätzlichen Heilverfahren dieser beiden Fieber zugibt, richtet notwendigerweise eine Verwechslung dieser beiden Verfahren eine weit größere Zahl von Menschen zugrunde als selbst Schießpulver, weshalb es in der ärztlichen Praxis von größter Wichtigkeit ist, das besondere Wesen und die verschiedenen Eigenarten der beiden Krankheiten naturgemäß zu beschreiben, damit schließlich desto leichter für die eigentliche Behandlung der Weg geebnet wird.

§ 2

Bevor wir uns in den eigentlichen Gegenstand dieser Abhandlung versenken, glaube ich einiges Allgemeine vorausschicken zu müssen, was als Grundlage des übrigen dienen möge. Schon Sydenham sagte: »Nichts anderes ist die Krankheit, als ein Versuch der Natur, den krankmachenden Stoff zum Wohle des leidenden Kranken auszutreiben«. »Aber«, so fährt der große Mann fort, »sich selbst überlassen überantwortet sie, entweder durch zu großen Kraftaufwand oder indem sie sich selbst aufgibt (ich würde lieber sagen, sich selbst im Wege steht), den Menschen dem Tode.« Das ist ganz vortrefflich gesagt und atmet einen höchst praktischen Geist, dennoch möchte ich es nicht uneingeschränkt übernehmen. Wenn man alles hinter sich gelassen hat, was Stahlsche Träumereien sind, von dem wirksamen Bestreben des denkenden Geistes die Krankheiten zu überwinden, so halte ich es für notwendig genauer festzulegen, was unter dem heilenden Bestreben der Natur zu verstehen sei. Nicht mit Sicherheit, was vielleicht aus dem angeführten Satz von Sydenham abgeleitet werden könnte, beab-

sichtigen diese Bemühungen der Natur eine Krankheitsaus-
treibung, die doch nichts anderes sind als Erschütterungen
der tierischen Kräfte auf irgend einen widernatürlichen
Reiz. Es besagt nämlich das wichtigste Gesetz in einem
beseelten Körper, daß die Lebensgeister, sobald sie etwas
Fremdes erregt, in großer Menge an den gereizten Ort strömen und die erregbaren Fasern, die ihnen untergeordnet
sind, zu stärkeren Kontraktionen veranlassen. Dieses Gesetz aber ist weit davon entfernt, sich zum Wohle des
Menschen auszuwirken, es ist vielmehr allein das, was die
Krankheiten hervorruft und sie schwer und tödlich macht.
Nicht jene kleinen Stauungen in den Lungengefäßen bringen nämlich unseren Lebensablauf in Unordnung, den
vielmehr schon hunderttausendmal das Bestreben der Natur, diese Stauungen zu durchbrechen, in Unordnung gebracht hat. Nicht ein ins Blut aufgenommener Unrat bringt
Lebensgefahr, aber wie oft hat schon ein vergeblicher Versuch der Natur, ihn zu entfernen, diese Gefahr herbeigeführt? Die in den Gedärmen gärende Galle würde nicht so
rasch in Fäulnis übergehen, was allein die krampfhaften
Bewegungen der Nerven aufs äußerste begünstigen. Es
kann die Möglichkeit nicht in Abrede gestellt werden, daß
der feindliche Stoff durch die Anstrengung der Natur bei
einer günstig verlaufenden Krisis ausgeschieden wird, was
sich bei Wechselfiebern sehr häufig und nicht nur bei ganz
bestimmten Entzündungen ereignet, aber ich bitte zu überlegen, ob ein Abschäumen zweckmäßig ist, wenn nicht eine
Klärung vorausgegangen ist? Die Krisis ist nicht deshalb
herbeizusehnen, weil der Krankheitsstoff von den Wänden
der Gefäße weggenommen wird, sondern weil durch die
Wegnahme des Stoffes die durcheinandergebrachten Bewegungen beruhigt werden. Der Krankheitsstoff ist an sich
nicht feindselig, feindselig wird er durch die Verwirrungen
der tierischen Kräfte, die er hervorruft. Auf dem tätigen
Vorgehen der Natur gegen den Krankheitsstoff beruht die
Krankheit und die Schwere der Krankheit. Besser werden
wir daher die Krankheit beschreiben als ungeordnete Be-

wegungen der Kräfte gelegentlich eines widernatürlichen
Reizes, der, wenn er sich im Blutkreislauf einnistet, Fieber,
wenn an anderen Stellen, Krämpfe, Erbrechen, Durchfälle
oder anderes hervorruft. Eben alles, was die Lebensgeister
widernatürlich reizt, kann durch die Auswirkung des Reizes sogar töten, also alles was von außen eindringt, was
innerhalb von seinen Grenzen abirrt oder überhaupt vom
natürlichen Gleichmaß abweicht. Man sagt, der Stoff werde
gekocht, während er durch schnellere Bewegungen der Gefäße so herumbewegt, zerkleinert, zertrümmert oder zerlegt wird, daß er geeignet wird, auf natürlichen Wegen
abgeschäumt oder weggeschafft zu werden durch Vorgänge, die man eben die Krisis nennt. Die Vorgänge also, die
während der Krankheit in Erscheinung treten, entwickeln
sich nicht zur Wegschaffung des Stoffes gleichsam nach
einem vorgefaßten Plane, sondern der Stoff kann gelegentlich dieser Vorgänge bisweilen ausgeschieden werden, was
rechtschaffen auseinanderzuhalten ist. Hüten wir uns daher, daß wir uns nicht zu eigenwillig bei den Erklärungen
der Begriffe Kochung und Krisis festlegen und unsere
Lehrmeinungen sich nicht von der Natur der Krankheiten
unterscheiden! Ich wenigstens bin durch verschiedene
Gaukelwege des Irrtums endlich zu der Überzeugung geführt worden, daß so die Ordnung in der Natur der Dinge
nicht sei, wie wir sie in unseren Lehrbüchern zurechtlegen:
Es gibt mehr Dinge in Himmel und Erde
als erträumt werden in unserer Wissenschaft.

§ 3

Mit dem *entzündlichen Fieber* fange ich an. Mit diesem Namen wird das ununterbrochene, heftige Fieber bezeichnet,
das mit einem die Tiefen des Körpers erschütternden Froste
hereinbricht, dem eine ziemlich stürmische Hitze folgt, sowie ein schneller und bei Völle harter Puls und ein klop-
fender Schmerz irgend einer Stelle mit gewissen Funktions-
störungen, was sich alles mit gesteigerter Heftigkeit im
Zeitraum von vier Tagen auf einen Höchststand hinbe-
wegt.

Eine plötzliche schleimig-beschwerliche Müdigkeit ist vorangeschritten mit einem Gefühl der Schwere bei Gliederbewegungen, mit Hitzen, die durch den Körper jagen, mit Kopfschmerz, Beklemmung der Brust und wirren Träumen, bisweilen auch mit übertriebener Eßlust, worauf der heftige Einbruch des Fiebers selbst sehr schnell folgt.

§ 4

Bezüglich der Ursachen ist zuerst zu prüfen, ob sie wesentlich sind, indem sie die Krankheit erzeugen, oder ob es sich um zufällige Begleitumstände handelt, die man mit den ersten nicht in einen Topf werfen darf und die lediglich die Krankheit verschlimmern. Als der wesentliche gemeinsame Grund für die ganze Schar der entzündlichen Fieber wird die Blutüberfülle angesehen. Blutüberfülle ist nach der landläufigen Meinung der Ärzte eine um vieles größere Anreicherung von Blut im Gefäßsystem, als zur Unterhaltung der Kraft zu Taten notwendig ist. Es ist umstritten, ob überhaupt mehr Blut erzeugt werden kann, als die Gesundheit des Menschen erfordert, da man doch von diesem vornehmsten Saft zu keiner Zeit zu viel besitzen könne, da beim Überströmen der Kraftquelle auch ein Überströmen der Kräfte unausbleiblich sei und da überflüssige Kräfte eher eine gesteigerte als eine gebrochene Lebenskraft verursachten, und es ist im übrigen zu unterscheiden zwischen den Ursachen, die zu einer Blutüberfülle führen, und den Erkrankungen, die aus dieser mit Vorliebe entstehen.

§ 5

Die Entstehung einer *Blutüberfülle* wird vor allem bei Erwachsenen beobachtet, die ihrer Eßlust mit Maß nachgehen, ungehindert verdauen und im übrigen die Kraft ihres mageren und straffen Körpers tatkräftig üben. *Fettleibigkeit* dagegen befällt vor allem die Erwachsenen, die ihr Leben in Tafelfreuden dahinbringen, nicht weniger leicht verdauen und im übrigen in gemächlicher Untätigkeit ihrem schlaffen Körper Ruhe gönnen.

In der Zeit, in der die Kraft der Mäßigen einem sich
steigernden Hunger widersteht, fließen die Säfte, die irgendwo für die Ernährung verwendet worden sind und
sich nicht schon dort befinden, wo sie ausgeschieden werden, und auch nicht vorher zu sparsam zubereitet wurden,
in den großen Kreislauf des Blutes zurück. Wenn diese nun
durch lebhafte Tätigkeit der Muskeln und durch lebendi-
gere Betätigung des Geistes angeregter bewegt werden,
fließen sie an den Öffnungen, die zur Aufnahme des Blut-
fettes an den Wänden der Gefäße angebracht sind, zu rasch
vorbei und es ist keine Zeit zur Abscheidung in die Zellen
vorhanden, denn wir wissen aus der Physiologie, daß die
Absonderung von Fett nur bei einem ziemlich langsamen
Strömen des Blutes erfolgen kann. Es kommt hinzu, daß
die straffere Zusammenziehung der Gefäße die Menge der
Säfte sehr einengt und die größere Hitze und die heftigere
Bewegung sie unter Abdampfen von Wasser eindickt, wodurch um so schwerer Fett aus dem übrigbleibenden Blut
abgegeben wird. Darum wird es in den Gefäßen bleiben
und dort angesammelt; das ist die Herkunft der Blutüberfülle.

Wenn aber bei den Langsameren an Geist und Körper die
Säfte träger und ruhiger durch die schlafferen Gefäße kriechen, weder Wärme entsteht noch ein schneller Kreislauf
die wässerigen Bestandteile austreibt, wird das Fett sehr
leicht in die trägen Zellen ausgeschwitzt, wodurch die Fettsucht entsteht. Daraus geht hervor, daß sich die Blutüberfülle von der Fettsucht nur durch die Art der zellulären
Aufnahme unterscheidet, und beide außer diesen Gründen
einander entsprechen; niemand von allen Menschen hat jedoch die Fettsucht als eine erhöhte Gesundheit anerkannt.
Dennoch ist die Blutüberfülle nicht den Krankheiten zuzu-
zählen, zu denen sie den Gesunden bereit macht.

Bei Vollblütigen hat man strotzende und verengte Ge-
fäße, dickeres und von fettiger Masse volles Blut, einen mit
Kraft großen Puls, höchste Lebenskraft und einen für die
Leidenschaft sehr empfänglichen Geist: das sind die

Grundlagen in einem Körper, der vom entzündlichen Fieber ergriffen wird.

§ 6

Zufällige Ursachen treten in zweierlei Art in Erscheinung. Entweder handelt es sich um zu heftige Aufpeitschungen des Blutes, wozu heftigere seelische Schmerzen, über das Maß getriebene körperliche Bewegungen, der Genuß erhitzenden Weines, insbesondere des Branntweines, unmäßige Liebesopfer, allzulang fortgesetzte Nachtwachen und anderes zu rechnen sind; oder sie gruppieren sich um ein Hindernis, das sich dem Kreislauf des Blutes entgegenstemmt, wofür plötzliche Abkühlung, besonders im Winter verantwortlich ist, sowie das zu rasche Trinken kalten Wassers in der Sommerhitze, die Unterdrückung von Monatsfluß oder Afterblutungen, das Zurückweichen der Milch, verschiedene Krämpfe primärer und sekundärer Natur, sogar mechanischer Druck, wie ihn eine besonders schwere Blähsucht hervorruft, was alles eine teilweise Blutüberfülle erzeugt. Sehr häufig treffen mehrere von den hier aufgezählten Ursachen zur Erzeugung einer Entzündung zusammen. Man kann weder den Genius epidemicus übergehen noch die örtlichen Reizungen, wie Wunden und Abszesse, wenn der sie umgebende Gewebssaum von Entzündungen befallen ist, wie es bei Geschwüren der Lunge und der Leber vorkommt, sodann die zu scharfen Säfte, die den krampfartigen fauligen Fiebern den Steigbügel halten, das starke Ausgesetztsein der Hitze, wozu der Sonnenstich zu rechnen ist, und schließlich Fremdkörper. Auch symptomatische Entzündungen, die zwar nicht hierher gehören, werden immer durch die eine oder die andere dieser Entzündungsursachen hervorgerufen.

§ 7

Solange nämlich das Blut immer aufs schnellste durch die Arbeit der Muskeln von den Venen ungehindert weggeführt wird und nirgends ein unüberwindliches Hindernis entgegentritt, ist der Entzündung kein Raum gegeben. Sobald aber das Blut, wenn sich die Muskeln der Ruhe hingeben, mühsamer durch die Venen befördert wird und das Gleichgewicht zwischen dem arteriellen und dem venösen Kreislauf gestört ist, sobald kalte Luft in die ungeschützten Lungen eindringt oder irgend eine von den oben angeführten Ursachen die kleinsten Blutgefäße eng macht, das Blut aber deswegen nicht weniger rasch durch die Arterien herankommt, so muß dieses notwendigerweise gestaut werden und die größeren Arterien in rückwärtiger Richtung ausdehnen. Die prall gefüllten Arterien, von dem Überfluß an Blut geschwellt, werden um so fester verschlossen, und die Stauung setzt sich durch den gesamten Verlauf des Arteriensystems fort bis ans Herz. Schon Boerhaave hat nachdrücklich ausgesprochen, daß der Widerstand ein Reiz für das Herz ist und oben wurde schon daran erinnert, daß der Reiz die Lebensgeister in dichterem Zuge an den Reizort strömen läßt. Das von einem größeren Teil der Kräfte erregte Herz schlägt darum kräftiger und schneller, mehr und größere Blutwellen sendet es zu diesem Zeitpunkt aus, mehr Blut wird an den Ort geworfen, wo das Hindernis sitzt, während immer weniger von dort weggeschafft werden kann; es tritt die von der Physik her bekannte Erscheinung auf, daß ein mit einer ziemlich engen Öffnung versehenes Gefäß, das ganz mit einer Flüssigkeit gefüllt ist und plötzlich auf den Kopf gestellt wird, anfänglich nichts auslaufen läßt, weil die zu viel auf die kleine Öffnung zuströmende Flüssigkeit sich selbst den Weg verschließt, das gleiche ereignet sich in den lebendigen Blutgefäßen. Es kommt hinzu, daß das zähere Blut an sich schon schwerer durch die Engstellen der Gefäße hindurchgeleitet wird. Darum wird das Blut in den letzten Arteriolen stehenbleiben, die Stauung in den äußersten Arteriolen aber erschöpft den Begriff der *Entzündung*.

§ 8

Ein unüberwindliches Hindernis stellt sich dem Säftekreislauf entgegen; die Lebenskräfte kämpfen gegen das Hindernis, gleichwie gegen etwas Fremdes, das von innen reizt und zu dessen Beseitigung sich die ganze Maschine anstrengt; daher kommen die Fröste. Weit entfernt, daß das Hindernis bei Kälte beseitigt wird, erreicht es vielmehr seinen Höhepunkt. Die Kälte nämlich drängt durch Verengung der Hautgefäße die Säfte ins Innere, häuft sie in der innersten Lunge an, vermehrt örtlich die innere Blutüberfülle und vermehrt auch die Entzündung. Auf die Zeit der Kälte folgen Beklemmung der Brust, Angstgefühl, kleiner, gespannter und ungleichmäßiger Puls, und das Gefühl der Seekrankheit im ganzen Körper. Die Kälte wird von der Hitze abgelöst, deren Heftigkeit von der Stärke der Entzündung, vom Temperament, von der Beschaffenheit des Blutes und von der Beschaffenheit der Gefäße abhängt. Bald rast der Puls ungeheuerlich, hart schlägt er gegen den tastenden Finger, bald ist er ganz klein, bald hebt er sich wieder zu einer gewissen Völle an; es brennt der ganze Körper; Zunge, Schlund und Haut sind trocken; das gerötete Gesicht glänzt; die Augen flammen auf, der Kopf schmerzt heftiger, wie wenn er in Stücke zerspringen wollte; der Ort der Entzündung klopft schmerzhaft; der Atem geht schwerer; der Kranke dürstet; die Kräfte der willkürlichen Bewegung liegen darnieder, während die Lebenskraft ungewöhnlich gesteigert ist.

Die einfachsten Krankheitserscheinungen ergeben sich aus dem besonderen Wesen des entzündlichen Fiebers. Während das Blut mit steigender Wucht und Masse an den Ort der Entzündung gedrängt wird, und weder die starke Verengung noch die Verstopfung der Arterien weicht, drängt mehr und mehr nach Art eines Angriffes alles dorthin, und immer mehr nimmt die Entzündung zu; mit steigendem Fieber wächst nämlich die Entzündung, und das Fieber wächst ebenfalls mit steigender Entzündung. Darum verschärft das entzündliche Fieber sich selbst und das ist diese hervorragende Stahlsche Selbstbeherrschung des Körpers.

Je heftiger das Fieber tobt, desto mehr Teile werden in Mitleidenschaft gezogen. Ich sehe hier von allem ab, was mit dem besonderen Sitz der Entzündung zusammenhängt; denn es ist hier nicht zu reden von Brustfell- oder Lungen- fellentzündung, oder von Rotlauf, wo nur die allgemeinen Eigenschaften des entzündlichen Fiebers beschrieben wer- den. Der Harn ist spärlich und flammend, er brennt beim Lassen, während Blutkörperchen von der übrigen Masse abgesprengt in den Harnleiter hinüberspringen, welche dem Harn eine rote Färbung geben. Der Harn führt viel flüchtige Lauge mit sich, die aus der Verbindung salziger Bestandteile mit dem Entzündungsstoff zu entstehen scheint, der sich unter der Hitze des Fiebers entwickelt hat.

Und kein unmerklicher Schweiß bringt eine Unterbre- chung während der Zeit der Verschlimmerung. Während sich nämlich das durch die Entzündung eingedickte Blut weigert, durch diese engsten Öffnungen zu fließen und wegen des Hindernisses, durch das es hin- und hergeworfen wird, sich selbst den Weg verbaut und verrammelt, bleibt es in den mikroskopisch kleinen Gefäßsystemen der Haut ohne die Möglichkeit umzukehren hängen und bietet manchmal das Bild einer vorübergehenden Entzündung dar. Dadurch geschieht es, daß die kleineren Arteriolen heftiger pulsieren und eine widernatürliche Hitze, wie wenn mit heißen Tüchern heftig gerieben worden wäre, auf der ganzen Hautoberfläche sich dem Beschauer darbietet. Da durch unmerkliches Transpirieren und durch sanfte Schweißabsonderungen Flüssigkeit abgegeben wird, wer- den die verschlossenen Wege im Kreislauf des Blutes wie- der geöffnet; das ist das einzige, was die Natur des Guten vermag. Dadurch nämlich, daß Flüssigkeit im Blute ver- bleibt, dient sie am besten der Verflüssigung der eingedick- ten Massen.

Wie die Haut, so betrifft das auch die Gedärme und den Schlund, und, wie anzunehmen, die Wege des Atmungsapparates. Darum wird auch der Stuhl träge und nur ziemlich trocken und fest entleert. Daher kommt auch das höchste Verlangen nach Getränken, besonders nach sauren, die das durch die Hitze frei gewordene Laugige aufs beste ausgleichen. Daher kommt auch die Ablehnung von allem, was die festen Bestandteile des Blutes vermehrt.

Weil vollends auch die Vorgänge der Kochung und Ausscheidung nur nach dem natürlichen Gang von Bewegung und Wärme erfolgen können, der wie die Natur über das Maß hinausgeht, muß das hervorstechende Übel sich auch auf den Gang der Kochung auswirken. Darum hält auch die Verdauung den Magensaft zurück, bleibt rohe Nahrung im Magen liegen und ist die Gallenausscheidung in Unordnung. So ist verständlich, daß die gewöhnlichen entzündlichen Fieber Magenfieber vortäuschen können, durch den bitteren Geschmack im Munde, durch das gelbsüchtige Gesicht, durch verschleimten Rachen, besonders wenn Blähungen und Durchfälle hinzukommen. Das sind aber nur zufällige Krankheitserscheinungen, keine wesentlichen, und sie geben für die Heilweise keine eigentlichen Richtlinien.

§ 9

Zu der Störung der natürlichen und körperlichen Vorgänge kommen die Störungen der geistigen. Schon im Anfang des Fiebers besteht anhaltende Schlaflosigkeit, die Nacht ist durch wirre Träume gestört, die sich merkwürdigerweise, wie ich selbst an einem Beispiele gesehen habe, um Feuer und Brand drehen. Bei stark anhaltendem Fieber treten besonders aufgeregte Fieberträume ein, mit Sehnenhüpfen und mitunter allgemeinen Krämpfen, was sehr selten, aber auch sehr ungünstig ist. Es gibt Leute, die den Fiebertraum nur dann gelten lassen wollen, wenn er aus den Tiefen des Unterleibes verursacht ist, und diese Meinung mit vielen schönen Redewendungen ausschmücken; die Erfahrung der berühmtesten und vertrauenswürdigsten Lehrer in der Heilkunde hat mir jedoch gezeigt, daß allein die Erwärmung des Blutes ausreicht, um auf dem Wege über die Halsschlagadern und das Gehirn Fieberträume hervorzurufen. Was ist denn Betrunkenheit anderes als eine Art Fiebertraum? Auf welch andere Weise wirkt denn der Wein als durch Erregung des Blutes? Sicher nämlich erregt eine Veränderung des Blutes Krämpfe, die gleiche Ursache, die Krämpfe macht, kann auch die Fieberträume erzeugen, beide kommen aus dem Gehirn.

§ 10

Während sich die schon beschriebenen Krankheitserscheinungen verschärfen und immer neue Begleiterscheinungen hinzukommen, schreitet das entzündliche Fieber zu seinem Höhepunkt fort. Es besteht keine Hoffnung auf Unterbrechung, während die Ursachen, die das Fieber begünstigen, fortbestehen, im Gegenteil führen hinzukommende und länger dauernde Verschlechterungen immer weiter von einer Wiederherstellung weg, bis sie sich endlich im Innern gleichsam festsetzen. Während das geschieht, kämpfen die lebenspendenden Organe ziemlich schwer und dem Leben droht höchste Gefahr. Wenn nämlich jene ungeheure Blutmenge, die durch die Wucht des Fiebers in die tiefsten Teile der Lunge eingeströmt ist, nicht durch die Lungenvenen ins linke Herz abgeführt werden kann, und die Aorta entsprechend weniger in Empfang nimmt, muß der große Kreislauf unter einem Blutmangel leiden, während auf den kleinen eine örtliche Blutüberfülle drückt. Darum wird der in dieser Zeit zu tastende Puls äußerst klein sein, was zusammen mit höchster Anstrengung der Atmung und Verwirrung des Denkens anzeigt, daß das entzündliche Fieber seinen Höchststand erreicht hat.

§ 11

Hier schneide ich den Faden der Beschreibung ab, um zum eigentlichen Heilverfahren fortzuschreiten, das schon auf schnellem Schiffe daherschwimmt. Aus der Reihe der Krankheitserscheinungen, die dazu drängen, Hilfe zu brin-

gen, scheinen uns die folgenden hauptsächlich aufzutreten:
1. Allgemeine und lokale Blutüberfülle.
2. Zu trockenes Blut.
3. Heftigere Hitze.
4. Geschlossene Poren.

Diesen vier Umständen entsprechen vier Heilbestrebungen:
1. Das Blut ist wegzuleiten.
2. Das Blut ist zu verdünnen.
3. Der Leib ist abzukühlen.
4. Der Leib ist zu öffnen.

§ 12

Das wichtigste von allem, was zu tun ist, ist im Aderlaß gegeben. Zuerst kann die allgemeine Blutüberfülle, die der schrecklichen Krankheit als Steigbügel gedient hatte, kaum auf eine andere Weise im Zaume gehalten werden; aber bei besonders heftigen Erkrankungen, die in der ärztlichen Tätigkeit die Regel sind, ist nicht so sehr auf die zurückliegenden, die Krankheit bedingenden Ursachen Rücksicht zu nehmen, wie auf Krankheitserscheinungen, die hart bedrängen. Es gibt eine Beklemmung der Brust, die sich aus der Reihe der übrigen am schrecklichsten hervorhebt und ihren Ausgang nimmt von einem Hindernis im kleinen Kreislauf durch die Lungen. Es gibt vollends eine venöse Blutüberfülle, die sich dem arteriellen Kreislauf entgegenstemmend die Tätigkeit des Herzens und der Gefäße zum äußersten antreibt. Es gibt schließlich eine äußerste Kraftanstrengung lebendiger Teile, die, die Gefäße vollstopfend, durch beharrliche Nachschübe die Entzündung unterhält. Ist der Aderlaß gemacht, werden die übermäßigen Kräfte gebrochen, die Blutüberfülle vermindert und die Brust befreit; nach Entfernung des Widerstandes wird das Arterienblut befördert und freier fließen durch ihre Gefäße die Säfte.

§ 13

Wird das entzogene Blut an einem kühlen Orte aufbewahrt, zieht es an seiner Oberfläche eine weißgelbliche Kruste zusammen, zäh wie verflüssigtes Wachs, auf dem übrigen Blute schwimmend, die man das Entzündliche nennt oder das Pleuritische. Es ist umstritten, welche Teile des Blutes zur Ausbildung der pleuritischen Kruste beitragen, und bis heute ist der Streit vor dem Richter. Manche glauben, es sei gestockte Blutflüssigkeit, andere, es sei geronnener Faserstoff, und wieder andere, es sei Fett. Es ist der Mühe wert, kurz über einige Versuche zu berichten, die in jüngster Zeit über die Zusammensetzung des Blutes angesetzt wurden und zur Veranschaulichung dieses Gegenstandes dienen.

Hewson und Moscati haben überzeugend nachgewiesen, daß das Blut aus drei Bestandteilen zusammengesetzt ist: aus Flüssigkeit, Faserstoff und Körperchen. Daß Blutflüssigkeit durch die Hitze kochenden Wassers, durch Schwefelsäure und durch Weingeist eine Zusammenballung eingeht, hat schon Hewson gelehrt. Moscati fügte hinzu, daß schon allein festes Feuer (ein heißer Gegenstand) genügt, um Blutflüssigkeit zusammenzuballen. Es lehrten ihn seine Versuche, daß menschliches Serum nach Hineinwerfen von gebranntem Kalk unter einer Glasglocke ohne jedes Aufbrausen innerhalb von achtzehn bis zwanzig Stunden eingedickt werde, wobei sich weder die Glocke erwärmt noch ein hineingestelltes Thermometer um mehr als ein oder zwei Wärmegrade ansteigt. Die Lymphe dagegen, worunter der hochberühmte Gaub den Faserstoff des Blutes versteht, gerinnt in atmosphärischer Luft, dagegen wird sie bei Berührung mit Hitze, ob sie nun fest oder flüssig ist, dünnflüssig und fault auch rascher als das Serum.

Die Körperchen schließlich werden weder zu einem Gerinnsel, noch werden sie aufgelöst, solange sie der Faserstoff umgibt und in Lösung hält. Die Körperchen verleihen gemeinsam mit dem festen Feuer dem Blut seine Farbe, und zwar, eine je größere Menge das Blut an entzündlichem Stoff enthält, desto mehr nähert es sich dem Roten oder sogar dem Schwarzen, je weniger es enthält, desto mehr dem Blassen und Grünen.

Aus diesen Versuchen folgert Moscati 1. Blutflüssigkeit kann bei entzündlichem Fieber in Gerinnung übergehen, auch wenn selbst die heftigste Fieberhitze die Wärme von kochendem Wasser nicht erreicht. 2. Der Faserstoff verflüssigt sich bei entzündlichen Erkrankungen, wird aber bei abkühlenden Krankheiten dickflüssiger: also irren diejenigen, welche entzündliches Blut für eingedickt halten, da doch der Blutsatz eher dünnflüssig ist. Aber was vermag dieser Schluß von gelöstem Faserstoff auf dünnflüssiges Blut? – Oder lehrte uns dieser scharfsinnige Mann nicht selbst, daß Blutflüssigkeit unter dem gleichen Wärmegrad zusammengeballt wird, wo der Faserstoff flüssig ist? Oder empfiehlt er nicht selbst wässerige und dämpfende Mittel zur Lösung der Blutflüssigkeit bei entzündlichen Krankheiten? – Er selbst hat durch seine Versuche bekräftigt, daß das pleuritische Blut wegen der gestockten Blutflüssigkeit trockener werde, auch wenn der Blutsatz dünnflüssiger ist. Der Beobachter fährt fort: 3. Entzündungskruste, Gerinnsel in Herz und großen Gefäßen, Eiter, Venenthromben und Schleim seien nichts anderes als durch die Einwirkung von Kälte geronnener Faserstoff, während dies alles in lebendigen Gefäßen flüssig sei. 4. Auf dem Gleichgewicht zwischen Erzeugung und Ausscheidung festen Feuers beruht die richtige Mischung der Blutes, dergestalt daß seine übertriebene Erzeugung und Anhäufung zu entzündlichen Krankheiten, seine zu heftige Auswirkung zu fauligen Krankheiten und seine zu rasche Abgabe zu den kalten Krankheiten führe. – Ich für meine Person schließe aus dem allen, daß die Blutflüssigkeit bei Entzündung eingedickt wird, der Faserstoff bei Verschleimung; wogegen bei dieser die Flüssigkeit, bei jener der Faserstoff verflüssigt wird. Fettiges Blut begünstigt die Entzündung, weil der Entzündungsstoff die Gerinnung der Blutflüssigkeit unterstützt. – Doch nun zurück aus der Abweichung auf den Weg!

§ 14

Wenn der durchgeführte Venenschnitt die darauf gesetzte Hoffnung nicht erfüllt hat, so rate ich zur Wiederholung, bis entweder das Nachlassen des Fiebers deutlich wird oder die gebrochene Lebenskraft die Wiederholung verbietet. Solange die Entzündungskruste erscheint, solange eine Beengung die Brust bedrängt, solange ist die Heilung im Blutentzug zu suchen.

§ 15

Wenn nun aber jener in § 10 besprochene kleinste Puls in Erscheinung tritt mit tiefer Atmung, höchster Beklemmung und verfallenen Kräften, wird die Frage zu erörtern sein, ob noch weiter Blut abzulassen ist oder nicht. Macht man einen Aderlaß, so ist zu befürchten, ob nicht wegen des völlig unterbundenen Nachströmens und einer Erschöpfung des größeren Kreislaufs eine Bewußtlosigkeit herbeigeführt wird, wobei der kleinere Kreislauf wegen Überfüllung zum Erliegen kommt. Wenn man aber gegen den Aderlaß Bedenken hat, besteht die Gefahr, daß der Kranke einem Stickfluß erliegt. Da heißt es wirklich: Hier ist Rhodus, hier springe! Zweigesichtig ist das Bild der Dinge, das sich dem denkenden Geiste darbietet, und es erfordert den höchsten Scharfsinn der Beurteilung, damit man weder durch Zögern die rettende Gelegenheit versäumt noch durch Übereilung tötet. Aber ein von Vorurteilen in gleicher Weise wie von Blutscheu freier hippokratischer Mann wie der erfahrenste Leibarzt Dr. Consbruch ging zunächst meistens den ersten Weg und ihm blieb niemals der richtige Erfolg versagt. Glücklich preise ich solche Ärzte, die sich weder durch das trügerische Bild dieses Pulses in die Irre leiten noch durch die abergläubischen Bedenken der Laien abschrecken lassen!

An Stelle des Venenschnittes können grundsätzlich Blutegel treten, wenn man sie möglichst nahe an den Sitz der Entzündung heranbringt, die den örtlichen Venenschnitt noch übertreffen, da sie mit einem kleineren Blutverlust mehr bewirken. Daneben verdienen auch die Schröpfköpfe ihr Lob, Blasenpflaster auf die betroffenen Stellen gelegt, erfüllen nach dem Venenschnitt ihre Aufgabe am besten wegen ihrer dreifachen hervorstechenden Vorzüge: Erstens ziehen sie die Säfte von den entzündlichen Stellen weg; zweitens lösen sie auf; drittens verzehren sie die Eiterung; was noch eitert, heilt nicht, sagte schon Hippokrates. Der hochberühmte Schmucker brachte es fertig, eine beginnende Brustfellentzündung durch Auflegung eines Blasenpflasters auf die Brust vollständig zu heilen; der oben erwähnte Leibarzt Dr. Consbruch hat die wunderbare Kraft der Blasenpflaster in ungezählten Fällen erprobt. Lauwarme Bäder, auch wenn sie dem Kranken zusagen, werden außer Gebrauch kommen; während sie die äußeren Partien erweichend von den inneren die Säfte ableiten, wetteifern sie mit der nachfolgenden Krisis, indem sie sanfte Schweiße hervorbringen.

§ 16

Zur Verdünnung und Lösung des eingedickten Blutes kommen hinzu neutrale Salze, besonders Salpeter, und danach vegetabilische Speisen. Hierzu gehören Gartenfrüchte, deren Anwendung zuerst der große Boerhaave empfahl, Abkochungen von kühlenden und lösenden Kräutern, Essig, einfacher alter Sauerhonig, Zitrone und anderes, was alles neben der Kraft zu lösen auch durch den innewohnenden Vorzug der Kühlung und Wiederbelebung den Kranken in wunderbarer Weise wiederherstellt und ergötzt. Der strenge Stuhlgang ist durch lindere Abführmittel, auch durch wiederholte Einläufe zu fördern, man muß aber dabei mit Harzen versetztes warmes Wasser meiden. Die Kost sei während der ganzen Zeit des Fieberanstieges möglichst leicht, völlig frei von Fleisch und Wein, was um so leichter eingehalten werden kann, in je kürzerem Verlaufe die Fieberhitze beendigt wird.

§ 17

Wenn dies alles aus Überlegungen gemacht worden ist, kann die ersehnte Krisis nicht ausbleiben. Man sagt, daß diese eingetreten sei, wenn der vorher harte Puls erweicht, oder, wenn er vorher klein war, zu einer gewissen Völle ansteigt, die Atmung leichter wird und gleichsam eine ungeheure Last von der Brust weggewälzt ist, was der Kranken volkstümliche Worte sind, wenn der Körper von einem allgemeinen Hauche warm, und die Haut vom Schweiße feucht ist. Nun fließt das flüssigere Blut in gefälligerem Laufe durch seine Gefäße und die Säfte dringen durch die schlafferen Poren. Der Harn, der nach dem Lassen einen weißlichen Niederschlag abscheidet, wird klar und zitronenfarben, Stuhl geht ab, der Entzündungsschmerz wird geringer, ein ruhiger Schlaf ergreift den Kranken, aus dem er mit heiterem Gemüte erwacht, die Augen werden hell, vom ganzen Gesicht erstrahlt das Bild der wiederkehrenden Gesundheit. Die Krisis schließt eine starke Wiederkehr des Fiebers aus, die vorwärtsstürmende Form wird mit der zurückgehenden vertauscht, kleinere und schneller abklingende Verschlimmerungen werden von Genesungsvorgängen abgelöst, die sich nach und nach in wahre Gesundung abklären, bis endlich nach Erschöpfung alles Zündstoffes des Fiebers das Ganze zum natürlichen Gleichmaß der Gesundheit zurückkehrt. In dieser Hinsicht unterscheiden sich alle brennenden Fieber von den Wechselfiebern, daß alle kleineren Verschlimmerungen im Stadium des Abklingens mit Schweißen hereinbrechen und sich unter Lassen von gereiftem Harn wieder lösen, worauf eine allgemeine Fieberfreiheit folgt. Nun bleibt dem Arzt nichts mehr zu tun, als die Bestrebung der Natur abzuschäumen, nicht zu stören, die sich der Einleitung der Krisis gewachsen zeigte und nun auch ihrer Beendigung gewachsen sein wird. In diesem Zustand hat man sich mindestens damit zu begnügen, die Ausdünstungen durch leichte Reize anzuregen, den Stuhl weich zu machen und die Kräfte allmählich wiederherzustellen. Es gibt Beispiele, wenn auch nur wenige,

wo noch nach der Krisis die Notwendigkeit des Venenschnittes eingetreten war, besonders wenn im Anstieg der
Krankheit zu wenig Blut gelassen worden ist.

Die Kost darf nun etwas reichlicher zugebilligt werden,
jedoch nicht zu üppig und nicht zu füllend. Von mäßigem
Genuß des Weines ist kaum abzuraten. Ich kann nicht umhin, hier einige Fälle eines regelrechten entzündlichen Fiebers anzuführen, die das bisher Ausgeführte bestätigen und
bekräftigen. Der erste sei entnommen aus dem göttlichen,
griechischen Buch des Hippokrates über die Volkskrank-
heiten, Hallersche Ausgabe, Krankheit 8. Band, 1. Teil,
Seite 159. »Den Anexio in Abdera, das an den Pforten Thra-
kiens liegt, ergriff ein plötzliches Fieber, begleitet von
einem Schmerz der rechten Seite. Er hatte trockenen Husten und keinen Auswurf an den ersten Tagen. Durstig.
Schlaflos. Urin von guter Farbe, viel, dünn. Am sechsten
Tage delirierend. In der Hitze kein Nachlassen. Am siebten
Tage gab er sich schmerzhaft, denn auch das Fieber vermehrte sich und die Schmerzen ließen nicht nach, Husten
quälte ihn, und er atmete schwerer. Am achten Tage schlug
ich die Ellenbogenvene an, es floß gebührend viel Blut
heraus. Die Schmerzen ließen nach, Husten blieb bestehen.
Am elften Tage ließ auch dieser nach; Fieber; er schwitzte
etwas am Kopfe. Weiterhin Husten, der Auswurf aus der
Lunge flüssiger; am siebzehnten Tage fing er an weniger zu
spucken und fühlte sich erleichtert. Am zwanzigsten Tage
schwitzte er, von Fieber frei, nach meiner Beurteilung war
er gebessert. Er war aber durstig, und die aus der Lunge
erfolgende Reinigung war nicht gut. Am siebenundzwan-
zigsten Tage ging das Fieber zurück. Er hustete. Die Natur
führte viel ab. Viel weißer Harnsatz. Er war ohne Durst
und gut atmend. Am vierunddreißigsten Tage schwitzte er
überall, er wurde vom Fieber frei befunden«. Ich füge noch
ein anderes aus der Praxis des Lehrers entlehntes Beispiel
an: »Der Kranke von kräftigem und vollblütigem Körper-
bau, 26 Jahre alt, begann an brennendem Fieber darnieder-
zuliegen. Hitze und unerträglicher Kopfschmerz, gedunse-

nes, rotes und glühendes Gesicht, nasse und gerötete Augen, schneller, aber schwacher und unterdrückter Puls; am zweiten Krankheitstag wurden durch Aderlaß etwa 360 ccm Blut entzogen. Am dritten Krankheitstag wurde der Puls schnell und voll empfunden bei inzwischen trockener und brennender Hitze, Kopfschmerz und den übrigen dahin drängenden Zeichen, weswegen der Venenschnitt wiederholt wurde. Am entleerten Blut wurde keine Fieberkruste festgestellt, es war aber von zäher Beschaffenheit wie Gelatine und gerann auf der Stelle. Zu Beginn des vierten Krankheitstages flossen einige Tropfen dunklen Blutsatzes aus der Nase, inzwischen wurde der Puls weicher, und die Hitze ermäßigte sich etwas. Die Krankheit nahm eine mildere Form an, außer daß der Kopfschmerz und die heftige Pulsation der Schläfenarterien bestehen blieb. Am neunten Tage endlich erfolgte ein starkes Nasenbluten, dem eine Erleichterung des Kranken folgte, den vorher roten Auswurf gab er bald darauf trüb und mit gelbem, weißlichem und kleienartigem Satz von sich. Danach genas der Kranke, war aber noch drei Monate lang durch Schwerhörigkeit belästigt«.

Also ein entzündliches Fieber ohne Entzündung, allein aus Eintrocknung des Blutes und daraus erwachsender Erhitzung.

§ 18

Soviel über die kritische Lösung. Wenn die Krankheitserscheinungen an den lebenswichtigen Vorgängen jedoch fortdauern und sich zum Schlimmeren wenden, wenn Schüttelkrämpfe auftreten, die Fieberträume fortbestehen, die Kraft des Lebens unterdrückt wird, der Puls ganz klein und aussetzend wird, tiefe Schnarchgeräusche zu hören sind, die Hände und Füße kalt, die Ohren spitz und kalt, die Lippen blau und blutleer werden und die Nase spitzig, mit einem Wort, wenn das von Hippokrates beschriebene Totenantlitz sich zeigt, ahnt man, daß der Tod in der Nähe ist. Nun scheidet sich die Entzündung in eine tödliche Brustfellerkrankung ab, die von Blut und Schleim verstopfte Lunge, unfähig diese Säfte auszuscheiden, wird den Menschen durch den Erstickungstod oder den Tod an Brand umbringen. Merkwürdigerweise habe ich unter diesen verzweifelten Umständen überaus häufig die Kranken gegen das übliche Maß heiter gesehen, so daß ein die ungünstige Aussicht nicht voraussehender Arzt einen völligen Schaden des Vertrauens erleiden könnte; denn dadurch, daß die Nerven gleichsam schon abgestorben sind, die durch die dauernde Entzündung aufs schwerste in Mitleidenschaft gezogen sind, weicht die Schmerzempfindung von der Seele und die Hoffnung auf ein wiederkehrendes Wohlbefinden täuscht die tödliche Gleichgültigkeit. Daher rührt eine derartig auffallende Heiterkeit, deren Gründe nicht erforschbar sind, und beim gleichzeitigen Auftreten der ungünstigen Zeichen, von denen schon die Rede war, wird dies das sicherste Zeichen für die hereinbrechende Todesstunde sein.

Wenn aber nach falscher Anwendung der Heilmittel das Blut von selbst aus der Nase fließt und ein Schmerzgefühl am Orte der Entzündung auftritt, während der klopfende Schmerz verschwindet, ungeklärte Schauer sich vermehren, trüber Urin fließt, schleichendes Fieber mit umfangreichen Schweißen überhand nimmt und sich nach der Mahlzeit verschlimmert, ist anzunehmen, daß sich die Entzündung einer Abszeßbildung zuwendet. Wenn die Entzündung die Drüsen ergreift, wird der Verdacht nicht unangebracht sein, daß sich eine Geschwulst bildet, die im Laufe der Zeit und nach erfolgtem Vordringen in widernatürliche Bereiche zu einem Krebs entarten wird. Seltener wird sich die Entzündungskrankheit auf die Eingeweide des Bauches legen, selten zieht sie Wechselfieber nach sich.

§ 19

Das bisher über die entzündlichen Fieber Gesagte möge genügen, ganz anders ist das Wesen der *fauligen Fieber*. Unter diesem Begriff versteht man anhaltende und wiederkeh-

rende Fieber, die sich unter der Maske katarrhalischer
Erkrankungen einnisten, mit höchstgradigem Kräfteverfall, umherziehenden Schmerzschauern, Schwindel, Übelsein, Erbrechen, Durchfällen, Schmerzen im Zwerchfell,
auf der Brust, im Kopfe und auf dem Rücken, flüchtigen
Schmerzen in Lenden und Gliedern, bald einem dem natürlichen sehr ähnlichen, bald krampfhaft angespannten,
beschleunigten, sehr kleinen ungleichmäßigen Puls, verschiedenen Verwirrungen des Verstandes, krampfartigen
Bewegungen und anderem einhergehen und sich durch das
lange Hinziehen aufeinanderfolgender Fieberanfälle bis zu
drei oder vier Wochen ausdehnen. Die Faulfieber wüten
meistens epidemieartig oder breiten sich durch Übertragung aus, seltener entstehen sie vereinzelt aus örtlich bedingten Ursachen. Daß ich die Regelwidrigkeit der Luft,
der Lebensweise und der Berührung nicht kenne, die zu
ihrer Entstehung beitragen, gebe ich offen zu, auch halte
ich mich nicht für fähig zu sagen, ob sie aus den Eingeweiden der Erde ausgeatmet werden, in der Luft gezeugt
oder im menschlichen Körper durch eine bestimmte Art
von Gärung entstehen, das eine aber weiß ich, was immer
sie auch seien, daß sie sich um eine fehlerhafte Galle und um
eine irgendwie gestörte Bereitung des Darmsaftes gruppieren. Schon dieses Wenige mit schnellem Schritt durcheilt zu
haben, genüge, was über die mannigfaltige Natur des fauligen Fiebers als sicher angesehen wird oder doch für
wahrscheinlich gilt.

§ 20

Nach dem übereinstimmenden Urteil aller alten Ärzte versuchen die fauligen Fieber vor allem die Leberkranken zu
erfassen, welche krampfartige Störungen im ganzen Körper quälen und ein Fehler der Darmsaftbereitung niederschmettert. Da nämlich die Nerven die Absonderung und
die Verdauung überwachen, was aus der Physiologie bekannt ist, muß unbedingt eine Unordnung der Nerven die
Ordnung dieser Verrichtungen stören, die Mischung der

Säfte verderben, sowie die Ausscheidung und Absonderung in verschiedener Weise in Unordnung bringen. Unzählige Beobachtungen haben gelehrt, daß die Galle unter der Erhitzung der Krankheiten und der Schädigung der Nerven in eigenartiger Weise aufgewühlt und verändert wird, so daß sie von den am Kopfe Verletzten grün erbrochen wird, im epileptischen Anfall giftig wirkt, bei Melancholikern kamig wird und bei Jähzornigen aufschäumt. In gleicher Weise wird die Zusammensetzung des Eiters durch die Erregungen der Nerven verschieden gestaltet, so daß ein vorher ganz gutartiger Eiter unter dem Einbruch einer Manie oder Nervenentzündung, sowie unter Verdauungsstörungen in eine jauchige Flüssigkeit zerläuft und völlig verschwindet, was bei bösartigen Fiebern sehr häufig beobachtet wird. Auch verschiedene pflanzliche Gifte, wie Tollkirsche und Schierling, rufen, sobald sie in den menschlichen Körper eindringen und die Nerven reizen, eine sehr schnelle Fäulnis hervor, während sie bei äußerlicher Anwendung mit wunderbarer Kraft entzündungswidrig wirken.

Die alltäglichen Bewegungen des Gemütes, wie Unwillen, verzehrender Zorn, Trauer, Ekel, Heimweh und Schwermut haben vertrauten Umgang mit eingeführten Giftstoffen, wie auch Wunden sogar einer fauligen Krankheit als Eintrittspforte dienen. Es ereignen sich auch innerliche und selbständige Entartungen der Säfte, wozu ich den zurückströmenden faulen Wochenfluß, entartete Geschwüre und den Brand rechne.

§ 21

Nicht mit dem Ungestüm, wie es die entzündlichen Fieber zu tun pflegen, greifen die fauligen Fieber den Menschen an, die schon in die verborgensten Winkel der Eingeweide ihre Samen ausgestreut haben, bevor sie sich deutlicher verraten. In der Zeit, wo der hinterlistige Feind durch das Innere des Körpers schleicht, tritt eine eigenartige Veränderung des Gemütes in Erscheinung. Mürrisch sind die

vorher Lebenslustigen, streitsüchtig die vorher Gelassen-
sten. Sie wenden sich von dem ab, was sie zu anderer Zeit
mit Gier ergriffen haben, sie fliehen das Licht und suchen
furchtsam die Einsamkeit, die vorher der Lärm der Städte
ergötzt hat. Es stellen sich aufregende und verwirrende
Träume ein, plötzliches Erzittern durch die geringsten Ursachen ausgelöst, Schlaflosigkeit, unklare Schmerzen durch
die Weiten des Körpers, krampfartige Hitze- und Kälte-
schauer, Appetitlosigkeit und dazwischen wieder ungeheuerliche Eßlust; wässeriger Urin, wie er dem Einbruch einer
Epilepsie, Manie, Wasserscheu, oder Quängelsucht voran-
geht, Milzkrankheiten, wie sie von den Alten benannt
wurden, Schnupfen, ungewohnte Müdigkeit besonders der
Kniee, Zittern der Glieder, unregelmäßige Nachtschweiße
und anderes dieser Art, was alles bald wiederkehrend, bald
verschärft, der Ausbruch der Krankheit selbst durchbricht.

§ 22

Eine strotzende faulige Galle führt den schrecklichen Zug
der Krankheitserscheinungen an. Ständige Klagen über Beklemmung, Hitze und Klopfen auf der Brust, plötzlicher
Brechreiz mit schwerster Erschütterung des Kopfes, bald
vergeblich verlaufend, bald entfärbte Galle, zersetzten
Schleim oder sogar schwarzen Blutsatz fördernd, was ein
sehr schlechtes Zeichen ist, wenn man dem großen Mann
aus Kos vertrauen kann, weil dabei gealterte Narben durch
die Kraft der fauligen Verflüssigung aufgelöst werden;
krampfartiger Durchfall mit Herzklopfen, Ohnmacht, aus-
setzendem und manchmal doppelschlägigem Puls, krampfhaften, kalten und örtlichen Schweißen, bald feuchter und
geröteter, bald gelbschleimiger und ganz unreiner Zunge.
Die Zähne sind mit Schleim überzogen, die Augen gelb-
süchtig gefärbt mit trockenen Lidern und Eiterkrusten an
den Wimpern, das Gesicht bald blaß, bald von einer
krampfartigen Röte übergossen, der Durst ungeheuer, der
Husten trocken und der Atem beklemmt. Dieser Sammlung gesellen sich zu Sehnenspringen, Gänsehaut, Augen-

glanz, ungewohntes Zittern der Schläfen und Halsschlagadern, Ohrenklingen, krampfhafte Verengung von Kehle
und Schlund, sogar wirkliche allgemeine Krämpfe, die
nach dem Zeugnis von Hippokrates aufblühende Pusteln
und Flecken hinterlassen, die von schlimmer Vorbedeutung sind, wenn sie andauern. Das Blut erscheint beim
fauligen Fieber, sei es daß es entzogen wird oder freiwillig
fließt, blühend und dünnflüssig (es fault übrigens erstaun-
licherweise im Fieber nicht schneller als bei höchster Gesundheit) und ist gelegentlich dem natürlichen Blut ganz
ähnlich. Der Bauch ist oft nach Art einer Trommel aufge-
trieben, welche Schwellung man im Volksmund Trommel-
sucht nennt, sie ist ohne Zweifel durch die trockene Luft
entstanden, die bei fauliger Gärung frei wird. Die Atmung
ist bald flach, bald langsam und seufzend, was für den späteren Ausbruch der Blutfleckenkrankheit ein sicheres Zeichen ist, wenigstens wenn man den Glaubwürdigsten
glauben will. Bisweilen sickern einige Tropfen schwarzen
Blutes aus dem einen oder anderen Nasenloch, ein Todes-
zeichen nach dem Zeugnis des Hippokrates, bisweilen
strömt Monatsfluß oder Afterblut, jedoch ohne Erleichterung. Es gibt noch sehr vieles mehr, was diese schwerste
Krankheit auszeichnet, was aber durch keine Abhandlung
sicher erschöpft werden kann. Nicht wenn ich hundert
Zungen hätte und hundert eiserne Münder, könnte ich alle
Formen der Krankheit zusammenstellen und alle Namen
der Krämpfe durchlaufen.

§ 23

Während sich dieses Widernatürliche im Bereich des Körpers abspielt, wird auch der Verstand in verschiedener
Weise angegriffen. Der innigste Zusammenhang des Denkvermögens mit der Verdauung bewirkt, daß den aus der
Tiefe der Eingeweide aufsteigenden Krämpfen Erschütterungen der Gedanken antworten, indem diese nicht mehr
einer geordneten Ideenverbindung und den Gesetzen der
Vernunft, als vielmehr den mechanischen Regeln der

Krankheit folgen. Das ist das, was man Fiebertraum nennt. Zwischen Fiebertraum und Krämpfen der äußeren Teile wird ein gewisser Wechsel beobachtet, indem bei deren Toben die Fieberträume nachlassen und bei Nachlassen der Fieberträume die Krämpfe wiederkehren, wobei es ein übles Vorzeichen ist, wenn beide zugleich bestehen. Selten träumen die vom fauligen Fieber Befallenen laut, meistens sind sie still, entweder in trauriger oder in lächerlicher und läppischer, in stumpfer oder in sehr schläfriger Verfassung. Hierher gehören alle Hirn- und Hirnhautentzündungen, Wasserscheu, Schwermut, krampfhaftes Lachen, Veitstanz (welche beide meistens aus den verborgenen Gründen einer Wurmkrankheit ihren Ursprung nehmen), Starrsucht, Bewußtseinstrübung bald im Wachen, bald im Schlaf, bis selbst zu tiefster Schlafsucht und Todesschlaf. Ein merkwürdiges Beispiel von Starrsucht mit Bewußtseinstrübung im Wachen und Schlafen habe ich im akademischen Krankenhause zu beobachten Gelegenheit gehabt. Der Kranke ahmte mit offenen Augen den Schlaf nach, in den er, wenn er daraus gerissen war, alsbald wieder zurückfiel. Auf Fragen antwortete er zuerst sehr träge, dann gar nicht mehr, aber Befehlen gehorchte er aufs genaueste. Speisen verlangte er nicht, das Gereichte aber schlang er hinunter. Mit starren Augen blickte er manchmal die Dabeistehenden an, gleichsam als ob er ihnen die größte Aufmerksamkeit widmete, wobei aber kein Zweifel bestand, daß er von ihnen nicht die geringste Wahrnehmung hatte. Auf der Brust hüpften die Sehnen, die Finger spielten im Gesicht, er sammelte Flocken, die Hände der Umherstehenden drückte er fest nach Freundesart; bald kehrte er sich der Wand zu, bald warf er sich unruhig herum, und auch im Sterben ließ er nicht von den Bewegungen ab, an die er sich als Gesunder gewöhnt hatte. Der schläfrige Fiebertraum ging allmählich in tieferen Schlaf über, aus dem er kaum einige Stunden vor dem Tode erwachte. Die Luft wurde schon schwerer bewegt, zeitweilig setzte der Atem aus, der Puls war kriechend und fallend, das Äußere war kalt, das Gesicht wie das eines Sterbenden, ein Geräusch im Innersten der Lunge, so starb er. Es ist sehr verwunderlich, daß weder Kot noch Harn jemals heimlich abgingen, auch fehlte dem Jüngling nie das natürliche Schamgefühl. Eine so strenge Verbindung wird zwischen Geist und Körper bewahrt, ein so tyrannischer Mahner wohnt dem anmaßend über sich selbst bestimmenden Menschen inne, der unablässig den aus Erde geborenen selbst mahnt, bis er wieder zu Erde geworden ist.

§ 24

Die spastischen Umkehrungen der Funktionen werden von unvollständigen Krisen unterbrochen, die verschiedener Art sind. Entweder erfolgen ausgedehnte Blutungen, Durchfälle und Schweißausbrüche; der Harn wird trüb, gallenfarben, fleischfarben, braun wie von Stuten, basisch und in verschiedener Weise verfärbt; Abszesse treten auf an Ohren, Leisten und Gelenken, sowie Aphthen, gutartiger weißer Ausfluß, Samenfluß und anderes; oder, was mehr nach der Regel ist, die fauligen Flüsse werden durch einen Ausschlag abgeschäumt, über welchen Ausfluß Brendel geschrieben hat. Doch jetzt zur Behandlung!

§ 25

Da die in den Tiefen der Eingeweide eingenistete faulige Galle sowohl die Krämpfe durch Mitleidenschaft hervorruft als auch das Fieber durch ständige Nachlieferung von Brennstoff unterhält, läuft das ganze Wesen der Krankheit in der Galle zusammen, darum geht jeder Heilplan dahin, sie zu besänftigen oder mit der Wurzel auszurotten. Darum ist es Sache des kühnen und umsichtigen Arztes, die bösartige Krankheit mit Brechmitteln oder mit Abführmitteln anzugehen. Da aber der gallige Unrat im gesamten Verdauungskanal verbreitet ist, besteht Gelegenheit und Zeit, daß er von den aufsaugenden Gefäßen aufgenommen und dem Blut zugeführt werden kann nach Ansicht des großen Sarcone, des großen Stoll und anderer; mir scheint das Brechen dem Abführen überlegen zu sein, da das Brechmittel zur Reinigung des Magens und der oberen Verdauungswege, das Abführmittel für die Reinigung der unteren Verdauungswege geeignet ist und es möglich erscheint, daß sich die Kraft der Brechmittel nicht nur bis an die Grenzen des Magens allein erstreckt, sondern daß auch der ganze Dünndarm bis an die Dickdarmklappe seinem Einfluß unterworfen ist.

Die umfangreiche Erfahrung meines Lehrers, die Heilweise, die als wichtigste im akademischen Krankenhause der hochgelehrte Herr Leibarzt Dr. Reuss durchführt, die Beobachtungen von Männern, die vom hippokratischen Geist beseelt sind, haben mich zur Genüge gelehrt, daß die Entleerung der wichtigsten Wege bei fauligen Fiebern das Entscheidende ist. Durch wiederholtes Erbrechen und Abführen hat der Leibarzt Dr. Consbruch das erste Aufkeimen dieser schwersten Krankheit unterdrückt und die schlimmsten Krankheitserscheinungen der schon ausgebrochenen Krankheit mit der gleichen Kühnheit aufgehalten, mit der er durch Venenschnitt die heftigsten Entzündungen zu beseitigen pflegt.

§ 26

Es ist aber auch im späteren Verlauf der Krankheit, wenn vielleicht das Nachlassen der Kräfte davon abraten möchte, oder die Furcht anwächst, die Ausschläge möchten zurückgehen, der Entleerung keine Grenze gesetzt. Nachdem man künstliche Geschwüre erzeugt hat und zugleich Mittel gegeben hat, die die Lebenskraft wieder auffrischen und der Körperoberfläche gut tun, worunter der Kampfer hervorgehoben zu werden verdient, braucht man kaum einen schlimmen Ausgang zu befürchten. Ein zu dieser Zeit gegebenes Brechmittel ist weit davon entfernt, die Lebenskräfte zu brechen, daß es vielmehr gleich einem Herzmittel in wunderbarer Weise wiederbelebt, was unzählige Beobachtungen meines Lehrers bestätigen.

§ 27

Sobald aber Anzeichen für den Ausbruch eines Ausschlages in Erscheinung treten, in deren Zusammenhang seufzende Atmung, zugleich begleitende Krankheitszeichen, saure Schweiße und anderes gehören, ist eine schweißtreibende Behandlung einzuleiten und sind zugleich künstliche Geschwüre zu legen, welche den zögernden Ausschlag auf die Haut treiben und dort mit leichtem Reiz festheften. Unterstützt werden diese Maßnahmen durch fäulniswidrige Mittel, zu denen vor allem Fieberrinde, Salmiak und Schwefelsäure gehören, welche die beginnende Fäulnis in Schranken halten und die verlorenen Kräfte wieder herstellen. Angebracht ist zugleich die Anwendung mildernder Abkochungen, die durch Einhüllen der Schärfe beruhigen und hemmen. Bei dieser besonderen Art von Krankheiten kann man auf Opium verzichten, auch ist der Aderlaß nicht heilsam, von dem schon Sydenham abgeraten hat. Der Stuhl ist durch Klistiere zu fördern, zu welchem Zwecke ich Aufguß von Kamillen, salzige Molke und, wenn die Fäulnis stärker bedrängt, Abkochung von Chinarinde empfehlen möchte. Es kam vor, daß bei allzu heftig beginnendem und ansteigendem Fieber durch die Furcht vor dem Ersticken ein Aderlaß gefordert wurde, der fürwahr, was grundsätzlich gesagt sei, bei fauligem Fieber lieber gemieden als vorgenommen wird. Die Ernährung stamme aus dem Pflanzenreiche. Die Luft sei frei und offen, kühl und durch Lüftung ständig erneuert.

§ 28

Wenn man das alles mit Vernunft nach den gesagten Regeln einrichtet, das Übel das Gefüge der Eingeweide noch nicht aufgelöst hat und die von der Kraft der Krankheit unterdrückten Kräfte nicht unterliegen, wird man sich einer milder werdenden Krankheit erfreuen. Der erste Hoffnungsschimmer wird aufblitzen, wenn die krampfartigen Erscheinungen entweder durch eingehendes Erbrechen und Durchfall oder durch das Hervorbrechen des Aus-

schlags zurückgehen oder vollständig verschwinden, wenn
der von der Betäubung hingeworfene Mensch wieder auf-
wacht und anfängt, Speisen zu begehren.

Man darf nicht auf eine große Menge von Schweiß und
Urin schauen und nicht nach einer Beendigung der Krisis
gierig trachten bei einer Krankheit, bei der infolge des re-
gelwidrigen Verhaltens der Kräfte schon die kleinsten Aus-
scheidungen Glück verheißen. Von örtlichen Schweißen,
auch wenn sie sehr ergiebig sind, ist durchaus nichts zu
erhoffen, wie Hippokrates bezeugt, wenn sie nicht gerade
im Augenblick der Krisis fließen oder krampflösend wirken. Die höchste Heilkraft liegt in der Reinigung des
Gedärmes, in der richtigen Steuerung des Ausschlags und
in äußeren Abscheidungen, welche nach dem Rat von Brendel länger nach der Krankheit noch aufrecht zu halten sind.
Nach der Ausschöpfung der Krankheitsquellen wende man
sich der Wiederherstellung des Kräftezustandes der festen
Körperbestandteile und dem Ausgleich der Zersetzung der
Säfte zu, was durch eisenhaltige Mittel mit Chinin, durch
heilsame Mineralwässer und durch bittere, blutreinigende
Pflanzen erreicht werden wird.

§ 29

Wenn aber das Übel immer mehr dem Schlechteren zu-
treibt, schrecklichere Krämpfe ununterbrochen andauern,
die gebrochenen Lebenskräfte nicht ausreichen ständig die
gesamten galligen Unräte an die Haut heranzuschaffen,
oder der übermächtige Reiz, den die Fäulnis durch Verhin-
derung einer Verflüssigung in den Verdauungswegen zu-
standebringt, den Ausschlag gewissermaßen auf das Innere
zurückzieht, oder der Ausschlag brandig wird, eine schwarze Färbung annimmt, oder ein ungeheurer wässeriger
Durchfall Säfte und Kräfte wegschwemmt, oder der in den
Schlupfwinkeln der Lunge festgehaltene faulige Unrat nach
Verlust der Atmungskräfte nicht mehr herausbefördert
werden kann, der Schleim sich in den untätigen Zweigen
der Bronchen ansammelt, jenes todverheißende Röcheln

wahrgenommen wird, der Hauch nur sehr schwer bewegt
wird, oder der in tiefe Betäubung versunkene Mensch
durch keine Kunst zu erwecken ist, oder eine Ohnmacht die
andere ablöst, oder jener unheilverkündende Schluckauf zu
hören ist, den schon der große Mann aus Kos als todbrin-
gend bezeichnet hat, der Schweiß den Geruch einer ver-
löschenden Lampe annimmt, Zunge, Gesicht und Harn
schwarz werden, der Puls aussetzt und wie eine Saite zittert,
die Gliedmaßen kalt werden, Lippen, Nase, Augen oder
Brauen verdreht werden, der nur noch kraftlos lebende
Mensch nicht mehr hört und sieht, was auch immer von
diesem geschieht, es wird tödlich sein.

§ 30

Wenn sich aber weder die Zeichen des Todes noch die Zeichen des Heils deutlicher hervorheben, der Kranke sich
gegen alle Ansicht über die Krisis etwas leichter zu fühlen
beginnt, wenn der Harn roh und wässerig wird oder bei
steigendem Fieber rötlich, ein leichter Husten sich einstellt,
das Fieber zu ständigen Wiederholungen mit Schauern zurückkehrt, wenn Morgenschweiße den Kopf und die obere
Körperhälfte befallen, die Zunge über die Maßen zierlich
und rein ist, und an der Spitze gerötet, Gliederfett in den
Harn hineinfließt und der Körper nach und nach abmagert,
ist der Verdacht nicht unangebracht, daß das faulige Fieber
in ein schleichendes übergeht, indem in den Eingeweiden,
besonders an Leber oder Lunge ein Tochterherd entstanden
ist. Grundsätzlich ist zu sagen, daß bösartige Fieber sich
kaum auf andere Weise erschöpfen als durch einen Tochterherd, bald einen nervösen, bald einen länger dauernden
materiellen, oder daß durch ein langes Hinschleppen heftiger Fieber der Mensch endlich vernichtet wird. Ungezählte
Gelenkentzündungen, Geschwüre, chronische Ausschläge,
Ausflüsse, Lähmungen, Fälle von Verblödung, Raserei,
Trübsinn, Quängelsucht und sogar epileptische Anfälle, deren zurückliegende Ursachen nicht ergründet werden können, nehmen ihren ersten Anfang von einem bösartigen

Fieber, das einst getobt hat, und einer unvollkommen ge-
lösten Krisis.

Es sei mir gestattet, einen bemerkenswerten Fall von
fauligem Fieber samt Ausschlag, verbunden mit einzigar-
tiger schleimiger Entartung – man nennt es den glasigen
Schleim – der reichen Praxis meines Lehrers entlehnt, an-
zufügen.

»Eine Frau von ungefähr vierzig Jahren wurde eines Tages von vielen Störungen befallen, und schweigsam und
furchtsam wie sie ist, bewahrte sie den daraus gewonnenen
Unwillen im innersten Herzen und neigte zu unversöhnli-
chem Zorn. Im Sommer des Jahres 1773 erbrach sie einmal
viel Galliges, am 16. November wandte sie einen abführen-
den Aufguß an, wodurch sie häufig ihren Stuhlgang in
Ordnung brachte. Am folgenden Tage befiel die Kranke ein
heftiger Schauder, der von der vierten bis zur neunten
Abendstunde dauerte, darauf begann eine Hitze im ganzen
Körper aufzuflammen, die mit größter Macht von der
neunten bis zur zwölften Stunde nachts anwuchs. Schon
schwankten die Kräfte etwas, der Kopf und die Gelenke
der Gliedmaßen schmerzten, in der Herzgrube und in den
Knochen des Kreuzes hing ein Schmerz und das Zwerchfell
litt unter einer krampfhaften Einengung. Die Krankheitszeichen kehrten am 18. November abwechslungsweise wieder. Am 19. zog ich einen Venenschnitt in Erwägung. Es
geziemt sich nämlich zu wissen, daß die einen gewissen
Blutüberfluß habende Frau gerade in jüngster Zeit nur einen teilweisen Monatsfluß hatte, weshalb ich einem Aderlaß zustimmte, wenn ich auch sonst nicht leicht zu einem
Aderlaß bei dieser Art von Fieber zu bewegen bin; es ist mir
mitgeteilt worden, daß das gelassene Blut nur wenig Faserstoff erkennen ließ und auf dem Blutsatz eine dunkle
Kruste schwamm. Am 20. kehrte nach einer unruhigen
Nacht der gewohnte Fieberanfall in den Abendstunden
wieder. Da sie vor einem Brechmittel zurückschauderte,
wurde schon am vorherigen Tage ein heimlich zu nehmen-
des Abführmittel getrunken, was den Stuhl gut abführte

und etwas Brechreiz hervorrief. Am 21. besuchte ich die Kranke, sie beklagte sich vor allem über heftigen Hinterhauptschmerz, die Gelenke der Arme quälte immer noch der gleiche Schmerz, der Puls war klein und etwas schnell. Auf Brust, Hals und Armen erschienen rote Blutfleckchen, den durch Flohbiß entstandenen Flecken sehr ähnlich. Ums Zwerchfell setzte sich eine Beklemmung fest und der Leib schwoll von vielen Blähungen an. Da aber heute die Kranke durch kein Medikament veranlaßt Galliges erbrach, bat ich sie immer wieder, daß sie endlich für ihr gefährdetes Leben besser sorgen und ihren unbegründeten Haß gegen Brechmittel ablegen möge. Zögernd gehorchend schluckte sie endlich das Brechmittel, was vielen galligen Unrat herausbeförderte. Die Nacht brachte etwas Schlaf. Am 22. traten gegen Mittag und später von Zeit zu Zeit Schauer ein, denen eine Hitze folgte, die Kopfschmerz hervorrief. Nun wimmelte der Leib von punktförmigen Blutungen und die Schenkel befiel eine gewisse Starrheit. Am 23. wurde mir berichtet, daß die Nacht fast frei von jedem Schlaf gewesen sei, worauf am folgenden Morgen etwas Blutsatz aus der Nase geflossen sei. Nachmittags fand ich die Frau gegen ihre Art gesprächig, das Gesicht färbte sich heftig rot, der Puls war klein und schnell, den Kopf befiel von neuem ein plötzlicher Schmerz, und der ganze Leib wurde von manchmal sich wiederholenden Krämpfen geschüttelt. Am Abend wurde auf beide Beine ein Blasenpflaster aufgelegt. Die Nacht wurde gut und nicht völlig schlaflos verbracht. Am 24. fand ich mäßige Hitze, kleinen und etwas beschleunigten Puls, die Augen waren unruhig und etwas entzündet, die Sprache ruhig, der Kopfschmerz schwach, und das Gehör in bezug auf Flüstern unbehindert. Den Schlund belegte ein zäher Schleim, der die Notwendigkeit häufigen Räusperns ergab. Deshalb machte ich mit einer Spritze Einspritzungen in den Schlund, wodurch viel Schleim herausbefördert wurde. Der verhaltene Stuhlgang wurde durch einen Einlauf herbeigeführt. Nach dem Stuhlgang fühlte sich die Kranke etwas besser, dennoch war die

Nacht ohne Schlaf. Am 25. kehrten Hitze und Blähungen wieder, und die durch ein Spanischfliegenpflaster erzeugten Geschwüre eiterten weiter. Am 26. war die Sprache reiner, der Husten selten und es erfolgte ein Blutfluß aus der Nase. Eine leichte Harnstörung stellte sich ein, welche in Leinöl gebratene Zwiebeln, auf die Schamgegend gelegt, um ein großes Stück erleichterten. Der den Schlund reizende Schleim störte die Nachtruhe und verlangte häufige Reinigung des Mundes. Am 27. war die Hitze ziemlich mild, die Beschwerden im Schlund noch nicht beseitigt, das Harnlassen schwierig, die Nacht schlaflos, der Stuhlgang ziemlich frei, der Kot flüssig und manchmal mit Stuhlzwang entleert. Am Morgen des 28. zeigte sich ein neues Krankheitszeichen, indem die Kranke über ungeheure Kälte in Magen und Darm klagte. Am Nachmittag war ich selbst zugegen, nach Aussage der Kranken war lediglich ein Gefühl dieser Kälte im Magen übrig. Erweichende Breiumschläge auf den Leib gebracht, ermäßigten diese Kälte, aber sie erzeugten einen Blutandrang zum Kopf und einen Ausfluß von Blutsatz aus der Nase, weswegen ihr Absetzen notwendig wurde. Dann waren Bauchkrämpfe vorhanden und Angstzustände, die ein Keuchen des Zwerchfells veranlaßten. Verschlucktes fiel mit einem Geräusch in den Magen hinab, wie wenn es in ein leeres Gefäß hinabglitte. Die Rede war stammelnd, der Puls in den Vormittagsstunden klein und weniger schnell als gestern, das Harnlassen zunächst schwierig, später weniger behindert, die Nacht eine von den besten. Am 29. und in der darauffolgenden Nacht behielt die Krankheit ihre mildere Form bei. Aber am 30. kehrte sich alles zum Schlimmeren, die Kranke begann zu stammeln und die Nahrung beschwerlich zu schlucken, die Arme zitterten häufig, und der Schlund brannte durch einen aufdringlichen Reizkitzel wie von verschlucktem Pfeffer. Darauf verfiel die Kranke in kurze Schlafzustände und fühlte sich dazwischen von einem kalten Hauch angeblasen. Nachmittags brach ein zunächst schwacher und dann gegen Abend stärkerer Schweiß aus.

Wiederum wurden Klagen über das Gefühl großer Kälte im Magen vorgebracht. Zugleich gurgelten Blähungen im Magen. Der Stuhlgang war träg. Am Morgen des ersten Dezember bestanden Klagen über Kälte im Magen und zugleich über Kältegefühl im linken Arm und im linken Fuß, und dennoch waren Fuß oder Arm beim Berühren nicht kalt, der Leib wurde durch matten Schweiß belästigt, eine häufige Erhitzung und leichte Krämpfe befielen die Beine. Ich selbst habe an diesem Tage am Hals und in der Gegend der Schlüsselbeine der Kranken einen weißen Knötchenausschlag gesehen; das Geräusch beim Schlucken war unvermindert, die schlafsüchtige Kranke lag ständig auf dem Rücken mit Lidern, die während des Schlafes nicht ganz geschlossen waren. Am zweiten Dezember folgte auf eine gute Nacht ein gleich guter Tag, bei beständigem Schweiß der Haut näßten die Geschwüre an den Beinen mit gutem Recht, die Nacht war hinreichend bequem. Am dritten sah ich selbst die Kranke; der Schweiß war lau und stinkend, der Stuhlgang leicht, die Sprache weniger behindert. Wie an diesem Abend, so machte auch während der Nacht das gleiche Kältegefühl Beschwerden. Am 4. flossen stinkende Schweiße von überallher. Abends kam ich zu der Kranken, das Hören erschien leichter, der Puls war am Anfang klein und träg und wurde später etwas schneller. Die Nachtruhe war etwas durch auftretenden Husten gestört. Am 5. trat endlich die wahre Ursache des Kältegefühls in Erscheinung, indem an diesem Morgen viel klebrige Galle durch wiederholtes Erbrechen herausbefördert wurde. Dieses Erbrochene war stinkend, aus gelbem Giftsaft, wie zitternde Gelatine und beim Berühren kalt. Nun trat eine wesentliche Erleichterung des Zwerchfells ein und nicht einmal kehrte die Kälte des Bauches wieder. Am 6. war der Schweiß mäßig, der Husten schwächer, der Schlaf spärlich, die Eßlust gering, die Blutpunkte fast verschwunden. Am 7. hörte der Husten noch nicht ganz auf, aber die Kräfte waren so gestärkt, daß die Kranke eine halbe Stunde außer Bett sein konnte; die Nacht war angenehm. Am 8. sah ich selbst die Kranke; der Puls war mäßig, der Schweiß gering, der Husten selten, der Eiterblasenausschlag im Zurückgehen. Das durch schwere Rückfälle ausgezeichnete Fieber war auch in seiner größten Verschärfung noch mild, der Schlund schmerzte und die Speise lief schwerer die Speiseröhre hinab. Ich ließ eine Abkochung von Salbei mit einer Spritze in den Schlund einspritzen; wegen der milderen Natur der Fieber erlaubte ich etwas Wein mit viel Wasser verdünnt. Da der Stuhlgang behindert war, war ein Einlauf aus Kamillenblüten in Wasser gekocht mit Salz und Honig vorzunehmen. Am 9. wurde wegen häufigen Rülpsens, schlechten Geruches aus dem Munde ein Abführmittel gegeben; wenn auch die Wirkung des Mittels zu schwach war, konnte durch einen Einlauf der Stuhlgang herbeigeführt werden. Am 10. verglühte bei hinreichend freiem Stuhlgang das Fieber. Nachdem mit Gottes Gnade diese Krankheit mit so ungewissem Ausgang vertrieben war und die Kräfte bei vielem Schlaf und großer Gier nach verschiedenen Speisen wieder gewachsen waren, erfolgte endlich eine glückliche Rückkehr zur Gesundheit. Abkochung von Chinarinde mit Rhabarber und Salz schuf die Grundlage der Heilung.«

§ 31

Nachdem wir die beiden Arten von Krankheiten, von denen nur die auffallendsten Eigenschaften zu zeichnen ich mir vorgenommen habe, mit flüchtigem Blick durchwandert haben, fanden wir heraus, inwiefern ihr Wesen verschieden ist. Sehr groß ist der Unterschied in der Wirksamkeit der Ursachen, der Anfänge, des Verlaufes, der Krankheitserscheinungen und des Ausganges, ein sehr großer Unterschied besteht in der Heilweise. Während sich gegen die erste Art als wirksamstes Gegenmittel der Venenschnitt erweist, gleicht dieser dem allerschädlichsten Gifte bei der zweiten Art; während Schwefelsäureweingeist und Chinarinde die Entzündung im höchsten Grade verschlimmern, wirken sie Wunder gegen die Fäulnis.

Dennoch fehlt viel, daß eine Krankheit der anderen entgegenwirkt, daß sie sich vielmehr zu Verderben des Menschengeschlechtes aufs freundschaftlichste vereinigen, aus welcher verdammten Ehe ein drittes Ungeheuer von Krankheit hervorgeht, das man das *gallig-entzündliche Fieber* nennt.

§ 32

Da das entzündlich-gallige Fieber als Sitz meistens die Brust hat, pflegt es im Volksmund den Namen gallige Brustfellentzündung zu führen. Es hält etwa die Mitte zwischen den beiden vorhergehenden in der Weise, daß das Entzündliche das Faulige in Schranken hält und das Faulige das Entzündliche schwächt. Außerdem folgt es den Jahreszeiten und der Witterung. Je kürzer es vom Winter entfernt ist, desto deutlicher herrscht die Entzündung vor; je mehr es sich dem Sommer nähert, desto mehr reißt die Fäulnis die Herrschaft an sich, so daß es in der Zeit der Hundstage in echte Fäulnis entartet und unter der Winterkälte den Geist der Fäulnis völlig ausatmet und mit der Wucht einer einfachen Hitze hereinbricht. Das bestätigte schon der göttliche Alte, indem er lehrte, daß die sommerlichen Krankheiten der kommende Winter löse und die winterlichen der folgende Sommer verwandle. Das gleiche wird mir bezeugt durch die umfangreichste Erfahrung des Dr. Consbruch, die so groß ist, daß sie das ganze Wesen der Krankheit zusammenfaßt und als Maßstab der herrschenden Epidemie genommen werden kann.

§ 33

So groß ist nämlich die Herrschaft der entzündlich-fauligen Fieber, daß außer in kalten Zonen und bei der bäuerlichen Bevölkerung, der vor allem Menschengeschlecht stärkere Leiber und der Vorzug unversehrter Gesundheit zuzukommen scheinen, kaum das Bild des einfachen Fiebers sich darbietet, wie auch die Alten selbst, Hippokrates, Aretaeus, Alexander und Aurelianus uns nur gallige Brustfellentzündungen überliefert haben und die Magenstörungen zum Wesen der Entzündung gerechnet haben, und auch der mehrfach erwähnte Arzt in seinen öffentlichen Vorlesungen häufig einräumen mußte, daß ihm auch in Stuttgart nicht ein einziger reiner Fall vorgekommen sei. Schlaffheit und Üppigkeit, die volkreiche Städte schon längst unter ihre Herrschaft gebracht haben und sich auch schon auf dem Lande einem Pesthauch vergleichbar auszubreiten beginnen, laden nach Zerstörung der ursprünglichen Kraft die galligen Krankheiten in die geschwächten Körper ein, woher es kommt, daß die sich etwas Galliges aneignen und selbst die einfache Entzündung in die Art des Fauligen ausartet.

§ 34

Es gibt eine gallige Brustfellentzündung, in fortgesetztem entzündlichem Fieber brennend, die nach vorhergehendem Frost unter nachfolgender Hitze hereinbricht mit Beengung des Zwerchfells, Übelkeit, Brechreiz, gelblich-schleimiger Zunge, Durst, Husten, erschwerter Atmung, schmerzhaftem Seitenstechen, geblähtem Bauch, flüssigem Stuhlgang, hartem und schnellem Puls, Schmerzen an Kopf und Gliedern und anderem, die innerhalb von vierzehn Tagen ihren Höhepunkt erreicht. Vorausgegangen ist eine plötzliche, schleimige, schwere Müdigkeit, unklare Schmerzen in Kopf, Brust, Bauch und Gliedern, mangelnde Eßlust, bitterer Geschmack, galliger Urin, flüssiger Stuhl und Blähung. Die wichtigsten Ursachen bestehen in einem einzigartigen Zusammenfallen von scharfer und überfließender Galle mit Überfüllung der Gefäße, was das Cholerische ausmacht. Etwa sechs verschiedene widernatürliche Zufallsursachen sind für die Entstehung der Krankheit anzuführen. Es kann gefragt werden, ob sich der galligen Krankheit die Entzündung als späteres Krankheitszeichen beigeselle oder ob sich vielmehr das Entzündliche die Galle aus Übereinstimmung hinzunehme. Für die erste Meinung scheint mehr zu sprechen. Es lehrt die Beobachtung, daß die Zeichen der geschwollenen Galle den Zug anführen, zu denen schließlich die der Entzündung hinzukommen. Das gleiche sagt der Umstand aus, daß die Magenerscheinungen noch andauern, wenn die Entzündung schon unterdrückt ist, so daß die Entzündung sich in die Krankheitszeichen einzuschalten scheint. Wie immer es auch sei, zu einer entzündlich-galligen Brustfellkrankheit tritt vor allem dreierlei zusammen: 1. Gallenstörung, 2. Blutüberfülle, 3. entzündliches Blut. Wenn nämlich der ins Blut übertragene scharfe Reiz der Galle die von Blut strotzenden Gefäße über das Maß reizt und das dicke Blut, das von sich aus schon zu Stockungen neigt, wegen der beigemischten Galle noch zäher geworden ist, so braucht nur noch ein kleines Hindernis in den kleinsten Arterien zu entstehen, das nach dem gleichen Gesetz, das die einfachen Entzündungen hervorruft, auch den entzündlichen Fiebern als Eingangspforte dient.

§ 35

Der Verlauf der gallig-entzündlichen Brustfellkrankheit erscheint aus den zwei Grundlagen zusammengesetzt, aus denen sie entsteht. Es täuschen sich die, welche bei dieser Krankheit einen regelmäßigen entzündlichen Gleichklang erwarten, den nur Magenstörungen durcheinanderbringen, denn hier kommt es nicht zu Krisen im strengen Sinne, wie wir sie bei der einfachen Entzündung beobachteten. Der Stuhl ist meistens flüssig, der Harn von Galle und Schleim gefärbt, der Schweiß unzeitig. Der besonders bei Nacht störende Husten fördert im Anfang blutigen Schleim, dann gallig-schleimigen, der im Laufe der Zeit eitrig wird, bei schlechtesten Erwartungen ausbleibt. Zugleich ziehen ausgedehnte Krämpfe durch den Körper, so daß die Glieder verdreht und der Geist verwirrt werden. Der bei Verschlimmerungen angespannte Puls fühlt sich kräftig und hart an, manchmal voll, manchmal auch zart; manchmal quälen Beengungen des Zwerchfells und der Brust sehr, der Mensch wird gepeinigt, Schlaflosigkeit, ein durch Träume

gestörter Schlaf; der Kopf wird durch Husten und Brechreiz erschüttert, die Nächte sind besonders schwer. Allgemein ist zu bemerken, daß alle Fieber die etwas galliges in
ihrer Begleitung haben, leichter Rückfälle aufweisen als
einfache Entzündungen, die fast immer in einem Stück ver-
laufen.

§ 36

Wenn die Krankheit ihren Höhepunkt erreicht hat, tritt
entweder der Tod ein oder es folgen Krisen. Der Tod tritt
ein, wenn beim Nachlassen des quälenden Schmerzes die
Atmung schwerer wird und ruhiger, die innerste Lunge
rasselt, die Glieder steif werden, der sehr kleine Puls kriecht
und das hippokratische Gesicht sich dem Beschauer bietet.
Wenn aber unter nachlassenden Krämpfen und Schmerzen
sich der Geist erholt, verdauter Stuhl abgeht, der Harn
einen Bodensatz abgibt, lösende Schweiße ausbrechen, reifer Auswurf erfolgt, der Atem leicht geht, der Bauch weich
wird, das Zwerchfell erschlafft, der Puls freier fließt, der
Schlaf wiederkehrt, das Gesicht sich aufklärt, mit einem
Wort, von den oben angeführten Zeichen ein gesundheit-
verheißendes nach dem anderen zu beobachten ist, dann
dürfen wir voraussagen, daß sich die Sache zum Guten
kehren wird. Zuweilen entstehen auf der Haut lösende Ausschläge, zuweilen entlastet sich die Natur durch freiwillige
Geschwüre. Manchmal aber legt sich das Verderben auch
auf edlere Organe und erzeugt hektisches Fieber. Manchmal befallen Tochterentzündungen die Nerven, die in langem Siechtum durch Eiterungen der Massen endlich den
Leib völlig erschöpfen.

§ 37

Schon eine flüchtige Betrachtung der Krankheit belehrt
uns, daß diese doppelte Krankheit mit doppelten Waffen zu
bekämpfen ist, also mit einem entzündungshemmenden
Verfahren, das zugleich abführt und fäulniswidrig wirkt.
Dazu gehören Aderlaß, Brechmittel, Abführmittel, kühlen-

de, lösende und ableitende Mittel. Man muß sich aber davor hüten, daß man durch einen heftigen Brechreiz nicht Bluterbrechen hervorruft, da die Lunge mit einer zu großen Menge von Blut überfüllt ist, und nur ein Tyrann wird einen Menschen ohne zwingenden Grund durch Brechmittel derart quälen. Es ist sicher Sache eines klugen Arztes sich zu hüten, daß er nicht den getötet zu haben scheint, den er nicht retten konnte. Da bei den beiden vorher beschriebenen Krankheiten Blasenpflaster in höchstem Maße angebracht waren, warum nicht hier bei dieser, die aus dem Zusammenfließen dieser beiden entsteht? Sicher ist mir durch das Zeugnis meines Lehrers, daß sich auch bei dieser Krankheit Wunder ereignen. Die Ernährung sei frei von Fleisch und Wein und begnüge sich mit Pflanzlichem.

§ 38

Ich will auch die fauligen brandigen Entzündungen nicht übergehen, die entweder sich epidemisch ausbreiten oder sich durch Ansteckung einnisten, selten auch vereinzelt auftreten, bald unter dem Bild einer Brustfellentzündung oder Halsentzündung oder Leberentzündung oder Magenentzündung wüten, von schlimmster Art und heftigstem Verlauf, deren in den Lehrbüchern von Beobachtern reichlich gedacht ist. Sogar die schreckliche Pest ist vollends diesem Kreise zuzurechnen, soweit man den Alten und Sydenham glauben darf, aus welchem Grund sie Diemerbroek und andere so sehr auf Abwege führte, daß sie diese, in furchtbarem Irrtum verfallen, mit Venenschnitt angegangen haben. Auch Pocken, Masern, Scharlach, Nesselsucht, Rotlauf, Blutfleckenkrankheit und andere sind sicher nichts anderes als entzündlich-unreine oder entzündlich-faulige Fieber. Leichenbesichtigungen lehrten, daß nicht allein die Haut, sondern das gesamte Verdauungsrohr, Leber, Milz, Netz, Gekröse, sogar Lungen, Zwerchfell und Muskelzwischenräume brandig geworden sind, wie das entzündliche Fieber aus ungezählten Entzündungsherden emporgestiegen war, die wegen der schnellen Vereiterung des entzündeten Blutes in Brand übergingen. Dieses bösartige Zusammenwirken der Entzündung mit der Fäulnis bedingt die Bösartigkeit dieser Fieber, da sich die Heilverfahren überkreuzen, indem das, was zur Beseitigung des einen Übels geeignet ist, das andere zum Schlimmeren wendet. Was, frage ich, bleibt der heilenden Kunst bei Krankheiten zu tun, wo sie durch Untätigkeit vernachlässigt und durch Tätigkeit verdirbt?

(Textgrundlage: Friedrich Schiller, *Medizinische Schriften*, ⟨Miesbach⟩ 1959.)

THEMATA ZU EINER STREITSCHRIFT

TEXTGRUNDLAGE

Der Text folgt der Handschrift (Schiller-Nationalmuseum). Ein Faksimile bietet W. Riedel, *Die Anthropologie des jungen Schiller*, S. 103. Vgl. im übrigen den Kommentar zum *Versuch über den Zusammenhang* (»Entstehung«).

VERSUCH ÜBER DEN ZUSAMMENHANG
DER TIERISCHEN NATUR DES MENSCHEN
MIT SEINER GEISTIGEN

TEXTGRUNDLAGE

Unserem Text liegt der Erstdruck zugrunde: *Versuch über den Zusammenhang der thierischen Natur des Menschen mit seiner geistigen. Eine Abhandlung, welche in höchster Gegenwart Sr. Herzoglichen Durchlaucht, während den öffentlichen akademischen Prüfungen vertheidigen wird Johann Christoph Friderich Schiller, Kandidat der Medizin in der Herzoglichen Militair-Akademie. Stuttgard, gedrukt bei Christoph Friedrich Cotta, Hof- und Canzlei-Buchdrucker.* [1780]

Ein Faksimiledruck der Originalausgabe erschien 1959: Friedrich Schiller, *Versuch über den Zusammenhang* ⟨...⟩. Mit einem Nachwort von Johannes Oeschger, Ingelheim/Rhein 1959.

ENTSTEHUNG

Nachdem die erste medizinische Abschlußarbeit *Philosophie der Physiologie* von seinen akademischen Lehrern abgelehnt worden war, reichte Schiller im Herbst 1780 zwei weitere Vorschläge ein, die *Themata zu einer Streitschrift*. Seine Lehrer wiesen ihm das erste Thema zu. Im November 1780 legte Schiller den *Versuch über den Zusammenhang* als Probeschrift vor. Wenige Wochen zuvor hatte er die lateinisch geschriebene Abhandlung *De discrimine febrium inflammatoriarum et putridarum* eingereicht. Auch diese Dissertation wurde aufgrund kritischer Einwände der Gutachter Ch. G. Reuß, J. F. Consbruch und Ch. K. Klein abgelehnt (vgl.

NA 22, S. 354-55). Der *Versuch über den Zusammenhang* wurde dagegen als Abschlußarbeit seiner medizinischen Ausbildung ungeachtet einiger Bedenken gegen »poetische Ausdrücke« und einen Überschuß an Einbildungskraft von den gleichen Gutachtern akzeptiert und zum Druck freigegeben.

Schiller hat den *Versuch* für den Druck überarbeitet.

Gemessen an der *Philosophie der Physiologie* sind die Ziele, die sich Schiller in dieser Untersuchung setzt, ersichtlich bescheidener. Er legt nicht länger die göttliche »Bestimmung des Menschen« zugrunde, und er läßt die Mittelkraft-Hypothese fallen, die erklären sollte, daß sich Körper und Geist gegenseitig beeinflussen können. Stattdessen referiert er eine Reihe wissenschaftlicher Ansichten zu dieser Frage und versucht an Beispielen zu illustrieren, wie diese wechselseitige Beeinflussung konkret aussieht. Gegenüber der platonischen Lehre, die den Körper als einen »Kerker des Geistes« geringschätze, und gegenüber der Philosophie Epikurs, die den Körper zu Lasten des Geistes überschätze, verspricht er eingangs, die »Mittellinie der Wahrheit« verfolgen zu wollen, da beide Auffassungen einseitig seien. Zwar unterstreicht er die prinzipielle Gleichwertigkeit der physischen und geistigen Natur des Menschen. Da aber »gewöhnlicher Weise« der Geist überbewertet werde, sieht er sich veranlaßt, sich auf den »merkwürdigen Beitrag des Körpers zu den Aktionen der Seele« zu konzentrieren (§ 1). Wenn z. B. Hungergefühle den Mathematiker, »der in den Regionen des Unendlichen schweife« (§ 5), an sein physisches Dasein erinnerten, so sei das eine weise Einrichtung der Natur. Ähnlich fänden sich Philosophen und Physiker, die sich großen Themen wie Gott oder der Himmelsmechanik zuwenden, immer wieder rechtzeitig an die trivialen Bedingungen ihres Lebens gemahnt. In der Rehabilitierung des Körpers geht Schiller so weit, daß er den auf Platon zurückgehenden Spiritualismus indirekt der Schwärmerei verdächtigt, ein in den Ohren der aufgeklärten Zeitgenossen schweres Verdikt.

Schillers Suche auf der »Mittellinie der Wahrheit« führt
zur Theorie des ganzen Menschen. Die ihn konstituierende
Vermischung seiner geistigen und physischen Natur ist
nicht etwa beklagenswert, sondern eröffnet ihm gerade den
Weg zur Vollkommenheit. Zustimmend, wie es scheint,
zitiert Schiller Albrecht von Hallers Dictum, der Mensch
sei »das unseelige Mittelding von Vieh und Engel« (§ 5).
Schillers anthropologischer Realismus läßt aber keinen
Zweifel daran, daß man von der sinnlich-geistigen Doppelnatur des Menschen auszugehen habe; daß sie »unseelig«
sei, stellt er gerade in Abrede. Er verwahrt sich gleichermaßen gegen einen Materialismus, der den Geist nur als
Funktion des Körpers wahrhaben will, wie gegen einen
Spiritualismus, der die prinzipielle Unabhängigkeit des
Geistes von physischen Bedingungen behauptet. Zumal gegen den letzteren polemisiert Schiller mit drastischen Beispielen und effektsicherer Rhetorik: »Wider die überhandnehmenden tierischen Fühlungen vermag endlich die
höchste Anstrengung des Geistes nichts mehr ⟨. . .⟩. Hunger und Durst zu löschen wird der Mensch Taten tun,
worüber die Menschlichkeit schauert, er wird wider Willen
Verräter und Mörder, er wird Kannibal –« (§ 5). Das Herzstück der Schrift bilden zwei »Fundamentalgesetze der
gemischten Naturen« (§ 12, 18), die Schiller im Unterschied
zu den kühnen Spekulationen in seiner ersten Dissertation
als Verallgemeinerungen aus empirischen Beobachtungen
vorträgt; sie besagen, daß eine »innige Korrespondenz«
(§ 22), eine eigentümliche Wechselbeziehung zwischen
Körper und Seele besteht, für die der junge Schiller einen
seiner Leitbegriffe vorschlägt: »Sympathie« (vgl. »Stellenkommentar«). Körperliche Zerrüttung wird von seeli-
schem Schmerz begleitet, wie umgekehrt seelisches Leiden
auch die körperliche Verfassung beeinträchtigt. »Dies ist
die wunderbare und merkwürdige Sympathie, die die heterogenen Prinzipien des Menschen gleichsam zu *Einem*
Wesen macht, der Mensch ist nicht Seele und Körper, der
Mensch ist die innigste Vermischung dieser beiden Substanzen« (§ 18).

Die These von der gemischten Natur des Menschen hat auch Charles Bonnet vertreten, dessen *Analytischen Versuch über die Seelenkräfte* (1770), wie die *Philosophie der Physiologie* zeigt, Schiller kannte. Auch Alexander Popes *Essay on Man* (1733/34) hatte im Schöpfungsplan den Menschen auf einer mittleren Stufe gesehen und seine gemischte Natur positiv beurteilt. Vermutlich hat Schiller Popes Essay in einer der seit 1740 erschienenen deutschen Übersetzungen kennengelernt. Großen Wert legt die Abhandlung auf die Illustration ihrer Hauptthese im Bereich der Onto- und Phylogenese. Der § 10 wie auch der § 11 sollen vor Augen führen, daß es die »tierische Natur« ist, die die Grundlage für die Entwicklung des Individuums ebenso wie die Geschichte der Gattung bildet, daß sich die Entwicklung des Menschen als fortschreitende Ausbildung des Denkvermögens beschreiben läßt, die aber nur in Gang kommt, weil es einen fortgesetzten Zwang zur physischen Selbsterhaltung gibt. Die Einsicht, daß die Entstehung der intellektuellen Kultur auf den »Trieb der Erhaltung« zurückzuführen sei, verdankt Schiller, wie er selbst bekundet, Christian Garves Anmerkungen zu dessen Ferguson-Übersetzung (§ 10). Schillers von Garve inspirierter früher Versuch einer Historisierung der scheinbar unveränderlichen Natur des Menschen wird in der großangelegten Kulturtheorie der ›Ästhetischen Briefe‹ fortgeführt.

Am Ende seiner Abhandlung kommt Schiller auf Johann Caspar Lavaters *Physiognomische Fragmente, zur Beförderung der Menschenkenntniß und Menschenliebe* (1775-78) zu sprechen, eine zu seiner Zeit berühmte und umstrittene Schrift, die ebenfalls die Beziehungen zwischen Körper und Seele zu ihrem Thema macht. Als Lavater 1774 der Karlsschule einen Besuch abstattete, hat der Eleve Schiller ihn gesehen. Schiller stimmt Lavater darin zu, daß seelische Zustände, Affekte wie Heldenmut, Haß oder Stolz in Gestik und Mimik ihren körperlichen Ausdruck finden, daß Affekte bestimmte »Bewegungen der Maschine sympathetisch« erzeugen (§ 22). Er folgt Lavater auch in der bedenklichen

Verallgemeinerung, daß »jeder edle und wohlwollende Affekt den Körper *verschönert*, den der niederträchtige und gehässige in *viehische* Formen zerreißt«. Entschieden aber widerspricht er der Lehre Lavaters, daß sich von der Beschaffenheit etwa der Nase, des Mundes oder der Ohren Schlüsse auf das intellektuelle Vermögen oder den Charakter einer Person ziehen lassen. Gegen Lavaters Annahme einer monokausalen Beziehung zwischen Geist und Körper macht Schiller die »launichten Spiele der Natur« geltend, die mannigfaltigen Körperformen, »mit denen sie stiefmütterlich bestraft, und mütterlich beschenkt hat«. Er akzeptiert die These Lavaters, daß Körpersprache und Mimik verläßlich Auskunft über die jeweilige Gemütsverfassung geben können. Aber er verwirft entschieden das Hauptstück der Lehre Lavaters, die Physiognomik der festen Formen.

Was Schiller hier über Lavater schreibt, stimmt mit dem Urteil Georg Christoph Lichtenbergs überein. Es läßt sich indessen nicht belegen, daß Schiller Lichtenbergs aufsehenerregende Streitschrift gegen Lavater, *Über Physiognomik; wider die Physiognomen. Zu Beförderung der Menschenliebe und Menschenkenntnis*, kannte, die 1777 im *Göttinger Taschenkalender für 1778* erschienen war. Es kann auch sein, daß J. F. Abel, der sich schon in den siebziger Jahren für die Physiognomik interessierte und dessen *Sammlung und Erklärung merkwürdiger Erscheinungen* ⟨. . .⟩ (1784) einen Aufsatz *Ueber das Daseyn, Nuzen und Methode der Physiognomik* enthält, Schiller mit Lichtenbergs Kritik an Lavater vertraut gemacht hat. (Vgl. Riedel, S. 144-51.)

Schillers Gedicht *Grabschrift eines gewissen – Physiognomen* in der *Anthologie auf das Jahr 1782* setzt sich noch einmal ironisch mit Lavaters Lehre auseinander:

> Wes Geistes Kind im Kopf gesessen,
> Konnt' er auf jeder Nase lesen:
> Und doch – daß *er* es nicht gewesen,
> Den Gott zu diesem Werk erlesen,
> Konnt' er nicht auf der *seinen* lesen.
>
> (Bd. I dieser Ausgabe, S. 518)

STELLENKOMMENTAR

119,4 *Natus homo est*] Das Motto entstammt Ovids *Metamorphosen* (I, 78-86). Drei Verse hat Schiller ausgelassen. »Es entstand der Mensch, sei es, daß ihn aus göttlichem Samen jener Weltschöpfer schuf, der Ursprung der besseren Welt, sei es, daß die junge Erde, erst kürzlich vom hohen Äther getrennt, noch Samen des verwandten Himmels zurückbehielt ⟨...⟩. Und während die übrigen Lebewesen nach vorn geneigt zur Erde blicken, gab er dem Menschen ein nach oben schauendes Antlitz, gebot ihm, den Himmel zu sehen und das Gesicht aufrecht zu den Sternen zu erheben.« (Ovid, *Metamorphosen*, übertragen und herausgegeben von Michael von Albrecht, München ³1987).

122,29 *mit allzu fanatischem Eifer* ⟨...⟩ *Verirrung des Verstandes* ⟨...⟩ *allzuenthusiastisch herabwürdigt*] Mit Begriffen wie Fanatismus, Enthusiasmus, Melancholie wird im 18. Jahrhundert häufig die Schwärmerei angegriffen. (Vgl. Schings, *Melancholie und Aufklärung*.) – Schiller verdächtigt hier die auf Plato zurückgehende, von ihm selbst als »Stoizismus« bezeichnete philosophische Tradition der Schwärmerei, die den Körper als den »Kerker des Geistes« begreift und die Vervollkommnung des Menschen allein von seiner geistigen Entwicklung erwartet.

123,3 *Kato*] Vermutlich Marcus Porcius Cato (95-46 v. Chr.), römischer Staatsmann, republikanischer Gegenspieler Caesars.

123,3 *eines Brutus und Aurels*] Lucius Junius Brutus (um 509 v. Chr.) gilt als der Vater der römischen Republik. Er soll seine beiden Söhne wegen Hochverrats zum Tode verurteilt haben.

Marcus Aurelius (121-180) römischer Kaiser (161-80) und Philosoph, Autor der *Selbstbetrachtungen*.

123,4 *eines Epiktets und Seneka*] Epiktet (ca. 50-138), stoischer Philosoph. Lucius Annaeus Seneka; vgl. Anm. 79,29.

123,26f. *Philosophie des Epikurus*] Der griechische Philo-

soph Epikur (341-270 v. Chr.), auf dessen eudämonistische
Lehre sich im 18. Jahrhundert u. a. die französischen Materialisten La Mettrie und Helvetius beriefen.

Schiller zählt ihn zu den eingangs erwähnten Philosophen, die die Auffassung vertreten, daß »alle Vollkommenheit des Menschen in der Verbesserung seines Körpers«
liege.

126,18 *Nisum*] Lat. nisus »Drang«, »Trieb«.

127,19 *Flor*] Allgemein Bezeichnung für ein dünnes,
durchscheinendes Gewebe.

128,12 *Harvey*] William Harvey (1578-1657), englischer
Arzt und bedeutender Physiologe; er entdeckte die Blutzir-
kulation.

128,12 *Boerhave*] Hermann Boerhaave (1668-1738), vgl.
Anm. 87,26.

128,22 *exulieren*] Lat. ex(s)ulare »verbannt sein«, hier:
fortfallen.

129,24f. *Der hartnäckigste Stoiker*] Die Unvermeidlich-
keit des körperlichen Leidens und die hier der Stoa gutge-
schriebene Überwindung des Leidens werden später ein
wichtiger Bestandteil in Schillers Theorie des Erhabenen.
Vgl. *Über das Pathetische.*

129,33 *Mucius*] Mucius Scaevola, eine Sagengestalt, die
den etruskischen König Porsenna durch diese heroische
Selbstverstümmelung bewogen haben soll, die Belagerung
Roms aufzugeben (Livius II, 12. Kap.).

130,30 *das unseelige Mittelding von Vieh und Engel*] Zitat
aus Albrecht von Hallers Gedicht *Gedanken über Vernunft,
Aberglauben und Unglauben*: »Unselig Mittel-Ding von En-
geln und von Vieh! | Du prahlst mit der Vernunft und du
gebrauchst sie nie ⟨. . .⟩« (v. 17,18). Ähnlich nennt Hallers
Gedicht *Ueber den Ursprung des Uebels* den Menschen ein
»Zweideutig Mittelding von Engeln und von Vieh« (2.
Buch, v. 107).

In der Ankündigung der ›Rheinischen Thalia‹ (1784) bemerkt Schiller, er habe in den *Räubern* aufgrund seiner
Unerfahrenheit »die mittlere Linie zwischen Engel und

Teufel« verfehlt (Bd. II dieser Schiller-Ausgabe, S. 935). Anders als Haller wertet Schiller in dieser Schrift die eigentümliche Stellung des Menschen zwischen »Engel« und »Vieh« positiv zur Voraussetzung seiner Vollkommenheit um.

131,3 *Tyger! In deiner Mutter Busen*] Zitat aus Heinrich Wilhelm Gerstenbergs Drama *Ugolino*, 5. Akt (1768).

131,26 *Muße*] Im Erstdruck: Muse ⟨wohl Druckfehler⟩.

135,3 *Sein Denken steigt*] Zitat aus Hallers *Unvollkommenem Gedicht über die Ewigkeit*: »Mein denken stieg nur noch bis zum empfinden, | Mein ganzes Kenntniß ist Schmerz, Hunger und die Binden.« (v. 102f.)

136,8f. *Prophet aus Medina*] Der Satz enthält vermutlich eine Anspielung auf das sinnliche Vermögen, das Mohammed dem Mann nach dem Tod in Aussicht stellt. Das Versprechen künftiger sinnlicher Lust zivilisiert den »rohen Sinn der Sarazenen« (Dewhurst/Reeves, S. 288).

136,⟨*⟩ *Garve in seinen Anmerkungen*] Chr. Garve, *Adam Fergusons Grundsätze*, S. 319-22. Vgl. Anm. 38,3.

136,13 *Geschichte des Menschengeschlechts*] Schillers erste Skizze der Geschichte als Entwicklungsgeschichte widerspricht in ihrem aufklärerischen Optimismus, der auch den Tod und die Pest noch als Anstöße zum Fortschritt zu deuten weiß, der Lehre Rousseaus.

138,16 *Lionet*] Pierre Lyonnet (1707-1787), berühmter Natur- und Insektenforscher.

139,1 *Fluctibus ignotis*] Zitat aus Ovids *Metamorphosen* I, 134: »Die Kiele tanzten über unbekannte Fluten«.

139,14 *Latet sub classibus aequor*] Aus Vergils *Aeneis* IV 582: »Das Meer ist unter Schiffen verborgen«.

139,22 *sagt Schlözer*] August Ludwig Schlözer (1735-1809), bedeutender Historiker und Schriftsteller. Die *Vorstellung seiner Universalhistorie* erschien 1772 in Göttingen und Gotha.

140,15 *Rinde der China*] Chinarinde, deren Wirkstoff das Chinin ist, wurde von den Spaniern als Heilmittel aus Peru mitgebracht und diente seit dem 16. Jahrhundert in Europa

zur Behandlung von Rheumatismus, Syphilis und Haut-
krankheiten.

140,16f. *Merkur*] Quecksilber; es wurde noch zu Schillers Zeit als Heilmittel verwendet. Seine Wirkung war aber
umstritten.

140,17f. *Orientalischen Mohn*] Opiate waren in der Medizin der Zeit weit verbreitet und wurden bei zahlreichen
Krankheiten verabreicht.

140,22 *eines Schwammerdamms*] Schiller meint den niederländischen Insektenforscher Jan Swammerdam (1637-
1680).

140,28 γνωϑι σεαυτόν] »Erkenne dich selbst«; Tempel-
Inschrift in Delphi.

140,29 *und Sydenhame*] Thomas Sydenham, vgl. Anm.
82,33.

141,14f. *Sinnlichkeit die erste Leiter zur Vollkommenheit*] Die Vorstellung, daß die Welt als eine unendliche
Leiter der Wesen zu verstehen sei, ist neuplatonischer Herkunft, findet sich aber auch in der Moderne bei Leibniz und
Newton. Vgl. Anm. 75,26ff. Schiller nimmt dies Weltmodell hier auf, deutet aber die zuvor als unveränderlich
gedachten Stufen des Seins zu Stufen einer Entwicklung
um. Er folgt damit der im 18. Jahrhundert verbreiteten
Tendenz zur Verzeitlichung der Naturgeschichte. Vgl. Wolf
Lepenies, *Das Ende der Naturgeschichte,* Frankfurt/Main
1978.

142,23f. *Koktion, Sekretion und Exkretion*] Verbrennung,
Ausscheidung, Entleerung, die Stadien der Verdauung.

143,26 *des Agonizanten*] Agonizant, einer der in Agonie
liegt.

143,30 *inveterierte*] Lat. inveteratus »eingewurzelt«.

143,31 *die Rubia*] Ein aus einer Pflanze hergestelltes Fär-
bemittel, auch Heilmittel zur Beförderung der Menstrua-
tion und des Stoffwechsels.

144,11f. *alle Aktionen der Maschine aus dem Gleichgewicht
bringt*] § 14 beschreibt die medizinischen Grundlagen für
Franz Moors Strategie, »den Körper vom Geist aus zu verderben« (*Die Räuber* II 1).

145,5 *»Ich muß Leute um mich haben«*] Schiller zitiert Shakespeares *Julius Caesar* I 1 in der Übersetzung von Wieland und Eschenburg. *William Shakespear's Schauspiele*, Neue Ausgabe von Johann Joachim Eschenburg, Zürich 1775-82.

145,11 *Richard fehlt die Munterkeit*] Shakespeare, *Richard III.*, V 3.

145,30 *Moor. Nein ich zittere nicht*] Schiller zitiert hier mit leichten Veränderungen aus seinem noch ungedruckten Drama *Die Räuber* (V 1), das er einem fingierten englischen Autor zuschreibt.

146,11 *Integralbild*] Gesamtbild.

146,20 *den Febrizitanten*] Den Fieberkranken.

146,22 *Jaktationen*] Lat. iactatio »Hin- und Herwerfen«, »Schütteln«.

146,26 *Lady Makbeth*] Shakespeare, *Macbeth* V 1.

146,27 *phrenitische*] (Griech.-lat.) Frenetisch, geisteskrank, rasend.

146,29 *Garrik*] David Garrick; vgl. Anm. 169,18.

146,30 *gichterischen*] Krampfartigen.

147,16 *Vigor*] (Lat.) Stärke, Lebenskraft.

147,29 *Dysenterie*] (Griech.-lat.) Durchfall, Ruhr.

148,4 *Herrn von Haller*] Schiller bezieht sich auf Albrecht von Haller, *Grundriß der Physiologie*, 1781/82, S. 121.

148,16 *die uns Muzell⁶ beschrieben hat*] Friedrich Hermann Louis Muzell (1715-1784) war Arzt an der Charité in Berlin.

149,19f. *zweien gleichgestimmten Saiteninstrumenten*] Das Gleichnis, das die Übereinstimmung zwischen Körper und Seele als eine Klangübertragung zwischen zwei gleichgestimmten Instrumenten beschreibt, verweist nicht auf Leibniz' »prästabilierte Harmonie«, sondern auf den Sympathie-Begriff, den Schiller am Ende dieses Paragraphen einführt.

149,27f. *die wunderbare und merkwürdige Sympathie*] Schillers Begriff der Sympathie umfaßt sowohl den in der Medizin der Zeit geläufigen Sympathie-Begriff, der besagt, daß die Erkrankung eines Organs andere Organe in Mitleidenschaft zieht, als auch die Beziehung zwischen Körper und Seele (vgl. »Aspekte der Deutung«). Auch die Berichte über Grammont erwähnen bereits eine »Sympathie zwischen dem Unterleib und der Seele« (S. 59,15f.). Die moralphilosophische Dimension des Sympathie-Begriffs interessiert Schiller unter anderem in den *Philosophischen Briefen*.

150,7f. *»Wenn ihr Wein getrunken habt«*] Leicht abgewandeltes Zitat aus Goethes *Götz von Berlichingen*, 1. Akt, »Herberge im Walde«.

150,24f. *unter dem feinen griechischen Himmel*] Die Vorstellung, daß das Klima die Kultur eines Volkes beeinflusse, findet sich u. a. bei Lessing und Herder, die Gegenüberstellung von Griechenland und unzivilisiertem Norden auch in *Die Götter Griechenlands*, im 9. der *Ästhetischen Briefe* und in *Naive und sentimentalische Dichtung* (vgl. S. 726f.).

151,8f. *»Man muß Leib und Seele verderben«*] Spiegelberg sagt in den *Räubern*: »du richtest nichts aus, wenn du nicht Leib und Seele verderbst –« (II 3).

151,9 *Katilina*] Lucius Sergius Catilina (ca. 108-62 v. Chr.). Schiller spielt auf seine Verschwörungen an.

151,11 *Fiesko*] Die historische Gestalt des Fiesco ist Schiller aus William Robertsons *The History of the Reign of Emperor Charles V* (1769) vertraut, die 1771 in deutscher Übersetzung erschienen war. Sein Drama *Fiesko* entstand später.

151,24 *ein großer Arzt*] Schiller meint vermutlich seinen Lehrer Consbruch. Vgl. Dewhurst/Reeves, *Friedrich Schiller*, S. 290.

151,25 *Horrores*] Lat. horror »Schrecken, Schauder, Fieberschauder«.

151,26 *Morosität*] Verdrießlichkeit.

152,5 *Der sterbende Winchester*] Kardinal Beaufort, Bischof von Winchester, in Shakespeares *Heinrich VI.*, 2. Teil, III 3.

152,19 *Wo ist dein Stachel, Tod?*] 1. Kor. 15,55.

153,9 *The soul, secourd*] Zitat aus Joseph Addisons Tragödie *Cato* V 1. Die Stelle lautet übersetzt: »Die Seele, ihres Daseins gewiß, lächelt über den gezückten Dolch und verachtet seine Spitze. Die Sterne werden erbleichen, die Sonne selber wird altern und sich verdunkeln und die Natur mit der Zeit dahinsinken – aber du sollst in unsterblicher Jugend blühen, unverletzt inmitten des Kampfes der Elemente, im Scheitern des Seienden, im Niederbruch der Welten.«

153,19f. *der tödtlichsten Zeichen des Hippokrates*] In den *Aphorismen* des Hippokrates finden sich Symptome von Krankheiten mit Todesfolge zusammengestellt.

154,4 *Stupor*] (Lat.) Erstarrung.

154,5 *Katalepsis*] (Griech.) Starrsucht.

155,36 *verzerret*] Im Erstdruck steht »verzehret«, vermutlich ein Druckfehler.

156,17 *deuteropathisch*] (Griech.) »Einer Krankheit folgend«; vgl. Anm. 56,14.

156,22 *ohne ein Stahlianer zu sein*] Georg Ernst Stahl, vgl. Anm. 83,8.

157,4 *Lavater*] Zu Schillers Auseinandersetzung mit Lavater vgl. »Aspekte der Deutung«.

157,8 *Linné*] Carl von Linné (1707-1778), schwedischer Botaniker und Zoologe.

157,14 *§ 23*] Womöglich stehen § 23-27 dieser Schrift sachlich dem nicht erhaltenen Schluß der *Philosophie der Physiologie* nahe.

161,15 *Deferveszenz*] (Lat.) Entfieberung; gemeint ist hier das Nachlassen des Affekts.

161,15 *Relaxation*] Lat. relaxatio »Abspannung«, »Erholung«.

161,22 *Itzo mußt' er*] Zitat aus Klopstocks *Messias*, 4. Gesang, v. 271.

161,24 *den verworrenen Knäul*] Zitat aus Shakespeares *Macbeth* II 1.

163,7f. *daß diese Sphäre für sie verloren ist?*] Die Vorstellung, daß das Leben nach dem physischen Tod nicht zu Ende sei, erinnert an den Schluß von Lessings *Erziehung des Menschengeschlechts* (1780).

ÜBER DAS GEGENWÄRTIGE TEUTSCHE THEATER

TEXTGRUNDLAGE UND -ÜBERLIEFERUNG

Erstdruck: *Ueber das gegenwärtige teutsche Theater*, in: Wirtembergisches Repertorium der Litteratur. Eine Vierteljahr-Schrift. Erstes Stück. Auf Kosten der Herausgeber, 1782, S. 93-106.

Das 1. Stück der von Schiller mit Jakob Friedrich Abel, Johann Wilhelm Petersen und Jakob Atzel herausgegebenen Zeitschrift erschien Ostern 1782. Schiller hat seinen Beitrag, vermutlich aus Rücksicht auf die Zensur in Württemberg, mit »U.« unterzeichnet. Zur Geschichte dieser Zeitschrift vgl. NA 22, S. 366f.

ASPEKTE DER DEUTUNG

Die Schrift zieht eine Bilanz der Theaterentwicklung der letzten Jahre, sie vergleicht die hohen Ansprüche, unter die zumal Lessing die Bühne gestellt hatte, mit der Theaterwirklichkeit, und ihr Urteil fällt vernichtend aus. Das Theater sollte, so zitiert Schiller die Poetik der Aufklärung, »die reinern Begriffe von Glückseligkeit und Elend« vermitteln, doch werde selbst in Aufführungen von Trauerspielen vornehmlich erotisches Amusement geboten, weil das Publikum es so erwarte. Die von Lessing u. a. erhoffte moralische Wirkung des Theaters ist ausgeblieben, selbst wo es getreu der Trauerspieltheorie gelungen ist, die Zuschauer zu rühren oder in Furcht zu versetzen: »Alles dieses, was wirkt es denn mehr, als ein buntes Farbenspiel auf der Fläche, gleich dem lieblichen Zittern des Sonnen-

lichts auf der Welle.« Gerade an den bürgerlichen Trauerspielen Lessings, an *Miß Sara Sampson* und *Emilia Galotti*,
führt Schiller drastisch vor Augen, daß es eine Illusion war,
vom Theater moralische Wirkungen zu erwarten. »Ja
glücklich genug, wenn eure Emilia, wenn sie so verführerisch jammert, so nachlässig schön dahin sinkt, so voll
Delikatesse und Grazie ausröchelt, nicht noch mit sterbenden Reizen die wollüstige Lunde entzündet, und eurer
tragischen Kunst aus dem Stegreif hinter den Kulissen ein
demütigendes Opfer gebracht wird« (S. 169,10ff.). Schillers sarkastische Phantasie, in der Lessings Trauerspiel zu
Gewalt und Leidenschaft verführt, statt die Tugend zu stärken, in der die Schauspielerin nach der Vorstellung zum
Opfer eben jener Gewalttat wird, der Emilia heroisch widerstanden hatte, verfolgt die Absicht, Illusionen über die
moralische Wirkung der Bühnen nachhaltig zu zerstören.
Zugleich deutet sie Mißstände an, die Schiller zufolge das
gegenwärtige Theater um seine positiven Wirkungen bringen. Denn daß das Theater, neben »seinen würdigern
Schwestern«, Moral und Religion, eine wichtige Aufgabe
zu erfüllen hat, davon zeigt sich Schiller am Ende dieser
Schrift ebenso wie in der Schaubühnen-Rede überzeugt.
»Ein edles unverfälschtes Gemüt fängt neue belebende
Wärme vor dem Schauplatz – beim rohern Haufen summt
doch zum mindesten eine verlassene Saite der Menschheit
verloren noch nach« (S. 175,8ff.). Für das klägliche Bild,
das das gegenwärtige Theater bietet, macht Schiller das
Publikum, die Bühnenautoren und die Schauspieler verantwortlich.

Die Bühne kann nicht besser sein, als sie ist, solange ihr
das Publikum die Bedingungen diktiert, ein Publikum, dem
das Theater »weniger Schule als Zeitvertreib« ist. Die Bühne, klagt Schiller, muß »das große Heer unserer süßen
Müßiggänger mit dem Schaume der Weisheit, dem Papier-
geld der Empfindung, und galanten Zoten ⟨...⟩ bereichern«, sie muß »mehr für die Toilette und die Schenke«
arbeiten. Schillers Verdikt trifft, einige Jahre nach dem

Scheitern des von Lessing geführten Hamburgischen Nationaltheaters, nicht nur das galante höfische Publikum, es trifft auch das gelangweilte bürgerliche, das zu eigenen Empfindungen nicht fähig ist, die Schenken besucht und sich im Theater amüsieren will.

Die Erwartungen des Publikums, nicht die bedenkliche Moral der Schauspielerinnen, sind nach Schillers Überzeugung dafür verantwortlich, daß die Tragödien ihre Wirkung verfehlen. Dieses Publikum zeigt sich weit mehr am »schlanken Wuchs« und den »netten Füßen« der Schauspielerin als an »Szenen der Furcht und des Schreckens« interessiert. Unter diesen Umständen hält Schiller es für aussichtslos, von der Bühne eine nachhaltige Belehrung und Besserung zu erwarten: »Bevor das Publikum für seine Bühne gebildet ist, dörfte wohl schwerlich die Bühne ihr Publikum bilden« (S. 170,13ff.).

Schillers zweite Schuldzuweisung gilt den Stücken. Sowohl die französische Tragödie nach dem Muster Corneilles wie auch das vor allem an Shakespeare geschulte Drama des Sturm und Drang verfehlen auf unterschiedliche Weise die ästhetischen Maximen der Wahrheit und der Natur. Zum einen greift die Schrift die geläufigen Einwände der Sturmund-Drang-Poetik gegen den französischen Klassizismus auf: »Der leidige Anstand in Frankreich hat den Naturmenschen verschnitten.« Zum andern formuliert sie, kurze Zeit nach der Uraufführung der *Räuber*, auf der Grundlage dieser Poetik auch Einwände gegen dramatische Verfehlungen der Stürmer und Dränger; sie favorisierten das ›Ungeheuerliche‹ und ›Schändliche‹. Bei aller Sympathie für das ›Grobe‹ und ›Gigantische‹, das den Engländern und den Deutschen teuer sei, mahnt Schiller an, daß zu »einer guten Kopie der Natur« neben »*edelmütiger Kühnheit*« auch eine »*schüchterne Blödigkeit*« gehöre, »um die grassen Züge, die sie sich in großen Wandstücken erlaubt, bei Miniaturgemälden zu mildern«. Schiller will, mit dem Blick auf Tendenzen des Dramas der siebziger Jahre und wohl auch auf seinen dramatischen Erstling, das Entsetzliche aus der Kunst ausgeschlossen wissen, weil es dem Grundsatz widerspricht, daß das Kunstwerk eine verkleinerte Abbildung des Universums zu geben habe, eines Universums, das nicht anders denn als harmonisches Ganzes gedacht werden könne. Würde Kunst das ›Ungeheure‹ zulassen, so gäbe sie »einzelnen herausgehobenen Fragmenten« Raum und hörte damit auf, eine Miniaturdarstellung des harmonischen Universums zu sein.

Den Gedanken, daß das Kunstwerk eine verkleinerte Abbildung des Universums sei, hatte schon Lessing in der *Hamburgischen Dramaturgie* geäußert, die Schiller bekannt war: »das Ganze dieses sterblichen Schöpfers sollte ein Schattenriß von dem Ganzen des ewigen Schöpfers sein; sollte uns an den Gedanken gewöhnen, wie sich in ihm alles zum Besten auflöse, werde es auch in jenem geschehen« (79. Stück, vgl. auch 70. Stück). Ähnliche Überlegungen finden sich auch bei Leibniz und Moses Mendelssohn. In der *Theodizee* heißt es: »So lassen sich die scheinbaren Unschönheiten unserer kleinen Welt mit den Schönheiten der großen vereinigen und nichts mehr steht der Einheit eines unendlich vollkommenen universellen Prinzips im Wege: im Gegenteil, diese Unschönheiten machen seine Weisheit um so bewundernswerter, jene Weisheit, die das Übel dem größeren Gut dienstbar sein läßt.« (*Theodizee*, § 147; zitiert nach: G. W. Leibniz, *Theodizee*, hg. v. Buchenau, 1925, 3. Aufl. Hamburg 1966, S. 210.)

Moses Mendelssohn schreibt in den *Betrachtungen über die Quellen und Verbindungen der schönen Künste und Wissenschaften,* die zuerst anonym (Leipzig 1757), später unter dem Titel *Ueber die Hauptgrundsätze der schönen Künste und Wissenschaften* in den *Philosophischen Schriften* (Berlin 1761) erschienen: »Nichts anders als dieses bedeuten die gewöhnlichen Ausdrücke der Künstler: *die Natur verschönern, die schöne Natur nachahmen* u.s.w. Sie wollen einen gewissen Gegenstand so abbilden, wie ihn Gott geschaffen haben würde, wenn die sinnliche Schönheit sein höchster Endzweck gewesen wäre, und ihn also keine wichtigeren Endzwecke zu Ab-

weichungen hätten veranlassen können. Dieses ist die voll-
kommenste idealische Schönheit, die in der Natur nirgend
anders, als im Ganzen anzutreffen, und in den Werken der
Kunst vielleicht nie völlig zu erreichen ist.« (Zitiert nach
M. Mendelssohn, *Gesammelte Schriften.* Jubiläums-Ausgabe,
Bd. 1, Berlin 1929, S. 435.)

Für den beklagenswerten Zustand, in dem sich das Theater befindet, macht Schiller schließlich auch die Schauspieler verantwortlich. Dabei verbindet er die Kritik einer
schlechten Routine, die für jede Leidenschaft eine Stan-
dardgeste bereithält, eine Routine, die er bei den Proben zu
den *Räubern* kennengelernt hat, mit grundsätzlichen Überlegungen zur Schauspielkunst. Der Schauspieler muß zwei
Forderungen genügen, die zunächst als unvereinbar zu gelten haben: er muß sich selbstvergessen in seine Rolle
verlieren und sie doch gestalten. Vereinbaren lassen sich
diese Forderungen nur dann, wenn der Schauspieler »bei
der größesten Abwesenheit der Perzeption« doch, unmerklich für das Publikum, die Spielbedingungen im Sinn behält. Als Vorbild kann ihm der Nachtwandler dienen, denn
in ihm kommen Selbstvergessenheit und Sicherheit der angemessenen Bewegung überein. Der Gedanke, daß das
bewußte Spiel leicht die »natürliche Grazie« der Bewegung
zerstören kann, findet sich auch in Kleists Abhandlung
Über das Marionettentheater (1810), welche die prinzipielle
Unvereinbarkeit von absichtsvoller Reflexion und natürlicher Anmut in geschichtsphilosophischer Perspektive erörtert.

Da Schiller, wie der Vergleich mit dem Nachtwandler
zeigt, dem Ausdruck der Empfindungen gegenüber dem
bewußten Spiel den Vorrang gibt, muß er dem naheliegen-
den Verdacht entgegentreten, die unmittelbare Äußerung
der Empfindung tendiere zum »Überspannten und Unanständigen«, verletze also leicht auch für ihn geltende moralisch-ästhetische Normen. Er beschwichtigt diesen Einwand mit der Versicherung, daß Leidenschaften per se nicht
unmoralisch sein können, zumindest nicht in einer »gebildeten Seele«.

STELLENKOMMENTAR

167,18 *Gespenstermährgen*] Gespenstergeschichten. Daß ein Schatz in der Tiefe verschwindet, wenn bestimmte Gebote übertreten werden, z. B. das Schweigegebot, ist ein bekanntes Sagenmotiv. Vgl. den Art. »Schatz« in: *Handwörterbuch des deutschen Aberglaubens*, hg. v. Hanns Bächtold-Stäubli, Bd. 7, Berlin, Leipzig 1936 (Nachdruck Berlin 1987), S. 1002-1015.

167,25 *fresko*] Hier in der Bedeutung »frisch«. Vgl. auch *Fiesko* I 13; Verrina nennt Romano einen Maler, der imstande sei, »den Sturz des Appius Klaudius fresco zu malen«.

168,1 *Dodona*] Heiligtum und Orakel des Zeus in Epirus, Griechenland.

168,1 *Delphos*] Heiligtum und Orakel des Apollon in Delphi.

168,11 *Savoyardenkasten der Komödie*] Viele der Savoyarden, der Bewohner Savoyens, gingen aus Not außer Landes, um ihren Unterhalt zu finden. Schiller meint mit Savoyarden hier wohl das »fahrende Volk«, das in Schaukästen lebende Bilder und Puppentheater zeigte.

168,12 *Tartüffes*] Tartuffe, Held der gleichnamigen Komödie Molières.

168,12 *Falstaffe*] In Shakespeares *Die lustigen Weiber von Windsor* tritt Falstaff mit einem Hirschgeweih auf.

169,1 *nach der Tat reuig*] Anspielung auf das Sturm-und-Drang-Drama Heinrich Leopold Wagners *Die Reue nach der That* (1775).

169,3 *Odoardo*] Vater Emilias in Lessings *Emilia Galotti*.

169,18 *die Garrikischen Künste*] David Garrick (1716-1779), englischer Schauspieler und Reformer des Theaterspiels.

169,23 *Italienische Iphigenia*] Bezieht sich vermutlich auf Christoph Willibald Glucks Oper *Iphigénie en Aulide* (1774). Der Iphigenie-Stoff ist im 18. Jahrhundert wiederholt in

italienischen Opern verarbeitet worden. Schiller hat 1788
die *Iphigenie von Aulis* des Euripides übersetzt; die Übersetzung erschien 1789 im 6. und 7. Heft der ›Thalia‹. (Vgl.
Fricke/Göpfert, Bd. 3.)

169,30f. *die hohe Elisabeth hätte eher eine Verletzung ihrer
Majestät, als einen Zweifel gegen ihre Schönheit vergeben.]* Elisabeth I. von England. Schiller bezieht sich auf das Drama
Graf von Essex (1678) von Thomas Corneille (des jüngeren
Bruders von Pierre Corneille), das Lessing u. a. im 22. bis
25. Stück der *Hamburgischen Dramaturgie* behandelt hat. Wie
viel Elisabeth daran lag, daß »man ihre Schönheit rühmte«,
hat auch Lessing hervorgehoben (23. Stück). »Verletzung
ihrer Majestät« und »Zweifel gegen ihre Schönheit« beherrschen auch den Konflikt Elisabeths mit ihrer schottischen
Rivalin in Schillers *Maria Stuart* (1800).

170,22 *Roderich]* Rodrigue Diègue, der Held in Pierre
Corneilles *Le Cid*.

170,27 *Kothurn]* In der antiken Tragödie der Schuh mit
erhöhten Sohlen, um den Schauspieler herauszuheben; bezeichnet metonymisch den erhabenen Stil der Tragödie.

170,29f. *als bis Göthe die Schleichhändler des Geschmacks über
den Rhein zurückgejagt hatte]* Bezieht sich vermutlich auf
Goethes *Götz von Berlichingen*.

171,9 *Blödigkeit]* Schwäche, Zurückhaltung, Furcht-
samkeit, Gegenbegriff zu Kühnheit. Vgl. auch: »des Man-
nes keckes Laster hatte | Auch eure Blödigkeit besiegt«
(Schiller, *Maria Stuart* I 4).

171,9f. *die grassen Züge]* Grass hier in der Bedeutung
»wild«, »Schrecken erregend«, »furchtbar«, urspr. »scharf«.
Vgl. »VERRINA *lacht graß auf*« (*Fiesko* I 10).

171,21 *Harmonie des Kleinen]* Vgl. »Aspekte der Deutung«.

174,6 *Deklamation]* Auch Sulzer hat in der *»Allgemeinen
Theorie der schönen Künste«* (Art. »Schauspieler«) den französischen Schauspielern das Deklamieren zum Vorwurf gemacht und eine »natürliche Sprache« gefordert.

174,9 *Mengs]* Der Maler Raphael Mengs (1728-1779).

174,10 *Korreggio*] Der Maler Antonio Allegri Correggio (1489-1534).

174,A* *Judizium*] Lat. iudicium »Urteilskraft«.

174,A* *Zayre*] Voltaires Tragödie *Zaïre* (1732).

174,A* *ungeübte Spielerinnen*] Lessing hebt in dem von Schiller zitierten Stück der *Hamburgischen Dramaturgie* den Erfolg hervor, der Frauen, die noch nie Theater gespielt hatten, bei der englischen und französischen Premiere der *Zaïre* von Voltaire beschieden war. Aaron Hill, der die Premiere am Theater in Drury Lane besorgte, habe sich veranlaßt gesehen, einer Anfängerin die Rolle der Zaïre zu geben, weil damals die englischen Schauspieler sich entweder »als Besessene« gebärdeten oder eine »steife, strotzende Feierlichkeit« an den Tag legten. Schillers Plädoyer für den »bloßen Liebhaber«, für seine unverstellten Empfindungen und gegen den verbildeten Berufsschauspieler kann sich zwar auf das 16. Stück der *Hamburgischen Dramaturgie* berufen. Es läßt aber unerwähnt, daß Lessing im 3. Stück gerade das bewußte Spiel gefordert und auf der »Mischung« von »Begeisterung und Gelassenheit«, »Feuer und Kälte« bestanden hatte.

DER SPAZIERGANG UNTER DEN LINDEN

Wirtembergisches Repertorium der Literatur, 1. Stück, 1782, S. 111-119.

Der *Spaziergang* ist zwar mit »K.« unterzeichnet, aber die – teilweise wörtlichen – Entsprechungen zu anderen Werken Schillers, der Gebrauch medizinischer Termini, die Erwähnung Lauras (der zahlreiche Gedichte gewidmet sind), die Ähnlichkeit zur Sprache der *Räuber* und einiger Gedichte aus der *Anthologie auf das Jahr 1782* sowie die Entsprechung von Franz Moors und Wollmars Materialismus machen die Autorschaft Schillers so gut wie sicher. Für sie spricht auch der gedankliche Zusammenhang zwischen *Spaziergang, Der Jüngling und der Greis* und den 1786 vorgelegten *Philosophischen Briefen*. In allen drei Schriften geht es um die Erprobung von Gedanken, die Schiller bereits in der Karlsschulzeit formuliert hatte und die jetzt, nach Krisenerfahrungen, wie sie etwa auch Goethes *Werther* ausgesprochen hatte, erneut zur Diskussion gestellt werden. Allerdings sind sowohl der *Spaziergang* wie auch *Der Jüngling und der Greis* noch weit von jener versöhnlichen Lösung entfernt, die Schiller in der *Theosophie des Julius* den *Philosophischen Briefen* beigegeben hat.

Eine dialogische Darstellung philosophischer, ästhetischer und literarischer Fragen war in der Popularphilosophie des ausgehenden 18. Jahrhunderts durchaus geläufig – sei es, um nach dem Modell sokratischer Dialoge aus Rede und Gegenrede eine verbindliche Position zu gewinnen, sei es, um philosophische Standpunkte und ihre Konsequenzen mit größerem dramatischen und rhetorischen Effekt einander gegenüberzustellen. Im *Spaziergang* läßt Schiller Zweifel am Theodizeekonzept laut werden und stellt damit seine eigene Übertragung dieses Schemas auf die Anthropologie, wie er sie im *Versuch über den Zusammenhang* durchgeführt hatte, zur Disposition. Der melancholische Wollmar bezweifelt, daß sich am Zustand der Natur ein sinnvoller oder gar harmonischer Schöpfungsplan ablesen läßt. Skeptisch sieht er selbst in den Erscheinungen der blühenden Natur nur den Verfall am Werk. Wie Franz Moor die »Erhabenheit des Geistes« buchstäblich in den Schmutz zieht – »der Mensch entstehet auf Morast, und watet eine Weile im Morast, und macht Morast« (*Die Räuber* IV 2) –, ist auch Wollmar ein radikaler Materialist. Er kann den Menschen nur als Natur und Natur nur als Wechsel von Werden und Vergehen begreifen. In diesem Wechsel aber akzentuiert Wollmar mit der ganzen Wucht der Transit-Mundus-Rhetorik (»abgelegte Matrone«) allein das Vergehen und steigert seine Verfallsmetaphorik bis zur Dämonisierung der Natur: sie »kocht sich Schminke aus den Gebeinen ihrer eigenen Kinder, und stutzt die Verwesung zu blendenden Flittern«.

Beständig an diesem ewigen Kreislauf von Werden und Vergehen ist für Wollmar allein der Tod. Wenn aber Erkenntnis in der naturgegebenen Sterblichkeit des Menschen ihre Grenzen findet, ist Gott gegenüber seinem todgeweihten Geschöpf – der »Töpfer gegen den Topf« – nicht zu rechtfertigen. Die Hoffnung auf Unsterblichkeit ist illusionär: »Das Schicksal der Seele ist in die Materie geschrieben.« Edwins Versuch, Wollmars Skeptizismus aus dessen melancholischer Gemütsverfassung zu erklären, gibt Wollmar Gelegenheit, jede optimistische Weltdeutung zu diskreditieren als eine »waschhafte Mäklerin, die in jedem Hause schmarotzen geht«. Die affektpsychologische Fundierung von Erkenntnissen im Bedürfnishaushalt, zu der Edwin auffordert, erscheint Wollmar gleichbedeutend mit der Preisgabe von Wahrheit überhaupt: »Wenn unsre Launen die Modelle unsrer Philosophen sind – sagen Sie mir doch Edwin, in welcher wird die *Wahrheit* gegossen?« Schließlich erweist sich der radikale Skeptizismus Wollmars als Projektion eines unglücklich Liebenden und verliert damit an Glaubwürdigkeit (vgl. Riedel, *Die Anthropologie*, S. 435). Ähnlich aber auch die metaphysische Zuversicht Edwins, denn auch sie verdankt sich nur einer privaten Glückserfahrung. Vor dem Hintergrund der Liebesmetaphysik, die Schiller in der zweiten Karlsschulrede entwickelt hat und in deren Zeichen einige der Gedichte aus der *Anthologie auf das Jahr 1782* stehen, verhilft Wollmars Eingeständnis einer verlorenen Liebe seinem düsteren Weltbild womöglich zu relativer Berechtigung: denn ohne Liebe ist er aus der »Kette der Wesen«, deren wechselseitige Liebe doch Voraussetzung zur Glückseligkeit ist, entlassen.

STELLENKOMMENTAR

176,19 *anzueckeln*] Hier: sich ekeln vor.

176,23 *abgelegte Matrone*] Abgelegt im Sinne von: abgenutzt, verlebt. Anspielung auf die barocke Allegorie der Eitelkeit, hinter deren Putz der Verfall alles Irdischen sichtbar wird. Ähnlich erscheint die Natur Werther als ein »lackiertes Bildchen« (Brief vom 3. 11. 1772).

176,27 *Schlepp*] Schleppe. Der Vergleich der blühenden Natur mit dem Brautstand ist ein Topos der Lyrik.

176,28 *Deukalion*] Sohn des Prometheus, der vor der Sintflut gerettet wird, Ahnherr eines neuen Menschengeschlechts.

176,29 *Jahrtausende lang*] Vgl. *Werther*: »ich sehe nichts als ein ewig verschlingendes, ewig wiederkäuendes Ungeheuer« (Brief vom 18. 8. 1771), sowie Schillers *Melancholie an Laura*: »Unsre stolz aufthürmenden Paläste, | Unsrer Städte majestätsche Pracht | Ruhen all auf moderndnen Gebeinen, |

Deine Nelken saugen süßen Duft | Aus Verwesung, deine Quellen weinen | Aus dem Becken einer – Menschengruft« (Bd. I dieser Ausgabe, S. 528).

176,30 *Tafel des Todes*] Das Bild findet sich auch in der Widmung der *Anthologie auf das Jahr 1782* sowie im *Fiesko* (I 12). Verrina fragt Bourgognino: »Nehmen Sie mit dem Abtrag von anderer Leute Gastung vorlieb?« (Bd. II dieser Ausgabe, S. 344).

176,30f. *kocht sich Schminke aus den Gebeinen*] Das Kochen von Kindern und ihre Verarbeitung zu Salben und Elixieren wird z. B. im *Hexenhammer* von Jakob Sprenger und Heinrich Institoris den weiblichen Gehilfen des Teufels zugeschrieben (*Malleus maleficarum*, lat. 1487, dt. 1906).

177,10 *Arminius*] Cheruskerfürst, der mit seinem Heer die Römer in der Schlacht im Teutoburger Wald besiegte.

177,12 *unsrer großen Heinriche*] Wahrscheinlich König Heinrich IV. von Frankreich und der deutsche Kaiser Heinrich IV., dem im gleichen Heft des ›Repertoriums‹ Sophie von La Roche in ihrem Beitrag *Joseph der Zweite, eine Erscheinung* ein Denkmal setzt.

177,13 *Erderschütterer Roms*] Caesar, Pompeius und Crassus, die sich als Triumvirn die Herrschaft über das Römische Reich teilten.

177,16 *verschnittenen Enkel*] Frauenrollen in Opern wurden von Kastraten gesungen.

177,17 *Der Atome*] Vermutlich von franz. l'atome (mask.).

177,19 *Titus*] Kaiser Titus Flavius Vespasianus (79-81), der wegen seiner tatkräftigen Hilfe nach dem Ausbruch des Vesuvs und dem Brand Roms in der römischen Geschichtsschreibung als einer der besten Kaiser gilt.

177,20 *Sardanapale*] Sardanapal, auch Assurbanipal, assyrischer König (669 - ca. 627 v. Chr.), galt lange, wohl zu Unrecht, als Prototyp des wollüstigen, orientalischen Despoten.

177,30 *Tod der Maschine*] Vgl. Anm. 43,18f.

177,33f. *quæ cura fuit*] Vollständig lautet das Zitat in Vergils *Aeneis* VI 653-55: »quae gratia currum | armorumque fuit vivis, | quae cura nitentis | pascere equos, eadem sequitur tellure repostos.« »Denn wer im Leben die Waffen | Und die Wagen geliebt, wer gern schimmernde Pferde | Hegte, dem folgen sie auch zur unterirdischen Ruhe«. (*Aeneis*, übers. v. E. Staiger, Zürich, München 1981, S. 168.) Schiller verkürzt: »Was die Sorge der Lebenden gewesen ist, das folgt ihnen nach, wenn sie von der Welt geschieden sind.« (Vgl. Fricke/Göpfert, Bd. 5, S. 1092.)

177,35 *Asche des Lykurgus*] Sagenhafter Gesetzgeber Spartas. Im 12. Brief über *Don Karlos* (Bd. III dieser Ausgabe, S. 468) berichtet Schiller, daß Lykurgus den Spartanern den Schwur abverlangte, die Verfassung so lange unangetastet zu lassen, bis er von einer Reise zurückgekehrt sei. Das delphische Orakel hatte verkündet, daß die Republik bestehen würde, solange die Gesetze des Lykurg respektiert würden. Vor seinem Tod gab er Anweisung, seine Asche ins Meer zu streuen, um auf diese Weise seiner Verfassung Geltung auf Dauer zu sichern. Vgl. auch *Die Gesetzgebung des Lykurgus und Solon*, 1790, NA 17, S. 414-427.

177,37 *Philomele*] Nachtigall.

178,1 *Tibulls*] Albius Tibullus, römischer Elegiendichter (um 50 – um 19 v. Chr.).

178,2 *Pindar*] Griechischer Hymnen- und Odendichter (522-442 v. Chr.).

178,4 *Zephyr*] Milder Südwestwind.

178,4f. *Anakreons*] Anakreon, griech. Lyriker (6. Jh. v. Chr.).

178,9 *Ob nicht die Leiber*] Vgl. dazu Schillers satirische Angriffe in *Die Journalisten und Minos* sowie *Die Rache der Musen*, beide in der *Anthologie auf das Jahr 1782*.

178,9 *Polygraphen*] (Griech.) Vielschreiber.

178,22f. *unsern Fürsten*] Vgl. das Gedicht *Die schlimmen Monarchen* in der *Anthologie*.

178,24 *Man sage es unsern Schönen*] Vgl. *Melancholie an Laura*: »Prahlst Du mit des Auges Glut? | Mit der Wangen frischem Purpurblut? | Abgeborgt von mürben Modern?« (Bd. I dieser Ausgabe, S. 528.)

178,27f. *Mögen sie zusehen*] In Shakespeares *Hamlet* ist Yorick der Spaßmacher des alten Königs. An seinem Grab treiben die Totengräber ihre derben Scherze (V 1). Hamlet hingegen bedauert den Toten. In Eschenburgs Übersetzung heißt es: »Der gebieterische Cäsar, gestorben und in Erde verwandelt, könnte vielleicht ein Loch ausfüllen, um den Wind abzuhalten. Traurig genug, daß eben die Erde, welche die Welt in Ehrfurcht setzte, eine Mauer ausflicken muß, um des Winters Ungestüm abzuhalten.« (*William Shakespear's Schauspiele*. Neue Ausgabe. Von Johann Joachim Eschenburg, Bd. 12, Zürich 1777, S. 326.)

179,5f. *waschhafte Mäklerin*] Gemeint ist möglicherweise »mäkelndes Waschweib«. Wahrscheinlicher aber ist H. Stubenrauchs Vermutung: »naschhafte« Mäklerin (NA 22, S. 370).

179,21 *dieses goldene Vlies*] In der griechischen Sage sollen die Argonauten unter Führung Jasons das Goldene Vlies von Kolchis zurück nach Griechenland bringen.

179,23f. *ewigen Ring des Bedürfnisses herumgewirbelt*] Hier ist bereits die Metapher angedeutet, die im 6. der *Ästhetischen Briefe* die Einseitigkeit eines an Nutzen und Bedürfnissen orientierten Lebens veranschaulicht: »Ewig nur an ein einzelnes kleines Bruchstück des Ganzen gefesselt, bildet sich der Mensch selbst nur als Bruchstück aus, ewig nur das eintönige Geräusch des Rades, das er umtreibt, im Ohre, entwickelt er nie die Harmonie seines Wesens« (S. 572,36ff.).

180,4 *Apparent rari nantes*] Vergil, *Aeneis* I 118. Von Schiller 1780 selbst übersetzt: »Wenige sinds, die oben noch schwimmen am greulichen Schlunde« (Fricke/Göpfert, Bd. 3, S. 386).

180,6 *ein Fremdling in der ätherischen*] Ähnlich im Brief an Körner vom 7. 5. 1785.

180,9f. *Die Kinder freuen sich auf den Harnisch der Männer*] Wohl in Anlehnung an Goethes *Götz von Berlichingen* (I 2), wo der kleine Georg »im Panzer eines Erwachsenen« auftritt.

180,14 *Aurora und Hesperus]* Aurora ist die römische Göttin der Morgenröte, Hesperus der Abendstern.

180,17f. *Töpfer gegen den Topf]* Nach Jes. 64, 7. Umschreibung für das Verhältnis von Schöpfer und Geschöpf.

180,22 *Ich sage, wenn sie auch die Insel verfehlt]* Vgl. den Brief an Knebel im Februar 1789: »was auch dabey herauskommt, so denke ich immer, die angenehme Fahrt ist die Reise allein werth, wenn man auch nicht an Ort und Stelle kommt« (NA 25, S. 202) sowie den Brief an Huber vom 5. 10. 1785.

181,3f. *Wohin nur ein Samenkorn]* Vgl. Werthers Brief vom 18. 8. 1771: »der harmloseste Spaziergang kostet tausend armen Würmchen das Leben«.

180,10 *Es ist ein betrügliches Lotto]* Die Vorstellung, das Leben sei ein Lotteriespiel voller Nieten, findet sich häufig in Schillers Werken, so in der *Elegie auf den Tod eines Jünglings* und den *Räubern* (III 2). Karl Moor: »ich habe die Menschen gesehen ⟨. . .⟩ das wunderseltsame Wettrennen nach Glückseligkeit; ⟨. . .⟩ dieses bunte Lotto des Lebens, worein so mancher seine Unschuld, und – seinen Himmel setzt, einen Treffer zu haschen, und – Nullen sind der Auszug – am Ende war kein Treffer darin« (Bd. II dieser Ausgabe, S. 97).

181,23 *(Vielleicht Fortsetzungen.)]* Der *Spaziergang* wurde nicht weitergeführt.

DER JÜNGLING UND DER GREIS.
VERSUCH EINES NICHTSTUDIERTEN

TEXTGRUNDLAGE

Wirtembergisches Repertorium der Litteratur, 2. Stück, 1782, S. 387-390.

ASPEKTE DER DEUTUNG

Die Unterzeichnung des Beitrags mit »Schstn.« deutet auf Schillers Akademie-Freund Georg Scharffenstein. Selim war der Name Schillers im Freundschaftsbund mit Scharffenstein. Denkbar ist sowohl die alleinige Urheberschaft Schillers (dafür sprechen typische Formulierungen), eine selbständige Verfasserschaft Scharffensteins – der Selim dann Züge Schillers verliehen hätte – oder eine Gemeinschaftsarbeit bzw. eine redaktionelle Bearbeitung von Scharffensteins Beitrag durch Schiller (NA 22, S. 371).

In mancher Hinsicht kommt das kleine Gespräch dem *Spaziergang unter den Linden* nahe, doch die philosophischen Positionen sind verschoben; dort der radikale Skeptiker, hier der Schwärmer. Jenseits dieser Differenzen aber zeigen die Temperamente Wollmars und Selims auffällige Ähnlichkeiten. Selims schwärmerischer Enthusiasmus und Wollmars zweifelsüchtige Melancholie – sie sind beide psychische Reaktionen auf die später in den *Philosophischen Briefen* beschriebenen »Verirrungen« der Vernunft. Bei Julius in den *Philosophischen Briefen* folgen die Seelenzustände unmittelbar aufeinander, im *Spaziergang* und im *Jüngling* sind sie auf zwei Gestalten verteilt (vgl. Riedel, *Die Anthropologie des jungen Schiller*, S. 238).

STELLENKOMMENTAR

182,3 *Selim*] Der Name Schillers im Freundschaftsbund mit Scharffenstein, dieser hieß Sangir (vgl. NA 1, S. 10, und NA 22, S. 371).

182,10 *Hydra-Köpfen*] Die Hydra war ein Schlangenungeheuer in den lernäischen Sümpfen. Sie zu vernichten, war die zweite Arbeit des Herakles. Da die abgeschlagenen Köpfe sofort nachwuchsen, brannte er die Halsstümpfe aus.

183,27 *schwelge*] H. Stubenrauch vermutet »ich schweige«; dagegen plädiert H. Meyer für Belassung mit Hinweis auf eine ältere Bedeutung von »schwelgen« (Grimm 9, Sp. 2480f.), die »vegetieren« nahekommt (NA 22, S. 371f.).

184,24 *Elysium*] In der griechischen Mythologie der paradiesische Ort der Seligen nach dem Tod. Ein gewichtiger Begriff in *Über naive und sentimentalische Dichtung* (S. 775).

184,28f. *Ich gehe in meinen Garten*] Vermutlich eine Anspielung auf den Schlußsatz von Voltaires *Candide* (1759): »il faut cultiver notre jardin«. Anders als im *Spaziergang* wird Selims Pathos nicht durch eine Schlußwendung entwertet. Selim behält das letzte Wort und bezichtigt Almar der Resignation.

WAS KANN EINE GUTE STEHENDE SCHAUBÜHNE EIGENTLICH WIRKEN?

TEXTGRUNDLAGE UND -ÜBERLIEFERUNG

Erstdruck: Rheinische Thalia, herausgegeben von Schiller. Erstes Heft. Lenzmonat 1785. Mannheim, S. 1-27.

Schiller hat die Vorlesung, die er am 26. 6. 1784 vor der Kurpfälzischen Deutschen Gesellschaft gehalten hat, unter dem geänderten Titel *Die Schaubühne als moralische Anstalt betrachtet* in die *Kleineren prosaischen Schriften* (Bd. 4, Leipzig 1802, S. 3-27) aufgenommen. Dabei strich er die Einleitung, den Hinweis auf Shakespeares *Timon von Athen*, eine Passage über die *Räuber* und eine kritische Bemerkung über die herrschende Erziehungspraxis.

Unser Text folgt dem Erstdruck.

ASPEKTE DER DEUTUNG

Schiller hielt die Rede in einer Sitzung der Kurpfälzischen Deutschen Gesellschaft, in die er im Januar 1784, unmittelbar vor der Uraufführung des *Fiesko* in Mannheim, aufgenommen worden war. Die Gesellschaft, 1775 von Karl Theodor nach dem Vorbild der Académie Française gegründet, sollte gegenüber dem traditionellen französischen Einfluß die deutsche Sprache und Kultur fördern. Ihr gehörten u. a. Lessing, Klopstock, Wieland und die Brüder Dalberg an. Die Mitgliedschaft bedeutete für Schiller, nunmehr zu den Honoratioren der Stadt zu zählen und kurpfälzischer Staatsbürger zu sein, beides für den Flüchtling aus Stuttgart wichtig genug. Vgl. Schillers Briefe an Wilhelm von Wolzogen, 18. 1. 1784, und an Zumsteeg, 19. 1. 1784.

Die Rede stellt Schillers Beitrag zur Kontroverse um den Nutzen und Schaden der Schaubühne dar, die im 18. Jahrhundert vornehmlich in Frankreich, England und Deutschland geführt worden ist. In Frankreich haben sich an diesen Debatten u. a. Dubos, D'Alembert, Rousseau, Marmontel, Diderot und Mercier, auf deutscher Seite z. B. Gottsched, Lessing, Sulzer und Goethe beteiligt. (Vgl. Thomas Koebner, *Zum Streit für und wider die Schaubühne im 18. Jahrhundert,* in: Bernhard Fabian [Hg.], *Festschrift für Rainer Gruenter,* Heidelberg 1978, S. 26-57.) Wer sich auf die Seite des Theaters schlug, befand sich in der Defensive, spätestens seit Rousseau im *Brief an d'Alembert* (1758) den »härtesten Angriff« (S. 187,30) auf die Bühne unternommen und ihr vorgeworfen hatte, sie ruiniere die Sitten. So versammelte Schiller noch einmal eine Reihe von Argumenten, die in diesem Jahrhundert zur Verteidigung der Bühne aufgebogen worden sind. Dabei wird deutlich, warum die Kontroverse mit solcher Heftigkeit geführt worden ist. Über das Theater wurde nur vordergründig gestritten, in erster Linie ging es um Tugend und Wahrheit, Nutzen und Aufklärung, die Verfassung der Gesellschaft und des Staates. Auch Schillers Vorlesung nimmt die Frage »Was wirkt die Bühne?« zum Anlaß, sogleich über das Wohl des einzelnen und des Staates zu sprechen. Er sucht den Nachweis zu führen, daß die Bühne als öffentliche Institution neben Staat und Kirche einen unverzichtbaren Platz beanspruchen kann. »Wer also unwidersprechlich beweisen kann, daß die Schaubühne Menschen- und Volksbildung wirkte, hat ihren Rang neben den ersten Anstalten des Staates entschieden«. Schiller beginnt seine Überlegungen über die Schaubühne als moralische Anstalt mit einer folgenreichen Einvernahme: die Philosophen und die Mächtigen sind gleichermaßen auf die »Beförderung allgemeiner Glückseligkeit« verpflichtet. Er unterstellt eine Interessengleichheit von Philosophie und politischem Gesetzgeber – wohl wissend, daß sie nicht existiert –, um eine moralische Handhabe zu gewinnen, auch die Fürsten auf ein philosophisches

Ideal festlegen zu können. Dies ist ein Denkmuster, das in Zeiten des aufgeklärten Absolutismus auf Verständnis rechnen konnte. Eine ähnliche Argumentationsstrategie verfolgt auch Kants Schrift *Was ist Aufklärung?* aus demselben Jahr. Mit der Behauptung, die Philosophen und Gesetzgeber hätten sich gleichermaßen der Beförderung der Glückseligkeit zu widmen, sie seien diesem Leitbegriff aufgeklärten Denkens verpflichtet, wird der Macht die Legitimation ihrer selbst aus vernünftigen Prinzipien abverlangt.

Beim legitimen Wunsch nach Glückseligkeit, so argumentiert Schiller weiter, handelt es sich – die Sicherung der materiellen Lebensverhältnisse vorausgesetzt – in erster Linie um ein »Bedürfnis des Geistes«. Und das Theater ist vorzüglich dazu disponiert, dieses Bedürfnis zu befriedigen. Es trägt zur Glückseligkeit bei, indem es die »Aufklärung des Verstandes« und die »sittliche Bildung«, die Bildung des Herzens, übernimmt. Damit bekennt sich Schiller zu den Maximen der Aufklärungsästhetik, Belehrung und Besserung. Daneben gesteht er zu, daß die Schaubühne auch unterhalten soll, vorausgesetzt allerdings, daß sich »Kurzweil mit Bildung gattet«.

Schillers Vertrauen in die Wirkungsmacht des Theaters ist hier beinahe unbegrenzt. Was die »Aufklärung des Verstandes« betrifft, so zeigt er sich überzeugt, daß die Bühne Vorurteile beseitigen, »richtigere Begriffe«, »geläuterte Grundsätze« verbreiten könne; »der Nebel der Barbarei, des finstern Aberglaubens verschwindet, die Nacht weicht dem siegenden Licht«. Ebenso gewiß gelinge dem Theater die sittliche Bildung, sei's durch Zurschaustellung vorbildlicher Taten und Gesinnungen, sei's durch die schreckenerregende Vorführung abscheulicher Verbrechen.

Zunächst weist die Schrift der Bühne einen Platz neben Staat und Kirche zu. Doch der Schein einer staatsfrommen Anbindung des Theaters an Gesetz und Religion trügt. Schiller reklamiert für das Theater nichts Geringeres als die höchste Gerichtsbarkeit, die Autorität, über die Zuständigkeit in moralischen Fragen hinaus auch in Angelegenheiten des Staates ein Urteil sprechen zu können. Diese Forderung ist um so berechtigter, als Recht und Gesetz der Willkür der Machthaber unterliegen. Zwar spricht Schiller eher diplomatisch von der »schwankenden Eigenschaft der politischen Gesetze«, doch ist für sein Publikum nicht zu überhören, daß er sich damit auch auf die Rechtsverhältnisse in den deutschen Fürstentümern bezieht.

Da die Religion ihre »große Gewalt über jedes Menschenherz« eingebüßt hat, fällt dem Theater die Aufgabe zu, ihre Funktion zu übernehmen. Es ist dazu in der Lage, weil es wie die Religion überwiegend durch Sinnlichkeit wirkt. Wie die Religion »Gemälde von Himmel und Hölle« bereithält, so werden auf der Bühne »Laster und Tugend« in »tausend Gemälden faßlich und wahr« vor Augen gestellt. Die sinnliche Kunst muß um so dringender die Nachfolge der Religion antreten, als letztere aufgrund ihrer Zugeständnisse an den Rationalismus ihre sinnliche Qualität zum Teil eingebüßt hat (vgl. Elmar Dod, *Die Vernünftigkeit der Imagination in Aufklärung und Romantik*, Tübingen 1985, S. 160).

Die Titelfrage »Was kann eine gute stehende Schaubühne eigentlich wirken?« findet in dem Satz »Die Gerichtsbarkeit der Bühne fängt an, wo das Gebiet der weltlichen Gesetze sich endigt« ihre bündige Antwort. Daß die Bühne über den Staat und seine Gesetze Recht sprechen könne, hatte schon Lessing bei der Eröffnung des Hamburger Nationaltheaters seinen Zuschauern versichert.

Wenn der, den kein Gesetz straft, oder strafen kann,
der schlaue Bösewicht, der blutige Tyrann,
Wenn der die Unschuld drückt, wer wagt es, sie zu
                                        decken? ⟨. . .⟩
Wer? Sie, die itzt den Dolch, und itzt die Geißel trägt,
die unerschrockne Kunst ⟨. . .⟩.
(*Hamburgische Dramaturgie*, 6. Stück.)

Auch Merciers Schrift über die Schauspielkunst, die Schiller direkt oder indirekt bekannt war, hatte die Bühne als

Gerichtshof aufgefaßt: »Der Komödie käm es eigentlich zu, die Fackel der Wahrheit in die dunkle Behälter zu tragen, worin die Ruchlosen ihre Ungerechtigkeiten schmieden, in dem Schoß der Ehrenstellen das niederträchtige maschinenmäßige Geschöpf, das sich zum Tyrannen aufwirft, zu entdecken, und es zitternd an das dem Laster so überlästige Licht zu schleppen. Alsdann könnte derjenige, welcher sich nicht fürchtet strafbar zu sein, vor der Schande sich fürchten: das Theater wäre der oberste Gerichtshof, vor welchen der Feind des Vaterlandes zitiert, und der öffentlichen Schande bloß gestellt würde« (Louis-Sébastien Mercier, *Neuer Versuch über die Schauspielkunst*, dt. Übersetzung von H. Wagner, Leipzig 1776, S. 81; Faksimiledruck dieser Ausgabe: Heidelberg 1967; franz. Ausgabe: *Du théâtre ou nouvel essai sur l'art dramatique*, Amsterdam 1773).

Schiller rückt das Verhältnis von Macht und Moral in den Mittelpunkt seiner Rede; zugleich reformuliert er damit den Konflikt, den er wenige Monate zuvor, in *Fiesko*, an gleicher Stelle, in Szene gesetzt hatte.

Schillers Schrift geht die durch den Absolutismus vollzogene Trennung von Politik und Moral voraus, aber sie wendet diese Trennung kritisch gegen ihre Urheber. (Vgl. Reinhart Koselleck, *Kritik und Krise,* Freiburg und München 1959; Jürgen Habermas, *Strukturwandel der Öffentlichkeit*, Neuwied und Berlin 1962.) Die moralische Gerichtsbarkeit der Bühne soll sich auf die herrschenden Gesetze, den Zustand der Rechtlosigkeit im Absolutismus erstrekken: »Wenn die Gerechtigkeit für Gold verblindet, und im Solde der Laster schwelgt, wenn die Frevel der Mächtigen ihrer Ohnmacht spotten, und Menschenfurcht den Arm der Obrigkeit bindet, übernimmt die Schaubühne Schwert und Waage, und reißt die Laster vor einen schrecklichen Richterstuhl.« Es ist die Mangelhaftigkeit der im absolutistischen Staat herrschenden Gesetze, die die moralische Rechtsprechung zwingend erforderlich macht. Erst auf der Bühne kann die Fragwürdigkeit der herrschenden Gesetze auch den Landesherren deutlich vor Augen geführt werden. Die Gesetze, in deren Namen die Bühne Recht spricht, sind moralisch, bleiben aber politisch machtlos.

Indem aber die herrschende Politik dem moralischen Richtspruch der Bühne unterworfen wird, gewinnt das moralische Urteil selbst den Charakter politischer Kritik und kann insofern auch symbolische Macht erhalten. Unter absolutistischen, auch aufgeklärt absolutistischen Verhältnissen ist für Schiller und seine Generation Moral nicht anders denn als Negation von politischer Macht und politische Macht nur als Abwesenheit von Moral erfahrbar gewesen. Auf die Demoralisierung der Politik bei Hofe antwortet das aufgeklärte bürgerliche Denken, wie Schillers Schaubühnen-Rede zeigt, mit der Politisierung der Moral; mit einer Moral, die sich, wie es scheint, ganz im Sinne des Absolutismus von der Politik abwendet, um sie der moralischen Kritik, der moralischen Gerichtsbarkeit der Bühne um so entschiedener aussetzen zu können. Dabei wird sie selbst politische Kritik.

Die kritischen Urteile, die die Bühne ergehen lassen kann, sind so formuliert, daß in ihnen der Appell zur Aktion nicht zu überhören ist. Koselleck sieht in der Schrift schließlich die Frage gestellt: »Herrscht weiterhin der absolutistische Staat? oder siegt die neue Gesellschaft?« (Koselleck, S. 86.) Deren utopisches Bild hat Schiller an das Ende der Schrift gesetzt; es ist eine Gesellschaft gleicher, miteinander verbrüderter Mitglieder, die durch »*Eine* Empfindung« vereint sind: »ein *Mensch* zu sein«.

Der radikalen Kritik der absolutistischen Macht stehen unvermittelt auch beschwichtigende Sätze an die Adresse der »Oberhäupter und Vormünder des Staats« gegenüber, die versichern, daß sich von der Bühne aus »die Meinungen der Nation über Regierung und Regenten zurechtweisen« ließen. Staatsfromme Wendungen können den subversiven Grundgedanken der Schrift aber nicht neutralisieren. Daß Schiller 1784 so vor der Kurpfälzischen Deutschen Gesellschaft reden konnte, mag ein Indiz für eine gewisse Liberalität in dieser Institution sein. Seit Oktober 1780 waren

im Lande alle Schriften verboten, die »die Haus- und Staatsverfassung behandeln, ohne desshalb zu vorheriger Kennt-
niss und Gutheißung zu gelangen« (Ludwig Häusser,
Geschichte der Rheinischen Pfalz, Heidelberg 1856, Bd. 2,
S. 949). Der Kurfürst befand sich zu dieser Zeit bereits in
seiner neuen Residenz in München. (Schillers Rede wurde
übrigens nicht in die Schriften der Deutschen Gesellschaft
aufgenommen.)

So nachdrücklich die Schaubühnen-Rede im Sinne der
Aufklärungsästhetik die Kunst auf die Maximen vernünftiger Moral verpflichtet, so wenig ist der Versuch zu
übersehen, der Bühne gegenüber der Morallehre eine gewisse Selbständigkeit einzuräumen. Schiller stellt hier zum
ersten Mal grundsätzliche Überlegungen über das Verhältnis von Moral und Kunst an, ein zentrales Thema seiner
theoretischen Schriften, das ihn bis zur Vorrede zur *Braut
von Messina* beschäftigen wird. Insofern die Schaubühnen-
Rede die Kunst im Dienst der Tugendvermittlung sieht,
folgt sie der Aufklärungsästhetik. Indem sie, wie vorsichtig
auch immer, die Beziehung zwischen Kunst und Sittlichkeit zu lockern sich bemüht, weist sie auf Positionen der
klassischen Autonomie-Ästhetik voraus. Zwischen Lessings *Hamburgischer Dramaturgie*, welche die Kunst versteht
als »Sittenbildnerin, die jede Tugend lehrt« (*Hamburgische
Dramaturgie*, 6. Stück), und Schillers Briefen *Über die ästhetische Erziehung*, die die Kunst kategorisch von Verwen-
dungsansprüchen des Staates und der Kirche freistellen und
ihr gleichzeitig einen eminenten Bildungsauftrag erteilen
wollen, ohne ihr moralische Zwecke vorzuschreiben, stellt
die Schaubühnen-Rede eine bedeutende Wegmarke dar.

Daß die Rede eine Emanzipation der Kunst aus dem
Dienst der Tugendvermittlung zumindest in Erwägung
zieht, deutet sich u. a. in der Überzeugung an, daß die
Schaubühne »tiefer und daurender« wirke »als Moral und
Gesetz«. Der Kunst ist womöglich mehr zuzutrauen als die
bloße sinnliche Darstellung moralischer Grundsätze: »Unsre Natur, gleich unfähig, länger im Zustand des Tiers

fortzudauren, als die feinern Arbeiten des Verstands fortzusetzen, verlangte einen mittleren Zustand, der beide
widersprechenden Enden vereinigt, die harte Spannung zu
sanfter Harmonie herabstimmte, und den wechselsweisen
Übergang eines Zustands in den andern erleichterte«
(S. 188,32-189,2).

Schiller greift hier einen Gedanken Sulzers auf, gibt ihm
aber eine entscheidende Wendung (Johann Georg Sulzer,
Allgemeine Theorie der Schönen Künste, 4 Bde., Leipzig 1771-
74, Art. »Schauspiel«). Er beschreibt spezifische und unverwechselbare Leistungen der Theaterkunst, die über das
Konzept der Kunst als Dienerin der Moral hinausgehen,
und skizziert bereits jene harmonisierende Wirkung der
Kunst auf die Vermögen der Subjektivität, die sich etwa
zehn Jahre später als Programm einer »ästhetischen Erziehung« ausformuliert finden.

Daneben nennt die Schrift andere Wirkungen der Kunst,
wie sie aus der Aufklärungspoetik vertraut sind. Die Bühne
vermag Fürsten zu erziehen und das Volk zu bilden, ja
sogar, wenn sie nur erst als Nationaltheater etabliert ist, die
Nation zu einen. Mit der letzteren Erwartung setzt sich
Schiller bewußt über Lessings Skepsis angesichts seiner
Hamburger Erfahrungen hinweg, der Skepsis »Über den
gutherzigen Einfall, den Deutschen ein Nationaltheater zu
verschaffen, da wir Deutsche noch keine Nation sind!«
(*Hamburgische Dramaturgie*, 101.-104. Stück.) Daneben aber
enthält die Schrift auch eine Warnung, die »große Wirkung« der Bühne zu überschätzen. Schiller weiß sehr wohl,
daß z. B. das Schicksal Karl Moors »die Landstraßen nicht
viel sicherer machen wird«. Ähnlich hatte schon die Schrift
Über das gegenwärtige teutsche Theater beträchtliche Zweifel an
der Wirkung des Theaters auf die Zuschauer geäußert.

STELLENKOMMENTAR

185,1f. *stehende Schaubühne*] Subventionierte, ortsgebundene Theater mit festen Schauspielhäusern und fest engagierten Schauspielern und Direktoren, die seit den 60er Jahren als Hof-, Stadt- und Nationaltheater die Wandertruppen allmählich ablösten.

185,6f. *herzogl. Weimarischen Rat*] Den Titel eines herzoglich Weimarischen Rats hatte Karl August am 27. 12. 1784 Schiller während eines Aufenthalts am Darmstädter Hof verliehen.

186,4 *Histrionen*] Lat. histrio »Schauspieler«.

187,21 *Thalia*] Muse der Schauspielkunst.

187,22 *Fama*] Göttin des Ruhms.

187,22 *Iphigenia*] Tragödie von Euripides. Schiller hat sie 1788 übersetzt. (Vgl. Fricke/Göpfert, Bd. 3.)

187,30 *Der härteste Angriff*] Schiller meint Rousseaus entschiedene Verurteilung des Theaters in seinem *Brief an d'Alembert* (1758).

188,13 *Damiens und Ravaillac*] Robert François Damiens wurde nach einem erfolglosen Attentat auf Ludwig XV. 1757 hingerichtet. Zeitweilig wurden die Jesuiten verdächtigt, in das Attentat verwickelt gewesen zu sein. François Ravaillac, vgl. Anm. 32,5.

188,20 *Aspasia*] Hetäre in Athen; sie war die Geliebte und spätere Frau des Perikles.

188,23 *Aber ich schreite zur Untersuchung selbst.*] Die hier endende Einleitung hat Schiller nicht in die *Kleineren prosaischen Schriften* aufgenommen.

188,26f. *nach Sulzers Ausdruck*] Schiller paraphrasiert hier zunächst den Anfang des Artikels »Schauspiel« aus Sulzers *Allgemeiner Theorie der Schönen Künste*. Auch Sulzer unterscheidet den Zustand »thierischer Unthätigkeit« des Menschen von späteren Entwicklungsstufen und betont die gesellschaftsbildende Aufgabe des Theaters. Anders als Sulzer bestimmt Schiller indessen die Wirkung der Kunst;

sie liegt darin, die widerstreitenden Vermögen im Subjekt, »Sinnlichkeit« und »Verstand« in einem »mittleren Zustand« zu harmonisieren. Damit weist die Schaubühnen-Rede auf den umfassenden Bildungsbegriff der »ästhetischen Erziehung« voraus.

189,10ff. *die Bühne, die ⟨. . .⟩ die Bildung des Verstands und des Herzens mit der edelsten Unterhaltung vereinigt.*] Schiller bezieht hier wie auch an andern Stellen der Vorlesung die Wirkungen des Theaters auf die Ziele der klassischen Rhetorik: docere, movere und delectare. (Vgl. Gert Ueding, *Schillers Rhetorik,* Tübingen 1971, S. 150.)

190,20 *Rhadamantus*] Einer der drei Totenrichter der Unterwelt.

191,2 *Medea*] Gestalt der griech. Mythologie; sie tötet aus Rache an Jason ihre beiden Kinder. Heldin der gleichnamigen Tragödie des Euripides.

191,8ff. *Wer von uns sah ohne Beben zu ⟨. . .⟩ in frechen Flüchen sich Luft machte? — —*] Diesen Satz hat Schiller nicht in die *Kleineren prosaischen Schriften* aufgenommen. (Die Streichung deutet womöglich auf eine Distanzierung Schillers von seinem ersten Drama hin.)

192,5f. *Laß uns Freunde sein, Cinna!*] Folgt Corneilles Tragödie *Cinna* (1640) V 3.

192,8f. *Franz von Sickingen*] Ein Schauspiel, dessen Verfasser vermutlich Anton von Klein ist. (Vgl. NA 23, S. 313.) Der Mannheimer Intendant Heribert von Dalberg bat im September 1783 Schiller um ein Urteil über das Stück. (Vgl. Schiller an Dalberg, 29. 9. 1783.)

192,17 *Lear*] Shakespeare, *König Lear* II 3-4.

192,24-34 *Unsre Schaubühne hat noch ⟨. . .⟩ dieser Goldader nachzugraben.*] Diesen Absatz hat Schiller in den *Kleineren prosaischen Schriften* gestrichen.

192,26 *Shakespears »Timon von Athen«*] Schiller plante seinerzeit eine Bearbeitung dieses Stücks (an Dalberg, 24. 8. 1784). Sein Fragment *Der versöhnte Menschenfeind,* das er 1790 in der ›Thalia‹ veröffentlichte, ist von Shakespeares *Timon* beeinflußt. Vgl. Bd. II dieser Ausgabe, S. 843-68.

192,36f. *Auch da, wo Religion und Gesetze es unter ihrer Würde achten, Menschenempfindungen zu begleiten*] Der Satz impliziert eine Kritik der Religion, die, um den Ansprüchen des Rationalismus zu genügen, die Empfindungen als legitimes Medium religiöser Erfahrung vernachlässigt habe. (Vgl. »Aspekte der Deutung«.)

193,9f. *mein Register von Toren vollzähliger und länger.*] In der unterdrückten Vorrede zu den *Räubern* schrieb Schiller: »Ich wünschte zur Ehre der Menschheit, daß ich hier nichts denn Karikaturen geliefert hätte, muß aber gestehen, so fruchtbarer meine Weltkenntnis wird, so ärmer wird mein Karikaturen-Register.« (Bd. II dieser Ausgabe, S. 162.) Sein Drama zeige nicht bloße Karikaturen, sondern die Welt, wie sie ist: voller Bösewichter, voller »unmoralischer Charaktere«. Diese Auffassung wird von Schiller in der Schaubühnen-Rede revidiert: sein Register der erträglichen, zu belächelnden (und zu bessernden) Toren nehme zu, das der Verbrecher und Bösewichter nehme ab.

193,27f. *Lustspiel und Trauerspiel*] In der Tradition der Aufklärung bestimmt Schiller Lustspiel und Trauerspiel, d. h. das bürgerliche Trauerspiel (z. B. Lessings *Miß Sara Sampson*) im Unterschied zur griechischen Tragödie und zur französischen tragédie classique, über die jeweiligen Wirkungen: das Lustspiel operiert mit »Scherz und Satire«, es gibt »unsre Schwächen« der Lächerlichkeit preis, das Trauerspiel bewirkt »Rührung und Schrecken«. Schiller spricht dem Lustspiel die nachhaltigere Wirkung zu mit der Begründung, es sei schwerer erträglich, wegen einer »Schwäche« lächerlich gemacht als wegen eines Verbrechens oder eines Lasters moralisch verurteilt zu werden. Er veranschlagt die destruktive Energie des Gelächters erstaunlich hoch und hat darum dem Lustspiel ein Lachen vorgeschrieben, das »unserer Empfindlichkeit schont«. Hierin folgt er Lessing, der »Lachen« und »Verlachen« unterschieden und das Verlachen, weil es Verachtung impliziere, aus der Komödie ausgeschlossen hatte (*Hamburgische Dramaturgie*, 28., 29. Stück). – Dem Verhältnis von Tragödie und Komödie widmen sich vor allem die Schrift *Über naive und sentimen-talische Dichtung* (S. 743ff.) und eine Aufzeichnung aus dem Nachlaß *Tragödie und Komödie*. Vgl. S. 1047f. u. Anm. In den theoretischen Schriften fällt Schillers ästhetische Bewer-tung von Tragödie und Komödie höchst ambivalent aus. Als Theaterpraktiker hat er der Tragödie offensichtlich den Vorzug gegeben.

194,20f. *daß vielleicht Molieres Harpagon noch keinen Wuche-rer besserte*] So auch Lessings Urteil über Harpagon, den Helden der Komödie *Der Geizige (Hamburgische Dramatur-gie*, 29. Stück).

194,22 *Beverlei*] Anspielung auf Friedrich Ludwig Schröders Lustspiel *Beverley oder der Spieler* (1776).

195,3 *Sara*] Lessings *Miß Sara Sampson*.

195,11f. *die Schaubühne* ⟨. . .⟩ *lehrt uns die große Kunst, sie zu ertragen.*] Daß die Tragödie den Zuschauer darauf vorbe-reiten soll, tatsächliche Schicksalsschläge besser zu ertra-gen, ist ein Grundgedanke Schillers, den er in den Schriften über das Erhabene und die Tragödie immer wieder formu-liert. (Vgl. *Über das Erhabene*, S. 837.)

195,24 *Ariadne*] Johann Christian Brandes, *Ariadne auf Naxos* (1774).

195,25 *Ugolinos*] Held des gleichnamigen Sturm-und-Drang-Dramas (1768) von Heinrich Wilhelm Gerstenberg.

195,29f. *Im Gewölbe des Towrs* ⟨. . .⟩ *Königin.*] Gemeint sind Elisabeth I. und Graf Essex. Schiller bezieht sich ver-mutlich auf das Drama *Graf von Essex* (1678) von Thomas Corneille oder auf das Essex-Trauerspiel (1682) von John Banks. Von beiden Dramen handelt Lessing in der *Ham-burgischen Dramaturgie* (22.-25. und 54.-59. Stück).

196,8 *Eduard Ruhberg*] Figur in Ifflands Drama *Verbre-chen aus Ehrsucht* (1784).

196,12 *Mariane*] Heldin des gleichnamigen bürgerlichen Trauerspiels (1776) von Friedrich Wilhelm Gotter.

197,23f. *Pfaffenwut*] Vermutlich Anspielung auf Johann Friedrich von Cronegks (1731-1758) Trauerspiel *Olint und Sophronia*. (Vgl. Lessing, *Hamburgische Dramaturgie*, 1. Stück.)

198,2f. *Philanthropinen und Gewächshäusern*] In einer Zeit, die mit Erziehung, der Bildung der ganzen Person, die größten Erwartungen verknüpft, trifft Schillers Kritik Erziehungsmaximen, die sich rühmen, »mit *Methode*« vorzugehen und »systematisch« zu sein, und dabei die menschliche Natur deformieren. Sie zielt insbesondere auf das Philanthropinum Basedows in Dessau und die Karlsschule. »Gewächshaus« deutet auf deren ursprünglichen Namen Militair-Pflanzschule«.

198,4ff. *Der gegenwärtig herrschende Kitzel ⟨...⟩ zu fühlen*] Diesen noch schärfer formulierten Angriff auf verbreitete Erziehungspraktiken hat Schiller in den *Kleineren prosaischen Schriften* unterdrückt.

BRIEF EINES REISENDEN DÄNEN

TEXTGRUNDLAGE

Erstdruck: Rheinische Thalia, 1. Heft, 1785, S. 176-184.
Unser Text folgt dem Erstdruck.

ASPEKTE DER DEUTUNG

Den Antikensaal in Mannheim hat Schiller am 10. 5. 1784
besucht. Das Museum, 1767 vom Kurfürsten Karl Theodor
eingerichtet, enthielt eine repräsentative Sammlung von
Abgüssen griechischer und römischer Statuen und Köpfe.
Zum ersten Mal gewinnt Schiller hier ein Bild antiker
Kunst aus eigener Anschauung. Seinen Bericht schreibt er
einem »reisenden Dänen« zu; damit ist vermutlich sein
Freund Knud Lyne Rahbek gemeint, der sich 1784 in
Mannheim aufhielt. Schiller sieht die Statuen mit den Augen Winckelmanns, seine Beschreibungen folgen an vielen
Stellen beinahe wörtlich (vgl. die Nachweise in der Säkular-
Ausgabe 11,312f.) der *Geschichte der Kunst des Alterthums*
(1764), die ihm durch Lessings *Laokoon* bekannt war, wie
die Selbstrezension der *Räuber* bezeugt. Erst 1793 lassen
sich Winckelmanns Werke in Schillers Bibliothek nachweisen. An Winckelmanns Deutungen bleiben auch Schillers
spätere Überlegungen zur antiken Plastik, so in *Über das
Pathetische* und in *Anmut und Würde*, orientiert. Dort interessieren ihn aber, zumal an der Laokoon-Gruppe, vor allem
Motive des Erhabenen.

Über sein Urteilsvermögen auf dem Gebiet der bildenden Kunst hat sich Schiller selbst skeptisch geäußert. In
einem Brief an Christian Reinhart (7. 3. 1803) nennt er sich

einen »Barbaren in allem, was bildende Kunst betrifft« (NA 32, S. 22), und an W. v. Humboldt schreibt er am 17. 2. 1803, ihm fehle »das Interesse und der Sinn für die bildenden Künste« (NA 32, S. 12). Über Malerei spricht Schiller ausführlicher, auf Bitten Goethes, in *An den Herausgeber der Propyläen* (S. 841). Unter den Statuen in Mannheim hat neben Laokoon der Torso, den Winckelmann Herkules zugeschrieben hat, Schiller am meisten fasziniert. Während Winckelmann den Torso als Abbild der vergötterten mythischen Gestalt versteht, deutet ihn Schiller geschichtsphilosophisch zum Grundmuster einer hochgestimmten Utopie um. Die griechischen Götterstatuen repräsentieren in seinen Augen ein Ideal der Humanität, das nicht Göttern vorbehalten bleibt, das vielmehr Menschen in der Gegenwart erreichen sollen.

Der Aufsatz beginnt mit Bildern des »glücklichen Südens«, denen kraß die Erfahrung des Elends in einer als feudal charakterisierten Gesellschaft widerspricht. Übergangslos folgt darauf der Bericht über die Plastiken, die ein überwältigendes Kunsterlebnis vermitteln. Schiller ist augenscheinlich bewußt, daß die intensive Erfahrung der idealisierten griechischen Kunst vom sozialen Elend der Zeit absehen muß. Er besteht aber darauf, dem Bericht über das Schöne grelle Schilderungen gesellschaftlichen Unrechts voranzuschicken. Bei aller Idealisierung der antiken Kunst, die das Bürgertum des 18. Jahrhunderts als Medium der Verständigung über die eigenen Möglichkeiten und Grenzen bereitwillig aufnahm, bleibt in diesem Bericht erkennbar, daß das Schöne und das Erhabene unvermeidlich nur als Triumph über die niederen Mächte der Natur zu haben sind. Bereits der *Brief eines reisenden Dänen* läßt Schillers kritischen Blick auf den Prozeß der Zivilisation ahnen: die Statue des Apoll stellt, wie er betont, den Gott in dem Augenblick dar, in dem er auf den Drachen Python geschossen hat, und den Farnesischen Herkules sieht Schiller nicht nach vollbrachter Tat ausruhen, sondern im Kampf mit dem Nemäischen Löwen.

STELLENKOMMENTAR

201,2 *Antikensaal zu Mannheim*] Lessing hat ihn 1777 besucht, Goethe 1769, wahrscheinlich auch 1771 (vgl. *Dichtung und Wahrheit*, 11. Buch; zum Datum s. HA 12, S. 585). Weitere Besucher dieses das Kunstverständnis der Epoche prägenden Museums sind Herder, Lavater, Schubart und W. v. Humboldt. Es gehörte zur »Zeichnungsakademie« und bot jungen Künstlern Gelegenheit, sich an antiken Vorbildern zu schulen. 1803 wurde die Sammlung nach München gebracht. Ein Verzeichnis der Ausstellungsstücke in Mannheim geben J. A. Beringer, *Goethe und der Mannheimer Antikensaal*, in: Goethe-Jahrbuch 28 (1907), S. 154f. sowie C. Braun in: *Der Antikensaal in der Mannheimer Zeichnungsakademie 1769-1803*, Mannheim 1984. Vgl. auch W. Schiering, *Der Mannheimer Antikensaal*, in: Herbert Beck (Hg.), *Antikensammlungen im 18. Jahrhundert*, Berlin 1981, S. 257-272. Der Mannheimer Hof war an Versailles orientiert. Es entsprach Rücksichten auf den Hof, Kopien von Cäsaren (Nero, Alexander) aufzustellen, auf deren Machtausübung sich der Absolutismus berufen konnte. Verantwortlich für die Sammlung war in erster Linie der von der Renaissance und Antike begeisterte P. A. von Verschaffelt (1710-1793), früher Bildhauer am päpstlichen Hof (Beringer, S. 153).

201,17f. *eine sturzdrohende Schindelhütte, die einem prahlerischen Palast gegenüber*] Die Gegenüberstellung von Hütte und Palast gehört seit dem, vermutlich auf Nicolas Chamfort (1741-1794) zurückgehenden, Motto der französischen Revolutionsarmeen »Guerre aux châteaux. Paix aux chaumiers« zu den Topoi der Herrschaftskritik. Vgl. auch Georg Büchners *Hessischen Landboten*.

203,4 *farnesischen Herkules*] Der Herkules Farnese ist eine römische Marmorkopie des Glykon von Athen (frühes 3. Jahrhundert) nach einer Bronzestatue des Lysippos (350-300 v. Chr.). Sie war im Besitz der Familie Farnese, bevor sie nach Neapel gebracht wurde. (Vgl. Margarete Bieber, *The Sculptures of the Hellenistic Age*, New York 1955, S. 37.)

203,18 *Gruppe des Laokoon*] Marmorgruppe der rhodischen Künstler Hagesandros, Polydoros und Athenodoros, die 1506 in Rom gefunden wurde. Ihre stilistische Beurteilung und ihre Datierung sind seit langem kontrovers (3. Jh. v. Chr. - 1. Jh. n. Chr). Sie stellt den trojanischen Poseidonpriester Laokoon dar, der mit seinen beiden Söhnen am Altar von zwei Schlangen getötet wird. Winckelmann erläutert in den *Gedancken über die Nachahmung der Griechischen Wercke in der Mahlerey und Bildhauer-Kunst* (1755) an dieser Gruppe sein ästhetisches Ideal der »edlen Einfalt« und der »stillen Größe«. – Gründlicher setzt sich Schiller auf den Spuren Winckelmanns mit der Laokoon-Gruppe in *Über das Pathetische* (S. 433,14-435,7 und Anm.) und in *Anmut und Würde* (S. 380,11ff. und Anm.) auseinander und deutet sie als das Ideal des Erhabenen in der bildenden Kunst der Griechen. Siehe auch Goethes Aufsatz *Über Laokoon* (1798).

203,11 *Erschlappung*] Im Neudruck (vgl. NA 21,147): Erschlaffung.

204,3f. *der vatikanische Apoll*] Der Mannheimer Abguß nach einer römischen Marmorkopie (im Belvedere des Vatikan), die vermutlich auf ein griech. Bronzeoriginal, wohl ein Werk des Liochares (4. Jh. v. Chr.) zurückgeht. Mit Winckelmann sieht Schiller in Apoll den Pythontöter (Winckelmann, *Geschichte der Kunst*, Nachdruck der Erstausgabe, Köln 1972, S. 364). Apoll wird mit Antinous bereits in *Fiesko* genannt. Auch der Aufsatz über Lykurg rühmt die »vollkommene Form eines Antinous, eines vatikanischen Apolls«. Vgl. auch S. 386,6.

205,1 *Das ist Foebos*] Der Homerische Hymnus auf Apoll, übertragen von Christian von Stolberg, *Gedichte aus dem Griechischen übersetzt* (Hamburg 1782), ist am Anfang ungenau zitiert.

205,20 *Antinous*] Der Geliebte des Kaisers Hadrian ertrank 130 n. Chr. im Nil. Auf Veranlassung Hadrians wurden im ganzen Imperium hunderte von Büsten und

Statuen des als göttlich verehrten Antinous aufgestellt; viele gehörten zur Ausstattung der Villa Hadriana bei Rom.

205,22 *den borghesischen Fechter*] Späthellenistisches Werk des Agasias von Ephesus, heute im Louvre; vgl. Winckelmann, *Geschichte der Kunst*, S. 366.

205,24 *Kaunus und Biblis*] Die Sage von der unglücklichen Liebe der Byblis zu ihrem Zwillingsbruder Caunus bei Ovid (*Metamorphosen* IX 454-665). Vgl. das ›Thalia‹-Fragment des *Don Karlos*, 1. Auftritt.

205,25 *den Schleifer*] Abguß einer vor 1532 gefundenen Marmorkopie (Florenz, Uffizien), Bestandteil einer um 230 v. Chr. entstandenen Gruppe, die die Bestrafung des Marsyas darstellt.

205,27 *medizäische Venus*] Die Venus von Medici, Uffizien, Florenz. Die Statue galt bis Ende des 19. Jahrhunderts als Original, ist aber die Kopie eines griechischen Werks aus der Nachfolge des Praxiteles. Die Inschrift verweist auf den Kopisten Kleomenes (1. Jh. v. Chr.). (Nach J. J. Winckelmann, *Kleine Schriften, Vorreden, Entwürfe*, hg. v. W. Rehm, Berlin 1968, S. 329.)

205,35 *Voltaire*] Die Marmorbüste von Verschaffelt, über die sich Schiller amüsiert, zeigt den Philosophen im Habitus des römischen Triumphators mit Lorbeerkranz (Beringer, S. 153).

206,24 *dem berühmten Rumpfe*] Der Herakles- oder Herkules-Torso ist eine römische Kopie (um 50 v. Chr.). Die Unterscheidung zwischen dem Herkules Farnese und dem Herkules-Torso übernimmt Schiller von Winckelmann (siehe die Nachweise in der Säkular-Ausgabe 11, S. 312ff.). Anders als Winckelmann, den vor allem die sinnliche Gestalt des Torsos begeistert, nimmt Schiller diesen Herkules als Ausgangspunkt für seine geschichtsphilosophischen Reflexionen und entziffert ihn als »ewige Urkunde des göttlichen Griechenlands«. Die Kunst, nicht die Philosophie oder die Religion, erhält die Funktion zugesprochen, die Zukunft des Menschen darzustellen, und sie tut dies, indem sie die Götter schafft. Vgl. R. Habel, *Schiller und die Tradition*

des Herakles-Mythos, in: *Terror und Spiel*, hg. v. M. Fuhrmann, München 1971, S. 265-294, S. 284; O. Walzel, *Schiller
und die bildende Kunst*, in: O. W., *Vom Geistesleben alter und
neuer Zeit*, Leipzig 1922, S. 316-336; U. Wertheim, *»Der
Menschheit Götterbild«. Bemerkungen zur gesellschaftlichen und
ästhetischen Funktion des Herakles-Bildes bei Schiller*, in: Weimarer Beiträge, Sonderheft 1959, S. 97-149. – Immer wieder ist Schiller auf die Herakles-Mythe zurückgekommen,
so in *Vom Erhabenen* (S. 410,25), im Gedicht *Das Ideal und
das Leben* wie im Brief an W. v. Humboldt vom 30. 11. 1795;
siehe Anm. 775,21f.

PHILOSOPHISCHE BRIEFE

TEXTGRUNDLAGE

Unser Text folgt dem Erstdruck in Schillers Zeitschrift ›Thalia‹, 1786, 3. Heft, S. 100-139.

Zweitdruck: *Kleinere prosaische Schriften*, Bd. 1, 1792, S. 99-162. (Der Zweitdruck schließt den 2. Raphael-Brief Körners ein, s. u.)

ENTSTEHUNG, QUELLEN UND ASPEKTE DER DEUTUNG

Als ältestes Stück dieser 1786 erschienenen Schrift gilt die *Theosophie des Julius*. Sie verweist, wie die offenkundigen Parallelen zu einigen *Anthologie*-Gedichten, zur Rede *Die Tugend in ihren Folgen* und zum Anfang der *Philosophie der Physiologie* zeigen, in die Zeit der Karlsschule. Einen weiteren Anhaltspunkt für die Datierung gibt Schillers Brief an Wilhelm Friedrich Hermann Reinwald vom 14. 4. 1783, in dem wichtige Motive der Metaphysik der Liebe aus der *Theosophie* wiederkehren und ausgeführt sind. Vor der Veröffentlichung hat Schiller wahrscheinlich das Ganze noch einmal überarbeitet und die »Vorerinnerung« geschrieben.

Die *Philosophischen Briefe* weisen eine merkwürdige Struktur auf. Dem Briefroman mit den Dialogpartnern Julius und Raphael ist eine »Vorerinnerung« vorangestellt, und dem letzten Brief des Julius ist ein älteres Manuskript angefügt: die *Theosophie des Julius*, die nunmehr für den Briefschreiber keine Überzeugungskraft mehr besitzt und die er seinem Mentor Raphael in der Erwartung zuschickt, er könne aus ihr therapeutischen Nutzen ziehen. Erkennbar hat die *Theosophie* zwei Teile; auf die Liebesmetaphysik, die

mit dem Gedicht *Der Triumpf der Liebe* endet, folgt eine
erkenntniskritische Nachschrift. Sie ist vermutlich nicht
Bestandteil des älteren verlorenen Aufsatzes, sondern enthält abschließende Reflexionen über den Gedankengang
der *Philosophischen Briefe*.

Die »Vorerinnerung« nennt Thema und Anlaß der
Schrift. In einer Zeit »halber Aufklärung« erscheint es sinn-
voll und geboten, »auf gewisse Perioden der erwachenden
und fortschreitenden Vernunft aufmerksam zu machen«, zu
zeigen, daß Fortschritte des Denkens nicht ohne Verirrungen zu erzielen sind. Ungeniert bekennt Schiller, daß ihn in
erster Linie »einige Ausschweifungen der grübelnden Vernunft« interessieren. In einem experimentalpsychologi-
schen Szenario, das für Schillers Frühwerk charakteristisch
ist, wird die unvermeidliche intellektuelle Krise eines Jünglings vorgeführt, die zugleich eine psychische Krise ist.
Überdies ist in die Biographie des Helden auch der Bil-
dungsprozeß der Gattung eingeschrieben. Daß soviel
wohlwollendes Interesse an den Abwegen der Vernunft
und ihren beklagenswerten Folgen für die aufgeklärten Leser eine Zumutung darstellt, ist Schiller bewußt, und so
ergeht an sie die Aufforderung, das Folgende in der metaphysisch verbürgten Gewißheit zu lesen, daß Irrtum und
Unsinn am Ende doch zur Wahrheit führen, daß der Krankheit die Heilung auf dem Fuße folgen wird.

Ihrer Struktur nach stellt die Schrift einen fragmentarischen Briefroman dar. Das in die *Theosophie* eingefügte
Gedicht *Die Freundschaft* trägt in der *Anthologie auf das Jahr
1782* den Untertitel: »aus den Briefen Julius an Raphael;
einem noch ungedruckten Roman«. Der Briefwechsel erzählt die Bildungsgeschichte ganz überwiegend aus der
Perspektive des Jüngeren; der väterliche Mentor Raphael
kommt nur in einem Brief zu Wort. Zugleich sind die Briefe
als Zeugnisse einer empfindsamen Freundschaft in der
Nachfolge des *Werther* zu lesen.

Aufklärung, so läßt sich der Gedankengang der *Philosophischen Briefe* vielleicht zusammenfassen, vollzieht sich in

mehreren Schritten (vgl. W. Riedel, *Die Anthropologie*, S. 154ff.). Am Beginn sieht sich Julius in der naiven Frömmigkeit der überlieferten Religion aufgehoben. Diesen Zustand verklärt er später zur Idylle: »Selige paradiesische Zeit, da ich noch mit verbundenen Augen durch das Leben taumelte, wie ein Trunkner«. Raphaels Religionskritik überführt Julius aus dem Zustand naiven Glaubens in die Vorstellungswelt der rationalen Theologie, derer sich vor allem die Popularphilosophie der Aufklärung angenommen hatte. »Meine Vernunft«, so bekennt er, »ist mir jetzt alles, meine einzige Gewährleistung für Gottheit, Tugend, Unsterblichkeit«. Auf dieser Stufe seines Bildungsprozesses hat Julius seine »Theosophie«, das Glaubensbekenntnis meiner Vernunft«, verfaßt. Daß die neuen Einsichten mit erheblichen psychischen Erschütterungen verbunden sind, davon geben die Briefe an Raphael ein beredtes Zeugnis. Auch der Vernunftglaube kann nämlich Julius nicht den erwarteten intellektuellen und psychischen Halt geben. Lektionen in empirischer Anthropologie, die Schiller seiner Figur verordnet, belehren sie darüber, daß die Abhängigkeit des Geistes und der Seele von der physischen Verfassung des Menschen mit dem Glauben an die unbedingte Autorität der Vernunft schlechterdings nicht verträglich ist: »dieser Gott ist in eine Welt von Würmern verwiesen.« Die Folgen dieser Einsicht sind für Julius ruinös. Der Weg zur Weisheit führt »durch den schrecklichen Abgrund der Zweifel«. Intellektuell und psychisch läßt Schiller seine Experimentalfigur den Preis für die Dialektik der Aufklärung entrichten. Die Kosten erscheinen Julius so hoch, daß er sich verzweifelt in den Zustand naiver Frömmigkeit zurücksehnt. Julius' Bildung führt von einem schwärmerischen Kinderglauben zu Melancholie und Skeptizismus. Das Romanfragment folgt in diesem Punkt der Krankengeschichte Grammonts, dessen »pietistische Schwärmerei«, wie der Mitschüler Schiller in seinen Berichten schrieb, eine Ursache, wenn auch nicht die einzige, für seine »skeptischen Grübeleien« war. Daß es der Romangestalt am Ende besser ergeht als dem Eleven Grammont, dafür sorgt die Gestalt des Raphael. Hinter ihr ist immer wieder Gottfried Körner vermutet worden, daneben wurden auch Abel und neuerdings Schillers späterer Schwager Reinwald in Betracht gezogen (Buchwald, Koopmann, Dewhurst/Reeves). Die Stilisierungen der beiden Romanfiguren bieten indessen wenig Anlaß, auf einer direkten biographischen Zuschreibung zu bestehen. Will man an ihr festhalten, so sollte man davon ausgehen, daß Schiller nicht nur Julius, sondern sehr wohl auch Raphael eigene Züge geliehen hat. Auch wenn man die *Philosophischen Briefe* in erster Linie als psychologisches Experiment liest, bleibt die Frage wichtig, inwieweit Schiller in ihnen persönliche Konflikte zu bewältigen suchte. Sie läßt sich gewiß nicht naiv biographisch klären. Andererseits kann eine strikt ideengeschichtliche Deutung das literarische Zeugnis empfindsamer Wünsche und Irritationen leicht verfehlen.

Aus der Perspektive Raphaels erscheint die philosophische und psychische Krise des Julius in einem andern Licht. Nachträglich erst werden die Leser darüber ins Bild gesetzt, daß die Krise sich nicht im Gedankenaustausch zwischen Julius und Raphael von selbst ergeben hat, sondern vom Mentor manipulativ erzeugt worden ist, wenn auch in bester, in aufklärerischer Absicht. Mit Raphaels Aufforderung zu mündiger Selbstbehauptung scheint seine philosophisch-therapeutische Behandlung, die Julius den Status eines Objekts zuweist, indessen nicht recht vereinbar zu sein. Womöglich hat Schiller Raphael die dominierende Rolle in diesem ungleichen Freundespaar übertragen, weil er im Namen des Autors die Versprechungen der »Vorerinnerung« gewährleisten sollte.

Am Beginn der *Theosophie* stehen hochmetaphysische Spekulationen über die Einheit Gottes und der Welt und die Bestimmung des Menschen, den göttlichen Schöpfungsplan aus den Gegebenheiten der Welt zu entziffern – Überlegungen also, die auf die *Philosophie der Physiologie*

zurückverweisen. Sie verwahren sich energisch gegen den
französischen Materialismus, aber so, daß Julius an einer
entscheidenden Stelle der Schrift seinem Briefpartner Raphael eingestehen muß, seine enthusiastischen Konfessio-
nen verdankten sich nicht der Vernunft, sondern seien
bloße Phantasiegebilde: »Ein kühner Angriff des Materialismus stürzt meine Schöpfung ein.«

Ihr Hauptaugenmerk richtet indessen die *Theosophie* auf
die unendliche Vervollkommnung des Menschen und eine
universale Utopie der Liebe. In Julius' Glauben, daß in der
unendlichen Vervollkommnung die Glückseligkeit der
Menschen beschlossen liege und hier sein Weg zur Gottähnlichkeit vorgezeichnet sei, sind unschwer Schillers eigene Vorstellungen zu erkennen, wie sie der erste Paragraph
der *Philosophie der Physiologie* bezeugt. Schillers Vollkom-
menheitstheorie nimmt, das wurde bereits an dieser Schrift
gezeigt, Motive u. a. von A. Ferguson und Ch. Garve,
überdies auch von M. Mendelssohns *Phaedon* auf.

Den mächtigsten Antrieb, für die eigene Vollkommenheit und die der anderen Sorge zu tragen, sieht die *Theosophie*, wie schon die 2. Karlsschulrede, in der Liebe. Julius
malt die Utopie einer Welt aus, in der die menschliche Gattung, dem göttlichen Gebot »liebet euch unter einander«
folgend, die Trennung der Individuen in brüderlicher Einheit überwunden hat. Sie reicht, der »Kette der Wesen«
(vgl. Anm. 75,26ff.) folgend, »vom Barbaren bis zum
griech'schen Seher, | der sich an den letzten Seraph reiht«
(S. 228,5f.), und sie schließt auch den Schöpfer ein. Die
Liebesmetaphysik gipfelt in der Vorstellung, daß sich mit
Hilfe der Liebe auch der Abstand zwischen den Menschen
und Gott verringern ließe, daß Liebe »die Leiter ⟨sei⟩, worauf wir emporklimmen zu Gottähnlichkeit«. Dieser Vision
der Liebe, die in den *Anthologie*-Gedichten »*Der Triumpf der
Liebe*« und »*Die Freundschaft*« – beide sind in die *Theosophie*
eingefügt –, ebenso aber auch im Lied »*An die Freude*« ihren
lyrischen Ausdruck findet, liegt eine weitreichende Entscheidung zugrunde: »Ich bekenne es freimütig, ich glaube

an die Wirklichkeit einer uneigennützigen Liebe.« Das Bekenntnis ist mit einer fulminanten Polemik gegen jene Philosophie verbunden, die die Beziehung der Menschen durch »Eigennutz« geregelt sieht. Schiller läßt damit seinen philosophisch gebildeten Helden Stellung gegen den französischen Materialisten Helvetius beziehen und teilnehmen an einer Kontroverse, die die moralphilosophischen Debatten der Zeit wie keine andere beherrscht hat. Zu denen, die der Lehre des Helvetius heftig widersprachen, zählte auch Mendelssohn: »Lieber möchte ich zehnmal ein Phantast, ein Schwärmer in der Freundschaft genannt werden«, schrieb er Thomas Abbt am 16. 2. 1765, »als die frostigen empfindungstödtenden Grundsätze annehmen, die Helvetius von ihr hegt.« Die *Theosophie des Julius* nennt selbst die Begriffe, die im Mittelpunkt der Kontroverse standen: »Wohlwollen«, »Liebe« und »Egoismus«, »Eigennutz«. Verfechter der altruistischen Lehre, deren Leitbegriffe moral sense, benevolence, sympathy und pitié heißen, waren Shaftesbury, Hutcheson, Ferguson und Rousseau. Ihnen war die Überzeugung gemeinsam, daß es einen von der Selbstliebe unabhängig zu denkenden, in der menschlichen Natur angelegten Grundantrieb zu friedfertiger Geselligkeit geben müsse. Die Wortführer der Philosophie des Eigennutzes waren, in der Nachfolge von Hobbes, u. a. Mandeville, der Autor der *Fable of the Bees* (1714-29) und Helvetius, der seinerseits Rousseau und Shaftesbury wie dessen Nachfolger angegriffen hatte. Die *Theosophie* beschwört mit allem erdenklichen Enthusiasmus die anthropologische Gewißheit, daß in der menschlichen Triebnatur unbezweifelbar eine wirkungsmächtige Neigung zu selbstloser Sympathie mit dem Nächsten und mit der menschlichen Gattung verankert sei. Die tiefe skeptizistische Krise, in der sich Julius am Ende des 2. und am Anfang des 4. Briefes befindet, wird schließlich erst in der erkenntnistheoretischen Nachschrift der *Theosophie* gelöst, die das Romanfragment beschließt. In der metaphysisch verbürgten Überzeugung, daß auch Irrtum und Unsinn in einer zweckmäßig eingerichteten Welt

als Schritte zur Wahrheit gelten können, gewinnt Julius
seine psychische und intellektuelle Balance zurück: »es war
die Vorhersehung des weisesten Geistes, daß die verirrende
Vernunft auch selbst das chaotische Land der Träume bevölkern, und den kahlen Boden des Widerspruchs urbar
machen sollte.« Wenn das so ist, dann läßt sich auch das
soeben noch verworfene »bestandlose Traumbild«, die
Theosophie, rehabilitieren: »jede Geburt des Gehirnes, jedes
Gewebe des Witzes hat ein unwidersprechliches Bürgerrecht in diesem größeren Sinne der Schöpfung.« Die Begründung für die wohlwollende Umdeutung seiner metaphysischen Spekulationen bezieht Julius aus der sensuali-
stischen Erkenntnistheorie. Schiller war mit ihr seit der
Karlsschulzeit vertraut, wie die erste Dissertation bezeugt.
Unsere Erkenntnis, so argumentiert Julius, hängt von physiologischen Bedingungen ab, aber daraus läßt sich keineswegs eine Ähnlichkeit zwischen Zeichen und Bezeichne-
tem, Begriff und Gegenstand folgern. »Unser ganzes
Wissen läuft endlich, wie alle Weltweisen übereinkommen,
auf eine konventionelle Täuschung hinaus, mit welcher jedoch die strengste Wahrheit bestehen kann.« Wenn unser
Wissen auf »konventioneller Täuschung« beruht, wenn unsere Begriffe Leistungen unseres Bewußtseins sind, die die
Dinge prinzipiell nicht abbilden, sondern nur bezeichnen
können, dann, so folgert Julius, können seine Phantasiegebilde sehr wohl neben den Bildern bestehen, die das Denkvermögen von der wirklichen Welt herstellt. Ob diese
Überlegungen in der Tat geeignet sind, den Einwänden des
französischen Materialismus standzuhalten, die Julius in
seinem 3. Brief fürchtet, wird nicht weiter erörtert; die am
Schluß verkündete Koexistenz der Ideen enthebt Julius dieser Frage. Das Romanfragment bricht hier ab.

Bis 1790 erwägt Schiller, die Arbeit wieder aufzunehmen, aber sie bleibt Fragment. Als Fortsetzung veröffentlicht er lediglich im 7. Heft der ›Thalia‹ 1789 Gottfried
Körners zweiten Raphael-Brief, eine Erwiderung auf den
dritten und letzten Julius-Brief, die der langjährige philo-

sophische Gesprächspartner ihm im April 1788 zugeschickt
hat. Auf einen Brief Körners vom 4. 4. antwortet Schiller
am 15. 4. 1788:

> Mit Deinem Briefe an Julius hast Du mich ganz über-
> rascht. Thätig habe ich Dich gar nicht vermuthet, und
> vollends thätig für mich. Ueber die Art, wie ein lebhafter
> freier Geist dennoch das Joch fremder Meynung ziehen
> kann, sind lichte Blicke darinn gegeben, und wie es
> kommt, daß sich ein solcher Geist, wenn er diesem Joche
> entrissen wird, gerade in diese Bahn wirft. Nur *das* gibt
> mir wenig Trost, (so recht Du auch haben magst) daß
> auch die Wahrheit ihre Saisons bei den Menschen haben
> soll, daß, wie Du hier annimmst, eine gewiße Philoso-
> phie in einer gewissen Epoche für unsern Julius gut sein
> soll und doch nicht die wahre seyn soll, daß man hier, wie
> in euren maurerischen Orden im ersten und zweiten Gra-
> de Dinge glauben darf oder gar soll, die im dritten und
> vierten wie unnütze Schaalen ausgezogen werden.
>
> Daß sich mein Julius gleich mit dem Universum einge-
> laßen, ist bey mir wohl individuell; nämlich, weil ich
> selbst fast keine andre Philosophie gelesen habe und *zu-
> fällig* mit keiner andern bekannt worden bin. Ich habe
> immer nur *das* aus philosophischen Schriften, (den we-
> nigen die ich las) genommen, was sich dichterisch fühlen
> und behandlen läßt. Daher wurde diese Materie, als die
> dankbarste für Witz und Phantasie, bald mein Lieblings-
> gegenstand.
>
> Was Du von den sogenannten Taschenspielerkünsten der
> Vernunft sagst; den Kunstgriffen wodurch man der
> Wahrheit gleichsam zu entrinnen sucht um ein System zu
> retten finde ich sehr gut gesagt; mir hat es Klarheit ge-
> geben.
>
> Ich müßte mich sehr irren, wenn das, was Du von trock-
> nen Untersuchungen über mensch*liche* Erkentniß und
> demüthigenden Gränzen des *menschlichen* Wissens fallen
> ließest, nicht eine entfernte Drohung – mit dem Kant in
> sich faßt. Was gilt's, den bringst Du nach? Ich kenne den

Wolf am Heulen. In der That glaube ich daß Du sehr recht hast; aber mit mir will es noch nicht so recht fort, in dieses Fach hinein zu gehen.

Noch eins. Du verwirfst die *Kunstidee* die ich auf das Weltall und den Schöpfer herübertrage; aber hier glaube ich sind wir nicht so weit von einander, als Dir scheint. Wenn ich aus meiner Idee alles heraus bringe, was Du aus der Deinigen, so wüßte ich nicht, was Du ihr anhaben solltest.

(NA 25, S. 40f.)

Körners Raphael-Brief wird hier im Anschluß an den Stellenkommentar abgedruckt.

Warum fiel es Schiller so schwer, die *Philosophischen Briefe* fortzusetzen? In einem Brief an Körner vom 14. 11. 1788 hat er auf seine unzureichenden Philosophiekenntnisse verwiesen:

⟨. . .⟩ wenn Du überlegst, wie wenig ich über diese Materien gelesen habe wie viel vortrefliche Schriften darüber vorhanden sind, die man sich ohne Schaamröthe nicht anmerken lassen kann, nicht gelesen zu haben, so wirst Du mir gerne glauben, daß es mir immer eine schwerere Arbeit ist, einen Brief des Julius zu schreiben, als die beste Scene zu machen. Das Gefühl meiner Armseligkeit – und Du mußt gestehen, daß dieß ein dummes Gefühl ist – kommt nirgends so sehr über mich als bei Arbeiten dieser Gattung.

Man wird vermuten dürfen, daß Schiller hier nicht so sehr seine allgemeine philosophische Bildung beklagt – zu dieser Klage hatte der Absolvent der Karlsschule kaum Anlaß –, als vielmehr seine Unkenntnis der zu dieser Zeit bereits weithin bekannten Kantischen Philosophie. In seinem Raphael-Brief hat Körner an Julius die Aufforderung gerichtet, seine eigenen Vorstellungen kritisch zu überprüfen und ebenso mit »andern Lehrgebäuden, die Dir neuerlich bekannt worden sind«, zu verfahren. Schiller ahnt, worauf Körner anspielt. Er weiß von den gründlichen Kant-Studien des Freundes. In der Tat hat Körner seinen

Raphael-Brief u. a. mit erkenntniskritischen Argumenten aus der *Kritik der reinen Vernunft* ausgestattet.

STELLENKOMMENTAR

209,22 *Skeptizismus*] Der Skeptizismus wird im Fortgang des Briefwechsels erläutert als »Zweifelsucht«, als krankhaftes Mißtrauen gegenüber der Leistungsfähigkeit der Vernunft; es geht, wie der philosophische Arzt Raphael erkennt, mit »melancholischer Laune« (S. 216) einher.

210,3 *die schöne Natur geht unter*] Die empfindsame Naturbetrachtung, welche die Landschaft die gleiche Trauer tragen läßt wie den Helden, findet sich in Goethes *Werther* vorgebildet.

212,15 *Irmensäule*] Heiligtum der heidnischen Sachsen.

213,16f. *ich gerade so viel und so wenig gelte, als die Beherrscher der Erde*] In diesem Passus werden politische Konsequenzen aufgeklärten Denkens angedeutet. Die Vernunft unterwirft auch die gegebenen Machtverhältnisse der kritischen Prüfung und begründet Gleichheitsrechte.

214,18 *Der Gefangene wußte nichts*] Frei zitiert aus den *Räubern* IV 1: »der Gefangene hatte das Licht vergessen, aber der Traum der Freiheit fuhr über ihm wie ein Blitz in die Nacht, der sie finsterer zurückläßt.«

214,23 *Möchtest du nimmer erfahren*] Jokaste in Sophokles' Tragödie *König Ödipus*, v. 1068.

214,31 *Wenn an das Gute*] Lessings *Nathan* IV 7.

215,5 *Ein Glück*] Diesen Satz hat Schiller in die Humoreske *Körners Vormittag* übernommen. Vgl. Bd. I dieser Ausgabe.

215,22 *Palliativen*] Palliative sind Linderungsmittel, die Schmerzen verringern, aber nicht heilen.

216,15f. *aus unentweihter sittlicher Grazie*] Der Begriff geht auf Shaftesburys moral grace zurück und wird vor allem in *Anmut und Würde* als tragendes Moment der Theorie des Schönen entfaltet.

217,20 *Theosophie*] Die folgenden Spekulationen des Julius sind insofern theosophisch, als sie einen Gott annehmen, der sich in die Schöpfung entäußert, sich in ihr fragmentarisiert hat und der durch die Liebe der Geschöpfe wiedervereinigt werden kann; vgl. S. 227,24ff.

218,5f. *Die Gesetze der Natur sind die Chiffern*] Der Topos von der Natur als dem Buch oder der Schrift Gottes. Zur Geschichte dieser Metapher vgl. Hans Blumenberg, *Die Lesbarkeit der Welt*, Frankfurt/Main 1981.

218,16 *Gravitation*] Vgl. Anm. 75,26ff.

218,16f. *Umlauf des Blutes*] Der von Harvey entdeckte Blutkreislauf, vgl. Anm. 128,12.

218,17 *Linnäus*] Vgl. Anm. 157,8.

219,12 *»Wo kein Toder begraben liegt . . .«*] Aus der 1. Fassung von Klopstocks *Messias* I 596, erschienen in den ›Bremer Beiträgen‹ 1748.

219,17 *Alle Geister werden angezogen von Vollkommenheit*] Den Gedanken der perfectibilité, der unbegrenzten Vervollkommnung des Menschen als eines intelligiblen Wesens, der sich bereits in der *Philosophie der Physiologie* und der 2. Karlsschulrede findet, hat Schiller nicht direkt von Leibniz übernommen, sondern aus der Popularphilosophie der Aufklärung, in der er verbreitet war. Als Quelle kommen A. Ferguson und sein Kommentator Ch. Garve (vgl. Anm. 38,3) sowie M. Mendelssohns *Phaedon* in Betracht. Auch Abel hat an der Karlsschule diese Lehre vertreten. Die Schrift Mendelssohns stellt den Versuch dar, den Angriff auf die Leibnizsche Annahme einer perfectibilité durch Voltaires *Candide* (1759) abzuwehren. Im Grunde geht es Mendelssohn in diesem durch Voltaire entfachten Streit nicht so sehr um die Vollkommenheitslehre als vielmehr um eine vernünftige Begründung des Glaubens an die Unsterblichkeit der Seele. Nur wenn sich die Unsterblichkeit verteidigen läßt, so Mendelssohn, kann die These von der Vervollkommnung des Menschen in Geltung bleiben. Auch die *Philosophischen Briefe* sehen die Steigerungsfähigkeit der intelligiblen Natur und die Unsterblichkeit in einem engen Zusammenhang.

220,36 *Haller* | Hallers Gedicht *Über die Ehre* beginnt mit der Zeile: »Geschätztes nichts der eitlen Ehre!«

222,17f. *Liebe* ⟨. . .⟩ *der allmächtige Magnet in der Geisterwelt* | Für seine Apologie der Liebe nutzt Schiller hier, wie schon in der Rede *Die Tugend in ihren Folgen*, die im Jahrhundert nach Newton verbreitete Analogie von Liebe und Schwerkraft. Pope, Hutcheson, Ferguson, auch Hemsterhuis haben sich ihrer bedient. Kant sucht sie in den *Träumen eines Geistersehers* (1766) einzusetzen, um die »sittlichen Antriebe« nach dem Muster der Newtonschen Gravitationslehre zu beschreiben, erklärt aber, in einem Brief an M. Mendelssohn vom 8. 4. 1766, den Vergleich aufgrund empirischer Einwände für unbrauchbar. Im Fortgang der *Theosophie* bleibt das Deutungsmuster ›Liebe gleich Schwerkraft‹ bestimmend, so wird später die »Anziehung der Elemente« mit der »Anziehung der Geister« verglichen. (Vgl. Riedel, *Die Anthropologie*, S. 182-198.)

222,21f. *augenblicklichen Tausch der Persönlichkeit, eine Verwechslung der Wesen.* | Vgl. den Brief Schillers an Reinwald vom 14. 4. 1783: »Der ewige innere Hang, in das Nebengeschöpf überzugehen oder daßelbe in *sich hineinzuschlingen, es anzureissen* ist Liebe. Und sind nicht alle Erscheinungen der Freundschaft und Liebe – vom sanften Händedruk und Kuß bis zur innigsten Umarmung – soviele Äußerungen eines zur *Vermischung* strebenden Wesens?« »Freundschaft und platonische Liebe«, heißt es weiter, seien »nur eine Verwechslung eines fremden Wesens mit dem unsrigen ⟨. . .⟩«.

223,3ff. *War's nicht dies allmächtige Getriebe* | Einige Strophen aus dem Gedicht *Die Freundschaft*, das Schiller in der *Anthologie auf das Jahr 1782* veröffentlicht hat. Die Fassungen weichen geringfügig voneinander ab.

224,6 *Othello* | Vgl. Shakespeare, *Othello* I 3.

224,20 *Die Philosophie unsrer Zeiten* | Gemeint sind die französischen Materialisten La Mettrie und Helvetius (vgl. Anm. 43,18 und *Philosophie der Physiologie*, »Aspekte der Deutung«), die Schiller schon in früheren Schriften kriti-

siert hat. Mit Franz Moor gibt Schiller das Schreck- und
Zerrbild eines Materialisten, der bei Helvetius in die Schule
gegangen ist und im Namen des »Eigennutzes« zum Verbrecher wird. Vgl. vor allem *Die Räuber* I 1. Ob Schillers
Deutung der materialistischen Philosophie in seinem dramatischen Erstling und in den *Philosophischen Briefen* Helvetius angemessen ist oder ihn verfehlt, ist freilich eine
eigene Frage.

224,25 *edeln Enthusiasmus*] Ähnlich besteht Posa in *Don
Karlos* auf dem Vorrang der »Begeisterung« gegenüber
fälschlich gerühmter »besserer Vernunft« (IV 21).

226,6f. *Liebe ist die mitherrschende Bürgerin eines blühenden
Freistaats*] Die politischen und gesellschaftlichen Implika-
tionen der Kontroverse um »Liebe« und »Egoismus« sind
Schiller bewußt gewesen. Bezeichnenderweise sieht der
Passus selbstlose Sympathie als Organisationsprinzip der
Gesellschaft in Übereinstimmung mit lebendiger Natur
und Freiheit; sie garantiert eine freie, natürliche Ordnung,
während der Egoismus zu destruktiver Gewalt führt.

227,16 *das optische Glas*] Das Bild des Prismas verwendet
Schiller häufiger, u. a. in dem Gedicht *Die Künstler* und in
der Bürger-Rezension. Vgl. auch den Brief an Reinwald
vom 14. 4. 1783.

227,27 *Gott hervorbringen*] Vgl. Anm. 217,20.

227,32ff. *Tode Gruppen sind wir*] Weitere Strophen aus
dem Anthologie-Gedicht *Die Freundschaft*.

228,16 *Arkan*] Das Gleichnis entstammt der Alchemie.
Arkan, lat. arcanum, bedeutet Geheimmittel. Mit Hilfe des
Arkans wird der »König des Goldes«, das wertvollste Metall, unter Ausscheidung minderwertiger Stoffe herausge-
schmolzen. (Vgl. Fricke/Göpfert, Bd. 5, S. 1077.)

228,27 *Seid vollkommen*] Vgl. Matth. 5,48.

228,32 *Weisheit*] Aus dem Anthologie-Gedicht *Triumpf
der Liebe*.

228,30 *liebet euch unter einander*] Vgl. Joh. 15,12.

229,15 *Hier, mein Raphael*] Mit diesen Sätzen beginnt die
erkenntnistheoretische Nachschrift, die nicht mehr zum äl-

teren Aufsatz aus »glücklichen Stunden«, zur *Theosophie*, gehört (Riedel, *Die Anthropologie*).

229,26 *der versprochne weisere Mann*] Vgl. Lessings *Nathan* III 7.

230,14ff. *Unser ganzes Wissen läuft endlich, wie alle Weltweisen übereinkommen, auf eine konventionelle Täuschung hinaus, mit welcher jedoch die strengste Wahrheit bestehen kann*] Der Philosophieunterricht Abels hatte Schiller auf der Karlsschule u. a. mit Fergusons *Grundsätzen der Moralphilosophie* und mit Garves Kommentaren dazu vertraut gemacht. Fergusons Erkenntnistheorie bestreitet eine bildhafte Ähnlichkeit zwischen Begriffen und Dingen und betont den Zeichencharakter der Begriffe. Beinah wörtlich nimmt Schillers Julius den Gedankengang Fergusons auf (vgl. *Grundsätze*, S. 75-79). Garves Anmerkungen, denen Schiller einen guten Teil seiner philosophischen Kenntnisse verdankt, resümieren auch die Positionen Lockes, Berkeleys und Reids (*Grundsätze*, S. 302f.). So kann Julius meinen, alle Philosophen verträten die gleiche Erkenntnistheorie. Der Zeichencharakter der Begriffe, die »konventionelle Täuschung«, begründet indessen keine prinzipiellen Erkenntniszweifel, sie kann im Vertrauen auf den »großen Haushalter« der Welt der Wahrheitsfindung nicht im Wege stehen.

230,22 *endemische Formen*] Hier: an unser irdisches Dasein gebundene Formen.

231,5 *die Zeichen : und =*] Der Verstand operiert nicht mit Bildern, sondern, nach dem Vorbild der Mathematik, mit abstrakten Zeichen, die nicht die Gegenstände, sondern deren Beziehung untereinander darstellen. Die Auffassung vom Denken als einer Art Rechenkunst, die Julius in diesem Passus vertritt, geht auf Leibniz zurück und hat, wie schon E. Cassirer (*Freiheit und Form*, 1922) zu Recht annahm, über den Philosophielehrer Gottfried Ploucquet Eingang in den Unterricht der Karlsschule gefunden. Vgl. W. Riedel, *Die Anthropologie*, S. 224.

231,10 *Kolumbus*] Vgl. Schillers Epigramm *Columbus* (Bd. I dieser Ausgabe).

232,28 *Tarquinius Sextus*] Die Schändung der Lukrezia
gab den Anstoß zur Beseitigung der römischen Könige.

Körners 2. Raphael-Brief lautet:

RAPHAEL AN JULIUS.

Fortsetzung der philosophischen Briefe.
(Siehe das dritte Heft der Thalia.)

Das wäre nun freilich schlimm, wenn es kein andres Mittel
gäbe, Dich zu beruhigen, Julius, als den Glauben an die
Erstlinge Deines Nachdenkens bei Dir wieder herzustellen.
Ich habe diese Ideen, die ich bei Dir aufkeimen sah, mit
innigem Vergnügen in Deinen Papieren wiedergefunden.
Sie sind einer Seele, wie die Deinige, wert, aber hier konntest und durftest Du nicht stehen bleiben. Es gibt Freuden
für jedes Alter, und Genüsse für jede Stufe der Geister.

Schwer mußte es Dir wohl werden, Dich von einem
Systeme zu trennen, das so ganz für die Bedürfnisse Deines
Herzens geschaffen war. Kein andres, ich wette darauf,
wird je wieder so tiefe Wurzeln bei Dir schlagen, und vielleicht dürftest Du nur ganz Dir selbst überlassen sein, um
früher oder später mit Deinen Lieblingsideen wieder ausgesöhnt zu werden. Die Schwächen der entgegengesetzten
Systeme würdest Du bald bemerken, und alsdann bei gleicher Unerweislichkeit das wünschenswerteste vorziehen,
oder vielleicht neue Beweisgründe auffinden, um wenigstens das Wesentliche davon zu retten, wenn Du auch einige
gewagtere Behauptungen Preis geben müßtest.

Aber dies alles ist nicht in meinem Plan. Du sollst zu
einer höhern *Freiheit des Geistes* gelangen, wo Du solcher
Behelfe nicht mehr bedarfst. Freilich ist dies nicht das Werk
eines Augenblicks. Das gewöhnliche Ziel der frühesten Bildung ist Unterjochung des Geistes, und von allen Erzie-

hungskunststücken gelingt dies fast immer am ersten. Selbst Du bei aller Elastizität Deines Charakters schienst zu einer willigen Unterwerfung unter die Herrschaft der *Meinungen* vor tausend andern bestimmt, und dieser Zustand der Unmündigkeit konnte bei Dir desto länger dauern, je weniger Du das Drückende davon fühltest. Kopf und Herz stehen bei Dir in der engsten Verbindung. Die Lehre wurde Dir wert durch den Lehrer. Bald gelang es Dir, eine interessante Seite daran zu entdecken, sie nach den Bedürfnissen Deines Herzens zu veredeln, und über die Punkte, die Dir auffallen mußten, Dich durch Resignation zu beruhigen. Angriffe gegen solche Meinungen verachtetest Du, als bübische Rache einer Sklavenseele an der Rute ihres Zuchtmeisters. Du prangtest mit Deinen Fesseln, die Du aus freier Wahl zu tragen glaubtest.

So fand ich Dich, und es war mir ein trauriger Anblick, wie Du so oft mitten im Genuß Deines blühendsten Lebens, und in Äußerung Deiner edelsten Kräfte durch ängstliche Rücksichten gehemmt wurdest. Die Konsequenz, mit der Du nach Deinen Überzeugungen handeltest, und die Stärke der Seele, die Dir jedes Opfer erleichterte, waren doppelte Beschränkungen Deiner Tätigkeit und Deiner Freuden. Damals beschloß ich jene stümperhaften Bemühungen zu vereiteln, wodurch man einen Geist, wie den Deinigen, in die Form alltäglicher Köpfe zu zwingen gesucht hatte. Alles kam darauf an, Dich auf den Wert des Selbstdenkens aufmerksam zu machen, und Dir Zutrauen zu Deinen eignen Kräften einzuflößen. Der Erfolg Deiner ersten Versuche begünstigte meine Absicht. Deine Phantasie war freilich mehr dabei beschäftigt, als Dein Scharfsinn. Ihre Ahndungen ersetzten Dir schneller den Verlust Deiner teuersten Überzeugungen, als Du es vom Schneckengange der kaltblütigen Forschung, die vom Bekannten zum Unbekannten stufenweise fortschreitet, erwarten konntest. Aber eben dies begeisternde System gab Dir den ersten Genuß in diesem neuen Felde von Tätigkeit, und ich hütete mich sehr, einen willkommenen Enthusiasmus zu stören,

der die Entwickelung Deiner trefflichsten Anlagen beförderte. Jetzt hat sich die Szene geändert. Die Rückkehr unter
die Vormundschaft Deiner Kindheit ist auf immer ver-
sperrt. Dein Weg geht vorwärts, und Du bedarfst keiner
Schonung mehr.

Daß ein System wie das Deinige die Probe einer strengen
Kritik nicht aushalten konnte, darf Dich nicht befremden.
Alle Versuche dieser Art, die dem Deinigen an Kühnheit
und Weite des Umfangs gleichen, hatten kein andres
Schicksal. Auch war nichts natürlicher, als daß Deine philosophische Laufbahn bei Dir im Einzelnen eben so begann, als bei dem Menschengeschlechte im Ganzen. Der
erste Gegenstand, an dem sich der menschliche Forschungs-
geist versuchte, war von jeher – das Universum. Hypothesen über den Ursprung des Weltalls und den Zusammenhang seiner Teile hatten Jahrhunderte lang die größten
Denker beschäftigt, als Sokrates die Philosophie seiner Zeiten vom Himmel zur Erde herabrief. Aber die Grenzen der
Lebensweisheit waren für die stolze Wißbegierde seiner
Nachfolger zu enge. Neue Systeme entstanden aus den
Trümmern der alten. Der Scharfsinn späterer Zeitalter
durchstreifte das unermeßliche Feld möglicher Antworten
auf jene immer von neuem sich aufdringenden Fragen über
das geheimnisvolle Innere der Natur, das durch keine
menschliche Erfahrung enthüllt werden konnte. Einigen
gelang es sogar, den Resultaten ihres Nachdenkens einen
Anstrich von Bestimmtheit, Vollständigkeit und Evidenz
zu geben. Es gibt mancherlei Taschenspielerkünste, wodurch die eitle Vernunft der Beschämung zu entgehen
sucht, in Erweiterung ihrer Kenntnisse die Grenzen der
menschlichen Natur nicht überschreiten zu können. Bald
glaubt man neue Wahrheiten entdeckt zu haben, wenn man
einen Begriff in die einzelnen Bestandteile zerlegt, aus denen er erst *willkürlich* zusammengesetzt war. Bald dient eine
unmerkliche Voraussetzung zur Grundlage einer Kette von
Schlüssen, deren Lücken man schlau zu verbergen weiß,
und die erschlichenen Folgerungen werden als hohe Weis-

heit angestaunt. Bald häuft man einseitige Erfahrungen, um eine Hypothese zu begründen, und verschweigt die entgegengesetzten Phänomene, oder man verwechselt die Bedeutung der Worte nach den Bedürfnissen der Schlußfolge. Und dies sind nicht etwa bloß Kunstgriffe für den philosophischen Scharlatan, um sein Publikum zu täuschen. Auch der redlichste, unbefangenste Forscher gebraucht oft, ohne es sich bewußt zu sein, ähnliche Mittel, um seinen Durst nach Kenntnissen zu stillen, sobald er einmal aus der Sphäre heraustritt, in welcher allein seine Vernunft sich mit Recht des Erfolgs ihrer Tätigkeit freuen kann.

Nach dem, was du ehemals von mir gehört hast, Julius, müssen Dich diese Äußerungen nicht wenig überraschen. Und gleichwohl sind sie nicht das Produkt einer zweifelsüchtigen Laune. Ich kann Dir Rechenschaft von den Gründen geben, worauf sie beruhen, aber hierzu müßte ich freilich eine etwas trockne Untersuchung über die Natur der menschlichen Erkenntnis vorausschicken, die ich lieber auf eine Zeit verspare, da sie für Dich ein Bedürfnis sein wird. Noch bist Du nicht in derjenigen Stimmung, wo die demütigenden Wahrheiten von den Grenzen des menschlichen Wissens Dir interessant werden können. Mache zuerst einen Versuch an dem Systeme, welches bei Dir das Deinige verdrängte. Prüfe es mit gleicher Unparteilichkeit und Strenge. Verfahre eben so mit andern Lehrgebäuden, die Dir neuerlich bekannt worden sind; und wenn keines von allen Deine Forderungen vollkommen befriedigt, dann wird sich Dir die Frage aufdringen: ob diese Forderungen auch wirklich *gerecht* waren?

»Ein leidiger Trost, wirst Du sagen. Resignation ist also meine ganze Aussicht nach so viel glänzenden Hoffnungen? War es da wohl der Mühe wert, mich zum vollen Gebrauche meiner Vernunft aufzufordern, um ihm gerade da Grenzen zu setzen, wo er mir am fruchtbarsten zu werden anfing? Mußte ich einen höhern Genuß nur deswegen kennen lernen, um das Peinliche meiner Beschränkung doppelt zu fühlen?«

Und doch ist es eben dies niederschlagende Gefühl, was ich bei Dir so gern' unterdrücken möchte. Alles zu entfernen, was Dich im vollen Genuß Deines Daseins hindert, den Keim jeder höhern Begeisterung – das Bewußtsein des Adels Deiner Seele – in Dir zu beleben, dies ist mein Zweck. Du bist aus dem Schlummer erwacht, in den Dich die Knechtschaft unter fremden Meinungen wiegte. Aber das Maß von Größe, wozu Du bestimmt bist, würdest Du nie erfüllen, wenn Du im Streben nach einem unerreichbaren Ziele Deine Kräfte verschwendetest. Bis jetzt mochte dies hingehen, und war auch eine natürliche Folge Deiner neuerworbenen Freiheit. Die Ideen, welche Dich vorher am meisten beschäftigt hatten, mußten notwendig der Tätigkeit Deines Geistes die erste Richtung geben. Ob dies unter allen möglichen die fruchtbarste sei, würden Dich Deine eignen Erfahrungen früher oder später belehrt haben. Mein Geschäft war bloß, diesen Zeitpunkt, wo möglich, zu beschleunigen.

Es ist ein gewöhnliches Vorurteil, die *Größe* des Menschen nach dem *Stoffe* zu schätzen, womit er sich beschäftigt, nicht nach der *Art*, wie er ihn *bearbeitet*. Aber ein höheres Wesen ehrt gewiß das *Gepräge der Vollendung* auch in der kleinsten Sphäre, wenn es dagegen auf die eitlen Versuche, mit Insektenblicken das Weltall zu überschauen, mitleidig herabsieht. Unter allen Ideen, die in Deinem Aufsatze enthalten sind, kann ich Dir daher am wenigsten den Satz einräumen, daß es die höchste Bestimmung des Menschen sei, den Geist des Weltschöpfers in seinem Kunstwerke zu ahnden. Zwar weiß auch ich für die Tätigkeit des vollkommensten Wesens kein erhabeneres Bild als die *Kunst*. Aber eine wichtige Verschiedenheit scheinst Du übersehen zu haben. Das Universum ist kein *reiner* Abdruck eines Ideals, wie das vollendete Werk eines menschlichen Künstlers. Dieser herrscht despotisch über den toten Stoff, den er zu Versinnlichung seiner Ideen gebraucht. Aber in dem göttlichen Kunstwerke ist der eigentümliche Wert jedes seiner Bestandteile geschont, und dieser anhaltende

Blick, dessen er jedem Keime von Energie auch in dem kleinsten Geschöpfe würdigt, verherrlicht den Meister eben so sehr, als die Harmonie des unermeßlichen Ganzen. *Leben* und *Freiheit* im größten möglichen Umfange ist das Gepräge der göttlichen Schöpfung. Sie ist nie erhabener, als da, wo ihr Ideal am meisten verfehlt zu sein scheint. Aber eben diese höhere Vollkommenheit kann in unsrer jetzigen Beschränkung von uns nicht gefaßt werden. Wir übersehen einen zu kleinen Teil des Weltalls, und die Auflösung der größern Menge von Mißtönen ist unserm Ohre unerreichbar. Jede Stufe, die wir auf der Leiter der Wesen emporsteigen, wird uns für *diesen* Kunstgenuß empfänglicher machen, aber auch alsdann hat er gewiß seinen Wert nur als *Mittel*, nur insofern er uns zu ähnlicher Tätigkeit begeistert. Träges Anstaunen fremder Größe kann nie ein höheres Verdienst sein. Dem edleren Menschen fehlt es weder an Stoffe zur Wirksamkeit noch an Kräften, um selbst in seiner Sphäre *Schöpfer* zu sein. Und dieser Beruf ist auch der Deinige, Julius. Hast Du ihn einmal erkannt, so wird es Dir nie wieder einfallen, über die Schranken zu klagen, die Deine Wißbegierde nicht überschreiten kann.

Und dies ist der Zeitpunkt, den ich erwarte, um Dich vollkommen mit mir ausgesöhnt zu sehen. Erst muß Dir der Umfang Deiner Kräfte völlig bekannt werden, ehe Du den Wert ihrer freiesten Äußerung schätzen kannst. Bis dahin zürne immer mit mir, nur verzweifle nicht an Dir selbst.

(wird fortgesetzt.)

K.

(Druckvorlage: Thalia, 7. Heft, 1789, S. 110-120.)

ÜBER DEN GRUND DES VERGNÜGENS
AN TRAGISCHEN GEGENSTÄNDEN

TEXTGRUNDLAGE

Unser Text folgt dem Erstdruck unter dem Titel *Ueber den Grund des Vergnügens an tragischen Gegenständen* in: Neue Thalia, 1792, 1. Stück, S. 92-125. Schiller hat den Aufsatz in die *Kleineren prosaischen Schriften*, Bd. 4, Leipzig 1802, aufgenommen (S. 75-109).

ENTSTEHUNG, QUELLEN UND ASPEKTE DER DEUTUNG

Der Aufsatz geht, wie auch die Abhandlung *Über die tragische Kunst*, auf eine Vorlesung Schillers über die Theorie der Tragödie im Sommer 1790 zurück. Bevor er in der Abhandlung über das Vergnügen auf sein Thema, den Gegenstand und die Wirkungsweise des Tragischen, zu sprechen kommt, bestimmt er zunächst allgemeiner das Verhältnis von Kunst und Moral, ein Problem, dem auch die großen Schriften der neunziger Jahre sich immer wieder zuwenden und das bereits die Schaubühnen-Rede behandelt hatte. Entschiedener als dort besteht Schiller nunmehr darauf, die Kunst dem Anspruch der Tugendvermittlung zu entziehen und ihren eigenen Geltungsbereich zu beschreiben. Die ästhetische Wirkung, »Vergnügen« zu gewähren, muß gegenüber der möglichen moralischen Wirkung unbedingte Priorität besitzen. Tugendvermittlung wird nicht mehr als Zweck, sondern nur noch als beiläufige Nebenwirkung der Kunst zugelassen, die sich aber, wie Schiller glaubt, fraglos einstellen wird. Er nennt das ästhetische Vergnügen »frei«, weil es mit sinnlicher Lust nichts gemeinsam haben soll; es

unterliegt nicht der ihm fragwürdigen Mechanik von kör-
perlichem Reiz und Reaktion.

Der Ausschluß sinnlicher Lust aus dem Tempel der
Kunst, den Schiller, in Übereinstimmung mit anderen
Theoretikern seiner Zeit, auch in seinen späteren Schriften
rechtfertigen wird, ist u. a. historisch bedingt. Die Forderung nach der Unabhängigkeit der Kunst von allen Ver-
wendungsansprüchen und die Analyse ihrer eigenen unver-
wechselbaren Leistungen waren noch zu jung und keineswegs unumstritten, als daß sie mit dem Verdacht belastet
werden durften, das ästhetische Vergnügen sei mit sinnlicher Lust auch nur entfernt verwandt. Diesem Verdacht
unterlag es ohnehin, und Rousseaus Verdammungsurteil
übers Theater hatte ihn bekräftigt.

Im Hauptteil der Schrift, der dem Erhabenen (dem un-
ermeßlich Großen und Gewaltigen), nicht dem Schönen,
gewidmet ist, hat Schiller vor allem Motive aus Kants *Critik der Urtheilskraft* (1790) verarbeitet. Mit diesem Buch ist
er seit dem Frühjahr 1791 vertraut. »Du erräthst wohl
nicht«, schreibt er am 3. März 1791 an Körner, »was ich
jetzt lese und studire? Nichts schlechteres als *Kant*. Seine
Kritik der Urtheilskraft, die ich mir selbst angeschafft habe,
reißt mich hin durch ihren lichtvollen geistreichen Inhalt
und hat mir das größte Verlangen beigebracht, mich nach
und nach in seine Philosophie hineinzuarbeiten«. Seit dem
16. 12. 1791 besaß Schiller auch ein Exemplar der *Critik der
practischen Vernunft* (1788), und an diesem Tag bestellte er
überdies die *Critik der reinen Vernunft* (1781, 1787). Keine
Philosophie hat die großen theoretischen Abhandlungen
Schillers so nachhaltig geprägt wie die Kants.

Welche Bedeutung die *Kritik der Urteilskraft* für den Aufsatz *Über den Grund des Vergnügens* gehabt hat, zeigt Schillers
Brief an Körner vom 4. 12. 1791: »Jetzt arbeite ich einen
ästhetischen Aufsatz aus, das tragische Vergnügen betreffend. In der Thalia wirst Du ihn finden und viel Kantischen
Einfluß darin gewahr werden.« Dieses Vergnügen, schreibt
Schiller, geht auf eine Vorstellung zurück, und sie läßt sich

in den Kategorien der Zweckmäßigkeit und Zweckwidrigkeit beschreiben; das Wohlgefallen am Erhabenen besteht
aus Unlust und Lust. An solchen Begriffen und in der Unterscheidung zwischen »schönen« und »rührenden« Künsten wird bereits sichtbar, inwieweit der Aufsatz über den
Grund des Vergnügens Kants Ästhetik verpflichtet ist. Daneben folgt Schiller auch Überlegungen Lessings und Mendelssohns.

Erhabene Gegenstände sind, im Unterschied zu schönen,
dadurch ausgezeichnet, daß sie Lust durch Unlust hervorbringen. Daß hier eine »vermischte Empfindung« im Spiele
sei, hatten vor Kant auch E. Burke und M. Mendelssohn
gesehen. Die Unfaßlichkeit der erhabenen Gegenstände –
z. B. die unermeßliche Weite des Ozeans – läßt unser sinnliches Erkenntnisvermögen, die Einbildungskraft, ihre Be-
grenztheit erfahren und erfüllt uns mit Unlust. Die Unlust
gibt Anlaß, uns daran zu erinnern, daß wir über ein höheres
Erkenntnisvermögen, die Vernunft, verfügen, die jedem
unendlich großen Gegenstand überlegen ist, und diese Erfahrung erfüllt uns mit Lust. Den gleichen Sachverhalt
erläutert Schiller auch in den Kategorien der Zweckmäßigkeit und Zweckwidrigkeit. Es ist eine »Zweckwidrigkeit in
der Natur«, daß der Mensch leidet, denn er ist nun einmal
»nicht zum Leiden bestimmt«. Diese Zweckwidrigkeit ist
aber wiederum zweckmäßig, denn sie versetzt unsere Vernunft in Tätigkeit: Wir erfahren, indem wir uns einen
erhabenen Gegenstand vorstellen, daß wir mit dem Sittengesetz in Übereinstimmung sind, daß es eine moralische
Zweckmäßigkeit gibt. Darum kann Schiller diese Lust, die
aus Schmerz resultiert, auch eine »moralische Lust« nennen. Nachdrücklicher als Kant rückt er das Erhabene in den
Bereich der Moralphilosophie. Eine andere Differenz liegt
darin, daß Kant Erhabenheit strikt als Angelegenheit des
Subjekts faßt, nicht als Eigenschaft eines Naturgegenstan-
des, während Schillers Aufsatz eher unbekümmert gleichzeitig von erhabenen Gegenständen und vom Gefühl des
Erhabenen spricht.

Die Gattung, die traditionell das Erhabene zu ihrem Thema macht und auf die gemischten Empfindungen setzt, ist die Tragödie. Schiller illustriert an einigen Beispielen, darunter an Shakespeares *Coriolan*, tragische Kollisionen. Als erhaben, als »unaussprechlich groß«, gilt ihm Coriolan deshalb, weil er sich gegen die eigenen politischen Pläne und für die höhere moralische Pflicht gegenüber Familie und Staat entscheidet. Coriolan zwischen »Neigung« und »Pflicht« – Schiller verwendet Oppositionsbegriffe, die er wahrscheinlich bereits der Lektüre der Kantischen Ethik verdankt. Das Konfliktschema Sinnlichkeit versus sittliche Vernunft hat er auch seinen eigenen Dramen oft zugrunde gelegt.

Die *Coriolan*-Deutung ist mit Schlußfolgerungen versehen, die Schillers Konzept des Erhabenen scharf pointieren und die zugleich verständlich machen, daß es auch Bedenken hervorgerufen hat. »Aufopferung des Lebens in moralischer Absicht ist in hohem Grad zweckmäßig, denn das Leben ist nie für sich selbst, nie als Zweck, nur als Mittel zur Sittlichkeit wichtig« (S. 243,21ff.). Liest man die Passage als Kommentar zu Shakespeares Stück, dürfte sie kaum Widerspruch hervorrufen. Der Aufsatz unterscheidet indessen nicht deutlich zwischen dem ästhetischen Reiz und der moralischen Bewertung des Konflikts. So reizvoll es für eine Tragödie sein mag, eine Figur dem Konflikt zwischen sittlicher Vernunft und natürlichen Antrieben auszusetzen, so bedenklich kann uns die Selbstverständlichkeit erscheinen, mit der Schillers Theorie des Erhabenen für die Vernunft und gegen das kontingente Leben entscheidet. Hat nicht diese Konstruktion des Erhabenen, insofern sie im Konfliktfall die Erhaltung des Lebens »dem Sittengesetz«, das doch eigens zu reflektieren wäre, ohne Bedenken nachordnet, auch Züge der Inhumanität?

Neben der Kollision zwischen Geboten des Sittengesetzes und Ansprüchen der sinnlichen Natur erörtert Schiller auch Fälle, in denen höhere gegen niedere Pflichten abzuwägen sind. Wenn z.B. die Pflicht des Vaters gegenüber

seinem Kind, das er liebt, mit der »Pflicht gegen sein Vaterland« in Widerspruch gerät, so muß die Entscheidung
zugunsten der allgemeinen Pflicht ausfallen. Zwar muß es
das »Herz« der Zuschauer zunächst empören, daß gegen
väterliche Pflicht und Liebe verstoßen wird, schließlich
aber muß der »Abscheu« einer »süßen Bewunderung« für
die unbedingte Geltung moralischer Normen Platz machen, wie Schiller meint. Diese Erhabenheit zu erkennen,
ist indessen das Privileg einer unabhängigen Vernunft, über
die nur wenige verfügen. Dem »großen Haufen« ist nur
eine »kleine Seele« zuzutrauen, die der »Last so großer Vorstellungen« nicht gewachsen ist. Das Gefühl des Erhabenen
nur wenigen gebildeten Kunstkennern zugute zu halten
und die fragwürdige Empörung des Herzens dem »großen
Haufen« zu überschreiben, mag Schiller selbst bedenklich
gewesen sein; in Fragen des Geschmacks aber hat er Kom-
promisse, das zeigt auch die Bürger-Rezension, nicht zulassen wollen.

Der Aufsatz schließt mit Überlegungen zur Faszination
des Bösen in der Kunst. Wie können wir Vergnügen an den
Schandtaten Richards III. oder Jagos empfinden? Da alles,
was zweckmäßig ist, uns Lust bereitet, so Schiller, gefällt
uns auch die Handlungsweise eines großen Verbrechers,
der virtuos und effektiv alle Mittel einsetzt, um an sein Ziel
zu gelangen. Sie gefällt uns, weil wir fähig sind, zeitweilig
jedenfalls, unser moralisches Urteil um des ästhetischen willen zu dispensieren. Einmal mehr spricht hier der psycho-
logisch geschulte Dramatiker, der seine Vorliebe für
extreme Charaktere bereits mit Franz Moor und Fiesko
unter Beweis gestellt hat. Die Erfindungskraft eines großen
Verbrechers bietet freilich, bei aller Bewunderung, nur ein
mäßiges Vergnügen; ein ungleich größeres Wohlgefallen als
etwa die Schandtaten des Verführers Lovelace in Richardsons *Clarissa Harlowe* bereitet uns die Standhaftigkeit der
Heldin, gegen die der Bösewicht am Ende nichts ausrichten
kann. Der tragische Dichter, so Schillers Schlußfolgerung,
kann von dieser Konstellation profitieren und dem Zu-

schauer eine doppelte ästhetische Lust vermitteln. Dessen Herz genießt den sittlichen Triumph, ohne daß sein Kopf auf das Vergnügen an der Intrige verzichten muß.

STELLENKOMMENTAR

234,3 *einige neuere Ästhetiker*] U. a. haben Diderot, Sulzer und K. Ph. Moritz die Auffassung bestritten, daß Kunst Vergnügen bereiten solle.

234,17 *Glückseligkeit*] Als erstrebenswertes Ziel des einzelnen und der Gesellschaft in Schillers Frühschriften hoch im Kurs, gerät die Glückseligkeit im Gefolge der nunmehr dualistisch ausgelegten Anthropologie in Mißkredit. Schiller versteht sie hier nur noch als einen bloßen »Zweck der Natur«, von dem der Mensch »in seinem moralischen Handeln« nichts wissen soll. Der Begriff ist aber noch gut genug, um zunächst das ästhetische Vergnügen zu rechtfertigen.

236,31ff. *Frei aber nenne ich ⟨. . .⟩ Ursache erfolget*] Diesen Satz hat Schiller im Zweitdruck geändert: »Frei aber nenne ich dasjenige Vergnügen, wobei die geistigen Kräfte, Vernunft und Einbildungskraft tätig sind und wo die Empfindung durch eine Vorstellung erzeugt wird; im Gegensatz von dem physischen oder sinnlichen Vergnügen, wobei die Seele einer blinden Naturnotwendigkeit unterworfen wird, und die Empfindung unmittelbar auf ihre physische Ursache erfolget.« Genauer heißt es später über die »schönen« und die »rührenden Künste«: bei Anschauung des Schönen treten Einbildungskraft und Verstand in Aktion, das Erhabene dagegen spricht Einbildungskraft und Vernunft an. Mit dieser Unterscheidung folgt Schiller der *Kritik der Urteilskraft* (§ 27). In *Anmut und Würde* wird er die Schönheit anders fassen: als Zusammenspiel von Sinnlichkeit und Vernunft.

237,22f. *verworrenen Vorstellung*] Nach Wolff und Leibniz sind diejenigen Vorstellungen »verworren«, die durch die Sinne vermittelt sind und denen logische Klarheit fehlt.

237,24f. *die Zweckmäßigkeit vorstellen*] Der Gedanke, daß das »freie Vergnügen« sich einer Vorstellung verdankt, die auf eine Zweckmäßigkeit bezogen ist, geht auf Kants *Kritik der Urteilskraft* (§ 10,11) zurück, Schiller faßt Zweckmäßigkeit aber anders als Kant. Auch Lessing hat im Planvollen, Zweckmäßigen den Grund für das ästhetische Vergnügen gesehen; so bemerkt er über Shakespeares *Richard III.*: »wir lieben das Zweckmäßige so sehr, daß es uns, auch unabhängig von der Moralität des Zweckes, Vergnügen gewähret« (*Hamburgische Dramaturgie*, 79. Stück).

237,30 *in folgenden Klassen*] Diese Einteilung der Künste ist durch Kant angeregt. Anders als Kant sieht Schiller an dieser Stelle für das Rührende noch einen eigenen Bereich vor. Hierin folgt er Mendelssohns Theorie der »vermischten Empfindungen«, die u. a. in der *Rhapsodie, oder Zusätze zu den Briefen über die Empfindungen* (zuerst 1761) entwickelt wird.

237,32ff. *das Schöne den Verstand mit der Einbildungskraft* ⟨...⟩ *das Erhabene die Vernunft mit der Einbildungskraft*] Vgl. *Kritik der Urteilskraft* § 27. Das Erhabene, im 17. Jahrhundert überwiegend noch die Bezeichnung einer Stilart in der Rhetorik, wird im 18. Jahrhundert zur geläufigen Benennung des Unermeßlichen und Gewaltigen in der Natur (Ozean, Gebirge, Gewitter etc.), vor allem aber der Gefühle, die solche Naturerscheinungen zu erregen vermögen. (Vgl. Chr. Begemann, *Erhabene Natur*, in: DVjs 58 [1984], S. 74-110.) Kant zufolge ist das Erhabene allein im Gemüt des Urteilenden, nicht im Naturobjekt selbst vorhanden: »Also ist die Erhabenheit in keinem Dinge der Natur, sondern nur in unserm Gemüte enthalten, sofern wir der Natur in uns, und dadurch auch der Natur ⟨...⟩ außer uns, überlegen zu sein uns bewußt werden können« (§ 28). Nur unter Vorbehalten läßt er es zu, Gegenstände erhaben zu nennen. Das Gefühl des Erhabenen wird ausgelöst von Naturphänomenen. Sie vor allem werden ästhetisch beurteilt. Daneben gesteht er beiläufig auch Kunstwerken, den Pyramiden und dem Petersdom, Erhabenheit zu, erklärt aber gleichzeitig, das Erhabene solle nicht an »Kunstprodukten«, sondern »an der rohen Natur« gezeigt werden (§ 26). Schiller zählt im Fortgang der Schrift das Erhabene zu den »rührenden« Künsten, nicht zu den »schönen«. Für ihn ist das Erhabene, insofern es Abscheu, »Unlust« erregt, zwar nicht schön, aber er siedelt es im Bereich der Künste an. Im langwierigen Prozeß, die wilde, bedrohliche Natur und die von ihr erregten Gefühle in die Kunst zu integrieren, markiert Schillers Ästhetik eine wichtige Etappe. In Hegels Ästhetik wird schließlich das Erhabene beim Übergang von der symbolischen zur klassischen Kunst im Schönen aufgehoben.

238,30f. *verschiedenen Felder des Rührenden und des Schönen*] Diese Trennung nimmt auch die *Kritik der Urteilskraft* (§ 13) vor.

238,32-239,8 *Unter der rührenden Gattung* ⟨. . .⟩ *geschlossen würde*] Den Abschnitt hat Schiller im Zweitdruck gestrichen.

238,33 *Epopee*] (Griech.) Epische Dichtung.

239,10 *Lust durch Unlust*] Vgl. § 27 der *Kritik der Urteilskraft*.

239,30 *gemischte Empfindung*] Schiller folgt hier Burke und Mendelssohn (vgl. Anm. 237,30). Auch Lessing spricht von Lust und Unlust, die in der »vermischten Empfindung« zusammentreten, »welche wir Mitleid nennen«. (*Hamburgische Dramaturgie*, 76. Stück.) Während Lessing die Unlust aus der vorgestellten Unvollkommenheit eines Gegenstandes und die Lust aus seiner Vollkommenheit entstehen sieht, nähert sich Schiller Kant an, indem er Unlust und Lust aus der Zweckwidrigkeit und Zweckmäßigkeit der Erkenntnisvermögen erklärt.

240,23ff. *Das Leiden des Tugendhaften*] Vgl. zu diesem Abschnitt die *Hamburgische Dramaturgie*, 76. und 79. Stück.

241,13 *Palladium*] (Griech.-lat.) Ein Bild der Pallas Athene, das als schützendes Heiligtum eines Hauses oder einer Stadt dienen sollte. Hier: göttliche Gewährleistung.

241,16ff. *Macht des Sittengesetzes* ⟨. . .⟩ *mit* ⟨. . .⟩ *Natur-*

kräften im Streit] Die schroffe Entgegensetzung von Vernunft und Natur, die Schiller seiner Theorie des Erhabenen
zugrunde legt, läßt die vielfältigen Vermittlungsbemühun-
gen der Karlsschulzeit hinter sich.

241,26ff. *»daß das höchste Bewußtsein ⟨. . .⟩ begleitet sein«]*
Die Anführungszeichen dienen hier, wie oft bei Schiller,
der Hervorhebung.

241,30f. *moralische Lust]* Auf der Suche nach einer mit
der Moral verträglichen, einer »vernünftigen Lust« (R.
Grimminger, *Die Utopie der vernünftigen Lust*, in: Bürger
u. a. (Hg.), *Aufklärung und literarische Öffentlichkeit*, Frank-
furt/Main 1980), ist die Kunsttheorie bereits lange vor
Schiller, seit sie sich im Zeichen der Empfindsamkeit stärker für die Erregung von Gefühlen durch Kunst zu interessieren beginnt.

242,20 *Hüon und Amanda]* Gestalten aus Wielands *Oberon*, 12. Gesang, Strophe 56ff.

242,37f. *versucht werden, uns mit dem Übel auszusöhnen]*
Schillers Tragödientheorie ist unter verschiedenen Gesichtspunkten kritisiert worden. Ein Einwand gilt dem
Gedanken, daß der dargestellte Triumph der sittlichen Vernunft über die leidende Natur den Betrachter der Versuchung aussetzt, sich »mit dem Übel auszusöhnen«; er
fordert die Frage heraus, ob nicht nach dieser Theorie das
Leiden und mit ihm seine Ursachen schließlich in Vergessenheit geraten. Schillers Version des Erhabenen ist nicht
frei von der Tendenz, auch historische Erfahrungen, die
leidvoll sind, als eine Sache sinnlicher Natur und damit als
eine cura posterior zu veranschlagen. Gesellschaftliche
Konflikte um Gewalt, Ungerechtigkeit etc., wie sie die Tragödie thematisieren kann, lassen sich virtuell im innersubjektiven Konflikt zwischen Vernunft und Natur auflösen
und zum Verschwinden bringen. Ob diese in Schillers
Theorie des Erhabenen sichtbare Tendenz auch in seiner
dramatischen Praxis zutage tritt, ist eine eigene Frage. (Vgl.
R.-P. Janz, *Antike und Moderne in Schillers ›Braut von Messina‹*.) Eine andere Kritik trifft u. a. die Gewaltsamkeit der

vernünftigen Naturunterdrückung in Schillers wie auch in Kants Konzept des Erhabenen. (Vgl. Th. W. Adorno, *Ästhetische Theorie*, 1970; R. Grimminger, *Die Ordnung, das Chaos und die Kunst*, 1986.)

243,5 *Koriolan*] Shakespeares Drama *Coriolan*, 4. und 5. Akt.

243,26 *»Es ist nicht nötig* ⟨. . .⟩*«*] Nach Plutarch, *Leben des Pompeius*, 50. Kap.; vgl. Anm. 63,10.

243,31 *das Leiden eines Verbrechers*] Der Zweitdruck hat hier: Leben

245,36 *Pflicht gegen sein Kind*] Das Konfliktschema Kindespflicht versus Bürgerpflicht erinnert an Schillers Dramenfragment *Die Maltheser*.

245,37-246,3 *Es empört* ⟨. . .⟩ *unser Herz* ⟨. . .⟩ *zu einer süßen Bewunderung hin*] Zum einen nimmt Schiller Lessings Mitleids-Lehre auf, zum andern folgt er Mendelssohns Vorstellungen vom Heroisch-Erhabenen, dessen distinkte Wirkung die Bewunderung ist (M. Mendelssohn, *Betrachtungen über das Erhabene und Naive in den schönen Wissenschaften*). Beide Konzepte stehen hier noch nebeneinander, und eindeutig erhält Mendelssohns Position den Vorzug. Erst in späteren Schriften versucht Schiller, Lessings Mitleid und Mendelssohns Idee des Erhabenen zu vereinbaren. Das Ergebnis nennt er das »Pathetischerhabene« (im Aufsatz *Vom Erhabenen*). Um zu ihm zu gelangen, überträgt er den Doppelcharakter der gemischten Empfindung (Leiden und Lust am Leiden) auf die antagonistisch gefaßte sinnlich-vernünftige Doppelnatur des Menschen. Leiden bleibt damit Sache der sinnlichen Natur, die Lust aber gehört in die Domäne der Vernunft. Lessings Empfindsamkeit liefert in diesem Konzept, als das Pathetische, freilich nur noch ästhetisch unverzichtbare Anstöße, um Helden und Zuschauern das Gefühl der Erhabenheit zu vermitteln, um ihre »moralische Independenz von Naturgesetzen im Zustand des Affekts« (S. 423,7f.) herbeizuführen. Die anthropologische Grundlage für Schillers Konzept des Erhabenen und seine Tragödientheorie ist die sinnlich-vernünftige Verfas-

sung der Subjektivität. Sie impliziert moralisch die haus-
hohe Überlegenheit der sittlichen Vernunft über die sinnliche, ›niedere Natur‹ und die in ihr verankerte Moralität des
Mitleids; ästhetisch die Rehabilitierung der hohen Tragödie
und ihrer bewundernswürdigen Helden. (Vgl. H.-J.
Schings, *Der mitleidigste Mensch ist der beste Mensch*, München 1980.)

246,6 *Timoleon*] Schillers Lehrer Abel hatte im ›Wirtembergischen Repertorium‹ (1782) unter dem Titel *Die grausame Tugend* Szenen zum Timoleon-Stoff herausgebracht.
Vgl. auch Verrinas Verteidigung der Republik in *Fiesko*.

247,24f. *Bösewichts in Anordnung seiner Maschinen*] Die
Maschinen-Metapher bezeichnet in dieser Zeit die planvol-
le Berechnung von Mittel und Zweck wie auch Abläufe in
der (menschlichen) Natur nach dem Prinzip von Ursache
und Wirkung. Vgl. Anm. 43,18f.

247,36 *Zweckmäßigkeit*] Auch Lessing hat die Faszination an Richard III. aus der Zweckmäßigkeit seiner Taten,
»unabhängig von der Moralität des Zwecks«, erklärt (*Hamburgische Dramaturgie*, 79. Stück).

248,20 *Jago*] Bösewicht in Shakespeares *Othello*.

249,6 *weil es von*] Im Zweitdruck hat Schiller eingefügt:
»einer gewissen Stärke der Seele und«.

250,3ff. *Gleichgültig* ⟨. . .⟩ *verlieren*] Im Zweitdruck gestrichen.

250,12 *das Schöne*] Im Zweitdruck: das Verständige.

250,13 *Gefühl*] Im Zweitdruck: Geschmack.

ÜBER DIE TRAGISCHE KUNST

TEXTGRUNDLAGE

Unser Text folgt dem Erstdruck unter dem Titel *Ueber die tragische Kunst* in: Neue Thalia, 1792, 2. Stück, S. 176-228. Zweitdruck: *Kleinere prosaischen Schriften*, Bd. 4, 1802, S. 110-163.

ASPEKTE DER DEUTUNG

Die Aufsätze *Über den Grund des Vergnügens* und *Über die tragische Kunst* gehen auf eine Vorlesung zur Theorie der Tragödie zurück, die Schiller im Sommer 1790 gehalten hat. Beide Abhandlungen wurden erst im Winter 1791 fertiggestellt. *Über die tragische Kunst* erschien im März 1792 in der ›Neuen Thalia‹.

Die *Tragische Kunst* setzt die Untersuchung über den *Grund des Vergnügens* fort, sie fragt nach den emotionalen Qualitäten der Kunst, nach Affekten, Leidenschaften, Rührungen, die durch Kunst im Publikum erregt werden sollen. Die Kunsttheorien seit der Empfindsamkeit verzeichnen ein wachsendes Interesse an solchen Wirkungen. Sie beginnen in diesem Zusammenhang auch das Gefühl des Erhabenen zu entdecken und die außerordentlichen Naturobjekte, die es erregen können (vgl. Anm. 237,32ff.). Schillers Aufsätze *Grund des Vergnügens* und *Tragische Kunst* stehen, wie seine anderen Abhandlungen, die Kants und Mendelssohns Erklärungen des Erhabenen verarbeiten, in dieser Tradition, wenngleich an ihrem Ende. Schiller versteht unterm Erhabenen vornehmlich die Größe des Subjekts im Widerstreit zwischen sinnlicher Natur und sittli-

cher Vernunft; sie interessiert ihn als geeigneter Stoff für
die Tragödie. Das Unendlichgroße in der äußeren Natur,
Kants Mathematisch-Erhabenes, hat ihn weniger beschäftigt. Die Gründe dafür nennt die Abhandlung *Vom Erhabenen*. Anders als in der früheren Schrift avanciert in *Über die
tragische Kunst* unter Berufung auf Lessing das Mitleid zum
Leitbegriff, der das Gefallen an tragischen Handlungen erklären soll. Er ist auch verantwortlich für die oft bemerkten
Unebenheiten und Widersprüche in diesem Aufsatz. Die
tragische Kunst setzt sich »das Vergnügen des Mitleids ins
besondre zum Zweck«. Daneben aber wird uns versichert,
»unser Vergnügen an traurigen Rührungen« habe seinen
Grund in der »absoluten Selbsttätigkeit« der sittlichen Vernunft, die sich über die mitleidige Rührung gerade erhebt.
Ist die Erregung des Mitleids das Ziel der Tragödie oder
lediglich eine Durchgangsstufe, um das Gefühl des Erhabenen zu erzeugen? Entsteht die ästhetische Lust aus dem
Mitleid oder gerade aus dessen Überwindung? Die Unklar-
heit kommt zustande, weil Schiller einerseits in der Erregung mitleidiger Affekte, Lessing folgend, das Ziel der
Tragödie sehen möchte, andererseits aber das Mitleid als
einen »Angriff auf unsre Sinnlichkeit« (S. 256,15 f.) deutet,
den die sittliche Vernunft parieren muß. Die Grundtendenz
bleibt aber, auch wenn die Schrift dem Mitleid noch so
entschieden das Wort redet, erkennbar. Das Vergnügen des
Mitleids kann nur das Vergnügen an der Überwindung des
Mitleids sein.

  Die Tragödiendefinition, auf die die Abhandlung zu-
steuert, berücksichtigt geschichtsphilosophische Aspekte
und geht ausführlich auf poetologische Fragen ein. Die
Verletzung der Ordnung, die in der Tragödie vor sich geht,
veranlaßt die Zuschauer, den Einzelfall angesichts einer
fraglos zweckmäßig eingerichteten Welt erträglich zu finden, »den einzelnen Mißlaut in der großen Harmonie
aufzulösen«. So kann, wie Schiller meint, der Gehalt der
Tragödie am Ende doch den Glauben an eine zweckmäßig
eingerichtete Welt bestätigen. In diesem Punkt dürfe der

modernen Tragödie sogar zugetraut werden, die antike zu überbieten, deren Helden blind ihrem Schicksal unterworfen blieben. Dank einer »geläuterten Philosophie« – gemeint ist wohl die Philosophie der Aufklärung, vor allem die Kantische – stünde nunmehr der Tragödie ein selbstbestimmter, sich und die Welt erkennender Held zu Gebote.

Die poetologischen Erläuterungen zur Tragödie schließen sich, terminologisch jedenfalls, eng an Lessing und Aristoteles an. Aber sie verändern in der Substanz Lessings Konzept des Mitleids zugunsten des Erhabenen. Sie stützen sich auf die Begriffe Nachahmung, Handlung und dramatische Täuschung, sie beschreiben Unterschiede der dichterischen Gattungen und begründen die Autonomie der poetischen Wahrheit gegenüber der historischen.

STELLENKOMMENTAR

251,14ff. *das Traurige, das Schreckliche, das Schauderhafte* ⟨. . .⟩ *weggestoßen* ⟨. . .⟩ *angezogen*] Die ambivalente Lust am Schrecken, am Leiden anderer hat, unter dem Titel des Erhabenen, viele Kunsttheoretiker im 18. Jahrhundert beschäftigt.

251,27 *Lucrez*] Anspielung auf das Lehrgedicht *Von der Natur der Dinge* (*De rerum natura*) des römischen Dichters und Philosophen Lukrez (gest. 55 n. Chr.), es wurde im 18. Jahrhundert in den Debatten um das Erhabene gern zitiert (vgl. H. Blumenberg, *Schiffbruch mit Zuschauer. Paradigma einer Daseinsmetapher*, Frankfurt/Main 1979).

> Suave mari magno turbantibus aequora ventis
> e terra magnum alterius spectare laborem,
> non quia vexari quemquamst est iucunda voluptas,
> sed quibus ipse malis careas quia cernere suave est.
> (II 1-4)

Die Übersetzung von Karl Ludwig von Knebel lautet:

> Süß ist's, anderer Noth bei tobendem Kampfe der
> Winde

Auf hochwogigem Meer, vom fernen Ufer zu
                                        schauen;
Nicht als könnte man sich am Unfall andrer ergötzen,
Sondern dieweil man es sieht, von welcher
                                Bedrängniß man frei ist.
(K. L. von Knebel, *Von der Natur der Dinge*, Leipzig
1831.)

Gegen Lukrez wendet Schiller ein, die Lust am Unglück
anderer könne nicht aus der Sicherheit der Betrachter erklärt werden, vielmehr sei ein elementarer Trieb im Spiel.
Die *Zerstreuten Betrachtungen* sprechen von einem »allen
Menschen gemeinschaftlichen Hang zum Leidenschaftlichen«, von der »Macht der sympathetischen Gefühle, die
uns *in der Natur* zum Anblick des Leidens, des Schreckens,
des Entsetzens hintreibt, die in der *Kunst* soviel Reiz für uns
hat« (S. 467,13ff.). Sie nennen den Schrecken, neben dem
Angenehmen, Guten, und Schönen die »vierte Quelle von
Lust« (S. 467,20).

252,36ff. *dem mitgeteilten ⟨. . .⟩ Affekt ⟨. . .⟩ der ursprüngliche*] Die Abhandlung unterscheidet streng zwischen
künstlerisch dargestellten und wirklichen Leiden.

253,1 *Glückseligkeitstriebe*] Vgl. S. 234,17.

254,25 *einer Lebensphilosophie*] Gemeint ist die Philosophie Kants.

254,29 *mit uns selbst wie mit Fremdlingen umzugehen*] Vgl.
S. 985,15ff.

256,2 *Lust an der Rührung*] Vgl. Anm. 239,25. Die »rührenden Künste« nennt die Schrift *Grund des Vergnügens*
»Künste des Gefühls, des Herzens«. Rührung dient häufig
als Sammelbegriff für die verschiedenen Affektationen des
Gemüts.

257,22 *Nachahmung der Natur*] Daß die Kunst die Natur
nachahme, ist eine auf Aristoteles zurückgehende Grund-
annahme der Poetiker des 18. Jahrhunderts. Erst die Romantik wird den Mimesis-Gedanken theoretisch und praktisch aufgeben.

258,16 *im vorhergehenden Aufsatz*] Über den Grund,
S. 240f.

259,7 *Lear*] Shakespeare, *King Lear*.

259,9f. *In dem Kronegkischen Trauerspiel*] Vgl. Anm. 197,23f.

259,12f. *unser Mitleid ⟨...⟩ unsre Bewunderung*] Vgl. S. 245,37-246,3 und Anm.

259,22 *Bösewicht*] Die Rechtfertigung des Bösewichts im vorhergehenden Aufsatz wird hier partiell zurückgenommen. Schon Lessing (*Hamburgische Dramaturgie*, 82. u. 83. Stück) hatte bestritten, daß mit Bösewichtern die Wirkungen der Tragödie zu erreichen seien. Vgl. auch Schillers Distanzierung von Franz Moor in der Selbstrezension der *Räuber*.

259,25 *Rodogune*] In der ›Neuen Thalia‹ und im Zweitdruck stand irrtümlich »Roxelane«. Schiller hat diese Figur aus Ch. S. Favarts Stück *Soliman der Zweite*, das Lessing im 33. Stück der *Hamburgischen Dramaturgie* bespricht, mit der *Rodogune* Corneilles verwechselt, die Lessing im 29. Stück behandelt.

259,30 *durch den Zwang der Umstände herbeiführen*] Die theoretische Einsicht, daß die tragische Verwicklung nicht aus einem Charakter, sondern aus dem »Zwang der Umstände« entstehen solle, hat Schiller auch in seiner dramatischen Praxis, z. B. im *Wallenstein*, berücksichtigt. Auch Lessing hatte, Aristoteles folgend, das Drama als tragische Handlung aufgefaßt (*Hamburgische Dramaturgie*, 38. u. 46. Stück). Handlung, Nachahmung und Mitleid sind die Schlüsselbegriffe der anschließenden Definition der Tragödie.

260,9 *der deutschen Iphigenia*] Goethes *Iphigenie*.

260,30f. *auf Kosten der Neigung eine moralische Pflicht erfüllen*] Schillers Beifall für die hohe Tragödie Corneilles kommt hier zustande, weil er in ihr die erhabene Moral mustergültig siegen sieht. Er beschreibt sie in Kategorien der Kantischen Ethik (Pflicht, Neigung). Negativ äußert sich Schiller über Corneille in den Aufsätzen *Über das gegenwärtige teutsche Theater* und in *Über das Pathetische*. Zu Schillers Urteilen über Corneille vgl. B. v. Wiese, *Friedrich Schiller*, 1959, S. 708ff.

261,1 *sympathetische Lust*] Konjektur in der NA (20, S. 156) für: sympathische.

263,8 *allgemeine Wahrheiten oder Sittensprüche*] Auch in seine eigenen Dramen hat Schiller sie »eingestreut«, so in den *Tell* und die *Braut von Messina*.

264,33f. *Ähnlichkeit zwischen uns und dem leidenden Subjekt*] Diese Forderung geht auf Lessing zurück; er hatte, Aristoteles auslegend, verlangt, der Dichter müsse Helden auf die Bühne bringen, die »mit uns von gleichem Schrot und Korne« seien (*Hamburgische Dramaturgie*, 75. Stück).

265,33f. *Brutus ⟨...⟩ Cato*] Der römische Konsul Brutus ließ 509 v. Chr. seine Söhne hinrichten, weil sie sich an einer Verschwörung gegen den Staat beteiligt hatten (vgl. Anm. 123,3). Cato beging 46 v. Chr. Selbstmord, weil er sich als Republikaner dem Usurpator Caesar nicht unterordnen wollte.

266,5f. *Leonidas ⟨...⟩ Aristid*] Leonidas, Held der Schlacht bei den Thermopylen (480) gegen die Perser. Der athenische Staatsmann Aristides (bald nach 550 – um 467) wurde schuldlos in die Verbannung geschickt.

269,30ff. *Die Tragödie wäre*] Schillers Tragödiendefinition folgt terminologisch weitgehend der aristotelischen, so wie sie Lessing wiedergibt (*Hamburgische Dramaturgie*, 77. Stück). Schiller hält am Begriff des Mitleids fest, das zugunsten des Erhabenen abgewertet ist (vgl. S. 245,37–246,3 und Anm.), gibt dem Begriff der Furcht aber kein theoretisches Gewicht.

272,36 *Hermanns, eine Minona, ein Fust von Stromberg*] Klopstocks Arminius-Drama *Hermanns Tod* (1787); Gerstenbergs *Minona oder die Angelsachsen* (1785); Jakob Meiers *Fust von Stromberg* (1782).

273,34f. *den gemischten Charakteren*] In der Tragödie sollen nach dem Ähnlichkeitsgebot (S. 264,33f. und Anm.) nur »sinnlichmoralische Wesen« auftreten, denn nur sie können Mitleid erregen. Reine Intelligenzen und Figuren bar jeder Vernunft können das nicht.

275,36 *Die Fortsetzung*] Der Aufsatz wurde nicht fortgesetzt.

KALLIAS, ODER ÜBER DIE SCHÖNHEIT

TEXTGRUNDLAGE

Unser Druck folgt den Handschriften der Briefe an Gottfried Körner. Die Briefe vom 25. 1., 18./19. 2., 23. 2. und 28. 2. 1793 befinden sich im Schiller-Nationalmuseum Marbach. Der Brief vom 8. 2. 1793 ist im Besitz der Staats- und Universitätsbibliothek Hamburg. Die Beilage zum Brief vom 28. 2. mit dem Titel *Das Schöne der Kunst* befindet sich in der Bibliotheca Bodmeriana in Coligny/Genf.

Die Textgestalt folgt den editorischen Prinzipien, nach denen die Ausgaben des Deutschen Klassiker Verlags eingerichtet sind.

Gegenüber der von Fritz Jonas besorgten Ausgabe der Briefe (Bd. 3) konnten einige Ungenauigkeiten im Lautstand, fehlende Hervorhebungen einzelner Wörter und Wortgruppen, Auslassungen und Verlesungen korrigiert werden. Die hier vorgelegte Textwiedergabe habe ich mit den Lesungen vergleichen können, die Edith Nahler (Weimar) für den Band 26 der Nationalausgabe erarbeitet hat. Ich möchte an dieser Stelle Frau Nahler für ihre freundliche Hilfe aufrichtig danken.

Im Unterschied zu andern Ausgaben werden die Briefe vom 25. 1., 8. 2., 18./19. 2., 23. 2. und 28. 2. hier vollständig wiedergegeben. Der Brief vom 28. 2. gibt Aufschluß über den persönlichen und politischen Kontext, in dem Schiller das Schöne untersucht.

ENTSTEHUNG, QUELLEN UND ASPEKTE DER DEUTUNG

Am 21. 12. 1792 schreibt Schiller an Christian Gottfried
Körner:

> Ueber die Natur des Schönen ist mir viel Licht aufge-
> gangen, so daß ich Dich für meine Theorie zu erobern
> glaube. Den objectiven Begriff des Schönen, der sich eo
> ipso auch zu einem objectiven Grundsatz des Ge-
> schmacks qualificirt, und an welchem Kant verzweifelt,
> glaube ich gefunden zu haben. Ich werde meine Gedan-
> ken darüber ordnen, und in einem Gespräch: *Kallias, oder
> über die Schönheit*, auf die kommenden Ostern herausge-
> ben. Für diesen Stoff ist eine solche Form überaus
> passend, und das Kunstmäßige derselben erhöht mein
> Interesse an der Behandlung. Da die meisten Meinungen
> der Aesthetiker vom Schönen darin zur Sprache kom-
> men werden, und ich meine Sätze soviel wie möglich an
> einzelnen Fällen anschaulich machen will, so wird ein
> ordentliches Buch von der Größe des Geistersehers dar-
> aus werden.
>
> (Jonas 3, S. 232.)

Am 11. 1. 1793 teilt er Körner mit:

> Mit mir geht es jetzt beim Eintritt der gefährlichen Zeit
> noch ganz erträglich, und eine Beschäftigung, die mich
> äußerst interessirt, erhebt mich über alle körperliche Be-
> drückungen. Oft wünsche ich, daß mir meine Gesund-
> heit auch nur solang bleiben möchte, bis dieser Kallias
> geendigt ist. Du wirst Deine Freude daran erleben, denn
> es wird in mir heller mit jedem Schritt. Noch ist gar
> nichts Schriftliches geordnet, sonst hätte ich Dir schon
> etwas daraus vorgelegt.
>
> (Jonas 3, S. 235f.)

Im Wintersemester 1792/93 hat Schiller in seiner Wohnung
eine Vorlesung zur Ästhetik gehalten, von der uns eine
Nachschrift des Studenten Ch. F. Michaelis erhalten ist
(S. 1050-1074). Sie geht ausführlich auf Kant, aber auch auf

Burke und K. Ph. Moritz ein. Der Brief an Körner vom 11. 1. 1793 nennt eine stattliche Anzahl von Autoren, deren Schriften Schiller ebenfalls kennt oder jedenfalls zur Hand hat: »Besitzest oder weißt Du wichtige Schriften über die Kunst, so theile sie mir doch mit: Burke, Sulzer, Webb, Mengs, Winkelmann, Home, Batteux, Wood, Mendelssohn, nebst 5 oder 6 schlechten Compendien besitze ich schon.«

Gemeint sind: Edmund Burke, *A Philosophical Enquiry into the Origin of our Ideas of the Sublime and Beautiful* (London 1756, deutsch Riga 1773); Sulzer, *Allgemeine Theorie der schönen Künste*; Daniel Webb, *Enquiry into the Beauties of Painting* (1760); Anton Raphael Mengs, *Gedanken über die Schönheit und den Geschmack in der Malerei* (1762); Winckelmann, *Geschichte der Kunst des Alterthums* (vgl. Anm. 204,3f.); Henry Home, *Elements of Criticism* (1762-65). Die deutsche Übersetzung von J. N. Meinhard, *Grundsätze der Kritik*, erschien 1763-66. Bei Charles Batteux ist zu denken an *Cours de belles lettres, ou Principes de la littérature* (1747-50), dt. v. Karl Wilhelm Ramler (1756-58). Robert Woods *An Essay on the original genius and writings of Homer* (1768) war 1773 auf deutsch erschienen. Mendelssohns Briefe *Über die Empfindungen* hat Schiller schon früher herangezogen (S. 38,33f. und Anm.).

Ende Januar 1793 entschließt sich Schiller, den *Kallias*-Dialog, den er seinem Verleger Göschen schon für Juli angekündigt hat, zunächst dem Freund in Briefen mitzuteilen. Er erwartet, daß Körners Urteile zur Klärung der theoretischen Probleme beitragen. Am 11. 2. 1793 gibt er den Plan vorerst auf, die *Kallias*-Studien zu veröffentlichen. Krankheit und die Niederschrift der Aufsätze *Über Anmut und Würde* und *Vom Erhabenen* hindern Schiller in den nächsten Monaten daran, die Arbeit an *Kallias* fortzusetzen. Im Juli verfaßt er den 1. Brief über die »Philosophie des Schönen« an den Prinzen von Augustenburg. Als er im Spätherbst die *Augustenburger Briefe* wieder vornimmt, will er die Aufzeichnungen zu *Kallias* heranziehen. An Körner schreibt er am 10. 12. 1793:

Sey so gut, und schicke mir, sobald Du schreibst, entweder das *original* oder die *Copie* derjenigen von meinen Briefen, worinn ich angefangen habe, Dir meine Theorie der Schönheit zu entwickeln. Ich brauche diese Ideen jetzt nothwendig zu meiner gegenwärtigen Beschäftigung und bin eben daran, die *Theorie* des Schönen zu entwickeln.

(Jonas 3, S. 415.)

Die *Kallias*-Arbeit blieb schließlich Fragment. Sie wurde erst bekannt durch die Erstausgabe: *Schillers Briefwechsel mit Körner*, Berlin 1847. Schillers wichtigste Quelle für die *Kallias*-Briefe ist sicher Kants *Kritik der Urteilskraft*. Gegen Kants These, es sei unmöglich, ein objektives Prinzip des Schönen anzugeben, wendet Schiller all seinen Scharfsinn und seine Phantasie auf. Das Ergebnis seiner Bemühungen findet sich in der Formel zusammengefaßt, Schönheit sei »Freiheit in der Erscheinung«. Sie erlaubt es, wie Schiller meint, an den Gegenständen selbst zu zeigen, warum sie schön seien. Sie besagt, daß in der frei entfalteten Gestalt des Kunstwerks Freiheit zur Anschauung kommt, die sich vergegenständlicht im Spiel der Einbildungskraft. Frei ist nicht nur das Spiel der Einbildungskraft bei der Betrachtung des Schönen, so wendet Schiller gegen Kant ein, es muß auch an den schönen Werken selbst ein Moment von Freiheit auszumachen sein, das dem ungestörten Spiel der Phantasie korrespondiert. Die Formel umfaßt zwei wichtige Elemente der Ästhetik Schillers: den Scheincharakter der Kunst und die Kunstautonomie. Beide sind Fundamente der Ästhetik der Weimarer Klassik und des deutschen Idealismus, und sie stehen in einer ehrwürdigen Tradition.

Zum Scheincharakter der Kunst: Die bekannte und oft beklagte, auf Platon zurückgehende Mehrdeutigkeit im Begriff des ästhetischen Scheins (Erscheinung oder bloßer Anschein), die auch »Fiktion« und »Nachahmung« umfassen kann (vgl. *Kolloquium Kunst und Philosophie*, hg. v. Willi Oelmüller, Bd. 2: *Ästhetischer Schein*, 1982), ist auch in Schillers Theorie der Kunst gegenwärtig. Die Bedeutung, der künstlich erzeugte Schein gewähre lediglich eine Täu-

schung, kann beispielsweise in folgendem Satz dominant
sein: »Die Form ist an einem Kunstwerk bloße Erscheinung, d. i. der Marmor *scheint* ein Mensch, aber er bleibt, in
der Wirklichkeit, Marmor« (S. 324,32-34). Ausführlicher
als die *Kallias*-Briefe gehen *Anmut und Würde* und die *Ästhetischen Briefe* auf Fragen des ästhetischen Scheins ein.

Zur Kunstautonomie: Kann der Kunst neben dem Gebiet des Wissens und dem des moralischen Handelns ein
eigenes Terrain zugestanden werden? Hat das Schöne neben
dem Wahren und dem Guten Anspruch auf einen Geltungsbereich, in dem ihm Unabhängigkeit eingeräumt werden
kann und muß? Schillers Antwort auf diese Fragen ist eindeutig: die Kunst trägt ihren Zweck in sich selbst, sie ist
allen Verwertungsansprüchen von welcher Seite auch immer prinzipiell entzogen oder soll es zumindest sein. Die
Kunstautonomie, ihre Erweiterung, Sicherung und Legitimierung, hat die Theorie-Diskussionen in der zweiten
Hälfte des 18. Jahrhunderts immer wieder beschäftigt. Wilhelm von Humboldt notiert zu Goethes *Hermann und
Dorothea*, »dass die Kunst nicht zu den mechanischen und
untergeordneten Geschäften gehört, durch die wir uns zu
unsrer eigentlichen Bestimmung bloss vorbereiten, sondern zu den höchsten und erhabensten, durch die wir sie
selbst unmittelbar erfüllen.« (*Gesammelte Schriften*. Akademie-Ausgabe, Berlin 1904, Bd. 2, S. 129.)

Und noch im Rückblick läßt Goethe, in Bemerkungen
über die Katharsis, ahnen, mit welcher Vehemenz er in
früheren Jahren für die Kunstautonomie gestritten hat:

⟨. . .⟩ es stehen zwei Parteien gegen einander, zwei Vor-
stellungsarten, die sich im Einzelnen bestreiten, weil sie
sich im Ganzen beseitigen möchten. Wir kämpfen für die
Vollkommenheit eines Kunstwerkes, in und an sich
selbst, jene denken an dessen Wirkung nach außen, um
welche sich der wahre Künstler gar nicht bekümmert,
sowenig als die Natur wenn sie einen Löwen oder einen
Kolibri hervorbringt.

Den denkmächtigsten Alliierten in diesem Streit nennt

Goethe auch: »es ist ein grenzenloses Verdienst unsres alten
Kant um die Welt, und ich darf auch sagen um mich, daß er,
in seiner Kritik der Urteilskraft, Kunst und Natur kräftig
nebeneinander stellt und beiden das Recht zugesteht: aus
großen Prinzipien zwecklos zu handeln.« (An Zelter,
29. 1. 1830.)

Bereits fünf Jahre vor der *Kritik der Urteilskraft* hatte
Karl Philipp Moritz in seinem *Versuch einer Vereinigung aller*
schönen Künste und Wissenschaften unter dem Begriff des in sich
selbst Vollendeten energisch die Kunst gegen jeden Verwer-
tungsanspruch verteidigt.

Der Prozeß der Autonomisierung der Künste beginnt
mit der Schwächung ihrer religiösen und magischen Funktionen, also in vorhistorischer Zeit. Er erreicht ein entscheidendes Stadium, als sich, historisch und soziologisch
gesehen, eine relativ eigenständige Gruppe Professioneller
bildet, die die Kunst als ihren einzigen Beruf betreiben.
Diese Professionalisierung beginnt im späten Mittelalter
und in der Renaissance mit der Ausbildung des Mäzens, der
die Lebensversorgung des Künstlers übernimmt, damit der
Künstler sich ausschließlich der Kunst widmen kann. (Vgl.
Pierre Bourdieu, *Zur Soziologie der symbolischen Formen*,
Frankfurt/Main 1970.) Damit geht eine Abgrenzung der
Funktion der Kunst gegenüber anderen Lebensbereichen
einher. Diejenigen, die die Kunst als ihren alleinigen Beruf
betreiben, tendieren dazu, nur die Normen der Kunst anzuerkennen. Die Selbständigkeit der Kunst gegenüber Verwertungsansprüchen jeder Art findet sich in Deutschland
um 1800 theoretisch voll ausgebildet, nicht lange, nachdem
die ersten Schriftsteller den risikoreichen Versuch unternommen haben, ihren Lebensunterhalt durch Schreiben zu
sichern. Das Prinzip der Kunstautonomie, wie es Schiller
und seine Zeitgenossen verstehen, stellt in der Geschichte
der Ästhetik einen entscheidenden Schritt dar, der bis in die
Gegenwart die kunsttheoretischen Debatten beschäftigt.
Die Bewertung der Kunstautonomie ist uneinheitlich.
Einerseits gilt sie als unverzichtbare Grundlage, ohne die

die Kunstproduktion und Kunstreflexion der Moderne nicht denkbar wären; andererseits wird daran erinnert, daß mit dem Gewinn der Kunstautonomie seit der Aufklärung auch Verluste zu beklagen seien: die autonome Kunst, die sich allen Funktionalisierungen widersetzt, ist gänzlich funktionslos geworden, sie hat die humanen Leistungen verloren, die ihr Schiller und die Klassik noch zugetraut hatten.

STELLENKOMMENTAR

276,6 *Paroxysmus*] (Griech.) Anfallartiges Auftreten einer Krankheit oder anfallartige Zunahme von Beschwerden.

276,8f. *Katarrhalischen Übeln*] Zum Katarrh (griech.-lat.) gehörend; eigentl. »Herabfluß«, Entzündung der Atmungsorgane mit Absonderungen.

276,27f. *aus der Natur der Vernunft völlig a priori*] Das Prinzip der kritischen Philosophie Kants, Erkenntnisse nicht aus der Erfahrung, sondern aus dem Erkenntnisvermögen selbst zu gewinnen.

277,13f. *Unmöglichkeit eines objektiven Prinzips für d. Geschmack*] Vgl. Kants *Kritik der Urteilskraft* § 34. Schiller kannte diese Schrift seit dem Frühjahr 1791. Die *Kallias*-Briefe stellen seine erste gründliche Auseinandersetzung mit Kants Ästhetik dar, die überliefert ist. Bereits im Wintersemester 1792/93 war er in einer Vorlesung über Ästhetik näher auf die *Kritik der Urteilskraft* eingegangen, wie die Nachschrift von Ch. F. Michaelis bezeugt (S. 1050-1074). Ein »objektives Prinzip« für den Geschmack glaubte Schiller in den Briefen an Körner mit der Erklärung, Schönheit sei »Freiheit in der Erscheinung«, gefunden zu haben.

277,19 *sinnlich subjektiv (wie Burke u. a.)*] Schillers Prädikate heben den empirisch-sensualistischen Ausgangspunkt Burkes hervor.

277,19f. *subjektiv rational (wie Kant)*] »Rational« ver-

weist u. a. darauf, daß Kant durch das Schöne die Erkenntnisvermögen, Einbildungskraft und Verstand, angesprochen sieht; »subjektiv« unterstreicht, daß nach Kant
»schön« kein objektives Prädikat ist, durch das ein Gegenstand erkannt werden kann. Schiller läßt hier unberücksich-
tigt, daß nach Kant das ästhetische Urteil, das in einem
besonderen Gefühl der Lust begründet ist, auf allgemeine
Zustimmung rechnen kann.

277,20f. *rational objektiv (wie Baumgarten, Mendelssohn
⟨. . .⟩ Vollkommenheitsmänner)*] Alexander Gottlieb Baumgarten (1714-1762), Professor der Philosophie in Frankfurt/
Oder, gilt als der Begründer der Ästhetik als eigener philosophischer Disziplin. Seine *Aesthetica* erschien in 2 Teilen
1750 und 1758. Zu Mendelssohn (1729-1786) vgl. Anm.
38,33f. und Anm. 219,17. Die rationalistische Schule suchte
das Schöne mit Begriffen wie dem der sinnlichen Vollkommenheit zu bestimmen. Die *Kritik der Urteilskraft* geht
darauf im § 15 ein.

277,22 *sinnlich objektiv*] So charakterisiert Schiller die eigene Position. Die Begriffe heben den sinnlichen Charakter
der ästhetischen Erfahrung und die Absicht hervor, an den
Objekten selber zu zeigen, daß sie schön seien.

277,30 *Wolffianer*] Anhänger des rationalistischen Philosophen Christian Wolff (1679-1754).

277,33 *Affektibilität*] Erregbarkeit.

278,6 *pulchritudo vaga und fixa*] Kant, *Kritik der Urteilskraft* § 16: »Es gibt zweierlei Arten von Schönheit: freie
Schönheit (*pulchritudo vaga*), oder die bloß anhängende
Schönheit (*pulchritudo adhaerens*).« Die erste wird ästhetisch
wahrgenommen, ohne daß man einen Begriff vom Gegenstand hat; eine nur »anhängende Schönheit« haben Objekte,
die an einen realen Zweck gebunden sind, z. B. Produkte
des Kunsthandwerks (»das Tischgeräte«) oder rhetorische
Formen der Literatur (»moralische Abhandlung«), § 48.

278,6f. *eine freie und intellektuierte Schönheit annimmt*] Bei
Kant heißt es: »Zuerst ist wohl zu bemerken, daß die
Schönheit, zu welcher ein Ideal gesucht werden soll, keine

vage, sondern durch einen Begriff von objektiver Zweckmäßigkeit *fixierte* Schönheit sein, folglich keinem Objekte
eines ganz reinen, sondern zum Teil intellektuierten Geschmacksurteils angehören müsse« (§ 17). Das Urteil über
ein Kunstwerk ist nicht »rein«, sondern »zum Teil intellektuiert«, insofern es auf die Bedingung des Begriffs, dessen
Gegenstand schön gefunden wird, eingeschränkt ist.

278,10 *arabeske und was ihr ähnlich ist*] Nach Zedler (Bd. 2,
Sp. 1091) ein in Frankreich beliebtes, phantasievolles Ran-
kenornament, vor allem griechisch-römischen Ursprungs.
Schiller hat hier wahrscheinlich auch die »Zeichnungen à la
grecque, das Laubwerk zu Einfassungen, oder auf Papier-
tapeten u.s.w.« im Blick, die keinen Zweck verfolgen
(Kant, *Kritik der Urteilskraft* § 16).

279,6 *Über Deinen Brief*] Körners Brief vom 4. 2. 1793.

279,31f. *das Schöne gefalle ohne Begriff*] *Kritik der Urteilskraft* § 16.

280,18 *Bei Betrachtung*] Schiller faßt im folgenden Überlegungen aus Kants *Kritik der reinen Vernunft* zusammen.

282,32 *teleologischen* ⟨. . .⟩ *Naturbeurteilung*] Sie gilt der
Erkenntnis einer allgemeinen Zweckmäßigkeit in der Natur.

282,36 *unter der Rubrik der theoretischen Vernunft nicht findest*] Kant zufolge gehört das Schöne zunächst in den
Bereich der theoretischen Vernunft. Erst in einer abschlie-
ßenden Überlegung definiert er im § 59 der *Kritik der
Urteilskraft* die Beziehung des Schönen zur praktischen
Vernunft. Schiller dagegen interessiert sich von Beginn an
stärker für die Nähe des Schönen zur Moralität. Er kommt
zu dem Ergebnis, Schönheit sei »Freiheit in der Erscheinung«.

283,11 *Die praktische Vernunft*] Im folgenden referiert
Schiller Überlegungen der *Kritik der praktischen Vernunft*.

283,19 *heteronomisch, bestimmt*] Von außen bestimmt.

283,22 *autonomisch bestimmt sein*] Aus sich selbst bestimmt sein.

285,4f. *diese Analogie eines Gegenstandes mit der Form der pr.*

Vernunft] Die praktische Vernunft, so Schiller, schreibt dem Gegenstand Freiheit zu; er kann aber nicht frei, aus sich selbst bestimmt sein (da der Vernunftidee der Freiheit keine Anschauung entsprechen kann), sondern nur frei erscheinen. Schiller erkennt eine Analogie zwischen dem frei erscheinenden Gegenstand und der Form der praktischen Vernunft (Selbstbestimmung). Kant hatte dagegen die Analogie nur auf seiten der Erkenntnisvermögen gesehen: Schönheit symbolisiert das Sittlichgute insofern, als es per analogiam die Realität der Freiheit erweist. Indem sich die Urteilskraft angesichts des Schönen selbst das Gesetz gibt, verfährt sie so wie die Vernunft angesichts des Begehrungsvermögens. Gemeinsam ist der Erfahrung des Schönen und der sittlichen Handlung die Selbstbestimmung; das Spiel der Einbildungskraft angesichts des Schönen wie der Wille sind frei von äußeren Bestimmungen. Zwar gelingt es Schiller nicht, Schönheit am Objekt selbst zu erkennen, aber er macht zu Recht gegen Kant geltend, daß im freien Spiel der Einbildungskraft eine Vergegenständlichung stattfinde; es sei die Struktur des schönen Gegenstandes selbst, seine ihren eigenen Gesetzen überlassene Form, die im Spiel der Einbildungskraft in Erscheinung trete. Kant sieht sittliche Freiheit symbolisiert in der Freiheit der Einbildungskraft anläßlich der Anschauung eines schönen Gegenstandes. Schiller dagegen sieht sie symbolisiert in der frei entfalteten Gestalt des Kunstwerks, die sich vergegenständlicht im Spiel der Einbildungskraft. An der Definition, Schönheit sei Freiheit in der Erscheinung, hat Schiller seit den *Kallias*-Briefen in allen späteren kunsttheoretischen Schriften festgehalten. Sie besagt, daß uns in der bloßen Form des Kunstwerks Freiheit, das Fundament der Sittlichkeit, das sonst nur der Vernunft zugänglich ist, anschaubar werden soll. Sie besagt nicht etwa, daß Kunstwerke Freiheit zum Inhalt haben sollten.

285,21 *Teleophanie, Logophanie]* (Griech.) Das Erscheinen, Sichtbarwerden von Zweckmäßigkeit und Vernünftigkeit.

286,4f. *diese elenden Schindersknechte*] Die Empörung über die Hinrichtung Ludwigs XVI. hat zu Schillers Verurteilung der Französischen Revolution entscheidend beigetragen.

286,8 *aus Deinem Briefe*] Körners Brief vom 15. 2. 1793.

287,27f. *die bisherigen Religionairs in der Moralphilosophie*] Nach Zedler sind »Religiosen«, »Lat. Religiosi, Fr. Religionnaires« Ordensleute, welche die Gelübde des Gehorsams, der Keuschheit und Armut abgelegt haben. Schiller greift hier vermutlich eine strikte Regelgläubigkeit in der Ethik an.

288,10f. *mich ⟨...⟩ expektorieren*] Mein Herz ausschütten.

289,20 *»die Unabhängigkeit ⟨...⟩*] Die Anführungszeichen dienen auch hier der Hervorhebung.

290,30 *nötigt.«*] Die Abführung fehlt in Hs.

294,11f. *aus Achtung fürs Gesetz*] Vgl. Kants *Kritik der praktischen Vernunft*, 1. Teil, 1. Buch, 3. Hauptstück.

296,6 *moralische Schönheit*] Der Begriff deutet auf Schillers Konzept der schönen Moralität voraus, das in *Anmut und Würde* entwickelt wird.

297,4f. *ob sie frei, d. i. durch sich selbst bestimmt erscheinen*] In immer neuen Variationen sucht Schiller die Freiheit zu beschreiben, die im Schönen zur Anschauung kommt: Das Schöne erweckt den Eindruck, nicht von außen bestimmt zu sein; es scheint so, als sei es ungezwungen, absichtslos, sich selbst überlassen, eigenen Gesetzen folgend, zweckfrei; es erklärt sich aus sich selbst etc. Welcher Art die Freiheit ist, die da im Schönen erscheinen soll, erläutert der Aufsatz *Über Anmut und Würde*; sie ist die ungezwungene Übereinstimmung von Vernunft und Sinnlichkeit.

297,19 *Zweitens*] Dieser Teil ist in den *Kallias*-Briefen nicht ausgeführt.

297,28f. *Synthesis a priori*] Nach Kant das Prinzip des Bewußtseins, die Gegenstände der Erfahrung zur Einheit zusammenzufassen.

300,15ff. *so wie die Vorstellung der NaturKausalität ⟨...⟩ so ist eine Vorstellung von Technik nötig*] Wie die Freiheit des Willens nur vorstellbar ist mit Rücksicht auf ihr Gegenteil, Naturkausalität, so läßt sich Freiheit sinnlich darstellen nur mit Hilfe ihres Gegenbegriffs, Technik, verstanden als Zweckmäßigkeit. Nur die Abwesenheit strenger Zweckmäßigkeit kann den Anschein von Freiheit erwecken. Die Analogie zwischen moralischer und ästhetischer Freiheit ist wiederum angeregt durch § 59 der *Kritik der Urteilskraft*.

301,1 *Schönheit ist Natur in der Kunstmäßigkeit*] Der Begriff der Natur erhält hier den Vorzug vor dem der Freiheit, weil er bezeichnen soll, daß Schönheit in der empirischen Welt angesiedelt ist. Zugleich erlaubt der Begriff der Natur, am Freiheitsbegriff festzuhalten. Das Schöne ist insofern frei, als es unabhängig ist von Zwecksetzungen, aus eigenem Recht besteht wie die Natur. An dieser Stelle sind Natur und Freiheit zusammengedacht; überwiegend, zumal in den späteren Schriften, sieht Schiller die der Kausalität unterworfene Natur in Opposition zur Freiheit. Freiheit meint häufig die Aufhebung des Naturzwangs.

301,12f. *was durch seine eigene Regel ist ⟨...⟩ Regel in der Freiheit.*] Freiheit, verstanden als Selbstbestimmung, und Regelhaftigkeit des Schönen lassen sich, das hat Schiller scharf gesehen, nur dergestalt vereinbaren, daß die jeweiligen ästhetischen Strukturen als im Kunstwerk gleichsam selbst generiert erscheinen, und nicht etwa den Eindruck erwecken, sie seien ihm, etwa als poetische Norm, von außen vorgegeben.

302,21 *Zelter*] Ein Pferd, das den Paßgang geht.

305,30 αυτον] Griech. auton »selbst«, »für sich«.

306,15f. *nicht bloße Autonomie, sondern Heautonomie muß da sein*] Heautonomie läßt sich mit »Selbstselbstbestimmung« übersetzen; der Ausdruck soll vermutlich eine zweifache Autonomie bezeichnen. Schiller spricht dem technischen Bau eines Musikinstruments Autonomie zu, insofern alle Einrichtungen zur Erzeugung von Tönen perfekt realisiert sind, ohne vom Material, etwa vom Holz der Geige, beeinträchtigt zu sein. Nimmt man das Material in den Blick, so ist die technische Einrichtung des Instruments ihm äußerlich, heteronom. Von Heautonomie spricht Schiller dann, wenn die natürliche Beschaffenheit eines sich selbst überlassenen Dings auch die Form bestimmt. Heautonomie bleibt dem Schönen vorbehalten: »aber Heautonomie hat nur das Schöne, weil nur an diesem die Form durch das innere Wesen bestimmt ist« (S. 310,4-6). Die Mamorstatue muß den Anschein erwecken, als sei dem harten Material nichts natürlicher, als eine menschliche Gestalt anzunehmen. Der Begriff der Heautonomie anders bei Kant, *Kritik der Urteilskraft*, Einleitung, V.

307,37 *Kant ⟨. . .⟩ in seiner Critik d. Urtheilskraft*] Vgl. § 45.

308,3 *Natur, sagt er, ist schön*] Der Satz lautet bei Kant: »schöne Kunst muß als Natur *anzusehen* sein, ob man sich ihrer zwar als Kunst bewußt ist. Als Natur aber erscheint ein Produkt der Kunst dadurch, daß zwar alle *Pünktlichkeit* in der Übereinkunft mit Regeln, nach denen allein das Produkt das werden kann, was es sein soll, angetroffen wird; aber ohne *Peinlichkeit*, ohne daß die Schulform durchblickt, d. i. ohne eine Spur zu zeigen, daß die Regel dem Künstler vor Augen geschwebt, und seinen Gemütskräften Fesseln angelegt habe.« (§ 45.)

310,12ff. *Vollkommen ist ein Gegenstand ⟨. . .⟩ schön ist er*] Aus der rationalistischen Ästhetik behält Schiller, unter seinem Begriff der Technik, die Vollkommenheit terminologisch zwar bei, aber er knüpft an sie eine Bedingung: die Vollkommenheit des Schönen muß »als Natur erscheinen«. Das Vollkommene verdient nur dann das Prädikat schön, wenn es aussieht, als wenn die Einheit des Mannigfaltigen, die Technik, »aus dem Dinge selbst freiwillig hervorgeflossen wäre« (S. 310,11).

310,23 *zu haben glaubte –*] Der Gedankenstrich fehlt in der Handschrift; auch Jonas 3, S. 279, setzt ihn.

310,24f. *Wo aber Ordnung, Proportion etc. zur Natur ⟨. . .⟩ gehören*] Indem Schiller auf Natur insistiert, gelingt es ihm, die in der rationalistischen Ästhetik Wolffs und seiner Schüler behauptete Gleichung von Schönheit und Proportionalität außer Kraft zu setzen. Eine Birke und eine Eiche sind gleichermaßen schön, weil sie, jeweils sich selbst überlassen, gerade oder krumm wachsen.

311,23 *einem freien Spiel der Natur gleich sieht*] Den Spiel-Begriff entwickelt Schiller in *Anmut und Würde*, vor allem aber in den Briefen *Über die ästhetische Erziehung*.

312,4f. *In der ästhetischen Welt ist jedes Naturwesen ein freier Bürger*] Auf den hier beiläufig angedeuteten Zusammenhang zwischen ästhetischer und politischer Theorie geht Schiller näher in den *Ästhetischen Briefen* ein.

312,7f. *konsentieren*] Franz. consentir »zustimmen«.

314,20 *Warum ist das Naive schön?*] Vgl. die Abhandlung *Über naive und sentimentalische Dichtung*.

314,22 *Virgil*] Das 4. Buch der *Aeneis* von Vergil hat Schiller selbst übersetzt. Die Übersetzung erschien im Märzheft der ›Neuen Thalia‹ 1792 (Fricke/Göpfert, Bd. 3).

315,19 *Folgende Linie*] Der Maler und Kupferstecher William Hogarth (1697-1764) hat in seiner *Analysis of beauty* (1753, dt. Übersetzung von Mylius 1754) die Schönheit der Schlangenlinie erörtert. Darauf hat Körner Schiller in seinem Brief vom 18. 1. 1793 hingewiesen. Vgl. auch Anm. 346,25.

317,20f. *Cesar, Cato*] Gaius Iulius Caesar (100-44 v. Chr.); Cato vgl. Anm. 265,33.

317,21 *Cimon*] Kimon (gest. 449 v. Chr.), Feldherr des attischen Seebundes gegen die Perser.

317,21 *Phocion*] Phokion (402-318), athenischer Feldherr.

317,21 *Thomas Jones*] Tom Jones, Held des Romans *The history of Tom Jones, a Foundling* (1749) von Henry Fielding (1704-1754).

317,22 *Grandison*] Sir Charles Grandison, Held des gleichnamigen Romans (1753/54) von Samuel Richardson (1698-1761).

317,27f. *die milden Tugenden mehr als die heroischen*] Vgl.

dagegen die Wertschätzung heroischer Tugenden und eines »männlichen Geschmacks« in *Über das Pathetische* (S. 427,34).

318,6 *philosophische Religionslehre*] Kants Schrift *Die Religion innerhalb der Grenzen der bloßen Vernunft* (1793).

318,7 *Exegesis*] (Griech.) »Erklärung«. Exegese meint vor allem die Auslegung biblischer Texte.

318,33 *propension*] Lat. propensio »Hang«, »Neigung«.

319,16 *Theodicee*] Das geplante Gedicht unter diesem Titel hat Schiller nicht geschrieben. Der Begriff verweist auf die Abhandlung von Gottfried Wilhelm Leibniz *Essais de théodicée sur la bonté de Dieu, la liberté de l'homme et l'origine du mal* (1710).

319,28 *Jakob und sein Herr*] Diderots Roman *Jacques le Fataliste et son maître* war lange vor der ersten französischen Ausgabe von 1796 als ungedruckte Schrift in Deutschland bekannt geworden. Der Mannheimer Theaterintendant Heribert von Dalberg besaß eine solche Abschrift des Romanmanuskripts, die Schiller schon 1785 als Vorlage für seine Erzählung *Merkwürdiges Beispiel einer weiblichen Rache* benutzte. Die deutsche Übersetzung, die Schiller nennt, stammt von W. C. S. Mylius: *Jakob und sein Herr aus Diderots ungedrucktem Nachlasse*, Berlin 1792.

319,30 *Minna*] Gemeint ist die Frau von Christian Gottfried Körner, Minna Körner, geb. Stock.

319,34 *zweite Schwester*] Schillers Schwester Luise.

320,7 *Der Tod des jungen Ludwigs*] Dora Stock, die Schwester von Körners Frau, hatte in einem Brief an Charlotte Schiller vom »Tod des unglücklichen Ludwig« berichtet. Schiller hatte das zunächst auf eine ihm näher bekannte Person bezogen. Tatsächlich war aber die Hinrichtung Ludwigs XVI. am 21. 1. 1793 gemeint.

320,13 *Coadjutor*] Amtsgehilfe und vorausbestimmter Nachfolger eines Bischofs. Gemeint ist Karl Theodor von Dalberg, Statthalter in Erfurt und Koadjutor des Mainzer Kurfürsten und Erzbischofs.

320,22 *Die Nachricht von Hubern*] Ludwig Ferdinand

Huber (1764-1804) war ein gemeinsamer Freund Schillers und Körners. Er war als Dresdner Beamter in Mainz tätig und hatte dort den Schriftsteller Georg Forster (1754-1794) kennengelernt. Während Forster nach der französischen Besetzung als Anhänger der Jakobiner in Mainz blieb, flüchtete Huber mit dessen Frau Therese Forster aus der Stadt. Huber hatte aufgrund der Schwierigkeiten, die ihm aus dieser Verbindung gemacht wurden, seine Entlassung aus dem Staatsdienst betrieben. Er heiratete die Frau Georg Forsters nach dessen Tod 1794.

321,25 *»Das Schöne der Kunst]* Mit diesem Titel hat Schiller eine Beilage zu seinem Brief an Körner vom 28. 2. 1793 versehen. In ihr zieht er eine erste Bilanz dieser Korrespondenz über die Schönheit. Der Brief selbst geht auf Fragen der Ästhetik nicht ein. Darum wird hier, wie in älteren Ausgaben auch, nur die Beilage abgedruckt.

321,32 *Das Schöne der Natur, sagt Kant]* Der Satz lautet in der *Kritik der Urteilskraft* § 48: »Eine Naturschönheit ist ein *schönes Ding*; die Kunstschönheit ist eine *schöne Vorstellung* von einem Dinge.« Wie Kant besteht auch Schiller darauf, daß die Kunstschönheit einen anderen Realitätsstatus als die Naturschönheit hat; die Kunstschönheit ist vom Menschen produziert und muß darum anders als die Naturschönheit beurteilt werden. Im Fortgang wird deutlich, daß Schiller unter »Vorstellung« auch »Darstellung« und »Nachahmung« versteht.

322,5 *stricte sic dicta]* Im genauen Sinne des Wortes.

323,1f. *Das Kunstschöne ⟨. . .⟩ nur eine Nachahmung]* Schiller behält den Begriff der Nachahmung terminologisch bei (wie auch in *Vom Erhabenen*), definiert ihn aber in diesem Abschnitt als »freie Darstellung«. »Frei dargestellt heißt also ein Gegenstand, wenn er der Einbildungskraft als durch sich selbst bestimmt vorgehalten wird.« Gegenstand der Darstellung ist, pointiert gesagt, nicht die Natur, sondern die »Natur des Darzustellenden«, seine »Individualität« (S. 322f.). Darunter versteht Schiller seine Form, in der sich die »Idee« der Freiheit realisiert. Die ästhetische Gestalt soll uns als aus sich selbst bestimmt erscheinen, die Form muß »den Stoff besiegt« haben. Es darf der Marmorstatue nicht anzumerken sein, daß sie Produkt der Arbeit an einem harten Material ist. »Die Marmornatur, welche hart und spröd ist, muß in der Natur des Fleisches, welches biegsam und weich ist, völlig untergegangen sein, und weder das Gefühl noch das Auge darf daran erinnert werden.« (S. 324f.)

325,27 *Das Gegenteil der Manier ist der Stil*] Vgl. Goethes Aufsatz *Einfache Nachahmung der Natur, Manier, Styl*, der im Februar 1789 in Wielands ›Teutschem Merkur‹ erschienen war.

325,37 *Notwendigen*] Das Abführungszeichen fehlt in der Handschrift. Die An- und Abführungszeichen dienen auch hier wieder der Hervorhebung, sie besagen nicht, daß zitiert wird.

326,12 *Eckhof oder Schröder*] Konrad Ekhof (1720-1778), Schauspieler am Hamburger Nationaltheater, später Leiter einer Theatertruppe in Gotha. Friedrich Ludwig Schröder (1744-1816) war Schauspieler und Theaterdirektor in Hamburg.

326,28 *Madame Albrecht*] Sophie Albrecht hatte in der Frankfurter Uraufführung von *Kabale und Liebe* (am 13. 4. 1784) die Luise gespielt; seither kannte sie Schiller.

327,4 *Herr Brückl*] Schauspieler in Dresden, dessen Darstellung des Philipp in *Don Karlos* Körner gerügt hat (an Schiller, 18./19. 2. 1789).

329,33 *(Die Fortsetzung künftigen Posttag.)*] Obwohl Körner ihn in Briefen am 4. und 7. 3. 1793 drängte, hat Schiller auf eine Fortsetzung der *Kallias*-Studie verzichtet. Seine schlechte Gesundheit sowie die Herausgabe der ›Neuen Thalia‹ (April/Mai) und die Arbeit an *Anmut und Würde* im Mai und Juni haben ihn daran gehindert. An Körner schreibt er am 5. 5. 1793: »Gerne hätte ich unsern ästhetischen Briefwechsel wieder fortgesetzt, aber einige dringendere Arbeiten müssen noch vorher *expedirt* seyn ⟨...⟩. Ueber meine Schönheits*theorie* habe ich unterdessen wichtige Aufschlüsse erhalten, und ein bejahendes *objectives* Merkmal der Freiheit in der Erscheinung ist nun gefunden.« (Jonas 3, S. 311f.) Es ist schwer auszumachen, welches »Merkmal« hier gemeint ist. Die Mitteilung läßt aber vermuten, daß Schiller mit seinen bisherigen Versuchen, ein objektives Prinzip des Schönen zu finden, selbst nicht zufrieden war.

ÜBER ANMUT UND WÜRDE

TEXTGESTALT

Erstdruck: *Ueber Anmuth und Würde*, in: Neue Thalia, 1793,
2. Stück, S. 115-230.

Separataausgabe der betreffenden Bogen aus der ›Thalia‹:
Über Anmuth und Würde. An Carl von Dalberg in Erfurth.
Was du hier siehest, edler Geist, bist du selbst. Milton.
Leipzig, bey G. J. Göschen. 1793, S. 115-230. Die Abhand-
lung erschien auch als selbständige Buchausgabe mit der
gleichen Widmung an Schillers Freund und Gönner Karl
Theodor von Dalberg, Leipzig 1793. (Ausführlicher zur
Textüberlieferung: NA 21, S. 214f.) Dalberg hatte in seinen
Grundsaetzen der Aesthetik (1791) vorgeschlagen, im Begriff
der Schönheit »Anmut« und »Kraft« zu unterscheiden. Die
Widmung zitiert aus Miltons *Verlorenem Paradies* (IV 468).

Dritter Druck und Druckvorlage: *Kleinere prosaische
Schriften*, Bd. 2, 1800, S. 217-354.

Die Lesarten sind in NA 21, S. 215f., verzeichnet. Einige
Abweichungen gegenüber dem Erstdruck werden in dieser
Ausgabe im »Stellenkommentar« genannt.

QUELLEN UND ASPEKTE DER DEUTUNG

Schiller hat die Abhandlung für die ›Neue Thalia‹ geschrieben, dort erschien sie im 2. Stück Mitte Juni 1793. Körner
berichtet er am 27. 5. 1793:

> Die Thalia darf nicht in Stocken gerathen und ich werde
> durch meine Mitarbeiter gar zu schlecht unterstützt. Deß-
> wegen habe ich mich dieser Tagen mit 2 Aufsätzen dafür
> beschäftigt. Der eine handelt von Anmuth und Würde,

der andre ist über pathetische Darstellung. Ich glaube,
daß beide Dich interessiren werden.
(Jonas 3, S. 313.)

Zum ersten Mal hat Schiller in *Anmut und Würde* seine Betrachtungen zum Schönen und Erhabenen, wie sie in den
Kallias-Briefen und in *Über das Pathetische* entwickelt sind,
systematisch zusammengeführt. Angeregt haben ihn vor
allem folgende Werke: Kant, *Kritik der Urteilskraft* und
Kritik der praktischen Vernunft, Sulzer, *Allgemeine Theorie der
schönen Künste*, Henry Home, *Grundsätze der Kritik*, Mendelssohn, *Über die Empfindungen*, Wielands *Musarion oder Die
Philosophie der Grazien*, Winckelmann, *Geschichte der Kunst
des Alterthums*. Ob und auf welchem Wege Schiller Shaftesburys Konzept der moral grace kennengelernt hat, dem sein
Begriff der Anmut nahekommt, ist schwer zu klären.

Unter Anmut faßt Schiller ästhetische Phänomene, in
denen Charakterschönheit, die Freiheit der »schönen Seele«, sinnlich anschaubar wird. Daß die Anmut von Naturschönheit zu unterscheiden sei, daß zu ihr Leichtigkeit,
Unabsichtlichkeit etc. gehören, haben viele Autoren vor
Schiller gesehen. Seine Leistung besteht vor allem darin,
solche Beobachtungen in sein anthropologisches Konzept
zwangloser Harmonie von Vernunft und Sinnlichkeit zu
integrieren und dem Begriff der Anmut so neue ästhetisch-
moralische Konturen zu verleihen. Dabei nimmt er das
Ergebnis der *Kallias*-Briefe auf, Schönheit sei Freiheit in
der Erscheinung. In *Anmut und Würde* kann er zeigen, welche Freiheit im Schönen anschaubar werden soll. Es ist die
Freiheit, die in der zwanglosen Übereinstimmung von Vernunft und Sinnlichkeit besteht; frei ist, wer mit sich selbst
eins ist. Diese Vorstellung von Freiheit ist kritisch gegen
den Rigorismus der Kantischen Ethik entworfen, wie
Schiller ihn verstand. Da die Moral der schönen Seele durch
Affekte aber gefährdet werden kann, muß er ihr die erhabene Moral an die Seite stellen, die mit Kants Grundsätzen
übereinstimmt. Augenscheinlich hat Schiller dies Nebeneinander als mißlich empfunden, und er versucht deshalb,

am Ende der Schrift Anmut und Würde, ästhetische Phänomene also, die zwei verschiedene Formen sittlicher Freiheit anschaulich werden lassen, zusammenzufassen: »Sind Anmut und Würde ⟨. . .⟩ in derselben Person *vereinigt*, so ist der Ausdruck der Menschheit in ihr vollendet« (S. 385,30ff.). Ob dieser Versuch gelingen konnte, ist in der Forschung umstritten. Einige Gründe sprechen dafür, daß die strikte Entgegensetzung von Anmut und Würde, die Schiller zunächst vornimmt, eine Vermittlung nicht zuläßt.

Es ist keineswegs überraschend, daß Schiller im Revolutionsjahr 1793 Fragen der ästhetischen und moralischen Freiheit auch im Zusammenhang mit politischer Freiheit erörtert: »So wie die *Freiheit* zwischen dem gesetzlichen Druck und der Anarchie mitten inne liegt, so werden wir jetzt auch die *Schönheit* zwischen der *Würde*, als dem Ausdruck des herrschenden Geistes, und der *Wollust*, als dem Ausdruck des herrschenden Triebes, in der Mitte finden« (S. 364,36ff.).

Kant hat Schillers Abhandlung in der 2. Aufl. der *Religion innerhalb der Grenzen der bloßen Vernunft* (1794) gerühmt, Schillers Einwand gegen seine Ethik allerdings zurückgewiesen. Goethe hat Schillers Geringschätzung der Natur in *Anmut und Würde* bedenklich gefunden und womöglich auch die kritische Passage über Genialität auf sich bezogen (siehe »Wirkung«).

WIRKUNG

Kant ist auf *Über Anmut und Würde* in der 2. Auflage der *Religion innerhalb der Grenzen der bloßen Vernunft* (1794) eingegangen (1. Stück, Anmerkung):

Herr Prof. *Schiller* mißbilligt in seiner mit Meisterhand verfaßten Abhandlung (Thalia 1793, 3tes Stück) über *Anmut und Würde* in der Moral diese Vorstellungsart der Verbindlichkeit, als ob sie eine karthäuserartige Gemütsstimmung bei sich führe; allein ich kann, da wir in den

wichtigsten Prinzipien einig sind, auch in diesem keine
Uneinigkeit statuieren; wenn wir uns nur unter einander
verständlich machen können. – Ich gestehe gern: daß ich
dem *Pflichtbegriffe*, gerade um seiner Würde willen, keine
Anmut beigesellen kann. Denn er enthält unbedingte
Nötigung, womit Anmut in geradem Widerspruch steht.
Die Majestät des Gesetzes (gleich dem auf Sinai) flößt
Ehrfurcht ein (nicht Scheu, welche zurückstößt, auch
nicht Reiz, der zur Vertraulichkeit einladet), welche *Achtung* des Untergebenen gegen seinen Gebieter, in diesem
Fall aber, da dieser in uns selbst liegt, ein *Gefühl des Erhabenen* unserer eigenen Bestimmung erweckt, was uns
mehr hinreißt als alles Schöne. – Aber die *Tugend*, d. i. die
fest gegründete Gesinnung, seine Pflicht genau zu erfüllen, ist in ihren Folgen auch *wohltätig*, mehr wie alles, was
Natur oder Kunst in der Welt leisten mag; und das herrliche Bild der Menschheit, in dieser ihrer Gestalt aufgestellt, verstattet gar wohl die Begleitung der *Grazien*, die
aber, wenn noch von Pflicht allein die Rede ist, sich in
ehrerbietiger Entfernung halten. Wird aber auf die anmutigen Folgen gesehen, welche die Tugend, wenn sie
überall Eingang fände, in der Welt verbreiten würde, so
zieht alsdann die moralisch-gerichtete Vernunft die Sinnlichkeit (durch die Einbildungskraft) mit ins Spiel. Nur
nach bezwungenen Ungeheuern wird Herkules *Musaget*,
vor welcher Arbeit jene gute Schwestern zurück beben.
Diese Begleiterinnen der Venus Urania sind Buhlschwe-
stern im Gefolge der Venus Dione, sobald sie sich ins
Geschäft der Pflichtbestimmung einmischen und die
Triebfedern dazu hergeben wollen. – Frägt man nun,
welcherlei ist die *ästhetische* Beschaffenheit, gleichsam das
Temperament der Tugend, mutig, mithin *fröhlich*, oder
ängstlich-gebeugt und niedergeschlagen? so ist kaum
eine Antwort nötig. Die letztere sklavische Gemütsstimmung kann nie ohne einen verborgenen *Haß* des Gesetzes statt finden und das fröhliche Herz in *Befolgung* seiner
Pflicht (nicht die Behaglichkeit in *Anerkennung* dessel-

ben) ist ein Zeichen der Echtheit tugendhafter Gesinnung, selbst in der *Frömmigkeit*, die nicht in der
Selbstpeinigung des reuigen Sünders (welche sehr zweideutig ist und gemeiniglich nur innerer Vorwurf ist,
wider die Klugheitsregel verstoßen zu haben), sondern
im festen Vorsatz, es künftig besser zu machen, besteht,
der, durch den guten Fortgang angefeuert, eine fröhliche
Gemütsstimmung bewirken muß, ohne welche man nie
gewiß ist, das Gute auch *lieb gewonnen*, d. i. es in seine
Maxime aufgenommen zu haben.

Goethe schreibt in dem vermutlich 1817 entstandenen Aufsatz *Erste Bekanntschaft mit Schiller 1794*:
  Sein ⟨Schillers⟩ Aufsatz über Anmut und Würde war
  ebensowenig ein Mittel mich zu versöhnen. Die Kantische Philosophie, welche das Subjekt so hoch erhebt,
  indem sie es einzuengen scheint, hatte er mit Freuden in
  sich aufgenommen; sie entwickelte das Außerordentliche was die Natur in sein Wesen gelegt, und er, im
  höchsten Gefühl der Freiheit und Selbstbestimmung,
  war undankbar gegen die große Mutter, die ihn gewiß
  nicht stiefmütterlich behandelte. Anstatt sie als selbständig, lebendig vom Tiefsten bis zum Höchsten gesetzlich
  hervorbringend zu betrachten, nahm er sie von der Seite
  einiger empirischen menschlichen Natürlichkeiten. Gewisse harte Stellen sogar konnte ich direkt auf mich
  deuten, sie zeigten mein Glaubensbekenntnis in einem
  falschen Lichte; dabei fühlte ich, es sei noch schlimmer
  wenn es ohne Beziehung auf mich gesagt worden; denn
  die ungeheure Kluft zwischen unsern Denkweisen klaff-
  te nur desto entschiedener. ⟨...⟩ Wir gelangten zu
  seinem Hause, das Gespräch lockte mich hinein; da trug
  ich die Metamorphose der Pflanzen lebhaft vor, und ließ,
  mit manchen charakteristischen Federstrichen, eine symbolische Pflanze vor seinen Augen entstehen. Er vernahm und schaute das alles mit großer Teilnahme, mit
  entschiedener Fassungskraft; als ich aber geendet, schüt-

telte er den Kopf und sagte: das ist keine Erfahrung, das
ist eine Idee. Ich stutzte, verdrießlich einigermaßen:
denn der Punkt der uns trennte, war dadurch aufs strengste bezeichnet. Die Behauptung aus Anmut und Würde
fiel mir wieder ein, der alte Groll wollte sich regen, ich
nahm mich aber zusammen und versetzte: das kann mir
sehr lieb sein, daß ich Ideen habe ohne es zu wissen und
sie sogar mit Augen sehe.
(Artemis-Ausgabe, Bd. 12, S. 621f.)

Hölderlin an Neuffer, 10. 10. 1794:
  Vieleicht kann ich Dir einen Aufsaz über die *ästhetischen
  Ideen* schiken; weil er als ein Kommentar über den Phäd-
  rus des Plato gelten kann, und eine Stelle desselben mein
  ausdrüklicher Text ist, so wär' er vieleicht für Konz
  brauchbar. Im Grunde soll er eine Analyse des Schönen
  und Erhabenen enthalten, nach welcher die Kantische
  vereinfacht, und von der andern Seite vielseitiger wird,
  wie es schon Schiller zum Theil in s. Schrift über Anmuth
  und Würde gethan hat, der aber doch auch einen Schritt
  weniger über die Kantische Gränzlinie gewagt hat, als er
  nach meiner Meinung hätte wagen sollen.
  (Große Stuttgarter Ausgabe, Bd. 6.1, S. 137.)

Fr. Schlegel an A. W. Schlegel, 17. 11. 1793:
  Ich hoffte durch die kleine Rhapsodie über Allheit, Einheit und Vielheit, meine Gedanken in das hellste Sonnenlicht gestellt zu haben; und nun kannst Du noch
  sagen ⟨...⟩ die Vernunft hersche in Schillers leztem
  Wercke ⟨d. i. *Anmut und Würde*, d. Hg.⟩, welches ⟨doch⟩
  so ganz ausschließend ein Erzeugnis des Verstandes *allein*
  ist. ⟨...⟩ Ist jener Trieb unnatürlich stark, so entstehen
  herz- und marklose Vernünftler, bey gemeinen Anlagen;
  ein unzählbarer Haufen neurer Aufklärer u. s. w. in unserm Vaterlande kann zum Beyspiel dienen. *Große* Anlagen aber zerrüttet keine Ausschweifung so sehr, der
  Kranke drängt nur die Natur zu kennen, das Schöne und

Gute zu wissen, bis alles Leben stumpf wird, und das
Herz ohne Rettung verzweifelt. – Du wirst erstaunen,
wenn ich Dir eingestehe; daß Schiller iezt ohngefähr hier
steht; ich behaupte aber daß Du diesen Gang seines Geistes für sein Wesen selbst genommen hast. Ich glaube den
Uebergang von seinen alten zu seinen neuen Werken gefunden zu haben, der mir ehedem unmöglich schien.
Nehmlich wer als Jüngling ganz in Einbildung lebt, der
muß als Mann ganz im Verstande leben. Aber es müßte
doch tiefer hin noch im Verborgenen etwas zum Grunde
liegen, das ihn so mächtig von Abgrund zu Abgrund
stürzte. Und dieses ist es, was ich nicht aufhören kann,
an ihm wie überall für *groß* zu achten, die *Leidenschaft zum
Ewigen.*
(Kritische Friedrich-Schlegel-Ausgabe, Bd. 23, S. 158.)

W. v. Humboldt schreibt in seinem Aufsatz *Über Schiller und
den Gang seiner Geistesentwicklung*:
In ›Anmut und Würde‹ und in den ›Briefen‹ über die
ästhetische Erziehung des Menschen‹ ist diese Vorstellungsweise ⟨die ästhetische⟩ ausführlich dargelegt. Ich
zweifle, daß diese mit den gehaltreichsten Ideen und einer seltenen Schönheit des Vortrags ausgestatteten Aufsätze jetzt noch häufig gelesen werden, aber es ist in
vieler Rücksicht zu bedauern. Zwar sind beide Werke,
und namentlich die ›Briefe‹, nicht von dem Vorwurfe frei
zu sprechen, daß Schiller, um seine Behauptungen fest zu
begründen, einen zu strengen und abstrakten Weg gewählt und es sich zu sehr versagt hat, seinen Gegenstand
auf eine in der Anwendung fruchtbarere Weise zu behandeln, ohne doch dadurch den Forderungen einer Deduktion bloß aus Begriffen wirklich zu genügen; aber über
den Begriff der Schönheit, über das Ästhetische im
Schaffen und Handeln, also über die Grundlagen aller
Kunst, sowie über die Kunst selbst, enthalten diese Arbeiten alles Wesentliche auf eine Weise, über die es
niemals möglich sein wird hinauszugehen. In diesem

ganzen Gebiet dürfte schwerlich eine Frage vorkommen, deren richtige Beantwortung sich nicht würde bis zu den in diesen Abhandlungen aufgestellten Prinzipien hinaufführen lassen. Dies liegt nicht bloß in der scharfen Absonderung und Begrenzung der Begriffe, sondern fließt bei weitem mehr aus dem viel selteneren Verdienst, alle in ihrem ganzen Umfange, ihrem vollen Gehalte, schon mit der Ahnung aller aus ihnen hervorgehenden Folgerungen hingestellt zu haben. Überhaupt werden die Ideen in diesen Aufsätzen nicht sowohl gespalten und zerlegt, als, wenn mir das Gleichnis erlaubt ist, gewissermaßen in Facetten geschnitten, von denen jede ein neues Licht empfängt und zurückwirft. Dies gilt vorzüglich von der letzten Hälfte von ›Anmut und Würde‹, wo die Unterschiede zwischen verschiedenen Arten der Gesinnung und des Betragens geschildert sind.
(Zit. nach: Norbert Oellers [Hg.], *Schiller – Zeitgenosse aller Epochen*, Frankfurt/Main 1970, S. 293.)

STELLENKOMMENTAR

330,1 *Über Anmut und Würde*] Das Begriffspaar weist auf venustas und gravitas in der antiken Rhetorik zurück (NA 21, S. 216f.), die Schiller vermutlich schon auf der Karlsschule kennengelernt hat. Die Begriffe »grace« und »dignity« in Henry Homes *Elements of Criticism* (1762-65) sind in der Übersetzung von J. N. Meinhard (*Grundsätze der Kritik*, Leipzig 1763-66), die Schiller schon in Bauerbach las, mit »Anmut« und »Würde« (11. Kap.) wiedergegeben. – Anmut, Grazie und Reiz werden oft synonym verwendet; sie spielen in der Ästhetik des 18. Jahrhunderts eine bedeutende Rolle. (Siehe immer noch F. Pomezny, *Grazie und Grazien in der deutschen Literatur des 18. Jahrhunderts*, Hamburg, Leipzig 1900.)

330,2ff. *Die griechische Fabel*] Die Mythe, mit der Schiller seine Betrachtungen beginnt, hat auch Sulzer im Artikel

»Reiz« in seiner *Allgemeinen Theorie der schönen Künste* nacherzählt. Schiller hat sich offensichtlich an ihm orientiert. Sulzers Dreiteilung (»das blos Schöne, das Reizende und das Große«) kehrt bei Schiller wieder in den Begriffen: architektonische Schönheit, Anmut und Würde. Ähnlich wie Sulzer gibt auch Schiller eine eher rationalistische Deutung der mythischen Vorlage. Während aber Sulzer dem prosaischeren Begriff des Reizes den Vorzug gibt, hält Schiller am Begriff der Grazie fest und verwendet daneben Anmut, Reiz, Liebreiz synonym. Dem Gürtel der Anmut widmen sich bereits die Gedichte *Die Götter Griechenlandes* (1. Fassung) und *Die Künstler* (vgl. Bd. I dieser Schiller-Ausgabe).

330,10 *Gnidus*] Knidos, Stadt in Kleinasien mit einem Heiligtum der Aphrodite.

330,13 *Allegorie*] Die mythische Erzählung vom Gürtel der Anmut, den Venus trägt, wird von Schiller rationalistisch als Allegorie gedeutet, als bildhafte Einkleidung eines Vernunftbegriffs. »Entkleidet man die Vorstellung der Griechen von ihrer allegorischen Hülle, so scheint sie keinen andern, als folgenden Sinn einzuschließen« (S. 331,20ff.). Schillers Deutungsversuch setzt sich hier tendenziell über das ›Je ne sais quoi‹ hinweg, welches das Unbegreifliche und Geheimnisvolle der Anmut im 17. und 18. Jahrhundert bewahrt hatte. (Vgl. E. Köhler. *»Je ne sais quoi«. Ein Kapitel aus der Begriffsgeschichte des Unbegreiflichen*, in: E. K., *Esprit und arkadische Freiheit*, Frankfurt/Main 1966, S. 230-286.) Demgegenüber hält Kleists Erzählung *Über das Marionettentheater* (1810) am Unbegreiflichen der Anmut fest.

330,14 *Juno*] Vgl. Homer, *Ilias* XIV 214-223.

330,16f. *den Jupiter auf dem Ida bezaubern*] Begriffe wie Bezauberung, Reiz und Liebe deuten darauf hin, daß Schiller und seinem Publikum die erotische Qualität der unwiderstehlichen Wirkung, die vom Gürtel der Venus ausgeht, wohl bewußt war; er hat sie aber ausschließen wollen. Insofern korrigiert er die mythische Erzählung, der die Verführungskraft der Anmut selbstverständlich war.

330,25 *Prärogativ]* Vorrecht.

331,33-35 *der Person ⟨. . .⟩ die objektive Eigenschaft der Anmut verleiht]* In der mythischen Erzählung findet Schiller
eine willkommene Bestätigung für seine in den *Kallias-*
Briefen entwickelte These, das Schöne lasse sich an den
Gegenständen selbst nachweisen.

332,22-26 *Gürtel des Reizes ⟨. . .⟩ Schönheit der Bewe-
gung]* Vor Schiller hatten schon Shaftesbury, Home, Mendelssohn, Lessing u. a. die Anmut oder den »Reiz« als
»Schönheit der Bewegung« gedeutet. Bei Mendelssohn
heißt es unter Berufung auf Hogarths Schönheitslinie
(Anm. 315,19): »Man sagt selten eine reitzende Blume, ein
reitzendes Gebäude, aber wohl eine reitzende Geberde,
reitzende Gestus, reitzende Mienen, eine reitzende Wendung u. s. w. In allen diesen Fällen findet die Linie der
Schönheit statt, nicht wie sie auf einmal im Raume da stehet; sondern wie sie nach und nach durch die Bewegung
gezeichnet wird. Die Maler drucken den Reitz durch eine
flammigte Linie aus, mit welcher unsere Einbildungskraft
allezeit den Begriff von einer Bewegung verbindet.« (Mendelssohn, *Über die Empfindungen,* in: Jubiläumsausgabe,
Bd. 1, S. 316.) Anschließend zitiert Mendelssohn den Artikel »Grace« aus der *Encyclopédie* von M. Watelet.

333,33 *moralischer Empfindungen]* Moralisch meint im 18.
Jahrhundert häufig: geistig, bewußt, auch ›human‹.

334,26-28 *Anmut ⟨. . .⟩ schöner Ausdruck der Seele in den
willkürlichen Bewegungen]* Willkürlich bedeutet in diesem
Aufsatz willentlich, absichtlich. Im Fortgang der Schrift
definiert Schiller die unwillkürlichen, unbeabsichtigten Bewegungen als anmutig. (S. 348,18-21 und Anm. 347,6.) Sie
sind als »Ausdruck der Seele« zu deuten, als sichtbares Zeichen einer bestimmten Gemütsverfassung, in der Vernunft
und sinnliche Natur zwanglos zusammenstimmen: diesem
Zustand der Subjektivität reserviert die Schrift den Begriff
der »schönen Seele« (S. 370,24). – Natur, Freiheit und Spiel
sind weitere Begriffe, mit deren Hilfe Schiller seine Vorstellung der Anmut zu präzisieren sucht. Die »Seele gibt die

Schönheit des Spiels« (S. 344,29f.). »Grazie ist immer nur die Schönheit der durch *Freiheit bewegten Gestalt*« (S. 345,8f.). Bestimmungen wie diese zeigen, daß Schiller in *Anmut und Würde* die Definition der *Kallias*-Briefe beibehält, Schönheit sei Freiheit in der Erscheinung. Aber er kann nunmehr angeben und anschaulich machen, welche Freiheit er meint: es ist die Freiheit der zwanglos und harmonisch ihre Kräfte entfaltenden Subjektivität (S. 371,17ff.).

334,32-34 *»Anmut ist eine Schönheit ⟨. . .⟩ von dem Subjekte selbst hervorgebracht«*] (Die Anführungszeichen dienen lediglich der Hervorhebung.) Schiller betont, im Unterschied zur naturgegebenen Schönheit, das Moment der Selbsttätigkeit in der Anmut, die aber unangestrengt erscheinen müsse. Das Argument kehrt später in der Polemik gegen das Genie wieder. – Auch Shaftesbury hat unterstrichen, daß sich gerade die mühelosen Bewegungen der Anmut durch Kunst und Erziehung fördern lassen. Zwar gibt es »gewisse Leute, die von der Natur selbst so glücklich gebildet wurden, daß sie, bey der größten Einfalt und Rohigkeit der Erziehung, immer etwas von einer gewissen Anmuth und Artigkeit in ihrem Anstande haben; und es giebt andre von einer bessern Erziehung, die durch eine falsche Richtung und unweise Erkünstelung der Anmuth am himmelweitesten davon entfernt sind. Es ist aber unleugbar, daß man die höchste Vollkommenheit der Anmuth und Artigkeit in Anstand und Betragen bloß unter Leuten von einer edlern Erziehung findet.« (Shaftesbury, *Selbstgespräch, oder Erinnerung an einen Schriftsteller*, zuerst 1710, in: *Philosophische Werke*, Leipzig 1776, Bd. 1, S. 247f.) Schon O. Walzel (Säkular-Ausgabe, Bd. 11, S. 327f.) hat die Übereinstimmung zwischen Schiller und Shaftesbury gesehen: die Anmut ist Ausdruck der Seele, sie kann erworben werden, und sie muß von falscher Anmut unterschieden werden. Seelische Anmut (moral grace) ist für Shaftesbury wie für Schiller die Bedingung der äußeren Anmut (outward grace). (*Selbstgespräch*, 3. Teil, 3. Abschnitt, S. 433f.) Schiller beschreibt aber die innere Verfassung des Subjekts, die »schöne Seele«, anders als Shaftesbury. (Vgl. auch E. Cassirer, *Schiller und Shaftesbury*, in: PEGS 1935, S. 37-59.)

334,36 *zu entwickeln*] In der ›Thalia‹ und in der Separatausgabe: exegetisch herauszuziehen.

336,7 *der technischen Vollkommenheit*] Technisch meint hier: zweckmäßig; vgl. Anm. 300,15ff.

336,23 *das ästhetische Urteil*] In Übereinstimmung mit Kants These, daß das Schöne ohne Begriffe gefalle (*Kritik der Urteilskraft* § 6).

338,28-30 *der Künstler ⟨. . .⟩ den Schein unterhält*] Auf den künstlich erzeugten Schein gehen bereits die *Kallias*-Briefe ein (S. 324, vgl. auch »Entstehung, Quellen und Aspekte der Deutung«, S. 1306f. sowie Anm. 297f.).

340,29f. *die Sinnenwelt gewissermaßen in ein Reich der Freiheit verwandelt*] Auch hier ist die Formel der *Kallias*-Briefe, Schönheit sei Freiheit in der Erscheinung, gegenwärtig. Das »gewissermaßen« zeigt an, daß Vernunftgriffen prinzipiell keine Anschauung entsprechen kann. Anders als in den *Kallias*-Briefen kann Schiller hier einsichtig machen, daß sich Schönheit in der Tat als »Bürgerin zwoer Welten« begreifen läßt, der sinnlichen Welt wie auch der Vernunftwelt zugehört.

341,13 *Analytik des Schönen*] So hat Kant das 1. Buch der *Kritik der Urteilskraft* genannt. Schillers Analytik blieb ungeschrieben.

343,5 *lebendig*] In der ›Thalia‹ und in der Separatausgabe: technisch

344,29f. *die Seele gibt die Schönheit des Spiels*] Hier und am Ende des Abschnitts über die Anmut (S. 371) kommt Schiller Mendelssohns Vorstellung von der Grazie außerordentlich nahe; Mendelssohn sieht die Anmut mit dem Naiven verwandt:

Die *Grazie*, oder die hohe *Schönheit in der Bewegung* ist gleichfalls mit dem Naiven verbunden, da die Bewegungen des Reizenden natürlich, leichtfließend und sanft auf einander hinweg gleiten, und ohne Vorsatz und Bewußtseyn zu erkennen geben, daß die Triebfedern der Seele, die Regungen des Herzens, aus welcher diese freywilligen Bewegungen fließen, eben so ungezwungen spielen, eben so sanft übereinstimmen, und eben so kunstlos sich entwickeln. Daher ist auch allezeit die Idee der Unschuld und der sittlichen Einfalt mit der hohen Grazie verbunden. –

(M. Mendelssohn, *Betrachtungen über das Erhabene und Naive in den schönen Wissenschaften* (1771), in: Jubiläumsausgabe, Bd. 1, S. 488.)

Wie Mendelssohn betont auch Schiller die Leichtigkeit und das ungezwungene Spiel der anmutigen Bewegungen. Beide deuten sie als Ausdruck der seelischen Verfassung. Auch Mendelssohn sieht ein ›ungezwungenes Spiel‹, eine ›sanfte Übereinstimmung‹ in den »Regungen des Herzens«, die in den anmutigen Bewegungen offenbar werden. Wo aber Mendelssohn unterminologisch von den Regungen des Herzens spricht, kann Schiller mit seiner anthropologischen Entdeckung aufwarten: es ist die zwanglose, spielerische Harmonie von Vernunft und Sinnlichkeit, die in anmutigen Bewegungen sichtbar wird. Der Begriff des Spiels zur Beschreibung der Seele, die Schiller die »schöne Seele« nennt, findet sich bereits bei Mendelssohn; erst Schiller macht ihn in den Briefen *Über die ästhetische Erziehung* zum Schlüsselbegriff seiner Anthropologie und Kunstphilosophie.

345,A2 *Home*] Henry Home, *Grundsätze der Kritik*, vgl. Anm. 330,1.

345,A2 *Berichtiger*] Gemeint ist Georg Gottlieb Schatz, der die 3. Auflage der Meinhardschen Übersetzung von Homes *Elements of Criticism* mit Anmerkungen versehen hat.

346,26 *wie Mendelssohn*] Schiller referiert aus den Briefen *Über die Empfindungen* den Passus: »Und den Reitz? Vielleicht würde man ihn nicht unrecht durch die *Schönheit der wahren oder anscheinenden Bewegung* erklären. Ein Beyspiel der erstern sind die Mienen und Geberden der Menschen, die

durch die Schönheit in den Bewegungen reitzend werden;
ein Beyspiel der letztern hingegen, die flammigten, oder mit
Hogarthen zu reden, die Schlangenlinien, die allezeit eine
Bewegung nachzuahmen scheinen.« (Jubiläumsausgabe,
Bd. 1, S. 283.) – Mit der Schönheitslinie Hogarths beschäftigen sich schon die *Kallias*-Briefe (S. 315 und Anm.).
Schiller hält eine phänomenologische Beschreibung der
Anmut für unzureichend und besteht darauf, sie als Ausdruck einer Empfindung zu fassen. Diesem Kriterium
genügt Mendelssohns Definition der Grazie in den *Betrach-*
tungen über das Erhabene und Naive, vgl. Anm. 344,29f.

347,6 *sympathetische Bewegungen]* Bewegungen, die der
psychischen Verfassung korrespondieren. Mit der eigentümlichen Sympathie zwischen Körper und Seele nimmt
Schiller ein Motiv seiner Jugendphilosophie wieder auf;
vgl. S. 149,27f. und Anm. Die sympathetischen, im Gemüt
begründeten und daher »unwillkürlichen«, graziösen Bewegungen stellt der Aufsatz auf der einen Seite den »willkürlichen«, »abgezweckten« gegenüber, auf der andern
Seite den Bewegungen aus dem reinen Naturtrieb. Weder
die vom Willen noch die von Affekten gesteuerten Bewegungen können anmutig sein. Graziös kann eine absichtliche Bewegung nur dann sein, wenn sie als unwillkürlich
erscheint.

350,10-13 *Grazie hingegen muß jederzeit Natur ⟨...⟩, als*
wenn es um seine Anmut wüßte] Hier ist die Nähe zu Kleists
Über das Marionettentheater (1810) offensichtlich.

350,19 *Fausses Gorges]* (Franz.) Künstlicher, »falscher«
Busen.

351,A5 *Guelfo]* Hauptfigur in F. M. Klingers Drama *Die*
Zwillinge (1776).

351,A5 *Anmut der Darstellung]* In der ›Thalia‹ und in der
Buchausgabe steht: Schönheit der Darstellung.

351,A5 *daß die Menschheit in ihm selbst zur Zeitigung kom-*
me] Ähnlich verlangt Schiller in der Bürger-Rezension,
der Dichter solle »seine Individualität so sehr als möglich
⟨...⟩ veredeln«, S. 974,9f.

357,A6 *Obesität* / Fettleibigkeit.

357,A6 *Genie* ⟨. . .⟩ *welches* ⟨. . .⟩ *mit der architektonischen Schönheit vieles gemein hat* / Schillers Polemik zielt auf ein Publikum, dem, wie er meint, ganz zu Unrecht architektonische Schönheit und Genialität, die doch beide lediglich Naturprodukte seien, mehr gelten als Anmut und wahre ästhetische Produktivität. Letztere sind aber, als Leistungen des Geistes, ungleich höher zu schätzen als bloße Naturgaben. Offensichtlich wird in dieser Anmerkung der Genie-Ästhetik des Sturm und Drang das Urteil gesprochen. Goethe kann einzelne Wendungen auf sich bezogen haben, wenn er »gewisse harte Stellen« des Aufsatzes tadelt (siehe »Wirkung«). Vor allem dürfte ihn die Geringschätzung der Natur in diesem Aufsatz befremdet haben. Schiller verdächtigt das Genie einer »wildaufgeschossenen üppigen *Naturkraft*«, welche die Freiheit des Verstandes bedrohe. Später ist von »Anarchie« die Rede (S. 364,37,), welche die ästhetische wie auch politische Ordnungen zerstört.

357,A6 *Beide Günstlinge der Natur werden* ⟨. . .⟩, *als eine höhere Kaste betrachtet* / Schillers Kritik der Naturschönheit und des Genies erhält ihre besondere Pointe durch die politische Auslegung. Das ästhetische Urteil der Zeitgenossen über das Genie, so Schillers Argument, ist ebenso zweifelhaft wie das politische über den Geburtsadel. Über die Legitimität des Geburtsadels, deren Fragwürdigkeit Schiller in den Jahren der Französischen Revolution bei seinem Publikum vorauszusetzen scheint, sucht er der Legitimität des Genies, dem angeblich alles in die Wiege gelegt sei, den Boden zu entziehen. Er versteht die Kunst auch als Produkt zivilisatorischer Leistungen; das Genie muß »durch Grundsätze, Geschmack und Wissenschaft« (S. 358,A6) gestärkt werden.

358,A6 *denjenigen Dichtergenien* / Vermutlich sollte dieser Seitenhieb nicht so sehr Goethe, viel eher J. W. Heinse und G. A. Bürger treffen.

359,29f. *so streng* ⟨. . .⟩ *so unnachläßlich* / Nur die Anmut bietet die einzigartige Möglichkeit, die einander widersprechenden Forderungen, vernünftig und sinnlich zu sein, zum harmonischen Ausgleich zu bringen.

361,7-365,3 *Man erlaube mir]* Einen langen Abschnitt widmet Schiller im Revolutionsjahr 1793 dem Zusammenhang von moralischer, ästhetischer und politischer Freiheit. Ausgangspunkt seiner Überlegung ist die sinnlich-vernünftige Doppelnatur des Menschen; sie erlaubt »dreierlei Verhältnisse«: Die Vernunft herrscht über die sinnliche Natur, beide Vermögen sind in Harmonie oder die Triebnatur beherrscht die Vernunft.

Den Dualismus von Vernunft und Natur, der die moralische und ästhetische Verfassung der Subjektivität bestimmt, nutzt Schiller auch als Erklärungsmuster für politische Ordnungen. Dem Monarchen, der seinen Willen gegen die »Neigung des Bürgers« durchsetzt, entspricht in Schillers Beschreibung der Subjektivität der erhabene Charakter; dem noch »brutaleren Despotismus der untersten Klassen«, der zur Anarchie führe, entspricht die ruinöse Herrschaft der Triebnatur über die Vernunft. Diese Deutung der Französischen Revolution führen die Briefe *Über die ästhetische Erziehung* fort.

Schillers ästhetische Präferenz liegt bei der Anmut, die moralische beim schönen Charakter, in dem Vernunft und Natur zwanglos harmonieren. Politische Freiheit sieht er, zwischen »gesetzlichem Druck« und »Anarchie« (Herrschafts- und Gesetzlosigkeit, s. Anm. 364,37), gegenwärtig im Regiment des aufgeklärten Absolutismus realisiert, im »monarchischen Staat«, in dem, »obgleich alles nach eines Einzigen Willen geht, der einzelne Bürger sich doch überreden kann, daß er nach seinem eigenen Sinne lebe, und bloß seiner Neigung gehorche« (S. 361,9-12). Schiller behauptet hier den Willen des Souveräns und die gesetzliche Ordnung als vernünftig, die revolutionäre Beseitigung dieser Ordnung als Werk der entfesselten Triebnatur.

361,12f. *so nennt man dies eine liberale Regierung]* Liberal meint um 1800 häufig: ohne Zwang, großzügig, verständig. (Vgl. *Geschichtliche Grundbegriffe*, Stuttgart 1972ff.)

364,7 *Inkarnat*] (Lat.) Der fleischfarbene Ton.

364,20ff. *den moralischen Sinn ⟨...⟩ der ästhetische Sinn*] Vgl. S. 441,26ff. und Anm.

364,30 *Ochlokratie*] Begriff der griechischen Staatsphilosophie, Herrschaft der Menge, des Pöbels, Verfallsform der Demokratie.

364,37 *Anarchie*] Im Griechischen ursprünglich »Führer- oder Herrschaftslosigkeit«. Der Begriff wurde um 1800 negativ, aber auch positiv gedeutet. (Vgl. »Anarchie« in *Geschichtliche Grundbegriffe*.)

366,12ff. *den Rigoristen ⟨...⟩ Latitudinarier*] Die Begriffe Rigorist (strenger Verfechter von Grundsätzen) und Latitudinarier übernahm Schiller aus Kants Schrift *Die Religion innerhalb der Grenzen der bloßen Vernunft* (1793), die er Anfang des Jahres gelesen hatte. Kant nennt Rigoristen die Anhänger der »strengen Denkungsart«; die Latitudinarier, Vertreter einer weitherzigen Auslegung von Vorschriften, sind ihm teils »Indifferentisten«, teils »Synkretisten« (1. Stück, Anmerkung). – Mit diesem Abschnitt beginnt Schillers berühmte Auseinandersetzung mit Kants Ethik. Kant läßt nur diejenigen Handlungen als sittlich gelten, die aus Pflicht und allenfalls mit, d. h. in Begleitung von Neigungen erfolgen. Schiller nimmt Anstoß an der »Härte«, mit der er bei Kant sinnliche Triebe von der Bestimmung des Willens ausgeschlossen sieht. Sein Entwurf schöner Moralität nimmt »edle« Affekte an, Neigungen, die den Willen veranlassen, das zu tun, was die Pflicht vorschreibt. Dabei beruft er sich auf die schon auf der Karlsschule gewonnene anthropologische Überzeugung, die menschliche Natur sei als Einheit zu betrachten. Sie läßt ihn nach einer Lösung suchen, den u. a. bei Kant formulierten Dualismus von Vernunft und Natur zu überwinden. Er findet sie in der »schönen Seele«. – An Goethe schreibt Schiller am 17. 8. 1795:

Hält man sich an den eigenthümlichen Charakterzug des Christenthums, der es von allen monotheistischen Religionen unterscheidet, so ligt er in nichts anderm als in

der *Aufhebung des Gesetzes* oder des Kantischen Impera-
tivs, an deßen Stelle das Christenthum eine freye Neigung gesetzt haben will. Es ist also in seiner reinen Form
Darstellung *schöner* Sittlichkeit oder der Menschwerdung
des heiligen, und in diesem Sinn die einzige *aesthetische*
Religion.

Der Brief ist ein wichtiger Beleg für M. Brelages These,
Schillers Kritik am imperativen Charakter des Kantischen
Sittengesetzes erneuere die Paulinische Kritik am Legalis-
mus des pharisäischen Judentums und Luthers Kritik am
katholischen spätmittelalterlichen Moralismus, aber unter
Verzicht auf deren transzendente Bedingungen. In Schillers
Unterscheidung von reiner und schöner Moral kehre der
Gegensatz des Menschen sub lege und sub gratia wieder.
Manfred Brelage, *Schillers Kritik an der Kantischen Ethik oder
Gesetz und Evangelium in der philosophischen Ethik*, in: M. B.,
Studien zur Transzendentalphilosophie, hg. v. Ä. Brelage, Ber-
lin 1965. – Kant ist auf Schillers Einwände gegen seine
Ethik ausführlich in der 2. Auflage der *Religion innerhalb der
Grenzen der bloßen Vernunft* eingegangen (siehe »Wirkung«).
– Schiller war mit Kants Bemerkungen zu *Anmut und Würde*
hochzufrieden. An Körner schrieb er am 18. 5. 1794:

> In der neuen Ausgabe seiner philosophischen Religions-
> lehre hat Kant sich über meine Schrift von Anmuth und
> Würde herausgelaßen, und sich gegen den darinn ent-
> haltenen Angriff vertheidigt. Er spricht mit großer Ach-
> tung von meiner Schrift, und nennt sie das Werk einer
> Meisterhand. Ich kann Dir nicht sagen, wie es mich freut,
> daß diese Schrift in seine Hände fiel, und daß sie diese
> Wirkung auf ihn machte.

An Kant schrieb Schiller am 13. 6. 1794:

> Ich kann diese Gelegenheit nicht vorbey gehen laßen,
> ohne Ihnen, verehrungswürdigster Mann, für die Auf-
> merksamkeit zu danken, deren Sie meine kleine Abhand-
> lung gewürdigt, und für die Nachsicht, mit der Sie mich
> über meine Zweifel zurecht gewiesen haben. Bloß die
> Lebhaftigkeit meines Verlangens, die Resultate der von

Ihnen gegründeten Sittenlehre einem Theile des Publikums annehmlich zu machen, der biß jetzt noch davor zu fliehen scheint, und der eifrige Wunsch, einen nicht unwürdigen Theil der Menschheit mit der Strenge Ihres Systems auszusöhnen, konnte mir auf einen Augenblick das Ansehen Ihres Gegners geben, wozu ich in der That sehr wenig Geschicklichkeit und noch weniger Neigung habe. Daß Sie die Gesinnung, mit der ich schrieb, nicht mißkannten, habe ich mit unendlicher Freude aus Ihrer Anmerkung ersehen, und dieß ist hinreichend, mich über die Mißdeutung zu trösten, denen ich mich bey andern dadurch ausgesetzt habe.

Über seine widersprüchliche Beziehung zur Kantischen Ethik teilte er Friedrich Heinrich Jacobi am 29. 6. 1795 mit:

Da wo ich bloß niederreisse und gegen andre Lehrmeynungen offensiv verfahre, bin ich streng kantisch; nur da wo ich aufbaue, befinde ich mich in Opposition gegen Kant. Indeßen schreibt er mir, daß er mit meiner Theorie ganz zufrieden sey: ich weiß also doch noch nicht recht, wie ich gegen ihn stehe.«

In dem Xenion *Gewissensscrupel* erlaubt sich Schiller, mit Kants moralischem Rigorismus sogar ironisch umzugehen: »Gerne dien ich den Freunden, doch thu ich es leider mit Neigung, | Und so wurmt es mir oft, daß ich nicht tugendhaft bin.«

368,3 *ein grober Materialismus*] Gemeint sind die schon in Schillers Jugendphilosophie kritisierten französischen Materialisten.

368,7 *Perfektionsgrundsatz*] Gegen Leibniz' Lehre von der Welt als der besten aller möglichen Welten gerichtet, die auch besagt, daß selbst das Übel die Entwicklung zur Vollkommenheit befördert. Vgl. S. 37,13 und Anm.

368,16 *enthusiastischer Ordensgeist*] Anspielung auf die geheimen Gesellschaften der Freimaurer und Illuminaten.

368,23f. *der Drako seiner Zeit ⟨. . .⟩ eines Solons noch nicht wert*] Der athenische Gesetzgeber Drako zeichnete 621 v. Chr. zum ersten Mal die Strafgesetze auf, die wegen ihrer

Strenge sprichwörtlich wurden. Die Gesetze des Atheners Solon gelten dagegen als weise und menschlich. Vgl. *Die Gesetzgebung des Lykurgus und Solon* (NA 17).

368,31 *Kinder des Hauses*] Vermutlich Schillers eigener Begriff. B. von Wiese und H. Koopmann weisen in der *Nationalausgabe* (Bd. 21, S. 227f.) zu Recht darauf hin, daß die hier von den Kommentatoren angeführten Bibelstellen (Joh. 8,34f.; Röm. 8,14f.; 1. Kor. 7,22) nicht ohne weiteres als Quelle in Betracht kommen. Sie nehmen an, daß Schiller eher auf einen Sachverhalt im römischen Recht anspielen könnte: »im geschlossenen Kreise der Familie heißt der Sohn ›Kind des Hauses‹ (lat. filius familias)«, so lautet ein Hinweis unter »Kind« in Grimms DWb. Vgl. auch das Dramenfragment *Kinder des Hauses* (NA 12). – Der Passus besagt, daß bei Familienmitgliedern kultivierte »uneigennützige« Affekte angenommen werden dürfen, die moralisches Verhalten garantieren, nicht aber bei »Knechten«, die darum dem Zwang des Moralgesetzes unterliegen.

368,36 *Laxität*] Nachgiebigkeit, Schlaffheit.

368,37 *Konvenienz*] Bequemlichkeit.

369,8 *die imperative Form des Moralgesetzes*] Kants kategorischer Imperativ lautet in der *Kritik der praktischen Vernunft* (§ 7): »Handle so, daß die Maxime deines Willens jederzeit zugleich als Prinzip einer allgemeinen Gesetzgebung gelten könne.«

369,23f. *mit dem austeren Geist*] Mit dem strengen Geist.

369,A7 *Glaubensbekenntnis des V. d. K. von der menschlichen Natur*] Kant, Verfasser der drei kritischen Schriften, schreibt in *Die Religion innerhalb der Grenzen der bloßen Vernunft*, der Mensch sei von Natur radikal böse. Diesem »Glaubensbekenntnis« hat Schiller schon im Brief an Körner am 28. 2. 1793 energisch widersprochen.

370,23f. *was man unter einer schönen Seele verstehet*] Eine »schöne Seele«, »Charakterschönheit«, besitzt für Schiller diejenige Subjektivität, in der Vernunft und sinnliche Natur zwanglos, d. h. frei zusammenstimmen. Ihr sinnlicher Ausdruck ist Anmut. An dieser Stelle sieht Schiller in der schönen Seele die höchste Stufe der Humanität. Im Widerspruch dazu erklärt er am Schluß des Aufsatzes, erst in der Vereinigung von Anmut und Würde sei die Humanität vollendet (S. 385). Schillers »schöne Seele« steht u. a. dem griechischen Begriff der Kalokagathie, Shaftesburys moral grace und Wielands *Musarion oder die Philosophie der Grazien* (zuerst 1768) nahe. Zur Deutung der »schönen Seele« bei Goethe (*Wilhelm Meisters Lehrjahre*), F. Schlegel, Hegel u. a. vgl. B. Bräutigam, *Leben wie im Roman*, 1986.

372,4f. *die Anmut mehr bei dem weiblichen Geschlecht*] So urteilt z. B. auch Sulzer im Artikel »Reiz«. Vgl. auch Anm. 426,37f. und das Gedicht *Tugend des Weibes* (Bd. I dieser Ausgabe).

372,28 *zu affektionierten Handlungen*] Handlungen, die aus (guten) Affekten entstehen. Im *Kallias*-Brief vom 23. 2. 1793 äußert er über solche Handlungen, daß sie uns »mehr gefallen als rein moralische, weil sie Freiwilligkeit zeigen ⟨. . .⟩« (S. 317,23ff.).

373,24 *vegetabilischen*] Pflanzlichen.

375,A8 *der Reinholdischen Briefe*] Schiller bezieht sich auf *Briefe über die Kantsche Philosophie*, die Carl Leonhard Reinhold (1758-1823) zunächst für Wielands ›Teutschen Merkur‹ schrieb und 1790-92 als Buch herausbrachte. Reinhold, Professor der Philosophie in Jena 1787-94, später in Kiel, war begeisterter Kantianer. Seine Darstellung trug erheblich zur Verbreitung der Kantischen Philosophie in Deutschland bei.

378,14f. *Die schöne Seele muß sich also im Affekt in eine erhabene verwandeln*] Neben die schöne Moralität stellt Schiller eine zweite, die erhabene, die er bereits in andern Schriften auf den Spuren Kants entwickelt hat. Zugrunde liegt dieser Unterscheidung die Annahme, daß es zwei Formen sinnlicher Natur gibt: ursprüngliche Affekte (rohe Natur) und »edle« Affekte, durch Vernunft kultivierte Neigungen. Sind »edle« Affekte im Spiel, wird die schöne Moralität möglich. Macht sich die »blinde Gewalt des Affekts« bemerkbar, so kann nur Erhabenheit, die Beherr-

schung der Natur durch die Vernunft, moralisches Handeln
gewährleisten. Dabei bleibt zu fragen, ob die erhabene Moral nur für den Notfall vorgesehen ist. Am Ende der Schrift
versucht Schiller, schöne und erhabene Moral zu vereinbaren.

378,16f. *Temperamentstugend*] Dieser Begriff wie auch
»gutes Herz« finden sich schon in Kants *Beobachtungen über
das Gefühl des Schönen und Erhabenen* (1764).

380,11 *Gesetzt, wir erblicken*] Hier wie auch in *Über das
Pathetische* deutet Schiller die Laokoon-Gruppe im An-
schluß an Winckelmann als geglückte Darstellung des
Erhabenen in der bildenden Kunst, vgl. S. 434,2 und Anm.

381,22 *mit Liberalität*] Weil in der Anmut die vom Geist
kultivierten Neigungen gehorsam das tun, was er befiehlt,
kann er »liberal«, d. h. ohne Zwang (Anm. 361,12f.) mit
ihnen umgehen; er beläßt der Natur »einen Schein von
Freiwilligkeit«.

381,34 *Indulgenz*] (Lat.) Nachsicht.

381,A11 *über Pathetische Darstellungen*] Der Aufsatz *Über
das Pathetische.*

382,7 *Würde ⟨. . .⟩ im Leiden (παθος)*] Griech. pathos
»Leiden«. Die Darstellung des Leidens und dessen Überwindung im Erhabenen sind Grundgesetze der Tragödie,
so S. 422.

382,8 *im Betragen (ηθος)*] Griech. ethos »Gewohnheit«,
»Charakter«.

382,11f. *die Würde ein Ausdruck des Widerstandes ⟨. . .⟩ dem
Naturtriebe*] Hier wird das Erhabene angesichts der Gewalt der sinnlichen Antriebe explizit als Gegengewalt gedeutet, auch S. 376; vgl. Anm. 242,37f.

385,30-32. *Sind Anmut und Würde ⟨. . .⟩ in derselben Person
vereinigt*] Die Vereinigung von Anmut und Würde ist in
der Schiller-Forschung umstritten. Die einen (B. von Wiese, H. Koopmann in der *Nationalausgabe*, Bd. 21) halten sie
für plausibel, andere (K. Hamburger, *Schillers Fragment
›Der Menschenfeind‹ und die Idee der Kalokagathie*, in: DVjs 30
[1956]; D. Henrich, *Der Begriff der Schönheit in Schillers Äs-*

thetik, in: Zs. f. philosophische Forschung, Bd. 11, 1957)
sehen sie im Widerspruch zu den Definitionen der Anmut
und Würde, die Schiller bis zu diesem Punkt gegeben hat:
Während der Anmut die Versöhnung von Vernunft und
Natur zugrunde liegt, findet in der Würde die Beherrschung der Sinnlichkeit durch Vernunft ihren Ausdruck. Es
ist schwer vorstellbar, wie sie unter diesen Bedingungen,
angesichts der Begriffe, die Schiller zur Verfügung stehen,
vereinigt werden können. – Wenn Schiller hier der Vereinigung von Anmut und Würde die Vollendung der Humanität zuerkennt, widerspricht er der früheren Einsicht, die
Anmut sei das »Siegel der vollendeten Menschheit«
(S. 320,22f.). Wenn Anmut und Würde zusammen das Ideal
der Humanität bilden, dann kann die Anmut für sich genommen dies Ideal nur partiell repräsentieren. Sie spiegelt
nur die Freiheit, die in der zwanglosen Verbindung von
Vernunft und Sinnlichkeit besteht; sie ist ergänzungsbe-
dürftig durch die erhabene Moral, die Freiheit als Befreiung
von Natur bestimmt.

386,5 *Niobe*] Vgl. S. 205,32. Zur mythologischen Bedeutung der Gestalt siehe Anm. 425,4.

386,6 *belvederischen Apoll*] Vgl. S. 204,3f. und Anm.

386,6f. *borghesischen geflügelten Genius*] Ausgestellt in der
Villa Borghese.

386,7 *Barberinischen Pallastes*] Palazzo Barberini in Rom.

386,A12 *Winkelmann*] Winckelmanns *Geschichte der
Kunst des Alterthums*, Wien 1776, 2 Teile. Schiller bezieht
sich auf einen Abschnitt im 1. Teil, 4. Kap., 3. St.

386,A12 *Leukothea*] Göttin der heiteren Meeresruhe.

387,14 *eine ihrer Ideen*] Die Idee der Freiheit.

387,21f. *Liebe; ein Gefühl, das von Anmut und Schönheit unzertrennlich ist*] Den Zusammenhang von Liebe, Achtung
und Neigung hat auch Kant in der *Kritik der praktischen
Vernunft* (1. Teil, 1. Buch, 3. Hauptstück) erörtert. In Schillers emphatischem Liebesbegriff sind Momente seines frühen Denkens, vor allem der Liebesphilosophie des Julius in
den *Philosophischen Briefen*, mitgedacht.

387,A12 *Home*] H. Home, *Grundsätze*, vgl. Anm. 330,1.
Schiller zitiert aus dem 2. Bd., Kap. 11: »Von der Würde
und der Anmut«.

388,A13 *Achtung«*] Vgl. Kants *Kritik der Urteilskraft*
§ 27: »Das Gefühl der Unangemessenheit unseres Vermögens zur Erreichung einer Idee, *die für uns Gesetz ist*, ist
Achtung.«

391,15f. *Soliman* ⟨. . .⟩ *Roxelane*] Figuren aus dem Drama *Soliman der Zweite* von Charles Simon Favart, das
Lessing im 33. Stück der *Hamburgischen Dramaturgie* bespricht. Vgl. Anm. 259,25.

391,20 *zum Edeln*] Vgl. Anm. 428,28f.

394,13 *ist*] In der ›Thalia‹ und in der Buchausgabe folgt:
Schiller

VOM ERHABENEN

TEXTGRUNDLAGE

Der Aufsatz *Vom Erhabenen* erschien im September 1793 im
3. und 4. Stück der Zeitschrift ›Neue Thalia‹ unter dem Titel
Vom Erhabenen und *Fortgesetzte Entwicklung des Erhabenen*
(S. 320-394 und S. 52-73). Beim Wiederabdruck in den *Kleineren prosaischen Schriften* (Bd. 3,1801) hat Schiller den 1. Teil
weggelassen, vermutlich deshalb, weil er ihn zu dicht an
Kant angelehnt fand. Es ist der Teil, der hier unter dem
ursprünglichen Titel *Vom Erhabenen* wiedergegeben wird.
Unser Text folgt dem Erstdruck in der ›Neuen Thalia‹,
1793, 3. Stück, S. 320-366.

Den 2. Teil der ursprünglichen Abhandlung nahm Schiller unter dem Titel *Über das Pathetische* in die *Kleineren
prosaischen Schriften* auf (Bd. 3, S. 310-372). Dieser Text wird
hier nach dem Zweitdruck wiedergegeben.

ASPEKTE DER DEUTUNG

Der Aufsatz *Vom Erhabenen* entstand, wie die Abhandlung
Über Anmut und Würde, im Frühjahr und Sommer 1793 (vgl.
den Brief an Körner, 27. 5. 1793, S. 1321f.) und greift vermutlich auf Gedanken zurück, die Schiller in den Vorlesungen zur Ästhetik im Winter 1792/93 entwickelt hatte. Über
weite Strecken stellt der Aufatz Schillers Versuch dar, sich
selbst und seinem Publikum Kants Theorie des Erhabenen
verständlich zu machen. Er vereinfacht Kants Gedankengang und illustriert ihn an Beispielen für das Erhabene, die
die Kantischen ergänzen sollen und die er u. a. in Edmund
Burkes *Philosophischen Untersuchungen über den Ursprung unsrer*

Begriffe vom Erhabnen und Schönen (zuerst London 1757, dt. Riga 1773) fand. Diese Schrift hat auf M. Mendelssohn, Lessing, Herder, Kant, Schiller u. a. einen großen Einfluß gehabt. Bekannt geworden ist sie in Deutschland zunächst durch die Besprechung Mendelssohns in der ›Bibliothek der schönen Wissenschaften und der freien Künste‹ (1758). Zu den Büchern über Kunst, mit denen sich Schiller zu Beginn des Jahres 1793 bereits beschäftigt hat, gehören auch Burkes *Untersuchungen*. Sie haben in der systematischen Übersicht über einige Theorien des Schönen im 1. *Kallias*-Brief ihren Platz gefunden. Burke ist wohl der erste Theoretiker, der das Erhabene dem Schönen grundsätzlich gegenüberstellt, und er führt den Schrecken als das Fundament des Erhabenen in die Ästhetik ein.

Gegenüber Kants These, daß das Erhabene im Subjekt angesiedelt sei und von erhabenen Objekten nur uneigentlich gesprochen werden könne, handelt Schiller eher unbekümmert von erhabenen Gegenständen. Wie Kant prüft auch er die Tauglichkeit der Religion für das Erhabene und bejaht sie nur mit größten Einschränkungen. Gelegentlich ersetzt er Kantische durch eigene Begriffe. Gegen Ende untersucht die Schrift einige poetologische Implikationen des Erhabenen. Sie erörtert literarische Beispiele, u. a. aus Vergil und Homer, und bewegt sich zielstrebig auf eine Definition des »Pathetischerhabenen« zu. Mit dieser Definition hat Schiller eine Formel gefunden, die aus den Widersprüchen des Aufsatzes *Über die tragische Kunst* herausführt. Es waren dies Widersprüche, die sich aus dem ungeklärten Status des Mitleids in seiner Theorie ergaben. In der vorliegenden Abhandlung findet Schiller unter dem Titel des »Pathetischerhabenen« eine Bestimmung, die das von Lessing übernommene Mitleid und das auf M. Mendelssohn zurückgehende Erhabene in eine klare Ordnung bringt. Das Mitleid, als Naturgefühl für Schiller hier aller Geringschätzung wert, ist gleichwohl ein unverzichtbares Instrument zur Erzeugung der erhabenen Gemütsverfassung, also der vernünftigen Befreiung von eben jenen

Affekten, ohne die die Erhabenheit gar nicht zustande kommt. Erhaben kann man sich »nur im Unglück zeigen«. Darum muß auch Schillers Theorie des Erhabenen eine Ästhetik des Schreckens einschließen.

Aus dem Pathetischerhabenen lassen sich leicht die »beiden Fundamentalgesetze aller tragischen Kunst« ableiten, die den Aufsatz abschließen: »*erstlich*: Darstellung der leidenden Natur; *zweitens*: Darstellung der moralischen Selbstständigkeit im Leiden.« Diese Definition folgt Mendelssohn, nicht Lessing; in ihr werden Grundzüge der heroischen Tragödie rehabilitiert. Damit ist auch die Frage aufgeworfen, ob womöglich in Schillers Abhandlungen zum Erhabenen und in seinen Tragödien die politischen Implikationen des französischen Klassizismus erkennbar sind.

STELLENKOMMENTAR

Kants Grundgedanken zum Erhabenen (*Kritik der Urteilskraft* § 24-29) haben schon in die Schriften *Über den Grund des Vergnügens* und *Über die tragische Kunst* Eingang gefunden. Die Kommentare zu diesen Schriften werden hier vorausgesetzt.

395,3 *Erhaben nennen wir*] Die einleitende Definition des Erhabenen folgt Kant; ähnlich findet sie sich schon in *Über den Grund des Vergnügens*.

395,7 *moralisch d. i. durch Ideen erheben*] Für Kant (§ 59 der *Kritik der Urteilskraft*) wie für Schiller hat das Schöne eine bloß symbolische Beziehung zur Sittlichkeit; seit den *Kallias*-Briefen definiert Schiller die Schönheit als »Freiheit in der Erscheinung«. Im Erhabenen dagegen sehen beide eine inhaltliche Beziehung zur Sittlichkeit. In Kants Formulierung: »Also ist das Gefühl des Erhabenen in der Natur Achtung für unsere eigene Bestimmung ⟨. . .⟩«; *Kritik der Urteilskraft* § 27. (Vgl. Götz Braun, *Norm und Geschichtlichkeit der Dichtung*, Berlin, New York 1983, S. 53ff.)

395,13f. *über die Natur, sowohl in uns als außer uns behaup-
ten]* Vgl. *Kritik der Urteilskraft* § 28: »Also ist die Erhabenheit in keinem Dinge der Natur, sondern nur in unserm
Gemüte enthalten, sofern wir der Natur in uns, und dadurch auch der Natur ⟨. . .⟩ außer uns, überlegen zu sein
uns bewußt werden können.«

396,19ff. *theoretisch groß, ein Erhabenes der Erkenntnis ⟨. . .⟩
praktisch groß, ein Erhabenes der Gesinnung]* »Theoretisch
groß« soll Kants Begriff des Mathematisch-Erhabenen,
»praktisch groß« den des Dynamisch-Erhabenen ersetzen.
Kant verbindet mit dem Mathematisch-Erhabenen die Vorstellung eines unendlich großen Raums, den das empirische
Erkenntnisvermögen (die Einbildungskraft) nicht erfassen
kann, so daß die Vernunft in Aktion tritt; mit dem Dynamisch-Erhabenen die Vorstellung von der furchterregen-
den Macht der Natur, die das physische Dasein des
Menschen bedroht und über die er sich dank seiner sittlichen Vernunft erheben kann. In der Reflexion des ästhetischen Urteils auf das Unendliche wird das »schlechthin
Große« des Denkvermögens, in seiner Reflexion auf die
Allmacht der Natur das »schlechthin Große« der sittlichen
Freiheit erfahren. Die mit dem Gefühl des Erhabenen verbundene Gemütsbewegung (im Unterschied zur kontemplativen Ruhe angesichts des Schönen) wird nach Kant
»durch die Einbildungskraft entweder auf das *Erkenntnis-*
oder auf das *Begehrungsvermögen* bezogen; in beiderlei Beziehung aber die Zweckmäßigkeit der gegebenen Vorstellung
nur in Ansehung dieser *Vermögen* (ohne Zweck oder Interesse) beurteilt werden: da dann die erste, als eine *mathematische*, die zweite als *dynamische* Stimmung der Einbildungskraft dem Objekte beigelegt, und daher dieses auf gedachte
zwiefache Art als erhaben vorgestellt wird« (*Kritik der Urteilskraft* § 24).

397,22 *so muß Furcht entstehen]* Vgl. *Kritik der Urteilskraft*
§ 28: »Wenn von uns die Natur dynamisch als erhaben beurteilt werden soll, so muß sie als Furcht erregend vorgestellt werden«.

398,9 *Ozean im Sturm*] Vgl. *Kritik der Urteilskraft* § 26,28.

398,27f. *Vorstellungstrieb ⟨...⟩ Erhaltungstrieb*] Anders als Kant nennt Schiller die Einbildungskraft und die Selbsterhaltung »Triebe«; vermutlich, um ihren sinnlichen Charakter zu unterstreichen. Die »Selbsterhaltung« (self-preservation) als Moment des Erhabenen hat schon Edmund Burke (1728-1797) in *A Philosophical Enquiry into the Origin of our Ideas of the Sublime and the Beautiful* (1. Teil, 6. Abschnitt) erörtert. Die berühmt gewordene Schrift erschien zuerst in England 1757 (2. Aufl. 1759), die erste (oft fehlerhafte) deutsche Übersetzung (Riga 1773) besorgte Christian Garve.

399,23f. *auf dem Bewußtsein dieser unsrer Vernunftfreiheit beruht*] Bündiger noch heißt es in *Über das Pathetische*: »alles Erhabene stammt *nur* aus der Vernunft« (S. 428,24f.).

399,24f. *Lust am Erhabenen*] Daß das Erhabene zugleich mit Lust und Unlust verbunden ist, haben vor Schiller und Kant bereits andere Theoretiker beobachtet. (Vgl. *Über den Grund*, S. 239,30 und Anm.) Als erster hat Burke den Vorschlag gemacht, in der Wirkung des Erhabenen zwei Phasen zu unterscheiden, es verursacht zunächst »pain«, dann »delight«. Mendelssohn hat für das besondere Vergnügen am Schrecken, das Burke delight nennt (und das er von pleasure, der Wirkung des Schönen, unterscheidet), den vorzüglichen Begriff »Frohsein« gefunden. Kant und Schiller haben ihn von Mendelssohn übernommen. (Vgl. E. Burke, *Vom Erhabenen und Schönen*, hg. v. F. Bassenge, Berlin 1956, Einleitung.)

400,9-32 *»Die unwiderstehliche Macht ⟨...⟩ machen kann.«*] Vgl. *Kritik der Urteilskraft* § 28.

403,2f. *aber die Quelle dieses Vergnügens ist logisch und nicht ästhetisch*] Vgl. *Kritik der Urteilskraft* § 23: »Das Schöne kommt darin mit dem Erhabenen überein, daß beides für sich selbst gefällt. Ferner darin, daß beides kein Sinnes- noch ein logisch-bestimmendes, sondern ein Reflexionsurteil voraussetzt«. Die Urteile, die einem Gegenstand zuschreiben, er sei schön oder erhaben, sind nach Kant beide ästhetisch, d. h. in einem Gefühl der Lust begründet. Sie sind grundsätzlich vom Erkenntnisurteil verschieden; ›erhaben‹ und ›schön‹ sind keine objektiven Prädikate, durch die Gegenstände erkannt werden können. Wenn also die Geschicklichkeit bemerkt wird, die bei der Bändigung der Natur am Werk ist, dann wird der Gegenstand nicht mehr ästhetisch beurteilt.

403,20f. *das Furchtbare erhaben zu finden, und Wohlgefallen daran zu haben*] Zur Lust am Schrecken vgl. u. a. *Über die tragische Kunst*, S. 251,14ff. u. Anm.

404,1 *ein Meersturm*] Das Bild aus Lukrez' *De rerum natura* findet sich schon im Aufsatz *Über die tragische Kunst*, S. 251,27 und Anm.

406,28f. *der Vernunftglaube an eine Unsterblichkeit*] Er kann Schiller zufolge nicht erhaben sein, weil er, auf seine Weise, den Schrecken des Todes ermäßigt und nur das Bedürfnis nach einer Fortdauer des Lebens befriedigt. Konstitutiv für das Erhabene ist vielmehr die Vorstellung einer ungemindert furchtbaren Todesdrohung, an der allein die Vernunft ihre Überlegenheit über das physische Dasein erweisen kann. Daß die Religion auf die Sinnlichkeit wirkt, bemerkt schon die *Schaubühnen*-Rede.

408,29f. *als sie in der göttlichen Vernunft ihre eigenen Gesetze erkennt*] Ähnlich deutet Kant die Erhabenheit der Gottheit als Funktion des Vernunfterhabenen.

409,A* *Wider diese Auflösung*] Die Anmerkung gibt einen Abschnitt aus § 28 der *Kritik der Urteilskraft* wieder.

412,12f. *kontemplativ-* ⟨. . .⟩ *pathetischerhaben*] Kontemplativerhaben nennt Schiller Gegenstände der Natur, die außerordentlich und unbestimmt sind (die Stille, die Leere, die Einsamkeit, das Schweigen) oder geheimnisvoll und undurchdringlich (z. B. die Finsternis). Diese Phänomene des Erhabenen der Natur hat auch Burke analysiert. Die Phantasie kann freiwillig die in dieser Natur gelegene Bedrohlichkeit auf das physische Dasein beziehen, dann erscheint uns das Objekt als furchtbar, und indem wir es auf unsere sittliche Vernunft beziehen, wird es erhaben. Ein brennender Vulkan, so Schillers Überlegung, ist für sich genommen noch nicht furchtbar, er wird es erst, wenn die Phantasie ihn als Bedrohung unseres Lebens ausmalt. Im Pathetischerhabenen dagegen werden das Furchtbare und das physische Leiden an ihm direkt dargestellt, das urteilende Subjekt kann gar nicht anders, als auf das dargestellte Leiden mit »teilnehmendem Affekt« zu reagieren. Über ihn soll es sich als vernünftig-sittliches Wesen erheben. Schiller faßt diesen Prozeß in der Formel zusammen: »Die Vorstellung eines fremden Leidens, verbunden mit Affekt und mit dem Bewußtsein unsrer innern moralischen Freiheit, ist *Pathetischerhaben*« (S. 419,14ff.). In diesem Terminus hat er die beiden getrennt beschriebenen Vorgänge zusammengezogen: das vorgestellte Leiden anderer erregt im Betrachter ein Mitleiden; im Bewußtsein seiner moralischen Freiheit erhebt er sich über diesen Affekt.

412,28f. *das Kontemplativerhabene weder von so intensivstarker* ⟨...⟩ *Wirkung*] Weil im Pathetischerhabenen das Furchtbare und das Leiden an ihm direkt vorgestellt werden, ist die Erregung unserer Affekte unausweichlich und intensiv. Das Kontemplativerhabene affiziert uns weniger, weil es unserer Phantasie anheimgestellt ist, ob sie ein Objekt als schrecklich für uns ausmalt.

414,16 *Dem Menschen, im Zustand der Kindheit*] Zur Furcht, die Schiller am Anfang der Geschichte herrschen sieht, vgl. auch das Gedicht *Die Künstler* und den Aufsatz *Etwas über die erste Menschengesellschaft* ⟨...⟩.

415,6 *Eine tiefe Stille*] Dies Beispiel und die folgenden bei Burke. Gelegentlich nutzt Schiller diese Einsichten in seinen Dramen, um Schrecken zu erregen, so in der *Braut von Messina* II 1:

Mit trägem Schritt seh ich die Stunden schleichen,
Und mich ergreift ein schauderndes Gefühl,
Es schreckt mich selbst das wesenlose Schweigen
⟨...⟩
Klein fühl ich mich in diesem Furchtbargroßen,

Und fortgeschleudert, wie das Blatt vom Baume,
Verlier ich mich im grenzenlosen Raume.
(NA 10, S. 55.)

415,13ff. *Wenn uns Virgil*] Vergil, *Aeneis* VI 265 und 269.

416,20f. *Die Finsternis ist schrecklich ⟨. . .⟩ zum Erhabenen
tauglich*] Schillers Theorie des Erhabenen kommt nicht
ohne eine Ästhetik des Schreckens aus und nimmt dabei
Motive Burkes auf. Der Aufsatz versucht, ebenso wie der
über den *Gebrauch des Gemeinen und Niedrigen in der Kunst*, die
Grenzen des ästhetischen Terrains abzustecken, in denen
der Schrecken zugelassen wird. Auf der einen Seite wird
das, was Schauder, Entsetzen, Grauen erregt, dringend als
Ingredienz des Erhabenen gebraucht. Nur das (vorgestellte) Furchtbare, das uns physisch bedroht, kann im Betrachter Affekte »in der gehörigen Stärke« erregen. Die poetologische Konsequenz daraus lautet schlicht: je stärker, je
besser. Auf der andern Seite ist für Schiller schlechterdings
ausgeschlossen, daß z. B. das Theaterpublikum blankes
Entsetzen erfaßt. Der Schrecken als Bestandteil des Erhabenen muß so weit ästhetisch ermäßigt werden, daß die
vernünftige Kontrolle über die Affekte gesichert bleibt.

416,34ff. *Allda liegt das Land*] Das erste Homerzitat
(*Odyssee* XI 14-16,19) folgt der Übersetzung von J. H. Voß,
das zweite aus der *Ilias* (XVII 645-647) ist an die Prosaüber-
setzung von F. L. v. Stolberg angelehnt. Die *Ilias*-Überset-
zung von Voß (1793) kannte Schiller vermutlich noch nicht.

417,19 *Oßian*] Der sagenhafte gälische Sänger Ossian,
der im 3. Jahrhundert gelebt haben soll. Der Schotte James
Macpherson (1736-1796) gab in *Temora* (1773) vor, Ossians
Lieder aufgefunden und aus dem Gälischen übersetzt zu
haben. Nach seinem Tod wurde bekannt, daß er gälische
Vorlagen umgedichtet und Eigenes hinzugefügt hatte. Zu
den Bewunderern Ossians gehörten Klopstock, Herder,
Napoleon und Goethe. Vgl. Herders Aufsatz *Auszug aus
einem Briefwechsel über Oßian und die Lieder alter Völker* in *Von
Deutscher Art und Kunst* (1773) und *Homer und Ossian*, zuerst
erschienen im 10. Stück der ›Horen‹ 1795.

417,24 *zu Sais*] Vgl. Schillers Gedicht *Das verschleierte Bild zu Sais* und die Abhandlung *Die Sendung Moses.*

417,30f. *Selbstgespräch Hamlets*] Shakespeares *Hamlet* III 1.

417,32 *Tacitus*] *Germania*, 40. Kapitel.

419,1f. *Wirkliches Leiden aber gestattet kein ästhetisches Urteil*] Immer wieder betont Schiller, daß aus der Ästhetik des Erhabenen wirkliches Leiden ausgeschlossen ist. Es darf nur vorgestellt sein, zum Beispiel auf der Bühne. Es darf den Betrachter nicht überwältigen und ihn wirklich leiden lassen, der Betrachter muß den Affekt beherrschen. Die Erfahrung des Erhabenen ist an die ästhetische Distanz gebunden.

419,18f. *Die Sympathie oder der teilnehmende (mitgeteilte) Affekt ist keine freie Äußerung unsers Gemüts*] Wie schon im Aufsatz *Über den Grund des Vergnügens* behält Schiller Lessings Mitleid dem Begriff nach zwar bei, läßt aber an seiner Geringschätzung keinen Zweifel, weil es dem Bereich der Sinnlichkeit zugehört. Wer mitleidet, begeht lediglich eine von der Natur diktierte Zwangshandlung. So hatte Lessing Mitleid beileibe nicht gemeint. Als Bestandteil des Erhabenen ist der Affekt aber unentbehrlich, eben als das, worüber sich die vernünftige Subjektivität erhebt. Vgl. Anm. 245,37-246,3.

419,35f. *so viele Arten des Mitleidens*] Die folgende Unterscheidung findet sich in Mendelssohns *Rhapsodie, oder Zusätze zu den Briefen über die Empfindungen*, in: *Philosophische Schriften*, 2. Teil, Berlin 1771, S. 29-31. (Jubiläumsausgabe, Bd. 1, S. 395f.) Lessing hat sie in die *Hamburgische Dramaturgie* (74. Stück) übernommen.

422,7 *die beiden Fundamentalgesetze aller tragischen Kunst*] Zumal die geforderte »Darstellung der moralischen Selbstständigkeit im Leiden« gibt zu erkennen, daß Schillers Theorie hier u. a. die hohe Tragödie des französischen Klassizismus im Blick hat. Der Aufsatz *Über die tragische Kunst* rühmt bereits den *Cid* Pierre Corneilles, weil in ihm die heroische Pflichterfüllung gegen natürliche Regungen unerbittlich durchgesetzt werde. (Vgl. S. 260,30f. u. Anm.)

Schiller folgt Mendelssohns Vorstellung vom Erhabenen. Mendelssohn sieht, wie er Lessing in einem Brief vom Januar 1757 schreibt, in Corneilles Polyeucte das Muster eines erhabenen Helden: »Der Held muß das moralische Gute ungleich höher schätzen als das physische Gute. Wenn Schmerz, Ketten, Sklaverey und Tod mit einer Pflicht streiten, so muß er nicht anstehen, allen diesen Uebeln entgegen zu eilen, um seine Unschuld unbefleckt zu erhalten. Dieser innerliche Sieg, den seine göttliche Seele über den Körper davon trägt, entzückt uns, und setzt uns in einen Affekt, dem keine sinnliche Wollust an Annehmlichkeit beykömmt.« (Mendelssohn, Jubiläumsausgabe, Bd. 11, S. 100f.) Ähnlich weit geht Schiller, wenn er gelegentlich die Sinnlichkeit aus dem Selbst des Menschen virtuell ausbürgert: Das Erhabene lehre uns, »den sinnlichen Teil unsers Wesens, der allein der Gefahr unterworfen ist, als ein auswärtiges Naturding« zu betrachten, »das unsre wahre Person, unser moralisches Selbst, gar nichts angeht« (S. 411,8ff.).

Die hohe Tragödie der Franzosen hat monumentale Heroen, sie sollen von denen, die nicht so sind, bewundert werden. Das Erhabene dieser Tragödie repräsentiert und legitimiert die politischen und moralischen Werte des Absolutismus. Bei Schiller heißt es dagegen: »Alles Erhabene stammt *nur* aus der Vernunft.« (S. 428,24f.) Mag auch seine Theorie des Erhabenen der tragédie classique in vielem widersprechen, deren Struktur und Topographie behält sie gleichwohl bei. Schiller beschreibt das Erhabene traditionell mit Hilfe der Antithesen oben und unten, hoch und niedrig, groß und klein; besonderes Gewicht erhält bei ihm aber in diesem Deutungsmuster die Opposition von Macht und Ohnmacht. Die in der hohen Tragödie repräsentierte und legitimierte Herrschaft des Fürsten über die Untertanen kehrt, so Grimminger, in Schillers Theorie des Erhabenen wieder in der Souveränität der Vernunft, aus der »alles Erhabene stammt«, über die sinnliche Natur, in der »Herrschaft des Menschen über sich selbst«. Der »Heroismus aus Staatsraison« ist vom Heroismus »aus Tugend« nicht so weit entfernt (R. Grimminger, *Die Ordnung, das Chaos*, S. 181). Das Erhabene erhöht den Menschen zum autonomen Vernunftwesen. Damit ist er der Übermacht der Natur, zumal seiner eigenen, entzogen, die Schiller die größten Sorgen bereitet, und damit »frei«. Zunächst, so scheint es, sind in Schillers Konzept des Erhabenen defensive Kräfte gegen eine überlegene Macht mobilisiert, die er mit sinnlicher Natur gleichsetzt. Man muß hinzufügen, daß das vernünftige Subjekt prinzipiell nicht nur der Beherrschung durch Natur, sondern zugleich auch jedweder Manipulation, auch der politischen, entzogen sein kann. In der Überschreitung der Grenzen, die dem Menschen durch die äußere und innersubjektive Natur gezogen sind, ist auch eine Überwindung anderer Widerstände präfiguriert. Dieses Moment ist in Schillers Konzept des Erhabenen angelegt, aber kaum artikuliert. Schiller interessieren vor allem die innersubjektiven Widerstände der Vernunft gegen die sinnliche Natur. Für Burke bedeutet das Erhabene die Befriedigung darüber, daß die physische Selbsterhaltung durch nichts ernsthaft gefährdet ist; bei Schiller wird daraus die Genugtuung, über die Natur zu triumphieren (F. Bassenge).

Das Verhältnis von Vernunft und Natur im Erhabenen ist bei Schiller, nicht nur bei ihm, vorrangig als (innersubjektives) Herrschaftsverhältnis ausgelegt, dessen politische Implikationen mitunter deutlich zutage treten, z. B. in den *Ästhetischen Briefen*. Die Französische Revolution wird dort in Bildern elementarer anarchischer Triebnatur beschrieben (5. Brief). Schiller hat in *Vom Erhabenen* bezweifelt, daß die Natur selbst das Gefühl des Erhabenen vermitteln und einen positiven Wert besitzen kann. Dagegen lobt *Über das Erhabene* den Reiz ungeordneter Natur. Auch Burke hat gerade das Ungestüme, Chaotische, Elementare in der Natur als erhaben gerühmt. Gelegentlich ist das Wilde der Natur gerade der Erhabenheit der Kunst gutgeschrieben worden. (Vgl. Chr. Begemann, *Erhabene Natur*.) So beschreibt Joseph Addison (1672-1719) zwei Bücher in Miltons *Paradise Lost* (1667) in den Bildern großer Natur: Der Passus lautet in J. J. Bodmers Übersetzung: »Das sechste B. wie ein aufwallender Ocean, stellet das Erhabene vor, wie es voller Verwirrung ist; das siebende rühret die Phantasie wie der Ocean in einer Wind-Stille, und nimmt das Gemüthe des Lesers ein« (Johann Jakob Bodmer, *Critische Abhandlung von dem Wunderbaren in der Poesie*, 1740, S. 355). Ähnlich sieht Lavater in Johann Heinrich Füssli die gewaltige Natur am Werke: »Er ist das originalste Genie, das ich kenne. Lauter Kraft! Fülle und Stille! Wildheit des Kriegers – und Gefühl der höchsten Erhabenheit! ⟨. . .⟩ Seine Geister sind Sturmwind, seine Diener Feuerflammen!« (An Herder, 16. 11. 1774, *Aus Herders Nachlaß*, hg. v. Heinrich Düntzer und Ferdinand Gottfried von Herder, 2. Aufl. 1857, Bd. 2, S. 119f.)

ÜBER DAS PATHETISCHE

TEXTGRUNDLAGE

Unser Text folgt dem Zweitdruck in Schillers *Kleineren prosaischen Schriften*, Bd. 3, 1801, S. 310-372. Die wichtigsten Abweichungen gegenüber dem Erstdruck in der ›Neuen Thalia‹ (1793, 3. Stück, S. 366-394, und 4. Stück, S. 52-73) werden im Stellenkommentar verzeichnet. Vgl. auch »Textgrundlage« zur Schrift *Vom Erhabenen*.

QUELLEN UND ASPEKTE DER DEUTUNG

Dieser Aufsatz und sein ursprünglicher 1. Teil (*Vom Erhabenen*) sind gleichzeitig mit *Über Anmut und Würde* im Frühjahr und Sommer 1793 entstanden. Überlegungen, die Schiller dort unter »Würde« faßt, finden sich auch in dieser Schrift. Als Quellen zieht er hier vor allem Kants *Kritik der Urteilskraft*, Lessings *Laokoon* und *Hamburgische Dramaturgie* sowie Winckelmanns *Geschichte der Kunst des Alterthums* (in der Ausgabe Wien 1773) heran. Die in der Schrift *Vom Erhabenen* entwickelten Grundsätze der tragischen Kunst dienen als Maßstab sowohl für die Kritik der tragédie classique wie für die Bewunderung der griechischen Kunst. Der Vergleich der französischen Tragödie mit der griechischen und den Epen Homers, den schon Lessing angestellt hat, läßt das Defizit der ersteren um so schärfer hervortreten. Während die griechischen Helden, selbst wenn sie Götter sind, »das Leiden stark und innig fühlen, und doch nicht davon überwältigt werden«, bleiben die Protagonisten der französischen Tragödie gegen das Leiden unempfindlich; ihr Heroismus ist unmenschlich. Dieser Einwand

Schillers tangiert indessen nicht eine gewisse Affinität seiner Theorie des Erhabenen zur tragédie classique (vgl.
Anm. 422,7). Als Glücksfall einer Darstellung des Erhabenen in der bildenden Kunst feiert Schiller unter Berufung
auf Winckelmann und Lessing die Laokoon-Gruppe, deren
Abguß er einige Jahre zuvor in Mannheim gesehen hat.
(Darüber berichtet der *Brief eines reisenden Dänen*, S. 203,18
u. Anm.) Schiller erscheint die Gestalt des Laokoon, so wie
Winckelmann sie beschreibt, als erhaben, weil seine Züge
einen Geist verraten, der der überlegenen Naturgewalt, die
ihn zu Tode quetscht, gleichwohl widersteht. Viel Raum
nimmt in diesem Aufsatz außerdem die Abrechnung mit
den ruinösen Folgen der übertriebenen Empfindsamkeit
und ihrer ›weichen‹ Ästhetik ein: »erschlaffende (schmelzende Affekte)«, die »bloß Ausleerungen des Tränensacks«
bewirken, sieht Schiller, in Übereinstimmung mit Kant,
soweit diskreditiert, daß er den Zeitgenossen einen »edeln
und männlichen Geschmack« empfiehlt, und dessen Ansprüche erfüllt am besten das Erhabene. Das wird am
Anfang des Aufsatzes vereinfachend definiert: »alles Erhabene stammt *nur* aus der Vernunft«. Von dieser These ist
Schiller aber am Ende der Schrift erkennbar abgerückt. Der
moralischen Perspektive auf das Erhabene stellt er entschiedener als zuvor eine ästhetische an die Seite. Darin liegt ein
doppelter Vorbehalt gegen Kant. Auf dem Gebiet der
Ethik kehrt die auch in *Anmut und Würde* vorgetragene
Kritik am Kantischen Rigorismus wieder; ein »nicht zu
verachtender Teil des Publikums« finde nun einmal die
Pflichtenethik »sehr demütigend«. Und innerhalb der Ästhetik schwächt der Aufsatz die eingangs noch beteuerte
alleinige Zuständigkeit der Vernunft für das Erhabene ab,
indem er die legitimen Bedürfnisse der Einbildungskraft
ins Spiel bringt. Neben dem moralischen Urteil gesteht
Schiller auch dem ästhetischen ein eigenes Recht zu. Was
moralisch ist, muß nicht schon ästhetisch brauchbar sein;
was ästhetisch befriedigend ist, muß noch lange nicht moralisch sein. Die Imagination, der »ästhetische Sinn«, also

ein Vermögen der sinnlichen Sphäre, dessen Unvermögen, das Übergroße zu erfassen, Kant zur Voraussetzung des Erhabenen macht, wird von Schiller aufgewertet. Die Einbildungskraft bekommt neben der Vernunft ein eigenes Terrain zugewiesen. Auch der »ästhetische Sinn« darf, er soll befriedigt werden. So zeigt die Schrift Tendenzen, die Kantischen Grundlagen des Erhabenen zu verlassen. Sie führen schließlich in den *Ästhetischen Briefen* zum Versuch, die von Kant sanktionierte Entgegensetzung des Schönen und Erhabenen zu überwinden. Die »energische Schönheit« soll eine Schönheit sein, die das Erhabene umschließt (17. Brief).

Mit der erstaunlichen Apologie gigantischer Willenskraft, die für sich einen Wert darstellt, gleich, ob sie zur guten Tat oder zur Untat führt, kehrt Schiller zur Verteidigung des Verbrechers zurück. Darüber hinaus erweist er, in der Bewunderung monumentaler Willensstärke, womöglich auch dem Erhabenen der Natur seine Reverenz, das er zugunsten des Vernunfterhabenen vernachlässigt hatte.

STELLENKOMMENTAR

Die Aufsätze *Vom Erhabenen* und *Über das Pathetische* gehören ursprünglich zusammen. Die Erläuterungen zum 1. Teil (*Vom Erhabenen*) werden hier vorausgesetzt.

423,2 *Darstellung des Leidens*] Diese Definition der Tragödie schließt direkt an die Schlußsätze des Aufsatzes *Vom Erhabenen* an.

423,5ff. *Darstellung des Übersinnlichen*] Schiller folgt Kants These, daß sich Vernunftideen in der Anschauung allenfalls negativ wiedergeben lassen. Die Tragödie kann ihren Helden als jemanden vorführen, der auch von starken Affekten unabhängig (»independent«) bleibt; damit erweist er sich als vernünftiges Wesen.

423,32 *Pathos ist also*] Schiller gebraucht den Begriff nicht einheitlich. Hier bezeichnet er wie das griechische

Wort pathos das Leiden; an anderer Stelle meint die pathetische Darstellung das Leiden selbst und zugleich seine heroische Überwindung: »desto glorreicher offenbart sich die moralische Selbstständigkeit des Menschen, desto pathetischer ist die Darstellung und desto erhabener das Pathos«. In der folgenden Anmerkung führt Schiller aus, daß das Pathos gerade in der »*Hinweisung* auf *das Übersinnliche*« liege (S. 433,10ff. und Anm. 1).

424,10f. *bei dem Trauerspiel der ehemaligen Franzosen*] Schiller erörtert in einigen theoretischen Schriften die klassizistische Tragödie Corneilles, Racines und Voltaires unter verschiedenen Gesichtspunkten. Der Aufsatz *Über die tragische Kunst* lobt z. B. die heroische Pflichterfüllung in Corneilles *Cid*, und in diesem Punkt steht Schillers Konzept des Erhabenen, wie der Aufsatz *Über das Pathetische* zeigt, der tragédie classique nahe. Das hindert ihn nicht, ihr hier, wie schon in der unterdrückten Vorrede der *Räuber*, einen erheblichen Fehler vorzuwerfen: die unnatürliche Gleichgültigkeit der Helden gegenüber ihren Empfindungen.

424,32ff. *Wie ganz anders sind die Griechen*] Die Begeisterung für die griechische Antike und das Urteil über die ästhetischen Sünden des französischen Klassizismus stehen u. a. Lessings *Laokoon* wie auch der *Hamburgischen Dramaturgie* nahe.

425,4 *Laokoon*] Einen Abguß der Laokoon-Gruppe hat Schiller früher im Mannheimer Antikensaal gesehen (vgl. Anm. 203,18). An Winckelmanns *Geschichte der Kunst des Alterthums*, aus der der Aufsatz *Über das Pathetische* später zitiert, hatte sich schon der *Brief eines reisenden Dänen* orientiert. Die folgenden Beispiele finden sich im 1. Stück von Lessings *Laokoon*.

425,4 *Niobe*] Niobe, die Tochter des Tantalos und der Dione, rühmt sich vor Leto, der Mutter des Apollon und der Artemis, ihrer vielen Kinder; Apollon und Artemis rächen ihre beleidigte Mutter und töten alle Kinder der Niobe. Die Niobe-Sage ist in der Dichtung und der bildenden Kunst der Antike vielfach dargestellt worden; Sophokles und Aischylos haben dem Stoff eine Tragödie gewidmet.

425,4 *Philoktet*] Titelheld einer Tragödie von Sophokles.

425,8 *bloß nackende Figuren*] Eine Rechtfertigung der Nacktheit in der bildenden Kunst der Griechen gibt auch Lessings *Laokoon* im 5. Stück.

425,35 *der wütende Herkules*] In der Tragödie des Sophokles *Die Trachinierinnen* werden die furchtbaren Qualen des vergifteten Herkules dargestellt.

425,36 *Die zum Opfer bestimmte Iphigenia*] Gemeint ist die *Iphigenie in Aulis* des Euripides. Schiller hat sie 1788 übersetzt.

426,6ff. *Der verwundete Mars ⟨...⟩ Venus*] Vgl. Homers *Ilias* V 859ff. und 343. Auch diese Beispiele finden sich in Lessings *Laokoon* im 1. Stück.

426,25 *Anstand*] Gemeint ist eine soziale, moralische und ästhetische Norm des französischen Klassizismus. Im 1. Stück des *Laokoon* mokiert sich Lessing über die Franzosen, »diese Meister des Anständigen«; immerhin hätten sie der Bühne einen Philoktet, der vor Schmerzen winselt, erspart.

426,30 *Das erste Gesetz*] Vgl. S. 422.

426,37f. *alle bloß erschlaffende (schmelzende) Affekte*] Die folgende Polemik richtet sich zunächst gegen die empfindsamen Trauerspiele, die modischen Romane und die »beliebten Familiengemälde«, d. h. die bürgerlichen Rührstükke, wie sie vor allem August Wilhelm Iffland und August v. Kotzebue verfaßten. Ihr übertriebener Kult der Zärtlichkeit, der seichten Gefühle, ziele lediglich darauf, beim Publikum körperliche Reaktionen auszulösen (»bloß Ausleerungen des Tränensacks«), die mit Kunst nichts zu tun haben. Mit den »schmelzenden« Affekten war schon Kant ins Gericht gegangen, dem Schiller sich hier anschließt. »Romane, weinerliche Schauspiele, schale Sittenvorschriften, die mit (obzwar fälschlich) sogenannten edlen Gesinnungen tändeln, in der Tat aber das Herz welk und für die strenge Vorschrift der Pflicht unempfindlich ⟨. . .⟩ machen, vertragen sich nicht einmal mit dem, was zur Schönheit, weit weniger aber noch mit dem, was zur Erhabenheit der Gemütsart gezählt werden könnte.« (*Kritik der Urteilskraft, Werke* 10, S. 364.)

Schillers Kritik trifft, über aktuelle Anlässe hinaus, die »schmelzenden« Affekte des Schönen allgemein. Vor allem die Empfindsamkeit hatte die Schönheit als weiblich gedeutet, und schon der Sturm und Drang hat gegen ihre ›weiche‹ Ästhetik protestiert. Gegen die »erschlaffenden« Rührungen, die der von der ›Empfindelei‹ ruinierte »herrschende Geschmack« favorisiert, fordert dieser Aufsatz einen »edeln und männlichen Geschmack«, einen, der »kräftig« rührt und ›erhebt‹. Auch die sensualistische Ästhetik Burkes hatte den weiblichen Künsten des Schönen die männlichen des Erhabenen gegenübergestellt. In allen theoretischen Schriften Schillers ist das Erhabene eine heroisch-männliche Kategorie. Sie war es schon im französischen Klassizismus. Im 5. der *Ästhetischen Briefe* nimmt Schiller das Thema wieder auf; er beklagt den »noch widrigern Anblick der Schlaffheit« in den »zivilisierten Klassen« und analysiert im Horizont einer umfassenden Kulturkritik die spezifischen Leistungen der »schmelzenden«, kaum aber die der »energischen Schönheit«.

427,27f. *der offene Mund ist ganz Begierde*] Nimmt man Schillers Horrorbild beim Wort, so müssen die erotischen Sensationen, die von den inkriminierten Werken ausgehen, außerordentlich gewesen sein.

427,33 *zum Raube wird.*] Der Erstdruck enthielt an dieser Stelle folgende Anmerkung:

Ich kann hier nicht unbemerkt lassen (wie sehr ich es auch dadurch mit dem Modegeschmack verderben mag) daß die beliebten Zeichnungen unsrer Angelika Kaufmann zu der nehmlichen Klasse d. i. zum bloß angenehmen zu rechnen sind, und sich selten oder nie zum Schönen erheben. Weit mehr hat es die Künstlerin auf unsern *Sinn* als auf unsern *Geschmack angelegt*, und sie verfehlt lieber die Wahrheit, vernachlässigt lieber die Zeichnung, opfert lieber die Kraft auf, als daß sie dem weichlichen Sinn durch eine etwas harte oder auch nur kühne Andeutung wahrer Natur zu nahe treten sollte. Eben so ist die Magie des Kolorits und der Schattierung oft *bloß angenehme* Kunst, und man darf sich daher nicht wundern, wenn der *erste Blick* und der *große* Haufe vorzüglich dadurch gewonnen werden; denn der Sinn urteilt immer *zuerst*, auch bei dem Kenner, und er urteilt *allein* bei dem Nichtkenner.

428,13 *diejenigen Künstler*] Vermutlich sind Dramatiker des Sturm und Drang (H. W. Gerstenberg, F. M. Klinger, J. M. R. Lenz) gemeint.

428,26 *Eine Darstellung der bloßen Passion (sowohl der wollüstigen als der peinlichen)*] Alle elementaren Erregungen, welche die ästhetische Distanz (»Gemütsfreiheit«) des Publikums überspringen können, sowohl Lust wie auch Schmerz, sind aus der Kunst auszuschließen, sie widersprechen dem »guten Geschmack« (S. 429,10); die angemessenen Reaktionen auf ihre Darstellung sind, wie Schiller meint, Ekel und Abscheu.

428,28f. *gemein ⟨. . .⟩ edel*] Daß »Veredlung« für Schiller ein wichtiges Thema ist, muß im Zeitalter des Fortschritts- und Bildungsglaubens nicht wundern. Im *Brief eines reisenden Dänen* spricht er noch allgemein von der Veredlung durch die antike Kunst, der Gegenbegriff ist Verwilderung. »Edel« ist in diesem Aufsatz eine moralisch-ästhetische Kategorie, sie gehört in den Bereich der Vernunft und des Erhabenen. Wer moralisch groß ist, ist immer auch von Stand und später, immerhin, vom Adel des Geistes, von »edler« Gesinnung; – die ursprüngliche Gleichung des französischen Klassizismus wirkt auch bei Schiller noch nach (siehe Anm. 422,7). Der Gegenbegriff zu »edel« heißt »gemein«. In *Anmut und Würde* ist »edel« ein Prädikat der Würde, die sich der Anmut nähert, und es werden »edle« Affekte als Garanten schöner Moralität vorgeschlagen. Später, in den *Ästhetischen Briefen*, siedelt Schiller das Edle

dagegen in der sinnlichen Natur an. Die Umdeutung des
Begriffs geht, wie auch die Kommentatoren der Nationalausgabe vermuten (NA 21, S. 190), auf den Einfluß Goethes zurück, den Schiller 1794 kennenlernte. Der Mensch
»muß lernen *edler* ⟨zu⟩ begehren, damit er nicht nötig habe,
erhaben zu wollen« (S. 648,12f.). »Es gibt also zwar kein moralisches, aber es gibt ein ästhetisches Übertreffen der
Pflicht, und ein solches Betragen heißt edel.« (S. 647, A 16.)
Schiller beschreibt zweifellos eine Veredlung sinnlicher Affekte, der Urheber dieser Kultivierung ist aber keineswegs
in der Natur selbst, sondern in der Vernunft zu suchen. Der
Aufsatz *Über die notwendigen Grenzen* weist bereits der »veredelten Neigung« und der Vernunft, der schönen und der
erhabenen Moralität, den gleichen Rang zu. »Die veredelte
Neigung ⟨. . .⟩ will als eine Majestät angesehen sein, und
mit der Vernunft, als sittliche Gesetzgeberin, wie Gleich
mit Gleichem handeln.« (S. 701,9ff.)

433,15f. *Ideen im eigentlichen Sinn und positiv nicht darzustellen*] Vgl. Anm. 423,5ff. Der gleiche Gedanke ist auch in
Anmut und Würde ausgeführt.

433,17 *Die Gruppe des Laokoon*] Vgl. Anm. 425,4.

434,2 *Winkelmann*] Schiller zitiert mit geringen Abweichungen einen Abschnitt aus Winckelmanns *Geschichte der
Kunst des Alterthums*, 2 Teile, Wien 1776. Das Werk war
zuerst 1764 erschienen. Die Stelle im Neudruck der Originalausgabe, Darmstadt 1972, S. 324f.

434,27 *schwellen macht*] Bei Winckelmann steht: schwülstig macht

434,28 *Nüssen*] Nüstern.

436,3f. *die Virgilische Erzählung schon aus Lessings* ⟨. . .⟩
Kommentar] Lessings *Laokoon*, 5. Stück. Die Verse aus Vergils *Aeneis* II 203-211 lauten in Schillers Übersetzung:

> Da kam, (mir bebt die Zung, es auszudrücken)
> Von Tenedos ein gräßlich Schlangenpaar,
> Den Schweif gerollt in fürchterlichem Bogen,
> Dahergeschwommen auf den stillen Wogen.

Die Brüste steigen aus dem Wellenbade,
Hoch aus dem Wassern steigt der Kämme blutge Glut,
Und nachgeschleift in ungeheurem Rade
Netzt sich der lange Rücken in der Flut,
Lautrauschend schäumt es unter ihrem Pfade,
Im blutgen Auge flammt des Hungers Wut,
Am Rachen wetzen zischend sich die Zungen,
So kommen sie ans Land gesprungen.
(Fricke/Göpfert, Bd. 3, S. 401.)

436,20-437,9 *drei oben angeführten Bedingungen* ⟨. . .⟩ *kon-templativerhaben*] Dieser Abschnitt greift auf den 1. Teil des Aufsatzes *Vom Erhabenen* zurück, siehe S. 412,12f. und Anm.

437,10f. *Diffugimus*] *Aeneis* II 212-213. Schillers Über-setzung:

Der bloße Anblick bleicht schon alle Wangen,
Und auseinander flieht die furchtentseelte Schar,
Der pfeilgerade Schuß der Schlangen
Erwählt sich nur den Priester am Altar.
(Fricke/Göpfert, Bd. 3, S. 401.)

438,31ff. *Laocoonta*] Vergils *Aeneis* II 213-215. Schillers Übersetzung:

Der Knaben zitternd Paar sieht man sie schnell
                                        umwinden,
Den ersten Hunger stillt der Söhne Blut,
Der Unglückseligen Gebeine schwinden
Dahin von ihres Bisses Wut.
(Fricke/Göpfert, Bd. 3, S. 401.)

439,3f. *Post ipsum*] Vergils *Aeneis* II 216f. Schillers Über-setzung:

Zum Beistand schwingt der Vater sein Geschoß,
Doch in dem Augenblick ergreifen
Die Ungeheur ihn selbst ⟨. . .⟩
(Fricke/Göpfert, Bd. 3, S. 402.)

439,24f. *eine Willenshandlung*] Danach folgt im Erst-druck: »S./ (Die Fortsetzung im nächsten Stück.)« Hier endet der 1. Teil des ursprünglichen Aufsatzes, der im 3.

Stück der ›Neuen Thalia‹ abgedruckt war. Die Fortsetzung im 4. Stück, beginnend mit: »Bei allem Pathos«, trug die Überschrift: »Fortgesetzte Entwicklung des Erhabenen / (Siehe das dritte Stück der neuen Thalia 1793.)«

439,29 *unser Herz bleibt kalt]* Der bekannte Einwand gegen die französische Tragödie. Zum Motiv des »kalten Herzens« in der deutschen Literatur vgl. M. Frank, *Das kalte Herz*, Frankfurt/Main 1978.

440,14 *sagt Seneka]* Aus Senecas *De divina providentia* II 9.

440,16 *Unglück bei Kannä]* Trotz der vernichtenden Niederlage bei Cannae (216 v. Chr.) beschloß der römische Senat, den Krieg gegen Karthago fortzusetzen.

440,17 *Miltons Lucifer]* Vgl. Milton, *Paradise Lost* I 250-259.

440,25f. *Die Antwort der Medea im Trauerspiel]* Bezieht sich auf die *Medea* Corneilles (I 5):

NERINA Dem Volk bist du verhaßt, dein Gatte meidet dich,
        In einem solchem Leid, was bleibt dir treu noch?
MEDEA Ich!

440,28ff. *Das Erhabene der Fassung* ⟨. . .⟩ *Koexistenz; das Erhabene der Handlung* ⟨. . .⟩ *Sukzession]* Schiller sucht Lessings Einsicht (*Laokoon*, 16. Stück), die bildende Kunst stelle das Nebeneinander (die »Koexistenz«) von Gegenständen dar, die Poesie dagegen sei die Nachahmung fortschreitender (›sukzessiver‹) Handlungen, in seine Theorie des Erhabenen zu integrieren. Den Laokoon versteht er als gelungene Veranschaulichung des Erhabenen der Fassung in der bildenden Kunst.

441,13 *Regulus]* Vgl. Anm. 79,26.

441,26ff. *ästhetische Schätzung* ⟨. . .⟩ *moralischen Schätzung]* Mit Rücksicht auf die Kantische Unterscheidung zwischen praktischer Vernunft und ästhetischer Urteilskraft sieht Schiller den »moralischen Sinn« (sittliche Vernunft) und den »ästhetischen Sinn« (Einbildungskraft, Imagination) nebeneinander operieren. Auch der ästhetische Sinn hat einen legitimen Anspruch auf Befriedigung (Entzücken), wenngleich einen geringeren. Moralisches und ästhetisches Urteil können übereinstimmen (der Fall des Leonidas), aber auch auseinandertreten (der Fall des Peregrinus). Die Handlung des Peregrinus ist moralisch zweifelhaft, ästhetisch aber befriedigend. Schon für die Deutung der Faszination, die große Verbrecher ausüben, hat Schiller die Unterscheidung zwischen moralischem und ästhetischem Urteil herangezogen (vgl. *Über den Grund*, S. 247 und Anm. 247,36).

442,16 *Leonidas*] Vgl. Anm. 266,5f.

443,25 *Einbildungskraft ⟨. . .⟩ frei von Gesetzen im Spiele*] Zur spielerischen Freiheit der Erkenntnisvermögen angesichts des Schönen und des Erhabenen vgl. Kant, KdU § 9,27 u. ö. Die Entgegensetzung von Freiheit in der ästhetischen Erfahrung und strenger Verbindlichkeit des Sittengesetzes erinnert an den Versuch in *Anmut und Würde*, der erhabenen Moralität Kants eine schöne Moralität an die Seite zu stellen. Die *Ästhetischen Briefe* rücken den Spiel-Begriff ins Zentrum der Theorie des Schönen und der ästhetischen Erziehung.

444,33ff. *Peregrinus Protheus ⟨. . .⟩ Ästhetisch beurteilt*] Held eines von Lukian (ca. 115-200) verfaßten satirischen Briefromans, ein Philosoph, der zum Christentum übertrat, in der Gemeinde aber übertriebenen Eifer zeigte und darum von ihr ausgeschlossen wurde. Durch die spektakuläre Selbstverbrennung wollte er Aufsehen erregen. Schiller kannte Ch. M. Wielands Bearbeitung des Stoffes, *Geheime Geschichte des Philosophen Peregrinus Proteus* (1791).

446,A 2 *die Kantische Vorstellung der Pflicht ⟨. . .⟩ sehr demütigend*] Vgl. Schillers Kritik an Kants moralischem Rigorismus, wie er ihn verstand, in *Anmut und Würde*, S. 366,12ff. und Anm.

446,A 2 *unnütze Knechte*] Vgl. Luk. 17,10.

448,8f. *die poetische, nicht die historische Wahrheit*] Diese Abgrenzung nimmt schon der Aufsatz *Über die tragische Kunst* vor.

448,24 *Nationalgegenstände*] Solche Stoffe hatten u. a. Bodmer und Sulzer empfohlen.

449,7f. *auf den Menschen in dem Staatsbürger zielen]* Diese
Maxime steht schon in der Vorrede zum *Fiesko.*

450,8 *Konsequenz im Bösen]* Im Aufsatz *Über den Grund*
hat Schiller den Verbrecher aus der Zweckmäßigkeit seiner
Handlungen gerechtfertigt (S. 247,24 und S. 1290), in *Über
die tragische Kunst* diese Rechtfertigung eingeschränkt
(S. 259,22 und Anm.). Hier sieht er den ästhetischen Reiz
des Bösewichts in seiner gigantischen Willensstärke.

GEDANKEN ÜBER DEN GEBRAUCH DES GEMEINEN UND NIEDRIGEN IN DER KUNST

TEXTGRUNDLAGE

Erstdruck und Druckvorlage: *Kleinere prosaische Schriften*, Bd. 4, 1802, S. 310-325.

ASPEKTE DER DEUTUNG

Wiewohl erstmals 1802 publiziert, gehört diese Schrift in den Umkreis der Schriften zum Erhabenen, die Schiller zu Beginn der neunziger Jahre verfaßte. Wie jede Theorie, die ihren Ausgang bei »vermischten Empfindungen« nimmt, also dezidierte Unlusterfahrungen einem besonderen ästhetischen Vergnügen vorausgehen sieht, lief auch Schillers Fassung des Erhabenen Gefahr, als Legitimation des Häßlichen in der Ästhetik mißverstanden zu werden. Denn war der Ausschluß elementarer Empfindungen für Schiller schließlich der vornehmlichste Zweck des Erhabenen, die Kollision von Sinnlichkeit und sittlicher Vernunft sein Thema und der abschließende Sieg der Vernunft über die Natur ausgemachte Sache, so brachte doch das Insistieren auf starken Affekten und Leidenschaften, der Wunsch nach den Reizen des Furchtbaren, das Risiko mit sich, das Häßliche als Ermöglichungsbedingung der erhabenen Rührung unwillentlich aufzuwerten und mit ihm auch die aus der Ästhetik verbannte elementare Natur zu rehabilitieren.

Vor diesem Hintergrund sind Schillers *Gedanken über den Gebrauch des Gemeinen und Niedrigen in der Kunst* zu sehen, die an zwei Präzedenzfällen eines eindeutig Häßlichen weniger die Tragweite als die Grenzen der Theorie des Erhabenen

verdeutlichen wollen. Schiller schloß damit an Diskussio-
nen über die Zulässigkeit des Häßlichen an, wie sie vor
allem in Lessings *Laokoon* und in seiner Debatte mit Mendelssohn in den *Briefen, die neueste Literatur betreffend* (zuerst
Berlin, Stettin 1759-65) geführt wurden und die ihren Niederschlag auch in Sulzers *Allgemeiner Theorie der schönen
Künste* fanden, der dem »Gemeinen« und »Niedrigen« eigene Artikel widmete. Gemein stellt bei Schiller (wie bei
Sulzer) ein Synonym für banale Realität dar; gemein ist, was
Edles und Großes vermissen läßt, das Zufällige und das
Kreatürliche. Weniger deutlich als bei Sulzer, aber doch
erkennbar, wird hier der Geschmack des ungebildeten Volkes zur Zielscheibe der Kritik. Zwar erweist sich die
Hinwendung zum Gemeinen gelegentlich als unvermeid-
bar – etwa, wenn der mimetische Anspruch auf Vollständigkeit oder Wahrhaftigkeit es gebietet –, aber in diesem
Fall ist vom Künstler ein Höchstmaß an Kunstfertigkeit zu
fordern, um das »Gemeine zu adeln«. Verfehlt er es, so
erregt das Gemeine »kein anderes als ein sinnliches Interesse«. Das aber ist mit Schillers Bemühungen um die
Entfernung des ästhetischen Wohlgefallens aus dem Bereich unmittelbarer sinnlicher Empfindungen unvereinbar.

Innerhalb der Hierarchie eines unzumutbar Häßlichen
steht noch unter dem Gemeinen das Niedrige. Bezeugt das
Gemeine lediglich einen »fehlenden Vorzug, der sich wünschen läßt«, so das Niedrige den »Mangel einer Eigenschaft,
die von jedem gefordert werden kann« – nämlich Anstand.
»Das Gemeine ist also dem Edeln, das Niedrige dem Edeln
und Anständigen zugleich entgegen gesetzt.« Daß der Begriff des Anstands wie in *Über das Pathetische* (S. 426,25 und
Anm.) auch hier durchaus am Modell aristokratischer Um-
gangsformen entwickelt ist, deuten bereits die Verstöße
gegen ihn an: »Jeder Leidenschaft ohne allen Widerstand
nachgeben, jeden Trieb befriedigen, ohne sich auch nur von
den Regeln des Wohlstands, vielweniger von denen der
Sittlichkeit zügeln zu lassen, ist niedrig und verrät eine
niedrige Seele.« Vergnügungen, die in gleichem Maß an

körperlichen Bedürfnissen orientiert sind, wie sie sich über moralische Einschränkungen hinwegsetzen, müssen den Theoretiker einer strengeren ästhetischen Ordnung irritieren, die hier ihre Affinität zur ständischen Regelpoetik nicht ganz verleugnen kann: »Das Niedrige bezeichnet immer etwas Grobes und Pöbelhaftes«.

Stellt bereits die ästhetische Duldung oder Billigung des Gemeinen einen Rückfall in die aus der Ästhetik ausgegrenzte unmittelbare Sinnlichkeit dar, so bedeutet erst recht die Wahl niedriger Gegenstände und noch mehr ihre »niedrige Behandlung« einen unverzeihlichen Verrat an der Sache des Erhabenen, der sogar den Schluß von der Niedrigkeit des Gegenstandes auf die »Denkart« des Künstlers erlaubt: er hat die Maske des ästhetischen Souveräns und kultivierten Zeitgenossen fallengelassen und entpuppt sich als Sklave seiner plebejischen Natur. In der Bürger-Rezension macht Schiller von diesem Argument Gebrauch.

Nur in den komischen Gattungen oder dort, wo die Vernunft vorübergehend vom Vollzug ästhetischer Erfahrung dispensiert zu sein scheint, um anschließend eine um so nachhaltigere Bestätigung zu erhalten (im »Furchtbaren« und »Schrecklichen« der Tragödie), sind ästhetische Streifzüge in den Bereich des Niedrigen duldbar. Das Lachen über das Niedrige kann statthaft sein, weil Farce oder Parodie die Standesgrenzen nicht verwischen oder eine solche Grenzüberschreitung bei gleichzeitigem besseren Wissen aller Beteiligten nur fingieren. Aber selbst in einem solchen Ausnahmefall ist noch mit peinlicher Sorgfalt darauf zu achten, daß nicht »Ekel« oder »Abscheu« erregt werden; denn dann würde das Chaos der inneren Natur wieder das »freie« – d. h. hier: von Sinnlichkeit befreite – ästhetische Empfinden bedrohen und das Gebot der ästhetischen Distanz, das sich aus dem Fiktionsbewußtsein des Lesers speist, übertreten. Aus ähnlichen Gründen kritisiert Schiller in *Über das Pathetische* das bürgerliche Rührstück, weil es bloß körperliche Reaktionen wie das Weinen auslöst, die als ästhetische Empfindungen nicht statthaft sind.

Erlaubt ist die Darstellung des Niedrigen auch dann, wenn es ins Furchtbare überführt wird, wenn es im Erhabenen gleichsam verschwindet. Wieder nutzt Schiller die Unterscheidung zwischen ästhetischem und moralischem Urteil (S. 441,26ff. u. ö.), mit deren Hilfe er den großen Verbrecher rechtfertigen konnte (S. 247 und Anm. 247,36). Diebstahl, ästhetisch betrachtet, ist bloß eine banale, niedrige Tat, Ausdruck einer »kriechenden feigen Gesinnung«. Begeht der Dieb außerdem eine »teufelische Tat«, die enorme Willensstärke verrät, darf er erhaben genannt werden.

Anschließend greift Schiller auf Lessings Gedanken über den unterschiedlichen Stellenwert des Häßlichen in Literatur und Malerei zurück, den dieser im 24. Stück des *Laokoon* entfaltet hatte. Während die poetische Darstellung durch das Nacheinander der Elemente des Häßlichen dieses partiell um seine Wirkung bringt, überfällt die Darstellung des Häßlichen in der bildenden Kunst den Zuschauer, indem sie alle häßlichen Einzelteile gleichzeitig präsentiert. Unnachsichtiger noch als in der Poesie muß in der Malerei auf Dezenz geachtet werden, da die bildende Kunst sich an die Sinne wendet und mit ihrer suggestiven Macht einen disziplinierten Kunstgenuß gefährden kann: »Hier haben wir die Stärke des Eindrucks nicht in unserer Gewalt, wir *müssen* sehen ⟨. . .⟩«. Demgegenüber kann die Literatur, die vor allem die Phantasie des Lesers anspricht, auf dessen Wissen setzen, daß die Darstellung fiktiv ist. Es wappnet ihn gegen die Versuchungen einer unmittelbar sinnlichen Kunsterfahrung, sei sie lustvoll oder schmerzhaft.

STELLENKOMMENTAR

452,24ff. *Einen gemeinen Geschmack*] Dies Urteil findet sich auch bei Winckelmann, Lessing und Sulzer.

453,10 *Homer wußte den Schild des Achilles*] Ilias XVIII 478ff.; vgl. auch Lessings *Laokoon* (18. Stück) sowie Schillers Gedicht *Die vier Weltalter*, v. 19ff.

454,21f. *niedrigen Geschmack* ⟨. . .⟩ *Denkart*] Vgl. Schillers Rezension der Gedichte Bürgers (S. 972ff.).

454,27f. *rohen aber wahren Ausdruck der Natur*] Auch hier folgt Schiller Sulzer, der unter dem Stichwort »Niedrig« notiert: »Darum wollen wir doch das niedrig Comische, wenn es nur würklich aus der Natur genommen ⟨. . .⟩ nicht ganz verwerfen. Das Lachen ⟨. . .⟩ hat auch seine Zeit.«

455,8 *Unwillen oder Eckel*] Mit seiner entschiedenen Absage an Ekel und Abscheu schließt sich Schiller implizit den Überlegungen Lessings und Mendelssohns in den *Briefen, die neueste Literatur betreffend* an, die vor allem im 5. Teil die Wirkungsweise des Ekels untersuchen und darin übereinstimmen, daß er wegen seiner entschieden physischen Prägung aus dem Bereich des ästhetisch Erlaubten weitgehend auszuschließen ist. Lessing ist im *Laokoon* (24. Stück) nochmals darauf zurückgekommen. Kants *Anthropologie in pragmatischer Hinsicht* (Königsberg 1798) befindet, der Geruch sei der wesentliche Sinn des Ekels; damit sei der Ekel ästhetisch unbrauchbar (§ 20).

456,5-23 *Ein Mensch, der stiehlt*] In eigener Sache äußert sich auch Fiesko: »Es ist schimpflich eine Börse zu leeren – es ist frech, eine Million zu veruntreuen, aber es ist namenlos groß eine Krone zu stehlen. Die Schande *nimmt ab* mit der *wachsenden* Sünde.« (*Fiesko* III 2.) In *Über den Grund* leitet Schiller die ästhetische Eignung des Verbrechers aus der Zweckmäßigkeit seiner Handlungen ab. Hier wie in *Über das Pathetische* dient zu seiner Rechtfertigung der außerordentliche Heroismus der »teufelischen Tat«, dem Schiller hier »Kraft« und dort »Willensstärke« zuerkennt (S. 450,8 und Anm.).

457,9 *Diebstahl des jungen Ruhberg*] Bezieht sich auf A. W. Ifflands Schauspiel *Verbrechen aus Ehrsucht* (1784).

457,22f. *in einem andern Schauspiel*] Gemeint ist das Lustspiel *Der Fähndrich* (1782) von Friedrich Ludwig Schröder (1744-1816), auf das sich auch die Xenien 404-406 beziehen.

458,20 *Epiktet*] Griech. Philosoph (50- um 130 n. Chr.), Vertreter der stoischen Schule, der vor seiner Freilassung als Sklave in Rom lebte.

ZERSTREUTE BETRACHTUNGEN ÜBER VERSCHIEDENE ÄSTHETISCHE GEGENSTÄNDE

TEXTGRUNDLAGE

Unser Text folgt dem Erstdruck in der ›Neuen Thalia‹, 1793, 5. Stück, S. 115-180, das im Oktober 1794 erschien. Zweitdruck: *Kleinere prosaische Schriften*, Bd. 4, 1802, S. 28-74. Im Zweitdruck hat Schiller einen längeren Abschnitt gestrichen; vermutlich, weil er ihm gegenüber Kants Ausführungen in der *Kritik der Urteilskraft* nicht selbständig genug war.

ASPEKTE DER DEUTUNG

Der Aufatz setzt Überlegungen vor allem der Schrift *Vom Erhabenen* fort, er geht wie diese vermutlich auf Schillers Vorlesungen zur Ästhetik im Winter 1792/93 zurück und erläutert über weite Strecken Bestimmungen des Erhabenen in Kants *Kritik der Urteilskraft*. Vor allem konzentriert er sich auf das Mathematisch-Erhabene im Unterschied zum Dynamisch-Erhabenen, er illustriert die Differenz zwischen mathematischer und ästhetischer Größenschätzung und unterstreicht noch einmal Kants These, daß nicht die Gegenstände der Natur, sondern eine bestimmte Gemütsverfassung erhaben zu nennen ist. Die Kommentare zu Schillers anderen Schriften über das Erhabene werden hier vorausgesetzt.

STELLENKOMMENTAR

460,5 *viererlei Klassen*] Die Unterscheidung folgt der Kants in der KdU, »Allgemeine Anmerkung zur Exposition der ästhetischen reflektierenden Urteile«.

460,28 *vernunftähnliche Form*] Vgl. den *Kallias*-Brief vom 8. 2. 1793, S. 282, 284f.

463,4f. *das moralische Gefühl empören, und doch*] Die Trennung zwischen moralischer und ästhetischer Wertung hat Schiller bereits früher für die Rechtfertigung des Bösen in der Kunst genutzt, vgl. S. 247,36 und Anm., S. 450,8 und Anm.

463,18ff. *schöne Landschaft*] Vgl. die Naturschilderungen in Schillers Gedichten *Der Abend* und *Die Erwartung*.

463,31ff. *ein Sturm*] Ähnliche Bilder furchtbar-erhabener Natur in *Über das Erhabene*, S. 832f.; vgl. Kants *Kritik der Urteilskraft* § 28.

466,11 *Erinnyen*] Vgl. *Die Kraniche des Ibycus*, v. 101ff., und *Die Künstler*, v. 229ff.

466,26 *Medea des griechischen Trauerspiels*] Die Tragödie *Medea* des Euripides.

466,28 *schauerlichen Lust*] Neben dem »angenehmen Grauen«, dem »delightful horror«, eine der Bestimmungen für das gemischte Gefühl des Erhabenen. Vgl. S. 399,24f. und Anm.

467,26 *sinnliche Fassungskraft* ⟨...⟩ *Widerstehungskraft*] Der Kantischen Unterscheidung zwischen dem Mathematisch-Erhabenen und Dynamisch-Erhabenen, zwischen großer und furchtbarer Natur, folgt Schiller bereits im Aufsatz *Vom Erhabenen*. Das unendlich Große übersteigt die Einbildungskraft, das Furchtbare bedroht unser Leben. Vgl. S. 468,31f.

468,A 1 *Man sehe*] Der Hinweis (auf den Aufsatz *Vom Erhabenen*) fehlt im Zweitdruck.

469,15 *Von der ästhetischen Größenschätzung*] Kant unterscheidet die mathematische »Größenschätzung durch Zahl-

begriffe« von der ästhetischen, die »in der bloßen Anschauung (nach dem Augenmaße)« erfolgt, *Kritik der Urteilskraft*
§ 26.

469,26f. *Quantum (als eine Größe)* ⟨. . .⟩ *ein magnum (als
etwas Großes)]* Vgl. *Kritik der Urteilskraft* § 25: »Groß-sein
aber, und eine Größe sein, sind ganz verschiedene Begriffe
(magnitudo und quantitas).«

473,27 *den Patagonen]* Patagonier, Ureinwohner Patago-
niens, einer Landschaft im südlichen Lateinamerika.

474,31f. *Die ganze Form* ⟨. . .⟩ *verändern.]* Fehlt im
Zweitdruck.

475,8-484,16 *Die Einbildungskraft, als Spontaneität* ⟨. . .⟩
mein Gedanke der meinige ist] Diesen Abschnitt hat Schiller
im Zweitdruck gestrichen.

475,12-14 *Apprehension* ⟨. . .⟩ *Komprehension]* Vgl. Kant,
Kritik der Urteilskraft § 26: »Anschaulich ein Quantum in
die Einbildungskraft aufzunehmen, um es zum Maße, oder,
als Einheit, zur Größenschätzung durch Zahlen brauchen
zu können, dazu gehören zwei Handlungen dieses Vermögens: *Auffassung* (apprehensio) und *Zusammenfassung* (com-
prehensio aesthetica).«

484,17f. *keine objektive Eigenschaft des Gegenstandes]* Vgl.
Kritik der Urteilskraft § 26: »Man sieht hieraus auch, daß die
wahre Erhabenheit nur im Gemüte des Urteilenden, nicht
in dem Naturobjekte, dessen Beurteilung diese Stimmung
desselben veranlaßt, müsse gesucht werden.«

484,25ff. *die zurückstoßende,* ⟨. . .⟩ *die anziehende Kraft des
Großen]* Vgl. KdU § 27.

486,33ff. *der ehemalige französische Geschmack in Gärten]*
Französische und englische Gärten sind im 18. Jahrhundert
ein beliebtes Untersuchungsfeld der Ästhetik, vgl. *Über den
Gartenkalender auf das Jahr 1795,* S. 1007ff., *Über das Erhabene,* S. 832f., und das Schema *Gartenkunst,* S. 1109f.; siehe
auch Goethes *Wahlverwandtschaften.*

489,23f. *ni faceret]* Vergil, *Aeneis* I 58f. In Schillers Übersetzung (*Der Sturm auf dem Tyrrhener Meer*):

  Tät er das nicht, sie brächten hervor, durchwühlten die
            Meere,

Schleiften den Erdball und schleiften den ewigen
                                                    Himmel
Mit sich dahin ⟨. . .⟩
(Fricke/Göpfert, Bd. 3, S. 384, v. 30ff.)

489,30 *Tiefe noch erhabener als eine Höhe*] Vgl. Schillers
Gedicht *Der Spaziergang*, v. 33-36.

490,29 *Die Fortsetzung folgt*] Die Fortsetzung ist nicht
erschienen. Der Satz fehlt im Zweitdruck.

BRIEFE AN DEN HERZOG
FRIEDRICH CHRISTIAN VON AUGUSTENBURG

Die vorliegende Ausgabe bietet die drei Fassungen der *Ästhetischen Briefe*: die Briefe an den Herzog von Augustenburg, *Ueber die ästhetische Erziehung des Menschen in einer Reyhe von Briefen* (Erstdruck in den ›Horen‹) und schließlich den Zweitdruck in den *Kleineren prosaischen Schriften* (Bd. 3, 1801) insoweit, als dessen wichtigste Abweichungen gegenüber dem Erstdruck im Stellenkommentar verzeichnet sind.

AUGUSTENBURGER BRIEFE

TEXTGRUNDLAGE

Zugrunde gelegt wurde die Textfassung, die Horst Nahler (Weimar) für den Band 26 der Nationalausgabe besorgt hat, der bald erscheinen wird. Sie basiert auf der in Marbach befindlichen Abschrift einer Abschrift von den Originalen. Die Originalbriefe sind beim Brand des Kopenhagener Schlosses im Februar 1794 vernichtet worden. Die von H. Nahler für die Nationalausgabe erstellte Textfassung wurde nach den für die Ausgaben des Deutschen Klassiker Verlages geltenden editorischen Leitlinien eingerichtet. Für die freundliche Überlassung seines Typoskripts möchte ich Horst Nahler ausdrücklich danken.

Erstdruck: Deutsche Rundschau, Bd. 7, 1876, S. 67-81, 273-284, 400-413; Bd. 8, 1876, S. 253-268.

ENTSTEHUNG UND ASPEKTE DER DEUTUNG

Im Dezember 1791 erhielt Schiller durch Vermittlung des Dichters Jens Baggesen eine dreijährige Pension des dänischen Herzogs Friedrich Christian von Schleswig-Holstein-Sonderburg-Augustenburg und des Grafen Ernst Heinrich von Schimmelmann, die seine Existenz und seine Arbeitsmöglichkeiten sicherte, nachdem er durch eine schwere Erkrankung in ärgste materielle Not geraten war. Die Schenkung betrug tausend Taler pro Jahr. Schiller rühmte an der mäzenatischen Geste der aufgeklärten Aristokraten, wie er am 13. 12. 1791 an Körner schrieb, die »Delicatesse und Feinheit«, den glaubhaften Verzicht auf gönnerhafte Herablassung. Zum Dank widmete er seine

Studien zur Ästhetik in einer Folge von Briefen dem Augustenburger. In der Annahme des Stipendiums mochte Schiller einen Ausweg sehen, zum einen eine Anpassung an den schlechten Publikumsgeschmack, also an die Gesetze des literarischen Marktes, zum andern eine Abhängigkeit in fürstlichen Diensten zu vermeiden. An der faktischen Abhängigkeit von den dänischen Mäzenen änderte das nichts. (Vgl. K.-D. Müller, *Schiller und das Mäzenat*, in: *Unser Commercium*, hg. v. W. Barner, E. Lämmert und N. Oellers, Stuttgart 1984.) Schiller bedenkt den fürstlichen Adressaten in der Rolle eines privilegierten Lesers mit einer Vorform der Publikation, bevor er seine Ergebnisse der gebildeten Öffentlichkeit vorlegt. Die Konstellation ist ironisch genug: Zur Arbeitsfreiheit durch das Mäzenat gelangt, handelt Schiller über den sozialen Status und die gesellschaftliche Funktion des von Zwängen befreiten Künstlers; diese Reflexionen sind Bestandteil seiner Kunsttheorie und seines Autonomie-Programms.

Nachdem die Briefe Schillers beim Brand des Kopenhagener Schlosses im Februar 1794 vernichtet worden waren, bat der Herzog Schiller um Abschriften; an ihrer Stelle schickte Schiller später die umgearbeitete ›Horen‹-Fassung nach Kopenhagen.

Die ›Horen‹-Fassung verschweigt den fürstlichen Adressaten und nimmt den Briefcharakter der Schrift weitgehend zurück. Ähnlich wie die *Augustenburger Briefe* verlagert sie das Interesse zunehmend von der Analyse des Schönen auf seine Wirkung, auf die mögliche Leistung der ästhetischen Kultur für das Individuum und die Gesellschaft. Den umfassenden Begriff des Geschmacks, der in den *Augustenburger Briefen* dominiert, gibt Schiller in der ›Horen‹-Fassung zugunsten des Schönen weitgehend auf. Den Brief vom 3. 12. 1793, der den günstigen Einfluß des Geschmacks auf die Moral behandelt, hat Schiller mit wenigen Änderungen unter dem Titel *Über den moralischen Nutzen ästhetischer Sitten* im 3. Stück der ›Horen‹ 1796 veröffentlicht. Mit der Fundierung idealer Humanität im Spiel-Begriff, mit der Analyse des ästhetischen Scheins und den Reflexionen über den »ästhetischen Staat« gehen die *Ästhetischen Briefe* weit über den Horizont der Briefe an den Augustenburger hinaus.

(Eine Konkordanz der *Augustenburger Briefe* und der *Ästhetischen Briefe* bietet die Ausgabe von Wolfhart Henckmann: Friedrich Schiller, *Über die ästhetische Erziehung des Menschen*, München 1967, S. 189-192.)

STELLENKOMMENTAR

493,14 *das Gefühl des Schönen und Großen*] Die im 18. Jahrhundert geläufige Unterscheidung zwischen dem Schönen und Erhabenen, die Schiller beibehält und am Ende von *Anmut und Würde* aufzuheben sucht.

493,35 *leider selbst Kant*] Kant zufolge ist kein objektives Prinzip des Geschmacks möglich; *Kritik der Urteilskraft* § 34.

496,22 *eine Härte*] Den Rigorismus der Moralphilosophie Kants kritisiert Schiller auch in *Anmut und Würde*, S. 366ff. und Anm. 366,12ff.

497,5 *Ihre liberale Art zu denken*] »Liberal« meint um 1800 häufig: ohne Zwang, großzügig; vgl. Anm. 361,12f.

500,31f. *der Mensch als Selbstzweck respektiert*] Der Satz verweist auf Kants kategorischen Imperativ, dessen zweite Formel lautet: »*Handle so, daß du die Menschheit, sowohl in deiner Person, als in der Person eines jeden andern, jederzeit zugleich als Zweck, niemals bloß als Mittel brauchest.*« (*Grundlegung zur Metaphysik der Sitten*, in: *Werke* 7, S. 61.)

501,21f. *seine heiligen Menschenrechte*] Schiller bezieht sich auf die »Erklärung der Menschen- und Bürgerrechte« (»Déclarations des droits de l'homme et du citoyen«) in Frankreich und Amerika.

502,19 *der wilde Despotismus der Triebe*] Ähnlich verurteilt Schiller in *Anmut und Würde* den »brutaleren Despotismus der untersten Klassen«, S. 364,34f.

502,26f. *welcher alte oder neue Philosoph*] Plato, *Staat* VI 491d.

505,34f. *die Kunst und der Geschmack]* »Geschmack« gehört in den *Augustenburger Briefen*, anders als in den *Ästhetischen Briefen*, zu den Leitbegriffen und hat mehrere Bedeutungen. Geschmack ist sowohl Bedingung künstlerischer Produktivität wie Beurteilungsvermögen, Sinn für das Schöne (der durch Bildung zu erwerben ist) und Instrument zur Disziplinierung der Affekte. Geschmack ist auch Teil des sozialen Habitus, er sichert die Handhabung des »guten Tones«. Wer Geschmack hat und wer nicht, ist für Schiller unstrittig. Der Geschmack sorge in den »feineren Klassen« für die Respektierung moralischer Normen; in der »Masse des Volks« übernehme diese Aufgabe die Religion (S. 552). Oft verwenden die *Augustenburger Briefe* Geschmack, Schönheit und Kunst auch synonym. Geschmack umfaßt neben dem Schönen gelegentlich auch das Erhabene. In den Briefen *Über die ästhetische Erziehung* tritt der Begriff des Geschmacks hinter den des Schönen zurück. Die Briefe an den Augustenburger haben vor allem ästhetische Bildung als Kultivierung des Geschmacks im Blick, von der eine »Veredlung« des Charakters zu hoffen ist. Die Briefe an den Augustenburger wie auch die *Ästhetischen Briefe* trauen der Kunst die Wiedergewinnung der verlorenen Identität des Menschen und die Harmonisierung der Gesellschaft zu. – Erst in der ›Horen‹-Fassung findet Schiller aber die philosophischen Mittel, so den Spiel-Begriff, um das Versöhnungspotential der Kunst einsichtig zu machen.

506,1ff. *von den groben Vergnügungen des Stoffes zum reinen Wohlgefallen an bloßen Formen]* Die besondere Leistung der ästhetischen Bildung, der »Verfeinerung der Gefühle«, sieht Schiller in der Entmaterialisierung der ästhetischen Lust. Am Schönen soll nicht das Dargestellte, sondern allein dessen gelungene Gestalt gefallen.

506,9 *Wenn Sinnes Lust]* Vermutlich sind dies Verse aus der (nicht erhaltenen) 1. oder 2. Fassung des Gedichts *Die Künstler.*

508,19 *einen gedruckten Aufsatz]* Die Abhandlung *Über Anmut und Würde.*

508,23 *Baggesen*] Der dänische Dichter Jens Baggesen (1764-1828).

509,6 *Vater eines Sohnes*] Schillers erster Sohn Karl Friedrich Ludwig, geb. am 14. 9. 1793.

509,31 *Graff*] Der Maler Anton Graff (1736-1813), der 1786 auch Schiller porträtiert hat.

512,1f. *Sapere aude*] Horaz, *Episteln* I 2,40. Vgl. auch Kant, *Beantwortung der Frage: Was ist Aufklärung?* (1784): »Sapere aude! Habe Mut, dich deines *eigenen* Verstandes zu bedienen! ist also der Wahlspruch der Aufklärung.«

512,7 *die Weisheitsgöttin*] Athene.

513,2f. *Wäre das physische Wohl nicht die Bedingung*] Entschiedener als in den *Ästhetischen Briefen* (S. 581f.) erklärt Schiller hier die Verbesserung der materiellen Lebensverhältnisse zur unabdingbaren Voraussetzung der Aufklärung und politischer Reformen.

516,32 *gab es Männer*] Anspielung auf Platos Forderung, die Kunst aus der Republik auszuschließen (*Staat* III 398).

517,5f. *Miltiade, Aristiden, und Epaminondasse*] Miltiades, athenischer Staatsmann und Feldherr (um 540-489); Aristides, athenischer Staatsmann und Feldherr (gest. um 467 v. Chr.); Epaminondas, thebanischer Feldherr (um 420-362).

517,7f. *unter Perikles und Alexandern*] Perikles (ca. 500-429), athenischer Staatsmann; Alexander der Große (356-323).

517,10f. *Julischen Familie*] Römisches Patriziergeschlecht, bekannt vor allem durch Gaius Iulius Caesar.

517,15f. *der Abaßiden*] Abassiden heißen die Kalifen von Bagdad (750-1280), Nachkommen von Abbas, dem Onkel Mohammeds.

517,19 *Lombardische Bund*] Der Bund der lombardischen Städte verfiel im 14. und 15. Jahrhundert.

518,11 *Scilicet ingenium*] Ovid, *Ars amatoria* III, v. 545: »Denn von der freundlichen Kunst ist weich gestimmt unser Gemüte« (Ovid, *Liebeskunst*, München 1969).

518,13 *Didicisse*] Ovid, *Briefe aus der Verbannung (Tristia.*

Epistulae ex Ponto). Lat. und deutsch, übertr. v. W. Willige, Zürich und Stuttgart 1963; II 9 v. 47f.: »adde quod ingenuas didicisse fideliter artes | emollit mores nec sinit esse feros.« (»Ja, und mit redlichem Sinne die edleren Künste erlernen | sänftigt die Sitten und nimmt ihnen das Grausame weg«.)

520,3 *Vermittelst des Schönen]* Gegen die zuvor beschriebenen »Gebrechen« der Zeit, »Verwilderung« und »Erschlaffung«, empfehlen die Briefe zwei Wirkungen der ästhetischen Bildung, die des Schönen und des Erhabenen. Das Schöne schwächt, es vermindert die Triebstärke des »sinnlichen Menschen«, der sich im »Stand der Wildheit« befindet; das Erhabene erweist seine therapeutische Kraft am »rationalen Menschen«, es sorgt für die Anspannung seiner ermatteten Geisteskräfte. Schiller empfiehlt hier das Gleichgewicht beider Empfindungsweisen. Ähnlich versucht er am Ende von *Anmut und Würde*, das Schöne und das Erhabene zusammenzuschließen.

530,5 *die reine Dämonische Flamme]* Dämonisch in der Bedeutung von: geistig, spirituell. Die Abhandlung *Über die notwendigen Grenzen* nennt die Freiheit der sittlichen Vernunft die »Freiheit des Dämons« (S. 705,14); ähnlich rühmt *Über das Erhabene* die »dämonische Freiheit« dessen, der physischen Notwendigkeiten nicht mehr unterliegt (S. 831,32). – Zu Goethes Verständnis des Dämonischen vgl. die Äußerung gegenüber Eckermann am 2. 3. 1831: »Das Dämonische ⟨...⟩ ist dasjenige, was durch Verstand und Vernunft nicht aufzulösen ist. In meiner Natur liegt es nicht, aber ich bin ihm unterworfen.« Für weitere Belege zum Begriff des Dämonischen bei Goethe vgl. *Dichtung und Wahrheit*, hg. v. K.-D. Müller, FA 14, S. 1294, und W. Emrich, *Die Symbolik von Faust II*, Frankfurt/Main, 3. Aufl. 1964, S. 82ff., 288f. u. ö.

530,13 *Wie mit Glanz]* Teil einer früheren Fassung des Gedichts *Die Künstler*.

537,17 *Gemeinsinn]* Der Begriff geht wohl zurück auf: sensus communis, common sense. Vgl. Kant, *Kritik der*

Urteilskraft § 40. Zur Tradition des sensus communis: H.-G. Gadamer, *Wahrheit und Methode*, 2. Aufl. Tübingen 1965, S. 16ff.

540,14 *Wenn ich also*] Ab hier hat Schiller diesen Brief mit wenigen Änderungen unter dem Titel *Über den moralischen Nutzen ästhetischer Sitten* in die ›Horen‹ übernommen (S. 811-821).

545,22 *Anna Komnena*] In der von Schiller herausgegebenen *Allgemeinen Sammlung historischer Memoires* waren 1790 auch die *Denkwürdigkeiten aus dem Leben des griechischen Kaisers Alexius Komnenes, beschrieben durch seine Tochter Anna Komnena* erschienen.

546,6 *Herzog Leopold von Braunschweig*] Preußischer Generalmajor in Frankfurt/Oder, Bruder der Herzogin Anna Amalia von Weimar. Er ertrank 1785, als er bei einer Überschwemmung bedrohten Anwohnern Hilfe leisten wollte. Vgl. Goethes Gedicht *Herzog Leopold von Braunschweig* (Goethe, FA 1, hg. v. K. Eibl, Frankfurt/Main 1987, S. 335).

ÜBER DIE ÄSTHETISCHE ERZIEHUNG DES MENSCHEN IN EINER REIHE VON BRIEFEN

TEXTGRUNDLAGE

Unser Text folgt dem Erstdruck in den ›Horen‹, 1795, 1. Stück, S. 7-48 (1.-9. Brief); 2. Stück, S. 51-94 (10.-16. Brief); 6. Stück, S. 45-124 (17.-27. Brief). Der Titel im 1. Stück der ›Horen‹ lautet: *Ueber die ästhetische Erziehung des Menschen in einer Reyhe von Briefen.*

Zweitdruck: *Kleinere prosaische Schriften*, Bd. 3, 1801, S. 44-309.

Wichtige Abweichungen des Zweitdrucks gegenüber dem Erstdruck sind im »Stellenkommentar« angezeigt.

ASPEKTE DER DEUTUNG

Die Briefe *Über die ästhetische Erziehung* hat Schiller selbst für seine bedeutendste theoretische Schrift gehalten. Sie ist auch seine längste. Peter Szondi hat angemerkt, daß niemandem, der sich für die Poetik der neunziger Jahre interessiert, »die Mühsal einer Wanderung durch die Antinomien und Äquivokationen, die Schillers ästhetische Schriften ebenso berüchtigt gemacht haben, wie sie berühmt sind«, erspart bleibt (P. S., *Schriften*, Bd. 2, Frankfurt/ Main 1978, S. 70). Das gilt insbesondere für die Leser der *Ästhetischen Briefe*. Ein Kommentar im Rahmen dieser Ausgabe muß notgedrungen diese Wanderung abkürzen. Die Schrift hat bei ihrem Erscheinen Aufsehen erregt (vgl. »Wirkung«), und sie wird bis in die Gegenwart zitiert, wenn die idealistische Ästhetik Schillers, ihre Leistungen und ihre Bedingtheiten, charakterisiert werden. Sie verei-

nigt auf einzigartige Weise die Zeitdiagnose mit der Analytik des Schönen, sie erörtert in kulturanthropologischer
und geschichtsphilosophischer Perspektive die spezifische
Leistung der Kunst für die Ausbildung der Humanität,
ohne doch das Prinzip der Autonomie aufzugeben, das die
Kunst von lebenspraktischen Bezügen freistellt. Ihr großes
Thema ist das Versöhnungspotential der Kunst angesichts
einer Krise, die die Gesellschaft ebenso wie das Individuum
ergriffen hat. Nicht nur Schiller, auch Friedrich Schlegel,
Fichte, Hölderlin und Hegel haben die Trennung von Geist
und Natur, die Entfremdung der sich verselbständigenden
Vernunft von innerer und äußerer Natur, wahrgenommen
und über ihre Aufhebung nachgedacht. Den utopischen
Gehalt der ästhetischen Versöhnung, wie Schiller sie konzipiert, hat vor allem H. Marcuse, Motive Freuds aufgrei-
fend, nachdrücklich unterstrichen.

Während die griechische Antike, so argumentiert Schiller, dem Einzelnen ermöglicht habe, ein Ganzes zu sein, sei
die moderne Subjektivität mit sich selbst im Widerspruch:
»der Genuß wurde von der Arbeit, das Mittel vom Zweck,
die Anstrengung von der Belohnung geschieden. Ewig nur
an ein einzelnes kleines Bruchstück des Ganzen gefesselt,
bildet sich der Mensch selbst nur als Bruchstück aus, ewig
nur das eintönige Geräusch des Rades, das er umtreibt, im
Ohre, entwickelt er nie die Harmonie seines Wesens, und
anstatt die Menschheit in seiner Natur auszuprägen, wird er
bloß zu einem Abdruck seines Geschäfts, seiner Wissenschaft.« (S. 572,34-573,5.) Bis heute gilt dieser Passus als
eine der frühesten und eindrucksvollsten Darstellungen der
Entfremdung, und womöglich ist es die diagnostische
Kraft, die Schillers Abhandlung in der Betrachtung des
Individuums, der Gesellschaft und der Künste aufbringt,
die die Kunstphilosophie bis heute veranlaßt hat, auf sie
zustimmend oder kritisch zurückzugehen.

Die ersten Briefe haben zu rechtfertigen, daß im Revolutionsjahr 1793 von Kunst die Rede ist, während ein
ungleich wichtigeres Thema alle Aufmerksamkeit erfor-

dert: die politische Freiheit. Da die Französische Revolution, wie Schiller meint, an den moralischen Defiziten aller Beteiligten gescheitert sei, müsse zunächst die Verbesserung des Charakters als Vorbedingung politischer Freiheit in Angriff genommen werden. Schiller sieht wohl, daß die »barbarische« Staatsverfassung des Absolutismus und die mangelhafte Moral der Untertanen voneinander abhängen, aber er hält eine Verbesserung des Charakters auch unter den politischen Gegebenheiten für möglich. Das wirksamste Instrument der Charakterbildung stellt die ästhetische Kultur bereit: es ist die Schönheit, so die zuversichtliche Prognose im 2. Brief, »durch welche man zu der Freiheit wandert«.

Zugrunde liegt dieser Einsicht eine desillusionierte Bilanz der Aufklärung, die den Aberglauben erfolgreich bekämpft und das Wissen beträchtlich vermehrt habe, deren Errungenschaften aber für das gesellschaftliche Handeln folgenlos geblieben seien. Die kulturgeschichtlich zwar notwendige, wenngleich in ihren Folgen beklagenswerte Spezialisierung menschlicher Fähigkeiten habe dazu geführt, daß der Mensch nicht mehr mit sich selbst eins sei. Die anthropologisch begründete Einsicht, der Mensch könne »als Wilder, wenn seine Gefühle über seine Grundsätze herrschen«, wie auch als »Barbar, wenn seine Grundsätze seine Gefühle zerstören« (S. 567,2-4), seine Bestimmung verfehlen, dient Schiller als Deutungsmuster für die aktuelle Geschichte, zumal die Ereignisse in Frankreich. Die »niedern und zahlreichern Klassen« seien Opfer ihrer anarchischen Triebnatur; den »zivilisierten Klassen«, den »verfeinerten Ständen« habe die Aufklärung des Verstandes keineswegs zur Besserung der Gesinnung, sondern zur Korruption natürlicher Empfindungen verholfen (S. 568f.). Darum hält Schiller nicht die Aufklärung des Verstandes, sondern die »Ausbildung des Empfindungsvermögens« für das »dringendere Bedürfnis der Zeit« (S. 582,26f.). Mit der Kultivierung der Sinne empfehlen die *Ästhetischen Briefe* einen Gegendiskurs zur Ausbildung des

Denkens, der aber entschieden an dem Ziel festhält, die Aufklärung über ihre eigenen Defizite aufzuklären.

Ästhetische Erfahrung ist für Schiller in erster Linie sinnliche Erfahrung. Auf die Empfindungsfähigkeit, nicht die kognitive Kompetenz ist sein Programm einer ästhetischen Erziehung vor allem zugeschnitten, in der Erwartung, auf diese Weise lasse sich die seit der griechischen Antike verlorene Einheit des Individuums wiederherstellen.

Die Abhandlung widmet sich zwar in erster Linie den Wirkungen der Kunst, aber sie handelt auch von dem, was Kunst darstellt. Dabei greift Schiller auf die Formel der *Kallias*-Briefe zurück, Schönheit sei »Freiheit in der Erscheinung«. Aber welche Freiheit wird im Kunstwerk anschaulich? »Um aller Mißdeutung vorzubeugen«, benennt sie der 19. Brief noch einmal: es ist die Freiheit, die in der »gemischten Natur« des Menschen begründet ist (S. 631, A 12). In der zwanglosen Übereinstimmung der Elemente des Kunstwerks, die keinem Zweck unterliegen, gelangt die Übereinstimmung des Menschen mit sich selbst zur Anschauung. Das Kunstwerk, verstanden als »*lebende Gestalt*« (S. 609,31f.), vereinigt seine ästhetische Struktur mit sinnlichen Qualitäten und läßt so den Betrachter erfahren, daß jener harmonische Ausgleich von Vernunft und Sinnlichkeit möglich ist, der die vollendete Humanität ausmacht.

Weit größeres Gewicht legt aber die Abhandlung auf die Wirkung des Schönen, die »ästhetische Erziehung«. Allein die Kunst, so Schillers These, ist imstande, die im Widerstreit liegenden sinnlichen und geistigen Kräfte des Menschen zu harmonisieren. Anders als die Wissenschaft oder die didaktische Dichtung, die an eines der Vermögen der Subjektivität, die Vernunft, gerichtet sind, spricht die Kunst, und dies ist ihre einzigartige Fähigkeit, keines der Vermögen, weder Vernunft noch Sinnlichkeit, gesondert an, sondern beide zugleich. »Da sich das Gemüt bei Anschauung des Schönen in einer glücklichen Mitte zwischen dem Gesetz und Bedürfnis befindet, so ist es eben darum, weil es sich zwischen beiden teilt, dem Zwange sowohl des einen als des andern entzogen.« (S. 611,21-24.) Die für Schiller charakteristische Gedankenfigur, daß die Versöhnungsleistung der Kunst durch die Neutralisierung einer doppelten Nötigung zustande kommt, findet ihre anthropologische Fundierung in der Annahme eines Spieltriebs, in dem zwei Grundantriebe, Stofftrieb und Formtrieb, zum Ausgleich kommen. Schiller hat sich hier Motive der Trieblehre Fichtes zu eigen gemacht. Der Begriff des Spiels avanciert in dieser Abhandlung zum Herzstück vollendeter Humanität: Der Mensch »*ist nur da ganz Mensch, wo er spielt*« (S. 614,12). Nur die Schönheit ist in der Lage, den Spieltrieb ›aufzuwecken‹, der die harmonische Übereinstimmung der Vermögen, die Identität des Menschen wiederherstellt. Auf diese Weise glaubt Schiller auch den Beweis dafür erbracht zu haben, daß ästhetische Bildung nicht etwa entbehrliches Beiwerk, sondern eine unerläßliche Bedingung der Humanität ist.

Mit dieser Beschreibung der Wirkung des Schönen hat Schiller zugleich sichergestellt, daß das Konzept der ästhetischen Erziehung mit dem strikten Gebot der Kunstautonomie, das auch in dieser Schrift gilt, verträglich ist. Eine Indienstnahme der Kunst für bestimmte Zwecke würde dem Gemüt eine »bestimmte Tendenz« geben. Wirkungsästhetisch gesehen, besagt das Autonomiegebot aber gerade, daß das Subjekt in der Erfahrung des Schönen unter allen Umständen von Festlegungen freigehalten werden muß. Weder darf die Kunst direkt Leidenschaften erregen, noch (wie ein philosophischer Traktat) einseitig das Denken affizieren. Indem die Kunst beide Vermögen zugleich anspricht, bleibt das Autonomieprinzip in Geltung, ohne daß die Versöhnungsleistung der Kunst eingeschränkt werden muß.

Neben dem grandiosen Entwurf einer Kunst, die allein dem Menschen die Identitätserfahrung vermitteln kann, welche ihm die Wirklichkeit verweigert, sind indessen die

Widersprüche und Verlegenheiten in dieser Abhandlung schwerlich zu übersehen, und die Schiller-Forschung hat sie immer wieder thematisiert. Z. B. bestimmt Schiller einerseits die harmonische Subjektivität als Durchgangsstufe auf dem Weg vom physischen zum moralischen Dasein. Diese Entwicklung in drei Stufen geht, wie Schiller meint, sowohl in der Gattungs- wie in der Individualgeschichte vonstatten: »es gibt keinen andern Weg, den sinnlichen Menschen vernünftig zu machen, als daß man denselben zuvor ästhetisch macht« (S. 643,15-17). Die bloße Bestimmbarkeit des mittleren, des »ästhetischen Zustands« soll es dem Menschen leicht machen, moralisch zu handeln. Der ästhetische Zustand selbst ist nicht moralisch, er macht sittliches Handeln nur möglich. Andererseits sieht aber Schiller gerade in der harmonischen Subjektivität die Humanität vollendet. Wo er die harmonische Subjektivität lediglich als Durchgangsstufe gelten läßt, folgt er der These Kants, daß allein Vernunft moralisches Handeln begründen könne; wo er die schöne Moralität als höchste Vollendung des Menschen begreift, verläßt er den Boden der Kantischen Ethik. Das Nebeneinander zweier Moralkonzepte wird sichtbar u. a. in der Formel, der Mensch müsse lernen, »edler ⟨zu⟩ begehren, damit er nicht nötig habe, *erhaben zu wollen*« (S. 648,12f.).

Der ästhetischen Erziehung werden damit zwei einander widersprechende Ziele vorgegeben: der ästhetische Zustand als moralische Bestimmbarkeit, als moralische Unentschiedenheit – und als höchste Vollendung der Subjektivität. Allerdings konzentriert sich die Abhandlung auf die wiederherzustellende Einheit der Subjektivität und die Fähigkeit der Kunst, zur Versöhnung der sinnlichen und geistigen Kräfte beizutragen. Wer einseitig von seinen Gefühlen oder seiner Vernunft beherrscht wird, bedarf der »schmelzenden Schönheit«, die die Spannungen zwischen den menschlichen Vermögen auflöst und sie zum harmonischen Ausgleich bringt. Wer sich im Zustand geistiger oder physischer Erschöpfung befindet, ist auf die »energische

Schönheit«, d. h. das Erhabene, angewiesen, dem die Wiederherstellung seiner Kräfte zuzutrauen ist. Mit dem 17. Brief beginnt Schiller seine Ausführungen über die »schmelzende Schönheit«; der vorgesehene Abschnitt über die »energische Schönheit« bleibt ungeschrieben. Gelegentlich ist die Schrift *Über das Erhabene* als Ausführung der »energischen Schönheit« gedeutet worden.

Das große Vertrauen in die gesellschaftliche Funktion der Kunst, über die ästhetische Freiheit auch der politischen den Weg zu bereiten, das die ersten Briefe trägt, weicht am Ende der Schrift einer merklichen Skepsis. Das Versöhnungspotential der Kunst für das Individuum und die Gesellschaft erweist sich unter den gegebenen historischen Bedingungen als ohnmächtig. Der »ästhetische Staat«, der nur »in einigen wenigen auserlesenen Zirkeln« existiert, bietet keine politische Freiheit. H.-G. Gadamer hat jene Zirkel, in denen Schiller schließlich das Humanitätsideal realisiert sieht, eine »für die Kunst interessierte Bildungsgesellschaft« genannt; aus der »Erziehung durch die Kunst« sei eine »Erziehung zur Kunst« geworden (vgl. Anm. 676,8f.). Indessen bietet die Abhandlung, wie die lange Geschichte ihrer Rezeption zeigt, Anhaltspunkte auch für andere Interpretationen. Die Deutung gerade der letzten Briefe ist bis heute umstritten. Die »auserlesenen Zirkel« einer kleinen Bildungselite, die politischen und gesellschaftlichen Zwängen wie auch dem Zwang der Arbeit enthoben sind, lassen sich auch, wie K. L. Berghahn vorschlägt, als Modell einer befreiten Gesellschaft deuten.

Am Ende des Jahres 1795 beschloß Schiller, die »philosophische Schriftstellerey« aufzugeben und sich wieder »der poetischen Thätigkeit« zuzuwenden. (An W. v. Humbold, 7. 12. 1795.) Bereits Anfang des Jahres 1794 hatte er die kunstphilosophischen Studien unterbrochen, um an *Wallenstein* zu arbeiten.

STELLENKOMMENTAR

556,4f. *Si c'est la raison*] Das Motto ist J.-J. Rousseaus Roman *Julie, ou la Nouvelle Héloïse* (III 7) entlehnt. »Wenn es die Vernunft ist, die den Menschen macht, so ist es die Empfindung, die ihn leitet.«

556,A1 *Diese Briefe*] Die Anmerkung hat Schiller im Zweitdruck gestrichen.

556,A1 *an Wen?*] Den Adressaten der ersten Fassung der Briefe, den Herzog von Augustenburg, läßt Schiller jetzt unerwähnt.

558,29f. *mit dem vollkommensten aller Kunstwerke*] Zur Deutung des utopischen Staats als eines Kunstwerks bei Schiller vgl. K. Wölfel, *Prophetische Erinnerung*, in: *Utopieforschung*, hg. v. W. Voßkamp, Stuttgart 1982, S. 191-217.

559,17f. *Der Nutzen ist das große Idol der Zeit*] Der Widerspruch zwischen nützlicher Lebenspraxis und schöner Kunst wird radikaler noch durch die Romantiker formuliert, er gibt u. a. der *Wilhelm Meister*-Kritik des Novalis ihre Emphase.

560,14 *liberalen Weltbürger*] Vgl. Anm. 497,5.

560,17f. *so großen Verschiedenheit des Standorts*] In der 1. Fassung der Briefe hat Schiller sich entschiedener als »Privatmann« und seinen Adressaten als »Fürsten und mit handelnden Staatsmann« bezeichnet (S. 500,9-11).

561,4 *Spontaneität*] Im Zweitdruck: Intelligenz

562,12 *Dieser Naturstaat*] Im »Naturstaat« – anders als im Vernunftstaat – sind »blinde Kräfte«, Machtinteressen geregelt durch Gesetze, die so gelten, als seien sie unabänderliche Naturgesetze. Hier ist vor allem der absolutistische Staat gemeint. Im letzten Brief kommt Schiller auf den Naturstaat als den »dynamischen Staat der Rechte« zurück.

564,5f. *dem absoluten Wesen*] Gott.

564,A2 *Vorlesungen über die Bestimmung*] Johann Gottlieb Fichtes *Einige Vorlesungen über die Bestimmung des Gelehrten* (1794).

566,37 *ohne Achtung darnieder treten müssen]* Daß der hier angenommene Fall den Mißbrauch staatlicher Gewalt nicht ausschließt, liegt auf der Hand.

568,3f. *den Menschen endlich als Selbstzweck zu ehren]* Vgl. S. 500,31f. und Anm.

568,10f. *die zwei Äußersten des menschlichen Verfalls]* Gegenüber dem Aufklärungsoptimismus, der auch noch die *Künstler* trägt, zieht Schiller in dieser Schrift eine skeptische Bilanz des Zivilisationsprozesses und wägt kritisch seine Errungenschaften gegen seine Schäden ab.

568,31 *welcher alte oder neue Philosoph]* Plato, *Staat*, VI.

570,20 *Die Griechen]* In der griechischen Antike sieht Schiller die Einheit des Menschen verwirklicht, die im Gang der Zivilisation verlorenging und verlorengehen mußte. Alle Völker, heißt es zuvor, müssen unvermeidlich »durch Vernünftelei von der Natur abfallen«, »ehe sie durch Vernunft zu ihr zurückkehren können«. Der Einwand gegen Rousseau ist offensichtlich.

571,36 *vereinende Natur]* Im Zweitdruck: verneinende, vermutlich ein Druckfehler.

572,25 *animalischen]* Hier im Sinne von: organischen.

574,3 *Venus Cytherea ⟨. . .⟩ Venus Urania]* Die Göttinnen der sinnlichen und der geistigen Liebe.

575,17f. *ein kaltes Herz]* Angesichts einer problematisch gewordenen Aufklärung des Verstandes plädiert die Abhandlung für eine Kultivierung der Empfindungen, des Herzens. Zur Geschichte des Herzens als der Geschichte der Seele, zu seiner Erstarrung, Erkaltung, Versteinerung, wie sie vor allem die Romantiker thematisieren, vgl. M. Frank, *Das kalte Herz*, Frankfurt/Main 1978.

580,2f. *einer pedantischen Curatel']* Einer kleinlichen strengen Kontrolle.

580,21f. *Der Sohn des Saturns]* Zeus, der Sohn des Kronos (in römischer Bezeichnung: des Saturn) sieht dem trojanischen Krieg zu, ohne einzugreifen. Vgl. *Ilias* VIII 41ff.

580,24f. *wie Zeus seinen Enkel]* Achill.

581,26 *sapere aude*] Vgl. S. 512,1f. und Anm.

581,31 *die Göttin der Weisheit*] Athene.

583,9f. *Dieses Werkzeug ist die schöne Kunst*] Der 9. Brief markiert den Übergang der Abhandlung von der Kulturanthropologie zum ästhetischen Programm.

583,13-15 *die Kunst, wie die Wissenschaft ⟨. . .⟩ erfreuen sich einer absoluten Immunität*] Der Abschnitt gibt deutlich den Defensivcharakter des Autonomiekonzepts, zumal gegenüber dem »politischen Gesetzgeber«, zu erkennen.

583,33 *Der Künstler*] Vgl. zum Folgenden die Rezension von Bürgers Gedichten (S. 972ff.) und den Brief an den Augustenburger vom 13. 7. 1793 (S. 506,18ff.) Das Porträt des Künstlers hat Züge Goethes; vgl. Schillers Briefe an Goethe vom 23. 8. und 20. 10. 1794. Schiller deutet hier den Künstler vor allem als Vorbild des unentfremdeten ganzen Menschen.

584,4f. *Agamemnons Sohn*] Anspielung auf Orest, der seine Mutter Klytaimnestra und ihren Liebhaber Aigisthos tötet, um seinen Vater zu rächen (Aischylos, *Orestie, Die Choephoren*).

584,9 *seiner dämonischen Natur*] Vgl. Anm. 530,5.

584,18 *Kommodus*] Marcus Commodus Antonius, römischer Kaiser (161-192).

586,18f. *Lebe mit deinem Jahrhundert*] Soziologisch gesehen plädiert Schiller hier für den außergesellschaftlichen Status des Künstlers – als Bedingung seiner Rolle, Erzieher der Menschheit zu sein. Die Vorstellung, der Künstler sei ein Fremder in seiner Zeit, reflektiert auch die faktische gesellschaftliche Ohnmacht des Schriftstellers.

587,1 *die Frivolität, die Rohigkeit*] Dies auch die Forderungen der Bürger-Rezension.

587,8 *Die Fortsetzung folgt*] Im Zweitdruck gestrichen.

588,19 *gab es Männer*] Plato, vgl. S. 516,32 und Anm.

589,9 *achtungswürdige Stimmen*] Schiller denkt hier vermutlich an Rousseaus *Abhandlung, ob die Wiederherstellung der Wissenschaften und Künste etwas zur Läuterung der Sitten beigetragen habe*, dt. Übersetzung von J. D. Titius, Leipzig 1752

(zuerst Genf [recte: Paris] 1751). Bereits die Schaubühnen-
Rede hat das Problem behandelt.

590,27 *Perikles und Alexander]* Vgl. S. 517,7f. und Anm.

590,32 *Phocion]* Athenischer Feldherr (ca. 402-318).

591,3 *Abbaßiden]* Vgl. S. 517,15f. und Anm.

591,5 *Bund der Lombarden]* Vgl. S. 517,19 und Anm.

592,1 *Dieser reine Vernunftbegriff der Schönheit]* Während
die *Augustenburger Briefe* den Begriff der Schönheit aus der
Erfahrung herleiten wollen, versucht Schiller hier, das
Schöne aus der Struktur der Vernunft zu entwickeln. Dieser
transzendental-philosophischen Unternehmung sind die
Briefe 11-16 gewidmet. Sie kommen zu dem Ergebnis, das
Schöne sei eine unerläßliche »Bedingung der Menschheit«.
Nur mit Hilfe des Schönen lasse sich die Bestimmung des
Menschen erfüllen und seine sinnlich-vernünftige Doppel-
natur harmonisch entfalten.

Bei der Übersendung des 11.-16. Briefes an Körner am
5. 1. 1795 notiert er:

> Aus dem, was Du jetzt lesen wirst, kannst Du meinen
> ganzen Plan übersehen und prüfen. Ich läugne nicht, daß
> ich sehr davon befriedigt bin, denn eine solche Einheit,
> als diejenige ist, die dieses System zusammen hält, habe
> ich in meinem Kopf noch nie hervorgebracht und ich
> muß gestehen, daß ich meine Gründe für unüberwind-
> lich halte ⟨. . .⟩. Die abstrakte Darstellung, die gewiß für
> ein solches Thema noch viel Fleisch und Blut hat, mußt
> Du mir nachsehen, denn ich glaube ich bin an der Grenze
> gestanden, und ohne die Bündigkeit der Beweise zu
> schwächen, hätte ich von der Strenge der Schreibart
> nicht wohl etwas nachlassen können.«
> (NA 27, S. 115.)

Vgl. auch den Brief an Körner, 19. 1. 1795.

593,5f. *Persönlichkeit]* Der Begriff verweist auf Kants
Definition in der *Kritik der praktischen Vernunft*: »*Persönlichkeit*, d. i. die Freiheit und Unabhängigkeit von dem Mecha-
nism der ganzen Natur« (*Werke* 7, S. 210).

593,16f. *Nicht, weil wir denken* ⟨. . .⟩, *sind wir]* Schiller bestreitet sowohl den Satz des Descartes, »cogito ergo sum«, wie auch die materialistische Gegenposition.

593,18 *Wir sind, weil wir sind]* Schiller nimmt hier einen Gedankengang Fichtes auf, der in Jena Philosophie lehrte. – Schiller war mit ihm befreundet. Er kennt *Einige Vorlesungen über die Bestimmung des Gelehrten* (Jena, Leipzig 1794) und die *Grundlage der gesammten Wissenschaftslehre* (Leipzig 1794). In den *Vorlesungen* heißt es: »Er ist, *weil* er ist. ⟨. . .⟩ *Das, was* er ist, ist er zunächst nicht darum, weil *er* ist; sondern darum, weil *etwas ausser ihm ist*.« (J. G. Fichte, Gesamtausgabe, hg. v. R. Lauth u. H. Jacob, Bd. I/3, Stuttgart-Bad Cannstatt 1966, S. 29.) – Die Bedeutung Fichtes für die *Ästhetischen Briefe* hat Hans-Georg Pott, *Die Schöne Freiheit*, München 1980, unterstrichen.

594,15 *die höchste Intelligenz]* Gott.

596,8 *den Sachtrieb nennen will]* Auf Betreiben Körners, der den Terminus »hart« fand (an Schiller, 11. 1. 1795), hat Schiller im Zweitdruck »Sachtrieb« durch »Stofftrieb« oder »sinnlichen Trieb« ersetzt.

596,A3 *Ich trage]* Die Anmerkung ist im Zweitdruck gestrichen.

601,A5 *Wechselwirkung]* Schillers Annahme zweier Grundantriebe des Menschen (Sachtrieb oder Stofftrieb und Formtrieb) sowie der Begriff der Wechselwirkung verweisen auf Fichtes *Grundlage der gesammten Wissenschaftslehre*. Fichte lehnte Schillers Trieblehre ab und setzte ihr seine Theorie in der Abhandlung *Über Geist und Buchstab in der Philosophie* entgegen, die in den ›Horen‹ zu drucken Schiller sich weigerte (vgl. dazu die Briefkonzepte NA 27, S. 200-203).

601,A5 *zum Nachteile beider überschritten werden kann]* Eine wichtige Denkfigur der *Ästhetischen Briefe*, die ähnlich in der Kulturkritik M. Horkheimers und Th. W. Adornos, in der *Dialektik der Aufklärung* (1947), wiederkehrt: Es schadet der Sinnlichkeit, aber ebenso auch der Vernunft selbst, wenn die Vernunft illegitime Eingriffe in das Gebiet der Natur unternimmt.

603,A6 *der nachteilige Einfluß einer überwiegenden Rationali-*

tät] Indem Schiller hier nicht nur vor einer dominierenden Sinnlichkeit warnt, sondern mit gleichem Nachdruck auch vor den bedenklichen Folgen der »überwiegenden Rationalität«, distanziert er sich selbstkritisch vom weitgehend negativen Urteil über die Natur in früheren Schriften. Zu Recht vermuten die Schiller-Kommentatoren hier Goethes wohltuenden Einfluß. Goethe hatte bereits Schillers Geringschätzung der Natur in *Anmut und Würde* verdrossen, vgl. S. 1325f.

603,A6 *in Jahrhunderten einer]* Vermutlich eine Hommage an Goethe.

603,A6 *durchaus nichts zu sagen hat]* Im Zweitdruck steht: nicht unbedingt zu gebieten hat.

606,21 *die Idee seiner Menschheit]* Die Schrift behauptet nebeneinander, daß die harmonische Subjektivität, als Idee, unerreichbar ist und daß sie in Griechenland wirklich war und wieder Wirklichkeit werden kann (15. Brief). Schiller verbindet beide Überlegungen, indem er die Idee des Menschen als regulatives Prinzip begreift, dessen Vorstellung dazu veranlassen soll, die harmonische Subjektivität anzustreben. Womöglich hat die an dieser Stelle so nachdrücklich betonte Unerreichbarkeit vollendeter Humanität dazu beigetragen, das Konzept einer ästhetischen Erziehung am Ende der Abhandlung einzuschränken, wenn nicht aufzugeben.

607,29-608,6 *der Sachtrieb ⟨. . .⟩ zu machen]* Fehlt im Zweitdruck.

609,8-15 *Unter seiner Herrschaft ⟨. . .⟩ in die innigste Gemeinschaft setzen]* Fehlt im Zweitdruck.

610,22 *aus transzendentalen Gründen]* Aus Gründen, die in der Vernunft selbst und aller Erfahrung voraus liegen.

610,28 *weil sie Vernunft ist]* Fehlt im Zweitdruck.

611,6 *Konsummation]* Summe, Gipfel.

611,A7 *Burke, Mengs]* Vgl. S. 1305.

612,21 *frivolen Gegenständen]* Hier: wertlosen.

613,A8 *Es gibt ein Chartenspiel]* Die Anmerkung fehlt im Zweitdruck.

613,10-14 *Je nachdem ⟨. . .⟩ Gestalt grenzen, und*] Fehlt im Zweitdruck.

613,21 *seines libyschen Gegners*] Des Löwen.

614,5-7 *der Spieltrieb ⟨. . .⟩ Mit andern Worten*] Im Zweitdruck gestrichen.

614,29 *Müßiggang*] Schiller sieht in den Göttern, die die Griechen darstellten, seinen Spiel-Begriff zur Anschauung gebracht. Spiel und Schönheit sind der Lebenspraxis (Ernst, Arbeit) zwar entrückt, aber die »seligen Götter« bieten eine Utopie, die »auf der Erde sollte ausgeführt werden.«

615,4-7 *Es ist weder Anmut noch ist es Würde ⟨. . .⟩ beides zugleich*] Wie in der Abhandlung *Über Anmut und Würde* versucht Schiller auch hier, Anmut und Würde, das Schöne und das Erhabene, zusammenzudenken, vgl. S. 385,30ff. Er weist der griechischen Plastik (vgl. aber Anm. 615,5) hier einen besonderen Rang zu, weil sie für ihn jene Vereinigung von Anmut und Würde zur Anschauung bringt, die begrifflich herzustellen ihm die größte Mühe bereitet (vgl. H. Pfotenhauer, *Um 1800*, Tübingen 1991, S. 163f.).

615,5 *Juno Ludovisi*] Schillers begeisterter Kommentar zu diesem weiblichen Kolossalkopf in Marmor ist wahrscheinlich durch Goethe angeregt. Die Plastik befand sich in der Villa des Kardinals Ludovisi (1595-1632) in Rom (heute im Thermenmuseum). Winckelmann erwähnt sie in der *Geschichte der Kunst des Alterthums*. Sie zeigt nicht die Göttin, sondern die Gattin des älteren Drusus, entstanden 39/45 n. Chr. Seit 1823 hatte Goethe einen Abguß in seinem Haus.

616,16-20 *Indem sie ⟨. . .⟩ Freiheit gegeben*] Fehlt im Zweitdruck.

618,28f. *die Wirkungen der schmelzenden Schönheit*] Nur die Erörterung der »schmelzenden Schönheit« führt Schiller aus, beginnend mit dem 17. Brief. Die »energische Schönheit« (das Erhabene) wie auch die hier angekündigte Verbindung des Schönen und Erhabenen im »Ideal-Schönen« werden dagegen nicht weiter behandelt. Insofern ist die

Abhandlung Fragment geblieben. Es ist auch nicht zu sehen, wie aufgrund der Prämissen Schillers diese Einheit des
Schönen und Erhabenen möglich sein soll. Schillers Ästhetik ist eine Lehre nicht nur des Schönen, sondern auch des
Erhabenen. Insofern lassen sich die *Ästhetischen Briefe* nicht
als Summe seiner Kunsttheorie lesen. Denn im Schönen ist,
solange neben ihm das Erhabene steht, nur ein Partialbe-
reich des Menschen, die zwanglose Übereinstimmung seiner Vermögen, versinnbildlicht. Für die Darstellung des
Widerstreits der Vermögen, des moralisch gebotenen Tri-
umphs des Geistes über die Natur, wird, so sieht es Schiller,
das Erhabene gebraucht.

618,35 *Die Fortsetzung folgt]* Im Zweitdruck gestrichen.

620,A10 *Der vortreffliche Verfasser]* Die Anmerkung
fehlt im Zweitdruck. Gemeint ist Schillers Freund und
Gönner Karl Theodor von Dalberg; seine *Grundsaetze der
Aesthetik* waren 1791 in Erfurt erschienen, vgl. S. 1317,
1321.

621,15f. *(unter der einseitigen Gewalt des Sachtriebs)]* Im
Zweitdruck gestrichen.

621,17f. *(unter der ausschließenden Gewalt des Formtriebs)]*
Fehlt im Zweitdruck.

621,21f. *in der Übereinstimmung beider Notwendigkeiten]*
Fehlt im Zweitdruck.

625,A11 *durch alle Kategorien durchgeführt und]* Fehlt im
Zweitdruck.

625,1 *Neunzehenter Brief]* Die Briefe 19-23 hat Schiller
gegen Fichtes Einwand ins Feld geführt, er arbeite unphi-
losophisch mit Gleichnissen und Bildern:
Zeigen Sie mir in allen meinen philosophischen Aufsätzen einen einzigen Fall, wo ich die *Untersuchung selbst*
(nicht bloße Anwendungen derselben) in Bildern ab-
handle. Das wird und kann nie mein Fall seyn, denn ich
bin beynahe scrupulöß in der Sorgfalt meine Vorstellungen deutlich zu machen. Habe ich aber die Untersuchung
mit precision und logischer Strenge geführt, so liebe ich
es und beobachte es zugleich aus Wahl, eben das was ich

dem Verstande vorlegte auch der Phantasie (doch in strengster Verbindung mit jenem) vorzuhalten. Ich verweise Sie, wenn Sie diese Bemerkung verificieren wollen auf das VIste Stück der Horen, weil gerade hier die Anwendung bequemer ist. Wenn Sie hier in dem 19, 20, 21, 22 und 23 Briefe, wo eigentlich der Nervus der Sache vorkommt, eine unzweckmäßige Sprache finden, so weiß ich in der That keinen Punkt der Vereinigung in unsern Urtheilen mehr.

(1. Entwurf eines Briefes an Fichte, 3. 8. 1795, NA 28, S. 359f.)

626,32f. *nur durch Leiden zur Tätigkeit*] Im Zweitdruck gestrichen.

626,34f. *nur durch die Tätigkeit zum Leiden*] Fehlt im Zweitdruck.

629,23-34 *Auf dem Willen ⟨...⟩ den Willen da sein*] Dieser Abschnitt fehlt im Zweitdruck.

630,26f. *eine Theophanie ⟨...⟩ eine gab*] (Griech.) Gotteserscheinung. Die Stelle fehlt im Zweitdruck.

632,36f. *weil man ⟨...⟩ den Weg nehmen muß*] Fehlt im Zweitdruck.

636,17-19 *Die Schönheit ⟨...⟩ zu verdanken haben*] Fehlt im Zweitdruck.

640,33 *Die Musik*] Vgl. Schillers Bemerkungen zu Körners Aufsatz über Musik, S. 1081ff.

642,8f. *Nicht weniger widersprechend*] Schillers Vorbehalt gegen eine Kunstanschauung der Aufklärung.

642,31 *Epopee*] (Griech.) Epische Dichtung.

642,31 *Messiade*] Geistliches Epos über den Messias; vor allem eine Anspielung auf Friedrich Gottlieb Klopstocks Epos *Der Messias*, vgl. S. 757,2.

642,32f. *einen anacreontischen*] Anakreon (6. Jh. v. Chr.) galt als Lyriker der heiteren Lebensfreude und Geselligkeit. Anakreontisch dichteten J. W. L. Gleim, J. P. Uz, die Autoren des Göttinger Hains, Klopstock u. a.

642,33 *catullischen Lied*] Die Liebesgedichte des Gaius Valerius Catullus (gest. um 54 v. Chr.).

646,A16 *edeln Seele*] Das Konzept der schönen Moralität (im Unterschied zur erhabenen), die in der Anmut sichtbar wird, hat Schiller vor allem in *Über Anmut und Würde* entwickelt. Zum Begriff »edel« vgl. Anm. 428,28f.

646,A16 *Ausdruck der Freiheit in der Erscheinung*] Mit dieser Formel greift Schiller auf die Schönheitsdefinition in den *Kallias*-Briefen zurück.

647,A16 *Der Moralphilosoph*] Kant.

647,1 *da, wo der Formtrieb herrschen soll*] Fehlt im Zweitdruck.

647,2f. *darf keine Materie mehr sein*] Fehlt im Zweitdruck.

647,4 *da, wo der Sachtrieb regiert*] Im Zweitdruck gestrichen.

649,1 *Was ist der Mensch*] Vgl. *Die Künstler*, v. 103ff.

649,1 *die freie Lust*] Ähnlich Kants »interesselosem Wohlgefallen« in der Erfahrung des Schönen.

649,29 *Zwar die gewalt'ge Brust*] Goethes *Iphigenie* I 3, frei zitiert. Vgl. Schillers Rezension des Dramas, S. 938ff.

655,10 *liberale*] Hier: zwanglose. Vgl. S. 361,12f. und Anm.

656,10 *die uralten Dichtungen*] U. a. Hesiods *Theogonie*, v. 617ff.

656,14 *Saturnus*] Griechisch: Kronos.

657,1 *Contour*] (Franz.) Umriß, Kontur.

657,31-34 *Diese bleibt 〈. . .〉 Sinnlichkeit aufhören*] Fehlt im Zweitdruck.

659,4 *Da nun aber*] Der »Genuß der Schönheit«, in dem der Betrachter die Harmonie seines sinnlichen und geistigen Vermögens erfährt, dient Schiller als Beweis dafür, daß beide Naturen des Menschen vereinbart werden können. Die utopische Dimension der ästhetischen Versöhnung hat u. a. H. Marcuse exponiert (*Triebstruktur und Gesellschaft* [zuerst engl. 1955], *Schriften*, Bd. 5, Frankfurt/Main 1979, S. 150-169).

659,17f. *in Gemeinschaft mit der Sinnlichkeit frei*] Gemeint ist hier nicht die Kantische Freiheit, sondern wiederum die Freiheit der sinnlich-vernünftigen Doppelnatur (S.

631,A12), also die zwanglose Übereinstimmung von Vernunft und Sinnlichkeit.

660,11 *troglodytisch*] Griech.-lat. Troglodyt »Höhlenmensch«.

660,A18 *Man lese*] Die Anmerkung fehlt im Zweitdruck. Herders *Ideen zur Philosophie der Geschichte der Menschheit* waren 1784-91 in Riga und Leipzig erschienen.

661,4 *die Freude am Schein, die Neigung zum Putz und zum Spiele*] Zivilisationsgeschichtlich gesehen ist der ästhetische Schein ein Zeichen der Emanzipation von unmittelbaren Bedürfnissen; Schein und Spiel sind Produkte einer Einbildungskraft, die nicht mehr nur der Wirklichkeit verhaftet ist.

661,15-17 *Was dort ⟨. . .⟩ derselben*] Fehlt im Zweitdruck.

663,20f. *Mit ungebundener Freiheit ⟨. . .⟩ was die Natur trennte*] Die von Schiller betonte Selbständigkeit des ästhetischen Scheins führt tendenziell zur Aufgabe des Nachahmungsprinzips. Vgl. zum ästhetischen Schein die *Kallias*-Briefe (»Entstehung, Quellen«, S. 1306,07).

664,10f. *durch das Ideal in das Gebiet der Erfahrung greift*] Die strikte Auslegung der Autonomie-These unterstreicht, daß ästhetische Erfahrung nicht in praktische Handlung überführt werden kann. Gleichwohl ist Schiller zufolge die Kunstautonomie mit dem Konzept ästhetischer Erziehung vereinbar.

664,31 *(ich setze hier der Kunst keine Grenzen*] Fehlt im Zweitdruck.

666,24 *gotischen Überfluß*] »Gotisch« meint im 18. Jahrhundert meist: geschmacklos überladen, verschnörkelt. Vgl. Sulzers Artikel »Gothisch« in der *Allgemeinen Theorie der schönen Künste*.

667,10 *und Wahrheit*] Im Zweitdruck weggelassen.

668,27f. *ist er ⟨. . .⟩ hinausgeschritten, und*] Fehlt im Zweitdruck.

669,22 *Reich der Form*] Vgl. *Das Ideal und das Leben*. Das Gedicht erschien in den ›Horen‹ 1795 (9. Stück) unter dem Titel *Das Reich der Schatten*, in der Gedichtausgabe von 1800 hieß es *Das Reich der Formen*.

670,A21 *das Vermögen der Ideen*] Vgl. *Kritik der Urteilskraft* § 49:

> *Geist*, in ästhetischer Bedeutung, heißt das belebende Prinzip im Gemüte. ⟨. . .⟩ Nun behaupte ich, dieses Prinzip sei nichts anders, als das Vermögen der Darstellung *ästhetischer Ideen*; unter einer ästhetischen Idee aber verstehe ich diejenige Vorstellung der Einbildungskraft, die viel zu denken veranlaßt, ohne daß ihr doch irgend ein bestimmter Gedanke, d. i. *Begriff* adäquat sein kann, die folglich keine Sprache völlig erreicht und verständlich machen kann.

(Kant, *Werke* 10, S. 413f.)

671,7-11 *die hohe Notwendigkeit* ⟨. . .⟩ *befleckt*] Im Zweitdruck gestrichen.

672,18 *wird zum Tanz*] Vgl. das Gedicht *Der Tanz*.

672,22 *das trojanische Heer*] Vgl. Homer, *Ilias* III 1-9, und Lessing, *Laokoon*, 1. Stück.

673,12f. *der männlichen Kraft und der weiblichen Milde*] Schiller folgt hier den Geschlechtsstereotypen seiner Zeit. Anders sind mitunter dramatische Figuren wie Maria Stuart und Johanna von Orleans ausgelegt.

673,31-34 *dem dynamischen Staat der Rechte* ⟨. . .⟩ *dem ethischen Staat der Pflichten*] Die Unterscheidung zwischen dem »Naturstaat« – gemeint ist vor allem der absolutistische Staat – und »Vernunftstaat« im 3. Brief wird hier wieder aufgenommen.

674,2-5 *Hier darf* ⟨. . .⟩ *Besiegten geben*] Fehlt im Zweitdruck.

674,9f. *den einzelnen Willen dem allgemeinen unterwirft*] Die Termini: einzelner Wille, allgemeiner Wille, Wille des Ganzen, deuten auf Rousseaus *Contrat social* (1762).

674,15f. *Der Geschmack allein*] Ungebrochen erscheint hier Schillers Zuversicht, daß das Schöne über die Versöhnung der Widersprüche im Individuum auch die in der Gesellschaft zustande bringen kann.

675,36 *Huldgöttinnen*] Grazien.

676,8f. *In dem ästhetischen Staate*] Erneut der Versuch,

Anthropologie, ästhetische und politische Theorie zu verschränken. Im Vergleich der Verfassung der Subjektivität
mit der des Staates haben die zahlreichen politischen Termini (allgemeiner Wille, Gleichheit, Konstitution etc.)
wohl eher eine metaphorische Bedeutung. Die Abhandlung
legt es nahe, im »ästhetischen Staat« lediglich eine der
Kunst verschriebene soziale Gruppe (»einige wenige auserlesene Zirkel«) zu sehen, deren Zusammenhalt der Geschmack garantiert. Damit ist, blickt man auf den Titel und
den Anfang der Schrift, aus der »Erziehung durch die
Kunst« eine »Erziehung zur Kunst« geworden (H.-G. Gadamer, *Wahrheit und Methode*, Tübingen, 2. Aufl. 1965,
S. 78). Womöglich ist diese Bildungsgesellschaft aber auch
als Statthalterin einer Gesellschaftsutopie zu fassen. (K. L.
Berghahn, *Ästhetische Reflexion als Utopie des Ästhetischen*,
in: K. L. B., *Schiller. Ansichten eines Idealisten*, Frankfurt/
Main 1986; H.-H. Ewers, *Die schöne Individualität*, Stuttgart
1978). Daneben ist der »ästhetische Staat« auch als Ermög-
lichungsgrund praktischen Handelns gedeutet worden (H.
Turk, *Wirkungsästhetik*, München 1976).

676,A22 *Da es* ⟨...⟩ *aufgenommen werden*] Fehlt im
Zweitdruck.

676,A22 *Konstitution*] (Franz.) Verfassung.

ZEUGNISSE ZUR WIRKUNGSGESCHICHTE

Bereits kurz nach ihrem Erscheinen in den ›Horen‹ haben
die *Ästhetischen Briefe* – mehr als andere theoretische Schriften Schillers – zahlreiche und sehr unterschiedliche Stellungnahmen hervorgerufen. Ausführlich haben u. a. Wil-
kinson/Willoughby die Geschichte ihrer Wirkung dokumentiert (E. M. Wilkinson/L. A. Willoughby, *Schillers
Ästhetische Erziehung des Menschen*, München 1977 [zuerst
Oxford 1967], S. 143-172). Sie lehnen sich teilweise an die
Darstellung von Günther Schulz (NA 27, S. 236-240) an.
Die wichtigsten Quellen haben überdies O. Fambach

(*Schiller und sein Kreis*, Berlin 1957) und N. Oellers (*Schiller –
Zeitgenosse aller Epochen*, Frankfurt/Main 1970, Teil 1) zu-
sammengetragen.

Im folgenden wird eine Auswahl besonders ›prominen-
ter‹ wie auch anonymer, zustimmender und kritischer
Reaktionen gegeben.

Zeitschriftenrezensionen

*Allgemeine Literatur-Zeitung, Nr. 28, 31. 1. 1795, anonym
[= Christian G. Schütz]:*
Auf diese angenehme und leichte Vorkost ⟨Goethes ›Episteln‹⟩ folgt eine stärkere Speise, eine Abhandlung *über die
ästhetische Erziehung des Menschen* in einer Reihe von Briefen,
wovon diesmal die neun ersten erscheinen. Sie sind durch-
weg mit einer so philosophischen Präcision, und doch auch
mit so vieler Eleganz geschrieben, und sind daneben durch
die Menge neuer Ansichten und Fülle interessanter Ideen,
so charakteristisch, daß es fast unmöglich wird, den Verfasser der Abhandlung über *Anmuth und Würde* in der
Thalia zu verkennen.
(Fambach, *Schiller und sein Kreis*, S. 107.)

Allgemeine Literatur-Zeitung, Nr. 98, 19. 6. 1805, anonym:
Von diesem ⟨idealen Gesichtspunkt⟩ geben besonders die
in den ›Horen‹ zuerst mitgeteilten ›Briefe über die ästhetische Erziehung des Menschen‹ ⟨. . .⟩ Rechenschaft. In
jenen Briefen ist Schiller nicht ganz Schiller; es ist eine
gewisse Verschraubung darin sichtbar, die ihm nicht natürlich ist, und zweifeln läßt, ob ihn damals seine so richtigen
Ideen ›Über die Grenzen schöner Formen‹, geleitet haben,
welche Abhandlung wir als eigentliche Frucht seines akademischen Lehramts, zu welchem er nicht durchaus paßte,
betrachten. Ungeachtet jener Verschraubungen wäre es
sehr unrecht, diesen gehaltvollen Briefen keine Aufmerksamkeit zu widmen, und nicht von ihnen einen Gebrauch
zu machen, wie ihn jetzt fast einzig der Verf. der ›Original-

Ideen über die Kunst der Erziehung und besonders der Bildung zur Sittlichkeit‹ (Leipzig 1804 ⟨anonym⟩) gemacht hat.
(Oellers, *Schiller – Zeitgenosse aller Epochen*, Bd. 1, S. 189f.)

Aus Briefen

Schiller an Kant, 1. 3. 1795:
Besonders wünschte ich, daß Sie die darinn ⟨in den ›Horen‹⟩ vorkommenden Briefe über die aesthetische Erziehung des Menschen, als zu deren Verfasser ich mich gegen Sie bekenne Ihrer Prüfung werth finden möchten. Es sind dieß die Früchte, die das Studium Ihrer Schriften bey mir getragen, und wie sehr würde es mir zur Aufmunterung gereichen, wenn ich hoffen könnte, daß Sie den Geist Ihrer Philosophie in dieser Anwendung derselben nicht vermissen.
(NA 27, S. 153.)

Kant an Schiller, 30. 3. 1795:
Die Briefe über die ästhetische Menschenerziehung finde ich vortrefflich und werde sie studiren, um Ihnen meine Gedanken hierüber dereinst mittheilen zu können.
(NA 35, S. 181.)

Goethe an Schiller, 26. 10. 1794:
Das mir übersandte Manuscript ⟨der Ästhetischen Briefe⟩ habe ⟨ich⟩ sogleich mit großem Vergnügen gelesen, ich schlurfte es auf Einen Zug hinunter. Wie uns ein köstlicher, unserer Natur analoger Tranck willig hinunter schleicht und auf der Zunge schon durch gute Stimmung des Nervensystems seine heilsame Wirckung zeigt, so waren mir diese Briefe angenehm und wohlthätig, und wie sollte es anders seyn? da ich das was ich für recht seit langer Zeit erkannte, was ich theils lebte, theils zu leben wünschte auf eine so zusammenhängende und edle Weise vorgetragen fand.
(NA 35, S. 78.)

Goethe an Schiller, 28. 10. 1794:
Hierbey folgen Ihre Briefe mit Danck zurück. Hatte ich das erstemal sie blos als Betrachtender Mensch gelesen und dabey *viel*, ich darf fast sagen *völlige*, Übereinstimmung mit meiner Denckensweise gefunden, so las ich sie das zweytemal im pracktischen Sinne und beobachtete genau: ob ich etwas fände das mich als handelnden Menschen von seinem Wege ableiten könnte; aber auch da fand ich mich nur gestärckt und gefördert und wir wollen uns also mit freyem Zutrauen dieser Harmonie erfreuen.
(NA 35, S. 80.)

Goethe an W. v. Humboldt, 3. 12. 1795:
Sie haben gewiß mit vielem Anteil gesehen, welche Fortschritte Schiller auch in seinen kritischen Arbeiten macht, er hat sehr glückliche Ideen, die, wenn sie nur einmal gesagt sind, nach und nach Eingang finden, so sehr man ihnen auch anfangs widersteht. Man wird ihm, fürcht' ich, erst lebhaft widersprechen und ihn in einigen Jahren ausschreiben, ohne ihn zu zitieren.
(Artemis-Ausgabe, Bd. 19, S. 240.)

Körner an Schiller, 7. 11. 1794:
⟨Der Brief enthält eine ausführliche Kritik einzelner Passagen der *Ästhetischen Briefe*, die hier aus Platzgründen nicht wiedergegeben werden kann. Eingangs äußert sich Körner insgesamt sehr zustimmend.⟩
  Seit langer Zeit hat nichts so sehr auf mich gewirkt, als Deine aesthetischen Briefe. Beym ersten Lesen fand ich im dritten und vierten Briefe manches, wobey ich anstieß. Aber vom 5ten an riß mich die Beredsamkeit des Vortrags mit sich fort, und der 9te Brief gab mir den höchsten Genuß ohne alle Störung.
(NA 35, S. 87.)

W. v. Humboldt an Schiller, Mitte Juli 1795:
Ihre Briefe haben mir ein überaus großes Vergnügen ge-

währt. ⟨. . .⟩ Überall dringt sich das Gefühl auf, daß Sie
Meister Ihres Gegenstandes waren, daß Sie ihn aus allen
verschiedenen Gesichtspunkten ansahen, und gerade den
schicklichsten für die Darstellung wählten. Vorzüglich ist
es Ihnen gelungen, dasjenige, worauf freilich auch das Meiste ankam, auf das klarste darzustellen, wie die Schönheit
jene beiden verschiedenen Zustände *rein* entgegensetzet und
innig verbindet. ⟨. . .⟩ Es kann nicht fehlen, daß eine Theorie, die, außer dem daß sie ihren eignen Gegenstand
schlechterdings erschöpft, über den Zusammenhang alles
menschlichen Denkens und Empfindens überhaupt ein so
helles Licht verbreitet, nicht auch außer ihrem Gebiete eine
Revolution hervorbringen sollte ⟨. . .⟩.
(NA 35, S. 244; Humboldt hat dieses Urteil in seinem Aufsatz *Über Schiller und den Gang seiner Geistesentwicklung* prinzipiell beibehalten, vgl. S. 1326f.)

W. v. Humboldt an Schiller, 15. 8. 1795:
Ueber Ihre Briefe ist tiefes Stillschweigen, wie natürlich.
Herz sagte mir, nach dem gewöhnlichen Tribut des Lobes,
er verstehe sie nicht, und es sey eine schlimmere Undeut-
lichkeit als z. B. im Kant. In diesem läse man mit großer
Schwierigkeit und bleibe bei jedem Satz zweifelhaft stehn.
Aber wenn man sich durchschlüge, nun so wisse man deutlich, was man gelesen habe. Bei Ihnen empfienge man sehr
leicht jeden einzelnen Satz, und glaube alles gleich zu fassen, aber fragte man sich hernach, was man gelesen habe? so
wisse man es nicht auszudrücken. Im Grunde halte ich dieß
Urtheil für sehr wahr, nur daß es mehr ein Urtheil über den
Leser, als über Sie ist. Der Kantische Vortrag läßt sich, wie
natürlich jeder rein dogmatische, nachplappern, der Ihrige
läßt sich nur nachdenken.
(NA 35, S. 282f.)

Friedrich Christian von Augustenburg an Schiller, 19. 3. 1795:
Ihre aesthetischen Briefe habe ich mit Vergnügen in den
Horen wiedergefunden. Da sie aber wegen meiner Unbe-

kantschaft mit der Sprache und wohl auch mit dem Inhalt
der kritischen Philosophie für mich manche Dunkelheiten
enthalten, die erst bey wiederhohlter ruhiger Lesung verschwinden werden, so schweige ich lieber gegenwärtig
noch über jene Briefe. Im Sommer, auf dem Lande bey
mehrerer Muße, und wenigerer Zerstreuung gedenke ich
diese Lecktüre wieder vorzunehmen. Es ist mir übrigens
eine nicht geringe Freude in ihrer Denkart über das, was der
Menschheit Noth ist, so viel Uebereinstimmung mit meinen Ueberzeugungen zu finden. Die Verbesserung des Zustandes der Menschheit muß vom inren Menschen ausgehn.
Geschieht dies nicht, so wird jedes politische Gebäude, sey
es auch noch so schön in kurzem verfallen, und ungezähm-
ten rohen Leidenschaften vielleicht zu einer noch beque-
mern Behausung dienen. Es komt beynahe nicht auf die
Form, es komt auf den Geist an durch welchen diese Form
Leben erhält. Ist dieser Geist, der Geist der Humanität,
dann wird die gewünschte Verbesserung erfolgen, die Form
mag beschaffen seyn wie sie will.
(NA 35, S. 173f.)

Schiller an Friedrich Christian von Augustenburg, 5. 4. 1795:
Was Eure Durchlaucht in Ansehung der Schwierigkeit des
Vortrags bemerken, ist sehr gegründet, und es verdient
allerdings die größte Aufmerksamkeit der Schriftsteller, die
erfoderliche Gründlichkeit und Tiefsinnigkeit mit einer
faßlichen Diction zu verbinden. Aber noch ist unsere Sprache dieser großen Revolution nicht ganz fähig, und alles,
was gute Schriftsteller vermögen, ist auf dieses Ziel von
ferne hinzuarbeiten. Die Sprache der feinen Welt und des
Umgangs flieht noch zu sehr vor der scharfen, oft spitzfin-
digen Bestimmtheit, welche dem Philosophen so unentbehrlich ist, und die Sprache der Gelehrten ist der Leichtigkeit, Humanität und Lebendigkeit nicht fähig, welche der
Weltmann mit Recht verlangt. Es ist das Unglück der Deutschen, daß man ihre Sprache nicht gewürdigt hat, das
Organ des feinen Umgangs zu werden, und noch lange

wird sie die übeln Folgen dieser Ausschließung empfinden. (NA 27, S. 172.)

Christian Garve an Felix Weiße, 8. 3. 1795:
Sind Schillers Briefe in den Horen wirklich des Lobes der Litteratur-Zeitung werth? Ich dächte, leichte Sachen wären darin schwer gemacht. Gute, aber nicht tiefsinnige Ideen sind in einem tiefsinnigen Gewande vorgetragen: das Umgekehrte würde mir besser gefallen. *Suaviter in modo, sed fortiter in re.*
(*Briefe von Christian Garve an Christian Felix Weiße und einige andere Freunde*, Breslau 1803, Bd. 2, S. 188,89.)

Friedrich Schlegel an Caroline Schlegel, 29. 10. 1798:
Uebrigens erinnert mich sein Glück 〈ironisch, auf den *Wallenstein* bezogen〉 an sein Unglück, daß ihm die ästhetischen Briefe nicht rein herauskamen, und gestört wurden. Die 〈stecken〉 ihm nun im Geblüte, und die ganze Würdeanmuth ist auf die innern Theile gefallen.
(Kritische Schlegel-Ausgabe, Bd. 24, S. 189.)

Caroline Schlegel an August Wilhelm Schlegel, 15. 5. 1801:
Dann schickte er 〈Schiller, im Brief vom 12. 5. 1801〉 auch Schelling seine Maria und kleine prosaische Schriften, und der sollte ihm doch sagen, wenn er in einer müßigen Stunde etwa die ästhetischen Briefe ansähe, wie sie sich zu dem jetzigen Moment verhielten. »Antwort. Verhalten sich gar nicht.« So würde ich sprechen.
(*Caroline, Briefe aus der Frühromantik*, nach G. Waitz vermehrt hg. v. E. Schmidt, Leipzig 1913, Bd. 2, S. 138.)

G. W. F. Hegel, Ästhetik:
Eine Reihe von Schillerschen Produktionen gehört dieser Einsicht in die Natur der Kunst an, vornehmlich die *Briefe über ästhetische Erziehung*. Schiller geht darin von dem Hauptpunkte aus, daß jeder individuelle Mensch in sich die Anlage zu einem idealischen Menschen trage. Dieser wahr-

hafte Mensch werde repräsentiert durch den Staat, der die
objektive, allgemeine, gleichsam kanonische Form sei, in
der die Mannigfaltigkeit der einzelnen Subjekte sich zur
Einheit zusammenzufassen und zu verbinden trachte. Nun
ließen sich zweierlei Arten vorstellen, wie der Mensch in
der Zeit mit dem Menschen in der Idee zusammentreffe;
einerseits nämlich in der Weise, daß der Staat als die Gattung des Sittlichen, Rechtlichen, Intelligenten die Individualität aufhebe, andererseits so, daß das Individuum sich
zur Gattung erhebe und der Mensch der Zeit sich zu dem
der Idee veredle. Die Vernunft nun fordere die Einheit als
solche, das Gattungsmäßige, die Natur aber Mannigfaltigkeit und Individualität, und von beiden Legislaturen werde
der Mensch gleichmäßig in Anspruch genommen. Bei dem
Konflikt dieser entgegengesetzten Seiten soll nun die ästhetische Erziehung gerade die Forderung ihrer Vermittlung und Versöhnung verwirklichen, denn sie geht nach
Schiller darauf, die Neigung, Sinnlichkeit, Trieb und Gemüt so auszubilden, daß sie in sich selbst vernünftig werden
und somit auch die Vernunft, Freiheit und Geistigkeit aus
ihrer Abstraktion heraustrete und, mit der in sich vernünftigen Naturseite vereinigt, in ihr Fleisch und Blut erhalte.
Das Schöne ist also als die Ineinsbildung des Vernünftigen
und Sinnlichen und diese Ineinsbildung als das wahrhaft
Wirkliche ausgesprochen.
(Hegel, *Ästhetik*, Bd. 1, Berlin und Weimar 1965, S. 70f.)

Friedrich Hölderlin an Immanuel Niethammer, 24. 2. 1796:
In den philosophischen Briefen will ich das Prinzip finden,
das mir die Trennungen, in denen wir denken und existiren,
erklärt, das aber auch vermögend ist, den Widerstreit verschwinden zu machen, den Widerstreit zwischen dem Sub-
ject und dem Object, zwischen unserm Selbst und der Welt,
ja auch zwischen Vernunft und Offenbarung, – theoretisch,
in intellectualer Anschauung, ohne daß unsere praktische
Vernunft zu Hilfe kommen müßte. Wir bedürfen dafür ästhetischen Sinn, und ich werde meine philosophischen

Briefe »Neue Briefe über die ästhetische Erziehung des Menschen« nennen. Auch werde ich darin von der Philosophie auf Poësie und Religion kommen.
(Hölderlin, Große Stuttgarter Ausgabe, Bd. 6, S. 203.)
Zwar hat Hölderlin die *Neuen Briefe* in der beabsichtigten Form nicht geschrieben, doch lassen sich wohl die philosophisch-poetologischen Fragmente vor allem der Homburger Jahre (1798-1800) als Versuche deuten, diesen Plan auszuführen. (Vgl. H.-G. Pott, *Schiller und Hölderlin. Die »Neuen Briefe über die ästhetische Erziehung des Menschen«*, in: J. Bolten [Hg.], *Schillers Briefe über die ästhetische Erziehung*. Frankfurt/Main 1984.)

August Wilhelm Schlegel, »Bürger. 1800«:
Die Recension ⟨Schillers Bürger-Rezension⟩ war mit der kalten abgezirkelten Eleganz abgefaßt, welche Schillers damaligen prosaischen Schriften eigen war, und·in seinen Briefen über ästhetische Erziehung in die äußerste Erstorbenheit überging ⟨. . .⟩.
(August Wilhelm Schlegel, *Kritische Schriften*, Berlin 1828, Bd. 2, S. 4.)

Johann Gottfried Herder:
Herders Ansicht über die *Ästhetischen Briefe* teilt Schiller Körner in einem Brief vom 7. 11. 1794 mit:
  Herder abhorriert sie als Kantische Sünden und schmollt ordentlich deßwegen mit mir.
(NA 27, S. 80.)

Friedrich Gottlieb Klopstock:
Über Klopstocks Meinung zu den *Ästhetischen Briefen* berichtet W. v. Humboldt in seinen *Reisetagebüchern aus den Jahren 1796 und 1797:*
  Sein ⟨Klopstocks⟩ Urtheil über fremde Produktionen scheint sich sehr nach seiner Laune bequemen zu müssen. Göthens neueste Sachen verwirft er durchaus. Schiller ist ihm verhasst. Die ästhetischen Briefe wären *non sens*, seine

Prätensionen fürchterlich. Ob er die Stelle über sich selbst in den Horen ⟨nämlich in *Naive und sentimentalische Dichtung*⟩ gelesen, habe ich nicht herausbringen können. Beide verstehen die Deutsche Sprache schlechterdings nicht, doch Göthe mehr.

(W. v. Humboldt, *Gesammelte Schriften*, Berlin 1916, Bd. 14, S. 337.)

Madame de Staël, »Über Deutschland« (»De l'Allemagne«):
Von Kants Schülern ist Schiller der erste, welcher seine Philosophie auf die Literatur angewendet hat; und in Wahrheit macht es einen so großen Unterschied, ob man von der Seele ausgeht, um über die äußeren Gegenstände zu urteilen, oder ob man von den äußeren Gegenständen über das, was in der Seele vorgeht, urteilt, daß alles davon abhängt. Schiller hat zwei Abhandlungen über das *Naive* und *Sentimentale* geschrieben, in welchen das sich verkennende und das sich beobachtende Talent mit erstaunlichem Scharfsinn entwickelt worden sind; aber in seinem Versuch *Über Anmut und Würde* und in seinen *Briefen über die Ästhetik*, d. h. die Theorie des Schönen, ist allzuviel Metaphysik. Will man von dem Kunstgenuß reden, für welchen alle Menschen empfänglich sind, so muß man sich immer auf die Eindrücke stützen, die sie erhalten haben, und sich nicht abstrakte Formen erlauben, über welche die Spur dieser Eindrücke verlorengeht. Schiller hing an der Literatur durch sein Genie und an der Philosophie durch seinen Hang zur Reflexion. Seine prosaischen Schriften halten sich innerhalb der Grenzen beider Regionen; indes versteigt er sich nicht selten in die höchste, und indem er unaufhörlich auf das zurückkommt, was in der Theorie am meisten abstrakt ist, verschmäht er die praktische Anwendung als eine unnütze Folge der Prinzipien, die er festgestellt hat.

(Madame de Staël, *Über Deutschland*, hg. v. M. Bosse, Frankfurt/Main 1985 [neu durchgesehene Fassung der deutschen Erstausgabe von 1814], S. 472.)

ÜBER DIE NOTWENDIGEN GRENZEN
BEIM GEBRAUCH SCHÖNER FORMEN

TEXTGRUNDLAGE

Unser Text folgt den Erstdrucken. *Von den nothwendigen Grenzen des Schönen, besonders im Vortrag philosophischer Wahrheiten* erschien zuerst in den ›Horen‹, 1795, 9. Stück, S. 99-125; der Aufsatz *Ueber die Gefahr ästhetischer Sitten* stand zuerst im 11. Stück der ›Horen‹, 1795, S. 31-40.

Unter dem Titel *Über die nothwendigen Grenzen beim Gebrauch schöner Formen* hat Schiller beide Aufsätze in den *Kleineren prosaischen Schriften* (Bd. 2, 1800, S. 355-415) zusammengefaßt.

ENTSTEHUNG UND ASPEKTE DER DEUTUNG

Ein wichtiger Anlaß für den Aufsatz *Von den notwendigen Grenzen des Schönen besonders im Vortrag philosophischer Wahrheiten* dürfte Schillers Kontroverse mit Fichte im Sommer 1795 gewesen sein. Schiller hatte Fichtes Aufsatz *Über Geist und Buchstab in der Philosophie* aus inhaltlichen und stilistischen Gründen für die ›Horen‹ abgelehnt. Fichte wies Schillers Bedenken entschieden zurück und warf ihm eine unzulässige Vermischung von »Speculationen« und »Bildern« vor, die das Verständnis erschwerten. Mit dem Hinweis auf die gelungene Darstellungsweise in den *Ästhetischen Briefen* suchte Schiller den Vorwurf zu entkräften (vgl. den Entwurf eines Briefes an Fichte, Anm. 625,1). Der 26. *Ästhetische Brief* enthält die Ankündigung: »Von den notwendigen Grenzen des schönen Scheins werde ich noch einmal insbesondere zu reden Veranlassung nehmen.« (S. 662.)

Der Aufsatz *Von den notwendigen Grenzen* stellt den systematischen Versuch dar, die eigentümlichen Leistungen und
Grenzen des Denkens und der Einbildungskraft zu beschreiben und beiden Vermögen gerecht zu werden. Wie
können der Philosoph und der philosophische Schriftsteller
ihre Gegenstände darstellen und ihr Publikum erreichen?
Schiller unterscheidet genauer eine streng wissenschaftliche von einer populären und einer schönen Darstellungsweise. Nur der »schönen Diktion« traut er zu, die Freiheit
der Imagination und die Strenge des Denkens in ein »glückliches Verhältnis« setzen zu können. Anders als die philosophische Darstellung, die allein den Verstand anspricht, ist
es der schönen Schreibart vorbehalten, die Einbildungskraft und das Denkvermögen zugleich zu erreichen. Damit
verteidigt Schiller, Motive der *Ästhetischen Briefe* aufgrei-
fend, seine eigene philosophische Prosa gegenüber Fichte.
Während jedoch die *Ästhetischen Briefe* der Ausbildung des
Empfindungsvermögens Vorrang vor der Schulung des
Verstandes einräumen, betont dieser Aufsatz dessen pro-
blematische Seiten und warnt vor einer übertriebenen Kultivierung des Geschmacks, die die Solidität philosophischen Wissens bedrohe. Die Erkenntnisse der Philosophie
sind jedoch ihrerseits auf die Umwandlung in »lebendige
Anschauung« (S. 692) angewiesen, wenn anders sie das Gefühl und den Willen des Lesers oder Hörers erreichen
sollen. Schiller sieht die unverzichtbare Aufgabe der Geschmackskultur darin, das Gemüt in eine Stimmung zu
versetzen, die der Aufnahme von Erkenntnissen günstig
ist.

Vor allem das »andere Geschlecht«, das, wie Schiller
meint, aufgrund »natürlicher Gegebenheiten« von der Philosophie, einer männlichen Domäne, ausgeschlossen sei,
bedürfe des ästhetischen Mediums, um an der »Wahrheit«
teilhaben zu können. Die zeitliche Bedingtheit dieser Bemerkungen ist offensichtlich, und sicher gehören sie nicht
zu den inspiriertesten in diesem Aufsatz.

Angesichts einer verbreiteten Schöngeisterei in der Aristokratie, aber nicht nur dort, beurteilt Schiller, anders als Christian Garve, die Vorteile des »ästhetischen Umgangs« (vgl. Anm. 505,34f.), des kultivierten Sozialverhaltens, mit großer Skepsis. Die ästhetische Kultur, die der junge Adlige dem Bürger voraushabe, sei oft genug oberflächlich, ihr fehle die »innere Bildung« (S. 695). Der Aufsatz schließt mit einer harschen Kritik des Dilettantismus – auch er, wie Schiller meint, eine Fehlentwicklung der ästhetischen Kultur.

Schon am 4. 10. 1793 hatte Schiller Körner aus Ludwigsburg mitgeteilt, er habe »eine kleine Schrift, etwa wie Anmuth und Würde« angefangen, die vom »ästhetischen Umgang« handle. Wahrscheinlich hat er den Aufsatz dort auch abgeschlossen. (An Körner, 21. 12. 1795.) Ob er ihn vor dem Druck noch einmal überarbeitet hat, ist allerdings ungewiß. Er erhält den Titel *Über die Gefahr ästhetischer Sitten.*

Im Unterschied zur vorhergehenden Abhandlung, die übertriebene ästhetische Forderungen gegenüber der Philosophie zurückweist, konzentriert sich dieser kleine Aufsatz auf die Grenzziehung zwischen dem Schönen und der Moralität und kommt damit auf Fragen zurück, die Schiller u. a. in *Anmut und Würde* und den Schriften über das Erhabene behandelt hat. Mit deutlicher Anlehnung an Kants Ethik und ihre Begriffe unterstreicht der Aufsatz bei aller Sympathie für die Kultivierung der Sinnlichkeit durch das Schöne, daß allein die Vernunft die Moralität einer Handlung garantiere.

STELLENKOMMENTAR

679,15f. *Scheine von Freiheit*] Zum ästhetischen Schein vgl. die *Kallias*-Briefe und S. 1306f., auch Anm. 297,4f.

680,A1 *Beispiele*] Schiller hält Beispiele nur in streng wissenschaftlichen, d. h. philosophischen Darstellungen für bedenklich, nicht aber in solchen, die die Beteiligung der Einbildungskraft erlauben. Auch hier redet er in eigener Sache. Vgl. seine Beispiele in den *Kallias*-Briefen, besonders im Brief vom 18. 2. 1793, S. 286ff.

681,19 *voraussetzen]* Im Zweitdruck wohl irrtümlich: voraussehen

689,21f. *spricht ⟨. . .⟩ zu dem harmonisierenden Ganzen des Menschen]* Vgl. Schillers Entwurf zu einem Brief an Fichte vom 3. 8. 1795: »Meine beständige Tendenz ist, neben der Untersuchung selbst, das Ensemble der Gemüthskräfte zu beschäftigen, und soviel möglich auf alle zugleich zu wirken.« (NA 28, S. 359.)

690,18f. *der darstellende Schriftsteller]* Herman Meyer sieht in Schillers Überlegungen zur schönen philosophischen Darstellung Forderungen der klassischen Rhetorik erneuert. H. Meyer, *Schillers philosophische Rhetorik*, in: Euphorion 53 (1959). Vgl. auch G. Ueding, *Rhetorik und Ästhetik in Schillers theoretischen Abhandlungen*, in: *Friedrich Schiller. Zur Geschichtlichkeit seines Werks*, hg. v. K. L. Berghahn, Kronberg/Ts. 1975; Todd C. Kontje, *Constructing Reality*, New York, Bern u. a. 1987.

691,17f. *Foderungen des Geschmacks]* Zu Schillers Begriff des Geschmacks vgl. S. 505,34f. und Anm.

692,6ff. *viele Wahrheiten ⟨. . .⟩ ehe die Philosophie]* Dieser Einsicht folgt auch die Deutung der Venus am Anfang von *Anmut und Würde*.

692,22ff. *Das andre Geschlecht ⟨. . .⟩ mit dem Männlichen]* Siehe auch das Epigramm *Weibliches Urteil* (Bd. 1 dieser Ausg.). Zu den geläufigen Vorurteilen über die Geschlechter vgl. S. Bovenschen, *Die imaginierte Weiblichkeit*, Frankfurt/Main 1979.

695,A2 *Herr Garve]* Schiller bezieht sich auf den Aufsatz von Christian Garve, *Ueber die Maxime Rochefaucaults: das bürgerliche Air verliehrt sich zuweilen bey der Armee, niehmahls am Hofe*, in: *Versuche über verschiedene Gegenstände aus der Moral, der Litteratur und dem gesellschaftlichen Leben*, Erster Theil, Breslau 1792, S. 295ff. Vgl. auch Schiller an Garve, 1. 10. 1794.

695,A1 *der Bürgerliche arbeitet, und der Adeliche repräsentiert*] Vgl. Goethe, *Wilhelm Meisters Lehrjahre* V 3 und die Kommentierung bei J. Habermas, *Strukturwandel der Öffentlichkeit*, Neuwied, Berlin, 3. Aufl. 1969; auch H. O. Burger, *Europäisches Adelsideal und deutsche Klassik*, in: ders., *»Dasein heißt eine Rolle spielen«, Studien zur deutschen Literaturgeschichte*, München 1963.

696,20 *den bloßen Dilettanten*] Vgl. die Dilettantismus-Studien Schillers und Goethes, S. 1093ff. dieses Bandes und Anm.

699,16 *noch ein Wilder*] Vgl. den 4. *Ästhetischen Brief.*

702,28 *Liaisons dangereuses*] Pierre Ambroise François Choderlos de Laclos (1741-1803), *Les liaisons dangereuses* (1782). Vgl. Schillers Brief an Körner vom 22. 4. 1787 und das Xenion *Die gefährlichen Verbindungen* (Bd. I dieser Ausg.).

703,16 *Greuel der Anarchie*] Wiederum Schillers Kritik der Französischen Revolution. Vgl. *Anmut und Würde*, S. 364,37 und Anm.; Anm. 361,7-365,3 und 5. *Ästhetischer Brief.*

705,14 *Freiheit des Dämons*] Vgl. S. 530,5 und Anm.

ÜBER NAIVE UND SENTIMENTALISCHE DICHTUNG

TEXTGRUNDLAGE

Erstdruck: *Ueber das Naive*, in: Die Horen, 1795, 11. Stück, S. 43-76; *Die sentimentalischen Dichter*, 12. Stück, 1795, S. 1-55; *Beschluß der Abhandlung über naive und sentimentalische Dichter, nebst einigen Bemerkungen einen charakteristischen Unterschied unter den Menschen betreffend*, 2. Jg., 1796, 1. Stück, S. 75-122.

Zweitdruck: *Ueber naive und sentimentalische Dichtung*, in: *Kleinere prosaische Schriften*, Bd. 2, Leipzig 1800, S. 3-216.

Unser Text folgt dem Erstdruck.

ENTSTEHUNG UND ASPEKTE DER DEUTUNG

Den Plan, über das Naive zu schreiben, faßt Schiller während seines Aufenthaltes in Ludwigsburg im Oktober 1793. Am 4. 10. teilt er Körner mit: »Ich bin mit keiner Erklärung dieses Phänomens, wie sie in unsern Theorieen aufgestellt sind, zufrieden, und hoffe etwas darüber zu sagen, was mehr befriedigt« (Jonas 3, S. 360). Das Naive hatten u. a. Moses Mendelssohn in *Betrachtungen über das Erhabene und Naive in den schönen Wissenschaften*, Diderot im Artikel »Naiveté« der *Encyclopédie*, Wieland in der *Abhandlung vom Naiven* und Kant in der *Kritik der Urteilskraft* (§ 54) untersucht; auch Sulzer hatte ihm in der *Allgemeinen Theorie der schönen Künste* einen eigenen Artikel gewidmet. Wichtige Motive seiner Zivilisationskritik und seiner Vorstellung vom Naiven verdankt Schiller überdies Rousseau. – Erst im September 1794, nach längerer Beschäftigung mit Plänen zum

Wallenstein, kommt er dazu, an der Abhandlung zu schreiben. Wie er Körner am 12. 9. 1794 berichtet, versteht er den Aufsatz über »*Natur* und *Naivheit*« als »gleichsam eine Brücke zu der poetischen production« (NA 27, S. 46). In den folgenden Monaten setzt Schiller auch die Umarbeitung der Briefe an den Augustenburger zu den Briefen *Über die ästhetische Erziehung* fort, überdies plant er ein neues Drama über *Die Maltheser*. Im September 1795 schließlich nimmt er die Arbeit an der Abhandlung *Über das Naive* wieder vor und schickt sie am 26. 10. an Cotta. Sie erscheint am 24. 11. 1795 im 11. Stück der ›Horen‹. Der zweite Teil, *Die sentimentalischen Dichter*, folgt Ende Dezember im 12. Stück, der dritte und letzte Teil, *Beschluß der Abhandlung*, kommt am 22. 1. 1796 im 1. Stück der ›Horen‹ heraus. Die drei Teile folgen nicht einem vorab entworfenen Plan, vielmehr entwickelt Schiller seine Einsichten erst im Fortgang des Schreibens.

Ausgangspunkt der Abhandlung ist zum einen die Wirkungsästhetik Kants, die auf den ersten Seiten erörterte Frage nach der besonderen Erfahrung, die Natur unseren Sinnen gewährt; zum andern der Versuch, sich über den Unterschied zwischen seiner und Goethes Dichtungsweise Klarheit zu verschaffen (P. Szondi, *Das Naive ist das Sentimentalische*, in: *Schriften*, Bd. 2, Frankfurt/Main 1978). Bereits im Geburtstagsbrief an Goethe vom 23. 8. 1794, der wichtige Einsichten der Abhandlung vorwegnimmt, versteht Schiller Goethe als naiven und sich selbst als sentimentalischen Dichter. Charakteristisch für Goethe sei die »Intuition«, für ihn die »Spekulation«:

Wären Sie als ein Grieche, ja nur als ein Italiener gebohren worden, und hätte schon von der Wiege an eine auserlesene Natur und eine idealisierende Kunst Sie umgeben, so wäre Ihr Weg unendlich verkürzt, vielleicht ganz überflüßig gemacht worden. Schon in die erste Anschauung der Dinge hätten Sie dann die Form des Nothwendigen aufgenommen, und mit Ihren ersten Erfahrungen hätte sich der große Styl in Ihnen entwickelt.

Nun da Sie ein Deutscher gebohren sind, da Ihr griechischer Geist in diese nordische Schöpfung geworfen
wurde, so blieb Ihnen keine andere Wahl, als entweder
selbst zum nordischen Künstler zu werden, oder Ihrer
Imagination das, was ihr die Wirklichkeit vorenthielt,
durch Nachhülfe der Denkkraft zu ersetzen, und so
gleichsam von innen heraus und auf einem rationalen
Wege ein Griechenland zu gebähren. In derjenigen Le-
bensEpoche, wo die Seele sich aus der äußern Welt ihre
innere bildet, von mangelhaften Gestalten umringt, hatten Sie schon eine wilde und nordische Natur in sich
aufgenommen, als Ihr siegendes, seinem Material über-
legenes Genie diesen Mangel von innen entdeckte, und
von außen her durch die Bekanntschaft mit der Griechischen Natur davon vergewißert wurde. Jetzt mußten Sie
die alte, Ihrer Einbildungskraft schon aufgedrungene
schlechtere Natur nach dem beßeren Muster, das Ihr bil-
dender Geist sich erschuf, corrigieren, und das kann nun
freilich nicht anders als nach leitenden Begriffen von
Statten gehen. Aber diese logische Richtung, welche der
Geist bey der Reflexion zu nehmen genöthiget ist, verträgt sich nicht wohl mit der aesthetischen, durch welche
allein er bildet. Sie hatten also eine Arbeit mehr, denn so
wie Sie von der Anschauung zur Abstraktion übergien-
gen, so mußten Sie nun rückwärts Begriffe wieder in
Intuitionen umsetzen, und Gedanken in Gefühle verwandeln, weil nur durch diese das Genie hervorbringen
kann.
(NA 27, S. 25f.)

In der Abhandlung verwendet Schiller offenkundig die Begriffe naiv und sentimentalisch alles andere als eindeutig
und gelangt zu Erkenntnissen, die den Ausgangspunkt hinter sich lassen. Naiv und sentimentalisch können Epochen-
begriffe sein, sie bezeichnen aber auch Dichtungs- und
Empfindungsweisen. Die Antike kennt bereits sentimentalische Dichter, wie die sentimentalische Moderne naive
kennt. Dichter »werden also entweder Natur *sein*, oder sie

werden die verlorene *suchen*« (S. 728,12f.). So kennzeichnet
Schiller zunächst den Unterschied zwischen naiver und sentimentalischer Dichtung. Die naive rührt durch Nachahmung der Wirklichkeit, durch »lebendige *Sinnlichkeit*«, die
sentimentalische »durch Ideen und hohe *Geistigkeit*«
(S. 759,34f.). In immer neuen Anläufen bemüht er sich zu
zeigen, wo die Vorzüge, aber auch die virtuellen Schwächen
der jeweiligen Dichtungsweise liegen. Jede von ihnen hat
auch ihre Bedingtheiten: die naive Dichtung tendiert zur
Plattheit, zur geistlosen »gemeinen« Natur; die sentimentalische, die ihren Gegenstand in der Ideenwelt sucht, neigt
zur »Überspannung«, ihr geraten die Grenzen möglicher
Erfahrung aus dem Blick. Als warnendes Beispiel für die
prekären Tendenzen der sentimentalischen Dichtung zitiert
Schiller Klopstock: »Keusch, überirdisch, unkörperlich,
heilig wie seine Religion ist seine dichterische Muse«. Indem Schiller die Bedingtheiten der beiden Dichtungsweisen betont, bereitet er die Zusammenführung des Naiven
und des Sentimentalischen am Ende der Schrift vor. Gelingen kann sie nur im Rahmen der geschichtsphilosophischen Konstruktion, die auch die Briefe *Über die ästhetische
Erziehung* trägt. Der griechischen Natur folgt die Moderne
im Zeichen des »reflektierenden Verstandes«; der Zukunft
ist die Vermittlung von Kultur und Natur aufgegeben.
»Dieser Weg, den die neueren Dichter gehen, ist übrigens
derselbe, den der Mensch überhaupt sowohl im Einzelnen
als im Ganzen einschlagen muß. Die Natur macht ihn mit
sich Eins, die Kunst trennt und entzweit ihn, durch das
Ideal kehrt er zur Einheit zurück.« (S. 735,5ff.)
   Welche Aussichten sind demnach dem naiven Dichtergenie unter den Bedingungen der Moderne beschieden? Es
wird entweder »sentimentalisch, um nur dichterisch zu
sein«, oder es »wird gemeine Natur, um nur Natur zu bleiben«. Den ersten Weg ist nach Schillers Überzeugung, das
zeigen auch die Parallelen zwischen der Abhandlung und
dem Geburtstagsbrief, Goethe gegangen. Auch Goethe,
der naive Dichter, mußte unter den Gegebenheiten des

»künstlichen Weltalters« sentimentalisch werden. In einer Anmerkung »Für den wissenschaftlich prüfenden Leser« (S. 777) nennt Schiller die begrifflichen Mittel, die dieser Geschichtsphilosophie den systematischen Halt geben, sie entstammen der Kategorientafel in Kants *Kritik der reinen Vernunft*.

Während der Aufsatz insgesamt wie auch der Brief an Wilhelm von Humboldt vom 25. 12. 1795 das Sentimentalische als Gegensatz des Naiven begreift, die beide durch das »Ideal« abgelöst werden sollen, nimmt die Anmerkung sentimentalisch nicht in die zweite, sondern in die dritte Kategorie. Sentimentalisch ist hier nicht die Antithese des Naiven, sondern Resultat der Verbindung des Naiven mit seinem Gegenteil, dem »reflektierenden Verstand«. Folgt man Szondis Gewichtung der Anmerkung, so mündet die Abhandlung in eine geschichtsphilosphische Poetik, »welche den Gegensatz *naiv-sentimentalisch*, indem sie das *Sentimentalische* als die Wiedergewinnung des *Naiven unter den Bedingungen* seines anderen, der *Reflexion*, setzt, im hegelschen Wortsinn aufgehoben hat.« (P. Szondi, *Schriften*, Bd. 2, S. 104). In diesen theoretischen Horizont ist die künstlerische Entwicklung Goethes so eingezeichnet, daß sie Schiller als Gegenbild oder Vorbild nicht mehr zu irritieren braucht.

Mit der Abhandlung übers Naive und Sentimentalische nimmt Schiller bis auf weiteres von seinen kunsttheoretischen Arbeiten Abschied. Goethe teilt er am 17. 12. 1795 mit: »Ich habe mich lange nicht so prosaisch gefühlt, als in diesen Tagen und es ist hohe Zeit, daß ich für eine Weile die philosophische Bude schließe. Das Herz schmachtet nach einem betastlichen Objekt.« Am 16. 3. 1796, in einem Gespräch mit Goethe, entschließt er sich, den *Wallenstein* (nicht die *Maltheser*) auszuarbeiten.

Bis auf eine größere Kürzung übernimmt Schiller die drei in den ›Horen‹ veröffentlichten Teile fast unverändert unter dem Titel *Über naive und sentimentalische Dichtung* in den 2. Band der *Kleineren prosaischen Schriften*, der im August

1800 erscheint. Darin sind die Überschriften der einzelnen ›Horen‹-Beiträge gestrichen.

STELLENKOMMENTAR

706,26 *Natur sei oder doch von uns dafür gehalten werde*] Vgl. Kant, *Kritik der Urteilskraft* § 42.

706,28 *die Natur mit der Kunst im Kontraste stehe*] Die grundlegende Unterscheidung in dieser Schrift wie auch in den *Ästhetischen Briefen* zwischen ursprünglichem Naturzustand und der Stufe der Kultur, die auf ihn folgt. An W. v. Humboldt schreibt Schiller am 7. 9. 1795: »Ich bin gerade jetzt bey meinem Aufsatz übers *Naive*, wo ich von dem Gegensatz zwischen Einfalt der Natur und zwischen Cultur viel zu reden habe« (NA 28, S. 44).

706,30 *zum Naiven*] Kant nennt im § 54 der *Kritik der Urteilskraft* »Naivität« den »Ausbruch der der Menschheit ursprünglich natürlichen Aufrichtigkeit wider die zur andern Natur gewordene Verstellungskunst« (*Werke* 10, S. 440).

707,A1 *das Kapitel*] § 42 der *Kritik der Urteilskraft*.

708,3f. *auf dem Wege der Vernunft und der Freiheit, zur Natur zurückführen*] Eine der Passagen in dieser Schrift, in denen Schiller Rousseaus Devise des »Zurück zur Natur« widerspricht. – Die erste Natur ist, ungeachtet ihrer Vollkommenheiten, bloß notwendig und insofern mangelhaft, sie kennt weder Vernunft noch Freiheit. Gerade diese Errungenschaften der Kultur taugen dazu, eine bessere Natur zu gewinnen.

709,4 *in empfindsamen Reisen*] Anspielung auf Lawrence Sterne (1713-1768), *A Sentimental Journey through France and Italy. By Mr. Yorick* (1768).

709,35 *grenzenlosen Bestimmbarkeit in dem Kinde*] Vgl. das Epigramm *Das Kind in der Wiege*. Die Unterscheidung Bestimmung – Bestimmbarkeit trifft auch der 20. *Ästhetische Brief*. Es ist aber fraglich, ob die Begriffe in beiden Schrif-

ten die gleiche Bedeutung haben, vgl. den Kommentar in
NA 21, S. 293.

710,20 *des gemischten Gefühls]* Ein anderes gemischtes
Gefühl (Wehsein und Frohsein) wird Schiller zufolge durch
das Erhabene erzeugt, vgl. S. 239,30 und Anm.

711,A2 *Kant]* Das Zitat aus § 54 der *Kritik der Urteils-*
kraft.

713,3f. *Das Naive ist eine Kindlichkeit, wo sie nicht mehr*
erwartet wird] Die Definition gibt zu erkennen, daß das
Naive seinen Gegenbegriff, das Sentimentalische, voraussetzt. Das impliziert, daß Goethe nur unter den Bedingungen der sentimentalischen Moderne naiv genannt werden
kann (Szondi, *Das Naive,* S. 74). Diese Definition des Naiven wird nicht konsequent beibehalten. Im übrigen vermeidet die Abhandlung die definitorische Strenge und
versucht vielmehr, wie die Kommentatoren der NA bereits
angemerkt haben, die naive Empfindungsweise anhand der
beispielhaften Gegenstände zu deuten, die sie auslösen: »die
Natur, die Kinder, die Frauen, die Griechen, das Genie, die
goldene Zeit« (NA 21, S. 293).

716,24-26 *schöner Menschlichkeit ⟨. . .⟩ einer verderbten Welt*
⟨. . .⟩ Unschuld] Auch Ch. M. Wieland erkennt das Naive in
»ganz unschuldigen und kunstlosen Sitten ⟨. . .⟩«. Es sei
»von einer schönen Seele unzertrennlich« und unterscheide
die naive von der »gekünstelten und gezierten« Schreibweise (*Abhandlung vom Naiven,* in: *Wielands Werke.* Akademie-
Ausgabe, 1. Abt., Bd. 4, Berlin 1916, S. 15-21). Ebenso
sieht Kant im Naiven die »unverdorbne schuldlose Natur«
am Werk; Schiller hat diesen Passus zuvor zitiert. Seine
Moralisierung des Phänomens zum »Naiven der Gesinnung« kommt Mendelssohns Position nahe: »Ueberhaupt
besteht das Naive des sittlichen Charakters in der Einfalt im
Aeußerlichen, die ohne es zu wollen, innerliche Würde ver-
räth.« (*Betrachtungen über das Erhabene und Naive in den schönen*
Wissenschaften, zuerst 1758, endgültige Fassung in den *Ge-*
sammelten Schriften, 1771; zit. nach: Jubiläumsausgabe,
Bd. 1, S. 487f.) Auch Mendelssohn verbindet, ähnlich wie

Wieland, mit dem Naiven »die *Grazie*, oder die hohe *Schön-heit in der Bewegung*«; daneben freilich rückt er das Naive in die Nähe des Erhabenen. Er zieht gelegentlich den Artikel »Naiveté« aus Diderots *Encyclopédie* heran.

716,26 *Ingenuität*] Offenheit, Natürlichkeit des Betragens.

716,35 *des Pabstes Adrian*] Adrian von Utrecht, Professor in Löwen, später Kardinal, Papst 1521-23.

716,36 *Schröckh*] Johann Mathias Schröckh (1733-1808), Verfasser der *Allgemeinen Biographie*, 8 Bde., Berlin 1767-98.

717,21 *dissimulieren*] (Lat.) Verbergen, verheimlichen.

717,26 *»Wir wissen es wohl*] Zitiert aus Schröckh, Bd. 5, S. 1.

718,32 *Naiv muß jedes wahre Genie sein*] Zu Schillers Vorstellungen über Genialität vgl. auch *Über Anmut und Würde* (S. 357,A6 und Anm.), den Brief an Körner vom 3. 2. 1794, den Geburtstagsbrief an Goethe vom 23. 8. 1794, Kants *Kritik der Urteilskraft* (§ 46-50) sowie die Votivtafeln *Der Genius, Der Nachahmer und der Genius* und *Genialität*.

718,33 *Seine Naivetät*] In den ›Horen‹ steht an dieser Stelle: Naivheit. Das Verzeichnis der Druckfehler und Verbesserungen in den ›Horen‹ enthält die Anweisung: »Anstatt Naivheit und so oft dasselbe vorkommt lies Naivetät.« Gemäß dieser Anweisung wurde Naivheit durch Naivetät ersetzt. Auch im Zweitdruck steht Naivetät.

719,19 *(alles was die gesunde Natur tut ist göttlich)*] Eine Einsicht, die Schiller wohl Goethe verdankt.

719,32 *blöde*] Zurückhaltend, schüchtern, linkisch, im Unterschied zu mutig; vgl. Hölderlins Gedicht *Blödigkeit*.

719,37 *Archimed*] Der griechische Mathematiker Archimedes (um 285-212 v. Chr.).

719,37 *Hippokrates*] Vgl. Anm. 101,28.

720,1 *Ariost*] Ludovico Ariosto (1474-1533), Verfasser des Epos *Orlando furioso (Der rasende Roland)*.

720,1 *Tasso*] Torquato Tasso (1544-1595) verfaßte *Das befreite Jerusalem oder Gottfried* (1581).

720,2 *Fielding, Sterne*] Henry Fielding (1704-1757), englischer Erzähler, Dramatiker und Journalist, schrieb u. a. den Roman *The History of Tom Jones, a Foundling* (1749); zu Lawrence Sterne vgl. Anm. 709,4.

720,6 *durch ihr Genie groß sind]* Hier wird das Naive dem Erhabenen zugeordnet, wenig später auch der »Grazie«, also dem Schönen. Die Forderung des naiven Ausdrucks (Simplizität) fürs Erhabene auch bei M. Mendelssohn.

720,7 *Epaminondas]* Vgl. Anm. 517,5f.

720,10 *Marlborough]* John Churchill, Herzog von Malborough (1650-1722), englischer Feldherr und Staatsmann.

720,11 *Türenne, Vendome]* Henri de Latour d'Auvergne, Vicomte de Turenne (1611-1675), und Louis Joseph de Bourbon, Herzog von Vendôme (1654-1712), französische Generäle unter Ludwig XIV.

720,17f. *die herrschenden Grundsätze bei der weiblichen Erziehung]* Sie, und nicht den weiblichen Charakter selbst, geschlechtsspezifische Dispositionen also, macht Schiller für den Verlust der Naivität bei Frauen verantwortlich. Die angedeutete Zuständigkeit der Frauen für Moral, der Männer für Intellektualität ist demgegenüber konventionell, entspricht zeitgenössischen Vorurteilen, vgl. S. 692,22ff. und Anm.

720,30 *Mit dieser naiven Anmut]* Zum Zusammenhang von Naivität und Anmut vgl. Anm. 716,24-26. Auch Kleist (*Über das Marionettentheater*) knüpft Anmut an die Bedingung der Unschuld, den Zustand vor dem Essen vom Baum der Erkenntnis.

723,6 *Frage dich ⟨. . .⟩ empfindsamer Freund der Natur]* Gegen Rousseaus empfindsame Verklärung der ersten »unvernünftigen Natur« empfiehlt Schiller, die auch von ihm gesehenen »*Übel* der Kultur« als die »Naturbedingungen des Einzig guten« anzuerkennen, Vernunft und Freiheit als bedenkliche, aber nicht hintergehbare Bedingungen der Moderne für die Wiederherstellung einer besseren Natur zu nutzen. Wie nah Schiller ungeachtet dieser Kritik Rousseau steht, hat vor allem Wolfgang Liepe gezeigt; W. L., *Beiträge zur Literatur- und Geistesgeschichte*, Neumünster 1963.

724,19ff. *Wenn man sich der schönen Natur erinnert*] Schon Christian Garve hat griechische und moderne Naturdarstellung unterschieden (*Betrachtung einiger Verschiedenheiten in den Werken der ältesten und neuern Schriftsteller, besonders der Dichter*, in: *Sammlung einiger Abhandlungen*, 1779).

726,A6 *Ossians*] Vgl. Anm. 417,19. Schiller konnte nicht wissen, daß Macpherson der Autor war, hat aber hellsichtig den Dichter sentimentalisch genannt.

727,11 *Ulysses*] Homer, *Odyssee* XIV 72ff.

727,12 *Werthers*] Goethe, *Werther*, 2. Buch, 15. März.

727,35 *Tibur*] Das heutige Tivoli, Landsitz des römischen Odendichters Horaz.

728,1 *Properz*] Sextus Aurelius Propertius (um 50-16 v. Chr.), römischer Elegiendichter.

728,1 *Virgil*] Vermutlich Anspielung auf Vergils *Eklogen* (*Hirtengedichte*).

728,2 *Ovid*] Publius Ovidius Naso (43 v. Chr.-ca. 18 n. Chr.) schrieb seine Trauergesänge (*Tristia*) in Tomi am Schwarzen Meer; dorthin hatte ihn Augustus 9 n. Chr. verbannt. Vgl. S. 518,13 und Anm.

728,26-28 *Nichts erwiedert er ⟨. . .⟩ lösen*] Fehlt im Zweitdruck.

729,28 *Homer*] Schiller las Homer zuerst auf der Karlsschule, gründlicher im Sommer 1788; die *Ilias* in der Übersetzung von Voß, die *Odyssee* in der Übersetzung von Stolberg (NA 21, S. 299).

729,30 *merkwürdigen Stelle*] Ilias VI 119-236.

729,36 *Ariost*] Vgl. Anm. 720,1. Die nachfolgende Übersetzung stammt von Schiller.

731,1-17 *Also bin ich ⟨. . .⟩ Freundschaft*] Nach *Ilias* VI 224-233.

731,28-33 *Doch den Glaukus*] Nach *Ilias* V 234-236.

732,24f. *Im Nächsten Stück*] Der Satz fehlt im Zweitdruck.

732,27f. *Hieß es ⟨. . .⟩ das Naive*] Im Zweitdruck: »sagte ich«. Auch die Anmerkung ist dort gestrichen.

732,30f. *Mit der Erklärung ⟨. . .⟩ beschäftigen*] Nicht im Zweitdruck.

734,A10 *Unterschied der Manier]* Schiller selbst nennt unter seinen dramatischen Figuren Warbeck, Demetrius und Johanna naiv (vgl. W. Binder, *Die Begriffe »naiv« und »sentimentalisch« und Schillers Drama,* in: JDSG 4 [1960], S. 146).

736,8 *einseitig aus den alten Poeten]* Damit distanziert sich Schiller u. a. von Winckelmanns Klassizismus, der auf der Vorbildlichkeit griechischer Kunst bestanden hatte.

736,20ff. *Keinem Vernünftigen ⟨. . .⟩ worin Homer groß ist]* Die Einsicht, daß antike und moderne Dichtung je auf ihre Weise vollkommen sein können, daß sie Produkte verschiedener Zeitalter sind, stellt Schillers Beitrag zur Historisierung der Poetik dar. Er schließt damit, ähnlich wie Friedrich Schlegel, an das Ergebnis der in Frankreich ausgetragenen »Querelle des anciens et des modernes« an. Schlegels Schrift *Über das Studium der Griechischen Poesie* ist 1795/96 entstanden und 1797 im Sammelband *Die Griechen und Römer* in Neustrelitz erschienen. Schlegel hat Schillers Abhandlung erst nach Abschluß seines Manuskripts kennengelernt und vor der Drucklegung in einer Vorrede dazu Stellung genommen. (Vgl. H. R. Jauß, *Schlegels und Schillers Replik auf die »Querelle des Anciens et des Modernes«,* in: ders., *Literaturgeschichte als Provokation,* Frankfurt/Main 1970, S. 67-106.)

736,A11 *Moliere]* Molière soll seine Haushälterin nach ihrem Urteil über seine Stücke gefragt haben. Die Anmerkung teilt kritische Seitenhiebe an einige Rezensenten der ›Horen‹ aus (s. NA 21, S. 300), vor allem an Friedrich Nicolai und seine *Beschreibung einer Reise durch Deutschland und die Schweiz im Jahre 1781.*

736,A11 *des französischen Kothurns]* Griech. kothornos »Stiefel«, der dicksohlige Schuh, der die Schauspieler in der antiken Tragödie über menschliche Körpergröße hinaushob.

737,3 *eines neuern Homer]* Vergleiche dieser Art hat auch Herder zurückgewiesen in den Fragmenten *Ueber die neuere Deutsche Litteratur,* 2. Sammlung (*Sämmtliche Werke,* hg. v. B. Suphan, Bd. 1, Berlin 1877, S. 295ff.).

737,14f. *den die bildende Kunst]* Vgl. *Brief eines reisenden*

Dänen (S. 201-207) und *An den Herausgeber der Propyläen,* S. 841-853.

737,A12 *Individualität mit einem Wort ⟨. . .⟩ beizulegen ist.]* Die Anmerkung fehlt im Zweitdruck.

740,13 *Satyrische Dichtung]* Aus lat. satura (lanx) »Schüssel« herzuleiten? Eine den Göttern dargebotene Schüssel mit verschiedenen Früchten. Andere Erklärungen gehen vom griechischen Satyrspiel aus, daher die Schreibweise Satyre für Satire bei Schiller, F. Schlegel u. a. – Die Überschrift fehlt im Zweitdruck.

740,25 *Spiel, was die Poesie immer sein soll]* Den Spiel-Begriff entwickelt vor allem der 15. *Ästhetische Brief.* Vgl. auch »Entstehung und Aspekte der Deutung«.

742,17 *Tacitus]* Cornelius Tacitus (um 55-nach 117), Verfasser der *Germania, Historiae* und *Annales.*

742,28 *Juvenal]* Der römische Satirendichter D. Iunius Iuvenalis (um 47-130).

742,29 *Lucian]* Der syrisch-griechische Satiriker Lukianos (2. Jh. n. Chr.)

742,29 *Swift]* Der irische Autor Jonathan Swift (1667-1745) verfaßte u. a. *Gullivers Reisen* (1726).

742,29 *Young]* Edward Young (1683-1765), Autor der in Deutschland vielgelesenen *Nachtgedanken* (*The Complaint, or Night Thoughts on Life, Death and Immortality*, 1742-45).

742,29 *Haller]* Der Schiller seit den Karlsschultagen bekannte Arzt und Dichter Albrecht von Haller (1708-1777), Verfasser des zivilisationskritischen Gedichts *Die Alpen* (1732). Im Zweitdruck sind an dieser Stelle nur genannt: »Juvenal, Swift, Rousseau, Haller«.

743,28 *in der schönen Seele]* Über das Schöne im Unterschied zum Erhabenen handelt vor allem die Schrift *Über Anmut und Würde.* Zum Terminus »schöne Seele« S. 370,23f. und Anm.

743,33 *die Tragödie oder die Komödie]* Zum Zusammenhang von Tragödie und Komödie vgl. den 22. *Ästhetischen Brief,* die Notiz *Tragödie und Komödie* aus dem Nachlaß (S. 1047) und den Brief an Humboldt vom 29. 11. 1795.

746,13f. *die wahrhaft schöne Seele* ⟨. . .⟩ *in die erhabene über*]
Vgl. S. 378,14f. und Anm.

746,15 *Lucian*] Vgl. Anm. 742,29. Zielscheibe seiner satirischen Dialoge sind die Wunschsucht (*Das Schiff oder die
Wünsche*), einzelne Philosophenschulen (*Das Gastmahl oder
die neuen Lapithen*), der Götterglaube (*Jupiter Tragoedus*), der
moralische Niedergang Roms (*Nigrinus*), das Schmarotzer-
wesen (*Timon*) und religiöse Scharlatane (*Alexander*). Das
folgende Zitat aus dem Selbstgespräch des Negrinus, als er
aus dem besseren Griechenland nach Rom zurückkehrt.
Schiller zitiert nach Wielands Übersetzung: *Lukians Werke*,
1788, Bd. 1, S. 35f.

746,26 *Sykophanten*] Griech. Sykophant »Verleumder,
Denunziant«.

746,31f. *Aristophanes*] Aristophanes (um 450-385) stellt
in der Komödie *Die Wolken* Sokrates als vermeintlichen
Sophisten dar.

746,35 *Diogenes*] Figur in den *Totengesprächen* Lukians.

746,36 *Dämonax*] Held eines biographischen Romans,
der Lukian zugeschrieben wurde.

747,3f. *Tom Jones* ⟨. . .⟩ *Sophia*] Romanfiguren Henry
Fieldings, vgl. Anm. 720,2.

747,4 *Yorik*] Vgl. Anm. 709,4.

747,17 *Ingenu* ⟨. . .⟩ *Candide*] Voltaires *L'Ingénu* (1767)
richtet sich gegen den religiösen Dogmatismus, *Candide*
(1759) gegen den metaphysischen Optimismus von Leibniz.

748,4 *Elegische Dichtung*] Die Überschrift fehlt im Zweitdruck.

748,A15 *Meßiade*] Klopstocks Epos *Der Messias*.

748,A15 *Thomsons Jahrszeiten*] James Thomsons (1700-
1748) *The Seasons* (1726-1730) stehen am Beginn einer neu-
artigen Naturerfahrung in der englischen Literatur.

748,A15 *im verlorenen Paradies, im befreiten Jerusalem*] Miltons *Paradise Lost* (1667), Torquato Tassos *Das befreite
Jerusalem* (1581).

748,A15 *hier nur von derjenigen Idylle*] Als Beispiel der nai-

ven Idylle nennt die Abhandlung später die *Luise* von Joh.
H. Voß.

750,5 *am Euxin*] Lat. Pontus Euxinus, das Schwarze
Meer.

751,A16 *Charton*] Zu Ossian vgl. Anm. 417,19. Das Gedicht *Karthon*, übersetzt von Schillers Freund Friedrich von
Hoven, findet sich in der *Anthologie auf das Jahr 1782.*

751,13 *Julie*] Rousseaus Roman *Julie, ou la Nouvelle Héloïse* (1761). Bedenken gegen die Abstraktion hat Schiller
gelegentlich auch an die eigene Adresse gerichtet, so im
Brief an Goethe vom 31. 8. 1794.

752,14 *Hallers*] Albrecht von Haller, Anm. 742,29.

752,14 *Kleists*] Ewald von Kleist, Freund Lessings,
preußischer Offizier, starb 1759 nach der Schlacht bei Ku-
nersdorf.

753,5 *Soll ich*] Aus Hallers *Trauer-Ode, beim Absterben
seiner geliebten Mariane* (1736).

755,1 *O Welt du bist*] Aus E. v. Kleists Gedicht *Sehnsucht
nach Ruhe* (v. 115-120), ungenau zitiert.

755,18 *wie der Frühling*] Kleists Gedicht *Der Frühling.*

755,32 *Cissides und Paches ⟨. . .⟩ Seneka*] Kleists episches
Gedicht in drei Gesängen *Cissides und Paches* (1759) und das
Trauerspiel *Seneca* (1758).

756,9f. *unserm Klopstock*] Zunächst hat der junge Schiller Klopstock verehrt. Vgl. auch das Gedicht *Klopstok und
Wieland* aus der *Anthologie auf das Jahr 1782.*

756,A18 *doppelte Verwandtschaft der Poesie*] Schillers
wohlwollende Anerkennung der »musikalischen«, gegen-
standslosen, neben der »plastischen« Poesie impliziert die
Abkehr vom Prinzip der Naturnachahmung, das erst in der
Frühromantik außer Kraft gesetzt wird. Über den Zusammenhang von Dichtung und Musik heißt es in Schillers
Brief an Körner vom 25. 5. 1792: »Ich glaube, es ist nicht
immer die lebhafte Vorstellung seines Stoffes, sondern oft
nur ein *Bedürfniß* nach Stoff, ein unbestimmter Drang, nach
Ergießung strebender Gefühle, was Werke der Begeisterung erzeugt. Das Musikalische eines Gedichtes schwebt

mir weit öfter vor der Seele, wenn ich mich hinsetze es zu machen, als der klare Begriff von Innhalt, über den ich oft kaum mit mir einig bin.« (NA 21, S. 302f.) An Goethe schreibt Schiller am 18. 3. 1796: »Bey mir ist die Empfindung anfangs ohne bestimmten und klaren Gegenstand; dieser bildet sich erst später. Eine gewiße musikalische Gemüthsstimmung geht vorher, und auf diese folgt bey mir erst die poetische Idee.« (NA 28, S. 201f.) Vgl. auch Schillers Bemerkungen zu Körners Aufsatz *Über Charakterdarstellung in der Musik* (S. 1081 in diesem Band) und W. v. Humboldts Brief an Schiller vom 18. 12. 1795.

757,22 *Epopee*] (Griech.) Epische Dichtung.

757,24f. *Judas ⟨...⟩ Pilatus ⟨...⟩ Philo*] Gestalten in Klopstocks *Messias*.

757,25 *Salomo*] Trauerspiel Klopstocks (1764).

759,15f. *Elegie an Ebert ⟨...⟩ Zürcher See*] Klopstocks Gedichte *An Herrn Ebert, Bardale, Die frühen Gräber, Die Sommernacht, Der Zürcher See.*

759,23f. *Uz ⟨...⟩ Jacobi*] Die anakreontischen Lyriker Johann Peter Uz (1720-1796) und Johann Georg Jacobi (1740-1814).

759,23 *Denis, Geßner*] Michael Denis (1729-1800), Autor der *Lieder Sineds des Barden,* übersetzte *Die Gedichte Ossians,* 3 Bde., 1768-69; der Schweizer Idyllendichter Salomon Geßner (1730-1788), sein Epos *Der Tod Abels.*

759,24f. *Gerstenberg ⟨...⟩ Hölty ⟨...⟩ Göckingk*] Heinrich Wilhelm von Gerstenberg (1737-1823), zunächst Anakreontiker; sein Trauerspiel *Ugolino* ist ein frühes Dokument des Sturm und Drang; Ludwig Heinrich Christoph Hölty (1748-1776), Dichter des ›Göttinger Hains‹; Leopold Friedrich von Göckingk (1748-1828).

760,36 *Tasso*] Goethes Drama *Torquato Tasso* (1790).

761,2 *in seinem neuesten Roman*] Goethes *Wilhelm Meisters Lehrjahre.* In seinem Brief an Goethe vom 9. 7. 1796 nennt Schiller Goethes Romanhelden ausdrücklich einen »sentimentalischen Charakter«. Die Entstehung des *Wilhelm Meister* hat Schiller eine Zeitlang als kritischer Leser und nicht immer willkommener Berater verfolgt. (Vgl. seine Briefe an Goethe vom 9. 12. 1794 bis 28. 11. 1796.)

761,28 *jenes Übel der Empfindelei*] Gegen empfindsame Romane und Trauerspiele, die »bloß Ausleerungen des Tränensacks« bewirken, polemisiert bereits der Aufsatz *Über das Pathetische*.

761,A19 *Adelung*] Johann Christoph Adelung, *Versuch eines vollständigen grammatisch-kritischen Wörterbuches der Hochdeutschen Mundart ⟨. . .⟩*, 5 Theile, Leipzig 1774-86.

762,11 *Siegwart*] *Siegwart. Eine Klostergeschichte* (1776), empfindsamer Roman von Joh. Martin Miller (1750-1814).

762,12 *Reisen nach dem mittäglichen Frankreich*] Moritz August von Thümmels (1738-1817) Roman *Reise in die mittäglichen Provinzen von Frankreich im Jahr 1785 bis 1786*, 10 Bde., Leipzig 1791-1805.

762,A20 *Blumauer*] Johannes Alois Blumauer verfaßte *Abenteuer des frommen Helden Aeneas oder Virgils Aeneis travestiert* (1784-88).

762,A20 *in der sie leben*] Ursprünglich wollte Schiller hier kritisch auch auf Matthias Claudius eingehen; Freunde von Claudius bewogen ihn aber, davon abzusehen (vgl. den Brief an Cotta vom 27. 2. 1795).

763,20 *Romanschreiber, der nur sein Halbbruder ist*] Schillers Vorbehalt gegen den Roman. Erst die frühromantischen Theoretiker (F. Schlegel, Novalis) begründen seinen Vorrang vor den übrigen Gattungen.

763,23 *Meisterstücke*] Anspielung auf Goethes *Römische Elegien*? Sie waren im 6. Stück der ›Horen‹ (1795) erschienen.

766,17f. *unsers anmutigsten und geistreichsten Dichters*] Gemeint ist Wieland.

766,A21 *Ardinghello*] Wilhelm Heinses Roman *Ardinghello und die glückseeligen Inseln* (1787).

767,1 *deutschen Ovid*] Joh. Kaspar Friedrich Manso (1760-1826) verfaßte u. a. das Lehrgedicht *Die Kunst zu lieben* (vgl. die *Xenien* Nr. 33-40).

767,1 *Crebillon*] Claude Prosper Crébillon d. J. (1707-1777), Verfasser erotischer Romane.

767,2 *Marmontels]* Jean François Marmontel (1723-1799) verfaßte u. a. *Moralische Erzählungen* (zuerst 1761; dt. 1762-76).

767,3 *Laclos]* Choderlos de Laclos, s. Anm. 702,28.

767,5 *deutschen Properz]* Gemeint ist Goethe als Autor der *Römischen Elegien.*

767,6 *Produkt des Diderot]* Wohl eine Anspielung auf *Les bijoux indiscrets* (1748) und *La réligieuse* (entstanden um 1760; 1796).

767,A22 *Agathon, Oberon ⟨. . .⟩ Liebe um Liebe]* Wielands Roman *Geschichte des Agathon* (1766/67; 1773; 1794) und das »romantische Heldengedicht« *Oberon* (1792). Die Verserzählung *Liebe um Liebe* (1776) erhielt später den Titel *Gandalin oder Liebe um Liebe.*

770,15 *die Klagen derer]* Wiederum eine Kritik an Rousseau.

772,5f. *Amintas ⟨. . .⟩ Daphnis]* Gemeint ist wahrscheinlich Tassos *Aminta*, unter dem Titel *Amynt, ein Schäfergedicht* 1794 von F. G. Walter übersetzt. Eine Geschichte mit dem Titel *Amyntas* findet sich auch in Salomon Geßners *Idyllen* (1756). – *Daphnis*, Geßners Dichtung 1754. Strenger urteilt Schiller über Geßner im Brief an Goethe vom 18. 6. 1796.

774,A24 *Herr Voß]* Joh. Heinrich Voß, sein Epos *Luise* erschien 1782-84 und 1795.

775,9 *Er führe uns nicht rückwärts in unsre Kindheit]* Schiller bezeichnet die Ansiedlung der Idylle im vorzivilisatorischen Hirtenstand als akzidentell und eröffnet sich so die Möglichkeit, die Idylle in geschichtsphilosophischer Perspektive neu zu fassen. Er deutet die traditionell retrospektive Idylle um zur utopischen; sie soll die Utopie von der konfliktfreien Harmonie zwischen Kultur und Natur im Individuum und in der Gesellschaft veranschaulichen, die nur angenähert, nicht erreicht werden kann. Damit wird die sentimentalische Idylle zur Trägerin der Humanitätsidee, die Schiller in *Anmut und Würde* sowie in den *Ästhetischen Briefen* unter dem Titel des Schönen entwickelt hat.

775,21f. *Arkadien* ⟨. . .⟩ *Elisium*] Arkadien, eine Landschaft auf der Peloponnes, gilt traditionell, auch bei Schiller, als Ort des vorgeschichtlichen glücklichen Hirtenda-
seins. Vgl. die Gedichte *An die Parzen, Der Triumph der
Liebe, Der spielende Knabe*. Dem Beginn der Phantasie *Resignation*: »Auch ich war in Arkadien geboren« liegt ein altes
produktives Mißverständnis zugrunde. Das »Et in Arcadia
ego«, zum ersten Mal nachgewiesen auf einem Bild des
italienischen Malers Bartholomeo Schidone (um 1580-
1615), meint dort: Auch in Arcadien bin ich (i. e. der Tod)
stets gegenwärtig. (Vgl. H. Rüdiger, *Schiller und das Pastorale*, in: Euphorion 53 [1959], S. 240.) – Für den Verlust
Arkadiens, eines Ortes nur mäßiger Freude, so wäre dieser
Passus der Abhandlung zu deuten, kann Elysium, als Versprechen des in der Zukunft gelegenen höchsten kultivierten Glücks, mehr als entschädigen. In der griechischen
Mythologie bezeichnet Elysium (»Gefilde der Hinkunft«)
den Ort der Seligen nach dem Tod. – Vgl. auch den Hymnus
An die Freude: »Freude, schöner Götterfunken, | Tochter
aus Elisium« (NA 2/1, S. 185). Mit ihm beschließt Beet-
hoven seine 9. Symphonie. – Pläne, die hier skizzierte
sentimentalische Idylle selbst zu schreiben, hat Schiller in
einem Brief an W. v. Humboldt vom 29./30. 11. 1795 geäußert: »Die Vermählung des Herkules mit der Hebe würde
der Inhalt meiner Idylle seyn. Ueber diesen Stoff hinaus
giebt es keinen mehr für den Poeten, denn dieser darf die
menschliche Natur nicht verlassen, und eben von diesem
Uebertritt des Menschen in den Gott würde diese Idylle
handeln. ⟨. . .⟩ Gelänge mir dieses Unternehmen, so hoffte
ich dadurch mit der sentimentalischen Poesie über die naive
selbst triumphiert zu haben.« (NA 28, S. 119.) Vgl. dazu
auch Humboldts Einwände an Schiller in einem Brief vom
18. 12. 1795 und Schillers Erwiderung an Humboldt am
25. 12. 1795. – Das Dilemma, das Schiller damit der sentimentalischen Idylle theoretisch und praktisch aufgibt, Kultur mit der wiedergewonnenen unschuldigen Natur zu
vereinbaren, hat H. Rüdiger, auch angesichts theologischer

Implikationen, prägnant bezeichnet: die sentimentalische Idylle hätte »den Sündenfall zu tilgen«, »ohne auf die Früchte vom Baume der Erkenntnis zu verzichten« (Rüdiger, *Schiller und das Pastorale*, S. 241). − Besteht bei Schiller eine Aporie zwischen Idylle und Geschichte oder lassen sie sich, in der Theorie und in der poetischen Praxis, schließlich doch vermitteln? (G. Sautermeister, *Idyllik und Dramatik im Werk Friedrich Schillers*, Berlin, Köln und Mainz 1971; G. Kaiser, *Von Arkadien nach Elysium*, Göttingen 1978.) Einiges spricht dafür, daß Johannas Weg von Arkadien nach Elysium führt. Aber es ist fraglich, ob z. B. Don Cesar in der *Braut von Messina* − anders als Wilhelm Tell − elysische Gefilde erreicht. Fraglich ist auch, ob die elysische Idylle, wie sie die Abhandlung und der Brief an Humboldt vom 29./30. 11. 1795 beschreiben, in Schillers Verständnis den Tod voraussetzt. Schränkt das Idyllen-Konzept die Versöhnungsleistung der Kunst auf die Erfahrung des Einzelnen ein oder hält es, wie der Beginn der *Ästhetischen Briefe*, an der utopischen Funktion der Kunst fest? Vgl. A. Gethmann-Siefert, *Idylle und Utopie*, in: JDSG 24 (1980); B. von Wiese, *Das Problem der ästhetischen Versöhnung bei Schiller und Hegel*, in: JDSG 9 (1965); R. Grimminger, *Die ästhetische Versöhnung. Ideologiekritische Aspekte zum Autonomiebegriff am Beispiel Schiller*, in: Acta Germanica 9 (1976).

776,15-20 *Der Beschluß ⟨. . .⟩ den Menschen betreffend]* Im Zweitdruck gestrichen.

777,A25 *wie die erste und dritte Kategorie]* Bezieht sich auf Kant, *Kritik der reinen Vernunft* § 10 und 11, 2. Aufl. 1787. (Vgl. »Entstehung und Aspekte der Deutung«.)

781,34 *ein gemeines]* Vgl. den Aufsatz *Gedanken über den Gebrauch des Gemeinen ⟨. . .⟩*, S. 452ff.

782,2 *Bodmer]* Der Schweizer Schriftsteller und Kunsttheoretiker Johann Jakob Bodmer (1698-1783) schrieb u. a. Epen über Stoffe des Alten Testaments.

782,A26 *bei ihren Schilderungen der weiblichen Natur]* Ähnlich wie hier moniert Schiller in einem Brief an Humboldt vom 17. 12. 1795 den Mangel »schöner Weiblichkeit« in der antiken Dichtung; Anlaß ist die Lektüre von F. Schlegels Abhandlungen *Ueber die weiblichen Charaktere in den griechischen Dichtern* (1794) und *Ueber die Diotima* (1795).

Im Homer kenne ich keine schöne Weiblichkeit, denn die bloße Naivetät in der Darstellung macht es noch nicht aus. Seine Nausikaa ist bloß ein naives Landmädchen, seine Penelope eine kluge und treue Hausfrau, seine Helena bloß eine leichtsinnige Frau, die ohne Herzens Zartheit von einem Menelaus zu einem Paris übergieng, und sich auch, die Furcht vor der Strafe abgerechnet, nichts daraus machte, jenen wieder gegen diesen einzutauschen. ⟨. . .⟩ Daß die bildende Kunst schöne Weiber hervorbrachte, beweißt nichts für eine schöne innere und äußere Weiblichkeit in der Natur. ⟨. . .⟩ In den Tragikern finde ich wieder keine schöne Weiblichkeit und eben so wenig eine schöne Liebe. Die Mütter, die Töchter, die Ehfrauen sieht man wohl, und überhaupt alle dem bloßen Geschlecht anhängige Gestalten, aber die Selbstständigkeit der reinen menschlichen Natur sehe ich mit der Eigenthümlichkeit des Geschlechts nirgends vereinigt. (NA 28, S. 134f.)

782,A26 *Sakontala*] Schauspiel des Inders Kalidasa (5. Jh. n. Chr.), das durch Johann Georg Forsters Übersetzung (1791) in Deutschland bekannt geworden war.

783,7 *Plautus*] Der römische Komödiendichter Titus Maccius Plautus (gest. 184 v. Chr.).

783,11ff. *Lope de Vega* ⟨. . .⟩ *Rabener*] Angesprochen sind die Lustspieldichter Lope de Vega (1562-1635), Jean François Regnard (1655-1710), Carlo Goldoni (1707-1793), Ludvig von Holberg (1684-1754), Johann Elias Schlegel (1719-1749), Chr. Fürchtegott Gellert (1715-1769) und Gottlieb Wilhelm Rabener (1714-1771).

784,13 *Musen an der Pleisse*] Gemeint sind Leipziger Schriftsteller, die im ›Leipziger Musenalmanach‹ und in der ›Neuen Bibliothek der schönen Wissenschaften‹ veröffentlichten. Vgl. das Xenion *Pleisse*.

784,14f. *Camönen an der Leine und Elbe*] Kamönen (lat.

Camenae), weissagende Quellnymphen, Musen. Zielt auf Autoren des ›Göttinger Hains‹ und des in Hamburg erscheinenden Musenalmanachs von Joh. Heinrich Voß. Vgl. auch die Briefe Schillers an Goethe und Humboldt vom 26. 10. 1795 und an A. W. Schlegel vom 29. 10. 1795.

784,16 *insipid]* Geschmacklos. Von lat. sapidus »wohlschmeckend«.

784,A27 *Testimonium paupertatis]* (Lat.) Armutszeugnis.

784,A27 *ein Rezensent in der A. L. Z.]* Schiller meint sich selbst, seine Besprechung der Gedichte Bürgers war in der ›Allgemeinen Literatur-Zeitung‹ 1791 erschienen (vgl. S. 972-988).

784,21-785,1 *Salzmanns menschliches Elend]* Christian Gotthilf Salzmann (1744-1811) schrieb den sechsbändigen Roman *Karl von Karlsberg oder Über das menschliche Elend* (Leipzig 1783-88).

785,9f. *einen dicken Mann]* Christoph Friedrich Nicolais *Geschichte eines dicken Mannes* (1794).

788,35f. *Heloise für Abelard]* Die unglückliche Liebe des Theologen Pierre Abélard (1079-1142) und seiner Schülerin Héloïse.

788,36 *Petrarch für seine Laura]* Anspielung auf Francesco Petrarcas (1304-1374) Sonette an Laura.

788,36f. *S. Preux für seine Julie]* Saint-Preux, Liebhaber Héloïses in Rousseaus Roman *Julie, ou la Nouvelle Héloïse.*

789,1 *Phanias]* Eine Gestalt aus Wielands *Musarion.*

789,1 *Peregrinus Proteus]* Vgl. Anm. 444,33ff.

791,9f. *zum Vergnügen und zur Erholung]* Die Formel des Horaz: »Aut prodesse volunt aut delectare poetae« (*Ars poetica*, v. 333): »Die Dichter wollen entweder nützen oder Vergnügen bereiten.«

792,13 *Arbeit ⟨...⟩ Genuß]* Ausführlicher die Darstellung von Entfremdungsphänomenen in den *Ästhetischen Briefen*, S. 572f.; vgl. »Entstehung und Aspekte der Deutung«, S. 1387.

792,26 *Die Schönheit ist das Produkt]* Vgl. den 14. *Ästhetischen Brief.*

793,20f. *Thaliens und Melpomenens*] Thalia, Muse der Komödie; Melpomene, Muse des Gesanges und der Tragödie.

796,32f. *Denn endlich müssen wir es doch gestehen*] Der für die Abhandlung entscheidende Versuch, den Gegensatz naiv-sentimentalisch aufzuheben. Ähnlich die Gedankenfigur, Anmut und Würde zu vermitteln, *Anmut und Würde*, S. 385,30ff. und »Quellen und Aspekte der Deutung«.

799,1 *Da der Realist*] Als Realisten hat sich Schiller u. a. wohl Goethe vorgestellt. Zum Verhältnis von Realismus und Idealismus beim Dichter vgl. die Briefe an Goethe vom 23. 8. 1794 (s. S. 1421f.) und vom 14. 9. 1797.

807,16f. *so wie der Idealist*] So der Zweitdruck. Im Erstdruck steht: »Realist«; vermutlich ein Druckfehler.

ZEUGNISSE ZUR WIRKUNGSGESCHICHTE

Allgemeine Literatur-Zeitung, Nr. 98, 19. 6. 1805, anonym:
Die herrlichste Frucht von Schillers Studium der alten Poesie, vereint mit neuer Philosophie und Ästhetik ist unstreitig seine Abhandlung über *naive und sentimentale Dichtung*. Hier entdeckte sein scharfer Blick einen sonst noch nie bemerkten *Gegensatz* des Antiken und Modernen, der nicht bloß dem Poetiker höchst wichtig, sondern auch für den Philologen, den Geschichts- und Menschenforscher, den Moralisten, von einer noch unermessenen Erheblichkeit ist. Welche Reformen jene Entdeckung im Gebiete der Poetik bereits veranlaßt, ist bekannt, welche es in diesen Gebieten veranlassen werde, steht zu erwarten.
(Oellers, *Schiller – Zeitgenosse aller Epochen*, Bd. 1, S. 190.)

Johann Gottfried Herder an Schiller, 21. 10. 1795:
Dank Ihnen für Ihre schöne und reiche Abhandlung ⟨*Über das Naive*⟩. Sie hat mir und den beiden Frauen, denen ich sie vorlas (Frau v. Kalb und meiner Frau) unsägliches Vergnügen gemacht. ⟨. . .⟩ Ihr Grundsatz ist so groß und so wahr; die Entwicklung führt so hoch und so tief; sie tröstet, und

giebt Muth; sie belebt die Schöpfung umher und stralt ihr
Bild in uns zu dem Zweck, der uns obliegt, so lieblich, daß
Viele, Viele Ihnen danken werden. Dabei ist sie so schön
und beredt geschrieben, daß wenige Worte (die verzwick-
ten Zusammensetzungen der Kantischen Philosophie, Er-
innerungs-Intereße und dgl.) ausgenommen, sie eine sehr
edle Präcision und bei einer schneidenden Schärfe eine
wohlthätige Gutmüthigkeit charakterisiret. –

Ich habe nur wenige Striche gemacht. *Zuerst* haben Sie
unsre Theilnahme an der Kindheit und Natur, auch als
moralisch betrachtet, etwas zu *wehmütig*, wie mich dünkt,
angegeben. Diese Wehmut mischt sich bei; ist aber nicht
Hauptempfindung. ⟨. . .⟩
(NA 35, S. 390.)

Wilhelm von Humboldt an Schiller, 18. 12. 1795:
Der Haupteindruck, lieber Freund, den Ihre beiden Aufsätze ⟨*Über das Naive*; *Die sentimentalischen Dichter*⟩, vor
allem der letzte bei wiederholtem Lesen auf mich gemacht
haben, ist der, daß Sie mir zu fast allen Zweifeln, in welchen
ich sonst manchmal im kritischen Urtheil über Dichter
schwankte, die Auflösung, und zu meinen Haupturtheilen
selbst den bestimmten, deutlich ausgesagten Grund hergegeben haben. Ich sehe auch daraus, wie weit jene Ideen um
sich greifen, und wie sehr es Ihnen gelungen ist, das ganze
Gebiet der Kritik von dieser Seite auszumessen. Was ich
aber für das größeste Verdienst Ihrer Arbeit halte, und was
ich am meisten daran bewundert habe, ist daß Sie die Verschiedenheit der Dichter so unmittelbar aus dem möglichen
Umfange des dichterischen Genies, und diesen selbst geradezu aus dem Begriff der Menschheit ableiten.
⟨Im folgenden geht der Brief auf einige Thesen Schillers
ausführlich ein.⟩ (NA 36/1, S. 55.)

Jean Paul, »Vorschule der Ästhetik«, § 21,22:
So kann z. B. durch die Schillersche Abteilung in naive
Poesie (wofür objektive klarer wäre) und in die sentimen-

tale (womit nur *ein* Verhältnis »moderner« Subjektivität ausgesprochen wird) die verschiedene Romantik eines Shakespeares, Petrarchs, Ariosts, Cervantes etc. ebensowenig bezeichnet noch geschieden werden als durch »*naiv*« die verschiedene Objektivität eines Homers, Sophokles, Hiobs, Cäsars. ⟨...⟩

Soll nach drei- oder viertausend Jahren und deren Millionen *Horen* keine andere Abteilung der Dichtkunst vorkommen als die matte Schillersche in den *Horen* von Sentimental und Naiv?
(Jean Paul, *Werke*, Bd. 5, München, 3. Aufl. 1973, S. 85f., 92.)

A. W. Schlegels »Vorlesungen über Schöne Litteratur und Kunst«, 2. Teil (1802-1803): *Geschichte der klassischen Literatur,* Heilbronn 1884, S. 375f.:
Es ließe sich eine interessante Untersuchung darüber anstellen, wie sich schon in manchen alten Dichtern, namentlich im Euripides (auch im Ovid) das Streben nach dem Romantischen äußert, welches aber, wegen des Übergewichtes einer Bildung von ganz entgegengesetztem Charakter, entweder roh oder verworren, oder gleich in der Entstehung corrumpirt erscheint. Dieß ist aber noch ganz etwas anders, als das Sentimentale, welches philosophische Theoretiker unter dem herrschenden Naiven in einigen alten Dichtern haben finden wollen. Überhaupt reicht man mit dieser Eintheilung in der Geschichte der Poesie nicht weit: es sind Verhältnißbegriffe aus dem subjectiven Standpunkte der Sentimentalität, die außerdem keine Realität haben: denn für wen ist denn das sogenannte Naive naiv, außer für den Sentimentalen? ⟨...⟩ Den Shakspeare aber, der ein Abgrund von Absichtlichkeit, Selbstbewußtsein und Reflexion ist, für einen naiven Dichter, den materiellen sinnlichen Ariost hingegen für einen sentimentalen zu erklären, scheint eine große Naivetät zu seyn.

Goethe, Einwirkung der neuern Philosophie:
Unsere Gespräche waren durchaus produktiv oder theoretisch, gewöhnlich beides zugleich: er ⟨Schiller⟩ predigte das Evangelium der Freiheit, ich wollte die Rechte der Natur nicht verkürzt wissen. Aus freundschaftlicher Neigung gegen mich, vielleicht mehr als aus eigner Überzeugung, behandelte er in den ästhetischen Briefen die gute Mutter nicht mit jenen harten Ausdrücken, die mir den Aufsatz über *Anmut und Würde* so verhaßt gemacht hatten. Weil ich aber, von meiner Seite hartnäckig und eigensinnig, die Vorzüge der griechischen Dichtungsart, der darauf gegründeten und von dort herkömmlichen Poesie nicht allein hervorhob, sondern sogar ausschließlich diese Weise für die einzig rechte und wünschenswerte gelten ließ; so ward er zu schärferem Nachdenken genötigt, und eben diesem Konflikt verdanken wir die Aufsätze *über naive und sentimentale Poesie.* Beide Dichtungsweisen sollten sich bequemen einander gegenüberstehend sich wechselsweise gleichen Rang zu vergönnen.

Er legte hierdurch den ersten Grund zur ganzen neuen Ästhetik: denn *hellenisch* und *romantisch* und was sonst noch für Synonymen mochten aufgefunden werden, lassen sich alle dorthin zurückführen, wo vom Übergewicht reeller oder ideeller Behandlung zuerst die Rede war.
(Oellers, *Schiller – Zeitgenosse aller Epochen*, Bd. 1, S. 326f.)

ÜBER DEN MORALISCHEN NUTZEN ÄSTHETISCHER SITTEN

TEXTGESTALT

Unser Text folgt dem Erstdruck in den ›Horen‹, 1796, 3. Stück, S. 78-91. Schiller hat den Aufsatz nicht in die *Kleineren prosaischen Schriften* aufgenommen.

ASPEKTE DER DEUTUNG

Während der Aufsatz *Über die Gefahr ästhetischer Sitten* (vgl. S. 698f.) gegen übertriebene Tendenzen der Ästhetisierung argumentiert und unterstreicht, daß allein die Vernunft Moralität gewährleisten könne, wechselt Schiller hier die Perspektive und fragt danach, inwieweit der Geschmack tugendhaftes Verhalten wenn auch nicht begründen, so doch begünstigen könne. Er bekennt sich zwar zu den Grundsätzen der Kantischen Ethik, das hindert ihn aber nicht, deren Rigorismus zu beklagen und mit dem Blick auf die sinnlich-vernünftige Doppelnatur des Menschen »die größere Kongruenz der ganzen Natur-Anlage mit dem moralischen Gesetz« zu fordern, auf der »die Vortefflichkeit der Menschen« beruhe. Über weite Strecken entspricht der Aufsatz dem Brief an den Augustenburger vom 3. 12. 1793 (S. 540,14-550,24). Daß Schiller die dort geäußerte Zustimmung zur Kantischen Moralphilosophie (S. 540,1-13) nicht in den Aufsatz aufnimmt, ist womöglich ein Indiz dafür, daß ihm diese Abweichung von Kants Ethik bewußt war.

Vom Geschmack, so Schiller, darf die ästhetische Mäßigung der Affekte erwartet werden, die der sittlichen Vernunft Widerstand bieten, den Willen zu bestimmen. Die positiven Einflüsse des Geschmacks auf das Verhalten seien um so weniger verzichtbar, als, realistisch gesehen, die menschliche Natur den strengen Forderungen der Kantischen Ethik nun einmal nicht genügen könne. Neben den ästhetischen Prinzipien sei auch die Religion geeignet, die Respektierung moralischer Normen zu begünstigen.

Beiden sei zuzutrauen, daß sie im Sinne Kants die »*Legalität*« von Handlungen, also die »Willensbestimmung ⟨...⟩ *gemäß* dem moralischen Gesetze«, wenn auch nur »vermittelst eines Gefühls«, dort sichern, wo die »*Moralität*«, wo Handlungen *»um des Gesetzes willen«* nicht zu erwarten sind. Damit folgt Schiller einer Unterscheidung, die Kant in der *Kritik der praktischen Vernunft* trifft. (1. Teil, 1. Buch, 3. Hauptstück, *Werke* 7, S. 191.) Der Augustenburger Brief vom 3. 12. 1793 führt hier weiter aus, daß in der »Masse des Volks« die Religion, in den »feineren Klassen« der Geschmack, die Regeln des »guten Tons«, die Disziplinierung der Affekte zustande bringen (S. 552). Diesen Passus hat Schiller nicht in den Aufsatz übernommen.

STELLENKOMMENTAR

811,11 *zuschreibe*] Konjektur für: zuschriebe

811,21 *dem äußern physischen*] Konjektur in Fricke/Göpfert, Bd. 5: *der* äußern *physischen* (S. 781).

813,12ff. *das Böse*] Schiller widerspricht hier Kants Auffassung vom »radikalen Bösen« in *Die Religion innerhalb der Grenzen der bloßen Vernunft*. Über seine Lektüre berichtet er Körner am 28. 2. 1793: »Uebrigens hat die Schrift mich hingerißen, und ich kann die übrigen Bogen kaum erwarten. Zwar ist einer seiner ersten Grundsätze darinn empörend für mein, und wahrscheinlich auch Dein, Gefühl. Er behauptet nehmlich eine propension des menschlichen Herzens zum Bösen, das er das radikale Böse nennt, und das mit den Reizungen der Sinnlichkeit ganz und gar nicht verwechselt werden darf.« (Jonas 3, S. 288.)

An Goethe schreibt Schiller am 2. 8. 1799: »Sein ⟨Kants⟩ ganzer Entscheidungsgrund beruht darauf, daß der Mensch einen *positiven Antrieb* zum Guten, so wie zum sinnlichen Wohlseyn habe; er brauche also auch wenn er das Böse wählt einen *positiven innern Grund* zum Bösen, weil das Positive nicht durch etwas bloß negatives aufgehoben werden könne. Hier sind aber zwei unendlich heterogene Dinge, der Trieb zum Guten und der Trieb zum sinnlichen Wohl völlig als gleiche Potenzen und Quantitäten behandelt, weil die freie Persönlichkeit ganz gleich *gegen* und *zwischen* beide Triebe gestellt wird.« (NA 30, S. 77.) – In einem früheren Brief an Goethe (22. ⟨21.⟩ 12. 1798) hatte er zu Kant angemerkt: »Es ist immer noch etwas in ihm, was einen, wie bei Luthern, an einen Mönch erinnert, der sich zwar sein Kloster geöfnet hat, aber die Spuren deßelben nicht ganz vertilgen konnte.« (NA 30, S. 15.)

813,36 *müßte*] Konjektur für: mußte

814,34-815,3 *der Geschmack ⟨...⟩ der gute Ton*] Vgl. S. 505,34f. und Anm.; siehe auch »ästhetischer Umgang«, S. 1416. Die Vorstellung, der Geschmack vermittle zwischen Sinnlichkeit und Vernunft, auch in der Nachschrift seiner Vorlesungen, S. 1050ff.

816,15 *Anna Komnena*] Vgl. S. 545,22 und Anm.

816,35 *Leopold von Braunschweig*] Vgl. S. 546,6 und Anm.

820,33 *Religion und Geschmack*] In einem Brief an Goethe vom 17. 8. 1795 geht Schiller so weit, von einer »ästhetischen Religion« zu sprechen. Der Passus ist zitiert in Anm. 366,12ff.

ÜBER DAS ERHABENE

TEXTGRUNDLAGE

Unser Text folgt dem Erstdruck: *Kleinere prosaische Schriften*, Bd. 3, Leipzig 1801, S. 3-43.

ENTSTEHUNG UND ASPEKTE DER DEUTUNG

Die Entstehungszeit der Abhandlung läßt sich nicht sicher ermitteln. Ist sie im Umkreis der Schrift *Vom Erhabenen* (deren 2. Teil Schiller später *Über das Pathetische* genannt hat) in den Jahren 1793-1796 geschrieben oder entstand sie, nachdem die *Ästhetischen Briefe* längst abgeschlossen waren? Die spätere Datierung wird u. a. damit begründet, daß der in den *Ästhetischen Briefen* unausgeführte Teil über die »energische Schönheit« womöglich in der Abhandlung *Über das Erhabene* seine Fortsetzung finde. Diese Annahme ist aber umstritten. Schiller selbst scheint diesen Zusammenhang nicht gesehen zu haben, jedenfalls steht im 3. Band der *Kleineren prosaischen Schriften* der Aufsatz *Über das Erhabene* vor den Briefen *Über die ästhetische Erziehung*, gefolgt von *Über das Pathetische*. Die sachliche Nähe der Abhandlung *Über das Erhabene* zu den übrigen Aufsätzen zu diesem Thema wie auch zu *Anmut und Würde* spricht eher dafür, daß sie in den Jahren 1793-1796 entstanden ist, vielleicht um die Jahreswende 1795.

Dabei bleibt indessen ungeklärt, warum Schiller sie nicht in der ›Neuen Thalia‹ oder in den ›Horen‹ gedruckt hat, für die er dringend Beiträge brauchte. (Vgl. Fricke/Göpfert, Bd. 5, S. 1195.) Wahrscheinlich hat Schiller den Aufsatz für die *Kleineren prosaischen Schriften* noch einmal überarbeitet.

Die Abhandlung nimmt eine Reihe von Motiven aus der Theorie des Erhabenen auf, die sich bereits in den Aufsätzen *Über den Grund des Vergnügens*, *Über die tragische Kunst*, *Vom Erhabenen*, *Über das Pathetische* und *Über Anmut und Würde* erörtert finden. Erneut fragt Schiller nach der Faszination durch erhabene Gegenstände, nach dem lustvollen Gefühl des Erhabenen, das entsteht, weil die Vernunft sich als frei von Naturbedingungen erfährt. Es freut den Betrachter, daß die Natur, sei sie unendlich groß oder furchtbar (vgl. S. 399), an das »absolut Große in ihm selbst«, die Vernunft, nicht heranreichen kann. Die Abhandlung hält an der Unterscheidung zwischen dem Mathematisch- und Dynamisch-Erhabenen fest, die Kant eingeführt hat. Sie empfiehlt daneben das Pathetische als »ein künstliches Unglück«, das darauf vorbereitet, das wahre Unglück, das uns treffen kann, besser zu ertragen. Vordringlich, so Schiller, ist angesichts der Gegenwart und angesichts des katastrophalen Gangs der Geschichte, in der stets Affekte, kaum je die Vernunft des Menschen, sich durchsetzten, das Erhabene und nicht das Schöne. Unüberhörbar ist in dieser Empfehlung auch die Polemik gegen aktuelle Tendenzen in der Kunst und Literatur, die Polemik gegen den »*schlaffen verzärtelten Geschmack*«, den Schiller schon in *Über das Pathetische* angegriffen hat.

Auch in *Über das Erhabene* behält Schiller die u. a. von Burke und Kant vorgegebene Entgegensetzung des Erhabenen und des Schönen bei. Das Schöne repräsentiert für ihn nur einen Teilbereich der Subjektivität: »Durch die Schönheit allein würden wir also ewig nie erfahren, daß wir bestimmt und fähig sind, uns als reine Intelligenzen zu beweisen.« Ähnlich heißt es in *Anmut und Würde*, daß sich die »schöne Seele ⟨. . .⟩ im Affekt in eine *erhabene* verwandeln« müsse (S. 378,14f.). Wie dort (S. 385,30ff.) unternimmt Schiller aber auch im Aufsatz *Über das Erhabene* schließlich den Versuch, die Kluft zwischen dem Erhabenen und dem Schönen zu schließen: »so muß das Erhabene zu dem Schönen hinzukommen, um die *ästhetische Erziehung*

zu einem vollständigen Ganzen zu machen« (S. 838,27ff.).
Die Einsicht, daß das Erhabene das Schöne ergänzen solle,
»daß es das Erhabene sei, was die Nachteile der schönen
Erziehung verbessert, dem verfeinerten Kunstmenschen
Federkraft erteilt und mit den Vorzügen der Verfeinerung
die Tugenden der Wildheit vereinbart«, findet sich auch im
Brief an den Augustenburger vom 11. 11. 1793 (S. 521,12-
16). Aber es bleibt ungeklärt, wie angesichts der dualistischen Prämissen das Erhabene dem Schönen angenähert
werden kann. (Vgl. Anm. 385,30-32.)

STELLENKOMMENTAR

822,2 *Nathan]* Lessing, *Nathan der Weise* I 3.

822,29 *den Tod]* Vgl. S. 406,28f. und Anm.

823,12-14 *realistisch ⟨. . .⟩ idealistisch]* Die Begriffe treten
wohl an die Stelle von »physisch« und »moralisch« (»phy-
sische Kultur«, »moralische Kultur«) und verweisen auf die
Terminologie der Abhandlung *Über naive und sentimentalische
Dichtung* (S. 798,25); vermutlich hat Schiller sie bei der
Überarbeitung des Aufsatzes für die *Kleineren prosaischen
Schriften* eingefügt (vgl. Säkular-Ausgabe, Bd. 12, S. 396f.).

824,11 *ein Werk der freien Wahl]* Im Blick auf die Dramen
wäre zu fragen, ob z. B. Maria Stuart den über sie verfügten
Tod in einem Akt freier Selbstbestimmung akzeptiert. (Vgl.
NA 21, S. 331.)

824,32 *freies Wohlgefallen]* Vgl. Kant, *Kritik der Urteilskraft* § 5 und *Über die ästhetische Erziehung*, 25. Brief.

825,6 *schönem Schein]* Zum ästhetischen Schein vgl. die
Kallias-Briefe, u. a. S. 297,4 und Anm. sowie S. 1305f.;
auch S. 661,4 und Anm.

825,18 *Vollkommene existiere]* Vgl. die Votivtafel *Politische Lehre*.

826,1 *Zwei Genien]* Fast wörtliche Übereinstimmungen
mit dem Epigramm *Schön und Erhaben* (NA 1, S. 272), das
Ende Dezember 1795 im 12. Stück der ›Horen‹ erschien. Es

ist anzunehmen, daß jedenfalls dieser Teil des Aufsatzes *Über das Erhabene* zur gleichen Zeit entstanden ist. Vgl. Fricke/Göpfert, Bd. 5, S. 1197f. Später erhielt das Gedicht den Titel *Die Führer des Lebens.*

826,19-21 *frei bei der Schönheit ⟨. . .⟩ frei beim Erhabenen]* Diese gewichtige Unterscheidung trifft Schiller auch im 19. und 25. der *Ästhetischen Briefe*; S. 631, Anm. und »Aspekte der Deutung«, S. 1389 sowie S. 659,17f. und Anm.

826,25 *Das Gefühl des Erhabenen ist ein gemischtes Gefühl]* Vgl. *Über den Grund*, S. 239,30 und Anm., sowie *Vom Erhabenen*, S. 399,24 und Anm.

827,9 *Der erhabene Gegenstand ist von doppelter Art.]* Vgl. *Vom Erhabenen*, S. 396,19ff. und Anm.

828,8 *im Idealschönen]* Im »Idealschönen« versucht Schiller, das Schöne und das Erhabene zusammenzudenken, s. »Entstehung und Aspekte der Deutung«. Der Begriff auch S. 616,28-30 und S. 787,18.

829,12 *Dieser nehmliche Mensch]* Anspielung auf Hiob (W. Düsing, *Schillers Idee des Erhabenen*, Diss. Köln 1967, S. 167).

830,25f. *Revelation]* Offenbarung.

830,29 *Sohn des Ulysses]* Nach dem 7. Buch des Romans *Les aventures de Télémaque, fils d'Ulysse* (1699) von Fénélon (1651-1715).

831,29ff. *bloß Sklave]* Vgl. den 25. *Ästhetischen Brief*, S. 656,15.

831,32 *dämonische Freiheit]* Zum Begriff des Dämonischen vgl. S. 530,5 und Anm.

833,1 *geistreichen Unordnung]* Ähnlich Kants »Allgemeine Anmerkung zum ersten Abschnitte der Analytik« in der *Kritik der Urteilskraft.*

833,6 *Schottlands wilden Katarakten]* Siehe Kant, *Kritik der Urteilskraft* § 28.

833,7 *Ossians]* Vgl. Anm. 417,19.

833,10 *Bataviens Triften]* Batavia ist der lateinische Name für Holland.

833,19f. *Bizarrerie]* Sonderbarkeit, Wunderlichkeit, Seltsamkeit (Joachim Heinrich Campe, *Wörterbuch*, Braunschweig 1813).

832,36-834,37 *Darstellung des Übersinnlichen ⟨. . .⟩ den Reihen anzuführen*] Schiller unterscheidet die Unordnung wilder Natur, die »geistreich« ist, von der Triebnatur des Menschen, die ihm als »tierisch«, »gemein« etc. gilt. In der »wilden Ungebundenheit der Natur« findet die Vernunft ihre »eigene Unabhängigkeit von Naturbedingungen dargestellt«, ihre Freiheit. Nach Kant ist dagegen das Übersinnliche prinzipiell nicht darstellbar. Es ist, so Schiller, die Erfahrung dieser in der wilden Natur wahrnehmbaren Freiheit, die das Gefühl des Erhabenen vermittelt.

835,11 *Kato, Aristides, Phocion*] Der römische Staatsmann Marcus Porcius Cato (95-46), vgl. Anm. 265,33f.; der athenische Staatsmann Aristides, vgl. Anm. 266,5f. Zu Phokion siehe Anm. 317,21. Sie sind in Plutarchs *Biographien* dargestellt.

836,11 *freie Betrachter*] Das Gefühl des Erhabenen setzt ästhetische Distanz voraus.

836,30f. *Freiheit der Geister*] Vgl. das Gedicht *Das Ideal und das Leben*, v. 101f.

836,36 *sich moralisch zu entleiben*] In der Bedeutung: von seiner sinnlichen Natur zu abstrahieren.

837,16 *dem sinnlichen Trieb*] In den *Ästhetischen Briefen* findet sich der Trieb-Begriff entwickelt, in der Abhandlung *Über das Erhabene* nicht – ein Indiz dafür, daß sie vor den *Ästhetischen Briefen* entstanden ist? (Vgl. J. Barnouw, *The Morality of the Sublime: Kant and Schiller*, in: *Studies in Romanticism* 19 [1980], H. 4, S. 497-514).

837,20f. *das wirkliche Leiden in eine erhabene Rührung aufzulösen*] Als bedenklich in dieser Theorie des Erhabenen kann gelten, daß der moralische Triumph über das Leiden, das Schiller als unabänderlich voraussetzt, die Frage nach den Ursachen des Leidens dispensiert. Vgl. den Aufsatz *Über den Grund* und Anm. 242,37f.

837,22 *Inokulation*] Einimpfung, vgl. auch *Philosophische Briefe*, S. 216,3.

838,3 *ringenden*] Konjektur von W. Vollmer 1860; im Erstdruck: eingehenden

838,11 *Kampf des Mithridat*] Mithridates VI., König von Pontus, gest. 63 v. Chr., verlor schließlich alle seine Eroberungen.

838,12 *lesen, und*] Konjektur von J. Meyer, 1862.

839,21 *Der nachahmende Bildungstrieb*] Vgl. *Die Künstler*, v. 133ff.

AN DEN HERAUSGEBER DER PROPYLÄEN

TEXTGRUNDLAGE

Unser Text folgt dem Erstdruck in den ›Propyläen‹, Bd. 3, 2. Stück, 1800, S. 146-163. Schiller nahm den Beitrag auch in seine Sammlung *Kleinere prosaische Schriften*, Bd. 4, 1802, S. 164-192 auf.

ENTSTEHUNG UND ASPEKTE DER DEUTUNG

Die Schrift Schillers bezieht sich auf eine Weimarer Kunst-ausstellung, die durch eine Preisaufgabe der von Goethe und Heinrich Meyer herausgegebenen Zeitschrift ›Propy-läen‹ veranlaßt wurde. Im 1. Stück des 3. Bandes (1800) wurden die beiden Themen für den Wettbewerb formuliert: »Die erste Aufgabe ist der Abschied des Hektors von der Andromache, Ilias VI vom 395. Vers an. Die andere Ulyß und Diomed, welche das trojanische Lager nächtlich über-fallen, den Rheseus mit seinen Gesellen ermorden und die schönen Pferde erbeuten, Ilias X vom 377. Vers an.«

Den Anstoß zu Schillers Beitrag gab Goethes Bitte, Schiller möchte »collegialiter mit Meyern, etwas für die Anzeige des Ausgestellten thun« (an Schiller, 12. 9. 1800). Schiller versprach einen Beitrag in Briefform, den er aber allein aufsetzen wolle: »Ich komme ganz aus meinem Vor-theil, wenn ich meine Ideen über diese Werke mit Meiers und Ihrem zusammen zu schmelzen suche.« (An Goethe, 13. 9. 1800.) Am 29. September sandte Schiller seinen Bei-trag an Goethe, wies aber darauf hin, daß eine Gemälde-kritik außerhalb seiner Kompetenz liege: »⟨. . .⟩ ich war hier nicht auf meinem Felde und worauf es hier eigentlich ankommt, die *Proprietät* der Sache ist von mir nicht zu erwarten.« Goethe schien der Aufsatz dennoch »so schön, out und zweckmäsig, als Sie es selbst nicht wissen« (an Schiller, 30. 9. 1800). Dem Beitrag Schillers wurde im gleichen Band der ›Propyläen‹ ein Aufsatz von Heinrich Meyer vorangestellt, wozu Schiller bemerkte: »Meyer ist ins künstlerische, ich bin ins poetische und allgemein philosophische gegangen; ⟨. . .⟩.« (An Goethe, 1. 10. 1800.)

Schillers Brief enthält eine seiner wenigen Stellungnahmen zur bildenden Kunst und ist seine einzige Gemäldekritik. Nicht anders als in seinen Rezensionen zeitgenössischer Literatur nützt er auch das ihm weniger vertraute Feld der bildenden Kunst zur Erörterung grundsätzlicher ästhetischer Fragen. Über den Wert der ausgestellten Bilder will Schiller nicht als mit praktischen Fragen der bildenden Kunst vertrauter Kenner – der er eingestandenermaßen nicht ist – urteilen, sondern als Theoretiker der Kunst.

Die beiden Themen der Preisaufgabe geben Schiller Gelegenheit, bereits an anderer Stelle formulierte Überlegungen zum Pathetischen und Erhabenen sowie zum Gemeinen und Niedrigen auch an Gegenständen der bildenden Kunst zu illustrieren. Das erste Thema – der Abschied Hektors von Andromache – hatte er selbst als Gedicht, dessen Urfassung sich im 2. Akt der *Räuber* findet, bearbeitet. (Vgl. dazu D. Borchmeyer, *»Hektors Abschied«. Schillers Aneignung einer homerischen Szene*, in: JDSG 16 [1972], S. 277-298.) Die genaue Kenntnis des Themas erlaubte ihm, dessen grundsätzliche ästhetische Eignung zu formulieren: »Hectors Abschied qualifizierte sich zu einem naiven und seelenvollen Empfindungsgemälde« und »ist schon als Stoff und ohne allen Zusatz der Kunst ein rührender Gegenstand«. Aber eben deshalb droht von seiten des »*sentimentalischen* Hangs der Nation und des Zeitalters« die Entstellung des ›Seelenvollen‹ und ›Rührenden‹ zu einem sentimentalen Rührstück: »Ein weinerlicher Hector und eine zerfließende Andromache waren zu fürchten und sind auch nicht ausgeblieben.«

Schiller steht hier erkennbar Winckelmann näher als Lessing, denn vom Leiden übermannte Personen von Stande waren mit seiner Vorstellung heroischer Dignität nicht vereinbar (vgl. Borchmeyer, S. 286). Die Darstellung des Leidens hat weniger der Erregung von Mitleid als der Manifestation des Erhabenen zu dienen. Mit seiner Forderung an die Wahl »prägnantester« Momente hingegen schließt er an Lessing an, der im *Laokoon* vom Maler die Darstellung jenes Augenblicks fordert, in dem »das Vorhergehende und das Folgende am Begreiflichsten« (16. Stück) ist. Sollen im Abschied Hektors von Andromache und in der Segnung des gemeinsamen Söhnchens die heroischen Charaktere der handelnden Personen, das große Geschehen des Krieges und die öffentliche Bedeutung des Familiären sichtbar sein, so muß der Darstellung der Beziehung Hektor-Astyanax als der prägnanteren Handlung der Vorzug gegeben werden vor dem Abschied Hektors von seiner Gattin Andromache. Den Tadel Schillers ziehen sich mithin alle Bilder zu, die den Abschied auf eine innige Liebesszene reduzieren und den beiden Helden damit eine Dimension von Privatheit und Intimität unterstellen, wie sie Schiller zufolge erst die moderne Zivilisation kannte (vgl. Borchmeyer, S. 291ff.). Die Vaterliebe Hektors hingegen ist mit der Vorstellung vom männlich-heroischen Charakter des Helden mühelos vereinbar.

Wenn Schiller von Hektor und Andromache – und ihrer bildnerischen Darstellung – Beherrschung des Schmerzes und Mäßigung bei der Äußerung ihrer Affekte verlangt, aber der Amme als einem ›corpore vile‹ den Ausdruck ungehemmten Schmerzes erlaubt, ist noch die Tradition der ständischen Stiltrennung sichtbar, die Personen niederen Standes zugesteht, was Herrscherpersönlichkeiten verwehrt bleiben muß. Im ›Genie‹ einiger Maler, die »gerade die Amme noch erreicht« haben, zeigt sich der auf Mäßigung und Beherrschung bedachten Kunsttheorie Schillers nur ein kunstloser Naturalismus. Der Lorbeer gebührt einem Künstler, der zwar auf die Amme »als die niedrigere

Natur, ⟨. . .⟩ die ganze Schale der Leidenschaft ausgegossen« hat, aber »die Hauptszene mit der Handlung des Hintergrundes in Verbindung« treten läßt, indem er die Begegnung zwischen Hektor und Andromache an einem der Stadttore darstellt, womit er den Ausblick auf das Geschehen des Krieges ermöglicht und die Abschiedsszene an einem öffentlichen Ort stattfinden läßt, der zur Mäßigung der Gefühlsbewegungen anhält.

Das zweite Thema, der Raub der Pferde des Rheseus und der Ermordung seiner Gesellen, »war zu einem kühnen, kraftvollen Phantasiebilde geeignet«. Wegen der Grausamkeit des Gegenstandes – der »nächtlichen Ermordung schlafender Menschen« – war die Wahl des prägnanten Augenblicks in diesem Fall von womöglich noch größerer Bedeutung. Wählt der Künstler »den Augenblick des wirklichen Ermordens«, gerät er in den Bereich des Gemeinen und regt damit Empfindungen an, die sich kaum zu den geforderten höheren Gemütsbewegungen veredeln lassen. Zudem rückt diese Darstellung einen bemitleidenswerten König in den Mittelpunkt und verleiht so dem Bild »einen pathetischen Charakter, den es durchaus nicht haben sollte«, weil es ein Leiden ohne Erhabenheit wäre. Wählt der Künstler hingegen als prägnanten Moment den Augenblick nach der Tat, »wo beide Helden auf ihre Entfernung denken«, werden Ulyß und Diomed zwar zu Helden des Bildes, deren Kühnheit und glückliches Entkommen interessieren, aber sie werden »immer nur als zwei nächtliche Mörder und Räuber erscheinen« und somit wieder den ästhetischen Straftatbestand einer ›gemeinen‹ Darstellung erfüllen. Die Künstler haben folglich auf eine Möglichkeit zu sinnen, der Handlung wie den Helden erhabene Dignität zukommen zu lassen: »Etwas muß geschehen, um die Helden, um ihre Tat empor zu heben«. In den *Gedanken über den Gebrauch des Gemeinen und Niedrigen in der Kunst* hatte Schiller auf Möglichkeiten hingewiesen, das Gemeine zu adeln oder zumindest zu neutralisieren. Da aber ein Meuchelmord – anders als ein Diebstahl – kaum weiter ins Furchtbare gesteigert werden kann, bleibt dem Künstler im vorliegenden Fall nur die Möglichkeit, dem allgemeiner gehaltenen Vorschlag zu folgen, das »Gemeine zu adeln ⟨. . .⟩ und zwar dadurch, daß ⟨. . .⟩ es an etwas Geistiges anknüpft und eine große Seite daran entdeckt« (S. 452). Hier geschieht die Nobilitierung der wenn nicht empörenden so doch gemeinen Tat »durch die Gegenwart und den Anteil einer *Göttin*«. Sie unterstellt die schändliche Tat einer höheren Autorität und erlaubt dem Betrachter, sich vom bloßen Naturalismus der Darstellung zu entfernen. Daß Schiller selbst diese Lösung kaum als zuverlässiges Mittel betrachtete, einen gemeinen Gegenstand idealisch zu erhöhen, legt sein lakonisches Urteil nahe, daß diesem Stoff »ein Künstler von gewöhnlichem Schlag nicht« viel abgewinnen« könne.

STELLENKOMMENTAR

843,27 *gemein*] Vgl. Schillers Definition des Begriffs am Beginn seiner *Gedanken über den Gebrauch des Gemeinen und Niedrigen in der Kunst*, S. 452.

845,26 *der andere*] Mit dem hier angesprochenen Bild *Tod des Rheseus* gewann Joseph Hoffmann (1764-1812) ein Drittel der Preissumme.

851,24 *in corpore vili*] (Lat.) »An einem weniger wertvollen Körper«.

853,4 *braunen Zeichnung*] Sepiazeichnung.

853,6 *Hrn. Nahls*] Der in Kassel lebende Schweizer Johann August Nahl (1752-1825) gewann mit seiner Zeichnung zwei Drittel des Preisgeldes.

853,8 *Astyanax*] Mit dem Beinamen Astyanax, d. h. »Schirmer der Stadt«, belegten die Trojaner zu Ehren Hektors seinen Sohn Skamandrios.

SCHILLER ALS PUBLIZIST

Der Herausgeber

Schillers journalistische Laufbahn begann im Mai 1781 kurz nach der Entlassung aus der Akademie, als er wegen finanzieller Sorgen die Stelle eines redigierenden Mitarbeiters an der ›Mäntlerischen Zeitung‹ übernahm. Seine anonyme Tätigkeit an diesem Journal beschränkte sich auf eher geringfügige stilistische Überarbeitungen; von den hohen Ansprüchen seiner späteren publizistischen Projekte ist hier noch wenig zu erkennen. Seine Tätigkeit endete, als die Zeitung zum Jahresende ihr Erscheinen einstellte.

Erst in der *Vorrede* des ›Wirtembergischen Repertoriums‹, das Schiller im Frühjahr 1782 gemeinsam mit dem Karlsschullehrer Abel und seinem Freund Petersen herausgab, finden sich die hochgestimmten Erwartungen formuliert, die Schiller mit seinen späteren Zeitschriftengründungen verband. Die Herausgeber wollten »Ausbildung des Geschmacks, angenehme Unterhaltung und Veredlung der moralischen Gesinnungen« mit der Veröffentlichung von Abhandlungen befördern, die ausschließlich auf dem Gebiet »der Philosophie, Ästhetik und Geschichte« lagen. Auffallend ist an der *Vorrede* das Werben um die Gunst des Publikums, das die Herausgeber veranlaßte, »fakultätische«, also schulphilosophische, Abhandlungen abzulehnen, da diese nicht »allgemein interessant« seien und deshalb »zum Vorteil des Publikums nie ⟨...⟩ in dieser Sammlung« aufgenommen werden sollten.

Mit Schillers Flucht aus Stuttgart stellte die Zeitschrift nach dem dritten Heft im Frühjahr 1783 ihr Erscheinen ein. In Mannheim trug sich Schiller zeitweilig mit dem Gedanken, ein Theaterperiodikum herauszubringen; als er Dalberg aber nicht dazu bewegen konnte, die Finanzierung zu übernehmen, entschloß er sich, eine eigene Zeitung zu gründen, die vorrangig dem Drama und dem Theater gewidmet sein sollte und die er ›Rheinisches Museum‹ nennen wollte. Sie erschien schließlich 1784 unter dem Titel ›Rheinische Thalia‹. In der *Ankündigung*, die er – mit für ihn enttäuschender Resonanz – an zahlreiche Interessenten versandt hatte, präsentierte sich der Herausgeber in einem kurzen, schwärmerischen Abriß der eigenen Biographie, der an die *Bekenntnisse* Rousseaus erinnert: keinem Fürsten wolle er dienen, sondern ausschließlich und allein dem Publikum: »Das Publikum ist mir jetzt alles, mein Studium, mein Souverain, mein Vertrauter.« Die ›Thalia‹ werde drukken, »was Herz und Geschmack veredeln, Leidenschaften reinigen und allgemeine Volksbildung« zu fördern erlaube. Bei einem so anspruchsvoll gedachten Publikum glaubte Schiller die schnöde »Spekulation eines Kaufmanns« vernachlässigen zu können. Die Achtung des Publikums, schrieb er Neujahr 1784 an die Schwester Christophine, entscheide sein zukünftiges Glück. Mit seiner Übersiedlung nach Leipzig wurde die ›Rheinische Thalia‹, deren einziges Heft »im Lenzmonat 1785« erschienen war, eingestellt, doch es gelang ihm, Göschen für die Herausgabe der ›Thalia‹ zu gewinnen, die das einzige Heft der ›Rheinischen Thalia‹ als erstes Heft übernahm. Aber auch diesem Projekt war wenig Glück, geschweige denn finanzieller Erfolg beschieden. Einerseits fehlten Schiller kompetente Mitarbeiter, da Wieland bereits die bekanntesten zeitgenössischen Schriftsteller für den ›Teutschen Merkur‹ gewonnen hatte, andererseits war Schillers Erwartung, »zwischen dem Publikum und mir ein Band der Freundschaft zu knüpfen«, wenig realistisch. Zwar hatten ihn seine Erfahrungen aus Mannheim veranlaßt, dem Publikumsgeschmack erhebliche Konzessionen zu machen, etwa in seinem außerordentlich erfolgreichen *Geisterseher*, der in Fortsetzungen in der ›Thalia‹ erschien. Aber auf Dauer mußte die Kollision zwischen hochgestecktem Erziehungsideal und der Realität des Publikumsgeschmacks, d. h. die Konkurrenz einer Unternehmung wie der ›Thalia‹ mit der zeitgenössischen Unterhaltungsliteratur, zu bitteren Einsichten in die Bildungsfähigkeit des Publikums führen. In einem Brief an Körner vom 7. 1. 1788 ging Schiller so weit, das Publikum als »Pöbel« zu beschimpfen.

Der entstehenden Unterhaltungsliteratur stand Schiller zunehmend skeptisch gegenüber; mit den ›Horen‹ verzichtete er bewußt auf Zugeständnisse an die Leser und unternahm statt dessen den Versuch, dem plebejischen Geschmack des breiten Publikums ein idealistisches Kunstprogramm entgegenzustellen, »dem Zeitgeschehen durch zeitloses Denken beizukommen« (H. Mayer, *Der Moralist und das Spiel*, S. 815). Die Zeitschrift sollte den Grundsätzen der Kunst, nicht dem Publikumsgeschmack folgen (vgl. Berghahn, *Volkstümlichkeit ohne Volk*, S. 57). Er wolle sehen, schrieb Schiller im Brief an Cotta vom 2. 3. 1795, »ob das Publikum uns, oder wir das Publikum zwingen« können. Die Zurückhaltung der Leser gegenüber seinem anspruchsvollen Bildungsprogramm quittierte er nach der Einstellung der ›Horen‹ mit dem berühmt gewordenen Satz, »das einzige Verhältnis gegen das Publikum, das einen nicht reuen« könne, sei »der Krieg« (an Goethe, 25. 6. 1799).

Die ›Horen‹, die von 1795 bis 1797 erschienen, dürfen als eine der anspruchsvollsten deutschen Literaturzeitschriften betrachtet werden. Sie hatten anfangs, nicht zuletzt wegen der großen Anzahl illustrer Mitarbeiter, beträchtlichen Erfolg – die Erstauflage von 1500 Exemplaren war so rasch vergriffen, daß Cotta 500 weitere nachdrucken konnte. Aber schon im zweiten Jahrgang entzog sich das Publikum der ihm zugedachten ästhetischen Erziehung, das Interesse der Mitarbeiter ließ nach, das Niveau der Zeitschrift sank und mit dem dritten Jahrgang stellten die ›Horen‹ ihr Erscheinen ein.

Enttäuscht wandte sich Schiller wieder verstärkt der Dichtung zu und führte die Auseinandersetzung mit der zeitgenössischen Literatur von nun an gemeinsam mit Goethe v. a. in den *Xenien*.

Der Literaturkritiker

Bemerkenswert an Schillers Rezensionen ist der polemische
Tonfall und die verletzende Schärfe seiner Kritik: einen
seiner Mentoren, Balthasar Haug, erledigte er mit der vielleicht kürzesten Rezension der deutschen Literaturkritik,
Stäudlin rezensierte er mit unangebrachter Härte, und im
Falle Bürgers erlaubte er sich gar Rückschlüsse von der
vermeintlich minderwertigen Poesie auf den Charakter des
Dichters – andere Dichter von gewiß geringerem literarischen Rang wie Matthisson oder der Pfarrer Schwindrazheim wurden hingegen von Schiller mit Lob bedacht.

Verständlich wird die mitunter dogmatische Strenge der
Kritik vor dem Hintergrund der aufklärerischen Dich-
tungstheorie, wie sie u. a. von Gottsched und Lessing
formuliert worden war. Normative Urteile wie die Schillers
entsprachen durchaus dem Selbstverständnis des Kritikers
im 18. Jahrhundert (vgl. H. Koopmann, *Der Dichter als
Kunstrichter*, S. 234), dem es nicht darum ging, ein Werk aus
sich selbst zu verstehen, sondern an allgemeinen ästhetischen Grundsätzen zu messen. Der Kritiker zweifelte nicht
daran, über verbindliche Grundbegriffe des Vollkommenen und Schönen zu verfügen, da er sich zugleich als
Kunstphilosoph verstand, der am negativen Beispiel des
rezensierten Textes die Richtigkeit seiner allgemeinen ästhetischen Überlegungen bewies: »Demonstration des
Schönen am abschreckenden Beispiel: das ist das eigentliche Feld der literarischen Kritik.« (Koopmann, S. 238.)
Diesem Verständnis von Literaturkritik entsprach der Auf-
bau von Schillers Rezensionen: zumeist geht er am Beginn
auf allgemeine Probleme ein (die Regeln einer guten Übersetzung, die Aufgabe eines Almanachs, der Sinn der Poesie
im »philosophisch kalten Zeitalter«), um dann die Abweichungen der rezensierten Texte von den aufgestellten
Grundsätzen zu erörtern und zu bewerten.

Die Kunsttheorie der Weimarer Klassik, wie sie in den

›Horen‹ formuliert wurde, fand keineswegs ungeteilte Zustimmung, sondern sollte gegen konkurrierende Auffassungen von Dichtung streitbar durchgesetzt werden. An Goethe schrieb Schiller am 1. 11. 1795: »Wir leben jetzt recht in den Zeiten der Fehde. Es ist eine wahre *ecclesia militans* – die Horen meine ich.« (Vgl. T. J. Reed, *Klassik als Opposition*.) Daß Schiller für die kulturpolitische Offensive, die er aus dem umfassenden ästhetischen Programm der Weimarer Klassik ableitete, die Metapher der streitbaren Kirche wählte, ist kaum ein Zufall. Geradezu unversöhnlich wurde Schillers Literaturkritik, wenn die rezensierten Dichter die Geltung seiner kunsttheoretischen Maximen in Frage stellten, indem sie auf die günstige Aufnahme ihrer Poesie durch das Publikum verwiesen. Wer wie Bürger »Popularität zu seinem höchsten Gesetz macht«, gesteht dem Geschmack des »großen Haufens« ein Urteil zu, das allein dem Kunstrichter vorbehalten ist. (Vgl. Koopmann, *Dichter, Kritiker, Publikum*). Damit drohte das ästhetische Urteil, so sah es Schiller, beliebig zu werden, was ihm nach seinen angestrengten Versuchen, im Gegensatz zu Kant einen objektiven Begriff des Schönen zu finden, als Entwertung seiner mühsam entwickelten Grundsätze erscheinen mußte.

AUS DEN ›NACHRICHTEN ZUM NUTZEN
UND VERGNÜGEN‹

Bei *Calliostro – viel Lärmens um nichts, Geschichte von la Motte, Elektrizität als Heilmittel, Väterliche Lehre, Geistliche Nachrichten, Königliche Großmut, Schlagfertige Antwort* und *Der Kopfputz der Florentinerinnen* handelt es sich nicht um selbständige Texte Schillers, sondern um Bearbeitungen von Artikeln aus anderen Zeitungen. Als anonymer Redakteur des Blättchens ›Nachrichten zum Nutzen und Vergnügen‹, gedruckt bei Christoph Gottfried Mäntler (deshalb auch oft die ›Mäntlerische Zeitung‹ genannt), hatte Schiller derartige Texte zu redigieren. Die seit 1775 zweimal wö-

chentlich erscheinende Zeitung brachte vor allem Nach-
drucke anderer Zeitungen, aber auch lokale Hofberichte,
und zielte auf eher anspruchslose Leser. Dem Bedürfnis
nach Unterhaltung kam die Zeitung durch den Druck von
Anekdoten, Hofberichten, Porträts bedeutender Persön-
lichkeiten, Berichten über Ereignisse aus Geschichte und
Politik sowie durch erbaulich-moralisierende Erzählungen
entgegen.

Schiller wollte sich mit dieser Tätigkeit einen zusätzli-
chen Broterwerb sichern und arbeitete vom Mai 1781 bis
Jahresende, als die Zeitung ihr Erscheinen einstellte, an
diesem Blatt. Ob er auch an dem Nachfolgeorgan, dem
›Stuttgarter Merkur‹ mitarbeitete, läßt sich nicht mit Bestimmtheit sagen.

Die Eingriffe Schillers sind selten gravierend, zumeist
handelt es sich um Straffungen der langatmigen Berichte,
zum Teil um stilistische Korrekturen und schärfere Poin-
tierungen. (Vgl. H. Müller, *Schillers journalistische Tätigkeit
an den Nachrichten zum Nutzen und Vergnügen*, Diss. Stuttgart
1915.)

Calliostro – viel Lärmens um nichts

Quelle und Textgrundlage

›Erlanger Realzeitung‹ vom 3. 7. 1781.

Einleitung und Schluß stammen von Schiller, der zudem
den Text gekürzt und einige unwesentliche Einzelheiten
gestrichen hat. Entscheidender ist die Änderung des Ton-
falls – den ironisch distanzierten Ton der Vorlage ersetzt
Schiller durch eine pathetische Anklage des umtriebigen
Grafen Cagliostro.

Unser Druck folgt dem Erstdruck in den ›Nachrichten
zum Nutzen und Vergnügen‹ (NNV), Nr. 55 vom 10. 7.
1781.

Stellenkommentar

857,3 *Calliostro*] Bei dem unter dem Namen Cagliostro
auftretenden Giuseppe Balsamo handelte es sich um einen
Schwindler und Abenteurer, der sich an verschiedenen europäischen Fürstenhöfen durch angebliche alchemistische
Wunderkuren und diplomatisches Geschick das Wohlwollen der jeweiligen Regenten erschleichen konnte. Als be-
gnadeter Intrigant und Selbstdarsteller machte er von sich
reden und rief zahlreiche Aufklärer auf den Plan, die ihn als
Scharlatan entlarven wollten, sich andererseits aber auch
von Okkultismus und Geheimnis angezogen zeigten.
Schließlich waren die bürgerlichen Emanzipationsbewe-
gungen anfangs selbst häufig gezwungen, im Dunkeln zu
operieren – man denke an die vielen aufklärerischen Ge-
heimgesellschaften –, und ein Graf Cagliostro, der sich so
meisterlich der neuen aufklärerischen Medien zu bedienen
verstand, mußte neben der Empörung – wie sie der vorliegende Text dokumentiert – auch Bewunderung erregen.
An der Gestalt Cagliostros schieden sich nicht zufällig die
Geister von Goethe und Lavater. In seinem Gedicht *Laura
am Klavier* erwähnt Schiller einen anderen Zauberkünstler,
den Mitte des 18. Jahrhunderts wirkenden Philadelphia, der
die Seelen Verstorbener zu beschwören vorgab. Die Gestalt
des Armeniers in seinem Roman *Der Geisterseher* ist ganz
offensichtlich Cagliostro nachgebildet. Auch Goethes
Groß-Cophta geht auf Cagliostro und seine mutmaßliche
Verstrickung in die Halsbandaffäre zurück. Vgl. W. Müller-
Seidel, *Cagliostro und die Vorgeschichte der deutschen Klassik*, in:
*Literaturwissenschaft und Geistesgeschichte. Festschrift für R.
Brinkmann*, hg. v. J. Brummack u. a., Tübingen 1981,
S. 136-163; K. H. Kiefer, *Okkultismus und Aufklärung aus
medienkritischer Sicht. Zur Cagliostro-Rezeption Goethes und
Schillers im zeitgenössischen Kontext*, in: *Klassik und Moderne:
die Weimarer Klassik als historisches Ereignis und Herausforde-
rung im kulturgeschichtlichen Prozeß. W. Müller-Seidel zum 65.*

Geburtstag, hg. v. K. Richter und J. Schönert, Stuttgart
1983, S. 207-227.

857,3 *viel Lärmens um nichts]* Offensichtlich in Anlehnung an Shakespeares *Much Ado about Nothing.*

857,12 *seine Geburt und Herkommen ohnbekannt]* Giuseppe
Balsamo wurde 1743 in Palermo geboren.

857,18 *Butonnierte]* Nach franz. bouton für Blatternar-
bige.

857,29 *Gaskonier]* Gascogner, Bewohner der franz. Provinz Gascogne.

858,4 *Der General Campis]* In der Nr. 44 der ›Erlanger
Realzeitung‹ war die Geschichte über den Tod des Generals
in einer für Cagliostro weniger ehrenrührigen Weise berichtet worden.

858,8 *Latwerge]* Breiförmige Arznei.

858,8 *Purgiertissanee]* Abführtee.

858,12 *d'Ailhaud füllte mit ähnlichen Kuren]* Jean Gaspard
Ailhaud und sein Sohn waren durch den Vertrieb eines
›poudre pourgative‹, also eines Abführmittels, über dessen
heilkräftige Wirkungen sie mehrere Schriften verfaßten,
nicht nur dem Mediziner Schiller bekannt.

858,31f. *Börhave, Krieger, Vogel, Marggraf, Macquer]* Berühmte Ärzte und Chemiker der damaligen Zeit. Zu Boerhaave vgl. Anm. 87,26; bei Krieger handelt es sich
wahrscheinlich um Johann Gottfried Krüger. Die Namen
und Verdienste dieser Männer dürften Schiller aus der
Karlsschulzeit bekannt gewesen sein.

858,32 *Paracelsus]* Paracelsus, Theophrastus Bombastus
von Hohenheim (1493-1541), Magier und Theosoph, der
eine auf Philosophie, Astronomie und Theologie fußende
Medizin zu entwickeln suchte, die an die Stelle alchemisti-
scher Naturvorstellungen die Idee von der Selbstoffenba-
rung der Natur setzte.

Geschichte von la Motte

Quelle und Textgrundlage

Da eine Quelle nicht nachweisbar ist, läßt sich der Umfang von Schillers Bearbeitung nicht ausmachen. Einige Wendungen legen aber eine Redaktion Schillers nahe. Auch die Ähnlichkeit der Hauptfigur mit Karl Moor spricht für ein Interesse Schillers an der Bearbeitung dieses Artikels.

Unser Druck folgt dem Erstdruck in den NNV, Nr. 63 vom 7. 8. 1781, S. 250.

Stellenkommentar

859,28 *eingezogen*] Verhaftet.

859,29 *Old Bailey*] Gemeint ist der als ›Old Bailey‹ bekannte Central Criminal Court in London.

860,31ff. *daß kleine Umstände im Bildungs-Alter die Seele eines Brutus zum Catilina erniedrigen*] Ähnlich eine Passage aus der *Vorrede* zur ersten Auflage der Räuber: »Ein merkwürdiger wichtiger Mensch, ausgestattet mit aller Kraft ⟨. . .⟩, notwendig entweder ein Brutus oder ein Katilina zu werden.«

860,35f. *Das große und menschenliebende Herz des britischen Königs*] Eine fast identische Formulierung findet sich in der Anekdote von der *Königlichen Großmut*, S. 864,24. Gemeint ist der englische König Georg III.

Elektrizität als Heilmittel

Quelle und Textgrundlage

›Frankfurter Kaiserliche Reichs-Oberpostamtszeitung‹ vom 25. 8. 1781. In der Quelle werden die Behandlungsmethoden des Dr. Ware ausführlicher beschrieben, während Schiller diese Beschreibungen kürzt und allgemeineren Beobachtungen über die Elektrizität als medizinisches Heilmittel den Vorzug gibt.

Unser Druck folgt dem Erstdruck in den NNV Nr. 70 vom 31. 8. 1781.

Väterliche Lehre

Quelle und Textgrundlage

›Frankfurter Kaiserliche Reichs-Oberpostamtszeitung‹ vom 28. 8. 1781. Der Beginn wurde von Schiller überarbeitet, der Mittelteil wörtlich übernommen, den Schluß hat er hinzugefügt.

Unser Druck folgt dem Erstdruck in den NNV, Nr. 71 vom 4. 9. 1781, S. 284.

Geistliche Nachrichten

Quelle und Textgrundlage

Schiller hat hier zwei Artikel der ›Frankfurter Kaiserlichen Reichs-Oberpostamtszeitung‹ vom 18. und vom 24. 9. 1781 weitgehend wörtlich übernommen und zusammengefaßt. Lediglich die ersten Zeilen stammen von ihm selbst oder aus einer unbekannten Quelle.

Unser Druck folgt dem Erstdruck in den NNV, Nr. 79 vom 2. 10. 1781, S. 313.

Stellenkommentar

862,12f. *Heil. Vater*] Gemeint ist Pius VI.

862,15 *Aufhebung der Jesuiten*] Clemens XIV. hatte auf

Drängen des französischen Königshofes 1773 das Verbot des Ordens verfügt.

863,7 *Menagierung*] Verköstigung, Verpflegung.

863,15 *Konklave*] Versammlung der Kardinäle zur Papstwahl.

863,21 *Breve*] Päpstlicher Erlaß in kurzgefaßter Form.

Königliche Großmut

Quelle und Textgrundlage

›Journal in Frankfurt am Main‹ vom 19. 10. 1781. Schiller hat in diesem Fall die sehr lakonische Vorlage etwas erweitert.

Unser Druck folgt dem Erstdruck in den NNV, Nr. 85 vom 23. 10. 1781, S. 340.

Stellenkommentar

864,16 *Entrepreneur*] (Franz.) »Unternehmer«.

864,26 *sakrifiziert*] Geopfert.

864,26f. *dem großen und menschenliebenden Herzen seines Königs*] Vgl. S. 860,35. In der Quelle fehlt dieser Hinweis auf den philantropischen Herrscher.

864,31 *Galatage*] Festtag.

Schlagfertige Antwort

Quelle und Textgrundlage

›Erlanger Realzeitung‹ vom 19. 10. 1781. Die Schlußworte des Betrachters hat Schiller dem Pater in den Mund gelegt.

Unser Druck folgt dem Erstdruck in den NNV, Nr. 86 vom 26. 10. 1781, S. 344.

Der Kopfputz der Florentinerinnen

Quellen und Textgrundlage

›Erlanger Realzeitung‹ vom 26. 10. 1781 und ›Frankfurter Kaiserliche Reichs-Oberpostamtszeitung‹ vom 29. 10. 1781. Die Anekdote über Heinrich IV. hat Schiller hinzugefügt.

Unser Druck folgt dem Erstdruck in den NNV, Nr. 88 vom 2. 11. 1781, S. 352.

Stellenkommentar

865,25 *Heinrich der Vierte in Frankreich]* War zur Zeit Schillers eine der populärsten Gestalten der französischen Geschichte. Woher Schiller diese Anekdote kannte, ist nicht zu ermitteln. Unter anderem steht sie auch in Sulzers *Theorie der schönen Künste* unter dem Stichwort »Empfindung«. Schiller selbst hat den König sehr geschätzt und sich mehrfach auf ihn bezogen, so in der *Egmont*-Rezension, in der *Geschichte des dreißigjährigen Krieges*, in *Naive und sentimentalische Dichtung, Wallensteins Tod* und in einem Brief an Goethe vom 25. 4. 1805.

865,27 *Coiffüren]* Haartrachten, Kopfbedeckungen.

PROBEN EINER TEUTSCHEN AENEIS NEBST LYRISCHEN GEDICHTEN. VON GOTTFRIED FRIDERICH STÄUDLIN 1781

Textgrundlage

Wiewohl die Besprechung nicht unterzeichnet wurde, gilt die Verfasserschaft Schillers als sicher.

Erstdruck: Zustand der Wissenschaft und Künste in

Schwaben, 2. Stück, 1781, S. 455-467. Unser Druck folgt
NA 22, S. 179-186.

Entstehung und Aspekte der Deutung

Die Besprechung war Schiller von seinem Akademielehrer
Balthasar Haug anvertraut worden, der Schillers eigene
Teilübersetzung des 1. Buches der *Aeneis* kannte, die dieser
1780 im ›Schwäbischen Magazin‹ unter dem Titel *Der Sturm
auf dem Tyrrhenischen Meer* veröffentlicht hatte. Auch der
rezensierte Stäudlin zweifelte nie an der Urheberschaft
Schillers. (Vgl. seine Vorrede zum *Schwäbischen Musenalmanach auf das Jahr 1782.*) Der von der zeitgenössischen Kritik
mit viel Lob bedachte Stäudlin (1758-1796) hatte den Ehrgeiz, als Wortführer der jungen schwäbischen Dichtergene-
ration zu gelten und sah sich durch Schillers – wiewohl
weitgehend sachliche und mit Lob nicht zurückhaltende –
Kritik verletzt. Als Schiller mit seiner *Anthologie auf das Jahr
1782* – die bewußt als Gegenstück zu Stäudlins *Schwäbischem
Musenalmanach* konzipiert war – seine Angriffe auf Stäudlin
fortsetzte (insbesondere in der *Widmung*, der *Vorrede* und
dem Gedicht *Die Rache der Musen*), rächte Stäudlin sich mit
dem Spottgedicht *Das Kraftgenie*, in dem er Schiller als
»Shakespeare-Nachtreter, ⟨...⟩ Sprachverhunzer und un-
sittlichen« Stürmer und Dränger inkriminierte. Schiller
reagierte im 1. Stück seines ›Wirtembergischen Repertoriums‹ mit einer Rezension seiner eigenen Anthologie, in
der er sich gegen Stäudlin zur Wehr setzte. Der gekränkte
Stäudlin machte seinem Unmut noch längere Zeit eher er-
folglos Luft, bis er schließlich 1791 mit seiner Elegie *An
Schiller. Als eine Nachricht von seinem Tod erschollen war. Im
Sommer 1791* den Streit beilegte.

Stellenkommentar

(Die Nachweise zu Vergil und Stäudlin folgen NA 22, S. 395-398 und Fricke/Göpfert, Bd. 5, S. 1224-1226. Die NA bietet zum Vergleich auch Proben aus Schillers eigener Übersetzung.)

866,7 *teutschen Homer]* Gemeint sind die Übersetzungen der *Ilias* (1778) durch Leopold Graf zu Stolberg und der *Odüßee* (1781) von Johann Heinrich Voß.

866,8 *Maro]* Vollständiger Name Vergils: Publius Vergilius Maro.

868,2f. *bald, wie die Hölle um ihre Pole . . .]* Anspielung auf Klopstocks Darstellung der Hölle im *Messias* IX 738ff.: »In dem Raume, den Gott ihr in dem Unendlichen abmaß, | Wälzt sie sich, keiner Ordnung gehorsam, auf und nieder, | Keinem Gesetz der langsamen, oder schnellen Bewegung. | Fleugt sie eilend einher; so hatte Gott ihr geboten, | Ihrer Bewohner neue Verbrechen, durch wildere Flammen, | Durch geschärftere Pfeile des ewigen Todes, zu rügen!« (Hist.-Krit. Ausgabe IV/1, S. 198.)

868,10 *Pater Denis, Zachariä]* Pater Denis, ein Jesuit, hatte 1768/69 eine Übersetzung Ossians vorgelegt. Vgl. Anm. 759,23. Friedrich Wilhelm Zachariä übersetzte 1760 Miltons *Paradise Lost*.

868,29ff. *Dido ⟨. . .⟩]* *Aeneis* IV 642ff.

869,1 *Auf der Höhe ⟨. . .⟩]* *Aeneis* I 56ff.

869,2 *söhnt]* Stäudlin sagt »sühnt«.

869,10 *Plötzlich ⟨. . .⟩]* *Aeneis* I 88ff.

870,9ff. *Krieg ist mein Lied ⟨. . .⟩ ausstieg u. s. w.]* Übertragung Schillers.

870,14ff. *Dido se ex oculis ⟨. . .⟩ noras]* Die folgenden Zitate nach *Aeneis* IV 389ff., 423, 436, 487ff., 496, 582.

870,29 *Quam mihi (veniam) cum dederit]* Stäudlin übersetzt hier richtig nach der kritischen Ausgabe Heynes, die Schiller nicht bekannt war.

871,25 *volvere casus ⟨. . .⟩]* *Aeneis* I 9; Stäudlin übersetzt: »Unnennbares Weh«.

871,27 *ponto nox* ⟨...⟩] *Aeneis* I 89; Stäudlin: »Die Finsternis ruht dicht über den Wassern.«

871,30 *in gurgite* ⟨...⟩] *Aeneis* I 118.

871,32 *dicto citius* ⟨...⟩] *Aeneis* I 142; Stäudlin: »Urplötzlich«.

871,34 *gravi saucia* ⟨...⟩] *Aeneis* IV 1.

872,1 *recursat* ⟨...⟩] *Aeneis* IV 3f.

872,3 *Fama* ⟨...⟩] *Aeneis* IV 176.

872,5 *Tam ficti* ⟨...⟩] *Aeneis* IV 188.

872,17ff. *Et jam* ⟨...⟩] *Aeneis* IV 584ff.

872,31 *rötend*] Stäudlin sagt: »röten«.

874,3 *Das Lied* ⟨...⟩] Der vollständige Titel bei Stäudlin: *Der Jüngling. An die Wollust.*

874,5ff. *Zu dem Wunsch unseres Dichters*] Das lyrische Ich des Gedichts wünscht, sich »aufzuschwingen zu den Strahlenhöhen | Des deutschen Bardenchors! Zu glänzen dort, | Wo Klopstock und mein grauer Bodmer glänzt.«

874,12 *Hr. Biblioth. Petersen*] Schillers Freund Wilhelm Petersen war zu dieser Zeit Unterbibliothekar an der öffentlichen Bibliothek des Herzogs.

874,15 *Hudibras verhungern kann*] *Hudibras* ist der Titel eines komischen Heldengedichts von Samuel Butler (1612-1680); obwohl das Werk von der zeitgenössischen Literaturkritik wohlwollend aufgenommen wurde, starb der Autor in Armut.

875,1 *inzidenter*] Begriff aus der Juristensprache: offen, geradeheraus.

WIRTEMBERGISCHES REPERTORIUM. VORBERICHT

Textgrundlage

Erstdruck und Druckvorlage: Wirtembergisches Repertorium der Litteratur. Eine Vierteljahr-Schrift, 1. Stück, 1782.

Entstehung

Die Zeitschrift ›Wirtembergisches Repertorium‹ wurde gemeinsam von Johann Jakob Abel, Johann Wilhelm Petersen und Jakob Atzel herausgegeben. Das erste Stück der Zeitschrift erschien Ostern 1782, das dritte und letzte Stück nach Schillers Flucht im Frühjahr 1783. Der Vorbericht informiert über die Ziele der Zeitschrift und animiert zur Mitarbeit. Der dezidiert kritischen Absicht entsprach die Wahl eines Mottos von Vergil »Hinc exaudivi gemitus ac saeva sonare verbera« (*Aeneis* VI 557): Hier werden Seufzer vernommen und grausame Peitschenhiebe erschallen. Der zweifellos erwünschte ökonomische Erfolg der »auf Kosten der Herausgeber« gedruckten Zeitschrift dürfte ausgeblieben sein.

Der weitaus größte Teil der Beiträge der Zeitschrift wurde von den Herausgebern beigesteuert. Aus Schillers Feder stammen im ersten Stück der *Vorbericht, Über das gegenwärtige teutsche Theater*, *Der Spaziergang unter den Linden*, Besprechungen seiner *Räuber*, seiner *Anthologie auf das Jahr 1782* sowie die Rezensionen zu: Stäudlins *Schwäbischer Musenalmanach*, *Nanine, oder das besiegte Vorurteil*, *Kasualgedichte eines Wirtembergers*, *Vermischte teutsche und französische Poesien* sowie zum dritten Stück der Zeitschrift ›Zustand der Wissenschaften und Künste in Schwaben‹ und zu Stäudlins *Vermischten poetischen Stücken*.

Nach Auskunft J. W. Petersens, die aber nicht zuverlässig ist, darf Schiller auch als Bearbeiter des nachfolgenden Textes angesehen werden, in dem es darum geht, nach Art der Dunkelmännerbriefe mönchische Unbildung bloßzustellen:

Schreiben eines schwäbischen Paters an einen Reisenden,
Nach einer halbstündigen Bekanntschaft.

(In den Brief, welcher bis auf die Orthographie getreu von dem Original kopiert ist, war ein Amulett eingeschlossen.)

Monsiegnueur, Herr Bruder!
Versprechen macht halten, Dero Kleiner aufenthalt in
meinem Zimmer machte mich Zeithero allzeit errinneret
desjenigen, was ich bald zu schickhen Derowert hesten
Person versprache, Hr. Bruder! Da ist es – belieben sie es
nach Dero guten art zu gebrauchen, ich versichere dessen obsorg und in vorfallenten unglücks-fällen so wohl
im reiten als fahren nebst göttligem schuz jederzeit bewahrt zu seyn. Die hinreys leztens nacher haus zweifle nit
glücklig als gesund gewesen zu seyn, gott continuire
dessen fernere gesundheits-umstände, so werden sie allzeit gesicheret seyn, das ich bin und bleibe meines Hrn.
Bruders
G. den 6. Junij. 1781.

P. S. Mein höfliges Compliment wo es angelegt ist. Um
zu conserviren belieben Sie es mit einem Leder zu über-
ziehen, und bey sich zu tragen.

Treu-geflissener
Bruder Pater Spl. Agtiner
Eben der Pater schenkte dem Reisenden ein Stück
Wachs, welches seinen Beteurungen nach die Wunderkraft hatte, daß, sobald man das Eck des Fensters damit
bestriche, der Teufel mit seinem ganzen Troß sichtbar
herausfahren müsse. – Auch ein Beitrag zu der gegenwärtigen Mönchenhistorie!
(Zit. nach NA 22, S. 367.)
Im zweiten Stück des ›Wirtembergischen Repertoriums‹
stammen von Schiller die Erzählung *Eine großmüthige Handlung, aus der neusten Geschichte*, die Überarbeitung eines
vermutlich von Scharffenstein verfaßten Dialogs, betitelt
Der Jüngling und der Greis (vgl. S. 182ff.), sowie wahrscheinlich die nachfolgend abgedruckten lateinischen Inschriften
zu dem von Jakob Atzel verfaßten *Schreiben über einen Versuch in Grabmälern nebst Proben:*

Für Luther:
> Martinus Lutherus, in terra notus et coelo et inferno.
> (Martin Luther, auf Erden bekannt und im Himmel und
> in der Hölle.)

Für Kepler:
> Joannes Keplerus, fortuna maior, Nevtoni per sidera
> ductor.
> (Johannes Kepler, größer als das Schicksal, dem Newton
> ein Führer durch die Gestirne.)

Für Albrecht von Haller:
> Corpori leges, animo officia assignavit.
> (Dem Körper wies er seine Gesetze, dem Geiste seine
> Pflichten auf.)

Für Klopstock:
> Gratiam cecinit terris et inferis.
> (Gnade sang er der Welt und der Unterwelt.)
> (Zit. nach NA 22, S. 367f.)

Stellenkommentar

876,17 *fakultätische]* Bloß gelehrt, trocken akademisch.
876,23 *auf Wirtemberg allein]* Diese Beschränkung wurde
von den Herausgebern nach der Flucht Schillers aufgegeben.

SCHWÄBISCHER MUSENALMANACH AUF DAS JAHR 1782

Textgrundlage

Erstdruck und Druckvorlage; Wirtembergisches Repertorium der Litteratur, 1. Stück, 1782, S. 189-192.

Entstehung

Mit dieser Rezension setzte Schiller seine Angriffe auf Stäudlin fort, die er in seiner Kritik an dessen *Aeneis*-Übersetzung (vgl. S. 866 u. S. 1471) begonnen hatte. Auffallend an dieser Rezension wie bereits an der *Aeneis*-Kritik ist die Ablehnung von Stäudlins »empfindsamer« Haltung.

Stellenkommentar

878,21ff. *Sind denn unser Klopstock]* In den von Voß herausgegebenen Musenalmanachen waren mehrfach Oden Klopstocks erschienen.

878,24f. *gleich alten Grenadieren]* Als Militärarzt hatte es Schiller im Regiment Augé vorwiegend mit Veteranen zu tun.

878,27 *Indigestionen]* Unwohlsein, Unpäßlichkeiten.

878,29 *verlegener Waren]* Durch allzu lange Lagerung verdorbene Waren.

879,20 *Audaces fortuna juvat]* »Das Glück hilft den Mutigen.«

879,27ff. *Aber der Gärtner ⟨...⟩ erwarten]* In Schillers *Räubern* sagt Spiegelberg: »Ein Holzapfel, weißt Du wohl, wird im Paradies-Gärtlein selbst ewig keine Ananas.« (II 3.)

879,32 *Melpomene]* Unter den neun Musen der griechischen Mythologie ist Melpomene für das Trauerspiel zuständig; Schiller dürfte eher Erato, die Muse der Lyrik, oder Terpsichore, die Muse der Lyra und des Tanzes, gemeint haben.

879,33 *Hrn. Thill]* Aus dem Nachlaß des weitgehend unbekannten Johann Jakob Thill (1747-1772) hatte Stäudlin sieben Gedichte für seinen Almanach ausgewählt.

879,34 *Laura vom V. d. Räuber]* Vollständiger Titel: *Die Entzückung an Laura*.

879,35 *Rheinhardt und Konz]* Bei Rheinhardt handelt es

sich um den später als Briefpartner Goethes und Diplomat im französischen Dienst bekannt gewordenen Karl Friedrich Reinhard (1761-1827), der gemeinsam mit seinem Freund Karl Philipp Conz (1762-1827) im Tübinger Stift studiert hatte. Conz, ein Spielkamerad Schillers, wurde später Professor der Rhetorik in Tübingen. Reinhard und Conz gaben gemeinsam Übersetzungen der römischen Dichter Tibull, Properz, Tyrtäus sowie eigene poetische Schriften heraus.

879,35 *von — — — g]* Hinter dem Kürzel verbirgt sich Friedrich Haug, der Sohn von Schillers Lehrer Balthasar Haug (vgl. S. 1471), der als Schüler noch nicht seinen Namen unter eine Veröffentlichung setzen durfte.

879,36 *O]* Der Autor ist unbekannt.

879,36 *Armbruster]* Johann Michael Armbruster (1761-1814) war zunächst Gärtner auf der Solitude, wurde 1782 Sekretär Lavaters in Zürich und schließlich österreichischer Polizeibeamter. Als Dichter ist er später, soweit bekannt ist, nicht mehr hervorgetreten.

NANINE, ODER DAS BESIEGTE VORURTEIL

Textgrundlage

Erstdruck und Druckvorlage: Wirtembergisches Repertorium der Litteratur, 1. Stück, 1782, S. 192.

Entstehung

Bei Pffr., dem Übersetzer der Komödie Voltaires, handelt es sich um Schillers Mitschüler Ferdinand Friedrich Pfeiffer. Seit 1781 arbeitete er als Rentkammersekretär in Stuttgart, später als Oberkriegsrat in München.

Stellenkommentar

881,7 *Hofmeister*] Die 1774 erschienene Komödie *Der Hofmeister* von Johann Michael Reinhold Lenz (1751-1792).

881,10 *Kameralist*] Finanzwissenschaftler, Verwalter von Staatseinkünften.

KASUALGEDICHTE EINES WIRTEMBERGERS

Textgrundlage

Erstdruck und Druckvorlage: Wirtembergisches Repertorium der Litteratur, 1. Stück, 1782, S. 196-198.

Entstehung

Es handelt sich bei dem besprochenen Band um eine Gedichtsammlung des Pfarrers Johann Ulrich Schwindrazheim (1736-1813), den Schiller aus seiner Schulzeit als Lateinlehrer in Ludwigsburg kannte, wenn er von diesem auch nie persönlich unterrichtet wurde.

Stellenkommentar

882,1 *Kasualgedichte*] Anläßlich bestimmter Gelegenheiten – hier im engeren Sinne: liturgischer Amtshandlungen – verfaßte Gedichte.

882,19 *gotisch*] Im Sprachgebrauch der Zeit bedeutete »gotisch« soviel wie roh, barbarisch, bizarr; nach Sulzers *Allgemeiner Theorie der schönen Künste* ist diese Bedeutung »daher entstanden, daß die Goten, die sich in Italien niedergelassen, die Werke der alten Baukunst auf eine ungeschickte Art nachgeahmt haben«.

882,20 *auf den Tod seines Vaters*] Titel: *Auf den Tod des Pfarrers Schwindrazheim von seinem Sohn.*

882,27 *Boy*] Ein für Trauergewänder gebräuchlicher grober Flanellstoff.

883,13 *aus einem langen historischen Gedicht*] Gemeint ist: *An meinen Schwager. Der 18. Januar 1781. Eine Erzählung.* Daß Schiller eine solche, dem heutigen Empfinden nach groteske, (unfreiwillig) komische Szene eine »fürtreffliche Schilderung« nennt, ist wohl dem rührseligen Geschmack der Zeit geschuldet.

884,2 *als sein Hr. Vorgänger in dieser Bibliothek*] »Bibliothek« war in der Sprache der Zeit eine geläufige Bezeichnung für den Besprechungsteil einer Zeitschrift. Da die vor dem Gedichtband Schwindrazheims rezensierten Texte nicht gemeint sein können, handelt es sich wahrscheinlich um einen durch eine Umbruchverschiebung nicht mehr kenntlichen Seitenhieb entweder auf Schwabs *Vermischte teutsche und französische Poesien* (s. S. 885) oder – wahrscheinlicher – auf Stäudlins *Schwäbischen Musenalmanach* (s. S. 878).

VERMISCHTE TEUTSCHE UND FRANZÖSISCHE POESIEN

Textgrundlage

Erstdruck und Druckvorlage: Wirtembergisches Repertorium der Litteratur, 1. Stück, 1782, S. 205-208.

Entstehung

Bei dem Verfasser der Gedichtsammlung handelt es sich um Schillers Lehrer für Logik und Metaphysik an der Akademie, Johann Christoph Schwab (1743-1821), den Vater des später durch seine *Sagen des klassischen Altertums* berühmt gewordenen Dichters Gustav Schwab.

Stellenkommentar

885,8 *Von der ersten Auflage*] Als Hauslehrer in der französischen Schweiz hatte Schwab zwölf seiner Gedichte anonym veröffentlicht.

885,17 *Helikon*] Der dem Parnaß gegenüber gelegene Berg der Musen.

885,17 *urgieren*] Drängen, nachdrücklich betreiben.

886,1 *an seine Daphne*] Daphne war die Ehefrau des Dichters. In der Ausgabe von 1782 bemerkt Schwab zu diesen Gedichten: »Sie haben bei der Person, die nunmehr die Glückseligkeit meines Lebens ausmacht, noch ehe sie mich kannte, das erste günstige Vorurteil für mich erregt.«

886,9f. *uns-mir*] Das Wortspiel dürfte durch Schwabs Epigramm *Wir* veranlaßt sein: »Das stolze *Wir* gebraucht Herr Lilliput, | wenn er zum Rezensieren schreitet: | Der schlaue Mann! Er weiß zu gut, | Wie wenig er allein bedeutet.«

886,12 *Misogallen*] Franzosenfeinde.

886,22 *Behulf*] Schwäbisch für: Ausweg, Hilfe.

887,10 *In seinem Gedicht an die Genfer*] In seinem Kommentar sagt Schwab: »Kein vernünftiger Leser wird also aus diesem kleinen Gedicht schließen, daß in der Bienen-Republik die Arbeitsbienen das Recht hatten, die Hummel zu unterdrücken.«

887,13f. *Jakob Rousseau*] Dazu heißt es bei Schwab: »Die Volksversammlungen geschehen zu Genf in der sogenannten Peterskirche, die zwar nicht so groß und prächtig ist wie die Peterskirche zu Rom, worin aber gewiß mehr römische Gedanken gedacht werden.« Schiller weist auf den Widerspruch hin, daß die Genfer Regierung in dieser vorgeblich so »römischen«, also republikanischen, Kirche die Verbrennung von Rousseaus *Emile* durch den Henker angeordnet hatte. Vgl. auch Schillers Gedicht *Rousseau*.

ZUSTAND DER WISSENSCHAFTEN UND KÜNSTE
IN SCHWABEN

Textgrundlage

Erstdruck und Druckvorlage: Wirtembergisches Repertorium der Litteratur, 1. Stück, 1782, S. 208.

Entstehung und Aspekte der Deutung

Balthasar Haug, Schillers Lehrer an der Akademie, hatte
das ›Schwäbische Magazin‹, in dem er auch als erster Beiträge Schillers abgedruckt hatte, in ›Zustand der Wissenschaften und Künste in Schwaben‹ umgetauft. Im 3. Stück
dieser Zeitschrift teilte er mit, daß dieses Organ »mit Rücksicht auf eine gelehrte Zeitung, die von der Karls-Univer-
sität in Stuttgart zu erwarten sei« – also das ›Wirtembergische Repertorium‹ – ihr Erscheinen einstellen werde. Im
Vorbericht zum ›Wirtembergischen Repertorium‹ hatte
Schiller indirekt seine Einwände gegen Haugs Zeitschrift
resümiert (vgl. S. 876,16-20).

VERMISCHTE POETISCHE STÜCKE, VON G. F. STÄUDLIN

Textgrundlage

Erstdruck und Druckvorlage: Wirtembergisches Repertorium der Litteratur, 1. Stück, 1782, S. 209-212.

Entstehung

Im ›Wirtembergischen Repertorium‹ war die Rezension mit
C-z unterzeichnet, was auf Schillers Freund Karl Philipp

Conz (vgl. Anm. 879,35) hinweist. Da Conz aber auch Stäudlin freundschaftlich verbunden war, ist eine derart scharfe Rezension aus seiner Feder unwahrscheinlich. Für erhebliche redaktionelle Eingriffe Schillers (so die These von J. Hartmann, S. 18), wenn nicht für seine alleinige Verfasserschaft sprechen Diktion und einige charakteristische Wendungen. Die Schärfe der Rezension ist gewiß eine Reaktion auf die Verspottung Schillers in Stäudlins Gedicht *Kraftgenie*. Stäudlin zweifelte nicht, daß hinter diesem neuen Angriff auf seine Lyrik Schiller stand und wies in der Vorrede zu seinem *Musenalmanach auf das Jahr 1783* auf Widersprüche Schillers in der Beurteilung seiner lyrischen Produktion hin. »Was ich *ihm* übrigens freundschaftlich raten wollte, ist, daß er künftig Satiren etwas schlauer von sich abwälzen und sich hüten möge, seiner eigenen Kritik den Stab zu brechen, wenn er mir in der einen brennendes Dichtergenie und epische Schöpferkraft zuspricht und mich in den anderen zu den schalen Reimern herabsetzt.«

Stellenkommentar

889,5f. *Pegasus ⟨...⟩ Helikon]* Das geflügelte Roß der Dichter in der griech.-röm. Mythologie; zu Helikon vgl. Anm. 885,17.

889,12 *Chronos]* Vater des Zeus, Gott der Zeit.

889,22 *Wenn in unserm philosophisch kalten Zeitalter]* Vgl. Schillers Kritik an Bürger, S. 972,5f.

889,29f. *Ausflüsse eines vollen, von einer Empfindung vollen Herzens]* Auch diese Anlehnung an die Worte Franzens in Goethes *Götz* I 5 (»So fühl ich denn in dem Augenblick, was den Dichter macht, ein volles, ganz von einer Empfindung volles Herz«) macht die Urheberschaft Schillers wahrscheinlich.

890,6 *von Rousseau]* Das Gedicht trägt den Titel *Elegie am Grab des unsterblichen Rousseau.*

890,14f. *Zuschrift an Stollberg]* Titel: *An Friedrich Leopold*

Grafen zu Stolberg. Diesem Gedicht entstammen auch die Zitate S. 890,24-26 und 33-34.

890,15 *Elisionen]* Weglassen eines unwesentlichen Vokals, zumeist am Wortende.

890,20 *Young, Ossian]* Zu Ossian vgl. Anm. 417,19; zu Young Anm. 742,29.

890,34 *Maro]* Vergil; vgl. Anm. 866,9.

891,3f. *procul profanum vulgus]* »Die ungeweihte Menge bleibe ferne«. Verschmelzung der bei den römischen Mysterien üblichen Abwehrformel gegen die Nichtinitiierten »Procul este profanis« mit dem Vers von Horaz »Odi profanum volgus et arceo« (*Carmina* III 1).

891,8 *Amint]* Titelgestalt einer bukolischen Ode von Ewald von Kleist.

891,11 *Kraftgenie]* Das Gedicht spart nicht mit Anspielungen auf Schillers *Räuber* und seine an *Laura* gerichteten Oden.

891,22 *gotisches]* Roh, barbarisch; vgl. die Anm. 882,19.

891,24f. *die Vergleichung ⟨. . .⟩ ist äußerst schief]* Es heißt dort: »Denn sein Los, fürwahr es gleicht dem deinen! | Edel war er, und verkannt, wie du!«

KRONAU UND ALBERTINE

Textgrundlage

Unser Druck folgt dem Abdruck der NA (22, S. 195), die auf den von Max Martersteig herausgegebenen *Protokollen des Mannheimer Nationaltheaters unter Dalberg,* 1890, fußt.

Entstehung

Kronau und Albertine ist der Titel einer wahrscheinlich von Friedrich Ludwig Schröder besorgten Bearbeitung des Rührstücks *Clémentine et Desormes* von Jacques Marie de

Monvel (1745-1812). Schiller erhielt den Auftrag zur Besprechung, als er zum ersten Mal als Theaterdichter an der Sitzung des Mannheimer Theater-Ausschusses vom 15. 10. 1783 teilnahm.

Stellenkommentar

892,5f. *mit vielem Anstand]* Vgl. Anm. 426,25 und S. 1369.

ENTWURF EINER MANNHEIMER DRAMATURGIE

Textgrundlage

Erstdruck: *Friedrich Schiller's Briefe an den Freiherrn Heribert von Dalberg in den Jahren 1781-1785*, hg. v. M. Marx, 1819. Unser Druck folgt NA 22, S. 313f.

Entstehungsgeschichte

Augenscheinlich angeregt durch Lessings *Hamburgische Dramaturgie*, trug Schiller sich bereits vor seiner Berufung als Theaterdichter nach Mannheim (ab 1. 9. 1783) mit dem Plan, eine Theaterzeitschrift zu gründen. Diese sollte Beiträge versammeln, »welche mittelbar oder unmittelbar an das Geschlecht des Dramas oder an die Critik deßelben gränzen« (an Reinwald, 5. 5. 1784). Wiewohl Dalberg dem Unternehmen skeptisch gegenüberstand, gab er schließlich Schillers Drängen nach und erbat sich eine schriftliche Ausarbeitung seines Plans. Da Dalberg aber die »jährliche Gratifikation« zu hoch schien, lehnte er ab.

Stellenkommentar

893,8 *P. N.]* Lat. Pro notitia »Zur Kenntnisnahme«.

893,25 *Debits]* Vermutlich Druckfehler, gemeint ist wahrscheinlich »Debuts«.

894,7 *Preisaufgaben]* Vgl. *Dramaturgische Preisfragen*, S. 914-917.

ÜBER DIE MANNHEIMER PREISMEDAILLE

Textgrundlage

Unser Abdruck folgt NA 22, S. 314f., die sich auf den Erst-druck in der ›Nationalzeitung‹, Jg. 54, Nr. 23 vom 12. I. 1901 bezieht. Die Handschrift gilt als verloren.

Entstehungsgeschichte

Der Beitrag bezieht sich auf ein von W. H. von Dalberg unter seinen Schauspielern veranstaltetes Preisausschrei-ben, bei dem diese sich zu Fragen aus Theorie und Praxis der Schauspielkunst zu äußern hatten. Den ersten Preis gewann der mit Schiller befreundete Schauspieler Heinrich Beck (1760-1803). Das ›L. F. G. v. Goeckingks Journal von und für Deutschland‹ berichtete im 5. Stück 1784 darüber, gab als Namen des Preisträgers aber den des zwar berühmten, von Schiller jedoch weniger geschätzten Johann Michael Boeck (1743-1793) an. Im Interesse seines Freundes bat Schiller mit dem vorliegenden Beitrag um Richtigstellung, er wurde jedoch von Goeckingk nicht gedruckt.

Stellenkommentar

895,5 f. *dasigen teutschen gelehrten Gesellschaft*] Die Antworten der Schauspieler wurden in den Sitzungen des Theaterausschusses verlesen, den Preis überreichte die Kurpfälzische Deutsche Gesellschaft.

ÜBER IFFLAND ALS LEAR

Textgrundlage

Unser Druck folgt NA 22, S. 315. Der dort gebotene Text geht auf den Nachdruck der Erstausgabe (im ›Journal von und für Deutschland‹, 1784, 10. Stück, S. 262 f.) in den ›Blättern für literarische Unterhaltung‹, 1851, Nr. 62, S. 247, zurück.

Entstehung

Nach dem überaus erfolgreichen Gastspiel des *Lear* durch den berühmten Schauspieler und Hamburger Theaterleiter Friedrich Ludwig Schröder auf der Mannheimer Bühne (im Juni und August 1780) forderte Dalberg seine Darsteller Beil, Iffland und Meyer auf, Schröder in dieser Rolle nachzueifern. Dieses Projekt scheiterte am Widerstand der Schauspieler; erst am 19. 8. 1784 reüssierte Iffland (1759-1814) in dieser Rolle. Später sollte Schillers große Wertschätzung einem weniger wohlwollenden Urteil über Iffland weichen.

Stellenkommentar

896,30 *Garrick*] David Garrick, vgl. Anm. 169,18.

›RHEINISCHE THALIA‹ UND ›THALIA‹

Ankündigung ›*Rheinische Thalia*‹

Textgrundlage

Erstdruck und Druckvorlage: Originaldruck der Ankündigung im Besitz des SNM Marbach.

Der Einzeldruck der Ankündigung wurde von Schiller
an zahlreiche Freunde und bekannte Schriftsteller ver-
schickt und erschien auch in Zeitschriften, z. B. in Boies
›Teutschem Museum‹. Eine Kurzfassung der Ankündigung, deren Autor möglicherweise Anton Klein war (vgl.
Anm. 902,30), erschien im zweiten Band des ›Pfälzischen
Museums‹, Mannheim 1784-86, S. 946f.:

Rheinische Thalia
Von Hrn. Schiller
Leser dieses Museums, denen die Anzeige der Rheinischen Thalia etwa nicht in die Hände gekommen sein
sollte, mögen schon die Gegenstände, die diese Schrift
enthalten wird, und der Namen des Verfassers reizen,
sich dieselbe anzuschaffen. Nach einer freimütigen Erzählung seiner eignen Geschichte zeigt der Verfasser
umständlich an, was seine Thalia liefern wird. Sie steht
jedem Gegenstand offen, der den Menschen im Allgemeinen interessiert, und unmittelbar mit seiner Glückseligkeit zusammenhängt. Sie enthält 1. Gemälde merkwürdiger Menschen und Handlungen. 2. Philosophie für
das handelnde Leben. 3. Schöne Natur und schöne
Kunst in der Pfalz. 4. Deutsches Theater: (Vorzüglich das
Mannheimer). Die Verschwörung des Fiesko, das Verbrechen aus Ehrsucht und Franz von Sickingen werden
zuerst zergliedert. 5. Gedichte und Rhapsodien. Fragmente von dramatischen Stücken. 6. Beurteilung wichtiger Männer und Schriften. 7. Geständnisse von dem
Verfasser selbst. 8. Korrespondenzen, Anzeigen, Miszel-

lanien. Siehe die Anzeige selbst, die auf allen Postämtern
zu haben ist, wohin auch allein die Subscriptionen ein-
zusenden sind. Ein Heft zu 12 Bogen in gros 8vo kostet
auswärts einen Rheinischen Gulden, beim Verfasser zu
Mannheim 45 Kr. Privatversendungen übernimmt der
Verfasser nicht. Möge das Publikum dieses rühmliche
und gemeinnützige Unternehmen mit der Wärme unterstützen, mit welcher dieser unermüdete, durch so glückliche Geistesgaben sich auszeichnende Mann für dasselbe
arbeitet.
(Zit. nach NA 22, S. 376.)

Entstehung

Obwohl Schillers Hoffnungen, sich mit der Herausgabe
eines Periodikums einen Gelderwerb zu sichern, sowohl im
Falle des Mannheimer Repertoriums (S. 893) als auch des
›Wirtembergischen Repertoriums‹ (S. 876) sich als trüge-
risch erwiesen hatten, unternahm er als alleiniger Herausgeber der ›Rheinischen Thalia‹ einen erneuten Anlauf zu
einer publizistischen Existenzsicherung. Seine Ankündigung zeigt, daß er auf einen beträchtlichen Erfolg dieser
Unternehmung hoffte. Im März 1785 erschien ein Heft mit
Beiträgen nur von Schiller, das aufgrund seiner Übersiedlung nach Leipzig auch das einzige bleiben sollte. Das erste
Heft der ›Rheinischen Thalia‹ war mit dem ersten Heft der
bei Göschen in Leipzig mit 12 Heften in drei Bänden (1789-
1791) erscheinenden ›Thalia‹ identisch.

Stellenkommentar

897,9 *Rezeß*] Rückstand, Schulden; Schillers Vorgänger
seien ihren Verpflichtungen nicht nachgekommen.
897,10f. *wie Makbeth seine Hexen*] In Schillers Übertra-
gung heißt es: »Verflucht, wer diesen gaukelnden | Dämo-

nen ferner traut, die hinterlistig | mit Doppelsinn uns täuschen, unserm Ohr | Wort halten, unsre Hoffnung hintergehn! | Ich will nicht mit dir fechten.« (NA 13, S. 160, v. 2251-2256.)

897,15 *Ausschweifung]* Abschweifung.

897,18 *Fernröhre]* Vermutlich Plural.

897,21 *Gesetze des Instituts]* Über die pädagogische Praxis der Karlsschule berichtet aus zeitgenössischer Sicht Schillers Mitschüler Victor von Schauroth (vgl. den Beitrag von R. Steig in *Euphorion,* 8. Ergänzungsheft 1909, S. 97f.); vgl. auch Robert Uhland, *Geschichte der Hohen Karlsschule in Stuttgart,* Stuttgart 1953.

898,5 *konvulsivisch]* Krampfhaft.

898,18 *Beischlaf der Subordination und des Genius]* Auf diese Formulierung Schillers bezog sich das Epigramm eines anonym gebliebenen Dichters im ›Pfälzischen Museum‹, Bd. 2 (1784-1786), S. 927: »Dem Genius gebar Madame Subordinatio | Ein zügelloses, aber herrliches Kind, die Räuber | Fiesco, Millerin sind von Miß Freiheit und Frau Pensio: | Herr Genius! changieren Sie nicht mehr die Weiber.«

899,3f. *der bis dahin mein Vater]* Schillers Stellung zu Karl Eugen war ambivalent. Vgl. die Rezension zu Cottas *Gartenkalender* (S. 1007ff.). Im Brief an Körner vom 10. 12. 1793 fällt er ein bitteres Urteil.

899,30 *Gemälde merkwürdiger Menschen]* Z. B. das *Merkwürdige Beispiel einer weiblichen Rache.*

900,2 *die Magnetnadel an sein Herz]* Ein ähnliches Bild findet sich im *Karlos*-Fragment der ›Thalia‹: »und an mein *Herz* willst du | die Wünschelrute halten, daß sie dir | *anschlage,* wo der Zauber liegt?« (Schiller, Bd. III dieser Ausg., S. 29f.)

900,17 *der Saal der Antiken]* Vgl. den fingierten *Brief eines reisenden Dänen* über den Mannheimer Antikensaal (S. 201ff.).

900,21f. *Deutsches Theater]* Schiller kommt hier wieder, diesmal aus unabhängigerer Position, auf sein älteres Projekt der *Mannheimer Dramaturgie* zurück; vgl. S. 893f.

900,33 *Hazardspielers*] Glücksspielers.

900,34 *Atomen*] Wahrscheinlich eine aufgrund des franz. l'atome (mask.) bei Schiller gelegentlich anzutreffende Pluralbildung.

902,5 *gewöhnlichen Theaterjournale*] Schiller dürfte hier z. B. an die Berliner ›Litteratur- und Theater-Zeitung‹ gedacht haben.

902,29f. *Verbrechen aus Ehrsucht*] Drama (1784) von Iffland, dessen Titel nach Angaben Streichers von Schiller stammt.

902,30 *Franz von Sickingen*] Der Verfasser ist vermutlich Anton Klein. Zur Diskussion um dessen Autorschaft vgl. W. Müller-Seidel in NA 23, S. 313.

902,34f. *Fragmente von dramatischen Dichtungen*] In der ›Rheinischen Thalia‹ erschienen Teile des *Don Karlos*. (Vgl. Schiller, Bd. III dieser Ausg., S. 15-174).

902,36 *Beurteilungen wichtiger Männer*] Dieser kritische Teil der Zeitschrift kam nie zur Ausführung.

902,37 *Geständnisse von mir selbst*] Möglicherweise schwebten Schiller ähnliche Bemerkungen wie S. 897,16ff. vor.

Entschuldigung

Textgrundlage

Erstdruck: Innere Umschlagseite des 1. (und einzigen) Heftes der ›Rheinischen Thalia‹ 1785. Unser Druck folgt NA 22, S. 98f.

Stellenkommentar

904,2 *dramaturgischen Geschichte*] Da es bei einer einzigen Ausgabe der ›Rheinischen Thalia‹ blieb, wurde dieser Vorsatz nie verwirklicht.

Anzeige

Textgrundlage

Erstdruck: Auf dem Umschlag des 2. Heftes der ›Thalia‹, 1787. Unser Druck folgt NA 22, S. 99.

Entstehung

Nachdem Schiller nach Leipzig übersiedelt war, übernahm der Verleger Göschen das Projekt, ließ es in ›Thalia‹ umbenennen und druckte das erste (und einzige) Heft der ›Rheinischen Thalia‹ als das erste Heft der neuen ›Thalia‹ ab.

Stellenkommentar

904,30 *eine detaillierte Geschichte dieser Bühne]* Dalberg hatte den Schauspieler Heinrich Beck (vgl. S. 1486) mit einer Darstellung der Geschichte der Mannheimer Bühne beauftragt, die aber nie zustande kam.

Erklärung des Herausgebers

Textgrundlage

Erstdruck und Druckvorlage: Thalia, 11. Heft, 1790, S. 143-144.

Stellenkommentar

906,11 *Das wahre Genie]* Vgl. S. 357,A6 und Anm. sowie S. 718,32 und Anm.

›Neue Thalia‹, Redaktionelle Bemerkungen

Textgrundlage

Erstdruck und Druckvorlage: Neue Thalia, 1792, 1. Stück, S. 91, und 6. Stück, S. 298.

Entstehung

Die ›Neue Thalia‹ erschien 1792-1795 bei Göschen in Leipzig. Auf den Umschlagblättern der einzelnen Stücke wie auf den Titelblättern der einzelnen Hefte nannte sie sich wie die Vorgängerin ›Thalia‹, nur die Gesamttitelblätter der Bände trugen die Bezeichnung ›Neue Thalia‹.

Die erste Redaktionsnotiz bezieht sich auf einen Beitrag des Schauspielers und Dramatikers Heimberth Paul Friedrich Hinze, *Ogier von Dänemark*, die zweite auf einen unbekannt gebliebenen Übersetzer des 3. Buches der *Aeneis*.

Stellenkommentar

906,23 *haben*] Entweder Druckfehler oder irrtümlich logischer Plural.

REPERTORIUM DES MANNHEIMER NATIONALTHEATERS

Textgrundlage

Erstdruck und Druckvorlage: Rheinische Thalia, 1. Heft, 1785, S. 185-191.

Entstehung

In der ›Rheinischen Thalia‹ sah Schiller das geeignete Organ, die Beiträge zu veröffentlichen, die er ursprünglich für die *Mannheimer Dramaturgie* schreiben wollte. Da die ›Rheinische Thalia‹ aber nur in einer Ausgabe erschien, gelangte nur das *Repertorium* zum Druck. Das vollständige Repertoire des Mannheimer Theaters hat Friedrich Walter in *Archiv und Bibliothek des Großherzoglichen Hof- und Nationaltheaters*, Bd. 2, Mannheim 1899, zusammengestellt.

Stellenkommentar

907,3f. *Eh ich mich im zweiten Heft*] Da die ›Thalia‹, anders als die ›Rheinische Thalia‹, zu Pfälzer Belangen keinen Bezug mehr hatte, blieb diese Absicht unausgeführt.

907,8 *Die Kriegsgefangenen*] Drama von Gottlob Stephanie d. J. (1747-1800).

907,9 *Oda*] Trauerspiel von Franz Marius von Babo (1756-1822).

907,12 *Mad. Rennschüb*] Schauspielerin und Ehefrau des Regisseurs Johann Ludwig Rennschüb.

907,14 *Herrn Beks und Herrn Iflands Spiel*] Die Mannheimer Schauspieler Heinrich Beck (vgl. S. 1485) und August Wilhelm Iffland (vgl. S. 896).

907,16 *Deserteur von Mercier*] Louis Sébastien Mercier (1740-1814).

907,18 *Holzbauer und Klein*] Die Musik zu dem Erfolgsstück *Günther von Schwarzburg* komponierte Ignaz Holzbauer (1711-1783), das Libretto verfaßte Anton (von) Klein.

907,21 *Leonhard*] Ein Mannheimer Schauspieler, der aber auch als Tenor debutierte.

907,22 *Demoiselle Schäfer*] Richtig: Josepha Scheffer; sie wurde die zweite Frau des Schauspielers Beck.

907,24 *Die Eifersüchtigen*] Lustspiel von Arthur Murphy.

907,26 *Juliane von Lindorak*] Titel einer von F. L. Schröder und F. W. Gotter vorgenommenen Bearbeitung von Gozzis (1720-1806) *Doride*.

907,26 *Madame Gensike*] Karoline Friederike Gensike.

907,28 *Die beiden Portraits*] Ein Schauspiel dieses Titels erschien 1788 in Leipzig.

907,31 *Jeannette*] Lustspiel von Fr. W. Gotter nach Voltaires *Nanine*, vgl. auch S. 881.

908,2 *Madame Brandel*] Sie nahm an der Mannheimer Bühne die Position der ausgeschiedenen Henriette Wallenstein ein, vgl. auch *Wallensteinischer Theaterkrieg*, S. 912.

908,3f. *Pygmalion, von Rousseau und Benda*] Zu dem Schauspiel von J. J. Rousseau komponierte der Gothaer Kapellmeister Georg Benda (1722-1795) die Musik.

908,8 *Galathee*] Aus Mitleid mit dem Bildhauer Pygmalion, der sich in Liebe nach seiner Meisterskulptur Galatea verzehrte, wurde dieser von Aphrodite das Leben geschenkt.

908,15 *Kabale und Liebe*] In seinem Brief an Dalberg vom 19. 1. 1785 äußerte sich Schiller weitaus skeptischer als hier über diese – die dritte – Aufführung seines Trauerspiels.

908,17 *Demoiselle Baumann*] Katharina Baumann (1766-1849).

908,25 *Herr Beil*] Johann David Beil (1754-1794).

908,28 *Herr Pöschel*] Andreas Friedrich Pöschel.

908,29 *Die Väterliche Rache*] Lustspiel von William Congreve (1670-1729), das F. L. Schröder und der 1783 verstorbene Mannheimer Regisseur Chr. D. Meyer für die deutsche Aufführung bearbeiteten.

908,36 *gotisch*] Barbarisch, bizarr, vgl. Anm. 882,19.

909,14 *Herr Gern*] Georg Gern, Schauspieler und Bassist.

909,17 *Der Adjutant und der Dorfjahrmarkt*] Bei dem ersten Stück handelt es sich um ein Lustspiel von W. H. Brömel (1754-1808), bei dem zweiten um das Singspiel *Der Dorfmarkt oder Lukas und Bärbchen* von Gotter, zu dem Benda die Musik komponierte.

909,20 *Die Nebenbuhler]* Ein Lustspiel von Johann Andreas Engelbrecht nach der Vorlage *The Rivals* (1775) von Richard Brinsley Sheridan (1751-1816).

909,28 *Graf Essex]* Zu diesem Trauerspiel von Johann Gottfried Dyk (1750-1813) nach John Banks äußert sich Lessing im 54.-59. Stück der *Hamburgischen Dramaturgie.*

909,29 *Demoiselle Witthöft]* Christiane Henriette Witthöft (1763-1832).

909,32 *Boek]* Johann Michael Boeck, vgl. S. 1486.

910,2 *vernachlässigten]* Davor ist wohl zu ergänzen: das Memorieren.

910,10 *Der argwöhnische Ehemann]* Lustspiel von F. W. Gotter nach John Hoadley.

910,17 *Lanassa]* Trauerspiel nach Antoine M. Lammierres *La veuve de Malabar* von Karl Michael Plümicke, der sich durch seine Bearbeitungen der *Räuber* und des *Fiesko* Schillers Unmut zugezogen hatte.

910,19 *Das Preferenzrecht]* Das Lustspiel *Das Preferenzrecht oder Die Kaufleute von Aachen* von Konrad Lüdger.

910,19f. *Wer wird sie kriegen]* Lustspiel in einem Akt von Friedrich von Eckhardt.

910,22 *Der Westindier]* Ein 1771 erschienenes Lustspiel nach *The West Indian* von Richard Cumberland (1732-1811).

910,22 *Herr Witthöft]* Vater der Henriette Witthöft, der gemeinsam mit seiner Tochter nach Mannheim verpflichtet wurde.

910,30 *Die Lästerschule]* Richard Brinsley Sheridans *The School for Scandal* (1777).

910,32 *Die olympischen Spiele]* Die Musik komponierte Antonio Sacchini, das Libretto stammte von Peter Metastasio (1732).

911,7 *Die Eifersucht auf der Probe]* Singspiel von Pasquale Anfossi.

WALLENSTEINISCHER THEATERKRIEG

Textgrundlage

Erstdruck: Rheinische Thalia, 1. Heft, 1785, S. 192-194.
Unser Druck folgt dem Nachdruck in der ›Thalia‹, Heft 1,
1787, S. 192-194, in dem die Druckfehler berichtigt wurden.

Entstehung

Die für das komische Fach an die Mannheimer Bühne verpflichtete Henriette Wallenstein (1756-1833) geriet wegen
der Besetzung einer Rolle mit der Schauspielerin Rennschüb in Streit. In den Querelen bezogen Theaterausschuß
und Intendanz zugunsten Frau Rennschübs Stellung, während Frau Wallenstein es verstand, das Publikum auf ihre
Seite zu ziehen. Nach ihrer Kündigung durch Dalberg
wandte sie sich mit einem Flugblatt an die Öffentlichkeit.
Nachdem diese Schrift auch von der ›Berliner Theater- und
Litteraturzeitung‹ abgedruckt wurde, veröffentlichte der
Ehemann der Rivalin – und Regisseur der Mannheimer
Bühne –, J. L. Rennschüb, eine Gegendarstellung, worauf
Frau Wallenstein in München wiederum eine Replik er-
scheinen ließ. Um den Ruf des Theaters und vor allem
Dalbergs persönliche Reputation durch derlei »erbärmliche
Balgereien« (an Göckingk, 16. 11. 1784) zu wahren, sah
Schiller sich zum Eingreifen in der ›Rheinischen Thalia‹
veranlaßt.

Stellenkommentar

912,2ff. *An das ⟨...⟩ München 1785*] Die von Schiller am
Anfang seines Beitrages erwähnten Schriften befinden sich
unter dem Titel *Wallensteinische Streitsache mit churfürstlicher*

Theater-Intendanz in der Wissenschaftlichen Stadtbibliothek in Mannheim.

913,6 *Ostrazismus]* (Griech.) Scherbengericht, bei dem im alten Athen durch Mehrheitsentscheid die Verbannung eines Angeklagten beschlossen werden konnte.

DRAMATURGISCHE PREISFRAGEN

Textgrundlage

Erstdruck und Druckvorlage: Rheinische Thalia, 1. Heft, 1785, S. 194-199.

Entstehung

Dalberg pflegte den besten seiner Schauspieler des öfteren derartige Fragen vorzulegen, um sie zu einer theoretischen Beschäftigung mit Problemen des Theaters und der Schauspielkunst anzuregen. Von Schiller stammt der Text S. 914,1-915,6.

Stellenkommentar

914,16f. *mit Zuziehung einiger auswärtigen ⟨. . .⟩ Schriftsteller]* Einige der Antworten hatte Dalberg an F. W. Gotter zur Begutachtung übersandt; nach Auskunft von Ifflands Brief an seine Schwester Luise (hg. v. L. Geiger, 1904, S. 99) scheint er sich auch an J. J. Engel, den Verfasser eines Werkes über die Mimik (vgl. Anm. 916,24f.), um Rat gewandt zu haben.

914,18 *für Herrn Bek]* Vgl. S. 895.

914,21ff. *Die Fragen]* Schiller hat den Text der Dalbergschen Fragen etwas gekürzt.

915,1ff. *Was ist Nationalschaubühne]* Die hier an siebter

Stelle stehende Frage war ursprünglich die achte; die siebte, hier übergangene, Frage lautete: »Hat das Trauerspiel Julius von Tarent ⟨von Leisewitz⟩ durch die nötige Abänderung und gänzliche Umarbeitung verschiedener Szenen gewonnen oder verloren? – und was hat es gewonnen oder verloren?«

915,32ff. *erhöhte Preismedaille*] Ob die Fragen beantwortet und welche Antworten prämiert wurden, ist den Protokollen nicht zu entnehmen.

916,24f. *das neue Werk der Mimik von Engel*] J. J. Engel, *Ideen zu einer Mimik*, Berlin 1785-86.

917,6 *Hr. Großmann*] Der Schauspieler, Theaterdirektor und Dramatiker Gustav Friedrich Wilhelm Großmann (1746-1796).

917,7 *Wallensteinischen Geschichte*] vgl. *Wallensteinischer Theaterkrieg*, S. 912 und Kommentar.

DYA-NA-SORE

Textgrundlage

Erstdruck und Druckvorlage: Allgemeine Literatur-Zeitung, Nr. 103 vom 29. 4. 1788.

Entstehung

Bei *Dya-Na-Sore* des hochdekorierten österreichischen Offiziers Friedrich Wilhelm von Meyern (1762-1829) handelt es sich um einen esoterischen Roman, der in der Manier der zeittypischen Geheimbundromane vorgibt, aus einer exotischen Sprache übersetzt zu sein, um so ungefährdet den Freimaurerorden im Gewande einer tibetanischen Sekte feiern zu können. Das Werk wurde zu Schillers Zeiten außerordentlich viel gelesen, geriet dann in Vergessenheit und wurde erst in der Reihe *Haidnische Alterthümer* in jüngerer Zeit wieder aufgelegt.

Die Rezension von Meyerns Roman war für Schiller der Beginn einer vertraglich geregelten Rezensententätigkeit für die – auch in Schillers Augen – renommierte ›Allgemeine Literatur-Zeitung‹.

ECKARTSHAUSENS SITTENLEHRE

Textgrundlage

Erstdruck und Druckvorlage: Allgemeine Literatur-Zeitung, Nr. 104 a vom 30. 4. 1788.

Entstehung

Es handelt sich um ein Werk des Münchener Geheimen Archivars Karl von Eckartshausen (1752-1803), der zunächst rechtswissenschaftliche und moraphilosophische Abhandlungen verfaßte und sich später der Poesie und schließlich auch der Alchemie zuwandte.

GOLDONIS MEMOIREN

Textgrundlage

Erstdrucke und Druckvorlagen: Teutscher Merkur, Juni 1788, (Anzeiger ›Neue Bücher‹) und ›Allgemeine Literatur-Zeitung‹, Nr. 13 vom 13. 1. 1789.

Entstehung

Goldonis Memoiren waren 1787 in Paris unter dem Titel *Memoires de Mr. Goldoni pour servir à l'histoire de sa vie et à celle de son théâtre* erschienen und wurden 1788 von Georg Schatz

(1763-1795) ins Deutsche übertragen (3. Bde.). Den ersten Band besprach Schiller schon im Juni für den ›Teutschen Merkur‹, eine Besprechung des Gesamtwerkes ließ er im Januar 1789 in der ›Allgemeinen Literatur-Zeitung‹ folgen.

Stellenkommentar

921,12 *hundert und funfzig*] Die Anzahl von Goldonis Schauspielen beläuft sich auf 200, wie auch Schatz in seiner Vorrede bemerkte. In seiner Gesamtbesprechung stellte Schiller dies richtig (vgl. S. 923,11).

921,13 *Gozzis*] Carlo Gozzi (1720-1806), italienischer Lustspieldichter in der Tradition der commedia dell'arte.

922,12f. *ein in französischer Sprache geschriebenes Lustspiel*] Gemeint ist *Le bourru bienfaisant* aus dem Jahre 1771, das 1785 unter dem Titel *Der gutherzige Murrkopf* übersetzt wurde. Goldoni schrieb später noch mehrere Lustspiele in französischer Sprache.

922,34 *keine eigentlichen vertrauten Redensarten*] Wörtliches Zitat aus der Vorrede von Schaz.

923,1 *Gellert und Rabener*] Christian Fürchtegott Gellert (1715-1769), Gottlieb Wilhelm Rabener (1714-1771), aufklärerisch-empfindsame deutsche Schriftsteller.

924,22 *Zusammenkunft mit J. J. Rousseau*] Goldoni erzählt in seinen Memoiren, daß er Rousseau aufsuchte, um ihm sein Lustspiel *Le bourru bienfaisant* zu überreichen. Rousseau war gerade mit dem Kopieren von Partituren beschäftigt und erklärte Goldoni, eine derartige Tätigkeit sei nützlicher als das Verfassen von Lustspielen.

924,32 *Tonsur*] Kreisrund geschorene Stelle auf dem Kopf, Standeszeichen des Klerikers.

925,11 *Manchmal ist die Wortfolge undeutsch*] Vorangestellte Partizipialkonstruktionen benutzte allerdings auch Schiller häufig in seiner Prosa.

ÜBER EGMONT, TRAUERSPIEL VON GOETHE

Textgrundlage

Erstdruck und Druckvorlage: Allgemeine Literatur-Zeitung, Nr. 227 a und b vom 20. 9. 1788.

Zweitdruck: *Ueber Egmont, Trauerspiel von Goethe*, in: *Kleinere prosaische Schriften*, Bd. 4, 1802, S. 243-267.

Wirkung und Aspekte der Deutung

Über die Resonanz seiner Besprechung, die am 20. 9. 1788 anonym erschienen war, schreibt Schiller an Körner (20. 10. 1788): »Meine Recension von Egmont hat viel Lerm in Jena und Weimar gemacht und von der Expedition der *Allgemeinen Literatur-Zeitung* sind sehr schöne Anerbietungen an mich darauf erfolgt.« Auch Goethe hat sie gelesen, und sein Urteil ist ambivalent: »In der Litteratur Zeitung steht eine Recension meines Egmonts welche den sittlichen Theil des Stücks gar gut zergliedert. Was den poetischen Theil betrifft; möchte Recensent andern noch etwas zurückgelaßen haben.« (An Karl August, 1. 10. 1788.) Die knappe Bemerkung übergeht die für Schillers Rezensionen charakteristische allgemeine Einleitung, die in diesem Fall – Aristoteles und Lessing folgend – dem Zweck der Tragödie gilt, »Furcht und Mitleid« zu erregen; sie trifft, was Schiller vor allem moniert hat: daß der Held des Stücks – anders als der historische Egmont – unverheiratet ist und nach der entscheidenden Unterredung mit Oranien nichts anderes im Sinn hat als »einen Besuch beim Liebchen«. Und sie bemängelt, daß Schiller das Poetische des Dramas verkennt. In *Dichtung und Wahrheit* (20. Buch) hat Goethe das Außergewöhnliche und Unbegreifliche seines Egmont, das gerade im Typus des Hausvaters, wie ihn Schiller sich wünschte, verlorenginge, »dämonisch« genannt (vgl. Anm. 530,5).

Allein zu meinem Gebrauche mußte ich ihn 〈Egmont〉 in einen solchen Charakter umwandeln, der solche Eigenschaften besaß, die einen Jüngling besser zieren als einen Mann in Jahren, einen Unbeweibten besser als einen Hausvater, einen unabhängigen mehr als einen, der, noch so frei gesinnt, durch mancherlei Verhältnisse begrenzt ist. Als ich ihn nun so in meinen Gedanken verjüngt und von allen Bedingungen losgebunden hatte, gab ich ihm die ungemeßne Lebenslust, das grenzenlose Zutrauen zu sich selbst, die Gabe alle Menschen an sich zu ziehn (attrativa) und so die Gunst des Volks, die stille Neigung einer Fürstin, die ausgesprochene eines Naturmädchens, die Teilnahme eines Staatsklugen zu gewinnen; ja selbst den Sohn seines größten Widersachers für sich einzunehmen.

Die persönliche Tapferkeit, die den Helden auszeichnet, ist die Base auf der sein ganzes Wesen ruht, der Grund und Boden aus dem es hervorsproßt. Er kennt keine Gefahr, und verblendet sich über die größte die sich ihm nähert. Durch Feinde die uns umzingeln, schlagen wir uns allenfalls durch; die Netze der Staatsklugheit sind schwerer zu durchbrechen. Das Dämonische was von beiden Seiten im Spiel ist, in welchem Konflikt das Liebenswürdige untergeht und das Gehaßte triumphiert, sodann die Aussicht, daß hieraus ein Drittes hervorgehe, das dem Wunsch aller Menschen entsprechen werde.

Schillers Einwand gegen Goethes Helden ist womöglich nicht so sehr moralisch als wirkungsästhetisch begründet. Indem Goethe Egmont mit menschlichen Schwächen versieht, »um ja seinen Helden zu uns herab zu ziehen«, indem er ihn »einen Liebhaber von ganz gewöhnlichem Schlag« sein läßt, nimmt er ihm jene Größe, die allein die theatralischen Effekte des Erstaunens und der Bewunderung, der Furcht und des Mitleids auszulösen vermag. In den Schriften zum Erhabenen ist Schiller immer wieder auf die Unverträglichkeit des Großen und des Gemeinen zurückgekommen. Schon Körner hat sich gefragt, ob nicht gerade

ein Egmont als Familienvater, wie Schiller ihn sich vorstellt, ein banalisierter Held wäre.

Lob und Tadel halten sich gleichwohl in Schillers Kritik
in etwa die Waage. Der Verfasser der soeben abgeschlosse-
nen *Geschichte des Abfalls der vereinigten Niederlande* bewundert die Darstellung der politischen und sozialen Zustände
in den Niederlanden, der Dramatiker und Aristoteles-Le-
ser, der von der Tragödie vor allem Handlung fordert, kann
nicht umhin, Goethes Stück als »eine bloße Aneinanderstellung mehrerer einzelner Handlungen und Gemälde« zu
lesen, »die beinahe durch nichts als durch den Charakter,
zusammengehalten werden«. Und mit heftiger Ablehnung
– »ein Salto mortale in eine Opernwelt« – reagiert Schiller
auf den Schluß des Dramas, das bis heute umstrittene
Traumbild, in dem Klärchen als Allegorie der Freiheit Egmont den Lorbeerkranz reicht.

Andere Urteile über Goethes Drama sind freundlicher
(vgl. Goethe, *Sämtliche Werke*, FA 5, S. 1249-1258), darunter auch das Körners. Er kommt Goethes Selbstdeutung
erstaunlich nahe, denn er nennt Schillers Ansinnen, die Titelrolle mit der Sorge eines Hausvaters für Frau und Kinder
zu versehen, kurzerhand »prosaisch«. Im November 1788
schreibt er Schiller:

> In der Recension des Egmont haben mich die vorausge-
> schickten Bemerkungen über die Einheit des Stücks sehr
> befriedigt. Auch ist es Dir gelungen, däucht mich, den
> rechten Ton der Kritik gegen einen verdienten Schrift-
> steller zu treffen – Strenge mit Achtung, ohne affecktirte
> Schmeicheley – Ueber Egmonts Liebe aber bin ich nicht
> mit Dir einverstanden. Du glaubst daß das *Heroische* sei-
> nes Charackters dadurch verliert, und das geb' ich zu.
> Aber es fragt sich, ob dieß ein Fehler ist. Muß es denn
> eben *Bewunderung* seyn, was der Held eines Trauerspiels
> einflößt? Unsre *Liebe* bleibt Egmont immer bey allen
> seinen Fehlern. Er ist ein Tom Jones im Trauerspiel. Und
> warum soll diese Gattung einen solchen Charackter aus-
> schließen? Auch zweifle ich ob das Stück durch mehr

Uebereinstimmung mit der Geschichte würde gewonnen haben. Ist es nicht schöner Egmonts Sorglosigkeit zur Ursache seines Unglücks zu machen, als eine gewisse Unentschlossenheit zwischen Bleiben und Gehen, wo die Vermeidung eigner Gefahr mit Familienverhältnißen collidirt? Hat die Sorge für Frau und Kinder, und die Furcht Vortheile des Ueberflußes zu entbehren, nicht etwas *prosaisches*; wogegen man die Rolle von Clärchen und die schöne Scene mit Wilhelm (die alsdann auch ganz anders seyn müßte) nicht gern vertauschen möchte?

Acht Jahre später bearbeitete Schiller auf Goethes Wunsch den *Egmont* für die Bühne in Weimar. Dabei nahm er Klärchen viel von dem, was die Rezension an ihr als »unnachahmlich schön und wahr« rühmte, er straffte die Handlung, und er strich das ihm besonders anstößige Traumbild. In der Aufführung am 25. 4. 1796 spielte Iffland die Titelrolle. Goethe beklagte später, daß Schiller »bei seiner Redaktion grausam verfahren« sei (*Über das deutsche Theater*, 1815), behielt aber, auch wenn er die Traumvision wieder einführte, im wesentlichen Schillers Bühnenfassung bei. (Vgl. NA 13, S. 1-72 und S. 321-347, 289-300.)

Stellenkommentar

926,5 *Ang. Kaufmann*] Die Schweizer Malerin und Radiererin Angelica Kauffmann (1741-1807), seit 1781 mit dem Maler Antonio Zucchi (1728-1795) verheiratet. Ihr Haus in Rom war ein Treffpunkt für Künstler und Gelehrte, darunter Winckelmann, Herder und Goethe, der über sie in der *Italienischen Reise* schrieb. Schiller rechnete ihre Zeichnungen »zum bloß angenehmen«, nicht zum Schönen (vgl. *Über das Pathetische*, Anm. 427,33).

926,6 *von Lips in Rom*] Johann Heinrich Lips (1758-1817), Maler und Kupferstecher in Zürich, arbeitete für Lavater; war 1789-94 Professor am Freien Zeicheninstitut in Weimar.

927,12f. *Furcht und Mitleid*] Vgl. u. a. die Abhandlung *Vom Erhabenen*, S. 419,18ff. u. Anm. Zum Status des Mitleids in Schillers Tragödientheorie s. *Über den Grund* und Anm. 245,37-246,3; *Über die tragische Kunst*, S. 1298f.

928,16 *wie ein Nachtwanderer*] So der Sekretär über Egmont (II 2).

929,4 *St. Quentin*] Ort im heutigen Nordfrankreich, wo am 10. 8. 1557 eine spanisch-englische Armee, zu der auch Graf Egmont gehörte, Frankreich besiegte. Den offensichtlichen Druckfehler des Erstdrucks (St. Aventin) hat Schiller im Zweitdruck verbessert.

929,4 *Gravelingen*] Franz. Graveline, Ort bei Calais. Ein spanisches Heer, in dem Egmont die Kavallerie befehligte, schlug dort im Juli 1558 französische Truppen.

929,35 *Gabriele*] Gabriele d'Estrées, Geliebte Heinrichs IV.

930,28f. *Und von meiner Stirne*] 2. Aufzug, »Egmonts Wohnung«.

932,36 *Shakespear*] Vgl. Schillers Brief an Goethe, 7. 4. 1797.

933,35 *Komma*] Hier im Sinne von: Satzglied.

933,37 *das beste gewonnen*] Vgl. auch *Wilhelm Tell*, v. 2649f.

934,1 *gastieren*] Bewirten, freihalten.

935,11-13 *das kalte Staatsinteresse* ⟨...⟩ *mit Licht und Wärme zu beseelen*] In der *Vorrede* zum *Fiesko* nennt Schiller als Ziel des Dramas, »die kalte, unfruchtbare Staatsaktion aus dem menschlichen Herzen herauszuspinnen, und eben dadurch an das menschliche Herz wieder anzuknüpfen«.

936,24 *schrecklich schön*] Zur ambivalenten Lust am Schrecken in Schillers späteren theoretischen Abhandlungen vgl. S. 251,14ff. und Anm.; Anm. 251,27 und S. 467,20.

937,13 *in eine Opernwelt versetzt*] In seiner *Egmont*-Bearbeitung (1796) ersetzt Schiller den Traum durch einen Bericht Egmonts über seinen Traum (vgl. »Wirkung und Aspekte der Deutung«). – In späteren Jahren urteilt Schiller weitaus positiver über die Oper, weil die Gattung in seinen Augen leicht dem Verdacht entgeht, ›naturalistisch‹ zu sein.

Für den *Demetrius* hat er immerhin erwogen, daß der »Geist der Axinia« dem jungen Romanow erscheint (Fricke/Göpfert, Bd. 3, S. 61). Auch das Schlußbild der *Maria Stuart* trägt opernhafte Züge.

937,15f. *wie sehr er sich ⟨...⟩ versündigt habe*] Im Zweitdruck: wie sehr dadurch unserm Gefühle Gewalt angetan werde.

937,21 *witzigen Einfall*] Witzig bedeutet im 18. Jahrhundert noch »geistreich«.

ÜBER DIE IPHIGENIE AUF TAURIS

Textgestalt

Unser Text folgt dem Erstdruck in der bei Göschen in Leipzig verlegten Zeitschrift ›Kritische Übersicht der neuesten schönen Literatur der Deutschen‹, Bd. 2, 2. Stück, 1789, S. 72-112.

Quellen, Aspekte der Deutung, Wirkung

Der 3. Band von *Goethes Schriften* war Ostern 1787 erschienen. Als Schillers Verleger und Freund Göschen ihn bat, für die ›Kritische Übersicht‹ Beiträge zu schreiben und ihm sowohl die Auswahl der Werke wie den Umfang der Rezensionen anheimstellte, entschied sich Schiller für die *Iphigenie*. Er begann die Besprechung im Sommer 1788 und schloß sie im Januar 1789 ab. Erkennbar blieb die Rezension unvollständig; der geplante zweite Teil, der Vergleich der *Iphigenie bei den Taurern* des Euripides mit dem Drama Goethes und dessen Wertung fehlt, weil Göschens Zeitschrift nach dem 2. Stück eingestellt wurde. – Schiller lobt Goethes Werk hier als gelungenes griechisches Stück, das weit mehr sei als bloße Nachahmung des griechischen Vorbilds, und er bemängelt lediglich Einzelheiten, so die gelegentlich antikisierende Sprache (S. 939,23ff., 962,7ff.).

Für die Wiedergabe einzelner Passagen aus der *Iphigenie* des Euripides hat Schiller die lateinische Prosaübertragung von Josua Barnes (*Euripidis quae extant omnia* ⟨. . .⟩, Cantabrigiae 1694; 1778) und die französische Prosafassung des Jesuiten Pierre Brumoy (*Le Théâtre des Grecs*, Bd. 2, Paris 1730) herangezogen (NA 22, S. 407), die er auch für seine eigenen Euripides-Übersetzungen benutzt hat.

Kritischer hat sich Schiller über das Stück in einem Brief an Goethe vom 26. 12. 1797 geäußert:

> Für eine Tragödie ist in der Iphigenie ein zu ruhiger Gang, ein zu großer Auffenthalt, die Catastrophe nicht einmal zu rechnen, welche der Tragödie widerspricht. Jede Wirkung, die ich von diesem Stücke theils an mir selbst theils an andern erfahren, ist generisch poetisch, nicht tragisch gewesen, und so wird es immer seyn wenn eine Tragödie, auf epische Art, verfehlt wird. Aber an Ihrer Iphigenia ist dieses Annähern ans epische ein Fehler, nach meinem Begriff, an Ihrem Hermann ist die Hinneigung zur Tragödie offenbar kein Fehler ⟨. . .⟩

Ob Schiller diese Bedenken schon 1789 hatte, läßt sich nicht klären. Anders als in der Rezension beurteilt Schiller das Stück auch in einem Brief vom 22. 1. 1802 an Goethe, der ihn um Vorschläge zur dramatischen Bearbeitung seiner *Iphigenie* für eine Aufführung in Weimar gebeten hatte. Schillers Theaterfassung ist nicht erhalten. Der Brief gibt aber Hinweise darauf, wie er sich die Dramatisierung des nach seinem Geschmack episch geratenen Dramas vorgestellt hat. U. a. moniert er Goethes Verzicht auf die Erinnyen: »*Orest* selbst ist das Bedenklichste im Ganzen; ohne Furien ist kein Orest ⟨. . .⟩.« Und er faßt seine Eindrücke zusammen: »Es gehört nun freilich zu dem eigenen Charackter dieses Stücks, daß dasjenige, was man eigentlich Handlung nennt, hinter den Koulißen vorgeht, und das Sittliche, was im Herzen vorgeht, die Gesinnung, darinn zur Handlung gemacht und gleichsam vor die Augen gebracht wird. ⟨. . .⟩ Iphigenia hat mich übrigens, da ich sie jetzt wieder las, tief gerührt, wiewohl ich nicht läugnen will, daß etwas Stoffartiges dabei mit unterlaufen mochte. *Seele* möchte ich es nennen, was den eigentlichen Vorzug davon ausmacht.«

Während die Rezension Goethes Adaption der griechischen Form lobt, schreibt Schiller an Körner am 22. 1. 1802, die *Iphigenie* »sei so erstaunlich modern und ungriechisch, daß man es nicht begreift, wie es möglich war, sie jemals einem griechischen Stück zu vergleichen.« In diesem Sinne hat er sich auch Goethe gegenüber geäußert, der rückblickend am 21. 3. 1830 Eckermann berichtet: »Er bewies mir, daß ich selber, wider Willen, romantisch sei und meine *Iphigenie*, durch das Vorwalten der Empfindung, keineswegs so klassisch und im antiken Sinne sei, als man vielleicht glauben möchte.« »Romantisch«, »Vorwalten der Empfindung« – so charakterisiert Schiller wohl den sentimentalen Grundzug des Stücks, die Situation der Heldin, »das Land der Griechen mit der Seele suchend« (vgl. den Kommentar D. Borchmeyers in Goethe, *Sämtliche Werke*, FA 5, S. 1309).

Stellenkommentar

939,24 *Epitheten*] Griech. Epitheta »schmückende Beiwörter«.

939,30 *mit den Griechen in ihrer ganzen Manier*] Vgl. S. 734, A 10 und Goethes Aufsatz *Einfache Nachahmung der Natur, Manier, Styl* (1789), s. S. 325,27 und Anm.

940,1 *das griechische Trauerspiel*] Die Nachweise der folgenden Verse des Euripides und deren Wiedergabe durch Barnes und Brumoy (s. »Quellen, Aspekte der Deutung, Wirkung«) bei Herbert Meyer, NA 22, S. 407-409.

951,7f. *die untergehende Sonne*] Fehlerhafte Übersetzung. Gemeint ist: die Sonne, die sich (von den Freveln der Pelopiden) abwandte. Vgl. Fricke/Göpfert, Bd. 5, S. 1235, und NA 22, S. 409.

953,27 *Ihn kann ich nicht täuschen*] Bei Euripides heißt es:

»Ich kann es wohl nicht tun, ohne daß er davon erfährt«
(NA 22, S. 409).

954,34 *Einheit des Orts*] Anspielung auf die *Poetik* des
Aristoteles, die für die Tragödie die Einheit des Ortes, der
Zeit und der Handlung fordert. Gegen die falsche Anwen-
dung der Lehre von den drei Einheiten wendet sich Schiller
u. a. in der Abhandlung *Über den Gebrauch des Chors in der
Tragödie*, der *Vorrede* zur *Braut von Messina*.

960,10 *schnell abgehend und sich verhüllend:*] In der *Iphigenie*
heißt es lediglich (vor v. 918): »sich verhüllend«. Schiller
hat die Bühnenanweisung ergänzt.

960,23 *Avernus*] Kratersee in Kampanien, unweit der
Stadt Cumae; galt als Eingangspforte der Unterwelt.

ZU HUBERS »DAS HEIMLICHE GERICHT«

Textgrundlage

Erstdruck und Druckvorlage: Thalia, 5. Heft, 1790, Anmerkung auf S. 1.

Entstehungsgeschichte

Bei dem vorliegenden Text handelt es sich um einen Kommentar, der sich als Einleitung zu dem in der ›Thalia‹
abgedruckten Fragment eines Dramas versteht, das Schillers – nicht genannter – Freund Ludwig Ferdinand Huber
(1764-1804) verfaßt hatte. Eine gleichfalls anonyme Buchausgabe erschien 1790. Nach einer Mitteilung H. Stubenrauchs wurde ursprünglich Schiller selbst als Verfasser des
Fragments angesehen (vgl. NA 22, S. 378).

Stellenkommentar

971,7 *Das heimliche Gericht aus dem Götz*] Goethe, *Götz von Berlichingen*, V. Akt.

971,11 *Herr von Möser*] Justus von Mösers *Eine kurze Nachricht von den westfälischen Freigerichten*, in der ›Berlinischen Monatsschrift‹ 1786, S. 375-391, später aufgenommen in den 4. Bd. seiner *Patriotischen Phantasien*, 1786, S. 193-206.

ÜBER BÜRGERS GEDICHTE

Textgestalt

Unser Text folgt dem Erstdruck in der ›Allgemeinen Literatur-Zeitung‹, Nr. 13 und 14 vom 15. und 17. 1. 1791.

Zweitdruck: *Kleinere prosaische Schriften*, Bd. 4, 1802, S. 193-224. Hier ist die Rezension überschrieben: *Ueber Bürgers Gedichte*. Schiller hat ein Schlußwort angefügt (s. u.).

Wirkung

Schiller an Körner, 3. 3. 1791:
  In Weimar habe ich durch die Bürgerische Recension viel Redens von mir gemacht; in allen Circeln las man sie vor, und es war guter Ton, sie vortrefflich zu finden, nachdem Goethe öffentlich erklärt hatte, er wünschte Verfasser davon zu seyn. Das Komische dabei ist, daß von so viel Weisen keiner errieth, von wem sie war.
  (Jonas 3, S. 135f.)
Friedrich an A. W. Schlegel, 13. 11. 1793:
  Das bekannte Schillersche Urtheil scheint mir unaussprechlich wahr, was Bürgers Plattheit und Selbstsucht

betrifft. Ich gestehe Dir, ich begreife nicht, was Du Schönes oder Großes in seinen Werken findest; Du redest
auch von Kunst, Sprache, schönen Reimen: aber ich denke, die Wahrheit, die er wirklich hat, ist sehr gemein und
ist noch nichts Großes; ⟨. . .⟩. Aber Sch⟨iller⟩s Recension scheint mir iezt ganz geschmacklos und lächerlich
bis zum Erbärmlichen. Da steht wirklich die ›Idealisir-
kunst‹ die ich für Spott von Dir hielt.
(Kritische Friedrich-Schlegel-Ausgabe, Bd. 23, S. 155.
Vgl. auch F. an A. W. Schlegel, 11. 12. 1793, ebd. S. 165.)
Goethe an Zelter, 6. 11. 1830:
Schiller hielt ihm freilich den ideellgeschliffenen Spiegel
schroff entgegen, und in diesem Sinne kann man sich
Bürgers annehmen; indessen konnte Schiller dergleichen
Gemeinheiten ohnmöglich neben sich leiden, da er etwas
anderes wollte, was er auch erreicht hat.
Zu den Urteilen des Novalis, Georg Forsters, Wielands
u. a. vgl. O. Fambach (Hg.), *Ein Jahrhundert deutscher Lite-*
raturkritik (1750-1850), Bd. 3, Berlin 1959, S. 458ff.

Entstehung und Aspekte der Deutung

Im April 1789 lernte Schiller den zwölf Jahre älteren Gottfried August Bürger (1747-1794) in Jena persönlich kennen. Enttäuscht schrieb er Charlotte von Lengefeld
(30. 4. 1789): »Der Karakter von Popularität, der in seinen
Gedichten herrscht, verläugnet sich auch nicht in seinem
persönlichen Umgang, und hier, wie dort, verliert er sich
zuweilen in das Platte.« Bürger sandte ihm im Mai 1789 die
zweite Ausgabe seiner Gedichte (die erste war 1778 erschienen). Im Begleitschreiben heißt es: »Die Beilage biete ich
Schillern, dem Manne, der meiner Seele neue Flügel und
einen kühnen Taumel schafft, zum Zeichen meines Dankes
und meiner unbegrenzten Hoffnungen von Ihm, mit der
wärmsten Hochachtung an.« (NA 22, S. 410.)
Schillers anonyme Rezension, Bürgers Erwiderung

(S. 1519-1526 in diesem Band) und Schillers wiederum anonym erschienene *Verteidigung des Rezensenten gegen obige Antikritik* bilden eine der berühmten Kontroversen der deutschen Literaturkritik, die zu ihrer Zeit zahlreiche Parteigänger Schillers wie auch Bürgers auf den Plan rief (vgl. »Wirkung«) und die bis heute unterschiedliche Deutungen veranlaßt hat (H. Meyer [NA 22], von Wiese, Müller-Seidel, Berghahn, Hinderer, Koopmann, Hohendahl u. a.). Schwerlich ist zu bezweifeln, daß Schiller Bürger mit unangemessener Härte kritisierte und daß es ihm weniger um eine gründliche Analyse einzelner Gedichte Bürgers als um die Formulierung eigener ästhetischer Grundsätze ging. Gestritten wird, von Schiller aus gesehen, um viel: um die eigenen literarischen Anfänge im Zeichen des Sturm und Drang, um die gesellschaftliche Bedeutung der Literatur, zumal der Lyrik, deren Niedergang, wie Schiller glaubt, offen zutage liegt, um den Abstand der hohen zur niederen, populären Kunst, der die Formulierung verbindlicher ästhetischer Normen erfordert. Die Einheit der Kultur ist für Schiller mit der aufkommenden Unterhaltungsliteratur unwiederbringlich dahin, die Desintegration der literarischen Öffentlichkeit – hier die Gebildeten, dort die Masse – ist weit fortgeschritten. »Unsre Welt ist die homerische nicht mehr, wo alle Glieder der Gesellschaft im Empfinden und Meinen ungefähr *dieselbe* Stufe einnahmen, sich also leicht in derselben Schilderung erkennen, in denselben Gefühlen begegnen konnten.« Soll die Literatur höchsten Kunstansprüchen genügen, eine Literatur für die Gebildeten, die Kenner sein oder sich dem Geschmack des »großen Haufens« anpassen? Wenn dies die Alternative ist, so Schiller, müssen Maßstäbe der hohen Kunst in Geltung gesetzt werden, die erwarten lassen, daß die Kunst auch die ungebildeten Leser erreicht und den fragwürdigen populären Geschmack nachhaltig kultiviert.

Schillers Konzept orientiert sich an den Leitbegriffen seiner ästhetischen Anthropologie, die bereits auf die *Ästhetischen Briefe* (5., 6.) vorausweist: der Dichtung fällt die

Aufgabe zu, die »getrennten Kräfte der Seele wieder in Vereinigung« zu bringen, »Vernunft und Einbildungskraft in harmonischem Bunde« zu beschäftigen, »gleichsam den *ganzen Menschen* in uns« wiederherzustellen. »Idealisierung« heißt Schillers wichtigste Forderung. Dargestellt werden soll nicht, was ein einzelner empfindet, sondern was »*alle empfinden müssen*«. Schiller verlangt die Vermeidung dessen, was er für kontingent hält, des nur »Lokalen und Individualen«. Ausgeschlossen wird damit auch, ganz im Sinne der *Gedanken über den Gebrauch des Gemeinen*, das »Gemeinsinnliche«, dem sich Bürgers Lyrik, so Schillers Tadel, verschrieben hat. Dichtung wird so verpflichtet auf eine ideale Verfassung der Humanität und auf ideale Leser. Führt aber die Ausgrenzung des Kontingenten nicht auch zur Preisgabe des Nicht-Identischen? Und wer Bürgers Position zuneigt, wird sich u. a. fragen müssen, was an Bürgers Gedichten ihm gefällt.

Ihre Pointe haben Schillers ästhetische Normen in der Forderung, daß nur vollkommene Charaktere auch vollkommene Kunstwerke schaffen können. Die Defizite der Lyrik Bürgers, so die bedenkliche Invektive, die Bürger besonders schwer traf, seien in Mängeln seiner Person begründet, es fehle dem Autor der *Lenore* an »Bildung und Reife«. Schillers Umorientierung zugunsten klassizistischer Grundsätze, die zugleich eine kritische Distanzierung von der eigenen Dichtung aus der Zeit des Sturm und Drang darstellt, ist in mancher Hinsicht von Wieland inspiriert (W. Hinderer).

Die zeitliche Bedingtheit vieler dieser oft apodiktisch vorgetragenen Forderungen liegt auf der Hand. Freilich zeigen auch Bürgers Popularitätsvorstellungen mitunter die Patina der siebziger Jahre; sie gehen zurück auf Herders Überlegungen zur Volkspoesie. War Bürgers Konzept einer populären Poesie am Ende des Jahrhunderts geeignet, die Desintegration des bürgerlichen Lesepublikums zu überwinden? Als modern wird man dagegen Schillers Absage an naive Vorstellungen ästhetischer Spontaneität, an die »Erlebnisdichtung« verstehen können. Er warnt davor, »mitten im Schmerz den Schmerz zu besingen«. Der Dichter müsse »sich selbst fremd ⟨. . .⟩ werden«, er habe seine Erfahrungen aus der ästhetischen Distanz zu betrachten.

Bürger wollte nicht glauben, daß Schiller der Autor dieser Rezension war. Bei der Übersendung seiner *Antikritik* an den Herausgeber der ›Allgemeinen Literatur-Zeitung‹ schrieb er:

> Verschiedene wollen aus unumstößlichen Gründen behaupten, kein anderer, als Herr *Schiller*, sey der Verfasser. Ich habe dem noch immer widersprochen. Denn wie kann man so von Gott und sich selbst verlassen werden, allen seinen eigenen sowohl gebornen als ungebornen Kindern Rattenpulver zu legen? Was für *Lumpengesindel* wollte ich nicht mit einer *solchen* Theorie aus allen Dichtern aller Nationen machen! Daher halte ich immer noch einen bloßen Metaphysiker für den Verfasser.
>
> (O. Fambach, Bd. 3, S. 459.)

Seine *Vorläufige Antikritik* wurde in der ›Allgemeinen Literatur-Zeitung‹ veröffentlicht, zugleich mit Schillers *Verteidigung des Rezensenten*, die wiederum den Namen des Autors verschwieg. Als Bürger schließlich bekannt wurde, daß Schiller ihn kritisiert hatte, war er tief getroffen. Eine weitere Verteidigung ließ er ungedruckt, griff aber Schiller in einigen anonymen Epigrammen als Kritiker und Theoretiker an. Seine Hochschätzung der Dichtungen des Kontrahenten blieb davon unberührt. Schiller ging in *Über naive und sentimentalische Dichtung* (S. 784,A27) erneut auf seine Bürger-Rezension ein; indirekt wohl auch in *Anmut und Würde* (S. 358,A6 und Anm.).

Als er sich 1802 entschloß, die Rezension in die *Kleineren prosaischen Schriften* (Bd. 4) aufzunehmen, fügte er einen Passus an, der sein früheres Urteil bekräftigt, aber einräumt, daß seine Begründungen damals zu wünschen übrig ließen:

> So urteilte der Verfasser vor eilf Jahren über Bürgers Dichter-Verdienst; er kann auch noch jetzt seine Meinung nicht ändern, aber er würde sie mit bündigern

Beweisen unterstützen, denn sein Gefühl war richtiger als sein Raisonnement. Die Leidenschaft der Parteien hat sich in diesen Streit gemischt, aber wenn alles persönliche Interesse schweigt, wird man der Intention des Rezensenten Gerechtigkeit widerfahren lassen.

Bürger starb 1794. Das Xenion *Ajax* erinnert noch einmal an die Kontroverse.

Stellenkommentar

975,6 *Popularität*] In Bürgers Vorrede heißt es: »Popularität eines poetischen Werkes ist das Siegel seiner Vollkommenheit. Wer diesen Satz sowohl in der Theorie als Ausübung verleugnet, der mißleitet das ganze Geschäft der Poesie, und arbeitet ihrem wahren Endzweck entgegen.« (G. A. Bürger, *Sämtliche Werke*, hg. v. G. und H. Häntzschel, München, Wien 1987, S. 14.)

975,11 *Volksdichter* ⟨...⟩] Als einen vorbildlichen Volksdichter lobt Bürgers Vorrede Homer »wegen der spiegelhellen Durchsichtigkeit und Temperatur seines Gesangstromes«.

975,23 *Konvenienz*] Hier wohl: äußere Formen des gesellschaftlichen Umgangs.

976,8 *dem ekeln Geschmack*] Dem empfindlichen, heiklen Geschmack (NA 22, S. 414).

977,3-5 *die Geheimnisse des Denkers* ⟨...⟩ *Bildersprache dem Kindersinn zu erraten geben*] Vgl. das Gedicht *Die Künstler*, v. 42ff. Differenzierter sieht Schiller später das schwierige Verhältnis von Erkenntnis und poetischer Darstellung, z. B. in der Abhandlung *Über die notwendigen Grenzen*.

977,5-9 *Ein Vorläufer der hellen Erkenntnis* ⟨...⟩ *ehe der Philosoph*] Ähnlich argumentiert Schiller in der Deutung griechischer Mythen, *Anmut und Würde*, S. 331,10ff.

978,24 *Nachtfeier der Venus*] Schillers Selbstbesprechung der *Anthologie auf das Jahr 1782* (Bd. I dieser Ausgabe) enthält den Hinweis, sein Gedicht *Der Triumph der Liebe* sei durch Bürgers *Nachtfeier* angeregt.

978,27 *Frau Schnips, Fortunens Pranger, Menagerie der Göt-ter*] Diese Gedichte wollte Bürger später in die geplante Prachtausgabe seiner Gedichte nicht mehr aufnehmen (NA 22, S. 414). *Fortunens Pranger* hat Ähnlichkeiten mit frühen, später verworfenen Gedichten Schillers, so *Der Venuswagen, Bacchus im Triller, Kastraten und Männer*. Über *Frau Schnips* mokierte sich Goethe noch nach Jahren: »Ein Mann ⟨. . .⟩, der in seinem dreißigsten Jahre ein Gedicht wie Frau Schnips schreiben konnte, mußte wohl in einer Bahn ge-hen, die von der meinigen ein wenig ablag« (zu Eckermann, 12. 5. 1825).

978,28 *Menschengesichter*] Dem Gedicht *An die Menschen-gesichter* gab Bürger später den Titel *An die kalten Vernünft-ler*.

979,20-981,26 *Man begreift ⟨. . .⟩ gewesen sein konn-te?*] Nicht in die *Kleineren prosaischen Schriften* aufgenom-men.

979,27 *Auszuschreien*] Diese und die folgenden Verse Bürgers hat Schiller nicht immer genau zitiert; vgl. die Nachweise in NA 22, S. 415.

981,27f. *Idealisierung, Veredlung*] Bürger bemerkte dazu in seiner *Antikritik*: »Idealisierung, Veredlung (ob dies wohl Synomyme sein sollen?)«. Schiller änderte daraufhin den Satz im Zweitdruck: »Eine notwendige Operation des Dichters ist Idealisierung seines Gegenstandes, ohne wel-che ⟨. . .⟩«. Auch in den Anmerkungen zu Körners Musik-Aufsatz (S. 1081ff.) unterstrich Schiller die Differenz bei-der Begriffe.

981,33f. *zerstreuten Strahlen von Vollkommenheit in einem ein-zigen zu sammeln*] Vgl. zu dieser Metaphorik z. B. den Brief an Reinwald, 14. 4. 1783; auch Anm. 227,16.

982,19 *das Mädel*] Der überarbeiteten Fassung des Ge-dichts gab Bürger später den Titel: *Die Holde, die ich meine*.

983,6f. *nie die Materie, nur die Schönheit der Form*] Eines der Prinzipien der klassischen Ästhetik Schillers; vgl. z. B. die Matthisson-Rezension, S. 1017,35ff. und *Anmut und Würde*, S. 358,A6.

983,17f. *Klinglingling* ⟨. . .⟩ *larum*] Aus *Lenore*, *Der wilde Jäger* und *Ständchen*.

984,11 *Lessing irgendwo*] *Hamburgische Dramaturgie*, 87.-95. Stück im Anschluß an Aristoteles.

984,22 *Heautontimorumenos*] *Der Selbstquäler*, eine Komödie des Terenz (gest. 159 v. Chr.), vgl. *Hamburgische Dramaturgie*, 87.-88. Stück.

985,25 *Andre Kunstrichter*] So August Wilhelm Schlegel im ›Göttinger Anzeiger für gelehrte Sachen‹ und im ›Neuen deutschen Museum‹ 1790.

986,7f. *Siegel der Vollendung*] Schiller trifft das kräftige Selbstlob Bürgers im Gedicht *Das hohe Lied von der Einzigen*:
    Nimm, o Sohn, das Meistersiegel
    Der Vollendung an die Stirn.

986,20 *Sublimi* ⟨. . .⟩ *vertice*] Ode an Maecenas des Horaz, Carm. I 1, 36: »Ich werde mit erhobenem Scheitel die Sterne des Himmels berühren.«

987,6 *Schlegel*] Bürger hatte auf seinen Schüler und Freund A. W. Schlegel ein Sonett gedichtet und dessen Sonette in der Vorrede zu seinen Gedichten gelobt.

987,12 *Zechlied*] Eine Übertragung des mittelalterlichen »Mihi est propositum in taberna mori« aus der *Vagantenbeichte* des Archipoeta. Schillers Kritik trifft auch die Vorlage (NA 22, S. 416).

988,11f. *in die Welt der Ideale emporschweben*] Bürgers satirischer Kommentar dazu in *Der Vogel Urselbst, seine Rezensenten und der Genius*:
    Es fliegt im dritten Himmelssaal
    Ein Vogel Namens Ideal.
    Mit dessen Federn rüste dich,
    Sonst fliegst du ewig schlecht für mich.

988,28ff. *verschönerte Ausgabe*] Die Prachtausgabe der Werke Bürgers erschien erst 1796-1802, nach seinem Tod (Neudruck 1970). – Die Schlußbemerkung im Zweitdruck ist oben (»Entstehung und Aspekte der Deutung«) wiedergegeben.

Auf Schillers Rezension erwiderte Bürger im ›Intelligenzblatt‹ der ›Allgemeinen Literatur-Zeitung‹, Nr. 46 vom
6. 4. 1791 mit der *Vorläufigen Antikritik und Anzeige*. Unserm Text ist der Erstdruck zugrunde gelegt.

Bürgers *Vorläufige Antikritik und Anzeige*

Das Urteil über mich und meine Gedichte in der A. L. Z.
Nro. 13. und 14. von d. J. muß meine und meines ganzen
Publikums Aufmerksamkeit ganz vorzüglich erwecken.
Denn mit der ehrwürdigen Miene des gründlichsten
Tiefsinns, der geübtesten Urteilskraft, des raffiniertesten
Geschmacks, kurz, mit der ganzen Herren- und Meistergebärde, vor welcher selbst der kühnste Geist des Wi-
derspruches andachtsvoll verstummen möchte, strebt
sein Verfasser darzutun, daß wir uns seit zwanzig Jahren
sehr übel geirret haben.
Ich meines Teils wußte nun zwar längst, und werde es in
keinem Moment meines Lebens vergessen, daß weder
ich selbst ein *gereifter und vollendeter Geist* bin, noch daß ich
einen *solchen* in meinen Werken ausgeprägt habe. Denn
wie könnte mir wohl die triviale Wahrheit entfallen, daß
kein endlicher Geist jemals zur Vollendung ausreife?
Dennoch glaubte ich, mein Geist, und wenigstens *einige*
seiner Früchte, wären wohl so weit emporgediehen, um
von dem *reifern* Ausschusse absolut unreifer und unvollendeter Geister, wie unterm Monde *wir alle* sind, ohne
Mundverziehung genossen werden zu können. Das aber
war grober Irrtum. Man muß, möglich oder nicht möglich, man muß ein reifer und vollendeter Geist sein, und
nur reife, vollendete Produkte liefern. Ich aber – ach!
selbst für die Unreifen bin ich noch lange nicht reif genug.
Weit ärger noch, als ich, war mein großgünstiges Publikum von Irrtum befangen. Denn dieses hielt fast durch-
gehends meinen Genius für ein viel höheres Wesen, als
ich selbst, sogar in den Stunden des jugendlichsten Dün-

kelrausches, ihn jemals zu halten vermochte; und wahrlich! an weit mehrern seiner Produkte, als mir lieb war,
hatte es sein überaus großes Wohlgefallen. Mit Scham
und Unzufriedenheit erfüllte mich öfters dieser Glaube,
dieser Feiertanz um manche meiner Pagoden. Nicht ohne
Besorgnis dachte ich daher an die Miene, mit welcher es
wohl aufgenommen werden dürfte, wenn ich ihm bei
einer neuen strengern Musterung wenigstens seine un-
würdigsten Lieblingspuppen entziehen müßte. Jetzt täte
es Not, ich entzöge ihm sogar die wohlgeratensten Gestalten.

Denn siehe, aus einer höher Sphäre ist ein reifer und
vollkommener Kunstgeist auf die allgemeine Lit. Zeitung heruntergestiegen; aus einer Sphäre, wo die *Poë-
sieströme lieblich flöten*; aus einer Sphäre, wo die *jugendlichen
Blüten des Geistes in der Fruchtzeit nicht absterben*, das ist, wo
das Vorhergehende und Nachfolgende als *Eins* und in
Einem Zeitmoment gedacht, und im Bilde angeschaut werden kann; aus einer Sphäre, wo man nicht so genau und
bestimmt als hienieden sich auszudrücken braucht, und
die Redensarten, etwas mit einem einzigen *Schönheitsgenuß*
– oder *Schönheitsverlust* erkaufen, als Synonyme verwechseln darf; aus einer Sphäre, wo ein verjüngendes *Licht*
eben so gut, als eine verjüngende *Wärme* der Erstarrung
eines frühzeitigen Alters wehret; aus einer Sphäre, wo
die menschlichen Geisteskräfte *vereinzelt* und *getrennt* wirken; wo die Poësie die Sitten, den Charakter, und die
ganze Weisheit ihrer Zeit, geläutert und veredelt, in *ihren
Spiegel sammelt*; mit einem Wort, aus einer Sphäre, wo
man nach ganz andern Gesetzen denkt, anschaut, empfindet, kombiniert, tropisiert, bildert, bezeichnet, als wir
unreifen unvollendeten Geister hierunten zu tun uns für
schuldig erachten. Diesem Herabgestiegenen geziemt es,
kraft obiger statistischen Nachrichten, unverzagt zu behaupten, daß er unter allen Bürgerischen Gedichten,
selbst den am *reichlichsten ausgesteuerten*, keines zu nennen
wisse, das ihm einen durchaus reinen, durch gar kein

Mißfallen erkauften Genuß gewährt habe. Ein langes
Register von Ursachen ist unmittelbar hierauf dargelegt.
Ich bitte, man vergleiche dies doch mit der obigen Sta-
tistik. –

Zu unserer nicht geringen Verwunderung erfahren wir
samt und sonders, was bisher weder ich selbst mir, noch
vollends mein ganzes verblendetes Publikum sich träumen ließ, daß ich nicht bloß – ein unreifer unvollendeter
Dichter? – o wenn es *das* nur wäre! – nein, daß ich ganz
und gar kein Dichter bin, *daß ich diesen Namen gar nicht*
verdiene. – Man glaubt hier doch nicht etwa, daß ich den
Kunstgeist nur schikaniere? Bewahre! hier ist der Beweis: *Eins der ersten Erfodernisse des Dichters ist Idealisie-*
rung, Veredlung (ob dies wohl Synonyme sein sollen? –)
ohne welche er aufhört, seinen Namen zu verdienen. Nun aber
vermißt man bei mir diese Idealisierkunst. Also! –

Vermöge dieses Mangels bin ich nun freilich schon so
viel, als gar nichts. Aber wie noch weit weniger, als
nichts, müsset nicht vollends Ihr sein, meine geliebten
und hochverehrten Brüder im Apollo, die ihr mit mir um
den lyrischen Lorbeerkranz ringet! Ihr, Asmus, Blumauer, Gleim, Goeckingk, Göthe,*) Herder, Jacobi,
Langbein, Matthison, Ramler, C. Schmidt, Schiller,**)
Schubart, Stäudlin, Stollberg, Voß und – o verzeihet,
oder vielmehr dankt mir, daß ich nicht euch allen das
Herzeleid antue, euch hier zu nennen! Denn euch alle
erblickt der reife und vollkommene Astralgeist *so tief*
unter mir, als ich selbst seiner Meinung nach bisher noch
unter dem höchsten Schönen geblieben bin. Welchen Erdensohn
muß nicht Schwindel befallen bei solcher höchsten Höhe
der Schönheit, und des neben ihr schwebenden Kunstgeistes! –

Meine Elegie, als Molly sich losreißen wollte, so werden
wir weiter belehrt, *gehört zu meinen mattesten Produkten*.

---

*) Im 8. Bande seiner Schriften.
**) in seinen lyrischen Produkten.

Ganz einleuchtend tun dieses schon die kaum zur Hälfte
ausgezogenen *dicta probantia* dar, ohne daß es nötig gewesen wäre, nur noch ein Wort darüber zu verlieren.
Merkt es euch, ihr vielen rohen, unreifen, unvollendeten
Männer- und Weiberseelen, die ihr euch von den Naturtönen dieses Liedes so innig durchdringen, so tief rühren
ließet! Ihr steht betäubt, und wißt nicht, wie euch geschieht? O glaubt mir, ich weiß es noch weniger. Aber
tilgen aus dem künftigen Buche der Lebendigen werde
ich ja nun wohl auch dies Lied müssen. –
Kunstrichter auf andern Stühlen, die ihr doch, meinem
eigenen Wunsche gemäß, mir ebenfalls nichts geschenkt
habt, vernehmt es von meinem und euerm Oberrichter,
daß euer so hoch gepriesenes *Blümchen Wunderhold, frei
heraus gesagt, Tändelei ist*! Und was alsdann anders, als
alberne Tändelei? –
Priester und Laien, durch Horazens: *Si vis me flere* – verführt, glaubten bisher immer, die Empfindungen, welche der Dichter darstellt, müßten wahr, natürlich,
menschlich sein. Sie glaubten, alsdann gelänge die Darstellung am besten, wann der Dichter sie nicht sowohl
erkünstelte, als vielmehr wirklich im Busen hegte. Der
reife vollkommene Kunstgeist aber weiß es besser. Idealisiert – ja, idealisiert! – müssen sie sein. O Engel, Garve,
Herder, Wieland, ich bitte euch, kommt doch herbei,
diesen wundersamen aus Ariosts Monde heruntergefal-
lenen Fund mit mir zu betrachten! – Ha, daß nicht die
Lessing, die Mendelssohn, die Sulzer in ihren Gräbern
sich noch umwenden! Meine neuern Gedichte, sonder-
lich die an Molly, taugen nichts. Denn *so unnachahmlich
schön in den meisten Diktion und Versbau* ist, *so poëtisch sie
gesungen* sind, *so unpoëtisch sind sie empfunden*! Das nenne
ich mir doch eine scharf- und tiefsinnige Antithese! Sicherlich hat sich der Kunstgeist darin weit mehr, als ich
mir in der Erfindung des Blümchens Wunderhold gefallen. Des hatte er aber auch Ursache. Denn man denke nur
den herrlichen Sinn, der daraus hervorgeht. Nicht *meine*,

nicht irgend *eines* sublunarischen Menschen wahre, natürliche, eigentümliche, sondern *idealisierte*, das ist, *keines* sterblichen Menschen Empfindungen – Abstraktionen – man denke! – Abstraktionen von Empfindungen müßten jene Gedichte enthalten, wenn sie etwas wert sein sollten. – O Petrarca, Petrarca, der du *eigentümlicher*, als je Einer, sangest, was du *eigentümlicher*, als je Einer, für deine Laura empfandest, Sonne der lyrischen Dichtkunst, die du Jahrhunderte durchstrahltest, wo bleibst du nun vor dem höhern Glanze dieses ätherischen Kunstgeistes? – Bei dem allen findet es der tiefsinnige Richter seiner Theorie nicht widersprechend, wenn er behauptet, *daß alles, was der Dichter uns geben könne, nur seine Individualität sei.* – –

Solche und noch mehr ähnliche Merkwürdigkeiten sind mir und unstreitig dem ganzen ästhetischen Publikum zu – merkwürdig, als daß ich nicht von einer sonst immer beobachteten Weise abgehen sollte. Noch verlor ich in meinem ganzen Leben auch nicht das kleinste gedruckte Wort über irgend eine Rezension meiner Werke. Aber bei dieser muß es mir selbst von dem stolzesten und edelsten Taciturn gutgeheißen werden, wenn ich den Verfasser laut und dringend auffordere, uns seine unbegreifliche Weisheit irgendwo ausführlicher, als hier geschehen konnte, mitzuteilen, und so eine Menge Widersprüche aufzulösen, mit denen wir andere durchaus nicht fertig werden können. Besonders wünschte ich dem Begriffe einer *idealisierten Empfindung*, diesem *mirabili dictu*, nur eine einzige *interessante* Anschauung aus irgend einem alten oder neuen, einheimischen oder fremden Dichter, der das *mirabile* so recht getroffen hätte, untergelegt zu sehen. Mit Vergnügen biete ich zu dieser Ausführung meine *Academie der schönen Redekünste* an. Denn da ich ohnehin schon so sehr mit Wunden bedeckt bin, so mag der zürnende Kunstgenius nur vollends, so gar auf eigenem Grund und Boden, mich zum *Ecce homo* machen, wenn ich wirklich und überall, auch in dem gelungensten meiner Produkte, mich so schwer an der Kunst des Schönen versündigt habe, als es aus dieser Rezension das Ansehn gewinnet.

Ich übrigens, wenn ich einmal Beruf und Mut genug in mir gefühlt hätte, einem alten Günstlinge des Publikums so, wie der Verfasser mir, mitzuspielen, ich – ja, ich würde auch Tapferkeit genug besitzen, mein Visier aufzuziehen, wenn ich darum gebeten würde. Wohlan denn! Gestrenge und vermutlich eben so tapfere Maske, ich bitte dich, wer bist du? Ich frage nicht deswegen, um nur meine und des Publikums eitle Neugier zu befriedigen. Auch dürste ich nicht etwa nach vergeltender Rache an dem Beurteiler und seinen vermutlich ebenfalls, wenn auch nur wie der große, der göttliche Achill an der Ferse, verwundbaren und sterblichen Geisteskindern. Denn vielleicht hat er, wie Macbeth, keine Kinder. – *Vielleicht*, sag ich? Nein, er hat *zuverlässig* keine! Er ist kein Künstler, er ist ein Metaphysikus. Kein ausübender Meister erträumt sich so wichtige Fantome, als idealisierte Empfindungen sind. Hatte er aber dennoch wider allen meinen Glauben jemals ein Kind mit einer Muse erzeugt, so hätte er ihm zuverlässig schon ohne mein Zutun in einer *solchen Rezension* das Todesurteil gesprochen. Daher muß ich auch nur lachen, wenn ich sie ein Meisterstück nennen und keinem geringern, als einem Engel oder Schiller beilegen höre. Wenn Männer, die Phöbus Apollo mit Geisteskindern gesegnet hat, fremder Leute Kindern Gift zubereiten wollten, so würden sie es so tun, daß wenigstens ihre eigenen nicht mit bis zum Tode daran erkrankten. Vielmehr darum wünschte ich, daß mein Richter sein Angesicht enthüllte, damit jedermann gleich beim ersten Anblick wüßte, wornach er sich in seiner fernern Geschmackskultur zu richten hätte. Denn man sage, was man wolle, in Geschmackssachen, wo nicht, wie bei Gegenständen der Verstandeserkenntnis, feste Begriffe und Formeln, sondern so manche ἄρρητα des Gefühls das Urteil leiten, muß auch nicht selten das *bloße*

Ansehn eines erkannten und erklärten höhern Genies gelten, und durch sein Beispiel Geschmacksnorm festzustel-
len befugt sein. Wäre nun mein Beurteiler kein höheres,
sondern ein Kunstgenie bloß meines gleichen, so würden
unsere einander entgegenstehenden Autoritäten, wie
zwei gleiche unabhängige Kräfte sich wenigstens die
Waage halten, und sein Geschmack müßte von dem Meinigen, wie *ein* Souverain von dem *Andern*, wo nicht mit
schüchterner, doch mit bescheidener Achtung sprechen.
Zeigte sichs aber gar, daß er an Kunsttalent und Kultur
noch unter mir wäre – o so dürfte ja sein Geschmacksurteil sichs noch weit weniger anmaßen, dem Meinigen
und dem Urteile des mir gleich gebildeten und gestimmten Publikums zum herrschenden Kanon dienen zu wollen. Dann müßte er vielmehr seinen abweichenden
Geschmack, den ich einen *Verschmack* nennen möchte,
wornach er das Blümchen Wunderhold für ein *unwürdiges
und geistloses Symbol* der Bescheidenheit erklärt, an dem
Urteile seines Erfinders und der andern gebildeten Geister, denen es nicht also vorkommt, bescheiden und
demutsvoll zu berichtigen, und also seinen *Verschmack* in
Geschmack umzubilden suchen. *So viel* kommt also darauf
an, zu wissen, wessen die Stimme sei, die so anmaßend
hinter dem Vorhange hervortönet! –
Ich muß hier, wiewohl ungern, abbrechen; hoffe aber
sowohl diesen, als auch andern Rezensenten, nächstens
in der *Academie*, wo es wohlfeiler zehren für mich ist, als
hier, reichlicher zu bewirten. Denn ich bin Willens, etwas
über mich selbst und meine Werke, nicht mir, sondern
der Kunst zu Liebe, zu schreiben.
Bei dieser Gelegenheit muß ich auch anzeigen, daß noch
nicht der vierte Teil der ohnehin so wenigen und kaum
hinlänglichen Subskribenten auf die *außerordentliche Ausgabe* meiner Gedichte die Pränumerations Pistolette eingesandt hat. Wie kann ich denn also wagen, das Werk zu
unternehmen, oder, wie ichs wünschte, schon nächste
Ostermesse zu liefern. Noch einmal und zum letzten will

ich den Termin bis Ende Mai d. J. hinaussetzen, und
wenn bis dahin nicht wenigstens so viel bar einkommt,
daß ich vor beträchtlicherm Schaden gesichert bin, so
will ich alsdann lieber den geringern, wiewohl für mich
auch nicht unerheblichen Verlust an Insertions- und Por-
tokosten über mich ergehen lassen, und jedem sein
eingesandtes Geld wieder zurückschicken. Das Schicksal
meiner Gedichte sei hernach, welches es wolle. Mich
gehen sie weiter nichts an.

Göttingen, d. 5 März 1791

Gottfried August Bürger

Wirft Schiller Bürger u. a. Kruditäten und Geistlosigkeit
vor, so bezichtigt Bürger den Kontrahenten der dünkelhaf-
ten »Herren- und Meistergebärde« und der Abstraktheit
seiner ästhetischen Prinzipien. Weder läßt sich Schiller, auf
poetologische Grundsätze bedacht, gründlich auf Bürgers
Gedichte ein, noch ist Bürger, tief gekränkt, bereit, Schillers theoretische Überlegungen und die kritischen Bemerkungen zu einzelnen Gedichten ernst zu nehmen. Es ist
nicht leicht, beiden Kontrahenten, die nicht gerade zimper-
lich miteinander umgehen, gerecht zu werden. Zu seiner
Verteidigung beruft sich Bürger auf die Zustimmung seines
Publikums und auf eine stattliche Reihe bedeutender Dich-
terkollegen, die er durch Schiller ebenfalls angegriffen
sieht. Er parodiert Schillers anmaßenden Ton, den Gestus
eines »reifen und vollkommenen Astralgeistes«, der »idealisierte Empfindungen« empfiehlt und äußert schließlich den
Verdacht, hier sei kein Dichter, sondern bloß ein Kritiker,
schlimmer, ein »Metaphysikus« am Werk gewesen – ohne
zu ahnen, daß Schiller der Autor der Rezension ist.

Erläuterungen zu Bürgers *Antikritik*

1522 *Si vis me flere*] (Lat.) »Wenn Du mich weinen machen willst«; siehe S. 991,33–36 und Anm.

1523 *Taciturn*] Lat. taciturnus »der Verschwiegene«.

1523 *mirabili dictu*] (Lat.) »Wundersam zu sagen«, »kaum zu glauben«.

1524 ἄρρητα] (Griech.) Plural zu ἄρρητον, »das Unsagbare«.

VERTEIDIGUNG DES REZENSENTEN
GEGEN OBIGE ANTIKRITIK

Textgestalt

Unser Text folgt dem Erstdruck im ›Intelligenzblatt‹ der ›Allgemeinen Literatur-Zeitung‹ vom 6. 4. 1791.

Aspekte der Deutung

Schiller verteidigt seine Grundsätze gegenüber Bürgers *Antikritik*, indem er sich auf das kompetente Urteil des Publikums beruft. Er sucht seine Forderung nach der Darstellung »idealisierter Empfindungen« von dem ruinösen Verdacht, daß er »naturwidrigen Abstrakten« das Wort rede, zu befreien, indem er sie näher erläutert. Um ihrer Universalität willen soll die Kunst von der Individualität nur »in einigen Stücken Abschied nehmen«, d. h. auf das verzichten, was Schiller »jeden groben Zusatz von Sinnlichkeit, Unsittlichkeit« nennt. Für verhandelbar gegenüber Bürger hält Schiller die Anwendung seiner ästhetischen Grundsätze, nicht aber diese selbst. Die starke Abhängigkeit der Kunst von der Moralphilosophie, die Schiller hier wie in der Schaubühnen-Rede noch vertritt, hat er später, vor allem im Zuge seiner Kant-Lektüre, weitgehend aufgegeben.

Stellenkommentar

990,6 *Denis, Goeckingk* ⟨...⟩ *von Salis]* Michael Denis (1729-1800), österreichischer Lyriker, vgl. Anm. 759,23; Leopold Friedrich von Goeckingk (1748-1828), anakreontischer Lyriker und Herausgeber des ›Journals von und für Deutschland‹; Johann Gaudenz von Salis-Seewis (1762-1834), Schweizer Lyriker.

990,32-35 *Cidli* ⟨...⟩ *Klarisse]* Cidli, der poetische Name für Klopstocks Braut und Ehefrau Meta Moller, so in den Oden *Furcht der Geliebten, Im Schlummer, An Cidli, Gegenwart der Abwesenden* (1752, 1753). Psyche, u. a. in Wielands *Bruchstücken von Psyche* (1767); Amanda, Figur in *Oberon* (S. 242,20 und Anm.). Julie, die Hauptgestalt in Rousseaus *Nouvelle Héloïse* (S. 751,13 und Anm.). Klarisse, die Heldin in Richardsons Roman *Clarissa Harlowe*.

991,33-36 *Horaz* ⟨...⟩ *wenn du weinen machen willst]* De arte poetica 102f.; Bürger hatte sich auf dieses Dictum berufen, S. 1522.

993,14f. *Kunst* ⟨...⟩ *die ihre Foderungen von jenen nur ableitet]* Schillers spätere Autonomieästhetik will diese Abhängigkeit beenden.

993,32f. *Rabenstein* ⟨...⟩ *Wollust]* Bezieht sich auf Bürgers *Hohes Lied von der Einzigen*.

994,6 *Schatten Samuels]* 1. Sam. 28.

Bürgers Nachlaß enthält den nicht veröffentlichten Entwurf zu einer Antwort auf Schillers Replik. Er läßt erkennen, wie bestürzt Bürger darüber war, daß Schiller die Rezension verfaßt hatte (Fricke/Göpfert, Bd. 5, S. 1245).

KLEINERE PROSAISCHE SCHRIFTEN
Vorbericht

Textgrundlage

Erstdruck und Druckvorlage: *Kleinere prosaische Schriften*, Bd. 1, 1792, vor dem Inhaltsverzeichnis.

Entstehung

Aus Briefen an Körner (30. 3. 1789) und an Crusius (16. 4. und 19. 4. 1789) geht hervor, daß Schiller sich schon in diesem Jahr mit dem Gedanken trug, einige seiner kleineren Prosaschriften in einem Band zu vereinen. Ein zweiter Band sollte einige Dramen, ein dritter Gedichte versammeln.

1792 erschien dann der erste der insgesamt vier Bände umfassenden *Kleineren prosaischen Schriften* mit den *Philosophischen Briefen*, den *Briefen über Don Karlos*, Erzählungen und historischen Beiträgen. Der 2. und 3. Band (1800-01) brachten u. a. die großen philosophischen Schriften aus der ›Neuen Thalia‹ und den ›Horen‹, der 4. (1802) neben kleineren philosophischen Schriften die großen Rezensionen von Goethes *Egmont*, der Gedichte Matthissons und Bürgers sowie des Cottaschen *Gartenkalenders*.

Stellenkommentar

996,10 *verschiedne noch ungedruckte*] Originalbeiträge waren die Schriften *Über das Erhabene* und *Gedanken über den Gebrauch des Gemeinen und Niedrigen in der Kunst*.

›DIE HOREN‹

Einladung zur Mitarbeit

Textgrundlage

Erstdruck und Druckvorlage: Folio-Druckbogen (im Besitz des Schiller-Nationalmuseums in Marbach).

Entstehung

Nachdem die ›Neue Thalia‹ eingestellt worden war, unternahm Schiller als redaktioneller Mitarbeiter der ›Horen‹
einen weiteren Versuch, sich durch publizistische Tätigkeit
regelmäßige Einkünfte zu sichern. Die ›Horen‹ erschienen
von 1795 bis 1799 mit jährlich zwölf Heften, von denen
jeweils drei zu einem Band zusammengefaßt wurden. Sie
dürfen als die bedeutendste Zeitschrift angesehen werden,
an der Schiller mitgearbeitet hat. (Vgl. auch Wulf Köpke,
». . . das Werk einer glücklichen Konstellation.« Schillers »Horen«
und die Deutsche Literaturgeschichte, in W. Wittkowski (Hg.),
Friedrich Schiller. Kunst, Humanität und Politik in der späten
Aufklärung, Tübingen 1982.
    Den Text der Einladung hatte Schiller gemeinsam mit
Fichte, Wilhelm von Humboldt und dem Historiker K. L.
Woltmann verfaßt. Er wurde den in den beiden Ankündi-
gungen genannten Mitarbeitern und darüber hinaus anderen berühmten Zeitgenossen zugeschickt – unter ihnen
auch Kant und Klopstock, die aber keine Beiträge verfaßten.

Stellenkommentar

999,14 *kostbarste*] Hier: kostspieligste.

1000,14 *9 Bogen in median*] Der Umfang der ›Horen‹ schwankte tatsächlich zwischen 6 und 8 Bogen; ›median‹ ist ein mittelgroßes, dem Quart entsprechendes Buchformat.

1000,25 *bestimmten Anzahl von Mitgliedern*] Dem Ausschuß gehörten Fichte, Goethe, W. v. Humboldt, Körner und Woltmann an.

Ankündigung

Textgrundlage

Erstdruck: ›Intelligenzblatt‹ der ›Allgemeinen Literatur-Zeitung‹ vom 10. 12. 1794. Nachdruck in den ›Horen‹, 1795, 1. Stück, S. III-IX (Druckvorlage).

Aspekte der Deutung

Die *Ankündigung* erschien am 10. 12. 1794 im ›Intelligenzblatt‹ der ›Allgemeinen Literatur-Zeitung‹; gleichzeitig schickte Schiller eine Reihe von Separatabzügen an Freunde, auch um für die Zeitschrift zu werben. Sie enthält einige Grundgedanken der Briefe *Über die ästhetische Erziehung*, an denen er in den letzten Wochen gearbeitet hatte. Überzeugungen, die er weitgehend mit Goethe teilte, sowie Planung und Konzept des Unternehmens bildeten den Ausgangspunkt für ihre engere Zusammenarbeit. Schon im Sommer hatte Goethe mit Blick auf die Französische Revolution die Hoffnung geäußert, mit Schiller »gemeinschaftlich zu arbeiten, zu einer Zeit, wo die leidige Politik und der unselige körperlose Parteigeist alle freundschaftliche Verhältnisse aufzuheben, und alle wissenschaftliche

Verbindungen zu zerstören droht« (an Friedrich von Stein,
28. 8. 1794). Eben den »unreinen Parteigeist« wollte auch
Schiller zugunsten der Kunst und der Philosophie aus den
›Horen‹ ausgeschlossen wissen, über die aktuellen politischen Ereignisse, den Fortgang der Französischen Revolution sollte »strenges Stillschweigen« gewahrt werden.
Jahrzehnte später noch hat Goethe bekräftigt, was Schiller
den ›Horen‹ jedenfalls programmatisch vorgab. »Sowie ein
Dichter politisch wirken will, muß er sich einer Partei hingeben; und sowie er dieses tut, ist er als Poet verloren
⟨. . .⟩.« (Zu Eckermann, März 1832.) Die Entscheidung,
die ›Horen‹ aus dem »Kampf politischer Meinungen« her-
auszuhalten, war Schiller nicht selbstverständlich. Noch im
Dezember 1792 hatte er eine öffentliche Stellungnahme zugunsten des französischen Königs zumindest erwogen (an
Körner, 21. 12. 1792). Dessen Hinrichtung im Januar 1793
veranlaßte Schiller wie viele deutsche Intellektuelle, die
Französische Revolution, die sie bis dahin mit eher wohl-
wollendem Verständnis beobachtet hatten, nunmehr entschieden zu verurteilen. »Ich kann seit 14 Tagen keine
franz. Zeitung mehr lesen, so ekeln diese elenden Schindersknechte mich an«, schrieb er Körner am 8. 2. 1793
(S. 286 in diesem Band). Es ist bezeichnend, daß Schiller
seine Empörung über die Französische Revolution in einem der *Kallias*-Briefe äußerte, in denen er seinen Begriff
der Schönheit entwickelte. Ungeachtet der Versicherung,
den »politischen Tumult« aus der Zeitschrift verbannen zu
wollen, blieb die *Ankündigung* auf die Französische Revolution bezogen. Die Entscheidung, die ›Horen‹ nicht der
aktuellen Geschichte, sondern der »Wahrheit« und »Schönheit« zu widmen, bedurfte der Rechtfertigung. Schiller fand
sie, wie am Beginn der *Ästhetischen Briefe*, in dem Argument, die »wahre Verbesserung des gesellschaftlichen Zustandes« sei allein von »besseren Begriffen, reineren Grundsätzen und edleren Sitten« zu erhoffen, denen sich die
Zeitschrift widmen sollte.

Entgegen der *Ankündigung* nahm Schiller bereits ins

1. Stück der ›Horen‹ seine Briefe *Über die ästhetische Erzie-hung* (1.-9. Brief) und Goethes *Unterhaltungen deutscher Aus-gewanderten* (1. Teil) auf, Werke also, die unmißverständlich die Revolution in Frankreich zu ihrem Thema machten.

Stellenkommentar

1001,16 *das nahe Geräusch des Kriegs*] Vgl. auch die ganz ähnlichen Formulierungen zu Beginn von Goethes *Unter-haltungen deutscher Ausgewanderten.*

1001,23 *zerstreuten*] Hier: abgelenkten.

1002,10 *Charitinnen*] Aglaia (Glanz), Euphrosyne (Froh-sinn) und Thalia (die Blühende) waren die Charitinnen, die Göttinnen der Anmut, Töchter des Zeus und der Okeanos-tochter Eurynome.

1002,32 *scholastischen*] Bloß akademischen, trockenen.

1003,14f. *die drei schwesterlichen Horen Eumonia, Dice und Irene*] Ursprünglich sind die Horen die Göttinnen der Jah-reszeiten und heißen Thallo, Auxo und Karpo (Göttinnen des Blühens, des Wachsens, der Früchte). Hesiods *Theogonie* verwandelt sie in sittliche Mächte: Eumonia steht für die Wohlgesetzlichkeit, Dike für die Gerechtigkeit und Irene für den Frieden.

1003,19 *Themis*] Themis, eine Titanin, die Göttin der Rechtsordnung in der griechischen Mythologie, gebar Zeus die Horen und die Moiren.

1004,24-1005,12 *Herr Hauptmann von Archenholz ⟨...⟩ Woltmann in Jena*] Johann Wilhelm von Archenholtz (1743-1812) war Historiker; von ihm stammt das Fragment *So-biesky* im 12. Heft 1795, dem Schiller einige Motive für seinen *Demetrius* verdankt. – Karl Theodor von Dalberg (1744-1817) (vgl. S. 1321), zunächst Koadjutor in Erfurt, dann Kurfürst von Mainz, veröffentlichte einen Beitrag über Kunstschulen im 5. Heft 1795. – Johann Jakob Engel (1741-1802), ein Berliner Aufklärer, war durch sein Buch über die Mimik (vgl. Anm. 916,24f.) so bekannt geworden,

daß sich Schiller von seiner Mitarbeit ein großes Lesepu-
blikum versprach; aus seiner Feder stammen die *Entzückung
des Las Casas* (im 3. Heft 1795) und Teile seines – von
Goethe hochgeschätzten – Romans *Herr Lorenz Stark* (im
10. Heft von 1795 und im 2. von 1796). – Johann Benjamin
Erhard (1766-1847) war Mediziner und stark von Kant be-
einflußter Philosoph; er steuerte seine Abhandlung *Die Idee
der Gerechtigkeit als Prinzip einer Gesetzgebung* zu den ›Horen‹
bei (im 7. Heft von 1795). Fichtes Mitarbeit beschränkte
sich auf seinen Beitrag *Ueber Belebung und Erhöhung des reinen
Interesse für Wahrheit* im 1. Heft 1795; Unstimmigkeiten zwischen ihm und Schiller vereitelten jede weitere Mitarbeit
(vgl. S. 1415). – Karl Wilhelm Ferdinand von Funck (1761-
1828), den Schiller auch als Übersetzer für die *Historischen
Memoirs* verpflichtete, lieferte lediglich einen Aufsatz über
den Normannenkaiser *Robert Guiskard Herzog von Apulien
und Calabrien* im 1.-3. Heft 1795. – Christian Garve (1742-
1798), einer der einflußreichsten Popularphilosophen der
Zeit, der von Schiller hochgeschätzt wurde (vgl. Anm. S.
230,14), schrieb keinen Beitrag. – Friedrich von Gentz
(1764-1832) war Historiker und lieferte ebenso wie der bereits betagte Dichter Johannes Wilhelm Ludwig Gleim
(1719-1803) keine Beiträge für die ›Horen‹. – Von Goethe
erschienen 1795 in den ›Horen‹ die *Unterhaltungen deutscher
Ausgewanderten*, die *Episteln*, der Aufsatz *Litterarischer Sans-
cülottismus*, die *Elegien*, *Auf die Geburt des Apollo* und das zu
den *Unterhaltungen* gehörige *Märchen*; 1796 veröffentlichte
er *Versuch über die Dichtungen*, *Benvenuto Cellini* und die *Briefe
auf einer Reise nach dem Gotthardt*. – Karl Heinrich Gros
(1765-1840), ursprünglich Theologe, später Jurist, war
Schiller aus seiner Jenaer Zeit bekannt; er verfaßte den
Beitrag *Ueber die Idee der Alten vom Schicksal* im 8. Heft 1795.
– Von Herder wurden in den Jahrgängen 1795 und 1796 der
›Horen‹ einige Gedichte und kleinere Aufsätze veröffentlicht. – Von dem Archäologen und Kunsttheoretiker Alois
Hirt (1759-1839) erschienen im 11. Heft 1796 *Reise von Grot-
taferrata nach dem Fucinischen See und Monte Cassino*, *Versuch*

über das Kunstschöne im 7. Heft 1797 und *Laokoon* im 10. und
12. Heft 1797. – Gottlieb Hufeland (1760-1817), Jurist und
einer der Herausgeber der ›Allgemeinen Literatur-Zeitung‹, lieferte keine Beiträge. – Wilhelm von Humboldt
(1767-1835) steuerte zwei eigene Beiträge (*Ueber den Ge-
schlechtsunterschied und dessen Einfluß auf die organische Natur*
im 2. Heft 1795 und *Ueber die männliche und weibliche Form* im
3. und 4. Heft 1795) bei sowie eine Übertragung von Pin-
dars 9. *Pythischer Ode* im 2. Heft 1797. – Alexander von
Humboldt (1769-1859), auf dessen Mitarbeit Schiller großen Wert legte, lieferte zu seiner Enttäuschung nur die
Erzählung *Die Lebenskraft oder der Rhodische Genius* (im 5.
Heft 1795). – Friedrich Heinrich Jacobi (1743-1819) sprach
sich in seinem Beitrag *Zufällige Ergießungen eines einsamen
Denkers in Briefen an vertraute Freunde* (im 8. Heft 1795)
gegen die Hinrichtung Ludwig XVI. aus. – Friedrich von
Matthisson (1761-1831), dessen Gedichte Schiller rezensiert hatte (vgl. S. 1016ff. und Kommentar) veröffentlichte
im 5. Heft der ›Horen‹ 1796 nur die *Elegie*. – Johann Heinrich Meyer (1760-1832), Professor an der Weimarer Zei-
chenschule und Mitarbeiter Goethes in Fragen der bildenden Kunst (vgl. *An den Herausgeber der Propyläen*, S. 841 und
Kommentar), verfaßte die kunsthistorischen Beiträge *Ideen
zu einer künftigen Geschichte der Kunst* (im 2. Heft 1795), *Beyträge zur Geschichte der neuern bildenden Kunst* (im 5. Heft 1795)
und *Neueste Zimmerverzierung in Rom* (im 9. Heft 1796). –
Der Dichter Gottlieb Konrad Pfeffel (1736-1809) veröffentlichte einige seiner Fabeln. – Von Schiller selbst erschienen in den ›Horen‹ die Briefe *Über die ästhetische Erziehung*,
die Abhandlung *Über naive und sentimentalische Dichtung*, einige kleinere theoretische Schriften, zahlreiche Gedichte
und der historische Beitrag *Die Belagerung von Antwerpen*.
Daß sein Interesse an den ›Horen‹ später nachließ, zeigt
seine zurückhaltende Mitarbeit am 3. Band; außer zwei kleineren Gedichten veröffentlichte er hier nur noch die Einleitung zu den *Denkwürdigkeiten aus dem Leben des Marschalls
von Vieilleville* (im 6. Heft von 1797). – Von August Wilhelm

Schlegel (1767-1845), den Schiller als Übersetzer schätzte,
druckten die ›Horen‹ neben Auszügen seiner Shakespeare-
und Dante-Übertragungen auch die Beiträge *Ueber Poesie,
Sylbenmaas und Sprache* (1795 und 1796), *Etwas über William
Shakespeare, bey Gelegenheit Wilhelm Meisters* (im 4. Heft
1796) sowie *Scenen aus Romeo und Julie von Shakespeare* (im
6. Heft 1796). – Christian Gottfried Schütz (1747-1832),
Professor für Beredsamkeit und Herausgeber der ›Allgemeinen Literatur-Zeitung‹, lieferte zwar keine Beiträge,
aber seine – wie auch Hufelands – formelle Teilnahme mußten Schiller wichtig sein, da er sich wohlwollende Besprechungen der ›Horen‹ in der ›Allgemeinen Literatur-
Zeitung‹ versprach. Es kam auch zu einer Einzelbespre-
chung von Schütz selbst, der aber wegen des Vorwurfs der
Parteilichkeit keine weiteren folgten; ebenso wenig kamen
Besprechungen ganzer Jahrgänge zustande; in der ›Allgemeinen Literatur-Zeitung‹ erschien nur noch A. W. Schlegels Rezension des poetischen Teils der ersten 10 Hefte. –
Joachim Christoph Friedrich Schulz (1762-1798), weimari-
scher Hofrat, politischer Schriftsteller und Romancier,
stellte keinen Beitrag zur Verfügung. – Karl Ludwig Woltmann (1770-1817), Nachfolger Schillers als Historiker in
Jena, schrieb für die ›Horen‹ einige Gedichte und die historischen Aufsätze *Beitrag zu einer Geschichte des französischen National-Charakters* (im 5. Heft 1795) sowie *Theoderich,
König der Ostgothen* (im 7. und 8. Heft 1796). Von Körner,
der zwar dem Redaktionskomitee angehörte, auf dessen
namentliche Nennung aber bewußt verzichtet wurde (vgl.
Schillers Briefe an Körner vom 5. und 19. 12. 1794), erschienen *Ueber Charakterdarstellung in der Musik* (im 5. Heft
1795, vgl. S. 1081ff. in diesem Band) und *Ueber Wilhelm
Meisters Lehrjahre* im 12. Heft 1796. (Zu den Mitarbeitern
und ihren Beiträgen vgl. P. Raabes Beiband zur Neuausgabe der *Horen*, Darmstadt 1959.)
   Da das Interesse der meisten Mitarbeiter rasch nachließ,
war Schiller auf neue Beiträger angewiesen, unter denen
sich auffallend viele bedeutende Frauen der Epoche wie

Sophie Mereau, Caroline von Wolzogen, Louise Brach-
mann und Elisa von der Recke befanden; außerdem ließ er
Texte aus dem Nachlaß verstorbener Dichter wie Lenz und
Gotter drucken. Der bedeutendste Autor, der in den letzten
Heften der ›Horen‹ veröffentlichte, war Friedrich Hölderlin mit seinen Gedichten *Der Wanderer* und *Die Eichbäume*
(im 6. bzw. 10. Heft 1797).

Gekürzte Ankündigung

Textgrundlage

Die stark gekürzte Fassung der Ankündigung der ›Horen‹
wurde verschiedenen Zeitungen zugesandt. Unser Druck
folgt der Nationalausgabe (Bd. 22, S. 110), die auf den Abdruck der *Ankündigung* in der ›Staats- und Gelehrten Zeitung des Hamburgischen unparteiischen Correspondenten‹
(Nr. 207 vom 27. 12. 1794) zurückgeht.

Stellenkommentar

1006,34 *Vogel]* Der hier zusätzlich erwähnte Theologe
Paul Joachim Siegmund Vogel (1753-1834) schrieb jedoch
keine Beiträge für die ›Horen‹.

ÜBER DEN GARTENKALENDER AUF DAS JAHR 1795

Textgrundlage

Erstdruck und Druckvorlage: Allgemeine Literatur-Zeitung, Nr. 332 vom 11. 10. 1794. Zweitdruck: *Kleinere
prosaische Schriften*, Bd. 4, 1802, S. 225-242.

Entstehung und Aspekte der Deutung

Am 15. 9. 1794 schickte Cotta den gerade in seinem Verlag erschienenen *Taschenkalender auf das Jahr 1795 für Natur- und Gartenfreunde* an Schiller mit der Bitte, ihn zu besprechen. Schiller kam diesem Wunsch gern nach und fragte am 30. 9. bei Christian Gottfried Schütz an, dem Herausgeber der A. L. Z., ob er an seinem *Glaubensbekenntnis über die deutschen Parks* interessiert sei. Schon drei Tage später schickte er die Besprechung an Schütz. Offensichtlich bot der *Taschenkalender* Schiller eine willkommene Gelegenheit, nach »festen Prinzipien« für die Gartenkunst zu fragen, weil gerade in französischen und englischen Anlagen ein »irregeleiteter Geschmack« sichtbar werde, den zu korrigieren dringend erforderlich sei. (Eine kritische Bemerkung über französische und englische Gärten enthalten schon die *Zerstreuten Betrachtungen*, S. 487.) Die Rezension setzt ein bei der allgemeinen Beliebtheit der englischen Gärten, der »Anglomanie so vieler deutscher Gartenbesitzer«, die Schiller ebenso entschieden mißbilligt wie sein Gewährsmann Gottlob Heinrich Rapp, der im *Taschenkalender* mit zwei Artikeln vertreten ist; der englische Gartengeschmack sei eine Domäne von Dilettanten, darum werde er bisher von der ernsthaften Kunstkritik übergangen. So sieht sich Schiller berufen, Maßstäbe für die Beurteilung der Gartenkunst zu finden und zu erklären, wie die »Ausschweifungen« der französischen und englischen Gartenkunst zustande kamen. In erster Linie kritisiert er den vorherrschenden englischen Gartengeschmack, und er verbindet damit jene Dilettanten-Schelte, die er später gemeinsam mit Goethe im Schema *Gartenkunst* noch schärfer formuliert. »Die Gartenliebhaberei ⟨. . .⟩ verewigt die herrschende Unart der Zeit, im ästhetischen unbedingt und gesetzlos sein zu wollen und willkürlich zu phantasieren, indem sie sich nicht, wie wohl andere Künste korrigieren und in der Zucht halten läßt.« (S. 1109f.) Während die französische Gartenkunst die le-

bendige Natur der Geometrie unterwirft und damit ein
»geistloses Ebenmaß« entstehen läßt, fällt die englische ins
andere Extrem und liefert die Natur der regellosen Phantasie aus; ihre Gebilde sind »willkürlich, abenteuerlich und
bunt«. Der Kardinalfehler beider Formen der Gartenkunst
besteht darin, die Natur nicht ihren eigentümlichen Gesetzen überlassen, sondern sie den Regeln anderer Künste, der
Architektur und der Malerei, unterstellt zu haben. Gegenüber der »Steifigkeit des französischen Gartengeschmacks«
und der »gesetzlosen Freiheit des sogenannten englischen«
plädiert Schiller – um einen Ausgleich im Geiste des Klassizismus bemüht? – für einen »guten Mittelweg«, einen
idealen Garten »schöner Einfalt«, in dem die Natur nur
ihren eigenen Regeln zu folgen scheint.

Immer wieder spricht die Rezension von einem legitimen
Bedürfnis, das die Gartenkunst zu befriedigen vermag. Es
ist, wie der ebenfalls im Herbst 1794 geschriebene Aufsatz
Über das Naive zeigt, das Bedürfnis der zivilisierten Lebens-
welt nach dem Andern, die Sehnsucht nach der verlorenen
Natur. Im englischen Teil des Parks von Hohenheim nun,
den Rapp im *Taschenkalender* beschreibt, sieht Schiller
schließlich sein Ideal der Gartenkunst verwirklicht. Hier
wird dem »Bedürfnis nach – Simplizität« Genüge getan und
»der ländlichen Natur ⟨. . .⟩ der feierlichste Triumph bereitet.« Der Weg von Stuttgart nach Hohenheim kann dem
Betrachter, so Schiller, den Blick für einige Etappen in der
»Geschichte der Gartenkunst« öffnen. Auf die landwirt-
schaftlich genutzte Natur folgt der französische Garten,
dann das herzogliche Schloß. In Schillers effektvoller Inszenierung des Zivilisationsprozesses ist es gerade die kul-
turelle Höchstleistung an »Pracht« und »Eleganz«, die das
Bedürfnis nach der einfachen Natur unabweisbar macht.

Freilich ist die Natur im Hohenheimischen Park »diejenige nicht mehr, von der wir ausgegangen waren« – so der
Vorbehalt Schillers gegenüber Rousseau (vgl. S. 723,6 und
Anm.), mit dem er das zivilisationskritisch begründete Interesse an der Natur gleichwohl verständnisvoll teilt. Es ist

nach Schillers Vorstellung eine »mit Geist beseelte Natur«, die eine doppelte Befriedigung in Aussicht stellt. Sie reizt den Ungebildeten zum Denken und führt den Zivilisierten zur Empfindung zurück. Wie das geschehen kann, untersucht näher die Abhandlung *Über naive und sentimentalische Dichtung.*

Stellenkommentar

1007,6 *Hirschfeldische Schriften]* Christian Cajus Lorenz Hirschfeld (1742-1792); veröffentlichte 1779-85 in 5 Bänden eine *Theorie der Gartenkunst* und gab einen Gartenkalender heraus (1779-1785). Auf das verbreitete Interesse an der Gartenkunst weist auch ein eigener Artikel in Sulzers *Allgemeiner Theorie.*

1007,29 *Der Baum]* Vgl. *Kallias*-Briefe, S. 310,24f. und Anm.

1008,20 *zu einer kindischen Kleinheit herab]* Vgl. S. 1110.

1008,30 *Platz unter den schönen Künsten]* Sulzer z. B. weist der Gartenkunst den gleichen Rang wie der Baukunst zu.

1011,6 *für das Auge, als für das Herz und den Verstand]* Schiller erörtert die Gartenkunst vor allem unter wirkungspsychologischen Gesichtspunkten; er fragt nach dem Genuß, den Gärten dem Betrachter gewähren.

1011,8 *der geistreiche Vf.]* Der Kaufmann und Kunstliebhaber Gottlob Heinrich Rapp (1761-1832), den Schiller im Frühjahr 1794 in Stuttgart traf. Rapp teilte 1808 in Cottas ›Morgenblatt‹ unter der Chiffre L mit, er habe vor vielen Jahren eine »Art von Apologie« des Gedichts *Resignation* von Schiller verfaßt. Schiller habe das Manuskript gesehen und dazu die folgende Stellungnahme geschrieben. (Vgl. NA 22, S. 395.) Es ist ungewiß, ob der Text von Schillers Hand stammt.

Druckvorlage: Morgenblatt für gebildete Stände, Nr. 207, S. 826f.

Zu Rapps Kritik der »Resignation«

Der Herr Verfasser dieser Bemerkungen ⟨...⟩ versteht es, wie poetische Werke beurteilt werden müssen, und das ist eine Kunst, die zuweilen selbst Dichter nicht verstehen. Man sehe das Urteil Hrn. Fried. Leopold *Stolberg's* über die *Götter Griechenland's* (im deutschen Museum).

Zu den Bemerkungen des Hrn. Verfassers erlaube ich mir noch die folgende hinzuzusetzen, die meinetwegen als der Schlüssel zu diesem Gedichte dienen kann.

Der Inhalt desselben sind die Aufforderungen eines Menschen an die andre Welt, weil er die Güter der Zeit für die Güter der Ewigkeit hingegeben hat. Um des Lohnes willen, der ihm in der Ewigkeit versprochen wurde, hat er auf Genuß in dieser Welt resigniert. Zu seinem Schrecken findet er, daß er sich in seiner Rechnung betrogen hat, und daß man ihm einen falschen Wechsel an die Ewigkeit gegeben.

So kann und soll es jeder Tugend und jeder Resignation ergehen, die bloß *deswegen* ausgeübt wird, weil sie in einem andern Leben gute Zahlung erwartet. Unsere moralischen Pflichten binden uns nicht kontraktmäßig, sondern unbedingt. Tugenden, die bloß gegen Assignation an künftige Güter ausgeübt werden, taugen nichts. Die Tugend hat *innere* Notwendigkeit, auch wenn es kein anderes Leben gäbe. Das Gedicht ist also nicht gegen die wahre Tugend, sondern nur gegen die Religions-Tugend gerichtet, welche mit dem Weltschöpfer einen Akkord schließt, und gute Handlungen auf Interessen ausleiht, und diese interessierte Tugend verdient mit Recht jene strenge Abfertigung des Genius.   Sch-

1012,16 *Gartenanlage zu Hohenheim*] Ihren Bau ließ Herzog Karl Eugen um 1780 beginnen. Schiller kannte die

Gärten seit seiner Akademiezeit, wahrscheinlich hat er sie auch während seines Aufenthalts in Schwaben 1793-94 besucht.

1013,26 *langen und schroffen Pappelwänden*] Die Geometrisierung der Landschaft durch Pappeln gehört zur Formensemantik des französischen Gartens. Auch Schillers Gedicht *Der Spaziergang* spricht vom »geordneten Pomp« der »Pappeln«, v. 63 f. Vgl. W. Riedel, *»Der Spaziergang«. Ästhetik der Landschaft und Geschichtsphilosophie der Natur bei Schiller*, Würzburg 1989, S. 61. Die Frage, ob wohl die Gärten von Hohenheim Schiller als Modell für die Naturbilder in *Der Spaziergang* dienten, verliert erheblich an Gewicht, bedenkt man, daß Schiller – auch wenn er am Terminus der Nachahmung festhält – vom unsinnlichen Zeichencharakter der Sprache ausgeht. Dichtung bildet nicht ab, sie evoziert im Leser Bildvorstellungen. Vgl. den *Kallias-Brief* vom 28. 2. 1793, S. 328f. Zur Sprachauffassung Schillers siehe B. von Wiese, *Friedrich Schiller*, S. 436ff.

1014,3-5 *Denkmäler versunkener Pracht* ⟨. . .⟩ *Hütte*] Zum Topos Hütte – Palast bei Schiller vgl. Anm. 201,17f. Die Opposition von unschuldiger Natur und »stolzem Fürstensaal« z. B. in *Jungfrau von Orleans*, v. 2608ff. Ausführlicher zum Thema: Herman Meyer, *Hütte und Palast in der Dichtung des 18. Jahrhunderts*, in: W. Müller-Seidel, W. Preisendanz (Hg.), *Formenwandel*, Hamburg 1964, S. 138-155; vgl. auch W. Riedel, *»Der Spaziergang«*, S. 61.

1014,31ff. *Garten zu Schwetzingen* ⟨. . .⟩ *das Seifersdorfer Tal*] Beide Anlagen kannte Schiller aus eigener Anschauung. Auch Goethe äußerte sich abfällig über das »Seifersdorfer Unwesen« (an Schiller, 26. 12. 1795).

1015,3-15 *Den sieben* ⟨. . .⟩ *entgegen sehen*] Fehlt im Zweitdruck.

1015,7 *Hn. Isopi*] Antonio Isopi (1758-1833), Hofbildhauer in Stuttgart.

ÜBER MATTHISSONS GEDICHTE

Textgestalt

Unser Text folgt dem Erstdruck in der ›Allgemeinen Literatur-Zeitung‹, Nr. 298/299 vom 11. und 12. 9. 1794.

Zweitdruck: *Kleinere prosaische Schriften*, Bd. 4, 1802, S. 268-309. Hier ist die Rezension überschrieben: *Ueber Matthisons Gedichte*.

Wirkung

Die Resonanz des Aufsatzes war beträchtlich. Christian Friedrich Michaelis (vgl. S. 1050ff.) schrieb eine Musik-ästhetik (*Ueber den Geist der Tonkunst*, 1795), die lange Passagen aus ihm zitiert (S. 18ff., 46ff.). Er inspirierte Wilhelm von Humboldt zu seiner Studie *Über Goethes »Hermann und Dorothea«* (1798) und Gottfried Körner zu dem Aufsatz *Über Charakterdarstellung in der Musik*, der 1795 in den ›Horen‹ erschien (vgl. S. 1081ff. im vorliegenden Band). Ausführlicher zur Wirkungsgeschichte der Rezension: A. Wirth, *Das schwierige Schöne*, Bonn 1975; O. Fambach (Hg.), *Ein Jahrhundert deutscher Literaturkritik*, Bd. 3, S. 583-591. Mit merklicher Skepsis reagierte dagegen Rahel Levin auf die Besprechung. Am 15. 11. 1794 schrieb sie an David Veit:

> Vorige Woche habe ich die berühmte Schiller'sche Rezension über Matthisson's Gedichte gelesen – die ich eigentlich Ideen über die Dichtkunst nennen würde – (lachen Sie mich nicht aus). O Laokoon, o Lessing! hab' ich nur denken können. Wenn der was Allgemeines sagte, so bestimmte er was, setzte er was fest (freilich hat er sich todt geärgert!) –, wenn der rezensirte, tadelte er, wenn er tadelte, gab er die Ursachen an. ⟨. . .⟩ Man macht so viel Lärm aus dieser Rezension, und als ob sie so

schwer wäre, *ich* habe keine so eben nagelneue Idee drin
gefunden.
(O. Fambach, Bd. 3, S. 585f.)

Aspekte der Deutung

Mit der Bürger-Rezension teilt die etwa 3 Jahre später geschriebene Besprechung der Gedichte Friedrich Matthissons u. a. die Struktur und das Fehlurteil. Hier wie dort
geht es Schiller vor allem um die Ausarbeitung poetologischer Prinzipien und weniger um die anschließende kritische Würdigung einzelner Gedichte. Er hat Bürgers Werke
mit unangemessener Strenge kritisiert, und die übertriebene Hochschätzung der Gedichte Matthissons ist ihm später
selbst bewußt gewesen (vgl. die Briefe an Goethe vom
31. 8. und 5. 9. 1798 und an Körner vom 4. 5. 1795). Selbstkritisch bemerkte er in einem Brief gegenüber Humboldt
am 27. 6. 1798:
   Wirklich hat uns beide unser gemeinschaftliches Streben
   nach Elementarbegriffen in aesthetischen Dingen dahin
   geführt, daß wir die Metaphysic der Kunst zu unmittelbar auf die Gegenstände anwenden, und sie als ein
   praktisches Werkzeug wozu sie doch nicht gut geschickt
   ist, handhaben. Mir ist dieß vis a vis von Bürger und
   Matthisson, besonders aber in den Horen Aufsätzen öfters begegnet. Unsere solidesten Ideen haben dadurch an
   Mittheilbarkeit und Ausbreitung verloren.
Die Rezension setzt ein mit der Frage, welcher ästhetische
Wert Naturschilderungen in der Dichtung zukomme. In
Claude Lorrains Landschaftsmalerei und Matthissons
Landschaftspoesie findet Schiller die Bestätigung dafür,
daß die neuzeitliche Darstellung der »unbeseelten Natur«,
welche die griechische Antike nicht kannte, entgegen dem
klassizistischen Urteil sehr wohl als »neue Provinz« des
Schönen zu begrüßen ist. Zur Begründung wiederholt er
einen zentralen Gedanken seiner Kunstphilosophie: nicht

der Stoff, sondern die Form, die »Behandlungsweise«, entscheidet über den ästhetischen Rang eines Werks. Ein banales »Hausgeräte« kann kunstfähig sein, und ein Porträt ist nicht schon deshalb ein Kunstwerk, weil es einen Menschen darstellt. Die »Behandlungsweise«, der »große Stil«, den Schiller ähnlich wie Goethe (in *Einfache Nachahmung, Manier, Styl*, 1789) fordert, liegt »in Wegwerfung des Zufälligen und in dem reinen Ausdruck des Notwendigen«, er zielt auf »Wahrheit« statt »Wirklichkeit«, »reine Objektivität« statt Empirie in der Naturschilderung. Die Vermeidung des Zufälligen, des bloß Kontingenten hatte u. a. auch die Bürger-Rezension verlangt. – Auch Goethe hat die Landschaftsmalerei als moderne Kunst aufgefaßt und insbesondere Claude Lorrain zeitlebens bewundert. Schillers Überlegungen stehen einer rückblickenden Äußerung Goethes gegenüber Eckermann außerordentlich nahe: »⟨. . .⟩ Die Bilder haben die höchste Wahrheit, aber keine Spur von Wirklichkeit. Claude Lorrain kannte die reale Welt bis ins kleinste Detail auswendig, und er gebrauchte sie als Mittel, um die Welt seiner schönen Seele auszudrükken. Und das ist eben die wahre Idealität, die sich realer Mittel so zu bedienen weiß, daß das erscheinende Wahre eine Täuschung hervorbringt, als sei es wirklich.« (Gespräche mit Eckermann, 10. 4. 1829.)

Daß nur das »reine Objekt« Gegenstand der Landschaftsdarstellung sein kann, begründet Schiller vor allem wirkungsästhetisch. Nur die Vergegenwärtigung »wahrer Natur« vermag nämlich die Einbildungskraft aller zu stimulieren, für Schiller eine Grundbedingung der Kunst, die Kants Forderung zu berücksichtigen sucht, daß das Schöne als »Objekt eines *allgemeinen* Wohlgefallens« vorgestellt werden müsse (*Kritik der Urteilskraft* § 6). Um aber zu gewährleisten, daß die Menschen als »Gattungswesen« die Empfindungen haben, die allein die Kunst erzeugen kann, ist es nötig, daß der Dichter selbst »zuvor das Individuum in sich ausgelöscht und zur Gattung gesteigert« hat. Ideale Humanität wird als Bedingung idealer Kunst verstanden.

Naturschilderungen wie die Matthissons können letzten
Endes nur dann als Werke der schönen Kunst gelten, wenn
sie die unbeseelte Natur durch eine »symbolische Operation« in eine menschliche verwandeln, wenn sie Empfindungen oder Ideen darstellen.

Auffällig ist die Mühe, die Schiller in dieser Schrift immer wieder aufwendet, um das Verhältnis der Dichtkunst
zu ihrem Gegenstand, der menschlichen Natur, zu bestimmen. Zwar spricht er von Darstellung, daneben aber verwendet er auch Begriffe wie Symbol, Analogie, Ausdruck,
Repräsentation, Gemälde, Versinnlichung etc. Daß poetische Bilder Natur nicht nachahmen, ist für Schiller ausgemacht. Die bildliche Darstellung von Naturszenen ist allein
Sache der produktiven Imagination des Lesers, und deren
Autonomie muß Schiller zufolge respektiert werden. Dichtung kann im Leser nicht Vorstellungen erzwingen, vielmehr soll sie es dem freien Spiel seiner Phantasie überlassen, die Assoziationen, die der Text nahelegt, auf eigene
Naturerfahrungen, die »Reminiszenzen gehabter Vorstellungen«, zu beziehen. Nur so kann die anschauliche Wirkung der poetischen Bilder erreicht werden. An dem
Gedicht *Der Spaziergang* läßt sich zeigen, inwieweit Schiller
selbst nach diesen Einsichten verfahren ist. (Vgl. W. Riedel,
*»Der Spaziergang«. Ästhetik der Landschaft und Geschichtsphi-
losophie der Natur bei Schiller*, Würzburg 1989.) Am Ende
seiner poetologischen Überlegungen sucht Schiller den
Nachweis zu führen, daß die Kunst und insbesondere die
Dichtung ihre eigentümliche Wirkung wesentlich ihrem
musikalischen Charakter verdanken. Und er zögert nicht,
Matthissons Gedicht *Abendlandschaft* einen Eindruck »analog« dem zu attestieren, »den etwa eine schöne Sonate« auf
den Rezipienten macht.

Bei aller Zustimmung zu Matthissons Lyrik verschweigt
die Besprechung nicht einen Vorbehalt gegenüber der Apologie ursprünglicher Natur. Matthissons Gedichte ignorie-
ren, daß sich Natur nur unter den Bedingungen der
modernen Kultur wiederherstellen lasse, wie die Schrift
Über naive und sentimentalische Dichtung näher ausführt.

Stellenkommentar

1016,2 *Gedichte von Friedrich Matthisson*] Die ersten beiden Auflagen waren 1791 und 1792 erschienen. Der von Schiller besprochenen 3. Auflage folgten bis zu Matthissons Tod (1831) noch neun weitere. Die Beliebtheit dieses »formgewandten Modedichters« (Herbert Meyer, NA 22, S. 423) ließ nach der Jahrhundertwende nach. Eine ablehnende Besprechung der Gedichte Matthissons veröffentlichte A. W. Schlegel im ›Athenäum‹ (Bd. 3, 1800). – Schiller hatte Matthisson am 2. 2. 1794 in Ludwigsburg persönlich kennengelernt und traf ihn erneut am 26. 5. in Jena. Er lud ihn auch ein, an den ›Horen‹ mitzuarbeiten.

1016,5 *die Griechen*] Auf die Frage, warum die Griechen keine Landschaftsdichtung kennen, geht die Abhandlung *Über naive und sentimentalische Dichtung* näher ein, S. 724ff.

1016,7 *Rigoristen*] A. Wirth (*Das schwierige Schöne. Zu Schillers Ästhetik*, Bonn 1975, S. 14) nimmt an, daß auch Lessing, Kant und Sulzer gemeint seien.

1016,28 *Plinius*] Plinius Secundus (23-79) verfaßte u. a. eine *Historia Naturalis*.

1017,23 *Claude Lorrain's Zauberpinsel*] Vor Goethe und Schiller hatten schon S. Geßner und F. Hagedorn in Claude Lorrain (1600-1682) einen Vollender der Landschaftsmalerei gesehen. Matthisson nannte ihn in einer Anmerkung zu seinem Gedicht *Der Genfersee* den »vielleicht größten Landschaftsmaler aller Zeiten«.

1017,24f. *der schönen, bloß der angenehmen Kunst*] Der bei Kant getroffenen Unterscheidung folgt u. a. auch der Aufsatz *Über das Pathetische*, S. 427.

1017,29 *Landschaftmaler*] Im Zweitdruck meist: Landschaftsmaler, Landschaftsdichter.

1017,35f. *der Stoff ⟨. . .⟩ die Behandlungsweise*] Vgl. S. 324 und S. 641.

1018,16 *Notwendigkeit*] Den widersprüchlichen Gebrauch des Begriffs in der Rezension hat K. Hamburger hervorgehoben (*Schiller und die Lyrik*, in: JDSG 16 [1972], S. 299-329).

1020,16f. *das Individuum ⟨. . .⟩ zur Gattung gesteigert*] Vgl. den 2. der *Ästhetischen Briefe* (S. 560,3f.) und die Bürger-Rezension (S. 974,9-11). Die gleiche Vorstellung findet sich schon in der Schrift *Über die bildende Nachahmung des Schönen* (1788) von K. Ph. Moritz.

1021,5 *der große Styl*] Vgl. Goethes Aufsatz *Einfache Nachahmung, Manier, Stil* (1789), den Schiller schon in den *Kallias*-Briefen (S. 325) herangezogen hat. Siehe auch Schillers Brief an Goethe, 23. 8. 1794.

1023,35 *Musik*] Vgl. Schillers spätere Besprechung von Körners Aufsatz *Über Charakterdarstellung in der Musik*, S. 1081ff. in diesem Band.

1025,25f. *ein natürliches Symbol der innern Übereinstimmung*] Auch hier kommt Schiller auf den Grundgedanken der *Kallias*-Briefe zurück, Schönheit sei Freiheit in der Erscheinung.

1026,24 *seinen Landschaftsgemälden*] Indem Schiller – nicht nur in dieser Metapher – wie selbstverständlich Malerei und Dichtkunst aneinanderrückt, setzt er sich über Lessings Widerlegung der Ut-pictura-poesis-Lehre im *Laokoon* hinweg (W. Riedel, *»Der Spaziergang«*, S. 26f.).

1027,1ff. *Der Dichter ⟨. . .⟩ Nachteil gegen den Maler*] Hier folgt die Rezension einer These des *Laookon*; vgl. auch S. 440,28ff. und Anm.

1031,19-1032,14 *Man kennt ⟨. . .⟩ Gipfel erzittern*] Fehlt im Zweitdruck.

1033,8-10 *Clarens ⟨. . .⟩ Meillerie*] Zwei aus Rousseaus *Nouvelle Héloïse* bekannte Orte am Genfer See.

1033,23 *Tibur*] Heute Tivoli, ein durch Horaz bekannter Ort in den Albaner Bergen.

1036,27f. *Idyllendichter*] Der Idylle widmet die Abhandlung *Über naive und sentimentalische Dichtung* einen eigenen Abschnitt, S. 768ff.

1037,30 *Besieger des Python*] Apoll, vgl. Anm. 204,3f.

DRAMATISCHE PREISAUFGABE

Textgrundlage

Erstdruck und Druckvorlage: Propyläen, Bd. 3, 1800, 2. Stück, S. 169-171.

Entstehung

Ähnlich wie bei den Preisaufgaben im Bereich der bildenden Kunst wollten die ›Propyläen‹ auch Anreize zum Verfassen eines Lustspiels – einer im deutschen Sprachraum eher vernachlässigten Gattung – geben. Der Text der *Dramatischen Preisaufgabe* wurde von Schiller nach einem Vorgespräch mit Goethe am 9. 11. 1800 formuliert. Das Preisausschreiben führte zu keinem Ergebnis, sei es, weil die ›Propyläen‹ eingestellt wurden, sei es, weil keines der eingesandten 13 Stücke Schillers Anforderungen entsprach.

NOTIZEN ZUR PHILOSOPHIE UND ÄSTHETIK

TEXTGESTALT

Die Manuskripte (im Besitz des Goethe-Schiller-Archivs, Weimar) *Wohlgefallen am Schönen, Methode, Bildungsstufen* sowie *Nathan d⟨er⟩ Weise* und *Tragödie und Komödie* sind wohl 1792/93 entstanden. Es ist anzunehmen, daß die ersten drei Skizzen Vorstudien zu den *Ästhetischen Briefen* sind, während *Tragödie und Komödie* zu den Vorarbeiten zu *Über naive und sentimentalische Dichtung* gehört und auch 1793/94 geschrieben sein könnte. (Vgl. NA 21, S. 389-392; Fricke/Göpfert, Bd. 5, S. 1247.) Unsere Texte folgen NA 21, S. 89-93.

WOHLGEFALLEN AM SCHÖNEN, METHODE, BILDUNGSSTUFEN

Stellenkommentar

1043,8 *Neigung zum Schmuck und Putz]* Vgl. den 26. Ästhetischen *Brief* (S. 661,4f.) und den *Augustenburger Brief* vom 21. 11. 1793 (S. 531). Während dort die »Neigung zum Putz und zum Spiele« als Indiz für den Beginn der Zivilisation gilt, rechnet die Notiz sie noch zum Zustand der Wildheit.

1044,6 *Naturrecht, Politik]* Die große Skepsis gegenüber dem Naturrecht und der Politik geht vermutlich auf Schillers Urteil über den Fortgang der Französischen Revolution zurück. Vgl. den *Augustenburger Brief* vom 13. 7. 1793 (S. 501-503).

1044,15 *Der Mensch ist mächtig, gewaltsam]* Ähnlich nennt Schiller in den *Ästhetischen Briefen* den »natürlichen Charak-

ter des Menschen« »selbstsüchtig und gewaltsam« und den
»Naturstaat« einen Staat, »der seine Einrichtung ursprünglich von Kräften, nicht von Gesetzen ableitet« (S. 562,12
und Anm.).

1045,5f. *auf diesen drei Stufen der Bildung]* Skizziert wird
nur die erste Stufe der Zivilisation. Ähnlich ist sie im Brief
an den Augustenburger vom 11. 11. 93 beschrieben (»Einschluß«, S. 527). Die drei »Bildungsstufen« sind u. a. in den
Bemerkungen zu Humboldts Aufsatz *Über das Studium des
Altertums* näher bezeichnet, S. 1075ff.

NATHAN D⟨ER⟩ WEISE

Textgestalt

Der Text findet sich nach der Notiz »Bildungsstufen« auf
dem gleichen Doppelblatt (Handschrift im GSA). Unser
Druck folgt NA 21, S. 91.

Stellenkommentar

1046,6 *Frage der drei Religionen]* Die Ringparabel in *Nathan*
III 7. Vgl. auch die Anmerkung zu Lessings Drama S. 745.
Ob die Notiz im Zusammenhang mit dem Aufsatz *Über
naive und sentimentalische Dichtung* oder Schillers Bühnenbe-
arbeitung entstand, ist ungewiß.

TRAGÖDIE UND KOMÖDIE

Textgestalt

Unser Text folgt NA 21, S. 91-93, die die Handschrift zugrunde legt.

Aspekte der Deutung

Die kleine Studie aus dem Nachlaß steht dem Abschnitt über Tragödie und Komödie in *Über naive und sentimentalische Dichtung* nahe (S. 743-745), teilweise stimmt sie wörtlich mit ihm überein. Auf die Frage, ob der Tragödie oder der Komödie der höhere ästhetische Rang zukomme, findet Schiller die Antwort, daß die Gattungen prinzipiell nicht vergleichbar seien, weil sie verschiedene Gegenstände und verschiedene Wirkungen haben. Anders als in der Abhandlung gibt er im Nachlaß-Manuskript der Tragödie den Vorzug vor der Komödie. Bei aller Hochschätzung für die Komödie, die den Zuschauer in den Zustand göttergleicher Seligkeit zu versetzen vermag, neigt Schiller hier aus anthropologischer Einsicht (»wir sind Menschen ⟨...⟩ wir stehen unter dem Zwang von Gesetzen«) der Tragödie zu. An Schillers Auffassung der Komödie erinnern Bestimmungen in Hegels *Ästhetik*: Die Komödie hat »das zu ihrer Grundlage und ihrem Ausgangspunkte, womit die Tragödie schließen kann: das in sich absolut versöhnte, heitere Gemüt«. (Hegel, *Ästhetik*, 2 Bde., hg. v. F. Bassenge, Berlin und Weimar 1965, Bd. 2, S. 570.)

Stellenkommentar

1047,14 *Lear*] Shakespeare, *King Lear.*
1047,17 *die Tragödie fodert*] Vgl. die »beiden Fundamentalgesetze« der tragischen Kunst, S. 422.
1047,25 *Tartuffe*] Molières Lustspiel *Le Tartuffe.*
1048,3 *die Komödie oder die Tragödie*] Vgl. auch *Dramatische Preisaufgabe*, S. 1038ff. Den Zusammenhang von Komödie und Idylle erörtert der Brief an Humboldt, 29. 11. 1795.
1048,27f. *Prometheus*] *Der gefesselte Prometheus* von Aischylos.

AUS SCHILLERS VORLESUNGEN ZUR ÄSTHETIK

ZWEI MANUSKRIPTBLÄTTER

Textgrundlage

Die Handschriften befinden sich im Goethe-Schiller-Archiv, Weimar. Sie liegen dem Druck in NA 21, S. 93f. zugrunde, dem unser Text folgt.

Entstehung

Sehr wahrscheinlich hat Schiller die beiden Notizen im Winter 1792/93 geschrieben, als er intensive Kant-Studien trieb und eine Vorlesung über Ästhetik hielt. Die Fragmente referieren und erläutern Abschnitte im § 26 der *Kritik der Urteilskraft* und entsprechen einigen Passagen in der Abhandlung *Zerstreute Betrachtungen über verschiedene ästhetische Gegenstände* (in diesem Band S. 469ff.; s. a. »Stellenkommentar«).

FRAGMENTE AUS DEN VORLESUNGEN
(Nachschrift von Chr. F. Michaelis)

Textgrundlage

Diese Nachschrift zu Schillers Vorlesungen zur Ästhetik hat einer seiner Hörer, Christian Friedrich Michaelis, überliefert. Sie erschien kurz nach Schillers Tod unter dem Titel *Noch ungedruckte Fragmente aus Schillers ästhetischen Vorlesun-*

gen vom Winterhalbjahr 1792-93 als »Anhang« in *Geist aus
Friedrich Schillers Werken, gesammelt von Christian Friedrich
Michaelis.* Zweite Abtheilung, Leipzig 1806, S. 241-284
(Druckvorlage).

Entstehung

In seiner »Vorrede« schreibt Michaelis: »Der Anhang enthält einen Theil von *Schillers* ästhetischen Vorlesungen, die
der Herausgeber (nach Vollendung seines akademischen
Studiums) in Jena mit anzuhören und dem Wesentlichen
nach schriftlich aufzubewahren das Glück hatte. Das Mit-
getheilte sind freilich blos Fragmente, d. h. einzelne Sätze,
so wie sie sich aus dem zusammenhängenden Vortrage
auffassen und niederschreiben ließen; aber doch für den
Verehrer und Kenner der Schillerschen Ideen hoffentlich
nicht ohne alles Interesse. Die Lehrstücke über das Erhabene und über tragische Kunst sind aus diesem Manuscript
nicht mit aufgenomen, weil sie *Schiller* selbst nachher für
den Druck bearbeitet und herausgegeben hat.« (NA 21,
S. 383.)

Die Aufzeichnungen geben wohl Teile der Ästhetik-
Vorlesung wieder, die Schiller am 5. 11. 1792 vor 24 Zu-
hörern in seiner Wohnung begann (G. v. Wilpert, *Schiller-
Chronik*, Berlin 1959). Sie können nur ein ungefähres Bild
des Kollegs vermitteln. Immerhin geben sie zu erkennen,
daß Schiller sowohl die Positionen anderer Theoretiker
(Burke, Moritz, Kant) dargestellt wie eigene Ideen entwik-
kelt hat, die sich vor allem in den *Kallias*-Briefen (an G.
Körner im Januar und Februar 1793), aber auch in den
Briefen an den Augustenburger und den *Ästhetischen Briefen*
finden. Wichtige Denkstücke dieser Briefe, so die These,
Schönheit sei Freiheit in der Erscheinung (u. a. S. 285,4f.
und Anm., S. 297,4f. und Anm.), oder die zivilisationskri-
tische Unterscheidung zwischen dem »Wilden« und dem
»Barbaren«, hat Schiller augenscheinlich bereits in dieser

Vorlesung vorgetragen, wie denn auch andere Vorstellungen, die die Nachschrift wiedergibt, dem Leser aus Schillers Abhandlungen weitgehend vertraut sind. So genügen im folgenden Hinweise auf Schillers Aufsätze und deren Kommentierung.

Stellenkommentar

1052,21 *Wilder, sondern Barbar*] Vgl. S. 567.

1058,8f. *Tom Jones gegen den des Grandison*] Vgl. die entsprechende Passage in den *Kallias*-Briefen, S. 317,21f. und Anm.

1058,17 *den objektiven Begriff der Schönheit*] Vgl. S. 277,13f. und Anm.

0059,16 *Polyklets Kanon*] Das bekannteste Werk des griechischen Bildhauers Polyklet von Argos (ca. 450–410), der *Doryphoros*, wird von Kant (*Kritik der Urteilskraft* § 17) als »bloß schulgerecht« und nicht schön beurteilt.

1059,25 *Vollkommenheit nannte man*] Im Anschluß an die *Kritik der Urteilskraft* (§ 15) argumentiert Schiller hier wie auch in den *Kallias*-Briefen gegen A. G. Baumgarten und seine Schule, S. 277,20ff. und Anm.

1060,8-11 *Freie Schönheiten ⟨...⟩ adhärierende Schönheit*] Die Unterscheidung in der *Kritik der Urteilskraft* § 16, die Schiller in den *Kallias*-Briefen erörtert, S. 278,6 und Anm.

1061,15 *Erklärung des Schönen nach Burke*] Vgl. S. 1304.

1062,8 *Erklärung des Schönen nach Moritz*] Karl Philipp Moritz, *Über die bildende Nachahmung des Schönen* (1788). Schiller kannte und schätzte die Schrift seit Dezember 1788. Ausführlicher zu Moritz' Konzept der Kunstautonomie und zu seinem Begriff des »Edlen« der Kommentar in NA 21, S. 386f.

1066,23 *Über die objektiven Bedingungen der Schönheit*] Am 21. 12. 1792 teilt Schiller Körner mit, er glaube, ungeachtet der Vorbehalte Kants, »den objectiven Begriff des Schönen

⟨. . .⟩ gefunden zu haben« (S. 1304 in diesem Band). Vgl.
auch Körner an Schiller, 13. 3. 1791.

1067,20 *Technik]* Vgl. S. 300,15ff. und Anm.

1068,25f. *der Vatikanische Apoll]* Vgl. S. 204,3f. und
Anm.

1070,17 *Hallers Ewigkeit]* Albrecht von Hallers *Unvoll-
kommenes Gedicht über die Ewigkeit.*

1072,7 *Kind der Liebe von Kotzebue]* August von Kotze-
bues *Kind der Liebe, oder: die Straßenräuber aus kindlicher Liebe*
(1790).

1072,17 *Homers Polyphem]* Der einäugige Riese, den
Odysseus blendete.

ANMERKUNGEN ZU WILHELM VON HUMBOLDT, »UEBER DAS STUDIUM DES ALTERTHUMS, UND DES GRIECHISCHEN INSBESONDRE«

TEXTGRUNDLAGE UND -ÜBERLIEFERUNG

Humboldts Manuskript mit Schillers Anmerkungen, das sich früher im Archiv des Schlosses Tegel befand, ist seit 1945 verschollen. Unser Text basiert auf dem Erstdruck:

Ueber das Studium des Alterthums, und des Griechischen insbesondre. In: *Sechs ungedruckte Aufsätze über das klassische Altertum von Wilhelm von Humboldt*, hg. v. Albert Leitzmann, Leipzig 1896 (*Deutsche Litteraturdenkmale des 18. und 19. Jahrhunderts*, hg. v. August Sauer, Nr. 58/62 = Neue Folge 8/12), S. 3-33.

Zweitdruck: *Wilhelm von Humboldts Gesammelte Schriften*, Akademie-Ausgabe, Bd. 1, hg. v. Albert Leitzmann, Berlin 1903, S. 255-281. Diese Ausgabe wurde ebenfalls herangezogen, weil sie die Stellen in Humboldts Text genauer bezeichnet, auf die sich Schillers Anmerkungen beziehen. (Beide Ausgaben bieten auch die Randnotizen Dalbergs.)

ASPEKTE DER DEUTUNG

Humboldt schrieb den Aufsatz, angeregt durch den Altertumswissenschaftler Friedrich August Wolf (1759-1824), im Januar 1793, ließ ihn, auf Wolfs Rat, jedoch nicht drucken. In den folgenden Monaten schickte er ihn an Dalberg, Körner und Schiller mit der Bitte um eine Stellungnahme. Schillers Randbemerkungen sind im März 1793 geschrieben.

Er teilt zwar Humboldts Persönlichkeitsideal, die »höchste, proportionierlichste Ausbildung des Menschen«, aber
er erörtert sie im Rahmen seines dreistufigen Geschichts-
modells (vgl. S. 1045,5f.) und schränkt so die von Humboldt angenommene Vorbildlichkeit der griechischen Humanität ein: »und dann wird man die Griechen auch nicht
mehr zurück wünschen.«

STELLENKOMMENTAR

1075,14f. *Fortschritt der menschlichen Kultur]* Ausgeführt
ist diese Skizze einer Kulturtheorie vor allem in den *Ästhetischen Briefen* und in der Abhandlung *Über naive und sentimentalische Dichtung.*

ZWEI PHILOSOPHISCHE ENTWÜRFE

FURCHT UND FREUDE

Textgestalt und -überlieferung

Handschrift: Kestner-Museum, Hannover.
  Erstdruck: Günter Schulz, *Furcht, Freude, Enthusiasmus,*
in: JDSG 1 (1957), S. 103-141.

ENTHUSIASMUS (I)

Textgestalt und -überlieferung

Handschrift: Schiller-Nationalmuseum, Marbach.
  Erstdruck: *Rechenschaftsberichte des Schwäbischen Schillerver-*
eins, Nr. 25, 1920/21.
  Zweitdruck: Günter Schulz, *Furcht, Freude, Enthusias-*
mus, s. o.

ENTHUSIASMUS (II)

Textgestalt und -überlieferung

Die Handschrift ist verschollen. Erstdruck: NA 21, S. 95.
  Unsere Wiedergabe der drei Nachlaß-Fragmente folgt
NA 21, S. 94f.

Entstehung

G. Schulz hat wahrscheinlich gemacht, daß die ersten beiden Fragmente als Notizen zu den *Ästhetischen Briefen* zu
lesen sind, nachdem die Briefe an den Herzog von Augustenburg im Februar 1794 verbrannt waren.

ZU GOTTFRIED KÖRNERS AUFSATZ
»ÜBER CHARAKTERDARSTELLUNG
IN DER MUSIK«

TEXTGESTALT

Die Handschrift ist im Besitz des Schiller-Nationalmuseums, Marbach.

Erstdruck: Goedeke, Bd. 15/1, S. 378ff.

Unser Text folgt dem nach der Handschrift korrigierten Druck in NA 22, S. 293ff.

ENTSTEHUNG UND ASPEKTE DER DEUTUNG

Schiller erhielt das Manuskript von Körners Aufsatz *Über Charakterdarstellung in der Musik* im Januar 1795. Im März schickte er es, versehen mit Fragen und kritischen Anmerkungen, an den Freund zurück. Körner berücksichtigte sie in der zweiten Fassung des Aufsatzes, der Ende Mai im 5. Heft der ›Horen‹ erschien.

Nur in den Bemerkungen zu Körners Aufsatz und in der Matthisson-Rezension geht Schiller ausführlicher auf Musik ein und bemüht sich, an dieser Kunst seine ästhetischen Grundsätze zu erproben. Er nimmt das Konzept der Idealisierung auf (vgl. S. 1020-26), das auch im Mittelpunkt der Kontroverse mit Bürger steht (S. 972-995, S. 1514), er empfiehlt Körner überdies seine Begriffe Bestimmbarkeit und Bestimmtheit aus den *Ästhetischen Briefen*. Vor allem aber besteht er darauf, daß die unverwechselbare und überwältigende Wirkung der Musik auf ihrem »körperlichen Teil«, auf dem Ton, beruhe und daß ihre Macht durch Form, durch Komposition, vermindert werden müsse, um ästhetisch genannt werden zu können.

C. Dahlhaus hat angedeutet, daß Körners Musikauffas-
sung dem Stand der musikalischen Entwicklung in der
Wiener Klassik womöglich eher entspricht als Schillers
Überlegungen zur Musik. (C. Dahlhaus, *Formbegriff und
Ausdrucksprinzip in Schillers Musikästhetik.*)

ÜBER EPISCHE UND DRAMATISCHE
DICHTUNG VON GOETHE UND SCHILLER

TEXTGESTALT

Erstdruck und Druckvorlage: *Ueber epische und dramatische Dichtung von Goethe und Schiller*, in: Ueber Kunst und Alterthum, 1827, 1. Heft, S. 1-7.

Zweitdruck: *Briefwechsel zwischen Schiller und Goethe in den Jahren 1794-1805*. Dritter Theil vom Jahre 1797, Stuttgart und Tübingen 1829, S. 374-380.

ASPEKTE DER DEUTUNG

In dem kleinen, von Goethe niedergeschriebenen Aufsatz finden sich die Gespräche und der Briefwechsel mit Schiller über Grundsätze der epischen und dramatischen Dichtung resümiert, ein Thema, das beide Dichter seit dem Frühjahr 1797 außerordentlich beschäftigt. Goethe schickt den Aufsatz am 23. 12. 1797 nach Jena mit der Bitte um Ergänzungen und Verbesserungen. Briefwechsel und Aufsatz zeigen, daß beider gattungspoetische Vorstellungen grundsätzlich an der Poetik des Aristoteles orientiert bleiben und induktiv aus der vergleichenden Betrachtung einzelner epischer und dramatischer Werke gewonnen sind. Veranlaßt sind diese Betrachtungen durch die eigene poetische Praxis, und ihr sollen sie auch zugute kommen. Goethe arbeitet, nachdem er *Wilhelm Meisters Lehrjahre* abgeschlossen hat, an *Hermann und Dorothea*. Schiller sucht nach dramatischen Lösungen für den sperrigen Stoff des *Wallenstein*. Im Mittelpunkt steht für beide die Frage, welche Gegenstände in welchen Gattungen adäquat dargestellt werden können.

1564   EPISCHE UND DRAMATISCHE DICHTUNG

»Ich habe jetzt«, schreibt Goethe an Schiller am 22. 4. 1797, »keine interessantere Betrachtung als über die Eigenschaften der Stoffe, inwiefern sie diese oder jene ⟨epische oder dramatische⟩ Behandlung fordern. Ich habe mich darinnen so oft in meinem Leben vergriffen, daß ich endlich einmal ins klare kommen möge, um wenigstens künftig von diesem Irrtum nicht mehr zu leiden.« Die klassizistische Tendenz des Aufsatzes wird u. a. darin sichtbar, daß er entschieden für die überlieferten Gattungsgesetze und Gattungsgrenzen plädiert und unter dramatischer Dichtung die Tragödie, unter epischer allein das Epos nach Homerischem Vorbild versteht; der Roman aber, der in der Moderne an die Stelle des Epos tritt, bleibt im Aufsatz unerwähnt. Einen historischen Wandel der Gattungen zieht der Aufsatz nicht in Betracht. (P. Szondi, *Poetik und Geschichtsphilosophie*, Bd. 2, Frankfurt/Main 1974, S. 41-56.)

Wie Goethe im Begleitbrief an Schiller vom 23. 12. 1797 hervorhebt, geht es ihm vor allem darum, dem modernen Interesse an der Gattungvermischung entgegenzutreten: »Diesen eigentlich kindischen, barbarischen, abgeschmackten Tendenzen sollte nun der Künstler aus allen Kräften widerstehn, Kunstwerk von Kunstwerk durch undurchdringliche Zauberkreise sondern, jedes bei seiner Eigenschaft und seinen Eigenheiten erhalten, so wie es die Alten getan haben und dadurch eben solche Künstler wurden und waren«.

Gerade auf dem Feld der Gattungspoetik haben sich die Frühromantiker von der klassizistischen Lehre weit entfernt, sie haben die Gattungen historisiert (auch Schiller beginnt damit in *Über naive und sentimentalische Dichtung*) und im Namen einer »progressiven Universalpoesie« (F. Schlegel) die Vermischung der Gattungen zumal im Roman gefordert und begrüßt.

Freilich hat der Aufsatz *Über epische und dramatische Dichtung* als Programmschrift des Weimarer Klassizismus nur begrenzte Geltung. In Schillers und Goethes Briefen vor und nach dem Aufsatz klingt manches anders. Goethe gibt zu erkennen, daß es die realistischen Tendenzen der Moderne sind, welche die Modifizierung der Gattungen herbeiführen – Tendenzen, die er freilich dem ihm fragwürdigen Publikumsgeschmack anlastet. (An Schiller, 23. 12. 1797.) Schiller als gründlicher Leser der *Lehrjahre* macht die Beobachtung, daß Goethes Roman sich zum einen der Epopöe, zum andern dem Drama annähert (an Goethe, 8. 7. 1796). Allerdings beanstandet er nach der klassizistischen Maxime der Stimmigkeit »ein sonderbares Schwanken zwischen einer prosaischen und poetischen Stimmung« in den *Lehrjahren* und ist überzeugt, daß »jede Romanform ⟨...⟩ schlechterdings nicht poetisch« sei (an Goethe, 20. 10. 1797). Gegen Schillers theoretische Annahmen aber zeigt gerade der *Wallenstein* epische Tendenzen, und sein Brief nach Weimar vom 29. 12. 1797 erwägt die Annäherung des »Trauerspiels« an die Oper (die in *Maria Stuart* und der *Braut von Messina* auch sichtbar wird). Goethe bekennt 1805, anläßlich seiner Übersetzung von Diderots *Le Neveu de Rameau*, daß die »geschmackvolle Sonderung und Läuterung der verschiedenen Dichtarten« in der Antike nicht mehr als verbindliches Muster dienen könne.

Am 30. 12. 1797 teilt Goethe Schiller mit, es sei nun Zeit für ihn, die »theoretischen Betrachtungen« abzuschließen und wieder an die poetische Arbeit zu gehen. Fragen der Gattungspoetik werden in den Briefen der folgenden Jahre nur noch selten erörtert.

Erst 30 Jahre später entschließt sich Goethe, den Aufsatz – unter beider Namen – zum Druck zu geben.

STELLENKOMMENTAR

1085,14 *Rhapsoden*] Rhapsoden waren Vortragskünstler, die in nachhomerischer Zeit epische Dichtungen, z. B. die Gesänge Homers, öffentlich vortrugen.

Wie in anderen kommentierten Ausgaben werden auch hier die vier Briefe wiedergegeben, die Goethe und Schiller über den Aufsatz gewechselt haben und die Goethe als Anhang zum Aufsatz in ›Ueber Kunst und Alterthum‹ (1827, 1. Heft, S. 7-26) abgedruckt hat.

Goethe an Schiller

⟨Weimar, 23. 12. 97⟩

In der Beylage erhalten Sie meinen Aufsatz, den ich zu beherzigen, anzuwenden, zu modificiren und zu erweitern bitte. Ich habe mich seit einigen Tagen dieser Kriterien bey'm Lesen der Ilias und des Sophokles bedient, so wie bey einigen epischen und tragischen Gegenständen, die ich in Gedanken zu motiviren versuchte, und sie haben mir sehr brauchbar, ja entscheidend geschienen.

Es ist mir dabey recht aufgefallen, wie es kommt, daß wir Modernen die Genres so sehr zu vermischen geneigt sind, ja daß wir gar nicht einmal im Stande sind sie von einander zu unterscheiden. Es scheint nur daher zu kommen, weil die Künstler, die eigentlich die Kunstwerke innerhalb ihrer reinen Bedingungen hervorbringen sollten, jenem Streben der Zuschauer und Zuhörer, alles völlig wahr zu finden, gefällig nachgeben. Meyer hat bemerkt, daß man alle Arten der bildenden Kunst hat bis zur Malerey hinantreiben wollen, indem diese durch Haltung und Farben die Nachahmung als völlig wahr darstellen kann. So sieht man auch im Gang der Poesie, daß alles zum Drama, zur Darstellung des *vollkommen Gegenwärtigen* sich hindrängt. So sind die Romane in Briefen völlig dramatisch, man kann deßwegen mit Recht förmliche Dialoge, wie auch Richardson gethan hat, einschalten; erzählende Romane mit Dialogen untermischt würden dagegen zu tadeln seyn.

Sie werden hundertmal gehört haben, daß man nach Lesung eines guten Romans gewünscht hat, den Gegenstand auf dem Theater zu sehen, und wie viel schlechte Dramen sind daher entstanden! Eben so wollen die Menschen jede interessante Situation gleich in Kupfer gestochen sehen;

damit nur ja ihrer Imagination keine Thätigkeit übrig bleibe, so soll alles sinnlich wahr, vollkommen gegenwärtig, dramatisch seyn und das Dramatische selbst soll sich dem wirklich Wahren völlig an die Seite stellen. Diesen eigentlich kindischen, barbarischen, abgeschmackten Tendenzen sollte nun der Künstler aus allen Kräften widerstehen, Kunstwerk von Kunstwerk durch undurchdringliche Zauberkreise sondern, jedes bey seiner Eigenschaft und seinen Eigenheiten erhalten, so wie es die Alten gethan haben und dadurch eben solche Künstler wurden und waren. Aber wer kann sein Schiff von den Wellen sondern, auf denen es schwimmt? Gegen Strom und Wind legt man nur kleine Strecken zurück.

So war z. B. bey den Alten das Basrelief ein nur wenig erhobenes Werk, eine flache geschmackvolle Andeutung eines Gegenstandes auf einer Fläche; allein dabey konnte der Mensch nicht bleiben, es wurde halb erhoben, ganz erhoben, Glieder abgesondert, Figuren abgesondert, Perspective angebracht, Straßen, Wolken, Berge und Landschaften vorgestellt, und weil nun auch dies durch Menschen von Talent geschah, so fand das völlig Unzulässige desto eher Eingang, als man es dadurch gerade dem ungebildeten Menschen um so mehr nach seinem Sinne machte. So kommt unter Meyers Abhandlung die sehr artige, hierher gehörige Geschichte vor, wie man in Florenz die aus Thon gebildeten Figuren erst glasirt, dann einfärbig, endlich mehrfärbig gemalt und emaillirt hat.

Um nun zu meinem Aufsatze zurückzukommen, so habe ich den darin aufgestellten Maaßstab an Herrmann und Dorothea gehalten und bitte Sie deßgleichen zu thun, wobey sich ganz interessante Bemerkungen machen lassen, als z. B.:

1) daß kein ausschließlich episches Motiv, das heißt kein retrogradirendes, sich darin befinde, sondern daß nur die vier andern, welche das epische Gedicht mit dem Drama gemein hat, darinne gebraucht sind.

2) daß es nicht außer sich wirkende, sondern nach innen

geführte Menschen darstellt und sich auch dadurch von der
Epopée entfernt und dem Drama nähert.

3) daß es sich mit Recht der Gleichnisse enthält, weil bey
einem mehr sittlichen Gegenstande das Zudringen von Bildern aus der physischen Natur nur mehr lästig gewesen
wäre.

4) daß es aus der dritten Welt, ob es gleich nicht auffallend ist, noch immer genug Einfluß empfangen hat, indem
das große Weltschicksal theils wirklich, theils durch Personen, symbolisch, eingeflochten ist und von Ahnung, von
Zusammenhang einer sichtbaren und unsichtbaren Welt
doch auch leise Spuren angegeben sind; welches zusammen
nach meiner Ueberzeugung an die Stelle der alten Götter-
bilder tritt, deren physisch-poetische Gewalt freylich dadurch nicht ersetzt wird.

Schließlich muß ich noch von einer sonderbaren Aufgabe melden, die ich mir in diesen Rücksichten gegeben habe,
nämlich zu untersuchen: ob zwischen Hektors Tod und der
Abfahrt der Griechen von der Trojanischen Küste, noch ein
episches Gedicht inne liege, oder nicht? ich vermuthe fast
das Letzte und zwar aus folgenden Ursachen:

1) Weil sich nichts Retrogradirendes findet, sondern alles unaufhaltsam vorwärts schreitet.

2) Weil alle noch einigermaßen retardirende Vorfälle das
Interesse auf mehrere Menschen zerstreuen und, obgleich
in einer großen Masse, doch Privatschicksalen ähnlich sehn.
Der Tod des Achilles scheint mir ein herrlich tragischer Stoff,
der Tod des Ajax, die Rückkehr des Philoktet sind uns von
den Alten noch übrig geblieben. Polyxena, Hekuba und
andere Gegenstände aus dieser Epoche waren auch behandelt. Die Eroberung von Troja selbst ist, als ein Erfüllungs-
moment eines großen Schicksals, weder episch noch
tragisch und kann bey einer ächten epischen Behandlung
nur immer vorwärts oder rückwärts in der Ferne gesehen
werden. Virgils rhetorisch-sentimentale Behandlung kann
hier nicht in Betracht kommen.

Soviel von dem was ich gegenwärtig einsehe, salvo meliori: denn, wenn ich mich nicht irre, so ist diese Materie, wie viele andere, eigentlich theoretisch unaussprechlich; was das Genie geleistet hat sehen wir allenfalls, wer will sagen was es leisten könnte oder sollte.

G.

Schiller an Goethe

⟨Jena, 26. 12. 97⟩

Die Gegeneinanderstellung des Rhapsoden und Mimen nebst ihrem beyderseitigen Auditorium scheint mir ein sehr glücklich gewähltes Mittel, um der Verschiedenheit beyder Dichtarten beyzukommen. Schon diese Methode allein reichte hin, einen groben Mißgriff in der Wahl des Stoffs für die Dichtart oder der Dichtart für den Stoff unmöglich zu machen. Auch die Erfahrung bestätigt es, denn ich wüßte nicht, was einen bey einer dramatischen Ausarbeitung so streng in den Gränzen der Dichtart hielt, und wenn man daraus getreten, so sicher darein zurückführte, als eine möglichst lebhafte Vorstellung der wirklichen Repräsentation der Bretter, eines angefüllten und bunt gemischten Hauses, wodurch die affectvolle unruhige Erwartung, mithin das Gesetz des intensiven und rastlosen Fortschreitens und Bewegens einem so nahe gebracht wird.

Ich möchte noch ein zweytes Hülfsmittel zur Anschaulichmachung dieses Unterschieds in Vorschlag bringen. Die dramatische Handlung bewegt sich vor mir, um die epische bewege ich mich selbst und sie scheint gleichsam stille zu stehn. Nach meinem Bedünken liegt viel in diesem Unterschied. Bewegt sich die Begebenheit vor mir, so bin ich streng an die sinnliche Gegenwart gefesselt, meine Phantasie verliert alle Freyheit, es entsteht und erhält sich eine fortwährende Unruhe in mir, ich muß immer bey'm Objecte bleiben; alles Zurücksehen, alles Nachdenken ist mir versagt, weil ich einer fremden Gewalt folge. Beweg' ich mich um die Begebenheit, die mir nicht entlaufen kann, so kann ich einen ungleichen Schritt halten, ich kann nach meinem subjectiven Bedürfniß mich länger oder kürzer verweilen, kann Rückschritte machen oder Vorgriffe thun u. s. f. Es stimmt dieses auch sehr gut mit dem Begriff des *Vergangenseyns*, welches als stille stehend gedacht werden kann, und mit dem Begriff des *Erzählens*; denn der Erzähler weiß schon am Anfang und in der Mitte das Ende, und ihm ist folglich jeder Moment der Handlung gleichgeltend, und so behält er durchaus eine ruhige Freyheit.

Daß der Epiker seine Begebenheit als vollkommen vergangen, der Tragiker die seinige als vollkommen gegenwärtig zu behandeln habe, leuchtet mir sehr ein.

Ich setze noch hinzu: Es entsteht daraus ein reizender Widerstreit der Dichtung als Genus mit der Species derselben, der in der Natur wie in der Kunst immer sehr geistreich ist. Die Dichtkunst, als solche, macht alles sinnlich gegenwärtig, und so nöthigt sie auch den epischen Dichter, das Geschehene zu vergegenwärtigen, nur daß der Charakter des Vergangenseyns nicht verwischt werden darf. Die Dichtkunst, als solche, macht alles Gegenwärtige vergangen und entfernt alles Nahe (durch Idealität), und so nöthigt sie den Dramatiker, die individuell auf uns eindringende Wirklichkeit von uns entfernt zu halten und dem Gemüth eine poetische Freyheit gegen den Stoff zu verschaffen. Die Tragödie in ihrem höchsten Begriffe wird also immer zu dem epischen Charakter *hinauf*streben und wird nur dadurch zur Dichtung. Das epische Gedicht wird eben so zu dem Drama *herunter*streben und wird nur dadurch den poetischen Gattungsbegriff ganz erfüllen; just das, was beyde zu poetischen Werken macht, bringt beyde einander nahe. Das Merkmal, wodurch sie specificirt und einander entgegengesetzt werden, bringt immer einen von beyden Bestandtheilen des poetischen Gattungsbegriffs ins Gedränge, bey der Epopée die *Sinnlichkeit*, bey der Tragödie die *Freyheit*, und es ist also natürlich, daß das Contrepoids gegen diesen Mangel immer eine Eigenschaft seyn wird, welche das specifische Merkmal der entgegengesetzten Dichtart ausmacht. Jede wird also der andern den Dienst erweisen, daß sie die *Gattung* gegen die *Art* in Schutz nimmt. Daß dieses wechselseitige Hinstreben zu einander nicht in eine Vermischung und Gränzverwirrung ausarte, das ist eben die eigentliche Aufgabe der Kunst, deren höchster Punct überhaupt immer dieser ist, Charakter mit Schönheit, Reinheit mit Fülle, Einheit mit Allheit etc. zu vereinbaren.

Ihr Herrmann hat wirklich eine gewisse Hinneigung zur Tragödie, wenn man ihm den reinen strengen Begriff der Epopée gegenüberstellt. Das Herz ist inniger und ernstlicher beschäftigt, es ist mehr pathologisches Interesse als poetische Gleichgültigkeit darin. So ist auch die Enge des Schauplatzes, die Sparsamkeit der Figuren, der kurze Ablauf der Handlung der Tragödie zugehörig. Umgekehrt schlägt ihre Iphigenie offenbar in das epische Feld hinüber, sobald man ihr den strengen Begriff der Tragödie entgegenhält. Von dem Tasso will ich gar nicht reden. Für eine Tragödie ist in der Iphigenie ein zu ruhiger Gang, ein zu großer Aufenthalt, die Katastrophe nicht einmal zu rechnen, welche der Tragödie widerspricht. Jede Wirkung, die ich von diesem Stücke theils an mir selbst, theils an andern erfahren, ist, generisch, poetisch nicht tragisch gewesen, und so wird es immer seyn, wenn eine Tragödie, auf epische Art, verfehlt wird. Aber an Ihrer Iphigenie ist dieses Annähern an's Epische ein Fehler, nach meinem Begriff; an Ihrem Herrmann ist die Hinneigung zur Tragödie offenbar kein Fehler, wenigstens dem Effecte nach ganz und gar nicht. Kommt dieses etwa davon, weil die Tragödie zu einem *bestimmten*, das epische Gedicht zu einem allgemeinen und freyen Gebrauche da ist?

Für heute nichts mehr. Ich bin noch immer keiner ordentlichen Arbeit fähig, nur Ihr Brief und Aufsatz konnten mir unterdessen Beschäftigung geben. Leben Sie recht wohl.

S.

Goethe an Schiller

So leid es mir thut, zu hören, daß Sie noch nicht ganz zur Thätigkeit hergestellt sind, ist es mir doch angenehm, daß mein Brief und Aufsatz Sie einigermaßen beschäftigt hat. Ich danke für den Ihrigen, der eine Sache noch weiter führt, an der uns soviel gelegen seyn muß. Leider werden wir Neuern wohl auch gelegentlich als Dichter geboren und wir plagen uns in der ganzen Gattung herum ohne recht zu wissen woran wir eigentlich sind; denn die specifischen Bestimmungen sollten, wenn ich nicht irre, eigentlich von außen kommen und die Gelegenheit das Talent determiniren. Warum machen wir so selten ein Epigramm im griechischen Sinne? weil wir so wenig Dinge sehen die eins verdienen. Warum gelingt uns das Epische so selten? weil wir keine Zuhörer haben. Und warum ist das Streben nach theatralischen Arbeiten so groß? weil bey uns das Drama die einzig sinnlich reizende Dichtart ist, von deren Ausübung man einen gewissen gegenwärtigen Genuß hoffen kann.

Ich habe diese Tage fortgefahren die Ilias zu studiren, um zu überlegen, ob zwischen ihr und der Odysse nicht noch eine Epopée inne liege. Ich finde aber eigentlich nur tragische Stoffe, es sey nun, daß es wirklich so ist, oder daß ich nur den epischen nicht finden kann. Das Lebensende des Achill mit seinen Umgebungen ließe eine epische Behandlung zu und forderte sie gewissermaßen, wegen der Breite des zu bearbeitenden Stoffs. Nun würde die Frage entstehen, ob man wohl thue einen tragischen Stoff allenfalls episch zu behandeln? Es läßt sich allerley dafür und dagegen sagen. Was den Effect betrifft, so würde ein Neuer, der für Neue arbeitet, immer dabey im Vortheil seyn, weil man ohne pathologisches Interesse wohl schwerlich sich den Beyfall der Zeit erwerben wird. So viel für diesmal. Meyer arbeitet fleißig an seiner Abhandlung über die zur bildenden Kunst geeigneten Gegenstände, es kommt dabey alles zur Sprache was auch uns interessirt und es zeigt sich, wie nah der bildende Künstler mit dem Dramatiker verwandt ist. Möchten Sie Sich doch recht bald erholen und ich zur Freyheit gelangen Sie nächstens besuchen zu können.

d. 27. Decbr. 1797.

Schiller an Goethe

Jena, d. 29. Dec. 1797.

Unser Freund Humboldt, von dem ich Ihnen hier einen langen Brief beilege, bleibt mitten in dem neugeschaffnen Paris seiner alten Deutschheit getreu, und scheint nichts als die äußere Umgebung verändert zu haben. Es ist mit einer gewissen Art zu philosophiren und zu empfinden wie mit einer gewissen Religion; sie schneidet ab von außen und isolirt, indem sie von innen die Innigkeit vermehrt.

Ihr jetziges Geschäft, die beyden Gattungen zu sondern und zu reinigen, ist freylich von der höchsten Bedeutung, aber Sie werden mit mir überzeugt seyn, daß, um von einem Kunstwerk alles auszuschließen, was seiner Gattung fremd ist, man auch nothwendig alles darin müsse einschließen können, was der Gattung gebührt. Und eben daran fehlt es jetzt. Weil wir einmal die Bedingungen nicht zusammenbringen können, unter welchen eine jede der beyden Gattungen steht, so sind wir genöthigt, sie zu vermischen. Gäb' es Rhapsoden und eine Welt für sie, so würde der epische Dichter keine Motive von dem tragischen zu entlehnen brauchen, und hätten wir die Hülfsmittel und intensiven Kräfte des griechischen Trauerspiels und dabey die Vergünstigung, unsere Zuhörer durch eine Reihe von sieben Repräsentationen hindurchzuführen, so würden wir unsre Dramen nicht über die Gebühr in die Breite zu treiben brauchen. Das Empfindungsvermögen des Zuschauers und Hörers muß einmal ausgefüllt und in allen Puncten seiner Peripherie berührt werden; der Durchmesser dieses Vermögens ist das Maaß für den Poeten. Und weil die moralische Anlage

die am meisten entwickelte ist, so ist sie auch die fodernd-
ste und wir mögen's auf unsre Gefahr wagen, sie zu
vernachlässigen.

Wenn das Drama wirklich durch einen so schlechten
Hang des Zeitalters in Schutz genommen wird, wie ich
nicht zweifle, so müßte man die Reforme bey'm Drama
anfangen, und durch Verdrängung der gemeinen Naturnachahmung, der Kunst Luft und Licht verschaffen. Und
dieß, däucht mir, möchte unter andern am besten durch
Einführung symbolischer Behelfe geschehen, die in allem
dem, was nicht zu der wahren Kunstwelt des Poeten gehört, und also nicht dargestellt, sondern bloß bedeutet werden soll, die Stelle des Gegenstandes verträten. Ich
habe mir diesen Begriff vom Symbolischen in der Poesie
noch nicht recht entwickeln können, aber es scheint
mir viel darin zu liegen. Würde der Gebrauch desselben
bestimmt, so müßte die natürliche Folge seyn, daß die Poesie sich reinigte, ihre Welt enger und bedeutungsvoller
zusammenzöge, und innerhalb derselben desto wirksamer
würde.

Ich hatte immer ein gewisses Vertrauen zur Oper, daß aus
ihr wie aus den Chören des alten Bacchusfestes das Trauerspiel in einer edlern Gestalt sich loswickeln sollte. In der
Oper erläßt man wirklich jene servile Naturnachahmung,
und obgleich nur unter dem Namen von Indulgenz, könnte
sich auf diesem Wege das Ideale auf das Theater stehlen. Die
Oper stimmt durch die Macht der Musik und durch eine
freyere harmonische Reizung der Sinnlichkeit das Gemüth
zu einer schönern Empfängniß, hier ist wirklich auch
im Pathos selbst ein freyeres Spiel, weil die Musik es begleitet, und das Wunderbare, welches hier einmal geduldet
wird, müßte nothwendig gegen den Stoff gleichgültiger
machen.

Auf Meyers Aufsatz bin ich sehr begierig, es werden sich
daraus unfehlbar viele Anwendungen auf die Poesie ergeben.

Nach und nach komme ich wieder in meine Arbeit, aber

bey dieser schrecklichen Witterung ist es wirklich schwer, sein Gemüth elastisch zu erhalten.

Möchten Sie nun bald frey seyn und mir Thätigkeit, Muth und Leben mitbringen. Leben Sie recht wohl.

S.

SCHEMA ZU »DER SAMMLER UND DIE SEINIGEN«

TEXTGESTALT

Unser Druck folgt NA 21 (Faltblatt im Anhang des Bandes), welche die Handschrift zugrunde gelegt hat. Die
Handschrift ist im Besitz des Goethe-Schiller-Archivs, Weimar.

Erstdruck: WA I 47, S. 338-339.

Das Schema hat Schiller niedergeschrieben und Goethe
erweitert; die Ergänzungen Goethes sind in unserm Druck
kursiv wiedergegeben.

ENTSTEHUNG UND ASPEKTE DER DEUTUNG

»Heute vor acht Tagen«, schreibt Goethe Johann Heinrich
Meyer am 27. 11. 1798, »kam mit Schillern etwas zur Sprache, das wir in einigen Abenden durcharbeiteten und zu
einer kleinen Komposition schematisierten. Ich fing gleich
an, auszuführen und bringe es wahrscheinlich diese Woche
zustande. Es gibt einen tüchtigen Beitrag zu den Propyläen.
Es heißt: Der Kunstsammler und ist ein kleines Familiengemälde in Briefen, und hat zur Absicht die verschiedenen
Richtungen welche Künstler und Liebhaber nehmen können, wenn sie nicht aufs Ganze der Kunst ausgehen,
sondern sich an einzelne Teile halten, auf eine heitere Weise
darzustellen.«

Das Schema wird am 20. 11. von Schiller entworfen, und
Goethe ergänzt seinen systematischen Grundriß, der in
sechs Rubriken unterschiedliche Kunstrichtungen zusammenzufassen sucht, mit Bezeichnungen voller Sprachwitz.

Der Aufsatz *Der Sammler und die Seinigen*, den Goethe am
12. 5. 1799 abschließt und im 2. Stück des 2. Bandes der
›Propyläen‹ zum Druck bringt, entspricht weitgehend dem,
was er Meyer in Aussicht stellte. Am 20. 6. berichtet Schiller Goethe über seine Lektüre: »Die Aufführung der Cha-
ractere und Kunstrepräsentanten hat dadurch noch sehr
gewonnen, daß unter den Besuchfratzen keine in das Fach-
werk paßt, welches nachher aufgestellt wird. Nicht zu
erwähnen, daß der kleine Roman dadurch – poetisch – an
Reichtum und Wahrheit gewinnt, so wird auch dadurch
philosophisch der ganze Kreis vollendet, welcher in den
drei Klaßen des Falschen, des Unvollkommenen und des
Vollkommenen enthalten ist.«

Goethes Antwortbrief vom 22. 6. hebt die vergnügli-
chen Seiten dieser gemeinsamen kulturpolitischen Arbeit
gegen einseitige Kunstauffassungen hervor, der die ›Horen‹ und die ›Propyläen‹ gleichermaßen dienen sollten:
»Wir selbst haben dabei viel gewonnen, wir haben uns unterrichtet, wir haben uns amüsiert, wir machen Lärm, und
das gegenwärtige Propyläenstück wird gewiß doppelt soviel gelesen als die vorigen.« Auch Schiller verspricht sich
vom mitunter polemischen Ton des *Sammlers*, in dem er eine
Kriegserklärung an das ungebildete Publikum sieht (vgl.
S. 1461), eine nachhaltige Wirkung. Es hat ihn bitter enttäuscht, daß sie offenbar ausbleibt. Als er von Cotta erfährt,
daß der Absatz der ›Propyläen‹ dramatisch zurückgegangen
ist, schreibt er Goethe am 5. 7. 1799: »einen so niederträch-
tigen Begriff hat mir noch nichts von dem deutschen
Publicum gegeben.«

Der Aufsatz stellt mit heiterer Gelassenheit verschiedene
Kunstauffassungen unter Künstlern und Liebhabern dar,
denen jede für sich eine gewisse Berechtigung zugestanden
wird und denen gemeinsam ist, daß sie das »Ganze der
Kunst« aus den Augen verlieren. Er zielt, nach dem Konzept der ›Propyläen‹, auf ästhetische Bildung, doch sind die
kunsttheoretischen Themen einer Erzählung in Briefen anvertraut – Schiller nennt sie »einen kleinen Roman« –,

deren Ton nicht belehrend ist, sondern leicht zwischen philosophischem Ernst und heiterer Satire wechselt. An den
klassischen Bildungsroman, Goethes *Lehrjahre*, erinnert im
Sammler nicht nur das Motiv der Kunstsammlung.

Während die Nachahmer, Charakteristiker und Kleinkünstler der Naturalismus-Vorwurf trifft, überlassen sich
die Imaginanten, Undulisten und Skizzisten der manierierten Darstellung ihrer bloßen Phantasieprodukte und ver-
zerren die Naturphänomene. »Die eine Hälfte des halben
Dutzends nimmt es zu ernst, streng und ängstlich, die andere zu leicht und lose.« Schema und Aufsatz lassen keinen
Zweifel daran, daß die in den sechs Rubriken genannten
Eigenschaften erst in ihrer Verbindung den wahren Künstler und den Kunstliebhaber ausmachen. Im Begriff des
Stils, den Goethe in *Über einfache Nachahmung, Manier, Styl*
entwickelte, sieht das Schema wie auch der 8. Brief des
Sammlers Ernst und Spiel ausgeglichen. Kunstwahrheit,
Schönheit und Vollendung sind die Stichworte, mit denen
Goethe und Schiller hier das Weimarische Kunstideal um-
reißen.

Einen unmittelbaren Anlaß für das Schema und den
Sammler bieten der von Schiller in den ›Horen‹ gedruckte
Laokoon-Aufsatz, der *Nachtrag* dazu und der *Versuch über
das Kunstschöne* des Archäologen Alois Ludwig Hirt (1759-
1839), der gegen Winckelmann und Lessing die These vertreten hatte, nicht das Schöne, sondern das »Charakteristische«, das auch das Häßliche berücksichtigt, sei das Thema
der griechischen Kunst gewesen. Die Figur des Charakteristikers im *Sammler* ist ein »literarisches Porträt Hirts mit
einem Stich in die Karikatur«, während der Oheim deutlich
Züge Goethes trägt (vgl. E. W. Schulz, *Die Wahrheit der
Kunstwerke und das Kunsturteil. Anmerkungen zu Goethes
Schrift »Der Sammler und die Seinigen«*, S. 34). Zwar weist der
Sammler die dogmatische Tendenz des Charakteristikers zurück, doch akzeptiert er einen die Strenge des Klassizismus
überwindenden Kunstbegriff, in dem das Schöne und das
Charakteristische und Leidenschaftliche einander nicht

mehr ausschließen. (Vgl. Goethe an Meyer, 14. 7. 1797.)
Auch Schiller stimmt Hirt darin zu, daß gegen einen ver-
engten Begriff griechischer Schönheit an »die derbe, oft
niedrige und häßliche Natur im Homer und in den Tragikern« erinnert werden muß (an Goethe, 7. 7. 1797).

STELLENKOMMENTAR

1088,5 u. 19 *Manieristen]* Von Goethe gestrichen und
durch Undulisten ersetzt.

SCHEMATA ÜBER DEN DILETTANTISMUS

TEXTGRUNDLAGE UND -ÜBERLIEFERUNG

In dieser Gruppe sind die von Schiller und Goethe gemeinsam erarbeiteten Materialien zum Dilettantismus zusammengefaßt: das Allgemeine Schema, die Einzelschemata
sowie das Aufsatz-Fragment *Über den Dilettantismus*. Eckermann ordnete auf Wunsch Goethes einige Manuskripte im
Winter 1823/24 für den Druck, wich dabei aber von ihrer
Chronologie ab. Seine Bearbeitung erschien in der *Ausgabe
letzter Hand*, Bd. 44, Stuttgart und Tübingen 1832. Alle in
Schillers und Goethes Nachlaß aufgefundenen Manuskripte zum Thema wurden – nach einer Teilveröffentlichung bei
Karl Hoffmeister, *Nachlese zu Schillers Werken*, Bd. 4, 1841,
S. 572ff. – erstmals 1896 in der Reihenfolge ihrer Entste-
hung vorgelegt in: *Goethes Werke*, WA I 47, S. 299-326.
Zuletzt haben B. v. Wiese und H. Koopmann alle von
Schiller mitverfaßten Texte nach den Handschriften, die
sich im Goethe-Schiller-Archiv in Weimar befinden, veröf-
fentlicht und ausführlich kommentiert im Bd. 21 der Nationalausgabe, Weimar 1963, S. 60-62, 10 Faltblätter im
Anhang und S. 350-378.
  Unser Druck der Materialien zum Dilettantismus folgt
dieser Ausgabe.

ENTSTEHUNG UND ASPEKTE DER DEUTUNG

Noch bevor Goethe im Mai 1799 den Aufsatz *Der Sammler
und die Seinigen* abschließt, führen die »Weimarer Kunstfreunde« (Goethe, Schiller, J. H. Meyer) intensive Gespräche über den Dilettantismus, die in ihren Augen unseriöse

Kunstliebhaberei, hinter der sich oft nichts anderes als schwärmerische Selbstliebe verbirgt, eine Einstellung zu den Künsten, die die grundlegende Differenz zwischen Kunst und Natur fahrlässig ignoriert. (Auf die Liebhaberei geht schon das Kunstgespräch in den *Lehrjahren* ein, VIII 7.) Es scheint vor allem der sich in der englischen Gartenmode manifestierende Dilettantismus zu sein, der Schiller und Goethe veranlaßt, gegen diese »ewige Unart der Zeit« kritisch und mitunter polemisch – nach dem Muster der *Xenien* – Stellung zu nehmen. Die Arbeit am Dilettantismus-Projekt sollte in einen umfangreichen Aufsatz für die ›Propyläen‹ münden.

In den *Tag- und Jahresheften* für 1799 notiert Goethe: »auch der nützliche und schädliche Einfluß des Dilettantismus auf alle Künste ward tabellarisch weiter ausgearbeitet, wovon die Blätter beidhändig noch vorliegen. Überhaupt wurden solche methodische Entwürfe durch Schillers philosophischen Ordnungsgeist, zu welchem ich mich symbolisierend hinneigte, zur angenehmsten Unterhaltung. Man nahm sie von Zeit zu Zeit wieder auf, prüfte sie, stellte sie um ⟨. . .⟩.«

Am 29. 5. 1799 schreibt Schiller nach Weimar: »Indem ich mir von unserm letzten Zusammenseyn Rechenschaft gebe, finde ich daß wir uns, ohne produktiv zu seyn, wieder nützlich beschäftigt haben, die Idee besonders von dem nothwendigen Auseinanderhalten der Natur und Kunst wird mir immer bedeutender und fruchtbarer so oft wir auf diese Materie zurückkommen, und ich rathe, bei dem Aufsatz über den Dilettantism auch recht breit darüber heraus zu gehen. Das Schema über diesen Aufsatz erwarte ich nun bald, abgeschrieben und mit neuen Bemerkungen bereichert, zurück ⟨. . .⟩.«

Am 22. 6. 1799 teilt Goethe Schiller über die Arbeit am Dilettantismus-Projekt mit: »Sie ist von der größten Wichtigkeit und es wird von Umständen und vom Zufall abhängen auf welche Weise sie zuletzt producirt wird. Ich möchte ihr gar zu gern eine poetische Form geben theils um sie allgemeiner, theils um sie gefälliger wirken zu machen.

Denn wie Künstler, Unternehmer, Verkäufer und Käufer
und Liebhaber jeder Kunst im Dilettantism ersoffen sind,
das sehe ich erst jetzt mit Schrecken, da wir die Sache so
sehr durchgedacht und dem Kinde einen Nahmen gegeben
haben. Wir wollen mit der größten Sorgfalt unsere Schemata nochmals durcharbeiten, damit wir uns des ganzen
Gehaltes versichern und dann abwarten ob uns das gute
Glück eine Form zuweißt, in der wir ihn aufstellen. Wenn
wir dereinst unsere Schleußen ziehen, so wird es die grim-
migsten Händel setzen, denn wir überschwemmen gerade
zu das ganze liebe Thal, worin sich die Pfuscherey so glücklich angesiedelt hat. Da nun der Hauptcharakter des Pfu-
schers die *Incorrigibilität* ist und besonders die von unserer
Zeit mit einem ganz bestialischen Dünkel behaftet sind, so
werden sie schreyen, daß man ihnen ihre Anlagen verdirbt
und wenn das Wasser vorüber ist wie die Ameisen nach dem
Platzregen alles wieder in alten Stand setzen. Doch das
kann nichts helfen, das Gericht muß über sie ergehen. Wir
wollen unsere Teiche nur recht anschwellen lassen und dann
die Dämme auf einmal durchstechen. Es soll eine gewaltige
Sündfluth werden.«

Schillers Antwort am 25. 6. steht Goethes Brief an po-
lemischer Schärfe nicht nach (vgl. S. 1461). Er spricht sich
ebenfalls dafür aus, »daß auch der Dilettantismus mit allen
Waffen angegriffen wird«, und fährt fort: »Eine aesthetische Einkleidung, wie etwa der Sammler, würde diesem
Aufsatz freilich bei einem geistreichen Publikum den größern Eingang verschaffen, aber den Deutschen muß man
die Wahrheit so derb sagen als möglich, daher ich glaube,
daß man wenigstens den Ernst, auch in der äusern Einkleidung, vorherrschen lassen muß.«

Bereits in der Abhandlung *Von den notwendigen Grenzen*
(S. 677ff.) hat Schiller dem »wahrhaften Kunstgenie« den
»bloßen Dilettanten« gegenübergestellt und aus seinem ab-
schätzigen Urteil über ihn keinen Hehl gemacht. Er folgt
damit weitgehend der Abhandlung von K. Ph. Moritz,
Über die bildende Nachahmung des Schönen, die freilich den

Begriff des Dilettantismus nicht verwendet. Der Einfluß von Moritz auf Goethes Bild des Dilettanten ist dagegen begrenzt. (Vgl. NA 21, S. 360ff.; H. R. Vaget, *Das Bild vom Dilettanten bei Moritz, Schiller und Goethe*, JFDH 1970). Den Künstler, so Schiller in *Von den notwendigen Grenzen*, zeichnet Professionalität aus, anstrengendes Studium sowie ästhetische Distanz zu seinem Gegenstand; dagegen ist der Dilettant durch die Wirkungen des Schönen verführt, Opfer seiner schwärmerischen Einbildungskraft, die er bereits für ein produktives Vermögen hält. Der »Dilettant wird nie den Gegenstand, immer nur sein Gefühl über den Gegenstand schildern«. Vorrangig greifen Goethes und Schillers Schemata und das Aufsatz-Fragment unter dem Titel des Dilettantismus Phantasterei, Gesetzlosigkeit, Willkür, Sentimentalität sowie Pfuscherei an und bieten gegen diese die klassizistische Überzeugung von der gesetzlichen Ordnung der Kunst auf. Nur indirekt geht diese Kritik an die Adresse der frühromantischen Literatur und Poetik. Und dort, wo die Schemata dem Dilettantismus bloßen Zeitvertreib, Leere oder Sentimentalität anlasten, erfassen sie, wie es scheint, Tendenzen der Kunst zur Trivialität, zu dem, was wir wohl heute als Kitsch bezeichnen.

Insgesamt urteilt Goethe, mit Rücksicht wohl auch auf seine eigenen Versuche zu zeichnen, über den Dilettantismus weniger streng als Schiller. Die *Wahlverwandtschaften* halten etwa dem Architekten einen fundierten Dilettantismus zugute, gehen aber mit Eduards Habitus des Dilettanten, der Kunstliebe mit Selbstliebe verwechselt, hart ins Gericht. Die Bemerkung, daß der Dilettant den Künstler »zu sich herabzieht«, mag darauf hinweisen, daß es freie Schriftsteller wie Schiller, die sich ausschließlich der Kunst widmen und von ihr zu leben suchen, die der Kunst ihre soziale Distinktion verdanken (vgl. S. 1307), außerordentlich irritieren muß, wenn Liebhaber den Anspruch erheben, ihnen als Künstler ebenbürtig zu sein. Goethe wie Schiller sind bemüht, die positiven und negativen Seiten dilettantischer Kunstverehrung und -produktion sorgfältig gegen-

einander abzuwägen. Dabei kommen auch spezifische
Bedingungen des Dilettantismus in den Blick. (So erwägt
Meyer, zwischen dem Dilettantismus von Kindern, Frauen,
Reichen und Vornehmen zu unterscheiden, S. 1123.) Die
Schäden des Dilettierens können in der Dichtung, der Gar-
ten- und Schauspielkunst größer sein als in den andern
Künsten. Auf der anderen Seite gestehen die Schemata dem
Dilettantismus ausdrücklich zu, wesentlich zur Bildung in-
dividueller Fähigkeiten und zur Kultivierung des geselli-
gen Umgangs (»Gesellschaftlichkeit«) beizutragen. (Vgl. im
einzelnen die Darstellungen von Baumann, Wertheim,
Koopmann, Vaget.)

Im September 1799 scheint der Plan, den Dilettantismus-
Aufsatz abzuschließen, aufgegeben worden zu sein. Dabei
dürften der große Anspruch des Unternehmens, den Dilettantismus unter kunstpädagogischen, soziologischen,
historischen und komparatistischen Gesichtspunkten zu
untersuchen, wie auch das voraussehbare Ende der ›Propyläen‹ eine Rolle gespielt haben. Womöglich haben Schiller
und Goethe auch gesehen, daß ihre Auffassungen über den
Dilettantismus divergieren; Schiller sieht im Dilettanten
eher einen hoffnungslosen Fall, Goethe mag ihm z. B. die
Entwicklung zum Kenner nicht absprechen. Vielleicht ist
ihnen auch bewußt geworden, daß die klassizistischen Normen folgende Schematisierung nach Nutzen und Schaden
die vielfältigen und widerspruchsvollen Züge des Dilettantismus nicht zu erfassen vermag.

ALLGEMEINES SCHEMA ZUM DILETTANTISMUS

Textgrundlage

H: Die Handschrift besteht aus einem Doppelblatt. Auf der
1. Seite finden sich die Kolumnen der Triebe und der verschiedenen Künste von Goethes Hand, unten rechts die
Eintragung »Jena den 3*ten* Mai 1799.« von Geists Hand.

Auf der 2. und 3. Seite folgt das allgemeine Schema von Schillers Hand, versehen mit Ergänzungen Goethes (vgl. NA 21, S. 354). Die von Goethe geschriebenen Notizen werden in unserm Text kursiv wiedergegeben.

Unser Druck folgt NA 21 (s. o.).

Stellenkommentar

1094,1 *Hauptgesetz ⟨. . .⟩ wo*] Der Satz bricht hier in der Handschrift ab. Die WA schlägt vor, ihn aus dem Fragment *Über den Dilettantismus* (S. 1121-23) zu ergänzen: »das Subjektive für sich allein schon viel bedeutet« (WA I 47, S. 301).

1095,11 *Vues*] (Franz.) Landschaftsansichten.

1095,21 *Unmäßigkeit und wildes Vergnügen*] Verbessert aus: Allgemeine Gesellschaftlichkeit mit Lebhaftigkeit.

1095,25f. *Sans Façon*] (Franz.) Zwanglos.

1095,37 *Fandango*] Spanischer Volkstanz.

1095,38 *sarmatischer Tanz*] Tanz der Samarten, eines iranischen Nomadenstammes in Südrußland.

EINZELSCHEMATA ZUM DILETTANTISMUS

Allgemeines zu den Einzelschemata (vgl. NA 21, S. 354-359):

Alle Einzelschemata sind auf Doppelblätter geschrieben. Auf S. 1 sind jeweils der Titel (von Eckermanns Hand) und das Datum (von Goethes oder Schillers Hand) verzeichnet. Auf den Seiten 2 und 3 dieser Doppelblätter folgen jeweils die Schemata von Schillers Hand; gelegentlich sind sie mit Ergänzungen von Goethe und Meyer versehen. Die 1. Seite der Doppelblätter, die die Überschrift sowie Ort und Datum trägt, wird in unserm Druck nicht eigens wiedergegeben; was dort steht, wird jeweils unter »Textgrundlage« genannt.

Zeichnung

Textgrundlage

H: Die Handschrift trägt auf der 1. Seite die Überschrift
»Zeichnung« von Eckermanns Hand, unten rechts das Datum »Jena d. 19 May 99.« von Goethes Hand. Auf der 2.
und 3. Seite steht das von Schiller geschriebene Schema.
Die kursiv wiedergegebenen Passagen stammen von Meyers Hand (vgl. NA 21, S. 354).
Unser Druck folgt NA 21 (s. o.).

Stellenkommentar

1098,19 *helfen]* Danach gestrichen: Weil er die produktive Kraft beschäftigt, so fördert und kultiviert er etwas an
dem Menschen.
1099,6 *Hadrian]* Der römische Kaiser Hadrian (76-138);
er ließ u. a. die Hadrians-Villa bei Tivoli bauen.
1099,7 *Landschaftmalen]* Vgl. Schillers Matthisson-Rezension, S. 1016ff.
1099,18f. *Shakespears Kupferstiche]* WA I 47, S. 303 setzt
plausibler hinter Shakespears einen Punkt.
1100,3 *Wachsmalerei]* Maltechnik, bei der durch Wachs
gebundene Farben heiß aufgetragen werden.

Tanz

Textgrundlage

H: Auf der 1. Seite der Handschrift steht die Überschrift
»Tanz« von Eckermanns Hand, unten rechts »Jena d. 20
May 99« von Goethes Hand. Auf der 2. und 3. Seite folgt
das von Schiller geschriebene Schema (vgl. NA 21, S. 355).
Unser Druck folgt NA 21 (s. o.).

Stellenkommentar

1100,24 *schönen Umgangs*] Vgl. S. 1381, 1416.

Baukunst

Textgrundlage

H: Auf der 1. Seite der Handschrift steht die Überschrift »Baukunst« von Eckermanns Hand, unten rechts »Jena d. 21 May 99« von Goethes Hand; auf der 2. und 3. Seite findet sich das Schema von Schillers Hand (vgl. NA 21, S. 356).
Unser Druck folgt NA 21 (s. o.).

Musik

Textgrundlage

H: Auf S. 1 der Handschrift steht die Überschrift »Musik« von Eckermanns Hand, unten rechts »Jena d. 22 May 99« von Goethes Hand; auf S. 2 und 3 folgt das Schema von Schillers Hand (vgl. NA 21, S. 356).
Unser Druck folgt NA 21 (s. o.).

Stellenkommentar

1106,31f. *Fäsische Singschulen*] Vermutlich die von Karl Friedrich Fasch (1736-1800) gegründete Berliner Singakademie (vgl. Goethe, Münchner Ausgabe, Bd. 6/2, S. 1035).

Gartenkunst

Textgrundlage

H: Auf S. 1 der Handschrift steht der Titel »Gartenkunst«
von Eckermanns Hand, unten rechts »Jena d. 22 May 99«
von Goethes Hand; auf S. 2 und 3 folgt das Schema von
Schillers Hand. Die kursiv wiedergegebene Notiz »Die dabei vorkommende Gebäude ⟨. . .⟩ Architektur« hat Goethe
geschrieben (vgl. NA 21, S. 357).
Unser Druck folgt NA 21 (s. o.).

Stellenkommentar

1108,42f. *Gartenliebhaberei*] Vgl. S. 1007ff.; 1536-1541.

Poesie. 1) Lyrische

Textgrundlage

H: Auf S. 1 der Handschrift steht der Titel »Lyrische Poe-
sie« von Eckermanns Hand, unten rechts »Jena 23 und 24.
May. 99« von Schillers Hand; auf S. 2 und 3 folgt das von
Schiller geschriebene Schema. Das obere rechte Viertel von
S. 3 ist später herausgeschnitten worden und wird hier, der
NA folgend (NA 21, S. 357), nach Eckermanns Redaktion
ergänzt: »Die Ausbildung ⟨. . .⟩ Sonette der Italiener«,
S. 1111,8-18 (vgl. »Textgrundlage und -überlieferung«; NA
21, S. 357).
Unser Druck folgt NA 21 (s. o.).

Stellenkommentar

1110,34 *Plagiarii*] (Lat.) Plagiatoren.

1113,4f. *Karlsruher pp Nachdrücke*] Anspielung auf die verbreitete Praxis des Nachdruckens zeitgenössischer Literatur, u. a. durch Chr. G. Schmieder (1750-1827).

1113,7 *Bardenwesen*] Literarische Mode um 1760-70, die zweifelhaften Vorstellungen vom mittelalterlichen Barden und den Ossianischen Gesängen folgte.

1113,9 *Bürgers Einfluß*] Kritik weniger der genannten Schriftsteller als ihrer dilettantischen Nachahmer.

1113,45f. *Frauenzimmergedichte*] Vielleicht Anspielung auf die Schriftstellerinnen Sophie Mereau (1776-1806), Amalie von Imhoff (1776-1831) oder Schillers Schwägerin Caroline von Wolzogen (1763-1847); vgl. S. 1537.

Poesie. b. Pragmatische

Textgrundlage

H: Auf S. 1 der Handschrift steht die falsche Überschrift »Dramatische Poesie« von Eckermanns Hand, unten rechts »Jena. d. 24 May 99« von Goethes Hand; auf S. 2 und 3 folgt das von Schiller geschriebene Schema (vgl. NA 21, S. 358).

Unser Druck folgt NA 21 (s. o.).

Schauspielkunst

Textgrundlage

H: Auf S. 1 der Handschrift steht der Titel »Schauspielkunst« von Eckermanns Hand, unten rechts »Jena. d. 26 May 99« von Goethes Hand; auf S. 2 und 3 folgt das von Schiller geschriebene Schema (vgl. NA 21, S. 358).

Unser Druck folgt NA 21 (s. o.).

Stellenkommentar

1117,10 *quaeritur*] (Lat.) »Es wird gesucht.«

1117,14 *Praesepe u⟨nd⟩ Tableau*] Italienische Darstellung der Krippengeschichte und Wiedergabe von Szenen aus Gemälden oder literarischen Werken (vgl. die Tableaux vivants in Goethes *Wahlverwandtschaften*).

1117,17 *Philanthropine*] Schulen nach dem Vorbild des Philanthropins in Dessau, vgl. Anm. 198,2f.

ÜBER DEN DILETTANTISMUS

TEXTGRUNDLAGE

H: Das Aufsatz-Fragment ist von Schiller (»Begriff des Künstlers ⟨. . .⟩ erweitern kann«), von Meyer (»Der wahre Künstler ⟨. . .⟩ selbst erheben«) und von Goethe (»Schaden ⟨. . .⟩ Handwerk«) geschrieben. Meyers und Goethes Aufzeichnungen werden kleingedruckt wiedergegeben.

Unser Druck folgt NA 21, S. 60-62.

STELLENKOMMENTAR

1123,7 *Dilettantism der Kinder siehe oben*] Vermutlich Verweis auf das Schema »Schauspielkunst«.

NACHTRAG

ANTHOLOGIE AUF DAS JAHR 1782
gedruckt in einer Buchdruckerei zu Tobolsko
Mit einem schönen Apollokopf. 18 Bogen. 8ᵛ

5 Schon wieder eine wirtembergische Blumenlese? – Sie
wachsen nach wie die *Köpfe der Hydra!* Kaum haben wir
einem Kopf von den Schultern gespielt, husch! springt
schon ein zweiter, großer und trotziger, aus dem Rumpfe.
– Und eine Anthologie aus Tobolsko! Auf was doch die
10 Herren Entrepreneurs nicht alle verfallen! Auch den Norden verschonen sie nicht und beschmutzen das schuldlose
Sibirien mit ihrer poetischen Dinte. Warum der Anthologist
sein Vaterland verleugnet, mag *er* wissen. Sonst trompetet er
sich mit einem ziemlich brutalen Motto voraus, wenn es
15 anders nicht Anspielung ist: »Tum primum radiis gelidi in-
caluere Triones.« In der Vorrede wird verhoffentlich über
die andern Musensammlungen (doch hie und da nicht mit
Unrecht) geschimpft und auf den schwäbischen Almanach,
als den Amtsbruder, spöttisch geschielt. Der Herausgeber
20 mag dem Herrn Städele nicht hold sein und zupft ihn, wo er
kann; mag er Recht haben oder nicht, uns mißfällt diese
beiderseits läppische Zänkerei. Das Buch wird dem *Tod*
zugeschrieben, und der Autor verrät sich, daß er ein Arzt
ist.
25 Die Gedichte selbst sind nicht *alle* von den gewöhnlichen; acht *an Laura* gerichtet, in einem eigenen Tone, mit
brennender Phantasie und tiefem Gefühl geschrieben, unterscheiden sich vorteilhaft von den übrigen. Aber überspannt sind sie alle und verraten eine allzu unbändige Ima-
30 gination; hie und da bemerke ich auch eine schlüpfrige

sinnliche Stelle in platonischen Schwulst verschleiert. *Das Gedicht an Rosseau, die Elegie auf einen Jüngling, An die Sonne, An Gott, Größe der Welt, In einer Bataille, Die Freundschaft, Fluch eines Eifersüchtigen, Die schlimmen Monarchen* u. s. f. enthalten starke, kühne und wahrpoetische Züge. Zärtlichweich und gefühlvoll sind *Die Kindsmörderin, Der Triumph der Liebe* (wahrscheinlich auf Veranlassung der Nachtfeier der Venus von Bürger geschrieben), *An mein Täubchen, An Minna, Morgenphantasie, Der Unterschied, An Fanny, An den Frühling*. In einigen andern, als z. E. dem *Fragment an einen Moralisten*, vorzüglich den *Kastraten und Männern*, der *Vergleichung* und einigen Sinngedichten fällt ein schlüpfriger Witz und petronische Unart auf. Einige darunter sind launisch und satirisch, als *Bacchus im Triller, Der hypochondrische Pluto, Die Rache der Musen, Baurenständchen* u. s. f. Doch sehr oft ist der Witz auch gezwungen und ungeheuer. Im ganzen sind fast alle Gedichte zu lang, und der Kern des Gedankens wird von langweiligen Verzierungen überladen und erstickt. Die meisten der *Sinngedichte* scheinen mehr da zu sein, die Lücken zwischen größern auszufüllen und sagen nichts. *Der wirtschaftliche Tod, An den Galgen zu schreiben, Spinoza, Die Alten und Neuen* und einige wenige sind treffend und gut. Auch merke ich, daß sich ein Verfasser hinter mehrere Anfangsbuchstaben verschanzt hat. Er hat bei *manchen* Gedichten *wohl getan*, aber so gar fein ist dieses Stratagem eben nicht ausgefallen. Viele Stellen sind von edelm Freiheitsgeiste belebt, und feile Lobreden findet man hier nicht. Eine strengere Feile wäre indes durchaus nötig gewesen, und überhaupt unter den Gedichten selbst eine strengere Wahl – aber das Buch mußte eben *dick* werden und seine achtzehn Bögen haben, was kümmert es den Anthologisten, ob er unter die Narzissen und Nelken auch hie und da Stinkrosen und Gänseblumen bindet? – Dessen ungeachtet hat diese Sammlung manche ihrer Schwestern in Schatten gestellt, und zu wünschen wäre es immer, daß Teutschland mit keiner schlechtern heimgesucht würde. Möchten sich doch unsere junge Dichter überzeugen, daß Überspannung nicht Stärke, daß

Verletzung der Regeln des Geschmacks und des Wohlstands
nicht Kühnheit und Originalität, daß Phantasie nicht Empfindung, und eine hochtrabende Ruhmredigkeit der Talis-
man nicht sei, von welchem die Pfeile der Kritik splitternd
zurückprellen; – möchten sie zu den alten Griechen und
Römern wieder in die Schule gehen und ihren bescheidenen
Kleist, *Uz* und *Gellert* wieder zur Hand nehmen – möchten sie
– doch was sollten sie nicht alle mögen! Unsere modischen
Skribenten wissen gar zu gut, was sie dem gegenwärtigen
Geschmack auftischen müssen, um Entree zu bekommen. –
Diese Anthologie scheint sich jedoch, wenn sie die Absicht,
jedermänniglich zu gefallen, hätte, schlimm betrogen zu fin-
den: denn der darin herrschende Ton ist durchaus zu eigen,
zu tief und zu männlich, als daß er unsern zuckersüßen
Schwätzern und Schwätzerinnen behagen könnte.

Gz.

KOMMENTAR

Eine Selbstrezension Schillers im Tonfall ironischer Übertreibung der von ihm herausgegebenen Anthologie. Vgl.
Bd. I, S. 495-498. Die meisten der Gedichte, die erwähnt
werden, stammen von Schiller selbst.

Erstdruck: Wirtembergisches Repertorium der Literatur,
I. Stück, 1782. Danach unser Druck.

STELLENKOMMENTAR

1592,5 *Schon wieder]* Kurz zuvor war Carl Friedrich
Stäudlins (1761-1826) *Musenalmanach auf das Jahr 1782* erschienen.

1592,15 *Tum primum]* Ovid, *Metamorphosen* II, v. 171
(»Dann endlich erwärmte der eisige Norden von den Strahlen der Sonne«).

1592,20 *Städele]* Spöttischer Umgang mit Stäudlins Namen; Stäudlin war zu seinem Verdruß schon gelegentlich mit dem Hutmacher, Schulmeister und Dichter Christoph Städele (1744-1811) verwechselt worden.

1593,2 f. *An Gott*] Ein Gedicht von Schillers Lehrer Jakob Friedrich Abel; von ihm stammen auch die später erwähnten Gedichte *Fluch eines Eifersüchtigen*, *An mein Täubchen* und *An Fanny*.

1593,12 f. *petronische Unart*] Petronius Arbiter (gest. 66 n. Chr.), römischer Satiriker, dessen Repertoire auch das Derbe und Vulgäre enthält.

ABKÜRZUNGS- UND SIGLENVERZEICHNIS

Adelung: Johann Christoph Adelung, *Versuch eines vollständigen grammatisch-kritischen Wörterbuchs der Hochdeutschen
Mundart mit beständiger Vergleichung der übrigen Mundarten,
besonders aber der oberdeutschen,* 5 Tle., Leipzig 1774-86.

Campe: *Wörterbuch der Deutschen Sprache.* Veranstaltet und
hg. v. Joachim Heinrich Campe, 5 Tle., Braunschweig
1807-11.

Campe: Joachim Heinrich Campe, *Wörterbuch zur Erklärung
und Verdeutschung der unserer Sprache aufgedrungenen fremden
Ausdrücke.* Neue stark verm. u. durchg. verb. Ausg.,
Braunschweig 1813.

Fambach: *Schiller und sein Kreis in der Kritik ihrer Zeit* ⟨. . .⟩,
von Oscar Fambach, Berlin 1957 (*Ein Jahrhundert deutscher Literaturkritik, 1750-1850,* Bd. 2).

Fricke/Göpfert: Schiller, *Sämtliche Werke,* hg. v. Gerhard
Fricke und Herbert G. Göpfert, 5 Bde., 8 Aufl., München 1989.

Geschichtliche Grundbegriffe: *Geschichtliche Grundbegriffe,*
hg. v. Otto Brunner, Werner Conze, Reinhart Koselleck,
Stuttgart 1972 ff.

Goedecke: *Schillers sämmtliche Schriften.* Historisch-kritische
Ausgabe, hg. v. Karl Goedeke, Stuttgart 1867 ff.

Goethe, Artemis-Ausgabe: Goethe, *Gedenkausgabe der Werke,* Briefe und Gespräche, hg. v. Ernst Beutler, 2. Aufl.,
Zürich 1964.

Goethe, FA: Goethe, *Sämtliche Werke. Briefe, Tagebücher und
Gespräche.* Frankfurter Ausgabe, Frankfurt 1985 ff.

Goethe, HA: *Goethes Werke.* Hamburger Ausgabe, hg. v.
Erich Trunz, Hamburg 1960.

Hartmann: *Schillers Jugendfreunde,* von Julius Hartmann,
Stuttgart, Berlin 1904.

Historisches Wörterbuch der Philosophie: Hg. v. Joachim Ritter und Karlfried Gründer, Darmstadt 1971 ff.

Grimms DWb: *Deutsches Wörterbuch*. Von Jacob und Wilhelm Grimm, Leipzig 1852-1960.

Jonas 3: *Schillers Briefe*, hg. u. mit Anm. versehen v. Fritz Jonas. Kritische Gesamtausgabe, 7 Bde., Stuttgart, Leipzig, Berlin, Wien 1892-96, Bd. 3.

Kant, Werke: Kant, *Werke in 12 Bänden*. Theorie-Werkausgabe, hg. v. Wilhelm Weischedel, Frankfurt/Main 1968.

Oellers: *Schiller. Zeitgenosse aller Epochen. Dokumente zur Wirkungsgeschichte Schillers in Deutschland*, Bd. 1 f., hg., eingel. u. komment. v. Norbert Oellers, Frankfurt/Main 1970 f.

Schiller, Säkular-Ausgabe: *Schillers Sämtliche Werke*. Säkular-Ausgabe in 16 Bänden, hg. v. Eduard von der Hellen; Bde. 11 u. 12, hg. v. Oskar Walzel, Stuttgart, Berlin 1905.

Sulzer: Johann Georg Sulzer, *Allgemeine Theorie der schönen Künste* ⟨. . .⟩, 2. verm. Aufl., Leipzig 1792.

H   Handschrift

GSA   Goethe-Schiller-Archiv Weimar.

NA   *Schillers Werke*. Nationalausgabe, begr. v. Julius Petersen, fortgef. v. Lieselotte Blumenthal u. Benno von Wiese, hg. ⟨. . .⟩ v. Norbert Oellers u. Siegfried Seidel, Weimar 1942 ff.

SNM   Schiller-Nationalmuseum Marbach/Neckar.

WA   *Goethes Werke*, hg. im Auftrage der Großherzogin Sophie von Sachsen-Weimar (Weimarer Ausgabe), 4 Abteilungen, 143 Bde., Weimar 1887-1919 (fotomech. Neudruck München 1987.)

Wenn nicht anders angegeben, werden die Werke Schillers nach der NA, die Goethes nach der Artemis-Ausgabe zitiert.

LITERATURVERZEICHNIS

Theodor W. Adorno, *Ästhetische Theorie*, Frankfurt/Main 1970.

Jeffrey Barnouw, *The Morality of the Sublime; Kant and Schiller*, in: Studies in Romanticism 19 (1980), H. 4, S. 497-514.

Gerhart Baumann, *Goethe: »Über den Dilettantismus«*, in: Euphorion 46 (1952), S. 348-369.

Herbert Beck (Hg.), *Antikensammlungen im 18. Jahrhundert*, Berlin 1981.

Christian Begemann, *Erhabene Natur*, in: DVjs 58 (1984), S. 74-110.

Christian Begemann, *Furcht und Angst im Prozeß der Aufklärung*, Frankfurt/Main 1987.

Klaus L. Berghahn, *Schiller. Ansichten eines Idealisten*, Frankfurt/Main 1986.

Klaus L. Berghahn (Hg.), *Friedrich Schiller zur Geschichtlichkeit seines Werkes*, Kronberg/Ts. 1975.

Klaus L. Berghahn, *Volkstümlichkeit ohne Volk?*, in: *Popularität und Trivialität*, hg. v. Reinhold Grimm u. Jost Hermand, Frankfurt/Main 1974, S. 51-75.

Josef August Beringer, *Goethe und der Mannheimer Antikensaal*, Goethe-Jb. 28 (1907), S. 150-159.

Margarete Bieber, *The Sculptures of the Hellenistic Age*, New York 1955.

Wolfgang Binder, *Die Begriffe »naiv« und »sentimentalisch« und Schillers Drama*, in: JDSG 4 (1960), S. 140-157.

Hans Blumenberg, *Die Lesbarkeit der Welt*, Frankfurt/Main 1981.

Hans Blumenberg, *Schiffbruch mit Zuschauer*, Frankfurt/Main 1979.

Jürgen Bolten (Hg.), *Schillers Briefe über die ästhetische Erziehung*, Frankfurt/Main 1984.

Dieter Borchmeyer, *Hektors Abschied. Schillers Aneignung einer homerischen Szene*, in: JDSG 16 (1972), S. 277-298.

Dieter Borchmeyer, *Die Weimarer Klassik*, 2 Bde., Frankfurt/Main 1980.

Dieter Borchmeyer, *Tragödie und Öffentlichkeit*, München 1973.

Pierre Bourdieu, *Zur Soziologie der symbolischen Formen* Frankfurt/Main 1970.

Silvia Bovenschen, *Die imaginierte Weiblichkeit*, Frankfurt/Main 1979.

Bernd Bräutigam, *Die ästhetische Erziehung der deutschen Ausgewanderten*, in: ZfdPh 96 (1977), S. 508-539.

Bernd Bräutigam, *Leben wie im Roman*, Paderborn, München, Wien, Zürich 1986.

Bernd Bräutigam, *Rousseaus Kritik ästhetischer Versöhnung*, in: JDSG 31 (1987), S. 137-155.

Götz Braun, *Norm und Geschichtlichkeit der Dichtung. Klassisch-romantische Ästhetik und moderne Literatur*, Berlin, New York 1983.

Manfred Brelage, *Schillers Kritik an der Kantischen Ethik oder Gesetz und Evangelium in der philosophischen Ethik*, in: M. B., *Studien zur Transzendentalphilosophie*, hg. v. Ä. Brelage, Berlin 1965, S. 230-244.

Reinhard Buchwald, *Schiller. Leben und Werk*, Wiesbaden 1953.

Christa Bürger, *Der Ursprung der bürgerlichen Institution Kunst im höfischen Weimar*, Frankfurt/Main 1977.

Heinz Otto Burger, *Europäisches Adelsideal und deutsche Klassik*, in: H. O. B., *»Dasein heißt eine Rolle spielen«. Studien zur deutschen Literaturgeschichte*, München 1963.

Ernst Cassirer, *Freiheit und Form*, Berlin 1922.

Ernst Cassirer, *Schiller und Shaftesbury*, in: PEGS 1935, S. 37-59.

Carl Dahlhaus, *Formbegriff und Ausdrucksprinzip in Schillers Musikästhetik*, in: *Schiller und die höfische Welt*, hg. v. Achim Aurnhammer, Klaus Manger, Friedrich Strack, Tübingen 1990, S. 156-167.

Kenneth Dewhurst und Nigel Reeves, *Friedrich Schiller, Medicine, Psychology and Literature*, Berkeley, Los Angeles 1978.

Elmar Dod, *Die Vernünftigkeit der Imagination in Aufklärung und Romantik*, Tübingen 1985.

Wolfgang Düsing, *Schillers Idee des Erhabenen*, Diss. Köln 1967.

Düsing, Wolfgang, *Friedrich Schiller, »Über die ästhetische Erziehung des Menschen«*. Text, Materialien, Kommentar, München 1981.

Wilhelm Emrich, *Die Symbolik von Faust II*, 3. Aufl., Frankfurt/Main 1964.

Hans-Heino Ewers, *Die schöne Individualität*, Stuttgart 1978.

Manfred Frank (Hg.), *Das kalte Herz*, Frankfurt/Main 1978.

Hans Freier, *Ästhetik und Autonomie. Ein Beitrag zur idealistischen Entfremdungskritik*, in: *Literaturwissenschaft und Sozialwissenschaften* 3, hg. v. Bernd Lutz, Stuttgart 1974, S. 329-383.

Gerhard Friedl, *Verhüllte Wahrheit und entfesselte Phantasie*, Würzburg 1987.

Hans-Georg Gadamer, *Wahrheit und Methode*, 2. Aufl., Tübingen 1965.

Annemarie Gethmann-Siefert, *Idylle und Utopie*, in: JDSG 24 (1980), S. 32-67.

Rolf Grimminger, *Die ästhetische Versöhnung. Ideologiekritische Aspekte zum Autonomiebegriff am Beispiel Schiller*, in: Acta Germanica 9 (1976), S. 141-159.

Rolf Grimminger, *Die Utopie der vernünftigen Lust*, in: *Aufklärung und literarische Öffentlichkeit*, hg. v. Christa Bürger u. a., Frankfurt/Main 1980, S. 116-132.

Rolf Grimminger, *Die Ordnung, das Chaos und die Kunst*, Frankfurt/Main 1986.

Reinhard Habel, *Schiller und die Tradition des Herakles-Mythos*, in: *Terror und Spiel*, hg. v. M. Fuhrmann, München 1971, S. 265-294.

Jürgen Habermas, *Strukurwandel der Öffentlichkeit*, 4 Aufl., Neuwied, Berlin 1969.

Käte Hamburger, *Schillers Fragment ›Der Menschenfeind‹ und die Idee der Kalokagathie*, in: DVjs 30 (1956), S. 367-400.

Max Hecker, *Schillers Persönlichkeit*, Bd. 1, Weimar 1904.

Wolfhart Henckmann (Hg.), *Friedrich Schiller. Über die ästhetische Erziehung des Menschen*, München 1967.

Dieter Henrich, *Der Begriff der Schönheit in Schillers Ästhetik*, in: Zs. f. philosophische Forschung 11 (1957), S. 527-547.

Walter Hinderer, *Beiträge Wielands zu Schillers ästhetischer Erziehung*, in: JDSG 18 (1974), S. 348-387.

Walter Hinderer, *Schiller und Bürger: Die ästhetische Kontroverse als Paradigma*, in: JFDH 1986, S. 130-154.

Max Horkheimer, Theodor W. Adorno, *Dialektik der Aufklärung*, Frankfurt/Main 1969.

Rolf-Peter Janz, *Autonomie und soziale Funktion der Kunst. Studien zur Ästhetik von Schiller und Novalis*, Stuttgart 1973.

Rolf-Peter Janz, *Antike und Moderne in Schillers »Braut von Messina«*, in: *Unser Commercium*, hg. v. Wilfried Barner, Eberhard Lämmert, Norbert Oellers, Stuttgart 1984, S. 329-349.

Rolf-Peter Janz, *Die ästhetische Bewältigung des Schreckens. Zu Schillers Theorie des Erhabenen*, in: *Geschichte als Literatur*, hg. v. Hartmut Eggert, Ulrich Profitlich, Klaus R. Scherpe, Stuttgart 1990, S. 151-160.

Hans Robert Jauß, *Schlegels und Schillers Replik auf die »Querelle des Anciens et des Modernes«*, in: H. R. J., *Literaturgeschichte als Provokation*, Frankfurt/Main 1970, S. 67-106.

Gerhard Kaiser, *Vergötterung und Tod*, Stuttgart 1967.

Gerhard Kaiser, *Von Arkadien nach Elysium*, Göttingen 1978.

Klaus H. Kiefer, *Okkultismus und Aufklärung aus medienkritischer Sicht*, in: *Klassik und Moderne*. Walter Müller-Seidel zum 65. Geburtstag, hg. v. Karl Richter und Jörg Schönert, Stuttgart 1983, S. 207-227.

Thomas Koebner, *Zum Streit für und wider die Schaubühne im 18. Jahrhundert*, in: Bernhard Fabian (Hg.), Festschrift für Rainer Gruenter, Heidelberg 1978, S. 26-57.

Erich Köhler, *»Je ne sais quoi«. Ein Kapitel aus der Begriffs-geschichte des Unbegreiflichen*, in: E. K., *Esprit und arkadische Freiheit*, Frankfurt/Main, Bonn 1966, S. 230-286.

Todd C. Kontje, *Constructing Reality*, New York, Bern, Frankfurt/Main, Paris 1987.

Helmut Koopmann, *Schillerforschung 1970-1980*, Marbach 1982.

Helmut Koopmann, *Schillers »Philosophische Briefe« – ein Briefroman?*, in: Alexander von Bormann (Hg.), *Wissen aus Erfahrungen. Werkbegriff und Interpretation heute*. Fest-schrift f. Herman Meyer zum 65. Geburtstag, Tübingen 1976, S. 192-216.

Helmut Koopmann, *Der Dichter als Kunstrichter. Zu Schillers Rezensionsstrategie*, in: JDSG 20 (1976), S. 229-246.

Helmut Koopmann, *Dilettantismus*, in: *Studien zur Goethe-zeit*. Festschrift f. Lieselotte Blumenthal, hg. v. Helmut Holtzhauer, Bernhard Zeller, Weimar 1968, S. 178-208.

Helmut Koopmann, *Friedrich Schiller.*, 2 Bde., 2. Aufl., Stuttgart 1977.

Reinhart Koselleck, *Kritik und Krise*, Freiburg, München 1959.

Herbert Kraft, *Um Schiller betrogen*, Pfullingen 1978.

Herbert Kraft, *Über sentimentalische und idyllische Dichtung*, in: *Studien zur Goethezeit*. Festschrift f. Lieselotte Blumen-thal, Weimar 1968, S. 209-220.

Peter Lahnstein, *Leben Schillers*, München 1981.

Wolf Lepenies, *Das Ende der Naturgeschichte*, Frankfurt/Main 1978.

Wolfgang Liepe, *Beiträge zur Literatur- und Geistesgeschichte*, Neumünster 1963.

Arthur O. Lovejoy, *The Great Chain of Being. A Study of the History of an Idea*, Cambridge/Mass. 1936 (dt. Frankfurt/Main 1985).

Herbert Marcuse, *Triebstruktur und Gesellschaft*, in: H. M., *Schriften 5*, Frankfurt/Main 1979.

Max Martersteig (Hg.), *Die Protokolle des Mannheimer Na-tionaltheaters unter Dalberg* ⟨. . .⟩, Mannheim 1890.

Gert Mattenklott, *Melancholie in der Dramatik des Sturm und Drang*, Stuttgart 1968.

Hans Mayer, *Der Moralist und das Spiel. Zu Friedrich Schillers theoretischen Schriften*, in: *Schillers Werke*, Insel-Ausgabe, Bd. 4, Frankfurt/Main 1966, S. 809-825.

Herman Meyer, *Hütte und Palast in der Dichtung des 18. Jahrhunderts*, in: *Formenwandel*, hg. v. Walter Müller-Seidel, Wolfgang Preisendanz, Hamburg 1964, S. 138-155.

Herman Meyer, *Schillers philosophische Rhetorik*, in: Euphorion 53 (1959), S. 313-350.

Jakob Minor, *Schiller. Sein Leben und seine Werke*, 2 Bde., Berlin 1890.

Samuel H. Monk, *The Sublime*, Michigan 1935.

Hermann Müller, *Schillers journalistische Tätigkeit an den »Nachrichten zum Nuzen und Vergnügen«*, Diss. Stuttgart 1915.

Klaus-Detlef Müller, *Schiller und das Mäzenat*, in: *Unser Commercium*, hg. v. Wilfried Barner, Eberhard Lämmert und Norbert Oellers, Stuttgart 1984, S. 151-167.

Walter Müller-Seidel, *Cagliostro und die Vorgeschichte der deutschen Klassik*, in: *Literaturwissenschaft und Geistesgeschichte. Festschrift f. Richard Brinkmann*, hg. v. Jürgen Brummack u. a., Tübingen 1981, S. 136-163.

Armand Nivelle, *Kunst- und Dichtungstheorien zwischen Aufklärung und Klassik*, Berlin 1960.

Johannes Oeschger (Hg.), *Friedrich Schiller, Versuch über den Zusammenhang*, Ingelheim a. Rh. 1959.

Helmut Pfotenhauer, *Um 1800*, Tübingen 1991.

Franz Pomezny, *Grazie und Grazien in der deutschen Literatur des 18. Jahrhunderts*, Hamburg, Leipzig 1900.

Hans-Georg Pott, *Die Schöne Freiheit*, München 1980.

Hans-Georg Pott, *Schiller und Hölderlin: Die »Neuen Briefe über die ästhetische Erziehung des Menschen«*, in: Jürgen Bolten (Hg.), *Schillers Briefe über die ästhetische Erziehung*, Frankfurt/Main 1984, S. 290-313.

Paul Raabe, *Beiband zur Neuausgabe der ›Horen‹*, Darmstadt 1959.

Terence James Reed, *Ecclesia militans: Weimarer Klassik als Opposition*, in: *Unser Commercium*, hg. v. Wilfried Barner, Eberhard Lämmert und Norbert Oellers, Stuttgart 1984, S. 37-53.

Wolfgang Riedel, *Die Anthropologie des jungen Schiller*, Würzburg 1985.

Wolfgang Riedel, *»Der Spaziergang«. Ästhetik der Landschaft und Geschichtsphilosophie der Natur bei Schiller*, Würzburg 1989.

Horst Rüdiger, *Schiller und das Pastorale*, in: Euphorion 53 (1959), S. 229-251.

Gert Sautermeister, *Idyllik und Dramatik im Werk Friedrich Schillers*, Berlin, Köln, Mainz 1971.

Wolfgang Schiering, *Der Mannheimer Antikensaal*, in: Herbert Beck (Hg.), *Antikensammlungen im 18. Jahrhundert*, Berlin 1981, S. 257-272.

Hans-Jürgen Schings, *Der mitleidigste Mensch ist der beste Mensch. Poetik des Mitleids von Lessing bis Büchner*, München 1980.

Hans-Jürgen Schings, *Melancholie und Aufklärung*, Stuttgart 1977.

Jochen Schulte-Sasse, *Das Konzept bürgerlich-literarischer Öffentlichkeit und die historischen Gründe seines Zerfalls*, in: *Aufklärung und literarische Öffentlichkeit*, hg. v. Christa Bürger u. a., Frankfurt/Main 1980, S. 83-115.

Eberhard Wilhelm Schulz, *Die Wahrheit der Kunstwerke und das Kunsturteil. Anmerkungen zu Goethes Schrift »Der Sammler und die Seinigen«*, in: *Vielfalt der Perspektiven*, hg. v. Hans-Werner Eroms und Hartmut Laufhütte, Passau 1984, S. 17-38.

Emil Staiger, *Friedrich Schiller*, Zürich 1967.

Gerhard Storz, *Der Dichter Friedrich Schiller*, 3. Aufl., Stuttgart 1963.

Peter Szondi, *Das Naive ist das Sentimentalische*, in: P. S., *Schriften*, Bd. 2, Frankfurt/Main 1978, S. 59-105.

Horst Turk, *Wirkungsästhetik*, München 1976.

Gert Ueding, *Schillers Rhetorik*, Tübingen 1971.

Gert Ueding, *Rhetorik und Ästhetik in Schillers theoretischen Abhandlungen*, in: *Friedrich Schiller zur Geschichtlichkeit seines Werkes*, hg. v. Klaus L. Berghahn, Kronberg/Ts. 1975, 159-195.

Robert Uhland, *Geschichte der Hohen Karlsschule in Stuttgart*, Stuttgart 1953.

Hans Rudolf Vaget, *Das Bild vom Dilettanten bei Moritz, Schiller und Goethe*, in: JFDH 1970, S. 1-31.

Hans Rudolf Vaget, *Dilettantismus und Meisterschaft*, München 1971.

Wilhelm Voßkamp (Hg.), *Utopieforschung*, 3 Bde., Stuttgart 1982.

Oskar Walzel, *Schiller und die bildende Kunst*, in: O. W., *Vom Geistesleben alter und neuer Zeit*, Leipzig 1922, S. 316-336.

Ursula Wertheim, *»Der Menschheit Götterbild«. Bemerkungen zur gesellschaftlichen und ästhetischen Funktion des Herakles-Bildes bei Schiller*, in: Weimarer Beiträge 1959, Sonderheft, S. 97-149.

Benno von Wiese, *Die deutsche Tragödie von Lessing bis Hebbel*, 6. Aufl., Hamburg 1964.

Benno von Wiese, *Friedrich Schiller*, 3. Aufl., Stuttgart 1963.

Benno von Wiese, *Das Problem der ästhetischen Versöhnung bei Schiller und Hegel*, in: JDSG 9 (1965), S. 167-188.

Elizabeth Mary Wilkinson, Leonard Ashley Willoughby, *Schillers Ästhetische Erziehung des Menschen*, München 1977 (zuerst Oxford 1967).

Andreas Wirth, *Das schwierige Schöne*, Bonn 1975.

Wolfgang Wittkowski (Hg.), *Friedrich Schiller, Kunst, Humanität und Politik in der späten Aufklärung*, Tübingen 1982.

Kurt Wölfel, *Prophetische Erinnerung*, in: Wilhelm Voßkamp (Hg.), *Utopieforschung*, Bd. 3, S. 191-217.

Emil Wolff, *Die goldene Kette. Die Aurea Catena Homeri in der englischen Literatur von Chaucer bis Wordsworth*, Hamburg 1947.

INHALTSVERZEICHNIS

FRIEDRICH SCHILLER
WERKE UND BRIEFE

TB 3
Friedrich Schiller
Wallenstein
Herausgegeben von Frithjof Stock
1280 Seiten

»Schillers Opus magnum in einer opulenten Ausgabe, ausgiebig kommentiert, mit allen Varianten, Paralipomena, wesentlichen Zeugnissen . . . Materialreich, in Zukunft wohl unentbehrlich.« *(Frankfurter Allgemeine Zeitung)*

TB 4
Friedrich Hölderlin
Sämtliche Gedichte
Herausgegeben von Jochen Schmidt
1152 Seiten

»Höchst bemerkenswert, wie Schmidt Hölderlin in seiner Zeit verortet, ohne ihm dadurch irgend etwas von seiner Einzigartigkeit zu nehmen.« *(The German Quarterly)*

TB 5
Heinrich von Kleist
Sämtliche Erzählungen, Anekdoten,
Gedichte und Schriften
Herausgegeben von Klaus Müller-Salget
1328 Seiten

»Was hier entfaltet wird, ist gegenwärtig nur wenigen Spezialisten bekannt. Das mit Abstand Beste, was man im Rahmen der existierenden Kleist-Ausgaben finden kann.« *(Süddeutsche Zeitung)*

TB 6
Deutsche Lyrik des frühen und hohen Mittelalters
Edition und Kommentare von Ingrid Kasten
Übersetzung von Margherita Kuhn
1136 Seiten

»Mit ihrer genauen synoptischen Übersetzung eine außerordentlich gut benutzbare Edition, die sich auch nicht fürchtet, eigene Wege zu gehen. Eine ausgewogene Einführung in die Probleme der Überlieferung, der Sprache und der Interpretation für jedes Lied.« *(Journal of English and Germanic Philology)*

TB 7
Wolfram von Eschenbach
Parzival
Zwei Teilbände
Herausgegeben von Eberhard Nellmann
Übertragen von Dieter Kühn
1840 Seiten

»Besonders hervorzuheben sind Kühns souveräner Umgang mit dem Wolframschen Französisch und seine Rücksicht auf den Verstakt. Nellmanns Kommentar bewährt sich im germanistischen Alltagsgeschäft als außerordentlich kundiger und stets zuverlässiger Führer durch die Erzählwelten des Parzival.« *(Germanistik)*

TB 8
Karl Philipp Moritz
Dichtungen und Schriften zur Erfahrungsseelenkunde
Herausgegeben von Heide Hollmer
und Albert Meier
1365 Seiten

»Die Texte sind sorgfältig ediert, und alles Erklärungsbedürftige ist kenntnisreich kommentiert. Die Ausgabe dürfte bei allen in ihr enthaltenen Texten, was die Genauigkeit der Textdarbietungen und die erschließende Leistung der Anmerkungen betrifft, kaum zu übertreffen sein.« *(Frankfurter Allgemeine Zeitung)*

TB 9
Bettine von Arnim
Clemens Brentano's Frühlingskranz/
Die Günderode
Herausgegeben von Walter Schmitz
1205 Seiten

»Dieser erste Band ist mit großer Sachkenntnis und Sorgfalt ediert worden. Gleiche Sachkenntnis und Sorgfalt haben auch dem Kommentar gegolten, der mehr als ein Drittel des 1200 Seiten dicken ersten Bandes ausmacht, und der Leser wird jede nur denkbare und wünschenswerte Auskunft darin finden.« *(Frankfurter Allgemeine Zeitung)*

TB 14
E. T. A. Hoffmann
Fantasiestücke in Callot's Manier
Herausgegeben von Hartmut Steinecke
unter Mitarbeit von Gerhard Allroggen und Wulf Segebrecht
939 Seiten

»Mit dieser Edition liegt diejenige Werkausgabe vor, die alle älteren Ausgaben weit überholt und obsolet erscheinen läßt.« *(E.T.A. Hoffmann-Jahrbuch)*

TB 15
Johann Wolfgang Goethe
Dichtung und Wahrheit
Herausgegeben von Klaus-Detlef Müller
1403 Seiten

»Ein äußerster Maßstab an Verantwortung und Zuverlässigkeit dem Text gegenüber.« *(Rias Berlin)*

TB 16
Grimms Märchen
Herausgegeben von Heinz Rölleke
1302 Seiten

»Diese Ausgabe ist ein Korpus der Grimmschen Märchenausgaben, wie es das bisher nicht gegeben hat und wie man es für eine eingehende, aufhellende Beschäftigung mit diesen Volkserzählungen nur wünschen kann.« *(Wirkendes Wort)*

TB 17
E.T. A. Hoffmann
Die Elixiere des Teufels / Werke 1814-1816
Herausgegeben von Hartmut Steinecke und Gerhard Allroggen
757 Seiten

»Der beste heute verfügbare Text. Der Anhang mit einer vielseitigen Einführung, einem intelligenten, präzisen Kommentar, ist nicht zuletzt darum so überzeugend, weil er vollkommen sachlich, ganz funktional ist, ein Muster für die Bibliothek deutscher Klassiker.« *(Germanistik)*

TB 18
Joseph von Eichendorff
Ahnung und Gegenwart
Sämtliche Erzählungen I
Herausgegeben von Wolfgang Frühwald und Brigitte Schillbach
840 Seiten

»Deutlich wird in dieser Werkausgabe: Eichendorff ist nicht der schlichte, auf einsamen Bergen naturlauschende Poet. Hier vor Augen steht ein vielfältig verflochtener Mensch, den neu auszuloten sich verlohnt.« *(Südkurier)*

TB 19
Joseph von Eichendorff
Dichter und ihre Gesellen
Sämtliche Erzählungen II
Herausgegeben von Hartwig Schultz
904 Seiten

»Eine ausgezeichnete Edition, die dem interessierten Leser ebenso dient wie der wissenschaftlichen Beschäftigung mit Eichendorff.« *(Germanistik)*

TB 20
Hartmann von Aue
Erec
Herausgegeben von Manfred Günter Scholz
Übersetzt von Susanne Held
1069 Seiten

»Diese Ausgabe ragt hervor als ein wahrhafter Meilenstein in der Erec-Forschung; sie wird ein unverzichtbares Instrument sein für das künftige Studium von Hartmanns Werk.« *(Medium Aevum)*

TB 21
Hans Jacob Christoffel von Grimmelshausen
Courasche / Springinsfeld / Wunderbarliches Vogelnest I-II /
Rathstübel Plutonis
Herausgegeben von Dieter Breuer
1094 Seiten

»Mit seinem schon durch seinen Umfang beeindruckenden Kommentar stellt dieser Band alle bisherigen Ausgaben in den Schatten. Dem, der offenen Auges durch die Welt geht, zeigt sich unser rastloses, von Kriegen, Gewaltherrschaften und Untergangsvisionen bestimmtes Jahrhundert als heillos verkehrt und der chaotisch erfahrenen Welt der Grimmelshausenschen Figuren in manchem verwandt.« *(Frankfurter Allgemeine Zeitung)*

TB 22
Gotthold Ephraim Lessing
Laokoon / Briefe, antiquarischen Inhalts
Herausgegeben von Wilfried Barner
1216 Seiten

»Nur mit einem solchen Kommentar ist die Möglichkeit gegeben, das faszinierend Charakteristische des Werkes zu erfassen, auch seine frappierende Modernität und seine herausragende Bedeutung auf dem Wege zur klassischen Autonomie-Ästhetik.« *(Neue Zürcher Zeitung)*

TB 23
Gottfried Keller
Der grüne Heinrich. Erste Fassung
Herausgegeben von Thomas Böning und Gerhard Kaiser
1395 Seiten

»Die zur Zeit mit Abstand beste Ausgabe des Textes.« *(Süddeutsche Zeitung)*

»Eine editorische Glanzleistung.« *(Tagesspiegel Berlin)*

»Ein Stellenkommentar, der nichts zu wünschen übrig läßt.«
(Frankfurter Allgemeine Zeitung)

»In dieser Ausgabe wurde eine umfangreiche Bibliothek verarbeitet.« *(Geist und Leben)*

»Das Novum und der große Vorteil dieser neuen Edition sind
ihre Brauchbarkeit sowohl für den Fachmann wie für den Laien,
sowohl als Nachschlage- wie als Einführungswerk.« *(Grenzgebiete
der Wissenschaft)*

»Ein definitives Lob schulden wir dem Herausgeber für die hohe
Qualität seiner Kommentare. Den Ansprüchen des Lesers wird
darin in jeder Hinsicht vorbildlich Rechnung getragen.« *(The
Modern Language Review)*

»Jeder Band der Schiller-Ausgabe im Deutschen Klassiker Verlag
stellt eine kleine Kostbarkeit dar, so schön, umfassend und glänzend kommentiert, daß kaum eine andere Schiller-Edition mithal-
ten kann. Die Herausgeber haben allesamt meisterhaft gearbeitet.
Es ist eine wahre Freude, sich anhand dieser mustergültigen, mit

großer Sorgfalt erarbeiteten Edition, ihren kenntnisreichen Kommentaren und ihren zahlreichen Literaturhinweisen einen neuen Zugang zu Schiller zu verschaffen.« *(Frankfurter Rundschau)*

TB 27
Friedrich Hölderlin
Hyperion / Empedokles / Aufsätze / Übersetzungen
Herausgegeben von Jochen Schmidt
1514 Seiten

»Hier ist ein entscheidender Schritt über die bisherigen Ausgaben hinaus getan und die Diskussion auf eine neue Ebene gehoben.« *(Frankfurter Allgemeine Zeitung)*

»Die Rekonstruktion des Textes in seiner eigentlichen Gestalt geht einher mit einem mutigen Interpretationsansatz.« *(Études Germaniques)*

»Bei hohem wissenschaftlichen Anspruch wendet sich der Band mit der erstmals so gründlichen Kommentierung aller Texte zugleich an ein breiteres Publikum.« *(Der Landbote Winterthur)*

TB 28
E.T.A. Hoffmann
Die Serapions-Brüder
Herausgegeben von Wulf Segebrecht unter Mitarbeit
von Ursula Segebrecht
1687 Seiten

»Mit den *Sämtlichen Werken* Hoffmanns im Deutschen Klassiker Verlag liegt diejenige Werkausgabe vor, die alle älteren Ausgaben weit überholt. Sie wird in Zukunft alleinige Basis der wissenschaftlichen Beschäftigung mit Hoffmann sein, sie wird sich als zu zitierender Text durchsetzen und sie wird sich auch als Leseausgabe des interessierten Laien behaupten.« *(E. T. A. Hoffmann-Jahrbuch)*

»Keine Frage: Eine Menge ist hier zu lernen. Mit dieser mentalen Marschverpflegung kann man sich getrost auf eine vergnügliche, weil erkenntnisreiche Lese-Reise durch die Welt der *Serapions-Brüder* machen.« *(Fränkischer Sonntag)*

TB 32
Friedrich Schiller
Theoretische Schriften
Herausgegeben von Rolf-Peter Janz
1617 Seiten

»Wir werden nicht mit langweiligen Wort- und
Herkunftserklärungen gequält, sondern dürfen erfahren, wie die
Diskussion über die Aporien des Kunstschönen sich durch die
Jahrhunderte hindurch fortgesetzt hat.« *(Die Welt)*

Die Reihe wird fortgesetzt.